OXFORD

POCKET DICTIONARY

English - Hebrew Hebrew - English

YA'ACOV LEVY

KERNERMAN - LONNIE KAHN

OXFORD POCKET DICTIONARY
ENGLISH-HEBREW / HEBREW-ENGLISH DICTIONARY

Lexicographer	Ya'acov Levy
Advisors	Raphael Gefen
	Ari Kernerman
Cover	Studio Locker
Production	Nili Sadeh

Typeset, printed and bound in Israel by Keter Enterprises, Jerusalem

ISBN 965-307-033-9

2010 2009 2008 2007 2006 2005

15 14 13 12 11 10 9 8 7 6 5 4 3

Contents

הקדמה

מילון אנגלי-עברי זה מיועד לסטודנטים, לתלמידים ולכל אדם המבקש להיוועץ במילון כיס עדכני ומקיף. שני חידושים הוכנסו במילון זה:

א. מידע דקדוקי שאינו קיים במילון דו־לשוני מסוג זה כגון צורת ריבוי חריגה, פעלים חריגים ועוד.

ב. המילון הותאם במיוחד לצרכים של דוברי העברית, ובכל מקרה שבו יש חשש שדובר העברית ייתקל בקשיים, מוּבא מִשפט דוגמה.

כדי להפיק את מירב התועלת ממילון זה יש לשים לב לדברים הבאים:

א. את המלה someone המופיעה כאן הרבה בביטויים ובצירופי לשון, אפשר להחליף ב־me, him, her, you, them, us לפי הֶקשֵר.
ב. את המלה someone's אפשר להחליף ב־your, my, our, their, her, his לפי הֶקשֵר.
ג. את המלה be אפשר להחליף ב־has been, have been, were, was, are, is, am לפי הזמן והגוף המתאים.

רשימת הקיצורים במילון

תואר שם	*adj.*
תואר הפועל	*adv.*
קריאה	*interj.*
שם־עצם	*n.*
צורת הרבים	*pl.*
מלת יחס	*prep.*
כינוי גוף	*pron.*
פועל	*v.*

A1 סוּג א׳; מְצוּיָּן

a, an אֶחָד (כְּלשֶׁהוּ); בּ־; ל־

–a book סֵפֶר

–an apple תַּפּוּחַ

aback *adv.*

–taken aback הָמוּם; מוּפתָע

abandon *v.* לִנטוֹשׁ; לְהַפסִיק; לְהַפקִיר

abandoned *adj.* נָטוּשׁ; עָזוּב; מוּפקָר

abase *v.* לְהַשפִּיל; לְבַזּוֹת

abashed *adj.* נָבוֹךְ; מְבוּיָּשׁ

abate *v.* לִשכּוֹךְ; לִפחוֹת

abbey *n.* מִנזָר; קְהִילַּת הַמִּנזָר

abbreviate *v.* לְקַצֵּר (מִלָּה וכדי׳)

abbreviation *n.* קִיצוּר; רָאשֵׁי תֵיבוֹת

abdicate *v.* לִפרוֹשׁ; לְהִתפַּטֵּר; לְהִתנַעֵר

abdomen *n.* בֶּטֶן; גָּחוֹן

abduct *v.* לַחטוֹף (אדם)

abduction *n.* חֲטִיפָה

aberration *n.* שִׁיבּוּשׁ (הַדַּעַת); חֲרִיגָה

abet *v.* לְסַייֵּעַ; לְעוֹדֵד (לִדבַר עֲבֵירָה)

abeyance *n.*

–in abeyance לֹא תָקֵף; מוּקפָּא

abhor *v.* לְתַעֵב; לִסלוֹד מ־

abhorrent *adj.* מְתוֹעָב; מְעוֹרֵר תִיעוּב

abide *v.* לְהִישָּׁאֵר; לְהַתמִיד; לָגוּר

–abide by לְקַבֵּל; לִנהוֹג לְפִי; לְקַיֵּים

–can't/couldn't abide לֹא יָכוֹל לִסבּוֹל

ability *n.* יְכוֹלֶת; כִּשרוֹן

–to the best of your ability כְּמֵיטַב יְכוֹלתךָ

abject *adj.* מַחפִּיר; אוּמלָל; בָּזוּי; כָּנוּעַ

ablaze *adj.* בָּאֵשׁ; בּוֹעֵר; זוֹהֵר; מֵאִיר

able *adj.* מוּכשָׁר; בַּעַל יְכוֹלֶת; מְסוּגָּל

able-bodied *adj.* בָּרִיא; חָסוֹן; כָּשִׁיר

abnormal *adj.* חָרִיג; לֹא נוֹרמָלִי

aboard *adv.* עַל; בּ־/ ל־ (אוֹנִייָּה וכוי׳)

abolish *v.* לְבַטֵּל; לָשִׂים קֵץ ל־

abolition *n.* בִּיטּוּל; חִיסּוּל

abominable *adj.* נִתעָב; מַחפִּיר; גָּרוּעַ

Aborigine *n.* תּוֹשָׁב קַדמוֹן אוֹסטרָלִי

abort *v.* לְהַפסִיק הֵרָיוֹן; לְהַפִּיל (עוּבָּר); לְבַטֵּל; לְהַפסִיק; לְהִיכָּשֵׁל

abortion *n.* הַפָּלָה; כִּישָּׁלוֹן

abortive *adj.* כּוֹשֵׁל; ־נֵפֶל

abound *v.* לְהִימָּצֵא בְּשֶׁפַע; לִשפּוֹעַ בּ־

about *adj., prep.* בְּעֵרֶךְ; כּ־; בִּסבִיבוֹת־; בַּסבִיבָה; הֵנָּה וָהֵנָּה; פֹּה וָשָׁם; בְּכָל מָקוֹם; בְּנוֹגֵעַ ל־; בְּרַחֲבֵי; קָרוֹב ל־

–be about to לַעֲמוֹד (לַעֲשׂוֹת משהו)

–it's about time הִגִּיעַ הַזְּמַן

about-face *n.* תַּפנִית שֶׁל 180 מַעֲלוֹת

about-turn *n.* תַּפנִית שֶׁל 180 מַעֲלוֹת

above *adv., prep.* לְמַעלָה; מֵעַל (ל־); יוֹתֵר (מ־); לְעֵיל; בְּגָלַל; גָּבוֹהַּ מ־

–above all (else) מֵעַל לַכּוֹל; יוֹתֵר מִכּוֹל

–the above הַנַּ״ל; מַה שֶׁנֶּאֱמַר לְעֵיל

above-board *adj.* גָּלוּי; יָשָׁר; כָּשֵׁר

above-mentioned *adj.* הַנִּזכָּר לְעֵיל; הַנַּ״ל

abrasive *adj.* מְשַׁפשֵׁף; מְחוּספָּס; בּוֹטֶה

abrasive *n.* חוֹמֶר שׁוֹחֵק / לִיטוּשׁ

abreast *adv.* זֶה בְּצַד זֶה; מְעוּדכָּן

abridge *v.* לְקַצֵּר (סֵפֶר וכדי׳)

abroad *adv.* בְּחוּ״ל; לְחוּ״ל; רוֹוֵחַ

abrogate *v.* לְבַטֵּל (חוֹק / נוֹהַג)

abrogation *n.* בִּיטּוּל

abrupt *adj.* פִּתאוֹמִי; קְצַר־רוּחַ; תָּלוּל

abruptly *adv.* בְּאוֹפֶן פִּתאוֹמִי; בְּקוֹצֶר רוּחַ

abscess *n.* מוּרסָה

abscond *v.* לְהִסתַּלֵּק בַּחֲשַׁאי (עִם)

absence *n.* הֵיעָדרוּת; הֶעדֵּר; חוֹסֶר

–absence without leave נִפקָדוּת

absent *adj.* נֶעדָּר (מ־); חָסֵר; מְהוּרהָר; בּוֹהֶה

absentee *n.* נֶעדָּר

absenteeism *n.* הֵיעָדרוּת (מעבודה)

absent-minded *adj.* מְפוּזָּר; פְּזוּר נֶפֶשׁ

absent-mindedly *adv.* בְּהֶיסַּח הַדַּעַת

absolute *adj.* מוּחלָט; אַבּסוֹלוּטִי; וַדָּאִי

absolutely *adv.* לַחֲלוּטִין; בְּהֶחלֵט

absolution *n.* מְחִילָה; כַּפָּרָה

absorb *v.* לִספּוֹג; לִקלוֹט; לִבלוֹעַ (אוֹר, חוֹם)

– be absorbed in לְהִתְעַמֵּק; לִהְיוֹת שָׁקוּעַ בּ־

absorbent *adj.* סוֹפֵג

absorption *n.* הִתְעַמְּקוּת; סְפִיגָה; קְלִיטָה

abstain *v.* לְהִימָּנַע (בהצבעה); לְהִתְנַזֵּר

abstemious *adj.* מִסְתַּפֵּק בְּמוּעָט; מִתְנַזֵּר

abstemiousness *n.* הִסְתַּפְּקוּת בְּמוּעָט

abstention *n.* הִימָּנְעוּת; נִמְנָע (בהצבעה)

abstract *adj.* מוּפְשָׁט

abstract *n.* תַּמְצִית; תַּקְצִיר

abstruse *adj.* קָשֶׁה לַהֲבָנָה; סָתוּם

absurd *adj.* מְגוּחָךְ; שְׁטוּתִי

absurdity *n.* דָּבָר מְגוּחָךְ; אַבְּסוּרד; שְׁטוּת

absurdly *adv.* בְּאוֹפֶן מְגוּחָךְ; עַד כְּדֵי גִיחוּךְ

abundance *n.* שֶׁפַע

abundant *adj.* שׁוֹפֵעַ; (מָצוּי) בְּשֶׁפַע

abundantly *adv.* בְּשֶׁפַע; לְמַכְבִּיר; מֵעַל וּמֵעֵבֶר

abuse *n.* שִׁימוּשׁ / נִיצּוּל לְרָעָה; גִּידוּפִים; שִׁימוּשׁ לֹא נָכוֹן; הִתְעַלְּלוּת; הִתְמַכְּרוּת

abuse *v.* לְהִשְׁתַּמֵּשׁ / לְנַצֵּל לְרָעָה; לִפְגּוֹעַ בּ־; לְהַעֲלִיב; לְהִתְעַלֵּל בּ־

abusive *adj.* פּוֹגֵעַ; מַעֲלִיב

abut *v.* (on)(ל־) לִגְבּוֹל (בּ־); לִהְיוֹת סָמוּךְ (ל־)

abysmal *adj.* תְּהוֹמִי; נוֹרָא

abysmally *adv.* עַד מְאוֹד

abyss *n.* תְּהוֹם; תַּחְתִּית; פִּי־פַּחַת

AC זֶרֶם חִילוּפִין

acacia *n.* (עֵץ) שִׁיטָה

academic *adj.* עִיוּנִי; אֲקָדֶמִי; לֹא מַעֲשִׂי

academic *n.* אֲקָדֶמָאִי

academically *adv.* בְּאוֹפֶן אֲקָדֶמִי

academy *n.* אֲקָדֶמְיָה

Academy Award *n.* פְּרַס הָאוֹסְקָר

accede *v.* לְהֵיעָנוֹת (ל־); לְהַסְכִּים; לַעֲלוֹת (לכס מלוכה); לְהִיכָּנֵס (לתפקיד)

accelerate *v.* לְהָאִיץ; לְהָחִישׁ; לְקַבֵּל תְּאוּצָה

acceleration *n.* הָאָצָה; תְּאוּצָה

accelerator *n.* דַּוְושַׁת דֶּלֶק; מֵאִיץ

accent *n.* מִבְטָא; סִימַן טַעַם; הַטְעָמָה; דָּגֵשׁ

accentuate *v.* לְהַדְגִּישׁ; לְהַבְלִיט

accept *v.* לְקַבֵּל; לְהַסְכִּים

acceptable *adj.* מְקוּבָּל (עַל); סָבִיר

acceptance *n.* קַבָּלָה; הַסְכָּמָה (לְקַבֵּל)

accepted *adj.* מְקוּבָּל; מוּסְכָּם

– be accepted לְהִתְקַבֵּל

access *n.* גִּישָׁה; כְּנִיסָה

access *v.* לִשְׁלוֹף (מֵידָע); לִמְצוֹא גִּישָׁה; לַחְדוֹר ל־ (מַחְשֵׁב, שוק וכו׳)

accessibility *n.* נְגִישׁוּת

accessible *adj.* נָגִישׁ; קַל לְהַשָּׂגָה

accession *n.* עֲלִיָּיה (לְשלטון); תּוֹסֶפֶת; רְכִישָׁה

accessory *n.* אֲבִיזָר; מְסַיֵּיעַ (לְדבר עֲבֵירָה)

accident *n.* תְּאוּנָה; מִקְרֶה

– by accident בְּמִקְרֶה; בְּטָעוּת

accidental *adj.* מִקְרִי; עֵקֶב טָעוּת / תְּאוּנָה

accidentally *adv.* בְּאוֹפֶן מִקְרִי; שֶׁלֹּא בְּמִתְכַּוֵּון

accident-prone *adj.* מוּעָד לִתְאוּנוֹת

acclaim *n.* שְׁבָחִים

acclaim *v.* לְקַבֵּל בִּתְשׁוּאוֹת; לְהָרִיעַ ל־; לְהַכְתִּיר; לְהַרְעִיף שְׁבָחִים עַל

acclimate, acclimatize *v.* לְהִתְאַקְלֵם; לְהִסְתַּגֵּל

accolade *n.* שֶׁבַח; כָּבוֹד

accommodate *v.* לְאַכְסֵן; לְאָרֵחַ; לְסַגֵּל; לְאַכְלֵס; לְהִתְחַשֵּׁב בּ־; לָבוֹא לִקְרַאת־

accommodating *adj.* נוֹחַ; מוּכָן לַעֲזוֹר

accommodation *n.* אִכְסוּן; אֵירוּחַ; מְקוֹם מְגוּרִים; סִיגּוּל; הַתְאָמָה; הֶסְדֵּר

accompany *v.* לְלַווֹת

accomplice *n.* שׁוּתָּף (לִדבר עֲבֵירָה)

accomplish *v.* לְהַשְׁלִים; לְהַשִּׂיג; לְבַצֵּעַ

accomplished *adj.* מוּשְׁלָם; מוּכְשָׁר; מְיוּמָּן

accomplishment *n.* בִּיצּוּעַ; הַשָּׂגָה; הַשְׁלָמָה; הֶישֵּׂג

– accomplishments כִּישְׁרוֹנוֹת; מַעֲלוֹת

accord *n.* הֶסכֵּם; הַסכָּמָה
–of his own accord מֵרצונוֹ (הַטוֹב)
accordance *n.*
–in accordance with בְּהֶתאֵם ל־
according to לְפִי; לְדִברֵי; בְּהֶתאֵם ל־
accordingly *adv.* בְּהֶתאֵם (לְכָךְ)
accordion *n.* אַקוֹרדִיוֹן
accost *v.* לָגֶשֶׁת וְלִפנוֹת אֵלָיו בְּדִיבּוּר
account *n.* חֶשבּוֹן; דִיווּחַ; תֵיאוּר; הֶסבֵּר; חֲשִיבוּת; דוּ״חַ
–on account of בִּגלַל
–take account of לְהִתחַשֵב בּ־
account *v.* לְהַחֲשִיב כּ־
–account for לְהַסבִּיר אֶת; לְהַווֹת
accountability *n.* נְשִׂיאָה בְּאַחֲרָיוּת
accountable *adj.* אַחֲרַאי (ל־) / (בִּפנֵי־)
accountant *n.* רוֹאֵה חֶשבּוֹן
accredit *v.* לְייַחֵס ל־; לְמַנוֹת / לְהַאֲמִין (שגריר)
accrue *v.* לִצמוֹחַ (ריבית וכד׳); לְהִצטַבֵּר
accumulate *v.* לִצבּוֹר; לְהִצטַבֵּר
accumulation *n.* צְבִירָה; הִצטַבְּרוּת
accumulative *adj.* מִצטַבֵּר
accumulator *n.* מַצבֵּר; אוֹגֵר
accuracy *n.* דִיוּק; דַייקָנוּת
accurate *adj.* מְדוּיָק; נָכוֹן; מְדַייֵק; דַייקָן
accurately *adv.* בִּמדוּיָק; בְּדַייקָנוּת
accursed *adj.* אָרוּר; מְקוּלָל
accusation *n.* הַאֲשָמָה
accuse *v.* (of) לְהַאֲשִים (בּ־)
accused *n.* הַנֶאֱשָם; הַנֶאֱשָמִים
accustom *v.* לְהַרגִיל; לִהיוֹת רָגִיל
accustomed *adj.* רָגִיל; מוּרגָל
–become accustomed to לְהִתרַגֵל ל־
ace *n.* אַס; מוּמחֶה; אַלוּף; מְעוּלֶה; קְלַף חָזָק
ache *n., v.* כְּאֵב; לִכאוֹב; לְהִשתוֹקֵק
achieve *v.* לְהַשִׂיג; לִזכּוֹת בּ־
achievement *n.* הַשָׂגָה; הֶישֵׂג
Achilles' heel *n.* עֲקֵב אֲכִילֶס
acid *adj.* חוּמצִי; חָמוּץ; עוֹקְצָנִי; נוֹקֵב
acid *n.* חוּמצָה; ל.ס.ד.
acid test *n.* מִבחָן מַכרִיעַ
acknowledge *v.* לְהוֹדוֹת (בּ־); לְאַשֵר קַבָּלָה; לְהַכִּיר בּ־; לְהַבִּיעַ תוֹדָתוֹ עַל
acknowledg(e)ment *n.* הַכָּרָה (בּ־); אִישוּר קַבָּלָה; הוֹדָאָה; (הַבָּעַת) תוֹדָה
acme *n.* שִׂיא
acne *n.* פִּצעֵי בַּגרוּת; חֲזָזִית
acorn *n.* בַּלוּט; אִצטרוּבָּל
acoustic *adj.* אֲקוּסטִי
acquaint *v.* לְלַמֵד; לְווַדֵעַ; לְייַדֵעַ
–be acquainted (with) לְהַכִּיר
acquaintance *n.* מַכָּר; הֶיכֵּרוּת; יְדִיעָה
acquiesce *v.* לְהַסכִּים (ל־); לְקַבֵּל; לְהַשלִים עִם; לְהִתרַצוֹת
acquiescence *n.* הַסכָּמָה (בִּשתִיקָה)
acquire *v.* לִרכּוֹש; לְהַשִׂיג
acquisition *n.* רְכִישָה; הַשָׂגָה; נֶכֶס
acquisitive *adj.* רְכוּשָנִי
acquit *v.* לְזַכּוֹת (מאשמה)
acquittal *n.* זִיכּוּי (מאשמה)
acre *n.* אַקר (מידת שטח — 4 דונם)
acrimonious *adj.* מַר; חָרִיף (רִיב)
acrobat *n.* לוּלְיָן; אַקרוֹבָּט
acronym *n.* (מִלָה בּ־) רָאשֵי תֵיבוֹת
across *adv.* לַצַד הַשֵנִי; מְאוּזָן (בתשבֵּץ)
across *prep.* מִקָצֶה לְקָצֶה שֶל; בְּרַחֲבֵי־; מֵעֵבֶר ל־; מְצוּלָב
across-the-board *adj.* לְכוּלָם; מַקִיף
act *n.* מַעֲשֶׂה; פְּעוּלָה; מַעֲרָכָה (במחזה); קֶטַע (בְּמוֹפָע); הַצָגָה; חוֹק
–act of God כּוֹחַ עֶליוֹן
act *v.* לִפעוֹל; לַעֲשׂוֹת; לְשַׂחֵק (תַפקִיד); לִנהוֹג; לַעֲשׂוֹת הַצָגָה; לְשַמֵש (כּ־)
acting *adj.* בְּפוֹעַל; מְמַלֵא מָקוֹם
acting *n.* מִשׂחָק (בהצגה וכו׳)
action *n.* פְּעוּלָה; מַעֲשֶׂה; פְּעִילוּת; עֲלִילָה; תְבִיעָה מִשפָּטִית; קְרָב; תְנוּעָה
–take actiion לִנקוֹט צְעָדִים
activate *v.* לְהַפעִיל
active *adj.* פָּעִיל; פְּעַלתָן
activist *n.* פָּעִיל (למען וכו׳)
activity *n.* פְּעִילוּת
actor *n.* שַׂחֲקָן (קוֹלנוֹעַ וכד׳)
actress *n.* שַׂחֲקָנִית (קוֹלנוֹעַ וכד׳)
actual *adj.* אֲמִיתִי; לְמַעֲשֶׂה; מַמָש

actually *adv.* לְמַעֲשֶׂה; בְּעֶצֶם; מַמָּשׁ; בְּפוֹעַל; דַּוְקָא
acumen *n.* חֲרִיפוּת שִׂכְלִית; חוּשׁ
acupuncture *n.* דִּיקּוּר בְּמַחְטִים
acute *adj.* חַד; אֲקוּטִי; חָמוּר
acute angle *n.* זָוִית חַדָּה
acutely *adv.* בַּחֲרִיפוּת; מְאוֹד מְאוֹד
ad *v.* מוֹדָעַת פִּרְסוּם; פִּרְסוֹמֶת
AD לִסְפִירַת הַנּוֹצְרִים
adage *n.* פִּתְגָּם; אִמְרָה
adamant *adj.* נָחוּשׁ בְּדַעְתּוֹ; עַקְשָׁנִי
Adam's apple *n.* פִּיקַת הַגַּרְגֶּרֶת
adapt *v.* לְהִסְתַּגֵּל; לְהַתְאִים; לְעַבֵּד
adaptable *adj.* שֶׁמִּסְתַּגֵּל; שֶׁנִּיתָּן לְהַתְאִימוֹ
adaptation *n.* הִסְתַּגְּלוּת; הַתְאָמָה; עִיבּוּד
adapter, adaptor *n.* מַתְאֵם; שַׁנַּאי
add *v.* לְהוֹסִיף; לְצָרֵף; לְחַבֵּר; לְהוֹסִיף וְלוֹמַר
–add up לְסַכֵּם; לְהִסְתַּכֵּם; לְהִצְטַבֵּר
–not add up לֹא מִסְתַּדֵּר; לֹא הֶגְיוֹנִי
addendum *n.* (pl. addenda) תּוֹסֶפֶת, מִילּוּאִים (בְּסֵפֶר)
adder *n.* אֶפְעֶה; פֶּתֶן
addict *n.* מָכוּר (לסמים וכו')
addicted *adj.* מָכוּר (ל־)
addiction *n.* הִתְמַכְּרוּת
addictive *adj.* מְמַכֵּר
addition *n.* חִיבּוּר (בחשבון); הוֹסָפָה; תּוֹסֶפֶת
–in addition (to) בְּנוֹסָף לְכָךְ; בְּנוֹסָף ל־
additional *adj.* נוֹסָף
additive *n.* תּוֹסָף
add-on *n.* תּוֹסָף (למחשב)
address *n.* כְּתוֹבֶת; מַעַן; נְאוּם
address *v.* לְמַעֵן; לִנְאוֹם בִּפְנֵי; לִפְנוֹת אֵלָיו בְּתוֹאַר; לְהַפְנוֹת; לְהִתְיַיחֵס ל־; לְטַפֵּל בּ־
addressee *n.* נִמְעָן
adept *adj.* מוּמְחֶה; מְיוּמָּן
adequate *adj.* מַתְאִים; מְסַפֵּק; מַסְפִּיק
adequately *adv.* בְּמִידָּה מַסְפֶּקֶת
adhere *v.* לְהִידָּבֵק; לִדְבּוֹק בּ־; לְקַיֵּים
adherence *n.* דְּבֵקוּת; נֶאֱמָנוּת
adherent *n.* תּוֹמֵךְ; חָסִיד
adhesive *adj., n.* דָּבִיק; מִידַּבֵּק; דֶּבֶק
ad hoc לְעִנְיָין זֶה; אַד הוֹק
ad infinitum *adv.* עַד אֵין־סוֹף
adjacent *adj.* סָמוּךְ (ל־); שָׁכֵן; צָמוּד
adjective *n.* שֵׁם תּוֹאַר (בדקדוק)
adjoining *adj.* גּוֹבֵל (בּ־); סָמוּךְ
adjourn *v.* לִדְחוֹת; לָצֵאת לְהַפְסָקָה; לִנְעוֹל (ישיבה); לְסַיֵּים מוֹשָׁבוֹ; לַעֲבוֹר ל־
adjournment *n.* דְּחִיָּיה (למועד אחר)
adjudicate *v.* (on) לִשְׁפּוֹט; לִפְסוֹק בּ־
adjust *v.* לְכַוְונֵן; לְתָאֵם; לְהַתְאִים; לְסַדֵּר; לְהִסְתַּגֵּל
adjustable *adj.* מִתְכַּוְונֵן; נִיתָּן לְהַתְאָמָה
adjustable spanner *n.* מַפְתֵּחַ שְׁוֶודִי
adjustable wrench *n.* מַפְתֵּחַ שְׁוֶודִי
adjustment *n.* הַתְאָמָה; כִּוְונוּן; הִסְתַּגְּלוּת; תִּיקּוּן
ad lib *adv., adj.* לְלֹא הֲכָנָה; מְאוּלְתָּר
ad-lib *v.* לְאַלְתֵּר
administer *v.* לְנַהֵל; לְהַפְעִיל; לְיַישֵּׁם; לָתֵת (עוֹנֶשׁ, תְּרוּפָה, וכו'); לְסַפֵּק
–administer justice לַעֲשׂוֹת צֶדֶק / מִשְׁפָּט
administration *n.* נִיהוּל; מִנְהָל; מִנְהָלָה; מִמְשָׁל; יִישּׁוּם; מַתָּן; בִּיצּוּעַ
administrative *adj.* מִנְהָלִי; ־נִיהוּל
administrator *n.* מְנַהֵל; מִנְהָלָן; אֲמַרְכָּל; אַפּוֹטְרוֹפּוֹס
admirable *adj.* רָאוּי לְהַעֲרָצָה; מְצוּיָּן
admirably *adv.* לְהַפְלִיא; בְּצוּרָה נֶהְדֶּרֶת
admiral *n.* אַדְמִירָל
admiration *n.* הַעֲרָצָה; הִתְפַּעֲלוּת
admire *v.* לְהַעֲרִיץ; לְהִתְפַּעֵל; לְהַעֲרִיךְ
admirer *n.* מַעֲרִיץ
admiringly *adv.* בְּהַעֲרָצָה
admissible *adj.* קָבִיל
admission *n.* כְּנִיסָה; קַבָּלָה; דְּמֵי כְּנִיסָה; הוֹדָאָה
admit *v.* לְהוֹדוֹת (בּ־/ שׁ־); לָתֵת לְהִיכָּנֵס; לְקַבֵּל; לְאַפְשֵׁר
admittedly *adv.* לְכָל הַדֵּעוֹת; יֵשׁ להודות
admonish *v.* לִנְזוֹף בּ־; לְהַזְהִיר

ad nauseam *adv.* עַד לְזָרָא; בְּלִי סוֹף
ado *n.* מְהוּמָה; "רַעַשׁ"
adolescence *n.* (גִיל הַ־) הִתְבַּגְרוּת
adolescent *adj., n.* מִתְבַּגֵר
adopt *v.* לְאַמֵץ; לְקַבֵּל
adoption *n.* אִימוּץ; קַבָּלָה
adoptive *adj.* מְאַמֵץ
adorable *adj.* חָמוּד; מַקְסִים
adore *v.* לְהַעֲרִיץ; לֶאֱהוֹב מְאוֹד
adoringly *adv.* בְּהַעֲרָצָה
adorn *v.* (with) לְקַשֵּׁט (בּ־); לְפָאֵר; לְיַיפּוֹת
adrenalin *n.* אַדְרֶנָלִין
adrift *adj.* נִסחָף (בַּזֶרֶם); תּוֹעֶה
adroit *adj.* (at) זָרִיז; מְיוּמָן (בּ־); פִּיקֵחַ
adroitly *adv.* בִּזרִיזוּת; בְּמיוּמָנוּת
adulation *n.* חֲנוּפָּה; הַעֲרָצָה
adult *n., adj.* מְבוּגָר; לִמְבוּגָרִים
adulterate *v.* לִמהוֹל (וּלקַלקֵל)
adultery *n.* נִיאוּף
adulthood *n.* בַּגרוּת; גִיל בַּגרוּת
advance *adj.* מוּקדָם; מֵרֹאשׁ; קִדמִי; מִקדָמִי; חָלוּץ
advance *n.* הִתקַדמוּת; מִקדָמָה; הַעֲלָאָה
–advances חִיזוּרִים; גִישׁוּשִׁים; הֶישֵׂגִים
–in advance מֵרֹאשׁ
advance *v.* לְקַדֵם; לְהִתקַדֵם; לְהַצִיג; לְשַׁלֵם מֵרֹאשׁ; לְהַלווֹת; לְהַקדִים
advanced *adj.* מִתקַדֵם; לְמִתקַדמִים
advantage *n.* יִתרוֹן; תּוֹעֶלֶת; רֶווַח
–take advantage of לְנַצֵל
advantageous *adj.* מוֹעִיל; מִשתַּלֵם
advent *n.* הוֹפָעָה; בּוֹא
adventure *n.* הַרפַּתקָה
adventurer *n.* הַרפַּתקָן
adventurous *adj.* הַרפַּתקָנִי; נוֹעָז
adverb *n.* תּוֹאַר הַפּוֹעַל
adversary *n.* אוֹיֵב; יָרִיב
adverse *adj.* שְׁלִילִי; נֶגדִי; קָשֶׁה; מַזִיק
adversely *adv.* לְרָעָה; בְּאוֹפֶן שְׁלִילִי
adversity *n.* צָרָה; מְצוּקָה
advertise *v.* לְפַרסֵם (מוֹדָעָה); לְהוֹדִיעַ עַל
advertiser *n.* מְפַרסֵם
advertisement *n.* פִּרסוּם; פִּרסוֹמֶת; מוֹדָעָה
advertising *n.* פִּרסוּם
advertising agency *n.* מִשׂרַד פִּרסוּם
advertising campaign *n.* מַסַע פִּרסוּם
advice *n.* עֵצָה; יִיעוּץ; הוֹדָעָה
advisable *adj.* רָצוּי; מוּמלָץ
advise *v.* לְיַיעֵץ; לְהַמלִיץ; לְהוֹדִיעַ
advisement *n.* שִׁיקוּל; תְּשׂוּמֶת לִיבּוֹ
adviser, advisor *n.* יוֹעֵץ
advisory *adj.* מְיַיעֵץ; ־יִיעוּץ; שֶׁל יוֹעֵץ
advocate *n.* תּוֹמֵךְ; חָסִיד; פְּרַקלִיט
advocate *v.* לִתמוֹךְ בּ־; לְצַדֵד בּ־
aerial *adj., n.* אֲוִוירִי; אַנטֶנָה
aerobics *n.* (מָחוֹל) אֵירוֹבִּי
aerodynamic *adj.* אֲוִוירוֹדִינָמִי
aeroplane *n.* מָטוֹס
aerosol *n.* תַּרסִיס
aerospace *n.* טֶכנוֹלוֹגִיַת חָלָל (וּתעוּפָה)
aesthetic *adj.* אֶסתֶטִי
AFAIK עַד כַּמָה שֶׁיָדוּעַ לִי
afar *adv.* רָחוֹק
affable *adj.* מַסבִּיר פָּנִים; חָבִיב; נָעִים
affair *n.* עֵסֶק; עִניָין; אֵירוּעַ; פָּרָשָׁה; מַשֶׁהוּ; פָּרָשַׁת אֲהָבִים
affect *v.* לְהַשפִּיעַ עַל; לִפגוֹעַ בּ־; לַעֲשׂוֹת עַצמוֹ כּ־; לְאַמֵץ לְעַצמוֹ
affected *adj.* לֹא טִבעִי; מְעוּשֶׂה; מוּשפָּע; נָגוּעַ
affection *n.* חִיבָּה; אַהֲבָה
affectionate *adj.* רוֹחֵשׁ חִיבָּה; אוֹהֵב
affectionately *adv.* בְּחִיבָּה
affidavit *n.* תַּצהִיר
affiliate *v.* לְסַנֵף; לְהִסתַּנֵף; לְהִצטָרֵף
affinity *n.* קִרבָה; זִיקָה; מְשִׁיכָה
affirm *v.* לְאַשֵׁר; לְהַצהִיר; לִטעוֹן
affirmative *adj., n.* חִיוּבִי; תְּשׁוּבָה חִיוּבִית
affirmative action הַעֲדָפָה מְתַקֶנֶת
afflict *v.* לְיַיסֵר
–be afflicted with לִסבּוֹל מ־
affliction *n.* סֵבֶל; מַכאוֹב; צָרָה
affluent *adj.* עָשִׁיר
–the affluent society חֶברַת הַשֶׁפַע

afford *v.* לְהַרשוֹת לְעַצמוֹ; לָתֵת; לְהַקדִיש
afforestation *n.* ייִעוּר
affront *n., v.* עֶלבּוֹן; לִפגוֹעַ; לְהַעֲלִיב
– far/further afield רָחוֹק (מֵהַבַּיִת); מֵרָחוֹק
afloat *adj.* צָף; נָע בָּאֲווִיר / עַל הַמַיִם; בַּיָם; בָּאוֹנִייָה; לְלֹא חוֹבוֹת; מַרווִיחַ
a fortiori *adv.* קַל וָחוֹמֶר
afraid *adj.* פּוֹחֵד; חוֹשֵש
– be afraid of לְפַחֵד מ־
– I'm afraid חוֹשְשַנִי ש־; לְצַעֲרִי
afresh *adv.* מֵחָדָש
after *adv., conj.* לְאַחַר מִכֵּן; אַחֲרֵי ש־
after *prep.* אַחֲרֵי; לַמרוֹת; מְחַפֵּש; רוֹדֵף אַחֲרֵי
– after all אַחֲרֵי הַכּוֹל; בְּכָל זֹאת; הֲלֹא
aftermath *n.* תוֹצָאָה (קָשָה, הַרסָנִית)
afternoon *n.* אַחַר הַצָהֳרַיִים
aftershave *n.* תַרחִיץ אַפטֶרשֵייב
afterwards *adv.* לְאַחַר מִכֵּן
again *adv.* שוּב
against *prep.* עַל; עַל יַד; נֶגֶד; מְנוּגָד ל־; בְּנִיגוּד ל־; לְעוּמַת; לְמנִיעַת־; לְרָעַת
age *n.* גִיל; זִקנָה; עִידָן; תְקוּפָה; זְמַן רַב
– come of age לְהַגִיעַ לְבַגרוּת; לְהַבשִיל
– under age קַטִין; צָעִיר מִדַי
age *v.* לְהִזדַקֵן; לְהַזקִין
aged *adj.* זָקֵן; בְּגִיל
– the aged הַזקֵנִים
ageing *n., adj.* הִזדַקנוּת; מִזדַקֵן
ageless *adj.* נִצחִי; צָעִיר לָנֶצַח
agency *n.* סוֹכנוּת; מִשׂרָד
agenda *n.* סֵדֶר הַיוֹם
agent *n.* סוֹכֵן; נָצִיג; מְתַווֵךְ; גוֹרֵם; חוֹמֶר
agent provocateur *n.* סוֹכֵן מַדִיחַ
aggravate *v.* לְהַחמִיר; לְהַחֲרִיף; לְהַרגִיז
aggravated assault תְקִיפָה בְּנסִיבּוֹת מַחמִירוֹת
aggravating *adj.* מַרגִיז
aggravation *n.* הַחמָרָה; עוֹגמַת נֶפֶש
aggregate *n.* סַךְ הַכּוֹל; סִכּוּם (כּוֹלֵל)
aggression *n.* תוֹקפָנוּת; הַתקָפָה
aggressive *adj.* תוֹקפָנִי; אַגרֶסִיבִי; תַקִיף
aggressively *adv.* בְּתוֹקפָנוּת
aggressiveness *n.* תוֹקפָנוּת; אַגרֶסִיבִיוּת
aggressor *n.* תוֹקפָן
aghast *adj.* מוּכֵּה פַּחַד; נִדהָם; מְבוּעָת
agile *adj.* זָרִיז; קַל תְנוּעָה
agility *n.* זְרִיזוּת
aging *n., adj.* הִזדַקנוּת; מִזדַקֵן
agitate *v.* לַעֲשׂוֹת תַעֲמוּלָה (נֶגֶד / בְּעַד)
agitated *adj.* מוּדאָג; נִסעָר
agitation *n.* חֲרָדָה; תַעֲמוּלָה; הֲסָתָה
agitator *n.* מֵסִית; תַעַמלָן; מַבחֵש
ago *adv.* לִפנֵי (שָבוּעַ, חוֹדֶש וכו')
agonize *v.* לְהִתייַסֵר; לְהִתלַבֵּט
agony *n.* סֵבֶל; ייִסוּרִים
agree *v.* לְהַסכִּים; לְהַתאִים (ל־)
agreeable *adj.* נָעִים; מוּכָן לְהַסכִּים; מוּסכָּם
agreed *adj.* מוּסכָּם; שֶנִקבַּע
agreement *n.* הֶסכֵּם; הַסכָּמָה; הַתאָמָה
agricultural *adj.* חַקלָאִי
agriculture *n.* חַקלָאוּת
aground *adv.* עַל שִׂרטוֹן
ahead *adj., adv.* לִפנֵי; קָדִימָה; לְפָנֵינוּ; מוֹבִיל; בָּרֹאש
aid *n.* סִיוּעַ; עֶזרָה; עֵזֶר
aid *v.* לְסַייֵעַ; לַעֲזוֹר
aide *n.* עוֹזֵר (אִישִי); שָלִיש
AIDS אֵיידס
ailing *adj.* מָצוּי בְּקשָיִים; חוֹלֶה
ailment *n.* חוֹלִי; מַחֲלָה
aim *n.* כִּיווּן (לַמַטָרָה); מַטָרָה
aim *v.* (at) לְכַווֵן (ל־); לִשלוֹחַ לְכִיווּן; לְהַפנוֹת (אֶל־); לְהִתכַּווֵן; לִשאוֹף ל־
aimless *adj.* חֲסַר מַטָרָה / תַכלִית
aimlessly *adv.* לְלֹא מַטָרָה; לְלֹא תַכלִית
ain't (בּסלֶנג) לֹא
air *n.* אֲוִיר; אֲרֶשֶת; אֲווִירָה
– by air בְּמָטוֹס; בְּדֶרֶךְ הָאֲוִויר
– clear the air לְטַהֵר אֶת הָאֲווִירָה
air *v.* לְשַדֵר; לְהַבִּיעַ; לְאַוורֵר
air bag *n.* כָּרִית אֲוִויר (בִּמכוֹנִית)
air base *n.* בְּסִיס חֵיל־אֲוִויר
airborne *adj.* טָס; נִישָׂא בָּאֲוִויר; מוּטָס

air-conditioned *adj.* מְמוּזָג
air-conditioner *n.* מַזגָן
air-conditioning *n.* מִיזוּג אֲוִויר
aircraft *n.* מָטוֹס; כְּלִי / כְּלֵי טַיִס
aircraft carrier *n.* נוֹשֵׂאת מְטוֹסִים
airfield *n.* שְׂדֵה תְעוּפָה
air force *n.* חֵיל אֲוִויר
airlift *n., v.* (לְהָטִיס בּ־) רַכֶּבֶת אֲוִוירִית
airline *n.* חֶברַת תְעוּפָה; קַו אֲוִוירִי
airliner *n.* מְטוֹס נוֹסעִים
airmail *n.* דוֹאַר אֲוִויר
airplane *n.* מָטוֹס
air pollution *n.* זִיהוּם אֲוִויר
airport *n.* נְמַל תְעוּפָה
air raid *n.* הַתקָפָה אֲוִוירִית
airship *n.* סְפִינַת אֲוִויר
air show *n.* מִפגַן אֲוִוירִי; תַעֲרוּכָה אֲוִוירִית
airspace *n.* מֶרחָב אֲוִוירִי
air terminal *n.* מְסוֹף נוֹסעִים; בֵּית נְתִיבוֹת
airtight *adj.* בִּלתִי חָדִיר לַאֲוִויר; אָטִים; מוּשלָם; שֶׁאֵין בּוֹ פְּרָצוֹת
air traffic controller *n.* פַּקַח טִיסָה
air-waves *n.* גַלֵי הָרַדיוֹ
airway *n.* נְתִיב אֲוִויר
airy *adj.* מְאוּורָר; שִׁטחִי; לֹא רְצִינִי
aisle *n.* מַעֲבָר (בֵּין שׁוּרוֹת)
ajar *adj.* פָּתוּחַ בְּמִקצָת
aka הַיָדוּעַ בְּכִינוּיוֹ; הַיָדוּעַ גַם כּ־
akin *adj.* (to) דוֹמֶה (ל־); כָּמוֹהוּ כּ־
à la carte *adj.* (בְּמָנוֹת נִפרָדוֹת) לְפִי הַתַפרִיט
alacrity *n.* לְהִיטוּת; זְרִיזוּת
alarm *n.* (אוֹת) אַזעָקָה; מַכשִׁיר אַזעָקָה; פַּחַד; בֶּהָלָה
– a false alarm אַזעָקַת שָׁווא
alarm *v.* לְהַזעִיק; לְהַבהִיל; לְהַדאִיג
alarm clock *n.* שָׁעוֹן מְעוֹרֵר
alarming *adj.* מַבהִיל; מַדאִיג
alarmingly *adv.* בְּאוֹפֶן מַדאִיג / מַבהִיל
alas אֲבוֹי! לְמַרבֵּה הַצַעַר
albatross *n.* אַלבַּטרוֹס
albeit *conj.* אִם כִּי
albino *n.* לַבקָן
album *n.* אַלבּוֹם
alchemist *n.* אַלכִּימַאי
alcohol *n.* אַלכּוֹהוֹל; מַשׁקֶה חָרִיף
alcoholic *adj., n.* אַלכּוֹהוֹלִי; אַלכּוֹהוֹלִיסט
alcoholism *n.* אַלכּוֹהוֹלִיזם
ale *n.* בִּירָה
alert *adj.* עֵר; עֵרָנִי; זָרִיז; חַד עַיִן / אוֹזֶן
alert *n.* אַזעָקָה; אַתרָעָה; כּוֹננוּת
– on the alert עַל הַמִשׁמָר; בְּמַצַב הָכֵן
alert *v.* לְהַזהִיר; לְהָעִיר אֶת תְשׂוּמֶת לִבּוֹ
alfalfa *n.* אַספֶּסֶת
algae *n.* אַצוֹת
algebra *n.* אַלגֶבּרָה
alias *adv., n.* הַמְכוּנֶה; שֵׁם בָּדוּי; כִּינוּי
alibi *n.* אַלִיבִּי; תֵירוּץ
alien *adj.* (to) זָר (ל־)
alien *n.* זָר; יְצוּר מִכּוֹכָב אַחֵר; חַייזָר
alienate *v.* לְהַרחִיק; לִגרוֹם לְנִיכּוּר
alienation *n.* נִיכּוּר; הַעֲבָרָה (שֶׁל רכוּשׁ)
alight *v.* לָרֶדֶת (מ־); לִנחוֹת (צִיפּוֹר)
align *v.* לְסַדֵר / לְהִסתַדֵר בְּשׁוּרָה; לְהִתייַצֵב לְצַד; לְתָאֵם; לְכַוונֵן; לְאַזֵן
alignment *n.* יִישׁוּר; סִידוּר בְּשׁוּרָה; מַעֲרָךְ; הֵיעָרכוּת; כִּיווּן (גַלגַלִים); אִיזוּן
alike *adj., adv.* דוֹמֶה; בְּאוֹפֶן דוֹמֶה; כְּאֶחָד
– look alike, be alike לִהיוֹת דוֹמִים
alimentary canal *n.* צִינוֹר הָעִיכּוּל
alimony *n.* דְמֵי מְזוֹנוֹת
alive *adj.* חַי; בַּחַיִים; קַייָם; פָּעִיל; עֵר
– alive and kicking חַי וְקַייָם
– alive with שׁוֹרֵץ
all *adj.* כָּל הַ־; כָּל; אֶת כָּל ה־
– all the best כָּל טוּב
all *adv.* כּוּלוֹ; לְגַמרֵי
– all along לְאוֹרֶךְ כָּל; כָּל הַזמַן; מִלְכַתחִילָה
– all of a sudden לְפֶתַע פִּתאוֹם
– all over בְּכָל מָקוֹם בּ־; נִגמַר
– all right בְּסֵדֶר; טוֹב
– all the more so עַל אַחַת כַּמָה וְכַמָה
– all the same בְּכָל זֹאת

all *pron.* כּוּלָם; הַכּוֹל; כָּל; כּוּלוֹ; לַכּוֹל
–all in all בְּסַךְ הַכּוֹל
–not at all בִּכְלָל לֹא; עַל לֹא דָבָר
all-around רַבגוֹנִי (סְפּוֹרטַאי)
allay *v.* לְהַשקִיט, לְהָפִיג, לְשַכֵּךְ
all-clear *n.* צְפִירַת / אוֹת אַרגָעָה
allegation *n.* טַעֲנָה; הַאֲשָמָה
allegedly *adv.* לִכאוֹרָה; כְּפִי שֶטוֹעֲנִים
allegiance *n.* אֱמוּנִים; נֶאֱמָנוּת
allergic *adj.* אַלֶרגִי (ל־); רָגִיש (ל־)
allergy *n.* אַלֶרגִיָה
alleviate *v.* לְהָקֵל (עַל); לְהַפחִית; לְהָפִיג
alleviation *n.* הֲקַלָה
alley *n.* סִמטָה; מַסלוּל כַּדּוֹרֶת
alliance *n.* קֶשֶר; שִיתוּף; בְּרִית; אִיחוּד
allied *adj.* קָשוּר; קָרוֹב (ל־); בַּעַל בְּרִית
alligator *n.* תַּנִין; עוֹר תַּנִין
allocate *v.* לְהַקצוֹת; לְהַקצִיב
allocation *n.* הַקצָאָה; הַקצָבָה
allot *v.* לְהַקצוֹת; לְהַקצִיב
allotment *n.* הַקצָאָה; חֶלקַת אֲדָמָה; חֵלֶק
all-out *adj.* כּוֹלֵל
allow *v.* לְהַרשוֹת; לְאַפשֵר
–allow for לְהָבִיא בְּחֶשבּוֹן
allowance *n.* קִצבָּה; הַקצָבָה; דְמֵי כִּיס
–make allowances for לְהִתחַשֵב בּ־
alloy *n.* סַגסוֹגֶת; מֶסֶג
all-purpose *adj.* רַב־תַכלִיתִי
all right *adv.* בְּסֵדֶר; טוֹב
allspice *n.* פִּלפֵּל אַנגלִי; פִּימֶנטָה רְפוּאִית
all-time *adj.* בְּכָל הַזמַנִים
allude *v.* (to) לִרמוֹז; לְהַזכִּיר
allure *n.* קֶסֶם; מְשִיכָה
alluring *adj.* מוֹשֵךְ; מְפַתֶּה
allusion *n.* רְמִיזָה; אֶרמֵז
ally *n.* בַּעַל בְּרִית; תוֹמֵךְ
almanac *n.* לוּחַ שָנָה; שְנָתוֹן
almighty *adj.* אַדִיר; עָצוּם; אָיוֹם
Almighty *n.* אֵל שַדַי; הקבּ״ה; הַכּוֹל־יָכוֹל
almond *n.* שָקֵד; שְקֵדִיָיה
almost *adv.* כִּמעַט
aloe *n.* אַלוֹוֶרָה; אַלְוַוי (צֶמַח)

alone *adj., adv.* לְבַד; לְבַדוֹ; בִּלבַד; בּוֹדֵד
along *adv.* קָדִימָה; הָלְאָה; מִתקַדֵם; הֵנָה; (לְ)שָם; אִיתוֹ; יַחַד (עִם)
along *prep.* לְאוֹרֶךְ; בּ־
alongside *adv., prep.* לְצַד; לְיַד
aloof *adj.* קַר וּמְסוּיָג; מִתבַּדֵל; מְרוּחָק
aloud *adv.* בְּקוֹל (רָם)
alphabet *n.* אָלֶפבֵּית
alphabetically *adv.* לְפִי סֵדֶר אָלֶפבֵּיתִי
already *adv.* כְּבָר
Alsatian *n.* כֶּלֶב רוֹעִים גֶרמָנִי
also *adv.* גַם; כְּמוֹ כֵן; וְכֵן גַם
also-ran *n.* מִתמוֹדֵד שֶנִכשַל
altar *n.* מִזבֵּחַ
alter *v.* לְשַנוֹת; לְתַקֵן; לְהִשתַנוֹת; לְסָרֵס
alteration *n.* שִינוּי; תִיקוּן
alternate *adj.* (שֶבָּאִים) לְסֵירוּגִין
–on alternate days יוֹם כֵּן — יוֹם לֹא
alternate *v.* לְהַחֲלִיף / לְהִתחַלֵף לְסֵירוּגִין; לַעֲבוֹר אוֹ לְהִשתַנוֹת (מ־... ל־)
alternately *adv.* לְסֵירוּגִין
alternative *adj.* חֲלוּפִי; חֲלִיפִי
alternative *n.* בְּרֵירָה; חֲלוּפָה; אֶפשָרוּת
alternatively *adv.* לַחֲלוּפִין
although לַמרוֹת שֶ־; אִם כִּי
altitude *n.* גוֹבַה
altogether *adv.* לְגַמרֵי; בְּסַךְ הַכּוֹל
altruism *n.* אַהֲבַת הַזוּלַת
altruistic *adj.* מִתוֹךְ אַהֲבַת הַזוּלַת; אַלטרוּאִיסטִי
aluminium, aluminum *n.* אַלוּמִינְיוּם
always *adv.* תָמִיד; לְעוֹלָם; כָּל הַזמַן
am, a.m. בַּבּוֹקֶר; לִפנֵי הַצָהֳרַיִים
amalgam *n.* תַעֲרוֹבֶת; חוֹמֶר מִילוּי (לְשֵן)
amalgamate *v.* לְהִתמַזֵג; לְאַחֵד; לְמַזֵג
amass *v.* לִצבּוֹר; לֶאֱסוֹף
amateur *n.* (אוֹמָן / סְפּוֹרטַאי) חוֹבֵב
amateurish *adj.* חוֹבְבָנִי
amaze *v.* לְהַדהִים; לְהַפלִיא
amazement *n.* תַדהֵמָה; הִשתָאוּת
amazing *adj.* מַדהִים
amazingly *adv.* עַד לְהַדהִים; לְמַרבֵּה הַתִימָהוֹן
ambassador *n.* שַגרִיר

amphetamine *n.* אַמְפֶטָמִין; סַם מֶרֶץ
amphibian *n.* דּוּחַי; מָטוֹס/רֶכֶב אַמְפִיבִּי
amphibious *adj.* אַמְפִיבִּי; דּוּחַי
amphitheater *n.* אַמְפִיתֵיאַטְרוֹן
ample *adj.* הַרְבֵּה; נִרְחָב; דַּי וְהוֹתֵר; מַסְפִּיק
amplifier *n.* מַגְבֵּר
amplify *v.* (amplified) לְהַגְבִּיר; לְהַגְדִּיל
amply *adv.* בְּשֶׁפַע; בְּמִידָּה מַסְפֶּקֶת
amputate *v.* לִקְטוֹעַ; לִכְרוֹת
amputation *n.* קְטִיעָה
amuck *see* amok
amuse *v.* לְהַצְחִיק; לְשַׁעֲשֵׁעַ; לְבַדֵּר
amusement *n.* הֲנָאָה; שַׁעֲשׁוּעַ; עִינּוּג; בִּידּוּר
amusement arcade *n.* אוּלַם מִשְׂחֲקֵי וִידֵאוֹ
amusement park *n.* גַּן שַׁעֲשׁוּעִים; לוּנָה פַּרְק
amusing *adj.* מְשַׁעֲשֵׁעַ
anachronistic *adj.* מְיוּשָּׁן; שֶׁאֵינוֹ שַׁיָּךְ; אֲנַכְרוֹנִיסְטִי
anaemia *n.* חוֹסֶר דָּם; אֲנֶמְיָה
anaemic *adj.* אֲנֶמִי; חִיוֵּור
anaesthetic *n.* חוֹמֶר הַרְדָּמָה
anaesthetist *n.* (רוֹפֵא) מַרְדִּים
anaesthetize *v.* לְהַרְדִּים (לניתוח וכד׳)
anal *adj.* שֶׁל פִּי הַטַּבַּעַת; אֲנָלִי
analgesic *n., adj.* (חוֹמֶר) מְשַׁכֵּךְ כְּאֵב
analogous *adj.* דּוֹמֶה; מַקְבִּיל (ל־)
analogy *n.* הַקְבָּלָה; נִמְשָׁל; הֶיקֵּשׁ
analyse *v.* לְנַתֵּחַ (מידע); לַעֲשׂוֹת אֲנָלִיזָה
analysis *n.* נִיתּוּחַ (מידע וכד׳); אֲנָלִיזָה
– in the final analysis בְּסִיכּוּמוֹ שֶׁל דָּבָר
analyst *n.* מְנַתֵּחַ (מידע); מוּמְחֶה; פַּרְשָׁן; פְּסִיכוֹאֲנָלִיטִיקָן
analytic *adj.* נִיתּוּחִי; אֲנָלִיטִי
analyze *v.* לְנַתֵּחַ (מידע); לַעֲשׂוֹת אֲנָלִיזָה
anarchic *adj.* אֲנַרְכִי
anarchy *n.* אֲנַרְכְיָה; הֶפְקֵרוּת
anathema *n.* תּוֹעֵבָה; דָּבָר פָּסוּל
anatomical *adj.* אֲנָטוֹמִי
anatomy *n.* אֲנָטוֹמְיָה; גּוּף
ancestor *n.* אָב (מִדּוֹרוֹת קוֹדְמִים)

amber *n.* עִנְבָּר; צֶבַע הָעִנְבָּר; רַמְזוֹר צָהוֹב
ambidextrous *adj.* שׁוֹלֵט בִּשְׁתֵּי הַיָּדַיִים
ambience *n.* סְבִיבָה; אֲווִירָה
ambiguity *n.* דּוּ־מַשְׁמָעוּת; עֲמִימוּת
ambiguous *adj.* דּוּ־מַשְׁמָעִי
ambition *n.* שְׁאַפְתָנוּת; שְׁאִיפָה
ambitious *adj.* שְׁאַפְתָנִי; בַּעַל שְׁאִיפוֹת
ambivalent *adj.* אַמְבִּיוָולֶנְטִי; דּוּ־עֶרְכִּי; עִם רְגָשׁוֹת מְעוֹרָבִים
amble *v.* (about) לָלֶכֶת לְאִיטּוֹ
ambulance *n.* אַמְבּוּלַנְס
ambush *n., v.* מַאֲרָב; לְהַתְקִיף מֵהַמַּאֲרָב
ameliorate *v.* לְשַׁפֵּר; לְהִשְׁתַּפֵּר
amenable *adj.* מוּכָן לְקַבֵּל/לִנְהוֹג בּ־; כָּפוּף
amend *v.* לְתַקֵּן (חוק וכד׳); לְהִשְׁתַּפֵּר
amendment *n.* תִּיקּוּן (חוק); הִסְתַּייְגוּת
amends *n.*
– make amends לְפַצּוֹת; לְכַפֵּר
amenity *n.* נוֹחוּת; נְעִימוּת; אֶמְצָעֵי נוֹחִיּוּת
amethyst *n.* אַחְלָמָה (אֶבֶן טוֹבָה)
amiable *adj.* חָבִיב; מַסְבִּיר פָּנִים; נָעִים
amicable *adj.* יְדִידוּתִי
amicably *adv.* בִּידִידוּת
amid *prep.* בְּקֶרֶב; בְּאֶמְצַע; תּוֹךְ כְּדֵי
amino acid *n.* חוּמְצַת אָמִינוֹ
amiss *adj.* לֹא כַּשּׁוּרָה
– take amiss לְהִיפָּגַע; לְהֵיעָלֵב
ammunition *n.* תַּחְמוֹשֶׁת; "נֶשֶׁק"
amnesia *n.* אִיבּוּד הַזִּיכָּרוֹן
amnesty *n.* חֲנִינָה
amok *adv.*
– run amok לְהִשְׁתּוֹלֵל בְּטֵירוּף
among(st) *prep.* בֵּין; בְּקֶרֶב; נִמְנֶה עִם
amorous *adj.* שֶׁל אַהֲבָה; מְגַלֶּה אַהֲבָה; אוֹהֵב
amortization *n.* פְּחָת; סִילּוּק חוֹב
amount *n.* סְכוּם; כַּמּוּת
amount *v.* (to) לְהִסְתַּכֵּם בּ־; אֵינוֹ אֶלָּא
amp(s), ampere *n.* אַמְפֵּר
ampersand *n.* הַסִּימָן &

ancestry *n.* יִיחוּס; מוֹצָא; הָאָבוֹת
anchor *n., v.* עוֹגֶן; לְעַגֵן; לַעֲגוֹן; לְחַזֵק
anchorman *n.* קַרייָן מַנחֶה; מַגִיש רָאשִׁי
anchovy *n.* עֲפִייָן; אַנשוֹבִי
ancient *adj.* עַתִיק; קָדוּם; יָשָׁן / זָקֵן מְאוֹד
–the ancients עַמֵי קֶדֶם; הַקַדמוֹנִים
ancillary *adj.* מִשנִי; ־עֵזֶר; מְסַייֵעַ; נִלוֶוה
and ו־; וְאָז
–and so on וְכוּ׳; וְכֵן הָלְאָה
androgynous *adj.* דוּ־מִינִי; אַנדרוֹגֶנִי
android *n.* רוֹבּוֹט דְמוּי אָדָם
anecdote *n.* אֲנֶקדוֹטָה
anemia *n.* אֲנֶמיָה; חוֹסֶר דָם
anemic *adj.* אֲנֶמִי
anemone *n.* כַּלָנִית
anesthetic *n.* חוֹמֶר הַרדָמָה; מְאַלחֵש
anesthetist *n.* (רוֹפֵא) מַרדִים
anesthetize *v.* לְהַרדִים (לְנִיתוּחַ וכד׳)
angel *n.* מַלאָך
anger *n., v.* כַּעַס; זַעַם; רוֹגֶז; לְהַכעִיס; לְהַרגִיז
angina pectoris *n.* תְעוּקַת־הֶחָזֶה / הַלֵב
angle *n.* זָווִית; נְקוּדַת מַבָּט
angle *v.* לָדוּג בְּחַכָּה; לְנַסוֹת ״לִסחוֹט״
angrily *adv.* בְּכַעַס; בְּזַעַם
angry *adj.* כּוֹעֵס; זוֹעֵם; קוֹצֵף; סוֹעֵר
–get angry לְהִתרַגֵז
angst *n.* חֲרָדָה
anguish *n.* יִיסוּרִים
anguished *adj.* מְיוּסָר; מִתייַסֵר; כּוֹאֵב
angular *adj.* זָוויתִי; כָּחוּש
animal *n.* בַּעַל־חַיִים; חַיָה
animal kingdom *n.* מַמלֶכֶת הַחַי
animal magnetism *n.* מְשִיכָה חַיָיתִית
animate *adj.* חַי
animate *v.* לְעוֹרֵר (לְחַיִים); לְהַנפִּיש
animated *adj.* חַי; עֵר; תוֹסֵס
animated cartoon *n.* סֶרֶט מְצוּיָר / הַנפָּשָׁה
animation *n.* עֵירָנוּת; הַנפָּשָׁה
animosity *n.* אֵיבָה; עוֹיְנוּת
anise *n.* (כַּמנוֹן) אֲנִיס; אֲנִיסוֹן
aniseed *n.* (זַרעֵי) אֲנִיס

ankle *n.* קַרסוֹל
annals *n.* תוֹלדוֹת; דִברֵי הַיָמִים; רְשוּמוֹת
annex *v.* לְסַפֵּחַ; לְצָרֵף
annexation *n.* סִיפּוּחַ
annihilate *v.* לְהַשמִיד
annihilation *n.* הַשמָדָה; חִיסוּל
anniversary *n.* יוֹם הַשָּׁנָה
annotate *v.* לְהוֹסִיף הֶעָרוֹת; לְפָרֵש
announce *v.* לְהוֹדִיעַ; לְהַכרִיז; לְהַצִיג
announcement *n.* הוֹדָעָה; הַכרָזָה
announcer *n.* קַרייָן
annoy *v.* לְהַרגִיז; לְהַטרִיד; לְהָצִיק
annoyance *n.* רוֹגֶז; מְטרָד; דָבָר מַרגִיז
annoyed *adj.* מְרוּגָז
annoying *adj.* מַרגִיז
annual *adj.* שְׁנָתִי
annual *n.* שְׁנָתוֹן; צֶמַח חַד־שְׁנָתִי
annually *adv.* פַּעַם בְּשָׁנָה; בְּכָל שָׁנָה; בְּשָׁנָה
annuity *n.* אֲנוֹנָה; גִמלָה
annul *v.* לְבַטֵל
annulment *n.* בִּיטוּל
anoint *v.* לִמשוֹחַ (לְמֶלֶך, בְּשֶמֶן)
anomalous *adj.* חָרִיג
anomaly *n.* (דָבָר) חָרִיג; סְטִייָה
anonymity *n.* אַלמוֹנִיוּת; עִילוּם שֵׁם
anonymous *adj.* בְּעִילוּם שֵׁם; אַלמוֹנִי
anonymously *adv.* בְּעִילוּם שֵׁם
anorectic, anorexic *adj., n.* אֲנוֹרֶקטִי
anorexia *n.* אֲנוֹרֶקסִיָה; הַרעָבָה עַצמִית
another *adj.* עוֹד; נוֹסָף; אַחֵר
another *pron.* עוֹד אֶחָד; אֶחָד אַחֵר
answer *n.* תְשוּבָה; מַעֲנֶה; פִּתרוֹן
answer *v.* לַעֲנוֹת (עַל); לְהָשִׁיב (ל־)
–answer back לַעֲנוֹת בְּחוּצפָּה
–answer for לִהיוֹת אַחֲרַאי ל־; לְשַלֵם עַל
answering machine *n.* מְשִיבוֹן
ant *n.* נְמָלָה
antagonism *n.* אֵיבָה; עוֹיְנוּת; הִתנַגדוּת
antagonist *n.* יָרִיב; אַנטִי־גִיבּוֹר
antagonize *v.* לְהַרגִיז; לְקוֹמֵם
anteater *n.* אוֹכֵל נְמָלִים

antecedent *n.* מִי / מַה שֶׁקָּדַם
antedate *v.* לִהְיוֹת קוֹדֵם ל־; לְהַקְדִּים
antelope *n.* דִּישׁוֹן; אַנְטִילוֹפָּה
antenna *n.* מָחוֹשׁ (שֶׁל חֶרֶק); אַנְטֶנָּה
anthem *n.* הִימְנוֹן
anthill *n.* תֵּל נְמָלִים
anthology *n.* אַנְתוֹלוֹגְיָה; קוֹבֶץ כְּתָבֵי־
anthropological *adj.* אַנְתרוֹפּוֹלוֹגִי
anthropology *n.* אַנְתרוֹפּוֹלוֹגְיָה
anti- אַנְטִי־; נֶגֶד־
anti-aircraft *adj.* נֶגֶד מְטוֹסִים
antibiotic אַנְטִיבִּיוֹטִי; אַנְטִיבִּיוֹטִיקָה
antibody *n.* נוֹגְדָן
anticipate *v.* לְצַפּוֹת ל־; לְהַקְדִּים; לִצְפּוֹת
anticipation *n.* צִיפִּיָּה; צְפִיָּה מֵרֹאשׁ
anticlimax *n.* נְפִילָה; סִיּוּם מְאַכְזֵב / תָּפֵל
anticlockwise *adj.* נֶגֶד כִּיווּן הַשָּׁעוֹן
antics *n.* תַּעֲלוּלִים; מַעֲשֵׂי לֵיצָנוּת
antidote *n.* סַם שֶׁכְּנֶגֶד; תְּרוּפָה
antioxidant *n.* נוֹגֵד חִימְצוּן
antipathy *n.* סְלִידָה; אַנְטִיפַּתְיָה
antiperspirant *n.* (תַּרְסִיס) מוֹנֵעַ־הַזֵּעָה
antiquated *adj.* מְיוּשָּׁן; שֶׁעָבַר זְמַנּוֹ
antique *adj., n.* (חֵפֶץ) עַתִּיק
antiquity *n.* יְמֵי קֶדֶם; קַדְמוֹנִיּוּת; עַתִּיקוּת
– antiquities עַתִּיקוֹת
antirrhinium *n.* לוֹעַ־הָאֲרִי (פֶּרַח)
anti-Semitic *adj.* אַנְטִישֵׁמִי
anti-Semitism *n.* אַנְטִישֵׁמִיּוּת
antiseptic *adj., n.* (חוֹמֶר) מְחַטֵּא
antisocial *adj.* לֹא חַבְרוּתִי; אַנְטִי־חֶבְרָתִי
antithesis *n.* נִיגּוּד; הֶפֶךְ; אַנְטִיתֵיזָה
antitoxin *n.* חוֹמֶר מְנַטְרֵל רַעַל
antler *n.* קֶרֶן (צְבִי וכד')
antonym *n.* הֶפֶךְ; מִלָּה בְּמַשְׁמָעוּת הֲפוּכָה
anus *n.* פִּי הַטַּבַּעַת
anvil *n.* סַדָּן (גַּם עֶצֶם בָּאוֹזֶן)
anxiety *n.* חֲרָדָה; חֲשָׁשׁ; דְּאָגָה; רָצוֹן עַז
anxious *adj.* חָרֵד; חוֹשֵׁשׁ ל־; שֶׁל חֲרָדָה; מַדְאִיג; מִשְׁתּוֹקֵק
anxiously *adv.* בִּדְאָגָה; בַּחֲרָדָה

any כָּל; אֵיזֶה; אֵיזֶשֶׁהוּ; כָּלְשֶׁהוּ; שׁוּם; כָּל אֶחָד; מַשֶּׁהוּ; מִישֶׁהוּ; בְּמִידָּה כָּלְשֶׁהִי; עוֹד; בִּכְלָל
– any more כְּבָר (לֹא); יוֹתֵר
anybody *pron.* מִישֶׁהוּ; אַף אֶחָד; כָּל אֶחָד
– anybody/anyone else עוֹד מִישֶׁהוּ; כָּל מִי
anyhow *adv.* בְּכָל אוֹפֶן; אֵיכְשֶׁהוּ
anymore *adv.* כְּבָר (לֹא); יוֹתֵר
anyone *see* anybody
anyplace *see* anywhere
anything *pron.* מַשֶּׁהוּ; כָּל דָּבָר; (שׁוּם) דָּבָר
– anything else עוֹד מַשֶּׁהוּ; כָּל דָּבָר אַחֵר
anytime *adv.* בְּכָל רֶגַע; מָתַי שֶׁתִּרְצֶה
anyway *adv.* בְּכָל מִקְרֶה; בְּכָל אוֹפֶן; בְּכָל זֹאת; בֵּין כֹּה וָכֹה; עַל כָּל פָּנִים
anywhere *adv.* בְּ־ / לְ אֵיזֶשֶׁהוּ מָקוֹם; מָקוֹם כָּלְשֶׁהוּ; בְּכָל מָקוֹם (שׁ־); שׁוּם מָקוֹם
aorta *n.* אַב הָעוֹרְקִים
apart *adv.* מְרוּחָקִים (זֶה מִזֶּה); בְּנִפְרָד; לַחֲלָקִים; לַחֲתִיכוֹת; בַּצַּד
– apart from מִלְּבַד; פְּרָט ל־; בְּנוֹסָף ל־
apartheid *n.* הַפְרָדָה גִּזְעִית
apartment *n.* דִּירָה
apartment house *n.* בֵּית־דִּירוֹת
apathetic *adj.* אָדִישׁ
apathy *n.* אֲדִישׁוּת; אַפַּתְיָה
ape *n., v.* קוֹף (אָדָם); גּוֹלֶם; לְחַקּוֹת
aperitif *n.* מַשְׁקֶה מְתַאֲבֵן; אַפֶּרִיטִיף
aperture *n.* מִפְתָּח; פֶּתַח
apex *n.* קוֹדְקוֹד; שִׂיא
aphid *n.* כְּנִימָה
aphorism *n.* פִּתְגָּם
aphrodisiac *n.* סַם מְעוֹרֵר תְּשׁוּקָה מִינִית
apocalyptic *adj.* אַפּוֹקָלִיפְּטִי
apologetic *adj.* מִתְנַצֵּל; מִצְטַדֵּק
apologetically *adv.* בְּהִתְנַצְּלוּת
apologize *v.* לְהִתְנַצֵּל
apology *n.* הִתְנַצְּלוּת; תַּחֲלִיף גָּרוּעַ
apoplexy *n.* שָׁבָץ

a posteriori (לָמֵד) מִסּוֹפוֹ; סוֹפוֹ מֵעִיד
apostle *n.* מְבַשֵּׂר; אֶחָד מִשְּׁלִיחֵי יֵשׁוּ
apostrophe *n.* גֵּרֶשׁ (גֵּרְשַׁיִים)
appal *v.* לְהַחֲרִיד; לְזַעֲזֵעַ
apalling *adj.* מַחֲרִיד; מְזַעְזֵעַ
apparatus *n.* מִתְקָן; צִיּוּד; מַנְגָּנוֹן
apparel *n.* לְבוּשׁ
apparent *adj.* גָּלוּי לָעַיִן; בָּרוּר; לִכְאוֹרָה
apparently *adv.* כַּנִּרְאֶה; נִרְאֶה שׁ־; לִכְאוֹרָה
apparition *n.* רוּחַ רְפָאִים
appeal *n.* בַּקָּשָׁה; פְּנִיָּה; תְּחִינָה; כּוֹחַ מְשִׁיכָה; קֶסֶם; עִרְעוּר
appeal *v.* לִפְנוֹת (אֶל); לְבַקֵּשׁ; לְעַרְעֵר
–appeal to לִקְסוֹם ל־; לִפְנוֹת אֶל
appeals committee *n.* וַעֲדַת עֲרָר
appealing *adj.* מִתְחַנֵּן; נוֹגֵעַ לַלֵּב; מַקְסִים; שׁוֹבֵה לֵב; קוֹסֵם לוֹ
appear *v.* לְהֵירָאוֹת; לְהַגִּיעַ; לְהוֹפִיעַ
appearance *n.* הוֹפָעָה; מַרְאֶה; דְּמוּת
appease *v.* לְפַיֵּיס; לְרַצּוֹת; לְהַשְׁקִיט
appellant *adj., n.* מְעַרְעֵר
appellation *n.* כִּינּוּי; תּוֹאַר
appendicitis *n.* דַּלֶּקֶת הַתּוֹסֶפְתָּן
appendix *n.* נִסְפָּח (בְּסֵפֶר); תּוֹסֶפְתָּן
appetite *n.* תֵּיאָבוֹן; חֵשֶׁק
appetizer *n.* מְתַאֲבֵן
appetizing *adj.* מְעוֹרֵר תֵּיאָבוֹן
applaud *v.* לִמְחוֹא כַּפַּיִים (ל־); לְשַׁבֵּחַ
applause *n.* תְּשׁוּאוֹת; שְׁבָחִים
apple *n.* תַּפּוּחַ
–the apple of his eye בָּבַת עֵינוֹ
applet *n.* יִישׁוּמוֹן
appliance *n.* מַכְשִׁיר; מִתְקָן; הֶתְקֵן
applicable *adj.* יָשִׂים; מַתְאִים; חָל (עַל)
applicant *n.* מוּעֲמָד; פּוֹנֶה
application *n.* פְּנִיָּה; בַּקָּשָׁה; יִישׁוּם
application form *n.* טוֹפֶס בַּקָּשָׁה
application generator *n.* מְחוֹלֵל יִישׁוּמִים
apply *v.* לִפְנוֹת; לְהַגִּישׁ בַּקָּשָׁה; לָשִׂים; לְהִשְׁתַּמֵּשׁ בּ־; לְיַישֵּׁם; לָחוּל
–apply oneself (to) לְהִתְמַסֵּר ל־; לְהִשְׁתַּדֵּל

appoint *v.* לְמַנּוֹת; לִקְבּוֹעַ
appointment *n.* קְבִיעַת פְּגִישָׁה; פְּגִישָׁה; רֵיאָיוֹן; תּוֹר; מִינּוּי; מִשְׂרָה
–by appointment בְּתֵיאוּם מֵרֹאשׁ
apportion *v.* לְחַלֵּק; לְהַקְצִיב
appraisal *n.* הַעֲרָכָה; אוֹמְדָן
appraiser *n.* מַעֲרִיךְ; שַׁמַּאי
appreciable *adj.* נִיכָּר; שֶׁצָּפוּי לַעֲלוֹת בְּעֶרְכּוֹ
appreciate *v.* (לָדַעַת) לְהַעֲרִיךְ; לְהוֹקִיר; לְהָבִין; לַעֲלוֹת בְּעֶרְכּוֹ
appreciation *n.* הַעֲרָכָה; הֲבָנָה; עֲלִיַּית עֵרֶךְ
apprehend *v.* לַעֲצוֹר (עבריין); לִתְפּוֹס
apprehension *n.* פַּחַד; חֲשָׁשׁ; תְּפִיסָה
apprehensive *adj.* חוֹשֵׁשׁ
apprentice *n.* שׁוּלְיָה; חָנִיךְ; מִתְלַמֵּד
approach *n.* גִּישָׁה; הִתְקָרְבוּת; פְּנִיָּה
approach *v.* לְהִתְקָרֵב; לָגֶשֶׁת; לִפְנוֹת
approbation *n.* אִישּׁוּר; הַסְכָּמָה
appropriate *adj.* הוֹלֵם; מַתְאִים
appropriate *v.* לְיַיעֵד; לְהַפְרִישׁ (כספים); לְהַקְצִיב; לָקַחַת לְעַצְמוֹ; לִגְנוֹב
appropriately *adv.* כַּיָּאוּת
appropriation *n.* הַקְצָבָה; הַפְרָשָׁה
approval *n.* אִישּׁוּר; הַסְכָּמָה; דֵּעָה חִיּוּבִית; שְׂבִיעוּת רָצוֹן
–on approval לְנִיסָּיוֹן
approve *v.* (of) לִרְאוֹת בְּעַיִן יָפָה; לְהַסְכִּים ל־; לְאַשֵּׁר
approvingly *adv.* בְּחִיּוּב; בְּהַסְכָּמָה
approximately *adv.* בְּקֵירוּב; בְּעֵרֶךְ
apricot *n.* (עֵץ) מִשְׁמֵשׁ; צֶבַע מִשְׁמֵשׁ
April *n.* אַפְּרִיל
a priori אַפְּרִיוֹרִי; מֵרֹאשׁ; לָמֵד מֵרֵאשִׁיתוֹ
apron *n.* סִינָּר
apropos *adv., adj.* אַגַּב; (שַׁיָּיךְ) לָעִנְיָין; הוֹלֵם
apt *adj.* מַתְאִים; הוֹלֵם; קוֹלֵעַ; מוּכְשָׁר
–apt to נוֹטֶה ל־; עָלוּל ל־
aptitude *n.* נְטִיָּיה; כִּשְׁרוֹן; כּוֹשֶׁר (שִׂכְלִי)
aptly *adv.* כָּרָאוּי; נָכוֹן; בְּצוּרָה קוֹלַעַת
aqualung *n.* מְכַל חַמְצָן וּמַסֵּיכָה לִצְלִילָה
aquarium *n.* אַקְוַורְיוּם

Aquarius *n.* מַזַּל דְּלִי
aquatic *adj.* חַי בְּמַיִם; ־מַיִם
aqueduct *n.* אַמַּת מַיִם; מוֹבִיל מַיִם
Arab *adj., n.* עַרְבִי
Arabic *adj., n.* עֲרָבִית; בַּעֲרָבִית; עַרְבִי
arbitrarily *adv.* בְּאוֹפֶן שְׁרִירוּתִי
arbitrary *adj.* שְׁרִירוּתִי; רוֹדָנִי
arbitration *n.* בּוֹררוּת
arbitrator *n.* בּוֹרֵר
arc *n.* קֶשֶׁת
arcade *n.* אוּלַם מִשְׂחֲקֵי וִידֶאוֹ; שׁוּק קְשָׁתוֹת; מַעֲבָר מְקוּמָר
arch *n.* קֶשֶׁת; שַׁעַר (נִיצָּחוֹן); קִימוּר
arch *v.* לְקַמֵּר; לְקַשֵּׁת; לְהִתְקַמֵּר
archaeology *n.* אַרְכֵיאוֹלוֹגְיָה
archaic *adj.* מְיוּשָּׁן; אַרְכָאִי; קָדוּם
archbishop *n.* אַרְכִיבִּישׁוֹף
arch-enemy *n.* אוֹיֵב רָאשִׁי; הַשָּׂטָן
archeological *adj.* אַרְכֵיאוֹלוֹגִי
archeologist *n.* אַרְכֵיאוֹלוֹג
archeology *n.* אַרְכֵיאוֹלוֹגְיָה
Archer *n.* מַזַּל קַשָּׁת
archery *n.* קַשָּׁתוּת (ספּוֹרט)
archetype *n.* אַב טִיפּוּס; הִתְגַּלְמוּת (ה־)
architect *n.* אַדְרִיכָל
architecture *n.* אַדְרִיכָלוּת; אַרְכִיטֶקְטוּרָה
archives *n.* אַרְכִיב; אַרְכִיוֹן
arctic *adj.* אַרְקְטִי; שֶׁל הַקּוֹטֶב הַצְּפוֹנִי; קַר כְּכְפוֹר; מַקְפִּיא
ardent *adj.* נִלְהָב; לוֹהֵט
ardently *adv.* בְּלַהַט; בְּהִתְלַהֲבוּת
ardor, ardour *n.* לַהַט; הִתְלַהֲבוּת
arduous *adj.* כָּרוּךְ בְּמַאֲמָץ; מְפָרֵךְ
arduously *adv.* בְּעָמָל רַב
area *n.* אֵיזוֹר; שֶׁטַח; תְּחוּם
area code *n.* אֵיזוֹר חִיוּג; קִידוֹמֶת
arena *n.* זִירָה
arguable *adj.* נִיתָּן לִקְבּוֹעַ; נָתוּן לְוִיכּוּחַ
arguably *adv.* אֶפְשָׁר לוֹמַר / לְהוֹכִיחַ שֶׁהוּא
argue *v.* לְהִתְוַוכֵּחַ; לָרִיב; לִטְעוֹן; לָדוּן
argument *n.* וִיכּוּחַ; רִיב (בּוויכּוּחַ); טִיעוּן; נִימוּק; טַעֲנָה
argumentation *n.* הַנְמָקָה; טִיעוּן; וִיכּוּחַ
argumentative *adj.* וַכְּחָנִי; פּוּלמוּסִי
arid *adj.* צָחִיחַ; יָבֵשׁ
Aries *n.* מַזַּל טָלֶה
arise *v.* (arose, arisen) לְהִתְהַוּוֹת; לָצוּץ; לְהִתְעוֹרֵר; לִנְבּוֹעַ מ־; לָקוּם
aristocracy *n.* מִשְׁטָר אֲרִיסְטוֹקְרָטִי; מַעֲמָד הָאֲצוּלָה; אֵלִיטָה
aristocratic *adj.* אֲרִיסְטוֹקְרָטִי; אֲצִילִי
arithmetic *n.* חֶשְׁבּוֹן
arithmetic progression *n.* טוּר חֶשְׁבּוֹנִי
ark *n.* – the Ark תֵּיבַת נוֹחַ
– the Ark of the Covenant אֲרוֹן־הַבְּרִית
arm *n.* זְרוֹעַ; יָד; שַׁרווּל
arm *v.* לְחַמֵּשׁ; לְצַיֵּיד
armament *n.* כּוֹחוֹת צָבָא; נֶשֶׁק; חִימּוּשׁ
armband *n.* סֶרֶט זְרוֹעַ / שַׁרווּל
armchair *n.* כּוּרְסָה
armed *adj.* (with) חָמוּשׁ (בּ־); מְזוּיָּן
– armed robbery שׁוֹד מְזוּיָּן
armed forces/services *n.* הַכּוֹחוֹת הַמְזוּיָּנִים
armistice *n.* שְׁבִיתַת נֶשֶׁק
armor, armour *n.* שִׁרְיוֹן
armored, armoured *adj.* מְשׁוּרְיָין
armor-plated *adj.* מְשׁוּרְיָין (בּלוּחוֹת פלדה)
armory, armoury נַשָּׁקִיָּיה; מַחסַן נֶשֶׁק
armpit *n.* בֵּית הַשֶּׁחִי
armrest *n.* מִשְׁעֶנֶת יָד
arms *n.* נֶשֶׁק
– be up in arms לְהִתְקוֹמֵם; לִמְחוֹת
arms race *n.* מֵירוֹץ חִימּוּשׁ
arm-twisting *n.* לַחַץ; כִּיפּוּף זְרוֹעוֹ
arm wrestling *n.* (תַּחֲרוּת) הוֹרָדַת יָדַיִים
army *n.* צָבָא; הָמוֹן
aroma *n.* נִיחוֹחַ; אֲרוֹמָה
aromatic *adj.* רֵיחָנִי; אֲרוֹמָתִי
arose *v. past of* arise

around *adv.* סְבִיבוֹ; לְאָחוֹר; סָבִיב; מִסָּבִיב; בְּכָל מָקוֹם; פֹּה וָשָׁם
around *prep.* מִסָּבִיב לְ־; בְּכָל מָקוֹם; פֹּה וָשָׁם; בִּסְבִיבוֹת־; בְּעֵרֶךְ; קָרוֹב לְ־
around the clock מִסָּבִיב לַשָּׁעוֹן; יוֹמָם וָלַיְלָה
arouse *v.* לְעוֹרֵר; לְהַדְלִיק; לְהָעִיר
arraign *v.* לְהָבִיא לְדִין; לְהַאֲשִׁים
arraignment *n.* הַאֲשָׁמָה; הֲבָאָה לְדִין
arrange *v.* לְסַדֵּר; לִקְבּוֹעַ (מֵרֹאשׁ); לְהַסְדִּיר; לְהִידָּבֵר (מֵרֹאשׁ); לְעַבֵּד (מוּסִיקָה)
arrangement *n.* סִידּוּר; הֶסְדֵּר; עִיבּוּד
array *n.* אוֹסֶף; תְּצוּגָה; מַעֲרָךְ; לְבוּשׁ
arrears *n.* חוֹב (פִּיגּוּרִים); פִּיגּוּר
arrest *n.* מַעֲצָר
–under arrest עָצוּר; בְּמַעֲצָר
arrest *v.* לַעֲצוֹר; לְעַכֵּב
arrival *n.* הַגָּעָה; בּוֹא; אוֹרֵחַ; מְבַקֵּר; מִצְטָרֵף; מָטוֹס נִכְנָס
–new arrival תִּינוֹק; תַּלְמִיד חָדָשׁ וכו׳
arrive *v.* לְהַגִּיעַ; לָבוֹא; לְהַגִּיעַ לְמַשֶּׁהוּ; לִהְיוֹת מְפוּרְסָם
arrogance *n.* יְהִירוּת; שַׁחֲצָנוּת
arrogant *adj.* יָהִיר; שַׁחֲצָן
arrogantly *adv.* בִּיהִירוּת
arrow *n.* חֵץ
arsenal *n.* מַחְסַן נֶשֶׁק; מַאֲגָר (נֶשֶׁק, וכו׳)
arsenic *n.* אַרְסָן; זַרְנִיךְ
arson *n.* הַצָּתָה
art *n.* אוֹמָנוּת; תַּחְבּוּלָנוּת
arterial road *n.* עוֹרֵק תַּחְבּוּרָה
artery *n.* עוֹרֵק; עוֹרֵק תַּחְבּוּרָה
artful *adj.* עַרְמוּמִי; מוּכְשָׁר
arthritis *n.* דַּלֶּקֶת הַמִּפְרָקִים
artichoke *n.* אַרְטִישׁוֹק; קִנְרָס; חַרְשָׁף
article *n.* פְּרִיט; דָּבָר; סָעִיף; מַאֲמָר
–articles תַּקָּנוֹן; עִיקָּרֵי (אֱמוּנָה)
articled clerk *n.* סְטַאזֶ׳ר (אצל עו״ד)
articulate *adj.* מֵיטִיב לְהִתְבַּטֵּא; מִתְנַסֵּחַ הֵיטֵב; מוּבָּע בִּבְהִירוּת
articulated vehicle *n.* רֶכֶב מִפְרָקִי
articulately *adv.* בִּבְהִירוּת
articulation *n.* חִיתּוּךְ דִּיבּוּר; הַבָּעָה
artifact *n.* מוּצָר; כְּלִי; יְצִירָה
artifice *n.* תַּחְבּוּלָה; תַּרְגִּיל
artificial *adj.* מְלָאכוּתִי; מְעוּשֶּׂה
artificial intelligence *n.* בִּינָה מְלָאכוּתִית
artificial respiration *n.* הַנְשָׁמָה מְלָאכוּתִית
artillery *n.* אַרְטִילֶרְיָה; חֵיל תּוֹתָחָנִים
artisan *n.* אוּמָן
artist *n.* אוֹמָן
artistic *adj.* אוֹמָנוּתִי
artless *adj.* טִבְעִי; תָּמִים; פָּשׁוּט
arts *n.* מַדְּעֵי הָרוּחַ; אוֹמָנוּיוֹת
as כְּ־; כְּמוֹ; בְּתוֹר; בְּתַפְקִיד; כַּאֲשֶׁר; כְּשֶׁ־; כְּפִי שֶׁ־; מִכֵּיוָן שֶׁ־
–as from הָחֵל מִ־
–as if כְּאִילוּ
–as long as כָּל עוֹד
–as many as 100 לֹא פָּחוֹת מִמֵּאָה
–as of הָחֵל מִ־
–as though כְּאִילוּ
–as to בְּנוֹגֵעַ לְ־
ASAP, asap בְּהֶקְדֵּם הָאֶפְשָׁרִי
asbestos *n.* אַסְבֶּסְט
ascend *v.* לַעֲלוֹת (עַל); לְטַפֵּס
ascent *n.* עֲלִיָּיה; טִיפּוּס; מַעֲלֶה
ascertain *v.* לְבָרֵר; לְוַודֵּא; לְאַמֵּת
ascetic *adj., n.* מִסְתַּגֵּף; סַגְפָנִי; סַגְפָן
ascorbic acid *n.* חוּמְצָה אַסְקוֹרְבִּית; וִיטָמִין סִי
ascribe *v.* לְיַיחֵס (לְ־)
aseptic *adj.* לֹא אָלוּחַ; לֹא מְזוֹהָם
ash *n.* –ashes אֵפֶר
ashamed *adj.* בּוֹשׁ (בְּ־); מְבוּיָּשׁ; מִתְבַּיֵּישׁ לְ־
ashore *adv.* עַל/אֶל הַחוֹף; בַּיַּבָּשָׁה
ashtray *n.* מַאֲפֵרָה
Asian *adj., n.* אַסְיָינִי; שֶׁל אַסְיָה
aside *adv.* הַצִּדָּה; בַּצַּד
–aside from פְּרָט לְ־; מִלְּבַד
ask *v.* לִשְׁאוֹל; לְהַזְמִין; לְבַקֵּשׁ; לִדְרוֹשׁ
askew *adv.* נָטוּי; לֹא יָשָׁר
asking *n.*
–for the asking אִם רַק תְּבַקֵּשׁ

asleep *adj.* יָשֵׁן ; רָדוּם ; חֲסַר תְּחוּשָׁה
–fall asleep לְהֵירָדֵם
asp *n.* עֶכֶן ; אֶפְעֶה
asparagus *n.* אַסְפָּרָגוּס
aspect *n.* צַד ; כִּיווּן ; הֶיבֵּט ; הוֹפָעָה ; חָזוּת
asperity *n.* בּוֹטוּת ; חֲרִיפוּת
aspersion *n.* הַשְׁמָצָה, הוֹצָאַת שֵׁם רַע
–cast aspersions לְהַשְׁמִיץ, לְהַטִּיל דוֹפִי
asphalt *n., v.* (לְכַסּוֹת בְּשִׁכְבַת) אַסְפַלְט
asphyxiate *v.* לְהַחֲנִיק ; לְהֵיחָנֵק
asphyxiation *n.* חֶנֶק
aspirant *n.* שׁוֹאֵף ; מוּעֲמָד
aspiration *n.* שְׁאִיפָה
aspire *v.* לִשְׁאוֹף (ל־) ; לִשְׁאוֹף לְהַשִּׂיג
ass *n.* חֲמוֹר ; תַּחַת ; זִיוּן ; טִיפֵּשׁ
assail *v.* לִתְקוֹף ; לְהִתְנַפֵּל עַל
assailant *n.* תּוֹקֵף
assassin *n.* רוֹצֵחַ ; מִתְנַקֵּשׁ
assassinate *v.* לִרְצוֹחַ ; לְהִתְנַקֵּשׁ בְּחַיֵּי־
assassination *n.* רֶצַח ; הִתְנַקְּשׁוּת
assassination attempt *n.* נִסְיוֹן הִתְנַקְּשׁוּת
assault *v., n.* לִתְקוֹף ; לְהִסְתָּעֵר עַל ; תְּקִיפָה ; מִתְקָפָה ; פְּגִיעָה
–assault and battery תְּקִיפָה חַבְלָנִית
assay *v., n.* לִבְדּוֹק ; לִבְחוֹן ; בְּדִיקָה
assemble *v.* לְכַנֵּס ; לְהִתְאַסֵּף ; לְהַרְכִּיב
assembly *n.* אֲסֵיפָה ; כִּינּוּס ; עֲצֶרֶת ; הִתְכַּנְּסוּת ; מִפְגָּשׁ ; הַרְכָּבָה
assembly line *n.* (קַו יִיצּוּר בּ־) סֶרֶט נָע
assent *n., v.* הַסְכָּמָה ; אִישּׁוּר ; לְהַסְכִּים
assert *v.* לִתְבּוֹעַ ; לַעֲמוֹד עַל ; לִטְעוֹן (ל־) ; לִקְבּוֹעַ
assertion *n.* קְבִיעָה ; טַעֲנָה ; עֲמִידָה עַל־
assertive *adj.* הֶחְלֵטִי ; דַּעְתָּן ; אַסֶרְטִיבִי
assess *v.* לְהַעֲרִיךְ ; לִקְבּוֹעַ שׁוּמָה
assessee *n.* נִישׁוֹם
assessing officer *n.* פְּקִיד שׁוּמָה
assessment *n.* הַעֲרָכָה ; שׁוּמָה
assessor *n.* שַׁמַּאי ; מַעֲרִיךְ
asset *n.* נֶכֶס
asshole *n.* תַּחַת ; דָּפוּק ; מַנְיָאק
assiduous *adj.* שַׁקְדָן ; מַתְמִיד ; חָרוּץ
assign *v.* לְהַקְצוֹת ; לְחַלֵּק ; לִקְבּוֹעַ ; לְיַיחֵס ; לְמַנּוֹת ; לְהַטִּיל עַל ; לָתֵת ; לְהַעֲבִיר (רכוש) ; לְהַמְחוֹת
assignable *adj.* נִיתָּן לְהַעֲבָרָה
assignment *n.* מְשִׂימָה ; מַטָּלָה ; מִינּוּי ; תַּפְקִיד ; יִישּׁוּם ; הַמְחָאָה
assimilate *v.* לִקְלוֹט ; לְהִיטָּמֵעַ ; לְהִתְבּוֹלֵל ; לְהַטְמִיעַ ; לִסְפּוֹג
assimilation *n.* קְלִיטָה ; טְמִיעָה ; הִתְבּוֹלְלוּת
assist *v.* לַעֲזוֹר ; לְסַיֵּיעַ (ל־)
assistance *n.* עֶזְרָה ; סִיּוּעַ
assistant *n.* עוֹזֵר ; סְגָן ; סַיָּיע ; מוֹכֵר (בַּחֲנוּת)
associate *n.* שׁוּתָּף ; חָבֵר (מוּגְבָּל בִּזְכוּיוֹת / לֹא מִן הַמִּנְיָין) ; עָמִית ; מְקוֹרָב
associate *v.* לְקַשֵּׁר ; לְהִתְחַבֵּר ; לְהִתְרוֹעֵעַ
association *n.* הִתְאַחֲדוּת ; אִיגּוּד ; אֲגוּדָּה ; עֲמוּתָה ; קֶשֶׁר ; שִׁיתּוּף ; אַסוֹצְיַאצְיָה
assorted *adj.* מְסוּוָּגִים שׁוֹנִים
assuage *v.* לְהַרְגִּיעַ ; לְהַשְׁקִיט ; לְהָקֵל
assume *v.* לְהָנִיחַ ; לְקַבֵּל ; לַעֲטוֹת
assumed *adj.* בָּדוּי
assuming בְּהַנָּחָה (שׁ־)
assumption *n.* הַנָּחָה ; הַשְׁעָרָה ; כְּנִיסָה (לְתַפְקִיד) ; קַבָּלָה ; תְּפִיסָה
assurance *n.* הַבְטָחָה ; בִּיטָחוֹן עַצְמִי ; בִּיטוּחַ
assure *v.* לְהַבְטִיחַ ל־ ; לְהַרְגִּיעַ ; לְבַטֵּחַ
assured *adj.* בָּטוּחַ ; מוּבְטָח ; מְבוּטָּח
asterisk *n.* כּוֹכָבִית
asthma *n.* קַצֶּרֶת ; אַסְתְּמָה
asthmatic *adj., n.* שֶׁל קַצֶּרֶת ; אַסְתְּמָטִי ; חוֹלֵה אַסְתְּמָה
astonish *v.* לְהַדְהִים
astonishing *adj.* מַדְהִים
astonishment *n.* תַּדְהֵמָה ; תִּימָּהוֹן
astound *v.* לְהַדְהִים
astounding *adj.* מַדְהִים
astray *adv.* שֶׁלֹּא בְּדֶרֶךְ הַיָּשָׁר
astrologer *n.* אַסְטְרוֹלוֹג
astrological *adj.* אַסְטְרוֹלוֹגִי
astrology *n.* אַסְטְרוֹלוֹגְיָה

astronaut *n.* אַסטרוֹנָאוּט; טַיָּיס חָלָל
astronomer *n.* אַסטרוֹנוֹם
astronomical *adj.* אַסטרוֹנוֹמִי; עָצוּם
astronomy *n.* אַסטרוֹנוֹמְיָה
astute *adj.* פִּיקֵחַ; מְמוּלָח; נָבוֹן
astutely *adv.* בְּפִיקחוּת; בִּתבוּנָה
asylum *n.* מִקלָט; מַחֲסֶה; מוֹסָד לְחוֹלֵי נֶפֶש
asymmetric לֹא סִימֶטרִי
at *prep.* בְּ־; אֵצֶל; לְעֵבֶר; אֶל; עַל; לְ־
ate *past of* eat
atelier *n.* סְטוּדִיוֹ שֶל אוֹמָן
atheism *n.* אַתֵיאִיזם; כְּפִירָה
atheist *n.* אַתֵיאִיסט
athlete *n.* אַתלֵט; סְפּוֹרטַאי
– athlete's foot פַּטֶרֶת הָרַגלַיִים
athletics *n.* אַתלֶטִיקָה
atlas *n.* אַטלַס
ATM כַּספּוֹמָט
ATM card *n.* כַּרטִיס כַּספּוֹמָט
atmosphere *n.* אַטמוֹספֵירָה; אֲווִירָה; אֲוויר
atom *n.* אָטוֹם; שֶמֶץ; חֶלקִיק
atomic *adj.* אֲטוֹמִי
atomize *v.* לְהַפרִיד לְחֶלקִיקִים
atone *v.* (for) לְכַפֵּר (עַל)
atonement *n.* כִּיפּוּר; כַּפָּרָה
– Day of Atonement יוֹם כִּיפּוּר
atrocious *adj.* אַכזָרִי; זְווָעתִי; נוֹרָא
atrocity *n.* (מַעֲשֶׂה) זְווָעָה; רִשעוּת
atrophy *n.* דִלדוּל (שרירים וכו׳); הִתנַוונוּת
attach *v.* לְהַצמִיד; לְצָרֵף; לִקשוֹר; לְחַבֵּר; לְייַחֵס; לְסַפֵּחַ; לְעַקֵל
– be attached to לִהיוֹת קָשוּר לְ־
– the attached letter הַמִכתָב הַמצוֹרָף
attaché *n.* נִספָּח (בשגרירוּת)
attaché case *n.* תִיק גֵ׳ימס בּוֹנד
attachment *n.* חִיבּוּר; צֵירוּף; הִתקַשרוּת; אֲבִיזָר; קֶשֶר רִגשִי; עִיקוּל; סֶפַח; צְרוּפָה (קוֹבֶץ מְצוֹרָף)
– attachment order צַו עִיקוּל
attack *n.* הַתקָפָה; תְקִיפָה; הֶתקֵף; פֶּגַע
attack *v.* לִתקוֹף; לְהַתקִיף; לִפגוֹעַ בְּ־

attain *v.* לְהַשִׂיג; לְהַגִיעַ לְ־
attainable *adj.* נִיתָן לְהַשָׂגָה
attainment *n.* הַשָׂגָה; הֶישֵׂג
attempt *n.* נִיסָיוֹן; מַאֲמָץ; נִסיוֹן הִתנַקשוּת
attempt *v.* לְנַסוֹת; לְהִשתַדֵל; לַעֲשׂוֹת מַאֲמָץ
attend *v.* לָלֶכֶת לְ־; לִהיוֹת נוֹכֵחַ בְּ־; לְטַפֵּל בְּ־; לָשִׂים לֵב לְ־; לְשָרֵת; לְהִתלַווֹת לְ־
attendance *n.* נוֹכחוּת; מִספַּר הַנוֹכחִים; שֵירוּת; טִיפּוּל; מְטַפֵּל
attendant *n.* סַדרָן; מְשָרֵת; מְלַוֶוה
attention *n.* תְשׂוּמֶת לֵב; קֶשֶב; טִיפּוּל
– draw his attention to לְהַפנוֹת אֶת תְשׂוּמֶת לִבּוֹ לְ־
– pay attention (to) לָשִׂים לֵב (לְ־)
– Attention! הַקשֵב!; עֲמוֹד דוֹם!
attentive *adj.* קָשוּב; מָסוּר; אָדִיב
attentively *adv.* בִּתשׂוּמֶת לֵב; בְּהַקשָבָה
attest *v.* (to) לְהָעִיד עַל; לְהוֹכִיחַ
attic *n.* עֲלִיַית גַג
attire *n., v.* לְבוּש; לְהַלבִּיש
attitude *n.* עֶמדָה; גִישָה; יַחַס; תְנוּחָה; עֲמִידָה
attorney *n.* עוֹרֵך־דִין; מְיוּפֵּה־כּוֹחַ
Attorney General *n.* הַיוֹעֵץ הַמִשפָּטִי לַמֶמשָלָה; שַׂר הַמִשפָּטִים (בארה״ב)
attract *v.* לִמשוֹך; לְהָבִיא לְ־
attraction *n.* מְשִיכָה; כּוֹחַ מְשִיכָה; דָבָר מוֹשֵך; אַטרַקציָה
attractive *adj.* מוֹשֵך; קוֹסֵם; אַטרַקטִיבִי
attribute *n.* תְכוּנָה; סֵמֶל; תוֹאַר
attribute *v.* לְייַחֵס (לְ־)
attrition *n.* הַתָשָה; שְחִיקָה
ATV רֶכֶב כָּל־שֶטַח
auburn *adj.* עַרמוֹנִי; חוּם־אֲדַמדַם
auction *n.* מְכִירָה פּוּמבִּית
audacious *adj.* נוֹעָז; חָצוּף
audacity *n.* הֶעָזָה; חוּצפָּה
audible *adj.* שָמִיעַ; נִשמָע
audience *n.* קָהָל; רֵאָיוֹן; פְּגִישָה
audio-visual *adj.* אוֹרקוֹלִי

audit *n., v.* בִּיקוֹרֶת חֶשְׁבּוֹנוֹת; לְבַקֵּר חֶשְׁבּוֹנוֹת
audition *n.* מִבְחָן בָּמָה (לְאוֹמָן וכד׳)
auditor *n.* מְבַקֵּר חֶשְׁבּוֹנוֹת; שׁוֹמֵעַ חוֹפְשִׁי
auditorium *n.* אוּלָם; אוֹדִיטוֹרִיוּם
augment *v.* לְהַגְדִּיל; לְהוֹסִיף; לִגְדּוֹל
augur *v.* לְבַשֵּׂר
August *n.* אוֹגוּסְט
aunt *n.* דּוֹדָה
au pair *adj., n.* (עוֹזֶרֶת) אוֹ־פֶּר
aura *n.* הִילָה; אֲוִירָה
aural *adj.* ־הַנִּשְׁמָע; שְׁמִיעָתִי; שֶׁל הָאוֹזֶן
au revoir לְהִתְרָאוֹת!
auspices *n.*
–under the auspices of בְּחָסוּת־
auspicious *adj.* מְבַשֵּׂר טוֹב; מַבְטִיחַ; מוּצְלָח
austere *adj.* מַחְמִיר; קַפְּדָנִי; פָּשׁוּט; צָנוּעַ
austerity *n.* פַּשְׁטוּת; סַגְפָנוּת; צֶנַע
authentic *adj.* אֲמִיתִי; אוֹתֶנְטִי; מְקוֹרִי
authenticate *v.* לְאַמֵּת; לִקְבּוֹעַ אֲמִיתוּת
authenticity *n.* אוֹתֶנְטִיוּת; מְהֵימָנוּת
author *n.* סוֹפֵר; מְחַבֵּר; הוֹגֶה; יוֹצֵר
authoritarian *adj., n.* רוֹדָנִי; דּוֹגֵל בְּסַמְכוּתִיוּת / בְּרוֹדָנוּת
authoritative *adj.* סַמְכוּתִי; מְהֵימָן; מוּסְמָךְ
authority *n.* סַמְכוּת; רָשׁוּת; שִׁלְטוֹן; בַּר סַמְכָא; מָקוֹר מוּסְמָךְ
–authorities שִׁלְטוֹנוֹת; רָשׁוּיוֹת
authorization *n.* אִישׁוּר; הַרְשָׁאָה
authorize, authorise *v.* לְהַסְמִיךְ; לְאַשֵּׁר
authorized *adj.* מוּסְמָךְ; מוּרְשֶׁה
autistic *adj.* אוֹטִיסְטִי
autobiographical *adj.* אוֹטוֹבִּיוֹגְרָפִי
autocracy *n.* שִׁלְטוֹן יָחִיד; אוֹטוֹקְרַטְיָה
autocrat *n.* שַׁלִּיט יָחִיד; רוֹדָן
autocratic *adj.* אוֹטוֹקְרָטִי; רוֹדָנִי
autodial *n.* חִיּוּג אוֹטוֹמָטִי
autograph *n., v.* חֲתִימָה; כְּתַב יָד; לַחְתּוֹם
automat *n.* מְכוֹנַת מְכִירָה
automated *adj.* מְמוּכָּן
automatic *adj.* אוֹטוֹמָטִי
automatically *adv.* בְּאוֹפֶן אוֹטוֹמָטִי
automatic teller machine *n.* כַּסְפּוֹמָט
automation *n.* מִיכּוּן; אוֹטוֹמַצְיָה
automobile *n.* מְכוֹנִית
autonomous *adj.* אוֹטוֹנוֹמִי
autonomy *n.* אוֹטוֹנוֹמְיָה; שִׁלְטוֹן עַצְמִי
autopsy *n.* נִיתּוּחַ לְאַחַר הַמָּוֶת; נִיתּוּחַ בִּיקוֹרְתִּי
autosuggestion *n.* אוֹטוֹסוּגֶסְטְיָה
autumn *n.* סְתָיו
auxiliary *adj.* עוֹזֵר; מְסַיֵּיעַ; עֵזֶר
avail *n.* –to no avail לַשָּׁוְוא
availability *n.* זְמִינוּת
available *adj.* זָמִין; מָצוּי; פָּנוּי
avalanche *n.* מַפּוֹלֶת שֶׁלֶג; מַבּוּל; שֶׁטֶף
avant-garde *adj.* אֲוָונְגַרְדִּי; חֵיל חָלוּץ
avarice *n.* אַהֲבַת בֶּצַע; חַמְדָנוּת
avaricious *adj.* רוֹדֵף בֶּצַע; חַמְדָנִי
Ave. שד׳ (שְׂדֵרוֹת)
avenge *v.* לִנְקוֹם; לְהִתְנַקֵּם
avenue *n.* שְׂדֵירָה; שְׂדֵרוֹת; דֶּרֶךְ
average *adj., n.* מְמוּצָּע; בֵּינוֹנִי
–on average בִּמְמוּצָּע
averse *adj.* (to) סוֹלֵד מ־; מִתְנַגֵּד ל־
aversion *n.* סְלִידָה; דָּבָר / אָדָם מָאוּס
avert *v.* לְהַפְנוֹת הַצִּידָה; לְהַסִּיחַ; לִמְנוֹעַ
aviation *n.* תְּעוּפָה; תַּעֲשִׂיָּיה אֲוִירִית
aviator *n.* טַיָּיס
avid *adj.* (for) לָהוּט; נִלְהָב; מִשְׁתּוֹקֵק ל־
avidly *adv.* בִּלְהִיטוּת; בִּשְׁקִיקָה
avocado *n.* אֲבוֹקָדוֹ
avoid *v.* לְהִתְחַמֵּק מ־; לְהִימָּנַע מ־
avoidable *adj.* שֶׁנִּיתָּן לְהִימָּנַע מִמֶּנּוּ
avoidance *n.* הִימָּנְעוּת; הִתְחַמְּקוּת
avow *v.* לְהוֹדוֹת בּ־; לְהַצְהִיר
avowed *adj.* מוּשְׁבָּע; מוּצְהָר
await *v.* לְחַכּוֹת ל־; לְצַפּוֹת ל־
awake *adj.* עֵר; עֵר (ל־); מוּדָע (ל־)
awake *v.* (awoke, awoken) לְהִתְעוֹרֵר
awaken *v.* לְהָעִיר; לְהִתְעוֹרֵר; לְעוֹרֵר
awakening *n.* הִתְעוֹרְרוּת; הִתְפַּכְּחוּת
award *n.* פְּרָס; מַעֲנָק; תַּגְמוּל; פְּסָק

award *v.* לְהַעֲנִיק; לִפסוֹק
award-winning *adj.* שֶׁזָּכָה בִּפְרָס
aware *adj.* (of) מוּדָע לְ־; יוֹדֵעַ; מַכִּיר; חָשׁ
awareness *n.* מוּדָעוּת
away *adj.* לֹא נִמצָא בְּ־/בַּבַּיִת; נָסַע; יָצָא לַדֶּרֶךְ; בַּחוּץ; חוּץ
away *adv.* רָחוֹק; בְּמֶרחָק שֶׁל... (מִכָּאן); בַּמָּקוֹם; בְּלִי הֶרֶף
awe *n., v.* יִראַת כָּבוֹד; לְעוֹרֵר יִראַת כָּבוֹד בְּ־
awe-inspiring *adj.* נוֹרָא הוֹד; מְעוֹרֵר יִראָה
awesome *adj.* מְעוֹרֵר יִראָה; עָצוּם; מַגנִיב
awful *adj.* נוֹרָא; נוֹרָאִי; מְאוֹד
awfully *adv.* נוֹרָא; מְאוֹד; גָּרוּעַ
awkward *adj.* מְגוּשָּׁם; קָשֶׁה; לֹא נוֹחַ; מֵבִיךְ; בְּעָיָיתִי
awning *n.* סוֹכֵךְ / גַּגוֹן (מִבְּרֶזֶנט)
awoke *v. past of* awake
awoken *v. 3rd form of* awake
AWOL נִפקָד
awry *adv.* לֹא מְסוּדָּר; לֹא מוּנָח טוֹב
–go awry לְהִשתַּבֵּשׁ; לְהִיכָּשֵׁל
ax, axe *n.* גַּרזֶן; קִיצוּצִים; פִּיטוּרִים
–have an axe to grind יֵשׁ לוֹ תוֹעֶלֶת אִישִׁית (בָּעִניָין)
axe *v.* לְקַצֵּץ; לְפַטֵּר; לְחַסֵּל
axiom *n.* אַקסיוֹמָה
axis *n.* צִיר; צִיר הַסִּימֶטרִיָּה
axle *n.* צִיר; סֶרֶן
azure *adj., n.* (צֶבַע) תְּכֵלֶת; תָּכוֹל

B

babble *n.* פִּטְפּוּט; מִלְמוּל; פִּכְפּוּךְ
babble *v.* לְפַטְפֵּט; לְבַרְבֵּר; לְמַלְמֵל
baboon *n.* בַּבּוּן
baby *n.* תִּינוֹק; הַצָּעִיר בַּמִּשְׁפָּחָה; פְּרִי יוֹזְמָתוֹ
baby carriage *n.* עֶגְלַת תִּינוֹק
babyhood *n.* יַנְקוּת
babysit *v.* לְשַׁמֵּשׁ כִּשְׁמַרְטַף
babysitter *n.* שְׁמַרְטַף; בֵּייבִּיסִיטֶר
bachelor *n.* רַוָּק
Bachelor of Arts/Science *n.* בַּעַל תּוֹאַר רִאשׁוֹן
back *adj.* אֲחוֹרִי; יָשָׁן; מִפְרָעִי; שֶׁעָבַר מוֹעֵד תַּשְׁלוּמוֹ; שֶׁל פִּיגּוּרִים
back *adv.* אָחוֹרָה; לְאָחוֹר; בַּחֲזָרָה; לִפְנֵי כֵן
–back and forth הָלוֹךְ וָשׁוֹב
back *n.* גַּב; צַד/חֵלֶק אֲחוֹרִי; מִסְעָד; מָגֵן
–get off my back רֵד מֵעָלַי!
back *v.* לָנוּעַ/לְהַסִּיעַ לְאָחוֹר; לִתְמוֹךְ בּ־; לְגַבּוֹת; לְלַווֹת; לְשַׁמֵּשׁ בִּטְנָה/רֶקַע ל־; לַחְתּוֹם עַל גַּב־; לְהִתְהַפֵּךְ; לְהַמֵּר עַל־
–back down לָסֶגֶת מ־; לְהִיכָּנַע; לְהִתְקַפֵּל
–back off לָסֶגֶת; תִּתְרַחֵק!; לָרֶדֶת מִזֶּה
–back up לָתֵת גִּיבּוּי ל־; לִתְמוֹךְ בּ־
backache *n.* כְּאֵב גַּב
backbencher *n.* (בפרלמנט) יוֹשֵׁב הַסַּפְסָלִים הָאֲחוֹרִיִּים
backbite *v.* לְהַשְׁמִיץ
backbone *n.* עַמּוּד שִׁדְרָה; אוֹפִי חָזָק; אוֹמֶץ
–to the backbone בְּכָל רְמַ״ח אֵבָרָיו
backbreaking *adj.* מְפָרֵךְ
backdate *v.* לְהַקְדִּים מוֹעֵד תְּחוּלָּתוֹ
backer *n.* תּוֹמֵךְ; מְמַמֵּן
backfire *v.* לִהְיוֹת לוֹ הַצָּתָה מוּקְדֶּמֶת; לְהִשְׁתַּבֵּשׁ; לִפְעוֹל כְּבוּמֶרַנְג
backgammon *n.* שֵׁשׁ־בֵּשׁ
background *n.* רֶקַע
backhand *n.* חֲבָטַת גַּב־יָד
backhanded *adj.* לַגְלְגָנִי; מְפוּקְפָּק
backing *n.* תְּמִיכָה; גִּיבּוּי
backlash *n.* תְּגוּבָה חֲרִיפָה/אַלִּימָה
backlog *n.* פִּיגּוּר מִצְטַבֵּר
back number *n.* עִיתּוֹן יָשָׁן; עָבַר זְמַנּוֹ
backpack *v.* לָצֵאת לְמַסַּע תַּרְמִילָאִים
backpack *n.* תַּרְמִיל גַּב; תִּיק גַּב
backpacking *n.* מַסַּע תַּרְמִילָאִים
back seat *n.* מוֹשָׁב אֲחוֹרִי
backslash *n.* לוֹכְסָן הָפוּךְ
backslide *v.* לַחֲזוֹר לְסוּרוֹ
backstroke *n.* שְׂחִיַּית גַּב
backtrack *v.* לָשׁוּב עַל עִקְבוֹתָיו; לַחֲזוֹר בּוֹ
backup *n.* גִּיבּוּי; תִּגְבּוֹרֶת
backward *adj.* לְאָחוֹר; מְפַגֵּר; נֶחְשָׁל
backwards *adv.* לְאָחוֹר; (בְּסֵדֶר) הָפוּךְ
–know backwards לָדַעַת עַל בּוּרְיוֹ
backwater *adj.* מְיוּשָּׁן
backyard *n.* חָצֵר (אֲחוֹרִית)
bacon *n.* קוֹתֶל חֲזִיר
bacteria *n.* בַּקְטֶרְיוֹת
bacteriological *adj.* בַּקְטֶרְיוֹלוֹגִי
bad *adj.* רַע; גָּרוּעַ; לָקוּי; לֹא מַתְאִים; מְזוּיָּף; קָשֶׁה; חָמוּר; מְקוּלְקָל
–feel bad לְהִצְטַעֵר; לְהַרְגִּישׁ לֹא נוֹחַ
–too bad חֲבָל מְאוֹד; זַבַּשִׁ״ךְ
bad *adv.* מְאוֹד; קָשֶׁה; בְּאוֹפֶן חָמוּר
bad breath *n.* רֵיחַ רַע מֵהַפֶּה
bad debt *n.* חוֹב אָבוּד
bade *v. past of* bid
badge *n.* תָּג; סֵמֶל; אוֹת
badger *n.* גִּירִית
badger *v.* לְהָצִיק לוֹ; לְנַדְנֵד לוֹ
badly *adv.* בְּאוֹפֶן חָמוּר; מְאוֹד; קָשֶׁה; בְּאוֹפֶן גָּרוּעַ; בְּשׁוֹבָבוּת; בְּרִשְׁעוּת; בְּאַכְזָרִיּוּת
bad-mouth *v.* לְהַשְׁמִיץ; לְלַכְלֵךְ עַל־
bad-tempered *adj.* רַגְזָן
baffle *v.* לִהְיוֹת קָשֶׁה מִדַּי; לְהָבִיךְ
bag *n.* תִּיק; שַׂק; שַׂקִּית; אַרְנָק
–in the bag מוּבְטָח; מוּנָּח בַּכִּיס

bag *v.* לָשִׂים בְּשַׂק / בְּשַׂקִּים; לָצוּד; "לִסְחוֹב"
bagel *n.* כַּעַךְ; בֵּייגֶלֶה
baggage *n.* מִטְעָן; מִזְוָד
baggage cart *n.* עֲגָלָה לְמִזְוָדוֹת
baggy *adj.* תָּלוּי כְּמוֹ שַׂק; בָּאגִי
bagpipes *n.* חֵמֶת חֲלִילִים
bail *n.* עֲרֵבוּת
bail *v.* (out) לְשַׁחְרֵר בְּעֲרֵבוּת; לְחַלֵּץ מִקְּשָׁיִים; לְהַצִּיל; לִנְטוֹשׁ מָטוֹס; לְרוֹקֵן סִירָה מִמַּיִם
bailiff *n.* פְּקִיד הַהוֹצָאָה לַפּוֹעַל; שַׁמָּשׁ בְּבֵית־הַמִּשְׁפָּט; מְנַהֵל אֲחוּזָה
bait *n.* פִּיתָיוֹן; פִּיתּוּי
bake *v.* לֶאֱפוֹת; לְהַקְשׁוֹת; לְהִתְקַשּׁוֹת
baked *adj.* אָפוּי
baker *n.* אוֹפֶה
baker's dozen *n.* שְׁלוֹשָׁה־עָשָׂר
bakery *n.* מַאֲפִיָּה; בֵּית־מַאֲפֶה
balaclava *n.* כּוֹבַע־גֶּרֶב
balance *n.* מֹאזְנַיִם; מַאֲזָן; אִיזּוּן; שִׁיווּי מִשְׁקָל; אִיזּוּן נַפְשִׁי; יִתְרַת חוֹב; יִתְרָה
–in the balance עַל כַּף הַמֹּאזְנַיִם
–tip the balance לְהַטּוֹת אֶת הַכַּף
balance *v.* לִשְׁמוֹר עַל שִׁיווּי מִשְׁקָל; לְאַזֵּן; לִשְׁקוֹל זֶה מוּל זֶה
–balance each other out לְהִשְׁתַּווֹת; לְקַזֵּז
balanced *adj.* מְאוּזָּן; יַצִּיב
balance of payments *n.* מַאֲזַן תַּשְׁלוּמִים
balance of power *n.* מַאֲזַן כּוֹחוֹת
balance of terror *n.* מַאֲזַן הָאֵימָה
balance of trade *n.* מַאֲזָן מִסְחָרִי
balance sheet *n.* מַאֲזָן (חֶשְׁבּוֹנָאִי)
balcony *n.* יָצִיעַ (בְּתֵיאַטְרוֹן); מִרְפֶּסֶת
bald *adj.* קֵירֵחַ; בּוֹטֶה; גָּלוּי; יָבֵשׁ
balding *adj.* מַקְרִיחַ
baldly *adv.* בְּלָשׁוֹן בּוֹטָה; בְּגָלוּי
bale *n.* חֲבִילָה; צְרוֹר
bale *v.* לְרוֹקֵן (סִירָה) מִמַּיִם
–bale out (of) לִצְנוֹחַ מ־; לִנְטוֹשׁ מָטוֹס
balk *v.* לְסַכֵּל; לְהַכְשִׁילוֹ; לְהַסֵּס; לְהֵירָתַע
ball *n.* כַּדּוּר; פְּקַעַת; כָּרִית כַּף־הָרֶגֶל
–play ball (with) לְשַׁתֵּף פְּעוּלָּה עִם
ball *n.* נֶשֶׁף רִיקּוּדִים
–have a ball לַעֲשׂוֹת חַיִּים
ballast *n.* זְבוֹרִית; חָצָץ
ball bearing *n.* מֵיסַב כַּדּוּרִי
ballet *n.* בָּלֶט; לַהֲקַת בָּלֶט
ballistic *adj.* בָּלִיסְטִי
balloon *n.* בָּלוֹן; כַּדּוּר פּוֹרֵחַ
balloon *v.* (out) לְהִתְנַפֵּחַ
ballot *n.* פֶּתֶק הַצְבָּעָה; הַצְבָּעָה (חֲשָׁאִית)
ballot box *n.* קַלְפֵּי
ballot paper *n.* פֶּתֶק הַצְבָּעָה
ballpark figure *n.* אוּמְדָּן (בְּעֵרֶךְ)
ballpoint (pen) *n.* עֵט כַּדּוּרִי
ballroom *n.* אוּלָם נְשָׁפִים
ballyhoo *n.* פִּרְסוֹמֶת רַעֲשָׁנִית / מוּגְזֶמֶת; "רַעַשׁ"
balm *n.* צוֹרִי; מַרְפֵּא
baloney *n.* נַקְנִיק; שְׁטוּיוֹת
balustrade *n.* מַעֲקֶה
bamboo *n.* חִזְרָן; בַּמְבּוּק
bamboozle *v.* לְהוֹצִיא מִמֶּנּוּ בְּמִרְמָה; לְשַׁכְנְעוֹ בְּמִרְמָה; לְבַלְבֵּל
ban *n., v.* אִיסּוּר; חֵרֶם; לֶאֱסוֹר (עַל); לְהַחְרִים
banal *adj.* נָדוֹשׁ
banana *n.* בָּנָנָה
banana republic *n.* רֶפּוּבְּלִיקַת בָּנָנוֹת
band *n., v.* רְצוּעָה; סֶרֶט; חֲגוֹרָה; פַּס; תְּחוּם גַּלֵּי רַדְיוֹ; לַהֲקָה; תִּזְמוֹרֶת; חֲבוּרָה
–band together לְהִתְלַכֵּד; לְהִתְאַרְגֵּן בִּקְבוּצָה
bandage *n., v.* תַּחְבּוֹשֶׁת; לַחֲבוֹשׁ
Band-Aid *n.* אֶגֶד מִידַּבֵּק; פְּלַסְטֶר
bandanna *n.* מִטְפַּחַת צִבְעוֹנִית גְּדוֹלָה
bandit *n.* שׁוֹדֵד
bandwagon *n.*
–jump on the bandwagon לִקְפּוֹץ עַל הָעֲגָלָה; לִתְפּוֹס טֶרֶמְפּ עַל
bandy *v.* לְהַחְלִיף (מִלִּים חֲרִיפוֹת / מַכּוֹת)
bane *n.* גּוֹרֵם מְמָרֵר חַיִּים; אֵימַת־
bang *adv.* בְּדִיּוּק; מַמָּשׁ; "טְרָךְ"; "בֶּנְג"

B

bang *n.* מַכָּה; חֲבָטָה; טְרִיקָה; דְּפִיקָה; קוֹל נֶפֶץ
bang *v.* לַחבּוֹט; לִדפּוֹק; לְהָטִיחַ; לְהַשמִיעַ קוֹל נֶפֶץ; לִטרוֹק; לְהִיטָרֵק; לְזַיֵין
bangle *n.* צָמִיד
banish *v.* לְהַגלוֹת; לְגָרֵש; לְסַלֵק
banisters *n.* מַעֲקֵה מַדרֵגוֹת
banjo *n.* בַּנג'וֹ
bank *n., v.* בַּנק; מַאֲגָר; גָדָה; מִדרוֹן; תֵל; שִיפּוּעַ; גוּש
–bank on לִסמוֹך עַל
banker *n.* בַּנקַאי
bank guarantee *n.* עַרבוּת בַּנקָאִית
banking *n.* בַּנקָאוּת
banknote *n.* שְטַר כֶּסֶף
bank rate *n.* רִיבִּית בַּנקָאִית
bankroll *v.* לְמַמֵן
bankrupt *adj., n.* פּוֹשֵט רֶגֶל; חֲסַר כֹּל־
bankruptcy *n.* פְּשִיטַת רֶגֶל
bank service charge *n.* עֲמלַת בַּנק
bank statement *n.* דַף חֶשבּוֹן; מַצַב חֶשבּוֹן
bank transfer *n.* הַעֲבָרָה בַּנקָאִית
banner *n.* דֶגֶל־כְּרָזָה; נֵס; מוּצלָח; מְצוּיָן
banner headline *n.* כּוֹתֶרֶת עֲנָק (בעיתון)
banquet *n.* מִשתֶה; סְעוּדָה חֲגִיגִית
banter *n., v.* הַקנָטָה בִּצחוֹק; לְהַקנִיט בִּצחוֹק
baptism *n.* טְבִילָה; הַטבָּלָה
baptize *v.* לְהַטבִּיל
bar *n.* מוֹט; מְטִיל; חֲתִיכָה; בְּרִיחַ; מִכשוֹל; מַחסוֹם; בַּר; דֶלפֵּק; מִזנוֹן; שִרטוֹן; רַף; לִשכַּת עוֹרכֵי־דִין
–behind bars מֵאֲחוֹרֵי סוֹרָגִים
bar *v.* לִסגוֹר בִּבְרִיחַ; לִנעוֹל; לַחסוֹם; לֶאֱסוֹר; לִמנוֹעַ כְּנִיסָתוֹ ל־
bar *prep.* חוּץ מ־; מִלְבַד
barb *n.* חוֹד; עֲקִיצָה
barbaric *adj.* בַּרבָּרִי
barbecue *n.* בַּרבִּיקִיוּ; מַנגַל
barbed wire *n.* תַיִל דוֹקרָנִי
barber *n.* סַפָּר

bar chart *n.* תַרשִים עַמוּדוֹת
bar code *n.* בַּרקוֹד (על מוצר)
bare *adj.* חָשוּף; עָרוֹם; בְּסִיסִי; דָחוּק
bare *v.* לַחשוֹף
barefaced *adj.* חֲסַר בּוּשָה; גָלוּי
barefoot(ed) *adj., adv.* יָחֵף
barely *adv.* בְּקוֹשִי
bargain *n.* עִסקָה; מְצִיאָה; הֶסכֵּם
–drive a hard bargain לָדַעַת לַעֲמוֹד עַל הַמִיקָח; לְהִתמַקֵחַ
bargain *v.* לְהִתמַקֵחַ; לְנַהֵל מַשָא וּמַתָן
bargaining *n.* מַשָא וּמַתָן; מִיקוּחַ
bargaining chip *n.* קְלַף מִיקוּחַ
bargaining position *n.* עֶמדַת מִיקוּחַ
bargain offer *n.* מִבצָע (הוזלה של מוצר)
bargain price *n.* מְחִיר מְצִיאָה
barge *n.* אַרבָּה; אַסדָה
barge *v.* לְהִידָחֵף; לְהִתפָּרֵץ; לְהִתנַגֵש בּ־
bark *n.* קְלִיפַּת הָעֵץ; נְבִיחָה
–His bark is worse than his bite. כֶּלֶב נוֹבֵחַ אֵינוֹ נוֹשֵך
bark *v.* לִנבּוֹחַ (עַל); לְקַלֵף (גזע עץ)
barley *n.* שְעוֹרָה; גְרִיסִים
barman *n.* מוֹזֵג
bar mitzvah *n.* בַּר־מִצוָוה
barn *n.* אָסָם
baron *n.* בָּרוֹן; אֵיל־(הוֹן); אֵיל־(נֵפט)
baroness *n.* בָּרוֹנִית
barracks *n.* קְסַרקְטִין; בִּיתָנִים
barracuda *n.* (דג) בָּרָקוּדָה
barrage *n.* סֶכֶר; מְטַר (אֵש, שאלות)
barrel *n.* חָבִית; קָנֶה
barren *adj.* עֲקָרָה; לֹא פּוֹרִיָיה; סְרָק
barricade *n., v.* מִתרָס; לְהָקִים מִתרָס; לַחסוֹם
barrier *n.* מַחסוֹם; מִכשוֹל
barring *prep.* אִם לֹא יִהיוּ; פְּרָט ל־
barrister *n.* פְּרַקלִיט
barroom *n.* בַּר; מִסבָּאָה
bartender *n.* מוֹזֵג
barter *n., v.* סְחַר חֲלִיפִין; לִסחוֹר בַּחֲלִיפִין
basalt *n.* בַּזֶלֶת
base *adj.* שָפָל; מְזוּיָף; בְּאֵיכוּת יְרוּדָה

base *n.* כַּן ; בָּסִיס ; תַּחֲנָה (בְּמִשְׂחק)
– off base טוֹעֶה ; לֹא מוּכָן
base *v.* לְהַצִּיב בּ־ ; לְבַסֵּס עַל
baseball *n.* כַּדּוּר־בָּסִיס
baseless *adj.* חֲסַר יְסוֹד / שַׁחַר
basement *n.* מַרְתֵּף ; קוֹמַת מַרְתֵּף
bash *v.* לְהַכּוֹת ; לְהִתְנַגֵּשׁ (בּ־) ; לִפְרוֹץ ; לִתְקוֹף
bashful *adj.* בַּיְישָׁן
basic *adj.* בְּסִיסִי
basically *adv.* בִּיסוֹדוֹ שֶׁל דָּבָר ; בְּעִיקָּרוֹן
basics *n.* הַיְסוֹדוֹת
basil *n.* רֵיחָן (צמח תבלין)
basin *n.* כִּיּוֹר ; קְעָרָה ; אַגָּן
basis *n.* בָּסִיס ; עִיקָּרוֹן
bask *v.* (in) לְהִתְעַנֵּג בְּחוֹם ה־ ; לֵיהָנוֹת מ־
basket *n.* סַל ; טֶנֶא ; סַל מָלֵא
basketball *n.* כַּדּוּרְסַל
bass *adj., n.* בַּס ; זַמַּר בַּס ; כְּלִי בַּס
bass *n.* (דג) בַּס ; מוּשְׁט ; לַבְרָק
bastard *n.* מַמְזֵר ; מְנוּוָל
bastion *n.* מָעוֹז ; חוֹמַת מָגֵן
bat *n.* עֲטַלֵּף ; מַחְבֵּט
bat *v.* (batted) לַחְבּוֹט
batch *n.* קְבוּצָה ; צְרוֹר ; אַצְוָוה
bath *n.* אַמְבָּט ; אַמְבַּטְיָה ; בְּרֵיכָה ; מֶרְחֲצָאוֹת
bathe *n.* שְׂחִיָּיה
bathe *v.* לְהִתְרַחֵץ ; לִשְׂחוֹת ; לִרְחוֹץ ; לִטְבּוֹל
bather *n.* מִתְרַחֵץ ; שׂוֹחֶה
bathing *n.* רַחְצָה (בַּיָּם וכדי)
bathing costume *n.* בֶּגֶד־יָם (לנשים)
bathing suit *n.* בֶּגֶד־יָם (לנשים)
bathing trunks *n.* בֶּגֶד־יָם (לגברים)
bath mat *n.* שְׁטִיחוֹן לַחֲדַר־אַמְבַּטְיָה
bathrobe *n.* חֲלוּק רַחְצָה
bathroom *n.* חֲדַר־אַמְבַּטְיָה ; שֵׁירוּתִים
bathroom scale(s) *n.* מֹאזְנַיִים, מִשְׁקָל (בֵּיתִי, לאדם)
bathtub *n.* אַמְבָּט
batman *n.* מְשָׁרֵת אִישִׁי לְקָצִין
baton *n.* שַׁרְבִיט הַמְנַצֵּחַ ; אַלָּה ; מַקֵּל (בְּמירוץ שליחים)
baton charge *n.* הִסְתָּעֲרוּת בְּאַלּוֹת
batsman *n.* הַחוֹבֵט ; מְכַוֵּון מְטוֹסִים
battalion *n.* גְּדוּד ; בָּטַלְיוֹן
batter *n.* תַּבְלִיל ; בָּצֵק עָשִׁיר
batter *v.* לַהֲלוֹם ; לְהַכּוֹת ; לַהֲרוֹס
battered *adj.* מוּכֶּה ; חָבוּט
battering ram *n.* אֵיל בַּרְזֶל
battery *n.* מַצְבֵּר ; סוֹלְלָה ; הַכָּאָה
battle *n.* קְרָב ; מַאֲבָק ; מִלְחָמָה
battle *v.* לְהֵיאָבֵק ; לְהִילָּחֵם
battle cry *n.* סִיסְמָה ; קְרִיאַת קְרָב
battlefield/ground *n.* שְׂדֵה קְרָב
battlements *n.* חוֹמַת חֲרַכֵּי־יְרִי
battleship *n.* אוֹנִיַּית מִלְחָמָה
batty *adj.* מְשׁוּגָּע
bauble *n.* תַּכְשִׁיט נוֹצֵץ וְזוֹל
baulk *v.* לְסַכֵּל ; לְהַכְשִׁיל ; לְהַסֵּס ; לְהֵירָתַע
bawdy *adj.* גַּס ; שֶׁל זִימָּה
bawl *v.* לִצְרוֹחַ ; לְיַילֵל ; לִצְעוֹק (עָלָיו)
bay *n.* מִפְרָץ ; פִּינָּה ; מִרְפָּאָה ; חֲדַר חוֹלִים ; רָצִיף ; תָּא ; דַּפְנָה
bayonet *n., v.* כִּידוֹן (ברובה) ; לִדְקוֹר בְּכִידוֹן
bazaar *n.* בָּזָר ; שׁוּק
bazooka *n.* בַּזוּקָה
BC, BCE לִפְנֵי הַסְּפִירָה
be *v.* (am, is, are, was, were, been, being) לִהְיוֹת (קַיָּים) ; לְהִימָּצֵא
– there is/was יֵשׁ ; הָיָה וכו׳
beach *n., v.* חוֹף ; לְהַעֲלוֹת לַחוֹף
beachcomber *n.* נַוָּד סוֹרֵק חוֹפִים
beachhead *n.* רֹאשׁ חוֹף (בפלישה)
beachwear *n.* בִּגְדֵי חוֹף
beacon *n.* מַשּׂוּאָה ; אוֹר לְהַכְוָונָה ; מִגְדַּלּוֹר
bead *n.* חָרוּז ; אֶגֶל ; טִיפָּה
beady *adj.* קְטַנּוֹת וְנוֹצְצוֹת (עיניים)
beak *n.* מַקּוֹר ; אַף נִשְׁרִי ; שׁוֹפֵט ; מְנַהֵל
beaker *n.* כּוֹס (פלסטיק) ; כּוֹס מַעְבָּדָה
beam *n.* קוֹרָה ; קֶרֶן אוֹר ; אֲלוּמָּה
beam *v.* לְהָאִיר ; לְהַקְרִין ; לְחַייֵךְ חִיּוּךְ רָחָב ; לִקְרוֹן ; לְשַׁדֵּר
bean *n.* שְׁעוּעִית ; פּוֹל ; קִטְנִית

becoming *adj.* שׁוֹבֶה לֵב; נָאֶה; הוֹלֵם
bed *n.* מִיטָה; עֲרוּגָה; קַרְקָעִית; מַצָּע; רוֹבֶד
–bed and board לִינָה וְאוֹכֶל
bedbug *n.* פִּשְׁפֵּשׁ
bedlam *n.* "בֵּית־מְשׁוּגָּעִים"; מְהוּמָה
Bedouin *n.* בֶּדוּאִי
bedridden *adj.* רָתוּק לַמִּיטָה
bedroom *n.* חֲדַר שֵׁינָה
bedside manner *n.* יַחַס לַחוֹלֶה
bedsore *n.* פֶּצַע לַחַץ
bedspread *n.* כִּיסּוּי לְמִיטָה
bedtime *n.* שְׁעַת הַשֵּׁינָה
bed wetting *n.* הַרְטָבַת לַיְלָה
bee *n.* דְּבוֹרָה
beech *n.* (עֵץ) אֲשׁוּר
beef *n.* בְּשַׂר בָּקָר; שְׁרִירִים; כּוֹחַ
beef *v.* לְהִתְלוֹנֵן
–beef up לְחַזֵּק; לְתַגְבֵּר; לְשַׁפֵּר; לְהַגְדִּיל
beehive *n.* כַּוֶּורֶת
beekeeper *n.* כַּוָּורָן
beep *n., v.* צִפְצוּף; לִצְפּוֹר; לְצַפְצֵף
beeper *n.* אִיתּוּרִית; זִימּוּנִית
beer *n.* בִּירָה
beet *n.* סֶלֶק
beetle *n.* חִיפּוּשִׁית
beetroot *n.* סֶלֶק אָדוֹם
before *adv.* לִפְנֵי כֵן; (מִ)קּוֹדֶם; כְּבָר
before *conj., prep.* לִפְנֵי־; לִפְנֵי (שֶׁ־)
–before long בִּמְהֵרָה; בְּקָרוֹב
beforehand *adv.* מֵרֹאשׁ
befriend *v.* לְהִתְיַידֵּד
befuddled *adj.* מְבוּלְבָּל; מְטוּשְׁטָשׁ
beg *v.* לְהִתְחַנֵּן בִּפְנֵי־; לְקַבֵּץ נְדָבוֹת
–I beg your pardon סְלִיחָה; סְלִיחָה?
beggar *n.* קַבְּצָן
begin *v.* (began, begun) לְהַתְחִיל
–to begin with רֵאשִׁית; קוֹדֶם כּוֹל
beginner *n.* מַתְחִיל; טִירוֹן
beginner's luck *n.* סְתָם מַזָּל (שֶׁל מַתְחִילִים)
beginning *n.* הַתְחָלָה; תְּחִילַּת־
begrudge *v.* לְקַנֵּא בְּ־; לֹא לִהְיוֹת מְרוּצֶה
beguile *v.* לְהוֹנוֹת; לְרַמּוֹת; לְפַתּוֹת

–spill the beans לְגַלּוֹת סוֹד
bear *n.* דּוֹב
bear *v.* (bore, borne) לָלֶדֶת; לָשֵׂאת; לְהַעֲבִיר; לְהָנִיב (פְּרִי); לָחוּשׁ; לִרְחוֹשׁ
–can't bear לֹא יָכוֹל לִסְבּוֹל
–bear with לִסְבּוֹל; לִהְיוֹת סַבְלָנִי
bearable *adj.* נִסְבָּל
beard *n.* זָקָן
bearded *adj.* מְזוּקָּן
bearer *n.* מוֹסֵר (כְּתָב זֶה); מוֹכ"ז; בַּעַל ה־; סַבָּל; מֵבִיא (בְּשׂוֹרָה); נוֹשֵׂא
bear hug *n.* חִיבּוּק דּוֹב
bearing *n.* הִתְנַהֲגוּת; הוֹפָעָה; כִּיווּן; מִיקּוּם; מֵיסַב; נְגִיעָה; קֶשֶׁר לְ־
–lose your bearings לְאַבֵּד אֶת הַצָּפוֹן; לְהִתְבַּרְבֵּר
beast *n.* חַיָּה; בְּהֵמָה
beastly *adj.* חַיָּיתִי; נוֹרָאִי; מַגְעִיל; נִבְזִי
beat *adj.* "הָרוּג"; תָּשׁוּשׁ
beat *n.* נְקִישָׁה; הַלְמוּת; פְּעִימָה; פַּעֲמָה; מַקּוֹף; מַסְלוּל קָבוּעַ
beat *v.* (beat, beaten) לְהַכּוֹת; לַהֲלוֹם; לִטְרוֹף (בֵּיצָה); לִפְעוֹם; לְהָבִיס; לִגְבּוֹר
–beat it תִּתְחַפֵּף! תִּסְתַּלֵּק!
beaten *adj.* מוּבָס; שֶׁנִּשְׁבַּר; מוּכֶּה; סָלוּל
beatify *v.* לְהַכְרִיז כְּקָדוֹשׁ (בכנסייה)
beating *n.* מַכּוֹת; הַכָּאָה; תְּבוּסָה
beautician *n.* קוֹסְמֶטִיקָאִי
beautiful *adj.* יָפֶה
beautifully *adv.* יָפֶה; הֵיטֵב
beautify *v.* (beautified) לְיַיפּוֹת
beauty *n.* יוֹפִי; יְפֵהפִיָּה; דָּבָר יָפֶה
beauty contest *n.* תַּחֲרוּת יוֹפִי
beauty parlor *n.* מְכוֹן יוֹפִי
beauty queen *n.* מַלְכַּת יוֹפִי
beauty spot *n.* פִּינַת חֶמֶד; נְקוּדַּת חֵן
beaver *n.* (פַּרְוַות) בּוֹנֶה
because *conj.* מִכֵּיוָון שֶׁ־; כִּי
–because of בִּגְלַל (הַ־)
beck *n.* פֶּלֶג; נַחַל; אוֹת; סִימָן
beckon *v.* לְאוֹתֵת לוֹ לָבוֹא; לִקְרוֹץ לְ־
become *v.* (became, become) לִהְיוֹת לְ־; לְהֵיעָשׂוֹת; לַהֲפוֹךְ לִהְיוֹת; לְהַתְאִים
–become of לִקְרוֹת לְ־; לַעֲלוֹת בְּגוֹרָלוֹ

behalf *n.*
–on behalf of בְּשֵׁם; לְמַעַן־; מִטַּעַם־
behave *v.* לְהִתְנַהֵג; לְהִתְנַהֵג יָפֶה; לִפְעוֹל
behavior, behaviour *n.* הִתְנַהֲגוּת
behead *v.* לִכְרוֹת רֹאשׁ; לַעֲרוֹף
behind *adv.* מֵאָחוֹר; לְאָחוֹר; מְפַגֵּר
behind *n.* יַשְׁבָן
behind *prep.* מֵאֲחוֹרֵי־; מְפַגֵּר אַחֲרֵי־; מֵעֵבֶר (לַזְּמַן); תּוֹמֵךְ בְּ־; עוֹמֵד מֵאֲחוֹרֵי־
beige *adj., n.* (צֶבַע) בֶּז'
being *n.* קִיּוּם; יֵשׁוּת; יְצוּר
–come into being לְהִתְהַוּוֹת; לְהִיוָּלֵד
belabor, belabour *v.* לְהַכּוֹת; לְהַאֲרִיךְ (בדבריו); לָדוּשׁ
belch *n., v.* גִּיהוּק; לְגַהֵק; לִפְלוֹט
beleaguered *adj.* נָתוּן בְּמָצוֹר / בִּבְעָיוֹת
belfry *n.* מִגְדַּל פַּעֲמוֹנִים
belie *v.* לְהַסְווֹת; לֹא לְשַׁקֵּף (נְכוֹנָה); לְהַפְרִיךְ; לְהַכְזִיב; לִסְתּוֹר
belief *n.* אֵמוּן בְּ־; אֱמוּנָה (בְּ־); עִיקַר אֱמוּנָה
believe *v.* לְהַאֲמִין (לְ־) (בְּ־); לִסְבּוֹר
–make believe לְהַעֲמִיד פָּנִים
belittle *v.* לְהַמְעִיט בְּעֶרְכּוֹ; לְזַלְזֵל בְּ־
bell *n.* פַּעֲמוֹן
–ring a bell לְהַזְכִּיר לוֹ מַשֶּׁהוּ; לְהִישָּׁמַע מוּכָּר
bellboy *n.* נַעַר מַעֲלִית; בֶּלְבּוֹי
bellicose *adj.* מְחַרְחֵר רִיב; תּוֹקְפָנִי
belligerency *n.* תּוֹקְפָנוּת; לוֹחְמָנוּת
belligerent *adj.* תּוֹקְפָנִי; לוֹחְמָנִי; לוֹחֵם
bellow *v.* לִגְעוֹת; לִשְׁאוֹג; לִצְווֹחַ
belly *n.* בֶּטֶן; כֶּרֶס; קֵיבָה; גָּחוֹן
bellyache *n.* כְּאֵב בֶּטֶן
bellyache *v.* לְקַטֵּר; לְהִתְלוֹנֵן
belly button *n.* טַבּוּר
belong *v.* (to) לִהְיוֹת שַׁיָּךְ; לְהִשְׁתַּיֵּךְ לְ־
belongings *n.* חֲפָצִים; מִיטַּלְטְלִים
beloved *n.* אָהוּב
below *adv.* לְמַטָּה; מִלְמַטָּה; לְהַלָּן
below *prep.* מִתַּחַת לְ־; לְמַטָּה מִ־
belt *n.* חֲגוֹרָה; רְצוּעָה; אֵיזוֹר
belt *v.* לַחְגּוֹר; לְהַרְבִּיץ בַּחֲגוֹרָה
bemused *adj.* מְבוּלְבָּל; נָבוֹךְ
bench *n.* סַפְסָל; שׁוּלְחַן עֲבוֹדָה; חֶבֶר / מוֹשַׁב הַשּׁוֹפְטִים
benchmark *n.* נְקוּדַת הִתְיַיחֲסוּת; רַף
bend *n.* פְּנִיָּיה; סִיבּוּב; עִיקּוּל
bend *v.* (bent) לְכוֹפֵף; לִרְכּוֹן; לְהִתְכּוֹפֵף
bender *n.* חִינְגָּה
beneath *adv.* לְמַטָּה; מִתַּחַת; אֵינוֹ רָאוּי (אֲפִילּוּ) לְ־; לֹא מִכְּבוֹדוֹ (לְ־)
benediction *n.* בְּרָכָה
benefactor *n.* גּוֹמֵל חֶסֶד; נַדְבָן
benefactress *n.* גּוֹמֶלֶת חֶסֶד; נַדְבָנִית
beneficial *adj.* מוֹעִיל; מֵיטִיב
beneficiary *n.* הַמּוּטָב; הַנֶּהֱנֶה
benefit *n.* תּוֹעֶלֶת; טוֹבָה; טוֹבַת הֲנָאָה; יִתְרוֹן; דְּמֵי־; קִצְבָּה
–give him the benefit of the doubt לָתֵת לוֹ לֵיהָנוֹת מִן הַסָּפֵק
benefit *v.* לְהָרְוִויחַ; לְהָפִיק תּוֹעֶלֶת (מִ־); לְהוֹעִיל לְ־; לְהֵיטִיב עִם
benevolent *adj.* נָדִיב; שׁוֹפֵעַ חֶסֶד; ־צְדָקָה
benign *adj.* טוֹב־לֵב; לֹא מַמְאִיר; שָׁפִיר
bent *adj.* מוּשְׁחָת; מְשׁוּגָּע
bent *v. past and 3rd form of* bend
–bent on נָחוּשׁ בְּדַעְתּוֹ לְ־
bequeath *v.* לְהוֹרִישׁ (לְ־); לְהַנְחִיל
bequest *n.* יְרוּשָּׁה; עִיזָּבוֹן
bereaved *adj.* שַׁכּוּל
bereavement *n.* שְׁכוֹל; אֲבֵידָה
beret *n.* כּוּמְתָּה
berry *n.* תּוּת; גַּרְגֵּר (תּוּת)
berserk *adj.* – go berserk לְהִשְׁתַּגֵּעַ; לִתְפּוֹס קְרִיזָה; לְהִשְׁתּוֹלֵל
berth *v.* מִיטַּת תָּא; מְקוֹם עֲגִינָה; מִרְצָף
beseech *v.* לְהַפְצִיר בְּ־; לְהִתְחַנֵּן בִּפְנֵי־
beset *v.* לִתְקוֹף; לְהָצִיק; לָבוֹא (עָלָיו) מִכָּל עֵבֶר
beside לְצַד־; לְיַד־; לְעוּמַּת־; בְּהַשְׁוָואָה לְ־
besides *adv.* בְּנוֹסָף; גַּם כֵּן; חוּץ מִזֶּה
besides *prep.* מִלְּבַד־; בְּנוֹסָף לְ־
besiege *v.* לָצוּר עַל־; לְהַקִּיף; לְהָצִיף אוֹתוֹ (בְּ־)
besought *v. past and 3rd form of* beseech
best *adj.* הַטּוֹב בְּיוֹתֵר; הֲכִי טוֹב

best *adv.* יוֹתֵר טוֹב (מִכּוּלָּם); בְּצוּרָה הַטּוֹבָה בְּיוֹתֵר; הֲכִי הַרְבֵּה; יוֹתֵר מִכּוֹל
best *n.* הַטּוֹב בְּיוֹתֵר; מֵיטַב (הַיְכוֹלֶת)
–All the best! כָּל טוּב
–to the best of my knowledge לְמֵיטַב יְדִיעָתִי
best man *n.* שׁוֹשְׁבִין
bestow *v.* (on) לְהַעֲנִיק לְ־
bestseller *n.* רַב־מֶכֶר; לְהִיט
bet *n.* הִתְעָרְבוּת; הִימּוּר; סְכוּם הִימּוּר
bet *v.* לְהִתְעָרֵב (עַל־); לְהַמֵּר (עַל־)
betray *v.* לִבְגּוֹד בְּ־; לִמְעוֹל בְּ־; לְגַלּוֹת (סוֹד); לְהַסְגִּיר; לְהָעִיד עַל־
betrayal *n.* בְּגִידָה; גִּילּוּי (סוֹד)
betrothal *n.* אֵירוּסִין
betrothed *adj.* אָרוּס; אֲרוּסָה
better *adj.* טוֹב יוֹתֵר; מַרְגִּישׁ טוֹב
better *adv.* (בְּאוֹפֶן) טוֹב יוֹתֵר; יוֹתֵר
–be better off לִהְיוֹת בְּמַצָּב טוֹב יוֹתֵר
–get better לְהִשְׁתַּפֵּר; לְהַבְרִיא
–had better מוּטָב שֶׁ־
better *n.* הַטּוֹב (מִבֵּין־)
–get the better of לִגְבּוֹר עַל־; לְנַצֵּחַ בְּ־
better *v.* לְשַׁפֵּר; לַעֲלוֹת עַל; לְהַשִּׂיג יוֹתֵר
betterment *n.* הַשְׁבָּחָה; שֶׁבַח; שִׁיפּוּר
betterment tax *n.* מַס שֶׁבַח
betting *n.* הִימּוּר; הִימּוּרִים
between *adv., prep.* בְּאֶמְצַע; בֵּין
–between you and me בֵּינֵינוּ לְבֵין עַצְמֵנוּ
beverage *n.* מַשְׁקֶה
beware *v.* (of) לְהִיזָּהֵר (מִ־)
bewilder *v.* לְהָבִיךְ; לְבַלְבֵּל; לְהַמֵּם
bewildering *adj.* מְבַלְבֵּל; מְהַמֵּם
bewilderment *n.* בִּלְבּוּל; מְבוּכָה; תַּדְהֵמָה
bewitch *v.* לְכַשֵּׁף; לְהַקְסִים
beyond *adv.* מֵעֵבֶר לוֹ / לָהֶם; הָלְאָה; מֵעֵבֶר לְ־; לְמַעְלָה מִ־; אַחֲרֵי־
bias *n.* נְטִייָה; דֵּעָה קְדוּמָה; מַשּׂוֹא פָּנִים; הַעֲדָפָה; אַפְלָיָה
bias *v.* לְהַשְׁפִּיעַ עַל; לְהַטּוֹת
biased *adj.* מְשׁוּחָד; נוֹטֶה; מְגַמָּתִי; לֹא מְאוּזָּן

bib *n.* סִינָר לְתִינוֹק
Bible *n.* תַּנַ"ךְ; כִּתְבֵי הַקּוֹדֶשׁ
biblical *adj.* תַּנַ"כִי; מִקְרָאִי
bibliography *n.* בִּיבְּלִיּוֹגְרַפְיָה
bicentennial *adj., n.* יוֹבֵל הַמָּאתַיִים
bicker *v.* לְהִתְקוֹטֵט; לָרִיב
bicycle אוֹפַנַּיִים; לִרְכּוֹב עַל אוֹפַנַּיִים
bid *n.* הַצָּעַת מְחִיר; מִכְרָז; תּוֹר (בִּקְלָפִים); הַכְרָזָה; נִיסָּיוֹן
–make a bid for לְנַסּוֹת לִזְכּוֹת בְּ־; לְנַסּוֹת לְהַשִּׂיג
bid *v.* לְהַצִּיעַ (מְחִיר); לְהִשְׁתַּתֵּף בְּמִכְרָז; לְנַסּוֹת לְהַשִּׂיג; לְצַוּוֹת עַל; לְבָרֵךְ (לשלום)
bidder *n.* מַגִּישׁ הַצָּעַת מְחִיר; מַכְרִיז
bidding הַצָּעַת מְחִיר; הַכְרָזָה (בִּבְּרִידְג׳)
bide *v.* לְחַכּוֹת (לְ־); לְהִישָּׁאֵר
biennial *adj.* דּוּ־שְׁנָתִי; שֶׁנִּמְשָׁךְ שְׁנָתַיִים
bifocals *n.* מִשְׁקָפַיִים דּוּ־מוֹקְדִיִּים
big *adj.* גָּדוֹל; מְבוּגָּר; חָשׁוּב
–big deal אֶפְשָׁר לַחְשׁוֹב; דָּבָר גָּדוֹל
bigamy *n.* בִּיגַמְיָה
big bang *n.* הַמַּפָּץ הַגָּדוֹל (אסטרונומיה)
Big Dipper *n.* הַדּוּבָּה הַגְּדוֹלָה (כּוֹכָבִים)
big game *n.* חַיּוֹת גְּדוֹלוֹת
biggish *adj.* גָּדוֹל לְמַדַּי
big-hearted *adj.* נָדִיב; רְחַב־לֵב
bigot *n.* קַנַּאי חָשׁוּךְ; אָדָם לֹא סוֹבְלָנִי
bigoted *adj.* לֹא סוֹבְלָנִי; צַר אוֹפָקִים
bigotry *n.* קַנָּאוּת (אִי סוֹבְלָנוּת)
big shot *n.* קָלִיבֶּר; אָדָם חָשׁוּב
big-ticket *adj.* יָקָר
big time בְּגָדוֹל; צַמֶּרֶת
big-time *adj.* גָּדוֹל; רְצִינִי; חָשׁוּב
big toe *n.* בּוֹהֶן הָרֶגֶל
bike *n.* אוֹפַנַּיִים; אוֹפַנּוֹעַ
bikini *n.* בִּיקִינִי
bilateral *adj.* דּוּ־צְדָדִי
bile *n.* (מִיץ) מָרָה
bilingual *adj.* דּוּ־לְשׁוֹנִי
bilk *v.* לְרַמּוֹת
bill *v.* bill and coo לְהִתְגַּפֵּף וְלִלְחוֹשׁ דִּבְרֵי אַהֲבָה
bill *n.* חֶשְׁבּוֹן (לתשלום); מוֹדָעָה; הַצָּעַת חוֹק; שְׁטָר; מַקּוֹר (שֶׁל עוֹף)

bill *v.* לְפַרְסֵם (בְּמוֹדָעוֹת); לְחַייְבוֹ עַל־; לשלוֹחַ חֶשְבּוֹן ל־
billboard *n.* לוּחַ מוֹדָעוֹת (בּרחוֹב)
billiards *n.* בִּילְיַארד (מִשׂחק)
billion *adj., n.* מִילְיַארד
bill of lading *n.* שְׁטַר מִטעָן
billow *n., v.* נַחשוֹל; לְהִיתַּמֵּר; לַעֲלוֹת כְּנַחשוֹל
bimbo *n.* פִּרְחָה מְטוּמטֶמֶת; זַנזוֹנֶת
bin *n.* כְּלִי קִיבּוּל; תֵּיבָה; פַּח (זֶבֶל)
binary *adj.* בִּינָרִי; בַּעַל שְׁנֵי חֲלָקִים
bind *n.* קוֹשִׁי; מֵטְרָד; צָרָה; מִילכּוֹד
bind *v.* (bound) לִקשוֹר; לִהיוֹת מְחוּיָּב; לְחַזֵּק; לַחֲבוֹש; לְחַייֵב; לִכרוֹךְ
binder *n.* כּוֹרֵךְ; קְלַסֵר
binding *adj.* מְחַייֵב
binding *n.* כְּרִיכָה; קְשִׁירָה; עֲקֵידָה; סֶרֶט; רְצוּעָה
binge *n.* הִילוּלָה; חִינגָּה
bingo *n.* בִּינגוֹ
binoculars *n.* מִשקֶפֶת
biochemical *adj.* בִּיוֹכִימִי
biodegradable *adj.* מִתכַּלֶּה מֵעַצמוֹ; מִתפָּרֵק בְּאוֹפֶן טִבעִי
biography *n.* בִּיוֹגרַפְיָה; תּוֹלדוֹת חַיִּים
biological *adj.* בִּיוֹלוֹגִי
biological warfare *n.* לוֹחָמָה בִּיוֹלוֹגִית
biologist *n.* בִּיוֹלוֹג
biology *n.* בִּיוֹלוֹגְיָה
bionic *adj.* בִּיוֹנִי (בַּעל איברים מכניים)
biopsy *n.* בִּיוֹפְּסְיָה
biotechnology *n.* בִּיוֹטֶכנוֹלוֹגְיָה
birch *n.* לִבנֶה; שַׁדָּר (עץ); מַקֵּל (הַלקָאָה)
bird *n.* עוֹף; צִיפּוֹר; בַּרנָש; בַּחוּרָה
bird of prey *n.* עוֹף טוֹרֵף; דוֹרֵס
bird's-eye view *n.* מַבָּט מִמְּעוֹף הַצִּיפּוֹר
bird-watcher *n.* צַפָּר
birth *n.* (שְׁעַת הַ־) לֵידָה; הוּלֶדֶת; מוֹצָא
–give birth to לָלֶדֶת; לְהוֹלִיד
birth control *n.* אֶמצָעֵי מְנִיעָה; הַגבָּלַת הַילוּדָה
birthday *n.* יוֹם הוּלֶדֶת
birthplace *n.* מְקוֹם לֵידָה
birthrate *n.* שִׁיעוּר יְלוּדָה
birthright *n.* זְכוּת בְּכוֹרָה; זְכוּת מִלֵּידָה
biscuit *n.* בִּיסקְוִיט; עוּגִייָה; לַחמָנִייָה
bisect *v.* לַחצוֹת; לְחַלֵּק לִשׁנַיִים
bisexual *adj., n.* דוּ־מִינִי; בִּיסֶקסוּאָל
bishop *n.* בִּישוֹף; הֶגמוֹן; רָץ (בְּשַׁחמָט)
bison *n.* תְּאוֹ; בִּיזוֹן
bit *n.* מַקדֵּחַ; מֶתֶג (בְּפִי הסוּס); רְסִיס; חֲתִיכָה קְטַנָּה; סִיבִּית
–a bit קְצָת; רֶגַע
–fall to bits לְהִישָּׁבֵר לִרסִיסִים; לְהִתפָּרֵק
bitch *n.* כַּלבָּה; מַנְיָאק; בֶּן זוֹנָה
bitch *v.* לְקַטֵּר; "לְלַכלֵךְ עַל"
bite *n.* נְשִׁיכָה; נְגִיסָה; עֲקִיצָה; בִּיס; תְּפִיסָה; הַעֲלָאָה בַּחַכָּה; צְבִיטָה (מָקוֹר)
bite *v.* (bit, bitten) לִנשוֹךְ; לַעֲקוֹץ; לְהַכִּיש; לֶאֱכוֹל פִּיתָיוֹן; לִצבּוֹט; לִצרוֹב
–bite into לִנגוֹס; לַעֲשׂוֹת חָתָךְ בּ־
biting *adj.* צוֹבֵט; צוֹרֵב; נוֹקֵב; עוֹקְצָנִי; חַד
bitter *adj.* מַר; מָרִיר; מַכאִיב; קָשֶׁה; צוֹרֵב; צוֹבֵט
bitterly *adv.* מָרוֹת; בִּמרִירוּת; מְאוֹד
bitterness *n.* מְרִירוּת
biweekly *adj.* דוּ־שְׁבוּעִי
bizarre *adj.* מוּזָר; בִּיזָארִי
blab *v.* לְפַטפֵּט; לְבַרבֵּר; לְגַלּוֹת (סוֹד)
black *adj.* שָׁחוֹר; אָפֵל; מְלוּכלָךְ; קוֹדֵר
black *n.* שָׁחוֹר; יִתרַת זְכוּת
black *v.* לְהַשׁחִיר; לְצַחצֵחַ
–black out לְאַבֵּד אֶת הַהַכָּרָה; לְהַאֲפִיל; לְהַטִּיל אִיפּוּל
blackberry *n.* אוֹסנָה; פֶּטֶל שָׁחוֹר
blackbird *n.* שַׁחֲרוּר (צִיפּוֹר)
blackboard *n.* לוּחַ (בְּכִיתָּה)
blackcurrant *n.* אוּכמָנִית שְׁחוֹרָה
blacken *v.* לְהַשׁחִיר; לְהַכתִּים; לְהַשמִיץ
black eye *n.* פָּנָס בָּעַיִן
black ice *n.* שִׁכבַת קֶרַח דַּקָּה (בִּכבִיש)
blackleg *n.* מֵפֵר שְׁבִיתָה
blacklist *v., n.* (לְהַכנִיס לְ־) רְשִׁימָה שְׁחוֹרָה
black magic *n.* כִּישוּף; מַגְיָה שְׁחוֹרָה
blackmail *v., n.* לִסחוֹט; סְחִיטָה; סַחטָנוּת

blackmailer *n.* סַחְטָן
black market *n.* שׁוּק שָׁחוֹר
blackout *n.* אִיבּוּד הַכָּרָה; הַאֲפָלָה; אִיפּוּל
black pudding *n.* נַקְנִיק שָׁחוֹר/דָם
blacksmith *n.* נַפָּח
black widow *n.* הָאַלְמָנָה הַשְּׁחוֹרָה (עכביש)
bladder שַׁלְפּוּחִית שֶׁתֶן; פְּנִימִית (בכדור)
blade *n.* לַהַב; סַכִּין גִילוּחַ; עֲלֵה־עֵשֶׂב
blame *n., v.* אַשְׁמָה; לְהַאֲשִׁים אוֹתוֹ
blameless *adj.* נָקִי (מֵאַשְׁמָה); חַף מִפֶּשַׁע
bland *adj.* חֲסַר טַעַם; תָּפֵל; "פּוֹשֶׁר"
blank חָלָק; רֵיק; חֲסַר הַבָּעָה; אָטוּם
–draw a blank לְהַעֲלוֹת חֶרֶס בְּיָדוֹ
blank *n.* מָקוֹם רֵיק; טוֹפֶס רֵיק; חָלָל; רֵיקָנוּת; כַּדּוּר סְרָק
blank cartridge *n.* כַּדּוּר סְרָק
blank check/cheque *n.* שֵׁק פָּתוּחַ; יָד חוֹפְשִׁית
blanket *n.* שְׂמִיכָה; מַעֲטֶה
blanket *v.* לְכַסּוֹת (בְּמַעֲטֵה־); לְהַסְתִּיר
blare *v.* (out) לְהַשְׁמִיעַ תְּרוּעָה/בְּקוֹל צוֹרֵם
blasé *adj.* מְשׁוּעֲמָם; עָיֵף (מ־); לֹא מִתְרַגֵּשׁ
blaspheme *v.* לְחַלֵּל שֵׁם שָׁמַיִם
blasphemous *adj.* מְנָאֵץ; שֶׁל חִילּוּל הַשֵּׁם
blasphemy *n.* חִילּוּל הַשֵּׁם
blast *n.* פֶּרֶץ (רוּחַ); מַשָּׁב; (הֶדֶף) הִתְפּוֹצְצוּת; שְׁרִיקָה; תְּרוּעָה; צְפִירָה
blast *v.* לְפוֹצֵץ; לְנַפֵּץ; לַהֲרוֹס; לִקְטוֹל
blatant *adj.* בָּרוּר; חֲסַר בּוּשָׁה; בּוֹטֶה; גַּס
blatantly *adv.* בְּאוֹפֶן בּוֹטֶה
blaze *n.* לֶהָבָה; שְׂרֵיפָה; זוֹהַר; אוֹר חָזָק
blaze *v.* לִבְעוֹר; לְהַבְהִיק (בִּצְבָעִים); לְלַהוֹט; לְהִתְפָּרֵץ בּ־; לְפַרְסֵם בָּרַבִּים
–blaze a trail לִהְיוֹת חָלוּץ; לְפַלֵּס דֶּרֶךְ
blazer *n.* בְּלֵייזֶר; מְעִיל סְפּוֹרְטִיבִי
blazing *adj.* בּוֹעֵר; זוֹהֵר; לוֹהֵט
bleach *n., v.* חוֹמֶר מַלְבִּין; לְהַלְבִּין; לְחַמְצֵן
bleak *adj.* קַר וּמְדַכֵּא; קוֹדֵר; עָגוּם
bleary-eyed *adj.* טְרוּט עֵינַיִים
bleat *v., n.* לִפְעוֹת; פְּעִייָה
bleed *v.* (bled) לְדַמֵּם; לְהַקִּיז דָּם
bleeding *n.* דִימּוּם
bleeding heart *n.* יְפֵה נֶפֶשׁ
bleep *n., v.* צִפְצוּף; בְּלִיפּ; לְהַשְׁמִיעַ צִפְצוּף; לְהַזְעִיק (בְּאִיתּוּרִית)
blemish *v.* לִפְגּוֹם בּ־; לְהַכְתִּים; לְהַטִּיל דּוֹפִי
blemish *n.* דּוֹפִי; פְּגָם; מוּם
blend *n.* תַּעֲרוֹבֶת
blend *v.* לְעַרְבֵּב; לְמַזֵּג; לְהִתְמַזֵּג; לְהִתְעַרְבֵּב
blender *n.* מַמְחֶה; בְּלֶנְדֶר
bless *v.* לְבָרֵךְ; לְקַדֵּשׁ
–be blessed with לְהִתְבָּרֵךְ בּ־
–Bless you! לַבְּרִיאוּת!
blessed *adj.* קָדוֹשׁ; מְבוֹרָךְ; בָּרוּךְ; אָרוּר
blessing *n.* בְּרָכָה; מַזָּל
–a blessing in disguise בְּרָכָה מוּסוֹוֵית; בְּרָכָה בְּסוֹפוֹ שֶׁל דָּבָר
blew *v. past of* blow
blight *n.* שִׁידָּפוֹן; פֶּגַע; גּוֹרֵם הַרְסָנִי
blimey בְּחַיַּי; חֵי נַפְשִׁי
blind *adj.* עִיוֵּר; אָטוּם; פָּזִיז; לֹא מְרוּסָן
–as blind as a bat מַמָּשׁ עִיוֵּר
–turn a blind eye (to) לְהַעֲלִים עַיִן (מ־)
blind *n.* –the blind הָעִיוְורִים
blind *n.* תְּרִיס; וִילוֹן; מַסֵּוָה; תֵּירוּץ
blind *v.* לְעַוֵּור; לְסַנְוֵור; לְסַמֵּא
blind alley *n.* רְחוֹב לְלֹא מוֹצָא; מָבוֹי סָתוּם
blind date *n.* פְּגִישָׁה עִיוֶּורֶת
blindfold *v., n.* לִקְשׁוֹר עֵינַיִים; כְּסוּת עֵינַיִים
blinding *adj.* מְסַנְוֵר; בּוֹלֵט; מְסַחְרֵר
blindness *n.* עִיוָּרוֹן
blink *n.* מִצְמוּץ; הִבְהוּב
blink *v.* לְמַצְמֵץ; לְהַבְהֵב
blinker *n.* נַצְנָץ; פַּנַס אִיתּוּת
blip *n.* צִפְצוּף; נְקוּדַּת אוֹר (בְּמַכָּ"ם)
bliss *n.* אוֹשֶׁר עִילָּאִי
blister *n.* שַׁלְפּוּחִית; בּוּעָה

B

blithe *adj.* עַלִּיז; לֹא רְצִינִי; קַל דַּעַת
blitz *n.* הִתְקָפַת בָּזָק; הַפְצָצָה מְרוּכֶּזֶת
blizzard *n.* סוּפַת שֶׁלֶג
bloated *adj.* נָפוּחַ
blob *n.* טִיפָּה; כֶּתֶם צֶבַע
bloc *n.* גוּשׁ (פּוֹלִיטִי, מדיני)
block *n.* גוּשׁ; בְּלוֹק; קְבוּצָה; סְתִימָה; מַחְסוֹם; מִכְשׁוֹל; רֹאשׁ
block *v.* לַחְסוֹם; לְעַכֵּב; לְהַכְשִׁיל; לְסַכֵּל
blockade *n., v.* הֶסְגֵּר; לְהַטִּיל הֶסְגֵּר עַל
– run the blockade לִפְרוֹץ אֶת הַהֶסְגֵּר
blockage *n.* סְתִימָה; חֲסִימָה
blockbuster *n.* לָהִיט; שׁוֹבֵר קוּפּוֹת; רַב־מֶכֶר
block letters *n.* אוֹתִיּוֹת דְּפוּס גְּדוֹלוֹת
blocked *adj.* סָתוּם; חָסוּם
blockhead *n.* טֶמְבֶּל
bloke *n.* בָּחוּר; בֶּן־אָדָם
blond(e) *n.* בְּלוֹנְדִינִי(ת)
blood *n.* דָּם; קִרְבַת מִשְׁפָּחָה
– bad blood (between) שִׂנְאָה (בֵּינֵיהֶם)
blood bank *n.* בַּנְק דָּם
bloodbath *n.* מֶרְחַץ דָּמִים
blood count *n.* סְפִירַת דָּם
blood donor *n.* תּוֹרֵם דָּם
blood feud *n.* גְּאוּלַת דָּם
blood group/type *n.* סוּג דָּם
bloodhound *n.* כֶּלֶב גִּישׁוּשׁ
bloodless *adj.* לְלֹא שְׁפִיכוּת דָּמִים
blood money *n.* דְּמֵי שְׁתִיקָה
blood pact *n.* בְּרִית דָּמִים
blood pressure *n.* לַחַץ דָּם
blood sample *n.* דְּגִימַת דָּם
bloodshed *n.* שְׁפִיכוּת דָּמִים
bloodshot *adj.* אֲדוּמוֹת (עיניים)
bloodstained *adj.* מוּכְתָּם בְּדָם
bloodstream *n.* זֶרֶם הַדָּם; מַחֲזוֹר הַדָּם
blood test *n.* בְּדִיקַת דָּם
bloodthirsty *adj.* צְמֵא דָּם
blood vessel *n.* כְּלִי דָּם
bloody *adj.* שׁוֹתֵת דָּם; עָקוֹב מִדָּם; מְעַצְבֵּן; נוֹרָא; מַמָּשׁ; סְתָם
bloom לְלַבְלֵב; לִפְרוֹחַ; פֶּרַח; פְּרִיחָה; תְּקוּפַת הַפְּרִיחָה; יוֹפִי; רַעֲנַנּוּת

blossom *n.* פֶּרַח; תִּפְרַחַת; פְּרִיחָה
blossom *v.* לִפְרוֹחַ; לְהִתְפַּתֵּחַ
blot כֶּתֶם; רְבָב; פְּגָם; לְהַכְתִּים; לִסְפּוֹג
– blot out לְהַסְתִּיר; לִמְחוֹק
blotting paper *n.* נְיָיר סוֹפֵג
blouse *n.* חוּלְצָה
blow *n.* מַכָּה; מַהֲלוּמָה; אָסוֹן; נְשִׁיפָה; גְּרִיפָה
– blow-by-blow מְפוֹרָט (שָׁלָב אַחַר שָׁלָב)
– come to blows לְהַחֲלִיף מַהֲלוּמוֹת; לָרִיב
blow *v.* (blew, blown) לִנְשׁוֹב; לְהָעִיף; לָעוּף בָּרוּחַ; לִנְשׁוֹף; לִגְרוֹף (חוטמו); לְנַפֵּחַ; לְפוֹצֵץ; לְהִתְפּוֹצֵץ; לְהַשְׁמִיעַ תְּרוּעָה; לִשְׁרוֹף
– blow it לְפַשֵּׁל; לְהַחְמִיץ הזדמנות
– blow out לְכַבּוֹת; לְהִתְפּוֹצֵץ (צמיג)
– blow over לַחֲלוֹף; לְהִישָּׁכַח
– blow up לְהִתְפּוֹצֵץ (מִכַּעַס); לְהִתְפּוֹצֵץ; לְנַפֵּחַ; לְהַגְדִּיל (תצלום); לְפוֹצֵץ
blow-dry *n., v.* לְיַיבֵּשׁ שֵׂיעָר; (לַעֲשׂוֹת) "פֵּן"
blowout פִּיצוּץ בְּצָמִיג; הִתְפָּרְצוּת; קֶצֶר
blowtorch *n.* מַבְעֵר הַלְחָמָה / רִיתּוּךְ
blowup פִּיצוּץ; רִיב; הִתְפָּרְצוּת זַעַם; תַּצְלוּם מוּגְדָּל
blubber לְיַיבֵּב; לִבְכּוֹת; שׁוּמַן לִוְיָתָן
bludgeon *v.* לְהַכּוֹת בְּאַלָּה; לִכְפּוֹת
blue *adj.* כָּחוֹל; שַׁמְרָן; עָצוּב; מְדוּכָּא
– once in a blue moon פַּעַם בְּיוֹבֵל
blue *n.* כָּחוֹל; תְּכֵלֶת הַשָּׁמַיִם; הַיָּם
– out of the blue בְּמַפְתִּיעַ; כְּבַד סְתָם
blueberry *n.* אוּכְמָנִית
blue-blooded *adj.* בַּעַל דָּם כָּחוֹל; בֶּן אֲצִילִים
blue chip *n.* מְנָיָה יוּקְרָתִית
blue-collar *adj.* צַוָּארוֹן כָּחוֹל; ־יִיצוּר
blue-collar worker *n.* עוֹבֵד יִיצוּר
blue-eyed *adj.* כְּחוֹל־עֵינַיִם; חָבִיב
blueprint *n.* הֶעְתֵּק שֶׁמֶשׁ; תּוֹכְנִית; תַּרְשִׁים
blues *n.* דִּיכָּאוֹן; בְּלוּז
bluff *n.* כֵּף; צוּק תָּלוּל; בְּלוֹף; אִיּוּם סְרָק
– call his bluff לַחְשׂוֹף אֶת הַבְּלוֹף

bluff *v.* לְבַלֵּף; (לְנַסּוֹת) לְרַמּוֹת

blunder *n.* שְׁגִיאָה טִפְּשִׁית; פַּשְׁלָה; מֶחְדָּל

blunder *v.* לָנוּעַ כִּמְגַשֵּׁשׁ בָּאֲפֵלָה; לְפַשֵּׁל

blunt *adj., v.* קֵהֶה; לֹא חַד; בּוֹטֶה; גָּלוּי; לְהַקְהוֹת

bluntly *adv.* בְּגָלוּי; בְּלָשׁוֹן בּוֹטָה; דוּגְרִי

blur *n.* תְּמוּנָה מְטוּשְׁטֶשֶׁת; טִשְׁטוּשׁ

blur *v.* לְטַשְׁטֵשׁ; לְהִיטַּשְׁטֵשׁ

blurb *n.* מֵידָע כְּלָלִי (מחמיא) (עַל דַּשׁ סֵפֶר)

blurt *v.* (out) לִפְלוֹט (מִפִּיו)

blush *n., v.* לְהַסְמִיק; סוֹמֶק

bluster *n.* צְעָקוֹת; אִיּוּמֵי סְרָק קוֹלָנִיִּים

boa (constrictor) *n.* חֲנָק (נחש)

boar *n.* חֲזִיר בָּר; חֲזִיר הַרְבָּעָה

board *n.* קֶרֶשׁ; לוּחַ עֵץ; לוּחַ; קַרְטוֹן; מוֹעָצָה; וַעֲדָה; אוֹכֶל; אֲרוּחוֹת

– board and lodging אוֹכֶל וְלִינָה

– board of directors מוֹעֶצֶת־מְנַהֲלִים

– on board בָּאוֹנִיָּיה; בַּמָּטוֹס; עַל סִיפּוּן־

board *v.* לְכַסּוֹת בִּקְרָשִׁים; לַעֲלוֹת ל־; לְהַעֲלוֹת נוֹסְעִים; לְאַכְסֵן; לְהִתְאַכְסֵן

boarding-card/-pass *n.* כַּרְטִיס עֲלִיָּיה לַמָּטוֹס / לָאוֹנִיָּיה

boarding house *n.* בֵּית־הַאֲרָחָה

boarding school *n.* פְּנִימִיָּיה

boardwalk *n.* טַיֶּילֶת

boast *n., v.* הִתְרַבְרְבוּת; דָּבָר לְהִתְפָּאֵר בּוֹ; גַּאֲוָה; לְהִתְרַבְרֵב; לְהִתְגָּאוֹת בּ־

boastful *adj.* רַבְרְבָנִי; מִתְרַבְרֵב

boat *n.* סִירָה; סְפִינָה

bob *n.* תִּסְפּוֹרֶת קְצָרָה; שִׁילִינְג

bob *v.* לָנוּעַ / מַעֲלָה־מַטָּה; לְהָנִיד

bobbin *n.* סְלִיל; אַשְׁוָוה

bobby *n.* שׁוֹטֵר

bobsled *n.* שַׁלְגִּית; מִגְרֶרֶת שֶׁלֶג

bobsleigh *n., v.* (לִנְסוֹעַ בְּ־) שַׁלְגִּית; מִגְרָרָה

bode *v.* לְבַשֵּׂר; לִהְיוֹת סִימָן ל־

bodily *adj.* גּוּפָנִי; שֶׁל הַגּוּף

bodily *adv.* בִּשְׁלֵמוּתוֹ; כְּגוּף אֶחָד; בְּעַצְמוֹ; בְּגוּפוֹ

body *n.* גּוּף; גּוּפָה; גְּוִויָּה; מֶרְכָּב; קְבוּצָה; חֶבֶר; גּוּשׁ; אוֹסֶף

body building *n.* פִּיתּוּחַ גּוּף

bodyguard *n.* שׁוֹמֵר / שׁוֹמְרֵי רֹאשׁ

body odor/odour *n.* רֵיחַ גּוּף

body language *n.* שְׂפַת גּוּף

body search *n.* חִיפּוּשׂ עַל גּוּפוֹ

bodywork *n.* הַגּוּף הַחִיצוֹנִי; הַפַּח (בָּרֶכֶב); פֶּחָחוּת

bog *n., v.* אֲדָמָה בִּיצָתִית; בֵּית־שִׁימּוּשׁ

– bogged down in שָׁקוּעַ (עַד צַוָּאר) בּ־

bogey *n.* שֵׁד

boggle *v.* (at) לְהִתְקַשּׁוֹת לְהַאֲמִין; לְהִתְקַשּׁוֹת לִתְפּוֹס

boggy *adj.* בִּיצָתִית; טוֹבְעָנִית

bogus *adj.* מְזוּיָּף; כּוֹזֵב; מְפוּבְּרָק; בָּדוּי

bohemian *n.* אִישׁ בּוֹהֶמָה; בּוֹהֶמְיָין

boil *n.* סִמְטָה (פּוּרוּנְקֶל); (נְקוּדַּת) רְתִיחָה

boil *v.* לְהַרְתִּיחַ; לִרְתּוֹחַ; לְבַשֵּׁל; לְהִתְבַּשֵּׁל

– boil down to לְהִסְתַּכֵּם לְמַעֲשֶׂה בּ־

– boil over לִגְלוֹשׁ; לְהִתְרַתֵּחַ

boiler *n.* דּוּד; מַרְתֵּחַ

boiling *adj.* רוֹתֵחַ

boiling point *n.* נְקוּדַּת רְתִיחָה

boisterous *adj.* רוֹעֵשׁ וְעַלִּיז

bold *adj.* נוֹעָז; חֲסַר בּוּשָׁה; חָצוּף; בּוֹלֵט לָעַיִן; בָּרוּר; (אוֹתִיּוֹת דפוס) שְׁמֵנוֹת

boldly *adv.* בְּאוֹמֶץ; בְּהֶעָזָה

boldness *n.* אוֹמֶץ; הֶעָזָה; חוּצְפָּה

bollocks *n.* שְׁטוּיוֹת; בֵּיצִים (אֲשָׁכִים)

boloney *n.* שְׁטוּיוֹת; נַקְנִיק

bolster *v.* (up) לְחַזֵּק; לִתְמוֹךְ בּ־

bolt *adv.* – bolt upright זָקוּף לְגַמְרֵי

bolt *n.* בְּרִיחַ; בּוֹרֶג; בָּרָק; בְּרִיחַת פֶּתַע

bolt *v.* לְהַבְרִיג; לִסְגּוֹר בִּבְרִיחַ; לִנְעוֹל; לְהִשְׁתּוֹלֵל; לִבְרוֹחַ מַהֵר; לִבְלוֹעַ מַהֵר

bomb *v., n.* לְהַפְצִיץ; לְפוֹצֵץ; פְּצָצָה

bombard *v.* (with) לְהַפְגִּיז (בּ־); לְהַמְטִיר (עַל־)

bombardment *n.* הַפְגָּזָה; הַרְעָשָׁה

bombastic *adj.* בּוֹמְבַּסְטִי; מְנוּפָּח

bomb disposal *n.* סִילּוּק פְּצָצוֹת

bomber *n.* מַפְצִיץ (מטוס); מְחַבֵּל; מְפַגֵּעַ

bombing *n.* הַפְצָצָה; פִּיגּוּעַ (ע״י פצצה)

bomb scare *n.* הוֹדָעַת שָׁוְוא עַל הַטְמָנַת פְּצָצָה

bombshell *n.* הַפתָעָה מַדהִימָה; פְּצָצָה
bona fide *adj.* בְּתוֹם לֵב; אֲמִיתִי
bonanza *n.* הַצלָחָה; שִׂגשׂוּג; מִכרֵה זָהָב
bond *n.* (שְׁטַר) הִתחַייבוּת; קֶשֶׁר; גוֹרֵם מְאַחֵד; אִיגֶרֶת חוֹב
bond *v.* לְהַדבִּיק; לְהִידָבֵק; לְפַתֵּחַ קֶשֶׁר
bondage *n.* עַבדוּת; שִׁעבּוּד
bonded warehouse *n.* מַחסָן עֲרוּבָּה
bone *n.* עֶצֶם
–bone of contention סֶלַע הַמַחלוֹקֶת
–have a bone to pick with יֵשׁ לוֹ טְעָנוֹת אֶל
bone *v.* לְהוֹצִיא עֲצָמוֹת מ־
bonfire *n.* מְדוּרָה
bonnet *n.* מִצנֶפֶת; כִּיפָּה לְתִינוֹקֶת; מִכסֵה מָנוֹעַ
bonus *n.* הֲטָבָה; מַעֲנָק; בּוֹנוּס; צִ׳וּפָּר
bonus share *n.* מְנָיַית הֲטָבָה
bony *adj.* מָלֵא עֲצָמוֹת; גַרמִי; כָּחוּשׁ
boo בּוּז!; בּוּ! (קְרִיאַת הַפחָדָה)
boo *v.* לְהַשׁמִיעַ קְרִיאוֹת בּוּז (כְּלַפֵּי־)
boob *v., n.* (לַעֲשׂוֹת) שְׁגִיאָה טִיפְּשִׁית; שָׁד
booby trap *n.* מִטעָן מְמוּלכָּד
booby-trapped *adj.* מְמוּלכָּד
book *n.* סֵפֶר; מַחבֶּרֶת; פִּנקָס; צְרוֹר; חֲבִילָה
book *v.* לְהַזמִין (מָקוֹם / כַּרטִיס); לְהֵירָשֵׁם; לִשׁמוֹר (מָקוֹם) מֵרֹאשׁ; לִרשׁוֹם תְלוּנָה
–booked up אֵין מְקוֹמוֹת פְּנוּיִים
–fully booked אֵין מְקוֹמוֹת פְּנוּיִים
bookcase *n.* כּוֹנָנִית סְפָרִים
bookie *n.* סוֹכֵן הִימוּרִים
booking *n.* הַזמָנַת מָקוֹם מֵרֹאשׁ
booking office *n.* קוּפָּה לִמכִירַת כַּרטִיסִים
bookkeeper *n.* מְנַהֵל חֶשבּוֹנוֹת
booklet *n.* סִפרוֹן; חוֹבֶרֶת
bookmaker *n.* סוֹכֵן הִימוּרִים
bookmark *n.* סִימָנִייָה
book report *n.* יוֹמַן קְרִיאָה
bookshop *n.* חֲנוּת סְפָרִים
bookstall *n.* דוּכָן לִמכִירַת סְפָרִים
bookstore *n.* חֲנוּת סְפָרִים
bookworm *n.* תּוֹלַעַת סְפָרִים
boom *n.* מָנוֹר (בספינה); זְרוֹעַ הַמִיקרוֹפוֹן; בּוּם; רַעַם; שִׂגשׂוּג פִּתאוֹמִי; גֵיאוּת
boom *v.* לְשַׂגשֵׂג; לְהַרעִים
boomerang *n., v.* בּוּמֶרַנג; לִפעוֹל כְּבּוּמֶרַנג
boon *n.* בְּרָכָה; דָבָר מוֹעִיל
boor *n.* אָדָם גַס וַחֲסַר חִינוּךְ
boost *v., n.* לְהַעֲלוֹת; לְהַגבִּיר; (לָתֵת) דְחִיפָה (ל־); עֲלִייָה; (לְהַגבִּיר) כּוֹחַ; הֶגבֵּר
booster *n.* זְרִיקַת עִידוּד; זְרִיקַת דַחַף
booster rocket *n.* רָקֶטַת דַחַף; טִיל שִׁילוּחַ
boot *n.* מַגָף; נַעַל גְבוֹהָה; תָּא מִטעָן
–get the boot לִהיוֹת מְפוּטָר
–lick his boots לְלַקֵק לוֹ; לְהִתרַפֵּס בְּפָנָיו
boot *v.* לִבעוֹט בּ־; לְסַנדֵל; לְאַתחֵל
booth *n.* דוּכָן; בִּיתָן; תָּא
bootleg *adj.* לֹא חוּקִי (מַשׁקֶה); פִּירָטִי
booty *n.* שָׁלָל
booze *v., n.* לִשׁתוֹת לְשׁוֹכרָה; מַשׁקֶה חָרִיף
border *n.* גְבוּל; שָׂפָה; שׁוּלַיִים; קָצֶה
border *v.* לִתחוֹם; לִגבּוֹל
borderline *n.* קַו גְבוּל
–a borderline case מִקרֶה גְבוּלִי
bore *n.* אָדָם מְשַׁעֲמֵם; טַרחָן; דָבָר מְשַׁעֲמֵם / מַרגִיז; קֶדַח הַקָנֶה; קוֹטֶר
bore *v.* לְשַׁעֲמֵם; לִקדוֹחַ
bore *v. past of* bear
boredom *n.* שִׁעֲמוּם
boring *adj.* מְשַׁעֲמֵם
born נוֹלַד; מִבֶּטֶן וּמִלֵידָה
borne *v. 3rd form of* bear
borough *n.* עִיר קְטַנָה; רוֹבַע מִנהָלִי
borrow *v.* לִלווֹת; לִשׁאוֹל (מ־); לָקַחַת מ־
–living on borrowed time חַי עַל זְמַן שָׁאוּל
borrower *n.* לוֹוֶה; שׁוֹאֵל
borrowing *n.* גִיוּס אַשׁרַאי; הַלווָאָה (מ־)
bosom *n.* חָזֶה; חֵיק
–a bosom friend יְדִיד נֶפֶשׁ

boss *n., v.* מְנַהֵל; בּוֹס; לָתֵת הוֹרָאוֹת ל־; לִרְדּוֹת בּ־
bossy *adj.* מִתְנַהֵג כְּמוֹ בּוֹס; שְׁתַלְטָנִי
botanical *adj.* בּוֹטָנִי
botch *v.* (up) לְקַלְקֵל; לְפַשֵׁל
both *adj.* (אֶת) שְׁנֵי ה־
both *pron., n.* (אֶת) שְׁנֵיהֶם; שְׁנֵי ה־
–both of them שְׁנֵיהֶם
–both...and... גַם... וְגַם
bother *n.* מטרֶד; טַרְדָן; טוֹרַח; טִרְחָה; בְּעָיָה
bother *v.* לְהַטרִיד; לְהָצִיק; לִטרוֹחַ
bothersome *adj.* מַרגִיז; מַטרִיד
bottle *n.* בַּקְבּוּק
bottle *v.* לָשִׂים בְּבַקְבּוּק; לְשַׁמֵר בְּצִנְצֶנֶת
–bottle up לִכבּוֹשׁ (רֶגֶשׁ)
bottle-fed *adj.* נִיזוֹן מִבַּקְבּוּק (לְתִינוֹק)
bottleneck *n.* צַוְואר בַּקְבּוּק
bottom *n.* תַחתִית; חֵלֶק תַחתוֹן; הַחֵלֶק הַמְרוּחָק; סוֹף; קַרקָעִית; יַשְׁבָן; תַחתוֹן; אַחֲרוֹן
–from the bottom of my heart מִקֶרֶב לֵב
–get to the bottom of לַחקוֹר עַד הַיְסוֹד
bottomless *adj.* עָמוֹק לְאֵין שִׁיעוּר; לְלֹא תַחתִית; רַב; בִּלתִי נִדלֶה
bottom line *n.* הַשּׁוּרָה הַתַחתוֹנָה; הָעִיקָר
bough *n.* עָנָף
bought *v. past and 3rd form* buy
boulder *n.* סֶלַע
boulevard *n.* שְׂדֵרָה
bounce *n.* נִיתוּר; קְפִיצִיוּת; עֲלִיָיה
bounce *v.* לְקַפֵּץ; לְהַקפִּיץ; לַחֲזוֹר (שֶׁק)
–bounce back לְהִתאוֹשֵׁשׁ מַהֵר
bouncer *n.* שׁוֹמֵר סַף (בְּמוֹעֲדוֹן וכו׳)
bound *v. past and 3rd form of* bind
bound *adj.* כָּבוּל; קָשׁוּר; מְחוּיָב; מְרוּתָק
–bound for שֶׁפָּנָיו מוּעָדוֹת ל־
–bound to (do...) לָבֶטַח; חַיָיב ל־
bound *v.* לְקַפֵּץ; לְנַתֵר; לִתחוֹם
boundary *n.* גְבוּל; תְחוּם
boundless *adj.* שֶׁאֵין לוֹ גְבוּל
bounds *n.* תְחוּם
–within the bounds of בִּגבוּלוֹת ה־
bountiful *adj.* נָדִיב; שׁוֹפֵעַ
bounty *n.* נְדִיבוּת לֵב; פְּרָס כַּספִּי; מַעֲנָק
bouquet *n.* זֵר פְּרָחִים; נִיחוֹחַ יַיִן
bourbon *n.* וִיסקִי (בּוּרבּוֹן)
bourgeois *adj., n.* בּוּרגָנִי; רְכוּשָׁנִי
bout *n.* תְקוּפָה שֶׁל־; תַחֲרוּת; הֶתקֵף; קְרָב; הִתפָּרְצוּת
boutique *n.* בּוּטִיק; חֲנוּת
bow *n.* קֶשֶׁר פַּרפַּר; קֶשֶׁת; קִידָה; חַרטוֹם
bow *v.* לָקוֹד קִידָה; לְהַרכִּין; לְהִיכָּנַע
bowels *n.* מֵעַיִים; תוֹךְ תוֹכוֹ שֶׁל; בֶּטֶן ה־
bowl *n.* קְעָרָה; קַעֲרִית; כַּדּוּר (כַּדּוֹרֶת)
bowler *n.* מִגבַּעַת בְּרִיטִית / בּוֹאוּלֶר
bowling *n.* (מִשׂחַק) כַּדּוֹרֶת
bow tie *n.* עֲנִיבַת פַּרפַּר
box *n.* קוּפסָה; אַרגָז; תֵיבָה; טֶלֶוִויזְיָה; תָא; רְחָבָה (בְּמִגרָשׁ); סְטִירָה; אֶגרוֹף; (עֵץ) בּוּק; יְצִיעַ הַמְכוּבָּדִים
box *v.* לְהִתאַגרֵף
–box his ears לִסטוֹר עַל אוֹזנוֹ
boxer *n.* מִתאַגרֵף; כֶּלֶב בּוֹקסֶר
boxer shorts *n.* תַחתוֹנֵי בּוֹקסֶר
boxing *n.* אִגרוּף
Boxing Day *n.* מָחֳרַת חַג הַמוֹלָד
box office *n.* קוּפָּה (בְּקוֹלנוֹעַ)
–box-office success הַצלָחָה קוּפָּתִית
boy *n.* יֶלֶד; נַעַר; בָּחוּר; בֵּן; מְשָׁרֵת
boycott *v., n.* לְהַחֲרִים; חֵרֶם
boyfriend *n.* חָבֵר (שֶׁל אִישָׁה / נערה)
boyhood *n.* נַעֲרוּת
boyish *adj.* נַעֲרִי; יַלדוּתִי
bozo *n.* אִידיוֹט; לֵיצָן
bra *n.* חֲזִייָה
brace *n.* מִשׁעָן; סָמוֹךְ; חֶבֶק
–braces כְּתֵפִיוֹת; פְּלָטָה לַשִּׁינַיִים; (סוֹגְרַיִים) צוֹמְדִים
brace *v.* לִתמוֹךְ; לְחַזֵק; לְהַדֵק
–brace oneself לְהִתכּוֹנֵן נַפשִׁית
bracelet *n.* צָמִיד
bracing *adj.* מְרַעֲנֵן; מְחַזֵק
bracket *n.* זָוִוית; סוֹגְרַיִים (בְּרַבִּים); קְבוּצָה
brackish *adj.* מְלוּחִים מְעַט (מַיִם)

brag *v.* (bragged) לְהִתרַברֵב
braggart *n.* רַברְבָן
braid *n.* קישוּט שָׁזוּר; צַמָּה; מִקלַעַת
brain *n.* מוֹחַ; רֹאשׁ; שֵׂכֶל
brainchild *n.* פְּרִי יְצִירָתוֹ / יוֹזמָתוֹ; רַעיוֹן
brain death *n.* מָוֶות מוֹחִי
brain drain *n.* בְּרִיחַת מוֹחוֹת
brainstorm *n.* הַברָקָה
brainstorming *n.* סִיעוּר מוֹחוֹת
brains trust *n.* צֶוֶות מוֹחוֹת
brain teaser *n.* בְּעָיָה קָשָׁה
brainwash *v.* לִשטוֹף מוֹחוֹ
brainwashing *n.* שְׁטִיפַת מוֹחַ
brainwave *n.* הַברָקָה; הַשׁרָאָה פִּתאוֹמִית
braise *v.* לְהַשׁחִים ואח״כ לְבַשֵׁל לְאַט
brake *n.*, *v.* (דוושת ה־) בֶּלֶם; מַעֲצוֹר; לִבלוֹם
braking *n.* בְּלִימָה
bran *n.* סוּבִּין
branch *n.* עָנָף; סְנִיף; פֶּלֶג; שְׁלוּחָה; מִסעָף
branch *v.* לְהִסתַעֵף
brand *n.* מוּתָג; סוּג; סִימַן בַּעֲלוּת; בַּרזֶל כְּוִויָה; אוֹת קָלוֹן; אוּד
brand *v.* לְסַמֵן סִימַן בַּעֲלוּת (בִּצרִיבָה); לְהַכתִים בְּאוֹת קָלוֹן; לְהוֹקִיעַ
brandish *v.* לְנוֹפֵף
brand name *n.* שֵׁם מוּתָג
brand-new *adj.* חָדָשׁ לְגַמרֵי
brandy *n.* בְּרֶנדִי; קוֹנִיאַק
brash *adj.* חָצוּף; פָּזִיז
brass *n.* פְּלִיז; כְּלֵי פְּלִיז; שֶׁלֶט (הַנצָחָה); חוּצפָּה; כְּלֵי נְשִׁיפָה; כֶּסֶף; קְצוּנָה בְּכִירָה
brass band *n.* תִזמוֹרֶת כְּלֵי נְשִׁיפָה
brassière *n.* חֲזִייָה
brat *n.* יֶלֶד (לֹא מְחוּנָךְ); פִּרחָח קָטָן
bravado הַפגָנַת אוֹמֶץ יוֹמרָנִית / מְדוּמָה
brave אַמִיץ; נוֹעָז; לוֹחֵם אִינדִיאָנִי
brave *v.* לַעֲמוֹד בְּאוֹמֶץ בִּפנֵי־
bravely *adv.* בְּאוֹמֶץ
bravery *n.* אוֹמֶץ; גְבוּרָה; עוֹז
brawl (לְהִשׁתַתֵף בּ־) קְטָטָה; רִיב קוֹלָנִי
brawny *adj.* חָזָק; שְׁרִירִי
bray *n.* נְעִירָה; קוֹל מַתַכתִי / חֲצוֹצרָה
brazen *adj.* חָצוּף; חֲסַר בּוּשָׁה; גַס; בּוֹטֶה
– brazen it out לְגַלוֹת חוּצפָּה (הֶעָזָה)
breach *n.* הֲפָרָה; קֶרַע; פִּרצָה
– breach of promise הֲפָרַת הַבטָחַת נִישׂוּאִים
bread *n.* לֶחֶם; כֶּסֶף
breadth *n.* רוֹחַב; רַחֲבוּת (אוֹפֶק); הֶיקֵף
breadwinner *n.* מְפַרנֵס
break *n.* שְׁבִירָה; שֶׁבֶר; נֶתֶק; הַפסָקָה; בְּרִיחָה; הִזדַמנוּת; שִׁינוּי פִּתאוֹמִי
break *v.* (broke, broken) לִשׁבּוֹר; לְהִישָׁבֵר; לִקרוֹעַ; לְנַתֵק; לְהִינָתֵק; לְהִיקָרַע; לְבַקֵעַ; לְקַלקֵל; לְהִתקַלקֵל; לִפרוֹץ; לְאַלֵף; לְהָפֵר; לַעֲשׂוֹת הַפסָקָה; לְהַפרִיד; לִפרוֹט
– breaking and entering פְּרִיצָה בִּלתִי חוּקִית
– break jail לִברוֹחַ מֵהַכֶּלֶא
– break the law לְהָפֵר אֶת הַחוֹק
– break the news לְבַשֵׂר (יְדִיעָה)
– break down לְהִתקַלקֵל; לְהִתמוֹטֵט; לְהִתפָּרֵק; לִשׁבּוֹר; לְדַכֵּא; לְסַלֵק; לְהַפִּיל; לִפרוֹץ; לְפָרֵט; לְהִתפַּלֵג
– break into לִפרוֹץ לְ־; לִפתוֹחַ בּ־; לִפצוֹחַ בּ־; לִפרוֹץ בּ־; לִשׁבּוֹר
– break off לְהִינָתֵק; לְהַפסִיק; לַעֲשׂוֹת הַפסָקָה; לְנַתֵק; לַחתוֹךְ; לְבַטֵל
– break out לִפרוֹץ; לִברוֹחַ (מ־)
– break through לִפרוֹץ (דֶרֶךְ־)
– break up לְהִתפָּרֵק; לְהִתפַּזֵר; לְפַזֵר; לְהִתפּוֹרֵר; לְהִתמוֹטֵט; לְהִתנַפֵּץ; לְהַפרִיד; לְפַצֵל; לְפָרֵק; לְחַלֵק
breakable *adj.* שָׁבִיר
breakdown *n.* קִלקוּל; הִתמוֹטְטוּת; נִיתוּחַ; הִתפַּלגוּת (פֵּירוּט סטָטִיסטִי)
breakfast *v.*, *n.* (לֶאֱכוֹל) אֲרוּחַת בּוֹקֶר
break-in *n.* פְּרִיצָה
breakneck *adj.*
– at breakneck speed בִּמהִירוּת מְסוּכֶּנֶת

breakout *n.* בְּרִיחָה
breakthrough *n.* פְּרִיצָה; הַבְקָעָה; פְּרִיצַת דֶּרֶךְ
breakup *n.* הִתְפּוֹרְרוּת; הִתְפָּרְקוּת
breakwater *n.* שׁוֹבֵר גַּלִּים
breast *n.* שַׁד; חָזֶה
breast-feed *v.* לְהֵינִיק
breast-feeding *n.* הֲנָקָה
breaststroke *n.* שְׂחִיַּית חָזֶה
breath *n.* אֲוִויר לִנְשִׁימָה; נְשִׁימָה; מַשָּׁב קַל; שֶׁמֶץ; רֶמֶז; סִימָן קַל
breathe *v.* לִנְשׁוֹם; לִלְחוֹשׁ; לְהוֹצִיא מִפִּיו
–breathe in/out לִשְׁאוֹף / לִנְשׁוֹף
breather *n.* הַפְסָקָה קְצָרָה
breathing *n.* נְשִׁימָה
breathless *adj.* חֲסַר נְשִׁימָה; עוֹצֵר נְשִׁימָה; לְלֹא מַשַּׁב־רוּחַ
breathtaking *adj.* עוֹצֵר נְשִׁימָה
breath test *n.* בְּדִיקַת רָמַת אַלְכּוֹהוֹל בַּנְּשִׁימָה
bred *v. past and 3rd form of* breed
breeches *n.* מִכְנָסַיִים; מִכְנְסֵי רְכִיבָה
breed *n.* גֶּזַע; מִין
breed *v.* (bred) לְהִזְדַּוֵּוג; לְגַדֵּל; לְהִתְרַבּוֹת; לִגְרוֹם ל־; לְהוֹלִיד
breeding *n.* גִּידוּל; רְבִיָּיה; חִינּוּךְ
breeze *n.* רוּחַ קַלִּילָה
brethren *n.* אַחִים
brevity *n.* קוֹצֶר; צִמְצוּם
brew *n.* חֲלִיטָה; בִּישׁוּל (בִּירָה)
brew *v.* לַחְלוֹט (תֵּה); לְהִתְבַּשֵּׁל; לְמַשְׁמֵשׁ וְלָבוֹא; לְבַשֵּׁל (בִּירָה)
brewery *n.* מִבְשֶׁלֶת שֵׁיכָר
briar *n.* שִׂיחַ קוֹצָנִי; עֶצְבּוֹנִית
bribe *n., v.* שׁוֹחַד; לְשַׁחֵד
bribery *n.* שִׁיחוּד; (קַבָּלַת) שׁוֹחַד
bric-à-brac *n.* פְּרִיטֵי נוֹי קְטַנִּים
brick *n.* לְבֵנָה; לְבֵנִים; קוּבִּיָּיה
bride *n.* כַּלָּה
bridegroom *n.* חָתָן
bridesmaid *n.* שׁוֹשְׁבִינָה
bridge *n.* גֶּשֶׁר; גֶּשֶׁר הַסִּיפּוּן; גֶּשֶׁר הָאַף; גִּשְׁרִית (בְּכִינּוֹר); בְּרִידְג׳
bridge *v.* לִבְנוֹת גֶּשֶׁר עַל־; לְגַשֵּׁר
–bridge the gap לְגַשֵּׁר עַל הַפַּעַר
bridging loan *n.* הַלְוָוָאַת גִּישׁוּר
bridle *n.* רֶסֶן
bridle *v.* לָשִׂים רֶסֶן עַל־; לְרַסֵּן; לִכְעוֹס
brief *adj.* קָצָר; תַּמְצִיתִי
–in brief בְּקִיצּוּר
brief *n.* סִיכּוּם; תִּיק; תַּדְרִיךְ; הוֹרָאוֹת
brief *v.* לִמְסוֹר סִיכּוּם עוּבְדּוֹת ל־; לְתַדְרֵךְ
briefcase *n.* תִּיק מִסְמָכִים / מְנַהֲלִים
briefing *n.* תִּדְרוּךְ; תַּדְרִיךְ
briefly *adv.* בְּקִיצּוּר; לְהֶרֶף עַיִן; לְרֶגַע
briefs *n.* תַּחְתּוֹנִים (בִּיקִינִי)
brigade *n.* בְּרִיגָדָה; חֲטִיבָה; יְחִידָה מְיוּחֶדֶת
brigadier *n.* בְּרִיגָדִיר; תַּת־אַלּוּף
brigand *n.* שׁוֹדֵד; לִיסְטִים
bright *adj.* מַבְהִיק; זוֹהֵר; בָּהִיר; קוֹרֵן; עַלִּיז; פִּיקֵּחַ; מַבְטִיחַ; "וָרוֹד"
–look on the bright side לִרְאוֹת אֶת הַצַּד הַחִיּוּבִי
brighten *v.* לְהוֹסִיף אוֹר / שִׂמְחָה ל־; לְהִתְבַּהֵר; לִקְרוֹן; לְהִשְׁתַּפֵּר; לְהַבְרִיק
brightly *adv.* בְּאוֹר בּוֹהֵק; בְּזוֹהַר; בַּעֲלִיזוּת
brightness *n.* בָּרָק; זוֹהַר; תְּבוּנָה
brilliance *n.* בּוֹהַק; זוֹהַר; מוֹחַ / כִּשְׁרוֹן מַבְרִיק
brilliant *adj.* זוֹהֵר; מַבְהִיק; מַזְהִיר; מַבְרִיק
brilliantly *adv.* בְּאוֹפֶן מַזְהִיר / מַבְרִיק
brim *n.* שָׂפָה (בְּסֵפֶל וכו׳); אוֹגֶן הַמִּגְבַּעַת
brim *v.* (over) (with) לַעֲלוֹת עַל גְּדוֹתָיו; לְהִתְמַלֵּא; לִהְיוֹת שׁוֹפֵעַ / מָלֵא (בּ־)
brine *n.* מֵי מֶלַח
bring *v.* (brought) לְהָבִיא; לִגְרוֹם ל־
–bring about לְהָבִיא לִידֵי־; לִגְרוֹם ל־
–bring down לְהַפִּיל; לְהוֹרִיד
–bring forward לְהַקְדִּים; לְהַעֲלוֹת; לְהַצִּיג
–bring in לַעֲצוֹר (לַחֲקִירָה); לְהָבִיא; לְצָרֵף
–bring (a)round לְהָשִׁיב לְהַכָּרָה; לְשַׁכְנֵעַ אוֹתוֹ
–bring up לְגַדֵּל; לְחַנֵּךְ; לְהַעֲלוֹת (לְדִיּוּן)

–bring up to date לְעַדְכֵּן; לְחַדֵּשׁ
brink *n.* שָׂפָה; שְׂפַת הַמַּיִם; סַף
–on the brink of עַל סַף
brinkmanship *n.* מְדִינִיּוּת פִּי־תְהוֹם
brisk *adj.* נִמְרָץ; עֵר; מְרַעֲנֵן
brisket *n.* (בְּשַׂר) חָזֶה
briskly *adv.* בְּמֶרֶץ; בְּעֵירָנוּת
bristle *n., v.* זִיף; לִסמוֹר; לְגַלּוֹת כַּעַס
–bristle with לִהיוֹת מָלֵא / הוֹמֶה בְּ־
British *n., adj.* בְּרִיטִי
Briton *n.* בְּרִיטִי
brittle *adj.* קָשֶׁה וְשָׁבִיר; פָּרִיךְ
broach *v.* לְהַעֲלוֹת; לְהַזכִּיר; לִפתּוֹחַ (בַּקבּוּק)
broad *adj.* רָחָב; נִרחָב; רוֹחבּוֹ; בָּרוּר
broad *n.* נְקֵבָה; בַּחוּרָה
broad bean *n.* פּוּל; פּוֹל (קִטנִיּוֹת)
broadcast *n., v.* שִׁידוּר; לְשַׁדֵּר; לְסַפֵּר (לְכוּלָם); לְפַזֵּר
broadcaster *n.* שַׁדְרָן; שַׁדָּר
broadcasting *n.* שִׁידוּר
broadly *adv.* בְּאוֹפֶן כְּלָלִי / מַקִּיף; בְּחִיוּךְ רָחָב
broad-minded *adj.* רְחַב־אוֹפֶק; סוֹבלָנִי
broadsheet *n.* עָלוֹן
broccoli *n.* בְּרוֹקוֹלִי
brochure *n.* עָלוֹן; חוֹבֶרֶת
broil *v.* לִצלוֹת; לְהִיצָּלוֹת
broke *v. past of* break
broke *adj.* בְּלִי פְּרוּטָה; תַּפרָן
–go broke לִפשׁוֹט רֶגֶל
–go for broke לָלֶכֶת עַל כָּל הַקּוּפָּה
broken *adj.* שָׁבוּר; מְקוּלקָל; לֹא תָּקִין; גַּבנוּנִי; מְקוּטָע; מוּפָר
–a broken home מִשׁפָּחָה הֲרוּסָה
broken-down *adj.* מְקוּלקָל; מוּתָשׁ; שָׁבוּר; רָעוּעַ
broken English *n.* אַנגלִית רְצוּצָה
broken-hearted *adj.* שְׁבוּר־לֵב
broker *n.* סוֹכֵן מְנָיוֹת; בְּרוֹקֶר; מְתַוֵּוךְ
brokerage *n.* (מִשׂרַד / דְּמֵי) תִּיוּוּךְ
bronchitis *n.* דַּלֶּקֶת הַסִּימפּוֹנוֹת; בְּרוֹנכִיט
bronze *n.* אָרָד; בְּרוֹנזָה; פֶּסֶל בְּרוֹנזָה
brooch *n.* סִיכָּה (לְבֶגֶד)
brood *v.* לִדגּוֹר; לְהַרהֵר
brook *n.* פֶּלֶג; נַחַל קָטָן
broom *n.* מַטאֲטֵא; (שִׂיחַ) רוֹתֶם
broomstick *n.* מַקֵּל מַטאֲטֵא
Bros = Brothers אַחִים
broth *n.* מְרַק בָּשָׂר
brothel *n.* בֵּית־זוֹנוֹת
brother *n.* אָח; חָבֵר (בְּאִיגּוּד)
–brothers in arms אַחִים לַנֶּשֶׁק
brotherhood *n.* אַחֲוָה; (חַברֵי) אֲגוּדָּה
brother-in-law *n.* גִּיס
brotherly *adj.* (כְּמוֹ) שֶׁל אָח, יְדִידוּתִי
brought *v. past and 3rd form of* bring
brouhaha *n.* מְהוּמָה; רַעַשׁ
brow *n.* גַּבָּה; מֵצַח; רֹאשׁ גִּבעָה
browbeat *v.* לְהַפחִיד בְּמַבָּט; לְאַיֵּים
brown *adj., n.* (צֶבַע) חוּם; שָׁזוּף
brown *v.* לְהַשׁחִים; לִשׁזוֹף; לְהִשׁתַּזֵּף
Brownie *n.* צוֹפָה צְעִירָה (בַּתנוּעָה)
brownie *n.* פֵּיָה קְטַנָּה; (עוּגִיַּת שׁוֹקוֹלָד) חוּמִית
browse *v.* לְעַיֵּין; לְעַלעֵל; לְהִסתַּכֵּל
browser *n.* דַּפדְּפָן
bruise *n.* חַבּוּרָה; פְּגִימָה (בִּפרִי)
bruise *v.* לִגרוֹם חַבּוּרָה; לִפגּוֹם; לְקַבֵּל חַבּוּרָה
bruised *adj.* חָבוּל; פָּגוּם
brunch *n.* אֲרוּחַת בּוֹקֶר מְאוּחֶרֶת
brunette *n.* שְׁחַרחוֹרֶת
brunt *n.*
–bear the brunt of לָשֵׂאת בְּעִיקַּר הַנֵּטֶל
brush *n.* מִברֶשֶׁת; מִכחוֹל; הַברָשָׁה; צִחצוּחַ; הִתנַגשׁוּת; חִיכּוּךְ; עִימּוּת
brush *v.* לְהַבְרִישׁ; לְצַחצֵחַ; לִנגּוֹעַ קַלּוֹת בְּ־
–brush aside לַהֲדוֹף בְּקַלּוּת; לְסַלֵּק; לִדחוֹת; לְהִתעַלֵּם מִ־
–brush up (on) לְשַׁפֵּר; לְרַעֲנֵן אֶת יְדִיעָתוֹ
brush-off *n.* הִתעַלְּמוּת; דְּחִיָּיה; סֵירוּב
brusque *adj.* קָצָר וּבוֹטֶה; קְצַר־רוּחַ (וּבוֹטֶה)
brusquely *adv.* בְּקוֹצֶר רוּחַ; כִּלְאַחַר יָד
brusqueness *n.* קוֹצֶר רוּחַ שֶׁגּוֹבֵל בְּגַסּוּת

brussels sprouts *n.* כְּרוּב נִיצָנִים
brutal *adj.* אַכְזָרִי; בְּרוּטָלִי
brutality *n.* אַכְזָרִיּוּת; אַלִּימוּת; מַעֲשֵׂה זְוָועָה
brutally *adv.* בְּאַכְזָרִיּוּת
brute *adj.* פְּרָאִי; חַיָּתִי; חֲסַר דַּעַת
brute *n.* חַיָּה; בְּהֵמָה; פֶּרֶא אָדָם
BTW דֶּרֶךְ אַגַּב
bubble *n., v.* בּוּעָה; לְבַעְבֵּעַ; לְתַסֵּס
– bubble over (with) לָצֵאת מִגִּדְרוֹ (מֵרוֹב־); לִגְלוֹשׁ; לִשְׁפּוֹעַ (בְּ־)
bubble gum *n.* מַסְטִיק "בָּלוֹנִים"
bubble memory *n.* זִיכָּרוֹן בּוּעוֹת
buck *n.* צְבִי, שָׁפָן וכו' זָכָר; דּוֹלָר
– pass the buck לְגַלְגֵּל אֶת הָאַחֲרָיוּת
buck *v.* לִקְפּוֹץ בְּקִימּוּר גַּב; לְהַפִּיל רוֹכֵב
– buck up לְהִזְדָּרֵז; לְעוֹדֵד; לְהִתְעוֹדֵד
bucket *n., v.* דְּלִי
– kick the bucket לָמוּת
– bucket (down) לָרֶדֶת גֶּשֶׁם שׁוֹטֵף
buckle *n., v.* אַבְזֵם; לִרְכּוֹס בְּאַבְזֵם; לַחְגּוֹר; לְהִתְמוֹטֵט; לְהִתְעַקֵּם
– buckle down (to) לְהַתְחִיל לַעֲבוֹד בִּרְצִינוּת (בְּ־)
buckwheat *n.* כּוּסֶּמֶת
bud *n., v.* נִיצָּן; לְהָנֵץ
Buddhist *n., adj.* בּוּדְהִיסְט; בּוּדְהִיסְטִי
budding *adj.* בִּתְחִילַּת דַּרְכּוֹ; עוֹלֶה
buddy *n.* חָבֵר
budge *v.* לְהָזִיז; לָזוּז; לְהָזִיז / לָזוּז מֵעֶמְדָּתוֹ
budget *adj.* זוֹל; בִּמְחִיר נָמוּךְ
budget *n., v.* תַּקְצִיב; לְתַקְצֵב; לְתַכְנֵן
budgie *n.* מִין תּוּכִּי; תּוּכּוֹן
buff *n.* חָסִיד נִלְהָב; מוּמְחֶה
buffalo *n.* תְּאוֹ; שׁוֹר הַבָּר; בּוּפָלוֹ; בִּיזוֹן
buffer *n.* אֶמְצָעֵי הֲגָנָה; מַאֲגָר
buffer state *n.* מְדִינַת חַיִץ
buffet *n., v.* מִזְנוֹן; מַכָּה; לְהַכּוֹת; לַחְבּוֹט
buffoon *n.* מוּקְיוֹן
bug *n.* פִּשְׁפֵּשׁ; חֶרֶק; חַיְדַּק; תַּקָּלָה; בָּאג; כֶּשֶׁל; שִׁיבּוּשׁ; מִיקְרוֹפוֹן חָבוּי
bug *v.* (bugged) לְצוֹתֵת; לִשְׁתּוֹל מִיקְרוֹפוֹן; לְהַרְגִּיז; לְהָצִיק לְ־
bugbear *n.* בְּעָיָה; אֵימַת־
bugger בֶּן־זוֹנָה; חָרָא (שֶׁל־); "מַמְזֵר"
– bugger off לְהִסְתַּלֵּק; תִּתְחַפֵּף!
buggy *n.* כִּרְכָּרָה; קַלְנוֹעִית; עֲגָלַת תִּינוֹק; טְרַקְטוֹרוֹן
bugle *n.* חֲצוֹצְרָה
bugler *n.* מְחַצְצֵר
build *n.* מִבְנֵה־גּוּף
build *v.* (built) לִבְנוֹת; לְהָקִים
– build up לְהִצְטַבֵּר; לְהִתְעַצֵּם; לְהִתְגַּבֵּר; לְחַזֵּק; לְשַׁפֵּר; לִבְנוֹת; לְפַתֵּחַ; לִצְבּוֹר
builder *n.* בַּנַּאי; קַבְּלָן; חֶבְרַת בְּנִיָּיה; מֵקִים; בּוֹנֶה
building *n.* בִּנְיָין; בְּנִיָּיה
building site *n.* אֲתַר בְּנִיָּיה
building society *n.* בַּנְק לְמַשְׁכַּנְתָּאוֹת
buildup *n.* הִתְגַּבְּרוּת; הִתְעַצְּמוּת; הִצְטַבְּרוּת; יַחֲסֵי צִיבּוּר
built *v. past and 3rd form of* build
built-in *adj.* מוּבְנֶה; בָּנוּי בְּתוֹכוֹ; טִבְעִי
built-up *adj.* בָּנוּי (שֶׁטַח)
bulb *n.* נוּרָה; פְּקַעַת; כַּדּוּרִית; גּוּלָה
bulge *n.* בְּלִיטָה; תְּפִיחָה; גִּידּוּל פִּתְאוֹמִי
bulge *v.* לִתְפּוֹחַ
bulk *n.* כַּמּוּת גְּדוֹלָה; גּוֹדֶל; נֶפַח
– in bulk בְּצוֹבֶר; בְּכַמּוּיוֹת גְּדוֹלוֹת
– the bulk of רוֹב; חֵלֶק הָאֲרִי
bulky *adj.* גָּדוֹל; כָּבֵד; מְגוּשָּׁם
bull *n.* שׁוֹר; פַּר; פִּיל; זָכָר; שְׁטוּיוֹת
– a bull in a china shop פִּיל בַּחֲנוּת חַרְסִינָה
bulldoze *v.* לְפַנּוֹת / לְיַישֵּׁר בְּדַחְפּוֹר; לִכְפּוֹת
bulldozer *n.* דַּחְפּוֹר
bullet *n.* כַּדּוּר; קָלִיעַ
bulletin *n.* הוֹדָעָה רִשְׁמִית; דִּיוּוּחַ; עָלוֹן; יְדִיעוֹן
bulletin board *n.* לוּחַ הוֹדָעוֹת
bullet-proof *adj.* חָסִין בִּפְנֵי קְלִיעִים
bullet-proof vest *n.* אֵפוֹד מָגֵן; שַׁכְפַּ"ץ
bullfighter *n.* לוֹחֵם שְׁוָורִים
bullion *n.* מְטִילֵי זָהָב אוֹ כֶּסֶף
bullish *adj.* שֶׁל מְחִירִים עוֹלִים; גּוֹאֶה
bull's-eye *n.* בּוּל (בְּמַטָּרָה)

bullshit *n.* זִיבּוּלֵי מוֹחַ; שְׁטוּיוֹת
bully *n., v.* בִּרְיוֹן; לְהַפְחִיד בְּמַכּוֹת/ בְּאִיּוּמִים
bullying *n.* הַפְחָדָה; אִיּוּמִים
bulwark *n.* סוֹלְלַת מָגֵן; מָעוֹז; (אֶמְצָעִי) הֲגָנָה
bum *n.* יַשְׁבָן; תַּחַת; בַּטְלָן; קַבְּצָן
bumblebee *n.* דְּבוֹרָה גְּדוֹלָה
bump *n.* מַכָּה; חֲבָטָה; בּוּלְקָלָךְ; נְפִיחוּת; גִּבְנוּן; חַתְחַת
bump *v.* לְהִתְנַגֵּשׁ בְּ־; לְהִיתָּקֵל; לְהִיטַּלְטֵל
– bump into לִפְגּוֹשׁ בְּמִקְרֶה
bumper *adj.* שׁוֹפֵעַ (יְבוּל)
bumper *n.* פָּגוֹשׁ
bumper sticker *n.* מַדְבֵּקָה; סְטִיקֶר
bumper-to-bumper *adj., adv.* פָּגוֹשׁ אֶל פָּגוֹשׁ; בִּזְחִילָה
bumptious *adj.* מִתְנַשֵּׂא
bumpy *adj.* מָלֵא חַתְחַתִּים; מְלֻוֶּה בְּטַלְטוּלִים
bun *n.* לַחְמָנִיָּה מְתוּקָה; שֵׂעָר אָסוּף עַל הָעוֹרֶף
bunch *n., v.* אֶשְׁכּוֹל; צְרוֹר; אוֹסֶף; חֲבוּרָה
– bunch together/up לְקַבֵּץ; לְהִתְקַבֵּץ
bundle *n.* חֲבִילָה; צְרוֹר
– be a bundle of nerves לִהְיוֹת פְּקַעַת עֲצַבִּים
bundle *v.* (up) לִצְרוֹר; לִדְחוֹף; לִשְׁלוֹחַ בִּמְהִירוּת; לִלְבּוֹשׁ/ לְהַלְבִּישׁ בֶּגֶד חַם
bungalow *n.* בּוּנְגָלוֹ (בַּיִת חַד־קוֹמָתִי)
bungle *v.* לַעֲשׂוֹת עֲבוֹדָה גְּרוּעָה; לְקַלְקֵל; לְפַשֵּׁל
bungler *n.* פַּשְׁלוֹנֶר; לֹא־יוּצְלַח; בִּיזְיוֹנֶר
bunion *n.* יַבֶּלֶת
bunk *n.* מִיטָּה; מִיטַּת קוֹמָתַיִים; שְׁטוּיוֹת
bunker *n.* בּוּנְקֶר
bunny *n.* אַרְנֶבֶת; שְׁפַנְפָנָה (בַּמּוֹעֲדוֹן)
bunting *n.* דִּגְלֵי קִישּׁוּט קְטַנִּים
buoy *n.* מָצוֹף; גַּלְגַּל הַצָּלָה
buoyant *adj.* צִיפָנִי; צָף; עַלִּיז; מִתְאוֹשֵׁשׁ; בְּמְגַמַּת עֲלִיָּיה
burble *v.* לִרְחוֹשׁ; לְגַרְגֵּר; לְבַרְבֵּר
burden *n.* מַשָּׂא; נֵטֶל; מַעֲמָסָה
– burden of proof חוֹבַת/ נֵטֶל הַהוֹכָחָה
burden *v.* לְהַעֲמִיס עַל־; לְהַכְבִּיד עַל־; לְהַטְרִיד
burdensome *adj.* מַכְבִּיד; מֵעִיק; מְיַיגֵּעַ
bureau *n.* שׁוּלְחַן כְּתִיבָה; שִׁידָּה; לִשְׁכָּה; מִשְׂרָד
bureaucracy *n.* בִּירוֹקְרַטְיָה; פְּקִידֵי מֶמְשָׁלָה; הַפְּקִידוּת הַמֶּמְשַׁלְתִּית
bureaucratic *adj.* בִּירוֹקְרָטִי
burgeoning *adj.* מְשַׂגְשֵׂג; פּוֹרֵחַ
burglar *n.* פּוֹרֵץ
burglar alarm *n.* מַעֲרֶכֶת אַזְעָקָה
burglarize *v.* לִפְרוֹץ (לְ־)
burglary *n.* פְּרִיצָה
burgle *v.* לִפְרוֹץ (לְ־)
burial *n.* קְבוּרָה
burn *n.* כְּוִויָּה; מָקוֹם חָרוּךְ; נַחַל
burn *v.* לִבְעוֹר; לִדְלוֹק; לְהִישָּׂרֵף; לִשְׂרוֹף; לְהַבְעִיר; לִצְרוֹב; לַחְרוֹךְ; לִכְווֹת; לְהִיכָּווֹת; לִקְדּוֹחַ מֵחוֹם; לִרְתּוֹחַ; לְהִשְׁתּוֹקֵק
– burn down לִשְׂרוֹף/ לְהִישָּׂרֵף עַד הַיְסוֹד
burner *n.* מַבְעֵר; צוֹרֵב (דִּיסְקִים)
burning *adj.* חָזָק; בּוֹעֵר; לוֹהֵט; צוֹרֵב
burning *n.* בְּעֵירָה; מַשֶּׁהוּ שֶׁנִּשְׂרַף
burnout *n.* שְׁחִיקָה; הִישָּׂרְפוּת
burnish *v.* לְמָרֵק; לְלַטֵּשׁ
burnt *adj.* שָׂרוּף; חָרוּךְ
burp *v., n.* לְגַהֵק; גִּיהוּק
burr *n.* זִמְזוּם
burrow *n., v.* מְאוּרָה; מְחִילָה; לַחְפּוֹר מְאוּרָה; לִנְבּוֹר; לְפַשְׁפֵּשׁ; לְהִצְטַנֵּף
burst *n.* הִתְפּוֹצְצוּת; פִּיצוּץ; הִתְפָּרְצוּת
burst *v.* לְפוֹצֵץ; לְהִתְפּוֹצֵץ; לִפְרוֹץ; לְהִתְפָּרֵץ; לְהִיבָּקַע; לִבְקוֹעַ
– be bursting to "מֵת" לְ־
– burst into לִפְרוֹץ בְּ־; לִפְצוֹחַ בְּ־; לְהִתְפָּרֵץ
– burst with לְהִתְפַּקֵּעַ מֵרוֹב־; לִהְיוֹת מָלֵא־
bury *v.* (buried) לִקְבּוֹר; לִטְמוֹן; לְהַטְמִין; לְהַסְתִּיר; לִנְעוֹץ; לִשְׁקוֹעַ
bus *n.* אוֹטוֹבּוּס; אָפִיק (מַחְשְׁבִים)
– miss the bus לְהַחְמִיץ אֶת הַהִזְדַּמְּנוּת

bus *v.* (bussed) לִנסוֹעַ / לְהַסִיעַ בְּאוֹטוֹבּוּס

busboy *n.* עוֹזֵר מֶלצַר

bush *n.* שִׂיחַ; עֲרָבָה

–beat about the bush לָלֶכֶת סְחוֹר־סְחוֹר

bushy *adj.* מְכוּסֶה שִׂיחִים; עָבוֹת

busily *adv.* בַּחֲרִיצוּת; בְּהִתרַכְּזוּת

business עֲסָקִים; עֵסֶק; תַּפקִיד; עִניָין

–get down to business לָגֶשֶׁת לָעִניָין

business administration *n.* מִנהַל עֲסָקִים

business card *n.* כַּרטִיס בִּיקוּר

business hours *n.* שְׁעוֹת הָעֲבוֹדָה

businesslike *adj.* עִניְינִי; מַעֲשִׂי; מְאוּרגָן וְיָעִיל

businessman *n.* אִישׁ עֲסָקִים

business school *n.* בֵּית־סֵפֶר לְמִנהַל עֲסָקִים

businesswoman *n.* אֵשֶׁת עֲסָקִים

bus shelter *n.* סְכָכַת תַּחֲנַת אוֹטוֹבּוּס

bus station *n.* תַּחֲנָה מֶרכָּזִית

bus stop *n.* תַּחֲנַת אוֹטוֹבּוּס (בַּדֶּרֶך)

bust *adj.* מְקוּלקָל

–go bust לִפשׁוֹט רֶגֶל

bust *n.* חָזֶה (שֶׁל אִשָּׁה); הֶיקֵף הֶחָזֶה

bust *v.* לִשׁבּוֹר; לְפַצֵּחַ; לַעֲצוֹר (פּוֹשֵׁעַ); לִפשׁוֹט עַל־; לְהִישָּׁבֵר; לְהִתפּוֹצֵץ

bustle *v., n.* לְהִתרוֹצֵץ; לִהיוֹת שׁוֹקֵק פְּעִילוּת; הֲמוּלָה; תְּכוּנָה רַבָּה

busy *adj.* עָסוּק; עָמוּס (עֲבוֹדָה); סוֹאֵן; שׁוֹקֵק פְּעִילוּת; תָּפוּס (קַו טֶלֶפוֹן)

busy *v.* לְהַעֲסִיק (אֶת עַצמוֹ)

busybody *n.* מִתעָרֵב בְּעִניְינִים לֹא לוֹ

but אֲבָל; אֶלָּא; מִבּלִי שֶׁ־; מִלְּבַד; רַק

butcher *n.* קַצָּב; אִטלִיז; רוֹצֵחַ אַכזָרִי

butcher *v.* לִשׁחוֹט; לִטבּוֹחַ

butchery *n.* טֶבַח; קַצָּבוּת

butler *n.* מְשָׁרֵת רָאשִׁי

butt *n.* קַת; בָּדָל; תַּחַת; מַטָּרָה לְלַעַג

butt *v.* לִנגוֹחַ בְּ־; לְהִיפָּגַע (בְּרֹאשׁוֹ) בְּ־

–butt in לְהִתעָרֵב; לְהַפרִיעַ (בְּשִׂיחָה)

butter *n., v.* חֶמאָה; לִמרוֹחַ בְּחֶמאָה

buttercup *n.* נוּרִית

butterfly *n.* פַּרפַּר; שְׂחִיַּית פַּרפַּר

buttermilk *n.* חוּבְצָה; רְווִיוֹן

buttocks *n.* יַשׁבָן

button *n.* כַּפתּוֹר; לְחִיץ; לַחצָן; תָּג

button *v.* לְכַפתֵּר; לְהֵירָכֵס

buttoned *adj.* מְכוּפתָּר

buttonhole לוּלָאָה; אֶבֶק; פֶּרַח בְּדַשׁ הַמְּעִיל; לְעַכֵּב אוֹתוֹ לְשִׂיחָה

buxom מְלֵאָה וּברִיאָה; עִם חָזֶה שׁוֹפֵעַ

buy *n.* קְנִיָּיה; "מְצִיאָה"

buy *v.* (bought) לִקנוֹת; לְהַשִּׂיג; לְהַאֲמִין

–buy time לְהַרווִיחַ זְמַן

–buy off לְשַׁחֵד; לִקנוֹת אוֹתוֹ

buyer *n.* קוֹנֶה; קַניָין

buyer's market *n.* שׁוּק שֶׁל קוֹנִים

buying power *n.* כּוֹחַ קְנִיָּיה

buzz *n.* זִמזוּם; רַחַשׁ; צִלצוּל (טֶלֶפוֹן)

buzz *v.* לְזַמזֵם; לִקרוֹא לוֹ בְּזַמזָם

–buzz off לְהִסתַּלֵּק; לְהִתחַפֵּף

buzzard *n.* עֲקָב הַחוֹרֶף (בַּז)

buzzer *n.* זַמזָם

buzzword *n.* מִלָּה שֶׁבָּאוֹפנָה

by *adv.* קָרוֹב; בַּסּבִיבָה; הָלְאָה; בַּצַּד

–by and large בְּדֶרֶך כְּלָל; בְּסַך הַכּוֹל

by *prep.* לְיַד־; לְצַד־; ע"י; בְּאֶמצָעוּת; בְּ־; מֵאֵת; עַד; לֹא יְאוּחַר מִ־; מִ־

–(all) by himself לְבַדּוֹ; בְּעַצמוֹ

–by the way דֶּרֶך אַגַּב

bye-bye שָׁלוֹם!

by-election *n.* בְּחִירוֹת מִשׁנֶה

bygone *adj.* שֶׁעָבַר

–let bygones be bygones מַה שֶּׁהָיָה הָיָה

bylaw *n.* חוֹק עֵזֶר

by-line *n.* (שׁוּרַת) שֵׁם הַכַּתָּב

bypass *n.* מַעֲקָף

bypass *v.* לַעֲקוֹף; לִבנוֹת מַעֲקָף לְ־; לִפסוֹחַ עַל־

bypass surgery *n.* נִיתּוּחַ מַעֲקָפִים

by-product *n.* תּוֹצָר לְוַואי

bystander *n.* מִתבּוֹנֵן מִן הַצַּד; צוֹפֶה

byte *n.* בַּיִת; בַּייט (בְּמַחשְׁבִים)

byway *n.* דֶּרֶך צְדָדִית

byword *n.* שֵׁם נִרדָּף; סֵמֶל; סִיסמָה

C

cab *n.* מוֹנִית; תָּא הַנֶּהָג
cabbage *n.* כְּרוּב; "צֶמַח"
cabin *n.* בִּקְתָּה; תָּא; מַחְלָקָה (בְּמָטוֹס)
cabin cruiser *n.* יַאכְטָה
cabinet *n.* אָרוֹן; תֵּיבָה; מַאֲרָז; קַבִּינֶט
cable *n., v.* כֶּבֶל; מִבְרָק; לִשְׁלוֹחַ מִבְרָק
cable car/railway *n.* רַכֶּבֶל
cable TV *n.* טֶלֶוִויזְיָה בִּכְבָלִים
cache *n., v.* מַחֲבוֹא; סְלִיק; מְלַאי; לְהַסְלִיק
cache memory *n.* זִיכָּרוֹן מַטְמוֹן
cackle *v.* לְקַרְקֵר; לִצְחוֹק צְחוֹק פָּרוּעַ
cactus *n.* קַקְטוּס
cadaver *n.* גוּפָה; גְוִויָּה
CAD/CAM תִּיבַּ"ם (תִּכְנוּן וְיִיצוּר בְּעֶזְרַת מַחְשֵׁב)
cadet *n.* צוֹעֵר; פֶּרַח (טַיִס); חָנִיךְ
cadre *n.* סֶגֶל; קָדֶר
caesarean *n.* נִיתּוּחַ קֵיסָרִי
café *n.* בֵּית־קָפֶה; מִסְעָדָה; קָפִיטֶרְיָה
cafeteria *n.* קָפִיטֶרְיָה
caffeine *n.* קָפֶאִין
cage *n.* כְּלוּב; תֵּיבַת הַמַּעֲלִית (בְּמִכְרֶה)
cagey *adj.* זָהִיר (וְחַשְׁדָנִי)
cahoots *n.* שׁוּתָּפוּת
cajole *v.* לְשַׁדֵּל; לְפַתּוֹת
cake *n.* עוּגָה; קְצִיצָה; גוּשׁ; חֲתִיכָה
– a piece of cake דָּבָר קַל; מִשְׂחַק יְלָדִים
calamity *n.* אָסוֹן
calcium *n.* סִידָן
calculate *v.* לְחַשֵּׁב; לְהַעֲרִיךְ
calculated *adj.* מְתוּכְנָן; מְכוּוָּן; מְחוּשָּׁב
calculating *adj.* חוֹרֵשׁ מְזִימּוֹת
calculation *n.* חִישּׁוּב; הַעֲרָכָה; שִׁיקּוּל
calculator *n.* מְכוֹנַת חִישּׁוּב; מַחְשְׁבוֹן
calculus *n.* חֶשְׁבּוֹן
calendar *n.* לוּחַ שָׁנָה; לוּחַ תַּאֲרִיכִים; יוֹמָן
calf *n.* עֵגֶל; פִּילוֹן; גוּר; עוֹר עֵגֶל
caliber, calibre *n.* קוֹטֶר פְּנִימִי; קָלִיבֶּר; שִׁיעוּר קוֹמָה; רָמָה
calibrate *v.* לְכַיֵּיל
caliph *n.* כָּלִיף; חָלִיף
calisthenics *n.* (תַּרְגִּילֵי) הִתְעַמְּלוּת
call *n.* קְרִיאָה; צְעָקָה; שִׂיחָה; צִלְצוּל; דְּרִישָׁה; סִיבָּה; צוֹרֶךְ; בִּיקּוּר (קָצָר)
– a close call הִינָּצְלוּת בְּנֵס
– give him a call לְטַלְפֵּן אֶל
call *v.* לִקְרוֹא; לִצְעוֹק; לְטַלְפֵּן; לְהַזְעִיק; לְהַזְמִין; לְכַנֵּס (יְשִׁיבָה); לְכַנּוֹת; לְבַקֵּר
– call back לְהַחֲזִיר צִלְצוּל
– call off לְבַטֵּל; לְהַפְסִיק; לְסַלֵּק; לְהַרְחִיק
– call on לָבוֹא אֶל; לְבַקֵּר אֵצֶל
– call out לִצְעוֹק; לִקְרוֹא; לְהַזְעִיק
– call up לְטַלְפֵּן אֶל; לְזַמֵּן; לְגַיֵּיס; לְהַעֲלוֹת (בְּזִכְרוֹנוֹ); לִשְׁלוֹף (מֵידָע)
caller *n.* מְטַלְפֵּן; מְבַקֵּר
caller ID *n.* שִׂיחָה מְזוֹהָה
call girl *n.* נַעֲרַת טֶלֶפוֹן
calling *n.* מִשְׁלַח־יָד; יִיעוּד
calling card *n.* כַּרְטִיס בִּיקּוּר
callous *adj.* מוּקְשֶׁה; קָשׁוּחַ
call-up *n.* (מַחֲזוֹר) גִּיּוּס; זִימּוּן (לְשֵׁירוּת)
callus *n.* עוֹר קָשֶׁה; יַבֶּלֶת
calm *adj.* שָׁקֵט; רוֹגֵעַ; שָׁלֵו; רָגוּעַ
calm *n.* שֶׁקֶט; שַׁלְוָה; רוֹגַע
calm *v.* (down) לְהֵירָגַע; לְהַרְגִּיעַ
calmly *adv.* בְּשֶׁקֶט; בְּשַׁלְוָה
calmness *n.* שֶׁקֶט; שַׁלְוָה
calorie *n.* קָלוֹרְיָה
calumny *n.* דִּיבָּה; הַשְׁמָצָה
calves *plural of* calf
camcorder *n.* מַצְלֵמַת וִידֶאוֹ
came *v. past of* come
camel *n.* גָּמָל
camera *n.* מַצְלֵמָה
– in camera בִּדְלָתַיִים סְגוּרוֹת
camomile *n.* בָּבוּנָג; קַחְוָון
camouflage לְהַסְווֹת; הַסְוָואָה; מַסְוֶה
camp *n.* מַחֲנֶה; קַייטָנָה
camp *v.* לְהָקִים מַחֲנֶה; לַחֲנוֹת (לֹא רֶכֶב)
– go camping לָצֵאת לְמַחֲנֵה נוֹפֶשׁ

campaign *n.* מִבְצָע; מַעֲרָכָה; מַסָּע (פִּרְסוּם וכו׳)
campaign *v.* לְנַהֵל מַסָּע (פִּרְסוּם וכו׳)
camper *n.* מַחֲנַאי; מְכוֹנִית טִיּוּלִים
campfire *n.* מְדוּרָה
camp follower *n.* הוֹלֵךְ אַחֲרֵי הַמַּחֲנֶה
camphor *n.* קַמְפוֹר
camping *n.* מַחֲנָאוּת; חֶנְיוֹן נוֹפֶשׁ
camping site *n.* אֲתַר מַחֲנָאוּת; חֶנְיוֹן
camp stove *n.* גָּזִיָּיה
campus *n.* קַמְפּוּס
can *n.* פַּח; פַּחִית; קוּפְסַת שִׁימּוּרִים; בֵּית־שִׁימּוּשׁ; כֶּלֶא
can *v.* לְשַׁמֵּר (בְּפַחִיּוֹת)
can *v.* יָכוֹל; מְסוּגָּל; עָלוּל; לָדַעַת; רַשַּׁאי
canal *n.* תְּעָלָה; צִינּוֹר
canalize *v.* לְתַעֵל
canard *n.* סִיפּוּר כּוֹזֵב; ״בַּרְוָזִ״
canary *n.* כַּנָּרִית (צִיפּוֹר); צָהוֹב בָּהִיר
cancel *v.* לִמְחוֹק; לְבַטֵּל; לְהַחְתִּים (בּוּל וכו׳); לְצַמְצֵם (בְּחֶשְׁבּוֹן); לְקַזֵּז; לְנַטְרֵל
cancellation *n.* בִּיטּוּל; מְחִיקָה
cancer *n.* סַרְטָן
Cancer *n.* חוּג הַסַּרְטָן; מַזַּל סַרְטָן
candelabrum *n.* מְנוֹרַת קָנִים
candid *adj.* גְּלוּי לֵב; כֵּן
candidacy *n.* מוּעֲמָדוּת
candidate *n.* מוּעֲמָד; נִבְחָן
candid camera *n.* מַצְלֵמָה נִסְתֶּרֶת
candidly *adv.* בְּגִילּוּי לֵב; בְּכֵנוּת
candle *n.* נֵר
candlestick *n.* פָּמוֹט
candor, candour *n.* גִּילּוּי לֵב; כֵּנוּת
candy *n.* סוּכָּרִיָּיה; מַמְתָּק; מַמְתַּקִּים
candy-floss *n.* צֶמֶר גֶּפֶן מָתוֹק
cane *n.* קָנֶה; מַקֵּל; עוֹנֶשׁ הַלְקָאָה; נְצָרִים
canine *adj.* כַּלְבִּי; שֶׁל כֶּלֶב
canister *n.* קוּפְסָה קְטַנָּה; מְכָל; מְדוֹכָה
cankerous *adj.* הַרְסָנִי; מַמְאִיר
cannabis *n.* חֲשִׁישׁ; קַנַּבּוֹס
canned *adj.* מְשׁוּמָּר; בְּפַחִית; שִׁיכּוֹר; מוּקְלָט
cannibal *n.* אוֹכֵל־אָדָם; קָנִיבָּל
cannon *n.* תּוֹתָח
cannon fodder *n.* בְּשַׂר תּוֹתָחִים
canny *adj.* פִּיקֵּחַ; זָהִיר (בְּכַסְפּוֹ)
cane *v., n.* (לְשׁוֹט בְּ־) בּוּצִית; קָנוּ
canonize *v.* לְהַעֲלוֹת לְדַרְגַת קָדוֹשׁ
can opener *n.* פּוֹתְחָן קוּפְסָאוֹת
canopy *n.* אַפִּירְיוֹן; חוּפָּה
cant *n.* דִּיבּוּרִים; צְבִיעוּת; שָׂפָה מְיוּחֶדֶת
cantaloup(e) *n.* מֶלוֹן
cantankerous *adj.* רַגְזָן
canteen *n.* מִסְעָדָה; קַנְטִינָה; מֵימִיָּיה
canter *n., v.* דְּהִירָה קַלָּה; לְהַדְהִיר / לִדְהוֹר לְאַט
cantor *n.* חַזָּן
canvas *n.* אַבְּרַזִין; בְּרֶזֶנְט; בַּד (צִיּוּר)
canvass *v., n.* לְגַיֵּיס קוֹלוֹת; לַעֲשׂוֹת תַּעֲמוּלָה; מַסָּע לְגִיּוּס קוֹלוֹת
canyon *n.* קַנְיוֹן (נְקִיק צַר בְּאֵיזוֹר הררי)
cap *n.* פְּקָק; כּוֹבַע; כִּיפָּה; כּוֹבַע יָם
cap(s) אוֹתִיּוֹת גְּדוֹלוֹת
capability *n.* יְכוֹלֶת; כּוֹשֶׁר
– capabilities כִּשְׁרוֹנוֹת
capable *adj.* בַּעַל יְכוֹלֶת; מוּכְשָׁר
– capable of (doing) מְסוּגָּל לְ־
capably *adv.* בְּכִשְׁרוֹן
capacity *n.* תְּפוּסָה; קִיבּוֹלֶת; כּוֹשֶׁר; יְכוֹלֶת; תַּפְקִיד; מַעֲמָד
cape *n.* שִׁכְמִיָּיה; כֵּף (לְשׁוֹן יַבָּשָׁה)
caper *n., v.* לְקַפֵּץ; לְכַרְכֵּר; קְפִיצָה; תַּעֲלוּל
capillary *n., adj.* נִים; נִימִי
capital *adj.* מְצוּיָּן; שֶׁמְּחַיֵּיב עוֹנֶשׁ מָוֶות
capital *n.* עִיר בִּירָה; הוֹן; נֶכֶס; הוֹן פּוֹלִיטִי
– capitals אוֹתִיּוֹת גְּדוֹלוֹת
capital asset *n.* נֶכֶס הוֹן
capital gains tax *n.* מַס רְווֹחֵי הוֹן
capital goods *n.* מוּצְרֵי הוֹן / יִיצּוּר
capital intensive *adj.* עֲתִיר הוֹן
capitalism *n.* קַפִּיטָלִיזְם
capitalist *adj., n.* קַפִּיטָלִיסְטִי; קַפִּיטָלִיסְט
capitalization *n.* הִיווּן
capitalize *v.* לְנַצֵּל; לְהַווֵן

C

capital letter *n.* אוֹת גְדוֹלָה
capital punishment *n.* עוֹנֶשׁ מָוֶות
capitulate *v.* לְהִיכָּנַע
capitulation *n.* כְּנִיעָה
caprice *n.* גַחֲמָה; קַפְּרִיזָה; מַצַּב רוּחַ
capricious *adj.* הֲפַכְפַּךְ; קַפְּרִיזִי
Capricorn *n.* חוּג הַגְדִי; מַזַּל גְדִי
capsize *v.* לַהֲפוֹךְ; לְהִתְהַפֵּךְ
capsule *n.* כְּמוּסָה; תָּא חֲלָלִית
captain *n.* רֹאשׁ קְבוּצָה; קַבַּרְנִיט; רַב־חוֹבֵל; סֶרֶן; אַלּוּף מִשְׁנֶה (בְּחֵיל הַיָּם)
caption *n.* כִּיתוּב לִתְמוּנָה; כּוֹתֶרֶת; כְּתוּבִית
captivate *v.* לְהַקְסִים; לִשְׁבּוֹת לֵב־
captivating *adj.* מַקְסִים; שׁוֹבֵה לֵב
captive *adj., n.* שָׁבוּי
captivity *n.* שְׁבִי
captor *n.* שׁוֹבֶה
capture *n.* תְּפִיסָה; לְכִידָה; כִּיבּוּשׁ
capture *v.* לָקַחַת בַּשֶּׁבִי; לִלְכּוֹד; לִכְבּוֹשׁ
car *n.* מְכוֹנִית; קָרוֹן רַכֶּבֶת; תָּא הַמַּעֲלִית
caravan *n.* שַׁיָּירָה; קָרוֹן; מְעוֹנוֹעַ; קָרָוָון
caraway *n.* כְּרַוְיָה; קִימֶל
carbohydrate *n.* פַּחְמֵימָה
car bomb *n.* מְכוֹנִית תּוֹפֶת
carbon *n.* פַּחְמָן; נְיַיר פֶּחָם; הֶעְתֵּק
carbon dioxide *n.* דוּ־תַחְמוֹצֶת הַפַּחְמָן
carbuncle *n.* גַחֶלִית (נְפִיחוּת דַלַּקְתִּית)
carburetor *n.* מְאַיֵּד; קַרְבּוּרָטוֹר
carcass *n.* פֶּגֶר
carcinogen *n.* חוֹמֶר מְסַרְטֵן
carcinogenic *adj.* מְסַרְטֵן
card *n.* כַּרְטִיס; כַּרְטִיס בְּרָכָה; גְלוּיָה; קְלָף
cardamon *n.* קַרְדָמוֹן; הֵל
cardboard *n.* קַרְטוֹן
cardiac *adj.* שֶׁל הַלֵּב
cardiac arrest *n.* דוֹם לֵב
cardigan *n.* סְוֶודֶר פָּתוּחַ; קַרְדִיגָן
cardinal *adj.* עִיקָּרִי; חָשׁוּב בְּיוֹתֵר
cardinal *n.* חַשְׁמַן; מִסְפָּר יְסוֹדִי
card index *n.* כַּרְטֶסֶת
care *n.* תְּשׂוּמֶת־לֵב; זְהִירוּת; הַשְׁגָּחָה; טִיפּוּל; דְאָגָה
–take care of לְטַפֵּל בּ־; לִדְאוֹג ל־
care *v.* אִכְפַּת לוֹ; לִדְאוֹג; לְטַפֵּל; לִרְצוֹת; לֶאֱהוֹב
career *n.* קַרְיֶירָה; מִקְצוֹעַ
career *v.* (about) לָנוּעַ בִּמְהִירוּת פְּרָאִית
carefree *adj.* חֲסַר דְאָגָה
careful זָהִיר; קַפְּדָנִי; יְסוֹדִי; מְדוּקְדָק
carefully *adv.* בִּזְהִירוּת; בְּהַקְפָּדָה; בִּתְשׂוּמֶת־לֵב
caregiver *n.* מְטַפֵּל; מְטַפֶּלֶת
careless *adj.* לֹא זָהִיר; פָּזִיז; רַשְׁלָנִי
carelessly בְּחוֹסֶר זְהִירוּת; בְּרַשְׁלָנוּת
carelessness *n.* חוֹסֶר זְהִירוּת; רַשְׁלָנוּת
caress *v., n.* לְלַטֵּף; לִיטּוּף
caretaker *n.* שָׁרָת; מְטַפֵּל
cargo *n.* מִטְעָן
caricature *n.* קָרִיקָטוּרָה; חִיקּוּי נִלְעָג
caries *n.* עַשֶּׁשֶׁת; רִיקָּבוֹן בַּשִּׁינַּיִים
carjacking *n.* חֲטִיפַת מְכוֹנִית
carnage *n.* טֶבַח
carnal *adj.* שֶׁל הַגּוּף; חוּשָׁנִי
carnation *n.* (פֶּרַח הַ־) צִיפּוֹרֶן
carnival *n.* קַרְנָבָל
carnivorous *adj.* אוֹכֵל בָּשָׂר
carob *n.* חָרוּב
carol *n.* מִזְמוֹר חַג הַמּוֹלָד
carousel *n.* סְחַרְחֵרָה; קָרוּסֶלָה (לְמִיזְוָודוֹת)
carp *n.* קַרְפִּיוֹן
car park *n.* חֲנִיוֹן; מִגְרַשׁ חֲנָיָה
carpenter *n.* נַגָּר
carpet *n.* שָׁטִיחַ; מַעֲטֶה
car phone *n.* טֶלֶפוֹן נַיָּיד (בַּמְכוֹנִית)
car pool *n.* צִי מְכוֹנִיּוֹת; תּוֹרָנוּת הַסָּעָה
carriage *n.* קְרוֹן־רַכֶּבֶת; מֶרְכָּבָה
carriageway *n.* כְּבִישׁ
carrier *n.* מוֹבִיל; "סַבָּל"; נַשָּׂא
carrier bag *n.* שַׂקִּית קְנִיּוֹת; סַל קְנִיּוֹת
carrier pigeon *n.* יוֹנַת דוֹאַר
carrion *n.* (בְּשַׂר) נְבֵלָה
carrot *n.* גֶּזֶר
carry *v.* (carried) לִסְחוֹב; לָשֵׂאת; לְהַעֲבִיר
–be/get carried away לְהִיסָּחֵף; לְהִתְרַגֵּשׁ

–carry on לְהַמְשִׁיךְ
–carry out לַעֲשׂוֹת; לְבַצֵּעַ
carry-all *n.* תִּיק נְסִיעוֹת (צִ׳ימִידָן)
carrycot *n.* סַל־קַל
carsick *adj.* סוֹבֵל מִבְּחִילָה בִּנְסִיעָה
cart *n.* עֲגָלָה
carte blanche *n.* יָד חוֹפְשִׁית
cartilage *n.* סְחוּס
carton *n.* קוּפְסַת קַרְטוֹן
cartoon *n.* קָרִיקָטוּרָה; סֶרֶט מְצוּיָּר
cartridge *n.* מַחְסָנִית (לְסֶרֶט); קַסֶּטָה; תַּרְמִיל; כַּדּוּר; מִילּוּי (לְעֵט)
cartwheel *n.* גַּלְגַּל (בְּהִתְעַמְּלוּת); גַּלְגַּלּוֹן; עֲגָלָה (מֵעֵץ)
carve *v.* לְגַלֵּף; לְפַסֵּל; לַחֲרוֹת; לַחְתּוֹךְ
cascade *n.* אֶשֶׁד; מַפַּל מַיִם; מַפָּלוֹן
case *n.* מִקְרֶה; עִנְיָן; מַצָּב; פָּרָשִׁיָּה; טִיעוּן; תִּיק; מִשְׁפָּט; קוּפְסָה; תֵּיבָה; תִּיק; מִזְוָודָה; נַרְתִּיק; אַרְגָּז
–in case of בְּמִקְרֶה שֶׁל
–in any case בְּכָל מִקְרֶה / אוֹפֶן
case study *n.* נִיתּוּחַ מִקְרֶה / אֵירוּעַ
cash *n.* מְזוּמָּנִים; מְזוּמָּן; כֶּסֶף
–cash on delivery תַּשְׁלוּם בְּעֵת מְסִירָה
cash *v.* לִפְדּוֹת; לְהַחֲלִיף בִּמְזוּמָּנִים
–cash in (on) לְנַצֵּל אֶת (זֶה) (לַעֲשִׂיַּית רְוָוחִים)
cash card *n.* כַּרְטִיס כַּסְפּוֹמָט / בַּנְקָט
cash desk *n.* קוּפָּה (בַּחֲנוּת)
cash dispenser *n.* כַּסְפּוֹמָט; בַּנְקָט
cashew *n.* (עֵץ) אֱגוֹז הַקָּשְׁיוּ
cash flow *n.* תַּזְרִים מְזוּמָּנִים
cashier *n.* קוּפַּאי
cash machine *n.* כַּסְפּוֹמָט; בַּנְקָט
cashmere *n.* צֶמֶר קַשְׁמִיר
cashpoint *n.* כַּסְפּוֹמָט; בַּנְקָט
cash register *n.* קוּפָּה רוֹשֶׁמֶת
cask *n.* חָבִית
casket *n.* תֵּיבָה קְטַנָּה; אֲרוֹן־מֵתִים
casserole *n.* קְדֵירָה; תַּבְשִׁיל קְדֵירָה
cassette *n.* קַלֶּטֶת; מַחְסָנִית
cassette player *n.* רְשַׁמְקוֹל
cast *n.* צֶוֶות שַׂחְקָנִים; יְצִיקָה; גֶּבֶס
cast *v.* לְהָטִיל; לְהַשְׁלִיךְ; לְלַהֵק
–cast out לְגָרֵשׁ; לְנַדּוֹת
castanets *n.* עַרְמוֹנִיּוֹת; קַסְטַנְיֶיטוֹת
castaway *n.* נִיצוֹל מֵאוֹנִיָּיה טְרוּפָה
caste *n.* כַּת; מַעֲמָד חֶבְרָתִי
castigate *v.* לְהַעֲנִישׁ / לְבַקֵּר בְּחוּמְרָה
casting *n.* לִיהוּק; יְצִיקָה
casting vote *n.* קוֹל מַכְרִיעַ (בְּהַצְבָּעָה)
cast-iron *adj.* חָזָק; מוּצָק (אֲלִיבַּי)
cast iron *n.* בַּרְזֶל יְצִיקָה
castle *n.* טִירָה; מִבְצָר; צְרִיחַ (שַׁחְמָט)
–castles in the air מִגְדָּלִים פּוֹרְחִים בָּאֲוִויר
castor oil *n.* שֶׁמֶן קִיק
castrate *v.* לְסָרֵס
castration *n.* סֵירוּס
casual *adj.* מִקְרִי; פָּשׁוּט וְנוֹחַ; שֶׁל יוֹם יוֹם; סְתָמִי; לֹא רְצִינִי; אֲרָעִי
casually *adv.* בְּאַקְרַאי; כִּלְאַחַר יָד; בְּבֶגֶד פָּשׁוּט וְנוֹחַ
casualty *n.* אָסוֹן; אֲבֵידָה; הָרוּג; נִפְגָּע
–casualties אֲבֵידוֹת; נִפְגָּעִים
casualty ward/department *n.* חֲדַר מִיּוּן
casus belli *n.* עִילָּה לְמִלְחָמָה
cat *n.* חָתוּל; חַיָּה מִמִּשְׁפַּחַת הַחֲתוּלִים
cataclysm *n.* קָטַקְלִיזְם; אֲסוֹן טֶבַע אָיוֹם
catacombs *n.* קָטָקוֹמְבּוֹת; מְעָרוֹת קְבָרִים
catalog(ue) *v.*, *n.* לְקַטְלֵג; קָטָלוֹג
catalyst *n.* זָרָז
catamaran *n.* קָטָמָרָן (סִירָה)
catapult *n.* מִקְלַעַת; מַקְלֵעַ; רוֹגַטְקָה
catapult *v.* לְהָעִיף; לְזַנֵּק; לְהַזְנִיק
cataract *n.* מַפַּל מַיִם; יָרוֹד; קָטָרַקְט
catarrh *n.* נַזֶּלֶת
catastrophe *n.* אָסוֹן גָּדוֹל; אָסוֹן
catastrophic *adj.* הֲרֵה־אָסוֹן; קָטַסְטְרוֹפָלִי
cat burglar *n.* פּוֹרֵץ מְטַפֵּס
catch *n.* תְּפִיסָה; שָׁלָל; ״מְצִיאָה״; מַלְכּוֹד
catch *v.* (caught) לִתְפּוֹס; לִלְכּוֹד; לְהִיתָּפֵס (לוֹ); לִקְלוֹט

C

–catch (a) cold לְהִצְטַנֵּן
–catch fire לְהִתְלַקֵּחַ
–catch up (with) לְהַשִּׂיג; לְהַדְבִּיק
catching *adj.* מִידַּבֵּק
catchphrase *n.* אִמְרַת כָּנָף
catchword *n.* מִלַּת מַפְתֵּחַ; סִיסְמָה; מִלַּת עַמּוּד
catchy *adj.* קָלִיט
categorical *adj.* מוּחְלָט; מְפוֹרָשׁ
categorically *adv.* נִמְרָצוֹת; בִּמְפוֹרָשׁ
categorize *v.* לְסַוֵּג
category *n.* (*pl.* categories) סוּג; קְבוּצָה
cater *v.* לְסַפֵּק שֵׁירוּתֵי הַסְעָדָה
–cater for/to לַעֲנוֹת עַל צוֹרְכֵי
catering *n.* (שֵׁירוּתֵי) הַסְעָדָה
caterpillar *n.* זַחַל
catharsis *n.* קָתַרְזִיס; זִיכּוּךְ הָרְגָשׁוֹת
cathedral *n.* קָתֶדְרָלָה
catheter *n.* צַנְתָּר; קָתֶטֶר
Catholic *adj., n.* קָתוֹלִי
catsuit *n.* בֶּגֶד־גּוּף
cattle *n.* בָּקָר
Caucasian *n., adj.* קַווקָזִי; (אָדָם) לָבָן
caucus *n.* וַעֲדָה מְרַכֶּזֶת; הַמֶּרְכָּז (בִּמְפלָגָה); סִיעָה
caught *v. past and 3rd form of* catch
cauldron *n.* יוֹרָה; סִיר גָּדוֹל; קַלַּחַת
cauliflower *n.* כְּרוּבִית
causality *n.* סִיבָּתִיוּת
cause *n.* גּוֹרֵם; סִיבָּה; מַטָּרָה; עִנְיָין
cause *v.* לִגְרוֹם לְ־
caustic *adj.* מְאַכֵּל; אַרְסִי; עוֹקְצָנִי
–caustic soda סוֹדָה קָאוּסְטִית
caution *n.* זְהִירוּת; אַזְהָרָה; הַתְרָאָה
caution *v.* לְהַזְהִיר; לְהַתְרוֹת בְּ־
cautious *adj.* זָהִיר
cautiously *adv.* בִּזְהִירוּת
cavalcade *n.* תַּהֲלוּכַת פָּרָשִׁים; שַׁיָּירָה
cavalry *n.* חֵיל פָּרָשִׁים; חֶרְמֵ״שׁ; כּוֹחַ מְמוּנָּע (מִשְׁטָרָה)
cave *n., v.* מְעָרָה; לָתוּר בִּמְעָרוֹת
–cave in לְהִתְמוֹטֵט; לְהִיכָּנַע; לְמוֹטֵט
caveman *n.* אִישׁ מְעָרוֹת
cavern *n.* מְעָרָה
caviar(e) *n.* קַוויָאר
cavity *n.* (*pl.* cavities) חָלָל; חוֹר
cavort *v.* (about) לְפַזֵּז וּלְכַרְכֵּר; לְהִשְׁתּוֹבֵב
cayenne *n.* פִּלְפֶּלֶת חֲרִיפָה
cc סמ״ק; מֵאוֹת (שָׁנִים)
CD תַּקְלִיטוֹר; דִּיסְק
CD burner *n.* צוֹרֵב דִּיסְקִים
CD player *n.* נַגַּן תַּקְלִיטוֹרִים
CD-ROM סִי דִּי רוֹם
CE לַסְפִירָה הַנּוֹצְרִית
cease *v.* לְהַפְסִיק; לְהִיפָּסֵק
ceasefire *n.* הַפְסָקַת אֵשׁ
ceaseless *adj.* בִּלְתִּי פּוֹסֵק
ceaselessly *adv.* לְלֹא הֶפְסֵק
cedar *n.* (עֵץ) אֶרֶז
cede *v.* (to) לְווַתֵּר עַל־; לְהַעֲבִיר לְ־
ceiling *n.* תִּקְרָה; גּוֹבַהּ טִיסָה מְרַבִּי
celebrate *v.* לַחְגּוֹג; לְפָאֵר; לְהַלֵּל
celebrated *adj.* מְהוּלָּל; מְפוּרְסָם
celebration *n.* חֲגִיגָה
celebrity *n.* יְדוּעָן; פִּרְסוּם
–celebrities יְדוּעָנִים; מְפוּרְסָמִים
celery *n.* כַּרְפַּס; סֶלֶרִי
celestial *adj.* שְׁמֵימִי; ־שָׁמַיִם
celibacy *n.* רַוָּוקוּת; פְּרִישׁוּת
cell *n.* תָּא
cellar *n.* מַרְתֵּף; אוֹסֶף יֵינוֹת
cello *n.* צֶ׳לוֹ
cellular *adj.* תָּאִי
cell(ular) phone *n.* טֶלֶפוֹן סֶלוּלָרִי
cellulose *n.* צֶלוּלוֹזָה; תָּאִית
Celsius *n.* צֶלְזִיוּס
cement *n.* מֶלֶט; חוֹמֶר דֶּבֶק / לִסְתִימָה
cement לְכַסּוֹת בְּמֶלֶט; לְהַדְבִּיק; לְחַזֵּק
cement mixer *n.* מְעַרְבֵּל בֶּטוֹן
cemetery *n.* בֵּית־קְבָרוֹת
censor *n., v.* צֶנְזוֹר; מְבַקֵּר; לְצַנְזֵר
censorship *n.* צֶנְזוּרָה
censure גִּינּוּי; בִּיקּוֹרֶת; לְגַנּוֹת; לִנְזוֹף
census *n.* מִפְקָד (אוּכְלוֹסִין)
cent *n.* סֶנְט
centenary *adj., n.* יוֹבֵל הַמֵּאָה

centennial *adj., n.* יוֹבֵל הַמֵּאָה
center *n.* מֶרְכָּז; מוֹקֵד; מַחֲנֶה הַמֶּרְכָּז
–center of gravity מֶרְכַּז הַכּוֹבֶד
center *v.* לָשִׂים / לְהַעֲבִיר / לִהְיוֹת בַּמֶּרְכָּז
–center on לְהִתְמַקֵּד בּ־
centerfold *n.* תְּמוּנַת הָאֶמְצַע (בְּעִיתּוֹן)
centerpiece *n.* קִישּׁוּט בְּמֶרְכַּז הַשּׁוּלְחָן; לֵב ה־; גּוּלַּת הַכּוֹתֶרֶת
centigrade *adj.* צֶלְזִיוּס
centimeter *n.* סֶנְטִימֶטֶר
centipede *n.* מַרְבֵּה־רַגְלַיִים
central מֶרְכָּזִי; בַּמֶּרְכָּז; עִיקָּרִי; מוֹקֵד
central heating *n.* הַסָּקָה מֶרְכָּזִית
centralize *v.* לָשִׂים בַּמֶּרְכָּז; לְמַרְכֵּז
centre = center
centrifugal *adj.* צֶנְטְרִיפוּגָלִי
century *n.* מֵאָה שָׁנָה; מֵאָה; מֵאָה נְקוּדוֹת
ceramic *adj.* קֶרָמִי; שֶׁל קֶרָמִיקָה
CEO *n.* נָשִׂיא (שֶׁל חֶבְרָה); מַנכּ״ל
ceramics *n.* קַדָּרוּת; קֶרָמִיקָה; כְּלֵי חֶרֶס
cereal *n.* דָּגָן; דַּייסַת דְּגָנִים
cerebral *adj.* מוֹחִי; אִינְטֶלֶקְטוּאָלִי
ceremonial *adj., n.* טֶקֶס; טִקְסִי; רִשְׁמִי
ceremony *n.* טֶקֶס; גִּינּוּנֵי טֶקֶס
certain *adj.* וַדַּאי; בָּטוּחַ; מְסוּיָּם; כַּמָּה
–make certain לְווַדֵּא; לְבָרֵר
certainly *adv.* לְלֹא סָפֵק; בְּהֶחְלֵט; בְּווַדַּאי
certainty *n.* דָּבָר בָּטוּחַ; וַדָּאוּת; בִּיטָּחוֹן
certificate *n.* תְּעוּדָה
certified מְאוּשָּׁר; מוּסְמָךְ; רָשׁוּם (דּוֹאַר)
certified check *n.* צֶ׳יק בַּנְקָאִי
certify *v.* לְאַשֵּׁר; לְהַצְהִיר; לָתֵת תְּעוּדַת הַסְמָכָה; לִקְבּוֹעַ כְּבִלְתִּי שָׁפוּי
cervical *adj.* צַוָּארִי; שֶׁל צַוַּואר הָרֶחֶם
cervix *n.* צַוַּואר הָרֶחֶם
cesarean *n.* נִיתּוּחַ קֵיסָרִי
cessation *n.* הַפְסָקָה
cesspit *n.* בּוֹר שְׁפָכִים
cesspool *n.* בּוֹר שְׁפָכִים
chafe *v.* לְשַׁפְשֵׁף; לְהִשְׁתַּפְשֵׁף; לְהִתְעַצְבֵּן
chaff *n., v.* מוֹץ; חָצִיר; לְקַנְטֵר; קִנְטוּר
chaffinch *n.* פְּרוּשׁ (צִיפּוֹר)
chagrin *n.* צַעַר; עוֹגְמַת נֶפֶשׁ
chain *n.* שַׁרְשֶׁרֶת; שַׁלְשֶׁלֶת; 20 מֶטֶר
chain *v.* (up) לִכְבּוֹל; לִקְשׁוֹר בְּשַׁרְשֶׁרֶת
chain reaction *n.* תְּגוּבַת שַׁרְשֶׁרֶת
chain-smoker *n.* מְעַשֵּׁן בְּשַׁרְשֶׁרֶת
chair *n.* כִּיסֵּא; (כֵּס) הַיּוֹשֵׁב־רֹאשׁ; קָתֶדְרָה
chair *v.* לָשֶׁבֶת בָּרֹאשׁ; לְהָרִים עַל כִּיסֵּא
chair-lift *n.* רַכֶּבֶל־כִּסְאוֹת
chairman *n.* יוֹשֵׁב־רֹאשׁ
chairperson *n.* יוֹשֵׁב / יוֹשֶׁבֶת־רֹאשׁ
chairwoman *n.* יוֹשֶׁבֶת־רֹאשׁ
chalet *n.* בַּיִת (בְּסִגְנוֹן) כַּפְרִי
chalice *n.* גָּבִיעַ
chalk *n., v.* גִּיר; לְסַמֵּן / לִרְשׁוֹם בְּגִיר
challenge *n.* אֶתְגָּר; הַזְמָנָה לְהִתְמוֹדְדוּת; עִרְעוּר; קְרִיאַת תִּיגָּר
challenge *v.* לְהַזְמִין לְהִתְמוֹדְדוּת; לִקְרוֹא תִּיגָּר עַל־; לְאַתְגֵּר
challenger *n.* טוֹעֵן לַכֶּתֶר
challenging *adj.* קָשֶׁה; שֶׁמְּהַוֶּוה אֶתְגָּר
chamber *n.* חֶדֶר; תָּא; לִשְׁכָּה
chambermaid *n.* חַדְרָנִית
chamber music *n.* מוּסִיקָה קָמֶרִית
Chamber of Commerce *n.* לִשְׁכַּת הַמִּסְחָר
chamber pot *n.* סִיר לַיְלָה
chameleon *n.* זִיקִית
chamois *n.* יָעֵל; עוֹר צְבִי
champ *n.* אַלּוּף
champ *v.* לִלְעוֹס בְּרַעַשׁ; לְגַלּוֹת קוֹצֶר רוּחַ
champagne *n.* שַׁמְפַּנְיָה
champion *n.* אַלּוּף; לוֹחֵם (לְמַעַן־)
champion *v.* לִתְמוֹךְ בּ־; לְהִילָּחֵם לְמַעַן
championship *n.* אַלִּיפוּת; תְּמִיכָה; מַאֲבָק
chance *adj.* מִקְרִי; מִזְדַּמֵּן
chance *n.* מַזָּל; מִקְרֶה; סִיכּוּי; סִיכּוּן; הִזְדַּמְּנוּת
–by chance בְּמִקְרֶה
–take a chance (on) לָקַחַת סִיכּוּן
chance *v.* לְהִזְדַּמֵּן; לִקְרוֹת
–chance it לְהִסְתַּכֵּן
chancellor *n.* שַׂר; שׁוֹפֵט (עֶלְיוֹן); נְשִׂיא אוּנִיבֶרְסִיטָה; קַנְצְלֶר

C

C

–Chancellor of the Exchequer שַׂר הָאוֹצָר (בבריטניה)
chandelier *n.* נִברֶשֶׁת
change *n.* שִׁינוּי; חִילוּף; הַחלָפָה; הֲמָרָה; כֶּסֶף קָטָן; עוֹדֶף; בְּגָדִים לְהַחלָפָה
–for a change לְשֵׁם שִׁינוּי
change *v.* לְהַחֲלִיף; לְהִתחַלֵף; לִפרוֹט; לְהָמִיר; לְשַׁנוֹת; לְהִשתַנוֹת
changeable *adj.* בַּר־שִׁינוּי; מִשתַנֶה
change-over *n.* מַעֲבָר; שִׁינוּי
changing *adj.* מִשתַנֶה
changing room *n.* מֶלתָחָה
channel *n.* תְּעָלָה; אָפִיק; עָרוּץ; צִינוֹר
channel *v.* לְתַעֵל; לַחֲרוֹץ; לְהַעֲבִיר
chant *v., n.* לְזַמֵר; (לְהַשמִיעַ) מִזמוֹר / קְרִיאָה קְצוּבָה
chaos *n.* תוֹהוּ וָבוֹהוּ; בָּלָגָן
chaotic *adj.* (בְּמַצָב) שֶׁל תוֹהוּ וָבוֹהוּ; מְבוּלגָן
chap *n.* בָּחוּר; בַּרנָשׁ; סֶדֶק (בָּעוֹר)
chap *v.* לִסדוֹק; לְהִיסָדֵק
chapel *n.* בֵּית־תְּפִילָה; חֲדַר תְּפִילָה
chaperon(e) *n., v.* מְלַוָוה; לְלַווֹת
chaplain *n.* כּוֹמֶר (צְבָאִי)
chapter *n.* פֶּרֶק; עִידָן
character *n.* אוֹפִי; שֵׁם טוֹב; דְמוּת; צִביוֹן; טִיפּוּס; אוֹת; סִימָן; תָו
character actor *n.* שַׂחְקָן אוֹפִי
character assassination *n.* רֶצַח אוֹפִי
characteristic *adj., n.* אוֹפְיָינִי; תְּכוּנָה אוֹפְיָינִית; מְאַפיֵין
characterization *n.* אִפיוּן
characterize *v.* לְאַפיֵין; לְתָאֵר (אוֹפִי)
character witness *n.* עֵד אוֹפִי
charade *n.* מִשׂחַק נִיחוּשִׁים; ״הַצָגָה״
charcoal *n.* פֶּחָם
chard *n.* עֲלֵי מַנגוֹלד / סֶלֶק
charge *n.* חִיוּב; תַּשלוּם; דְמֵי־; אִישׁוּם; הַשגָחָה; אַחֲרָיוּת; הִסתָעֲרוּת; מִטעָן
–in charge (of) אַחֲרַאי (עַל־); מְמוּנֶה
charge *v.* לִדרוֹשׁ תַּשלוּם; לְהַטִיל עָלָיו (לְ־); לָתֵת לוֹ; לְהַטעִין; לְהִיטָעֵן; לְחַיֵיב; לִזקוֹף (לְחֶשבּוֹן); לְהִסתָעֵר
–charge (with) לְהַאֲשִׁים בְּ־
chargeable income הַכנָסָה חַיֶיבֶת (בְּמַס)
charged *adj.* רָווּי מֶתַח; מָלֵא בְּ־; טָעוּן
charge account *n.* חֶשבּוֹן חִיוּבִים / אַשרַאי
chargé d'affaires *n.* מְיוּפֵּה־כּוֹחַ; מְמַלֵא מְקוֹם הַשַגרִיר
chariot *n.* מֶרכָּבָה (דוּ־גַלגַלִית)
charismatic *adj.* כָּרִיזמָטִי
charitable *adj.* שֶׁל צְדָקָה; טוֹב
charity *n.* נְדִיבוּת; צְדָקָה; אִרגוּן צְדָקָה
charlatan *n.* שַרלָטָן; נוֹכֵל
charm *n.* קֶסֶם; חֵן; קָמֵיעַ; כֶּשֶׁף
charm *v.* לְהַקסִים; לְכַשֵׁף
charming *adj.* מַקסִים
chart *n.* מַפָּה; תַּרשִׁים
chart *v.* לִרשׁוֹם / לְהַרְאוֹת בְּמַפָּה אוֹ בְּתַרשִׁים
charter *n.* מְגִילָה; תְּעוּדַת זְכוּיוֹת / זִיכָּיוֹן
charter *v.* לִשׂכּוֹר (מָטוֹס וכו׳)
chartered accountant *n.* רוֹאֶה חֶשבּוֹן
charter flight *n.* טִיסַת שֶׂכֶר
chase *n.* מִרדָף; רְדִיפָה
chase *v.* לִרדוֹף אַחֲרֵי; לְמַהֵר; לָרוּץ
–chase (away) לְהַבּרִיחַ; לְגָרֵשׁ
chasm *n.* בְּקִיעַ עָמוֹק; תְּהוֹם
chassis *n.* תּוֹשֶׁבֶת
chaste *adj.* צָנוּעַ; חָסוּד
chastise *v.* לְיַיסֵר; לְהַעֲנִישׁ; לְהַלקוֹת
chastity *n.* צְנִיעוּת
chat *n., v.* שִׂיחָה קַלָה; צַ׳אט; לְשׂוֹחֵחַ
chattels *n.* מִיטַלטְלִין
chatter *v.* לְפַטפֵּט; לְקַשקֵשׁ; לִנקוֹשׁ
chatterbox *n.* פַּטפְּטָן
chauffeur *n.* נֶהָג צָמוּד (שָׂכִיר)
chauvinist *n.* שׁוֹבִינִיסט; שׁוֹבִינִיסטִי
cheap *adj.* זוֹל; בָּזוּי; נִבזִי; קַמצָן
cheap *adv.* בְּזוֹל
cheapen *v.* לְבַזוֹת; לְהוֹזִיל
cheat *n.* רַמַאי; נוֹכֵל; הוֹנָאָה; רַמָאוּת
cheat *v.* לְרַמוֹת (בְּ־); לִבגוֹד (בְּ־)
check *n.* בְּדִיקָה; קַבָּלָה; צֶ׳יק; חֶשבּוֹן
–keep in check לְרַסֵן; לִבלוֹם

check *v.* ; לִבדוֹק; לְוַודֵא; לְבָרֵר; לַעֲצוֹר
לְרַסֵן; לְסַמֵן ב־√; לְאַיֵים בְּ״שַח״
–check in (at) לְהֵירָשֵם (ב־); לְהִתייַצֵב
–check out (of) לְשַלֵם חֶשבּוֹן וְלַעֲזוֹב
–check up (on) לִבדוֹק; לְבָרֵר (פְּרָטִים עַל־)
checkbook *n.* פִּנקַס שֶקִים
checked *adj.* מְשוּבָּץ (בַּד)
checkers *n.* דַמקָה
check-in *n.* דֶלפֵּק הַרשָמָה / קַבָּלָה; בִּידוּק
checking account *n.* חֶשבּוֹן שֶקִים
checklist *n.* רְשִימָה (לְבִיקוֹרֶת)
checkmate *v.* לָתֵת מַט
checkout *n.* קוּפָּה בְּמַרכּוֹל; עֲזִיבָה (צֶ׳ק אָאוּט)
checkpoint *n.* מַחסוֹם בִּיקוֹרֶת
checkup *n.* בְּדִיקָה רְפוּאִית (תְקוּפָתִית)
cheek *n.* לֶחִי; חוּצפָּה
cheeky *adj.* חָצוּף
cheer *n.* קְרִיאַת שִׂמחָה / עִידוּד; שִׂמחָה
–Cheers! לְחַיִים!
cheer *v.* לְהָרִיעַ (ל־); לְעוֹדֵד; לְשַׂמֵחַ
–cheer up לְהִתעוֹדֵד; לִשמוֹחַ; לְעוֹדֵד
cheerful *adj.* מְשַׂמֵחַ; עַלִיז; שָׂמֵחַ; מְרוּצֶה; לְבָבִי
cheerfully *adv.* בַּעֲלִיזוּת; בְּשִׂמחָה
cheering *n.* קְרִיאוֹת שִׂמחָה / עִידוּד
cheerio שָלוֹם!
cheerleader *n.* נַעֲרַת עִידוּד (בְּכַדוּרסַל)
cheese *n.* גְבִינָה
cheetah *n.* בַּרדְלָס; צִ׳יטָה
chef *n.* שֶף; טַבָּח רָאשִי
chemical *adj., n.* כִּימִי; חוֹמֶר כִּימִי
–chemicals כִּימִיקָלִים
chemist *n.* כִּימַאי; רוֹקֵחַ
chemistry *n.* כִּימִיָה; הֶרכֵּב כִּימִי
chemotherapy *n.* כִּימוֹתֶרַפְּיָה
cheque *n.* שֶק; הַמחָאָה
cheque-book *n.* פִּנקַס שֶקִים
cherish *v.* ; לְהוֹקִיר; לְטַפֵּל בְּאַהֲבָה ב־; לְטַפֵּחַ; לִנצוֹר בְּלִבּוֹ
cherry *n.* דוּבדְבָן; אָדוֹם־דוּבדְבָן
chess *n.* שַחמָט

chessboard *n.* לוּחַ שַחמָט
chessman *n.* כְּלִי שַחמָט
chest *n.* אַרגָז; שִידָה; חָזֶה
–get it off your chest לִשפּוֹךְ אֶת הַלֵב
chestnut *n.* (עֵץ) עַרמוֹן; צֶבַע הָעַרמוֹן
chest of drawers *n.* שִידָה
chew *n., v.* לְעִיסָה; לִלעוֹס
chewing gum *n.* גוּמִי לְעִיסָה; מַסטִיק
chewy *adj.* קָשֶה לִלעִיסָה
chic *n.* אוֹפנָתִי וּמְהוּדָר; שִיק; סִגנוֹן חִינָנִי
chicanery *n.* (תַרגִיל) הוֹנָאָה; גְנֵיבַת דַעַת
chick *n.* אֶפרוֹחַ; גוֹזָל; ״חֲתִיכָה״
chicken *n.* תַרנְגוֹלֶת; בְּשַׂר עוֹף; פַּחדָן
chicken *v.* (out) לְהִשתַפֵן
chicken pox *n.* אֲבַעבּוּעוֹת רוּחַ
chick-pea *n.* חִמצָה; חוּמוּס
chicory *n.* עוֹלֶש
chide *v.* לִנזוֹף ב־; לְהִתלוֹנֵן
chief *adj.* עִיקָרִי; רָאשִי; רֹאש־; עֶליוֹן
chief *n.* רֹאש; מַנהִיג; מְנַהֵל
Chief Executive *n.* הַנָשִׂיא (בארה״ב)
chief executive officer *n.* נָשִׂיא (שֶל חֶברָה); מַנכָּ״ל
Chief Inspector *n.* פַּקָד (בְּמִשטָרָה)
Chief Justice *n.* נְשִׂיא בֵּית־הַמִשפָּט הָעֶליוֹן
chiefly *adv.* מֵעַל לַכּוֹל; בִּמיוּחָד; בְּעִיקָר
Chief of Staff *n.* רֹאש הַמַטֶה
chieftain *n.* רֹאש שֵבֶט
chilblain *n.* אֲבַעבּוּעַת קוֹר
child *n.* יֶלֶד; יַלדָה; בֵּן; בַּת
childbearing age *n.* גִיל פִּריוֹן
childbirth *n.* לֵידָה
childhood *n.* יַלדוּת
childish *adj.* יַלדוּתִי
childlike *adj.* תָמִים; (כְּמוֹ) שֶל יֶלֶד
child prodigy *n.* יֶלֶד פֶּלֶא
children *n.* יְלָדִים; בָּנִים
chill *n.* צִינָה; קוֹר; צְמַרמוֹרֶת
chill *v.* לְצַנֵן; לְקָרֵר; לְהִתקָרֵר; לְהַפחִיד
chilled food *n.* מָזוֹן מְצוּנָן
chilling *adj.* קַר מְאוֹד; מַקפִּיא דָם; מַפחִיד
chilly *adj.* צוֹנֵן; קָרִיר
chime *n., v.* צִלצוּל; לְצַלצֵל (ב־)

C

chimney *n.* אֲרוּבָּה; נָקִיק צַר לְטִיפּוּס
chimney sweep(er) *n.* מְנַקֵּה אֲרוּבּוֹת
chimp *n.* שִׁימְפַּנְזֶה
chimpanzee *n.* שִׁימְפַּנְזֶה
chin *n.* סַנְטֵר
china *n.* חַרְסִינָה; כְּלֵי חַרְסִינָה
Chinese *n., adj.* סִינִי; סִינִית; אֲרוּחָה סִינִית
chink *v., n.* (לְהַשְׁמִיעַ) קוֹל נְקִישָׁה / שִׁקְשׁוּק / קִשְׁקוּשׁ; פֶּתַח צַר; סֶדֶק
chip *n.* שְׁבָב; טוּגָן; צִ׳יפְּס; סֶדֶק; זִ׳יטוֹן; שְׁבָב (בְּמַחְשֵׁב)
chip *v.* לִשְׁבּוֹר (שְׁבָב מ־); לְהִיסָּדֵק; לְשַׁבֵּב; לַחְתּוֹךְ לִרְצוּעוֹת דַּקּוֹת
–chip in לִתְרוֹם חֶלְקוֹ
chipboard *n.* סִיבִית
chipper *adj.* עַלִּיז; בְּמַצַּב רוּחַ טוֹב
chirp *v., n.* לְצַיְיֵץ; צִיּוּץ
chirpy *adj.* עַלִּיז; מָלֵא חַיִּים
chisel *n.* מַפְסֶלֶת; אִזְמֵל
chisel *v.* לְסַתֵּת; לַעֲשׂוֹת בְּמַפְסֶלֶת
chit *n.* פֶּתֶק; חֶשְׁבּוֹן; אִישּׁוּר; יַלְדוֹנֶת
chit-chat *n.* שִׂיחָה קַלָּה
chivalrous *adj.* אַבִּירִי
chivalry *n.* אַבִּירוּת; אֲדִיבוּת
chlorinate *v.* לְהַכְלִיר; לְהוֹסִיף כְּלוֹר
chlorine *n.* כְּלוֹר
chlorophyll *n.* כְּלוֹרוֹפִיל
chock-full *adj.* מָלֵא (וְגָדוּשׁ)
chocolate *n.* שׁוֹקוֹלָד; שׁוֹקוֹ
choice *adj.* מוּבְחָר
choice *n.* בְּחִירָה; בְּרֵירָה; מִבְחָר
choir *n.* מַקְהֵלָה; בִּימַת הַמַּקְהֵלָה
choirboy *n.* נַעַר מַקְהֵלָה (בִּכְנֵסִיָּה)
choke *n.* מַשְׁנֵק
choke *v.* לְהֵיחָנֵק; לַחֲנוֹק; לִסְתּוֹם
cholera *n.* כּוֹלֵירָה
cholesterol *n.* כּוֹלֶסְטֶרוֹל
chomp *v.* לִלְעוֹס בְּרַעַשׁ
choose *v.* (chose, chosen) לִבְחוֹר
choosy *adj.* בַּרְרָן
chop *n.* מַכַּת קִיצוּץ / גַּרְזֶן; צַלְעִית (בָּשָׂר)
–lamb chops צַלְעוֹת כֶּבֶשׂ
chop *v.* לַחְטוֹב; לְקַצּוֹץ; לְקַצֵּץ; לְהַנְחִית מַכָּה חַדָּה; לִכְרוֹת; לִגְדּוֹעַ
chopper *n.* קוֹפִיץ; גַּרְזֶן; מַסּוֹק
choppy *adj.* רוֹגֵשׁ; גַּלִּי
chopsticks *n.* מַקְלוֹת אֲכִילָה
choral *adj.* מַקְהֶלָתִי
chord *n.* מֵיתָר; אַקּוֹרְד; תַּצְלִיל; נִימָה
chore *n.* עֲבוֹדָה בַּבַּיִת / מְעַיֶּיפֶת
choreographer *n.* כּוֹרֵיאוֹגְרָף
choreography *n.* כּוֹרֵיאוֹגְרַפְיָה
chortle *n., v.* (לְהַשְׁמִיעַ) צְחוֹק צוֹהֵל
chorus *n.* מַקְהֵלָה; פִּזְמוֹן חוֹזֵר
chorus girl *n.* נַעֲרַת מַקְהֵלָה (בְּמַחֲזֶמֶר)
chose *v. past of* choose
chosen (*see* choose); *adj.* נִבְחָר
Christ *n.* יֵשׁוּ
christen *v.* לְהַטְבִּיל (בְּשֵׁם־); לִקְרוֹא בְּשֵׁם; לְהַשִּׁיק; לַחֲנוֹךְ
christening *n.* הַטְבָּלָה; טֶקֶס הַטְבִּילָה; הַשָּׁקָה
Christian *adj., n.* נוֹצְרִי
Christianity *n.* נַצְרוּת
Christian name *n.* שֵׁם פְּרָטִי
Christmas *n.* חַג הַמּוֹלָד
Christmas Eve *n.* עֶרֶב חַג הַמּוֹלָד
Christmas tree *n.* אַשּׁוּחַ; עֵץ חַג־הַמּוֹלָד
chromium *n.* כְּרוֹם
chromosome *n.* כְּרוֹמוֹזוֹם
chronic *adj.* כְּרוֹנִי; מְמוּשָּׁךְ
chronicle *v., n.* (לְתַעֵד / לִכְתּוֹב) רְשׁוּמוֹת (אֵירוּעִים הִיסְטוֹרִיִּים)
chronological *adj.* כְּרוֹנוֹלוֹגִי
chronologically *adv.* בְּסֵדֶר כְּרוֹנוֹלוֹגִי
chrysalis *n.* גּוֹלֶם; קְלִיפַּת הַגּוֹלֶם
chrysanthemum *n.* חַרְצִית
chubby *adj.* שְׁמַנְמַן
chuck *v.* לִזְרוֹק (מ־); לַעֲזוֹב
chuckle *v., n.* לְהִצְטַחֵק; לְגַחֵךְ; צִחְקוּק
chug *v., n.* לְטַרְטֵר; (לָנוּעַ בְּקוֹל) טִרְטוּר
chum *n.* חָבֵר
chunk *n.* נֵתַח עָבֶה; גּוּשׁ
church *n.* כְּנֵסִיָּה; תְּפִילָה (בִּכְנֵסִיָּה)
churchyard *n.* בֵּית־קְבָרוֹת בַּחֲצַר הַכְּנֵסִיָּה

C

churlish *adj.* רַגְזָנִי; לֹא מְנוּמָס
churn *n.* מַחְבֵּצָה; כַּד חָלָב גָּדוֹל
churn *v.* לְחַבֵּץ; לַעֲשׂוֹת חֶמְאָה; לְהִתְהַפֵּךְ (הַקֵּיבָה); לְהַסְעִיר; לְעַרְבֵּל
–churn out לִיצוֹר בְּכַמּוּיוֹת
chute *n.* מַגְלֵשַׁת מִילּוּט (בְּמָטוֹס); מַפַּל מַיִם; מַצְנֵחַ
chutzpah *n.* חוּצְפָּה (יִשְׂרְאֵלִית)
CID הָאֲגַף לַחֲקִירוֹת פְּלִילִיּוֹת; הַבּוֹלֶשֶׁת
cider *n.* סַיידֶר; מִיץ תַּפּוּחִים מוּתְסָס
c.i.f. סִי״ף (עלוּת, בִּיטּוּחַ והוֹבָלָה)
cigar *n.* סִיגָר
cigarette *n.* סִיגַרְיָיה
cinch *n.* (עַל) בָּטוּחַ; (דָּבָר) קַל
cinder *n.* אוּד
–cinders אֵפֶר
cinema *n.* בֵּית־קוֹלְנוֹעַ; הַקּוֹלְנוֹעַ
cinnamon *n.* קִינָּמוֹן
cipher *n.* צוֹפֶן; חִידָה; אֶפֶס
circa בְּעֵרֶךְ בּ־
circle *n.* עִיגּוּל; מַעְגָּל; טַבַּעַת; יָצִיעַ; חוּג
circle *v.* לָחוּג; לְהַקִּיף; לְסַמֵּן בְּעִיגּוּל
circuit *n.* הַקָּפָה; סִיבּוּב; מַעְגָּל (חַשְׁמַלִּי)
circuitous *adj.* עוֹקֵף
circular *adj.* עִיגּוּלִי; עָגוֹל; סִיבּוּבִי; עָקִיף
circular (letter) *n.* מִכְתָּב חוֹזֵר
circulate *v.* לָנוּעַ בְּמַחֲזוֹר; לְהִסְתּוֹבֵב; לְהָפִיץ; לְהַעֲבִיר; לִזְרוֹם (בִּכְבִישׁ)
circulation *n.* מַחֲזוֹר הַדָּם; מַחֲזוֹר; הֲפָצָה; תְּפוּצָה; תְּנוּעָה (בְּמחזור)
circumcise *v.* לָמוּל
circumcision *n.* (בְּרִית) מִילָה
circumference *n.* קַו מַקִּיף; הֶיקֵף
circumscribe *v.* לְהַקִּיף בְּעִיגּוּל; לְהַגְבִּיל
circumspect *adj.* זָהִיר; שָׁקוּל
circumstances *n.* נְסִיבּוֹת
–in/under the circumstances בַּנְּסִיבּוֹת הַקַּיָּימוֹת; בְּהִתְחַשֵּׁב בַּנְּסִיבּוֹת
–under no circumstances בְּשׁוּם אוֹפֶן
circumstantial *adj.* נְסִיבָּתִי
–circumstantial evidence רְאָיוֹת נְסִיבָּתִיּוֹת
circumvent *v.* לַעֲקוֹף; לְסַכֵּל מְזִימָּתוֹ
circus *n.* קִרְקָס; כִּיכָּר

cirrhosis *n.* שַׁחֶמֶת (הַכָּבֵד)
cistern *n.* מְכַל מַיִם
citadel *n.* מְצוּדָה
citation *n.* צִיּוּן לְשֶׁבַח; צִיטּוּט; צִיטָטָה; הַזְמָנָה לְדִין; דו״ח (תְּנוּעָה)
cite *v.* לְצַטֵּט; לְצַיֵּין; לְהַזְמִין לְמִשְׁפָּט; לִרְשׁוֹם דו״ח תְּנוּעָה
cities *n.* עָרִים
citizen *n.* אֶזְרָח; תּוֹשַׁב עִיר
citizenship *n.* אֶזְרָחוּת
citric acid *n.* חוּמְצַת לִימוֹן
citron *n.* אֶתְרוֹג
citrus (fruit) *n.* (פְּרִי) הָדָר
city *n.* עִיר; הַסִּיטִי שֶׁל לוֹנְדוֹן
city hall *n.* בֵּית־הָעִירִיָּיה
civic *adj.* עִירוֹנִי; אֶזְרָחִי
civics *n.* אֶזְרָחוּת (מקצוֹע לימוּד)
civil *adj.* אֶזְרָחִי; מְנוּמָס; אָדִיב
civil defense *n.* הֲגָנָה אֶזְרָחִית; הָגָ״א
civil disobedience *n.* מְרִי אֶזְרָחִי
civil engineering *n.* הַנְדָּסָה אֶזְרָחִית
civilian *adj., n.* אֶזְרָחִי; אֶזְרָח
civility *n.* נִימּוּס; אֲדִיבוּת
civilization *n.* תַּרְבּוּת; תַּרְבּוּת; הַחֶבְרָה הָאֱנוֹשִׁית / הַתַּרְבּוּתִית; צִיווִילִיזַצְיָה
civilize *v.* לְתַרְבֵּת
civilized *adj.* מְתוּרְבָּת; נָאוֹר; תַּרְבּוּתִי
civilly *adv.* בְּנִימּוּס
civil marriage *n.* נִישּׂוּאִים אֶזְרָחִיִּים
civil rights *n.* זְכוּיוֹת הָאֶזְרָח
civil servant *n.* עוֹבֵד מְדִינָה
Civil Service *n.* שֵׁירוּת הַמְּדִינָה
civil war *n.* מִלְחֶמֶת אֶזְרָחִים
claim *n.* תְּבִיעָה; טַעֲנָה; הַצְדָּקָה; תְּבִיעָה מוּצְדֶּקֶת
claim *v.* לִטְעוֹן; לִתְבּוֹעַ (זְכוּת); לִדְרוֹשׁ
claimant *n.* תּוֹבֵעַ
clairvoyant *n.* בַּעַל כּוֹשֶׁר רְאִיָּיה עַל־חוּשִׁי
clam *n.* צִדְפָּה
clam *v.* (up) לְהִשְׁתַּתֵּק; לִשְׁתּוֹק כְּמוֹ דָּג
clamber *v.* לְטַפֵּס בְּמַאֲמָץ
clammy *adj.* לַח וְדָבִיק
clamor, clamour *v., n.* לִתְבּוֹעַ בְּקוֹלָנִיּוּת; תְּבִיעָה קוֹלָנִית

C

clamp *n.* מַלְחֶצֶת; כְּלִיבָה
clamp *v.* לְהַדֵּק בְּמַלְחֶצֶת; לְסַנְדֵּל (מְכוֹנִית)
–clamp down (on) לִנְקוֹט יָד קָשָׁה (נֶגֶד־); לַעֲצוֹר; לְהַגְבִּיל
clan *n.* שֵׁבֶט; בֵּית־אָב; חֲמוּלָה
clandestine *adj.* סוֹדִי; חֲשָׁאִי; מַחְתַּרְתִּי
clang *v., n.* (לְהַשְׁמִיעַ) צִלְצוּל / נְקִישָׁה מְצַטַלְצֶלֶת
clank *v., n.* (לְהַשְׁמִיעַ) נְקִישָׁה / שִׁקְשׁוּק
clap *n.* מְחִיאַת כַּפַּיִים; רַעַם; קוֹל נֶפֶץ; זִיבָה; טְפִיחָה (עַל הַשֶּׁכֶם)
clap *v.* לִמְחוֹא כַּפַּיִים; לִטְפּוֹחַ; לִזְרוֹק
clapping *n.* מְחִיאוֹת כַּפַּיִים
clarification *n.* הַבְהָרָה; זִיכּוּךְ
clarify *v.* (clarified) לְהַבְהִיר; לְהִתְבַּהֵר
clarinet *n.* קְלַרְנִית
clarity *n.* בְּהִירוּת; צְלִילוּת
clash *n.* קוֹל הִתְנַגְּשׁוּת; הִתְנַגְּשׁוּת; עִימּוּת
clash *v.* לְהַשְׁמִיעַ קוֹל נְקִישָׁה; לְהִתְנַגֵּשׁ
clasp *n.* תֶּפֶס; סֶגֶר; אַבְזֵם; לְפִיתָה
clasp *v.* לְחַבֵּק; לֶאֱחוֹז בְּחוֹזְקָה; לְהַדֵּק; לְהַצְמִיד; לְאַבְזֵם
class *n.* מַעֲמָד; כִּיתָּה; שִׁיעוּר; דַּרְגָּה; קְבוּצָה; מַחֲזוֹר (בֵּית־סֵפֶר)
class *v.* (as) לְסַוֵּוג (כְּ־)
class action *n.* תְּבִיעָה יִיצוּגִית
classic *adj.* קְלַאסִי; מוֹפְתִי
classification *n.* סִיוּוּג; מִיּוּן; קָטֶגוֹרְיָה
classified *adj.* מְסוּוָּג
–classified ad מוֹדָעַת "דְּרוּשִׁים"; מוֹדָעָה מְסוּוֶּגֶת
classify *v.* (classified) לְסַוֵּוג; לְמַיֵּין
classless *adj.* לְלֹא מַעֲמָדוֹת
classmate *n.* בֶּן־כִּיתָּה
classroom *n.* (חֲדַר) כִּיתָּה
clatter *v., n.* לְשַׁקְשֵׁק; (לְהַשְׁמִיעַ) שִׁקְשׁוּק
clause *n.* פִּסְקִית (דִּקְדּוּק); סָעִיף
claustrophobia *n.* פַּחַד חוֹלָנִי מִמָּקוֹם סָגוּר
claw *n.* טוֹפֶר; צִיפּוֹרֶן; צְבָתוֹת; אַנְקוֹל וכד׳
claw *v.* לִתְפּוֹס / לִשְׂרוֹט / לַחְפּוֹר בְּצִיפּוֹרְנָיו

clay *n.* טִיט; חוֹמֶר; "חֵימָר"
clean *adj.* נָקִי; לֹא מְזוֹהָם; חָדָשׁ
clean *v.* לְנַקּוֹת; לְהִתְנַקּוֹת
cleaner *n.* מְנַקֶּה; מְנַקָּה; שׁוֹאֵב־אָבָק; נִיקּוּי יָבֵשׁ; מַכְשִׁיר / חוֹמֶר נִיקּוּי
cleanliness *n.* (הֶרְגֵּלֵי) נִיקָּיוֹן
cleanse *v.* לְנַקּוֹת הֵיטֵב; לְטַהֵר
cleanser *n.* חוֹמֶר נִיקּוּי; תַּחְלִיב נִיקּוּי לָעוֹר
clean-shaven *adj.* מְגוּלָּח לְמִשְׁעִי
clear *adj.* בָּרוּר; שָׁקוּף; צָלוּל; בָּהִיר; פָּנוּי; פָּתוּחַ; נָקִי; שָׁלֵם
–make it clear לְהַבְהִיר
clear *n.* שֶׁטַח פָּתוּחַ
–in the clear נָקִי מִכָּל חֲשָׁד / אַשְׁמָה; לֹא בְּסַכָּנָה
clear *v.* לְהִתְבַּהֵר; לְהִתְפַּנּוֹת; לְפַנּוֹת; לְטַהֵר; לְנַקּוֹת; לְאַשֵּׁר; לִמְחוֹק (נְתוּנִים)
–clear away לְהִתְפַּזֵּר; לְפַנּוֹת; לְסַלֵּק
–clear off לְהִסְתַּלֵּק (מִ־); לְסַלֵּק
–clear up לְהִתְבַּהֵר; לְהֵיעָלֵם; לְהַבְהִיר
clearance *n.* נִיקּוּי; סִילּוּק; פִּינּוּי; אִישּׁוּר; הֶיתֵּר; שֶׁטַח פָּנוּי; מִרְוָוח; סְלִיקָה; הַרְחָקַת כַּדּוּר
clearance sale *n.* מְכִירַת חִיסּוּל
clear-cut *adj.* בָּרוּר (לַגַּמְרֵי); סָגוּר
clear-headed *adj.* בַּעַל מַחֲשָׁבָה צְלוּלָה
clearing *n.* קָרַחַת יַעַר
clearing house *n.* מִסְלָקָה
clearly *adv.* בִּבְהִירוּת; לְלֹא סָפֵק
cleavage *n.* שֶׁסַע הַשָּׁדַיִים
cleave *v.* לִבְקוֹעַ; לְפַצֵּל; לְהַבְקִיעַ
cleaver *n.* סַכִּין קַצָּבִים; קוֹפִיץ
cleft *v.* *past and 3rd form of* cleave
clemency *n.* רַחֲמָנוּת; רַחֲמִים; נוֹחוּת
clement *adj.* רַחֲמָן; נוֹחַ
clench *v.* לִסְגּוֹר בְּכוֹחַ; לַחֲרוֹק (שִׁינַּיִים)
–clenched fists אֶגְרוֹפִים קְפוּצִים
clergy *n.* הַכְּמוּרָה; כּוֹהֲנֵי הַדָּת
clergyman *n.* כּוֹמֶר; כּוֹהֵן דָּת
clerical *adj.* שֶׁל הַכְּמוּרָה; פְּקִידוּתִי; מִשְׂרָדִי
clerk *n.* פָּקִיד; מַזְכִּיר; פְּקִיד קַבָּלָה; מוֹכֵר; זַבָּן

clever *adj.* פִּיקֵחַ; מוּכשָׁר; חָכָם; מְחוּכָּם; מִתחַכֵּם; עַרמוּמִי
clever Dick *n.* חוֹשֵׁב עַצמוֹ לְחָכָם
cleverly *adv.* בִּתבוּנָה; בְּפִיקחוּת; בְּכִשרוֹן
cleverness *n.* פִּקחוּת; כִּשרוֹן
cliché *n.* בִּיטוּי נָדוֹשׁ; קְלִישָׁאָה
click (לְהַשמִיעַ) נְקִישָׁה; קְלִיק; לְהַקלִיק
client *n.* לָקוֹחַ; מַרשֶׁה (שֶׁל עוֹ״ד)
client state מְדִינַת חָסוּת
clientele *n.* צִיבּוּר לָקוֹחוֹת
cliff *n.* צוּק; מָצוֹק
cliff-hanger *n.* קֶטַע מוֹתֵחַ; סִיפּוּר מוֹתֵחַ
climate *n.* אַקלִים; אֲווִירָה
climatic *adj.* אַקלִימִי
climax *n., v.* שִׂיא; לְהַגִיעַ לְשִׂיאוֹ
climb *n.* טִיפּוּס; נְסִיקָה
climb *v.* לְטַפֵּס; לַעֲלוֹת; לִנסוֹק
– climb down לָרֶדֶת (מ־)
climber *n.* מְטַפֵּס; (צֶמַח) מְטַפֵּס
clinch *v., n.* חִיבּוּק; לִסגוֹר; לְסַכֵּם; לְהִתחַבֵּק; לְהַבטִיחַ (אֶת נִצחוֹנוֹ)
cling *v.* (clung) לְהֵיאָחֵז (בְּחוֹזקָה); לִדבּוֹק; לְהִיצָמֵד; לְהִישָׁאֵר (רֵיחַ)
clinic *n.* מִרפָּאָה; שִׁיעוּר מַעֲשִׂי בִּרפוּאָה
clinical *adj.* שֶׁל מִרפָּאָה; קְלִינִי; קַר
clink (לְהַשמִיעַ) קוֹל נְקִישָׁה; לְהַשִּׁיק
clip *n.* אֶטֶב; מְהַדֵּק; מַחסָנִית; סִרטוֹן קְצַרצַר (קְלִיפּ); מַכָּה (חַדָּה)
clip *v.* לְקַצֵּץ; לִגזוֹז; לִגזוֹם; לְנַקֵּב
clip-on *adj.* נִצמָד (בְּעֶזרַת אֶטֶב)
clipped גָּזוּז; קָצוּץ; מְקוּטָע; תַּמצִיתִי
clippers *n.* גּוֹזֵז־; מְקַצֵּץ־; מַזמֵרָה
clipping *n.* תַּגזִיר; קֶטַע עִיתוֹנוּת
clique *n.* חֲבוּרָה (מִתבַּדֶּלֶת); קְלִיקָה
clitoris *n.* דַגדְגָן
cloak *n.* גְּלִימָה; מַסוֶוה; מַעֲטֶה
cloak *v.* לְהַסתִיר; לְאַפּוֹף
cloak-and-dagger *adj.* שֶׁל מְזִימוֹת רִיגוּל / מִיסתוֹרִין
cloakroom *n.* מֶלתָּחָה
clobber *v.* לְהַכּוֹת; לְהָבִיס; ״לְשחוֹט״
clock *n.* שָׁעוֹן
– around the clock 24 שָׁעוֹת בִּיממָה
clock *v.* לִקבּוֹעַ זְמַן שֶׁל; לְתַזמֵן
clockwise *adv.* בְּכִיווּן מְחוֹגֵי הַשָּׁעוֹן
clockwork מֵכָנִי; מַנגְנוֹן מֵכָנִי
– like clockwork ״כְּמוֹ שָׁעוֹן״; כַּמְתוּכנָן
clod *n.* גּוּשׁ אֲדָמָה; טֶמבֶּל; דָפוּק
clog *n.* קַבקַב; נַעַל עֵץ
clog *v.* לִסתוֹם; לְהִיסָתֵם; לְהַעֲמִיס
clogged *adj.* סָתוּם; פָּקוּק
cloister *n.* סְטָיו; מִנזָר; חַיֵּי מִנזָר
clone *v.* לְשַׁכְפֵּל (גֶּנֶטִית)
cloning *n.* שִׁכפּוּל (גֶּנֶטִי); שִׁיבּוּט
close *adj.* קָרוֹב (ל־); צָמוּד; הָדוּק; צָפוּף
– close at hand בְּהֶישֵּׂג יָד; קָרוֹב
close *adv.* קָרוֹב; בְּסָמוּךְ
– close by קָרוֹב; בְּסָמוּךְ
close *n.* סוֹף; סִיוּם
close *v.* לִסגוֹר; לְהִיסָגֵר; לְסַיֵּים; לִנעוֹל; לְהִסתַיֵּים; לְסַכֵּם; לְצוֹפֵף
– close down לִסגוֹר; לְהִיסָגֵר
close call הִינָצְלוּת בְּנֵס
closed *adj.* סָגוּר
closed-circuit television *n.* טֶלֶוִויזְיָה בְּמַעגָּל סָגוּר
close-fitting *adj.* צָמוּד; הָדוּק; צַר
close-knit *adj.* מְלוּכָּד; מְגוּבָּשׁ
closely *adv.* בִּתשׂוּמֶת לֵב; בְּאוֹפֶן צָמוּד / הָדוּק; בְּיוֹתֵר; מְאוֹד
closely-knit *adj.* מְלוּכָּד; מְגוּבָּשׁ
closeness *n.* קִרבָה; מַחֲנָק; צְפִיפוּת
closeout *n.* מְכִירַת חִיסוּל
closet *n.* חֲדַר אֲרוֹנוֹת; אָרוֹן; בֵּית שִׁימוּשׁ
close-up *n.* (צִילוּם) תַּקרִיב; מַרְאֶה מִקָּרוֹב
closing *adj.* מְסַיֵּים; ־סִיוּם; סְגִירָה; ־נְעִילָה
closing (argument) נְאוּם הַסִּיכּוּם (בְּמִשפָּט)
closing date *n.* מוֹעֵד אַחֲרוֹן; תַּאֲרִיךְ סְגִירַת הַרשָׁמָה
closing time *n.* שְׁעַת סְגִירָה
closure *n.* סְגִירָה; סֶגֶר (צְבָאִי)
clot *n.* גּוּשׁ; קְרִישׁ דָם; אִידיוֹט; טִיפֵּשׁ
clot *v.* לְהַקרִישׁ; לְהִתקָרֵשׁ
cloth *n.* בַּד; אָרִיג; מַטלִית; מַפַּת שׁוּלחָן

clothe *v.* לְהַלְבִּישׁ
clothes *n.* בְּגָדִים
clothes hanger *n.* קוֹלָב
clothesline *n.* חֶבֶל כְּבִיסָה
clothes peg, clothespin *n.* אֶטֶב כְּבִיסָה
clothing *n.* בִּיגוּד; הַלְבָּשָׁה
cloud *n.* עָנָן; נְחִיל; כֶּתֶם; צֵל; עִרְפּוּל
cloud *v.* לְהַעֲכִיר; לְעַרְפֵּל; לְהִתְעַנֵּן; לְהִתְקַדֵּר
cloudless *adj.* לְלֹא עֲנָנִים; בָּהִיר
cloudy *adj.* מְעוּנָּן; לֹא צָלוּל; עָכוּר
clout *n., v.* מַכָּה; כּוֹחַ; הַשְׁפָּעָה; לְהַכּוֹת
clove *n.* צִיפּוֹרֶן (תבלין); שֵׁן (שׁוּם); בְּצַלְצוּל
clover *n.* תִּלְתָּן
clown *n.* לֵיצָן; מוּקְיוֹן
clown *v.* (about/around) לְהִתְנַהֵג כְּמוּקְיוֹן
club *n.* מוֹעֲדוֹן; ״תִּלְתָּן״ (קלפים); מַקֵּל גּוֹלְף; אַלָּה
club *v.* לְהַכּוֹת בְּאַלָּה
cluck *v., n.* לְקַרְקֵר; קִרְקוּר
clue *n.* רֶמֶז; מוּשָּׂג; קְצֵה חוּט; מִימְצָא
clump *n.* גּוּשׁ; קְבוּצָה; דְּבוּקָה
clump *v.* לִיפּוֹל בְּקוֹל חֲבָטָה; לִפְסוֹעַ בִּכְבֵדוּת
–clump together לְהִתְקַבֵּץ
clumsily *adv.* בְּצוּרָה מְגוּשֶּׁמֶת; בִּכְבֵדוּת
clumsiness *n.* סִרְבּוּל; מְגוּשָּׁמוּת
clumsy *adj.* מְגוּשָּׁם; מְסוּרְבָּל; גּוֹלְמָנִי
clung *v. past and 3rd form of* cling
clunk *v., n.* (לְהַשְׁמִיעַ) קוֹל הַקָּשָׁה
cluster *n.* אֶשְׁכּוֹל; דְּבוּקָה; מִצְרָר
cluster *v.* לִצְמוֹחַ בְּאֶשְׁכּוֹלוֹת; לְהִתְקַבֵּץ
cluster bomb *n.* פְּצָצַת מִצְרָר
clutch *n.* אֲחִיזָה; שְׁלִיטָה; מַצְמֵד
–in the clutches of בִּידֵי־; בְּצִיפּוֹרְנֵי־
clutch *v.* לֶאֱחוֹז בְּחוֹזְקָה בּ־; לְנַסּוֹת לְהֵיאָחֵז בּ־
–clutch at a straw לְהֵיאָחֵז בְּקַשׁ
clutter *n.* זֶבֶל; בָּלָגָן
clutter *n.* (up) לְמַלֵּא בְּאִי־סֵדֶר
cm ס״מ

co. חֶבְרָה; וְשׁוּתָ׳; וְהַחֶבְרֶ׳ה; מָחוֹז
c/o בְּאֶמְצָעוּת; אֵצֶל (בְּמכתב)
coach *n.* אוֹטוֹבּוּס; קָרוֹן; מֶרְכָּבָה
coach *n., v.* מוֹרֶה פְּרָטִי; מְאַמֵּן; לְלַמֵּד; לְאַמֵּן; לְהַדְרִיךְ
coagulate *v.* לְהִתְקָרֵשׁ; לְהַקְרִישׁ
coagulation *n.* הִתְקָרְשׁוּת
coal *n.* פֶּחָם; גֶּחָלִים (בּרבּים)
coalesce *v.* לְהִתְמַזֵּג; לְהִתְאַחֵד
coalition *n.* הִתְאַחֲדוּת; קוֹאָלִיצְיָה
coalmine *n.* מִכְרֵה פֶּחָם
coalminer *n.* כּוֹרֵה פֶּחָם
coarse *adj.* מְחוּסְפָּס; לֹא מְעוּדָּן; גַּס
coast *n.* חוֹף
–the coast is clear הַשֶּׁטַח פָּנוּי; אֵין סַכָּנָה
coast *v.* לִגְלוֹשׁ; לְהַחֲלִיק בִּירִידָה; לְשַׁיֵּיט לְאוֹרֶךְ הַחוֹף
–coast along לְהִתְקַדֵּם לְלֹא מַאֲמָץ / בְּעָיוֹת
coastal *adj.* חוֹפִי; ־הַחוֹף; לְיַד הַחוֹף
–coastal plain מִישׁוֹר הַחוֹף
coastguard *n.* (שׁוֹטֵר בּ־) מִשְׁמַר הַחוֹפִים
coat *n.* מְעִיל; פַּרְוָה; שִׁכְבָה; מַעֲטֶה
coat *v.* לְכַסּוֹת בְּשִׁכְבַת־; לְצַפּוֹת (בּ־)
coated *adj.* (with) מְכוּסֶּה / מְצוּפֶּה בְּשִׁכְבַת־
coat hanger *n.* קוֹלָב
coating *n.* שִׁכְבָה; צִיפּוּי
coat of arms *n.* שֶׁלֶט אַבִּירִים; סֵמֶל
co-author *n.* מְחַבֵּר שׁוּתָּף
coax *v.* לְשַׁדֵּל; לְשַׁכְנֵעַ; לְהוֹצִיא מִמֶּנּוּ בְּשִׁידּוּלִים
cob *n.* בַּרְבּוּר; סוּס קְצַר־רַגְלַיִים
–corn on the cob קֶלַח תִּירָס (מבוּשָּׁל)
cobble *n.* אֶבֶן רִיצוּף
cobra *n.* קוֹבְּרָה; פֶּתֶן
cobweb *n.* קוּרֵי עַכָּבִישׁ
cocaine *n.* קוֹקָאִין
cock תַּרְנְגוֹל; עוֹף זָכָר; בֶּרֶז; נוֹקֵר; זַיִן
cock *v.* לִזְקוֹף; לִדְרוֹךְ (נֶשֶׁק); לְהַטּוֹת
–cock up לְקַלְקֵל; לְסַבֵּךְ
cock-a-doodle-doo *n.* קוּקוּרִיקוּ
cock-and-bull story *n.* צִ׳יזְבָּט; מַעֲשִׂיָּיה

C

cock-eyed *adj.* מְעוּקָם; נָטוּי הַצִּידָה; טִיפְּשִׁי
cock fight *n.* קְרַב תַּרְנְגוֹלִים
cockily *adv.* בְּשַׁחְצָנוּת
cockpit *n.* תָּא הַטַּיָּיס; תָּא־נֶהָג (מֵירוֹץ)
cockroach *n.* מַקָּק; תִּיקָן
cockscomb *n.* כַּרְבּוֹלֶת
cocksure *adj.* בַּעַל בִּיטָחוֹן מוּפְרָז
cocktail *n.* קוֹקְטֵייל; תַּעֲרוֹבֶת
cocktail dress *n.* לְבוּשׁ עֶרֶב
cock-up *n.* פִּישׁוּל; בִּיזָּיוֹן; עֵסֶק־בִּישׁ
cocky *adj.* שַׁחְצָן; בַּעַל בִּיטָחוֹן מוּפְרָז
cocoa *n.* (מַשְׁקֶה) קָקָאוֹ
coconut *n.* קוֹקוֹס
cocoon *n.* פְּקַעַת שֶׁל תוֹלַעַת מֶשִׁי
cod *n.* (דָּג) קוֹד; שִׁיבּוּט
COD תַּשְׁלוּם בְּעֵת מְסִירָה; מִשְׁלוֹחַ בְּגוּבַיְינָה
coddle *v.* לְפַנֵּק; לְטַפֵּל יָפֶה בּ־
code *n.* קוֹבֶץ חוּקִים; כְּלָלֵי הִתְנַהֲגוּת; מִסְפַּר אֵיזוֹר חִיוּג; כְּתַב (סֵתֶר); צוֹפֶן; קוֹד
–break/crack a code לְפַעְנֵחַ צוֹפֶן
code *v.* לִכְתּוֹב בְּצוֹפֶן; לִכְתּוֹב קוֹד; לְקוֹדֵד
code name *n.* שֵׁם צוֹפֶן
coding *n.* קִידּוּד
cod-liver oil *n.* שֶׁמֶן דָּגִים
coefficient *n.* מְקַדֵּם (מתמטיקה)
coerce *v.* (into) לִכְפּוֹת עָלָיו (ל־)
coercion *n.* כְּפִייָה
coercive *adj.* שֶׁל כְּפִייָה; כְּפִייָתִי
coexist *v.* לְהִתְקַיֵּים יַחַד; לִחְיוֹת בְּדוּ־קִיוּם
coexistence *n.* דּוּ־קִיוּם
coffee *n.* קָפֶה
coffee break *n.* הַפְסָקַת קָפֶה
coffee grinder *n.* מַטְחֵנַת קָפֶה
coffee pot *n.* קוּמְקוּם קָפֶה
coffee shop *n.* בֵּית קָפֶה
coffer *n.* תֵּיבָה גְדוֹלָה; כַּסֶּפֶת; קוּפָּה
coffin *n.* אֲרוֹן מֵתִים
cog *n.* (שֵׁן בּ־) גַּלְגַּל שִׁינַּיִים; "בּוֹרֶג קָטָן"
cogent *adj.* מְשַׁכְנֵעַ; תָּקֵף

cognac *n.* קוֹנְיָאק
cognate *adj.* מֵאוֹתוֹ מָקוֹר; קָרוֹב
cognitive *adj.* תְּפִיסָתִי; הַכָּרָתִי; קוֹגְנִיטִיבִי
cogwheel *n.* גַּלְגַּל שִׁינַּיִים
cohabit *v.* לִחְיוֹת יַחַד (כְּבַעַל וְאִשָּׁה)
coherence *n.* לְכִידוּת; קֶשֶׁר / רֶצֶף הֶגְיוֹנִי
coherent *adj.* (שֶׁיֵּשׁ בּוֹ קֶשֶׁר) הֶגְיוֹנִי; בָּרוּר
coherently *adv.* בְּרֶצֶף הֶגְיוֹנִי; בִּבְהִירוּת
coiffeur *n.* סַפָּר
coil *v.* (up) לִכְרוֹךְ; לְלַפֵּף; לְהִתְפַּתֵּל; לְהִסְתַּלְסֵל
coil *n.* פִּיתוּל; תַּלְתַּל; סְלִיל; הֶתְקֵן תּוֹךְ־רַחְמִי
coin *n.* מַטְבֵּעַ
coin *v.* לִטְבּוֹעַ מַטְבְּעוֹת; לְהַמְצִיא; לְחַדֵּשׁ
coinage *n.* חִידּוּשׁ (לְשׁוֹנִי); מַטְבֵּעַ לָשׁוֹן
coincide *v.* (with) לְהִתְרַחֵשׁ בְּאוֹתוֹ זְמַן; לַחְפּוֹף; לִהְיוֹת תּוֹאֵם ל־
coincidence *n.* צֵירוּף מִקְרִים; חֲפִיפָה
coincidental *adj.* שֶׁנּוֹבֵעַ מִצֵּירוּף מִקְרִים
coitus *n.* מִשְׁגָּל
colander *n.* מְשַׁמֶּרֶת; מְסַנֶּנֶת
cold *adj.* קַר; צוֹנֵן; חֲסַר הַכָּרָה
cold *n.* קוֹר; הִצְטַנְּנוּת; נַזֶּלֶת
cold-blooded *adj.* בַּעַל דָּם קַר; אַכְזָרִי
cold fish *n.* אָדָם קַר / לֹא חַבְרוּתִי
cold-hearted *adj.* חֲסַר־רֶגֶשׁ; חֲסַר־לֵב
coldly *adv.* בִּקְרִירוּת
coldness *n.* קוֹר; קְרִירוּת; קָרוּת
cold shoulder *n.*
–give the cold shoulder לְהִתְעַלֵּם בְּמוּפְגָּן מ־
cold sore *n.* פֶּצַע מִהִתְקָרְרוּת (בַּשְּׂפָתַיִים)
cold turkey גְּמִילָה מוּחְלֶטֶת; קְרִיז; דּוּגְרִי
colic *n.* כְּאֵב בֶּטֶן עֲוִויתִי
colitis *n.* דַּלֶּקֶת הַמְּעִי הַגַּס
collaborate *v.* (with) לַעֲבוֹד בְּמְשׁוּתָּף (עִם); לְשַׁתֵּף פְּעוּלָּה (עִם)
collaboration *n.* שִׁיתּוּף פְּעוּלָּה
collaborator *n.* מְשַׁתֵּף פְּעוּלָּה
collage *n.* קוֹלָאז'

C

collapse *n.* הִתמוֹטְטוּת
collapse *v.* לְמוֹטֵט; לִקרוֹס; לְהִתמוֹטֵט
collapsible *adj.* מִתקַפֵּל
collar *n.* צַוָארוֹן; קוֹלָר
collateral *n.* עֲרָבוֹן; בְּטוּחָה; בִּטחוֹנוֹת; שִׁעבּוּד
colleague *n.* עָמִית; חָבֵר לַעֲבוֹדָה
collect *v.* לֶאֱסוֹף; לִגבּוֹת; לְהִצטַבֵּר
collect call *n.* שִׂיחַת גוֹבַיינָה
collection *n.* אִיסוּף; גְּבִיָיה; אוֹסֶף; קוֹבֶץ; הִצטַבְּרוּת; סְכוּם שֶׁנֶאֱסַף
collection agency *n.* חֶברַת גְּבִייָה
collective קוֹלֶקטִיבִי; שִׁיתוּפִי; קִיבּוּצִי
collector *n.* גּוֹבֶה; אוֹסֵף; אַספָן
collector's item *n.* פְּרִיט אַספָנִים
college *n.* מִכלָלָה; חֶבֶר (ה־); מוֹעָצָה
collide *v.* לְהִתנַגֵּשׁ
collision *n.* הִתנַגְּשׁוּת
collision course *n.* מַסלוּל הִתנַגְּשׁוּת
collocation *n.* צֵירוּף מִלִּים מְקוּבָּל
colloquial *adj.* דִּיבּוּרִי
collude *v.* לַעֲשׂוֹת קְנוּנִיָה
collusion *n.* קְנוּנִיָה
colon *n.* הַמְּעִי הַגַּס; נְקוּדָתַיִים
colonel *n.* קוֹלוֹנֶל; אַלּוּף־מִשׁנֶה; סְגַן־אַלּוּף
colonial *adj.* קוֹלוֹנִיאָלִי; שֶׁל מוֹשָׁבוֹת
colonialism *n.* קוֹלוֹנִיאָלִיזם
colonization *n.* קוֹלוֹנִיזַצְיָה; הִתיַישְׁבוּת
colonize *v.* לְהָקִים מוֹשָׁבָה/לְהִתיַישֵּׁב בּ־
colonnade *n.* שְׂדֵרַת עַמּוּדִים
colony *n.* מוֹשָׁבָה; קְבוּצָה
color *n.* צֶבַע; צִבעוֹנִי; בִּצבָעִים; סוֹמֶק; צִביוֹן; אוֹפִי; גָּוֶון
–colors סֵמֶל; תִּלבּוֹשֶׁת יִיצוּגִית; דֶּגֶל
–with flying colors בְּהַצלָחָה גְּדוֹלָה
color *v.* לִצבּוֹעַ; לְהוֹסִיף/לְקַבֵּל צֶבַע; לְסַלֵּף; לְהוֹסִיף נוֹפֶך; לְהַשפִּיעַ
color-blind *adj.* עִיווֵר צְבָעִים
colored *adj.* צִבעוֹנִי; בְּצֶבַע; מְסוּלָף
colorful *adj.* סַסגּוֹנִי; צִבעוֹנִי; חַי; צִיוּרִי
colossal *adj.* עֲנָקִי
colour *n.*, *v.* *see* color
coloured *adj.* צִבעוֹנִי; בְּצֶבַע; מְסוּלָף
colourful *adj.* סַסגּוֹנִי; צִבעוֹנִי; חַי; צִיוּרִי
colouring *n.* צֶבַע מַאֲכָל; סִילוּף
colt *n.* סְיָיח
column *n.* עַמּוּד; טוּר; עַמּוּדָה; שְׂדֵרָה
columnist *n.* בַּעַל טוּר (בָּעִיתּוֹן)
coma *n.* תַּרדֶּמֶת
comb *n.* מַסרֵק; כַּרבּוֹלֶת; חַלַּת דְּבַשׁ
comb *v.* לְסָרֵק; לִסרוֹק
combat *n.* קְרָב; מַאֲבָק
combat *v.* לְהִילָּחֵם בּ־; לְהֵיאָבֵק בּ־
combatant *n.* לוֹחֵם; חַיָּיל קְרָבִי
combination *n.* שִׁילּוּב; צֵירוּף (סוֹדִי)
combination lock *n.* מַנעוּל צֵירוּפִים
combine *n.* אִיגּוּד (מִסחָרִי); קוֹמבַּיין
combine *v.* לְשַׁלֵּב; לְצָרֵף; לְהִתחַבֵּר
combined *adj.* מְשׁוּלָּב; מְשׁוּתָּף
combine harvester *n.* קוֹמבַּיין
combustion *n.* שְׂרֵיפָה
come *v.* (came, come) לָבוֹא; לְהַגִּיעַ
–come aboard לַעֲלוֹת לַמָּטוֹס/לָאוֹנִיָיה
–come about לִקרוֹת
–come across לַעֲבוֹר; לִמצוֹא/לִפגּוֹשׁ בְּמִקרֶה; לִיצוֹר רוֹשֶׁם
–Come again? סְלִיחָה?
–come along קָדִימָה! לְהִתקַדֵּם; לָבוֹא
–come apart לְהִתפָּרֵק לַחֲתִיכוֹת
–come around לָבוֹא לְבַקֵּר; לְהַגִּיעַ; לַחֲזוֹר לְהַכָּרָה; לְשַׁנּוֹת דַּעתּוֹ; לְהִתאוֹשֵׁשׁ
–come back לַחֲזוֹר; לַחֲזוֹר (לָאוֹפנָה)
–come down לָרֶדֶת; לִיפּוֹל; לִנחוֹת
–come down to לְהִסתַכֵּם בּ־
–come forward לְהַצִיעַ אֶת עַצמוֹ; לְהִתיַיצֵּב; לָבוֹא; לְהַצִּיעַ עֶזרָתוֹ
–come of לָצֵאת מ־; לִצמוֹחַ מ־
–come off לְהַצלִיחַ; לְהִינָּתֵק; לָצֵאת
–Come off it! נוּ בֶּאֱמֶת!; עֲזוֹב שְׁטוּיוֹת!
–come on לָבוֹא; נוּ!; קָדִימָה!; לְהִידָּלֵק; לְהַתחִיל לִפעוֹל
–come out לָצֵאת; לְהוֹפִיעַ; לָצֵאת לָאוֹר
–come over לָבוֹא לְבַקֵּר; לִקרוֹת ל־
–come round לָבוֹא לְבַקֵּר; לְהַגִּיעַ; לַחֲזוֹר לְהַכָּרָה; לְהִשתַכנֵעַ (לְקַבֵּל)
–come to לַחֲזוֹר לְהַכָּרָה; לְהַגִּיעַ ל־
–come to pass לִקרוֹת

–come to think of it בְּעֶצֶם

–come up לַעֲלוֹת; לְהִזְדַּמֵּן; לִקְרוֹת; לָצוּץ; לְהִתְקַיֵּים בְּקָרוֹב

–come up against לְהִיתָּקֵל בּ־

–come up with לְהַעֲלוֹת; לִמְצוֹא; לְהַשִּׂיג

comeback *n.* קַאמְבֶּק; קוֹנְטְרָה

–make a comeback לַחֲזוֹר לַבָּמָה/ לַזִּירָה; לְשַׁחְזֵר הַצְלָחָתוֹ

comedian *n.* קוֹמִיקַאי; לֵיצָן

comedienne *n.* קוֹמִיקָאִית

comedown *n.* נְפִילָה; יְרִידָה בְּמַעֲמָדוֹ

comedy *n.* קוֹמֶדְיָה; מִקְרֶה מְשַׁעֲשֵׁעַ; הוּמוֹר

comely *adj.* נָאֶה; יָפֶה

come-on *n.* פִּיתוּי; נִיסָּיוֹן לְפַתּוֹת; גֵּירוּי

comet *n.* כּוֹכָב שָׁבִיט

comfort *n.* נוֹחוּת; רְוָחָה; הֲקַלָּה; נֶחָמָה

comfort *v.* לְנַחֵם; לְהָקֵל עַל־; לְהַרְגִּיעַ

comfortable *adj.* נוֹחַ; שֶׁל רְוָחָה; מְסוּדָּר

comfortably *adv.* בְּנוֹחוּת; בִּרְוָוחָה

comforter *n.* מְנַחֵם; שְׂמִיכָה

comfrey *n.* קוֹמְפְרֵיי; סִינְפִּיטוֹן (צמח)

comic *adj., n.* מַצְחִיק; מְשַׁעֲשֵׁעַ; מְבַדֵּחַ; קוֹמִי; עִיתּוֹן הִיתּוּלִי מְצוּיָּר; קוֹמִיקַאי

comic book *n.* חוֹבֶרֶת קוֹמִיקְס

comic relief *n.* אֶתְנַחְתָּא קוֹמִית

comic strip *n.* סִיפּוּר מַצְחִיק בְּצִיּוּרִים

coming *adj.* הַבָּא; הַמִּתְקָרֵב

coming *n.* הִתְקָרְבוּת; בּוֹא־

comma *n.* פְּסִיק

command *n.* פְּקוּדָה; פִּיקּוּד; שְׁלִיטָה

command *v.* לְצַוּוֹת (עַל־); לְהוֹרוֹת (ל־); לִפְקֹד עַל־; לִשְׁלוֹט עַל־

commandeer *v.* לְהַחֲרִים; לְהַפְקִיעַ

commander *n.* מְפַקֵּד; קוֹמַנְדֶּר

commander-in-chief *n.* מְפַקֵּד עֶלְיוֹן

commandment *n.* דִּיבֵּר; מִצְוָוה

–the Ten Commandments עֲשֶׂרֶת הַדִּבְּרוֹת

command module *n.* תָּא פִּיקּוּד (בחללית)

commando *n.* (חַיָּיל) קוֹמַנְדּוֹ

commemorate *v.* לְצַיֵּין זֵכֶר; לְהַנְצִיחַ

commemoration *n.* אַזְכָּרָה; צִיּוּן זֵכֶר; הַנְצָחָה; טֶקֶס זִיכָּרוֹן

commence *v.* לְהַתְחִיל

commend *v.* לְצַיֵּין לְשֶׁבַח; לְשַׁבֵּחַ

commendable *adj.* רָאוּי לְשֶׁבַח

commendation *n.* צִיּוּן לְשֶׁבַח; שֶׁבַח

commensurate *adj.* (with) תּוֹאֵם אֶת

comment *n.* הֶעָרָה; תְּגוּבָה

comment *v.* לְהָעִיר; לְהָגִיב

commentary *n.* תֵּיאוּר/ שִׁידּוּר (בְּלִיוּוּי פַּרְשָׁנוּת); פֵּירוּשׁ; בִּיקּוֹרֶת

commentator *n.* שַׁדָּר; פַּרְשָׁן

commerce *n.* מִסְחָר; סַחַר

commercial *adj.* מִסְחָרִי

commercial *n.* תַּשְׁדִּיר פִּרְסוֹמֶת

commercialization *n.* מִסְחוּר; הִתְמַסְחֲרוּת

commercialize *v.* לְמַסְחֵר

commiserate *v.* לְהִשְׁתַּתֵּף בְּצַעַר־; לְהַבִּיעַ צַעַר

commiseration *n.* הִשְׁתַּתְּפוּת בְּצַעַר

commission *n.* (כְּתַב־) מִינּוּי; הַטָּלַת תַּפְקִיד; עֲמָלָה; וַעֲדָה; הַסְמָכָה לִקְצוּנָה

–commission of enquiry וַעֲדַת חֲקִירָה

commission *v.* לְהַטִּיל עַל־; לְהַזְמִין

commissioner *n.* נְצִיב; מְפַקֵּד מִשְׁטָרָה

commit *v.* לְבַצֵּעַ; לַעֲשׂוֹת; לְהַקְדִּישׁ; לְהַכְנִיס (למוסד); לִשְׁלוֹחַ; לִמְסוֹר

–commit oneself (to do) לְהִתְחַיֵּיב (ל־)

commitment *n.* מְחוּיָּבוּת; הִתְחַיְּיבוּת

committed *adj.* שֶׁיֵּשׁ לוֹ מְחוּיָּבוּת; מָסוּר

committee *n.* וַעֲדָה; וַעַד

commodity *n.* מִצְרָךְ; סְחוֹרָה

common *adj.* מְשׁוּתָּף; נָפוֹץ; שָׁכִיחַ; רָגִיל; פָּשׁוּט; הֲמוֹנִי, גַּס; צִיבּוּרִי

–in common בִּמְשׁוּתָּף

common denominator *n.* מְכַנֶּה מְשׁוּתָּף

commoner *n.* אֶזְרָח פָּשׁוּט

common fraction *n.* שֶׁבֶר פָּשׁוּט

common ground *n.* בָּסִיס מְשׁוּתָּף

common knowledge *n.* דָּבָר יָדוּעַ

commonplace *adj.* רָגִיל; שִׁגְרָתִי; שָׁכִיחַ

Commons *n.* (the –) בֵּית־הַנִּבְחָרִים הַבְּרִיטִי

C

common sense *n.* שֵׂכֶל יָשָׁר
common stock *n.* מְנָיוֹת רְגִילוֹת
commonwealth *n.* חֶבֶר עַמִּים
commotion *n.* מְהוּמָה; הֲמוּלָה
communal *adj.* צִיבּוּרִי; קְהִילָתִי; מְשׁוּתָּף
commune *n.* קוֹמוּנָה
commune *v.* (with) לְהִתְיַיחֵד עִם
communicate *v.* לְהַעֲבִיר; לְגַלּוֹת; לְתַקְשֵׁר; לְהִתְקַשֵּׁר; לִיצוֹר קֶשֶׁר (עִם)
communication *n.* תִּקְשׁוֹרֶת; הַעֲבָרָה; קֶשֶׁר; הוֹדָעָה; יְדִיעָה
–communications תִּקְשׁוֹרֶת; דַּרְכֵי תַּחְבּוּרָה
communicative *adj.* אוֹהֵב / מוּכָן לְדַבֵּר; מִתְקַשֵּׁר; שֶׁל תִּקְשׁוֹר
communion *n.* הִתְיַיחֲדוּת; קֶשֶׁר; טֶקֶס אֲכִילַת לֶחֶם הַקּוֹדֶשׁ
communiqué *n.* הוֹדָעָה לָעִיתּוֹנוּת
communism *n.* קוֹמוּנִיזְם
communist *adj., n.* קוֹמוּנִיסְטִי; קוֹמוּנִיסְט
community *n.* הַצִּיבּוּר; קְהִילָה; עֵדָה
community center *n.* מֶרְכָּז קְהִילָתִי
community service *n.* שֵׁירוּת קְהִילָתִי; עֲבוֹדוֹת שֵׁירוּת
commute *v.* לִנְסוֹעַ בִּקְבִיעוּת לָעֲבוֹדָה; לְהַחֲלִיף; לְהָמִיר; לְהַמְתִּיק (עוֹנֶשׁ)
commuter *n.* נוֹסֵעַ קָבוּעַ; יוֹמֵם
compact *adj.* הָדוּק הֵיטֵב; קוֹמְפַּקְטִי; תַּמְצִיתִי
compact disc *n.* תַּקְלִיטוֹר
companion *n.* חָבֵר; בֶּן־זוּג; מְלַוֶּוה; מַדְרִיךְ
companionship *n.* חֲבֵרוּת; חֶבְרָה
company *n.* חֶבְרָה; אוֹרְחִים; פְּלוּגָה
–part company (with) לְהִיפָּרֵד (מ־)
comparable *adj.* נִיתָּן לְהַשְׁוָואָה; דּוֹמֶה
comparative *adj.* הַשְׁוָואָתִי; יַחֲסִי; שֶׁל דַּרְגַּת הַיִּתְרוֹן (בדקדוק)
comparatively *adv.* יַחֲסִית
compare *v.* (to/with) לְהַשְׁווֹת (ל־); לְדַמּוֹת; לְהִשְׁתַּווֹת (ל־)
comparison *n.* הַשְׁוָואָה

compartment *n.* תָּא
compass *n.* מַצְפֵּן; מְחוּגָה; הֶיקֵף; תְּחוּם
compassion *n.* רַחֲמִים; חֶמְלָה
compassionate *adj.* רַחֲמָנִי; שֶׁל רַחֲמִים
compatibility *n.* תְּאִימוּת; הַתְאָמָה
compatible *adj.* תּוֹאֵם; מִתְיַישֵּׁב
compatriot *n.* בֶּן אוֹתָהּ אֶרֶץ
compel *v.* לֶאֱלוֹץ; לְהַכְרִיחַ; לִכְפּוֹת
compelling *adj.* מְשַׁכְנֵעַ; חָזָק; מְרַתֵּק
compensate *v.* (for) לְפַצּוֹת (אוֹתוֹ) (עַל)
compensation *n.* פִּיצּוּי; פִּיצּוּיִים
compère *v., n.* לְהַנְחוֹת; מַנְחֶה
compete *v.* לְהִתְחָרוֹת; לְהִתְמוֹדֵד
competence *n.* יְכוֹלֶת; כִּשְׁרוֹן; כְּשִׁירוּת; מְיוּמָּנוּת; סַמְכוּת
competent *adj.* בַּעַל יְכוֹלֶת / כִּישּׁוּרִים; מְיוּמָּן; מַשְׂבִּיעַ רָצוֹן
competent authority *n.* רָשׁוּת מוּסְמֶכֶת
competently *adv.* בְּכִשְׁרוֹן; בִּמְיוּמָּנוּת
competition *n.* תַּחֲרוּת; מִתְחָרֶה
competitive *adj.* תַּחֲרוּתִי
competitiveness *n.* תַּחֲרוּתִיּוּת
competitor *n.* מִתְחָרֶה
compile *v.* לְלַקֵּט וְלַעֲרוֹךְ
compiler *n.* מְלַקֵּט וְעוֹרֵךְ; מַהְדִּיר (מחשבים)
complacent *adj.* שְׂבַע־רָצוֹן מֵעַצְמוֹ; שַׁאֲנָן
complain *v.* לְהִתְלוֹנֵן
complainant *n.* קוֹבֵל; מִתְלוֹנֵן
complaint *n.* תְּלוּנָה; קוּבְלָנָה
complement *n., v.* הַשְׁלָמָה; מִסְפָּר מָלֵא; מַכְסָה; מַשְׁלִים; לְהַשְׁלִים
complete *adj.* שָׁלֵם; מָלֵא; גָּמוּר; מוּחְלָט
complete *v.* לְהַשְׁלִים; לְמַלֵּא
completely *adv.* לְגַמְרֵי
completion *n.* הַשְׁלָמָה; סִיּוּם; מִילּוּי (טופס)
complex *adj.* מוּרְכָּב; מְסוּבָּךְ; מְסוֹעָף
complex *n.* תִּסְבּוֹכֶת; תִּשְׁלוֹבֶת מִתְקָנִים; מִכְלוֹל; תַּסְבִּיךְ
complexion *n.* (צֶבַע עוֹר) הַפָּנִים; פְּנֵי ה־

complexity *n.* מוּרכָּבוּת
compliance *n.* הֵיעָנוּת; צִיוּת
compliant *adj.* נָכוֹן לְמַלֵא / לְקַיֵים; מִתרַצֶה; צַייתָן
complicate *v.* לְסַבֵּך
complicated *adj.* מוּרכָּב; מְסוּבָּך
complication *n.* תִסבּוֹכֶת; סִיבּוּך; קוֹשִי
complicity *n.* שוּתָפוּת לִדבַר עֲבֵרָה
compliment *n.* מַחֲמָאָה
– compliments בְּרָכוֹת
compliment *v.* לְהַחֲמִיא; לְשַבֵּחַ
complimentary *adj.* מַחֲמִיא; חִינָם
comply *v.* (complied) לְהֵיעָנוֹת (ל־); לְצַיֵית; לְקַיֵים; לַעֲמוֹד בּ־
component *n.* רְכִיב; מַרכִּיב
compose *v.* לְחַבֵּר; לְהַלחִין; לְהִתעַשֵת
– be composed of לִהיוֹת מוּרכָּב (מ־)
composed *adj.* מְיוּשָב; שָקֵט
composer *n.* מַלחִין; מְחַבֵּר
composite *adj.*, *n.* מְרוּכָּב; תִרכּוֹבֶת
composition *n.* חִיבּוּר; יְצִירָה; הֶרכֵּב
composure *n.* יִישוּב הַדַעַת; שַלוָוה
compote *n.* לִפתָן פֵּירוֹת
compound *adj.* מוּרכָּב
compound *n.* תִרכּוֹבֶת; מִלָה מוּרכֶּבֶת; מִתחָם; שֶטַח גָדוּר; מִתקָן (כְּלִיאָה)
compound *v.* לְהַרכִּיב; לְהַחמִיר
compound interest *n.* רִיבִּית דְרִיבִּית
comprehend *v.* לְהָבִין; לִתפּוֹס; לְהַקִיף
comprehensible *adj.* מוּבָן; נִיתָן לַהֲבָנָה
comprehension *n.* הֲבָנָה; תְפִיסָה; הֲבָנַת (הַנִקרָא / הַנִשמָע)
comprehensive *adj.* מַקִיף; כּוֹלֵל
compress *n.* רְטִייָה; לְפִיפָה (קוֹמפּרֶס)
compress *v.* לִדחוֹס; לְצַמצֵם; לְרַכֵּז
compression *n.* דְחִיסָה; צִמצוּם
comprise *v.* לִהיוֹת מוּרכָּב מ־; לִכלוֹל
compromise *n.* פְּשָרָה; הִתפַּשְרוּת
compromise *v.* לְהִתפַּשֵר; לְסַבֵּך; לְסַכֵּן
compromising מַחשִיד; מַפלִיל; מֵבִיך
compulsion *n.* צוֹרֶך / דַחַף כְּפִייָתִי; כְּפִייָה
compulsive כְּפִייָתִי; מְרַתֵק; שוֹבֵה־לֵב
compulsory *adj.* ־חוֹבָה; כָּפוּי

compunction *n.* נְקִיפַת מַצפּוּן
computation *n.* חִישוּב
compute *v.* לְחַשֵב
computer *n.* מַחשֵב
computer graphics *n.* גְרַפִיקָה מְמוּחשֶבֶת
computerization *n.* מִחשוּב
computerize *v.* לְמַחשֵב
computerized *adj.* מְמוּחשָב
comrade *n.* חָבֵר
con *v.* לְרַמוֹת; לַעֲבוֹד עָלָיו
concave *adj.* קָעוּר
conceal *v.* לְהַסתִיר; לְהַחבִּיא; לְהַעֲלִים
concealed *adj.* מוּסתָר
concede *v.* (נֶאֱלָץ) לְהוֹדוֹת (בּ־); לְהַסכִּים; לְהִיכָּנַע; לְווַתֵר עַל־; לְהַעֲנִיק
conceit *n.* יְהִירוּת; חִידוּד לָשוֹן
conceited *adj.* יָהִיר
conceivable *adj.* מִתקַבֵּל עַל הַדַעַת
conceive *v.* (of) לְהַעֲלוֹת עַל הַדַעַת; לַהֲגוֹת; לַחשוֹב (עַל); לַהֲרוֹת
concentrate *n.* תַרכִּיז; רֶכֶּז
concentrate *v.* לְהִתרַכֵּז (בּ־); לְרַכֵּז
concentrated *adj.* מְרוּכָּז; עַז
concentration *n.* רִיכּוּז; הִתרַכְּזוּת
concentration camp *n.* מַחֲנֵה רִיכּוּז
concept *n.* מוּשָג; רַעיוֹן
conception *n.* רַעיוֹן; מוּשָג; קוֹנסֶפּציָה; תְפִיסָה; עִיבּוּר; הִתעַבְּרוּת
concern *n.* עֵסֶק; עִניָין; דְאָגָה; חֲשָש; אִיכפַּתִיוּת; קוֹנצֶרן; מִפעָל
concern *v.* לִנגוֹעַ ל־; לְהַדאִיג
– be concerned with לַעֲסוֹק בּ־; לְהִתעַניֵין בּ־
– to whom it may concern לְכָל הַמְעוּניָין
concerned *adj.* מוּדאָג; מוּטרָד; הַנוֹגֵעַ בַּדָבָר; מְעוּניָין
– as far as I'm concerned מִבּחִינָתִי
concerning *prep.* בְּנוֹגֵעַ ל־
concert *n.* קוֹנצֶרט
concerted *adj.* מְתוֹאָם; מוּגבָּר; מְרוּכָּז
concession *n.* וִיתוּר; זִיכָּיוֹן; הֲנָחָה
conch *n.* קוֹנכִייָה

conciliate *v.* לְפַיֵּס; לְפַשֵּׁר
conciliation *n.* פִּיּוּס; פִּשּׁוּר
conciliatory *adj.* שֶׁל פִּיּוּס; פַּייְסָנִי
concise *adj.* תַּמְצִיתִי; מְרוּכָּז
concisely *adv.* בְּתַמְצִיתִיּוּת
conclude *v.* לְהַסִּיק (שֶׁ־); לְסַיֵּים; לְהִסְתַּיֵּים; לְסַכֵּם
concluding *adj.* שֶׁל סִיּוּם
conclusion *n.* מַסְקָנָה; סִיּוּם
– in conclusion לְסִיּוּם
conclusive *adj.* מַכְרִיעַ; חַד־מַשְׁמָעִי
– conclusive proof הוֹכָחָה חוֹתֶכֶת
conclusively *adv.* חַד־מַשְׁמָעִית
concoct *v.* לְהָכִין (מֵרְכִיבִים שׁוֹנִים); לְהַמְצִיא; לִרְקוֹחַ
concoction *n.* תַּעֲרוֹבֶת; שִׁיקּוּי; מִרְקַחַת
concordance *n.* הֶסְכֵּם; קוֹנְקוֹרְדַנְצִיָּה
concrete *adj.* מוּחָשִׁי; מוּגְדָּר; מַמָּשִׁי
concrete *n.* בֶּטוֹן
concubine *n.* פִּילֶגֶשׁ (לְסוּלְטָן, וכד')
concur *v.* לְהַסְכִּים; לְהִצְטָרֵף (ל־)
concurrent *adj.* חָל יַחַד; חוֹפֵף; מַקְבִּיל
concurrently *adv.* בַּחֲפִיפָה; בְּמַקְבִּיל
concussion *n.* זַעֲזוּעַ־(מוֹחַ)
condemn *v.* לְגַנּוֹת; לְהוֹקִיעַ; לִגְזוֹר דִּינוֹ; לִגְזוֹר עַל־; לְהַרְשִׁיעַ
condemnation *n.* גִּינּוּי; הַרְשָׁעָה
condemned cell *n.* תָּא הַנִּידוֹנִים לְמָוֶת
condense *v.* לְעַבּוֹת; לְרַכֵּז; לְהִתְעַבּוֹת; לְתַמְצֵת; לַהֲפוֹךְ (לְנוֹזֵל)
condescend *v.* לְהוֹאִיל (בְּטוּבוֹ)
condescending *adj.* (שֶׁ)מִתְיַיחֵס בַּאֲדִיבוּת מִתְנַשֵּׂאת; מִתְנַשֵּׂא
condiments *n.* תַּבְלִינִים וּרְטָבִים
condition *n.* תְּנַאי; מַצָּב
– on condition that בִּתְנַאי שֶׁ־
condition *v.* לִקְבּוֹעַ; לְהַתְנוֹת; לְשַׁכְנֵעַ; לְהַשְׁפִּיעַ עַל־; לְטַפֵּחַ (עוֹר); לְעַצֵּב (שֵׂיעָר)
conditional (on) מוּתְנֶה בְּ־; עַל תְּנַאי
conditioned *adj.* מוּרְגָּל; מוּתְנֶה; בְּמַצָּב
conditioning *n.* הַתְנָיָה
condo *n.* (דִּירָה בְּ־) בַּיִת מְשׁוּתָּף
condolence(s) *n.* תַּנְחוּמִים
condom *n.* קוֹנְדּוֹם; כּוֹבָעוֹן
condone *v.* לְהִתְיַיחֵס בְּסַלְחָנוּת (ל־); לְהִתְעַלֵּם מִ־
conducive מְסַיֵּיעַ; תּוֹרֵם; מַתְאִים ל־
conduct *n.* הִתְנַהֲגוּת; נִיהוּל
conduct *v.* לְהוֹבִיל; לְהַדְרִיךְ; לְנַהֵל; לַעֲרוֹךְ; לְנַצֵּחַ (עַל־); לְהִתְנַהֵג; לְהוֹלִיךְ
conducted tour *n.* סִיּוּר מוּדְרָךְ
conductor *n.* מְנַצֵּחַ; כַּרְטִיסָן; מוֹלִיךְ
cone *n.* חָרוּט; גָּבִיעַ (גלידה); אִצְטְרוּבָּל
coney *n.* פַּרְוַות אַרְנֶבֶת; שָׁפָן
confection *n.* מַאֲפֶה מָתוֹק; דְּבַר מְתִיקָה
confectioner *n.* קוֹנְדִיטוֹר
confectionery *n.* מַמְתַּקִּים; עוּגוֹת; מִגְדָּנִיָּיה
confederacy *n.* בְּרִית; קוֹנְפֶדֶרַצְיָה
confederate *n.* בַּעַל־בְּרִית; שׁוּתָּף
confederation *n.* אִיחוּד; קוֹנְפֶדֶרַצְיָה
confer *v.* לְהַעֲנִיק (ל־); לְהִתְיַיעֵץ (עִם)
conference *n.* כֶּנֶס; וְעִידָה; הִתְיַיעֲצוּת
conference call *n.* שִׂיחַת וְעִידָה / מִפְגָּשׁ (בטלפון)
conference room *n.* חֲדַר יְשִׁיבוֹת
confess *v.* (to) לְהוֹדוֹת (בְּ־); לְהִתְוַדּוֹת
confessed *adj.* מוּצְהָר
confession *n.* הוֹדָאָה; וִידּוּי; הִתְוַדּוּת
confetti *n.* פִּתִּיתֵי נְיָיר צִבְעוֹנִיִּים
confidant *n.* אִישׁ / אֵשֶׁת סוֹד
confide *v.* לְגַלּוֹת ל־
– confide in לִבְטוֹחַ בְּ־; לְגַלּוֹת סוֹדוֹתָיו ל־
confidence *n.* אֵמוּן; סוֹד; בִּיטָּחוֹן
confident *adj.* (of) בָּטוּחַ (בְּ־); בּוֹטֵחַ
confidential *adj.* סוֹדִי
confidentiality סוֹדִיּוּת; חִיסָּיוֹן
confidentially *adv.* בְּסוֹד
confidently *adv.* בְּבִיטָּחוֹן; בְּבִטְחָה
configuration *n.* תְּצוּרָה; מַעֲרֶכֶת מַחְשֵׁב
confine *v.* לְהַגְבִּיל; לִכְלוֹא; לְרַתֵּק
confine yourself לְהִתְמַקֵּד בְּ־
confinement *n.* מַאֲסָר; רִיתּוּק; כְּלִיאָה; לֵידָה
confines *n.* תְּחוּם; גְּבוּלוֹת; מִסְגֶּרֶת
confirm *v.* לְאַשֵּׁר; לְאַמֵּת; לְחַזֵּק
confirmation *n.* אִישּׁוּר; אִימּוּת
confiscate *v.* לְהַחֲרִים

confiscation *n.* הַחְרָמָה
conflict *n.* קְרָב; מַאֲבָק; סִכְסוּךְ; נִיגּוּד; סְתִירָה; הִתְנַגְּשׁוּת; עִימּוּת
–conflict of interests נִיגּוּד אִינְטֶרֶסִים
conflict *v.* לִהְיוֹת מְנוּגָּד (זֶה לָזֶה); לִסְתּוֹר
conflicting *adj.* מְנוּגָּדִים; סוֹתְרִים
conform *v.* לִנְהוֹג בְּהֶתְאֵם (לַמְקוּבָּל); לִהְיוֹת תּוֹאֵם
conformist *n.* קוֹנְפוֹרְמִיסְט; תּוֹאֲמָן
conformity *n.* הִתְנַהֲגוּת בְּהֶתְאֵם לַמְקוּבָּל; תּוֹאֲמָנוּת
confound *v.* לְבַלְבֵּל; לְהַמֵּם; לְהַדְהִים; לְהָבִיךְ; לְסַכֵּל; לְהַכְנִיעַ
confounded *adj.* אָרוּר; מְעַצְבֵּן
confront *v.* לְהַעֲמִיד / לַעֲמוֹד בִּפְנֵי־; לְעַמֵּת
confrontation *n.* עִימּוּת; הִתְעַמְּתוּת
confuse *v.* לְבַלְבֵּל; לְעַרְבֵּב; לְסַבֵּךְ
confused *adj.* מְבוּלְבָּל; נָבוֹךְ
confusedly *adv.* בִּמְבוּכָה; בְּבִלְבּוּל
confusing *adj.* מְבַלְבֵּל; מְסוּבָּךְ; סוֹתְרִים
confusion *n.* בִּלְבּוּל; מְבוּכָה; מְהוּמָה
confute *v.* לְהַפְרִיךְ; לְהָזִים
congeal *v.* לְהַקְפִּיא; לְהַקְרִישׁ; לִקְפּוֹא
congenial *adj.* סִימְפָּתִי; נָעִים; נוֹחַ
congenital *adj.* (שֶׁ)מִלֵּידָה; מוּלָד
congest *v.* לִדְחוֹס; לִגְדוֹשׁ; לִסְתּוֹם
congested *adj.* מָלֵא (בּ־); צָפוּף; סָתוּם
congestion *n.* צְפִיפוּת; גּוֹדֶשׁ; עוֹמֶס
conglomerate *n.* גּוּשׁ; תַּלְכִּיד; קוֹנְגְלוֹמֶרָט
congratulate *v.* לְבָרֵךְ; לְאַחֵל מַזָּל טוֹב
congratulation *n.* בְּרָכָה; אִיחוּל
congratulations *n.* אִיחוּלִים; מַזָּל טוֹב!
congregate *v.* לְהִתְקַהֵל; לְהִתְאַסֵּף
congregation *n.* קְהַל מִתְפַּלְּלִים; קְהִילָּה
congress *n.* קוֹנְגְרֶס; וְעִידָה
Congressman *n.* חֲבֵר הַקּוֹנְגְרֶס
Congresswoman *n.* חֲבֵרַת הַקּוֹנְגְרֶס
congruent *adj.* חוֹפֵף
conical *adj.* דְּמוּי חָרוּט
conifer *n.* עֵץ מַחַט
conjecture *v., n.* לְשַׁעֵר; לְנַחֵשׁ; הַשְׁעָרָה
conjugal *adj.* שֶׁל נִישּׂוּאִים; שֶׁל בַּעַל וְאִשָּׁה; שֶׁל הִתְיַיחֲדוּת

conjugate *v.* לְהַטּוֹת; לְהִינָּטוֹת (פְּעָלִים)
conjunction *n.* מִלַּת חִיבּוּר; שִׁילּוּב; צֵירוּף
–in conjunction with יַחַד עִם
conjure *v.* לִשְׁלוֹף ע״י / לַעֲשׂוֹת קְסָמִים
conjurer *n.* קוֹסֵם
con man *n.* נוֹכֵל; רַמַּאי
connect *v.* לְחַבֵּר; לְהִתְחַבֵּר; לְקַשֵּׁר
connected *adj.* קָשׁוּר (ל־); מְחוּבָּר
connecting door *n.* דֶּלֶת מְשׁוּתֶּפֶת
connection *n.* חִיבּוּר; קֶשֶׁר; קִישּׁוּר; תַּחְבּוּרָה לְהֶמְשֵׁךְ הַנְּסִיעָה
connive *v.* (at) לְהַעֲלִים עַיִן מ־; לְעוֹדֵד
–connive (with) לַעֲשׂוֹת קְנוּנְיָה (עִם)
connoisseur *n.* מֵבִין; אֲנִין־טַעַם
connotation *n.* מַשְׁמָעוּת לְוַואי; קוֹנוֹטַצְיָה
conquer *v.* לִכְבּוֹשׁ; לְנַצֵּחַ; לְהִתְגַּבֵּר
conqueror *n.* כּוֹבֵשׁ; מְנַצֵּחַ
conquest *n.* כִּיבּוּשׁ; הִתְגַּבְּרוּת עַל־; נִיצָּחוֹן
conscience *n.* מַצְפּוּן
–bad/guilty conscience מַצְפּוּן לֹא נָקִי
conscientious *adj.* בַּעַל מַצְפּוּן; מָסוּר; חָרוּץ; קַפְּדָנִי; יְסוֹדִי; אִיכְפַּתִּי
conscientiously *adv.* בִּמְסִירוּת
conscientious objector *n.* סָרְבָן מִלְחָמָה
conscious *adj.* בַּעַל הַכָּרָה; בְּהַכָּרָה; מוּדָע; עֵר (ל־); חָשׁ; שָׂם לֵב
consciously *adv.* בְּמוּדָע
consciousness *n.* הַכָּרָה; תּוֹדָעָה; מוּדָעוּת
conscript *n.* מְגוּיָּס; חַיָּיל בְּשֵׁירוּת חוֹבָה
conscript *v.* (into) לְגַיֵּיס (ל־)
conscription *n.* גִּיוּס (חוֹבָה)
consecrate *v.* לְקַדֵּשׁ; לְהַקְדִּישׁ
consecutive *adj.* רָצוּף; רְצוּפִים
consecutively *adv.* בִּרְצִיפוּת
consensus *n.* הַסְכָּמָה כְּלָלִית; קוֹנְסֶנְזוּס
consent *n.* הַסְכָּמָה
consent *v.* לְהַסְכִּים ל־; לְהַרְשׁוֹת
consequence *n.* תּוֹצָאָה; חֲשִׁיבוּת
–take the consequences לָשֵׂאת בַּתּוֹצָאוֹת

C

consequent *adj.* שֶׁבָּא כְּתוֹצָאָה
consequently *adv.* כְּתוֹצָאָה מִכָּךְ
conservation *n.* שִׁימוּר ; הֲגָנָה
conservationist *n.* שׁוֹחֵר אֵיכוּת הַסְבִיבָה
conservative *adj., n.* שַׁמְרָנִי ; זָהִיר ; שַׁמְרָן
conservatory *n.* חֲמָמָה ; קוֹנסֶרבָטוֹרִיוֹן
conserve *v.* לְשַׁמֵר ; לִשמוֹר (עַל־)
consider *v.* לִשקוֹל ; לָדוּן בּ־ ; לְהִתחַשֵׁב בּ־ ; לְהַחשִׁיב (כּ־)
considerable *adj.* נִיכָּר ; רַב ; מַשמָעוּתִי
considerably *adv.* בְּמִידָה נִיכֶּרֶת ; בְּהַרבֵּה
considerate *adj.* מִתחַשֵׁב
consideration *n.* שִׁיקוּל ; שִׁיקוּל דַעַת ; עִיוּן ; הִתחַשְׁבוּת ; תַשלוּם
– take into consideration לָקַחַת בְּחֶשבּוֹן
considering *prep.* בְּהִתחַשֵׁב בּ־ / בְּכָךְ שׁ־
consign *v.* לִשלוֹחַ (בְּמִשגוֹר) ; לִמסוֹר
consignment *n.* מִשגוֹר ; מִשלוֹחַ
consist *v.*
– consist of לִהיוֹת מוּרכָּב מ־ ; לִכלוֹל
consistency *n.* עִקבִיוּת ; סוֹמֶךְ ; אֲחִידוּת
consistent *adj.* עִקבִי ; אָחִיד ; תוֹאֵם
consistently *adv.* בְּעִקבִיוּת
consolation *n.* נִיחוּם ; נֶחָמָה
console *n.* לוּחַ בַּקָרָה ; עֶמדַת הַפעָלָה
console *v.* לְנַחֵם
consolidate *v.* לְחַזֵק ; לְבַסֵס ; לְהִתחַזֵק ; לְהִתבַּסֵס ; לְאַחֵד ; לְשַׁלֵב ; לְהִתאַחֵד
consolidated balance sheet *n.* מַאֲזָן מְאוּחָד
consolidation *n.* חִיזוּק ; בִּיסוּס ; אִיחוּד
consonant *n.* עִיצוּר
consort *v.* לְהִתרוֹעֵעַ / לְהִתחַבֵּר (עִם־)
consortium *n.* קוֹנסוֹרצִיוּם
conspicuous *adj.* בּוֹלֵט לָעַיִן ; מוֹשֵׁךְ תְשׂוּמֶת־לֵב
conspiracy *n.* קְשִׁירַת קֶשֶׁר ; קֶשֶׁר ; קְנוּנְיָה
– conspiracy of silence קֶשֶׁר שֶׁל שְׁתִיקָה
conspirator *n.* קוֹשֵׁר
conspire *v.* לִקשׁוֹר קֶשֶׁר (חֲשָׁאִי)

constable *n.* שׁוֹטֵר
constant *adj.* תְמִידִי ; נֶאֱמָן ; קָבוּעַ
constantly *adv.* בִּקבִיעוּת ; כָּל הַזמַן
constellation *n.* קְבוּצַת כּוֹכָבִים
consternation *n.* תַדהֵמָה (וַחֲרָדָה)
constipated *adj.* סוֹבֵל מֵעֲצִירוּת
constipation *n.* עֲצִירוּת
constituency *n.* (הַבּוֹחֲרִים בּ־) אֵיזוֹר בְּחִירוֹת ; מַחֲנֶה תוֹמכִים
constituent *n.* בּוֹחֵר ; מַרכִּיב ; חֵלֶק
constitute *v.* לְכוֹנֵן ; לְהַסמִיךְ ; לְמַנוֹת ; לְהַרכִּיב ; לְהַווֹת
– be constituted לִהיוֹת בָּנוּי (כָּךְ)
constitution *n.* חוּקָה ; הֶרכֵּב ; מַעֲרוֹכֶת גוּף ; בְּרִיאוּת ; מִבנֶה
constitutional *adj.* חוּקָתִי ; קוֹנסטִיטוּצִיוֹנִי
constrain *v.* לְאַלֵץ ; לְהַכרִיחַ ; לְהַגבִּיל ; לִכבּוֹל ; לְרַסֵן
constrained *adj.* מְאוּלָץ ; לֹא טִבעִי
– feel constrained מַרגִישׁ צוֹרֶךְ ; נֶאֱלַץ
constraint *n.* אִילוּץ ; מִגבָּלָה
constrict *v.* לְכַוֵוץ ; לְהַגבִּיל ; לְהָצֵר ; לִלחוֹץ (עַל־) ; לַחנוֹק
constriction *n.* כִּיווּץ ; לַחַץ ; הַגבָּלָה
construct *v.* לִבנוֹת
construction *n.* בְּנִיָיה ; בִּינוּי ; מִבנֶה
construction worker *n.* פּוֹעֵל בִּניָין
constructive *adj.* בּוֹנֶה ; מוֹעִיל ; קוֹנסטרוּקטִיבִי
construe *v.* לְפָרֵשׁ ; לְנַתֵחַ (מִשׁפָּט)
consul *n.* קוֹנסוּל
consulate *n.* קוֹנסוּלִיָה
consult *v.* לְהִיווָעֵץ בּ־ ; לְהִתיַיעֵץ
consultant *n.* יוֹעֵץ ; רוֹפֵא מוּמחֶה בָּכִיר
consultation *n.* הִתיַיעֲצוּת ; יִיעוּץ ; עִיוּן
consume *v.* לֶאֱכוֹל ; לִשׁתוֹת ; לִצרוֹךְ ; לְבַזבֵּז ; לְכַלוֹת ; לַהֲרוֹס ; לִגזוֹל
consumer *n.* צַרכָן ; ־צְרִיכָה
consumer goods *n.* מוּצרֵי צְרִיכָה
consumerism *n.* צַרכָנוּת (טוֹבָה) ; הֲגַנַת הַצַרכָן
consummate *v.* לְהַגשִׁים ; לְמַמֵשׁ (נִישׂוּאִים) בְּמִשגָל ; לְהַשלִים

consummation *n.* מִימוּשׁ; הַגְשָׁמָה
consumption *n.* צְרִיכָה; תִּצְרוֹכֶת; שַׁחֶפֶת
contact *n.* קֶשֶׁר; מַגָּע; נָגוּעַ בְּמַחֲלָה
contact *v.* לִיצוֹר קֶשֶׁר / מַגָּע עִם־
contact lens *n.* עֲדָשַׁת מַגָּע
contagious *adj.* מִידַּבֵּק; נָגוּעַ בְּמַחֲלָה
contain *v.* לְהָכִיל; לִכְלוֹל; לְרַסֵּן
container *n.* מְכָל; כְּלִי קִיבּוּל; מְכוּלָה
containment *n.* עֲצִירַת הִתְפַּשְּׁטוּת; בְּלִימָה
contaminate *v.* לְזַהֵם; לְטַמֵּא; "לְהַרְעִיל"
contamination *n.* זִיהוּם
contemplate *v.* לְהַרְהֵר; לִשְׁקוֹל
contemplation *n.* מַחֲשָׁבָה; הִרְהוּר
contemporary *adj., n.* בֶּן דּוֹרוֹ; בֶּן־זְמַנֵּנוּ; מוֹדֶרְנִי; עַכְשָׁוִוי; בֶּן אוֹתוֹ גִּיל
contempt *n.* בּוּז
–contempt of court בִּיזָּיוֹן בֵּית־הַמִּשְׁפָּט
contemptible *adj.* בָּזוּי; רָאוּי לְבוּז
contemptuous *adj.* מְגַלֶּה בּוּז; מָלֵא בּוּז
contend *v.* לְהִתְמוֹדֵד; לִטְעוֹן (שֶׁ־)
contender *n.* יָרִיב; מִתְמוֹדֵד; טוֹעֵן (לְ־)
content *adj.* מְרוּצֶה (מִ־); מִסְתַּפֵּק בְּ־
content *n.* תּוֹכֶן; תְּכוּלָה
contented *adj.* מְרוּצֶה; שֶׁל שְׂבִיעוּת־רָצוֹן
contention *n.* מַחֲלוֹקֶת; טַעֲנָה; דֵּעָה
contentment *n.* שְׂבִיעוּת־רָצוֹן
contents *n.* תְּכוּלָה; תּוֹכֶן (עִנְיָנִים)
contest *n.* מַאֲבָק; תַּחֲרוּת; הִתְמוֹדְדוּת
contest *v.* לְהִתְמוֹדֵד; לְעַרְעֵר; לַחֲלוֹק
contestant *n.* מִתְחָרֶה; מִתְמוֹדֵד
context *n.* הֶקְשֵׁר
continent *n.* יַבֶּשֶׁת
–the Continent אֵירוֹפָּה
continental *adj.* יַבַּשְׁתִּי; שֶׁל אֵירוֹפָּה
contingency *n.* אֶפְשָׁרוּת; מִקְרֶה; חֲלוּפִי
contingency plan *n.* תּוֹכְנִית חֵירוּם / מְגֵירָה
contingent *adj.* תָּלוּי בְּ־; מִקְרִי; לֹא וַדָּאִי
contingent *n.* יְחִידָה; נְצִיגוּת; תִּגְבּוֹרֶת

continual *adj.* בִּלְתִּי פּוֹסֵק; חוֹזֵר וְנִשְׁנֶה
continually *adv.* שׁוּב וָשׁוּב; כָּל הַזְּמַן
continuance *n.* הֶמְשֵׁךְ; דְּחִיָּה (בְּמִשְׁפָּט)
continuation *n.* הַמְשָׁכָה; הֶמְשֵׁךְ
continue *v.* לְהִימָּשֵׁךְ; לְהַמְשִׁיךְ
continuity *n.* הֶמְשֵׁכִיּוּת; רֶצֶף
continuous *adj.* רָצוּף; רָצִיף; מִתְמַשֵּׁךְ
continuously *adv.* בִּרְצִיפוּת; לְלֹא הֶפְסֵק
continuum *n.* רֶצֶף
contort *v.* לְעַוּוֹת; לְעַקֵּם; לְהִתְעַוּוֹת
contortion *n.* עִיוּוּת; הִתְעַוְּותוּת; הִתְפַּתְּלוּת
contortionist *n.* אִישׁ גּוּמִי (בְּקִרְקָס וכד')
contour (line) *n.* קַו מִתְאָר / גּוֹבַהּ
contraband *n.* סְחוֹרָה מוּבְרַחַת
contraception *n.* מְנִיעַת הֵרָיוֹן
contraceptive *adj., n.* אֶמְצָעִי מְנִיעָה; לִמְנִיעַת הֵרָיוֹן
contract *n.* חוֹזֶה
contract *v.* לְכַוֵּוץ; לְקַצֵּר; לְהִתְכַּוֵּוץ; לְהִידָּבֵק בְּ־; לַעֲשׂוֹת חוֹזֶה
contraction *n.* הִתְכַּוְּוצוּת; צִירֵי לֵידָה; צִמְצוּם; קִיצּוּר; הִידָּבְקוּת
contractor *n.* קַבְּלָן
contradict *v.* לִסְתּוֹר; לְהִתְוַכֵּחַ (לְהִתְחַצֵּף)
contradiction *n.* סְתִירָה
–a contradiction in terms דָּבָר וְהִיפּוּכוֹ
contradictory *adj.* סוֹתֵר
contraption *n.* מִתְקָן / מַכְשִׁיר מְשׁוּנֶּה
contrarily *adv.* דַּוְקָא; בְּאוֹפֶן מְנוּגָּד
contrary *adj.* מְנוּגָּד (לְ־); בְּנִיגּוּד (לְ־); נֶגְדִּי
contrary *n.* הַהֵפֶךְ
–on the contrary לְהֵפֶךְ; בְּנִיגּוּד לְכָךְ
contrast *n.* נִיגּוּד; הַנְגָּדָה; הַשְׁוָואָה
contrast *v.* לְהַשְׁווֹת; לַעֲמוֹד בְּנִיגּוּד (לְ־); לְהַנְגִּיד
contribute *v.* לִתְרוֹם; לִכְתּוֹב בְּעִיתּוֹן
contribution *n.* תְּרוּמָה; מַאֲמָר (לְעִיתּוֹן)
contributor *n.* תּוֹרֵם; כּוֹתֵב בְּעִיתּוֹן
contributory *adj.* תּוֹרֵם; מְסַיֵּיעַ; מִשְׁתַּתֵּף
contrite *adj.* מָלֵא חֲרָטָה
contrivance *n.* (כּוֹשֶׁר) הַמְצָאָה; תַּחְבּוּלָה

contrive *v.* לְתַכְנֵן (בתחכום); לְהַמצִיא; לִמצוֹא (דֶרֶך)
control *n.* שְלִיטָה; בִּיקוֹרֶת; בַּקָרָה; וִיסוּת; הַגבָּלָה; (אֶמצָעִי) פִּיקוּחַ; וַסָת
–get out of control לָצֵאת מִכְּלַל שְלִיטָה
–take control (of) לְהִשתַלֵט עַל־; לָקַחַת לְיָדָיו אֶת הַנִיהוּל (עַל־)
–controls הֶגֶאִים; מַנגְנוֹן בַּקָרָה
control *v.* לִשלוֹט עַל־; לְהַגבִּיל; לְרַסֵן; לְבַקֵר; לְפַקֵחַ עַל־; לְווַסֵת
controllable *adj.* נִיתָן לִשלִיטָה / לְפִיקוּחַ
controlled *adj.* תַחַת שְלִיטָה; מְבוּקָר
controller *n.* בַּקָר; מְבַקֵר; מְפַקֵחַ; מְנַהֵל
controlling interest *n.* שְלִיטָה (בִּמנָיוֹת חֶברָה)
control panel *n.* לוּחַ בַּקָרָה
control tower *n.* מִגדַל פִּיקוּחַ
controversial *adj.* שָנוּי בְּמַחלוֹקֶת
controversy *n.* מַחֲלוֹקֶת; וִיכּוּחַ
contusion *n.* חַבּוּרָה; חַבָלָה
conundrum *n.* חִידָה; בְּעָיָה
convalescence *n.* הַחלָמָה; הַבְרָאָה
convene *v.* לְכַנֵס; לְהִתכַּנֵס
convenience *n.* נוֹחוּת; זְמַן נוֹחַ
–at your earliest convenience בַּהֶקדֵם הָאֶפשָרִי
convenience store *n.* צַרכָנִייָה
convenient *adj.* נוֹחַ; מַתאִים; קָרוֹב; נָגִיש
conveniently *adv.* בְּצוּרָה נוֹחָה; בְּנוֹחִיוּת
convent *n.* מִנזָר (לנזירות)
convention *n.* וְעִידָה; אֲמָנָה; מוּסכָּמָה
conventional *adj.* מְקוּבָּל
conventional weapon *n.* נֶשֶק קוֹנבֶנציוֹנָלִי
converge *v.* (on) (לְהִתקָרֵב וּ־)לְהִיפָּגֵש; לְהִתכַּנֵס; לִנהוֹר
conversant *adj.* בָּקִיא בּ־; מַכִּיר הֵיטֵב
conversation *n.* שִׂיחָה
converse *n., adj.* הֵיפֶך; הָפוּך; מְנוּגָד
converse *v.* לְשוֹחֵחַ
conversely *adv.* לְהֵיפֶך; לְעוּמַת זֹאת
conversion *n.* הֲפִיכָה; הֲמָרָה; שִינוּי (דֵעָה); הַחלָפָה; הֲסָבָה
convert *n.* מוּמָר
convert *v.* לְהָמִיר; לַהֲפוֹך ל־; לְהָסֵב
convertible *adj.* שֶנִיתָן לַהֲמָרָה / לַהֲסָבָה
convertible *n.* מְכוֹנִית עִם גַג מִתקַפֵּל
convex *adj.* קָמוּר
convey *v.* לְהַעֲבִיר; לִמסוֹר; לְהַבִּיעַ
conveyor belt *n.* מַסוֹעַ; רְצוּעַת תִמסוֹרֶת
convict *n.* אָסִיר
convict *v.* לְהַרשִיעַ
conviction *n.* הַרשָעָה; שִכנוּעַ; אֱמוּנָה
convince *v.* (of) לְשַכנֵעַ
convinced *adj.* מְשוּכנָע; אָדוּק
convincing *adj.* מְשַכנֵעַ
convincingly *adv.* בְּאוֹפֶן מְשַכנֵעַ
convoluted *adj.* מְפוּתָל; מְסוּבָּך; נִפתָל
convoy *n.* שַיָירָה; לִיווּי
convulsion *n.* פִּרכּוּסִים; הִתפַּתלוּת
convulsive *adj.* עֲווִיתִי
cony *n.* פַּרוַות אַרנֶבֶת; שָפָן
coo *v.* לַהֲמוֹת (כְּיוֹנָה); לְמַלמֵל
cook *n.* טַבָּח
cook *v.* לְבַשֵל; לְהִתבַּשֵל; לְזַייֵף
cookbook *n.* סֵפֶר בִּישוּל
cooker *n.* תַנוּר; כִּירַיִים; פְּרִי לְבִישוּל
cookery *n.* בִּישוּל
cookie *n.* עוּגִייָה; בִּיסקווִיט; לַחמָנִייָה
cooking *n.* בִּישוּל; מִטבָּח
cool *adj.* קָרִיר; קַר־רוּחַ; צוֹנֵן; גִזעִי; מַגנִיב
cool *n.* צִינָה; קְרִירוּת; קוֹר־רוּחַ
cool *v.* לְקָרֵר; לְהִתקָרֵר; לְצַנֵן; לְהֵירָגַע
cooler *n.* מְקָרֵר; מִתקַן מַיִם קָרִים; צִידָנִית
cool-headed *adj.* קַר־רוּחַ; לֹא מְאַבֵּד עֶשתוֹנוֹת
coolly *adv.* בִּקרִירוּת; בְּקוֹר־רוּחַ
coolness *n.* קְרִירוּת; קוֹר־רוּחַ
coop *n.* לוּל קָטָן
coop *v.* (up) לָשִׂים בְּלוּל; לִכלוֹא; לִסגוֹר בּ־
cooperate *v.* לְשַתֵף פְּעוּלָה; לִפעוֹל יַחַד

cooperation *n.* שִׁיתּוּף פְּעוּלָה
cooperative *adj.* מְשַׁתֵּף פְּעוּלָה; שִׁיתּוּפִי
co-opt *v.* (onto) לְצָרֵף (ל־)
coordinate מְתוֹאָם; קוֹאוֹרְדִינָטָה; נ.צ.
coordinate *v.* לְתָאֵם
coordination *n.* קוֹאוֹרְדִינַצְיָה; תֵּיאוּם
coordinator *n.* מְתָאֵם; מְרַכֵּז
co-owner *n.* שׁוּתָּף לְבַעֲלוּת
cop *n.* שׁוֹטֵר
cope *v.* (with) לְהִתְמוֹדֵד; לְהִסְתַּדֵּר
copier *n.* מְכוֹנַת צִילוּם
co-pilot *n.* טַיַּיס־מִשְׁנֶה; נַוָּוט־מִשְׁנֶה
copious *adj.* בְּשֶׁפַע; שׁוֹפֵעַ; לְמַכְבִּיר
copiously *adv.* בְּשֶׁפַע; לְמַכְבִּיר
cop-out תֵּירוּץ; הִתְחַמְּקוּת
copper *n.* נְחוֹשֶׁת; פְּרוּטָה; שׁוֹטֵר
copse *n.* חוּרְשַׁת שִׂיחִים קְטַנָּה
copulate *v.* לְהִזְדַּוֵּוג
copulation *n.* הִזְדַּוְּוגוּת
copy *n.* הֶעְתֵּק; עוֹתֶק; גִּילָּיוֹן
copy *v.* לְהַעְתִּיק; לַעֲשׂוֹת הֶעְתֵּק; לְחַקּוֹת
copybook *n.* מַחְבֶּרֶת
copycat *n.* חַקְיָין; "קוֹף"; "תּוּכִּי"
copyright *n.* זְכוּת יוֹצְרִים
copywriter *n.* רַעְיוֹנַאי (בְּפִרְסוּם)
coquettish *adj.* מִתְחַנְחֵן; קוֹקֶטִי
coral *n.* אַלְמוֹג; צֶבַע כָּתוֹם־אֲדַמְדַּם
coral island *n.* אִי אַלְמוּגִים
cord *n.* חוּט עָבֶה; חֶבֶל דַּק; חוּט חַשְׁמַל; פְּתִיל; חוּט (שִׁדְרָה); מֵיתָר; חֶבֶל (הַטַּבּוּר)
cordless *adj.* לְלֹא פְּתִיל; אַלְחוּטִי (טֶלֶפוֹן); נִשְׁלָף
cordial *adj.* לְבָבִי
cordially *adv.* בִּלְבָבִיּוּת
cordon *v.* לַחְסוֹם / לְהַקִּיף בְּשַׁרְשֶׁרֶת חַיָּה
corduroy *n.* קוֹרְדוּרוֹי
core *n.* לֵב הַפְּרִי; לִבָּהּ; עִיקָּר; גַּרְעִין
– to the core בְּכָל רְמַ"ח אֵיבָרָיו; עַד הַיְסוֹד
coriander *n.* גַּד; כּוּסְבָּרָה
cork *n.* שַׁעַם; פְּקָק שַׁעַם
cork *v.* (up) לִפְקוֹק; לִסְגּוֹר בִּפְקָק
corkscrew *n.* מַחְלֵץ; חוֹלֵץ פְּקָקִים

corn *n.* דָּגָן; תְּבוּאָה; תִּירָס; יַבֶּלֶת
cornea *n.* קַרְנִית הָעַיִן
corner *n.* פִּינָּה; זָווִית; סִיבּוּב; קֶרֶן
– around the corner מְמַשְׁמֵשׁ וּבָא; מֵעֵבֶר לַפִּינָּה
corner *v.* לִדְחוֹק לַפִּינָּה; לִלְחוֹץ אֶל הַקִּיר
cornerstone *n.* אֶבֶן־פִּינָּה; יְסוֹד
cornfield *n.* שְׂדֵה תְּבוּאָה / תִּירָס
cornflakes פְּתִיתֵי תִּירָס
cornflour *n.* עֲמִילַן הַתִּירָס; קוֹרְנְפְלוֹר
cornmeal *n.* קֶמַח תִּירָס
corny *adj.* נָדוֹשׁ
corollary *n.* תּוֹצָאָה יְשִׁירָה; תּוֹלָדָה
coronary *adj.* כְּלִילִי; שֶׁל עוֹרְקֵי הַלֵּב
coronary מַחֲלַת־לֵב כְּלִילִית; הֶתְקֵף לֵב
coronation *n.* (טֶקֶס) הַכְתָּרָה
coroner *n.* חוֹקֵר מִקְרֵי מָוֶות
coronet *n.* נֵזֶר; זֵר פְּרָחִים (לָרֹאשׁ)
Corp. חֶבְרָה; תַּאֲגִיד; רַבִּ"ט
corporal *n.* רַב־טוּרַאי
corporal punishment *n.* עוֹנֶשׁ גּוּפָנִי
corporate *adj.* שֶׁל תַּאֲגִיד / חֶבְרָה; מְאוּגָּד; שִׁיתּוּפִי; מְשׁוּתָּף; קִיבּוּצִי
corporation *n.* תַּאֲגִיד; חֶבְרָה
corps *n.* חַיִל; גַּיִס; אֶגֶד; סֶגֶל
corpse *n.* גּוּפָה; גְּווִיָּה
corpulent *adj.* שָׁמֵן; בַּעַל בָּשָׂר
corpus *n.* קוֹבֶץ; אוֹסֶף
corpuscle *n.* כַּדּוּרִית דָּם
corral *n.* מִכְלָאָה
correct *adj.* נָכוֹן; מְדוּיָּק; צוֹדֵק; הוֹלֵם
correct *v.* לְתַקֵּן; לִבְדּוֹק (מִבְחָן וכו')
correction *n.* תִּיקּוּן; בְּדִיקָה
corrective (אֶמְצָעִי) מְתַקֵּן; שִׁיקּוּמִי
correctly *adv.* נָכוֹן; בִּמְדוּיָּק; כָּרָאוּי
correlate *v.* לִהְיוֹת מְתָאָם בֵּין־
correlation *n.* מִתְאָם
correspond *v.* (with) לִהְיוֹת תּוֹאֵם (אֶת־); לְהִתְכַּתֵּב (עִם)
– correspond (to) לִהְיוֹת מַקְבִּיל (ל־)
correspondence *n.* הִתְכַּתְּבוּת; תִּכְתּוֹבֶת; הַתְאָמָה; דִּמְיוֹן
correspondent *n.* מִתְכַּתֵּב; כַּתָּב
corresponding *adj.* מַקְבִּיל; תּוֹאֵם

C

corridor *n.* פְּרוֹזדוֹר; מִסדרוֹן
–the corridors of power מִסדרוֹנוֹת הַשִׁלטוֹן
corroborate *v.* לְחַזֵק; לְאַשֵׁר; לְאַשֵׁשׁ
corroboration *n.* אִישוּר; חִיזוּק
corroborative *adj.* מְחַזֵק; מְסַייֵעַ
corrode *v.* לְאַכֵּל; לְהִתאַכֵּל; לְכַרסֵם בּ־
corrosion *n.* קוֹרוֹזיָה; אִיכּוּל; כִּרסוּם בּ־
corrosive *adj., n.* (חוֹמֶר) מְאַכֵּל
corrugated *adj.* גַלִי
corrupt *adj.* מוּשׁחָת; קָלוֹקֵל; נִפסָד
corrupt *v.* לְהַשׁחִית; לְהִישָׁחֵת; לְשַׁחֵד
corruption *n.* שְׁחִיתוּת; הַשׁחָתָה
corset *n.* מָחוֹך
cortex *n.* קְלִיפַּת הַמוֹחַ
co-sign *v.* לַחתוֹם כְּעָרֵב / כְּעֵד / כְּצַד נוֹסָף
cosily *adv.* בְּנוֹחִיוּת; בַּחֲמִימוּת
cosiness *n.* נוֹחִיוּת (וַחֲמִימוּת); נְעִימוּת
cosmetic *adj., n.* (תַכשִׁיר) קוֹסמֶטִי
cosmic *adj.* קוֹסמִי; שֶׁל הַיְקוּם
cosmopolitan *adj., n.* קוֹסמוֹפּוֹלִיטִי; כְּלַל־עוֹלָמִי; (שֶׁל) אֶזרַח הָעוֹלָם
cosmos *n.* הַיְקוּם; הַקוֹסמוֹס
Cossack *n.* קוֹזָק
cost *n.* עֲלוּת; מְחִיר; הוֹצָאוֹת (בּרַבִּים)
–at all cost בְּכָל מְחִיר
–the cost of living יוֹקֶר הַמִחיָה
cost *v.* לַעֲלוֹת (בּכֶּסֶף); לַעֲלוֹת לוֹ (בּ־)
–How much does it cost? כַּמָה זֶה עוֹלֶה?
cost *v.* (costed) לְחַשֵׁב עֲלוּת; לְתַמחֵר
co-star *v.* לְכַכֵּב יַחַד
cost benefit *n.* עֲלוּת־תוֹעֶלֶת
cost-effective *adj.* מִשׁתַלֵם; רְווֹחִי
costing *n.* חִישׁוּב עֲלוּת; תַמחִיר
costly *adj.* יָקָר מְאוֹד; שֶׁעוֹלֶה בְּיוֹקֶר
cost price *n.* מְחִיר הַקֶרֶן / הָעֲלוּת
costume *n.* תִלבּוֹשֶׁת; חֲלִיפַת נָשִׁים
costume jewelry *n.* תַכשִׁיטִים זוֹלִים (חִיקוּי)
cosy *adj.* (חָמִים וְ־) נָעִים; נוֹחַ
cot *n.* מִיטַת תִינוֹק; מִיטַת־שָׂדֶה
cot death *n.* מָוֶות בַּעֲרִיסָה
cottage *n.* בַּיִת (כַּפרִי) קָטָן
cotton *n.* כּוּתנָה
cotton candy *n.* צֶמֶר־גֶפֶן מָתוֹק
cotton wool *n.* צֶמֶר־גֶפֶן
couch *n.* סַפָּה; מִיטָה
couch *v.* לְהִשׁתַטֵחַ לְמַצַב זִינוּק; לְנַסֵחַ
couch potato *n.* בַּטָטַת כּוּרסָה
cougar *n.* פּוּמָה; אֲרִי הֶהָרִים
cough *n., v.* שִׁיעוּל; לְהִשׁתַעֵל
–cough up לְהוֹדוֹת; לְדַבֵּר (בּחֲקִירָה); לָתֵת / לְשַׁלֵם (בְּאִי־רָצוֹן)
coughing *n.* שִׁיעוּל
could הָיָה יָכוֹל; עָשׂוּי; יָכוֹל; עָלוּל
–Could you (do...)? אַתָה יָכוֹל בְּבַקָשָׁה ל־...?
–Could I use...? אֶפשָׁר לְהִשׁתַמֵשׁ בּ־...?
council *n.* מוֹעָצָה
councilor *n.* חֲבֵר מוֹעָצָה
counsel *n.* עֵצָה; הִתייַעֲצוּת; פְּרַקלִיט
counsel *v.* לְייַעֵץ
counseling *n.* ייִעוּץ
counselor *n.* יוֹעֵץ; עוֹרֵך־דִין
count *n.* רוֹזֵן; סְפִירָה; מִניָין; חֶשׁבּוֹן; סָעִיף (בְּאִישׁוּם)
–lose count לְהַפסִיק לִספּוֹר; לְהִתבַּלבֵּל בַּספִירָה
count *v.* לִספּוֹר; לִמנוֹת; לַחשׁוֹב ל־; לְהַחשִׁיב; לְהֵיחָשֵׁב
–count down לִספּוֹר לְאָחוֹר
–count on לִסמוֹך עַל־
countable *adj.* סָפִיר
countdown *n.* סְפִירָה לְאָחוֹר
countenance *n.* (מַבָּע) פָּנִים
counter *adj.* (to) בְּנִיגוּד ל־
counter *n.* דוּכָן; דַלְפֵּק; מוֹנֶה; מַד־; דִסקִית מִשׂחָק
–under the counter מִתַחַת לַשׁוּלחָן
counter *v.* (with) לָצֵאת נֶגֶד־; לְהָשִׁיב מִלחָמָה / מַכָּה / בִּתגוּבָה
counteract *v.* לִפעוֹל נֶגֶד־; לְנַטְרֵל
counterattack *v., n.* (לְבַצֵעַ) הַתקָפַת־נֶגֶד
counterbalance (לְהַווֹת) מִשׁקַל־נֶגֶד
counterclockwise *adv.* נֶגֶד כִּיווּן הַשָׁעוֹן
counterespionage *n.* רִיגוּל נֶגדִי

counterfeit לְזַיֵּף; זִיוּף; מְזוּיָּף
counterfoil *n.* חֲבוּר; שׁוֹבֵר
counter-indication *n.* הַתוֹוָיַית נֶגֶד
counter-intelligence *n.* בִּיוּן נֶגְדִי
countermand *v.* לְבַטֵּל (פְּקוּדָה)
countermeasure *n.* צַעַד (נֶגֶד / לְמְנִיעַת־)
counteroffer *n.* הַצָּעָה נֶגְדִית
counterpart *n.* עָמִית; דָבָר מַקְבִּיל
counterproductive *adj.* מֵבִיא לְתוֹצָאָה הֲפוּכָה; מְחַבֵּל בַּמַּטָרָה
countersign *v.* לַחְתוֹם חֲתִימָה שְׁנִיָּיה
counterweight *n.* מִשְׁקָל נֶגֶד
countess *n.* רוֹזֶנֶת
countless *adj.* לְאֵין סְפוֹר
count noun *n.* שֵׁם־עֶצֶם סָפִיר
country *n.* מְדִינָה; אֶרֶץ; (אֲזוֹרֵי) הַכְּפָר
countryman *n.* בֶּן־כְּפָר; בֶּן אוֹתָהּ אֶרֶץ
countryside *n.* אֵיזוֹר כַּפְרִי; נוֹף כַּפְרִי
county *n.* מָחוֹז
coup *n.* הֶישֵׂג מַרְשִׁים; הֲפִיכָה (מְדִינִית)
coup de grâce *n.* מַכַּת מָוֶות / חֶסֶד
coup d'état *n.* הֲפִיכָה (מְדִינִית / צְבָאִית)
couple *n.* שְׁנֵי־; זוּג; כַּמָּה
coupon *n.* תְּלוּשׁ; שׁוֹבֵר; קוּפּוֹן; סֶפַח
courage *n.* אוֹמֶץ
courageous *adj.* אַמִּיץ
courageously *adv.* בְּאוֹמֶץ־לֵב
courgette *n.* קִישׁוּא
courier *n.* מְלַוֶּוה תַיָּירִים; בַּלְדָר; שָׁלִיחַ
course *n.* קוּרס; מַהֲלָךְ; מַסְלוּל; דֶּרֶךְ; כִּיווּן; מָנָה; סִדְרָה
– in due course בְּבוֹא הַזְּמַן
– run/take its course לַחֲלוֹף מֵאֵלָיו; לַעֲשׂוֹת אֶת שֶׁלּוֹ
courseware *n.* לוֹמְדָה (מַחְשֵׁב)
court *n.* בֵּית־מִשְׁפָּט; חָצֵר; מִגְרָשׁ (טֶנִיס); חֲצַר־הַמְּלוּכָה
– go to court לְהַגִּישׁ תְּבִיעָה מִשְׁפָּטִית
court *v.* לְחַזֵּר אַחֲרֵי; לְנַסּוֹת לִזְכּוֹת בּ־; לְהַזְמִין
courteous *adj.* אָדִיב; מְנוּמָּס
courteously *adv.* בַּאֲדִיבוּת
courtesy *n.* (מֶחֱוָוה שֶׁל) נִימוּס
– by courtesy of בַּאֲדִיבוּת־
courtesy car רֶכֶב חֲלוּפִי / חִינָּם
courting *n.* חִיזּוּרִים
court-martial (לְהָבִיא לְ־) מִשְׁפָּט צְבָאִי
courtroom *n.* אוּלַם בֵּית־הַמִּשְׁפָּט
courtship *n.* (תְּקוּפַת) חִיזּוּר
courtyard *n.* חָצֵר
cousin *n.* בֶּן־דּוֹד(ה); בַּת־דּוֹד(ה)
couture *n.* אוֹפְנַת עִילִית (הַלְבָּשָׁה)
cove *n.* מִפְרָץ קָטָן
covenant *n.* בְּרִית; אֲמָנָה; הִתְחַייְבוּת
cover *n.* כִּיסּוּי; כְּרִיכָה; שַׁעַר (עִיתּוֹן); עֲטִיפָה; מַחְסֶה; סִיפּוּר כִּיסּוּי; מַסְוֶוה
– from cover to cover מִתְּחִילָּתוֹ וְעַד סוֹפוֹ
– take cover לִתְפּוֹס מַחְסֶה
– under cover כְּסוֹכֵן סָמוּי
cover *v.* לְכַסּוֹת; לַעֲבוֹר (מֶרְחָק שֶׁל־); לַעֲסוֹק בּ־; לָדוּן בּ־; לְסַקֵּר (אירוע)
– cover for לְמַלֵּא אֶת מְקוֹמוֹ; לְהַחְלִיפוֹ
– cover up לְכַסּוֹת; לְהַעֲלִים; לְטַייֵּחַ
– cover up for לְחַפּוֹת עַל־ (מַעֲשֵׂי־)
coverage *n.* סִיקּוּר; כִּיסּוּי; שֶׁטַח כִּיסּוּי
cover charge דְּמֵי כְּנִיסָה
cover girl *n.* נַעֲרַת שַׁעַר
cover(ing) letter *n.* מִכְתָּב מְצוֹרָף
cover story *n.* כַּתָּבַת שַׁעַר; סִיפּוּר כִּיסּוּי
covert *adj.* נִסְתָּר; חֲשָׁאִי; לֹא גָּלוּי; גָּנוּב
cover-up *n.* חִיפּוּי; טִיּוּחַ; הַעֲלָמַת עוּבְדוֹת
covet *v.* לַחְמוֹד
cow *n.* פָּרָה; נְקֵבָה (שֶׁל פִּיל וכו')
coward *n.* פַּחְדָן; מוּג־לֵב
cowardice *n.* פַּחְדָנוּת
cowardly *adj.* פַּחְדָנִי; שֶׁל מוּג־לֵב
cowboy *n.* בּוֹקֵר; קָאוּבּוֹי
cower *v.* לְהִתְכַּוֵּוץ / לְהֵירָתַע בְּפַחַד
co-worker *n.* חָבֵר לַעֲבוֹדָה
cowshed *n.* רֶפֶת
cowslip *n.* בְּכוֹר־אָבִיב (צֶמַח)
coy *adj.* (כִּבְיָכוֹל) בַּיְישָׁנִית / צְנוּעָה; בַּיְישָׁנִי; מְסָרֵב לְדַבֵּר / לְפָרֵט
coyote *n.* זְאֵב הָעֲרָבוֹת
cozy *adj.* (חָמִים וְ־) נָעִים; נוֹחַ
CPA *n.* רוֹאֵה־חֶשְׁבּוֹן מוּסְמָךְ

C

CPR הַחְיָאָה
CPU יְחִידַת עִיבּוּד מֶרְכָּזִית; יע״מ
crab *n., v.* (בְּשַׂר) סַרְטָן; לְקַטֵר
–the Crab מַזַּל סַרְטָן
crack *n.* ;סֶדֶק; קוֹל נֶפֶץ / פִּיצוּחַ / הַצלָפָה; הֲלָצָה; הִתחַכְּמוּת; קְרָאק
–(at) the crack of dawn (עִם) עֲלוֹת הַשַּׁחַר
–have a crack at ;(לַעֲשׂוֹת נִיסָיוֹן (ל־; לְנַסּוֹת
crack *v.* ;לַעֲשׂוֹת סֶדֶק בּ־; לְפַצֵחַ; לִפרוֹץ; לְהִיסָדֵק; לְהַשׁמִיעַ קוֹל פִּיצוּחַ / נֶפֶץ (בּ־); לְהַצלִיף בּ־; לִשבּוֹר; לְקַבֵּל מַכָּה בּ־; לְסַפֵּר (בְּדִיחָה)
–crack down (on) לְהַפעִיל יָד קָשָׁה (נֶגֶד־)
crackdown *n.* (on) יָד קָשָׁה (נֶגֶד)
cracked *adj.* סָדוּק; מְשׁוּגָע
cracker *n.* ;רָקִיק; מַצִּיָּה; ״חֲתִיכָה״; זִיקוּק מִתנַפֵּץ; גְלִיל שַׁי מִתנַפֵּץ; פּוֹרֵץ מַחשֵׁבִים
crackle (לְהַשׁמִיעַ) קוֹלוֹת פִּיצוּחַ / פִּצפּוּץ
cradle *n.* עֲרִיסָה; עֶרֶשׂ; עֲרִיסַת הַטֶּלֶפוֹן
craft *n.* ;אוּמָנוּת; מְלָאכָה; כְּלִי שַׁיִט; סְפִינָה; עַרמוּמִיוּת; עוֹרמָה
craftily *adv.* בְּעַרמוּמִיוּת
craftsman *n.* אוּמָן; בַּעַל מְלָאכָה
crafty *adj.* עַרמוּמִי; נוֹכֵל
crag *n.* צוּק
craggy *adj.* מָלֵא צוּקִים
cram *v.* ;לִדחוֹס; לְמַלֵּא בּ־; ״לַחֲרוֹשׁ״; לְהִידָּחֵס; לְהִידָּחֵק
crammed *adj.* מָלֵא וְגָדוּשׁ
cramp *n.* ;הִתכַּווְּצוּת שְׁרִירִים; עֲווִית; מַלחֶצֶת
cranberry אוּכמָנִית אֲדוּמָּה; חמוּצִיוֹת
crane *n.* עָגוּר; עֲגוּרָן; מָנוֹף
cranium *n.* גוּלגוֹלֶת
crank *n.* ״מְשׁוּגָע״; אָדָם מוּזָר; תִּמהוֹנִי
cranny *n.* סֶדֶק; בְּקִיעַ; חָרָךְ
crap *n., v.* שְׁטוּיוֹת; חָרָא; זֶבֶל; לְחַרְבֵּן
craps *n.* מִשׂחַק קוּבִּיּוֹת
crash *n.* ;(קוֹל) הִתנַפְּצוּת / הִתנַגְשׁוּת; הִתרַסְקוּת; מַפּוֹלֶת; נְפִילָה (מחשבים)
crash *v.* ;לְנַפֵּץ; לְהִתנַגֵשׁ; לְהִתרַסֵק; לְהִתנַפֵּץ; לְהִתמוֹטֵט; לִקרוֹס
crash barrier *n.* גֶדֶר בְּטִיחוּת / הַפְרָדָה
crash course *n.* קוּרס מְזוֹרָז
crash diet *n.* דִיאֶטַת כַּאסַח / מַחַץ
crash helmet *n.* קַסדַת מָגֵן
crash landing *n.* נְחִיתַת חֵירוּם
crate *v., n.* (לָשִׂים בּ־) תֵּיבָה; אַרגָז
crater *n.* לוֹעַ הַר־גַעַשׁ; מַכתֵּשׁ
cravat *n.* עֲנִיבָה; מִטפַּחַת צַווָּאר
crave *v.* (for) לְהִשׁתּוֹקֵק ל־
craving *n.* תְּשׁוּקָה עַזָּה; כְּמִיהָה
crawl *n.* זְחִילָה; שְׂחִיַּית חֲתִירָה
crawl *v.* לִזחוֹל; לְהִזדַּחֵל; לִשרוֹץ
crawling *adj.* זוֹחֵל; רוֹחֵשׁ; שׁוֹרֵץ
crayfish *n.* סַרטַן הַנְּהָרוֹת
crayon *v., n.* (לְצַיֵּיר בּ־) עִיפָּרוֹן / גִיר צִבעוֹנִי
craze *n.* (שִׁיגָעוֹן (חוֹלֵף / חָדָשׁ
crazily *adv.* כִּמשׁוּגָע; בְּטֵירוּף
craziness *n.* שִׁיגָעוֹן; טֵירוּף
crazy *adj., n.* מְשׁוּגָע; מְטוֹרָף; טִיפּשִׁי
creak *v., n.* לַחֲרוֹק; חֲרִיקָה
creaky *adj.* חוֹרֵק
cream *n.* ;שַׁמֶּנֶת (הֶחָלָב); קַצֶּפֶת; קְצִיפָה; מִשׁחָה; קְרֶם; מֵיטַב ה־
cream cheese *n.* גְבִינָה לְבָנָה לִמרִיחָה
creamy *adj.* ;דּוֹמֶה ל־/מָלֵא שַׁמֶּנֶת; קְרֶמִי
crease *v., n.* לְהִתקַמֵט; לְקַמֵט; קֶמֶט
create *v.* לִברוֹא; לִיצוֹר; לִגרוֹם; לְעוֹרֵר
creation *n.* בְּרִיאָה; יְצִירָה
creative *adj.* יְצִירָתִי
creatively *adv.* בִּיצִירָתִיּוּת
creativity *n.* יְצִירָתִיּוּת
creator *n.* יוֹצֵר
–the Creator הַבּוֹרֵא
creature *n.* יְצוּר; בֶּן־אָדָם; בְּרִיָּיה
créche *n.* פָּעוֹטוֹן; מְעוֹן יוֹם; תִּינוֹקִיָּיה
credence *n.* אֵמוּן; אֱמוּנָה
credentials *n.* תְּעוּדָה; כִּישׁוּרִים
credibility *n.* אֲמִינוּת; אֵמוּן
credibility gap *n.* פַּעַר אֲמִינוּת
credible *adj.* מְהֵימָן; אָמִין

credibly *adv.* בְּאוֹפֶן מְשַׁכְנֵעַ; מִמָּקוֹר מְהֵימָן
credit *n.* אַשְׁרַאי; (יִתְרַת) זְכוּת; זִיכּוּי; תְּעוּדַת כָּבוֹד; הַעֲרָכָה; קְרֶדִיט
–be a credit to לְהוֹסִיף כָּבוֹד לְ־
credit *v.* לְזַכּוֹת; לְהַאֲמִין; לְיַיחֵס לְ־
credit balance *n.* יִתְרַת זְכוּת
credit card *n.* כַּרְטִיס אַשְׁרַאי
credit limit *n.* תִּקְרַת אַשְׁרַאי
credit line *n.* קַו אַשְׁרַאי
credit memo *n.* (שׁוֹבֵר) זִיכּוּי
credit note *n.* הוֹדָעַת זִיכּוּי
creditor *n.* נוֹשֶׁה; מַלְוֶוה; זַכַּאי
credit rating *n.* דֵּירוּג אַשְׁרַאי
credit slip *n.* (שׁוֹבֵר) זִיכּוּי
credit squeeze *n.* צִמְצוּם אַשְׁרַאי
credo *n.* הָאֲנִי מַאֲמִין; מוֹטוֹ
credulous *adj.* שֶׁמַּאֲמִין לְכָל דָּבָר; תָּמִים
creed *n.* (עִקְרֵי) אֱמוּנָה
creek *n.* מִפְרָץ צַר; פֶּלֶג
creep *n.* חַנְפָן; לַקְקָן; טִיפּוּס מַגְעִיל
creep *v.* (crept) לִזְחוֹל; לְהִשְׁתַּרְבֵּב
–creep up behind/on לְהִתְגַּנֵּב מֵאֲחוֹרֵי־
creeper *n.* זוֹחֵל; (צֶמַח) מְטַפֵּס
creeps *n.* –give him the creeps לְהַעֲבִיר בּוֹ צְמַרְמוֹרֶת
creepy *adj.* מְעוֹרֵר צְמַרְמוֹרֶת; מַפְחִיד
cremate *v.* לִשְׂרוֹף (גְוִויָה)
cremation *n.* שְׂרֵיפַת גוּפָה
crematorium *n.* מִשְׂרָפָה
crept *v. past and 3rd form of* creep
crescendo *n.* קְרֶשֶׁנְדוֹ; שִׂיא
crescent *n.* (חֲצִי־)סַהַר
cress *n.* צֶמַח חַרְדָּלִי (גַרְגִיר הַנְּחָלִים)
crest *n.* צִיצַת נוֹצוֹת; סֵמֶל; פִּסְגָּה; רֶכֶס גַּל
cretin *n.* אִידְיוֹט; קְרֶטִינִי (מְפַגֵּר)
crevice *n.* סֶדֶק; בְּקִיעַ צַר
crew *n.* צֶוֶות; חֲבוּרָה
crew cut *n.* תִּסְפּוֹרֶת קְצָרָה (לְגֶבֶר)
crewman *n.* אִישׁ צֶוֶות
crib *n.* אֵבוּס; מִיטַּת תִּינוֹק; עֲרִיסָה
crib death *n.* מָוֶות בָּעֲרִיסָה

cricket *n.* צְרָצַר; קְרִיקֶט
–not cricket לֹא בְּסֵדֶר; לֹא הוֹגֵן
cried *v. past and 3rd form of* cry
crier *n.* כָּרוֹז
cries *see* cry
crime *n.* פֶּשַׁע; פְּשִׁיעָה; מַעֲשֵׂי פֶּשַׁע
crime rate *n.* שִׁיעוּר פְּשִׁיעָה
criminal *adj., n.* פְּלִילִי; שֶׁל פֶּשַׁע; פּוֹשֵׁעַ
criminal negligence *n.* רַשְׁלָנוּת פּוֹשַׁעַת
criminal record *n.* עָבָר / רִישׁוּם פְּלִילִי
criminology *n.* קְרִימִינוֹלוֹגְיָה
crimson *adj., n.* אַרְגְּמָנִי; אַרְגָּמָן
cringe *v.* לְהִתְכַּוֵּוץ; לְהֵירָתַע; לְהִתְרַפֵּס
crinkle *v., n.* לְהִתְקַמֵּט; לְקַמֵּט; קֶמֶט דַּק
cripple *n.* נָכֶה
cripple *v.* לַעֲשׂוֹתוֹ נָכֶה; לִפְגּוֹעַ קָשׁוֹת בְּ־
crippled *adj.* נָכֶה; לֹא מְסוּגָּל לְתַפְקֵד
crisis *n.* מַשְׁבֵּר; נְקוּדַּת מַשְׁבֵּר
crisp *adj.* פָּרִיךְ; טָרִי; קַר; מְרַעֲנֵן; חַד; קוֹלֵעַ
crisp *n.* טוּגָן; חֲטִיף צִ׳יפְּס
crispy *adj.* פָּרִיךְ
criss-cross *v., n.* לְרַשֵּׁת; שְׁתִי וָעֵרֶב
criteria *n.* קְרִיטֶרְיוֹנִים
criterion *n.* קְנֵה־מִידָּה; קְרִיטֶרְיוֹן
critic *n.* מְבַקֵּר; מוֹתֵחַ בִּיקּוֹרֶת
critical *adj.* מַכְרִיעַ; קְרִיטִי; בִּיקּוֹרְתִּי
critically *adv.* בְּבִיקּוֹרְתִיּוּת; בְּאוֹפֶן אָנוּשׁ
criticism *n.* בִּיקּוֹרֶת
criticize *v.* לְבַקֵּר; לִכְתּוֹב בִּיקּוֹרֶת עַל־
critique *n.* נִיתּוּחַ בִּיקּוֹרְתִּי; מַאֲמַר בִּיקּוֹרֶת
croak *n.* קִרְקוּר; לְחִישָׁה צְרוּדָה
croak *v.* לְקַרְקֵר; לְדַבֵּר בְּקוֹל צָרוּד; לָמוּת
crochet *n.* סְרִיגָה בְּמַחַט אַחַת
crockery *n.* כְּלֵי חֶרֶס (לַמִּטְבָּח וכו׳)
crocodile *n.* תַּנִּין
crocodile tears *n.* דִּמְעוֹת־תַּנִּין
croissant *n.* קְרוּאָסוֹן; סַהֲרוֹן
crook *n.* כִּיפּוּף; פּוֹשֵׁעַ; נוֹכֵל
crooked *adj.* עָקוֹם; לֹא יָשָׁר; לֹא כָּשֵׁר
croon *v.* לְזַמְזֵם; לְפַזֵּם; לְזַמֵּר בְּקוֹל רַךְ
crooner *n.* זַמַּר בַּלָּדוֹת מְרַגְּשׁוֹת

C

crop *n.* יְבוּל; תְּנוּבָה; אוֹסֶף; קְבוּצָה
–crops גִידוּלִים
crop *v.* לְלַחֵךְ (עֵשֶׂב); לִגְזוֹז; לְקַצֵּץ; לְהָנִיב; לָתֵת
–crop up לָצוּץ; לְהִתְעוֹרֵר; לַעֲלוֹת
cropper *n.* –come a cropper לִיפּוֹל נְפִילָה קָשָׁה; לְהִיכָּשֵׁל בְּגָדוֹל
cross *adj.* מְרוּגָז; כָּעוּס; רַגְזָנִי
cross *n.* צְלָב; אִיקְס; הַכְלָאָה
cross *v.* לַחֲצוֹת; לְהַעֲבִיר קַו עַל־; לְשַׁלֵּב; לְהַצְלִיב; לְהַכְלִיא; לַעֲלוֹת עַל (דַעְתּוֹ)
–cross out לִמְחוֹק (בְּקַו)
crossbar *n.* מַשְׁקוֹף; "רָמָה" (בְּאוֹפַנַּיִים)
crossbow *n.* קֶשֶׁת צְלָב (לִירִי חִיצִים)
crossbreed *n.* בֶּן־כִּלְאַיִים
crosscheck *v., n.* (לִבְדּוֹק בְּ־) בְּדִיקָה צוֹלֶבֶת
cross-country *adj.* (שֶׁעוֹבֵר) דֶּרֶךְ שָׂדוֹת אוֹ מַסְלוּל קָשֶׁה; מֵחוֹף אֶל חוֹף
crossed check *n.* שֶׁק מְסוּרְטָט
cross-examination *n.* חֲקִירָה נֶגְדִית
cross-examine *v.* לַחְקוֹר חֲקִירָה נֶגְדִית / צוֹלֶבֶת
cross-eyed *adj.* פּוֹזֵל
crossfire *n.* אֵשׁ צוֹלֶבֶת
crossing *n.* מַעֲבָר; חֲצִייָה; הִצְטַלְּבוּת; מַעֲבַר־חֲצִיָּה
cross purposes *n.*
–be at cross purposes אֵין הֲבָנָה בֵּינֵיהֶם; לֹא מְשַׁדְּרִים עַל אוֹתוֹ גַל
cross-question *v.* לַחְקוֹר חֲקִירָה נֶגְדִית
cross-reference *n.* הַפְנָיָה; מַרְאֵה־מָקוֹם
crossroads *n.* הִצְטַלְּבוּת / פָּרָשַׁת דְּרָכִים
cross-section *n.* חֲתָךְ לָרוֹחַב; חֲתָךְ (מְיַיצֵּג)
crosswalk *n.* מַעֲבַר חֲצִייָה
crossword (puzzle) *n.* תַּשְׁבֵּץ
crotch *n.* מִפְשָׂעָה
crouch *v.* לְהִתְכּוֹפֵף; לְהִתְכַּוֵּוץ (בִּדְרִיכוּת)
croupier *n.* קוּפַּאי בְּשׁוּלְחַן הִימּוּרִים
crow *n.* עוֹרֵב; קְרִיאַת הַתַּרְנְגוֹל
–as the crow flies בְּקַו יָשָׁר / אֲוִוירִי
crow *v.* לִקְרוֹא (הַתַּרְנְגוֹל)

crowbar *n.* מוֹט מַזְלֵגִי; לוֹם
crowd *n.* הָמוֹן; קָהָל רַב; חֲבוּרָה; קָהָל
crowd *v.* לְהִתְקַהֵל; לְמַלֵּא בַּהֲמוֹנֵיהֶם
–crowd in לִדְחוֹס; לְצוֹפֵף
crowded *adj.* מָלֵא; צָפוּף; הוֹמֵה אָדָם
crown *n.* כֶּתֶר; עֲטָרָה
crown *v.* לְהַכְתִּיר; לְכַסּוֹת אֶת רֹאשׁ־; לְעַטֵּר
crowning *adj.* שֶׁעוֹשֶׂה לִמְושְׁלָם
crown prince *n.* יוֹרֵשׁ־עֶצֶר
crucial *adj.* מַכְרִיעַ; בַּעַל חֲשִׁיבוּת מַכְרַעַת
crucifix *n.* צְלָב עִם דְּמוּת יֵשׁוּ
crucifixion *n.* צְלִיבָה
crucify *v.* לִצְלוֹב; "לִשְׁפּוֹךְ אֶת דָּמוֹ"
crude *adj.* גוֹלְמִי; גַּס; לֹא מְשׁוּכְלָל
crude oil *n.* נֵפְט גוֹלְמִי
cruel *adj.* אַכְזָרִי; מַכְאִיב
cruelly *adv.* בְּאַכְזָרִיּוּת
cruelty *n.* מַעֲשֶׂה אַכְזָרִי; הִתְאַכְזְרוּת
cruise *n.* שַׁיִט תַּעֲנוּגוֹת; שִׁיּוּט
cruise *v.* לְשַׁיֵּיט; לְסַיֵּיר בַּיָּם
cruise missile *n.* טִיל שִׁיּוּט
cruiser *n.* סַיֶּירֶת; יַאכְטָה; מְכוֹנִית סִיּוּר
crumb *n.* פֵּירוּר; תּוֹךְ הַלֶּחֶם; קוּרְטוֹב
crumble *v.* לְפוֹרֵר; לְהִתְפּוֹרֵר; לְהִתְמוֹטֵט
crummy *adj.* גָרוּעַ; מַגְעִיל; חַנְטָרִישׁ
crumpet *n.* לַחְמָנִית קְלוּיָה; "חֲתִיכוֹת"
crumple *v.* לְקַמֵּט; לִמְעוֹךְ; לְהִתְקַמֵּט
crumpled *adj.* מְקוּמָט
crunch *n.* (קוֹל) כִּרְסוּם / מְעִיכָה / גְרִיסָה
crunch *v.* לְכַרְסֵם בְּקוֹל; לִמְעוֹךְ בְּרַעַשׁ; לְהַשְׁמִיעַ קוֹל גְרִיסָה / כְּתִישָׁה
crunchy *adj.* פָּרִיךְ; מְפַצְפֵּץ
crusade *n.* מַסַּע צְלָב; מַאֲבָק
crusader *n.* צַלְבָן; לוֹחֵם
crush *n.* דוֹחַק; מִיץ
–have a crush on לְהִידָּלֵק עַל־
crush *v.* לִמְעוֹךְ; לִמְחוֹץ; לִכְתּוֹשׁ; לְרַסֵּק; לְקַמֵּט; לְהִתְקַמֵּט; לִדְחוֹס; לִתְחוֹב
crush barrier *n.* גֶּדֶר הַפְרָדָה
crushing *adj.* מוֹחֵץ; מְהַמֵּם; מְזַעְזֵעַ; פּוֹגֵעַ
crust *n.* קְרוּם לֶחֶם וכד׳; שִׁכְבָה; קְרוּם
crusty *adj.* עִם קְרוּם קָשֶׁה; רַגְזָן
crutch *n.* קַב; מִשְׁעֶנֶת; תְּמִיכָה; מִפְשָׂעָה

crux *n.* עִיקָר; עִיקַר הַקּוֹשִׁי

cry *n.* קְרִיאָה; זְעָקָה; בְּכִי

cry *v.* (cried) לִבְכּוֹת; לִזְעוֹק; לִקְרוֹא

– cry out against לִזְעוֹק נֶגֶד

– cry out (for) לְשַׁוֵועַ ל־; זָקוּק בִּדְחִיפוּת ל־

crybaby *n.* בַּכְיָין

crying *adj., n.* מְשַׁוֵועַ; נוֹרָא; דָחוּף; בְּכִי

cryptic *adj.* נִסתָר; סָתוּם; סוֹדִי

crystal *n.* בְּדוֹלַח; גָבִיש; קְרִיסטָל

crystal ball *n.* כַּדּוּר בְּדוֹלַח

crystal clear *adj.* צַח; צָלוּל; בָּרוּר כַּשֶּׁמֶש

crystallize *v.* לְגַבֵּש; לְהִתגַבֵּש

cub *n.* גוּר; מַתחִיל

cube *n.* קוּבִּיָה; חֶזקָה שְׁלִישִׁית

cubic *adj.* דְמוּי קוּבִּיָה; מְעוּקָב

cubicle *n.* חַדרוֹן מְחִיצוֹת (בְּמִשׂרָד וכו׳)

cuckold *n.* קַרנָן; בַּעַל מְקוּרנָן

cuckoo *n.* קוּקִיָה; קוּקוּ (מְשׁוּגָע)

cucumber *n.* מְלָפְפוֹן

– as cool as a cucumber קַר־רוּחַ

cud *n.* גֵירָה

cuddle *n., v.* חִיבּוּק חָזָק; לְחַבֵּק חָזָק

– cuddle up (to) לְהִיצָמֵד; לְהִצטַנֵף

cudgel *v., n.* (לְהַכּוֹת בּ־) אַלָה

cue *v., n.* (לָתֵת לוֹ) סִימָן; רֶמֶז; מַקֵל בִּילְיַארד

– take your cue from לָקַחַת דוּגמָה מ־

cuff *n.* חֵפֶת; שַׁרווּלִית; מִכפֶּלֶת מִכנָס

– off the cuff מִן הַשַּׁרווּל; לְלֹא הֲכָנָה

cuff *v.* לִסטוֹר; לָשִׂים אֲזִיקִים עַל

cuff link *n.* כַּפתּוֹר חֲפָתִים

cuisine *n.* מִטבָּח (צָרפָתִי, סִינִי וכו׳)

cul-de-sac *n.* רְחוֹב לְלֹא מוֹצָא

culinary *adj.* שֶׁל בִּישׁוּל/מִטבָּח

cull *v.* לִבחוֹר; לִברוֹר; לְדַלֵל (בע״ח)

culminate *v.* לְהַגִיעַ לְשִׂיאוֹ ב־/ עִם־

culmination *n.* שִׂיא; סִיוּם

culpable *adj.* אָשֵׁם; שֶׁיֵש לְהַאֲשִׁימוֹ; נִפשָׁע

culpable negligence *n.* רַשׁלָנוּת פּוֹשַׁעַת

culprit *n.* הָאָשֵׁם; עֲבַריָין

cult *n.* פּוּלחָן; כַּת; סְגִידָה; שִׁיגָעוֹן חָדָש

cultivate *v.* לְעַבֵּד (אדמה); לְגַדֵל; לְטַפֵּחַ

cultivated *adj.* מְתוּרבָּת; מְעוּבֶּדֶת (אדמה)

cultivation *n.* עִיבּוּד; טִיפּוּחַ

cultural *adj.* תַרבּוּתִי

culture *n.* תַרבּוּת; גִידוּל; תַרבִּית

culture *v.* לְגַדֵל בְּתַרבִּית

cultured *adj.* תַרבּוּתִי; מְתוּרבָּת

culture shock *n.* הֶלֶם תַרבּוּת

cumbersome *adj.* מְסוּרבָּל; מַכבִּיד

cumulative *adj.* מִצטַבֵּר

cuneiform *adj.* דְמוּי יָתֵד; ־יְתֵדוֹת

cunning *adj., n.* עַרמוּמִי; מְחוּכָּם; עַרמוּמִיוּת

cunningly *adv.* בְּעַרמוּמִיוּת

cunt *n.* כּוּס; מְנוּוָל

cup *n.* סֵפֶל; כּוֹס; גָבִיעַ; מַשׁקֶה מְעוּרָב

– not my cup of tea לֹא לְטַעמִי

cupboard *n.* אָרוֹן; מִזנוֹן

cup final *n.* מִשׂחַק גְמַר הַגָבִיעַ

cupid *n.* קוּפִּידוֹן

cup tie *n.* מִשׂחַק גָבִיעַ

curable *adj.* נִיתָן לְרִיפּוּי

curate *n.* עוֹזֵר לְכוֹמֶר

curative *adj.* מְרַפֵּא; רִיפּוּי

curator *n.* אוֹצֵר (בְּמוּזֵיאוֹן וכו׳)

curb *n., v.* רֶסֶן; שְׂפַת מִדרָכָה; לְרַסֵן

curd *n.* קוֹם; גוּשִׁישִׁים בֶּחָלָב הֶחָמוּץ

curdle *v.* לְהִתקָרֵש; לְהַקרִיש; לְהַקפִּיא

cure *n.* רִיפּוּי; תְרוּפָה; מַרפֵּא; פִּתרוֹן

cure *v.* לְרַפֵּא

cure-all *n.* תְרוּפַת פֶּלֶא

curfew *n.* עוֹצֶר

curiosity *n.* סַקרָנוּת; דָבָר/אָדָם מוּזָר (נָדִיר)

curious *adj.* סַקרָן; מוּזָר

curl *n.* תַלתַל; סִלסוּל

curl *v.* לְסַלסֵל; לְהִסתַלסֵל

– curl up לְקַפֵּל (כְּתַלתַל); לְהִצטַנֵף; לְהִתקַפֵּל

curly *adj.* מְתוּלתָל; מְסוּלסָל

currant *n.* צִימוּק; שִׂיחַ דוּמדְמָנִית

currency *n.* מַטבֵּעַ; כֶּסֶף; מַהֲלָכִים

current *adj.* (בְּשִׁימוּש) רוֹוֵחַ; שׁוֹטֵף; נוֹכְחִי

C

current *n.* זֶרֶם; זֶרֶם חַשמַלִי; מַהֲלָךְ; מְגַמָּה
current account *n.* חֶשבּוֹן עוֹבֵר וָשָב
current affairs *n.* אַקטוּאָלִיָה
currently *adv.* כָּרֶגַע; כָּעֵת
curriculum *n.* תוֹכנִית לִימוּדִים; קוּרס
curriculum vitae *n.* (סִיכּוּם) קוֹרוֹת חַיִים
curse *n., v.* קְלָלָה; לְקַלֵל
cursor *n.* סַמָן (בְּמַחשֵב)
cursorily *adv.* בְּחִיפָּזוֹן; בְּשִטחִיוּת
cursory *adj.* שִטחִי; חָפוּז
curt *adj.* קָצָר וְלֹא מְנוּמָס; בּוֹטֶה
curtail *v.* לְקַצֵר; לְצַמצֵם
curtain *n.* וִילוֹן; מָסָךְ; מַעֲטֶה
curtain call *n.* קִידָה לְאַחַר יְרִידַת הַמָסָךְ
curtly *adv.* קְצָרוֹת; בְּצוּרָה בּוֹטָה
curtness *n.* בּוֹטוּת
curtsy *v., n.* (לָקוֹד) קִידָה (בּכפיפת ברך)
curvaceous *adj.* בַּעֲלַת חַמוּקִים יָפִים
curve *n.* עֲקוּמָה; סִיבּוּב; עִיקוּל; קַו עָקוֹם
–curves חַמוּקִים; חִיטוּבֵי הַגוּף
curve *v.* לְעַקֵם; לְהִתעַקֵם; לְהִתעַקֵל
curved *adj.* מְעוּקָם; מִתעַקֵל
curvy *adj.* מִתעַקֵל; מְעוּקָם
cushion *n* כָּרִית; כַּר; מַצָע רַךְ
cushion *v.* לְרַפֵּד (בְּכָרִים); לְרַכֵּךְ עוֹצמַת מַכָּה; לְהָגֵן עַל־
cuss *n., v.* קְלָלָה; בֶּן־אָדָם; לְקַלֵל
custard *n.* רַפרֶפֶת
custodian *n.* שוֹמֵר; אֶפִּיטרוֹפּוֹס; שָרָת
custody *n.* הַשגָחָה; מִשמֶרֶת; מִשמוֹרֶת
–in custody בְּמַעֲצָר; בְּמִשמוֹרֶת
custom *n.* נוֹהַג; מִנהָג; קְנִיָיה קְבוּעָה
–customs מֶכֶס
customary *adj.* נָהוּג; מְקוּבָּל
custom-built *adj.* בָּנוּי / מְיוּצָר לְפִי הַזמָנָה
customer *n.* לָקוֹחַ; בַּרנָש; טִיפּוּס
customize *v.* לְהַתאִים אִישִית לִדרִישוֹת הַלָקוֹחַ
custom-made *adj.* מְיוּצָר לְפִי הַזמָנָה
customs agent *n.* עֲמִיל מֶכֶס
customs officer *n.* מוֹכֵס; פְּקִיד מֶכֶס

cut *n.* חֲתָךְ; קִיצוּץ; צִמצוּם; נֵתַח; חֵלֶק (בְּרווחים); נִיתוּק
–be a cut above לִהיוֹת בְּדַרגָה אַחַת מֵעַל־
cut *v.* לַחתוֹךְ; לִגזוֹר; לְנַתֵק; לְסַפֵּר; לְקַצֵץ; לִגזוֹם; לְכַסֵחַ; לְהַברִיז (מִשִיעוּר)
–cut and dried מְגוּבָּש וּבָרוּר (מֵרֹאש); מִן הַמוּכָן
–cut back (on) לְצַמצֵם; לְקַצֵץ (בּ־)
–cut down on לְצַמצֵם; לְהַקטִין צְרִיכַת־
–cut off לְנַתֵק; לִקטוֹעַ; לְנַשֵל; לַחתוֹךְ; לַעֲרוֹף
–cut out לִגזוֹר; לְהַפסִיק (לְעַשֵן וכו'); לְהוֹצִיא; לְהַשמִיט
–not cut out (for) לֹא מַתאִים / בָּנוּי ל־
cutback *n.* קִיצוּץ; צִמצוּם
cute *adj.* חָמוּד; מָתוֹק; פִּיקֵחַ; מְחוּכָּם
cutely *adv.* בְּחֵן; בְּפִיקחוּת
cut glass *n.* זְכוּכִית עִם פִּיתוּחִים
cutlass *n.* חֶרֶב מַלָחִים
cutlery *n.* סַכּוּ״ם
cutlet *n.* נֵתַח (בָּשָׂר / דָג); קְצִיצָה
cutoff *n.* גְבוּל; סִיוּם; הַפסָקָה (שֶל־)
cutout *n.* תַגזִיר; קֶטַע עִיתוֹנוּת; מַפסֵק (אוֹטוֹמָטִי); הַפסָקַת פְּעוּלָה; נִיתוּק
cut-price *adj.* (בְּמחִיר) מוּזָל; זוֹל
cut-rate *adj.* (בְּמחִיר) מוּזָל; זוֹל
cutter *n.* כְּלִי חִיתוּךְ; מַחתֵךְ; גַיֶיצֶת; גַזרָן; סִירָה (חד־תוֹרנית)
cutthroat *adj.* רַצחָנִי; חֲסַר רַחֲמִים
cutting *adj.* קַר וְחוֹדֵר; פּוֹגֵעַ; עוֹקצָנִי
cutting *n.* תַגזִיר; קֶטַע (עִיתוֹנוּת); יִיחוּר
cutting board *n.* קֶרֶש חִיתוּךְ (בּמטבח)
cuttlefish *n.* דְיוֹנוּן
cutting edge *n.* הַשוּרָה הָרִאשוֹנָה; הַמשוּכלָל בְּיוֹתֵר; חוֹד הַחֲנִית
c.v. (סִיכּוּם) קוֹרוֹת חַיִים
cyanide *n.* צִיאָנִיד
cybernetics *n.* קִיבֶּרנֶטִיקָה
cyberspace *n.* סַייבֶּרספֵּייס, חָלָל קִיבֶּרנֶטִי
cyclamate *n.* צִיקלָמָט (ממתיק מלאכותִי)

cyclamen *n.* רַקֶּפֶת
cycle *n.* מַחֲזוֹר; מַחֲזוֹרִיּוּת; אוֹפַנַּיִים; אוֹפַנּוֹעַ
cycle *v.* לִנסוֹעַ בְּאוֹפַנַּיִים
cyclist *n.* רוֹכֵב אוֹפַנַּיִים
cyclone *n.* (סוּפַת) צִיקְלוֹן
cylinder *n.* גָּלִיל; צִילִינדֶר; תּוֹף
cylindrical *adj.* גְּלִילִי
cymbals *n.* מְצִילתַּיִים
cynic *n.* צִינִיקָן
cynical *adj.* צִינִי
cynically *adv.* בְּצִינִיּוּת
cynicism *n.* צִינִיּוּת
cypress *n.* בְּרוֹשׁ
cyst *n.* כִּיסתָה; צִיסטָה; שַׁלחוּף
cystitis *n.* דַּלֶּקֶת שַׁלפּוּחִית־הַשֶּׁתֶן
czar *n.* צָאר; קֵיסָר
czarina *n.* צָארִינָה; אֵשֶׁת הַצָּאר

D

DA תּוֹבֵעַ מְחוֹזִי; פְּרַקְלִיט מָחוֹז

dab *n.* כַּמּוּת קְטַנָּה; טְפִיחָה/נְגִיעָה קַלָּה

dab *v.* (at) לִטפּוֹחַ/לִנגוֹעַ קַלּוֹת בּ־; לָשִׂים/לְנַגֵּב וכו׳ בִּנגִיעוֹת קַלּוֹת

dabble *v.* לְשַׁכְשֵׁךְ בַּמַּיִם; לְהִשתַּכְשֵׁךְ

dachshund *n.* תַּחַשׁ (כֶּלֶב)

dad, daddy *n.* אַבָּא

daffodil *n.* נַרקִיס

daft *adj.* טִיפֵּשׁ; טִיפְּשִׁי

dagger *n.* פִּגיוֹן

daily *adj., adv.* יוֹמִי; יוֹמיוֹמִי; יוֹם יוֹם

daily *n.* עִיתוֹן יוֹמִי; יוֹמוֹן; עוֹזֶרֶת (בַּיִת)

daily bread *n.* לֶחֶם חוּקּוֹ; פַּרנָסָה

daily dozen *n.* הִתעַמְּלוּת יוֹמיוֹמִית

dainties *n.* מַעֲדַנִּים

daintily *adv.* בַּעֲדִינוּת; בְּחֵן

dainty *adj.* יָפֶה וְעָדִין; אֲנִין־טַעַם; מָלֵא חֵן

dairy *n.* חֲנוּת לְמוּצְרֵי חָלָב; מַחלָבָה

dais *n.* בִּימָה

daisy *n.* חִינָּנִית (צמח)

daisy chain *n.* מַחֲרוֹזֶת פִּרחֵי חִינָּנִית

dally *v.* לְהִשתַּעֲשֵׁעַ בּ־

dam *n.* סֶכֶר; אֵם (בּע״ח)

damage *n.* נֶזֶק

–**damages** פִּיצוּיִים; דְּמֵי נֶזֶק

damage *v.* לִגרוֹם נֶזֶק ל־; לְהַזִּיק ל־

damaging *adj.* מַזִּיק; שֶׁגּוֹרֵם לְנֶזֶק

damask *n.* אֲרִיג דַּמֶּשֶׂק

dame *n.* אִישָּׁה; נְקֵבָה

–**Dame** (תּוֹאַר כָּבוֹד לְאִישָּׁה) דֵּיים

damn *n., adj., adv.* מְזוּרגָג; מְחוּרבָּן; מְאוֹד

–**not give a damn** לֹא אִכפַּת לוֹ בִּכלָל; לְצַפְצֵף

damn *v.* לָדוּן לְגֵיהִינּוֹם; לִקטוֹל; לַעֲזָאזֵל!

damnation *n.* עוֹנֶשׁ גֵיהִינּוֹם; לַעֲזָאזֵל!

damned *adj.* אָרוּר; מְאוֹד; נוֹרָא

damning *adj.* שְׁלִילִי; מַרשִׁיעַ; שֶׁל גִּינּוּי

damp *n., adj.* לַח; רָטוֹב; לַחוּת; רְטִיבוּת

damp *v.* לְלַחלֵחַ; לְהַרטִיב קְצָת

dampen *v.* לְלַחלֵחַ; לְהַרטִיב קְצָת; לְדַכֵּא; לְרַסֵּן; לְמַתֵּן

dampness *n.* לַחוּת

damsel *n.* נַעֲרָה; עַלמָה

damson *n.* שְׁזִיף דַּמֶּשֶׂק; סָגוֹל כֵּהֶה

dance *n.* רִיקּוּד; נֶשֶׁף רִיקּוּדִים

dance *v.* לִרקוֹד; לְרַקֵּד; לְהַרקִיד

–**dance to his tune** לִרקוֹד לְפִי חֲלִילוֹ

dancer *n.* רַקְדָן; רַקְדָנִית

dancing *n.* רִיקּוּד; לְרִיקּוּד(ים)

dandelion *n.* שֶׁן־הָאֲרִי

dandruff *n.* קַשׂקַשִּׂים (בָּראשׁ)

dandy *adj., n.* מְצוּיָּן; נֶהְדָּר; גַּנדְּרָן; טַרזָן

danger *n.* סַכָּנָה

dangerous *adj.* מְסוּכָּן

dangerously *adv.* בְּאוֹפֶן מְסוּכָּן

dangle *v.* לְנַפנֵף; לִהיוֹת תָּלוּי; לְהִתנַדנֵד

Danish pastry *n.* עוּגָה דָּנִית

dank *adj.* טָחוּב וְקַר

dappled *adj.* מְנוּמָּר

dare *n.* אֶתגָּר; קְרִיאַת תִּיגָּר

dare *v.* לִקרוֹא תִּיגָּר עַל־; לְהָעֵז

–**I dare you** נִראֶה אִם יֵשׁ לְךָ אוֹמֶץ!

daredevil *n.* אָדָם נוֹעָז (שֶׁמִּתגָּרֶה בַּמָּוֶת)

daring *adj., n.* נוֹעָז; הֶעָזָה; תְּעוּזָה

daringly *adv.* בְּהֶעָזָה

dark *adj.* חָשׁוּךְ; אָפֵל; כֵּהֶה; שְׁחַרחַר

dark *n.* חוֹשֶׁךְ; חֲשֵׁיכָה; אֲפֵלָה

Dark Ages *n.* יְמֵי־הַבֵּינַיִים הַחֲשׁוּכִים

darken *v.* לְהַאֲפִיל; לְהַחֲשִׁיךְ; לְהִתקַדֵּר

dark-haired *adj.* שְׁחוֹר שֵׂיעָר

dark horse *n.* מִתמוֹדֵד מַפתִּיעַ/עָלוּם

darkness *n.* חֲשֵׁיכָה; אֲפֵלָה; עֲלָטָה

darling *n., adj.* יַקִּיר; אָהוּב; חָמוּד; מַקסִים

darn *v., n.* לְתַקֵּן (בִּתפִירָה); תִּיקּוּן

dart *n.* זִינּוּק; רִיצָה; חֵץ קָטָן (אִינדִיק)

–**darts** מִשׂחַק קְלִיעָה בְּחִיצִּים קְטַנִּים

dart *v.* לְזַנֵּק; לָרוּץ; לָעוּט; לִשׁלוֹחַ; לִזרוֹק

dartboard *n.* לוּחַ מַטָּרָה לְמִשׂחַק חִיצִּים

dash *n.* קו; מְעַט; קַמצוּץ; קוּרטוֹב; מַפרִיד; זִינוּק; רִיצָה; הִסתָעֲרוּת
dash *v.* לָחוּש; לְמַהֵר; לְזַנֵק; לָרוּץ; לְהַתִיז; לְהִתנַפֵּץ; לְנַפֵּץ; לִזרוֹק; לְהָטִיחַ
dashboard *n.* לוּחַ מַחווָנִים / הַשעוֹנִים
dashing *adj.* מַרשִים; נִמרָץ; מָלֵא חַיִים
data *n.* נְתוּנִים; מֵידָע
data bank *n.* מַאֲגַר נְתוּנִים
database *n.* מַאֲגַר נְתוּנִים; בְּסִיס נְתוּנִים
data processing *n.* עִיבּוּד נְתוּנִים
date *n.* תָמָר
date *n.* תַאֲרִיך; זְמַן; תְקוּפָה; פְּגִישָה; דֵייט
–out of date מְיוּשָן; לֹא מְעוּדכָּן
–to date עַד עַתָה; עַד כֹּה
–up to date מְעוּדכָּן
date *v.* לִרשוֹם תַאֲרִיך עַל־; לְתַאֲרֵך; לְהִתיַישֵן; לָצֵאת עִם־
–date back to לִהיוֹת קַיָים / לְהַתחִיל מֵאָז־
dated *adj.* מְיוּשָן
date palm *n.* דֶקֶל; עֵץ תָמָר
daub *v.* לִמרוֹחַ (בְּרִישוּל); לְלַכלֵך
daughter *n.* בַּת
daughter-in-law *n.* כַּלָה (שֶל חָמוֹת)
daunting *adj.* מַרתִיעַ; מַפחִיד
dauntless *adj.* אַמִיץ; לְלֹא חַת
dawdle *v.* לְהִתבַּטֵל; לְבַזבֵּז זְמַן; לְהִתמַזמֵז
dawn *n.* שַחַר; רֵאשִית
dawn *v.* לְהַתחִיל לְהָאִיר; לְהַפצִיעַ (הַשַחַר)
–dawn on לְהִתבַּהֵר בְּמוֹחוֹ; לִקלוֹט
day *n.* יוֹם; יְמָמָה; זְמַן; תְקוּפָה
–all in a day's work חֵלֶק מִשגְרַת הָעֲבוֹדָה
–at the end of the day בְּסוֹפוֹ שֶל דָבָר
–by day בִּשעוֹת הַיוֹם
–call it a day לְהַפסִיק (לַעֲבוֹד לְהַיוֹם)
–day in, day out מִדֵי יוֹם בְּיוֹמוֹ
–day after tomorrow מָחֳרָתַיִים
–day by day מִדֵי יוֹם; מִיוֹם לְיוֹם
–some day בְּאַחַד הַיָמִים; פַּעַם
–that'll be the day בַּחֲלוֹם!
–the other day לִפנֵי כַּמָה יָמִים; לֹא מִזמַן
daybreak *n.* שַחַר
day-care center *n.* מְעוֹן־יוֹם
daydream *v., n.* לַחֲלוֹם / חֲלוֹם בְּהָקִיץ
daylight *n.* אוֹר הַיוֹם; שַחַר
–in broad daylight לְאוֹר הַיוֹם
–daylight robbery שוֹד לְאוֹר הַיוֹם
day nursery *n.* מְעוֹן־יוֹם; פָּעוֹטוֹן
day off *n.* יוֹם חוּפשָה
day of reckoning *n.* יוֹם הַדִין
daytime *n.* (שְעוֹת הַ־) יוֹם
day-to-day *adj.* יוֹמיוֹמִי; יוֹמִי
day trip *n.* יוֹם טִיוּל
daze *n., v.* הֶלֶם; לְהַמֵם; לְבַלבֵּל
dazed *adj.* הָמוּם; מְטוּשטָש
dazzle *v.* לְסַנווֵר; לְהַדהִים; לְהַקסִים
dazzling *adj.* מְהַמֵם
D-day *n.* הַיוֹם הַגָדוֹל; יוֹם הַפְּלִישָה לְנוֹרמַנדִיָה
deactivate *v.* לְנַטרֵל; לְפָרֵק
dead *adj.* מֵת; מוּחלָט; מוּשבָּת; גָמוּר; מְשוּתָק; בְּדִיוּק
–drop dead קְפוֹץ לִי!
dead *adv., n.* לְגַמרֵי; מְאוֹד; בְּתוֹקֶף; בְּדִיוּק
–the dead הַמֵתִים; הַהֲרוּגִים
–in the dead of בְּאִישוֹן־; בְּאֶמצַע־
dead-beat *adj.* עָיֵיף מֵת; "הָרוּג"
deaden *v.* לְהַקהוֹת; לְהַשקִיט; לְשַכֵּך
dead end *n.* מָבוֹי סָתוּם; רְחוֹב לְלֹא מוֹצָא
deadline *n.* תַאֲרִיך יַעַד; מוֹעֵד אַחֲרוֹן
deadlock *n.* קִיפָּאוֹן; מָבוֹי סָתוּם
deadly *adj.* קַטלָנִי; מֵמִית; שוֹנֵא בְּנֶפֶש
deadly *adv.* כְּמוֹ מֵת; מְאוֹד; מַמָש
Dead Sea *n.* יָם הַמֶלַח
deaf *adj., n.* חֵרֵש
–deaf to אוֹטֵם אוֹזנָיו לְ־
–the deaf הַחֵרשִים
deaf-aid *n.* מַכשִיר שְמִיעָה
deafen *v.* לְהַחֲרִיש אוֹזנַיִים
deafening *adj.* מַחרִיש אוֹזנַיִים
deaf mute *n.* חֵרֵש־אִילֵם

D

deal *n.* – a good deal (of) הַרְבֵּה
– a great deal לְעִתִּים קְרוֹבוֹת; הַרְבֵּה
deal *n.* עִסְקָה; הֶסְכֵּם
– Big deal! אֶפְשָׁר לַחְשׁוֹב! (בִּלְגְלוּג)
– It's a deal! עָשִׂינוּ עֵסֶק!
deal *v.* (dealt) לְחַלֵּק; לְהַנְחִית (מַכָּה); לִסְחוֹר
– deal with לְהִתְמוֹדֵד עִם; לַעֲשׂוֹת עֲסָקִים עִם; לְטַפֵּל בְּ־; לַעֲסוֹק / לָדוּן בְּ־
dealer *n.* מְחַלֵּק הַקְּלָפִים; סוֹחֵר; מְבַצֵּעַ
dealing *n.* יַחַס
– dealings עֲסָקִים; קֶשֶׁר; מַגָּעִים
dean *n.* כּוֹמֶר רָאשִׁי; דֵּיקָן (סְטוּדֶנְטִים)
dear *adj., adv.* חָמוּד; יָקָר; בְּיוֹקֶר
– Dear Madam ג.נ. (גְבֶרֶת נִכְבָּדָה)
– Dear Sir א.נ.; נִכְבָּדִי
dear *n.* חָמוּד; יַקִּירִי; יַקִּירָתִי
– Oh dear! Dear me! אוֹי וַאֲבוֹי!
dearly *adv.* מְאוֹד; בִּמְחִיר יָקָר; בְּיוֹקֶר
dearth *n.* מַחְסוֹר
death *n.* (מִקְרֵה) מָוֶת; קֵץ; סוֹף; הֶרֶג
– be sick to death of לְהִימָּאֵס לוֹ מ־
– put to death לְהוֹצִיא לְהוֹרֵג
death penalty *n.* עוֹנֶשׁ מָוֶת
death rate *n.* שִׁיעוּר תְּמוּתָה
death toll *n.* מְחִיר הַדָּמִים
debacle *n.* כִּישָׁלוֹן מוּחְלָט; אָסוֹן; מַפָּלָה
debatable *adj.* נָתוּן לְוִיכּוּחַ; מוּטָל בְּסָפֵק
debate *n.* דִּיּוּן; וִיכּוּחַ; עִימּוּת
debate *v.* לָדוּן עַל־; לְהִתְוַוכֵּחַ (עַל־); לִשְׁקוֹל; לְהִתְלַבֵּט
debauchery *n.* פְּרִיצוּת; זִימָּה; שְׁחִיתוּת
debenture *n.* אִיגֶּרֶת חוֹב
debilitate *v.* לְהַחֲלִישׁ; לְהַתִּישׁ
debilitating *adj.* מַחֲלִישׁ; מַתִּישׁ
debit *n.* חִיּוּב; חוֹבָה; צַד הַחוֹבָה
debit *v.* (with) לְחַיֵּיב (בְּ־)
debonair *adj.* עַלִּיז וּמַקְסִים בְּבִטְחוֹנוֹ הָעַצְמִי
debrief *v.* לְתַחְקֵר
debriefing *n.* תַּחְקוּר
debris *n.* הֲרִיסוֹת; שִׁבְרֵי־ / שְׂרִידֵי־ (מָטוֹס וכו')

debt *n.* חוֹב
– a bad debt חוֹב אָבוּד
– be in someone's debt חַיָּיב טוֹבָה לְ־
debtor *n.* בַּעַל־חוֹב; חַיָּיב
debug *v.* לְנַפּוֹת שְׁגִיאוֹת מ־ (תּוֹכְנִית מַחְשֵׁב); לְסַלֵּק מַכְשִׁירֵי צִיתוּת מ־
debugging *n.* נִיפּוּי שְׁגִיאוֹת (בְּמַחְשֵׁב)
debunk *v.* לָשִׂים לְלַעַג; לַחְשׂוֹף פַּרְצוּפוֹ
debut *n.* הוֹפָעָה רִאשׁוֹנָה; הוֹפָעַת בְּכוֹרָה
debutante *n.* נַעֲרָה שֶׁמּוֹפִיעָה לָרִאשׁוֹנָה בַּחֶבְרָה
decade *n.* עָשׂוֹר
decadence *n.* הִתְנַוְּונוּת; שְׁקִיעָה
decadent *adj.* מִתְנַוֵּון; דֶּקָדֶנְטִי
decaffeinated *adj.* נְטוּל קָפֶאִין
decapitate *v.* לַעֲרוֹף רֹאשׁ
decathlon *n.* קְרַב־עֲשָׂרָה
decay *n.* רִיקָּבוֹן; הִתְפּוֹרְרוּת; הִתְנַוְּונוּת
decay *v.* לְהֵירָקֵב; לְהִתְפּוֹרֵר; לְהִתְנַוֵּון
deceased *n.*
– the deceased הַנִּפְטָר; הַמָּנוֹחַ
deceit *n.* (מַעֲשֵׂה) מִרְמָה; הוֹנָאָה
deceitful *adj.* מִרְמָה; רַמַּאי; מוֹלִיךְ שׁוֹלָל
deceitfully *adv.* בְּמִרְמָה
deceive *v.* לְרַמּוֹת; לְהוֹנוֹת
decelerate *v.* לְהָאֵט
deceleration *n.* הֲאָטָה; תְּאוּטָה
December *n.* דֶּצֶמְבֶּר
decency *n.* הֲגִינוּת; נִימּוּס
decent *adj.* הוֹלֵם; נָכוֹן; מְכוּבָּד; צָנוּעַ; הָגוּן
decently *adv.* כָּרָאוּי; בְּאוֹפֶן מְכוּבָּד
decentralization *n.* בִּיזּוּר
decentralize *v.* לְבַזֵּר
deception *n.* מִרְמָה; הוֹנָאָה; הַטְעָיָה
deceptive *adj.* מַטְעֶה
deceptively *adv.* כִּבְיָכוֹל; לְמַרְאִית עַיִן
decide *v.* לְהַחְלִיט; לִפְסוֹק; לִגְרוֹם לוֹ לְהַחְלִיט; לִבְחוֹר בְּ־; לָלֶכֶת עַל
decided *adj.* בָּרוּר; נֶחֱרָץ; נָחוּשׁ בְּדַעְתּוֹ
decidedly *adv.* בְּהֶחְלֵט; בְּבֵירוּר; בְּפַסְקָנוּת
decimal *adj., n.* עֶשְׂרוֹנִי; שֶׁבֶר עֶשְׂרוֹנִי

decimate *v.* לַהֲרוֹג / לְהַשְׁמִיד חֵלֶק נִיכָּר מ־; לְהַקְטִין בְּמִידָה נִיכֶּרֶת
decimeter *n.* דֶצִימֶטֶר
decipher *v.* לְפַעְנֵחַ
decipherable *adj.* נִיתָּן לְפִיעְנוּחַ
decision *n.* הַחְלָטָה
decision-maker *n.* מְקַבֵּל הַחְלָטוֹת
decision-making *n.* (תַהֲלִיךְ) קַבָּלַת הַהַחְלָטוֹת
decisive *adj.* מַכְרִיעַ; פַּסְקָנִי; הֶחְלֵטִי
decisively *adv.* בְּהֶחְלֵטִיוּת
deck *n.* סִיפּוּן; קוֹמָה (בְּאוֹטוֹבּוּס); רְשַׁמְקוֹל; חֲפִיסַת קְלָפִים
– clear the decks לְהִתְכּוֹנֵן (לִפְעוּלָּה)
deck *v.* (out) לְקַשֵּׁט (בּ־)
deck chair *n.* כִּיסֵּא נוֹחַ (קָטָן)
declaration *n.* הַצְהָרָה; הַכְרָזָה
declare *v.* לְהַכְרִיז; לְהוֹדִיעַ; לְהַצְהִיר
declassify *v.* לְבַטֵּל חִיסְיוֹן שֶׁל; לְהַתִּיר לְפִרְסוּם
decline *n.* יְרִידָה; שְׁקִיעָה; הִידַּרְדְּרוּת
– on the decline פּוֹחֵת; נֶחְלָשׁ; מִתְדַּרְדֵּר
decline *v.* לִדְחוֹת; לְסָרֵב (בַּאֲדִיבוּת); לָרֶדֶת; לִפְחוֹת; לְהִידַּרְדֵּר; לְהַטּוֹת
decode *v.* לְפַעְנֵחַ
decoder *n.* מְפַעְנַחַת; מֵמִיר
decompose *v.* לְהֵירָקֵב; לְהִתְפָּרֵק
decontaminate *v.* לְטַהֵר (מִזִּיהוּם)
décor *n.* תִּפְאוּרָה; סִידּוּר וְעִיצּוּב
decorate *v.* לְקַשֵּׁט (בּ־); לְשַׁפֵּץ; לִצְבּוֹעַ וכד׳; לְהַעֲנִיק עִיטּוּר ל־
decoration *n.* קִישּׁוּט; סִידּוּר וְעִיצּוּב; עִיטּוּר
decorator *n.* עוֹשֶׂה שִׁיפּוּצִים כְּלָלִיִּים
decoy *n.* פִּיתָּיוֹן; דֶּמֶה; הַסָּחָה
decrease *n.* יְרִידָה; הַפְחָתָה
– on the decrease הוֹלֵךְ וּפוֹחֵת; בִּירִידָה
decrease *v.* לְהַקְטִין; לִפְחוֹת; לָרֶדֶת
decreasing *adj.* פּוֹחֵת וְהוֹלֵךְ; בִּירִידָה
decreasingly *adv.* פָּחוֹת וּפָחוֹת
decree *n., v.* צַו; לְצַוּוֹת; לִגְזוֹר
decrepit *adj.* תָּשׁוּשׁ; רָעוּעַ; בָּלוּי
dedicate *v.* לְהַקְדִּישׁ
dedicated *adj.* מָסוּר; מוּקְדָּשׁ (ל־); יִיעוּדִי
dedication *n.* הַקְדָּשָׁה; מְסִירוּת
deduct *v.* לְנַכּוֹת
deductible *adj.* נִיתָּן לְנַכּוֹתוֹ; מוּכָּר (לְצוֹרֶךְ מַס)
deduction *n.* נִיכּוּי; הוֹרָדָה; הַפְחָתָה; הֶיקֵּשׁ; מַסְקָנָה
– deduction at source נִיכּוּי בַּמָּקוֹר
deed *n.* מַעֲשֶׂה; שְׁטָר; כְּתַב־
deem *v.* לַחְשׁוֹב (ל־); לִרְאוֹת בּ־
deep *adj.* עָמוֹק; מַעֲמִיק; כֵּהֶה; עַז
– How deep is...? מָה עוֹמֶק ה־...?
deep *adv.* עָמוֹק; לְעוֹמֶק רַב
– deep down בְּתוֹךְ תּוֹכוֹ
deep *n.* – the deep הַיָּם
deepen *v.* לְהַעֲמִיק; לְהִתְגַּבֵּר
deep-fry *v.* לְטַגֵּן בְּשֶׁמֶן עָמוֹק
deeply *adv.* מְאוֹד; עֲמוּקוֹת
deep-rooted *adj.* מוּשְׁרָשׁ; עָמוֹק
deep-seated *adj.* מוּשְׁרָשׁ; עָמוֹק
deer *n.* אַיָּל; צְבִי
deface *v.* לְהַשְׁחִית (פְּנֵי־)
de facto *adj., adv.* לְמַעֲשֶׂה; דֶּה־פַקְטוֹ
defamation *n.* הַשְׁמָצָה
defamatory *adj.* מַשְׁמִיץ; שֶׁל הַשְׁמָצָה
default *n.* הִשְׁתַּמְּטוּת; בְּרֵירַת מֶחְדָּל
– win by default לִזְכּוֹת בְּנִיצָּחוֹן טֶכְנִי
defeat *n.* תְּבוּסָה; הֶפְסֵד
defeat *v.* לְהָבִיס; לְסַכֵּל; לְהַכְשִׁיל; לְנַפֵּץ
defeated *adj.* מוּבָס
defeatist *adj., n.* תְּבוּסָתָנִי; תְּבוּסְתָן
defecate *v.* לְהַפְרִישׁ צוֹאָה; לַעֲשׂוֹת צְרָכָיו
defect *n.* פְּגָם; לִיקּוּי
defect *v.* לַעֲרוֹק
defection *n.* עֲרִיקָה; נְטִישָׁה
defective *adj.* פָּגוּם; לָקוּי; חָסֵר
defector *n.* עָרִיק
defence *n.* הֲגַנָּה; בִּיטָּחוֹן; הִתְגּוֹנְנוּת
defenceless *adj.* חֲסַר הֲגַנָּה / מָגֵן
defend *v.* לְהָגֵן עַל־; לְסַנֵּגֵר עַל־
defendant *n.* נֶאֱשָׁם; נִתְבָּע
defense *n.* הֲגַנָּה; בִּיטָּחוֹן; הִתְגּוֹנְנוּת

D

D

defensible *adj.* בַּר־הֲגָנָה; נִיתָן לְהַצְדָּקָה
defensive *adj., n.* הֲגַנָּתִי; ־מָגֵן; מִתגוֹנֵן
defer *v.* לִדחוֹת (לְמוֹעֵד אַחֵר); לְכַבֵּד רְצוֹן־; לְקַבֵּל בְּהַכְנָעָה (דַעַת־)
deferment *n.* דְחִיָּיה (לְמוֹעֵד אַחֵר)
deferral *n.* דְחִיָּיה (לְמוֹעֵד אַחֵר)
deferred *adj.* דָחוּי; נִדְחֶה
defiance *n.* (גִילוּי) הִתנַגדוּת; הִתמַרדוּת
–in defiance of לַמרוֹת; בְּהִתעַלמוּת מ־
defiant *adj.* מִתמָרֵד; מִתנַגֵד; מַתרִיס
defiantly *adv.* בְּהַתרָסָה; בְּהִתנַגדוּת מוּפגֶנֶת
deficiency *n.* מַחסוֹר; חֶסֶר; מִגרַעַת
deficient *adj.* (in) חָסֵר (בּ־); לֹא מַספִּיק; לוֹקֶה בְּחָסֵר; מוּגבָּל (שִׂכלִית)
deficit *n.* גֵירָעוֹן
deficit financing *n.* תַקצִיב גֵרָעוֹנִי
defile *v.* לְזַהֵם; לְהַשחִית; לְחַלֵל; לְטַמֵא
define *v.* לְהַגדִיר
definite *adj.* בָּרוּר; מוּגדָר; מוּחלָט
definitely *adv.* בְּהֶחלֵט; בְּאוֹפֶן בָּרוּר
definition *n.* הַגדָרָה; חֲדוּת (תְמוּנָה / צְלִיל)
–by definition מֵעֶצֶם הַגדָרָתוֹ
deflate *v.* לְהוֹצִיא אֲוִויר / גַז מ־; לְעַרעֵר; לְצַמצֵם אֶת מַחֲזוֹר הַכֶּסֶף
deflation *n.* דֶפלַציָה
deflect *v.* לְהָסִיט; לְהַטוֹת; לִסטוֹת
deforestation *n.* חִיסוּל יְעָרוֹת
deformed *adj.* מְעוּוָת; מְעוּוַת צוּרָה
deformity *n.* עִיוּוּת (צוּרָה); מוּם
defraud *v.* לְהוֹצִיא מִמֶנוּ בְּמִרמָה; לְהוֹנוֹת
defreeze *v.* לְהַפשִיר
defrost *v.* לְהַפשִיר; לְסַלֵק קֶרַח מ־
deft *adj.* מְיוּמָן; זָרִיז
deftly *adv.* בִּמיוּמָנוּת; בִּזרִיזוּת; בְּכִשרוֹן
defunct *adj.* בָּטֵל; שֶשָבַק חַיִים
defuse *v.* לְפָרֵק (פְּצָצָה); לְנַטרֵל; לְהָפִיג
defy *v.* (defied) לְהַמרוֹת אֶת פִּי־; לְסָרֵב לְצַיֵית ל־; לֹא לְאַפשֵר; לִקרוֹא תִיגָר עַל־
degenerate *adj.* מְנוּוָן; מוּשחָת
degenerate *v.* לְהִתנַוֵון; לְהִידַרדֵר
degeneration *n.* נִיווּן; הִתנַוונוּת
degrade *v.* לְבַזוֹת; לְהַשפִּיל; לְהָרֵעַ מַצָבוֹ
degrading *adj.* מְבַזֶה; מַשפִּיל; מַחפִּיר
degree *n.* מַעֲלָה; תוֹאַר (אֲקָדֶמִי); דַרגָה
–to some degree בְּמִידָה מְסוּיֶמֶת
dehumanize *v.* לְהַשחִית (צֶלֶם אֱנוֹש)
dehydration *n.* הִתייַבְּשוּת
deify *v.* (deified) לְהַאֲלִיהַ; לִסגוֹד ל־
deign *v.* לְהוֹאִיל בְּטוּבוֹ
deity *n.* אֵל; אֱלֹהַּ
deja vu *n.* "דֶזָ'ה ווּ"; הָיִינוּ בְּסֶרֶט הַזֶה
dejected *adj.* מְדוּכָּא; מְדוּכדָך
de jure *adj.* לַהֲלָכָה; דֶה־יוּרֶה
delay *n.* עִיכּוּב; הִשתַהוּת; דִיחוּי
–without delay לְלֹא דִיחוּי; מִיָד
delay *v.* לְעַכֵּב; לְהַשהוֹת; לְהִתעַכֵּב; לְהִתמַהמֵהַּ; לִדחוֹת
delegate *n.* בָּא־כּוֹחַ; נָצִיג; צִיר
delegate *v.* לְהַאֲצִיל (סַמכוּיוֹת)
delegation *n.* יִיפּוּי כּוֹחַ; הַאֲצָלָה; מִשלַחַת
delete *v.* לִמחוֹק; לְהַשמִיט
deli *n.* מַעֲדַנִיָיה
deliberate *adj.* מְכוּוָן; אִיטִי וְשָקוּל; מְחוּשָב
deliberate *v.* לִשקוֹל; לָדוּן; לְהִתלַבֵּט
deliberately *adv.* בְּכַוָונָה
deliberation *n.* שִיקוּל דַעַת; דִיוּן רְצִינִי
delicacy *n.* רְגִישוּת; עֲדִינוּת; רַכּוּת; מַעֲדָן
delicate *adj.* עָדִין; מְעוּדָן; רָגִיש; שַברִירִי
delicately *adv.* בַּעֲדִינוּת
delicatessen *n.* מַעֲדַנִיָיה
delicious *adj.* טָעִים מְאוֹד; נֶהדָר
delight *n.* שִׂמחָה; עוֹנֶג; הֲנָאָה; תַעֲנוּג
delight *v.* לְעַנֵג; לְשַׂמֵחַ; לֵיהָנוֹת (מ־)
delighted *adj.* שָׂמֵחַ מְאוֹד; נִרגָש מִשִׂמחָה
delightful *adj.* מְהַנֶה; מְשַׂמֵחַ; נֶחמָד
delinquency *n.* עֲבַרייָנוּת; עֲבֵירָה; הִתרַשלוּת
delinquent *n.* עֲבַריָין; מִתרַשֵל בְּמִילוּי תַפקִידוֹ; מִשתַמֵט מִתַשלוּם
delirious *adj.* סוֹבֵל מֵהֲזָיוֹת; יוֹצֵא מִגִדרוֹ
deliver *v.* לִמסוֹר (סְחוֹרָה, דוֹאַר); לָשֵׂאת (נְאוּם); לְייַלֵד; לְהַצִיל / לְשַחרֵר מ־

– deliver the goods "לְסַפֵּק אֶת הַסחוֹרָה"
deliverance *n.* שִׁחרוּר; גְאוּלָה
delivery *n.* מְסִירָה; מִשלוֹחַ; לֵידָה
deliveryman *n.* שָׁלִיחַ; מִשלוֹחָן
deliveryperson *n.* שָׁלִיחַ; מִשלוֹחָן
dell *n.* עֵמֶק קָטָן
delude *v.* לְהַשלוֹת; לְהַטעוֹת
deluge *n.* שִׁיטָפוֹן; מַבּוּל; שֶׁטֶף
deluge *v.* לְהָצִיף (בּ־)
delusion *n.* אַשלָיָה; תַעתוּעַ; דִמיוֹן שָׁווא
de luxe *adj.* מְפוֹאָר; מְהוּדָר; יוּקרָתִי
delve *v.* לְחַטֵט; לַחקוֹר; לְהִתעַמֵק
demagogic *adj.* דֶמָגוֹגִי
demagogue *n.* דֶמָגוֹג
demand *n.* דְרִישָׁה; תְבִיעָה; בִּיקוּש
demand *v.* לִתבּוֹעַ; לִדרוֹש
demanding *adj.* תוֹבעָנִי
demarcation *n.* תִיחוּם
demeaning *adj.* מַשפִּיל; מַחפִּיר
demeanor, demeanour *n.* הִתנַהֲגוּת
demented *adj.* מְטוֹרָף; יָצָא מִדַעתוֹ
demerit *n.* מִגרַעַת; חִיסָרוֹן; נְקוּדָה שְׁחוֹרָה
demi- חֲצִי; בְּחֶלקוֹ
demilitarization *n.* פֵּירוּז
demilitarized *adj.* מְפוֹרָז
demise *n.* מוֹת־; פְּטִירָה; קֵץ; סוֹף; חִיסוּל
demister *n.* מַפשִׁיר אֵדִים (בִּמכוֹנִית)
demo *n.* הַפגָנָה; הַדגָמָה; דֶמוֹ
democracy *n.* דֶמוֹקרַטיָה
democratic *adj.* דֶמוֹקרָטִי
demography *n.* דֶמוֹגרַפיָה
demolish *v.* לַהֲרוֹס; לְהַפרִיך; לְנַתֵץ
demolition *n.* הֲרִיסָה; חַבָּלָה
demolition order *n.* צַו הֲרִיסָה
demon *n.* שֵׁד
demonic *adj.* שְׂטָנִי; שֶׁל שֵׁד
demonstrate *v.* לְהַפגִין; לְהַדגִים; לְהַראוֹת
demonstration *n.* הַדגָמָה; הוֹכָחָה; הַפגָנָה; מִפגָן; גִילוּי (שֶׁל)
demonstrator *n.* מַפגִין
demoralize *v.* לְהוֹרִיד אֶת הַמוֹרָל
demote *v.* לְהוֹרִיד בְּדַרגָה
demure *adj.* שָׁקֵט, רְצִינִי וְצָנוּעַ; מִצטַנֵעַ
demurely *adv.* בִּצנִיעוּת; כַּיָאֶה
den *n.* מְאוּרָה; גוֹב; חֲדַר עֲבוֹדָה אִישִׁי
denial *n.* שְׁלִילָה; דְחִיָיה; הַכחָשָׁה
denigrate *v.* לְהַטִיל דוֹפִי; לְזַלזֵל בּ־
denims *n.* מִכנְסֵי גִ'ינס
denizen *n.* תוֹשָׁב; שׁוֹכֵן־
denomination *n.* כַּת דָתִית; עֵרֶך (נָקוּב)
denominator *n.* מְכַנֶה
denote *v.* לְצַיֵין; לְהַצבִּיעַ עַל־
denounce *v.* לְהוֹקִיעַ; לְגַנוֹת
dense *adj.* סָמִיך; צָפוּף; עָבוֹת; מְטוּמטָם
densely *adv.* בִּצפִיפוּת
density *n.* צְפִיפוּת; סוֹמֶך; מַעֲבֶה
dent *n.* שֶׁקַע; "מַכָּה"; "דְפִיקָה"; פְּגִיעָה
dent *v.* לִגרוֹם לְשֶׁקַע בּ־; לְקַבֵּל "מַכָּה"
dental *adj.* שֶׁל שִׁינַיִים
dental hygienist *n.* שִׁינָן; שִׁינָנִית
dental surgeon *n.* רוֹפֵא שִׁינַיִים
dentist *n.* רוֹפֵא שִׁינַיִים
dentures *n.* (מַעֲרֶכֶת) שִׁינַיִים תוֹתָבוֹת
denunciation *n.* הוֹקָעָה; גִינוּי
deny *v.* (denied) לְהַכחִישׁ; לְהִתכַּחֵשׁ לְ־; לִשלוֹל מִ־; לִמנוֹעַ מִ־
deodorant *n.* דֵאוֹדוֹרַנט
depart *v.* לָצֵאת (לַדֶרֶך); לַעֲזוֹב; לִסטוֹת
department *n.* מִשׂרָד (בַּמֶמשָׁלָה); מַחלָקָה; אֲגַף; תְחוּם
department store *n.* חֲנוּת כּוֹלבּוֹ
departure *n.* (מוֹעֵד) יְצִיאָה; עֲזִיבָה; סְטִיָיה; מִפנֶה; כִּיווּן
depend *v.* (on) לִהיוֹת תָלוּי בּ־; לִסמוֹך עַל־
– That/It depends (זֶה) תָלוּי
dependable *adj.* שֶׁאֶפשָׁר לִסמוֹך עָלָיו; אָמִין
dependant *n.* נִתמָך; תָלוּי
dependence *n.* (on) תְלוּת (בּ־)
dependent *adj.* תָלוּי בּ־; נִתמָך; מָכוּר לְ־
depict *v.* לְתָאֵר
depiction *n.* תֵיאוּר
depilatory *n.* תַכשִׁיר לַהֲסָרַת שֵׂיעָר

D

deplete *v.* לְרוֹקֵן; לְדַלְדֵל
depletion *n.* רִיקּוּן; דִלְדוּל
deplorable *adj.* מְצַעֵר מְאוֹד; מַחפִּיר
deplore *v.* לְהִצטַעֵר עַל־; לְגַנוֹת
deploy *v.* לִפרוֹס (כּוֹחוֹת); לְהִתפָּרֵס
deployment *n.* הִתפָּרסוּת; פְּרִיסָה
depopulate *v.* לְדַלדֵל אוּכלוּסִיָּה בּ־
deport *v.* לְגָרֵש
deportation *n.* גֵירוּש
deportee *n.* מְגוֹרָש
depose *v.* לְהַדִיחַ
deposit *n.* פִּיקָדוֹן; הַפקָדָה; מִקדָמָה; מִשקָע; מִרבָּץ
deposit *v.* לְהַפקִיד; לְהַשאִיר (שִׁכבַת־); לְשַׁלֵם מִקדָמָה
deposition *n.* הֲדָחָה; תַצהִיר
depot *n.* מַחסָן; תַחֲנַת רַכֶּבֶת/אוֹטוֹבּוּס
depraved *adj.* מוּשׁחָת; נָלוֹז
depravity *n.* שְׁחִיתוּת; מַעֲשֶׂה נִתעָב
deprecate *v.* לְגַנוֹת; לֹא לִראוֹת בְּעַיִן יָפָה
depreciation *n.* פְּחַת; הַפחָתָה; יְרִידַת עֵרֶך
depress *v.* לְדַכֵּא; לְהָבִיא לְשֵׁפֶל/לִירִידָה בּ־; לִלחוֹץ עַל־
depressed *adj.* מְדוּכָּא; בִּמצוּקָה
depressing *adj.* מְדַכֵּא
depression *n.* דִיכָּאוֹן; שֶׁקַע; גוּמָה; שֵׁפֶל (כַּלכָּלִי); שֶׁקַע בָּרוֹמֶטרִי
deprivation *n.* שְׁלִילָה; מַחסוֹר; חֶסֶך
deprive *v.* (of) לִשׁלוֹל מ־; לִמנוֹעַ מ־
deprived *adj.* מְקוּפָּח; שֶׁל קִיפּוּחַ; שֶׁסוֹבֵל מֵחֶסֶך
depth *n.* עוֹמֶק; רוֹחַב; עוֹצמָה; עַמקוּת
depth charge *n.* פְּצָצַת עוֹמֶק
deputation *n.* מִשלַחַת; נְצִיגוּת
deputy *n.* מְמַלֵא מָקוֹם; נָצִיג; סְגָן
derail *v.* לָרֶדֶת מִן הַפַּסִים; לְהַכשִׁיל
deranged *adj.* מְטוֹרָף; מוּפרָע
deregulate *v.* לְהָסִיר פִּיקוּחַ מ־
deregulation *n.* הֲסָרַת פִּיקוּחַ
derelict *adj.* עָזוּב; נָטוּשׁ; מוּזנָח
dereliction *n.* הֶרֶס; עֲזוּבָה; הַזנָחָה
–dereliction of duty הִתרַשְׁלוּת בְּמִילוּי תַפקִיד

deride *v.* לְגַלגֵל עַל־; לְבַטֵל בְּלַעַג
derision *n.* לִגלוּג; לַעַג
derisive *adj.* לַגלְגָנִי; מְלַגלֵג
derivation *n.* מָקוֹר; גְזִירָה (שֶׁל מִלָה)
derivative *adj., n.* נִגזָר; נִגזֶרֶת
derive *v.* לִנבּוֹעַ מ־; לְהִיגָזֵר מ־; לְהָפִיק
dermatologist *n.* רוֹפֵא עוֹר
derogatory *adj.* בְּמוּבָן שְׁלִילִי; לִגנַאי; מְזַלזֵל
derrick *n.* עֲגוּרָן; מִגדַל קִידוּחַ
derring-do *n.* גְבוּרָה; תְעוּזָה
desalination *n.* הַתפָּלָה
descend *v.* לָרֶדֶת (מ־); לַעֲבוֹר בִּירוּשָׁה
–be descended from לִהיוֹת צֶאֱצָא שֶׁל־/מוֹצָאוֹ בּ־
–descend on לִפשׁוֹט עַל־; לִנחוֹת עַל־
descendant *n.* צֶאֱצָא
descending order *n.* סֵדֶר יוֹרֵד
descent *n.* יְרִידָה; מוֹצָא; פְּשִׁיטָה (עַל־)
describe *v.* לְתָאֵר; לְהִתווֹת; לְשַׂרטֵט
description *n.* תֵיאוּר; סוּג
desecrate *v.* לְחַלֵל (קוֹדֶשׁ)
desegregation *n.* בִּיטוּל הַפרָדָה גִזעִית
desert *n., adj.* מִדבָּר; מִדבָּרִי
desert *v.* לִנטוֹשׁ; לַעֲזוֹב; לְהַכזִיב; לַעֲרוֹק
deserted *adj.* שׁוֹמֵם; רֵיק מֵאָדָם; נָטוּשׁ; עֲגוּנָה (אִישָׁה)
deserter *n.* עָרִיק
desertion *n.* נְטִישָׁה; עֲרִיקָה
desert island *n.* אִי שׁוֹמֵם
deserts *n.* מַה שֶׁמַגִיעַ לוֹ; גְמוּל
deserve *v.* לִהיוֹת רָאוּי ל־; לְהַגִיעַ לוֹ
desiccated *adj.* מְיוּבָּשׁ; יָבֵשׁ
design *n.* תַרשִׁים; תוֹכנִית; עִיצוּב; תִכנוּן; דוּגמָה; כַּוָונָה
design *v.* לְעַצֵב; לְתַכנֵן
–be designed (for) מְיוּעָד ל־
designate *adj.* הַמְיוּעָד
designate *v.* לְסַמֵן; לְצַיֵין; לְהוֹעִיד
designation *n.* מִינוּי; כִּינוּי; תוֹאַר
designer *n.* מְעַצֵב; מְתַכנֵן
designing *adj.* חוֹרֵשׁ מְזִימוֹת
designing *n.* תִכנוּן; תִיכּוּן; עִיצוּב
desirable *adj.* רָצוּי; מְבוּקָשׁ; נֶחֱשָׁק

D

desire *n.* רָצוֹן; תְּשׁוּקָה; מִשְׁאָלָה; בַּקָּשָׁה
desire *v.* לַחְפּוֹץ; לְהִשְׁתּוֹקֵק לְ־; לַחְשׁוֹק בְּ־
desist *v.* לְהַפְסִיק; לַחְדוֹל
desk *n.* שׁוּלְחַן־כְּתִיבָה; דֶּלְפֵּק (קַבָּלָה)
desktop *n.* שׁוּלְחַן עֲבוֹדָה (בְּמַחְשֵׁב)
desktop publishing *n.* הוֹצָאָה לָאוֹר שׁוּלְחָנִית
desolate *adj.* שׁוֹמֵם וּמוּזְנָח; גַּלְמוּד
desolation *n.* שְׁמָמָה; הֶרֶס; יָגוֹן וְיֵיאוּשׁ
despair *n.* יֵיאוּשׁ; מָקוֹר לְיֵיאוּשׁ
despair *v.* (of) לְהִתְיָיאֵשׁ (מִ־)
despatch *n.* שֶׁדֶר; דִּיוּוּחַ; מְהִירוּת
desperate *adj.* מְיוֹאָשׁ; זָקוּק נוֹאָשׁוֹת (לְ־); נוֹאָשׁ; חָמוּר; מְסוּכָּן
desperately *adv.* נוֹאָשׁוֹת; בְּיֵיאוּשׁ; אָנוּשׁ
desperation *n.* יֵיאוּשׁ
despicable *adj.* בָּזוּי; נִתְעָב
despise *v.* לָבוּז לְ־
despite *prep.* לַמְרוֹת (הַ־); עַל אַף (הַ־)
– despite oneself בְּעַל כּוֹרְחוֹ
despoil *v.* לִגְזוֹל מִ־; לִבְזוֹז
despondency *n.* דִּיכָּאוֹן; הַרְגָּשַׁת דִּכְדּוּךְ
despot *n.* עָרִיץ; רוֹדָן
despotism *n.* שִׁלְטוֹן רוֹדָנִי; עָרִיצוּת
dessert *n.* מָנָה לְקִינּוּחַ; לִפְתָּן
destabilize *v.* לְעַרְעֵר אֶת יַצִּיבוּת־
destination *n.* יַעַד
destined *adj.* מְיוּעָד (לְ־); נוֹעָד (לְ־); נִגְזָר (עַל); שֶׁיַּעֲדוֹ (הוּא)
destiny *n.* גּוֹרָל
destitute *adj.* חֲסַר־כּוֹל; חֲסַר־
destroy *v.* לַהֲרוֹס; לְהַשְׁמִיד; לְנַפֵּץ
destroyer *n.* מַשְׁחֶתֶת; גּוֹרֵם הֶרֶס
destructible *adj.* שֶׁנִּיתָן לְהָרְסוֹ / לְהַשְׁמִידוֹ
destruction *n.* הֶרֶס; הַשְׁמָדָה; חוּרְבָּן
destructive *adj.* הַרְסָנִי; ־הַשְׁמָדָה
detach *v.* לְנַתֵּק; לִתְלוֹשׁ; לִשְׁלוֹחַ
detachable *adj.* פָּרִיק; נָתִיק; תָּלִישׁ
detached *adj.* מְנוּתָּק; נִפְרָד
detachment *n.* נִיתּוּק; תְּלִישָׁה; הַפְרָדָה; אוֹבְּיֶיקְטִיבִיּוּת; רִיחוּק; פְּלֻגָּה
detail *n.* פְּרָט; פְּרָטִים; פֵּירוּט; חוּלְיָה
detailed *adj.* מְפוֹרָט
detain *v.* לְעַכֵּב; לְעַכֵּב לַחֲקִירָה
detainee *n.* עָצִיר
detect *v.* לְגַלּוֹת; לְהַבְחִין בְּ־; לַחְשׂוֹף
detection *n.* גִּילּוּי; חֲשִׂיפָה
detective *n.* בַּלָּשׁ
detector *n.* גַּלַּאי
detention *n.* עִיכּוּב; מַעֲצָר
deter *v.* (deterred) לְהַרְתִּיעַ
detergent *n.* חוֹמֶר נִיקּוּי; דֶּטֶרְגֶּנְט
deteriorate *v.* לְהִידַּרְדֵּר; לְהַחְמִיר
deterioration *n.* הִידַּרְדְּרוּת
determination *n.* נְחִישׁוּת
determine *v.* לְהַחְלִיט; לִקְבּוֹעַ; לְחַשֵּׁב
determined *adj.* נָחוּשׁ בְּדַעְתּוֹ; תַּקִּיף
deterrent *n., adj.* גּוֹרֵם מַרְתִּיעַ; ־הַרְתָּעָה
detest *v.* לְתַעֵב; לִשְׂנוֹא
detestable *adj.* נִתְעָב; שָׂנוּא; מָאוּס
detonate *v.* לְפוֹצֵץ; לְהִתְפּוֹצֵץ
detour *n.* מַעֲקָף; עִיקּוּף
detoxify *v.* (detoxified) לְסַלֵּק רְעָלִים מִ־
detract *v.* לִגְרוֹעַ; לְהַפְחִית (מִ־); לִפְגּוֹם בְּ־
detrimental *adj.* מַזִּיק
devaluation *n.* פִּיחוּת
devalue *v.* לְפַחֵת (מַטְבֵּעַ); לִגְרוֹעַ מֵעֵרֶךְ
devastate *v.* לַהֲרוֹס; לְהַחֲרִיב; לְזַעְזֵעַ
devastated *adj.* הָרוּס; שָׁבוּר (נַפְשִׁית)
devastating *adj.* הַרְסָנִי; מְזַעְזֵעַ; מְהַמֵּם
devastation *n.* הֶרֶס; חוּרְבָּן
develop *v.* לְפַתֵּחַ; לְהִתְפַּתֵּחַ; לְטַפֵּחַ
developed *adj.* מְפוּתָּח
developing country *n.* מְדִינָה מִתְפַּתַּחַת
development *n.* פִּיתּוּחַ; הִתְפַּתְּחוּת
deviate *v.* לִסְטוֹת; לַחֲרוֹג (מִ־)
deviation *n.* סְטִיָּיה; חֲרִיגָה
device *n.* מַכְשִׁיר; הֶתְקֵן; מִתְקָן; תַּחְבּוּלָה
devil *n.* הַשָּׂטָן; שָׂטָן; שֵׁד
– talk of the devil מְדַבְּרִים עַל הַחֲמוֹר
devilish *adj.* שְׂטָנִי; נוֹרָא
devious *adj.* עוֹקֵף; עֲקַלְקַל; עַרְמוּמִי; לֹא יָשָׁר
devise *v.* לְתַכְנֵן; לְעַבֵּד; לְהַמְצִיא
devoid *adj.* (of) חֲסַר־; רֵיק מִ־

D

devote *v.* לְהַקְדִּישׁ
–**devote oneself to** לְהִתְמַסֵּר לְ־
devoted *adj.* מָסוּר; נֶאֱמָן
devotion *n.* מְסִירוּת; הִתְמַסְּרוּת; נֶאֱמָנוּת
devour *v.* לִטְרוֹף; לִזְלוֹל; לִבְלוֹעַ; לְהַשְׁמִיד
devouring *adj.* מְכַלֶּה; הוֹרֵס
devout *adj.* אָדוּק; נֶאֱמָן; אֲמִיתִּי; כֵּן
devoutly *adv.* בִּדְבֵקוּת; בְּכֵנוּת
dew *n.* טַל
dexterity *n.* זְרִיזוּת יָדַיִים; מְיוּמָנוּת
dexterous *adj.* זְרִיז יָדַיִים; מוּכְשָׁר; מְיוּמָן
diabetes *n.* סוּכֶּרֶת
diabetic *adj., n.* (לְ־, שֶׁל) חוֹלֵה סוּכֶּרֶת
diabolic(al) *adj.* שְׂטָנִי
diagnose *v.* לְאַבְחֵן
diagnosis *n.* אִבְחוּן; אַבְחָנָה
diagnostic *adj.* אַבְחָנָתִי
diagonal *n., adj.* אֲלַכְסוֹן; אֲלַכְסוֹנִי
diagram *n.* תַּרְשִׁים
dial *n.* מְחוּג; לוּחַ הַשָּׁעוֹן; לוּחַ סְפָרוֹת; לוּחַ תַּחֲנוֹת; חוּגָה; לַחְצָנִים (בטלפון)
dial *v.* לְחַיֵּיג
dialect *n.* דִּיאָלֶקְט; נִיב
dialling code *n.* (מִספר) אֵיזוֹר חִיּוּג
dial / dialling tone *n.* צְלִיל חִיּוּג
dialog box *n.* תֵּיבַת דִּיאָלוֹג
dialog(ue) דּוּ־שִׂיחַ; דִּיאָלוֹג; הִידָּבְרוּת
dialysis *n.* דִּיאָלִיזָה
diameter *n.* קוֹטֶר
diametrically *adv.* לְגַמְרֵי; בְּאוֹפֶן מוּחְלָט
diamond *n.* יַהֲלוֹם; מְעוּיָּן
diamond jubilee *n.* יוֹבֵל הַשִּׁישִּׁים
diaper *n., v.* חִיתּוּל; לְחַתֵּל
diaphragm *n.* סַרְעֶפֶת; דִּיאַפְרַגְמָה
diarrhoea, diarrhea *n.* שִׁלְשׁוּל
diary *n.* יוֹמָן
Diaspora *n.* (the –) הַגּוֹלָה
dice *n.* קוּבִּיּוֹת; מִשְׂחַק קוּבִּיּוֹת
dice *v.* לַחְתּוֹךְ לְקוּבִּיּוֹת
dichotomy *n.* נִיגּוּד מוּחְלָט; דִּיכוֹטוֹמְיָה
dick *n.* זַיִן; בַּלָּשׁ
dictate *v.* לְהַכְתִּיב; לָתֵת תַּכְתִּיב לְ־
dictate *n.* תַּכְתִּיב; צַו
dictation *n.* הַכְתָּבָה
dictator *n.* רוֹדָן; דִּיקְטָטוֹר
dictatorial *adj.* דִּיקְטָטוֹרִי; רוֹדָנִי
dictatorship *n.* דִּיקְטָטוּרָה
diction *n.* חִיתּוּךְ דִּיבּוּר; דִּיקְצִיָה
dictionary *n.* מִילוֹן
did *v. past of* do
didactic *adj.* לִימּוּדִי; דִּידַקְטִי
die *n.* קוּבִּיָּה; תַּבְנִית יְצִיקָה; שְׁטַנְץ
–**the die is cast** הַפּוּר נָפַל
die *v.* לָמוּת; לֶאֱבוֹד; לְהֵיעָלֵם
–**die away** לְהֵיחָלֵשׁ
–**die down** לִדְעוֹךְ; לִשְׁכּוֹךְ; לְהֵיחָלֵשׁ
–**be dying** גּוֹסֵס; עוֹמֵד לָמוּת
–**die out** לְהִיכָּחֵד; לַעֲבוֹר מִן הָעוֹלָם
diehard *n.* שַׁמְרָן; עַקְשָׁן; (אוֹהֵד) שָׂרוּף
diesel *n.* דִּיזֶל; מְנוֹעַ/רֶכֶב דִּיזֶל
diesel oil *n.* סוֹלֶר
diet *n.* תַּפְרִיט; דִּיאֶטָה
–**go on a diet** לַעֲשׂוֹת דִּיאֶטָה
diet *v.* לַעֲשׂוֹת דִּיאֶטָה
dietary *adj.* שֶׁל תְּזוּנָה; שֶׁל כַּשְׁרוּת
dietetic *adj.* דִּיאֶטֶטִי; שֶׁל דִּיאֶטָה וּתְזוּנָה
dietician, dietitian *n.* דִּיאֶטָן; דִּיאֶטִיקָן
differ *v.* (from) לִהְיוֹת שׁוֹנֶה; לַחֲלוֹק עַל־
difference *n.* שׁוֹנִי; הֶבְדֵּל; פַּעַר; הֶפְרֵשׁ
–**differences** חִילּוּקֵי דֵּעוֹת
–**make no difference** לֹא מְשַׁנֶּה בִּכְלָל
–**tell the difference** לְהַבְחִין (בֵּין־); לְהַבְדִּיל
different *adj.* שׁוֹנֶה
differentials *n.* הֶפְרֵשֵׁי (שָׂכָר)
differentiate *v.* לְהַבְדִּיל; לְהַבְחִין בֵּין־
differentiation *n.* בִּידּוּל; הַבְחָנָה; הַבְדָּלָה
differently *adv.* בְּאוֹפֶן שׁוֹנֶה; אַחֶרֶת
differing *adj.* שׁוֹנִים
difficult *adj.* קָשֶׁה; עוֹשֶׂה בְּעָיוֹת
difficulty *n.* קוֹשִׁי; בְּעָיָה
diffident *adj.* חֲסַר בִּיטָּחוֹן עַצְמִי; בַּיְישָׁן
diffuse *v.* לְהָפִיץ; לְפַזֵּר; לְהִתְפַּזֵּר; לְפַעְפֵּעַ
diffusion *n.* הֲפָצָה; פִּיזּוּר; פִּעְפּוּעַ

D

dig *n.* חֲפִירָה; עֲקִיצָה (כְּלַפֵּי־)
dig *v.* (dug) לַחפּוֹר (בּ־); לֵיהָנוֹת מ־; לְהָבִין בּ־; לַחקוֹר; לְחַטֵט; לִנבּוֹר
– dig in לִתקוֹעַ; לִנעוֹץ; לְהִתחַפֵּר
– dig out לַחפּוֹר וּלהוֹצִיא; לִדלוֹת; לְגַלוֹת
– dig up לַהֲפוֹך; לַעֲדוֹר; לַעֲקוֹר; לַחֲשׂוֹף
digest *n.* סִיכּוּם; תַּלקִיט; תַּקצִיר
digest *v.* לְעַכֵּל; לְהִתעַכֵּל; לִקלוֹט
digestion *n.* עִיכּוּל
digestive system *n.* מַעֲרֶכֶת הָעִיכּוּל
digit *n.* סִפרָה; אֶצבַּע
digital *adj.* סִפרָתִי; דִיגִיטָלִי
digital display *n.* תְּצוּגָה סִפרָתִית
dignified *adj.* מְכוּבָּד; אוֹמֶר כָּבוֹד
dignify *v.* (dignified) לְהוֹסִיף כָּבוֹד ל־; לְכַבֵּד; לְפָאֵר (בּ־)
dignitary *n.* נִכבָּד; אִישִׁיוּת רָמַת־מַעֲלָה
dignity *n.* כָּבוֹד; מְכוּבָּדוּת; הָדָר
– beneath his dignity לֹא מִכְּבוֹדוֹ
digress *v.* לִסטוֹת (מֵהַנוֹשֵׂא)
digression *n.* סְטִייָה
dike *n.* תְּעָלָה; סֶכֶר; דָיֵיק; לֶסבִּית (סלנג)
dilapidated *adj.* רָעוּעַ; מָט לִיפּוֹל; הָרוּס
dilate *v.* לְהַרחִיב; לְהִתרַחֵב
dilation *n.* הִתרַחֲבוּת; הַרחָבָה
dilemma *n.* דִילֶמָה
dilettante *n.* דִילֶטַנט; חוֹבֵב
diligence *n.* חָרִיצוּת; שְׁקִידָה וְהַקפָּדָה
diligent *adj.* חָרוּץ; שַׁקדָן; קַפְּדָנִי
dill *n.* שֶׁבֶת (צמח); שָׁמִיר
dilly-dally *v.* לְבַזבֵּז זְמַן; לְהַסֵס
dilute *v.* לִמהוֹל; לְדַלֵל
dim *adj.* עָמוּם; מְעוּמעָם; מְטוּמטָם
dim *v.* לְעַמֵם; לְהִתעַמֵם
dime *n.* (מַטבֵּעַ בֶּן) 10 סֶנט
dimension *n.* מֵימַד; מִידָה
dimensional ־מְמַדִי
diminish *v.* לְהַפחִית; לְהַקטִין; לִקטוֹן
diminishing *adj.* הוֹלֵך וּפוֹחֵת / וּמִתמַעֵט
diminutive *adj.* זָעִיר
dimly *adv.* בִּמעוּמעָם; בְּאוֹר עָמוּם
dimple *n.* גוּמַת חֵן; גוּמָה; שֶׁקַע
din *n.* רַעַשׁ (וַהֲמוּלָה)
dine *v.* לֶאֱכוֹל; לִסעוֹד; לְאָרֵחַ לִסעוּדָה

diner *n.* סוֹעֵד; קְרוֹן מִסעָדָה; מִזלָלָה
dinghy *n.* סִירָה קְטַנָה; סִירַת גוּמִי
dingy *adj.* מְלוּכלָך; קוֹדֵר; דָהוּי
dining car *n.* קְרוֹן מִסעָדָה
dining room *n.* חֲדַר־אוֹכֶל; פִּינַת אוֹכֶל
dinner *n.* אֲרוּחָה (עִיקָרִית); סְעוּדָה
dinner jacket *n.* מִקטוֹרֶן עֶרֶב; טוּקסִידוֹ
dinner party *n.* סְעוּדָה חֲגִיגִית; מְסִיבָּה
dinosaur *n.* דִינוֹזָאוּר
dip *n.* טְבִילָה; מִטבָּל; יְרִידָה; שִׁיפּוּעַ
dip *v.* לִטבּוֹל; לְעַמעֵם
diploma *n.* תְּעוּדָה; דִיפּלוֹמָה
diplomacy *n.* דִיפּלוֹמַטְיָה; דִיפּלוֹמָטִיוּת
diplomat *n.* דִיפּלוֹמָט
diplomatic *adj.* דִיפּלוֹמָטִי; בַּעַל טַקט
diplomatically *adv.* בְּאוֹפֶן דִיפּלוֹמָטִי
dipper *n.* מַצֶקֶת; אָמוֹדַאי (צִיפּוֹר)
dipstick *n.* מַדִיד שֶׁמֶן וכד׳
dire *adj.* נוֹרָא; אָיוֹם; דָחוּף; נוֹאָשׁ
direct *adj.* יָשִׁיר; יָשָׁר; גָלוּי; מוּחלָט
direct *adv.* יָשָׁר; יְשִׁירוֹת
direct *v.* לְהַדרִיך; לְהַנחוֹת; לְהַפנוֹת; לְכַוֵון; לְנַהֵל; לְבַיֵים; לְהוֹרוֹת (ל־)
direction *n.* כִּיווּן; הוֹרָאָה; הַנחָיָה; נִיהוּל
directive *n.* הַנחָיָה
directly יְשִׁירוֹת; מִיָד; בְּרֶגַע שׁ־
direct mailing *n.* דִיוּוּר יָשִׁיר
directness *n.* יְשִׁירוּת; גִילוּי לֵב
direct object *n.* מוּשָׂא יָשִׁיר
director *n.* מְנַהֵל; דִירֶקטוֹר; בַּמַאי
director general *n.* מַנכָּ״ל (בַּשִׁירוּת הַצִיבּוּרִי)
directory *n.* מַדרִיך מְסוּוָג; מַדרִיך טֶלֶפוֹן; סִפרִייָה (בְּמַחשֵׁב)
dirge *n.* קִינָה
dirt *n.* לִכלוּך; עָפָר
dirt road *n.* דֶרֶך עָפָר
dirt track *n.* מַסלוּל עָפָר לְמֵרוֹצִים
dirty *adj.* מְלוּכלָך
– a dirty old man אַשׁמַאי / חַרמָן זָקֵן
dirty *v.* לְלַכלֵך
dirty word *n.* מִלָה גַסָה
disability *n.* נָכוּת; מִגבָּלָה

D

disabled *adj.* נָכֶה; מוּשׁבָּת; לֹא מְתַפקֵד
–the disabled הַנָּכִים
disadvantage *n.* חִיסָרוֹן; נְחִיתוּת
disadvantaged *adj.* מְקוּפָּח
disagree *v.* (with) לַחֲלוֹק עַל־; לֹא לְהַסכִּים; לֹא תוֹאֵם; לֹא טוֹב לִבְרִיאוּתוֹ
disagreeable *adj.* לֹא נָעִים
disagreement *n.* אִי־הַסכָּמָה; אִי־הַתאָמָה; מַחֲלוֹקֶת; רִיב
disallow *v.* לִדחוֹת; לִפסוֹל; לֹא לְאַשֵׁר
disappear *v.* לְהֵיעָלֵם
disappearance *n.* הֵיעָלמוּת
disappoint *v.* לְאַכזֵב; לְהַכזִיב
disappointed *adj.* מְאוּכזָב
disappointing *adj.* מְאַכזֵב
disappointment *n.* אַכזָבָה
disapproval *n.* אִי־הַסכָּמָה; הִסתַייגוּת
disapprove *v.* (of) לֹא לִהיוֹת לְרוּחוֹ; לִשלוֹל; לְהִסתַייֵג (מ־)
disapproving *adj.* שֶׁל הִסתַייגוּת
disarm *v.* לְפָרֵק מִנִשקוֹ; לְהִתפָּרֵק מִנִשקוֹ
disarmament *n.* פֵּירוּק נֶשֶׁק
disarming *adj.* מֵמֵס לֵב; כּוֹבֵשׁ; מַרגִיעַ
disarray *n.* אִי־סֵדֶר
disassociate *v.* לְהִתנַעֵר מ־; לֹא לְקַשֵׁר
disaster *n.* אָסוֹן
disastrous *adj.* הֲרֵה אָסוֹן / הַרסָנִי
disavow *v.* לְהַכחִישׁ; לְהִתכַּחֵשׁ ל־
disband *v.* לְפָרֵק; לְהִתפָּרֵק
disbar *v.* לִשלוֹל רִשיוֹן (מעו״ד)
disbelief *n.* אִי־אֵימוּן / ־אֱמוּנָה
disburse *v.* לְשַׁלֵם
disbursement *n.* תַּשלוּם
disc *n.* תַּקלִיט; דִיסק, דִיסקִית; דִיסקוּס
discard *v.* לְהַשלִיךְ; לָשִׂים בַּצַד; לִזנוֹחַ
discern *v.* לְהַבחִין בּ־; לִתפּוֹס
discernible *adj.* שֶׁאֶפשָׁר לְהַבחִין בּוֹ
discerning *adj.* בַּעַל כּוֹשֶׁר הַבחָנָה; מֵבִין
discernment *n.* כּוֹשֶׁר הַבחָנָה / שִׁיפּוּט
discharge *n.* פְּלִיטָה; שִׁחרוּר; הַפרָשָׁה
discharge *v.* לִפלוֹט; לְהִישָׁפֵךְ; לְשַׁחרֵר; לִפרוֹק; לְסַלֵק (חוֹב); לְבַצֵעַ
disciple *n.* תַּלמִיד; חָסִיד
disciplinary *adj.* מִשמַעתִּי
discipline *n.* מִשמַעַת; תְּחוּם (לִימוּד)
discipline *v.* לְחַנֵךְ לְמִשמַעַת; לְהַעֲנִישׁ
disciplined *adj.* מְמוּשמָע
disc jockey *n.* שַׁדרָן תַּקלִיטִים; דִי גֵ׳יי
disclaim *v.* לְהַכחִישׁ (שֶׁיֵשׁ לוֹ); לְוַותֵר עַל־
disclose *v.* לְגַלוֹת; לַחשוֹף
disclosure *n.* גִילוּי; חֲשִׂיפָה
–fair disclosure גִילוּי נָאוֹת
disco *n.* דִיסקוֹטֶק; דִיסקוֹ
discomfort *n.* אִי־נוֹחוּת; סֵבֶל; טִרדָה
disconcert *v.* לְעַרעֵר שַׁלווָתוֹ; לְהָבִיךְ
disconcerted *adj.* נָבוֹךְ; מְבוּלבָּל; נִסעָר
disconcerting *adj.* מֵבִיךְ; מַדאִיג
disconnect *v.* לְנַתֵק
disconnected *adj.* מְבוּלבָּל; מְנוּתָק
disconsolate *adj.* עָצוּב; מְמָאֵן לְהִינָחֵם
discontent *n.* אִי־שְׂבִיעוּת רָצוֹן; הִתמַרמְרוּת
discontented *adj.* לֹא מְרוּצֶה; מְמוּרמָר
discontinue *v.* לְהַפסִיק; לְהִיפָּסֵק
discord *n.* אִי־הַסכָּמָה; מַחֲלוֹקֶת; רִיב
discotheque *n.* דִיסקוֹטֶק
discount *n.* הֲנָחָה (בִּמחִיר); נִיכָּיוֹן
discount *v.* לְבַטֵל; לְהִתעַלֵם; לִפסוֹל
discourage *v.* לְרַפּוֹת יְדֵי־; לְיָיאֵשׁ; לְנַסוֹת לִמנוֹעַ; לְהַרתִּיעַ
discouraging *adj.* מְרַפֵּה יָדַיִים; מְיָיאֵשׁ
discourse *n.* הַרצָאָה; שִׂיחָה; חִיבּוּר
discourteous *adj.* לֹא מְנוּמָס
discourtesy *n.* חוֹסֶר נִימוּס
discover *v.* לְגַלוֹת; לִמצוֹא
discovery *n.* גִילוּי; תַּגלִית
discredit *v.* לֹא לְהַאֲמִין; לְעַרעֵר הָאֵמוּן בּ־; לִפגוֹעַ בַּאֲמִינוּת־
discreet *adj.* דִיסקרֶטִי; צָנוּעַ
discreetly *adv.* בִּזהִירוּת; בִּתבוּנָה
discrepancy *n.* סְתִירָה; אִי־הַתאָמָה
discrete *adj.* נִפרָד; נִבדָל; בָּדִיד (רְכִיב)
discretion *n.* זְהִירוּת; תְּבוּנָה; דִיסקרֶטִיוּת
–at the discretion of לְפִי שִׁיקוּל דַעתּוֹ שֶׁל
discriminate *v.* לְהַבחִין (בֵּין־); לְהַפלוֹת
discriminating *adj.* מַפלֶה

D

discrimination *n.* אַפְלָיָה; הַבְחָנָה
discriminatory *adj.* מַפְלֶה
discursive *adj.* מְדַלֵּג מֵעִנְיָן לְעִנְיָן
discus *n.* (זְרִיקַת) דִּיסְקוּס
discuss *v.* לָדוּן בּ־; לְדַבֵּר עַל־
discussion *n.* דִּיּוּן; שִׂיחָה; וִיכּוּחַ
disdain *n., v.* בּוּז; לְהִתְיַיחֵס בְּבוּז ל־; לַחְשׁוֹב שֶׁלֹּא מִכְּבוֹדוֹ ל־
disease *n.* מַחֲלָה
disembark *v.* לְהוֹרִיד / לָרֶדֶת (מֵאוֹנִיָּה / מִמָּטוֹס)
disenchanted *adj.* מְאוּכְזָב
disengage *v.* לְשַׁחְרֵר; לְנַתֵּק (מַגָּע); לְהַסִּיג
disentangle *v.* לְהַתִּיר; לְשַׁחְרֵר
disfigure *v.* לְהַשְׁחִית צוּרַת־; לְכַעֵר
disgorge *v.* לְהָקִיא; לִפְלוֹט; לְהִישָּׁפֵךְ
disgrace *n.* בּוּשָׁה; חֶרְפָּה; קָלוֹן
disgrace *v.* לְהָמִיט חֶרְפָּה עַל־
disgraceful *adj.* מַחְפִּיר
disgruntled *adj.* מְמוּרְמָר; נִרְגָּז
disguise *n.* תַּחְפּוֹשֶׂת; הַסְוָואָה
disguise *v.* לְהַסְווֹת; לְהִתְחַפֵּשׂ; לְהַסְתִּיר
disgust *n., v.* גּוֹעַל; שְׁאָט נֶפֶשׁ; לְהַגְעִיל
disgusted *adj.* חָשׁ גּוֹעַל / סְלִידָה
disgustedly *adv.* בִּסְלִידָה
disgusting *adj.* מַגְעִיל; מַבְחִיל
dish *n.* צַלַּחַת; קְעָרִית; מַאֲכָל
– the dishes הַכֵּלִים (בְּמִטְבָּח)
dishearten *v.* לְרַפּוֹת יְדֵי־; לְדַכֵּא
disheartening *adj.* מְרַפֵּה יָדַיִים; מְדַכֵּא
disheveled *adj.* לֹא מְסוּדָּר; פָּרוּעַ
dishonest *adj.* לֹא יָשָׁר; מְפוּקְפָּק
dishonesty *n.* אִי־יוֹשֶׁר
dishonor, dishonour *n., v.* חֶרְפָּה; לְהָמִיט חֶרְפָּה; לְבַיֵּישׁ; לֹא לְכַבֵּד (צֶ'יק)
dishwasher *n.* מֵדִיחַ־כֵּלִים
disillusioned *adj.* מְאוּכְזָב
disincentive *n.* תַּמְרִיץ שְׁלִילִי
disinclined *adj.* לֹא שָׂשׂ; לֹא נוֹטֶה
disinfect *v.* לְחַטֵּא
disinfectant *n.* מְחַטֵּא; חוֹמֶר חִיטּוּי
disinfection *n.* חִיטּוּי
disinformation *n.* מֵידָע כּוֹזֵב / מַטְעֶה
disinherit *v.* לִשְׁלוֹל זְכוּת יְרוּשָּׁה; לְנַשֵּׁל
disintegrate *v.* לְפוֹרֵר; לְהִתְפּוֹרֵר; לְהִתְרַסֵּק
disintegration *n.* הִתְפּוֹרְרוּת
disinter לְהוֹצִיא מֵהַקֶּבֶר; לַחְשׂוֹף
disinterest *n.* חוֹסֶר עִנְיָין
disinterested *adj.* אוֹבְּיֶיקְטִיבִי; לֹא מִתְעַנְיֵין
disinvestment *n.* הַשְׁקָעָה שְׁלִילִית; הַקְטָנַת הַשְׁקָעָה
disk *n.* תַּקְלִיט (מַגְנֶטִי); דִּיסְק
disk drive *n.* כּוֹנַן תַּקְלִיטִים (בְּמַחְשֵׁב)
diskette *n.* תַּקְלִיטוֹן; דִּיסְקֶט
dislike *n.* שִׂנְאָה; אִי־חִיבָּה
dislike *v.* לִשְׂנוֹא; לֹא לֶאֱהוֹב; לֹא לְסַמְפֵּט
dislocate *v.* לִפְרוֹק; לִנְקוֹעַ; לְשַׁבֵּשׁ
dislodge *v.* לְהוֹצִיא / לְסַלֵּק מִמְּקוֹמוֹ
disloyal *adj.* לֹא נֶאֱמָן
dismal *adj.* עָגוּם; קוֹדֵר; מְדַכֵּא; עָלוּב
dismantle *v.* לְפָרֵק; לְסַלֵּק צִיּוּד מ־
dismay *n.* תַּדְהֵמָה (מְהוּלָה בַּחֲרָדָה); יֵיאוּשׁ; זַעֲזוּעַ
dismay *v.* לְהַדְהִים; לְהַפְחִיד; לְיָיאֵשׁ
dismember *v.* לִקְרוֹעַ אֵיבָרִים מ־; לְבַתֵּר
dismiss *v.* לְפַטֵּר; לְשַׁחְרֵר; לִפְטוֹר; לְסַלֵּק; לְבַטֵּל; לִדְחוֹת
dismissal *n.* פִּיטוּרִים; דְּחִיָּיה; בִּיטּוּל
dismount *v.* לָרֶדֶת (מֵהַסּוּס וכו'); לְהַפִּיל
disobedience *n.* אִי־צִיּוּת; הֲפָרַת מִשְׁמַעַת
disobedient *adj.* לֹא מְמוּשְׁמָע
disobey *v.* לְסָרֵב לְצַיֵּית (ל־)
disorder *n.* אִי־סֵדֶר; מְהוּמָה; הֲפָרַת סֵדֶר; הַפְרָעָה (רְפוּאִית)
disorderly *adj.* לֹא מְסוּדָּר; מֵפֵר סֵדֶר
disorganized *adj.* לֹא מְאוּרְגָּן; מְבוּלְגָּן
disorientation *n.* אִיבּוּד כִּיווּן / חוּשׁ הִתְמַצְּאוּת
disown *v.* לְהִתְכַּחֵשׁ ל־; לְהִתְנַעֵר מ־
disparage *v.* לְהִתְיַיחֵס בְּזִלְזוּל ל־
disparaging *adj.* מְזַלְזֵל; שֶׁל זִלְזוּל
disparagingly *adv.* בְּזִלְזוּל
dispassionate *adj.* אוֹבְּיֶיקְטִיבִי; קַר
dispatch *n.* שֶׁדֶר; דִּיוּוּחַ; שִׁיגּוּר; מְהִירוּת

D

–mentioned in dispatches צוּיַן לְשֶׁבַח
dispatch *v.* לִשְׁלוֹחַ; לְשַׁגֵּר; לְסַיֵּים; לְהָמִית
dispel *v.* לְפַזֵּר; לְהָפִיג; לְהַפְרִיךְ
dispensable *adj.* שֶׁאֶפְשָׁר לְוַותֵּר עָלָיו
dispensary *n.* בֵּית־מִרְקַחַת; מִרְפָּאָה
dispense *v.* לְחַלֵּק; לָתֵת; לְנַפֵּק
–dispense with לְוַותֵּר עַל־; לַהֲפוֹךְ לְמִיוּתָּר
dispersal *n.* פִּיזּוּר; הִתְפַּזְּרוּת
disperse *v.* לְפַזֵּר; לְהִתְפַּזֵּר
dispirited *adj.* מְדוּכָּא
displace *v.* לְהָזִיז מִמְּקוֹמוֹ; לַעֲקוֹר (מִבֵּיתוֹ); לִתְפּוֹס אֶת מְקוֹם־
displaced person *n.* עָקוּר
display *n.* תְּצוּגָה; מִפְגָּן; גִּילּוּי; צַג; מַצָּג
display *v.* לְהַצִּיג לְרַאֲוָוה; לְגַלּוֹת; לְהַרְאוֹת
display unit *n.* מַצָּג; לוּחַ תְּצוּגָה
displease *v.* לִהְיוֹת לְמוֹרַת רוּחוֹ; לְהַרְגִּיז
displeasure *n.* אִי שְׂבִיעוּת רָצוֹן
disposable *adj.* חַד־פַּעֲמִי
disposable income *n.* הַכְנָסָה פְּנוּיָה
disposal *n.* (of) סִילּוּק; מִימּוּשׁ
–at his disposal (עוֹמֵד) לִרְשׁוּתוֹ
dispose *v.* לְסַדֵּר; לְהַצִּיב; לְהַטּוֹת לֵב
–dispose of לְסַלֵּק; לְהִיפָּטֵר מ־; לְחַסֵּל
disposed *adj.* נוֹטֶה ל־; מוּכָן ל־
disposition *n.* סִידּוּר; מַעֲרָךְ; נְטִיָּיה; מֶזֶג
dispossess *v.* (of) לְנַשֵּׁל מ־
disproportionate *adj.* שֶׁאֵינוֹ בַּיַּחַס הַנָּכוֹן; לֹא פְּרוֹפּוֹרְצִיוֹנִי
disprove *v.* לְהַפְרִיךְ; לְהָזִים
disputable *adj.* נִיתָּן לְוִויכּוּחַ; מְפוּקְפָּק
dispute *n.* סִכְסוּךְ; וִיכּוּחַ; מַחֲלוֹקֶת
dispute *v.* לְהִתְוַוכֵּחַ; לָרִיב; לְעַרְעֵר עַל־
disqualification *n.* פְּסִילָה
disqualified *adj.* פָּסוּל
disqualify *v.* (disqualified) לִפְסוֹל
disquiet *n.* דְּאָגָה; אִי־שֶׁקֶט
disquieting *adj.* מַדְאִיג
disregard *n.* זִלְזוּל (בּ־); הִתְעַלְּמוּת (מ־)
disregard *v.* לְהִתְעַלֵּם מ־; לְזַלְזֵל בּ־

disrepair *n.* מַצָּב שֶׁל הַזְנָחָה
disreputable *adj.* בַּעַל שֵׁם רַע; לֹא מְכוּבָּד
disrespect *n.* זִלְזוּל; חוֹסֶר כָּבוֹד; פְּגִיעָה בִּכְבוֹד־
disrespectful *adj.* לֹא מִתְיַיחֵס בְּכָבוֹד
disrupt *v.* לְהַפְרִיעַ ל־; לְשַׁבֵּשׁ
disruption *n.* שִׁיבּוּשׁ; הַפְרָעָה; מְהוּמָה
disruptive *adj.* מַפְרִיעַ; גּוֹרֵם לִמְהוּמוֹת
dissatisfaction *n.* אִי־שְׂבִיעוּת־רָצוֹן
dissatisfied *adj.* (with) לֹא מְרוּצֶה (מ־)
dissect *v.* לְנַתֵּחַ (בּעי״ח)
disseminate *v.* לְהָפִיץ (מֵידָע וכו׳)
dissemination *n.* הֲפָצָה
dissension *n.* רִיב; חִילּוּקֵי דֵּעוֹת; פֵּירוּד
dissent *n.* הִתְנַגְּדוּת; חִילּוּקֵי דֵּעוֹת
dissenting opinion *n.* דַּעַת מִיעוּט
dissertation *n.* עֲבוֹדַת־מֶחְקָר / דּוֹקְטוֹרָט
disservice *n.* שֵׁירוּת דּוֹב; נֶזֶק
dissident *n.* מִתְנַגֵּד (מִשְׁטָר וכד׳); פּוֹרֵשׁ
dissimilar *adj.* לֹא דּוֹמֶה; שׁוֹנֶה
dissipate *v.* לְפַזֵּר; לְהָפִיג; לְהִתְפַּזֵּר; לְבַזְבֵּז
dissipated *adj.* שֶׁל הוֹלְלוּת; שְׁטוּף הוֹלְלוּת
dissipation *n.* פִּיזּוּר; בִּזְבּוּז; הוֹלְלוּת
dissociate *v.* לְהַפְרִיד; לְנַתֵּק
–dissociate oneself לְהִתְנַתֵּק; לְהִתְנַעֵר
dissolute *adj.* מוּפְקָר; מוּשְׁחָת
dissolution *n.* בִּיטּוּל; פֵּירוּק; פִּיזּוּר
dissolve *v.* לְהָמֵס; לְהִתְמוֹסֵס (בּ־); לְפָרֵק; לְבַטֵּל; לְפַזֵּר; לְהִתְפַּזֵּר
dissuade *v.* לְהָנִיא; לְשַׁכְנֵעַ אוֹתוֹ שֶׁלֹּא
distance *n., v.* מֶרְחָק; רִיחוּק (זְמַן); לְהַרְחִיק
distant *adj.* מְרוּחָק; מֶרְחוֹק; רָחוֹק
distaste *n.* סְלִידָה
distasteful *adj.* לֹא נָעִים; דּוֹחֶה
distend *v.* לְנַפֵּחַ; לְהִתְנַפֵּחַ
distension *n.* נְפִיחוּת; הִתְנַפְּחוּת
distil(l) *v.*(מ־) לְזַקֵּק; לִשְׁאוֹב (מ־); לְלַקֵּט (מ־)
distinct *adj.* בָּרוּר; נִבְדָּל (מ־); שׁוֹנֶה
distinction *n.* הַבְדָּלָה; הַבְחָנָה; הֶבְדֵּל; הִצְטַיְּינוּת; יִיחוּד; אוֹת כָּבוֹד / הִצְטַיְּינוּת

D

distinctive *adj.* אופייני; ייחודי; מובהָק
distinctly *adv.* בְּבֵירוּר; בְּפֵירוּש
distinguish *v.* לְהַבדיל (בֵּין־); לְהַבחין בּ־; לְייַחֵד; לְצַיֵין; לְאַפיֵין; לְהִצטַיֵין
distinguished *adj.* מְפוּרסָם; דָגוּל; מִצטַיֵין; מַרשִים; מְכוּבָּד
distort *v.* לְעַווֵת; לְעַקֵם; לְסַלֵף
distortion *n.* עִיווּת; סִילוּף
distract *v.* לְהָסִיחַ דַעַת־
distracted *adj.* לֹא מְרוּכָּז; מְבוּלבָּל; מְטוֹרָף מֵרוֹב־
distracting *adj.* מֵסִיחַ אֶת הַדַעַת; מַפרִיעַ לְהִתרַכֵּז
distraction *n.* הֶסָחַת דַעַת; הַפרָעָה; עִיסוּק מְבַדֵר/מְעַניֵין; פְּעוּלַת הֲסָחָה
– to distraction עַד כְּדֵי שִיגָעוֹן
distress *n.* כְּאֵב; סֵבֶל; צַעַר; מְצוּקָה
distress *v.* לְצַעֵר; לְייַסֵר; לִגרוֹם סֵבֶל ל־
distressing *adj.* מְצַעֵר; מַכאִיב; מֵעִיק
distress signal *n.* אוֹת מְצוּקָה
distribute *v.* לְחַלֵק; לְהָפִיץ
distribution *n.* חֲלוּקָה; הִתפַּלגוּת; תְפוּצָה; הֲפָצָה
distributor *n.* מֵפִיץ; מְחַלֵק; מַפלֵג
district *n.* מָחוֹז; רוֹבַע; נָפָה; חֶבֶל אֶרֶץ
district attorney *n.* תוֹבֵעַ מְחוֹזִי
District Court *n.* בֵּית־מִשפָּט מְחוֹזִי
distrust *n.* אִי־אֵמוּן; חֲשדָנוּת
distrust *v.* לֹא לִבטוֹחַ בּ־; לַחשוֹד בּ־
distrustful *adj.* לֹא נוֹתֵן אֵמוּן (בּ־); חֲשדָנִי
disturb *v.* לְהַפרִיעַ (ל־); לְהָפֵר; לְהַדאִיג; לְבַלבֵּל סֵדֶר
disturbance *n.* הַפרָעָה; מְהוּמָה; גוֹרֵם מַפרִיעַ; הַפרָעָה נַפשִית
disturbed *adj.* מְעוּרעָר (בְּנַפשוֹ); מוּדאָג
disturbing *adj.* מַדאִיג
disunity *n.* פֵּירוּד; מַחֲלוֹקֶת; פִּילוּג
disuse *n.* אִי שִימוּש
ditch *n.* תְעָלָה
ditch *v.* לִזרוֹק; לַעֲזוֹב; לְהִיפָּטֵר מ־
dither *v.* לְהַסֵס; לִהיוֹת הַססָן
ditto *n.* אוֹתוֹ דָבָר; כַּנַ״ל
diuretic *n.* מְשַתֵן

dive *v.* לִצלוֹל; לִתחוֹב יָד; לְזַנֵק; לָרוּץ; לָעוּט
diver *n.* צוֹלֵל; צוֹללָן
diverge *v.* לִסטוֹת; לִהיוֹת שוֹנֶה; לְהִסתָעֵף
divergence *n.* סְטִייָה; הֶבדֵל; מִגווַן דֵעוֹת
diverse *adj.* שוֹנֶה; מְגוּוָן
diversification *n.* גִיוּוּן; הַגוָונָה
diversify *v.* (diversified) לְגַווֵן
diversion *n.* הַטָיָה; הֲסָטָה; שַעֲשוּעַ; עִיסוּק מְבַדֵר; (פְּעוּלַת) הֲסָחָה; מַעֲקָף (בּכביש)
diversity *v.* גִיוּוּן; מִגווָן; פָּנִים רַבּוֹת
divert *v.* לְהַטוֹת; לְהַפנוֹת; לְהָסִיחַ (דַעתוֹ); לְשַעֲשֵעַ; לְבַדֵר
divest *v.* (of) לְהַפשִיט; לִשלוֹל מ־; לְהִיפָּטֵר מ־
divide *n.* פָּרָשַת־מַיִם; פַּעַר; מִתרָס; נְקוּדַת מִפנֶה
divide *v.* לְחַלֵק; לְהִתחַלֵק; לְהִתפַּצֵל; לְהַפרִיד; לְפַלֵג; לְהֵיעָרֵךְ לְהַצבָּעָה (בּפרלמנט)
divided *adj.* חָצוּי; חָלוּק בְּדַעתוֹ
dividend *n.* דִיבִידֶנד; סְכוּם זְכִייָה (בּטוֹטוֹ); רֶווַח; מְחוּלָק (בּחשבּוֹן)
– pay dividends לְהִשתַלֵם (בְּסוֹפוֹ שֶל דָבָר)
dividers *n.* מְחוּגַת עוֹקְצִים
divination *n.* הַגָדַת עֲתִידוֹת
divine *adj.* אֱלוֹהִי; נִפלָא
divine *v.* לְנַחֵש; לְנַבֵּא
diving *n.* צְלִילָה
diving board *n.* מַקפֵּצָה (בּבריכה)
divisible *adj.* (by) מִתחַלֵק (בּ־)
division *n.* חֲלוּקָה; הִתחַלקוּת; לִיגָה; חֲטִיבָה; אֲגַף; דִיבִיזיָה; אוּגדָה; חִילוּק; קַו הַפרָדָה; חַיִץ; מַחֲלוֹקֶת; הַצבָּעָה
divorce *n.* גֵירוּשִים; גֵט; נִיתוּק; פֵּירוּד
divorce *v.* לְהִתגָרֵש מ־; לְהַפרִיד; לְנַתֵק
divorcé; divorcée *n.* גָרוּש; גְרוּשָה
divulge *v.* לְגַלוֹת (ל־)
DIY עֲשֵה זֹאת בְּעַצמְךָ
dizziness *n.* סְחַרחוֹרֶת

D

dizzy *adj.* סְחַרְחַר; מְסוּחְרָר; מְסַחרֵר
dizzying *adj.* מְסַחרֵר
DJ דִי גֶ'יי; שַׁדרָן תַקלִיטִים
do *n.* מְסִיבָּה; תַרמִית; הוֹנָאָה
– do's and don'ts כְּלָלִים; "מִצווֹת עֲשֵׂה וְאַל תַּעֲשֶׂה"
do *v.* (did, done) לַעֲשׂוֹת; לַעֲסוֹק בּ־; לְהַצִּיג; לְטַפֵּל בּ־; לְסַיֵּים; לְחַקוֹת אֶת; לִקרוֹת; לְהַספִּיק; לְהַתאִים; לִפתוֹר; לְחַשֵׁב; לִלמוֹד; לְסַדֵר; לְתַקֵן; לְצַחצֵחַ; לְנַקוֹת
– do away with לְבַטֵל; לְחַסֵל
– do for לְהַתאִים; יָכוֹל לְשַׁמֵשׁ כּ־; לְהַשִׂיג; לְהִסתַדֵר בְּעִניַין־
– do him in לַהֲרוֹג; לְחַסֵל אוֹתוֹ
– do up לְכַפתֵר; לִרכּוֹס; לִקשׁוֹר; לְהִירָכֵס; לְהִיסָגֵר; לֶאֱרוֹז (בַּחֲבִילָה); לְשַׁפֵּץ
– can/could do with לִהיוֹת זָקוּק ל־; לֹא הָיָה מַזִיק לוֹ
– make do with לְהִסתַפֵּק בּ־; לְהִסתַדֵר עִם
– have to do with לִהיוֹת קָשׁוּר ל־; לִהיוֹת לוֹ קֶשֶׁר עִם
– do without לְהִסתַדֵר בְּלִי
DOA הִגִיעַ מֵת; הַנִרצָח (שֶׁנִמצָא מֵת)
docile *adj.* נוֹחַ (לְחִינוּךְ/לְאִילוּף)
dock *n.* רְצִיף; מִבדוֹק; מֵזַח; סַפסַל הַנֶאֱשָׁמִים
– docks הַנָמֵל (עַל מִתקָנָיו); מִספָּנָה
dock *v.* לְהִיכָּנֵס לִרצִיף; לְהַכנִיס לְמִבדוֹק; לְהִתחַבֵּר בֶּחָלָל; לְקַצֵץ בּ־; לְנַכּוֹת מ־
docket *n.* רְשִׁימַת מִשׁלוֹחִים/עֲבוֹדוֹת; תָוִוית
dockyard *n.* מִספָּנָה
doctor *n.* רוֹפֵא; דוֹקטוֹר
doctor *v.* לְטַפֵּל בּ־; לְזַייֵף; "לְשַׁפֵּץ" לְהוֹסִיף סַם וכו' ל־; לְסָרֵס; לְעַקֵר
doctorate *n.* דוֹקטוֹרָט
doctrine *n.* דוֹקטרִינָה
docudrama *n.* דְרָמָה תִיעוּדִית (בטלוויזיה)
document *n.* מִסמָךְ; תְעוּדָה
document *v.* לְהוֹכִיחַ בְּמִסמָכִים; לְתַעֵד
documentation *n.* תִיעוּד
documentary *adj.* תִיעוּדִי; מְתוֹעָד
documentary *n.* סֶרֶט תְעוּדָה
dodder *v.* לָנוּעַ בְּרַגלַיִים כּוֹשׁלוֹת
dodge *n.* (תְנוּעַת) הִתחַמקוּת; שִׁיטָה מְתוּחכֶּמֶת לְהִשׁתַמְטוּת (מ־)
dodge *v.* לְהִתחַמֵק (מ־); לְהִשׁתַמֵט מ־
dodger *n.* מִשׁתַמֵט
doe *n.* אַיָילָה; אַרנֶבֶת; שְׁפַנָה
doer *n.* עוֹשֶׂה; בִּיצוּעִיסט
does *see* do
dog *n.* כֶּלֶב; זְאֵב; שׁוּעָל (וכד'); בֶּן־אָדָם; "כֶּלֶב"
– go to the dogs לְהֵיהָרֵס; לְהִידַרדֵר
– let sleeping dogs lie אַל תְחַפֵּשׂ צָרוֹת מְיוּתָרוֹת
dog-eat-dog *adj.* שֶׁבּוֹ אָדָם לְאָדָם זְאֵב; תַחֲרוּתִי וְאַכזָרִי
dogfight *n.* קְרָב אֲוִוירִי; קְרָב כְּלָבִים
doggy *n.* כֶּלֶב (בִּשׂפַת ילדים)
doggy bag *n.* שַׂקִית לִשׁאֵרִיוֹת
dogmatic *adj.* דוֹגמָטִי; פַּסקָנִי
do-gooder *n.* "מְתַקֵן עוֹלָם" (טַרחָן)
dogtrot *n.* פְּסִיעָה קַלָה וּזרִיזָה
doily *n.* מַפִּית קְטַנָה עִם דוּגמָא
doing *n.* מַעֲשֶׂה; עֲבוֹדָה; עֲשִׂיָיה
doings *n.* מַעֲשִׂים; פְּעִילוּיוֹת
doldrums *n.* – in the doldrums מְדוּכָּא; מְדוּכדָךְ; דוֹרֵךְ בַּמָקוֹם
dole *n.* קִצבַּת אַבטָלָה
– be/go on the dole לְקַבֵּל קִצבַּת אַבטָלָה
doleful *adj.* עָצוּב; מְדוּכדָךְ
doll *n.* בּוּבָּה; "חֲתִיכָה"
doll *v.* (up) לְהַלבִּישׁ יָפֶה
– doll oneself up לְהִתלַבֵּשׁ יָפֶה
dollar *n.* דוֹלָר
dollar bill *n.* שְׁטַר דוֹלָר
dollop *n.* גוּשׁ (אוֹכֶל)
dolly *n.* בּוּבָּה; "חֲתִיכָה"; דוֹלִי (עגלת הַמַצלֵמָה)
dolphin *n.* דוֹלפִין
domain *n.* שֶׁטַח בִּשׁלִיטַת־; תְחוּם; שֵׁם מִתחָם/דוֹמֵיין (בָּאִינטֶרנֶט)

dome *n.* כִּיפָּה (שֶׁל בִּנְיָן); כִּיפַּת הָרֹאשׁ
domestic *adj.* מִשְׁפַּחְתִּי; בֵּיתִי; מְקוֹמִי; פְּנִימִי; מְבוּיָת; ־בַּיִת
domestic *n.* עוֹזֵר/עוֹזֶרֶת־בַּיִת
domestic appliance *n.* מַכְשִׁיר בֵּיתִי (חַשְׁמַלִּי)
domesticate *v.* לְבַיֵּית
domestic violence *n.* אַלִּימוּת בַּמִּשְׁפָּחָה
dominance *n.* שְׁלִיטָה; שִׁלְטוֹן (עַל־)
dominant *adj.* דוֹמִינַנְטִי; שׁוֹלֵט; בּוֹלֵט; שֶׁחוֹלֵשׁ (עַל־)
dominate *v.* לִשְׁלוֹט עַל־; לַחְלוֹשׁ עַל־
domination *n.* שְׁלִיטָה; שִׁלְטוֹן; שְׂרָרָה
domineer *v.* (over) לִרְדּוֹת בּ־
domineering *adj.* שְׁתַלְטָנִי
donate *v.* לִתְרוֹם
donation *n.* תְּרוּמָה
done *adj.* גָּמוּר; עָשׂוּי; מְבוּשָּׁל מַסְפִּיק
–done! מַסְכִּים! (לְעִסְקָה)
–not done לֹא יָפֶה; לֹא מְקוּבָּל/רָאוּי
–the done thing מַה שֶּׁרָאוּי לַעֲשׂוֹת; הַמְּקוּבָּל
done *v. 3rd form of* do
donkey *n.* חֲמוֹר
–(for) donkey's years הַרְבֵּה זְמַן
donor *n.* תּוֹרֵם
Don Quixote *n.* דוֹן קִישׁוֹט
doodle *v., n.* לְקַשְׁקֵשׁ; קִשְׁקוּשׁ
doom *n.* אֲבַדּוֹן; מָוֶות; גּוֹרָל מַר
doom *v.* לַחֲרוֹץ גּוֹרָל
–doomed to failure נִידּוֹן לְכִישָּׁלוֹן
Doomsday *n.* יוֹם הַדִּין
door *n.* דֶּלֶת; פֶּתַח
doorbell *n.* פַּעֲמוֹן הַדֶּלֶת
doorkeeper *n.* שׁוֹעֵר (בְּבִנְיָן)
doorknob *n.* יְדִית דֶּלֶת (עֲגוּלָּה)
doorman *n.* שׁוֹעֵר (בְּמָלוֹן, וכד׳)
doormat *n.* שְׁטִיחוֹן (בְּדֶלֶת כְּנִיסָה); ״סְמַרְטוּט רִצְפָּה״
door-to-door *adj.* מִדֶּלֶת לְדֶלֶת
doorway *n.* פֶּתַח הַדֶּלֶת
dope *n., v.* סַם (מְמַכֵּר); טִיפֵּשׁ; הָעוּבְדוֹת; הַמֵּידָע (סלנג); לְסַמֵּם
dork *n.* אִידְיוֹט; גּוֹלֶם; זַיִן

dormant *adj.* רָדוּם
dorm(itory) *n.* חֲדַר שֵׁינָה גָּדוֹל בְּמוֹסָד; מְעוֹנוֹת סְטוּדֶנְטִים
dosage *n.* מִינּוּן; מָנָה
dose *n.* מָנָה; מְנַת קְרִינָה
dose *v.* לָתֵת תְּרוּפָה ל־; לְמַלֵּא (בִּתְרוּפוֹת)
dossier *n.* תִּיק (מֵידָע)
dot *n., v.* נְקוּדָּה; לְסַמֵּן בִּנְקוּדָּה; לְנַקֵּד
–on the dot בְּדִיּוּק (בַּזְּמַן)
–dot one's i's לִסְגּוֹר קְצָווֹת; לְהַשְׁלִים פְּרָטִים
dotage *n.* תְּשִׁישׁוּת הַדַּעַת (מִזִּקְנָה)
dote *v.* (on) לְגַלּוֹת חִיבָּה יְתֵרָה (ל־)
dot matrix printer *n.* מַדְפֶּסֶת סִיכּוֹת
dotted *adj.* מְנוּקָּד; מְפוּזָּרִים; זָרוּעַ (בּ־)
dotty *adj.* מְשׁוּגָּע
double *adj., adv.* כָּפוּל; פִּי־שְׁנַיִים; זוּגִי; לִשְׁנַיִים; בְּזוּגוֹת; פַּעֲמַיִים
double *n.* כִּפְלַיִים; כָּפִיל; וִיסְקִי וכד׳ כָּפוּל
–at the double בְּרִיצָה קַלָּה; מִיָּד; בְּרִיצָה
double *v.* לְהַכְפִּיל; לִגְדּוֹל פִּי־שְׁנַיִים; לְקַפֵּל (לִשְׁנַיִים)
double agent *n.* סוֹכֵן כָּפוּל
double-barreled *adj.* דּוּ־קָנִי; (שֵׁם) כָּפוּל
double bass *n.* בַּטְנוּן
double bed *n.* מִיטָּה זוּגִית
double bluff *n.* הָפוּךְ עַל הָפוּךְ; כְּאִילּוּ בְּלוֹף
double-breasted *adj.* בַּעַל רְכִיסָה כְּפוּלָה (מְעִיל)
double-check *v.* לִבְדּוֹק פַּעֲמַיִים/שׁוּב
double chin *n.* סַנְטֵר כָּפוּל
double-cross *v., n.* לִבְגּוֹד בּ־; בְּגִידָה
double-dealing *adj., n.* נוֹכֵל; רַמָּאוּת; עִסְקָאוֹת מֵאֲחוֹרֵי הַגַּב
double-decker *n.* אוֹטוֹבּוּס דּוּ־קוֹמָתִי; כָּרִיךְ כָּפוּל (3 פְּרוּסוֹת)
double-digit *adj.* דּוּ־סִפְרָתִי
double-edged *adj.* דּוּ־מַשְׁמָעִי; פִּיפִיּוֹת
double-faced *adj.* דּוּ־פַּרְצוּפִי

D

double figures *n.* מִסְפָּר דוּ־סִפְרָתִי
double-quick *adj., adv.* מָהִיר / מַהֵר מְאוֹד
double standard *n.* מוּסָר כָּפוּל
double take *n.* הַצָּתָה מְאוּחֶרֶת; פֶּסֶק זְמַן אָרוֹךְ עַד לַתגוּבָה
double-talk *n.* דִיבּוּר דוּ־מַשמָעִי
doubly *adv.* כִּפלַיִים
doubt *n.* סָפֵק; פִּקפּוּק
–no doubt בְּלִי סָפֵק; אֵין סָפֵק שֶ־
–without doubt לְלֹא סָפֵק; אֵין סָפֵק שֶ־
doubt *v.* לְהַטִיל סָפֵק; לְפַקפֵּק; לֹא לִבטוֹחַ בְּ־
doubtful *adj.* (מוּטָל) בְּסָפֵק; מְסוּפָּק; מְפוּקפָּק
doubtless *adv.* לְלֹא סָפֵק; קָרוֹב לְוַודַאי
dough *n.* בָּצֵק; כֶּסֶף (סלֶנג)
doughnut *n.* סוּפגָנִייָה
dove *n.* יוֹנָה
dovecot *n.* שׁוֹבָךְ יוֹנִים
dovetail *n.* מַחבָּר זְנַב־יוֹנָה
dowager *n.* אַלמָנָה יוֹרֶשֶׁת תוֹאַר; גְבִירָה
dowdy *adj.* לֹא אוֹפנָתִי; שֶׁלְבוּשׁוֹ פָּשׁוּט מִדַי
down *adj.* מְדוּכָּא; בְּכִיווּן מַטָה; מוּשׁבָּת
down *adv.* לְמַטָה; לָאָרֶץ; פָּחוֹת; דָרוֹמָה; (תַשׁלוּם) עַל הַחֶשׁבּוֹן; רָשׁוּם; מְאוּנָךְ (בְּתַשׁבֵּץ)
–down with הָלְאָה עִם...! ...הַבַּיתָה!; חוֹלֶה בְּ־
down *n.* פְּלוּמָה
down *prep.* (בְּכִיווּן) מַטָה; בְּמוֹרַד־; לְאוֹרֶךְ
down *v.* לְהַפִּיל; לִבלוֹעַ
downbeat *adj.* מְאוּפָּק; לֹא מִתלַהֵב; פֶּסִימִי
downcast *adj.* מְדוּכָּא; מוּשׁפָּלוֹת (עֵינַיִים)
downfall *n.* גֶשֶׁם שׁוֹטֵף וכד'; נְפִילָה; מַפָּלָה
downgrade *v.* לְהוֹרִיד בְּדַרגָה; לְהִתדַרדֵר
down-hearted *adj.* עָצוּב; מְדוּכָּא
downhill *adv., adj.* בְּמִדרוֹן
–go downhill לְהִידַרדֵר

download *v.* לְהוֹרִיד (קוֹבֶץ, תוֹכנָה)
down payment *n.* תַשׁלוּם בְּמְזוּמָן (עַל הַחֶשׁבּוֹן)
downplay *v.* לְגַמֵד; לְהַמעִיט בַּחֲשִׁיבוּת
downpour *n.* גֶשֶׁם שׁוֹטֵף
downright *adj., adv.* גָמוּר; גַס (שֶׁקֶר); גָלוּי; מַמָשׁ
downscale *v.* לְהוֹרִיד אֵיכוּת / רָמָה
downside *n.* חִיסָרוֹן; מְגַמַת יְרִידָה
downsize *v.* לְהַקטִין; לְצַמצֵם
Down's syndrome *n.* תִסמוֹנֶת דָאוּן
downstairs *adv., adj.* (בַּקוֹמָה) לְמַטָה; שֶׁלְמַטָה
down-to-earth *adj.* מַעֲשִׂי; תַכלִיתִי
downtown *adv., adj.* מֶרכַּז הָעִיר; לַמֶרכָּז הַמִסחָרִי בָּעִיר
downtrend *n.* מְגַמַת יְרִידָה
downturn *n.* יְרִידָה (בִּפעִילוּת עִסקִית)
down under *n.* אוֹסטרַליָה; נִיו־זִילַנד
down vest *n.* שַׁכפָּץ (לֹא צְבָאִי)
downward *adj.* יוֹרֵד; שֶׁל יְרִידָה; מַטָה
downwards *adv.* (כְּלַפֵּי) מַטָה
dowry *n.* נְדוּנְיָה
doze *n., v.* נִמנוּם; לְנַמנֵם
dozen *n.* תְרֵיסָר
–dozens of עֲשָׂרוֹת־
Dr דוֹקטוֹר
drab *adj.* מְשַׁעֲמֵם; חַדגוֹנִי; אָפוֹר
draconian *adj.* דְרָקוֹנִי; אַכזָרִי
draft *n.* טְיוּטָה; מִמשָׁךְ בַּנקָאִי; יְחִידָה; גִיוּס חוֹבָה; רוּחַ פְּרָצִים
draft *v.* לְהָכִין טְיוּטָה; לְגַייֵס
draftee *n.* מְגוּיָס (לְשֵׁירוּת חוֹבָה)
draftsman *n.* שַׂרטָט; כְּלִי (בְּדַמקָה); נַסָח
drafty *adj.* פָּתוּחַ לְרוּחַ פְּרָצִים
drag *n.* גְרִירָה; סְחִיבָה; גוֹרֵם מְעַכֵּב; מִטרָד; בַּאֲסָה; "כָּבֵד"; מְצִיצָה; "שַׁכטָה"; דְרַאג
drag *v.* לִגרוֹר; לִסחוֹב; לְהִיסָחֵב; לְהִימָשֵׁךְ בְּלִי סוֹף; לְחַפֵּשׂ בְּקַרקָעִית־
–drag your feet לִגרוֹר רַגלַיִים; לִנקוֹט סַחֶבֶת
–drag on לְהִימָשֵׁךְ (בְּלִי סוֹף)

D

–draw near לְהִתְקָרֵב
–draw on לְהִתְקָרֵב; לִלְבּוֹשׁ; לְהֵיעָזֵר בּ־; לְהִשְׁתַּמֵּשׁ בּ־
–draw him out לְדוֹבֵב; לַעֲשׂוֹתוֹ יוֹתֵר מְשׁוּחְרָר
–draw up (לְהִתְקָרֵב וְ־) לַעֲצוֹר; לְקָרֵב; לְנַסֵּחַ; לַעֲרוֹךְ
drawback *n.* מִגְרַעַת; חִיסָּרוֹן; הֶיעָבוֹן
drawbridge *n.* גֶּשֶׁר זָחִיחַ
drawer *n.* מְגֵירָה; צַיָּר; מְסַרְטֵט; מוֹשֵׁךְ
drawers *n.* תַּחְתּוֹנִים
drawing *n.* צִיּוּר; סִרְטוּט
drawing board *n.* לוּחַ שִׂרְטוּט
drawing pin *n.* נַעַץ
drawing room *n.* חֲדַר־אוֹרְחִים
drawl *v.* לְדַבֵּר לְאַט/בַּהֲבָרוֹת אֲרוּכּוֹת
drawn *v. 3rd form of* draw
drawn *adj.* מָתוּחַ; עָיֵיף; מוּדְאָג; מָשׁוּךְ; מוּסָט
drawn-out *adj.* שֶׁנִּמְשָׁךְ זְמַן רַב; אָרוֹךְ
dread *n., v.* פַּחַד גָּדוֹל; אֵימָה; לִפְחוֹד מְאוֹד
dreadful *adj.* אָיוֹם; מַחֲרִיד; נוֹרָא
dream *n., v.* חֲלוֹם; הֲזָיָה; לַחֲלוֹם (עַל־)
dreamer *n.* חוֹלֵם; בַּעַל חֲלוֹמוֹת
dreamt *v. past and 3rd form of* dream
dreamy *adj.* חוֹלְמָנִי; מְעוּרְפָּל; חֲלוֹמִי
dreary *adj.* מְשַׁעֲמֵם; מְדַכֵּא; קוֹדֵר
dredge *v.* לְנַקּוֹת/לְהַעֲלוֹת בְּמַחְפֵּר
dregs *n.* מִשְׁקָע; פְּסוֹלֶת; חֶלְאָה
drench *v.* לְהַרְטִיב לְגַמְרֵי
dress *n.* שִׂמְלָה; לְבוּשׁ; תִּלְבּוֹשֶׁת
dress *v.* לְהַלְבִּישׁ; לְהִתְלַבֵּשׁ; לִקְנוֹת בְּגָדִים לְ־; לַחֲבוֹשׁ; לְהוֹסִיף רוֹטֶב לְ־; לְהָכִין לְבִישׁוּל; לְנַקּוֹת; לְקַשֵּׁט; לְעַצֵּב
–dress down לִנְזוֹף בּוֹ קָשׁוֹת
–dress up לְהִתְלַבֵּשׁ יָפֶה; לְהִתְחַפֵּשׂ (כְּ־); לְיַיפּוֹת; לְצַעְצֵעַ; לְהַצִּיג (כְּ־)
–get dressed לְהִתְלַבֵּשׁ
dress circle *n.* יָצִיעַ רִאשׁוֹן
dresser *n.* מַלְבִּישׁ; מִתְלַבֵּשׁ; אָרוֹן; מִזְנוֹן
dressing *n.* (הוֹסָפַת) רוֹטֶב; מִילּוּי (עוֹף); מִשְׁחָה; תַּחְבּוֹשֶׁת; חֲבִישָׁה; דֶּשֶׁן

–drag him through the mud לְהַכְפִּישׁ אֶת שְׁמוֹ
dragnet *n.* "רֶשֶׁת" שֶׁהַמִּשְׁטָרָה פּוֹרֶשֶׂת
dragon *n.* דְּרָקוֹן; "מְכַשֵּׁפָה"
dragonfly *n.* שַׁפִּירִית
drain *n.* צִינּוֹר/תְּעָלַת נִיקּוּז; בִּיּוּב; נֵטֶל; גּוֹרֵם שֶׁמְּדַלְדֵּל
–go down the drain לָלֶכֶת לְאִיבּוּד; לְהִתְבַּזְבֵּז סְתָם; לָלֶכֶת פַּיְיפֶן
drain *v.* (of) לְנַקֵּז; לְיַיבֵּשׁ; לְהִתְיַיבֵּשׁ; לְהִתְנַקֵּז; לְרוֹקֵן (מִ־); לְדַלְדֵּל
drainage *n.* נִיקּוּז; מַעֲרֶכֶת בִּיּוּב
drainpipe *n.* צִינּוֹר נִיקּוּז; צִינּוֹר הַמַּרְזֵב
drake *n.* בַּרְוָז
drama *n.* מַחֲזֶה; דְּרָמָה; מַחֲזָאוּת; עִנְיָין
dramatic *adj.* שֶׁל דְּרָמָה; דְּרָמָטִי
dramatically *adv.* בְּאוֹפֶן דְּרָמָטִי; בִּדְרָמָטִיוּת
dramatize *v.* לְעַבֵּד לְמַחֲזֶה; לְהַמְחִיז; לְהַצִּיג בְּצוּרָה דְּרָמָטִית
drank *v. past of* drink
drape *n.* וִילוֹן
drape *v.* לִתְלוֹת; לְכַסּוֹת (בּ־); לְקַשֵּׁט (בּ־)
drastic *adj.* דְּרַסְטִי; נִמְרָץ
drastically *adv.* בְּאוֹפֶן דְּרַסְטִי
draught *n.* רוּחַ פְּרָצִים; (מִילּוּי) מֵחָבִית; לְגִימָה; שׁוֹקַע (שֶׁל ספינה)
–draughts דַּמְקָה
draught beer *n.* בִּירָה מֵחָבִית
draughtsman *n.* שַׂרְטָט; כְּלִי דַּמְקָה
draughty *adj.* פָּתוּחַ לְרוּחַ פְּרָצִים
draw *n.* שְׁלִיפָה; הַגְרָלָה; תֵּיקוּ; מוֹקֵד מְשִׁיכָה
draw *v.* (drew, drawn) לְצַיֵּיר; לְסַרְטֵט; לִמְשׁוֹךְ; לִגְרוֹר; לְהָסִיט (וִילוֹן); לִשְׁלוֹף; לְהַגִּיעַ; לְדוֹבֵב; לִשְׁאוֹב; לְמַלֵּא; לְתָאֵר; לְסַיֵּים בְּתֵיקוּ; לִרְשׁוֹם; לִנְשׁוֹם
–draw a conclusion לְהַסִּיק מַסְקָנָה
–draw ahead (of) לְהוֹבִיל; לְהִתְקַדֵּם בָּרֹאשׁ
–draw back (from) לָסֶגֶת; לְהֵירָתַע (מִ־)
–draw in לְהִתְקַצֵּר; לִנְטוֹת לַעֲרוֹב; לְהַגִּיעַ; לְצַיֵּיר
–draw lots לְהַפִּיל גּוֹרָל

dressing-down *n.* נְזִיפָה; ״שְׁטִיפָה״
dressing gown *n.* חָלוּק
dressing room *n.* חֲדַר הַלְבָּשָׁה; מֶלְתָּחָה
dressing table *n.* שׁוּלְחַן אִיפּוּר
dressmaker *n.* תּוֹפֶרֶת
dress rehearsal *n.* חֲזָרָה כְּלָלִית
drew *v. past of* draw
dribble *v.* לְנַזּוֹל; לְטַפְטֵף; לְהַזִּיל (רוֹק); לְכַדְרֵר
dribs *n.*
–in dribs and drabs בְּטִפְטוּפִים; כָּל פַּעַם קְצָת
dried *adj.* מְיוּבָּשׁ
drier *n.* מְייַבֵּשׁ שֵׂיעָר; מְייַבֵּשׁ כְּבִיסָה
drift *n.* תְּנוּעָה; סְחִיפָה; סְחוֹפֶת; הִיסָּחֲפוּת; עָנָן; כַּוָּונָה; כִּיווּן מַחֲשָׁבָה; מְגַמָּה
drift *v.* לְהִיסָּחֵף; לְהִידַּרְדֵּר; לְהִתְגַּלְגֵּל; לְהִתְפַּזֵּר
drifter *n.* סִירַת מִכְמוֹרֶת; חַי לְלֹא מַטָּרָה; נַוָּד
drifting sand *n.* חוֹלוֹת נוֹדְדִים
drill *n.* מַקְדֵּחָה; אִימּוּן; תַּרְגִּילֵי סֵדֶר; תִּרְגּוֹלֶת; תִּרְגּוּל; תַּרְגִּיל; תֶּלֶם; טוּר זְרָעִים
drill *v.* לִקְדּוֹחַ; לְתַרְגֵּל; לְאַמֵּן; לְהִתְאַמֵּן; לַעֲרוֹךְ תַּרְגִּיל; לְהַחְדִּיר (לְמוֹחוֹ)
drill bit *n.* מַקְדֵּחַ
drily *adv.* בְּיוֹבֶשׁ
drink *n.* מַשְׁקֶה; מַשְׁקֶה חָרִיף
drink *v.* (drank, drunk) לִשְׁתּוֹת; לְהִשְׁתַּכֵּר
drinkable *adj.* רָאוּי לִשְׁתִיָּיה
drinker *n.* שַׁתְיָין
drip *v.* לִנְטוֹף; לִדְלוֹף; לְטַפְטֵף
–be dripping wet לִהְיוֹת רָטוֹב לְגַמְרֵי
drip-dry *adj.* לְלֹא גִיהוּץ
drive *n.* נְסִיעָה; דֶּרֶךְ פְּרָטִית; חֲבָטָה בִּתְנוּפָה; מֶרֶץ; יְכוֹלֶת בִּיצוּעַ; דַּחַף; מַסָּע; מִבְצָע; מַאֲמָץ; הֶינֵעַ; הֲנָעָה; כּוֹנָן (בְּמַחְשֵׁב)
drive *v.* (drove, driven) לִנְהוֹג בְּ־; לִנְסוֹעַ; לְהַסִּיעַ; לְהוֹבִיל; לְגָרֵשׁ; לְהַרְחִיק; לְהָנִיעַ; לְהַפְעִיל; לְהָעִיף; לִזְרוֹק; לִתְקוֹעַ; לְהַכּוֹת בְּכוֹחַ; לִדְחוֹף (לְ־); לְהָבִיאוֹ לִידֵי־; לְהַעֲבִיד קָשֶׁה
–be driving at לַחְתּוֹר לְ־
drive-by *adj.* מֵרֶכֶב נוֹסֵעַ
drive-in *n.* קוֹלְנוֹעַ־רֶכֶב; מִסְעֶדֶת־רֶכֶב
drivel *v., n.* (לְדַבֵּר) שְׁטוּיוֹת
driver *n.* נֶהָג
driver's license *n.* רִשְׁיוֹן נְהִיגָה
driveway *n.* דֶּרֶךְ פְּרָטִית
driving *adj.* (גֶּשֶׁם) שׁוֹטֵף; כָּבֵד; חָזָק
driving *n.* נְהִיגָה
driving licence *n.* רִשְׁיוֹן נְהִיגָה
driving test *n.* מִבְחַן נְהִיגָה
drizzle *v., n.* (לָרֶדֶת) גֶּשֶׁם קַל
droll *adj.* מְשַׁעֲשֵׁעַ; מַצְחִיק
dromedary *n.* גָּמָל (חַד־דַּבֶּשֶׁת)
drone *v.* לְהַשְׁמִיעַ זִמְזוּם
–drone (on) לְבַרְבֵּר בְּקוֹל חַדְגוֹנִי
drool *v.* ״לְהַזִּיל רִיר״; לְהִשְׁתַּלְהֵב (מִ־)
droop *v.* לְהַתְחִיל לִנְבּוֹל; לִצְנוֹחַ (רֹאשׁוֹ וכו׳)
drop *n.* טִיפָּה; סוּכָּרִיָּיה; יְרִידָה; נְפִילָה; מֶרְחָק
–a drop in the ocean טִיפָּה בַּיָּם
–at the drop of a hat מִיָּד; לְלֹא הִיסּוּס
drop *v.* לְהַפִּיל; לְהַצְנִיחַ; לִיפּוֹל; לִשְׁמוֹט; לְטַפְטֵף; לִזְלוֹג; לָרֶדֶת; לְהַחֲלִישׁ; לְהֵיחָלֵשׁ; לְהוֹרִיד; לְהַפְסִיק; לַעֲזוֹב; לְנַפּוֹת (מִקְבוּצָה); לְהַשְׁמִיט; לָתֵת; לִזְרוֹק (הֶעָרָה); לִכְתּוֹב; לִשְׁלוֹחַ
–drop behind לְפַגֵּר אַחֲרֵי־/מֵאָחוֹר
–drop by/in לִקְפּוֹץ (לְבִיקּוּר)
–drop dead לִצְנוֹחַ וְלָמוּת; קְפוֹץ לִי!
–drop off לְהֵירָדֵם; לִקְטוֹן; לִפְחוֹת; לִיפּוֹל; לְהוֹרִיד אוֹתוֹ
–drop out (of) לִנְשׁוֹר מִ־
dropout *n.* נוֹשֵׁר; נֶפֶל; זָרוּק
dropper *n.* טַפְטֶפֶת; טְפִי
droppings *n.* גְּלָלִים; פֶּרֶשׁ
dropsy *n.* מַיֶּימֶת
drought *n.* בַּצּוֹרֶת
drove *v. past of* drive
drove *n.* עֵדֶר; הָמוֹן

drown *v.* לִטבּוֹעַ; לְהַטבִּיעַ; לְכַסוֹת; לְהָצִיף
drowsy *adj.* מְנוּמנָם; מַרדִים
drudge *n.* עוֹבֵד עֲבוֹדָה שְחוֹרָה / אֲפוֹרָה
drudgery *n.* עֲבוֹדָה קָשָה וּמשַעֲמֶמֶת / אֲפוֹרָה
drug *n.* תְרוּפָה; סַם
drug *v.* לְהוֹסִיף סַם ל־; לְסַמֵם
drug addict *n.* מָכוּר לְסַמִים; נַרקוֹמָן
drugged *adj.* מְסוּמָם; עִם סַם
druggist *n.* רוֹקֵחַ; בֵּית־מִרקַחַת
drugstore *n.* בֵּית־מִרקַחַת־תַמרוּקִייָה
drum *n.* תוֹף; קוֹל הַתוֹף; חָבִית
drum *v.* לְתוֹפֵף (בּ־); לְהַחדִיר (לְמוֹחוֹ)
–drum up לְגַייֵס (תמיכה)
drumbeat *n.* הַלמוּת תוּפִּים
drum major *n.* שַרבִּיטַאי
drummer *n.* מְתוֹפֵף
drumstick *n.* מַקֵל תוֹף; שוֹק עוֹף; פּוּלקֶה
drunk *v. 3rd form of* drink
drunk *adj., n.* שִיכּוֹר
–get drunk לְהִשתַכֵּר
drunkard *n.* שִיכּוֹר (מוּעָד)
drunken *adj.* שִיכּוֹר; שֶל שִכרוּת / שִיכּוֹרִים
drunken driving *n.* נְהִיגָה בְּשִכרוּת
drunkenness *n.* שִכרוּת
dry *adj.* יָבֵש; לֹא גָשוּם; צָמֵא; מַצמִיא; בְּלִי חֶמאָה וכד׳; מְשַעֲמֵם
dry *v.* (dried) לְייַבֵּש; לְנַגֵב; לְהִתייַבֵּש
dry-cleaner's *n.* מַכבֵּסַת נִיקוּי יָבֵש
dryer *n.* מְייַבֵּש שֵיעָר; מְייַבֵּש כְּבִיסָה
dry land *n.* יַבָּשָה
dryly *adv.* בְּיוֹבֶש
dryness *n.* יוֹבֶש
dual *adj.* זוּגִי; כָּפוּל; דוּ־
dual-purpose *adj.* דוּ־תַכלִיתִי / שִימוּשִי
dub *v.* לְהַעֲנִיק תוֹאַר אַבִּיר ל־; לְכַנוֹת; לְדַבֵּב
dubbing *n.* דִיבּוּב
dubious *adj.* מְפַקפֵּק; מְפוּקפָּק
duchess *n.* דוּכָּסִית
duchy *n.* דוּכָּסוּת

duck *n.* בַּרוָז; בַּרוָזָה; חוֹמֶד; אֶפֶס נְקוּדוֹת
–like a duck to water כְּדָג בַּמַיִם
–like water off a duck's back לְלֹא כָּל הַשפָּעָה
duck *v.* לְהוֹרִיד (רֹאש); לְהִתכּוֹפֵף; לִטבּוֹל / לְהַטבִּיל לְרֶגַע; לְהִתחַמֵק מ־
duckling *n.* בַּרוָזוֹן
duct *n.* צִינוֹר; תְעָלָה; פֶּתַח; מוֹבָל
dud *n., adj.* נֵפֶל; (דָבָר) חֲסַר עֵרֶך; חֲסַר כִּיסוּי
due *adj.* מַגִיעַ; חָל (תַשלוּמוֹ); רָאוּי; הוֹלֵם; צָרִיך לְהַגִיעַ; אָמוּר ל־
–due to בִּגלַל; עֵקֶב־
–in due time בַּזמַן; בְּעוֹד מוֹעֵד
–with all due respect עִם כָּל הַכָּבוֹד
due *n.* הַמַגִיעַ
–dues מַס; דְמֵי־חָבֵר
–give someone his due יֵש לוֹמַר לִזכוּתוֹ (ש־)
duel *n., v.* דוּ־קְרָב; לָצֵאת לְדוּ־קְרָב
duffel bag *n.* צִ׳ימִידָן; קִיטבֶּג
dug *v. past and 3rd form of* dig
duke *n.* דוּכָּס
dull *adj.* מְשַעֲמֵם; חַדגוֹנִי; לֹא בָּהִיר; לֹא מַבהִיק; קְשֵה־תְפִיסָה; קֵהֶה; עָמוּם; חַלָש; קוֹדֵר
dull *v.* לְהַקהוֹת; לְהֵיחָלֵש
dullness *n.* קֵהוּת; שִעֲמוּם; קַדרוּת
duly *adv.* כָּרָאוּי; כַּדִין; בַּזמַן
dumb *adj., n.* אִילֵם; שוֹתֵק; הָמוּם; מְטוּמטָם
–strike someone dumb לְהַכּוֹת בְּאֵלֶם
–the dumb הָאִילמִים
dumbbell *n.* מִשקוֹלֶת; מְטוּמטָם
dumbfounded מוּכֵּה תַדהֵמָה; הָמוּם
dumbness *n.* אֵלֶם; טִמטוּם
dumb waiter *n.* מַעֲלִית מָזוֹן; כּוֹנַן־הַגָשָה (מִסתוֹבֵב)
dummy *n.* אִימוּם; בּוּבַּת חַלוֹן־רַאֲוָוה; בּוּבַּת־פִּיתוּם; דֶמֶה; מוֹצֵץ; טֶמבֶּל
dummy run *n.* תַרגִיל; הֲרָצָה נִסיוֹנִית
dump *n* מִזבָּלָה; מִצבּוֹר; מָקוֹם מוּזנָח; ״חוֹר״; פֶּלֶט

D

dump *v.* לִזרוֹק; לְהַשלִיךְ; לִשפּוֹךְ; לְהָצִיף; לִמכּוֹר בְּמחִיר הֶיצֵף; לִנטוֹשׁ
dump(er) truck *n.* מַשָׂאִית רְכִינָה
dumping *n.* הַשלָכָה; הֶיצֵף (בַּשוּק)
dumping ground *n.* מִזבָּלָה
dumps *n.* מַצַב־רוּחַ שָׁפוּף
–be down in the dumps לִהיוֹת מְדוּכָּא
dumpy *adj.* גוּץ וְשָׁמֵן
dunce *n.* תַלמִיד קְשֵׁה־תְפִיסָה
dune *n.* חוֹלִית; דְיוּנָה
dune buggy *n.* טְרַקטוֹרוֹן
dung *n.* זֶבֶל גְלָלִים
dungarees *n.* סַרבָּל גִ'ינס
dungeon *n.* תָא מַאֲסָר (תַת־קַרקָעִי)
dunk *n.* הַטבָּעָה (בְּכַדוּרסַל)
dunk *v.* לִטבּוֹל (בְּתֵה וכו'); לְהַשרוֹת; לְהַטבִּיעַ
duo *n.* צֶמֶד
duodenum *n.* תְרֵיסַריוֹן
dupe *v., n.* לְרַמוֹת; לְסַדֵר אוֹתוֹ; פֶּתִי
duplex *n.* דִירָה דוּ־מִפלָסִית; בַּיִת דוּ־מִשפַּחתִי
duplicate *adj., n.* מְשוּכפָּל; זֵהֶה; הֶעתֵק מְדוּיָק
–in duplicate בִּשנֵי עוֹתָקִים; עִם הֶעתֵק
duplicate *v.* לַעֲשׂוֹת הֶעתֵק; לְשַׁכפֵּל; לְשַׁחזֵר
durability *n.* עֲמִידוּת; חוֹזֶק
durable *adj.* בַּר־קְייָמָא; לֹא מִתכַּלֶה; עָמִיד
durables *n.* מוּצָרִים בְּנֵי־קְייָמָא / לֹא מִתכַּלִים
duration *n.* מֶשֶׁךְ (זְמַן)
duress *n.* כְּפִייָה; לַחַץ
during *prep.* בְּמֶשֶׁךְ (כָּל־); בִּזמַן־
dusk *n.* בֵּין הָעַרבַּיִים
dust *n.* אָבָק
–bite the dust לְהֵיהָרֵג; לְהִתחַסֵל
–throw dust in someone's eyes לִזרוֹת חוֹל בְּעֵינֵי־
dust *v.* לְנַקוֹת אָבָק מ־; לְפַזֵר (אֲבָקָה) עַל־; לְאַבֵּק
dustbin *n.* פַּח אַשפָּה
duster *n.* מַטלִית
dusting *n.* נִיקוּי; אָבָק; אִיבּוּק
dust jacket/wrapper *n.* עֲטִיפַת סֵפֶר
dustman *n.* עוֹבֵד תַברוּאָה (בְּאוֹטוֹ זֶבֶל)
dustpan *n.* יָעֶה
dusty *adj.* מְאוּבָּק; מְכוּסֶה אָבָק
Dutch *adj., n.* הוֹלַנדִי; הוֹלַנדִית
dutiful *adj.* מְמַלֵא חוֹבָתוֹ; צַייתָנִי
dutifully *adv.* בְּצַייתָנוּת
duty *n.* חוֹבָה; תַפקִיד; שֵׁירוּת; מֶכֶס; מַס
–duties חוֹבוֹת; תַפקִידִים; מִסִים
–on/off duty (לֹא) בְּתַפקִיד / בְּתוֹרָנוּת
duty-free *adj., adv.* פָּטוּר מִמֶכֶס; לְלֹא מֶכֶס
duty officer *n.* קְצִין תוֹרָן
duvet *n.* שְׂמִיכַת פְּלוּמָה / פּוּךְ
dwarf *n., adj.* גַמָד; גַמָדִי; נַנָס
dwarf *v.* לְגַמֵד; לִגרוֹם שֶׁיֵירָאֶה קָטָן
dwell *v.* לָגוּר בּ־; לְהַרבּוֹת לְהַרהֵר בּ־/ לְדַבֵּר עַל־
dweller *n.* תוֹשָׁב; שׁוֹכֵן־; גָר
dwelling *n.* בַּיִת; מָעוֹן; דִירָה
dwindle *v.* (away) לִפחוֹת; לִקטוֹן
dye *n., v.* צֶבַע; חוֹמֶר צְבִיעָה; לִצבּוֹעַ; לְהִיצָבַע
dying *adj.* גוֹסֵס; עוֹמֵד לָמוּת / לַעֲבוֹר מִן הָעוֹלָם
dynamic *adj.* דִינָמִי; נִמרָץ
dynamics *n.* דִינָמִיקָה
dynamite *v., n.* לְפוֹצֵץ בְּדִינָמִיט; דִינָמִיט; "חוֹמֶר נֶפֶץ"; "פִּיצוּץ"
dynamo *n.* דִינָמוֹ
dynasty *n.* שׁוֹשֶׁלֶת
dysentery *n.* דִיזֶנטֶריָה
dyslexic *adj.* דִיסלֶקטִי
dyspepsia *n.* הַפרָעוֹת בְּעִיכּוּל

E

each *adj.* כָּל־
each *adv., pron.* כָּל אֶחָד (מֵהֶם); לְכָל אֶחָד
–each other זֶה לָזֶה; זֶה אֶת זֶה
eager *adj.* מִשְׁתוֹקֵק; לָהוּט (ל־)
eagerly *adv.* בְּלַהִיטוּת; בִּשְׁקִיקָה
eagerness *n.* לְהִיטוּת
eagle *n.* עַיִט; נֶשֶׁר
eagle-eyed *adj.* חַד־עַיִן
ear *n.* אוֹזֶן; (חוּשׁ) שְׁמִיעָה; שִׁיבּוֹלֶת
–up to his ears in שָׁקוּעַ עַד צַוָּארוֹ בּ־
–fall on deaf ears לִיפּוֹל עַל אוֹזְנַיִים אֲטוּמוֹת
–have an ear to the ground לִהְיוֹת מְעוּרֶה בָּעִנְיָינִים
–turn a deaf ear (to) לֶאֱטוֹם אוֹזֶן ל־
earache *n.* כְּאֵב אוֹזְנַיִים
eardrum *n.* תּוֹף הָאוֹזֶן
earl *n.* רוֹזֵן
earlier *see* early מוּקְדָם יוֹתֵר; לִפְנֵי כֵן
earliest *see* early הֲכִי מוּקְדָם
earlobe *n.* בְּדַל הָאוֹזֶן
early *adj.* (בָּא) מוּקְדָם; מַקְדִּים
–at the earliest לְכָל הַמּוּקְדָם
early *adv.* מוּקְדָם; לִפְנֵי הַזְּמַן
–as early as כְּבָר (בּ־)
–earlier (on) קוֹדֶם לָכֵן; מִקּוֹדֶם
early bird *n.* מַשְׁכִּים קוּם; מַקְדִּים (לָבוֹא)
early warning system *n.* מַעֲרֶכֶת אַתְרָעָה מוּקְדֶּמֶת
earmark *v.* לְיַיעֵד
earmuffs *n.* מְגִינֵי אוֹזְנַיִים; חֲמָמִיּוֹת
earn *v.* לְהַרְוִויחַ; לְהִשְׂתַּכֵּר; לְהָבִיא; לִזְכּוֹת; לְעוֹרֵר כְּלַפֵּי־
earned income *n.* הַכְנָסָה מִיגִיעָה אִישִׁית
earnest *adj.* רְצִינִי
earnestly *adv.* בִּרְצִינוּת; בֶּאֱמֶת
earnings *n.* רְוָוחִים; הַכְנָסָה; שָׂכָר
earphones *n.* אוֹזְנִיּוֹת
earplug *n.* אֶטֶם אוֹזְנַיִים
earring *n.* עָגִיל
earshot *n.* טְוַוח שְׁמִיעָה
ear-splitting *adj.* מַחֲרִישׁ אוֹזְנַיִים
earth *n.* כַּדּוּר הָאָרֶץ; (פְּנֵי) הָאָרֶץ; אֲדָמָה; אַרְקָה
–come down/back to earth לַחֲזוֹר לַמְּצִיאוּת
–cost the earth לַעֲלוֹת הַרְבֵּה כֶּסֶף
–How/What on earth...? אֵיךְ/מָה לַעֲזָאזֵל...?
–promise him the earth לְהַבְטִיחַ לוֹ הָרִים וּגְבָעוֹת
earthenware *n.* כְּלֵי חֶרֶס; עֲשׂוּי חֶרֶס
earthling *n.* תּוֹשַׁב כַּדּוּר־הָאָרֶץ
earthly *adj.* שֶׁל הָעוֹלָם הַזֶּה; אַרְצִי
earthquake *n.* רְעִידַת אֲדָמָה
earthshaking *adj.* מַדְהִים; מַרְעִישׁ
earthworm *n.* שִׁלְשׁוּל (תּוֹלַעַת)
earthy *adj.* שֶׁל אֲדָמָה; פָּשׁוּט; מְחוּסְפָּס; גַּס
ease *n.* נוֹחוּת; שֶׁקֶט; שַׁלְוָוה; קַלּוּת
–feel ill at ease לְהַרְגִּישׁ לֹא נוֹחַ/לֹא שָׁקֵט
–stand at ease לַעֲמוֹד "נוֹחַ"
–with ease בְּקַלּוּת
ease *v.* לְהָקֵל עַל־; לְהַשְׁקִיט; לִפְחוֹת; לְצַמְצֵם; לָנוּעַ/לְהַשְׁחִיל וכד׳ בִּזְהִירוּת; לְהַרְחִיב; לְשַׁחְרֵר; לְהֵירָגַע
–ease up לְהָאֵט (קֶצֶב); לְהָקֵל (עַל)
easel *n.* חֲצוּבָה
easily *adv.* בְּקַלּוּת; לְלֹא סָפֵק; כְּמוֹ כְּלוּם
east מִזְרָחִי; מִזְרָחָה; מִזְרָח
Easter *n.* פַּסְחָא
Easter egg *n.* בֵּיצַת־שׁוֹקוֹלָד
easterly *adj., adv.* מִזְרָחִי; מִזְרָחָה
eastern *adj.* שֶׁל הַמִּזְרָח; מִזְרָחִי
eastward(s) *adv.* מִזְרָחָה
easy *adj.* קַל; נוֹחַ; שָׁקֵט; אִיטִי; מָתוּן; נִינוֹחַ
–make it easy for לְהָקֵל עַל־
–easier said than done קַל לְדַבֵּר
–easy does it! לְאַט! בִּזְהִירוּת!

E

–go easy (on) לֹא לְהַחְמִיר יוֹתֵר מִדַּי (עִם); לֹא לְהַפְרִיז עִם; לֹא לִגְמוֹר אֶת כָּל־
easy chair *n.* כִּיסֵא נוֹחַ
easy-going *adj.* נוֹחַ; שֶׁאֵינוֹ מַקְפִּיד
eat *v.* (ate, eaten) לֶאֱכוֹל
–eat away (at) לִשְׁחוֹק; לְאַכֵּל
–eat out לֶאֱכוֹל בַּחוּץ (במסעדה)
–eat up לִגְמוֹר (לֶאֱכוֹל); "לֶאֱכוֹל"; "לִשְׂרוֹף"
eatable *adj.* אָכִיל
eatery *n.* מִזְלָלָה
eavesdrop *v.* לְהַאֲזִין בְּהֶסְתֵּר; לְצוֹתֵת
ebb *v.* לָסֶגֶת; לִפְחוֹת; לִדְעוֹךְ; לְהֵיחָלֵשׁ
ebb tide *n.* שֵׁפֶל (הים)
ebullient *adj.* תּוֹסֵס; נִלְהָב
eccentric מוּזָר; תִּמְהוֹנִי; אֶקְסְצֶנְטְרִי
eccentricity *n.* מוּזָרוּת
ECG אק"ג (רִשְׁמַת־לֵב חַשְׁמַלִּית)
echelon *n.* דֶּרֶג; מַעֲרָךְ
echo *n.* הֵד
echo *v.* לְהַחֲזִיר הֵד; לְהַדְהֵד; לַחֲזוֹר כְּהֵד עַל־
éclair *n.* פַּחֲזָנִית אֲרוּכָּה
eclectic *adj.* אֶקְלֶקְטִי; מְלוּקָּט מִמְּקוֹרוֹת שׁוֹנִים
eclipse *n.* לִיקּוּי (חַמָּה / יָרֵחַ); דְּעִיכָה; עִמְעוּם זוֹהַר
eclipse *v.* לְהַאֲפִיל עַל־
ecological *adj.* אֶקוֹלוֹגִי
ecology *n.* אֶקוֹלוֹגְיָה
e-commerce *n.* סַחַר אֶלֶקְטְרוֹנִי
economic *adj.* כַּלְכָּלִי; רִווּחִי; זוֹל
economical *adj.* חֶסְכוֹנִי
economically *adv.* מִבְּחִינָה כַּלְכָּלִית; בְּצוּרָה חֶסְכוֹנִית
economic growth *n.* צְמִיחָה כַּלְכָּלִית
economics *n.* (תּוֹרַת הַ־) כַּלְכָּלָה
economist *n.* כַּלְכְּלָן
economize *v.* לַחְסוֹךְ (בּ־)
economy *n.* כַּלְכָּלָה; מֶשֶׁק; חִיסָּכוֹן
economy class *n.* מַחְלֶקֶת תַּיָּירִים (בְּמָטוֹס)
economy size *n.* אֲרִיזָה חֶסְכוֹנִית; (מוּצָר) מִשְׁפַּחְתִּי

ecstasy *n.* אֶקְסְטָזָה; הִתְלַהֲבוּת; אֶקְסְטָזִי
ecstatic *adj.* אֶקְסְטָטִי; נִלְהָב וְנִרְגָּשׁ
ecstatically *adv.* בְּהִתְלַהֲבוּת יְתֵירָה
eczema *n.* גָּרָב; אֶקְזֶמָה
eddy *v.*, *n.* (לָנוּעַ בּ־) מְעַרְבּוֹלֶת
edema *n.* בַּצֶּקֶת
edge *n.* לַהַב; חוּד; עוֹקֶץ; קָצֶה; שָׂפָה; יִתְרוֹן
–be on edge לִהְיוֹת לָחוּץ / מָתוּחַ
–on the edge of עַל סַף
–take the edge off לְהַקְהוֹת; לְשַׁכֵּךְ; לְהָעִיב עַל־
edgewise, edgeways *adv.* עִם הַקָּצֶה קָדִימָה
–not get a word in edgewise לֹא לְהַצְלִיחַ לְהוֹצִיא מִלָּה
edgy *adj.* עַצְבָּנִי; מָתוּחַ
edible *adj.* אָכִיל
edict *n.* צַו; הוֹרָאָה
edifice *n.* בִּנְיָין (מַרְשִׁים)
edit *v.* לַעֲרוֹךְ
edition *n.* הוֹצָאָה; מַהֲדוּרָה
editor *n.* עוֹרֵךְ
editorial *adj.* שֶׁל עוֹרֵךְ / מַעֲרֶכֶת
editorial *n.* מַאֲמַר מַעֲרֶכֶת
EDP עִיבּוּד נְתוּנִים אֶלֶקְטְרוֹנִי; ענ"א
educate *v.* לְחַנֵּךְ; לְלַמֵּד
educated *adj.* מַשְׂכִּיל; מְיוּמָּן; מְנוּסֶּה
educated guess *n.* נִיחוּשׁ סָבִיר / מְלוּמָּד
education *n.* חִינּוּךְ; הַשְׂכָּלָה
educational *adj.* חִינּוּכִי; מְאַלֵּף
educator *n.* מְחַנֵּךְ
eel *n.* צְלוֹפָח
eerie *adj.* מַפְחִיד
efface *v.* לִמְחוֹק
effect *n.* הַשְׁפָּעָה; תּוֹצָאָה; פְּעָלוּל; רוֹשֶׁם; אֶפֶקְט
–come into effect לְהִיכָּנֵס לְתוֹקֶף
–effects חֲפָצִים
–for effect לְמַעַן הָרוֹשֶׁם
–in effect לְמַעֲשֶׂה; בְּתוֹקֶף
–take effect (לְהַתְחִיל) לְהַשְׁפִּיעַ; לְהִיכָּנֵס לְתוֹקֶף

– to that/this effect בְּרוּחַ זוֹ ; בְּמַשמָעוּת זוֹ
effect *v.* לְהָבִיא לִידֵי־
effective *adj.* יָעִיל ; אֶפֶקטִיבִי ; מַרשִים ; מַמָשִי ; קַיָים ; תָקֵף ; בְּתוֹקֶף
effectively *adv.* בִּיעִילוּת ; לְמַעֲשֶׂה
effectiveness *n.* יְעִילוּת
effeminate *adj.* נָשִי (גֶבֶר)
effervescent *adj.* תוֹסֵס
efficacious *adj.* יָעִיל
efficacy *n.* יְעִילוּת ; מוֹעִילוּת
efficiency *n.* יְעִילוּת ; נְצִילוּת
efficient *adj.* יָעִיל
efficiently *adv.* בִּיעִילוּת
effigy *n.* דְמוּת ; בּוּבָּה בִּדמוּת־
effluent *n.* שְפָכִים
effort *n.* מַאֲמָץ ; נִיסָיוֹן
effortless *adj.* שֶאֵינוֹ כָּרוּך בְּמַאֲמָץ
effrontery *n.* חוּצפָּה
effusive *adj.* מִשתַפֵּך
e.g. לְמָשָל
egalitarian *n., adj.* דוֹגֵל בְּשִוויוֹן ; שִוויוֹנִי
egg *n., v.* בֵּיצָה ; בֵּיצִית
– egg someone on לְהָסִית ; לְהָאִיץ בּ־
eggcup *n.* גָבִיעַ לְבֵיצָה
egghead *n.* אִינטֶלֶקטוּאָל
eggplant *n.* חָצִיל
egg-shaped *adj.* דְמוּי בֵּיצָה
eggshell *n.* קְלִיפַּת בֵּיצָה
ego *n.* הָאֲנִי ; אֶגוֹ
egocentric *adj.* אֶגוֹצֶנטרִי ; אָנוֹכִיִי
egotism *n.* אָנוֹכִיוּת
egotist *n.* אָדָם אָנוֹכִיִי
egotistic(al) *adj.* אָנוֹכִיִי
ego trip *n.* פְּעִילוּת לְהַאֲדָרַת עַצמוֹ ; אֶגוֹ־טְרִיפּ
egregious *adj.* מְשַוֵועַ ; מַחפִּיר
Egyptian *adj., n.* מִצרִי
eight *adj., n.* שְמוֹנֶה
eighteen *adj., n.* שְמוֹנֶה־עֶשׂרֵה
eighteenth *adj., n.* (הַחֵלֶק) הַשמוֹנָה־עָשָׂר
eighth *adj., n.* שְמִינִי ; שְמִינִית
eightieth *adj., n.* (הַחֵלֶק) הַשמוֹנִים
eighty *adj., n.* שְמוֹנִים
– in the eighties בֵּין שְמוֹנִים לְתִשעִים ; בִּשנוֹת הַשמוֹנִים
either *adj.* זֶה אוֹ זֶה ; (כָּל) אֶחָד מִשנֵי־ ; בִּשנֵי־
either *pron., adv.* זֶה אוֹ זֶה ; (כָּל) אֶחָד מִשנֵי־ ; גַם (לֹא)
– either...or... אוֹ (ש־)... אוֹ (ש־)
ejaculate *v.* לִפלוֹט (זֶרַע) ; לִקרוֹא (לְפֶתַע)
ejaculation *n.* פְּלִיטָה ; קְרִיאָה
eject *v.* לְסַלֵק ; לְגָרֵש ; לִפלוֹט ; לְהוֹצִיא ; לְהַפעִיל כִּיסֵא מַפלֵט
ejection seat *n.* כִּיסֵא מַפלֵט
elaborate *adj.* מְעוּבָּד לִפרָטָיו ; מוּרכָּב ; מְסוּלסָל (סִגנוֹן)
elaborate *v.* (on) לְפָרֵט ; לְפַתֵחַ ; לְשַכלֵל
elapse *v.* לַחֲלוֹף
elastic *adj., n.* אֶלַסטִי ; גָמִיש ; גוּמִי ; גוּמִיָיה
elastic band *n.* גוּמִיָיה
elasticity *n.* גְמִישוּת ; אֶלַסטִיוּת
elated *adj.* מְאוּשָר ; שָׂמֵחַ וְנִרגָש
elation *n.* הִתרוֹמְמוּת רוּחַ
elbow *n.* מַרפֵּק ; זָווִית ; בֶּרֶך (בְּצִינוֹר)
elbow *v.* לִדחוֹף ; לְפַלֵס דֶרֶך (בְּמַרפְּקִים)
elbow-room *n.* מָקוֹם מְרוּוָח ; מָקוֹם לָזוּז ; מֶרחָב
elder *adj.* הַמְבוּגָר מִמֶנוּ ; הַבְּכוֹר
elder *n.* הַמְבוּגָר יוֹתֵר ; הַמְבוּגָר ; סַמבּוּק
– the elders הַזְקֵנִים
elderly *adj.* קָשִיש ; מְבוּגָר
elder statesman *n.* מְדִינַאי וָתִיק / בָּכִיר
eldest *adj.* הַמְבוּגָר בְּיוֹתֵר ; הַבְּכוֹר
e-learning *n.* לְמִידָה (אֶלֶקטרוֹנִית) מֵרָחוֹק
elect *adj., v.* הַמְיוּעָד ; הַנִבחָר ; לִבחוֹר
election *n.* בְּחִירוֹת ; בְּחִירָה
election campaign *n.* מַסַע בְּחִירוֹת
electioneering *n.* נִיהוּל תַעֲמוּלַת בְּחִירוֹת
elector *n.* בּוֹחֵר
electorate *n.* צִיבּוּר הַבּוֹחֲרִים
electric *adj.* חַשמַלִי ; מְחַשמֵל
electrical *adj.* חַשמַלִי ; ־חַשמַל

E

electrical engineer *n.* מְהַנְדֵס חַשְמַל
electric blanket *n.* סָדִין חַשְמַלִי
electric chair *n.* כִּיסֵא חַשְמַלִי
electrician *n.* חַשְמַלַאי
electricity *n.* חַשְמַל
electricity bill *n.* חֶשבּוֹן חַשמַל
electrify *v.* (electrified) לְחַשמֵל; לְחַבֵּר לְחַשמַל
electrocute *v.* לְחַשמֵל (לְמָוֶות)
electrocution *n.* הִתחַשמְלוּת; הֲמָתָה בְּחַשמַל
electrode *n.* אֶלֶקטרוֹדָה
electrolysis *n.* אֶלֶקטרוֹלִיזָה
electromagnetic *adj.* אֶלֶקטרוֹמַגנֶטִי
electron *n.* אֶלֶקטרוֹן
electronic *adj.* אֶלֶקטרוֹנִי
electronic mail *n.* דוֹאַר אֶלֶקטרוֹנִי
electronics *n.* אֶלֶקטרוֹנִיקָה
elegance *n.* אֶלֶגַנטִיוּת; הִידוּר
elegant *adj.* אֶלֶגַנטִי; נָאֶה; הָדוּר
elegantly *adv.* בְּאֶלֶגַנטִיוּת
elegy *n.* קִינָה
element *n.* יְסוֹד; גוֹרֵם; יְסוֹד כִּימִי; עִיקָר; שֶמֶץ; אֶלֶמֶנט; (בּרַבִּים) כּוֹחוֹת הַטֶבַע
–in his element מַרגִיש כְּדָג בַּמַיִם
elementary *adj.* יְסוֹדִי; בְּסִיסִי; פָּשוּט
elementary school *n.* בֵּית־סֵפֶר יְסוֹדִי
elephant *n.* פִּיל
elephantine *adj.* פִּילִי; כְּמוֹ פִּיל; מְסוּרבָּל
elevated *adj.* מוּרָם; רָם; עִילִי; נִשׂגָב; נַעֲלֶה
elevated railway *n.* רַכֶּבֶת עִילִית
elevation *n.* הַעֲלָאָה; קִידוּם; הַגבָּהָה; רוֹממוּת; רָמָה; גוֹבַה; תַרשִים צַד שֶל בִּניָין; זָווִית כִּינוּן גוֹבַה
elevator *n.* מַעֲלִית; מַגבִּיהַ; מַמגוּרָה
eleven *adj., n.* אַחַת־עֶשׂרֵה
eleventh *adj., n.* (הַחֵלֶק) הָאַחַד־עָשָׂר
elf *n.* פֵיָה קְטַנָה; שֵדוֹן
elicit *v.* לְהוֹצִיא; לְעוֹרֵר
eligibility *n.* כְּשִירוּת; זַכָּאוּת; הַתאָמָה
eligible *adj.* (for) רָאוּי (לְהִיבָּחֵר); זַכַּאי ל־; מַתאִים
eliminate *v.* לְהָסִיר; לְסַלֵק; לְחַסֵל; לְנַפּוֹת
elimination *n.* הֲסָרָה; סִילוּק; חִיסוּל; נִיפּוּי; אֶלִימִינַצִיָה
élite *n.* עִילִית; אֶלִיטָה
élitist *adj.* אֶלִיטִיסטִי
elixir *n.* סַם חַיִים; תְרוּפַת פֶּלֶא
ellipsis *n.* הַשמָטַת מִלִים; שָלוֹש נְקוּדוֹת
elliptical *adj.* אֶלִיפּטִי
elm *n.* (עֵץ הַ־) בּוּקִיצָה
elocution *n.* אוּמָנוּת הַנְאוּם (בְּדִיבּוּר רָהוּט)
elongated *adj.* מוֹאֳרָך
elope *v.* לִברוֹחַ (עִם אָהוּב) כְּדֵי לְהִתחַתֵן
eloquent *adj.* בַּעַל כּוֹשֶר בִּיטוּי; מַרשִים
else *adv.* עוֹד; אַחֵר; מִלבַד זֹאת
–or else אַחֶרֶת; וָלֹא; תִיזָהֵר מִמֶנִי!
elsewhere *adv.* בְּמָקוֹם / לְמָקוֹם אַחֵר
elude *v.* לְהִתחַמֵק מ־; לִפרוֹחַ מִזִכרוֹנוֹ
elusive *adj.* מִתחַמֵק; חֲמַקמַק; נִשמָט מֵהַזִיכָּרוֹן
elves *plural of* elf
emaciated *adj.* כָּחוּש
e-mail *n., v.* (לִשלוֹחַ) דוֹאַר אֶלֶקטרוֹנִי
emanate *v.* לִנבּוֹעַ; לָצֵאת (מ־); לָבוֹא (מ־); לְהַקרִין
emancipate *v.* לְשַחרֵר (מִשִעבּוּד)
emancipation *n.* שִחרוּר; מַתַן זְכוּיוֹת שָווֹת; אֶמַנצִיפַּציָה
embalm *v.* לַחֲנוֹט
embankment *n.* סוֹללָה; דָייֵק
embargo *n.* אֶמבַּרגוֹ; הֶסגֵר
embark *v.* לַעֲלוֹת לָאוֹנִיָה / לַמָטוֹס; לְהַעֲלוֹת
–embark on לְהַתחִיל בּ־
embarrass *v.* לְהָבִיך
embarrassed *adj.* נָבוֹך; מְבוּיָש; שֶל מְבוּכָה
embarrassing *adj.* מֵבִיך
embarrassingly *adv.* עַד כְּדֵי לְהָבִיך
embarrassment *n.* מְבוּכָה; גוֹרֵם מֵבִיך; קוֹשִי
embassy *n.* שַגרִירוּת
embattled *adj.* בְּמָצוֹר; נָתוּן בְּקשָיִים

embed *v.* לְשַׁבֵּץ; לְשַׁקֵּעַ; לִתְקוֹעַ; לְעַגֵּן; לְהַשְׁרִישׁ
embellish *v.* (with) לְקַשֵּׁט (בּ־); לְיַיפּוֹת
ember *n.* גַּחֶלֶת; אוּד; רֶמֶץ
embezzle *v.* לִמְעוֹל
embezzlement *n.* מְעִילָה
embitter *v.* לְמָרֵר; לְמַרְמֵר
emblazon *v.* לְקַשֵּׁט; לְעַטֵּר; (לְהִתְנוֹסֵס)
emblem *n.* סֵמֶל
embodiment *n.* (of) הִתְגַּלְּמוּת (ה־)
embody *v.* לְגַלֵּם; לְהַמְחִישׁ; לִכְלוֹל
embrace *n., v.* חִיבּוּק; לְחַבֵּק; לְהִתְחַבֵּק; לְקַבֵּל; לְנַצֵּל; לִכְלוֹל; לְהַקִּיף
embroidery *n.* רִקְמָה; קִישּׁוּט
embryo *n.* עוּבָּר; רֵאשִׁית הִתְהַוּוּת
embryonic *adj.* בְּשָׁלָב הַתְחָלָתִי / הִתְפַּתְּחוּתִי
emcee *n., v.* מַנְחֶה; לְהַנְחוֹת
emend *v.* לְתַקֵּן (שגיאות)
emerald *n.* אִזְמָרַגְד
emerge *v.* לְהָגִיחַ; לְבַצְבֵּץ; לְהוֹפִיעַ; לַעֲלוֹת; לְהִתְבָּרֵר; לְהִתְגַּלּוֹת
emergence *n.* יְצִיאָה; עֲלִיָּה; הוֹפָעָה
emergency *n.* (שְׁעַת) חֵירוּם; מִקְרֵה חֵירוּם
emergency landing *n.* נְחִיתַת חֵירוּם
emergency room *n.* חֲדַר מִיּוּן (חֵירוּם)
emergent *adj.* מֵגִיחַ
emeritus *adj.* שֶׁל כָּבוֹד (לגבי פרופסור בדימוס)
emigrate *v.* לְהַגֵּר; לָרֶדֶת (מהארץ)
emigration *n.* הֲגִירָה; יְרִידָה
eminence *n.* מַעֲמָד רָם; הוֹד רוֹממוּתוֹ (הַחַשְׁמָן)
eminent *adj.* דָּגוּל; רַם מַעֲלָה; בַּעַל שֵׁם
emir *n.* אֲמִיר
emirate *n.* אֲמִירוּת
emissary *n.* שָׁלִיחַ (מִטַּעַם ממשלה וכו')
emission *n.* פְּלִיטָה; שִׁילּוּחַ; הַנְפָּקָה
emit *v.* לִפְלוֹט; לְהַשְׁמִיעַ; לִשְׁלוֹחַ; לְהַדִּיף
emolument *n.* שָׂכָר; גְּמוּל; רֶוַח; הַכְנָסָה
emotion *n.* רֶגֶשׁ (עַז); הִתְרַגְּשׁוּת
emotional *adj.* רִגְשִׁי; טָעוּן רְגָשׁוֹת; מְרַגֵּשׁ; נַפְשִׁי; רַגְשָׁנִי; אֱמוֹצְיוֹנָלִי
emotionally *adv.* בְּרַגְשָׁנוּת; רִגְשִׁית; נַפְשִׁית
empathy *n.* הִזְדַּהוּת; אֶמְפַּתְיָה
emperor *n.* קֵיסָר
emphasis *n.* הַדְגָּשָׁה; דָּגֵשׁ (עַל־)
emphasize *v.* לְהַדְגִּישׁ
emphatically *adv.* בְּהַדְגָּשָׁה; בְּתוֹקֶף; בְּהֶחְלֵט
empire *n.* אִימְפֶּרְיָה; קֵיסָרוּת
empirical *adj.* אֶמְפִּירִי
employ *v.* לְהַעֲסִיק (כּ־); לְנַצֵּל; לְהִשְׁתַּמֵּשׁ בּ־
employee *n.* שָׂכִיר; עוֹבֵד
employer *n.* מַעֲסִיק; מַעֲבִיד
employment *n.* הַעֲסָקָה; תַּעֲסוּקָה
emporium *n.* חֲנוּת גְּדוֹלָה / כּוֹלְבּוֹ
empower *v.* לְיַיפּוֹת כּוֹחוֹ; לְהַסְמִיךְ; לְחַזֵּק
empress *n.* קֵיסָרִית
emptiness *n.* רֵיקָנוּת; רֵיקוּת
empty *adj., v.* רֵיק; לְרוֹקֵן; לְהִתְרוֹקֵן; לְהִישָּׁפֵךְ
empty-handed *adj.* בְּיָדַיִים רֵיקוֹת
empty-headed *adj.* רֵיקָא; טִיפֵּשׁ
emulate *v.* לְנַסּוֹת לְחַקּוֹת / לַעֲלוֹת עַל־
emulsifier *n.* חוֹמֶר תַּחֲלִיב / מְתַחְלֵב
emulsion *n.* תַּחֲלִיב; צֶבַע תַּחֲלִיב (לֹא מבריק)
enable *v.* לְאַפְשֵׁר
enamel *n., v.* אֱמַייל; לְצַפּוֹת בְּאֱמַייל
enamored, enamoured *adj.* (of) מְאוֹהָב (בּ־); מִתְלַהֵב (מ־)
en bloc *adv.* כְּגוּשׁ אֶחָד
encampment *n.* מַחֲנֶה (מַאֲהָל)
enchant *v.* לְהַקְסִים; לְכַשֵּׁף
enchanted *adj.* מְכוּשָּׁף; מוּקְסָם
enchanting *adj.* מַקְסִים
enchantment *n.* קֶסֶם; כִּישּׁוּף
enchantress *n.* קוֹסֶמֶת; מְכַשֵּׁפָה; אִישָּׁה מְפַתָּה
encircle *v.* לְהַקִּיף (בּ־); לְכַתֵּר
enclave *n.* מוּבְלַעַת
enclose *v.* לְהַקִּיף (בּ־); לִסְגּוֹר מִסָּבִיב; לְצָרֵף (למכתב וכו')

enclosed *adj.* מְצוֹרָף; סָגוּר; מְבוּדָד
enclosure *n.* גִידּוּר מְסָבִיב; שֶׁטַח מְגוּדָּר; מִתְחָם; דָבָר מְצוֹרָף
encode *v.* לְהַצְפִּין; לְקוֹדֵד
encompass *v.* לְהַקִּיף
encore *n., v.* הַדְרָן; לְבַקֵּשׁ הַדְרָן
encounter *n.* הִיתָּקְלוּת; פְּגִישָׁה מִקְרִית
encounter *v.* לְהִיתָּקֵל בּ־; לִפְגּוֹשׁ בְּמִקְרֶה
encourage *v.* לְעוֹדֵד; לִתְמוֹךְ בּ־
encouragement *n.* עִידּוּד
encouraging *adj.* מְעוֹדֵד
encroach *v.* (on) לִפְלוֹשׁ ל־; לִפְגּוֹעַ בּ־; לִגְזוֹל
encumber *v.* (with) לְהַכְבִּיד עַל־; לְמַלֵּא בּ־
encyclop(a)edia *n.* אֶנְצִיקְלוֹפֶּדְיָה
end *n.* סוֹף; קֵץ; מָוֶות; קָצֶה; בָּדָל; מַטָּרָה
– be an end in itself לִהְיוֹת מַטָּרָה בִּפְנֵי עַצְמָהּ
– come to an end לְהַגִּיעַ לְקִיצוֹ; לְהִסְתַּיֵּים
– get (hold of) the wrong end of the stick לְהָבִין לֹא נָכוֹן; לִטְעוֹת לְגַמְרֵי
– make (both) ends meet לְהִתְפַּרְנֵס לִמְחִייָתוֹ; לִגְמוֹר אֶת הַחוֹדֶשׁ
– on end בִּרְצִיפוּת
– put an end to לָשִׂים קֵץ ל־; לְחַסֵּל
– to that end לְמַטָּרָה זוֹ; לְשֵׁם כָּךְ
end *v.* לְסַיֵּים; לְהִסְתַּיֵּים
– end up in לִמְצוֹא עַצְמוֹ בּ־; לְהַגִּיעַ בְּסוֹף ל־
endanger *v.* לְסַכֵּן
endangered *adj.* בְּסַכָּנַת הַכְחָדָה
endear *v.* לְחַבֵּב עַל־
endearment *n.* (הַבָּעַת) חִיבָּה
endeavor, endeavour *n.* מַאֲמָץ
endeavor, endeavour *v.* לְהִשְׁתַּדֵּל ל־
endemic *adj.* (מַחֲלָה) אֶנְדֶּמִית; נָפוֹץ (בְּמָקוֹם מסוים)
ending *n.* סוֹף; סִיוֹמֶת
endive *n.* עוֹלֶשׁ
endless *adj.* אֵין־קֵץ; אֵין־סוֹפִי
endlessly *adv.* בְּלִי סוֹף
endocrine *adj.* שֶׁל (בַּלּוּטַת) הַפְרָשָׁה פְּנִימִית
endorse *v.* לְהָסֵב; לַחְתּוֹם בְּגַב (הַשֵּׁיק); לִרְשׁוֹם; לְאַשֵּׁר; לִתְמוֹךְ בּ־; לְפַרְסֵם
endorsement *n.* הֲסִיבָּה; אִישּׁוּר; רִישּׁוּם עֲבֵירָה (בּרשיון נהיגה); פִּרְסוֹמֶת
endow *v.* לִתְרוֹם; לְיַיסֵּד קֶרֶן בּ־
– be endowed with לִהְיוֹת מְחוֹנָן בּ־
endowment *n.* (יִיסּוּד) קֶרֶן; תְּרוּמָה; הַקְדָּשָׁה; הַעֲנָקָה; יְכוֹלֶת; כִּשְׁרוֹן
end product *n.* מוּצָר מוּגְמָר / סוֹפִי
endurance *n.* כּוֹחַ סֵבֶל; סְבוֹלֶת
endure *v.* לִסְבּוֹל; לָשֵׂאת; לְהִימָּשֵׁךְ; לְהִתְקַיֵּים; לְהַחֲזִיק מַעֲמָד; לִשְׂרוֹד
enduring *adj.* נִמְשָׁךְ; מַתְמִיד; בַּר־קַיְימָא
end user *n.* מִשְׁתַּמֵּשׁ קָצֶה / סוֹפִי; צַרְכָן
enema *n.* חוֹקָן
enemy *n.* אוֹיֵב; שׂוֹנֵא
energetic *adj.* נִמְרָץ
energy *n.* מֶרֶץ; כּוֹחוֹת; אֶנֶרְגִיָּה
enervating *adj.* מַתִּישׁ
enfold *v.* לְחַבֵּק; לַעֲטוֹף; לֶאֱפוֹף
enforce *v.* לְהַשְׁלִיט; לִכְפּוֹת; לֶאֱכוֹף
enforcement *n.* אֲכִיפָה
engage *v.* לְהַעֲסִיק (כּ־); לִמְשׁוֹךְ; לְעוֹרֵר; לְשַׁלֵּב; לְהִיכָּנֵס לִקְרָב עִם־
– engage in לְהִתְעַסֵּק בּ־; לַעֲסוֹק בּ־; לָקַחַת חֵלֶק בּ־
engaged *adj.* מְאוֹרָס; עָסוּק; תָּפוּס
engagement *n.* אֵירוּסִין; הִתְחַייְבוּת; פְּגִישָׁה (רִשְׁמִית); שִׁילּוּב; קְרָב
– prior engagement הִתְחַייְבוּת קוֹדֶמֶת
engaging *adj.* מוֹשֵׁךְ; שׁוֹבֵה לֵב
engender *v.* לְהוֹלִיד; לְהָבִיא עִימּוֹ
engine *n.* מָנוֹעַ; קַטָּר
engine driver *n.* נַהַג קַטָּר
engineer *n.* מְהַנְדֵּס; טֶכְנַאי (טלפון); מְהַנְדֵּס / קְצִין מְכוֹנוֹת; חַיָּיל בְּחֵיל־הַנְדָּסָה; נַהַג קַטָּר
engineer *v.* לְתַכְנֵן; לְאַרְגֵּן
engineering *n.* הַנְדָּסָה
English *adj., n.* אַנְגְלִי; שֶׁל אַנְגְלִיָּה; אַנְגְלִית

engrave *v.* לַחֲרוֹת; לְגַלֵּף
–be engraved on לִהְיוֹת חָקוּק בּ־
engrossed *adj.* שָׁקוּעַ (בּ־)
engulf *v.* לִבלוֹעַ (הים); לֶאֱפוֹף (לֶהָבוֹת); לְהִשתַלֵּט עָלָיו; לִשטוֹף
enhance *v.* לְהַגדִיל; לְהוֹסִיף ל־; לְשַפֵּר
enhancement *n.* הַגדָלָה; שִיפּוּר; קִידוּם
enigma *n.* חִידָה; תַעֲלוּמָה
enigmatic *adj.* סָתוּם; מִסתוֹרִי; חִידָתִי
enjoy *v.* לֵיהָנוֹת מ־
–enjoy oneself לֵיהָנוֹת; לְבַלוֹת (בַּנעִימִים)
enjoyable *adj.* מְהַנֶה; נָעִים
enjoyment *n.* הֲנָאָה; תַעֲנוּג
enlarge *v.* לְהַגדִיל; לְהִתרַחֵב
–enlarge on לְהַרחִיב אֶת הַדִיבּוּר עַל־
enlarged *adj.* מוּרחָב; מוּגדָל
enlighten *v.* לְהָאִיר אֶת עֵינֵי־; לְהַסבִּיר ל־
enlightened *adj.* נָאוֹר
enlightening *adj.* מֵאִיר עֵינַיִים; מְאַלֵף
enlightenment *n.* הֶאָרָה; הַבהָרָה; נְאוֹרוּת; הַשׂכָּלָה
enlist *v.* לְגַייֵס; לְהִתגַייֵס; לְקַבֵּל
enliven *v.* לְהַחֲיוֹת; לְעוֹרֵר
enmity *n.* אֵיבָה
enormity *n.* (מַעֲשֶׂה) זְווָעָה; גוֹדֶל; הַממַדִים הָעֲצוּמִים
enormous *adj.* גָדוֹל מְאוֹד; עָצוּם
enormously *adv.* בְּמִידָה נִיכֶּרֶת; עַד מְאוֹד
enough *adv., adj.* מַספִּיק; דֵי הַצוֹרֶך; דֵי־; לְמַדַי; לְמַרבֵּה־
enough *pron.* (of) מַספִּיק; נִמאָס מ־
enquire *v.* = inquire
enquiry *n.* = inquiry
enrage *v.* לְעוֹרֵר אֶת זַעַם־
enraged *adj.* (at/by) נִזעָם (עַל)
enraptured *adj.* מוּקסָם; מַרגִיש עוֹנֶג עִילָאִי
enrich *v.* (with) לְהַעֲשִיר (בּ־)
enriched *adj.* מוּעֲשָר; מְשוּפָּר
enrichment *n.* הַעֲשָרָה
enrol, enroll *v.* לִרשוֹם; לְהֵירָשֵם
enrolment *n.* הַרשָמָה; מס׳ הַנִרשָמִים
en route *adv.* בַּדֶרֶך
enshrined *adj.* מְעוּגָן (בּ־)
enslave *v.* לְשַעבֵּד; לַהֲפוֹך לְעֶבֶד
ensnare *v.* לִלכּוֹד; לְהַפִּיל בָּרֶשֶת
ensue *v.* לָבוֹא אַחֲרֵי־כֵן; לִנבּוֹעַ (מ־)
ensuing *adj.* הַבָּא; שֶבָּא מִיָד אַחֲרֵי־כֵן
ensure *v.* לְהַבטִיחַ; לְווַדֵא
entail *v.* לְהַצרִיך; לִהיוֹת כָּרוּך בּ־
entangle *v.* לְסַבֵּך
–get/become entangled לְהִסתַבֵּך
entanglement *n.* סִיבּוּך; הִסתַבְּכוּת
enter *v.* לְהִיכָּנֵס (ל־); לְהִצטָרֵף ל־; לְהַתחִיל (בּ־); לִרשוֹם; לְהֵירָשֵם ל־
enterprise *n.* מִפעָל; תְעוּזָה; יוֹזמָה
enterprising *adj.* בַּעַל יוֹזמָה וּתעוּזָה
entertain *v.* לְאָרֵחַ; לְבַדֵר; לְשַעֲשֵעַ; לִשקוֹל; לְהַעֲלוֹת בְּלִיבּוֹ
entertainer *n.* בַּדְרָן
entertaining *adj.* מְהַנֶה; מְבַדֵר; מְשַעֲשֵעַ
entertainment *n.* אֵירוּחַ; הֲנָאָה; בִּידוּר; מוֹפָע
enthrall, enthral *v.* לְרַתֵק; לְהַקסִים
enthuse *v.* לְהִתלַהֵב (מ־); לְהַלהִיב
enthusiasm *n.* הִתלַהֲבוּת
enthusiast *n.* אוֹהֵד נִלהָב; חוֹבֵב מוּשבָּע
enthusiastic *adj.* נִלהָב
enthusiastically *adv.* בְּהִתלַהֲבוּת
entice *v.* לְפַתוֹת
enticement *n.* פִּיתוּי
entire *adj.* כּוּלוֹ; שָלֵם; גָמוּר; מָלֵא
entirely *adv.* לְגַמרֵי
entirety *n.*
–in its entirety בִּכלָלוּתוֹ; בִּשלֵמוּתוֹ
entitle *v.* לִקרוֹא (בְּשֵם); לַעֲשׂוֹתוֹ זַכַּאי ל־
–be entitled to זַכַּאי ל־
entitlement *n.* זַכָּאוּת
entity *n.* יֵשוּת
entourage *n.* פָּמַלְיָה
entrails *n.* מֵעַיִים; קְרָבַיִים
entrance *n.* כְּנִיסָה; פֶּתַח; רְשוּת כְּנִיסָה
entranced *adj.* מוּקסָם
entrancing *adj.* שוֹבֵה לֵב; מַקסִים

E

entrap *v.* לִלְכּוֹד ; לְהַפִּיל בַּפַּח
entreat *v.* לְהַפְצִיר בּ־
entreaty *n.* הַפְצָרָה ; תְּחִינָה
entrench *v.* לְבַסֵּס ; לְבַצֵּר
– be entrenched הִשְׁתָּרֵשׁ ; לְהִתְחַפֵּר
entrepreneur *n.* יַזָּם ; קַבְּלָן
entrepreneurial *adj.* יַזָּמִי
entrust *v.* לְהַפְקִיד בִּידֵי־
entry *n.* כְּנִיסָה ; זְכוּת כְּנִיסָה ; עֵרֶךְ (בְּמִילוֹן) ; רִישׁוּם ; (רְשִׁימַת / מִסְפַּר) מִשְׁתַּתְּפִים ; מִתְמוֹדֵד
entwine *v.* לְשַׁלֵּב ; לִשְׁזוֹר ; לִכְרוֹךְ
enumerate *v.* לִמְנוֹת
envelop *v.* לַעֲטוֹף ; לֶאֱפוֹף
envelope *n.* מַעֲטָפָה
enviable *adj.* מְעוֹרֵר קִנְאָה ; שֶׁיֵּשׁ לְקַנֵּא בּוֹ
envious *adj.* (of) מְקַנֵּא (בּ־) ; שֶׁל קִנְאָה
environment *n.* סְבִיבָה
environmental *adj.* סְבִיבָתִי
environmentalist *n.* שׁוֹחֵר אֵיכוּת הַסְּבִיבָה
envisage *v.* לְתָאֵר לְעַצְמוֹ ; לַחֲזוֹת
envision *v.* לְתָאֵר לְעַצְמוֹ ; לַחֲזוֹת ; לִרְאוֹת בְּדִמְיוֹנוֹ
envoy *n.* שָׁלִיחַ מְיוּחָד ; צִיר
envy *n.* קִנְאָה (עַל־) ; מָקוֹר לְקִנְאַת־
envy *v.* (envied) לְקַנֵּא בּ־
enzyme *n.* אֶנְזִים ; תַּסָּס
eon *n.* עִידָן (וְעִידָנִים) ; הָמוֹן זְמַן
epaulette *n.* כּוֹתֶפֶת
ephemeral *adj.* חוֹלֵף ; קְצַר יָמִים
epic *adj., n.* אֶפִּי ; אֶפּוֹס ; (שֶׁל) אֶפּוֹס קוֹלְנוֹעִי ; מַרְשִׁים ; שֶׁל גְּבוּרָה ; עָצוּם
epicenter *n.* מוֹקֵד הָרַעַשׁ ; לֵב ה־
Epicurean *adj.* נֶהֱנְתָנִי ; שֶׁל תַּעֲנוּגוֹת
epidemic *n., adj.* מַגֵּיפָה ; אֶפִּידֶמִי
epigram *n.* מִכְתָּם
epilepsy *n.* מַחֲלַת הַנְּפִילָה
epilog(ue) *n.* אֶפִּילוֹג ; אַחֲרִית־דָּבָר
episode *n.* פָּרָשָׁה ; אֵירוּעַ ; פֶּרֶק (בְּסִדְרָה)
episodic *adj.* שֶׁקּוֹרֶה פֹּה וָשָׁם
epistle *n.* אִיגֶּרֶת (שֶׁל שְׁלִיחֵי יֵשׁוּ)
epitaph *n.* כְּתוֹבֶת עַל מַצֵּבָה

epithet *n.* תּוֹאַר ; שֵׁם ; כִּינּוּי גְּנַאי
epitome *n.* (of) הִתְגַּלְּמוּת ה־ ; דּוּגְמָה (וּמוֹפֵת) ל־ ; סִיכּוּם קָצָר ; תַּמְצִית
epitomize *v.* לִהְיוֹת דּוּגְמָה ל־ ; לְגַלֵּם בְּתוֹכוֹ
epoch *n.* תְּקוּפָה ; עִידָן
equal *n., adj.* שָׁוֶה ; מִשְׁתַּוֶּה ל־
– equal to מְסוּגָל לַעֲמוֹד בּ־ / לְהִתְמוֹדֵד
– has no equal שֶׁאֵין שֵׁנִי לוֹ ; אֵין לוֹ מִתְחָרֶה
equal *v.* לִהְיוֹת שָׁוֶה ל־ ; לְהִשְׁתַּווֹת אֶל־ ; לְהַשְׁווֹת
– equal out לְהִתְקַזֵּז ; לְהִשְׁתַּווֹת
equality *n.* שִׁוְויוֹן
equalize *v.* לְהַשְׁווֹת (תוֹצָאָה)
equalizer *n.* שַׁעַר הַשִּׁוְויוֹן ; שַׁוְויָן
equally *adv.* בְּאוֹתָהּ מִידָּה ; בְּאוֹפֶן שָׁוֶה
equal opportunity *n.* שִׁוְויוֹן הִזְדַּמְנוּיוֹת
equanimity *n.* שַׁלְוָה ; שֶׁקֶט נַפְשִׁי
equate *v.* לְהַשְׁווֹת ; לִרְאוֹת כְּשָׁווִים
equation *n.* מִשְׁוָואָה ; הַשְׁוָואָה
equator *n.* קַו הַמַּשְׁוֶה
equilateral *adj.* שְׁוֵה־צְלָעוֹת
equilibrium *n.* שִׁיוּוּי־מִשְׁקָל ; אִיזּוּן ; שַׁלְוָה
equip *v.* לְצַיֵּיד (בּ־) ; לְהָכִין
– equip oneself (with) לְהִצְטַיֵּיד (בּ־)
equipment *n.* צִיּוּד
equipped *adj.* מְצוּיָּד ; מַתְאִים
equity *n.* הֲגִינוּת ; צֶדֶק ; הוֹן עַצְמִי ; שׁוֹוִי מַאֲזָנִי
equivalent *adj.* (to) שְׁוֵה־עֵרֶךְ (ל־)
equivalent *n.* מַקְבִּילָה ; שְׁוֵה־עֵרֶךְ
equivocal *adj.* מִשְׁתַּמֵּעַ לִשְׁתֵּי פָּנִים ; מְפוּקְפָּק
equivocate *v.* לְהִתְחַמֵּק מִלּוֹמַר דְּבָרִים בְּרוּרִים
era *n.* תְּקוּפָה ; עִידָן
eradicate *v.* לְבַעֵר ; לְשָׁרֵשׁ ; לַעֲקוֹר
eradication *n.* בִּיעוּר ; חִיסּוּל
erase *v.* לִמְחוֹק
eraser *n.* מַחַק ; מוֹחֵק
erect *adj., v.* זָקוּף ; לְהָקִים ; לְהַצִּיב
erection *n.* הֲקָמָה ; זְקִפָּה

ergonomics *n.* הַנְדָסַת אֱנוֹשׁ (בַּעֲבוֹדָה)
erode *v.* לְאַכֵּל; לִסְחוֹף; לִשְׁחוֹק; לְהִישָּׁחֵק; לְהִיסָּחֵף; לִגְרוֹם לְכִרְסוּם בּ־
erosion *n.* סַחַף; כִּרְסוּם
erotic *adj.* אֶרוֹטִי
err *v.* לִטְעוֹת
errand *n.* שְׁלִיחוּת
– run errands לַעֲשׂוֹת שְׁלִיחוּיוֹת
errand boy *n.* נַעַר־שָׁלִיחַ
erroneous *adj.* מוּטְעֶה; שָׁגוּי
erroneously *adv.* בְּטָעוּת
error *n.* שְׁגִיאָה; טָעוּת
ersatz *adj.* תַּחֲלִיף־; חִיקּוּי־
erudite *adj.* מְלוּמָד; יַדְעָנִי
erudition *n.* לַמְדָנוּת; יַדְעָנוּת
erupt *v.* לְהִתְפָּרֵץ; לִפְרוֹץ; לְהוֹפִיעַ לְפֶתַע (עַל הָעוֹר)
eruption *n.* הִתְפָּרְצוּת
escalate *v.* לַעֲלוֹת; לְהַסְלִים; לְהַחֲרִיף
escalation *n.* הַסְלָמָה; עֲלִייָה (בּ־)
escalator *n.* מַדְרֵגוֹת נָעוֹת; דְּרַגְנוֹעַ
escapade *n.* הַרְפַּתְקָה; תַּעֲלוּל
escape *n.* בְּרִיחָה; מִילּוּט; מִפְלָט
– a narrow escape הֵיחָלְצוּת בְּנֵס; כִּמְעַט אָסוֹן
escape *v.* לִבְרוֹחַ; לְהִימָּלֵט מ־; לְהִישָּׁמֵט מִזִּכְרוֹנוֹ; לְהֵיעָלֵם מֵעֵינֵי־
escapism *n.* מִפְלָט מִן הַמְּצִיאוּת
escort *n.* לִיוּוּי; בֶּן לְוָויָה; מִשְׁמַר לִיוּוּי
escort *v.* לְלַוּוֹת
esophagus *n.* וֶשֶׁט
esoteric *adj.* (מוּבָן) לְחוּג מְצוּמְצָם; אִיזוֹטֶרִי
ESP תְּפִיסָה עַל־חוּשִׁית; אַנְגְּלִית טֶכְנִית
especially *adv.* בִּמְיוּחָד
espionage *n.* רִיגּוּל
espouse *v.* לִתְמוֹךְ בּ־; לִדְגּוֹל בּ־; לְאַמֵּץ
esprit de corps *n.* רוּחַ צֶוֶות; גַּאֲוַות יְחִידָה
Esquire *n.* אָדוֹן; מַר; עוֹ״ד
essay *n.* מַאֲמָר; מַסָּה; חִיבּוּר
essence *n.* מַהוּת; עִיקָּר; תַּמְצִית
– in essence בִּיסוֹדוֹ; בְּעִיקָּרוֹ
– of the essence בַּעַל חֲשִׁיבוּת מַכְרַעַת

essential *adj.* חִיּוּנִי; הֶכְרֵחִי; מַהוּתִי; יְסוֹדִי
essential *n.* יְסוֹד; עִיקָּר; דָּבָר חִיּוּנִי
essentially *adv.* בְּעִיקָּרוֹ; בִּיסוֹדוֹ; בְּעֶצֶם
establish *v.* לְהָקִים; לְייַסֵּד; לְבַסֵּס; לִבְנוֹת; לִקְבּוֹעַ; לְהוֹכִיחַ
established *adj.* מְבוּסָס; מְמוּסָד; מוּכָּר; קַיָּים
establishment *n.* הֲקָמָה; יִיסּוּד; מוֹסָד; בֵּית־מִסְחָר; הַמִּמְסָד
estate *n.* אֲחוּזָּה; רְכוּשׁ; נְכָסִים; מַעֲמָד; אֵיזוֹר (תַּעֲשִׂיָּיה); עִיזָּבוֹן
esteem *n.* הַעֲרָכָה; הוֹקָרָה
– hold in high esteem לְהַעֲרִיךְ אוֹתוֹ מְאוֹד
esteem *v.* לְהַעֲרִיךְ; לְהוֹקִיר
esteemed *adj.* נִכְבָּד; דָּגוּל
esthetic *adj.* אֶסְתֶטִי
estimate *n.* הַעֲרָכָה; אוּמְדָן; הַצָּעַת מְחִיר
estimate *v.* לְהַעֲרִיךְ; לֶאֱמוֹד
estimation *n.* הַעֲרָכָה; אוּמְדָן
estrangement *n.* הִתְרַחֲקוּת; נִיכּוּר
estuary *n.* שֶׁפֶךְ
etc. וְכוּ׳
etching *n.* חֲרִיטָה; צְרִיבָה; תַּחֲרִיט; תַּצְרִיב
eternal *adj.* נִצְחִי; בִּלְתִּי פּוֹסֵק
eternally *adv.* לָנֶצַח; כָּל הַזְּמַן
eternity *n.* (חַיֵּי) נֶצַח; זְמַן רַב מְאוֹד; כְּנֶצַח
ether *n.* אֶתֶר; אֲווִיר
ethical *adj.* מוּסָרִי; נוֹהֵג לְפִי הָאֶתִיקָה
ethically *adv.* בְּאוֹפֶן מוּסָרִי; מִבְּחִינָה מוּסָרִית
ethics *n.* תּוֹרַת הַמּוּסָר; (עֶקְרוֹנוֹת) מוּסָר; אֶתִיקָה
ethnic *adj.* אֶתְנִי; עֲדָתִי
ethos *n.* רוּחַ; עֲרָכִים; אֶתוֹס
etiology *n.* אֶטְיוֹלוֹגְיָה; חֵקֶר הַסִּיבּוֹת
etiquette *n.* כְּלָלֵי הִתְנַהֲגוּת
eucalyptus *n.* אֵיקָלִיפְּטוּס
eugenics *n.* הַשְׁבָּחַת הַגֶּזַע הָאֱנוֹשִׁי
eulogize *v.* לְהַלֵּל; לְהַסְפִּיד

eulogy *n.* (דִּבְרֵי) הַלֵּל; הֶסְפֵּד

eunuch *n.* סָרִיס

euphemism *n.* לָשׁוֹן נְקִיָּיה/מְעוּדֶּנֶת

euphoria *n.* אוּפוֹרְיָה; הִתְרוֹמְמוּת רוּחַ

eureka! יֵשׁ!; מָצָאתִי!

European *adj., n.* אֵירוֹפִּי; אֵירוֹפֵּאִי

euthanasia *n.* הֲמָתַת חֶסֶד

evacuate *v.* לְפַנּוֹת; לְהִתְפַּנּוֹת מ־

evacuation *n.* פִּינּוּי

evacuee *n.* מְפוּנֶּה

evade *v.* לְהִתְחַמֵּק מ־; לְהִשְׁתַּמֵּט מ־

evaluate *v.* לְהַעֲרִיךְ

evaluation *n.* הַעֲרָכָה

evangelist *n.* אֶחָד מִכּוֹתְבֵי הָאֶוַנְגֶּלְיוֹן; מַטִּיף

evaporate *v.* לְאַדּוֹת; לְהִתְאַדּוֹת; לְהִתְנַדֵּף; לִדְעוֹךְ

evaporation *n.* אִידּוּי; הִתְאַדּוּת; הִתְנַדְּפוּת

evasion *n.* הִתְחַמְּקוּת; הִשְׁתַּמְּטוּת

evasive *adj.* מִתְחַמֵּק

–take evasive action לִנְקוֹט פְּעוּלַּת הִתְחַמְּקוּת

evasively *adv.* בְּצוּרָה מִתְחַמֶּקֶת; בְּהִתְחַמְּקוּת

eve *n.* עֶרֶב־; עֶרֶב

even *adj.* יָשָׁר; חָלָק; סָדִיר; אָחִיד; יַצִּיב; שָׁוֶה; שָׁקוּל; זוּגִי

–get even with לִסְגּוֹר חֶשְׁבּוֹן עִם; לְהִתְנַקֵּם בּ־

even *adv.* אֲפִילּוּ

–even as בְּדִיּוּק כְּשֶׁ־; בְּרֶגַע שׁ־; בְּעוֹדוֹ

–even so בְּכָל זֹאת

–even though אַף עַל פִּי שׁ־

even *v.* (out) לְהַשְׁווֹת; לְיַישֵּׁר; לְאַזֵּן; לְהִתְאַזֵּן

even-handed *adj.* אֵינוֹ נוֹהֵג אֵיפָה וְאֵיפָה; הוֹגֵן

evening *n.* עֶרֶב

evening gown *n.* שִׂמְלַת עֶרֶב

evenly *adv.* בְּאוֹפֶן שָׁוֶה/סָדִיר/אָחִיד

event *n.* אֵירוּעַ; מְאוֹרָע; מִקְצוֹעַ (ספורט); מַעֲשֶׂה

–in any event בְּכָל מִקְרֶה

–in the event of בְּמִקְרֶה שֶׁל־

eventful *adj.* רַב־אֵירוּעִים

eventual *adj.* סוֹפִי; שֶׁבָּא בַּסּוֹף

eventuality *n.* מִקְרֶה אֶפְשָׁרִי

eventually *adv.* בְּסוֹפוֹ שֶׁל דָּבָר

ever *adv.* אֵי פַּעַם; אַף פַּעַם; מֵעוֹדוֹ; תָּמִיד; בִּכְלָל

–ever since מֵאָז שׁ־; מֵאָז וְעַד עַתָּה

–for ever (and ever) תָּמִיד; לָנֶצַח

–hardly ever כִּמְעַט שֶׁלֹּא; לְעִתִּים נְדִירוֹת

everlasting *adj.* נִצְחִי; בִּלְתִּי פּוֹסֵק

every *adj.* כָּל; אֶת כָּל ה־; מָלֵא

–every now and again/then מִדֵּי פַּעַם

–every so often מִדֵּי פַּעַם

–every time תָּמִיד; בְּכָל פַּעַם שׁ־

everybody *n.* כָּל אֶחָד

everyday *adj.* יוֹמְיוֹמִי; רָגִיל

everyone *n.* כָּל אֶחָד

everything *pron.* הַכּוֹל; כָּל דָּבָר

everywhere *adv.* בְּכָל/לְכָל מָקוֹם

evict *v.* לְפַנּוֹת (דייר, עפ״י צו)

eviction *n.* פִּינּוּי

evidence *n.* רְאָיָה; עֵדוּת

evident *adj.* בָּרוּר; גָּלוּי; בּוֹלֵט

evidently *adv.* כְּפִי הַנִּרְאֶה; מִסְתַּבֵּר שׁ־; בָּרוּר שׁ־

evil *adj., n.* רַע; מְרוּשָּׁע; רָשָׁע; רוֹעַ; הָרַע; רָעָה; פֶּגַע

–the lesser of two evils הָרַע בְּמִיעוּטוֹ

evil-minded *adj.* חוֹרֵשׁ רַע; רָשָׁע

evoke *v.* לְעוֹרֵר

evolution *n.* הִתְפַּתְּחוּת; אֶבוֹלוּצְיָה

evolve *v.* לְהִתְפַּתֵּחַ; לְפַתֵּחַ

ewe *n.* כִּבְשָׂה

ex *n.* בַּעַל/אִישָּׁה לְשֶׁעָבַר

exacerbate *v.* לְהַחֲמִיר; לְהַחֲרִיף

exact *adj.* מְדוּיָּק; מְדַיֵּיק

exact *v.* לִגְבּוֹת; לִסְחוֹט; לִדְרוֹשׁ

exactly *adv.* בִּמְדוּיָּק; בְּדִיּוּק; מַמָּשׁ; נָכוֹן; בְּדִיּוּק כָּךְ

exaggerate *v.* לְהַגְזִים

exaggeration *n.* הַגְזָמָה

exalt *v.* לְרוֹמֵם; לְהַלֵּל; לְהַעֲלוֹת (בְּמַעֲמָד)

exaltation *n.* הִתְרוֹמְמוּת רוּחַ; הִתְעַלּוּת; הַלֵּל
exam *n.* מִבְחָן; בְּחִינָה
examination *n.* בְּדִיקָה; חֲקִירָה; מִבְחָן
examine *v.* לִבְדּוֹק; לִבְחוֹן; לַחְקוֹר
examinee *n.* נִבְחָן
example *n.* דוּגְמָה; מוֹפֵת; לֶקַח; אַזְהָרָה
–for example לְמָשָׁל
–make an example of לְהַעֲנִישׁוֹ כְּצַעַד מַרְתִּיעַ (לְמַעַן יִרְאוּ וְיִירָאוּ)
–set an example (to) לְשַׁמֵּשׁ דוּגְמָה (לְ־)
exasperating *adj.* מַרְגִּיז; מְתַסְכֵּל
exasperation *n.* רוֹגֶז רַב; תִּסְכּוּל
excavate *v.* לַחְפּוֹר; לַחְשׂוֹף
excavation *n.* חֲפִירָה
exceed *v.* לַעֲלוֹת עַל־; לַחֲרוֹג מ־
exceedingly *adv.* בְּיוֹתֵר; מְאוֹד
excel *v.* לְהִצְטַיֵּין (בְּ־); לַעֲלוֹת עַל־ (בְּ־)
–excel oneself לְהִתְעַלּוֹת עַל עַצְמוֹ
excellence *n.* הִצְטַיְּינוּת; מְצוּיָּנוּת
Excellency *n.* הוֹד מַעֲלָתוֹ
excellent *adj.* מְצוּיָּן; מְצַטַיֵּין
except *prep.* (for) חוּץ מ־; פְּרָט לְ־
–except that פְּרָט לָעוּבְדָה שׁ־; אֶלָּא שׁ־
excepting *prep.* חוּץ מ־; לְהוֹצִיא; לֹא כּוֹלֵל
exception *n.* יוֹצֵא מִן הַכְּלָל; הִתְנַגְּדוּת; הִסְתַּיְּיגוּת; חֲרִיגָה
–make an exception לַחֲרוֹג מֵהַכְּלָלִים; לְהִתְעַלֵּם; לְוַותֵּר הַפַּעַם
–take exception (to) לְהִסְתַּיֵּיג (מ־); לִמְחוֹת עַל־
–with the exception of חוּץ מ־
exceptionable *adj.* מְעוֹרֵר מְחָאָה; פּוֹגֵעַ
exceptional *adj.* יוֹצֵא מִן הַכְּלָל; חָרִיג
exceptionally *adv.* בְּאוֹפֶן יוֹצֵא מִגֶּדֶר הָרָגִיל
excerpt *n.* קֶטַע נִבְחָר
excess *adj.* עוֹדֵף; ־יֶתֶר; נוֹסָף
excess *n.* עוֹדֶף; הַפְרָזָה; שְׁחִיתוּת
–excesses מַעֲשֵׂי זְוָועָה; הִתְנַהֲגוּת מְבִישָׁה
–in excess of מֵעַל לְ־
excessive *adj.* מוּפְרָז; גָּדוֹל מִדַּי
excessively *adv.* יָתֵר עַל הַמִּידָּה
exchange *n.* הַחְלָפָה; חִילּוּפֵי־; חֲלִיפִין; בּוּרְסָה; מִרְכֶּזֶת טֶלֶפוֹן
–in exchange (for) בִּתְמוּרָה (לְ־)
exchange *v.* (for) לְהַחֲלִיף (בְּ־)
exchange rate *n.* שַׁעַר חֲלִיפִין
excise *n.* בְּלוֹ
excision *n.* כְּרִיתָה; קִיצּוּץ
excite *v.* לְרַגֵּשׁ; לְהַלְהִיב; לְעוֹרֵר; לְגָרוֹת
excited *adj.* נִרְגָּשׁ; מְגוֹרֶה (מִינִית)
excitedly *adv.* בְּהִתְרַגְּשׁוּת
excitement *n.* הִתְרַגְּשׁוּת; רִיגּוּשׁ; אֵירוּעַ וכו׳ מְעוֹרֵר הִתְרַגְּשׁוּת
exciting *adj.* מְרַגֵּשׁ; מַלְהִיב; מַרְעִישׁ; מַסְעִיר
exclaim *v.* לִקְרוֹא; לִצְעוֹק
exclamation *n.* קְרִיאָה; צְעָקָה
exclamation point / mark סִימַן קְרִיאָה
exclude *v.* לִמְנוֹעַ (הִצְטָרְפוּת) מ־; לִשְׁלוֹל; לֹא לִכְלוֹל; לְהוֹצִיא; לְסַלֵּק
excluding *prep.* לֹא כּוֹלֵל; לְהוֹצִיא; לְמַעֵט
exclusive *adj., n.* אֶקְסְקְלוּסִיבִי; יוּקְרָתִי; סָגוּר; בִּלְעָדִי; יְחִידִי; כַּתָּבָה וכד׳ בִּלְעָדִית
–exclusive of לֹא כּוֹלֵל
exclusively *adv.* בִּלְעָדִית; אַךְ וְרַק
exclusiveness, exclusivity *n.* בִּלְעָדִיּוּת
excommunicate *v.* לְנַדּוֹת
excrement *n.* צוֹאָה
excrete *v.* לְהַפְרִישׁ
excretion *n.* הַפְרָשָׁה
excruciating *adj.* מְיַיסֵּר; חָרִיף; מַכְאִיב; עַז
excursion *n.* טִיּוּל; גִּיחָה קְצָרָה
excuse *n.* (for) תֵּירוּץ (לְ־); סִיבָּה (מוּצְדֶּקֶת)
excuse *v.* (for) לִסְלוֹחַ (עַל־); לְהַצְדִּיק; לְתָרֵץ
–excuse (from) לִפְטוֹר (מ־); לְשַׁחְרֵר (מ־)
–excuse me סְלִיחָה!
exec *n.* מְנַהֵל
execute *v.* לְהוֹצִיא לְהוֹרֵג; לְבַצֵּעַ; לְהוֹצִיא לַפּוֹעַל

E

execution *n.* הוֹצָאָה לְהוֹרֵג; מְיוּמָנוּת בִּיצוּעַ; בִּיצוּעַ; הוֹצָאָה לְפוֹעַל
executioner *n.* תַּלְיָין; מוֹצִיא לְהוֹרֵג
executive *adj.* שֶׁל מְנַהֲלִים; בִּיצוּעִי; מְבַצֵּעַ
executive *n.* הָרָשׁוּת הַמְבַצַּעַת; מוֹצִיא לַפּוֹעַל; מְנַהֵל; הַנְהָלָה; וַעַד פּוֹעֵל
executor *n.* מוֹצִיא לַפּוֹעַל; אֶפִּיטְרוֹפּוֹס
exemplary *adj.* מוֹפְתִי; לְמוֹפֵת; לְדוּגְמָה
exemplify *v.* (exemplified) לְהַדְגִּים; לְשַׁמֵּשׁ דוּגְמָה
exempt *adj., v.* פָּטוּר (מ־); לִפְטוֹר (מ־)
exemption *n.* (מַתַּן) פְּטוֹר
exercise *n.* תַּרְגִּיל; הִתְעַמְּלוּת; פְּעִילוּת גּוּפָנִית; שִׁימּוּשׁ; הַפְעָלָה
exercise *v.* לְעַמֵּל; לְתַרְגֵּל; לְהִתְעַמֵּל; לִנְהוֹג בּ־; לְהַפְעִיל; לְמַמֵּשׁ (זכויות); לְהַדְאִיג; לְהַעֲסִיק
exert *v.* לְהַפְעִיל
– exert oneself לְהִתְאַמֵּץ
exertion *n.* הַפְעָלָה; מַאֲמָץ; אִימּוּץ
exhale *v.* לִנְשׁוֹף; לִפְלוֹט (אֲוִויר וכו׳)
exhaust *n.* מַפְלֵט; גָּז וכו׳ שֶׁנִּפְלָט
exhaust *v.* לְכַלּוֹת; לְהַתִּישׁ; לְרוֹקֵן; לְמַצּוֹת
exhausted *adj.* מוּתָּשׁ; הִתְכַּלָּה; מוּצָּה
exhausting *adj.* מַתִּישׁ
exhaustion *n.* מִיצּוּי; אֲפִיסַת כּוֹחוֹת; תְּשִׁישׁוּת
exhaustive *adj.* יְסוֹדִי; מַקִּיף; מְמַצֶּה
exhibit *n.* מוּצָג; תַּעֲרוּכָה
exhibit *v.* לְהַצִּיג; לְהַרְאוֹת; לְגַלּוֹת
exhibition *n.* תַּעֲרוּכָה; תְּצוּגָה; גִּילּוּי; הַצָּגָה
exhibitionism *n.* דַּחַף לַחֲשִׂיפָה עַצְמִית
exhilarate *v.* לְהַרְנִין; לְרוֹמֵם רוּחוֹ; לְהָשִׁיב נַפְשׁוֹ; לְעוֹרֵר
exhilarating *adj.* מַרְנִין לֵב; מְרַעֲנֵן
exhilaration *n.* שִׂמְחָה; מַצַּב־רוּחַ מְרוֹמָם
exhort *v.* לְהַפְצִיר; לְהָאִיץ בּ־
exhume *v.* לְהוֹצִיא מִן הַקֶּבֶר
exigent *adj.* דָּחוּף; דּוֹחֵק; תּוֹבְעָנִי
exile *n., v.* גָּלוּת; גּוֹלֶה; לְהַגְלוֹת
exist *v.* לִהְיוֹת; לְהִימָּצֵא; לְהִתְקַיֵּים
existence *n.* קִיּוּם; חַיִּים
– come into existence לָבוֹא לָעוֹלָם
– in existence בְּנִמְצָא; שֶׁקַּיָּים
exit *n., v.* יְצִיאָה; לָצֵאת; (יוֹצֵא...)
exodus *n.* נְהִירָה; יְצִיאָה הֲמוֹנִית
exonerate *v.* לְזַכּוֹת; לְנַקּוֹת (מֵאַשְׁמָה)
exoneration *n.* זִיכּוּי; נִיקּוּי מֵאַשְׁמָה
exorbitant *adj.* מוּפְקָע; מוּפְרָז
exorcist *n.* מְגָרֵשׁ שֵׁדִים
exotic *adj.* מוּבָא מֵאֶרֶץ זָרָה; אֶקְזוֹטִי
expand *v.* לְהַרְחִיב; לְהִתְרַחֵב; לְהִתְפַּשֵּׁט
expansion *n.* הִתְרַחֲבוּת; הִתְפַּשְּׁטוּת; הַרְחָבָה
expansion card *n.* כַּרְטִיס הַרְחָבָה
expansionism *n.* מְדִינִיּוּת שֶׁל הִתְפַּשְּׁטוּת / הִתְרַחֲבוּת
expatriate *n.* גּוֹלֶה
expect *v.* לְצַפּוֹת ל־ / ש־; לְשַׁעֵר
– be expecting לִהְיוֹת בְּהֵירָיוֹן; לְצַפּוֹת לְתִינוֹק
– expect (of) לְצַפּוֹת (מ־); לִדְרוֹשׁ (מ־)
expectancy *n.* צִיפִּיָּה; תּוֹחֶלֶת (חַיִּים)
expectant *adj.* מָלֵא צִיפִּיָּה; הָרָה; בְּהֵירָיוֹן
expectation *n.* צִיפִּיָּה
– contrary to expectations בְּנִיגּוּד לַמְצוּפֶּה
– expectations סִיכּוּיִים; יְרוּשָׁה; צִיפִּיּוֹת
expectation of life *n.* תּוֹחֶלֶת חַיִּים
expected *adj.* צָפוּי; מְצוּפֶּה
expedient *adj.* תּוֹעַלְתִּי; מוֹעִיל; רָצוּי
expedient *n.* אֶמְצָעִי; תַּחְבּוּלָה
expedite *v.* לְזָרֵז; לְקַדֵּם
expedition *n.* מִשְׁלַחַת; מַסָּע; מְהִירוּת
expeditionary force *n.* חֵיל מִשְׁלוֹחַ
expeditiously *adv.* בִּמְהִירוּת
expel *v.* לְגָרֵשׁ; לְהַרְחִיק; לְהוֹצִיא בְּכוֹחַ; לִפְלוֹט
expend *v.* לְהַשְׁקִיעַ; לְהוֹצִיא; לְכַלּוֹת
expendable *adj.* שֶׁאֶפְשָׁר לְהַקְרִיבוֹ / לְבַזְבְּזוֹ; לֹא חִיּוּנִי
expenditure *n.* הוֹצָאָה (כַּסְפִּית); בִּזְבּוּז

expense *n.* הוֹצָאָה (כַּסְפִּית); מְחִיר
– at the expense of עַל חֶשְׁבּוֹן־; בִּמְחִיר־
expensive *adj.* יָקָר
experience *n.* נִיסָּיוֹן; חֲוָויָה; הִתְנַסּוּת
experience *v.* לְהִתְנַסּוֹת בּ־; לָחוּשׁ
experienced *adj.* מְנוּסֶּה
experiment *n., v.* נִיסּוּי; לַעֲרוֹךְ נִיסּוּי
experimental *adj.* נִיסְיוֹנִי; נִיסּוּיִי
experimentation *n.* עֲרִיכַת נִיסּוּיִים
expert *n.* מוּמְחֶה
– expert witness עֵד מוּמְחֶה
expertise *n.* מוּמְחִיוּת; יֶדַע (מִקְצוֹעִי)
expiration *n.* נְשִׁיפָה; תּוֹם; גְּמָר; פְּקִיעָה
expire *v.* לָפוּג (תּוֹקְפּוֹ); לִפְקוֹעַ; לָמוּת
expiry *n.* פְּקִיעַת תּוֹקֶף; תְּפוּגָה
explain *v.* לְהַבְהִיר; לְהַסְבִּיר; לְפָרֵשׁ
explanation *n.* הַבְהָרָה; הֶסְבֵּר
explanatory *adj.* ־הַבְהָרָה; ־הֶסְבֵּר; מְבָאֵר
explicit *adj.* מְפוֹרָשׁ; בָּרוּר
explicitly *adv.* בִּמְפוֹרָשׁ
explode *v.* לְפוֹצֵץ; לְהִתְפּוֹצֵץ; לְהִתְפָּרֵץ; לְהַפְרִיךְ
exploit *n.* מַעֲשֶׂה נוֹעָז; מַעֲלָל; הַרְפַּתְקָה
exploit *v.* לְנַצֵּל
exploitation *n.* נִיצּוּל
exploration *n.* חֲקִירָה; בְּחִינָה; בְּדִיקָה
exploratory *adj.* שֶׁל חֲקִירָה; ־גִּישׁוּשׁ
explore *v.* לַחְקוֹר; לְסַיֵּיר; לִבְדּוֹק; לִבְחוֹן
explorer *n.* חוֹקֵר (יַבָּשׁוֹת וכד׳)
explosion *n.* פִּיצּוּץ; הִתְפָּרְצוּת; הִתְפּוֹצְצוּת
explosive *n., adj.* (חוֹמֶר) ־נֶפֶץ; נָפִיץ
– an explosive issue נוֹשֵׂא רָגִישׁ / טָעוּן נֶפֶץ
exponent *n.* (of) חָסִיד; מְפָרֵשׁ; מְיַיצֵּג; דּוֹגֵל בּ־; נָצִיג; מַעֲרִיךְ (מתמטיקה)
export *n.* יְצוּא; יִיצּוּא
export *v.* לְיַיצֵּא
exporter *n.* יְצוּאָן
expose *v.* לַחְשׂוֹף
exposé *n.* חֲשִׂיפָה (שְׁחִיתוּת וכו׳, בְּעִיתּוֹן)
exposed *adj.* חָשׂוּף

exposition *n.* הַבְהָרָה; הֶסְבֵּר; הַצָּגָה; תַּעֲרוּכָה
exposure *n.* חֲשִׂיפָה; הֵיחָשְׂפוּת; תְּמוּנָה
express *adj.* מְפוֹרָשׁ; מָהִיר; אֶקְסְפֶּרֶס
express *n.* רַכֶּבֶת מְהִירָה; שֵׁירוּת אֶקְסְפֶּרֶס
express *v.* לְהַבִּיעַ; לְבַטֵּא; לִסְחוֹט (מ־)
– express oneself לְהִתְבַּטֵּא; לְהִתְנַסֵּחַ
expression *n.* הַבָּעָה; בִּיטּוּי; מַבָּע
– find expression in לְהִתְבַּטֵּא בּ־
expressly *adv.* בִּמְפוֹרָשׁ; בִּמְיוּחָד
expressway *n.* כְּבִישׁ מָהִיר
expropriate *v.* לְהַפְקִיעַ; לִגְנוֹב; לִמְעוֹל
expropriation *n.* הַפְקָעָה
expulsion *n.* גֵּירוּשׁ; הַרְחָקָה
expunge *v.* לִמְחוֹק
exquisite *adj.* נֶהְדָּר; נִפְלָא; יְפֵהפֶה; מְעוּדָּן; עַז
exquisitely *adv.* בְּצוּרָה נִפְלָאָה; בְּיוֹתֵר
ex-serviceman *n.* חַיָּיל מְשׁוּחְרָר; יוֹצֵא צָבָא
extend *v.* לְהַאֲרִיךְ; לְהַרְחִיב; לְהוֹשִׁיט; לִמְתּוֹחַ; לִפְרוֹשׂ; לָתֵת; לְהַעֲנִיק; לְהִשְׂתָּרֵעַ (לְאוֹרֶךְ־)
extended family *n.* מִשְׁפָּחָה מוּרְחֶבֶת
extension *n.* הַאֲרָכָה; הַרְחָבָה; הַעֲנָקָה; שְׁלוּחָה; אַרְכָּה; מִיתּוּחַ; פִּישׁוּט
extensive *adj.* נִרְחָב; מַקִּיף
extensively *adv.* בְּהַרְחָבָה; בְּאוֹפֶן מַקִּיף
extent *n.* גּוֹדֶל; שֶׁטַח; הֵיקֵף; קְצֵה גְּבוּל
– to a certain/to some extent בְּמִידָּה מְסוּיֶּמֶת
– to the extent that (בָּהּ) בְּמִידָּה שׁ־
extenuating circumstances *n.* נְסִיבּוֹת מְקִילוֹת
exterior *adj., n.* חִיצוֹנִי; צַד / מַרְאֶה חִיצוֹנִי
exterminate *v.* לְהַשְׁמִיד; לְהַדְבִּיר
extermination *n.* הַשְׁמָדָה
exterminator *n.* מַדְבִּיר (מַזִּיקִים וכו׳)
external *adj.* חִיצוֹנִי; ־חוּץ
externally *adv.* מִבַּחוּץ; כְּלַפֵּי חוּץ
extinct *adj.* כָּבוּי (הַר גַּעַשׁ); שֶׁעָבַר מִן הָעוֹלָם; נִכְחָד

E

extinction *n.* הַכחָדָה; כְּלָיָה
extinguish *v.* לְכַבּוֹת; לִכבּוֹשׁ; לָשִׂים קֵץ לְ־
extinguisher *n.* מַטַף כִּיבּוּי
extol *v.* לְהַלֵל
extort *v.* לִסחוֹט (כֶּסֶף וכו׳)
extortion *n.* סְחִיטָה
extra *adj., adv.* נוֹסָף; בִּמיוּחָד; בְּנוֹסָף
extract *n.* תַמצִית; קֶטַע
extract *v.* לַעֲקוֹר; לְהוֹצִיא; לְהָפִיק; לְחַלֵץ; לִשלוֹף; לְמַצוֹת; לִסחוֹט; לְלַקֵט
extraction *n.* עֲקִירָה; הוֹצָאָה; מִיצוּי; הֲפָקָה; מוֹצָא
extracurricular *adj.* שֶׁמִחוּץ לְתוֹכנִית הַלִימוּדִים
extradite *v.* לְהַסגִיר
extradition *n.* הַסגָרָה
extraordinary *adj.* יוֹצֵא מִן הַכְּלָל; מוּזָר מְאוֹד
extraterrestrial *adj., n.* (יְצוּר) מִכּוֹכָב אַחֵר
extravagance *n.* פַּזרָנוּת; בַּזבְּזָנוּת; מוֹתָרוֹת
extravagant *adj.* פַּזרָנִי; בַּזבְּזָנִי; מוּפרָז; לֹא מְרוּסָן; רַאֲווֹתָנִי
extreme *adj.* קִיצוֹנִי; הַמְרוּחָק בְּיוֹתֵר; מוּפלָג; רַב; עָצוּם; חָמוּר בְּיוֹתֵר
extreme *n.* קִיצוֹנִיוּת
– in the extreme בְּיוֹתֵר
– extremes קְצָווֹת מְנוּגָדִים
– extreme sports סְפּוֹרט אֶתגָרִי
extremely *adv.* מְאוֹד מְאוֹד
extremism *n.* קִיצוֹנִיוּת
extremist *adj., n.* קִיצוֹנִי
extremity *n.* קָצֶה; קִיצוֹנִיוּת; שִׂיא; דַרגָה קִיצוֹנִית
extricate *v.* לְשַחרֵר; לְחַלֵץ
extrovert *n.* אָדָם מוּחצָן; אָדָם מָלֵא חַיִים / חַברוּתִי
exuberant *adj.* מָלֵא חַיִים; שׁוֹפֵעַ
exude *v.* לְבַצבֵּץ; לִנטוֹף; לִפלוֹט; לְהָדִיף לְהַקרִין; לִשפּוֹעַ
exult *v.* (in/at/over) לִצהוֹל (עַל)
exultant *adj.* צוֹהֵל (כִּמנַצֵחַ)
exultation *n.* צָהֳלָה
eye *n.* עַיִן
– an eye for an eye עַיִן תַחַת עַיִן
– be up to your eyes in לִהיוֹת שָקוּעַ עַד צַוָואר בְּ־
– catch his eye לִמשוֹך תְשׂוּמֶת לִיבּוֹ
– keep an eye on לְהַשגִיחַ עַל־; לָשִׂים עַיִן עַל־
– see eye to eye לִהיוֹת תְמִים דֵעִים
– not take his eyes off לֹא לְהָסִיר אֶת מַבָּטוֹ מִ־
– there's more in it than meets the eye יֵשׁ בָּזֶה יוֹתֵר מִמַה שֶׁנִראֶה לָעַיִן
– turn a blind eye to לְהַעֲלִים עַיִן מִ־
– with an eye to בְּמַטָרָה לְ־ / לְהַשִׂיג
– with my own eyes בְּמוֹ עֵינַי
eyebrow *n.* גַבָּה
– raise your eyebrows לְהָרִים גַבָּה (בִּתמִיהָה)
eye-catching *adj.* מוֹשֵׁךְ
eye contact *n.* קֶשֶׁר עַיִן
eyelash *n.* רִיס
eyelet *n.* חָרִיר; לוּלָאָה
eye level *n.* גוֹבַה הָעֵינַיִים
eyelid *n.* עַפעַף
– not bat an eyelid לֹא לְהָנִיד עַפעַף
eye-opener *n.* גִילוּי וכד׳ פּוֹקֵחַ עֵינַיִים
eyepatch *n.* רְטִייָה עַל הָעַיִן
eyepiece *n.* עֲדָשַׁת הָעַיִן (בְּמַכשִׁיר); עֵינִית
eyesight *n.* (כּוֹשֶׁר) רְאִייָה
eyesore *n.* מַראֶה מְכוֹעָר
eyewash *n.* תַרחִיץ לָעֵינַיִים; אֲחִיזַת עֵינַיִים
eyewitness *n.* עֵד רְאִייָה

F

fable *n.* מָשָׁל; אַגָּדָה
fabric *n.* אָרִיג; בַּד; מִרקָם; מִבנֶה
fabricate *v.* לְפַבּרֵק; לְהַמצִיא; לִבדוֹת; לְייַצֵר
fabrication *n.* בִּידוּי; פִּבּרוּק; זִיוּף
fabulous *adj.* נִפלָא; נֶהדָר; אַגָּדִי
façade *n.* חֲזִית; מַראֶה חִיצוֹנִי; מַסווֶה
face *n.* פָּנִים; פְּנֵי־; צַד; דוֹפֶן; רוֹשֶׁם חִיצוֹנִי
– a long face פָּנִים עֲצוּבוֹת
– in the face of עַל אַף; לְנוֹכַח
– keep a straight face לְהִתאַפֵּק מִלִצחוֹק
– lose face לְאַבֵּד יוּקרָה
– off the face of the earth מֵעַל פְּנֵי הָאֲדָמָה
– on the face of it עַל פָּנָיו; בְּמַבָּט רִאשׁוֹן
– save face לְהַצִיל אֶת כְּבוֹדוֹ
face *v.* לִפנוֹת / לְהַפנוֹת (מַבָּט) אֶל־; לִהיוֹת מוּל; לַעֲמוֹד מוּל / בִּפנֵי־; לְצַפּוֹת; לְכַסוֹת בְּשִׁכבַת־
– face facts לְהַכִּיר בָּעוּבדוֹת; לִהיוֹת מְצִיאוּתִי
– face up to לְהַשׁלִים / לְהִתמוֹדֵד עִם; לַעֲמוֹד בִּפנֵי־
– Let's face it. בֵּינֵינוּ
facelift *n.* מְתִיחַת פָּנִים; שִׁיפּוּץ
face-saving *adj.* שֶׁל כָּבוֹד; שֶׁמַצִיל יוּקרָה
facet *n.* שְׁטָחָה; פֵּיאָה; הֶיבֵּט; צַד
facetious *adj.* מְבַדֵחַ; מִתבַּדֵחַ
facetiously *adv.* בְּבדִיחוּת; בִּצחוֹק
face-to-face *adj.* פָּנִים אֶל פָּנִים
face value *n.* עֵרֶך נָקוּב
– at face value כִּפשׁוּטוֹ; לְפִי הָרוֹשֶׁם הַחִיצוֹנִי
facial *adj., n.* לַפָּנִים; טִיפּוּל פָּנִים
facile *adj.* קַל מְאוֹד; שֶׁנִשׁלָף מֵהַשַׁרווּל; קוֹלֵחַ וְשִׁטחִי
facilitate *v.* לְהָקֵל עַל־; לְסַייֵעַ; לְאַפשֵׁר
facility *n.* יְכוֹלֶת; כִּשרוֹן; קַלוּת; הֶתקֵן; אֶמצָעִי
– facilities שֵׁירוּתִים וּמִתקָנִים; אֶמצָעִים
facing *n.* צִיפּוּי; שִׁכבָה
facsimile *n.* הֶעתֵק מְדוּיָק; פַקסִימִילִיָה
fact *n.* עוּבדָה; מַעֲשֶׂה; אֱמֶת; מְצִיאוּת
– as a matter of fact; in fact; in point of fact לְמַעֲשֶׂה; לַאֲמִיתוֹ שֶׁל דָבָר; דַווקָא
fact-finding *adj.* לַחֲקֶר הָעוּבדוֹת
faction *n.* סִיעָה; פֶּלֶג; חִילוּקֵי דֵעוֹת; פַּלגָנוּת; סִיפּוּר וכד׳ עוּבדָתִי (בְּחֶלקוֹ)
factor *n.* גוֹרֵם דַרגָה; מְקַדֵם; סוֹכֵן
factory *n.* בֵּית־חֲרוֹשֶׁת
factual *adj.* עוּבדָתִי
faculty *n.* כּוֹשֶׁר; יְכוֹלֶת; פָקוּלטָה; סֶגֶל הַמוֹרִים
fad *n.* ״שִׁיגָעוֹן״ חוֹלֵף
fade *v.* לְהַדהוֹת; לִדהוֹת; לִנבּוֹל; לְהִימוֹג; לִדעוֹך
– fade away לִגסוֹס; לִגווֹעַ; לְהִימוֹג; לִדעוֹך
faded *adj.* דָהוּי; גוֹוֵעַ
faeces *n.* צוֹאָה
Fahrenheit *n.* פָרֶנהַייט
fail *n.* צִיוּן ״נִכשַׁל״
– without fail עַל בָּטוּחַ; כְּמוֹ שָׁעוֹן
fail *v.* לְהִיכָּשֵׁל; לֹא לְהַצלִיחַ; לְהַכשִׁיל; לְהַכזִיב; לְהֵיחָלֵשׁ; לֹא ל־; לִשׁכּוֹחַ ל־; לִפשׁוֹט רֶגֶל; לְהִתקַלקֵל; לֶאֱזוֹל
failing *adj.* לָקוּי; כּוֹשֵׁל; אַכזָב
failing *n.* חוּלשָׁה; מִגרַעַת
fail-safe *adj.* בְּאֶפֶס תַקָלוֹת; אַל כֶּשֶׁל; בְּטִיחוּתִי
failure *n.* כִּישָׁלוֹן; לִיקוּי; יְבוּל דַל; אִי נְכוֹנוּתוֹ / יְכוֹלתוֹ; קִלקוּל; תַקָלָה; כֶּשֶׁל; פְּשִׁיטַת רֶגֶל
faint *adj.* חַלָשׁ; לֹא בָּרוּר; עָמוּם; קָלוּשׁ; רָפֶה; תָשׁוּשׁ; עוֹמֵד לְהִתעַלֵף
– not have the faintest idea אֵין לוֹ מוּשָׂג
faint *n., v.* עִילָפוֹן; לְהִתעַלֵף
faintly *adv.* חֲלוּשׁוֹת; בְּמִקצָת; בְּאוֹפֶן קָלוּשׁ

fair *adj.* הוֹגֵן; צוֹדֵק; טוֹב לְמַדַּי; סָבִיר; נוֹחַ; יָפֶה; בָּהִיר
fair *adv.* בַּהֲגִינוּת; מַמָּשׁ
– fair enough סָבִיר; מְקוּבָּל עָלַי
fair *n.* שׁוּק; יְרִיד שַׁעֲשׁוּעִים; יְרִיד
fair disclosure *n.* גִילוּי נָאוֹת
fairly *adv.* בַּהֲגִינוּת; בְּיוֹשֶׁר; דַי־; לְמַדַּי־; מַמָּשׁ
fair-minded *adj.* הוֹגֵן
fairness *n.* הֲגִינוּת; צֶדֶק
fairy *n.* פֵיָה; הוֹמוֹ
fairy story / tale *n.* סִיפּוּר עַל פֵיוֹת; בְּדוּתָה; מַעֲשִׂיָּה; אַגָּדַת יְלָדִים
fait accompli *n.* עוּבְדָה מוּגְמֶרֶת
faith *n.* אֵמוּן; אֱמוּנָה; דָת; נֶאֱמָנוּת; כֵּנוּת
– in good faith בְּתוֹם לֵב
faithful *adj.* נֶאֱמָן; מְדוּיָּק
– the faithful הַמַּאֲמִינִים; הַנֶּאֱמָנִים
faithfully *adv.* בְּנֶאֱמָנוּת
– Yours faithfully בְּכָבוֹד רַב
fake *adj., n.* מְזוּיָּף; זִיוּף; מִתְחַזֶּה; רַמַּאי
fake *v.* לְזַיֵּיף; לַעֲשׂוֹת כְּאִילוּ; לְבַיֵּים; לְהַמְצִיא
falcon *n.* בַּז
fall *n.* נְפִילָה; יְרִידָה (בּ־); סְתָיו
fall *v.* (fell, fallen) לִיפּוֹל; לָרֶדֶת; לְהִישָּׁבֵר; לִגְלוֹשׁ (שֵׂיעָר); לִיפּוֹל (בִּקְרָב); לִיפּוֹל (בְּחֶלְקוֹ); לִיפּוֹל בִּידֵי־; לְהִיכָּבֵשׁ; לִהְיוֹת; לְהֵיעָשׂוֹת; לָחוּל
– fall apart לְהִתְפָּרֵק; לְהִישָּׁבֵר לַחֲתִיכוֹת; לְהִתְמוֹטֵט
– fall back on לְהִסְתַּמֵּךְ עַל־
– fall behind (with) לְפַגֵּר בּ־ / בְּתַשְׁלוּם
– fall down לִיפּוֹל; לְהִתְמוֹטֵט
– fall for לְהִתְאַהֵב בּ־; לְהִתְלַהֵב מ־; "לִקְנוֹת"; לָלֶכֶת שׁוֹלָל אַחֲרֵי
– fall out לָרִיב (עִם־); לִקְרוֹת; לִנְשׁוֹר
– fall through לְהִיכָּשֵׁל; לֹא לָצֵאת לַפּוֹעַל
– fall under לִהְיוֹת מְסוּוָּג תַּחַת־; לִהְיוֹת נָתוּן ל־ / תַּחַת־
fallacious *adj.* מוּטְעֶה; מַטְעֶה
fallacy *n.* טָעוּת; סְבָרָה מוּטְעֵית; הִיגָּיוֹן / טִיעוּן מוּפְרָךְ

fallen *v. 3rd form of* fall
– the fallen הַנּוֹפְלִים; הַחֲלָלִים
fall guy *n.* שָׂעִיר לַעֲזָאזֵל; פְרַאיֶיר
fallible *adj.* עָלוּל לִשְׁגּוֹת; לֹא אָמִין
fallout *n.* נְשׁוֹרֶת (רַדְיוֹאַקְטִיבִית); סְפִיחַ
falls *n.* מַפַּל מַיִם
false *adj.* כּוֹזֵב; ־שֶׁקֶר; ־שָׁווא; לֹא נֶאֱמָן; מוּטְעֶה; מְזוּיָּף; תּוֹתָב
false alarm *n.* אַזְעָקַת שָׁוְוא; חֲשַׁשׁ שָׁוְוא
false bottom *n.* תַּחְתִּית כְּפוּלָה (בִּמְזוָודָה)
falsehood *n.* שֶׁקֶר; שִׁקְרִיּוּת
falsely *adv.* בְּשֶׁקֶר; בְּנִיגּוּד לָאֱמֶת; בְּזִיוּף
false start *n.* זִינּוּק מוּקְדָּם (פְּסִילָה); הַתְחָלָה כּוֹשֶׁלֶת
falsification *n.* זִיוּף
falsify *v.* (falsified) לְזַיֵּיף; לְסַלֵּף; לְהַפְרִיךְ
falter *v.* לְהַסֵּס; לִכְשׁוֹל; לְדַבֵּר בְּהִיסּוּס; "לְגַמְגֵּם"; לְהִתְעַרְעֵר; לִבְגּוֹד בּוֹ
faltering *adj.* מְהוּסָּס; הַסְסָנִי
fame *n.* פִּרְסוּם; תְּהִילָּה; שֵׁם
famed *adj.* מְפוּרְסָם
familiar *adj.* יָדוּעַ; מוּכָּר (ל־); שָׁכִיחַ; קָרוֹב; יְדִידוּתִי; חוֹפְשִׁי מִדַּי (עִם)
– familiar with מַכִּיר; בָּקִי בּ־; חוֹפְשִׁי מִדַּי עִם
familiarity *n.* בְּקִיאוּת (בּ־); הֶיכֵּרוּת (עִם); קִרְבָה (יְתֵירָה); יְדִידוּת
– familiarity breeds contempt קִרְבָה יְתֵירָה תָּבִיא לְיַחַס שֶׁל בּוּז
familiarize *v.* (with) לְהִתְוַודֵּעַ (אֶל־); לִלְמוֹד; לְלַמֵּד; לַעֲשׂוֹתוֹ מוּכָּר
family *n.* מִשְׁפָּחָה
family allowance *n.* קִצְבַּת יְלָדִים
family tree *n.* אִילַן־יוּחֲסִין
famine *n.* רָעָב; מַחְסוֹר חָמוּר (בְּמָזוֹן)
famished *adj.* מֵת מֵרָעָב
famous *adj.* מְפוּרְסָם
famously *adv.* מְצוּיָּן; נוֹדָע
fan *n.* אוֹהֵד; מַעֲרִיץ; מְאַוורֵר; מְנִיפָה
fan *v.* לְאַוורֵר; לְהַשִּׁיב רוּחַ עַל־; לְלַבּוֹת
– fan out לְהִתְפָּרֵס
fanatic *adj., n.* קַנַּאי; פָנָטִי; קַנַּאי חָשׁוּךְ

fanatically *adv.* בְּקַנָּאוּת
fanaticism *n.* פָּנָטִיוּת; קַנָּאוּת
fancy *adj.* סְסגוֹנִי; מְקוּשָּׁט; לֹא רָגִיל; מוּבְחָר; מְהוּדָּר; מְפוֹאָר; יוֹקְרָתִי
– fancy prices מְחִירִים מְפוּלְפָּלִים
fancy *n.* דִּמְיוֹן; מַשֶּׁהוּ שֶׁנִּדְמֶה לוֹ; רַעְיוֹן; חֵשֶׁק ל־
– take a fancy to לְהִימָּשֵׁךְ אֶל־; לְחַבֵּב
fancy *v.* (fancied) לְתָאֵר לְעַצְמוֹ; לְדַמּוֹת; לְהִתְחַשֵּׁק לוֹ; לֶאֱהוֹב; לְהִימָּשֵׁךְ אֶל־
fancy dress *n.* תַּחְפּוֹשֶׂת (לְנֶשֶׁף)
fanfare *n.* תְּרוּעַת חֲצוֹצְרוֹת
fang *n.* שֵׁן חַדָּה; שֵׁן אֶרֶס
fan mail *n.* מִכְתְּבֵי מַעֲרִיצִים
fanny pack *n.* פָּאוּץ'; נַרְתִּיק חָגוּר
fantasize *v.* לְפַנְטֵז; "לַחֲלוֹם"
fantastic *adj.* פַנְטַסְטִי; נִפְלָא; מוּזָר; מוּפְלָא; דִּמְיוֹנִי; לֹא מַעֲשִׂי
fantasy *n.* פַנְטַסְיָה; הֲזָיָה; פְּרִי הַדִּמְיוֹן
FAQ שְׁאֵלוֹת נְפוֹצוֹת
far *adj., adv.* מְרוּחָק (יוֹתֵר); רָחוֹק; הַרְבֵּה יוֹתֵר; הַרְחֵק; עָמוֹק
– as far as עַד; אוֹתוֹ מֶרְחָק כְּמוֹ; עַד כַּמָּה שֶׁ־
– by far בְּהַרְבֵּה
– far and away בְּהַרְבֵּה
– far and near/wide בְּכָל מָקוֹם
– go too far לְהַגְזִים; לְהַרְחִיק לֶכֶת
– How far...? מָה הַמֶּרְחָק...?
– in so far as בְּמִידָּה שֶׁ־; שֶׁכֵּן
– so far עַד עַתָּה/כָּאן
– so far as עַד כַּמָּה שֶׁ־
– so far, so good עַד כָּאן הַכּוֹל בְּסֵדֶר
farce *n.* פַארְסָה; בְּדִיחָה
fare *n.* דְּמֵי נְסִיעָה; (מְחִיר) כַּרְטִיס; נְסִיעָה; נוֹסֵעַ; אוֹכֶל; תַּפְרִיט
fare *v.* לְהִסְתַּדֵּר; לְהַצְלִיחַ
farewell שָׁלוֹם! צֵאתְךָ לְשָׁלוֹם!
farewell *n.* פְּרֵידָה
far-fetched *adj.* דָּחוּק; לֹא סָבִיר
far-flung *adj.* מִשְׂתָּרֵעַ לְמֶרְחַקִּים; נִרְחָב; נִידָּח
farm *n.* חַוָּה; מֶשֶׁק; בֵּית הַחַוָּאִי
farm *v.* לְעַבֵּד; לְגַדֵּל; לַעֲסוֹק בְּחַקְלָאוּת
farmer *n.* חַקְלַאי
farmhand *n.* חַקְלַאי שָׂכִיר; פּוֹעֵל בְּחַוָּה
farming *n.* חַקְלָאוּת; חַוָּאוּת; גִּידּוּל
farmyard *n.* חֲצַר הַמֶּשֶׁק
far-off *adj.* רָחוֹק
far-out *adj.* מוּזָר; יוֹצֵא־דּוֹפֶן; מְצוּיָּן; שִׁיגָּעוֹן!
far-reaching *adj.* מַרְחִיק לֶכֶת
far-sighted *adj.* רְחוֹק־רְאִיָּה; מַרְחִיק רְאוֹת
fart *n., v.* פְּלוֹץ; נֹאד; נְפִיחָה; לְהַפְלִיץ
farther מְרוּחָק יוֹתֵר; רָחוֹק יוֹתֵר; הָלְאָה
farthest *adv.* הָרָחוֹק בְּיוֹתֵר; לַמֶּרְחָק הַגָּדוֹל בְּיוֹתֵר
farthing *n.* פְּרוּטָה
fascinate *v.* לְהַקְסִים
fascinating *adj.* מַקְסִים; מְרַתֵּק
Fascism *n.* פָשִׁיזְם
Fascist *adj., n.* פָשִׁיסְטִי; פָשִׁיסְט
fashion *n.* אוֹפְנָה; אוֹפֶן
fashion *v.* לְעַצֵּב
fashionable *adj.* אוֹפְנָתִי; מְקוּבָּל; יוֹקְרָתִי
fashion show *n.* תְּצוּגַת אוֹפְנָה
fast *adj.* מָהִיר; מְמַהֵר; הוֹלֵל; חֲלַקְלַק; מְהוּדָּק; תָּקוּעַ (הֵיטֵב); יַצִּיב (צֶבַע); רָגִישׁ (סֶרֶט צִילּוּם); נֶאֱמָן
fast *adv.* מַהֵר; חָזָק; הֵיטֵב
fast *n., v.* צוֹם; לָצוּם
fast buck *n.* רְוָחִים קַלִּים
fasten *v.* לְהַדֵּק; לִקְשׁוֹר; לִסְגּוֹר; לְהַצְמִיד; לִסְגּוֹר הֵיטֵב; לְהֵירָכֵס
fastener *n.* מְהַדֵּק; רוֹכְסָן; תֶּפֶס רְכִיסָה
fast food *n.* מָזוֹן מָהִיר
fastidious *adj.* בַּרְרָנִי; אִיסְטְנִיסִי; אָנִין
fat *adj.* שָׁמֵן; מָלֵא שׁוּמָּן; גָּדוֹל; נָפוּחַ; מַמָּשׁ!
fat *n.* שׁוּמָּן; שֶׁמֶן
fatal *adj.* קַטְלָנִי; גּוֹרָלִי; הֲרֵה אָסוֹן
fatalistic *adj.* פָטָלִיסְטִי
fatality *n.* מִקְרֵה מָוֶת; פָטָלִיּוּת; קַטְלָנִיּוּת
fatally *adv.* בְּצוּרָה אֲנוּשָׁה

fate *n.* הַגּוֹרָל; גּוֹרָל; מָוֶת

fateful *adj.* גּוֹרָלִי

father *n.* אָב; אַבָּא; אֲבִי ה־; כּוֹמֶר; הָאָב־

Father Christmas *n.* סַבָּא חַג־מוֹלָד

father figure *n.* דְּמוּת הָאָב

fatherhood *n.* אַבְהוּת

father-in-law *n.* חוֹתֵן; חָם

fatherly *adj.* אַבָהִי

fathom *v.* לְהָבִין; לְפַעְנֵחַ

fatigue *n., v.* עֲיֵיפוּת; לְעַיֵּיף

fatigues *n.* בִּגְדֵי ב׳ (בצבא); מַדֵּי קְרָב

fatten *v.* (up) לְפַטֵּם; לְהַשְׁמִין

fatty *adj.* שָׁמֵן; שַׁמְנוּנִי; שׁוּמָנִי

fatuous *adj.* טִיפְּשִׁי; רֵיקָא

faucet *n.* בֶּרֶז

fault *n.* מִגְרַעַת; פְּגָם; תַּקָּלָה; אַשְׁמָה; טָעוּת; שְׁגִיאָה (בטניס); שֶׁבֶר (גיאולוגיה)

–at fault אָשֵׁם; לֹא בְּסֵדֶר

–find fault with לִמְצוֹא דוֹפִי בּ־; לְהִתְלוֹנֵן עַל־

fault *v.* לִמְצוֹא פְּגָם בּ־; לְהַאֲשִׁים; לְבַקֵּר

faultless *adj.* לְלֹא פְּגָם / דוֹפִי; מוּשְׁלָם

faulty *adj.* פָּגוּם; לָקוּי; לֹא תָּקִין; שָׁגוּי

fauna *n.* עוֹלַם הַחַי

favor, favour *n.* חֶסֶד; טוֹבָה; אַהֲדָה; מַשּׂוֹא פָּנִים; יַחַס מוּעֲדָף; שַׁי קָטָן

–be in favor of לִהְיוֹת בְּעַד / לְטוֹבַת־

–do him a favor לַעֲשׂוֹת טוֹבָה ל־

favor, favour *v.* לִתְמוֹךְ בּ־; לְצַדֵּד בּ־; לְהַפְלוֹת לְטוֹבָה; לְהַעֲדִיף

favo(u)rable *adj.* אוֹהֵד; חִיּוּבִי; נוֹטֶה לְצַדֵּד; נוֹחַ; מַתְאִים

favo(u)rably *adv.* בְּחִיּוּב; בְּאַהֲדָה; לְטוֹבָה

favored, favoured *adj.* מוּעֲדָף

favorite, favourite *adj.* הֶחָבִיב / הָאָהוּב עַל־

favorite, favourite *n.* חָבִיב; אָהוּד; אָדָם שֶׁמּוּפְלֶה לְטוֹבָה; בַּעַל הַסִּיכּוּי לְנַצֵּחַ

favoritism, favouritism *n.* מַשּׂוֹא פָּנִים

fawn *n.* עוֹפֶר; (צֶבַע) חוּם־צְהַבְהַב

fawn *v.* (on) לְהַחֲנִיף ל־; לְכַרְכֵּר סְבִיב־

fax *n., v.* פַקְס; לִשְׁלוֹחַ פַקְס; לְפַקְסֵס

fax machine *n.* מַכְשִׁיר פַקְס(ימִילְיָה)

fear *n.* פַּחַד; חֲשָׁשׁ

–for fear of מֵחֲשָׁשׁ שֶׁמָּא

fear *v.* לִפְחוֹד מ־; לַחְשׁוֹשׁ ל־

fearful *adj.* מַחֲרִיד; מַפְחִיד; נוֹרָאִי; מְפַחֵד; חוֹשֵׁשׁ ל־

fearless *adj.* אֵינוֹ פוֹחֵד; עָשׂוּי לִבְלִי חָת

fearlessly *adv.* בְּלִי פַּחַד; בְּאוֹמֶץ

fearsome *adj.* מַפְחִיד

feasible *adj.* בַּר־בִּיצוּעַ; אֶפְשָׁרִי; סָבִיר

feast *n.* חַג; סְעוּדָה; חֲגִיגָה

feat *n.* מִבְצָע / מַעֲשֶׂה מַרְשִׁים

feather *n.* נוֹצָה

feather duster *n.* מַקֵּל נוֹצוֹת (לניקוי אבק)

featherweight *n.* מִשְׁקַל נוֹצָה

feature *n.* תַּוֵּי־פָּנִים; מְאַפְיֵין; תְּכוּנָה; הֶיבֵּט; תְּוַואי; מַאֲמָר בּוֹלֵט; כַּתָּבָה מְיוּחֶדֶת; סֶרֶט בְּאוֹרֶךְ מָלֵא

feature *v.* לְהִתְאַפְיֵין בּ־; לְכַכֵּב; לְהַצִּיג (בְּהַבְלָטָה); לִתְפּוֹס מָקוֹם חָשׁוּב (בּ־)

February *n.* פֶבְּרוּאָר

feces *n.* צוֹאָה

fed *v. past and 3rd form of* feed

–fed up נִמְאַס לוֹ (מ־); מְבוֹאָס

federal *adj.* פֶדֶרָלִי

federation *n.* (אִיחוּד מְדִינוֹת בּ־) פֶדֶרַצְיָה; הִתְאַחֲדוּת

fee *n.* שְׂכַר־(טִרְחָה); אַגְרָה; תַּשְׁלוּם; דְּמֵי־(חֲבֵרוּת וכדי)

feeble *adj.* חַלָּשׁ; כּוֹשֵׁל

feeble-minded *adj.* רְפֵה שֵׂכֶל; מְפַגֵּר

feebly *adv.* בְּרִפְיוֹן; בְּקוֹשִׁי

feed *n.* אֲרוּחָה; מָזוֹן; מִסְפּוֹא; מֵזִין (נְיָיר וכו׳)

feed *v.* (fed) לְהַאֲכִיל; לֶאֱכוֹל; לְהָזִין

–feed on לְהִיזּוֹן מ־

feedback *n.* מָשׁוֹב; הֶיזּוּן חוֹזֵר

feeding *n.* הֲזָנָה

feeding-bottle *n.* בַּקְבּוּק הֲנָקָה

feel *n.* תְּחוּשָׁה; מַגָּע; מִישּׁוּשׁ; חוּשׁ

–get the feel of לְהִתְרַגֵּל ל־; לִלְמוֹד לְהַכִּיר

feel *v.* (felt) לְהַרְגִּישׁ (בּ־); לְמַשֵּׁשׁ; לִנְגּוֹעַ בּ־; לְגַשֵּׁשׁ; לְפַשְׁפֵּשׁ; לְחַפֵּשׂ; לָחוּשׁ; לִהְיוֹת (רַךְ וכו׳) לְמַגָּע

–feel (that)... לִהְיוֹת בְּדֵעָה שֶׁ־
–feel around לְפַשְׁפֵּשׁ; לְחַפֵּשׂ
–feel for לְהִשְׁתַּתֵּף בְּצַעֲרוֹ; לְרַחֵם עַל־
–feel (about) for לְגַשֵּׁשׁ; לְחַפֵּשׂ
–feel like לְהִתְחַשֵּׁק לוֹ
feeling *n.* תְּחוּשָׁה; הַרְגָּשָׁה (שֶׁל־); רְגִישׁוּת; הֲבָנָה; רֶגֶשׁ; דֵּעָה (כְּלָלִית)
fees *n.* שְׂכַר לִימּוּד; שְׂכַר טִרְחָה
feet *n.* (*see* foot) רַגְלַיִים
feign *v.* לְהַעֲמִיד פְּנֵי־
–feign innocence לְהִיתַּמֵּם
felicitate *v.* (on) לְבָרֵךְ בְּמַזָּל טוֹב
feline *adj., n.* חֲתוּלִי; שֶׁל חָתוּל; חָתוּל
fell *v. past of* fall
fell *v.* לִכְרוֹת; לְהַפִּיל
fellow *adj.* חָבֵר ל־; אָח
fellow *n.* בָּחוּר; בֶּן־אָדָם; חָבֵר (ל־); חֲבֵר אֲקָדֶמְיָה; חֲבֵר בְּחֶבֶר הַנֶּאֱמָנִים; בֶּן זוּג
fellow countryman *n.* בֶּן אוֹתָהּ אֶרֶץ
fellowship *n.* חֲבֵרוּת; עֲמוּתָה; אֲגוּדָה; חֲבֵרוּת בְּחֶבֶר הַנֶּאֱמָנִים; מַעֲנָק (מחקר)
felon *n.* פּוֹשֵׁעַ
felony *n.* פֶּשַׁע
felt *v. past and 3rd form of* feel
felt *n.* לֶבֶד
felt-tip(pen) *n.* טוּשׁ; לוֹרד
female *adj., n.* (מִמִּין) נְקֵבָה; נְקֵבִי; נָשִׁי
feminine *adj.* נָשִׁי; שֶׁל נָשִׁים; מִמִּין נְקֵבָה
femininity *n.* נָשִׁיּוּת
feminism *n.* פֶמִינִיזם
fence *n.* גָּדֵר; מְשׂוּכָה; סוֹחֵר בִּרְכוּשׁ גָּנוּב
fence *v.* לְגַדֵּר; לְסַיֵּיף; לְהִתְחַמֵּק (מ־); לָרִיב
fencing *n.* חוֹמֶר גִידוּר; סִיוּף; סַיִיף
fend *v.* לַהֲדוֹף
–fend for oneself לִדְאוֹג לְעַצְמוֹ
fender *n.* מָגֵן לִפְנֵי הָאָח; כָּנָף (בִּמְכוֹנִית)
fennel *n.* שׁוּמָר (צֶמַח)
fenugreek *n.* חִילְבָּה; גַרגְרָנִית יְוָנִית
ferment *n.* תְּסִיסָה; (חוֹמֶר) מַתְסִיס
–be in a ferment לִתְסוֹס; לִהְיוֹת כְּמֶרְקָחָה
ferment *v.* לְהַתְסִיס; לִתְסוֹס; לְעוֹרֵר
fermentation *n.* תְּסִיסָה; הַתְסָסָה

fern *n.* שָׁרָךְ
ferocious *adj.* אַכְזָרִי; פִּרְאִי
ferociously *adv.* בְּאַכְזָרִיּוּת
ferocity *n.* (מַעֲשֶׂה) אַכְזָרִיּוּת; פִּרְאוּת
ferret *v.* (about) לְחַטֵּט; לְחַפֵּשׂ; לָצוּד
–ferret out לְגַלּוֹת (לְאַחַר חִיפּוּשׂ)
Ferris wheel *n.* גַלְגַל עֲנָק
ferry *n.* מַעְבּוֹרֶת; תַּחֲנַת מַעְבּוֹרֶת
ferry *v.* (ferried) לְהַעֲבִיר (בְּמַעְבּוֹרֶת וכו׳)
fertile *adj.* פּוֹרֶה; מוּפְרֶה
fertility *n.* פּוֹרִיּוּת; פִּרְיוֹן
fertilize *v.* לְדַשֵּׁן; לְהַפְרוֹת
fertilizer *n.* דֶּשֶׁן; זֶבֶל כִּימִי
fervent *adj.* נִלְהָב; לוֹהֵט; עַז
fervently *adv.* בְּלַהַט; בְּהִתְלַהֲבוּת
fervor, fervour *n.* לַהַט; הִתְלַהֲבוּת; חוֹם
fester *v.* לְהַעֲלוֹת מוּגְלָה; לִפְעוֹל כְּרַעַל
festival *n.* חַג; פֶסְטִיבָל
festive *adj.* חֲגִיגִי; שָׂמֵחַ
festivity *n.* שִׂמְחָה; הִילוּלָה
–festivities חֲגִיגוֹת
fetal *adj.* עוּבָּרִי
fetch *v.* (לָלֶכֶת) לְהָבִיא; לְהַכְנִיס; לְהִימָּכֵר בּ־
–fetch and carry for לְשָׁרֵת אֶת־
fetching *adj.* מַקְסִים; מוֹשֵׁךְ
fête *n.* חֲגִיגָה גְדוֹלָה; יְרִיד לְגִיוּס כְּסָפִים
fetid *adj.* מַסְרִיחַ
fetter *n.* אֲזִיקִים; כְּבָלִים (בריבוי)
fetus *n.* עוּבָּר
feud *n., v.* רִיב (דָּמִים); לָרִיב
fever *n.* חוֹם (גָּבוֹהַּ); קַדַּחַת
–at fever pitch נִרְגָּשׁ מְאוֹד
feverish *adj.* קוֹדֵחַ; קַדַּחְתָּנִי
feverishly *adv.* בְּקַדַּחְתָּנוּת
few *adj., pron.* מְעַט (מְאוֹד)
–a few (of) אֲחָדִים (מ־); כַּמָּה (מ־)
–few and far between נְדִירִים; מוּעָטִים
–fewer than 10 פָּחוֹת מ־10
fez *n.* תַּרְבּוּשׁ
fiancé *n.* אָרוּס
fiancée *n.* אֲרוּסָה
fiasco *n.* כִּישָּׁלוֹן מַחְפִּיר

F

F

fib *v., n.* לְשַׁקֵּר; לְבַלֵּף; שֶׁקֶר (קָטָן)
fibber *n.* שַׁקְרָן
fiber, fibre *n.* סִיב; סִיבִים; חוֹמֶר סִיבִי; אוֹפִי
fibrous *adj.* סִיבִי
fickle *adj.* הֲפַכְפַּךְ; קַל דַּעַת
fiction *n.* הַמְצָאָה; בְּדִיוֹן; סִיפּוֹרֶת; סִפְרוּת בְּדוּיָה
fictional *adj.* פְּרִי הַדִּמְיוֹן; ־מְבֻדֶּה
fictitious *adj.* בָּדוּי; פְּרִי הַדִּמְיוֹן; שִׁקְרִי; כּוֹזֵב; פִּיקְטִיבִי
fiddle *n.* כִּינּוֹר; הוֹנָאָה
fiddle *v.* לְנַגֵּן בְּכִינּוֹר; לְשַׂחֵק (בּ־); לְזַיֵּף; "לְשַׁפֵּץ"
fiddler *n.* כַּנָּר; רַמַּאי
fiddlesticks שְׁטוּיוֹת!; לַעֲזָאזֵל!
fidelity *n.* נֶאֱמָנוּת; דִּיּוּק
fidget *v.* (about) לָנוּעַ בְּחוֹסֶר מְנוּחָה; לְשַׂחֵק (בְּעַצְבָּנוּת) בּ־
fidgety *adj.* עַצְבָּנִי; שֶׁאֵינוֹ יָכוֹל לָשֶׁבֶת בְּשֶׁקֶט
field *n.* שָׂדֶה; מִגְרָשׁ; שְׂדֵה קְרָב; תְּחוּם; שֶׁטַח
field *v.* לִתְפּוֹס; לַעֲצוֹר (כַּדּוּר); לְהַרְכִּיב (קְבוּצָה); לְהִתְמוֹדֵד (בְּהַצְלָחָה) עִם
field day *n.* יוֹם גָּדוֹל; יוֹם סְפּוֹרְט; יוֹם שָׂדֶה
fielder *n.* שַׂחְקַן שָׂדֶה; תּוֹפֵס הַכַּדּוּר
field glasses *n.* מִשְׁקֶפֶת שָׂדֶה
field marshal *n.* פִילְדְמַרְשָׁל
field of vision *n.* שְׂדֵה רְאִיָּיה
fiend *n.* שָׂטָן; רָשָׁע; מָכוּר ל־; מְשׁוּגָּע עַל־
fiendish *adj.* שְׂטָנִי; אַכְזָרִי
fierce *adj.* פְּרָאִי; אַכְזָרִי; עַז; לוֹהֵט; חָזָק
fiercely *adv.* בְּפִרְאוּת; בְּעוֹז
fiery *adj.* יוֹקֵד; לוֹהֵט; כָּאֵשׁ; חַם; חוֹצֵב לֶהָבוֹת
fiesta *n.* חֲגִיגָה; חַג דָּתִי
fifteen *adj., n.* חֲמֵשׁ־עֶשְׂרֵה
fifteenth *adj., n.* (הַחֵלֶק) הַחֲמִישָׁה־עָשָׂר
fifth *adj., n.* חֲמִישִׁי; חֲמִישִׁית
fifth column *n.* גַּיִס חֲמִישִׁי
fiftieth *adj., n.* (הַחֵלֶק) הַחֲמִישִׁים
fifty *adj., n.* חֲמִישִׁים
– in the fifties בִּשְׁנוֹת הַחֲמִישִׁים
– go fifty-fifty (with) לְהִתְחַלֵּק שָׁוֶוה בְּשָׁוֶוה (עִם)
fig *n.* תְּאֵנָה
– not care/give a fig (for) לֹא אִכְפַּת לוֹ בִּכְלָל (מ־)
fight *n.* קְרָב; רִיב; מַאֲבָק; מִלְחָמָה; רוּחַ לְחִימָה
– pick a fight (with) (לְחַפֵּשׂ) לָרִיב (עִם־)
fight *v.* (fought) לְהִילָּחֵם (בּ־); לְהֵיאָבֵק; לָרִיב
– fight back לְהָשִׁיב מִלְחָמָה; לְהֵיאָבֵק (כְּדֵי לַחֲזוֹר)
fighter *n.* לוֹחֵם; מְטוֹס קְרָב; פַּייטֶר
fighting *n.* קְרָבוֹת; לְחִימָה
fig leaf *n.* עֲלֵה תְּאֵנָה
figment *n.* הַמְצָאָה; פְּרִי־ (הַדִּמְיוֹן)
figurative *adj.* (בְּמַשְׁמָעוּת) מוּשְׁאֶלֶת; פִיגוּרָטִיבִי
figuratively *adv.* בְּהַשְׁאָלָה; בְּמַשְׁמָעוּת מוּשְׁאֶלֶת
figure *n.* סִפְרָה; סְכוּם; מִסְפָּר; צִיּוּר; צוּרָה; גּוּף; דְּמוּת; גִּזְרָה; מַרְאֶה
figure *v.* לְהַצִּיג; לְתָאֵר; לְהוֹפִיעַ; לִתְפּוֹס מָקוֹם; לַחְשׁוֹב; לְהַעֲרִיךְ; לִהְיוֹת צָפוּי
– figure out לְחַשֵּׁב; לִמְצוֹא; לְהָבִין
figurehead *n.* מַנְהִיג בְּתַפְקִיד סִמְלִי; "בּוּבָּה"; פִּסְלוֹן בְּחַרְטוֹם אוֹנִיָּיה
figure of speech *n.* בִּיטּוּי
filch *v.* לִגְנוֹב; לִסְחוֹב
file *n., v.* שׁוֹפִין; פְּצִירָה; לְשַׁיֵּיף
file *n.* תִּיק (בְּמִשְׂרָד); כַּרְטֶסֶת; קוֹבֶץ (בְּמַחְשֵׁב); טוּר עוֹרְפִּי
– in single file בְּטוּר עוֹרְפִּי
file *v.* לְתַיֵּיק; לְהַגִּישׁ (תְּלוּנָה, בַּקָּשָׁה וכו'); לִצְעוֹד בְּטוּר עוֹרְפִּי; לִשְׁלוֹחַ (כַּתָּבָה)
filename *n.* שֵׁם קוֹבֶץ
file server *n.* שָׁרַת קְבָצִים
filing *n.* תִּיּוּק
filing cabinet *n.* תִּיקִיָּיה
fill *n.* מְלוֹא הַצּוֹרֶךְ
– have had my fill of לֹא יָכוֹל לִסְבּוֹל יוֹתֵר

fill *v.* לְמַלֵּא; לְהִתְמַלֵּא; לִתְפּוֹס; לְאַיֵּישׁ; לְהָצִיף; לַעֲשׂוֹת סְתִימָה (בַּשֵּׁן); לְסַפֵּק

–filled with מָלֵא בּ־

–fill in (for) לְמַלֵּא אֶת מְקוֹמוֹ

–fill him in לְעַדְכֵּן אוֹתוֹ

–fill in/out לְמַלֵּא (טוֹפֶס)

filling *n.* מִילּוּי; מְלִית; סְתִימָה

fillip *n.* תַּמְרִיץ

filly *n.* סְיָיחָה; סוּסָה צְעִירָה

film *n.* סֶרֶט; מַעֲטֶה דַּק; נַיילוֹן דַּק

film *v.* לְהַסְרִיט; לְצַלֵּם (סֶרֶט)

film star *n.* כּוֹכַב קוֹלְנוֹעַ

filter *n.* מַסְנֵן; רַמְזוֹר (יָמִינָה / שְׂמֹאלָה)

filter *v.* לְסַנֵּן; לְהִסְתַּנֵּן; לְחַלְחֵל; לִזְרוֹם יָמִינָה / שְׂמֹאלָה

filth *n.* טִינּוֹפֶת; זוּהֲמָה; נִיבּוּל פֶּה; "לִכְלוּךְ"

filthy *adj.* מְטוּנָּף; גַּס; מְלוּכְלָךְ

–filthy rich עָשִׁיר מְאוֹד; מַלְיָין

fin *n.* סְנַפִּיר; מְיַיצֵּב (בְּמָטוֹס וכו')

final *adj., n.* אַחֲרוֹן; סוֹפִי; מִשְׂחַק גְּמָר

–finals בְּחִינוֹת גְּמָר; גְּמָר

finale *n.* קֶטַע סִיּוּם; סִיּוּם

finalist *n.* מִתְחָרֶה בַּגְּמָר; סְטוּדֶנְט שָׁנָה אַחֲרוֹנָה

finalize *v.* לְהַשְׁלִים; לְסַכֵּם סוֹפִית

finally *adv.* לְבַסּוֹף; סוֹף סוֹף; אַחַת וּלְתָמִיד

finance *n.* נִיהוּל כְּסָפִים; הָאוֹצָר; כְּסָפִים; מַצָּב כַּסְפִּי; מִימּוּן

finance *v.* לְמַמֵּן

financial *adj.* כַּסְפִּי; פִינַנְסִי

financial institution *n.* מוֹסָד פִינַנְסִי

financially *adv.* מִבְּחִינָה כַּסְפִּית

financial statement *n.* דו"חַ פִינַנְסִי

financial year *n.* שְׁנַת כְּסָפִים

financier *n.* אִישׁ כְּסָפִים; מְמַמֵּן

find *n.* מְצִיאָה; תַּגְלִית; מִמְצָא

find *v.* (found) לִמְצוֹא; לְגַלּוֹת; לְהִיוָּוכַח; לָדַעַת; לִרְאוֹת (שֶׁ־); לְבָרֵר; לְהַשִּׂיג; לְהַמְצִיא; לְסַפֵּק

–find against/for לִפְסוֹק נֶגֶד־ / לְטוֹבַת־

–find out לָדַעַת (עַל־כָּךְ); לְבָרֵר

findings *n.* מִמְצָאִים; מַסְקָנוֹת

fine *adj.* בָּהִיר; נָאֶה; מְצוּיָּן; בְּסֵדֶר; יָפֶה; נֶהְדָּר; מְהוּדָּר; עָדִין; דַּק; חַד; טָהוֹר

–the fine print הָאוֹתִיּוֹת הַקְּטַנּוֹת

fine *adv.* הֵיטֵב; בְּסֵדֶר גָּמוּר

–cut it fine עָלוּל לְאַחֵר; לְהִסְתַּכֵּן בְּאִיחוּר

fine *v., n.* לִקְנוֹס; קְנָס

–fine down לְחַדֵּד; לְמַקֵּד; לְלַטֵּשׁ

fine arts *n.* הָאוֹמָנוּיוֹת הַיָּפוֹת

finely *adv.* בְּהִידּוּר; נֶהְדָּר; יָפֶה; דַּק; בְּצוּרָה עֲדִינָה

finesse *n.* כִּשְׁרוֹן וְטַקְט

fine-tooth comb *n.* מַסְרֵק דַּק

–with a fine-tooth comb בִּקְפִידָה; בְּאוֹפֶן מְדוּקְדָּק

fine-tune *v.* לְתָאֵם (מָנוֹעַ); לְיַיצֵּב; לְווַסֵּת

finger *n.* אֶצְבַּע

–burn your fingers לְהִיכָּווֹת

–have a finger in every pie לְהִתְעָרֵב, לִהְיוֹת מְעוֹרָב בְּכָל דָּבָר

–keep your fingers crossed לְהַחֲזִיק אֶצְבָּעוֹת

–not lift a finger (to help) לֹא לִנְקוֹף אֶצְבַּע

finger *v.* לִנְגּוֹעַ / לְמַשֵּׁשׁ בָּאֶצְבָּעוֹת בּ־

fingernail *n.* צִיפּוֹרֶן (הָאֶצְבַּע)

fingerprint *n.* טְבִיעַת אֶצְבַּע

fingertip *n.* קְצֵה הָאֶצְבַּע

finicky *adj.* בַּרְרָנִי; מְפוּנָּק; אִיסְטְנִיס

finish *n.* סִיּוּם; סוֹף; גִּימּוּר; לִיטּוּשׁ

finish *v.* לְסַיֵּים; לְחַסֵּל; לְהִסְתַּיֵּים

–finishing touch לִיטּוּשׁ אַחֲרוֹן; גִּימּוּר

finished *adj.* גָּמוּר; אָבוּד; מְחוּסָל; מוּגְמָר

finite *adj.* מוּגְבָּל (לֹא אֵינְסוֹפִי); מוּגְבָּל לְגוּף מְסוּיָּם (דִּקְדּוּק)

fiord *n.* פִיוֹרְד

fir *n.* (עֵץ) אַשׁוּחַ

fire *n.* אֵשׁ; שְׂרֵיפָה; מְדוּרָה; תַּנּוּר; חִימּוּם; יְרִי; לַהַט; זַעַם

–catch fire לְהִתְלַקֵּחַ

–on fire עוֹלֶה בָּאֵשׁ; בּוֹעֵר

–set fire to לְהַעֲלוֹת בָּאֵשׁ; לְהַבְעִיר

–set on fire לְהַעֲלוֹת בָּאֵשׁ; לְהַבְעִיר

– under fire תַחַת אֵש; מוּתקָף
fire *v.* לִירוֹת; לְפַטֵר; לְעוֹרֵר בּ־; לְשַלהֵב; לִשרוֹף; לְהַבעִיר; לְהַצִית
fire alarm *n.* מַעֲרֶכֶת אַזעָקָה לִשֵׂרֵיפָה
firearm *n.* נֶשֶק קַל; כְּלִי יְרִייָה
fire brigade *n.* מִכַבֵּי־אֵש
firecracker *n.* חֲזִיז (מְפַצפֵּץ)
fire department *n.* (תַחֲנַת) מְכַבֵּי־אֵש
fire drill *n.* תַרגִיל לְמִקרֵה שְׂרֵיפָה
fire-eater *n.* בּוֹלֵעַ אֵש
fire engine *n.* כַּבָּאִית; מְכוֹנִית כִּיבּוּי
fire escape *n.* מַדרֵגוֹת חֵירוּם; סוּלַם כַּבָּאִים
fire extinguisher *n.* מַטַף כִּיבּוּי
firefighter *n.* כַּבַּאי
firefly *n.* גַחלִילִית
fire hydrant *n.* בֶּרֶז כִּיבּוּי־אֵש
fireman *n.* כַּבַּאי; מַסִיק (קַטָר)
fireplace *n.* אָח (לְחִימוּם)
fireplug *n.* בֶּרֶז כִּיבּוּי אֵש
firepower *n.* עוֹצמַת אֵש
fireproof *adj.* חֲסִין אֵש
fire-resistant *adj.* חֲסִין אֵש
fireside *n.* סְבִיבוֹת הָאָח
fire station *n.* תַחֲנַת מְכַבֵּי־אֵש
firestorm *n.* סוּפַת אֵש (מִפּצָצַת אַטוֹם, וכד׳); הִתפָּרצוּת; ״מַבּוּל״
firewood *n.* עֲצֵי הַסָקָה
firework(s) *n.* זִיקוּקִין־דִי־נוּר; נִיצוֹצוֹת
firing line *n.* קַו הָאֵש
firing squad *n.* כִּיתַת יוֹרִים
firm *adj., adv.* יַצִיב; מוּצָק; חָזָק; קָשֶה; אֵיתָן (בְּדַעתוֹ); תַקִיף; אֵיתָן; בְּתוֹקֶף
firm *n.* חֶברָה; פִירמָה
firmly *adv.* הֵיטֵב; בְּתַקִיפוּת; אֵיתָן
firmness *n.* חוֹזֶק; תַקִיפוּת; מוּצָקוּת
first *adj., adv.* רִאשוֹן; קוֹדֶם; רֵאשִית; לָרִאשוֹנָה
– first of all קוֹדֶם כּוֹל
– first and foremost בָּרֹאש וּבָרִאשוֹנָה
first *n., pron.* הָרִאשוֹן; (צִיוּן) מְעוּלֶה; מְצוּיָן
– at first בַּתחִילָה
first aid *n.* עֶזרָה רִאשוֹנָה
first base *n.* תַחֲנָה רִאשוֹנָה (בִּכדוּר בָּסִיס)
– not get to first base לְהִיכָּשֵל כְּבָר בַּהַתחָלָה
firstborn *adj.* בְּכוֹר
first class *n.* מְעוּלֶה; סוּג א׳; מַחלָקָה רִאשוֹנָה
first class *adv.* בְּמַחלָקָה רִאשוֹנָה; בְּדוֹאַר מָהִיר
first-degree *adj.* (כְּווִייָה) בְּדַרגָה רִאשוֹנָה (קַלָה); בְּדַרגָה רִאשוֹנָה (רֶצַח)
first-ever *adj.* הָרִאשוֹן (מֵאָז וּמֵעוֹלָם)
first floor *n.* קוֹמָה רִאשוֹנָה; קוֹמַת קַרקַע
first-hand *adj.* מִמָקוֹר רִאשוֹן
firstly *adv.* רֵאשִית
first name *n.* שֵם פְּרָטִי
first night *n.* הַצָגַת בְּכוֹרָה
first offender *n.* עֲבַריָין חָדָש
first person *n.* גוּף רִאשוֹן
first-rate *adj.* מְצוּיָן
first refusal *n.* זְכוּת סֵירוּב רִאשוֹנָה
fiscal policy *n.* מְדִינִיוּת פִיסקָלִית
fiscal year *n.* שְנַת כְּסָפִים
fish *n.* דָג; דָגִים
– have other fish to fry יֵש לוֹ עִניָינִים חֲשוּבִים יוֹתֵר
fish *v.* לָדוּג; לְפַשפֵּש; לְחַפֵּש
– fish in troubled waters לָדוּג בְּמַיִם עֲכוּרִים
– fish out לִשלוֹף; לִמשוֹת; ״לָדוּג״
fisherman *n.* דַייָג
fishing *n.* דַיִג
fishing line *n.* חוּט הַחַכָּה
fishing rod *n.* קְנֵה/מוֹט הַחַכָּה
fishing tackle *n.* צִיוּד דַיִג
fishmonger *n.* מוֹכֵר דָגִים
fish slice *n.* כַּף לְהַגָשַת דָגִים; כַּף טִיגוּן
fishy *adj.* שֶל דָגִים; מְפוּקפָּק; ״מַסרִיחַ״
fission *n.* בִּיקוּעַ (גַרעִינִי); הִתפַּלגוּת (תָאִים)
fissure *n.* סֶדֶק; בְּקִיעַ
fist *n.* אֶגרוֹף
fit *adj.* מַתאִים (ל־); רָאוּי (ל־); בָּרִיא; בְּכוֹשֶר טוֹב; כָּשִיר; עוֹמֵד ל־

–keep fit לִשמוֹר עַל הַכּוֹשֶׁר
–think/see fit (to do) לִראוֹת לְנָכוֹן (לַעֲשׂוֹת)
fit *n.* הֶתקֵף; הֶתקֵף עֲוִוִיתִי; פֶּרֶץ; הִתפָּרְצוּת
–by fits and starts בְּאוֹפֶן לֹא סָדִיר; כְּשֶׁיוֹצֵא לוֹ
–have a fit לְקַבֵּל "שָׁבָץ"
–throw a fit לְהִיתָּקֵף בְּזַעַם; לְהִשתּוֹלֵל
fit *n.* מִידָּה מַתאִימָה (בֶּגֶד וכד')
fit *v.* לְהַתאִים; לִמדוֹד; לְהַתקִין; לְהַכשִׁיר
–fit in (with) לְהִשתַּלֵּב (בּ־/עִם־)
–fit him in לִמצוֹא זְמַן ל־; לְקַבֵּל
–fit out (for) לְצַיֵּיד (בּ־) (ל־)
fitful *adj.* לֹא סָדִיר; סֵרוּגִי; מְקוּטָע
fitness *n.* הַתאָמָה ל־; כּוֹשֶׁר גוּפָנִי
fitter *n.* חַיָּט; מְכוֹנַאי
fitting *adj.* מַתאִים; הוֹלֵם
fitting *n.* מְדִידָה (בֶּגֶד); הֶתקֵן קָבוּעַ
–fittings צִיוּד מוּתקָן; הֶתקֵנִים; אֲבִזָרִים
five *adj., n.* חָמֵשׁ
fivefold *adj.* פִּי חֲמִישָּׁה
fiver *n.* חֲמִישִׁיָּיה (שְׁטַר כֶּסֶף)
fix *n.* (קְבִיעַת) מִיקוּם; זְרִיקַת סַם; עִניָין לֹא כָּשֵׁר; "מִשׂחָק מָכוּר"; הִסתַּבְּכוּת
fix *v.* לִקבּוֹעַ בִּמקוֹמוֹ; לִקבּוֹעַ; לְתַקֵּן; לְסַדֵּר; לְאַרגֵּן; לְהָכִין (מַשׁקֶה וכו'); לְהַתקִין; לְשַׁחֵד; לְסַדֵּר מֵרֹאשׁ כְּמִשׂחָק מָכוּר; לְסַדֵּר אוֹתוֹ; "לְטַפֵּל" בּוֹ
fixation *n.* קִיבָּעוֹן; "שִׁיגָעוֹן"
fixed *adj.* קָבוּעַ בִּמקוֹמוֹ; לֹא מִשׁתַּנֶּה; קָבוּעַ; מָכוּר; מְבוּיָם
fixings *n.* תּוֹסָפוֹת; קִישׁוּטִים (בַּארוּחָה)
fixture *n.* אֲבִזָר קָבוּעַ; (מוֹעֵד) תַּחֲרוּת סְפּוֹרט; "אֲבִזָר קָבוּעַ" (לגבי אדם)
fizz *n.* קוֹל תְּסִיסָה; יֵין לָבָן תּוֹסֵס
fizz *v.* לְהַשׁמִיעַ קוֹל תְּסִיסָה; לִתסוֹס
fizzle *v.* לְהַשׁמִיעַ קוֹל תְּסִיסָה
–fizzle out לְהִסתַּיֵּים בְּכִישָּׁלוֹן; לִדעוֹךְ; לַחלוֹף
fizzy *adj.* תּוֹסֵס
fjord *n.* פְיוֹרד
flabbergasted *adj.* הָמוּם
flabby *adj.* רַךְ; רָפֶה; מְדוּלדָּל; רוֹפֵס

flaccid *adj.* רָפוּי; רַךְ; רוֹפֵס; מְדוּלדָּל
flag *n.* דֶּגֶל; דִּגלוֹן (גַּם בְּמַחשְׁבִים)
flagellate *v.* לְהַלקוֹת; לְהַצלִיף (בְּשׁוֹט)
flagpole *n.* תּוֹרֶן; מוֹט הַדֶּגֶל
flagrant *adj.* מַחפִּיר; בּוֹטֶה
flagship *n.* אוֹנִיַּית הַדֶּגֶל
flagstone *n.* אֶבֶן רִיצוּף
flail *v.* לַחבּוֹט; לְהַלקוֹת; לְהִתנוֹעֵעַ; לְנוֹפֵף
flair *n.* כִּשׁרוֹן; חוּשׁ; סְטַייל
flak *n.* אֵשׁ נֶגֶד־מְטוֹסִים; בִּיקוֹרֶת חֲרִיפָה
flake *n.* פָּתִית
flake *v.* (off) לְהִתקַלֵּף (בִּפתִיתִים)
flak jacket *n.* שַׁכפַּ"ץ; אֵפוֹד מָגֵן
flaky *adj.* עָשׂוּי פְּתִיתִים; מִתפּוֹרֵר; קַשׂקַשִׂי
flaky pastry *n.* בְּצֵק עָלִים/צָרְפָתִי
flambé *adj.* (מָזוֹן) מוּגָשׁ בְּלֶהָבָה (שֶׁל אַלכּוֹהוֹל)
flamboyant *adj.* ססגוֹנִי; רַאַוותָנִי; תּוֹסֵס; צַעֲקָנִי
flame *n.* לֶהָבָה; לַהַט
–an old flame אֲהוּבָה (לְשֶׁעָבַר)
–burst into flames לַעֲלוֹת בְּלֶהָבוֹת
flame thrower *n.* לְהַבְיוֹר
flaming *adj.* זוֹהֵר כְּאֵשׁ; בּוֹעֵר; לוֹהֵט; אָרוּר
flammable *adj.* דָּלִיק
flan *n.* עוּגַת פְלַאן פֵּירוֹת
flank *n.* צַד; כֶּסֶל (הַצלָעוֹת); צֶלַע הַר; אֲגַף
flank *v.* לְהִימָּצֵא בְּצַד־; לְאַגֵּף
flannel *n.* פְלָנֶל; מַטלִית רַחְצָה
flannels *n.* מִכנְסֵי פְלָנֶל
flap *n.* (קוֹל) חֲבָטָה; מַשַּׁק כְּנָפַיִים; דַּשׁ; לָשׁוֹן; כָּנָף; מַדָּף (בִּכנַף מָטוֹס); פָּנִיקָה
flap *v.* לְנַפנֵף; לְהִתנַפנֵף; לְהִיכָּנֵס לְפָּנִיקָה
flare *n.* לֶהָבָה מַבהִיקָה; זִיקּוּק תְּאוּרָה
flare *v.* לְהַבהִיק; לִבעוֹר; לְהִתלַהֵט
–flare up לִפרוֹץ בְּלֶהָבָה; לְהִתפָּרֵץ
flare-up *n.* הִתלַקְחוּת; הִתפָּרְצוּת
flash *n.* הֶבזֵק; רֶשֶׁף; הַברָקָה; נִצנוּץ; מִבזָק; מַבזֵק (בְּמַצלֵמָה); פָּנָס
–a flash in the pan הַברָקָה חוֹלֶפֶת; הַצלָחָה חַד־פַּעֲמִית

F

flash *v.* לְהַבְזִיק; לְנַצְנֵץ; לְהַבְהֵב; לִרשׁוֹף; לְהַצִּיג לְרַאֲוָוה; לַחֲלוֹף בִּמְהִירוּת הַבָּזָק; לְנַפְנֵף

flashback *n.* הֶחזֵר לְאָחוֹר (לתמונה מן העבר)

flasher *n.* מְאוֹתֵת (וינקֶר); נַצְנָץ; מִי שֶׁחוֹשֵׂף (לְרֶגַע) אֶת איברֵי הַמִּין

flashlight *n.* פַּנַס כִּיס

flashy *adj.* נוֹצֵץ; צַעֲקָנִי

flask *n.* בַּקבּוּק; תֶּרמוֹס

flat *adj.* שָׁטוּחַ; תָּפֵל; מְשַׁעֲמֵם; רֵיק; גָמוּר (מַצבָּר); חֲסַר אֲוויר; עִם תֶּקֶר; שֶׁאִיבֵּד אֶת הַגָּזִים; חַלָּשׁ; לֹא עֵר; לֹא מַבהִיק; חַדגוֹנִי; מוּחלָט; אָחִיד (מחיר); בְּמוֹל; נָחֵת

–flat broke חֲסַר פְּרוּטָה; תַּפרָן

flat *adv.* בְּמַצָּב שָׁטוּחַ; בְּדִיוּק; בְּפֵירוּשׁ; בְּאוֹפֶן מוּחלָט; לְגַמרֵי; בְּזִיוּף; נָמוּךְ מֵהַצלִיל הַנָּכוֹן

–flat out בְּגָלוּי; יְשִׁירוּת; בְּשִׂיא הַמְּהִירוּת

flat *n.* דִּירָה; צְמִיג בְּלִי אֲוִויר; תֶּקֶר

flatly *adv.* בְּאוֹפֶן מוּחלָט; בְּתוֹקֶף; בְּיוֹבֶשׁ

flatmate *n.* חָבֵר לְדִירָה

flat-panel display *n.* צָג שָׁטוּחַ

flatten *v.* לְשַׁטֵּחַ; לְיַישֵׁר; לְהֵיעָשׂוֹת שָׁטוּחַ; לַהֲרוֹס לְגַמרֵי; לְהַשׁכִּיב (בְּמַכָּה)

flatter *v.* לְהַחֲנִיף לְ־; לְהַחֲמִיא לְ־

–flatter oneself לְהַשׁלוֹת אֶת עַצמוֹ; לְהִתגָּאוֹת

flattery *n.* (דִּברֵי) חֲנוּפָּה

flat tire / tyre *n.* צְמִיג מְפוּנצָ'ר; תֶּקֶר

flatulence *n.* נְפִיחָנוּת (גָּזִים בַּבֶּטֶן)

flaunt *v.* לְהִתהַדֵּר בְּ־; לְהֵרָאוֹת בְּגַאֲוָוה

flavor, flavour *n.* טַעַם (וְרֵיחַ); נִיחוֹחַ; אֲווִירָה

flavor, flavour *v.* לְתַבֵּל; לְהוֹסִיף טַעַם לְ־

flavo(u)ring *n.* חוֹמֶר טַעַם וְרֵיחַ; תַּבלִין

flaw *n.* פְּגָם; לִיקוּי

flawed *adj.* פָּגוּם; שֶׁיֵּשׁ בּוֹ פְּגָם

flawless *adj.* לְלֹא פְּגָם; מוּשׁלָם

flax *n.* פִּשׁתָּה; סִיבֵי פִּשׁתָּן

flea *n.* פַּרעוֹשׁ

–with a flea in his ear בִּנזִיפָה חֲמוּרָה; בְּבוֹשֶׁת פָּנִים

flea market *n.* שׁוּק פִּשׁפְּשִׁים

fleck *n., v.* כֶּתֶם; גַּרגֵּר; לְכַסּוֹת בִּכתָמִים

fled *v. past and 3rd form of* flee

fledged *adj.* שֶׁמְּסוּגָּל (כְּבָר) לָעוּף

–fully-fledged מְנוּסֶּה; מִן הַמִּניָין; לְכָל דָּבָר

fledg(e)ling *n.* אֶפרוֹחַ (גּוֹזָל שלמד לעוף); טִירוֹן; מַתחִיל

flee *v.* (fled) לִברוֹחַ (מ־)

fleece *n.* צֶמֶר; גִּיזָה

fleet *n.* צִי

fleeting *adj.* חוֹלֵף; קָצָר; חָטוּף

flesh *n.* בָּשָׂר; גּוּף; בְּשַׂר פְּרִי וכד'

–in the flesh בִּכבוֹדוֹ וּבְעַצמוֹ; בְּאוֹפֶן אִישִׁי

–his own flesh and blood עַצמוֹ וּבְשָׂרוֹ

flesh wound *n.* פֶּצַע חִיצוֹנִי / שִׁטחִי

fleshy *adj.* בְּשָׂרִי; בַּעַל בָּשָׂר; בַּשׂרָנִי

flew *v. past of* fly

flex *n.* חוּט חַשׁמַל; פְּתִיל

flex *v.* לְכוֹפֵף; לְכַווֵץ (שריר)

–flex your muscles לְהַפגִּין שְׁרִירִים

flexibility *n.* גְּמִישׁוּת

flexible *adj.* גָּמִישׁ; מִסתַּגֵּל

flexitime *n.* שְׁעוֹת גְּמִישׁוּת (בַּעֲבוֹדָה)

flick *n.* תְּנוּעָה מְהִירָה; הַצלָפָה / מַכָּה קַלָּה

flick *v.* לְהָנִיף / לְהַצלִיף וכו' בִּתנוּעָה מְהִירָה; לְהַצלִיף / לִנגּוֹעַ קַלּוֹת בְּ־

flicker *n., v.* הִבהוּב; זִיק; לְהַבהֵב; לְהַבזִיק; רִיצּוּד

flight *n.* תְּעוּפָה; טִיסָה; הַפלָגָה; הַמרָאָה (בְּדִמיוֹנוֹ וכו'); טוּר מַדרֵגוֹת; (מַסלוּל) מְעוֹף־; לַהַק; גַּף

flight *n.* מְנוּסָה; בְּרִיחָה

flight attendant *n.* דַּיָּיל; דַּייֶּלֶת

flighty *adj.* קַפּרִיזִי; גַּחֲמָנִי; קַל דַּעַת

flimsy *adj.* קַל וְדַק; שָׁבִיר; חַלָּשׁ; דָּחוּק; קָלוּשׁ

flinch *v.* לְהֵירָתַע

fling *n.* הַשׁלָכָה; נִיסָּיוֹן; רוֹמָן (אהבים); סְטוּץ; רִיקּוּד סְקוֹטִי

– have a fling לְהִתהוֹלֵל; לַעֲשׂוֹת חַיִּים

fling *v.* (flung) לְהַשׁלִיךְ (בְּכוֹחַ); לְזַנֵּק; לְהָטִיחַ (עֶלבּוֹן וכד׳); לִשׁלוֹחַ; לִלבּוֹשׁ בְּחִיפָּזוֹן

flint *n.* צוֹר; ״אֶבֶן״ בְּמַצֵּת

flip *n., v.* מַכָּה קַלָּה; הֲטָלָה; לִזרוֹק; לְהָטִיל; לַהֲפוֹךְ בִּמהִירוּת; לְהַדלִיק/לְכַבּוֹת בְּמַכָּה

– flip out לְהִשתוֹלֵל (מִכַּעַס)

– flip through לְדַפדֵּף בִּמהִירוּת

flip-flops *n.* סַנדְלֵי אֵילַת/אֶצבַּע

flippant *adj.* לֹא רְצִינִי; מְזַלזֵל

flipper *n.* סְנַפִּיר

flirt *v.* לְפַלרֵטֵט; לְהִשתַּעֲשֵׁעַ (בְּרַעיוֹן); לְהִתגָּרוֹת (בְּמָוֶות וכו׳)

flirt *n.* מְפַלרֵטֵט

flirtation *n.* פְלִירט

flirtatious *adj.* אוֹהֵב לְפַלרֵטֵט

flit *n.* הִסתַּלְּקוּת בַּחֲשַׁאי

flit *v.* לָעוּף/לָנוּעַ בְּקַלִּילוּת; לַחֲלוֹף (בְּמוֹחוֹ)

float *n.* מָצוֹף; בִּימָה עַל גַּלגַּלִּים (בְּתַהֲלוּכָה); כֶּסֶף קָטָן (לְעוֹדֶף)

float *v.* לָצוּף; לְרַחֵף; לְיַיסֵּד (ע״י הַנפָּקַת מְנָיוֹת); לְנַיֵּיד; לְהַעֲלוֹת (רַעיוֹן)

– float around לְהִסתּוֹבֵב; לְהַלֵּךְ (שְׁמוּעָה)

floating *adj.* צָף; לֹא קָבוּעַ

flock *n.* עֵדֶר; לַהַק; הָמוֹן; צֹאן מַרעִיתוֹ

flock *v.* לְהִתקַהֵל; לִנהוֹר

flog *v.* לְהַלקוֹת; (לְנַסּוֹת) לִמכּוֹר

– flog a dead horse לְהִתאַמֵּץ לַשָּׁווא

flogging *n.* הַלקָאָה

flood *n.* שִׁיטָּפוֹן; מַבּוּל; שֶׁטֶף; פֶּרֶץ

flood *v.* לְהָצִיף; לִהיוֹת מוּצָף (בְּשִׁיטָּפוֹן)

floodgate *n.* שַׁעַר בְּסֶכֶר; ״סֶכֶר״

floodlight *n., v.* זַרקוֹר; לְהָאִיר בְּאוֹר זַרקוֹרִים

floodlit *adj.* מוּאָר בְּאוֹר זַרקוֹרִים

floor *n.* רִצְפָּה; קוֹמָה; קַרקָעִית; אוּלַם יְשִׁיבוֹת; רַחֲבַת רִיקוּדִים

– take the floor לִיטּוֹל רְשׁוּת דִּיבּוּר

floor *v.* לְרַצֵּף; לְהַפִּיל אַרצָה; לְהָבִיס; לְהָמֵם

floorwalker *n.* מְפַקֵּחַ בַּחֲנוּת כָּל־בּוֹ

flop *n.* (קוֹל) נְפִילָה/חֲבָטָה; כִּישָּׁלוֹן חָרוּץ

flop *v.* לְפַרפֵּר; לִיפּוֹל בִּכבֵדוּת; לְהִיכָּשֵׁל

floppy *adj.* תָּלוּי בְּרִפיוֹן; חַלָּשׁ

floppy disk *n.* תַּקלִיטוֹן (גָּמִישׁ); דִּיסקֶט

flora *n.* (עוֹלַם) הַצּוֹמֵחַ

florist *n.* מוֹכֵר פְּרָחִים; חֲנוּת פְּרָחִים

floss *n.* חוּט (מֶשִׁי); חוּט דֶּנטָלִי

floss *v.* לְנַקּוֹת (שִׁינַּיִים) בְּחוּט

flotsam *n.* שִׁברֵי אוֹנִיָּיה צָפִים

flounder *v., n.* לְפַרפֵּר; לְבוֹסֵס; לְהַסֵּס; לְגַמגֵּם; לְהִתבַּלבֵּל; דַּג הַסַּנדָּל/מֹשֶׁה־רַבֵּנוּ (סוֹל)

flour *n., v.* קֶמַח; לְפַזֵּר קֶמַח עַל־; לְקַמֵּחַ

flourish *v.* לְשַׂגשֵׂג; לִפרוֹחַ; לְנַפנֵף בְּ־

flourishing *adj.* מְשַׂגשֵׂג

flow *n.* זְרִימָה; זֶרֶם; שֶׁטֶף; תַּזרִים; גֵּיאוּת

flow *v.* לִזרוֹם; לִגלוֹשׁ; לַחֲלוֹף; לִגאוֹת; לִנבּוֹעַ מִ־

flow chart *n.* תַּרשִׁים זְרִימָה

flower *n., v.* פֶּרַח; פְּרִיחָה; לִפרוֹחַ

– in the flower of בְּמֵיטַב־; בְּשִׂיא (פְּרִיחַת־)

flowerbed *n.* עֲרוּגַת פְּרָחִים

flowerpot *n.* עָצִיץ

flowery *adj.* מָלֵא פְּרָחִים; נִמלָץ

flowing *adj.* זוֹרֵם; שׁוֹטֵף; גּוֹלֵשׁ

flown *v. 3rd form of* fry

flu *n.* שַׁפַּעַת

fluctuate *v.* לַעֲלוֹת וְלָרֶדֶת; לְהִתנַדנֵד

fluctuation *n.* תְּנוּדָה

fluency *n.* שֶׁטֶף (דִּיבּוּר)

fluent *adj.* בַּעַל שֶׁטֶף דִּיבּוּר; שׁוֹטֵף; רָהוּט

fluently *adv.* בְּשֶׁטֶף

fluff *n.* מוֹךְ; טָעוּת; פִּספּוּס

fluff *v.* לְנַעֵר כָּרִית וכד׳; לְנַפֵּחַ; לִפרוֹשׂ; לִטעוֹת; לְפַספֵּס; לְהִיכָּשֵׁל בְּ־

fluffy *adj.* (רַךְ) כְּמוֹ מוֹךְ; שֶׁל מוֹךְ; תָּפוּחַ

fluid *n., adj.* נוֹזֵל; נוֹזְלִי; נָזִיל; מִשׁתַּנֶּה

fluke *n.* מַזָּל; כַּף הָעוֹגֶן; חֲצִי זְנַב לִוויָתָן

flung *v. 3rd form of* fling

flunk *v.* לְהִיכָּשֵׁל (בְּמִבחָן); לְהַכשִׁיל

fluoridation *n.* הַפלָרָה

flurry *n.* מַשָׁב / מַטָּח פִּתְאוֹמִי; בֶּהָלָה; הִתְרַגְשׁוּת; פֶּרֶץ
flurry *v.* (flurried) לְבַלְבֵּל; לִגְרוֹם לְעַצְבָּנוּת
flush *adj.* יָשָׁר; שֶׁאֵינוֹ בּוֹלֵט מֵעַל־; מָלֵא
flush *n.* שֶׁטֶף (מַיִם); שְׁטִיפָה; הַסְמָקָה; סוֹמֶק; הִתְרַגְשׁוּת; רֶצֶף (קלפים)
flush *v.* לְהַסְמִיק; לִשְׁטוֹף (בְּזֶרֶם מַיִם); לְהִישָּׁטֵף
–flush him out לְהַבְרִיחַ מִמַּחְבּוֹאוֹ; לַחְשׂוֹף
flushed *adj.* (with) נִרְגָּשׁ (מ־)
fluster *n.* בִּלְבּוּל וְעַצְבָּנוּת
flustered *adj.* מְבוּלְבָּל וְעַצְבָּנִי
flute *n.* חָלִיל
flutter *n.* פִּרְפּוּר; נִפְנוּף; הִתְרַגְשׁוּת; שִׁיבּוּשׁ בְּהַקְלָטָה; הִימּוּר קָטָן
flutter *v.* לְנַפְנֵף; לְפַרְפֵּר; לְהָנִיעַ / לָנוּעַ הֵנָּה וָהֵנָּה
flux *n.* הִשְׁתַּנּוּת מַתְמֶדֶת; זְרִימָה; זֶרֶם
fly *n.* זְבוּב
–fly in the ointment אַלְיָה וְקוֹץ בָּהּ
fly *n.* מִפְתָּח; "חֲנוּת" (בְּמִכְנָסַיִם); קֶפֶל; דַּשׁ (אוֹהֶל)
fly *v.* (flew, flown) לָעוּף; לָטוּס; לְהָטִיס; לָרוּץ; לַחֲלוֹף "בִּטִיסָה" / מַהֵר; לְהָעִיף; לְהָנִיף; לְהִתְנוֹפֵף; לִבְרוֹחַ מ־
flyer *n.* טַיָּיס; יְצוּר מְעוֹפֵף; רֶכֶב מָהִיר; עָלוֹן פִּרְסוֹמֶת; מַצְלִיחָן; שְׁאַפְתָן
flying *adj.* מְעוֹפֵף; טָס; מִתְנוֹפֵף; בִּתְנוּפָה
flying *n.* טִיסָה
flying colors / colours *n.* הַצְלָחָה מְלֵאָה; הִצְטַיְּינוּת
flying model *n.* טִיסָן
flying saucer *n.* צַלַּחַת מְעוֹפֶפֶת
flying visit *n.* בִּיקּוּר חָטוּף
flyover *n.* גֶּשֶׁר עִילִי; מַטָּס אֲוִוירִי
fly-swatter *n.* מַחְבֵּט זְבוּבִים
flyweight *n.* מִשְׁקַל זְבוּב
flywheel *n.* גַּלְגַּל תְּנוּפָה
foal *n., v.* סְיָיח; לְהַמְלִיט סְיָיח
foam *n., v.* קֶצֶף; לְהַעֲלוֹת קֶצֶף
foam rubber *n.* גּוּמִי מוּקְצָף; גּוּמְאֲווִיר
foamy *adj.* מְכוּסֶּה קֶצֶף
fob off *v.* (with) לִרְמוֹת (בּ־); לְהִתְעַלֵּם
focal *adj.* מוֹקְדִי; מֶרְכָּזִי
focus *n.* מוֹקֵד; מֶרְכָּז
–in focus מְמוּקָּד
focus *v.* (on) לְמַקֵּד; לְהִתְמַקֵּד (בּ־); לְרַכֵּז (בּ־)
fodder *n.* מִסְפּוֹא; חוֹמֶר; נוֹשֵׂא
foe *n.* אוֹיֵב
foetal *adj.* עוּבָּרִי
foetus *n.* עוּבָּר
fog *n.* עֲרָפֶל; תְּקוּפָה שֶׁל עֲרָפֶל
fogbound *adj.* תָּקוּעַ בִּגְלַל עֲרָפֶל; אָפוּף עֲרָפֶל
foggy *adj.* עַרְפִילִי; מְעוּרְפָּל
–not have the foggiest (idea) אֵין לוֹ שׁוּם מוּשָּׂג
foghorn *n.* צוֹפַר עֲרָפֶל
fogy *n.* בַּעַל דֵּעוֹת מְיוּשָּׁנוֹת
foil *n.* נְיַיר כֶּסֶף; רִיקּוּעַ מַתֶּכֶת; נִיגּוּד
foil *n.* רוֹמַח (בְּסִיף)
foil *v.* לְסַכֵּל
fold *n.* קֶפֶל; קִיפּוּל; מִכְלָאָה; קְהַל הַמַּאֲמִינִים
fold *v.* לְקַפֵּל; לְחַבֵּק; לַעֲטוֹף; לְהִתְקַפֵּל; לְהִתְמוֹטֵט; לָרֶדֶת (הצגה)
–fold your arms לְשַׁלֵּב יָדַיִים
folder *n.* עוֹטְפָן; תִּיקִיָּיה
foliage *n.* עַלְוָוה
folio *n.* פוֹלִיוֹ; סֵפֶר בְּתַבְנִית פוֹלִיוֹ
folk *n.* אֲנָשִׁים; (קְרוֹבֵי) מִשְׁפָּחָה; הוֹרִים
folk dance *n.* רִיקּוּד־עַם
folklore *n.* פוֹלְקְלוֹר
folk music *n.* מוּסִיקָה עֲמָמִית
folk tale *n.* סִיפּוּר עַם
follow *v.* לַעֲקוֹב אַחֲרֵי־; לְהַמְשִׁיךְ בּ־; לָבוֹא אַחֲרֵי־; לִנְהוֹג לְפִי־; לְקַבֵּל; לֶאֱהוֹד (קבוצה)
–as follows כִּלְהַלָּן
–follow (from) לִנְבּוֹעַ (מִכָּךְ) שׁ־
–follow up לַחְקוֹר; לְבָרֵר; לְהַשִּׂיג בְּעִקְבוֹת־; לְהַשְׁלִים; לְהַמְשִׁיךְ (בּ־)
–it follows that... הַמַּסְקָנָה הִיא שֶׁ־; מִכָּאן נוֹבֵעַ שֶׁ־
follower *n.* אוֹהֵד; חָסִיד

following *adj.* הַבָּא; שֶׁלְּאַחַר מִכֵּן; שֶׁלְּהַלָּן
following *n.* קְהַל מַעֲרִיצִים/חֲסִידִים; הַבָּא; מָה/מִי שֶׁיּוּזְכַּר לְהַלָּן
following *prep.* אַחֲרֵי־, בְּעִקְבוֹת־
follow-up *n.* מַעֲקָב; הֶמְשֵׁךְ
folly *n.* טִיפְּשׁוּת; שְׁטוּת
foment *v.* לְלַבּוֹת; לְחַרְחֵר; לְעוֹרֵר
fond *adj.* אוֹהֵב; מְפַנֵּק; תָּמִים; טִיפְּשִׁי
–be fond of לְחַבֵּב; לֶאֱהוֹב
fondle *v.* לְלַטֵּף (בְּרַכּוּת)
fondly *adv.* בְּאַהֲבָה; בִּתְמִימוּת רַבָּה
fondness *n.* חִיבָּה
font *n.* אַגַּן מֵי טְבִילָה; גּוֹפָן (בדפוס)
food *n.* מָזוֹן; אוֹכֶל; מַאֲכָל
–food for thought חוֹמֶר לְמַחֲשָׁבָה
food chain *n.* שַׁרְשֶׁרֶת הַמָּזוֹן
food poisoning *n.* הַרְעָלַת קֵיבָה/מָזוֹן
food processor *n.* מְעַבֵּד מָזוֹן
foodstuff *n.* מִצְרַךְ מָזוֹן
fool *n.* טִיפֵּשׁ; לֵיצָן; קְצִיפַת פֵּירוֹת בְּשַׁמֶּנֶת
–make a fool of לְשַׁטּוֹת בּ־; לַעֲשׂוֹת צְחוֹק מ־
fool *v.* לְהִשְׁתַּטּוֹת; לְהִתְנַהֵג כְּטִיפֵּשׁ; לְרַמּוֹת; "לַעֲבוֹד עַל־"; לְהִתְלוֹצֵץ
–fool about לְהִשְׁתַּטּוֹת; "לְשַׂחֵק"; לְהִתְבַּטֵּל
–fool around לְהִשְׁתַּטּוֹת; לְהִתְעַסֵּק (עִם)
foolhardy *adj.* מִסְתַּכֵּן שֶׁלֹּא לְצוֹרֶךְ; נוֹעָז מִדַּי
foolish *adj.* טִיפְּשִׁי; טִיפֵּשׁ
foolishly *adv.* בְּטִיפְּשׁוּת
foolishness *n.* טִיפְּשׁוּת
foolproof *adj.* פָּשׁוּט וּבָטוּחַ
fool's errand *n.* שְׁלִיחוּת שֶׁנּוֹעֲדָה לְכִישָּׁלוֹן; בְּרָכָה לְבַטָּלָה
fool's paradise *n.* גַּן עֵדֶן שֶׁל שׁוֹטִים
foot *n.* (כַּף) רֶגֶל; מַרְגְּלוֹת־; תַּחְתִּית
–find your feet לְהִתְמַקֵּם; לִלְמוֹד לְהִתְמַצֵּא
–get/have cold feet לְהִשְׁתַּפֵּן
–my foot! סַפֵּר לְסַבְתָּא!
–on foot בָּרֶגֶל; מִתְגַּבֵּשׁ; (נִמְצָא) בְּעִיצּוּמוֹ
–put your foot down לִלְחוֹץ עַל הַדַּוְושָׁה; לִנְקוֹט עֶמְדָּה תַּקִּיפָה
–put your best foot forward לְהִשְׁתַּדֵּל; לַעֲשׂוֹת כְּמֵיטַב יְכוֹלְתוֹ
–put your foot in it לַעֲשׂוֹת מִשְׁגֶּה מֵבִיךְ
–set foot in לְהִיכָּנֵס ל־; לְהַגִּיעַ ל־; לְבַקֵּר בּ־
foot *v.* –foot it לָלֶכֶת בָּרֶגֶל
–foot the bill לְשַׁלֵּם אֶת הַחֶשְׁבּוֹן
footage *n.* סֶרֶט (בְּאוֹרֶךְ מסוים)
football *n.* כַּדּוּרֶגֶל; פוּטבּוֹל
football boot *n.* נַעַל כַּדּוּרֶגֶל
footballer *n.* כַּדּוּרַגְלָן
football pitch *n.* מִגְרַשׁ כַּדּוּרֶגֶל
football pools *n.* טוֹטוֹ
footbridge *n.* גֶּשֶׁר לְהוֹלְכֵי רֶגֶל
foot-dragging *n.* סַחֶבֶת
foothold *n.* מִתְמָךְ/אֲחִיזַת רֶגֶל; דְּרִיסַת רֶגֶל
footing *n.* (מְקוֹם) אֲחִיזַת הָרַגְלַיִים; יְחָסִים; מַעֲמָד; מַצָּב; בָּסִיס
footlights *n.* אוֹרוֹת הַבָּמָה
footloose *adj.* חוֹפְשִׁי; חֲסַר דְּאָגוֹת
footman *n.* מְשָׁרֵת בְּמַדִּים
footnote *n.* הֶעָרָה (בְּסֵפֶר וכד'); הֶעָרַת שׁוּלַיִים
footpath *n.* שְׁבִיל לְהוֹלְכֵי רֶגֶל
footprint *n.* טְבִיעַת רֶגֶל
footrest *n.* מִשְׁעַן רֶגֶל
footsore *adj.* שֶׁרַגְלָיו כּוֹאֲבוֹת
footstep *n.* (קוֹל) צַעַד
–follow in his footsteps לָלֶכֶת בְּעִקְבוֹתָיו
footstool *n.* הֲדוֹם
footwear *n.* הַנְעָלָה
footwork *n.* עֲבוֹדַת רַגְלַיִים (בְּאִגְרוּף וכו'); תְּגוּבָה (מְהִירָה); טִיפּוּל
for *prep.* אֶל־; ל־; בּ־; בִּשְׁבִיל־; בִּמְקוֹם; תְּמוּרַת־; בְּמֶשֶׁךְ; לְאוֹרֶךְ; מַשְׁמָעוּתוֹ; מְצַיֵּין; מְסַמֵּל; שֶׁמְּיַיצֵּג אֶת־; מִטַּעַם; עֲבוּר־; בְּעַד־; בִּגְלַל־; עַל־; לְגַבֵּי־; כּ־; בְּתוֹר־; בְּסִכּוּם־; לַמְרוֹת־
–for all לַמְרוֹת כָּל־
–for all I care מִצִּידִי

F

- –for all I know לֹא יוֹדֵעַ; אֲנִי יוֹדֵעַ?
- for *conj.* כֵּיוָון שֶׁ־
- forage *n.* מִספּוֹא
- forage *v.* (for) לְחַפֵּשׂ; לְשׁוֹטֵט בְּחִיפּוּשׂ אַחַר
- foray *n., v.* פְּשִׁיטָה; לִפְשׁוֹט (עַל־)
- forbad, forbade *v. past of* forbid
- forbearance *n.* סַבְלָנוּת; הִתְאַפְּקוּת
- forbearing *adj.* סַבְלָנִי; סוֹבְלָנִי
- forbid *v.* (forbad(e), forbidden) לֶאֱסוֹר (עַל־)
- forbidden fruit *n.* פְּרִי אָסוּר; מַיִם גְנוּבִים
- force *n.* כּוֹחַ; עוֹצְמָה; תּוֹקֶף; מַשְׁמָעוּת
- –come into force לְהִיכָּנֵס לְתוֹקֶף
- force *v.* לִכְפּוֹת; לְאַלֵּץ; לְהַכְרִיחַ; לִפְרוֹץ; לְהוֹצִיא בְּכוֹחַ; לִדְחוֹף בְּכוֹחַ; לְזָרֵז גִידוּל/הַבְשָׁלָה
- forced *adj.* כָּפוּי; מְאוּלָץ
- forced landing *n.* נְחִיתַת אוֹנֶס
- forceful *adj.* מְשַׁכְנֵעַ; תַּקִּיף; חָזָק
- forcefully *adv.* בְּתַקִּיפוּת; בְּעוֹצְמָה
- force majeure *n.* כּוֹחַ עֶלְיוֹן
- forceps *n.* מֶלְקָחַיִים
- ford *v., n.* (לַעֲבוֹר בּ־) מָקוֹם רָדוּד בְּנָהָר
- fore *adj., n.* קִדְמִי; הַחֵלֶק הַקִּדְמִי
- –come to the fore לְהִתְבַּלֵּט; לְהִתְפַּרְסֵם
- forearm *n.* אַמַּת הַיָּד
- foreboding *n.* תְּחוּשָׁה מְבַשֶּׂרֶת רָעוֹת
- forecast *n., v.* תַּחֲזִית; לַחֲזוֹת
- forecaster *n.* חַזַּאי
- foreclose *v.* לַחְלוֹט (משכנתה וכו׳); לְעַקֵּל
- foreclosure *n.* עִיקּוּל
- forefathers *n.* אָבוֹת קַדְמוֹנִיִּים
- forefinger *n.* אֶצְבַּע (זו שליד האגודל)
- forefront *n.* הַקַּו הָרִאשׁוֹן; רֹאשׁ־
- forego *v.* לְווַתֵּר עַל
- foregoing *adj.* קוֹדֵם; נִזְכַּר לְעֵיל
- foregone *adj.* יָדוּעַ מֵרֹאשׁ
- –a foregone conclusion דָּבָר צָפוּי מֵרֹאשׁ
- forehand *n.* חֲבָטַת כַּף־יָד
- forehead *n.* מֵצַח
- foreign *adj.* זָר; ־חוּץ
- foreign aid *n.* סִיּוּעַ חוּץ
- foreign affairs *n.* ענייני חוּץ
- foreigner *n.* זָר; נוֹכְרִי
- foreign exchange *n.* מַטְבֵּעַ חוּץ
- foreign language *n.* שָׂפָה זָרָה
- Foreign Minister *n.* שַׂר הַחוּץ
- Foreign Office *n.* מִשְׂרַד הַחוּץ
- foreign trade *n.* סְחַר חוּץ
- forelock *n.* בְּלוֹרִית; תַּלְתַּל מֵצַח
- foreman *n.* מְנַהֵל עֲבוֹדָה; רֹאשׁ חֶבֶר מוּשְׁבָּעִים
- foremost *adj.* חָשׁוּב בְּיוֹתֵר; רָאשִׁי
- forensic medicine *n.* רְפוּאָה מִשְׁפָּטִית
- foreplay *n.* מִשְׂחָק מַקְדִּים (לִפְנֵי הַמִּשְׁגָּל)
- forerunner *n.* מְבַשֵּׂר; חָלוּץ; אָב; גִרְסָה קוֹדֶמֶת
- foresee *v.* (foresaw, foreseen) לַחֲזוֹת מֵרֹאשׁ
- foreseeable *adj.* הַנִּרְאֶה לָעַיִן
- foresight *n.* רְאִיַּית הַנּוֹלָד
- foreskin *n.* עָרְלָה
- forest *n.* יַעַר
- foretaste *n.* (of) רַק דוּגְמָה (ל־); טְעִימָה
- foretell *v.* (foretold) לְנַבֵּא
- forethought *n.* מַחֲשָׁבָה תְּחִילָּה; מַחֲשָׁבָה לִקְרַאת הַבָּאוֹת
- forever *adv.* הַרְבֵּה זְמַן; תָּמִיד; לָנֶצַח
- forewent *v. past of* forego
- foreword *n.* הַקְדָּמָה; מָבוֹא; פְּתִיחַ
- forfeit *n.* קְנָס; אוֹבְדָן; מְחִיר
- forfeit *v.* לְהַפְסִיד; לְאַבֵּד; לְווַתֵּר עַל־; לַחְלוֹט (רכוש)
- forgave *v. past of* forgive
- forge *n.* נַפָּחִיָּה; כּוּר
- forge *v.* לְחַשֵּׁל; לִיצוֹר; לְעַצֵּב; לְזַיֵּיף
- –forge ahead לְהִתְקַדֵּם; לִפְרוֹץ קָדִימָה
- forged *adj.* מְזוּיָּף
- forger *n.* זַיְיפָן
- forgery *n.* זִיוּף
- forget *v.* (forgot, forgotten) לִשְׁכּוֹחַ
- forgetful *adj.* שַׁכְחָן; שׁוֹכֵחַ
- forgetfulness *n.* שִׁכְחָה
- forgivable *adj.* (דָּבָר) שֶׁאֶפְשָׁר לִסְלוֹחַ
- forgive *v.* (forgave, forgiven) לִסְלוֹחַ (ל־); לְווַתֵּר עַל תַּשְׁלוּם

forgiveness *n.* סְלִיחָה; מְחִילָה
forgo *v.* (forwent, forgone) לְוַותֵּר עַל־
forgot *v. past of* forget
forgotten *v. 3rd form of* forget
fork *n.* מַזלֵג; קִלשׁוֹן; מִסעָף
forked *adj.* מִסתָּעֵף; מְמוּזלָג
fork-lift (truck) *n.* מַלגֵּזָה
forlorn *adj.* אוּמלָל; נוֹאָשׁ; עָזוּב
form *n.* צוּרָה; דְמוּת; מִבנֶה; נוֹהַג; נוֹסַח; כּוֹשֶׁר; טוֹפֶס; כִּיתָּה; סַפסָל
–judging by past form עפ״י נִסיוֹן הֶעָבָר
–take form לְקַבֵּל צוּרָה
form *v.* לְעַצֵב; לִיצוֹר; לְהִיוָוצֵר; לְהַרכִּיב; לְהָקִים; לְסַדֵר; לְהַווֹת; לְפַתֵחַ; לְהֵעָלוֹת; לִבנוֹת
formal *adj.* רִשׁמִי; פוֹרמָלִי; (בְּעִיצוּב) רָגִיל; סִימֶטרִי
formality *n.* נוֹהַג / נוֹהַל מְקוּבָּל; רִשׁמִיוּת; פוֹרמָלִיוּת
–a mere formality עִניָין פוֹרמָלִי בִּלבַד
formally *adv.* רִשׁמִית; בְּאוֹפֶן פוֹרמָלִי
format *n.* תַבנִית; פוֹרמָט; מַתכּוֹנֶת; עִיצוּב (בְּתַפרִיט מַחשֵׁב)
format *v.* לְפַרמֵט (בְּמחשבים)
formation *n.* עִיצוּב; הִיוָוצרוּת; הֲקָמָה; תְצוּרָה; מִבנֶה; מַעֲרָךְ; עוּצבָּה
former *adj.* קוֹדֵם
former *pron.* (the –) הָרִאשׁוֹן (מִשׁנַיִים)
formerly *adv.* לְפָנִים; לְשֶׁעָבַר
formidable *adj.* מַטִיל אֵימָה; מַבעִית; אַדִיר; עָצוּם
formula *n.* נוּסַח; נוּסחָה; מִרשָׁם; תַחֲלִיף חָלָב־אֵם
formulate *v.* לְנַסֵחַ
forsake *v.* (forsook, forsaken) לִנטוֹשׁ; לִזנוֹחַ
fort *n.* מִבצָר
–hold the fort לְנַהֵל אֶת הָעִניָינִים (בְּהֶעדֵרוֹ)
forth *adv.* לְדֶרֶךְ; הַחוּצָה; הָלְאָה
–and so forth וְכֵן הָלְאָה
forthcoming *adj.* שֶׁעוֹמֵד לְהוֹפִיעַ; הַקָרֵב וּבָא; זָמִין; מָצוּי; מוּכָן; מוּכָן לַעֲזוֹר
forthright *adj.* גְלוּי לֵב; בּוֹטֶה

forties *see* forty
fortieth *adj., n.* (הַחֵלֶק) הָאַרבָּעִים
fortification *n.* בִּיצוּר; חִיזוּק
fortified *adj.* מְבוּצָר; מְחוּזָק; מוּעֲשָׁר
fortify *v.* לְבַצֵר; לְחַזֵק; לְהַעֲשִׁיר (בוויטמינים וכו׳)
fortitude *n.* גְבוּרָה; נְחִישׁוּת
fortnight *n.* שְׁבוּעַיִים
fortress *n.* מִבצָר; מְצוּדָה
fortuitous *adj.* מִקרִי
fortunate *adj.* בַּר־מַזָל; מַזָל
fortunately *adv.* לְמַרבֵּה הַמַזָל; לְמַזָלוֹ
fortune *n.* גוֹרָל; מַזָל; הוֹן (תוֹעָפוֹת)
–come into a fortune לָרֶשֶׁת כֶּסֶף רַב
–tell someone's fortune לְהַגִיד עֲתִידוֹת שֶׁל־
fortune cookie *n.* עוּגִיַית מַזָל (סִינִית)
fortune teller *n.* מַגִיד עֲתִידוֹת
forty *adj., n.* אַרבָּעִים
–in the forties בִּשׁנוֹת הָאַרבָּעִים
forum *n.* בָּמָה; מַעֲמָד; כִּיכַּר הָעִיר
forward *adj.* קָדִימָה; קִדמִי; עֲתִידִי; מִתקַדֵם (יָפֶה); מְפוּתָח; לָהוּט (מִדַי); חָצוּף
forward *n.* חָלוּץ (בספּוֹרט)
forward *v.* לִשׁלוֹחַ; לְקַדֵם
forwarding address *n.* כְּתוֹבֶת חֲדָשָׁה
forward(s) *adv.* קָדִימָה; הָלְאָה
fossil *n.* מְאוּבָּן
foster *v.* לְטַפֵּחַ; לְגַדֵל (בְּמִשׁפָּחָה אוֹמֶנֶת)
fought *v. past and 3rd form of* fight
foul *adj.* מַבחִיל; מַסרִיחַ; מְזוֹהָם; מְזוּפָּת; נִתעָב; גַס; סוֹעֵר; גָרוּעַ
foul *n.* עֲבֵירָה (ספּוֹרט)
foul *v.* לְזַהֵם; לְהִזדַהֵם; לְהִסתַבֵּךְ (בּ־); לְבַצֵעַ עֲבֵירָה עַל־
–foul up לְקַלקֵל; לְפַשֵׁל
foul play *n.* עֲבֵירָה (סְפּוֹרט); מַעֲשֵׂה פֶּשַׁע
foul-up *n.* בָּלָגָן; תַקָלָה; מֶחדָל; בִּיזָיוֹן
found *v. past and 3rd form of* find
found *v.* לְיַיסֵד; לְהָקִים; לְבַסֵס (עַל־)
foundation *n.* יִיסוּד; הֲקָמָה; קֶרֶן; מוֹסָד; יְסוֹדוֹת; בָּסִיס; בִּיסוּס; קְרֶם בָּסִיס (לְאִיפּוּר)

F

−without foundation חֲסַר בָּסִיס / שַׁחַר
founder *n.* מְיַיסֵּד
founder *v.* לְהִתְמַלֵּא מַיִם וְלִטְבּוֹעַ; לְהִיכָּשֵׁל; לִיפּוֹל
founder member *n.* אֶחָד מֵהַמְיַיסְּדִים
founding father *n.* מְיַיסֵּד; מֵהָאָבוֹת הַמְיַיסְּדִים

F

foundry *n.* בֵּית־יְצִיקָה
fount *n.* (דפוס) מַעְיָן; מָקוֹר; גּוֹפָן; פוֹנט (דפוס)
fountain *n.* מִזְרָקָה; בְּרֵזִיָּיה; בֶּרֶז צִיבּוּרִי; מָקוֹר; מַעְיָן
fountain pen *n.* עֵט נוֹבֵעַ
four *adj., n.* אַרְבַּע
−on all fours עַל אַרְבַּע
fourfold *adj.* פִּי אַרְבָּעָה
four-letter word *n.* מִלָּה גַּסָּה
fourteen *adj., n.* אַרְבַּע־עֶשְׂרֵה
fourteenth *adj., n.* (הַחֵלֶק) הָאַרְבָּעָה־עָשָׂר
fourth *adj., n.* רְבִיעִי; רֶבַע
fourthly *adv.* רְבִיעִית
fowl *n.* עוֹף; בְּשַׂר עוֹף
fox *n., v.* שׁוּעָל; לְהַעֲרִים עַל־; לְבַלְבֵּל
foxhole *n.* שׁוּחָה
foxy *adj.* עַרְמוּמִי (כְּשׁוּעָל)
foyer *n.* אוּלַם כְּנִיסָה
fraction *n.* חֵלֶק קָטָן; שַׁבְרִירִי; מְעַט; שֶׁבֶר (בְּחֶשְׁבּוֹן)
fractional *adj.* זָעִיר; שֶׁל שְׁבָרִים
fracture *n.* שֶׁבֶר (בְּעֶצֶם וכד׳)
fragile *adj.* שָׁבִיר; שַׁבְרִירִי
fragility *n.* שְׁבִירוּת
fragment *n.* רְסִיס; חֵלֶק; קֶטַע
fragment *v.* לְהִישָּׁבֵר / לְהִתְפָּרֵק לִרְסִיסִים
fragmentary *adj.* מְקוּטָּע
fragrance *n.* נִיחוֹחַ; בּוֹשֶׂם
fragrant *adj.* רֵיחָנִי
frail *adj.* חַלָּשׁ; שָׁבִיר; רוֹפֵף
frailty *n.* חוּלְשָׁה; שְׁבִירוּת; מִגְרַעַת
frame *n.* מִסְגֶּרֶת; שֶׁלֶד; גּוּף; מִנְבָּטָה; תְּמוּנָה
−frame of mind מַצַּב־רוּחַ
frame *v.* לְמַסְגֵּר; לִבְנוֹת; לְהַרְכִּיב; לְנַסֵּחַ; לְהַפְלִיל (ע״י בִּידוּי רְאָיוֹת)
frame-up *n.* הַפְלָלָה (ע״י בִּידוּי רְאָיוֹת)
framework *n.* מִסְגֶּרֶת
franchise *n.* זְכוּת הַצְבָּעָה; זִיכָּיוֹן
franco- צָרְפָתִי־
frank *adj.* גְּלוּי־לֵב
frankfurter *n.* נַקְנִיקִית מְעוּשֶּׁנֶת
frankly *adv.* בְּגִילוּי־לֵב; בְּכֵנוּת; הָאֱמֶת
frankness *n.* גִּילוּי לֵב
frantic *adj.* (with) יוֹצֵא מִדַּעְתּוֹ (מֵרוֹב־); שֶׁל טֵירוּף; מְטוֹרָף; קַדַּחְתָּנִי; נוֹאָשׁ
frantically *adv.* כִּמְטוֹרָף; נוֹאָשׁוֹת
fraternal *adj.* שֶׁל אָח / אַחֲוָוה
fraternity *n.* אֲגוּדָה; מִסְדָּר; אֲגוּדַּת סְטוּדֶנְטִים; אַחֲוָוה
fraud *n.* (מַעֲשֵׂה) הוֹנָאָה; נוֹכֵל; מִתְחַזֶּה
fraudulent *adj.* שֶׁיֵּשׁ בּוֹ הוֹנָאָה; מְזוּיָּף
fraudulently *adv.* בְּמִרְמָה
fraught *adj.* (with) כָּרוּךְ בּ־; מָלֵא בּ־; טָעוּן; מוּדְאָג מְאוֹד; מָתוּחַ
fray *n.* קְטָטָה; תַּחֲרוּת
fray *v.* לְרַפֵּט; לְהִתְבַּלּוֹת; לִשְׁחוֹק; לְהִישָּׁחֵק
frazzle *v.* לְהַתִּישׁ; לְיַיגֵּעַ; לִשְׁחוֹק; לִמְרוֹט (עֲצַבִּים)
freak *n., adj.* חָרִיג; מַעֲשֶׂה חָרִיג וּמְשׁוּנֶּה; יְצוּר חָרִיג; מְשׁוּגָּע (ל־); פְּרִיק
freak *v.* (out) לְהִשְׁתַּגֵּעַ; לְהִיבָּהֵל; לְהַבְהִיל
freckle *n., v.* נֶמֶשׁ; לְהִתְכַּסּוֹת בִּנְמָשִׁים
free *adj.* חוֹפְשִׁי; מְשׁוּחְרָר; (בְּ)חִינָּם; לְלֹא (תַּשְׁלוּם); פָּנוּי; נָקִי (מ־); פָּטוּר (מ־)
−for free בְּחִינָּם
free *adv.* בְּחִינָּם; לְלֹא תַּשְׁלוּם
−come free לְהִשְׁתַּחְרֵר מִמְּקוֹמוֹ
−set someone free לְשַׁחְרֵר; לְהוֹצִיא לַחוֹפְשִׁי
free *v.* לְשַׁחְרֵר
free agent *n.* חוֹפְשִׁי לַעֲשׂוֹת כִּרְצוֹנוֹ
freebie *n.* מַתָּנָה (בְּמִבְצָע בְּמַרְכּוֹל וכד׳)
freedom *n.* חוֹפֶשׁ; חֵירוּת; חוֹפְשִׁיּוּת
−freedom of the city אֶזְרָחוּת כָּבוֹד שֶׁל עִיר
−freedom of speech חוֹפֶשׁ הַדִּיבּוּר
free enterprise *n.* יוֹזְמָה חוֹפְשִׁית

free fall *n.* נְפִילָה חוֹפְשִׁית; צְנִיחָה חוֹפְשִׁית
free-for-all *n.* רִיב פָּתוּחַ לְכוּלָם; מַצָּב שֶׁל "תְּפוֹס כְּפִי יְכוֹלְתְּךָ"
freehold *n.* בַּעֲלוּת צְמוּתָה (לִזְמַן בִּלְתִּי מוּגְבָּל)
free kick *n.* בְּעִיטָה חוֹפְשִׁית (עוֹנְשִׁין)
freelance *n., v.* (לַעֲבוֹד כּ־) עִיתוֹנַאי וכו' עַצְמָאִי
freely *adv.* בְּאוֹפֶן חוֹפְשִׁי; מֵרְצוֹנוֹ
freeman *n.* אֶזְרַח כָּבוֹד (שֶׁל עִיר)
free pass *n.* אִישׁוּר כְּנִיסָה חוֹפְשִׁית; הַזְמָנָה
free-range *adj.* (שֶׁל תַּרְנְגוֹלוֹת) שֶׁמִּסְתּוֹבְבוֹת חוֹפְשִׁי
free speech *n.* חוֹפֶשׁ דִּיבּוּר
freestyle *n.* סִגְנוֹן חוֹפְשִׁי (בַּסְּפּוֹרְט)
free trade *n.* סַחַר חוֹפְשִׁי
freeway *n.* כְּבִישׁ מָהִיר
freewheel *v.* לִגְלוֹשׁ (בָּרֶכֶב) בִּירִידָה
free will *n.* בְּחִירָה חוֹפְשִׁית; רְצוֹנוֹ הַטּוֹב
freeze *n.* קָרָה; גַּל קוֹר; הַקְפָּאָה
freeze *v.* (froze, frozen) לְהַקְפִּיא; לִקְפּוֹא; לִהְיוֹת קַר מְאוֹד; לִקְפּוֹא עַל מְקוֹמוֹ
–freeze over לִקְפּוֹא; לְהִתְכַּסּוֹת בְּקֶרַח
–freeze up לִקְפּוֹא; לְהֵיחָסֵם בְּקֶרַח
freezer *n.* מַקְפִּיא; תָּא הַקְפָּאָה
freezing *adj., n.* מַקְפִּיא; קוֹפֵא; נְקוּדַת קִיפָּאוֹן
freight *n.* (דְּמֵי) הוֹבָלָה; מִטְעָן
freight *v.* לְהוֹבִיל; לְהַטְעִין
freight car *n.* קְרוֹן מַשָּׂא
freight train *n.* רַכֶּבֶת מַשָּׂא
French *adj., n.* צָרְפָתִי; צָרְפָתִית
–the French הַצָּרְפָתִים
French bean *n.* שְׁעוּעִית יְרוּקָה
French fries *n.* טוּגָנִים, צִ'יפְּס
Frenchman *n.* צָרְפָתִי
French toast *n.* פְּרוּסַת לֶחֶם מְטוּגֶּנֶת (בְּבֵיצָה)
frenetic *adj.* מְטוֹרָף; קַדַּחְתָּנִי
frenzy *n.* טֵירוּף; הִשְׁתּוֹלְלוּת
frequency *n.* תְּכִיפוּת; תְּדִירוּת; תֶּדֶר
frequent *adj.* תָּדִיר; תָּכוּף; שָׁכִיחַ
frequent *v.* לְבַקֵּר / לְהִימָּצֵא תְּכוּפוֹת בּ־
frequent flyer *n.* נוֹסֵעַ מַתְמִיד
frequently *adv.* לְעִתִּים תְּכוּפוֹת
fresh *adj.* טָרִי; חָדָשׁ; צַח; קָרִיר; מְרַעֲנֵן; רַעֲנָן; חָצוּף; מִתְעַסֵּק
–get fresh with לְהִתְעַסֵּק עִם; לְהִתְחַצֵּף
–make a fresh start לְהַתְחִיל מֵחָדָשׁ
freshen *v.* לְרַעֲנֵן; לְהִתְרַעֲנֵן
freshener *n.* מְטַהֵר (אֲווִיר)
freshman *n.* סְטוּדֶנְט שָׁנָה א'
fresh water *n.* מַיִם מְתוּקִים
fret *v.* לִדְאוֹג; לְהִתְעַצְבֵּן; לְהַדְאִיג; לִשְׁחוֹק
fretful *adj.* רַגְזָנִי; בַּכְיְינִי
fretsaw *n.* מַסּוֹרִית; מַסּוֹר נִימָה
Freudian slip *n.* פְּלִיטַת־פֶּה פְרוֹיְדִיאָנִית
friction *n.* חִיכּוּךְ
Friday *n.* יוֹם שִׁישִּׁי
fridge *n.* מְקָרֵר
fried (*see* fry); *adj.* מְטוּגָּן
friend *n.* חָבֵר; יָדִיד; תּוֹמֵךְ
–make friends (with) לְהִתְיַידֵּד (עִם־)
friendliness *n.* יְדִידוּתִיוּת
friendly *adj.* יְדִידוּתִי (כְּלַפֵּי־); חָבִיב; נוֹחַ
friendship *n.* יְדִידוּת; חֲבֵרוּת
fries *n.* צִ'יפְּס
fright *n.* פַּחַד; "זְוָועָה"
frighten *v.* לְהַפְחִיד
frightened *adj.* פּוֹחֵד; מְבוֹהָל
frightening *adj.* מַפְחִיד
frightful *adj.* מַפְחִיד; מַחֲרִיד; נוֹרָא
frightfully *adv.* נוֹרָא; מְאוֹד
frigid *adj.* קַר מְאוֹד; צוֹנֵן; פְרִיגִ'ידִי
frigidity *n.* קְרִירוּת (מִינִית)
frill *n.* שׁוֹבֶל מְסוּלְסָל (בְּבֶגֶד וכד')
–frills קִישּׁוּטִים; תּוֹסָפוֹת (בִּמְכוֹנִית)
fringe *n.* צִיצִית; גְּדִיל; קָצֶה; שׁוּלַיִים; "פּוֹנִי"
fringe benefits *n.* הֲטָבוֹת נִלְווֹת
fringe theater *n.* תֵּיאַטְרוֹן אַחֵר / שׁוּלַיִים
frisk *v.* לְכַרְכֵּר; לְחַפֵּשׂ נֶשֶׁק עַל גּוּפוֹ
frivolity *n.* קַלּוּת דַּעַת; (מַעֲשֶׂה) שְׁטוּת

F

frivolous *adj.* לֹא רְצִינִי; שְׁטוּתִי; קַל דַּעַת
frivolously *adv.* בְּקַלּוּת דַּעַת
frizz *v.* לְסַלְסֵל (דַּק); לְהִסְתַּלְסֵל
frizzle *v.* לִרְחוֹשׁ / לַחֲרוֹךְ (בְּטִיגּוּן); לְסַלְסֵל דַּק (שֵׂעָר)
frizzy *adj.* (שֵׂעָר) מְסוּלְסָל דַּק
fro *adv.*
–to and fro הֵנָּה וָהֵנָּה; הָלוֹךְ וָשׁוֹב
frock *n.* שִׂמְלָה; גְּלִימַת נָזִיר
frog *n.* צְפַרְדֵּעַ; (כִּינּוּי גְּנַאי ל־) צָרְפָתִי
frogman *n.* אִישׁ צְפַרְדֵּעַ
frolic *v., n.* לְהִשְׁתּוֹבֵב; הִשְׁתּוֹבְבוּת
from מ־; בּ־; פָּחוֹת (בְּחֶשְׁבּוֹן)
–from now on מֵהַיּוֹם וָהָלְאָה
front *adj.* קִדְמִי; חֲזִיתִי; רִאשׁוֹן
front *n.* חֲזִית (ה־); הַחֵלֶק הַקִּדְמִי; טַיֶּלֶת; רֹאשׁ; כִּיסּוּי; מַסְוֶה; פָּנִים
–in front בָּרֹאשׁ; בַּחֲזִיתוֹ; קָדִימָה
–in front of לִפְנֵי; מוּל־; בְּנוֹכְחוּת
–up front עַל הַחֶשְׁבּוֹן (דְּמֵי קְדִימָה)
front *v.* לִפְנוֹת אֶל־; לְהַנְחוֹת
–front for לְשַׁמֵּשׁ כִּיסּוּי / מַסְוֶה ל־
frontal *adj.* חֲזִיתִי; קִדְמִי; פְרוֹנְטָלִי
front door *n.* דֶּלֶת רָאשִׁית
frontier *n.* גְּבוּל; סְפָר
front man *n.* רֹאשׁ חֶבְרָה וכד׳ בְּשֵׁם בִּלְבַד; אִישׁ קַשׁ; דּוֹבֵר; נָצִיג
front money *n.* מִקְדָּמָה; דְּמֵי קְדִימָה
front office *n.* הַהַנְהָלָה
front page *n.* עַמּוּד רִאשׁוֹן (בְּעִתּוֹן)
frost *n.* קָרָה; מִתַּחַת לָאֶפֶס; כְּפוֹר
frost *v.* לְכַסּוֹת בִּכְפוֹר; לִפְגּוֹעַ בִּכְפוֹר; לְעַמֵּם (זְכוּכִית); לְזַגֵּג (בְּצִיפּוּי סוּכָּר)
frostbite *n.* פְּגִיעַת כְּפוֹר
frosted *adj.* מְכוּסֶּה כְּפוֹר; מְכוּסֶּה צִיפּוּי (עוּגָה)
frosty *adj.* קַר מְאוֹד; מְכוּסֶּה כְּפוֹר; צוֹנֵן
froth *n., v.* קֶצֶף; לְהַעֲלוֹת קֶצֶף
frothy *adj.* מָלֵא קֶצֶף; מַקְצִיף
frown *n.* מַבָּט זוֹעֵף / קוֹדֵר
frown *v.* לְקַמֵּט אֶת הַמֵּצַח; לְהַקְדִּיר פָּנָיו
–frown on לֹא לִרְאוֹת בְּעַיִן יָפָה
froze *v. past of* freeze

frozen *adj.* קָפוּא; מוּקְפָּא; קוֹפֵא
frugal *adj.* חַסְכָנִי; מְקַמֵּץ; דַּל
frugality *n.* חַסְכָנוּת; קִימּוּץ
fruit *n., v.* פְּרִי; פֵּירוֹת; לְהָנִיב פְּרִי
fruitcake *n.* עוּגַת פֵּירוֹת (יְבֵשִׁים); פְּסִיכִי
fruitful *adj.* פּוֹרֶה; נוֹשֵׂא פְּרִי; מוּצְלָח
fruition *n.* הַגְשָׁמָה
–come to fruition לְהִתְגַּשֵּׁם; לְהִתְמַמֵּשׁ
fruitless *adj.* עָקָר; ־סְרָק; לֹא מוּצְלָח
fruitlessly *adv.* לַשָּׁוְא; לְלֹא הַצְלָחָה
fruit machine *n.* מְכוֹנַת הִימּוּרִים
frustrate *v.* לִמְנוֹעַ מִמֶּנּוּ; לְסַכֵּל; לְתַסְכֵּל
frustrated *adj.* מְתוּסְכָּל
frustrating *adj.* מְתַסְכֵּל; מַרְגִּיז
frustration *n.* סִיכּוּל; תִּסְכּוּל
fry *v.* (fried) לְטַגֵּן; לְהִיטַּגֵּן; ״לְהִישָּׂרֵף״; ״לְהִיצָּלוֹת״ (בַּשֶּׁמֶשׁ)
frying pan *n.* מַחֲבַת
–out of the frying pan into the fire מִן הַפַּח אֶל הַפַּחַת
frypan *n.* מַחֲבַת (טִיגּוּן)
ft=foot; feet רֶגֶל (מִידָּה)
fuck *n., v.* זִיּוּן; דְּפִיקָה; לְזַיֵּין; לִדְפּוֹק
–fuck off! תִּתְחַפֵּף!
–fuck you! לֵךְ תִּזְדַּיֵּין!
–fuck up לְקַלְקֵל; לַהֲרוֹס; לְפַשֵּׁל
fucking *adj.* מְזוּיָּן; מְחוּרְבָּן; ״בֶּן זוֹנָה״
fuddy-duddy *n., adj.* (כְּמוֹ) זָקֵן; מְיוּשָּׁן; שֶׁל ״זְקֵנִים״
fudge *n.* סוּכָּרִיַּית קָרָמֶל; שְׁטוּיוֹת
fudge *v.* לְפַבְרֵק; לְטַשְׁטֵשׁ; לְהִתְחַמֵּק מ־
fuel *n., v.* (חוֹמֶר) דֶּלֶק; לְתַדְלֵק; לְלַבּוֹת; לְהַגְבִּיר
–add fuel to the flames/fire לְהוֹסִיף שֶׁמֶן לַמְּדוּרָה
fuel consumption *n.* צְרִיכַת דֶּלֶק
fuel tank *n.* מְכַל דֶּלֶק
fugitive נִמְלָט; עָרִיק; בֶּן חֲלוֹף; קָצָר
fulcrum *n.* נְקוּדַּת מִשְׁעָן / סָמֶךְ
fulfill, fulfil *v.* לְמַלֵּא; לְקַיֵּים; לְהַגְשִׁים
fulfilled *adj.* שֶׁהִגְשִׁים אֶת עַצְמוֹ
fulfil(l)ment *n.* מִימּוּשׁ; הַגְשָׁמָה (עַצְמִית)
full *adj.* (of) מָלֵא; שָׂבֵעַ; שָׁלֵם; עָשִׁיר (בְּטַעְמוֹ); רָחָב; גָּדוֹל (בֶּגֶד)

– full of oneself חוֹשֵׁב אֶת עַצְמוֹ לְמַשֶּׁהוּ
– in full בִּמְלוֹאוֹ
– to the full עַד תּוֹם; לְגַמְרֵי
full-blown *adj.* בְּשִׂיאוֹ; (בְּהֶיקֵף) מָלֵא
full board *n.* פֶּנְסִיוֹן מָלֵא
full-fledged = fully-fledged
full house *n.* אוּלָם מָלֵא; (פּוֹקֶר) פוּל
full-length *adj.* שֶׁל כָּל הַגּוּף; בְּאוֹרֶךְ מָלֵא
full-scale *adj.* בְּגוֹדֶל טִבְעִי; בְּהֶיקֵף מָלֵא
full stop *n.* נְקוּדָה; עֲצִירָה מוּחְלֶטֶת
full-time *adj., adv.* בְּמִשְׂרָה מְלֵאָה; מָלֵא
fully *adv.* לְגַמְרֵי; בִּמְלוֹאוֹ; לְפָחוֹת
fully-fledged *adj.* מְפוּתָּח; מִן הַמִּנְיָן; מוּכָּר
fully-grown *adj.* מְבוּגָּר; מְפוּתָּח
fumble *v.* לְגַשֵּׁשׁ; לְשַׂחֵק בּ־; לְהִתְקַשּׁוֹת (לִתְפּוֹס); לְגַמְגֵּם
fume *n.* עָשָׁן; אֵד
fume *v.* לְהַעֲלוֹת עָשָׁן/אֵדִים; לְהִתְרַתֵּחַ
fumigate *v.* לְחַטֵּא בְּעָשָׁן
fun *n.* צְחוֹק; הֲנָאָה; כֵּיף; אָדָם מְשַׁעֲשֵׁעַ
– for/in fun בִּצְחוֹק; בִּשְׁבִיל הַכֵּיף
– make fun of; poke fun at לִצְחוֹק עַל־
function *n.* תַּפְקִיד; פְּעוּלָּה; תִּפְקוּד; פוּנְקְצִיָּה; טֶקֶס; אֵירוּעַ חֲגִיגִי
function *v.* לִפְעוֹל; לְתַפְקֵד
functional *adj.* תִּפְקוּדִי; שִׁימוּשִׁי
fund קֶרֶן; כְּסָפִים; שֶׁפַע; אוֹצָר; לְמַמֵּן
fundamental *adj.* יְסוֹדִי; בְּסִיסִי; חִיּוּנִי
fundamentally *adv.* בִּיסוֹדוֹ
fundamentals *n.* יְסוֹדוֹת; עוּבְדוֹת יְסוֹד
fund raising *n.* גִּיּוּס כְּסָפִים
funeral *n.* לְוָויָה
funfair *n.* יְרִיד שַׁעֲשׁוּעִים
fungible *adj.* נִיתָּן לְהַחְלָפָה
fungus *n.* פִּטְרִיָּיה
funk *n., v.* פַּחַד; פַּחְדָנוּת; מוּג לֵב; לְפַחֵד
funky *adj.* פַאנְקִי (מוּסִיקָה); מַסְרִיחַ; אוֹפְנָתִי; מוֹשֵׁךְ; פָּשׁוּט; מַעֲשִׂי; פּוֹחֵד
funnel *n.* מַשְׁפֵּךְ; מַעֲשֵׁנָה; אֲרוּבָּה
funnily *adv.* בְּאוֹפֶן מוּזָר/מַצְחִיק
funny *adj.* מַצְחִיק; מוּזָר; מִתְחַכֵּם
fur *n.* פַּרְוָוה; מְעִיל פַּרְוָוה; אַבְנִית; שִׁכְבָה (עַל הַלָּשׁוֹן)

furbish *v.* לְמָרֵק; לְצַחְצֵחַ; לְחַדֵּשׁ; לְשַׁפֵּץ
furious *adj.* כּוֹעֵס מְאוֹד; זוֹעֵם; עַז; אַלִּים; פִּרְאִי
furiously *adv.* בְּזַעַם; בְּשֶׁצֶף קֶצֶף
furl *v.* לְקַפֵּל; לְהִתְקַפֵּל; לְגוֹלֵל
furlough *n.* חוּפְשָׁה (מהצבא וכו׳); חוּפְשַׁת מוֹלֶדֶת
furnace *n.* כּוּר; כִּבְשָׁן
furnish *v.* (with) לְרַהֵט; לְסַפֵּק; לְצַיֵּיד בּ־
furnishings *n.* רִיהוּט וְצִיּוּד
furniture *n.* רָהִיטִים
furor, furore *n.* סְעָרָה; הִתְרַגְּשׁוּת
furrier *n.* פַּרְוָון
furrow *n., v.* תֶּלֶם; קֶמֶט; לְתַלֵּם; לְקַמֵּט
furry *adj.* מְכוּסֶּה פַּרְוָוה; פַּרְוָותִי; (לָשׁוֹן) מְכוּסָּה שִׁכְבָה
further *adv., adj.* נוֹסָף; הָלְאָה; רָחוֹק יוֹתֵר; יוֹתֵר; עוֹד; בְּנוֹסָף לְכָךְ; כְּמוֹ כֵן
– till further notice עַד לְהוֹדָעָה חֲדָשָׁה
further *v.* לְקַדֵּם
furthermore *adv.* נוֹסָף עַל כָּךְ; יָתֵר עַל כֵּן
furthest *adj.* הֲכִי רָחוֹק
furtively *adv.* בִּגְנֵיבָה
fury *n.* זַעַם; סְעָרָה; הִתְפָּרְצוּת זַעַם
– fly into a fury לְהִתְפָּרֵץ בְּזַעַם
fuse *n.* נָתִיךְ; פְּקָק; מַרְעוֹם; פְּתִיל הַצָּתָה
fuse *v.* לַעֲשׂוֹת קֶצֶר־; לְהַתִּיךְ; לְהִינָּתֵךְ; לְמַזֵּג; לְהִתְמַזֵּג
fusion *n.* הִיתּוּךְ; מִיזּוּג
fuss *n.* ״רַעַשׁ״; ״עִנְיָין״; הִתְרַגְּשׁוּת
fuss *v.* (about/over) לַעֲשׂוֹת עִנְיָין (מ־); לְהִתְרוֹצֵץ סְבִיב־; לְהִיכָּנֵס לְלַחַץ
fussiness *n.* הַקְפָּדַת יֶתֶר
fussy *adj.* מַקְפִּיד בִּקְטַנּוֹת; מְקוּשָּׁט מִדַּי
fusty *adj.* מְיוּשָּׁן; מְעוּפָּשׁ; מַחֲנִיק
futile *adj.* חֲסַר תּוֹעֶלֶת; עָקָר; מְיוּתָּר
futility *n.* חוֹסֶר תּוֹעֶלֶת; הֶבֶל
future עָתִיד; לֶעָתִיד; עֲתִידִי; הַבָּא
– in future בֶּעָתִיד; לְהַבָּא
futuristic *adj.* עֲתִידָנִי
fuzz *n.* מוֹךְ; שֵׂיעָר מְסוּלְסָל; הַמִּשְׁטָרָה
fuzzy *adj.* מְטוּשְׁטָשׁ; מְעוּרְפָּל; מְסוּלְסָל
FYI *n.* לִידִיעָתְךָ

F

G

gab *v., n.* לְפַטְפֵּט; לְדַבֵּר; פִּטְפּוּט

gabble *v.* לְקַשְׁקֵשׁ; לוֹמַר / לְדַבֵּר מַהֵר

gadget *n.* מַכְשִׁיר / כְּלִי שִׁימוּשִׁי; פַּטֶנְט; הֶתְקֵן

gaffe *n.* דִיבּוּר / מַעֲשֶׂה שֶׁאֵינוֹ בִּמְקוֹמוֹ; הִתְחַלְקוּת

gag *n.* מַחְסוֹם פֶּה; בְּדִיחָה; קֶטַע מַצְחִיק

gag *v.* לַחְסוֹם אֶת פִּי־; לִסְתּוֹם פֶּה לְ־; לְהֵיחָנֵק

gaga *adj.* סֶנִילִי; מְשׁוּגָע (מֵאַהֲבָה)

gage = gauge

gag order *n.* צַו אִיסּוּר פִּרְסוּם

gaiety *n.* שִׂמְחָה; סַסְגוֹנִיּוּת; עֲלִיצוּת; אֵירוּעַ עַלִּיז

gaily *adv.* בַּעֲלִיזוּת

gain *n.* רֶוַוח; הֶישֵּׂג; תּוֹסֶפֶת; עֲלִיָּיה; שִׁיפּוּר

gain *v.* לְהַרְוִויחַ; לִזְכּוֹת בְּ־; לִרְכּוֹשׁ; לְהַשִּׂיג; לִצְבּוֹר; לַעֲלוֹת (בְּמִשְׁקָל); לְמַהֵר; לְקַבֵּל; (לְהַצְלִיחַ) לְהַגִּיעַ לְ־

gainsay *v.* (gainsaid) לְהַכְחִישׁ; לִסְתּוֹר

gait *n.* צוּרַת הֲלִיכָה / רִיצָה

gala *n.* גָּלָה; (אֵירוּעַ) חֲגִיגִי; תַּחֲרוּת שְׂחִיָּיה

galactic *adj.* שֶׁל שְׁבִיל הֶחָלָב

galaxy *n.* גָּלַקְסִיָּה; שְׁבִיל הֶחָלָב; חֲבוּרָה (שֶׁל כִּשְׁרוֹנוֹת)

gale *n.* (רוּחַ) סְעָרָה; הִתְפָּרְצוּת

gall *n.* מָרָה; מְרִירוּת; חוּצְפָּה

gallant *adj.* אַמִּיץ; נוֹעָז; אָדִיב; אַבִּירִי

gallantly *adv.* בְּאוֹמֶץ; בְּאַבִּירוּת

gallantry *n.* אוֹמֶץ; אַבִּירוּת (כְּלַפֵּי נָשִׁים)

gall bladder *n.* כִּיס הַמָּרָה

galleon *n.* אוֹנִיַּית מִפְרָשִׂים גְּדוֹלָה (בעבר)

gallery *n.* גָּלֶרְיָה; יָצִיעַ; מִסְדְּרוֹן; מַעֲבָר מְקוֹרֶה; מַעֲבָר תַּת־קַרְקָעִי

galley *n.* סְפִינַת עֲבָדִים / מִלְחָמָה (בעבר); מִטְבָּח (בספינה / במטוס); מַגַּשׁ־סְדָר

gallivant *v.* (about) לְשׁוֹטֵט וּלְבַלּוֹת

gallon *n.* גַּלּוֹן

gallop *n., v.* דְּהִירָה; לְהַדְהִיר; לִדְהוֹר

–galloping inflation אִינְפְלַצְיָה דוֹהֶרֶת

–gallop through לְהִזְדָּרֵז לְסַיֵּים

gallows *n.* גַּרְדּוֹם; עַמּוּד תְּלִיָּיה

gallstone *n.* אֶבֶן מָרָה

galore *adj.* בְּשֶׁפַע

galoshes *n.* עַרְדָּלַיִים

galvanize *v.* לְגַלְוֵון; לְדַרְבֵּן; לְעוֹרֵר

gambit *n.* מַעַד; גַּמְבִּיט; מַהֲלָךְ פְּתִיחָה

gamble *n., v.* הִימּוּר; לְהַמֵּר

–take a gamble (on) לָקַחַת סִיכּוּן; לְהַמֵּר עַל־

gambler *n.* מְהַמֵּר

gambling *n.* הִימּוּרִים

gambol *v., n.* לְכַרְכֵּר; לְקַפֵּץ; כִּרְכּוּר

game *adj.* אַמִּיץ; מוּכָן לִקְרָב; מוּכָן (וּמְזוּמָן)

game *n.* מִשְׂחָק; מִשְׂחָקוֹן (טֶנִיס); מְזִימָּה; תַּעֲלוּל; (בְּשַׂר) חַיּוֹת צַיִד

–give the game away לְהַסְגִּיר אֶת הַסּוֹד

–the game is up הָעִנְיָין אָבוּד; "הַמִּשְׂחָק" נִגְמַר

gamekeeper *n.* שׁוֹמֵר צַיִד

gamely *adv.* בְּאוֹמֶץ; בִּנְחִישׁוּת

game park *n.* חַיְבָּר

game reserve *n.* שְׁמוּרַת הַחַי; חַיְבָּר

gamma ray *n.* קֶרֶן גַּאמָּה

gammon *n.* קוֹתֶל־חֲזִיר מְעוּשָּׁן

gamut *n.* קֶשֶׁת; מִכְלוֹל; כָּל הַשְּׁלַבִּים

–run the gamut (of) לַעֲבוֹר אֶת כָּל הַשְּׁלַבִּים; לִכְלוֹל אֶת כָּל הָאֶפְשָׁרוּיוֹת

gander *n.* אַוָּוז; מַבָּט

gang *n.* קְבוּצַת פּוֹעֲלִים וכו'; כְּנוּפְיָה; חֲבוּרָה

gang *v.* (up) לְחַבּוֹר יַחַד

gangling *adj.* גָּבוֹהַּ, רָזֶה וּגְמַלּוֹנִי

gangplank *n.* כֶּבֶשׁ (הָאוֹנִיָּיה)

gangrene *n.* נֶמֶק

gangster *n.* אִישׁ כְּנוּפְיָה; פּוֹשֵׁעַ; גַּנְגְּסְטֶר

gangway *n.* כֶּבֶשׁ (אוֹנִיָּיה); מַעֲבָר

gaol *n.* בֵּית־סוֹהַר; כֶּלֶא

gap *n.* פִּרְצָה; מָקוֹם רֵיק; חָלָל; פַּעַר; הַפְסָקָה; מְרוּוַח זְמַן; גֵּיא עָמוֹק

–bridge the gap לְגַשֵׁר עַל הַפַּעַר
–fill the gap לְמַלֵא אֶת הֶחָלָל; לְמַלֵא מָקוֹם רֵיק
gape *v.* לִפעוֹר פֶּה; לְהַבִּיט בְּפֶה פָּעוּר
gaping *adj.* פָּעוּר; פָּתוּחַ לִרווָחָה
garage *n.* מוּסָך; חֲנָיָה; מוּסָך; תַּחֲנַת־דֶלֶק
garb *n.* לְבוּשׁ
garbage *n.* פְּסוֹלֶת מָזוֹן; אַשׁפָּה; זֶבֶל
garbage can *n.* פַּח אַשׁפָּה
garbage disposal *n.* טוֹחֵן אַשׁפָּה
garbage dump *n.* מִזבָּלָה
garble *v.* לְסָרֵס; לְסַלֵף
garden *n., v.* גַן; גִינָה; לַעֲבוֹד בַּגִינָה
gardener *n.* גַנָן
gardening *n.* גַנָנוּת
garden variety *n.* (סוּג) רָגִיל
gargantuan *adj.* עֲנָקִי; עָצוּם
gargle *n., v.* מֵי גִרגוּר; גִרגוּר; לְגַרגֵר
gargoyle *n.* זַרבּוּבִית מְפוּסֶלֶת לְמַרזֵב
garish *adj.* צַעֲקָנִי; מְקוּשָׁט מִדַי
garland *n.* זֵר (לָראשׁ); שַׁרשֶׁרֶת מִפּרָחִים
garland *v.* לְעַטֵר בְּזֵר
garlic *n.* שׁוּם
garment *n.* בֶּגֶד; מַלבּוּשׁ
garner *v.* לֶאֱסוֹף; לִצבּוֹר
garnet *n.* מִין אֶבֶן טוֹבָה; נוֹפֶך
garnish *n., v.* קִישׁוּט (לְמָזוֹן); לְקַשֵׁט (מָזוֹן)
garret *n.* עֲלִיַית־גַג
garrison *n.* חֵיל־מַצָב
garrulous *adj.* פַּטפְּטָן
garter *n.* בִּירִית
gas *n.* גַז; דֶלֶק; בֶּנזִין; "שִׁיגָעוֹן"; "רוּחַ"; "דִיבּוּרִים"
gas *v.* לְהַרעִיל/ לְהָמִית בְּגַז; לְבַרבֵּר
gas chamber *n.* תָּא גָזִים
gaseous *adj.* שֶׁל גַזִים; בְּצוּרַת גַז
gash *v., n.* (לַחתוֹך) חֲתָך עָמוֹק
gasify *v.* (gasified) לַהֲפוֹך לְגַז
gasket *n.* אֶטֶם
gas mask *n.* מַסֵיכַת גַז
gasoline *n.* דֶלֶק; בֶּנזִין
gasp *n.* עֲצִירַת הַנְשִׁימָה
gasp *v.* לְהִתאַמֵץ לִנשׁוֹם; לִנשׁוֹם בִּכבֵדוּת; לַעֲצוֹר נְשִׁימָתוֹ (מֵרוֹב־)
gas pipe *n.* צִינוֹר גַז
gas station *n.* תַּחֲנַת דֶלֶק
gas tank *n.* מְכַל גַז; מְכַל דֶלֶק
gastric *adj.* שֶׁל הַקֵיבָה
gastronomic *adj.* גַסטרוֹנוֹמִי
gastronomy *n.* גַסטרוֹנוֹמִיָה
gasworks *n.* מִפעָל לְיִיצוּר גַז
gate *n.* שַׁעַר; פֶּתַח; מָגוֹף
gatecrash *v.* לְהִיכָּנֵס לְלֹא הַזמָנָה; לְהִתפַּלֵחַ
gatecrasher *n.* אוֹרֵחַ לֹא מוּזמָן
gatepost *n.* עַמוּד הַשַׁעַר
–between you, me and the gatepost שֶׁיִישָׁאֵר בֵּינֵינוּ
gather *v.* לְהִתקַהֵל (סְבִיב־); לֶאֱסוֹף; לְכַנֵס; לְקַבֵּל; לִצבּוֹר; לֶאֱזוֹר; לְהַסדִיר; לְאַרגֵן
–gather (from)(that...) לְהָבִין (מ־) (שׁ־)
gathering *n.* אֲסֵיפָה; כִּינוּס; כֶּנֶס
gaudy *adj.* בִּצבָעִים רוֹעֲשִׁים; צַעֲקָנִי
gauge *n.* מַדִיד; עוֹבִי; רוֹחַב מְסִילַת בַּרזֶל; מַד; (קְנֵה־) מִידָה
gauge *v.* לִמדוֹד; לְהַעֲרִיך
gaunt *adj.* כָּחוּשׁ; צָנוּם; קוֹדֵר; שׁוֹמֵם
gauntlet *n.* כְּפָפַת שִׁריוֹן; כְּפָפָה (לְסַיִף וכו')
–pick up/take up the gauntlet לְהָרִים אֶת הַכְּפָפָה
gauze *n.* גָזָה; רֶשֶׁת
gave *v.* *past of* give
gavel *n.* פַּטִישׁ (הַיוּ"ר וכד')
gawk *v.* לְהִסתַכֵּל כְּמוֹ מְטוּמטָם; לִנעוֹץ מַבָּטִים
gay *adj., n.* עַלִיז; שָׂמֵחַ; "עַלִיז"; הוֹמוֹ
gayness *n.* עַלִיזוּת
Gaza Strip *n.* רְצוּעַת עַזָה
gaze *n., v.* מַבָּט אָרוֹך; לְהַבִּיט אֲרוּכּוֹת
gazelle *n.* צְבִי
gazette *n.* עִיתּוֹן (רִשׁמִי)
GB = Great Britain בְּרִיטַניָה הַגְדוֹלָה
gear *n.* גַלגַלֵי שִׁינַיִים; הִילוּך; כַּן; מִתקָן; מַעֲרֶכֶת; צִיוּד; לְבוּשׁ

G

G

gear *v.* (to) לְהַתְאִים ל־
–gear up לְהִתְכּוֹנֵן; לְהָכִין
gearbox *n.* תֵּיבַת־הִילוּכִים
gearshift, gear lever *n.* מוֹט הִילוּכִים
gee! (קְרִיאַת הפתעה / התפעלות)
–gee whiz! (כנ״ל)
geek *n.* פְּרִיק; חְנוּן
geese *n.* אֲוָזִים
gel *n., v.* גֶ׳ל; לְהִתְקָרֵשׁ; לְהִתְגַּבֵּשׁ
gelatine *n.* גֶ׳לָטִין
gelding *n.* סוּס מְסוֹרָס
gelignite *n.* גֶ׳לִיגְנִיט (חוֹמֶר נֶפֶץ)
gem *n.* אֶבֶן יְקָרָה; ״פְּנִינָה״
Gemini *n.* מַזַּל תְּאוֹמִים
gendarme *n.* שׁוֹטֵר (צָרְפָתִי)
gender *n.* מִין (זכר או נקבה)
gene *n.* גֵן
genealogical tree *n.* אִילַן יוּחֲסִין
general *adj.* כְּלָלִי; כּוֹלֵל; נָפוֹץ; שָׁכִיחַ
–as a general rule; in general בְּדֶרֶךְ כְּלָל; בְּאוֹפֶן כְּלָלִי; כִּכְלָל
general *n.* גֶנֶרָל
General Assembly *n.* עֲצֶרֶת הָאוּ״ם
generalization *n.* הַכְלָלָה
generalize, generalise *v.* לַעֲשׂוֹת הַכְלָלוֹת (עַל־); לִלְמוֹד עַל הַכְּלָל; לְהַכְלִיל; לְהַכְנִיס לְשִׁימוּשׁ כְּלָלִי
general knowledge *n.* הַשְׂכָּלָה כְּלָלִית
generally *adv.* בְּדֶרֶךְ כְּלָל; עַל פִּי רוֹב; בְּאוֹפֶן כְּלָלִי
general meeting *n.* אֲסֵיפָה כְּלָלִית
general-purpose *adj.* רַב־שִׁימוּשִׁי
generate *v.* לְיַיצֵר; לִיצוֹר; לְהוֹלִיד
generation *n.* דוֹר; יִיצוּר; יְצִירָה; הוֹלָדָה
generation gap *n.* פַּעַר דוֹרוֹת
generator *n.* גֶנֶרָטוֹר; מְחוֹלֵל
generic *adj.* שֶׁל סוּג / מִין; כְּלָלִי; (תְּרוּפָה) לְלֹא מוּתָג / גֶנֶרִית
generosity *n.* רוֹחַב־לֵב; נְדִיבוּת
generous *adj.* נָדִיב; גָדוֹל מִן הָרָגִיל
generously *adv.* בִּנְדִיבוּת; בְּטוּבוֹ; בְּיָד רְחָבָה
genesis *n.* רֵאשִׁית; רֵאשִׁית הִתְהַווּת
–Genesis סֵפֶר ״בְּרֵאשִׁית״
genetic *adj.* גֶנֶטִי; תּוֹרַשְׁתִּי
genetically *adv.* מִבְּחִינָה גֶנֶטִית; בְּאוֹפֶן גֶנֶטִי
genetic code *n.* צוֹפֶן גֶנֶטִי
genetic engineering *n.* הַנְדָּסָה גֶנֶטִית
genetics *n.* גֶנֶטִיקָה
genial *adj.* חָבִיב; מַסְבִּיר פָּנִים; נוֹחַ; חָמִים
geniality *n.* לְבָבִיּוּת; חֲבִיבוּת
genie *n.* שֵׁד (שמבַצֵּעַ מִשְׁאָלוֹת)
genital *adj.* שֶׁל אֵיבְרֵי הַמִּין
genitals *n.* אֵיבְרֵי הַמִּין
genius *n.* גְאוֹנִיּוּת; גָאוֹן; סְגוּלָה; רוּחַ; יוֹפִי
–a genius for כִּשְׁרוֹן טִבְעִי ל־
genocide *n.* רֶצַח עַם
genre *n.* סוּגָה; זַ׳אנֶר סִפְרוּתִי; סִגְנוֹן; סוּג
genteel *adj.* מְחוּנָּךְ; מְנוּמָּס; מְעוּדָּן
gentile *adj., n.* לֹא יְהוּדִי; גוֹי
gentle *adj.* עָדִין; טוֹב; רַךְ; זָהִיר; קַל; נוֹחַ; מָתוּן; מְיוּחָס; לֹא תָּלוּל
gentleman *n.* גֶ׳נְטֶלְמֶן; אָדָם מְנוּמָּס; אָדוֹן; אִישׁ
–Gentlemen! רַבּוֹתַי!
gentlemanly *adj.* שֶׁל גֶ׳נְטֶלְמֶן; מְנוּמָּס
gentleness *n.* עֲדִינוּת; רַכּוּת
gently *adv.* בַּעֲדִינוּת; בְּרַכּוּת; בְּהַדְרָגָה; קַלּוֹת
gentry *n.* אֲנָשִׁים רָמֵי מַעֲלָה; בְּנֵי מַעֲמָד גָּבוֹהַּ
gents *n.* שֵׁירוּתֵי גְבָרִים (בֵּית־שִׁימוּשׁ)
genuine *adj.* אֲמִיתִּי; מְקוֹרִי; כֵּן
genuinely *adv.* בֶּאֱמֶת; בְּכֵנוּת
genus *n.* סוּג
geographer *n.* גֵיאוֹגְרָף
geographical *adj.* גֵיאוֹגְרָפִי
geography *n.* גֵיאוֹגְרַפְיָה
geological *adj.* גֵיאוֹלוֹגִי
geologist *n.* גֵיאוֹלוֹג
geology *n.* גֵיאוֹלוֹגְיָה; מִבְנֶה גֵיאוֹלוֹגִי
geometric *adj.* גֵיאוֹמֶטְרִי; הַנְדָּסִי
geometrically *adv.* בְּצוּרָה / מִבְּחִינָה גֵיאוֹמֶטְרִית

geometric progression *n.* טוּר הַנְדָסִי
geometry *n.* גֵיאוֹמֶטרִייָה
geranium *n.* גֵרַניוֹן (צמח)
geriatric *adj.* גֶרִיאַטרִי
germ *n.* חַיידַק; נֶבֶט; תָּא; זֶרַע; נִיצָּנִים; רֵאשִׁית
German measles *n.* אַדֶּמֶת
German shepherd (dog) *n.* כֶּלֶב רוֹעִים גֶרמָנִי
germinate *v.* לְהַנבִּיט; לִנבּוֹט
gesticulate *v.* לַעֲשׂוֹת תְנוּעוֹת יָד וכו'
gesture *n.* תְנוּעָה; מֶחֱוָה; תְנוּעַת הַבָּעָה
gesture *v.* לַעֲשׂוֹת תְנוּעָה (כְּסִימָן)
get *v.* (got; got, gotten) לְקַבֵּל; לְהַשִּׂיג; לְהָבִיא (ל־); לְהָכִין (ל־); לְהֵיעָשׂוֹת; לְהַתחִיל; לְהַצלִיחַ לְהַכנִיס / לְהוֹצִיא / לְהַעֲבִיר; לְהָבִיאוֹ לְכָךְ ש־; לְשַׁכנֵעַ ל־; לְהַגִיעַ ל־; לִנסוֹעַ בּ־; לְהִידָבֵק בּ־; לִתפּוֹס; לִקלוֹט; לְהָבִין; לְהַפלִיא; לְהַרגִיז; לַעֲנוֹת (לטלפון); לָלֶכֶת לִפתוֹחַ
– never/not get anywhere לֹא לְהַשִּׂיג דָבָר / תוֹצָאוֹת; לֹא לְהִתקַדֵּם
– get across (to) לְהַצלִיחַ לַעֲבוֹר / לְהַעֲבִיר (מֶסֶר)
– get ahead (of) לְהַקדִּים; לַעֲבוֹר; לְהִתקַדֵּם (יוֹתֵר מ־)
– get along (with) לְהִסתַדֵּר (עִם־); לְהִתקַדֵּם עִם־; לֵיהָנוֹת מ־
– get around לְהִתגַבֵּר עַל; לַעֲקוֹף (חוֹק); לְהִתפַּשֵׁט; לְהִסתוֹבֵב (בכל מקום)
– get around to/to doing לְהִתפַּנוֹת ל־
– get at לָרֶדֶת עַל־; לְהִיטַפֵּל אֶל־; לָשִׂים יָד עַל־; לְהַגִיעַ אֶל־; לְגַלוֹת; לְנַסוֹת לוֹמַר; לַחתוֹר ל־
– get away לָצֵאת לְחוּפשָׁה; לָצֵאת; לְהִסתַלֵק; לְהִימָלֵט; לְהוֹצִיא; לְמַלֵט; לְחַלֵץ (מ־)
– get away with it לְהִתחַמֵק מֵעוֹנֶשׁ
– get back לַחֲזוֹר; לְהַחֲזִיר; לְהִתרַחֵק; לַחֲזוֹר לְשִׁלטוֹן וכד'; לְקַבֵּל בַּחֲזָרָה
– get back at לְהִתנַקֵם בּ־
– get back to לְהַחֲזִיר תְשׁוּבָה; לַחֲזוֹר אֶל־
– get by לְהִסתַדֵּר; לַעֲבוֹר אֵיכשֶׁהוּ; לַעֲבוֹר
– get down לָרֶדֶת; לְדַכֵּא; לִבלוֹעַ; לִרשׁוֹם
– get down to (doing) לְהַתחִיל ל־; לָגֶשֶׁת בִּרצִינוּת ל־
– get in לְהִיכָּנֵס; לְהַגִיעַ; לְהִתקַבֵּל; (לְהַצלִיחַ) לְהַכנִיס
– get into לְהִיכָּנֵס לְתוֹךְ־ / ל־; לְהַגִיעַ ל־; לְהִתקַבֵּל ל־; לִרכּוֹשׁ (הֶרגֵל); לְהִיבָּחֵר ל־; לְהִסתַבֵּךְ בּ־; לְהָצִיק לוֹ
– get off לָרֶדֶת (מ־); לָצֵאת זַכַּאי; לָצֵאת (בְּזוֹל / בְּשָׁלוֹם); לְהַצלִיחַ לְזַכּוֹת; לְהוֹרִיד; לָלֶכֶת; לָצֵאת לַדֶרֶךְ
– get on לַעֲלוֹת ל־; לְהַתחִיל לַעֲבוֹד; לָזוּז; לְהִתקַדֵּם; לְהַתחִיל לִהיוֹת מְאוּחָר
– get on (with) לְהִסתַדֵּר (עִם־); לְהַמשִׁיךְ בּ־
– get out לָרֶדֶת (מֶרְכָּב); לְהִתגַלוֹת; לִדלוֹף; לְהוֹצִיא; לִשׁלוֹף
– get out (of) לָצֵאת (מ־); לְהַצלִיחַ לִברוֹחַ (מ־); לְהִשתַחרֵר (מ־); לְהוֹרִיד (בֶּגֶד); לָקוּם מ־
– get over לְהִתגַבֵּר עַל; לִשׁכּוֹחַ; לְטַפֵּס מֵעַל־; לְהִתאוֹשֵׁשׁ מ־; לְהַאֲמִין; לְהָבִין
– get it over (and done) with לִגמוֹר עִם (זֶה)
– get round לְהַשׁלִים סִיבּוּב; לְהַקִיף מַסלוּל; לְשַׁכנֵעַ; לַעֲקוֹף; לְהִתגַבֵּר עַל־
– get through לִיצוֹר קֶשֶׁר; לְהַשִּׂיג (בּטלפוֹן); (לְהַצלִיחַ) לַעֲבוֹר; לְחַסֵל; לִצרוֹךְ; לְבַזבֵּז; לְסַיֵים; לְהַעֲבִיר
– get through (to) לְהַחדִיר לְמוֹחוֹ; לַחדוֹר לְלִיבּוֹ; לְהַגִיעַ לִגמַר / ל־
– get through with לִגמוֹר עִם־
– get to לְהַגִיעַ ל־; לִלמוֹד ל־; לְהַרגִיז
– get to know לְהַכִּיר; לִלמוֹד
– get together לְהִיפָּגֵשׁ; לְהִתכַּנֵס; לֶאֱסוֹף; לְאַרגֵן; לְכַנֵס; לְהַרכִּיב
– get up לָקוּם (מֵהַמִיטָה); לָקוּם; לְהָקִים; לְהִתחַזֵק; לְטַפֵּס בְּמַעֲלֵה־; לְאַרגֵן; לְהָכִין
– get up to לְהַגִיעַ ל־; לְהִסתַבֵּךְ בּ־; (לְנַסוֹת) לְעוֹלֵל
getaway *n.* בְּרִיחָה; מִילוּט
get-together *n.* מְסִיבָּה; מִפגָשׁ (חברתי)

G

ghastly *adj.* חִיווּר כְּמֵת; מַחֲרִיד; נוֹרָא; אָיוֹם
gherkin *n.* מְלָפְפוֹן קָטָן
ghetto *n.* גֶטוֹ
ghost *n.* רוּחַ (רְפָאִים); "צֵל"
ghostly *adj.* שֶׁל / כְּמוֹ רוּחַ רְפָאִים; מְצַמְרֵר
ghost town *n.* עִיר רְפָאִים
ghost writer *n.* סוֹפֵר צְלָלִים
ghoul *n.* שֵׁד שֶׁאוֹכֵל גְוִיוֹת; אוֹהֵב זְוָעוֹת
ghoulish *adj.* שֵׁדִי; מַזְווִיעַ; מְצַמְרֵר
GI חַיָּל (בארה"ב)
giant *n., adj.* עֲנָק; עֲנָקִי
gibberish *n.* פִּטפּוּט חֲסַר פֶּשֶׁר
gibe *n., v.* עֲקִיצָה לַגלגָנִית / פּוֹגַעַת; לְגַלְגֵל עַל־
giblets *n.* קְרָבַיִים
giddiness *n.* סְחַרחוֹרֶת
giddy *adj.* סְחַרחַר; שֶׁעוֹשֶׂה סְחַרחוֹרֶת; קַל־דַעַת; לֹא רְצִינִי; מִשְׁתַּטֶּה
–feel giddy לְהַרגִישׁ סְחַרחוֹרֶת
gift *n.* מַתָּנָה; שַׁי; מַמָּשׁ מַתָּנָה!; כִּשְׁרוֹן לְ־
–look a gift horse in the mouth לְחַפֵּשׂ פְּגָם בְּמַתָּנָה
gifted *adj.* מְחוֹנָן; מוּכשָׁר
gift certificate *n.* תְּלוּשׁ שַׁי; שׁוֹבֵר שַׁי
gift voucher *n.* תְּלוּשׁ שַׁי; שׁוֹבֵר שַׁי
gig *n.* הוֹפָעָה; כִּרכָּרָה
gigabyte *n.* גִ'יגָבַּייט (מיליארד בתים, בַּמַחשְׁבִים)
gigantic *adj.* עֲנָקִי; גָדוֹל מְאוֹד
giggle *n.* צְחוֹק עַצבָּנִי וּמְטוּפָּשׁ; צְחוֹק; כֵּיף; אָדָם מְשַׁעֲשֵׁעַ
giggle *v.* לְצַחקֵק בְּעַצבָּנוּת / צִחקוּק מְטוּפָּשׁ
gigolo *n.* גִ'יגוֹלוֹ
gild *v.* לְצַפּוֹת בְּזָהָב; לְהַזהִיב
–gild the lilly לְייַפּוֹת יוֹתֵר מִדַי (מַשֶׁהוּ יָפֶה)
gill *n.* זִים
gilt *adj., n.* מְצוּפֶּה זָהָב; מוּזהָב; צִיפּוּי / צֶבַע זָהָב
gimmick *n.* גִימִיק; לַהֲטוּט פִּרסוּמִי
gimmicky *adj.* שֶׁנִראֶה כְּגִימִיק

gin *n.* (כּוֹסִית) גִ'ין
ginger *n., adj.* זַנגבִיל; אַדמוֹנִי; גִ'ינגִ'י
gingerly *adv.* בִּזהִירוּת; בַּחֲשָׁשׁ
gingivitis *n.* דַלֶּקֶת הַחֲנִיכַיִים
ginseng *n.* (שׁוֹרֶשׁ) גִ'ינסֶנג
gipsy *n.* צוֹעֲנִי
giraffe *n.* גִ'ירָפָה
girder *n.* קוֹרָה
girdle *n.* מָחוֹךְ
girl *n.* יַלדָה; נַעֲרָה; בַּחוּרָה; בַּת
girlfriend *n.* חֲבֵרָה
girl guide *n.* צוֹפָה (חֲבֵרָה בַּצוֹפִים)
girlhood *n.* נַעֲרוּת (שֶׁל נַעֲרָה)
girlish *adj.* כְּמוֹ (שֶׁל) נַעֲרָה; כְּמוֹ (שֶׁל) יַלדָה
girl scout *n.* צוֹפָה (חֲבֵרָה בַּצוֹפִים)
gismo *n.* פַּטֶנט; מַכשִׁיר פֶּלֶא
gist *n.* the gist (of) הָעִיקָר; תַּמצִית הַ־
give *n.* חוֹפֶשׁ; מִרוָוח; גְמִישׁוּת
–give and take פְּשָׁרָה; וִיתוּרִים הֲדָדִיִים
give *v.* (gave, given) לָתֵת; לְשַׁלֵם; לִמסוֹר; לִתרוֹם; לְהוֹשִׁיט; לְהַצִיעַ; לְהַשׁמִיעַ; לַעֲשׂוֹת; לִגרוֹם לְ־; לַעֲרוֹךְ; לְהַצִיג; לְהַדבִּיק בְּ־; לְהַקדִישׁ; לְהִימָתַח; לְהִתכּוֹפֵף; לְהִתמוֹטֵט
–give away לְהַסגִיר אוֹתוֹ; לָתֵת חִינָם; לְגַלוֹת סוֹד; לְחַלֵק; לִמסוֹר
–give back לְהַחֲזִיר
–give in "לְהָרִים יָדַיִים"; לְהִיכָּנַע (לְ־); לְהַגִישׁ; לִמסוֹר
–given that לְאוֹר הָעוּבדָה שֶׁ־
–give off לִפלוֹט; לְהַדִיף
–give or take פְּלוּס מִינוּס; ...יוֹתֵר... פָּחוֹת
–give out לֶאֱזוֹל; לֶאֱפוֹס; לִפקוֹעַ; לְהִתקַלקֵל; לְחַלֵק; לְהוֹדִיעַ עַל־; לְפַרסֵם
–give up "לְהָרִים יָדַיִים"; לְהִיכָּנַע; לְווַתֵּר עַל־; לַעֲזוֹב אוֹתוֹ; לִנטוֹשׁ; לְהַסגִיר; לְאַבֵּד תִקווָה לְגַבֵּי־; לְהִתייָאֵשׁ מִלְהַחכּוֹת לְ־; לְהַפסִיק עִם־; לְהִיפָּרֵד מִ־; לִמסוֹר
giveaway *n.* דָבָר שֶׁמַסגִיר אֶת הַסוֹד; מַתָּנָה (עַל קְנִיית מוּצָר); חִינָמוֹן

given (*see* give); *adj.* מוּסכָּם; נָתוּן; בְּהִתחַשֵׁב בּ־; בְּהַנָחָה שֶׁ־; נוֹטֶה ל־; רָגִיל ל־; מָכוּר ל־
given name *n.* שֵׁם פְּרָטִי
gizmo *n.* = gismo
glacial *adj.* שֶׁל קֶרַח; קַרחוֹנִי
glacier *n.* קַרחוֹן (בֶּהָרִים)
glad *adj.* שָׂמֵחַ; מְשַׂמֵחַ
gladden *v.* לְשַׂמֵחַ
gladly *adv.* בְּשִׂמחָה; בְּרָצוֹן
glamorous *adj.* מַקסִים; זוֹהֵר
glamor, glamour *n.* זוֹהַר; קֶסֶם
glance *n.* מַבָּט חָטוּף; מַבָּט; הֲצָצָה
–at a glance מִיָד; בְּמַבָּט אֶחָד
glance *v.* לְהָעִיף מַבָּט; לְהַבהִיק; לְנַצנֵץ
gland *n.* בַּלוּטָה
glare *n.* אוֹר מְסַנווֵר; אוֹר הַזַרקוֹרִים; מַבָּט זוֹעֵם
glare *v.* לְהָאִיר בְּאוֹר מְסַנווֵר
–glare (at) לְהַבִּיט בְּזַעַם (בּ־)
glaring *adj.* מְסַנווֵר; בּוֹהֵק; צַעֲקָנִי; זוֹעֵם; בּוֹלֵט; מְשַׁוועַ
glass *n.* זְכוּכִית; כְּלֵי זְכוּכִית; כּוֹס; בָּרוֹמֶטֶר
glass blowing *n.* נִיפּוּחַ זְכוּכִית
glass ceiling *n.* תִקרַת קִידוּם
glasses *n.* מִשקָפַיִים; מִשקֶפֶת
glassware *n.* כְּלֵי זְכוּכִית
glaucoma *n.* בַּרקִית (מחלת עיניים)
glaze *n.* (חוֹמֶר) צִיפּוּי זְגוּגִי
glaze *v.* לְהַתקִין שִׁמשָׁה בּ־; לְזַגֵג
glazier *n.* זַגָג
gleam *n., v.* קֶרֶן אוֹר; זִיק; לְהַבהִיק; לְנַצנֵץ
gleaming *adj.* נוֹצֵץ; מַבהִיק
gleanings *n.* לֶקֶט (יְדִיעוֹת)
glee *n.* גִיל; צָהֳלָה
gleeful *adj.* שָׂמֵחַ; צוֹהֵל
glen *n.* עֵמֶק צַר
glib *adj.* חֲלַקלַק
glide *n., v.* דְאִיָיה; גְלִישָׁה; לִדאוֹת; לִגלוֹשׁ
glider *n.* דָאוֹן
gliding *n.* דְאִיָיה

glimmer *n.* נִצנוּץ; הִבהוּב; זִיק; שְׁבִיב
glimmer *v.* לְהַבהֵב; לְנַצנֵץ
glimpse *n.* מַבָּט חָטוּף; הֲצָצָה
glimpse *v.* לִראוֹת לְהֶרֶף־עַיִן
glisten *v.* לְהַבהִיק; לִנצוֹץ
glitch *n.* תַקָלָה
glitter *v., n.* לִנצוֹץ; בָּרָק
glittering *adj.* נוֹצֵץ
glitzy *adj.* נוֹצֵץ; רַאַוותָנִי; יוּקרָתִי
gloat *v.* (over) לְהַבִּיט בְּתַאֲוָוה עַל־; לִשׂמוֹחַ לְאֵיד־
global *adj.* כְּלַל עוֹלָמִי; כּוֹלֵל; גְלוֹבָּלִי
global village *n.* הָעוֹלָם כִּכפָר קָטָן
globe *n.* כַּדוּר; גְלוֹבּוּס; כַּדוּר הָאָרֶץ; כְּלִי זְכוּכִית כַּדוּרִי
gloom *n.* אַפלוּלִית; קַדרוּת; עֶצֶב
gloomily *adv.* בְּקַדרוּת
gloomy *adj.* אַפלוּלִי; עָגוּם; קוֹדֵר; מְדַכֵּא
glorify *v.* (glorified) לְהַלֵל; לְהַעֲנִיק כָּבוֹד וִיקָר ל־; לְפָאֵר; לְהַאדִיר
glorious *adj.* מַרהִיב; נִפלָא; מַזהִיר; מְפוֹאָר; מְהוּלָל; נֶהדָר; נוֹרָא
glory *n.* תְהִילָה; כָּבוֹד וִיקָר; שֶׁבַח; הוֹד; הָדָר; דָבָר לְתִפאֶרֶת־
glory *v.* (gloried) (in) לְהִתפָּאֵר בּ־
gloss *v.* לְהַבְרִיק
–gloss over לַעֲבוֹר בְּרִפרוּף עַל־; לְהִתעַלֵם מ־; לְהַחֲלִיק; לְטַשׁטֵשׁ; לַעֲקוֹף
glossary *n.* מִילוֹן; מִילוֹן מוּנָחִים
glossy *adj.* חָלָק וּמַבריק; מַבהִיק וְצִבעוֹנִי
glove *n.* כְּפָפָה
glove compartment *n.* תָא כְּפָפוֹת; תָא מִסמָכִים (בִּמכוֹנִית)
glow *n.* לַהַט; זוֹהַר; סוֹמֶק
glow *v.* לִלהוֹט; לִזהוֹר; לִקרוֹן; לִהיוֹת סָמוּק מ־
glower *v.* (at) לְהַבִּיט בְּזַעַם (עַל); לְהַבִּיט בְּמַבָּט מְאַיֵים (עַל)
glowing *adj.* לוֹהֵט; זוֹהֵר; נִלהָב
glowworm *n.* גַחלִילִית
glue *n., v.* דֶבֶק; לְהַדבִּיק; לְהַצמִיד; לְרַתֵק
–be glued to לִהיוֹת מְרוּתָק ל־

G

G

glum *adj.* קוֹדֵר; עָצוּב
glumly *adv.* בְּעֶצֶב
glut *n.* עוֹדֶף (הֶיצֵעַ); גוֹדֶשׁ; הֲצָפָה
glut *v.* לְהָצִיף (שׁוּק); לְהַלְעִיט
glutton *n.* זַלְלָן; לָהוּט; רַעַב
gluttonously *adv.* בְּזוֹלֵלָה; בְּרַעַבְתָנוּת
gnarled *adj.* מְסוּקָס
gnash *v.* לַחֲרוֹק (שִׁינַּיִים)
gnat *n.* יַתּוּשׁ; יַבְחוּשׁ; בַּרְחַשׁ
gnaw *v.* (away at/at) לְכַרְסֵם (בְּ־)
gnawing *adj.* מְכַרְסֵם
gnome *n.* גַּמָּד; שֵׁדוֹן
GNP תל״ג (תּוֹצָר לְאוּמִי גּוֹלְמִי)
go *n.* תּוֹר; נִיסָּיוֹן; מֶרֶץ; פְּעַלְתָנוּת
–at one go בְּמַכָּה אַחַת
–be all the go לִהְיוֹת מְאוֹד פּוֹפּוּלָרִי; לִהְיוֹת בָּאוֹפְנָה
–have a go (at) לְנַסּוֹת כּוֹחוֹ (בְּ־)
go *v.* (went, gone) לָלֶכֶת; לָצֵאת; לִנְסוֹעַ; לִרְכּוֹב; לַעֲבוֹר; לְהַגִּיעַ; לְהִשְׁתָּרֵעַ; לַעֲבוֹד; לִפְעוֹל; לְהֵיחָלֵשׁ; לְהֵיעָלֵם; לְהִימָּכֵר; לְהֵיעָשׂוֹת; לַהֲפוֹךְ לִהְיוֹת; לִנְהוֹג (בְּ־); לְהַשְׁמִיעַ
–be going to עוֹמֵד לְ־; מִתְכַּוֵּון לְ־
–go about לְהִסְתּוֹבֵב; לָלֶכֶת ו־; לְהִתְהַלֵּךְ (שְׁמוּעָה, וכו׳); לָגֶשֶׁת לְ־; לְהַמְשִׁיךְ בְּ־; לְטַפֵּל בְּ־; לָצֵאת (עִם)
–go after לִרְדּוֹף אַחֲרֵי־; לְנַסּוֹת לְהַשִּׂיג
–go ahead לָלֶכֶת ר־; קָדִימָה!; לְהִתְקַדֵּם; לְהִימָּשֵׁךְ; לְהַמְשִׁיךְ כַּמְּתוּכְנָן; לְהַקְדִּים; לְהַשִּׂיג; לָלֶכֶת קוֹדֶם
–go along with לְלַוּוֹת אוֹתוֹ; לְהַסְכִּים עִם־ / לְ־
–go around לְהִסְתּוֹבֵב; לַעֲקוֹף; לִנְסוֹעַ מִסָּבִיב; לְהַסְפִּיק (לְכוּלָּם); לְבַקֵּר (בְּ־); לָצֵאת (עִם־)
–go away לָצֵאת; לְהִסְתַּלֵּק; לְהֵיעָלֵם; עֲזוֹב אוֹתִי!; לִנְסוֹעַ (לְחוּפְשָׁה, לַעֲסָקִים)
–go back (to) לְהַתְחִיל כְּבָר בְּ־; קַיָּים מֵאָז־; לִהְיוֹת שׁוֹרָשָׁיו בְּ־; לַחֲזוֹר
–go back on his word לַחֲזוֹר בּוֹ (מֵהַבְטָחָתוֹ)
–go beyond לַחֲרוֹג מִ־; לַעֲבוֹר אֶת גְּבוּל־
–go by לַעֲבוֹר; לַחֲלוֹף עַל פָּנָיו; לַחֲלוֹף; לְהִסְתַּמֵּךְ עַל־; לִשְׁפּוֹט אוֹ לִנְהוֹג לְפִי־
–go by bus לִנְסוֹעַ בְּאוֹטוֹבּוּס
–go down לִשְׁקוֹעַ (שֶׁמֶשׁ, וכו׳); לִיפּוֹל; לִטְבּוֹעַ; לָרֶדֶת; לִפְחוֹת
–go down (in) לְהֵירָשֵׁם בְּ־; לְהִיזָּכֵר כְּ־
–go for לִתְקוֹף; לְהִתְנַפֵּל עַל־; לָלֶכֶת לְהָבִיא; לָחוּל עַל־; לְהִימָּשֵׁךְ לְ־; לָלֶכֶת עַל־
–go in for לָגֶשֶׁת לְ־; לְהִשְׁתַּתֵּף בְּ־; לִבְחוֹר לַעֲסוֹק בִּתְחוּם; לַעֲסוֹק בְּ־; לְהִתְעַנְיֵין בְּ־
–go into לְהִיכָּנֵס לְ־; לְהִתְגַּיֵּיס; לְהִצְטָרֵף
–go off לְהִתְקַלְקֵל (מָזוֹן); לְהִתְנַהֵל; לַעֲבוֹר; לְצַלְצֵל (שָׁעוֹן, וכו׳); לִירוֹת; לְהִתְפּוֹצֵץ; לְהִיפָּסֵק; לִכְבּוֹת; לָצֵאת; לְהִתְפָּרֵץ; לְהֵירָדֵם; לְהִימָּאֵס לוֹ מִ־; לְהִידַּרְדֵּר; לְהִסְתַּלֵּק (עִם־)
–go on לְהִידָּלֵק; לִקְרוֹת; לְהַמְשִׁיךְ; לָלֶכֶת קוֹדֶם; לַחֲלוֹף; לְהִימָּשֵׁךְ; נוּ!; לָצֵאת לְ־; לִנְסוֹעַ לְרֶגֶל־; לְהִסְתַּמֵּךְ עַל־
–go on (about) לְדַבֵּר בְּלִי סוֹף עַל־
–go on (to) לַעֲבוֹר לְ־
–go out לָצֵאת; לָצֵאת לְבַלּוֹת; לִכְבּוֹת; לָצֵאת מֵהָאוֹפְנָה; לְאַבֵּד הַכָּרָתוֹ; לְהִסְתַּיֵּים; לָרֶדֶת (גֵּיאוּת); לִהְיוֹת מְשׁוּדָּר; לְהִיוָּדַע; לְהִתְפַּרְסֵם
–go out of your way לִטְרוֹחַ בִּמְיוּחָד; לְהִשְׁתַּדֵּל מְאוֹד
–go over לְהִתְקַבֵּל (יָפֶה, וכו׳); לַעֲבוֹר עַל־; לִבְחוֹן; לִבְדּוֹק; לַחֲזוֹר עַל־
–go over (to) לַעֲבוֹר לַצַּד הַשֵּׁנִי; לַעֲבוֹר לְמַחֲנֵה־; לַעֲבוֹר לְ־; לָגֶשֶׁת לְ־
–go round לִקְפּוֹץ לְבִיקּוּר (אֵצֶל־)
–go through לְהִיסָּגֵר (עִסְקָה); לְהִתְבַּצֵּעַ; לַעֲבוֹר (חוֹק); לַעֲבוֹר (דֶּרֶךְ־); לַחְדּוֹר (מִבַּעַד־); לְחַסֵּל; לְחַטֵּט; לַעֲרוֹךְ חִיפּוּשׂ בְּ־; לַעֲבוֹר עַל־; לַחֲזוֹר עַל־; לַעֲבוֹר (חֲוָויָה); לִסְבּוֹל
–go through with לַעֲשׂוֹת; לָלֶכֶת עַד הַסּוֹף עִם־
–go to great lengths/trouble לְהִשְׁתַּדֵּל מְאוֹד לְ־; לִטְרוֹחַ בִּמְיוּחָד

–go too far לְהַרחִיק לֶכֶת; לַעֲבוֹר אֶת הַגבוּל
–go under לִטבּוֹעַ; לְהִיכָּשֵל; לִפשוֹט רֶגֶל
–go up לַעֲלוֹת; לְהִתייַקֵר; לְהִיבָּנוֹת; לְהִתפּוֹצֵץ; לַעֲלוֹת (בָּאֵש); לְטַפֵּס בּ־/עַל־
–go up to לִפנוֹת אֶל־; לְהַגִיעַ עַד־
–go without לְהִסתַדֵר בְּלִי־; לְהִישָאֵר בְּלִי
–it goes without saying מוּבָן מֵאֵלָיו; מְיוּתָר לְצַיֵין
goad *v.* (on, into) לְדַרבֵּן; לְהָסִית ל־
go-ahead *n.* אוֹר יָרוֹק; אִישוּר
goal *n.* שַעַר (בּספּוֹרט); מַטָרָה
goalkeeper *n.* שוֹעֵר (בּכדוּרֶגֶל)
goalpost *n.* עַמוּד הַשַעַר; קוֹרָה (בּכדוּרֶגֶל)
goat *n.* תַיִש; עֵז
goatee *n.* זְקַן תַיִש
gobble *v.* (up) לִזלוֹל
go-between *n.* מְתַוֵוך; שַדכָן
goblet *n.* גָבִיעַ
goblin *n.* שֵד
god *n.* אֵל; אֱלִיל
–God אֱלוֹהִים
–God forbid חַס וְחָלִילָה
–God willing אִם יִרצֶה הַשֵם
goddamn לַעֲזָאזֵל; מְזוּרגָג
goddess *n.* אֵלָה; אֱלִילָה
godfather *n.* סַנדָק
god-fearing *adj.* יְרֵא שָמַיִים
god-forsaken *adj.* שְכוּחַ אֵל; עָלוּב
godmother *n.* סַנדָקִית
godsend *n.* מַתָנָה מִשָמַיִים; בְּרָכָה
godspeed *n.* (בִּרכַּת) דֶרֶך צְלֵחָה!
goes *see* go
gofer *n.* נַעַר שְלִיחוּיוֹת; שָרָת
go-getter *n.* שְאַפתָן; מַצלִיחָן
goggle *v.* (at) לִלטוֹש עֵינַיִים
goggles *n.* מִשקְפֵי מָגֵן
going *adj.*
–a going concern עֵסֶק חַי
–the going rate הַמְחִיר הַמְקוּבָּל
goings-on *n.* מַעֲשִים; הִתנַהֲגוּת (בִּלתִי הוֹלֶמֶת)
goitre *n.* זַפֶּקֶת
gold *n.* זָהָב; צֶבַע זָהָב; זָהוֹב
golden *adj.* שֶל זָהָב; זָהוֹב; ־פָּז; מְצוּיָן
golden age *n.* תוֹר הַזָהָב; גִיל הַזָהָב
golden jubilee *n.* יוֹבֵל הַזָהָב/הַחֲמִישִים
golden mean *n.* שְבִיל הַזָהָב
golden rule *n.* כְּלַל זָהָב
golden wedding *n.* חֲתוּנַת הַזָהָב
goldfield *n.* שְׂדֵה־זָהָב
goldfinch *n.* חוֹחִית
goldfish *n.* דַג־זָהָב
gold mine *n.* מִכרֵה־זָהָב
gold rush *n.* בֶּהָלָה לְזָהָב
goldsmith *n.* צוֹרֵף
golf *n., v.* גוֹלף; לְשַׂחֵק גוֹלף
golf club *n.* מוֹעֲדוֹן גוֹלף; מַקֵל גוֹלף
golf course *n.* מִגרַש גוֹלף
goliath *n.* גוֹלְיַת; עֲנָק
golly *interj.* אוֹ!
gone *v. 3rd form of* go
gone *adj.* הִסתַלֵק; מֵת; אָבוּד; בְּהֵירָיוֹן; כְּבָר...; מְשוּגָע עַל־; אַחֲרֵי; מֵעֵבֶר ל־
good *adj.* טוֹב; טָרִי; טוֹב לְמַאֲכָל; בָּרִיא; נָעִים; יָפֶה; מַתאִים; מוֹעִיל; נֶחמָד; מוּסָרִי; הָגוּן; יְסוֹדִי; הַרבֵּה; גָדוֹל; כָּל הַכָּבוֹד (ל־)
–all in good time בְּבוֹא הַזמַן; סַבלָנוּת!
–as good as כִּמעַט; לְמַעֲשֶׂה; לֹא פָּחוֹת מ־
–in good time בְּעוֹד מוֹעֵד; מוּקדָם
good *n.* טוֹב; תוֹעֶלֶת; הַטוֹבִים; הַצַדִיקִים
–do you good לְהוֹעִיל לְך
–for good (and all) לְתָמִיד
–for your own good לְטוֹבָתְך
–good for you כָּל הַכָּבוֹד! יָפֶה!
–make good לְהַצלִיחַ; לְשַלֵם; לְקַיֵים; לְתַקֵן; לְכַפֵּר עַל־
goodbye שָלוֹם!
good-for-nothing *adj.* לֹא־יוּצלַח
goodies *n.* דְבָרִים טוֹבִים; מַמתַקִים
good-looking *adj.* נָאֶה; יָפֶה
goodly *adj.* נִיכָּר; רַב; יָפֶה
good-natured *adj.* טוֹב־לֵב; נוֹחַ

G

goodness *n.* טוּב; טוּב־לֵב; תַּמְצִית; יְסוֹדוֹת מְזִינִים
–have the goodness (to do) לְהוֹאִיל בְּטוּבוֹ ל־
–for goodness sake! לְמַעַן הַשֵּׁם!
–thank goodness! תּוֹדָה לָאֵל!
goods *n.* סְחוֹרָה; טוּבִין; מִיטַלטְלִין; מוּצָרִים; ־מַשָּׂא; מִטְעָן
–deliver the goods "לְסַפֵּק אֶת הַסְּחוֹרָה"
goodwill *n.* רָצוֹן טוֹב; מוֹנִיטִין
gooey *adj.* דָּבִיק; רַגשָׁנִי
goof *n., v.* טִיפֵּשׁ; טָעוּת טִיפְּשִׁית; לְפַשֵּׁל
goon *n.* טִיפֵּשׁ; בִּריוֹן (שָׂכִיר)
goose *n.* אַווָז; בְּשַׂר אַווָז; טִיפֵּשׁ
gooseberry *n.* (שִׂיחַ) חֲזַרזָרִים
goose bumps/pimples *n.* "עוֹר אַווָז"
gooseflesh *n.* "עוֹר אַווָז"
goosestep *n.* צְעִידַת אַווָז
gopher *n.* סְנָאִי כִּיס
gore *v.* לְנַגֵּחַ
gorge *v.* לִזלוֹל; לְהַלעִיט
gorgeous *adj.* יָפֶה מְאוֹד; סַסגוֹנִי; נִפלָא; נֶהדָר
gorilla *n.* גּוֹרִילָה
gory *adj.* מָלֵא דָּם; עָקוֹב מִדָּם
gosh *interj.* (קְרִיאַת הַפתָעָה/הִתפַּעֲלוּת)
go-slow *n.* שְׁבִיתַת הָאָטָה
gospel *n.* (סֵפֶר) הַבְּשׂוֹרָה הַנּוֹצרִית; אֱמֶת (לַאֲמִיתָּה)
gossip *n., v.* רְכִילוּת; רַכלָן; לְרַכֵל; לִכתּוֹב רְכִילוּת
got *v. past of* get
gotten *v. 3rd form of* get
gouge *v.* (out) לְפַסֵּל בְּמַפסֶלֶת; לַעֲקוֹר
goulash *n.* גּוּלַשׁ
gourd *n.* דְּלַעַת
gourmand *n.* אוֹהֵב אוֹכֶל; אַכלָן
gourmet *n.* מֵבִין בְּאוֹכֶל; אֲנִין טַעַם
gout *n.* צִינִית (מחלה)
govern *v.* לִמשׁוֹל; לִשלוֹט; לְנַהֵל; לִקבּוֹעַ; לְהַשפִּיעַ עַל־; לְהַדרִיךְ
governess *n.* אוֹמֶנֶת
governing body *n.* הַנהָלָה; וַעַד מְנַהֵל
government *n.* מֶמשָׁלָה; שִׁלטוֹן; מִמשָׁל
government employee *n.* עוֹבֵד מְדִינָה
governor *n.* מוֹשֵׁל; נָגִיד; חֲבֵר הַהַנהָלָה
gown *n.* שִׂמלָה; חָלוּק
GP=general practitioner רוֹפֵא מִשפָּחָה
grab *n.* חֲטִיפָה; תְּפִיסָה; מַחטָף
–make a grab at לְנַסּוֹת לַחטוֹף
grab *v.* לַחטוֹף; לִקפּוֹץ עַל־; לִתפּוֹס
grace *n.* חֵן; מַעֲלוֹת; נוֹעַם הֲלִיכוֹת; רָצוֹן טוֹב; בִּרכַּת מָזוֹן; חֶסֶד; אַרכָּה
–fall from grace לָרֶדֶת לְשֵׁפֶל מוּסָרִי
–Your Grace הוֹד קְדוּשָּׁתוֹ/רוֹמְמוּתוֹ
graceful *adj.* חִינָּנִי; מָלֵא חֵן
gracefully *adv.* בְּחֵן
graceless *adj.* מְסוּרבָּל; חֲסַר חֵן; חֲסַר נִימוּס
gracious *adj.* נֶחמָד; מַסבִּיר פָּנִים; אָדִיב; חַנּוּן; רַחוּם
–Good gracious (קְרִיאַת הַפתָעָה/הִתפַּעֲלוּת)
graciously *adv.* בַּאֲדִיבוּת; בְּסֵבֶר פָּנִים יָפוֹת
grade *n.* דַּרגָּה; צִיּוּן; כִּיתָּה
grade *v.* לְדָרֵג; לְיַישֵּׁר שֶׁטַח; לָתֵת צִיּוּן
grade crossing *n.* מִפגַּשׁ מְסִילַּת־בַּרזֶל
grade school *n.* בֵּית־סֵפֶר יְסוֹדִי
gradient *n.* שִׁיפּוּעַ
grading *n.* דֵּירוּג; סִיוּוּג
gradual *adj.* הַדרָגָתִי
gradually *adv.* בְּהַדרָגָה
graduate *n.* בּוֹגֵר אוּנִיבֶרסִיטָה; בּוֹגֵר
graduate *v.* לְסַיֵּים לִימוּדִים; לְקַבֵּל תּוֹאַר; לְשַׁנֵּת; לְסַמֵּן מִידּוֹת
graduation *n.* סִיּוּם לִימוּדִים; שִׁינּוּת; טֶקֶס הַעֲנָקַת תְּאָרִים
graft *n.* הַרכָּבָה; רֶכֶב; שֶׁתֶל; שׁוֹחַד; שְׁחִיתוּת
grain *n.* גַּרעִין; גַּרעִינִים; תְּבוּאָה; גַּרגִּיר; קוֹרטוֹב; שֶׁמֶץ; מַעֲרַךְ הַסִּיבִים
–be/go against the grain לִהיוֹת לֹא נָעִים/מְנוּגָּד לְטִבעוֹ
gram *n.* גְּרָם
grammar *n.* דִּקדּוּק

grammatical *adj.* דִקדוּקִי

gramophone *n.* פָּטֵיפוֹן; מָקוֹל

granary *n.* אָסָם

grand *adj.* מְפוֹאָר; נִפלָא; יָהִיר; נֶהדָר; מָלֵא; כּוֹלֵל

grand *n.* אֶלֶף (דוֹלָר)

grandad *n.* סַבָּא

grandchild *n.* נֶכֶד; נֶכדָה

granddaughter *n.* נֶכדָה

grandfather *n.* סַבָּא

grandfather clock *n.* שְעוֹן מְטוּטֶלֶת גָדוֹל

grand finale *n.* סִיוּם מַרשִים / סוֹחֵף

grandiose *adj.* רַב־רוֹשֶם; גְרַנדיוֹזִי

grandma *n.* סַבתָא

grandmaster *n.* רַב־אוֹמָן

grandmother *n.* סַבתָא

grandpa *n.* סַבָּא

grandparents *n.* סַבָּא וְסַבתָא; סָבִים

grand piano *n.* פְּסַנתֵר כָּנָף

grandson *n.* נֶכֶד

grandstand *n.* יָצִיעַ (בְּאִיצטַדיוֹן)

grand tour *n.* סִיוּר בְּמֶרכְּזֵי הַתַרבּוּת הַחֲשוּבִים

grange *n.* חַוָוה; מֶשֶק

granny *n.* סַבתָא

grant *n.* מַעֲנָק; מִלגָה

grant *v.* לְהַעֲנִיק; לָתֵת; לְהֵיעָנוֹת ל־; לְהַסכִּים; לְהוֹדוֹת בּ־

– take it for granted לְקַבֵּל כְּמוּבָן מֵאֵלָיו

granular *adj.* גַרעִינִי; גַרגִירִי

granule *n.* גַרגִיר קָטָן

grape *n.* עֵנָב

– sour grapes דִיבּוּרִים מִתוֹך קִנאָה / אַכזָבָה

grapefruit *n.* אֶשכּוֹלִית

grapevine *n.* גֶפֶן; פִּי הַשמוּעָה; רֶשֶת הַעֲבָרַת שְמוּעוֹת

graph *n.* גְרָף; עֲקוּמָה

graphic *adj.* גְרָפִי; ־גְרָפִיקָה; צִיוּרִי; חַי

graphics *n.* גְרָפִיקָה

graphology *n.* גְרָפוֹלוֹגיָה

grapple *v.* (with) לְהֵיאָבֵק (בּ־); לְהִתחַבֵּט בּ־; לְהִתמוֹדֵד עִם־

grasp *n.* אֲחִיזָה; שְלִיטָה; תְפִיסָה; הֲבָנָה

grasp *v.* לֶאֱחוֹז חָזָק בּ־; לִתפּוֹס; לְהָבִין

– grasp (at) לִקפּוֹץ עַל־

grass *n., v.* עֵשֶׂב; דֶשֶא; לְהַלשִין

grasshopper *n.* חָגָב

grass roots *n.* ״עַמְךָ״; הַצִיבּוּר הָרָחָב

grassy *adj.* מְכוּסֶה עֵשֶׂב; מְדוּשָא

grate *n.* סְבָכָה; אָח; קוֹל צוֹרֵם; חֲרִיקָה

grate *v.* לְרַסֵק; לְגָרֵד; לְגָרֵר; לַחֲרוֹק; לְעַצבֵּן; לִצרוֹם

grateful *adj.* אֲסִיר תוֹדָה

gratefully *adv.* בְּהַכָּרַת טוֹבָה; בְּתוֹדָה

grater *n.* פּוּמפִּיָיה

gratification *n.* סִיפּוּק; נַחַת־רוּחַ

gratify *v.* (gratified) לְשַמֵחַ; לְהַשׂבִּיעַ רָצוֹן; לְסַפֵּק

gratifying *adj.* גוֹרֵם נַחַת

grating *adj., n.* צוֹרֵם; סוֹרֵג; סְבָכָה

gratis *adj.* חִינָם; בְּחִינָם

gratitude *n.* הַכָּרַת טוֹבָה; תוֹדָה

gratuitous *adj.* (שֶנִיתָן) חִינָם; מְיוּתָר; לְלֹא סִיבָּה (מוּצדֶקֶת)

gratuity *n.* מַעֲנָק פְּרִישָה; תֶשֶר

grave *n., adj.* קֶבֶר; רְצִינִי; חָמוּר

gravedigger *n.* קַבְּרָן

gravel *n., v.* חָצָץ דַק; לְכַסוֹת בְּחָצָץ דַק

gravely *adv.* בְּאוֹפֶן חָמוּר

gravestone *n.* מַצֵבָה

graveyard *n.* בֵּית־קְבָרוֹת

gravity *n.* כּוֹחַ הַמְשִיכָה / הַכּוֹבֶד; רְצִינוּת; חוּמרָה

gravy *n.* רוֹטֶב בָּשָׂר

gray *adj., n.* (צֶבַע) אָפוֹר; חִיווֵר; קוֹדֵר

graze *n., v.* שִפשוּף; לְשַפשֵף; לְחַכֵּך

graze *v.* לִרעוֹת; לְהוֹצִיא לְמִרעֶה

grease *n.* שוּמָן; חוֹמֶר סִיכָה; גְרִיז; שֶמֶן

grease *v.* לָסוּך; לְגָרֵז; לְשַמֵן

– grease someone's palm לְשַחֵד; לָתֵת בַּקשִיש

– like greased lightning (מַהֵר) כְּבָרָק

greasy *adj.* שַמנוּנִי; מְשוּמָן; חֲלַקלַק

great *adj.* גָדוֹל; רַב; חָשוּב; דָגוּל; נֶהדָר; נִפלָא; מַשמָעוּתִי; טוֹב מְאוֹד

G

–a great deal (of) הַרְבֵּה
–a great many הַרְבֵּה; רַבִּים
Great Bear *n.* הַדּוּבָּה הַגְּדוֹלָה (כּוֹכָבִים)
great-grandchild *n.* נִין, נִינָה
great-grandfather *n.* סָבָא רַבָּא
great-grandmother *n.* סַבְתָא רַבָּא
greatly *adv.* מְאוֹד; בְּמִידָה רַבָּה
greatness *n.* גּוֹדֶל; גְּדוּלָה; גַּדְלוּת
Greece *n.* יָוָון
greed *n.* חַמְדָנוּת; זוֹלְלָנוּת
greedily *adv.* בְּחַמְדָנוּת; בְּזוֹלְלָנוּת
greedy *adj.* חַמְדָן; חוֹמֵד; זַלְלָן
Greek *adj., n.* שֶׁל יָוָון; יְוָנִי; יְוָנִית
green *adj.* יָרוֹק; חִיוֵּור; חוֹלֶה; בּוֹסֶר; טִירוֹן; "יָרוֹק"; פֶּתִי
green *n.* (צֶבַע) יָרוֹק; מִדְשָׁאָה צִיבּוּרִית
greenback *n.* שְׁטַר כֶּסֶף אֲמֶרִיקָנִי; "יָרוֹק"
green bean *n.* שְׁעוּעִית יְרוּקָּה
green fingers *n.* כִּשְׁרוֹן בְּגַנָּנוּת
greengrocer *n.* יַרְקָן
greenhouse *n.* חֲמָמָה
greenhouse effect *n.* אֶפֶקְט הַחֲמָמָה
greenish *adj.* יְרַקְרַק
green light *n.* אוֹר יָרוֹק
greens *n.* יַרְקוֹת עָלִים; צִמְחִיָּיה יְרוּקָּה
green thumb *n.* כִּשְׁרוֹן בְּגַנָּנוּת
greet *v.* לְקַדֵּם אֶת פָּנָיו; לְבָרֵךְ; לְהִתְגַּלּוֹת לְעֵינֵי; לְהִישָּׁמַע לְאוֹזְנֵי-
greeting *n.* בְּרָכָה; אִיחוּלִים
greeting card *n.* כַּרְטִיס בְּרָכָה
gregarious *adj.* חַי בִּקְבוּצוֹת / בְּעֵדֶר; חַבְרוּתִי; אוֹהֵב חֶבְרָה
gremlin *n.* שֵׁדוֹן
grenade *n.* רִימּוֹן
grew *v. past of* grow
grey *adj., n.* (צֶבַע) אָפוֹר; חִיוֵּור; קוֹדֵר
grey area *n.* תְּחוּם אָפוֹר
greyhound *n.* מִין כֶּלֶב מָהִיר; זַרְזִיר מוֹתְנַיִים
greyish *adj.* אֲפַרְפַּר; אַפְרוּרִי
grey matter *n.* מוֹחַ; שֵׂכֶל; הַחוֹמֶר הָאָפוֹר
grid *n.* אַסְכָּלָה; רֶשֶׁת חַשְׁמַל; רֶשֶׁת (בְּמַפָּה); סוֹרֵג; סְרִיג
griddle *n.* מַחֲבַת שְׁטוּחָה
gridiron *n.* אַסְכָּלָה; מִגְרַשׁ פוּטְבּוֹל
gridlock *n.* תְּנוּעָה מְשׁוּתֶּקֶת; פְּלוֹנְטֶר
grief *n.* צַעַר עָמוֹק; יָגוֹן; דָּבָר מְצַעֵר מְאוֹד
–good grief (קְרִיאַת הַפְתָּעָה וכד')
–come to grief לָבוֹא עָלָיו צָרָה; לְהִיכָּשֵׁל; לְהִיפָּגַע
grief-stricken *adj.* אָבֵל; מוּכֵּה צַעַר
grievance *n.* תְּלוּנָה; הִתְמַרְמְרוּת
grieve *v.* לְהִצְטַעֵר מְאוֹד; לְהִתְאַבֵּל
grievous *adj.* חָמוּר
grill *n.* גְּרִיל; בָּשָׂר צָלוּי וכו'; אַסְכָּלָה
grill *v.* לִצְלוֹת; לְהִיצָּלוֹת; לַחְקוֹר לְלֹא רַחֵם
grille *n.* סוֹרֵג; אֶשְׁנָב
grim *adj.* חֲמוּר סֵבֶר; קוֹדֵר; קָשֶׁה; הֶחְלֵטִי
grimace *v., n.* לְעַוּוֹת פָּנִים; הַעֲוָויָה
grime *n.* לִכְלוּךְ
grimly *adv.* בְּזַעַף; בְּחוּמְרָה; בִּנְחִישׁוּת
grimy *adj.* מְלוּכְלָךְ
grin *v., n.* (לְחַיֵּיךְ) חִיּוּךְ רָחָב
–grin and bear it לִסְבּוֹל בְּלִי לְהִתְלוֹנֵן
grind *n.* טְחִינָה; לִיטּוּשׁ; הַשְׁחָזָה; עֲבוֹדָה קָשָׁה, שִׁגְרָה מְשַׁעֲמֶמֶת
grind *v.* (ground) לִטְחוֹן; לְלַטֵּשׁ; לְהַשְׁחִיז; לַחֲרוֹק (בּ-); לְשַׁפְשֵׁף; לִדְרוֹךְ בּ-; "לְדַגּוֹר"
–grind on לְהִתְנַהֵל לְאִיטּוֹ; לְהַמְשִׁיךְ
–grind to a halt לְהֵיעָצֵר בְּהַדְרָגָה
grinder *n.* מַטְחֵנָה
grindstone *n.* אֶבֶן מַשְׁחֶזֶת
grip *n.* אֲחִיזָה; תְּפִיסָה; שְׁלִיטָה; מִזְוָודָה קְטַנָּה
–come to grips with לְהִתְמוֹדֵד עִם-
–get a grip on oneself לְהֵירָגַע; לְהִשְׁתַּלֵּט עַל עַצְמוֹ
grip *v.* לֶאֱחוֹז בְּכוֹחַ; לִתְפּוֹס (בּ-); לְרַתֵּק
gripe *n., v.* תְּלוּנָה; לְקַטֵּר; לְהִתְלוֹנֵן
gripping *adj.* מְרַתֵּק
grisly *adj.* מַבְעִית; נוֹרָא
grist *n.* דָּגָן; חוֹמֶר טוֹב (לְעִיתּוֹן וכד')
–grist to the mill מַשֶּׁהוּ שֶׁאֶפְשָׁר לְנַצֵּל

gristle *n.* סְחוּס
grit *n.* גַרגְרֵי חוֹל וְאֶבֶן; גְרוֹסֶת; אוֹמֶץ וְכוֹחַ סֵבֶל
grit *v.* לְפַזֵר חוֹל עַל־; לַחֲרוֹק (שִׁינַיִים)
grizzled *adj.* בַּעַל שֵׂעָר אָפוֹר
groan *n.* גְנִיחָה; אֲנָחָה
groan *v.* לִגנוֹחַ; לְהֵיאָנֵחַ; לְהַשמִיעַ (מֵעֵין) גְנִיחָה
groats *n.* גְרִיסִים
grocer *n.* חֶנווָנִי
groceries *n.* מִצרְכֵי מַכּוֹלֶת
grocery store *n.* חֲנוּת מַכּוֹלֶת
groggy *adj.* תָשׁוּשׁ וְעוֹמֵד לִיפּוֹל
groin *n.* מִפשָׂעָה
groom *n.* סַיָיס; חָתָן
groom *v.* לְטַפֵּל בְּסוּסִים; לְנַקוֹת אֶת פַּרווַת־/ עוֹר־; לְהָכִין; לְהַכשִׁיר (ל־)
groomed *adj.* מְסוּדָר וּמטוּפָּח
groove *n.* חָרִיץ; מְסִילָה; שִׁגרָה
groovy *adj.* מְעַניֵין; מוֹשֵׁךְ; אוֹפנָתִי; מַגנִיב
grope *v.* לְגַשֵׁשׁ; לְמַשֵׁשׁ
gross *adj.* בְּרוּטוֹ; גוֹלמִי; מְשׁוּוָע; גַס; שָׁמֵן מְאוֹד; מַגעִיל
gross *v.* לְהַרווִיחַ/ לְהַכנִיס בְּרוּטוֹ
grossing up *n.* גִילוּם (הַכנָסָה)
grossly *adv.* בְּגַסוּת; בְּאוֹפֶן מְשׁוּוָע/ בּוֹלֵט
gross national product תוֹצָר לְאוּמִי גוֹלמִי
grotesque *adj.* מוּזָר וּמְגוּחָךְ; גְרוֹטֶסקִי
grotto *n.* מְעָרָה
grouch *n., v.* מִתלוֹנֵן; "קוּטֶר" הִתפָּרְצוּת כַּעַס; תְלוּנָה; לְקַטֵר; לְהִתלוֹנֵן
ground *n.* קַרקַע; אֲדָמָה; מִגרָשׁ; שֶׁטַח; מִשׁקָע; בָּסִיס; סִיבּוֹת (בְּרִיבּוּי); הָאֲרָקָה; רֶקַע
– break fresh/new ground לְהָבִיא חִידוּשִׁים/ לִפרִיצַת דֶרֶךְ
– cover much ground לְהַקִיף הַרבֵּה נוֹשׂאִים/ חוֹמֶר
– get off the ground לְהַתחִיל יָפֶה; לְהַצלִיחַ לְהַמרִיא
– give ground (to) לָסֶגֶת (מִפּנֵי־); לְאַבֵּד יִתרוֹן
– hold one's ground לַעֲמוֹד עַל שֶׁלוֹ; לַעֲמוֹד אֵיתָן
– stand one's ground לַעֲמוֹד אֵיתָן/ עַל שֶׁלוֹ
ground *v.* לַעֲלוֹת עַל שִׂרטוֹן; לְקַרקֵעַ; לְבַסֵס; לְנַמֵק; לְלַמֵד אֶת יְסוֹדוֹת־; לְהַאֲרִיק
ground *v. past and 3rd form of* grind
ground *adj.* קַרקָעִי; ־קַרקַע; טָחוּן
ground control *n.* מֶרכַּז בַּקָרַת קַרקַע (לחללית וכו')
ground floor *n.* קוֹמַת קַרקַע
groundless *adj.* חֲסַר יְסוֹד
groundnut *n.* בּוֹטֶן; אֱגוֹז אֲדָמָה
ground rule *n.* עִיקָרוֹן יְסוֹדִי; כְּלָל
grounds *n.* שֶׁטַח; מִגרָשׁ; מִשׁקָע
– grounds (for) בָּסִיס; סִיבּוֹת; עִילָה (ל־)
– on the grounds (that) בִּגלַל; מִסִיבּוֹת־
groundwork *n.* תַשׁתִית; יְסוֹדוֹת; עֲבוֹדַת הֲכָנָה
group *n.* קְבוּצָה; לַהֲקָה
group *v.* לְחַלֵק לִקבוּצוֹת; לְקַבֵּץ; לְהִתקַבֵּץ; לְסַווֵג
groupie *n.* אוֹהֵד; גְרוּפִּי
grouping *n.* סִידוּר בִּקבוּצוֹת; הַקבָּצָה; מִקבָּץ
group therapy *n.* טִיפּוּל קְבוּצָתִי
grouse *n.* תַרנְגוֹל־בָּר
grouse *v., n.* לְקַטֵר; לְהִתלוֹנֵן; תְלוּנָה
grout *n.* דַייסָה; חוֹמֶר סוֹתֵם חֲרִיצִים; רוֹבָּה
grove *n.* פַּרדֵס; מַטָע; חוּרשָׁה
grovel *v.* לְהִתרַפֵּס
grow *v.* (grew, grown) לִגדוֹל; לְהִתפַּתֵחַ; לְגַדֵל; לְהֵיעָשׂוֹת; לִהיוֹת
– grow from לִצמוֹחַ; לִנבּוֹעַ מ־
– grow into לַהֲפוֹךְ לִהיוֹת
– grow on לְהִשׁתַלֵט עַל־; לְהִתחַבֵּב יוֹתֵר וְיוֹתֵר עַל־
– grow out of לְהֵיעָשׂוֹת גָדוֹל מִדַי בִּשׁבִיל־; לְהִיגָמֵל מ־; לִנבּוֹעַ מ־; לִצמוֹחַ מ־
– grow to לִלמוֹד ל־; לְהִתרַגֵל ל־

G

G

–grow up לִגדול; לְהִתבַּגֵר; לְהִתפַּתֵחַ; לִצמוֹחַ
grower *n.* מְגַדֵל; צֶמַח שֶׁגָדֵל...
growing *adj.* גָדֵל; מִתפַּתֵחַ; מִתרַחֵב; צוֹמֵחַ
growl *v., n.* לִנהוֹם; נְהִימָה
grown *v. 3rd form of* grow
grown *adj.* מְבוּגָר
grown-up *adj., n.* מְבוּגָר; מְפוּתָח
growth *n.* צְמִיחָה; גִידוּל; הִתפַּתְחוּת
growth industry *n.* עָנָף (עִסקִי) מִתפַּתֵחַ בִּמהִירוּת
grub *n., v.* זַחַל; אוֹכֶל; לַחפּוֹר בָּאֲדָמָה; לְשָׁרֵשׁ
grubby *adj.* מְלוּכלָךְ; לֹא רָחוּץ
grudge *n.* טִינָה
–bear him a grudge לִשמוֹר לוֹ טִינָה
–have a grudge against יֵשׁ לוֹ מַשֶׁהוּ נֶגדוֹ
grudge *v.* לָתֵת בְּאִי־רָצוֹן; לִהיוֹת עֵינוֹ צָרָה בּ־
–grudge his success לֹא לְפַרגֵן לוֹ; לְקַנֵא בְּהַצלָחָתוֹ
grudgingly *adv.* בְּאִי־רָצוֹן
gruel *n.* דַייסָה
grueling קָשֶׁה; מַתִישׁ
gruesome *adj.* מַבעִית; מַחֲרִיד; זְווָעָתִי
gruff *adj.* גַס; זוֹעֵף; צָרוּד; קְצַר־רוּחַ
grumble *n.* תְלוּנָה; רְטִינָה
grumble *v.* לְהִתאוֹנֵן; לִרטוֹן; לִנהוֹם
grumbling *n.* כְּאֵבֵי תוֹסֶפתָן; רְטִינָה
grumpily *adv.* בְּזַעַף; בְּרוֹגֶז
grumpy *adj.* רוֹטֵן; רַגזָן; מְמוּרמָר
grunt *n.* נְחִירָה
G-string *n.* חוּטִינִי
guarantee *n.* אַחֲרָיוּת; עַרבוּת; עֵרָבוֹן; תְעוּדַת אַחֲרָיוּת; עֲרוּבָּה (ל־)
guarantee *v.* לָתֵת אַחֲרָיוּת ל־; לַעֲרוֹב ל־; לְהַבטִיחַ
guaranteed *adj.* מוּבטָח; בְּאַחֲרָיוּת
guarantor *n.* עָרֵב
guaranty *n.* = guarantee
guard *n.* שְׁמִירָה; שׁוֹמֵר; מִשמָר; שׁוֹמֵר רַכֶּבֶת; (חֵיל) מִשמָר; סוֹהֵר; מָגֵן
–off (his) guard לֹא מוּכָן; מוּפתָע
–on guard עֶמדַת הֲגַנָה; עַל הַמִשמָר
guard *v.* לִשמוֹר עַל־; לְהָגֵן עַל־
–guard against לְהִיזָהֵר מ־; לְהִישָׁמֵר מִפּנֵי־
guard dog *n.* כֶּלֶב שְׁמִירָה
guarded *adj.* זָהִיר; שָׁמוּר
guardian *n.* אַפִּיטרוֹפּוֹס; שׁוֹמֵר
guardian angel *n.* מַלאָךְ טוֹב / מֵגֵן
guardianship *n.* אַפִּיטרוֹפּסוּת
guava *n.* (עֵץ) גוּיָבָה
guerrilla, guerilla *n.* לוֹחֵם גֶרִילָה
guerrilla war *n.* מִלחֶמֶת גֶרִילָה
guess *n.* נִיחוּשׁ; הַשׁעָרָה
–an educated guess נִיחוּשׁ מוּשׂכָּל / מְלוּמָד
guess *v.* (at) לְנַחֵשׁ; לְשַׁעֵר; לְהָנִיחַ
–keep him guessing לְהַשׁאִירוֹ בְּחוֹסֶר וַדָאוּת; לָתֵת לוֹ לְגַשֵׁשׁ בָּעֲרָפֶל
guesswork *n.* נִיחוּשׁ; נִיחוּשִׁים
guest *n.* אוֹרֵחַ; מִתאַכסֵן; מוּזמָן
–Be my guest! בְּבַקָשָׁה!
guesthouse *n.* בֵּית־הַאֲרָחָה
guffaw *v., n.* (לְהַשׁמִיעַ) צְחוֹק רוֹעֵם; צְחוֹק לֹא מְנוּמָס
guidance *n.* הַדרָכָה; הַכוָונָה; יִיעוּץ; הַנחָיָה
guide *n.* מַדרִיךְ; מַנחֶה; "מוֹרֶה"; קַו מַנחֶה; מוֹרֶה דֶרֶךְ; מְכַוֵון; מַדרִיךְ (שִׁימוּשִׁי); צוֹפֶה
guide *v.* לְהַדרִיךְ; לְשַׁמֵשׁ מוֹרֶה־דֶרֶךְ ל־; לְכַוֵון; לְהַנחוֹת; לְהוֹבִיל
guide dog *n.* כֶּלֶב נְחִיָיה
guided missile *n.* טִיל מוּנחֶה
guided tour *n.* סִיוּר מוּדרָךְ
guideline *n.* הַנחָיָה; קַו מַנחֶה; קַווֵי יְסוֹד (בּרַבִּים)
guild *n.* אֲגוּדָה; גִילדָה; הִתאַחדוּת
guile *n.* עוֹרמָה
guileless *adj.* תָמִים; יָשָׁר
guillotine *n.* גִילִיוֹטִינָה; מַעֲרֶפֶת
guilt *n.* אַשׁמָה
guiltily *adv.* בְּהַרגָשַׁת אַשׁמָה
guilty *adj.* אָשֵׁם; לֹא נָקִי

–guilty conscience מַצְפּוּן לֹא נָקִי
guinea *n.* גִּינִי (מַטְבֵּעַ בְּרִיטִי בעבר)
guinea pig *n.* חֲזִיר־יָם; קַבְיָה; שְׁפַן־נִיסָיוֹן
guise *n.* (of) מַרְאֶה חִיצוֹנִי; מַסְוֶה
guitar *n.* גִּיטָרָה
guitarist *n.* גִּיטָרִיסְט
gulf *n.* מִפְרָץ; תְּהוֹם; פַּעַר
gull *n., v.* שַׁחַף; לְרַמּוֹת
gullet *n.* וֶשֶׁט; גָּרוֹן
gullibility *n.* פְּתַיּוּת
gullible *adj.* פֶּתִי
gulp *n.* בְּלִיעָה; לְגִימָה גְּדוֹלָה; שְׁלוּק
gulp *v.* לִגמוֹעַ; לִבלוֹעַ מַהֵר; לַעֲצוֹר בְּעַד־; לִבלוֹעַ אֶת רוּקוֹ
gum *n.* חֲנִיכַיִים (בּרבּים); שְׂרָף; דֶּבֶק; גּוּמִי לְעִיסָה
gum *v.* לְהַדבִּיק; לִמרוֹחַ דֶּבֶק עַל־
gumption *n.* שֵׂכֶל יָשָׁר וְיוֹזמָה; תְּעוּזָּה
gun *n.* רוֹבֶה; אֶקדָח; תּוֹתָח
–big gun אִישׁ חָשׁוּב; "תּוֹתָח כָּבֵד"
–jump the gun לְהַקְדִּים לִפעוֹל/אֶת הַמְּאוּחָר
–stick to one's guns לַעֲמוֹד עַל דַּעתּוֹ
gun *v.* לִירוֹת בּ־
–gun down לִפצוֹעַ/לַהֲרוֹג בִּירִיּוֹת
gunboat *n.* סְפִינַת תּוֹתָחִים
gunfire *n.* יְרִיּוֹת; יְרִי תּוֹתָחִים
gunman *n.* פּוֹשֵׁעַ מְזוּיָּן; אֶקדָּחָן; מִתנַקֵּשׁ
gunner *n.* תּוֹתְחָן
gunpoint *n.*
–at gunpoint בְּאִיוּמֵי אֶקדָּח
gunpowder *n.* אֲבַק־שְׂרֵיפָה
gun runner *n.* מַבְרִיחַ נֶשֶׁק
gunship *n.* מַסּוֹק קְרָב
gunshot *n.* יְרִיָּה; טְוָוח יְרִיָּה
gunsmith *adj.* מְיַיצֵּר/מְתַקֵּן נֶשֶׁק

gurgle *v., n.* לְגַרגֵּר; (לְהַשׁמִיעַ) קוֹל בִּקבּוּק/גִּרגּוּר
guru *n.* גּוּרוּ; מַנהִיג רוּחָנִי
gush *n.* פֶּרֶץ; הִתפָּרְצוּת; הִתרַגְּשׁוּת מוּגזֶמֶת
gush *v.* לִפרוֹץ; לִזרוֹם בְּשֶׁטֶף; לְדַבֵּר בְּהִתלַהֲבוּת רַבָּה; לְהִתנַהֵג בְּרַגשָׁנוּת יְתֵרָה
gushing *adj.* נִלהָב; מָלֵא הַעֲרָצָה; מִשתַּפֵּךְ
gusset *n.* חֲתִיכַת־בַּד מְשׁוּלֶּשֶׁת/מְעוּיֶּנֶת
gust *n.* מַשַּׁב חָזָק
gusto *n.* הֲנָאָה רַבָּה; חֵשֶׁק רַב
gut *n.* מֵעַיִים; אוֹמֶץ; "דָּם"; מֵיתָר; "קְרָבַיִים"
–hate his guts לִשׂנוֹא אוֹתוֹ שִׂנאַת מָוֶות
gut *v.* לְהוֹצִיא מֵעַיִים מ־; לַהֲרוֹס אֶת תּוֹכוֹ
gut feeling *n.* תְּחוּשַׁת בֶּטֶן
gutless *adj.* פַּחְדָן
gutsy *adj.* אַמִּיץ; נִמרָץ
gutter *n.* מַרזֵב; תְּעָלָה; אַשׁפָּתוֹת; בִּיבִים
gutter press *n.* עִיתּוֹנוּת צְהוּבָּה
guy *n.* בָּחוּר; בַּרנָשׁ; חֶבְרֶ'ה (בּרבּים)
guzzle *v.* לִזלוֹל; לִשׁתּוֹת בְּכַמּוּיּוֹת
gym *n.* מְכוֹן כּוֹשֶׁר; אוּלַם הִתעַמְּלוּת
gymkhana *n.* גִ'ימְקָנָה (תחרוּת רְכִיבָה)
gymnasium *n.* אוּלַם הִתעַמְּלוּת
gymnast *n.* מִתעַמֵּל
gymnastic *adj.* שֶׁל הִתעַמְּלוּת; אַתלֵטִי
gymnastics *n.* הִתעַמְּלוּת
gym shoes *n.* נַעֲלֵי הִתעַמְּלוּת
gymslip *n.* שִׂמלָה בְּלִי שַׁרווּלִים
gynecologist *n.* גִּינֶקוֹלוֹג
gynecology *n.* גִּינֶקוֹלוֹגְיָה
gyp *n., v.* כְּאֵב; לְרַמּוֹת; לְהוֹנוֹת
gypsy *n.* צוֹעֲנִי
gyrate *v.* לְהִסתּוֹבֵב; לָסוֹב

G

H

haberdashery *n.* חֲנוּת בִּיגוּד וְדִבְרֵי סִדְקִית; חֲנוּת לְבִיגוּד גְּבָרִים
habit *n.* הֶרְגֵּל; מִנְהָג; לְבוּשׁ; תִּלְבּוֹשֶׁת נְזִירָה
– break the habit לְהִיגָּמֵל מֵהֶרְגֵּל
– in the habit of נוֹהֵג ל־
– kick the habit לְהִיגָּמֵל מֵהֶרְגֵּל / מִזֶּה
– make a habit of לַעֲשׂוֹת לוֹ נוֹהַג
habitable *adj.* רָאוּי לִמְגוּרִים
habitat סְבִיבָה טִבְעִית; בֵּית גִּידּוּל
habitation *n.* מְגוּרִים
habit-forming *adj.* מְמַכֵּר
habitual *adj.* רָגִיל; קָבוּעַ; מוּעָד
habitual offender *n.* עֲבַרְיָין מוּעָד
hack *n.* סוּס זָקֵן; מוֹנִית; סוֹפֵר שָׂכִיר; כַּתָּב חֲסַר כִּשָּׁרוֹן; עַסְקָן מִפְלַגְתִּי; רְכִיבָה עַל סוּס
hack *v.* לַחְתּוֹךְ בְּגַסּוּת; לְקַצֵּץ; לִפְרוֹץ / לַחְדּוֹר (לְמַחְשֵׁב); (לֹא) לְהִסְתַּדֵּר
hacker *n.* חוֹבֵב; אַשָּׁף / פּוֹרֵץ מַחְשְׁבִים
hackles *n.* נוֹצוֹת הַצַּוָּואר
– make his hackles rise לְהַרְגִּיז אוֹתוֹ מְאוֹד
hackney *n.* מִין סוּס
hackney cab/carriage *n.* כִּרְכָּרָה; מוֹנִית
hackneyed *adj.* נָדוֹשׁ
hacksaw *n.* מַסּוֹר לְמַתֶּכֶת
had *v. past and 3rd form of* have
haddock *n.* חֲמוֹר־יָם (דָּג)
haemoglobin *n.* הֶמוֹגְלוֹבִּין
haemophilia *n.* דַּמֶּמֶת; הֶמוֹפִילְיָה
haemorrhage *n.* שֶׁטֶף־דָּם
haemorrhoids *n.* טְחוֹרִים
hag *n.* מְכַשֵּׁפָה; זְקֵנָה מְכוֹעֶרֶת
haggard *adj.* תָּשׁוּשׁ לְמַרְאֶה; עָיֵיף וּמוּדְאָג
haggle *v.* לְהִתְמַקֵּחַ
hail *n., v.* בָּרָד; מָטָר; לָרֶדֶת בָּרָד
hail *v.* לִקְרוֹא ל־; לְהַכְרִיז עָלָיו כּ־; לָבוֹא מ־

hailstone *n.* אֶבֶן בָּרָד
hailstorm *n.* סוּפַת בָּרָד
hair *n.* שֵׂיעָר; שַׂעֲרָה
– by a hair's breadth בְּקוֹשִׁי; בְּנֵס
– not turn a hair לֹא לְהָנִיד עַפְעַף
– make his hair stand on end לְסַמֵּר אֶת שַׂעֲרוֹתָיו
hairbrush *n.* מִבְרֶשֶׁת שֵׂיעָר
haircut *n.* תִּסְפּוֹרֶת
hairdo *n.* תִּסְרוֹקֶת
hairdresser *n.* מְעַצֵּב שֵׂיעָר; סַפָּר(ית)
hairline *n.* קַו הַשֵּׂיעָר; דַּקִּיק
hairpiece *n.* פֵּאָה נוֹכְרִית חֶלְקִית
hairpin *n.* סִיכַּת־רֹאשׁ
hair-raising *adj.* מְסַמֵּר שֵׂיעָר
hair's breadth *n.* (כְּ)חוּט הַשַּׂעֲרָה; בְּקוֹשִׁי
hairsplitting *n.* הִתְפַּלְפְּלוּת; פִּלְפּוּל
hairstyle *n.* עִיצוּב שֵׂיעָר; תִּסְרוֹקֶת
hair-trigger *adj.* עִם סַף נָמוּךְ; "נִדְלָק" בְּקַלּוּת
hairy *adj.* שָׂעִיר
hake *n.* זְאֵב הַיָּם (דָּג); בַּקָּלָה
hale *adj.* – hale and hearty בָּרִיא וְחָזָק
half *adj., adv.* חֲצִי (מ־); לְמֶחֱצָה; בְּחֶלְקוֹ
half *n.* חֲצִי; מַחְצִית; כַּרְטִיס לְיֶלֶד; חֲצִי פַּיינְט (כּוֹס בִּירָה)
half-and-half *adj.* חֲצִי מִזֶּה וַחֲצִי מִזֶּה; חֲצִי־חֲצִי
halfback *n.* קַשָּׁר (בכדורגל)
half-baked *adj.* מְטוּפָּשׁ; לֹא בָּשֵׁל (רעיון)
half board *n.* חֲצִי פֶּנְסִיוֹן
half-breed *n.* בֶּן תַּעֲרוֹבֶת
half brother *n.* אָח חוֹרֵג (מֵהוֹרֶה מְשׁוּתָּף)
half cock *n.* (בְּרוֹבֶה) דְּרִיכָה לְמֶחֱצָה
– go off at half cock לִפְעוֹל בְּלִי תִּכְנוּן מוּשְׁלָם
half-hearted *adj.* חֲסַר הִתְלַהֲבוּת; מְסוּיָּג
half-heartedly *adv.* לְלֹא הִתְלַהֲבוּת; בְּלֵב חָצוּי
half-hourly *adj.* (שֶׁל) כָּל חֲצִי שָׁעָה
half-length *adj.* ל־/ שֶׁל חֲצִי הַגּוּף הָעֶלְיוֹן

half-mast *n.* חֲצִי הַתּוֹרֶן
half measures *n.* צְעָדִים חֶלְקִיִּים; פְּשָׁרוֹת
half-price *adv.* (בַּ)חֲצִי מְחִיר
half sister *n.* אָחוֹת חוֹרֶגֶת (מֵהוֹרֶה מְשׁוּתָּף)
half time *n.* חֲצִי מִשְׂרָה; מַחֲצִית; הַפְסָקָה
halfway *adj.* בַּחֲצִי הַדֶּרֶךְ; חֶלְקִי; מִתְפַּשֵּׁר
– meet someone halfway לְהִתְפַּשֵּׁר אִיתּוֹ; לָבוֹא לִקְרָאתוֹ
half-wit *n.* טִיפֵּשׁ
half-yearly *adj.* חֲצִי שְׁנָתִי; כָּל חֲצִי שָׁנָה
halibut *n.* שַׁטְצַד; הַלִיבּוּט (דָּג)
halitosis *n.* רֵיחַ רַע מֵהַפֶּה; בָּאְשַׁת הַפֶּה
hall *n.* הוֹל; חֲדְרוֹן; פְּרוֹזְדוֹר; אוּלָם; בִּנְיָן (צִיבּוּרִי); חֲדַר אוֹכֶל; בַּיִת גָּדוֹל בַּאֲחוּזָה
hallmark *n.* תָּו צוֹרְפִים; סִימַן אֵיכוּת; מְאַפְיֵין
hallo הַלּוֹ!; שָׁלוֹם
hall of residence *n.* מְעוֹן סְטוּדֶנְטִים
hallowed *adj.* מְקוּדָּשׁ; קָדוֹשׁ
Hallowe'en *n.* לֵיל כָּל הַקְּדוֹשִׁים
hallucinate *v.* לַהֲזוֹת
hallucination *n.* הֲזָיָה
hallucinogenic *adj.* (סַם) הַגּוֹרֵם לַהֲזָיָה
hallway *n.* פְּרוֹזְדוֹר
halo *n.* הִילָה; הָדָר
halt *n.* הֶפְסֵק; עֲצִירָה; הַפְסָקָה
– call a halt (to) לְהַפְסִיק; לָשִׂים קֵץ לְ־
halt *v.* לַעֲמוֹד; לַעֲצוֹר; לְהַפְסִיק
halter *n.* אַפְסָר; חוּלְצַת קַיִץ (לְנָשִׁים); חֶבֶל תְּלִיָּיה
halterneck *adj.* בֶּגֶד לְלֹא שַׁרְווּלִים הַנִּקְשָׁר מֵאֲחוֹרֵי הַצַּוָּואר
halting *adj.* מְהַסֵּס; הַסְסָנִי; לֹא שׁוֹטֵף; צוֹלֵעַ
haltingly *adv.* בְּהִיסּוּס; בְּהַסְסָנוּת
halve *v.* לַחֲצוֹת; לַחְתּוֹךְ לִשְׁנַיִים; לְהַקְטִין בְּחֵצִי
halves *n.* (*see* half) חֲצָאִים
ham *n.* יֶרֶךְ־חֲזִיר; יָרֵךְ; שַׂחְקָן גָּרוּעַ; חוֹבֵב רַדְיוֹ

hamburger *n.* (כְּרִיךְ) הַמְבּוּרְגֶר; קְצִיצָה
hamlet *n.* כְּפָר קָטָן
hammer *n.* פַּטִּישׁ; זְרִיקַת פַּטִּישׁ; פַּטִּישׁוֹן
– be/come under the hammer לְהִימָּכֵר בִּמְכִירָה פּוּמְבִּית
hammer *v.* לְהַכּוֹת בְּפַטִּישׁ; לַהֲלוֹם; לִתְקוֹעַ
– hammer away at לַעֲבוֹד קָשֶׁה עַל
– hammer into לְהַחְדִּיר לְ־; לְהָבִיס
– hammer out לְהַגִּיעַ לְ־ (הֶסְדֵּר); לְיַישֵּׁר (הֲדוּרִים)
hammock *n.* עַרְסָל
hamper *n.* סַל; סַל מָזוֹן; סַל לְכְבִיסָה מְלוּכְלֶכֶת
hamper *v.* לְהַפְרִיעַ
hamster *n.* אוֹגֵר (בַּעַל־חַיִּים)
hand *n.* יָד; פּוֹעֵל; אִישׁ צֶוֶות; מַלָּח; מָחוֹג; כְּתַב־יָד; קְלָפִים; "יָד"; טֶפַח
– ask for someone's hand לְהַצִּיעַ נִישּׂוּאִין לְ־
– at first hand מִמָּקוֹר רִאשׁוֹן
– at hand קָרוֹב
– be an old hand (at) יֵשׁ לוֹ נִיסָּיוֹן רַב
– be hand in glove with לַעֲבוֹד בְּשִׁיתּוּף / בְּתֵיאוּם עִם־
– by hand בַּיָּד; בְּאֶמְצָעוּת שָׁלִיחַ
– change hands לְהַחֲלִיף יָדַיִים / בְּעָלִים
– (close/near) at hand קָרוֹב; בְּהֶישֵּׂג יָד
– eat out of his hands לְצַיֵּית לְלֹא הִיסּוּס
– get your hands on לִתְפּוֹס; לָשִׂים יָד עַל־
– get out of hand לָצֵאת מִכְּלַל שְׁלִיטָה
– give someone a big hand לְקַבֵּל בְּמְחִיאוֹת כַּפַּיִים סוֹעֲרוֹת
– give someone a hand לַעֲזוֹר לְ־
– hand in hand יָד בְּיָד; בְּשִׁיתּוּף פְּעוּלָּה; יַחַד
– hand over fist בְּלִי חֶשְׁבּוֹן; מַהֵר מְאוֹד
– Hands off! בְּלִי יָדַיִים! אַל תִּתְעָרֵב!
– Hands up! יָדַיִים לְמַעְלָה!
– have a hand in לִהְיוֹת מְעוֹרָב בְּ־

H

– have your hands full עָסוּק מְאוֹד
– in hand בְּטִיפּוּל; בְּבִיצוּעַ; שֶׁלְּפָנָיו; בִּרְשׁוּתוֹ; פָּנוּי; בִּשְׁלִיטָה; הַנִּידוֹן
– keep in hand לִשְׁמוֹר (כֶּסֶף) בְּרֶזֶרְבָה
– lay your hand on לְהָנִיחַ יָדָיו עַל־; לִתְפּוֹס; לִמְצוֹא; לְהָרִים יָד עַל־
– on hand זָמִין; בִּרְשׁוּתוֹ
– on the one hand...and on the other (hand) מִצַּד אֶחָד...וּמִצַּד שֵׁנִי
– out of hand יָצָא מִשְּׁלִיטָה; מִיָּד; לְלֹא הִיסוּס; עַל הַסַּף
– play into his hands לְשַׂחֵק לְיָדָיו
– shake hands לִלְחוֹץ יָדַיִים
– wait on someone hand and foot לְשָׁרֵת אוֹתוֹ כְּעֶבֶד
– wash your hands of לְהִתְנַעֵר מ־
– win hands down לְנַצֵּחַ בְּקַלּוּת
hand *v.* לִמְסוֹר; לָתֵת; לְהַעֲבִיר; לְהוֹבִיל; לַעֲזוֹר ל־
– hand down (to) לָתֵת; לִמְסוֹר; לְהוֹרִישׁ; לְהַטִּיל; לִגְזוֹר
– hand in לִמְסוֹר; לְהַגִּישׁ
– hand out לְחַלֵּק
– hand over (to) לְהַסְגִּיר / לִמְסוֹר אוֹתוֹ ל־; לִמְסוֹר; לְהַעֲבִיר ל־
– hand it to him לוֹמַר לִזְכוּתוֹ
handbag *n.* תִּיק; אַרְנָק
handbill *n.* עָלוֹן
handbook *n.* סֵפֶר עֵזֶר; מַדְרִיךְ
handbrake *n.* בֶּלֶם יָד
handcuff *v.* לִכְבּוֹל בַּאֲזִיקִים
handcuffs *n.* אֲזִיקִים
handful *n.* מְלוֹא הַיָּד; קוֹמֶץ; חוֹפֶן; בַּעַל־חַיִּים פִּרְאִי; שׁוֹבָב
handgrenade *n.* רִימּוֹן יָד
handicap *n.* נָכוּת; מִגְבָּלָה; תּוֹסֶפֶת קוֹשִׁי
handicap *v.* לְהוֹסִיף קוֹשִׁי ל־; לְהַגְבִּיל
handicapped *adj.* נָכֶה; מוּגְבָּל
handicraft *n.* מְלֶאכֶת יָד; אוּמָּנוּת
handiwork *n.* מְלֶאכֶת יָד; מַעֲשֵׂה יְדֵי־
handkerchief *n.* מִמְחָטָה; מִטְפַּחַת
handle *n.* יָדִית; קַת (אֶקְדָּח)
– fly off the handle לְהִתְרַתֵּחַ; לְהִשְׁתּוֹלֵל

handle *v.* לִנְגּוֹעַ / לְהַחֲזִיק בְּיָדַיִים (בּ־); לְטַפֵּל בּ־; לְהִתְיַיחֵס אֶל־; לִסְחוֹר בּ־; לִהְיוֹת נוֹחַ לְתִפְעוּל
handlebars *n.* כִּידוֹן (בְּאוֹפַנַּיִים); הֶגֶה
handling *n.* טִיפּוּל; מִישּׁוּשׁ; בִּיצּוּעַ
hand luggage תִּיק נְסִיעוֹת (מִטְעָן יָד)
handmade *adj.* עֲבוֹדַת יָד
handout *n.* נְדָבָה; מַתְּנַת צְדָקָה; עָלוֹן; הוֹדָעָה
hand-picked *adj.* מוּבְחָר; שֶׁנִּבְחַר בִּקְפִידָה
handshake *n.* לְחִיצַת יָד
handsome *adj.* יָפֶה; נָאֶה; נָדִיב
handsomely *adv.* בְּצוּרָה יָפָה; בִּנְדִיבוּת
handstand *n.* עֲמִידַת־יָדַיִים
hand-to-hand *adj.* (קְרָב) מַגָּע; פָּנִים אֶל פָּנִים
handwriting *n.* כְּתַב־יָד
handy *adj.* מְיוּמָּן (בּ־); בַּעַל יְדֵי זָהָב; שִׁימּוּשִׁי; קָרוֹב; בְּהֶישֵּׂג יָד
handyman *n.* מוּכְשָׁר לְכָל מִינֵי עֲבוֹדוֹת; כּוֹלְבּוֹיְנִיק
hang *n.* אוֹפֶן הַהִיתָּלוּת
– get/have the hang of לִלְמוֹד לְהַפְעִיל; לְהָבִין אֵיךְ עוֹבֵד ה־; לִתְפּוֹס; לְהָבִין
hang *v.* לִתְלוֹת; לִהְיוֹת תָּלוּי; לִהְיוֹת מוּצָּג (צִיּוּר וכו׳); לְהַדְבִּיק (טַפֵּיטִים); לְהַרְכִּין
– hang about/around לְהִסְתּוֹבֵב (בְּאֶפֶס מַעֲשֶׂה)
– hang behind לְהִישָּׁאֵר / לְהִתְעַכֵּב מֵאָחוֹר
– hang by a thread לִהְיוֹת בְּסַכָּנָה / בְּמַצָּב עָדִין
– hang in the balance לִהְיוֹת תָּלוּי וְעוֹמֵד, מוּטָּל עַל כַּף הַמֹּאזְנַיִים
– hang in there לְהַחֲזִיק מַעֲמָד
– hang on לֶאֱחוֹז הֵיטֵב בּ־; לְהַחֲזִיק מַעֲמָד; לְחַכּוֹת (עַל הַקַּו); לִהְיוֹת תָּלוּי בּ־
– hang out לִתְלוֹת (כְּבִיסָה); לְבַלּוֹת (שָׁם); לָגוּר; לְהִסְתּוֹבֵב (בּ־); לְשַׁרְבֵּב (הַחוּצָה)
– hang over לְרַחֵף מֵעַל לְרֹאשׁוֹ

–hang up לְנַתֵּק; לְהַחֲזִיר הַשְּׁפוֹפֶרֶת לִמְקוֹמָהּ; לִתְלוֹת (תמונה וכו׳)
–be hung up (about) לִהְיוֹת מְתוּסְכָּל (מ־); לִהְיוֹת לָחוּץ
hangar *n.* מוּסָךְ לְמְטוֹסִים
hanger *n.* קוֹלָב
hang glider *n.* גִּלְשׁוֹן (אֲוִויר)
hang gliding *n.* גַּלְשָׁנוּת אֲוִויר
hanging *n.* תְּלִיָּה; וִילוֹנוֹת; טַפֵּיטִים; שְׁטִיחַ קִיר
hangman *n.* תַּלְיָין
hangout *n.* מְקוֹם מְגוּרִים; מָקוֹם לְבִילוּי
hangover *n.* ״הֶנְג אוֹבֶר״; שְׁאֵרִית; סָפִיחַ; שָׂרִיד
hang-up *n.* ״תִּסְבִּיךְ״; עַכָּבָה; בְּעָיָה
hanker *v.* (after/for) לְהִשְׁתּוֹקֵק ל־
hanky-panky *n.* רַמָּאוּת; הוֹנָאָה; מִזְמוּזִים וּמַעֲשִׂים לֹא יָפִים
hansom *n.* כִּרְכָּרָה דוּ־אוֹפַנִּית
haphazard *adj.* לֹא מְאוּרְגָּן; מִקְרִי; בְּאַקְרַאי
hapless *adj.* אוּמְלָל; חֲסַר מַזָּל
happen *n.* לִקְרוֹת
–happen on/upon לְהִיתָּקֵל בּ־; לִמְצוֹא בְּמִקְרֶה
–happen to לִקְרוֹת ל־; לְהִזְדַּמֵּן לוֹ ל־; לְהִתְמַזֵּל מַזָּלוֹ
happening *n.* הִתְרַחֲשׁוּת; ״הֶפֶּנִינְג״
happily *adv.* בְּשִׂמְחָה; בְּאוֹשֶׁר; לְמַרְבֵּה הַמַּזָּל
happiness *n.* אוֹשֶׁר
happy *adj.* מְאוּשָּׁר; שָׂמֵחַ; מוּצְלָח; מְרוּצֶּה מ־
–Happy Birthday! יוֹם הוּלֶּדֶת שָׂמֵחַ!
–Happy New Year! שָׁנָה טוֹבָה וּמְאוּשֶּׁרֶת!
–many happy returns עַד מֵאָה וְעֶשְׂרִים!
happy-go-lucky *adj.* לוֹקֵחַ אֶת הַחַיִּים בְּקַלּוּת
harangue *v., n.* (לִנְאוֹם) נְאוּם מְתַלְהֵם בִּפְנֵי־; לְהִשְׁתַּלֵּחַ בּ־
harass *v.* לְהַטְרִיד; לְהָצִיק ל־
harassment *n.* הַטְרָדָה
harbinger *n.* מְבַשֵּׂר
harbor, harbour *n.* נָמֵל; מְקוֹם מִקְלָט; מַחְסֶה
harbor, harbour *v.* לָתֵת מַחְסֶה ל־; לְטַפֵּחַ
hard *adj.* קָשֶׁה; חָזָק; מוּצָק; מַחְמִיר; קָשׁוּחַ; נוּקְשֶׁה; אַכְזָרִי; (עוֹבֵד) קָשֶׁה; קָשִׁים (מַיִם)
–be hard of hearing לִהְיוֹת כְּבַד־שְׁמִיעָה
–hard feelings טִינָה
–hard line קַו קָשׁוּחַ / בִּלְתִּי מִתְפַּשֵּׁר
–hard and fast rules כְּלָלִים נוּקְשִׁים
hard *adv.* בְּמֶרֶץ / בְּמַאֲמָץ רַב; קָשׁוֹת; הֵיטֵב; קָשֶׁה
–be hard up לִהְיוֹת בִּמְצוּקָה כַּסְפִּית
hard-boiled *adj.* (בֵּיצָה) קָשָׁה; קָשׁוּחַ
hard copy *n.* תַּדְפִּיס; הֶדְפֵּס; פֶּלֶט נְיָיר
hard core *n.* הַגַּרְעִין הַקָּשֶׁה
hardcover *n.* כְּרִיכָה קָשָׁה
hard disk *n.* דִּיסְק קָשִׁיחַ
hard drug *n.* סַם קָשֶׁה
harden *v.* לְהַקְשׁוֹת; לְהִתְקַשּׁוֹת; לְהַקְשִׁיחַ; לְהִתְקַשֵּׁחַ; לְהִתְחַשֵּׁל
hardended *adj.* קָשׁוּחַ; מְחוּשָּׁל
hard facts *n.* עוּבְדוֹת מוּצָקוֹת
hard hat *n.* קַסְדָּה (שֶׁל כּוֹרִים וכו׳); פּוֹעֵל בִּנְיָין; שַׁמְרָן קִיצוֹנִי; פַּטְרִיוֹט לְלֹא תַּקָּנָה
hard-hearted *adj.* קְשֵׁה־לֵב
hard-hitting *adj.* נִמְרָץ; בּוֹטֶה
hardiness *n.* כּוֹחַ עֲמִידָה; חוֹסֶן
hard labor *n.* עֲבוֹדַת פֶּרֶךְ
hard-liner *n.* בַּעַל עֶמְדָּה קְשׁוּחָה
hardly *adv.* בְּקוֹשִׁי; לֹא; כִּמְעַט שֶׁלֹּא
hard-nosed *adj.* מַעֲשִׂי; בִּלְתִּי מִתְפַּשֵּׁר
hard nut *n.* אֱגוֹז קָשֶׁה (בעיה, אדם)
hard-on *n.* זִקְפָּה
hard-pressed *adj.* בְּקַשָׁיִים; בְּלַחַץ
hardship *n.* קוֹשִׁי; סֵבֶל; תְּלָאוֹת
hard shoulder *n.* שׁוּלַיִים קָשִׁים (בִּכְבִישׁ)
hardware *n.* כְּלֵי מַתֶּכֶת; כְּלֵי בַּיִת וָגַן; חוֹמְרָה
hardy *adj.* חָזָק; קָשׁוּחַ; עָמִיד בִּפְנֵי כְּפוֹר
hare *n.* אַרְנֶבֶת

H

hare-brained *adj.* נִמְהָר; פָּזִיז; מְטוּפָּשׁ
harem *n.* הַרְמוֹן; נְשֵׁי הַהַרְמוֹן
hark *v.* (at) לִשְׁמוֹעַ (אוֹתוֹ)
–hark back (to) לַחֲזוֹר אֶל־
harlequin *n.* לֵיצָן
harlot *n.* זוֹנָה
harm *n., v.* נֶזֶק; פְּגִיעָה; לִגְרוֹם נֶזֶק לְ־; לִפְגּוֹעַ בְּ־
–come to no harm לֹא לְהִינָּזֵק; לֹא לְהִיפָּגַע
–out of harm's way בְּמָקוֹם בָּטוּחַ
harmful *adj.* (to) מַזִּיק (לְ־); פּוֹגֵעַ (בְּ־)
harmless *adj.* (to) שֶׁאֵינוֹ מַזִּיק (לְ־); תָּמִים
harmonica *n.* מַפּוּחִית פֶּה
harmonious *adj.* שֶׁמִּתְמַזֵּג יָפֶה הַרְמוֹנִי; שֶׁחַיִּים בְּהַרְמוֹנְיָה; שֶׁל הַרְמוֹנְיָה
harmony *n.* הַרְמוֹנְיָה; הַסְכָּמָה; הִתְמַזְּגוּת
harness *n., v.* רִתְמָה; לִרְתּוֹם; לְנַצֵּל
harp *n.* נֵבֶל
harpoon *n., v.* (לִתְקוֹעַ) צִלְצָל (בְּ־)
harrow *v., n.* לְשַׂדֵּד; מַשְׂדֵּדָה
harrowed *adj.* מְעוּצְבָּן; מוּדְאָג; סוֹבֵל
harrowing *adj.* מַחְרִיד; גּוֹרֵם צַעַר עָמוֹק
harry *v.* (harried) לִתְקוֹף שׁוּב וָשׁוּב אֶת; לְהָצִיק לְ־; לְהַטְרִיד
harsh *adj.* גַּס; צוֹרֵם; מַחְמִיר; קָשֶׁה; אַכְזָרִי
harshly *adv.* בְּחוּמְרָה; בְּגַסּוּת; בְּנוּקְשׁוּת
harshness *n.* חוּמְרָה; תְּנָאִים קָשִׁים
harvest *n., v.* (עוֹנַת הַ־) קָצִיר; אָסִיף; יְבוּל; פְּרִי; לִקְצוֹר; לֶאֱסוֹף
has *see* have
has-been *n.* מִי שֶׁעָבַר זְמַנּוֹ; מִי שֶׁהָיָה
hash *n.* (תַּבְשִׁיל) בָּשָׂר קָצוּץ; בַּלָּגָן; חֲשִׁישׁ; סוּלָמִית (#)
hashish *n.* חֲשִׁישׁ
hasp *n.* וָוִית
hassle *n.* "כְּאֵב רֹאשׁ"; טִרְדָּה; וִיכּוּחַ
hassle *v.* לְהָצִיק לְ־; לְהַטְרִיד
hassock *n.* כָּרִית (לִתְפִילָּה)
haste *n.* חִיפָּזוֹן; מְהִירוּת
hasten *v.* לְמַהֵר (לְ־); לְהָחִישׁ
hastily *adv.* בְּחִיפָּזוֹן; בִּפְזִיזוּת
hastiness *n.* חִיפָּזוֹן; פְּזִיזוּת
hasty *adj.* חָפוּז; מָהִיר; נֶחְפָּז; פָּזִיז
hat *n.* כּוֹבַע
–keep something under your hat לִשְׁמוֹר בְּסוֹד
–talk through your hat לְדַבֵּר שְׁטוּיוֹת
hatch *n.* (מִכְסֵה הַ־) כַּוֶּורֶת; אֶשְׁנָב בְּקִיר
hatch *v.* לְהַדְגִּיר; לִבְקוֹעַ; לְתַכְנֵן
hatchback *n.* (מְכוֹנִית עִם) דֶּלֶת מֵאָחוֹר
hatchet *n.* גַּרְזֶן
–bury the hatchet לַעֲשׂוֹת שָׁלוֹם; לְהִתְפַּיֵּיס
hatchet man *n.* רוֹצֵחַ לְהַשְׂכִּיר; "הַמְקַצֵּץ" (שֶׁמְּפַטֵּר עוֹבְדִים)
hate *n.* שִׂנְאָה
hate *v.* לִשְׂנוֹא; לְהִצְטַעֵר; לִסְלוֹד מִ־
hateful *adj.* נִתְעָב; שָׂנוּא; גּוֹעֲלִי
hatred *n.* שִׂנְאָה
hatter *n.* כּוֹבָעָן; מוֹכֵר כּוֹבָעִים
hat trick *n.* שְׁלוֹשָׁעַר; שְׁלוֹשָׁה נִצָּחוֹנוֹת רְצוּפִים
haughtily *adv.* בְּיְהִירוּת
haughty *adj.* יָהִיר
haul *n.* גְּרִירָה; מְשִׁיכָה; מֶרְחַק הוֹבָלַת מִטְעָן; שָׁלָל; דֶּרֶךְ; מַאֲבָק
haul *v.* לִגְרוֹר; לִמְשׁוֹךְ בְּכוֹחַ
haulage *n.* (דְּמֵי) הוֹבָלָה
hauler, haulier מוֹבִיל; חֶבְרַת הוֹבָלָה
haunch *n.* מוֹתֶן
haunt *v.* לְהַרְבּוֹת לְבַקֵּר בְּ־; לִפְקוֹד; לִרְדּוֹף; לְהַטְרִיד; לְנַקֵּר בְּמוֹחוֹ
haunted *adj.* רְדוּף רוּחוֹת; מוּטְרָד
haunting *adj.* שֶׁאֵינוֹ מַרְפֶּה מִמֶּנּוּ
haute couture *n.* אוֹפְנָה עִילִּית
hauteur *n.* הִתְנַשְּׂאוּת; יְהִירוּת
have *v.* (had) לִהְיוֹת לְ־; יֵשׁ לְ־; לְקַבֵּל; לְהַשִּׂיג; לָקַחַת; לָלֶדֶת; לַעֲבוֹר
–had better מוּטָב שֶׁ־
–have a bath לְהִתְרַחֵץ
–have breakfast לֶאֱכוֹל אֲרוּחַת בּוֹקֶר
–have got to מוּכְרָח; חַיָּיב; צָרִיךְ
–have it coming מַגִּיעַ לוֹ

–have it out (with) לְיַישֵׁב סִכסוּךְ בְּוִיכּוּחַ גָלוּי
–have nothing on אֵין לוֹ הוֹכָחוֹת נֶגֶד־; לֹא לוֹבֵשׁ כְּלוּם; לֹא מִשתַווֶה ל־
–have to מוּכרָח; חַייָב; צָרִיךְ
–He has had it. הוּא אָבוּד; הוּא אָכַל אוֹתָה
–I have been had. עָבדוּ עָלַי; סִידרוּ אוֹתִי
haven *n.* מָקוֹם מִפלָט; מִפרָץ
have-nots *n.* עֲנִיִים
haves *n.* עֲשִירִים
havoc *n.* הֶרֶס; שַׁמּוֹת; תוֹהוּ וָבוֹהוּ
hawk *n.* נֵץ; בַּז
hawker *n.* רוֹכֵל
hawk-eyed *adj.* חַד רְאִייָה; בַּעַל עֵינֵי נֵץ
hawkish *adj.* נִיצִי
hawthorn *n.* עוּזרָד
hay *n.* שַׁחַת
–make hay (while the sun shines) לְנַצֵל אֶת הַהִזדַמנוּת בְּעוֹד מוֹעֵד
hay fever *n.* קַדַחַת הַשַׁחַת
hayrick, haystack *n.* עֲרֵימַת שַׁחַת
haywire *adj.* מְקוּלקָל; מְשׁוּגָע; מְבוּלבָּל
–go haywire לְהִשׁתַגֵעַ; לְהִשׁתַבֵּשׁ לְגַמרֵי
hazard *n.* סִיכּוּן; סַכָּנָה; מִפגָע
hazard *v.* לְסַכֵּן; לְהִסתַכֵּן
hazardous *adj.* מְסוּכָּן
haze *n., v.* אוֹבֶךְ; טִשׁטוּשׁ; לַעֲשׂוֹת "זוּבּוּר"
hazel *n.* (עֵץ) אִלסָר; (צֶבַע) חוּם־אֲדַמדַם
hazily *adv.* בִּמעוּרפָּל
haziness *n.* אֲבִיכוּת; עִרפּוּל; טִשׁטוּשׁ
hazing *n.* הִתעַלְלוּת; "זוּבּוּר"
hazy *adj.* אָבִיךְ; מְעוּרפָּל; לֹא בָּטוּחַ; מְטוּשׁטָשׁ
H-bomb *n.* פְּצָצַת מֵימָן
he *pron.* הוּא; זָכָר
head *n.* רֹאשׁ; שֵׂכֶל; מְרַאֲשׁוֹת; מוֹצָא; מְנַהֵל; רָאשִׁי; צַד הַמַטבֵּעַ עִם דְמוּת
–be off your head לִהיוֹת מְשׁוּגָע
–be unable to make head or tail of לֹא לְהָבִין כְּלוּם
–bite his head off לְהִתנַפֵּל עָלָיו בִּצעָקוֹת
–come to a head לְהַגִיעַ לְשִׂיאוֹ; לְהַגִיעַ לִנקוּדַת הַכרָעָה
–go off your head לְהִשׁתַגֵעַ
–go over his head לַעֲקוֹף אוֹתוֹ (ע״י פְּנִייָה לְדֶרֶג גָבוֹהַ יוֹתֵר)
–go to his head לַעֲלוֹת לוֹ לָרֹאשׁ; לְסַחרֵר אֶת רֹאשׁוֹ
–head over heels בְּגִלגוּל לְפָנִים; מֵעַל לְרֹאשׁוֹ
–heads or tails "עֵץ אוֹ פָּאלִי"
–keep your head above water לְהִסתַדֵר אֵיכשֶׁהוּ
–lose your head לְאַבֵּד אֶת הָעֶשׁתוֹנוֹת
–per head; a head לְנֶפֶשׁ; לְאָדָם
–put our/their heads together לְהִתייָעֵץ / לַחשׁוֹב יַחַד; לְטַכֵּס עֵצָה
–stand head and shoulders above לִהיוֹת מִשִּׁכמוֹ וָמַעלָה; לַעֲלוֹת עָלָיו בְּהַרבֵּה
–take it into your head לְהַחלִיט (פִּתאוֹם)
–turn his head לְסַחרֵר אֶת רֹאשׁוֹ
head *v.* לִהיוֹת בְּרֹאשׁ ה־; לִנגוֹחַ (בּ־); לָנוּעַ; לָלֶכֶת (לְעֵבֶר)
–head for פָּנָיו מוּעָדוֹת (ל־); לָלֶכֶת לִקרַאת־
–head off לְהַפנוֹת הַצִידָה; לַהֲדוֹף; לִמנוֹעַ
headache *n.* כְּאֵב רֹאשׁ
headband *n.* סֶרֶט (מֵצַח)
headdress *n.* כִּיסוּי רֹאשׁ
header *n.* קְפִיצַת רֹאשׁ; נְגִיחָה
headgear *n.* כִּיסוּי רֹאשׁ; כּוֹבַע
headhunter *n.* צַייַד כִּשרוֹנוֹת
heading *n.* כּוֹתֶרֶת
headlamp *n.* פָּנַס קִדמִי
headland *n.* שֵׁן־סֶלַע; כֵּף
headless *adj.* לְלֹא רֹאשׁ
headlight *n.* פָּנַס קִדמִי / חֲזִית; אוֹר רָאשִׁי
headline *n.* כּוֹתֶרֶת (בעיתון, בחדשות)
headmaster *n.* מְנַהֵל בֵּית־סֵפֶר
headmistress *n.* מְנַהֶלֶת בֵּית־סֵפֶר
head office *n.* מִשׂרָד רָאשִׁי

head-on *adj., adv.* חֲזִיתִי; חֲזִיתִית
head-on collision *n.* הִתנַגשוּת חֲזִיתִית
headphones *n.* אוֹזנִיוֹת
headquarters *n.* מִפקָדָה; מַטֶה רָאשִׁי; מֶרכָּז
headrest *n.* מִשעֶנֶת רֹאש
headroom *n.* מִרווָח גוֹבַה
headscarf *n.* מִטפַּחַת רֹאש
headset *n.* מַעֲרֶכֶת אוֹזנִיוֹת
head start *n.* יִתרוֹן; מִקדָמָה
headstone *n.* מַצֵבָה
headstrong *adj.* עַקשָן
heads-up *n.* אַזהָרָה מוּקדֶמֶת; הַתרָעָה
headway *n.* הִתקַדמוּת
–make headway לְהִתקַדֵם
heady *adj.* מְשַכֵּר; מְסוּחרָר; עַקשָן
heal *v.* לְרַפֵּא; לְהִתרַפֵּא; לְיַישֵב
healer *n.* מְרַפֵּא
health *n.* בְּרִיאוּת; מַצָב (טוֹב)
healthful *adj.* מַברִיא; בָּרִיא
healthily *adv.* תוֹך שְמִירָה עַל הַבּרִיאוּת
healthy *adj.* בָּרִיא; נָאֶה (רֶווַח)
heap *n.* עֲרֵימָה; הָמוֹן־
heap *v.* לָשִׂים בַּעֲרֵימָה; לְמַלֵא
–heap praise on לְהַרעִיף שְבָחִים עַל
hear *v.* (heard) לִשמוֹעַ
–Hear! Hear! נָכוֹן! יָפֶה אָמַרתָ!
–hear him out לִשמוֹעַ אוֹתוֹ עַד הַסוֹף
–I will not hear לֹא אַסכִּים בְּשוּם אוֹפֶן
hearing *n.* שְמִיעָה; שִימוּעַ; טְווַח שְמִיעָה
–(get) a fair hearing (לְקַבֵּל) הִזדַמנוּת לְהַשמִיעַ אֶת טַעֲנוֹתָיו
hearing-aid *n.* עֲזָרֵי / מַכשִיר שְמִיעָה
hearsay *n.* שְמוּעָה
hearsay evidence *n.* עֵדוּת שְמִיעָה
hearse *n.* רֶכֶב לְהוֹבָלַת אֲרוֹן־מֵתִים
heart *n.* לֵב; לִיבָּה
–after my own heart כִּלבָבִי
–at heart בְּתוֹך תוֹכוֹ; בִּיסוֹדוֹ
–by heart בְּעַל־פֶּה
–cross my heart (and hope to die) בְּהֵן צִדקִי! בְּחַיַי!
–find it in his heart to do... לִהיוֹת מוּכָן / מְסוּגָל ל־
–have a change of heart לְשַנוֹת דַעתוֹ / טַעמוֹ; לְהִתחָרֵט
–have a heart לְרַחֵם; רַחֲמָנוּת!
–heart and soul בְּלֵב וָנֶפֶש; כָּל כּוּלוֹ
–in his heart (of hearts) בְּתוֹך תוֹכוֹ; בְּלִבּוֹ פְּנִימָה
–lose heart לְהִתיָיאֵש
–set your heart on (having/doing) לְהִשתוֹקֵק מְאוֹד ל־; לִרצוֹת כָּל־כָּך
–take heart (from) לְהִתעוֹדֵד (מ־)
–the heart of the matter עִיקַר הָעִניָין
–to his heart's content כְּאַוַות נַפשוֹ
heartache *n.* כְּאֵב לֵב; צַעַר עָמוֹק
heart attack *n.* הֶתקֵף לֵב
heartbeat *n.* פְּעִימַת לֵב
heartbreak *n.* שִברוֹן־לֵב
heartbreaking *adj.* שוֹבֵר לֵב; קוֹרֵעַ לֵב
heartbroken *adj.* שְבוּר־לֵב
heartburn *n.* צָרֶבֶת
heartening *adj.* מְעוֹדֵד
heart failure *n.* דוֹם לֵב; אִי סְפִיקַת־לֵב
heartfelt *adj.* מֵעוֹמֶק הַלֵב; כֵּן
hearth *n.* (לְיַד) הָאָח
heartily *adv.* מִכָּל הַלֵב; בְּתֵיאָבוֹן; בִּלבָבִיוּת; מְאוֹד; בֶּאֱמֶת
heartless *adj.* חֲסַר־לֵב; לְלֹא רַחֲמִים
heart-rending *adj.* קוֹרֵעַ לֵב
heartsick *adj.* מְדוּכדָך; חָש עוֹגמַת נֶפֶש
heartthrob *n.* פְּעִימַת־לֵב; אֱלִיל (הַנָשִים)
heart-to-heart *adj.* מִלֵב אֶל לֵב; כֵּן
heart trouble *n.* בְּעָיוֹת לֵב
heart-warming *adj.* מְחַמֵם אֶת הַלֵב
hearty *adj.* לְבָבִי; מִכָּל הַלֵב; בָּרִיא; גָדוֹל
heat *n.* חוֹם; לַהַט; יִיחוּם; מִקצֶה מוּקדָמוֹת; תַחֲרוּת מוּקדֶמֶת
heat *v.* (up) לְחַמֵם; לְהִתחַמֵם
heated *adj.* סוֹעֵר; לוֹהֵט; מְחוּמָם
heatedly *adv.* בְּלַהַט
heater *n.* מִתקַן חִימוּם; בּוֹילֶר; תַנוּר חִימוּם
heathen *adj., n.* עוֹבֵד אֱלִילִים
heather *n.* אַבְרָש
heating *n.* חִימוּם; הַסָקָה
heat rash *n.* חָרָרָה (פְּרִיחָה)

H

heat-seeking *n.* מִתְבַּיֶּית עַל חוֹם
heat-stroke *n.* מַכַּת חוֹם
heatwave *n.* גַל חוֹם
heave *v.* לְהָרִים; לְהַשְׁמִיעַ; לִפְלוֹט (אנחה); לְהִתְאַמֵּץ לְהָקִיא; לְהָרִים וְלִזְרוֹק; לַעֲלוֹת וְלָרֶדֶת; לִמְשׁוֹךְ (בְּ־)
–heave to לְהֵיעָצֵר (ספינה)
heave *n.* מְשִׁיכָה; הֲרָמָה; הַשְׁלָכָה בְּכוֹחַ
heaven *n.* שָׁמַיִים; "גַן עֵדֶן"; אוֹשֶׁר עִילָאִי
–For heaven's sake! לְמַעַן הַשֵּׁם!
–move heaven and earth (to do) לַעֲשׂוֹת הַכּוֹל; לְהַרְעִישׁ עוֹלָמוֹת
–Thank heaven! תּוֹדָה לָאֵל!
heavenly *adj.* שְׁמֵימִי; מִשָּׁמַיִים; נִפְלָא
heaven-sent *adj.* מִן הַשָּׁמַיִים
heavily *adv.* בְּכַמוּיוֹת; בִּכְבֵדוּת; בְּמִידָה רַבָּה
heaviness *n.* כְּבֵדוּת; כּוֹבֶד
heavy *adj.* כָּבֵד; סוֹאֵן; עָמוּס; קָשֶׁה; מְגוּשָׁם; רְצִינִי; (יָשֵׁן שֵׁינָה) עֲמוּקָה; חָזָק (משקה); חָרִיף; (קַרְקַע) כְּבֵדָה
heavy-duty *adj.* עָמִיד; כָּבֵד; חָזָק
heavy metal *n.* מוּסִיקַת רוֹק כָּבֵד
heavy-set *adj.* חָסוֹן; מוּצָק
heavyweight *n.* מִתְאַגְרֵף בְּמִשְׁקָל כָּבֵד; "תּוֹתָח כָּבֵד"
Hebrew *n., adj.* עִבְרִית; עִבְרִי
heck לַעֲזָאזֵל!
heckle *v.* לְשַׁסֵּעַ בִּקְרִיאוֹת (בֵּינַיִים)
hectare *n.* הֶקְטָר (מִידַת שֶׁטַח)
hectic *adj.* קַדַּחְתָּנִי; גָּדוּשׁ פְּעִילוּת
he'd = he had; he would
hedge *n.* גָּדֵר חַיָּה; אֶמְצָעֵי הֲגָנָה (מִפְּנֵי־)
hedge *v.* לְהִתְחַמֵּק מִתְשׁוּבָה יְשִׁירָה; לְגַדֵּר; לְגַוֵּון הַשְׁקָעוֹת לְהַקְטָנַת סִיכּוּן
–hedge your bets לְהַקְטִין אֶת הַסִּיכּוּן מִפְּנֵי הֶפְסֵד
hedgehog *n.* קִיפּוֹד
hedonism *n.* נֶהֱנְתָנוּת
heed *n.* תְּשׂוּמֶת לֵב; הִתְחַשְּׁבוּת
–pay heed to; take heed of לָשִׂים לֵב לְ־
heed *v.* לָשִׂים לֵב לְ־
heedless *adj.* מִתְעַלֵּם (מִ־)
heehaw *n.* נְעִירַת חֲמוֹר
heel *n.* עָקֵב; מְנוּוָל
–at/on his heels בְּעִקְבוֹתָיו
–dig in his heels לְהִתְחַפֵּר בְּעֶמְדוֹתָיו
–take to your heels לִבְרוֹחַ
hefty *adj.* גָּדוֹל; חָזָק; גָּבוֹהַּ (סְכוּם)
hegemony *n.* הֶגֶמוֹנְיָה; שִׁלְטוֹן; מַנְהִיגוּת
heifer *n.* עֶגְלָה; פָּרָה צְעִירָה
height *n.* גּוֹבַהּ; מָרוֹם; מָקוֹם גָּבוֹהַּ; שִׂיא־
heighten *v.* לְהַגְבִּיהַּ; לִגְבּוֹהַּ; לְהַגְדִּיל; לְהַגְבִּיר; לִגְבּוֹר
heights *n.* רָמָה (הררית)
heinous *adj.* נִתְעָב
heir *n.* יוֹרֵשׁ
heiress *n.* יוֹרֶשֶׁת
heirless *adj.* חֲסַר יוֹרְשִׁים
heirloom *n.* פְּרִיט שֶׁנִּמְסַר בִּירוּשָּׁה
heist *n., v.* פְּרִיצָה; שׁוֹד; לִשְׁדוֹד; לִגְנוֹב
held *v. past and 3rd form of* hold
helical *adj.* חֶלְזוֹנִי; סְפִּירָלִי
helicopter *n.* מַסּוֹק
helipad *n.* מִנְחַת מַסּוֹקִים
helium *n.* הֶלְיוּם
hell *n.* גֵּיהִינּוֹם; עֲזָאזֵל
–a hell of a lot הַרְבֵּה מְאוֹד
–for the hell of it סְתָם (בִּשְׁבִיל הַכֵּיף)
hellbent *adj.* נָחוּשׁ בְּדַעְתּוֹ (וְדָבָר לֹא יַרְתִּיעוֹ)
Hellenic *adj.* שֶׁל יָוָון
hellish *adj.* שְׂטָנִי; נוֹרָא
hello הַלּוֹ!; שָׁלוֹם!
helm *n.* הֶגֶה (נִיווּט)
–at the helm (of) בְּהֶגֶה הַשִּׁלְטוֹן; עוֹמֵד בְּרֹאשׁ־
helmet *n.* קַסְדָּה
helmsman *n.* הַגַּאי
help *n.* עֶזְרָה; עֵזֶר; תּוֹעֶלֶת; תַּקָּנָה; עוֹזֶרֶת
–there's no help for it אֵין מַה לַעֲשׂוֹת; אֵין מָנוֹס
help *v.* לַעֲזוֹר; לְהִתְכַּבֵּד

–can't help (doing something) לֹא יָכוֹל לְהִימָנַע מ־ / לְהִתְאַפֵּק מ־
–so help me God אֲנִי נִשְׁבָּע
helper *n.* עוֹזֵר
helpful *adj.* מוֹעִיל; עוֹזֵר; מוּכָן לַעֲזוֹר
helpfully *adv.* בְּאוֹפֶן שֶׁיֵּשׁ בּוֹ כְּדֵי לְהוֹעִיל / לַעֲזוֹר
helping *n.* מָנָה (של אוכל)
helping hand *n.* יָד תּוֹמֶכֶת; עֶזְרָה
helpless *adj.* שֶׁאֵין לוֹ עֶזְרָה; חֲסַר אוֹנִים / יֶשַׁע
helplessly *adv.* בְּחוֹסֶר אוֹנִים
helpmate *n.* עֵזֶר כְּנֶגְדּוֹ; בֶּן / בַּת זוּג
helter-skelter *adv., n.* בְּחִיפָּזוֹן וּבְבִלְבּוּל; בְּעִרְבּוּבְיָה; מַגְלֵשָׁה לוּלְיָנִית
hem *n., v.* מַכְפֶּלֶת; לִתְפּוֹר מַכְפֶּלֶת
–hem in לְהַקִּיף; לִסְגּוֹר עַל־
hemisphere *n.* חֲצִי כַּדּוּר; חֲצִי כַּדּוּר הָאָרֶץ
hemline *n.* קַו מַכְפֶּלֶת
hemlock *n.* רוֹשׁ (צֶמַח רָעִיל)
hemoglobin *n.* הֶמוֹגְלוֹבִּין
hemophilia *n.* הֶמוֹפִילְיָה; דַּמֶּמֶת
hemorrhage *n.* שֶׁטֶף דָּם
hemorrhoids *n.* טְחוֹרִים
hemp *n.* קַנַּבּוֹס; חֲשִׁישׁ
hen *n.* תַּרְנְגוֹלֶת; נְקֵבַת עוֹף; אִישָׁה קַשְׁקְשָׁנִית
hence *adv.* מִכָּאן; מֵעַתָּה; מֵהַיּוֹם; לְפִיכָךְ
henceforth, henceforward *adv.* מֵעַתָּה וְאֵילָךְ
henchman *n.* תּוֹמֵךְ נֶאֱמָן; עוֹשֵׂה דְּבָרוֹ; אִישׁ כְּנוּפְיָה
henna *n.* כּוֹפֶר; חִינָּה
hen party *n.* מְסִיבָּה לְנָשִׁים בִּלְבַד
henpecked *adj.* שֶׁאִשְׁתּוֹ מוֹשֶׁלֶת בּוֹ
hepatitis *n.* דַּלֶּקֶת הַכָּבֵד
her *adj., pron.* שֶׁלָּהּ; אוֹתָהּ; לָהּ
herald *n., v.* מְבַשֵּׂר; כָּרוֹז; שָׁלִיחַ; לְבַשֵּׂר
herb *n.* עֵשֶׂב־מַרְפֵּא / ־תַּבְלִין
herbal *adj.* שֶׁל עִשְׂבֵי־מַרְפֵּא
herbivorous *adj.* אוֹכֵל עֵשֶׂב
herculean *adj.* רַב־כּוֹחַ; שֶׁדּוֹרֵשׁ מַאֲמָץ רַב
herd *n., v.* עֵדֶר; רוֹעֵה־; לְקַבֵּץ; לְהִתְקַבֵּץ; לִרְעוֹת
herdsman *n.* רוֹעֶה
here *adv.* כָּאן; הֵנָּה; הִנֵּה
–here goes! הִנֵּה מַגִּיעַ הָרֶגַע!
–here's to לְחַיֵּי־
–here you are הִנֵּה; קַח
–neither here nor there לֹא מְשַׁנֶּה; לֹא חָשׁוּב; לֹא קוֹבֵעַ
hereabouts *adv.* (כָּאן) בַּסְּבִיבָה
hereafter *adv., n.* בֶּעָתִיד; מֵעַתָּה וְאֵילָךְ; לְהַלָּן (בחוזה); הָעוֹלָם הַבָּא
hereby *adv.* בָּזֶה; בְּזֹאת
hereditary *adj.* תּוֹרַשְׁתִּי; נוֹרָשׁ; מִכּוֹחַ יְרוּשָׁה
heredity *n.* תּוֹרָשָׁה
heresy *n.* כְּפִירָה
heretic *n.* כּוֹפֵר; כּוֹפֵר בָּעִיקָר; מוֹרֵד
herewith *adv.* (מְצוֹרָף) בָּזֶה
heritage *n.* מוֹרֶשֶׁת; יְרוּשָׁה
hermaphrodite *n.* אַנְדְּרוֹגִינוֹס
hermetic *adj.* הֶרְמֶטִי
hermetically *adv.* בְּאוֹפֶן הֶרְמֶטִי
hermit *n.* מִתְבּוֹדֵד; נָזִיר
hernia *n.* בֶּקַע; שֶׁבֶר (קִילָה)
hero *n.* גִּיבּוֹר; כָּרִיךְ אָרוֹךְ
heroic *adj.* שֶׁל גְּבוּרָה; הֵירוֹאִי; שֶׁל גִּיבּוֹרִים
heroically *adv.* בִּגְבוּרָה
heroin *n.* הֶרוֹאִין
heroine *n.* גִּיבּוֹרָה
heroism *n.* גְּבוּרָה
heron *n.* אֲנָפָה
herring *n.* מָלִיחַ; דָּג מָלוּחַ הֶרִינְג
hers שֶׁלָּהּ
herself (אֶת) עַצְמָהּ; בְּעַצְמָהּ
–(all) by herself לְבַדָּהּ; בְּעַצְמָהּ
–she is not herself לֹא מַרְגִּישָׁה טוֹב; לֹא מִתְנַהֶגֶת כָּרָגִיל
hertz *n.* הֶרְץ
hesitancy *n.* הַסְסָנוּת
hesitant *adj.* מְהַסֵּס; הַסְסָנִי; מְהוּסָּס
hesitantly *adv.* בְּהִיסּוּס
hesitate *v.* לְהַסֵּס

hesitation *n.* הִיסוּס; הַססָנוּת
heterogeneous *adj.* הֶטֶרוֹגֶנִי; לֹא אָחִיד
heterosexual *adj.* הֶטֶרוֹסֶקסוּאָלִי
het-up *adj.* מוּדאָג; נִרגָש; לָחוּץ
hew *v.* לִגדוֹעַ; לַחטוֹב
hex *n., v.* קְלָלָה; כִּישׁוּף; לְכַשֵׁף; לְהַטִיל קְלָלָה עַל; לְנַחֵשׁ
hexagon *n.* מְשׁוּשֶׁה
hexagram *n.* צוּרָה שֶׁל מָגֵן דָוִיד
heyday *n.* תְקוּפַת הַשִׂגשׂוּג; שִׂיא כּוֹחוֹ
hi שָׁלוֹם! הַיי!
hiatus *n.* מָקוֹם רֵיק; הַפסָקָה
hibernate *v.* לִישׁוֹן שְׁנַת חוֹרֶף
hibernation *n.* שְׁנַת חוֹרֶף; חֲרִיפָה
hibiscus *n.* הִיבִּיסקוּס
hiccup *v., n.* לְשַׁהֵק; שִׁיהוּק; עִיכּוּב קַל
hickory *n.* קַרְיָה; אֱגוֹז לָבָן
hid *v. past of* hide
hidden *v. 3rd form of* hide מוּסתָר; חָבוּי
hide *n.* מְקוֹם צְפִיָיה/מַעֲקָב; שֶׁלַח (עוֹר)
–save his hide לְהַצִיל אֶת עוֹרוֹ
hide *v.* לְהַחבִּיא; לְהַסתִיר; לְהִסתַתֵר
hide-and-seek *n.* מַחבּוֹאִים
hideaway *n.* מָקוֹם מִסתוֹר
hideous *adj.* זְווָעָתִי; מַחֲרִיד
hideously *adv.* בְּאוֹפֶן מַבעִית; נוֹרָא
hideout *n.* (מְקוֹם) מַחֲבוֹא
hiding *n.* הִסתַתרוּת; מַחֲבוֹא; מַכּוֹת; תְבוּסָה
hiding place *n.* מְקוֹם מִסתוֹר; מַחֲבוֹא
hierarchy *n.* מִדרָג; הִייֶרַרכִיָה
hieroglyphics *n.* כְּתַב חַרטוּמִים
hi-fi *adj., n.* (מַכשִׁיר) בַּעַל נֶאֱמָנוּת גְבוֹהָה; הַיי־פַיי
high *adj.* גָבוֹהַּ; רָם; מְרוֹמָם; רַם־דֶרֶג; בָּכִיר; ״מְסטוֹל״; ״בְּטרִיפּ״; נֶאֱצָל; נַעֲלֶה; שֶׁעוֹמֵד לְהִתקַלקֵל; מְפוּתָח מְאוֹד
–it's high time you left הִגִיעַ הַזמַן שֶׁתֵלֵךְ
–high and mighty יָהִיר; שַׁחֲצָן
–high summer הַקַיִץ בְּעִיצוּמוֹ; אֶמצַע הַקַיִץ
high *adv., n.* גָבוֹהַּ; לַגוֹבַהּ; גְבוֹהוֹת; שִׂיא
–high and low בְּכָל מָקוֹם
high-born *adj.* אָצִיל מִלֵידָה
highbrow *adj.* אִינטֶלֶקטוּאָלִי; תַרבּוּתִי; גְבוֹהַּ־מֵצַח
High Commissioner *n.* נְצִיב עֶליוֹן
High Court *n.* בֵּית־מִשׁפָּט גָבוֹהַּ לְצֶדֶק
higher *adj.* גָבוֹהַּ יוֹתֵר; מִתקַדֵם יוֹתֵר
higher education *n.* הַשׂכָּלָה גְבוֹהָה
high explosive *n.* חוֹמֶר נֶפֶץ מְרַסֵק
highfalutin *adj.* מְפוּצָץ; יוֹמרָנִי
high fashion *n.* אוֹפנָה עִילִית
high-flyer; high-flier *n.* שְׁאַפתָן; מַצלִיחָן
high-grade *adj.* מֵאֵיכוּת גְבוֹהָה
high-handed *adj.* מִתנַהֵג בִּשׁרִירוּת־לֵב
high jump *n.* קְפִיצָה לַגוֹבַהּ
highland *n.* אֵיזוֹר הֲרָרִי; רָמָה
highlander *n.* תוֹשָׁב אֵיזוֹר הֲרָרִי
high-level *adj.* בְּדֶרֶג גָבוֹהַּ
highlight *v.* לְהַבלִיט; לְסַמֵן (עִם הָעַכבָּר)
highlight(s) *n.* שִׂיא; אֵירוּעִים בּוֹלטִים; מִבהָקִים (בְּצִילוּם)
highly *adv.* בְּמִידָה רַבָּה; מְאוֹד
high-minded *adj.* יְפֵה־נֶפֶשׁ
highness *n.* גוֹבַהּ; רוֹממוּת
–his Highness הוֹד מַעֲלָתוֹ
high noon *n.* צוֹהֳרֵי הַיוֹם
high-pitched *adj.* (קוֹל) גָבוֹהַּ; חַד־שִׁיפּוּעַ (גַג)
high-powered *adj.* חָזָק; רַב־עוֹצמָה; בַּעַל הַשׁפָּעָה; נִמרָץ
high priest *n.* כּוֹהֵן גָדוֹל
high-principled *adj.* בַּעַל עֶקרוֹנוֹת נַעֲלִים
high-ranking *adj.* רַם דֶרֶג
high-rise *adj., n.* רַב־קוֹמוֹת
high school *n.* בֵּית־סֵפֶר תִיכוֹן
high sea *n.* הַיָם הַפָּתוּחַ; לֵב יָם
high season *n.* עוֹנַת הַשִׂיא
high society *n.* הַחֶברָה הַגְבוֹהָה
high-sounding *adj.* מְפוּצָץ; יוֹמרָנִי
high-speed *adj.* מָהִיר מְאוֹד
high-spirited *adj.* נוֹעָז; תוֹסֵס
high street *n.* רְחוֹב רָאשִׁי

H

high-strung *adj.* מָתוּחַ מְאוֹד; עַצְבָּנִי
high tech *n., adj.* (שֶׁל) טֶכנוֹלוֹגְיָה מִתקַדֶּמֶת; הַיְיטֶק
high technology *n.* טכנולוֹגְיָה מִתקַדֶּמֶת
high tide *n.* גֵיאוּת; נְקוּדַת הַשִּׂיא
high treason *n.* בְּגִידָה בַּמְדִינָה
highway *n.* כְּבִישׁ רָאשִׁי; דֶּרֶךְ הַמֶּלֶךְ
Highway Code *n.* חוּקֵי תְנוּעָה
highwayman *n.* שׁוֹדֵד דְרָכִים
hijack *v., n.* לַחטוֹף (מָטוֹס); לִשׁדוֹד רֶכֶב; חֲטִיפָה
hijacker *n.* חוֹטֵף; שׁוֹדֵד רֶכֶב
hike *v., n.* לְטַיֵיל בָּרֶגֶל; טִיוּל רַגלִי; צְעִידָה; עֲלִייָה (בַּמְחִירִים וכו׳)
–hike up לְהַעֲלוֹת / לִמשׁוֹךְ מַעְלָה בְּפִתאוֹמִיוּת
–take a hike תִסתַלֵק! תִתחַפֵף!
hiker *n.* מְטַיֵיל; טַיָיל
hilarious *adj.* מַצחִיק מְאוֹד
hill *n.* גִבעָה; עֲלִייָה; תֵל
–be over the hill לִהיוֹת מֵעֵבֶר לַשִׂיא
hillside *n.* מוֹרַד־גִבעָה
hilly *adj.* מָלֵא גְבָעוֹת
hilt *n.* נִיצַב חֶרֶב
–(up) to the hilt לְגַמרֵי; עַד צַוָואר
him אוֹתוֹ; לוֹ
himself (אֶת) עַצמוֹ; בְּעַצמוֹ
–(all) by himself לְבַדוֹ; בְּעַצמוֹ
–he is not himself הוּא לֹא מַרגִישׁ טוֹב; הוּא לֹא מִתנַהֵג כָּרָגִיל
hind *adj.* אֲחוֹרִי
hind *n.* אַיָילָה; צְבִייָה
hinder *v.* לְהַפרִיעַ לְ־; לְעַכֵּב
hindmost *adj.* הָאֲחוֹרִי בְּיוֹתֵר
hindrance *n.* מִכשׁוֹל; גוֹרֵם מַפרִיעַ
hindsight *n.* חוֹכמָה לְאַחַר מַעֲשֶׂה
hinge *n., v.* צִיר; לְהַתקִין צִיר(ים) בְּ־
–hinge on/upon לִהיוֹת תָלוּי בְּ־
hint *n.* רֶמֶז; עֵצָה; שֶׁמֶץ; קוּרטוֹב
–a broad hint רֶמֶז עָבֶה
–take a hint לְהָבִין רֶמֶז
hint *v.* לִרמוֹז (שֶׁ־)
hinterland *n.* פְּנִים הָאָרֶץ; עוֹרֶף

hip *n.* מִפרַק־הַיָרֵךְ; פְּרִי וֶרֶד־הַבָּר; אֲגוּזִית
–hips מוֹתנַיִים
–Hip, hip, hurrah! כִּיפָּק הֵיי!
hippo *n.* הִיפּוֹפּוֹטָם
Hippocratic oath *n.* שְׁבוּעַת הִיפּוֹקרַטֶס
hippopotamus *n.* סוּס־הַיְאוֹר; הִיפּוֹפּוֹטָם
hire *n.* (דְמֵי) הַשׂכָּרָה
hire *v.* לִשׂכּוֹר; לְהַשׂכִּיר; לְהַעֲסִיק; לִשׂכּוֹר שֵׁירוּתָיו שֶׁל
hireling *n.* (אָדָם) לְהַשׂכִּיר (שֶׁמַשׂכִּיר שֵׁירוּתָיו בְּלִי לִברוֹר)
hire-purchase *n.* שֶׂכֶר־מֶכֶר; (קְנִייָה) בְּתַשׁלוּמִים
his שֶׁלוֹ
hiss *n.* קוֹל תְסִיסָה; שְׁרִיקָה; לְחִישָׁה
hiss *v.* לְהַשׁמִיעַ קוֹל תְסִיסָה; לִלחוֹשׁ
–hiss (at) לִשׁרוֹק בְּבוּז לְ־
histamine *n.* הִיסטָמִין
historian *n.* הִיסטוֹרִיוֹן
historic *adj.* הִיסטוֹרִי
–historic moment רֶגַע הִיסטוֹרִי
historical *adj.* הִיסטוֹרִי (שֶׁל הִיסטוֹרְיָה)
history *n.* הִיסטוֹרְיָה; תוֹלדוֹת; עָבָר
histrionic *adj.* מְעוּשֶׂה; תֵיאַטרָלִי
hit *n.* מַכָּה; פְּגִיעָה; לָהִיט; רֶצַח
hit *v.* לְהַכּוֹת בְּ־; לִפגוֹעַ בְּ־; לַחבּוֹט; לְהַגִיעַ לְ־; לְהַשִׂיג; לִמצוֹא; לְהִיתָקֵל בְּ־
–hit it off (together) לְהִסתַדֵר יָפֶה (יַחַד)
–hit on לַעֲלוֹת עַל־
–hit the deck לְהִשׁתַטֵחַ
–hit the headlines לַעֲשׂוֹת כּוֹתָרוֹת
–hit the road לָצֵאת לַדֶרֶךְ
hit-and-run *n.* תְאוּנַת פְּגַע־וּבְרַח
hitch *n.* קֶשֶׁר; מְשִׁיכָה / דְחִיפָה פִּתאוֹמִית; (מַלָחִים); תַקָלָה; נְסִיעָה בִּטרֶמפִּים
hitch, hitchhike *v.* לִנסוֹעַ בִּטרֶמפִּים
hitchhiker *n.* טְרֶמפִּיסט
hi-tech *n., adj.* (שֶׁל) טֶכנוֹלוֹגְיָה מִתקַדֶּמֶת; הַיְיטֶק
hither *adv.* הֵנָה
–hither and thither הֵנָה וָהֵנָה
hitherto *adv.* עַד כֹּה

hit list *n.* רְשִׁימַת הַמּוּעֲמָדִים לְחִיסּוּל
hit man *n.* רוֹצֵחַ שָׂכִיר
hit-or-miss *adj.* אַקְרָאִי; ״עַל הַמַּזָּל״
hit parade *n.* מִצְעַד הַפִּזְמוֹנִים / הַלְּהִיטִים
HIV נְגִיף הָאֵיידְס / כֶּשֶׁל חִיסּוּנִי
hive *n.* כַּוֶּורֶת; מָקוֹם הוֹמֶה
hives *n.* חָרֶלֶת (פריחה בעור)
hoard *n.*, *v.* מַטְמוֹן; מְלַאי; לֶאֱגוֹר; לִצְבּוֹר
hoarder *n.* מִי שֶׁאוֹגֵר
hoarding *n.* גֶּדֶר קְרָשִׁים; לוּחַ מוֹדָעוֹת; אֲגִירָה
hoarse *adj.* צָרוּד
hoax *n.*, *v.* מְתִיחָה; הוֹדָעַת שָׁוְוא; מַהֲתַלָּה; תַּעֲלוּל; הוֹנָאָה; לִמְתּוֹחַ; לְרַמּוֹת
hoaxer *n.* עוֹשֶׂה מְתִיחוֹת; רַמַּאי
hobble *n.* לִצְלוֹעַ; לְעַכֵּב; לִקְשׁוֹר (רַגְלֵי סוּס)
hobby *n.* תַּחְבִּיב
hobbyhorse *n.* סוּס נַדְנֵדָה; רֹאשׁ סוּס־עֵץ; נוֹשֵׂא אָהוּב
hobgoblin *n.* שֵׁד
hobnob *v.* לְבַלּוֹת יַחַד; לְנַהֵל שִׂיחָה יְדִידוּתִית
hobo *n.* נַוָּד
hock *v.* לְמַשְׁכֵּן
hockey *n.* הוֹקִי; הוֹקִי־קֶרַח
hocus-pocus *n.* הוֹקוּס פּוֹקוּס; פַּעֲלוּלִים
hodgepodge *n.* עִרְבּוּבְיָה; בְּלִיל; ״סָלָט״
hoe *n.*, *v.* מַעְדֵּר; לַעֲדּוֹר
hog *n.* חֲזִיר מְסוֹרָס; ״חֲזִיר״
–go the whole hog לַעֲשׂוֹת אֶת הַדָּבָר בִּשְׁלֵמוּת
hog *v.* לְהִתְנַהֵג כְּמוֹ חֲזִיר; לְהִשְׁתַּלֵּט עַל
–hog the road לְהִשְׁתַּלֵּט עַל הַכְּבִישׁ (לִנְהוֹג כָּךְ שֶׁלֹּא יוּכְלוּ לַעֲקוֹף)
Hogmanay *n.* עֶרֶב הַשָּׁנָה הַחֲדָשָׁה
hogwash *n.* שְׁטוּיוֹת
hoi polloi *n.* הֶהָמוֹן
hoist *n.*, *v.* מִתְקַן הֲרָמָה; מָנוֹף; מַעֲלִית; מְשִׁיכָה מַעְלָה; הֲרָמָה; לְהָנִיף; לְהַעֲלוֹת
–be hoist with his own petard לִיפּוֹל בַּפַּח שֶׁהוּא עַצְמוֹ טָמַן
hoity-toity *adj.* יָהִיר
hold *n.* אֲחִיזָה; שְׁלִיטָה; מְקוֹם אֲחִיזָה; תְּפִיסָה; סַפָּנָה (בספינה)
–get hold of לְהַשִּׂיג; לִתְפּוֹס
–on hold בְּהַמְתָּנָה
hold *v.* לְהַחֲזִיק (בּ־); לֶאֱחוֹז (בּ־); לַעֲצוֹר בְּעַד־; לְרַסֵּן; לָשֵׂאת; (יָכוֹל) לְהָכִיל; לִשְׁמוֹר (מידע); לַחְשׁוֹב; לִרְאוֹת בּ־; לֹא לְהִשְׁתַּכֵּר מ־; לִהְיוֹת לוֹ אֲחִיזָה (טוֹבָה) בּ־ (כְּבִישׁ); לְהָגֵן עַל־; לְרַתֵּק; לְקַיֵּים; לַעֲרוֹךְ; לְהִימָּשֵׁךְ; לִהְיוֹת תָּקֵף
–hold something against לִזְקוֹף לְחוֹבָתוֹ; לְהַאֲשִׁים
–hold back לְהַסֵּס; לְהֵירָתַע; לִהְיוֹת לוֹ לְמִכְשׁוֹל; לַעֲצוֹר; לְהַסְתִּיר; לְעַכֵּב
–hold fire לִנְצוֹר אֵשׁ
–hold good/true חָל (גַּם) (עַל־); נָכוֹן (גַּם) (לְגַבֵּי); תָּקֵף
–hold in לְהַכְנִיס אֶת הַבֶּטֶן; לְרַסֵּן; לַעֲצוֹר בְּעַד־
–hold off לְאַחֵר לָבוֹא; לַהֲדוֹף; לִבְלוֹם
–hold on לְהַחֲזִיק מַעֲמָד; לְחַכּוֹת (רֶגַע); לְהִישָּׁאֵר עַל הַקַּו; לְהַחֲזִיקוֹ בִּמְקוֹמוֹ
–hold your head high לָלֶכֶת בְּרֹאשׁ מוּרָם (גֵּאֶה)
–hold on to לְהַחֲזִיק בּ־; לֹא לִמְכּוֹר
–hold out לְהַסְפִּיק; לְהוֹשִׁיט; לְהַחֲזִיק מַעֲמָד; לָתֵת (תקווה וכו׳); לְהִתְאַפֵּק
–hold out for לְהַמְשִׁיךְ לְהֵיאָבֵק לְמַעַן־
–hold out on לְהַסְתִּיר מֵידָע מ־
–hold over לִדְחוֹת
–hold to לִדְבּוֹק בּ־
–hold up לְעַכֵּב; לִשְׁדּוֹד; לְהַצִּיג אוֹתוֹ כּ־; לְהַחֲזִיקוֹ גָּבוֹהַּ / מוּרָם
holdall *n.* תִּיק נְסִיעוֹת; צִיּוּדָן
holder *n.* מַחֲזִיק; בַּעַל
holding *n.* אֲחִיזָה; הַחֲזָקָה; נְכָסִים; נְיָירוֹת עֵרֶךְ
holding company *n.* חֶבְרַת־גַּג; חֶבְרַת אַחְזָקוֹת
holdover *n.* ״שָׂרִיד״ מִתְּקוּפָה קוֹדֶמֶת
holdup *n.* שׁוֹד; עִיכּוּב

H

hole *n.* חוֹר; בּוֹר; נֶקֶב; מַצָּב קָשֶׁה; מְאוּרָה; צִינוֹק; "חוֹר"; גוּמָה
hole *v.* לַעֲשׂוֹת חוֹר בּ־; לְנַקֵּב; לְהַכְנִיס לְגוּמָה
hole-and-corner *adj.* חֲשָׁאִי; בְּהֶסְתֵּר
holiday *n.* חוּפְשָׁה; חַג; פַּגְרָה; יוֹם מְנוּחָה / שַׁבָּתוֹן
holiday camp *n.* מַחֲנֵה נוֹפֶשׁ
holidaymaker *n.* נוֹפֵשׁ
holier-than-thou *adj.* מִתְחַסֵּד; "יְפֵה נֶפֶשׁ"
holiness *n.* קְדוּשָּׁה
–Your Holiness הוֹד קְדוּשָּׁתוֹ
holistic *adj.* הוֹלִיסְטִי
holler *v.* לִצְעוֹק
hollow *adj.* חָלוּל; נָבוּב; רֵיק; שָׁקוּעַ
hollow *n.* שֶׁקַע; מַכְתֵּשׁ; חוֹר
holly *n.* צִינִית (שִׂיחַ)
holocaust *n.* שׁוֹאָה (גַּרְעִינִית וכו')
–the Holocaust הַשּׁוֹאָה
holster *n.* נַרְתִּיק
holy *adj.* קָדוֹשׁ; ־הַקּוֹדֶשׁ; שֶׁל קְדוּשָּׁה
Holy Ghost *n.* רוּחַ הַקּוֹדֶשׁ
Holy Grail *n.* הַגָּבִיעַ הַקָּדוֹשׁ
Holy See *n.* הַכֵּס הַקָּדוֹשׁ
Holy Spirit *n.* רוּחַ הַקּוֹדֶשׁ
homage *n.* כָּבוֹד
homburg *n.* כּוֹבַע רְחַב שׁוּלַיִים
home *adj.* בֵּיתִי; ־פְּנִים; מְקוֹמִי; ־בַּיִת
home *adv.* בַּבַּיִת; הַבַּיְתָה; לִמְקוֹמוֹ; לַמַּטָּרָה
–bring home to... לְהַמְחִישׁ; לְהַבְהִיר ל־
–press home לְהַדְגִּישׁ
home *n.* בַּיִת; מוֹסָד; מָעוֹן; מוֹלֶדֶת; שַׁעַר; (חַיֵּי) מִשְׁפָּחָה
–at home בַּבַּיִת; כְּמוֹ בַּבַּיִת; בְּנוֹחַ
–home of מְקוֹם מוֹצָא; מְקוֹם מוֹשָׁבוֹ
home *v.* לַחֲזוֹר הַבַּיְתָה (יוֹנַת דּוֹאַר)
–home in on לְהִתְבַּיֵּית; לָבוֹא אֶל
homebody *n.* מִי שֶׁאוֹהֵב לָשֶׁבֶת בַּבַּיִת
homecoming *n.* שִׁיבָה הַבַּיְתָה; קַבָּלַת פָּנִים
home front *n.* חֲזִית הָעוֹרֶף
home ground *n.* מִגְרָשׁ בֵּיתִי
home-grown *adj.* מִתּוֹצֶרֶת הָאָרֶץ; מִתּוֹצֶרֶת בַּיִת
homeland *n.* מוֹלֶדֶת
homeless *adj.* חֲסַר בַּיִת
homely *adj.* פָּשׁוּט; בֵּיתִי; לֹא יָפֶה
home-made *adj.* תּוֹצֶרֶת בַּיִת; בֵּיתִי
homemaker *n.* עֲקֶרֶת־בַּיִת
Home Office *n.* מִשְׂרַד הַפְּנִים
homeopath *n.* הוֹמֵיאוֹפַּת
home-room teacher *n.* מְחַנֵּךְ; מְחַנֶּכֶת
Home Secretary *n.* שַׂר הַפְּנִים
homesick *adj.* מִתְגַּעְגֵּעַ לַבַּיִת
homestead *n.* בַּיִת וּמֶשֶׁק; אֲדָמָה הַנִּרְכֶּשֶׁת ע"י הִתְיַישְּׁבוּת
home town *n.* עִיר מְגוּרִים / הוּלֶדֶת
home truth *n.* עוּבְדָה לֹא נְעִימָה
homewards *adv.* הַבַּיְתָה
homework *n.* שִׁיעוּרֵי בַּיִת
homicide *n.* רֶצַח; הֲרִיגָה
homily *n.* הַטָּפָה; דְּרָשָׁה
homing *adj.* מִתְבַּיֶּית
homing pigeon *n.* יוֹנַת דּוֹאַר
homoeopathic *adj.* הוֹמֵיאוֹפַּתִי
homogeneous *adj.* הוֹמוֹגֵנִי; אָחִיד
homogenize *v.* לַעֲשׂוֹת לְהוֹמוֹגֵנִי
Homo sapiens הוֹמוֹ סַאפִּיֶינְס; הָאָדָם הַנָּבוֹן
homosexual *adj., n.* הוֹמוֹסֶקְסוּאָל(י)
hone *v.* לְהַשְׁחִיז; לְהַכְשִׁיר; לְלַטֵּשׁ
honest *adj.* יָשָׁר; כֵּן; הָגוּן
–to be honest אִם לְהוֹדוֹת עַל הָאֱמֶת
–make an honest woman of לְהִתְחַתֵּן אִיתָהּ
–turn an honest penny לְהַרְוִיחַ כַּסְפּוֹ בְּיוֹשֶׁר
–the honest truth הָאֱמֶת לַאֲמִיתָּהּ
honest broker *n.* מְתַוֵּוךְ הוֹגֵן
honestly *adv.* בְּיוֹשֶׁר; בֶּאֱמֶת; בְּכֵנוּת
honest-to-goodness *adj.* אֲמִיתִי; כְּמוֹ שֶׁצָּרִיךְ
honesty *n.* יוֹשֶׁר; כֵּנוּת
honey *n.* דְּבַשׁ; מְתִיקוּת; "מוֹתֶק"; חֲמוּדָה
honeycomb *n.* חַלַּת־דְּבַשׁ

honeydew melon *n.* מֶלוֹן דְּבַשׁ
honeymoon *n., v.* יֶרַח־דְּבַשׁ; לָצֵאת לְיֶרַח־דְּבַשׁ
honeysuckle *n.* יַעְרָה (שִׂיחַ)
honk *n.* צְווִיחַת אַוָּוז־הַבָּר
honk *v., n.* לִצְפּוֹר; צְפִירָה; קוֹל צוֹפָר גּוּמִי
honky-tonk *n.* מוֹעֲדוֹן לַיְלָה זוֹל; מוּסִיקָה עַלִּיזָה בִּפְסַנְתֵּר
honor, honour *n.* כָּבוֹד; שֵׁם טוֹב
– Honors אוֹתוֹת כָּבוֹד / הִצְטַיְּינוּת
– in honor of לִכְבוֹד־; לְזֵכֶר־
– on my word of honor עַל דִּבְרָתִי
– Your/His Honor כְּבוֹד הַשּׁוֹפֵט
honor, honour *v.* לְכַבֵּד; לָתֵת כָּבוֹד לְ־
honorable, honourable *adj.* מְכוּבָּד; יָשָׁר; הָגוּן; רָאוּי לְשֶׁבַח; הַנִּכְבָּד
honorable mention *n.* צִיּוּן לְשֶׁבַח (בתחרות)
honorably *adv.* בְּדֶרֶךְ מְכוּבֶּדֶת; בְּיוֹשֶׁר
honorary *adj.* שֶׁל כָּבוֹד
hood *n.* בַּרְדָּס; גַּג מִתְקַפֵּל; מִכְסֵה מָנוֹעַ; בִּרְיוֹן; שְׁכוּנָה
hoodlum *n.* בִּרְיוֹן; פּוֹשֵׁעַ אַלִּים
hoodwink *v.* לְרַמּוֹת; לֶאֱחוֹז עֵינֵי־
hooey *n.* שְׁטוּיוֹת
hoof *n.* פַּרְסָה
hoo-ha *n.* מְהוּמָה; "רַעַשׁ"
hook *n.* וָו; קֶרֶס; חַכָּה; מַגָּל; מַכַּת וָו
– by hook or by crook בְּכָל הָאֶמְצָעִים
– get off the hook לְהֵיחָלֵץ מִצָּרָה
hook *v.* לְהַעֲלוֹת בַּחַכָּה; לִרְכּוֹס / לִתְפּוֹס / לְהֵירָכֵס בְּוָו; לְכוֹפֵף בְּצוּרַת וָו
– hook up (with) לְקַשֵּׁר; לְחַבֵּר (עִם־)
hookah *n.* נַרְגִּילָה
hooked *adj.* נִשְׁרִי; בְּצוּרַת וָו
– be hooked on לִהְיוֹת מָכוּר לְ־; מְשׁוּגָּע עַל־
hooker *n.* זוֹנָה
hook-up *n.* הִתְחַבְּרוּת (בְּאמצעוּת לַוְיָין)
hookworm *n.* תּוֹלַעַת הַוָּו
hooky *n.*
– play hooky לְהִשְׁתַּמֵּט מִבֵּית־הַסֵּפֶר; לְהַבְרִיז
hooligan *n.* בִּרְיוֹן מִתְפָּרֵעַ; חוּלִיגָן
hoop *n.* חִישׁוּק; טַבַּעַת
hoop-la *n.* מִשְׂחַק קְלִיעָה בְּטַבָּעוֹת; פִּרְסוֹמֶת צַעֲקָנִית
hoorah, hooray הֵידָד
hoot *n.* קְרִיאַת יַנְשׁוּף; קְרִיאַת בּוּז; צְחוֹק; קוֹל צוֹפָר; צְפִירָה
– not care a hoot/two hoots לֹא אִכְפַּת לוֹ בִּכְלָל
hoot *v.* לִצְפּוֹר (בְּ־); לְהַשְׁמִיעַ קְרִיאָה; לִשְׁרוֹק בּוּז לְ־
hoover *n., v.* שׁוֹאֵב אָבָק; לְנַקּוֹת בְּשׁוֹאֵב אָבָק
hooves *plural of* hoof פְּרָסוֹת
hop *n.* כְּשׁוּת (צמח)
hop *n.* קִיפּוּץ; נִיתּוּר; טִיסָה קְצָרָה; דִּילּוּג
hop *v.* לְקַפֵּץ עַל רֶגֶל אַחַת; לְנַתֵּר; לִקְפּוֹץ
hope *n.* תִּקְוָה
– give up hope לְאַבֵּד תִּקְוָה
– raise his hopes לְעוֹרֵר צִיפִּיּוֹת / תִּקְווֹת בְּלִבּוֹ
hope *v.* לְקַוּוֹת; לְיַיחֵל לְ־
hopeful *adj.* מָלֵא תִּקְוָה; מְעוֹדֵד; מַבְטִיחַ
hopefully *adv.* בְּתִקְוָה; מִתּוֹךְ תִּקְוָה; יֵשׁ לְקַוּוֹת שֶׁ־
hopeless *adj.* חֲסַר תִּקְוָה; לְלֹא תַּקָּנָה
hopelessly *adv.* לְלֹא תִּקְוָה / תַּקָּנָה; בְּיֵיאוּשׁ
hopelessness *n.* חוֹסֶר תִּקְוָה; יֵיאוּשׁ
hopscotch *n.* קְלַאס (מִשְׂחָק)
horde *n.* הָמוֹן
horizon *n.* אוֹפֶק
horizontal *adj.* אוֹפְקִי; מְאוּזָּן
horizontal bar *n.* מֶתַח (מכשיר התעמלות)
horizontally *adv.* בִּמְאוּזָּן; בְּקַו אוֹפְקִי
hormone *n.* הוֹרְמוֹן
horn *n.* קֶרֶן; צוֹפָר
hornet *n.* צִרְעָה
– stir up a hornet's nest לְהִיכָּנֵס לְקַן צְרָעוֹת; לְעוֹרֵר "עֲלִיהוּם"
horny *adj.* קַרְנִי; מְיוּבָּל; חַרְמָן

H

horoscope *n.* הורוסקופ
horrendous *adj.* זוועתי; מְזַעְזֵעַ; אָיוֹם
horrible *adj.* זוועתי; מַחֲרִיד; נוֹרָא
horribly *adv.* בְּאוֹפֶן מַחֲרִיד; נוֹרָא
horrid *adj.* אָיוֹם; נוֹרָא
horrific *adj.* מַחֲרִיד; מְזַעְזֵעַ
horrify *v.* (horrified) לְהַחֲרִיד; לְזַעְזֵעַ
horrifying *adj.* מַחרִיד; מְזַעְזֵעַ
horror *n.* אֵימָה; זְווָעָה; סְלִידָה
–have a horror of לִשְׂנוֹא; לְתָעֵב
horror story/film *n.* סִיפּוּר / סֶרֶט אֵימָה
horror-struck/-stricken *adj.* מוּכֵּה אֵימָה
hors d'œuvres *n.* מְתַאַבְנִים
horse *n.* סוּס; חֵיל פָּרָשִׁים; מִתקָן לְיִיבּוּשׁ בְּגָדִים; "חֲמוֹר"; הֶרוֹאִין
–a dark horse אָדָם שֶׁמְּהַוֶוה תַּעֲלוּמָה
–back the wrong horse לְהַמֵּר עַל הַסּוּס הַלֹּא נָכוֹן
–be/get on your high horse לְהִתְנַהֵג בְּיְהִירוּת; לְהִתְנַשֵּׂא
–hold your horses לְחַכּוֹת רֶגַע; לְרַסֵּן אֶת עַצמוֹ
–from the horse's mouth מִמָּקוֹר רִאשׁוֹן
horse *v.*
–horse about/around לְהִשׁתּוֹלֵל
horseback *n.*
–on horseback (רָכוּב) עַל סוּס
horseman *n.* רוֹכֵב; פָּרָשׁ
horsemanship *n.* אוּמָנוּת הָרְכִיבָה עַל סוּס
horseplay *n.* מִשׂחָק פָּרוּעַ
horsepower *n.* כּוֹחַ-סוּס
horseradish *n.* חֲזֶרֶת (צמח)
horseshoe *n.* פַּרסַת-בַּרזֶל
horsetrading *n.* מִיקָּח וּמִמכָּר
horsewoman *n.* רוֹכֶבֶת
horticulture *n.* גַּנָּנוּת; חַקלָאוּת
hose *n.* צִינוֹר; זַרנוּק; גַּרבַּיִים
hose *v.* לְהַשׁקוֹת בְּצִינוֹר; לִשׁטוֹף בְּצִינוֹר
hosiery *n.* גַּרבַּיִים וּלְבָנִים
hospitable *adj.* מַכנִיס אוֹרְחִים; מַסבִּיר פָּנִים

hospitably *adv.* בְּסֵבֶר פָּנִים יָפוֹת
hospital *n.* בֵּית-חוֹלִים
hospitality *n.* הַכנָסַת אוֹרְחִים; אֵירוּחַ
hospitalization *v.* אִישְׁפּוּז
hospitalize *v.* לְאַשְׁפֵּז
host *n.* הָמוֹן
host *n.* מְאָרֵחַ; פּוּנדְקַאי (לטַפִּילִים); מַנחֶה (אֵירוּעַ)
host *v.* לְאָרֵחַ; לְהַנחוֹת
hostage *n.* בֶּן-עֲרוּבָּה
hostel *n.* אַכסַניָה
hostess *n.* מְאָרַחַת; דַּיֶּילֶת; נַעֲרַת לִיווּי; מַנחָה
hostile *adj.* עוֹיֵן; -אוֹיֵב
hostile takeover *n.* הִשׁתַּלטוּת עוֹיֶנֶת (עַל חֶברָה)
hostilities *n.* מַעֲשֵׂי אֵיבָה; קְרָבוֹת
hostility *n.* אֵיבָה; עוֹינוּת
hot *adj.* חַם; חָרִיף; דָלוּק עַל-; מַדלִיק; לוֹהֵט; עַז
–be hot on his trail עוֹמֵד לִתפּוֹס אוֹתוֹ; קָרוֹב לְהַשִּׂיגוֹ
–get into hot water לְהִסתַּבֵּךְ בְּצָרוֹת
–blow hot and cold לִהיוֹת הֲפַכְפַּךְ
–hot news חֲדָשׁוֹת טְרִיּוֹת
–hot under the collar נִרגָז
hot *v.* –hot up לְהִתחַמֵּם; לְהִתגַבֵּר
hot air *n.* סְתָם דִיבּוּרִים; דַאווִין
hot-air balloon *n.* כַּדוּר פּוֹרֵחַ
hotbed *n.* חֲמָמָה (לפשע וכד')
hot dog *n.* נַקנִיקִית בְּלַחמָנִיָּה
hotel *n.* בֵּית-מָלוֹן
hotelier *n.* מְלוֹנַאי
hotfoot *adv., v.* בְּלַהִיטוּת; בִּמהִירוּת
–hotfoot it לָלֶכֶת בִּמהִירוּת
hothead *n.* חֲמוּם-מוֹחַ
hot-headed *adj.* חֲמוּם-מוֹחַ
hothouse *n.* חֲמָמָה
hot line *n.* טֶלֶפוֹן אָדוֹם; קַו יָשִׁיר
hotly *adv.* בְּלַהַט; נִמרָצוֹת; קָרוֹב; בְּאוֹפֶן צָמוּד
hot potato *n.* עִניָין שֶׁעֲלוּלִים לְהִיכָּווֹת בּוֹ
hotshot *n.* מוּכשָׁר מְאוֹד; מוּמחֶה גָדוֹל

hot spot *n.* מוֹקֵד מְתִיחוּת / בְּעֵירָה; מַצָּב קָשֶׁה; מָקוֹם בִּילּוּי מַדלִיק; אֵיזוֹר מְזוֹהָם
hot stuff *n.* מַשֶּׁהוּ מַשֶּׁהוּ; מְצוּיָּן; מַדלִיק; חוֹמֶר אָסוּר
hot-tempered *adj.* רַגזָן; עַצבָּנִי
hot-water bottle *n.* בַּקבּוּק חַם
hound *n., v.* כֶּלֶב־צַיִד; לִרדוֹף; לְהָצִיק לְ־
hour *n.* שָׁעָה
–after hours אַחֲרֵי שְׁעוֹת הָעֲבוֹדָה
–for hours זְמַן רַב; שָׁעוֹת אֲרוּכּוֹת
hourglass *n.* שְׁעוֹן חוֹל
hourly *adj., adv.* שֶׁל כָּל שָׁעָה; מַתמִיד; כָּל שָׁעָה; פַּעַם בְּשָׁעָה; בְּכָל שָׁעָה / רֶגַע; לְפִי שְׁעַת עֲבוֹדָה
house *adj.* שֶׁל הַבַּיִת; בֵּיתִי; פְּנִימִי
house *n.* בַּיִת; מָעוֹן; שׁוֹשֶׁלֶת; בֵּית־מִסחָר; בֵּית־נִבחָרִים; קָהָל בְּתֵיאַטרוֹן; הַצָּגָה
–bring the house down לִזכּוֹת בִּתשׁוּאוֹת סוֹעֲרוֹת
–get on like a house on fire לְהִתיַידֵד מַהֵר מְאוֹד
–move house לַעֲבוֹר דִירָה
–on the house חִינָם; עַל חֶשׁבּוֹן בַּעַל הַבַּיִת
–put your house in order לַעֲשׂוֹת סֵדֶר בְּעִנייָנָיו הוּא; לַעֲשׂוֹת בֶּדֶק בַּיִת
house *v.* לְשַׁכֵּן; לָתֵת מַחסֶה לְ־; לְאַכסֵן; לְאַחסֵן
house arrest *n.* מַעֲצַר־בַּיִת
houseboat *n.* סִירַת מְגוּרִים
housebound *adj.* מְרוּתָּק לְבֵיתוֹ
housebreaker *n.* פּוֹרֵץ
housebreaking *n.* פְּרִיצָה (שׁוֹד)
housebroken *adj.* מְאוּלָּף לֹא לַעֲשׂוֹת צְרָכִים בַּבַּיִת
household *n., adj.* בְּנֵי־בַּיִת; מִשפָּחָה; בֵּית־אָב; מֶשֶׁק־הַבַּיִת; בֵּיתִי
householder *n.* בַּעַל־בַּיִת
household name *n.* שֵׁם דָבָר; שֵׁם יָדוּעַ לַכּוֹל
household word *n.* שֵׁם יָדוּעַ לַכּוֹל; שֵׁם דָבָר
housekeeper *n.* מְנַהֶלֶת מֶשֶׁק־בַּיִת
House of Commons *n.* בֵּית־הַנִבחָרִים
housetops *n.*
–from the housetops בְּרֹאשׁ חוּצוֹת
house-trained *adj.* מְאוּלָּף לֹא לַעֲשׂוֹת צְרָכִים בַּבַּיִת
house-warming *n.* חֲנוּכַּת־בַּיִת
housewife *n.* עֲקֶרֶת־בַּיִת
housework *n.* עֲבוֹדוֹת הַבַּיִת
housing *n.* שִׁיכּוּן; מַעֲטֶה; בַּיִת
housing estate *n.* שִׁיכּוּן (שְׁכוּנָה)
housing project *n.* שִׁיכּוּנִים מֶמשַׁלתִּיִים
housing starts *n.* הַתחָלוֹת בְּנִייָה
hove *v. past and 3rd form of* heave
hover *v.* לְרַחֵף; לְהִסתוֹבֵב לְיַד־; לְהַמתִין; לְפַרפֵּר
hovercraft *n.* רַחֶפֶת
how *adv.* אֵיךְ; בְּאֵיזֶה מַצָּב
–How about...? מַה בְּדָבָר...?; מַה דַעתְּךָ עַל...?
–How come...? אֵיךְ זֶה שֶׁ...?; לָמָּה...?
–How do you do? נָעִים מְאוֹד
–How many (bottles)... כַּמָּה (בַּקבּוּקִים)...?
–How much (water)...? כַּמָּה (מַיִם)...?
howdy שָׁלוֹם!
however *conj.* אוּלָם; בְּכָל זֹאת
however *adv.* אֵיךְ / כַּמָּה שֶׁלֹּא; כְּכָל שֶׁ־
howl *n.* יְלָלָה; צְווָחָה; נְהִימַת בּוּז; יְבָבָה
howl *v.* לְיַילֵל; לִצווֹחַ
HQ מִפקָדָה; מַטֶּה
hub *n.* טַבּוּר; מֶרכָּז
hubbub *n.* שָׁאוֹן; הֲמוּלָה
hubcap *n.* כּוֹבַע הַטַבּוּר; צַלַּחַת (בַּגַלגַל)
huckleberry *n.* אוּכמָנִית
huckster *n.* רוֹכֵל; רַעיוֹנַאי
huddle *n.* קְבוּצָה צְפוּפָה; עִרבּוּבְיָה; הִסתוֹדְדוּת
huddle *v.* לְצוֹפֵף; לְהִצטוֹפֵף; לְהִצטַנֵף
–go into a huddle לְהִסתוֹדֵד
hue *n.* גֶוֶון; צֶבַע; צְעָקוֹת
–hue and cry צְעָקוֹת; קוֹלוֹת מְחָאָה
huff *n.* הַתקָפַת רוֹגֶז; בְּרוֹגֶז

H

huff *v.* לִנשוֹף; "לְהִתנַפֵּחַ"; לְהִתרַגֵּז

–**huff and puff** לְהִתנַשֵּף

hug *n., v.* חִיבּוּק חָזָק; לְחַבֵּק; לְהִיצָמֵד ל־

huge *adj.* עֲנָקִי; עָצוּם

hulk *n.* גְוויָה (גוּף ספינה); גְרוּטָה; עֲנָק גוֹלְמָנִי

hulking *adj.* מְגוּשָם; כָּבֵד

hull *n.* גוּף אוֹנִיָיה; תוֹבָּה (שֶל טַנק)

hull *n., v.* קְלִיפָּה (של אפונה, אורז וכד'); לְקַלֵף

hullabaloo *n.* מְהוּמָה

hullo הַלוֹ!; שָלוֹם!

hum *n.* זִמזוּם; הֶמְיָה; הִמהוּם; שָאוֹן

hum *v.* לְזַמזֵם; לִהיוֹת שוֹקֵק חַיִים; לְהַמהֵם

human *adj., n.* שֶל (הָ)אָדָם; אֱנוֹשִי; אָדָם

–**human error** טָעוּת אֱנוֹש

human being *n.* אָדָם

humane *adj.* (בַּעַל יַחַס) אֱנוֹשִי

humanely *adv.* בְּצוּרָה אֱנוֹשִית

humanism *n.* הוּמָנִיזם; הוּמָנִיוּת

humanist *n.* הוּמָנִיסט

humanitarian *adj.* הוּמָנִיטָרִי; פּוֹעֵל לְרווחַת הָאָדָם

humanities *n.* מַדָעֵי הָרוּחַ

humanity *n.* הָאֱנוֹשוּת; אֱנוֹשִיוּת

humanize *v.* לַהֲפוֹך לֶאֱנוֹשִי (יוֹתֵר); לְהַאֲנִיש

humankind *n.* הַמִין הָאֱנוֹשִי

humanly *adv.* בְּיַד אֱנוֹש; כְּאָדָם

humanoid *n., adj.* (רוֹבּוֹט) דְמוּי אָדָם

human race *n.* הַגֶזַע הָאֱנוֹשִי

human resources *n.* מַשאַבֵּי אֱנוֹש

human rights *n.* זְכוּיוֹת הָאָדָם

humble *adj.* עָנָיו; כָּנוּעַ; בְּמַעֲמָד נָמוּך; דַל; צָנוּעַ; עָלוּב

–**eat humble pie** לֶאֱכוֹל אֶת הַכּוֹבַע

humble *v.* לְהַשפִּיל; לְהַכנִיעַ

humbly *adv.* בְּהַכנָעָה; בַּעֲנָוָוה

humbug *n.* הוֹנָאָה; אֲחִיזַת־עֵינַיִים; שְטוּיוֹת

humdrum *adj.* מְשַעֲמֵם; שִגרָתִי

humid *adj.* לַח; רָטוֹב

humidity *n.* לַחוּת

humiliate *v.* לְהַשפִּיל; לְבַיֵיש

humiliating *adj.* מַשפִּיל

humiliation *n.* הַשפָּלָה; עֶלבּוֹן

humility *n.* עֲנָוָוה; כְּנִיעוּת

hummingbird *n.* קוֹלִיבְּרִי; יוֹנֵק הַדְבַש

hummock *n.* תֵל; גִבעָה קְטַנָה

humorist *n.* הוּמוֹרִיסטָן; בַּדחָן

humorous *adj.* הוּמוֹרִיסטִי; מַצחִיק

humorously *adv.* בְּהוּמוֹר; בִּצחוֹק

humor, humour *n.* הוּמוֹר; מַצַב־רוּחַ

humor, humour *v.* לַעֲשוֹת רְצוֹן־; לְפַנֵק

hump *n.* דַבֶּשֶת; גִיבֶּנֶת

hunch *n.* תְחוּשָה פְּנִימִית; הַרגָשָה

hunchback *n.* גִיבֵּן

hundred מֵאָה

hundredfold *adj.* פִּי מֵאָה

hundredth *adj., n.* הַמֵאָה; מֵאִית

hung *v. past and 3rd form of* **hang**

hunger *n.* רָעָב; הִשתוֹקְקוּת; תְשוּקָה

hunger *v.* (for) לְהִשתוֹקֵק ל־

hunger strike *n.* שְבִיתַת־רָעָב

hungrily *adv.* בְּרַעַבתָנוּת

hungry *adj.* רָעֵב; שֶמְעוֹרֵר רָעָב; מִשתוֹקֵק ל־

hunk *n.* חֲתִיכָה עָבָה; חָתִיך

hunt *v., n.* לָצוּד; לְחַפֵּש; מָצוֹד; חִיפּוּש

–**hunt down** לַעֲרוֹך מָצוֹד אַחַר־; לִתפּוֹס (לְאַחַר מָצוֹד)

hunter *n.* צַיָיד

–**bargain hunter** מְחַפֵּש מְצִיאוֹת

hunting *n.* צַיִד

hurdle *n.* מְשוּכָה; מִכשוֹל

hurdle race *n.* רִיצַת מְשוּכוֹת

hurdy-gurdy *n.* תֵיבַת נְגִינָה

hurl *v.* לְהַשלִיך בְּכוֹחַ; לְהָטִיחַ

hurrah, hurray הֵידָד!

hurricane *n.* סוּפַת הוּרִיקָן

hurried *adj.* חָפוּז; נֶחפָּז

hurriedly *adv.* בְּחִיפָּזוֹן

hurry *n.* חִיפָּזוֹן; דְחִיפוּת

–**in a hurry** בְּחִיפָּזוֹן; מְמַהֵר; בְּקָרוֹב; בְּרָצוֹן; בְּקַלוּת

hurry *v.* (hurried) לְזָרֵז; לְמַהֵר

–Hurry up! הִזְדָרֵז!
hurt *n.*, *v.* פְּגִיעָה; פְּצִיעָה; לִפְצוֹעַ; לִפְגוֹעַ בּ־; לְהַכְאִיב ל־; לִכְאוֹב; לְהַזִּיק (ל־)
hurtful *adj.* פּוֹגֵעַ
hurtle *v.* לִיפּוֹל / לָעוּף בְּעוֹצְמָה
husband *n.* בַּעַל
husbandry *n.* חַקְלָאוּת (כּוֹלֵל מֶשֶׁק הַחַי)
hush *n.* דְּמָמָה; שֶׁקֶט
hush *v.* לְהַשְׁתִּיק; לִשְׁתּוֹק
–hush up לְהַשְׁתִּיק; לְהַסְתִּיר
hush-hush *adj.* סוֹדִי; חֲשָׁאִי
hush money *n.* דְּמֵי שְׁתִיקָה; שׁוֹחַד
husk *n.* קְלִיפָּה (שֶׁל אוֹרֶז, חִיטָה וכו'); מוֹץ
husky *adj.* צָרוּד; יָבֵשׁ; חָסוֹן
hustle *n.* פְּעִילוּת סוֹאֶנֶת; הֲמוּלָּה; הוֹנָאָה; רַמָּאוּת
–hustle and bustle פְּעִילוּת סוֹאֶנֶת; הֲמוּלָּה
hustle *v.* לִדְחוֹף בְּגַסּוּת; לִדְחוֹק בּ־; לְזָרֵז; לִמְכּוֹר / לְהַשִּׂיג בְּאוֹפֶן מְמוּלָּח; לְרַמּוֹת; לַעֲבוֹד כְּזוֹנָה
hustler *n.* אָדָם נִמְרָץ; רַמַּאי; זוֹנָה
hut *n.* בִּקְתָּה; צְרִיף
hutch *n.* כְּלוּב שְׁפַנִּים; אַרְגָּז
hyacinth *n.* יַקִּינְתּוֹן
hyaena *n.* צָבוֹעַ
hybrid *adj.* בֶּן־כִּלְאַיִים
hydrant *n.* בֶּרֶז־שְׂרֵיפָה
hydraulic *adj.* הִידְרוֹלִי
hydrofoil *n.* רַחֶפֶת
hydrogen *n.* מֵימָן
hydrogenated *adj.* רָווּי; מוּקְשֶׁה (שׁוּמָן, שֶׁמֶן)
hydrogen peroxide *n.* מֵי חַמְצָן
hydrophobia *n.* פַּחַד חוֹלָנִי מִמַּיִם; כַּלֶּבֶת
hyena *n.* צָבוֹעַ
hygiene *n.* הִיגְיֶינָה; גֲהוּת
hygienic *adj.* הִיגְיֶינִי
hygienically *adv.* בְּצוּרָה הִיגְיֶינִית
hygienist *n.* שִׁינָנִית
hymen *n.* קְרוּם הַבְּתוּלִים
hymn *n.* מִזְמוֹר הַלֵּל
hype *n.* פִּרְסוּם רַעֲשָׁנִי; יַחְצָנוּת מוּגְזֶמֶת
hyperactive *adj.* פְּעַלְתָּן יָתֵר; הִיפֶּרַאקְטִיבִי
hyperbole *n.* הַגְזָמָה
hyphen *n.* מַקָּף
hypnosis *n.* הִיפְּנוֹזָה
hypnotic *adj.* הִיפְּנוֹטִי
hypnotist *n.* מְהַפְּנֵט
hypnotize, hypnotise *v.* לְהַפְּנֵט
hypochondriac *adj.*, *n.* הִיפּוֹכוֹנְדְרִי; הִיפּוֹכוֹנְדֶר
hypocrisy *n.* צְבִיעוּת
hypocrite *n.* צָבוּעַ
hypocritical *adj.* צָבוּעַ
hypodermic *n.* מַזְרֵק
hypothesis *n.* הַנָּחָה; הִיפּוֹתֵיזָה
hypothetical *adj.* הִיפּוֹתֵיטִי
hysteria *n.* הִיסְטֶרְיָה
hysterical *adj.* הִיסְטֶרִי; מַצְחִיק עַד דְּמָעוֹת
hysterically *adv.* בְּהִיסְטֶרְיָה

H

I

I אֲנִי; אֶחָד (כְּסִפְרָה רוֹמִית)
ice *n.* קֶרַח; שַׁלְגּוֹן; גְּלִידָה
–cut no ice (with) לֹא לַעֲשׂוֹת רוֹשֶׁם (עַל־)
–keep something on ice לְהַקְפִּיא
–on thin ice עַל חֶבֶל דַּק
ice *v.* לְקָרֵר הֵיטֵב; לְכַסּוֹת בְּצִיפּוּי; לְחַסֵּל
–ice over/up לְהִתְכַּסּוֹת בְּקֶרַח; לִקְפּוֹא
Ice Age *n.* תְּקוּפַת הַקֶּרַח
iceberg *n.* קַרְחוֹן
ice cream *n.* גְּלִידָה
ice lolly *n.* שַׁלְגּוֹן
ice rink *n.* מִשְׁטַח הַחְלָקָה עַל קֶרַח
ice skates *n.* מַחֲלִיקַיִים
icicle *n.* נְטִיף־קֶרַח
icing *n.* צִיפּוּי לְעוּגָה; הִתְקָרְחוּת
icing sugar *n.* אַבְקַת סוּכָּר
icon *n.* אִיקוֹנִין; סֶמֶל גְּרָפִי (בְּמַחְשֵׁב); צַלְמִית; אֱלִיל
icy *adj.* קַר כְּקֶרַח; מְכוּסֶּה קֶרַח; צוֹנֵן; קַר
ID (תְּעוּדַת) זֶהוּת; זִיהוּי; לְזַהוֹת
I'd = I had; I would
idea *n.* רַעְיוֹן; מוּשָּׂג; דֵּעָה; תּוֹכְנִית
–you have no idea אֵין לְךָ מוּשָּׂג
ideal *adj.* אִידֵיאָלִי; מוּשְׁלָם
ideal *n.* אִידֵיאָל; מַשָּׂא־נֶפֶשׁ
idealism *n.* אִידֵיאָלִיזְם
idealist *n.* אִידֵיאָלִיסְט
idealize *v.* לִרְאוֹת / לְהַצִּיג כְּאִידֵיאָלִי
ideally *adv.* בְּמַצָּב אִידֵיאָלִי; בְּתַכְלִית הַשְּׁלֵמוּת
identical *adj.* בְּדִיּוּק אוֹתוֹ ה־; זֵהֶה
identically *adv.* בְּאוֹפֶן זֵהֶה
identical twins *n.* תְּאוֹמִים זֵהִים
identifiable *adj.* שֶׁנִּיתָּן לְזַהוֹתוֹ; נִיתָּן לְזִיהוּי
identification *n.* זִיהוּי; הִזְדַּהוּת; תְּעוּדָה מְזַהָה
identification parade *n.* מִסְדַּר זִיהוּי
identify *v.* (identified) לְזַהוֹת; לְהִזְדַּהוֹת; לְאַתֵּר
–identify with לְהִזְדַּהוֹת עִם־; לְזַהוֹת עִם־; לִרְאוֹת כְּזֵהֶה
–identify oneself with לִהְיוֹת מְזוּהֶה עִם
identikit *n.* קְלַסְתְּרוֹן
identity *n.* זֶהוּת
identity card *n.* תְּעוּדַת זֶהוּת
identity disc *n.* דִּיסְקִית זִיהוּי
identity parade *n.* מִסְדַּר זִיהוּי
ideological *adj.* אִידֵיאוֹלוֹגִי
ideologically *adv.* מִבְּחִינָה אִידֵיאוֹלוֹגִית
ideologist *n.* אִידֵיאוֹלוֹג
ideology *n.* אִידֵיאוֹלוֹגְיָה
IDF צַהַ״ל
idiocy *n.* אִידְיוֹטִיּוּת; טִמְטוּם מוּחְלָט
idiom *n.* נִיב; צֵירוּף מִלִּים; שָׂפָה מְיוּחֶדֶת
idiomatic *adj.* אִידְיוֹמָטִי
idiot *n.* אִידְיוֹט
idiotic *adj.* אִידְיוֹטִי
idle *adj.* בָּטֵל; מְחוּסַּר עֲבוֹדָה; מוּשְׁבָּת; שֶׁל בַּטָּלָה; עָצֵל; סְתָם; ־סְרָק; חֲסַר־שַׁחַר
idle *v.* לְהִתְבַּטֵּל; לְהִתְעַצֵּל; לַעֲבוֹד בְּהִילּוּךְ סְרָק
idleness *n.* בַּטְלָנוּת; בַּטָּלָה
idle time *n.* זְמַן בַּטֵּל
idly *adv.* בְּבַטָּלָה; בְּעַצְלָנוּת; כִּלְאַחַר יָד
–sit idly by לָשֶׁבֶת בְּחִיבּוּק יָדַיִים
idol *n.* פֶּסֶל; אֱלִיל; דָּבָר נַעֲרָץ
idolatry *n.* עֲבוֹדַת אֱלִילִים
idolize, idolise *v.* לְהַעֲרִיץ הַעֲרָצָה עִיוֶּורֶת
i.e. זֹאת אוֹמֶרֶת
if אִם; לוּ; אִילּוּ; אִם כִּי; כַּאֲשֶׁר
–if any אִם בִּכְלָל (יֵשׁ / יִהְיֶה)
–if anything אִם כְּבָר
–if at all אִם בִּכְלָל
–if ever אִם בִּכְלָל (אֵי פַּעַם)
–if it was/were not for אִילּוּלֵא; אִילְמָלֵא

–if I were you (I would...) אֲנִי בִּמְקוֹמְךָ הָיִיתִי...
–if only הַלְוַאי שֶׁ־; לוּ רַק־
–if so אִם כֵּן
–if you will/would... אִם תּוֹאִיל לְ־; אִם תִּרְצֶה לְ־
–it's not as if (אַחֲרֵי הַכּוֹל) אִי אֶפְשָׁר לוֹמַר שׁ־
ignite *v.* לְהַצִּית
ignition *n.* הַצָּתָה; מַנְגְּנוֹן הַצָּתָה
ignoble *adj.* שָׁפָל; מְגוּנֶּה; לֹא מְכוּבָּד
ignominious *adj.* מַחְפִּיר; מֵבִישׁ
ignominy *n.* חֶרְפָּה; מַעֲשֶׂה מֵבִישׁ; דֵּירָאוֹן
ignoramus *n.* בּוּר וְעַם הָאָרֶץ
ignorance *n.* (of) בּוּרוּת; אִי־יְדִיעָה
ignorant *adj.* (of) אֵינוֹ יוֹדֵעַ; בּוּר; שֶׁנּוֹבֵעַ מִבּוּרוּת
ignore *v.* לְהִתְעַלֵּם מ־
ilk *n.* סוּג
ill *adj.* חוֹלֶה; רַע; לֹא טוֹב
–fall ill; be taken ill לַחֲלוֹת
ill *adv.* לֹא; בְּאוֹפֶן גָּרוּעַ; רָעוֹת
–be/feel ill at ease לְהַרְגִּישׁ לֹא נוֹחַ
ill *n.* רָעָה; צָרָה
–speak ill of לְדַבֵּר סָרָה בּ־; לְדַבֵּר בִּגְנוּת
ill-advised *adj.* לֹא נָבוֹן
ill-bred *adj.* לֹא מְחוּנָּךְ
ill-disposed *adj.* מִתְנַגֵּד לְ־; לֹא יְדִידוּתִי כְּלַפֵּי־
illegal *adj.* לֹא חוּקִי
illegality *n.* אִי־חוּקִיּוּת
illegally *adv.* בְּאוֹפֶן לֹא חוּקִי
illegible *adj.* לֹא קָרִיא
illegitimacy *n.* אִי־חוּקִיּוּת
illegitimate *adj.* מַמְזֵר; שֶׁלֹּא מִנִּישּׂוּאִים; לֹא חוּקִי; פָּסוּל
ill-equipped *adj.* חָסֵר אֶת הַכֵּלִים; לֹא מַתְאִים
ill-fated *adj.* שֶׁסּוֹפוֹ רַע; מֵבִיא מַזָּל רַע
ill feeling *n.* אֵיבָה; טִינָה
ill health *n.* בְּרִיאוּת רוֹפֶפֶת
illicit *adj.* לֹא חוּקִי; אָסוּר
illicitly *adv.* שֶׁלֹּא כַּחוֹק
ill-informed *adj.* לֹא בָּקִי; בַּעַל מֵידָע מוּטְעֶה
illiteracy *n.* אַנְאַלְפָבֵּיתִיּוּת
illiterate *adj., n.* שֶׁאֵינוֹ יוֹדֵעַ קְרוֹא וּכְתוֹב; חֲסַר הַשְׂכָּלָה; אַנְאַלְפָבֵּית; בּוּר
illness *n.* חוֹלִי; מַחֲלָה
illogical *adj.* לֹא הֶגְיוֹנִי
ill-timed *adj.* בָּא בְּעִיתּוּי גָּרוּעַ
ill-treat *v.* לְהִתְאַכְזֵר אֶל־; לְהִתְעַלֵּל בּ־
illuminate *v.* לְהַבְהִיר; לְהָאִיר; לְקַשֵּׁט בְּאוֹרוֹת; לְקַשֵּׁט כְּתַב־יָד
illuminated *adj.* מוּאָר
illuminating *adj.* מֵאִיר עֵינַיִים
illumination *n.* הֶאָרָה; תְּאוּרָה
illusion *n.* אַשְׁלָיָה
illusionist *n.* קוֹסֵם; עוֹשֶׂה לְהָטִים
illusive *adj.* מְתַעְתֵּעַ; מַשְׁלֶה; כּוֹזֵב
illusory *adj.* מְתַעְתֵּעַ; מַשְׁלֶה; כּוֹזֵב
illustrate *v.* לְאַיֵּיר; לְהַדְגִּים
illustration *n.* אִיוּר; צִיוּר; הַדְגָּמָה
–by way of illustration בְּתוֹר דּוּגְמָה
illustrative *adj.* מַדְגִּים; מַבְהִיר
illustrator *n.* מְאַיֵּיר
illustrious *adj.* מְהוּלָּל; מְפוּרְסָם
illustriously *adv.* בְּאוֹפֶן מַזְהִיר
ill will *n.* טִינָה; עוֹיְנוּת
image *n.* דְּמוּת; פֶּסֶל; צֶלֶם; תַּדְמִית; דִּימּוּי; תְּמוּנָה; תְּמוּנָה בְּעֵינֵי רוּחוֹ; בָּבוּאָה
image processing *n.* עִיבּוּד תְּמוּנָה
imagery *n.* שִׁימּוּשׁ בְּדִימּוּיִים
imaginable *adj.* שֶׁנִּיתָּן לְהַעֲלוֹת עַל הַדַּעַת
imaginary *adj.* דִּמְיוֹנִי; מְדוּמֶּה
imagination *n.* דִּמְיוֹן
imaginative *adj.* בַּעַל דִּמְיוֹן; שֶׁיֵּשׁ בּוֹ דִּמְיוֹן
imagine *v.* לְתָאֵר לְעַצְמוֹ; לְדַמְיֵין; לְהָנִיחַ; לַחְשׁוֹב; לְהַעֲלוֹת עַל הַדַּעַת
imaging *n.* הַדְמָיָה
imbalance *n.* חוֹסֶר אִיזּוּן
imbecile *n.* אִידְיוֹט; מְטוּמְטָם; אִימְבֶּצִיל
imbibe *v.* לִשְׁתּוֹת; לִסְפּוֹג; לְקַבֵּל

imbroglio *n.* תִּסְבּוֹכֶת
imbue *v.* לְמַלֵּא; לְהַחְדִּיר
IMF קֶרֶן הַמַּטְבֵּעַ הַבֵּינלאוּמִית
imitate *v.* לְחַקּוֹת
imitation *n.* חִיקּוּי; זִיּוּף
immaculate *adj.* (נָקִי) לְלֹא רְבָב; מוּשְׁלָם
immaculately *adv.* לְלֹא דוֹפִי; לְלֹא רְבָב
immanent *adj.* אִימָּנֶנְטִי; טָבוּעַ (בּוֹ)
immaterial *adj.* לֹא מַהוּתִי; לֹא חָשׁוּב (ל־); לֹא גַשְׁמִי
immature *adj.* לֹא מְפוּתָּח; לֹא בָּשֵׁל; מוּקְדָּם מִדַּי
immeasurable *adj.* שֶׁאֵין לִמְדּוֹד אוֹתוֹ; עָצוּם
immediate *adj.* מִיָּדִי; הַקָּרוֹב בְּיוֹתֵר; יָשִׁיר
immediate family *n.* קְרוֹבִים מִדַּרְגָּה רִאשׁוֹנָה
immediately *adv.* מִיָּד; יְשִׁירוֹת; מִיָּד כְּשֶׁ־
immemorial *adj.*
–from/since time immemorial מֵאָז וּמֵעוֹלָם
immense *adj.* גָּדוֹל מְאוֹד; עָצוּם
immensely *adv.* בְּמִידָּה עֲצוּמָה; מְאוֹד מְאוֹד
immerse *v.* לִטְבּוֹל; לְהַשְׁרוֹת; לִשְׁקוֹעַ
immigrant *n., adj.* מְהַגֵּר; שֶׁל מְהַגְּרִים
immigrate *v.* לְהַגֵּר
immigration *n.* הֲגִירָה; עֲלִיָּיה
imminent *adj.* מְמַשְׁמֵשׁ וּבָא; קָרוֹב
immobile *adj.* לֹא נַיָּד; שֶׁאֵינוֹ זָז; לְלֹא נִיעַ
immobility *n.* אִי־נַיָּידוּת; חוֹסֶר תְּנוּעָה
immobilize *v.* לִגְרוֹם שֶׁלֹּא יָנוּעַ; לְשַׁתֵּק
immodest *adj.* לֹא צָנוּעַ; שַׁחְצָנִי
immolate *v.* לְהַקְרִיב; לְהַצִּית עַצְמוֹ
immoral *adj.* לֹא מוּסָרִי; מוּשְׁחָת
immorality *n.* אִי־מוּסָרִיּוּת; פְּרִיצוּת; מַעֲשֶׂה בִּלְתִּי מוּסָרִי
immortal *adj.* בֶּן־אַלְמָוֶות; נִצְחִי
immortality *n.* אַלְמָוֶות; נִצְחִיּוּת
immortalize, immortalise *v.* לְהַנְצִיחַ
immovable *adj.* דְּלָא־נַיָּידֵי; קָבוּעַ בִּמְקוֹמוֹ; אֵיתָן (בְּדַעְתּוֹ)
immune *adj.* מְחוּסָּן; מוּגָן (מִפְּנֵי)
immune system *n.* מַעֲרֶכֶת הַחִיסּוּן
immunity *n.* (from) חֲסִינוּת (מִפְּנֵי־)
immunization *n.* חִיסּוּן
immunize *v.* לְחַסֵּן (נֶגֶד)
imp *n.* שֵׁדוֹן; יֶלֶד שׁוֹבָב
impact *n.* הִתְנַגְּשׁוּת; עוֹצְמַת מַכָּה; הַשְׁפָּעָה
–on impact בְּעֵת הַהִתְנַגְּשׁוּת / הַפְּגִיעָה
impair *v.* לְהַחֲלִישׁ; לְהַזִּיק ל־
impairment *n.* הַחֲלָשָׁה; הִינָּזְקוּת
impale *v.* (on) לִנְעוֹץ; לְשַׁפֵּד (בּ־)
impart *v.* לִמְסוֹר; לָתֵת; לְהַקְנוֹת
impartial *adj.* לֹא מְשׁוּחָד; הוֹגֵן; חֲסַר פְּנִיּוֹת
impartiality *n.* אִי מַשּׂוֹא־פָּנִים
impartially *adv.* לְלֹא מַשּׂוֹא־פָּנִים
impasse *n.* מָבוֹי סָתוּם
impatience *n.* חוֹסֶר סַבְלָנוּת
impatient *adj.* מְצַפֶּה בְּקוֹצֶר־רוּחַ (ל־); קְצַר־רוּחַ; חֲסַר־סַבְלָנוּת
impatiently *adv.* בְּחוֹסֶר סַבְלָנוּת
impeachment *n.* הֲלִיךְ הַדָּחָה (שֶׁל נָשִׂיא)
impeccable *adj.* לְלֹא דוֹפִי; מוּשְׁלָם
impecunious *adj.* חֲסַר כֶּסֶף
impede *v.* לְהַפְרִיעַ ל־; לְעַכֵּב
impediment *n.* פְּגַם (בְּדִיבּוּר); מִכְשׁוֹל
impel *v.* לִדְחוֹף; לְאַלֵּץ
impending *adj.* מְמַשְׁמֵשׁ וּבָא; עוֹמֵד לְהִתְרַחֵשׁ
impenetrable *adj.* בִּלְתִּי חָדִיר
imperative *adj.* דָּחוּף; חִיּוּנִי; הֶכְרֵחִי; שֶׁאֵין לְעַרְעֵר עָלָיו; סַמְכוּתִי; שֶׁל צִיוּוּי
imperceptible *adj.* שֶׁאִי־אֶפְשָׁר לְהַבְחִין בּוֹ; קַל בְּיוֹתֵר (שִׁינּוּי); לֹא מוּחָשׁ
imperfect *adj.* פָּגוּם; לָקוּי; לֹא מוּשְׁלָם
imperial *adj.* שֶׁל אִימְפֶּרְיָה; קֵיסָרִי; נֶהְדָּר; מְפוֹאָר; תִּקְנִי (בְּאַנְגְלִיָּה)
imperialism *n.* אִימְפֶּרְיָאלִיזְם
imperialist *n., adj.* אִימְפֶּרְיָאלִיסְט(י)
imperil *v.* לְסַכֵּן; לְהַעֲמִיד בְּסַכָּנָה
imperishable *adj.* לֹא מִתְכַּלֶּה; לֹא נִשְׁמָד; בַּל יִימָּחֶה

impermeable *adj.* בִּלְתִּי חָדִיר; אָטִים
impersonal *adj.* לֹא אִישִׁי; חֲסַר יַחַס אִישִׁי; סְתָמִי
impersonate *v.* לְהִתְחַזּוֹת לְ־; לְחַקּוֹת
impersonation *n.* הִתְחַזּוּת; חִיקּוּי
impersonator *n.* חַקְיָין; מִתְחַזֶּה
impertinence *n.* חוּצְפָּה
impertinent *adj.* חָצוּף
impervious *adj.* (to) לֹא חָדִיר (לְ־); אָטוּם לְ־; לֹא מוּשְׁפָּע (מְ־)
impetuous *adj.* נִמְהָר; פָּזִיז; אִימְפּוּלְסִיבִי
impetuously *adv.* בִּפְזִיזוּת; בְּהִתְפָּרְצוּת
impetus *n.* תְּנוּפָה; דַּחַף; דְּחִיפָה
impinge *v.* (on) לִגְזוֹל מְ־(זְמַנּוֹ); לְהַשְׁפִּיעַ עַל־
impious *adj.* רָשָׁע; חֲסַר יִרְאַת שָׁמַיִם
implant *v.* לְהַחְדִּיר; לִנְטוֹעַ (בְּ־); לְהַשְׁתִּיל
implant *n.* הַשְׁתָּלָה; שֶׁתֶל
implausible *adj.* לֹא סָבִיר
implement *n.* כְּלִי; מַכְשִׁיר
implement *v.* לְיַישֵּׁם; לְבַצֵּעַ
implementation *n.* יִישּׁוּם
implicate *v.* (in) לְסַבֵּךְ; לְעָרֵב (בְּ־)
implication *n.* הִסְתַּבְּכוּת; מְעוֹרָבוּת; מַה שֶּׁמִּשְׁתַּמֵּעַ; הַשְׁלָכָה
–by implication עפ״י מַה שֶּׁמִּשְׁתַּמֵּעַ מֵהַדְּבָרִים
implicit *adj.* מְרוּמָּז; שֶׁמִּשְׁתַּמֵּעַ; לְלֹא סִייָג
implicitly *adv.* בִּמְרוּמָּז; לְלֹא סִייָג
implied *adj.* מְרוּמָּז; מִשְׁתַּמֵּעַ
implore *v.* לְהַפְצִיר; לְהִתְחַנֵּן לְ־
imploringly *adv.* בְּתַחֲנוּנִים
imply *v.* (implied) לִרְמוֹז; לִרְצוֹת לוֹמַר; לִהְיוֹת פֵּירוּשׁוֹ; לְהִשְׁתַּמֵּעַ מִכָּךְ
impolite *adj.* לֹא מְנוּמָּס
impoliteness *n.* חוֹסֶר נִימּוּס
import *n.* יְבוּא; כַּוָּונָה; מַשְׁמָעוּת; חֲשִׁיבוּת
import *v.* לְיַיבֵּא; לְהָבִיא; לִהְיוֹת מַשְׁמָעוּתוֹ; לְצַיֵּין
importance *n.* חֲשִׁיבוּת; עֵרֶךְ
important *adj.* חָשׁוּב; בַּעַל הַשְׁפָּעָה; נִכְבָּד
importation *n.* יִיבּוּא; יְבוּא
importer *n.* יְבוּאָן

importune *v.* לְהַפְצִיר לְלֹא הֶרֶף
impose *v.* לְהַטִּיל (מס, איסור וכו׳); לִכְפּוֹת; לְנַצֵּל
imposing *adj.* מַרְשִׁים מְאוֹד
imposition *n.* הֲטָלָה; מַס; נֵטֶל; קְנָס; דְּרִישָׁה מוּפְרֶזֶת; נִיצּוּל
impossible *adj.* בִּלְתִּי אֶפְשָׁרִי; בִּלְתִּי נִסְבָּל
impostor *n.* מִתְחַזֶּה; נוֹכֵל
impotence *n.* חוֹסֶר כּוֹחַ־גַּבְרָא; אֵין־אוֹנוּת; חוֹסֶר אוֹנִים; קוֹצֶר יָד
impotent *adj.* חֲסַר־אוֹנִים; חֲסַר כּוֹחַ־גַּבְרָא; אִימְפּוֹטֶנְט
impound *v.* לְהַחֲרִים; לִכְלוֹא
impoverish *v.* לְרוֹשֵׁשׁ; לְדַלְדֵּל
impractical *adj.* לֹא מַעֲשִׂי
imprecise *adj.* לֹא מְדוּיָּק
imprecisely *adv.* בְּאוֹפֶן לֹא מְדוּיָּק; בִּמְעוּרְפָּל
impregnable *adj.* לֹא נִיתָּן לְכִיבּוּשׁ
impregnate *v.* (with) לְמַלֵּא; לְהַסְפִּיג; לְהָרוֹת (בְּ־); לְעַבֵּר
impresario *n.* אֲמַרְגָּן
impress *v.* לְהַרְשִׁים; לַעֲשׂוֹת רוֹשֶׁם עַל־; לְהַטְבִּיעַ; לְהַחְתִּים
–impress on/upon לְהַשְׁאִיר רִישׁוּמוֹ עַל־; לְהַדְגִּישׁ בִּפְנֵי־
impression *n.* רוֹשֶׁם; הִתְרַשְּׁמוּת; מִטְבָּע; טְבִיעָה; הַדְפָּסָה; חִיקּוּי
impressionable *adj.* שֶׁמּוּשְׁפָּע בְּקַלּוּת
impressive *adj.* מַרְשִׁים
impressively *adv.* בְּאוֹפֶן מַרְשִׁים
imprint *n.* סִימָן מוּטְבָּע; חוֹתָם; רִישּׁוּם
imprint *v.* לְהַטְבִּיעַ בְּ־; לַחֲרוֹת בְּ־; לְהַדְפִּיס; לְהַטְבִּיעַ (חוֹתָם)
imprison *v.* לִכְלוֹא; לֶאֱסוֹר
imprisonment *n.* מַאֲסָר; כְּלִיאָה
improbability *n.* אִי־סְבִירוּת
improbable *adj.* לֹא סָבִיר
impromptu *adj., adv.* מְאוּלְתָּר; לְלֹא הֲכָנָה
improper *adj.* לֹא הוֹלֵם; לֹא יָאֶה; לֹא נָכוֹן; מוּטְעֶה; גַּס; מְגוּנֶּה; לֹא כָּשֵׁר (עִסְקָה וכו׳)

I

improperly *adv.* לֹא יָפֶה; לֹא כַּהֲלָכָה; לֹא כַּדִּין
impropriety *n.* הִתְנַהֲגוּת לֹא הוֹלֶמֶת; מַעֲשֶׂה מְגוּנֶּה / לֹא הוֹלֵם
improve *v.* לְשַׁפֵּר; לְהִשְׁתַּפֵּר; לְהַשְׁבִּיחַ
–**improve on** לְשַׁפֵּר; לְהַשִּׂיג תּוֹצָאָה טוֹבָה יוֹתֵר
improvement *n.* שִׁיפּוּר; הֲטָבָה; הִשְׁתַּפְּרוּת; הַשְׁבָּחָה
improvisation *n.* אִלְתּוּר
improvise *v.* לְאַלְתֵּר
imprudent *adj.* לֹא נָבוֹן; לֹא זָהִיר
impudence *n.* חוּצְפָּה
impudent *adj.* חָצוּף
impugn *v.* לְפַקְפֵּק בְּ־
impulse *n.* דַּחַף; דַּחַף רִגְעִי; דּוֹפֶק; פּוּלְס; דְּחִיפָה; תְּנוּפָה
impulsive *adj.* פַּרְצָנִי; אִימְפּוּלְסִיבִי
impulsively *adv.* בְּאוֹפֶן אִימְפּוּלְסִיבִי
impunity *n.* –**with impunity** לְלֹא חֲשַׁשׁ מִפְּגִיעָה / מֵעוֹנֶשׁ
impure *adj.* לֹא טָהוֹר; מְזוֹהָם
impurity *n.* אִי־טָהֳרָה; טוּמְאָה; זִיהוּם; גּוֹרֵם מְזַהֵם
–**impurities** מְזַהֲמִים; פְּסוֹלֶת
in *adj., adv.* בַּבַּיִת; בַּעֲבוֹדָה; בָּאוֹפְנָה; בַּשִּׁלְטוֹן; נִבְחַר; מְכַהֵן; נִמְצָא; הִגִּיעַ; נֶאֱסַף; בָּעוֹנָה; בְּמַצָּב שֶׁל גֵּאוּת; נִכְנַס; פְּנִימָה; בִּפְנִים
–**be in for** לְהִשְׁתַּתֵּף; לִהְיוֹת צָפוּי לְ־
in *prep.* בְּ־; מִתּוֹךְ־; לְתוֹךְ־; לְ־; בְּתוֹךְ־; בְּעוֹד; לָבוּשׁ; חוֹבֵשׁ; עוֹסֵק בְּ־
–**in all** בְּסַךְ הַכּוֹל
–**in an hour** בְּעוֹד שָׁעָה
–**in itself** כְּשֶׁלְּעַצְמוֹ
inability *n.* אִי־יְכוֹלֶת
inaccessible *adj.* לֹא נָגִישׁ; שֶׁאֵין לְהַשִּׂיגוֹ
inaccuracy *n.* אִי־דִּיּוּק
inaccurate *adj.* לֹא מְדוּיָּק
inaccurately *adv.* בְּצוּרָה לֹא מְדוּיֶּקֶת
inaction *n.* אִי נְקִיטַת פְּעוּלָּה; חוֹסֶר מַעַשׂ; אוֹזְלַת־יָד
inactive *adj.* לֹא פָּעִיל; לֹא פּוֹעֵל
inadequacy *n.* אִי־כְּשִׁירוּת; מַצָּב שֶׁאֵינוֹ מְסַפֵּק; מִגְרַעַת
inadequate *adj.* לֹא מְסַפֵּק; לֹא מַסְפִּיק; לֹא מַתְאִים; לֹא כָּשִׁיר; חֲסַר אוֹנִים
inadequately *adv.* בְּמִידָּה לֹא מַסְפֶּקֶת
inadmissible *adj.* לֹא קָבִיל
inadvertent *adj.* שֶׁלֹּא בְּכַוָּונָה; שֶׁבְּהֶיסַּח הַדַּעַת
inadvertently *adv.* בְּהֶיסַּח הַדַּעַת; בִּשְׁגָגָה
inadvisable *adj.* לֹא רָצוּי; לֹא מוּמְלָץ
inane *adj.* טִיפְּשִׁי; רֵיק
inanimate *adj.* דּוֹמֵם; לֹא חַי; חֲסַר חַיִּים; מְשַׁעֲמֵם
inanity *n.* טִיפְּשׁוּת; הֶבֶל
inapplicable *adj.* (to) שֶׁאֵינוֹ חָל עַל־; לֹא יָשִׂים
inappreciable *adj.* לֹא נִיכָּר; אַפְסִי
inappropriate *adj.* (to) לֹא מַתְאִים; לֹא הוֹלֵם
inapt לֹא לָעִנְיָין; לֹא מַתְאִים; לֹא מוּכְשָׁר
inaptitude *n.* אִי־שַׁיָּיכוּת לָעִנְיָין; שְׁלוּמִיאֵלִיּוּת; חוֹסֶר כִּישָׁרוֹן
inarticulate *adj.* לֹא בָּרוּר; מִתְקַשֶּׁה לְהִתְבַּטֵּא
inasmuch as הוֹאִיל וְ־
inattention *n.* (to) אִי־תְּשׂוּמֶת־לֵב (לְ־)
inaudible *adj.* שֶׁאֵינוֹ נִשְׁמָע
inaugurate *v.* לְהַכְנִיס לְתַפְקִיד; לְהַשְׁבִּיעַ; לַחֲנוֹךְ; לִפְתּוֹחַ (עִידָּן חָדָשׁ); לְהַתְחִיל
inauguration *n.* הַשְׁבָּעָה; חֲנוּכָּה; פְּתִיחָה
inauspicious *adj.* מְבַשֵּׂר רַע; בִּישׁ מַזָּל
inborn *adj.* מוּלָּד; מִלֵּידָה
incalculable *adj.* בַּל יְשׁוּעַר; שֶׁאֵין לְחַשְּׁבוֹ
incantation *n.* לַחַשׁ; מִלּוֹת כִּישּׁוּף
incapable *adj.* (of) לֹא מְסוּגָּל (לְ־); חֲסַר יְכוֹלֶת
incapacitate *v.* לִשְׁלוֹל יְכוֹלֶת; לַעֲשׂוֹת לְנָכֶה; לְהוֹצִיא מִכְּלַל פְּעוּלָּה
incapacity *n.* חוֹסֶר יְכוֹלֶת / אוֹנִים
incarcerate *v.* לִכְלוֹא
incarceration *n.* כְּלִיאָה

incarnate *adj.* בְּהִתגַלמוּתוֹ; בִּדמוּת אָדָם
incarnation *n.* הִתגַלמוּת
–previous incarnation גִלגוּל קוֹדֵם
incendiary *adj., n.* מַצִית בְּזָדוֹן; מְלַבֶּה יְצָרִים; מֵסִית; (פִּצצַת)־תַבעֵרָה
incense *n.* קְטוֹרֶת
incense *v.* לְהַרגִיז
incentive *n.* תַמרִיץ; עִידוּד
inception *n.* הַתחָלָה
incertitude *n.* אִי־וַדָאוּת
incessant *adj.* בִּלתִי פּוֹסֵק
incessantly *adv.* לְלֹא הֶפסֵק
incest *n.* גִילוּי עֲרָיוֹת
inch *n.* אִינץ׳ (2.5 ס״מ); כְּהוּא זֶה; קְצָת
–every inch כּוּלוֹ; כָּל כּוּלוֹ
–inch by inch טִיפִּין טִיפִּין
inch *v.* לְהִתקַדֵם לְאַט לְאַט
incidence *n.* הִיקָרוּת; שְׁכִיחוּת
incident *n.* תַקרִית; מִקרֶה; הִתרַחֲשׁוּת
incidentally *adv.* דֶרֶךְ אַגַב
incinerate *v.* לִשׂרוֹף (לְאֵפֶר)
incineration *n.* שְׂרֵיפָה (לְאֵפֶר)
incinerator *n.* מִתקַן שְׂרֵיפָה; מִשׂרָפָה
incipient *adj.* מַתחִיל; בְּשָׁלָב רִאשׁוֹנִי
incision *n.* חִיתוּךְ; חֲרִיתָה; חֲתָךְ
incisive *adj.* נוֹקֵב; חוֹתֵךְ
incite *v.* לְהָסִית; לְעוֹרֵר
incitement *n.* הֲסָתָה; לִיבּוּי
inclination *n.* נְטִייָה (לְ־); שִׁיפּוּעַ; הַרכָּנָה
incline *n.* שִׁיפּוּעַ; מוֹרָד
incline *v.* לְהַטוֹת; לִנטוֹת; לְכוֹפֵף; לְהַרכִּין
–be inclined to (do something) לִנטוֹת לְ־
include *v.* לִכלוֹל; לְצָרֵף
included *adj.* כּוֹלֵל; כָּלוּל
including *prep.* כּוֹלֵל; לְרַבּוֹת
inclusion *n.* הַכלָלָה; צֵירוּף
inclusive *adj.* וְעַד בִּכלָל; כּוֹלֵל (הַכּוֹל)
incognito *adj.* בְּעִילוּם־שֵׁם / ־זֶהוּת
incoherent *adj.* מְבוּלבָּל; חֲסַר קֶשֶׁר הֶגיוֹנִי
income *n.* הַכנָסָה
income tax *n.* מַס־הַכנָסָה
income tax return *n.* דו״ח מַס הַכנָסָה
incoming *adj.* נִכנָס; מִתקָרֵב; בָּא
–incoming flights נְחִיתוֹת; מְטוֹסִים נִכנָסִים
incommunicado *adj.* מְשׁוּלָל אֶפשָׁרוּת לִיצוֹר קֶשֶׁר
incomparable *adj.* שֶׁאֵינוֹ דוֹמֶה לוֹ; שֶׁאֵין לְהַשווֹתוֹ
incomparably *adv.* לְאֵין עֲרוֹךְ
incompatible *adj.* (with) לֹא תוֹאֵם; אֵינוֹ עוֹלֶה בְּקָנֶה אֶחָד עִם; לֹא מַתאִימִים זֶה לָזֶה
incompetence *n.* חוֹסֶר יְכוֹלֶת / כִּישׁוּרִים / מְיוּמָנוּת
incompetent *adj., n.* חֲסַר כִּישׁוּרִים / יְכוֹלֶת; כּוֹשֵׁל; לֹא־יוּצלָח; לֹא מְיוּמָן
incompetently *adv.* בְּאוֹזלַת־יָד
incomplete *adj.* לֹא שָׁלֵם; חָסֵר
incomprehensible *adj.* לֹא־מוּבָן (לְ־)
inconceivable *adj.* שֶׁאֵין לְהַעֲלוֹתוֹ עַל הַדַעַת; בִּלתִי נִתפָּס
inconceivably *adv.* לְאֵין עֲרוֹךְ; בְּמִידָה שֶׁקָשֶׁה לְהַעֲלוֹת עַל הַדַעַת
inconclusive *adj.* לֹא מַכרִיעַ; לֹא מְשַׁכנֵעַ
incongruity *n.* אִי־הַתאָמָה; סְתִירָה
incongruous *adj.* לֹא תוֹאֵם; לֹא הוֹלֵם; לֹא שַׁיָיךְ; לֹא הַרמוֹנִי
inconsequential *adj.* חֲסַר חֲשִׁיבוּת
inconsiderable *adj.* קָטָן; לֹא מַשׁמָעוּתִי
inconsiderate *adj.* לֹא מִתחַשֵׁב; לֹא שָׁקוּל
inconsistency *n.* חוֹסֶר עִקבִיוּת; אִי־הַתאָמָה; סְתִירָה
inconsistent *adj.* (with) לֹא עִקבִי; לֹא תוֹאֵם (אֶת)
inconspicuous *adj.* לֹא בּוֹלֵט
incontestable *adj.* שֶׁאֵין לְעַרעֵר עָלָיו
incontinence *n.* אִי־שְׁלִיטָה (בְּהַשׁתָנָה וכו׳)
inconvenience *n.* אִי־נוֹחוּת; טִרדָה
inconvenience *v.* לִגרוֹם אִי־נוֹחוּת לְ־
inconvenient *adj.* לֹא נוֹחַ (זמן, וכד׳)
incorporate *v.* לְשַׁלֵב; לְאַחֵד; לְהִתאַחֵד

incorrect *adj.* לֹא נָכוֹן; טוֹעֶה; לֹא יָאֶה
incorrectly *adv.* לֹא נָכוֹן; בְּטָעוּת
incorrigible *adj.* לְלֹא תַקָּנָה
incorruptible *adj.* שֶׁאֵינוֹ נִשְׁחָת; נְקִי־כַּפַּיִם
increase *n.* גִידוּל; תּוֹסֶפֶת; עֲלִיָּיה; רִיבּוּי
–on the increase גָדֵל וְהוֹלֵךְ; גוֹבֵר וְהוֹלֵךְ; עוֹלֶה
increase *v.* לְהַגדִיל; לְהַגבִּיר; לִגדוֹל; לַעֲלוֹת; לְהִתרַבּוֹת
increasing *adj.* גָדֵל וְהוֹלֵךְ; גוֹבֵר וְהוֹלֵךְ
increasingly *adv.* יוֹתֵר וְיוֹתֵר
incredible *adj.* שֶׁלֹּא יֵיאָמֵן; פַנטַסטִי; מַדהִים
incredibly *adv.* בְּמִידָה שֶׁלֹּא תֵיאָמֵן; לֹא יֵיאָמֵן
incredulity *n.* סַפקָנוּת; אִי־אֵמוּן
incredulous *adj.* סַפקָנִי; לֹא מַאֲמִין
incredulously *adv.* בְּאִי אֵמוּן; כְּלֹא מַאֲמִין
increment *n.* תּוֹסֶפֶת; גִידוּל; גְמוּל
incriminate *v.* לְהַפלִיל
incriminating *adj.* מַפלִיל
incubation *n.* דְגִירָה; הַדגָרָה
incubator *n.* מַדגֵרָה; אִינקוּבָּטוֹר
incumbent *adj.* שׁוֹמָה (עָלָיו); מֵחוֹבָתוֹ ל־
incur *v.* לְהָבִיא עַל עַצמוֹ
incurable *adj.* חֲשׂוּךְ מַרפֵּא; לְלֹא תַקָּנָה
incurably *adv.* חֲשׂוּךְ מַרפֵּא; לְלֹא תַקָּנָה
incursion *n.* פְּשִׁיטָה; פְּלִישָׁה
indebted *adj.* אֲסִיר תּוֹדָה; חַיָּיב כֶּסֶף
indecency *n.* פְּגִיעָה בִּצנִיעוּת; מַעֲשֶׂה מְגוּנֶה
indecent *adj.* גַס; מְגוּנֶה; לֹא צָנוּעַ; לֹא יָאֶה
indecipherable *adj.* שֶׁאֵין לְפַענְחוֹ
indecision *n.* הַססָנוּת; אִי־יְכוֹלֶת לְהַחלִיט
indecisive *adj.* לְלֹא הַכרָעָה; הַססָנִי
indecisiveness *n.* חוֹסֶר־הֶחלֵטִיוּת
indeed *adv.* אָכֵן; בֶּאֱמֶת; הָאוּמנָם?!; בְּהֶחלֵט; לְמַעֲשֶׂה
indefinite *adj.* לֹא בָּרוּר; לֹא מוּגדָר; בִּלתִּי מוּגבָּל
indefinitely *adv.* לִזמַן בִּלתִּי מוּגבָּל; בְּאוֹפֶן לֹא בָּרוּר
indelible *adj.* לֹא מָחִיק; בַּל יִימָּחֶה
indelicate *adj.* גַס; לֹא מְעוּדָן; לֹא יָאֶה
indemnify *v.* (for) לְשַׁפּוֹת; לְפַצּוֹת (עַל־)
indemnity *n.* בִּיטוּחַ; שִׁיפּוּי; פִּיצוּי
independence *n.* עַצמָאוּת; אִי־תְלוּת
independent *adj., n.* לֹא תָלוּי (בּ־); בִּלתִּי תָלוּי; עַצמָאִי; חוֹפשִׁי; נָצִיג אוֹ מוּעֲמָד עַצמָאִי
independently *adv.* בְּאוֹפֶן עַצמָאִי
in-depth *adj.* לְעוֹמֶק; יְסוֹדִי
indescribable *adj.* שֶׁאֵין לְתָאֲרוֹ; בַּל יְתוֹאַר
indestructible *adj.* שֶׁלֹּא נִיתָן לְהָרסוֹ / לְהַשמִידוֹ
index *n.* מַדָד; אִינדֶקס; מַפתֵּחַ (עִניָינִים)
index *v.* לַעֲרוֹךְ מַפתֵּחַ (עִניָינִים); לְסַדֵר לְפִי מַפתֵּחַ / אִינדֶקס
index finger *n.* הָאֶצבַּע הַמַראָה
index-linked *adj.* צָמוּד לַמַדָד
Indian *n.* הוֹדִי; אִינדִיָאנִי
Indian summer *n.* קַיִץ אִינדִיָאנִי (מזג אוויר קֵיצִי בסתיו); יָמִים יָפִים (לעת זיקנה)
indicate *v.* לְהַצבִּיעַ עַל־; לְהַראוֹת; לְצַיֵין; לְאוֹתֵת
indication *n.* סִימָן; רֶמֶז; צִיוּן
indicative *adj.* מַצבִּיעַ / מֵעִיד עַל־
indicator *n.* מַחֲוָון; מַד; מָחוֹג; מְאוֹתֵת; מַדָד
indices *n. plural of* index
indict *v.* לְהַאֲשִׁים
indictment *n.* (כְּתַב) אִישׁוּם; הַאֲשָׁמָה
indifference *n.* אֲדִישׁוּת
indifferent *adj.* אָדִישׁ (ל־); לֹא מְשַׁנֶה; בֵּינוֹנִי
indifferently *adv.* בַּאֲדִישׁוּת
indigenous *adj.* (to) יְלִיד־; מוֹצָאוֹ בּ־
indigent *adj.* עָנִי
indigestible *adj.* קָשֶׁה לְעִיכּוּל; שֶׁאֵינוֹ מִתעַכֵּל
indigestion *n.* הַפרָעוֹת עִיכּוּל
indignant *adj.* זוֹעֵם; מְמוּרמָר

indignantly *adv.* בְּתַרעוֹמֶת ; בְּזַעַם
indignation *n.* תַרעוֹמֶת ; זַעַם
indignity *n.* הַשפָּלָה ; פְּגִיעָה בִּכבוֹדוֹ
indirect *adj.* עָקִיף ; לֹא יָשִיר
indirectly *adv.* בַּעֲקִיפִין
indiscreet *adj.* לֹא זָהִיר (בִּדבָרָיו) ; לֹא נָבוֹן ; חֲסַר טַקט
indiscreetly *adv.* בְּאִי־זְהִירוּת ; בְּחוֹסֶר טַקט
indiscretion *n.* חוֹסֶר זְהִירוּת / תְבוּנָה ; חוֹסֶר דִיסקרֶטִיוּת ; דִיבּוּר / מַעֲשֶׂה לֹא נָבוֹן
indiscriminate *adj.* לְלֹא הַבחָנָה ; לֹא בַּרְרָן
indiscriminately *adv.* לְלֹא הַבחָנָה
indispensable *adj.* חִיוּנִי ; הֶכרֵחִי
indisposed *adj.* לֹא בְּקַו הַבּרִיאוּת
–be indisposed to לֹא נוֹטֶה ל־ ; לֹא מִתלַהֵב ל־
indisposition *n.* מַחֲלָה קַלָה ; חוֹסֶר רָצוֹן
indisputable *adj.* שֶאֵינוֹ מוּטָל בְּסָפֵק
indistinct *adj.* לֹא בָּרוּר ; מְעוּרפָּל
indistinguishable *adj.* שֶאֵין לְהַבחִין / לְהַבדִיל בֵּין... (לְבֵין)
individual *adj.* יְחִידָנִי ; פַּרטָנִי ; (לְ)יָחִיד ; אִישִי ; מְיוּחָד
individual *n.* פְּרָט (בַּעל־חַיִים יחיד) ; יָחִיד ; אָדָם
individualist *n.* אִינדִיבִידוּאָלִיסט
individuality *n.* יִיחוּד ; עַצמִיוּת
individually *adv.* בְּנִפרָד ; אֶחָד אֶחָד
indivisible *adj.* לֹא מִתחַלֵק ; לֹא נִיתָן לַחֲלוּקָה
indoctrinate *v.* לְהַלעִיט ; לִשטוֹף מוֹחַ
indoctrination *n.* אִינדוֹקטרִינַצְיָה ; שְטִיפַת מוֹחַ
indolence *n.* עַצלוּת ; בַּטָלָה
indolent *adj.* עָצֵל ; לֹא מַכאִיב
indoors *adv.* בַּבַּיִת ; בְּתוֹך בִּניָין ; פְּנִימָה
induce *v.* לְשַכנֵעַ ; לְהַשפִּיעַ עַל־ ; לְשַדֵל ; לִגרוֹם ל־ ; לְזָרֵז (לידה)
inducement *n.* תַמרִיץ ; שִידוּל
induction course *n.* קוּרס מְכִינָה / הַכָּרָה
indulge *v.* לְפַנֵק ; לְסַפֵּק (רָצוֹן־)
–indulge in לְהִתעַנֵג עַל־ ; לְהִתמַכֵּר ל־
indulgence *n.* הִתפַּנְקוּת ; הִתמַכְּרוּת ; תַעֲנוּג ; פִּינוּק
indulgent *adj.* נוֹטֶה לְפַנֵק ; וַתְרָן
indulgently *adv.* תוֹך נְטִיָיה לְפַנֵק ; בְּסַלחָנוּת ; לִפנִים מִשוּרַת הַדִין
industrial *adj.* תַעֲשִׂיָיתִי / ־עֲבוֹדָה
industrial action *n.* עִיצוּמִים ; שְבִיתָה
industrialist *n.* תַעֲשִׂיָין
industrialization *n.* תִיעוּש
industrialize, industrialise *v.* לְתַעֵש
industrialized *adj.* מְתוּעָש
industrious *adj.* חָרוּץ
industry *n.* תַעֲשִׂיָיה ; חָרִיצוּת ; שַקדָנוּת
inedible *adj.* לֹא רָאוּי לְמַאֲכָל
ineffective *adj.* לֹא יָעִיל ; לֹא אֶפֶקטִיבִי
inefficiency *n.* אִי־יְעִילוּת
inefficient *adj.* לֹא יָעִיל
inefficiently *adv.* בְּחוֹסֶר יְעִילוּת
ineligible *adj.* (for) לֹא מַתאִים ; לֹא זַכַּאי ל־ ; פָּסוּל
inept *adj.* לֹא מוּצלָח ; טִיפּשִי ; כּוֹשֵל
ineptitude *n.* שְטוּת ; שְלוּמִיאֵלִיוּת
ineptly *adv.* בְּצוּרָה שְטוּתִית / כּוֹשֶלֶת
inequality *n.* אִי־שִוויוֹן ; פַּעַר ; הֶבדֵל
inequity *n.* אִי־צֶדֶק ; עַוולָה
inertia *n.* אֲדִישוּת ; הַתמָדָה ; אִינֶרציָה
inescapable *adj.* שֶאֵין מָנוֹס מִמֶנוּ
inessential *adj.* לֹא חִיוּנִי
inestimable *adj.* שֶאֵין עֲרוֹך לוֹ
inevitability *n.* כּוֹרַח ; הֶכרֵחַ
inevitable *adj.* בִּלתִי־נִמנָע ; "נִצחִי"
inevitably *adv.* בְּהֶכרֵחַ ; בְּאוֹפֶן בִּלתִי נִמנָע
inexact *adj.* לֹא מְדוּיָק
inexactitude *n.* אִי־דִיוּק
inexcusable *adj.* שֶאֵין לוֹ צִידוּק ; לֹא יְסוּלַח
inexhaustible *adj.* בִּלתִי נִדלֶה
inexorable *adj.* שֶאֵין לְשַנוֹתוֹ ; קָשוּחַ
inexpedient *adj.* לֹא מוֹעִיל ; לֹא כְּדַאי
inexpensive *adj.* לֹא יָקָר
inexperience *n.* חוֹסֶר נִיסָיוֹן

I

inexperienced *adj.* חֲסַר נִיסָּיוֹן
inexplicable *adj.* שֶׁאֵין לוֹ הֶסְבֵּר
inextinguishable *adj.* שֶׁאֵין לְכַבּוֹתוֹ; יוֹקֵד
infallible *adj.* שֶׁאֵינוֹ שׁוֹגֶה; בָּדוּק
infamous *adj.* נוֹדָע לְשִׁמְצָה; בָּזוּי
infamous crime *n.* עֲבֵירָה שֶׁיֵּשׁ עִמָּהּ קָלוֹן
infamy *n.* שֵׁם רַע; קָלוֹן; מַעֲשֶׂה מַחְפִּיר
infancy *n.* יַנְקוּת; יַלְדוּת
–in its infancy "בְּחִיתּוּלָיו"
infant *n., adj.* תִּינוֹק; עוֹלָל; לְתִינוֹקוֹת
infantile *adj.* תִּינוֹקִי; יַלְדוּתִי
infantry *n.* חֵיל־רַגְלִים
infatuated *adj.* (with) דָּלוּק (עַל־)
infatuation *n.* הִתְאַהֲבוּת עִיוֶּרֶת
infect *v.* (with) לְזַהֵם; לְאַלֵּחַ; לְהַדְבִּיק בּ־
infection *n.* הַדְבָּקָה; הִידַּבְּקוּת; זִיהוּם; מַחֲלָה מִידַּבֶּקֶת
infectious *adj.* מְזַהֵם; מִידַּבֵּק
inference *n.* הַסָּקַת מַסְקָנָה; מַסְקָנָה
inferior *adj.* (to) נָחוּת (מ־); נָמוּךְ מ־
inferiority *n.* נְחִיתוּת
infernal *adj.* שֶׁל הַשְּׁאוֹל; שְׂטָנִי; אָיוֹם; נִתְעָב
inferno *n.* גֵּיהִינּוֹם; תּוֹפֶת
infertile *adj.* לֹא פּוֹרֶה; עָקָר
infest *v.* לִשְׁרוֹץ בּ־
infidel *n.* כּוֹפֵר; לֹא מַאֲמִין
infidelity *n.* אִי־נֶאֱמָנוּת; בְּגִידָה
infighting *n.* מִלְחָמָה פְּנִימִית
infiltrate *v.* לְהִסְתַּנֵּן; לְהַחְדִּיר; לַחְדּוֹר
infiltration *n.* הִסְתַּנְּנוּת; הַחְדָּרָה
infinite *adj.* אֵין־סוֹפִי; לְלֹא גְּבוּל; רַב
infinitely *adv.* עַד אֵין־סוֹף; לְאֵין עֲרוֹךְ
infinitesimal *adj.* קָטָן לְאֵין סוֹף
infinitive *adj.* מָקוֹר (שֶׁל הַפּוֹעַל)
infinity *n.* אֵין־סוֹף; אֵין־סוֹפִיּוּת
infirm *adj.* חַלָּשׁ; לֹא יַצִּיב
infirmary *n.* בֵּית־חוֹלִים; מִרְפָּאָה
infirmity *n.* חוּלְשָׁה; חוֹלִי; מַכְאוֹב
inflame *v.* (with) לְשַׁלְהֵב; לְהִשְׁתַּלְהֵב; לְהַרְגִּיז; לִגְרוֹם לְדַלֶּקֶת; לְקַבֵּל דַּלֶּקֶת
inflammable *adj.* דָּלִיק; מִתְלַקֵּחַ
inflammation *n.* דַּלֶּקֶת
inflammatory *adj.* דַּלַּקְתִּי; מְשַׁלְהֵב (יְצָרִים); שֶׁל הֲסָתָה
inflatable *adj.* שֶׁנִּיתָּן לְנַפְּחוֹ; מִתְנַפֵּחַ
inflate *v.* לְנַפֵּחַ; "לְהִתְנַפֵּחַ"; לִגְרוֹם לְאִינְפְלַצְיָה
inflation *n.* נִיפּוּחַ; הִתְנַפְּחוּת; אִינְפְלַצְיָה
inflection *n.* הַטָּיָה; כְּפִיפָה; נְטִיָּיה (דקדוק); נִיגּוּן דִּיבּוּר
inflexible *adj.* לֹא גָּמִישׁ; לֹא כָּפִיף; לֹא נִיתָּן לְשִׁינּוּי; נוּקְשֶׁה
inflict *v.* (on) לִכְפּוֹת (עַל־); לְהַטִּיל (עַל־)
infliction *n.* (גְּרִימַת) סֵבֶל; הֲטָלַת־(עוֹנֶשׁ)
influence *n.* הַשְׁפָּעָה; פְּרוֹטֶקְצְיָה; גּוֹרֵם בַּעַל הַשְׁפָּעָה
influence *v.* לְהַשְׁפִּיעַ עַל־
influential *adj.* בַּעַל הַשְׁפָּעָה
influenza *n.* שַׁפַּעַת
influx *n.* זֶרֶם; זְרִימָה
info *n.* מֵידָע
inform *v.* לְהוֹדִיעַ; לְיַידֵּעַ; לְהַלְשִׁין
informal *adj.* לֹא רִשְׁמִי; לֹא פוֹרְמָלִי
informality *n.* חוֹסֶר רִשְׁמִיּוּת
informally *adv.* בְּאוֹפֶן לֹא רִשְׁמִי
informant *n.* מוֹסֵר מֵידָע
information *n.* מֵידָע
information desk *n.* מוֹדִיעִין (לְבֵירוּרִים)
information superhighway *n.* אוֹטוֹסְטְרָדַת מֵידָע
informative *adj.* מַקְנֶה יֶדַע; מְאַלֵּף; נוֹתֵן מֵידָע
informed *adj.* יוֹדֵעַ דָּבָר; בַּעַל יֶדַע
–keep me informed תְּעַדְכֵּן אוֹתִי
informer *n.* מַלְשִׁין; מוֹדִיעַ (מִשְׁטַרְתִּי)
infraction *n.* הֲפָרַת חוֹק; עֲבֵירָה
infrastructure *n.* תַּשְׁתִּית
infrequent *adj.* לֹא תָּכוּף; נָדִיר
infrequently *adv.* לֹא תְּכוּפוֹת
infringe *v.* לְהָפֵר; לִפְגּוֹעַ בּ־; לְהַסִּיג גְּבוּל
infringement *n.* הֲפָרָה; פְּגִיעָה; פְּלִישָׁה (לִפְרָטִיּוּת)
infuriate *v.* לְעוֹרֵר זַעַם
infuriating *adj.* מַרְגִּיז

infuse *v.* לְהַחדִיר; לְהָפִיחַ; לְהַשרוֹת בּ־; לַחלוֹט
infusion *n.* הַחדָרָה; הַזרָמָה; חֲלִיטָה; עֵירוּי; אִינפוּזיָה
ingenious *adj.* חָכָם; מְחוּכָּם; מַברִיק
ingeniously *adv.* בְּאוֹפֶן מְחוּכָּם
ingenuity *n.* תְחכּוּם; כּוֹשֶר הַמצָאָה
ingenuous *adj.* כֵּן; תָמִים
inglorious *adj.* מֵבִיש; לֹא מוֹסִיף כָּבוֹד; לֹא מְפוּרסָם
ingot *n.* מְטִיל (יָצוּק)
ingrained *adj.* טָבוּעַ; מוּשרָש; עָמוֹק
ingratiate *v.* לְהִשתַדֵל לְהִתחַבֵּב; לְהִתחַנֵף
ingratitude *n.* כְּפִיוּת טוֹבָה
ingredient *n.* מַרכִּיב; רְכִיב; יְסוֹד
inhabit *v.* לָגוּר בּ־; לִחיוֹת בּ־
inhabitable *adj.* שֶאֶפשָר לָגוּר/לִחיוֹת בּוֹ
inhabitant *n.* תוֹשָב
inhale *v.* לִשאוֹף (אוויר, וכו׳)
inherent *adj.* (in) טָבוּעַ בּ־; שֶמִטֶבַע־
inherit *v.* לָרֶשֶת; לְקַבֵּל בִּתוֹרָשָה
inheritance *n.* יְרוּשָה; עִיזָבוֹן
inhibit *v.* לַעֲצוֹר בְּעַד־; לְהַרתִיעַ
inhibited *adj.* עָצוּר; שֶיֵש לוֹ עַכָּבוֹת
inhibition *n.* עַכָּבָה; מַעֲצוֹר נַפשִי
inhospitable *adj.* לֹא מַכנִיס אוֹרחִים; שֶקָשֶה לִחיוֹת בּוֹ; קָשֶה (מזג אוויר)
in-house *adj.* פְּנִימִי; תוֹך מוֹסָדִי
inhuman *adj.* לֹא אֱנוֹשִי; אַכזָרִי
inhumane *adj.* לֹא אֱנוֹשִי; אַכזָרִי
iniquity *n.* רֶשַע; פֶּשַע; עָוֶול
initial *adj.* רִאשוֹנִי; רִאשוֹן; הַתחָלִי
initial *n.* אוֹת רִאשוֹנָה (של שֵם); רָאשֵי־תֵיבוֹת (ברבים)
initial *v.* לַחתוֹם בְּרָאשֵי־תֵיבוֹת עַל־
initially *adv.* בַּתחִילָה; בַּהַתחָלָה
initiate *v.* לִיזוֹם; לְהַכנִיס; לְלַמֵד אֶת הַיסוֹדוֹת; לְהַכנִיס בְּסוֹד־; לְצָרֵף ל־
initiation *n.* פְּתִיחַת־; הַנהָגַת־; הִצטָרפוּת; הַכנָסָה בְּסוֹד־; טֶקֶס חֲנִיכָה
initiative *n.* יוֹזמָה; תוּשִיָה
inject *v.* לְהַזרִיק (ל־); לְחַסֵן (נֶגֶד); לְהַכנִיס; לְהַזרִים (כסף)
injection *n.* זְרִיקָה; הַזרָקָה; הַזרָמָה (של כסף)
injudicious *adj.* לֹא נָבוֹן; לֹא שָקוּל
injunction *n.* צַו (מְנִיעָה)
injure *v.* לִפצוֹעַ; לִפגוֹעַ בּ־
injured *adj.* פָּצוּעַ; פָּגוּעַ; נִפגָע
– the injured הַפצוּעִים; הַנִפגָע
injury *n.* נֶזֶק; פְּגִיעָה; פְּצִיעָה; חֲבָלָה
injustice *n.* אִי־צֶדֶק; עָוֶול
ink *n., v.* דְיוֹ; לְסַמֵן/לְהַכתִים בִּדיוֹ
inkling *n.* (שֶמֶץ שֶל) מוּשָג; רֶמֶז
inlaid *adj.* (with) מְשוּבָּץ (בּ־)
in-laws *n.* הַמִשפָּחָה שֶל הַבַּעַל/הָאִישָה; חָמִים; מְחוּתָנִים
inlay *n., v.* שִיבּוּץ; לְשַבֵּץ (בּ־)
inlet *n.* מִפרָצוֹן; פֶּתַח; כְּנִיסָה; דָבָר שֶמשוּבָּץ; תוֹסֶפֶת
inmate *n.* אָסִיר; מְאוּשפָּז; דַיָיר (בכלא); חוֹסֶה
inmost *adj.* הַפּנִימִי בְּיוֹתֵר; הַכָּמוּס בְּיוֹתֵר
inn *n.* אַכסַניָה; פּוּנדָק
innate *adj.* שֶטָבוּעַ בּוֹ (מִלֵידָה)
innately *adv.* מִבֶּטֶן וּמִלֵידָה; מִטִבעוֹ
inner *adj.* פְּנִימִי
innermost *adj.* הַפּנִימִי בְּיוֹתֵר; הַכָּמוּס בְּיוֹתֵר
inner tube *n.* פְּנִימִית (לצמיג); אַבּוּב
innkeeper *n.* פּוּנדְקִי
innocence *n.* חַפּוּת (מִפֶּשַע); תְמִימוּת
innocent *adj., n.* חַף מִפֶּשַע; לֹא מַזִיק; תָמִים; פֶּתִי
innocently *adv.* בְּתוֹם־לֵב; בִּתמִימוּת
innocuous *adj.* לֹא מַזִיק; לֹא מְסוּכָּן; תָמִים
innovate *v.* לְחַדֵש; לְהַכנִיס חִידוּשִים
innovation *n.* חִידוּש; חַדשָנוּת
innuendo *n.* רְמִיזָה (לִגנַאי)
innumerable *adj.* רַבִּים לְאֵין סְפוֹר
inoculate *v.* לְהַרכִּיב (חִיסוּן); לְחַסֵן
inoculation *n.* הַרכָּבָה; חִיסוּן
inoffensive *adj.* לֹא פּוֹגֵעַ; לֹא מַזִיק
inoperable *adj.* שֶאִי־אֶפשָר לְנַתחוֹ; לֹא מַעֲשִׂי; לֹא יָשִׂים

inoperative *adj.* לא פועל; לא בְּתוֹקֶף
inopportune *adj.* (בְּעִיתּוּי) לא נוֹחַ; אוּמלל
in-patient *n.* מְאוּשפָּז
input *n., v.* תְשׂוּמָה; תְרוּמָה; כּוֹחַ (חשמל); כְּנִיסָה; קֶלֶט; לְהָזִין (מידע)
inquest *n.* חֲקִירָה (שֶׁל אסון, כישלון וכד׳)
inquietude *n.* אִי שֶׁקֶט נַפְשִׁי
inquire *v.* לִשׁאוֹל; לְבָרֵר; לְהִתעַניֵין; לְבַקֵשׁ
inquirer *n.* שׁוֹאֵל; פּוֹנֶה
inquiring *adj.* חַקְרָנִי; סַקְרָנִי; שׁוֹאֵל
inquiringly *adv.* בְּמַבָּט חַקְרָנִי; בְּסַקְרָנוּת
inquiry *n.* בֵּירוּר; פְּנִייָה; שְׁאֵלָה; חֲקִירָה
inquisition *n.* חֲקִירָה (בְּאֶמְצָעִים פְּסוּלִים)
–the Inquisition הָאִינקווִיזִיצִיָה
inquisitive *adj.* סַקְרָנִי; חַקְרָנִי
inquisitively *adv.* בְּסַקְרָנוּת
inroad *n.* פְּשִׁיטָה
–make inroads into לִפגוֹעַ בּ־; לְכַרסֵם בּ־; לִנגוֹס בּ־; לִגזוֹל מ־; לְהִתקַדֵם
ins and outs *n.* כָּל הַפְּרָטִים; הַצְדָדִים הַשׁוֹנִים
insane *adj.* לא שָׁפוּי; חֲסַר הִיגָיוֹן; מְטוֹרָף
insanely *adv.* עַד כְּדֵי טֵירוּף
insanitary *adj.* לא תַברוּאִי
insanity *n.* אִי־שְׁפִיוּת; טֵירוּף
insatiable *adj.* שֶׁאֵינוֹ יוֹדֵעַ שׂוֹבַע
inscribe *v.* לִכתוֹב; לִרשׁוֹם
inscription *n.* כִּיתוּב; הַקְדָשָׁה (בספר)
insect *n.* חֶרֶק
insecticide *n.* קוֹטֵל־חֲרָקִים
insecure *adj.* לא בָּטוּחַ; שֶׁאֵין לִסמוֹךְ עָלָיו; חֲסַר בִּיטָחוֹן
insecurely *adv.* בְּצוּרָה לא בְּטוּחָה
insecurity *n.* חוֹסֶר בִּיטָחוֹן
insemination *n.* הַזְרָעָה
insensibility *n.* חוֹסֶר הַכָּרָה; חוֹסֶר תְחוּשָׁה; אֲטִימוּת; אֲדִישׁוּת
insensible *adj.* חֲסַר הַכָּרָה; חֲסַר תְחוּשָׁה; לא מוּרגָשׁ; לא עֵר; לא מוּדָע
insensitive *adj.* חֲסַר רְגִישׁוּת / תְחוּשָׁה; לא רָגִישׁ (ל־); לא מַעֲרִיךְ
insensitivity *n.* חוֹסֶר רְגִישׁוּת / תְחוּשָׁה
inseparable *adj.* שֶׁאִי־אֶפשָׁר לְהַפרִיד (בֵּינֵיהֶם)
insert *n.* מוֹדָעָה נִתלֶשֶׁת (בעיתון); מָדוֹר נוֹסָף וכד׳ שֶׁשׁוּבַּץ (בעיתון וכו׳)
insert *v.* לְהַכנִיס; לְשַׁבֵּץ
inset *n.* מַפָּה / תְמוּנָה קְטַנָה (מְשׁוּבֶּצֶת בּתמוּנָה אוֹ מַפָּה)
inside *adj.* פְּנִימִי
inside *adv.* בִּפנִים; פְּנִימָה; בַּכֶּלֶא; בְּתוֹךְ־
inside *n.* פְּנִים; תוֹךְ; הַצַד הַפְּנִימִי; קְרָבַיִים; בֶּטֶן; הַחֵלֶק / הַמַסלוּל הַפְּנִימִי; נָתִיב מִיָמִין
–inside out הָפוּךְ; עַל בּוּריוֹ
inside *prep.* לְתוֹךְ־; בְּתוֹךְ־; תוֹךְ־
inside job *n.* שׁוֹד וכד׳ עפ״י מֵידָע פְּנִימִי
insider *n.* אָדָם מִבִּפנִים; יוֹדֵעַ דָבָר
insider trading *n.* מִסחָר בְּמְנָיוֹת עפ״י מֵידָע פְּנִימִי
insidious *adj.* מַזִיק מִתַחַת לִפנֵי הַשֶׁטַח
insight *n.* (into) בּוֹננוּת; תוֹבָנָה; מוּשָּׂג בָּרוּר (עַל־)
insignificance *n.* חוֹסֶר חֲשִׁיבוּת
insignificant *adj.* לא מַשמָעוּתִי; חֲסַר חֲשִׁיבוּת
insignificantly *adv.* בְּמִידָה לא מַשמָעוּתִית
insincere *adj.* לא כֵּן; חֲסַר כֵּנוּת
insincerely *adv.* בְּחוֹסֶר כֵּנוּת
insincerity *n.* חוֹסֶר כֵּנוּת
insinuate *v.* לִרמוֹז; לְהַגנִיב לְתוֹךְ; לְשַׁרבֵּב
insinuation *n.* רְמִיזָה
insipid *adj.* תָפֵל; חֲסַר טַעַם; לא מְעַניֵין; חֲסַר חַיִים
insist *v.* (on) לִטעוֹן בְּתוֹקֶף; לַעֲמוֹד עַל כָּךְ (שׁ־); לְהִתעַקֵשׁ
insistence *n.* דְרִישָׁה בְּתוֹקֶף; הִתעַקְשׁוּת
insistent *adj.* מִתעַקֵשׁ; דוֹרֵשׁ בְּתוֹקֶף; דָחוּף
insofar as בְּמִידָה שׁ־
insole *n.* סוּליָה פְּנִימִית; רְפִידָה

insolence *n.* חוּצְפָּה

insolent *adj.* מַעֲלִיב; חָצוּף

insoluble *adj.* לֹא מָסִיס; שֶׁאֵינוֹ נִיתָּן לְפִתְרוֹן; בִּלְתִּי פָּתִיר

insolvable *adj.* שֶׁאֵינוֹ נִיתָּן לְפִתְרוֹן

insolvent *n.* פּוֹשֵׁט־רֶגֶל; חֲסַר כּוֹשֶׁר פֵּירָעוֹן

insomnia *n.* נְדוּדֵי־שֵׁינָה

inspect *v.* לִבְדּוֹק; לְפַקֵּחַ עַל־; לִסְקוֹר

inspection *n.* בְּדִיקָה; פִּיקּוּחַ

inspector *n.* מְפַקֵּחַ; פַּקָּח

inspiration *n.* הַשְׁרָאָה; מְקוֹר הַשְׁרָאָה; הַבְרָקָה

inspire *v.* לְעוֹרֵר (הַשְׁרָאָה); לְהַשְׁרוֹת (עָלָיו); לְשַׁמֵּשׁ כְּהַשְׁרָאָה; לְעוֹרֵר (תִּקְוָה)

inspiring *adj.* מְעוֹדֵד; מְעוֹרֵר הַשְׁרָאָה

instability *n.* אִי־יַצִּיבוּת

install, instal *v.* לְהַכְנִיס לְמִשְׂרָה; לְהַתְקִין; לְיַישֵּׁב

installation *n.* הַתְקָנָה; מִתְקָן; הַכְנָסָה לְמִשְׂרָה

installment, instalment *n.* חֵלֶק; הֶמְשֵׁךְ (בסדרה); תַּשְׁלוּם לְשִׁיעוּרִין

instance *n.* דּוּגְמָה; מִקְרֶה; עַרְכָּאָה

–for instance לְמָשָׁל

instant *adj.* מִיָּדִי; דָּחוּף; נָמֵס; לַהֲכָנָה בֶּן רֶגַע

instant *n.* רֶגַע

–Come here this instant! בּוֹא הֵנָּה מִיָּד!

instantaneous *adj.* מִיָּדִי

instantaneously *adv.* מִיָּד; בּוֹ־בָּרֶגַע

instead *adv.* בִּמְקוֹם; בִּמְקוֹמוֹ; תַּחַת זֹאת

–instead of בִּמְקוֹם־

instigate *v.* לְהָסִית (ל־); לְיַזּוֹם; לִדְחוֹף

instigation *n.* הֲסָתָה; דִּרְבּוּן; יִיזּוּם

–at his instigation בְּעִידוּדוֹ; בְּיוֹזְמָתוֹ

instigator *n.* מֵסִית; יוֹזֵם

instill, instil *v.* (into) לְהַחְדִּיר בְּ־

instinct *n.* (for) אִינְסְטִינְקְט; חוּשׁ טִבְעִי (ל־); יֵצֶר

instinctive *adj.* אִינְסְטִינְקְטִיבִי

instinctively *adv.* בְּאוֹפֶן אִינְסְטִינְקְטִיבִי

institute *n.* מוֹסָד; מָכוֹן

institution *n.* הַנְהָגָה (של כללים וכו'); מוֹסָד; נוֹהַג

institutionalize *n.* לְמַסֵּד; לְהַכְנִיס לְמוֹסָד; לְאַשְׁפֵּז

instruct *v.* לְלַמֵּד; לְהוֹרוֹת; לְהַנְחוֹת; לְהוֹדִיעַ; לְמַנּוֹת (עו"ד) לְטַפֵּל בְּמִקְרֶה

instructor *n.* מוֹרֶה; מַדְרִיךְ

instruction *n.* הוֹרָאָה; הַדְרָכָה; פְּקוּדָה

instructional *adj.* חִינּוּכִי; לִימּוּדִי

instructive *adj.* ־מֵידָע; מְאַלֵּף

instrument *n.* מַכְשִׁיר; כְּלִי; כְּלִי נְגִינָה; כְּלִי שָׁרֵת

instrumental *adj.* מְשַׁמֵּשׁ גּוֹרֵם חָשׁוּב (בְּ־); כֵּלִי; לִכְלֵי נְגִינָה

instrument panel *n.* לוּחַ מַכְשִׁירִים; לוּחַ מַחְוָונִים

insubordinate *adj.* מְסָרֵב לְקַבֵּל מָרוּת; מַרְדָן; מְסָרֵב פְּקוּדָה

insubordination *n.* סֵירוּב פְּקוּדָה; אִי־צִיוּת

insufferable *adj.* בִּלְתִּי נִסְבָּל

insufficiency *n.* מַחְסוֹר; אִי־סְפִיקָה

insufficient *adj.* לֹא מַסְפִּיק

insufficiently *adv.* בְּמִידָה בִּלְתִּי מַסְפֶּקֶת

insulate *v.* לְבוֹדֵד; לְהָגֵן עַל

insulation *n.* בִּידּוּד; חוֹמְרֵי בִּידּוּד

insult *n.* (to) עֶלְבּוֹן; פְּגִיעָה (בְּ־)

insult *v.* לְהַעֲלִיב; לִפְגּוֹעַ בְּ־

insulting *adj.* מַעֲלִיב; פּוֹגֵעַ

insurance *n.* בִּיטּוּחַ; דְּמֵי בִּיטּוּחַ; אֶמְצָעֵי בִּיטָּחוֹן (מִפְּנֵי־)

insure *v.* לְבַטֵּחַ

insured *n.* מְבוּטָּח

insurgency *n.* הִתְקוֹמְמוּת

insurgent *adj., n.* מִתְקוֹמֵם; מוֹרֵד

insurmountable *adj.* שֶׁאֵין לְהִתְגַּבֵּר עָלָיו

insurrection *n.* הִתְקוֹמְמוּת; מְרִידָה

intact *adj.* שָׁלֵם; לְלֹא פֶּגַע; בְּלִי לְהִינָּזֵק

intake *n.* קְלִיטָה; צְרִיכָה; מִסְפַּר הַנִּקְלָטִים; פֶּתַח

intangible *adj.* לֹא מוּחָשׁ; לֹא נִתְפָּס

integral *adj.* בִּלְתִּי נִפְרָד; אִינְטֶגְרָלִי

integrate *v.* לְשַׁלֵּב; לְהַשְׁלִים; לְהָבִיא לְאִינְטֶגְרַצְיָה; לְהִשְׁתַּלֵּב
integration *n.* שִׁילוּב; אִינְטֶגְרַצְיָה
integrity *n.* יוֹשְׁרָה; יוֹשֶׁר; שְׁלֵמוּת מוּסָרִית; שְׁלֵמוּת
intellect *n.* שֵׂכֶל; בִּינָה
intellectual *adj.* אִינְטֶלֶקְטוּאָלִי
intellectual *n.* אִישׁ־רוּחַ; אִינְטֶלֶקְטוּאָל
intellectual property *n.* קִניָין רוּחָנִי
intelligence *n.* תְּבוּנָה; מִשְׂכָּל; בִּינָה; מֵידָע; מוֹדִיעִין
intelligent *adj.* נָבוֹן; תְּבוּנִי; חָכָם
intelligently *adv.* בִּתְבוּנָה
intelligent terminal *n.* מָסוֹף חָכָם
intelligibly *adv.* בְּצוּרָה מוּבֶנֶת
intend *v.* לְהִתְכַּוֵּון; לְיַיעֵד
–intended for מְיוּעָד ל־
intended *adj.* מְיוּעָד; שֶׁאֵלָיו הִתְכַּוֵּון; רָצוּי
intense *adj.* עַז; מְרוּכָּז; מוּגבָּר; לוֹהֵט; רְצִינִי
intensely *adv.* בְּעוֹצמָה; בְּלַהַט; מְאוֹד
intensify *v.* (intensified) לְהַגבִּיר; לְחַזֵּק; לְהִתגַּבֵּר
intensity *n.* עוֹצמָה; עוֹז; עוֹמֶק
intensive *adj.* מְרוּכָּז וִיסוֹדִי; אִינְטֶנסִיבִי; עַתִּיר (הוֹן, עבודה); (מִלַּת־)חִיזוּק
intensive care *n.* טִיפּוּל נִמרָץ
intensively *adv.* בְּאוֹפֶן אִינְטֶנסִיבִי
intent *adj.* מְרוּכָּז; בּוֹחֵן (מַבָּט וכדי)
–intent on (doing) מְרוּכָּז בּ־; נָחוּשׁ בְּדַעתּוֹ ל־
intent *n.* כַּוָּונָה
–to all intents (and purposes) לְמַעֲשֶׂה; לְכָל עִניָין וְדָבָר
–with bad intent בְּכַוָּונַת זָדוֹן; בְּמֵזִיד
intention *n.* כַּוָּונָה; מַטָּרָה
intentional *adj.* מְכוּוָּן; בְּמֵזִיד
intentionally *adv.* בְּכַוָּונָה
intently *adv.* בִּדרִיכוּת; בְּמַבָּט בּוֹחֵן; בְּרִיכּוּז רַב
inter *v.* לִקבּוֹר
interact *v.* (with) לִפעוֹל זֶה עַל זֶה; לִיצוֹר קֶשֶׁר גּוֹמלִין
interaction *n.* פְּעוּלַּת גּוֹמלִין
interactive *adj.* שֶׁיֵּשׁ בֵּינֵיהֶם קֶשֶׁר גּוֹמלִין; הֲדָדִי / אִינְטֶרַאקטִיבִי (בְּמחשבים)
inter alia *adv.* בֵּין הַיֶּתֶר
intercept *v.* לַעֲצוֹר; לְעַכֵּב; לְיַירֵט; לַעֲלוֹת עַל שִׂיחָה וכדי (ע״י ציתוּת)
interception *n.* עֲצִירָה; יֵירוּט; קְלִיטַת שֶׁדֶר (ע״י צִיתוּת)
interchange *n.* מֶחלָף; חִילוּפֵי־; הַחלָפָה
interchange *v.* לְהַחֲלִיף; לְהִתחַלֵּף
interchangeable *adj.* יְכוֹלִים לְהַחֲלִיף זֶה אֶת זֶה
intercourse *n.* מַגָּע; יַחֲסֵי מִין; מִשׁגָּל
interdependent *adj.* תְּלוּיִים זֶה בָּזֶה
interest *n.* עִניָין; הִתעַניְינוּת; תְּחוּם הִתעַניְינוּת; אִינְטֶרֶס; תּוֹעֶלֶת; טוֹבָה; רִיבִּית; חֵלֶק; קְבוּצַת בַּעֲלֵי עִניָין
–in the interest(s) of לְטוֹבַת־; לְמַעַן
interest *v.* לְעַניֵין
interested *adj.* מְעוּניָין; מִתעַניֵין; בַּעַל עִניָין
interested party *n.* צַד מְעוּניָין / נוֹגֵעַ בַּדָּבָר
interest group *n.* קְבוּצַת בַּעֲלֵי עִניָין; שְׁדוּלָה
interesting *adj.* מְעַניֵין
interestingly *adv.* בְּצוּרָה מְעַניֶינֶת
–interestingly enough מְעַניֵין (לְצַיֵּין) שׁ־
interest rate *n.* שַׁעַר רִיבִּית
interface *n., v.* נְקוּדַּת הַשָּׁקָה; מִמשָׁק; מְגַשֵּׁר; לְהִתמַשֵּׁק; לְחַבֵּר / לְהִתחַבֵּר בְּמִמשָׁק; לְהַשִּׁיק (ל־)
interfere *v.* לְהִתעָרֵב וּלְהַפרִיעַ; לְשַׁחֵק; לְהִתעַסֵּק; לְהַפרִיעַ (ל־); לְהִתנַגֵּשׁ בּ־; לְנַצֵּל / לִתקוֹף מִינִית
interference *n.* הִתעָרְבוּת; הַפרָעָה
interim *adj., n.* ־בֵּינַיִים; זְמַנִּי
–in the interim בֵּינתַיִים
interim order *n.* צַו בֵּינַיִים
interior *adj., n.* פְּנִימִי; פְּנִים; פְּנִים הָאָרֶץ
interior decorator *n.* מְעַצֵּב פְּנִים; שִׁיפּוּצנִיק
interior designer *n.* מְעַצֵּב פְּנִים

interjection *n.* קְרִיאַת בֵּינַיִים; מִלַּת קְרִיאָה
interlude *n.* הַפְסָקָה; תְּקוּפַת בֵּינַיִים; נְעִימַת בֵּינַיִים; אִינְטֶרלוּד
intermarriage *n.* נִישּׂוּאֵי תַּעֲרוֹבֶת
intermediary *adj., n.* (שֶׁל) מְתַוֵּךְ
intermediate *adj., n.* ־בֵּינַיִים; בֵּינוֹנִי; בְּשָׁלָב בֵּינַיִים; תַּלמִיד בְּרָמָה בֵּינוֹנִית
interment *n.* קְבוּרָה
interminable *adj.* נִמשָׁךְ לְלֹא סוֹף
interminably *adv.* לְלֹא סוֹף
intermission *v.* הַפסָקָה; הֲפוּגָה
intermittent *adj.* שֶׁבָּא לְסֵירוּגִין; סֵירוּגִין
intermittently *adv.* לְסֵירוּגִין; בְּהַפסָקוֹת
intern *v.* לִכלוֹא בְּמַחֲנֶה וכד׳
intern *n.* סְטַאזֶ׳ר (רוֹפֵא); מִתמַחֶה
internal *adj.* פְּנִימִי; ־פְּנִים
internalize *v.* לְהַפנִים
internally *adv.* (מִ)בִּפנִים
Internal Revenue *n.* מִנהַל הַכנָסוֹת הַמְדִינָה
international *adj., n.* בֵּינלאוּמִי; (שַׂחקָן) בֵּינלאוּמִי; מִשׂחָק בֵּינלאוּמִי
internationalize *v.* לְבַנאֵם
internationally *adv.* בְּרַחֲבֵי הָעוֹלָם
internecine *adj.* גּוֹרֵם לְהֶרֶס הֲדָדִי
internee *n.* עָצִיר (בְּמַחֲנֶה)
Internet *n.* הָאִינטֶרנֶט
interplay *n.* שִׁילּוּב; תֵּיאוּם; פְּעוּלַּת גּוֹמלִין
interpret *v.* לְפָרֵשׁ; לְתַרגֵּם
interpretation *n.* פֵּירוּשׁ; פַּרשָׁנוּת
–broad/limited interpretation פֵּירוּשׁ רָחָב / מְצַמצֵם
interpreter *n.* מְתוּרגְמָן; מְפָרֵשׁ; תּוֹכנַת תִּרגּוּם לִשׂפַת מְכוֹנָה
interracial *adj.* בֵּין־גִּזעִי
interrogate *v.* לַחקוֹר; לְהַצִּיג שְׁאֵלוֹת לְ־
interrogation *n.* חֲקִירָה; תִּשׁאוּל
interrogative *n.* מִלַּת־ / מִשׁפַּט־שְׁאֵלָה
interrogator *n.* חוֹקֵר
interrupt *v.* לִקטוֹעַ; לְהַפסִיק; לְהַפרִיעַ לְ־
interruption *n.* הַפסָקָה; הַפרָעָה
intersect *v.* לַחֲצוֹת; לַחתוֹךְ; לְהִצטַלֵּב; לַחתוֹךְ זֶה אֶת זֶה
intersection *n.* חֲצִייָה; הִצטַלְּבוּת; צוֹמֶת
intersperse *v.* לָשִׂים פֹּה וָשָׁם; לְשַׁבֵּץ; לְגַוֵּון
interstate *adj.* בֵּין־מְדִינָתִי
intertwine *v.* לִשׁזוֹר; לְהִשׁתַּזֵּר
interval *n.* הַפסָקָה; שְׁהוּת; פֶּרֶק זְמַן; רֶווַח; מִרווָח
–at intervals (of) בְּמִרווֹחֵי זְמַן (קְבוּעִים); בְּרְוָוחִים שֶׁל
intervene *v.* לִקרוֹת בֵּינתַיִים; לְהִתעָרֵב; לְהַפרִיד בֵּין־; לַחֲלוֹף בֵּינתַיִים
intervention *n.* הִתעָרְבוּת
interview *n., v.* רֵאָיוֹן; לְרַאֲייֵן
interviewee *n.* מְרוּאֲייָן
interviewer *n.* מְרַאֲייֵן
intestine *n.* מְעִי
intimacy *n.* אִינטִימִיוּת; קִרבָה; יַחֲסֵי־מִין
intimate *adj.* אִינטִימִי; מְקוֹרָב; אִישִׁי; פְּרָטִי; מַעֲמִיק; מִקָּרוֹב
intimate *v.* לִרמוֹז; לְהוֹדִיעַ; לְהַבהִיר
intimately *adv.* בְּאוֹפֶן אִינטִימִי; מִקָּרוֹב; עַל בּוּרְיוֹ; בְּאוֹפֶן הָדוּק
intimidate *v.* לְהַפחִיד; לְאַלֵּץ בְּאִיוּמִים
intimidation *n.* הַפחָדָה; אִיוּמִים
into *prep.* לְתוֹךְ; לְ־; בְּ־
intolerable *adj.* בִּלתִי נִסבָּל
intolerance *n.* אִי־סוֹבלָנוּת
intolerant *adj.* לֹא סוֹבלָנִי
intonation *n.* הַנגָּנָה; אִינטוֹנַצְיָה
intoxicate *v.* לְשַׁכֵּר
intoxicated *adj.* שִׁיכּוֹר; מְסוּחרָר
intransigence *n.* נוּקשׁוּת; אִי פַּשרָנוּת
intransigent *adj.* לֹא מִתפַּשֵּׁר; נוּקשֶׁה
intransitive verb *n.* פּוֹעַל עוֹמֵד
intrauterine device *n.* הֶתקֵן תּוֹךְ־רַחמִי
intravenous *adj.* תּוֹךְ־וְרִידִי
in-tray *n.* דּוֹאַר נִכנָס
intrepidly *adv.* לְלֹא חַת; בְּאוֹמֶץ רַב
intricacy *n.* מוּרכָּבוּת
–intricacies כָּל הַפְּרָטִים וְהַדַּקוּיוֹת; סְבַךְ
intricate *adj.* מוּרכָּב; מְסוּבָּךְ
intricately *adv.* בְּאוֹפֶן מוּרכָּב

I

I

intrigue *n.* תְּכָכִים; מְזִימָה
intrigue *v.* לִרקוֹם מְזִימָה; לְסַקרֵן; לְעוֹרֵר עִניָין
intrigued *adj.* מְסוּקרָן
intriguing *adj.* מְסַקרֵן; מְרַתֵּק
intrinsic *adj.* עַצמִי; פְּנִימִי; מַהוּתִי
– intrinsic value עֵרֶך סְגוּלִי
introduce *v.* לְהַצִיג; לְהַכנִיס; לְהַנהִיג; לְהָבִיא
– I introduced them to each other עָשִׂיתִי בֵּינֵיהֶם הֶכֵּרָה
introduction *n.* הַקדָמָה; מָבוֹא; הַכנָסָה; הַנהָגָה; הִתוַודְעוּת; הַצָגָה (לצורך היכרות)
– letter of introduction מִכתַב הַמלָצָה
introductory *adj.* מַקדִים; ־מָבוֹא; פּוֹתֵחַ
– introductory offer מִבצַע הֶיכֵּרוּת
introvert *n.* אָדָם מוּפנָם
introverted *adj.* מוּפנָם
intrude *v.* לְהַפרִיעַ; לִפלוֹשׁ (לתחום); לְהִידָחֵק; לְהַכנִיס
intruder *n.* אוֹרֵחַ לֹא קָרוּא; מִתפָּרֵץ
intrusion *n.* (on) הַפרָעָה; חֲדִירָה (ל־)
intrusive *adj.* מַפרִיעַ (לפרטיות)
intuition *n.* אִינטוּאִיצִיָה
intuitive *adj.* אִינטוּאִיטִיבִי
intuitively *adv.* בְּאוֹפֶן אִינטוּאִיטִיבִי
inundate *v.* (with) לְהָצִיף (בּ־)
inundation *n.* הֲצָפָה; שִׁיטָפוֹן
invade *v.* לִפלוֹשׁ; לִפלוֹשׁ ל־(פְּרָטִיוּת); לִפגוֹעַ בּ־
invader *n.* פּוֹלֵשׁ
invalid *adj.* חֲסַר תוֹקֶף; פָּסוּל
invalid *n.* נָכֶה; חוֹלֶה כְּרוֹנִי
invalidate *v.* לִשלוֹל תוֹקֶף; לִפסוֹל
invaluable *adj.* שֶׁאֵין עֲרוֹך לוֹ; יָקָר לְאֵין עֲרוֹך
invariable *adj.* לֹא מִשתַנֶה; קָבוּעַ
invariably *adv.* (כִּמעַט) תָּמִיד
invasion *n.* פְּלִישָׁה; פְּגִיעָה (בזכויות); חֲדִירָה (לפרטיות)
invasive *adj.* פּוֹלֵשׁ; פּוֹלשָׁנִי
invective *n.* חֲרָפוֹת וְגִידוּפִים
invent *v.* לְהַמצִיא; לִבדוֹת
invention *n.* הַמצָאָה
inventive *adj.* בַּעַל כּוֹשֶׁר הַמצָאָה; מְקוֹרִי
inventiveness *n.* כּוֹשֶׁר הַמצָאָה; מְקוֹרִיוּת; חַדשָׁנוּת
inventor *n.* מַמצִיא
inventory *n.* (רְשִׁימַת) מְצַאי; מְלַאי
inverse *adj., n.* הָפוּך; הִיפּוּך
inversely *adv.* בְּיַחַס / בְּסֵדֶר הָפוּך
inversion *n.* הִיפּוּך; סֵדֶר הָפוּך
invertebrate *adj., n.* חֲסַר־חוּליוֹת
inverted commas *n.* מֵרכָאוֹת (כְּפוּלוֹת)
invest *v.* לְהַשׁקִיעַ (כסף, זמן וכו'); לְהוֹצִיא כֶּסֶף (עַל־); לִקנוֹת; לְהַעֲנִיק ל־; לְהַכנִיס לְתַפקִיד; לְהַשׁרוֹת עַל־
investigate *v.* לַחקוֹר
investigation *n.* חֲקִירָה
investigative *adj.* שֶׁל חֲקִירָה
– investigative journalism עִיתוֹנוּת חוֹקֶרֶת
investigator *n.* חוֹקֵר
investment *n.* הַשׁקָעָה
investor *n.* מַשׁקִיעַ
invigorate *v.* לְחַזֵק; לְהַמרִיץ; לְעוֹדֵד
invigorating *adj.* מְרַעֲנֵן
invincible *adj.* שֶׁאֵין לְנַצחוֹ / לְהַכנִיעוֹ
inviolable *adj.* שֶׁאֵין לְחַללוֹ; שֶׁאֵין לְהָפֵר אוֹתוֹ
invisibility *n.* הֱיוֹתוֹ בִּלתִי נִראֶה
invisible *adj.* לֹא נִראֶה; סָמוּי
invisibly *adv.* כָּך שֶׁאֵינוֹ נִראֶה; בְּלִי לְהֵירָאוֹת
invitation *n.* הַזמָנָה (למישהו)
invite *v., n.* לְהַזמִין (מִישֶׁהוּ); לִמשׁוֹך; לְהָבִיא עַל עַצמוֹ; הַזמָנָה
inviting *adj.* מְפַתֶּה; מוֹשֵׁך; מַזמִין
in vitro *adj.* חוּץ־גוּפִית; בְּמַבחֵנָה
invocation *n.* תְּחִינָה לְעֶזרָה (לָאֵל); בַּקָשַׁת הֲגָנָה (כגון חסינות וכדי)
invoice *v., n.* (לְהָכִין / לִשׁלוֹחַ) חֶשׁבּוֹן; חֶשׁבּוֹנִית
invoke *v.* לִקרוֹא אֶל; לִפנוֹת ל־; לְהִיזָקֵק (לְחוֹק וכדי); לְהִשׁתַמֵשׁ (בחוק); לְהִתפַּלֵל ל־; לְבַקֵשׁ; לְהַעֲלוֹת (רוחות); לְעוֹרֵר

involuntarily *adv.* בְּלִי מֵשִׂים; לֹא מֵרָצוֹן; בְּשׁוֹגֵג
involuntary *adj.* מוּכָנִי; לֹא רְצוֹנִי
involuntary manslaughter הֲרִיגָה בְּשׁוֹגֵג
involve *v.* לִהְיוֹת כָּרוּךְ בּ־; לְעָרֵב; לְסַבֵּךְ (בּ־); לְהַצְרִיךְ; לְשַׁתֵּף
involved *adj.* מְקַיֵּים קֶשֶׁר אִינְטִימִי / מְחַיֵּיב; מְעוֹרָב (בּ־); כָּרוּךְ (בּ־); מְסוּבָּךְ
involvement *n.* הִסְתַּבְּכוּת; מְעוֹרָבוּת; רוֹמָן
invulnerable *adj.* (to) לֹא פָּגִיעַ; מוּגָן (מִפְּנֵי־); בָּטוּחַ
inward *adj.* פְּנִימִי; שֶׁפּוֹנֶה פְּנִימָה
inwards *adv.* כְּלַפֵּי פְּנִים
iodine *n.* יוֹד
iota *n.* שֶׁמֶץ; כְּהוּא־זֶה
IOU שְׁטַר חוֹב
ipso facto *adv.* מִכּוֹחַ עוּבְדָה זוֹ; לְפִיכָךְ
IQ מְנַת מִשְׂכָּל
irascible *adj.* רַגְזָן; מְהִיר חֵימָה
irate *adj.* כּוֹעֵס; רוֹגֵז
iris *n.* קַשְׁתִּית הָעַיִן; אִירוּס (פֶּרַח)
Irish *adj., n.* אִירִי; אִירִית (שָׂפָה)
irk *v.* לְהַרְגִּיז
iron *n.* בַּרְזֶל; מַגְהֵץ; אַלַּת גּוֹלְף
– an iron fist in a velvet glove אֶגְרוֹף בַּרְזֶל בְּכְפָפַת מֶשִׁי
– irons אֲזִיקִים; שַׁלְשְׁלָאוֹת
– strike while the iron is hot לְהַכּוֹת בַּבַּרְזֶל בְּעוֹדוֹ חַם
iron *v.* לְגַהֵץ
– iron out לְגַהֵץ (קמטים); לְסַלֵּק; לְהַסְדִּיר
– iron out differences לְיַישֵּׁב חִילוּקֵי דֵעוֹת
Iron Age *n.* תְּקוּפַת הַבַּרְזֶל
ironic *adj.* אִירוֹנִי; מְלַגְלֵג
ironically *adv.* בְּאִירוֹנְיָה; לְמַרְבֵּה הָאִירוֹנְיָה
ironing *n.* גִּיהוּץ; בְּגָדִים לְגִיהוּץ
ironing board *n.* קֶרֶשׁ־גִּיהוּץ
irony *n.* אִירוֹנְיָה; צְחוֹק (הַגּוֹרָל)
irradiate *v.* לְהַקְרִין (כטיפול); לְהָאִיר; לִקְרוֹן

– be irradiated לְהֵיחָשֵׂף לִקְרִינָה
irrational *adj.* חֲסַר בִּינָה; לֹא רַצְיוֹנָלִי; לֹא הֶגְיוֹנִי
irreconcilable *adj.* שֶׁאֵין לְפַייסוֹ / לְיַישְׁבוֹ; סוֹתֵר
irrefutable *adj.* שֶׁאֵין לְהַפְרִיכוֹ
irregular *adj.* חָרִיג; לֹא סָדִיר; לֹא אָחִיד; לֹא יָשָׁר; לֹא סִימֶטְרִי
irregularity *n.* חֲרִיגוּת; אִי־סְדִירוּת; אִי־סִימֶטְרִיּוּת
– irregularities אִי סְדָרִים
irrelevance *n.* אִי רֶלֶוַונְטִיּוּת; דָּבָר חֲסַר תַּכְלִית
irrelevant *adj.* לֹא נוֹגֵעַ לָעִנְיָן; לֹא רֶלֶוַונְטִי
irreparable *adj.* שֶׁאֵינוֹ נִיתָּן לְתִיקּוּן
irreplaceable *adj.* שֶׁאֵין לוֹ תַּחֲלִיף
irrepressible *adj.* שֶׁאֵין לְרַסְּנוֹ; שֶׁאֵין לְדַכְּאוֹ
irresistible *adj.* שֶׁאֵין לַעֲמוֹד בְּפָנָיו
irresolute *adj.* לֹא הֶחְלֵטִי; הַסְסָנִי
irrespective *adj.* (of) בְּלִי לְהִתְחַשֵּׁב בּ־; לְלֹא הֶבְדֵּל
irresponsibility *n.* חוֹסֶר אַחֲרָיוּת
irresponsible *adj.* חֲסַר אַחֲרָיוּת
irretrievable *adj.* שֶׁאֵין לַהֲשִׁיבוֹ; לְלֹא תַּקָּנָה
irreverence *n.* חוֹסֶר יִרְאַת כָּבוֹד
irreverently *adv.* בְּחוֹסֶר יִרְאַת כָּבוֹד
irreversible *adj.* לֹא הָפִיךְ; שֶׁאֵין לְבַטְּלוֹ
irrevocable *adj.* סוֹפִי וְאֵין לְשַׁנּוֹתוֹ
irrigate *v.* לְהַשְׁקוֹת; לִשְׁטוֹף (פֶּצַע)
irrigation *n.* הַשְׁקָיָה
irritability *n.* רַגְזָנוּת; עַצְבָּנוּת
irritable *adj.* רָגִיז; נוֹחַ לְהִתְרַגֵּז; עַצְבָּנִי
irritant *adj., n.* מְגָרֶה; גּוֹרֵם גֵּירוּי (בְּעוֹר וכו'); דָּבָר מַרְגִּיז
irritate *v.* לְהַרְגִּיז; לְעַצְבֵּן; לְגָרוֹת; לִגְרוֹם לְגֵירוּי
irritating *adj.* מַרְגִּיז; מְעַצְבֵּן; שֶׁגּוֹרֵם לְגֵירוּי
irritation *n.* הַרְגָּזָה; רוֹגֶז; גֵּירוּי (בְּעוֹר וכו')
irruption *n.* (into) הִתְפָּרְצוּת (לְתוֹךְ־)

Islamic *adj.* מוסלמי; אִיסלָמִי
island *n.* אִי
islander *n.* יְלִיד אִי; תוֹשַב אִי
isle *n.* אִי
islet *n.* אִי קָטָן
isolate *v.* לְבוֹדֵד; לְנַתֵק
isolated *adj.* מְבוּדָד; מְנוּתָק; בּוֹדֵד
isolation *n.* בִּידוּד; בְּדִידוּת
–in isolation בִּבְדִידוּת; בִּמְנוּתָק
isolationism *n.* בַּדְלָנוּת
Israeli *adj., n.* יִשְׂרְאֵלִי
Israelite *n.* מִבְּנֵי יִשְׂרָאֵל
issue *n.* הוֹצָאָה; הַנְפָּקָה; גִיליוֹן (עיתון); נוֹשֵׂא; בְּעָיָה; סוּגיָה; תוֹצָאָה; צֶאֱצָאִים; יְצִיאָה; זְרִימָה; חֲלוּקָה
–at issue בְּמַחֲלוֹקֶת; עוֹמֵד עַל הַפֶּרֶק
–force the issue לְהָבִיא אֶת הָעִניָין לִידֵי הַכרָעָה
–make an issue of it לַעֲשׂוֹת מִזֶה עִניָין
–take issue (with) לַחֲלוֹק עַל־
issue *v.* לָצֵאת; לִזרוֹם הַחוּצָה; לְחַלֵק; לְנַפֵּק; לְהוֹצִיא; לְהַנפִּיק
issued *adj.* מוּנפָּק

it *pron.* זֶה; הוּא; הִיא; אוֹתוֹ
italics *n.* אוֹתִיוֹת נְטוּיוֹת
itch *n.* גֵירוּי; עִקצוּץ; חֵשֶק; תְשוּקָה
itch *v.* לָחוּש גֵירוּי/עִקצוּץ; לְהִשתוֹקֵק (ל־)
itchiness *n.* תְחוּשַת גֵירוּד/עִקצוּץ
itchy *adj.* מְגָרֶה; מְגָרֵד; חָש גֵירוּי
item *n.* פְּרִיט; סְעִיף; יְדִיעָה
itemize *v.* לִרשוֹם כָּל פְּרִיט בּ־; לְפָרֵט
itinerant *adj.* נוֹדֵד; עוֹבֵר מִמָקוֹם לְמָקוֹם
itinerary *n.* מַסלוּל; תוֹכנִית מַסָע
it's = it is; it has
its שֶלוֹ; שֶלָה (לֹא לְגַבֵּי בְּנֵי־אָדָם)
itself בְּעַצמוֹ; (אֶת) עַצמוֹ
–(all) by itself בְּעַצמוֹ; מֵעַצמוֹ; לְבַדוֹ
–in itself כְּשֶלְעַצמוֹ; בִּפנֵי עַצמוֹ
IUD הֶתקֵן תוֹך־רַחמִי
IV אִינפוּזיָה; עֵירוּי
ivory *adj., n.* שֶנהָב; (בְּ)צֶבַע הַשֶנהָב
ivory tower *n.* מִגדַל שֵן; הִתבּוֹדְדוּת
ivy *n.* קִיסוֹס (צמח)
ivy league *adj.* שֶל אוּנִיבֶרסִיטָאוֹת עִילִית (בארה״ב)

J

jab *n.* מַכָּה פִּתְאוֹמִית; תְּקִיעָה; זְרִיקָה; חִיסּוּן
jab *v.* לִתְקוֹעַ; לְהַכּוֹת; לְהוֹצִיא
jabber *v., n.* לְבַרְבֵּר; לְקַשְׁקֵשׁ; בִּרְבּוּר; קִשְׁקוּשׁ
jack *n.* מַגְבֵּהַ; נָסִיךְ (בִּקְלָפִים); שֶׁקַע
jack *v.* לְהָרִים בְּמַגְבֵּהַ
–jack up לְהָרִים בְּמַגְבֵּהַ; לְהַעֲלוֹת מְחִיר; לַעֲשׂוֹת סֵדֶר בּ־
jackal *n.* תַּן
jackass *n.* חֲמוֹר (גם כִּמְלַת גְּנַאי)
jacket *n.* מְקטוֹרֶן; זָ'קֶט; כִּיסּוּי; קְלִיפָּה; עֲטִיפָה (בְּסֵפֶר)
jackhammer *n.* פַּטִּישׁ אֲוִויר
jack-in-the-box *n.* גֶ'ק בְּקוּפְסָה (בּוּבַּת קָפִיץ בְּקוּפְסָה)
jackpot *n.* קוּפָּה; הַפְּרָס הַגָּדוֹל
–hit the jackpot לִזְכּוֹת בַּפְּרָס הַגָּדוֹל; לְהַצְלִיחַ בְּגָדוֹל
jack-up *n.* עֲלִיָּיה; הַעֲלָאָה
jade *adj., n.* (שֶׁל) אֶבֶן־חֵן יְרוּקָה; (צֶבַע) יָרוֹק
jaded *adj.* (with) תָּשׁוּשׁ (מ־)
jagged *adj.* מְשׁוּנָּן
jaguar *n.* יָגוּאָר
jail *n., v.* בֵּית־סוֹהַר; כֶּלֶא; לִכְלוֹא
jailbird *n.* אָסִיר וָתִיק (לְשֶׁעָבַר); אָסִיר מוּעָד
jailbreak *n.* בְּרִיחָה מֵהַכֶּלֶא
jailer *n.* סוֹהֵר
jam *n.* רִיבָּה; פְּקַק תְּנוּעָה; דּוֹחַק; תַּקָּלָה; מַעֲצוֹר; צָרָה
–be in/get into a jam לִהְיוֹת בְּצָרָה; לְהִסְתַּבֵּךְ
jam *v.* לִדְחוֹס לְתוֹךְ־; (לִגְרוֹם לוֹ) לְהִיתָּקַע; לַחְסוֹם; לְשַׁבֵּשׁ שִׁידּוּרִים
Jane Doe אַלְמוֹנִית; פְּלוֹנִית
jangle *v.* לְהַשְׁמִיעַ צְלִיל מַתַּכְתִּי / צוֹרֵם; לְקַשְׁקֵשׁ (בְּמַפְתְּחוֹת וכו')
–jangled nerves עֲצַבִּים מְרוּטִים
jangle *n.* קִשְׁקוּשׁ; צִלְצוּל וכד' צוֹרֵם
janitor *n.* שָׁרָת; שׁוֹעֵר (בְּבִנְיָין)
January *n.* יָנוּאָר
Japanese *adj., n.* יַפָּנִי; יַפָּנִית (שָׂפָה)
jar *n.* צִנְצֶנֶת; קוֹל צְרִימָה; זַעֲזוּעַ
jar *v.* לִצְרוֹם; לְעַצְבֵּן; לְהִתְנַגֵּשׁ
jargon *n.* זִ'רְגוֹן מִקְצוֹעִי
jarring *adj.* צוֹרֵם; מְעַצְבֵּן; מְזַעֲזֵעַ
jasmine *n.* יַסְמִין (שִׂיחַ)
jasper *n.* יוֹשְׁפֵה (אֶבֶן טוֹבָה)
jaundice *n.* צַהֶבֶת; קִנְאָה; מְרִירוּת
jaunt *v., n.* (לָצֵאת לְ־) טִיּוּל קָצָר
jaunty *adj.* שְׂבַע־רָצוֹן מֵעַצְמוֹ; עַלִּיז
javelin *n.* כִּידוֹן; זְרִיקַת כִּידוֹן (סְפּוֹרְט)
jaw *n.* לֶסֶת; סַנְטֵר (לֶסֶת תַּחְתּוֹנָה); בִּרְבּוּר; רְכִילוּת
–jaws לְסָתוֹת; מַלְתָּעוֹת; לְחָיַיִם (בְּמֶלְחָצַיִים)
jay *n.* עוֹרְבָנִי (צִיפּוֹר)
jaywalker *n.* הוֹלֵךְ רֶגֶל עֲבַרְיָין (חֲסַר אַחֲרָיוּת בַּכְּבִישׁ)
jazz *n.* גֶ'אז
jealous *adj.* קַנַּאי; שֶׁל קִנְאָה; מְקַנֵּא
–jealous of מְקַנֵּא בּ־; מַקְפִּיד עַל־; קַנַּאי לְ־
jealously *adv.* בְּקִנְאָה; בְּקַנָּאוּת
jealousy *n.* קִנְאָה
jeans *n.* מִכְנְסֵי גִ'ינְס
jeep *n.* גִ'יפּ
jeer *v.* (at) לְגַלְגֵּל; לִצְחוֹק בְּלַעַג (עַל־)
jeer *n.* הֶעָרָה לַגְלְגָנִית
jell *v.* לְהִתְגַּבֵּשׁ; לְהַקְרִישׁ
jellied *adj.* קָרוּשׁ
jello *n.* גֶ'לִי; מִקְפָּא
jelly *n.* מִקְפָּא; גֶ'לִי; רִיבָּה
jelly bean *n.* גֶ'לִי לְעִיסָה (מַמְתָּק)
jellyfish *n.* מֶדוּזָה
jemmy *n.* לוֹם; מוֹט־פְּרִיצָה
jeopardize *v.* לְסַכֵּן
jeopardy *n.* סַכָּנָה
jerk *n.* דְּחִיקָה; מְשִׁיכָה פִּתְאוֹמִית; טַלְטֵלָה; עֲווִית; רַעַד פִּתְאוֹמִי; טֶמְבֶּל
–jerks תַּרְגִּילֵי הִתְעַמְּלוּת

jerk *v.* לָנוּעַ בְּטִילטוּלִים; לְהִזדַעֲזֵעַ; לִדחוֹף/לִמשׁוֹך פִּתאוֹם; לְטַלטֵל
–jerk out לִפלוֹט (הערה וכו׳)
jerky *adj.* מְלוּוֶה בְּטִלטוּלִים; קוֹפצָנִי
jerrycan *n.* גֶ׳רִיקָן
jersey *n.* אֲרִיג גֶ׳רזִי; אֲפוּדַת צֶמֶר; פָּרָה מִגֶזַע גֶ׳רזִי
Jerusalem artichoke *n.* אַגַס־הָאֲדָמָה; תַּפּוּחַ־אֲדָמָה יְרוּשַׁלמִי
jest *n., v.* בְּדִיחָה; הֲלָצָה; לְהִתלוֹצֵץ
–in jest בִּצחוֹק
jester *n.* לֵיצָן
Jesus *n.* יֵשׁוּ
jet *n.* סִילוֹן; פֶּתַח; פּוּמִית; אֶבֶן שְׁחוֹרָה
jet *v.* (about/around) לִקלוֹחַ; לִפרוֹץ; לְהוֹצִיא בְּסִילוֹן; לָטוּס בִּמטוֹס־סִילוֹן
jet engine *n.* מְנוֹעַ סִילוֹן
jet lag *n.* יַעֶפֶת; גֶ׳ט לֶג
jetliner *n.* מְטוֹס נוֹסעִים סִילוֹנִי
jet plane/aircraft *n.* מְטוֹס סִילוֹן
jetsam *n.* מִטעָן שֶׁהוּשלַך לַיָם
jet set *n.* חוּג הַסִילוֹן
jet ski *n.* אוֹפַנוֹעַ יָם
jettison *v.* לִנטוֹשׁ; לְהַשׁלִיך
jetty *n.* מֵזַח; מַעֲגָן
Jew *n.* יְהוּדִי
Jewish *adj.* יְהוּדִי
jewel *n.* אֶבֶן טוֹבָה; תַּכשִׁיטִים; אָדָם נִפלָא; ״אוֹצָר״
jeweler, jeweller *n.* תַּכשִׁיטָן
jewelry, jewellery *n.* תַּכשִׁיטִים
Jewess *n.* יְהוּדִיָיה
Jewry *n.* יַהֲדוּת; הַיְהוּדִים
jibe *v.* לִלעוֹג; לְלַגלֵג
jiffy *n.* רֶגַע
–in a jiffy בִּן־רֶגַע; תֵּכֶף
jiggle *v.* לְנַענֵעַ/לְהִתנוֹעֵעַ מִצַד לְצַד
jigsaw *n.* מִשׂחַק הַרכָּבָה; תַּצרֵף; מַסוֹר נִימָה
jigsaw puzzle *n.* מִשׂחַק הַרכָּבָה; תַּצרֵף
jihad *n.* גִ׳יהָאד; מִלחֶמֶת קוֹדֶשׁ
jilt *v.* לַעֲזוֹב; לִנטוֹשׁ
jimmy *n.* לוֹם; מוֹט פְּרִיצָה
jingle *n.* צִלצוּל; קִשׁקוּשׁ (מפתחות וכו׳); תַּזמִיר; גִ׳ינגֶל
jingle *v.* לְצַלצֵל; לְקַשׁקֵשׁ בְּ־ (מפתחות וכו׳)
jingoism *n.* לְאוּמָנוּת כּוֹחָנִית
jinn *n.* שֵׁד (בבקבוק וכד׳)
jinx *n.* ״נַחס״; מֵבִיא מַזָל רַע; קְלָלָה
jitters *n.* עַצבָּנוּת; הִתרַגשׁוּת
jittery *adj.* עַצבָּנִי; פּוֹחֵד
jive *n.* (רִיקוּד בְּקֶצֶב) הַגֶ׳ייב; שְׂפַת נַגָנֵי גֶ׳אז; בִּרבּוּר
Jnr הַבֵּן; הַצָעִיר
job *n.* עֲבוֹדָה; מְשִׂימָה (קָשָׁה); תַּפקִיד; מְקוֹם עֲבוֹדָה; מִשׂרָה; ״מַכָּה״ (שׁוֹד); נִיתוּחַ פְּלַסטִי
–be out of a job לִהיוֹת מוּבטָל
–(it's) a good job טוֹב שֶׁ־; מוּטָב כָּך
–nine-to-five job עֲבוֹדָה שִׁגרָתִית
–odd jobs כָּל מִינֵי עֲבוֹדוֹת קְטַנוֹת
job action *n.* עִיצוּמִים
job hunting *n.* חִיפּוּשׂ עֲבוֹדָה
jobless *adj.* מוּבטָל; מְחוּסַר עֲבוֹדָה
job seeker דוֹרֵשׁ עֲבוֹדָה
job sharing חֲלוּקַת עֲבוֹדָה
jock *n.* סְפּוֹרטַאי (בִּקוֹלגִ׳); מָגֵן־בֵּיצִים
jockey *n.* רוֹכֵב בְּמֵרוֹצֵי־סוּסִים
jockey *v.* לִרכּוֹב בְּמֵרוֹצֵי־סוּסִים; לְנַווֵט; לְתַמרֵן; לְהוֹצִיא בְּמִרמָה; לְרַמוֹת
–jockey for לְתַמרֵן (בְּתַחבּוּלוֹת) כְּדֵי לְהַשִׂיג
jocose *adj.* מְבַדֵחַ
jocular *adj.* מַצחִיק; מְבַדֵחַ
jocularly *adv.* בִּבדִיחוּת הַדַעַת
jocund *adj.* שָׂמֵחַ; עַלִיז
jodhpurs *n.* מִכנְסֵי רְכִיבָה
jog *n.* דְחִיפָה קַלָה; נִענוּעַ; רִיצָה קַלָה
jog *v.* לָתֵת דְחִיפָה קַלָה; לְנַענֵעַ; לָרוּץ רִיצָה קַלָה; לִדהוֹר בִּדהִירָה קַלָה; לְהִתקַדֵם בְּאִיטִיוּת
–jog his memory (לְנַסוֹת) לְעוֹרֵר אֶת זִכרוֹנוֹ
jogging *n.* גִ׳וֹגִינג; רִיצַת כּוֹשֶׁר
joggle *v.* לְנַענֵעַ; לְהִתנוֹעֵעַ
john *n.* בֵּית־שִׁימוּשׁ

John Doe *n.* פְּלוֹנִי אַלְמוֹנִי; אָדָם מְמוּצָע
joie de vivre *n.* שִׂמְחַת חַיִּים
join *v.* לְחַבֵּר; לִקְשׁוֹר; לְהַדְבִּיק; לְהִתְחַבֵּר; לְהִיפָּגֵשׁ; לְהִצְטָרֵף ל־
–join forces (with) לַעֲשׂוֹת יַד אַחַת (עִם)
–join hands לְשַׁלֵּב יָדַיִים (זֶה עִם זֶה)
–join up לְהִתְגַּיֵּיס
joiner *n.* נַגַּר בִּנְיָין; מִצְטָרֵף
joint *adj.* מְשׁוּתָּף
joint *n.* מִפְרָק; מַחְבָּר; חִיבּוּר; נֵתַח בָּשָׂר; "מְאוּרָה"; סִיגַרְיַית חֲשִׁישׁ
–out of joint נָקוּעַ; יָצָא מִמְּקוֹמוֹ; בְּמַצָּב לֹא טוֹב
joint (bank) account *n.* חֶשְׁבּוֹן (בַּנְק) מְשׁוּתָּף
jointly *adv.* בְּמְשׁוּתָּף
jointly-owned *adj.* בְּבַעֲלוּת מְשׁוּתֶּפֶת
joint-stock company *n.* חֶבְרַת מְנָיוֹת
joint venture *n.* פְּרוֹיֶיקְט / מֵיזָם מְשׁוּתָּף
joist *n.* קוֹרָה; קוֹרַת בַּרְזֶל
joke *n.* בְּדִיחָה; מְתִיחָה
–be no joke זֶה לֹא צְחוֹק
–beyond a joke כְּבָר לֹא מַצְחִיק / מְשַׁעֲשֵׁעַ
–crack a joke לְסַפֵּר בְּדִיחָה
–dirty joke בְּדִיחָה גַּסָּה
–play a joke on לְהַתֵּל בּוֹ; לְסַדֵּר אוֹתוֹ (בִּמְתִיחָה)
–see the joke לְהָבִין אֶת הַבְּדִיחָה; לְהָבִין מַה זֶּה מַצְחִיק
–take a joke לְקַבֵּל בְּדִיחָה בְּרוּחַ טוֹבָה
joke *v.* לְהִתְבַּדֵּחַ
–joking apart צְחוֹק בַּצַּד
–You must be joking! אַל תַּצְחִיק אוֹתִי!; אַתָּה צוֹחֵק עָלַיי!
joker *n.* בַּדְחָן; גּ׳וֹקֶר
jokingly *adv.* בִּצְחוֹק
jolly *adj., adv.* שָׂמֵחַ; עַלִּיז; מְאוֹד
–jolly well בְּהֶחְלֵט; וְעוֹד אֵיךְ
jolt *n.* טִלְטוּל פִּתְאוֹמִי; זַעֲזוּעַ
jolt *v.* לְטַלְטֵל; לְנַעְנֵעַ; לִקְפּוֹץ; לְזַעְזֵעַ
Jordan *n.* הַיַּרְדֵּן; יַרְדֵּן
jostle *v.* לִדְחוֹף בְּגַסּוּת; לְהִידָּחֵק
jot *n.* שֶׁמֶץ; כְּהוּא־זֶה
jot *v.* (down) לִרְשׁוֹם
journal *n.* עִיתּוֹן; כְּתַב־עֵת; יוֹמָן
journalism *n.* עִיתּוֹנָאוּת
journalist *n.* עִיתּוֹנַאי
journey *n., v.* נְסִיעָה; מַסָּע; לִנְסוֹעַ (ל־)
joust *v., n.* (לְהִשְׁתַּתֵּף בּ־) דּוּ־קְרָב רְמָחִים (עַל סוּסִים)
Jove *n.* יוּפִּיטֶר
–by Jove בְּחַיַּי!; שׁוֹמוּ שָׁמַיִים
jovial *adj.* עַלִּיז; שָׂמֵחַ
jowl *n.* לֶסֶת
joy *n.* שִׂמְחָה; הֲנָאָה; נַחַת; הַצְלָחָה
joyful *adj.* שָׂמֵחַ; מְשַׂמֵּחַ
joyfully *adv.* בְּשִׂמְחָה; בַּעֲלִיצוּת
joyous *adj.* מָלֵא שִׂמְחָה; מְשַׂמֵּחַ
joyously *adv.* בְּשִׂמְחָה
joyride *n.* נְסִיעַת חֲרָקוֹת (בִּמְכוֹנִית)
joystick *n.* יָדִית נִיווּט; מוֹט הִיגּוּי
Jr הַבֵּן; הַצָּעִיר
jubilant *adj.* צוֹהֵל; שֶׁל שִׂמְחַת נִיצָּחוֹן
jubilantly *adv.* בְּצָהֳלַת נִיצָּחוֹן
jubilation *n.* צָהֳלָה; צָהֳלַת נִיצָּחוֹן
jubilee *n.* (חֲגִיגַת) יוֹבֵל
–golden jubilee (חֲגִיגַת) יוֹבֵל (הַ־50)
–diamond jubilee (חֲגִיגַת) יוֹבֵל הַ־60
–silver jubilee (חֲגִיגַת) יוֹבֵל הַ־25
Judaism *n.* יַהֲדוּת
judge *n.* שׁוֹפֵט; מֵבִין; מוּמְחֶה
judge *v.* לְשַׁמֵּשׁ שׁוֹפֵט; לִשְׁפּוֹט (בּ־); לְהַעֲרִיךְ; לִקְבּוֹעַ דֵּעָה
–judging from (אִם לִשְׁפּוֹט) לְפִי
judgment, judgement *n.* שְׁפִיטָה; מִשְׁפָּט; דִּין; פְּסַק דִּין; הַחְלָטָה; שִׁיפּוּט; כּוֹשֶׁר שִׁיפּוּט; דֵּעָה
–against my better judgment לַמְרוֹת שֶׁאֲנִי לֹא שָׁלֵם עִם זֶה
–in my judgment לְפִי דַּעְתִּי; לְהַעֲרָכָתִי
–pass judgment (on) לִפְסוֹק דִּין; לְהַבִּיעַ דֵּעָה (עַל־); לִמְתּוֹחַ בִּיקּוֹרֶת עַל־
Judgment Day *n.* יוֹם הַדִּין
judicial *adj.* מִשְׁפָּטִי; שֶׁל שׁוֹפֵט; שִׁיפּוּטִי; בִּיקּוֹרְתִּי; שָׁקוּל; נָבוֹן

J

judicial authority *n.* סַמכוּת שִיפוּטִית
judiciary *n.* סֶגֶל הַשוֹפְטִים; הָרָשוּת הַשוֹפֶטֶת
judicious *adj.* שָקוּל; נָבוֹן
judiciously *adv.* בִּתבוּנָה; בְּשִיקוּל דַעַת
jug *n.* כַּד; בֵּית־סוֹהַר
juggernaut *n.* מַשָׂאִית־עֲנָק; כּוֹחַ/עֲנָק דוֹרסָנִי
juggle *v.* לַעֲשוֹת לַהֲטוּטִים
–juggle with "לְשַפֵּץ"; "לְשַחֵק" עִם
juggler *n.* לַהֲטוּטָן
jugular *adj., n.* שֶל הַצַוָואר/הַגָרוֹן; וְרִיד הַצַוָואר
juice *n.* מִיץ; חַשמַל; דֶלֶק; כּוֹחַ
juiciness *n.* עֲסִיסִיוּת
juicy *adj.* עֲסִיסִי; מְעַניֵין; שָמֵן (חוֹזֶה)
juke-box *n.* תַקלִיטוֹמָט; מְכוֹנַת תַקלִיטִים
July *n.* יוּלִי
jumble *v.* לְעַרבֵּב; לְהִתעַרבֵּב
jumble *n.* עִרבּוּביָה; בְּלִיל
jumble sale *n.* מְכִירַת צְדָקָה שֶל דְבָרִים יְשָנִים
jumbo jet *n.* מָטוֹס גִ'ימבּוֹ
jump *n.* קְפִיצָה; דִילוּג; תְנוּעָה פִּתאוֹמִית שֶל בֶּהָלָה; עֲלִיָיה פִּתאוֹמִית/תְלוּלָה
jump *v.* לִקפּוֹץ; לְזַנֵק; לִקפּוֹץ מִמְקוֹמוֹ; לְהִיבָּהֵל; לִתקוֹף; לְדַלֵג; לַעֲבוֹר בְּפִתאוֹמִיוּת; לְזַנֵק מַעלָה; לַעֲלוֹת עֲלִיָיה חַדָה
–jump down his throat לְהִתנַפֵּל עָלָיו (בְּמִלִים קָשוֹת)
–jump out of your skin לִפרוֹחַ נִשמָתוֹ (מִפַּחַד וכו')
–jump the gun לְהַקדִים (מִדַי); לְהַקדִים אֶת הַמְאוּחָר; לִפסוֹל בַּזִינוּק
–jump the lights לַעֲבוֹר בְּאָדוֹם
–jump the queue לְהִידָחֵף בַּתוֹר; לִקפּוֹץ לְרֹאש הַתוֹר
–jump to conclusions לְמַהֵר לְהַסִיק מַסקָנוֹת
–jump to it לְהִזדָרֵז
jumper *n.* סְוֶודֶר; קוֹפֵץ; קַפְצָן
jumper cables *n.* כֶּבֶל הַתנָעָה
jumpiness *n.* עַצבָּנוּת
jumpy *adj.* עַצבָּנִי
junction *n.* חִיבּוּר; צוֹמֶת; מִצמֶת; מִסעָף
juncture *n.* מַצָב עִניָינִים; מְקוֹם חִיבּוּר; "תֶפֶר"
–at this juncture בְּשָלָב זֶה; בְּמַצַב עִניָינִים זֶה
June *n.* יוּנִי
jungle *n.* ג'וּנגל; יַעַר־עַד
jungle gym *n.* מִתקַן מִשׂחָקִים (בְּגַן)
junior *n.* צָעִיר יוֹתֵר; הַבֵּן; זוּטָר; תַלמִיד שָנָה ג' (בְּתִיכוֹן/בְּקוֹלֶג')
junior high school *n.* חֲטִיבַת בֵּינַיִים
juniper *n.* עַרעָר (שִׂיחַ)
junk *n.* גְרוּטָאוֹת; "זֶבֶל"; "שְמָטֶס"; הֶרוֹאִין
junk *v.* לִזרוֹק (לַזֶבֶל)
junk food *n.* אוֹכֶל לֹא בָּרִיא; חֲטִיפִים, מָזוֹן מָהִיר וכו'
junkie, junky *n.* מָכוּר לְסַמִים
junk mail *n.* דוֹאַר זֶבֶל
junta *n.* כַּת צְבָאִית; חוּנטָה
Jupiter *n.* יוּפִּיטֶר; כּוֹכַב צֶדֶק
jurisdiction *n.* סַמכוּת חוּקִית; תְחוּם שִיפּוּט
jurisprudence *n.* תוֹרַת הַמִשפָּט
jurist *n.* מִשפְּטָן
juror *n.* חָבֵר בְּחֶבֶר מוּשבָּעִים
jury *n.* חֶבֶר מוּשבָּעִים; חֶבֶר שוֹפְטִים (בְּתַחרוּת)
just *adj.* הוֹגֵן; צוֹדֵק; אוֹהֵב צֶדֶק; מוּצדָק; מְבוּסָס
–just deserts הַמַגִיעַ
just *adv.* זֶה עַתָה; כָּרֶגַע; בְּדִיוּק; רַק; בְּקוֹשִי; מַמָש; פָּשוּט
–just about כִּמעַט; בְּעֵרֶך
–just a moment רַק רֶגַע
–just as בְּדִיוּק כְּשֶ־; בְּדִיוּק כְּמוֹ
–just like that כָּךְ סְתָם; לְלֹא אַזהָרָה מוּקדֶמֶת
–just now כָּרֶגַע; הָרֶגַע
–(not) just yet עֲדַיִין לֹא
–only just בְּקוֹשִי
–that's just it זֶה בְּדִיוּק הָעִניָין

J

–that's just like him מַתאִים לוֹ (לִנהוֹג כָּך)

justice *n.* צֶדֶק; מִשפָּט; שוֹפֵט

–bring him to justice לַהֲבִיאוֹ לְמִשפָּט

–do justice to לַעֲשׂוֹת צֶדֶק עִם־; לִהיוֹת הוֹגֵן כְּלַפֵּי־

–in justice to כְּדֵי לִהיוֹת הוֹגֵן כְּלַפֵּי־

Justice of the Peace *n.* שוֹפֵט שָלוֹם

justifiable *adj.* שֶאֶפשָר לְהַצדִיקוֹ; מוּצדָק

justification *n.* הַצדָקָה (ל־)

justified *adj.* מוּצדָק; צוֹדֵק; מְיוּשָר

justify *v.* (justified) לְהַצדִיק; לְיַישֵר (בדפוּס)

justly *adv.* בְּצֶדֶק

jut *v.* לִבלוֹט

jute *n.* יוּטָה

juvenile *adj.* לְ־ / שֶל נוֹעַר; צָעִיר; יַלדוּתִי

juvenile *n.* צָעִיר; (לשׂחק) תַפקִיד הַצָעִיר

juvenile delinquency *n.* עֲבַריָינוּת נוֹעַר

juvenile diabetes *n.* סוּכֶּרֶת נְעוּרִים

juxtaposition *n.* הַעֲמָדָה זֶה לְצַד זֶה; סְמִיכוּת

J

K

K, k קיי; אֶלֶף; קילוֹבַּייט
kaleidoscopic *adj.* קָלֵיידוֹסקוֹפִּי; סַסגוֹנִי
kangaroo *n.* קֶנגוּרוּ
kangaroo court *n.* בֵּית־דִין לֹא חוּקִי; בֵּית־דִין שָׂדֶה
kaput *adj.* גָמוּר; אָבוּד
karat *n.* קָרָט
karate *n.* קָרָטֶה
karma *n.* קַרמָה; גוֹרָל
kayak *n.* קַיָק; סִירָה קַלָּה
keel *n.* שִׁדרִית (של ספינה)
–on an even keel יַצִיב
keel *v.* לַהֲפוֹך עַל צִדָה (ספינה); לְהִתהַפֵּך
–keel over לְהִתמוֹטֵט; לִצנוֹחַ אַרצָה; לְהִתהַפֵּך
keen *adj.* עַז; עָמוֹק; רַב; נִלהָב; לָהוּט; חָרִיף; חוֹדֵר; חַד
–keen on מִשתוֹקֵק ל־; לָהוּט
keenly *adv.* בַּחֲרִיפוּת; בְּלַהִיטוּת; מְאוֹד; בִּבהִירוּת
keenness *n.* חַדוּת; לְהִיטוּת; חֲרִיפוּת
keep *n.* כַּלכָּלָה; פַּרנָסָה; מִגדָל שֶׁל מְצוּדָה
–for keeps לְתָמִיד
keep *v.* לִשמוֹר (לְעַצמוֹ); לְהַחֲזִיק; (לִגרוֹם לוֹ) לִהיוֹת / לְהִישָאֵר; לְהַמשִיך; לִנסוֹעַ בְּצַד־; לְקַיֵים; לַחֲגוֹג; לְפַרנֵס; לְהַחֲזִיק בְּבַעֲלוּתוֹ; לְגַדֵל; לְנַהֵל; לְהִישָמֵר (טָרִי); לְעַכֵּב
–keep a secret לִשמוֹר סוֹד
–keep at לְהַתמִיד בּ־; לְעוֹדֵד / לְאַלֵץ אוֹתוֹ לְהַתמִיד בּ־
–keep back (from) לְהַרחִיק; לְהִתרַחֵק (מ־); לְהַסתִיר (מ־)
–keep down לֹא לְהִתרוֹמֵם; לְדַכֵּא; לְרַסֵן; לִמנוֹעַ / לִבלוֹם עֲלִיָיה בּ־; לֹא לְהָרִים; לִשלוֹט בּ־
–keep someone/something from doing לִמנוֹעַ מ־; לְהַפרִיעַ ל־
–keep something from לְהַסתִיר מ־
–keep in mind לִזכּוֹר
–keep off לֹא לָגַעַת (בּ־); לֹא לִדרוֹך (עַל); לֹא לָבוֹא; לֹא לִהיוֹת; לְהִתרַחֵק; לְהִימָנַע מֵאֲכִילַת / מִשתִיַית־ / מֵעִישוּן־; לֹא לְדַבֵּר עַל־; לְסַלֵק; לְהַרחִיק (מ־)
–keep on (doing) לְהַמשִיך (ל־)
–keep your head לִשמוֹר עַל קוֹר רוּחַ
–keep out of לְהִתרַחֵק / לְהַרחִיק מ־; לֹא לְעָרֵב בּ־
–keep to לְהַמשִיך בּ־; לְהִיצָמֵד ל־; לְהִישָאֵר בּ־; לֹא לִסטוֹת; לְקַיֵים
–keep it up לְהַתמִיד בְּכָך
–keep up (with) לַעֲמוֹד בַּקֶצֶב (שֶל־); לִשמוֹר עַל רָמַת־חַיִים (כְּמוֹ־); לִשמוֹר עַל קֶשֶר (עִם־); לְהִתעַדכֵּן בּ־
–keep well לִהיוֹת בָּרִיא
keeper *n.* שׁוֹמֵר; שׁוֹעֵר
keeping *n.* שְׁמִירָה; גִידוּל; הַשגָחָה
–in keeping (with) עוֹלֶה בְּקָנֶה אֶחָד (עִם־)
–in safe keeping בְּיָדַיִים נֶאֱמָנוֹת
–out of keeping (with) לֹא תוֹאֵם (אֶת)
keeps *n.* –for keeps לְתָמִיד
keepsake *n.* מַזכֶּרֶת
keg *n.* חָבִיוֹנֶת
kelp *n.* אַצוֹת (חוּמִיוֹת)
kennel *n.* מְלוּנָה; מָעוֹן לִכלָבִים
kept *v. past and 3rd form of* keep
–a kept woman פִּילֶגֶש
kerb *n.* שְׂפַת הַמִדרָכָה
kerbstone *n.* אֶבֶן שָׂפָה
kerchief *n.* מִטפַּחַת רֹאש
kernel *n.* תוֹך הָאֱגוֹז / הַגַלעִין; גַרעִין; זֶרַע; עִיקָר
kerosene *n.* נֵפט
ketchup *n.* קֶטשוֹפּ
kettle *n.* קוּמקוּם
–a fine kettle of fish תִסבּוֹכֶת; עֵסֶק בִּיש
kettledrum *n.* תוּנפָּן; תוֹף־דוּד
key *adj.* ־מַפתֵחַ; חִיוּנִי; עִיקָרִי
key *n.* מַפתֵחַ; תְשוּבוֹת; קָלִיד; מַקָש; כַּנפִית; סוּלָם (מוּסִיקָלִי)

key *v.* לְכַוֵּן (כלי נגינה); לְהַתְאִים; לְהַקְלִיד

keyboard *n., v.* מִקְלֶדֶת; לְהַקְלִיד

keyed up *adj.* עַצְבָּנִי; מָתוּחַ; לָחוּץ; מְשׁוּלְהָב

keyhole *n.* חוֹר הַמַּנְעוּל

key money *n.* דְּמֵי מַפְתֵּחַ

keynote *n.* בְּסִיס הַסּוּלָּם; רַעְיוֹן מֶרְכָּזִי

–keynote speech נְאוּם מֶרְכָּזִי

keypad *n.* מִקְלֶדֶת קְטַנָּה; לוּחַ מַקְשִׁים

key ring *n.* מַחֲזִיק מַפְתְּחוֹת

kg ק״ג

khaki *n.* חָאקִי

khalif *n.* חָ'לִיף

khan *n.* חָאן; שַׁלִּיט; פּוּנְדָּק

kHz קִילוֹהֶרְץ

kibbutz *n.* קִיבּוּץ

kibitzer *n.* קִיבִּיצֶר; נוֹתֵן עֵצוֹת בְּלִי שֶׁיִּתְבַּקֵּשׁ

kick *n.* בְּעִיטָה; רִיגּוּשׁ; תַּעֲנוּג מַרְטִיט; כּוֹחַ; עוֹצְמָה; סִיפּוּק; רֶתַע

–get a kick out of לֵיהָנוֹת מ־

–for kicks בִּשְׁבִיל הַכֵּיף

kick *v.* לִבְעוֹט (בּ־); לַעֲשׂוֹת / לְהַבְקִיעַ בִּבְעִיטָה; לְהֵירָתַע; לְהִתְאוֹנֵן; לִרְטוֹן

–kick in לִפְרוֹץ / לִשְׁבּוֹר וכו׳ בִּבְעִיטָה; לִתְרוֹם חֶלְקוֹ

–kick off לִבְעוֹט בְּעִיטַת פְּתִיחָה; לִפְתּוֹחַ בּ־

–kick out (of) לְגָרֵשׁ; לְהָעִיף אוֹתוֹ (מ־)

–kick the habit לְהִיגָּמֵל; לְהִיפָּטֵר מֵהַהֶרְגֵּל

kickback *n.* עֲמָלָה; חֵלֶק בְּרֶוַח; שׁוֹחַד

kickoff *n.* בְּעִיטַת פְּתִיחָה; פְּתִיחָה

kid *n.* גְּדִי; עוֹר גְּדִי; יֶלֶד; צָעִיר

–handle someone with kid gloves לִנְהוֹג בּוֹ בִּכְפָפוֹת מֶשִׁי

–kid stuff מִשְׂחַק יְלָדִים; לֹא רְצִינִי

kid *v.* לִצְחוֹק / לַעֲבוֹד עַל־

–You're kidding! אַתָּה עוֹבֵד עָלַי!

kidnap *v.* לַחֲטוֹף (אָדָם)

kidnapper *n.* חוֹטֵף

kidney *n.* כִּלְיָה; ־כְּלָיוֹת

kidney bean *n.* שְׁעוּעִית

kike *n.* יְהוּדוֹן

kill *n.* הֲרִיגָה; צַיִד

kill *v.* לַהֲרוֹג; לְהָמִית; לְחַסֵּל; לְבַטֵּל; לְשַׁכֵּךְ; לְנַטְרֵל; לְהַכְשִׁיל; לְסַכֵּל

killer *n.* רוֹצֵחַ; הוֹרֵג; טוֹרֵף

killing *n., adj.* רֶצַח; רֶוַח גָּדוֹל; ״הוֹרֵג״

–make a killing לַעֲשׂוֹת הַרְבֵּה כֶּסֶף

killjoy *n.* מַשְׁבִּית שִׂמְחָה

kiln *n.* כִּבְשָׁן; תַּנּוּר

kilo *n.* קִילוֹ

kilogram *n.* קִילוֹגְרַם

kilometer, kilometre *n.* קִילוֹמֶטֶר

kilowatt *n.* קִילוֹוָאט

kilt *n.* חֲצָאִית סְקוֹטִית

kin *n.* (קְרוֹבֵי) מִשְׁפָּחָה

–next of kin שְׁאֵר־בָּשָׂר הַקָּרוֹב בְּיוֹתֵר

kind *adj.* טוֹב־לֵב; אָדִיב; (מִתְיַיחֵס) יָפֶה

kind *n.* סוּג; מִין

–a kind of מִין; מֵעֵין־

–differ in kind לִהְיוֹת שׁוֹנֶה בְּמַהוּתוֹ / בְּאוֹפְיוֹ

–in kind בְּעַיִן; בִּסְחוֹרָה; בְּשׁוֹוֶה כֶּסֶף; כִּגְמוּלוֹ; בְּאוֹתָהּ מַטְבֵּעַ

–kind of קְצָת; ־מַשֶּׁהוּ; בְּעֵרֶךְ

–of a kind מֵאוֹתוֹ סוּג; מִמִּין אֶחָד; כִּבְיָכוֹל; אוֹ מַשֶּׁהוּ דּוֹמֶה לָזֶה

kindergarten *n.* גַּן־יְלָדִים

kind-hearted *adj.* טוֹב־לֵב

kindle *v.* לְהַדְלִיק; לְהַצִּית; לְהִתְלַקֵּחַ; לְעוֹרֵר

kindly *adj.* יְדִידוּתִי; חָבִיב

kindly *adv.* בַּאֲדִיבוּת; יָפֶה; אָנָּא

–not take kindly to לֹא לֶאֱהוֹב (שׁ־); לְהִסְתַּיֵּיג מ־

kindness *n.* טוּב־לֵב; אֲדִיבוּת; טוֹבָה

kindred *adj., n.* קָרוֹב; מֵאוֹתוֹ מָקוֹר; קִרְבָה מִשְׁפַּחְתִּית

–a kindred spirit טִיפּוּס דּוֹמֶה / כִּלְבָבוֹ

kinfolk *n.* קְרוֹבִים (מִשְׁפָּחָה)

king *n.* מֶלֶךְ

kingdom *n.* מַמְלָכָה; עוֹלָם

kingfisher *n.* שַׁלְדָּג

kingly *adj.* שֶׁל מֶלֶךְ; מַלְכוּתִי

kingpin *n.* צִיר; צִיר מֶרְכָּזִי; עַמּוּד־תָּוֶךְ

King's English *n.* אַנגלִית צַחָה
king's evidence *n.* עֵד הַמֶּלֶךְ; עֵד הַמְדִינָה
kingship *n.* מַלכוּת; מְלוּכָה
king-size(d) *adj.* גָדוֹל מְאוֹד
kink *n.* פִּיתוּל; סְטִיָיה; שִיגָעוֹן; בְּעָיָה; עֲוִוית
kinky *adj.* מוּזָר; שֶיֵש בּוֹ סְטִיָיה; סוֹטֶה; מְקוּרזָל (שֵׂיעָר)
kinship *n.* קִרבַת־דָם
kiosk *n.* קִיוֹסק; תָא טֶלֶפוֹן
kipper *n.* דָג־מָלוּחַ (מְעוּשָן)
kiss *n.* נְשִיקָה
–blow a kiss לְהַפרִיחַ נְשִיקָה לְעֵבֶר־
kiss *v.* לְנַשֵק; לְהִתנַשֵק
kiss of life *n.* הַנשָמָה מִפֶּה לְפֶה
kit *n.* זְוָד; צִיוּד; עֶרכָּה; כֵּלִים
kit *v.* (out/up) לְהִצטַיֵיד (בּ־); לְצַיֵיד (בּ־)
kitbag *n.* שַׂק חֲפָצִים; קִיטבֶּג
kitchen *n.* מִטבָּח
kitchenette *n.* מִטבָּחוֹן
kitchenware *n.* כְּלֵי מִטבָּח
kite *n., v.* עֲפִיפוֹן; דַיָה (עוֹף דוֹרֵס); הַמחָאָה מְזוּיֶפֶת; לְהוֹצִיא כֶּסֶף בְּמִרמָה
kitsch *n.* קִיטש
kitten *n.* חֲתַלתוּל
kitty *n.* קוּפָּה; קוּפָּה מְשוּתֶפֶת; חֲתַלתוּל; חָתוּל
kleptomania *n.* קְלֶפּטוֹמַניָה
kleptomaniac *n.* קְלֶפּטוֹמָן
klutz *n.* גוֹלֶם; קְלוֹץ
km ק"מ
knack *n.* (of) כִּשרוֹן; מְיוּמָנוּת
knapsack *n.* תַרמִיל גַב
knave *n.* נוֹכֵל; נָבָל; נָסִיךְ (בּקלפים)
knead *v.* לָלוּש; לְעַסוֹת
knee *n.* בֶּרֶךְ
–bring him to his knees לְהַכנִיעַ אוֹתוֹ
–go down on his knees לִכרוֹעַ עַל בִּרכָּיו
knee breeches *n.* מִכנְסֵי בֶּרֶךְ
kneecap *n.* פִּיקַת הַבֶּרֶךְ
kneel *v.* (knelt) לִכרוֹעַ בֶּרֶךְ
knell *n.* צִלצוּל פַּעֲמוֹן

knelt *v. past and 3rd form of* kneel
Knesset *n.* (the –) הַכּנֶסֶת
knew *v. past of* know
knickerbockers *n.* מִכנָסַיִים רְחָבִים (צְמוּדִים לַבֶּרֶךְ)
knickers *n.* תַחתוֹנִים
knick-knack *n.* חֵפֶץ נוֹי; תַכשִיט קָטָן
knife *n.* סַכִּין
knife *v.* לִפגוֹעַ בּ־ / לִדקוֹר בְּסַכִּין
knife-edge *n.* חוּרפַּת הַסַכִּין
–on a knife-edge עַל חוּד הַתַעַר; בְּמַצָב עָדִין
knight *n.* אַבִּיר; סֶר (בַּעַל תוֹאַר אַבִּירוּת); פָּרָש
–a knight in shining armor גִיבּוֹר; מוֹשִיעַ; אַבִּיר עַל סוּס לָבָן
knighthood *n.* (תוֹאַר) אַבִּירוּת
knit *v.* לִסרוֹג; לְאַחֵד; לְחַבֵּר; לְהִתאַחֵד
–knit his brows לְכַוֵוץ אֶת גַבּוֹתָיו (בְּזַעַף)
knitting *n.* סְרִיגָה
knitting needle *n.* מַסרֵגָה
knitwear *n.* סְרִיגִים; סוּרגָה
knives *plural of* knife סַכִּינִים
knob *n.* יְדִית כַּדוּרִית; כַּפתוֹר
knock *n.* מַכָּה; דְפִיקָה
knock *v.* לְהַכּוֹת; לְהַקִיש בּ־; לִדפּוֹק; לְהַדהִים; לְהַמֵם; לְבַקֵר; לִקטוֹל; לְזַלזֵל בּ־
–knock around with לְהִסתוֹבֵב הַרבֵּה בְּחֶברַת־
–knock back לִשתוֹת (בִּמהִירוּת); "לְחַסֵל"
–knock down לְהַפִּיל; לִפגוֹעַ בּ־; לַהֲרוֹס; לְפָרֵק; לְהוֹרִיד (מְחִיר)
–knock it off תַפסִיק עִם זֶה!
–knock off לְחַסֵל; לְהוֹרִיד (מְחִיר); לְהַפחִית; לְהַפסִיק; לִכתוֹב / לִגמוֹר מַהֵר; לִשדוֹד; לִגנוֹב
–knock someone off לְחַסֵל; לִרצוֹחַ
–knock out לִגרוֹם לוֹ לְאַבֵּד הַכָּרָתוֹ; לְהַרדִים; לְהַמֵם; לְהַדהִים; לְהוֹצִיא מִכּלַל שִימוּש
–knock spots off לַעֲלוֹת עַל; לִגבּוֹר בְּקַלוּת עַל־

–knock together לְהַרְכִּיב בְּחוּפָזָה
–knock up לְהָכִין / לְאַרְגֵּן בִּמְהִירוּת; לְהַכְנִיס לְהֵרָיוֹן; לַעֲשׂוֹת תִּרְגּוּל קָצָר
knocker *n.* מַקּוֹשׁ־דֶּלֶת
knock off *n.* חִיקּוּי זוֹל
knockout *n.* נוֹקְאָאוּט; "פְּצָצָה"; (סַם) מַרְדִּים
knoll *n.* גִּבְעָה קְטַנָּה
knot *n.* קֶשֶׁר; סִיקּוּס; "עַיִן"; קְבוּצָה; קֶשֶׁר יַמִּי
knot *v.* לַעֲשׂוֹת קֶשֶׁר (בּ־); לִקְשׁוֹר
knotty *adj.* מָלֵא קְשָׁרִים / "עֵינַיִים"
–a knotty problem בְּעָיָה סְבוּכָה
know *n.*
–be in the know לִהְיוֹת בְּסוֹד הָעִנְיָינִים
know *v.* (knew, known) לָדַעַת; לְהַכִּיר; לְהַבְחִין בּ־; לְזַהוֹת
–for all I know אֲנִי רַק יוֹדֵעַ שׁ־; אֵינֶנִּי יוֹדֵעַ בְּדִיּוּק
–he has been known to... כְּבָר קָרָה שֶׁהוּא...
–know your business לְהִתְמַצֵּא בָּעִנְיָינִים; לָדַעַת אֶת מְלַאכְתּוֹ
–let me know תּוֹדִיעַ לִי
–not that I know of עַד כַּמָּה שֶׁיָּדוּעַ לִי — לֹא
–there's no knowing אֵין לָדַעַת
–you never know אִי אֶפְשָׁר לָדַעַת

know-all *n.* מִתְיַימֵּר לָדַעַת הַכּוֹל
know-how *n.* יֶדַע (טכני)
knowing *adj.* שֶׁל יוֹדֵעַ דָּבָר
knowingly *adv.* בְּיוֹדְעִין; כְּיוֹדֵעַ דָּבָר
knowledge *n.* דַּעַת; יֶדַע; יְדִיעָה
knowledgeable *adj.* בַּעַל יְדִיעוֹת; מַשְׂכִּיל
known *v. 3rd form of* know
known *adj.* מוּכָּר; יָדוּעַ; מְפוּרְסָם
–make yourself known to לְהַצִּיג עַצְמְךָ בִּפְנֵי־
–make something known לְהוֹדִיעַ; לְפַרְסֵם
knuckle *n.* (עֶצֶם) פֶּרֶק הָאֶצְבַּע; מִפְרַק הַבֶּרֶךְ / הַקַּרְסוֹל (בבעלי חיים)
knuckle *v.*

–knuckle down to לְהֵירָתֵם בְּמֶרֶץ ל־
–knuckle under לְהִיכָּנַע
knuckleduster *n.* אֶגְרוֹפָן (ממתכת)
Koran *n.* קוּרְאָן
kosher *adj.* כָּשֵׁר
kowtow *v.* לְהִתְרַפֵּס
kph קמ"ש
Kraut *adj.* (כִּינּוּי ל־) גֶּרְמָנִי
Ku-Klux-Klan *n.* קוּ־קְלַקְס־קְלַן (אִרְגּוּן גִּזְעָנִי)

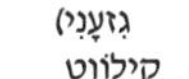

kw קִילוֹוָט

L

l. אֲגַם (בְּמַפָּה); שׁוּרָה; לִיטֶר; שְׂמֹאל

lab *n.* מַעְבָּדָה

label *n.* תָּווִית; פִּתְקִית; תָּגִית

label *v.* לָשִׂים תָּווִית עַל־; לְתַיֵּיג; לְהַדְבִּיק תָּווִית ל־

labor, labour *n.* עֲבוֹדָה; עוֹבְדִים; מַעֲמַד הַפּוֹעֲלִים; חֶבְלֵי לֵידָה

–in labor יֵשׁ לָהּ צִירֵי לֵידָה; עוֹמֶדֶת לָלֶדֶת

labor, labour *v.* לַעֲבוֹד; לַעֲמוֹל; לְהִתְאַמֵּץ; לָנוּעַ בִּכְבֵדוּת; לְהִתְקַשּׁוֹת

–labor the point לְהַאֲרִיךְ בִּדְבָרָיו; לְהַרְחִיב אֶת הַדִּיבּוּר בָּעִנְיָין

laboratory *n.* מַעְבָּדָה

labor/labour court בֵּית־דִּין לַעֲבוֹדָה

Labor Day *n.* יוֹם הָעֲבוֹדָה (חג)

labor/labour dispute סִכְסוּךְ עֲבוֹדָה

labored, laboured *adj.* אִיטִי וְכָבֵד; מְאוּלָץ; מְאוּמָץ

laborer, labourer *n.* פּוֹעֵל

labour exchange *n.* לִשְׁכַּת עֲבוֹדָה

labor/labour force *n.* כּוֹחַ הָעֲבוֹדָה

labor-intensive *adj.* עַתִּיר־עֲבוֹדָה

laborious *adj.* קָשֶׁה; מְיַיגֵּעַ

labor/labour pains *n.* צִירֵי לֵידָה

labor union *n.* אִיגּוּד מִקְצוֹעִי

labour = labor

Labour Party *n.* מִפְלֶגֶת הָעֲבוֹדָה

labyrinth *n.* מָבוֹךְ; סְבַךְ

lace *n.* תַּחְרָה; שְׂרוֹךְ

lace *v.* לִשְׂרוֹךְ; לְהַשְׁחִיל

lacerate *v.* לִקְרוֹעַ (בָּשָׂר־)

laceration *n.* קְרִיעָה; חֲתָךְ

lack *n.* חוֹסֶר; מַחְסוֹר

–for lack of מֵחוֹסֶר

lack *v.* לִהְיוֹת חָסֵר בּ־

lackadaisical *adj.* אָדִישׁ; חֲסַר הִתְלַהֲבוּת

lacking *adj.* חָסֵר

lacklustre *adj.* חֲסַר בָּרָק; עָמוּם

laconic *adj.* לָקוֹנִי; מְמַעֵט בְּמִלִּים

laconically *adv.* בְּקִיצּוּר; לָקוֹנִית

lacquer *n.* לַכָּה; תַּרְסִיס לְשֵׂיעָר

lactic *adj.* (שֶׁל) ־חָלָב

lacuna *n.* מָקוֹם רֵיק; קֶטַע חָסֵר; חָלָל

lacy *adj.* שֶׁל תחרה

lad *n.* נַעַר; בָּחוּר

ladder *n.* סוּלָּם; "רַכֶּבֶת" (בְּגֶרֶב)

laden *adj.* (with) עָמוּס (בּ־)

Ladies' *n.* שֵׁירוּתֵי נָשִׁים (בֵּית־שִׁימּוּשׁ)

ladies *plural of* lady

ladies' man *n.* רוֹדֵף נָשִׁים

ladies room *n.* שֵׁירוּתֵי נָשִׁים

lading *n.* מִטְעָן

–bill of lading שְׁטַר מִטְעָן

ladle *n.* מַצֶּקֶת; תַּרְווָד

ladle *v.* (out) לָשִׂים / לְחַלֵּק בְּמַצֶּקֶת; לְחַלֵּק בְּיָד רְחָבָה

lady *n.* גְּבֶרֶת; אִישָּׁה מְכוּבֶּדֶת; אִישָׁה; לֵיידִי

–Ladies and Gentleman גְּבִירוֹתַי וְרַבּוֹתַי

ladybird, ladybug *n.* פָּרַת מֹשֶׁה רַבֵּנוּ

lady-killer *n.* קוֹטֵל נָשִׁים; דוֹן ז'וּאָן

ladyship *n.* הוֹד מַעֲלָתָהּ

lag *v.* (behind) לְפַגֵּר (מֵאָחוֹר / אַחֲרֵי־)

lager *n.* (כּוֹס / בַּקְבּוּק) בִּירָה לָאגֶר

laggard *n., adj.* מְפַגֵּר (בַּעֲבוֹדָה וכו'); אִיטִי; חֲסַר מֶרֶץ

lagoon *n.* לָגוּנָה

laid *v. past and 3rd form of* lay

–get laid לְזַיֵּין; לְהִזְדַּיֵּין

–was laid to rest הוּבָא לִקְבוּרָה; נִטְמַן

lain *v. 3rd form of* lie

lair *n.* מְאוּרָה; מַרְבֵּץ

laissez faire *n.* יוֹזְמָה חוֹפְשִׁית; אִי הִתְעָרְבוּת

laity *n.* אֵלֶּה שֶׁאֵינָם אַנְשֵׁי דָּת

lake *n.* אֲגַם; יַמָּה

lamb *n.* טָלֶה; שֶׂה; (בְּשַׂר) טָלֶה; תָּמִים

lambaste *v.* לְהַכּוֹת מַכּוֹת רֶצַח; "לְשַׁטּוֹף" אוֹתוֹ; לִקְטוֹל

lame *adj.* פִּיסֵּחַ; צוֹלֵעַ; לֹא מְשַׁכְנֵעַ

lame duck *n.* נָכֶה; נֵפֶל; עֵסֶק כּוֹשֵׁל; (נָשִׂיא וכו') יוֹצֵא

lamely *adv.* בְּאוֹפֶן לֹא מְשַׁכְנֵעַ
lament *n.* (for) בֶּכִי; קִינָה (עַל־)
lament *v.* (over) לְקוֹנֵן; לְהִתְאַבֵּל (עַל־)
lamentable *adj.* עָלוּב; מְצַעֵר
lamentation *n.* קִינָה; בְּכִי מַר
laminated *adj.* עֲשׂוּי שְׁכָבוֹת דַקּוֹת
lamp *n.* מְנוֹרָה; פָּנָס
lampoon *n., v.* קֶטַע סָטִירָה; לְחַבֵּר סָטִירָה עַל־
lamppost *n.* פָּנַס רְחוֹב
lampshade *n.* אָהִיל
lance *n.* רוֹמַח; כִּידוֹן
lance corporal *n.* טוּרַאי רִאשׁוֹן
land *n.* יַבָּשָׁה; אֲדָמָה; קַרְקַע; אֲחוּזָה; אֶרֶץ; מְדִינָה
–by land בְּדֶרֶךְ הַיַּבָּשָׁה
–see how the land lies לִבדוק אֶת מַצַּב הָעִנְיָינִים
land *v.* לְהַנְחִית; לִנְחוֹת; לְהַעֲלוֹת לַיַּבָּשָׁה; לָדוּג; לְהוֹרִיד לַחוֹף
–land up לִמְצוֹא אֶת עַצְמוֹ; לְהַגִּיעַ בַּסּוֹף
landau *n.* כִּרְכָּרַת לַנְדוֹ
land betterment tax *n.* שֶׁבַח מְקַרְקְעִין
landed *adj.* שֶׁל קַרְקַע; בַּעַל קַרְקָעוֹת
landing *n.* נְחִיתָה; הַנְחָתָה; רָצִיף; מִנְחָת; מִשְׁטָח בְּרֹאשׁ הַמַּדְרֵגוֹת
landing craft *n.* נַחֶתֶת
landing gear *n.* כַּן נְחִיתָה
landlady *n.* בַּעֲלַת־בַּיִת
landlocked *adj.* לְלֹא מוֹצָא לַיָּם
landlord *n.* בַּעַל־בַּיִת
landmark *n.* צִיּוּן גְּבוּל; צִיּוּן דֶּרֶךְ; סִימָנוֹף
landowner *n.* בַּעַל קַרְקָעוֹת
landscape *n.* (תְּמוּנַת) נוֹף; אוּמָנוּת צִיּוּר נוֹפִים
landscape *v.* לְתַכְנֵן אֶת הַגִּינּוּן בַּנּוֹף; לַעֲשׂוֹת צוּרָה נָאָה לַנּוֹף
landslide *n.* מַפּוֹלֶת אֲדָמָה; נִיצָּחוֹן מוֹחֵץ
lane *n.* כְּבִישׁ צַר; שְׁבִיל; סִמְטָה; נָתִיב; מַסְלוּל
language *n.* שָׂפָה; לָשׁוֹן
–bad language קְלָלוֹת; נִיבּוּלֵי־פֶּה
–strong language מִלִּים חֲרִיפוֹת; קְלָלוֹת

languid *adj.* חֲסַר מֶרֶץ; נִרְפֶּה
languish *v.* לְהֵיחָלֵשׁ; לְאַבֵּד מֶרֶץ; לְהִינָּמֵק
–languish for לְהֵיעָצֵב מֵחוֹסֶר־
languor *n.* חוּלְשָׁה; רִפְיוֹן; לֵאוּת; מוּעָקָה
languorous *adj.* חַלָּשׁ; חֲסַר מֶרֶץ
lank *adj.* יָשָׁר וְרָפֶה
lanky *adj.* גָּבוֹהַּ וְרָזֶה
lantern *n.* פָּנָס (רוּחַ)
lap *n.* סִיבּוּב; הַקָּפָה; "בְּרֵיכָה"; קֶטַע מַסָּע; בִּרְכַּיִים; חֵיק; לִקְלוּק; קוֹל לִקְלוּק / לִיחוּךְ
–in the lap of luxury חַיֵּי מוֹתָרוֹת
lap *v.* לִשְׁתּוֹת בִּלְקִיקָה; לְקַבֵּל בִּשְׁקִיקָה / בְּלִי פִּקְפּוּק; לְלַחֵךְ
lapdog *n.* כְּלַבְלָב מַחְמָד
lapel *n.* דַּשׁ (מְעִיל)
lapis lazuli *n.* אֶבֶן תְּכֵלֶת
lapse *n.* מִשְׁגֶּה; מְעִידָה; פֶּרֶק (זְמַן); הַפְסָקָה; פְּקִיעַת זְכוּת
lapse *v.* לִשְׁגּוֹת; לְהִידַּרְדֵּר (לְ־); לִפְקוֹעַ (תּוֹקְפּוֹ); לַעֲבוֹר
laptop *n.* מַחְשֵׁב נַיָּיד
lapwing *n.* קִיווִית (צִיפּוֹר)
larceny *n.* גְּנֵיבָה
lard *n., v.* שׁוּמַּן חֲזִיר; לִמְרוֹחַ בְּשׁוּמַּן חֲזִיר
larder *n.* מְזָוֶוה
large *adj.* גָּדוֹל; רָחָב; נָדִיב
–at large חוֹפְשִׁי (אסיר נמלט וכו'); בִּכְלָלוּתוֹ; בְּאוֹפֶן כְּלָלִי; בְּפֵירוּט; בַּאֲרִיכוּת
large intestine *n.* הַמְּעִי הַגַּס
largely *adv.* בְּמִידָּה רַבָּה; בְּעִיקָּר; לָרוֹב
large-scale *adj.* בְּקְנֵה־מִידָּה גָּדוֹל; גָּדוֹל
largesse *n.* נַדְבָנוּת; רוֹחַב לֵב
lariat *n.* פְּלָצוּר
lark *n.* עֶפְרוֹנִי (צִיפּוֹר); צְחוֹק; שַׁעֲשׁוּעַ
larva *n.* זַחַל
laryngitis *n.* דַּלֶּקֶת הַגָּרוֹן
larynx *n.* גָּרוֹן
lasagna, lasagne *n.* לַזַנְיָה
lascivious *adj.* תַּאֲוְתָנִי; שְׁטוּף זִימָּה
laser *n.* לֵייזֶר

lash *n.* שׁוֹט; הַצְלָפָה; רִיס
lash *v.* לְהַצְלִיף (בּ־); לִקְשׁוֹר חָזָק
–lash out (against/at) לִתְקוֹף (בַּחֲרִיפוּת); לְהִשְׁתַּלֵּחַ בּ־; לְהִשְׁתּוֹלֵל
lashing *n.* חֶבֶל; הַלְקָאָה
lass *n.* נַעֲרָה; בַּחוּרָה
lasso *n., v.* פְּלָצוּר; לִלְכּוֹד בִּפְלָצוּר
last *adj.* הָאַחֲרוֹן; סוֹפִי
–last night אֶמֶשׁ
–last week בַּשָּׁבוּעַ שֶׁעָבַר
last *adv.* אַחֲרוֹן; לָאַחֲרוֹנָה; בַּפַּעַם הָאַחֲרוֹנָה
–last but not least אַחֲרוֹן אַחֲרוֹן חָבִיב
last *pron.* הָאַחֲרוֹן; סוֹף; הַנִּשְׁאָר
–at last סוֹף סוֹף; לְבַסּוֹף
–at long last סוֹף סוֹף
–(the) last but one אֶחָד לִפְנֵי הָאַחֲרוֹן
–see the last of לְהִיפָּטֵר מ־; לֹא לִרְאוֹתוֹ עוֹד
last *v.* (for) לְהִימָּשֵׁךְ; לֶאֱרוֹךְ; לְהִישָּׁמֵר; לְהַחֲזִיק מַעֲמָד; לְהַסְפִּיק (ל־)
last-ditch *adj.* (מאמץ, ניסיון) אַחֲרוֹן; נוֹאָשׁ
lasting *adj.* מְמוּשָּׁךְ; בַּר־קְיָימָא
lastly *adv.* לְבַסּוֹף
last minute *n.* (שֶׁל) הָרֶגַע הָאַחֲרוֹן
–at the last minute בָּרֶגַע הָאַחֲרוֹן
last name *n.* שֵׁם מִשְׁפָּחָה
last straw *n.* הַקַּשׁ שֶׁשָּׁבַר אֶת גַּב הַגָּמָל
latch *n., v.* בְּרִיחַ; לִסְגּוֹר בִּבְרִיחַ
–latch onto לְהֵיאָחֵז בּ־; לְהִיצָּמֵד אֶל־; לִקְלוֹט; לְהִינָּעֵל עַל־
latchkey child *n.* יֶלֶד מַפְתֵּחַ (שהוריו עוֹבְדִים)
late *adj., adv.* מְאַחֵר; מְאוּחָר; שֶׁלְּהֵי־; אַחֲרוֹן; הַמָּנוֹחַ; הַקּוֹדֵם; בְּאִיחוּר; לָאַחֲרוֹנָה
latecomer *n.* מְאַחֵר
lately *adv.* לָאַחֲרוֹנָה
lateness *n.* אִיחוּר; פִּיגּוּר
latent *adj.* כָּמוּס; אָצוּר
later *adv.* מְאוּחָר יוֹתֵר; לְאַחַר מִכֵּן
–see you later לְהִתְרָאוֹת
–later on מְאוּחָר יוֹתֵר

lateral *adj.* צְדָדִי; לַצְּדָדִים; רוֹחְבִּי
latest *adj.* הָאַחֲרוֹן (עַד עַתָּה); הֶחָדָשׁ
latest *n.* הָאַחֲרוֹן; הַחֲדָשׁוֹת הָאַחֲרוֹנוֹת; הַמִּלָּה הָאַחֲרוֹנָה (בּ־)
–at the latest לְכָל הַמְּאוּחָר
lath *n.* פְּסִיסִית; קֶרֶשׁ דַּק וְצַר; לַייסְט
lathe *n.* מַחֲרֵטָה
lather *n., v.* קֶצֶף; לְכַסּוֹת בְּקֶצֶף; לְהַקְצִיף
–in a lather נִסְעָר; נִרְגָּשׁ
latitude *n.* קַו־רוֹחַב; חוֹפְשִׁיּוּת; חוֹפֶשׁ לִפְעוֹל / לְהַחְלִיט
latrine *n.* בֵּית־שִׁימּוּשׁ שָׂדֶה
latter *n.* (זֶה) הָאַחֲרוֹן (מִבֵּין הַשְּׁנַיִים); הַשֵּׁנִי
latter *adj.* מְאוּחָר יוֹתֵר; שֶׁלִּקְרַאת הַסּוֹף
latter-day *adj.* מוֹדֶרְנִי; שֶׁל יָמֵינוּ אֵלֶּה
lattice *n.* סְבָכָה; סוֹרֵג
laudable *adj.* רָאוּי לְשֶׁבַח
laudably *adv.* בְּאוֹפֶן הָרָאוּי לְשֶׁבַח
laudatory *adj.* שֶׁל שֶׁבַח וְהַלֵּל
laugh *n., v.* צְחוֹק; לִצְחוֹק
–have the last laugh לִהְיוֹת הַצּוֹחֵק הָאַחֲרוֹן
–laugh at לִצְחוֹק לְשֵׁמַע ה־; לִצְחוֹק עַל־; לְהִתְיַיחֵס בְּבִיטּוּל; לָבוּז ל־
laughable *adj.* מַצְחִיק; מְגוּחָךְ
laughing *adj., n.* צוֹחֵק; צְחוֹק
laughing gas *n.* גַּז צְחוֹק
laughingly *adv.* בִּצְחוֹק; כְּשֶׁהוּא צוֹחֵק; לְמַרְבֵּה הַגִּיחוּךְ
laughing stock *n.* מַטָּרָה לְלַעַג
–make a laughing stock of לָשִׂים לְלַעַג
laughter *n.* צְחוֹק
launch *n.* הַשָּׁקָה; שִׁיגּוּר; סִירַת מָנוֹעַ
launch *v.* לְהַשִּׁיק; לְשַׁגֵּר; לִפְתּוֹחַ (בּ־); לְהַפְעִיל
–launch an attack לִפְתּוֹחַ בְּהַתְקָפָה
launching pad *n.* כַּן־שִׁיגּוּר
launder *v.* לְכַבֵּס (וּלְגַהֵץ); לְהַלְבִּין (כסף)
launderette *n.* מִכְבָּסָה אוֹטוֹמָטִית
laundromat *n.* מִכְבָּסָה אוֹטוֹמָטִית
laundry *n.* מִכְבָּסָה; הַכְּבִיסָה

L

laureate *n.* חֲתַן פְּרַס
laurel *n.* דַּפְנָה; עָר
–rest on your laurels לָנוּחַ עַל זֵרֵי הַדַּפְנָה
lava *n.* לָבָה
lavatory *n.* בֵּית־שִׁימּוּשׁ; חֲדַר רַחֲצָה
lavender *n.* אֵיזוֹבְיוֹן; סָגוֹל
lavish *adj.* פַּזְרָן; נָדִיב; בְּשֶׁפַע
lavish *v.* (on) לְהַעֲנִיק הַרְבֵּה (לְ־); לְהַרְעִיף (עַל־)
law *n.* חוֹק; הַחוֹק; מִשְׁפָּטִים; מִשְׁפָּט; הַמִּשְׁטָרָה; כְּלָל; עִיקָּרוֹן
–go to law לִפְנוֹת לְעַרְכָּאוֹת
–lay down the law לְהַכְתִּיב; לָתֵת הוֹרָאוֹת; לִקְבּוֹעַ
law-abiding *adj.* שׁוֹמֵר חוֹק
law-abiding country מְדִינַת חוֹק
law-breaker *n.* מֵפֵר חוֹק
law firm *n.* מִשְׂרַד עוֹרְכֵי־דִין
lawful *adj.* חוּקִי; מוּתָּר עפ״י הַחוֹק
lawfully *adv.* לְפִי הַחוֹק; כַּדִּין
lawless *adj.* פּוֹרֵעַ חוֹק; לֹא חוּקִי
lawlessness *n.* הֶפְקֵרוּת
lawn *n.* מִדְשָׁאָה; כַּר־דֶּשֶׁא
lawn mower *n.* מַכְסֵחַת־דֶּשֶׁא
lawsuit *n.* תְּבִיעָה מִשְׁפָּטִית
lawyer *n.* עוֹרֵךְ־דִּין
lax *adj.* רַשְׁלָנִי; רָפֶה; מְרוּשָּׁל
–lax (in) לֹא מַקְפִּיד (בְּ־); לֹא מַחְמִיר
laxative *n.* (סַם) מְשַׁלְשֵׁל
laxity *n.* רַשְׁלָנוּת; רִפְיוֹן; אִי־הַקְפָּדָה
lay *adj.* שֶׁאֵינוֹ כֹּהֵן דָּת; שֶׁל הֶדְיוֹט; לֹא שֶׁל מוּמְחֶה
lay *v.* (laid) לְהַנִּיחַ; לָשִׂים; לַעֲרוֹךְ; לְהַתְקִין; לְהָבִיא לִידֵי / לְמַצָּב; לִגְרוֹם לוֹ לִשְׁקוֹעַ; לְהַצִּיג; לְהִתְעָרֵב עַל־; לְהָטִיל (בֵּיצִים); לְהִתְרַחֵשׁ
–lay aside לָשִׂים בַּצַּד; לַחְסוֹךְ; לְהַנִּיחַ
–lay a wager on לְהַמֵּר; לְהִתְעָרֵב עַל־
–lay (a woman) לְהַשְׁכִּיב; לְזַיֵּין (אִישָּׁה)
–lay down לְהַשְׁכִּיב; לְהַנִּיחַ; לִקְבּוֹעַ
–lay off לְהַפְסִיק; לְהַפְסִיק עֲבוֹדָתוֹ; לְפַטֵּר (זְמַנִּית); לְהַנִּיחַ לְ־; לֹא לָגַעַת בְּ־
–lay on the line לְדַבֵּר בְּגָלוּי; לְסַכֵּן
–lay open לְגַלּוֹת; לַחְשׂוֹף; לִפְצוֹעַ
–lay out לִפְרוֹשׂ; לְתַכְנֵן; לְסַדֵּר; לְהוֹצִיא כֶּסֶף
–lay over לַעֲשׂוֹת חֲנִיַּית בֵּינַיִים; לִדְחוֹת
–lay up לְרַתֵּק לְמִיטָּתוֹ; לְהַשְׁבִּית; לְהוֹצִיא מִשִּׁימּוּשׁ; לְהַזְמִין; לְהָבִיא (עַל עַצְמוֹ)
lay *v. past of* lie
layabout *n.* הוֹלֵךְ בָּטֵל; בַּטְלָן
layer *n.* שִׁכְבָה; מְטִילָה
layman *n.* אָדָם שֶׁאֵינוֹ כֹּהֵן דָּת; הֶדְיוֹט
lay-off *n.* הַשְׁעָיָה; פִּיטוּרִים זְמַנִּיִּים; הַפְסָקָה
layout *n.* עִיצּוּב; פוֹרְמָט; תַּסְדִּיר (דפוס); תּוֹכְנִית; מַעֲרָךְ
laze *v.* (about/around) לְהִתְבַּטֵּל
–laze away לְהַעֲבִיר בְּבַטָּלָה
lazily *adv.* בְּעַצְלוּת
laziness *n.* עַצְלוּת
lazy *adj.* עָצֵל; שֶׁל בַּטָּלָה
lazybones *n.* עַצְלָן
lb. לִיבְּרָה; פָּאוּנְד (כ־450 גרם)
LCD מַצָּג גְּבִישׁ נוֹזְלִי
lead *n.* עוֹפֶרֶת; גְּרָפִיט (בְּעִיפָּרוֹן)
lead *n.* הַנְחָיָה; דּוּגְמָה; הַמָּקוֹם הָרִאשׁוֹן; הַהוֹבָלָה; מִקְדָּמָה; רְצוּעָה; תַּפְקִיד רָאשִׁי; שַׂחְקָן רָאשִׁי; חוּט חַשְׁמַל; קְצֵה חוּט; כִּיווּן חֲקִירָה
–follow his lead לַעֲשׂוֹת כָּמוֹהוּ; לָקַחַת דּוּגְמָה מִמֶּנּוּ
–take the lead לְהוֹבִיל; לִתְפּוֹס מָקוֹם רִאשׁוֹן
lead *v.* (led) לְהוֹבִיל; לָלֶכֶת בָּרֹאשׁ; לְהַנְחוֹת; לְהַנְהִיג; לַעֲמוֹד בְּרֹאשׁ; לְהוֹלִיךְ; לְהַשְׁפִּיעַ עַל־; לְהָבִיא לְ־; לְנַהֵל; לִחְיוֹת; לִהְיוֹת לוֹ
–lead someone by the nose לִמְשׁוֹךְ אוֹתוֹ בָּאַף
–lead on לְהוֹבִיל; לִרְמוֹת; לֶאֱחוֹז עֵינַיִים
–lead to לְהָבִיא (לִידֵי־); לְהוֹבִיל לְ־
–lead up the garden path לְהוֹלִיךְ שׁוֹלָל
–lead up to לְהוֹבִיל לְ־; לַחְתּוֹר לְ־
leader *n.* מַנְהִיג; מוֹבִיל; מַאֲמַר מַעֲרֶכֶת; כַּנָּר רָאשִׁי

L

leadership *n.* מַנהִיגוּת
lead-free *adj.* נְטוּל עוֹפֶרֶת
lead-in *n.* פְּתִיחַ; מוֹלִיךְ כְּנִיסָה לְאַנטֶנָה
leading *adj.* רָאשִׁי; מוֹבִיל; בּוֹלֵט
leading article *n.* מַאֲמַר מַעֲרֶכֶת
leading question *n.* שְׁאֵלָה מַנחָה
lead singer *n.* סוֹלָן (בּלהקה)
lead story *n.* הַנּוֹשֵׂא הַמֶּרכָּזִי בַּחֲדָשׁוֹת
leaf *n., v.* עָלֶה; דַּף; כָּנָף (לְהַאֲרָכַת שׁוּלחָן); רִיקוּעַ
–turn over a new leaf לִפתּוֹחַ דַּף חָדָשׁ
–take a leaf out of his book לָלֶכֶת בְּדַרכּוֹ; לָקַחַת דוּגמָה מִמֶּנּוּ
–leaf through לְדַפדֵּף בּ־; לְעַלעֵל בּ־
leaflet *n.* עָלוֹן; דַּף פִּרסוֹמֶת; כְּרוּז
leafy *adj.* מָלֵא עָלִים; ־עָלִים
league *n.* בְּרִית; חֶבֶר; לִיגָה
–not in his league לֹא בָּרָמָה שֶׁלּוֹ
leak *n.* דְּלִיפָה; הַדלָפָה; הַשתָּנָה; נְזִילָה
–spring a leak לְהַתחִיל לִדלוֹף
leak *v.* לִדלוֹף; לְהַדלִיף
leakage *n.* דְּלִיפָה; הַדלָפָה; נְזִילָה
leaky *adj.* דּוֹלֵף; נוֹטֶה לְהַדלִיף
lean *adj.* רָזֶה; כָּחוּשׁ; דַּל; עָלוּב
lean *v.* לְהַשעִין; לְהִישָּׁעֵן; לְהִתכּוֹפֵף; לִנטוֹת
–lean on לִסמוֹךְ עַל־; לְהַפעִיל כּוֹחַ / לַחַץ (עַל־)
leaning *n.* (towards) נְטִיָּיה (ל־); הַעֲדָפָה
leanness *n.* כְּחִישׁוּת; רָזוֹן
leap *n.* קְפִיצָה; זִינוּק; עֲלִיָּיה חַדָּה (בּ־)
–a leap in the dark קְפִיצָה בָּאֲפֵלָה
–by leaps and bounds בְּצַעֲדֵי עֲנָק
leap *v.* (leapt) לִקפּוֹץ; לְזַנֵּק; לְדַלֵּג
leapfrog *v.* לְהִתקַדֵּם בְּדִילוּגִים
leapfrog *n.* קְפִיצוֹת חֲמוֹר (מִשׂחָק)
leap year *n.* שָׁנָה מְעוּבֶּרֶת
learn *v.* (learnt, learned) לִלמוֹד; לְהִיוָּדַע ל־; לִשמוֹעַ
learned *adj.* מְלוּמָד
learner *n.* לוֹמֵד; תַּלמִיד
learning *n.* לְמִידָה; הַשׂכָּלָה; יֶדַע
lease *n.* (חוֹזֶה) חֲכִירָה / שְׂכִירוּת
–a new lease of life חַיִּים חֲדָשִׁים
lease *v.* לַחכּוֹר; לְהַחכִּיר
leasehold *adj., n.* (נֶכֶס) מוּחכָּר / לַחֲכִירָה
leaseholder *n.* חוֹכֵר
leash *n.* רְצוּעָה
least *adj.* הֲכִי קָטָן; פָּחוֹת מִכּוֹל
–at least לְפָחוֹת; עַל כָּל פָּנִים
least *adv., n.* הֲכִי פָּחוֹת
–at the very least לְכָל הַפָּחוֹת
–least of all וּבמְיוּחָד (לֹא)
–not least בִּמיוּחָד; בְּמִידָה רַבָּה
–not in the least כְּלָל וּכלָל לֹא
–to say the least אִם לְדַבֵּר בִּלשׁוֹן הַמְעָטָה
leather *n.* עוֹר (לְבִיגוּד וכו׳)
leathery *adj.* קָשֶׁה (כְּמוֹ עוֹר); כְּמוֹ עוֹר
leave *n.* רְשׁוּת (ל־); חוּפשָׁה
–by your leave בִּרשׁוּתךָ
–leave of absence חוּפשָׁה
–take leave of לְהִיפָּרֵד לְשָׁלוֹם מ־
–take leave of your senses לָצֵאת מִדַּעתּוֹ
leave *v.* לָצֵאת (מ־); לָלֶכֶת; לַעֲזוֹב; לִנסוֹעַ; לְהִיפָּרֵד; לִשכּוֹחַ; לְהַשׁאִיר; לְהוֹרִישׁ; לְהַנִיחַ; לַעֲבוֹר
–leave... alone לְהַנִיחַ ל־; לֹא לִנגוֹעַ בּ־
–leave a lot to be desired טָעוּן שִׁיפּוּר רַב; רָחוֹק מִלִּהיוֹת מוּשׁלָם
–leave behind לְהַשׁאִיר מֵאָחוֹר; לִשכּוֹחַ (חֵפֶץ)
–leave out (of) לֹא לִכלוֹל; לְהַשמִיט; לְהוֹצִיא; לִשכּוֹחַ לִכלוֹל
–leave him to his own devices לְהַנִיחַ לוֹ לְהִתמוֹדֵד לְבַד
–leave up to לְהַשׁאִיר לְשִׁיקּוּלוֹ
leaven *n.* שְׂאוֹר; חָמֵץ
leaves *plural of* leaf עָלִים
leave taking *n.* פְּרֵידָה
lecherous *adj.* שְׁטוּף זִימָּה
lectern *n.* עַמּוּד־קְרִיאָה (בִּכנֵסִיָּיה וכו׳)
lecture *n.* הַרצָאָה; הַטָּפַת מוּסָר
lecture *v.* לְהַרצוֹת; לְהוֹכִיחַ אוֹתוֹ; לְהַטִיף לוֹ מוּסָר
lecturer *n.* מַרצֶה

led *v. past and 3rd form of* lead
ledge *n.* מַדָּף; אֶדֶן חַלּוֹן
ledger *n.* סֵפֶר חֶשְׁבּוֹנוֹת
leech *n.* עֲלוּקָה
leek *n.* כְּרֵישָׁה
leer *n.* מַבָּט חוֹרֵשׁ רָעָה/עַרְמוּמִי; מַבָּט חוֹמֵד
leer *v.* (at) לְהַבִּיט (בּ־) בְּמַבָּט כַּנַּ"ל
leery *adj.* חַשְׁדָנִי; זָהִיר
leeway *n.* מֶרְחַב תִּמְרוּן; פִּיגּוּר
left *adj., adv.* שְׂמָאלִי; שְׂמֹאלָנִי; שְׂמֹאלָה
–left, right and center בְּכָל מָקוֹם; מִכָּל עֵבֶר
left *n.* צַד שְׂמֹאל; הַשְּׂמֹאל; (מַכָּה) שְׂמָאלִית
left *v. past and 3rd form of* leave
left-hand *adj.* שְׂמָאלִי; שֶׁבְּצַד שְׂמֹאל
left-handed *adj.* אִיטֵר; שְׂמָאלִי
–a left-handed compliment מַחֲמָאָה מְפוּקְפֶּקֶת
leftist *adj.* שְׂמֹאלָנִי
left luggage office *n.* מִשְׂרַד לִשְׁמִירַת חֲפָצִים
leftovers *n.* שְׁיָרִים; שְׁאֵרִיּוֹת
left wing *adj., n.* (אֲגַף) הַשְּׂמֹאל; שְׂמֹאלָנִי; אֲגַף/חָלוּץ שְׂמָאלִי
leg *n.* רֶגֶל; מִכְנָס; קֶטַע (מַסָּע, טִיסָה וכו'); מִשְׂחָק
–Break a leg! בְּהַצְלָחָה! (לְאוֹמָן, לִפְנֵי הוֹפָעָה)
–on his last legs תָּשׁוּשׁ; קָרוֹב לָמוּת
–pull his leg "לְמְתוֹחַ" אוֹתוֹ
–stretch your legs לְחַלֵּץ עַצְמוֹתָיו
leg *v.* לָרוּץ מַהֵר; לִבְרוֹחַ
legacy *n.* יְרוּשָׁה; מוֹרָשָׁה
legal *adj.* חוּקִי; מִשְׁפָּטִי
legal aid *n.* סַעַד מִשְׁפָּטִי; סִיּוּעַ מִשְׁפָּטִי
legalistic *adj.* לֶגָלִיסְטִי; מְדַקְדֵּק בַּחוֹק כִּכְתָבוֹ
legality *n.* חוּקִיּוּת
legalize *v.* לְהַתִּיר עַל־פִּי חוֹק; לָתֵת תּוֹקֶף חוּקִי
legally *adv.* כַּחוֹק; בְּאוֹפֶן חוּקִי; מִבְּחִינָה חוּקִית
legal opinion *n.* חַוַּת דַּעַת מִשְׁפָּטִית
legal system *n.* מַעֲרֶכֶת הַמִּשְׁפָּט
legal tender *n.* הֵילָךְ/מַטְבֵּעַ חוּקִי
legation *n.* צִירוּת
legend *n.* אַגָּדָה; אַגָּדוֹת; מִקְרָא (בְּמַפָּה)
legendary *adj.* אַגָּדִי
leggings *n.* קַרְסוּלִיּוֹת; חוֹתָלוֹת
legible *adj.* קָרִיא
legibly *adv.* בִּכְתָב קָרִיא
legion *n.* לִגְיוֹן; הָמוֹן
legionary *n.* לִגְיוֹנֶר
legislate *v.* לְחוֹקֵק חוּקִים
legislation *n.* תְּחִיקָה; חֲקִיקָה
legislative *adj.* תְּחִיקָתִי; מְחוֹקֵק
legislator *n.* מְחוֹקֵק
legislature *n.* רָשׁוּת מְחוֹקֶקֶת
legit *adj.* חוּקִי; כָּשֵׁר (סלנג)
legitimacy *n.* חוּקִיּוּת; לֶגִיטִימִיּוּת
legitimate *adj.* חוּקִי; סָבִיר; לֶגִיטִימִי
legitimately *adv.* בְּאוֹפֶן חוּקִי; בְּצֶדֶק
legitimize *v.* לָתֵת תּוֹקֶף חוּקִי; לְהַכְשִׁיר
legroom *n.* מָקוֹם לָרַגְלַיִים (בּרכב)
legume *n.* קִיטְנִית
legwarmers *n.* חוֹתָלוֹת
leisure *n.* פְּנַאי
–at your leisure בִּזְמַנְּךָ הַפָּנוּי
leisurely לֹא חָפוּז; בְּלֹא חִיפָּזוֹן; בְּנַחַת
lemon *n.* (עֵץ) לִימוֹן; צֶבַע לִימוֹן
lemonade *n.* לִימוֹנָדָה
lend *v.* (lent) לְהַלְווֹת; לְהַשְׁאִיל; לְשַׁווֹת; לְהוֹסִיף
–lend an ear לְהַקְשִׁיב; לִשְׁמוֹעַ
–lend him a hand לַעֲזוֹר לוֹ בּ־
–lend itself to לְאַפְשֵׁר; לְהַתְאִים ל־
lender *n.* מַלְוֶוה; מַשְׁאִיל
length *n.* אוֹרֶךְ; מֶשֶׁךְ; מֶרְחָק בְּאוֹרֶךְ סוּס/סִירָה וכו'; חֲתִיכָה
–at length סוֹף סוֹף; לְבַסּוֹף; בַּאֲרִיכוּת; לִפְרָטָיו
–go to great lengths לַעֲשׂוֹת מַאֲמַצִּים (כְּדֵי ל־)
lengthen *v.* לְהַאֲרִיךְ; לְהִתְאָרֵךְ
lengthily *adv.* בַּאֲרִיכוּת
lengthwise *adv.* לָאוֹרֶךְ

L

lengthy *adj.* אָרוֹךְ (מִדַּי); אַרְכָנִי; מְמוּשָׁךְ
leniency *n.* מִידַּת הָרַחֲמִים; נְטִיָּיה לְהָקֵל
lenient *adj.* (towards) מֵקֵל; רַחֲמָנִי (כְּלַפֵּי־)
leniently *adv.* לְקוּלָּה; בְּרַחֲמָנוּת
lens *n.* עֲדָשָׁה
–lenses עֲדָשׁוֹת
lent *v. past and 3rd form of* lend
lentils *n.* עֲדָשִׁים
Leo *n.* מַזַּל אַרְיֵה
leopard *n.* נָמֵר
leotard *n.* בֶּגֶד־גּוּף
leper *n.* מְצוֹרָע
leprosy *n.* צָרַעַת
lesbian *adj., n.* לֶסְבִּי; לֶסְבִּית
lesion *n.* פֶּצַע; פְּגִיעָה
less *adj., adv.* פָּחוֹת; בְּמִידָּה פְּחוּתָה
–much/still less וּבְוַדַּאי לֹא
less *pron.* (of) כַּמּוּת קְטַנָּה יוֹתֵר (שֶׁל); פָּחוֹת
–the less..., the less... כְּכָל שֶׁ־... פָּחוֹת, כָּךְ... פָּחוֹת
lessee *n.* חוֹכֵר; שׂוֹכֵר
lessen *v.* לְהַקְטִין; לְהַפְחִית; לִפְחוֹת
lesser *adj., adv.* קָטָן יוֹתֵר; פָּחוֹת חָשׁוּב
–to a lesser extent בְּמִידָּה קְטַנָּה יוֹתֵר
lesson *n.* שִׁיעוּר; לֶקַח; פֶּרֶק
lessor *n.* מַחְכִּיר; מַשְׂכִּיר
lest *conj.* שֶׁמָּא; מֵחֲשָׁשׁ שֶׁ־
let *n.* הַשְׂכָּרָה; דִּירָה לְהַשְׂכָּרָה
let *v.* לְהַרְשׁוֹת; לָתֵת; לְאַפְשֵׁר; בּוֹא; הָבָה; תֵּן; אִם; נַנִּיחַ שֶׁ־; לְהַשְׂכִּיר
–let alone שֶׁלֹּא לְהַזְכִּיר; לֹא כָּל שֶׁכֵּן
–let down לְהוֹרִיד; לְהַאֲרִיךְ; לְאַכְזֵב
–let go (of) לַעֲזוֹב (אֶת־); לְהַרְפּוֹת; לְשַׁחְרֵר
–let it go (at that) לְהַנִּיחַ לָזֶה; לִסְגּוֹר עִנְיָין
–let in לַחְדּוֹר דַּרְכּוֹ; לְהַכְנִיס; לְאַפְשֵׁר לְהִיכָּנֵס; לְהָצֵר (בֶּגֶד)
–let him in on לְשַׁתְּפוֹ בְּ־; לְהַכְנִיסוֹ בְּסוֹד
–let him know לְהוֹדִיעַ לוֹ
–let it pass לְהִתְעַלֵּם; לִשְׁתּוֹק; לַעֲבוֹר לְסֵדֶר הַיּוֹם
–let me see תֵּן לִי לַחְשׁוֹב רֶגַע
–let him off לְהוֹרִיד (נוסע); לִפְטוֹר; לְשַׁחְרֵר
–let on (about; that...) לְדַבֵּר (עַל־); לְגַלּוֹת (שֶׁ־)
–let out לְשַׁחְרֵר; לְאַפְשֵׁר לָצֵאת; לְהוֹצִיא; לִפְלוֹט; לְגַלּוֹת; לְהַרְחִיב (בֶּגֶד); לְהַשְׂכִּיר
–let slip לִשְׁמוֹט מִיָּדָיו; לְהַחֲמִיץ; לִפְלוֹט (סוֹד)
–let things slide לְהַזְנִיחַ דְּבָרִים / אֶת זֶה
–let through לָתֵת לַעֲבוֹר / לְהִיכָּנֵס; לְהַעֲבִיר
–let up לְהֵירָגַע; לְהֵיחָלֵשׁ; לְהַפְסִיק; לְהַרְפּוֹת
–to let לְהַשְׂכָּרָה
let-down *n.* אַכְזָבָה; יְרִידַת מֶתַח; הָאָטָה
lethal *adj.* קַטְלָנִי
lethargy *n.* לֵאוּת; אֲדִישׁוּת
let's = let us הָבָה; בּוֹא וְ־
letter *n.* אוֹת; מִכְתָּב
–to the letter כִּכְתָבוֹ וְכִלְשׁוֹנוֹ
letter bomb *n.* מַעֲטֶפֶת־נֶפֶץ; מִכְתַּב־נֶפֶץ
letter box *n.* תֵּיבַת־מִכְתָּבִים; תֵּיבַת דּוֹאַר
lettuce *n.* חַסָּה
letup *n.* הֲפוּגָה; הַפְסָקָה
leucocyte *n.* לֵיוּקוֹצִיט; כַּדּוּרִית דָּם לְבָנָה
leukemia *n.* סַרְטַן הַדָּם
level *adj.* יָשָׁר; מִישׁוֹרִי; בְּאוֹתוֹ גּוֹבַהּ (עִם); שָׁוֶוה; יַצִּיב; בְּקַו אֶחָד
–a level teaspoon כַּפִּית מְחוּקָה
–do your level best לַעֲשׂוֹת כְּמֵיטַב יְכוֹלְתּוֹ
level *n.* רָמָה; דֶּרֶג; קַו גּוֹבַהּ; מִפְלָס; מִישׁוֹר; פֶּלֶס־מַיִם; גּוֹבַהּ פְּנֵי־
–be on the level לְדַבֵּר בְּגִילּוּי לֵב
level *v.* לְיַישֵּׁר; לְהִתְיַישֵּׁר; לְהַשְׁווֹת; לְאַזֵּן; לַהֲרוֹס; לִמְחוֹק (בניין); לְכַוֵּון; לְהַפְנוֹת
–level off לְהִתְייַצֵּב; לְיַישֵּׁר; לְהַחֲלִיק
–level out לְיַישֵּׁר; לְהַחֲלִיק; לְהִתְייַצֵּב

–level up לְהִשְׁתַּווֹת (עִם־); לְהִיסָּגֵר– הֶחוֹב (בֵּינֵיהֶם); לְהַשְׁווֹת כְּלַפֵּי מַעְלָה

–level with לִהְיוֹת גְּלוּי לֵב / דוּגְרִי עִם־

level crossing *n.* מִפְגַּשׁ מְסִילַּת־בַּרְזֶל

level-headed *adj.* מְיוּשָּׁב בְּדַעְתּוֹ; מְפוּכָּח

lever *n.* מָנוֹף; מוֹט; יָדִית; אֶמְצָעִי לַחַץ

lever *v.* לְהָזִיז בְּמָנוֹף / בְּמוֹט

leverage *n.* הֲנָפָה; כּוֹחַ מָנוֹף; הַשְׁפָּעָה; מָנוֹף; כּוֹחַ

levitate *v.* לַהֲבִיאוֹ לְרִיחוּף; לְרַחֵף

levitation *n.* רִיחוּף

levity *n.* קַלּוּת רֹאשׁ

levy *n., v.* הֵיטֵל; גְּבִיָּה; לְהַטִּיל; לִגְבּוֹת

–levy war לִפְתּוֹחַ בְּמִלְחָמָה

lewd *adj.* שֶׁל זִימָּה; תַּאַוְותָנִי

lexical *adj.* שֶׁל אוֹצַר מִלִּים; לֶקְסִיקָלִי

lexicography *n.* מִילּוֹנָאוּת

lexicon *n.* לֶקְסִיקוֹן; מִילּוֹן

liability *n.* חוֹבָה; חָבוּת; אַחֲרָיוּת; הִתְחַיְּיבוּת; נֵטֶל; נְטִיָּיה

–liabilities הִתְחַיְּיבוּיוֹת; חוֹבוֹת

liable *adj.* (for) אַחֲרָאִי (לְ־); חַיָּיב

–liable to צָפוּי לְ־; עָלוּל לְ־

liaise *v.* לִיצוֹר קֶשֶׁר (בֵּין־); לְהִידָּבֵר (עִם־)

liaison *n.* קִישּׁוּר; תֵּיאוּם; קֶשֶׁר אִינְטִימִי

liar *n.* שַׁקְרָן

libel *n.* (הוֹצָאַת) דִּיבָּה; עֲלִילָה; הַשְׁמָצָה

libel *v.* לְהוֹצִיא דִּיבָּה עַל־

libelous, libellous *adj.* שֶׁיֵּשׁ בּוֹ מִשּׁוּם דִּיבָּה; מַשְׁמִיץ; מוֹצִיא דִּיבָּה

libel suit *n.* תְּבִיעַת דִּיבָּה

liberal *adj., n.* נָדִיב; שׁוֹפֵעַ; לִיבֶּרָלִי; סוֹבְלָנִי; רְחַב אוֹפֶק; חוֹפְשִׁי; הוּמָנִיסְטִי; לִיבֶּרָל

liberal arts *n.* מַדָּעֵי הָרוּחַ

liberally *adv.* בִּנְדִיבוּת; בְּלִיבֶּרָלִיּוּת

liberate *v.* לְשַׁחְרֵר

liberated *adj.* מְשׁוּחְרָר; חוֹפְשִׁי

liberation *n.* שִׁחְרוּר

liberator *n.* מְשַׁחְרֵר

libertine *n.* אָדָם מוּפְקָר; חֲסַר מַעֲצוֹרִים מוּסָרִיִּים

liberty *n.* חֵירוּת; דְּרוֹר; חוֹפֶשׁ

–at liberty חוֹפְשִׁי; רַשַּׁאי

–take the liberty of לְהַרְשׁוֹת לְעַצְמוֹ לְ־

–take liberties with לְהַרְשׁוֹת לְעַצְמוֹ יוֹתֵר מִדַּי עִם־

libido *n.* לִיבִּידוֹ (יֵצֶר המין)

Libra *n.* מַזַּל מֹאזְנַיִים

librarian *n.* סַפְרָן

library *n.* סִפְרִיָּיה

lice *n. plural of* louse כִּינִים

license, licence *n.* רִשְׁיוֹן; הֵיתֵּר; פְּרִיקַת עוֹל; הֶפְקֵרוּת

license, licence *v.* לָתֵת רִשְׁיוֹן לְ־

licensed *adj.* בַּעַל רִשְׁיוֹן; מוּרְשֶׁה

licensee *n.* בַּעַל רִשְׁיוֹן

license plate *n.* לוּחִית רִישּׁוּי / זִיהוּי

licentious *adj.* מוּפְקָר

lick *n.* לִיקּוּק; קְצָת; מַכָּה; מְהִירוּת

–a lick and a promise עֲבוֹדָה / נִיקּוּי "חֲפִיף"

lick *v.* לְלַקֵּק; לְלַחֵךְ; לְנַצֵּחַ; לְהִתְגַּבֵּר עַל־

–lick his boots לְהִתְרַפֵּס; "לְלַקֵּק לוֹ"

licking *n.* מַכּוֹת; תְּבוּסָה; לִיקּוּק

licorice *n.* שׁוּשׁ (צֶמַח); לִיקוֹרִיץ

lid *n.* מִכְסֶה; עַפְעַף

–put the lid on לָשִׂים סוֹף לְ־; "לִקְבּוֹר"; לַעֲצוֹר; לִמְנוֹעַ (חֲשִׂיפָה)

lie *n.* שֶׁקֶר; פְּנֵי הַשֶּׁטַח

–the lie of the land פְּנֵי הַשֶּׁטַח; מַצַּב הָעִנְיָינִים

–give the lie to לְהָזִים; לְהַפְרִיךְ

lie *v.* לְשַׁקֵּר

lie *v.* (lay, lain) לִשְׁכַּב; לִהְיוֹת מוּנָח; לְהִשְׂתָּרֵעַ; לְהִישָּׁאֵר; לִהְיוֹת נָעוּץ / טָמוּן; לְהִימָּצֵא

–lie behind לַעֲמוֹד מֵאֲחוֹרֵי־

–lie down לִשְׁכַּב; לִשְׁכַּב לָנוּחַ

–not take something lying down לֹא לְהַשְׁלִים (בְּקַלּוּת) עִם־; לֹא לִשְׁתּוֹק עַל

–lie heavy/heavily on לְהָעִיק עַל

–lie in state (ארון הנפטר) מוּנָח לִפְנֵי קָהָל

–lie low לְהִתְחַבֵּא; לִשְׁמוֹר עַל פְּרוֹפִיל נָמוּךְ

lie detector *n.* מְכוֹנַת אֱמֶת; גַּלַּאי שֶׁקֶר

L

lien *n.* שִׁעְבּוּד; עִיכָּבוֹן (בְּמִשְׁפָּט); עִיקּוּל
lieu *n.* –in lieu (of) בִּמְקוֹם
lieutenant *n.* סֶגֶן; סְגַן־
life *n.* חַיִּים; נֶפֶשׁ; אוֹרֶךְ חַיִּים; פְּעִילוּת; תְּקוּפָה; תּוֹלְדוֹת חַיִּים; מַאֲסַר עוֹלָם
–bring to life לְהָשִׁיבוֹ לְחַיִּים; לְהַחֲיוֹת
–come to life לַחֲזוֹר לְהַכָּרָתוֹ; לְהִתְעוֹרֵר לְחַיִּים
–for dear life עַל נַפְשׁוֹ; כָּל עוֹד רוּחוֹ בּוֹ
–I cannot for the life of me... אֵינִי יָכוֹל בְּשׁוּם אוֹפֶן לְ־
–lay down your life (for) לְהַקְרִיב אֶת חַיָּיו (לְמַעַן־)
–not on your life בְּשׁוּם אוֹפֶן לֹא!
–run for your life לָנוּס עַל נַפְשׁוֹ
–take his life לַהֲרוֹג אוֹתוֹ
–take your life in your hands לָשִׂים נַפְשׁוֹ בְּכַפּוֹ; לָקַחַת עַצְמוֹ בְּיָדַיִים
–take your own life לְהִתְאַבֵּד
–the life and soul (of the party) הָרוּחַ הַחַיָּה (בִּמְסִיבָּה)
–true to life נֶאֱמָן לַמְּצִיאוּת
lifebelt *n.* חֲגוֹרַת הַצָּלָה; גַּלְגַּל הַצָּלָה
life-blood *n.* דָּם; סַם־חַיִּים
lifeboat *n.* סִירַת הַצָּלָה
lifebuoy *n.* גַּלְגַּל הַצָּלָה
life expectancy *n.* תּוֹחֶלֶת חַיִּים
lifeguard *n.* מַצִּיל
life imprisonment *n.* מַאֲסַר עוֹלָם
life insurance *n.* בִּיטּוּחַ חַיִּים
life jacket *n.* חֲגוֹרַת הַצָּלָה
lifeless *adj.* מֵת; חֲסַר חַיִּים
lifelike *adj.* כְּמוֹ בַּחַיִּים; כְּמוֹ חַי
lifeline *n.* חֶבֶל הַצָּלָה; עוֹרֶק חַיִּים
lifelong *adj.* נִמְשָׁךְ זְמַן רַב/כָּל הַחַיִּים
life preserver *n.* גַּלְגַּל הַצָּלָה; חֲגוֹרַת הַצָּלָה
lifer *n.* אֲסִיר עוֹלָם
lifesaver *n.* מַצִּיל; קֶרֶשׁ הַצָּלָה
life sentence *n.* מַאֲסַר עוֹלָם
life-size(d) *adj.* בְּגוֹדֶל טִבְעִי
lifespan *n.* אוֹרֶךְ חַיִּים
lifestyle *n.* אוֹרַח חַיִּים; סִגְנוֹן חַיִּים
life-support system *n.* מַעֲרֶכֶת הַחְיָאָה

lifetime *n.* מֶשֶׁךְ הַחַיִּים; יְמֵי חַיִּים
–the chance of a lifetime הִזְדַּמְּנוּת חַד־פַּעֲמִית
life work, life's work *n.* מִפְעַל חַיִּים
lift *n.* הֲרָמָה; מַעֲלִית; טְרֶמְפּ; הַסָּעָה; עִידּוּד; הִתְרוֹמְמוּת רוּחַ
lift *v.* לְהָרִים; לְהִתְרוֹמֵם; לַעֲלוֹת; לְהִתְפַּזֵּר; לְהָסִיר; לְבַטֵּל; לְהַגְבִּיר; לְהַעֲלוֹת; לְרוֹמֵם; לְעוֹדֵד; לִגְנוֹב; "לְהָרִים"
–lift off לְהַמְרִיא
lift-off *n.* הַמְרָאָה (שֶׁל טִיל/חללית)
light *adj.* מוּאָר; בָּהִיר; קַל; לֹא כָּבֵד; עָדִין; קָלִיל; קַל לְעִיכּוּל; לֹא חָזָק (משקה); לֹא חָמוּר; פָּחוּת
light *adv.* עִם מִטְעָן קַל
–make light of לְהָקֵל רֹאשׁ בְּ־; לֹא לְיַיחֵס חֲשִׁיבוּת
light *n.* אוֹר; רַמְזוֹר; אֵשׁ (גַּפְרוּר, מַצִּית); מְאוֹר־עֵינַיִים; הֶאָרָה; הֶיבֵּט; מָאוֹר; אִישׁ מוֹפֵת
–come to light לְהִתְגַּלּוֹת; לְהִתְפַּרְסֵם
–in (the) light of לְאוֹר ה־
–see the light לְהָבִין; לַחְדוֹר לְהַכָּרָתוֹ; לָבוֹא לָעוֹלָם; לִהְיוֹת לוֹ הִתְגַּלּוּת
–shed light on לִשְׁפּוֹךְ אוֹר עַל־
light *v.* (lit) לְהַדְלִיק; לְהַצִּית; לְהִידָּלֵק; לְהָאִיר; לִקְרוֹן (מ־); לָרֶדֶת (מִמָּטוֹס)
–light upon/on לְהִיתָּקֵל בְּ־; לִמְצוֹא בְּאַקְרַאי
light bulb *n.* נוּרָה
lighten *v.* לְהָאִיר; לְהוֹסִיף אוֹר לְ־; לְהִתְבַּהֵר; לִזְהוֹר; לְהָקֵל; לְהֵיעָשׂוֹת קַל יוֹתֵר; לְהַקְטִין מִשְׁקָל; לְשַׂמֵּחַ; לָחוּשׁ הֲקָלָה
lighter *n.* מַצִּית; מַדְלִיק; דּוֹבְרָה
light-footed *adj.* קַל רַגְלַיִים
light-headed *adj.* סְחַרְחַר; קַל־דַּעַת
light-hearted *adj.* עַלִּיז; שָׂמֵחַ
lighthouse *n.* מִגְדַּלּוֹר
lighting *n.* תְּאוּרָה
lightly *adv.* בְּאוֹפֶן קַל; קַלּוֹת; בְּקַלּוּת רֹאשׁ
–get off lightly לָצֵאת מִזֶּה בְּזוֹל
lightness *n.* מִשְׁקָל קַל; קַלִּילוּת; בְּהִירוּת
lightning *n.* בָּרָק

L

–like lightning בִּמְהִירוּת הַבָּזָק
light pen *n.* עֵט אוֹר
lightweight *n.* מִתְאַגְרֵף בְּמִשְׁקָל קַל; אָדָם חֲסַר הַשְׁפָּעָה / חֲשִׁיבוּת
light year *n.* שְׁנַת אוֹר
likable, likeable *adj.* חָבִיב; נֶחְמָד
like כְּמוֹ; כְּגוֹן; דוֹמֶה (ל־); אוֹפְיָינִי ל־; כְּפִי שֶׁ־; כְּאִילוּ; כָּזֶה
–What's he like? אֵיךְ הוּא (בְּמַרְאֵהוּ, בְּאוֹפְיוֹ וכו')?
–and the like וְכַיּוֹצֵא בָּזֶה
–the likes of מִישֶׁהוּ / מַשֶּׁהוּ כְּמוֹ
–like that כָּךְ; כָּזֶה
like *v.* לְחַבֵּב; לֶאֱהוֹב; לִמְצוֹא חֵן בְּעֵינֵי־; לֵיהָנוֹת; לְהַעֲדִיף
–How do you like...? מַה דַּעְתְּךָ עַל־...?
–I'd like to... אֲנִי רוֹצֶה, הָיִיתִי רוֹצֶה ל־
–if you like אִם תִּרְצֶה / אַתָּה רוֹצֶה
–would like רוֹצֶה
likelihood *n.* סְבִירוּת (ל־)
–in all likelihood סָבִיר מְאוֹד (שֶׁ־); כְּכָל הַנִּרְאֶה
likely *adj., adv.* סָבִיר; צָפוּי; מִתְקַבֵּל עַל הַדַּעַת; מַתְאִים; עָשׂוּי ל־
–it is likely that... יֵשׁ סִיכּוּי שֶׁ־; סָבִיר שֶׁ־
–more than likely קָרוֹב לְוַודַּאי
–most likely; very likely קָרוֹב לְוַודַּאי
like-minded *adj.* שֶׁחוֹשֵׁב כָּמוֹהוּ; תְּמִים־דֵּעִים
liken *v.* (to) לְהַשְׁווֹת ל־; לְדַמּוֹת ל־
likeness *n.* דִּמְיוֹן; תְּמוּנָה; דְּיוֹקָן
likes *n.* דְּבָרִים שֶׁהוּא אוֹהֵב
–likes and dislikes דְּבָרִים שֶׁהוּא אוֹהֵב וְשֶׁאֵינוֹ אוֹהֵב; הַעֲדָפוֹת
likewise *adv.* כָּמוֹהוּ; אוֹתוֹ דָּבָר; כְּמוֹ כֵן
liking *n.* חִיבָּה
–be to your liking לִהְיוֹת לְטַעְמוֹ; לְהָנִיחַ אֶת דַּעְתּוֹ
–have a liking for לְחַבֵּב; לֶאֱהוֹב
–take a liking to לָחוּשׁ חִיבָּה כְּלַפֵּי־
lilac *n.* לִילָךְ; צֶבַע הַלִּילָךְ
lily *n.* שׁוֹשָׁן; חֲבַצֶּלֶת
lily-white *adj.* לָבָן כַּשֶּׁלֶג; זַךְ וְטָהוֹר
lima bean *n.* שְׁעוּעִית לִימָה

limb *n.* גַּף; כָּנָף; עָנָף
–out on a limb מְבוּדָּד; חָשׂוּף לִפְגִיעָה
limber *v.* (up) לְהַגְמִישׁ שְׁרִירִים; לְהִתְחַמֵּם
limber *adj.* גָּמִישׁ
limbo *n.* לִימְבּוֹ (לֹא גַּן־עֵדֶן וְלֹא גֵיהִינּוֹם)
–in limbo מוּקְפָּא; נִגְנָז; בְּמַצָּב שֶׁל אִי־וַדָּאוּת
lime *n.* סִיד; לִימֶטָה; לַיים (פְּרִי וָעֵץ)
limelight *n.* זַרְקוֹרֵי הַפִּרְסוּמֶת; מֶרְכַּז הַהִתְעַנְיְינוּת
limerick *n.* חַמְשִׁיר
limestone *n.* אֶבֶן סִיד
limit *n.* הַגְבָּלָה; (קְצֵה) גְּבוּל; תְּחוּם
–off limits (to) מִחוּץ לַתְּחוּם
–within limits עַד גְּבוּל מְסוּיָּם; בִּגְבוּל הַסָּבִיר
limit *v.* לְהַגְבִּיל
limitation *n.* הַגְבָּלָה; מִגְבָּלָה; הֶגְבֵּל
limited *adj.* מוּגְבָּל; מְצוּמְצָם
limiting *adj.* מַגְבִּיל
limitless *adj.* בִּלְתִּי מוּגְבָּל; לְלֹא גְּבוּל
limousine *n.* (limo) לִימוּזִינָה
limp *adj.* רָפֶה; חֲסַר כּוֹחַ
limp *n., v.* צְלִיעָה; לִצְלוֹעַ
limpid *adj.* צָלוּל; בָּהִיר
linchpin *n.* פִּין אוֹפָן; עַמּוּד הַתָּוֶךְ
linden *n.* תִּרְזָה; טִילְיָה
line *n.* קַו; שׁוּרָה; טוּר; תּוֹר; חֶבֶל; חוּט; קֶמֶט; (קַו) גְּבוּל; קַו הֲגָנָה; טֶקְסְט; מְסִילַת־בַּרְזֶל; חֶבְרַת תַּחְבּוּרָה; עֵסֶק; עִיסוּק; תְּחוּם; שׁוֹשֶׁלֶת
–along the lines of בְּדוֹמֶה ל־; בְּעֵרֶךְ כָּךְ; פָּחוֹת אוֹ יוֹתֵר כְּמוֹ
–(be) in line for לִהְיוֹת בַּתּוֹר ל־
–(be) in line with לַעֲלוֹת בְּקָנֶה אֶחָד עִם־; לְהַסְכִּים עִם־; בְּהֶתְאֵם ל־; מְתוֹאָם
–down the line לַחֲלוּטִין; לְאוֹרֶךְ כָּל הַדֶּרֶךְ; עַד אַחֲרוֹן הַ־
–draw the line (at) לִקְבּוֹעַ גְּבוּל; לֹא לִסְבּוֹל
–drop someone a line לִכְתּוֹב לוֹ כַּמָּה מִלִּים
–get out of line לַעֲבוֹר אֶת הַגְּבוּל; לַחֲרוֹג מֵהַמּוּתָּר

L

–hold the line לְהִישָּׁאֵר עַל הַקַו; לֹא לָזוּז מֵעֶמְדָתוֹ
–on the line בְּסַכָּנָה; עַל הַקַו
–put something on the line לְסַכֵּן
–read between the lines לִקְרוֹא בֵּין הַשִּׁיטִין
–stand in line לַעֲמוֹד בַּתּוֹר
–take a firm/hard/strong line לִנְקוֹט קַו תַּקִיף
–the line of least resistance הַדֶּרֶךְ הַקַלָּה
–the official line הָעֶמְדָה הָרִשְׁמִית
–toe the line לָלֶכֶת בַּתֶּלֶם; לְהִתְיַישֵּׁר לְפִי הַקַו
line *v.* לְסַמֵּן בְּקַווִים; לַחֲרוֹשׁ קְמָטִים; לְסַדֵּר/לִהְיוֹת מְסוּדָּר בְּשׁוּרָה (לְאוֹרֶךְ־); לְהוֹסִיף בִּטְנָה; לְכַסּוֹת אֶת (פְּנֵי־); לְמַלֵּא
–line up לְהַעֲמִיד/לַעֲמוֹד בַּתּוֹר (בְּשׁוּרָה)
lineage *n.* יִיחוּס; שׁוֹשֶׁלֶת יוּחֲסִין
lineally *adv.* בְּקַו יָשָׁר
lineaments *n.* תָּווֵי פָּנִים
linear *adj.* קַווִי; ־אוֹרֶךְ
linen *n.* בַּד פִּשְׁתָּן; לְבָנִים (סדינים וכו׳)
–wash your dirty linen in public לְכַבֵּס אֶת הַכְּבִיסָה הַמְלוּכְלֶכֶת בְּפוּמְבֵּי
liner *n.* אוֹנִיַּית/מְטוֹס נוֹסְעִים; עִפָּרוֹן אִיפּוּר; כִּיסּוּי נַיילוֹן; שַׂקִּית לְפַח אַשְׁפָּה
linesman *n.* קַוָון
line-up *n.* שׁוּרָה; מִסְדַּר זִיהוּי; מַעֲרָךְ; הֶרְכֵּב (קְבוּצָה); תּוֹכְנִית שִׁידּוּרִים
linger *v.* לְהִתְמַהְמֵהַּ; לְהִימָּשֵׁךְ; לִשְׁהוֹת
lingerer *n.* מִי שֶׁמִּתְמַהְמֵהַּ
lingerie *n.* לְבָנֵי נָשִׁים
lingering *adj.* מְמוּשָּׁךְ; שֶׁאֵינוֹ מַרְפֶּה
linguist *n.* יוֹדֵעַ שָׂפוֹת זָרוֹת; בַּלְשָׁן
linguistic *adj.* בַּלְשָׁנִי; לְשׁוֹנִי
linguistics *n.* בַּלְשָׁנוּת
liniment *n.* נוֹזֵל רְפוּאִי לִמְרִיחָה
lining *n.* בִּטְנָה
link *n.* חוּלְיָה; קֶשֶׁר; חוּלְיָה מְקַשֶּׁרֶת; כַּפְתּוֹר חֲפָתִים; קִישּׁוּר(ית)
link *v.* לְחַבֵּר/לְקַשֵּׁר (יַחַד); לְהַצְמִיד; לִקְשׁוֹר לְ־
–link up לְהִתְחַבֵּר; לְהִיפָּגֵשׁ; לְהִתְקַשֵּׁר
linkage *n.* קִישּׁוּר; קֶשֶׁר; זִיקָה; הַצְמָדָה
linked *adj.* צָמוּד
link-up *n.* הִתְחַבְּרוּת; חֲבִירָה
linoleum *n.* (lino) לִינוֹלֵיאוּם; שַׁעֲמָנִית
linseed oil *n.* שֶׁמֶן פִּשְׁתָּה
lint *n.* תַּחְבּוֹשֶׁת מִצֶּמֶר גֶּפֶן וכד׳
lintel *n.* מַשְׁקוֹף
lion *n.* אַרְיֵה; אִישִׁיּוּת מְפוּרְסֶמֶת
–the lion's share חֵלֶק הָאֲרִי
lioness *n.* לְבִיאָה
lion-hearted *adj.* אַמִּיץ מְאוֹד
lionize *v.* לְהִתְיַיחֵס בְּהַעֲרָצָה
lip *n.* שָׂפָה (שְׂפָתַיִים); חוּצְפָּה
lip-reading *n.* קְרִיאַת שְׂפָתַיִים
lip service *n.* מַס שְׂפָתַיִים
lipstick *n.* שְׂפָתוֹן
liquefy *v.* (liquefied) לַהֲפוֹךְ לְנוֹזֵל
liquid *n., adj.* נוֹזֵל; נוֹזְלִי; צָלוּל; זַךְ; נָזִיל
liquidate *v.* לְפָרֵק (חברה); לְחַסֵּל; לְשַׁלֵּם חוֹב
liquidation *n.* פֵּירוּק; חִיסּוּל
–go into liquidation לִפְשׁוֹט אֶת הָרֶגֶל
liquidator *n.* מְפָרֵק (החברה)
liquidity *n.* נְזִילוּת
liquidize *v.* לְרַסֵּק (בְּבְּלֶנְדֶר)
liquor *n.* מַשְׁקֶה חָרִיף; מִיץ (מַתְבְּשִׁיל)
liquorice *n.* שׁוּשׁ (צֶמַח); לִיקוֹרִיץ
lisp *v.* לְבַטֵּא ס׳ ו־ז׳ בְּשִׁיבּוּשׁ
list *n.* רְשִׁימָה
list *v.* לַעֲרוֹךְ רְשִׁימָה (שֶׁל־); לִרְשׁוֹם; לִמְנוֹת; לִנְטוֹת הַצִּידָה; לְהַקְשִׁיב; לַחְפּוֹץ
listen *v.* (to) לְהַקְשִׁיב (לְ־); לִשְׁמוֹעַ בְּקוֹל־
–listen in (to) לְהַאֲזִין (לְ־); לְצוֹתֵת (לְ־)
listener *n.* מַאֲזִין
listless *adj.* חֲסַר מֶרֶץ; אָדִישׁ
list price *n.* מְחִיר מְחִירוֹן
lit *v. past and 3rd form of* light
litany *n.* תְּפִילָּה; רְשִׁימָה אֲרוּכָּה
liter *n.* לִיטֶר
literacy *n.* יְדִיעַת קְרוֹא וּכְתוֹב
literal *adj.* מִילּוּלִי; מִלָּה בְּמִלָּה; כִּפְשׁוּטוֹ
literally *adv.* בִּמְדוּיָּק; מִלָּה בְּמִלָּה; מִילּוּלִית; מַמָּשׁ; לְלֹא הַגְזָמָה

literary *adj.* סִפְרוּתִי; שֶׁל סִפְרוּת
literate *adj.* יוֹדֵעַ קְרוֹא וּכְתוֹב; מַשְׂכִּיל
literature *n.* סִפְרוּת; חוֹמֶר (בִּכְתָב)
lithe *adj.* גָּמִישׁ
lithograph *n.* לִיתוֹגְרַף; הֶדְפֵּס אֶבֶן
litigant *n.* בַּעַל־דִּין; מִתְדַּיֵּין
litigation *n.* הִתְדַּיְּינוּת
litmus *n.* לַקְמוּס
litre *n.* לִיטֶר
litter *n.* אַשְׁפָּה; וְלָדוֹת; מַצָּע (קַשׁ וכד׳)
litter *v.* לְלַכְלֵךְ בְּאַשְׁפָּה; לְהַמְלִיט
litter basket/bin *n.* סַל/פַּח אַשְׁפָּה
little *adj., adv., n.* קְצָת; מְעַט; קָטָן; צָעִיר יוֹתֵר; לֹא הַרְבֵּה
–a little קְצָת; מְעַט; מִקְצָת (מ־)
–after/for a little לְאַחַר זְמַן־מָה; לִזְמַן־מָה
–little by little בְּהַדְרָגָה; לְאַט־לְאַט
–make little of לְהַמְעִיט בַּחֲשִׁיבוּת; לֹא לְהָבִין הַרְבֵּה
liturgy *n.* פּוּלְחָן דָּתִי; לִיטוּרְגִיָּה
livable *adj.* מַתְאִים לִחְיוֹת בּוֹ; נִסְבָּל
–livable with שֶׁנּוֹחַ לִחְיוֹת אִיתּוֹ
live *adj.* חַי; מְחוּשְׁמָל; מְחוּבָּר לַחַשְׁמַל; בּוֹעֵר; אַקְטוּאָלִי; בְּשִׁידּוּר חַי
–a real live... אֲמִיתִּי; מַמָּשׁ
live *v.* לִחְיוֹת; לָגוּר; לְהִתְקַיֵּים; לֵיהָנוֹת מֵהַחַיִּים; לִשְׂרוֹד; לְהִישָּׁאֵר
–live and learn תָּמִיד לוֹמְדִים מַשֶּׁהוּ חָדָשׁ
–live down לְהַשְׁכִּיחַ; לִזְכּוֹת לְכָךְ שֶׁיִּשְׁכְּחוּ אֶת־
–live it up לַעֲשׂוֹת חַיִּים; לְכַיֵּיף
–live off לִחְיוֹת מִכַּסְפֵּי־; לִחְיוֹת מִפְּרִי; לְהִתְקַיֵּים עַל־
–live on לְהַמְשִׁיךְ לִחְיוֹת (אַחֲרָיו); לְהַמְשִׁיךְ לָגוּר/לִחְיוֹת; לְהִישָּׁאֵר; לָגוּר בּ־; לִחְיוֹת מ־; לְהִתְקַיֵּים עַל־
–live on borrowed time לִחְיוֹת עַל זְמַן שָׁאוּל
–live through לַעֲבוֹר (תְּקוּפָה, חֲוָויָה קָשָׁה)
–live to (do something) לְהַגִּיעַ לַיּוֹם שֶׁבּוֹ; לִזְכּוֹת ל־
–live up to לִנְהוֹג לְפִי־; לְהַצְדִּיק (תִּקְווֹת)
livelihood *n.* פַּרְנָסָה; מִחְיָה
liveliness *n.* חִיּוּת; עַלִּיזוּת
lively *adj.* מָלֵא חַיִּים; עַלִּיז; תּוֹסֵס; עֵר; נִמְרָץ; חַי
liven *v.* (up) לְעוֹרֵר; לְהַחֲיוֹת; לְהִתְעוֹרֵר
liver *n.* כָּבֵד (בַּגּוּף)
liverish *adj.* סוֹבֵל מֵהַפְרָעוֹת כָּבֵד; מְצוּבְרַחַ
Liverpudlian *n.* תּוֹשַׁב לִיבֶרְפּוּל
liverwurst *n.* נַקְנִיק כָּבֵד
livery *n.* מַדֵּי מְשָׁרְתִים; סֵמֶל וְצִבְעֵי הַחֶבְרָה; אוּרְווָה
lives *plural of* life
livestock *n.* מֶשֶׁק הַחַי
live wire *n.* אָדָם תּוֹסֵס וְנִמְרָץ; תַּיִל חַשְׁמַל חַי (מְחוּשְׁמָל)
livid *adj.* זוֹעֵם; כָּחוֹל־אָפוֹר (מִמַּכּוֹת); חִיוֵּור
lividly *adv.* בְּזַעַם
living *adj.* חַי; כְּמוֹ חַי; מַמָּשׁ
living *n.* מִחְיָה; פַּרְנָסָה; (אוֹרַח) חַיִּים
–make a living לְהִתְפַּרְנֵס
–the living (בְּנֵי הָאָדָם) הַחַיִּים
living expenses *n.* הוֹצָאוֹת מִחְיָה (אש״ל)
living room *n.* סָלוֹן; חֲדַר אוֹרְחִים
living standard *n.* רָמַת חַיִּים
lizard *n.* לְטָאָה
load *n.* מַשָּׂא; מִטְעָן; מַעֲמָסָה; נֵטֶל; מְלוֹא־; ־מָלֵא; עוֹמֶס; טְעִינָה
–a load of מַמָּשׁ; סְתָם (שְׁטוּיוֹת וכו׳)
–a load off my mind נָגוֹלָה אֶבֶן מִלִּיבִּי
–loads of הֲמוֹן־
load *v.* לְהַעֲמִיס; לְהַעֲלוֹת נוֹסְעִים; לִטְעוֹן (נֶשֶׁק; מַחְשֵׁב); לָשִׂים סֶרֶט/קַלֶּטֶת בּ־
–load up לְהַטְעִין
loaded *adj.* מָלֵא כֶּסֶף; עָשִׁיר; עָמוּס; טָעוּן; שָׁתוּי
loaf *n.* כִּיכָּר (לֶחֶם); קְצִיץ בָּשָׂר וכד׳
loaf *v.* (about) לְהִתְבַּטֵּל
loafer *n.* בַּטְלָן; נַעַל ״סִירָה״
loan *n.* הַלְוָואָה; מִלְוֶוה; הַשְׁאָלָה

loan *v.* (to) לְהַלווֹת; לְהַשאִיל
loan shark *n.* מַלווֶה בְּרִיבִּית קְצוּצָה
loath *adj.* לֹא רוֹצֶה; לֹא שָׂשׂ (לְ־)
loathe *v.* לִסלוֹד מִ־; לְתַעֵב; לִשׂנוֹא
loathing *n.* גוֹעַל; תִיעוּב
loathsome *adj.* מַגעִיל; מְזַעֲזֵעַ; דוֹחֶה
loaves *plural of* loaf
lobbied *v. past and 3rd form of* lobby
lobby *n.* אוּלַם כְּנִיסָה/קַבָּלָה; מִסדְרוֹן; שְׁדוּלָה
lobby *v.* לְשַׁדֵל אוֹתוֹ (לִתמוֹךְ בְּ־); לִפעוֹל בִּשדוּלָה
lobe *n.* בְּדַל הָאוֹזֶן; אוּנָה
lobster *n.* סַרטַן־יָם; בְּשַׂר סַרטָן
local *adj.* מְקוֹמִי
local *n.* תוֹשָׁב מְקוֹמִי; מִסבָּאָה מְקוֹמִית; (רֶכֶב צִיבּוּרִי) מְאַסֵף; סְנִיף שֶׁל אִיגוּד מִקצוֹעִי
local authority *n.* רָשׁוּת מְקוֹמִית
local council *n.* מוֹעָצָה מְקוֹמִית
locale *n.* מְקוֹם הִתרַחֲשׁוּת; מָקוֹם
local government *n.* שִׁלטוֹן מְקוֹמִי
locality *n.* מָקוֹם; סְבִיבָה
localize *v.* לְאַתֵר; לְהַגבִּיל לְמָקוֹם
local time *n.* (לְפִי) שְׁעוֹן מְקוֹמִי
locate *v.* לְאַתֵר; לְמַקֵם; לִקבּוֹעַ מְקוֹם מוֹשָׁבוֹ
location *n.* מִיקוּם; מָקוֹם; אֲתָר; אֲתַר צִילוּם
loch *n.* אֲגַם
lock *n.* קְווּצַת שֵׂיעָר; תַלתַל
lock *n.* מַנעוּל; בְּרִיחַ (בְּנֶשֶׁק); סֶכֶר
–lock, stock and barrel מַמָשׁ הַכּוֹל
lock *v.* לִנעוֹל; לְהִינָעֵל; לְהִיתָפֵס (שָׁרִיר); לְשַׁלֵב
–lock away לִכלוֹא; לְהַכנִיסוֹ לַכֶּלֶא; לִשמוֹר בְּמָקוֹם נָעוּל
–lock on (to) לְהִינָעֵל עַל־; לִהיוֹת נָעוּל עַל־
–lock out לִנעוֹל אֶת שַׁעֲרֵי הַמִפעָל בִּפנֵי־; לִנעוֹל הַדֶלֶת בִּפנֵי־
–lock up לִנעוֹל (אֶת הַדְלָתוֹת); לִשמוֹר בְּמָקוֹם נָעוּל; לִכלוֹא; לְהַשׁקִיעַ (בְּנֶכֶס וכד׳ לֹא נָזִיל)

locker *n.* תָא (אָרוֹן פְּרָטִי); אֲרוֹנִית
locker room *n.* מֶלתָחָה
locket *n.* מַשׂכִּית (קוּפסִית לתמונה וכד׳)
lockout *n.* הַשׁבָּתַת מָגֵן; חֲסִימָה
locksmith *n.* מַנעוּלָן
locomotion *n.* (יְכוֹלֶת) תְנוּעָה
locomotive *n.* קַטָר
locust *n.* אַרבֶּה
lodestar *n.* כּוֹכַב הַצָפוֹן; כּוֹכַב נִיווּט; עִיקָרוֹן מַנחֶה
lodge *n.* בַּיִת קָטָן; בִּיתָן; בֵּית כַּפרִי/ לְעוֹנַת־; סְנִיף שֶׁל אִיגוּד מִקצוֹעִי; לִשׁכָּה
lodge *v.* לְשַׁכֵּן; לְהָלִין; לְהִתאַכסֵן; לְהִיתָקַע בְּ־; לִתקוֹעַ בְּ־; לְהַפקִיד בְּ־; לְהַגִישׁ (מחאה וכו׳)
lodger *n.* דַייָר
lodging(s) *n.* מְקוֹם מְגוּרִים; חֶדֶר שָׂכוּר
loft *n.* עֲלִיַית גַג; יָצִיעַ (בִּכנסייה)
lofty *adj.* נִישָׂא; גָבוֹהַּ מְאוֹד; נִשׂגָב; גֵאֶה; יָהִיר
log *n.* בּוּל־עֵץ; גֶזֶר־עֵץ; מַנווֵט; יוֹמָן; לוֹגָרִיתם; רִישׁוּם
log *v.* לִרשׁוֹם בְּמַנווֵט/ בְּיוֹמָן; לִצבּוֹר (שָׁעוֹת)
–log in/on לְהַתחִיל עֲבוֹדָה בְּמַחשֵׁב ע״י סִיסמָה; לְהִיכָּנֵס (לַמַעֲרֶכֶת)
loganberry *n.* פֶּטֶל לוֹגָן
logarithm *n.* לוֹגָרִיתם
logbook *n.* יוֹמַן־הַנַוָט; יוֹמַן מְכוֹנִית
loggerheads *n.*
–at loggerheads (with) בְּמַחֲלוֹקֶת; בְּרִיב
logic *n.* תוֹרַת הַהִיגָיוֹן; הִיגָיוֹן
logical *adj.* הֶגיוֹנִי; שֶׁחוֹשֵׁב בְּהִיגָיוֹן; תְבוּנָתִי
logistics *n.* לוֹגִיסטִיקָה
logjam *n.* גוּשׁ בּוּלֵי־עֵץ צָפִים; מָבוֹי סָתוּם
logo *n.* לוֹגוֹ; סֵמֶל הַחֶברָה
logrolling *n.* שְׁמוֹר לִי וְאֶשׁמוֹר לְךָ
loincloth *n.* כְּסוּת מוֹתנַיִים
loins *n.* חֲלָצַיִים; מוֹתנַיִים
loiter *v.* לָלֶכֶת לְאִיטוֹ; לְהִשׁתַהוֹת; לְשׁוֹטֵט
loiterer *n.* בַּטלָן; מִי שֶׁמִסתוֹבֵב סְתָם

L

loitering *n.* שׁוֹטְטוּת
loll *v.* לָשֶׁבֶת וכו׳ בְּרִפְיוֹן אֵיבָרִים ; לְשַׂרְבֵּב / לִהְיוֹת תָּלוּי בְּרִפְיוֹן
lollipop *v.* סוּכָּרִיָּה עַל מַקֵּל ; לַקְקָן ; שַׁלְגּוֹן
lolly *n.* סוּכָּרִיָּה עַל מַקֵּל ; שַׁלְגּוֹן ; כֶּסֶף
lone *adj.* בּוֹדֵד
loneliness *n.* בְּדִידוּת
lonely *adj.* בּוֹדֵד ; גַּלְמוּד ; מְבוּדָּד ; נִידָּח
loner *n.* זְאֵב בּוֹדֵד
lonesome *adj.* בּוֹדֵד ; גַּלְמוּד ; נִידָּח ; מְבוּדָּד
long *adj.* אָרוֹךְ ; מְמוּשָׁךְ ; שֶׁנִּמְשָׁךְ (זמן מסוים)
– at long last סוֹף סוֹף
– at the longest (שָׁבוּעַ וכו׳) לְכָל הַיּוֹתֵר
– How long is the road? מָה אוֹרְכּוֹ שֶׁל הַכְּבִישׁ?
long *adv.* (לְ)זְמַן רַב
– any longer עוֹד (זְמַן־מָה) ; כְּבָר לֹא
– as long as כָּל עוֹד ; בִּתְנַאי שׁ־
– How long? כַּמָּה זְמַן?
– I won't be long אֲנִי כְּבָר בָּא / חוֹזֵר
– long ago לִפְנֵי זְמַן רַב
– long before הַרְבֵּה לִפְנֵי־
– no longer כְּבָר לֹא
long *n.* – for long הַרְבֵּה זְמַן
– before long עוֹד מְעַט ; בִּמְהֵרָה
long *v.* (for) לְהִשְׁתּוֹקֵק ל־ ; לְהִתְגַּעְגֵּעַ
long-distance *adj., adv.* לְמֶרְחַקִּים ; ־חוּץ ; בְּשִׂיחַת חוּץ
long-drawn-out *adj.* אָרוֹךְ מִדַּי ; מְמוּשָׁךְ
longevity *n.* אֲרִיכוּת יָמִים
long face *n.* פָּנִים חֲמוּצִים ; מַבָּע עָצוּב
long haired *adj.* אֲרוֹךְ שֵׂעָר
longing *n.* גַּעְגּוּעִים ; כְּמִיהָה
longing *adj.* מִשְׁתּוֹקֵק ; כָּמֵהַּ
longingly *adv.* בְּגַעְגּוּעִים ; בְּעֶרְגָּה
longitude *n.* אוֹרֶךְ גֵּיאוֹגְרָפִי ; קַו אוֹרֶךְ
long johns *n.* תַּחְתּוֹנִים אֲרוּכִּים
long jump *n.* קְפִיצָה לָרוֹחַק
long-life *adj.* עָמִיד (חלב וכד׳)
long-lived *adj.* מַאֲרִיךְ יָמִים
long-range *adj.* לְטוֹוַח אָרוֹךְ ; אֲרוֹךְ־טְוָח
long-term *adj.* לְטוֹוַח / לִזְמַן אָרוֹךְ
longways *adv.* לָאוֹרֶךְ ; לְאוֹרְכּוֹ
long-winded *adj.* (אָרוֹךְ וּ־) מְשַׁעֲמֵם
loo *n.* שֵׁירוּתִים
look *n.* הִסְתַּכְּלוּת ; מַבָּט ; מַרְאֶה ; יוֹפִי ; הוֹפָעָה
– not like the look of לֹא לִמְצוֹא חֵן בְּעֵינָיו
– take a look (at) לִבְדּוֹק ; לְהָעִיף מַבָּט
look *v.* לְהִסְתַּכֵּל ; לְהַבִּיט ; לִפְנוֹת (כְּלַפֵּי־) ; לְהֵירָאוֹת
– look like לִדְמוֹת ל־ ; לְהֵירָאוֹת כְּמוֹ
– it looks like rain נִרְאֶה שֶׁיֵּרֵד גֶּשֶׁם
– look after לִדְאוֹג ל־ ; לְטַפֵּל בּ־ ; לְהַשְׁגִּיחַ עַל־
– look alive/lively הִזְדָּרֵז! ; קָדִימָה!
– look around לְהִתְבּוֹנֵן סָבִיב ; לְחַפֵּשׂ
– look at לְהִסְתַּכֵּל עַל־ ; לִבְדּוֹק ; לְהִתְבּוֹנֵן בּ־ ; לִבְחוֹן
– look away (from) לְהַפְנוֹת מַבָּטוֹ (מ־)
– look before you leap סוֹף מַעֲשֶׂה בְּמַחֲשָׁבָה תְּחִילָּה
– look down לְהַשְׁפִּיל מַבָּט
– look down on לָבוּז ל־ ; לְהִסְתַּכֵּל עָלָיו מִגָּבוֹהַּ
– look for לְחַפֵּשׂ
– look forward to לְצַפּוֹת (בְּכִלְיוֹן עֵינַיִים) ל־
– look in (at/on) לִקְפּוֹץ (לְבִיקּוּר קָצָר)
– look into לִבְדּוֹק ; לִבְחוֹן
– look on לְצַפּוֹת ; לְהִתְבּוֹנֵן מִן הַצַּד
– look on someone as לִרְאוֹת בּוֹ ; לְהַחְשִׁיבוֹ כּ־
– look out לְהִיזָּהֵר ; לְחַפֵּשׂ
– look (out) onto לְהַשְׁקִיף אֶל־
– look out (of) לְהַבִּיט מִבַּעַד־/הַחוּצָה
– look over לִבְדּוֹק ; לִסְקוֹר ; לַעֲבוֹר עַל־
– Look sharp! הִזְדָּרֵז!
– look through לְהַבִּיט מִבַּעַד־ ; לַעֲבוֹר עַל־
– look to לְצַפּוֹת מ־ ; לִסְמוֹךְ עַל־
– look up לְחַפֵּשׂ (בּ־) (מִילוֹן, מַדְרִיךְ וכו׳) ; לְהָרִים מַבָּטוֹ ; לְהִשְׁתַּפֵּר
– look someone up and down לְהַבִּיט בּוֹ בְּמַבָּט בּוֹחֵן / שֶׁל בּוּז

L

–look up to לְכַבֵּד; לְהַעֲרִיץ אוֹתוֹ
–look upon him as לִרְאוֹת בּוֹ; לְהַחְשִׁיבוֹ כּ־
look-alike *n.* כָּפִיל; דָּבָר דּוֹמֶה
looking glass *n.* מַרְאָה
lookout *n.* עֵירָנוּת; עֲמִידָה עַל הַמִּשְׁמָר; מִצְפֶּה; שׁוֹמֵר; עָתִיד (קוֹדֵר וכו׳)
–be on the lookout for לְחַפֵּשׂ (עוֹבְדִים וכו׳); לְהִיזָּהֵר מ־; לְצַפּוֹת ל־
looks *n.* הוֹפָעָה נָאָה; יוֹפִי
loom *n.* נוֹל; מְכוֹנַת אֲרִיגָה
loom *v.* (up) לְהוֹפִיעַ בִּמְעוּרְפָּל וּבַאֲימְתָנוּת
–loom large לְהִזְדַּקֵּר בִּמְלוֹא גּוֹדְלוֹ; לִתְפּוֹס מָקוֹם חָשׁוּב; לְהַעֲסִיק (מחשבתו)
loony *n.* מְשׁוּגָע
loony bin *n.* בֵּית מְשׁוּגָעִים
loop *n.* לוּלָאָה; הֶתְקֵן תּוֹךְ־רַחְמִי
loop *v.* לַעֲשׂוֹת לוּלָאָה; לְהִתְפַּתֵּל כְּלוּלָאָה; לִקְשׁוֹר בְּלוּלָאָה
loophole *n.* פִּרְצָה (בַּחוֹק וכד׳)
loose *adj.* חוֹפְשִׁי; תָּלוּשׁ; מְשׁוּחְרָר; מְפוּזָּר; לֹא הָדוּק; לֹא צָמוּד; רָחָב; לֹא מָתוּחַ; רָפוּי; רוֹפֵף; לֹא מְרוּסָן; מוּפְקָר; לֹא מְדוּיָּק; לֹא מוּגְדָּר; תְּחוּחָה (אֲדָמָה); לֹא צָפוּף; מְרוּשָּׁל
–at a loose end; at loose ends פָּנוּי; אֵין לוֹ מַה לַּעֲשׂוֹת; לֹא יוֹדֵעַ מַה לַּעֲשׂוֹת
–break/get loose (לְהִשְׁתַּחְרֵר ר׳) לִבְרוֹחַ
–come/work loose לְהִשְׁתַּחְרֵר; לְהִתְרוֹפֵף
–cut loose לְנַתֵּק; לְשַׁחְרֵר; לְהִינָּתֵק; לְהִשְׁתַּחְרֵר
–let loose לְשַׁחְרֵר
–tie up the loose ends לִסְגּוֹר קְצָווֹת
–be on the loose לְהִסְתּוֹבֵב חוֹפְשִׁי
loose *v.* לְשַׁחְרֵר; לְהַתִּיר; לְהַרְפּוֹת; לִירוֹת
loosen *v.* לְשַׁחְרֵר; לְהַרְפּוֹת; לְהִתְרוֹפֵף
–loosen up לְשַׁחְרֵר שְׁרִירִים (בְּתַרְגִּילֵי חִימּוּם); לְהַרְגִּישׁ מְשׁוּחְרָר
loose-leaf binder *n.* דַּפְדֶּפֶת
loosely *adv.* בְּצוּרָה רוֹפֶפֶת; בְּרַשְׁלָנוּת; בְּאִי־דִּיּוּק

loot *n., v.* בִּיזָּה; שָׁלָל; לִבְזוֹז
looter *n.* בּוֹזֵז
lope *v.* לִדְהוֹר בִּצְעָדִים קַלִּים וַאֲרוּכִּים
lopsided *adj.* נוֹטֶה לְצַד אֶחָד; לֹא מְאוּזָּן
lord *n.* לוֹרְד; אָדוֹן; שַׁלִּיט; אָצִיל; אֵיל (הוֹן)
–Good Lord יָא אַלְלָה!; הוֹ!; אוֹי!
–the Lord אֱלוֹהִים; יֵשׁוּ
lord *v.*
–lord it (over someone) לִרְדּוֹת בּ־
lordship *n.* שְׂרָרָה; אַדְנוּת
–Your Lordship כְּבוֹד הַלּוֹרְד; כְּבוֹד הַשּׁוֹפֵט
lore *n.* יֶדַע עֲמָמִי; מָסוֹרֶת
lorry *n.* מַשָּׂאִית
lose *v.* (lost) לְאַבֵּד; לְבַזְבֵּז; לְהַפְסִיד (בּ־); לְאַחֵר ל־; לֹא לְהָבִין
–a losing battle קְרָב אָבוּד
–lose ground (to) לָסֶגֶת מִפְּנֵי; לְאַבֵּד יִתְרוֹן
–lose your way לִתְעוֹת בַּדֶּרֶךְ
–lose patience לִפְקוֹעַ סַבְלָנוּתוֹ
–lose out to לְהַפְסִיד בְּמַאֲבָק וכד׳ נֶגֶד־
loser *n.* מַפְסִידָן; מַפְסִיד; לוּזֶר
loss *n.* אוֹבְדָן; הֶפְסֵד; אִיבּוּד; אֲבֵידָה
–at a loss אוֹבֵד עֵצוֹת; בְּהֶפְסֵד
–at a loss for words לֹא יוֹדֵעַ מַה לּוֹמַר
–cut your losses לָצֵאת מֵהָעֵסֶק / לִמְכּוֹר כְּדֵי לִמְנוֹעַ עוֹד הֶפְסֵדִים
lost *adj.* אָבוּד
lost *v. past and 3rd form of* lose
–Get lost! תִּתְחַפֵּף!
–be lost לָלֶכֶת לְאִיבּוּד; לְהִיסָּפוֹת; לֶאֱבוֹד
–be lost in לִהְיוֹת שָׁקוּעַ בּ־
lost cause *n.* עִנְיָין אָבוּד
lost-and-found (office) *n.* מִשְׂרַד אֲבֵדוֹת וּמְצִיאוֹת
lost property (office) *n.* מִשְׂרַד אֲבֵדוֹת וּמְצִיאוֹת
lot *n.* הַכֹּל
–the lot of them הֵם כּוּלָּם; אֶת כּוּלָּם
–a lot (of) הַרְבֵּה
–a lot better הַרְבֵּה יוֹתֵר טוֹב

L

– lots (and lots) (of) הַרבֵּה (מְאוֹד)
lot *n.* פְּרִיט; מִגרָש; חֶלקָה; מִשלוֹחַ (סְחוֹרָה); קְבוּצָה; חֵלֶק; אוּלפַּן־הַסרָטָה; גוֹרָל; פּוּר; מַזָל
– a bad lot מְנוּוָל; טִיפּוּס מְפוּקפָּק
– draw lots לְהַפִּיל פּוּר / גוֹרָל
loth *adj.* לֹא שָׂשׂ (ל־); לֹא רוֹצֶה
lotion *n.* תַרחִיץ; תְמִיסָה; תַחֲלִיב (לְגוּף)
lottery *n.* הַגרָלָה; עִניָין שֶל מַזָל; הִימוּר
loud *adj.* רָם; גָדוֹל; קוֹלָנִי; צַעֲקָנִי; רוֹעֵש
loud *adv.* בְּקוֹל רָם
– out loud בְּקוֹל רָם
loudly *adv.* בְּקוֹל רָם; בְּצַעֲקָנוּת
loud-mouthed *adj.* צַעֲקָנִי; רַברְבָן; "פֶּה גָדוֹל"
loudness *n.* רוֹם קוֹל; צַעֲקָנוּת
loudspeaker *n.* רַמקוֹל
lounge *n.* אוּלַם אוֹרחִים; טְרַקלִין; אוּלַם הַמתָנָה
lounge *v.* לָשֶבֶת וכו' בְּרִפיוֹן אֵיבָרִים
– lounge about/around לְהִתבַּטֵל
lounge bar *n.* בַּר מְפוֹאָר (בְּבֵית־מָלוֹן וכד')
lour *v.* לִהיוֹת קוֹדֵר / זְעוּף פָּנִים
louse *n.* כִּינָה; "טִינוֹפֶת"; אָדָם נִתעָב
louse *v.* (up) לְקַלקֵל; לַהֲרוֹס
lousy *adj.* שוֹרֵץ כִּינִים; מְזוּפָּת; רַע
– lousy with שוֹרֵץ־; מָלֵא בּ־
lout *n.* פֶּרֶא־אָדָם; גוֹלֶם
lovable *adj.* חָמוּד; חָבִיב
love *n.* אַהֲבָה; אָהוּב; חָמוּד; חַבּוּב; אֶפֶס (בְּטֶנִיס)
– fall in love (with) לְהִתאַהֵב (בּ־)
– for the love of לְמַעַן; בְּשֵם
– Give her my love. מְסוֹר לָהּ דַ"ש (מִמֶנִי)
– not to be had for love or money לֹא נִיתָן לְהַשִׂיגוֹ בְּשוּם דֶרֶך
– there is no love lost between them הֵם שוֹנאִים זֶה אֶת זֶה
love *v.* לֶאֱהוֹב; לִרצוֹת מְאוֹד
– I'd love a הָיִיתִי מְאוֹד רוֹצֶה
– I'd love to בְּשִׂמחָה; בְּרָצוֹן
love affair *n.* פָּרָשַת אֲהָבִים; רוֹמָן

lovebirds *n.* זוּג מְאוֹהָב
loveliness *n.* יוֹפִי; נוֹעַם
lovely *adj.* יָפֶה; נֶהדָר; נָעִים; מְהַנֶה
lover *n.* מְאַהֵב; מְאַהֶבֶת; אוֹהֵב; שוֹחֵר; חוֹבֵב
loving *adj.* אוֹהֵב; מַבִּיעַ אַהֲבָה
lovingly *adv.* בְּאַהֲבָה
low *adj.* נָמוּך; נָחוּת; יָרוּד; מְדוּכָּא; חַלָש; רָדוּד; שָפָל; נִבזִי; לֹא מְפוּתָח
– get/run low לֶאֱזוֹל; עוֹמֵד לְהִיגָמֵר
– low in אֵינוֹ מֵכִיל הַרבֵּה; לֹא שוֹפֵעַ
– low on אוֹזֵל
– low point נְקוּדַת הַשֵפֶל
low *adv.* נָמוּך; בְּזוֹל; בְּקוֹל נָמוּך
– lie low לְהִסתַתֵר; לֹא לְהִתבַּלֵט
low *n.* שֵפֶל; רָמָה נְמוּכָה; שֶקַע בָּרוֹמֶטרִי
lowbrow *adj.* עַם הָאָרֶץ; בְּרָמָה נְמוּכָה
low-cut *adj.* (בֶּגֶד) בַּעַל מַחשוֹף עָמוֹק
lowdown *n.* הָעוּבדוֹת; הָאֱמֶת
lowdown *adj.* שָפָל; נִבזֶה; מְלוּכלָך
lower *adj.*
– the lower הַנָמוּך (יוֹתֵר); הַתַחתוֹן
lower *v.* לְהוֹרִיד; לְהַנמִיך; לְהַקטִין; לָרֶדֶת; לְהַחֲלִיש
– lower oneself לְהַשפִּיל עַצמוֹ; לְהִתבַּזוֹת
lower *v.* לִהיוֹת קוֹדֵר; לְהַזעִיף פָּנִים; לִרגוֹז
low-fat *adj.* דַל־שוּמָן
low-flying *adj.* מַנמִיך טוּס
low-grade *adj.* בְּאֵיכוּת יְרוּדָה; לֹא רְצִינִי
low-key *adj.* שָקֵט; מְאוּפָּק; לֹא מְעוֹרֵר רַעַש; מִינוֹרִי
lowland *n.* שְפֵלָה; אֵיזוֹר מִישוֹרִי
low-level *adj.* בְּדֶרֶג נָמוּך
lowly *adj.* עָנָיו; צָנוּעַ; פָּשוּט; (בַּעַל שָׂכָר) נָמוּך; שָפָל
low-lying *adj.* נָמוּך (אֵיזוֹר)
low-paid *adj., n.* (עוֹבֵד) בְּשָׂכָר נָמוּך
low-spirited *adj.* מְדוּכָּא; מְדוּכדָך
low tide *n.* שֵפֶל
loyal *adj.* נֶאֱמָן
loyalist *n.* נֶאֱמָן לַמִשטָר
loyally *adv.* בְּנֶאֱמָנוּת

L

loyalty *n.* נֶאֱמָנוּת
lozenge *n.* מְעוּיָּן; לַכְסָנִית; טַבְלִית
LP אֲרִיךְ־נֶגֶן
Lt. סֶגֶן
Ltd בע״מ
Lt. Gen. רַב־אַלּוּף
lubricant *n.* חוֹמֶר סִיכָה
lubricate *v.* לָסוּךְ; לְשַׁמֵּן; לְגָרֵז
lubrication *n.* סִיכָה; שִׁימּוּן; גֵּירוּז
lucerne *n.* אַסְפֶּסֶת
lucid *adj.* בָּרוּר; מוּבָן; צָלוּל
lucidity *n.* בְּהִירוּת; צְלִילוּת דַּעַת; צְלִילוּת
lucidly *adv.* בִּבְהִירוּת
Lucifer *n.* הַשָּׂטָן; כּוֹכַב הַשַּׁחַר
luck *n.* מַזָּל; הַצְלָחָה
–Bad luck! מַזָּל בִּישׁ!
–be down on your luck לִהְיוֹת חֲסַר מַזָּל
–don't push your luck אַל תִּתְגָּרֶה בְּמַזָּלְךָ
–Good luck! בְּהַצְלָחָה!
–Tough luck אֵיזֶה חוֹסֶר מַזָּל!
luckily *adv.* לְמַרְבֵּה הַמַּזָּל
lucky *adj.* בַּר־מַזָּל; מוּצְלָח
lucrative *adj.* רְווֹחִי; מַכְנִיס
ludicrous *adj.* מְגוּחָךְ
ludicrously *adv.* בְּצוּרָה מְגוּחֶכֶת
lug *v.* לִמְשׁוֹךְ / לִגְרוֹר בְּמַאֲמָץ
lug *n.* מְשִׁיכָה; גְּרִירָה; יָדִית; זִיז; מִפְרָשׂ מְרוּבָּע; אוֹזֶן; גּוֹלֶם; תּוֹלַעַת פִּיתָיוֹן
luggage *n.* מִזְוָד; מִטְעָן; כְּבוּדָּה
luggage rack *n.* מַדָּף לְמִזְוָד
lugubrious *adj.* עָצוּב; נוּגֶה; עָגוּם
lukewarm *adj.* פּוֹשֵׁר; לֹא נִלְהָב
lull *n.* הֲפוּגָה; תְּקוּפַת־רְגִיעָה
lull *v.* לְהַרְגִּיעַ; לְהַרְדִּים; לְשַׁכֵּךְ; לִנְטוֹעַ (שַׁאֲנַנּוּת) בְּ־
lullaby *n.* שִׁיר עֶרֶשׂ; רַחַשׁ; הֶמְיָה
lumber *n.* עֵצִים מְנוּסָּרִים; פְּרִיטִים חַסְרֵי עֵרֶךְ (רהיטים וכד׳); גְּרוּטָאוֹת
lumber *v.* (up) לְמַלֵּא בִּפְרִיטִים חַסְרֵי עֵרֶךְ; לְנַסֵּר עֵצִים; לָנוּעַ בִּכְבֵדוּת וּבְרַעַשׁ
–lumber someone with לְהַשְׁאִירוֹ תָּקוּעַ עִם־

lumberjack *n.* כּוֹרֵת עֵצִים; סוֹחֵר עֵצִים
lumbermill *n.* מִנְסָרָה
luminary *n.* מָאוֹר (בַּשָּׁמַיִם, אוֹ אָדָם דָּגוּל)
luminous *adj.* מֵאִיר; זוֹהֵר; זוֹרֵחַ
lump *n.* גּוּשׁ; קוּבִּיָּה (סוּכָּר); תְּפִיחָה; נְפִיחוּת; גּוֹלֶם
–a lump in your throat מַחֲנָק בַּגָּרוֹן
lump *v.* לַהֲפוֹךְ לְגוּשׁ / לְגוּשִׁים
–lump it לְהַשְׁלִים עִם זֶה
–lump together לְצָרֵף יַחַד; לִכְלוֹל יַחַד
lump sum *n.* סְכוּם כּוֹלֵל; סְכוּם חַד פַּעֲמִי
lumpy *adj.* מָלֵא גּוּשִׁים; גַּבְשׁוּשִׁי
lunacy *n.* טֵירוּף; שִׁיגָּעוֹן
lunar *adj.* יְרֵחִי; ־יָרֵחַ
lunar module *n.* ״עַכָּבִישׁ״; רֶכֶב נְחִיתָה לַיָּרֵחַ
lunatic *n., adj.* אִידְיוֹט; מְטוֹרָף; מְטוּפָּשׁ
lunatic asylum *n.* בֵּית־חוֹלִים לְחוֹלֵי־רוּחַ
lunatic fringe *n.* הַשּׁוּלַיִים הַסַּהֲרוּרִיִּים
lunch *n.* אֲרוּחַת־צָהֳרַיִים
lunch *v.* לֶאֱכוֹל / לָתֵת אֲרוּחַת־צָהֳרַיִים
lunch break *n.* הַפְסָקַת צָהֳרַיִים
luncheon *n.* אֲרוּחַת־צָהֳרַיִים
lung *n.* רֵיאָה
lunge *v., n.* לְזַנֵּק; לִשְׁלוֹחַ לְפֶתַע; זִינּוּק (תְּקִיפָה)
lupine *adj.* זְאֵבִי; אַכְזָרִי
lurch *n.* נְטִיָּה; תְּנוּעַת פֶּתַע הַצִּידָּה
–leave him in the lurch לִנְטוֹשׁ אוֹתוֹ בִּשְׁעַת מְצוּקָתוֹ
lurch *v.* לְהִתְנוֹדֵד; לְהִיטַּלְטֵל
lure *n.* פִּיתָיוֹן; פִּיתּוּי; קֶסֶם; מְשִׁיכָה
lure *v.* לְפַתּוֹת; לִמְשׁוֹךְ
lurid *adj.* בּוֹהֵק (בִּצְבָעִים עַזִּים); מַחְרִיד; מְזַעְזֵעַ; שַׁעֲרוּרִיָּיתִי; חִיוֵּור
lurk *v.* לְהִסְתַּתֵּר; לֶאֱרוֹב; לְקַנֵּן (סָפֵק, חֲשָׁד וכו׳)
luscious *adj.* מָתוֹק וְרֵיחָנִי; חוּשָׁנִי; מְגָרֶה
lusciousness *n.* חוּשָׁנִיּוּת; מְתִיקוּת וַעֲסִיסִיּוּת; עוֹשֶׁר (בְּטַעַם וּנִיחוֹחַ)

L

luxury *n.* (חַיֵּי) מוֹתָרוֹת; פִּינּוּקִים; לוּקְסוּס
–luxuries מוֹתָרוֹת
–luxury goods מוּצְרֵי מוֹתָרוֹת
–luxury hotels מְלוֹנוֹת פְּאֵר
lying *adj., n.* שׁוֹכֵב; שַׁקְרָן; כּוֹזֵב; (אֲמִירַת) שֶׁקֶר
lying-in *n.* הִתְאַשְׁפְּזוּת לִקְרַאת הַלֵּידָה
lymph *n.* לִימְפָה
lymph gland *n.* בַּלּוּטַת הַלִּימְפָה
lynch *v.* לַעֲשׂוֹת לִינְץ'
lynchpin *n.* פִּין אוֹפַן; עַמּוּד הַתָּוֶךְ; חֵלֶק חִיּוּנִי
lynx-eyed *adj.* בַּעַל רְאִיָּה חַדָּה
lyre *n.* כִּינּוֹר דָּוִד; נֵבֶל קָטָן
lyric *adj., n.* לִירִי; שִׁיר לִירִי
–lyrics מִלִּים (לשיר)
lyrical *adj.* לִירִי; מִשְׁתַּפֵּךְ בְּדִבְרֵי שֶׁבַח; מִתְלַהֵב
lyricist *n.* מְחַבֵּר מִלִּים (לשירים); תַּמְלִילָן
lyrist *n.* מְנַגֵּן בְּכִינּוֹר דָּוִד; מְשׁוֹרֵר לִירִי
lysol *n.* לִיזוֹל

lush *adj.* שׁוֹפֵעַ (עֵשֶׂב); מְפוֹאָר; יוּקְרָתִי; עֲסִיסִי; עָשִׁיר
lust *n.* (for) תַּאֲוָוה; תְּשׁוּקָה (ל־)
lust *v.* (after/for) לִהְיוֹת מָלֵא תַּאֲוָוה (ל־); לַחְשׁוֹק בּ־
lustful *adj.* מָלֵא תְּשׁוּקָה; תַּאַוְותָנִי
lustfully *adv.* בִּתְשׁוּקָה; בְּתַאֲוָוה
lustily *adv.* בְּמֶרֶץ רַב
lustiness *n.* חוֹסֶן; מֶרֶץ וְכוֹחַ נְעוּרִים
luster, lustre *n.* בָּרָק; זוֹהַר; יוּקְרָה; תְּהִילָּה
lustrous *adj.* מַבְרִיק; זוֹהֵר
lusty *adj.* בָּרִיא וְחָסוֹן; נִמְרָץ; חָזָק
lute *n.* קַתְרוֹס
luxuriant *adj.* שׁוֹפֵעַ; עָשִׁיר (בִּצְמִחִיָּיה); פּוֹרֶה; מְקוּשָּׁט מִדַּי (סגנון)
luxuriantly *adv.* בְּשֶׁפַע
luxuriate *v.* (in) לֵיהָנוֹת; לְהִתְעַנֵּג; לִגְדּוֹל בְּשֶׁפַע
luxurious *adj.* שֶׁל מוֹתָרוֹת; ־פְּאֵר; יוּקְרָתִי
luxuriously *adv.* בִּתְנָאֵי מוֹתָרוֹת; בִּנְוֹחוּת

M

ma *n.* אִמָּא
ma'am *n.* גְּבֶרֶת
macabre *adj.* מַבְעִית; מָקַבְּרִי
macaroon *n.* עוּגִיַּת קוֹקוּס / שְׁקֵדִים
mace *n.* אַלָּה (כְּנֶשֶׁק, עִם רֹאשׁ זִיזִים); שַׁרְבִיט; תַּרְסִיס הֲגָנָה; תַּבְלִין מִקְּלִיפַּת אֱגוֹז מוּסְקָט
macerate *v.* לְרַכֵּךְ בְּמַיִם; לְמַסְמֵס; לְהִינָּמֵק; לִדְעוֹךְ
machete *n.* סַכִּין (מַשְׁטָה)
machiavellian *adj., n.* מַקְיָאבֶלִיסְטִ(י)
machination *n.* מְזִימָה
machine *n.* מְכוֹנָה; מַחְשֵׁב; מְכוֹנִית; מָטוֹס; מַנְגָּנוֹן
machine *v.* לְיַיצֵּר / לְעַבֵּד בִּמְכוֹנָה
machine-gun *n.* מִקְלָע; מְכוֹנַת־יְרִיָּיה
machine-readable *adj.* קָרִיא בְּמַחְשֵׁב
machinery *n.* מַנְגָּנוֹן; מְכוֹנוֹת
machine tool *n.* מְכוֹנַת כֵּלִים
machinist *n.* מְכוֹנַאי; מַסְגֵּר; מַפְעִיל מְכוֹנָה
machismo *n.* מַאצ'וֹאִיזְם
macho *adj.* גַּבְרִי; מַאצ'וֹ
mackerel *n.* קוֹלְיָיס; מָקָרֶל
mackintosh *n.* מְעִיל גֶּשֶׁם
macro *n.* מַקְרוֹ; מִכְלָל
macrobiotic *adj.* מַקְרוֹבִּיוֹטִי
macrocosm *n.* הָעוֹלָם הַגָּדוֹל, הַיְקוּם; מַעֲרֶכֶת מַקְרוֹ
mad *adj.* מְשׁוּגָּע; מְרוּגָּז
– as mad as a hatter מְטוֹרָף לְגַמְרֵי
– be hopping mad לִרְתּוֹחַ מִזַּעַם
– drive / send him mad לְשַׁגֵּעַ אוֹתוֹ
– mad rush הִתְנַפְּלוּת עַל; הִסְתַּעֲרוּת עַל
madam *n.* גְּבֶרֶת; אִישָּׁה שְׁתַלְטָנִית; מְנַהֶלֶת בֵּית־בּוֹשֶׁת
– Dear Madam ג.נ. (גְּבֶרֶת נִכְבָּדָה)
Madame *n.* גְּבֶרֶת; מַאדַאם
madcap *adj., n.* מְשׁוּגָּע
madden *v.* לְהַרְגִּיז; לְשַׁגֵּעַ
maddening *adj.* מַרְגִּיז; מְעַצְבֵּן; מַטְרִיף
made *adj.* (of / from) עָשׂוּי (מ־)
– made for one another נוֹעֲדוּ זֶה לָזֶה
– made in תּוֹצֶרֶת־; מְיוּצָּר בְּ־
– made up of מוּרְכָּב מ־
Madeira *n.* יֵין מָדֵירָה
made-to-measure *adj.* לְפִי הַזְמָנָה (בֶּגֶד, רִיהוּט וכו')
made-to-order *adj.* לְפִי הַזְמָנָה
made-up *adj.* מְאוּפָּר; בָּדוּי; מְפוּבְרָק; מוּכָן; סָלוּל
madhouse *n.* בֵּית מְשׁוּגָּעִים
madly *adv.* כִּמְטוֹרָף; עַד לְשִׁיגָּעוֹן
madness *n.* שִׁיגָּעוֹן; טֵירוּף
madman *n.* מְשׁוּגָּע
maelstrom *n.* מְעַרְבּוֹלֶת; קַלַּחַת
mafioso *n.* מָפְיוֹנֶר; אִישׁ מַאפְיָה
magazine *n.* שְׁבוּעוֹן; יַרְחוֹן; מָגָזִין; כְּתַב־עֵת; מַחְסַן תַּחְמוֹשֶׁת; מַחְסָנִית
magenta *adj.* אָדוֹם־אַרְגָּמָן
maggot *n.* רִימָּה; זַחַל זְבוּב
magic *adj.* שֶׁל כִּישּׁוּף; ־קֶסֶם; ־קְסָמִים; נִפְלָא
magic *n.* כִּישּׁוּף; כְּשָׁפִים; קֶסֶם; קְסָמִים
magical *adj.* שֶׁל כִּישּׁוּף; ־קְסָמִים; קָסוּם
magically *adv.* כְּאִילּוּ ע"י כִּישּׁוּף; בְּאוֹרַח פֶּלֶא
magic carpet *n.* מַרְבַד קְסָמִים
magic bullet *n.* תְּרוּפַת פֶּלֶא
magician *n.* קוֹסֵם; מְכַשֵּׁף
magic lantern *n.* פַּנַס־קֶסֶם
magic mushroom *n.* פִּטְרִיַּית הֲזָיוֹת
magic wand *n.* מַטֵּה קְסָמִים
magistrate *n.* שׁוֹפֵט שָׁלוֹם
magnanimity *n.* רוֹחַב לֵב; גַּדְלוּת נֶפֶשׁ
magnanimous *adj.* נָדִיב; אֲצִיל נֶפֶשׁ
magnate *n.* אֵיל הוֹן
magnesium *n.* מַגְנֶזִיּוּם
magnet *n.* מַגְנֵט; אָדָם / מַשֶּׁהוּ מוֹשֵׁךְ
magnetic *adj.* (בַּעַל כּוֹחַ) מַגְנֵטִי; מוֹשֵׁךְ
magnetic tape *n.* סֶרֶט מַגְנֵטִי
magnetism *n.* (תּוֹרַת הַ־) מַגְנֵטִיּוּת; קֶסֶם אִישִׁי; כּוֹחַ מְשִׁיכָה

M

magnetize *v.* לְמַגְנֵט; לִמשוֹךְ; לְרַתֵּק
magneto *n.* מַגנֶטוֹ (מְחוֹלֵל חַשמַל)
magnification *n.* (עוֹצמַת) הַגדָלָה
magnificence *n.* הוֹד; פְּאֵר; הֱיוֹתוֹ מַרשִים
magnificent *adj.* נֶהדָר; מַרשִים; נִפלָא; מְפוֹאָר
magnificently *adv.* בְּצוּרָה נֶהדֶרֶת / מַרשִימָה
magnifier *n.* מַגדֵל; מַגבֵּר
magnify *v.* (magnified) לְהַגדִיל; לְהַגזִים (בְּתֵיאוּר)
magnifying glass *n.* זְכוּכִית מַגדֶלֶת
magnitude *n.* גוֹדֶל; (מִידַת) חֲשִיבוּת
magnum opus *n.* יְצִירָה גְדוֹלָה; פְּאֵר יְצִירָתוֹ
magpie *n.* עוֹרֵב זַנבְתָן / הַנחָלִים; אוֹסֵף דְבָרִים קְטַנִים
mahogany *n.* תוֹלַעֲנָה; עֵץ הַמָהָגוֹנִי
maid *n.* עַלמָה; נַעֲרָה רַוָוקָה; עוֹזֶרֶת; מְשָרֶתֶת
maiden *adj.* ־בְּכוֹרָה; ־בְּתוּלִין
maiden *n.* נַעֲרָה; רַוָוקָה צְעִירָה; סוּס שֶטֶרֶם נִיצַח
maidenhead *n.* בְּתוּלִים
maidenhood *n.* נְעוּרֶיהָ; בְּתוּלִיוּת
maiden name *n.* שֵם שֶלִפנֵי הַנִישוּאִים
maiden voyage *n.* הַפלָגַת בְּכוֹרָה
maid of honor *n.* שוֹשבִינָה רָאשִית; שוֹשבִינַת הַמַלכָּה
mail *n.* דוֹאַר; שִריוֹן (לְבוּש)
mail *v.* לִשלוֹחַ בַּדוֹאַר
mailbag *n.* שַׂק דוֹאַר
mailbox *n.* תֵיבַת דוֹאַר; תֵיבַת מִכתָבִים
mailing list *n.* רְשִימַת נִמעָנִים / תְפוּצָה
mailman *n.* דַוָור
mail order הַזמָנַת קְנִייָה בְּמִשלוֹחַ דוֹאַר
maim *v.* לִגרוֹם נָכוּת ל־
main *adj.* עִיקָרִי; רָאשִי; חָשוּב בְּיוֹתֵר
main *n.* צִינוֹר / כֶּבֶל רָאשִי; (רֶשֶת) חַשמַל; הַיָם
–in the main עַל־פִּי־רוֹב; בְּעִיקָר
mainframe *n.* מַחשֵב גָדוֹל / עִיבּוּד מֶרכָּזִי
mainland *n.* אֶרֶץ; יַבֶּשֶת
main line *n.* קַו רָאשִי (שֶל רַכֶּבֶת); עוֹרֵק
mainly *adv.* בְּעִיקָר; לָרוֹב
main road *n.* כְּבִיש רָאשִי
mains *n.* (רֶשֶת) חַשמַל; צִינוֹר (גַז, מַיִם) רָאשִי
mainspring *n.* קְפִיץ רָאשִי; מֵנִיעַ עִיקָרִי
mainstay *n.* עַמוּד תָוֶוךְ; מִשעָן / תוֹמֵךְ עִיקָרִי; חֶבֶל הַתוֹרֶן הָרָאשִי
mainstream *n.* הַזֶרֶם הַמֶרכָּזִי
mainstream *v.* לְשַלֵב (יְלָדִים חֲרִיגִים) בְּמַעֲרֶכֶת הַחִינוּךְ הָרְגִילָה
maintain *v.* לִשמוֹר עַל־; לְקַיֵים; לְפַרנֵס; לִתמוֹךְ בּ־; לִטעוֹן; לִסבּוֹר; לְתַחזֵק
maintenance *n.* אַחזָקָה; תַחזוּקָה; שְמִירָה עַל־; דְמֵי מְזוֹנוֹת; פַּרנָסָה
maize *n.* תִירָס
Maj. רס״ן (רַב־סֶרֶן)
majestic *adj.* רַב־הוֹד; מַלכוּתִי
majestically *adv.* בְּהוֹד וְהָדָר; בְּהוֹד מַלכוּת
majesty *n.* הוֹד מַלכוּת
major *adj.* גָדוֹל; חָשוּב; עִיקָרִי; רָאשִי; מַז'וֹרִי
major *n.* רַב־סֶרֶן; בָּגִיר; בּוֹגֵר; מִקצוֹעַ רָאשִי
major *v.* (in) לִלמוֹד כְּמִקצוֹעַ רָאשִי
majorette *n.* שַרבִיטָאִית
major-general *n.* אַלוּף (בִּצבָא)
major league *n.* הַלִיגָה הַמִקצוֹעָנִית
majority *n.* הָרוֹב; רוֹב (ה־); בַּגִירוּת
make *n.* תוֹצֶרֶת; סוּג
make *v.* לַעֲשׂוֹת; לְהָכִין; לְייַצֵר; לִיצוֹר; (יָכוֹל) לְשַמֵש כּ־; לְהַווֹת; לִגרוֹם (ל־); לְחַבֵּר; לְנַסֵחַ; לְעַבֵּד; לִרכּוֹש; לִקבּוֹעַ; לְאַלֵץ; לְהַכרִיחַ; לְמַנוֹת; לִבחוֹר; (לַהֲפוֹךְ) לִהיוֹת; לְהַרוִויחַ; לִזכּוֹת; לְהַשִׂיג; לַחשֵב; לְהַעֲרִיךְ; לְהִסתַכֵּם בּ־; לִהיוֹת שָוֶוה ל־; לְהַגִיעַ ל־; לְהַספִּיק
–make at (לְנַסוֹת) לִתקוֹף
–make do with לְהִסתַפֵּק בּ־; לְהִסתַדֵר עִם־
–make for לָנוּעַ בְּכִיווּן־; לְהִסתַעֵר לְעֵבֶר־; לִתרוֹם ל־; לַעֲזוֹר ל־
–make ... into לַעֲשׂוֹת מ־; לַהֲפוֹךְ ל־

M

–make it לְהַצְלִיחַ; לַעֲשׂוֹת זֹאת; לִקְבּוֹעַ
–make it up to לְפַצּוֹת אוֹתוֹ; לִגְמוֹל ל־
–make it up (with) לְהַשְׁלִים; לְהִתְפַּיֵּיס עִם־
–make little of לְהַמְעִיט בַּחֲשִׁיבוּת; לֹא לְהָבִין
–make of לְהָבִין; לְפָרֵשׁ
–make off לְהִסְתַּלֵּק; לִברוֹחַ
–make out לְהַצְלִיחַ; לְהִסְתַּדֵּר; לְהָבִין; (לְהַצְלִיחַ) לִראוֹתוֹ / לְהַבְחִין בּ־; לִרשׁוֹם; לְמַלֵּא (טוֹפֶס וכו'); לְפַעְנֵחַ; לְתָאֵר; לְהִתְמַזְמֵז
–make out to be לִטעוֹן שׁ־; לְנַסּוֹת לְהוֹכִיחַ שׁ־; לְהַצִּיג כּ־
–make over לְשַׁנּוֹת; לְעַצֵּב מֵחָדָשׁ
–make up לְהַשְׁלִים; לְהִתְפַּיֵּיס; לְאַפֵּר; לְהִתְאַפֵּר; לְהַמְצִיא; לְחַבֵּר; לְהַרְכִּיב; לְהָווֹת; לְהָכִין; לְהַצִּיעַ (מיטה); לִסגוֹר פַּעַר; לְהַדְבִּיק (פִּיגוּר)
–make up for לְפַצּוֹת עַל־; לְכַפֵּר עַל־
make-believe *n.* הַעֲמָדַת פָּנִים; דִמיוֹן
maker *n.* יַצְרָן; עוֹשֶׂה־; יוֹצֵר; הַבּוֹרֵא
makeshift *adj., n.* מְאוּלְתָּר; אֲרָעִי; סִידּוּר זְמַנִּי
make-up *n.* אִיפּוּר; הֶרְכֵּב; מַעֲרוֹכֶת; מִבְנֶה; אוֹפִי; מֶזֶג; סִידּוּר; עִימּוּד
–make-up exams בְּחִינוֹת מוֹעֵד בּ'
make-work *n.* עֲבוֹדָה יְזוּמָה
making *n.* יִיצוּר; עֲשִׂיָּה; יְצִירָה
–be the making of לְקַדֵּם; לְהָבִיא לְהַצְלָחָתוֹ / לְהִתְפַּתְּחוּתוֹ
–have the makings of יֵשׁ לוֹ הַנְּתוּנִים לִהְיוֹת
–in the making בְּהִתְהַוּוּתוֹ; שֶׁעָתִיד לִהְיוֹת; צָפוּי
maladjusted *adj.* קָשֵׁה הִסְתַּגְּלוּת
maladjustment *n.* אִי הִסְתַּגְּלוּת
maladroit *adj.* לֹא זָרִיז; מְגוּשָּׁם; כּוֹשֵׁל; חֲסַר טַקְט
malady *n.* מַחֲלָה
malaise *n.* (הַרְגָּשַׁת) חוֹלִי; מֵיחוּשׁ
malapropism *n.* שִׁיבּוּשׁ מִלָּה (מַצְחִיק)
malcontent *n., adj.* לֹא מְרוּצֶה; עוֹשֶׂה צָרוֹת
male *adj., n.* זְכָרִי; שֶׁל גֶּבֶר; זָכָר
male chauvinist *n.* שׁוֹבִינִיסְט גַּבְרִי
malevolent *adj.* רָשָׁע; חוֹרֵשׁ רָעָה
malfeasance *n.* עֲבֵירָה
malformation *n.* עִיוּוּת צוּרָה; אֵיבָר מְעוּוָּת
malfunction *n.* תַּקָּלָה; תִּפְקוּד לָקוּי
malfunction *v.* לְהִשְׁתַּבֵּשׁ; לִהְיוֹת בּוֹ תַּקָּלָה
malice *n.* זָדוֹן; רִשְׁעוּת
malicious *adj.* זְדוֹנִי
maliciously *adv.* בְּזָדוֹן
malign *v.* לְהַשְׁמִיץ; לְהַטִּיל דוֹפִי בּ־
malign *adj.* מַזִּיק; הַרְסָנִי; עוֹיֵן
malignancy *n.* מַמְאִירוּת
malignant *adj.* מַמְאִיר
malinger *v.* לְהִתְחַלּוֹת
malingerer *n.* מִתְחַלֶּה
mall *n.* קַנְיוֹן; מֶרְכַּז קְנִיּוֹת; מִדרְחוֹב
malleable *adj.* בַּר־חִישׁוּל; קַל לְעִיצוּב
mallet *n.* פַּטִּישׁ עֵץ; מַקֵּל פּוֹלוֹ
malnourished *adj.* סוֹבֵל מִתַּת־תְּזוּנָה
malnutrition *n.* תַּת־תְּזוּנָה; תְּזוּנָה לְקוּיָה
malpractice *n.* הִתְנַהֲגוּת שֶׁלֹּא כַּדִּין; רַשְׁלָנוּת מִקְצוֹעִית
malt *n., v.* לֶתֶת; לִלְתּוֹת (שְׂעוֹרָה)
maltreat *v.* לְהִתְעַלֵּל בּ־; לְהִתְאַכְזֵר אֶל־
maltreatment *n.* הִתְעַלְּלוּת; הִתְאַכְזְרוּת
mama, mam *n.* אִימָּא
mammal *n.* יוֹנֵק
mammary *adj.* שֶׁל הַשָּׁדַיִים
mammary gland *n.* בַּלּוּטַת הֶחָלָב; שַׁד
mammography *n.* מַמּוֹגְרַפְיָה (בְּדִיקַת שַׁד)
mammon *n.* עֵגֶל הַזָּהָב; מָמוֹן; רְדִיפַת בֶּצַע
mammoth *adj.* עֲנָקִי; עָצוּם
mammoth *n.* מַמּוּתָה
mammy *n.* אִימָּא; מְטַפֶּלֶת כּוּשִׁית
man *n.* גֶּבֶר; אִישׁ; בֶּן־אָדָם; הָאָדָם; מְשָׁרֵת; עוֹבֵד; חַיָּיל (פָּשׁוּט); בַּעַל; כְּלִי (שחמט)
–a man of his word אָדָם הָעוֹמֵד בְּדִיבּוּרוֹ

manic *adj.* סוֹבֵל מִשִּׁיגָּעוֹן; מְטוֹרָף; אָחוּז בּוּלְמוּס
manic-depressive *adj.* סוֹבֵל מִמַּצְבֵי רוּחַ (דִיכָּאוֹן וְעַלִיזוּת לְסֵירוּגִין)
manifest *adj.* בָּרוּר וְגָלוּי
manifest *v.* לְהַרְאוֹת בְּבֵירוּר; לְגַלּוֹת (סִימָנֵי־)
–manifest itself לְהִתְגַּלּוֹת; לְהוֹפִיעַ; לְהִתְבַּטֵּא (בְּ־)
manifestation *n.* גִילּוּי; בִּיטּוּי; הִתְגַּלּוּת
manifesto *n.* מִנְשָׁר; גִילּוּי דַּעַת
manifold *adj.* שׁוֹנִים וּמְגוּוָנִים
manikin *n.* גַּמָּד; בּוּבַּת רַאֲוָה; בּוּבַּת אָדָם; דּוּגְמָנִית
manipulate *v.* לְהַפְעִיל בְּמְיוּמָנוּת; לְתַמְרֵן וּלְהַשְׁפִּיעַ עַל־; לִשְׁלוֹט עַל־; לְטַפֵּל בְּ־; לְנַצֵּל (חוּלְשָׁתוֹ); לְזַיֵּיף (חֶשְׁבּוֹנוֹת)
manipulation *n.* הַפְעָלָה; פְּעוּלָה; תִּמְרוּן; נִיצּוּל; מָנִיפּוּלַצְיָה
manipulative *adj.* מְנַצֵּל; מָנִיפּוּלָטִיבִי
mankind *n.* הָאֱנוֹשׁוּת; הַמִּין הָאֱנוֹשִׁי; הַמִּין הַגַּבְרִי; הַגְּבָרִים
manliness *n.* גַּבְרִיּוּת
manly *adj.* גַּבְרִי; שֶׁל גֶּבֶר
man-made *adj.* מַעֲשֵׂה יְדֵי־אָדָם; מְלָאכוּתִי; סִינְתֶטִי
manna *n.* מָן; (כְּמוֹ) מָן מִן הַשָּׁמַיִם
manned *adj.* מְאוּיָּשׁ
mannequin *n.* דּוּגְמָנִית; בּוּבָּה (בְּחַלּוֹן רַאֲוָה); אִימּוּם
manner *n.* אוֹפֶן; דֶּרֶךְ; הִתְנַהֲגוּת; סִגְנוֹן; מִין; סוּג
–in a manner of speaking בְּמוּבָן מְסוּיָּם; אֶפְשָׁר לוֹמַר
–manners נִימּוּסִים; מִנְהָגִים
mannerism *n.* הֶרְגֵל מְשׁוּנֶּה/מְיוּחָד; דִּיבּוּר/סִגְנוֹן מְעוּשֶּׂה
manoeuvrable *adj.* בַּר־תִּמְרוּן
manoeuvre *n.* תִּמְרוּן; תַּכְסִיס
manoeuvre *v.* לְתַמְרֵן; לַעֲשׂוֹת תִּמְרוּנִים
manoeuvrer *n.* תַּחְבְּלָן; תַּכְסִיסָן
man of letters *n.* סוֹפֵר מְכוּבָּד/מְלוּמָּד
man-of-war *n.* סְפִינַת מִלְחָמָה
manor *n.* אֲחוּזָּה; אֵיזוֹר

–man and boy מִיַּלְדוּתוֹ
–your own man עַצְמָאִי (בְּמַחְשָׁבָה, בְּמַעֲשֶׂה)
–to a man כּוּלָּם בְּלִי יוֹצֵא מִן הַכְּלָל
man *v.* (manned) לְאַיֵּישׁ
man-about-town *n.* בַּלְיָין (אִישׁ הַחֶבְרָה הַגְּבוֹהָה)
manacles *n.* אֲזִיקִים; כְּבָלִים
manage *v.* לְנַהֵל; לִשְׁלוֹט בְּ־; לְהַצְלִיחַ; לְהִסְתַּדֵּר
manageable *adj.* (שֶׁ)נִיתָּן לְנִיהוּל; שֶׁנִּיתָּן לְהִסְתַּדֵּר אִיתּוֹ
management *n.* נִיהוּל; הַנְהָלָה; טִיפּוּל (נָבוֹן)
manager *n.* מְנַהֵל; מְנַהֵל מִקְצוֹעִי (מֶנֶגֶ'ר); אֲמַרְגָּן; יוֹדֵעַ לְנַהֵל
manageress *n.* מְנַהֶלֶת
managerial *adj.* נִיהוּלִי; שֶׁל הַנְהָלָה
managing director *n.* מַנְכָּ"ל
mandate *n.* יִיפּוּי כּוֹחַ; מַנְדָט; צַו מִגָּבוֹהַּ
mandate *v.* לִמְסוֹר (אֶרֶץ) לְמַנְדָט; לָתֵת יִיפּוּי כּוֹחַ
mandatory *adj.* מְחַיֵּיב; שֶׁבְּגֶדֶר חוֹבָה
mane *n.* רַעְמָה
man-eater *n.* קַנִּיבָּל; אוֹכֵל אָדָם; טוֹרֶפֶת גְּבָרִים; שְׁתַלְטָנִית
maneuver *n.* תִּמְרוּן; תַּכְסִיס
–room for maneuver מֶרְחַב תִּמְרוּן
maneuver *v.* לְתַמְרֵן; לַעֲשׂוֹת תִּמְרוּנִים
maneuverable *adj.* בַּר תִּמְרוּן
maneuverer *n.* תַּחְבְּלָן; תַּכְסִיסָן
man Friday *adj.* שֵׁשֶׁת; עוֹזֵר נֶאֱמָן
manger *n.* אֵיבוּס
mangle *v., n.* לִסְחוֹט בְּמַעְגִּילָה; לְהַשְׁחִית צוּרָה; לְרַטֵּשׁ; לִמְחוֹץ; לְשַׁבֵּשׁ; מַעְגִּילָה
manhandle *v.* לְהָזִיז בְּכוֹחַ; לְטַפֵּל בְּגַסּוּת בְּ־
manhole *n.* פֶּתַח בִּיּוּב וכד' בַּכְּבִישׁ
manhood *n.* בַּגְרוּת; גַּבְרִיּוּת; הַגְּבָרִים
man-hour *n.* שְׁעַת עוֹבֵד
manhunt *n.* מָצוֹד (אַחֲרֵי אָדָם)
mania *n.* שִׁיגָּעוֹן; מַנְיָה
maniac *n.* מְטוֹרָף; מְשׁוּגָּע לְ־

M

manpower *n.* כּוֹחַ אָדָם
mansion *n.* בַּיִת גָּדוֹל וּמפוֹאָר
manslaughter *n.* הֲרִיגָה
mantelpiece *n.* אֶדֶן הָאָח (מַדַּף שַׁיִשׁ)
mantis *n.* גְּמַל שְׁלֹמֹה
mantle *n.* שְׁכמִיָּה; "גְלִימָה"; מַעֲטֶה; רֶשֶׁת לַהַט; כּוֹבַע (לִמנוֹרַת גַּז)
man-to-man *adj.* כְּגֶבֶר אֶל גֶּבֶר; אִישִׁית (שְׁמִירָה בְּמִשְׂחָק)
manual *adj.* יָדָנִי; שֶׁל עֲבוֹדַת־כַּפַּיִים
manual *n.* מַדרִיךְ שִׁימוּשִׁי; סֵפֶר (המכוֹנִית וכו׳)
manually *adv.* יָדָנִית; בַּיָּד
manufacture *n.* ייִצוּר; תּוֹצֶרֶת
manufacture *v.* לְייַצֵּר; לְהַמצִיא; לִבדוֹת
manufacturer *n.* יַצְרָן
manure *n., v.* זֶבֶל; לְזַבֵּל
manuscript *n.* כְּתַב־יָד (שֶׁל סֵפֶר וכד׳)
many הַרבֵּה; רַבִּים (מ־); רַב־
– as many as כַּמָּה שֶׁ־; לֹא פָּחוֹת מ־
many-sided *adj.* רַב־צְדָדִי; מְגוּוָּן
map *n., v.* מַפָּה; לְמַפּוֹת; לְהַראוֹת בְּמַפָּה
– off the map נִידָּח; (לִמחוֹק) מֵהַמַּפָּה
– map out לְתַכנֵן
maple syrup *n.* דְּבַשׁ מֵייפֶּל/אֶדֶר
mapping *n.* מִיפּוּי
mar *v.* לְקַלקֵל; לְהַשׁחִית
marathon *n., adj.* (מֵירוֹץ) מָרָתוֹן; מִבחָן אָרוֹךְ וּמַתִּישׁ; מָרָתוֹנִי
maraud *v.* לִפשׁוֹט לְשֵׁם בִּיזָּה/הֶרֶג
marauder *n.* פּוֹשֵׁט; שׁוֹדֵד; טוֹרֵף
marble *n.* שַׁיִשׁ; גּוּלָה
marbles *n.* מִשׂחַק גּוּלוֹת; גּוּלוֹת; שֵׂכֶל
March *n.* מַרס (החוֹדש)
march *n.* צְעִידָה; צְעָדָה; מַסָּע; הִתקַדְּמוּת; מַנגִינַת לֶכֶת; מִצעָד הַפְגָּנָתִי; אֵיזוֹר גְּבוּל
– on the march צוֹעֵד; מִתקַדֵּם
march *v.* לְהַצְעִיד; לִצעוֹד; לִצעוֹד בְּהַפגָּנָה; לְהִתקַדֵּם
marcher *n.* צוֹעֵד; מַפגִין
marchioness *n.* מַרקִיזָה
marchpast *n.* מִצעַד הַצְדָּעָה

mare *n.* סוּסָה; אָתוֹן
mare's nest *n.* תַּגלִית כּוֹזֶבֶת; אַמְצָאַת שָׁוְא; סְבַךְ
margarine *n.* מַרגָּרִינָה
margin *n.* שׁוּלַיִים; שָׂפָה; קָצֶה; עוֹדֶף; מִרווָח (זְמַן); פַּעַר; הֶפרֵשׁ
– margin of safety מִרווַח בִּיטָחוֹן
– margins שׁוּלַיִים; מִרווָחִים; שׁוּלֵי רֶוַח
– win by a narrow margin לְנַצֵּחַ בְּהֶפרֵשׁ קָטָן
marginal *adj.* שׁוּלִי; גְּבוּלִי
marginally *adv.* בַּשּׁוּלַיִים; בְּאוֹפֶן שׁוּלִי; בִּמעַט
marigold *n.* צִיפּוֹרנֵי הֶחָתוּל (פֶּרַח)
marijuana, marihuana *n.* מָרִיחוּאָנָה
marina *n.* מָרִינָה
marinade *n.* תַּחמִיץ; מָרִינָד
marine *adj.* יַמִּי; שֶׁל הַצִּי
marine *n.* סְפָנוּת; צִי; נֶחָת
– Tell it to the marines. סַפֵּר לְסַבתָּא
mariner *n.* מַלָּח
marionette *n.* מַריוֹנֶטָה; בּוּבָּה
marital *adj.* שֶׁל נִישׂוּאִים
marital status *n.* מַצָּב מִשפַּחתִּי (רָווָק, נָשׂוּי, וכו׳)
maritime *adj.* יַמִּי; שֶׁלְּיַד הַיָּם
marjoram *n.* אֵיזוֹב (צֶמַח; תַּבלִין)
mark *n.* סִימָן; כֶּתֶם; אוֹת; חוֹתָם; סֵמֶל; צִיּוּן; מַטָּרָה; רָמָה; קַו הַזִּינוּק; דֶּגֶם
– wide of the mark מוּטעֶה לְגַמרֵי; רָחוֹק מֵהַמַּטָּרָה
– easy mark מַטָּרָה נוֹחָה (לְלַעַג, לְהוֹנָאָה)
– leave your mark (on) לָתֵת אוֹתוֹתָיו (בּ־); לְהַטבִּיעַ חוֹתָמוֹ (בּ־)
– make your mark לְהִתפַּרסֵם; לְהַטבִּיעַ חוֹתָמוֹ
– on your mark, get set, go! לַמְּקוֹמוֹת, הִיכּוֹן, רוּץ!
mark *v.* לְסַמֵּן; לְהַכתִּים; לְקַבֵּל כְּתָמִים; לָתֵת צִיּוּן; לִבדוֹק (מִבחָנִים וכד׳); לָשִׂים לֵב; לְצַיֵּין; לְאַפיֵין; לְהַראוֹת; לִרשׁוֹם (נקוּדוֹת)

M

– mark down לְהוֹרִיד מְחִיר; לְהוֹזִיל; לִרשׁוֹם; לְהוֹרִיד צִיוּן; לְסַמֵן (כְּמַטָרָה)
– mark someone out as/for לְיַיחֵד; לְיַיעֵד כְּ־/לְ־
– mark time לִדרוֹךְ בְּמָקוֹם; לְחַכּוֹת (לְהִזדַמנוּת)
– mark up לְהַעֲלוֹת מְחִיר; לְיַיקֵר
markdown *n.* הֲנָחָה; הוֹזָלָה
marked *adj.* נִיכָּר; בָּרוּר; מְסוּמָן
– a marked man אָדָם שֶׁנִמצָא "עַל הַכַּוֶונֶת"
markedly *adv.* בְּאוֹפֶן בּוֹלֵט/נִיכָּר
marker *n.* רוֹשֵׁם (נְקוּדוֹת); עֵט זוֹהֵר; בּוֹדֵק מִבחָנִים; סַמָן; דֶגֶל; צִיוּן (דֶרֶךְ); סִימָנִית
market *n.* שׁוּק; שׁוּק מְנָיוֹת; בִּיקוּשׁ
– in the market for מְעוּניָן לִקנוֹת
– on the market מוּצָע לִמכִירָה; בַּשׁוּק
market *v.* לְשַׁוֵוק; לַעֲרוֹךְ קְנִיוֹת
marketable *adj.* שָׁוִוק; עוֹבֵר לַסוֹחֵר
market economy *n.* כַּלכָּלַת שׁוּק
marketeer *n.* סַפסָר (בְּשׁוּק שָׁחוֹר); דוֹגֵל בְּשׁוּק (מְסוּיָם)
market garden *n.* מֶשֶׁק/גַן יְרָקוֹת
marketing *n.* שִׁיווּק
marketplace *n.* כִּיכַּר הַשׁוּק; שׁוּק
market research *n.* חֵקֶר שְׁוָוקִים
market share *n.* נֶתַח שׁוּק
marking *n.* סִימָן; (סִימָנֵי) צְבָעִים; צִיוּן; סִימוּן; בְּדִיקַת מִבחָנִים וכד׳
marksman *n.* קַלָע; צַלָף
markup *n.* תּוֹסֶפֶת מְחִיר; תִּיסוּף לָעֲלוּת
marmalade *n.* רִיבַּת פְּרִי־הָדָר
maroon *n.* רַקֶטָה; זִיקוּק אֵשׁ
maroon *adj., n.* (צֶבַע) חוּם־עַרמוֹנִי
maroon *v.* לִנטוֹשׁ בְּחוֹף שׁוֹמֵם וכד׳
marquee *n.* אוֹהֶל גָדוֹל
marquis *n.* מַרקִיז
marriage *n.* נִישׂוּאִים; חֲתוּנָה
marriageable *adj.* (שֶׁהִגִיעַ לְגִיל) מַתאִים לְנִישׂוּאִים
married *adj.* נָשׂוּי; שֶׁל נִישׂוּאִים
– get married לְהִתחַתֵן

marrieds *n.*
– young marrieds זוּג צָעִיר
marrow *n.* מוֹחַ הָעֲצָמוֹת; תַּמצִית; עִיקָר; קִישׁוּא
marry *v.* לְהִתחַתֵן; לְהִינָשֵׂא; לְהַשִׂיא; לְחַתֵן; לְהַשִׂיג ע״י נִישׂוּאִים
Mars *n.* מַרס; אֵל הַמִלחָמָה; כּוֹכַב מַאדִים
marsh *n.* בִּיצָה; אֵיזוֹר בִּיצוֹת
marshal *n.* מַרשַׁל; קְצִין טֶקֶס; מְאַרגֵן; מְפַקֵד מִשׁטָרָה/מְכַבֵּי־אֵשׁ
marshal *v.* לְאַרגֵן; לַעֲרוֹךְ; לְהוֹבִיל; לְסַדֵר
marshland *n.* אַדמַת בִּיצוֹת
marshmallow *n.* מַרשְׁמֶלוֹ (ממתק); חוֹטמִית (צֶמַח)
marshy *adj.* בִּיצָתִי
marsupial *adj., n.* (שֶׁל) חַיַית כִּיס
martial *adj.* צְבָאִי; מִלחַמתִּי
martial art *n.* אוֹמָנוּת לְחִימָה (ג׳וּדוֹ וכו׳)
martial law *n.* מִשׁטָר צְבָאִי; דִינֵי צָבָא
Martian שֶׁל הַמַאדִים; תּוֹשָׁב הַמַאדִים
martin *n.* סְנוּנִית
martyr *n.* קָדוֹשׁ מְעוּנֶה
– be a martyr to לִסבּוֹל קָשׁוֹת מ־
martyrdom *n.* מוֹת קְדוֹשִׁים; יִיסוּרִים
marvel *n.* פֶּלֶא; מוֹפֵת (שֶׁל־)
– work marvels לְחוֹלֵל פְּלָאִים
marvel *v.* (at) לְהִתפַּלֵא (עַל־); לְהִשׁתָּאוֹת
marvelous *adj.* מַדהִים; נִפלָא
marvelously *adv.* נִפלָא; מְצוּיָן; לְהַפלִיא
mascot *n.* קָמֵיעַ (של קבוצה וכד׳); סֵמֶל
masculine *adj.* גַברִי; שֶׁל מִין זָכָר
masculinity *n.* גַברִיוּת; זַכרוּת
mash *n.* תַּעֲרוֹבֶת מְבוּשֶׁלֶת; מְחִית תַּפּוּחֵי־אֲדָמָה; מִשׁרַת לֶתֶת (לַהֲכָנַת שֵׁיכָר)
mash *v.* לְרַסֵק; לַעֲשׂוֹת מְחִית
– mashed potatoes מְחִית תַּפּוּחֵי־אֲדָמָה
mask *n.* מַסֵיכָה; מַסֵיכַת מְנַתּחִים; תַּגלִיף פָּנִים

M

mask *v.* לְכַסּוֹת בְּמַסֵּכָה; לְהַסווֹת; לְהַסתִיר
masked *adj.* עוֹטֶה מַסֵּכָה; רְעוּל פָּנִים; מוּסוֶוה
masking tape *n.* סֶרֶט דָבִיק
masochism *n.* מָזוֹכִיזם
mason *n.* בַּנַאי; סַתָּת; בּוֹנֶה חוֹפשִׁי
masonry *n.* (עֲבוֹדַת) אֶבֶן
masquerade *n., v.* נֶשֶׁף מַסֵּכוֹת; הַצָּגָה; הַעֲמָדַת פָּנִים; לְהִתחַפֵּשׂ ל־
mass *adj.* הֲמוֹנִי; לַהֲמוֹנִים
mass *n.* גוּשׁ; כַּמּוּת גְדוֹלָה; הָמוֹן; מַסָּה
–the masses הַהֲמוֹנִים
Mass *n.* מִיסָה
massacre *n.* טֶבַח; תְבוּסָה קָשָׁה
massacre *v.* לִטבּוֹחַ; לְחַסֵּל; "לַהֲרוֹג"
massage *n.* עִיסּוּי
massage *v.* לְעַסּוֹת
massage parlor *n.* מְכוֹן עִיסּוּי
masseur *n.* עַסייָן
masseuse *n.* עַסייָנִית
massive *adj.* גָדוֹל; כָּבֵד וּמוּצָק; נִיכָּר; גָדוֹל מְאוֹד; מַסִיבִי
massively *adv.* הַרבֵּה מְאוֹד; בְּאוֹפֶן מַסִיבִי
mass media *n.* אֶמצָעֵי תִקשׁוֹרֶת הֲמוֹנִיִים
mass meeting *n.* עֲצֶרֶת עַם
mass-produce *v.* לְייַצֵר ייִצוּר הֲמוֹנִי
mass production *n.* ייִצוּר הֲמוֹנִי
mast *n.* תוֹרֶן; תוֹרֶן אַנטֶנָה
mastectomy *n.* כְּרִיתַת שַׁד
master *adj.* מוּמחֶה; רָאשִׁי; אוֹמָן; מְקוֹרִי
master *n.* שׁוֹלֵט; אָדוֹן; בְּעָלִים; מוֹרֶה; מְנַהֵל; רַב־חוֹבֵל; אוֹמָן; רַב־אוֹמָן; מַאסטֶר (עוֹתֶק מְקוֹרִי)
master *v.* לִלמוֹד הֵיטֵב/אֶת רָזֵי־; לְהִתגַבֵּר עַל־; לִשׁלוֹט בּ־
masterful *adj.* שְׁתַלטָנִי; אַדנוּתִי; תַקִיף; בַּעַל שְׁלִיטָה; מְיוּמָן; חָכָם; מוּצלָח
master key *n.* מַפתֵחַ כְּלָלִי/"מַאסטֶר"
masterly *adj.* מְיוּמָן; שֶׁל מוּמחֶה
mastermind *n.* מְתַכנֵן; "הַמוֹחַ" מֵאֲחוֹרֵי
mastermind *v.* לְתַכנֵן; לִהיוֹת "הַמוֹחַ" מֵאֲחוֹרֵי־
master of ceremonies *n.* רֹאשׁ הַטֶקֶס; מַנחֶה
masterpiece *n.* יְצִירַת מוֹפֵת
master plan *n.* תוֹכנִית אַב
masterstroke *n.* צַעַד גְאוֹנִי
masterwork *n.* יְצִירַת מוֹפֵת; מְלֶאכֶת מַחשֶׁבֶת
mastery *n.* שְׁלִיטָה; בְּקִיאוּת (בּ־); עֶליוֹנוּת
masticate *v.* לִלעוֹס
masturbate *v.* לְאוֹנֵן
masturbation *n.* אוֹנָנוּת
mat, matt *adj.* מַט; לֹא מַברִיק; עָמוּם
mat *n.* מַחצֶלֶת; שְׁטִיחוֹן; מִזרָן (גִ'ודוֹ וכד'); תַחתִית (לְכוֹס וכו'); מַפִּית; סְבַךְ
matador *n.* מָטָדוֹר; לוֹחֵם שְׁוָורִים
match *n.* גַפרוּר; תַחֲרוּת; מִשׂחָק (כַּדוּרֶגֶל וכו'); יָרִיב שָׁקוּל; שִׁילוּב; תוֹאֵם; דָבָר זֵהֶה; שִׁידוּךְ
match *v.* לְהַתאִים ל־; לִהיוֹת תוֹאֵם; לִמצוֹא מַשֶׁהוּ תוֹאֵם/זֵהֶה ל־; לִהיוֹת לוֹ מִתחָרִים; לְהִשׁתַווֹת ל־; לְהַעֲמִיד בְּתַחֲרוּת; לְהַעֲמִיד (כְּנֶגֶד־)
–match up to/with לַעֲנוֹת עַל (הַצִיפִּיוֹת)
matchbox *n.* קוּפסַת גַפרוּרִים
matched *adj.* מוּתאָם; מַתאִים; תוֹאֵם
matchless *adj.* שֶׁאֵין כָּמוֹהוּ; לְלֹא מִתחָרִים
matchmaker *n.* שַׁדכָן
mate *n.* חָבֵר; עָמִית; בֶּן־/בַּת־זוּג; חוֹבֵל; עוֹזֵר
mate *v., n.* לְזַווֵג; לְהִזדַווֵג; (לָתֵת) מַט
material *adj.* גַשׁמִי; גוּפָנִי; חוֹמרִי; חָשׁוּב; מַהוּתִי
–material to חִיוּנִי לְצוֹרֶךְ־; נוֹגֵעַ ל־
material *n.* חוֹמֶר; בַּד
materialism *n.* מָטֶריָאלִיזם; חוֹמרָנוּת
materialistic *adj.* חוֹמרָנִי
materialization *n.* הִתגַשׁמוּת; הִתמַמשׁוּת
materialize *v.* לְקַבֵּל צוּרָה גַשׁמִית; לְהִתמַמֵשׁ; לְמַמֵשׁ

materially *adv.* בְּאוֹפֶן מַהוּתִי
maternal *adj.* אִימָהִי ; מִצַּד הָאֵם
maternity *n.* אִימָהוּת ; מַחְלֶקֶת יוֹלְדוֹת
maternity leave *n.* חוּפְשַׁת לֵידָה
maternity ward *n.* מַחְלֶקֶת יוֹלְדוֹת
math *n.* מָתֵימָטִיקָה
mathematical *adj.* מָתֶמָטִי
mathematician *n.* מָתֶמָטִיקַאי
mathematics *n.* מָתֶמָטִיקָה
maths *n.* מָתֶמָטִיקָה
matinée *n.* הַצָּגָה יוֹמִית
mating *n.* הִזְדַּוְּוגוּת (בַּעֲלֵי־חַיִּים) ; זִיוּוּג
– the mating season עוֹנַת הַיִּיחוּם
matriarchal *adj.* מַטְרִיאַרְכָלִי
matrices *plural of* matrix
matricide *n.* רֶצַח אֵם
matriculate *v.* לְקַבֵּל / לְהִתְקַבֵּל לָאוּנִיבֶרְסִיטָה ; לַעֲמוֹד בִּבְחִינַת הַבַּגְרוּת
matriculation *n.* (בְּחִינַת) בַּגְרוּת ; הִתְקַבְּלוּת לָאוּנִיבֶרְסִיטָה
matrimonial *adj.* שֶׁל נִישּׂוּאִים
matrimony *n.* נִישּׂוּאִים
matrix *n.* מַטְרִיצָה ; אִמָּה (תַּבְנִית) ; רֶשֶׁת ; רֶפֶד (בְּגֵיאוֹלוֹגְיָה)
matron *n.* מַטְרוֹנִית ; אֵם בַּיִת ; אָחוֹת רָאשִׁית (בְּבי״ח) ; מַשְׁגִּיחָה
matter *n.* חוֹמֶר ; תּוֹכֶן ; עִנְיָן ; דָּבָר ; נוֹשֵׂא ; חֲשִׁיבוּת ; מוּגְלָה
– a matter of עִנְיָן שֶׁל ; בְּעֵרֶךְ
– a matter of opinion נָתוּן לְוִיכּוּחַ
– for that matter אִם כְּבָר מְדַבְּרִים עַל זֶה
– make matters worse לְהַחְמִיר אֶת הַמַּצָּב
– no matter how / who, etc לֹא חָשׁוּב אֵיךְ / מִי וכו׳
– printed matter דִּבְרֵי דְּפוּס
– the matter in hand הַנּוֹשֵׂא הַנִּידּוֹן
– there's something the matter (with) מַשֶּׁהוּ לֹא בְּסֵדֶר (עִם)
– What's the matter? מָה קָרָה? ; מָה הַבְּעָיָה?
matter *v.* לִהְיוֹת חָשׁוּב
– it doesn't matter לֹא חָשׁוּב ; לֹא מְשַׁנֶּה

matter-of-fact *adj.* יָבֵשׁ ; עִנְיָנִי
mattress *n.* מִזְרָן ; מִזְרוֹן
mature *adj.* מְבוּגָּר ; מְפוּתָּח לְגַמְרֵי ; בָּשֵׁל ; שֶׁהִבְשִׁיל ; שָׁקוּל ; מוּכָן
mature *v.* לְהִתְבַּגֵּר ; לְהִתְפַּתֵּחַ בִּמְלוֹאוֹ ; לְהַבְשִׁיל ; לָחוּל מוֹעֵד פֵּרְעוֹנוֹ
maturely *adv.* בְּצוּרָה מְבוּגֶּרֶת
maturity *n.* בַּגְרוּת ; בְּשֵׁלוּת ; מוֹעֵד פֵּירָעוֹן
matzo *n.* מַצָּה
maul *v.* לִפְצוֹעַ (קָשׁוֹת) ; לְרַטֵּשׁ ; לְשַׁסֵּעַ ; לִקְטוֹל ; לְהִתְעַלֵּל בּ־ ; לְהַטְרִיד (מִינִית)
mausoleum *n.* מִשְׁכַּן קֶבֶר מְפוֹאָר
mauve *adj., n.* (צֶבַע) סָגוֹל בָּהִיר
maven *n.* מוּמְחֶה ; ״מֵבִין״
maverick *n.* לֹא הוֹלֵךְ בַּתֶּלֶם ; עַצְמָאִי ; ״הַיֶּלֶד הָרַע״ ; עֵגֶל לֹא מְסוּמָּן
mawkish *adj.* רַגְשָׁנִי עַד כְּדֵי גִיחוּךְ
max. מַקְסִימוּם
maxim *n.* פִּתְגָם ; מֵימְרָה
maximal *adj.* מְרַבִּי ; מַקְסִימָלִי
maximize *v.* לְהַגְדִּיל כְּכָל הָאֶפְשָׁר
maximum *adj.* מְרַבִּי ; מַקְסִימָלִי
maximum *n.* מֵירַב ; מַקְסִימוּם
may *v.* רַשַּׁאי ; יָכוֹל ; עָשׂוּי ; עָלוּל ; יָכוֹל לִהְיוֹת ; מִי יִתֵּן ו־ ; הַלְוַואי
– be that as it may כָּךְ אוֹ כָּךְ ; יִהְיֶה אֲשֶׁר יִהְיֶה
– May I...? אֶפְשָׁר ל־...?
– may as well כְּדַאי כְּבָר שׁ־
May *n.* מַאי
maybe *adv.* אוּלַי ; יִיתָּכֵן
May Day *n.* אֶחָד בְּמַאי ; חַג הַפּוֹעֲלִים
mayday *n.* (קְרִיאַת מְצוּקָה) מֵיי דֵיי
mayhem *n.* הֲטָלַת־מוּם ; מְהוּמָה רַבָּתִי ; אַנְדְּרָלָמוּסְיָה
mayonnaise *n.* מָיוֹנִית
mayor *n.* רֹאשׁ עִיר
maze *n.* מָבוֹךְ
MC רֹאשׁ הַטֶּקֶס ; מַנְחֶה (בַּטֶּלֶוִויזְיָה) ; חֲבֵר הַקּוֹנְגְרֶס
McCarthyism *n.* מֶקַארְתִּיזְם ; צֵיד מְכַשֵּׁפוֹת
McCoy – the real McCoy הַדָּבָר הָאֲמִיתִי ; הַמָּקוֹר

M

MD דוקטור לִרפוּאָה; רוֹפֵא מֶדִיצִינִי; מַנכּ״ל; מְפַגֵּר

me אוֹתִי; לִי; אֲנִי

meadow *n.* אָחוּ

meager, meagre *adj.* דַּל; זָעוּם

meal *n.* אֲרוּחָה; קֶמַח גַּס

– a square meal אֲרוּחָה טוֹבָה

– make a meal of סְתָם לְהִסתַּבֵּךְ עִם

mealy-mouthed *adj.* מִתחַמֵּק מִלּוֹמַר דְּבָרִים בְּרוּרִים

mean *adj.* קַמצָן; אָנוֹכִיִי; נִבזִי; מְרוּשָׁע; רָע; עָלוּב; פָּשׁוּט; נָחוּת

– no mean לֹא מְבוּטָל; שֶׁאֵינוֹ קוֹטֵל קָנִים

mean *adj., n.* מְמוּצָע; שְׁבִיל הַזָּהָב; מַצָּב בֵּינַיִים

mean *v.* לְהִתכַּוֵּון; לִהיוֹת מוּבָנוֹ / פֵּירוּשׁוֹ; לְצַיֵּין; לְהוֹרוֹת; לִהיוֹת סִימָן ל־; לְבַשֵּׂר; לְיַיעֵד

– be meant to לִהיוֹת אָמוּר ל־

– mean a lot to לִהיוֹת חָשׁוּב / בַּעַל עֵרֶךְ בְּעֵינֵי־

– mean well לִהיוֹת לוֹ כַּוָּונוֹת טוֹבוֹת

– they are meant for each other הֵם נוֹעֲדוּ זֶה לְזֶה

meander *v.* לְהִתפַּתֵּל; לְדַבֵּר לֹא לָעִניָין; לְשׁוֹטֵט

meaning *n.* מוּבָן; מַשׁמָע; מַשׁמָעוּת; כַּוָּונָה; עֵרֶךְ

meaningful *adj.* מַשׁמָעוּתִי; בַּעַל מַשׁמָעוּת

meaningless *adj.* חֲסַר מַשׁמָעוּת / טַעַם

meanness *n.* עֲלִיבוּת; נִבזוּת; קַמצָנוּת

means *n.* דֶּרֶךְ; אֶמצָעִים

– by all means בְּוַדַּאי; בְּבַקָּשָׁה!

– by means of בְּאֶמצָעוּת־

– by no means בִּכלָל לֹא

meant *v. past and 3rd form of* mean

meantime *adv.* בֵּינתַיִים

– in the meantime בֵּינתַיִים

meanwhile *adv.* בֵּינתַיִים

measles *n.* חַצֶּבֶת

measly *adj.* עָלוּב; חֲסַר עֵרֶךְ

measurable *adj.* נִיכָּר; מַשׁמָעוּתִי; מָדִיד; שֶׁנִּיתָּן לִמדִידָה

measure *n.* מִידָּה; כַּמּוּת; שִׁיעוּר; כְּלִי מְדִידָה; סֶרֶט מִידָּה; צַעַד; אֶמצָעִי; חוֹק; קֶצֶב

– beyond measure (גָּדוֹל) לְאֵין שִׁיעוּר

– for good measure בְּנוֹסָף; כְּתוֹסֶפֶת; לְיֶתֶר בִּיטָּחוֹן

– take measures לִנקוֹט אֶמצָעִים

measure *v.* לִמדּוֹד; לִהיוֹת מִידּוֹתָיו

– measure ... against לְהַשׁווֹת; לְהַעֲמִיד כְּנֶגֶד; לִמדּוֹד עַל־

– measure up לַעֲמוֹד בַּדְּרִישׁוֹת; לְהַתאִים ל־

measured *adj.* מָדוּד; שָׁקוּל

measurement *n.* מְדִידָה; מִידָּה

measuring tape *n.* סֶרֶט מִידָּה; ״מֶטֶר״

meat *n.* בָּשָׂר; אוֹכֶל; תּוֹכֶן מַמָּשִׁי

mechanic *n.* מְכוֹנַאי

mechanical *adj.* מֶכָנִי; כְּמוֹ מְכוֹנָה; אוֹטוֹמָטִי

mechanically *adv.* בְּאוֹפֶן מֶכָנִי; אוֹטוֹמָטִית

mechanics *n.* מֶכָנִיקָה; מְכוֹנָאוּת; טֶכנִיקָה; דֶּרֶךְ פְּעוּלָּה

mechanism *n.* מַנגָּנוֹן; דֶּרֶךְ פְּעוּלָּה

mechanization *n.* מִיכּוּן

mechanize *v.* לְמַכֵּן

medal *n.* מֶדַליָה; עִיטּוּר

medallion *n.* מֶדַליָה גְּדוֹלָה; תִּליוֹן

meddle *v.* לְהִתעָרֵב (בְּ־); לְהִתעַסֵּק (עִם־)

meddler *n.* מִתעָרֵב; תּוֹחֵב אַף

meddlesome *adj.* מַרבֶּה לְהִתעָרֵב / לִתחוֹב אַפּוֹ

media *n.* – the media (אֶמצָעֵי) הַתִּקשׁוֹרֶת

mediaeval *adj.* שֶׁל יְמֵי הַבֵּינַיִים

media event *n.* אֵירוּעַ תִּקשׁוֹרתִּי

mediaman *n.* אִישׁ תִּקשׁוֹרֶת; עִיתּוֹנַאי

median *adj., n.* אֶמצָעִי; תִּיכוֹן; חֶציוֹן

mediaperson *n.* אִישׁ תִּקשׁוֹרֶת; עִיתּוֹנַאי

mediate *v.* לְתַוֵּוךְ; לְהָבִיא לִידֵי־

mediator *n.* מְתַוֵּוךְ

medic *n.* רוֹפֵא; חוֹבֵשׁ; סְטוּדֶנט לִרפוּאָה

Medicaid *n.* בִּיטּוּחַ רְפוּאִי מֶמשַׁלתִּי (לִמעוּטֵי הַכְּנָסָה בארה״ב)

medical *adj.* רְפוּאִי; לִרפוּאָה; שֶל מִרפָּאָה
medical *n.* בְּדִיקָה רְפוּאִית
Medicare *n.* בִּיטוּחַ רְפוּאִי לִקשִישִים (בארה״ב)
medication *n.* תְרוּפָה; טִיפּוּל תְרוּפָתִי
medicinal *adj.* תְרוּפָתִי; רְפוּאִי; ־מַרפֵּא
medicine *n.* רְפוּאָה; תְרוּפָה; עוֹנֶש הַמַגִיעַ לוֹ
–give him a taste/dose of his own medicine לְהָשִיב לוֹ כִּגמוּלוֹ
medicine chest *n.* אֲרוֹן תְרוּפוֹת
medicine man *n.* רוֹפֵא אֱלִיל
medieval *adj.* שֶל יְמֵי הַבֵּינַיִים; מִימֵי הַבֵּינַיִים
mediocre *adj.* בֵּינוֹנִי
mediocrity *n.* בֵּינוֹנִיוּת
meditate *v.* לְהַרהֵר; לַחשוֹב (עַל־)
meditation *n.* מַחֲשָבָה; הִרהוּרִים; מֶדִיטַציָה
Mediterranean *adj., n.* יַם תִיכוֹנִי; הַיָם הַתִיכוֹן
medium *n., adj.* אֶמצָעִי; סְבִיבָה; כְּלִי תִקשוֹרֶת; מֶדיוּם; שְבִיל הַזָהָב; מִידָה בֵּינוֹנִית; בֵּינוֹנִי
–through the medium of בְּאֶמצָעוּת־
medley *n.* תַעֲרוֹבֶת; מַחֲרוֹזֶת (שִירִים וכד׳); מִשׂחֶה מְעוֹרָב
meek *adj.* רַך וְסַבלָנִי; עָנָו; כָּנוּעַ
meekness *n.* רוֹך; הַכנָעָה
meet *adj.* מַתאִים; יָאֶה; רָאוּי
meet *n.* מִפגָש (לְצַיִד); תַחֲרוּת (ספּוֹרט)
meet *v.* לִפגוֹש; לְהִיפָּגֵש; לְחַכּוֹת ל־; לְקַבֵּל אֶת פְּנֵי־; לְהַכִּיר; לַעֲשׂוֹת הַכָּרָה עִם־; לְהִתמוֹדֵד; לְהֵיעָנוֹת ל־; לַעֲנוֹת עַל־; לַעֲמוֹד בּ־; לְשַלֵם
–meet the demand לְסַפֵּק אֶת הַבִּיקוּש
–meet his demands לְהֵיעָנוֹת לִדרִישוֹתָיו
–meet someone's needs לְסַפֵּק אֶת צְרָכָיו; לַעֲנוֹת עַל צְרָכָיו
–meet the requirements לַעֲמוֹד בַּדרִישוֹת
–meet the schedule לַעֲמוֹד בְּלוּחַ הַזמַנִים
meeting *n.* יְשִיבָה; אֲסֵיפָה; כִּינוּס; פְּגִישָה; מִפגָש; תַחֲרוּת
–call a meeting לְכַנֵס יְשִיבָה
megabucks *n.* מִילִיוֹנֵי דוֹלָרִים; הַרבֵּה כֶּסֶף
megabyte *n.* מֶגָאבַּיט (בּמחשבים)
megalomania *n.* שִגעוֹן גַדלוּת
megaphone *n.* מֶגָפוֹן; רַמקוֹל־יָד
megastar *n.* כּוֹכָב עֲנָק (בּעוֹלם הבּידוּר)
megillah *n.* ״מְגִילָה״; ״סִיפּוּר״ אָרוֹך
melancholy *adj., n.* עָצוּב; מְדוּכָּא; עַצבוּת; דִיכָּאוֹן
melee *n.* הִתפָּרְעוּת; מְהוּמָה; תִגרָה
mellifluous *adj.* עָרֵב לָאוֹזֶן; מָתוֹק (קוֹל)
mellow *adj.* רַך/בָּשֵל וּמָתוֹק; רַך; זַך; עָשִיר; נִינוֹחַ; שָקֵט (צֶבַע)
mellow *v.* לְרַכֵּך; לְשַכֵּך; לְהִתרַכֵּך; לְהַבשִיל
melodious *adj.* מֶלוֹדִי; עָרֵב לָאוֹזֶן
melodramatic *adj.* מֶלוֹדרָמָתִי
melody *n.* שִיר; נְעִימָה; הַקֶטַע הַמֶלוֹדִי
melon *n.* מֶלוֹן
melt *v.* לְהָמֵס; לְהַתִיך; לְהִימֵס; לְהִתרַכֵּך; לְרַכֵּך
–melt away לְהִימֵס; לְהִימוֹג
–melt into לְהֵיעָלֵם בּ־; לְהִתמַזֵג בּ־
meltdown *n.* הִיתוּך (בּכוּר אטוֹמִי)
melting point *n.* נְקוּדַת הִיתוּך
melting pot *n.* כּוּר הִיתוּך
member *n.* חָבֵר; אֶחָד מִבּנֵי־; אֵיבָר
Member of Parliament *n.* חָבֵר פַּרלָמֶנט
membership *n.* חֲבֵרוּת; מִספַּר הַחֲבֵרִים
membrane *n.* קְרוּמִית; מֶמבּרָנָה
memento *n.* מַזכֶּרֶת
memo *n.* תַזכִּיר; מִזכָּר
memoirs *n.* זִכרוֹנוֹת; רְשוּמוֹת
memorabilia *n.* פְּרִיטִים לְמַזכֶּרֶת; פְּרָטִים שֶרָאוּי לִזכּוֹר
memorable *adj.* בִּלתִי נִשכָּח; שֶרָאוּי לְזוֹכרוֹ
memorandum *n.* תַזכִּיר; מִזכָּר
memorial *n.* מַצֶבֶת זִיכָּרוֹן; יָד; הַנצָחָה; אַזכָּרָה; זֵכֶר

M

memorize *v.* לִלמוד בְּעַל־פֶּה; לְשַׁנֵן
memory *n.* זִיכָּרוֹן; זֵכֶר
–in memory of לְזֵכֶר־
–in/within living memory שֶׁזָכוּר לַאֲנָשִׁים שֶׁעֲדַיִין חַיִים
men *n. plural of* man גְבָרִים; אֲנָשִׁים
menace *n.* סַכָּנָה; אִיוּם; פֶּגַע רַע
menace *v.* לְאַיֵים עַל־; לְסַכֵּן
menacing *adj.* (שֶנִרְאֶה) מְאַיֵים
menacingly *adv.* בְּאִיוּם; בְּצוּרָה מְאַיֶימֶת
menagerie *n.* אוֹסֶף חַיוֹת; בֵּיבָר
mend *n., v.* תִיקוּן; לְתַקֵן; לְהַחֲלִים; לְהַבריא
–on the mend הוֹלֵךְ וּמִשתַפֵּר (מַצָבוֹ)
mendacious *adj.* כּוֹזֵב; שִקְרִי
menial *adj., n.* בָּזוּי; מְייַגֵעַ; (שֶל) מְשָרֵת
meningitis *n.* דַלֶקֶת קְרוּם הַמוֹחַ
menopause *n.* בְּלוֹת; הַפסָקַת הַוֶוסֶת
mensch *n.* בֶּן־אָדָם טוֹב/הָגוּן
men's room *n.* שֵירוּתֵי גְבָרִים
menstrual *adj.* שֶל הַוֶוסֶת
menstruate *v.* לְקַבֵּל וֶסֶת
menstruation *n.* וֶסֶת
menswear *n.* בִּגדֵי גְבָרִים
mental *adj.* שִׂכלִי; רוּחָנִי; נַפשִי; (לְחוֹלֵי־) נֶפֶש; מוּפרָע; מְשוּגָע
mental block *n.* מַחסוֹם נַפשִי (פְּסִיכוֹלוֹגִי)
mental case *n.* חוֹלֵה־נֶפֶש
mental deficiency *n.* פִּיגוּר שִׂכלִי
mental hospital *n.* בֵּית־חוֹלִים לְחוֹלֵי־נֶפֶש
mental illness *n.* מַחֲלַת נֶפֶש
mentality *n.* שֵׂכֶל; כּוֹשֶר שִׂכלִי; מֶנטָלִיוּת
mentally *adv.* מִבּחִינָה שִׂכלִית/נַפשִית
mentally ill *n.* (the –) חוֹלֵי הַנֶפֶש
mention *n.* אִזכּוּר; צִיוּן
mention *v.* לְהַזכִּיר; לְצַייֵן; לוֹמַר
–Don't mention it עַל לֹא דָבָר
–not to mention... שֶלֹא לְהַזכִּיר
mentor *n.* יוֹעֵץ חָכָם; מוֹרֶה רוּחָנִי
menu *n.* תַפרִיט
meow *n., v.* מְיָאוּ; לְייַלֵל
mercantile *adj.* מִסחָרִי
mercenary *adj., n.* שֶפּוֹעֵל בְּעַד בֶּצַע כֶּסֶף; תוֹעַלתִי; שְׂכִיר חֶרֶב
merchandise *n., v.* סְחוֹרָה; לִסחוֹר; לְקַדֵם מְכִירוֹת; לְשַווֵק
merchant *n.* סוֹחֵר
merchant navy/marine *n.* צִי הַסוֹחֵר
merciful *adj.* רַחֲמָנִי; רַחוּם
mercifully *adv.* בְּרַחֲמִים; לְמַרבֵּה הַמַזָל
mercilessly *adv.* לְלֹא רַחֲמִים
mercury *n.* כַּספִּית
Mercury *n.* כּוֹכַב־חַמָה; מֶרקוּר
mercy *n.* רַחֲמִים; מַזָל; חֶסֶד
mercy killing *n.* הֲמָתַת חֶסֶד
mere *adj.* רַק; סְתָם; גְרֵידָא
merely *adv.* רַק; פָּשוּט; גְרֵידָא
merge *v.* לְהִתמַזֵג; לְמַזֵג; לְהִיבָּלַע בּ־
merger *n.* מִיזוּג (חֲבָרוֹת)
merit *n.* עֵרֶךְ; הִצטַיינוּת; הוֹקָרָה; מַעֲלָה; כִּישוּרִים; נְתוּנִים (בְּרַבִּים)
–on its (own) merits עַל סְמַךְ מַעֲלוֹתָיו; לְגוּפוֹ
merit *v.* לִהיוֹת רָאוּי לְ־
meritorious *adj.* רָאוּי לְשֶבַח/לִפרָס
mermaid *n.* בְּתוּלַת־יָם
merrily *adv.* בְּשִׂמחָה; בַּעֲלִיצוּת
merriment *n.* הִילוּלָה; שִׂמחָה; עֲלִיצוּת; צְחוֹק
merry *adj.* שָׂמֵחַ; עַלִיז; קְצָת שִיכּוֹר
–Merry Christmas חַג מוֹלָד שָׂמֵחַ
merry-go-round *n.* סְחַרחֵרָה; קָרוּסֶלָה
mesh *n.* רֶשֶת; עַיִן (שֶל רֶשֶת)
mesh *v.* (with) לְהִשתַלֵב; לִהיוֹת תוֹאֵם (אֶת־); לִלכּוֹד בְּרֶשֶת
mesmerize *n.* לְהַפּנֵט; לְרַתֵק
mess *n.* חֲדַר אוֹכֶל (צְבָאִי)
mess *n.* בָּלָגָן; לִכלוּךְ; אִי־סֵדֶר; תִסבּוֹכֶת
–in a mess בְּצָרוֹת; הִסתַבֵּךְ
–look a mess לְהֵירָאוֹת מְלוּכלָךְ/לֹא מְסוּדָר
–make a mess of לְפַשֵל בּ־; לַהֲרוֹס; לְקַלקֵל

M

mess *v.* לְלַכְלֵךְ; לְטַנֵּף
–mess about / around (with) לְהִסתוֹבֵב סְתָם; לְהִתמַזמֵז; לְהִתעַסֵק עִם; לְשַׂחֵק (בּ־)
–mess up לְלַכלֵךְ; לַעֲשׂוֹת בָּלָגָן בּ־; לְקַלקֵל; לְפַשֵׁל בּ־
–mess with לְהִסתַבֵּךְ / לְהִתעַסֵק עִם־
message *n.* הוֹדָעָה; שֶׁדֶר; מֶסֶר; בְּשׂוֹרָה
messenger *n.* שָׁלִיחַ
Messiah *n.* הַמָשִׁיחַ
Messrs *n.* ה״ה; הָאֲדוֹנִים
messy *adj.* מְלוּכלָךְ; מְבוּלגָן; מוּזנָח; לֹא מְסוּדָר; לֹא נָעִים
met *v. past and 3rd form of* meet
metal *n.* מַתֶּכֶת; חָצָץ (לכבישים); אוֹפִי
metallic *adj.* מַתַכתִי; מֶטַלִי
metalworker *n.* אוּמַן מַתֶּכֶת; מַסגֵר
metaphorically *adv.* כְּמֶטָאפוֹרָה; בְּהַשאָלָה
metaphysical *adj.* מֶטָפִיסִי; מוּפשָׁט
metaphysics *n.* מֶטָפִיסִיקָה
mete *v.* (out) לְחַלֵק; לִקצוֹב (עוֹנֶשׁ, וכו׳)
meteor *n.* מֶטֶאוֹר
meteoric *adj.* מֶטֶאוֹרִי; מְסַחרֵר; מַזהִיר
meteorological *adj.* מֶטֶאוֹרוֹלוֹגִי
meteorologist *n.* חַזַאי; מֶטֶאוֹרוֹלוֹג
meteorology *n.* מֶטֶאוֹרוֹלוֹגיָה
meter *n.* מוֹנֶה; מַד־; שָׁעוֹן; מֶטֶר; מִקצָב; מִשקָל (בְּשִׁירָה)
meter *v.* לִמדוֹד; לְסַפֵּק בְּאֶמצָעוּת מוֹנֶה; לְהַחתִים (דוֹאַר)
meter maid *n.* פַּקָחִית תְנוּעָה / מַדחָנִים
method *n.* שִׁיטָה; שִׁיטָתִיוּת
methodical *adj.* שִׁיטָתִי
methodically *adv.* בְּשִׁיטָתִיוּת
methodological *adj.* מֶתוֹדוֹלוֹגִי
methodology *n.* מֶתוֹדוֹלוֹגיָה
Methuselah *n.* מְתוּשֶׁלַח; זָקֵן
methylated spirits *n.* כּוֹהַל מְפוּגָל
meticulous *adj.* קַפְּדָן; מְדַקדֵק; קַפְּדָנִי
meticulously *adv.* בְּקַפְּדָנוּת; בִּקפִידָה
metre *n.* מֶטֶר; מִקצָב; מִשקָל
metric *adj.* מֶטרִי
metrical *adj.* מִקצָבִי; רִיתמִי
metrication *n.* מַעֲבָר לַשִׁיטָה הַמֶטרִית
metric system *n.* הַשִׁיטָה הַמֶטרִית
metric ton *n.* טוֹן; טוֹנָה (1000 ק״ג)
metropolis *n.* מֶטרוֹפּוֹלִין; עִיר בִּירָה
metropolitan *adj.* שֶׁל הַמֶטרוֹפּוֹלִין
mettle *n.* נְחִישׁוּת וְאוֹמֶץ; אוֹפִי
–show your mettle לְהַראוֹת מֵאֵיזֶה חוֹמֶר הוּא קוֹרַץ
–be on your mettle לְהִצטָרֵךְ לַעֲמוֹד בְּמִבחָן
mew *n., v.* מְיָאוּ; לְיַילֵל; לִכלוֹא; לָשִׂים בִּכלוּב
mezzanine *adj., n.* (שֶׁל) קוֹמַת בֵּינַיִים; יָצִיעַ תַחתוֹן (בתיאטרון)
mg מ״ג (מִילִיגרָם)
MHz מֶגַהֶרץ
MIA נֶעדָר (חַיָיל)
miaow *n., v.* מְיָאוּ; לְיַילֵל
mice *n. plural of* mouse עַכבָּרִים
Mickey Mouse *adj.* מִיקִי מָאוּס; חַנטָרִישׁ
micro- מִיקרוֹ־; זָעִיר
microbe *n.* חַיידַק
microbiology *n.* מִיקרוֹבִּיוֹלוֹגיָה
microchip *n.* שְׁבָב זָעִיר
microcosm *n.* מִיקרוֹקוֹסמוֹס; דֶגֶם בִּזעֵיר־אַנפִּין
microdot *n.* תַצלוּם נְקוּדָה; מִיקרוֹדוֹט
microelectronics *n.* מִיקרוֹאֶלֶקטרוֹנִיקָה
microfiche *n.* דַף זִיעוּר; מִיקרוֹפִישׁ
microfilm *n.* סֶרֶט זִיעוּר; מִיקרוֹפִילם
microfilm *v.* לְצַלֵם בְּמִיקרוֹפִילם
microlite *n.* מָטוֹס קַל (לְאָדָם אֶחָד)
micromesh *n.* אָרִיג רֶשֶׁת (לְגַרבִּיוֹנִים)
micrometer *n.* מִיקרוֹמֶטֶר
micron *n.* מִיקרוֹן
microorganism *n.* חַיידַק; מִיקרוֹ־אוֹרגָנִיזם
microphone *n.* מִיקרוֹפוֹן
microprocessor *n.* מִיקרוֹ־מְעַבֵּד
microscope *n.* מִיקרוֹסקוֹפּ
microscopic *adj.* מִיקרוֹסקוֹפִּי
microsecond *n.* מִילְיוֹנִית שְׁנִיָיה

M

microwave (oven) *n.* (תַּנּוּר) מִיקְרוֹגַל
mid *adj.* אֶמְצַע
midair *adj.* בַּשָּׁמַיִם; אֲוִירִי
–in midair עוֹד לֹא הוּכְרַע; בָּאֲוִיר
–midair collision הִתְנַגְּשׁוּת אֲוִירִית
midday *n.* צָהֳרַיִים
middle *adj.* אֶמְצָעִי; בֵּינוֹנִי; בֵּינַיִים
middle *n.* אֶמְצַע ה־; תָּוֶךְ; מוֹתְנַיִים
–in the middle בְּאֶמְצַע; עָסוּק בּ־
–in the middle of nowhere בְּאֶמְצַע שׁוּם מָקוֹם; בְּמָקוֹם נִידָּח
middle age *n.* גִּיל הָעֲמִידָה
middle-aged *adj.* בְּגִיל הָעֲמִידָה
Middle Ages *n.* יְמֵי־הַבֵּינַיִים
middlebrow *n.* צַרְכָן תַּרְבּוּת מְמוּצָע
middle class *n.* הַמַּעֲמָד הַבֵּינוֹנִי
Middle East *n.* הַמִּזְרָח־הַתִּיכוֹן
middleman *n.* מְתַוֵּךְ
middle management *n.* הַהַנְהָלָה / הַמְנַהֲלִים בְּדֶרֶג הַבֵּינַיִים
middle-of-the-road *adj.* לֹא קִיצוֹנִי; שֶׁל אֶמְצַע הַדֶּרֶךְ
middle-sized *adj.* בְּגוֹדֶל בֵּינוֹנִי
middleweight *n.* מִתְאַגְרֵף בְּמִשְׁקָל בֵּינוֹנִי
middling *adj., adv.* בֵּינוֹנִי; כָּכָה־כָּכָה; דֵּי־
midfield *n.* מֶרְכַּז הַמִּגְרָשׁ
midfielder *n.* קַשָּׁר (בְּכַדּוּרֶגֶל)
midge *n.* יַבְחוּשׁ
midget *adj., n.* נַנָּסִי; גַּמָּדִי; נַנָּס; גַּמָּד
mid-life crisis *n.* מַשְׁבֵּר גִּיל־הָעֲמִידָה
midnight *n.* חֲצוֹת
midst *n.* אֶמְצַע; תּוֹךְ
–in the midst of בְּאֶמְצַע; בְּתוֹךְ
midsummer *n.* (שֶׁל) אֶמְצַע הַקַּיִץ
midway *adj., adv.* בַּחֲצִי הַדֶּרֶךְ
Midwest *n.* הַמַּעֲרָב הַתִּיכוֹן (ארה״ב)
midwife *n.* מְיַילֶּדֶת
midwinter *n.* (שֶׁל) אֶמְצַע הַחוֹרֶף
mien *n.* מַרְאֶה; הוֹפָעָה; הַבָּעָה; הִתְנַהֲגוּת
miffed *adj.* נֶעֱלָב; נִרְגָּז; פָּגוּעַ
might *n.* כּוֹחַ; עוֹצְמָה
might *v.* (*see* may) עָשׂוּי; עָלוּל; יָכוֹל לִהְיוֹת; יָכוֹל; בְּוַודַּאי; הָיָה צָרִיךְ
–Might I come in? אֶפְשָׁר לְהִיכָּנֵס?
–might (just) as well כְּדַאי כְּבָר שׁ־; מוּטָב אִם כָּךְ שׁ־
mightily *adv.* בְּמִידָה עֲצוּמָה; מְאוֹד; בְּעוֹצְמָה
mighty *adj.* חָזָק מְאוֹד; רַב־עוֹצְמָה; גָּדוֹל; עָצוּם
migraine *n.* מִיגְרֶנָה; צַדַּעַת
migrant *n.* מְהַגֵּר; נוֹדֵד; צִיפּוֹר נוֹדֶדֶת
migrant workers עוֹבְדִים זָרִים / נוֹדְדִים
migrate *v.* לִנְדּוֹד; לְהַגֵּר
migration *n.* נְדִידָה; הֲגִירָה
mike *n.* מִיקְרוֹפוֹן
milady *n.* גְּבִירָה
mild *adj.* עָדִין; רַךְ; קַל; מָתוּן; נוֹחַ; לֹא חָרִיף
mildew *n.* קִימָּחוֹן; טַחַב
mildewed *adj.* טָחוּב; מְכוּסֶּה עוֹבֶשׁ
mildly *adv.* בְּרַכּוּת; בְּנוֹעַם; בְּמָתִינוּת; בְּמִקְצָת; בַּעֲדִינוּת
–to put it mildly אִם לְהִתְבַּטֵּא בַּעֲדִינוּת; בִּלְשׁוֹן הַמְעָטָה
mildness *n.* רַכּוּת; נוֹעַם; מְתִינוּת
mile *n.* מִיל; מַייל
–a mile off מֵרָחוֹק; בְּבֵירוּר; בְּקַלּוּת
mileage *n.* מִסְפַּר מַיילִים; קִילוֹמֶטְרַז׳; קִצְבַּת נְסִיעָה; שִׁימּוּשׁ; תּוֹעֶלֶת; רֶווַח
milestone *n.* אֶבֶן מִיל; צִיּוּן דֶּרֶךְ
milieu *n.* סְבִיבָה (חֶבְרָתִית)
militancy *n.* רוּחַ לוֹחֲמָנִית; מִילִיטַנְטִיּוּת
militant *adj., n.* מִילִיטַנְטִי; נוֹטֶה לִפְעוֹל בְּכוֹחַ; לוֹחֲמָנִי; פָּעִיל / אָדָם מִילִיטַנְטִי
militaristic *adj.* מִילִיטָרִיסְטִי; מִלְחַמְתִּי
military *adj., n.* צְבָאִי; הַצָּבָא
military police *n.* מִשְׁטָרָה צְבָאִית
militate *v.* (against) לִפְעוֹל (נֶגֶד־); לִהְיוֹת מִכְשׁוֹל (ל־)
militia *n.* מִילִיצְיָה
milk *n.* חָלָב; נוֹזֵל חֲלָבִי
–It's no use crying over spilt milk. אֵין טַעַם לִבְכּוֹת עַל חָלָב שֶׁנִּשְׁפַּךְ
–the milk of human kindness חֶמְלָה אֱנוֹשִׁית; טוּב־לֵב
milk *v.* לַחֲלוֹב; לִסְחוֹט

milking *n.* חֲלִיבָה
milkmaid *n.* חוֹלֶבֶת; עוֹבֶדֶת מַחְלָבָה
milkman *n.* חַלְבָּן; מְחַלֵּק חָלָב
milk powder *n.* אַבְקַת־חָלָב
milky *adj.* מָלֵא חָלָב; חֲלָבִי; לְבַנְבַּן; לֹא צָלוּל
Milky Way *n.* שְׁבִיל הֶחָלָב
mill *n.* טַחֲנָה; מִפְעָל; מַטְחֵנָה
–go through the mill לַעֲבוֹר נִיסָיוֹן קָשֶׁה וכו׳; לְהִשְׁתַּפְשֵׁף
mill *v.* לִטְחוֹן; לְגַיֵּיץ; לְחָרֵץ (שְׂפַת מַטְבֵּעַ)
–mill about/around לְהִסְתּוֹבֵב בְּאִי־סֵדֶר; לְהִתְרוֹצֵץ
millennium *n.* אֶלֶף שָׁנָה; תְּקוּפַת אוֹשֶׁר וְשִׂגְשׂוּג; יְמוֹת הַמָּשִׁיחַ
millepede *n.* מַרְבֵּה־רַגְלַיִים
miller *n.* בַּעַל טַחֲנָה; טוֹחֵן; גַּיֶּיצֶת
millet *n.* דּוֹחַן
milligram *n.* מִילִיגְרַם
milliliter, millilitre *n.* מִילִילִיטֶר
millimeter, millimetre *n.* מִילִימֶטֶר
millinery *n.* (תַּעֲשִׂיַּית/חֲנוּת) כּוֹבְעֵי נָשִׁים
million *adj., n.* מִילְיוֹן
–feel like a million dollars לְהַרְגִּישׁ מְצוּיָּן
–millions of הֲמוֹן־; מִילְיוֹנֵי־
millionaire *n.* מִילְיוֹנֵר
millionth *adj., n.* הַמִּילְיוֹן; מִילְיוֹנִית
millipede מַרְבֵּה־רַגְלַיִים
millstone *n.* אֶבֶן רֵיחַיִים; נֵטֶל כָּבֵד
milord *n.* לוֹרד (אנגלי); אֲדוֹנִי (הלורד)
mime *n.* (הַצָּגַת) פַּנְטוֹמִימָה; חַקְייָן
mime *v.* לְהַצִּיג בְּפַנְטוֹמִימָה
mimeograph מְכוֹנַת שִׁכְפּוּל; לְשַׁכְפֵּל
mimic *n.* חַקְייָן
mimic *v.* לְחַקּוֹת; לִדְמוֹת ל־; לִהְיוֹת דְּמוּי־
mimicry *n.* חִיקּוּי; חַקְייָנוּת; הַסְוָואָה
minaret *n.* צְרִיחַ מִסְגָּד
mince *n.* בָּשָׂר טָחוּן; מִילּוּי לְפַשְׁטִידָה
mince *v.* לִקְצוֹץ; לִטְחוֹן; לְדַבֵּר/לְהִתְנַהֵג בַּעֲדִינוּת מְעוּשָּׂה
–not mince matters/words לְדַבֵּר דּוּגְרִי
mincemeat *n.* מִילּוּי לְפַשְׁטִידָה (צִימוּקִים, תַּפּוּחִים, סוּכָּר ועוד); בָּשָׂר טָחוּן
–make mincemeat of ״לַעֲשׂוֹת קְצִיצוֹת מ־״; לִקְרוֹעַ לִגְזָרִים
mincer *n.* מַטְחֵנַת בָּשָׂר
mind *n.* מוֹחַ; רֹאשׁ; שֵׂכֶל; נֶפֶשׁ; זִיכָּרוֹן; רִיכּוּז; רָצוֹן; דֵּיעָה; כַּוָּונָה
–bear/keep something in mind לִזְכּוֹר; לָתֵת אֶת הַדַּעַת עַל־
–be in two minds (about) לֹא לָדַעַת מַה לְהַחְלִיט (לְגַבֵּי־)
–bring/call something to mind לְהִיזָּכֵר; לְהַזְכִּיר לוֹ
–change your mind לְשַׁנּוֹת אֶת דַּעַת־
–come to mind לַעֲלוֹת בְּדַעְתּוֹ/בְּמוֹחוֹ
–cross your mind לַעֲלוֹת בְּדַעְתּוֹ; לָצוּץ בְּמוֹחוֹ
–go out of/slip your mind לִפְרוֹחַ/ לְהִישָּׁמֵט מִזִּכְרוֹנוֹ
–have a good mind to יֵשׁ לוֹ חֵשֶׁק ל־
–have someone/something in mind (for) לַחְשׁוֹב עַל־; לִרְצוֹת (לְהַצִּיעַ) (ל־)
–keep your mind on לְהִתְרַכֵּז בּ־
–know your (own) mind לָדַעַת מַה הוּא רוֹצֶה
–make up your mind לְהַחְלִיט
–mind over matter נִצְחוֹן הָרוּחַ עַל הַחוֹמֶר; כּוֹחַ נַפְשִׁי עִילָּאִי
–out of your mind מְשׁוּגָּע
–on your mind מַדְאִיג/מַטְרִיד אוֹתוֹ
–put your mind to לְהִשְׁתַּדֵּל; לְהִתְמַסֵּר ל־
–set his mind at rest לְהַרְגִּיעַ אוֹתוֹ
–speak your mind לוֹמַר אֶת דַּעְתּוֹ בְּגָלוּי
–take his mind off לְהַסִּיחַ אֶת דַּעְתּוֹ מ־
–to my mind לְדַעְתִּי; לְטַעֲמִי
mind *v.* לְהַשְׁגִּיחַ עַל־; לְטַפֵּל בּ־; לָשִׂים לֵב; לְהִיזָּהֵר מ־/בּ־; לִהְיוֹת אִכְפַּת לוֹ; לְהַפְרִיעַ לוֹ
–Do you mind? אִם לֹא אִכְפַּת לְךָ; אֶפְשָׁר לָשֶׁבֶת כָּאן?

M

–Do you mind if...? אִכְפַּת לךָ אִם...?
–I would not mind לֹא הָיִיתִי מִתְנַגֵּד ל־
–Mind you דַּע לְךָ; עִם זֹאת; תְּוַדֵּא; שִׂים לֵב (ש־)
–Mind your own business זֶה לֹא עניינך
–Never mind לֹא חָשׁוּב; לֹא נוֹרָא
–Would you mind opening...? אַתָּה מוּכָן בְּבַקָּשָׁה לפתוֹחַ...?
mind-boggling *adj.* מַדהִים; שֶׁקָּשֶׁה לְדַמיֵין
minded *adj.* נוֹטֶה; מַכִּיר בְּעֶרֶךְ ה־; בַּעַל דֵּעָה/כַּוָּונָה; בַּעַל מוּדָעוּת ל־
mindful *adj.* (of) נוֹתֵן דַעתּוֹ ל־; מוּדָע ל־
mindless *adj.* לֹא שָׂם לֵב ל־; לֹא זָהִיר; חֲסַר שֵׂכֶל; לֹא מַצרִיךְ שֵׂכֶל; חֲסַר טַעַם/הִיגָּיוֹן
mind reading *n.* קְרִיאַת־מַחֲשָׁבוֹת
mine *pron.* שֶׁלִּי
mine *n.* מִכרֶה; אוֹצָר בָּלוּם; מוֹקֵשׁ
mine *v.* לִכרוֹת; לְמַקֵּשׁ; לְפוֹצֵץ
mine-detector *n.* מְגַלֵּה־מוֹקְשִׁים
minefield *n.* שְׂדֵה־מוֹקְשִׁים
miner *n.* כּוֹרֶה
mineral *adj., n.* מִינֶרָלִי; מַחצָבִי; מִינֶרָל
mineral oil *n.* שֶׁמֶן מַחצָבִי (מְשַׁלשֵׁל); שֶׁמֶן מִינֶרָלִי
minesweeper *n.* שׁוֹלֶת־מוֹקְשִׁים
mingle *v.* (with) לְעַרבֵּב; לְהִתעַרבֵּב; לְהִסתוֹבֵב (בֵּין־)
mingy *adj.* קָטָן; עָלוּב; קַמצָן
mini *n.* מְכוֹנִית מִינִי; חֲצָאִית־מִינִי
miniature *n., adj.* מִזעֶרֶת; מִינִיאָטוּרָה; הֶעְתֵק/דֶּגֶם מוּקטָן; מִינִיאָטוּרִי; זָעִיר
–in miniature בִּזְעֵיר אַנפִּין
miniaturization *n.* מִזעוּר
miniaturize *v.* לְמַזעֵר
minimal *adj.* מִינִימָלִי; מִזעָרִי
minimize *v.* לְהַקטִין לְמִינִימוּם; לְהַפחִית (מֵעֵרֶךְ־); לְהַמעִיט (בַּחֲשִׁיבוּת־); לְגַמֵּד
minimum *adj., n.* מִינִימָלִי; מִינִימוּם
mining *n.* כְּרִייָה
minion *n.* עוֹשֶׂה דְבָרוֹ; מְשָׁרֵת
miniscule *adj.* זָעִיר
minister *n.* שַׂר; כּוֹמֶר; צִיר
minister *v.* (to) לְטַפֵּל בּ־; לְשָׁרֵת אֶת
ministerial *adj.* שֶׁל שַׂר; מִינִיסטֶריָאלִי
ministry *n.* מִשׂרָד (מֶמשַׁלתִּי); הַכְּמוּרָה
minivan *n.* מִינִיבּוּס; נַיֶּידֶת נוֹסעִים
mink *n.* חוֹרְפָּן; פַּרוַות מִינק
minnow *n.* פוֹקסִין (דג); דָגִיג
minor *adj.* קָטָן; קַל; מִשנִי; מִינוֹרִי; הַצָּעִיר
–Minor Prophets תְּרֵי עָשָׂר (בּמקרא)
minor *n.* קַטִין
minority *n.* מִיעוּט (מִבֵּין־); קַטִינוּת; קְבוּצַת מִיעוּט
Minotaur *n.* מִינוֹטָאוּר (חֲצִי אָדָם חֲצִי שׁוֹר)
minster *n.* כְּנֵסִייָה גְדוֹלָה/חֲשׁוּבָה
minstrel *n.* זַמָּר נוֹדֵד; בַּדְרָן
mint *n.* נַעֲנָה; מִנתָּה; מִטבָּעָה
–make/earn a mint לַעֲשׂוֹת הַרבֵּה כֶּסֶף
–in mint condition (כְּמוֹ) חָדָשׁ
mint *v.* לִטבּוֹעַ (מַטבְּעוֹת); לְהַמצִיא (מִלָּה)
–mint a phrase לִטבּוֹעַ מַטבֵּעַ לָשׁוֹן
minus *adj.* מִינוּס; שְׁלִילִי
minus *n.* (סִימַן) מִינוּס; מִגרַעַת; חִיסָּרוֹן
minus *prep.* פָּחוֹת; מִתַּחַת לְאֶפֶס; בְּלִי
minuscule *adj.* זָעִיר; קְטַנטַן
minute *adj.* זָעִיר; מְפוֹרָט מְאוֹד; מְדוּקדָק
minute *n.* דַּקָּה; רֶגַע; פְּרוֹטוֹקוֹל; זִכרוֹן דְּבָרִים; תַּזכִּיר
–in a minute עוֹד רֶגַע
minutely *adv.* בִּפרוֹטרוֹט; בִּמדוּקדָק; קִמעָה; (מְקוּפָּל וכו׳) דַק; דַקָּה אַחַר דַקָּה
minutes *n.* פְּרוֹטוֹקוֹל; דו״חַ יְשִׁיבָה
–take minutes לִרשׁוֹם פְּרוֹטוֹקוֹל
minutiae *n.* פְּרָטֵי פְּרָטִים
miracle *n.* נֵס; פֶּלֶא
miraculous *adj.* נִיסִּי; פִּלאִי; מַפלִיא
miraculously *adv.* בְּדֶרֶךְ נֵס; בְּאוֹרַח פֶּלֶא; לְהַפלִיא

M

mirage *n.* חֶזְיוֹן תַּעְתּוּעִים; מִירָאז׳; חֲלוֹם שָׁוְא
mire *n.* אַדְמַת בִּיצָה; בּוֹץ
mirror *n.* מַרְאָה; רְאִי; בָּבוּאָה
mirror *v.* לְשַׁקֵּף; לִהְיוֹת דּוֹמֶה מְאוֹד ל־
mirror image *n.* בָּבוּאַת רְאִי; הֶעְתֵּק מְדוּיָּק
mirth *n.* עֲלִיצוּת; צְחוֹק
mirthless *adj.* קוֹדֵר; חֲסַר שִׂמְחָה; עָגוּם
misadventure *n.* (מִקְרֶה שֶׁל) מַזָּל בִּישׁ; אָסוֹן
misanthrope *n.* שׂוֹנֵא בְּנֵי־אָדָם
misapply *v.* לְיַישֵּׁם לֹא נָכוֹן; לְהִשְׁתַּמֵּשׁ לְרָעָה
misapprehension *n.* אִי־הֲבָנָה
misappropriate *v.* לִמְעוֹל (בִּכְסָפִים)
misbehave *v.* לְהִתְנַהֵג רַע; לְהִתְנַהֵג בְּצוּרָה לֹא נְאוֹתָה; לְהִתְפָּרֵעַ
misbehavior, misbehaviour *n.* הִתְנַהֲגוּת רָעָה
miscalculate *v.* לִטְעוֹת (בְּחִישּׁוּב); לֹא לֶאֱמוֹד נָכוֹן; לֹא לְהַעֲרִיךְ נָכוֹן
miscalculation *n.* טָעוּת בְּחִישּׁוּב; חִישּׁוּב מוּטְעֶה
miscarriage *n.* הַפָּלָה (טִבְעִית); עִיוּוּת דִּין; אִי־מְסִירָה; אִי־הַגָּעָה לְיַעֲדוֹ; כִּישָּׁלוֹן
miscarriage of justice *n.* עִיוּוּת דִּין
miscarry *v.* (miscarried) לְהִיכָּשֵׁל; לֹא לְהַגִּיעַ לְיַעֲדוֹ; לְהַפִּיל (וָלָד)
miscellaneous *adj.* מְגוּוָּן; שׁוֹנִים; רַבְגוֹנִי; (בְּסֵדֶר הַיּוֹם) שׁוֹנוֹת
miscellany *n.* קוֹבֶץ מְעוֹרָב
mischance *n.* (מִקְרֶה שֶׁל) מַזָּל בִּישׁ
mischief *n.* תַּעֲלוּלִים; שׁוֹבְבוּת; צָרוֹת; נֶזֶק; פְּגִיעָה
–be up to mischief זוֹמֵם לַעֲשׂוֹת מַעֲשֶׂה קוּנְדֵס
–get into mischief לְהִסְתַּבֵּךְ בְּצָרוֹת; לְהִשְׁתּוֹבֵב
mischievous *adj.* שׁוֹבָב; שׁוֹבָבִי; מַזִּיק; זְדוֹנִי
mischievously *adv.* בְּשׁוֹבְבוּת; בְּכַוָּונָה לְהָרַע
misconceive *v.* לְהָבִין לֹא נָכוֹן
misconceived *adj.* מוּטְעֶה מִיסוֹדוֹ
misconception *n.* תְּפִיסָה / דֵּיעָה מוּטְעֵית
misconduct *n.* הִתְנַהֲגוּת פְּסוּלָה; נִיהוּל כּוֹשֵׁל
miscount *n.* טָעוּת בַּסְּפִירָה
misdeed *n.* מַעֲשֶׂה רַע; פֶּשַׁע
misdemeanor *n.* (עֲבֵירָה מִסּוּג) עָווֹן
misdirect *v.* לְהַפְנוֹת לְיַעַד לֹא נָכוֹן; לִשְׁלוֹחַ בְּטָעוּת; לְהַנְחוֹת לֹא נָכוֹן; לְהַטְעוֹת
miser *n.* קַמְצָן
miserable *adj.* אוּמְלָל; עָלוּב; מְדַכֵּא; מַחְפִּיר
miserably *adv.* בְּצוּרָה עֲלוּבָה / אוּמְלָלָה
miserly *adj.* קַמְצָנִי; זָעוּם; עָלוּב
misery *n.* אוּמְלָלוּת; סֵבֶל; מְצוּקָה; ״מִסְכֵּן״
–put someone out of his misery לִגְאוֹל אוֹתוֹ מִייִּסּוּרָיו; לֹא לְהַשְׁאִירוֹ בְּמֶתַח
misfire *v.* (on) לֹא לִירוֹת (בִּגְלַל אִיוּר); לֹא לְהִידָּלֵק; לִהְיוֹת לוֹ הַצָּתָה לְקוּיָה; לְהַחֲטִיא אֶת הַמַּטָּרָה; לְהִיכָּשֵׁל
misfit *n.* אָדָם שֶׁאֵינוֹ מִשְׁתַּלֵּב (בּ־); לְבוּשׁ שֶׁאֵינוֹ מַתְאִים (בְּמִידּוֹתָיו)
misfortune *n.* מַזָּל בִּישׁ; צָרָה; אָסוֹן
misgiving *n.* סָפֵק; חֲשָׁשׁ; חֲשָׁד
misguided *adj.* לֹא נָבוֹן; מוּטְעֶה; תּוֹעֶה
mishandle *v.* לְטַפֵּל בְּגַסּוּת בּ־; לְנַהֵל בְּאוֹפֶן כּוֹשֵׁל
mishap *n.* מִקְרֶה בִּישׁ; תַּקָּלָה; תְּאוּנָה
mishmash *n.* עִירְבּוּבְיָה; ״סָלָט״
misinform *v.* לִמְסוֹר מֵידָע מוּטְעֶה ל־; לְהַטְעוֹת
misinterpret *v.* לְפָרֵשׁ לֹא נָכוֹן
misjudge *v.* לִטְעוֹת בְּהַעֲרָכַת־
mislay *v.* (mislaid) לֹא לִמְצוֹא; לֹא לָדַעַת אֵיפֹה הוּא שָׂם אֶת...
mislead *v.* (misled) לְהַטְעוֹת
mismanage *v.* לְנַהֵל בְּאוֹפֶן כּוֹשֵׁל
mismanagement *n.* נִיהוּל כּוֹשֵׁל
mismatch *n.* זִיוּוּג לֹא מַתְאִים; אִי־הַתְאָמָה

misnomer *n.* שֵׁם מוּטְעֶה; תֵּיאוּר לֹא הוֹלֵם
misplace *v.* לָשִׂים בְּמָקוֹם לֹא נָכוֹן; לֹא לִמְצוֹא; לָתֵת לְמִי שֶׁאֵינוֹ רָאוּי
misprint *n.* טָעוּת דְּפוּס
mispronounce *v.* לְבַטֵּא לֹא נָכוֹן
misquote *v.* לְצַטֵּט לֹא נָכוֹן
misread *v.* לִקְרוֹא / לְהָבִין לֹא נָכוֹן
misrepresent *v.* לְהַצִּיג בְּאוֹר לֹא נָכוֹן; לְהַצִּיג בְּצוּרָה מְסוּלֶּפֶת
misrepresentation *n.* תֵּיאוּר מְסוּלָּף
Miss, miss *n.* הָעַלְמָה; גְּבֶרֶת; מִיס; מַלְכַּת־יוֹפִי
miss *n.* הַחְטָאָה; פִּספוּס
–a near miss כִּמְעַט פְּגִיעָה; כִּמְעַט הַצְלָחָה; כִּמְעַט אָסוֹן
miss *v.* לְהַחְטִיא; לְהַחֲמִיץ; לְפַסְפֵס; לְהִתְגַּעְגֵעַ; לְהַרְגִיש בְּחֶסְרוֹן־; לְהִצְטַעֵר שֶׁאֵינוֹ
–miss school לְהֵיעָדֵר מִבֵּית־הַסֵּפֶר
–miss the bus לְהַחֲמִיץ אֶת הַהִזדַמְנוּת
–miss the point לֹא לְהָבִין אֶת הָעִנְיָין
missile *n.* טִיל; דָּבָר שֶׁנִזְרָק (אֶבֶן וכד׳); קָלִיעַ
missile site *n.* בְּסִיס טִילִים
missing *adj.* חָסֵר; נֶעְדָּר
–the missing הַנֶעְדָּרִים
missing link *n.* הַחוּלְיָה הַחֲסֵרָה
mission *n.* מִשְׁלַחַת; מְשִׂימָה; שְׁלִיחוּת; ייִעוּד; (בֵּית) מִיסיוֹן
missionary *n.* מִיסיוֹנֶר
misspell *v.* לְאַיֵּית לֹא נָכוֹן
misspelling *n.* אִיוּת שָׁגוּי
mist *n.* עֲרָפֶל; אֵדִים; עַרְפִילִים
mist *v.* לְכַסּוֹת / לְהִתְכַּסּוֹת בַּעֲרָפֶל (בְּאֵדִים); לְרַסֵס; לְהִתְמַלֵא בִּדְמָעוֹת (עֵינַיִים)
mistake *n.* שְׁגִיאָה; טָעוּת
–by mistake בְּטָעוּת
mistake *v.* (mistook, mistaken) לִטעוֹת (בּ־); לְהָבִין לֹא נָכוֹן
–mistake someone / something for לַחשוֹב בְּטָעוּת שֶׁהוּא
mistaken *adj.* מוּטְעֶה; לֹא נָכוֹן
–if I'm not mistaken אִם אֵינֶנִי טוֹעֶה
–mistaken identity טָעוּת בַּזִיהוּי
mistakenly *adv.* בְּטָעוּת
mister *n.* מַר; אָדוֹן
mistook *v. past of* mistake
mistreat *v.* לְהִתְעַלֵל בּ־; לְקַלְקֵל; לְהַשְׁחִית
mistreatment *n.* הִתְעַלְּלוּת
mistress *n.* פִּילֶגֶש; אֲהוּבָה; בַּעֲלַת (הַכֶּלֶב וכו׳); מוֹרָה; שׁוֹלֶטֶת; בַּעֲלַת־בַּיִת; גְּבֶרֶת
mistrial *n.* מִשְׁפָּט פָּסוּל; מִשְׁפָּט מוּטעֶה
mistrust *n.* אִי־אֵמוּן
mistrust *v.* לֹא לִבטוֹחַ; לֹא לָתֵת אֵמוּן בּ־
misty *adj.* עַרְפִילִי; מְעוּרְפָּל; מְכוּסֶה אֵדִים
misunderstand *v.* (misunderstood) לְהָבִין לֹא נָכוֹן; לֹא לְהָבִין אוֹתוֹ
misunderstanding *n.* אִי־הֲבָנָה
misuse *n.* שִׁימוּש לֹא נָכוֹן; נִיצוּל לְרָעָה
misuse *v.* לְהִשְׁתַמֵש לֹא נָכוֹן בּ־; לְנַצֵל לְרָעָה
mitigate *v.* לְרַכֵּךְ; לְשַׁכֵּךְ; לְהָקֵל
mitigating circumstances *n.* נְסִיבּוֹת מְקִילוֹת
mitigation *n.* הֲקָלָה; שִׁיכּוּךְ; הַמתָקָה
mitten *n.* כְּפָפָה (בְּלִי אצבּעוֹת)
mix *n.* תַּעֲרוֹבֶת; מִגוּוָן; שִׁילוּב; עִרְבּוּל (סֶרֶט)
mix *v.* לְעַרְבֵּב; לְעַרְבֵּל; לְהִתעַרְבֵּב; לְעָרֵב; לְשַׁלֵב; לְהִשתַלֵב
–be / get mixed up (in) לִהיוֹת מְעוּרָב בּ־; לְהִסתַבֵּךְ בּ־
–mixed up מְבוּלְבָּל
–mix in לְהוֹסִיף (לתערוֹבת)
–mix up (with) לַעֲשׂוֹת בָּלָגָן בּ־; לְבַלְבֵּל בֵּין
–mix with לְהִסתוֹבֵב בְּחֶבְרַת־; לְהִשתַלֵב
mixed *adj.* מְעוּרָב; שֶׁל שְׁנֵי הַמִינִים
–have mixed feelings (about) יֵש לוֹ רְגָשׁוֹת מְעוּרָבִים (לְגַבֵּי־)
mixed bag *n.* תַּעֲרוֹבֶת מְגוּוֶנֶת; מִגוּוָן
mixed blessing *n.* אַלְיָה וְקוֹץ בָּה

M

mixer *n.* מְעַרְבֵּל; מַשְׁקֶה לֹא אַלְכּוֹהוֹלִי לְקוֹקְטֵייל; אָדָם חֲבְרוּתִי; עוֹשֶׂה עִרְבּוּל סֶרֶט; מְסִיבַּת הֶיכֵּרוּת

mixture *n.* עִרְבּוּב; מְזִיגָה; תַּעֲרוֹבֶת; בְּלִיל

mix-up *n.* בִּלְבּוּל; תִּסְבּוֹכֶת

MK ח״כ (חֲבֵר כְּנֶסֶת)

ml מ״ל (מִילִילִיטֶר)

mm מ״מ (מִילִימֶטֶר)

Mme גְּבֶרֶת

MO שִׁיטַת פְּעוּלָּה; הַמְחָאַת כֶּסֶף

moan גְּנִיחָה; אֲנָקָה; קִיטוּר; תְּלוּנָה; לִגְנוֹחַ; לְהֵיאָנֵק; לְקַטֵּר; לְהִתְלוֹנֵן

mob *n.* אֲסַפְסוּף; הָמוֹן מִתְפָּרֵעַ; חֲבוּרַת פּוֹשְׁעִים

– the Mob הַמַּאפְיָה

mob *v.* לְהִתְקַהֵל סְבִיב־; לְהִתְנַפֵּל עַל־

mobile *adj.* נַיָּד; מִתְנַיֵּיעַ; (פָּנִים) בַּעֲלֵי הַבָּעָה רַבְגּוֹנִית

mobile *n.* מוֹבַּייל (בְּמִיטַת תִּינוֹק וכד׳)

mobile home *n.* מְגוּרוֹן; קָרָוָון

mobile phone *n.* טֶלֶפוֹן נַיָּד

mobility *n.* נַיָּידוּת; קַלּוּת הַתְּנוּעָה

mobilization *n.* גִּיּוּס

mobilize *v.* לְגַיֵּיס; לְהִתְגַּיֵּיס

mobster *n.* אִישׁ כְּנוּפְיָה; גַּנְגְסְטֶר

mock *adj.* מְעוּשֶׂה; חִיקּוּי־; מְבוּיָּם; (מִבְחַן) ־מַתְכּוֹנֶת

mock *v.* לִלְעוֹג לְ־; לְגַלְגֵּל (עַל); לְחַקּוֹת בְּלַעַג

mockery *n.* לַעַג; לִגְלוּג; מַטָּרָה לְלַעַג; בִּיזָּיוֹן; חִיקּוּי נִלְעָג

– make a mockery of לְהַצִּיג בְּאוֹר נִלְעָג אֶת־; לָשִׂים לְלַעַג

mocking *adj.* לַעֲגָנִי

mockingbird *n.* חַקְיָינִית (צִיפּוֹר)

mock-up *n.* דֶּגֶם (הֶעְתֵּק); דֶּמִי

mode *n.* אוֹפֶן; צוּרָה; אוֹפְנָה; סִגְנוֹן; מוֹדוּס (סוּלַם־קוֹלוֹת); מַצָּב (פְּעוּלָּה)

model *adj.* לְמוֹפֵת; מוֹפְתִי; דֶּגֶם־

model *n.* דֶּגֶם מוּקְטָן; דֶּגֶם; מוֹדֶל; דֶּגֶם אוֹפְנָתִי; הֶעְתֵּק מְדוּיָּק; דּוּגְמָן; דּוּגְמָנִית; בּוּבָּה; דּוּגְמָה (וּמוֹפֵת); נַעֲרַת לִיוּוּי

model *v.* לְעַצֵּב; לִבְנוֹת דֶּגֶם שֶׁל־; לְדַגְמֵן

– model oneself on (לְנַסּוֹת) לְחַקּוֹת אֶת־

model(l)ing *n.* דּוּגְמָנוּת; כִּיּוּר; דִּיגּוּם

modem *n.* מוֹדֶם (בְּמַחְשְׁבִים)

moderate *adj.* מָתוּן; לֹא מוּפְרָז; בֵּינוֹנִי; מְמוּצָּע

moderate *v.* לְמַתֵּן; לְהִתְמַתֵּן; לְהַנְחוֹת (דִּיּוּן)

moderately *adv.* לְמַדַּי; בְּמִקְצָת; בִּמְתִינוּת; בְּאוֹרַח בֵּינוֹנִי (פָּצוּעַ)

moderation *n.* מְתִינוּת; יְרִידָה

– in moderation בְּמִידָה; בְּלִי לְהַפְרִיז

moderator *n.* מַנְחֶה (בְּדִיּוּן); יוֹשֵׁב־רֹאשׁ; בּוֹרֵר; מְמַתֵּן

modern *adj.* מוֹדֶרְנִי; חָדָשׁ; חָדִישׁ; מִתְקַדֵּם

modern-day *adj.* שֶׁל יָמֵינוּ; מוֹדֶרְנִי

modernization *n.* מוֹדֶרְנִיזַצְיָה

modernize *v.* לַעֲשׂוֹת לְמוֹדֶרְנִי; לְחַדֵּשׁ

modernized *adj.* מוֹדֶרְנִי; עִם כָּל הַחִידוּשִׁים

modest *adj.* עָנָיו; צָנוּעַ; מְצוּמְצָם; מְהוּגָּן

modestly *adv.* בִּצְנִיעוּת; בַּעֲנָוָה

modesty *n.* צְנִיעוּת; עֲנָוָה

modification *n.* שִׁינּוּי; מוֹדִיפִיקַצְיָה

modify *v.* (modified) לְשַׁנּוֹת; לְמַתֵּן; לְרַכֵּךְ; לְהַגְבִּיל; לְאַיֵּיךְ

modular *adj.* מוֹדוּלָרִי

modulate *v.* לְוַסֵּת; לְשַׁנּוֹת גּוֹבַהּ צְלִיל, טוֹן אוֹ סוּלָּם

modulation *n.* וִיסּוּת; שִׁינּוּי; אִפְנוּן

module *n.* יְחִידָה מוֹדוּלָרִית; מוֹדוּל; יְחִידַת לִימּוּד (בְּנוֹשֵׂא מְסוּיָּם); רֶכֶב חֲלָלִית

modus operandi *n.* שִׁיטַת פְּעוּלָּה

modus vivendi *n.* הֶסְדֵּר זְמַנִּי שֶׁמְּאַפְשֵׁר דּוּ־קִיּוּם בְּשָׁלוֹם

mogul *n.* אֵיל־הוֹן; אֵיל־

moist *adj.* לַח; רָטוֹב

moisten *v.* לְלַחְלֵחַ; לְהַרְטִיב; לְהִתְלַחְלֵחַ

moisture *n.* לַחוּת; רְטִיבוּת; לַחְלוּחִית

moisturize *v.* לְהוֹסִיף לַחוּת לְ־

moisturizer *n.* קְרֶם לַחוּת

M

molasses *n.* דִּבְשָׁה ; מוֹלַסָּה
mold *v.* לְעַצֵּב
mold *n.* עוֹבֶשׁ ; רַקְבּוּבִית ; תַּבְנִית ; מִקְפָּא ; גֶ'לִי וכד' ; סוּג ; דוּגְמָה
moldy *adj.* עָבֵשׁ ; מְעוּפָּשׁ ; רָע ; עָלוּב
mole *n.* שׁוּמָה ; כֶּתֶם ; חֲפַרְפֶּרֶת ; שׁוֹבֵר גַּלִּים
molecule *n.* פְּרוּדָה ; מוֹלֵיקוּלָה
molehill *n.* תֵּל חֲפַרְפֶּרֶת
–make a mountain out of a molehill לַעֲשׂוֹת פִּיל מִזְּבוּב
molest *v.* לְהָצִיק ל־ ; לְהַטְרִיד ; לְהִתְעַלֵּל (מינית) ; לִתְקוֹף
molestation *n.* הַטְרָדָה ; מַעֲשֶׂה מְגוּנֶּה ; הִתְעַלְּלוּת (מינית)
mollified *adj.* מְפוּיָּס ; נִרְגַּע
mollify *v.* (mollified) לְהַרְגִּיעַ ; לְשַׁכֵּךְ
mollusk, mollusc *n.* רַכִּיכָה
mollycoddle *v.* לְפַנֵּק
Molotov cocktail *n.* בַּקְבּוּק מוֹלוֹטוֹב
molt *v.* לְהַשִּׁיר (נוֹצוֹת, שֵׂיעָר)
molten *adj.* מוּתָּךְ
moment *n.* רֶגַע ; שָׁעָה ; מוֹמֶנְט ; חֲשִׁיבוּת
–at the moment כָּרֶגַע
–for the moment לְעֵת עַתָּה
–the moment (that...) בָּרֶגַע שֶׁ־
momentary *adj.* רִגְעִי ; לְרֶגַע
momentous *adj.* רַב חֲשִׁיבוּת
momentum *n.* תֶּנַע ; מוֹמֶנְטוּם ; תְּנוּפָה
momma, mommy *n.* אִימָּא
monarch *n.* מֶלֶךְ ; מַלְכָּה ; קֵיסָר(ית)
monarchic(al) *adj.* מוֹנַרְכִי ; מְלוּכָנִי
monarchy *n.* שִׁלְטוֹן מְלוּכָנִי ; מוֹנַרְכְיָה
monastery *n.* מִנְזָר
monastic *adj.* נְזִירִי ; מִנְזָרִי
Monday *n.* יוֹם שֵׁנִי
monetary *adj.* כַּסְפִּי ; שֶׁל הַמַּטְבֵּעַ
money *n.* כֶּסֶף ; עוֹשֶׁר
–get your money's worth לְקַבֵּל אֶת מְלוֹא הַתְּמוּרָה לְכַסְפּוֹ
–rolling in money עָשִׁיר ; "מַלְיוֹנֶר"
moneybox *n.* קוּפָּה (לחיסכון)
money-changer *n.* חַלְפַן כְּסָפִים
moneyed *adj.* עָשִׁיר ; בַּעַל הוֹן
money laws *n.* דִּינֵי מָמוֹנוֹת
moneymaker *n.* עוֹשֶׂה כֶּסֶף ; (מוצר וכו') גּוֹרֵף הוֹן
moneymaking *adj.* גּוֹרֵף הוֹן
money market *n.* שׁוּק הַכְּסָפִים
money order *n.* הַמְחָאַת כֶּסֶף
money supply *n.* הֶיצֵעַ הַכֶּסֶף ; אֶמְצָעֵי תַּשְׁלוּם
mongrel *adj.* כֶּלֶב בֶּן תַּעֲרוֹבֶת
monied *adj.* עָשִׁיר ; בַּעַל הוֹן
monitor *n.* תּוֹרָן אַחֲרַאי ; קַשָּׁב ; מַשְׁגּוֹחַ ; מַצָּג ; מוֹנִיטוֹר ; סֵפֶר פְּקוּדוֹת
monitor *v.* לְהַאֲזִין ל־ ; לַעֲקוֹב אַחֲרֵי־
monk *n.* נָזִיר
monkey *n.* קוֹף ; שׁוֹבָב
monkey *v.* (with) לְהִשְׁתּוֹבֵב ; לְשַׂחֵק בּ־
monkey business *n.* מַשֶּׁהוּ מְפוּקְפָּק / חָשׁוּד ; מוֹנְקִי־בִּיזְנֶס
monkey wrench *n.* מַפְתֵּחַ צִינּוֹרוֹת ; מַפְתֵּחַ מִתְכַּוְונֵן
–throw a monkey wrench into לִתְקוֹעַ מַקֵּל בְּגַלְגַּלֵּי־ ; לְחַבֵּל בּ־
monocle *n.* מִשְׁקָף ; מוֹנוֹקֶל
monogamy *n.* מוֹנוֹגַמְיָה
monolingual *adj.* חַד־לְשׁוֹנִי
monolith *n.* מוֹנוֹלִית ; נְצִיב אֶבֶן
monolithic *adj.* מוֹנוֹלִיתִי ; עָשׂוּי מִקְשָׁה אַחַת
monolog(ue) *n.* מוֹנוֹלוֹג ; חַד־שִׂיחַ
monomania *n.* מוֹנוֹמַנְיָה ; שִׁיגָּעוֹן לְדָבָר אֶחָד
monopolist *adj., n.* מוֹנוֹפּוֹלִיסְטִי ; מוֹנוֹפּוֹלִיסְט ; בַּעַל מוֹנוֹפּוֹל
monopolistic *adj.* מוֹנוֹפּוֹלִיסְטִי
monopolize *v.* לְהִשְׁתַּלֵּט עַל־
monopoly *n.* מוֹנוֹפּוֹל ; זְכוּת בִּלְעָדִית
monorail *n.* מוֹנוֹרֵייל ; מְסִילַת פַּס אֶחָד
monosyllabic *adj.* חַד־הֲבָרִי
monotheism *n.* מוֹנוֹתֵיאִיזְם ; אֱמוּנָה בְּאֵל אֶחָד
monotonous *adj.* חַדְגּוֹנִי ; מוֹנוֹטוֹנִי
monotonously *adv.* בְּחַדְגּוֹנִיּוּת ; בְּמוֹנוֹטוֹנִיּוּת
monotony *n.* חַדְגּוֹנִיּוּת ; מוֹנוֹטוֹנִיּוּת

M

moot *adj.* – a moot point/question
נְקוּדָה שְׁנוּיָה בְּמַחֲלוֹקֶת
mop *n.* סְחָבַת חוּטִים; מַגֵּב; סְבַךְ שֵׂיעָר פָּרוּעַ
mop *v.* לְנַקּוֹת; לְנַגֵּב
– mop up לְנַקּוֹת; לְחַסֵּל; לְבַעֵר
mope *v.* לְהִסְתּוֹבֵב בְּמַצַּב־רוּחַ שָׁפוּף
moped *n.* טוּסְטוּס; אוֹפַנַּיִים עִם מְנוֹעַ עֵזֶר
mop-up *n.* טִיהוּר; חִיסוּל; בִּיעוּר
moral *adj.* מוּסָרִי; בַּעַל הַכָּרָה מוּסָרִית
moral *n.* מוּסַר הַשֵּׂכֶל
– morals עֶרְכֵי מוּסָר; מִידּוֹת; מוּסָר (מִבְּחִינָה מִינִית)
morale *n.* מוֹרָל
moralistic *adj.* מוּסְרָנִי
morality *n.* הִתְנַהֲגוּת מוּסָרִית; מוּסָרִיּוּת; מוּסָר; תּוֹרַת מוּסָר
moralize *v.* (about/on) לָדוּן בַּהֶיבֵּט הַמּוּסָרִי שֶׁל־; לְהַטִּיף מוּסָר
morally *adv.* מִבְּחִינָה מוּסָרִית; בְּאוֹפֶן מוּסָרִי
morass *n.* בִּיצָה; סְבַךְ; בּוֹץ
moratorium *n.* תַּדְחִית; מוֹרָטוֹרְיוּם; הַקְפָּאָה
morbid *adj.* חוֹלָנִי
morbidity *n.* תַּחֲלוּאָה; חוֹלָנִיּוּת
more יוֹתֵר; גָּדוֹל יוֹתֵר; עוֹד; נוֹסָף
– more often than not לְעִתִּים קְרוֹבוֹת מְאוֹד; לָרוֹב
– more or less פָּחוֹת אוֹ יוֹתֵר; בְּעֶרֶךְ
– no more... לֹא/אֵין יוֹתֵר; לֹא עוֹד; גַּם לֹא
– the more..., the more...
כְּכָל שֶׁ־... יוֹתֵר, כֵּן...
moreover *adv.* יָתֵר עַל כֵּן; בְּנוֹסָף לְכָךְ
morgue *n.* חֲדַר מֵתִים; אַרְכִיּוֹן שֶׁל עִיתּוֹן
moribund *adj.* הוֹלֵךְ וְנֶעֱלָם; גּוֹסֵס
morning *n., adj.* בּוֹקֶר
morning sickness *n.* בְּחִילַת־בּוֹקֶר (שֶׁל אִישָּׁה בְּהֵירָיוֹן)
morning star *n.* כּוֹכַב הַשַּׁחַר; נוֹגַהּ
moron *n.* אִידְיוֹט; מְטוּמְטָם

monster *n.* מִפְלֶצֶת; יְצוּר מִפְלַצְתִּי; עֲנָק
monstrosity *n.* מִפְלֶצֶת; זְוָועָה
monstrous *adj.* מִפְלַצְתִּי; עֲנָקִי; זְווֹעָתִי; מְגוּחָךְ; שַׁעֲרוּרִיָּיה
month *n.* חוֹדֶשׁ
monthly *adj., adv.* פַּעַם בְּחוֹדֶשׁ; חוֹדְשִׁי
monthly *n.* יַרְחוֹן
monument *n.* מַצֶּבֶת זִיכָּרוֹן; אַנְדַּרְטָה; עֵדוּת נֶצַח; אֲתַר הִיסְטוֹרִי
monumental *adj.* שֶׁל מַצֶּבֶת זִיכָּרוֹן; בַּעַל עֵרֶךְ לְדוֹרוֹת; מוֹנוּמֶנְטָלִי; עָצוּם; אַדִּיר
moo *n., v.* גְּעִיָּיה; מוּ; לִגְעוֹת
mooch *v.* לְבַקֵּשׁ; (לְנַסּוֹת) לְהוֹצִיא מִמֶּנּוּ; לִסְחוֹט
mood *n.* מַצַּב־רוּחַ; הֲלַךְ־רוּחַ; דֶּרֶךְ (בְּדִקְדּוּק)
moodiness *n.* מַצְּבֵי־רוּחַ; מַצַּב־רוּחַ רַע
moody *adj.* נָתוּן לְמַצְּבֵי־רוּחַ; מְצוּבְרָח
moon *n.* הַיָּרֵחַ; יָרֵחַ (גוּף שְׁמֵימִי); יֶרַח
– over the moon שָׂמֵחַ מְאוֹד; בָּרָקִיעַ הַשְּׁבִיעִי
– promise someone the moon
לְהַבְטִיחַ לוֹ הָרִים וּגְבָעוֹת
moon *v.* לְשׁוֹטֵט/לְהִסְתַּכֵּל בְּחוֹלְמָנוּת
– moon over לַחֲלוֹם (בְּהָקִיץ) עַל־; לְפַנְטֵז עַל־
moon-faced *adj.* בַּעַל פְּנֵי־יָרֵחַ (עֲגוּלוֹת)
moonlight *n.* אוֹר הַיָּרֵחַ
moonlight *v.* לַעֲשׂוֹת חַלְטוּרוֹת; לַעֲבוֹד בְּלִי לְדַוֵּוחַ לְמַס הַכְנָסָה
moonlight flit *n.* בְּרִיחָה חֲשָׁאִית בַּלַּיְלָה
moonlighting *n.* עֲבוֹדָה נוֹסֶפֶת; חַלְטוּרוֹת
moonlit *adj.* מוּאָר בְּאוֹר הַיָּרֵחַ
moonshine *n.* אוֹר יָרֵחַ; מַשְׁקֶה חָרִיף לֹא חוּקִי; שְׁטוּיוֹת
moonstruck *adj.* מְשׁוּגָּע; סַהֲרוּרִי
moor *n.* אַדְמַת בּוּר/בָּתָה
moor *v.* לִקְשׁוֹר; לְרַתֵּק (כְּלִי־שַׁיִט)
moorings *n.* כַּבְלֵי רְתִיקָה וכד'; מַעֲגָן; עוֹגֶן (נַפְשִׁי); יַצִּיבוּת
moorland *n.* אַדְמַת בּוּר
moose *n.* מוּז; אַיַּל־הַקּוֹרֵא

M

morose *adj.* סַר וְזָעֵף; עָצוּב; קוֹדֵר
morphine *n.* מוֹרפיוּם
morphology *n.* מוֹרפוֹלוֹגיָה; תוֹרַת־הַצוּרוֹת
Morse *n.* –Morse code כְּתַב מוֹרס
morsel *n.* חֲתִיכָה; "פֵּירוּר"
mortal *adj.* בֶּן־תְמוּתָה; קַטלָנִי; ־מָוֶות
mortal *n.* בֶּן תְמוּתָה; אָדָם
mortal enemy *n.* אוֹיֵב מוּשׁבָּע
mortality *n.* תְמוּתָה; שִׁיעוּר תְמוּתָה
mortality table *n.* טַבלַת תוֹחֶלֶת־חַיִים
mortally *adv.* בְּצוּרָה אֲנוּשָׁה; עַד מְאוֹד
mortar *n.* מֶלֶט; מַכתֵשׁ; מַרגֵמָה
mortgage *n.* מַשׁכַּנתָה; שִׁעבּוּד; מִשׁכּוֹן
mortgage *v.* לְמַשׁכֵּן; לְשַׁעבֵּד
mortgaged *adj.* מְמוּשׁכָּן; מְשׁוּעבָּד
mortgagee *n.* נוֹתֵן מַשׁכַּנתָה (הַנוֹשֶׁה)
mortician *n.* קַבלַן־קְבוּרָה
mortification *n.* הַשׁפָּלָה; דַאֲבוֹן־לֵב; עוֹגמַת־נֶפֶשׁ
mortify *v.* (mortified) לְהַשׁפִּיל; לִפגוֹעַ בּ־; לְסַגֵף
mortise *n.* שֶׁקַע ("נְקֵבָה")
mortuary *n.* חֲדַר־מֵתִים
mosaic *adj., n.* (שֶׁל) פְּסֵיפָס
mosey *v.* לָלֶכֶת בְּנַחַת
Moslem *adj.* מוּסלְמִי
mosque *n.* מִסגָד
mosquito *n.* יַתוּשׁ
mosquito net *n.* כִּילָה (לִיתוּשִׁים)
moss *n.* טְחָב
mossy *adj.* מְכוּסֶה טְחָב; טְחָבִי
most הֲכִי הַרבֵּה; הַגָדוֹל בְּיוֹתֵר; מַרבִּית ה־; רוֹב ה־; הֲכִי; בְּיוֹתֵר; מְאוֹד; כִּמעַט כָּל
–at the (very) most לְכָל הַיוֹתֵר
–for the most part עַל־פִּי־רוֹב
–make the most of לְהָפִיק תוֹעֶלֶת מְרַבִּית מ־
–most everybody כִּמעַט כּוּלָם
–most of all יוֹתֵר מִכּוֹל; בִּמיוּחָד
mostly *adv.* בְּרוֹב הַמִקרִים; בְּעִיקָר
motel *n.* מְלוֹן דְרָכִים; מְלוֹנִית; מוֹטֶל
moth *n.* עָשׁ

mothball *n.* כַּדוּר נַפטָלִין
mother *n.* אִמָא; אֵם; אֵם מִנזָר וכד׳
mother *v.* לְטַפֵּל כְּמוֹ אֵם בּ־
mother country *n.* אֶרֶץ מוֹלֶדֶת
mother figure *n.* דְמוּת אֵם
motherfucker *n.* מְזַדיֵין; מַניָאק
motherhood *n.* אִימָהוּת
mother-in-law *n.* חוֹתֶנֶת; חָמוֹת
motherland *n.* מוֹלֶדֶת
motherless *adj.* יָתוֹם מֵאִמוֹ; לְלֹא אֵם
motherly *adj.* אִימָהִי
Mother Nature *n.* הַטֶבַע
mother-of-pearl *n.* אֵם־הַפְּנִינִים
mother superior *n.* אֵם הַמִנזָר
mother tongue *n.* שְׂפַת אֵם
motif *n.* מוֹטִיב; נוֹשֵׂא עִיקָרִי; דוּגמָא (עַל בַּד, טַפִּיטִים וכו׳); תֵנַע (בְּמוּסִיקָה)
motion *n.* תְנוּעָה; הַצָעָה (לְדִיוּן); פְּעוּלַת מֵעַיִים
–go through the motions (כְּדֵי) לָצֵאת יְדֵי חוֹבָה
–in slow motion בְּהִילוּךְ אִיטִי
–put forward a motion לְהַצִיעַ הַצָעָה (לְדִיוּן)
–put/set in motion לְהָנִיעַ; לְהַפעִיל; לִדחוֹף
motion *v.* (to) לְסַמֵן לוֹ בִּתנוּעַת יָד וכו׳
motionless *adj.* שֶׁאֵינוֹ זָז; לְלֹא נִיעַ
motion picture *n.* סֶרֶט (קוֹלנוֹעַ)
motivate *v.* לְהָנִיעַ; לְשַׁמֵשׁ מֵנִיעַ ל־; לְהַחדִיר מוֹטִיבַציָה בּ־
motivation *n.* הֲנִיעָה; מוֹטִיבַציָה
motive *n.* מֵנִיעַ; מוֹטִיב
motley *adj.* מְגוּוָן; מְעוֹרָב; כָּל מִינֵי־
motor *adj.* ־רֶכֶב; ־מְכוֹנִיוֹת; מְנוֹעִי; מוֹטוֹרִי
motor *n.* מָנוֹעַ; מְכוֹנִית
motorbike *n.* אוֹפַנוֹעַ; אוֹפַנוֹעַ קַל
motorboat *n.* סִירַת מָנוֹעַ
motorcade *n.* שַׁייֶרֶת מְכוֹנִיוֹת
motor car *n.* מְכוֹנִית
motorcycle *n.* אוֹפַנוֹעַ
motorcyclist *n.* אוֹפַנוֹעָן
motoring *n.* נְהִיגָה; נְסִיעָה בִּמכוֹנִית

motorist *n.* נֶהָג
motor scooter *n.* קַטנוֹעַ
motor show *n.* תְצוּגַת מְכוֹנִיוֹת
motor vehicle *n.* רֶכֶב מְנוֹעִי
motorway *n.* כְּבִישׁ מָהִיר
mottled *adj.* מְנוּקָד; מְנוּמָר
motto *n.* מוֹטוֹ; סִיסמָה
mould *n.* תַבנִית; דְפוּס; מִקפָּא; גֶ'לִי וכד'; סוּג; דוּגמָה; עוֹבֶשׁ
mould *v.* לְעַצֵב
moulding *n.* עִיצוּב; דְפוּס; תַבנִית; כַּרכּוֹב
mouldy *adj.* עָבֵשׁ; מְעוּפָּשׁ; עָלוּב; רַע
moult *v.* לְהַשִׁיר (נוֹצוֹת; שֵׂיעָר)
mound *n.* תֵל; עֲרֵימָה
mount *n.* הַר; כַּן; מִקבָּע; מֶרכָּב; סוּס רְכִיבָה
mount *v.* לַעֲלוֹת עַל־; לְטַפֵּס (בּ־); לִגדוֹל; לִקבּוֹעַ; לְהַרכִּיב; לְהַצִיב; לְהַצִיג; לְהַעֲלוֹת; לְהַרבִּיעַ; לְהַדבִּיק (בּוּל בְּאַלבּוֹם)
–mount an attack לַעֲרוֹךְ מִתקָפָה
–mounted police פָּרָשֵׁי הַמִשטָרָה
mountain *n.* הַר; הֲמוֹן־
mountaineer *n.* מְטַפֵּס הָרִים
mountaineering *n.* טִיפּוּס הָרִים
mountainous *adj.* הֲרָרִי; עֲנָקִי; עָצוּם
mountain range *n.* רֶכֶס הָרִים; שַׁרשֶׁרֶת הָרִים
mountainside *n.* צֶלַע הָהָר
mountaintop *n.* פִּסגַת־הָהָר
mounted *adj.* רָכוּב; מוּרכָּב (עַל)
Mountie *n.* פָּרַשׁ מִשטָרָה (קָנָדָה)
mounting *n.* כַּנָה; מִקבָּע; הַרכָּבָה; מִשבֶּצֶת
mounting *adj.* גוֹבֵר
mourn *v.* (for/over) לְהִתאַבֵּל (עַל־)
mourner *n.* אָבֵל
mournful *adj.* עָצוּב; עָגוּם
mourning *n.* אֵבֶל; (לְבִישַׁת) בִּגדֵי אֵבֶל
mouse *n.* עַכבָּר (גַם בְּמַחשֵׁב); בַּיישָׁן; פַּחדָן
mousetrap *n.* מַלכּוֹדֶת עַכבָּרִים
mousse *n.* מוּס (שׁוֹקוֹלָד וכו'); מוּס (תַכשִׁיר לְעִיצוּב/לְטִיפּוּחַ הַשֵׂיעָר)
moustache *n.* שָׂפָם
mousy *adj.* חוּם־אָפוֹר; שָׁקֵט; פַּחדָן; בַּיישָׁן; מְכוֹעָר; עַכבָּרִי
mouth *n.* פֶּה; פֶּתַח; שֶׁפֶךְ
mouthful *n.* מְלוֹא הַפֶּה; כַּמוּת קְטַנָה (כִּמלוֹא הַפֶּה); מִלָה וכד' שֶׁקָשֶׁה לְבַטֵא; דָבָר חָשׁוּב
mouth organ *n.* מַפּוּחִית פֶּה
mouthpiece *n.* פִּיָה; פּוּמִית; שׁוֹפָר (שֶׁל הַשִׁלטוֹן וכד'); דוֹבֵר; בִּיטָאוֹן
mouth-to-mouth *adj.* מִפֶּה לְפֶה
mouthwash *n.* מֵי פֶּה
movable *adj.* שֶׁנִיתָן לַהֲזָזָה; מִיטַלטֵל; מִשתַנֶה בְּתַאֲרִיכוֹ (חַג)
movables *n.* מִיטַלטְלִים; נִכסֵי דְנָיידֵי
move *n.* תְנוּעָה; תְזוּזָה; מַעֲבָר; צַעַד; מַהֲלָךְ; מַסָע (בְּשַׁחמָט); תוֹר
–get a move on לְהִזדָרֵז
move *v.* לְהָזִיז; לָזוּז; לְהַעֲבִיר; לַעֲבוֹר; לְהָנִיעַ; לָנוּעַ; (לְהָנִיעַ אוֹתוֹ) לִפעוֹל; לִנגוֹעַ לַלֵב; לְרַגֵשׁ; לַעֲשׂוֹת מַהֲלָךְ; לְהַצִיעַ (בְּדִיוּן); לִגרוֹם; לְהִתקַדֵם; לְהִסתוֹבֵב בְּחֶברַת־
–move along לַעֲזוֹב אֶת הַמָקוֹם; לְהִתקַדֵם
–move away לְהִתרַחֵק; לְהַרחִיק; לַעֲבוֹר (מ־)
–move house לַעֲבוֹר דִירָה
–move on לַעֲבוֹר/לְהַמשִׁיךְ הָלְאָה; לְהִתקַדֵם
–move over לָזוּז (הַצִידָה)
moved *adj.* הִתרַגֵשׁ; נִרגָשׁ
movement *n.* תְנוּעָה; תְזוּזָה; מַהֲלָךְ; מַנגָנוֹן; פֶּרֶק (בְּמוּסִיקָה); פְּעִילוּת; פְּעוּלַת מֵעַיִים; יְצִיאָה
–watch his movements לְהִתחַקוֹת אַחַר מַעֲשָׂיו
movie *n.* סֶרֶט (קוֹלנוֹעַ)
–the movies הַקוֹלנוֹעַ; סֶרֶט
movie star *n.* כּוֹכַב קוֹלנוֹעַ
movie theater *n.* בֵּית־קוֹלנוֹעַ; אוּלַם קוֹלנוֹעַ
moving *adj.* מְרַגֵשׁ; מֵנִיעַ; נָע
mow *v.* (mowed, mown) לְכַסֵחַ; לִקצוֹר

M

mower *n.* מַכסֵחַת דֶשֶׁא ; כּוֹסֵחַ
MP חָבֵר פַּרלָמֶנט ; מ״צ (מִשטָרָה צְבָאִית)
mph מַייל לְשָׁעָה
Mr מַר
Mrs גְבֶרֶת (לגבּי אישה נשוּאה)
Ms גְבֶרֶת ; מִיז
MSc מוּסמָך לְמַדָעִים
Mt הַר
much הַרבֵּה ; הַרבֵּה יוֹתֵר ; כָּל כָּךְ ; מְאוֹד ; בְּמִידָה רַבָּה ; כַּמָה
–as much כָּךְ ; אוֹתוֹ דָבָר
–as much as כַּמָה ש־ ; אוֹתָה כַּמוּת כְּמוֹ ; כְּאִילוּ ; לְמַעֲשֶׂה
–how much כַּמָה ; בְּאֵיזֶה מִידָה
–How much is...? כַּמָה עוֹלֶה...?
–make much of לְהָבִין ; לַעֲשׂוֹת עִניָין מ־ ; לְייַחֵס חֲשִיבוּת ל־
–much as לַמרוֹת ש־
–much less... וּבווַדַאי שֶׁלֹא
–much more הַרבֵּה יוֹתֵר ; עַל אַחַת כַּמָה וְכַמָה
–much the same (as) בְּעֵרֶךְ אוֹתוֹ דָבָר (כְּמוֹ)
–not make much of לֹא לְהָבִין
–so much so that... עַד כְּדֵי כָּךְ ש־
–so much the better אַדרַבָּה! עוֹד יוֹתֵר טוֹב
–too much יוֹתֵר מִדַי ; קָשֶׁה מִדַי
–without so much as בְּלִי אֲפִילוּ
muck *n.* זֶבֶל ; לִכלוּךְ
–make a muck of לְפַשֵׁל בּ־ ; לְקַלקֵל ; לַהֲרוֹס
muck *v.* לְלַכלֵךְ ; לְזַבֵּל
–muck about / around לְהִתבַּטֵל ; לְשַׂחֵק
muckraker *n.* חוֹשֵׂף שַׁעֲרוּרִיוֹת ; ״עִיתוֹנַאי קָטָן״
muckraking *n.* חֲשִׂיפַת שַׁעֲרוּרִיוֹת ; חַטטָנוּת
mucous *adj.* רִירִי ; מְכוּסֶה רִיר
mucous membrane *n.* רִירִית ; הַקְרוּם הָרִירִי
mucus *n.* רִיר
mud *n.* בּוֹץ
–throw mud לְהַכפִּישׁ
muddle *n.* עִרבּוּביָה ; בִּלבּוּל ; בָּלָגָן ; תִסבּוֹכֶת
muddle *v.* לְבַלבֵּל ; לַעֲשׂוֹת בָּלָגָן בּ־
–muddle through לְהִסתַדֵר אֵיכשֶׁהוּ
muddled *adj.* מְבוּלבָּל ; מְעוּרפָּל
muddy *adj.* מָלֵא בּוֹץ ; בּוֹצִי ; לֹא בָּהִיר (צֶבַע) ; מְעוּרפָּל
muddy *v.* (muddied) לְמַלֵא / לְלַכלֵךְ בְּבוֹץ ; לְהַכפִּישׁ
mudflaps *n.* מָגִינֵי־בּוֹץ
mudguard *n.* כָּנָף (בְּאוֹפַנַיִים וכד׳) ; מָגֵן־בּוֹץ
mudpack *n.* מַסֵיכַת בּוֹץ לַפָּנִים
mud pie *n.* ״עוּגַת״ בּוֹץ
mudslinging *n.* הַכפָּשָׁה ; הֲטָלַת רֶפֶשׁ
muesli *n.* מִיזלִי ; גְרָנוֹלָה
muezzin *n.* מוּאַזִין
muff *n.* גְלִיל פַּרווָה לַיָדַיִים
muff *v.* לְפַספֵס ; לְהִיכָּשֵׁל ; לְקַלקֵל
muffin *n.* מַאפִין ; עוּגַת־תֵה
muffle *v.* לַעֲטוֹף ; לְכַרבֵּל ; לְעַמֵם ; לְהַחנִיק (קוֹל־)
muffler *n.* סוּדָר ; צָעִיף ; עַמָם (בְּמַפלֵט הַמְכוֹנִית)
mufti *n.* תִלבּוֹשֶׁת אֶזרָחִית
mug *n.* סֵפֶל גָדוֹל ; סֵפֶל ; פַּרצוּף ; פֶּה ; טִיפֵּשׁ ; פְרַאיֶיר
mug *v.* לִתקוֹף וְלִשדוֹד
mugger *n.* שׁוֹדֵד
mugging *n.* תְקִיפָה (שֶׁל שׁוֹדֵד)
muggy *adj.* לַח וְחַם
mugshot *n.* צִילוּם פָּנִים (שֶׁל עָצִיר)
mulatto *n.* מוּלַטִי (שֶׁאֶחָד מֵהוֹרָיו לָבָן וְאֶחָד שָׁחוֹר)
mulberry *n.* תוּת
mule *n.* פֶּרֶד ; עַקשָׁן כְּמוֹ פֶּרֶד
mule *n.* נַעַל בַּיִת (פְּתוּחָה)
muleteer *n.* נַהַג פְּרָדוֹת
mull *n.* כֵּף ; צוּק חוֹף
mull *v.* – mull over לְהַרהֵר הֵיטֵב בּ־
mullet *n.* מוּלִית (דג) ; קִיפוֹן ; בּוּרִי
multicolored, multicoloured *adj.* סַסגוֹנִי ; רַב־צִבעִי

M

multifarious *adj.* רַבִּים וּמְגוּוָנִים
multiform *adj.* רַב־צוּרוֹת
multilateral *adj.* רַב־צְדָדִי
multilingual *adj.* רַב־לְשׁוֹנִי
multimedia *adj.* מוּלְטִימֶדְיָה
multimillionaire *n.* מוּלְטִי־מִילְיוֹנֶר
multinational *adj., n.* רַב־לְאוּמִי; חֶבְרָה (מִסחרית) רַב־לְאוּמִית
multiple *adj., n.* רַב חֲלָקִים; רַב־; כְּפוּלָה
multiple-choice test *n.* מִבְחָן אֲמֶרִיקָאִי
multiple sclerosis *n.* טָרֶשֶׁת נְפוֹצָה
multiplication *n.* הַכְפָּלָה; כֶּפֶל
multiply *v.* (multiplied) לְהַכְפִּיל (בּ־); לְהִתְרַבּוֹת; לִגְדוֹל/לְהַגְדִיל בְּהַרְבֵּה; לְהַרְבּוֹת
multipurpose *adj.* רַב־תַכְלִיתִי; רַב־שִׁימוּשִׁי
multi-stor(e)y *adj.* רַב־קוֹמוֹת
multitude *n.* מִספָּר גָדוֹל; הָמוֹן
– the multitudes הֶהָמוֹן
multitudinous *adj.* רַב מְאוֹד
mum *n.* אִימָא; חַרְצִית (פֶּרַח)
mum *adj.* שָׁקֵט; מַחֲרִישׁ; שׁוֹתֵק
– mum's the word אַף מִלָּה!; אַל תְּגַלֶּה
mumble *v.* (away) לְמַלְמֵל; לִלְעוֹס בְּקוֹשִׁי
mumbo-jumbo *n.* גִיבּוּב מִלִּים (חֲסַר פֵּשֶׁר); פּוּלחָן אֱווִילִי
mummify *v.* (mummified) לַחֲנוֹט
mummy *n.* אִימָא; חָנוּט; מוּמְיָה
mumps *n.* חַזֶּרֶת (מחלה)
munch *v.* לִלְעוֹס בְּקוֹל; לְנַשְׁנֵשׁ; לְכַרְסֵם
mundane *adj.* מְשַׁעֲמֵם; שִׁגְרָתִי; גַשְׁמִי
municipal *adj.* עִירוֹנִי; מוּנִיצִיפָּלִי
municipality *n.* עִירִיָּיה
munificence *n.* רוֹחַב־לֵב
munitions *n.* תַחמוֹשֶׁת; צִיּוּד צְבָאִי
mural *adj., n.* עַל קִיר; צִיּוּר קִיר
murder *n.* רֶצַח; סִיּוּט; מַמָּשׁ מָוֶות
murder *v.* לִרְצוֹחַ; "לַהֲרוֹג"; לַהֲרוֹס
murderer *n.* רוֹצֵחַ
murderess *n.* רוֹצַחַת
murderous *adj.* רַצְחָנִי; שֶׁל רוֹצֵחַ
murky *adj.* אָפֵל; עָכוּר; קוֹדֵר
murmur *n.* הֶמְיָה; רַחַשׁ; רִשְׁרוּשׁ; אִוושָׁה (בּלֵב); רִיטוּן; מִלְמוּל
murmur *v.* לְהַשְׁמִיעַ הֶמְיָה/רַחַשׁ; לְמַלְמֵל; לִלְחוֹשׁ; לִרְטוֹן
Murphy's law *n.* חוֹק מֶרְפִי
muscle *n., v.* שְׁרִיר; כּוֹחַ; עוֹצמָה
– muscle in (on) לְהִידָחֵף בְּכוֹחַ (ל־)
muscleman *n.* גְבַרְתָּן; שְׁרִירָן; "גוֹרִילָה"
Muscovite *n.* תּוֹשַׁב מוֹסקבָה
muscular *adj.* שֶׁל הַשְּׁרִירִים; שְׁרִירִי
muse *n.* מוּזָה; הַשְׁרָאָה
muse *v.* לְהַרְהֵר (עַל־); לַהֲגוֹת בְּדָבָר
museum *n.* מוּזֵיאוֹן
museum piece *n.* מוּצָג מוּזֵיאוֹנִי
mush *n.* דַיְיסָה; דַיְיסַת תִּירָס; רַגְשָׁנוּת
mushroom *n.* פִּטרִיָּה; הִתְפַּתְּחוּת מְהִירָה
mushroom *v.* לָצוּץ כְּפִטרִיוֹת; לְהִתְפַּשֵּׁט בִּמְהִירוּת; לְהִיתַּמֵר כְּפִטרִיָּיה
mushy *adj.* כְּמוֹ דַיְיסָה; רַגְשָׁנִי
music *n.* מוּסִיקָה; תָּווִים; לַחַן
– face the music לְקַבֵּל (כְּמוֹ גֶבֶר) אֶת הָעוֹנֶשׁ; לְקַבֵּל עַל הָרֹאשׁ
musical *adj.* מוּסִיקָלִי
musical *n.* מַחֲזֶמֶר
musical comedy *n.* מַחֲזֶמֶר
musical instrument *n.* כְּלִי נְגִינָה
musician *n.* מוּסִיקַאי; נַגָּן
music stand *n.* כַּן תָּווִים
musk *n.* מוּשק (לְבוֹשֶׂם וכו׳)
musk deer *n.* אַיַּל מוּשק
musket *n.* רוֹבֶה מוּסקֶט
musketeer *n.* מוּסקֶטֶר (רוֹבאי)
Muslim *adj., n.* מוּסלמִי
muss *v.* (up) לִפרוֹעַ; לַעֲשׂוֹת בָּלָגָן
mussel *n.* מִין צִדפַּת מַאֲכָל
must *n.* תִּירוֹשׁ
– a must (סֶרֶט, סֵפֶר וכו׳) חוֹבָה
must *v.* מוּכְרָח; חַיָּיב; צָרִיךְ; בֶּטַח
– must not אָסוּר; אֵין ל־; אַל
– you must be tired אַתָּה בֶּטַח עָיֵיף
mustache *n.* שָׂפָם

M

mustachio *n.* שָׂפָם מְסוּלסָל
mustang *n.* מוּסטַנג; סוּס פֶּרֶא
mustard *n.* חַרדָל
mustard gas *n.* גַז חַרדָל
mustard plaster *n.* רְטִיַית חַרדָל
muster *v.* לֶאֱסוֹף; לְרַכֵּז; לֶאֱזוֹר; לְהִתאַסֵף; לְגַייֵס
muster *n.* מִפקָד; מִסדָר
–pass muster לִהיוֹת מְסַפֵּק
mustn't = must not (*see* must) אָסוּר; אֵין ל־; אַל לוֹ ל־
musty *adj.* מְעוּפָּש; יָשָן
mutable *adj.* בַּר־שִינוּי; מִשתַנֶה
mutant *n.* מוּטַנט; תוֹצַר מוּטַציָה
mutation *n.* מוּטַציָה
mute *adj.* אִילֵם; שוֹתֵק; (אוֹת) אִילֶמֶת
mute *n.* אִילֵם; עַמַם צְלִיל; עַמעֶמֶת
muted *adj.* מְרוּכָּך (צְלִיל, צֶבַע וכו'); מוּחלָש
mutilate *v.* לְהַשחִית; לְרַטֵש; לְהִתעַלֵל בּ־
mutilation *n.* הַשחָתָה; (הֲטָלַת) מוּם; הִתעַלְלוּת
mutineer *n.* מוֹרֵד
mutinous *adj.* מִתמָרֵד; מַרדָנִי
mutiny *n., v.* מֶרֶד; לְהִתמָרֵד
mutter *v., n.* לְמַלמֵל; לִרטוֹן; מִלמוּל
mutton *n.* בְּשַׂר כֶּבֶש
mutual *adj.* הֲדָדִי; מְשוּתָף
mutual fund *n.* קֶרֶן נֶאֱמָנוּת; קֶרֶן הֲדָדִית
mutuality *n.* הֲדָדִיוּת
mutually *adv.* בְּאוֹפֶן הֲדָדִי; זֶה אֶת זֶה
–mutually exclusive דָבָר וְהִיפּוּכוֹ; סוֹתרִים זֶה אֶת זֶה
muzzle *n.* חַרטוֹם; פִּי חַיָה; מַחסוֹם; זְמָם
muzzle *v.* לָשִׂים מַחסוֹם לְפִי־; לְהַשתִיק
muzzy *adj.* מְטוּשטָש
my שֶלִי; הוֹ (קְרִיאַת הַפתָעָה וכו')
myopic *adj.* קְצַר־רוֹאִי
myriad *n.* אֵין־סְפוֹר; מִספָּר עָצוּם; רְבָבָה
myrrh *n.* מוֹר
myrtle *n.* הֲדַס
myself *pron.* (אֶת) עַצמִי; לְעַצמִי; אֲנִי עַצמִי; בְּעַצמִי
–(all) by myself בְּעַצמִי; לְבַדִי
mysterious *adj.* מִסתוֹרִי; מִתנַהֵג בְּמִסתוֹרִיוּת; מִתעַטֵף בְּסוֹדִיוּת
mysteriously *adv.* בְּאוֹפֶן מִסתוֹרִי
mysteriousness *n.* מִסתוֹרִין; מִסתוֹרִיוּת
mystery *n.* תַעֲלוּמָה; מִסתוֹרִין; סִיפּוּר מִסתוֹרִין; מוּשָׂג דָתִי בִּתחוּם הַנִסתָר
mystery novel *n.* בַּלָש (סֵפֶר בַּלָשִי)
mystery tour *n.* טִיוּל לְיַעַד שֶאֵינוֹ יָדוּעַ
mystic *n.* מִיסטִיקָן
mystical *adj.* מִיסטִי
mysticism *n.* מִיסטִיקָה; תוֹרַת הַנִסתָר
mystified *adj.* מִשתָאֶה; לֹא מַצלִיחַ לְהָבִין; נָבוֹך (מִגוֹדֶל הַתַעֲלוּמָה)
mystify *v.* (mystified) לִהיוֹת תַעֲלוּמָה (עֲבוּרוֹ); לְהָבִיך
mystique *n.* הִילָה מִיסטִית
myth *n.* מִיתוֹס; סִיפּוּר מִיתוֹלוֹגִי; אַגָדָה
mythical *adj.* מִיתוֹלוֹגִי; אַגָדִי; דִמיוֹנִי
mythological *adj.* מִיתוֹלוֹגִי
mythology *n.* מִיתוֹלוֹגיָה

M

N

nab *v.* לִתפּוֹס ; לִלכּוֹד
nadir *n.* נְקוּדַּת הַשֵּׁפֶל
nag *n.* סוּס (זָקֵן) ; נוּדנִיק
nag *v.* לְנַדנֵד ; לְהַטרִיד
nagger *n.* נוּדנִיק
nail *n.* צִיפּוֹרֶן ; מַסמֵר
–hit the nail on the head לִקלוֹעַ לַמַּטָּרָה
nail *v.* לְמַסמֵר ; לִתפּוֹס
–nail someone down (to) לְאַלצוֹ לוֹמַר בְּדִיוּק ; לְאַלצוֹ לְהִתחַיֵּיב (לְ־)
nail-biting *adj.* שֶׁל חֲרָדָה / מֶתַח ; מוֹתֵחַ
naïve, naive *adj.* תָּמִים ; נָאִיבִי
naïvely, naively *adv.* בִּתמִימוּת
naiveté, naïvety *n.* תְּמִימוּת ; נָאִיבִיוּת
naked *adj.* עָרוֹם ; גָּלוּי ; חָשׂוּף ; כְּמוֹת שֶׁהוּא ; כַּהֲוָויָיתוֹ
–with the naked eye בְּעַיִן בִּלתִּי מְזוּיֶּנֶת
nakedly *adv.* בְּמַעֲרוּמָיו ; בְּגָלוּי
nakedness *n.* עֵירוֹם ; מַעֲרוּמִּים
name *n.* שֵׁם ; מוֹנִיטִין
–a name to conjure with שֵׁם דָּבָר
–call someone names לְכַנּוֹתוֹ בְּשֵׁמוֹת גְּנַאי
–make a name for oneself לִקנוֹת לוֹ שֵׁם ; לְהִתפַּרסֵם
name *v.* לָתֵת שֵׁם לְ־ ; לִנקוֹב בְּשֵׁם ; לִנקוֹב בְּ־ ; לִקבּוֹעַ ; לְמַנּוֹת ; לְהַצִּיעַ
name brand *n.* (מוּצָר) יָדוּעַ בְּאֵיכוּתוֹ
name-calling *n.* קְרִיאוֹת גְּנַאי ; הֲטָחַת קְלָלוֹת
name-dropping *n.* הַזכָּרַת שֵׁמוֹת מְפוּרסָמִים כְּדֵי לְהַרשִׁים
nameless *adj.* לְלֹא שֵׁם ; אַלמוֹנִי ; עֲלוּם שֵׁם ; בַּל יְתוֹאַר
namely *adv.* כְּלוֹמַר ; הַיְינוּ
nameplate *n.* לוּחִית־שֵׁם ; שֶׁלֶט (עִם שֵׁם)
namesake *n.* בַּעַל אוֹתוֹ שֵׁם ; נִקרָא עַל שְׁמוֹ
nanny *n.* אוֹמֶנֶת ; מְטַפֶּלֶת
nap *n., v.* תְּנוּמָה ; לְנַמנֵם
nape *n.* עוֹרֶף
napkin *n.* מַפִּית ; חִיתּוּל
nappy *n.* חִיתּוּל
narcissism *n.* נַרקִיסִיזם ; אַהֲבָה עַצמִית
narcotic *adj., n.* (סַם) נַרקוֹטִי ; מְמַכֵּר
narrate *v.* לְסַפֵּר ; לְקַריֵין (בְּסֶרֶט)
narration *n.* סִיפּוּר ; קַריָינוּת
narrative סִיפּוּר ; סִיפּוּרִי ; תֵּיאוּרִי
narrator *n.* מְסַפֵּר ; קַריָין (בְּסֶרֶט)
narrow *adj.* צַר ; מְצוּמצָם ; מוּגבָּל ; בְּקוֹשִׁי ; דָּחוּק ; מְדוּקדָּק ; צַר אוֹפֶק
narrow *v.* לְהָצֵר ; לְצַמצֵם ; לְהֵיעָשׂוֹת צַר ; לְהִצטַמצֵם ; לְכַוֵּוץ
–narrow down לְצַמצֵם ; לְהַגבִּיל
narrowly *adv.* בְּקוֹשִׁי ; בִּמדוּקדָּק ; בִּיסוֹדִיוּת
narrow-minded *adj.* צַר אוֹפֶק
narrowness *n.* צָרוּת ; יְסוֹדִיוּת
nasal *adj.* שֶׁל הָאַף ; אַפִּי
nascent *adj.* מִתהַוֶּוה ; שֶׁמַּתחִיל לְהִתפַּתֵּחַ
nastily *adv.* בְּנִבזוּת ; בְּאוֹפֶן מְכוֹעָר
nastiness *n.* נוֹרָאִיוּת ; נִבזוּת ; לִכלוּךְ
nasturtium *n.* כּוֹבַע הַנָּזִיר (צֶמַח נוֹי)
nasty *adj.* מַגעִיל ; לֹא נָעִים ; מְלוּכלָךְ ; גַּס ; נִבזִי ; מְסוּכָּן
natal *adj.* שֶׁל לֵידָה ; מִלֵּידָה
nation *n.* אוּמָּה ; לְאוֹם ; עַם ; מְדִינָה
national *adj.* לְאוּמִּי ; אַרצִי
national *n.* אֶזרָח ; נָתִין
national anthem *n.* הִימנוֹן לְאוּמִּי
national government *n.* מֶמשֶׁלֶת אַחדוּת לְאוּמִּית
National Guard *n.* הַמִּשמָר הַלְּאוּמִּי
national insurance *n.* בִּיטּוּחַ לְאוּמִּי
nationalism *n.* לְאוּמִּיוּת ; נַצִיוֹנָלִיזם ; לְאוּמָנוּת
nationalist *adj., n.* לְאוּמָנִי ; לְאוּמָן
nationalistic *adj.* לְאוּמָנִי (קִיצוֹנִי)
nationality *n.* לְאוֹם ; אֶזרָחוּת
nationalization *n.* הַלאָמָה
nationalize *v.* לְהַלאִים ; לְאַזרֵחַ

N

national service *n.* שֵׁירוּת חוֹבָה; שֵׁירוּת לְאוּמִי
National Socialist *n.* נַצִיוֹנַל סוֹצְיָאלִיסְט
nationwide *adj.* כְּלַל אַרְצִי; בְּכָל הַמְדִינָה
native *adj.* מִלֵידָה; יְלִיד־; שֶׁמְקוֹרוֹ בּ־; מְקוֹמִי
– native land מוֹלֶדֶת
– native speaker of דוֹבֵר־(אַנגלִית, עִברִית וכו') (מִלֵידָה)
– native to יְלִיד־; שֶׁמְקוֹרוֹ בּ־
native *n.* יָלִיד; בֶּן הַמָקוֹם
Native American *n.* אִינדִיאָנִי
natter *v., n.* לִרטוֹן; לְבַרבֵּר; לְדַבֵּר; בִּרבּוּר
natural *adj.* טִבעִי; מִבֶּטֶן וּמִלֵידָה; טָבוּעַ (בּ־); בֶּקֶר (לֹא נַסֵק וְלֹא נָחֵת)
natural *n.* אָדָם שֶׁבָּנוּי (לְתַפקִיד); בַּעַל כִּשרוֹן טִבעִי; תָו בֶּקֶר (מוּסִיקָה)
natural-born *adj.* מִלֵידָה; טִבעִי
natural forces *n.* אֵיתָנֵי / תוֹפָעוֹת טֶבַע
natural history *n.* יְדִיעַת הַטֶבַע
naturalist *n.* חוֹקֵר טֶבַע; נָאטוּרָלִיסְט
naturalization *n.* אִזרוּחַ; הִתאַזרְחוּת
naturalize *v.* לְאַזרֵחַ; לְאַמֵץ; לְאַקלֵם
naturally *adv.* מִטִבעוֹ; כַּמוּבָן; בְּדֶרֶךְ הַטֶבַע; בְּאוֹפֶן טִבעִי; בְּטִבעִיוּת
naturalness *n.* טִבעִיוּת
natural resources *n.* מַשאַבִּים טִבעִיִים; אוֹצְרוֹת טֶבַע
natural science *n.* מַדָעֵי הַטֶבַע
natural selection *n.* בְּרֵירָה טִבעִית
nature *n.* הַטֶבַע; טֶבַע; אוֹפִי; סוּג
– by nature מִטִבעוֹ
– let nature take its course לָתֵת לַטֶבַע לַעֲשׂוֹת אֶת שֶׁלוֹ
– the nature of מַהוּת־; טִיב־; סְגוּלוֹת
nature reserve *n.* שְׁמוּרַת טֶבַע
nature study *n.* טֶבַע (כְּמִקצוֹעַ לִימוּד)
naturopath *n.* מְרַפֵּא טִבעוֹנִי
naught *n.* אֶפֶס; לֹא כלוּם
– come to naught לְהִיכָּשֵׁל; לַעֲלוֹת בַּתוֹהוּ

naughtily *adv.* בְּשׁוֹבְבוּת
naughtiness *n.* שׁוֹבְבוּת; דְבָרִים גַסִים
naughty *adj.* שׁוֹבָב; רַע; גַס
nausea *n.* בְּחִילָה
nauseate *v.* לִגרוֹם לִבחִילָה
nauseating *adj.* מְעוֹרֵר בְּחִילָה
nauseous *adj.* מַבחִיל; מַרגִישׁ בְּחִילָה
nautical *adj.* יַמִי; שֶׁל יַמָאִים
naval *adj.* יַמִי; שֶׁל חֵיל הַיָם
navel *n.* טַבּוּר
navigate *v.* לְנַוֵוט; לַעֲבוֹר בִּכלִי שַׁיִט
navigation *n.* נִיווּט
navigator *n.* נַוָוט (כְּלִי־שַׁיִט, מָטוֹס)
navy *n.* צִי מִלחָמָה; חֵיל־יָם; יַמִיָה
nay *n.* אוֹמֵר הַלָאו (בְּהַצבָּעָה)
Nazi *n.* נָאצִי
NB נ.ב.
Neanderthal *adj.* נֵיאַנדֶרתָלִי
neapolitan *adj.* בִּטעָמִים וּבִצבָעִים שׁוֹנִים (גלִידָה נַפּוֹלִיטָנִית)
near *adv., prep.* קָרוֹב (לְכָאן); קָרוֹב ל־; עַל יַד; כִּמעַט
– draw near לְהִתקָרֵב
– near and far; far and near בְּכָל מָקוֹם
– nowhere near (as) רָחוֹק מִלִהיוֹת; בִּכלָל לֹא
near *v.* לְהִתקָרֵב (ל־)
nearby *adj.* קָרוֹב; בְּקִרבַת מָקוֹם
nearly *adv.* כִּמעַט
– not nearly... כְּלָל לֹא; רָחוֹק מִלִהיוֹת
near miss *n.* כִּמעַט פְּגִיעָה; כִּמעַט אָסוֹן; כִּמעַט הַצלָחָה; פִּספּוּס בִּשׁנִיוֹת וכד'
nearness *n.* קִרבָה
near-sighted *adj.* קְצַר רְאִי
near thing *n.* כִּמעַט תְאוּנָה, אָסוֹן וכו'; כִּמעַט שֶׁלֹא הִצלִיחַ; כִּמעַט פִּיקשׁוּשׁ
neat *adj.* מְסוּדָר; מוּצלָח; יָפֶה; פָּשׁוּט; נָקִי (לֹא מָהוּל)
neatly *adv.* בְּצוּרָה מְסוּדֶרֶת; יָפֶה
neatness *n.* סֵדֶר וְנִיקָיוֹן
necessaries *n.* מִצרָכִים חִיוּנִיִים; דְבָרִים חִיוּנִיִים

N

necessarily *adv.* בְּהֶכְרֵחַ

necessary *adj.* הֶכְרֵחִי; נָחוּץ; צָרִיךְ

necessitate *v.* לְהַצְרִיךְ; לְחַיֵּיב

necessity *n.* כּוֹרַח; הֶכְרֵחַ; צוֹרֶךְ; נְחִיצוּת; דָּבָר חִיוּנִי

neck *n.* צַוָּאר; צַוָּארוֹן (של סוודר)

–neck and neck בְּמַצָּב שֶׁל שִׁוְויוֹן; בְּקַו אֶחָד

–risk your neck לְסַכֵּן אֶת חַיָּיו/צַוָּארוֹ

–up to your neck in שָׁקוּעַ עַד צַוָּאר

neck *v.* לְהִתְמַזְמֵז

neckerchief *n.* צָעִיף; מִטְפַּחַת־צַוָּאר

necklace *n.* מַחֲרוֹזֶת; עֲנָק

neckline *n.* קַו הַצַּוָּאר

necktie *n.* עֲנִיבָה

necromancy *n.* הַעֲלָאָה בְּאוֹב

necrophilia *n.* נֶקְרוֹפִילְיָה (מְשִׁיכָה מִינִית לְגְוִויּוֹת)

nectar *n.* צוּף; מַשְׁקֶה נֶהְדָּר; מַשְׁקֵה הָאֵלִים

nectarine *n.* אֲפַרְסֵק נֶקְטָרִין; אֲפַרְשְׁזִיף

need *n.* (for) צוֹרֶךְ (בּ־); מְצוּקָה; בִּיקוּשׁ

–as the need arises בִּשְׁעַת הַצּוֹרֶךְ

–be in need of לִהְיוֹת זָקוּק לְ־

–needs צְרָכִים

need *v.* צָרִיךְ; מוּכְרָח; לִהְיוֹת זָקוּק לְ־; חָסֵר לוֹ; לְהִצְטָרֵךְ; לְהַצְרִיךְ; לִדְרוֹשׁ

–He needn't stay הוּא לֹא חַיָּיב לְהִישָּׁאֵר

–That's all I need! רַק זֶה חָסֵר לִי!

needle *n.* מַחַט; מַסְרֵגָה; אוֹבֶּלִיסְק

–look for a needle in a haystack לְחַפֵּשׂ מַחַט בַּעֲרֵימַת שַׁחַת

needle *v.* לַעֲקוֹץ; לְהַרְגִּיז; לְהָצִיק

needlecraft *n.* תְּפִירָה; רִקְמָה

needless *adj.* מְיוּתָּר

–needless to say... מְיוּתָּר לוֹמַר

needlessly *adv.* לְלֹא צוֹרֶךְ

needlework *n.* רִקְמָה; תְּפִירָה

needy *adj.* נִזְקָק; נִצְרָךְ; מְעוּט יְכוֹלֶת

nefarious *adj.* מְרוּשָׁע; נִתְעָב; נִפְשָׁע

negate *v.* לִשְׁלוֹל; לִסְתּוֹר; לִכְפּוֹר בּ־; לְהַפְרִיךְ; לָשִׂים לְאַל

negation *n.* שְׁלִילָה

negative *adj.* שְׁלִילִי; שֶׁל תַּשְׁלִיל

negative *n.* (מִלַּת) שְׁלִילָה; גּוֹדֶל שְׁלִילִי; תַּשְׁלִיל; נֶגָטִיב

–in the negative בִּשְׁלִילָה; לָאו

negatively *adv.* בִּשְׁלִילָה; לִשְׁלִילָה; בְּאוֹפֶן שְׁלִילִי; לְרָעָה

neglect *n.* הַזְנָחָה; רַשְׁלָנוּת

neglect *v.* לְהַזְנִיחַ; לְהִתְרַשֵּׁל בּ־; לִשְׁכּוֹחַ (ל־)

neglectful *adj.* מַזְנִיחַ; מִתְרַשֵּׁל (בּ־); לֹא מָסוּר

négligé, negligee *n.* חָלוּק דַּק

negligence *n.* רַשְׁלָנוּת; מַצָּב מוּזְנָח

negligent *adj.* (of) רַשְׁלָנִי; מִתְרַשֵּׁל (בּ־)

–be negligent about לְהַזְנִיחַ

negligible *adj.* זָנִיחַ

negotiable *adj.* פָּתוּחַ לְמַשָּׂא וּמַתָּן; סָחִיר; עָבִיר

negotiate *v.* לְנַהֵל מַשָּׂא וּמַתָּן; לְהַסְדִּיר (בְּמַשָּׂא וּמַתָּן); לַעֲבוֹר; לְסַחֵר (שְׁטָר וכו'); לִפְדּוֹת

negotiating table *n.* שׁוּלְחַן הַמַּשָּׂא וּמַתָּן

negotiation *n.* מַשָּׂא וּמַתָּן; סִיחוּר; מַעֲבָר

Negro *n.* כּוּשִׁי

neigh *v.*, *n.* לִצְהוֹל; צָהֳלָה (של סוּס)

neighbor, neighbour *n.* שָׁכֵן

neighboring, neighbouring *adj.* סָמוּךְ; שָׁכֵן; גּוֹבֵל בּ־

neighbo(u)rhood *n.* שְׁכוּנָה; סְבִיבָה

–in the neighborhood of בִּסְבִיבוֹת־

neighbo(u)rliness *n.* יְדִידוּתִיּוּת; שְׁכֵנוּת טוֹבָה

neighborly, neighbourly *adj.* יְדִידוּתִי; לְבָבִי; אָדִיב; (כְּמוֹ) שֶׁל שְׁכֵנִים (טוֹבִים)

neither *adj.*, *conj.* אַף אֶחָד (מִשְּׁנֵי־)...; לֹא; לֹא זֶה וְלֹא זֶה; גַּם לֹא

–Me neither גַּם אֲנִי לֹא

–neither...nor... לֹא... וְלֹא

nemesis *n.* פּוּרְעָנוּת; עוֹנְשׁוֹ; גְּמוּלוֹ; אֵלַת הַנְּקָמָה

neolithic *adj.* נֵיאוֹלִיתִי; שֶׁל תְּקוּפַת הָאֶבֶן הַמְּאוּחֶרֶת

N

neologism *n.* חִידּוּשׁ לְשׁוֹנִי; מִלָּה חֲדָשָׁה; הוֹרָאָה חֲדָשָׁה (לְמִלָּה)
neon *n.* נֵיאוֹן
neon light *n.* אוֹר נֵיאוֹן
nephew *n.* אַחְיָין
nephritis *n.* דַּלֶּקֶת כְּלָיוֹת
nepotism *n.* הַעֲדָפַת קְרוֹבֵי מִשְׁפָּחָה
Neptune *n.* נֶפְטוּן (אֵל הַיָּם; כּוֹכַב לֶכֶת)
nerd "יוֹרָם"; מָכוּר (לְמַחשבים); חְנוּן
nerve *n.* עָצָב; אוֹמֶץ; הֶעָזָה; עֲצַבִּים חֲזָקִים; חוּצְפָּה; עוֹרֵק (בְּעָלֶה)
–a bundle of nerves פְּקַעַת עֲצַבִּים
–get on your nerves לַעֲלוֹת לוֹ עַל הָעֲצַבִּים
–lose your nerve לְאַבֵּד אֶת הַבִּיטָחוֹן; לְקַבֵּל פַּחַד
–nerves עֲצַבִּים; עֲצַבִּים מְתוּחִים
nerve gas *n.* גַּז עֲצַבִּים
nerve-racking *adj.* מוֹרֵט עֲצַבִּים
nervous *adj.* ־עֲצַבִּים; עֲצַבִּי; עַצְבָּנִי; חוֹשֵׁשׁ; מִתְרַגֵּשׁ; לָחוּץ; נִמְרָץ; תּוֹסֵס
nervous breakdown *n.* הִתְמוֹטְטוּת עֲצַבִּים
nervously *adv.* בְּעַצְבָּנוּת; בַּחֲשְׁשָׁנוּת
nervousness *n.* עַצְבָּנוּת; חֲשְׁשָׁנוּת
nervous system *n.* מַעֲרֶכֶת הָעֲצַבִּים
nervous wreck *n.* שֶׁבֶר כְּלִי; עַל סַף הִתְמוֹטְטוּת
nest *n.* קֵן; מַעֲרֶכֶת מְשׁוּלֶּבֶת (זֶה בְּתוֹךְ זֶה); מְאוּרָה; מְקוֹם מִסתוֹר
nest *v.* לִבנוֹת קֵן; לְקַנֵּן; לְשַׁלֵּב זֶה בְּתוֹךְ זֶה
nest egg *n.* סְכוּם כֶּסֶף שָׁמוּר
nesting *n.* קִינּוּן
nestle *v.* לִשְׁכַּב בִּנְוֹחִיּוּת; לְהִתְרַפֵּק עַל־; לְהַשְׁעִין
nestling *n.* גּוֹזָל
net, nett *adj.* נֶטוֹ; נָקִי
net *n.* רֶשֶׁת
net *v.* לִלכּוֹד בְּרֶשֶׁת; לְכַסּוֹת בְּרֶשֶׁת; לִרְשׁוֹת; לְהַרְוִויחַ נֶטוֹ; לְהַכנִיס נֶטוֹ
netiquette *n.* (בְּאינטרנט) כְּלָלֵי הִתְנַהֲגוּת
nettle *n.* סִרְפָּד

network *n.* רֶשֶׁת (תִקשוֹרֶת וכו')
networking *n.* רִישׁוּת; קְשִׁירַת קְשָׁרִים
neural *adj.* עֲצַבִּי
neurologist *n.* נוֹירוֹלוֹג
neurotic *adj., n.* נֶבְרוֹטִי; עַצְבָּנִי; אָדָם נֶבְרוֹטִי / מְתוּסְבָּךְ
neuter *adj.* סְתָמִי; עָקָר
neuter *n.* מִין סְתָמִי; בַּעַל־חַיִּים מְסוֹרָס
neuter *v.* לְסָרֵס
neutral *adj.* נֵייטרָלִי; ־סְרָק; לֹא מוּגדָר; לֹא בּוֹלֵט; סְתָמִי
neutral *n.* צַד נֵייטרָלִי; הִילּוּךְ סְרָק
neutrality *n.* נֵייטרָלִיּוּת
neutralization *n.* נִטרוּל; הֲפִיכָתוֹ לְנֵיטרָלִי
neutralize *v.* לְנַטְרֵל; לַהֲפוֹךְ לְנֵיטרָלִי; לִסְתּוֹר (חוּמצָה)
never *adv.* אַף פַּעַם לֹא; מֵעוֹלָם לֹא; לְעוֹלָם לֹא; כְּלָל לֹא
–never mind! אֵין דָּבָר!
nevertheless *adv.* אַף עַל פִּי כֵן
new *adj.* חָדָשׁ; חָדִישׁ; טָרִי
–as good as new כְּמוֹ חָדָשׁ
–new to חָדָשׁ בּ־; עֲדַיִין לֹא מַכִּיר
new *adv.* ־לֹא מִזְּמַן; שֶׁזֶּה עַתָּה־
newbie *n.* מִשְׁתַּמֵּשׁ חָדָשׁ (בְּאינטרנט)
newborn *adj.* שֶׁנּוֹלַד זֶה עַתָּה; בֶּן־יוֹמוֹ
new broom *n.* מְטַאֲטֵא חָדָשׁ
newcomer *n.* אָדָם שֶׁבָּא לֹא מִזְּמַן; פָּנִים חֲדָשׁוֹת
newfangled *adj.* חַדשָׁנִי כִּבְיָכוֹל; חַדשָׁנִי וּמְסוּבָּךְ
newly *adv.* לָאַחֲרוֹנָה; בְּצוּרָה חֲדָשָׁה; מֵחָדָשׁ
newly-wed *n.* (אָדָם) שֶׁזֶּה עַתָּה הִתְחַתֵּן
new moon *n.* מוֹלַד הַיָּרֵחַ; רֹאשׁ חוֹדֶשׁ
newness *n.* חֲדִישׁוּת; חִידּוּשׁ
news *n.* חֲדָשׁוֹת
newsagency *n.* סוֹכנוּת יְדִיעוֹת
newsagent, newsdealer *n.* מוֹכֵר עִיתּוֹנִים
newscaster *n.* קַרְייַן חֲדָשׁוֹת
news conference *n.* מְסִיבַּת עִיתּוֹנָאִים
newsflash *n.* מִבְזַק חֲדָשׁוֹת

N

newsgroup *n.* קְבוּצַת דִּיוּן
newsletter *n.* עֲלוֹן חֲדָשׁוֹת; יְדִיעוֹן
newspaper *n.* עִיתּוֹן
newspaperman *n.* עִיתּוֹנַאי; אִישׁ עִיתּוֹנוּת
newspeak *n.* לְשׁוֹן הַטְעָיָה (שֶׁל הַשִּׁלְטוֹן); דִּבְרוּר
news people *n.* עִיתּוֹנָאִים; אַנְשֵׁי תִּקְשׁוֹרֶת
newsreel *n.* סֶרֶט חֲדָשׁוֹת; יוֹמַן קוֹלְנוֹעַ
newsstand *n.* דּוּכַן עִיתּוֹנִים
newsworthy *adj.* רָאוּי לְפִרְסוּם; חֲדָשׁוּתִי
New Year's Eve *n.* עֶרֶב רֹאשׁ־הַשָּׁנָה
next *adj.* הַבָּא (אַחֲרָיו); הַקָּרוֹב
–next door (בַּבַּיִת / בַּחֶדֶר) הַסָּמוּךְ
–next week בְּשָׁבוּעַ הַבָּא
–the next day לַמָּחֳרָת
next *adv.* כָּעֵת; אַחַר־כָּךְ; בַּפַּעַם הַבָּאָה
–next to קָרוֹב ל־; לְיַד־
next-door *adj.* (בַּבַּיִת / בַּחֶדֶר) הַסָּמוּךְ; שָׁכֵן
nibble *n.* (at) נְגִיסָה; כִּרְסוּם (בּ־); הִתְעַנְיְינוּת לֹא רְצִינִית
nibble *v.* (at) לִנְגּוֹס; לְכַרְסֵם (בּ־); לְהַסְכִּים בַּחֲצִי פֶּה; לְגַלּוֹת עִנְיָין־מָה
nice *adj.* נָעִים; יָפֶה; טוֹב; נֶחְמָד; עָדִין; דַּק; רָגִישׁ; הָגוּן
nicely *adv.* יָפֶה; הֵיטֵב; בְּדִיּוּק רַב
–be doing nicely לְהַצְלִיחַ; לִהְיוֹת בְּמַצָּב טוֹב
niceness *n.* חֲבִיבוּת; דַּקּוּת
nicety *n.* דַּקּוּת
–to a nicety בְּדִיּוּק רַב; בְּאוֹפֶן מוּשְׁלָם
–niceties דַּקּוּיוֹת
niche *n.* גּוּמְחָה; נִישָׁה; מָקוֹם (מַתְאִים)
nick *n.* חֲתָךְ דַּק; כֶּלֶא; תַּחֲנַת מִשְׁטָרָה
–in the nick of time בַּדַּקָּה הַתִּשְׁעִים
nickel *n.* נִיקֶל; מַטְבֵּעַ שֶׁל 5 סֶנְט
nicknack *n.* חֵפֶץ / תַּכְשִׁיט קָטָן; חֵפֶץ נוֹי
nickname *n., v.* כִּינּוּי; לְכַנּוֹת
nicotine *n.* נִיקוֹטִין
niece *n.* אַחְיָינִית
nifty *adj.* יָפֶה; מְצוּיָּן; מוֹשֵׁךְ; יָעִיל; מַסְרִיחַ

niggardly *adj.* קַמְצָנִי
nigger *n.* כּוּשִׁי (כִּינּוּי מַעֲלִיב)
niggle *v.* (about/over) לַעֲשׂוֹת עִנְיָין (מִכָּל־); לְהָצִיק; לְהַרְגִּיז
niggling *adj.* טוֹרְדָנִי; קַטְנוּנִי
nigh *adv.* קָרוֹב; כִּמְעַט
night *n.* לַיְלָה; עֶרֶב
–all night (long) כָּל הַלַּיְלָה
–at night בַּלַּיְלָה; בָּעֶרֶב
–by night בַּלַּיְלָה
–the other night לִפְנֵי כַּמָּה לֵילוֹת
nightcap *n.* מַשְׁקֶה לִפְנֵי הַשֵּׁינָה; כּוֹבַע שֵׁינָה
nightclothes *n.* בִּגְדֵי שֵׁינָה; פִּיגָ'מָה; כְּתוֹנֶת לַיְלָה
nightclub *n.* מוֹעֲדוֹן־לַיְלָה
nightclubbing *n.* בִּילּוּי בְּמוֹעֲדוֹנֵי לַיְלָה
nightdress *n.* כְּתוֹנֶת לַיְלָה
nightfall *n.* רֶדֶת הַחֲשֵׁיכָה
nightgown *n.* כְּתוֹנֶת לַיְלָה
nightie, nighty *n.* כְּתוֹנֶת לַיְלָה
nightingale *n.* זָמִיר
nightly *adj., adv.* ־הַלַּיְלָה; לֵילִי; מִדֵּי לַיְלָה
nightmare *n.* חֲלוֹם בַּלָּהוֹת; סִיּוּט
night owl *n.* "צִיפּוֹר לַיְלָה"
night school *n.* בֵּית־סֵפֶר עֶרֶב
night shift *n.* מִשְׁמֶרֶת לַיְלָה
nightstick *n.* אַלַּת שׁוֹטֵר
nighttime *n.* שְׁעַת לַיְלָה; חֲשֵׁיכָה
nil *n.* אֶפֶס
nimble *adj.* זָרִיז; מְהִיר תְּפִיסָה; עֵר
nimbly *adv.* בִּזְרִיזוּת
nine *adj., n.* תֵּשַׁע; תִּשְׁעָה
ninepins *n.* מִין מִשְׂחַק כַּדּוֹרֶת
nineteen *adj., n.* תְּשַׁע־עֶשְׂרֵה; תִּשְׁעָה־עָשָׂר
nineteenth *adj., n.* (הַחֵלֶק) הַתִּשְׁעָה־עָשָׂר; הַתְּשַׁע־עֶשְׂרֵה
ninetieth *adj., n.* (הַחֵלֶק) הַתִּשְׁעִים
ninety *adj., n.* תִּשְׁעִים
–in the nineties בֵּין תִּשְׁעִים לְמֵאָה; בִּשְׁנוֹת הַתִּשְׁעִים
ninth *adj., n.* תְּשִׁיעִי; תְּשִׁיעִית; הַתִּשְׁעָה

nip *n.* צְבִיטָה; נְשִׁיכָה; לְגִימָה; שְׁלוּק
nip *v.* לִצְבּוֹט; לִנְשׁוֹךְ; לַעֲצוֹר הִתְפַּתְּחוּת
–nip in the bud לִקְטוֹעַ בְּאִיבּוֹ
nipple *n.* פִּטְמָה
nippy *adj.* קַר מְאוֹד; צוֹבֵט; חָרִיף; זָרִיז
NIS ש״ח (שֶׁקֶל חָדָשׁ)
nitpicking *n., adj.* הִיטַפְּלוּת לִדְבָרִים קְטַנִּים; קַטְנוּנִי
nitrogen *n.* חַנְקָן
nitroglycerine *n.* נִיטְרוֹגְלִיצֶרִין
nitty-gritty *n.* עִיקָר; עֶצֶם הָעִנְיָן
–get down to the nitty-gritty לְדַבֵּר תַּכְלֶס
nitwit *n.* מְטוּמְטָם
no *adj., adv.* לֹא; בִּכְלָל לֹא / אֵין; אַף... לֹא
–it's no good/use אֵין טַעַם לְ־
–no one אַף אֶחָד לֹא
–No parking! אֵין חֲנָיָה
–No smoking! אָסוּר לְעַשֵּׁן
–No way! בְּשׁוּם אוֹפֶן לֹא; מַה פִּתְאוֹם?!; לֹא בָּא בְּחֶשְׁבּוֹן
no *n.* מִתְנַגֵּד; אוֹמֵר לָאו; תְּשׁוּבָה שְׁלִילִית
–never/not take no for an answer לֹא מוּכָן לְקַבֵּל תְּשׁוּבָה שְׁלִילִית
no(s), No(s) מס׳ (מִסְפָּר)
Noah's Ark *n.* תֵּיבַת נוֹחַ
Nobel Prize *n.* פְּרַס נוֹבֶּל
nobility *n.* אֲצִילוּת; אֲצוּלָה
noble *n., adj.* אָצִיל; אֲצִילִי; מַרְשִׁים
noblesse oblige *n.* הָאֲצִילוּת מְחַיֶּיבֶת
nobly *adv.* בְּאוֹפֶן הָרָאוּי לְשֶׁבַח; כַּיָּאֶה לְאָצִיל; בְּאוֹפֶן מַרְשִׁים
nobody אַף אֶחָד (לֹא); אֶפֶס; סְתָם אֶחָד
nocturnal *adj.* לֵילִי; ־לַיְלָה; פָּעִיל בַּלַּיְלָה
nod *n.* נִיד רֹאשׁ
nod *v.* לְהָנִיד רֹאשׁ (לְאוֹת־); לְהַנְהֵן בְּרֹאשׁוֹ; לִשְׁמוֹט רֹאשׁוֹ
nodal *adj.* שֶׁל צוֹמֶת (בְּרֶשֶׁת מְסוֹעֶפֶת)
node *n.* בְּלִיטָה; פֶּרֶק (בְּצֶמַח); צוֹמֶת (בְּרֶשֶׁת מְסוֹעֶפֶת)
nodular *adj.* עִם בְּלִיטוֹת כַּנַּ״ל
nodule *n.* בְּלִיטָה / גוּלָה קְטַנָּה
Noel *n.* חַג הַמּוֹלָד
noes *n.* אוֹמְרֵי הַלָּאו
no-go area *n.* אֵיזוֹר סָגוּר
nohow *adv.* בְּשׁוּם אוֹפֶן לֹא
noise *n., v.* רַעַשׁ; קוֹל; שָׁאוֹן; רַחַשׁ
–noise abroad/around לְפַרְסֵם בָּרַבִּים
noiselessly *adv.* בְּשֶׁקֶט
noisily *adv.* בְּרַעַשׁ; בְּקוֹלֵי קוֹלוֹת
noisiness *n.* רַעֲשָׁנוּת; קוֹלָנִיּוּת
noisy *adj.* רוֹעֵשׁ; רַעֲשָׁנִי
nomad *n.* נַוָּד; בֶּן שֵׁבֶט נוֹדֵד
no-man's land *n.* שֶׁטַח הֶפְקֵר
nomenclature *n.* מִינּוּחַ
nominal *adj.* לַהֲלָכָה; בְּשֵׁם בִּלְבַד; נָקוּב; נוֹמִינָלִי; סִמְלִי; שֶׁמָּנִי
nominally *adv.* לַהֲלָכָה
nominate *v.* לְהַצִּיעַ כְּמוּעֲמָד; לְמַנּוֹת
nomination *n.* הַצָּעַת מוּעֲמָד; מִינּוּי
nominee *n.* מוּעֲמָד
nominations committee *n.* וַעֲדַת מִינּוּיִים
nonagenarian *adj., n.* (אָדָם) בִּשְׁנוֹת הַ־90 לְחַיָּיו
nonce *adj.* (מִלָּה) שֶׁהוּמְצְאָה לְצוֹרֶךְ זֶה בִּלְבַד
–for the nonce לְצוֹרֶךְ זֶה בִּלְבַד; לְעֵת עַתָּה
nonchalance *n.* אֲדִישׁוּת (מוּפְגֶּנֶת); שִׁוְויוֹן־נֶפֶשׁ
nonchalant *adj.* אָדִישׁ (בְּמוּפְגָּן); שְׁוֵה־נֶפֶשׁ
nonchalantly *adv.* בַּאֲדִישׁוּת; בְּשִׁוְויוֹן־נֶפֶשׁ
non-combatant *n.* לֹא קְרָבִי
non-commissioned officer *n.* מַשַּׁ״ק
non-committal *adj.* לֹא מְחַיֵּיב; אֵינוֹ נוֹקֵט עֶמְדָּה בְּרוּרָה
nonconformist *adj., n.* מוֹרֵד בְּמוּסְכָּמוֹת; נוֹנְקוֹנְפוֹרְמִיסְט
nonconformity *n.* אִי הֲלִיכָה בַּתֶּלֶם; נוֹנְקוֹנְפוֹרְמִיזְם
nondairy *adj.* לֹא חֲלָבִי; לְלֹא מוּצְרֵי חָלָב
nondescript *adj.* לְלֹא אוֹפִי מוּגְדָּר; חֲסַר יִיחוּד

N

none כְּלָל לֹא; אַף לֹא אֶחָד
–none other than... בִּכְבוֹדוֹ וּבְעַצְמוֹ
nonentity *n.* "אֶפֶס"; דָּבָר דִּמְיוֹנִי
nonesuch *n.* אָדָם / דָּבָר שֶׁאֵין כָּמוֹהוּ
nonetheless *adv.* אַף עַל פִּי כֵן
non-event *n.* אֵירוּעַ מְאַכְזֵב; אִי־אֵירוּעַ
non-existent *adj.* לֹא קַיָּים; לֹא בְּנִמְצָא
non-fiction *n.* סִפְרוּת לֹא בִּדְיוֹנִית; סִפְרֵי עִיּוּן (לֹא סִיפּוֹרֶת)
non-flammable *adj.* לֹא דָלִיק
non-intervention *n.* אִי־הִתְעָרְבוּת
non-member *n.* מִי שֶׁאֵינוֹ חָבֵר
non-metallic *adj.* לֹא מַתַּכְתִּי; אַל־מַתַּכְתִּי
non-negotiable *adj.* לֹא סָחִיר
no-nonsense *adj.* עִנְיָנִי; מַעֲשִׂי
non-profit organization *n.* מוֹסָד לְלֹא כַּוָּנַת רֶוַח
non-proliferation *n.* אִי־הֲפָצָה (שֶׁל נֶשֶׁק גַּרְעִינִי)
non-resident *adj., n.* לֹא תּוֹשָׁב; מִי שֶׁאֵינוֹ מִתְאַכְסֵן; תּוֹשָׁב חוּץ
non-returnable *adj.* חַד־פַּעֲמִי; לֹא לְהַחְזָרָה (בַּקְבּוּק וכו')
nonsense *n.* שְׁטוּיוֹת; שְׁטוּת
nonsense verse *n.* שִׁיר נוֹנְסֶנְס / אִיגְיוֹן
nonsensical *adj.* שְׁטוּתִי; אַבְּסוּרְדִי
non-shrink *adj.* שֶׁאֵינוֹ מִתְכַּוֵּץ בִּכְבִיסָה
non-smoker *n.* לֹא מְעַשֵּׁן; מָקוֹם אָסוּר לְעִישּׁוּן
non-starter *n.* אָדָם / רַעְיוֹן וכו' שֶׁאֵין לוֹ סִיכּוּי (לְהַצְלִיחַ); מִכְשׁוֹל מִלְּכַתְּחִילָּה
non-stop *adj.* בְּלִי הֶפְסֵק; יָשִׁיר (לְלֹא תַּחֲנוֹת בֵּינַיִים)
non-violent *adj.* לֹא־אַלִּים
noodle *n.* אִטְרִיּוֹת; רֹאשׁ; שֵׂכֶל
nook *n.* פִּינָּה (נִסְתֶּרֶת); מַחֲבוֹא
–search every nook and cranny לְחַפֵּשׂ בְּכָל מָקוֹם / פִּינָּה
noon *n.* צָהֳרַיִים
no one אַף אֶחָד לֹא
noose *n.* לוּלָאַת חֶבֶל; עֲנִיבַת חֶנֶק
nope לֹא וָלֹא; גַּם לֹא
nor (*see* neither) וְלֹא; גַּם לֹא

norm *n.* כְּלָל מְקוּבָּל; נוֹרְמָה; תֶּקֶן
normal *adj.* תָּקִין; רָגִיל; נוֹרְמָלִי
normal *n.* הַמַּצָּב הָרָגִיל
–above normal גָּבוֹהַ מֵהָרָגִיל
normality *n.* נוֹרְמָלִיּוּת; מַצָּב נוֹרְמָלִי
normalization *n.* נִרְמוּל; נוֹרְמָלִיזַצְיָה
normalize *v.* לַעֲשׂוֹת לְנוֹרְמָלִי; לְנַרְמֵל
normally *adv.* בְּדֶרֶךְ כְּלָל; בְּאוֹפֶן נוֹרְמָלִי
normative *adj.* נוֹרְמָטִיבִי; קוֹבֵעַ כְּלָלִים / נוֹרְמוֹת
north *adj., adv.* צְפוֹנִי; צָפוֹנָה
–north of צְפוֹנִית לְ־
north *n.* הַצָּפוֹן
north-east *n., adj., adv.* צְפוֹן־מִזְרָח; צְפוֹנִי־מִזְרָחִי; צְפוֹנִית־מִזְרָחִית
northerly *adj., adv.* צְפוֹנִית; צָפוֹנָה; צְפוֹנִי
northern *adj.* צְפוֹן־; צְפוֹנִי
northerner *n.* צְפוֹנִי; אִישׁ הַצָּפוֹן
Northern Hemisphere *n.* חֲצִי־הַכַּדּוּר הַצְּפוֹנִי
northernmost *adj.* הַצְּפוֹנִי בְּיוֹתֵר
North Pole *n.* הַקּוֹטֶב הַצְּפוֹנִי
northward *adj., adv.* צְפוֹנִי; צָפוֹנָה
northwards *adv.* צָפוֹנָה
north-west *n., adj., adv.* צְפוֹן־מַעֲרָב; צְפוֹנִי־מַעֲרָבִי; צְפוֹנִית־מַעֲרָבִית
nose *n.* אַף; חוּשׁ רֵיחַ; חַרְטוֹם
–cut off your nose to spite your face לְהַזִּיק רַק לְעַצְמוֹ
–keep your nose clean לֹא לְהִסְתַּבֵּךְ בְּצָרוֹת
–lead someone by the nose לִמְשׁוֹךְ אוֹתוֹ בָּאַף
–look down your nose at לְהִתְיַיחֵס בְּבוּז לְ־
–pay through the nose לְשַׁלֵּם מְחִיר מוּפְרָז
–poke/stick your nose into לִדְחוֹף אֶת הָאַף (לְעִנְיְנֵי־)
–(right) under his (very) nose מוּל הָעֵינַיִים; (מַמָּשׁ) מִתַּחַת לְאַפּוֹ
–turn up your nose (at) לְעַקֵּם אֶת הָאַף

N

nose *v.* לְהִתְקַדֵּם בִּזְהִירוּת
–nose about/around לְרַחְרֵחַ; לְחַטֵּט
nosebleed *n.* דִּימוּם מֵהָאַף
nosedive *n., v.* צְלִילָה (של מטוס); לצלול; (לָרֶדֶת) יְרִידָה תְּלוּלָה
nosegay *n.* זֵר פְּרָחִים קָטָן
nose job *n.* נִיתּוּחַ פְּלַסְטִי בָּאַף
nosey *adj.* חַטְטָנִי; חַטְטָן
nosh *v., n.* לֶאֱכוֹל; לְנַשְׁנֵשׁ
nostalgia *n.* (for) נוֹסְטַלְגְיָה (ל־)
nostalgic *adj.* נוֹסְטַלְגִי
nostril *n.* נְחִיר
nosy *adj.* חַטְטָנִי; חַטְטָן
not *adv.* לֹא; אֵין
–not (all) that לֹא כָּל כָּךְ
–not at all בִּכְלָל לֹא; עַל לֹא דָבָר
–not only... but also... לֹא רַק... אֶלָּא גַם
–not quite לֹא לְגַמְרֵי
–not so/as... as... לֹא כָּל כָּךְ... כְּמוֹ
notable *adj.* (for) רָאוּי לְצִיּוּן; בּוֹלֵט
notably *adv.* בְּאוֹפֶן בּוֹלֵט; בִּמְיוּחָד
notary *n.* נוֹטַרְיוֹן
notation *n.* (שִׁיטַת) סִימּוּן / צִיּוּן; סִימָנִים; סְמָלִים
notch *n.* חָתָךְ בְּצוּרַת "וִי"; חָרִיץ; חוֹר (בחגורה); דַּרְגָּה; מַעֲבָר צַר בֵּין הָרִים
notch *v.* לַעֲשׂוֹת חָרִיץ כַּנַּ"ל
–notch up לִרְשׁוֹם לִזְכוּתוֹ; לְהַשִּׂיג
note *n.* רְשִׁימָה; אִיגֶּרֶת; פֶּתֶק; הֶעָרָה; שְׁטָר; תָּו; נִימָה; אַקּוֹרְד (צוֹרֵם, וכו')
–compare notes לְהַחֲלִיף דֵּיעוֹת / רְשָׁמִים
–make a note of לִרְשׁוֹם (לְפָנָיו)
–strike the right note לִפְרוֹט עַל הַנִּימָה הַנְּכוֹנָה; לַעֲשׂוֹת אֶת הַדָּבָר הַנָּכוֹן
–take note (of) לָשִׂים לֵב (ל־)
–take notes לִרְשׁוֹם (דִּבְרֵי מַרְצֶה וכד')
–worthy of note כְּדַאי לְהַזְכִּירוֹ; רָאוּי לִתְשׂוּמַת לֵב; רָאוּי לְצִיּוּן
note *v.* לָשִׂים לֵב (ל־/ש־); לִרְשׁוֹם; לְצַיֵּין
notebook *n.* פִּנְקָס; מַחְבֶּרֶת
noted *adj.* (for) מְפוּרְסָם; יָדוּעַ (בּ־)
notepad *n.* פִּנְקַס כִּיס; נְיָיר לְהוֹדָעוֹת
noteworthy *adj.* רָאוּי לְצִיּוּן
nothing *n., adv.* שׁוּם דָּבָר (לֹא); אֶפֶס
–come to nothing לְהִיכָּשֵׁל; לַעֲלוֹת בַּתּוֹהוּ
–for nothing בְּחִינָּם; לְחִינָּם
–have nothing to do with לְהִתְרַחֵק מ־; אֵין לוֹ יָד בּ־; אֵין לוֹ קֶשֶׁר ל־; אֵין זֶה עִנְיָינוֹ
–make nothing of לֹא לְהָבִין דָּבָר; לְהִתְיַיחֵס בְּבִיטּוּל ל־
–mean nothing to לֹא לְהֵיחָשֵׁב בְּעֵינֵי־; לֹא לְעַנְיֵין אוֹתוֹ; לֹא לוֹמַר לוֹ כְּלוּם
–next to nothing כִּמְעַט וְלֹא כְלוּם
–not for nothing לֹא לְחִינָּם
–nothing but אַךְ וְרַק; אֵינוֹ אֶלָּא
–nothing of the kind/sort (בִּכְלָל) לֹא... (דָּבָר כָּזֶה)
–stick/stop at nothing לֹא לְהֵירָתַע; לֹא לִבְחוֹל בְּשׁוּם אֶמְצָעִי
–to say nothing of... שֶׁלֹּא לְהַזְכִּיר
nothingness *n.* אַפְסוּת; חִידָּלוֹן; רֵיקָנוּת
notice *n.* מוֹדָעָה; הוֹדָעָה; הוֹדָעַת פִּיטּוּרִין; תְּשׂוּמֶת־לֵב; סְקִירָה; בִּיקּוֹרֶת
–at short notice בְּהַתְרָאָה קְצָרָה
–come to his notice לְהִיוָּדַע לוֹ
–escape his notice לְהֵיעָלֵם מֵעֵינָיו
–take no notice (of) לֹא לָשִׂים לֵב (ל־)
–until further notice עַד לְהוֹדָעָה חֲדָשָׁה
notice *v.* לָשִׂים לֵב (ל־/ש־); לְהָעִיר
noticeable *adj.* נִיכָּר; שֶׁקַּל לְהַבְחִין בּוֹ
noticeably *adv.* בְּמִידָּה נִיכֶּרֶת
notice board *n.* לוּחַ הוֹדָעוֹת
notification *n.* הוֹדָעָה
notify *v.* (notified) לְהוֹדִיעַ ל־ (עַל־)
notion *n.* מוּשָּׂג; רַעְיוֹן; דֵּיעָה; חֵשֶׁק; כַּוָּונָה
–take a notion לְהִתְחַשֵּׁק לוֹ (פִּתְאוֹם)
notional *adj.* מוּשָּׂגִי; דִּמְיוֹנִי; לֹא מַמָּשִׁי; מְשׁוֹעָר
notions *n.* סִדְקִית
notoriety *n.* פִּרְסוּם (לְשִׁמְצָה)
notorious *adj.* יָדוּעַ (לְשִׁמְצָה)
notoriously *adv.* הַיָּדוּעַ כּ־; עַד לְהַחֲרִיד
notwithstanding בְּכָל זֹאת; עַל אַף
nought *n.* אֶפֶס; 0

nuclear power *n.* כּוֹחַ גַרְעִינִי; מַעֲצָמָה גַרְעִינִית
nuclear-powered *adj.* מוּנָע בְּכוֹחַ גַרְעִינִי
nuclear reactor *n.* כּוּר גַרְעִינִי
nuclear waste *n.* פְּסוֹלֶת גַרְעִינִית
nude *adj., n.* עָרוֹם; (גוּף) עֵירוֹם
nudge *n.* דְחִיפָה קַלָּה (בַּמַרְפֵּק)
nudge *v.* לִדחוֹק; לִדחוֹף קַלּוֹת בַּמַרְפֵּק
nudity *n.* עֵירוֹם
nugget *n.* גוּשׁ (זָהָב) גוֹלמִי
nuisance *n.* מִטרָד; טַרדָן; מִפגָע
nuke *n.* נֶשֶׁק גַרְעִינִי
nuke *v.* לִתקוֹף בְּנֶשֶׁק גַרְעִינִי; לְחַמֵם בַּמִיקרוֹגַל
null *adj.* בָּטֵל; אֶפֶס
–null and void בָּטֵל וּמְבוּטָל
nullify *v.* (nullified) לְבַטֵל תוֹקֶף
numb *adj.* (with) חֲסַר תְחוּשָׁה; מְשׁוּתָק (מֵרוֹב־)
number *n.* מִספָּר; גִילָיוֹן (עִיתוֹן); קֶטַע; קְבוּצָה; חֶבְרֶ'ה; בֶּגֶד
–numbers חֶשׁבּוֹן; יִתרוֹן מִספָּרִי; הִימוּרִים
–without number (רַבִּים) לְאֵין סְפוֹר
number *v.* לְמַסְפֵּר; לִהיוֹת בסה"כ; לְהִסתַכֵּם בּ־; לִכלוֹל; לִמנוֹת; לְסַפְרֵר
–his days are numbered יָמָיו סְפוּרִים
–be numbered among לְהִימָנוֹת בֵּין
–number off לְהִתפַּקֵד
numberless *adj.* לְאֵין סְפוֹר
number plate *n.* לוּחִית מִספָּר; לוּחִית זִיהוּי
numbness *n.* חוֹסֶר תְחוּשָׁה
numeral *adj., n.* מִספָּרִי; סִפְרָה; מִלַּת מִספָּר
numerate *adj.* בַּעַל יְדִיעָה טוֹבָה בְּמָתֶמָטִיקָה; יוֹדֵעַ חֶשבּוֹן
numeration *n.* מִספּוּר; סְפִירָה; סִפרוּר
numerator *n.* מוֹנֶה (בְּשֶׁבֶר)
numerical *adj.* מִספָּרִי
numerically *adv.* בְּמִספָּרִים; מִספָּרִית
numerology *n.* נוּמֶרוֹלוֹגְיָה; גִימַטרִייָה
numerous *adj.* רַבִּים

–come to nought לְהִיכָּשֵׁל; לַעֲלוֹת בַּתוֹהוּ
noughts and crosses *n.* (מִשׂחָק) אִיקס מִיקס דְרִיקס
noun *n.* שֵׁם־עֶצֶם
nourish *v.* לְהָזִין; לְהַשבִּיחַ; לְטַפֵּס
nourishing *adj.* מֵזִין
nourishment *n.* מָזוֹן; הֲזָנָה
novel *adj.* חָדָשׁ; מְקוֹרִי; מוּזָר; זָר
novel *n.* רוֹמָן (סֵפֶר)
novelist *n.* סוֹפֵר; מְחַבֵּר רוֹמָנִים
novelty *n.* חִידוּשׁ; זָרוּת; חִידוּשׁ מְרַעֲנֵן; צַעֲצוּעַ/תַכשִׁיט קָטָן וְזוֹל
November *n.* נוֹבֶמבֶּר
novice *n.* טִירוֹן; פֶּרַח נְזִירִים
now *adv.* כָּעֵת; עַכשָׁיו; נוּ; אִם תָעֵז; דַי; וּבכֵן
–as of now (הָחֵל) מֵרֶגַע זֶה
–(every) now and again/then מִדֵי פַּעַם
–for now לְעֵת עַתָה
–from now on מִכָּאן וְאֵילָךְ; מֵעַתָה
nowadays *adv.* בְּיָמֵינוּ; כַּיוֹם
no way *adv.* בְּשׁוּם אוֹפֶן לֹא; מַה פִּתאוֹם?! לֹא בָּא בְּחֶשׁבּוֹן
nowhere *adv.* בְּשׁוּם מָקוֹם (לֹא); לְשׁוּם מָקוֹם
–from nowhere לְפֶתַע; מִשּׁוּם מָקוֹם
–nowhere near רָחוֹק מ־/מִלִהיוֹת; בִּכלָל לֹא
–get nowhere לֹא לְהִתקַדֵם; לֹא לְהַגִיעַ לשׁוּם מָקוֹם
no-win situation *n.* מַצָב שֶׁאֵין בּוֹ מְנַצחִים; עִניָין אָבוּד בְּכָל מִקרֶה
noxious *adj.* מַזִיק; דוֹחֶה; רָעִיל
nozzle *n.* נְחִיר; זַרבּוּבִית
NRN אֵין צוֹרֶךְ לַעֲנוֹת
nuance *n.* הֶבדֵל דַק; גָוֶון דַק; גוֹנִית; נִיוּאַנס
nub *n.* עִיקָר; לֵב; גוּשִׁישׁ; גוּשׁ קָטָן
nuclear *adj.* גַרְעִינִי
nuclear bomb *n.* פְּצָצָה גַרְעִינִית
nuclear-free *adj.* נָקִי מִנֶשֶׁק גַרְעִינִי; חוֹפשִׁי מֵאֶנֶרגִיָה גַרְעִינִית

N

nun *n.* נְזִירָה
nunnery *n.* מִנְזָר
nuptial *adj.* שֶׁל נִישׂוּאִים / כְּלוּלוֹת
nuptials *n.* חֲתוּנָּה; כְּלוּלוֹת
nurse *n.* אָחוֹת; מְטַפֶּלֶת
nurse *v.* לְטַפֵּל בּ־; לְהַחֲזִיק בְּרוֹךְ; לְטַפֵּל הֵיטֵב בּ־; לְטַפֵּחַ
nursemaid *n.* מְטַפֶּלֶת
nursery *n.* חֲדַר יְלָדִים; פָּעוֹטוֹן; מִשְׁתָּלָה
nursery rhyme *n.* שִׁיר יְלָדִים
nursery school *n.* גַּנּוֹן
nursing *n.* סִיעוּד; טִיפּוּל; הֲנָקָה
nursing home *n.* בֵּית־חוֹלִים פְּרָטִי; בֵּית־חוֹלִים סִיעוּדִי
nurs(e)ling *n.* תִּינוֹק (יוֹנֵק); בֶּן טִיפּוּחִים
nurture *v.* לְחַנֵּךְ; לְגַדֵּל; לְטַפֵּחַ
nurture *n.* טִיפּוּחַ; חִינּוּךְ
nut *n.* אֱגוֹז; אוֹם; רֹאשׁ; מְשׁוּגָּע (עַל)
–a hard nut to crack אֱגוֹז קָשֶׁה לְפִיצוּחַ
–a tough nut קָשׁוּחַ; אֱגוֹז קָשֶׁה; קָשֶׁה
–nuts אֱגוֹזִים; בֵּיצִים (סלנג)
nutcase *n.* מְשׁוּגָּע; מְטוֹרָף
nutcracker(s) *n.* מַפְצֵחַ־אֱגוֹזִים
nutrient *adj., n.* (חוֹמֶר) מֵזִין
nutriment *n.* אוֹכֶל מֵזִין; מָזוֹן; חוֹמֶר מֵזִין
nutrition *n.* תְּזוּנָה
nutritional value *n.* עֵרֶךְ תְּזוּנָתִי
nutritionist *n.* תְּזוּנַאי
nutritious *adj.* מֵזִין
nuts *adj., n.* מְשׁוּגָּע; "בֵּיצִים"
nuts and bolts *n.* הַפְּרָטִים הַמַּעֲשִׂיִּים; הַפְּרָטִים הַטֶּכְנִיִּים
nutshell *n.* קְלִיפַּת אֱגוֹז
–(put it) in a nutshell (לְסַכֵּם) בִּקְצָרָה / בְּתַמְצִיתִיּוּת
nutty *adj.* שֶׁל אֱגוֹזִים; בְּטַעַם אֱגוֹזִים; מְשׁוּגָּע
nuzzle *v.* לְחַכֵּךְ בְּאַפּוֹ בּ־; לְהִתְרַפֵּק
nylon *n.* נַיילוֹן
nylons *n.* גַּרְבּוֹנֵי נַיילוֹן
nymph *n.* נַעֲרָה יָפָה; נִימְפָה; גּוֹלֶם
nymphomaniac *n.* נִימְפוֹמָנִית

N

O

O, o אֶפֶס (כְּמוֹ בְּמִסְפַּר טֶלֶפוֹן)
oaf *n.* גּוֹלֶם; מְטוּמְטָם
oak *n.* (עֵץ) אַלּוֹן
oar *n.* מָשׁוֹט
oasis *n.* נְוֵוה מִדְבָּר; נְקוּדַת אוֹר; אִי
oath *n.* שְׁבוּעָה; קְלָלָה
–be on/under oath לְהָעִיד בִּשְׁבוּעָה
oatmeal *n.* פְּתִיתֵי שִׁיבּוֹלֶת־שׁוּעָל; דַּיְיסָה
oats *n.* (גַּרְעִינֵי) שִׁיבּוֹלֶת־שׁוּעָל; דַּיְיסַת קְוָואקֶר
–sow your wild oats לְהִתְהוֹלֵל בִּימֵי הַנְּעוּרִים
obdurate *adj.* עַקְשָׁן
obedience *n.* צִיּוּת; צַיְיתָנוּת
obedient *adj.* צַיְיתָן
obediently *adv.* בְּצַיְיתָנוּת
obelisk *n.* מַצֶּבֶת־מַחַט; אוֹבֶּלִיסְק
obese *adj.* שָׁמֵן מְאוֹד
obesity *n.* שַׁמְנוּת
obey *v.* לְצַיֵּית (ל־); לְמַלֵּא (פְּקוּדָה וכד׳)
obfuscate *v.* לְטַשְׁטֵשׁ; לְהַאֲפִיל; לְעַרְפֵּל
obituary *n.* מַאֲמַר הֶסְפֵּד; מוֹדָעַת אֵבֶל
object *n.* חֵפֶץ; עֶצֶם; דָּבָר; מַטָּרָה; יַעַד; מוּשָׂא
–be no object לֹא לְהָווֹת בְּעָיָה
object *v.* (to/against) לְהִתְנַגֵּד (ל־); לִמְחוֹת
objection *n.* הִתְנַגְּדוּת; הִסְתַּיְיגוּת
–take objection to לְהִתְנַגֵּד ל־
objectionable *adj.* מְעוֹרֵר הִתְנַגְּדוּת; דּוֹחֶה
objective *adj.* אוֹבְּיֶיקְטִיבִי; שֶׁל הַמּוּשָׂא
objective *n.* מַטָּרָה; יַעַד
objectively *adv.* בְּאוֹבְּיֶיקְטִיבִיּוּת
objectivity *n.* אוֹבְּיֶיקְטִיבִיּוּת
obligate *v.* לְחַיֵּיב; לְאַלֵּץ
obligation *n.* חוֹבָה; הִתְחַיְּיבוּת
–under an obligation מְחוּיָּב; מַכִּיר טוֹבָה
obligatory *adj.* (בְּגֶדֶר) חוֹבָה; הֶכְרֵחִי
oblige *v.* לְחַיֵּיב; לְאַלֵּץ; לַעֲשׂוֹת טוֹבָה ל־
–much obliged תּוֹדָה רַבָּה!
obliging *adj.* מוּכָן לַעֲזוֹר
oblique *adj., n.* מְלוּכְסָן; עָקִיף; לוֹכְסָן
obliterate *v.* לִמְחוֹק לְגַמְרֵי; לַהֲרוֹס
obliteration *n.* מְחִיקָה; הַשְׁמָדָה
oblivion *n.* שִׁכְחָה; נְשִׁיָּיה
oblivious *adj.* אֵינוֹ עֵר ל־; לֹא מוּדָע ל־
oblong *adj., n.* מַלְבֵּנִי; מַלְבֵּן
obnoxious *adj.* דּוֹחֶה; מַגְעִיל
oboe *n.* אַבּוּב
obscene *adj.* גַּס; שֶׁל תּוֹעֵבָה
obscenely *adv.* בְּגַסוּת; בְּנִיבּוּל פֶּה
obscenity *n.* גַּסוּת; מַעֲשֶׂה גַּס; נִיבּוּל פֶּה
obscure *adj.* מוּסְתָּר; מְעוּרְפָּל; סָתוּם; לֹא בָּרוּר; לֹא יָדוּעַ
obscure *v.* לְהַסְתִּיר; לְעַרְפֵּל
obscurely *adv.* בִּמְעוּרְפָּל
obscurity *n.* אִי־בְּהִירוּת; אַלְמוֹנִיּוּת; עִנְיָין סָתוּם
obsequious *adj.* נִכְנָע; מִתְרַפֵּס
observance *n.* שְׁמִירָה; קִיּוּם; טֶקֶס; צִיּוּן
observant *adj.* בַּעַל עַיִן בּוֹחֶנֶת; עֵירָנִי; מְקַיֵּים; שׁוֹמֵר (מִצְווֹת וכו׳)
observation *n.* הִתְבּוֹנְנוּת; הִסְתַּכְּלוּת; הַשְׁגָּחָה; כּוֹשֶׁר הִתְבּוֹנְנוּת; תַּצְפִּית; הֶעָרָה
–under observation בְּמַעֲקָב; תַּחַת הַשְׁגָּחָה
observatory *n.* מִצְפֶּה
observe *v.* לְהִתְבּוֹנֵן בּ־; לְהַבְחִין (בּ־); לְקַיֵּים; לִשְׁמוֹר; לַחֲגוֹג; לְצַיֵּין; לְהָעִיר
observer *n.* צוֹפֶה; מִתְבּוֹנֵן; מַשְׁקִיף
obsess *v.* לֶאֱחוֹז בּוֹ כְּדִיבּוּק; לְהָצִיק; לֹא לָתֵת לוֹ מָנוֹחַ
obsession *n.* שִׁיגָּעוֹן; דִּיבּוּק
obsessive *adj.* שִׁגְעוֹנִי; אוֹבְּסֶסִיבִי; ״מְשׁוּגָּע״ (ל־); כְּפִיָּיתִי
obsolescence *n.* הִתְיַישְׁנוּת
obsolete *adj.* לֹא בְּשִׁימּוּשׁ; מְיוּשָּׁן
obstacle *n.* מִכְשׁוֹל
obstetrician *n.* רוֹפֵא מְיַילֵּד
obstinacy *n.* עַקְשָׁנוּת

obstinate *adj.* עַקשָׁן
obstinately *adv.* בְּעַקשָׁנוּת
obstruct *v.* לַחסוֹם; לְהַסתִיר; לְהַפרִיעַ; לְהַכשִׁיל; לְעַכֵּב
obstruction *n.* חֲסִימָה; הַפרָעָה; מִכשׁוֹל; מִפגָע; עִיכּוּב
obstruction of justice שִׁיבּוּשׁ הֲלִיכֵי מִשפָּט
obstructive *adj.* (to) מַפרִיעַ; מְעַכֵּב
obtain *v.* לְהַשִׂיג; לִרכּוֹשׁ; לְקַבֵּל; לִהיוֹת נָהוּג / קַיָים
obtrusive *adj.* בּוֹלֵט; רוֹעֵשׁ; חָרִיף
obtrusively *adv.* בְּמוּפגָן; בְּאוֹפֶן בּוֹלֵט
obtuse *adj.* חֲסַר רְגִישׁוּת; קְשֵׁה־תְּפִישָׂה; אָטוּם
obtuse angle *n.* זָווִית קֵהָה
obtusely *adv.* בְּטִמטוּם; בְּקֵהוּת רֶגֶשׁ
obtuseness *n.* אֲטִימוּת; קֵהוּת רֶגֶשׁ; טִמטוּם
obvious *adj.* בָּרוּר; גָלוּי לָעַיִן; מוּבָן מֵאֵלָיו; נִיכָּר בּוֹ שֶׁהוּא; רוֹאִים (שֶׁ־)
obviously *adv.* כַּמוּבָן; בָּרוּר (שֶׁ־); כְּפִי שֶׁנִיתָן לִראוֹת
occasion *n.* מִקרֶה; הִזדַמנוּת; אֵירוּעַ; סִיבָּה; עִילָה
–on occasion מִדֵי פַּעַם; בִּשׁעַת הַצוֹרֶך
–rise to the occasion לַעֲמוֹד יָפֶה בַּמִבחָן
occasion *v.* לִגרוֹם ל־; לְהָסֵב
occasional *adj.* מִדֵי פַּעַם; מִזדַמֵן; לְאֵירוּעַ מְיוּחָד
occasionally *adv.* מִדֵי פַּעַם; לִפעָמִים
Occident *n.* הַמַעֲרָב (אֵירוֹפָּה וַאֲמֵרִיקָה)
occult *adj.* נִסתָר; מַאגִי; מִסתוֹרִי
–the occult חוֹכמַת הַנִסתָר וְהָעַל־טִבעִי
occupant *n.* דַיָיר; תּוֹפֵס
occupation *n.* תְּפִיסָה; הִשׁתַלטוּת; הַחזָקָה; כִּיבּוּשׁ; עִיסוּק; מִקצוֹעַ; מִשׁלַח יָד
occupational *adj.* מִקצוֹעִי; עִיסוּקִי
occupational therapy *n.* רִיפּוּי בְּעִיסוּק
occupied *adj.* תָּפוּס; כָּבוּשׁ; עָסוּק
occupier *n.* תּוֹפֵס; מַחֲזִיק; דַיָיר
occupy *v.* (occupied) לָגוּר בּ־; לָשֶׁבֶת בּ־; לִתפּוֹס; לִכבּוֹשׁ; לְהִשׁתַלֵט עַל־; לְהַעֲסִיק; לְמַלֵא; לְהַחֲזִיק
occur *v.* לִקרוֹת; לְהִתרַחֵשׁ; לִשׂרוֹד; לְהִימָצֵא
–occur to לַעֲלוֹת בְּדַעתּוֹ
occurrence *n.* אֵירוּעַ; מִקרֶה; הִתרַחֲשׁוּת
ocean *n.* הַיָם; אוֹקיָינוֹס
ocher, ochre *n.* אוֹכרָה; צֶבַע חוּם־צְהַבהַב
o'clock *adv.* שָׁעָה
–at six o'clock בְּשָׁעָה שֵׁשׁ
octagon *n.* מְתוּמָן
octane *n.* אוֹקטָן
octave *n.* אוֹקטָבָה; בַּיִת בֶּן 8 שׁוּרוֹת
October *n.* אוֹקטוֹבֶּר
octogenarian *adj., n.* (אָדָם) בִּשׁנוֹת הַ־80 לְחַיָיו
octopus *n.* תְּמָנוּן
oculist *n.* רוֹפֵא עֵינַיִים
OD *n.* מְנַת יֶתֶר (שֶׁל סַם)
OD *v.* לְהִשׁתַמֵשׁ בִּמנַת־יֶתֶר (שֶׁל סַם)
odd *adj.* מוּזָר; לֹא זוּגִי; אֶחָד (מִזוּג); בּוֹדֵד; לֹא קָבוּעַ; מִזדַמֵן; וְיוֹתֵר; וּמַשֶׁהוּ
–odd man out טִיפּוּס חָרִיג; הַיוֹצֵא דוֹפֶן; הַמְיוּתָּר
–odd jobs עֲבוֹדוֹת קְטַנוֹת / מִזדַמנוֹת
oddity *n.* מוּזָרוּת; אָדָם / דָבָר מוּזָר; קוּרְיוֹז
oddly *adv.* בְּצוּרָה מוּזָרָה
–oddly enough עַד כַּמָה שֶׁזֶה נִשׁמָע מוּזָר
oddment *n.* פְּרִיט שֶׁנוֹתַר; שְׁאֵרִית
oddness *n.* מוּזָרוּת
odds *n.* סִיכּוּיִים; תְּנָאֵי הַהִימוּר
–be at odds (with) (over) לִהיוֹת מְסוּכסָך / חָלוּק (עִם) (לְגַבֵּי); לִסתּוֹר
odds and ends *n.* דְבָרִים קְטַנִים
odious *adj.* שָׂנוּא; דוֹחֶה
odorous *adj.* רֵיחָנִי
odor, odour *n.* רֵיחַ
odorless, odourless *adj.* חֲסַר רֵיחַ
odyssey *n.* אוֹדִיסֵיאָה

O

Oedipus complex *n.* תַּסְבִּיךְ אֶדִיפּוּס
of *prep.* שֶׁל; מ־; בְּגִיל־; בַּעַל־; ל־; בּ־; בִּזְמַן־
–a quarter of two רֶבַע לִשְׁתַּיִים
–he of all people דַּוְוקָא הוּא
–How kind of you יָפֶה מִצִּדְּךָ
of course כַּמּוּבָן; בְּהֶחְלֵט
off *adj.* מְבוּטָל; סָגוּר; מְכוּבֶּה; מְנוּתָּק; אֵין; הָרָחוֹק מִשְּׂפַת הַכְּבִישׁ; חַלָּשׁ; (עוֹנָה) מֵתָה; לֹא מוּצְלָח
off *adv.* מֵעַל־; מ־; חוֹפְשִׁי; יוֹצֵא; בְּמֶרְחָק; מִכָּאן; סָגוּר; מְנוּתָּק; מְכוּבֶּה; אֵין; לְגַמְרֵי; כְּדֵי לְסַלֵּק; מְקוּלְקָל
–a day off יוֹם חוֹפְשִׁי
–off and on מִזְּמַן לִזְמַן; לְסֵירוּגִין; בְּהַפְסָקוֹת
–off we go קָדִימָה! נֵלֵךְ
off *prep.* רָחוֹק מ־; בְּמֶרְחָק־מָה מ־; שֶׁמִּסְתָּעֵף מ־; לֹא צוֹרֵךְ; הִפְסִיק; מִתְרַחֵק מ־; לֹא מַמָּשׁ; כִּמְעַט
off *v.* לְחַסֵּל (מִישֶׁהוּ)
offbeat *adj.* חָרִיג; יוֹצֵא דוֹפֶן
off-center *adj., adv.* לֹא (בְּדִיּוּק) בָּאֶמְצַע; בְּמֶרְחָק־מָה מֵהַמֶּרְכָּז
off-chance *n.* סִיכּוּי כָּלְשֶׁהוּ; תִּקְוָוה (קְלוּשָׁה)
off-color *adj.* לֹא מַרְגִּישׁ טוֹב; גַּס
offence *n.* עֲבֵירָה; פְּגִיעָה; עֶלְבּוֹן; הַתְקָפָה; מְטָרֵד; מִפְגָּע
–mean no offence לֹא הִתְכַּוֵּון לְהַעֲלִיב
–take offence (at) לְהֵיעָלֵב (מ־)
offend *v.* לִפְגּוֹעַ בּ־; לְהַעֲלִיב; לִהְיוֹת לֹא נָעִים ל־
offender *n.* עֲבַרְיָין
offending *adj.* פּוֹגֵעַ; מֵצִיק; בְּעָיָיתִי; מְהַוֶּוה מִטְרָד; מַעֲלִיב
offense *n.* עֲבֵירָה; פְּגִיעָה; הַתְקָפָה; עֶלְבּוֹן; מִפְגָּע; מִטְרָד
offensive *adj.* דּוֹחֶה; לֹא נָעִים; פּוֹגֵעַ; הֶתְקֵפִי
offensive *n.* הַתְקָפָה
offensively *adv.* בְּצוּרָה פּוֹגַעַת; בְּמַעֲרָךְ הֶתְקֵפִי
offensiveness *n.* פְּגִיעָה; אִי־נְעִימוּת

offer *n.* הַצָּעָה; הַצָּעַת מְחִיר; מִבְצָע (הֲנָחוֹת); הַצָּעַת נִישּׂוּאִים
–on offer מוּצָּע לִמְכִירָה; שֶׁמּוּצָּע; בְּמִבְצָע
offer *v.* לְהַצִּיעַ; לְהַבִּיעַ; לְנַסּוֹת; לְגַלּוֹת (הִתְנַגְּדוּת); לָתֵת; לְזַמֵּן; לְהַגִּישׁ; לְהַקְרִיב (לֵאלוֹהִים); לְהִזְדַּמֵּן
offering *n.* הַצָּעָה; תְּרוּמָה; מִנְחָה
offhand *adj., adv.* מְאוּלְתָּר; מְשׁוּחְרָר; חֲסַר נִימוּס; כִּלְאַחַר יָד; לְלֹא הֲכָנָה; מִן הַשַּׁרְווּל
office *n.* מִשְׂרָד; מִשְׂרָד מֶמְשַׁלְתִּי; כְּהוּנָּה; תַּפְקִיד
–be in office לִהְיוֹת בַּשִּׁלְטוֹן
–good offices שֵׁירוּתָיו הַטּוֹבִים (שֶׁל); עֶזְרָתוֹ הָאֲדִיבָה
office block *n.* בִּנְיַין מִשְׂרָדִים
office hours *n.* שְׁעוֹת הָעֲבוֹדָה / הַקַּבָּלָה
officer *n.* קָצִין; פָּקִיד (בְּמִשְׂרָה צִיבּוּרִית); מְמוּנֶּה; שׁוֹטֵר!
official *adj.* רִשְׁמִי; מוּסְמָךְ
official *n.* פָּקִיד (בְּמִמְשָׁל וכד'); עַסְקָן; נוֹשֵׂא מִשְׂרָה צִיבּוּרִית
officially *adv.* רִשְׁמִית; בְּאוֹפֶן רִשְׁמִי; בְּתוֹקֶף תַּפְקִידוֹ
officiate *v.* לְשַׁמֵּשׁ (כּ־); לְנַהֵל (טֶקֶס)
officious *adj.* לָהוּט לְהַפְעִיל סַמְכוּתוֹ; מִתְעָרֵב בְּכָל דָּבָר; מְחַלֵּק פְּקוּדוֹת
offing *n.*
–be in the offing אֶפְשָׁרִי; נִרְאֶה בָּאוֹפֶק
off-key *adj.* לֹא בְּסוּלָּם לֹא נָכוֹן; מְזַיֵּיף; לֹא בַּמָּקוֹם
off-limits *adj.* מִחוּץ לַתְּחוּם
off-line *adj.* לֹא מְקוּוָּן; מְנוּתָּק; מוּשְׁבָּת
offprint *n.* תַּדְפִּיס מַאֲמָר
off-putting *adj.* דּוֹחֶה; לֹא נָעִים
off-road vehicle *n.* רֶכֶב שֶׁטַח
off season *n.* הָעוֹנָה הַמֵּתָה
offset *n.* דְּפוּס אוֹפְסֶט; קִיזּוּז; הֶיסֵּט
offset *v.* לְקַזֵּז; לְאַזֵּן
offshoot *n.* חוֹטֶר; נֵצֶר; שְׁלוּחָה
offshore *adj.* בְּכִיווּן הַיָּם; מִן הַחוֹף; שֶׁלְּיַד הַחוֹף; בְּלֵב יָם (בְּמֶרְחָק־מָה מֵהַחוֹף)

O

offside *adj., adv.* (בְּ)נִבְדָל (בְּכַדּוּרֶגֶל)
offspring *n.* צֶאֱצָא(ים); תּוֹלָדָה
offstage *adj., adv.* מֵאֲחוֹרֵי הַקְּלָעִים; בַּמְּצִיאוּת; בַּחַיִּים
off-the-cuff *adj.* מְאוּלְתָּר; מִן הַשַּׁרְווּל
off-the-record *adj.* שֶׁלֹּא לְפִרְסוּם; לֹא לְיִיחוּס
off-white *adj.* לָבָן שָׁבוּר
often *adv.* לְעִתִּים קְרוֹבוֹת
–as often as not; more often than not לְעִתִּים קְרוֹבוֹת מְאוֹד
–every so often מִדֵּי פַּעַם
–How often...? בְּאֵיזוֹ תְּדִירוּת...? כָּל כַּמָּה זְמַן...?
ogle *v.* (at) לִנְעוֹץ מַבָּט (עוֹגֵב) בְּ־; לִטְרוֹף בְּמַבָּטוֹ
ogre *n.* עֲנָק אוֹכֵל־אָדָם; מִפְלֶצֶת
ohm *n.* אוֹהם; אוֹם (בְּחַשְׁמַל)
oil *n.* שֶׁמֶן; נֵפְט; צִבְעֵי שֶׁמֶן (בְּרַבִּים)
–burn the midnight oil לִלְמוֹד וכד׳ עַד שָׁעָה מְאוּחֶרֶת בַּלַּיְלָה; לִהְיוֹת שַׁקְדָן
–strike oil לִמְצוֹא נֵפְט; לְהִתְעַשֵּׁר בִּן־לַיְלָה
oil *v.* לְשַׁמֵּן
oil baron *n.* אֵיל נֵפְט
oilcan *n.* אָסוּךְ (לְשִׁימּוּן)
oilfield *n.* שְׂדֵה נֵפְט
oilman *n.* עוֹבֵד אוֹ אִישׁ עֲסָקִים בְּתַעֲשִׂיַּית הַנֵּפְט
oil rig *n.* מִתְקַן קִידּוּחַ נֵפְט
oil slick *n.* כֶּתֶם נֵפְט בַּיָּם
oil tanker *n.* מְכָלִית נֵפְט
oil well *n.* בְּאֵר נֵפְט
oily *adj.* שֶׁל שֶׁמֶן; שַׁמְנוּנִי; מָלֵא שֶׁמֶן; חֲלַקְלַק; חַנְפָן
oink *v., n.* לִנְחוֹר (כְּמוֹ חֲזִיר); נְחִירַת חֲזִיר
ointment *n.* מִשְׁחָה
okay, OK *adj.* בְּסֵדֶר; טוֹב; נָכוֹן
okay, OK *n., v.* אִישּׁוּר; אוֹקֵיי; לְאַשֵּׁר
okra *n.* בַּמְיָה
old *adj.* יָשָׁן; בֶּן־; בְּגִיל־; מְבוּגָּר; זָקֵן; קָשִׁישׁ; עַתִּיק; וָתִיק; יָשָׁן (וּמוּכָּר); קוֹדֵם; מְנוּסֶּה; חֲבִיבִי
–How old are you? בֶּן כַּמָּה אַתָּה?
old *n.* –the old הַקְּשִׁישִׁים
old age *n.* זִקְנָה
old-age pension *n.* קִצְבַּת זִקְנָה
old-age pensioner *n.* גִּמְלַאי; מְקַבֵּל קִצְבַּת זִקְנָה
old boy *n.* בּוֹגֵר בֵּית־הַסֵּפֶר; חֲבִיבִי!; זָקֵן
old-fashioned *adj.* מְיוּשָּׁן; לֹא אוֹפְנָתִי
old flame *n.* מִי שֶׁהָיְתָה פַּעַם אֲהוּבָתוֹ; מִי שֶׁהָיָה פַּעַם אֲהוּבָהּ
old guard *n.* הַגְּווֹרְדְיָה הַיְשָׁנָה; הַמִּשְׁמֶרֶת הַוָּותִיקָה
old hand *n.* וָתִיק וּמְנוּסֶּה
old hat *adj.* מְיוּשָּׁן; נָדוֹשׁ
old lady *n.* אִשָּׁה; אִימָּא
old maid *n.* בְּתוּלָה זְקֵנָה
old man *n.* בַּעַל; אַבָּא; חָבֵר!; הַזָּקֵן
old master *n.* צַיָּיר / צִיּוּר קְלַאסִי
old school *n.* הָאַסְכּוֹלָה הַיְשָׁנָה
Old Testament *n.* הַתַּנַ״ךְ (לְעוּמַּת הַבְּרִית הַחֲדָשָׁה)
old-time *adj.* שֶׁל הֶעָבָר; עַתִּיק; וָתִיק
old-timer *n.* וָתִיק
oleander *n.* הַרְדּוּף (שִׂיחַ)
oligarchy *n.* אוֹלִיגַרְכְיָה
olive *n.* (עֵץ) זַיִת; עֲלֵי זַיִת; עֲנַף זַיִת
olive oil *n.* שֶׁמֶן זַיִת
Olympic Games *n.* מִשְׂחָקִים אוֹלִימְפִּיִּים
ombudsman *n.* אוֹמְבּוּדְסְמֶן; נְצִיב תְּלוּנוֹת
omega *n.* אוֹמֶגָה; הַסּוֹף; הָאַחֲרוֹן
omelet(te) *n.* חֲבִיתָה
omen *n.* אוֹת מְבַשֵּׂר; סִימָן
ominous *adj.* מְבַשֵּׂר רָעוֹת; מְאַיֵּים
ominously *adv.* בְּאוֹפֶן הַמְבַשֵּׂר רַע; בְּאוֹפֶן מְאַיֵּים
omission *n.* הַשְׁמָטָה; אִי הַכְלָלָה; מֶחְדָּל
omit *v.* לֹא לִכְלוֹל; לְהַשְׁמִיט; לִשְׁכּוֹחַ לְ־; לְהִיכָּשֵׁל בְּכָךְ שֶׁלֹּא...
omnibus *n.* אַנְתּוֹלוֹגְיָה; כָּל־כִּתְבֵי־; קוֹבֶץ; מַהֲדוּרָה מוּרְחֶבֶת; אוֹטוֹבּוּס
omnipotent *adj.* כָּל יָכוֹל
omnivorous *adj.* אוֹכֵל־כּוֹל

O

on *adj.* מתקַיֵּם; דָלוּק; פָּתוּחַ; פּוֹעֵל; הַקָּרוֹב לשׂפת הכּביש
on *adv.* (מוּנָח) עַל; הָלְאָה מִכָּאן; דָלוּק; פָּתוּחַ; פּוֹעֵל; הָלְאָה; מַמשִׁיךְ; מִתקַיֵּם; מִתבַּשֵׁל
–be on about לְבַלבֵּל אֶת הַמּוֹחַ
–be on to something לַעֲלוֹת עַל (גִילוּי, רַעיוֹן וכוּ׳)
–on and off מִזמַן לִזמַן; לְסֵירוּגִין; בְּהַפסָקוֹת
–on and on בְּלִי הֶפסֵק
on *prep.* עַל; בּ־; כְּלַפֵּי־; לְעֵבֶר־; בְּרֶגַע שׁ־; עִם־; לְפִי־; חָבֵר בּ־ (וַעֲדָה וכוּ׳)
–it's on me זֶה עַל חֶשבּוֹנִי
–on business בְּעִניְינֵי עֲסָקִים
–on (his) arrival בְּהַגִיעוֹ
–on Sundays בִּימֵי רִאשוֹן
–on time בַּזמַן
on-air *adj.* בְּשִׁידוּר חַי
once *adv., conj.* פַּעַם; פַּעַם אַחַת; בְּרֶגַע שׁ־
–all at once פִּתאוֹם; כּוּלָם בְּבַת־אַחַת
–at once מִיָד; בְּעֵת וּבעוֹנָה אַחַת
–(every) once in a while מִדֵי פַּעַם
–(just) for once לְפָחוֹת הַפַּעַם; לְשֵׁם שִׁינוּי
–once again עוֹד פַּעַם; שׁוּב
–once a month פַּעַם בְּחוֹדֶשׁ
–once and for all אַחַת וּלתָמִיד
–once more עוֹד פַּעַם; שׁוּב
–once upon a time הָיֹה הָיָה; פַּעַם אַחַת
oncoming *adj.* הַמִתקָרֵב; שֶׁבָּא מִמוּל
one *adj., n.* אַחַת; אֶחָד; אוֹתוֹ
one *pron.* אֶחָד; אַחַת (מ־); זֶה; אָדָם; מַכָּה
–one another זֶה אֶת זֶה; זֶה לָזֶה
–one by one אֶחָד אֶחָד; בָּזֶה אַחַר זֶה
–which one? אֵיזֶה מֵהֶם?
one-armed *adj.* בַּעַל זְרוֹעַ אַחַת; גִידֵם
one-night stand *n.* הוֹפָעָה חַד־פַּעֲמִית; בֶּן־זוּג / בַּת־זוּג לְלַילָה אֶחָד; סְטוּץ
onerous *adj.* כָּבֵד; קָשֶׁה
oneself (אֶת) עַצמוֹ; לְעַצמוֹ; בְּעַצמוֹ
–(all) by oneself לְבַדוֹ; בְּעַצמוֹ
one-sided *adj.* חַד־צְדָדִי
one-time *adj.* לְשֶׁעָבַר
one-track *adj.* שֶׁחוֹשֵׁב רַק עַל דָבָר אֶחָד
one-way *adj.* חַד־סִטרִי; לְכִיווּן אֶחָד
ongoing *adj.* נִמשָׁךְ; מִתמַשֵׁךְ
onion *n.* בָּצָל
on-line *adj.* מְקוּוָן (מֵידָע, מַחשֵׁב)
onlooker *n.* צוֹפֶה; מִסתַכֵּל מִן הַצַד
only יָחִיד; רַק; אֶלָא שׁ־
–only just זֶה עַתָה; כָּרֶגַע; בְּקוֹשִׁי
–only too מְאוֹד; בְּהֶחלֵט
onrush *n.* פֶּרֶץ; הִסתָעֲרוּת; גַל
on-screen *adv.* עַל מִרקַע הַמַחשֵׁב
onset *n.* הַתקָפָה; הִתפָּרְצוּת
onslaught *n.* הִסתָעֲרוּת; הַתקָפָה
on-the-job *adj.* (הַכשָׁרָה וכוּ׳) תוֹךְ כְּדֵי עֲבוֹדָה
on-the-spot *adj.* בַּמָקוֹם; בִּמקוֹם הָאֵירוּעַ
onto *prep.* ל־; אֶל־; עַל־
–be onto לַעֲלוֹת עַל; לְגַלוֹת
onus *n.* נֵטֶל; אַחֲרָיוּת
onward *adj., adv.* קָדִימָה; וְאֵילָךְ
onwards *adv.* קָדִימָה; הָלְאָה; וְאֵילָךְ
onyx *n.* אֶנָךְ; שׁוֹהַם
oodles *n.* (of) הֲמוֹן־
oomph *n.* מֶרֶץ; סֶקס אֶפִּיל
ooze *v.* לְבַצבֵּץ; לְחַלחֵל; לִנטוֹף; לְהַקרִין; לְהַבִּיעַ
–ooze away לְהֵיעָלֵם בְּהַדרָגָה
opacity *n.* אֲטִימוּת (לְאוֹר); אִי־בְּהִירוּת
opaque *adj.* אָטוּם (לְאוֹר); סָתוּם; קָשֶׁה לַהֲבָנָה
open *adj.* פָּתוּחַ; פָּנוּי; גָלוּי; חַברוּתִי; חָשׂוּף (ל־)
–open and aboveboard גָלוּי וְכָשֵׁר
open *n.* הָאֲווִיר הַפָּתוּחַ
–come out into the open לְהִתפַּרסֵם; לְהִיווָדַע בָּרַבִּים; לְגַלוֹת דֵיעוֹתָיו וכוּ׳
open *v.* לִפתוֹחַ; לְהִיפָּתַח; לִפתוֹחַ בּ־; לְפַלֵס
open-air *adj.* תַחַת כִּיפַּת הַשָּׁמַיִם; פָּתוּחַ

O

open-and-shut *adj.* בָּרוּר; שֶׁקַל לְפוֹתרוֹ
open-ended *adj.* לֹא מוּגבָּל; פָּתוּחַ
opener *n.* פּוֹתחָן; פּוֹתֵחַ
open-handed *adj.* נָדִיב
open-hearted *adj.* טוֹב לֵב
open-heart surgery *n.* נִיתוּחַ־לֵב פָּתוּחַ
opening *adj.* פּוֹתֵחַ; ־בְּכוֹרָה; ־פְּתִיחָה
opening *n.* פֶּתַח; פְּתִיחָה; הִיפָּתחוּת; מִשׂרָה פְּנוּיָה; הִזדַמנוּת
opening hours *n.* שְׁעוֹת הָעֲבוֹדָה (בְּעֵסֶק)
opening night *n.* הַצָּגַת בְּכוֹרָה; עֶרֶב פְּתִיחָה
open letter *n.* מִכתָב גָלוּי
openly *adv.* בְּגָלוּי; בְּפַרהֶסיָה
open-minded *adj.* רְחַב אוֹפֶק; פָּתוּחַ לְרַעיוֹנוֹת חֲדָשִׁים
openness *n.* גִילוּי לֵב; פְּתִיחוּת
open-plan *adj.* לְלֹא חֲדָרִים (רַק מחִיצוֹת)
open season *n.* עוֹנַת (הַצַּיִד / הַדַּיִג)
open secret *n.* סוֹד גָלוּי
open top *n.* גַג פָּתוּחַ
opera *n.* אוֹפֶּרָה
operable *adj.* שֶׁאֶפשָׁר לְנַתחוֹ; נָתִיחַ
operate *v.* לְהַפעִיל; לְתַפעֵל; לִפעוֹל; לְנַתֵחַ
operating system *n.* מַעֲרֶכֶת הַפעָלָה (בְּמַחשְׁבִים)
operating table *n.* שׁוּלחַן הַנִיתוּחִים
operating theatre *n.* חֲדַר נִיתוּחִים
operation *n.* נִיתוּחַ; פְּעוּלָה; הַפעָלָה; תִפעוּל; מִבצָע; מִבצָעִים
– in operation בִּפעוּלָה; בְּתוֹקֶף
– come into operation לְהַתחִיל לִפעוֹל; לְהִיכָּנֵס לְתוֹקֶף
operational *adj.* תִפעוּלִי; מִבצָעִי; מוּכָן לְהַפעָלָה
operational research *n.* חֵקֶר בִּיצוּעִים
operative *adj.* תָקֵף; פּוֹעֵל; בִּיצוּעִי; נִיתוּחִי
– the operative word מִלַת הַמַפתֵחַ
operator *n.* מַפעִיל; מַרכְּזָן; מֶרכָּזִיָה; תַכמָן; טִיפּוּס חֲלַקלַק

ophthalmologist *n.* רוֹפֵא עֵינַיִים
opiate *n.* סַם הַרגָעָה; סַם שֵׁינָה
opine *v.* לְהַבִּיעַ דֵיעָה; לִהיוֹת בְּדֵיעָה
opinion *n.* דֵיעָה; הַדֵיעָה הַכְּלָלִית; חַוַות־דַעַת
– have a high opinion of לְהַעֲרִיךְ מְאוֹד
– in my opinion לְדַעתִי
opinionated *adj.* עַקשָׁן בְּדֵיעוֹתָיו
opinion poll *n.* סֶקֶר דַעַת־קָהָל
opium *n.* אוֹפִּיוּם
opponent *n.* יָרִיב; מִתנַגֵד; שׁוֹלֵל
opportune *adj.* מַתאִים; נָכוֹן; בְּעִתוֹ
opportunely *adv.* בָּרֶגַע הַנָכוֹן
opportunist *n.* אוֹפּוֹרטוּנִיסט
opportunity *n.* הִזדַמנוּת
oppose *v.* לְהִתנַגֵד ל־; לְהַעֲמִיד מוּל; לְהִתיַיצֵב נֶגֶד
opposed *adj.* מְנוּגָד; מִתנַגֵד
– as opposed to בְּנִיגוּד ל־; לְעוּמַת־
opposing *adj.* מְנוּגָד; מִתנַגֵד
opposite מִמוּל; נֶגדִי; הָפוּךְ; מוּל; הֵיפֶךְ; נִיגוּד
– opposite number עֲמִיתוֹ; הָאִישׁ הַמַקבִּיל לוֹ
opposition *n.* הִתנַגדוּת; הָאוֹפּוֹזִיצִיָה; יָרִיב; מַחֲנֶה הַמִתנַגדִים; נִיגוּד
oppress *v.* לְדַכֵּא; לְהָעִיק
oppressed *adj.* מְדוּכָּא; נִדכָּא
oppression *n.* מוּעָקָה; דִיכּוּי
oppressive *adj.* שֶׁל דִיכּוּי; מֵעִיק
oppressor *n.* מְדַכֵּא; עָרִיץ
opt *v.* (for) לִבחוֹר (בּ־)
– opt out (of) לִבחוֹר שֶׁלֹא לָקַחַת חֵלֶק (בּ־); לִפרוֹשׁ מ־
optic *adj.* שֶׁל הָעַיִן; שֶׁל הָרְאִיָיה
optical *adj.* אוֹפּטִי
optical fiber *n.* סִיב אוֹפּטִי
optical illusion *n.* אַשׁלָיָה אוֹפּטִית; טָעוּת אוֹפּטִית
optical scanner *n.* סוֹרֵק אוֹפּטִי
optician *n.* אוֹפּטִיקַאי
optimal *adj.* אוֹפּטִימָלִי; מֵיטָבִי; הַטוֹב בְּיוֹתֵר

O

optimism *n.* אופּטימיוּת
optimist *n.* אופּטימיסט
optimistic *adj.* אופּטימי
optimize *v.* לְמַטֵב; לְהָבִיאוֹ לְמַצָב אופּטימָלִי
optimum *adj.* הַטוֹב בְּיוֹתֵר; אופּטימָלִי
option *n.* בְּרֵירָה; אֶפשָרוּת בְּחִירָה; אֶפשָרוּת; אוֹפּצִיָה; זְכוּת מִימוּש
optional *adj.* שֶל בְּחִירָה; ־בְּרֵירָה
opulent *adj.* עָשִיר; שוֹפֵעַ; יָקָר
or או
oracle *n.* מוּמחֶה; בַּר־סַמכָא; אוֹרַקל; נְבוּאָה
oral *adj.* בְּעַל־פֶּה; שֶל הַפֶּה; דֶרֶך הַפֶּה
oral *n.* בְּחִינָה בְּעַל־פֶּה
orally *adv.* בְּעַל־פֶּה; דֶרֶך הַפֶּה; בַּפֶּה
orange *adj.* (צֶבַע) כָּתוֹם
orange *n.* תַפּוּז
orator *n.* נוֹאֵם; נוֹאֵם בְּחֶסֶד
oratory *n.* אוֹמָנוּת הַנאוּם; דִיבּוּר נִמלָץ
orbit *n.* מַסלוּל (סְבִיב־); תְחוּם הַשפָּעָה
orbit *v.* לְשַגֵר / לָנוּעַ בְּמַסלוּל (סְבִיב־); לְהַקִיף
orchard *n.* מַטָע; פַּרדֵס; בּוּסתָן
orchestra *n.* תִזמוֹרֶת
orchestrate *v.* לְתַזמֵר; לְאַרגֵן
orchestrated *adj.* מְתוּזמָר
orchid *n.* סַחלָב
ordain *v.* לְהַסמִיך (כּוֹמֶר); לִגזוֹר; לְצַווֹת
ordeal *n.* מִבחָן קָשֶה; סֵבֶל רַב; חֲוָויָה קָשָה
order *n.* סֵדֶר; תְקִינוּת; פְּקוּדָה; צַו; הַזמָנָה (סחוֹרה וכו׳); הַמחָאָה; מַעֲמָד; מִסדָר (דָתִי וכו׳); מַחלָקָה; סוּג; רָמָה; סִגנוֹן (בְּאַדרִיכָלוּת); מַעֲרָך (צְבָאִי)
– a tall order בַּקָשָה מוּפרֶזֶת; דְרִישָה קָשָה
– in order בְּסֵדֶר; תָקִין; לְפִי הַנוֹהַל
– in order that כְּדֵי ש־
– in order to (do something) כְּדֵי ל־
– in/on the order of בְּסֵדֶר גוֹדֶל שֶל
– (made) to order (עָשׂוּי) לְפִי הַזמָנָה
– out of order מְקוּלקָל; לֹא תָקִין; לֹא מְסוּדָר
– put/set in order לְסַדֵר; לְהַסדִיר
order *v.* לְהוֹרוֹת ל־; לְצַווֹת; לְהַזמִין (סחוֹרה וכו׳); לְסַדֵר; לְתַכנֵן
– order him about/around לְטַרטֵר אוֹתוֹ; לָתֵת לוֹ פְּקוּדוֹת
orderliness *n.* סֵדֶר; שִיטָתִיוּת
orderly *adj.* מְסוּדָר; שִיטָתִי; מְמוּשמָע; שוֹמֵר עַל הַסֵדֶר
orderly *n.* סָנִיטָר; חוֹבֵש; רָץ; שַמָש
order nisi *n.* צַו עַל תְנַאי
ordinarily *adv.* כָּרָגִיל; בְּדֶרֶך כְּלָל
ordinary *adj.* רָגִיל
– out of the ordinary יוֹצֵא מִגֶדֶר הָרָגִיל
ordination *n.* הַסמָכָה (לכמוּרה)
ordnance *n.* חִימוּש; אַרטִילֶריָה
ore *n.* עַפּרָה
oregano *n.* אוֹרֶגָנוֹ (שִׂיחַ; תַבלִין)
organ *n.* אֵיבָר; כְּלִי (בִּיטוּי); בִּיטָאוֹן; מַכשִיר
organ *n.* אוֹרגָן; עוּגָב
organic *adj.* אוֹרגָנִי; שֶל אֵיבְרֵי הַגוּף; בִּלתִי נִפרָד; בָּנוּי כְּמַעֲרֶכֶת; בְּאוֹפֶן טִבעִי
organism *n.* אוֹרגָנִיזם; יְצוּר חַי
organization, organisation *n.* אִרגוּן; הִתאַרגְנוּת; מַנגָנוֹן
organizational *adj.* אִרגוּנִי
organize, organise *v.* לְאַרגֵן; לְאַגֵד (בְּאִיגוּד מִקצוֹעִי)
organized *adj.* מְאוּרגָן
– get organized לְהִתאַרגֵן
orgasm *n.* אוֹרגַזמָה; שִׂיא (הָרִיגוּש הַמִינִי)
orgiastic *adj.* שֶל אוֹרגִיָה; שֶל הִתהוֹלְלוּת; מוּטרָף
orgy *n.* הוֹלֵלוּת פְּרוּעָה; אוֹרגִיָה
Orient *n.* (אַרצוֹת) הַמִזרָח
orient *v.* לְהִתמַצֵא; לִקבּוֹעַ מִיקוּם מְדוּיָק; לְאַתֵר; לְכַוֵון; לְהִתאַקלֵם
Oriental *adj.* מִזרָחִי; ־הַמִזרָח
orientate *v.* לְהִתמַצֵא; לְהִתאַקלֵם; לִקבּוֹעַ מִיקוּם מְדוּיָק; לְאַתֵר; לְכַוֵון; לְייַעֵד
orientation *n.* מְכוּוָנוּת; כִּיווּן; אוֹרִייֶנטַצִיָה; נְטִיָה; הִתמַצְאוּת; הַדְרָכָה

O

orifice *n.* פֶּתַח
origin *n.* מָקוֹר; מוֹצָא; רֵאשִׁית
original *adj.* רִאשׁוֹן; קַדְמוֹן; מְקוֹרִי
original *n.* מָקוֹר (שֶׁל הֶעְתֵּק, צִיּוּר וכו׳)
originality *n.* מְקוֹרִיּוּת
originally *adv.* בַּהַתְחָלָה; בִּמְקוֹרִיּוּת; בִּמְקוֹרוֹ
original sin *n.* הַחֵטְא הַקַּדְמוֹן
originate *v.* לְהַתְחִיל; מְקוֹרוֹ (בְּ־); לִיזוֹם; לְהַמְצִיא
originator *n.* יוֹצֵר; מַמְצִיא; יוֹזֵם
oriole *n.* זַהֲבָן (צִיפּוֹר)
ornament *n.* קִישּׁוּט; חֵפֶץ נוֹי; עִיטּוּר; תַּכְשִׁיט; מוֹסִיף כָּבוֹד
ornament *v.* לְקַשֵּׁט
ornamental *adj.* קִישּׁוּטִי; ־נוֹי
ornithologist *n.* חוֹקֵר צִיפּוֹרִים
ornithology *n.* חֵקֶר הַצִּיפּוֹרִים / הָעוֹפוֹת
orphan *n.* יָתוֹם
orphan *v.* לְיַיתֵּם
– be orphaned לְהִתְיַיתֵּם
orphanage *n.* בֵּית־יְתוֹמִים
orthodontics *n.* יִישּׁוּר שִׁינַּיִים
orthodox *adj.* אוֹרְתוֹדוֹקְסִי; שַׁמְרָנִי; מְקוּבָּל
orthopedic, orthopaedic *adj.* אוֹרְתוֹפֶּדִי
oscillate *v.* לְהִתְנוֹדֵד (כִּמְטוּטֶלֶת); לְהִיטַּלְטֵל (בֵּין... לְבֵין); לְחוֹלֵל תְּנוּדוֹת (חַשְׁמַל)
oscillation *n.* תְּנוּדָה; שִׁינּוּי קִיצוֹנִי
oscillator *n.* מַתְנֵד
osculation *n.* נְשִׁיקָה; נְקוּדַּת הַשָּׁקָה
osmosis *n.* חִלְחוּל (מֵידָע וכו׳) תַּת־הַכָּרָתִי; אוֹסְמוֹזָה; פִּעְפּוּעַ
osprey *n.* שָׁלָךְ (עוֹף אוֹכֵל דָּגִים)
ossify *v.* (ossified) לְהַקְשׁוֹת; לְהִתְקַשּׁוֹת; לַהֲפוֹךְ לְעֶצֶם; לְהִתְאַבֵּן; לְאַבֵּן
ostensible *adj.* מוּצְהָר; לִכְאוֹרָה
ostensibly *adv.* לְמַרְאִית עַיִן; כִּבְיָכוֹל
ostentation *n.* רַאַוְותָנוּת
ostentatious *adj.* רַאַוְותָנִי; מוּפְגָּן; מְנַקֵּר עֵינַיִים
ostentatiously *adv.* בְּרַאַוְותָנוּת; בְּמוּפְגָּן
osteopathy *n.* אוֹסְטֵיאוֹפַּתְיָה (שִׁיטַת רִיפּוּי בְּעִיסּוּי וַהֲזָזַת הָעֲצָמוֹת)
ostracize *v.* לְנַדּוֹת; לְהַחֲרִים
ostrich *n.* יָעֵן; בַּת־יַעֲנָה; אָדָם שֶׁטּוֹמֵן רֹאשׁוֹ בַּחוֹל
other *adj., pron.* הַשֵּׁנִי; הָאַחֵר; אַחֵר; נוֹסָף
– every other day יוֹם כֵּן יוֹם לֹא
– others אֲחֵרִים
– other than שׁוֹנֶה מ־; מִלְּבַד
– the other day לִפְנֵי כַּמָּה יָמִים
otherwise *adv., conj.* אַחֶרֶת; חוּץ מִזֶּה; וְלֹא
otherworldly *adj.* מֵעוֹלָם אַחֵר; רוּחָנִי
otter *n.* כֶּלֶב־נָהָר; לוּטְרָה
ottoman *n.* סַפָּה (לְלֹא מִשְׁעֶנֶת גַּב)
ouch אַיי! אוֹי! (קְרִיאַת כְּאֵב)
ought *v.* צָרִיךְ; חַיָּיב; כְּדַאי; רָצוּי
ounce *n.* אוּנְקִיָּה; טִיפָּה; שֶׁמֶץ
our *pron.* שֶׁלָּנוּ
ours *pron.* שֶׁלָּנוּ
ourselves (אֶת) עַצְמֵנוּ; לְעַצְמֵנוּ; בְּעַצְמֵנוּ
– (all) by ourselves בְּעַצְמֵנוּ; לְבַדֵּנוּ
oust *v.* לְסַלֵּק; לְגָרֵשׁ (מ־); לְהַדִּיחַ
ouster *n.* סִילּוּק; גֵּירוּשׁ; הַדָּחָה
out *adj., adv.* מִחוּץ לַבַּיִת; הַחוּצָה; בַּחוּץ; לֹא בָּאוֹפְנָה; אָסוּר; לֹא דוֹלֵק; כָּבוּי; לֹא בַּשִּׁלְטוֹן; בִּשְׁבִיתָה; שׁוֹבֵת; חֲסַר הַכָּרָה; לֹא עֵר; לֹא בָּא בְּחֶשְׁבּוֹן; פּוֹרֵחַ; נִפְתַּח; יָצָא; הִתְגַּלָּה; לֹא נִמְצָא; בְּמַצָּב שֶׁל שֵׁפֶל; נָמוֹךְ; יוֹצֵא; הַרְחֵק; גָּלוּי; מְקוּלְקָל; שָׁתוּי; לְגַמְרֵי; בְּקוֹל רָם; בְּטָעוּת; טוֹעֶה; "שָׂרוּף" (מוּרְחָק); שֶׁיֵּשׁ; מְכוּלָּם
– out and away בְּהַרְבֵּה; לְלֹא סָפֵק
– out loud בְּקוֹל רָם
– out to מִתְכַּוֵּון ל־; מְנַסֶּה ל־
– out with it! קָדִימָה, דַּבֵּר!
out *prep.* דֶּרֶךְ־
– out of מִחוּץ ל־; בַּחוּץ; מִתּוֹךְ־; מ־; חֲסַר־; יָצָא מ־
out *n.* תֵּירוּץ; מָנוֹס; זָר
out *v.* לְהִתְגַּלּוֹת; לְהֵיחָשֵׂף

O

outage *n.* הַפְסָקַת חַשְׁמַל
out-and-out *adj.* גָּמוּר; מוּבְהָק; מוּחְלָט
outback *n.* הָאֲזוֹרִים הַנִּידָּחִים
outbalance *v.* לַעֲלוֹת בְּמִשְׁקָלוֹ עַל; לְהַכְרִיעַ אֶת הַכַּף
outbid *v.* לְהַצִּיעַ מְחִיר גָּבוֹהַּ יוֹתֵר
outboard motor *n.* מָנוֹעַ חִיצוֹנִי (בְּסִירָה)
outbreak *n.* הִתְפָּרְצוּת (מַגֵּיפָה, קְרָבוֹת)
outburst *n.* הִתְפָּרְצוּת (כַּעַס, צְחוֹק)
outcast *n., adj.* מְנוּדֶּה
outclass *v.* לַעֲלוֹת בְּהַרְבֵּה עַל־
outcome *n.* תּוֹצָאָה
outcry *n.* מְחָאָה (צִיבּוּרִית); סְעָרָה
outdated *adj.* מְיוּשָּׁן; שֶׁעָבַר זְמַנּוֹ
outdo *v.* (outdid, outdone) לְהַצְלִיחַ יוֹתֵר מ־; לַעֲלוֹת עַל־
outdoor *adj.* מִחוּץ לַבַּיִת / לָאוּלָם; בְּחֵיק הַטֶּבַע
outdoors *adv.* בַּחוּץ; בְּחֵיק הַטֶּבַע
outer *adj.* חִיצוֹנִי; קִיצוֹנִי
outer space *n.* הֶחָלָל הַחִיצוֹן
outfit *n.* תִּלְבּוֹשֶׁת; עֶרְכָּה; צִיּוּד; צֶוֶות; קְבוּצָה; יְחִידָה; עֵסֶק
outfit *v.* לְצַיֵּיד; לְסַפֵּק
outflank *v.* לְאַגֵּף
outflow *n.* זְרִימָה הַחוּצָה; בְּרִיחָה
outfox *v.* לְהַעֲרִים עַל־
outgoing *adj.* יוֹצֵא; חַבְרוּתִי; לְבָבִי
outgoings *n.* הוֹצָאוֹת
outgrow *v.* (outgrew, outgrown) לִגְדּוֹל כָּךְ (שֶׁהַבֶּגֶד וכו׳) קָטָן עָלָיו; לִגְדּוֹל מַהֵר יוֹתֵר מ־; לְהִיגָּמֵל מ־
outgrowth *n.* תּוֹצָאָה (טִבְעִית); צְמִיחָה
outing *n.* טִיּוּל; אִחְצוּן; יְצִיאָה מֵהָאָרוֹן
outlandish *adj.* מוּזָר
outlast *v.* לְהַאֲרִיךְ יָמִים יוֹתֵר מ־
outlaw *n.* אָדָם שֶׁהוּצָא מִחוּץ לַחוֹק; פּוֹשֵׁעַ
outlaw *v.* לֶאֱסוֹר עפ״י חוֹק; לְהוֹצִיא מִחוּץ לַחוֹק
outlay *n.* הוֹצָאָה (כַּסְפִּית)
outlet *n.* מוֹצָא; פּוּרְקָן; נְקוּדַּת חַשְׁמַל; חֲנוּת הַמִּפְעָל; שׁוּק
outline *n.* מִתְאָר; קַו חִיצוֹן; תַּרְשִׁים; רָאשֵׁי פְּרָקִים; (סִיכּוּם בּ־) קַוִּוים כְּלָלִיִּים
outline *v.* לְתָאֵר בְּקַוִּוים כְּלָלִיִּים; לְהִתְוֹות
outlive *v.* לְהַאֲרִיךְ יָמִים יוֹתֵר מ־; לִחְיוֹת עַד שֶׁיִּשָּׁכַח ה־
outlook *n.* מַרְאֶה; סִיכּוּי; תַּחֲזִית; תַּצְפִּית; תַּשְׁקִיף; הַשְׁקָפָה
outlying *adj.* מְרוּחָק (מִן הַמֶּרְכָּז)
outmaneuver, outmanoeuvre *v.* לְהֵיטִיב לְתַמְרֵן מ־; לְהַעֲרִים עַל־
outmoded *adj.* מְיוּשָּׁן
outnumber *v.* לַעֲלוֹת בְּמִסְפָּר עַל־; לִהְיוֹת לוֹ יִתְרוֹן מִסְפָּרִי
out-of-date *adj.* מְיוּשָּׁן; לֹא מְעוּדְכָּן; לֹא אוֹפְנָתִי; לֹא תָּקֵף
out-of-doors *adv.* בַּחוּץ; בְּחֵיק הַטֶּבַע
out-of-the-way *adj.* מְרוּחָק; נִידָּח; לֹא יָדוּעַ
outpost *n.* יִישׁוּב נִידָּח; עֶמְדָּה מְרוּחֶקֶת
outpouring *n.* הִשְׁתַּפְּכוּת
output *n.* תְּפוּקָה; פֶּלֶט; הֶסְפֵּק
outrage *n.* (מַעֲשֶׂה) זְוָעָה; פְּגִיעָה מְזַעֲזַעַת; זַעַם; שַׁעֲרוּרִיָּה
outrage *v.* לִפְגּוֹעַ קָשׁוֹת בּ־; לְזַעְזֵעַ; לְקוֹמֵם
outrageous *adj.* מְזַעְזֵעַ; זְווֹעָתִי; שַׁעֲרוּרִיָּיתִי
outright *adj.* מוּחְלָט; מַמָּשׁ; גָּמוּר; לְלֹא סָפֵק; מִכָּל וָכוֹל
outright *adv.* בְּגָלוּי; לְגַמְרֵי; בַּמָּקוֹם
outrun *v.* לָרוּץ מַהֵר יוֹתֵר מ־; לְהִימָּשֵׁךְ מֵעֵבֶר ל־; לַעֲלוֹת עַל־
outsell *v.* לִמְכּוֹר / לְהִימָּכֵר יוֹתֵר מ־
outset *n.*
–at/from the outset (כְּבָר) בַּהַתְחָלָה
outside *adj.* חִיצוֹנִי; מִבַּחוּץ; ־חוּץ; צְדָדִי; לֹא סָבִיר; קָלוּשׁ; מְרַבִּי
outside *adv.* בַּחוּץ; הַחוּצָה
–outside of יוֹתֵר מ־; מִלְּבַד; מִחוּץ ל־
outside *n.* הַצַּד הַחִיצוֹן; חוּץ; צַד חִיצוֹנִי
outside *prep.* מִחוּץ ל־; חוּץ מ־; מֵעֵבֶר ל־
outsider *n.* זָר; אָדָם מִבַּחוּץ; מִתְחָרֶה / מוּעֲמָד שֶׁנֶּחְשָׁב חֲסַר סִיכּוּי

O

outskirts *n.* מְבוֹאוֹת / פַּאֲתֵי (הָעִיר)
outsmart *v.* לְהַעֲרִים עַל־; לְסַדֵר
outsold *v. past and 3rd form of* outsell
outspoken *adj.* מְדַבֵּר גְלוּיוֹת; גָלוּי; בּוֹטֶה
outspread *adj.* פָּרוּשׂ; מוּשָׁט
outstanding *adj.* מְצוּיָן; בּוֹלֵט; לֹא גָמוּר; תָלוּי וְעוֹמֵד; שֶׁטֶרֶם נִפְרַע
outstretched *adj.* שָׂרוּעַ; פָּרוּשׂ; מוּשָׁט
outstrip *v.* לַעֲלוֹת עַל־; לִגְבּוֹר עַל־; לְהַשְׁאִיר מֵאָחוֹר
outvote *v.* לִגְבּוֹר בְּרוֹב קוֹלוֹת עַל־
outward *adj.* חִיצוֹנִי; כְּלַפֵּי חוּץ
outwardly *adv.* כְּלַפֵּי חוּץ
outwards *adv.* הַחוּצָה; כְּלַפֵּי חוּץ
outweigh *v.* לַעֲלוֹת בְּמִשְׁקָלוֹ / בַּחֲשִׁיבוּתוֹ עַל־
outwit *v.* לְהַעֲרִים עַל־
outworn *adj.* מְיוּשָׁן; נָדוֹשׁ; בָּלוּי; שֶׁאָבַד עָלָיו הַכֶּלַח
ova *n.* בֵּיצִיוֹת
oval *n.* צוּרַת בֵּיצָה; סְגַלְגַל
Oval Office *n.* הַמִשְׂרָד הַסְגַלְגַל בַּבַּיִת הַלָבָן
ovary *n. (pl.* ovaries) שַׁחֲלָה
ovation *n.* תְשׁוּאוֹת
oven *n.* תַנוּר
over *adv.* מֵעַל־; עַל־; מֵעֵבֶר ל־; בְּקֶשֶׁר ל־; בְּנוֹגֵעַ ל־; בְּמֶשֶׁךְ; בִּשְׁעַת; יוֹתֵר מ־; עַל פָּנָיו; לְמַטָה; עַל צִדוֹ; לָעֵבֶר הַשֵׁנִי; הַצִידָה; לַצַד הַשֵׁנִי; מוּל; לְגַמְרֵי; עַל־; מַעְלָה; יוֹתֵר; נִשְׁאָר; יוֹתֵר מִדַי; שׁוּב; מֵחָדָשׁ; נִגְמַר; חָלַף
–all over בְּרַחֲבֵי־; בְּכָל מָקוֹם בּ־
–all over; over and done with הִסְתַיֵים; מְחוּסָל
–be left over נִשְׁאָר
–be over לַחֲלוֹף; לְהִיגָמֵר; לַעֲבוֹר
–get it over (with) לִגמוֹר עִם זֶה
–Over! עָבוֹר! (בְּאַלחוּט)
–over and over (again) שׁוּב וָשׁוּב
over-abundant *adj.* שׁוֹפֵעַ יָתֵר עַל הַמִידָה
overact *v.* לְשַׂחֵק בְּהַגזָמָה
overage *adj.* מְבוּגָר מִדַי; מֵעַל לַגִיל
overall *adj., adv.* כּוֹלֵל; בְּסַךְ הַכּוֹל; בְּדֶרֶךְ כְּלָל
overall *n.* סִינָר; סַרְבָּל; חָלוּק עֲבוֹדָה
overalls *n.* סַרְבָּל; סַרְבָּל גִ'יְינס
overbearing *adj.* שְׁתַלְטָנִי
overboard *adv.* לְתוֹךְ הַמַיִם (מֵהַסִיפּוּן)
–go overboard for/about לְהִתלַהֵב מ־
overbook *v.* לִמְכּוֹר (כַּרְטִיסִים וכו') מֵעַל לַתפוּסָה
overcame *v. past of* overcome
overcast *adj.* מְעוּנָנִים; קוֹדֵר
overcharge *v.* לָקַחַת מְחִיר מוּפְרָז (מ־); לְהַטעִין טְעִינַת יֶתֶר
overcoat *n.* מְעִיל עֶליוֹן
overcome *v.* לִגבּוֹר עַל־; לְהִתגַבֵּר עַל־; לְהִשְׁתַלֵט עַל־; לֶאֱחוֹז בּ־
overcompensate *v.* לָתֵת פִּיצוּי יֶתֶר; לְחַפּוֹת עַל (חִיסָרוֹן) ע"י הַגזָמָה לַכִּיווּן הַנֶגדִי
overcompensation *n.* פִּיצוּי יֶתֶר (גַם פּסִיכוֹלוֹגִי)
overcrowd *v.* לְמַלֵא מֵעַל לַמִידָה; לְצוֹפֵף; לִדחוֹס
overcrowded *adj.* מָלֵא מִדַי בַּאֲנָשִׁים; עִם צְפִיפוּת יֶתֶר
overcrowding *n.* צְפִיפוּת יֶתֶר; דוֹחַק
overdo *v.* (overdid, overdone) לְהַגזִים; לְהַגזִים עִם; לְשַׂחֵק בְּהַגזָמָה
–overdo it לַעֲבוֹד קָשֶׁה מִדַי; לְהַגזִים
overdone *adj.* מְבוּשָׁל מִדַי
overdose *n.* מְנַת יֶתֶר
overdose *v.* לִיטוֹל מְנַת יֶתֶר
overdraft *n.* מְשִׁיכַת יֶתֶר
overdraw *v.* לִמשׁוֹךְ מְשִׁיכַת יֶתֶר
overdress *v.* לְהִתלַבֵּשׁ בִּגנדְרָנוּת
overdue *adj.* מְאַחֵר; שֶׁעָבַר זְמַן פֵּרְעוֹנוֹ; צָרִיךְ לִהיוֹת כְּבָר (מִזְמַן)
overestimate *n.* הַעֲרָכָה מוּפְרֶזֶת; אוּמדָן יֶתֶר
overestimate *v.* לְהַפְרִיז בְּאוּמדָן / בְּהַעֲרָכַת־
overexert *v.* לְאַמֵץ יוֹתֵר מִדַי
over-exposed *adj.* נֶחֱשָׂף חֲשִׂיפַת יֶתֶר

overflow *n.* גְלִישָׁה; הֲצָפָה; עוֹדֶף
overflow *v.* (with) לַעֲלוֹת עַל גְדוֹתָיו; לִגלוֹשׁ; לְהָצִיף; לִהיוֹת מָלֵא (וְגָדוּשׁ); לִשׁפּוֹעַ; לִגאוֹת
overgrown *adj.* מְגוּדָל; גָדֵל פֶּרֶא; מְכוּסֶה
overhang *v.* לִבלוֹט מֵעַל־ / הַחוּצָה
overhaul *n.* בְּדִיקָה יְסוֹדִית; שִׁיפּוּץ
overhaul *v.* לִבדוֹק הֵיטֵב; לְשַׁפֵּץ; לְהַשִׂיג וְלַעֲבוֹר; לַעֲקוֹף
overhead *adj.* לְמַעלָה; עִילִי; מֵעַל לָרֹאשׁ; בַּשָׁמַיִים
overhead projector *n.* מְטוֹל שְׁקָפִים
overheads *n.* (הוֹצָאוֹת) תְקוּרָה
overhear *v.* (overheard) לְהַאֲזִין; לִשׁמוֹעַ בְּמִקרֶה
overhung *v. past and 3rd form of* overhang
over-indulgence *n.* הִתפַּנְקוּת יֶתֶר; הִתמַכְּרוּת
overjoyed *adj.* (at) שָׂמֵחַ מְאוֹד (עַל־)
overkill *n.* כּוֹחַ הַשׁמָדָה עוֹדֵף; הַפרָזָה; מַמָשׁ מוּגזָם
overland *adj.* יַבַּשׁתִי; בְּדֶרֶךְ הַיַבָּשָׁה
overlap *n.* חֲפִיפָה; חֵלֶק חוֹפֵף
overlap *v.* לְכַסוֹת בְּחֶלקוֹ; לַחפּוֹף
overlay *v.* לְכַסוֹת; לְצַפּוֹת; לְהוֹסִיף
overload *n.* עוֹמֶס יֶתֶר
overloaded *adj.* עָמוּס יֶתֶר עַל הַמִידָה
overlook *v.* לְהַשׁקִיף אֶל־; לֹא לָשִׂים לֵב ל־; לְהִתעַלֵם מ־
overly *adv.* יוֹתֵר מִדַי; בְּיוֹתֵר
overnight *adj.* ־לַילָה; בְּמֶשֶׁךְ הַלַילָה
overnight *adv.* לְמֶשֶׁךְ הַלַילָה; בַּלַילָה; בִּן־לַילָה
overpaid *adj.* מְקַבֵּל שָׂכָר אוֹ תַשלוּם גָבוֹהַּ מִדַי
overpass *n.* גֶשֶׁר עִילִי
overplay *v.* לְהַפרִיז בַּחֲשִׁיבוּת
–overplay your hand לְנַסוֹת לַעֲשׂוֹת יוֹתֵר מִכְּפִי יְכוֹלתוֹ; לְהַפרִיז בְּעֵרֶךְ כּוֹחוֹ
overpopulated *adj.* צְפוּף אוּכלוּסִין
overpower *v.* לְהַכנִיעַ; לְהִשׁתַלֵט עַל־
overpowering *adj.* חָזָק מִדַי; עַז; שְׁתַלְטָנִי

overrate *v.* לְהַעֲרִיךְ יוֹתֵר מִדַי / מֵהָרָאוּי
overrated *adj.* שֶׁזוֹכֶה לְהַעֲרָכָה מוּפרֶזֶת
overreach *v.* (oneself) לְהִיכָּשֵׁל מֵרוֹב שְׁאַפתָנוּת; לְטַפֵּס עַל עֵץ גָבוֹהַּ מִדַי
overreact *v.* לְהַגזִים בִּתגוּבָתוֹ
overreaction *n.* תְגוּבָה מוּגזֶמֶת
override *v.* (overrode, overridden) לְבַטֵל; לִדחוֹת; לְהַכשִׁיל; לְהִתעַלֵם מ־
overriding *adj.* עֶליוֹן; חָשׁוּב בְּיוֹתֵר; שׁוֹלֵט
overrule *v.* לִדחוֹת; לְבַטֵל (הַחלָטָה וכו׳)
overrun *v.* (overran, overrun) לִפשׁוֹט עַל־; לְהִתפַּשֵׁט מַהֵר; לַעֲבוֹר; לַחֲרוֹג מ־
overseas *adj., adv.* מֵעֵבֶר לַיָם; בְּחוּ״ל; ־חוּץ
oversee *v.* (oversaw, overseen) לְהַשׁגִיחַ / לְפַקֵחַ עַל־
overseer *n.* מְפַקֵחַ; מַשׁגִיחַ
oversell *v.* לִמכּוֹר יוֹתֵר מִמָה שֶׁנִיתָן לְסַפֵּק; לְהַלֵל (יוֹתֵר מִדַי)
oversensitive *adj.* רָגִישׁ מִדַי
oversexed *adj.* בַּעַל תְשׁוּקָה מִינִית מוּפרֶזֶת; חַרמָן
overshadow *v.* לְהַאֲפִיל עַל־; לְהָעִיב עַל־
overshoot *v.* (overshot) לִנסוֹעַ מֵעֵבֶר ל־; לַעֲבוֹר (בְּטָעוּת); לִירוֹת מֵעֵבֶר ל־
–overshoot the mark לְהַחטִיא אֶת הַמַטָרָה; לְהַרחִיק לֶכֶת
oversight *n.* (טָעוּת שֶׁבְּ־) הֶיסֵחַ הַדַעַת; פִּיקוּחַ; הַשׁגָחָה
oversimplification *n.* פַּשׁטָנוּת; פִּישׁוּט יֶתֶר
oversimplified *adj.* פַּשׁטָנִי מִדַי
oversimplify *v.* לִהיוֹת פַּשׁטָנִי מִדַי (בְּתֵיאוּר־)
oversleep *v.* לְהִתעוֹרֵר בְּאִיחוּר; לִישׁוֹן יוֹתֵר מִדַי
overspend *v.* (overspent) לְהוֹצִיא יוֹתֵר מִדַי כֶּסֶף; לַחֲרוֹג מֵהַתַקצִיב
overstaffed *adj.* שֶׁיֵשׁ בּוֹ עוֹדֶף עוֹבדִים
overstate *v.* לְהַבִּיעַ בְּצוּרָה מוּגזֶמֶת; לְהַגזִים בְּתֵיאוּר־; לְנַפֵּחַ
overstay *v.* לְהַאֲרִיךְ מִדַי אֶת שְׁהוּתוֹ
–overstay your welcome לְהִימָאֵס עַל מְאָרחָיו

O

overstep *v.* לַחֲרוֹג מ־; לַעֲבוֹר (גבול)
–overstep the mark לַעֲבוֹר אֶת הַגבוּל
oversubscribed *adj.* עִם חֲתִימַת־יֶתֶר; עִם בִּיקוּשׁ יֶתֶר
overt *adj.* גָלוּי
overtly *adv.* בְּגָלוּי
overtake *v.* (overtook, overtaken) לַעֲקוֹף; לְהַשִׂיג; לָבוֹא בְּמַפתִיעַ עַל־
overtax *v.* לְחַייֵב בְּמַס גָבוֹהַּ מִדַי; לְהַעֲמִיס יוֹתֵר מִדַי עַל־; לְהַתִישׁ; לְאַמֵץ
overthrow *v.* (overthrew, overthrown) לְהַפִּיל (שִלטוֹן); לָשִׂים קֵץ ל־
overthrow *n.* הַפָּלָה (שֶׁל שִׁלטוֹן); נְפִילָה
overtime *n.* שָׁעוֹת נוֹסָפוֹת; תוֹסֶפֶת זְמַן
overtone *n.* צְלִיל; נִימָה; צְלִיל עִילִי
overtook *v.* *past of* overtake
overture *n.* גִישׁוּשׁ (לְצוֹרֶך מו״מ וכו׳); פְּתִיחָה (מוּסִיקָה)
overturn *v.* לַהֲפוֹך; לְהִתהַפֵּך; לְהַפִּיל
overview *n.* סְקִירָה כְּלָלִית; מַבָּט עַל
overweening *adj.* יָהִיר; יוֹמרָנִי; מוּפרָז
overweight *adj.* מֵעַל לַמִשקָל הַמוּתָר; שָׁמֵן מִדַי
overwhelm *v.* לְהַכנִיעַ; לְמַגֵר; לִמחוֹץ; לְהַמֵם; לְהַצִיף; לְכַסוֹת
overwhelming majority *n.* רוֹב מוֹחֵץ
overwork *v.* לְהַעֲבִיד / לַעֲבוֹד קָשֶׁה מִדַי
ovulate *v.* לְבַייֵץ; לִהיוֹת לָה בִּיוּץ
ovulation *n.* בִּיוּץ
ovum *n.* בֵּיצִית
owe *v.* (to) לִהיוֹת חַייָב ל־; לִהיוֹת לוֹ... בִּזכוּת־
owing *adj.* מַגִיעַ
–owing to בִּגלַל־
owl *n.* יַנשׁוּף; תִנשֶׁמֶת
own *adj., pron.* שֶׁלוֹ עַצמוֹ; שֶׁלוֹ
–(all) on his own בְּעַצמוֹ; לְבַדוֹ
–hold your own לְהַחֲזִיק מַעֲמָד
–of his own מִשֶׁלוֹ
–with my own eyes בְּמוֹ עֵינַי
own *v.* לִהיוֹת הַבְּעָלִים שֶׁל־; לְהוֹדוֹת שׁ־; לְהַכִּיר בּ־/בְּכָך שׁ־
–own up (to) לְהוֹדוֹת (בּ־)
owner *n.* בְּעָלִים; בַּעַל
ownership *n.* בַּעֲלוּת
own goal *n.* שַׁעַר עַצמִי; טָעוּת מְבִיכָה
ox *n.* שׁוֹר
oxen *n.* שְׁווָרִים
oxidize *v.* לְחַמצֵן; לְהִתחַמצֵן
oxygen *n.* חַמצָן
oxygenate *v.* לְחַמצֵן; לְהַעֲשִׁיר בְּחַמצָן
oxygen mask *n.* מַסֵיכַת חַמצָן
oyster *n.* צִדפַּת מַאֲכָל
oyster bed *n.* מוֹשֶׁבֶת צְדָפוֹת (בַּיָם)
oz אוּנקִיָה; אוּנקִיוֹת
ozone *n.* אוֹזוֹן; אֲווִיר צַח וּמרַעֲנֵן
ozone-friendly *adj.* לֹא מַזִיק לָאוֹזוֹן (יְדִידוּתִי לַסבִיבָה)
ozone layer *n.* שִׁכבַת הָאוֹזוֹן

O

P

p עמ׳; פְּנִי

pa *n.* אַבָּא

pace *n.* צַעַד; קֶצֶב

–keep pace (with) לְהִתקַדֵם / לַעֲמוֹד בְּקֶצֶב (שֶל־)

–set the pace לִקבּוֹעַ אֶת הַקֶצֶב

pace *v.* לִצעוֹד; לִפסוֹעַ הֵנָה וָהֵנָה (בּ־); לִקבּוֹעַ אֶת הַקֶצֶב

–pace off/out לִמדוֹד בִּצעָדִים

pacemaker *n.* מוֹבִיל; קוֹבֵעַ הַקֶצֶב; קוֹצֵב־לֵב

pacific *adj.* שָלֵו; שָקֵט

pacifier *n.* מַשׁכִּין שָלוֹם; מְפַיֵיס; מוֹצֵץ

pacifist *adj., n.* פָּצִיפִיסטִי; פָּצִיפִיסט

pacify *v.* (pacified) לְהַרגִיעַ; לְהַשקִיט; לְהַשׁכִּין שָלוֹם; לְפַיֵיס

pack *n.* צְרוֹר; חֲבִילָה; לַהֲקָה; חֲבוּרָה; אוֹסֶף; חֲפִיסַת קְלָפִים; חֲפִיסָה; קוּפסָה; מִשחָה; תַכשִיר קוֹסמֶטִי

–a pack of lies אוֹסֶף שְקָרִים; הַכּוֹל שֶקֶר

pack *v.* לֶאֱרוֹז; לִדחוֹס; לַעֲטוֹף; לְשַמֵר (בְּפַחִיוֹת); לִבחוֹר (בְּנֶאֱמָנָיו) לְ־; לְהִצטַיֵיד בּ־

–pack in לִדחוֹס בּ־; לַעֲזוֹב אֶת־; לְהַפסִיק לְ־/עִם־; לִמשוֹך הַרבֵּה קָהָל; (לְהַצלִיחַ) לִדחוֹס / לְהַספִּיק הַרבֵּה; לֶאֱרוֹז בּ־

–pack up לֶאֱרוֹז; לְהַפסִיק לַעֲבוֹד; לַעֲזוֹב

–send someone packing לְסַלֵק אוֹתוֹ

package *n.* חֲבִילָה; אֲרִיזָה

package *v.* לֶאֱרוֹז; לְהָכִין חֲבִילַת תְצוּגָה

package deal *n.* עִסקַת חֲבִילָה

package holiday/tour *n.* חֲבִילַת תִיוּר; טִיוּל מְאוּרגָן

packaging *n.* חוֹמרֵי אֲרִיזָה; (סִגנוֹן) אֲרִיזָה

packed *adj.* מָלֵא; גָדוּש; דָחוּס

packed out *adj.* מָלֵא עַד אֶפֶס מָקוֹם

packet *n.* חֲבִילָה קְטַנָה; חֲפִיסָה; קוּפסָה; הַרבֵּה כֶּסֶף

packing *n.* אֲרִיזָה; חוֹמרֵי אֲרִיזָה

pact *n.* הֶסכֵּם; בְּרִית

pad *n.* רִיפּוּד; מַרפֵּד; כָּרִית; כָּרִית לְנִיקוּי כֵּלִים; פִּנקָס; מָגֵן־בֶּרֶך וכד׳; כַּף־שִיגוּר; כַּף־רֶגֶל (שֶל כֶּלֶב וכו׳); דִירָה; חֲדַר מְגוּרִים; בַּיִת

pad *v.* לְרַפֵּד; לְמַלֵא; לְנַפֵּחַ

padded *adj.* מְרוּפָּד

padding *n.* (חוֹמֶר) רִיפּוּד

paddle *n.* מָשוֹט; חֲתִירָה; שִכשוּך; מַחבֵּט (טֶנִיס שוּלחָן); כַּף בְּחִישָה

paddle *v.* לַחתוֹר; לְשַכשֵך רַגלַיִים; לָלֶכֶת בְּמַיִם רְדוּדִים; לִשחוֹת כְּמוֹ כֶּלֶב / בַּרוָז; לִסטוֹר

paddle wheel *n.* גַלגַל מְשוֹטִים; מְשוֹטָה

paddock *n.* מִגרַש דֶשֶא גָדוּר; שְדֵה דֶשֶא (לְסוּסִים לִפנֵי מֵירוֹץ)

paddy *n.* אוֹרֶז; שְׂדֵה אוֹרֶז; כַּעַס; רוֹגֶז

padlock *v., n.* לִנעוֹל; מַנעוּל תְלִיָיה

paean *n.* שִיר תְהִילָה; שִיר שֶבַח

paediatrician *n.* רוֹפֵא יְלָדִים

paediatrics *n.* רְפוּאַת יְלָדִים

pagan *adj., n.* אֱלִילִי; עוֹבֵד אֱלִילִים

page *n.* עַמוּד; דַף

page *n.* נַעַר מְשָרֵת; נַעַר שֶמִתלַוֶוה לַכַּלָה

page *v.* לִקרוֹא לְ־ (בִּכרִיזָה, בְּאִיתוּרִית)

pageant *n.* טֶקֶס; תַהֲלוּכָה; תְצוּגָה; הַצָגָה שֶל תְקוּפָה הִיסטוֹרִית

pageantry *n.* תְצוּגָה מַרהִיבָה; טֶקֶס סַסגוֹנִי

pager *n.* בִּיפֶּר; זִימוּנִית; אִיתוּרִית

pagoda *n.* פָּגוֹדָה

paid (*see* pay); *adj.* שִילֵם; שוּלַם; בְּתַשלוּם; בְּשָׂכָר; מְקַבֵּל תַשלוּם

paid-up *adj.* שֶשִילֵם דְמֵי חָבֵר; מִן הַמִניָין; שֶנִפרַע

pail *n.* דְלִי

pain *n.* כְּאֵב; סֵבֶל; צַעַר

–a pain in the neck נוּדנִיק; קוֹץ בַּיַשבָן

–go to great pains to do לַעֲשׂוֹת מַאֲמַצִים (רַבִּים)

P

pain *v.* לְהַכְאִיב לְ־; לִכְאוֹב לְ־
painful *adj.* מַכְאִיב; כּוֹאֵב; קָשֶׁה
painfully *adv.* עַד לְהַכְאִיב; בִּכְאֵב; לְגַמְרֵי
painkiller *n.* מְשַׁכֵּךְ כְּאֵבִים
painless *adj.* לֹא כּוֹאֵב; לְלֹא כְּאֵב; לְלֹא מַאֲמָץ
painlessly *adv.* לְלֹא כְּאֵבִים; לְלֹא קְשָׁיִים
painstaking *adj.* קַפְּדָנִי; שַׁקְדָנִי; מְאוּמָּץ
paint *n.* צֶבַע
paint *v.* לִצְבּוֹעַ; לְצַיֵּיר; לְתָאֵר בְּצִיוּרִיּוּת; לְאַפֵּר
paintbrush *n.* מִבְרֶשֶׁת צֶבַע; מִכְחוֹל
painter *n.* צַיָּיר; צַבָּע
painting *n.* צִיּוּר; צְבִיעָה; צַבָּעוּת; תְּמוּנָה
paintwork *n.* מִשְׁטָח צָבוּעַ; (שִׁכְבַת) צֶבַע
pair *n.* זוּג
–in pairs בְּזוּגוֹת
pair *v.* (off, up) לְזַוֵּוג; לְהִזְדַּוֵּוג (בע״ח); לְסַדֵּר / לְהִסְתַּדֵּר בְּזוּגוֹת; לְהִתְקַזֵּז (בְּפַּרְלָמֶנְט)
pajamas *n.* פִּיגָ׳מָה
pal *n.* חָבֵר
palace *n.* אַרְמוֹן; אַנְשֵׁי הָאַרְמוֹן; בַּיִת מְפוֹאָר; הֵיכָל
palatable *adj.* טָעִים; נָעִים; טוֹב; מִתְקַבֵּל
palate *n.* חֵיךְ; (חוּשׁ) טַעַם
palatial *adj.* כְּמוֹ / שֶׁל אַרְמוֹן; מְפוֹאָר
palaver *n.* קִשְׁקוּשׁ; פִּטְפּוּט; טִרְחָה; בִּלְבּוּל מוֹחַ; דִּיּוּן; שִׂיחָה
pale *adj.* חִיוֵּור; חַלָּשׁ
pale *v.* לְהַחֲוִויר
pale *n.* מוֹט; כְּלוֹנָס; תְּחוּם; שֶׁטַח מְגוּדָּר
paleness *n.* חִיוָּרוֹן
palette *n.* לוּחַ צְבָעִים
palette knife *n.* אוֹלָר צַיָּירִים; מָרִית
palindrome *n.* פָּלִינְדְרוֹם (מִלָּה אוֹ מִשְׁפָּט שֶׁאֶפְשָׁר לִקְרוֹאָם הָפוּךְ)
palisade *n.* גָּדֵר; שׁוּרַת צוּקִים גְּבוֹהִים (לְאוֹרֶךְ נָהָר אוֹ לְיַד הַיָּם)
pall *v.* לְהַתְחִיל לְשַׁעֲמֵם; לְאַבֵּד מִטַּעֲמוֹ
pallbearer *n.* מְלַוֵּוה אֲרוֹן־מֵתִים
pallet *n.* דַּרְגָּשׁ (לַהֲרָמָה, בְּמַלְגֵּזָה); מִזְרָן קַשׁ; דַּרְגָּשׁ
palliative *n., adj.* מְשַׁכֵּךְ; ״אַסְפִּירִין״; מַרְגִּיעַ
pallid *adj.* חִיוֵּור
pallor *n.* חִיוָּרוֹן
pally *adj.* מְיוּדָּד
palm *n.* כַּף־יָד; דֶּקֶל; תָּמָר (עֵץ)
palm *v.* לְהַסְתִּיר בְּכַף־הַיָּד
palmistry *n.* קְרִיאָה בְּכַף־הַיָּד
palpable *adj.* מָשִׁישׁ; מוּחָשׁ; גָּלוּי לָעַיִן; בָּרוּר
palpate *v.* לְמַשֵּׁשׁ; לִבְדּוֹק
palpation *n.* מִישּׁוּשׁ; בְּדִיקָה
palpitate *v.* לִפְעוֹם בִּמְהִירוּת / בְּקֶצֶב לֹא סָדִיר
palpitation *n.* הַלְמוּת לֵב (לֹא סְדִירָה)
palsy *n.* מַחֲלָה הַגּוֹרֶמֶת לִרְעֲדַת הַגַּפַּיִם; שִׁיתּוּק
paltry *adj.* עָלוּב; חֲסַר עֵרֶךְ; נִבְזִי
pampas *n.* עֲרָבָה; פַּמְפָּס
pamper *v.* לְפַנֵּק
pamphlet *n.* עָלוֹן; חוֹבֶרֶת
pamphleteer *n.* כּוֹתֵב עֲלוֹנִים
pan *n.* סִיר; תַּבְנִית (אֲפִיָּיה); אַסְלָה; בְּרֵיכָה; כַּף מֹאזְנַיִים
pan *v.* לִשְׁטוֹף עֲפָרוֹת; לִקְטוֹל (מַחֲזֶה וכו׳)
–pan out לְהַצְלִיחַ; לְהִסְתַּדֵּר
pan *v.* לַעֲקוֹב (בְּמַצְלֵמָה) אַחֲרֵי־
panacea *n.* תְּרוּפָה לַכֹּל
panache *n.* (אֲרֶשֶׁת) בִּיטָּחוֹן; אֶלֶגַנְטִיּוּת
panama (hat) *n.* כּוֹבַע־קַשׁ
pancake *n.* פַּנְקֵייק; חֲבִיתִית
pancreas *n.* לַבְלָב
panda *n.* פַּנְדָּה
pandemic *adj.* (מַחֲלָה) נְפוֹצָה
pandemonium *n.* מְהוּמָה
pander *v.* (to) לִפְנוֹת אֶל־; לְסַפֵּק (רְצוֹן־)
pandit *n.* חָכָם (בְּהוֹדוּ)
pane *n.* שִׁמְשָׁה
panegyric *n.* שֶׁבַח; הַלֵּל; תִּשְׁבָּחוֹת
panel *v.* לְקַשֵּׁט בְּפַּנֶּלִים
panel *n.* פָּנֶל; לוּחַ מוּבְלָט / מְשׁוּקָּע; חֲתִיכַת בַּד מְשׁוּבֶּצֶת (בְּשִׂמְלָה); לוּחַ; רְשִׁימַת הָרוֹפְאִים בְּשֵׁירוּת הָרְפוּאִי; צֶוֶות (מוּמְחִים וכד׳)

panelist *n.* מִשתַתֵף בְּצֶוֶות (מוּמחִים)
paneled *adj.* מְקוּשָט בְּפָּנֶלִים
paneling *n.* פָּנֶלִים
pang *n.* כְּאֵב פִּתאוֹמִי; יִיסוּרִים
panhandle *v.* לְקַבֵּץ נְדָבוֹת
panhandle *n.* רְצוּעָה גֵיאוֹגרָפִית (כְּמוֹ אֶצבַּע הַגָלִיל)
panic *n.* פָּנִיקָה
panic *v.* לְאַבֵּד עֶשתוֹנוֹת; לְהִיתָפֵס לְפָּנִיקָה; לְהַבהִיל
panicky *adj.* נִתקָף פָּנִיקָה; שֶל / מִתוֹך פָּנִיקָה
panic-stricken *adj.* אָחוּז בֶּהָלָה
pannier *n.* סַל; תִיק בְּצַד הָאוֹפַנוֹעַ וכד׳
panoply *n.* טֶקֶס מָלֵא; תְצוּגָה מַרהִיבָה; צִיוּד מָלֵא; הֶרכֵּב מָלֵא
panorama *n.* מַראֶה־נוֹף רָחָב; מַראֶה פָּנוֹרָמִי
panoramic *adj.* פָּנוֹרָמִי
pansy *n.* אַמנוֹן וְתָמָר (פֶּרַח)
pant *n.* הִתנַשפוּת
pant *v.* לְהִתנַשֵף; לְדַבֵּר בְּהִתנַשפוּת
– pant for לְהִשתוֹקֵק ל־
pantaloons *n.* מִכנָסַיִים
pantheism *n.* פַּנתֵיאִיזם; אֱמוּנָה בְּאַחדוּת הָאֵל וְהַטֶבַע
pantheon *n.* פַּנתֵיאוֹן; מִקדַש אֵלִים; בִּניַין קְבוּרָה לִגדוֹלֵי אוּמָה
panther *n.* פַּנתֵר; בַּרדְלָס
panties *n.* תַחתוֹנִים (לְנָשִים)
pantry *n.* מַחסַן סַכּוּ״ם וכו׳; מְזָוֶוה
pants *n.* מִכנָסַיִים; תַחתוֹנִים
pantyhose *n.* גַרבּוֹנִים; גַרבֵּי מִכנָס
pap *n.* דַייסָה; מָזוֹן מְרוּסָק; חוֹמֶר קְרִיאָה קַל אוֹ רֵיק מִתוֹכֶן
papa *n.* אַבָּא
papacy *n.* אַפִּיפיוֹרוּת; תְקוּפַת כְּהוּנָה כְּאַפִּיפיוֹר
papal *adj.* שֶל אַפִּיפיוֹר
paparazzi *n.* צַלָמֵי / עִיתוֹנָאֵי פַּאפַּארָצִי׳
paper *n.* נְייָר; עִיתוֹן; (שְאֵלוֹן) בְּחִינָה; מַאֲמָר; חִיבּוּר; טְפָסִים
– a paper on עֲבוֹדָה בְּנוֹשֵׂא
– papers תְעוּדוֹת; מִסמָכִים; נְייָרוֹת
paper *v.* לְכַסוֹת בְּטַפֵּיטִים
– paper over/up לְכַסוֹת / לְחַפּוֹת עַל־; לְטַייֵחַ
paperback *n.* סֵפֶר בִּכרִיכָה רַכָּה
paper clip *n.* מְהַדֵק (נְייָר)
paper mill *n.* מִפעַל נְייָר
paper profit *n.* רֶווַח עַל הַנְייָר
paper tape *n.* סֶרֶט נְייָר
paper-thin *adj.* דַק כִּנְייָר; זָעוּם
paper tiger *n.* נָמֵר שֶל נְייָר
paperweight *n.* מִשקוֹלֶת (עַל ניירוֹת)
paperwork *n.* נַיֶירֶת
paprika *n.* פַּפּרִיקָה
papyrus *n.* פַּפִּירוּס (צֶמַח; סוּג נייר); כְּתַב־יָד
par *n.* מְמוּצָע; שוֹוִי (רָגִיל); עֶרֶך נָקוּב
– at par לְפִי הַשוֹוִי
– not up to par לֹא בָּרָמָה הָרְגִילָה
– on a par with בְּאוֹתָה רָמָה שֶל־
parable *n.* מָשָל
parachute *n.* מַצנֵחַ
parachute *v.* לְהַצנִיחַ; לִצנוֹחַ
parachutist *n.* צַנחָן
parade *n.* מִסדָר; מִצעָד; תְצוּגָה; טַיֶילֶת
parade *v.* לַעֲרוֹך / לַעֲמוֹד לְמִסדָר; לִצעוֹד בְּמִצעָד; לְהַצִיג לְרַאֲוָוה
parade ground *n.* מִגרַש מִסדָרִים
paradigm *n.* דוּגמָה אוֹפיְינִית; דֶגֶם; תַבנִית; דְפוּס; נְטִייָה שְלֵמָה (שֶל מִלָה)
paradise *n.* גַן־עֵדֶן; הַשָמַיִים
paradox *n.* פָּרָדוֹקס
paradoxically *adv.* בְּאוֹפֶן פָּרָדוֹקסָלִי
paraffin *n.* פָּרָפִין; נֵפט
paragliding *n.* רְחִיפַת מִצנָחִים (בְּמִצנַח רְחִיפָה)
paragon *n.* מוֹפֵת; כְּלִיל הַשלֵמוּת
paragraph *n.* פִּסקָה; סְעִיף; קֶטַע קָצָר
parakeet *n.* תוּכִּי־הַצַוָוארוֹן
parallel *adj.* מַקבִּיל; דוֹמֶה
parallel *n.* קַו מַקבִּיל; הַקבָּלָה; קַו דִמיוֹן; אָח וָרֵעַ; דָבָר דוֹמֶה
– draw a parallel לַעֲשׂוֹת הַקבָּלָה (בֵּין)
parallel *v.* לִמצוֹא מַקבִּילָה ל־; לְהַקבִּיל ל־; לְהִשתַווֹת ל־

P

parallel bars *n.* מַקְבִּילִים (בְּהִתְעַמְּלוּת)
parallelogram *n.* מַקְבִּילִית
paralyze, paralyse *v.* לְשַׁתֵּק
paralysis *n.* שִׁיתּוּק
paralytic *n.* מְשׁוּתָּק
paralyzed *adj.* מְשׁוּתָּק
paramedic *n.* עוֹבֵד בְּתחוּם הַפָּרָה־רְפוּאִי; חוֹבֵשׁ
parameter *n.* פָּרָמֶטֶר
paramilitary *adj.* מֵעֵין צְבָאִי; קָשׁוּר לַצָּבָא
paramount *adj.* עֶלְיוֹן; בַּעֲדִיפוּת עֶלְיוֹנָה
paranoia *n.* פָּרָנוֹיָה
paranoid *n.*, *adj.* חוֹלֵה פָּרָנוֹיָה; פָּרָנוֹאִידִי
paranormal *adj.* מֵעֵבֶר לַנּוֹרְמָלִי; עַל־טִבְעִי
paraphernalia *n.* צִיּוּד (אִישִׁי); כֵּלִים; (כָּל) מַה שֶּׁכָּרוּךְ בָּזֶה
paraphrase *v.*, *n.* (לְהַבִּיעַ בְּ־) נוֹסַח אַחֵר; פָּרֶפְרָזָה; לְשַׁכְתֵּב
paraplegic *n.* מְשׁוּתַּק רַגְלַיִים
parapsychology *n.* פָּרַפְּסִיכוֹלוֹגְיָה
parasite *n.* טַפִּיל
parasol *n.* שִׁמְשִׁיָּה
paratrooper *n.* צַנְחָן
paratroops *n.* (חֵיל) צַנְחָנִים
parboil *v.* לְבַשֵּׁל קַלּוֹת
parcel *n.* חֲבִילָה; חֶלְקָה; קְבוּצָה
parcel *v.* (up) לֶאֱרוֹז בַּחֲבִילָה
–parcel out לְחַלֵּק
parched *adj.* יָבֵשׁ; צָחִיחַ; צָמֵא מְאוֹד; מְיוּבָּשׁ
parchment *n.* גְּוִויל; קְלָף; נְיַיר קְלָף
pardon *n.* סְלִיחָה; מְחִילָה; חֲנִינָה
–Pardon? סְלִיחָה!
pardon *v.* לִסְלוֹחַ לְ־; לִמְחוֹל לְ־; לְהַעֲנִיק חֲנִינָה
pare *v.* (down) לִגְזוֹז; לְקַלֵּף; לְקַצֵּץ (בְּ־); לְהַקְטִין
parent *n.* הוֹרֶה
parent company *n.* חֶבְרַת־אֵם
parenthesis *n.* מַאֲמָר מוּסְגָּר; הֶסְגֵּר; סוֹגֵר
–parentheses סוֹגְרַיִים
parenthetically *adv.* בְּסוֹגְרַיִים; בְּמַאֲמָר מוּסְגָּר
parenthood *n.* הוֹרוּת
parenting *n.* הוֹרוּת; גִּידּוּל יְלָדִים
par excellence *adv.* בְּמוּבְהָק; בְּהֵ״א הַיְּדִיעָה; בִּמְלוֹא מוּבַן הַמִּלָּה
pariah *n.* מְנוּדֶּה; מוּקְצֶה
parish *n.* אֵיזוֹר קְהִילָּתִי; מוֹעָצָה מְקוֹמִית; תְּחוּם; קְהִילָּה
parishioner *n.* חֲבֵר הַקְּהִילָּה
parity *n.* שִׁוְויוֹן; שִׁוְויוֹן בְּשַׁעַר הַחֲלִיפִין
park *n.* גַּן צִיבּוּרִי; פַּארְק; אִיצְטַדְיוֹן; גַּן גָּדוֹל; חֲנִיוֹן; מִגְרָשׁ (כַּדּוּרֶגֶל)
park *v.* לַחֲנוֹת; לְהַחֲנוֹת; לָשִׂים
parka *n.* דּוּבּוֹן; מְעִיל אֶסְקִימוֹאִי
parking *n.* חֲנָיָה
parking garage *n.* חַנְיוֹן (רַב קוֹמוֹת)
parking lot *n.* מִגְרַשׁ חֲנָיָה
parking meter *n.* מַדְחָן
parking space *n.* (מְקוֹם) חֲנָיָה
parking ticket *n.* דּוּ״חַ חֲנָיָה
Parkinson's disease *n.* מַחֲלַת פַּרְקִינְסוֹן
Parkinson's law *n.* חוֹק פַּרְקִינְסוֹן
parkway *n.* כְּבִישׁ שְׂדֵירָה
parlance *n.* אוֹפֶן דִּיבּוּר; שָׂפָה
parley *n.* דִּיּוּן; מַשָּׂא וּמַתָּן; הִידַּבְּרוּת
parley *v.* לְנַהֵל מוּ״מ; לְנַהֵל שִׂיחוֹת שָׁלוֹם
parliament *n.* פַּרְלָמֶנְט; בֵּית־נִבְחָרִים
parliamentarian *n.* פַּרְלָמֶנְטָר
parliamentary *adj.* פַּרְלָמֶנְטָרִי
parlor, parlour *n.* סָלוֹן; חֲדַר אוֹרְחִים; מָכוֹן; חֲנוּת
–ice-cream parlor גְּלִידֶרִיָּה
parochial *adj.* קְהִילָּתִי; מוּגְבָּל; צַר־אוֹפֶק
parody *n.* פָּרוֹדְיָה; חִיקּוּי נִלְעָג; לַעַג (לְ־)
parody *v.* לַעֲשׂוֹת פָּרוֹדְיָה עַל־; לְחַקּוֹת
parole *n.* הֵן צֶדֶק; שִׁחְרוּר עַל תְּנַאי
–without parole לְלֹא חֲנִינָה; לְלֹא שִׁחְרוּר מוּקְדָּם
parole *v.* לְשַׁחְרֵר עַל תְּנַאי
paroxysm *n.* הֶתְקֵף פִּתְאוֹמִי
parquet *n.* פַּרְקֶט

parricide *n.* רוֹצֵחַ / רֶצַח אָב (אֵם)
parrot *n.* תּוּכִּי
parrot *v.* לַחֲזוֹר כְּמוֹ תּוּכִּי עַל־; לְחַקּוֹת
parry *v.* (parried) לְהִתגוֹנֵן מִפְּנֵי־; לַהֲדוֹף; לְהִתחַמֵּק מ־
parry *n.* הֲדִיפָה; הִתחַמְּקוּת; הִתגוֹננוּת
parsimonious *adj.* קַמְצָן
parsley *n.* פֶּטרוֹסִילְיָה
parsnip *n.* גֶּזֶר לָבָן
parson *n.* כּוֹמֶר
part *n.* חֵלֶק; אֵיזוֹר; תַּפקִיד; צַד; עֶמדָה; פֶּרֶק; חֵלֶק (חִילוּף); פַּרטִית (מוּסִיקָה)
– a man/woman of many parts אָדָם בָּרוּךְ כִּשרוֹנוֹת
– for my part מִצִּדִּי; מִבּחִינָתִי
– in part בְּמִידַּת מָה; בְּחֶלקוֹ
– on the part of מִצַּד־; מִבּחִינַת
– part and parcel of חֵלֶק בִּלתִי נִפרָד מ־
– part of speech חֵלֶק דִּיבֵּר
– play a part לְמַלֵּא תַּפקִיד; לְשַׂחֵק תַּפקִיד
– take part (in) לְהִשׁתַּתֵּף (בּ־); לָקַחַת חֵלֶק בּ־
part *v.* לְהַפרִיד בֵּין־; לְחַלֵּק; לְהִיפָּרֵד; לַעֲשׂוֹת שְׁבִיל (בַּשֵּׂיעָר)
part *adv., adj.* בְּחֶלקוֹ; חֶלקִי
partake *v.* (partook, partaken) לְהִשׁתַּתֵּף בּ־; לְהִצטָרֵף (אֵלָיו) ל־; יֵשׁ בּוֹ מִשּׁוּם
partial *adj.* חֶלקִי; נוֹטֶה לְטוֹבַת־; מַפלֶה לְטוֹבָה; מְשׁוּחָד; אוֹהֵב
partiality *n.* מַשּׂוֹא פָּנִים; אַהֲבָה; חוּלשָׁה
partially *adv.* חֶלקִית
participant *n.* מִשׁתַּתֵּף
participate *v.* לְהִשׁתַּתֵּף; לִיטוֹל חֵלֶק
participation *n.* הִשׁתַּתְּפוּת
participle *n.* בֵּינוֹנִי (פּוֹעֵל / פָּעוּל)
particle *n.* חֶלקִיק; שֶׁמֶץ; מִלִּית
particular *adj.* מְסוּיָּם; מְיוּחָד; מַקפִּיד; בַּרְרָנִי
– in particular בִּמיוּחָד
particular *n.* פְּרָט
– go into particulars לְפָרֵט; לְהִיכָּנֵס לִפרָטִים

particularize *v.* לְפָרֵט; לְהִיכָּנֵס לִפרָטִים
particularly *adv.* בִּמיוּחָד
parting *n.* שְׁבִיל (בַּשֵּׂיעָר); פְּסוֹקֶת; פְּרִידָה
– at the parting of the ways עַל פָּרָשַׁת דְּרָכִים
partisan *adj.* חַד־צְדָדִי; מִפלַגתִּי
partisan *n.* תּוֹמֵךְ נִלהָב; פַּרטִיזָן
partition *n.* חֲלוּקָה; מְחִיצָה
partition *v.* (off) לְחַלֵּק / לְהַפרִיד ע״י מְחִיצָה; לְחַלֵּק (אֶרֶץ)
partly *adv.* בְּחֶלקוֹ; בְּמִידָּה מְסוּיֶּמֶת
partner *n.* שׁוּתָּף; בֶּן זוּג; בַּת זוּג; חָבֵר
partnership *n.* שׁוּתָּפוּת
partook *v. past of* partake
partridge *n.* (בְּשַׂר) חוֹגלָה
part-time *adj., adv.* בְּמִשׂרָה חֶלקִית
partway *adv.* בְּאֶמצַע־; בְּחֶלקוֹ
party *n.* (*pl.* parties) מְסִיבָּה; קְבוּצָה; כִּיתָּה; צֶוֶת; מִפלָגָה; צַד
– party to שׁוּתָּף ל־
– throw a party לַעֲשׂוֹת מְסִיבָּה
party *v.* לְבַלּוֹת; לַעֲשׂוֹת "שָׂמֵחַ"
party line *n.* קַו מְשׁוּתָּף (טֶלֶפוֹן); קַו הַמִּפלָגָה
par value *n.* עֵרֶךְ נָקוּב
pass *n.* מַעֲבָר; צִיּוּן "עוֹבֵר"; רִשָּׁיוֹן; כַּרטִיס; אִישּׁוּר (יְצִיאָה, כְּנִיסָה); כַּרטִיס חוֹפשִׁי; מְסִירָה (בִּספּוֹרט); הַעֲבָרָה; מַעֲבָר צַר (בֶּהָרִים); פַּס (בְּמִשׂחַק קְלָפִים)
– make a pass (at) לְהַתחִיל עִם־ (בַּחוּרָה וכו׳)
pass *v.* לַעֲבוֹר; לַחֲלוֹף עַל פְּנֵי־; לַעֲבוֹר דֶּרֶךְ; לְהַעֲבִיר; לַחֲלוֹף; לְהַעֲבִיר (זְמַן); לְהַשׁמִיעַ (הֶעָרָה וכו׳); לְאַשֵּׁר; לְהַבִּיעַ; לִפסוֹק; לְהִתרַחֵשׁ; לַעֲבוֹר (בְּשֶׁקֶט); לְהָפִיץ; לַעֲבוֹר מִיָּד לְיָד; לַהֲפוֹךְ (ל־); לְהַגִּיד "פַּס"; לִמסוֹר (כַּדּוּר)
– come to pass לְהִתרַחֵשׁ; לְהַגִּיעַ לִידֵי כָּךְ
– let it pass לְהִתעַלֵּם מִזֶּה; לַעֲבוֹר לְסֵדֶר הַיּוֹם
– pass around לְהַעֲבִיר בֵּינֵיהֶם; לְהַעֲבִיר סְבִיב־

P

–pass away לָמוּת; לְהַעֲבִיר (זְמַן); לְהֵיעָלֵם
–pass by לַחֲלוֹף עַל פְּנֵי־; לֹא לְהַשְׁפִּיעַ עַל־; לַעֲבוֹר מִמּוּל; לְהִתְעַלֵּם מ־
–pass for לְהֵיחָשֵׁב כּ־
–pass oneself off as לְהִתְחַזּוֹת כּ־; לְהֵיחָשֵׁב כּ־
–pass on לָמוּת; לַעֲבוֹר/לְהַעֲבִיר (הָלְאָה) (ל־); לְהַמְשִׁיךְ הָלְאָה
–pass out לְהִתְעַלֵּף
–pass over לַעֲבוֹר; לַחֲלוֹף; לִפְסוֹחַ עַל; לְהִתְעַלֵּם מ־; לֹא לָשִׂים לֵב ל־
–pass up לְווַתֵּר עַל־; לְהַחְמִיץ
passable *adj.* עָבִיר; סָבִיר; דֵּי טוֹב
passage *n.* מַעֲבָר (צַר); דֶּרֶךְ; מִסְדְּרוֹן; קֶטַע (בְּסֵפֶר וכו׳); נְסִיעָה; מַסָּע; זְכוּת מַעֲבָר; מַעֲבָר; הַעֲבָרַת חוֹק
passageway *n.* מַעֲבָר; מִסְדְּרוֹן; פְּרוֹזְדוֹר
passé *adj.* שֶׁעָבַר זְמַנּוֹ; פַּאסֶה
passenger *n.* נוֹסֵעַ; "טְרֶמְפִּיסְט"
passerby *n.* עוֹבֵר־אוֹרַח; עוֹבֵר וָשָׁב
passing *adj.* חוֹלֵף; רִגְעִי; שִׁטְחִי; בְּדֶרֶךְ אַגַּב
passing *n.* חֲלוֹף; צֵאת; מַעֲבָר; פְּטִירָה
–in passing דֶּרֶךְ אַגַּב
passion *n.* תְּשׁוּקָה; חֵימָה; יֵצֶר; לַהַט
–passions ran high הָרוּחוֹת הִתְלַהֲטוּ; הַיְּצָרִים הִתְלַהֲטוּ
passionate *adj.* מָלֵא תְּשׁוּקָה/לַהַט; לוֹהֵט; נִלְהָב
passionately *adv.* בְּלַהַט; בִּתְשׁוּקָה; מְאוֹד
passion flower *n.* שְׁעוֹנִית (פֶּרַח)
passive *adj.* פַּסִּיבִי; אָדִישׁ; סָבִיל; לֹא מְגַלֶּה הִתְנַגְּדוּת; בְּסָבִיל (דקדוק)
passively *adv.* בְּאוֹפֶן פַּסִּיבִי/סָבִיל
passivity *n.* פַּסִּיבִיּוּת; סְבִילוּת
passkey *n.* מַפְתֵּחַ גַּנָּבִים
Passover *n.* פֶּסַח
passport *n.* דַּרְכּוֹן; מַפְתֵּחַ (ל־); דֶּרֶךְ מוּבְטַחַת
password *n.* סִיסְמָה

past *adj.* קוֹדֵם; שֶׁל הֶעָבָר; שֶׁעָבַר; בֶּעָבָר; שֶׁחָלַף
past *adv.* (לַחֲלוֹף) עַל פָּנָיו; חוֹלֵף; לִפְנֵי־
past *n.* (the –) הֶעָבָר; עָבָר (שֶׁל אָדָם); זְמַן עָבָר
past *prep.* אַחֲרֵי־; מֵעֵבֶר ל־; עַל פְּנֵי־; מֵעֵבֶר לַיְּכוֹלֶת
–would not put it past him (to) לַחְשׁוֹשׁ שֶׁהוּא בְּהֶחְלֵט מְסוּגָּל (ל־)
pasta *n.* פַּסְטָה
paste *n.* דֶּבֶק; מִמְרָח; בָּצֵק; מִשְׁחָה; עִיסָּה; זְכוּכִית תַּכְשִׁיטֵי חִיקּוּי
paste *v.* לְהַדְבִּיק
pastel *n., adj.* (צִיּוּר) פַּסְטֶל; (צֶבַע) עָדִין
pasteurize *v.* לְפַסְטֵר
pasteurized *adj.* מְפוּסְטָר
pastille *n.* טַבְלִית לִמְצִיצָה; לַכְסָנִית
pastime *n.* צוּרַת בִּילּוּי; עִיסּוּק מְהַנֶּה; "סְפּוֹרְט"
past master *n.* מוּמְחֶה; בָּקִי
pastor *n.* כּוֹמֶר
pastoral *adj.* פַּסְטוֹרָלִי; שֶׁל רוֹעִים; שֶׁל בִּישׁוּף; שֶׁל סִיּוּעַ רוּחָנִי
past participle *n.* צוּרָה שְׁלִישִׁית שֶׁל הַפּוֹעַל; הַפָּעוּל
pastrami *n.* פַּסְטְרָמָה (בָּשָׂר מְעוּשָּׁן)
pastry *n.* בָּצֵק; (דְּבַר) מַאֲפֶה; עוּגָה
pasture *n.* (אַדְמַת) מִרְעֶה
pasty *adj.* חִיוֵּור
pat *n.* טְפִיחָה; גּוּשׁ קָטָן; קוֹל דְּפִיקָה קַלָּה
pat *v.* לִטְפּוֹחַ בּ־/עַל גַּב־; לְלַטֵּף (בִּטְפִיחוֹת)
patch *n.* טְלַאי; אִסְפְּלָנִית; רְטִיָּיה; כֶּתֶם; שֶׁטַח קָטָן; חֶלְקָה
patch *v.* לְהַטְלִיא
–patch up לַחֲבוֹשׁ; לְהַטְלִיא; לְתַקֵּן; לְהִתְפַּיֵּיס
–patch up a quarrel לְיַישֵּׁב סִכְסוּךְ
patchwork *n.* (מַעֲשֵׂה) טְלָאִים
patchy *adj.* לֹא אָחִיד; פָּזוּר פֹּה וָשָׁם; עָשׂוּי טְלָאִים; לֹא מוּשְׁלָם
pâté *n.* מִמְרָח (כָּבֵד וכו׳)
patent *adj.* בָּרוּר/גָּלוּי לָעַיִן; מוּגָן ע״י פָּטֶנְט; מְקוֹרִי; מְתוּחְכָּם

P

patent *n.* פָּטֶנְט
patent *v.* לְקַבֵּל פָּטֶנְט עַל־
patent leather *n.* עוֹר מַבְרִיק / לַכָּה
patently *adv.* לְלֹא סָפֵק; בָּרוּר שֶׁ־
paternal *adj.* אַבָהִי; מִצַּד הָאָב
paternalism *n.* פַּטֶרְנָלִיזְם; שִׁלְטוֹן אַבָהוּתִי
paternity *n.* אַבָהוּת; מוֹצָא מִצַּד הָאָב
path *n.* שְׁבִיל; דֶּרֶךְ; נָתִיב; מַסְלוּל
pathetic *adj.* מַעֲצִיב; מְעוֹרֵר רַחֲמִים; עָלוּב; פָּתֶטִי
pathetically *adv.* בְּאוֹפֶן הַמְעוֹרֵר רַחֲמִים
pathfinder *n.* גַּשָּׁשׁ; מְפַלֵּס דֶּרֶךְ; חָלוּץ
pathname *n.* שֵׁם נְתִיב
pathological *adj.* פָּתוֹלוֹגִי; חוֹלָנִי; כְּפִיָּיתִי
pathologist *n.* פָּתוֹלוֹג
pathos *n.* פָּתוֹס
patience *n.* סַבְלָנוּת; פַּסְיָאנְס (מִשְׂחַק קְלָפִים)
– try his patience לַעֲלוֹת עַל עֲצַבָּיו; לִבחוֹן אֶת סַבלָנוּתוֹ
patient *adj.* (with) סַבְלָנִי (כְּלַפֵּי־)
patient *n.* חוֹלֶה; מְטוּפָּל; לָקוֹחַ
patiently *adv.* בְּסַבְלָנוּת
patio *n.* חָצֵר מְרוּצֶּפֶת
patisserie *n.* קוֹנְדִיטוֹרְיָה
patriarch *n.* זָקֵן נִכְבָּד; רֹאשׁ מִשְׁפָּחָה / שֵׁבֶט; פַּטְרִיאַרְךְ
– the Patriarchs הָאָבוֹת (אַבְרָהָם יִצְחָק וְיַעֲקֹב)
patriarchal *adj.* פַּטְרִיאַרְכָלִי; נִכְבָּד
patrician *n.* אָצִיל; חָבֵר בַּמַּעֲמָד הַשַּׁלִּיט
patricide *n.* רֶצַח אָב; רוֹצֵחַ אָב
patrimony *n.* יְרוּשַׁת אָבוֹת; נֶכֶס אוֹ הַכְנָסָה לְטוֹבַת הַכְּנֵסִיָּיה
patriot *n.* פַּטְרִיוֹט
patriotic *adj.* פַּטְרִיוֹטִי
patriotism *n.* פַּטְרִיוֹטִיוּת
patrol *n., v.* סִיּוּר; לְסַיֵּיר; לְפַטְרֵל
patrol car *n.* מְכוֹנִית מִשְׁטָרָה
patrolman *n.* שׁוֹטֵר מַקּוֹף; מוּסַכְנִיק נַיָּיד
patron *n.* נוֹתֵן חָסוּת; פַּטְרוֹן; לָקוֹחַ קָבוּעַ
patronage *n.* חָסוּת; תְּמִיכָה; סַמְכוּת לַחֲלוּקַת מִשְׂרוֹת; הֱיוֹתוֹ לָקוֹחַ; הִתְנַשְּׂאוּת
patronize *v.* לְהִתְנַשֵּׂא; לָתֵת חָסוּת לְ־; לִהְיוֹת לָקוֹחַ בְּ־
patronizing *adj.* מִתְנַשֵּׂא
patron saint *n.* הַקָּדוֹשׁ הַמָּגֵן
patsy *n.* פְרַאיֶיר; קוֹרְבָּן
patter *n.* בִּרְבּוּר; דִּיבּוּר מָהִיר; לַהַג; נְקִישׁוֹת; קוֹל צְעָדִים
patter *v.* לְהַשְׁמִיעַ נְקִישׁוֹת; לְהַשְׁמִיעַ קוֹל טְפִיפָה
pattern *n.* דוּגְמָא; צִיּוּרִים; הֶדְגֵּם; תַּבְנִית; דֶּגֶם; מַתְכּוֹנֶת; דְּפוּס
– behavior pattern דְּפוּס הִתְנַהֲגוּת
– follow a pattern לִנְהוֹג לְפִי דְּפוּס קָבוּעַ; לְהִתְבַּצֵּעַ לְפִי אוֹתָהּ שִׁיטַת פְּעוּלָּה
pattern *v.* לְקַשֵּׁט בְּדוּגְמָה
– pattern oneself after/on לַעֲשׂוֹת לְפִי דוּגְמַת־; לְחַקּוֹת
patty *n.* פַּשְׁטִידִית; קְצִיצָה
paucity *n.* (of) מִיעוּט; מַחְסוֹר (בְּ־)
paunchy *adj.* בַּעַל כֶּרֶס; כַּרְסְתָנִי
pauper *n.* עָנִי; אֶבְיוֹן; רָשׁ
pause *n.* הַפְסָקָה (קְצָרָה); שְׁתִיקָה; אֶתְנַחְתָּה; הֲפוּגָה; שְׁהוּת
pause *v.* לְהַפְסִיק / לַעֲצוֹר לְרֶגַע
pave *v.* לְרַצֵּף; לִסְלוֹל
pavement *n.* מִדְרָכָה (בְּרִיטַנְיָה); כְּבִישׁ (אֲמֶרִיקָה); דֶּרֶךְ מְרוּצֶּפֶת
pavilion *n.* בִּיתָן; אוּלָם מְקוּשָּׁט; אוֹהֶל גָּדוֹל (בְּתַעֲרוּכָה, וכו')
paving *n.* רִיצוּף
paw *n.* כַּף רֶגֶל (שֶׁל חָתוּל, וכו'); יָד
paw *v.* לְמַשֵּׁשׁ / לִשְׂרוֹט בְּרַגְלָיו; לִשְׁלוֹחַ יָדַיִים
pawn *n.* חַיָּיל / רַגְלִי (בְּשַׁחְמָט); כְּלִי שָׁרֵת; כְּלִי מִשְׂחָק
pawn *v., n.* לְמַשְׁכֵּן; מְמוּשְׁכָּן
pawnbroker *n.* מַשְׁכּוֹנַאי
pawnshop *n.* בֵּית־עֲבוֹט
pay *n.* שָׂכָר
pay *v.* (paid) לְשַׁלֵּם; לְהִשְׁתַּלֵּם; לִפְרוֹעַ; לְהַקְדִּישׁ; לָתֵת

P

–pay a call (on); pay a visit (to) לְבַקֵּר (אֵצֶל־)
–pay a compliment לְהַחְמִיא
–pay back לְשַׁלֵּם; לְהַחֲזִיר
–pay him back (for) לְשַׁלֵּם / לְהַחֲזִיר לוֹ; לְהַחֲזִיר לוֹ כִּגְמוּלוֹ (עַל־)
–pay off לְהַצְלִיחַ; לְהִשְׁתַּלֵּם; לְשַׁלֵּם בְּתַשְׁלוּמִים; לְשַׁלֵּם אֶת כָּל
–pay him off לְשַׁלֵּם אֶת הַמַּגִּיעַ לוֹ וּלְפַטְּרוֹ; לְשַׁחֵד
–pay out לְשַׁלֵּם; לְשַׁחְרֵר (חֶבֶל)
–pay up לְשַׁלֵּם אֶת כָּל הַחוֹב
payable *adj.* שֶׁיֵּשׁ לְשַׁלְּמוֹ; מִשְׁתַּלֵּם
payback *n.* הֶחְזֵר (הַשְׁקָעָה); נְקָמָה
paycheck *n.* מַשְׂכֹּורֶת
pay claim *n.* תְּבִיעוֹת שָׂכָר
payee *n.* מְקַבֵּל הַתַּשְׁלוּם; הַמּוּטָב
payer *n.* מְשַׁלֵּם
payload *n.* מִטְעַן הַכְּנָסָה; רֹאשׁ־חֵץ; מִטְעָן וְצִיּוּד בַּחֲלָלִית
paymaster *n.* שַׁלָּם; מְשַׁלֵּם הַשָּׂכָר
payment *n.* תַּשְׁלוּם; גְּמוּל; עוֹנֶשׁ
–a down payment תַּשְׁלוּם (מִיָּדִי) עַל הַחֶשְׁבּוֹן
payoff *n.* סִילּוּק חֶשְׁבּוֹן; גְּמוּל; תַּשְׁלוּם שׁוֹחַד; שִׂיא; סוֹף מַפְתִּיעַ
payout *n.* תַּשְׁלוּם (פְּרָס, דִּיווִידֶנְד); סְכוּם גָּדוֹל
pay phone *n.* טֶלֶפוֹן צִיבּוּרִי
payroll *n.* גִּלְיוֹן תַּשְׁלוּמִים; סה״כ תַּשְׁלוּמֵי שָׂכָר; מַשְׂכֹּורֶת; שָׂכָר
payslip *n.* תְּלוּשׁ מַשְׂכֹּורֶת
PC שׁוֹטֵר; מַחְשֵׁב אִישִׁי; תַּקִּין פּוֹלִיטִית
PE חִינּוּךְ גוּפָנִי
pea *n.* אֲפוּנָה
–like two peas in a pod כְּמוֹ שְׁתֵּי טִיפּוֹת מַיִם
peace *n.* שָׁלוֹם; סֵדֶר; שַׁלְוָה; שֶׁקֶט
–disturb the peace לְהָפֵר אֶת הַסֵּדֶר
–hold your peace לִשְׁתּוֹק; לְהַחֲשׁוֹת
–make your peace (with) לְהִתְפַּיֵּיס (עִם); לְהַשְׁלִים עִם
–peace of mind שֶׁקֶט נַפְשִׁי
peaceably *adv.* בְּדַרְכֵי שָׁלוֹם; בְּשֶׁקֶט
peace conference *n.* וְעִידַת שָׁלוֹם
peaceful *adj.* שׁוֹחֵר שָׁלוֹם; שֶׁל שָׁלוֹם; שָׁלֵו; שָׁקֵט
peacefully *adv.* בְּשַׁלְוָה; בְּשֶׁקֶט; בְּדַרְכֵי שָׁלוֹם
peacefulness *n.* שַׁלְוָה; שֶׁקֶט
peace-loving *adj.* אוֹהֵב שָׁלוֹם
peacemaker *n.* עוֹשֶׂה שָׁלוֹם
peace offering *n.* מִנְחַת שָׁלוֹם; מַתְּנַת פִּיּוּס
peace pipe *n.* מִקְטֶרֶת הַשָּׁלוֹם
peace talks *n.* שִׂיחוֹת שָׁלוֹם
peacetime *n.* תְּקוּפַת שָׁלוֹם; עֵת שָׁלוֹם
peach *n.* אֲפַרְסֵק; ״חֲתִיכָה״; ״גָּדוֹל״
peacock *n.* טַוָּוס
peahen *n.* טַוָּוסָה
peak *n.* פִּסְגָּה; מִצְחִיָּיה; שִׂיא; עוֹמֶס
–at peak hours בִּשְׁעוֹת הָעוֹמֶס / הַשִּׂיא
–in peak condition בְּכוֹשֶׁר שִׂיא
–peak viewing period זְמַן צְפִיַּית שִׂיא
peak *v.* לְהַגִּיעַ לְשִׂיאוֹ
peaked *adj.* ־מִצְחִיָּיה; חִיווֵּר; חוֹלֶה
peaked cap *n.* כּוֹבַע מִצְחִיָּיה
peal *v., n.* לְצַלְצֵל (בְּ־); (צִלְצוּל) פַּעֲמוֹנִים; הֵד רוֹעֵם; רַעַם
peanut *n.* בּוֹטֶן
–peanuts ״כֶּסֶף קָטָן״; בּוֹטְנִים
peanut butter *n.* חֶמְאַת בּוֹטְנִים
pear *n.* אַגָּס
pearl *n.* פְּנִינָה; אֶגֶל (טַל וכדי)
pearl barley *n.* גְּרִיסֵי־פְּנִינָה
pearl diver *n.* שׁוֹלֵה פְּנִינִים
pear-shaped *adj.* בְּצוּרַת אַגָּס
peasant *n.* אִיכָּר; פַּלָּח
peasantry *n.* הָאִיכָּרִים
peat *n.* כָּבוּל (חוֹמֶר דֶּלֶק)
pebble *n.* חַלּוּק אֶבֶן; אֶבֶן חָצָץ
pebbly *adj.* מְכוּסֶּה חַלּוּקֵי אֲבָנִים
pecan *n.* אֱגוֹז הַפֶּקָן
peccadillo *n.* פְּגָם שׁוּלִי; חֵטְא קָטָן
peck *n.* נְקִירָה; נִיקּוּר; נְשִׁיקָה קְטַנָּה
peck *v.* (at) לְנַקֵּר (בְּ־); לְהַקִּישׁ בַּמַּקּוֹר; לֶאֱכוֹל ״כְּמוֹ צִיפּוֹר״ (מִ־); לָתֵת לוֹ נְשִׁיקָה קְטַנָּה

P

pecker *n.* זַיִן

–keep your pecker up לְהַחֲזִיק מַעֲמָד; לֹא לְהִתְיָאֵשׁ

pecking order *n.* סֵדֶר הַנִּיקּוּר (בַּלּוּל); דֵּירוּג סַמְכוּיוֹת

pectin *n.* פֶּקְטִין

pectoral *adj.* שֶׁל הֶחָזֶה

peculiar *adj.* יִיחוּדִי לְ־; מְיוּחָד לְ־; מוּזָר; מְשׁוּנֶּה; קְצָת חוֹלֶה

peculiarity *n.* יִיחוּדִיּוּת; מוּזָרוּת; מְאַפְיֵין; תְּכוּנָה יִיחוּדִית; מַשֶּׁהוּ מוּזָר; הֶרְגֵּל מוּזָר

peculiarly *adv.* בְּצוּרָה מוּזָרָה; בִּמְיוּחָד

pecuniary *adj.* כַּסְפִּי

pedagogic(al) *adj.* פֶּדָגוֹגִי

pedagog(ue) *n.* מוֹרֶה (קַפְּדָן); מְחַנֵּךְ

pedal *n.* דַּוְושָׁה

pedal *v.* לְדַוֵּושׁ (בְּ־); לִרְכּוֹב עַל־ (אוֹפַנַּיִים)

pedant *n.* פֶּדַנְט; מַקְפִּיד בְּקַטְנוּת

pedantic *adj.* פֶּדַנְטִי; מַקְפִּיד בְּקַטְנוּת

pedantry *n.* פֶּדַנְטִיּוּת; הַקְפָּדָה בְּקַטְנוּת

peddle *v.* לַעֲסוֹק בִּרְוֹכְלוּת; לִמְכּוֹר; לְהָפִיץ

peddler *n.* רוֹכֵל; מוֹכֵר; מוֹכֵר סַמִּים

pederast *n.* שׁוֹכֵב מִשְׁכַּב־זָכוּר עִם נְעָרִים

pederasty *n.* מִשְׁכַּב־זָכוּר עִם נְעָרִים

pedestal *n.* בָּסִיס; כַּן

–put someone/something on a pedestal לִרְאוֹת בּוֹ אֱלִיל; לְהַעֲרִיץ לְלֹא גְּבוּל; לְהַעֲמִידוֹ מֵעַל לַכֹּל

pedestrian *adj.* לְהוֹלְכֵי רֶגֶל; חֲסַר הַשְׁרָאָה; חֲסַר מָעוֹף; שִׁגְרָתִי

pedestrian *n.* הוֹלֵךְ־רֶגֶל

pedestrian crossing *n.* מַעֲבַר חֲצִיָּיה

pedestrian mall / precinct *n.* מִדְרְחוֹב

pediatrician *n.* רוֹפֵא־יְלָדִים

pediatrics *n.* רְפוּאַת־יְלָדִים

pedicure *n.* פֶּדִיקוּר

pedigree *adj.* גִּזְעִי; מִגֶּזַע מְשׁוּבָּח

pedigree *n.* שַׁלְשֶׁלֶת יוּחֲסִין; יִיחוּס

pedlar *n.* רוֹכֵל; מוֹכֵר; מוֹכֵר סַמִּים

pee *n., v.* פִּיפִּי; לְהַשְׁתִּין

peek *n.; v.* הֲצָצָה; לְהָצִיץ בְּ־

peel *n., v.* קְלִיפָּה; לְקַלֵּף; לְהִתְקַלֵּף

–keep your eyes peeled לִשְׁמוֹר בְּשֶׁבַע עֵינַיִים; לִפְתּוֹחַ טוֹב אֶת הָעֵינַיִים

–peel off לְקַלֵּף; לִפְשׁוֹט; לְהִתְקַלֵּף; לְהִתְפַּשֵּׁט; לְהִתְנַתֵּק (מִקְבוּצָה) וּלְשַׁנּוֹת כִּיוּון (מָטוֹס)

peeler *n.* מַקְלֵף

peelings *n.* קְלִיפּוֹת

peep *n., v.* הֲצָצָה; לְהָצִיץ; לְבַצְבֵּץ

peep *n., v.* צִיּוּץ; הֶגֶה; לְצַיֵּיץ

peeper *n.* עַיִן; מְצִיצָן

peephole *n.* חוֹר הֲצָצָה

Peeping Tom *n.* מְצִיצָן

peer *n.* בֶּן גִּילוֹ; שָׁוֶוה לוֹ; עָמִית; אָצִיל בְּרִיטִי

peer *v.* לְאַמֵּץ מַבָּט; לְהִתְבּוֹנֵן

peeve *v.* לְהַרְגִּיז; לְעַצְבֵּן

peeved *adj.* מְרוּגָּז

peevish *adj.* רַגְזָנִי; עַצְבָּנִי

peevishly *adv.* בְּרוֹגֶז

peewee *n.* קְטַנְטַן; קָטָן; צוּצִיק

peg *n.* פִּין; אֶטֶב; מְהַדֵּק; יָתֵד; וָו; יָתֵד כִּוונוּן; כּוֹסִית־מַשְׁקֶה

–take him down a peg (or two) לְהַעֲמִידוֹ בִּמְקוֹמוֹ; לְהוֹרִיד לוֹ אֶת הָאַף

peg *v.* לְחַזֵּק בִּיתֵדוֹת; לְהַדֵּק; לְסַמֵּן בִּיתֵדוֹת; לִקְבּוֹעַ; לְיַיצֵּב; לְהַקְפִּיא

–peg away (at) לַעֲבוֹד בְּהַתְמָדָה (עַל־)

pejorative *adj.* שֶׁל גְּנַאי; גּוֹרֵעַ; מַפְחִית עֵרֶךְ

pejoratively *adv.* לִגְנַאי; בְּאוֹפֶן שֶׁגּוֹרֵעַ מֵעֶרְכּוֹ

pelican *n.* שַׂקְנַאי

pelican crossing *n.* מַעֲבַר־חֲצִיָּיה עִם כַּפְתּוֹר לְחִיצָה בְּרַמְזוֹר

pellet *n.* כַּדּוּרִית; כּוּפְתָּה; כַּדּוּר

pell-mell *adv.* בְּאִי־סֵדֶר; בְּבַלָּגָן

pellucid *adj.* צָלוּל

pelt *n.* עוֹר פַּרְוָוה; עוֹר; שֵׂיעָר

–at full pelt בְּכָל הַמְּהִירוּת

pelt *v.* לִזְרוֹק / לְהַמְטִיר עַל־

–pelt (down) (with) לָרֶדֶת בְּחוֹזְקָה (גֶּשֶׁם, וכו׳)

pelvis *n.* אַגַּן־הַיְרֵכַיִים

pen *n.* עֵט; קוּלְמוֹס

P

–put pen to paper לְהַתְחִיל לִכתוֹב
pen *n.* דִיר; מִכלָאָה; בֵּית־סוֹהַר; לוּל לְתִינוֹק
pen *v.* לִכלוֹא; לִכתוֹב
penal *adj.* ־עוֹנָשִין; בַּר־עוֹנֶש; פְּלִילִי; עוֹנשִי
penalize *v.* לְהַעֲנִיש (עַל־); לִפסוֹק (עֲבֵרָה) לְחוֹבַת־
penalty *n.* עוֹנֶש; קְנָס; מְחִיר; חִיסָרוֹן; בְּעִיטַת־עוֹנָשִין (מ־11 מֶטֶר וכד׳)
–under penalty of צָפוּי לְעוֹנֶש / לִקְנָס שֶל
penalty area *n.* רַחֲבַת הָעוֹנָשִין / הַ־16
penalty clause *n.* סְעִיף הַקְנָס (בְּחוֹזֶה)
penance *n.* סִיגוּפִים (שֶל חֲרָטָה)
pence *n. pl.* פֶּנִי (המטבֵּעַ)
penchant *n.* חִיבָּה; נְטִייָה; מְשִיכָה (לְ־)
pencil *n.* עִיפָּרוֹן (גַם לאִיפּוּר); אֲלוּמַת אוֹר מִתכַּנֶסֶת (כְּמוֹ חוּד הָעִיפָּרוֹן)
pencil *v.* לִכתוֹב / לְצַייֵר בְּעִיפָּרוֹן
–pencil in לִרשוֹם בְּעִיפָּרוֹן; לִרשוֹם (אוֹתוֹ) בֵּינָתַיִים
pencil case *n.* קַלמָר
pencil sharpener *n.* מְחַדֵד עֶפרוֹנוֹת
pendant *n.* תִליוֹן; דִגלוֹן (מְשוּלָש)
pending *adj.* תָלוּי וְעוֹמֵד
pending *prep.* עַד לְ־; בְּמֶשֶך
pendulum *n.* מְטוּטֶלֶת
–the pendulum of public opinion תְנוּדַת המטוּטֶלֶת בְּדַעַת הַקָהָל
penetrable *adj.* חָדִיר
penetrate *v.* לַחדוֹר לְ־; לְחַלחֵל; לַחדוֹר מִבַּעַד־; לְפַלֵחַ; לְהִיקָלֵט; לִקלוֹט; לְהָבִין
penetrating *adj.* מַעֲמִיק; חָרִיף; חוֹדֵר; צוֹרֵם; חָזָק
penetration *n.* חֲדִירָה; תְפִישָה מְהִירָה וּמַעֲמִיקָה
pen friend *n.* חָבֵר לָעֵט
penguin *n.* פִּינגווִין
penicillin *n.* פֶּנִיצִילִין
peninsula *n.* חֲצִי־אִי
penis *n.* אֵיבַר הַזַכרוּת; פִּין
penitence *n.* חֲרָטָה; חֲזָרָה בִּתשוּבָה
penitent *adj.* מִתחָרֵט; חוֹזֵר בִּתשוּבָה
penitential *adj.* שֶל חֲרָטָה; שֶל תְשוּבָה
penitentiary *n.* בֵּית־סוֹהַר
penitently *adv.* בַּחֲרָטָה
penknife *n.* אוֹלָר
pen name *n.* כִּינוּי סִפרוּתִי; שֵם עֵט
pennant *n.* דֶגֶל (אִיתוּת וכו׳); דִגלוֹן
pennies *n. plural of* penny
penniless *adj.* חֲסַר פְּרוּטָה
penny *n.* פֶּנִי; סֶנט; פְּרוּטָה
–a penny for your thoughts מְעַניֵין עַל מָה אַתָה חוֹשֵב
–(cost) a pretty penny (לַעֲלוֹת) הַרבֵּה כֶּסֶף
–in for a penny, in for a pound אִם כְּבָר אָז כְּבָר
–the penny (has) dropped ״הָאֲסִימוֹן יָרַד״; הַמֶסֶר נִקלַט (סוֹף סוֹף)
pen pal *n.* חָבֵר לָעֵט
pension *n., v.* קִצבָּה; פֶּנסִיָה
–pension off לְהוֹצִיא לְגִמלָאוֹת
pensioner *n.* פֶּנסיוֹנֶר; גִמלַאי; מְקַבֵּל קִצבָּה
pension fund *n.* קֶרֶן פֶּנסִיָה
pensive *adj.* מְהוּרהָר
pensively *adv.* בִּמהוּרהָר
pentagon *n.* מְחוּמָש
Pentagon *n.* הַפֶּנטָגוֹן
Pentecost *n.* חַג הַשָבוּעוֹת (גַם בַּנַצרוּת)
penthouse *n.* דִירַת גַג; פֶּנטהָאוּז
pent-up *adj.* כָּלוּא; סָגוּר; עָצוּר; כָּבוּש
penurious *adj.* עָנִי מָרוּד
penury *n.* עוֹנִי
people *n.* אֲנָשִים; בְּנֵי־אָדָם; הָעָם; עַם; קְרוֹבֵי מִשפָּחָה; הוֹרִים
–you of all people... דַווקָא אַתָה...
people *v.* לְאַכלֵס; לְמַלֵא בַּאֲנָשִים
pep *n., v.* כּוֹחַ; מֶרֶץ; עִידוּד; לְעוֹרֵר; לְהַמרִיץ; לְהוֹסִיף טַעַם לְ־
pepper *n.* פִּלפֵּל (שָחוֹר, וכו׳); פִּלפֵּל (יָרוֹק, וכו׳)
pepper *v.* לִרגוֹם; לְהַמטִיר; לְהוֹסִיף פִּלפֵּל; לְפַזֵר; לְשַבֵּץ; לְרַסֵס
peppermint *n.* נַעֲנָה חֲרִיפָה; (מַמתָק) מִנתָה

pepper shaker *n.* מַבְזֵק־פִּלְפֵּל
peppery *adj.* חָרִיף; רַגזָן; חַם־מֶזֶג
pep pill *n.* גְלוּלַת־מֶרֶץ
pep talk *n.* שִׂיחַת עִידוּד וְדִרבּוּן
peptic ulcer *n.* כִּיב קֵיבָה; אוּלקוּס
per לְ־; בְּ־; לְכָל־
– as per בְּהֶתאֵם לְ־
per annum *adv.* לְשָׁנָה
per capita *adj., adv.* לְנֶפֶשׁ
perceive *v.* לִתפּוֹס (בְּשֵׂכֶל); לְהַבחִין (בְּ־)
percent *adj., n.* אָחוּז
percentage *n.* אָחוּז
perceptible *adj.* נִתפָּשׂ; שֶׁנִיתָן לְהַבחִין בּוֹ
perceptibly *adv.* בְּאוֹפֶן נִיכָּר
perception *n.* תְּפִישָׂה (בַּחוּשִׁים אוֹ בַּשֵׂכֶל); תְחוּשָׁה
perceptive *adj.* שֶׁל/בַּעַל כּוֹשֶׁר תְּפִישָׂה; חַד־הַבחָנָה; מֵטִיב לְהָבִין
perceptively *adv.* בְּאוֹפֶן הַמֵעִיד עַל הֲבָנָה מַעֲמִיקָה
perceptiveness *n.* תְּפִישָׂה; כּוֹשֶׁר הַבחָנָה; הֲבָנָה מַעֲמִיקָה
perch *n.* מוֹט/עָנָף לִמנוּחַת הַצִיפּוֹר; מְקוֹם יְשִׁיבָה; מָקוֹם גָבוֹהַּ; פֶּרקָה (דָג)
perch *v.* (on) לָנוּחַ (עַל־); לְהוֹשִׁיב; לָשֶׁבֶת; לְהִימָצֵא בְּמָקוֹם גָבוֹהַּ
percolate *v.* לְחַלחֵל; לְהִסתַנֵן; לְהָכִין (קָפֶה) בְּפֶּרקוֹלָטוֹר
percolator *n.* פֶּרקוֹלָטוֹר
percussion *n.* (קוֹל) הַקָשָׁה; כְּלֵי־הַקָשָׁה
percussionist *n.* מְנַגֵן בִּכלֵי־הַקָשָׁה; מַקִישָׁן
per diem *adv.* יוֹמִית (שָׂכָר)
perdition *n.* גֵיהִינוֹם; אֲבַדוֹן
peregrine *n.* בַּז נוֹדֵד
peremptorily *adv.* בְּמַפגִיעַ; בְּתַקִיפוּת; בְּטוֹן מְצַוֶוה
perennial *adj.* נִמשָׁךְ כָּל הַשָׁנָה; נִמשָׁךְ זְמַן רַב; נִצחִי; רַב שְׁנָתִי
perennial *n.* צֶמַח רַב שְׁנָתִי
perfect *adj.* מוּשׁלָם; שָׁלֵם; מְצוּיָן; מְדוּיָק; גָמוּר; מַמָשׁ
perfect *v.* לַעֲשׂוֹתוֹ לְמוּשׁלָם; לְשַׁכלֵל
perfection *n.* שִׁכלוּל; כְּלִיל הַשְׁלֵמוּת; שְׁלֵמוּת
– to perfection בְּאוֹפֶן מוּשׁלָם; עַל בּוּריוֹ
perfectionist *n.* שׁוֹאֵף לִשׁלֵמוּת; פֶּרפֶקציוֹנִיסט
perfectly *adv.* לְגַמרֵי; בְּהֶחלֵט; מְאוֹד; בְּצוּרָה מוּשׁלֶמֶת
perfidious *adj.* בּוֹגדָנִי
perfidy *n.* בּוֹגדָנוּת
perforate *v.* לְנַקֵב; לְנַקבֵּב; לְחָרֵר
perforated *adj.* מְנוּקָב; מְנוּקבָּב
perforation *n.* נִיקוּב; נִקבּוּב
perform *v.* לְבַצֵעַ; לַעֲשׂוֹת; לְתַפקֵד; לְשַׂחֵק; לְהוֹפִיעַ; לְנַגֵן
performance *n.* בִּיצוּעַ; הַצָגָה; הוֹפָעָה; תִּפקוּד; עֲשִׂיָיה; בִּיצוּעִים; הִתנַהֲגוּת; "הַצָגָה"; מַאֲמָץ
performer *n.* שַׂחֲקָן; אוֹמָן; מְבַצֵעַ
perfume *n., v.* בּוֹשֶׂם; לְבַשֵׂם
perfumed *adj.* מְבוּשָׂם
perfunctorily *adv.* כִּלאַחַר־יָד; כְּדֵי לָצֵאת יְדֵי חוֹבָה
perhaps *adv.* אוּלַי; יִיתָכֵן
peril *n.* סַכָּנָה
– at your peril עַל אַחֲרָיוּתוֹ
perilous *adj.* מְסוּכָּן
perimeter *n.* הֶיקֵף; אוֹרֶךְ הַהֶיקֵף
period *n.* תְּקוּפָה; פֶּרֶק זְמַן; שִׁיעוּר; מַחֲזוֹר; וֶסֶת; נְקוּדָה
periodic(al) *adj.* תְּקוּפָתִי; מַחֲזוֹרִי
periodical *n.* כְּתַב עֵת
periodically *adv.* בְּמַחֲזוֹרִיוּת; בִּזמַנִים קְבוּעִים; מִדֵי פַּעַם
peripheral *adj.* הֶיקֵפִי; שֶׁל פֶּרִיפֶריָה; שׁוּלִי; מִשׁנִי
peripheral(s) *n.* צִיוּד הֶיקֵפִי
periphery *n.* הֶיקֵף; פֶּרִיפֶריָה; שׁוּלַיִים
periscope *n.* פֶּרִיסקוֹפּ
perish *v.* לָמוּת; לְהִישָׁמֵד; לֶאֱבוֹד; לְקַלקֵל; לַהֲרוֹס; לְהִתקַלקֵל
– perish the thought! חַס וְחָלִילָה!
perishable *adj.* מִתקַלקֵל מַהֵר
perishables *n.* מוּצָרִים מִתכַּלִים

P

peritonitis *n.* דַלֶקֶת הַצֶפֶק
periwinkle *n.* וִינקָה (פֶּרַח); לִיטוֹרִינָה (צדפה)
perjure *v.* לְהִישָׁבַע לַשֶקֶר
perjurer *n.* נִשבָּע לַשֶקֶר; עֵד שֶקֶר
perjury *n.* שְבוּעַת שֶקֶר; עֵדוּת שֶקֶר
perk *v.* לְהָכִין (קפה) בְּפֶּרקוֹלָטוֹר
–perk up לְהִתעוֹרֵר לְחַיִים; לְהַכנִיס בּוֹ חַיִים; לִזקוֹף (בְּעִניָין)
perks *n.* הֲטָבוֹת צְדָדִיוֹת / נוֹסָפוֹת
perky *adj.* מָלֵא חַיִים; עֵירָנִי
perm *n., v.* סִלסוּל תְמִידִי; לְסַלסֵל שֵׂיעָר
permanence *n.* קְבִיעוּת; תְמִידוּת
permanency *n.* אַבזָר קָבוּעַ; דָבָר שֶל קֶבַע; קְבִיעוּת; תְמִידוּת
permanent *adj.* קָבוּעַ; תְמִידִי; לָנֶצַח
permanently *adv.* דֶרֶךְ קֶבַע; לְתָמִיד; לִצמִיתוּת
permanent wave *n.* סִלסוּל תְמִידִי
permeability *n.* חֲדִירוּת
permeable *adj.* חָדִיר; נִיתָן לְחִלחוּל
permeate *v.* לַחדוֹר (ל־); לְהִתפַּשֵט בְּכָל־; לְחַלחֵל
permeation *n.* חֲדִירָה; הִתפַּשטוּת; חִלחוּל
permissible *adj.* מוּתָר
permission *n.* רְשוּת; הֶיתֵר; הַרשָאָה
permissive *adj.* מַתִירָנִי
permissiveness *n.* מַתִירָנוּת
permit *n.* רִשיוֹן
permit *v.* לְהַרשוֹת; לְהַתִיר; לְאַפשֵר
–weather permitting אִם מֶזֶג־הָאֲוִויר יְאַפשֵר
permutation *n.* תְמוּרָה (בּמתמטיקה); חִילוּף
pernicious *adj.* מַזִיק; רַע; הַרסָנִי; מַמאִיר
pernicious anemia *n.* חוֹסֶר־דָם מַמאִיר
peroxide *n.* מֵי־חַמצָן
perpendicular *n., adj.* נִיצָב; אֲנָךְ; מְאוּנָךְ (ל־); אֲנָכִי; זָקוּף
perpetrate *v.* לְבַצֵעַ; לַעֲשׂוֹת
perpetration *n.* בִּיצוּעַ; עֲבֵירָה
perpetrator *n.* מְבַצֵעַ (פֶּשַע); עֲבַריָין

perpetual *adj.* תְמִידִי; נִצחִי; בִּלתִי פּוֹסֵק
perpetually *adv.* כָּל הַזמַן; לְלֹא הֶפסֵק; לָנֶצַח
perpetuate *v.* לְהַנצִיחַ (דָבָר שְלִילִי)
perpetuation *n.* הַנצָחָה
perpetuity *n.* נֶצַח
–in perpetuity לָנֶצַח; לִצמִיתוּת
perplex *v.* לְהָבִיךְ; לְבַלבֵּל
perplexed *adj.* מְבוּלבָּל; נָבוֹךְ
perplexity *n.* בִּלבּוּל; מְבוּכָה
perquisite *n.* הֲטָבָה צְדָדִית
per se *adv.* כְּשֶלְעַצמוֹ; בְּתוֹר שֶכָּזֶה
persecute *v.* לִרדוֹף (עַם, וכו'); לְהַטרִיד
persecution *n.* רְדִיפָה; הַטרָדָה
persecutor *n.* רוֹדֵף
perseverance *n.* הַתמָדָה
persevere *v.* לְהַתמִיד
persevering *adj.* מַתמִיד
Persian *adj.* פַּרסִי
persimmon *n.* אֲפַרסמוֹן
persist *v.* לְהִתעַקֵש; לְהַתמִיד (בּ־); לְהַמשִיךְ; לְהִימָשֵךְ
persistence *n.* הִתעַקשוּת; הַתמָדָה; הִימָשכוּת
persistent *adj.* עַקשָנִי; מַתמִיד; בִּלתִי נִלאֶה; מִתמַשֵךְ
persistently *adv.* בְּעַקשָנוּת; שוּב וָשוּב
persnickety *adj.* מַקפִּיד בִּקטַנוֹת; עוֹשֶׂה עִניָין מִכָּל דָבָר
person *n.* אָדָם; אִיש; גוּף
–about his person עַל גוּפוֹ
–in person בְּעַצמוֹ; בְּאוֹפֶן אִישִי
personal *adj.* פְּרָטִי; אִישִי; בִּכבוֹדוֹ וּבְעַצמוֹ; שֶל הַגוּף
–get personal לִגלוֹש לְפַסִים אִישִיִים
personal *n.* מוֹדָעָה אִישִית; מוֹדָעָה בּ"שִידוּכִים"
personal computer *n.* מַחשֵב אִישִי
personal injury *n.* נֶזֶק גוּף
personal knowledge *n.* יֶדַע אִישִי
personality *n.* אִישִיוּת; אִישִיוּת מְפוּרסֶמֶת
personalize *v.* לְהַדפִּיס שְמוֹ עַל־; לַהֲפוֹךְ לְאִישִי (וִיכּוּחַ, וכו')

P

personally *adv.* בְּאוֹפֶן אִישִׁי; אִישִׁית; בִּפְרָטִיּוּת
personal pronoun *n.* כִּינּוּי גּוּף
personal stereo *n.* ווֹקְמֶן
personal watercraft *n.* אוֹפַנּוֹעַ־יָם
persona non grata *n.* אִישִׁיּוּת בִּלְתִּי רְצוּיָה
personification *n.* הַאֲנָשָׁה; הִתְגַּלְמוּת
personify *v.* (personified) לְהַאֲנִישׁ; לִהְיוֹת הִתְגַּלְמוּת ה־
personnel *n.* (חֶבֶר הָ־) עוֹבְדִים; אַנְשֵׁי צֶוֶות; כּוֹחַ אָדָם
perspective *n.* פֶּרְסְפֶּקְטִיבָה; תִּשְׁקוֹפֶת; זָווִית־רְאִיָּה; אוֹר; מַבָּט
perspicacious *adj.* בַּעַל תְּפִישָׂה וַהֲבָנָה; פִּיקֵּחַ
perspiration *n.* זֵיעָה; הַזָּעָה
perspire *v.* לְהַזִּיעַ
persuade *v.* לְשַׁכְנֵעַ
persuasion *n.* שִׁכְנוּעַ; שִׁידּוּל; כַּת; קְבוּצָה; אֱמוּנָה
persuasive *adj.* מְשַׁכְנֵעַ
persuasively *adv.* בְּאוֹפֶן מְשַׁכְנֵעַ
pertain *v.* (to) לִהְיוֹת שַׁיָּיךְ / מַתְאִים / קָשׁוּר ל־
pertinacious *adj.* נָחוּשׁ; עַקְשָׁן; דָּבֵק בַּמַּטָּרָה
pertinent *adj.* נוֹגֵעַ לָעִנְיָין; שַׁיָּיךְ
perturb *v.* לְהַדְאִיג; לִטְרוֹד מְנוּחָתוֹ
perturbation *n.* חֲרָדָה; דְּאָגָה
perturbed *adj.* מוּדְאָג; נֶחְרָד
perusal *n.* קְרִיאָה בְּעִיּוּן; עִיּוּן
peruse *v.* לִקְרוֹא בְּעִיּוּן; לִקְרוֹא
pervade *v.* לְהִתְפַּשֵּׁט בְּכָל־; לְמַלֵּא; לַחְדּוֹר ל־
pervasive *adj.* מִתְפַּשֵּׁט / חוֹדֵר בְּכָל מָקוֹם
perverse *adj.* מִתְעַקֵּשׁ / עוֹשֶׂה לְהַכְעִיס; חֲסַר כָּל הִיגָּיוֹן
perversely *adv.* (כְּאִילּוּ) לְהַכְעִיס; בְּעִיקְּשׁוּת
perversion *n.* הַשְׁחָתָה; סִילּוּף; עִיוּוּת; סְטִיָּיה
perversity *n.* עַקְשָׁנוּת חֲסֶרֶת הִיגָּיוֹן
pervert *n.* סוֹטֶה (מִין)
pervert *v.* לְעַוֵּות; לְסַלֵּף; לְהַשְׁחִית
perverted *adj.* מְסוּלָּף; מְעוּוָּת; סוֹטֶה
pervious *adj.* חָדִיר; פָּתוּחַ (ל־)
pesky *adj.* מְעַצְבֵּן; מַרְגִּיז
pessimism *n.* פֶּסִימִיּוּת
pessimist *n.* רוֹאֶה שְׁחוֹרוֹת; פֶּסִימִיסְט
pessimistic *adj.* פֶּסִימִי
pessimistically *adv.* בְּפֶסִימִיּוּת
pest *n.* מַזִּיק (בְּחַקְלָאוּת); נוּדְנִיק
pester *v.* לְהָצִיק; לְנַדְנֵד (ל־)
pesticide *n.* חוֹמֶר הַדְבָּרָה
pestilence *n.* מַגֵּיפָה
pestle *n.* עֱלִי
pet *adj.* שֶׁל חַיּוֹת־מַחְמָד; חָבִיב; אָהוּב (עַל־); אִישִׁי
–pet name כִּינּוּי חִיבָּה
pet *n., v.* חַיַּית־מַחְמָד / שַׁעֲשׁוּעִים; חֲבִיבוֹ (שֶׁל); לְלַטֵּף; לְהִתְמַזְמֵז
petal *n.* עֲלֵה־כּוֹתֶרֶת
peter *v.*
–peter out לֶאֱזוֹל; לִדְעוֹךְ; לְהֵיעָלֵם
petite *adj.* קְטַנָּה וַעֲדִינָה
petition *n.* עֲצוּמָה; בַּקָּשָׁה; עֲתִירָה; תְּפִילָּה
petition *v.* לְהַגִּישׁ עֲצוּמָה ל־; לְבַקֵּשׁ; לַעֲתוֹר ל־
petitioner *n.* עוֹתֵר; תּוֹבֵעַ גֵּט
petrel *n.* יַסְעוּרוֹן (עוֹף־יָם)
petrify *v.* (petrified) לְאַבֵּן; לְהִתְאַבֵּן; לְשַׁתֵּק (מֵרוֹב פַּחַד)
petrochemical *adj.* פֶּטְרוֹכִימִי
petrodollar *n.* פֶּטְרוֹדוֹלָר (כְּרֶוַוח מִיצוּא נֵפְט)
petrol *n.* בֶּנְזִין; דֶּלֶק
petrol bomb *n.* בַּקְבּוּק תַּבְעֵרָה
petroleum *n.* נֵפְט
petroleum jelly *n.* וָזֵלִין
petrol station *n.* תַּחֲנַת דֶּלֶק
petrol tank *n.* מְכַל דֶּלֶק
pet shop *n.* חֲנוּת לְחַיּוֹת־מַחְמָד
petticoat *n.* תַּחְתּוֹנִית; תַּחְתִּית (לְשִׂמְלָה)
pettiness *n.* קַטְנוּנִיּוּת
petty *adj.* פָּעוּט; לֹא חָשׁוּב; זוּטָר; זָעִיר; קַטְנוּנִי

P

petty cash *n.* קוּפָּה קְטַנָּה
petty larceny *n.* גְנֵיבָה שֶׁל דְבָרִים פְּעוּטֵי עֵרֶךְ
petulance *n.* רַגְזָנוּת; קוֹצֶר־רוּחַ
petulant *adj.* רַגְזָן; קְצַר־רוּחַ
petunia *n.* פֶּטוּנְיָה (צֶמַח, פֶּרַח)
pew *n.* סַפְסָל (בַּכְּנֵסִיָּה); כִּיסֵא
pewit *n.* קִיוֹוִית (עוֹף־בִּיצָה)
pH *n.* דַרְגַת חוּמְצִיוּת
phalanx *n.* קְבוּצָה; כּוֹחַ; פַּלַנְגָה; עֶצֶם בָּאֶצְבַּע
phallus *n.* אֵיבַר הַזָּכָר (כְּסֵמֶל הַפּוֹרִיּוּת)
phantom *n.* רוּחַ; מַחֲזֵה־תַעְתּוּעִים
Pharaoh *n.* פַּרְעֹה
Pharisee *n.* פָּרוּשׁ (מִכַּת הַפְּרוּשִׁים); צָבוּעַ
pharmaceutical *adj.* שֶׁל רוֹקְחוּת; פַּרְמָצֶבְטִי
pharmacist *n.* רוֹקֵחַ
pharmacy *n.* רוֹקְחוּת; בֵּית־מִרְקַחַת
pharyngitis *n.* דַלֶּקֶת הַלּוֹעַ
pharynx *n.* לוֹעַ
phase *n.* שָׁלָב; תְקוּפָה; פָּזָה; מוֹפַע־הַיָּרֵחַ
–going through a phase עוֹבֵר שָׁלָב בְּהִתְפַּתְּחוּת (מְלֻוֶּה בְּמַשְׁבֵּר זְמַנִּי)
–out of phase לֹא מְתוֹאָמִים; לֹא מִשְׁתַּלְבִים
phase *v.* לְתַכְנֵן / לְבַצֵּעַ בִּשְׁלַבִּים
–phased בִּשְׁלַבִּים
–phase in/out לְהַנְהִיג / לְבַטֵּל בִּשְׁלַבִּים
PhD תּוֹאַר דוֹקְטוֹר (לְפִילוֹסוֹפְיָה)
pheasant *n.* פַּסְיוֹן
phenomena *n.* תוֹפָעוֹת
phenomenal *adj.* מוּפְלָא; בִּלְתִּי רָגִיל; עָצוּם
phenomenon *n.* תּוֹפָעָה; עִילּוּי
philanderer *n.* דוֹן זוּאָן; רוֹדֵף שְׂמָלוֹת
philanthropic *adj.* פִילַנְתְרוֹפִּי; ־צְדָקָה
philanthropist *n.* נַדְבָן; עוֹזֵר לַבְּרִיּוֹת
philanthropy *n.* אַהֲבַת הַבְּרִיּוֹת; נַדְבָנוּת
philatelist *n.* אַסְפָן־בּוּלִים; בּוּלַאי
Philistine *n.* פְּלִשְׁתִּי
philistine *n., adj.* עוֹכֵר תַרְבּוּת; בּוּר תַרְבּוּת; בּוֹעֵט בְּעֶרְכֵי הָאוֹמָנוּת

philosopher *n.* פִילוֹסוֹף; בַּעַל הִיגָּיוֹן קַר
philosophical *adj.* פִילוֹסוֹפִי; שָׁקוּל וּמְיוּשָּׁב
philosophically *adv.* מִבְּחִינָה פִילוֹסוֹפִית; בְּשַׁלְוַות נֶפֶשׁ
philosophize *v.* לְהִתְפַּלְסֵף (עַל־)
philosophy *n.* פִילוֹסוֹפְיָה; הַשְׁקָפַת־עוֹלָם; שַׁלְוַות־נֶפֶשׁ
phlebitis *n.* דַלֶּקֶת וְרִידִים
phlegm *n.* לֵיחָה; כִּיחַ
phlegmatic *adj.* אָדִישׁ; פְלֶגְמָטִי
phobia *n.* פוֹבְּיָה; פַּחַד עָמוֹק; בַּעַת
phoenix *n.* פֶנִיקְס; עוֹף־הַחוֹל
phone *n., v.* טֶלֶפוֹן; לְטַלְפֵּן
phone book *n.* מַדְרִיךְ הַטֶּלֶפוֹן
phone booth/box *n.* תָּא טֶלֶפוֹן
phonecard *n.* טֶלֶכַּרְט
phone-tapping *n.* צִיתוּת לַטֶּלֶפוֹן
phoney, phony *adj., n.* מְזוּיָּף; לֹא אֲמִיתִּי; אָדָם מְזוּיָּף; רַמַּאי; מִתְחַזֶּה
phonograph *n.* פַּטֵיפוֹן; מָקוֹל
phooey (קְרִיאַת אַכְזָבָה, בּוּז, גוֹעַל)
phosphate *n.* פוֹסְפָט; זַרְחָה
phosphorus *n.* זַרְחָן
photo *n.* תְּמוּנָה; תַּצְלוּם; צִילּוּם
photocopier *n.* מְכוֹנַת צִילּוּם; מַעְתִּיקַת מִסְמָכִים
photocopy *v., n.* לְצַלֵּם (מִסְמָךְ וכד׳); צִילּוּם
photoelectric cell *n.* תָּא פוֹטוֹאֶלֶקְטְרִי; עַיִן אֶלֶקְטְרוֹנִית
photo finish *n.* פוֹטוֹ־פִינִישׁ
photofit *n.* (עֶרְכַּת) קַלַסְתְרוֹן
photogenic *adj.* פוֹטוֹגֶנִי
photograph *n., v.* תְּמוּנָה; תַּצְלוּם; לְצַלֵּם
photographer *n.* צַלָּם
photographic *adj.* שֶׁל צִילּוּם
photography *n.* (אוֹמָנוּת הַ־) צִילּוּם
photon *n.* פוֹטוֹן
photo opportunity *n.* הִזְדַּמְּנוּת צִילּוּם (בִּפְגִישָׁה בֵּין מְדִינָאִים וכד׳)
photosynthesis *n.* פוֹטוֹסִינְתֵיזָה

P

phrase *n.* צֵירוּף מִלִּים; בִּיטּוּי; קֶטַע קָצָר
phrase *v.* לְנַסֵּחַ
phrasebook *n.* שִׂיחוֹן
phraseology *n.* נִיסוּחַ
phrasing *n.* נִיסוּחַ; פִּיסוּק (בִּקְרִיאַת שִׁיר, בְּשִׁירָה וכו׳)
physical *adj.* גַּשְׁמִי; פִּיזִי; גּוּפָנִי; פִּיזִיקָלִי
physical *n.* בְּדִיקָה רְפוּאִית
physical education *n.* חִינּוּךְ גּוּפָנִי
physically *adv.* מִבְּחִינָה גּוּפָנִית; פִּיזִית
–physically impossible מַמָּשׁ בִּלְתִּי אֶפְשָׁרִי
–physically disabled נָכֶה
physical sciences *n.* הַמַּדָּעִים הַפִיסִיִּים; מַדָּעֵי הַטֶּבַע
physician *n.* רוֹפֵא מְטַפֵּל
physicist *n.* פִיזִיקַאי
physics *n.* פִיזִיקָה
physiognomy *n.* תָּווֵי־פָּנִים; קְלַסְתֵּר פָּנִים
physiological *adj.* פִיזְיוֹלוֹגִי
physiology *n.* פִיזְיוֹלוֹגְיָה
physiotherapist *n.* פִיזְיוֹתֶרַפִּיסְט
physiotherapy *n.* פִיזְיוֹתֶרַפְּיָה
physique *n.* מִבְנֵה גּוּף
pianist *n.* פְּסַנְתְּרָן
piano *n.* פְּסַנְתֵּר
pianoforte *n.* פְּסַנְתֵּר
piazza *n.* כִּיכַּר הַשּׁוּק; כִּיכָּר
pick *n.* בְּחִירָה; מַכּוֹשׁ; קֵיסָם
–take your pick תִּבְחַר אֵיזֶה שֶׁאַתָּה רוֹצֶה
–the pick of the bunch הַטּוֹב מִכּוּלָּם
pick *v.* לִקְטוֹף; לֶאֱסוֹף; לְסַלֵּק; לַעֲשׂוֹת (חוֹר); לִקְרוֹעַ; לְחַטֵּט בְּ־; לְנַקּוֹת; לִבְחוֹר; לִפְתּוֹחַ (מַנְעוּל) בְּחוּט בַּרְזֶל
–pick and choose לִבְחוֹר (טוֹב)
–pick at לְנַקֵּר; לֶאֱכוֹל כְּמוֹ צִיפּוֹר
–pick on לְהִיטָּפֵל אֶל־; לְהָצִיק לְ־
–pick oneself up לָקוּם
–pick out לִבְחוֹר מִבֵּין־; לְהַבְחִין בְּ־; לְנַגֵּן כִּמְגַשֵּׁשׁ בַּתָּווִים; לְהַבְלִיט (ע״י צֶבַע
–pick up לְהִשְׁתַּפֵּר; לְהִתְאוֹשֵׁשׁ; לֶאֱסוֹף; לַעֲצוֹר (עֲבַרְיָין); לְהַכִּיר; לְהַתְחִיל עִם־; לְהָרִים; לְהַמְשִׁיךְ; לִלְמוֹד; לִקְלוֹט; לְהַשִּׂיג; לִרְכּוֹשׁ; לִצְבּוֹר (מְהִירוּת); לְגַלּוֹת; לְשַׁלֵּם
–pick up the pieces לֶאֱסוֹף אֶת הַשְּׁבָרִים
pickaxe *n.* מַכּוֹשׁ
picked *adj.* מוּבְחָר
picker *n.* קוֹטֵף; קַטֶּפֶת
picket *n.* מִשְׁמֶרֶת שׁוֹבְתִים; שׁוֹמֵר שְׁבִיתָה; שׁוֹמֵר; מִשְׁמָר; מוֹט מְחוּדָּד
picket line *n.* מִשְׁמֶרֶת שׁוֹבְתִים
pickings *n.* שְׁיָירִים; רְוָוחִים קַלִּים; שָׁלָל; מַה שֶּׁמְּלַקְּטִים
pickle *n.* מֵי־מֶלַח / חוֹמֶץ; מְלָפְפוֹן חָמוּץ
–pickles מַחֲמַצִּים
pickle *v.* לִכְבּוֹשׁ; לְהַחְמִיץ (מַחֲמַצִּים)
pickled *adj.* כָּבוּשׁ (מלפפון, וכו׳); שִׁיכּוֹר; מַסְטוּל
pickpocket *n., v.* כַּיָּיס; לְכַיֵּיס
pickup *n.* טֶנְדֶּר פָּתוּחַ; בֶּן זוּג מִזְדַּמֵּן; תְּאוּצָה; אִיסּוּף; שִׁיפּוּר
pickup truck *n.* טֶנְדֶּר פָּתוּחַ
picky *adj.* בַּרְרָן
picnic *n.* פִּיקְנִיק; דָּבָר קַל
picnic *v.* (picnicked) לַעֲשׂוֹת פִּיקְנִיק
picnic box *n.* צֵידָנִית
pictorial *adj., n.* בִּתְמוּנוֹת אוֹ אִיוּרִים; שֶׁל צִיּוּר; מְצוּלָּם; מְצוּיָּר; עִיתּוֹן מְצוּיָּר
picture *n.* תְּמוּנָה; צִיּוּר; מַרְאֶה יָפֶה; סֶרֶט; תְּמוּנָה בְּדִמְיוֹנוֹ; מַצָּב; סֵמֶל (ה־); תֵּיאוּר
–get the picture לְהָבִין אֶת הַמַּצָּב
–the pictures סֶרֶט; (תַּעֲשִׂיַּית) הַקּוֹלְנוֹעַ
picture *v.* לְדַמְיֵין; לְתָאֵר (לְעַצְמוֹ)
picturesque *adj.* צִיּוּרִי
piddle *v., n.* לְהַשְׁתִּין; פִּיפִּי; שֶׁתֶן
piddling *adj.* פְּחוּת־עֵרֶךְ; שֶׁל מַה־בְּכָךְ
pidgin *n.* פִּידְגִ׳ין (תַּעֲרוֹבֶת שָׂפוֹת)
pie *n.* פַּשְׁטִידָה; (עוּגַת) פַּאי
–as easy as pie קַל מְאוֹד; בְּקַלֵּי קַלּוֹת
–pie in the sky אַשְׁלָיוֹת; חֲלוֹם בְּהָקִיץ

P

piece *n.* חֲתִיכָה; פִּיסָה; חֵלֶק; קֶטַע; פְּרִיט; כְּלִי (בְּשַׁחְמָט, וכו׳); מַטְבֵּעַ; מַאֲמָר; יְצִירָה
–a piece of advice עֵצָה
–a piece of cake מִשְׂחַק יְלָדִים; דָּבָר קַל
–come to pieces לְהִתְפָּרֵק (לַחֲלָקִים)
–fall to pieces לְהִישָּׁבֵר לַחֲתִיכוֹת; לְהִתְפָּרֵק
–a piece of your mind ״מָנָה״
–go (all) to pieces לְהִתְמוֹטֵט; לְהִישָּׁבֵר
–in one piece שָׁלֵם; לְלֹא פֶּגַע/נֵזֶק
–take something to pieces לְפָרֵק לַחֲלָקִים
piece *v.* –piece together לְחַבֵּר/לְצָרֵף יַחַד; לְהַרְכִּיב
pièce de résistance *n.* הַדָּבָר הָעִיקָּרִי; גוּלַת הַכּוֹתֶרֶת; הַמָּנָה הָעִיקָּרִית
piecemeal *adj., adv.* בַּחֲלָקִים; חֵלֶק חֵלֶק
piecework *n.* עֲבוֹדָה בְּקַבְּלָנוּת
pie chart *n.* תַּרְשִׁים עוּגָה (בִּסְטָטִיסְטִיקָה)
piecrust *n.* בָּצֵק פַּאי
pier *n.* מֵזַח; עַמּוּד (שֶׁל גֶּשֶׁר)
pierce *v.* לַחדוֹר ל־; לְנַקֵּב; לִדקוֹר; לְפַלֵּחַ
piercing *adj.* חוֹדֵר; חַד; צוֹרֵם
piercingly *adv.* חוֹדֵר לַעֲצָמוֹת; בְּמַבָּט חוֹדֵר; בְּקוֹל צוֹרֵם
piety *n.* יִרְאַת־שָׁמַיִם; מַעֲשִׂים טוֹבִים
pig *n.* חֲזִיר; בְּשַׂר חֲזִיר; ״חֲזִיר״; מְלוּכלָךְ
–buy a pig in a poke לִקנוֹת חָתוּל בְּשַׂק
–pigs might fly אוּלַי אִם יִקְרֶה נֵס
pigeon *n.* יוֹנָה; עִניָין (שֶׁלוֹ)
pigeonhole *n., v.* תָּא; סִיווּג; תַּפקִיד (מְיוּעָד); ״לְהַכנִיס לַמְּגֵירָה״; לִגנוֹז; לְסַווֵג; לְהַדבִּיק תָּווִית
piggish *adj.* חֲזִירִי; מְטוּנָף; זוֹלֵל
piggy *n.* חֲזִירוֹן; חֲזַרזִיר; חֲזִיר
piggyback *adv.* עַל הַכְּתֵפַיִים
piggybank *n.* קוּפַּת־חִסכוֹנוֹת
pigheaded *adj.* עַקשָׁן

piglet *n.* חֲזִירוֹן; חֲזַרזִיר
pigment *n.* צִבְעָן; פִּיגְמֶנט
pigmentation *n.* צְבִיעָה (בִּפִּיגמֶנט); פִּיגמֶנטַצְיָה
pigmy *n.* פִּיגמִי; גַּמָּד
pigsty *n.* דִּיר חֲזִירִים
pigswill *n.* מָזוֹן לַחֲזִירִים (שְׁיָרִים)
pigtail *n.* צַמָּה עוֹרְפִּית
pike *n.* זְאֵב־הַמַּיִם (דָּג); חֲנִית; כִּידוֹן; כְּבִישׁ מָהִיר; כְּבִישׁ־אַגְרָה
pilchard *n.* סַרדִינָה
pile *n.* עֲרֵימָה; הַרבֵּה כֶּסֶף; בִּניָין גָּבוֹהַ; גּוּשׁ בִּניָנִים; עַמּוּד/קוֹרַת יְסוֹד; הַצַּד הַשָּׂעִיר/הַקְּטִיפָתִי (בְּשָׁטִיחַ, וכו׳)
pile *v.* לָשִׂים בַּעֲרֵימָה; לַעֲרוֹם
–pile in (to) לְהִיכָּנֵס בְּדוֹחַק/בְּאִי־סֵדֶר
–pile off לָרֶדֶת בְּאִי־סֵדֶר מ־
–pile it on לְהַגזִים
–pile up לְהִצטַבֵּר; לִצבּוֹר; לְהֵיעָרֵם; לָשִׂים בַּעֲרֵימָה; לְהִתנַגֵּשׁ בְּשַׁרשֶׁרֶת
piles *n.* טְחוֹרִים
pile-up *n.* הִתנַגְּשׁוּת בְּשַׁרשֶׁרֶת
pilfer *v.* לִגנוֹב; לִסחוֹב
pilferer *n.* גַּנָּב קָטָן
pilgrim *n.* עוֹלֶה־רֶגֶל; צַליָין
pilgrimage *n.* עֲלִיָּיה־לְרֶגֶל
Pilgrim Fathers *n.* הַמְּייַסְּדִים הַחֲלוּצִים (בַּאֲמֶרִיקָה)
pill *n.* גְּלוּלָה; גְּלוּלָה מָרָה
pillage *n.* בִּיזָּה; שָׁלָל
pillage *v.* לָבוֹז; לִשדוֹד
pillar *n.* עַמּוּד; עַמּוּד הַתָּוֶךְ/תּוֹמֵךְ שֶׁל־
pillion *n.* מוֹשָׁב אֲחוֹרִי (בְּאוֹפַנּוֹעַ)
pillory *n.* עַמּוּד הַקָּלוֹן (סַד רֹאשׁ וְיָדַיִים)
pillory *v.* לָשִׂים לַלַּעַג וּלְקֶלֶס; לִכבּוֹל לְעַמּוּד הַקָּלוֹן
pillow *n., v.* כַּר; לְהָנִיחַ עַל (כַּר); לְשַׁמֵּשׁ כַּר ל־
pillowcase, pillowslip *n.* צִיפִּית
pilot *n.* טַיָּיס; נַוָּט; תּוֹכנִית נִסיוֹנִית/הַרָצָה
pilot *v.* לְשַׁמֵּשׁ כְּטַיָּיס; לְנַווֵט; לְהַנחוֹת; לִדאוֹג לְהַעֲבִיר (חוֹק, תּוֹכנִית)
pimento *n.* פִּלְפֵּל אַנגלִי; פִּלְפֵּל הוֹדוּ; פִּלְפֵּל אָדוֹם מָתוֹק

P

pimp *n., v.* סַרסוּר; לִהיוֹת סַרסוּר
pimpernel *v.* מַרגָנִית (פֶּרַח)
pimple *n.* פִּצְעוֹן; פֶּצַע בַּגרוּת
pimply *adj.* מְכוּסֶה פִּצְעוֹנִים
PIN number מס׳ קוֹד אִישִׁי
pin *n.* סִיכָּה (גַם כְּקִישׁוּט); פִּין; יָתֵד
–pins and needles תְחוּשַׁת עִקצוּץ
–on pins and needles ״עַל סִיכּוֹת״
pin *v.* לְהַדֵק בְּסִיכָּה/בְּסִיכּוֹת; לִתקוֹעַ; לְרַתֵק לִמקוֹמוֹ
–pin down לְאַלצוֹ לְהִתחַיֵיב ל־; לְאַתֵר אוֹ לְהַגדִיר בִּמדוּיָק; לְרַתֵק (לָרִצפָּה)
–pin his hopes on לִתלוֹת תִקוָותוֹ בּ־
pinafore *n.* סִינָר (אָרוֹך); שִׂמלַת סִינָר; סָרָפָן
pinball machine *n.* מְכוֹנַת בִּילִיָארד (פְלִיפֶּר)
pincer movement *n.* תְנוּעַת מֶלקָחַיִים
pincers *n.* צְבָת; מֶלקָחַיִים; צְבָתוֹת
pinch *n.* צְבִיטָה; מְצוּקָה; קַמצוּץ
–at/in a pinch בְּדוֹחַק; בְּאֵין בְּרֵירָה
–feel the pinch לְהַרגִיש מַחסוֹר
pinch *v.* לִצבּוֹט; לִלחוֹץ; ״לִסחוֹב״; לְקַמֵץ; לַעֲצוֹר (עֲבַריָין)
–pinch and scrape לְקַמֵץ בַּהוֹצָאוֹת
pine *n.* אוֹרֶן; עֵץ אוֹרֶן
pine *v.* (away) לְהִימַק; לְהִינָמֵק; לָלֶכֶת וְלִדעוֹך
–pine for/to do something לְהִתגַעגֵעַ ל־; לְהִשתוֹקֵק ל־
pineapple *n.* אֲנָנָס
pinecone *n.* אִיצטרוּבָּל
pine nut *n.* צְנוֹבָּר
ping *v., n.* (לְהַשמִיעַ) צִלצוּל חַד וְקָצָר; לְצַלצֵל (מָנוֹעַ)
ping-pong *n.* טֶנִיס־שׁוּלחָן
pinhead *n.* רֹאשׁ סִיכָּה; טִיפֵּש; אִידִיוֹט
pinion *v.* לִקשׁוֹר; לְהַחֲזִיק; לְרַתֵק
pinion *n.* כָּנָף; נוֹצַת כָּנָף; אֶברָה; גַלגַל־שִׁינַיִים קָטָן; סַבֶּבֶת
pink *adj., n.* (צֶבַע) וָרוֹד; צִיפּוֹרֶן (פֶּרַח); נוֹטֶה לַשְׂמֹאל (בַּפּוֹלִיטִיקָה)
–in the pink בָּרִיא
pinkie *n.* זֶרֶת (אֶצבַּע)

pinking shears/scissors *n.* מִספְּרֵי זִיג־זָג
pin money *n.* כֶּסֶף לְהוֹצָאוֹת אִישִׁיוֹת
pinnacle *n.* צְרִיחַ; פִּסגָה; שִׂיא
pinpoint *v.* לְאַתֵר; לְהַצבִּיעַ בְּדִיוּק עַל־
pinpoint *n.* נְקוּדָה זְעִירָה; חוֹד סִיכָּה; דָבָר קָטָן
pinpoint *adj.* (דִיוּק) שֶׁל נְקוּדָה; זָעִיר
pinprick *n.* נְקוּדָה; דְקִירָה קְטַנָה; מְטָרֵד קַל
pin-striped *adj.* מְפוּספָּס (בֶּגֶד)
pinstripes *n.* חֲלִיפַת פַּסִים
pint *n.* פַּיינט (בְּעֵרֶך חֲצִי לִיטֶר); פַּיינט בִּירָה
pin-up *n.* תְמוּנַת כּוֹכֶבֶת וכד׳ (פּוֹסטֶר); נַעֲרַת תְמוּנַת עֵירוֹם
pinwheel *n.* גַלגַלוֹן־רוּחַ (מִניָיר, לִילָדִים); גַלגַל זִיקוּקֵי־דִינוּר
pioneer *n.* חָלוּץ
pioneer *v.* לִהיוֹת חָלוּץ; לִסלוֹל דֶרֶך
pioneering *n., adj.* חֲלוּצִיוּת; חֲלוּצִי
pious *adj.* אָדוּק; דָתִי; מִתחַסֵד
piously *adv.* בַּאֲדִיקוּת
pip *n.* חַרצָן; גַלעִין; פְּעִים; פִּיפְּס; צִפצוּף; נְקוּדָה (עַל קְלָף וכו׳); כּוֹכָב (דַרגָה)
pipe *n.* צִינוֹר; קָנֶה; חֵמַת־חֲלִילִים; מַשׁרוֹקִית; מִקטֶרֶת; קְנֵה (הַנְשִׁימָה וכד׳)
–put that in your pipe and smoke it תְקַבֵּל אֶת זֶה כְּעוּבדָה
pipe *v.* לְהַעֲבִיר בְּצִינוֹר(וֹת); לְחַלֵל; לְקַדֵם בְּקוֹל מַשׁרוֹקִית; לְקַשֵׁט (עוּגָה בְּפַסֵי סוּכָּר אוֹ שׁוּלֵי שִׂמלָה בְּפַס חֶבֶל)
–pipe down לְהַנמִיך קוֹל; לִהיוֹת בְּשֶׁקֶט
–pipe up לְהַתחִיל לְדַבֵּר/לָשִׁיר בְּקוֹל רָם
pipe dream *n.* אַשׁלָיָה; רַעיוֹן שָׁווא
pipeline *n.* קַו צִינוֹרוֹת; צִינוֹר מֵידָע
–in the pipeline בַּדֶרֶך; בְּטִיפּוּל
piper *n.* חֲלִילָן; נַגַן חֵמַת־חֲלִילִים
piping *adv.* –piping hot חַם מְאוֹד
piping *n.* צִינוֹר; צַנֶרֶת; בַּד דְמוּי חֶבֶל; פַּסֵי סוּכָּר דַקִיקִים; נְגִינָה בְּחָלִיל; קוֹל חָלִיל
piquant *adj.* חָרִיף; פִּיקַנטִי

pique *v.* לִפגוֹעַ בִּכבוֹד־
pique *n.* רוֹגֶז; תְחוּשַת עֶלבּוֹן
piracy *n.* פִּירָטִיוּת; שוֹד־יָם; גְנֵיבָה סִפרוּתִית; שִידוּר פִּירָטִי
piranha *n.* פִּירַנְהָה (דָג טוֹרֵף)
pirate *n.* פִּירָט; שוֹדֵד־יָם; גַנָב; פִּירָטִי
pirate *v.* לְהִשתַמֵש / לְהַעתִיק לְלֹא רְשוּת
Pisces *n.* מַזַל דָגִים
piss *v., n.* לְהַשתִין; שֶתֶן
–piss off תִתחַפֵף!; לְהַרגִיז
pissed *adj.* שִיכּוֹר לְגַמרֵי; מְעוּצבָּן
pistachio *n.* אֵלָה אֲמִיתִית; פִּיסטוּק
pistol *n.* אֶקדָח
piston *n.* בּוּכנָה
pit *n.* גַלעִין; מִכרֶה; בּוֹר; מַלכּוֹדֶת; חָלָל (הַבֶּטֶן); בּוֹר סִיכָה; נְקוּדַת עֲצִירָה (בְּמַסלוּל מֵירוֹץ); מְקוֹם הַתִזמוֹרֶת; (הַקָהָל בָּ־) אוּלָם; מִיטָה; גֵיהִינוֹם; צַלָקוֹת (בְּפָנִים, מִמַחֲלָה); בֵּית־(הַשֶחִי)
pit *v.* לְהִתמוֹדֵד / לְהַעֲמִיד מוּל־; לַעֲשוֹת גוּמוֹת; לְגַלעֵן
pit-a-pat *adv.* בִּתפִיפָה קַלָה; בִּדפִיקוֹת מְהִירוֹת
pitch *n.* מָקוֹם קָבוּעַ (לְרוֹכֵל, בַּדְרָן רְחוֹב); זֶפֶת; נְאוּם שִכנוּעַ; מִגרָש; גוֹבַה הַצלִיל; רָמָה; דַרגָה; מִידַת הַשִיפּוּעַ; זְרִיקָה; טַלטוּל (אוֹנִייָה, מָטוֹס)
pitch *v.* לְהָקִים (אוֹהֶל וכו׳); לִזרוֹק; לִקבּוֹעַ סוּלָם; לְהַתאִים לְרָמָה מְסוּיֶמֶת; לְנַסוֹת לְקַדֵם / לִמכּוֹר; לִיפּוֹל; לְהִתנַדנֵד; לְהִשתַפֵּעַ; לְהָרִים / לְהַעֲבִיר בְּקִילשוֹן
–pitch in לְהֵירָתֵם בְּמֶרֶץ לַעֲבוֹדָה; לַעֲזוֹר; לִתרוֹם חֶלקוֹ
pitch-black/dark *adj.* חָשוּךְ לְגַמרֵי
pitched *adj.* מְשוּפָּע
pitcher *n.* כַּד; זוֹרֵק הַכַּדוּר (בֵּייסבּוֹל)
pitchfork *n., v.* קִלשוֹן
piteous *adj.* מְעוֹרֵר רַחֲמִים
pitfall *n.* מַלכּוֹדֶת; מִכשוֹל; מוֹקֵש
pith *n.* רִקמָה סְפוֹגִית (בְּצֶמַח, בְּתַפּוּז); עִיקָר
pithily *adv.* לָעִניָין; בְּתַמצִיתִיוּת
pithy *adj.* שֶל רִקמָה סְפוֹגִית; קוֹלֵעַ; תַמצִיתִי
pitiable *adj.* עָלוּב; מְעוֹרֵר רַחֲמִים
pitiful *adj.* מָלֵא רַחֲמִים; מְעוֹרֵר רַחֲמִים; עָלוּב
pitifully *adv.* בְּאוֹפֶן מְעוֹרֵר רַחֲמִים
pitiless *adj.* חֲסַר רַחֲמִים
pitilessly *adv.* לְלֹא רַחֵם; בְּאַכזָרִיוּת
pittance *n.* סְכוּם פָּעוּט
pitted *adj.* מְצוּלָק (מִמַחֲלָה); מָלֵא מַכתֵשִים; לְלֹא גַלעִינִים; מְגוּלעָן
pitter-patter *n., v.* (לְהַשמִיעַ) נְקִישוֹת / קוֹל תְפִיפָה
pity *n.* רַחֲמִים; חֲבָל
–have/take pity on לְרַחֵם עַל־
–What a pity! כַּמָה חֲבָל!
pity *v.* (pitied) לְרַחֵם עַל־
pivot *n.* צִיר; צִיר מֶרכָּזִי
pivot *v.* לְסוֹבֵב / לְהִסתוֹבֵב עַל צִירוֹ; לִקבּוֹעַ עַל צִיר
–pivot on לִהיוֹת תָלוּי בּ־
pivotal *adj.* מֶרכָּזִי; מַכרִיעַ; שֶל צִיר; מְהַווֶה צִיר
pixie, pixy *n.* פֵיָה קְטַנָה
pizza *n.* פִּיצָה
pizzazz *n.* סְטַייל; ״פִּלפֵּל״
pizzeria *n.* פִּיצֶרִיָה
placard *n.* כְּרָזָה; פְּלָקָט
placate *v.* לְפַייֵס; לְהַרגִיעַ; לְרַצוֹת
place *n.* מָקוֹם; בַּיִת; מְקוֹם יְשִיבָה
–all over the place בְּאִי־סֵדֶר; בְּכָל מָקוֹם
–fall into place לְהִסתַדֵר; לְהִתבַּהֵר; לְהַתאִים
–go places לְהַצלִיחַ; לְהַגִיעַ רָחוֹק; לִנסוֹעַ בְּרַחֲבֵי הָעוֹלָם
–in high places בַּחַלוֹנוֹת הַגבוֹהִים; בִּדרָגִים הַגבוֹהִים
–out of place לֹא בַּמָקוֹם
–in place of בִּמקוֹם־
–in the first place רֵאשִית; קוֹדֶם־כּוֹל; מִלְכַתחִילָה; בִּכלָל
–it's not my place to... לֹא לִי לְ־...; אֵין זֶה מִתַפקִידִי לְ־

–go according to plan לְהִתנַהֵל לְפִי התוֹכנִית
plan *v.* לְתַכנֵן; לְהִתכּוֹנֵן; לְהִתכַּווֵן
–not plan for לֹא לְצַפּוֹת ל־; לֹא לִהיוֹת מוּכָן ל־
–plan on לְהִתכַּווֵן; לְצַפּוֹת ל־
plane *n.* מִשטָח מִישוֹרִי; שָׁלָב; מִישוֹר; מָטוֹס; דוֹלֶב (עֵץ)
plane *n., v.* מַקצוּעָה; לְהַקצִיעַ
planet *n.* כּוֹכַב־לֶכֶת; פְּלָנֶטָה
planetary *adj.* שֶׁל כּוֹכַב־לֶכֶת
plank *n.* קֶרֶשׁ שָׁטוּחַ; לוּחַ; קוֹרָה; עִיקָרוֹן בְּסִיסִי בְּמַצָע; סְעִיף בְּמַצָע
planner *n.* מְתַכנֵן; יוֹמַן פְּגִישׁוֹת
planning *n.* תִכנוּן
plant *n.* צֶמַח; שְׁתִיל; צִיוּד וּמְכוֹנוֹת; מִפעָל; מַשֶׁהוּ שֶׁהוּשׁתַל (בְּיִיחוּד כְּדֵי לְהַפלִיל); סוֹכֵן שָׁתוּל
plant *v.* לִנטוֹעַ; לִזרוֹעַ; לְהַחדִיר; לְהַצִיב; לִקבּוֹעַ; לְהַכנִיס; לְהַנחִית (מַכָּה); לִשׁתוֹל (סוֹכֵן וכו׳); לְהַטמִין
plantation *n.* מַטָע
planter *n.* בַּעַל מַטָע; אֲדָנִית; מַנטֵעָה
plaque *n.* לוּחַ; שֶׁלֶט; רוֹבֶד שֶׁמִצטַבֵּר בַּשִׁינַיִים
plasma *n.* פְּלַסמָה
plaster *n.* טִיחַ; אֶגֶד מִידַבֵּק; גֶבֶס (לְשֶׁבֶר בְּעֶצֶם)
plaster *v.* לְטַייֵחַ; לָשִׂים אֶגֶד מִידַבֵּק עַל־; לְגַבֵּס; לְכַסוֹת; לִמרוֹחַ בּ־
plaster of Paris *n.* גֶבֶס (לִשׁבָרִים)
plastic *adj.* פְּלַסטִי; קַל לְעִיצוּב; מִפְּלַסטִיק
plastic *n.* פְּלַסטִיק; כַּרטִיס אַשׁרַאי
plastic bag *n.* שַׂקִית נַיילוֹן / פְּלַסטִיק
plastic bomb *n.* מִטעַן חַבָּלָה פְּלַסטִי
plasticine *n.* פְּלַסטֶלִינָה
plasticity *n.* פְּלַסטִיוּת
plastic money *n.* כַּרטִיס אַשׁרַאי
plastics *n.* פְּלַסטִיקָה
plastic surgery *n.* נִיתוּחַ פְּלַסטִי
plate *n.* צַלַּחַת; צַלַּחַת הַגָּשָׁה; כְּלֵי זָהָב / כֶּסֶף; צִיפּוּי; לוּחַ; לוּחִית (רִישׁוּי); פְּלַאטָה (לְבִישׁוּל); פְּלַאטָה לְשִׁינַיִים; שִׁינַיִים תוֹתָבוֹת; שֶׁלֶט; לוּחַ (דְפוּס); אִיוּר (מְצוּלָם)

–make place for לְפַנּוֹת מָקוֹם ל־
–put him in his place לְהַעֲמִידוֹ בִּמקוֹמוֹ
–take place לְהִתרַחֵשׁ; לְהִתקַיֵים
–take the place of לִתפּוֹס אֶת מְקוֹמוֹ שֶׁל־
place *v.* לָשִׂים; לְסַדֵר; לְהַעֲמִיד; לְמַקֵם; לְשַׁכֵּן; לְהַפקִיד (בִּידֵי־); לְהַשׁקִיעַ; לִמסוֹר (הַזמָנָה); לְהַסדִיר מְקוֹם עֲבוֹדָה ל־; לָתֵת; לְזַהוֹת
–place an ad לְפַרסֵם מוֹדָעָה (בְּעִיתוֹן)
–place your trust in לָשִׂים מִבטַחוֹ בּ־
placebo *n.* אֵינֶבּוֹ (תְרוּפַת דֶמֶה)
place mat *n.* תַחתִית לְצַלַּחַת
placement *n.* הַשָּׂמָה (בְּיִיחוּד בתעסוּקה)
placenta *n.* שִׁליָה
placid *adj.* שָׁלֵו; שָׁקֵט; רוֹגֵעַ
placidly *adv.* בְּשַׁלוָוה; בְּנַחַת
plagiarism *n.* גְנֵיבָה ספרוּתִית
plagiarize *v.* לִגנוֹב גְנֵיבָה ספרוּתִית
plague *n.* דֶבֶר; מַגֵיפָה; מַכָּה
plague *v.* (with) לְהָצִיק ל־; לְהַטרִידוֹ (בּ־); לְהַווֹת מַכַּת מְדִינָה
plaice *n.* דָג מֹשֶׁה רַבֵּנוּ
plaid *n.* פְּרִיט לְבוּשׁ סְקוֹטִי; אֲרִיג צֶמֶר מְשׁוּבָּץ
plain *adj.* בָּרוּר; פָּשׁוּט; גָלוּי; כֵּן; לֹא יָפֶה; רָגִיל; לְלֹא שׁוּרוֹת (דַף); לְלֹא דוּגמָא (בַּד); לְלֹא רוֹטֶב; בְּטַעַם טִבעִי
–in plain clothes בִּלבוּשׁ אֶזרָחִי (שׁוֹטֵר, בַּלָשׁ)
–make it plain לְהַבהִיר הֵיטֵב
–plain and simple פָּשׁוּט וּבָרוּר
plain *n.* מִישׁוֹר; עַיִן רְגִילָה (בִּסרִיגָה)
plain chocolate *n.* שׁוֹקוֹלָד מָרִיר
plainly *adv.* בְּבֵירוּר; בְּפַשׁטוּת; בְּכֵנוּת
plain sailing *n.* מַהֲלָךְ פָּשׁוּט וְחָלָק; מְשִׂימָה קַלָה
plain-spoken *adj.* מְדַבֵּר גְלוּיוֹת
plaint *n.* תְלוּנָה; קִינָה; קוּבלָנָה; תְבִיעָה
plaintiff *n.* תוֹבֵעַ
plaintive *adj.* (שֶׁנִשׁמָע) עָצוּב; בַּכְייָנִי
plait *n.* צַמָּה; מִקלַעַת
plait *v.* לִקלוֹעַ (שֵׂיעָר, וכו׳)
plan *n.* תוֹכנִית; תַרשִׁים; סִרטוּט

P

plate *v.* לְצַפּוֹת; לְשַׁרְיֵין (בְּלוּחוֹת פְּלָדָה)
plateau *n.* רָמָה; הִתְיַיצְּבוּת בְּרָמָה מְסוּיֶּמֶת
platelet *n.* טַסִית דָּם
plate rack כּוֹנָן לְיִיבּוּשׁ צַלָּחוֹת
platform *n.* רָצִיף; בָּמָה; מִשְׁטָח; מַצָּע (מִפְלַגְתִּי)
plating *n.* צִיפּוּי; שִׁרְיוּן בלוּחוֹת פְּלָדָה
platinum *n.* פְּלָטִינָה
platitude *n.* אֱמֶת נְדוֹשָׁה; אֲמִירָה שְׁחוּקָה
platonic *adj.* אַפְּלָטוֹנִי
platoon *n.* מַחלָקָה (בַּצָּבָא)
platter *n.* פִּנְכָּה; צַלַּחַת הַגָּשָׁה
plaudits *n.* תְּשׁוּאוֹת
plausible *adj.* מִתקַבֵּל עַל הַדַּעַת; סָבִיר
plausibly *adv.* בְּאוֹפֶן דֵי מְשַׁכְנֵעַ
play *n.* מַחֲזֶה; מִשְׂחָק; שַׁעֲשׁוּעַ; תּוֹר; רִיצּוּד; חוֹפֶשׁ (פְּעוּלָה); פְּעוּלָה
– a play on words מִשְׂחַק מִלִּים
play *v.* לְשַׂחֵק; לַחבּוֹט; לִבעוֹט; לִזרוֹק; לְהָזִיז; לְשַׂחֵק בְּתַפקִיד־; לְהַצִּיג; לְנַגֵּן; לְהַשְׁמִיעַ; לְהַפעִיל; לְהִתנַגֵּן; לְהִישָּׁמַע; לַעֲשׂוֹת; לְכַוֵּון; לְשַׁחרֵר; לְטַפֵּל בּ־; לְרַצֵּד; לְהַעֲמִיד פְּנֵי־
– play along (with) לְהַסכִּים; לְשַׁתֵּף פְּעוּלָה (עִם)
– play back לְהַשְׁמִיעַ הַקלָטָה שֶׁל־
– play down לְהַמעִיט בַּחֲשִׁיבוּת־/ בְּחוּמרַת־; לְהַצנִיעַ; לְגַמֵּד
– play for time לְנַסּוֹת לְהַרווִיחַ זְמַן; לְבַזבֵּז זְמַן
– play (it) safe לָלֶכֶת עַל בָּטוּחַ
– play up to לְהַחֲנִיף ל־; לְלַקֵּק ל־
play-acting *n.* הַצָּגָה; מִשְׂחָק; הַעֲמָדַת פָּנִים
playback *n.* הַשְׁמָעַת הַקלָטָה; הִילּוּךְ חוֹזֵר
playboy *n.* פְּלֵייבּוֹי; נַעַר שַׁעֲשׁוּעִים
player *n.* שַׂחְקָן; נַגָּן
playful *adj.* עַלִּיז; שׁוֹבָבִי; בִּצחוֹק
playfully *adv.* בְּעַלִּיזוּת; בִּצחוֹק; בְּשׁוֹבָבוּת
playground *n.* מִגרַשׁ־מִשְׂחָקִים
playing card *n.* קְלָף
playmate *n.* חָבֵר לְמִשְׂחָקִים
playoff *n.* מִשְׂחָק מַכרִיעַ; גְּמַר סַל וכד׳
playpen *n.* לוּל (לְתִינוֹק)
plaything *n.* צַעֲצוּעַ; כְּלִי מִשְׂחָק
playwright *n.* מַחֲזַאי
plaza *n.* כִּיכָּר
plea *n.* (for) טַעֲנָה; טִיעוּן; בַּקָּשָׁה (ל־); קְרִיאָה
plea bargain *n.* עִסקַת־טִיעוּן
plead *v.* לְהוֹדוֹת (בְּאַשְׁמָה); לְכַפּוֹר; לִטעוֹן (ל־); לְהָבִיא כְּסִיבָּה; לְהַפצִיר (בּ־); לְהִתחַנֵּן; לְדַבֵּר בִּזכוּת־
pleading *adj., n.* מִתחַנֵּן; מַפצִיר; הַפצָרָה; תַּחֲנוּנִים
pleasant *adj.* נָעִים; מְהַנֶּה; עָרֵב; נֶחמָד
pleasantly *adv.* בְּצוּרָה נְעִימָה; בְּנוֹעַם
pleasantry *n.* (*pl.* pleasantries) בְּרָכָה; דִּברֵי נִימוּס; הֲלָצָה
please *v.* לְהַשׂבִּיעַ רָצוֹן־; לְרַצּוֹת
– do as you please עֲשֵׂה כִּרצוֹנְךָ
please *interj., adv.* בְּבַקָּשָׁה; נָא
pleased *adj.* (with) שֶׁל שְׂבִיעוּת רָצוֹן; מְרוּצֶּה (מ־); שָׂמֵחַ
– Pleased to meet you! נָעִים מְאוֹד!
pleasing *adj.* (to) נָעִים (ל־); מְהַנֶּה; נֶחמָד; יָפֶה
pleasurable *adj.* מְהַנֶּה; נָעִים
pleasure *n.* עוֹנֶג; הֲנָאָה; לְבִילּוּי; תַּעֲנוּג
– take pleasure in לֵיהָנוֹת מ־
– with pleasure בְּרָצוֹן!
pleasure boat *n.* סְפִינַת שַׁעֲשׁוּעִים
pleated *adj.* מְקוּפָּל; עִם קִיפּוּלִים
plebeian *adj.* הֲמוֹנִי/פָּשׁוּט; גַּס
plebiscite *n.* מִשׁאַל־עַם
plectrum *n.* מַפרֵט (לְגִיטָרָה)
pled *v. past and 3rd form of* plead
pledge *n.* עֵרָבוֹן; מַשׁכּוֹן; אוֹת; הִתחַייְבוּת; הַבטָחָה
pledge *v.* (to) לְהַבטִיחַ; לְהִתחַייֵּב (עַל־) (ל־); לְהַשׁבִּיעַ/לְחַייֵּב אוֹתוֹ ל־; לִשׁתּוֹת לְחַיֵּי; לְמַשׁכֵּן
plenary session *n.* יְשִׁיבַת הַמְּלִיאָה
plenary powers *n.* סַמכוּיוֹת מְלֵאוֹת

plenipotentiary *adj.* (צִיר / שגריר / נָצִיג) מוּסמָך; (סמכוּת) מְלֵאָה

plenitude *n.* מְלֵאוּת; מְלוֹא; שִׁפעָה

plenteous *adj.* שׁוֹפֵעַ; נִמצָא בְּשֶׁפַע

plentiful *adj.* (נִמצָא) בְּשֶׁפַע; רַב

plentifully *adv.* בְּשֶׁפַע; לְמַכבִּיר

plenty *n.* הַרבֵּה; דַי וְהוֹתֵר; שֶׁפַע; עוֹשֶׁר

– plenty of הַרבֵּה; דַי וְהוֹתֵר

plenty *adv., adj.* בְּהֶחלֵט; מְאוֹד

plethora *n.* גוֹדֶשׁ; עוֹדֶף

pliable *adj.* כָּפִיף; גָמִישׁ; נוֹחַ לְהַשׁפָּעָה

pliant *adj.* נוֹחַ לְהַשׁפָּעָה; כָּפִיף; גָמִישׁ

pliers *n.* מֶלקַחַת; פְּלַאייֶר

plight *n.* מַצָב קָשֶׁה; מְצוּקָה

plimsoll *n.* נַעַל הִתעַמלוּת

plinth *n.* בָּסִיס (לְפֶסֶל, לעַמוּד)

plod *v.* (on) לְהַלֵךְ בִּכבֵדוּת; לְהִשׁתָרֵךְ

– plod (away) at לַעֲבוֹד לְאַט וּבְהַתמָדָה

plop *n.* קוֹל נְפִילָה בְּמַיִם; "פְּלוֹפ"

plop *v.* לְהַשׁמִיעַ "פְּלוֹפ"; לִיפּוֹל בְּקוֹל כָּזֶה

plot *n.* חֶלקָה; מִגרָשׁ; מְזִימָה; קֶשֶׁר; עֲלִילָה

plot *v.* לִרקוֹם מְזִימָה; לִקשׁוֹר קֶשֶׁר; לְסַמֵן בְּתַרשִׁים / בְּמַפָּה; לְהַראוֹת בִּגרָף

– plot out לְחַלֵק לַחֲלָקוֹת; לִבנוֹת עֲלִילָה

plotter *n.* קוֹשֵׁר; זוֹמֵם; תַוויָין

plow, plough *n.* מַחֲרֵשָׁה; מְפַלֶסֶת

– the Plough הָעֲגָלָה הַגְדוֹלָה (קְבוּצַת כּוֹכָבִים)

plow, plough *v.* לַחֲרוֹשׁ; לְפַלֵס דֶרֶךְ; לְהַכשִׁיל; לְהִיכָּשֵׁל בְּ־

plow back לְהַשׁקִיעַ מֵחָדָשׁ

plowman, ploughman *n.* חוֹרֵשׁ

plowshare, ploughshare *n.* סַכִּין הַמַחֲרֵשָׁה

ploy *n.* תַכסִיס

pluck *n.* אוֹמֶץ; מְשִׁיכָה חַדָה

pluck *v.* לִמרוֹט נוֹצוֹתָיו; לִמרוֹט; לִתלוֹשׁ; לִקטוֹף; לִמשׁוֹךְ; לִפרוֹט (בְּמֵיתָרִים); לְחַלֵץ

– pluck up courage לֶאֱזוֹר אוֹמֶץ

plucky *adj.* אַמִיץ

plug *n.* פְּקָק; אֶטֶם; תֶקַע; מַצָת; פִּרסוֹמֶת

– pull the plug לְבַטֵל; לְחַסֵל; לְנַתֵק (מַכשִׁיר)

plug *v.* לִסתוֹם בִּפקָק; לְייַחצֵן; לַעֲשׂוֹת פִּרסוֹמֶת לְ־; לִירוֹת בְּ־

– plug in לְחַבֵּר לְחַשׁמַל; לְהַכנִיס תֶקַע

plugged *adj.* סָתוּם; חָסוּם

plughole *n.* פֶּתַח נִיקוּז בְּכִּיוֹר

plum *n.* (עֵץ) שְׁזִיף; צֶבַע שָׁזִיף; ג׳וֹבּ טוֹב; "צִימוּקִ"

plumage *n.* נוֹצוֹת

plumb *v.* לְהַגִיעַ לְשׁוֹרֶשׁ ה־; לְנַסוֹת לְפַעֲנֵחַ

plumber *n.* שְׁרַברָב

plumbing *n.* שְׁרַברָבוּת; צַנֶרֶת

plume *n.* נוֹצָה; עַמוּד (עָשָׁן); עָנָן

plummet *v.* לָרֶדֶת בְּצוּרָה תְלוּלָה; לִצנוֹחַ; לִיפּוֹל

plump *adj.* שְׁמַנמַן

plump *v.* – plump down לִיפּוֹל / לְהַפִּיל פִּתאוֹם וּבִכבֵדוּת

– plump for לִבחוֹר בְּ־

– plump up לְנַעֵר; לְסַדֵר (צוּרַת כָּרִית)

plunder *v., n.* לִשׁדוֹד; לָבוֹז; שָׁלָל; בִּיזָה

plunge *n.* צְלִילָה; קְפִיצָה

– take the plunge לַעֲשׂוֹת אֶת הַצַעַד הַמַכרִיעַ

plunge *v.* לְהַכנִיס / לְהִיכָּנֵס פִּתאוֹם; לִקפּוֹץ; לִצלוֹל; (לִגרוֹם לוֹ) לִשׁקוֹעַ בְּ־; לִתקוֹעַ; לָרֶדֶת בִּתלִילוּת; לְדַרדֵר

plunger *n.* "פּוֹמפָּה"; גוּמִי לִפתִיחַת סְתִימָה

plural *adj., n.* (שֶׁל) צוּרַת רַבִּים

pluralism *n.* פְּלוּרָלִיזם; כְּהוּנָה בְּכַמָה מִשׂרוֹת

plurality *n.* רִיבּוּי; רוֹב קוֹלוֹת

plus *adj., n.* מֵעַל לָאֶפֶס; חִיוּבִי; פְּלוּס; וָמַעלָה; הַסִימָן פְּלוּס; יִתרוֹן

plus *prep.* וְעוֹד; עִם־; בְּתוֹסֶפֶת

plush *adj.* מְפוֹאָר; יוּקרָתִי

plush *n.* פְּלוּסִין (אָרִיג קְטִיפָתִי)

Pluto *n.* פְּלוּטוֹ (כּוֹכַב־לֶכֶת)

plutocracy *n.* פְּלוּטוֹקרַטיָה (שִׁילטוֹן העֲשִירִים)

P

plutonium *n.* פְּלוּטוֹנְיוּם
ply *n.* שִׁכְבָה; גָּדִיל
ply *v.* לִנְסוֹעַ בְּאוֹפֶן סָדִיר; לַעֲבוֹד בּ־; לְמַלֵּא אוֹתוֹ בּ־; לְהַמְטִיר עָלָיו; לְחַפֵּשׂ לָקוֹחוֹת
plywood *n.* עֵץ לָבוּד; דִּיקְט
pm אחה״צ; בָּעֶרֶב; בְּחוֹדֶשׁ; לְחוֹדֶשׁ
PM רה״מ (רֹאשׁ הַמֶּמְשָׁלָה); נִיתּוּחַ לְאַחַר הַמָּוֶת
PMS תִּסְמוֹנֶת קֹדֶם־וֶסְתִּית
pneumatic *adj.* פְּנֵיאוּמָטִי; ־לַחַץ־אֲוִויר; ־אֲוִויר
pneumonia *n.* דַּלֶּקֶת רֵיאוֹת
PO (תָּא) דוֹאַר; הַמַּחְאַת דוֹאַר
poach *v.* לְבַשֵּׁל בְּמַיִם רוֹתְחִים; לִשְׁלוֹק; לְבַשֵּׁל עַל אֵשׁ קְטַנָּה
– poached egg בֵּיצָה שְׁלוּקָה / עֲלוּמָה
poach *v.* לָצוּד בְּנִיגּוּד לַחוֹק; לִפְלוֹשׁ לִתְחוּמוֹ; לִגְנוֹב; לַחְטוֹף
poacher *n.* צַיָּיד (מַסִּיג גְּבוּל)
PO Box תָּא דוֹאַר
pocked *adj.* מְחוּטָט; מְצוּלָּק; מְגוּמָּם
pocket *n.* כִּיס; כִּיס־אֲוִויר
– pick someone's pocket לְכַיֵּיס אוֹתוֹ
– pocket of resistance כִּיס־הִתְנַגְּדוּת
pocket *v.* לְהַכְנִיס לַכִּיס; לְשַׁלְשֵׁל לְכִיסוֹ
pocketbook *n.* סֵפֶר כִּיס; אַרְנָק; פִּנְקָס; תִּיק־אַרְנָק
pocket calculator *n.* מַחְשֵׁב כִּיס; מַחְשֵׁבוֹן
pocketful *n.* מְלוֹא הַכִּיס
pocketknife *n.* אוֹלָר
pocket money *n.* דְּמֵי כִּיס
pod *n.* תַּרְמִיל (שֶׁל אֲפוּנָה וכו׳)
pod *v.* לְקַלֵּף (תַּרְמִילִים)
podium *n.* בָּמָה; דּוּכָן
poem *n.* שִׁיר
poet *n.* מְשׁוֹרֵר
poetic, poetical *adj.* שִׁירִי; פִּיּוּטִי
poetic justice *n.* צֶדֶק פִּיּוּטִי
poetic license *n.* חֵירוּת הַמְשׁוֹרֵר
poet laureate *n.* מְשׁוֹרֵר הַמְּלוּכָה; הַמְשׁוֹרֵר הָרִשְׁמִי
poetry *n.* שִׁירָה; פִּיּוּטִיּוּת; חִינָּנִיּוּת

pogrom *n.* פּוֹגְרוֹם; פְּרָעוֹת
poignancy *n.* תְּחוּשָׁה שֶׁל צַעַר עָמוֹק
poignant *adj.* צוֹרֵב; מַר; נוֹגֵעַ לַלֵּב
poignantly בִּכְאֵב צוֹרֵב; בְּאוֹפֶן מְרַגֵּשׁ
point *n.* חוֹד; נְקוּדָה; עִנְיָין; טַעַם; עִיקָּר; תְּכוּנָה; צַד; נְקוּדַת חַשְׁמַל; שֶׁקַע; כֵּף
– a point of order הַצָּעָה לַסֵּדֶר
– a point of view נְקוּדַת תַּצְפִּית; נְקוּדַת מַבָּט
– at gun point בְּאִיּוּמֵי אֶקְדָּח / רוֹבֶה
– be beside the point לֹא נוֹגֵעַ / שַׁיָּיךְ לָעִנְיָין
– come/get to the point לָגֶשֶׁת יָשָׁר לָעִנְיָין
– get the point לְהָבִין אֶת הָעִנְיָין
– make a point of לְהַקְפִּיד ל־
– make your point לְהַבְהִיר אֶת עֶמְדָּתוֹ
– miss the point (of) לֹא לְהָבִין אֶת (הַמֶּסֶר)
– more to the point וּמַה שֶּׁחָשׁוּב יוֹתֵר
– see the point (of) לְהָבִין אֶת (הַמֶּסֶר); לְהָבִין מַה הַטַּעַם
– stretch a point לִנְהוֹג לִפְנִים מִשּׁוּרַת הַדִּין; לִהְיוֹת גָּמִישׁ (הַפַּעַם)
– the point of no return שָׁלָב שֶׁאֵין מִמֶּנּוּ חֲזָרָה; נְקוּדַת אַל־חֲזוֹר
– there's no point in (doing something) אֵין טַעַם (לַעֲשׂוֹת מַשֶּׁהוּ)
– to the point לָעִנְיָין
– up to a point עַד גְּבוּל מְסוּיָּם; עַד נְקוּדָה מְסוּיֶּמֶת
– You've got a point there יֵשׁ מַשֶּׁהוּ בִּדְבָרֶיךָ.
point *v.* (at/to) לְהַצְבִּיעַ עַל־; לְכַוֵּון אֶל־
– point out לְהַצְבִּיעַ עַל; לְצַיֵּין
– point the finger לְהַפְנוֹת אֶצְבַּע מַאֲשִׁימָה
– point up לְהַדְגִּישׁ; לְחַדֵּד; לְהַחֲרִיף
point-blank *adj., adv.* (מְטוּוָח) אֶפֶס; מוּחְלָט; חַד וְחָלָק; בְּתוֹקֶף; מִכֹּל וָכֹל
pointed *adj.* מְחוּדָּד; מְכוּוָּן; עוֹקְצָנִי; מַתְרִיס
pointedly *adv.* בְּעוֹקְצָנוּת; בְּהַתְרָסָה; בְּמוּפְגָּן

P

pointer *n.* מַקֵל; מָחוֹג; מַחֲוָון; עֵצָה; סִימָן; רֶמֶז; פּוֹינטֶר (כלב)
pointless *adj.* חֲסַר־טַעַם; חֲסַר תַּכלִית
pointlessly *adv.* לְלֹא טַעַם; לַשָּׁווא
poise *n.* יְצִיבָה; שְׁלִיטָה גוּפָנִית; בִּיטָחוֹן עַצמִי; קוֹר־רוּחַ
poise *v.* לְאַזֵן; לְהַחֲזִיק (תָלוּי); לְייַצֵב
poised *adj.* מְרַחֵף; מוּכָן; (כְּאִילוּ) תָלוּי; יַצִיב; מָלֵא בִּיטָחוֹן עַצמִי
poison *n.* רַעַל; אֶרֶס
poison *v.* לְהַרעִיל; לְזַהֵם; לְהַעֲכִיר
poisoner *n.* מַרעִיל
poison gas *n.* גַז רָעִיל (כְּנֶשֶׁק)
poisoning *n.* הַרעָלָה; זִיהוּם
poison ivy *n.* אוֹג אַרסִי (צֶמַח)
poisonous *adj.* אַרסִי; רָעִיל
poison-pen letter *n.* מִכתָב נְאָצָה
poke *n.* דְחִיפָה קַלָה; תְחִיבָה
poke *v.* לִתקוֹעַ (מַקֵל/אֶצבַּע וכו׳) בּ־; לִתחוֹב; לִנעוֹץ; לַעֲשׂוֹת (חוֹר)
–poke about/around לְחַטֵט
–poke fun at לְלַגלֵג עַל־; לִצחוֹק עַל־
poker *n.* פּוֹקֶר; מַחתָה
polar *adj.* שֶׁל הַקוֹטֶב; קוֹטבִּי
polar bear *n.* הַדוֹב הַלָבָן
polarization *n.* קִיטוּב
polarize *v.* לְקַטֵב; לְהַגִיעַ לִידֵי קִיטוּב
Pole *n.* פּוֹלָנִי
pole *n.* קוֹטֶב; מוֹט; עַמוּד
–be poles apart יֵשׁ פַּעַר גָדוֹל בְּעֶמדוֹתֵיהֶם
pole *v.* לְהַשִׁיט סִירָה בְּאֶמצָעוּת מוֹט
polemic *adj., n.* פּוּלמוּסִי; פּוּלמוּס
pole star *n.* כּוֹכַב הַצָפוֹן; כּוֹכַב הַקוֹטֶב
pole vault *n.* קְפִיצַת־מוֹט
police *n.* מִשטָרָה; שׁוֹטרִים
police *v.* לַעֲשׂוֹת פְּעוּלוֹת שִׁיטוּר; לְאַבטֵחַ
police constable *n.* שׁוֹטֵר
police force *n.* (כּוֹחוֹת) הַמִשטָרָה
policeman *n.* שׁוֹטֵר
police officer *n.* שׁוֹטֵר; שׁוֹטֶרֶת
police state *n.* מְדִינַת מִשטָרָה
police station *n.* תַחֲנַת מִשטָרָה
policewoman *n.* שׁוֹטֶרֶת

policy *n.* מְדִינִיוּת; הִתנַהֲגוּת נְבוֹנָה; פּוֹלִיסָה
polio *n.* פּוֹלְיוֹ; שִׁיתוּק יְלָדִים
poliomyelitis *n.* שִׁיתוּק־יְלָדִים; פּוֹלִיוֹ
polish *n.* מִשׁחָה לְהַברָקָה; בָּרָק; צִחצוּחַ; פּוֹלִישׁ; עִידוּן; לִיטוּשׁ
polish *v.* לְהַברִיק; לְצַחצֵחַ; לְלַטֵשׁ
–polish off לְחַסֵל מַהֵר; לְסַייֵם בִּמהִירוּת
–polish up לְלַטֵשׁ; לְשַׁפֵּר
polished *adj.* מְלוּטָשׁ; מְתוּרבָּת
polite *adj.* מְנוּמָס; אָדִיב
politely *adv.* בְּנִימוּס; בַּאֲדִיבוּת
politeness *n.* נִימוּס; אֲדִיבוּת
politic *adj.* נָבוֹן; מְחוּכָּם
political *adj.* פּוֹלִיטִי; מְדִינִי; בַּעַל מוּדָעוּת פּוֹלִיטִית
political asylum *n.* מִקלָט מְדִינִי
politically *adv.* מִבּחִינָה מְדִינִית
–politically correct תַקִין פּוֹלִיטִית
political science *n.* מַדַע הַמְדִינָה
politician *n.* פּוֹלִיטִיקַאי
politicization *n.* פּוֹלִיטִיזַצְיָה
politics *n.* פּוֹלִיטִיקָה; דֵעוֹת פּוֹלִיטִיוֹת; מְדִינִיוּת; מַדַע הַמְדִינָה
poll *n.* הַצבָּעָה; בְּחִירוֹת; מִספַּר הַמַצבִּיעִים; סֶקֶר דַעַת קָהָל
poll *v.* לְקַבֵּל (קוֹלוֹת); לַעֲרוֹךְ סֶקֶר דַעַת־קָהָל
pollen *n.* אַבקַת פְּרָחִים; פּוֹלֶן
pollinate *v.* לְהַאֲבִיק (פֶּרַח)
polling *n.* בְּחִירוֹת; הַצבָּעָה; מִספַּר הַמַצבִּיעִים; עֲרִיכַת סֶקֶר דַעַת־קָהָל
polling booth *n.* קַלפִּי; תָא הַצבָּעָה
pollster *n.* עוֹרֵךְ סִקרֵי דַעַת־קָהָל
poll tax *n.* מַס גוּלגוֹלֶת
pollutant *n.* גוֹרֵם מְזַהֵם
pollute *v.* לְזַהֵם; לְהַשׁחִית
pollution *n.* זִיהוּם
polo neck *adj., n.* (בַּעַל) צַווָארוֹן מְגוּלָל (גוֹלף)
poltergeist *n.* שֵׁד (בַּבַּיִת)
polyester *n.* פּוֹלִיאֶסטֶר
polyethylene *n.* פּוֹלִיאֶתִילֶן

P

polygamy *n.* פּוֹלִיגַמְיָה; רִיבּוּי נָשִׁים
polyglot *adj., n.* פּוֹלִיגְלוֹט; רַב־לְשׁוֹנִי
polygraph *n.* גַּלַּאי שֶׁקֶר; מְכוֹנַת אֱמֶת
polymath *n.* אִישׁ אֶשְׁכּוֹלוֹת
polymorphous *adj.* רַב־צוּרוֹת (בְּגִלְגּוּלָיו הַשּׁוֹנִים)
polystyrene *n.* פּוֹלִיסְטִירֶן; קַלְקַר
polytechnic *n.* טֶכְנִיּוֹן
polytheism *n.* פּוֹלִיתֵאִיזם; אֱמוּנָה בְּאֵלִים רַבִּים
polyunsaturated *adj.* (חוּמְצוֹת שׁוּמָן) רַב־בִּלְתִּי־רְווּיוֹת; מִשְׁמָן צִמְחִי
pomegranate *n.* (עֵץ) רִימּוֹן
pomp *n.* פְּאֵר; זוֹהַר
pompom *n.* פּוֹמְפּוֹן; כַּדּוּרוֹן צֶמֶר
pomposity *n.* חֲשִׁיבוּת עַצְמִית מְנוּפַּחַת
pompous *adj.* מְנוּפָּח; פּוֹמְפּוֹזִי
poncho *n.* פּוֹנצ׳וֹ (גלימה מכסיקנית)
pond *n.* בְּרֵיכָה
ponder *v.* (about/on/over) לְהַרְהֵר (בּ־)
ponderous *adj.* כָּבֵד; מְגוּשָּׁם; מְשַׁעֲמֵם
ponderously *adv.* בִּכְבֵדוּת; בְּסֵבֶר חָמוּר
pontiff *n.* הָאַפִּיפְיוֹר
pontificate *v.* ״לְהַרְצוֹת״ (עַל־)
pontoon *n.* סִירָה שְׁטוּחָה; סִירַת גֶּשֶׁר; ־סִירוֹת
pony *n.* פּוֹנִי; סוּסוֹן
ponytail *n.* קוּקוּ (בַּשֵּׂעָר)
poodle *n.* צַמְרוֹן; פּוּדֶל
poof *n.* הוֹמוֹ
pooh אוּף; פּוּי;
pooh-pooh *v.* לְזַלְזֵל בּ־; לְהִתְיַיחֵס בְּבוּז
pool *n.* בְּרֵיכָה; שְׁלוּלִית; בְּרֵיכַת־שְׂחִיָּיה
pool *n.* קוּפָּה; חֲבוּר; פּוּל; קֶרֶן מְשׁוּתֶּפֶת; שֵׁירוּת מֶרְכָּזִי; מַאֲגָר; מִשְׂחַק בִּילְיַארד
–car pool תּוֹרָנוּת הַסָּעָה
–football pools טוֹטוֹ
pool *v.* לְצָרֵף לְקֶרֶן מְשׁוּתֶּפֶת; לְצָרֵף יַחַד
poor *adj.* עָנִי; דַּל; לָקוּי; עָלוּב; חַלָּשׁ; מְצוּמְצָם; יָרוּד; מִסְכֵּן
–poor loser שֶׁאֵינוֹ יוֹדֵעַ לְהַפְסִיד בְּכָבוֹד
poor *n.* (the –) הָעֲנִיִּים
poorhouse *n.* מוֹסָד לַעֲנִיִּים; בֵּית מַחְסֶה
poorly *adv.* בְּצוּרָה גְרוּעָה; לֹא טוֹב
–think poorly of לֹא לְהַעֲרִיךְ
–poorly off בְּמַצָּב כַּסְפִּי דָּחוּק; עָנִי
poorness *n.* דַּלּוּת; עוֹנִי; אֵיכוּת גְרוּעָה
pop *adj.* פּוֹפּ (מוּסִיקָה); עֲמָמִי
pop *n.* קוֹל נֶפֶץ קַל; גָּזוֹז; אַבָּא; שְׁלִיפָה
pop *v.* לְהַשְׁמִיעַ קוֹל נֶפֶץ קַל; לְפוֹצֵץ; לְהִיכָּנֵס / לָצֵאת בְּפִתְאוֹמִיּוּת; לְהַכְנִיס; לִתְחוֹב
–pop in לְהַכְנִיס; לִתְחוֹב; לְהִיכָּנֵס; לִקְפּוֹץ
–pop off לָמוּת (פִּתְאוֹם); לְהִסְתַּלֵּק; לִירוֹת
–pop out לְהוֹצִיא; לָצֵאת; לִקְפּוֹץ
–pop up לִקְפּוֹץ; לְהִזְדַּקֵּר; לַעֲלוֹת; לְהוֹפִיעַ פִּתְאוֹם; לָצוּץ
pop. אוּכְלוּסִיָּיה
popcorn *n.* פּוֹפְּקוֹרְן
pope *n.* הָאַפִּיפְיוֹר
pop-eyed *adj.* נִדְהָם; בַּעַל עֵינַיִים בּוֹלְטוֹת
pop group *n.* לַהֲקַת־פּוֹפּ
popgun *n.* רוֹבֵה־פְּקָקִים; אֶקְדַּח־פְּקָקִים
poplar *n.* (עֵץ) צַפְצָפָה
popover *n.* תַּפִּיחִית (עוּגָה קְטַנָּה תְּפוּחָה)
popper *n.* לַחְצָנִית; כְּלִי לַהֲכָנַת פּוֹפְּקוֹרְן
poppy *n.* פֶּרֶג
poppycock *n.* שְׁטוּיּוֹת
popsicle *n.* שַׁלְגּוֹן
populace *n.* הַצִּיבּוּר הָרָחָב
popular *adj.* פּוֹפּוּלָרִי; מְקוּבָּל (עַל־); עֲמָמִי; שֶׁל הָעָם; רוֹוֵחַ; אָהוּד
–by popular demand לְבַקָּשַׁת הַצִּיבּוּר
popular front *n.* חֲזִית עֲמָמִית
popularity *n.* פּוֹפּוּלָרִיּוּת
popularize *v.* לַהֲפוֹךְ לְפּוֹפּוּלָרִי / לְיוֹתֵר עֲמָמִי
popularly *adv.* בַּצִּיבּוּר; בְּפִי כּוֹל
popular music *n.* מוּסִיקָה עֲמָמִית
populate *v.* לְאַכְלֵס
population *n.* אוּכְלוּסִיָּיה
population explosion *n.* הִתְפּוֹצְצוּת אוּכְלוּסִין
populist *n.* פּוֹפּוּלִיסְט; מִתְיַימֵּר לְיַיצֵּג אֶת הָעָם

populous *adj.* מְאוּכְלָס בִּצְפִיפוּת

porcelain *n.* (כְּלֵי) חַרְסִינָה

porch *n.* כְּנִיסָה (לִפְנֵי הַדֶּלֶת); מִרְפֶּסֶת

porcupine *n.* קִיפּוֹד; דָּרְבָּן

pore *n.* נַקְבּוּבִית

pore *v.* (over) לְעַיֵּין הֵיטֵב בּ־

pork *n.* בְּשַׂר חֲזִיר

porn *n.* פּוֹרנוֹגרַפְיָה; חוֹמֶר פּוֹרנוֹגרָפִי

pornographic *adj.* פּוֹרנוֹגרָפִי

pornography *n.* פּוֹרנוֹגרַפְיָה; חוֹמֶר פּוֹרנוֹגרָפִי

porous *adj.* מְחַלְחֵל; נַקְבּוּבִי

porpoise *n.* פּוֹקֶנָה (מִין דוֹלפִין)

porridge *n.* דַּיְסָה; יְשִׁיבָה בְּכֶלֶא

port *n.* נָמֵל; עִיר נָמֵל; צַד שְׂמֹאל (בְּאוֹנִיָּה / בְּמָטוֹס); יֵין פּוֹרט; יְצִיאָה; נְקוּדַת חִיבּוּר (בְּמַחשֵׁב)

portability *n.* (מִידַּת) נַיָּידוּת

portable *adj.* מִיטַּלטֵל; נַיָּד; נִישָּׂא

portable telephone *n.* טֶלֶפוֹן נַיָּד

portable terminal *n.* מָסוֹפוֹן

portacrib *n.* סַל־קַל (לְתִינוֹק)

portal *n.* שַׁעַר מְפוֹאָר; כְּנִיסָה; פּוֹרטָל

portcullis *n.* שַׁעַר סוֹרְגִים (מִתרוֹמֵם, בְּמִבצָר)

portend *v.* לְבַשֵּׂר

portent *n.* אוֹת לַבָּאוֹת; סִימָן

portentous *adj.* מְבַשֵּׂר רָעוֹת

porter *n.* סַבָּל; שׁוֹעֵר; סַדְרָן בָּרַכֶּבֶת

portfolio *n.* תִּיק (מִסמָכִים / עֲבוֹדוֹת); תִּיק (שֶׁל שַׂר); תִּיק נְיָירוֹת־עֵרֶךְ

porthole *n.* חַלּוֹן קָטָן; אֶשְׁנָב

portico *n.* שְׂדֵירַת עַמּוּדִים בַּכְּנִיסָה; סְטָיו

portion *n.* חֵלֶק; מָנָה; מְנַת־חֶלקוֹ

portion *v.* לְחַלֵּק (בֵּין־)

portly *adj.* בְּרִיא־בָּשָׂר; שָׁמֵן

portmanteau word *n.* מִלָּה מוּרכֶּבֶת (כְּמוֹ: עַרְפִּיחַ)

portrait *n.* תְּמוּנַת דְּיוֹקָן; תֵּיאוּר צִיוּרִי

portray *v.* לְהַראוֹת בִּתמוּנָה; לְצַיֵּיר; לְתָאֵר; לְהַצִּיג; לְגַלֵּם

portrayal *n.* צִיוּר; תֵּיאוּר; גִילּוּם תַּפקִיד

pose *n.* תְּנוּחָה; פּוֹזָה; הַעֲמָדַת פָּנִים (כְּדֵי לְהַרשִׁים)

pose *v.* לְהַצִּיבוֹ בִּתנוּחָה (מְסוּיֶּמֶת); לְעוֹרֵר (קוֹשִׁי, בְּעָיָה); לְהַעֲלוֹת; לְהָווֹת (אִיוּם, אֶתגָּר); לְנַסּוֹת לַעֲשׂוֹת רוֹשֶׁם

– pose as לְהִתחַזּוֹת כּ־; לְהַצִּיג עַצמוֹ כּ־

– pose for לְדַגְמֵן; לְשַׁמֵּשׁ דוּגמָן ל־

posh *adj.* מְפוֹאָר; מְהוּדָּר; יוּקרָתִי; מֵהַמַּעֲמָד הַגָּבוֹהַּ

position *n.* מָקוֹם; מִיקוּם; תְּנוּחָה; מַעֲמָד; מִשׂרָה; מַצָּב; עֶמדָה

position *v.* לְהַצִּיב (בְּמָקוֹם); לְהַעֲמִיד

positive *adj.* מְפוֹרָשׁ; וַדָּאִי; בָּטוּחַ; חִיּוּבִי; שֶׁל מַמָּשׁ; מַעֲשִׂי; מַמָּשׁ; גָּמוּר; גָּדוֹל מֵאֶפֶס; ־פּוֹזִיטִיב; בְּדַרגַּת הַפְּשִׁיטוּת

positive discrimination *n.* אַפלָיָה מְתַקֶּנֶת

positively *adv.* בְּאוֹפֶן חִיּוּבִי; בְּהֶחלֵט; בְּפֵירוּשׁ; מַמָּשׁ; בְּבִיטָחוֹן; בְּחִיּוּב

posse *n.* קְבוּצַת מִרדָּף (שֶׁל שֶׁרִיף)

possess *v.* לִהיוֹת לוֹ; לִהיוֹת בַּעַל־; לִשְׁלוֹט בּ־

– what possessed him? מַה הֵנִיעַ אוֹתוֹ? אֵיזֶה שֵׁד נִכנַס בּוֹ?

possessed *adj.* אָחוּז דִּיבּוּק; מְטוֹרָף; בַּעַל־

possession *n.* בַּעֲלוּת; רְשׁוּתוֹ; רְכוּשׁ

– take possession of לִתפּוֹס; לְהִשׁתַלֵּט עַל־

possessive *adj.* רְכוּשָׁנִי; שֶׁל קִניָין (דִּקדוּק)

possessor *n.* בְּעָלִים; בַּעַל־

possibility *n.* אֶפשָׁרוּת; סִיכּוּי

– possibilities אֶפשָׁרוּיוֹת; פּוֹטֶנצְיָאל

possible *adj.* אֶפשָׁרִי; הַבָּא בְּחֶשׁבּוֹן

possibly *adv.* כְּכָל הָאֶפשָׁר; אוּלַי; יִיתָּכֵן

post *n.* דּוֹאַר; מִשׁלוֹחַ דּוֹאַר; דִּברֵי דּוֹאַר; עַמּוּד; קוֹרַת הַשַּׁעַר; מִשׂרָה; עֶמדָה; מוּצָב

post *v.* לִשְׁלוֹחַ בַּדּוֹאַר; לְהַצִּיב; לִשׁלוֹחַ; לְשַׁבֵּץ

– keep him posted לְעַדְכֵּן אוֹתוֹ

post *v.* (up) לְפַרסֵם (בְּמוֹדָעָה); לָשִׂים מוֹדָעוֹת בּ־

– post bail לְהַפקִיד עַרבוּת

postage *n.* דְּמֵי דּוֹאַר / מִשׁלוֹחַ

P

postage stamp *n.* בּוּל דוֹאַר
postal order *n.* הַמְחָאַת דוֹאַר
postbox *n.* תֵּיבַת־דוֹאַר
postcard *n.* גְלוּיָה
postcode *n.* מִיקוּד
postdate *v.* לִרשׁוֹם תַּאֲרִיךְ דָחוּי; לְיַיחֵס תַּאֲרִיךְ מְאוּחָר יוֹתֵר ל־
–postdated check/cheque צֶ'יק דָחוּי
poster *n.* כְּרָזָה; פּוֹסטֶר
posterior *adj., n.* אֲחוֹרִי; יַשׁבָן
posterity *n.* הַדוֹרוֹת הַבָּאִים
–for posterity לְדוֹרוֹת; לִצְמִיתוּת
postgraduate *n.* סְטוּדֶנט לְתוֹאַר שֵׁנִי
posthaste *adv.* בְּחִיפָּזוֹן; מִיָד
posthumous *adj.* שֶׁלְאַחַר הַמָּוֶות; שֶׁנוֹלַד אַחֲרֵי מוֹת אָבִיו
posthumously *adv.* לְאַחַר הַמָּוֶות
postman *n.* דַוָור
postmark *n.* חוֹתֶמֶת דוֹאַר
postmaster *n.* מְנַהֵל סְנִיף דוֹאַר
post-mortem *n.* נִיתוּחַ לְאַחַר הַמָּוֶות; נִיתוּחַ לְאַחַר מַעֲשֶׂה
postnatal *adj.* שֶׁלְאַחַר הַלֵידָה
post office *n.* סְנִיף דוֹאַר; רָשׁוּת הַדוֹאַר
post office box *n.* תָּא דוֹאַר
postpone *v.* לִדחוֹת; לְהַשׁהוֹת
postponement *n.* דְחִייָה; הַשׁהָיָה
postscript *n.* נ.ב.
postulate *v.* לִקְבּוֹעַ כְּהַנָחָה בְּסִיסִית
postulate *n.* הַנָחָה; עִיקָרוֹן; יְסוֹד; פּוֹסטוּלָט
posture *n.* יְצִיבָה; תְּנוּחָה; עֶמדָה
postwar *adj.* שֶׁלְאַחַר הַמִלחָמָה
postwoman *n.* דַוָורִית
posy *n.* זֵר פְּרָחִים קָטָן
pot *n.* סִיר; קַנקַן; צִנצֶנֶת; פַּח; עָצִיץ; הַרבֵּה (כֶּסֶף); קוּפָּה (מְשׁוּתֶפֶת); מָרִיחוּאָנָה; גָבִיעַ
–the pot calling the kettle black כָּל הַפּוֹסֵל בְּמוּמוֹ פּוֹסֵל
pot *v.* לִשְׁמֵר בְּצִנצֶנֶת; לִשׁתּוֹל בְּעָצִיץ; לְהוֹשִׁיב עַל סִיר; לִירוֹת; לָצוּד; לְהַכנִיס כַּדוּר (בְּבִילִיאַרד)
potassium *n.* אַשׁלְגָן
potato *n.* תַּפּוּחַ־אֲדָמָה
potato chip/crisp *n.* טוּגַן תַּפּוּחַ־אֲדָמָה
potbelly *n.* כֶּרֶס; כַּרסְתָן
potency *n.* חוֹזֶק; כּוֹחַ; אוֹן
potent *adj.* חָזָק; רַב־עוֹצמָה
potentate *n.* שַׁלִיט; מֶלֶךְ
potential *adj.* פּוֹטֶנצִיאָלִי; אֶפשָׁרִי
potential *n.* פּוֹטֶנצִיאָל; יְכוֹלֶת
potentially *adv.* בְּפּוֹטֶנצִיָה; בְּכוֹחַ
pothole *n.* בּוֹר; מְהַמוֹרָה; בּוֹר עָמוֹק
potion *n.* שִׁיקוּי
pot luck *n.* מַה שֶׁיֵשׁ; מַה שֶׁבָּא לַיָד
potpourri *n.* תַּעֲרוֹבֶת פִּרחֵי נִיחוֹחַ מְיוּבָּשִׁים; אוֹסֶף (מְעוּרָב)
potsherd *n.* (שֶׁבֶר) חֶרֶס
potter *n.* קַדָר
potter *v.* (about) לְהַעֲבִיר זְמַן בַּעֲבוֹדוֹת קַלוֹת; לְהִתקַדֵם לְאִיטוֹ
potter's wheel *n.* אוֹבנַיִים
pottery *n.* כְּלֵי חֶרֶס; קַדָרוּת; בֵּית־הַיוֹצֵר
potty *adj.* חֲסַר עֵרֶךְ; קָטָן; מְשׁוּגָע
potty *n.* סִיר־לַילָה
pouch *n.* שַׂקִיק; שַׂקִית (מִתַּחַת לָעַיִן); כִּיס (שֶׁל חַיָה)
pouf *n.* כָּרִית־יְשִׁיבָה; הוֹמוֹ
poultice *n.* רְטִייָה (חַמָה); לְפִיפָה
poultry *n.* עוֹפוֹת; עוֹף
pounce *n.* הִתנַפְּלוּת
pounce *v.* (at/on) לָעוּט (עַל); לִקפּוֹץ עַל
pound *n.* לִיטרָה; לִירָה שְׁטֶרלִינג; לִירָה
pound *n.* מִכלָאָה לְחַיוֹת תּוֹעוֹת; חֶניוֹן לְרֶכֶב שֶׁנִגרַר; סוּלָמִית (#)
pound *v.* לַהֲלוֹם; לִדפּוֹק; לְהַכּוֹת; לִכתּוֹשׁ; לְרַסֵק; לִשׁעוֹט; לָלֶכֶת בִּכבֵדוּת
pounding *n.* פְּעִימוֹת; הַלמוּת; תְּבוּסָה; מַפָּלָה; מַכָּה
pour *v.* לִמזוֹג; לְהִינָגֵר; לְהִישָׁפֵךְ; לִזרוֹם, לִנהוֹר (אֶל־/מ־); לָרֶדֶת בְּשֶׁטֶף; לְהִינָתֵךְ
–pouring rain גֶשֶׁם סוֹחֵף
–pour out לְסַפֵּר בַּאֲרִיכוּת; לִשׁפּוֹךְ (לִיבּוֹ)
pout *v.* לְשַׁרבֵּב שְׂפָתַיִים (בְּרוֹגֶז)
poverty *n.* עוֹנִי; דַלוּת
poverty-stricken *adj.* מוּכֵּה־עוֹנִי; עָנִי
POW שְׁבוּי מִלחָמָה

powder *n.* אֲבָקָה; פּוּדְרָה; אֲבַק־שְׂרֵיפָה
powder *v.* לְפַדֵּר; לָשִׂים טַלְק עַל־
–powder your nose לָלֶכֶת לַשֵּׁירוּתִים
powder keg *n.* חָבִית חוֹמֶר־נֶפֶץ
powder puff *n.* כָּרִית־פּוּדְרָה
powdery *adj.* אַבְקָתִי; דּוֹמֶה לַאֲבָקָה; מְכוּסֶּה אֲבָקָה; מִתְפּוֹרֵר לַאֲבָקָה
power *n.* כּוֹחַ; יְכוֹלֶת; כּוֹשֶׁר; עוֹצְמָה; סַמְכוּת; מֶתֶג הַפְעָלָה; הַשְׁפָּעָה; שְׁלִיטָה; אָדָם/גּוּף רַב־הַשְׁפָּעָה; מַעֲצָמָה; חֶזְקָה
–in power בַּשִּׁלְטוֹן
power *v.* לְסַפֵּק כּוֹחַ; לְהָנִיעַ; לְהַפְעִיל
power *adj.* מְנוֹעִי; חַשְׁמַלִּי
power base *n.* מוֹקֵד הַכּוֹחַ; בְּסִיס הַתְּמִיכָה
power cut *n.* הַפְסָקַת חַשְׁמַל
powerful *adj.* חָזָק; רַב־עוֹצְמָה
powerfully *adv.* בְּעוֹצְמָה; בְּמִבְנֶה־גוּף חָסוֹן
powerhouse *n.* בֵּית־יוֹצֵר; אָדָם חָזָק וְנִמְרָץ
powerless *adj.* חֲסַר כּוֹחַ; חֲסַר־אוֹנִים
power of attorney *n.* יִיפּוּי כּוֹחַ
power plant *n.* תַּחֲנַת־כּוֹחַ; מָנוֹעַ (כִּמְכלוֹל)
power point *n.* נְקוּדַת חַשְׁמַל; שֶׁקַע חַשְׁמַלִּי
power politics *n.* מְדִינִיּוּת שֶׁל כּוֹחַ
power station *n.* תַּחֲנַת־כּוֹחַ
power steering *n.* הֶגֶה כּוֹחַ
power struggle *n.* מַאֲבָקֵי כּוֹחַ
powwow *n.* וְעִידַת אִינְדִיאָנִים; אֲסֵיפָה; דִּיּוּן
powwow *v.* לְקַיֵּים דִּיּוּן
pox *n.* אֲבַעְבּוּעוֹת; עַגֶּבֶת
pp עמ׳ (עַמּוּדִים); בְּשֵׁם־
PR יַחֲסֵי צִיבּוּר; בְּחִירוֹת יַחֲסִיּוֹת
practicability *n.* מַעֲשִׂיּוּת; יְשִׂימוּת
practicable *adj.* בַּר־בִּיצּוּעַ; בַּר־שִׁימּוּשׁ
practical *adj.* מַעֲשִׂי; שִׁימּוּשִׁי
–for all practical purposes לְמַעֲשֶׂה
practicality *n.* *(pl.* practicalities) פְּרָט טֶכְנִי; ״תַּכְלֶס״
practical joke *n.* מְתִיחָה; מַעֲשֶׂה קוּנְדֵּס

practically *adv.* מַעֲשִׂית; בְּדֶרֶךְ מַעֲשִׂית; לְמַעֲשֶׂה; כִּמְעַט
practice *n.* נוֹהַג; נוֹהַל; מִנְהָג; תִּרְגּוּל; אִימּוּן; מַעֲשֶׂה; יִישּׂוּם בְּפוֹעַל; פְּרַקְטִיקָה; מִשְׂרָד
–in practice בְּפוֹעַל; לְמַעֲשֶׂה; מַעֲשִׂית
–out of practice לֹא בְּכוֹשֶׁר
–put into practice לְהוֹצִיא לְפוֹעַל
practice, practise *v.* לְתַרְגֵּל; לְהִתְאַמֵּן (בּ־); לַעֲשׂוֹת לוֹ הֶרְגֵּל; לִנְהוֹג; לְקַיֵּם; לַעֲסוֹק בּ־
–practice what you preach נָאֶה דּוֹרֵשׁ נָאֶה מְקַיֵּים
practiced, practised *adj.* מְיוּמָּן; מְתוּרְגָּל
practicing, practising *adj.* עוֹסֵק בְּמִקְצוֹעוֹ; בְּפוֹעַל; פָּעִיל
practitioner *n.* רוֹפֵא; עוֹרֵךְ־דִּין; עוֹסֵק בּ־
pragmatic *adj.* פְּרַגְמָטִי; מַעֲשִׂי
pragmatism *n.* פְּרַגְמָטִיּוּת
prairie *n.* עֲרָבָה (אֵיזוֹר)
praise *n.* שֶׁבַח; הַלֵּל
–sing his praises לְהַפְלִיג בְּשִׁבְחוֹ
praise *v.* לְשַׁבֵּחַ; לְהַלֵּל
praiseworthy *adj.* רָאוּי לְשֶׁבַח
praline *n.* פְּרָלִין (מִילּוּי אֱגוֹזִים לְשׁוֹקוֹלָד)
pram *n.* עֶגְלַת־יְלָדִים; עֶגְלַת־תִּינוֹק
prance *v.* לְקַפֵּץ; לִצְעוֹד בִּיהִירוּת; לְכַרְכֵּר
prank *n.* מַעֲשֵׂה קוּנְדֵּס; מְתִיחָה; תַּעֲלוּל
prattle *v., n.* לְפַטְפֵּט; לְקַשְׁקֵשׁ; פִּטְפּוּט
prawn *n.* מִין חֲסִילוֹן/סַרְטָן
pray *v.* לְהִתְפַּלֵּל; לְהִתְחַנֵּן; לְהַפְצִיר בּ־
prayer *n.* תְּפִילָּה
prayer book *n.* סֵפֶר־תְּפִילָּה; סִידּוּר
praying mantis *n.* גְּמַל־שְׁלֹמֹה
preach *v.* לָשֵׂאת דְּרָשָׁה; לִדְרוֹשׁ; לְהַטִּיף
preacher *n.* מַטִּיף
preamble *n.* הַקְדָּמָה; מָבוֹא
prearrange *v.* לְסַדֵּר/לְתַכְנֵן/לְתָאֵם מֵרֹאשׁ
precarious *adj.* לֹא בָּטוּחַ; לֹא יַצִּיב; לֹא מְבוּסָּס; מְסוּכָּן; שַׁבְרִירִי
precaution *n.* (אֶמְצָעֵי) זְהִירוּת
precautionary *adj.* ־זְהִירוּת

P

precede *v.* לָבוֹא / לָלֶכֶת לִפְנֵי־; לְהַקְדִּים; לְהוֹבִיל; לִהְיוֹת קוֹדֵם ל־
–be preceded by בָּא אַחֲרֵי־
precedence *n.* קְדִימוּת; עֲדִיפוּת
precedent *n.* תַּקְדִּים
–set a precedent לִיצוֹר תַּקְדִּים
preceding *adj.* קוֹדֵם
precept *n.* מִצְוָה; כְּלָל
precinct *n.* תְּחוּם; מֶרְכָּז; אֵיזוֹר; מִדרחוֹב; נְקוּדַת מִשְׁטָרָה
precious *adj.* יָקָר; מְעוּשֶּׂה בְּדַקְדְקָנוּתוֹ; מְעוּדָּן בְּאוֹפֶן מוּגְזָם; נִיכָּר; מְאוֹד; מַמָּשׁ
–precious little מְעַט מְאוֹד
precious stone *n.* אֶבֶן יְקָרָה
precipice *n.* צוּק תָּלוּל; פִּי־תְהוֹם
precipitate *adj.* נֶחְפָּז; פָּזִיז
precipitate *v.* לְהָחִישׁ; לְהָאִיץ; לְהַשְׁלִיךְ; לְדַרְדֵּר (לְהַסְלָמָה); לְגַלְגֵּל; לְשַׁקֵּעַ
precipitation *n.* (כַּמּוּת הַ־) מִשְׁקָעִים; חִיפָּזוֹן; פְּזִיזוּת; שִׁיקוּעַ
precipitous *adj.* תָּלוּל מְאוֹד; נֶחְפָּז; פָּזִיז
précis *n., v.* תַּמְצִית; סִיכּוּם; לְתַמְצֵת
precise *adj.* מְדוּיָּק; דַּיְיקָן
precisely *adv.* בְּדִיּוּק; בְּדִיּוּק כָּךְ; דַּוְוקָא
precision *adj.* מְדוּיָּק; עָדִין
precision *n.* דִּיּוּק
preclude *v.* לִמְנוֹעַ; לֹא לְאַפְשֵׁר
preclusion *n.* מְנִיעָה
preconceived *adj.* מְגוּבָּשׁ מֵרֹאשׁ
preconception *n.* דֵּעָה מְגוּבֶּשֶׁת מֵרֹאשׁ; דֵּעָה קְדוּמָה
precondition *n.* תְּנַאי מוּקְדָּם
precursor *n.* מְבַשֵּׂר; מַה שֶּׁקּוֹדֵם
precursory *adj.* מַקְדִּים; מְבַשֵּׂר
predate *v.* לִקְדּוֹם ל־; לְהַקְדִּים בְּתַאֲרִיךְ
predator *n.* טוֹרֵף; חַיַּית־טֶרֶף
predatory *adj.* טוֹרֵף; מְשַׁחֵר לַטֶּרֶף
predecessor *n.* קוֹדְמוֹ (לְתַפְקִיד); קוֹדֵם
predestination *n.* גְּזֵירָה; גּוֹרָל שֶׁנִּקְבַּע מֵרֹאשׁ
predestine *v.* לִגְזוֹר מֵרֹאשׁ; לְהוֹעִיד
predetermine *v.* לִקְבּוֹעַ מֵרֹאשׁ
predicament *n.* מַצָּב קָשֶׁה / לֹא נָעִים
predicate *n.* נָשׂוּא (דִּקְדּוּק)
predicate *v.* לְהִתְחַיֵּיב (מִ־); לְבַסֵּס עַל; לִטְעוֹן; לִקְבּוֹעַ
predict *v.* (that) לַחֲזוֹת; לְנַבֵּא; לִצְפּוֹת
predictable *adj.* צָפוּי (מֵרֹאשׁ); שֶׁנִּיתָּן לַחֲזוֹתוֹ
prediction *n.* חִיזּוּי; תַּחֲזִית; נְבוּאָה
predisposition *n.* נְטִיָּיה (מֵרֹאשׁ)
predominance *n.* עֲדִיפוּת (מִסְפָּרִית); שְׁלִיטָה; רוֹב
predominant *adj.* שׁוֹלֵט; בּוֹלֵט
predominantly *adv.* בְּעִיקָּר; בְּרוּבּוֹ; לָרוֹב
predominate *v.* לִשְׁלוֹט (בְּ־); לִהְיוֹת לוֹ עֶלְיוֹנוּת; לִבְלוֹט
pre-eminent *adj.* נַעֲלֶה; דָּגוּל; בּוֹלֵט
pre-empt *v.* לְהַקְדִּים לִפְעוֹל וּלְסַכֵּל; לְהַמְנִיעַ
pre-emptive *adj.* מַקְדִּים; מוֹנֵעַ; ־מֶנַע
–pre-emptive strike הַתְקָפַת מֶנַע
preen *v.* לְנַקּוֹת / לְהַחֲלִיק (נוֹצוֹתָיו) בְּמַקּוֹר
prefab *n.* בַּיִת טְרוֹמִי; מִבְנֶה טְרוֹמִי
prefabricated *adj.* טְרוֹמִי
preface *n.* הַקְדָּמָה; מָבוֹא
preface *v.* לִכְתּוֹב הַקְדָּמָה ל־; לִפְתּוֹחַ (בְּ־); לְהַקְדִּים ל־; לְשַׁמֵּשׁ כְּמָבוֹא
prefer *v.* לְהַעֲדִיף
–prefer charges (against) לְהַאֲשִׁים; לְהַגִּישׁ תְּלוּנָה (בְּמִשְׁטָרָה) (נֶגֶד)
preferable *adj.* עָדִיף (עַל־); טוֹב מִ־
preferably *adv.* רָצוּי; מוּטָב; בְּהַעְדָּפָה
preference *n.* הַעְדָּפָה; עֲדִיפוּת
preferential *adj.* מוּעֲדָף
prefix *n.* תְּחִילִית; קִידוֹמֶת; תּוֹאַר
pregnancy *n.* הֵרָיוֹן
pregnant *adj.* הָרָה; בְּהֵרָיוֹן; טָעוּן (מַשְׁמָעוּיוֹת)
prehistoric *adj.* פְּרֶהִיסְטוֹרִי; מְיוּשָּׁן; יָשָׁן
prejudge *v.* לִקְבּוֹעַ עֶמְדָּה מֵרֹאשׁ לְגַבֵּי־
prejudice *n.* דֵּיעָה קְדוּמָה
–without prejudice to בְּלִי לִפְגּוֹעַ בְּ־; בְּלִי לִגְרוֹעַ מִ־
prejudice *v.* לִגְרוֹם שֶׁתִּהְיֶה לוֹ דֵּיעָה קְדוּמָה; לִפְגּוֹעַ בְּ־

prejudiced *adj.* מְשׁוּחָד; בַּעַל דֵעוֹת קְדוּמוֹת
prejudicial *adj.* (שֶ)גּוֹרֵם נֶזֶק לְ־; פּוֹגֵעַ בְּ־
preliminary *adj.* מַקְדִים; מוּקְדָם; רִאשׁוֹנִי; פּוֹתֵחַ
prelude *n.* הַקְדָמָה; הַתְחָלָה; פְּרֶלוּד (מוּסִיקָה)
premarital *adj.* שֶׁלִּפְנֵי הַנִּישׂוּאִים
premature *adj.* בְּטֶרֶם עֵת; מוּקְדָם (מִדַי); פַּג; נִמְהָר
prematurely *adv.* בְּטֶרֶם עֵת; מוּקְדָם מִדַי
premeditated *adj.* בְּכַוָונָה תְחִילָה; מְתוּכְנָן
premeditation *n.* כַּוָונָה תְחִילָה; תִכְנוּן
premenstrual *adj.* שֶׁלִּפְנֵי הַוֶסֶת; קְדַם־וֶסְתִי
premier *n.* רֹאשׁ מֶמְשָׁלָה
premiere *n.* הַצָּגַת בְּכוֹרָה
premiership *n.* רָאשׁוּת מֶמְשָׁלָה; תְקוּפַת כְּהוּנָה כְּרֹאשׁ מֶמְשָׁלָה
premise *n.* הַנָּחָה
premises *n.* חֲצֵרִים; שֶׁטַח (וּמִבְנִים); מָקוֹם
premium פְּרֶמְיָה; פְּרָס; תַשְׁלוּם נוֹסָף; תוֹסֶפֶת; מְשׁוּבָּח; בְּאֵיכוּת מְעוּלָה
– at a premium מֵעַל לָעֵרֶךְ הַנָּקוּב; מֵעַל לִמְחִירוֹ (הָרָגִיל); שֶׁיֵשׁ לוֹ בִּיקוּשׁ וְקָשֶׁה לְהַשִׂיגוֹ
premonition *n.* תְחוּשָׁה מוּקְדֶמֶת
prenatal *adj.* שֶׁלִּפְנֵי הַלֵּידָה
preoccupation *n.* הִתְעַסְּקוּת מוּגְזֶמֶת (בְּ־); מַחֲשָׁבָה מַטְרִידָה; דְאָגָה
preoccupied *adj.* שָׁקוּעַ רֹאשׁוֹ וְרוּבּוֹ; מוּדְאָג; טָרוּד בְּ־
preoccupy *v.* לְהַטְרִיד; לְהַעֲסִיק אֶת מַחְשַׁבְתּוֹ
preordain *v.* לִגְזוֹר; לִקְבּוֹעַ מֵרֹאשׁ
prep *n.* שִׁיעוּרֵי בַּיִת; מְכִינָה
prep *v.* לִלְמוֹד בְּבֵית־סֵפֶר מֵכִין; לְהָכִין שִׁיעוּרִים; לְהָכִין מִישֶׁהוּ לְנִיתוּחַ
prepackaged *adj.* אָרוּז מֵרֹאשׁ
preparation *n.* הִתְכּוֹנְנוּת; הֲכָנָה; תַכְשִׁיר
preparatory *adj.* מֵכִין; שֶׁל הֲכָנָה

prepare *v.* (for) לְהָכִין (לְ־); לְהִתְכּוֹנֵן (לְ־); לְהַכְשִׁיר (לְ־); לְהֵיעָרֵךְ
prepared *adj.* מוּכָן; מוּכָן לְ־
preparedness *n.* מוּכָנוּת; הֵיעָרְכוּת
preponderance *n.* רוֹב; כַּמּוּת יֶתֶר שֶׁל־
preponderant *adj.* עוֹדֵף; עִיקָּרִי; שׁוֹלֵט
preposition *n.* מִלַּת יַחַס
prepossessed *adj.* טָרוּד; הִתְרַשֵׁם לְטוֹבָה
prepossessing *adj.* מוֹשֵׁךְ; מַקְסִים; עוֹשֶׂה רוֹשֶׁם טוֹב
preposterous *adj.* מְגוּחָךְ; שַׁעֲרוּרִיָיתִי
prerequisite *n.* (מְהַוֶוה) תְנַאי מוּקְדָם
prerogative *n.* זְכוּת מְיוּחֶדֶת
presage *n.* אוֹת/רֶגֶשׁ מְבַשֵׂר רַע
presage *v.* לְבַשֵׂר; לִהְיוֹת אוֹת (אַזְהָרָה)
preschool *n.* גַן־יְלָדִים
preschool *adj.* שֶׁל גִיל הַגַּן
prescient *adj.* רוֹאֶה אֶת הַנּוֹלָד
prescribe *v.* לִרְשׁוֹם (תְרוּפָה); לְהַמְלִיץ עַל (טִיפּוּל וכו'); לְהוֹרוֹת עַל שִׁימּוּשׁ בְּ־; לִקְבּוֹעַ
prescribed *adj.* שֶׁנִּקְבַּע; שֶׁנִּרְשַׁם (ע"י רוֹפֵא)
prescription *n.* מִרְשָׁם; תְרוּפָה; הוֹרָאָה; כְּתִיבַת מִרְשָׁם
prescriptive *adj.* קוֹבֵעַ כְּלָלִים; נוֹרְמָטִיבִי; מִכּוֹחַ חֲזָקָה; מִכּוֹחַ מִנְהָג שֶׁהִשְׁתָּרֵשׁ
presence *n.* נוֹכְחוּת; הוֹפָעָה
– presence of mind זְרִיזוּת מַחֲשָׁבָה וְתוּשִׁיָיה
present *adj.* נוֹכֵחַ; נִידוֹן; נוֹכְחִי; נִמְצָא
present *n.* הַהוֹוֶה; מַתָּנָה; שַׁי
– at present כָּרֶגַע
– for the present לָעֵת עַתָּה; לְפִי שָׁעָה
present *v.* לָתֵת; לְהַעֲנִיק; לְהַצִּיג; לְהוֹפִיעַ; לְהִזְדַמֵּן; לְהַגִּישׁ (בְּטֶלֶוִיזְיָה, וכו')
– Present arms! הַצֵּג שֶׁק! (בַּצָּבָא)
presentable *adj.* נִרְאֶה טוֹב/מְסוּדָר; נָאֶה; רָאוּי לְהַצִּיגוֹ
presentation *n.* מַצֶּגֶת; פְּרֶזֶנְטַצְיָה; הַעֲנָקָה; הַגָּשָׁה; הַצָּגָה; הַרְצָאַת דְבָרִים; מַצָּג (תְנוּחַת הָעוּבָּר)

P

present-day *adj.* שֶׁל יָמֵינוּ; עַכְשָׁוִוי
presenter *n.* מַגִּישׁ (בָּרַדְיוֹ, בַּטֶלֶוִויזְיָה)
presentiment *n.* רֶגֶשׁ מְנַבֵּא רָעוֹת
presently *adv.* עוֹד מְעַט; מִיָּד; כָּרֶגַע
preservation *n.* שְׁמִירָה (עַל־); שִׁימּוּר; הִשְׁתַּמְּרוּת
preservative *n., adj.* (חוֹמֶר) מְשַׁמֵּר
preserve *n.* תְּחוּם (פְּרָטִי); רִיבָּה; שְׁמוּרָה
preserve *v.* לִשְׁמוֹר עַל־; לְשַׁמֵּר
preset *v.* לְכַוֵּון / לִקְבּוֹעַ / לְתַכְנֵת מֵרֹאשׁ
preshrunk *adj.* לֹא מִתְכַּוֵּוץ (בַּד)
preside *v.* (at/over) לְשַׁמֵּשׁ יוֹשֵׁב־רֹאשׁ (בּ־); לְנַהֵל (יְשִׁיבָה וכד')
presidency *n.* (כְּהוּנַת) הַנְּשִׂיאוּת; תְּקוּפַת נְשִׂיאוּת
president *n.* נָשִׂיא
presidential *adj.* נְשִׂיאוּתִי; לַנְּשִׂיאוּת
presidium *n.* נְשִׂיאוּת; וַעֲדָה מַתְמֶדֶת
press *n.* גִּיהוּץ; (הָ)עִיתוֹנוּת; (בֵּית־) דְּפוּס; מַכְבֵּשׁ (דְּפוּס); לַחַץ; לְחִיצָה; הָמוֹן; דּוֹחַק; אָרוֹן; שְׁמִירָה לוֹחֶצֶת
press *v.* לִלְחוֹץ (עַל־); לְהִילָּחֵץ; לְהִידָּחֵק; לְתַחוֹב; לְגַהֵץ; לִסְחוֹט (מ־); לִדְחוֹס; לְיַיבֵּשׁ (פֶּרַח בְּתוֹךְ סֵפֶר); לְרַדֵּד; לִלְחוֹץ / לְחַבֵּק בְּחוֹם; לִטְעוֹן בְּתוֹקֶף; לַעֲמוֹד עַל־; לִדְחוֹק בּ־; לְהָאִיץ בּ־; לְהַגִּישׁ (תְּלוּנָה בַּמִּשְׁטָרָה)
– **be pressing** לִהְיוֹת דָּחוּף; לִהְיוֹת דּוֹחֵק
– **press ahead (with)** לְהַמְשִׁיךְ בְּנַחִישׁוּת / בְּמֶרֶץ
– **be pressed for** לִהְיוֹת דָּחוּק בּ־
press agent *n.* יַחְצָ"ן
press baron *n.* אֵיל עִיתוֹנוּת
press box *n.* תָּא הָעִיתוֹנָאִים
press-button *adj.* ־לְחִיצִים
press conference *n.* מְסִיבַּת עִיתוֹנָאִים
pressed *adj.* לָחוּץ; דָּחוּק; כָּבוּשׁ; מְגוֹהָץ
press immunity *n.* חִיסְיוֹן עִיתוֹנָאִי
pressing *adj.* דָּחוּף; דּוֹחֵק; לוֹחֵץ; מִתְעַקֵּשׁ; מַפְצִיר
press officer *n.* קְצִין עִיתוֹנוּת
press photographer *n.* צַלָּם עִיתוֹנוּת
press release *n.* הוֹדָעָה לָעִיתוֹנוּת
press-stud *n.* לַחְצָנִית
press-ups *n.* שְׁכִיבוֹת סְמִיכָה
pressure *n.* לַחַץ
– **bring pressure to bear on** לְהַפְעִיל לַחַץ עַל־
– **put pressure on** לְהַפְעִיל לְחָצִים עַל־
– **under pressure** נָתוּן לִלְחָצִים; תַּחַת לַחַץ
pressure *v.* לִלְחוֹץ עַל־
pressure cooker *n.* סִיר־לַחַץ
pressure group *n.* קְבוּצַת־לַחַץ
pressurize *v.* לִלְחוֹץ עַל־ (ל־); לְוַוסֵּת לַחַץ־אֲוִויר בּ־
pressurized *adj.* ־לַחַץ; דָּחוּס
prestige *n.* יוּקְרָה; יוּקְרָתִי; רַאֲוותָנִי
prestigious *adj.* יוּקְרָתִי
presto *adv.* מַהֵר; מִיָּד; פִּתְאוֹם
presumably *adv.* יֵשׁ לְהָנִיחַ (שׁ־); כַּנִּרְאֶה
presume *v.* לְהָנִיחַ; לַחְשׁוֹב; לְהָעֵז; לְהִתְיַימֵּר; לְהַרְשׁוֹת לְעַצְמוֹ
presumption *n.* הַנָּחָה; יוּמְרָה; חוּצְפָּה
presumptuous *adj.* בָּטוּחַ בְּעַצְמוֹ יוֹתֵר מִדַּי; חָצוּף
presuppose *v.* לְהָנִיחַ מֵרֹאשׁ
pretax *adj.* לִפְנֵי מַס
pretence, pretense *n.* הַעֲמָדַת־פָּנִים; אֲמַתְלָה; יוּמְרָה
– **false pretenses** טַעֲנַת שָׁווא
pretend *v.* לְהַעֲמִיד פָּנִים; לְהִתְיַימֵּר (לִהְיוֹת); לִטְעוֹן (ל־)
pretended *adj.* מְדוּמֶּה; לֹא כֵּן; כִּבְיָכוֹל
pretender *n.* טוֹעֵן לַכֶּתֶר; מַעֲמִיד פָּנִים; מִתְחַזֶּה
pretension *n.* יוּמְרָה; יוּמְרָנוּת
pretentious *adj.* יוּמְרָנִי
pretentiously *adv.* בְּיוּמְרָנוּת
pretext *n.* (for) תֵּירוּץ (ל־); אֲמַתְלָה; תּוֹאֲנָה
– **on/under the pretext of** כִּבְיָכוֹל כְּדֵי; בְּאֲמַתְלָה שׁ־
prettify *v.* (prettified) לְיַיפּוֹת

pricey *adj.* יָקָר
prick *n.* סִימַן דְּקִירָה; דְּקִירָה; קוֹץ; זַיִן; שְׁמוּק
–prick of conscience נְקִיפוֹת מַצְפּוּן
prick *v.* לִדְקוֹר; לְנַקֵּב; לָחוּשׁ דְּקִירוֹת; לְיַיסֵּר
–prick up your ears לִזְקוֹף אוֹזְנַיִים
prickle *v.* לְדַקְרֵר; לָחוּשׁ עִקְצוּץ
prickle *n.* קוֹץ; קוֹצִית; עִקְצוּץ
prickly *adj.* קוֹצָנִי; דוֹקְרָנִי; עַצְבָּנִי; רָגִישׁ
prickly pear *n.* צַבָּר; סַבְּרֶס
pricy *adj.* יָקָר
pride *n.* גַּאֲוָה; כָּבוֹד עַצְמִי; יְהִירוּת; גַּאַוְותָנוּת; מְקוֹר גַּאֲוָה; לַהֲקָה (שֶׁל אֲרָיוֹת)
pride *v.*
–pride oneself on לְהִתְגָּאוֹת בּ־
priest *n.* כּוֹמֶר; כּוֹהֵן
priestess *n.* כּוֹהֶנֶת
prig *n.* צַדִּיק בְּעֵינֵי עַצְמוֹ; מִתְחַסֵּד; חָסוּד
priggish *adj.* צִדְקָנִי; מִתְחַסֵּד
prim *adj.* מְסוּדָּר; מְטוּפָּח; פוֹרְמָלִי; מְעוּדָּן; יְפֵה־נֶפֶשׁ
–prim and proper חָסוּד; סוֹלֵד מִגַּסוּת
primaeval *adj.* בְּרֵאשִׁיתִי; קָדוּם
prima facie *adv.* לִכְאוֹרָה; עַל פָּנָיו
primal *adj.* הִיוּלִי; בְּרֵאשִׁיתִי; רִאשׁוֹנִי; רִאשׁוֹן בַּמַּעֲלָה; עִיקָּרִי; יְסוֹדִי
primaries *n.* בְּחִירוֹת מַקְדִּימוֹת
primarily *adv.* בְּעִיקָּר; בָּרֹאשׁ וּבָרִאשׁוֹנָה
primary *adj.* רִאשׁוֹנִי; עִיקָּרִי; רִאשׁוֹן בַּמַּעֲלָה
primary *n.* בְּחִירוֹת מַקְדִּימוֹת
primary school *n.* בֵּית־סֵפֶר יְסוֹדִי
primate *n.* יוֹנֵק עִילָּאִי
prime *adj.* עִיקָּרִי; רָאשִׁי; מְצוּיָּן; מוּבְחָר
prime *n.* מֵיטָב; שִׂיא
prime *v.* לְסַפֵּק (מֵידָע וכו׳) ל־; לְהַדְרִיךְ; לִמְרוֹחַ שִׁכְבָה רִאשׁוֹנָה; לְהָכִין לִפְעוּלָה
prime minister *n.* רֹאשׁ מֶמְשָׁלָה
prime mover *n.* כּוֹחַ מֵנִיעַ רִאשׁוֹנִי; יוֹזֵם
prime rate *n.* רִיבִּית הַפְּרַיִים
prime time *n.* שְׁעוֹת צְפִיַּית שִׂיא

prettily *adv.* יָפֶה; בְּחֵן
prettiness *n.* יוֹפִי; חֵן
pretty *adj.* יָפֶה (לְמַדַּי); נֶחְמָד; מַקְסִים; דֵּי־; גָּדוֹל
pretty *adv.* דֵּי־
pretzel *n.* כַּעַךְ; בֵּייגֶלֶה
prevail *v.* לְנַצֵּחַ; לִגְבּוֹר עַל־; לִשְׂרוֹר
–prevail on לְשַׁכְנֵעַ
prevailing *adj.* רוֹוֵחַ; נָפוֹץ; שׂוֹרֵר
prevalence *n.* שְׁכִיחוּת; הֱיוֹתוֹ שָׁכִיחַ
prevalent *adj.* שָׁכִיחַ; נָפוֹץ
prevaricate *v.* לְדַבֵּר בְּלָשׁוֹן חֲמַקְמַקָּה; לְשַׁקֵּר; לְהַסְתִּיר אֶת הָאֱמֶת
prevent *v.* לִמְנוֹעַ (מ־)
preventable *adj.* שֶׁנִּיתָּן לִמְנוֹעַ
prevention *n.* מְנִיעָה
preventive *adj.* מוֹנֵעַ; ־מֶנַע
preventive medicine *n.* רְפוּאָה מוֹנַעַת
preview *n.* תְּצוּגָה מַקְדִּימָה; הַצָּגָה / הַקְרָנָה מוּקְדֶּמֶת (לְעִיתּוֹנָאִים וכדו׳); בִּיקּוֹרֶת (לְסֶרֶט, וכו׳); קֶטַע "בְּקָרוֹב"; הַכָּרָה רִאשׁוֹנִית; הֲצָצָה (אֶל)
preview *v.* לִרְאוֹת / לְהַצִּיג הַצָּגָה מוּקְדֶּמֶת; לִרְאוֹת בּוֹ לִפְנֵי מַעֲשֶׂה
previous *adj.* (to) קוֹדֵם; לִפְנֵי־; נִמְהָר
previously *adv.* לִפְנֵי־כֵן; קוֹדֶם
prewar *adj.* לִפְנֵי הַמִּלְחָמָה
prey *n.* טֶרֶף
–be prey to לִהְיוֹת קוֹרְבָּן ל־; לִהְיוֹת אֲכוּל־
prey *v.* (on/upon) לִטְרוֹף; לְהִיזּוֹן מ־; לִשְׁדוֹד; לִפְשׁוֹט עַל־; לְהָעִיק (עַל־)
price *n.* מְחִיר; שַׁעַר; עֵרֶךְ; תְּנָאֵי הִימּוּר
–at a price בִּמְחִיר גָּבוֹהַּ
price *v.* לִקְבּוֹעַ / לְבָרֵר מְחִיר; לְסַמֵּן מְחִיר
price control *n.* פִּיקּוּחַ עַל הַמְּחִירִים
price cut *n.* הוֹרָדַת מְחִיר
price index *n.* מַדַּד מְחִירִים
priceless *adj.* שֶׁאֵין עֲרוֹךְ / מְחִיר לוֹ
price list *n.* תַּעֲרִיפוֹן; מְחִירוֹן
price tag *n.* תָּווִית מְחִיר; עֲלוּת הַהוֹצָאוֹת
price war *n.* מִלְחֶמֶת מְחִירִים

P

primeval *adj.* בְּרֵאשִׁיתִי; קָדוּם

primitive *n.* אוּמָן מִלִּפְנֵי תְקוּפַת הָרֶנֶסַנְס; צַיָּיר בְּסִגְנוֹן פְּרִימִיטִיבִי; צַיָּיר לֹא מְיוּמָּן

primitive *adj.* קַדְמוֹן; נֶחֱשָׁל; פְּרִימִיטִיבִי; פָּשׁוּט; קָדוּם

primordial *adj.* רֵאשִׁיתִי; קַדְמוֹן; הִיוּלִי

primrose *n.* בְּכוֹר־אָבִיב; (צֶבַע) צְהַבְהַב

prince *n.* נָסִיךְ; שַׁלִּיט

Prince Charming *n.* נְסִיךְ הַחֲלוֹמוֹת

prince consort *n.* בַּעַל הַמַּלְכָּה

princedom *n.* נְסִיכוּת

princely *adj.* נְסִיכִי; שֶׁל נָסִיךְ; מְפוֹאָר; נָדִיב

prince regent *n.* נְסִיךְ הָעֶצֶר

princess *n.* נְסִיכָה

principal *adj.* עִיקָּרִי; רָאשִׁי

principal *n.* מְנַהֵל (בי״ס); קֶרֶן (כַּסְפִּית); שׁוֹלֵחַ (= מַעֲבִיד); נַגָּן רָאשִׁי; שׁוּתָּף לַעֲבֵירָה

principality *n.* נְסִיכוּת

principally *adv.* בְּעִיקָּר

principle *n.* עִיקָּר; עִיקָּרוֹן

–in principle עֶקְרוֹנִית; בְּעִיקָּרוֹן

–on principle מִתּוֹךְ עִיקָּרוֹן

print *n.* טְבִיעָה; סִימָן; הֶדְפֵּס; תְּמוּנָה; (אוֹתִיּוֹת) דְּפוּס

print *v.* לְהַדְפִּיס; לְפַרְסֵם; לִכְתּוֹב בְּאוֹתִיּוֹת דְּפוּס; לְהַדְפִּיס (תְּמוּנָה); לְהַטְבִּיעַ; לְהֵיחָרֵת; לְהוֹתִיר סִימָן

printable *adj.* רָאוּי לִדְפוּס / לְפִרְסוּם

printed circuit *n.* מַעְגָּל מוּדְפָּס

printed matter *n.* דִּבְרֵי דְּפוּס

printer *n.* מַדְפִּיס; בַּעַל דְּפוּס; מַדְפֶּסֶת

printing *n.* הַדְפָּסָה; דְּפוּס; מַהֲדוּרָה; אוֹתִיּוֹת דְּפוּס

printing press *n.* מַכְבֵּשׁ־הַדְּפוּס

printout *n.* תַּדְפִּיס

prior *adj.* קוֹדֵם

–prior to לִפְנֵי־

prior *n.* רֹאשׁ מִסְדָּר

prioress *n.* (אִישָּׁה בְּתַפְקִיד) רֹאשׁ מִסְדָּר

prioritize *v.* לִקְבּוֹעַ סֵדֶר עֲדִיפוּיוֹת; לָתֵת עֲדִיפוּת לְ־

priority *n.* (*pl.* priorities) זְכוּת קְדִימָה (עַל פְּנֵי־); עֲדִיפוּת

–(list of) priorities (רְשִׁימַת) סֵדֶר הָעֲדִיפוּיוֹת

–take priority (over) לִזְכּוֹת בַּעֲדִיפוּת (עַל פְּנֵי־); לִקְדּוֹם לְ־

–top priority עֲדִיפוּת עֶלְיוֹנָה

prism *n.* מִנְסָרָה; פְּרִיזְמָה

prison *n.* בֵּית־סוֹהַר; כֶּלֶא; שְׁבִי

prison camp *n.* מַחֲנֵה שְׁבוּיִים

prisoner *n.* אָסִיר; שָׁבוּי

prisoner of conscience *n.* אֲסִיר מַצְפּוּן

prisoner of war *n.* שְׁבוּי מִלְחָמָה

pristine *adj.* טָהוֹר; זַךְ; נָקִי; מְקוֹרִי; כְּמוֹ חָדָשׁ; קָדוּם

privacy *n.* פְּרָטִיּוּת; צִנְעַת הַפְּרָט

private *adj.* אִישִׁי; פְּרָטִי; סוֹדִי

–in private בְּיְחִידוּת; בְּאוֹפֶן פְּרָטִי

private *n.* טוּרַאי

private bill *n.* הַצָּעַת חוֹק פְּרָטִית

private detective *n.* בַּלָּשׁ פְּרָטִי

private enterprise *n.* יוֹזְמָה פְּרָטִית

private eye *n.* בַּלָּשׁ (פְּרָטִי)

privately *adv.* בְּיְחִידוּת; בְּאוֹפֶן פְּרָטִי

private parts *n.* אֵיבְרֵי הַמִּין

privation *n.* מַחְסוֹר; סֵבֶל

privatization *n.* הַפְרָטָה

privatize *v.* לְהַפְרִיט; לְהַעֲבִיר לְבַעֲלוּת פְּרָטִית

privilege *n.* זְכוּת (מְיוּחֶדֶת / יֶתֶר); יִתְרוֹן; חִיסָּיוֹן; כָּבוֹד

privileged *adj.* בַּעַל זְכוּת־יֶתֶר; מְיוּחָס; חָסוּי

privy *adj.* שׁוּתָּף לְסוֹד; סוֹדִי; פְּרָטִי

prize *n.* פְּרָס; שָׁלָל; נֶכֶס יָקָר (לוֹ); יַעַד נִכְסָף

prize *v.* לְהַעֲרִיךְ מְאוֹד; לְהוֹקִיר

prize *v.* לִפְתּוֹחַ בְּכוֹחַ; לִפְרוֹץ; לְהוֹצִיא

prize *adj.* שֶׁרָאוּי לְפְרָס; מוּבְחָר; שֶׁזָּכָה בְּפְרָס; מוּבְהָק; מוּשְׁלָם; יָקָר (לוֹ)

prizefight *n.* קְרַב אִגְרוּף (עֲבוּר כֶּסֶף)

pro *n.* מִקְצוֹעָן; שַׂחְקָן מִקְצוֹעָנִי; זוֹנָה

pro- בְּעַד; תּוֹמֵךְ; מְחַיֵּיב

–the pros and cons הַטִיעוּנִים בְּעַד וָנֶגֶד

PRO יַחצָ"ן; קְצִין יַחֲסֵי־צִיבּוּר; מֶרכַּז־רְשוּמוֹת

probability *n.* סְבִירוּת; הִסתַבְּרוּת; דָבָר סָבִיר

–in all probability קָרוֹב לְווַדַאי

probable *adj.* קָרוֹב לְווַדַאי; סָבִיר שֶׁזֶה יִהיֶה

probably *adv.* קָרוֹב לְווַדַאי; כַּנִראֶה (שֶׁכֵּן)

probate *n.* אִישוּר צַוָואָה

probation *n.* נִיסָיוֹן; (תְקוּפַת) מִבחָן

probational *adj.* לְנִיסָיוֹן; שֶׁל מִבחָן

probationary *adj.* שֶׁל (תְקוּפַת) נִיסָיוֹן; שֶׁל מִבחָן

probation officer *n.* קְצִין מִבחָן

probe *n.* מַבחֵן; מַכשִיר בְּדִיקָה; חֲקִירָה; לַוויַין מֶחקָר; גַשֶּׁשֶׁת

probe *v.* לִבדוֹק בְּמַבחֵן; לַחקוֹר; לִבחוֹן

probing *n.* חֲקִירָה; בְּדִיקָה

problem *n.* בְּעָיָה

problematic *adj.* בְּעָיָתִי

problem child *n.* יֶלֶד בְּעָיָתִי

proboscis *n.* חֵדֶק

procedural *adj.* נוֹהָלִי

procedure *n.* נוֹהַל; הָלִיך

proceed *v.* לְהַמשִיך; לְהִתקַדֵם; לִנבּוֹעַ (מ־); לְהַגִיש תְבִיעָה (נֶגֶד)

proceeding *n.* (דֶרֶך) פְּעוּלָה

–proceedings אֵירוּעִים; הֲלִיכִים (נֶגֶד־); רְשוּמוֹת; פְּרוֹטוֹקוֹל

proceeds *n.* הַכנָסוֹת

process *n.* תַהֲלִיך; הָלִיך מִשפָּטִי; כְּתַב בֵּית־דִין; הַזמָנָה לְבֵית־מִשפָּט; זִיז; בְּלִיטָה

–in the process בְּתַהֲלִיך־; בְּתוֹך כָּך

process *v.* לְעַבֵּד; לְפַתֵחַ; לְטַפֵּל

procession *n.* תַהֲלוּכָה

processor *n.* מְעַבֵּד

pro-choice *adj.* דוֹגֵל בִּזכוּת הָאִישָה לְהַפָּלָה

proclaim *v.* לְהַכרִיז (עַל־); לְהָעִיד עַל־

proclamation *n.* הַכרָזָה; כְּרוּז; מִנשָר

proclivity *n.* נְטִיָיה

procrastination *n.* דְחִיָיה; הִתמַהמְהוּת

procreate *v.* לְהוֹלִיד

procreation *n.* הוֹלָדָה

proctor *n.* מְפַקֵחַ מִשמַעַת; מַשגִיחַ (בִּבחִינָה)

procure *v.* לְהַשִׂיג; לִרכּוֹש; לְסַרסֵר לִזנוּת

procurement *n.* רֶכֶש; רְכִישָה; הַשָׂגָה; סִרסוּר

prod *v.* לִדחוֹף / לִתקוֹעַ (מַשֶהוּ חַד / אֶצבַּע) בּ־; לְהָאִיץ בּ־; לְדַרבֵּן

prodigal *adj.* בַּזבְּזָנִי; פַּזרָנִי; שוֹפֵעַ; נָדִיב; פּוֹרֶה

prodigious *adj.* עָצוּם; מוּפלָא

prodigy *n.* עִילוּי; פֶּלֶא

–a child prodigy יֶלֶד פֶּלֶא

produce *n.* תוֹצֶרֶת (חַקלָאִית)

produce *v.* לְיַיצֵר; לְהָפִיק; לְהַצמִיחַ; לְהַראוֹת; לְהַצִיג; לְהוֹצִיא; לִשלוֹף; לְחַבֵּר (יְצִירָה); לְהָנִיב; לָלֶדֶת; לְהַמלִיט; לְהַטִיל; לִגרוֹם; לְהָבִיא ל־; לְהַעֲלוֹת; לְהַמשִיך (גֵיאוֹמֶטרִיָה)

producer *n.* יַצרָן; מֵפִיק

product *n.* מוּצָר; תוֹצָאָה; תוֹצָר; מַכפֵּלָה

production *n.* יִיצוּר; הֲפָקָה; תְפוּקָה; יְצִירָה; הַצָגַת (דַרכּוֹן, רְאָיוֹת וכו')

production line *n.* קַו יִיצוּר

productive *adj.* פּוֹרֶה; יוֹצֵר; יַצרָנִי; מוֹעִיל

productively *adv.* בְּאוֹפֶן יַצרָנִי; בְּאוֹפֶן מוֹעִיל

productivity *n.* פִּריוֹן (יִיצוּר)

Prof. פְּרוֹפֶסוֹר; פרופ'

profanation *n.* חִילוּל (הַקוֹדֶש)

profane *v.* לְחַלֵל (הַקוֹדֶש); לְטַמֵא

profane *adj.* מְחַלֵל הַקוֹדֶש; חִילוֹנִי

–profane language חֵירוּף וְגִידוּף

profanity *n.* חִילוּל הַקוֹדֶש; חֵירוּף

–profanities קְלָלוֹת וּנאָצוֹת

profess *v.* לְהַכרִיז (שֶׁיֵש לוֹ / עַל אֱמוּנָתוֹ בּ־); לְהִתיַימֵר לִהיוֹת; לִטעוֹן

P

professed *adj.* מוּצהָר; מוּשבָּע; כִּבְיָכוֹל; מְעוּשֶׂה
profession *n.* מִקצוֹעַ; הַצהָרָה; גִילוּי
professional *adj.* מִקצוֹעִי; מִקצוֹעָנִי
professional *n.* מִקצוֹעָן; אִיש מִקצוֹעַ
professionalism *n.* מִקצוֹעָנוּת; מִקצוֹעִיוּת
professionally *adv.* מִבּחִינָה / בְּצוּרָה מִקצוֹעִית
professor *n.* פְּרוֹפֶסוֹר
professorship *n.* מִשׂרַת פְּרוֹפֶסוֹר; פְּרוֹפֶסוּרָה
proffer *v.* לְהַצִיעַ
proficiency *n.* מְיוּמָנוּת; בְּקִיאוּת
proficiency test *n.* מִבחַן יוּמנָה
proficient *adj.* מְיוּמָן; בָּקִי
proficiently *adv.* בְּמְיוּמָנוּת
profile *n.* צְדוּדִית; פְּרוֹפִיל; קַווִים חִיצוֹנִיִים; דְיוֹקָן; חֲתָךְ
profit *n.* רֶוַוח; תוֹעֶלֶת
– make a profit לְהַרווִיחַ
– profit and loss account חֶשבּוֹן רֶוַוח וְהֶפסֵד
profit *v.* לְהַרווִיחַ; לְהָפִיק תוֹעֶלֶת
profitability *n.* רְווחִיוּת; רֶוַוח
profitable *adj.* רְווחִי; מוֹעִיל
profitably *adv.* בְּצוּרָה רְווחִית / מוֹעִילָה
profiteer *v., n.* לְהַפקִיעַ שְעָרִים; סַפסָר; מַפקִיעַ שְעָרִים
profiteering *n.* הַפקָעַת מְחִירִים; סַפסָרוּת
profit margin *n.* שוּלֵי רֶוַוח; מְרוּוָחִים
profit sharing *n.* חֲלוּקַת רְווָחִים
profligate *adj., n.* מוּפקָר; בַּזבְּזָנִי; פָּרוּץ; הוֹלֵל
profound *adj.* עָמוֹק; מַעֲמִיק; רָב; מוּחלָט
profundity *n.* עוֹמֶק; עֲמִקוּת; גוֹדֶל
profuse *adj.* שוֹפֵעַ; רַב; פַּזרָנִי; נָדִיב
profusely *adv.* בְּשֶפַע; הַרבֵּה; עוֹד וְעוֹד
profusion *n.* שֶפַע; רִיבּוּי
progenitor *n.* אָב; אַב קַדמוֹן; אֲבִי ה־
progeny *n.* צֶאֱצָאִים
prognosis *n.* פְּרוֹגנוֹזָה; צֶפִי
prognosticate *v.* לְנַבֵּא; לִצפּוֹת; לְבַשֵׂר
prognostication *n.* צֶפִי; תַחֲזִית
program *n.* תוֹכנִית; תוֹכנִייָה
program *v.* לְתַכנֵת; לְתַכנֵן; לְכַוֵון אוֹטוֹמָטִית
programer *n.* מְתַכנֵת
programmable *adj.* שֶנִיתָן לְתִכנוּת
programme *n.* תוֹכנִית; תוֹכנִייָה
programme *v.* לְתַכנֵן; לְתַכנֵת; לְכַוֵון אוֹטוֹמָטִית
programmer *n.* מְתַכנֵת
progress *n.* הִתקַדמוּת; קִדמָה
– in progress בְּעִיצוּמוֹ; מִתנַהֵל; נַעֲשֶׂה
progress *v.* לְהִתקַדֵם; לְהִימָשֵךְ
progression *n.* הִתקַדמוּת; טוּר (מַתֵמָטִיקָה)
progressive *adj.* מִתקַדֵם; מְדוֹרָג; פְּרוֹגרֶסִיבִי; מַחֲמִירָה (מַחֲלָה); שוֹאֵף לְקִדמָה
progressively *adv.* יוֹתֵר וְיוֹתֵר; בְּהַדרָגָה
prohibit *v.* לֶאֱסוֹר (עַל־); לִמנוֹעַ מ־
prohibition *n.* אִיסוּר; (צַו) אִיסוּר
Prohibition *n.* (תקוּפַת) אִיסוּר מְכִירַת מַשקָאוֹת חֲרִיפִים (בּעבר בארה״ב)
prohibitive *adj.* אוֹסֵר; מוֹנֵעַ; שֶמַרתִיעַ (קוֹנִים)
project *n.* תוֹכנִית; מֵיזָם; פְּרוֹיֶיקט
project *v.* לְהַבלִיט; לִבלוֹט; לְהָטִיל; לְהַקרִין; לִשלוֹחַ; לְשַגֵר; לְצַייֵר הֶיטֵל; לְתַכנֵן; לְהַשלִיךְ; לְהַצִיג
projected *adj.* מְתוּכנָן; צָפוּי (עפ״י תחזית)
projectile *n.* קָלִיעַ; טִיל
projection *n.* הֲטָלָה; הַקרָנָה; שִיגוּר; הַשלָכָה; בְּלִיטָה; תַחֲזִית; צֶפִי; הֶיטֵל
projectionist *n.* מַקרִין
projector *n.* מַקרֵן; מָטוֹל
prolapse *n.* צְנִיחָה (שֶל רֶחֶם, וכו׳)
proletarian *n., adj.* פּוֹעֵל; שֶל מַעֲמַד הַפּוֹעֲלִים
proletariat *n.* מַעֲמַד הַפּוֹעֲלִים; הַפּרוֹלֶטַריוֹן
prolife *adj.* מִתנַגֵד לְהַפָּלוֹת

P

proliferate *v.* לְהִימָּצֵא בְּמִספָּר רַב; לְהִתרַבּוֹת מַהֵר
proliferation *n.* הֲפָצָה; הִתפַּשְּׁטוּת; רִיבּוּי
prolific *adj.* פּוֹרֶה (סוֹפֵר וכו׳); בַּעַל פּוֹרִיוּת גְבוֹהָה
prologue, prolog *n.* פְּרוֹלוֹג; פְּתַח־דָבָר
prolong *v.* לְהַאֲרִיךְ (בּזמן)
prolongation *n.* הַאֲרָכָה
prolonged *adj.* מִתמַשֵׁךְ; מְמוּשָׁךְ
prom *n.* טַיילֶת; נֶשֶׁף רִיקוּדִים (בּבי״ס); קוֹנצֶרט טַיילֶת (חֵלֶק מֵהַקָהָל עוֹמֵד)
promenade *n., v.* (טִיוּל בַּ־) טַיילֶת; טִיוּל; לְטַייֵל בַּטַיילֶת; לָלֶכֶת לְאִיטוֹ (לַהֲנָאָה)
prominence *n.* הִתבַּלטוּת; מָקוֹם בּוֹלֵט; חֲשִׁיבוּת
prominent *adj.* בּוֹלֵט; יָדוּעַ; חָשׁוּב
promiscuity *n.* הֶפקֵרוּת (מִינִית)
promiscuous *adj.* מוּפקָר; מִתנַהֵג בְּהֶפקֵרוּת מִינִית
promise *n.* הַבטָחָה; תִקוָוה
promise *v.* לְהַבטִיחַ; לְבַשֵׂר
Promised Land *n.* הָאָרֶץ הַמוּבטַחַת
promising *adj.* מַבטִיחַ
promissory note *n.* שְׁטַר חוֹב
promo *n.* קִידוּם מְכִירוֹת; תַשדִיר פִּרסוֹמֶת; קְדִימוֹן
promontory *n.* צוּק־חוֹף; כֵּף
promote *v.* לְהַעֲלוֹת בְּדַרגָה (ל־); לְקַדֵם; לְטַפֵּחַ; לְעוֹדֵד; לְקַדֵם (מְכִירוֹת); לְפַרסֵם
promoter *n.* מְקַדֵם; יוֹזֵם
promotion *n.* קִידוּם; הַעֲלָאָה בְּדַרגָה; קִידוּם (מְכִירוֹת); יַחצָנוּת; (מוּצָר שֶׁזוֹכֶה ל־) מַסַע פִּרסוּם
prompt *adj.* מִיָּדִי; מָהִיר; מְדַייֵק
prompt *n.* הַנחָיָה (מחשבים)
prompt *v.* לְהָנִיעַ; לְעוֹרֵר; ללחוש; לְדוֹבֵב
prompt *adv.* בְּדִיוּק (בַּזמַן)
prompter *n.* לַחשָׁן
prompting *n.* שִׁכנוּעַ; שִׁידוּל; עִידוּד; לְחִישָׁה
promptly *adv.* מִיָּד; לְלֹא דִיחוּי; בְּדִיוּק
promptness *n.* מְהִירוּת; דַייקָנוּת (בַּזמַנִים)
promulgate *v.* לְפַרסֵם (חוֹק, צַו וכו׳); לְהָפִיץ
promulgation *n.* פִּרסוּם; הַכרָזָה; הֲפָצָה
prone *adj.* שָׁכוּב עַל בִּטנוֹ; מוּעָד (ל־); נוֹטֶה (ל־)
prong *n.* שֵׁן (שֶׁל קִלשוֹן / מַזלֵג)
pronoun *n.* כִּינוּי (הַשֵׁם) (דקדוק)
pronounce *v.* לְבַטֵא; לְהוֹדִיעַ רִשׁמִית / חֲגִיגִית; לִפסוֹק; לִקבּוֹעַ
pronouncement *n.* הוֹדָעָה (רִשׁמִית); הַצהָרָה
pronunciation *n.* מִבטָא; הִיגוּי; צוּרַת הִיגוּי
proof *adj.* חָסִין; אָטִים (ל־); עָמִיד בִּפנֵי־
proof *n.* הוֹכָחָה; רְאָיָה; הַגָהָה; תֶקֶן חֲרִיפוּת
proof *v.* לַעֲשׂוֹתוֹ עָמִיד / חָסִין בִּפנֵי־; לְהַגִיהַּ
proofreading *n.* הַגָהָה
prop *n.* תוֹמֵךְ; סָמוֹךְ; מִשׁעָן
– **props** אַבזָרֵי בָּמָה
prop *v.* לְהַשׁעִין; לִתמוֹךְ; לְהַחֲזִיקוֹ פָּתוּחַ
propaganda *n.* תַעֲמוּלָה
propagate *v.* לְהַרבּוֹת; לְהִתרַבּוֹת; לְהָפִיץ
propel *v.* לְהָנִיעַ (קָדִימָה); לִדחוֹף
propeller *n.* מַדחֵף; פְּרוֹפֶּלוֹר
propensity *n.* נְטִיָּה (טִבעִית) ל־
proper *adj.* מַתאִים; נָכוֹן; שֶׁל מַמָשׁ; יָאֶה; נָאוֹת; הָגוּן; מַמָשׁ; עַצמוֹ; גוּפָא; גָדוֹל; כְּהוֹגֶן
proper *adv.* מְאוֹד; לְגַמרֵי; מַמָשׁ
proper disclosure *n.* גִילוּי נָאוֹת
properly *adv.* כָּרָאוּי; כְּמוֹ שֶׁצָרִיךְ
proper name/noun *n.* שֵׁם־עֶצֶם פְּרָטִי
property *n.* רְכוּשׁ; נֶכֶס; קַרקַע (וּבַיִת); נַדלָ״ן; מְקַרקְעִין; תְכוּנָה; אַבזָר בָּמָה
– **properties** תְכוּנוֹת
prophecy *n.* (*pl.* prophecies) נְבוּאָה
prophesy *v.* (prophesied) לְנַבֵּא; לִצפּוֹת; לְהִתנַבֵּא
prophet *n.* נָבִיא; מְבַשֵׂר; מַגִיד עֲתִידוֹת
prophetess *n.* נְבִיאָה
prophetic *adj.* נְבוּאִי

prophylactic *n.* קונדום; אֶמצָעֵי מְנִיעָה
propitiate *v.* לְרַצוֹת (אֵל); לְפַייֵס; לְשַׁכֵּךְ זַעַם (אֵל)
propitious *adj.* נוֹחַ; מַתאִים; מְבַשֵּׂר טוֹבוֹת
proponent *n.* (of) תּוֹמֵךְ; מַטִיף (ל־)
proportion *n.* יַחַס; פְּרוֹפּוֹרציָה; חֵלֶק
–out of all proportion לְלֹא כָּל פְּרוֹפּוֹרציָה (ל־)
–proportions גּוֹדֶל; מִידוֹת; מְמַדִים
proportional *adj.* (ל־) יַחֲסִי; פְּרוֹפּוֹרציוֹנִי (ל־)
proportionally *adv.* בְּאוֹפֶן יַחֲסִי
proposal *n.* הַצָּעָה; הַצָּעַת נִישׂוּאִין
propose *v.* לְהַצִיעַ; לְהִתכַּוֵון; לְהַצִיעַ נִישׂוּאִין
proposer *n.* מַגִישׁ הַצָּעָה; מַצִיעַ
proposition *n.* הַצָּעָה; עֵסֶק; עִניָין; הַצָּעָה מְגוּנָה; טַעֲנָה; קְבִיעָה; מִשפָּט (מָתֶמָטִי)
proposition *v.* לְהַצִיעַ הַצָּעָה מְגוּנָה ל־
propound *v.* לְהַצִיג (לְדִיוּן, וכו׳)
proprietary *adj.* שֶׁל בַּעֲלוּת; פַּטֶנטִי
proprietary name *n.* שֵׁם מִסחָר; שֵׁם מוּתָג
proprietor *n.* בְּעָלִים
proprietorship *n.* בַּעֲלוּת (עַל עֵסֶק)
proprietress *n.* בַּעֲלַת (הָעֵסֶק)
propriety *n.* הֲלִימוּת; הִתנַהֲגוּת נָאוֹתָה; הַדָּבָר הַנָּכוֹן לַעֲשׂוֹתוֹ
props *n.* אַבזָרֵי בָּמָה
propulsion *n.* הֲנָעָה; דַּחַף
prosaic *adj.* פְּרוֹזָאִי; מְשַׁעֲמֵם; אָפוֹר
prose *n.* פְּרוֹזָה
prosecute *v.* לִתבּוֹעַ / לְהַעֲמִיד לְדִין; לְהַמשִׁיךְ בּ־; לְנַהֵל
prosecution *n.* תְּבִיעָה לְדִין; הַתבִּיעָה; נִיהוּל; עִיסוּק; הַמשָׁכָה
prosecutor *n.* תּוֹבֵעַ
proselyte *n.* גֵּר; מוּמָר (גַּם פּוֹלִיטִי)
prospect *n.* סִיכּוּי; תִּקוָוה; מַראֶה נוֹף רָחָב; אֶפשָׁרוּת (סְבִירָה); מוּעֲמָד; לָקוֹחַ אֶפשָׁרִי
prospect *v.* (for) לְחַפֵּשׂ (זָהָב, וכו׳)
prospective *adj.* צָפוּי; אֶפשָׁרִי; עֲתִידִי
prospector *n.* מְחַפֵּשׂ זָהָב וכו׳
prospectus *n.* פְּרוֹספֶּקט; תַּשׁקִיף
prosper *v.* לְשַׂגשֵׂג; לְהַצלִיחַ
prosperity *n.* שִׂגשׂוּג; הַצלָחָה
prosperous *adj.* מְשַׂגשֵׂג; מַצלִיחַ; אָמִיד
prostate (gland) *n.* (בַּלוּטַת) הָעַרמוֹנִית
prosthesis *n.* פְּרוֹתֵיזָה; תּוֹתָב
prostitute *n.* זוֹנָה; פְּרוּצָה
prostitute *v.* לַעֲסוֹק בִּזנוּת; "לְמכּוֹר"; לְמַסחֵר
prostitution *n.* זְנוּת; מִסחוּר; הַזנָיָה
prostrate *adj.* שָׁכוּב אַפַּיִם אַרצָה; מוּכֶּה; חֲסַר אוֹנִים; מוּכנָע
prostrate *v.* לְהִשתַּטֵחַ; לְהִשתַּחֲווֹת; לְהַפִּיל; לְהַכנִיעַ
prosy *adj.* כָּבֵד; מְשַׁעֲמֵם; חֲסַר מָעוֹף
protagonist *n.* דְּמוּת רָאשִׁית; גִּיבּוֹר; נוֹשֵׂא דֶּגֶל
protect *v.* לְהָגֵן (עַל־); לִשמוֹר עַל; לְאַבטֵחַ
protected *adj.* מוּגָן; מאוּבטָח
protection *n.* הֲגָנָה (מִפְּנֵי־); חָסוּת; מָגֵן
protectionism *n.* מְדִינִיוּת הֲגָנָה (בְּמִסחָר)
protective *adj.* מֵגֵן; מְגוֹנֵן; מְבַקֵּשׁ לְגוֹנֵן עַל־
protective custody *n.* מַעֲצָר לְשֵׁם הֲגָנָה
protector *n.* מָגֵן
protégé *n.* בֶּן־חָסוּת
protein *n.* חֶלבּוֹן; פְּרוֹטֶאִין
protest *n.* מְחָאָה
protest *v.* לִמחוֹת; לְהַפגִין בִּמחָאָה; לִטעוֹן בְּתוֹקֶף (ל־)
Protestant *n., adj.* פְּרוֹטֶסטַנט; פְּרוֹטֶסטַנטִי
protestation *n.* הַצהָרָה; טַעֲנָה; מְחָאָה
protester *n.* מוֹחֶה; מַפגִין
protestingly *adv.* בִּמחָאָה
protocol *n.* כְּלָלֵי הַטֶקֶס; פְּרוֹטוֹקוֹל; טְיוּטַת הֶסכֵּם
prototype *n.* אַבטִיפּוּס
protract *v.* לְהַאֲרִיךְ
protracted *adj.* מִתמַשֵׁךְ; מְמוּשָׁךְ
protractor *n.* מַדזָוִוית

protrude *v.* לִבלוֹט
protruding *adj.* בּוֹלֵט; מְשׁוּרבָּב
protrusion *n.* בְּלִיטָה; הַבלָטָה
protuberance *n.* תְּפִיחָה; בְּלִיטָה
proud *adj.* גֵּאֶה; גַּאַוותָן; שֶׁל גַּאֲוָוה; מַרשִׁים; בּוֹלֵט
– be proud of לְהִתגָּאוֹת בּ־; לְהִתפָּאֵר בּ־
proudly *adv.* בְּגַאֲוָוה
prove *v.* לְהוֹכִיחַ; לְהַראוֹת; לְאַמֵּת; לְהִתבָּרֵר (שֶׁהוּא); לְהִתגַּלּוֹת כּ־
proven *adj.* מוּכָח; בָּדוּק; הוּכַח
proverb *n.* פִּתגָם; מָשָׁל
proverbial *adj.* יָדוּעַ לַכּוֹל; שֵׁם דָּבָר; שֶׁל מָשָׁל; בַּפִּתגָם הַיָּדוּעַ
proverbially *adv.* כַּיָּדוּעַ לַכּוֹל
Proverbs *n.* סֵפֶר מִשלֵי
provide *v.* לְסַפֵּק; לָתֵת; לִדאוֹג ל־; לְפַרנֵס; לִקבּוֹעַ
provided *conj.* בִּתנַאי שׁ־
– provided that בִּתנַאי שׁ־
providence *n.* הַהַשׁגָּחָה; חַסכָנוּת; דְּאָגָה לֶעָתִיד
provident fund *n.* קוּפַּת גֶּמֶל
provider *n.* מְפַרנֵס; סַפָּק
providing *conj.* בִּתנַאי שׁ־
– providing that בִּתנַאי שׁ־
province *n.* מָחוֹז; תְּחוּם; תְּחוּם אַחֲרָיוּת
– provinces עָרֵי הַשָּׂדֶה
provincial *adj.* ־הַמָּחוֹז; שֶׁל עָרֵי הַשָּׂדֶה; פְּרוֹבִינצִיָאלִי; קַרתָנִי
provincial *n.* תּוֹשַׁב עִיר־שָׂדֶה; קַרתָן
provincialism *n.* קַרתָנוּת; פְּרוֹבִינצִיָאלִיוּת
provision *n.* הַספָּקָה; מַתָּן; דְּאָגָה לֶעָתִיד; הֲכָנָה; אַספָּקָה; תְּנַאי (בְּהֶסכֵּם, וכו׳); הַפרָשָׁה (כֶּסֶף)
– provisions מָזוֹן; מִצרָכִים; תְּנָאִים
provisional *adj.* זְמַנִּי; אֲרָעִי; עַל תְּנַאי
provisional government *n.* מֶמשָׁלָה זְמַנִּית
provocation *n.* הִתגָּרוּת; פְּרוֹבוֹקַציָה
provocative *adj.* פְּרוֹבוֹקָטִיבִי; מִתגָּרֶה; מְגָרֶה
provoke *v.* לְהִתגָּרוֹת בּ־; לְהַרגִיז; לְעוֹרֵר; לִגרוֹם ל־
provoking *adj.* מְעַצבֵּן; מַרגִיז; מְגָרֶה (מַחשָׁבָה)
provost *n.* רֹאשׁ מִכלָלָה; רֹאשׁ עִיר (בִּסקוֹטלַנד); מְפַקֵּד מִשׁטָרָה צְבָאִית; כּוֹמֶר רָאשִׁי (בַּקָּתֶדרָלָה)
prowess *n.* תְּעוּזָּה; יְכוֹלֶת מַרשִׁימָה
prowl *n.* שִׁיטוּט; סִיבּוּב
prowl *v.* (about/around) לְשַׁחֵר לַטֶּרֶף; לְשׁוֹטֵט (כְּגַנָּב); לְחַפֵּשׂ; לְהִסתוֹבֵב
prowler *n.* מְשַׁחֵר לַטֶּרֶף; מְשׁוֹטֵט
proximate *adj.* הַקָּרוֹב בְּיוֹתֵר; הַבָּא אַחֲרָיו; יָשִׁיר
proximity *n.* קִרבָה; סְמִיכוּת
proxy *n.* יִיפּוּי־כּוֹחַ; מְיוּפֶּה־כּוֹחַ
prude *n.* שׁוֹמֵר מוּסָר (מִתחַסֵּד); פּוּרִיטָנִי
prudence *n.* תְּבוּנָה; זְהִירוּת
prudent *adj.* נָבוֹן וְזָהִיר
prudential *adj.* זָהִיר; נָבוֹן; שָׁקוּל
prudently *adv.* בִּתבוּנָה; בִּזהִירוּת
prudish *adj.* חָסוּד; מִזדַּעזֵעַ מִבְּדִיחוֹת גַּסּוֹת אוֹ מִנִּיבּוּל פֶּה
prune *n.* שְׁזִיף מְיוּבָּשׁ; פֶּתִי
prune *v.* לִגזוֹם; לְקַצֵּץ בּ־; לְנַפּוֹת מ־
pruning shears *n.* מַזמֵרָה
pry *v.* (pried) (into) לְחַטֵּט (בְּעִניְינֵי־)
pry *v.* (pried) (off) לִפתּוֹחַ בְּכוֹחַ; לִפרוֹץ
prying *adj.* סַקרָנִי; חַטטָנִי
PS נ.ב.
psalm *n.* מִזמוֹר (תְּהִילִים)
pseudo *adj.* כִּבְיָכוֹל; פְּסֶבדוֹ; מְדוּמֶּה
pseudo *n.* מִתיַימֵּר; מַעֲמִיד פָּנִים כּ־; אָדָם מְזוּיָּף
pseudonym *n.* שֵׁם בָּדוּי; שֵׁם עֵט
psyche *n.* נֶפֶשׁ; יֵשׁוּת
psychedelic *adj.* פְּסִיכוֹדֶלִי
psychiatric *adj.* פְּסִיכִיאַטרִי
psychiatrist *n.* פְּסִיכִיאַטֶר
psychiatry *n.* פְּסִיכִיאַטרִייָה
psychic, psychical *adj.* נַפשִׁי; עַל־חוּשִׁי; נִסתָּר
psychic *n.* מֶדיוּם; בַּעַל כּוֹחַ נִסתָּר
psycho *n.* מְטוֹרָף; פְּסִיכוֹפָּת

P

psychoanalysis *n.* פְּסִיכוֹאָנָלִיזָה
psychoanalyst *n.* פְּסִיכוֹאָנָלִיטִיקָן
psychoanalytic(al) *adj.* פְּסִיכוֹאָנָלִיטִי
psychoanalyze *v.* לְטַפֵּל טִיפּוּל פְּסִיכוֹאָנָלִיטִי בּ־
psychokinesis *n.* הֲזָזַת עֲצָמִים בְּאֶמְצָעוּת הַמַּחֲשָׁבָה
psychological *adj.* פְּסִיכוֹלוֹגִי
psychologist *n.* פְּסִיכוֹלוֹג
psychology *n.* פְּסִיכוֹלוֹגְיָה; מִבְנֶה נַפְשִׁי
psychopath *n.* פְּסִיכוֹפָּת
psychopathic *adj.* פְּסִיכוֹפָּתִי
psychosis *n.* פְּסִיכוֹזָה
psychosomatic *adj.* פְּסִיכוֹסוֹמָטִי
psychotherapy *n.* פְּסִיכוֹתֶרַפְּיָה
psychotic *adj.* פְּסִיכוֹטִי
PTO נָא לַהֲפוֹךְ (אֶת הַדַּף)
pub *n.* פָּאבּ; בֵּית־מַרְזֵחַ
puberty *n.* בַּגְרוּת מִינִית
pubescent *adj.* מִתְבַּגֵּר שֶׁהִגִּיעַ לְפִרְקוֹ
pubic *adj.* שֶׁל הָעֶרְוָוה
public *adj.* צִיבּוּרִי; ־צִיבּוּר; שֶׁיָּדוּעַ לַכּוֹל; פּוּמְבִּי
– make something public לְפַרְסֵם; לְגַלּוֹת
public *n.* הַצִּיבּוּר; צִיבּוּר; קָהָל
public address system *n.* מַעֲרֶכֶת רַמְקוֹלִים (לְהַשְׁמָעַת נְאוּם וכו'); מַעֲרֶכֶת כְּרִיזָה
public administration *n.* מִנְהָל צִיבּוּרִי
publican *n.* בַּעַל בֵּית־מַרְזֵחַ; גּוֹבֶה מִסִּים (בִּימֵי הָרוֹמָאִים)
publication *n.* הוֹצָאָה לָאוֹר; פִּרְסוּם
public convenience *n.* בֵּית־שִׁימּוּשׁ צִיבּוּרִי
public domain *n.* רְשׁוּת הָרַבִּים; רְכוּשׁ הַכְּלָל
public figure *n.* דְּמוּת צִיבּוּרִית
public house *n.* פָּאבּ; בֵּית־מַרְזֵחַ
public interest *n.* טוֹבַת הַצִּיבּוּר
publicist *n.* פּוּבְּלִיצִיסְט; יַחצ״ן; סוֹכֵן פִּרְסוֹמֶת
publicity *n.* פִּרְסוּם; פִּרְסוֹמֶת
publicity agent *n.* יַחצָ״ן; סוֹכֵן פִּרְסוֹמֶת
publicize *v.* לָתֵת פִּרְסוּם ל־; לְפַרְסֵם
publicly *adv.* בְּפוּמְבֵּי; בַּצִּיבּוּר
public nuisance *n.* מִטְרָד צִיבּוּרִי; מִפְגָּע
public opinion *n.* דַּעַת קָהָל
public opinion poll *n.* סֶקֶר דַּעַת־קָהָל
public prosecutor *n.* תּוֹבֵעַ כְּלָלִי
public relations *n.* יַחֲסֵי צִיבּוּר
public relations officer *n.* קְצִין יַחֲסֵי צִיבּוּר; יַחצָ״ן
public school *n.* בֵּית־סֵפֶר פְּרָטִי (בִּבְרִיטַנְיָה); בֵּית־סֵפֶר מַמְלַכְתִּי / צִיבּוּרִי
public servant *n.* עוֹבֵד צִיבּוּר
public service *n.* הַשֵּׁירוּת הַצִּיבּוּרִי
public service announcement *n.* תַּשְׁדִּיר שֵׁירוּת
public transport(ation) *n.* תַּחְבּוּרָה צִיבּוּרִית
public utility *n.* שֵׁירוּת צִיבּוּרִי (חַשְׁמַל, מַיִם וכו')
public works *n.* עֲבוֹדוֹת צִיבּוּרִיּוֹת; עֲבוֹדוֹת יְזוּמוֹת
publish *v.* לְהוֹצִיא לָאוֹר; לְפַרְסֵם
publisher *n.* מוֹצִיא לָאוֹר
publishing house *n.* בֵּית הוֹצָאָה־לָאוֹר
puck *n.* דִּסְקַת גּוּמִי
pucker *v.* (up) לְכַוֵּוץ; לְקַמֵּט; לְהִתְכַּוֵּוץ; לְהִתְעַוּוֵת
pudding *n.* פּוּדִינְג; קִינּוּחַ; פַּשְׁטִידָה; מִין נַקְנִיק
puddle *n.* שְׁלוּלִית
pudenda, pudendum *n.* אֵיבְרֵי הַמִּין הַחִיצוֹנִיִּים (בְּעִיקָּר שֶׁל אִישָּׁה)
pudgy *adj.* גּוּץ וְשָׁמֵן
puerile *adj.* יַלְדוּתִי
puff *n.* נְשִׁיפָה; מְצִיצָה (שַׁכְטָה); נְשִׁימָה; מַשָּׁב; פַּחֲזָנִית; שֶׁבַח מוּגְזָם; פְּלִיטָה (עָשָׁן, אֵדִים)
puff *v.* לְהִתְנַשֵּׁף; לְהִיפָּלֵט בִּנְשִׁיפוֹת; לִמְצוֹץ; לִנְשׁוֹף; לְנַפֵּחַ
– puff up לְנַפֵּחַ; לְהִתְנַפֵּחַ
puff adder *n.* מִין נָחָשׁ אַרְסִי
puffed *adj.* חֲסַר נְשִׁימָה; מִתְנַשֵּׁם; נָפוּחַ
– puffed up מִתְרַבְרֵב; מִתְנַפֵּחַ; מְנוּפָּח
puffiness *n.* נְפִיחוּת; תְּפִיחוּת

P

puff pastry *n.* בְּצֵק עָלִים
puffy *adj.* נָפוּחַ; תָּפוּחַ
pugnacious *adj.* שָׂשׂ לִקְרָב; תוֹקְפָנִי
pug nose *n.* אַף קָצָר פָּחוּס
puke *v., n.* לְהָקִיא; קִיא
pull *n.* מְשִׁיכָה; כּוֹחַ; הַשְׁפָּעָה; מַאֲמָץ גָּדוֹל לְטַפֵּס וכד׳; חֶבֶל/יָדִית מְשִׁיכָה; חֲתִירָה; לְגִימָה; מְצִיצָה (ממִקטֶרֶת וכו׳); טְיוּטַת הַגָּהָה
pull *v.* למשוֹךְ (בּ־); לִגרוֹר; לִמתוֹחַ (שְׁרִיר); לִקרוֹעַ (גִּיד); לִנסוֹעַ (בּ־); לְהִתרַחֵק; לַעֲקוֹר; לְהוֹצִיא; לִשלוֹף; לַחתוֹר; לְבַצֵּעַ (שׁוֹד)
– pull a fast one לְרַמּוֹת
– pull back לָסֶגֶת; לְהַסִּיג
– pull down לְהוֹרִיד; לִמשוֹךְ מַטָּה; לַהֲרוֹס; לְהַחלִישׁ
– pull off לְהוֹצִיא/לִשלוֹף בְּכוֹחַ; לְבַצֵּעַ; לְהַצלִיחַ בּ־/עִם־; לְהַשִּׂיג
– pull out לַעֲקוֹר; לִתלוֹשׁ; לְהוֹצִיא; לָצֵאת (מֵהָעֵסֶק); לְהַסִּיג
– pull over לַעֲצוֹר בַּצַּד; לִנסוֹעַ בַּצַּד
– pull the trigger לִלחוֹץ עַל הַהֶדֶק
– pull oneself together לִשלוֹט בְּעַצמוֹ; לְהִתעַשֵּׁת
– pull up לַעֲצוֹר; לְהֵיעָצֵר (בּ־); לַעֲקוֹר
pullback *n.* נְסִיגָה; הַסָּגַת כּוֹחוֹת
pulley *n.* גַּלגֶּלֶת
Pullman *n.* קְרוֹן־שֵׁינָה; קְרוֹן רַכֶּבֶת נוֹחַ
pull-on *adj.* (בֶּגֶד, וכו׳) שֶׁלּוֹבשִׁים בִּמשִׁיכָה (לְלֹא רְכִיסָה כָּלשֶׁהִי)
pull-out *n.* נְסִיגָה; חֵלֶק נִתלָשׁ (בְּעִיתוֹן, וכו׳)
pullover *n.* סְוֶודֶר
pulmonary *adj.* שֶׁל הָרֵיאוֹת
pulp *n.* צִיפָּה; עִיסָה
pulp (fiction) *n.* סִפרוּת זוֹלָה
pulpa *n.* מוֹךְ (רְפוּאָה)
pulpit *n.* בִּימַת הַמַּטִיף; הַכְּמוּרָה; הַטָּפָה
pulpy *adj.* שֶׁל צִיפָּה; עִיסָתִי; שֶׁל סִפרוּת זוֹלָה
pulsate *v.* לִפעוֹם; לְרַטֵּט
pulsation *n.* פְּעִימָה; רֶטֶט
pulse *n.* דּוֹפֶק; פְּעִימָה; קִטנִית
pulse *v.* לִפעוֹם
pulverize *v.* לִטחוֹן (דַּק); לַהֲפוֹךְ לְאָבָק; לַעֲשׂוֹת לְעָפָר וָאֵפֶר; לִכתוֹשׁ; לַהֲרוֹס; לְהָבִיס
puma *n.* פּוּמָה (בַּעַל־חַיִּים)
pumice *n.* אֶבֶן סְפוֹג
pummel *v.* לְהַכּוֹת שׁוּב וָשׁוּב בָּאֶגרוֹפִים
pump *n.* מַשׁאֵבָה; שְׁאִיבָה
pump *v.* לִשאוֹב; לְנַפֵּחַ; לְהַזרִים; לְהַחדִּיר; לִפעוֹם (בַּחוֹזקָה); לִשאוֹב (מֵידָע); לְטַלטֵל (אֶת יָדוֹ)
– pump something into לְהַזרִים (כֶּסֶף) ל־; לְהַשקִיעַ בּ־; לְהַחדִּיר (לְרֹאשׁוֹ)
– pump iron לְהָרִים מִשקוֹלוֹת; לְפַתֵּחַ שְׁרִירִים
– pump up לְנַפֵּחַ
pumpkin *n.* דְּלַעַת
pun *n.* מִשׂחַק מִלִּים
punch *n.* (מַכַּת) אֶגרוֹף; עוֹצמָה; מַחַץ
– pull (your) punches לֹא לְהַפעִיל אֶת מְלוֹא כּוֹחוֹ; לִברוֹר בְּמִלִּים
punch *n.* מַקָּב; מַכשִׁיר נִיקוּב; מַטבַּעַת; פּוּנץ׳
punch *v.* לְנַקֵּב; לְהַכּוֹת בְּאֶגרוֹף בּ־
punching bag *n.* שַׂק אִגרוּף
punch line *n.* שׁוּרַת מַחַץ
punchy *adj.* מוֹחֵץ; נוֹקֵב; חָזָק
punctilious *adj.* קַפְּדָן; דַּייקָן
punctual *adj.* מְדַייֵק; דַּייקָן; מַגִּיעַ בַּזְּמַן
punctuality *n.* דִּיּוּק; דַּייקָנוּת (בַּזְּמַנִּים)
punctually *adv.* בְּדַייקָנוּת; בְּדִיּוּק בַּזְּמַן
punctuate *v.* לְפַסֵּק
punctuation *n.* (סִימָנֵי) פִּיסּוּק
punctuation marks *n.* סִימָנֵי פִּיסּוּק
puncture *n.* נֶקֶר; נֶקֶב; תֶּקֶר
puncture *v.* לְנַקֵּב; לְהֵיעָשׂוֹת בּוֹ נֶקֶר/נֶקֶב; לִנעוֹץ סִיכָּה בְּבַלּוֹן ה־
pundit *n.* פַּרשָׁן; מוּמחֶה
pungent *adj.* חָרִיף; פּוֹגֵעַ; עוֹקְצָנִי
punish *v.* לְהַעֲנִישׁ; לְהַכּוֹת קָשׁוֹת אֶת־
punishable *adj.* בַּר־עוֹנְשִׁין; עָנִישׁ
punishing *adj.* מְפָרֵךְ; מְייַגֵּעַ; מוֹחֵץ; כָּבֵד
punishment *n.* עֲנִישָׁה; עוֹנֶשׁ; נֵזֶק

P

punitive *adj.* ־עֲנִישָׁה; עוֹנשִׁי; כָּבֵד; גָּדוֹל
punk *n.* פַּאנקִיסט; פַּאנק; פִּרחָח; חוּלִיגָן
punnet *n.* סַלסִילָה (לְתוּת שָׂדֶה וכו׳)
punt *n.* סִירָה קְטַנָּה (מַלבְּנִית)
puny *adj.* קָטָן וְחַלָּשׁ; לֹא מוּצלָח; מְגוּחָך
pup *n.* כְּלַבלָב; גּוּר
pupa *n.* גּוֹלֶם הַפַּרפָּר
pupil *n.* תַּלמִיד; אִישׁוֹן
puppet *n.* בּוּבָּה עַל חוּט; בּוּבַּת־כְּפָפָה
puppeteer *n.* מַפעִיל בּוּבּוֹת (בְּתֵיאַטרוֹן בּוּבּוֹת)
puppet government *n.* מֶמשֶׁלֶת בּוּבּוֹת
puppet show *n.* תֵּיאַטרוֹן בּוּבּוֹת
puppy *n.* כְּלַבלַב
puppy love *n.* אַהֲבַת בּוֹסֶר
pup tent *n.* אוֹהֶל סַיָּירִים
purchase *n.* קְנִייָה; רְכִישָׁה; אֲחִיזָה
purchase *v.* לִקנוֹת; לִרכּוֹשׁ
purchase tax *n.* מַס קְנִייָה
purchasing power *n.* כּוֹחַ קְנִייָה
pure *adj.* טָהוֹר; צַח; זַךְ; נָקִי; צָלוּל; צָרוּף; מַמָּשׁ
–pure and simple וְתוּ לֹא; חַד וְחָלָק
pureblooded *adj.* מִגֶּזַע טָהוֹר
purée *n., v.* מְחִית; רֶסֶק; לַעֲשׂוֹת מְחִית מ־
purely *adv.* לְגַמרֵי; אַךְ וְרַק
purgative *n.* (חוֹמֶר) מְשַׁלשֵׁל
purgatory *n.* מְקוֹם טִיהוּר הַנֶּפֶשׁ (בַּדָּת הַקָּתוֹלִית); גֵּיהִינּוֹם
purge *n.* טִיהוּר
purge *v.* לְטַהֵר; לְזַכֵּךְ; לְטַהֵר (אֶת שְׁמוֹ); לַעֲשׂוֹת טִיהוּרִים בּ־; לְכַפֵּר; לְרוֹקֵן מֵעַיִים
purification *n.* טִיהוּר
purifier *n.* מְטַהֵר
purify *v.* (purified) לְטַהֵר; לְנַקּוֹת
purist *n.* טַהֲרָן; פּוּרִיסט
puritan *adj., n.* פּוּרִיטָנִי
puritanical *adj.* פּוּרִיטָנִי
purity *n.* טוֹהַר; זַכּוּת
purl *v., n.* לְפַכפֵּךְ; מַשַׁק הַמַּיִם
purloin *v.* לִגנוֹב
purple *adj., n.* (צֶבַע) סָגוֹל

Purple Heart *n.* מֶדַלְיָה לִפצוּעֵי מִלחָמָה (בארה״ב)
purport *n.* כַּוָּונָה
purport *v.* לְהִשׁתַּמֵּעַ מִמֶּנּוּ; לִטעוֹן; לְהִתייַמֵּר
purpose *n.* מַטָּרָה; תַּכלִית; נְחִישׁוּת; הֶחלֵטִיוּת
–on purpose בְּכַוָּונָה
–serve its/your purpose לְהַתאִים; לְשָׁרֵת אֶת הַמַּטָּרָה
purposeful *adj.* תַּכלִיתִי; הֶחלֵטִי
purposeless *adj.* חֲסַר־מַטָּרָה; חֲסַר־תַּכלִית; לְשֵׁמוֹ
purr *v., n.* לִנהוֹם (בַּהֲנָאָה); נְהִימָה; (לְהַשׁמִיעַ) קוֹל טִרטוּר שָׁקֵט
purse *n.* אַרנָק; תִּיק־אַרנָק; פְּרָס כַּספִּי; תַּקצִיב
purse *v.* לְכַוֵּוץ (הַשְּׂפָתַיִים)
purser *n.* גִּזבָּר; כַּלכָּל (בָּאוֹנִייָה)
purse strings *n.* שְׂרוֹכֵי צְרוֹר הַכֶּסֶף
–hold the purse strings לְהַחזִיק יָדוֹ עַל בֶּרֶז הַתַּקצִיב; לִשׁלוֹט בַּתַּקצִיב
pursuance *n.*
–in pursuance of תּוֹךְ מִילּוּי
pursue *v.* לִרדוֹף אַחֲרֵי־; לְהַמשִׁיךְ בּ־; לַעֲסוֹק בּ־; לִשׁאוֹף ל־; לִבחוֹר (בַּקָּרִייֶרָה); לְחַפֵּשׂ
pursuit *n.* רְדִיפָה; מִרדָּף; עִיסוּק
–in hot pursuit בְּמִרדָּף צָמוּד
–in pursuit of בְּמִרדָּף אַחֲרֵי; בְּמַטָּרָה לְהַשִּׂיג / לְיַישֵּׁם
purvey *v.* לְסַפֵּק
purview *n.* תְּחוּם (פְּעִילוּת); מִסגֶּרֶת; הֶיקֵף
pus *n.* מוּגלָה
push *n.* דְּחִיפָה; לְחִיצָה; מַאֲמָץ מוּגבָּר; נְחִישׁוּת וְדַחַף
push *v.* לִדחוֹף; לִלחוֹץ (עַל־); לְפַלֵּס (דַּרכּוֹ); לְהִידָּחֵק; לִדחוֹק בּ־; לִמכּוֹר (סַמִּים)
–be pushed for לִהיוֹת לָחוּץ בּ־; דָּחוּק בּ־
–be pushing fifty לְהִתקָרֵב לְגִיל חֲמִישִּׁים

– **push someone around** לְהַשְׁפִּיל אוֹתוֹ; לְהַגִּיד לוֹ מַה לַּעֲשׂוֹת; "לִרְכַּב" עָלָיו

– **push in** לְהִידָּחֵף (בַּתּוֹר); לְהִיכָּנֵס לִדְבָרָיו

– **push it too far** לִמְתּוֹחַ אֶת הַחֶבֶל יוֹתֵר מִדַּי; לַעֲבוֹר אֶת הַגְּבוּל

– **push your luck** לְהָעֵז; לְהִסְתַּכֵּן; לְהִתְגָּרוֹת בְּמַזָּלוֹ

push-button *adj.* שֶׁל לְחִיצִים

push-button telephone *n.* טֶלֶפוֹן לְחִיצִים

pushchair *n.* עֲגָלַת טִיּוּל לְתִינוֹק

pushed *adj.* לָחוּץ; דָּחוּק; אֵין לוֹ זְמַן

pusher *n.* מוֹכֵר סַמִּים; מַרְפְּקָן

pushover *n.* יָרִיב חַלָּשׁ; טֶרֶף קַל

pushups *n.* שְׁכִיבוֹת־סְמִיכָה

pushy *adj.* תַּקִּיף; נִדְחָף; אַגְרֶסִיבִי; מֵזִיז דְּבָרִים

pusillanimous *adj.* פַּחְדָן

pussy *n.* חָתוּל; כּוּס; כּוּסִית; פַּחְדָן

pustule *n.* סֶמֶט; מוּגְלִית

put *v.* לָשִׂים; לְהָנִיחַ; לְסַמֵּן; לִרְשׁוֹם; לוֹמַר; לְנַסֵּחַ; לְהַבִּיעַ; לְהַעֲלוֹת; לְהַעֲמִיד; לְהַשְׁקִיעַ; לִתְרוֹם

– **put aside** לַחְסוֹךְ; לָשִׂים בַּצַּד; לְהִתְעַלֵּם מ־

– **put away** לְאַשְׁפֵּז (בְּמוֹסָד לְחוֹלֵי־נֶפֶשׁ); לָשִׂים בִּמְקוֹמוֹ; לְחַסֵּל; לַחְסוֹךְ

– **put back** לְהַחֲזִיר לִמְקוֹמוֹ; לְהַחֲזִיר אֲחוֹרָה (מְחוֹגֵי שָׁעוֹן); לַחֲזוֹר; לִגְרוֹם לְעִיכּוּב בּ־; לִדְחוֹת (ל־)

– **put behind one** לִשְׁכּוֹחַ (כְּבָר) אֶת־

– **put down** לְהוֹרִיד; לְהַשְׁתִּיק; לְדַכֵּא; לְהַשְׁפִּיל אוֹתוֹ; לְהָנִיחַ; לַהֲרוֹג; לְהָמִית; לְהַנְחִית; לִנְחוֹת; לְשַׁלֵּם עַל הַחֶשְׁבּוֹן; לִרְשׁוֹם; לִלְחוֹץ עַל־; לְיַיחֵס ל־

– **put something down to** לִזְקוֹף לְחֶשְׁבּוֹן־; לְיַיחֵס ל־

– **put forth** לְהַצִּיג; לְהַעֲלוֹת; לְהַצִּיעַ; לְהַצְמִיחַ

– **put forward** לְהַעֲלוֹת; לְהַצִּיעַ; לְהַצִּיג; לְהָזִיז קָדִימָה (מְחוֹגֵי שָׁעוֹן); לְהַקְדִּים

– **put someone off** לְהוֹצִיא לוֹ אֶת הַחֵשֶׁק ל־; לְהַרְתִּיעַ; לְעוֹרֵר דְּחִיָּיה בּ־; לְהִתְחַמֵּק; לְהוֹרִיד (נוֹסֵעַ); לְהַפְרִיעַ לוֹ (בּ־); לִדְחוֹת פְּגִישָׁה וכד' עִם־

– **put (something) off** לִדְחוֹת (ל־)

– **put (something) on** לְהַדְלִיק; לְהַפְעִיל; לִלְבּוֹשׁ; לִנְעוֹל; לָשִׂים וכו'; לְהוֹסִיף (ל־); לְהַטִּיל עַל־; לְהַעֲלוֹת (הַצָּגָה); לְהַגְבִּיר; לַעֲלוֹת (בְּמִשְׁקָל); לְהַעֲמִיד פָּנִים; "לִלְבּוֹשׁ" (מַבָּע); לְאַמֵּץ; לְהַפְעִיל לַחַץ עַל־; לָשִׂים (כֶּסֶף) עַל־

– **put someone on** לַעֲבוֹד עָלָיו; לְרַמּוֹת אוֹתוֹ

– **put out** לְכַבּוֹת; לְהוֹצִיא; לְפַרְסֵם; לְהַפְלִיג; לְשַׁדֵּר; לְהַקְרִין; לִנְקוֹעַ; לִגְרוֹם לְטָעוּת בּ־; לְשַׁבֵּשׁ

– **put paid to** לְחַסֵּל; לְקַלְקֵל; לַהֲרוֹס

– **put...through (to)** לְקַשֵּׁר בֵּינוֹ לְבֵין־; לְהַעֲבִיר (שִׂיחָה) (אֶל־ / ל־)

– **put something through** לְבַצֵּעַ; לְהַשְׁלִים; לְהַעֲבִיר

– **put something to good use** לְנַצֵּל; לַעֲשׂוֹת שִׁימּוּשׁ מוֹעִיל בּ־

– **put together** לְהַרְכִּיב; לִבְנוֹת; יַחַד

– **put up (at)** לְהִתְאַכְסֵן

– **put up** לְאָרֵחַ; לְהָרִים; לְהָנִיף; לִתְלוֹת; לְהַעֲלוֹת; לְהַלְווֹת; לָתֵת; לִבְנוֹת; לְהָקִים; לְגַלּוֹת (הִתְנַגְּדוּת); לְהָשִׁיב; לְשַׁמֵּר (פְּרִי, יֶרֶק); לַעֲשׂוֹת (הַצָּגָה); לְהַפְגִּין; לְהַצִּיעַ (לִמְכִירָה)

– **put someone up to** לְהָסִית אוֹתוֹ ל־

– **put up with** לִסְבּוֹל אוֹתוֹ / אֶת־

– **be/feel put upon (by)** לְהַרְגִּישׁ מְרוּמֶּה / מְנוּצָּל (ע"י־)

putative *adj.* מִי שֶׁמּוּכָּר / שֶׁנֶּחְשָׁב כּ־; יָדוּעַ בַּצִּיבּוּר

put-down *n.* עֶלְבּוֹן; "יְרִידָה"

put-off *n.* הִתְחַמְּקוּת; תֵּירוּץ; דְּחִיָּיה

put-on *n.* "הַצָּגָה"; מְתִיחָה

putrefaction *n.* רִיקָּבוֹן; הֵירָקְבוּת

putrefy *v.* (putrefied) לְהַרְקִיב; לְהֵירָקֵב

putrid *adj.* רָקוּב; מַסְרִיחַ; חֲסַר עֵרֶךְ; רַע

putsch *n.* פּוּטְשׁ; (נִסָּיוֹן) הֲפִיכָה

putt *v.* לַחבּוֹט קַלּוֹת (בְּכַדוּר גוֹלף)
putter *n.* לְהַעֲבִיר זְמַן בַּעֲבוֹדוֹת קַלּוֹת
putty *n.* מֶרֶק (לְזַגָּגוּת)
put-up *n.*
–put-up job תַּרְמִית מְתוּכנֶנֶת; מַעֲשֶׂה מְבוּיָּם
puzzle *n.* חִידָה; תַּעֲלוּמָה; בְּעָיָה; מְבוּכָה; מִשׂחַק הַרכָּבָה; תַּצרֵף; תַּשׁבֵּץ
puzzle *v.* לְהַווֹת חִידָה עֲבוּר־; לְהָבִיךְ; לְהַתמִיהַ
–puzzle out (לְהִתאַמֵץ) לִפתּוֹר / לִמצוֹא; לְפַעֲנֵחַ
–puzzle over/about לְהִתאַמֵץ לְהָבִין אֶת פֵּשֶׁר־; לְהִתאַמֵץ לִמצוֹא (פִּתרוֹן)
puzzled *adj.* נָבוֹךְ; לֹא מֵבִין; מִתקַשֶׁה לְהָבִין
puzzlement *n.* מְבוּכָה (כְּמִי שֶׁאֵינוֹ מֵבִין)
puzzling *adj.* מֵבִיךְ; מְהַוֶוה חִידָה
pygmy *n.* נַנָּס; גַּמָד
pyjamas *n.* פִּיגָ׳מָה; מִכנָסֵי מוּסלְמִי
pylon *n.* מִגדַל תִּמסוֹרֶת; עַמוּד מֶתַח גָּבוֹהַּ; מִגדַלוֹר לִמטוֹסִים; שַׁעַר (מִקדָשׁ)
pyramid *n.* פִּירָמִידָה
pyre *n.* מְדוּרָה (לִשׂרֵיפַת מֵתִים); מִזבֵּחַ
pyromania *n.* פִּירוֹמַניָה (דַחַף בִּלתִי נִשלָט לְהַצִית)
pyromaniac *n.* פִּירוֹמָן
pyrotechnics *n.* פִּירוֹטֶכנִיקָה; זִיקוּקֵי־ דִינוּר; בִּיצוּעַ מַברִיק
Pyrrhic victory *n.* נִצחוֹן פִּירוּס (שֶׁהוּשַׂג בִּמחִיר כָּבֵד מְאוֹד)
python *n.* פִּיתוֹן

P

Q

qr רֶבַע
quack *v., n.* לְגַעְגֵּעַ; גִּעגּוּעַ
quack *n.* "רוֹפֵא אֱלִיל"; רוֹפֵא
quack cure *n.* תְּרוּפַת אֱלִיל
quackery *n.* רַמָּאוּת; הִתְחַזּוּת
quad bike *n.* טְרַקְטוֹרוֹן
quadrangle *n.* חָצֵר מְרוּבַּעַת; מְרוּבָּע
quadrangular *adj.* מְרוּבָּע
quadraphonic *adj.* קְוָודְרוֹפוֹנִי; אַרְבַּע־עֲרוּצִי
quadrilateral *adj., n.* מְרוּבָּע
quadriplegic *adj., n.* מְשׁוּתָּק בְּאַרְבַּע הַגַּפַּיִים
quadruple *adj.* מְרוּבָּע; פִּי אַרְבָּעָה
quadruple *v.* לְהַגְדִּיל / לִגְדּוֹל פִּי אַרְבָּעָה
quadruplet *n.* רְבִיעִייָה
quadruplicate *adj.* מְרוּבָּע; פִּי אַרְבָּעָה
– in quadruplicate בְּאַרְבָּעָה הֶעְתֵּקִים
quagmire *n.* אֲדָמָה טוֹבְעָנִית; בִּיצָה
quail *n.* שְׂלָיו
quail *v.* (at) לְהֵירָתַע (מ־); לְגַלּוֹת פַּחַד
quaint *adj.* מוּזָר וּמַקְסִים; מְיוּשָּׁן; שֶׁל תְּקוּפָה קוֹדֶמֶת
quake *v.* לִרְעוֹד
qualification *n.* הַכְשָׁרָה; כִּישּׁוּר; תְּעוּדָה; כְּשִׁירוּת; תְּכוּנָה נִדְרֶשֶׁת; הִסְתַּייְגוּת; הַגְבָּלָה
qualified *adj.* מוּסְמָךְ; בַּעַל הַכִּישּׁוּרִים הַדְּרוּשִׁים; מַתְאִים; מְסוּיָג; מוּגְבָּל
qualify *v.* (qualified) לְהַכְשִׁיר; לְהַסְמִיךְ; לְקַבֵּל הַסְמָכָה; לָתֵת / לִהְיוֹת לוֹ זְכוּת; לִהְיוֹת מַתְאִים; לְהַגְבִּיל; לְסַייֵג; לְתָאֵר (דִּקְדּוּק); לַעֲלוֹת (לַגְּמָר אוֹ לַסִּיבּוּב הַבָּא)
qualitative *adj.* אֵיכוּתִי
quality *n.* (*pl.* qualities) אֵיכוּת; טִיב; תְּכוּנָה; סְגוּלָה; עִיתּוֹן אֵיכוּתִי; אֵיכוּתִי
quality control *n.* בַּקָּרַת אֵיכוּת
qualm *n.* נְקִיפַת מַצְפּוּן; פִּקְפּוּק; בְּחִילָה
quandary *n.* מְבוּכָה; תְּחוּשַׁת אִי־וַדָּאוּת; הִתְלַבְּטוּת; דִּילֶמָּה
quantifiable *adj.* נִיתָּן לְכִימוּת
quantification *n.* כִּימוּת
quantify *v.* (quantified) לִמְדּוֹד; לְכַמֵּת; לְתָאֵר כַּמּוּת
quantitative *adj.* כַּמּוּתִי
quantity *n.* (*pl.* quantities) כַּמּוּת; כַּמּוּת גְּדוֹלָה; גּוֹדֶל (מָתֵמָטִיקָה)
– an unknown quantity נֶעְלָם; גּוֹרֵם לֹא יָדוּעַ
quantum *n.* כַּמּוּת; מָנָה; חֵלֶק; קְוַונְט
quantum leap *n.* קְפִיצַת עֲנָק; קְפִיצַת דּוֹר
quarantine *n., v.* הֶסְגֵּר; לָשִׂים בְּהֶסְגֵּר
quarrel *n.* רִיב; וִיכּוּחַ; מַחְלוֹקֶת
– pick a quarrel (with) לְחַפֵּשׂ לָרִיב (עִם־)
quarrel *v.* לָרִיב; לַחֲלוֹק עַל־; לְהִתְלוֹנֵן עַל־
quarrel(l)ing *n.* רִיב; מְרִיבוֹת
quarrelsome *adj.* אִישׁ רִיב; מַרְבֶּה לְהִסְתַּכְסֵךְ
quarry *n.* חַיָּה נִרְדֶּפֶת; טֶרֶף; קוֹרְבָּן
quarry *n.* מַחְצָבָה
quarry *v.* (quarried) לַחְצוֹב; לְחַפֵּשׂ (מֵידָע); לִנְבּוֹר
quart *n.* רֶבַע גָּלוֹן (0.94 לִיטֶר)
quarter *n.* רֶבַע; רֶבַע (שָׁעָה); רְבִיעַ; רִבְעוֹן (שֶׁל שָׁנָה); רוֹבַע; מָקוֹם; רֶבַע עוֹף; 25 סֶנְט (רֶבַע דּוֹלָר); מָקוֹר; חוּג; כִּיווּן; רוּחַ שָׁמַיִים
– at close quarters (מִ)קָּרוֹב
– from all quarters מִכָּל עֵבֶר
quarterback *n.* רַכָּז (בְּפוּטְבּוֹל)
quarterfinal *n.* רֶבַע־הַגְּמָר
quarterly תְּלַת־חוֹדְשִׁי; אַחַת לִשְׁלוֹשָׁה חוֹדָשִׁים; רִבְעוֹן
quartermaster *n.* קְצִין אַפְסְנָאוּת; אַפְסְנַאי
quarters *n.* (מְקוֹם) מְגוּרִים
quartet(te) *n.* רְבִיעִייָה; קְוַורְטֶט
quartz *n.* קְוַורְץ
quasar *n.* קְוֵוייזָר (גּוּף שְׁמֵימִי)

Q

quash *v.* לְבַטֵל; לְדַכֵּא
quasi- מֵעֵין; כְּמוֹ; כִּבְיָכוֹל; דִמוּי
quaver *v.* לִרעוֹד; לְרטוֹט
quay *n.* רָצִיף
queasy *adj.* (קֵיבָה) רְגִישָׁה; סוֹבֵל מִבּחִילָה; לֹא שָׁקֵט; מוּדאָג; מַטרִיד
queen *n.* מַלכָּה; הוֹמוֹ
Queen's Counsel *n.* פְּרַקלִיט הַכֶּתֶר / בָּכִיר
Queen's evidence *n.* עֵד מְדִינָה (בִּבְרִיטַנְיָה)
queer *adv.* מְשׁוּנֶה; מוּזָר; חָשׁוּד; מַרגִישׁ חוּלשָׁה
queer *n.* הוֹמוֹ
queerly *adv.* בְּצוּרָה מוּזָרָה
quell *v.* לְדַכֵּא; לָשִׂים קֵץ לְ־
quench *v.* לְכַבּוֹת; לְהַרווֹת; לְצַנֵן
querulous *adj.* רוֹטֵן; נִרגָן
query *n.* (*pl.* queries) שְׁאִילתָה; שְׁאֵלָה; סָפֵק; סִימַן שְׁאֵלָה
query *v.* (queried) לְהַבִּיעַ סָפֵק לְגַבֵּי־; לִשאוֹל; לִתהוֹת; לְסַמֵן בְּסִימַן שְׁאֵלָה
quest *n.* חִיפּוּשׂ
question *n.* שְׁאֵלָה; בְּעָיָה; עִניָין; סָפֵק
– in question הַנִידוֹן; שֶׁבּוֹ מְדוּבָּר
– out of the question לֹא בָּא בְּחֶשְׁבּוֹן
– pop the question לְהַצִיעַ נִישׂוּאִים
question *v.* לִשאוֹל; לַחקוֹר; לְתַשאֵל; לְפַקפֵּק בְּ־; לְהַטִיל סָפֵק בְּ־
questionable *adj.* מוּטָל בְּסָפֵק; מְפוּקפָּק
questioning *n.* תִשׁאוּל
questioning *adj.* שׁוֹאֵל; חַקרָנִי
questioningly *adv.* בְּמַבָּט שׁוֹאֵל; בִּתמִיהָה; בְּפִיקפּוּק
question mark *n.* סִימַן שְׁאֵלָה; סָפֵק
questionnaire *n.* שְׁאֵלוֹן
queue *n.* תוֹר; טוּר; שׁוּרָה; צַמָה (שֶׁל גֶבֶר)
– jump the queue לְהִידָחֵף לְרֹאשׁ הַתוֹר; לִקפּוֹץ בָּרֹאשׁ
queue *v.* (up) לַעֲמוֹד בַּתוֹר
quibble *n.* פִּלפּוּל; תְלוּנָה; הֶעָרָה; וִיכּוּחַ
quibble *v.* לְהִתפַּלפֵּל; לְהִתווַכֵּחַ

Q

quick *adj.* מָהִיר; עֵר; פִּיקֵחַ; זָרִיז; מְהִיר תְפִיסָה; מְמַהֵר; חַם (מֶזֶג)
quick *n.* חַי; בְּשַׂר־הַצִיפּוֹרנַיִים
– cut someone to the quick לִפגּוֹעַ בּוֹ עַד עִמקֵי נִשׁמָתוֹ / בִּבְשַׂר הַחַי
quick *adv.* מַהֵר; בִּמהִירוּת
quicken *v.* לְהָחִישׁ; לְהֵיעָשׂוֹת מָהִיר (יוֹתֵר); לְעוֹרֵר; לְהֵיעָשׂוֹת נִמרָץ / מוּאָץ
quickie *n.* (מַשֶׁהוּ) מַהִיר; קָצָר; חָטוּף; (זִיוּן) חָפוּז
quicklime *n.* סִיד חַי
quickly *adv.* מַהֵר; בִּמהִירוּת
quickness *n.* מְהִירוּת; זְרִיזוּת; תְפִיסָה מְהִירָה
quicksand *n.* חוֹל טוֹבְעָנִי
quicksilver *n.* כַּספִּית
quick-tempered *adj.* מְהִיר חֵימָה
quick-witted *adj.* מְהִיר תְפִיסָה
quid *n.* לִישׁ״ט
quid pro quo *n.* תְמוּרָה; גְמוּל; שְׁמוֹר לִי וְאֶשׁמוֹר לְךָ
quiet *adj.* שָׁקֵט; שָׁלֵיו; רָגוּעַ; מְאוּפָּק; לֹא רוֹעֵשׁ; סָמוּי; בְּסוֹד
quiet *n.* שֶׁקֶט; שַׁלוָוה
quieten *v.* (down) לְהַשׁקִיט; לִשקוֹט
quietly *adv.* בְּשֶׁקֶט
quietude *n.* שֶׁקֶט; שַׁלוָוה; דְמָמָה
quiff *n.* בְּלוֹרִית
quill *n.* נוֹצָה; דוֹרְבָן
quilt *n.* שְׂמִיכַת פּוּךְ
quince *n.* חַבּוּשׁ (פְּרִי)
quinine *n.* כִּינִין
quintessence *n.* הַתגַלמוּת; מוֹפֵת; דוּגמָה מוּבהֶקֶת; תַמצִית; עִיקָר
quintessential *adj.* מוּבהָק; בְּהִתגַלמוּתוֹ
quintet(te) *n.* חֲמִישִׁיָה; חַמשִׁית
quintuplets *n.* חֲמִישִׁיָה (תִינוֹקוֹת)
quip *v., n.* עֲקִיצָה; חִידוּד; לְהַשׁמִיעַ חִידוּדִים; לְהִתבַּדֵחַ
quirk *n.* הֶרגֵל מוּזָר; מוּזָרוּת; מִקרֶה; צֵירוּף מִקרִים; הִתרַחֲשׁוּת (מוּזָרָה)
– a quirk of fate תַעתוּעַ הַגוֹרָל; יַד הַמִקרֶה

quiz *v.* לִבחוֹן; ״לַחקוֹר״
quizmaster *n.* מַנחֶה חִידוֹן
quiz show/program *n.* שַׁעֲשׁוּעוֹן טֶלֶוִויזְיָה; חִידוֹן רַדיוֹ
quizzical *adj.* הִיתוּלִי; לַגלְגָנִי; תָּמֵהַ; בּוֹחֵן
quoits *n.* מִשׂחַק הַטַבָּעוֹת (מטִילִים טַבָּעוֹת עַל יָתֵד)
quorum *n.* רוֹב חוּקִי; מִניָין חוּקִי
quota *n.* מִכסָה
quotation *n.* צִיטוּט; צִיטָטָה; הַצָּעַת מְחִיר
quotation marks *n.* מֵרכָאוֹת
quote *n.* צִיטָטָה; מוּבָאָה; הַצָּעַת מְחִיר
quote *v.* לְצַטֵט; לְהַזכִּיר; לְאַזכֵּר; לִנקוֹב; לְהַצִיעַ
quotient *n.* מָנָה (מַתֵמָטִיקָה)

quisling *n.* בּוֹגֵד (מְשַׁתֵף פְּעוּלָה)
quit *v.* לַעֲזוֹב; לְהִתפַּטֵר; לְהַפסִיק
quite לְגַמרֵי; בְּהֶחלֵט; לְמַדַי; דֵי־; מַמָש; בֶּאֱמֶת; אָכֵן!
– not quite לֹא בְּדִיוּק; לֹא לְגַמרֵי
– quite a few/a lot דֵי הַרבֵּה
– quite the thing בָּאוֹפנָה; אוֹפנָתִי; הַדָבָר
quits *adj.* בְּמַצָב שֶׁאֵין בֵּינֵיהֶם חוֹב
– be quits (with) לִהיוֹת ״תֵיקוּ״ (עִם־)
– call it quits לִסגוֹר עִניָין / חוֹב
quitter *n.* אֶחָד שֶׁמְווַתֵר בְּקַלוּת / שֶׁאֵינוֹ מַתמִיד
quiver *n.* אַשׁפַּת חִיצִים
quiver *v., n.* לִרעוֹד; רֶטֶט; רַעַד
quixotic *adj.* אַבִּירִי; דוֹן־קִישׁוֹטִי
quiz *n.* בּוֹחַן; חִידוֹן

R

rabbi *n.* רַב; רַבִּי
rabbinate *n.* רַבָּנוּת
rabbinical *adj.* רַבָּנִי
rabbit *n.* אַרְנָבוֹן; שָׁפָן; אַרְנָב; בְּשַׂר אַרְנָב; פַּרְוַת אַרְנָב; שַׂחְקָן גָרוּעַ
rabble *n.* אֲסַפְסוּף; הֶהָמוֹן
rabble-rousing *adj.* מְשַׁלְהֵב יְצָרִים
rabid *adj.* נְגוּעַ כַּלֶּבֶת; קַנָּאִי; קִיצוֹנִי; פָּנָטִי
rabies *n.* כַּלֶּבֶת
raccoon *n.* דְבִיבוֹן; רָקוּן
race *n.* גֶזַע; בֵּין גְזָעִים
race *n.* מֵירוֹץ; תַּחֲרוּת; זֶרֶם סוֹחֵף
race *v.* לְהִתְחָרוֹת (בְּרִיצָה / בְּמֵירוֹץ); לָרוּץ מַהֵר; "לְטוּס"; לְהָחִישׁ; לְאַמֵּן לְמֵירוֹץ; לְהַעֲמִיד לְמֵירוֹץ; לְהִתְרוֹצֵץ (בְּמוֹחוֹ); לַחְשׁוֹב בְּלִי הֶרֶף
racecourse *n.* מַסְלוּל מֵירוֹץ (לְסוּסִים)
racehorse *n.* סוּס מֵירוֹץ
racetrack *n.* מַסְלוּל מְרוֹצִים
racial *adj.* גִזְעָנִי; גִזְעִי
racially *adv.* מִבְּחִינַת הַגֶזַע; עַל רֶקַע גִזְעִי
racily *adv.* בַּעֲסִיסִיּוּת; בְּחִיּוּת
raciness *n.* עֲסִיסִיּוּת; חִיּוּת
racing *n.* מֵירוֹץ; מְרוֹצִים
racism *n.* גִזְעָנוּת
racist *n., adj.* גִזְעָן; גִזְעָנִי
rack *n.* כּוֹנָן; מַתְלֶה; מִתְקָן; מַדָּף; לְמִזְווָדוֹת וכד'; מִתְקַן עִינּוּיִים; פַּס שִׁינַּיִים
–go to rack and ruin לַהֲפוֹךְ לְחוּרְבָּה; לְהֵיהָרֵס
rack *v.* לָשִׂים בְּכוֹנָן; לְיַיסֵּר; לְעַנּוֹת
–racked by/with מִתְיַיסֵּר בּ־; סוֹבֵל מ־; אֲכוּל־; שָׁבוּר
–rack your brains לִשְׁבּוֹר אֶת הָרֹאשׁ
racket *n.* מַחְבֵּט (טֶנִיס); רַעַשׁ; הֲמוּלָה; סַחְטָנוּת; עֵסֶק (פְּלִילִי); עֵסֶק; עִיסוּק; קֶצֶב חַיִּים מְטוֹרָף
racketeer *n.* נוֹכֵל; עוֹסֵק בְּעִסְקֵי מַאפְיָה; סַחְטָן
racketeering *n.* עִסְקֵי מַאפְיָה וכד'
racking *adj.* עַז; מְיַיסֵּר; קוֹרֵעַ
raconteur *n.* מְסַפֵּר מְחוֹנָן
racoon *n.* דְבִיבוֹן; רָקוּן
racquet *n.* מַחְבֵּט
racy *adj.* תּוֹסֵס; עֲסִיסִי; חַי
radar *n.* מַכ"ם; רָדָאר
radar trap *n.* מִכְמוֹנֶת מְהִירוּת
radial tire / tyre *n.* צְמִיג רַדְיָאלִי
radiance *n.* זוֹהַר; זִיו; קְרִינוּת
radiant *adj.* זוֹהֵר; זוֹרֵחַ; קוֹרֵן; נִקְרָן; ־קְרִינָה
radiantly *adv.* בְּאוֹר זוֹהֵר; בְּפָנִים קוֹרְנוֹת
radiate *v.* לְהַקְרִין; לִקְרוֹן; לְהִיפָּלֵט (מ־); לְהִשְׂתָּרֵעַ כְּרַדְיוּסִים
radiation *n.* הַקְרָנָה; קְרִינָה
radiator *n.* רַדְיָאטוֹר
radical *adj.* יְסוֹדִי; רָדִיקָלִי; קִיצוֹנִי
radical *n.* רָדִיקָל
radically *adv.* בְּאוֹפֶן יְסוֹדִי / רָדִיקָלִי
radii *n.* רַדְיוּסִים
radio *n.* (מַקְלֵט) רַדְיוֹ; מַכְשִׁיר קֶשֶׁר; אַלְחוּט
radio *v.* לְשַׁדֵּר בְּמַכְשִׁיר קֶשֶׁר; לְהוֹדִיעַ אוֹ לְבַקֵּשׁ בְּאַלְחוּט
radioactive *adj.* רַדְיוֹאַקְטִיבִי
radiographer *n.* טֶכְנַאי רֶנְטְגֶן
radiologist *n.* רַדְיוֹלוֹג
radiology *n.* רַדְיוֹלוֹגְיָה
radiotherapy *n.* טִיפּוּל בְּהַקְרָנָה
radish *n.* צְנוֹן; צְנוֹנִית
radius *n.* רַדְיוּס; עֶצֶם הַחִישׁוּר
radon *n.* רָדוֹן (גָז)
RAF חֵיל הָאֲוִויר הַמַּלְכוּתִי
raffish *adj.* מוּפְקָר; מִתְהוֹלֵל; מוּשְׁחָת; פּוּשְׁטִי
raffle *n., v.* הַגְרָלָה; לְהַגְרִיל
raft *n.* רַפְסוֹדָה; הַרְבֵּה
rag *n.* סְמַרְטוּט; עִיתּוֹן; סְמַרְטוּטוֹן
rag *n.* קַרְנָבָל; תַּהֲלוּכָה מְשַׁעֲשַׁעַת (לְהַתְרָמָה); תַּעֲלוּל

R

rag doll *n.* בּוּבַּת סְמַרטוּטִים
rage *n.* (הִתפָּרצוּת) זַעַם; גַעַש; הִשתוֹלְלוּת; זַעַף
–fly into a rage לְהִתרַתֵחַ; לִכעוֹס מְאוֹד
–be (all) the rage שִיגָעוֹן שֶבָּאוֹפנָה
rage *v.* לְהִתרַתֵחַ; לִזעוֹם; לְהִשתוֹלֵל; לִגעוֹש
ragged *adj.* קָרוּעַ; בָּלוּי; לָבוּש בְּלוֹאִים; מְחוּספָּס; לֹא חָלָק; מְפוֹרָץ; לֹא מְהוּקצָע
raggedly *adv.* בִּבלוֹאִים; בְּאוֹפֶן לֹא אָחִיד
raging *adj.* מִשתוֹלֵל; עַז; גוֹעֵש
ragtag *adj.* שֶל אֲסַפסוּף; מְבוּלגָן
raid *n.* פְּשִיטָה; הַתקָפָה; שוֹד
raid *v.* לַעֲרוֹך פְּשִיטָה עַל־; לִתקוֹף
raider *n.* פּוֹשֵט; שוֹדֵד
rail *n.* מַעֲקֶה; מַתלֶה; (פַּס) רַכֶּבֶת
–go off the rails לָרֶדֶת מִן הַפַּסִים; לָצֵאת מִכּלַל שְלִיטָה; לְהִשתַגֵעַ
rail *v.* לִגעוֹר; לְבַקֵר בַּחֲרִיפוּת; לְקַלֵל
–rail off/in לְגַדֵר בְּמַעֲקֶה (בַּרזִילִים)
railings *n.* מַעֲקֶה/גֶדֶר בַּרזִילִים
railroad *n.* מְסִילַת בַּרזֶל; רַכֶּבֶת
railroad *v.* לִלחוֹץ עָלָיו (לְמַהֵר ול־); לְהַעֲבִיר בְּרַכֶּבֶת
railway *n.* מְסִילַת בַּרזֶל; רַכֶּבֶת
railway engine *n.* קַטָר
rain *n.* גֶשֶם; מָטָר
–(come) rain or shine בְּכָל מֶזֶג־אֲוִויר; מַה שֶלֹא יִהיֶה; כְּמוֹ שָעוֹן
–it looks like rain נִראֶה שֶיֵרֵד גֶשֶם
rain *v.* לָרֶדֶת גֶשֶם
–It never rains but it pours. צָרָה רוֹדֶפֶת צָרָה
–rain down לִזרוֹם; לְהַמטִיר
rainbow *n.* קֶשֶת (בֶּעָנָן)
rain check *n.* כַּרטִיס לְמִשׂחָק חוֹזֵר
–take a rain check לְבַקֵש לִדחוֹת אֶת הַהַזמָנָה לְהִזדַמנוּת אַחֶרֶת
raincoat *n.* מְעִיל גֶשֶם
raindrop *n.* טִיפַּת גֶשֶם
rainfall *n.* כַּמוּת הַגֶשֶם
rain forest *n.* יַעַר טְרוֹפִּי גָשוּם
rainstorm *n.* סוּפַת גְשָמִים; גֶשֶם זִלעָפוֹת
rainwater *n.* מֵי גְשָמִים
rainy *adj.* גָשוּם
–put away/save for a rainy day לַחסוֹך לְעֵת צָרָה
raise *n.* הַעֲלָאָה (בַּשָׂכָר)
raise *v.* לְהָרִים; לְהָקִים; לְהַעֲלוֹת; לְהַגבִּיר; לְהַגבִּיהַּ; לִגרוֹם ל־; לְעוֹרֵר; לְגַדֵל; (לְהַצלִיחַ) לְגַייֵס/לְהַשִׂיג/לְאַרגֵן
–raise money לְגַייֵס כֶּסֶף
–raise Cain/hell לְהָקִים צְעָקוֹת
raised *adj.* מוּרָם; מוּגבָּה
raisin *n.* צִימוּק
raison d'être *n.* צִידוּק לְקִיוּמוֹ; הַסִיבָּה לְקִיוּמוֹ
rake *n.* מַגרֵפָה; הוֹלֵל; מוּפקָר
rake *v.* לִגרוֹף; לֶאֱסוֹף בְּמַגרֵפָה; לִסרוֹק; לִגרוֹף; לְהַמטִיר (אֵש) (מִצַד לְצַד)
–rake through לְחַטֵט בּ־; לִנבּוֹר בּ־
–rake up לֶאֱסוֹף; לְהַזכִּיר
raked *adj.* מוּטֶה; נָטוּי; מְשוּפָּע
rakish *adj.* (שֶל) הוֹלֵל/מוּפקָר; נָטוּי
rally *n.* כִּינוּס; עֲצֶרֶת; הַפגָנָה; מֵירוֹץ רָאלִי; חִילוּפֵי כַּדוּר (טֶנִיס)
rally *v.* (rallied) לְקַבֵּץ; לְלַכֵּד; לְהִתלַכֵּד; לְהִתאַסֵף; לְחַזֵק; לְהִתאוֹשֵש
ram *n.* אַיִל; מַגֵחַ; אֵיל בַּרזֶל
ram *v.* לִתקוֹעַ/לִדחוֹף בְּחוֹזקָה; לְנַגֵחַ
RAM רָאם (זִיכָּרוֹן לְגִישָה־אַקרָאִית)
ramble *n.* טִיוּל (רַגלִי)
ramble *v.* לְשוֹטֵט לַהֲנָאָתוֹ; לְהִתפַּשֵט; לְטַפֵּס (צֶמַח)
–ramble (on) (about) לִסטוֹת מִן הַנוֹשֵׂא; לְבַרבֵּר (לְלֹא קֶשֶר עִניָינִי)
rambling *adj.* מִשתָרֵעַ לְכָל עֵבֶר; מְבוּלבָּל; סוֹטֶה מִן הַנוֹשֵׂא
ramification *n.* הִסתַעֲפוּת; הַשלָכָה
ramified *adj.* מְסוֹעָף; מִסתָעֵף
ramify *v.* לְהִסתָעֵף
ramp *n.* כֶּבֶש; רַמפָּה; סוֹלְלַת יְצִיאָה/כְּנִיסָה (בְּמֶחלָף); מַעֲלֶה מְשוּפָּע
rampage *v., n.* לְהִשתוֹלֵל; הִשתוֹלְלוּת
rampant *adj.* מִשתוֹלֵל; "חוֹגֵג"; נָפוֹץ
rampantly *adv.* לְלֹא רֶסֶן
rampart *n.* סוֹלְלָה; חוֹמַת מָגֵן

R

ramrod *n.* חוֹטֶר (לְרוֹבֶה)
ramshackle *adj.* רָעוּעַ; מָט לִיפּוֹל
ran *past of* run
ranch *n.* חַוָּוה
rancher *n.* חַוַּואי; פּוֹעֵל בְּחַוָּוה
rancid *adj.* מְעוּפָּשׁ
rancor, rancour *n.* טִינָה; אֵיבָה
R and D מו״פ; מֶחקָר וּפִיתוּחַ
random *adj.* שֶׁבְּאַקרַאי; אַקרָאִי
–at random בְּאַקרַאי
random access memory *n.* זִיכָּרוֹן לְגִישָׁה אַקרָאִית
random interview *n.* מִשׁאַל רְחוֹב (אַקרָאִי)
randomly *adv.* בְּאַקרַאי; בְּלִי תִכנוּן
randy *adj.* חַרמָן; מְחוּרמָן
rang *v. past of* ring
range *n.* שׁוּרָה; רֶכֶס; טְוָוח רְאִייָה / שְׁמִיעָה; טְוָוח; מִגוָון; מִשׂרָע; תְּחוּם מְחִייָה; תְּחוּם; מִטווָח; שֶׁטַח מִרעֶה; כִּירַיִים
range *v.* לְסַדֵּר / לְהִסתַדֵּר (בְּשׁוּרוֹת); לְשׁוֹטֵט בּ־; לָנוּעַ; לְהַגִּיעַ לְטוָוח שֶׁל־
–range over לְהִשׂתָּרֵעַ עַל פְּנֵי־; לְהַקִּיף
–range from... to... לָנוּעַ בֵּין־... לְבֵין־
–range between... and לָנוּעַ בֵּין־... לְבֵין־
ranger *n.* שׁוֹטֵר רָכוּב; סַייָר (אִישׁ חוֹק); שׁוֹמֵר יַעַר; מְשׁוֹטֵט; צוֹפֶה בְּכִירָה
rank *n.* דַּרגָּה; שִׁכבָה; שׁוּרָה; מַעֲמָד; דֶּרֶג
–the rank and file הָאֲנָשִׁים הַפְּשׁוּטִים / מִן הַשּׁוּרָה; הַחַיָּילִים (הַפְּשׁוּטִים)
–close ranks לְהִתלַכֵּד; לְאַחֵד אֶת הַשּׁוּרוֹת
–pull rank לְנַצֵּל דַּרגָּה / מַעֲמָד
rank *v.* לְהַעֲמִיד בְּשׁוּרָה (עִם־); לְדָרֵג; לִהיוֹת בְּדַרגָּה; לְהִימָנוֹת (עִם); לְהֵיחָשֵׁב
rankle *v.* לְהַכאִיב; חוֹרֶה לוֹ
ranks *n.* קְבוּצָה; שׁוּרוֹת; חוֹגְרִים
–be reduced to the ranks הוּרַד לְדַרגַּת טוּרַאי
ransack *v.* לְחַפֵּשׂ בִּיסוֹדִיוּת; לִשׁדּוֹד וְלַהֲפוֹך כָּל דָּבָר בּוֹ

ransom *n.* כּוֹפֶר; פִּדיוֹן נֶפֶשׁ
–hold someone to ransom לִדרוֹשׁ כּוֹפֶר עֲבוּר שִׁחרוּרוֹ
rant *v.* לְדַבֵּר בְּצַעֲקָנוּת / בְּתֵיאַטרָלִיוּת; לְדַבֵּר בְּטֵירוּף
rap *n.* (קוֹל) דְּפִיקָה קַלָּה; רָאפּ (מוּסִיקָה)
–take the rap (for) לְהֵיעָנֵשׁ (עַל־)
rap *v.* לִדפּוֹק / לְהַכּוֹת קַלּוֹת; לְדַבֵּר חוֹפשִׁי; לְבַרבֵּר; לִנזוֹף בּ־; לְהַשׁמִיעַ רָאפּ
rapacious *adj.* חַמדָנִי; אוֹהֵב בֶּצַע; טוֹרֵף
rape *v., n.* לֶאֱנוֹס; אוֹנֶס
rapid *adj.* מָהִיר
rapidity *n.* מְהִירוּת
rapidly *adv.* בִּמהִירוּת
rapids *n.* אֶשֶׁד נָהָר
rapier *n.* סַיִף (חֶרֶב סִיוּף דַּקָּה)
rapine *n.* בִּיזָה; שׁוֹד; גֶּזֶל
rapist *n.* אַנָּס
rapport *n.* (with) קִרבָה (אֶל־); הֲבָנָה (ל־); קֶשֶׁר (עִם)
rapprochement *n.* פִּיוּס; הִתקָרְבוּת; הִתחַממוּת בַּיְחָסִים
rap sheet *n.* גִּליוֹן הַרשָׁעוֹת
rapt *adj.* שָׁקוּעַ; מְרוּכָּז; מְרוּתָּק
rapture *n.* אֶקסטָזָה; אוֹשֶׁר עִילָּאִי
rapturous *adj.* נִלהָב; שֶׁל אוֹשֶׁר עִילָּאִי
rare *adj.* נָדִיר; דָּלִיל; לֹא רָגִיל; נֶהדָר; נָא; מְבוּשָּׁל לְמֶחֱצָה (בָּשָׂר)
rarefied *adj.* דָּלִיל (אֲווִיר); רָם; מְיוּחָד; נִשׂגָּב
rarely *adv.* לְעִתִּים נְדִירוֹת
raring *adj.* (to) מִשׁתּוֹקֵק (ל־); מֵת (ל־)
rarity *n.* נְדִירוּת; דָּבָר נָדִיר
rascal *n.* נָבָל; שׁוֹבָב; ״מַמזֵר״
rash *adj.* פָּזִיז; נִמהָר
rash *n.* פְּרִיחָה; גַּל; הֲצָפָה
rashly *adv.* בִּפזִיזוּת
rashness *n.* פְּזִיזוּת
rasp *v.* לְשַׁייֵף; לְגָרֵד; לִמרוֹט; לְעַצבֵּן; לְהַשׁמִיעַ בְּקוֹל צוֹרֵם
raspberry *n.* פֶּטֶל אָדוֹם; נְפִיחַת בּוּז
rasping *adj.* צוֹרֵם; מוֹרֵט עֲצַבִּים
rat *n.* עַכבָּרוֹשׁ; חוּלדָּה; בּוֹגֵד; מוּג־לֵב
–smell a rat ״לְהָרִיחַ״ מַשֶּׁהוּ חָשׁוּד

R

rat *v.* (on) לְהַלְשִׁין (עַל־); לְהָפֵר (הַבְטָחָה)
rate *n.* שִׁיעוּר; קֶצֶב; מְהִירוּת; תַּעֲרִיף; שַׁעַר; מְחִיר; מַדְרֵגָה; סוּג; מִיסֵּי עִירִיָּה; אַרְנוֹנָה
–at any rate בְּכָל אוֹפֶן; לְפָחוֹת
–first rate מְעוּלֶּה; מְשׁוּבָּח; מַדְרֵגָה רִאשׁוֹנָה
rate *v.* לְהַעֲרִיךְ; לְהַחשִׁיב; לְדָרֵג; לִקְבּוֹעַ שִׁיעוּר מַס עַל־; לִהְיוֹת רָאוּי ל־
rate of exchange *n.* שַׁעַר חֲלִיפִין
ratepayer *n.* מְשַׁלֵּם מִסִּים
rates *n.* מִיסֵּי עִירִיָּה; אַרְנוֹנָה
rather *adv.* לְמַדַּי; בְּמִידַּת־מָה; דַּוְוקָא
–or rather אוֹ לְיֶתֶר דִּיּוּק
–rather than וְלֹא; בִּמְקוֹם; יוֹתֵר מֵאֲשֶׁר
–would rather... מַעֲדִיף ל־ / שׁ־
ratification *n.* אִשְׁרוּר
ratify *v.* (ratified) לְאַשְׁרֵר
rating *n.* דֵּירוּג; סִיווּג; מִדְרוּג; רֵייטִינג; שׁוּמָה; אוּמְדָן; מַלָּח פָּשׁוּט
–ratings שִׁיעוּרֵי הַצְּפִיָּיה; מִידְרוּג
ratio *n.* יַחַס
ration *n.* מָנָה (מוּקְצֶבֶת)
ration *v.* לְהַקְצִיב; לְהַנְהִיג קִיצוּב
rational *adj.* בַּעַל כּוֹשֶׁר שִׂכְלִי; רַצְיוֹנָלִי; הֶגְיוֹנִי; סָבִיר
rationale *n.* נִימּוּק בְּסִיסִי; בָּסִיס הֶגְיוֹנִי; רַצְיוֹנָל
rationalism *n.* רַצְיוֹנָלִיזְם; שִׂכְלְתָנוּת
rationality *n.* רַצְיוֹנָלִיּוּת; הִגָּיוֹן
rationalization *n.* שִׁכְלוּן; הַתְרָצָה; יִיעוּל
rationalize, rationalise *v.* לְתָרֵץ / לְהַצְדִּיק עַל דֶּרֶךְ הַהִגָּיוֹן; לְיַיעֵל
rationally *adv.* בְּהִגָּיוֹן
rat race *n.* הִתְחָרוּת פְּרוּעָה
rattle *n.* נְקִישׁוֹת; טִרְטוּר; רַעֲשָׁן; קִשְׁקוּשׁ; פִּטְפּוּט
rattle *v.* לְהַקִּישׁ; לִנְקוֹשׁ; לְטַרְטֵר; לְעַצְבֵּן; לְהַדְאִיג; לְזַעֲזֵעַ
rattlesnake *n.* עַכְסָן; נְחַשׁ הַפַּעֲמוֹנִים
rattling *adv., adj.* מְאוֹד; מָהִיר; עֵר
ratty *adj.* רַגְזָן; מְרוּפָּט; עָלוּב; מָלֵא עַכְבָּרוֹשִׁים; (כְּמוֹ) שֶׁל עַכְבָּרוֹשִׁים
raucous *adj.* צוֹרֵם; צָרוּד; קוֹלָנִי
raucously *adv.* בְּקוֹל צוֹרֵם / צָרוּד
raunchy *adj.* חַרְמָן; שֶׁל זִימָּה; גַּס; חוּשָׁנִי; סֶקְסִי
ravage *n.* הֶרֶס; תּוֹצָאוֹת הַרְסָנִיּוֹת
ravage *v.* לַהֲרוֹס; לַעֲשׂוֹת שַׁמּוֹת בּ־
rave *n.* (בִּיקּוֹרֶת) נִלְהֶבֶת; מְסִיבָּה פְּרוּעָה / עֲלִיזָה
rave *v.* לְדַבֵּר בְּטֵירוּף; לִצְעוֹק בְּכַעַס; לִגְעוֹשׁ; לְהִשְׁתּוֹלֵל
–rave about/over לְדַבֵּר בְּהִתְלַהֲבוּת עַל
raven *n.* עוֹרֵב שָׁחוֹר
ravenous *adj.* רָעֵב מְאוֹד
ravenously *adv.* בְּרַעַבְתָנוּת
ravine *n.* עֵמֶק צַר; גַּיְא
raving *adj., adv.* מְדַבֵּר בְּטֵירוּף; צוֹעֵק כִּמְטוֹרָף; לְגַמְרֵי; עַל כָּל הָרֹאשׁ
–a raving success הַצְלָחָה מְסַחְרֶרֶת
ravish *v.* לְהַקְסִים; לֶאֱנוֹס; לִבְזוֹז וְלַהֲרוֹס
ravishing *adj.* מַקְסִים; מְהַמֵּם בְּיוֹפְיוֹ
raw *adj.* חַי; לֹא מְבוּשָּׁל; נָא; לֹא מְעוּבָּד; ־גֶּלֶם; גּוֹלְמִי; לֹא מְאוּמָּן; חֲסַר נִיסָּיוֹן; רָטוֹב וְקַר; כּוֹאֵב; שׂוֹרֵף
–a raw deal עָוֶל; עִיסְקָה מַסְרִיחָה
–raw materials חוֹמְרֵי גֶּלֶם
–in the raw עֵירוֹם; בְּמַצָּבוֹ הַטִּבְעִי
ray *n.* קֶרֶן; שְׁבִיב; תְּרִיסָנִית (דָּג)
raze *v.* לַהֲרוֹס עַד הַיְסוֹד
razor *n.* תַּעַר; מַגְלֵחַ
razor blade *n.* סַכִּין־גִּילּוּחַ
razor('s) edge *n.* מַצָּב מְסוּכָּן; מַצָּב קְרִיטִי; קַו הַפְרָדָה בָּרוּר
razor-sharp *adj.* חַד כְּתַעַר; חָרִיף
razor-thin *adj.* דַּק מְאוֹד
–razor-thin majority רוֹב דָּחוּק
razzle-dazzle *v.* לְסַנְוֵר; לְסַחְרֵר
Rd דֶּרֶךְ; כְּבִישׁ
re בְּעִנְיַין־; הַנִּידּוֹן
reach *n.* הוֹשָׁטַת יָד; הֶישֵּׂג־יָד; יָד (אֲרוּכָּה); קֶטַע יָשָׁר (בְּנָהָר)
–out of/beyond reach מִחוּץ לִתְחוּם הַהַשָּׂגָה; מֵעֵבֶר ל־
–within easy reach of קָרוֹב ל־
–within reach בְּהֶישֵּׂג־יָד; קָרוֹב (ל־)

R

reach *v.* לְהַגִּיעַ (ל־); לְהִשְׂתָּרֵעַ; לְהוֹשִׁיט (יָד); לְהַשִּׂיג
–reach out (for) לְנַסּוֹת לִתְפּוֹס; לְהוֹשִׁיט יָד
react *v.* לְהָגִיב
–react on לְהַשְׁפִּיעַ עַל־; לִפְעוֹל עַל־
reaction *n.* תְּגוּבָה; רֵיאַקְצְיָה; הִתְנַגְּדוּת לְקִדְמָה
reactionary *n., adj.* נִלְחָם בְּקִדְמָה; רֵיאַקְצְיוֹנֶר
reactivate *v.* לְשַׁפְעֵל; לְהַפְעִיל שׁוּב
reactor *n.* כּוּר גַּרְעִינִי; מַשְׁרֵן; מָגוֹב כִּימִי
read *v.* לִקְרוֹא; לְהַקְרִיא ל־; לִלְמוֹד (בָּאוּנִיבֶרְסִיטָה); לְפָרֵשׁ; לוֹמַר; לְהִיקָּרֵא; לְהַרְאוֹת (הַמַּדְחוֹם, וכו׳)
–read into לְיַיחֵס כַּוָּונוֹת ל־; לִמְצוֹא בּ־
–read out (loud) לִקְרוֹא בְּקוֹל; לְהַקְרִיא
readable *adj.* קָרִיא; מְעַנְיֵין וּמְהַנֶּה (סֵפֶר, וכו׳)
reader *n.* קוֹרֵא; מַגִּיהַּ; מַרְצֶה בָּכִיר; מִקְרָאָה; מַקְרְאָה (לְמִיקְרוֹפִילְם, וכו׳)
readership *n.* קְהַל קוֹרְאִים; מִשְׂרַת מַרְצֶה בָּכִיר
readily *adv.* לְלֹא הִיסּוּס; בְּרָצוֹן; לְלֹא קוֹשִׁי
readiness *n.* נְכוֹנוּת; מְהִירוּת
–in readiness (for) מוּכָן (ל־)
reading *n.* קְרִיאָה; קְרִיאָה בִּפְנֵי קָהָל; חוֹמֶר קְרִיאָה; פֵּירוּשׁ; גִּרְסָה; הַשְׂכָּלָה; מְדִידָה
readjust *v.* לְהִסְתַּגֵּל / לְכַוֵּון / לְסַדֵּר מֵחָדָשׁ
readjustment *n.* הִסְתַּגְּלוּת / כִּיוּון מֵחָדָשׁ
readmit *v.* לְקַבְּלוֹ חֲזָרָה; לְהַכְנִיסוֹ שׁוּב
read-only memory *n.* זִיכְרוֹן קְרִיאָה־בִּלְבַד
readout *n.* קְרִיאָה (עַל מַחְשֵׁב); מֵידָע (קָרִיא); תַּדְפִּיס
ready *n.* מְזוּמָנִים
–at the ready בְּהִיכּוֹן; מוּכָן לִפְעוּלָה
ready *adj.* מוּכָן (ל־); מָהִיר; מִיָּדִי; בְּהֶישֵּׂג־יָד
–get ready (for) לְהִתְכּוֹנֵן (ל־); לְהָכִין

ready *v.* (readied) לְהָכִין
ready-made *adj.* מוּכָן; נוֹחַ; לֹא מְקוֹרִי; מִן הַמּוּכָן
reaffirm *v.* לַחֲזוֹר וּלְאַשֵּׁר; לַחֲזוֹר וּלְהַצְהִיר
real *adj.* אֲמִיתִּי; מַמָּשִׁי; מְצִיאוּתִי; רֵיאָלִי
–for real מַמָּשׁ; בֶּאֱמֶת; בִּרְצִינוּת
real estate *n.* מְקַרְקְעִין; נַדְלָ״ן
real estate agent *n.* סוֹכֵן נַדְלָ״ן; מְתַוֵּוךְ דִּירוֹת
realignment *n.* הֵיעָרְכוּת מֵחָדָשׁ; כִּיוּון (גַּלְגַּלִּים)
realism *n.* רֵיאָלִיזְם; מְצִיאוּתִיּוּת
realist *n.* רֵיאָלִיסְט; אָדָם מְצִיאוּתִי
realistic *adj.* רֵיאָלִיסְטִי; נֶאֱמָן לַמְּצִיאוּת; מְצִיאוּתִי; מַעֲשִׂי; רֵיאָלִי
realistically *adv.* בְּאוֹפֶן מְצִיאוּתִי; בְּנֶאֱמָנוּת לַמְּצִיאוּת
reality *n.* מְצִיאוּת; מַמָּשׁוּת
–in reality לְמַעֲשֶׂה
realization *n.* מִימּוּשׁ; הַגְשָׁמָה; הִתְגַּשְּׁמוּת; הֲבָנָה; הַכָּרָה (שׁ־)
realize *v.* לְהָבִין; לְהַכִּיר בּ־ / בְּכָךְ; לָדַעַת; לִהְיוֹת מוּדָע ל־; לְמַמֵּשׁ; לְהַגְשִׁים; לְקַבֵּל (תְּמוּרַת־); לְהַכְנִיס (כֶּסֶף)
real-life *adj.* אֲמִיתִּי; מְצִיאוּתִי
really *adv.* בֶּאֱמֶת; מַמָּשׁ; לְמַעֲשֶׂה
realm *n.* מַמְלָכָה; תְּחוּם; עוֹלָם
real time *adj.* (בּ)זְמַן אֱמֶת
realtor *n.* סוֹכֵן נַדְלָ״ן; מְתַוֵּוךְ דִּירוֹת
reap *v.* לִקְצוֹר; לֶאֱסוֹף; לִזְכּוֹת בּ־
reappear *v.* לְהוֹפִיעַ שׁוּב / מֵחָדָשׁ
reappearance *n.* הוֹפָעָה מֵחָדָשׁ
rear *n.* אֲחוֹרֵי; חֵלֶק אֲחוֹרִי; אָחוֹר; מְאַסֵּף; עוֹרֶף; סוֹף; יַשְׁבָן
–bring up the rear לִהְיוֹת אַחֲרוֹן
rear *v.* לְגַדֵּל; לְהִתְרוֹמֵם עַל רַגְלָיו הָאֲחוֹרִיּוֹת; לְהָרִים
rearguard *n.* מְאַסֵּף (כּוֹחַ צְבָאִי)
rearm *v.* לְחַמֵּשׁ / לְהִתְחַמֵּשׁ מֵחָדָשׁ
rearmament *n.* חִימּוּשׁ מֵחָדָשׁ
rearmost *adj.* הָאֲחוֹרִי בְּיוֹתֵר
rearrange *v.* לְסַדֵּר מֵחָדָשׁ; לְשַׁנּוֹת מוֹעֵד

R

rearrangement *n.* סידור מֵחָדָש ; שִׁינוּי (מוֹעֵד)
rearview mirror *n.* מַרְאָה פְּנִימִית (בְּמכוֹנִית)
reason *n.* סִיבָּה ; נִימוּק ; טַעַם ; שֵׂכֶל ; בִּינָה ; דַעַת ; הִיגָּיוֹן ; שֵׂכֶל יָשָׁר
–it stands to reason זֶה הֶגיוֹנִי (ש־)
–see reason לִנהוֹג בְּהִיגָּיוֹן
–with reason בְּצֶדֶק
–within reason בִּתחוּם הַסָבִיר
reason *v.* לַחשוֹב (בְּהִיגָּיוֹן)
–reason that... לִטעוֹן ש־ ; לְהָבִיא נִימוּקִים ש־
–reason with לְנַסוֹת לְשַׁכנֵעַ ; לְדַבֵּר עַל לִיבּוֹ
reasonable *adj.* הֶגיוֹנִי ; נָבוֹן ; סָבִיר ; נִסבָּל ; לֹא גָדוֹל
reasonable doubt *n.* סָפֵק סָבִיר
reasonable grounds *n.* יְסוֹד סָבִיר
reasonably *adv.* בְּמִידָה סְבִירָה ; בְּהִיגָּיוֹן ; דֵי־
reasoned *adj.* שָׁקוּל ; מְנוּמָק
reasoning *n.* (דֶרֶך) חֲשִׁיבָה ; הַנמָקָה ; שִׁיקוּל הַדַעַת
reassurance *n.* הַבטָחָה מַרגִיעָה ; (דִברֵי) הַרגָעָה ; חִיזוּק ; עִידוּד
reassure *v.* לְהַרגִיעַ ; לְחַזֵק בִּטחוֹנוֹ
reassuringly *adv.* בְּאוֹפֶן שֶׁמַשׁרֶה בִּיטָחוֹן
rebate *n.* הֲנָחָה ; הֶחזֵר (חֵלֶק מִתַשלוּם)
rebel *n.* מוֹרֵד
rebel *v.* לִמרוֹד (בּ־) ; לְהִתקוֹמֵם (נֶגֶד־)
rebellion *n.* מֶרֶד ; מְרִידָה
rebellious *adj.* מוֹרֵד ; מַרדָנִי
rebelliousness *n.* מַרדָנוּת
rebirth *n.* "לֵידָה מֵחָדָש" ; תְחִייָה
reborn *adj.* "נוֹלָד מֵחָדָש" ; הִתעוֹרֵר מֵחָדָש
rebound *n.* קְפִיצָה בַּחֲזָרָה ; כַּדוּר חוֹזֵר
–on the rebound בְּעוֹדוֹ חוֹזֵר ; בִּתגוּבָה לְאַכזָבָה
rebound *v.* לִקפּוֹץ בַּחֲזָרָה ; לְהִינָתֵר
–rebound on לִפגוֹעַ בְּסוֹפוֹ שֶׁל דָבָר בּ־
rebuff *n., v.* דְחִייָה ; סֵירוּב ; לִדחוֹת

rebuild *v.* לִבנוֹת מֵחָדָש ; לְשַׁקֵם
rebuke *v., n.* לִנזוֹף בּ־ ; נְזִיפָה
rebut *v.* לְהַפרִיך ; לִסתוֹר
rebuttal *n.* הַפרָכָה ; סְתִירָה
recalcitrance *n.* אִי־צִיוּת ; מַרדָנוּת
recalcitrant *adj.* מַרדָנִי ; סוֹרֵר ; לֹא מְקַבֵּל מָרוּת
recall *n.* הַחזָרָה ; זְכִירָה
–beyond/past recall כְּבָר אִי אֶפשָׁר לִזכּוֹרוֹ (לְבַטלוֹ, לְשַׁנוֹתוֹ)
recall *v.* לִזכּוֹר ; לְהִיזָכֵר (בּ־) ; (לְבַקֵש) לְהַחֲזִיר ; לְהַזכִּיר אֶת ; לְבַטֵל ; לַחֲזוֹר בּוֹ
recant *v.* לַחֲזוֹר בּוֹ (מ־) ; לְהִתכַּחֵש ל־
recap *v., n.* לְסַכֵּם ; לַחֲזוֹר עַל עִיקרֵי הַדבָרִים ; סִיכּוּם
recapitulation *n.* סִיכּוּם
recapture *v.* לִלכּוֹד / לִכבּוֹש שוּב ; לְשַׁחזֵר
recede *v.* לָסֶגֶת ; לְהִתרַחֵק ; לְהֵיעָלֵם ; לָרֶדֶת
receding *adj.* נָסוֹג ; מַקרִיחַ ; נוֹטֶה לְאָחוֹר
receipt *n.* קַבָּלָה
–receipts תַקבּוּלִים ; הַכנָסוֹת ; קַבָּלוֹת
receive *v.* לְקַבֵּל ; לְקַבֵּל רְכוּש גָנוּב ; לִקלוֹט ; לְאָרֵחַ ; לְקַדֵם פְּנֵי־
–on the receiving end מַטָרָה (ל־) ; הַקוֹרבָּן
receiver *n.* מְקַבֵּל ; סוֹחֵר בִּרכוּש גָנוּב ; כּוֹנֵס נְכָסִים ; שְׁפוֹפֶרֶת (טֶלֶפוֹן) ; מַקלֵט
receivership *n.* כִּינוּס נְכָסִים
recent *adj.* (מִן הַזמַן) הָאַחֲרוֹן ; חָדָש
recently *adv.* לָאַחרוֹנָה ; לֹא מִכְּבָר
receptacle *n.* כְּלִי קִיבּוּל
reception *n.* קַבָּלָה ; קְלִיטָה ; קְלִיטַת שִׁידוּר ; (מְסִיבַּת) קַבָּלַת־פָּנִים
reception desk *n.* (דֶלפֵּק) קַבָּלָה
receptionist *n.* פְּקִיד קַבָּלָה
receptive *adj.* (to) פָּתוּחַ (ל־) ; מוּכָן לְקַבֵּל
receptor *n.* קוֹלטָן
recess *n.* פַּגרָה ; הַפסָקָה ; גוּמחָה ; מָקוֹם נִסתָר ; מַעֲמָק ; נֵבֶך (נִבכֵי־)
recess *v.* לַעֲשׂוֹת הַפסָקָה ; לָצֵאת לְפַגרָה ; לַעֲשׂוֹת גוּמחָה בּ־ ; לָשִׂים בְּגוּמחָה

R

recession *n.* מִיתוּן ; שֵׁפֶל ; נְסִיגָה
recessive *adj.* רֶצֶסִיבִי ; נַסְגָנִי ; חַלָּשׁ ; נִכְנָע
recharge *v.* לִטְעוֹן מֵחָדָשׁ ; לְמַלֵּא (מַצְבֵּרִים)
rechargeable *adj.* נִטְעָן
recidivist *n.* עֲבַרְיָין מוּעָד
recipe *n.* מַתְכּוֹן ; מִרְשָׁם
recipient *n.* (of) מְקַבֵּל
reciprocal *adj.* הֲדָדִי ; (כִּינּוּי) גּוֹמְלִין
reciprocate *v.* לְהַחֲזִיר ; לְהָשִׁיב ; לִגְמוֹל
reciprocity *n.* הֲדָדִיּוּת ; יַחֲסֵי גּוֹמְלִין
recitation *n.* תֵּיאוּר מְפוֹרָט ; קְרִיאָה ; דִּקְלוּם
recite *v.* לְדַקְלֵם ; לִמְנוֹת ; לְפָרֵט
reckless *adj.* פָּזִיז ; לֹא זָהִיר ; לֹא עוֹשֶׂה חֶשְׁבּוֹן
recklessness *n.* פְּזִיזוּת
reckon *v.* לְחַשֵּׁב ; לַחְשׁוֹב ; לְהַחְשִׁיב ; לְשַׁעֵר
– reckon on/upon לִסְמוֹךְ עַל־
– reckon with לִהְיוֹת לוֹ עֵסֶק עִם־ ; לְטַפֵּל בְּ־ ; לְהָבִיא בְּחֶשְׁבּוֹן
reckoning *n.* חֶשְׁבּוֹן ; חִישּׁוּב ; חִישּׁוּבִים ; חִישּׁוּב מִיקּוּם (סְפִינָה)
– the day of reckoning יוֹם הַדִּין
reclaim *v.* לְטַיֵּיב ; לְהַשְׁבִּיחַ ; לְהַכְשִׁיר לְשִׁימּוּשׁ ; לְהַחֲזִיר לְמוּטָב ; לְשַׁקֵּם ; לִדְרוֹשׁ בַּחֲזָרָה
reclamation *n.* טִיּוּב ; הַפְרָחָה ; הַחְזָרָה לְמוּטָב ; הַכְשָׁרָה לְשִׁימּוּשׁ
recline *v.* לִשְׁכַּב ; לְהִישָּׁעֵן לְאָחוֹר ; לְהַשְׁעִין
recluse *n.* מִתְבּוֹדֵד
recognition *n.* הַכָּרָה ; הוֹקָרָה
– change beyond recognition לְהִשְׁתַּנּוֹת לְלֹא הַכֵּר
recognizable *adj.* שֶׁנִּיתָּן לְהַכִּירוֹ / לְזִיהוּי ; שֶׁנִּיתָּן לְהַבְחִין בּוֹ
recognize *v.* לְהַכִּיר ; לְזַהוֹת ; לְהַכִּיר בְּ־ ; לְהַכִּיר בְּכָךְ (שֶׁ־)
recognized *adj.* מוּכָּר ; מְקוּבָּל
recoil *v.* לְהֵירָתַע (מִ־) ; לִרְתּוֹעַ ; לִקְפּוֹץ לְאָחוֹר

recollect *v.* לְהִיזָּכֵר (בְּ־) ; לִזְכּוֹר
recollection *n.* זְכִירָה ; זִיכָּרוֹן
recommend *v.* לְהַמְלִיץ עַל־ ; לְיַיעֵץ ; לְדַבֵּר בִּשְׁבָחוֹ ; לַעֲשׂוֹתוֹ לִמְקוּבָּל
recommendation *n.* הַמְלָצָה ; תְּכוּנָה חִיּוּבִית
recompense *n.* פִּיצּוּי ; גְּמוּל ; תַּשְׁלוּם
reconcile *v.* (with) לְפַיֵּיס ; לְהִתְפַּיֵּיס ; לְיַישֵּׁב ; לִרְאוֹת אֵיךְ מִתְיַישֵּׁב
– reconcile oneself to לְהַשְׁלִים עִם
reconciliation *n.* פִּיּוּס ; יִישּׁוּב
recondition *v.* לְחַדֵּשׁ ; לְשַׁפֵּץ
reconnaissance *n.* סִיּוּר (לְמַטְּרוֹת בִּיּוּן)
reconnoitre *v.* לְסַיֵּיר (בְּ־)
reconsider *v.* לִשְׁקוֹל מֵחָדָשׁ / שׁוּב
reconstruct *v.* לִבְנוֹת מֵחָדָשׁ ; לְשַׁקֵּם ; לְשַׁחְזֵר
reconstruction *n.* שִׁיקּוּם ; שִׁחְזוּר
record *adj.* שֶׁל תַּקְלִיט ; ־תַּקְלִיטִים ; שִׂיא
record *n.* רִישּׁוּם ; רְשׁוּמָה ; עָבָר ; הֶישֵּׂגִים ; תִּיק ; תְּעוּדָה ; עֵדוּת ; תַּקְלִיט ; שִׂיא
– criminal record עָבָר פְּלִילִי
– for the record כְּדֵי שֶׁיֵּירָשֵׁם בַּפְּרוֹטוֹקוֹל ; לְצִיטוּט ; לְפִרְסוּם ; לְמַעַן הַדִּיּוּק
– off the record לֹא לְפִרְסוּם ; לֹא לְיִיחוּס
– put the record straight לְהַעֲמִיד דְּבָרִים עַל דִּיּוּקָם
record *v.* לִרְשׁוֹם ; לְתַעֵד ; לְהַקְלִיט ; לְהַרְאוֹת
recorder *n.* מַכְשִׁיר הַקְלָטָה ; רְשַׁמְקוֹל ; חֲלִילִית ; שׁוֹפֵט
recording *n.* הַקְלָטָה
record player *n.* מָקוֹל ; פָּטֵפוֹן
recount *v.* לְסַפֵּר
re-count *v., n.* לִסְפּוֹר שׁוּב ; סְפִירָה נוֹסֶפֶת
recoup *v.* לְהַחֲזִיר ; לְקַבֵּל חֲזָרָה ; לְפַצּוֹת
recourse *n.* (אֶפְשָׁרוּת) פְּנִיָּיה לְעֶזְרָה ; הִיזָּקְקוּת ; מוֹצָא ; מִפְלָט

R

–without recourse to בְּלִי לְהִיזָּקֵק ל־
recover *v.* לְקַבֵּל חֲזָרָה; לָשׁוּב אֵלָיו; לִמצוֹא; לְחַלֵּץ; לְהַחֲזִיר; לְהַבְרִיא; לְהִתאוֹשֵׁשׁ; לְהַחֲזִיר לְעַצמוֹ
recovery *n.* הַבְרָאָה; הִתאוֹשְׁשׁוּת; הֲשָׁבָה; הֶחזֵר; מְצִיאָה; חִילּוּץ
recreate *v.* לִיצוֹר מֵחָדָשׁ; לְשַׁחזֵר
recreation *n.* בִּילּוּי; נוֹפֶשׁ; פְּעִילוּת מְהַנָּה; מִשׂחָק
recreation room *n.* חֲדַר מִשׂחָקִים
recriminate *v.* לְהָטִיחַ אַשׁמָה נֶגדִית
recrimination *n.* הַאֲשָׁמַת־נֶגֶד; חִילּוּפֵי הַאֲשָׁמוֹת
recriminatory *adj.* מַאֲשִׁים
recruit *n.* טִירוֹן; חָבֵר חָדָשׁ
recruit *v.* לְגַייֵּס
recruitment *n.* גִּיּוּס
rectangle *n.* מַלבֵּן
rectangular *adj.* מַלבֵּנִי
rectification *n.* תִּיקּוּן
rectify *v.* (rectified) לְתַקֵּן; לְזַקֵּק; לְיַישֵּׁר (זֶרֶם)
rectitude *n.* יוֹשֶׁר; מוּסָרִיּוּת; הֲגִינוּת
rector *n.* כּוֹמֶר קְהִילָּה; רֶקטוֹר
rectum *n.* חַלחוֹלֶת
recumbent *adj.* שָׂרוּעַ; שׁוֹכֵב
recuperate *v.* לְהִתאוֹשֵׁשׁ; לְהִתחַזֵּק; לְהַבְרִיא; לְהַחֲזִיר
recuperation *n.* הַבְרָאָה; הִתאוֹשְׁשׁוּת
recuperative *adj.* מַברִיא
recur *v.* לְהִישָּׁנוֹת; לַחֲזוֹר
recurrence *n.* הִישָּׁנוּת; חֲזָרָה
recurrent *adj.* חוֹזֵר וְנִשׁנֶה
recyclable *adj.* נִיתָּן לְמִחזוּר
recycle *v.* לְמַחזֵר
recycled *adj.* מְמוּחזָר
recycling *n.* מִחזוּר
red *n.* (צֶבַע) אָדוֹם; בֶּגֶד אָדוֹם; צַד הַחוֹבָה
–see red לְהִשׁתּוֹלֵל בְּזַעַם; לְהִתרַתֵּחַ
red alert *n.* כּוֹנְנוּת עֶליוֹנָה; הַתרָעָה
red blood cell *n.* כַּדּוּרִית (דָּם) אֲדוּמָּה
redbreast *n.* אֲדוֹם־הֶחָזֶה
redcurrant *n.* דַּמדְּמָנִית
redden *v.* לְהַאְדִים; לְהַסמִיק
redecorate *v.* לִצבּוֹעַ מֵחָדָשׁ; לְקַשֵּׁט מֵחָדָשׁ; לְשַׁפֵּץ פְּנִים בַּיִת וכו׳
redeem *v.* לִפדּוֹת; לְהַחֲזִיר; לִגאוֹל; לְקַיֵּים; לְבַצֵּעַ; לְכַפֵּר עַל־
redeemable *adj.* שֶׁאֶפשָׁר לִפדּוֹתוֹ
Redeemer *n.* יֵשׁוּ הַמּוֹשִׁיעַ
redeeming feature *n.* נְקוּדַת הָאוֹר
redemption *n.* פִּדיוֹן; גְּאוּלָּה; סִילּוּק
redeploy *v.* לִפרוֹס מֵחָדָשׁ; לְהַצִּיב מֵחָדָשׁ
redeployment *n.* פְּרִיסָה/הַצָּבָה מֵחָדָשׁ
red-handed *adj.* עַל חַם; בִּשׁעַת מַעֲשֶׂה
redhead *n.* אֲדוֹם־שֵׂיעָר; גֶ׳ינגִ׳י
red herring *n.* דָּבָר מַטעֶה/מֵסִיחַ דַּעַת; הַסָּחָה מְכוּוֶּנֶת
red-hot *adj.* חַם מְאוֹד; לוֹהֵט; טָרִי (חֲדָשׁוֹת); רַב
Red Indian *n.* אִינדְיָאנִי
redirect *v.* לְכַוֵּון מֵחָדָשׁ; לְמַעֵן מֵחָדָשׁ
rediscover *v.* לְגַלּוֹת מֵחָדָשׁ
red-letter day *n.* יוֹם חַג; יוֹם שִׂמחָה
redness *n.* אוֹדֶם; סוֹמֶק
redo *v.* (redid, redone) לַעֲשׂוֹת מֵחָדָשׁ; לְשַׁפֵּץ
redolent *adj.* (of) בַּעַל רֵיחַ (שֶׁמַּזכִּיר)
redouble *v.* לְהַגבִּיר; לְהַכפִּיל
redress *v.* לְתַקֵּן; לְכַפֵּר עַל־
–redress the balance לְהַחֲזִיר לְמַצָּב שֶׁל שִׁוויוֹן; לְתַקֵּן אֶת הַמְּעוּוָּת
red tape *n.* נַייֶרֶת; בִּירוֹקרַטיָה
reduce *v.* לְהַקטִין; לְהַפחִית; לְהוֹרִיד; לְצַמצֵם; לְרַזּוֹת; לְהָבִיא (לִידֵי־); לַהֲפוֹךְ (ל־)
reducible *adj.* שֶׁנִּיתָּן לְהַקטִינוֹ / לְצַמצמוֹ
reduction *n.* הַקטָנָה; הוֹרָדָה; צִמצוּם; הֲנָחָה
redundancy *n.* פִּיטוּרִים; מְפוּטָר; כְּפִילוּת
redundancy pay *n.* פִּיצּוּיֵי פִּיטוּרִין
redundant *adj.* מְפוּטָר; מְיוּתָּר
reed *n.* (קְנֵה) סוּף; לְשׁוֹנִית
reef *n.* שׁוּנִית
reek *v.* (of) לְהַסרִיחַ (מ־); לִפלוֹט עָשָׁן

reel *n.* סְלִיל; גָּלִיל
reel *v.* לִגלוֹל (חוּט חַכָּה); לִכרוֹךְ עַל סְלִיל
reel *v.* לִהיוֹת הָמוּם; לְהִסתַחרֵר; לְהִתנוֹדֵד
re-elect *v.* לִבחוֹר מֵחָדָש
reenact *v.* לְחוֹקֵק שוּב; לְשַחזֵר
re-enter *v.* לְהִיכָּנֵס שוּב; לְהֵירָשֵם שוּב
re-entry *n.* כְּנִיסָה מֵחָדָש
ref. ר׳ (רְאֵה); אַסמַכתָא; מס׳ פְּנִייָה
refer *v.* (to) לְהִתייַחֵס אֶל־/ל־; לִפנוֹת ל־; לְהִיעָזֵר בּ־; לְהַפנוֹת; לְהַעֲבִיר ל־; לְכַנוֹת
referee *n.* שוֹפֵט (בּספּוֹרט); בּוֹרֵר; נוֹתֵן הַמלָצָה
referee *v.* לִשפּוֹט; לְשַמֵש בּוֹרֵר
reference *n.* הִתייַחֲסוּת; אִזכּוּר; הַמלָצָה; הַפנָיָה; עֵדוּת (אוֹפִי); מַמלִיץ; מַרְאֵה־מָקוֹם; אַסמַכתָא; סִימוּכִין; עִיוּן; שִימוּש
– in reference to בְּנוֹגֵעַ ל־; בְּהִתייַחֵס ל־
– make reference to לְהַזכִּיר; לְאַזכֵּר; לְהִתייַחֵס ל־
reference book *n.* סֵפֶר עֵזֶר; סֵפֶר עִיוּן
referendum *n.* מִשאַל־עַם
referral *n.* הַפנָיָה; הַעֲבָרָה
refill *n.* מִילוּי (לְעֵט); מִילוּי מֵחָדָש
refill *v.* לְמַלֵא שוּב
refine *v.* לְזַקֵק; לְזַכֵּךְ; לְלַטֵש; לְשַפֵּר; לְהִזדַכֵּךְ; לְהִתעַדֵן
refined *adj.* מְעוּדָן; מְלוּטָש; אָנִין; מְזוּכָּךְ; מְזוּקָק
refinement *n.* עִידוּן; אֲנִינוּת (־טַעַם); זִיכּוּךְ; זִיקוּק; לִיטוּש; שִכלוּל
refinery *n.* בֵּית־זִיקוּק
refit *v., n.* לְשַפֵּץ; (לַעֲבוֹר) שִיפּוּץ/הַשבָּחָה
reflect *v.* לְהַחֲזִיר (אוֹר); לְשַקֵף; לְהִשתַקֵף
– reflect on לְהוֹסִיף לוֹ (כָּבוֹד); לְהַטִיל דוֹפִי בּ־; לִשקוֹל; לְהַרהֵר בּ־
reflection *n.* הַחזָרָה; הִשתַקפוּת; בָּבוּאָה; מַחֲשָבָה; הַטָלַת דוֹפִי; הִרהוּר; הָגִיג
– on reflection לְאַחַר הִרהוּר וְשִיקוּל

reflector *n.* מַחֲזִירוֹר; רֶפלֶקטוֹר
reflex *n.* רֶפלֶקס
reforestation *v.* ייעוּר מֵחָדָש
reform *n.* תִיקוּן; רֶפוֹרמָה
reform *v.* לְתַקֵן; לְהַחֲזִיר/לַחֲזוֹר לְמוּטָב; לַעֲשוֹת רֶפוֹרמָה
re-form *v.* לְסַדֵר מֵחָדָש; לְהֵיעָרֵךְ מֵחָדָש; לְגַבֵּש מֵחָדָש; לְהִיווָצֵר מֵחָדָש
reformation *n.* תִיקוּן; שִיפּוּר נִיכָּר; חֲזָרָה לְמוּטָב
reformer *n.* רֶפוֹרמָטוֹר; מְתַקֵן
refract *v.* לִשבּוֹר (קֶרֶן אוֹר)
refraction *n.* הִשתַבְּרוּת
refrain *n.* פִּזמוֹן חוֹזֵר
refrain *v.* (from) לְהִימָנַע (מ־)
refresh *v.* לְרַעֲנֵן; לְהִתרַעֲנֵן; לֶאֱכוֹל; לִשתוֹת
refresher *n.* מַשקֶה מְרַעֲנֵן
refresher course *n.* קוּרס הִשתַלמוּת
refreshing *adj.* מְרַעֲנֵן; מְהַוֶוה חִידוּש מְרַעֲנֵן; מְבוֹרָךְ
refreshments *n.* כִּיבּוּד קַל
refrigerate *v.* לְקָרֵר; לִשמוֹר בְּקֵירוּר; לְהַקפִּיא
refrigeration *n.* קֵירוּר; הַקפָּאָה
refrigerator *n.* מְקָרֵר
refuel *v.* לְתַדלֵק
refuge *n.* מַחסֶה; מִפלָט
– take refuge לִמצוֹא מִקלָט/מַחֲסֶה
– women's refuge מָעוֹן/מִקלָט לְנָשִים (מוּכּוֹת)
refugee *n.* פָּלִיט
refugee camp *n.* מַחֲנֵה פְּלִיטִים
refund *n.* הֶחזֵר (כַּספִּי)
refund *v.* לְהַחֲזִיר (כֶּסֶף) ל־
refurbish *v.* לְשַפֵּץ; לְהַבְרִיק; לְחַדֵש
refusal *n.* סֵירוּב; מֵיאוּן
– first refusal זְכוּת סֵירוּב רִאשוֹנָה
refuse *n.* פְּסוֹלֶת; אַשפָּה; זֶבֶל
refuse *v.* לְסָרֵב; לִדחוֹת; לְסָרֵב לָתֵת
refutation *n.* הַפרָכָה; הֲזַמָה
refute *v.* לְהַפרִיךְ; לִסתוֹר (דִברֵי־)
regain *v.* לַחֲזוֹר ל־; לִזכּוֹת/לְקַבֵּל שוּב; לְהַגִיעַ שוּב ל־

R

regretfully *adv.* לְמַרְבֵּה הַצַּעַר; בְּצַעַר
regrettable *adj.* מְצַעֵר
regrettably *adv.* לְמַרְבֵּה הַצַּעַר
regroup *v.* לְאַרְגֵּן / לְהִתְאַרְגֵּן מֵחָדָשׁ (בִּקְבוּצוֹת)
regular *adj.* יָשָׁר; סִימֶטְרִי; שִׁיטָתִי; קָבוּעַ; סָדִיר; ־קֶבַע; מוּסְמָךְ; מִן הַמִּנְיָן; תַּקִּין; מְקוּבָּל; רָגִיל; מַמָּשׁ; מוּשְׁלָם
–regular army צְבָא קֶבַע
regularity *n.* סְדִירוּת; קְבִיעוּת
regularly *adv.* בְּאוֹפֶן סָדִיר; בִּקְבִיעוּת; סִימֶטְרִית
regulate *v.* לְהַסְדִּיר; לְוַוסֵּת; לְכַוֵּון
regulation *n.* תַּקָּנָה; קְבִיעַת תַּקָּנוֹת; וִיסוּת; כִּיוּוּן; הַסְדָּרָה
regulator *n.* וַסָּת
regulatory *adj.* מְוַוסֵּת; מְסַדֵּר; תַּקָּנָתִי; מְחַיֵּיב פִּיקוּחַ
regurgitate *v.* לְהַעֲלוֹת שׁוּב לַפֶּה; לְהָקִיא; לַחֲזוֹר כְּתוּכִּי עַל־
rehabilitate *v.* לְשַׁקֵּם; לְטַהֵר שְׁמוֹ; לְשַׁפֵּץ; לְהַחֲזִירוֹ לְתַפְקִידוֹ
rehabilitation *n.* שִׁיקּוּם; טִיהוּר שֵׁם
rehash *v.* לְמַחְזֵר (נְאוּם, וכו׳); לְעַבֵּד מֵחָדָשׁ
rehearsal *n.* חֲזָרָה (בְּתֵיאַטְרוֹן, וכו׳); שִׁינּוּן בְּמוֹחוֹ
rehearse *v.* לַעֲשׂוֹת חֲזָרָה; לְסַפֵּר; לְשַׁחְזֵר
reign *n.* (תְּקוּפַת) שִׁלְטוֹן
reign *v.* (over) לִמְלוֹךְ; לִשְׁלוֹט (עַל־); לִשְׂרוֹר
reimburse *v.* לְהַחֲזִיר (הוֹצָאוֹת וכד׳) ל־
reimbursement *n.* הֶחְזֵר
rein, reins *n.* מוֹשְׁכוֹת; רֶסֶן
–give free rein to לָתֵת דְּרוֹר / חוֹפֶשׁ פְּעוּלָּה ל־
–keep a tight rein on לִמְנוֹעַ חוֹפֶשׁ פְּעוּלָּה מ־; לְרַסֵּן
rein *v.* (in) לִמְשׁוֹךְ בְּמוֹשְׁכוֹת (הַסּוּס); לְרַסֵּן
reincarnate *v.* לְהִתְגַּלְגֵּל (נְשָׁמָה); לְהַלְבִּישׁ גּוּף חָדָשׁ (לִנְשָׁמָה)

–regain control of לְהִשְׁתַּלֵּט מֵחָדָשׁ עַל
regale *v.* לְעַנֵּג; לְבַדֵּר
regalia *n.* סְמָלֵי מַלְכוּת / שְׂרָד
regally *adv.* כַּיָּאֶה לְמֶלֶךְ; בְּהוֹד מַלְכוּתִי
regard *n.* תְּשׂוּמֶת־לֵב; הִתְחַשְּׁבוּת; הַעֲרָכָה
–in/with regard to בְּנוֹגֵעַ ל־
–regards דְּרִישַׁת־שָׁלוֹם; כָּל טוּב!
regard *v.* לִרְאוֹת בּ־; לְהִתְיַיחֵס אֶל / ל־; לְהַחְשִׁיב; לְהִסְתַּכֵּל עַל־
–as regards בְּנוֹגֵעַ ל־
regarding *prep.* בְּנוֹגֵעַ ל־
regardless *adj.* (of) בְּלִי לְהִתְחַשֵּׁב בּ־; לְלֹא הֶבְדֵּל
regardless *adv.* בְּלִי לְהִתְחַשֵּׁב בּוֹ / בְּכָךְ; לַמְרוֹת הַכֹּל
regency *n.* (תְּקוּפַת) כְּהוּנַת הָעוֹצֵר
regenerate *v.* לִצְמוֹחַ מֵחָדָשׁ; לְהִתְחַדֵּשׁ; לְהָפִיחַ רוּחַ חֲדָשָׁה בּ־; לְחַדֵּשׁ נְעוּרֵי־
reggae *n.* מוּסִיקַת רֶגֶאי
regime *n.* מִשְׁטָר; מִשְׁטַר בְּרִיאוּת
regimen *n.* מִשְׁטַר בְּרִיאוּת
regiment *n.* גְּדוּד; חֲטִיבָה; קְבוּצָה גְּדוֹלָה
region *n.* אֵיזוֹר; תְּחוּם
–in the region of בִּסְבִיבוֹת־
regional *adj.* אֲזוֹרִי
register *n.* פִּנְקָס; מִרְשָׁם; מִשְׁלָב; יוֹמָן
register *v.* לִרְשׁוֹם; לְהֵירָשֵׁם; לְהַרְאוֹת; לְהַבִּיעַ; לִשְׁלוֹחַ בְּדוֹאַר רָשׁוּם
registered *adj.* רָשׁוּם; נִרְשָׁם; מוּסְמָךְ
registrar *n.* רַשָּׁם
registrar of patents רַשַּׁם הַפָּטֶנְטִים
registration *n.* רִישּׁוּם; הַרְשָׁמָה; מִרְשָׁם
registration number *n.* מִסְפַּר הָרֶכֶב
registry office *n.* מִשְׂרַד רִישּׁוּם נִישּׂוּאִים
regress *v.* לָסֶגֶת לְמַצָּב קוֹדֵם
regression *n.* נְסִיגָה; תְּסוּגָה; רֶגְרֶסְיָה
regressive *adj.* נָסוֹג; רֶגְרֶסִיבִי
regret *n.* צַעַר; חֲרָטָה
–regrets הִתְנַצְּלוּת
regret *v.* לְהִצְטַעֵר (עַל); לְהִתְחָרֵט עַל־
regretful *adj.* עָצוּב; מִצְטַעֵר

R

reincarnation *n.* גִלגוּל (נְשָמוֹת)
reindeer *n.* אַיַל־הַצָּפוֹן
reinforce *v.* לְתַגבֵּר; לְחַזֵק
reinforced concrete *n.* בֶּטוֹן מְזוּיָן
reinforcement *n.* תִגבּוֹר; חִיזוּק; תִגבּוֹרֶת
reinstate *v.* לְהַחֲזִיר לְמַעֲמָדוֹ / לְתַפקִידוֹ הַקוֹדֵם
reiterate *v.* לַחֲזוֹר עַל־; לַחֲזוֹר וְלוֹמַר
reiteration *n.* חֲזָרָה (עַל־)
reject *n.* מוּצָר וכד׳ שֶנִפסַל
reject *v.* לִפסוֹל; לִדחוֹת; לֹא לְקַבֵּל
rejection *n.* פְּסִילָה; דְחִייָה
rejoice *v.* לִשׂמוֹחַ; לַעֲלוֹץ; לִצהוֹל
rejoin *v.* לְהִצטָרֵף שוּב ל־; לְהִיפָּגֵש שוּב; לְחַבֵּר שוּב; לְהִתמַזֵג (כְּבִיש)
rejoinder *n.* תְשוּבָה; מַעֲנֶה
rejuvenate *v.* לְחַדֵש נְעוּרָיו; לְהַצעִיר; לְרַעֲנֵן; לְהָפִיחַ רוּחַ חַיִים בּ־
rejuvenation *n.* חִידוּש נְעוּרִים; רִענוּן
rekindle *v.* לְהַצִית / לְהִידָלֵק שוּב; לְעוֹרֵר / לְהִתעוֹרֵר מֵחָדָש
relapse *n.* הֲרָעָה בְּמַצָבוֹ; חֲזָרָה; הִישָנוּת מַחֲלָה
relapse *v.* לַחֲזוֹר (לְסוּרוֹ); לִשקוֹעַ שוּב; לַחֲזוֹר לְמַצָב קוֹדֵם (מַחֲלָה)
relate *v.* לְסַפֵּר; לְקַשֵר (בֵּין־); לְייַחֵס (ל־); לִנגוֹעַ (ל־); לְהִתייַחֵס אֶל־; לְהִזדַהוֹת; לִיצוֹר קֶשֶר טוֹב (עִם); לְתַקשֵר; לְהָבִין
related *adj.* קָרוֹב; קָשוּר; נִלוֶוה
– be related לִהיוֹת קְרוֹב(ים)־מִשפָּחָה
relating *adj.* שֶנוֹגֵעַ ל־
relation *n.* קְרוֹב מִשפָּחָה; קֶשֶר; זִיקָה; יַחַס; סִיפּוּר
relationship *n.* קֶשֶר; זִיקָה; קִרבָה מִשפַּחתִית; יְחָסִים; רוֹמָן
relative *adj.* יַחֲסִי
relative *n.* קְרוֹב מִשפָּחָה
relatively *adv.* יַחֲסִית; בְּאוֹפֶן יַחֲסִי
relativity *n.* יַחֲסִיוּת; תוֹרַת הַיַחֲסוּת
relax *v.* לְהַרפּוֹת; לְהֵירָגַע; לָנוּחַ; לִרפּוֹת; לְשַחרֵר; לְהִתבַּדֵר; לְהַגמִיש (חוּקִים)
relaxation *n.* הַרפָּיָה; הִתרַגעוּת; רְגִיעָה; נִינוֹחוּת; בִּילוּי; עִיסוּק מְהַנֶה; פּוּרקָן

relaxed *adj.* רָגוּעַ; נִינוֹחַ; רָפוּי; לֹא מַחמִיר; לֹא קַפְּדָנִי; רוֹפֵף
relay *n.* מִשמֶרֶת; מִמסָר; מֵירוֹץ שְלִיחִים
relay *v.* לְהַעֲבִיר (שִידוּר); לְשַדֵר; לִמסוֹר
release *n.* שִחרוּר; הוֹדָעָה (לָעִיתוֹנוּת); סֶרֶט אוֹ תַקלִיט (חָדָש); מַתֵר (בִּמכוֹנָה)
release *v.* לְשַחרֵר; לְהַתִיר לְפִרסוּם; לְהוֹצִיא (לַשוּק)
relegate *v.* לְהוֹרִיד (בְּדַרגָה / לִיגָה); לְהַעֲבִיר; לִמסוֹר (לְטִיפּוּל, וכו׳)
relent *v.* לְהִתרַכֵּךְ; לְוַותֵר
relentless *adj.* חֲסַר רַחֲמִים; בִּלתִי פּוֹסֵק
relentlessly *adv.* לְלֹא רַחֵם; לְלֹא פְּשָרוֹת
relevance *n.* שַייָכוּת (לָעִניָין); רֶלֶוַונטִיוּת
relevancy *n.* רֶלֶוַונטִיוּת; שַייָכוּת (לָעִניָין)
relevant *adj.* (to) נוֹגֵעַ (לָעִניָין); רֶלֶוַונטִי
reliability *n.* מְהֵימָנוּת; אֲמִינוּת
reliable *adj.* מְהֵימָן; אָמִין
reliably *adv.* מִמָקוֹר מְהֵימָן; בְּצוּרָה מְהֵימָנָה
reliance *n.* (on) אֵמוּן; בִּיטָחוֹן; תְלוּת בּ־
relic *n.* שָׂרִיד מְקוּדָש; שָׂרִיד
– relics (שְׂרִידֵי) גוּפָה
relief *n.* הֲקַלָה; רְוָוחָה; סִיוּעַ; סַעַד; פּוּרקָן; אֶתנַחתָא (קוֹמִית); שִחרוּר (מֵאוֹיֵב); מַחֲלִיף; תַבלִיט
– relief works עֲבוֹדוֹת דְחָק / יְזוּמוֹת
relieve *v.* לְהָקֵל עַל־; לְהָפִיג; לְהַחֲלִיף; לָקַחַת מ־; לַעֲזוֹר לוֹ עִם־; לְפַטֵר; לְשַחרֵר (מִתַפקִידוֹ)
relieved *adj.* חָש הֲקַלָה; שֶל הֲקַלָה
– relieved of duty מְשוּחרָר מִתַפקִידוֹ; מְפוּטָר
religion *n.* דָת; אֱמוּנָה; פּוּלחָן
religious *adj.* דָתִי; ־דָת; אָדוּק; קַפְּדָנִי
religiously *adv.* בַּאֲדִיקוּת; בְּקַפְּדָנוּת; בִּדבֵקוּת
relinquish *v.* לְוַותֵר עַל־; לִזנוֹחַ; לְהַרפּוֹת
relish *n.* מַטעָם מְיוּחָד (רוֹטֶב חָרִיף, מַחמָצִים וכו׳); טַעַם; קֶסֶם; חֵשֶק; הֲנָאָה

R

relish *v.* לְהֵיהָנוֹת מ־; לִמְצוֹא חֵן בְּעֵינָיו

relive *v.* לְהִתְנַסּוֹת מֵחָדָשׁ בּ־; לְשַׁחְזֵר (בְּדִמְיוֹנוֹ)

reload *v.* לִטְעוֹן שׁוּב (נֶשֶׁק)

relocate *v.* לְהַעֲבִיר; לְמַקֵּם בְּמָקוֹם אַחֵר

relocation *n.* מִיקּוּם מֵחָדָשׁ; הַעֲבָרָה

reluctance *n.* אִי־רָצוֹן

reluctant *adj.* אֵינוֹ מְגַלֶּה רָצוֹן; לֹא שָׂשׂ (ל־)

reluctantly *adv.* בְּאִי־רָצוֹן

rely *v.* (relied) (on) לְהִסְתַּמֵּךְ עַל־; לִהְיוֹת תָּלוּי בּ־; לִסְמוֹךְ עַל־; לְהִיזָּקֵק ל־

remain *v.* לְהִישָּׁאֵר

–it remains to be seen יָמִים יַגִּידוּ; נְחַכֶּה וְנִרְאֶה

remainder *n.* שְׁאָר; שְׁאֵרִית

remaining *adj.* שֶׁנּוֹתָר

remains *n.* שְׁיָרִים; שְׂרִידִים; גּוּפָה

remake *n.* גִּרְסָה/מַהֲדוּרָה מְחוּדֶּשֶׁת

remand *v.* לְהַאֲרִיךְ מַעְצָרוֹ

remark *n.* הֶעָרָה; תְּשׂוּמֶת לֵב

–pass a remark לְהָעִיר הֶעָרָה

remark *v.* לְהָעִיר; לוֹמַר (שׁ־); לְהַבְחִין

remarkable *adj.* רָאוּי לְצִיּוּן; יוֹצֵא מִן הַכְּלָל

remarkably *adv.* בְּאוֹפֶן בִּלְתִּי רָגִיל; רָאוּי לְצַיֵּין

remarry *v.* (remarried) לְהִתְחַתֵּן שׁוּב

remedial *adj.* מְסַיֵּיעַ; מְתַקֵּן; שֶׁל פִּיצוּיִים

remedy *n.* תְּרוּפָה; תַּקָּנָה; פִּתְרוֹן

remedy *v.* (remedied) לְתַקֵּן; לִמְצוֹא תַּקָּנָה ל־

remember *v.* לִזְכּוֹר; לְהִיזָּכֵר; לָתֵת מַתָּנָה/תֶּשֶׁר וכו׳ ל־; לְהַזְכִּיר; לִמְסוֹר דְּרִישַׁת שָׁלוֹם

remembrance *n.* זִיכָּרוֹן; זֵכֶר; מַזְכֶּרֶת

remind *v.* לְהַזְכִּיר ל־

reminder *n.* תִּזְכּוֹרֶת

reminisce *v.* לְהַעֲלוֹת זִכְרוֹנוֹת

reminiscences *n.* זִכְרוֹנוֹת

reminiscent *adj.* (of) מַזְכִּיר (אֶת־); מַעֲלֶה זִכְרוֹנוֹת; שֶׁל הַעֲלָאַת זִכְרוֹנוֹת

remiss *adj.* רַשְׁלָנִי; מִתְרַשֵּׁל

remission *n.* הַפְחָתַת מַאֲסָר; נִיכּוּי; הֲקָלָה; הֲפוּגָה

remit *v.* לִשְׁלוֹחַ (תַּשְׁלוּם); לְבַטֵּל; לְהַעֲבִיר

remittance *n.* מִשְׁלוֹחַ תַּשְׁלוּם; תַּשְׁלוּם

remnant *n.* שְׁאֵרִית; שָׂרִיד; שְׁאֵרִית בַּד

remonstrate *v.* לִמְחוֹת (נֶגֶד־); לְהוֹכִיחַ (אוֹתוֹ)

remorse *n.* חֲרָטָה עֲמוּקָּה; מוּסַר כְּלָיוֹת

remorseful *adj.* מִתְיַיסֵּר וּמִתְחָרֵט

remorseless *adj.* חֲסַר רַחֲמִים

remote *adj.* רָחוֹק; נִידָּח; מְנוּתָּק; שֶׁמֶץ; קָלוּשׁ

–I haven't the remotest idea אֵין לִי מוּשָּׂג

remote control *n.* שְׁלַט־רָחוֹק; בַּקָּרָה מֵרָחוֹק

remotely *adv.* מֵרָחוֹק; ־רָחוֹק; בִּכְלָל לֹא

remoteness *n.* רִיחוּק

removable *adj.* שֶׁנִּיתָּן לַהֲסִירוֹ; נָתִיק; שֶׁנִּיתָּן לְסַלְּקוֹ

removal *n.* הַעֲבָרָה; סִילּוּק; הַדָּחָה; הֲסָרָה

remove *v.* לְהָסִיר; לְסַלֵּק; לְהַעֲבִיר; לַעֲבוֹר דִּירָה; לְפַטֵּר; לְהַדִּיחַ

remover *n.* מֵסִיר־; מַעֲבִיר (דִּירוֹת)

remunerate *v.* לְשַׁלֵּם ל־; לְתַגְמֵל

remuneration *n.* תַּשְׁלוּם; גְּמוּל

remunerative *adj.* רִווּחִי; מִשְׁתַּלֵּם

renaissance *n.* תְּחִיָּיה

–the Renaissance (תְּקוּפַת) הָרֶנֶסַאנְס

renal *adj.* שֶׁל הַכְּלָיוֹת

rename *v.* לָתֵת שֵׁם חָדָשׁ ל־

rend *v.* לְשַׁסֵּעַ; לְפַלֵּחַ; לְבַקֵּעַ; לִקְרוֹעַ; לִתְלוֹשׁ

render *v.* לָתֵת; לִגְמוֹל בּ־; לְהַגִּישׁ; לִגְרוֹם שֶׁיִּהְיֶה; לַהֲפוֹךְ ל־; לְבַצֵּעַ; לְתַרְגֵּם; לְטַיֵּיחַ

rendezvous *n., v.* (מָקוֹם שֶׁנִּקְבַּע ל־) פְּגִישָׁה; מְקוֹם מִפְגָּשׁ; לְהִיפָּגֵשׁ

rendition *n.* בִּיצּוּעַ; תִּרְגּוּם

renegade *n.* עָרִיק; בּוֹגֵד; מוּמָר; פּוֹרֵשׁ

renege *v.* לַחֲזוֹר בּוֹ מ־; לְהִתְכַּחֵשׁ ל־; לֹא לְקַיֵּים

renew *v.* לְחַדֵּשׁ; לְהַאֲרִיךְ תְּקוּפַת הַשְּׁאֵלָה; לְהַחֲלִיף בְּחָדָשׁ; לַחֲזוֹר עַל־
renewal *n.* חִידּוּשׁ; הִתְחַדְּשׁוּת; הַאֲרָכַת תְּקוּפַת הַשְּׁאֵלָה; שִׁיקּוּם (שְׁכוּנוֹת)
renounce *v.* לְהִתְכַּחֵשׁ לְ־; לְהוֹדִיעַ עַל הִתְנַתְּקוּתוֹ מִ־; לְווַתֵּר עַל־; לִנְטוֹשׁ
renovate *v.* לְשַׁפֵּץ; לְחַדֵּשׁ
renovation *n.* שִׁיפּוּץ; חִידּוּשׁ
renown *n.* פִּרְסוּם; מוֹנִיטִין
renowned *adj.* מְפוּרְסָם
rent *n.* דְּמֵי שְׂכִירוּת/חֲכִירָה; קֶרַע
rent *v.* לִשְׂכּוֹר; לַחְכּוֹר; לְהַשְׂכִּיר; לְהַחְכִּיר
rental *n.* דְּמֵי־שְׂכִירוּת; הַשְׂכָּרָה
renunciation *n.* הִתְנַתְּקוּת; הִתְכַּחֲשׁוּת; פְּרִישָׁה; וִיתּוּר; נְטִישָׁה
reopen *v.* לִפְתּוֹחַ/לְהִיפָּתַח מֵחָדָשׁ
reorganization *n.* אִרְגּוּן מֵחָדָשׁ; הִתְאַרְגְּנוּת מֵחָדָשׁ
reorganize, reorganise *v.* לְאַרְגֵּן/לְסַדֵּר מֵחָדָשׁ; לְהִתְאַרְגֵּן מֵחָדָשׁ
reorientate, reorient *v.* לְכַוֵּון/לְהִסְתַּגֵּל מֵחָדָשׁ
rep *n.* נְצִיג מְכִירוֹת; (תֵּיאַטְרוֹן) רֶפֶּרְטוּאָר
repaid *v. past and 3rd form of* repay
repair *n.* תִּיקּוּן; שִׁיפּוּצִים
–beyond repair לֹא נִיתָּן לְתַקְּנוֹ
–in (a) good repair בְּמַצָּב טוֹב; תָּקִין
–bad (state of) repair מַצָּב לֹא תָּקִין
repair *v.* לְתַקֵּן; לְשַׁקֵּם
repairable *adj.* נִיתָּן לְתִיקּוּן
repairer *n.* מְתַקֵּן
reparable *adj.* נִיתָּן לְתִיקּוּן; שֶׁנִּיתָּן לְהַחֲזִירוֹ
reparation *n.* פִּיצּוּי; שִׁילּוּמִים
reparations *n.* שִׁילּוּמִים
repartee *n.* תְּשׁוּבָה שְׁנוּנָה; חִילּוּפֵי תְּשׁוּבוֹת שְׁנוּנוֹת; דּוּ־קְרָב מִילּוּלִי
repast *n.* סְעוּדָה; אֲרוּחָה
repatriation *n.* הַחְזָרָה לַמּוֹלֶדֶת
repay *v.* (repaid) לְשַׁלֵּם בַּחֲזָרָה; לְהַחֲזִיר; לִגְמוֹל
repayment *n.* תַּשְׁלוּם; פֵּרָעוֹן
repeal *v., n.* לְבַטֵּל (חוֹק, וכד׳); בִּיטּוּל
repeat *n.* חֲזָרָה; (הַזְמָנָה/הַצָּגָה) חוֹזֶרֶת; שִׁידּוּר חוֹזֵר
–repeat offender עֲבַרְיָין מוּעָד
repeat *v.* לַחֲזוֹר (עַל־); לְסַפֵּר; לְהַשְׁאִיר טַעַם בַּפֶּה; לְסַפֵּק מִשְׁלוֹחַ נוֹסָף
repeated *adj.* חוֹזֵר וְנִשְׁנֶה
repeatedly *adv.* שׁוּב וָשׁוּב
repeat performance *n.* הַצָּגָה חוֹזֶרֶת
repel *v.* לַהֲדוֹף; לִדְחוֹת; לְעוֹרֵר דְּחִיָּה בְּ־
repellent *adj.* מְעוֹרֵר דְּחִיָּה; דּוֹחֶה
repellent *n.* (תַּכְשִׁיר; חוֹמֶר) דּוֹחֶה־
repent *v.* (of) לְהִתְחָרֵט (עַל־); לַחֲזוֹר בִּתְשׁוּבָה
repentance *n.* חֲרָטָה; תְּשׁוּבָה
repentant *adj.* מִתְחָרֵט; חוֹזֵר בִּתְשׁוּבָה
repercussion *n.* הַשְׁלָכוֹת; הֵד; רְתִיעָה
–repercussions הַשְׁלָכוֹת; הֵד
repertory *n.* רֶפֶּרְטוּאָר; תֵּיאַטְרוֹן רֶפֶּרְטוּאָר; מְלַאי; מַחְסָן
repetition *n.* חֲזָרָה; הִישָּׁנוּת
repetitive, repetitious *adj.* חוֹזֵר עַל עַצְמוֹ
rephrase *v.* לְנַסֵּחַ מֵחָדָשׁ
replace *v.* לְהַחֲלִיף; לָבוֹא בִּמְקוֹם־; לְהַחֲזִיר לִמְקוֹמוֹ
replacement *n.* מַחֲלִיף; תַּחֲלִיף; הַחְלָפָה; הַחְזָרָה לַמָּקוֹם
replay *n.* מִשְׂחָק/הִילּוּךְ חוֹזֵר; הַשְׁמָעָה מֵחָדָשׁ
replenish *v.* לְמַלֵּא מֵחָדָשׁ; לְחַדֵּשׁ מְלַאי
replete *adj.* (with) מָלֵא (בְּ־); גָּדוּשׁ; שָׂבֵעַ
replica *n.* הֶעְתֵּק; דֶּגֶם מוּקְטָן
replication *n.* שִׁכְפּוּל (תָּא); שִׁחְזוּר נִיסּוּי
reply *n.* תְּשׁוּבָה; תְּגוּבָה
reply *v.* (replied) לַעֲנוֹת (לְ־); לְהָשִׁיב
report *n.* דּוּ״חַ; כַּתָּבָה; דִּיוּוּחַ; תְּעוּדָה; שְׁמוּעָה; קוֹל נֶפֶץ
report *v.* (on) לְדַוֵּוחַ (עַל־); לְהַגִּישׁ תְּלוּנָה נֶגֶד־
–report (to) (for) לְהִתְיַיצֵּב (בִּפְנֵי־) (לְ־)
report card *n.* תְּעוּדַת בֵּית־סֵפֶר

R

reportedly *adv.* כְּפִי שֶׁנִּמְסַר; עפ״י הַמְּדוּוָּח
reporter *n.* כַּתָּב; עִיתּוֹנַאי
repose *n.* מְנוּחָה; שֵׁינָה; מַרְגּוֹעַ; שַׁלְוָה
repose *v.* לָנוּחַ; לִשְׁכַּב; לִהְיוֹת מוּנָּח; לְהַנִּיחַ; לְהַשְׁעִין
repossess *v.* לְהַחֲזִיר לִרְשׁוּתוֹ (בְּגִין חוֹב)
reprehensible *adj.* רָאוּי לְגִינּוּי
represent *v.* לְצַיֵּין; לְתָאֵר; לְסַמֵּל; לְהַצִּיג; לְיַיצֵּג; לְהַוּוֹת
representation *n.* יִיצּוּג; תֵּיאוּר; הֶיצֵּג; מַצָּג; נְצִיגוּת; מְחָאָה
representative *adj.* מְיַיצֵּג; יָצִיג; נִבְחָר; יִיצּוּגִי
representative *n.* נָצִיג; צִיר נִבְחָר
repress *v.* לְדַכֵּא; לְרַסֵּן; לְהַדְחִיק
repressed *adj.* מוּדְחָק; מְתוּסְכָּל
repression *n.* דִּיכּוּי; הַדְחָקָה
repressive *adj.* ־דִּיכּוּי
reprieve *n.* דְּחִיַּית בִּיצּוּעַ עוֹנֶשׁ; חֲנִינָה
reprimand *n., v.* נְזִיפָה; לִנְזוֹף בְּ־
reprint *n.* הַדְפָּסָה חֲדָשָׁה
reprisal *n.* פְּעוּלַּת תַּגְמוּל; מַעֲשֵׂי נָקָם; תַּגְמוּל
reproach *n.* תּוֹכָחָה; הַאֲשָׁמָה; נְזִיפָה; חֶרְפָּה
reproach *v.* לִנְזוֹף בְּ־; לְהוֹכִיחַ אוֹתוֹ; לְהַאֲשִׁים
reproachfully *adv.* בְּתוֹכָחָה
reprocess *v.* לְעַבֵּד מֵחָדָשׁ; לְטַהֵר; לְמַחְזֵר
reproduce *v.* לְהַשְׁמִיעַ שׁוּב; לְשַׁעְתֵּק; לְשַׁחְזֵר; לְהִתְרַבּוֹת
reproduction *n.* שִׁעְתּוּק; שִׁחְזוּר; הִתְרַבּוּת; רֶפְּרוֹדוּקְצִיָּה
reproductive *adj.* ־רְבִיָּה; שֶׁל שִׁחְזוּר
reproof *n.* תּוֹכָחָה; גִּינּוּי; אַשְׁמָה; גְּעָרָה
reprove *v.* לִגְעוֹר בְּ־; לְהוֹכִיחַ (מִישֶׁהוּ)
reprovingly *adv.* בִּגְעָרָה; בְּתוֹכָחָה
reptile *n.* זוֹחֵל (לְטָאָה, וכו׳)
republic *n.* רֶפּוּבְּלִיקָה
republican *adj., n.* רֶפּוּבְּלִיקָנִי
repudiate *v.* לְהִתְכַּחֵשׁ לְ־; לְהִתְנַעֵר מִ־; לִדְחוֹת; לְסָרֵב לְשַׁלֵּם (חוֹב)

repugnance *n.* סְלִידָה
repugnant *adj.* מְעוֹרֵר סְלִידָה; דּוֹחֶה
repulse *v.* לַהֲדוֹף; לִדְחוֹת; לְהַרְתִּיעַ
repulsion *n.* סְלִידָה; רְתִיעָה; דְּחִיָּה
repulsive *adj.* מַגְעִיל; מְעוֹרֵר סְלִידָה; דּוֹחֶה
reputable *adj.* מְכוּבָּד; בַּעַל מוֹנִיטִין
reputation *n.* שֵׁם; מוֹנִיטִין; שֵׁם טוֹב
–live up to your reputation לְהַצְדִּיק אֶת הַמּוֹנִיטִין שֶׁיָּצְאוּ לוֹ
repute *n.* שֵׁם; שֵׁם טוֹב; מוֹנִיטִין
–of ill repute יָדוּעַ לְשִׁמְצָה
reputed *adj.* נֶחְשָׁב לְ־; יָדוּעַ (כְּ־); מִי / מַה שֶּׁנֶּחְשָׁב כְּ־
reputedly *adv.* כְּכָל הַיָּדוּעַ; כָּךְ אוֹמְרִים
request *n.* בַּקָּשָׁה; דְּרִישָׁה; מִשְׁאָלָה
request *v.* לְבַקֵּשׁ; לִדְרוֹשׁ
requiem *n.* רֶקְוִויאֶם; תְּפִילַּת אַשְׁכָּבָה
require *v.* לִהְיוֹת זָקוּק לְ־; לִדְרוֹשׁ
–be required לְהִידָּרֵשׁ
requirement *n.* דְּרִישָׁה; צוֹרֶךְ; כַּמּוּת נִדְרֶשֶׁת
–meet the requirements לַעֲמוֹד בַּדְּרִישׁוֹת
requisite *n., adj.* (מַה שֶּׁ־) דָּרוּשׁ; צוֹרֶךְ־
requisition *n., v.* דְּרִישָׁה (רִשְׁמִית); הַפְקָעָה; הַחְרָמָה; לִדְרוֹשׁ; לְהַפְקִיעַ
rerun *n.* שִׁידּוּר חוֹזֵר; הַקְרָנָה חוֹזֶרֶת; הַצָּגָה חוֹזֶרֶת
reschedule *v.* לִפְרוֹס (חוֹב); לְשַׁנּוֹת מוֹעֵד (טִיסָה, וכו׳)
rescind *v.* לְבַטֵּל (חוֹק, הֶסְכֵּם, וכו׳)
rescue *n.* הַצָּלָה; חִילּוּץ
rescue *v.* לְהַצִּיל; לְחַלֵּץ; לְמַלֵּט (מִ־)
rescuer *n.* מַצִּיל; מְחַלֵּץ
research *n.* מֶחְקָר; תַּחְקִיר
research *v.* (into) לַחְקוֹר; לַעֲשׂוֹת מֶחְקָר (עַל־)
researcher *n.* חוֹקֵר; אִישׁ מֶחְקָר; תַּחְקִירָן
resemblance *n.* דִּמְיוֹן (בֵּין־)
resemble *v.* לִהְיוֹת דּוֹמֶה לְ־
resent *v.* לְהִתְקוֹמֵם עַל־; לִכְעוֹס עַל־; לִמְחוֹת עַל־; לִשְׂנוֹא; לְהִתְנַכֵּר לְ־

R

resentful *adj.* מָלֵא תַרעוֹמֶת; כּוֹעֵס

resentfully *adv.* בְּתַרעוֹמֶת; בְּכַעַס

resentment *n.* תַרעוֹמֶת; כַּעַס; טִינָה

reservation *n.* הִסתַייגוּת; הַזמָנָה מֵרֹאש; מָקוֹם שָמוּר; שְמוּרַת אִינדִיאָנִים; שֶטַח הַפרָדָה בֵּין שְנֵי מַסלוּלֵי כְּבִיש; מִפרָדָה

–without reservation לְלֹא סְייָג; בְּלֵב שָלֵם

reserve *n.* מִלַאי; עֲתוּדָה; שַחקָן סַפסָל; מַחֲלִיף; שְמוּרָה; סְגִירוּת; מְסוּיָגוּת; אִיפּוּק; הִסתַייגוּת; מִילוּאִים; מְחִיר מִינִימוּם

–in reserve בַּצַד; בְּרֶזֶרבָה

–Reserves (חֵיל) מִילוּאִים

reserve *v.* לִשמוֹר (עַל־); לְייַעֵד; לְהַזמִין מֵרֹאש

reserved *adj.* סָגוּר; מְסוּיָג; שָמוּר

reservoir *n.* מַאֲגַר־מַיִם; מַאֲגָר; מְכָל

reset *v.* לְאַפֵּס; לְהַחֲזִיר לִמקוֹמָהּ (עֶצֶם)

reshuffle *n.* חִילוּפֵי תַפקִידִים; סֶבֶב מִינוּיִים

reshuffle *v.* לְעַרבֵּב מֵחָדָש; לִטרוֹף; לַעֲשוֹת סֶבֶב מִינוּיִים בּ־

reside *v.* לָגוּר; לִחיוֹת

–reside in לְהִימָצֵא בּ־/בִּידֵי־

residence *n.* מְגוּרִים; בַּיִת

resident *adj., n.* תוֹשָב; גָר (בְּמָקוֹם); מְקוֹמִי; דַייָר; מִתאָרֵחַ (בְּמָלוֹן); רוֹפֵא מִתמַחֶה שֶמִשתַלֵם בְּבֵית־הַחוֹלִים

residential *adj.* שֶל מְגוּרִים; (שֶל בָּתֵי)־מְגוּרִים; שֶמְחַייֵב מְגוּרִים בְּמָקוֹם

residual *adj.* שֶנוֹתַר; שֶנוֹתַר כְּמִשקָע

residue *n.* שְאֵרִית; מִשקָע

resign *v.* לְהִתפַּטֵר (מ־)

–resign oneself to לְהַשלִים עִם־

resignation *n.* (מִכתַב) הִתפַּטְרוּת; הַשלָמָה

resilience *n.* גְמִישוּת; קְפִיצִיוּת; כּוֹשֶר הִתאוֹשְשוּת

resilient *adj.* קְפִיצִי; גָמִיש; מִתאוֹשֵש מַהֵר

resin *n.* שְׂרָף; שְׂרָף סִינתֶטִי

resist *v.* לְהִתנַגֵד (ל־); לְגַלוֹת הִתנַגדוּת; לִהיוֹת עָמִיד/חָסִין בִּפנֵי־; לַעֲמוֹד בִּפנֵי־ (הַפִּיתוּי)

resistance *n.* הִתנַגדוּת (ל־); תְנוּגָדֶת; מַחתֶרֶת

resistant *adj.* עָמִיד/חָסִין בִּפנֵי־; מִתנַגֵד

resolute *adj.* תַקִיף (בְּדַעתוֹ); הֶחלֵטִי; נָחוּש

resolution *n.* הַחלָטָה; נְחִישוּת; הֶחלֵטִיוּת; פִּתרוֹן; רֶזוֹלוּצִיָה (לְגַבֵּי חַדוּת תְמוּנָה)

resolve *n.* הַחלָטָה נְחוּשָה

resolve *v.* לְהַחלִיט; לִגמוֹר אוֹמֶר; לִפתוֹר; לְייַשֵב; לְהַפרִיד

–resolve into לְהַפרִיד; לְהִתפָּרֵק ל־; לְהִתחַלֵק ל־

resonance *n.* תְהוּדָה

resonate *v.* לְהַדהֵד

resort *n.* מְקוֹם נוֹפֶש/קַיִט; שִימוּש; הִיזָקְקוּת

–as a/in the last resort כְּאֶמצָעִי אַחֲרוֹן

resort *v.* (to) (לְהֵיאָלֵץ) לְהִשתַמֵש בּ־; לְהִיזָקֵק ל־; לִנקוֹט

resounding *adj.* מוֹחֵץ; עָצוּם; מְהַדהֵד

resource *n.* מַשאַבִּים (בְּרַבִּים); אֶמצָעִי; מְקוֹר כּוֹחַ; תוּשִייָה

–leave him to his own resources לְהָנִיחַ לוֹ לְנַפשוֹ; לָתֵת לוֹ לְהַעֲסִיק אֶת עַצמוֹ

resourceful *adj.* בַּעַל תוּשִייָה

resourcefully *adv.* בְּתוּשִייָה

respect *n.* כָּבוֹד; הוֹקָרָה; הִתחַשבוּת; יַחַס כָּבוֹד; בְּחִינָה; הֶיבֵּט

–in all respects מִכָּל הַבְּחִינוֹת

–pay your respects לַעֲרוֹך בִּיקוּר נִימוּסִין; לְכַבֵּד (זִכרוֹ)

–respects דְרִישַת שָלוֹם

–with respect to בְּנוֹגֵעַ ל־; בְּיַחַס ל־

respect *v.* לְכַבֵּד

respectability *n.* מְכוּבָּדוּת; מְהוּגָנוּת

respectable *adj.* מְכוּבָּד; הָגוּן; נִכבָּד; גָדוֹל/טוֹב לְמַדַי

R

respected *adj.* מְכוּבָּד; זוֹכֶה לְהַעֲרָכָה
respecting *prep.* בְּנוֹגֵעַ ל־; בְּעִנְיַין־
respectful *adj.* רוֹחֵשׁ כָּבוֹד; מַבִּיעַ כָּבוֹד
respectfully *adv.* בְּכָבוֹד; לִכְבוֹדוֹ; בְּדֶרֶךְ אֶרֶץ
respective *adj.* שֶׁל כָּל אֶחָד מֵהֶם
respectively בְּהַתְאָמָה; לְפִי סֵדֶר זֶה
respiration *n.* נְשִׁימָה; הַנְשָׁמָה
respirator *n.* מַנְשֵׁם; מַסֵּיכַת־נְשִׁימָה
respiratory tract *n.* מַעֲרֶכֶת הַנְשִׁימָה
respite *n.* הֲפוּגָה; מְנוּחָה
resplendent *adj.* מַזְהִיר; נוֹצֵץ; מְפוֹאָר
respond *v.* לַעֲנוֹת; לְהָשִׁיב; לְהָגִיב
respondent *n.* נִתְבָּע; מֵשִׁיב; נִשְׁאָל
response *n.* תְּשׁוּבָה; תְּגוּבָה; הֵיעָנוּת
responsibility *n.* (for) אַחֲרָיוּת (ל־); תְּחוּם אַחֲרָיוּת; תַּפְקִיד; חוֹבָה
–claim responsibility לְקַבֵּל הָאַחֲרָיוּת עַל (פֶּשַׁע וכד׳)
responsible *adj.* אַחְרַאי (ל־); אַחֲרָאִי; מְהֵימָן
responsibly *adv.* בְּאַחֲרָיוּת
responsive *adj.* נַעֲנֶה ל־; מֵגִיב הֵיטֵב
rest *n.* מְנוּחָה; מַרְגּוֹעַ; הַפְסָקָה; מִשְׁעָן; מִשְׁעֶנֶת; הֶפְסֵק (בְּמוּסִיקָה)
–be laid to rest לְהִיקָּבֵר
–come to rest לְהֵיעָצֵר
rest *n.* (the rest) הַשְּׁאָר; הַיֶּתֶר; הָאֲחֵרִים
rest *v.* לָנוּחַ; לִשְׁקוֹט; לְהָנִיחַ ל־; לָתֵת מְנוּחָה ל־; לְהַשְׁעִין / לְהִישָּׁעֵן (עַל־); לִהְיוֹת קָבוּר
–rest assured אַתָּה יָכוֹל לִהְיוֹת בָּטוּחַ; תָּנוּחַ דַּעְתְּךָ
–rest with לִהְיוֹת בִּידֵי־/מוּטָל עָלָיו
restaurant *n.* מִסְעָדָה
restful *adj.* שָׁלֵו; רָגוּעַ; מַרְגִּיעַ
rest home *n.* בֵּית אָבוֹת; בֵּית הַבְרָאָה
restitution *n.* הַחְזָרָה לִבְעָלָיו; הֲשָׁבָה; פִּיצּוּי
restive *adj.* לֹא שָׁקֵט; עַצְבָּנִי
restless *adj.* חֲסַר מְנוּחָה; לֹא שָׁקֵט
restlessness *n.* חוֹסֶר מְנוּחָה; אִי־שֶׁקֶט
restoration *n.* הַחְזָרָה; שִׁחְזוּר; שִׁיקּוּם
restore *v.* לְהַחֲזִיר; לְהַנְהִיג שׁוּב; לְהַבְרִיא; לְהַחֲזִיר לְאֵיתָנוֹ; לְהָשִׁיב עַל כַּנּוֹ; לְשַׁחְזֵר; לְשַׁקֵּם; לְהַחֲזִיר (לְתַפְקִידוֹ)
restrain *v.* לְרַסֵּן; לַעֲצוֹר (בְּעַד־)
restrained *adj.* מְאוּפָּק; מְרוּסָּן
restraint *n.* רִיסּוּן; אִיפּוּק; רֶסֶן; מַעֲצוֹר; הַגְבָּלָה; הֶגְבֵּל; אִילּוּץ
restrict *v.* (to) לְהַגְבִּיל (ל־)
restricted *adj.* מוּגְבָּל; מְצוּמְצָם
restricted area *n.* שֶׁטַח סָגוּר; אֵיזוֹר שֶׁל הַגְבָּלַת מְהִירוּת; אֵיזוֹר קְנָס מוּגְדָּל
restriction *n.* הַגְבָּלָה; מִגְבָּלָה
restrictive *adj.* מַגְבִּיל
restroom *n.* שֵׁירוּתִים
restructure *v.* לַעֲשׂוֹת שִׁינּוּיִים מִבְנִיִּים בְּ־
result *n.* תּוֹצָאָה; נִיצָּחוֹן (בְּכַדּוּרֶגֶל)
–as a result (of) כְּתוֹצָאָה מִכָּךְ / מ־
result *v.* (from) לִנְבּוֹעַ מ־; לָבוֹא כְּתוֹצָאָה (מ־)
–result in לְהָבִיא לִידֵי־; לְהִסְתַּיֵּים בְּ־
resultant *adj.* שֶׁבָּא כְּתוֹצָאָה (מִכָּךְ)
resume *v.* לְהַמְשִׁיךְ בְּ־; לְהַתְחִיל שׁוּב; לְחַדֵּשׁ; לִתְפּוֹס שׁוּב; לְהַחֲזִיר לְעַצְמוֹ
résumé *n.* סִיכּוּם; תַּקְצִיר; (סִיכּוּם) קוֹרוֹת חַיִּים
resumption *n.* חִידּוּשׁ (פְּעִילוּת); הַמְשָׁכָה
resurgence *n.* הִתְעוֹרְרוּת; תְּחִיָּיה
resurrection *n.* תְּחִיָּיתוֹ שֶׁל יֵשׁוּ; הִתְחַדְּשׁוּת; תְּחִיָּה; חִידּוּשׁ
resuscitate *v.* לְהַחֲיוֹת
resuscitation *n.* הַחֲיָיאָה
retail *adv., adj.* בְּקִמְעוֹנוּת; קִמְעוֹנִי
retail *n.* קִמְעוֹנוּת
retail *v.* לִמְכּוֹר בְּקִמְעוֹנוּת; לְהָפִיץ (רְכִילוּת); לַחֲזוֹר עַל־; לְהִימָּכֵר לַצַּרְכָן בְּ־
retailer *n.* קִמְעוֹנַאי
retain *v.* לִשְׁמוֹר (עַל־); לְהַחֲזִיק בְּ־; לִשְׂכּוֹר שֵׁירוּתֵי (עו״ד)
retainer *n.* שְׂכַר טִרְחָה; מְשָׁרֵת; כְּלִי קִיבּוּל; מְהַדֵּק; פְּלָטָה (לְשִׁינַּיִים); עוֹצֵר
retake *n.* צִילּוּם חוֹזֵר; הַקְלָטָה חוֹזֶרֶת; מִבְחָן חוֹזֵר
retaliate *v.* לִגְמוֹל; לְהָגִיב (בִּפְעוּלַּת תַּגְמוּל)

R

retaliation *n.* תַּגמוּל; תְגוּבָה (כְּתַגמוּל)
retaliatory *adj.* שֶׁבָּא כְּתַגמוּל
retard *v.* לְעַכֵּב; לְהַפרִיעַ ל־
retardation *n.* פִּיגוּר (שִׂכלִי); עִיכּוּב
retarded *adj.* מְפַגֵּר
retention *n.* הַחזָקָה; שְׁמִירָה; אֲצִירָה; זִיכָּרוֹן
retentive *adj.* שֶׁמסוּגָל לֶאֱגוֹר פְּרָטִים רַבִּים
rethink *v.* (rethought) לִשקוֹל מֵחָדָשׁ
reticence *n.* שַׁתקָנוּת
retina *n.* רִשׁתִית (הָעַיִן)
retinue *n.* פָּמַליָה
retire *v.* לִפרוֹשׁ (מ־ / ל־); לָלֶכֶת לִישׁוֹן; לְהוֹצִיא / לָצֵאת לְגִמלָאוֹת; לָסֶגֶת
retired *adj.* בְּגִמלָאוֹת; בְּדִימוֹס
retirement *n.* פְּרִישָׁה; גִמלָאוֹת
retiring *adj.* מִתבּוֹדֵד; מִסתַגֵר; הַיוֹצֵא; הַפּוֹרֵשׁ
retort *n.* אַבִּיק (בַּמעבָּדה)
retort *n.* תְשׁוּבָה חֲרִיפָה / מוּחֶצֶת
retort *v.* לְהָשִׁיב מִינֵה וּבֵה / בְּשִׁנִינוּת
retouch *v.* לְרַטֵשׁ (תְמוּנָה); לְשַׁפֵּר
retrace *v.* לַחֲזוֹר עַל־; לְשַׁחזֵר בְּמוֹחוֹ
retract *v.* לַחֲזוֹר בּוֹ (מ־); לִמשׁוֹךְ / לַחֲזוֹר פְּנִימָה; לְהִתקַפֵּל
retractable *adj.* מִתכַּנֵס; מִתקַפֵּל; נָסִיג
retraction *n.* חֲזָרָה (מִדבָרָיו)
retraining *n.* הֲסָבָה מִקצוֹעִית
retreat *n.* נְסִיגָה; אוֹת נְסִיגָה; (מָקוֹם שֶׁקֶט ל־) מְנוּחָה / הִתבּוֹדְדוּת
retreat *v.* לָסֶגֶת
retrenchment *n.* צִמצוּם; קִימוּץ
retrial *n.* מִשׁפָּט חוֹזֵר
retribution *n.* עוֹנֶשׁ; גְמוּל
retrievable *adj.* שֶׁנִיתָן לְאַחזֵרוֹ; שֶׁנִיתָן לְהַשִּׂיגוֹ בַּחֲזָרָה
retrieval *n.* הַשָּׂגָה; בַּחֲזָרָה; אִחזוּר (מֵידָע); שְׁלִיפָה; הַצָּלָה; תַקָנָה
retrieve *v.* לְקַבֵּל / לְהַשִּׂיג בַּחֲזָרָה; לִשלוֹף (מֵידָע); לְאַחזֵר (מֵידָע)
retriever *n.* כֶּלֶב מַחֲזִיר צַיִד
retroactive *adj.* לְמַפרֵעַ; רֶטרוֹאַקטִיבִי
retroactively *adv.* לְמַפרֵעַ
retrograde *adj.* שֶׁעָלוּל לְהָבִיא לְהִידַרדְרוּת; אֲחוֹרָה
retrospect *n.* מַבָּט לְאָחוֹר
retrospective *adj.* בְּמַבָּט לְאָחוֹר; מִן הֶעָבָר; לְמַפרֵעַ; רֶטרוֹספֶּקטִיבִי
return *adj.* ־הָלוֹךְ וָשׁוֹב; ־חֲזָרָה; ־גוֹמלִין
return *n.* שִׁיבָה; חֲזָרָה; שׁוּבוֹ; הַחזָרָה; דוּ״חַ; הַצהָרָה; תְשׁוּאָה; רֶוַוח; כַּרטִיס הָלוֹךְ וָשׁוֹב (בִּברִיטַניָה)
–by return בְּדוֹאַר חוֹזֵר
–in return (for) בִּתמוּרָה (ל־)
–Many happy returns (of the day). עַד מֵאָה וְעֶשׂרִים
–returns הַכנָסוֹת; רְוָוחִים; תוֹצָאוֹת
–tax return דוּ״חַ הַכנָסָה
return *v.* לַחֲזוֹר; לְהַחֲזִיר; לְהָשִׁיב; לִבחוֹר (בּוֹ) לַפַּרלָמֶנט; לִפסוֹק; לִקבּוֹעַ; לְדַוֵוחַ עַל־; לְהַצהִיר עַל־
returnable *adj.* (שֶׁ)נִיתָן לְהַחֲזִירוֹ; יֵשׁ לְהַחֲזִירוֹ
return fare *n.* מְחִיר כַּרטִיס הָלוֹךְ וָשׁוֹב (בִּברִיטַניָה); מְחִיר נְסִיעָה חֲזָרָה
reunification *n.* אִיחוּד מֵחָדָשׁ
reunion *n.* אִיחוּד מֵחָדָשׁ; מִפגַשׁ רֵעִים; מִפגָשׁ מִשׁפַּחתִי; פְּגִישַׁת מַחזוֹר
reunite *v.* לְאַחֵד / לְהִתאַחֵד מֵחָדָשׁ
reuse *v.* לְמַחזֵר; לַעֲשׂוֹת שִׁימוּשׁ חוֹזֵר בּ־
revaluation *n.* שִׁעֲרוּךְ; יִיסוּף
revalue *v.* לְשַׁעֲרֵךְ; לְיַיסֵף
revamp *v.* לְשַׁפֵּץ; לְהַכנִיס שִׁיפּוּרִים בּ־
reveal *v.* לַחשׂוֹף; לְגַלוֹת; לְהַראוֹת
revealing *adj.* מְאַלֵף; חוֹשֵׂף; חוֹשׂפָנִי
revel *v.* (in) לֵיהָנוֹת מְאוֹד מ־; לְהִתעַנֵג עַל־; לְהִתהוֹלֵל
revelation *n.* גִילוּי; חֲשִׂיפָה; גִילוּי מַפתִיעַ; הִתגַלוּת
revelry *n.* הִילוּלָה; שִׂמחָה
revenge *v., n.* לִנקוֹם; לִנקוֹם אֶת נִקמַת־; לְהִתנַקֵם בּ־; נְקָמָה
revenue *n.* הַכנָסָה; הַכנָסוֹת; פִּדיוֹן
reverberate *v.* לְהַדהֵד; לְעוֹרֵר הֵדִים
reverberation *n.* הִדהוּד; הֵדִים; הַשׁלָכוֹת
revere *v.* לְהַעֲרִיץ; לִרחוֹשׁ כָּבוֹד רַב ל־

R

reverence *n.* יִרְאַת כָּבוֹד; הַעֲרָצָה
Reverend *n.* כְּבוֹד הַכּוֹמֶר
reverent *adj.* מָלֵא יִרְאַת כָּבוֹד
reverie *n.* חֲלוֹם בְּהָקִיץ
reversal *n.* הִיפּוּךְ; בִּיטוּל; מַהְפָּךְ
reverse *adj.* הָפוּךְ; אֲחוֹרִי
reverse *n.* הַהֵיפֶךְ; הַצַּד הֶהָפוּךְ; הִילוּךְ אֲחוֹרִי; תְּבוּסָה; כִּישָּׁלוֹן; הֶפְסֵד
reverse *v.* לְהַסִּיעַ / לִנְסוֹעַ אֲחוֹרָה; לַהֲפוֹךְ; לְשַׁנּוֹת כִּיווּן; לְבַטֵּל
–reverse the charges לְטַלְפֵּן בְּגוּבַיְינָה
reversible *adj.* הָפִיךְ; שֶׁאֶפְשָׁר לְבַטְּלוֹ; שֶׁנִּיתָן לְלוֹבְשׁוֹ הָפוּךְ
revert *v.* (to) לַחֲזוֹר (לְ־ / לִהְיוֹת); לַחֲזוֹר לְבַעֲלוּת (שֶׁל־)
review *n.* סְקִירָה; בְּדִיקָה; עִיּוּן מֵחָדָשׁ; (מַאֲמַר) בִּיקוֹרֶת; כְּתַב־עֵת; מִסְקָר
review *v.* לִבְחוֹן מֵחָדָשׁ; לִסְקוֹר; לִכְתּוֹב בִּיקוֹרֶת עַל־; לַחֲזוֹר עַל־ (חוֹמֶר)
reviewer *n.* מְבַקֵּר (סְפָרִים וכד׳)
revile *v.* לְגַדֵּף; לְחָרֵף
reviled *adj.* מוּשְׁמָץ; מוּתְקָף
revise *v.* לְתַקֵּן; לְשַׁנּוֹת; לַחֲזוֹר עַל (הַחוֹמֶר) לִלְמוֹד (לְמִבְחָן); לַעֲרוֹךְ מֵחָדָשׁ
–revised edition מַהֲדוּרָה מְתוּקֶּנֶת / מְעוּדְכֶּנֶת
revision *n.* שִׁינּוּי; תִּיקּוּן; עֲרִיכָה (מֵחָדָשׁ); נוֹסַח מְתוּקָּן; חֲזָרָה עַל חוֹמֶר
revival *n.* הַחֲיָאָה; תְּחִיָּה; הִתְעוֹרְרוּת; חִידּוּשׁ; (מַסָּע לְ־) הִתְעוֹרְרוּת דָּתִית; הֲפָקָה חֲדָשָׁה
revive *v.* לַחֲזוֹר / לְהַחֲזִיר לְחַיִּים; לְחַדֵּשׁ; לְהִתְעוֹרֵר; לְהִתְאוֹשֵׁשׁ; לְהִתְחַדֵּשׁ
revoke *v.* לְבַטֵּל; לִשְׁלוֹל (רִישָּׁיוֹן)
revolt *n.* מֶרֶד; הִתְקוֹמְמוּת
revolt *v.* (against) לִמְרוֹד (בְּ־); לְעוֹרֵר שְׁאָט־נֶפֶשׁ בְּ־; לְהִתְקוֹמֵם (נֶגֶד)
revolting *adj.* מַבְחִיל; מְעוֹרֵר סְלִידָה
revolution *n.* מַהְפֵּכָה; הַקָּפָה; סִיבּוּב
revolutionary *adj., n.* מַהְפְּכָנִי; מַהְפְּכָן
revolutionize *v.* לְהָבִיא לְמַהְפֵּכָה בְּ־
revolve *v.* (around) לְהִסְתּוֹבֵב סְבִיב־; לְהִתְמַקֵּד בְּ־; לִבְחוֹן מִכָּל צַד
revolver *n.* אֶקְדָּח
revolving *adj.* מִסְתּוֹבֵב
revulsion *n.* סְלִידָה; תִּיעוּב; מַהְפָּךְ
reward *n.* פְּרָס; גְּמוּל; שָׂכָר
reward *v.* לָתֵת פְּרָס לְ־; לִגְמוֹל; לְתַגְמֵל
rewarding *adj.* כְּדָאִי; נוֹתֵן סִיפּוּק; מְהַנֶּה
rewind *v.* (rewound) לְהָרִיץ אֲחוֹרָה; לְמַתּוֹחַ שׁוּב קְפִיץ (שָׁעוֹן, וכו׳)
reword *v.* לְנַסֵּחַ אַחֶרֶת
rewrite *v.* (rewrote, rewritten) לִכְתּוֹב מֵחָדָשׁ; לְשַׁכְתֵּב
rewrite *n.* כְּתִיבָה מֵחָדָשׁ; שִׁכְתּוּב
rework *v.* לְעַבֵּד מֵחָדָשׁ; לְשַׁכְתֵּב; לְעַדְכֵּן; לְמַחְזֵר
rhapsodize *v.* לְהִתְלַהֵב; לְהַבִּיעַ הִתְפַּעֲלוּת; לִגְמוֹר אֶת הַהַלֵּל
rhetoric *n.* רֶטוֹרִיקָה; אוּמָּנוּת הַנְּאוּם; מְלִיצוֹת רֵיקוֹת
rhetorical *adj.* רֶטוֹרִי; נִמְלָץ
rhetorical question *n.* שְׁאֵלָה רֶטוֹרִית
rhetorician *n.* אוּמַן הָרֶטוֹרִיקָה
rheumatic *adj., n.* שִׁגְרוֹנִי; חוֹלֵה שִׁיגָּרוֹן
rheumatism *n.* שִׁיגָּרוֹן
rheumatoid *adj.* שֶׁל שִׁיגָּרוֹן; שִׁגְרוֹנִי
rhinestone *n.* חִיקּוּי יַהֲלוֹם; יַהֲלוֹם מְזוּיָּף
rhino, rhinoceros *n.* קַרְנַף
rhombus *n.* מְעוּיָּן
rhubarb *n.* רִיבָּס (צֶמַח); עִרְבּוּבְיָה שֶׁל קוֹלוֹת
rhyme *n.* חָרוּז; חֲרִיזָה; חֲרוּזִים; שִׁיר חָרוּז
rhyme *v.* לַחֲרוֹז; לְהִתְחָרֵז
rhythm *n.* קֶצֶב; רִיתְמוּס
rhythmic(al) *adj.* קִצְבִּי; קָצוּב; רִיתְמִי
rib *n.* צֵלָע (גם מה שֶׁנִּרְאֶה כְּצֶלַע בְּעָלֶה, בְּמִטְרִיָּה, בְּנוֹצָה, בִּסְרִיגָה)
rib *v.* לִסְרוֹג צְלָעוֹת בְּ־; לִצְחוֹק עַל־; לְהַקְנִיט
ribaldry *n.* גַּסּוּיוֹת; בְּדִיחוֹת גַּסּוֹת; נִיבּוּל פֶּה
ribbon *n.* סֶרֶט (לִקְשִׁירָה); סֶרֶט עִיטּוּר; רְצוּעָה
–ribbons קְרָעִים; גְּזָרִים; רְצוּעוֹת

R

rice *n.* אוֹרֶז
rice cakes *n.* פְּרִיכִיּוֹת אוֹרֶז
rice crispies *n.* פְּצְפּוּצֵי אוֹרֶז
rich *adj.* עָשִׁיר; יָקָר; מְהוּדָּר; עָשִׁיר (בְּקָלוֹרִיוֹת); דָּשֵׁן; עֲשִׁירָה (קַרְקַע); מָלֵא; עָמוֹק
rich *n.* (the rich) הָעֲשִׁירִים
riches *n.* עוֹשֶׁר
richly *adv.* בְּהִידּוּר; בִּפְאֵר רַב; בְּעוֹשֶׁר; בְּהֶחְלֵט; בִּנְדִיבוּת
richness *n.* עוֹשֶׁר; עֲשִׁירוּת; פּוֹרִיוּת; פְּאֵר
Richter scale *n.* סוּלַּם רִיכְטֶר
rickets *n.* רַכֶּכֶת (מַחֲלָה)
rickety *adj.* רָעוּעַ; רוֹפֵף
rickshaw *n.* רִיקְשָׁה
ricochet *n.* (פְּגִיעַת) נֶתֶז; רִיקוֹשֶׁט
ricochet *v.* לְהִינָּתֵז
rid *v.* (of) לְשַׁחְרֵר; לִפְטוֹר מ־
–be/get rid of לְהִיפָּטֵר מ־
riddance *n.*
–good riddance בָּרוּךְ שֶׁפְּטָרָנוּ!
riddle *n.* חִידָה; כְּבָרָה
riddle *v.* לְנַפּוֹת (בִּכְבָרָה)
–riddle with לְנַקֵּב כִּכְבָרָה בּ־
–riddled with מָלֵא בּ־
ride *n.* רְכִיבָה; נְסִיעָה; טְרֶמְפּ
–take him for a ride לְרַמּוֹת; לְסַדֵּר אוֹתוֹ
ride *v.* (rode, ridden) לִרְכּוֹב (בּ־/עַל־); לִרְכּוֹב עַל סוּס; לִנְסוֹעַ; לָצוּף; לְרַחֵף; לְהָצִיק; לְהַלְחִיץ
–ride out לַעֲבוֹר/לָצֵאת בְּשָׁלוֹם (מ־)
rider *n.* רוֹכֵב; נִסְפָּח; תּוֹסֶפֶת
ridge *n.* קַו מִפְגָּשׁ מוּגְבָּה; רֶכֶס; קַו רֶכֶס
ridicule *n.* לַעַג; צְחוֹק
ridicule *v.* לִלְעוֹג לְ־; לָשִׂים לִצְחוֹק
ridiculous *adj.* מְגוּחָךְ
ridiculously *adv.* עַד כְּדֵי גִיחוּךְ
rife *adj.* נָפוֹץ; רוֹוֵחַ; מָלֵא
riff-raff *n.* הָאֲסַפְסוּף
rifle *n.* רוֹבֶה
rifle, riffle *v.* (through) לְחַטֵּט בּ־ (כְּדֵי לִגְנוֹב); לְרַפְרֵף בּ־; לְדַפְדֵּף בּ־
rift *n.* בְּקִיעַ (בּ־); קֶרַע

rig *n.* מַעֲרָךְ הַמַּעֲטָה (סִידּוּר הַמִּפְרָשִׂים); צִיּוּד; לְבוּשׁ; מַשָּׂאִית מִפְרָקִית (עֲמוּסָה)
rig. *v.* לְצַיֵּיד; לְזַיֵּיף (תּוֹצָאוֹת)
–rig up לִבְנוֹת בְּצוּרָה מְאוּלְתֶּרֶת; לְאַלְתֵּר
rigged *adj.* מְזוּיָּף; סוּדַּר מֵרֹאשׁ (בְּמִרְמָה); מָכוּר
right *adv., adj.* יְמָנִי; יָמִין; ־הַיָּמִין; יָמִינָה (מ־); צוֹדֵק; בְּסֵדֶר; מוּסָרִי; נָכוֹן; מַתְאִים; טוֹב; יָשָׁר; בָּרִיא; כַּהֲלָכָה; כָּל הַדֶּרֶךְ; לְגַמְרֵי; בְּדִיּוּק; מַמָּשׁ
–get something right לַעֲשׂוֹת זֹאת נָכוֹן; לְדַיֵּיק; לְהָבִין נָכוֹן; לְהַבְהִיר
–put something right לְתַקֵּן; לְסַדֵּר; לְתַקֵּן הַמְעוּוָּת; לְכַוֵּון
–it serves him right מַגִּיעַ לוֹ!
–right away מִיָּד
–right now מִיָּד; כָּרֶגַע
–right on צוֹדֵק! בְּדִיּוּק! קָלַעְתָּ בּוּל!
right *n.* (צַד) יָמִין; יַד יָמִין; (מִפְלֶגֶת) הַיָּמִין; יְמָנִית (אֶגְרוֹף)
right *n.* זְכוּת; טוֹב; צֶדֶק; יוֹשֶׁר
–by rights לְמַעֲשֶׂה; לְפִי הַצֶּדֶק וְהַיּוֹשֶׁר
–in his own right בִּזְכוּת עַצְמוֹ
–right of way זְכוּת קְדִימָה; זְכוּת מַעֲבָר
right *v.* לְיַיצֵּב; לְיַישֵּׁר; לְהִתְיַיצֵּב; לְתַקֵּן
–right itself לְהִתְיַישֵּׁר; לְהִסְתַּדֵּר; לְהִתְיַיצֵּב
right angle *n.* זָוִית יְשָׁרָה
righteous *adj.* צַדִּיק; יָשָׁר; מוּצְדָּק
rightful *adj.* חוּקִי; צוֹדֵק; מַגִּיעַ
right-hand *adj.* יְמָנִי; יְמִינָה; יָמִין
–his right-hand man יַד יְמִינוֹ
right-handed *adj.* יְמָנִי
rightist *n., adj.* (אִישׁ)־הַיָּמִין; יְמָנִי
rightly *adv.* בְּצֶדֶק; כָּרָאוּי; נָכוֹן; בְּבִיטָחוֹן
right-minded *adj.* בַּר־דַּעַת; "שָׁפוּי"; הָגוּן
right wing *adj., n.* (מַחֲנֶה) הַיָּמִין; יְמָנִי; קִיצוֹנִי; אֲגַף יְמָנִי
rigid *adj.* קָשִׁיחַ; נוּקְשֶׁה; קָשׁוּחַ; קַפְּדָנִי

R

rigidity *n.* אִי־גְמִישׁוּת; קְשִׁיחוּת; נוּקשׁוּת
rigidly *adv.* בְּנוּקשׁוּת; בְּחוֹזקָה; בְּקַפְּדָנוּת
rigmarole *n.* "סִיפּוּר" מְבוּלבָּל; "סִיפּוּר"
rigor, rigour *n.* חוּמרָה; הַקפָּדָה; קַפְּדָנוּת; תְנָאִים קָשִׁים; קְשָׁיִים
– with the full rigor of the law בְּכָל חוֹמֶר הַדִין
rigor mortis *n.* הִתקַשּׁוּת הַמֵת
rigorous *adj.* קַפְּדָנִי; מְדוּקדָק; קָשֶׁה; חָמוּר
rigorously *adv.* בְּקַפְּדָנוּת; בְּאוֹפֶן יְסוֹדִי
rigour = rigor
rile *v.* לְהַרגִיז
rim *n.* שָׂפָה; שׁוּלַיִים; קָצֶה; חִישׁוּק; מִסגֶרֶת
rind *n.* קְלִיפָּה; קְרוּם
ring *n.* צִלצוּל; צְלִיל; טַבַּעַת; עָגִיל; מַחֲזִיק (מַפתְחוֹת); עִיגוּל; קְבוּצָה מְאוּרגֶנֶת; כְּנוּפיָה; רֶשֶׁת; זִירָה
– run rings around לַעֲלוֹת עָלָיו לְאֵין שִׁיעוּר; לָשִׂים אוֹתוֹ בַּכִּיס הַקָטָן
ring *v.* לְהַקִיף; לְסַמֵן בְּעִיגוּל; לָשִׂים טַבַּעַת בּ־
ring *v.* (rang, rung) לְצַלצֵל; לְצַלצֵל בּ־ / ל־; לְהַדהֵד; לְהִתמַלֵא (בּ־)
– ring back לְהַחֲזִיר צִלצוּל אֶל־
– ring off לְנַתֵק (שִׂיחָה)
– ring true לַעֲשׂוֹת רוֹשֶׁם שֶׁיֵשׁ בּוֹ אֱמֶת
ring binder *n.* קְלָסֵר
ring finger *n.* קְמִיצָה
ringleader *n.* מַנהִיג כְּנוּפיָה / רֶשֶׁת
ringlet *n.* תַלתַל קָטָן
ringmaster *n.* מְנַהֵל מוֹפְעֵי קִרקָס
ring pull *n.* טַבַּעַת לִפתִיחַת פַּחִית; לְשׁוֹנִית
ring spanner *n.* מַפתֵחַ (בְּרָגִים) סָגוּר
ringworm *n.* גַזֶזֶת (מַחֲלַת עוֹר)
rink *n.* מִגרַשׁ קֶרַח; מִשׁטַח לְגַלגִילִיוֹת
rinse *n.* שְׁטִיפָה; תְמִיסַת צֶבַע לַשֵׂיעָר
rinse *v.* לִשׁטוֹף
riot *n.* מְהוּמָה; הִתפָּרְעוּת; שְׁלַל־ (צְבָעִים); מַצחִיקָן / בִּידוּר לֹא נוֹרמָלִי; הַצלָחָה
– run riot לְהִתפָּרֵעַ; לְהִשׁתוֹלֵל; לִצמוֹחַ בְּאוֹפֶן פָּרוּעַ
riot *v.* לְהִתפָּרֵעַ (בִּמהוּמוֹת)
rioter *n.* מִתפָּרֵעַ (בִּמהוּמוֹת)
rioting *n.* מְהוּמוֹת
riotous *adj.* מִתפָּרֵעַ; פָּרוּעַ; מִשׁתוֹלֵל
riot police *n.* מִשׁטָרָה לְפִיזוּר הַפגָנוֹת
rip *v., n.* לִקרוֹעַ (בְּכוֹחַ); לְהִיקָרַע; קֶרַע
– rip apart לִקרוֹעַ לִגזָרִים; לַהֲרוֹס
– rip off לִשׁדוֹד; לִגנוֹב; לְרַמוֹת; לִקרוֹעַ מ־; לְהָסִיר בִּמשִׁיכָה
ripe *adj.* בָּשֵׁל; מוּבשָׁל
– ripe for מוּכָן; מַתאִים ל־
– ripe old age גִיל מוּפלָג; שֵׂיבָה טוֹבָה
– when the time is ripe כְּשֶׁיַגִיעַ הַזמַן
ripen *v.* לְהַבשִׁיל
ripeness *n.* בְּשֵׁלוּת
rip-off *n.* שׁוֹד; גְנֵיבָה; הוֹנָאָה; רַמָאוּת; נִיצוּל
riposte *n.* הֲדִיפָה מְהִירָה (בְּסַיִף); תְשׁוּבָה מְהִירָה וַחֲרִיפָה; תְשׁוּבָה מוֹחֶצֶת
ripple *n.* אַדווָה; גַל קָטָן; רַחַשׁ; גַל (צְחוֹק) חֲרִישִׁי
rise *n.* גִבעָה; עֲלִיָיה; הַעֲלָאָה; צְמִיחָה; מָקוֹר; מוֹצָא
– give rise to לִגרוֹם ל־; לְעוֹרֵר
rise *v.* (rose, risen) לַעֲלוֹת; לָקוּם; לְהִתרוֹמֵם; לִתפּוֹחַ (בָּצֵק); לְהִזדַקֵר; לִגבּוֹר; לְהִתחַזֵק; לְהִתקַדֵם; לְהִתמָרֵד; לְהִתקוֹמֵם; לְסַיֵים (יְשִׁיבָה); לָקוּם (לִתחִיָיה); לִהיוֹת מוֹצָאוֹ
– rise above לְהִתנַשֵׂא מֵעַל־; לְהִתעַלוֹת מֵעַל ל־
– rise to the bait לִבלוֹעַ אֶת הַפִּיתָיוֹן; לְהִתפַּתוֹת; לִיפּוֹל בַּפַּח
– rise to the occasion לְהוֹכִיחַ אֶת עַצמוֹ; לְהִתמוֹדֵד כָּרָאוּי עִם בְּעָיָה / מַצָב
– rise up לְהִתקוֹמֵם; לְהִתמָרֵד; לָקוּם; לַעֲלוֹת; לְהִתקַדֵם
rising *adj.* עוֹלֶה; שֶׁכּוֹכָבוֹ דוֹרֵךְ; מִתפַּתֵחַ; מִתבַּגֵר; גוֹבֵר
rising *n.* הִתקוֹמְמוּת
risk *n.* סִיכּוּן; סַכָּנָה; (סְכוּם בִּיטוּחַ) סִיכּוּן

R

–at his own risk עַל אַחֲרָיוּתוֹ
–run a/the risk of לְהִסְתַּכֵּן (בְּ־)
risk *v.* לְסַכֵּן; לְהִסְתַּכֵּן
risky *adj.* מְסוּכָּן; כָּרוּךְ בְּסִיכּוּן
risqué *adj.* גַּס / נוֹעָז בְּמִקְצָת
rite *n.* טֶקֶס (פּוּלְחָנִי)
–last rites תְּפִילּוֹת לִפְנֵי הַמָּוֶת (שֶׁל קָתוֹלִי)
–rite of passage טֶקֶס מַעֲבָר (לְשָׁלָב הַבַּגְרוּת אוֹ הַנִּישּׂוּאִים)
ritual *adj.* פּוּלְחָנִי; טִקְסִי
ritual *n.* (טִקְסֵי) פּוּלְחָן; נוֹהַג קָבוּעַ; "טֶקֶס"
ritzy *adj.* מְפוֹאָר; מְהוּדָּר; יוּקְרָתִי
rival *adj.* מִתְחָרֶה; יָרִיב
rival *n.* (for) יָרִיב (לְ־); מִתְחָרֶה
rival *v.* לְהִתְחָרוֹת בְּ־; לְהִשְׁתַּווֹת אֶל־
rivalry *n.* יְרִיבוּת; תַּחֲרוּת
river *n.* נָהָר
–sell him down the river לִבְגּוֹד בּוֹ
river bed *n.* אֲפִיק־נָהָר
riverside *n.* שְׂפַת נָהָר
rivet *n.* מַסְמֶרֶת
rivet *v.* לְסַמְרֵר; לְרַתֵּק; לְמַקֵּד
riveting *adj.* מְרַתֵּק
rivulet *n.* נַחַל קָטָן; פֶּלֶג
roach *n.* מַקָּק; בְּדַל סִיגַרְיַית מָרִיחוּאָנָה
road *n.* כְּבִישׁ; דֶּרֶךְ; רְחוֹב; מַעֲגָן
roadblock *n.* מַחְסוֹם דְּרָכִים
road hog *n.* נֶהָג פָּרוּעַ וּבִלְתִּי מִתְחַשֵּׁב
road safety *n.* בְּטִיחוּת בַּדְּרָכִים
road sense *n.* חוּשׁ לִזְהִירוּת בַּדְּרָכִים
road show *n.* לַהֲקָה בְּסִיבּוּב הוֹפָעוֹת; מוֹפָע כָּזֶה
roadside *n.* שְׂפַת הַכְּבִישׁ
roadside explosive charge *n.* מִטְעַן צַד
road sign *n.* תַּמְרוּר
roadway *n.* הַכְּבִישׁ; מִיסְעָה
roadworks *n.* עֲבוֹדוֹת בַּכְּבִישׁ
roadworthy *adj.* כָּשִׁיר לִתְנוּעָה
roam *v.* לִנְדוֹד; לְשׁוֹטֵט
roar *n.* שְׁאָגָה; רַעַם; שָׁאוֹן
roar *v.* לִשְׁאוֹג; לִזְעוֹק; לְהַרְעִים בְּקוֹלוֹ
roaring *adj., adv.* עֵר; מַצְלִיחַ; רוֹעֵשׁ; שׁוֹאֵג; מְאוֹד; לְגַמְרֵי
–roaring success הַצְלָחָה עֲצוּמָה
roast *adj.* צָלוּי; קָלוּי
roast *n.* צָלִי; פִּיקְנִיק "עַל הָאֵשׁ"; "יְרִידָה"; בִּיקּוֹרֶת לַגְלְגָנִית
roast *v.* לִצְלוֹת; לִקְלוֹת; לְהִיצָּלוֹת; לְהִיקָּלוֹת; לְחַמֵּם; לְהִתְחַמֵּם
rob *v.* לִשְׁדּוֹד (מִ־); לִגְזוֹל מִ־; לִמְנוֹעַ מִ־
robber *n.* שׁוֹדֵד; גַּזְלָן
robbery *n.* שׁוֹד; גֶּזֶל
robe *n.* שִׂמְלָה; חָלוּק; גְּלִימָה
robed *adj.* (in) לָבוּשׁ (בְּ־)
robin *n.* אֲדוֹם־הֶחָזֶה (צִיפּוֹר)
robot *n.* רוֹבּוֹט
robotic *adj.* רוֹבּוֹטִי
robotics *n.* רוֹבּוֹטִיקָה
robust *adj.* חָסוֹן; נִמְרָץ; בָּרִיא
rock *n.* סֶלַע; אֶבֶן גְּדוֹלָה; אֶבֶן (קְטַנָּה); מַמְתָּק; יַהֲלוֹם; (מוּסִיקַת) רוֹק
–as firm/solid as a rock מְהֵימָן; אֵיתָן כַּסֶּלַע
–on the rocks בְּמַשְׁבֵּר; עַל שִׂרְטוֹן; עִם קֶרַח (וִיסְקִי, וכו׳)
rock *v.* לְנַעְנֵעַ; לְזַעְזֵעַ; לְנַדְנֵד; לְהִתְנַדְנֵד; לְהִזְדַּעְזֵעַ; לִרְקוֹד רוֹק
–rock the boat לִגְרוֹם לְטַלְטֵלָה / לִבְעָיוֹת
rock-bottom *n., adj.* נְקוּדַת שֵׁפֶל; נָמוּךְ בְּיוֹתֵר
rocker *n.* נַעְנֵעַ (בְּכִיסֵא נַדְנֵדָה); כִּיסֵא נַדְנֵדָה
–off your rocker מְשׁוּגָּע
rocket *n.* רַקֶּטָה; טִיל; זִיקּוּק אֵשׁ; "מָנָה"
rocket *v.* לְזַנֵּק מַעְלָה; לְהַרְקִיעַ שְׁחָקִים; לָנוּעַ כְּטִיל
rocket launcher *n.* מַשְׁגֵּר טִילִים
rocking chair *n.* כִּיסֵא־נַדְנֵדָה
rocking horse *n.* סוּס־עֵץ / נַדְנֵדָה
rock-'n-roll *n.* (מוּסִיקַת) רוֹק
rocky *adj.* סַלְעִי; קָשֶׁה כְּסֶלַע; לֹא יַצִּיב; רָעוּעַ
–a rocky road דֶּרֶךְ חַתְחַתִּים

R

rod *n.* מוֹט; מַקֵל; קְנֵה הַחַכָּה; רוֹד (מִידַת אוֹרֶךְ, כּ־5 מֶטְרִים)
–spare the rod and spoil the child חוֹשֵׂךְ שִׁבְטוֹ שׂוֹנֵא בְּנוֹ
rode *v. past of* ride
rodent *n.* מְכַרְסֵם (מִמִּשְׁפַּחַת הַמְכַרְסְמִים)
rodeo *n.* רוֹדֵיאוֹ
roe *n.* בֵּיצֵי דָגִים; זֶרַע דָגִים
roe deer *n.* אַיָלָה
roentgen *n., adj.* רֶנְטְגֶן; שֶׁל (קַרְנֵי) רֶנְטְגֶן
roger רוֹת, קִיבַּלְתִּי! (בְּאַלְחוּט)
rogue *adj.* (פִּיל, וכו׳) פְּרָאִי; חוֹרֵג מֵהַכְּלָלִים; פּוֹעֵל לְלֹא אִישׁוּר; פִּירָטִי; תּוֹעֶה
rogue *n.* נָבָל; נוֹכֵל; ״מַמְזֵר״; חָרִיג
roguery *n.* נוֹכְלוּת; מַעֲשֵׂי נְבָלָה; שׁוֹבָבוּת
roil *v.* לַהֲפוֹךְ לְעָכוּר; לְהַרְגִיז; לְהַסְעִיר
role *n.* תַּפְקִיד
role model *n.* דְמוּת מוֹפֵת; מוֹדֶל לְחִיקּוּי
role play(ing) *n.* מִשְׂחָק תַּפְקִידִים
roll *n.* גָלִיל; לַחְמָנִיָה; רוֹלָדָה; צְמִיג (שׁוּמָן בְּגוּף); מְגִילָה; הִתְגַלְגְלוּת; טִלְטוּל; גִלְגוּל; רְשִׁימָה (שֵׁמִית); קוֹל (רַעַם) מִתְגַלְגֵל; חֲבִילַת שְׁטָרוֹת (כֶּסֶף)
–call the roll לִבְדוֹק נוֹכְחוּת
roll *v.* לְגַלְגֵל; לְהִתְגַלְגֵל; לִגְלוֹל; לְכַדֵר; לְהָזִיז (עַל גַלְגַלִים); לְשַׁטֵחַ; לְרַדֵד; לִכְבּוֹשׁ (בְּמַכְבֵּשׁ); לְהִיכָּבֵשׁ; לָנוּעַ/ לְהִתְקַדֵם בְּגַלִים; לְטַלְטֵל; לְהִיטַלְטֵל; לְהִתְנוֹדֵד; לְהַרְעִים; לְהַשְׁמִיעַ קוֹל מְהַדְהֵד; לִפְעוֹל; ״לָרוּץ״; לְהָרִיץ; לְהַתְחִיל לְהַסְרִיט; לִשְׁדוֹד
–Heads will roll תִּהְיֶה עֲרִיפַת רָאשִׁים
–roll down לִפְתּוֹחַ (חַלוֹן בִּמְכוֹנִית)
–roll down (your cheeks) לִזְלוֹג עַל לְחָיָיו
–roll in לִזְרוֹם (אֶל־); לְהַגִיעַ
–be rolling in ״לִשְׂחוֹת״ (בְּכֶסֶף); לִחְיוֹת חַיֵי־
–roll out לְעַרְגֵל; לְרַדֵד (בָּצֵק); לָקוּם (מֵהַמִיטָה); לִפְרוֹשׂ (שְׁטִיחַ אָדוֹם); לְהַבְלִיט
–roll over לְהִתְהַפֵּךְ (עַל צִדוֹ); לַהֲפוֹךְ; לְגַלְגֵל
–roll up לִגְלוֹל; לְקַפֵּל
–roll up your sleeves לְהַפְשִׁיל שַׁרְווּלִים
roll-call *n.* בְּדִיקַת נוֹכְחוּת
roller *n.* מַכְבֵּשׁ; מַעְגִילָה; גַלְגִילוֹן; גָלִיל; גְלִילוֹן (לְשֵׂיעָר); גַל אָרוֹךְ
roller blind *n.* צִילוֹן (נִגְלָל)
roller coaster *n.* רַכֶּבֶת הָרִים (בְּלוּנָה פַּארְק)
roller skates *n.* גַלְגִילִיוֹת
rollicking *adj.* שָׂמֵחַ וְקוֹלָנִי; עַלִיז
rolling *adj.* מִשְׁתַּפֵּעַ כְּגַלִים; גַלִי; מִתְנוֹדֵד
rolling pin *n.* מַעֲרוֹךְ
rolling stone *n.* נַוָד; נָע וָנָד
roll-on *n.* כַּדוּרִית (בְּתַכְשִׁיר קוֹסְמֶטִי); מָחוֹךְ אֶלַסְטִי
roly-poly *adj.* שְׁמַנְמַן
ROM רוֹם (זִיכְרוֹן קְרִיאָה־בִּלְבַד)
Roman *adj., n.* רוֹמִי; רוֹמָאִי
Roman candle *n.* נֵר זִיקוּקִין (שִׁמֵתִיז נִיצוֹצוֹת צִבְעוֹנִיִים)
romance *n.* סִיפּוּר אַהֲבָה/הַרְפַּתְקָאוֹת; סִפְרוּת הָרוֹמָן הָרוֹמַנְטִי; פָּרָשַׁת אֲהָבִים; רוֹמָן; רוֹמַנְטִיקָה; רוֹמַנְטִיוּת
romance *v.* לְפַנְטֵז; ״לְסַפֵּר סִיפּוּרִים״; לְנַהֵל רוֹמָן
Roman numeral *n.* סִפְרָה רוֹמִית
romantic *adj.* רוֹמַנְטִי; שֶׁל הַתְּנוּעָה הָרוֹמַנְטִית (בְּסִפְרוּת, וכו׳)
romp *v.* לְהִשְׁתּוֹבֵב; לְהִשְׁתּוֹלֵל; לְנַצֵחַ (בְּקַלוּת)
–romp through לַעֲבוֹר בְּקַלוּת (מִבְחָן, וכו׳)
rompers *n.* חֲלִיפָה לְתִינוֹק (בֶּגֶד שָׁלֵם)
röntgen *n., adj.* (שֶׁל קַרְנֵי) רֶנְטְגֶן
roof *n.* גַג; קוֹרַת־גַג
–hit the roof לְהִשְׁתּוֹלֵל; לְהָקִים צְעָקוֹת
roof *v.* (with) לְהַתְקִין גַג (מ־) בּ־
–root in/over לְהַתְקִין גַג בּ־
roofrack *n.* גַגוֹן (בִּמְכוֹנִית)
rooftop *n.* גַג
–shout something from the rooftops לְהַכְרִיז בְּרֹאשׁ חוּצוֹת

R

rook *n.* צְרִיחַ; עוֹרֵב הַמִּזְרָע
rook *v.* לְרַמּוֹת; "לְשַׁדּוֹד"
rookie *n.* מַתְחִיל; טִירוֹן
room *n.* חֶדֶר; מָקוֹם (לְ־)
– make room (for) לְפַנּוֹת מָקוֹם (לְ־)
– room and board לִינָה וַאֲרוּחוֹת
room *v.* לָגוּר; לָדוּר
roomer *n.* דַּיָּיר (בְּחֶדֶר שָׂכוּר)
rooming house *n.* בֵּית חֲדָרִים (לְהַשְׂכָּרָה)
roommate *n.* חָבֵר לְחֶדֶר
room service *n.* שֵׁירוּת חֲדָרִים (בְּמָלוֹן)
room temperature *n.* טֶמְפֶּרָטוּרַת הַחֶדֶר
roomy *adj.* מְרוּוָּח
roost *n.* עָנָף; מוֹט (לִמְנוּחַת עוֹף)
– come home to roost לִפְגּוֹעַ בּוֹ כְּבּוּמֶרַנְג
– rule the roost לִמְשׁוֹל בְּכִיפָּה; לִהְיוֹת הַבּוֹס
roost *v.* לְהִתְכּוֹנֵן לְשֵׁינָה; לָנוּחַ (לְגַבֵּי עוֹף)
rooster *n.* תַּרְנְגוֹל
root *n.* שׁוֹרֶשׁ; בָּסִיס; מָקוֹר; יְסוֹד
– get at/to the root of לָרֶדֶת לְשׁוֹרֶשׁ הַ־
– take root לְהַכּוֹת שׁוֹרֶשׁ; לְהִשְׁתָּרֵשׁ
root *v.* לְהַשְׁרִישׁ; לְהַכּוֹת שׁוֹרֶשׁ
– root about (for) לִנְבּוֹר; לְחַטֵּט; לְחַפֵּשׂ
– root out לִמְצוֹא (לְאַחַר חִיפּוּשׂ); לַעֲקוֹר מִן הַשּׁוֹרֶשׁ; לְסַלֵּק
root beer *n.* מַשְׁקֶה קַל מִשּׁוֹרָשִׁים שׁוֹנִים
rooted *adj.* מְרוּתָּק לְ־; תָּקוּעַ בְּ־; מוּשְׁרָשׁ
– rooted in reality מְעוּגָּן בַּמְּצִיאוּת
rootless *adj.* חֲסַר שׁוֹרָשִׁים; תָּלוּשׁ
rope *n.* חֶבֶל; כֶּבֶל; צְרוֹר; מַחֲרוֹזֶת וכד'; פְּלָצוּר; עוֹנֶשׁ מָוֶת בִּתְלִיָּיה
– give someone (plenty of) rope לָתֵת לוֹ חוֹפֶשׁ פְּעוּלָּה (רַב)
– know/learn the ropes (לִלְמוֹד) לְהִתְמַצֵּא בָּעִנְיָינִים
– show someone the ropes לְהַדְרִיכוֹ
rope *v.* לִקְשׁוֹר בְּחֶבֶל; לִכְבּוֹל; לִתְפּוֹס בִּפְלָצוּר
rope ladder *n.* סוּלַּם חֲבָלִים

rosary *n.* (סֵדֶר) תְּפִילָּה; מַחֲרוֹזֶת תְּפִילָּה
rose *n.* וֶרֶד; שׁוֹשַׁנָּה; (צֶבַע) וָרוֹד; רֹאשׁ מַזְלֵף
– a bed of roses גַּן שֶׁל שׁוֹשַׁנִּים
rose *adj.* וָרוֹד
rose *v. past of* rise
rosé *n.* יֵין רוֹזֶה
rose-colored *adj.* וָרוֹד; אוֹפְּטִימִי
rose hip *n.* פְּרִי הַוֶּרֶד
rosemary *n.* רוֹזְמָרִין
rosewater *n.* מֵי וְרָדִים
roster *n.* רְשִׁימָה (שֵׁמִית); לוּחַ תּוֹרָנוּיוֹת
rostrum *n.* בָּמָה (לְנוֹאֵם, לִמְנַצֵּחַ)
rosy *adj.* וָרוֹד
rot *n.* רִיקָּבוֹן; שְׁטוּיוֹת; סִדְרַת כִּשְׁלוֹנוֹת
– rot set in הַהִתְדַּרְדְּרוּת הֵחֵלָּה
rot *v.* לְהַרְקִיב; לְקַלְקֵל; לְהֵירָקֵב; לְהִינָּמֵק
rota *n.* לוּחַ תּוֹרָנוּיוֹת; רְשִׁימָה (שֵׁמִית)
rotary *adj.* סִיבּוּבִי; מִסְתּוֹבֵב
rotate *v.* לְסוֹבֵב; לְהִסְתּוֹבֵב; לְהַחֲלִיף / לְהִתְחַלֵּף בְּסֶבֶב
rotation *n.* סִיבּוּב; הִסְתּוֹבְבוּת; סֶבֶב; מַחֲזוֹרִיּוּת; רוֹטַצְיָה
rote
– by rote בְּעַל פֶּה; בְּשִׁינּוּן כְּמוֹ תּוּכִּי
rotisserie *n.* גְּרִיל מִסְתּוֹבֵב
rotor *n.* רוֹטוֹר; לַהֲבֵי הַמַּסּוֹק
rotten *adj.* רָקוּב; מְקוּלְקָל; מְזוּפָּת; רַע; מוּשְׁחָת; נִבְזִי
rotund *adj.* עֲגַלְגַּל; שְׁמַנְמַן; (קוֹל) עָמוֹק
rotunda *n.* רוֹטוּנְדָה; בִּנְיָין עָגוֹל (בַּעַל כִּיפָּה)
roué *n.* מוּפְקָר; נוֹאֵף; שְׁטוּף זִימָּה
rouge *n.* סוֹמֶק; אוֹדֶם לַלְּחָיַיִם
rough *adj.* מְחוּסְפָּס; לֹא חָלָק; קָשֶׁה; סוֹעֵר; מְלוּוֶּה טִלְטוּלִים; אַלִּים; גַּס; פְּרָאִי; בְּעֵרֶךְ; לֹא מְדוּיָּק; לֹא מְלוּטָּשׁ; צוֹרֵם
– rough and ready מַסְפִּיק טוֹב; לֹא הֲכִי טוֹב
– rough draft טְיוּטָה רִאשׁוֹנָה
– rough (on) לֹא הוֹגֵן (כְּלַפֵּי־); קָשֶׁה לְ־
rough *adv.* בְּגַסּוּת; בְּנוּקְשׁוּת

R

– sleep rough לִישׁוֹן בַּחוּץ (בִּתְנָאִים קָשִׁים)
rough *n.* מַצָּב קָשֶׁה; שֶׁטַח לֹא חָלָק; מִשְׁטַח מִכְשׁוֹלִים (בגולף); בִּרְיוֹן
– take the rough with the smooth לְקַבֵּל אֶת הָרַע עִם הַטּוֹב
– in rough בְּטְיוּטָה
rough *v.* לִפְרוֹעַ; לְחַסְפֵּס
– rough him up לְהַכְנִיס לוֹ מַכּוֹת
– rough in לְשַׂרְטֵט בְּקַוִּים כְּלָלִיִּים
– rough it לִחְיוֹת בִּתְנָאִים לֹא נוֹחִים
roughage *n.* סוּבִּין; סִיבִים
rough-and-ready *adj.* לֹא מְשׁוּכְלָל אֲבָל יָעִיל; מַסְפִּיק טוֹב
rough copy *n.* טְיוּטָה; סְקִיצָה
rough diamond *n.* אָדָם מְחוּסְפָּס אַךְ טוֹב לֵב אוֹ מוּכְשָׁר
roughen *v.* לְחַסְפֵּס; לְהִתְחַסְפֵּס
roughly *adv.* בְּגַסּוּת; בְּעֵרֶךְ; בְּאוּמְדָן גַּס; בְּצוּרָה גַּסָּה; קָשׁוֹת
– roughly speaking בְּלִי לְדַיֵּיק; בְּגָדוֹל; בְּעֵרֶךְ; בְּאוּמְדָן גַּס
roughneck *n.* בִּרְיוֹן; עוֹבֵד בִּקְדִיחַת נֵפְט
roughness *n.* גַּסּוּת; חִסְפּוּס; גַּעַשׁ הַיָּם
rough paper *n.* נְיַיר טְיוּטָה
roulette *n.* רוּלֶטָה
round *adj.* עָגוֹל; עֲגַלְגַּל; כַּדּוּרִי; מַעְגָּלִי; הָלוֹךְ וָשׁוֹב; שָׁלֵם; מָלֵא
round *adv.* בְּסִיבּוּב (לְאָחוֹר); בְּסִיבּוּב מָלֵא; בַּחֲזָרָה; מִזֶּה לָזֶה; מִסָּבִיב; בְּמַעְגָּל; סָבִיב; לְכוּלָּם; בְּהֶיקֵף
– go round and round לְהִסְתַּחְרֵר; לְהִסְתּוֹבֵב לְלֹא הֶרֶף
– round about בִּסְבִיבוֹת־; בִּסְבִיבָה
– the other/opposite way round בְּכִיוּוּן הָפוּךְ; לְהֶפֶךְ
round *n.* סִיבּוּב (שִׁגְרָתִי); מַסְלוּל; סִיבּוּב; מַחֲזוֹר; סִדְרָה; קָנוֹן; כָּרִיךְ; פְּרוּסָה; יְרִיָּיה; כַּדּוּר
– round of applause מְחִיאוֹת כַּפַּיִים
round *prep.* מִסָּבִיב לְ־; מֵעֵבֶר לְ־; סָבִיב; בִּסְבִיבוֹת
round *v.* לְעַגֵּל; לְהִתְעַגֵּל; לַעֲבוֹר (מִסָּבִיב לְ־); לַעֲקוֹף
– round off לְעַגֵּל; לְסַיֵּים (יָפֶה); לְהַשְׁלִים
– round up לֶאֱסוֹף; לְקַבֵּץ; לְעַגֵּל כְּלַפֵּי מַעְלָה
roundabout *adj.* עָקִיף; עוֹקֵף
roundabout *n.* כִּיכָּר; סְחַרְחֵרָה; קָרוּסֶלָה
rounded *adj.* מְעוּגָּל; מָלֵא
roundly *adv.* קָשׁוֹת; בְּמִלִּים בּוֹטוֹת; בַּחֲרִיפוּת
roundness *n.* עוֹגֶל; עֲגִילוּת
rounds *n.* סִיוּר; סִיבּוּב (שִׁגְרָתִי)
– go the rounds לַעֲבוֹר מִפֶּה לְפֶה; לַעֲבוֹר מֵאָדָם לְאָדָם
round-shouldered *adj.* כְּפוּף־גֵּו
round-the-clock *adj.* יוֹמָם וָלַיְלָה; מִסָּבִיב לַשָּׁעוֹן
round-trip *adj.* ־הָלוֹךְ וָשׁוֹב; ־חֲזָרָה
round trip *n.* נְסִיעָה הָלוֹךְ וָשׁוֹב
roundup *n.* אִיסּוּף (בָּקָר / חֲשׁוּדִים); מַעֲצָר; לְכִידָה; סִיכּוּם (חֲדָשׁוֹת)
rouse *v.* לְהָעִיר; לְהִתְעוֹרֵר; לְעוֹרֵר; לְשַׁלְהֵב
rousing *adj.* מְשַׁלְהֵב; נִלְהָב; חַם
rout *n.* מְנוּסַת בֶּהָלָה; תְּבוּסָה
rout *v.* לְהָבִיס (וּלְהָנִיס)
– rout out (of) לְהוֹצִיאוֹ (מִ־)
route *n.* דֶּרֶךְ; נָתִיב; מַסְלוּל
– en route בַּדֶּרֶךְ
route *v.* לְנַתֵּב; לִקְבּוֹעַ מַסְלוּל לְ־
routine *adj., n.* שִׁגְרָתִי; סֵדֶר יוֹם; שִׁגְרָתִי; שִׁגְרָה; תַּרְגִּיל; קֶטַע (בְּהוֹפָעָה)
routinely *adv.* כְּדָבָר שֶׁבְּשִׁגְרָה
rove *v.* לְשׁוֹטֵט; לִנְדּוֹד
rover *n.* נוֹדֵד
row *n.* שׁוּרָה; טוּר
– in a row בָּזֶה אַחַר זֶה; בִּרְצִיפוּת
row *n.* רַעַשׁ; מְהוּמָה; מְרִיבָה; צָרוֹת; נְזִיפָה
row *v.* (with) לָרִיב (עִם־)
row *v., n.* לַחְתּוֹר; לְהוֹבִיל בְּסִירָה; לָשׁוּט / שַׁיִט בְּסִירַת מְשׁוֹטִים
rowboat *n.* סִירַת מְשׁוֹטִים
rowdily *adv.* בְּהִתְפַּרְחֲחוּת; בְּצַעֲקָנוּת פְּרוּעָה

R

rowdiness *n.* פִּרְחָחוּת; צַעֲקָנוּת פְּרוּעָה
rowdy *adj.* רוֹעֵשׁ; פִּרְחָחִי; מִתְפָּרֵעַ; גַּס
rower *n.* חוֹתֵר
rowing *n.* חֲתִירָה
rowing boat *n.* סִירַת מְשׁוֹטִים
royal *adj., n.* מַלְכוּתִי; ־מַלְכוּתוֹ; מְפוֹאָר; מִבְּנֵי מִשְׁפַּחַת הַמְּלוּכָה
Royal Highness *n.* הוֹד מַלְכוּתוֹ
royal jelly מְזוֹן מְלָכוֹת (בִּדְבַשׁ)
royally *adv.* כְּיַד הַמֶּלֶךְ; כְּיָאֶה לְמֶלֶךְ
royalty *n.* (בְּנֵי) מִשְׁפַּחַת־הַמְּלוּכָה; מַלְכוּת; תַּמְלוּגִים
–royalties תַּמְלוּגִים
rub *n.* שִׁפְשׁוּף; מְרִיחָה; נִיגּוּב
–there's the rub זוֹ הַבְּעָיָה
rub *v.* לְשַׁפְשֵׁף; לִמְרוֹחַ; לְהִשְׁתַּפְשֵׁף; לְהִתְחַכֵּךְ
–rub down לְנַגֵּב הֵיטֵב; לְשַׁפְשֵׁף הֵיטֵב; לְעַסּוֹת
–rub it in לִזְרוֹת מֶלַח עַל הַפְּצָעִים
–rub off on/onto לִדְבּוֹק בְּ־
–rub out לִמְחוֹק; לְחַסֵּל; לִרְצוֹחַ
–rub shoulders with לְהִתְחַכֵּךְ עִם (אֲנָשִׁים חֲשׁוּבִים וכדי)
rubber *n.* גּוּמִי; מוֹחֵק; קוֹנְדּוֹם; כּוֹבָעוֹן
–rubbers עַרְדָּלַיִים
rubber band *n.* גּוּמִיָּיה
rubberneck *v., n.* לְהִסְתַּכֵּל בְּסַקְרָנוּת; לִנְהוֹג בְּסַקְרָנוּת; לְטַיֵּיל; תַּיָּיר סַקְרָן
rubberstamp *v.* לְאַשֵּׁר אוֹטוֹמָטִית (כְּחוֹתֶמֶת גּוּמִי)
rubber stamp *n.* חוֹתֶמֶת גּוּמִי
rubbing alcohol *n.* כּוֹהֶל רְפוּאִי
rubbish *n.* זֶבֶל; אַשְׁפָּה; שְׁטוּיוֹת
rubbish bin *n.* פַּח אַשְׁפָּה
rubbish dump *n.* מִזְבָּלָה
rubble *n.* הֲרִיסוֹת; שִׁבְרֵי אֲבָנִים; חָצָץ
rubdown *n.* עִיסּוּי; שִׁפְשׁוּף
rubella *n.* אַדֶּמֶת
Rubicon *n.* רוּבִּיקוֹן (נָהָר); הַחְלָטָה שֶׁמִּמֶּנָּה אֵין חֲזָרָה
rubric *n.* כּוֹתֶרֶת; הוֹרָאָה; הַנְחָיָה
ruby *n., adj.* אוֹדֶם (אֶבֶן יְקָרָה); אָדוֹם כֵּהֶה

rucksack *n.* תַּרְמִיל גַּב
ruckus *n.* מְהוּמָה; רַעַשׁ; בָּלָגָן
rudder *n.* הֶגֶה
ruddy *adj.* אֲדַמְדַּם; אָדוֹם; אָרוּר
rude *adj.* לֹא מְנוּמָּס; חָצוּף; פִּתְאוֹמִי; לֹא נָעִים; גַּס; פְּרִימִיטִיבִי; פָּשׁוּט
–rude awakening הִתְפַּכְּחוּת מָרָה; הֶלֶם
rudely *adv.* בְּגַסּוּת; בְּצוּרָה בּוֹטָה
rudeness *n.* גַּסּוּת; חוֹסֶר נִימּוּס
rudimentary *adj.* בְּסִיסִי; יְסוֹדִי; שֶׁלֹּא הִתְפַּתֵּחַ
rudiments *n.* יְסוֹדוֹת; סִימָנֵי הִתְפַּתְּחוּת; שְׂרִידִים
rue *v.* לְהִצְטַעֵר / לְהִתְחָרֵט עַל
ruff *n.* צַוָּוארוֹן נוֹצוֹת / שֵׂיעָר; צַוָּוארוֹן מַלְמָלָה מְסוּלְסָל
ruffian *n.* בִּרְיוֹן
ruffle *v.* לְהַרְגִּיז; לְהִתְרַגֵּז; לִפְרוֹעַ (שֵׂיעָר); לְקַמֵּט; לְהַסְעִיר; לְעַרְעֵר (שַׁלְוָותוֹ); לְדַפְדֵּף בִּמְהִירוּת
–ruffle his feathers לְהַרְגִּיז אוֹתוֹ
rug *n.* שָׁטִיחַ (קָטָן); שְׂמִיכָה; פֵּאָה נוֹכְרִית (סְלֶנְג)
–pull the rug from under לִשְׁמוֹט אֶת הַקַּרְקַע מִתַּחַת לְרַגְלָיו
rugged *adj.* סַלְעִי וּמְפוֹרָץ; גַּבְנוּנִי וּמְבוּתָּר; חֲרוּשׁ קְמָטִים; קָשׁוּחַ; חָזָק; מְחוּסְפָּס; עָמִיד
ruin *n.* הֶרֶס; חוּרְבָּן; הִתְמוֹטְטוּת; חוּרְבָּה; הַגּוֹרֵם לַהֶרֶס
–in ruins הָרוּס; בְּמַצָּב שֶׁל הֶרֶס וְחוּרְבָּן
ruin *v.* לַהֲרוֹס; לְהַשְׁחִית; לְהַחֲרִיב; לְמוֹטֵט
ruination *n.* הֶרֶס; חוּרְבָּן; הַשְׁחָתָה; אָסוֹן
ruinous *adj.* הַרְסָנִי; הֲרֵה־אָסוֹן
ruinously *adv.* עַד לְהַחֲרִיד
rule *n.* כְּלָל; חוֹק; נוֹהַג; הֶרְגֵּל; שִׁלְטוֹן; סַרְגֵּל
–as a rule בְּדֶרֶךְ כְּלָל; כִּכְלָל
–(by) rule of thumb עַפ״י נִיסָּיוֹן מַעֲשִׂי; כְּלָל מַעֲשִׂי

R

rule *v.* לִשְׁלוֹט (עַל־); לִמְשׁוֹל; לִפְסוֹק; לִקְבּוֹעַ; לְסַרְטֵט (קַוִּים / שׁוּרוֹת)
–rule out לִפְסוֹל; לִשְׁלוֹל (אֶפְשָׁרוּת)
ruled *adj.* מְקוּוְקָו; (נְיָיר) שׁוּרוֹת
ruler *n.* שַׁלִּיט; סַרְגֵּל
ruling *adj.* הַשּׁוֹלֵט
ruling *n.* פְּסִיקָה; הַחְלָטָה; הֲלָכָה
rum *n.* רוּם (מַשְׁקֶה חָרִיף)
rumble *n.* קוֹל רַעַם
rumble *v.* לִרְעוֹם; לָנוּעַ בְּקוֹל רוֹעֵם; לְהַרְעִים בְּקוֹלוֹ; לְקַרְקֵר (בֶּטֶן)
rumbling *n.* קוֹל רַעַם, רְטִינָה
ruminate *v.* לְהַרְהֵר; לְהַעֲלוֹת גֵּירָה
rummage *v.* לְפַשְׁפֵּשׁ; לְחַפֵּשׂ בְּלִי לְהַשְׁאִיר דָּבָר בִּמְקוֹמוֹ; לִנְבּוֹר; לְחַטֵּט
rummage *n.* חִיפּוּשׂ יְסוֹדִי
–rummage sale מְכִירַת חֲפָצִים מְשׁוּמָּשִׁים (לִצְדָקָה)
rummy *n.* רֶמִי (מִשְׂחַק קְלָפִים)
rumor, rumour *n.* שְׁמוּעָה
rump *n.* אֲחוֹרַיִים; עֲכּוּז; שָׂרִיד (שֶׁל אִרְגּוּן)
rumple *v.* לְקַמֵּט; לִפְרוֹעַ (שֵׂיעָר)
rumpus *n.* מְהוּמָה; רַעַשׁ; צְעָקוֹת
run *n.* רִיצָה; נְסִיעָה; קַו (נְסִיעָה); מַסְלוּל; סִדְרַת הוֹפָעוֹת; תְּקוּפָה; סִדְרָה; הִסְתָּעֲרוּת; הַבְרָחָה; סִיבּוּב (בִּמְכוֹנִית); מַהֲלָךְ; כִּיווּן; מְגַמָּה; נְקוּדָה (בְּקְרִיקֶט); מִדְרוֹן סְקִי; מִכְלָאָה; לוּל פָּתוּחַ; "רַכֶּבֶת" (בְּגֶרֶב); תְּקִיפָה (בְּמָטוֹס); כַּמּוּת יִיצוּר אוֹ עוֹתָקִים
–in the long run בְּטוֹוַח הָאָרוֹךְ; בְּסוֹפוֹ שֶׁל דָּבָר
–in the short run לַטּוֹוַח הַקָּצָר
–make a run for לְנַסּוֹת לִבְרוֹחַ
–on the run בּוֹרֵחַ; בִּמְנוּסָה; מִתְרוֹצֵץ
–give him a (good) run for his money לְהַעֲמִידוֹ בִּפְנֵי תַּחֲרוּת קָשָׁה; לָתֵת לוֹ קְרָב טוֹב
run *v.* (ran; run) לָרוּץ; לְהִשְׁתַּתֵּף / לְשַׁתֵּף בְּמֵירוֹץ; לָנוּעַ בִּמְהִירוּת; לַחֲלוֹף; לְהִתְפַּשֵּׁט; לְהַעֲבִיר; לִזְרוֹם; לִנְזוֹל; לִהְיוֹת פָּתוּחַ; לְמַלֵּא (בְּמַיִם); לְהַזְרִים; לְהִימֵּס; לְהָרִיץ; לְהַפְעִיל; לִפְעוֹל; לַעֲבוֹד; לִנְסוֹעַ; לְהַסִּיעַ; לְנַהֵל; לְהַחֲזִיק; לְאַרְגֵּן; לְבַצֵּעַ; לְפַרְסֵם (מַאֲמָר); לַעֲלוֹת עַל (שִׂרְטוֹן); לְהִיכָּנֵס; לְהִשְׁתָּרֵעַ; לְהִימָּשֵׁךְ; לַעֲבוֹר; לִהְיוֹת בְּתוֹקֶף; לְהַגִּיעַ לְרָמָה־; לָרֶדֶת (צִבְעוֹ); לְהִיפָּרֵם; לְהִיוָּצֵר בּוֹ "רַכֶּבֶת"; לְהַבְרִיחַ
–run across לְהִיתָּקֵל בּ־; לִפְגּוֹשׁ בְּמִקְרֶה בּ־
–run after לִרְדּוֹף / לָרוּץ אַחֲרֵי־
–run along לֵךְ!
–run around לְהִסְתּוֹבֵב; לָצֵאת (בְּחֶבְרַת); לְהִתְרוֹצֵץ; לְהִשְׁתּוֹלֵל
–run away (from/to) לִבְרוֹחַ (מ־ / ל־)
–run away with לָצֵאת מִכְּלַל שְׁלִיטָה; לְהוֹצִיאוֹ מִשִּׁיוּוּי מִשְׁקָל; לְהִשְׁתַּלֵּט עָלָיו; לִבְרוֹחַ עִם־; לִגְנוֹב; לְהִסְתַּלֵּק עִם־; לְנַצֵּחַ בְּקַלּוּת בּ־
–run something back לְגַלְגֵּל אוֹ לְהָרִיץ אֲחוֹרָה
–run behind לִהְיוֹת בְּאִיחוּר; לְאַחֵר; לְפַגֵּר
–run down לְהִיגָּמֵר; לְהֵיחָלֵשׁ; לַעֲבוֹר עַל (רְשִׁימָה); לִרְדּוֹף (וְלִתְפּוֹס); לִדְרוֹס; לְדַבֵּר בְּצוּרָה פּוֹגַעַת עַל־; לָרֶדֶת עַל־; לִמְצוֹא; לְחַפֵּשׂ
–run for it לִבְרוֹחַ מַהֵר
–run in לְהָרִיץ; לַעֲשׂוֹת הֲרָצָה ל־
–run into לְהִיתָּקֵל בּ־; לִפְגּוֹשׁ בּוֹ בְּמִקְרֶה; לְהִתְנַגֵּשׁ בּ־; לְהִיקָּלַע ל־; לְהַגִּיעַ ל־; לְהִיכָּנֵס ל־; לְהִסְתַּבֵּךְ בּ־
–running rife מִשְׁתּוֹלֶלֶת (מַחֲלָה)
–run off לְהִסְתַּלֵּק מַהֵר; לִבְרוֹחַ; לְשַׁכְפֵּל; לְצַלֵּם; לְהַדְפִּיס; לִכְתּוֹב בִּמְהִירוּת
–run someone off לְסַלֵּק; לְגָרֵשׁ (מ־)
–run out לְאֱזוֹל; לָפוּג תּוֹקְפוֹ; לִפְקוֹעַ
–run over לִגְלוֹשׁ; לִדְרוֹס; לַעֲבוֹר בִּמְהִירוּת עַל־; לַחֲזוֹר עַל־
–run the show לְנַהֵל אֶת הָעִנְיָינִים
–run through לְהִתְפַּשֵּׁט; לַעֲבוֹר בּ־; לַעֲבוֹר עַל־; לַחֲזוֹר עַל־; לְפַלֵּחַ (בְּחֶרֶב); לְבַזְבֵּז בְּלִי חֶשְׁבּוֹן; לַעֲבוֹר כְּחוּט הַשָּׁנִי בּ־
–run to לְהַגִּיעַ ל־ (כַּמּוּת); לְהִסְתַּכֵּם בּ־
–run up against לְהִיתָּקֵל בּ־

R

run-around *n.* טִרטוּר (בִּירוֹקרָטִי); הִתחַמקוּת
–give someone the run-around לְטַרטֵר; לִדחוֹת בְּלֵךְ וָשׁוּב
runaway *adj.* בּוֹרֵחַ; נִמלָט; מִשׁתוֹלֵל; שֶׁיָּצָא מִשׁלִיטָה; מְסַחרֵר
–runaway inflation אִינפלַציָה דוֹהֶרֶת
runaway *n.* בּוֹרֵחַ; בְּרִיחָה; נִיצָחוֹן קַל
rundown *n.* פֵּירוּט; סִיכּוּם; דוּחַ
run-down *adj.* מוּזנָח; בְּמַצָּב רָע; עָיֵף; שָׁחוּק; מִתמוֹטֵט; מוּשׁבָּת
rung *n.* שָׁלָב; חָווָק; דֶּרֶג; רָמָה; מַעֲמָד
rung *v. 3rd form of* ring
run-in *n.* רִיב; וִיכּוּחַ; עִימוּת; הֲרָצָה; תְּקוּפָה שֶׁלִקרַאת־
runner *n.* רָץ; מִשׁתַּתֵּף בְּמֵירוֹץ; שָׁלִיחַ; מַברִיחַ; פַּס / לַהַב הַחלָקָה (בְּמִזחֶלֶת / בְּמַחֲלִיקַיִים); שְׁלוּחָה (שֶׁל תּוּת־שָׂדֶה וכד׳); מַפָּה צָרָה (לכִיסוּי); שָׁטִיחַ צַר
runner bean *n.* שְׁעוּעִית יְרוּקָה
runner-up *n.* שֵׁנִי בְּתַחֲרוּת
running *adj.* בְּרִיצָה; תּוֹךְ כְּדֵי רִיצָה; מִתמַשֵׁךְ; זוֹרמִים (מַיִם); נוֹזֵל; זָב (מוּגלָה)
–running costs הוֹצָאוֹת שׁוֹטפוֹת / יְשִׁירוֹת
–running shoes נַעֲלֵי רִיצָה
running *adv.* בִּרצִיפוּת
running *n.* רִיצָה; נִיהוּל; אִרגוּן
runny *adj.* נוֹזלִי; מְנוּזָל; דוֹמֵעַ
run-of-the-mill *adj.* רָגִיל; מְמוּצָע; שִׁגרָתִי
runt *n.* הַקָּטָן בֵּין הַגּוּרִים; נַנָּס; לֹא מְפוּתָּח

run-through *n.* חֲזָרָה; סִיכּוּם
runway *n.* מַסלוּל נְחִיתָה / הַמרָאָה
rupture *n.* קֶרַע; קְרִיעָה; שֶׁבֶר; הִתפַּקעוּת
rupture *v.* לִקרוֹעַ; לִגרוֹם לְשֶׁבֶר; לְהִתפּוֹצֵץ
rural *adj.* כַּפרִי
ruse *n.* תַּחבּוּלָה
rush *n.* הִסתָעֲרוּת; רִיצָה; חִיפָּזוֹן; קֶצֶב מְטוֹרָף; בֶּהָלַת קְנִיּוֹת; סוּף; אַגמוֹן
–rush job עֲבוֹדָה דְחוּפָה
rush *v.* לְמַהֵר; לָרוּץ; לְהָחִישׁ; לְהִסתָעֵר עַל־; לְהָאִיץ בּ־; לָקַחַת מְחִיר מוּפרָז מ־
–rush into לִנהוֹג בְּחִיפָּזוֹן בְּעִניַין־
rushes *n.* צִילוּמֵי סֶרֶט לִפנֵי עֲרִיכָה
rush hour *n.* שְׁעַת הָעוֹמֶס
rusk *n.* צְנִים
russet *adj., n.* (צֶבַע) חוּם־אֲדַמדַם
Russian roulette *n.* רוּלֶטָה רוּסִית
rust *n., v.* חֲלוּדָה; חִילָדוֹן; לְהַחֲלִיד
rustic *adj.* כַּפרִי; מְחוּספָּס; גַּס
rustle *n.* רִשׁרוּשׁ; אִוושָׁה
rustle *v.* לְרַשׁרֵשׁ (בּ־); לִגנוֹב בָּקָר
–rustle up לְאַרגֵן בִּמהִירוּת; לְהָכִין מִיָּד
rusty *adj.* חָלוּד
rut *v., n.* לְהִתיַיחֵם; עוֹנַת הַיִּיחוּם
rut *n.* עִקבוֹת גַּלגַּלִים; חָרִיץ (בָּאֲדָמָה); שִׁגרָה
–get into a rut לְהִיכָּנֵס לְשִׁגרָה מְשַׁעֲמֶמֶת
ruthless *adj.* חֲסַר־רַחֲמִים
ruthlessly *adv.* לְלֹא רַחֵם
rye *n.* שִׁיפוֹן; וִיסקִי שִׁיפוֹן

R

S

Sabbath *n.* שַׁבָּת; יוֹם א׳ (לְגַבֵּי נוֹצְרִים)
sabbatical שֶׁל שַׁבָּת; (שְׁנַת) שַׁבָּתוֹן
saber *n.* חֶרֶב פָּרָשִׁים
saber-rattling *n.* צִחצוּחַ חֲרָבוֹת
sable *n.* (פַּרווַת) צוֹבֶל
sabotage *n., v.* חַבָּלָה; לְחַבֵּל בּ־
saboteur *n.* מְחַבֵּל
sabra *n.* צַבָּר (יְלִיד יִשׂרָאֵל)
sabre *n.* חֶרֶב פָּרָשִׁים
sabre-rattling *n.* צִחצוּחַ חֲרָבוֹת
sac *n.* שַׁלפּוּחִית; שַׂקִיק (בְּצֶמַח; בְּבַעַל־ חַיִים)
saccharine *n.* סָכָרִין
saccharine *adj.* מְתַקתַּק; סָכָרִינִי; מָתוֹק (מִדַי)
sachet *n.* שַׂקִיק מְבוּשָׂם; שַׂקִית קְטַנָה (מָנָה אַחַת שֶׁל סוּכָּר, וכו׳)
sack *n.* שַׂק; תַּרמִיל; אַמתַּחַת
– hit the sack לָלֶכֶת לִישׁוֹן
sack *n., v.* פִּיטוּרִים; לְפַטֵר
sack *v., n.* לִבזוֹז וּלהַחֲרִיב; בִּיזָה
sackcloth *n.* אֲרִיג שַׂק; לְבוּשׁ שַׂק
sack race *n.* מֵירוֹץ שַׂקִים (רַגלֵי הַמִשׁתַּתְּפִים בְּתוֹךְ שַׂק)
sacrament *n.* טֶקֶס נוֹצרִי
sacred *adj.* קָדוֹשׁ; ־קוֹדֶשׁ; מְקוּדָשׁ; דָתִי
sacred cow *n.* פָּרָה קְדוֹשָׁה
sacredness *n.* קְדוּשָׁה
sacrifice *n.* זֶבַח; קוֹרבָּן; הַקרָבָה; וִיתּוּר; מְחִיר הֶפסֵד
sacrifice *v.* לְהַקרִיב; לִזבּוֹחַ; לְווַתֵּר עַל־; לִמכּוֹר בְּהֶפסֵד
sacrificial *adj.* שֶׁל קוֹרבָּן
sacrilege *n.* חִילוּל הַקוֹדֶשׁ
sacrosanct *adj.* קָדוֹשׁ; מְקוּדָשׁ
sad *adj.* עָצוּב; מְצַעֵר; עָגוּם; רַע
– sad to say לְמַרבֵּה הַצַעַר; לְדַאֲבוֹנִי
sadden *v.* לְצַעֵר; לְהִתעַצֵב; לְהַעֲצִיב
saddle *n.* אוּכָּף
saddle *v.* (up) לָשִׂים אוּכָּף (עַל־)
– saddle with לְהַעֲמִיס עַל־; לְהַטִיל עַל־
sadism *n.* סָדִיזם
sadist *n.* סָדִיסט
sadistic *adj.* סָדִיסטִי
sadly *adv.* בְּעֶצֶב; לְמַרבֵּה הַצַעַר
sadness *n.* עֶצֶב; צַעַר
sadomasochism *n.* סָדוֹ־מָזוֹכִיזם
safari *n.* מַסָע / מִשלַחַת צַיִד; סָפָארִי
safari park *n.* פַּארק סָפָארִי; חַיבָּר
safe *adj.* בָּטוּחַ; מוּגָן (מִפּנֵי־); לֹא מְסוּכָּן; בְּטִיחוּתִי; מְהֵימָן; זָהִיר; לְלֹא פֶּגַע
– better safe than sorry עָדִיף לֹא לְהִסתַּכֵּן; הַזהִירוּת מִשתַּלֶמֶת
– in safe hands בְּיָדַיִים נֶאֱמָנוֹת
– it's safe to say אֶפשָׁר לוֹמַר בְּבִיטָחוֹן
– play it safe לֹא לְהִסתַּכֵּן; לָלֶכֶת עַל בָּטוּחַ
– safe and sound בָּרִיא וְשָׁלֵם
– to be on the safe side לְיֶתֶר בִּיטָחוֹן
safe *n.* כַּסֶפֶת; אָרוֹן מְאוּורָר (לְמָזוֹן)
safe conduct *n.* רִשׁיוֹן מַעֲבָר
safecracker *n.* פּוֹרֵץ קוּפּוֹת / כַּסָפוֹת
safe-deposit box *n.* כַּסֶפֶת (בַּבַּנק)
safeguard *n.* אֶמצְעֵי־הֲגָנָה / בִּיטָחוֹן; סְיָיג
safeguard *v.* לִשמוֹר עַל־; לְהָגֵן עַל־; לְאַבטֵחַ
safe house *n.* בַּיִת שֶׁמְשַׁמֵשׁ מַחֲסֶה, מְקוֹם מִסתּוֹר
safekeeping *n.* שְׁמִירָה; הַשׁגָחָה (עַל־)
safely *adv.* בְּשָׁלוֹם; בְּבִיטָחוֹן; בִּבטִיחוּת
safety *n.* בְּטִיחוּת; בִּיטָחוֹן; שְׁלוֹם־
safety belt *n.* חֲגוֹרַת בְּטִיחוּת
safety catch *n.* נִצרָה; בְּרִיחַ בִּיטָחוֹן
safety margin *n.* מְרווַח בִּיטָחוֹן
safety match *n.* גַפרוּר
safety measures *n.* אֶמצָעֵי בְּטִיחוּת
safety net *n.* רֶשֶׁת בְּטִיחוּת
safety pin *n.* סִיכַּת־בִּיטָחוֹן
safety valve *n.* שַׁסתּוֹם בִּיטָחוֹן; דֶרֶךְ לְשִׁחרוּר לַחַץ
safflower *n.* חָרִיעַ
saffron *n.* כַּרכּוֹם; זְעַפרָן; צֶבַע כַּרכּוֹם

sag *n.* שֶׁקַע; יְרִידָה
sag *v.* לִשְׁקוֹעַ; לְהִתְקַעֵר; לָרֶדֶת; לִיפּוֹל
saga *n.* הַגָּדָה; סָגָה; סִיפּוּר אָרוֹךְ
sagacious *adj.* נָבוֹן; חָכָם
sage *adj.* חָכָם; נָבוֹן וּמְנוּסֶה
sage *n.* מַרְוָה (צֶמַח תַּבְלִין)
saggy *adj.* קָעוּר; שָׁקוּעַ; נָפוּל
Sagittarius *n.* (מַזָּל) קֶשֶׁת
said *v. past and 3rd form of* say
sail *n.* מִפְרָשׂ; כָּנָף (שֶׁל טַחֲנַת־רוּחַ); הַפְלָגָה; שַׁיִט
–set sail (from/to/for) לְהַפְלִיג (מ־/ל־)
sail *v.* לָשׁוּט (בּ־); לְהַפְלִיג; לָדַעַת לָשׁוּט; לְהַשִׁיט; לָנוּעַ בִּתְנוּעָה חֲלָקָה; לְהַשִּׂיג בְּקַלּוּת
–sail through לַעֲבוֹר בְּקַלּוּת
sailboard *n.* גַּלְשַׁן מִפְרָשׂ
sailboat *n.* מִפְרָשִׂית; סִירַת מִפְרָשׂ
sailing *n.* שַׁיִט מִפְרָשִׂיּוֹת; שַׁיִט; הַפְלָגָה
sailing boat *n.* מִפְרָשִׂית; סִירַת מִפְרָשׂ
sailor *n.* מַלָּח; סַפָּן; שַׁיָּט
saint *n.* קָדוֹשׁ; קָדוֹשׁ נוֹצְרִי; "מַלְאָךְ"
saintly *adj.* (כְּמוֹ/שֶׁל) קָדוֹשׁ
sake *n.*
–for God's sake לְמַעַן הַשֵּׁם
–for my sake לְמַעֲנִי
–for the sake of לְמַעַן; לְטוֹבַת; לְשֵׁם־
salacious *adj.* גַּס; שֶׁל זִימָה
salaciously *adv.* בְּצוּרָה פּוֹרְנוֹגְרָפִית
salad *n.* סָלָט; יָרָק חַי
salad bar *n.* מִזְנוֹן סָלָטִים
salad dressing *n.* רוֹטֶב לְסָלָט
salamander *n.* סָלָמַנְדְּרָה
salami *n.* נַקְנִיק סָלָמִי
salaried *adj.* מְקַבֵּל מַשְׂכּוֹרֶת; שָׂכִיר
salary *n.* מַשְׂכּוֹרֶת
sale *n.* מְכִירָה; מְכִירָה כְּלָלִית; "מִבְצָע"
–for sale לִמְכִירָה
–on sale מוּצָע לִמְכִירָה; נִמְכָּר; בְּמִבְצָע
saleable *adj.* מָכִיר; רָאוּי לִמְכִירָה; שֶׁאֶפְשָׁר לְמוֹכְרוֹ
sales *adj., n.* (שֶׁל) מְכִירוֹת
salesclerk *n.* מוֹכֵר (בַּחֲנוּת)
salesgirl *n.* מוֹכֶרֶת (בַּחֲנוּת)
salesman *n.* סוֹכֵן מְכִירוֹת; מוֹכְרָן; מוֹכֵר; זַבָּן
salesperson *n.* אִישׁ מְכִירוֹת; מוֹכְרָן; מוֹכֵר
sales slip *n.* קַבָּלָה; חֶשְׁבּוֹנִית
saleswoman *n.* מוֹכְרָנִית; מוֹכֶרֶת
salient *adj.* בּוֹלֵט; עִיקָּרִי; חָשׁוּב
saline *adj., n.* מִלְחִי; ־מֶלַח; תְּמִיסַת מֶלַח
saliva *n.* רוֹק
salivary gland *n.* בַּלּוּטַת הָרוֹק
salivate *v.* לְהַפְרִישׁ רוֹק; לְהַזִּיל רִיר
sallow *adj.* בַּעַל צֶבַע צָהוֹב חוֹלָנִי
sally *n.* גִּיחָה; עֲקִיצָה שְׁנוּנָה; חִידוּד
sally *v.* (forth/out) לְהָגִיחַ (וּלְהִסְתָּעֵר); לָצֵאת; לָצֵאת לְטִיּוּל רַגְלִי
salmon *n.* אִלְתִּית; סַלְמוֹן
salmonella *n.* סַלְמוֹנֶלָּה (בַּקְטֶרְיָה)
salon *n.* מְסִיבַּת טְרַקְלִין; מָכוֹן; סָלוֹן; תַּעֲרוּכַת יְצִירוֹת אוֹמָנוּת
saloon *n.* אוּלָם; מִסְבָּאָה; בַּר; מְכוֹנִית סְגוּרָה
saloon bar *n.* מִסְבָּאָה; בַּר
salt *adj.* ־מֶלַח; מָלוּחַ; בְּמֶלַח
salt *n.* מֶלַח; מֶלַח מְשַׁלֵּשׁ; "פִּלְפֵּל"
–take it with a grain of salt לְקַבֵּל בְּהִסְתַּיְּיגוּת מְסוּיֶּמֶת
salt *v.* לְהַמְלִיחַ; לְפַזֵּר מֶלַח עַל־
salt cellar *n.* מִלְחִיָּיה
salt shaker *n.* מִלְחִיָּיה
salt water *n.* מֵי מֶלַח
saltwater *adj.* שֶׁל מַיִם מְלוּחִים
salty *adj.* מָלוּחַ; עֲסִיסִי (הוּמוֹר וכד׳)
salubrious *adj.* מַבְרִיא; טוֹב לַבְּרִיאוּת; מְכוּבָּד
salutary *adj.* מוֹעִיל; בָּרִיא
salutation *n.* (הַבָּעַת) בְּרָכָה; בִּרְכַּת שָׁלוֹם
salute *n.* הַצְדָּעָה; מַטַּח כָּבוֹד; נִפְנוּף לְשָׁלוֹם וכד׳
salute *v.* לְהַצְדִּיעַ (ל־); לְבָרֵךְ לְשָׁלוֹם (בְּנִפְנוּף וכד׳)
salvage *n.* הַצָּלָה; רְכוּשׁ שֶׁנִּיצַּל; נִיצוֹלֶת; נִיצוּל פְּסוֹלֶת

S

salvage *v.* לְהַצִּיל (רְכוּשׁ)
salvation *n.* יְשׁוּעָה; גְּאוּלָּה; (עוֹגֶן) הַצָּלָה
Salvation Army *n.* חֵיל הַיֶּשַׁע
salve *n.* מִשְׁחָה; מַרְפֵּא; מָזוֹר
salve *v.* לְהַרְגִּיעַ; לְהַשְׁקִיט
salver *n.* מַגָּשׁ; טַס
salvo *n.* מַטָּח; פֶּרֶץ תְּשׁוּאוֹת
Samaritan *n.* שׁוֹמְרוֹנִי (עוֹזֵר לְנִזְקָקִים)
same *adj., adv., pron.*
–the same אוֹתוֹ ה־; זֵהֶה; אוֹתוֹ הַדָּבָר
–at the same time בְּאוֹתוֹ הַזְּמַן; יַחַד; עִם זֹאת; בְּמַקְבִּיל
–And the same to you גַּם אַתָּה; גַּם לְךָ
–be all the same to זֶה לֹא מְשַׁנֶּה ל־
samovar *n.* מֵיחַם; סָמוֹבָר
sampan *n.* סִירָה שְׁטוּחָה
sample *n.* דּוּגְמָה; מִדְגָּם; דּוּגְמִית; דְּגִימָה
sample *v.* לִדְגּוֹם; לְנַסּוֹת; לִטְעוֹם
sanatorium *n.* בֵּית־הַחְלָמָה; סָנָטוֹרְיוּם
sanctification *n.* קִידּוּשׁ; הִתְקַדְּשׁוּת
sanctify *v.* (sanctified) לְקַדֵּשׁ; לָתֵת תּוֹקֶף
sanctimonious *adj.* מִתְחַסֵּד
sanction *n.* אִישּׁוּר; עִיצוּמִים (בְּרַבִּים); סַנְקצְיָה; "נֶשֶׁק"; אֶמְצָעֵי מַרְתִּיעַ
sanction *v.* לְאַשֵּׁר; לְהַתִּיר; לְקַבֵּל; לָתֵת תּוֹקֶף
sanctity *n.* קְדוּשָּׁה
sanctuary *n.* מָקוֹם קָדוֹשׁ; קוֹדֶשׁ הַקֳּדָשִׁים; מְקוֹם מִקְלָט; מַחְסֶה; מִקְלָט; שְׁמוּרָה
sanctum *n.* מָקוֹם קָדוֹשׁ; חֶדֶר פְּרָטִי
–inner sanctum קוֹדֶשׁ הַקֳּדָשִׁים
sand *n.* חוֹל; חוֹלוֹת
sand *v.* לְכַסּוֹת בְּחוֹל; לְפַזֵּר חוֹל בּ־; לְלַטֵּשׁ בִּנְיַיר־זְכוּכִית
sandal *n.* סַנְדָּל
sandalwood *n.* (בּוֹשֶׂם) עֵץ הַסַּנְדָּל / הַסַּנְטָל
sandbag *n.* שַׂק־חוֹל
sandbank *n.* שִׂרְטוֹן
sandbox *n.* אַרְגַּז חוֹל
sand castle *n.* אַרְמוֹן חוֹל
sandpaper *n.* נְיַיר־זְכוּכִית
sandstorm *n.* סוּפַת חוֹל
sandwich *n.* כָּרִיךְ
sandwich *v.* לְהַכְנִיס / לִתְקוֹעַ בְּדוֹחַק (בֵּין־)
sandy *adj.* חוֹלִי; מָלֵא חוֹל; אָדוֹם־צְהַבְהַב
sane *adj.* שָׁפוּי; נָבוֹן; שָׁקוּל
sang *v. past of* sing
sanguine *adj.* מָלֵא תִּקְוָה; אוֹפְּטִימִי
sanitarium *n.* סָנָטוֹרְיוּם; בֵּית־הַחְלָמָה
sanitary *adj.* הִיגְיֵינִי; ־תַּבְרוּאָה; תַּבְרוּאִי
sanitary towel *n.* תַּחְבּוֹשֶׁת הִיגְיֵינִית
sanitation *n.* תַּבְרוּאָה
sanitation worker *n.* פּוֹעֵל נִיקָּיוֹן
sanitize *v.* לְחַטֵּא; לְצַנְזֵר
sanity *n.* שְׁפִיּוּת
sank *v. past of* sink
Santa Claus *n.* סַנְטָה קְלָאוּס
sap *n.* מוֹהַל (נוֹזֵל בַּצֶּמַח); כּוֹחַ; מֶרֶץ; חִיּוּת; טִיפֵּשׁ; פֶּתִי; אַלַּת־גּוּמִי; חֲפִירָה
sap *v.* לְעַרְעֵר; לְהַחֲלִישׁ; לְהַתִּישׁ
sapience *n.* תְּבוּנָה; חוֹכְמָה
sapling *n.* עֵץ רַךְ / צָעִיר
sapper *n.* חַיָּיל בְּחֵיל הַהַנְדָּסָה; חַבְּלָן
sapphire *n.* סַפִּיר; כָּחוֹל עַז
sappy *adj.* מָלֵא חִיּוּת וּמֶרֶץ; עֲסִיסִי; טִיפְּשִׁי
sarcasm *n.* לַעַג עוֹקְצָנִי; סַרְקַזְם
sarcastic *adj.* סַרְקַסְטִי; עוֹקְצָנִי
sarcastically *adv.* בְּעוֹקְצָנוּת
sarcophagus *n.* גְּלוֹסְקָמָה; סַרְקוֹפָג
sardine *n.* סַרְדִּין
sardonic *adj.* מָלֵא בּוּז; לַגְלְגָנִי; צִינִי
sash *n.* אַבְנֵט; סֶרֶט עִיטּוּר (בְּמַדֵּי שְׂרָד)
sash window *n.* חַלּוֹן־הֲרָמָה זָחִיחַ
sass *v., n.* לְהִתְחַצֵּף אֶל־; חוּצְפָּה
sassy *adj.* חָצוּף
sat *v. past and 3rd form of* sit
Satan *n.* הַשָּׂטָן
satanic *adj.* שְׂטָנִי
satanism *n.* פּוּלְחַן הַשָּׂטָן
satchel *n.* יַלְקוּט

S

sated *adj.* (with) שָׂבֵעַ (מ־)
satellite *n.* לַוויָין; יָרֵחַ (הַמַּקִיף כּוֹכַב־לֶכֶת); גְּרוּרָה (מְדִינָה)
–satellite dish צַלַּחַת (לַוויָין)
satiable *adj.* שֶׁאֶפְשָׁר לְהַשְׂבִּיעוֹ
satiate *v.* לְהַשְׂבִּיעַ
satin *adj., n.* (מֶשִׁי) סָטִין
satire *n.* סָטִירָה
satirical *adj.* סָטִירִי
satirist *n.* סָטִירִיקָן; כּוֹתֵב סָטִירוֹת
satirize *v.* לְתָאֵר בְּצוּרָה סָטִירִית
satisfaction *n.* סִיפּוּק; שְׂבִיעוּת רָצוֹן; תְּבִיעַת עֶלְבּוֹנוֹ; פִּיצּוּי
–to your satisfaction לִשְׂבִיעוּת רְצוֹנְךָ
satisfactorily *adv.* בְּאוֹפֶן מַשְׂבִּיעַ רָצוֹן
satisfactory *adj.* מַשְׂבִּיעַ רָצוֹן; מְסַפֵּק
satisfy *v.* (satisfied) לְהַשְׂבִּיעַ רְצוֹן־; לְסַפֵּק אֶת־; לְהַשְׂבִּיעַ; לְמַלֵּא; לְשַׁכְנֵעַ
–be satisfied with לְהִסְתַּפֵּק בְּ־; לִהְיוֹת שְׂבַע רָצוֹן מ־
satisfying *adj.* מַשְׂבִּיעַ (רָצוֹן)
saturate *v.* (with) לְהַרְטִיב לְגַמְרֵי; לִטְבּוֹל (בְּ־); לְהַסְפִּיג; לַעֲשׂוֹתוֹ רָווּי; לְמַלֵּא
saturated *adj.* רָווּי; סָפוּג; מָלֵא
saturation *n.* רְוָויָה; רִיוּוּי
Saturday *n.* יוֹם שַׁבָּת
Saturn *n.* כּוֹכַב שַׁבְּתַאי
satyr *n.* סָטִיר (אֵל — חֶצְיוֹ אָדָם חֶצְיוֹ עֵז)
sauce *n.* רוֹטֶב; חוּצְפָּה
saucepan *n.* סִיר; קְלַחַת; אִלְפָּס
saucer *n.* תַּחְתִּית (לְסֵפֶל); צַלַּחַת
saucy *adj.* חָצוּף; גַס
sauerkraut *n.* כְּרוּב כָּבוּשׁ
sauna *n.* סָאוּנָה
saunter *v., n.* לְשׁוֹטֵט בְּנַחַת; הֲלִיכָה בְּנַחַת
sausage *n.* נַקְנִיק; נַקְנִיקִית
sauté *adj.* מְטוּגָן (בְּטִיגּוּן קָצָר); מוּרְתָח
sauté *v.* לְטַגֵּן כַּנַּ"ל
savage *adj.* פְּרִימִיטִיבִי; פִּרְאִי; אַכְזָרִי
savage *n.* פֶּרֶא אָדָם
savage *v.* לִתְקוֹף; לִנְשׁוֹךְ; לְשַׁסֵּעַ; לִקְטוֹל
savagely *adv.* בְּפִרְאוּת; בְּאַכְזְרִיּוּת
savagery *n.* פְּרָאוּת; אַכְזְרִיּוּת
savant *n.* מְלוּמָד; בַּעַל יֶדַע עָצוּם
save *n.* הַצָּלָה (בספורט)
save *prep.* פְּרָט לְ־; חוּץ מ־
save *v.* לְהַצִּיל; לַחְסוֹךְ; לִשְׁמוֹר; לִגְאוֹל
–save the day לְהַצִּיל אֶת הַמַּצָּב; לְהָבִיא יְשׁוּעָה
saver *n.* חוֹסֵךְ; חַסְכָן; גּוֹאֵל; מַצִּיל
saving *adj.* חוֹסֵךְ־; מְפַצֶּה; מְכַפֵּר
–saving grace נְקוּדַת אוֹר (יְחִידָה)
saving *prep.* פְּרָט לְ־; חוּץ מ־
savings *n.* חֶסְכוֹנוֹת
savings account *n.* חֶשְׁבּוֹן חִיסָּכוֹן
savings and loan association *n.* בַּנְק לְמַשְׁכַּנְתָּאוֹת
savior, saviour *n.* מַצִּיל; מוֹשִׁיעַ; יֵשׁוּ הַמּוֹשִׁיעַ
savor, savour *v.* לִטְעוֹם; לֵיהָנוֹת (מֵהַטַּעַם שֶׁל־); לְהַדִּיף רֵיחַ שֶׁל; לְהִתְאַפְיֵין בְּ־
savory, savoury *adj.* מְתוּבָּל (בְּמֶלַח / בְּפִלְפֵּל); טָעִים
savvy *n.* יֶדַע; יֶדַע שִׁימוּשִׁי; תְּבוּנָה; הַשֵּׂכֶל הַיָּשָׁר
saw *n.* מָסוֹר; פִּתְגָם (יָדוּעַ)
saw *v.* (sawed, sawn) לְנַסֵּר; לְהִתְנַסֵּר
saw *v. past of* see
sawbones *n.* (בְּהוּמוֹר) רוֹפֵא; מְנַתֵּחַ
sawdust *n.* נְסוֹרֶת
sawmill *n.* מִנְסָרָה
saxophone *n.* (*or* sax) סַקְסוֹפוֹן
say *n.* הַבָּעַת דֵּעָה; זְכוּת לְהַבִּיעַ דֵּעָה; מַה לּוֹמַר
say *v.* (said) לוֹמַר; לְהַגִּיד; לְצַיֵּין
–it goes without saying מוּבָן מֵאֵלָיו; מְיוּתָּר לְצַיֵּין
–let's say נֹאמַר; נַנִּיחַ
–that is to say כְּלוֹמַר
–there's no saying אֵין לָדַעַת
–You don't say! מָה אַתָּה אוֹמֵר!
saying *n.* אִמְרָה; מֵימְרָה; פִּתְגָם
say-so *n.* מִלָּה שֶׁלּוֹ; מַה שֶּׁהוּא אוֹמֵר; רְשׁוּת

scab *n.* גֶלֶד; מֵפֵר שְׁבִיתָה
scabbard *n.* נְדָן
scabby *adj.* מְכוּסֶה פְּצָעִים מוּגְלָדִים
scabies *n.* גָרֶדֶת
scaffold *n.* פִּיגוּם; גַרדוֹם
scald *n.* כְּווִייָה
scald *v.* לִכווֹת; לְחַטֵא בְּמַיִם רוֹתחִים
scalding *adj.* צוֹרֵב; חָרִיף; ־רוֹתחִין
scale *n.* קַשׂקֶשֶׂ; (הִצטַבְּרוּת) אֶבֶן; כַּף מֹאזנַיִים; מֹאזנַיִים; מַכשִׁיר שְׁקִילָה; לוּחַ שְׁנָתוֹת; סְקָלָה; שִׁיטָה; סוּלָם; דֵירוּג; קְנֵה־מִידָה; הֶיקֵף; גוֹדֶל
–on a large scale בִּקנֵה־מִידָה גָדוֹל
scale *v.* לְסַרטֵט לְפִי קְנֵה־מִידָה; לִשקוֹל
–scale up/down לְהַגדִיל; לְהַקטִין
scale *v.* לְהָסִיר קַשׂקַשִׂים מ־; לְטַפֵּס עַל־
scallion *n.* בָּצָל יָרוֹק צָעִיר
scallop *n.* צִדפָּה; אִמרָה מְסוּלסֶלֶת
scalp *n.* קַרקֶפֶת
scalp *v.* לְקַרקֵף; לְסַפסֵר (בִּכרטִיסִים)
scalpel *n.* אִזמֵל נִיתוּחִים
scalper *n.* סַפסָר (בְּכַרטִיסִים)
scaly *adj.* מְכוּסֶה קַשׂקַשִׂים; מִתקַלֵף
scam *n.* תַרמִית; הוֹנָאָה
scamper *v., n.* לִברוֹחַ מַהֵר; לָרוּץ; רִיצָה מְהִירָה
scan *n.* סְרִיקָה
scan *v.* לִסרוֹק (בְּמַבָּט); לִסרוֹק; לִקרוֹא בִּרפרוּף; לִהיוֹת בָּנוּי בְּמִשקָל (שִׁיר); לִבדוֹק בְּסוֹרֵק
scandal *n.* שַׁעֲרוּרִייָה; רְכִילוּת (מְרוּשַׁעַת)
scandalize *v.* לְקוֹמֵם; לִפגוֹעַ בִּרגשׁוֹת ה־; לְעוֹרֵר שַׁעֲרוּרִייָה ב־
scandalmonger *n.* מֵפִיץ רְכִילוּת
scandalous *adj.* מְזַעֲזֵעַ; שַׁעֲרוּרִייָתִי
scanner *n.* סוֹרֵק
scanning *n.* סְרִיקָה; מִיפּוּי (בְּסוֹרֵק)
scant *adj.* מְעַט מְאוֹד; בְּקוֹשִׁי; מְצוּמצָם
scantily *adv.* בְּצִמצוּם
scanty *adj.* קָטָן מְאוֹד; מוּעָט; מְצוּמצָם
scapegoat *n.* שָׂעִיר לַעֲזָאזֵל
scar *n.* צַלֶקֶת
scar *v.* (scarred) לְצַלֵק; לְהַשׁאִיר "צַלֶקֶת" ב־

scarce *adj.* נָדִיר; יְקַר הַמְצִיאוּת; קָשֶׁה לִמצוֹא
– make oneself scarce לְהִסתַלֵק; לְהֵיעָלֵם
scarcely *adv.* בְּקוֹשִׁי; כִּמעַט שֶׁלֹא
scarcity *n.* נְדִירוּת; מַחסוֹר
scare *n.* פַּחַד; בֶּהָלָה
scare *adj.* ־אֵימָה; זוֹרֵעַ בֶּהָלָה
scare *v.* לְהַפחִיד; לְהַבהִיל; לְפַחֵד; לְהִיבָּהֵל
–scare away/off לְהַבְרִיחַ; לְהַרתִיעַ
scarecrow *n.* דַחלִיל
scared *adj.* מְפוּחָד; נִבהָל; מְפַחֵד
scarf *n.* צָעִיף; סוּדָר; מַפַּת שׁוּלחָן צָרָה
scarlet *n.* (צֶבַע) שָׁנִי
scarlet fever *n.* שָׁנִית (מַחֲלָה)
scary *adj.* מַבהִיל; מַפחִיד
scat *v.* לְהִסתַלֵק
scathing *adj.* חָרִיף; נוֹקֵב
scathingly *adv.* בַּחֲרִיפוּת
scatter *n.* מְעַט(ים) פֹּה וָשָׁם
scatter *v.* לְפַזֵר; לְהִתפַּזֵר
scattered *adj.* מְפוּזָר; פָּזוּר
scatterbrained *adj.* מְפוּזָר (בְּמַחשְׁבוֹתָיו)
scavenge *v.* לְחַטֵט (בְּאַשׁפָּה); לֶאֱכוֹל נְבֵלוֹת
scavenger *n.* אוֹכֵל נְבֵלוֹת; מְחַטֵט בְּאַשׁפָּה
scenario *n.* תַסרִיט; תַרחִישׁ
scene *n.* מְקוֹם הִתרַחֲשׁוּת; זִירָה; מַחֲזֶה; אֵירוּעַ; סְצֵינָה; הִתפָּרְצוּת; שַׁעֲרוּרִייָה; רִיב; מַרְאֶה; נוֹף; תְמוּנָה (בְּמַחֲזֶה); תַפאוּרָה
–behind the scenes מֵאֲחוֹרֵי הַקְלָעִים
scenery *n.* נוֹף; מַרְאֶה; תַפאוּרָה
scent *n.* רֵיחַ (טוֹב); נִיחוֹחַ; בּוֹשֶׂם; עִקבוֹת רֵיחַ; חוּשׁ רֵיחַ
–put/throw him off the scent לְהַטעוֹת אוֹתוֹ
scent *v.* לְהָרִיחַ; "לְהָרִיחַ" (סַכָּנָה, מַשֶׁהוּ חָשׁוּד וכו׳); לְבַשֵׂם
scented *adj.* מְבוּשָׂם; מַעֲלֶה נִיחוֹחַ
scepter *n.* שַׁרבִיט

S

sceptic *n.* סַפְקָן
sceptical *adj.* סַפְקָנִי; מְפַקְפֵּק
scepticism *n.* סַפְקָנוּת
schedule *n.* לוּחַ זְמַנִּים; תוֹכְנִית
–a tight schedule לוּחַ זְמַנִּים צָפוּף
–behind schedule בְּאִיחוּר; בְּפִיגּוּר; לֹא עוֹמֵד בְּלוּחַ הַזְּמַנִּים
–on schedule בַּזְּמַן; עוֹמֵד בְּלוּחַ הַזְּמַנִּים
schedule *v.* לְתַכְנֵן (לְפִי) לוּחַ זְמַנִּים; לִקְבּוֹעַ; לְתַכְנֵן
scheduled flight *n.* טִיסָה מְתוּכְנֶנֶת (לְפִי לוּחַ זְמַנִּים)
schema *n.* סְכֵימָה; מִתְאָר; מִתְווָה; שִׂרְטוּט
schematic *adj.* סְכֵימָתִי; מְתוֹאָר בְּקַוִּים כְּלָלִיִּים; מְשׂוּרְטָט בְּקַוִּים כְּלָלִיִּים
schematically *adv.* בְּאוֹפֶן סְכֵימָתִי; בְּקַוִּים כְּלָלִיִּים; בְּצוּרַת תַּרְשִׁים
scheme *n.* סִידּוּר; מַעֲרָךְ; שִׁיטָה; סְכֵימָה; תוֹכְנִית; מְזִימָה; תַּחְבּוּלָה
scheme *v.* לִרְקוֹם מְזִימָה
schemer *n.* אִישׁ מְזִימּוֹת; תַּחְבְּלָן
schism *n.* פִּילּוּג; קֶרַע
schizophrenic *adj., n.* סְכִיזוֹפְרֶנִי; חוֹלֵה שַׁסַּעַת
schlep *v.* לִסְחוֹב; לִגְרוֹר; לְהִיטַּרְטֵר; לְהִיסָּחֵב
schmaltz *n.* שְׁמַאלְץ
schmooze *v.* לְדַסְקֵס; לְפַטְפֵּט
schnapps *n.* שְׁנַפְּס (מַשְׁקֶה חָרִיף)
scholar *n.* תַּלְמִיד; תַּלְמִיד שֶׁזָּכָה בְּמִלְגָה; לַמְדָן; מְלוּמָּד; חוֹקֵר
scholarly *adj.* מְלוּמָּד; מַדָּעִי; לַמְדָנִי
scholarship *n.* מִלְגָה; יְדִיעוֹת; מֶחְקָר; לַמְדָנוּת
scholastic *adj.* לִימּוּדִי; שֶׁל הוֹרָאָה; שֶׁל בֵּית־סֵפֶר; סְכוֹלַסְטִי
school *n.* בֵּית־סֵפֶר; לִימּוּדִים; אַסְכּוֹלָה
school *n.* נְחִיל (דָּגִים)
school *v.* לְחַנֵּךְ; לְאַלֵּף; לְלַמֵּד
school bag *n.* יַלְקוּט
schooling *n.* הַשְׂכָּלָה; חִינּוּךְ
schoolmaster *n.* מוֹרֶה
schoolmate *n.* חָבֵר לְסַפְסַל הַלִּימּוּדִים
schoolmistress *n.* מוֹרָה
schoolroom *n.* כִּיתָּה
schoolteacher *n.* מוֹרֶה; מוֹרָה
schooner *n.* סְפִינָה דּוּ־תוֹרְנִית; כּוֹס גְּבוֹהָה
schwa *n.* שְׁוָא
sciatica *n.* נָשִׁית (מַחֲלָה)
science *n.* מַדָּע; תּוֹרָה; יוּמְנָה
science-based *adj.* עֲתִיר יֶדַע
science fiction *n.* מַדָּע בִּדְיוֹנִי
scientific *adj.* מַדָּעִי; ־מַדָּע; שִׁיטָתִי
scientifically *adv.* מִבְּחִינָה / בְּדֶרֶךְ מַדָּעִית; בְּאוֹפֶן שִׁיטָתִי
scientist *n.* מַדְעָן; חוֹקֵר
sci fi *n.* מַדָּע בִּדְיוֹנִי
scimitar *n.* חֶרֶב מִזְרָחִית
scintilla *n.* שֶׁמֶץ; קַמְצוּץ; קוּרְטוֹב
scintillating *adj.* מַבְרִיק; נוֹצֵץ; שָׁנוּן וּמְרַעֲנֵן
scion *n.* נֵצֶר; חוֹטֶר; צֶאֱצָא
scissors *n.* מִסְפָּרַיִים
sclerosis *n.* טָרֶשֶׁת
scoff *v.* לִלְעוֹג (לְ־); לְלַגְלֵג (עַל־); לְזַלְזֵל
scold *v.* לִנְזוֹף (בְּ־); לִגְעוֹר (בְּ־)
scolding *n.* נְזִיפָה; "שְׁטִיפָה"
scollop *n.* צְדָפָה
scone *n.* מִין עוּגִיָּיה
scoop *n.* יָעֶה; כַּף; מְלוֹא הַיָּעֶה; סְקוּפּ; יְדִיעָה בִּלְעָדִית; רֶוַוח גָּדוֹל; כַּדּוּר (גְּלִידָה)
scoop *v.* לְמַלֵּא יָעֶה / כַּף בְּ־; לַחְפּוֹן; לִגְרוֹף; לַחְפּוֹר (כְּאִילּוּ) בְּיָעֶה; לְהַשִּׂיג סְקוּפּ / רֶוַוח גָּדוֹל
scooter *n.* קַטְנוֹעַ; קוֹרְקִינֶט
scope *n.* מֶרְחַב פְּעוּלָּה; מָקוֹם (לְ־); תְּחוּם; הֶיקֵּף; יְרִיעָה
scorch *v.* לַחֲרוֹךְ; לִשְׂרוֹף; לְהֵיחָרֵךְ; "לָטוּס"
scorched earth *n.* אֲדָמָה חֲרוּכָה
scorching *adj.* לוֹהֵט
score *n.* תּוֹצָאָה; צִיּוּן; נִיקּוּד; סִיבָּה; תַּכְלִיל; פַּרְטִיטוּרָה; חָרִיץ; חָתָךְ; עֶשְׂרִים; נְקוּדָּה; חֶשְׁבּוֹן

S

scramble *n.* הֲלִיכָה / מֵירוֹץ בְּדֶרֶךְ קָשָׁה; מַאֲבָק; הִידָּחֲקוּת

scramble *v.* לְטַפֵּס; לִזְחוֹל (בְּמַאֲמָץ); לְהִתְלַבֵּשׁ וכו׳ מַהֵר; לְעַרְבֵּב; לְהַמְרִיא; לִטְרוֹף וּלְבַשֵּׁל (בֵּיצָה מְקוּשְׁקֶשֶׁת); לְעַרְבֵּל (שִׂיחַת טֶלֶפוֹן וכו׳)

–scramble for לְהֵיאָבֵק עַל־

scrambled egg *n.* בֵּיצָה מְקוּשְׁקֶשֶׁת

scrambler *n.* מְעַרְבֵּל קוֹל (בְּטֶלֶפוֹן, וכו׳)

scrap *n.* חֲתִיכָה; שְׁאֵרִית; שֶׁמֶץ; פִּיסָּה; גְּרוּטָאוֹת; רִיב

scrap *v.* לִזְרוֹק (כִּגְרוּטָה); לִפְסוֹל; לְוַותֵּר עַל־

scrapbook *n.* אַלְבּוֹם הַדְבָּקוֹת

scrape *n.* חֲרִיקָה; (קוֹל) גֵּירוּד; שְׂרִיטָה; צָרָה; הִסְתַּבְּכוּת; מַצָּב בִּיש

scrape *v.* לְגָרֵד; לְשַׁפְשֵׁף; לְקַרְצֵף; לְהָסִיר; לְנַקּוֹת; לַחְפּוֹר; לְהִשְׁתַּפְשֵׁף בּ־

–scrape a living לְהִתְפַּרְנֵס בְּדוֹחַק

–scrape the bottom of the barrel לִהְיוֹת בְּמַצָּב נוֹאָשׁ; לְגָרֵד מִתַּחְתִּית הַבּוֹר

scraper *n.* מַגְרֵד; שְׁפַכְטֶל

scrap heap *n.* עֲרֵימַת גְּרוּטָאוֹת

scratch *adj.* מְאוּלְתָּר; מִכָּל הַבָּא לַיָּד

scratch *n.* שְׂרִיטָה; גֵּירוּד; קַו־הַזִּינּוּק

–be up to scratch לִהְיוֹת מוּכָן / בָּרָמָה הַדְּרוּשָׁה

–start from scratch לְהַתְחִיל מֵהַהַתְחָלָה / מֵאֶפֶס

–without a scratch לְלֹא פֶּגַע

scratch *v.* לִשְׂרוֹט; לַעֲשׂוֹת שְׂרִיטוֹת; לְגָרֵד; לְהִתְגָּרֵד; לַחֲרוֹת; לִמְחוֹק; לַחֲרוֹק; לְהוֹצִיא מִתַּחֲרוּת

–scratch the surface לְטַפֵּל בְּאוֹפֶן שִׁטְחִי (בּ־)

scratchy *adj.* עָשׂוּי כִּלְאַחַר־יָד; לֹא מוּשְׁלָם; חוֹרֵק; מְגָרֵד; מְעַקְצֵץ

scrawl *n.* ״קִשְׁקוּשׁ״; שִׁרְבּוּט; ״כְּתַב חַרְטוּמִים״

scrawl *v.* לְשַׁרְבֵּט; ״לְקַשְׁקֵשׁ״; לִכְתּוֹב ״כְּתַב חַרְטוּמִים״

scrawny *adj.* כָּחוּשׁ וְגַרְמִי

scream *n.* צְוָוחָה; צְרִיחָה; חֲרִיקָה; אָדָם / דָּבָר מַצְחִיק מְאוֹד

–an old score חֶשְׁבּוֹן יָשָׁן

–know the score לָדַעַת בְּדִיּוּק מַה קּוֹרֶה

–scores of times פְּעָמִים רַבּוֹת

score *v.* לִרְשׁוֹם נְקוּדוֹת; לְהַשִּׂיג (תּוֹצָאָה / נְקוּדוֹת); לְהַבְקִיעַ; לְתַזְמֵר; לְעַבֵּד ל־; לִשְׂרוֹט; לְסַמֵּן (בְּקַוִּוים וכו׳); לְזַיֵּין (בַּחוּרָה)

scoreboard לוּחַ הַתּוֹצָאוֹת

scorer *n.* מַבְקִיעַ; עוֹשֵׂה הַנְּקוּדוֹת

scorn *n.* בּוּז; לַעַג; מַטָּרָה לְבוּז

scorn *v.* לִדְחוֹת בְּבוּז; לָבוּז ל־

scornful *adj.* מָלֵא בּוּז; בָּז

scornfully *adv.* בְּבוּז

Scorpio *n.* מַזַּל עַקְרָב

scorpion *n.* עַקְרָב

Scot *n.* סְקוֹטִי

Scotch *n.* (כּוֹסִית) וִיסְקִי (סְקוֹטְשׁ)

scotch *v.* לְקַטּוֹעַ / לְחַסֵּל / לַחֲנוֹק בְּאִיבּוֹ; לִפְצוֹעַ; לַחְתּוֹךְ

scotch tape *n.* נְיַיר דֶּבֶק שָׁקוּף; סְלוֹטֵייפּ

scot-free *adj.* לְלֹא פֶּגַע / עוֹנֶשׁ

Scottish *adj.* סְקוֹטִי

scoundrel *n.* נָבָל; מְנוּוָל; נוֹכֵל

scour *v.* לְצַחְצֵחַ; לְקַרְצֵף; לְשַׁפְשֵׁף

scour *v.* (for) לִסְרוֹק (בְּחִיפּוּשׂ אַחַר־)

scourer *n.* כָּרִית לְנִיקּוּי כֵּלִים

scourge *v.* לְהַלְקוֹת; לְהַכּוֹת; לִפְקוֹד אֶת־

scourge *n.* פֶּגַע; פּוּרְעָנוּת; אֵימָה; שׁוֹט

scout *n.* גַּשָּׁשׁ; סַיָּיר; סְפִינַת / מְטוֹס סִיּוּר; צוֹפֶה (בַּצּוֹפִים); צַיַּיד כִּשְׁרוֹנוֹת

scout *v.* לְחַפֵּשׂ; לְסַיֵּיר

–scout out לְחַפֵּשׂ; לְאַתֵּר; לִצְפּוֹת; לְרַגֵּל

scout master *n.* מַדְרִיךְ שֵׁבֶט צוֹפִים

scowl *v., n.* לְהַבִּיט בְּזַעַף; לְהַזְעִיף פָּנִים; מַבָּט זוֹעֵף

scrabble *v.* לְגַשֵּׁשׁ בְּחִיפָּזוֹן (בְּחִיפּוּשׂ אַחַר־); לְחַטֵּט; לְהֵיאָבֵק; לְטַפֵּס בְּגִישּׁוּשׁ

Scrabble *n.* שַׁבֵּץ־נָא (מִשְׂחָק)

scrag *v.* לַחֲנוֹק; לִלְפּוֹת הַצַּוָּאר; לְהַתְקִיף בְּזַעַם

scram *v.* לְהִסְתַּלֵּק; הִסְתַּלֵּק!

S

scream *v.* לִצְרוֹחַ; לִצְווֹחַ; לִצְעוֹק; לְיַילֵל
screech *n.* חֲרִיקָה; צְווָחָה
screech *v.* לִצְווֹחַ; לִצְרוֹחַ; לְהַשְׁמִיעַ חֲרִיקָה
– screech to a halt לַעֲצוֹר בַּחֲרִיקַת בְּלָמִים; לְהֵיעָצֵר
screen *n.* פַּרְגּוֹד; מְחִיצָה; מָגֵן; מָסָךְ; צָג; מִרְקָע; רֶשֶׁת (שֶׁל חַלּוֹן, וכד׳); כְּבָרָה
screen *v.* (from) לְסוֹכֵךְ עַל־; לְהַסְתִּיר; לְהָגֵן עַל־; לְחַפּוֹת עַל־; לִבְדּוֹק בְּדִיקָה בִּטְחוֹנִית / רְפוּאִית; לְמַיֵּין; לְהַקְרִין
– screen out לְסַנֵּן; לְנַפּוֹת (אֲנָשִׁים)
screening *n.* רֶשֶׁת (שֶׁל חַלּוֹן, וכד׳); סִינּוּן; בְּדִיקָה; מִיּוּן; הַקְרָנָה; בְּדִיקָה בְּסוֹרֵק; סְרִיקָה
screenplay *n.* תַּסְרִיט
screen saver *n.* שׁוֹמֵר מָסָךְ
screen test *n.* מִבְחַן־בַּד
screw *n.* בּוֹרֶג; סֶגֶר (מִתְבָּרֵג); הַבְרָגָה; סִיבּוּב; מַדְחֵף; שַׂקִּיק; מַשְׂכּוֹרֶת; קַמְצָן; סוֹהֵר; זִיּוּן; דְּפִיקָה
– have a screw loose חָסֵר לוֹ בּוֹרֶג
– put the screws on לְהַפְעִיל לַחַץ עַל־
screw *v.* לְהַבְרִיג; לְהַדֵּק בִּבְרָגִים; לְסוֹבֵב; לְזַיֵּין; לְסַדֵּר (מִישֶׁהוּ)
– screw up לְמַעוֹךְ; לְפַשֵּׁל; לַהֲרוֹס
screwball *n.* מְשׁוּגָּע; מְטוֹרָף
screwdriver *n.* מַבְרֵג
screwed-up *adj.* מָעוּךְ; מְתוּסְבָּךְ; עַצְבָּנִי
screw-up *n.* פַּאשְׁלָה; פִּישּׁוּל
scribble *n.* קִשְׁקוּשׁ; שִׁרְבּוּט
scribble *v.* לְשַׁרְבֵּט; לְקַשְׁקֵשׁ
scribbler *n.* סוֹפֵר כִּבְיָכוֹל; "גְּרָפוֹמָן"
scrimmage *n.* תִּגְרָה; מַאֲבָק עַל הַכַּדּוּר
scrimp *v.* לְקַמֵּץ; לַחְסוֹךְ
script *n.* כְּתַב־יָד; כְּתָב; תַּמְלִיל; תַּסְרִיט
Scriptures *n.* כִּתְבֵי הַקּוֹדֶשׁ
script writer *n.* תַּסְרִיטַאי
scroll *v.* לְגַלְגֵּל (עַל צָג מַחְשֵׁב)
scroll *n.* מְגִילָּה; פִּיתּוּחַ אֶבֶן דְּמוּי מְגִילָּה
scrooge *n.* קַמְצָן
scrotum *n.* כִּיס־אֲשָׁכִים
scrounge *v.* (off) "לִסְחוֹב"; לְשַׁנּוֹרֵר
– scrounge (around) לְחַפֵּשׂ; לְחַטֵּט
scrounger *n.* "סַחְבָן"; שְׁנוֹרֶר
scrub *n.* בָּתָה; סְבַךְ עֵצִים נְמוּכִים
scrub *v.* (scrubbed) לְשַׁפְשֵׁף; הֵיטֵב; לְקַרְצֵף; לְבַטֵּל; לִמְחוֹק
scrubby *adj.* מְכוּסֶּה שִׂיחִים; מְכוּסֶּה זִיפִים; פְּחוּת עֵרֶךְ; קָטָן; מְגוּמָּד
scruff *n.*
– the scruff of the neck עוֹרֶף; אֲחוֹרֵי הַצַּוָּאר
scruffy *adj.* מוּזְנָח וּמְלוּכְלָךְ; מְרוּפָּט
scrunch *v.* לְמַעוֹךְ; לִגְרוֹס; לִלְעוֹס; לְהִימָּעֵךְ בְּרַעַשׁ
scruple *n.* נְקִיפַת מַצְפּוּן
scrupulous *adj.* קַפְּדָנִי; מַקְפִּיד; לְלֹא רְבָב; בַּעַל מַצְפּוּן
scrupulously *adv.* לְלֹא רְבָב; בְּדַקְדְּקָנוּת
scrutinize *v.* לִבְחוֹן / לִבְדּוֹק הֵיטֵב
scrutiny *n.* בְּדִיקָה מְדוּקְדֶּקֶת
scuba *n.* מִתְקַן נְשִׁימָה לִצְלִילָה; סְקוּבָּה
scuff *v.* לִגְרוֹר (רַגְלַיִים); לְשַׁפְשֵׁף (נְעָלָיו)
scuffle *v., n.* לְהֵיאָבֵק; תִּגְרָה
scull *n.* מָשׁוֹט; סִירַת מְשׁוֹטִים קַלָּה (לְמֵירוֹץ)
scull *v.* לַחְתּוֹר בְּסִירָה כַּנַּ"ל
scullery *n.* חֶדֶר לַהֲדָחַת כֵּלִים
scullion *n.* נַעַר מְשָׁרֵת מִטְבָּח
sculpt *v.* לְפַסֵּל; לְגַלֵּף; לַחְקוֹק
sculptor *n.* פַּסָּל
sculpture *n.* פִּיסּוּל; פֶּסֶל
sculpture *v.* לְפַסֵּל; לְגַלֵּף; לַחְקוֹק
scum *n.* קֶצֶף; זוּהֲמָה; חֶלְאָה
– scum of the earth חֶלְאַת אָדָם
scupper *v.* לְטַבֵּעַ; לַהֲרוֹס
scurrilous *adj.* פּוֹגֵעַ; גַּס; ־נְאָצָה
scurry *n.* (קוֹל צַעֲדֵי) רִיצָה
scurry *v.* (scurried) לָרוּץ; לְהִתְרוֹצֵץ
scurvy *n.* צַפְדִּינָה (מַחֲלָה)
scuttle *v.* לָרוּץ; לְטַבֵּעַ
– scuttle away לִבְרוֹחַ
scuttle *n.* דְּלִי לְפֶחָם
scythe *n., v.* חֶרְמֵשׁ; לִקְצוֹר בְּחֶרְמֵשׁ
sea *n.* יָם; יַמָּה; אוֹקְיָינוֹס

S

–the high seas הַיָּם הַפָּתוּחַ; לֶב־יָם
sea anemone *n.* שׁוֹשַׁנַּת־יָם
seabed *n.* קַרְקָעִית הַיָּם
seabird *n.* עוֹף־יָם
seafaring *adj.* ־יָם; קָשׁוּר לַיָּם; שֶׁל נְסִיעָה בַּיָּם
seafood *n.* מַאַכְלֵי יָם
seafront *n.* הַצַּד הַנִּשְׁקָף אֶל הַיָּם; טַיֶּילֶת
seagoing *adj.* לְהַפְלָגָה בַּיָּם הַפָּתוּחַ
seagull *n.* שַׁחַף
sea horse *n.* סוּסוֹן יָם
seal *n.* כֶּלֶב־יָם; חוֹתָם; חוֹתֶמֶת; אֶטֶם
–seal of approval אִישׁוּר; גוּשְׁפַּנְקָה
seal *v.* לָשִׂים / לְהַטְבִּיעַ חוֹתָם עַל־; לַחְתּוֹם; לִסְגּוֹר; לֶאֱטוֹם; לַחֲרוֹץ (גּוֹרָל)
–seal in/off לַחְסוֹם; לִסְגּוֹר
sealant *n.* חוֹמֶר אִיטּוּם
sealed *adj.* חָתוּם; אָטוּם
–his fate is sealed גּוֹרָלוֹ נֶחֱרַץ
–my lips are sealed שְׂפָתַי חֲתוּמוֹת
sea legs *n.* יַצִּיבוּת בַּהֲלִיכָה עַל הַסִּיפּוּן; הִתְרַגְּלוּת לְטִלְטוּלֵי הַסְּפִינָה
sea level *n.* (גּוֹבַהּ) פְּנֵי־הַיָּם
sealing wax *n.* שַׁעֲוַות חוֹתָם
sea lion *n.* אֲרִי־יָם
seam *n.* תֶּפֶר; קַו חִיבּוּר; שִׁכְבַת פֶּחָם וכו׳
–bursting at the seams מָלֵא עַד אֶפֶס מָקוֹם; לְהִתְפַּקֵּעַ
seaman *n.* מַלָּח; יַמַּאי
seamanship *n.* יַמָּאוּת; מְיוּמָנוּת כְּיַמַּאי
seamless *n.* לְלֹא תֶּפֶר; עָשׂוּי מֵחֲתִיכָה אַחַת
seamstress *n.* תּוֹפֶרֶת
seamy *adj.* בָּזוּי; גַּס; לֹא נָעִים
–seamy side of life הַפָּן הַמְכוֹעָר בַּחַיִּים
seance *n.* סֵיאַנְס
seaplane *n.* מָטוֹס יַמִּי
seaport *n.* (עִיר) נָמָל
sea power *n.* כּוֹחַ יַמִּי; מַעֲצָמָה יַמִּית
sear *v.* לַחֲרוֹךְ; לִצְרוֹב; לְיַיבֵּשׁ; לְהַקְמִיל; לְהַקְשִׁיחַ

search *n., v.* חִיפּוּשׂ; לְחַפֵּשׂ; לַעֲרוֹךְ חִיפּוּשׂ (בְּגוּפוֹ / בּ־)
–Search me! אֵין לִי מוּשָּׂג!
searching *adj.* נוֹקֵב; חוֹדֵר; בּוֹחֵן; יְסוֹדִי
searchlight *n.* זַרְקוֹר
search party *n.* צֶוֶות חִיפּוּשׂ
search warrant *n.* צַו חִיפּוּשׂ
seashell *n.* קוֹנְכִיָּיה; צֶדֶף
seashore *n.* חוֹף הַיָּם
seasick *adj.* חוֹלֶה בְּמַחֲלַת יָם
seasickness *n.* מַחֲלַת יָם
seaside *n.* (שֶׁעַל) חוֹף הַיָּם
season *n.* עוֹנָה; זְמַן; עֵת
season *v.* לְתַבֵּל; לְהַכְשִׁיר (עֵץ) לְשִׁימּוּשׁ (ע״י יִיבּוּשׁ)
seasonable *adj.* עוֹנָתִי; מַתְאִים לָעוֹנָה; בָּא בַּזְּמַן הַנָּכוֹן; בְּעִתּוֹ
seasonal *adj.* עוֹנָתִי
seasoned *adj.* מְתוּבָּל; יָבֵשׁ וְטוֹב לְשִׁימּוּשׁ; ״מְשׁוּפְשָׁף״; בַּעַל נִיסָּיוֹן
seasoning *n.* תַּבְלִין; תִּיבּוּל
season ticket *n.* כַּרְטִיסִיָּיה; כַּרְטִיס עוֹנָתִי / חוֹפְשִׁי־חוֹדְשִׁי; כַּרְטִיס מָנוּי
seat *n.* מוֹשָׁב; כִּסֵּא; מָקוֹם; יַשְׁבָן; מְקוֹם מוֹשָׁבוֹ שֶׁל־; מֶרְכָּז; בַּיִת גָּדוֹל בַּכְּפָר
–by the seat of your pants לְפִי אִינְסְטִינְקְט; בְּהִסְתַּמֵּךְ עַל חוּשָׁיו אוֹ נִיסְיוֹנוֹ
–take a seat לָשֶׁבֶת
seat *v.* לְהָכִיל מְקוֹמוֹת יְשִׁיבָה לְ־; לְהוֹשִׁיב
–seat oneself לָשֶׁבֶת
–be seated (נָא) לָשֶׁבֶת
seat belt *n.* חֲגוֹרַת בְּטִיחוּת
seating *n.* מוֹשָׁב; סִידּוּר מְקוֹמוֹת יְשִׁיבָה
–seating capacity מִסְפַּר מְקוֹמוֹת יְשִׁיבָה; תְּפוּסָה
sea urchin *n.* קִיפּוֹד יָם
seawards *adv.* בְּכִיווּן הַיָּם
seaweed *n.* אַצָּה; אַצּוֹת
seaworthy *adj.* כְּשִׁירָה לְהַפְלָגָה
secateurs *n.* מַזְמֵרָה

secede *v.* (from) לִפרוֹשׁ (מ־)
secession *n.* פְּרִישָׁה (מאִיחוּד, מאִרגוּן)
seclude *v.* לְבוֹדֵד; לְהִסתַגֵר; לְהִתבּוֹדֵד
secluded *adj.* מְבוּדָד וְשָׁקֵט
seclusion *n.* הִתבּוֹדְדוּת; הִסתַגְרוּת; מָקוֹם מְבוּדָד
second *adj.* הַשֵׁנִי; נוֹסָף
–in the second place שֵׁנִית; בַּמָקוֹם הַשֵׁנִי
–second to none לְלֹא מִתחָרִים; הַטוֹב בְּיוֹתֵר
second *adv.* (בְּמָקוֹם) שֵׁנִי; שֵׁנִית
–second of all שֵׁנִית
second *n.* שְׁנִייָה; רֶגַע
second *v.* לַעֲזוֹר ל־; לִתמוֹךְ ב־
second *v.* לְהַשׁאִיל (עוֹבֵד)
secondary *adj.* תִיכוֹנִי; מִשנִי; שְׁנִיוֹנִי
secondary school *n.* בֵּית־סֵפֶר תִיכוֹן (שֵׁשׁ־שְׁנָתִי)
second-best *adj., adv.* שֵׁנִי בְּטִיבוֹ / בְּהֶישֵׂגָיו; פָּחוֹת מִן הַטוֹב בְּיוֹתֵר
second-class *adj.* מִדַרגָה שְׁנִייָה; סוּג ב׳
second-class *adv.* בְּמַחלָקָה שְׁנִייָה
Second Coming *n.* בִּיאַת יֵשׁוּ הַשנִייָה; יוֹם הַדִין
second-degree *adj.* מִדַרגָה שְׁנִייָה
second-guess *v.* לִהיוֹת חָכָם לְאַחַר מַעֲשֶׂה; לְבַקֵר לְאַחַר מַעֲשֶׂה; לְנַחֵשׁ אוֹ לִצפּוֹת מֵרֹאשׁ פְּעוּלָה, תְגוּבָה, וכו׳
second-hand *adj., adv.* מִיָד שְׁנִייָה; מְשׁוּמָשׁ; מִמָקוֹר / מִכּלִי שֵׁנִי
second lieutenant *n.* סֶגֶן מִשנֶה
secondly *adv.* שֵׁנִית
second nature *n.* טֶבַע שֵׁנִי
second person *n.* גוּף שֵׁנִי
second-rate *adj.* מִמַדרֵגָה שְׁנִייָה; סוּג ב׳
seconds *n.* מָנָה נוֹסֶפֶת; מוּצָרִים אוֹ סְחוֹרָה מִסוּג ב׳
second sight *n.* כּוֹחַ נְבוּאִי
second string *adj.* (שַׂחקָן) מַחלִיף
second wind *n.* הִתאוֹששוּת; מֶרֶץ מְחוּדָשׁ

secrecy *n.* סוֹדִיוּת; חֲשָׁאִיוּת
secret *adj.* סוֹדִי; חֲשָׁאִי; נִסתָר; חָבוּי
–keep something secret לִשׁמוֹר בְּסוֹד
secret *n.* סוֹד; תַעֲלוּמָה
–in secret בְּסוֹד; בַּחֲשַׁאי; בְּסֵתֶר
secret agent *n.* סוֹכֵן חֲשָׁאִי
secretarial *adj.* שֶׁל מַזכִּיר(וּת); מִשׂרָדִי
secretariat *n.* מַזכִּירוּת
secretary *n.* מַזכִּיר; שַׂר
secretary general *n.* מַזכָּ״ל
Secretary of State *n.* (בארה״ב) שַׂר הַחוּץ; מַזכִּיר הַמְדִינָה
secrete *v.* לְהַפרִישׁ; לְהַסתִיר; לְהַחבִּיא
secretion *n.* הַפרָשָׁה; הַסתָרָה
secretive *adj.* מִתעַטֵף בְּסוֹדִיוּת
secretly *adv.* בַּחֲשַׁאי; בְּסוֹד
secret police *n.* מִשטָרָה חֲשָׁאִית
Secret Service *n.* הַשֵׁירוּת הַחֲשָׁאִי
sect *n.* כַּת
sectarian *adj.* כִּיתָתִי
section *n.* פֶּלַח; קֶטַע; סְעִיף; חֵלֶק; מָדוֹר; מִגזָר; אֵיזוֹר; חָתָךְ; חִיתוּךְ
section *v.* לַחתוֹךְ; לְחַלֵק לִקטָעִים
sectional *adj.* מוּרכָּב מֵחֲלָקִים; פָּרִיק; אֲזוֹרִי; קְבוּצָתִי; עֲדָתִי; חֲתָכִי
sector *n.* גִזרָה; מִגזָר; תְחוּם
secular *adj.* חִילוֹנִי
secularize *v.* לַהֲפוֹךְ לְחִילוֹנִי
secure *adj.* בָּטוּחַ; חוֹפשִׁי מִדאָגָה; מוּבטָח; מְחוּזָק; סָגוּר הֵיטֵב; יַצִיב; מוּגָן
secure *v.* לִסגוֹר הֵיטֵב; לְאַבטֵחַ; לְהָגֵן עַל־; לְחַזֵק; לְהַצלִיחַ לְהַשִׂיג; לְהַבטִיחַ; לִקשׁוֹר הֵיטֵב
securely *adv.* בְּבִיטָחוֹן; הֵיטֵב
security *n.* בִּיטָחוֹן; אַבטָחָה; עֲרָבוֹן; בַּטוּחָה; נְיָיר עֶרֶךְ
–securities נְיָירוֹת עֶרֶךְ; בַּטוּחוֹת
–security forces/services כּוֹחוֹת הַבִּיטָחוֹן
–maximum security prison כֶּלֶא שָׁמוּר בְּיוֹתֵר
security check *n.* בְּדִיקָה בִּטחוֹנִית
Security Council *n.* מוֹעֶצֶת הַבִּיטָחוֹן
security guard *n.* מְאַבטֵחַ

S

security risk *n.* סִיכּוּן בִּטחוֹנִי
sedan *n.* מְכוֹנִית (נוֹסעִים) סְגוּרָה
sedan chair *n.* אַפִּריוֹן
sedate *adj.* שָׁלֵו; רְצִינִי
sedate *v.* לָתֵת סַם הַרגָעָה ל־
sedation *n.* הַרגָעָה (ע״י מַתַן סַם)
sedative *adj., n.* (סַם) מַרגִיעַ
sedentary *adj.* כָּרוּךְ בִּישִׁיבָה; מַרבֶּה בִּישִׁיבָה; יוֹשֵׁב קֶבַע (לֹא נוֹדֵד)
sediment *n.* מִשקָע; סְחוֹפֶת
sedimentary *adj.* שֶׁל מִשקָע; שֶׁל סְחוֹפֶת
sedition *n.* (דִברֵי) הֲסָתָה; הַמרָדָה
seditious *adj.* מַסִית; שֶׁל הֲסָתָה (לְמֶרֶד)
seduce *v.* לְפַתוֹת; לְהַדִיחַ (לִדבַר עֲבֵירָה)
seducer *n.* מְפַתֶה
seduction *n.* פִּיתוּי; הִתפַּתוּת
seductive *adj.* מְפַתֶה; מוֹשֵׁךְ
see *n.* מְחוֹז בִּישׁוֹף
–Holy See אַפִּיפיוֹרוּת; הַכֵּס הַקָדוֹשׁ
see *v.* (saw, seen) לִראוֹת; לִצפּוֹת בּ־; לְקַבֵּל (לִפגִישָׁה); לְהִיפָּגֵשׁ עִם־; לָלֶכֶת ל־ (לְטִיפּוּל / לְיִיעוּץ); לְבַקֵר; לִקרוֹא (ש־); לְהִיוָוכַח (ש־); לְהִיתָקֵל בּ־; לְלַווֹת; לְהָבִין; לַחשׁוֹב; לְבָרֵר; לְווַדֵא; לִדאוֹג לְכָךְ (ש־)
–seeing is believing צָרִיךְ לִראוֹת כְּדֵי לְהַאֲמִין
–See you (later) לְהִתרָאוֹת
–see the point לְהָבִין אֶת הַכַּוָונָה
–see fit לִראוֹת לְנָכוֹן
–see for oneself לְהִיוָוכַח בְּעַצמוֹ
–see into לִבדוֹק; לְבָרֵר
–see someone out לְלַווֹת אוֹתוֹ הַחוּצָה
–see through לְהָבִין מַה מִסתַתֵר מֵאֲחוֹרֵי־; לֹא לָלֶכֶת שׁוֹלָל אַחֲרֵי־; לְטַפֵּל אוֹ לְהַתמִיד עַד הַסוֹף בּ־
–see to it לְטַפֵּל בָּזֶה
–see to it (that...) לִדאוֹג לְכָךְ (ש־)
seed *n.* זֶרַע; גַרעִין; זְרָעִים; מָקוֹר; שַׂחקָן מְדוּרָג (בְּטֶנִיס)
–run/go to seed לָתֵת זֶרַע; לְהִידַרדֵר; לְהֵירָאוֹת מוּזנָח
seed *v.* לָתֵת זֶרַע; לִזרוֹעַ; לְהוֹצִיא גַרעִינִים מ־; לְדָרֵג
seedless *adj.* לְלֹא גַרעִינִים
seedling *n.* שְׁתִיל
seedy *adj.* מוּזנָח; מָלֵא זְרָעִים
seeing that *conj.* מִכֵּיווָן שׁ־; הֱיוֹת שֶׁ־
seek *v.* (sought) לְחַפֵּשׂ; לְבַקֵשׁ; לְנַסוֹת
–(much) sought after מְבוּקָשׁ (מְאוֹד)
–seek for לְחַפֵּשׂ; לְבַקֵשׁ; לִרדוֹף אַחֲרֵי־
–seek out לְחַפֵּשׂ (וְלִמצוֹא)
seem *v.* לְהֵירָאוֹת; לַעֲשׂוֹת רוֹשֶׁם שֶׁ־
–it seems (that) נִראֶה (שֶׁ־)
seeming *adj.* שֶׁלְמַראִית־עַיִן; מְדוּמֶה
seemingly *adv.* לְמַראִית־עַיִן; לִכאוֹרָה; כַּנִראֶה
seemly *adj.* יָאֶה; נָאֶה; מְכוּבָּד
seen *v. 3rd form of* see
seep *v.* לְחַלחֵל
seepage *n.* חִלחוּל
seer *n.* נָבִיא; חוֹזֶה
seesaw *n.* נַדנֵדָה (לִשׁנַיִים); ״נַדנֵדָה״; תְנוּדָה לְכָאן וּלְכָאן
seesaw *v.* לְהִתנַדנֵד; לָנוּעַ כְּנַדנֵדָה
seethe *v.* (with) לִרתוֹחַ; לִרעוֹשׁ וְלִגעוֹשׁ
see-through *adj.* שָׁקוּף
segment *n.* קֶטַע; מִקטָע (בַּהַנדָסָה); פֶּלַח
segment *v.* לְחַלֵק / לְהִתחַלֵק לִקטָעִים
segmentation *n.* פִּילוּחַ (שׁוּק); הִתחַלקוּת לִקטָעִים; סֶגמֶנטַציָה; הִתפַּלגוּת
segregate *v.* לְהַפרִיד; לְבוֹדֵד
segregated *adj.* מוּפרָד; נִפרָד; מוּבדָל
segregation *n.* הַפרָדָה; הַפרָדָה גִזעִית
seismic *adj.* סֵייסמִי; שֶׁל רְעִידוֹת אֲדָמָה
seismograph *n.* סֵייסמוֹגרָף
seize *v.* לֶאֱחוֹז בְּכוֹחַ בּ־; לִתפּוֹס; לְעַקֵל; לְהִיתָקַע; לְהִיתָפֵס
–seize (on/upon) לְנַצֵל; לִקפּוֹץ עַל־ (הִזדַמנוּת וכד׳)
seizure *n.* תְפִיסָה; עִיקוּל; הֶתקֵף (לֵב)
seldom *adv.* לְעִתִים רְחוֹקוֹת
select *adj.* מוּבחָר; נִבחָר; יוּקרָתִי

S

select *v.* לִבחוֹר; לִברוֹר
selection *n.* בְּחִירָה; מִבחָר; אוֹסֶף; סֶלֶקצִיָה
selective *adj.* בּוֹחֵר בְּקַפִּידָה; בַּררָנִי; סֶלֶקטִיבִי
selector *n.* בּוֹחֵר; בּוֹרֵר
self *n.* זֶהוּת; הָ"אֲנִי"; עַצמוֹ
self-addressed *adj.* מְמוּעָן לַשּׁוֹלֵחַ
self-assembly *adj.* לְהַרכָּבָה עַצמִית
self-assured *adj.* בָּטוּחַ בְּעַצמוֹ; בַּעַל בִּיטָחוֹן עַצמִי
self-centered *adj.* מְרוּכָּז בְּעַצמוֹ; אָנוֹכִיִי
self-confessed *adj.* מוּצהָר; עפ"י הוֹדָאָתוֹ
self-confidence *n.* בִּיטָחוֹן עַצמִי
self-confident *adj.* בָּטוּחַ בְּעַצמוֹ; בַּעַל בִּיטָחוֹן עַצמִי
self-congratulatory *adj.* שֶׁל שְׂבִיעוּת רָצוֹן עַצמִית; כְּמִי שֶׁטּוֹפֵחַ לְעַצמוֹ עַל הַשֶּׁכֶם
self-conscious *adj.* בַּיישָׁן; נָבוֹךְ; מוּדָע לְעַצמוֹ; רָגִישׁ
self-contained *adj.* מְכוּנָּס בְּעַצמוֹ; מְאוּפָּק; שָׁלֵם; (כִּיחִידָה נִפרֶדֶת) שֶׁיֵּשׁ בָּהּ כָּל הַדָּרוּשׁ
self-control *n.* שְׁלִיטָה עַצמִית
self-controlled *adj.* מְאוּפָּק; שׁוֹלֵט בְּעַצמוֹ
self-deception *n.* הוֹנָאָה עַצמִית; הַשׁלָיָה עַצמִית
self-defense / defence *n.* הֲגָנָה עַצמִית
self-denial *n.* הִתנַזְּרוּת; הַקרָבָה עַצמִית
self-destruct *v.* לְהַשׁמִיד אֶת עַצמוֹ
self-destruct *adj.* לְהַשׁמָדָה עַצמִית (מַנגָנוֹן)
self-destruction *n.* הֶרֶס עַצמִי; הַשׁמָדָה עַצמִית
self-destructive *adj.* שֶׁל הֶרֶס עַצמִי
self-determination *n.* הַגדָּרָה עַצמִית; יְכוֹלֶת לְהַחלִיט בְּעַצמוֹ
self-discipline *n.* מִשׁמַעַת עַצמִית
self-effacing *adj.* נֶחבָּא אֶל הַכֵּלִים; מִצטַנֵּעַ
self-employed *adj.* עַצמָאִי (עוֹבֵד)
self-esteem *n.* הַעֲרָכָה עַצמִית
self-evident *adj.* מוּבָן מֵאֵלָיו; בָּרוּר
self-fulfilling prophecy *n.* נְבוּאָה הַמַּגשִׁימָה אֶת עַצמָהּ
self-fulfillment *n.* הַגשָׁמָה עַצמִית
self-government *n.* שִׁלטוֹן עַצמִי
self-importance *n.* חֲשִׁיבוּת עַצמִית
self-imposed *adj.* שֶׁהֵבִיא / שֶׁכָּפָה עַל עַצמוֹ; מֵרָצוֹן
self-indulgent *adj.* מִתמַסֵּר לַהֲנָאוֹתָיו; מִתפַּנֵּק
self-inflicted *adj.* שֶׁגָּרַם לְעַצמוֹ (פְּצִיעָה)
self-interest *n.* טוֹבַת עַצמוֹ; אִינטֶרֶס אִישִׁי; אָנוֹכִיוּת
selfish *adj.* אָנוֹכִיִי, אָנוֹכִי
selfishly *adv.* בְּאָנוֹכִיוּת
selfishness *n.* אָנוֹכִיוּת
self-made *adj.* שֶׁהִצלִיחַ / שֶׁהִגִּיעַ לְכָךְ בְּכוֹחוֹת עַצמוֹ
self-pity *n.* רַחֲמִים עַצמִיִּים
self-portrait *n.* דְּיוֹקָן עַצמִי
self-possessed *adj.* מְיוּשָּׁב; מַפגִּין שְׁלִיטָה עַצמִית
self-preservation *n.* קִיּוּם עַצמִי; הִישָּׂרְדוּת
self-reliance *n.* בִּיטָחוֹן בִּיכוֹלתוֹ; אִי תְּלוּת
self-reliant *adj.* בּוֹטֵחַ בִּיכוֹלתוֹ; סוֹמֵךְ עַל עַצמוֹ
self-respect *n.* כָּבוֹד עַצמִי
self-restraint *n.* רִיסּוּן עַצמִי
self-righteous *adj.* צִדקָנִי
self-righteousness *n.* צִדקָנוּת
self-rule *n.* שִׁלטוֹן עַצמִי
self-sacrifice *n.* הַקרָבָה עַצמִית
selfsame *adj.* בְּדִיּוּק (בְּ)אוֹתוֹ...
self-satisfaction *n.* שְׂבִיעוּת־רָצוֹן עַצמִית
self-satisfied *adj.* שְׂבַע־רָצוֹן מֵעַצמוֹ
self-service *adj., n.* שֵׁירוּת עַצמִי
self-sufficiency *n.* אִי תְּלוּת; קִיּוּם עַצמִי
self-sufficient *adj.* לֹא תָּלוּי בַּאֲחֵרִים; מְקַיֵּים אֶת עַצמוֹ

S

self-taught *adj.* שֶׁלָּמַד בְּעַצְמוֹ; אוֹטוֹדִידַקְט
self-willed *adj.* עַקְשָׁן
self-winding *adj.* (שָׁעוֹן) אוֹטוֹמָטִי; (חַלּוֹן) חַשְׁמַלִּי
sell *v.* (sold) לִמְכּוֹר (ל־); לְהִימָּכֵר; "לְסַדֵּר"; לְרַמּוֹת
–sell off לִמְכּוֹר בְּזוֹל (לְחִיסּוּל מְלַאי־); לִמְכּוֹר כְּדֵי לְהִיפָּטֵר מ־
–sell out לִמְכּוֹר אֶת כָּל (הַמְּלַאי); לִמְכּוֹר חֶלְקוֹ בָּעֵסֶק; לִבְגוֹד בּ־
sell *n.* רַמָּאוּת; סִידּוּר; מְכִירָה
sell-by date *n.* תַּאֲרִיךְ אַחֲרוֹן לְשִׁיווּק
seller *n.* מוֹכֵר
–a good seller מוּצָר שֶׁנִּמְכָּר טוֹב; לָהִיט
seller's market *n.* שׁוּק מוֹכְרִים
sellotape *n.* נְיַיר דֶּבֶק שָׁקוּף (סֶלוֹטֵייפּ)
sellotape *v.* לְהַדְבִּיק בִּנְיַיר דֶּבֶק
sell-out *n.* מִשְׂחָק / קוֹנְצֶרְט וכו' שֶׁסָּגַר קוּפּוֹת; בְּגִידָה
selves *pron.* עַצְמֵנוּ
semantic *adj.* סֵמַנְטִי; שֶׁל מַשְׁמָעוּת
semantics *n.* סֵמַנְטִיקָה
semaphore *n.* שִׁיטַת אִיתּוּת בִּדְגָלִים
semblance *n.* (of) אֲרֶשֶׁת; מַסְוֶוה (שֶׁל־); מַה שֶּׁדּוֹמֶה בְּמַשֶּׁהוּ ל־
semen *n.* זֶרַע (הַזָּכָר)
semester *n.* סֶמֶסְטֶר
semi *n.* בַּיִת דּוּ־מִשְׁפַּחְתִּי; סֶמִיטְרֵיילֶר
semi- חֲצִי־; לְמֶחֱצָה
semicolon *n.* נְקוּדָה וּפְסִיק
semi-detached *adj.* צָמוּד לְבַיִת אַחֵר; דּוּ־מִשְׁפַּחְתִּי
semifinal *n.* (מִשְׂחָק) חֲצִי־הַגְּמָר
seminal *adj.* מְקוֹרִי; מְהַוֶּוה גַּרְעִין לְהִתְפַּתְּחוּת (בִּתְחוּם מֶחְקָר, יְצִירָה וכו'); שֶׁל זֶרַע
seminar *n.* סֶמִינַרְיוֹן; יוֹם עִיּוּן
seminary *n.* סֶמִינָר; בֵּית־מִדְרָשׁ; בֵּית־מִדְרָשׁ לִכְמָרִים
Semitic *adj.* שֵׁמִי; יְהוּדִי
semolina *n.* סוֹלֶת
Sen. הָאָב; סֶנָטוֹר

senate *n.* סֶנָט
senator *n.* סֶנָטוֹר
send *v.* (sent) לִשְׁלוֹחַ (ל־); לְשַׁגֵּר; לְהָעִיף; לְרַגֵּשׁ; לְעַנֵּג
–send someone after לִשְׁלוֹחַ אוֹתוֹ אַחֲרֵי־ / לְהוֹדִיעַ ל־
–send away לְפַטֵּר / לְשַׁלֵּחַ אוֹתוֹ; לִשְׁלוֹחַ
–send away for לְהַזְמִין (מוּצָר וכו') בַּדּוֹאַר
–send for לִשְׁלוֹחַ מִישֶׁהוּ לְהָבִיא; לְהַזְמִין (רוֹפֵא, מוֹנִית וכו')
–send out לְהָפִיץ; לִשְׁלוֹחַ; לְהַזְמִין
–send up לְחַקּוֹתוֹ / לְהַצִּיגוֹ בְּצוּרָה נִלְעֶגֶת; לִגְרוֹם לַעֲלִיָּיה בּ־; לְהַעֲלוֹת
sender *n.* שׁוֹלֵחַ
send-off *n.* (מְסִיבַּת) פְּרִידָה; אִיחוּלֵי בִּרְכַּת הַדֶּרֶךְ
senile *adj.* סֶנִילִי; שֶׁנִּגְרָם מִזִּקְנָה
senility *n.* סֶנִילִיּוּת
senior *n.* תַּלְמִיד הַשָּׁנָה הָאַחֲרוֹנָה (בְּתִיכוֹן אוֹ בָּאוּנִיבֶרְסִיטָה)
senior *adj.* וָתִיק; בָּכִיר; מְבוּגָּר (מ־); הָאָב
senior citizen *n.* קָשִׁישׁ (בְּגִיל הַזָּהָב); אֶזְרָח וָתִיק; גִּמְלַאי
seniority *n.* בְּכִירוּת; וֶתֶק
sensation *n.* תְּחוּשָׁה; הַרְגָּשָׁה; סֶנְסַצְיָה; הִתְרַגְּשׁוּת; סְעָרָה; "רַעַשׁ"
sensational *adj.* סֶנְסַצְיוֹנִי; מַרְעִישׁ; נִפְלָא; רוֹדֵף סֶנְסַצְיוֹת
sensationalist *n.* רוֹדֵף סֶנְסַצְיוֹת
sensationally *adv.* בְּצוּרָה מַרְעִישָׁה; בְּאוֹפֶן סֶנְסַצְיוֹנִי; מְאוֹד
sense *n.* חוּשׁ; שֵׂכֶל; טַעַם; הִיגָּיוֹן; מַשְׁמָעוּת; מוּבָן; תּוֹכֶן; עִיקַּר הַדְּבָרִים; שְׁפִיּוּת דַּעַת (בְּרַבִּים); רֶגֶשׁ; תְּחוּשָׁה; תְּחוּשָׁה / דֵּעָה כְּלָלִית
–come to your senses לְקַבֵּל שֵׂכֶל; לְהִתְפַּכֵּחַ
–in a sense בְּמוּבָן מְסוּיָּם
–knock (some) sense into לְהַכְנִיס (קְצָת) שֵׂכֶל בְּקָדְקֳדוֹ
–make sense לִהְיוֹת הֶגְיוֹנִי

S

–make sense of לְהַצְלִיחַ לְהָבִין אֶת־
–sense of humor חוּשׁ הוּמוֹר
sense *v.* לָחוּשׁ
senseless *adj.* מְטוּפָּשׁ; חֲסַר הִיגָּיוֹן; לְלֹא הַכָּרָה
senselessness *n.* חוֹסֶר טַעַם / הִיגָּיוֹן
sensibility *n.* רְגִישׁוּת; רֶגֶשׁ מְעוּדָּן
–sensibilities רְגָשׁוֹת
sensible *adj.* נָבוֹן; הֶגְיוֹנִי; שִׁימוּשִׁי; נִיכָּר
–sensible of מוּדָע ל־
sensibly *adv.* בִּתְבוּנָה; בְּשֵׂכֶל; בְּמִידָה נִיכֶּרֶת
sensitive *adj.* רָגִישׁ; פָּגִיעַ; מְגַלֶּה רְגִישׁוּת וַהֲבָנָה
sensitively *adv.* בִּרְגִישׁוּת; בַּעֲדִינוּת
sensitivity *n.* רְגִישׁוּת
sensitize *v.* לַעֲשׂוֹת לְרָגִישׁ
sensor *n.* חַיְישָׁן
sensory *adj.* שֶׁל הַחוּשִׁים
sensual *adj.* חוּשָׁנִי; תַּאַוְותָנִי
sent *v. past and 3rd form of* send
sentence *n.* גְּזַר דִּין; מִשְׁפָּט (בְּדִקְדּוּק)
sentence *v.* (to) לָדוּן; לִגְזוֹר דִּינוֹ (ל־)
sentient *adj.* מַרְגִּישׁ; חָשׁ; שֶׁמְּסוּגָּל לָחוּשׁ
sentiment *n.* רֶגֶשׁ; רַגְשָׁנוּת; עֶמְדָּה; דֵּעָה; הַבָּעַת אִיחוּלִים אוֹ רֶגֶשׁ
sentimental *adj.* רִגְשִׁי; סֶנְטִימֶנְטָלִי; רַגְשָׁנִי
sentimentality *n.* רַגְשָׁנוּת; סֶנְטִימֶנְטָלִיּוּת
sentimentally *adv.* בְּרַגְשָׁנוּת
sentry *n.* זָקִיף
sentry box *n.* תָּא הַזָּקִיף; בּוּטְקָה
separable *adj.* נִיתָּן לְהַפְרָדָה
separate *adj.* נִפְרָד; שׁוֹנֶה
separate *v.* לְהַפְרִיד; לְהִיפָּרֵד; לִחְיוֹת בְּנִפְרָד; לַחֲצוֹץ; לְהַבְדִּיל; לְחַלֵּק; לְהִתְפָּרֵד
separately *adv.* בְּנִפְרָד
separatism *n.* בַּדְלָנוּת; שְׁאִיפָה לְעַצְמָאוּת
separation *n.* הִיפָּרְדוּת; הַפְרָדָה; נִיתּוּק
September *n.* סֶפְּטֶמְבֶּר
septic *adj.* אָלוּחַ; מְזוֹהָם
septuagenarian *n.* בֶּן 70; אָדָם בִּשְׁנוֹת הַ־70 לְחַיָּיו
sepulcher, sepulchre *n.* קֶבֶר
sequel *n.* (to) תּוֹצָאָה; הִתְפַּתְּחוּת (שֶׁל); סָפִיחַ; (סֵפֶר / סֶרֶט) הֶמְשֵׁךְ (ל־)
sequence *n.* (to) סִדְרָה; רֶצֶף; הִשְׁתַּלְשְׁלוּת; תְּמוּנָה (בְּסֶרֶט); קֶטַע
–in sequence לְפִי הַסֵּדֶר; לְפִי סֵדֶר
sequential *adj.* עוֹקֵב; בָּא בְּרֶצֶף סִדְרָתִי; סִדְרָתִי
sequins *n.* נַצְנַצִּים; פַּאיְיטִים
seraph *n.* שָׂרָף (מַלְאָךְ)
serenade *n.* סֶרֶנָדָה
serenade *v.* לָשִׁיר / לְנַגֵּן סֶרֶנָדָה
serendipity *n.* נְטִיָּיה לְגַלּוֹת בְּאַקְרַאי דְּבָרִים מַפְתִּיעִים אוֹ פִּתְרוֹנוֹת מוּצְלָחִים; מַזָּל
serene *adj.* שָׁלֵו; שָׁקֵט; רָגוּעַ; שֶׁל חוֹסֶר דְּאָגָה; בָּהִיר
serenity *n.* שַׁלְוָה; בְּהִירוּת
serf *n.* אִיכָּר צָמִית
sergeant *n.* סַמָּל; סַמָּל רִאשׁוֹן (בַּמִּשְׁטָרָה)
sergeant-at-arms *n.* מְמוּנֶּה עַל הַסֵּדֶר; קְצִין הַכְּנֶסֶת
sergeant-major *n.* רַב־סַמָּל
serial *adj.* סִידּוּרִי; בְּסִדְרָה; סִדְרָתִי
serial *n.* סִדְרָה (בַּטֶּלֶוִויזְיָה, וכו׳)
serial killer *n.* רוֹצֵחַ סִדְרָתִי
serial number *n.* מִסְפָּר סִידּוּרִי / אִישִׁי
series *n.* סִדְרָה; שׁוּרָה (שֶׁל אֲסוֹנוֹת וכו׳); סִדְרַת טֶלֶוִויזְיָה
–in series לְפִי סֵדֶר; בְּסִדְרָה; בְּטוּר
serious *adj.* רְצִינִי; חָמוּר; מַעֲמִיק
seriously *adv.* בִּרְצִינוּת; בְּאוֹפֶן חָמוּר; לְעוֹמְקוֹ
seriousness *n.* רְצִינוּת; חוּמְרָה; מַצָּב חָמוּר
sermon *n.* דְּרָשָׁה; הַטָּפַת־מוּסָר
sermonize *v.* לְהַטִּיף מוּסָר ל־
serpent *n.* נָחָשׁ; "נָחָשׁ"
serpentine *adj.* מִתְפַּתֵּל (כְּנָחָשׁ)

S

serrated *adj.* מְשׁוּנָּן
serum *n.* נַסְיוּב
servant *n.* מְשָׁרֵת
serve *n.* חֲבָטַת הַגָּשָׁה
serve *v.* לְשָׁרֵת; לְטַפֵּל בּ־; לְהַגִּישׁ; לַעֲבוֹד; לְשַׁמֵּשׁ; לְהַסְפִּיק ל־; לְסַפֵּק; לְהַשְׁלִים תְּקוּפָה (כּ־); לְרַצּוֹת (תְּקוּפַת מַאֲסָר); לְהַגִּישׁ (כַּדּוּר)
–if my memory serves (me) אִם זִכְרוֹנִי אֵינוֹ מַטְעֵנִי
–serve on לִהְיוֹת חָבֵר בּ־ (וַעֲדָה וכד׳)
–serve (on) לִמְסוֹר (צַו) ל־
–It serves him right! מַגִּיעַ לוֹ!
server *n.* שָׁרָת (בְּתִקְשׁוֹרֶת מַחְשְׁבִים)
service *n.* שֵׁירוּת; תּוֹעֶלֶת; טִיפּוּל; שִׁימוּשׁ; תַּפְקִיד; מְסִירַת צַו; טֶקֶס (סֵדֶר) תְּפִילָּה; מַעֲרֶכֶת (כְּלֵי אוֹכֶל); עֲבוֹדָה (כְּעוֹזֶרֶת); (חֲבָטַת) הַגָּשָׁה; הַרְבָּעָה
–be of service (to) לַעֲזוֹר; לִהְיוֹת לוֹ לְעֵזֶר
service *v.* לְטַפֵּל (בִּמְכוֹנִית, וכו׳); לָתֵת שֵׁירוּת (טֶכְנָאִים)
serviceable *adj.* חָזָק וְשִׁימוּשִׁי
service area *n.* תַּחֲנַת שֵׁירוּת לְנֶהָגִים (דֶּלֶק, מִסְעָדָה וכו׳); תַּחֲנַת דֶּלֶק
service charge *n.* דְּמֵי שֵׁירוּת
service industry *n.* מִגְזַר/עֲנַף הַשֵּׁירוּתִים
serviceman *n.* חַיָּיל; אִישׁ צָבָא; אִישׁ אַחְזָקָה; טֶכְנַאי שֵׁירוּת
service station *n.* תַּחֲנַת דֶּלֶק
serviette *n.* מַפִּית
servile *adj.* כָּנוּעַ; מִתְרַפֵּס
servility *n.* הִתְרַפְּסוּת; כְּנִיעוּת
serving *n.* מָנָה
servitude *n.* עַבְדוּת; שִׁעְבּוּד
sesame *n.* שׁוּמְשׁוּם
session *n.* מוֹשָׁב; יְשִׁיבָה; סֶמֶסְטֶר; פֶּרֶק זְמַן הַמְיוּעָד ל־; מִפְגָּשׁ
–in session בְּמוֹשָׁבוֹ; בִּישִׁיבָה
set *adj.* שֶׁנִּקְבַּע מֵרֹאשׁ; מוּכָן; קָבוּעַ; לֹא מִשְׁתַּנֶּה; יַצִּיב; מְגוּבָּשׁ; מְמוּקָם; שֶׁאֵינוֹ מָשׁ (מֵעַל פָּנָיו)
–be set on (doing) something לִהְיוֹת נָחוּשׁ בְּדַעְתּוֹ ל־/לְהַשִּׂיג
–dead set against מִתְנַגֵּד בְּתוֹקֶף ל־
–get set לְהִתְכּוֹנֵן
set *n.* מַעֲרֶכֶת; סִדְרָה; קְבוּצָה; חוּג; מַקְלֵט; עִיצּוּב שֵׂיעָר; תַּפְאוּרָה; אֲתַר הַסְרָטָה; קִטְעֵי מוּסִיקָה; הִתְקָרְשׁוּת; הִתְגַּבְּשׁוּת; מַעֲרָכָה (בְּטֶנִיס); שְׁתִיל; מַרְצֶפֶת; קְבוּצָה (בְּמָתֵמָטִיקָה); יְצִיבָה; תְּנוּחָה; הַתְאָמָה (לַגּוּף); מְחִילַת הַגִּירִית
set *v.* לָשִׂים; לְהָנִיחַ; לְהָבִיא ל־; לְהַעֲלוֹת (בָּאֵשׁ); לְהַפְעִיל; לְעוֹרֵר; לְהָכִין; לַעֲרוֹךְ; לְכַוֵּון; לִקְבּוֹעַ; לְעַצֵּב; לְקַבֵּעַ; לְשַׁבֵּץ; לְהַקְרִישׁ; לְהִתְקַשּׁוֹת; לְהַטִּיל עַל; לְהִתְרַחֵשׁ; לָתֵת זֶרַע; לְהָנִיב פְּרִי; לִשְׁקוֹעַ (שֶׁמֶשׁ); לִנְשׁוֹב; לִזְרוֹם; לִנְטוֹת
–set a bone לְקַבֵּעַ עֶצֶם שְׁבוּרָה
–set a dog on לְשַׁסּוֹת כֶּלֶב בּ־
–set about (doing) לְהַתְחִיל בּ־; לָגֶשֶׁת ל־
–set someone against לְהָסִית אוֹתוֹ נֶגֶד; לְהָבִיא לְסִכְסוּךְ בֵּין־ לְבֵין־
–set apart (from) לְהַבְדִּילוֹ (מ־); לְיַיחֵד אוֹתוֹ (לְעוּמַּת־)
–set aside לְהָנִיחַ בַּצַּד; לָשִׂים בַּצַּד; לְהַקְדִּישׁ (זְמַן); לִדְחוֹת; לְהִתְעַלֵּם מ־; לְבַטֵּל
–set back לַעֲלוֹת לוֹ; לְעַכֵּב; לַעֲצוֹר; לְהָזִיז אֲחוֹרָה
–set free לְשַׁחְרֵר
–set forth לְהַצִּיג; לְפַרְסֵם; לְפָרֵט; לָצֵאת לַדֶּרֶךְ
–set in לְהַתְחִיל; לְהִתְפַּתֵּחַ
–set off לְפוֹצֵץ; לְהַצִּית; לְהַפְעִיל; לִגְרוֹם ל־; לְהָבִיא ל־; לְעוֹרֵר; לְהַבְלִיט (אֶת יְפִי־); לָצֵאת ל־/לַדֶּרֶךְ
–set out לְסַדֵּר; לְהַצִּיג; לְפָרֵט; לְנַסּוֹת; לָצֵאת ל־/לַדֶּרֶךְ
–set to (לְהַתְחִיל) לַעֲבוֹד בְּמֶרֶץ
–set up לְסַדֵּר אוֹתוֹ; לִטְמוֹן לוֹ פַּח; לְהַפְלִיל; לְהַצִּיב (בִּמְקוֹמוֹ); לְהַתְקִין; לְהָקִים; לְאַרְגֵּן; לִפְתּוֹחַ בּ־; לִגְרוֹם ל־; לְבַסֵּס אוֹתוֹ

S

–set your mind at rest ;לִהיוֹת רָגוּעַ; לְהַפסִיק לִדאוֹג

setback *n.* עִיכּוּב; הַפרָעָה; מַהֲלוּמָה

settee *n.* סַפָּה

setter *n.* כֶּלֶב צַיִד (סֶטֶר); מְעַצֵב; סַדָּר; קוֹבֵעַ

setting *n.* מִסגֶרֶת; מִשׁבֶּצֶת; מָקוֹם; סְבִיבָה; רֶקַע; תִפאוּרָה; מַנגִינָה (לְמִלִים); שִׁיבּוּץ; מַצָב; שְׁקִיעָה; שׁוֹקֵעַ

settle *v.* לְסַדֵר / לָשֶׁבֶת בְּמַצָב נוֹחַ; לְהִתרַוֵוחַ; לָנוּחַ; לְהִתיַישֵׁב; לְהִשׁתַקֵעַ; לְהִסתַדֵר; לְייַשֵׁב; לְהַסדִיר; לְהַגִיעַ לִפשָׁרָה; לְשַׁלֵם; לְהַסדִיר (חוֹב); לָרֶדֶת; לְכַסוֹת; לִשׁקוֹעַ; לְהֵירָגַע; לַחֲלוֹף

–settle back לְהִתרַוֵוחַ בַּכּוּרסָה וכד׳

–settle down לְהֵירָגַע; לִשׁכּוֹךְ; לִשׁכַּב בְּנוֹחַ (בַּמִיטָה); לְהִתרַוֵוחַ בְּכִסאוֹ; לָשֶׁבֶת בְּנוֹחַ; לְהִתבַּסֵס; לְנַהֵל חַיִים מְסוּדָרִים; לְהִתמַסֵד; לְסַדֵר בְּמַצָב נוֹחַ

–settle for לְהִסתַפֵּק בּ־

–settle (someone) into (לַעֲזוֹר לוֹ) לְהִסתַדֵר בּ־; לְהַכנִיסוֹ ל־; לְהִתרַגֵל ל־

–settle up (with) ;לְשַׁלֵם אֶת הַחוֹב (ל־); לְהַסדִיר חֶשׁבּוֹן

–settle with לִגמוֹר חֶשׁבּוֹן עִם־

settled *adj.* קָבוּעַ; לֹא מִשׁתַנֶה; ־קֶבַע; מְסוּדָר; מַרגִישׁ נוֹחַ; נִפרַע; שׁוּלַם

settlement *n.* הֶסדֵר; יִישׁוּב; סִילוּק (חוֹב); הַעֲבָרַת רְכוּשׁ ל־; הִתנַחֲלוּת; הִתיַישְׁבוּת; שְׁקִיעָה

settler *n.* מִתיַישֵׁב; מִתנַחֵל

set-up *n.* ;הֶסדֵר; סִידוּר; מִבנֶה (אִרגוּנִי); מַלכּוֹדֶת מְתוּכנֶנֶת

seven *adj., n.* שֶׁבַע; שִׁבעָה

seventeen שְׁבַע־עֶשׂרֵה; שִׁבעָה־עָשָׂר

seventeenth *adj., n.* (הַחֵלֶק) הַשִּׁבעָה־עָשָׂר; הַשְׁבַע־עֶשׂרֵה

seventh *adj., n.* שְׁבִיעִי; שְׁבִיעִית

seventieth *adj., n.* (חֵלֶק) הַשִּׁבעִים

seventy *adj., n.* שִׁבעִים

–in the seventies בִּשְׁנוֹת הַשִּׁבעִים

sever *v.* לַחתוֹךְ; לִקטוֹעַ; לְנַתֵק; לְהִינָתֵק

severance *n.* פִּיצוּיֵי פִּיטוּרִין

several *adj.* אֲחָדִים; כַּמָה; נִפרָד

–they went their several ways כָּל אֶחָד הָלַךְ לְדַרכּוֹ

several *pron.* (of) כַּמָה; אֲחָדִים (מִבֵּין־)

severally *adv.* אֶחָד אֶחָד; לְחוּד; כָּל אֶחָד בְּנִפרָד

severe *adj.* ;חָמוּר סֵבֶר; קַפְּדָנִי; מַחמִיר; קָשֶׁה; חָמוּר; צָנוּעַ; פָּשׁוּט

severely *adv.* ;בְּאוֹפֶן חָמוּר; קָשׁוֹת; בְּחוּמרָה

severity *n.* ;חוּמרָה; תְנָאִים קָשִׁים; פַּשׁטוּת

sew *v.* (sewed, sewn) לִתפּוֹר

–sew up ;לִתפּוֹר; לְתַקֵן; ״לִסגוֹר״; לְסַכֵּם; לְהִשׁתַלֵט עַל־

sewage *n.* מֵי בִּיוּב; שְׁפָכִין

sewage works *n.* מִתקָן לְטִיהוּר שְׁפָכִים

sewer *n.* תְעָלַת / צִינוֹר בִּיוּב

sewing *n.* תְפִירָה

sewing machine *n.* מְכוֹנַת תְפִירָה

sex *n.* מִין; יַחֲסֵי מִין; סֶקס

sex *v.* (לְבָרֵר מִין (צֶאֱצָאִים

sex appeal *n.* מְשִׁיכָה מִינִית (הֱיוֹתוֹ מוֹשֵׁךְ מִבּחִינָה מִינִית)

sex discrimination *n.* אַפלָיָה עַל רֶקַע מִינִי

sexism *n.* סֶקסִיזם (אֱמוּנָה בְּנַחִיתוּת הַמִין הַשֵׁנִי)

sexist *adj., n.* סֶקסִיסטִי; סֶקסִיסט

sex object *n.* אוֹבּיֶקט מִינִי

sexology *n.* סֶקסוֹלוֹגיָה

sexpot *n.* אִישָׁה סֶקסִית; כּוּסִית

sextant *n.* סֶקסטַנט (לִקבִיעַת מִיקוּם סְפִינָה / מָטוֹס)

sexual *adj.* מִינִי; בֵּין הַמִינִים

sexual harassment *n.* הַטרָדָה מִינִית

sexual intercourse *n.* מַגָע מִינִי; מִשׁגָל

sexuality *n.* מִינִיוּת

sexually transmitted disease *n.* מַחֲלָה הַמוּעֲבֶרֶת בְּמַגָע מִינִי; מַחֲלַת מִין

sexy *adj.* סֶקסִי; ־מִין

Sgt. סַמָל

shabby *adj.* ;בָּלוּי; מְרוּפָּט; מוּזנָח; שָׁפָל; נִבזִי; עָלוּב

shack *n.* בִּקְתָה; צְרִיף

shack *v.* (up) (זוג לֹא נָשׂוּי) לָגוּר בְּיַחַד

shackle *n.* טַבַּעַת שֶׁל אֲזִיקִים; "כְּבָלִים"

shackle *v.* לִכבּוֹל; לְהַגבִּיל

shade *n.* צֵל; אָהִיל; תְּרִיס; צִילוֹן; מִצחִיָיה; גָוֶון; מְעַט; קְצָת; רוּחַ רְפָאִים

–put in the shade לְהַעֲמִיד בַּצֵל

shade *v.* לְסוֹכֵךְ / לְהָצֵל עַל־; לְהַאֲפִיל; לְצַיֵיר צְלָלִים; לְהִשְׁתַנוֹת בְּהַדרָגָה

shades *n.* מִשקְפֵי שֶׁמֶשׁ

shadow *n.* צְלָלִית; "צֵל"; שֶׁמֶץ

–cast a shadow (over) לְהָטִיל צֵל (עַל); לְהָעִיב עַל־

shadow *v.* לְהָטִיל צֵל עַל־; לַעֲקוֹב אַחֲרֵי־

Shadow Cabinet *n.* מֶמשֶׁלֶת צְלָלִים

shadowy *adj.* אָפוּף צֵל; אַפלוּלִי; מְעוּרפָּל

shady *adj.* מֵצֵל; מוּצָל; מְפוּקפָּק

shaft *n.* קַת; מוֹט; יָצוּל; עַמוּד; פִּיר; פֶּתַח (אֲנָכִי); גַל (בִּמכוֹנָה); קֶרֶן (אוֹר); חֵץ שָׁלוּחַ

shag *v.* לְזַיֵין; לִדפּוֹק; (לָלֶכֶת) לְהָבִיא

shaggy *adj.* גַס וּפָרוּעַ; שָׂעִיר; בַּעַל שֵׂיעָר גַס וּפָרוּעַ

sake *n.* נִענוּעַ; נִיעוּר; לְחִיצָה; שֵׁייק; מִילקְשֵׁייק

shake *v.* (shook, shaken) לְנַעֲנֵעַ; לְנַעֵר; לִלחוֹץ; לְנַפְנֵף בּ־; לִרעוֹד; לְזַעֲזֵעַ; לְהֵיחָלֵשׁ; לְהָנִיד (רֹאשׁ) לְשׁלִילָה

–shake down לְהִסתַדֵר; לְהִיכָּנֵס לָעִניְינִים; לִסחוֹט (כֶּסֶף); לַעֲשׂוֹת חִיפּוּשׂ יְסוֹדִי; לִישׁוֹן

–be shaken by לְהִזדַעֲזֵעַ מ־

–shake a leg תִזדָרֵז!

–shake off לְהִיפָּטֵר מ־; לְהִתחַמֵק מ־; לְהִתגַבֵּר מַהֵר עַל־

–shake on it לְסַכֵּם בִּלחִיצַת־יָד

–shake up לְזַעֲזֵעַ; לְטַלטֵל (מַעֲרֶכֶת וכד׳); לְדַרבֵּן אוֹתוֹ; לְנַעֵר; לְעַרבֵּב; לְסַדֵר בְּנִיעוּר

shakedown *n.* סְחִיטָה; חִיפּוּשׂ יְסוֹדִי

shakeout *n.* הִתחַסלוּת עֲסָקִים חַלָשִׁים; שִׁידוּד מַעֲרָכוֹת; טַלטֵלָה

shaker *n.* מַבזֵק מֶלַח; כְּלִי לְעִרבּוּל מַשׁקָאוֹת; מְנַעֲנֵעַ; מְנַעֵר

shakeup *n.* שִׁידוּד מַעֲרָכוֹת; טַלטֵלָה

shaky *adj.* חַלָשׁ; רוֹעֵד; לֹא יַצִיב; "צוֹלֵעַ"

shale *n.* פֶּצֶל

shall *v.* (פּוֹעַל עֵזֶר לִבנִיַית עָתִיד אוֹ שְׁאֵלוֹת בְּגוּף רִאשׁוֹן; לְהַבָּעַת חוֹבָה, צִיוּוּי אוֹ כַּוָונָה)

–shall have to אֶצטָרֵךְ; נִצטָרֵךְ

–Shall I close the door? אַתָה רוֹצֶה שֶׁאֶסגוֹר אֶת הַדֶלֶת?

shallot *n.* שׁוּם אַשׁקְלוֹן; בְּצַלצָל

shallow *adj.* רָדוּד; לֹא עָמוֹק; שִׁטחִי

shallow *v.* לְהֵיעָשׂוֹת רָדוּד

shallowness *n.* רְדִידוּת

sham *n.* מַעֲמִיד פָּנִים; אֲחִיזַת־עֵינַיִים; הַעֲמָדַת פָּנִים

sham *v.* לְהַעֲמִיד פָּנִים; לְהִתחַזוֹת; לְהִתחַלוֹת

shaman *n.* שָׁמָן; רוֹפֵא אֱלִיל

shamble *v., n.* לְהַלֵךְ בִּכבֵדוּת; הֲלִיכָה בִּכבֵדוּת

shambles *n.* בָּלָגָן; מְהוּמָה; תוֹהוּ וָבוֹהוּ

shame *n.* בּוּשָׁה; קָלוֹן; חֶרפָּה

–bring shame on לְהָמִיט חֶרפָּה עַל־

–put to shame לְבַיֵישׁ אוֹתוֹ; לְהַעֲמִיד בַּצֵל

–Shame on you! תִתבַּיֵישׁ לְךָ!

–What a shame! (כַּמָה) חֲבָל!

shame *v.* לְבַיֵישׁ; לְהָמִיט חֶרפָּה עַל־

–It shames me to say אֲנִי מִתבַּיֵישׁ לוֹמַר

shamefaced *adj.* נָבוֹךְ; מְבוּיָשׁ

shameful *adj.* מֵבִישׁ; מַחפִּיר

shameless *adj.* חֲסַר בּוּשָׁה; גַס; מַחפִּיר; בּוֹטֶה

shammy *n.* עוֹר יָעֵל / צְבִי; עוֹר רַךְ לְשִׁפשׁוּף וְהַברָקָה

shampoo *n.* שַׁמפּוּ; חֲפִיפוֹן; חֲפִיפָה

shampoo *v.* לַחפוֹף (שֵׂיעָר); לִרחוֹץ בְּסַבּוֹן

shank *n.* קְנֵה הַמַקדֵחַ, הַבּוֹרֶג אוֹ הָעוֹגֶן; שׁוֹק; רֶגֶל; נֵתַח בְּשַׂר שׁוֹק

S

shanty *n.* צְרִיף עָלוּב
shanty town *n.* שְׁכוּנַת פַּחוֹנִים
shape *n.* צוּרָה; דְמוּת; כּוֹשֶׁר; מַצָּב
–out of shape לֹא בְּכוֹשֶׁר
–take shape לְקַבֵּל צוּרָה; לְהִתְגַבֵּשׁ; לְהִתְהַוּוֹת
shape *v.* לְעַצֵּב; לָתֵת צוּרָה ל־; לְהִתְפַּתֵּחַ; לְהִתְגַבֵּשׁ
–shape up לִלְבּוֹשׁ צוּרָה; לְהִתְגַבֵּשׁ; לְהִתְפַּתֵּחַ; לָקַחַת עַצְמוֹ בַּיָדַיִים
shapeless *adj.* חֲסַר צוּרָה
shapely *adj.* בַּעַל צוּרָה נָאָה; חָטוּב
shard *n.* חֶרֶס; שֶׁבֶר
share *n.* חֵלֶק; מְנָיָה; מְנַת חֶלְקוֹ
share *v.* לְחַלֵּק (בֵּין־); לְהִתְחַלֵּק; לְהִשְׁתַּמֵּשׁ בִּמְשׁוּתָּף בּ־; לְשַׁתֵּף בּ־
shareholder *n.* בַּעַל מְנָיוֹת
shark *n.* כָּרִישׁ; נוֹכֵל; רַמַּאי
sharp *adj.* חַד; מוּגדָר; בָּרוּר; תָּלוּל; חוֹדֵר; דִיאֶז; נָסֵק; עֵירָנִי; מְהִיר־תְּפִישָׂה; מְמוּלָח; עַז; חָרִיף; קָשֶׁה
sharp *adv.* בְּדִיוּק; בְּאוֹפֶן פִּתְאוֹמִי
–look sharp הִזדָרֵז; לְהֵירָאוֹת אֶלֶגַנטִי
sharp *n.* דִיאֶז; נָסֵק
sharpen *v.* לְחַדֵּד; לְהַשׁחִיז; לְהִתחַדֵּד
sharpener *n.* מְחַדֵּד; מַשׁחִיז
sharp-eyed *adj.* חַד־עַיִן
sharply *adv.* בְּחַדוּת; בְּאוֹפֶן בָּרוּר; בַּחֲרִיפוּת
sharpness *n.* חַדוּת; חֲרִיפוּת
sharpshooter *n.* צַלָּף
sharp-witted *adj.* חֲרִיף־שֵׂכֶל; שָׁנוּן
shatter *v.* לְנַפֵּץ; לִשׁבּוֹר; לְהִתְנַפֵּץ; לַהֲרוֹס
shave *n.* גִילוּחַ
–a close/narrow shave הִינָּצְלוּת בְּנֵס; קָרוֹב (לִהיוֹת אָסוֹן)
shave *v.* (off) לְגַלֵּחַ; לְהִתְגַלֵּחַ; "לְגַלֵּחַ"; לְהַקְצִיעַ; לְשַׁפְשֵׁף; לְהוֹרִיד (בִּמחִיר)
shaven *adj.* מְגוּלָּח
shaver *n.* מְכוֹנַת גִילוּחַ (חַשמַלִית)
shaving *n.* גִילוּחַ
shavings *n.* שְׁבָבֵי עֵץ
shawl *n.* רְדִיד (שַׁאל); סוּדָר
–prayer shawl טַלִּית
she *pron.* הִיא; נְקֵבָה
sheaf *n.* אֲלוּמָּה; צְרוֹר
shear *v.* (sheared, shorn) לִגזוֹז (צֶמֶר)
shears *n.* מִספָּרַיִים; מַגזֵזָה
sheath *n.* נָדָן; נַרתִּיק; קוֹנדוֹם
sheathe *v.* לְהַכְנִיס לַנָּדָן; לְצַפּוֹת (בּ־)
sheathing *n.* צִיפּוּי לוּחוֹת; מַעֲטֶה חִיצוֹנִי מֵגֵן
shebang *n.* עֵסֶק; עִניָין; דָבָר
shed *n.* סְכָכָה; מַחסָן
shed *v.* לְהַשִּׁיר; לְהַשִּׁיל; לְהָסִיר; לְהִיפָּטֵר מ־; לְהָפִיץ; לְהַקְרִין
–shed blood לִשׁפּוֹךְ דָם
–shed tears לְהַזִּיל דְמָעוֹת
–shed light on לִשׁפּוֹךְ אוֹר עַל
sheen *n.* בָּרָק
sheep *n.* כֶּבֶשׂ; כְּבָשִׂים; צֹאן
sheepfold *n.* דִיר כְּבָשִׂים
sheepish *adj.* מְבוּיָשׁ; נָבוֹךְ
sheepishly *adv.* בְּבַיישָׁנוּת; בִּמבוּכָה
sheepishness *n.* בַּיישָׁנוּת; מְבוּכָה
sheepskin *n.* עוֹר כֶּבֶשׂ
sheer *adj.* מוּחלָט; מַמָּשׁ; סְתָם; לְגַמרֵי; דַק וְשָׁקוּף לְמֶחֱצָה; תָּלוּל מְאוֹד
–by sheer chance רַק בְּמִקרֶה; מַמָּשׁ בְּמִקרֶה
sheer *adv.* יָשָׁר לְמַעְלָה/לְמַטָּה
sheer *v.* לִסטוֹת בְּפִתאוֹמִיוּת; לְשַׁנּוֹת כִּיווּן; לְהִתְחַמֵּק
sheet *n.* סָדִין; גִילָיוֹן; דַף; לוּחַ דַק; שֶׁטַח נִרחָב; "מַסָךְ"; שִׁכבָה; חֶבֶל הַמִּפרָשׂ
sheet metal *n.* (גִליוֹן) פַּח
sheet music *n.* גִליוֹן תָּווִים
sheik(h) *n.* שֵׁייךְ; שֵׁייח׳; חָתִיךְ
sheikdom, sheikhdom *n.* תְּחוּם שִׁלטוֹן הַשֵּׁייךְ
shelf *n.* מַדָּף
–off the shelf (יָשָׁר) מֵהַמַּדָּף
shelf life *n.* חַיֵּי מַדָּף
shell *n.* קְלִיפָּה; שִׁריוֹן (שֶׁל צָב וכו׳); קוֹנכִיָיה; צֶדֶף; שֶׁלֶד; פָּגָז; כַּדוּר (לְרוֹבֶה־צַיִד)

S

–come out of his shell לָצֵאת מִקְּלִיפָּתוֹ
shell *v.* לְקַלֵּף; לְהַפְגִּיז
shellac *n.* לַכָּה
shellacking *n.* תְּבוּסָה; מַכָּה; הַכָּאָה
shellfish *n.* חַיַּת־מַיִם מִבַּעֲלֵי הַקְּרוּם (סַרְטָן וכד׳)
shellshock *n.* הֶלֶם קְרָב
shelter *n.* מַחְסֶה; מִקְלָט; סְכָכָה
–a bus shelter תַּחֲנַת אוֹטוֹבּוּס (סְכָכָה)
–take shelter לִמְצוֹא מַחֲסֶה
shelter *v.* (from) לָתֵת מַחֲסֶה ל־; לְהָגֵן עַל־ (מִפְּנֵי־); לִמְצוֹא מַחְסֶה מִפְּנֵי־
sheltered *adj.* מוּגָן; ־מַחֲסֶה
shelve *v.* לִגְנוֹז; לִדְחוֹת (הַטִּיפּוּל ב־); לָשִׂים עַל מַדָּף; לְסַדֵּר בְּמַדָּף
shelves *n.* מַדָּפִים
shenanigans *n.* שׁוֹבָבוּת; תַּעֲלוּל; טְרִיקִים מְלוּכְלָכִים
shepherd *n.* רוֹעֶה
shepherd *v.* לִרְעוֹת צֹאן; לְהוֹבִיל; לְהַדְרִיךְ
shepherdess *n.* רוֹעָה
sheqel *n.* שֶׁקֶל (חָדָשׁ)
sherbet *n.* שֶׁרְבֶּט (פֶּטֶל וכו׳); (אַבְקַת) גָּזוֹז
sherd *n.* חֶרֶס; שֶׁבֶר
sheriff *n.* שֶׁרִיף
sherry *n.* שֶׁרִי (יַיִן)
shied *v. past and 3rd form of* shy
shield *n.* מָגֵן; שֶׁלֶט גִּיבּוֹרִים; תַּג שׁוֹטֵר; כּוֹכָב (שֶׁל שֶׁרִיף)
shield *v.* לְהָגֵן עַל־; לְסוֹכֵךְ עַל־
shift *n.* מַעֲבָר; שִׁינּוּי (כִּיווּן); תְּזוּזָה; הַחְלָפָה; מִשְׁמֶרֶת; מַנְגְּנוֹן לְהַחְלָפַת הִילּוּכִים; שִׂמְלָה לְלֹא קַו־מוֹתְנַיִים
shift *v.* לְהַעֲבִיר; לְהָזִיז; לְשַׁנּוֹת כִּיווּן; לְהַחֲלִיף (הִילּוּךְ / לְהִילּוּךְ־)
shift key *n.* מַקָּשׁ לְאוֹתִיּוֹת גְּדוֹלוֹת; מַקָּשׁ מְשַׁנֶּה תָּו (שִׁיפְט)
shiftwork *n.* עֲבוֹדָה בְּמִשְׁמָרוֹת
shifty *adj.* עַרְמוּמִי
shilly-shally *v.* לְבַזְבֵּז זְמַן בְּלִי לְהַחְלִיט; לְהִתְלַבֵּט בְּלִי סוֹף
shimmer *v., n.* (לְנַצְנֵץ ב־) אוֹר קָלוּשׁ / מְנַצְנֵץ
shin *n.* שׁוֹק
shine *n.* צִחְצוּחַ
–He has taken a shine to you. הוּא כַּנִּרְאֶה מְחַבֵּב אוֹתְךָ
shine *v.* (shone) לְהָאִיר; לִזְרוֹחַ; לְהַבְרִיק; לְהִצְטַיֵּין; לְצַחְצֵחַ
shingle *n.* רַעַף; שֶׁלֶט קָטָן; חוֹף חֲלוּקֵי־אֲבָנִים
shingles *n.* שַׁלְבֶּקֶת חוֹגֶרֶת (מַחֲלַת עוֹר)
shining *adj.* מַבְרִיק; נוֹצֵץ; מַזְהִיר; מְצוּיָּן; מִצְטַיֵּין
shiny *adj.* מְצוּחְצָח; מַבְרִיק; בּוֹהֵק
ship *n.* אוֹנִיָּיה; סְפִינָה; סְפִינַת־חָלָל; מָטוֹס
ship *v.* (shipped) לְהוֹבִיל / לִשְׁלוֹחַ בְּאוֹנִיָּיה; לִשְׁלוֹחַ (בַּדּוֹאַר)
shipboard *n.* צַד אוֹנִיָּיה
–on shipboard בָּאוֹנִיָּיה; עַל הַסִּיפּוּן
shipmate *n.* חָבֵר לְצֶוֶות בָּאוֹנִיָּיה
shipment *n.* מִשְׁלוֹחַ (בָּאוֹנִיָּיה); מִשְׁלוֹחַ
shipper *n.* מְשַׁלֵּחַ; סוֹכֵן שִׁילּוּחַ
shipping *n.* צִי; סְפּוּנָה; מִשְׁלוֹחַ; הוֹבָלָה; סַפָּנוּת
shipshape *adj.* מְסוּדָּר; מְצוּחְצָח
shipwreck *n., v.* אָסוֹן / הִתְרַסְּקוּת אוֹנִיָּיה; סְפִינָה שֶׁנִּטְרְפָה; (לְגַבֵּי סְפִינָה) לְהִיטָּרֵף; לְהִתְרַסֵּק
shipyard *n.* מִסְפָּנָה
shire *n.* מָחוֹז
shirk *v.* לְהִשְׁתַּמֵּט מ־; לְהִתְחַמֵּק מ־
shirker *n.* מִשְׁתַּמֵּט
shirt *n.* חוּלְצָה
–keep your shirt on אַל תִּתְרַגֵּשׁ! תֵּרָגַע!
shit *n.* חָרָא; שְׁטוּיוֹת; שִׁיט!
shit *v.* לְחַרְבֵּן
shitty *adj.* מְחוּרְבָּן
shiver *n., v.* צְמַרְמוֹרֶת; רַעַד; לִרְעוֹד
shivery *adj.* רוֹעֵד; חָשׁ צְמַרְמוֹרֶת; מְעוֹרֵר צְמַרְמוֹרֶת
shoal *n.* נְחִיל דָּגִים; שִׂרְטוֹן
shock *n.* זַעֲזוּעַ; הֶלֶם; מַכַּת־חַשְׁמַל
shock *v.* לְזַעְזֵעַ; לִגְרוֹם הֶלֶם ל־
shock absorber *n.* בּוֹלֵם־זַעֲזוּעִים

S

shocked *adj.* מְזוּעֲזָע; נִדְהָם
shocking *adj.* מְזַעֲזֵעַ; אָיוֹם; "זְוָועָה"
shock treatment/therapy *n.* טִיפּוּל/רִיפּוּי בְּהֶלֶם
shod *adj.* נָעוּל; מְפוּרְזָל
shoddy *adj.* גָרוּעַ; עָלוּב; נִבְזִי
shoe *n.* נַעַל; פַּרְסָה; סַנְדַל הַבֶּלֶם
–in his shoes בִּמקוֹמוֹ; בְּמַצָּבוֹ
shoe *v.* (shod) לְהַנעִיל; לְפַרזֵל
shoehorn *n.* כַּף נַעֲלַיִים
shoehorn *v.* לְהַשׁחִיל; לִדחוֹק
shoelace *n.* שְׂרוֹךְ (נַעַל)
shoemaker *n.* סַנדְלָר
shoe polish *n.* מִשׁחַת נַעֲלַיִים
shoe repairer *n.* סַנדְלָר
shoeshine *n.* צִיחצוּחַ נַעֲלַיִים
shoestring *n.* שְׂרוֹךְ (נַעַל)
–on a shoestring (לְהָקִים עֵסֶק וכד׳) עִם כֶּסֶף קָטָן
shone *v. past and 3rd form of* shine
shook *v. past of* shake
shoot *n.* נֵצֶר; יְרִי; שֶׁטַח לְצַיִד; קְבוּצַת צַיָּידִים; תַּחֲרוּת קְלִיעָה; אֶשֶׁד נָהָר
shoot *v.* (shot) לִירוֹת; לִקלוֹעַ; לָצוּד; לִשׁלוֹחַ; לְהָעִיף; לִזרוֹק; לָנוּעַ בִּיעָף; לְזַנֵק; לְהַצמִיחַ עֲנָפִים חֲדָשִׁים; לִדקוֹר פִּתאוֹם; לְפַלֵחַ (כְּאֵב); לַעֲבוֹר "בְּטִיסָה"; "לְטוּס" בּ־; לְשַׂחֵק (מִשׂחָק); לְצַלֵם; לְהַסרִיט; לִבעוֹט/לִזרוֹק לַשַׁעַר; לְהַבקִיעַ
–shoot down לְהַפִּיל (מָטוֹס); לַהֲרוֹג (בִּירִיָּה); לְהַפרִיךְ (אֶת דִברֵי־); "לִקבּוֹר"
–shoot up לִצמוֹחַ/לִגדוֹל בְּבַת אַחַת; לְהַזרִיק סַם (לַווְרִיד); לְזַנֵק מַעְלָה
shooting gallery *n.* מִטוָוח; אוּלָם קְלִיעָה
shooting star *n.* מֶטֶאוֹר
shoot-out *n.* חִילוּפֵי יְרִיוֹת; קְרָב יְרִיוֹת
shop *n.* חֲנוּת; מִקצוֹעַ; עֲבוֹדָה; סַדנָה; בֵּית־מְלָאכָה; מוּסָךְ
–set up shop לִפתוֹחַ עֵסֶק; לְהַתחִיל כּ־
–talk shop לְדַבֵּר בְּעִניְינֵי הָעֲבוֹדָה
shop *v.* לַעֲרוֹךְ קְנִיוֹת; לְהַלשִׁין (עַל־)
shop assistant *n.* מוֹכֵר; זַבָּן
shop floor *n.* אוּלַם הַיִיצוּר; הַפּוֹעֲלִים
shopkeeper *n.* חֶנווָנִי; בַּעַל חֲנוּת
shoplift *v.* לִגנוֹב (מֵחֲנוּת)
shoplifting *n.* גְנֵיבָה מֵחֲנוּת
shopper *n.* קוֹנֶה; עוֹרֵךְ קְנִיוֹת
shopping *n.* (עֲרִיכַת) קְנִיוֹת
shopping bag *n.* שַׂקִית קְנִיוֹת
shopping center *n.* מֶרכָּז מִסחָרִי/קְנִיוֹת
shopping mall *n.* קַניוֹן (מִסחָרִי)
shopping trolley *n.* עֶגלַת קְנִיוֹת (בְּמַרכּוֹל)
shop steward *n.* נְצִיג הָעוֹבְדִים
shopwalker *n.* מְפַקֵחַ (בַּחֲנוּת); מַדרִיךְ לָקוֹחוֹת
shop window *n.* חַלוֹן־רַאֲווָה
shore *n.* חוֹף; שָׂפָה
shore *v.* (up) לִתמוֹךְ בּ־; לְחַזֵק (בְּתמוֹכוֹת)
shore leave *n.* חוּפשַׁת חוֹף (לְמַלָּחִים)
shorn *v. 3rd form of* shear
short *adj.* קָצָר; נָמוּךְ; חָסֵר; פָּרִיךְ; קָטָן; קְצַר רוּחַ; כִּמעַט בָּטוּחַ; טוֹב
–be short of לִהיוֹת חָסֵר לוֹ; אֵין לוֹ מַספִּיק
–for short לְשֵׁם קִיצוּר; בְּקִיצוּר
–in short בְּקִיצוּר
–short for קִיצוּר שֶׁל־
short *adv.* פִּתאוֹם; רָחוֹק מִשָּׁם; לִפנֵי הַזמַן; פָּחוֹת (מִדַי)
–cut short לְהַפסִיק אֶת־; לְקַצֵר
–fall short (of) לֹא לְהַספִּיק; לֹא לְהַגִיעַ ל־; לֹא לַעֲנוֹת עַל־
–sell someone short לְרַמוֹת אוֹתוֹ; לְהַמעִיט בְּעֶרכּוֹ
–short of מִלְבַד; חוּץ מ־
short *v.* לַעֲשׂוֹת קֶצֶר בּ־; לְהִתקַצֵר (חַשׁמַל)
shortage *n.* מַחסוֹר; גֵירָעוֹן
shortbread *n.* עוּגִיַית חֶמאָה; עוּגִיָּה פְּרִיכָה
shortcake *n.* עוּגַת־חֶמאָה; עוּגָה פְּרִיכָה
short-change *n.* (סְכוּם) עוֹדֶף חָסֵר

S

short circuit *v.* לַעֲשׂוֹת קֶצֶר בּ־ ; לְהִתְקַצֵּר (חַשְׁמַל) ; לַעֲקוֹף ; לְהַכְשִׁיל
short circuit *n.* קֶצֶר
shortcomings *n.* מִגְרָעוֹת ; חֶסְרוֹנוֹת
short cut *n.* קִיצּוּר דֶּרֶךְ
short-distance *adj.* לְמֶרְחָק קָצָר
shorten *v.* לְקַצֵּר ; לְהִתְקַצֵּר
shortening *n.* שׁוּמָן לַאֲפִיָּיה
shortfall *n.* גֵּירָעוֹן ; הֶחָסֵר
shorthand *n.* קַצְרָנוּת ; נִיסּוּחַ מְקוּצָּר
short list *n.* רְשִׁימָה סוֹפִית שֶׁל מוּעֲמָדִים (מוּעֲדָפִים)
short-lived *adj.* קְצַר יָמִים
shortly *adv.* עוֹד מְעַט ; בְּקָרוֹב ; זְמַן קָצָר... ; בְּקִיצּוּר ; בְּקוֹצֶר־רוּחַ
shortness *n.* קוֹצֶר
short-range *adj.* לְטוֹוָח קָצָר ; קְצַר טוֹוָח
shorts *n.* מִכְנָסַיִים קְצָרִים ; תַּחְתּוֹנִים (לִגְבָרִים)
short sight *n.* קוֹצֶר רְאִיָּיה ; קוֹצֶר רְאוּת
short-sighted *adj.* קְצַר רוֹאִי ; קְצַר רְאוּת
shortsightedness *n.* קוֹצֶר רְאוּת
short-tempered *adj.* רַגְזָן ; קְצַר־רוּחַ
short-term *adj.* לִזְמַן קָצָר ; קְצַר־מוֹעֵד
short wave *adj.* גַּל קָצָר
short-winded *adj.* קְצַר נְשִׁימָה
shorty *n.* (אָדָם) נָמוּךְ ; גּוּץ
shot *n.* (קוֹל) יְרִיָּיה ; זְרִיקָה ; חֲבָטָה ; בְּעִיטָה ; קְלִיעָה ; נִיסָּיוֹן ; צִילּוּם ; תַּצְלוּם ; כַּדּוּר בַּרְזֶל ; רֶסֶס ; כַּדּוּרֵי עוֹפֶרֶת ; קָלַע ; שִׁיגּוּר חֲלָלִית ; לְגִימָה ; כּוֹסִית ; זְרִיקָה (רְפוּאִית)
– a long shot נִיחוּשׁ פָּרוּעַ ; סְתָם הִימּוּר ; סִיכּוּי קָלוּשׁ
– a shot in the dark נִיחוּשׁ ; הִימּוּר ; יְרִיָּיה בָּאֲפֵלָה
shot *v. past and 3rd form of* shoot
shotgun *n.* רוֹבֵה־צַיִד
shot put *n.* (הֲדִיפַת) כַּדּוּר בַּרְזֶל
should *v.* צָרִיךְ ; הָיָה צָרִיךְ ל־ ; אָמוּר ל־ ; יֵשׁ לְהַנִּיחַ (שֶׁיִּהְיֶה) ; כְּדַאי ל־ ; (בְּמִשְׁפְּטֵי תְּנַאי) הָיִיתִי ; הָיִינוּ ; אִם

shoulder *n.* כָּתֵף ; שֶׁכֶם ; שׁוּלֵי כְּבִישׁ
– give someone the cold shoulder לְהִתְעַלֵּם בְּכַוָּונָה מ־ ; לְהִתְיַיחֵס בִּקְרִירוּת אֶל־
– put your shoulder to the wheel לְהַטּוֹת שֶׁכֶם
shoulder *v.* לָקַחַת עַל עַצְמוֹ ; לָשֵׂאת ; לִדְחוֹף בְּכָתֵף
– Shoulder arms! הַכְתֵּף (נֶ)שֶׁק!
shoulder blade *n.* עֶצֶם הַשִּׁכְמָה
shoulder strap *n.* כּוֹתֶפֶת ; כְּתֵפִיָּיה
shout *n.* צְעָקָה ; קְרִיאָה רָמָה ; תּוֹרוֹ לְהַזְמִין מַשְׁקֶה
shout *v.* לִצְעוֹק ; לִזְעוֹק
– shout someone down לְהַשְׁתִּיקוֹ בִּצְעָקוֹת
shouting *n.* צְעָקוֹת
shove *n.* דְּחִיפָה
shove *v.* לִדְחוֹף ; לִתְחוֹב ; לָשִׂים
– shove off לְהִסְתַּלֵּק
shovel *n.* אֵת ; יָעֶה ; כַּף הָעֲמָסָה (בְּדַחְפּוֹר וכד')
shovel *v.* לִגְרוֹף / לְפַלֵּס / לְהַעֲמִיס בְּאֵת ; לְסַלֵּק בְּיָעֶה
show *n.* תַּעֲרוּכָה ; תְּצוּגָה ; מַרְאֶה (מַרְהִיב) ; הַצָּגָה ; מוֹפָע ; תּוֹכְנִית ; גִּילּוּי ; הַפְגָּנָה ; בִּיצּוּעַ ; עֵסֶק ; עִנְיָינִים ; גִּילּוּי לְמַרְאִית־עַיִן ; "הַצָּגָה" ; שְׁוִויץ ; רוֹשֶׁם ; רַאַוְותָנוּת
– for show לְמַעַן הָרוֹשֶׁם ; לְמַרְאִית עַיִן
– on show מוּצָּג (לְרַאֲוָוה)
show *v.* (showed, shown) לְהַרְאוֹת ; לְהַצִּיג ; לְגַלּוֹת ; לְהֵירָאוֹת ; לְהוֹכִיחַ ; לְהַסְבִּיר ; לְהוֹבִיל ; לְהַרְאוֹת דֶּרֶךְ ; לְגַלּוֹת כְּלַפֵּי־
– show him around לָקַחַת אוֹתוֹ לְסִיּוּר
– show him in לְהַכְנִיס אוֹתוֹ
– show off לְהִשְׁתַּוִּויץ ; (לְנַסּוֹת) לַעֲשׂוֹת רוֹשֶׁם ; לְהִשְׁתַּוִּויץ עִם־ ; לְהַבְלִיט
– show him out (of) לְלַוּוֹת אוֹתוֹ הַחוּצָה
– show up לְהֵירָאוֹת בְּבֵירוּר ; לִבְלוֹט ; לְהִתְגַּלּוֹת ; לְהַגִּיעַ ; לְהוֹפִיעַ ; לְלַוּוֹת אוֹתוֹ לְמַעְלָה ; לְהָבִיךְ אוֹתוֹ ; לַעֲשׂוֹת לוֹ בּוּשׁוֹת

S

showbiz *n.* עִסקֵי שַעֲשוּעִים
show business *n.* עִסקֵי שַעֲשוּעִים
showcase *n.* תֵיבַת תְצוּגָה; הִזדַמנוּת (טוֹבָה) לְהַצִיג; מָקוֹם (מַתאִים) לְהַצִיג
showdown *n.* עִימוּת מַכרִיעַ; הַכרָעָה
shower *n.* מִמטָר; מִקלַחַת; מַקלֵחַ; מָטָר; מְסִיבַּת מַתָנוֹת; חֲבוּרַת בַּטלָנִים
shower *v.* לְהַמטִיר; לְהַרעִיף עַל־; לָרֶדֶת כְּמָטָר עַל־; לְהִתקַלֵחַ
showery *adj.* מְלוּוֶה מִמטָרִים
showing *n.* תְצוּגָה; הוֹפָעָה; הַקרָנַת סֶרֶט; בִּיצוּעַ
– **poor showing** הֶישֵׂגִים עֲלוּבִים; כִּישָלוֹן; תְצוּגַת נֵפֶל
show jumping *n.* קְפִיצוֹת רַאֲוָוה (סוּסִים)
showman *n.* מֵפִיק מוֹפָעִים / הַצָגוֹת; אֵשֶף יַחֲסֵי־צִיבּוּר; "שַׂחקָן"
shown *v. 3rd form of* show
show-off *n.* שְוויצֶר; רַברְבָן
show of hands *n.* הַצבָּעָה בַּהֲרָמַת יָדַיִים
showpiece *n.* מוּצָג; הַיַהֲלוֹם שֶבַּכֶּתֶר; גוּלַת הַכּוֹתֶרֶת
showplace *n.* אֲתַר תַיָירוּת; מָקוֹם הַמוּצָג לְרַאֲוָוה
showroom *n.* אוּלַם תְצוּגָה
show trial *n.* מִשפַּט רַאֲוָוה
showy *adj.* צַעֲקָנִי; רַאֲוותָנִי
shrank *v. past of* shrink
shrapnel *n.* שְרַפּנֶל; רְסִיסֵי פָּגָז
shred *n.* קֶרַע; רְסִיס; חֲתִיכָה; שֶמֶץ
– **in shreds** קָרוּעַ לִגזָרִים
shred *v.* לִקצוֹץ; לִקרוֹעַ לִגזָרִים; לְגָרֵר; לִגרוֹס
shredder *n.* מַכשִיר קִיצוּץ; מַקצֵץ; מַגרֵסַת נְייָר
shrew *n.* חֲדַף (יוֹנֵק); מִרשַעַת; כַּלבָתָא
shrewd *adj.* פִּיקֵחַ; נָבוֹן; חָכָם; סָבִיר; הֶגיוֹנִי
shrewdly *adv.* בְּפִיקחוּת; בִּתבוּנָה
shrewdness *n.* פִּיקחוּת; תְבוּנָה
shriek *v., n.* לִצווֹחַ; לִצרוֹחַ; צְרִיחָה
shrill *adj.* צַרחָנִי; חוֹדֵר; צוֹרמָנִי
shrimp *n.* חֲסִילוֹן (שְרִימפּס); נַנָס
shrine *n.* קֶבֶר קָדוֹש; מִקדָש; מָקוֹם קָדוֹש; "הֵיכַל הַקוֹדֶש"
shrink *v.* (shrank, shrunk) לְכַווֵץ; לְהִתכַּווֵץ; לְהַקטִין; לְהִצטַמֵק; לִקטוֹן
– **shrink (back) (from)** לְהֵירָתַע (מ־)
shrink *n.* פְּסִיכִיאַטֶר
shrinkage *n.* הִתכַּווצוּת; יְרִידָה
shrink-wrapped *adj.* אָרוּז הֶרמֶטִית (בְּנַיילוֹן נִצמָד)
shrivel *v.* לְצַמֵק; לְייַבֵּש; לְהִצטַמֵק; לִכמוֹש; לְהִתייַבֵּש
shroud *n.* תַכרִיכִים; מַעֲטֶה; רְכָסָה (חַבלֵי הַתוֹרֶן); חַבלֵי הַמַצנֵחַ
shroud *v.* לְכַסוֹת בְּתַכרִיכִים; לֶאֱפוֹף; לַעֲטוֹף
– **shrouded in** אָפוּף; מְכוּסֶה בּ־
shrub *n.* שִׂיחַ
shrubbery *n.* חֶלקַת שִׂיחִים
shrug *n.* מְשִיכַת (כְּתֵפַיִים)
shrug *v.* לִמשוֹך בִּכתֵפָיו
– **shrug off** לְהִתייַחֵס בְּבִיטוּל ל־; לְהִתעַלֵם מ־
shrunk *v. 3rd from of* shrink
shrunken *adj.* מְכוּוָץ; מְצוּמָק
shudder *n.* רַעַד; צְמַרמוֹרֶת; חַלחָלָה
shudder *v.* לִרעוֹד; לְהִתחַלחֵל; לְהִצטַמרֵר
shuffle *n.* גְרִירַת רַגלַיִים; הִשתָרכוּת; עִרבּוּב; חִילוּף (תַפקִידִים בּ־)
shuffle *v.* לִגרוֹר רַגלַיִים; לְהִשתָרֵך; לְעַרבֵּב; לִטרוֹף (קְלָפִים); לַעֲשׂוֹת חִילוּפֵי תַפקִידִים בּ־
– **shuffle off** לְגַלגֵל (עַל־); לְהִתעַלֵם מ־; לְהִתחַמֵק מ־; לְהִשתַמֵט מ־
shun *v.* לְהִתרַחֵק מ־; לְהִימָנַע מ־
shunt *v.* (off) לְהַעֲבִיר / לַעֲבוֹר לִמסִילָה אַחֶרֶת; לְהַעֲבִיר; לִדחוֹק; לְהָסִיט
shush *v.* לְהַשתִיק
shut *v.* לִסגוֹר; לְהִיסָגֵר; לִנעוֹל
– **shut down** לְהִיסָגֵר; לִסגוֹר
– **shut him in** לִסגוֹר / לִכלוֹא אוֹתוֹ בִּפנִים
– **shut off** לְנַתֵק; לִסגוֹר; לְהַפסִיק

S

–shut out (of) לְנעוֹל דֶלֶת בִּפְנֵי־; לְמנוֹעַ כְּנִיסָתוֹ ל־; לְהַרחִיק; לְהִתעַלֵם מ־
–shut up לִשתוֹק; שְתוֹק!; לְהַשתִיק אוֹתוֹ; לִסגוֹר/לִנעוֹל אֶת כָּל־; לִכלוֹא (ב־); לִנעוֹל בְּתוֹך־; לִשמוֹר בּ־
shutdown *n.* סְגִירָה (שֶל מִפעָל); הַשבָּתָה
shut-eye *n.* שֵינָה
shutter *v.* לְהָגִיף תְרִיסִים; לְהַתקִין תְרִיסִים בּ־
shutter *n.* תְרִיס; סֶגֶר
shuttle *v.* לְהַעֲבִיר/לָנוּעַ הָלוֹך וָשוֹב
shuttle *n.* מַעבּוֹרֶת (חָלָל); מָטוֹס, אוֹטוֹבּוּס וכו׳ (בְּקַו קָבוּעַ); בּוּכיָיר ("סִירָה") (בַּאֲרִיגָה)
shuttlecock *n.* כַּדוּר־נוֹצָה
shuttle diplomacy *n.* מַסַע דִילוּגִים (דִיפּלוֹמָטִי)
shy *adj.* בַּיישָן; מְבוּיָש; נִפחָד; חַשדָן; נִרתָע מ־; חָסֵר
–fight shy of לְנַסוֹת לְהִתחַמֵק מ־; לְהִתרַחֵק מ־; לְהִישָמֵר מִפּנֵי
shy *v.* (shied) לְהֵירָתַע בְּבֶהָלָה; לְהִימָנַע מ־; לְהִתחַמֵק מ־; לְהָטִיל; לְהַשלִיך
shyly *adv.* בְּבַיישָנוּת
shyness *n.* בַּיישָנוּת
shyster *n.* רַמַאי; נוֹכֵל (עוֹ"ד אוֹ פּוֹלִיטִיקַאי)
Siamese twins *n.* תְאוֹמִים סִיאָמִיִים
sibling *n.* אָח; אָחוֹת; אֲחָאִים
sic *adv.* כָּך (כָּתוּב)!
sick *adj.* מַרגִיש בְּחִילָה; חוֹלֶה; מוּפרָע; חוֹלָנִי
–be sick (to the stomach) לְהָקִיא; לְהַרגִיש בְּחִילָה
–make someone sick לְהַרגִיז/לְהַגעִיל אוֹתוֹ
–sick (and tired) of נִמאַס לוֹ מ־
–sick to death of נִמאַס לוֹ מ־
–worried sick מוּדאָג מְאוֹד
sick *n.* (the sick) הַחוֹלִים
sickbay *n.* חֲדַר־חוֹלִים; מִרפָּאָה (בָּאוֹנִיָיה)
sickbed *n.* מִיטַת חוֹלִי
sicken *v.* לְהַתחִיל לַחֲלוֹת בּ־; לְעוֹרֵר/לָחוּש בְּחִילָה; לְהִימָאֵס לוֹ (מ־)
sickening *adj.* מַבחִיל; מַחֲרִיד; מַגעִיל
sick leave *n.* חוּפשַת מַחֲלָה
sickle *n.* מַגָל
sickly *adj.* חוֹלָנִי; רָפֶה; חַלָש; חוֹלֶה; מַבחִיל
sickness *n.* מַחֲלָה; בְּחִילָה
sickness benefit *n.* דְמֵי מַחֲלָה
sick parade *n.* מִסדַר חוֹלִים
side *adj.* ־לְוַואי; צְדָדִי; מִשנִי
side *n.* צַד; דוֹפֶן; דוֹפֶן צְדָדִית; צֵלַע (הַר); צֵלָע; קָצֶה; עֵבֶר; הֶיבֵּט; פָּן; בְּחִינָה; קְבוּצָה; עָרוּץ
–side by side זֶה לְיַד זֶה
–take sides (with) לִתמוֹך בּ־; לִתמוֹך בְּצַד זֶה אוֹ אַחֵר
side *v.* (with) לִתמוֹך בּ־; לַעֲמוֹד לְצַד־
–side against לַחֲבוֹר יַחַד נֶגֶד
sidearm *n.* נֶשֶק חָגוּר (אֶקדָח, חֶרֶב וכו׳)
sideboard *n.* מִזנוֹן (רָהִיט)
sideboards *n.* פֵּיאוֹת
sideburns *n.* פְּאוֹת־לְחָיַיִם
sidecar *n.* סִירָה (שֶל אוֹפַנוֹעַ)
side effects *n.* תוֹפָעוֹת לְוַואי
side issue *n.* בְּעָיָה שוּלִית; עִניָין מִשנִי
sidekick *n.* עוֹזֵר; חָבֵר; מְלַוֶוה
side light *n.* פַּנַס צַד (בְּרֶכֶב); אוֹר חֲנָיָה; מֵידָע נוֹסָף
sideline *n.* סְחוֹרָה מִשנִית; עִיסוּק צְדָדִי; קַו חוּץ (בְּמִגרָש); קַו אוֹרֶך
sidelong *adj., adv.* (בְּ)מְלוּכסָן
side-on *adj., adv.* צִידִי; מֵהַצַד
side road *n.* דֶרֶך צְדָדִית
sidesaddle *n.* אוּכַּף־צַד (לְאִישָה)
sideshow *n.* מוֹפָע צְדָדִי; עִניָין מִשנִי
sidestep *v.* לַחמוֹק הַצִידָה; לְהִתחַמֵק (מִתשוּבָה עַל־)
sidetrack *v.* לְהַסִיחַ אֶת דַעתוֹ (מִן הַנוֹשֵׂא); לִסטוֹת מ־; לְהַטוֹת (חֲקִירָה)
sidewalk *n.* מִדרָכָה
sideways *adj., adv.* הַצִידָה; לַצַד; מֵהַצַד
sidle up (to) *v.* לְהִתגַנֵב; לְהִתקָרֵב וכו׳ בְּהַססָנוּת

S

siege *n.* מָצוֹר
–lay siege to לְהָטִיל מָצוֹר עַל; לָצוּר עַל
–lift/raise a siege לְהָסִיר מָצוֹר
sierra *n.* שַׁרְשֶׁרֶת הָרִים חַדֵּי־פִּסְגָּה
siesta *n.* סִיאֶסְטָה; מְנוּחַת צָהֳרַיִים
sieve *n.* נָפָה; כְּבָרָה
sieve *v.* לְנַפּוֹת; לְסַנֵּן; לְהַפְרִיד
sift *v.* לְנַפּוֹת; לְהַפְרִיד; לִבְדּוֹק הֵיטֵב
sifter *n.* נָפָה; כְּבָרָה
sigh *n., v.* אֲנָחָה; לְהֵיאָנֵחַ; לְהִתְגַּעְגֵּעַ
sight *n.* (כּוֹשֶׁר) רְאִייָה; מַרְאֶה; תְּחוּם הָרְאִייָה; טְווַח נִרְאֶה לָעַיִן; מַרְאֶה יָפֶה; (בְּרַבִּים) אֲתָרֵי תַּיָּירוּת; כַּוֶּונֶת; (מַרְאֶה) מְגוּחָךְ; הַרְבֵּה
–at first sight מִמַּבָּט רִאשׁוֹן
–at/on sight מִיָּד עִם רְאִייָתוֹ; בְּלִי לִשְׁאוֹל שְׁאֵלוֹת
–at the sight of לְמַרְאֵה ה־
–be a sight for sore eyes לִהְיוֹת תַּאֲווָה לָעֵינַיִים; לִשְׂמוֹחַ לִרְאוֹתוֹ
–can't bear/stand the sight of שׂוֹנֵא; לֹא סוֹבֵל אוֹתוֹ
–catch sight of (לְהַצְלִיחַ) לִרְאוֹת
–come into sight לְהִתְגַּלּוֹת לְעֵינָיו
–go out of sight לְהֵיעָלֵם
–in sight בְּטְווַח רְאִייָה; נִרְאֶה בָּאוֹפֶק
–lose sight of לֹא לִרְאוֹת עוֹד; לִשְׁכּוֹחַ
–out of sight out of mind רָחוֹק מִן הָעַיִן רָחוֹק מִן הַלֵּב
sight *v.* לִרְאוֹת; לִצְפּוֹת; לְכַוֵּון; לְהַתְקִין כַּוֶּונֶת בּ־
sighted *adj.* פִּיקֵּחַ (שֶׁאֵינוֹ עִיוֵּור)
sighting *n.* רְאִייָה; גִּילּוּי בְּתַצְפִּיּוֹת
sightseeing *n.* בִּיקּוּר בַּאֲתָרֵי תַּיָּירוּת
sign *n.* סִימָן; סֵמֶל; שֶׁלֶט; תַּמְרוּר; אוֹת; מַזָּל (אַסְטְרוֹלוֹגִי)
–no sign of שׁוּם זֵכֶר ל־
–(no) sign of life (שׁוּם) אוֹת חַיִּים
–sign of the zodiac מַזָּל (בְּגַלְגַּל הַמַּזָּלוֹת)
sign *v.* לַחְתּוֹם; לְאוֹתֵת; לְסַמֵּן לוֹ; לְהַחְתִּים
–sign off לְסַיֵּים בַּחֲתִימָה; לְסַיֵּים / לַחְתּוֹם (שִׁידּוּר)
–sign up לַחְתּוֹם עַל חוֹזֵה עֲבוֹדָה; לְהִתְגַּיֵּיס; לְגַיֵּיס; לְהַחְתִּים אוֹתוֹ (עַל חוֹזֵה עֲבוֹדָה)
signal *n.* אִיתּוּת; סִימָן; רַמְזוֹר; אוֹת; קְלִיטָה (שֶׁל רַדְיוֹ וכו')
signal *v.* לְאוֹתֵת (ל־); לְהַבִּיעַ; לְשַׁדֵּר; לְבַשֵּׂר; לְסַמֵּן
signalize *v.* לְצַיֵּין; לְייַחֵד
–be signalized by מִצְטַיֵּין בּ־
signalman *n.* אַתָּת; קַשָּׁר
signatory *n.* צַד חָתוּם
signature *n.* חֲתִימָה; גִּילָּיוֹן מְקוּפָּל (בְּדְפוּס); סִימַן מַפְתֵּחַ (בְּמוּסִיקָה)
signature turn *n.* אוֹת תּוֹכְנִית / תַּחֲנַת רַדְיוֹ
signboard *n.* שֶׁלֶט
signet *n.* חוֹתָם אִישִׁי (בְּטַבַּעַת חוֹתָם)
significance *n.* מַשְׁמָעוּת; חֲשִׁיבוּת
significant *adj.* חָשׁוּב; מַשְׁמָעוּתִי
significantly *adv.* בְּאוֹפֶן מַשְׁמָעוּתִי; בְּמִידָּה נִיכֶּרֶת
signify *v.* (signified) לְצַיֵּין; לְהַבִּיעַ; לִהְיוֹת סִימָן ל־; לִהְיוֹת לוֹ חֲשִׁיבוּת
signing *n.* הַחוֹתֵם
sign language *n.* שְׂפַת סִימָנִים
signpost *n.* שֶׁלֶט לְצִיּוּן דְּרָכִים
signpost *v.* לְהַצִּיב שְׁלָטִים לְצִיּוּן דְּרָכִים בּ־; לְצַיֵּין בְּבֵירוּר
silage *n.* תַּחְמִיץ
silence *n.* שֶׁקֶט; דְּמָמָה; שְׁתִיקָה; דּוּמִיָּה
silence *v.* לְהַשְׁתִּיק; לִסְתּוֹם פֶּה ל־; לְהַשְׁקִיט; לְהַשְׁתִּיק קוֹל
silencer *n.* מַשְׁקֵט; מַשְׁתִּיק־קוֹל
silent *adj.* שָׁקֵט; שׁוֹתֵק; שַׁתְקָן; (אוֹת) אִילֶּמֶת
–fall silent לְהִשְׁתַּתֵּק
–the silent majority הָרוֹב הַדּוֹמֵם
silent film *n.* סֶרֶט אִילֵּם
silently *adv.* בְּשֶׁקֶט
silent partner *n.* שׁוּתָּף רָדוּם
silhouette *n.* צְלָלִית
silicon *n.* צוֹרָן; סִילִיקוֹן
silicon chip *n.* שְׁבַב סִילִיקוֹן

silk *n.* (חוט) מֶשִׁי; אֲרִיג מֶשִׁי; פְּרַקְלִיט הַמְלוּכָה
silken *adj.* מִשְׁיִי; רַךְ
silk screen *n.* הֶדְפֵּס מֶשִׁי
silkworm *n.* תּוֹלַעַת מֶשִׁי
silky *adj.* מִשְׁיִי; רַךְ
sill *n.* אֶדֶן־חַלּוֹן
silliness *n.* טִיפְּשׁוּת
silly *adj.* מְטוּפָּשׁ; טִיפְּשִׁי; טִיפֵּשׁ
silly billy *n.* טִיפֵּשׁ; טִיפְּשׁוֹן
silly season *n.* עוֹנַת הַמְלַפְפוֹנִים
silo *n.* סִילוֹ; מִגְדַּל הַחְמָצָה; מַמְגּוּרָה; מַחְפּוֹרֶת טִילִים; בּוֹר תַּת־קַרְקָעִי
silt *n.* סְחוֹפֶת
silver *n.* כֶּסֶף; כְּלֵי כֶּסֶף; צֶבַע כֶּסֶף; סַכּוּ״ם
silver *v.* לְהַכְסִיף; לְצַפּוֹת בְּכֶסֶף
silver birch *n.* (עֵץ) בְּתוּל; שֶׁדֶר; לִבְנֶה
silvered *adj.* כָּסוּף; מַכְסִיף
silver jubilee *n.* יוֹבֵל הַכֶּסֶף / ה־25
silver medal *n.* מֶדַלְיַית כֶּסֶף
silver-plated *adj.* מְצוּפֶּה כֶּסֶף
silver-tongued *adj.* מַקְסִים בְּדִיבּוּרוֹ; בַּעַל כּוֹשֶׁר בִּיטּוּי
silverware *n.* סַכּוּ״ם; כְּלֵי כֶּסֶף
silver wedding *n.* חֲתוּנַת כֶּסֶף
silvery *adj.* כָּסוּף; מוּכְסָף; דּוֹמֶה לְכֶסֶף
similar *adj.* (to) דּוֹמֶה (לְ־)
similarity *n.* דִּמְיוֹן; קַוֵּוי דִּמְיוֹן
similarly *adv.* בְּדוֹמֶה לְכָךְ; בְּאוֹפֶן דּוֹמֶה
simile *n.* דִּימּוּי
simmer *v.* לְבַשֵּׁל / לְהִתְבַּשֵּׁל עַל אֵשׁ קְטַנָּה; לִרְחוֹשׁ
– simmer down לְהֵירָגַע
simper *v., n.* (לְחַיֵּיךְ) חִיּוּךְ מְטוּפָּשׁ
simple *adj.* פָּשׁוּט; קַל; תָּמִים; פֶּתִי; טִיפֵּשׁ; כְּמוֹת שֶׁהוּא; גְּרֵידָא; לֹא מְפוּתָּח (יְצוּר)
simple-minded *adj.* תָּמִים; טִיפֵּשׁ
simpleton *n.* שׁוֹטֶה; פֶּתִי
simplicity *n.* פַּשְׁטוּת; תְּמִימוּת
simplification *n.* פִּישּׁוּט
simplified *adj.* מְפוּשָּׁט; פָּשׁוּט יוֹתֵר
simplify *v.* (simplified) לְפַשֵּׁט
simplistic *adj.* פַּשְׁטָנִי

simply *adv.* בְּפַשְׁטוּת; פָּשׁוּט; רַק; מַמָּשׁ
simulate *v.* לְהַעֲמִיד פְּנֵי־; לְחַקּוֹת; לְהַדְמוֹת; לְהִתְחַלּוֹת
simulated *adj.* מְלָאכוּתִי; מְדוּמֶּה; מוּדְמֶה
simulation *n.* הַעֲמָדַת־פָּנִים; חִיקּוּי; הַדְמָיָה
simulator *n.* סִימוּלָטוֹר; מִתְקַן הַדְמָיָה
simultaneous *adj.* בּוֹ־זְמַנִּי; סִימוּלְטָנִי
simultaneously *adv.* בּוֹ־זְמַנִּית
sin *n.* חֵטְא; ״פֶּשַׁע״
– live in sin לִחְיוֹת יַחַד לְלֹא נִישּׂוּאִים
sin *v.* לַחֲטוֹא
since *adv.* מֵאָז; לִפְנֵי־
since *conj.* מֵאָז שֶׁ־; מִכֵּיוָן שֶׁ־
since *prep.* מֵאָז
– Since when...? מִמָּתַי...?
sincere *adj.* כֵּן; אֲמִיתִּי
sincerely *adv.* בְּכֵנוּת; מִכָּל הַלֵּב
– Yours sincerely בְּכָבוֹד רַב; שֶׁלְּךָ בְּכֵנוּת
sincerity *n.* כֵּנוּת
sine *n.* סִינוּס
sinecure *n.* מִשְׂרָה נוֹחָה עִם הַכְנָסָה נָאָה
sine qua non *n.* תְּנַאי שֶׁאֵין בִּלְתּוֹ; תְּנַאי בַּל יַעֲבוֹר
sinew *n.* גִּיד
sinewy *adj.* גִּידִי; קָשֶׁה
sing *v.* (sang, sung) לָשִׁיר; לְזַמֵּם; לִשְׁרוֹק
sing-along *n.* שִׁירָה בְּצִיבּוּר
singe *v., n.* לַחֲרוֹךְ; חֲרִיכָה
singer *v.* זַמָּר
singing *n.* זִמְרָה; שִׁירָה
single *adj.* אֶחָד; יָחִיד; לֹא נָשׂוּי; פָּנוּי; לְיָחִיד; לְכִיווּן אֶחָד
single *n.* תַּקְלִיטוֹן; כַּרְטִיס בְּכִיווּן אֶחָד; חֶדֶר לְיָחִיד
single *v.* (out) לִבְחוֹר (דַּוְקָא) בְּ־
single file *adv.* בְּטוּר עוֹרְפִּי
single-handed *adj.* בְּכוֹחוֹת עַצְמוֹ; לְבַד
single-minded *adj.* דָּבֵק בְּמַטָּרָה אַחַת
single-parent family *n.* מִשְׁפָּחָה חַד־הוֹרִית

singles *n.* מִשְׂחָק יְחִידִים (בְּטֶנִיס וכדו׳); פְּנוּיִים / פְּנוּיוֹת
singly *adv.* אֶחָד אֶחָד; לְחוּד; לְבַד
singsong *n.* שִׁירָה בְּיַחַד / בְּצִיבּוּר; טוֹן (דִיבּוּר) עוֹלֶה וְיוֹרֵד
singular *adj.* יוֹצֵא דוֹפֶן; מוּזָר; בִּלְתִּי רָגִיל; (צוּרַת) הַיָּחִיד
singularity *n.* יִיחוּד; מוּבְחָנוּת; מוּזָרוּת; חוֹר שָׁחוֹר
singularly *adv.* בִּמְיוּחָד
sinister *adj.* מְבַשֵּׂר רַע; מְאַיֵּים
sink *n.* כִּיּוֹר
sink *v.* (sank, sunk) לִשְׁקוֹעַ; לִטְבּוֹעַ; לְשַׁקֵּעַ; לְהַטְבִּיעַ; לִקְטוֹן; לָרֶדֶת; לִצְנוֹחַ; לִגְוֹעַ; לְהֵיחָלֵשׁ; לִיפּוֹל; לְאַבֵּד תִּקְוָה; לִיפּוֹל (בְּרוּחוֹ); לְהִידַּרְדֵּר; לְהַשְׁקִיעַ; לִשְׁכּוֹחַ
– sink a well לַחְפּוֹר בְּאֵר
– sink in לְהִיקָּלֵט (בְּמוֹחוֹ)
sinking *adj.* שֶׁל יֵאוּשׁ / פַּחַד / דְּאָגָה; טוֹבֵעַ; שׁוֹקֵעַ; צוֹנֵחַ; יוֹרֵד (בְּעֶרְכּוֹ)
sinner *n.* חוֹטֵא
sinology *n.* סִינוֹלוֹגְיָה; חֵקֶר סִין
sinuous *adj.* מִתְפַּתֵּל
sinus *n.* גַּת; סִינוּס
sip *n., v.* לְגִימָה (קְטַנָּה); לִלְגּוֹם
siphon *n.* סִיפוֹן; בַּקְבּוּק סִיפוֹן
siphon *v.* (off, out) לִשְׁאוֹב / לְהוֹצִיא (בְּסִיפוֹן); לְהַעֲבִיר; לְהָסִיט; לְהַפְנוֹת
sir *n.* אֲדוֹנִי; אָדוֹן (נִכְבָּד); סֶר (תּוֹאַר)
– Dear Sir אָדוֹן נִכְבָּד; א.נ.
sire *n.* אָב (סוּס); מוֹלִיד; הוֹד מַלְכוּתְךָ
sire *v.* לְהוֹלִיד
siren *n.* סִירֶנָה; צוֹפָר; סִירוֹנִית (יְפֵהפִיָּה מְפַתָּה וּמְסוּכֶּנֶת)
sirloin *n.* בְּשַׂר הַמּוֹתֶן; בְּשַׂר הַוֶּורֶד (שֶׁל בָּקָר)
sis *n.* אֲחוֹתִי
sissy *n., adj.* (בָּחוּר) רַכְרוּכִי / נָשִׁי; ״נְקֵבָה״
sister *n.* אָחוֹת; (כְּמוֹ) אָחוֹת; אָחוֹת בְּכִירָה / אַחְרָאִית; נְזִירָה; חֲבֵרָה
sister-in-law *n.* גִּיסָה
sisterly *adj.* (כְּמוֹ) שֶׁל אָחוֹת

sit *v.* (sat) לָשֶׁבֶת; לְהוֹשִׁיב; לָנוּחַ; לִדְגּוֹר; לָשִׂים; לְהִימָּצֵא; לִהְיוֹת מוּנָּח; לְהִיבָּחֵן; לִהְיוֹת בִּישִׁיבָה; לִהְיוֹת מוּנָּח (עַל הַגּוּף); לַעֲבוֹד כִּשְׁמַרְטַף
– be sitting pretty לִהְיוֹת בְּמַצָּב טוֹב
– sit around לְהִתְבַּטֵּל; לָשֶׁבֶת סְתָם
– sit back לָשֶׁבֶת בְּנוֹחַ; לָנוּחַ; לָשֶׁבֶת בְּחִיבּוּק יָדַיִים
– sit down לָשֶׁבֶת; לְהַפְגִּין בִּשְׁבִיתַת־שֶׁבֶת
– sit for לְשַׁמֵּשׁ דּוּגְמָן ל־; לְהִיבָּחֵן בּ־ / ל־
– sit in for לְהִשְׁתַּתֵּף בִּמְקוֹם־; לְמַלֵּא מְקוֹמוֹ
– sit in on לְהִשְׁתַּתֵּף בּ־ (כְּמַשְׁקִיף)
– sit tight לָשֶׁבֶת הֵיטֵב בִּמְקוֹמוֹ; לָשֶׁבֶת בְּשֶׁקֶט; לְחַכּוֹת בְּסַבְלָנוּת; לֹא לָזוּז
– sit up לְהִתְרוֹמֵם לְמַצַּב יְשִׁיבָה; לָשֶׁבֶת זָקוּף; לְהִישָּׁאֵר עֵר
sitar *n.* סִיטָר (כְּלִי נְגִינָה)
sitcom *n.* קוֹמֶדְיַית מַצָּבִים (בְּסִדְרַת טֶלֶוִויזְיָה)
sit-down *n.* יְשִׁיבָה; מְנוּחָה (בִּישִׁיבָה); שְׁבִיתַת־שֶׁבֶת
site *n.* אֲתָר; מָקוֹם
site *v.* לְמַקֵּם
sit-in *n.* הַפְגָּנַת־שֶׁבֶת
sitter *n.* מִי שֶׁיּוֹשֵׁב מוּל צַיָּיר; דּוּגְמָן; שְׁמַרְטַף; שׁוֹמֵר אֲרָעִי (שֶׁל בַּיִת); דּוֹגֶרֶת
sitting *n.* יְשִׁיבָה; מוֹשָׁב; פֶּרֶק זְמַן רָצוּף; יְשִׁיבָה לְצוֹרֶךְ צִיּוּר / צִילּוּם; דְּגִירָה; מִשְׁמֶרֶת
sitting duck *n.* מַטָּרָה נוֹחָה
sitting room *n.* חֲדַר אֵירוּחַ; סָלוֹן
sitting target *n.* מַטָּרָה נוֹחָה
situate *v.* לְמַקֵּם
situated *adj.* מְמוּקָּם; נִמְצָא; בְּמַצָּב
situation *n.* מִיקּוּם; מַצָּב; מָקוֹם; עֲבוֹדָה; מִשְׂרָה; בְּעָיָה; מַצָּב קָשֶׁה
situation room *n.* חֲדַר מַצָּב
sit-up *n.* כְּפִיפַת־בֶּטֶן
six *adj., n.* שֵׁשׁ; שִׁישָּׁה
six-pack *n.* (אֲרִיזַת) שִׁישִׁיָּיה
sixteen *adj., n.* שֵׁשׁ־עֶשְׂרֵה; שִׁישָּׁה־עָשָׂר

S

sixteenth *adj., n.* (הַחֵלֶק) הַשִּׁישָּׁה־עָשָׂר

sixth *adj., n.* שִׁישִּׁי; שִׁישִּׁית

sixthly *adv.* שִׁישִּׁית

sixth sense *n.* חוּשׁ שִׁישִּׁי

sixtieth *adj., n.* (הַחֵלֶק) הַשִּׁישִּׁים

sixty *adj., n.* שִׁישִּׁים

–in the sixties בִּשְׁנוֹת הַשִּׁישִּׁים

sixty-four-thousand-dollar question *n.* שְׁאֵלַת הַשְּׁאֵלוֹת; הַשְּׁאֵלָה

size *n.* גּוֹדֶל; מִידָּה; מַרְקָה (דֶּבֶק זְגוּגִי)

–be (about) the size of it זֶה הַמַּצָּב (בְּעֵרֶךְ)

–cut him down to size לְהַעֲמִידוֹ בִּמְקוֹמוֹ

size *v.* לְסַדֵּר לְפִי הַגּוֹדֶל; לְזַגֵּג בְּדֶבֶק (מַרְקָה)

–size up לְנַסּוֹת לַעֲמוֹד עַל טִיבוֹ; לִבְחוֹן; לֶאֱמוֹד

sizeable *adj.* גָּדוֹל לְמַדַּי

sizzle *v., n.* (לְהַשְׁמִיעַ) קוֹל רְחִישָׁה / תְּסִיסָה

sizzling *adj.* לוֹהֵט

skate *v.* לְהַחֲלִיק (עַל קֶרַח / גַּלְגִּילִיּוֹת)

–skate on thin ice לָלֶכֶת עַל חֶבֶל דַּק; לְשַׂחֵק בָּאֵשׁ

–skate over/around לַעֲקוֹף (בְּעָיָה)

skate *n.* תְּרִיסָנִית (דָּג)

skateboard *n.* גַּלְגֶּשֶׁת; סְקֵייטְבּוֹרְד

skater *n.* מַחֲלִיק (בְּמַחֲלִיקַיִים)

skates *n.* מַחֲלִיקַיִים; גַּלְגִּילִיּוֹת (סְקֶטִים)

skating rink *n.* מִשְׁטַח הַחְלָקָה

skedaddle *v.* לִבְרוֹחַ

skeleton *n.* שֶׁלֶד; סוֹד אָפֵל

–a skeleton in the cupboard סוֹד אָפֵל בַּעֲבָרוֹ

skeleton *adj.* מְצוּמְצָם; מִינִימָלִי

skeleton key *n.* מַפְתֵּחַ גַּנָּבִים

skeleton staff/crew *n.* צֶוֶות בְּסִיסִי

skeptic *n.* סַפְקָן

skeptical *adj.* סַפְקָנִי; סְקֶפְּטִי

sketch *n.* רְשׁוּמֶת; סְקִיצָה; תֵּיאוּר בְּקַוִּוים כְּלָלִיִּים; מִתְוֶוה; מַעֲרְכוֹן

sketch *v.* לְצַיֵּיר סְקִיצָה שֶׁל־; לְצַיֵּיר סְקִיצוֹת

–sketch out לְשַׂרְטֵט בְּקַוִּוים כְּלָלִיִּים

sketchy *adj.* כְּלָלִי; בְּקַוִּוים כְּלָלִיִּים; לֹא שָׁלֵם; שִׁטְחִי

skew *v.* לִסְטוֹת הַצִּידָּה; לְהַטּוֹת; לְסַלֵּף; לְעַוֵּות

skew *adj.* נָטוּי; לֹא יָשָׁר

skewer *n., v.* שִׁפּוּד; לְשַׁפֵּד

ski *n.* מִגְלְשֵׁי סְקִי (בְּרַבִּים)

ski *v.* (skied) לִגְלוֹשׁ

skid *n.* הַחְלָקָה (בַּכְּבִישׁ); קֶרֶשׁ תְּמִיכָה (לְמַשָּׂא); מַעֲצוֹר; מַגְלֵשׁ נְחִיתָה (בְּמַסּוֹק וכו׳)

skid *v.* לְהַחֲלִיק (בַּכְּבִישׁ)

skier *n.* גּוֹלֵשׁ

skies *n.* שָׁמַיִים

skiff *n.* סִירָה קַלָּה (לְיָחִיד)

skiing *n.* סְקִי; גְּלִישָׁה

ski lift *n.* רַכֶּבֶל גּוֹלְשִׁים

skill *n.* מְיוּמָּנוּת; כִּישָּׁרוֹן; מִקְצוֹעַ

skilled *adj.* מִקְצוֹעִי; מְיוּמָּן

skillet *n.* מַחֲבַת

skillful, skilful *adj.* מְיוּמָּן; זָרִיז וּמְנוּסֶּה

skillfully, skilfully *adv.* בִּמְיוּמָּנוּת

skim *v.* לִגְרוֹף; לְרַחֵף עַל פְּנֵי־; לִנְגּוֹעַ בְּרִפְרוּף בְּ־; לְהַעֲלִים הַכְנָסוֹת; לִגְנוֹב מֵהָרְוָוחִים

skim(med) milk *n.* חָלָב רָזֶה

skimp *v.* (on) לְקַמֵּץ (בְּ־)

skin *n.* עוֹר; קְלִיפָּה; קְרוּם

–by the skin of his teeth בְּעוֹר שִׁינָּיו; בְּקוֹשִׁי

–get under your skin לְהַרְגִּיז אֶת־

skin *v.* לִפְשׁוֹט עוֹר מ־; לְשַׁפְשֵׁף אֶת הָעוֹר

skin-deep *adj.* שִׁטְחִי

skin-diving *n.* צְלִילָה לְלֹא חֲלִיפַת צְלִילָה

skinhead *n.* מְגוּלַּח־רֹאשׁ; סְקִינְהֶד

skinny *adj.* רָזֶה מְאוֹד

skin test *n.* תַּבְחִין עוֹר

skin-tight *adj.* צָמוּד

skip *n.* קְפִיצָה; דִּילּוּג

skip *v.* לְקַפֵּץ; לְדַלֵּג; לִקְפּוֹץ בְּחֶבֶל; לִקְפּוֹץ לְ־; ״לִבְרוֹחַ״; לְדַלֵּג עַל־

–skip off לְהִסְתַּלֵּק; לַעֲזוֹב

S

–skip out לְהִתְחַמֵּק בְּלִי לְשַׁלֵּם; לִברוֹחַ
skipper *v., n.* (לְשַׁמֵּשׁ) רַב־חוֹבֵל; רֹאשׁ קְבוּצָה
skipping rope *n.* דַלגִית; חֶבֶל קְפִיצָה
skirmish *v., n.* (לְנַהֵל) קְרָב קָצָר; הִתנַגשׁוּת
skirt *n.* חֲצָאִית; אִישָׁה; חֲתִיכָה
skirt *v.* לַעֲבוֹר בִּקצֵה־; לְהַקִּיף; לַעֲקוֹף; לְהִתחַמֵּק מ־
skirting board *n.* שִׁיפּוֹלֶת; פָּנֶל (בְּתַחתִית קִיר)
ski run *n.* מִדרוֹן גְלִישָׁה
skit *n.* מַערְכוֹן סָטִירִי; פָּרוֹדְיָה
skitter *v.* לָנוּעַ בְּקַלִילוּת וּבִזרִיזוּת; לְרַחֵף עַל פְּנֵי; לִנגוֹעַ בְּרִפרוּף בּ־
skittish *adj.* מֵקֵל רֹאשׁ בּ־; קַל דַעַת; קַפְּרִיזִי; (סוּס) עַצבָּנִי וְנִפחָד
skivvies *n.* גוּפִייָה וְתַחתוֹנִים (שֶׁל גֶבֶר)
skulk *v.* לְהִסתַתֵּר; לְשׁוֹטֵט כְּמִתגַנֵב
skull *n.* גוּלגוֹלֶת
skullcap *n.* כִּיפָּה
skunk *n.* בּוֹאֵשׁ; צַחֲנָן
sky *n.* שָׁמַיִם; רָקִיעַ
–the sky's the limit הַשָּׁמַיִם הֵם הַגְבוּל
sky-blue *adj., n.* (צֶבַע) תְּכֵלֶת
sky cap *n.* סַבָּל (בְּנָמַל תְּעוּפָה)
skydiving *n.* צְנִיחָה חוֹפשִׁית
sky-high *adv.* לְגוֹבַה רַב; לַשָּׁמַיִם
skyjack *v.* לַחֲטוֹף מָטוֹס
skyjacker *n.* חוֹטֵף מָטוֹס
skylight *n.* צוֹהַר (בְּגַג)
skyline *n.* קַו־רָקִיעַ
skyrocket *v.* לְהַרקִיעַ שְׁחָקִים
skyscraper *n.* גוֹרֵד שְׁחָקִים
slab *n.* לוּחַ; טַבלָה; פְּרוּסָה עָבָה
slack *adj.* רַשׁלָנִי; מִתרַשֵּׁל; חַלָּשׁ (מִסחָר וכד'); נִרפֶּה; רָפוּי
slack *n.* חֵלֶק רָפוּי; רִפיוֹן
–take up the slack לִמתוֹחַ (חֶבֶל); לְעוֹדֵד (ייצוּר, צְמִיחָה); לְהִתייַעֵל
slack *v.* לְהִתרַשֵּׁל; לְהִתעַצֵּל; לְהִתבַּטֵל
slacken *v.* לְהָאֵט; לְהֵיחָלֵשׁ; לְהַחלִישׁ; לְשַׁחרֵר; לְהַרפּוֹת; לְהִתרוֹפֵף
slacker *n.* מִתרַשֵּׁל; מִתעַצֵּל; מִשׁתַמֵּט
slackly *adv.* בְּרַשׁלָנוּת; בְּרִפיוֹן
slackness *n.* הִתרַשׁלוּת; רִפיוֹן
slacks *n.* מִכנָסַיִים
slag *n.* סִיגִית; זַנזוֹנֶת
slain *v. 3rd form of* slay
slam *n., v.* טְרִיקָה; לִטרוֹק; לְהִיטָרֵק; לִזרוֹק בְּכוֹחַ; לְהָטִיחַ; לְקַטֵל (בְּבִיקוֹרֶת); לְנַגֵחַ
–slam into לְהִתנַגֵשׁ בּ־
slander *n., v.* הַשׁמָצָה; (הוֹצָאַת) דִיבָּה; לְהַשׁמִיץ; לְהוֹצִיא דִיבָּה עַל־
slanderer *n.* מוֹצִיא דִיבָּה; מַשׁמִיץ
slanderous *adj.* שֶׁיֵשׁ בּוֹ מִשּׁוּם הוֹצָאַת דִיבָּה; מַשׁמִיץ
slang *n.* סלֶנג; עָגָה
slant *n.* שִׁיפּוּעַ; נְקוּדַת־מַבָּט; נְטִייָה
slant *v.* לִנטוֹת (בְּשִׁיפּוּעַ); לְהַטוֹת; לְהַצִּיג בְּצוּרָה מְגַמָּתִית
slanted *adj.* מְגַמָּתִי; נוֹטֶה (לְטוֹבַת־)
slap *n.* סְטִירָה; טְפִיחָה
–slap on the wrist עוֹנֶשׁ קַל; נְזִיפָה
slap *v.* לִסטוֹר; לִטפּוֹחַ; לְהָטִיחַ בְּכוֹחַ; לִמרוֹחַ; לָשִׂים (סְתָם)
slapdash *adj., adv.* פָּזִיז; חָפוּז; בְּחִיפָּזוֹן וּבְרַשׁלָנוּת; מְחוּפָף
slaphappy *adj.* חֲסַר דְאָגָה; "מְצַפצֵף"; לֹא רְצִינִי; הָמוּם
slapstick *n.* קוֹמֶדיָה מְטוֹרֶפֶת; סְלַפּסְטִיק
slash *n.* חִיתוּךְ; קִיצוּץ; הַצלָפָה; חֲתָךְ; קַו נָטוּי (/)
slash *v.* לַחתוֹךְ; לִקרוֹעַ; לְרַטֵשׁ; לְשַׁסֵעַ; לְקַצֵץ; לְהוֹרִיד; לְהַצלִיף בּ־
slate *n.* צִפחָה; רַעַף; לוּחַ צִפחָה; רְשִׁימַת מוּעֲמָדִים; אָפוֹר־כָּחוֹל
–a clean slate דַף חָדָשׁ
slate *v.* לְכַסּוֹת בְּרעָפִים; לְרַעֵף; לְקַטֵל
–slated for מְיוּעָד לִהיוֹת; מְתוּכנָן ל־; נִקבַּע ל־
slather *v.* לִמרוֹחַ שִׁכבָה עָבָה; לְמַלֵא
slaughter *n.* שְׁחִיטָה; טֶבַח; תְּבוּסָה
slaughter *v.* לִשׁחוֹט; לִטבּוֹחַ
slaughterer *n.* שׁוֹחֵט; עוֹשֶׂה טֶבַח

S

slaughterhouse *n.* בֵּית־מִטְבָּחַיִים
slave *n., v.* עֶבֶד; שִׁפְחָה; לַעֲבוֹד קָשֶׁה
slave-driver *n.* מַעֲבִיד בְּפֶרֶךְ
slaver *v.* לְהַזִיל רִיר
slavery *n.* עַבדוּת
slaw *n.* סָלָט כְּרוּב (חַי)
slay *v.* (slew, slain) לַהֲרוֹג; לִרצוֹחַ; לְהָמִית; לִקטוֹל
sleazy *adj.* מְלוּכלָךְ וּמוּזנָח; זוֹל; לֹא מְכוּבָּד
sled *n., v.* מִזחֶלֶת; לִנסוֹעַ בְּמִזחֶלֶת
sledge *n., v.* מִזחֶלֶת; לִנסוֹעַ בְּמִזחֶלֶת
sledgehammer *n.* פַּטִיש כָּבֵד
sleek *adj.* חָלָק/רַךְ וּמַבריק; מְסוּגנָן; אֶלֶגַנטִי; חֲלַקלַק; מְפוּטָם; מְטוּפָּח
sleep *n.* שֵׁינָה; תַּרדֵמָה
–go to sleep לְהֵירָדֵם
–put to sleep לְהַשׁכִּיב לִישוֹן; לְהַרדִים; לְהָמִית הֲמָתַת־חֶסֶד
sleep *v.* (slept) לִישוֹן; לְסַפֵּק מְקוֹמוֹת לִינָה לְ־
–sleep around ״לְהִתפַּרפֵּר״
–sleep it off לְהִתפַּכֵּחַ לְאַחַר שֵׁינָה
–sleep off לְהָפִיג ע״י שֵׁינָה
–sleep on it לַחשוֹב עַל זֶה (בַּלַיְלָה) (וְלָתֵת תְּשׁוּבָה לְמָחֳרָת)
–sleep with לִשׁכַּב עִם־
sleeper *n.* אָדָם יָשֵׁן; (מִיטָה בְּ־) קָרוֹן שֵׁינָה; רַכֶּבֶת לַיְלָה; אֶדֶן מְסִילָה; עָגִיל; הַצלָחָה (סֶרֶט, סֵפֶר) בִּלתִי צְפוּיָה; חֲלִיפַת־שֵׁינָה לְתִינוֹק; מְרַגֵל ״רָדוּם״
sleepily *adv.* בְּמְנוּמְנָם
sleeping bag *n.* שַׂק־שֵׁינָה
sleeping car *n.* קְרוֹן־שֵׁינָה
sleeping partner *n.* שׁוּתָּף רָדוּם
sleeping pill *n.* גְלוּלַת שֵׁינָה
sleeping sickness *n.* מַחֲלַת הַשֵּׁינָה
sleepless *adj.* לְלֹא שֵׁינָה; עֵר; טְרוּף שֵׁינָה
sleepwalker *n.* סַהֲרוּרִי
sleepwalking *n.* סַהֲרוּרִיוּת
sleepy *adj.* מְנוּמְנָם; יַשׁנוּנִי; רָדוּם
sleet *n., v.* (לָרֶדֶת) גֶשֶׁם קַרחִי; שֶׁלֶג מֵימִי
sleeve *n.* שַׁרווּל; שַׁרווּל־רוּחַ; עֲטִיפַת תַּקלִיט
–have something up your sleeve לְהַסתִיר תַּכסִיס בְּאַמתַּחתּוֹ
–laugh up your sleeve לִצחוֹק בְּלִיבּוֹ
sleeveless *adj.* לְלֹא שַׁרווּלִים
sleigh *n.* מִזחֶלֶת
sleight *n.* –sleight of hand זְרִיזוּת יָדַיִים; לַהֲטוּטָנוּת
slender *adj.* דַק; רָזֶה; קָלוּשׁ; דַל
slept *v. past and 3rd form of* sleep
sleuth *n.* בַּלָשׁ
slew *v. past of* slay
slew *v.* לְסוֹבֵב בְּאוֹפֶן פִּתאוֹמִי; לִסטוֹת; לְהַחֲלִיק; לְהִסתוֹבֵב
slice *n.* פְּרוּסָה; חֵלֶק; כַּף טִיגוּן; מַכָּה סִיבּוּבִית
slice *v.* לִפרוֹס; לַחתוֹךְ; ״לַחתוֹךְ״ (כַּדוּר)
slick *adj.* חָלָק; מְמוּלָח; חֲלַקלַק
slick *n., v.* כֶּתֶם נֵפט (בַּיָם); כְּתַב־עֵת עַל נְיָיר מַבריק; לְהַחלִיק (בְּשֶׁמֶן שֵׂיעָר)
slicker *n.* טִיפּוּס חֲלַקלַק; נוֹכֵל; מְעִיל גֶשֶׁם
slide *n.* הַחלָקָה; מַגלֵשָׁה; מַפּוֹלֶת; שְׁקוּפִית; זְכוּכִית נוֹשֵׂאת (לְמִיקרוֹסקוֹפּ); חֵלֶק זָחִיחַ
slide *v.* (slid) לְהַחֲלִיק; לָזוּז (עַל מְסִילָה); לִגלוֹשׁ; לְהִתגַנֵב; לְהִתחַמֵק; לְהַגנִיב; לְהִידַרדֵר
–let things slide לָתֵת לָעִניָינִים לְהִידַרדֵר; לְהַזנִיחַ
slide projector *n.* מַקרֵן שְׁקוּפִיוֹת
sliding door *n.* דֶלֶת־הֲזָזָה
slight *adj.* דַק; קָטָן; קַל; לֹא חָשׁוּב
–not in the slightest בִּכלָל לֹא
slight *n.* זִלזוּל; עֶלבּוֹן
slight *v.* לְזַלזֵל בְּ־; לְהִתעַלֵם בְּמוּפגָן מִ־
slightly *adv.* בְּמִקצָת; מְעַט; בְּמִבנֶה גוּף דַק
slim *adj.* רָזֶה; דַק (גִזרָה); קָטָן; קָלוּשׁ
slim *v.* (לְנַסוֹת) לִרזוֹת
slime *n.* בּוֹץ דָבִיק; רֶפֶשׁ; רִיר
slimeball *n.* חֶלאָה

S

slimline *adj.* דַק גִזרָה; דַל קָלוֹרִיוֹת
slimmer *n.* מַרזֶה (אָדָם)
slimming *n.* הַרזָיָה; קִיצוּצִים
slimness *n.* דַקוּת גִזרָה
slimy *adj.* מְכוּסֶה רֶפֶש; רִירִי; חַנְפָן צָבוּעַ; מַגעִיל
sling *n.* רְצוּעָה; לוּלָאָה; מַעֲנָב; מִתלֶה; מְשוּלַש־בַּד; קֶלַע; מִקלַעַת; זְרִיקָה
sling *v.* (slung) לִזרוֹק (בְּכוֹחַ); לְהַשלִיךְ; לִתלוֹת
–**sling mud at** לְהַשמִיץ; לְהַכפִּיש
slingback *n.* נַעַל עִם רְצוּעָה מֵאָחוֹר
slingshot *n.* מִקלַעַ; רוֹגַטקָה; קֶלַע
slink *v.* (slunk) לְהִתגַנֵב; לַחמוֹק
slip *n.* הַחלָקָה; מְעִידָה; שְגִיאָה קְטַנָה; תַחתוֹנִית (תַחתִית לְשִׂמלָה); בֶּגֶד הִתעַמלוּת (לְנַעֲרָה); צִיפִּית; יַלדוֹן; יַלדוֹנֶת; מִדרוֹן בְּנִיָיה (בְּמִספָּנָה); פֶּתֶק; פִּיסַת נְיָיר; תְלוּש
–**give someone the slip** לְהִתחַמֵק מ־
–**a salary slip** תְלוּש מַשׂכּוֹרֶת
–**a slip of the tongue/pen** פְּלִיטַת פֶּה / קוּלמוֹס
slip *v.* לְהַחלִיק; לִמעוֹד; לַחמוֹק; לְהַגנִיב; לַחֲלוֹף; לְהִישָמֵט; לִלבּוֹש / לִפשוֹט מַהֵר; לָנוּעַ בִּתנוּעָה חֲלָקָה; לְהִידַרדֵר
–**it just slipped out** זֶה פָּשוּט נִפלַט (לִי) מֵהַפֶּה
–**let slip** לָתֵת לוֹ לַחמוֹק; לְהַחמִיץ; לִפלוֹט (סוֹד)
–**slip your memory** לִשכּוֹחַ; לְהִישָמֵט מִזִכרוֹנוֹ
slipcover *n.* כִּיסוּי בַּד (לְכִיסֵא וכו'); עֲטִיפָה
slipknot *n.* קֶשֶר מַחֲלִיק
slip-on *adj.* (בֶּגֶד / נַעַל) שֶקַל לְלוֹבשוֹ
slipped disc *n.* דִיסקוּס (בַּגַב)
slipper *n.* נַעַל בַּיִת
slippery *adj.* חֲלַקלַק; (מַצָב) עָדִין
slipshod *adj.* רַשלָנִי; מְרוּשָל; חָפִיף
slip-up *n.* טָעוּת; פַּשלָה
slipway *n.* מִדרוֹן בְּנִיָיה (בְּמִספָּנָה)
slit *n.* חָרִיץ; פֶּתַח צַר; שֶסַע; "וִישׁ"
slit *v.* לַעֲשׂוֹת שֶסַע בּ־; לְשַסֵף; לִקרוֹעַ (פֶּתַח)
slither *v.* לְהַחֲלִיק; לְהַחֲלִיק כְּנָחָש
slithery *adj.* חָלָק; חֲלַקלַק
sliver *n.* קֵיסָם; שְבָב; רְסִיס; חֲתִיכָה דַקָה
slob *n.* בַּטלָן; מְלוּכלָךְ; מוּזנָח
slobber *v.* לְהַזִיל רִיר
slog *n.* חֲבָטָה פְּרָאִית; עֲבוֹדָה קָשָה (וּמְשַעֲמֶמֶת)
slog *v.* לַחבּוֹט בְּכוֹחַ רַב בּ־; לְהִתקַדֵם בְּמַאֲמָץ; לַעֲבוֹד קָשֶה; "לַחֲרוֹש"
slogan *n.* סִיסמָה (לְפִירסוֹמֶת וכד')
sloop *n.* סְפִינָה חַד־תוֹרנִית קְטַנָה; סְפִינַת־קְרָב
slop *n.* מַיִם מְלוּכלָכִים; שֶתֶן; צוֹאָה; שְיָירֵי מָזוֹן נוֹזלִי; מָזוֹן נוֹזלִי תָפֵל; פְּסוֹלֶת מָזוֹן
slop *v.* לְהִישָפֵךְ; לִשפּוֹךְ; לְלַכלֵךְ בּ־; לְהַתִיז
–**slop out** לְרוֹקֵן דְלָיֵי שֶתֶן וְצוֹאָה
slope *n.* שִיפּוּעַ; מִדרוֹן
slope *v.* לִנטוֹת בְּשִיפּוּעַ; לְהִשתַפֵּעַ
sloppy *adj.* רַשלָנִי; מְרוּשָל; רַגשָנִי מִדַי; רָטוֹב וּמְלוּכלָךְ
–**sloppy work** "מְרִיחָה", עֲבוֹדָה רַשלָנִית, חָפִיף
slosh *v.* לְהַכּוֹת; לְהַחֲטִיף לוֹ מַכָּה; לִשפּוֹךְ; לְהִישָפֵךְ; לְשַכשֵךְ; לְשַקשֵק (נוֹזֵל)
–**slosh about/around** לְהִשתַכשֵךְ; לְהִתבּוֹסֵס; לְהַתִיז לְכָל עֵבֶר
slot *n.* חָרִיץ; חֶרֶץ; מְסִילָה; מָקוֹם; מִשבֶּצֶת (שִידוּר וכד'); שִיבּוּץ (בַּעֲבוֹדָה)
–**job slots** תְקָנִים (בַּעֲבוֹדָה)
slot *v.* (in) לְהַכנִיס (בּ־ / ל); לְשַבֵּץ (בּ־); לְהִיכָּנֵס לִמקוֹמוֹ; לְחָרֵץ
sloth *n.* עַצלוּת; עַצלָן (בע"ח)
slot machine *n.* מְכוֹנַת מַזָל; מְכוֹנַת מְכִירָה
slouch *n.* רִפיוֹן; עֲמִידָה / הֲלִיכָה מְרוּשֶלֶת; תְנוּחָה עַצלָנִית; בַּטלָן; מִתרַשֵל
slouch *v.* לַעֲמוֹד, לָשֶבֶת אוֹ לָלֶכֶת בְּרִישוּל (לֹא זָקוּף)

S

slough *v.*
–slough off לְהַשִׁיל; לִזנוֹחַ; לְהִיפָּטֵר מ־
slough *n.* בִּיצָה; מַצָּב בִּיש; עוֹר (נָחָש) שֶׁהוּשַׁל; דִיכָּאוֹן; יֵיאוּש
slovenly *adj.* מוּזנָח; מְרוּשָׁל
slow *adj.* אִיטִי; מְפַגֵר; לֹא מְמַהֵר; קְשֵׁה־תְפִישָׂה / לְמִידָה; מְשַׁעֲמֵם
slow *adv.* לְאַט
–go slow לְהָאֵט קֶצֶב; לְמַתֵן פְּעִילוּת; לִשבּוֹת שְׁבִיתַת־הָאָטָה
slow *v.* לְהָאֵט
–slow down לְהָאֵט
slowdown *n.* הָאָטָה; שְׁבִיתַת הָאָטָה
slowly *adv.* לְאַט (לְאַט); בְּאִיטִיוּת
slow motion *n.* הִילוּךְ אִיטִי
sludge *n.* בּוֹצָה; בּוֹץ; שֶׁמֶן מְלוּכלָךְ (בְּמָנוֹעַ); מֵי בִּיוּב
slue *v.* לְסוֹבֵב בְּאוֹפֶן פִּתאוֹמִי; לִסטוֹת; לְהַחֲלִיק; לְהִסתוֹבֵב
slug *n.* שַׁבְּלוּל; קָלִיעַ; כַּדוּר; מַטבֵּעַ דֶמֶה; שׁוּרַת סֶדֶר; לְגִימַת וִיסקִי
slug *v.* לִירוֹת בּ־; לְהַכּוֹת בְּכוֹחַ בּ־
sluggard *n.* עַצלָן
sluggish *adj.* עָצֵל; חֲסַר מֶרֶץ; אִיטִי
sluice *n.* מָגוֹף; סֶכֶר; תְעָלַת מַיִם
sluice *v.* לִשטוֹף
slum *n.* מִשׁכְּנוֹת עוֹנִי; "דִיר חֲזִירִים"
slum *v.* לְבַקֵר / לְהִסתוֹבֵב בְּמִשׁכְּנוֹת עוֹנִי
–slum it לָרֶדֶת בְּרָמַת הַחַיִים
slumber *v., n.* לִישׁוֹן; שֵׁינָה
slummy *adj.* שֶׁל מִשׁכְּנוֹת עוֹנִי
slump *n.* יְרִידָה חַדָּה / תְלוּלָה; שֵׁפֶל
slump *v.* לִיפּוֹל בִּכבֵדוּת; לָרֶדֶת יְרִידָה תְלוּלָה
slung *v. past and 3rd form of* sling
slunk *v. past and 3rd form of* slink
slur *n.* דוֹפִי; רְבָב; הַבלָעַת מִלִים
slur *v.* לְהַבלִיעַ (מִלִים); לְהַכפִּישׁ; לְהָטִיל דוֹפִי בּ־; לְנַגֵן לֶגָטוֹ
slurp *v.* לִשתוֹת בְּרַעַשׁ; לְהִישָׁפֵךְ בְּקוֹל יְנִיקָה
slush *n.* שְׁלוּגִית; רִגשָׁנוּת מְטוּפֶּשֶׁת
slush fund *n.* קֶרֶן חֲשָׁאִית (לְמַטָרוֹת שׁוֹחַד)

slut *n.* מְלוּכלֶכֶת; זוֹנָה; מוּפקֶרֶת
sly *adj.* עַרמוּמִי; מַמזֵרִי
–on the sly בַּחֲשַׁאי
slyly *adv.* בְּעַרמוּמִיוּת
smack *n.* סְטִירָה; חֲבָטָה; אֶגרוֹף; פְלִיק; נְשִׁיקָה מְצַלצֶלֶת; צְלִיפָה; קוֹל מִצמוּץ שְׂפָתַיִים; הֶרוֹאִין; טַעַם; נִיסָיוֹן
smack *adv.* יָשָׁר
smack *v.* לִסטוֹר; לְהָטִיחַ (בְּרַעַשׁ); לְמַצמֵץ בִּשׂפָתָיו בְּקוֹל; "לְהַדִיף רֵיחַ" (שֶׁל־)
smacking *n.* הַכָּאָה בְּכַף־הַיָד; מַכּוֹת
small *adj.* קָטָן; זָעִיר; שֶׁל מַה־בְּכָךְ; פָּעוּט; קַטנוּנִי; קָלוּשׁ
small *adv.* קָטָן; לַחֲתִיכוֹת קְטַנוֹת; בְּקָטָן
small ads *n.* מוֹדָעוֹת קְטַנוֹת (דְרוּשִׁים)
small arms *n.* נֶשֶׁק קַל
small change *n.* כֶּסֶף קָטָן
small fry *n.* דְגֵי רְקָק; יְלָדִים
small intestine *n.* הַמְעִי הַדַק
small-minded *adj.* צַר־אוֹפֶק; קַטנוּנִי
smallpox *n.* אֲבַעבּוּעוֹת
small print *n.* הָאוֹתִיוֹת הַקְטַנוֹת
small-scale *adj.* בְּקְנֵה־מִידָה קָטָן; בְּהֶיקֵף קָטָן
small talk *n.* שִׂיחָה קַלָה
small-time *adj.* לֹא חָשׁוּב; קָטָן; עָלוּב
smart *adj.* נָאֶה; יָפֶה; מְצוּחצָח; הָדוּר; אוֹפנָתִי; (הַחוּג) הַנוֹצֵץ; יוּקרָתִי; פִּיקֵחַ; נָבוֹן; מָהִיר; נִמרָץ
smart *v.* לִכאוֹב; לִצרוֹב; לִזעוֹם; לִצרוֹב לוֹ (הָעֶלבּוֹן)
smart aleck *n.* "חָכָם גָדוֹל"; חוֹכמוֹלוֹג
smart ass *n.* מִתחַכֵּם; "חָכָם גָדוֹל"
smart bomb *n.* פְּצָצָה חֲכָמָה
smart card *n.* כַּרטִיס (אֶלקטרוֹנִי) חָכָם
smarten *v.* –smarten up לְיַיפּוֹת; לְהִתהַדֵר בִּלבוּשׁוֹ; לְהִצטַחצֵחַ
smartly *adv.* יָפֶה; בְּפִיקחוּת; בִּזרִיזוּת
smartness *n.* הִידוּר; פִּיקחוּת; זְרִיזוּת
smash *n.* הִתנַפְּצוּת; הִתנַגשׁוּת; מַכָּה; הַנחָתָה (בְּטֶנִיס); לָהִיט (סֶרֶט, סֵפֶר וכו׳); הַצלָחָה

smash *v.* לְנַפֵּץ; לִשְבּוֹר; לְרַסֵּק; לְהִתְנַפֵּץ; לְהִתְנַגֵּש; לִפרוֹץ; לִמחוֹץ; לְהָבִיס; לְהַנחִית
smash hit *n.* לָהִיט (סֶרֶט, סֵפֶר וכו׳)
smashing *adj.* מְצוּיָן; נֶהדָר
smash-up *n.* הִתנַגשוּת (קַטלָנִית)
smattering *n.* מְעַט
–a smattering of יְדִיעָה שִטחִית בּ־
smear *n.* כֶּתֶם; מִשטָח (בִּרפוּאָה); הַשמָצָה
smear *v.* לִמרוֹחַ; לְלַכלֵךְ; לְהִתמָרֵחַ; לְהַכתִים; לְהַשמִיץ; לְהַכתִים שֵם
smear campaign *n.* מַסַע הַכפָּשָה
smear test *n.* בְּדִיקַת מִשטָח
smell *n.* רֵיחַ; חוּש רֵיחַ; רֵיחַ רַע; סִרחוֹן; הֲרָחָה; רַחרוּחַ
smell *v.* (smelt) לְהָרִיחַ; ״לְהָרִיחַ״; לָחוּש בּ־; לְרַחרֵחַ; לְהַסרִיחַ; לְהַדִיף רֵיחַ
smelling salts *n.* מִלחֵי הֲרָחָה
smelly *adj.* מַסרִיחַ
smelt *v.* לְהַתִיךְ
smidgin, smidgen *n.* טִיפּוֹנֶת; חֲתִיכָה קְטַנָה
smile *n.* חִיוּךְ
smile *v.* לְחַייֵךְ; לְהַבִּיעַ בְּחִיוּךְ; לְהָאִיר פָּנִים ל־
smirk *v., n.* (לְחַייֵךְ) חִיוּךְ מְטוּפָּש
smite *v.* (smote, smitten) לַהֲלוֹם בּ־; לְהַכּוֹת בּ־
smith *n.* נַפָּח; חָרַש בַּרזֶל
smithereens *n.* רְסִיסִים
smitten *adj.* מוּכֵּה־; אֲחוּז־; מִתייַסֵר (בּ־); נִלכָּד (בְּקִסמֶיהָ)
smock *n.* חָלוּק
smog *n.* עַרפִּיחַ
smoke *n.* עָשָן; עִישוּן; סִיגַרִייָה; כְּרָךְ
smoke *v.* לְעַשֵן; לְהַעֲלוֹת / לִפלוֹט עָשָן; לְשַמֵר בְּעִישוּן; לְפַייֵחַ בְּעָשָן; לְחַסֵל
smoked *adj.* מְעוּשָן
smoke detector *n.* גַלַאי עָשָן
smoker *n.* מְעַשֵן; קָרוֹן לִמעַשנִים
smokescreen *n.* מָסַךְ־עָשָן
smokestack *n.* אֲרוּבָּה; מַעֲשֵנָה
smokestack industry *n.* תַעֲשִׂיָיה כְּבֵדָה
smoking *n.* עִישוּן
smoky *adj.* מַעֲלֶה עָשָן; מָלֵא עָשָן; דוֹמֶה לְעָשָן (בְּרֵיחוֹ וכו׳); בְּטַעַם מְעוּשָן
smolder *v.* לִבעוֹר לְאַט; לִבעוֹר בְּתוֹכוֹ
smooch *v.* לְהִתנַשֵק; לְהִתמַזמֵז; לִרקוֹד צָמוּד
smooth *adj.* חָלָק; לְלֹא טִלטוּלִים; לְלֹא גוּשִים; נָעִים לָאוֹזֶן; נָעִים לַחֵךְ; מְנוּמָס וַחֲלַקלַק; מְשוּפשָף; מְיוּמָן; אֶלֶגַנטִי
smooth *v.* לְהַחלִיק; לִמרוֹחַ
–smooth over לְשַכֵּךְ; לְהַסדִיר; לְסַלֵק
smoothly *adv.* בְּצוּרָה חֲלָקָה; חָלָק
smother *v.* (with, in) לַחֲנוֹק (לָמָוֶות); לְהַחֲנִיק; לְכַסוֹת בּ־; ״לַחֲנוֹק״ (מֵרוֹב־); לְרַסֵן; לַעֲצוֹר
smoulder *v.* לִבעוֹר לְאַט; לִבעוֹר בְּתוֹכוֹ
smudge *n., v.* כֶּתֶם; לְהַכתִים; לִמרוֹחַ (וְלַעֲשוֹת כֶּתֶם); לְהִתמָרֵחַ
smug *adj.* מְרוּצֶה מֵעַצמוֹ; שֶל שְׂבִיעוּת־רָצוֹן
smuggle *v.* לְהַברִיחַ; לְהַגנִיב
smuggler *n.* מַברִיחַ
smuggling *n.* הַברָחָה
smugly *adv.* בִּשׂבִיעוּת־רָצוֹן עַצמִית
smugness *n.* שְׂבִיעוּת רָצוֹן עַצמִית
smut *n.* כֶּתֶם פִּיחַ וכד׳; גַסוּיוֹת; דִברֵי תוֹעֵבָה
smutty *adj.* מְפוּיָח; גַס; שֶל תוֹעֵבָה
snack *n.* חֲטִיף; אֲרוּחָה קַלָה
snack *v.* לֶאֱכוֹל מַשֶהוּ קַל (כָּרִיךְ וכד׳)
snack bar *n.* מִזנוֹן מָהִיר
snafu *n.* בָּלָגָן גָמוּר; תַקָלָה; פְּלוֹנטֶר; שִיבּוּשִים
snag *n.* קוֹשִי בִּלתִי צָפוּי; בְּעָיָה; קֶרַע; דָבָר חַד; מִכשוֹל מְסוּכָּן (גֶזַע עֵץ בְּנָהָר וכו׳)
snail *n.* חִילָזוֹן
–at a snail's pace בְּצַעֲדֵי צָב
snake *n.* נָחָש; קְפִיץ לִפתִיחַת סְתִימוֹת
–a snake in the grass ״נָחָש״
snake *v.* לְהִתפַּתֵל
snakebite *n.* הַכָּשַת נָחָש
snake charmer *n.* מְהַפְּנֵט נְחָשִים (בַּחֲלִילוֹ)

snap *adj.* ־בָּזָק; מִיָּדִי; מָהִיר
snap *n.* נִיסָּיוֹן לִנְשׁוֹךְ / לַחֲטוֹף; נְקִישָׁה; פִּצְפּוּץ; הִתְפַּקְּעוּת; לַחְצָנִית; תַּצְלוּם (חֶטֶף / בָּזָק); מִשְׂחַק יְלָדִים; מֶרֶץ; עוּגִיָּה; פֶּרֶק־זְמַן קָצָר
snap *v.* לִשְׁבּוֹר; לְהִישָּׁבֵר; לְהִיקָּרַע; לְהִתְפַּקֵּעַ; לִסְגּוֹר בִּנְקִישָׁה; לִפְקוֹעַ; לְהִתְמוֹטֵט; (לְנַסּוֹת) לִנְשׁוֹךְ; "לִנְבּוֹחַ"; לְצַלֵּם
–snap your fingers לִנְקוֹשׁ בְּאֶצְבְּעוֹת־
–snap out of it צֵא מִזֶּה!; לָצֵאת מִזֶּה
–snap up לַחֲטוֹף (מְצִיאָה)
snapdragon *n.* לוֹעַ הָאֲרִי (פֶּרַח)
snap fastener *n.* לַחְצָנִית
snappish *adj.* קְצַר־רוּחַ; רַגְזָנִי; נַבְחָנִי
snappy *adj.* זָרִיז; מַהֵר; נִמְרָץ; רַגְזָנִי; אוֹפְנָתִי
snapshot *n.* תַּצְלוּם (חֶטֶף / בָּזָק)
snare *n.* מַלְכּוֹדֶת; פִּיתָּיוֹן
snare *v.* לִלְכּוֹד; לְהַפִּיל בַּפַּח
snarl *v., n.* לִנְהוֹם; לִרְטוֹן; נְהִימָה; (לְדַבֵּר בְּ־) קוֹל רוֹגֵז; לַחֲשׂוֹף שִׁינָּיו בִּנְהִימָה
snarl *n.* תִּסְבּוֹכֶת; פְּקַק־תְּנוּעָה; סְבַךְ; פְּלוֹנְטֶר; קֶשֶׁר
snarl *v.* (up) לִיצוֹר / לְהִיוָּצֵר "פְּקָק"; לְהִסְתַּבֵּךְ
snarl-up *n.* פְּקַק־תְּנוּעָה; פְּלוֹנְטֶר
snatch *n.* נִיסָּיוֹן לַחֲטוֹף; חֲטִיפָה; קֶטַע; פֶּרֶק־זְמַן קָצָר
snatch *v.* לְנַסּוֹת לַחֲטוֹף; לַחֲטוֹף
sneak *v.* לְהִתְגַּנֵּב; לְהַגְנִיב; לִגְנוֹב; לְהִתְנַהֵג כְּנוֹכֵל מוּג־לֵב; לְהַלְשִׁין; לַחֲמוֹק
–sneak up on/behind לְהִתְגַּנֵּב מֵאֲחוֹרֵי
sneaker *n.* נַעַל הִתְעַמְּלוּת
sneaking *adj.* כָּמוּס; מִתְגַּנֵּב לְלִיבּוֹ; בְּסֵתֶר לִיבּוֹ
sneer *n.* (דִּבְרֵי) לַגְלוֹג; הַבָּעַת בּוּז; גִּיחוּךְ
sneer *v.* (at) לְלַגְלֵג (עַל); לְגַחֵךְ; לְהַבִּיעַ בּוּז
sneeze *n., v.* הִתְעַטְּשׁוּת; לְהִתְעַטֵּשׁ
–not to be sneezed at אֵין לְזַלְזֵל בּוֹ
snicker *v., n.* לְצַחְקֵק; צִחְקוּק
snide *adj.* לַעֲגָנִי; עוֹקְצָנִי; מְרוּשָׁע
sniff *v.* לִמְשׁוֹךְ בִּנְחִירַיִים; לְרַחְרֵחַ; לְהָרִיחַ; לְדַבֵּר בְּזִלְזוּל; לְהַסְנִיף
–sniff out לְגַלּוֹת ע"י רַחְרוּחַ; לִמְצוֹא
sniffle *v.* לִמְשׁוֹךְ בִּנְחִירַיִים (שׁוּב וָשׁוּב)
snigger *v., n.* לְצַחְקֵק; צִחְקוּק
snip *v.* לִגְזוֹר
snipe *v.* (at) לִצְלוֹף (בְּ־); לִתְקוֹף
sniper *n.* צַלָּף
snippet *n.* חֲתִיכָה; קִטְעֵי מֵידָע וכד' (בְּרַבִּים)
snitch *v.* "לִסְחוֹב"; לִגְנוֹב; לְהַלְשִׁין (עַל)
snitch *n.* מַלְשִׁין; אַף
snivel *v.* לְיַילֵּל; לְיַיבֵּב
snob *n.* סְנוֹבּ
snobbish *adj.* סְנוֹבִּי
snooker *n.* סְנוּקֶר (בִּילְיַארְד)
snoop *v.* לְחַטֵּט בְּעִנְיָינִים לֹא לוֹ; "לְרַחְרֵחַ"
snoop *n.* חַטְטָן; "רַחְרוּחַ"
snooper *n.* חַטְטָן; רַחְרְחָן
snooty *adj.* מִתְנַשֵּׂא; סְנוֹבּ
snooze *v., n.* לַחֲטוֹף תְּנוּמָה; לִישׁוֹן; תְּנוּמָה
snore *v., n.* לִנְחוֹר; נְחִירָה
snorkel *v., n.* (לִצְלוֹל עִם) שְׁנוֹרְקֶל
snort *n.* נַחֲרָה; כּוֹסִית (שֶׁשּׁוֹתִים בִּלְגִימָה אַחַת)
snort *v.* לִנְחוֹר (בְּבוּז וכו'); לִפְלוֹט בְּנַחֲרָה; לְהַסְנִיף (קוֹקָאִין)
snot *n.* נַזֶּלֶת; יֶלֶד (לֹא מְחוּנָּךְ); חוּצְפָּן
snotty *adj.* מָלֵא נַזֶּלֶת; זָב חוֹטֶם; מִתְנַשֵּׂא; סְנוֹבּ
snout *n.* חַרְטוֹם; חוֹטֶם
snow *n.* שֶׁלֶג; "לָבָן" (הֶרוֹאִין וכד')
snow *v.* לָרֶדֶת שֶׁלֶג; לְשַׁכְנֵעַ; לְהַרְשִׁים
–be snowed in/up כָּלוּא / תָּקוּעַ בִּגְלַל הַשֶּׁלֶג
–be snowed under (with) מוּצָף / עָמוּס (בְּ־)
snowball *n., v.* כַּדּוּר־שֶׁלֶג; לְהִתְגַּלְגֵּל כְּכַדּוּר־שֶׁלֶג; לִצְבּוֹר תְּנוּפָה
snowbound *adj.* תָּקוּעַ בַּשֶּׁלֶג / עֵקֶב הַשֶּׁלֶג

S

snowdrift *n.* טְרִידַת (עֲרֵימַת)־שֶׁלֶג
snowfall *n.* כַּמּוּת הַשֶּׁלֶג; יְרִידַת שֶׁלֶג
snowflakes *n.* פְּתִיתֵי שֶׁלֶג
snowman *n.* בּוּבַּת שֶׁלֶג; אִישׁ שֶׁלֶג
snowmobile *n.* אוֹפַנּוֹעַ שֶׁלֶג
snowplow, snowplough *n.* מְפַלֶּסֶת שֶׁלֶג
snowstorm *n.* סוּפַת שֶׁלֶג
snow-white *adj.* לָבָן כַּשֶּׁלֶג; צָחוֹר
snowy *adj.* מְכוּסֶּה בְּשֶׁלֶג; מוּשְׁלָג
Snr הָאָב
snub *n.* זִלְזוּל מוּפְגָּן; עֶלְבּוֹן
snub *v.* לְהִתְיַיחֵס בְּזִלְזוּל מוּפְגָּן אֶל־; לְהִתְעַלֵּם בְּמוּפְגָּן מ־
snub nose *n.* אַף סוֹלֵד
snuff *n.* טַבַּק־הֲרָחָה
snuff *v.* לְכַבּוֹת (נֵר); לִקְטוֹם פְּתִיל שָׂרוּף; לְרַחְרֵחַ
snuffle *v.* לִמְשׁוֹךְ בַּנְּחִירַיִים; לְרַחְרֵחַ; לַהֲרוֹג
snug *adj.* חָמִים וְנוֹחַ; מְסוּדָּר וְנוֹחַ; צָמוּד (לַגּוּף)
snuggle *v.* לְהִתְרַפֵּק; לְחַבֵּק; לִשְׁכַּב בִּנְוחוּת
–snuggle down לְהִתְכַּרְבֵּל
so *adv.* כָּל־כָּךְ; מְאוֹד; כָּךְ; אָכֵן; (וְכֵן) גַּם; ...שֶׁכֵּן
–and so forth וְכֵן הָלְאָה
–and so on וְכֵן הָלְאָה
–not so... as לֹא כָּל־כָּךְ... כְּמוֹ (שֶׁ־)
–or so בְּעֵרֶךְ
–So help me!... בִּי נִשְׁבַּעְתִּי!
–So long! שָׁלוֹם!; לְהִתְרָאוֹת!
so *conj.* לְפִיכָךְ; לָכֵן; כָּךְ שֶׁ־; אָז; אִם כֵּן; וְהִנֵּה
–so as to כְּדֵי (שֶׁ־)
–So what? אָז מָה?!
soak *n.* הַשְׁרָיָה
soak *v.* לְהַרְטִיב / לְהֵירָטֵב לְגַמְרֵי; לְהַשְׁרוֹת; לִהְיוֹת שָׁרוּי; לְחַלְחֵל; לַחְדּוֹר; לְהִיסָּפֵג; "לִשְׁדּוֹד"; "לַחֲלוֹב" כֶּסֶף מ־
–be soaked to the skin לְהֵירָטֵב לְגַמְרֵי; לִהְיוֹת רָטוֹב לְגַמְרֵי
–soak up לִסְפּוֹג

soaked *adj.* רָטוֹב לְגַמְרֵי; סָפוּג; שָׁתוּי
–soaked with/in סָפוּג; רָווּי; מָלֵא בּ־
soaking *adj., adv.* (רָטוֹב) מְאוֹד; לְגַמְרֵי
so-and-so *n.* מְנוּוָּל; פְּלוֹנִי
soap *n.* סַבּוֹן; דִּבְרֵי חֲנוּפָּה; אוֹפֶּרַת סַבּוֹן
soap *v.* לְסַבֵּן; לְהַחְנִיף לְ־
soap opera *n.* אוֹפֶּרַת סַבּוֹן
soap powder *n.* אַבְקַת כְּבִיסָה
soapsuds *n.* קֶצֶף סַבּוֹן
soapy *adj.* כְּמוֹ / שֶׁל סַבּוֹן; מָלֵא סַבּוֹן; צָבוּעַ; חַנְפָן
soar *v.* לְהַגְבִּיהַּ עוּף; לִנְסוֹק; לְהַרְקִיעַ; לַעֲלוֹת גָּבוֹהַּ; לְהִתְנַשֵּׂא לְגוֹבַהּ שֶׁל־
soaring *adj.* מַגְבִּיהַּ עוּף; מַרְקִיעַ; מִתְנַשֵּׂא
sob *n.* הִתְיַיפְּחוּת
sob *v.* לְהִתְיַיפֵּחַ; לְסַפֵּר בִּבְכִי
sober *adj.* שָׁקוּל; מְיוּשָּׁב; מְפוּכָּח; רְצִינִי; פִּיכֵּחַ; שָׁקֵט (צֶבַע); פָּשׁוּט (טַעַם)
sober *v.* (לִגְרוֹם לוֹ) לְהִתְפַּכֵּחַ; לִהְיוֹת רְצִינִי; לְהִתְנַהֵג כִּמְבוּגָּר
sobering *adj.* מְפוּכָּח; שֶׁמֵּבִיא לְהִתְפַּכְּחוּת; מַשְׁרֶה אֲווִירָה רְצִינִית
sobriety *n.* פִּיכָּחוֹן; רְצִינוּת
sob story *n.* סִיפּוּר סוֹחֵט־דְּמָעוֹת
so-called *adj.* כִּבְיָכוֹל; מַה שֶּׁנִּקְרָא
soccer *n.* כַּדּוּרֶגֶל
sociable *adj.* חַבְרוּתִי; אוֹהֵב חֶבְרָה
social *adj.* חֶבְרָתִי; סוֹצְיָאלִי; ־חֶבְרָה; חַבְרוּתִי
social *n.* מְסִיבָּה חֶבְרָתִית
social class *n.* מַעֲמָד חֶבְרָתִי
Social Democrat *n.* סוֹצְיָאל־דֵּמוֹקְרָט
socialism *n.* סוֹצְיָאלִיזְם
socialist *adj., n.* סוֹצְיָאלִיסְטִי; סוֹצְיָאלִיסְט
socialite *n.* אִישׁ הַחֶבְרָה הַגְּבוֹהָה; בַּלְיָין
socialize *v.* לְבַלּוֹת בְּחֶבְרַת (אֲנָשִׁים); לְחַבְרֵת; לְחַנֵּךְ לְחַיִּים בְּחֶבְרָה
socially *adv.* מִבְּחִינָה חֶבְרָתִית
social science *n.* מַדָּעֵי הַחֶבְרָה
social security *n.* בִּיטּוּחַ סוֹצְיָאלִי; בִּיטּוּחַ לְאוּמִי
social services *n.* שֵׁירוּתֵי רְווָחָה

S

social worker *n.* עוֹבֵד סוֹצְיָאלִי / רְוָוחָה
society *n.* חֶברָה; אֲגוּדָה; מוֹעֲדוֹן; חוּג; הַחֶברָה הַגבוֹהָה
socioeconomic *adj.* חֶברָתִי־כַּלכָּלִי
sociological *adj.* סוֹצִיוֹלוֹגִי
sociologist *n.* סוֹצִיוֹלוֹג
sociology *n.* סוֹצִיוֹלוֹגיָה
sock *n.* גֶרֶב; מִדרָס
–knock his socks off לְהַדהִים אוֹתוֹ
sock *n., v.* אֶגרוֹף; לְהַכנִיס אֶגרוֹף ל־
socket *n.* אֲרוּבַּת־הָעַיִן; בֵּית־מְנוֹרָה; שֶׁקַע
sod *n.* בֶּן־אָדָם; טִיפֵּשׁ; בֶּן זוֹנָה; מְזוּיָן
–poor sod מִסכֵּן
sod *v.* לַעֲזָאזֵל עִם
–sod off תִתחַפֵף! לְהִסתַלֵק
soda *n.* סוֹדָה; גַזוֹז
soda pop *n.* גַזוֹז
soda water *n.* מֵי־סוֹדָה
sodden *adj.* רָטוֹב לְגַמרֵי
sodium *n.* נַתרָן
sodium chloride *n.* נַתרָן כְלוֹרִי (מֶלַח בִּישׁוּל)
sodomy *n.* מַעֲשֵׂה סְדוֹם
sofa *n.* סַפָּה
soft *adj.* רַך; רַך לְמַגָע; חָלָק; מַרגִיעַ; עָדִין; שָׁקֵט (וְנָעִים); (רוּחַ) קַלָה / נְעִימָה; רָגִישׁ; מִתחַשֵׁב; רָפֶה; רַכרוּכִי; חַלָשׁ; טִיפֵּשׁ; (מַיִם) רַכִּים; קַל
–be soft with לִנהוֹג בְּיָד רַכָּה בּ־; לֹא לְהַחמִיר עִם
–have a soft spot for יֵשׁ לוֹ חוּלשָׁה ל־ / אֶל־
soft-boiled *adj.* (בֵּיצָה) רַכָּה
soft copy *n.* מֵידָע בְּזִיכרוֹן הַמַחשֵׁב; הֶיצֵג (פֶּלֶט עַל גַבֵּי הַצָג)
softcover *adj.* בִּכרִיכָה רַכָּה
soft drink *n.* מַשׁקֶה קַל
soften *n.* לְרַכֵּך; לְהִתרַכֵּך
softener *n.* מְרַכֵּך
soft-hearted *adj.* רַחֲמָן; רַך
soft line *n.* קַו מָתוּן; עֶמדָה פַּשׁרָנִית
softly *adv.* בְּרַכּוּת; בְּרוֹך; בְּשֶׁקֶט
softness *n.* רַכּוּת

soft-pedal *v.* לְטַשׁטֵשׁ; לְרַכֵּך; לְהָאֵט (קֶצֶב)
soft spot *n.* (for) חוּלשָׁה ל־ / אֶל־
software *n.* תוֹכנָה
softy *n.* רַכרוּכִי; טִיפֵּשׁ; פֶּתִי; חַלַשלוּשׁ
sogginess *n.* רְטִיבוּת
soggy *adj.* סְפוּג מַיִם; רָטוֹב; לַח; כָּבֵד
soil *n.* קַרקַע; אֲדָמָה
soil *v.* לְלַכלֵך; לְהִתלַכלֵך
soiled *adj.* מְלוּכלָך; מְטוּנָף
soirée *n.* מְסִיבָּה; נֶשֶׁף; עֶרֶב (מְאוּרגָן)
sojourn *v.* (at) לְהִתגוֹרֵר זְמַנִית; לִשׁהוֹת
sojourn *n.* שְׁהִייָה; יְשִׁיבַת אֲרָעִי
solace *n., v.* (מָקוֹר) נֶחָמָה; לְנַחֵם
solar *adj.* סוֹלָרִי; שֶׁל הַשֶׁמֶשׁ
solar eclipse *n.* לִיקוּי חַמָה
solar energy *n.* אֶנֶרגִיָה סוֹלָרִית
solarium *n.* חֲדַר שֶׁמֶשׁ; חֶדֶר לְשִׁיזוּף מְלָאכוּתִי
solar panel *n.* קוֹלֵט שֶׁמֶשׁ (בַּדוּד)
solar plexus *n.* מִקלַעַת הַשֶׁמֶשׁ (בְּאֵיזוֹר הַבֶּטֶן)
solar system *n.* מַעֲרֶכֶת הַשֶׁמֶשׁ
sold *v. past and 3rd form of* sell
solder *n., v.* לַחַם (בְּדִיל לְהַלחָמָה); לְהַלחִים
soldering iron *n.* מַלחֵם
soldier *n.* חַיָל; אִישׁ צָבָא
soldierly *adj.* כְּחַייָל; מַתאִים לְחַייָל; אַמִיץ
soldier of fortune *n.* שְׂכִיר־חֶרֶב
sole *adj.* יָחִיד; יְחִידִי; בִּלעָדִי
sole *n.* כַּף רֶגֶל; סוּליָה
sole *n.* סוּלִית; דַג־מֹשֶׁה־רַבֵּנוּ
solely *adv.* אַך וְרַק; בִּלבַד
solemn *adj.* חֲגִיגִי; כֵּן; אֲמִיתִי; רִשׁמִי; רְצִינִי; קוֹדֵר
solemnity *n.* רְצִינוּת; חֲגִיגִיוּת טִקסִית; גִינוּנֵי טֶקֶס
solemnly *adv.* חֲגִיגִית; בִּרצִינוּת
solicit *v.* לְבַקֵשׁ; לְהַפצִיר בּוֹ לָתֵת; לְשַׁדֵל
solicitation *n.* בַּקָשָׁה; הַפצָרָה; שִׁידוּל
solicitor *n.* עוֹרֵך־דִין; אוֹסֵף תְרוּמוֹת

Solicitor General *n.* פְּרַקְלִיט הַמְּדִינָה
solicitous *adj.* מִשְׁתַּדֵּל; דוֹאֵג; מַרְאֶה אִיכְפַּתִיּוּת
solid *adj.* מוּצָק; מָלֵא; לֹא חָלוּל; חָזָק; אֵיתָן; יַצִּיב; מְבוּסָּס; סוֹלִידִי; טָהוֹר; פֶּה־אֶחָד; מְאוּחָדִים; רָצוּף; תְּלַת־מְמַדִּי
–3 solid hours שָׁלוֹשׁ שָׁעוֹת תְּמִימוֹת
solid *n.* גוּף מוּצָק; (חוֹמֶר) מוּצָק; מָזוֹן מוּצָק; גוּף תְּלַת־מְמַדִּי
solidarity *n.* סוֹלִידָרִיּוּת
solidify *v.* (solidified) לְמַצֵּק; לְהֵיעָשׂוֹת לְמוּצָק; לְחַזֵּק; לְהִתְגַּבֵּשׁ
solidity *n.* מוּצָקוּת; חוֹזֶק; סוֹלִידִיּוּת
solidly *adv.* בְּאוֹפֶן מוּצָק / רָצוּף; אֵיתָן
soliloquize *v.* לְדַבֵּר אֶל עַצְמוֹ בְּקוֹל
soliloquy *n.* מוֹנוֹלוֹג (לְלֹא מַאֲזִין)
solitary *adj.* שֶׁל בְּדִידוּת; לְבַד; מִתְבּוֹדֵד; בּוֹדֵד; אֶחָד וְיָחִיד; נִידָּח
solitary confinement *n.* צִינוֹק; הַפְרָדָה
solitude *n.* הִתְבּוֹדְדוּת; בְּדִידוּת; מָקוֹם מְבוֹדָד
solo *adj.* לְבַד; סוֹלוֹ; כְּסוֹלָן
soloist *n.* סוֹלָן
solubility *n.* מְסִיסוּת; פְּתִירוּת
soluble *adj.* מָסִיס; פָּתִיר
solution *n.* פִּתְרוֹן; פְּתִירָה; הֲמַסָּה; תְּמִיסָה
solvable *adj.* פָּתִיר
solve *v.* לִפְתּוֹר; לְפַעְנֵחַ (פרשייה)
solvent *adj.* בַּעַל כּוֹשֶׁר פֵּירָעוֹן; מֵמֵס
somber, sombre *adj.* אַפְלוּלִי; קוֹדֵר; עָגוּם
somberly, sombrely *adv.* בְּקַדְרוּת; בִּצְבָעִים קוֹדְרִים
some *adj.* מְעַט; קְצָת; כַּמָּה; יֵשׁ (אֲנָשִׁים / דְּבָרִים) שֶׁ־; מְסוּיָּם; דֵּי הַרְבֵּה / גָּדוֹל; אֵיזֶשֶׁהוּ; בְּעֵרֶךְ; כְּ־; מַשֶּׁהוּ; מְצוּיָּן; לָעִנְיָין; (בְּבוּז) גַּם כֵּן...
–some more עוֹד; עוֹד קְצָת
–some other time פַּעַם אַחֶרֶת
–wait for some time לְחַכּוֹת זְמַן־מָה
some *pron.* (of) קְצָת; כַּמָּה; חֵלֶק (מִ־)
somebody *pron.* מִישֶׁהוּ; אָדָם חָשׁוּב; אִישִׁיּוּת
someday *adv.* בְּאֶחָד הַיָּמִים; בֶּעָתִיד
somehow *adv.* אֵיכְשֶׁהוּ; כָּךְ (אוֹ אַחֶרֶת); מִסִּיבָּה כָּלְשֶׁהִי
someone *pron.* מִישֶׁהוּ; אָדָם חָשׁוּב; אִישִׁיּוּת
someplace *adv.* בְּאֵיזֶשֶׁהוּ מָקוֹם
somersault *v., n.* (לַעֲשׂוֹת) סַלְטָה
something *pron.* מַשֶּׁהוּ
sometime *adv.* מָתַי שֶׁהוּא; פַּעַם
sometime *adj.* לְשֶׁעָבַר
sometimes *adv.* לִפְעָמִים
someway *adv.* אֵיכְשֶׁהוּ
somewhat *adv.* בְּמִידַּת מָה
somewhere *adv.* בְּאֵיזֶשֶׁהוּ / לְאֵיזֶשֶׁהוּ מָקוֹם; אֵיזֶשֶׁהוּ מָקוֹם; אֵי־שָׁם
son *n.* בֵּן
–son of a bitch בֶּן־כַּלְבָּה; בֶּן זוֹנָה
–son of a gun בֶּן־אָדָם; "גֶּבֶר"; "מַמְזֵר"
sonar *n.* סוֹנָר
song *n.* שִׁיר; שִׁירָה
–song and dance "רַעַשׁ"; עִנְיָין; "סִיפּוּר"
songbird *n.* צִיפּוֹר־שִׁיר
sonic *adj.* קוֹלִי; שֶׁל גַּלֵּי הַקּוֹל
sonic boom *n.* בּוּם עַל קוֹלִי
son-in-law *n.* חָתָן (בַּעַל הַבַּת)
sonnet *n.* סוֹנֶטָה
sonny *n.* חֲמוּדִי; יֶלֶד
sonorous *adj.* מָלֵא וּמְהַדְהֵד; מַרְשִׁים
soon *adv.* בְּקָרוֹב; עוֹד מְעַט; מוּקְדָּם
–as soon as מִיָּד כְּשֶׁ־; בְּהֶקְדֵּם (הָאֶפְשָׁרִי); מוּקְדָּם כְּכִי שֶׁ־
–how soon מָתַי... הֲכִי מַהֵר
–soon after זְמַן קָצָר אַחֲרֵי־(כֵן)
–sooner or later בְּמוּקְדָּם אוֹ בִּמְאוּחָר
–the sooner the better יָפָה שָׁעָה אַחַת קוֹדֶם; כְּכָל שֶׁיַּקְדִּימוּ... כֵּן יֵיטַב
–too soon מוּקְדָּם מִדַּי
soot *n.* פִּיחַ
soothe *v.* לְהַרְגִּיעַ; לְשַׁכֵּךְ
soothing *adj.* מַרְגִּיעַ; מְשַׁכֵּךְ כְּאֵבִים
soothsayer *n.* מַגִּיד עֲתִידוֹת

S

sooty *adj.* מְפוּיָּח
sop *n., v.* שׁוֹחַד; מַתְּנַת פִּיּוּס
–sop up לִספּוֹג
sophisticated *adj.* מְתוּחכָּם; מְעוּדָּן; מְסוּבָּך
sophistication *n.* תִחכּוּם; אֲנִינוּת טַעַם
sophomore *n.* תַלמִיד הַשָּׁנָה הַשְּׁנִיָּיה (בְּתִיכוֹן אוֹ מִכלָלָה)
soporific *n., adj.* (סַם) מַרדִים
soppy *adj.* "מְשׁוּגָּע" (עַל־); רַגשָׁנִי מִדַּי; טִפְּשִׁי
sorbet *n.* שֶׁרבֶּט; סוֹרבֶּה
sorcerer *n.* מְכַשֵּׁף
sorceress *n.* מְכַשֵּׁפָה
sorcery *n.* כִּישׁוּף
sordid *adj.* עָלוּב; מְלוּכלָך; שָׁפָל; בָּזוּי
sore *adj.* כּוֹאֵב; רָגִישׁ; מוּדלָק; מָלֵא צַעַר; עָצוּב; פָּגוּעַ; כּוֹעֵס; מִצטַעֵר
–a sore loser לֹא יוֹדֵעַ לְהַפסִיד בְּכָבוֹד
sore *n.* פֶּצַע; נוֹשֵׂא כָּאוּב
sorely *adv.* בְּצוּרָה קָשָׁה; מְאוֹד
sorority *n.* מוֹעֲדוֹן נָשִׁים; אֲגוּדַּת סטוּדֶנטִיּוֹת
sorrel *n.* חֲמַצִיץ; חוּמעָה (צֶמַח)
sorrow *n.* (at/for/over) צַעַר; עֶצֶב
sorrowful *adj.* עָצוּב; מַעֲצִיב
sorry *adj.* מִצטַעֵר; מִתחָרֵט; מְרַחֵם; סְלִיחָה; עָלוּב; אוּמלָל; מְצַעֵר
sorry מִצטַעֵר; סְלִיחָה!; סְלִיחָה?
sort *n.* סוּג; מִין; אָדָם
–all sorts of כָּל מִינֵי־
–nothing of the sort בְּשׁוּם אוֹפֶן לֹא; בִּכלָל לֹא
–of a sort; of sorts כִּבְיָכוֹל; אוֹ מַשֶּׁהוּ דוֹמֶה לָזֶה
–out of sorts לֹא מַרגִישׁ טוֹב; מְצוּברָח
–sort of בְּמִידָּה מְסוּיֶּמֶת; מַשֶּׁהוּ כְּמוֹ; פָּחוֹת אוֹ יוֹתֵר
sort *v.* לְמַייֵן; לְתַקֵּן; לְהַפרִיד
–sort out לְמַייֵן; לְסַדֵּר; לְהַסדִיר; לִפתּוֹר; לְטַפֵּל בּ־
sorter *n.* מְמַייֶּנֶת; מְמַייֵּן
sortie *n.* גִיחָה
sorting *n.* מִיּוּן

SOS *n.* אֶס אוֹ אֶס (קְרִיאַת מְצוּקָה)
so-so *adj., adv.* כָּכָה־כָּכָה
soufflé *n.* תַפִּיחִית; תְפִיחָה (סוּפלֶה)
sought *v. past and 3rd form of* seek
sought-after *adj.* מְבוּקָּשׁ (מְאוֹד)
soul *n.* נֶפֶשׁ; נְשָׁמָה; הִתגַלמוּת ה־; מוֹפֵת; אָדָם; נֶפֶשׁ חַיָּה; רוּחַ
–life and soul of הָרוּחַ הַחַיָּה בּ־; מְסַמֵּר (הָעֶרֶב)
soul-destroying *adj.* שׁוֹחֵק; מְשַׁעֲמֵם וּמְדַכֵּא
soulless *adj.* חֲסַר־לֵב; חֲסַר נְשָׁמָה; חֲסַר עִניָין; מְשַׁעֲמֵם
soul mate *n.* יְדִיד נֶפֶשׁ
soul-searching *n.* חֶשׁבּוֹן נֶפֶשׁ
sound *adj.* בָּרִיא; לְלֹא פֶּגַע; מְבוּסָּס; הֶגיוֹנִי; טוֹב; חָזָק; אֵיתָן; מְהֵימָן; מוּכשָׁר; (שֵׁינָה) עֲמוּקָּה; כַּהוֹגֶן
sound *adv.*
–sound asleep יָשֵׁן שֵׁינָה עֲמוּקָּה
sound *v.* לְהַשׁמִיעַ (אַזעָקָה/תְרוּעָה וכו'); לִצפּוֹר/לְצַלצֵל (בּ־) וכד'; לְהִישָּׁמַע; לִבדוֹק
–it sounds as if/as though נִראֶה שׁ־/כְּאִילוּ; הָרוֹשֶׁם הוּא שׁ־
–sound someone out (about) לְמַשֵּׁשׁ אֶת הַדּוֹפֶק אֵצֶל־ (בְּנוֹגֵעַ לְ־)
sound *n.* קוֹל; צְלִיל; מַה שֶּׁמִּשׁתַּמֵּעַ מ־; הֶגֶה
sound-and-light show *n.* חִיזָּיוֹן אוֹר־קוֹלִי
sound barrier *n.* מַחסוֹם הַקּוֹל
sound bite *n.* מֶסֶר קָצָר וְקוֹלֵעַ
sound effects *n.* פַּעֲלוּלֵי קוֹל
soundings *n.* מְדִידוֹת עוֹמֶק; תְגוּבוֹת; בֵּירוּר בְּאוֹפֶן דִיסקרֶטִי; "מִישׁוּשׁ הַדּוֹפֶק"
soundly *adv.* הֵיטֵב; כַּהוֹגֶן
soundness *n.* חוֹסֶן; חוֹזֶק; יַצִּיבוּת; שְׁלֵמוּת; הִיגָּיוֹן; תְקֵפוּת; בְּרִיאוּת
soundproof *adj.* אָטוּם לְקוֹל
soundtrack *n.* פַּסקוֹל
soup *n.* מָרָק
–in the soup בְּצָרוֹת

souped-up *adj.* (עִם מָנוֹעַ) מְשׁוּפָּר / חָזָק יוֹתֵר; מוּרחָב; מְשׁוּפָּץ; מְשׁוּפָּר
soup kitchen *n.* בֵּית־תַמחוּי
sour *adj.* חָמוּץ; זוֹעֵף; מַר־נֶפֶשׁ; מְאַכזֵב
–turn sour; go sour לְאַכזֵב; לְהַעֲכִיר; לַהֲפוֹךְ לְאַכזָבָה; לְהִשתַבֵּשׁ; לְהַחמִיץ
sour *v.* לְהַחמִיץ; לְהַעֲכִיר; לַהֲפוֹךְ לְמַר־נֶפֶשׁ
source *n.* מָקוֹר; מְקוֹרוֹת (בְּרַבִּים)
sour cream *n.* שַׁמֶּנֶת חֲמוּצָה
sourdough *n.* מַחמֶצֶת (שְׂאוֹר)
souse *v.* לְהַשרוֹת; לְהַרטִיב; לִכבּוֹשׁ (דָג)
south *adj., n.* דְרוֹמִי; דָרוֹם
south *adv.* דָרוֹמָה; בְּכִיווּן דָרוֹם
–south of דְרוֹמִית ל־
southbound *adj.* נוֹסֵעַ דָרוֹמָה; מַגִיעַ דָרוֹמָה
southeast *n., adj., adv.* דְרוֹם־מִזרָח(י); דְרוֹמִית־מִזרָחִית
southerly *adj., adv.* (רוּחַ) דְרוֹמִית; דְרוֹמִי; דָרוֹמָה
southern *adj.* דְרוֹמִי; ־הַדָרוֹם
southerner *n.* אִישׁ הַדָרוֹם; דְרוֹמִי
Southern Hemisphere *n.* (מְדִינוֹת) חֲצִי הַכַּדוּר הַדרוֹמִי
South Pole *n.* הַקוֹטֶב הַדרוֹמִי
southwards *adv.* דָרוֹמָה
southwest *n., adj., adv.* דְרוֹם־מַעֲרָב(י); דְרוֹמִית־מַעֲרָבִית
souvenir *n.* מַזכֶּרֶת
sovereign *adj.* עֶליוֹן; רִיבּוֹנִי
sovereign *n.* מֶלֶךְ; רִיבּוֹן; סוֹבֶרֶן (מַטבֵּעַ)
sovereignty *n.* רִיבּוֹנוּת
sow *n.* חֲזִירָה
sow *v.* (sowed, sown) לִזרוֹעַ
sox *n.* גַרבַּיִים
soy *n.* (פּוֹלֵי) סוֹיָה
soybeans *n.* פּוֹלֵי סוֹיָה
spa *n.* מַעייַן־מַרפֵּא; אֲתַר מַרפֵּא
space *n.* חָלָל; רֶווַח; מָקוֹם; פֶּרֶק זְמַן
–open space שֶׁטַח לֹא בָּנוּי; מֶרחָב פָּתוּחַ
space *v.* (out) לְהַשאִיר רֶווַח בֵּין־
space-age *adj.* שֶׁל עִידַן הֶחָלָל
spacecraft *n.* חֲלָלִית; רֶכֶב־חָלָל
spaced out *adj.* עִם רְוָוחִים (בֵּינֵיהֶם); מְסוּמָם; מְטוּשׁטָשׁ
spaceman *n.* אַסטרוֹנָאוּט; יְצוּר מִכּוֹכָב אַחֵר
space probe *n.* לַווייַן מֶחקָר; גַשָּׁשֶׁת
spaceship *n.* חֲלָלִית; סְפִינַת חָלָל
space shuttle *n.* מַעבּוֹרֶת חָלָל
spacesuit *n.* חֲלִיפַת חָלָל
spacing *n.* רִיוּוּחַ (בֵּין שוּרוֹת)
spacious *adj.* מְרוּוָח; רְחַב־יָדַיִים
spade *n.* אֵת־חֲפִירָה; "עָלֶה"; "פִּיק" (בִּקלָפִים)
–call a spade a spade לִקרוֹא לַיֶלֶד בִּשמוֹ
spadework *n.* עֲבוֹדַת הֲכָנָה קָשָׁה
spaghetti *n.* סְפָּגֶטִי
spam *v.* לְהָצִיף בּ־ / לִשלוֹחַ דוֹאַר זֶבֶל (בְּאִינטֶרנֶט)
span *n.* מֶשֶׁךְ (זְמַן); אוֹרֶךְ; זֶרֶת (אוֹרֶךְ שֶׁנִמדָד בְּכַף־הַיָד); מִמתָח (שֶׁל גֶשֶׁר)
span *v.* לְהִשתָרֵעַ לְאוֹרֶךְ־ / עַל פְּנֵי־; לַעֲבוֹר מֵעַל; לְכַסוֹת; לְהִימָשֵׁךְ לְאוֹרֶךְ
spangle *n.* נַצנַצִים
Spaniard *n.* סְפָרַדִי (אָדָם)
Spanish *adj., n.* סְפָרַדִי; סְפָרַדִית
spank *v.* לְהַרבִּיץ בַּיַשׁבָן
spanking *n.* מַכּוֹת בַּיַשׁבָן
spanner *n.* מַפתֵחַ בְּרָגִים
–throw a spanner in the works לְשַׁבֵּשׁ תוֹכנִיוֹת; לְחַבֵּל בְּתוֹכנִית
spar *v.* לְהִתאַמֵן בּ־ / לִשלוֹחַ מַכּוֹת אֶגרוֹף; לְהִתווַכֵּחַ
spare *adj.* רֶזֶרבִי; ־חִילוּף; פָּנוּי; מְיוּתָר; רָזֶה
–spare time פְּנַאי; זְמַן פָּנוּי
spare *n.* חֵלֶף; חֵלֶק חִילוּף; גַלגַל רֶזֶרבִי
spare *v.* לָחוּס עַל־; לָתֵת; לְווַתֵר עַל־; לִמצוֹא; לְהַקדִישׁ (זְמַן); לַחסוֹךְ ל־
–spare no pains לֹא לַחֲסוֹךְ בְּמַאֲמָץ
spare part *n.* חֵלֶף; חֵלֶק חִילוּף
spare rib *n.* צֵלַע חֲזִיר דַלַת־בָּשָׂר

S

sparing *adj.* (of) חַסכָנִי (בּ־); מְקַמֵץ בּ־

sparingly *adv.* בְּחַסכָנוּת; בְּצִמצוּם

spark *n.* נִיצוֹץ; זִיק; שְׁבִיב

spark *v.* לְהַתִיז נִיצוֹצוֹת; לְהָצִית; לִגרוֹם ל־; לְעוֹרֵר

sparkle *n.* נִיצוֹץ; נִצנוּץ; בָּרָק

sparkle *v.* לְנַצנֵץ; לִנצוֹץ; לְהַבריק

sparkler *n.* זִיקוּק־נִיצוֹצוֹת (שֶׁמַחזִיקִים בַּיָד)

sparkling *adj.* מַבריק; נוֹצֵץ; תוֹסֵס

spark plug *n.* מַצָת (בְּמָנוֹעַ)

sparring partner *n.* יָרִיב בְּאִימוּנֵי אִגרוּף; יְרִיבוֹ בְּוִיכּוּחִים

sparrow *n.* דְרוֹר (צִיפּוֹר)

sparse *adj.* דָלִיל; מוּעָט

sparsely *adv.* בִּדלִילוּת

spartan *adj.* סְפַּרטָנִי; פָּשׁוּט; לְלֹא מוֹתָרוֹת

spasm *n.* עֲוִוית; הֶתקֵף

spasmodic *adj.* שֶׁבָּא בְּהֶתקֵפִים; עֲוִויתִי

spastic *n., adj.* חוֹלֵה שִׁיתוּק מוֹחִין; חוֹלֵה עֲוִוית; עֲוִויתִי; גוֹלֶם

spat *v. past and 3rd form of* spit

spate *n.* (of) שִׁיטָפוֹן; גַל (שֶׁל)

spatial *adj.* מֶרחָבִי; שֶׁל הַמֶרחָב

spatter *v.* לְהַתִיז; לְהִינָתֵז; לְפַזֵר

spatula *n.* מָרִית; שְׁפַּכטֶל; מַקֵל רְפוּאִי

spawn *n.* בֵּיצֵי דָגִים; בֵּיצֵי צְפַרדֵעַ

spawn *v.* לְהַשׁרִיץ; לָצוּץ כִּפטְרִיוֹת; לְהָבִיא עִימוֹ

spay *v.* לְעַקֵר (כַּלבָּה וכו')

speak *v.* (spoke, spoken) לְדַבֵּר; לָדַעַת (לְדַבֵּר); לִנאוֹם; לוֹמַר; לְהַבִּיעַ

–generally speaking בְּאוֹפֶן כְּלָלִי

–so to speak אִם אֶפשָׁר לוֹמַר כָּךְ; כִּבְיָכוֹל

–speak for לְדַבֵּר בִּזכוּת־; לְהַבִּיעַ תְמִיכָה בּ־; לְדַבֵּר בְּשֵׁם־

–speak out (against) לְדַבֵּר; לְהַשׁמִיעַ קוֹלוֹ נֶגֶד־

–speak up לְדַבֵּר בְּקוֹל רָם; לְדַבֵּר לְלֹא חֲשָׁשׁ; לְהַשׁמִיעַ קוֹלוֹ

speaker *n.* נוֹאֵם; דוֹבֵר; יוֹ"ר (פַּרלָמֶנט); רַמקוֹל; סְפִּיקֶר

spear *n., v.* חֲנִית; לִדקוֹר בַּחֲנִית; לְשַׁפֵּד

spearhead *v.* לַעֲמוֹד בְּרֹאשׁ; לְהוֹבִיל

spearhead *n.* רֹאשׁ־מַחַץ; חוֹד־הַחֲנִית

spearmint *n.* נַעֲנָה; מֶנתָה

special *adj.* מְיוּחָד

–on special בְּמִבצָע; מִצרָךְ (הַשָׁבוּעַ)

special effects *n.* פַּעֲלוּלִים

specialist *n.* מוּמחֶה

speciality *n.* מוּמחִיוּת; שֶׁטַח הִתמַחוּת; מַשֶׁהוּ יִיחוּדִי (ל־); מְיוּחָדִית

specialization *n.* הִתמַחוּת

specialize, specialise *v.* לְהִתמַחוֹת

specialized *adj.* שֶׁדוֹרֵשׁ מוּמחִיוּת; שֶׁל מוּמחֶה; מִקצוֹעִי

specially *adv.* בִּמיוּחָד

specialty *n.* = speciality

species *n.* מִין (בְּסִיווּג בַּע"ח, צמחים)

–an endangered species מִין (שֶׁל בַּעֲלֵי־חַיִים אוֹ צְמָחִים) בְּסַכָּנַת הַכחָדָה

specific *adj.* מְפוֹרָשׁ; מְפוֹרָט; מוּגדָר; מְסוּיָם; סְפֶּצִיפִי

specifically *adv.* בִּמפוֹרָשׁ; בְּאוֹפֶן סְפֶּצִיפִי; בִּמיוּחָד

specification *n.* פֵּירוּט; מִפרָט

specific gravity *n.* מִשקָל סְגוּלִי

specifics *n.* פְּרָטִים; פְּרָטִים טֶכנִיִים

specified *adj.* מוּגדָר; נָקוּב; שֶׁנִקבַּע

specify *v.* (specified) לְפָרֵט; לְצַיֵין בִּמפוֹרָשׁ

specimen *n.* דוּגמָה; פְּרָט (בַּעַל־חַיִים, צֶמַח); דְגִימָה

specious *adj.* נָכוֹן לִכאוֹרָה; מַטעֶה; סְרָק

speck *n.* כֶּתֶם; גַרגִיר; נְקוּדָה

speckle *n.* כֶּתֶם; נְקוּדָה

speckled *adj.* מְנוּמָר; נָקוּד

spectacle *n.* תְצוּגָה; מַפגָן מַרהִיב; מַרְאֶה מַרהִיב; חִיזָיוֹן; צְחוֹק; (מַרְאֶה) מְגוּחָךְ

spectacles *n.* מִשקָפַיִים

spectacular *adj.* מַרהִיב; מַרשִׁים; נִפלָא

spectate *v.* (at) לִצפּוֹת (בּ־)

spectator *n.* צוֹפֶה

specter, spectre *n.* רוּחַ רְפָאִים; פַּחַד מִפְּנֵי (מַשֶׁהוּ) צָפוּי

spectrum *n.* סְפֶּקְטְרוּם; צִבְעֵי הַקֶּשֶׁת; קֶשֶׁת רְחָבָה
speculate *v.* לְהַעֲלוֹת הַשְׁעָרוֹת; לְנַחֵשׁ
–speculate in לְסַפְסֵר (בְּמְנָיוֹת)
speculation *n.* הַשְׁעָרָה; הַעֲלָאַת הַשְׁעָרוֹת; סַפְסָרוּת; עִסְקָה סְפֶּקוּלָטִיבִית
speculative *adj.* עִיּוּנִי; מְבוּסָס עַל הַשְׁעָרוֹת; סְפֶּקוּלָטִיבִי
speculator *n.* סַפְסָר; סְפֶּקוּלַנְט
sped *v. past and 3rd form of* speed
speech *n.* דִּיבּוּר; נְאוּם
speechless *adj.* מוּכֵּה אֵלֶם; אִילֵם
speed *n.* מְהִירוּת; הִילוּךְ; סְפִּיד (סַם מֶרֶץ)
speed *v.* (sped *or* speeded) לָנוּעַ בִּמְהִירוּת; לְמַהֵר; לְהַגְבִּיר אֶת קֶצֶב / מְהִירוּת ה־; לִנְסוֹעַ בִּמְהִירוּת מוּפְרֶזֶת
–speed up לְזָרֵז; לְהַגְבִּיר מְהִירוּת
speedboat *n.* סִירַת־מָנוֹעַ מְהִירָה
speed bump *n.* פַּס הָאָטָה
speedily *adv.* בִּמְהִירוּת; בִּזְרִיזוּת; בִּמְהֵרָה
speeding *n.* נְהִיגָה בִּמְהִירוּת מוּפְרֶזֶת
speed limit *n.* מְהִירוּת מוּתֶּרֶת
speedometer *n.* מַד־מְהִירוּת
speed trap *n.* מִכְמוֹנֶת מְהִירוּת; רָדָאר
speedy *adj.* מָהִיר
spell *n.* כִּישׁוּף; קֶסֶם; פֶּרֶק זְמַן; תְּקוּפָה; תּוֹר
–under a spell מוּקְסָם; מְכוּשָּׁף
spell *v.* (spelt *or* spelled) לְאַיֵּית; לִכְתּוֹב; לְהַרְכִּיב מִלָּה; לְהָבִיא לִידֵי־; לִהְיוֹת פֵּירוּשׁוֹ
–spell out לְהַסְבִּיר כָּל מִלָּה וּמִלָּה; לְהַגִּיד בְּפֵירוּשׁ; לְפָרֵט; לִקְרוֹא אוֹת אוֹת
spell *v.* לְהַחֲלִיף (זְמַנִּית); לְמַלֵּא מָקוֹם
spellbound *adj.* מְרוּתָּק; מוּקְסָם; מְכוּשָּׁף
speller *n.* מְאַיֵּית (גַּם בְּמַחְשֵׁב)
spelling *n.* כְּתִיב; אִיּוּת
spelling bee *n.* תַּחֲרוּת אִיּוּת
spelt *v. past and 3rd form of* spell
spend *v.* (spent) לְהוֹצִיא (כֶּסֶף); לְבַזְבֵּז; לְהַקְדִּישׁ; לְבַלּוֹת (זְמַן); לִצְרוֹךְ; לְכַלּוֹת

spender *v.* בַּזְבְּזָן; מוֹצִיא כֶּסֶף
spendthrift *n.* בַּזְבְּזָן; פַּזְרָן
spent *adj.* מְשׁוּמָּשׁ; מְנוּצָּל; שָׂרוּף; שָׁחוּק; סָחוּט
sperm *n.* זֶרַע
spermicide *n.* קוֹטֵל תָּאֵי זֶרַע
spew *v.* לְהָקִיא; לִפְלוֹט; לְהִיפָּלֵט; לִפְרוֹץ
sphere *n.* כַּדּוּר; תְּחוּם; חוּג; הֶיקֵּף
spherical *adj.* כַּדּוּרִי
sphincter *n.* סוֹגֵר (שְׁרִיר); שְׁרִיר טַבַּעְתִּי
sphinx *n.* סְפִינְקְס; אָדָם שֶׁהוּא בְּגֶדֶר חִידָה
spice *n.* תַּבְלִין; "פִּלְפֵּל"; טַעַם
spice *v.* (with) לְתַבֵּל (בּ־)
spick-and-span *adj.* נָקִי וּמְצוּחְצָח
spicy *adj.* חָרִיף; מְתוּבָּל; עֲסִיסִי; פִּיקַנְטִי
spider *n.* עַכָּבִישׁ
spiderweb *n.* (רֶשֶׁת) קוּרֵי עַכָּבִישׁ
spiel *n.* "נְאוּם" שִׁכְנוּעַ; סִיפּוּר
spigot *n.* בֶּרֶז; מְגוּפַת בֶּרֶז; פְּקָק
spike *n.* מוֹט (בַּרְזֶל) מְחוּדָּד; "פְּקָק" (בְּנַעַל); זִיז; חוֹד; נְקוּדַת־שִׂיא (בְּגְרָף); עֲלִיָּיה (חַדָּה)
spike *v.* לְמַסְמֵר בִּ"פְקָקִים"; לְשַׁפֵּד; לִנְעוֹץ מוֹט חַד בּ־; לְהוֹסִיף מַשְׁקֶה חָרִיף ל־; לַעֲצוֹר פִּרְסוּם שֶׁל־
spiky *adj.* דּוֹקְרָנִי; רָגִישׁ; עַצְבָּנִי; בְּעָיָיתִי
spill *v.* (spilt *or* spilled) לִשְׁפּוֹךְ; לְהִישָּׁפֵךְ
–spill over לִגְלוֹשׁ
spill *n.* הִישָּׁפְכוּת; שְׁפִיכָה; כַּמּוּת שֶׁנִּשְׁפְּכָה; קֵיסָם אוֹ נְיָיר מְגוּלְגָּל (לְהַדְלָקַת נֵר וכו')
spillage *n.* שְׁפִיכָה; הִישָּׁפְכוּת
spin *n.* סִיבּוּב; סְחרוּר; סִיבּוּב (בְּרֶכֶב)
–in a flat spin בְּפָנִיקָה
spin *v.* (spun) לִטְווֹת; לִטְווֹת (קוּרִים); לְהִסְתּוֹבֵב; לְהִסְתַּחְרֵר; לְסוֹבֵב; לְיַיבֵּשׁ (בִּמְכוֹנָה); לְשַׁפֵּצֵר תַּדְמִית; לְהַטִּיל מַטְבֵּעַ; לִרְקוֹם; לְסַפֵּר
spinach *n.* תֶּרֶד
spinal *adj.* שֶׁל עַמּוּד הַשִּׁדְרָה
spinal column *n.* עַמּוּד־הַשִּׁדְרָה

S

spindle *n.* כִּישׁוֹר ; כּוּשׁ ; יַד־הַסֶּרֶן
spindly *adj.* דַּק וְאָרוֹךְ / וְגָבוֹהַּ
spin doctor *n.* דּוֹבֵר מְמֻזְעַר נְזָקִים ; מְשַׁפֵּצֵר תַּדְמִית
spin-drier, spin-dryer *n.* מְיַיבֵּשׁ־כְּבִיסָה
spine *n.* עַמּוּד־שִׁדְרָה ; קוֹץ ; דּוֹרְבָן ; גַּב־סֵפֶר (שִׁדְרָה)
spine-chilling *adj.* מְסַמֵּר שֵׂיעָר ; מְצַמְרֵר
spineless *adj.* חֲסַר־שִׁדְרָה ; חֲסַר אוֹפִי
spinning wheel *n.* גַּלְגַּל טְוִוייָה
spin-off *n.* תּוֹצָר לְוַואי
spinster *n.* רַוָּקָה (מְבוּגֶרֶת)
spiny *adj.* דּוֹקְרָנִי ; קוֹצָנִי
spiral *n.* סְפִּירָלָה ; סְלִיל ; סִחְרוּר
spiral *adj.* סְפִּירָלִי ; לוּלְיָינִי ; חֶלְזוֹנִי
spire *n.* צְרִיחַ מְחוּדָּד (בִּכְנֵסִיָּיה וכו׳)
spirit *n.* נֶפֶשׁ ; רוּחַ ; שֵׁדוֹן ; מַצַּב־רוּחַ ; נְשָׁמָה ; אוֹמֶץ ; מֶרֶץ ; נְחִישׁוּת ; רוּחַ (הַחוֹק) ; כַּוָּונָה ; מַשְׁקֶה חָרִיף ; סְפִּירט
spirited *adj.* נִמְרָץ ; אַמִּיץ ; תַּקִּיף ; בְּמַצַּב־רוּחַ...
spirit level *n.* פֶּלֶס־מַיִם
spiritual *adj.* רוּחָנִי ; דָּתִי
spiritualism *n.* סְפִּירִיטוּאָלִיזם ; דְּרִישָׁה אֶל הַמֵּתִים
spit *n.* רוֹק ; יְרִיקָה ; שַׁפּוּד ; לְשׁוֹן־יַבָּשָׁה
spit *v.* (spat) לִירוֹק ; לְהַתִּיז (שֶׁמֶן רוֹתֵחַ) ; ״לִירוֹק״ (אֵשׁ) ; לְטַפְטֵף (גֶּשֶׁם) ; לִפְלוֹט
– spit it out! דַּבֵּר! תַּגִּיד מַה שֶּׁיֵּשׁ לְךָ לְהַגִּיד!
spite *n.* רָצוֹן לְהַכְעִיס ; זָדוֹן
– in spite of לַמְרוֹת ה־
– out of spite (כְּדֵי) לְהַכְעִיס
spite *v.* – to spite לְהַכְעִיס (בְּזָדוֹן)
spiteful *adj.* קַנְטְרָנִי ; זְדוֹנִי
spitefully *adv.* לְהַכְעִיס ; בְּזָדוֹן
spitting image *n.* כָּפִיל ; מַמָּשׁ שְׁתֵּי טִיפּוֹת מַיִם
splash *n.* (קוֹל) הַתָּזָה ; נֶתֶז ; סֶנְסַצְיָה ; מְעַט מֵי־סוֹדָה וכו׳ (כְּתוֹסֶפֶת לְמַשְׁקֶה)
splash *v.* לְהַתִּיז ; לְהַשְׁפְּרִיץ ; לְהִשְׁתַּכְשֵׁךְ ; לְהִינָּתֵז ; (לְהִתְנוֹסֵס)
splash guard *n.* מָגֵן בּוֹץ
splashy *adj.* צַעֲקָנִי ; נוֹצֵץ ; מוֹשֵׁךְ
splat *n.* קוֹל חֲבָטָה ״רְטוּבָּה״
splat *v.* לְהִתְרַסֵּק בְּקוֹל כַּנַּ״ל (עַל גַּבֵּי־)
splatter *v.* לְהַתִּיז ; לְהִינָּתֵז עַל
spleen *n.* טְחוֹל ; חֵמָה ; כַּעַס
splendid *adj.* מַרְהִיב ; מְפוֹאָר ; מְצוּיָּן ; מַזְהִיר ; נֶהְדָּר
splendidly *adv.* בְּרוֹב פְּאֵר ; בְּאוֹפֶן מַזְהִיר ; נֶהְדָּר
splendor, splendour *n.* הוֹד ; פְּאֵר ; זוֹהַר
splice *v.* לְחַבֵּר (בִּשְׁזִירָה וכו׳) ; לְשַׁחְבֵּר ; לְאַחוֹת
splice *n.* חִיבּוּר ; שִׁחְבּוּר ; אִיחוּי
splinter *n.* קֵיסָם ; ״קוֹץ״ ; שְׁבָב ; רְסִיס
splinter *v.* לִשְׁבּוֹר / לְהִישָּׁבֵר לִרְסִיסִים ; לְבַקֵּעַ ; לְהִתְפַּלֵּג ; לְהִתְפַּצֵּל
splinter group *n.* פֶּלֶג ; סִיעָה פּוֹרֶשֶׁת
split *adj.* מְפוּצָּל ; מַפְצִיל ; שָׁבוּר
split *n.* קֶרַע ; בְּקִיעַ ; פִּילּוּג ; פִּיצּוּל ; חֲלוּקָה ; גְּלִידָה וַחֲצָאֵי פְּרִי
– do the splits לַעֲשׂוֹת ״שְׁפָּגָט״
split *v.* לְבַקֵּעַ ; לְהִיבָּקַע ; לְהִיקָּרַע (בַּתֶּפֶר) ; לְפַצֵּל ; לְפַלֵּג ; לְהִתְפַּצֵּל ; לְהִתְחַלֵּק ; לְחַלֵּק (בֵּינֵיהֶם)
– split hairs לְהִתְפַּלְפֵּל
– split open לְפַצֵּחַ ; לִשְׁבּוֹר ; לְהִיפָּתַח בְּפִתְאוֹמִיּוּת ; לְהִיקָּרַע
– split up לְהִיפָּרֵד ; לְחַלֵּק ; לְהִתְחַלֵּק
split personality *n.* פִּיצּוּל אִישִׁיּוּת
split second *n.* חֲלַקִּיק שְׁנִיָּיה
split shift *n.* יוֹם עֲבוֹדָה מְפוּצָּל
splitting *adj.* (כְּאֵב רֹאשׁ) חָזָק
splosh *v.* לְהִשְׁתַּכְשֵׁךְ ; לְהַתִּיז
splotch *n.* כֶּתֶם
splutter *v.* (out) לִפְלוֹט בְּמַלְמוּל נִרְגָּשׁ ; לְגַמְגֵּם
spoil *v.* (spoilt *or* spoiled) לְקַלְקֵל ; לְפַנֵּק ; לְהִתְקַלְקֵל ; לְהַשְׁחִית ; לַהֲרוֹס ; לִפְגּוֹם בּ־
spoil(s) *n.* שָׁלָל ; רֶוַוח ; טוֹבַת־הֲנָאָה ; כִּיבּוּדִים
spoilsport *n.* הוֹרֵס מַצַּב־רוּחַ ; מַשְׁבִּית שִׂמְחָה

S

spoke *n.* חִישׁוּר; "שְׁפִּיץ" (בְּגַלְגַל)
–put a spoke in someone's wheel לִתְקוֹעַ מַקֵל בְּגַלְגַלֵי־; לָשִׂים לוֹ רֶגֶל
spoke *v. past of* speak
spoken *v. 3rd form of* speak
–spoken for שָׁמוּר ל־; מוּזְמָן; תָּפוּס
spokesman *n.* דּוֹבֵר
spokesperson *n.* דּוֹבֵר; דּוֹבֶרֶת
spokeswoman *n.* דּוֹבֶרֶת
sponge *n.* סְפוֹג; עוּגַת סְפוֹג; לוּבְנָן; "שְׁנוֹרֶר"
sponge *v.* לִרְחוֹץ / לְנַגֵּב בִּסְפוֹג; לְנַקּוֹת בִּסְפוֹג; "לְשַׁנוֹרֵר"
sponge cake *n.* עוּגַת סְפוֹג; לוּבְנָן
spongy *adj.* סְפוֹגִי
sponsor *n.* נוֹתֵן חָסוּת; מְמַמֵּן; מַגִּישׁ (הַצָּגָה וכו')
sponsor *v.* לָתֵת חָסוּת; לְמַמֵּן; לְהַגִּישׁ
sponsorship *n.* (מַתַּן) חָסוּת; מִימוּן
spontaneity *n.* סְפּוֹנְטָנִיּוּת
spontaneous *adj.* סְפּוֹנְטָנִי
spoof *n.* מְתִיחָה; פָּרוֹדְיָה
spook *n.* רוּחַ־רְפָאִים; סוֹכֵן סָמוּי; מְרַגֵּל
spook *v.* לְהַפְחִיד; לְהַבְהִיל
spooky *adj.* מַפְחִיד
spool *n.* סְלִיל; אַשְׁוָה
spoon *n.* כַּף; כַּפִּית
spoonerism *n.* שִׁיבּוּשׁ לָשׁוֹן (כְּגוֹן "צוֹכָה אוֹ בּוֹחֶקֶת")
spoon-feed *v.* לְהַאֲכִיל בְּכַפִּית; "לְהַגִּישׁ לוֹ הַכּוֹל לַפֶּה"
spoonful *n.* כַּפִּית (מְלֵאָה)
sporadic *adj.* סְפּוֹרָדִי; שֶׁבָּא לִפְרָקִים
spore *n.* נֶבֶג
sport *n.* (עֲנַף / מִשְׂחַק) סְפּוֹרְט; אָדָם בַּעַל רוּחַ סְפּוֹרְטִיבִית; בָּחוּר טוֹב; "חֶבְרֶמָן"; יְצוּר חָרִיג
–in sport בִּצְחוֹק
sport *v.* לְהִתְהַדֵּר בּ־; לְשַׂחֵק; לְהִשְׁתּוֹבֵב
sports *adj.* ־סְפּוֹרְט; סְפּוֹרְטִיבִי (בֶּגֶד)
sportscaster *n.* שַׁדָּר סְפּוֹרְט
sportsman *n.* סְפּוֹרְטַאי
sportsmanlike *adj.* הוֹגֵן; בַּעַל רוּחַ סְפּוֹרְטִיבִית
sportsmanship *n.* סְפּוֹרְטִיבִיּוּת
sportswoman *n.* סְפּוֹרְטָאִית
sport utility vehicle *n.* רֶכֶב פְּנַאי־שֶׁטַח
spot *n.* נְקוּדָה; חֲבַרְבּוּרָה; כֶּתֶם; פִּצְעוֹן; טִיפָּה; מָקוֹם; מִשְׂרָה; מִשְׁבֶּצֶת שִׁידּוּר; זַרְקוֹר
–a spot of טִיפַּת־; קְצָת
–a weak spot נְקוּדַת תּוּרְפָּה; חוּלְשָׁה ל־
–on the spot בַּמָּקוֹם; בּוֹ בַּמָּקוֹם
–put someone on the spot לְהַעֲמִידוֹ בְּמַצָּב קָשֶׁה
spot *v.* (spotted) לְהַבְחִין בּ־; לְזַהוֹת; לְאַתֵּר; לְגַלּוֹת; לְהַצִּיב; לִבְחוֹר; לְקַבֵּל כְּתָמִים; לְסַמֵּן בִּנְקוּדוֹת; לְהַכְתִּים; לָתֵת יִתְרוֹן (לְיָרִיב); לְהַלְווֹת
spot announcement *n.* תַּשְׁדִּיר פִּרְסוּם
spot check *n.* בְּדִיקַת פֶּתַע / אַקְרַאי
spot-check *v.* לַעֲשׂוֹת בְּדִיקַת פֶּתַע / אַקְרַאי
spotless *adj.* (נָקִי) לְלֹא רְבָב
spotlight *n.* זַרְקוֹר; אוֹר זַרְקוֹרִים; מוֹקֵד
spotlight *v.* (spotlit) לְהַפְנוֹת זַרְקוֹר / תְּשׂוּמֶת־הַלֵּב ל־
spot on מַמָּשׁ בּוּל; קוֹלֵעַ בּוּל
spotted *adj.* מְנוּמָּר; מְנוּקָּד
spouse *n.* בֶּן / בַּת זוּג
spout *n.* צִינוֹר; זַרְבּוּבִית; סִילוֹן (מַיִם וכו')
spout *v.* לִפְרוֹץ; לִפְלוֹט סִילוֹנֵי־; לְדַקְלֵם
sprain *v., n.* לִנְקוֹעַ; נֶקַע
sprang *v. past of* spring
sprat *n.* סַלְתָּנִית; שְׁפְּרוּט (דָּג)
sprawl *v.* (out) לְהִסְתָּרֵחַ; לִהְיוֹת שָׂרוּעַ; לְהִתְפַּשֵּׁט בְּצוּרָה לֹא מְסוּדֶּרֶת; לְהִתְפָּרֵס עַל פְּנֵי שֶׁטַח נִרְחָב
spray *n.* עָנָף פּוֹרֵחַ; קִישּׁוּט בְּצוּרַת תִּפְרַחַת
spray *n.* הַתָּזָה (בְּתַרְסִיס); זֶלֶף; רְסִיסֵי (מַיִם); רִיסּוּס; תַּרְסִיס
spray *v.* לְרַסֵּס; לְהַזְלִיף
spray can *n.* תַּרְסִיס צֶבַע
sprayer *n.* מְרַסֵּס; מַרְסֵס

spread *n.* הִתפַּשטוּת; הֲפָצָה; מוּטַת (כְּנָפַיִים); הֵיקֵף; מִגווָן; מִשׂרָע; פַּעַר; מִרווָח; מֶשֶׁךְ זְמַן; פְּרִישָׂה; כַּתָּבָה / מוֹדָעָה שֶׁמִשׂתָרַעַת עַל פְּנֵי־; מַפָּה; כִּיסוּי (מִיטָה); חֲווָה; אֲרוּחַת מְלָכִים; מִמרָח

spread *v.* לִפרוֹשׂ; לִפשׂוֹט; לְפַשֵׂק; לִשטוֹחַ; לְהִתפָּרֵס; לְכַסּוֹת; לִמרוֹחַ; לְהָפִיץ; לְהִתפַּשֵׁט; לְהִשׂתָּרֵעַ; לַעֲרוֹךְ (שׁוּלחָן)

spread-eagled שָׂרוּעַ בְּפִישׂוּק גַפַּיִים

spree *n.* הִילוּלָה; "חַיִים"; בּוּלמוּס / חִינגַת קְנִיוֹת

sprightly *adj.* מָלֵא חַיִים; נִמרָץ; תוֹסֵס

spring *n.* קְפִיץ; קְפִיצָה; נִיתוּר; מַעיָין; קְפִיצִיוּת; גְמִישׁוּת; אָבִיב; אֲבִיבִי

spring *v.* לִקפּוֹץ; לְזַנֵק; לָצוּץ פִּתאוֹם; לְהַפעִיל; לְשַׁחרֵר; לְהַפתִיעַ בְּ־; לְהַנחִית; לְהַבְרִיחַ; לְאַרגֵן בְּרִיחָתוֹ (מֵהַכֶּלֶא)

–spring from לָצוּץ מ־; לִנבּוֹעַ מ־

–spring up לִצמוֹחַ / לָצוּץ פִּתאוֹם

spring binder *n.* דַפדֶפֶת

springboard *n.* מַקפֵּצָה; קֶרֶשׁ קְפִיצָה

spring chicken *n.* פַּרגִית; צְעִירָה

springtime *n.* עוֹנַת הָאָבִיב

sprinkle *n.* קַמצוּץ; קוֹמֶץ; גֶשֶׁם קַל

sprinkle *v.* לְהַזלִיף; לִזרוֹת; לְפַזֵר (עַל־)

sprinkler *n.* מַמטֵרָה

sprinkling *n.* מְעַט; קוֹמֶץ

sprint *n., v.* מָאוֹץ; רִיצָה קְצָרָה; לָרוּץ בִּמלוֹא הַמְהִירוּת / הַתְאוּצָה

sprinter *n.* אָצָן

sprite *n.* פֵיָה; שֵׁדוֹן

spritz *n., v.* הַתָּזָה; לְהַתִיז; לְהַשׁפּרִיץ

sprout *n.* נֶבֶט; כְּרוּב נִיצָנִים

sprout *v.* לְהַצמִיחַ; לִצמוֹחַ; לִנבּוֹט; לִגבּוֹהַּ

spruce *adj., v.* נָקִי וְהָדוּר בִּלבוּשׁוֹ

–spruce up לְסַדֵר אֶת הוֹפָעָתוֹ; לְסַדֵר

sprung *v. 3rd form of* spring

spry *adj.* מָלֵא חַיִים; נִמרָץ; זָרִיז; קַל תְנוּעָה

spud *n.* תַפּוּחַ־אֲדָמָה

spun *v. past and 3rd form of* spin

spunk *n.* אוֹמֶץ; "דָם"; זֶרַע

spunky *adj.* אַמִיץ

spur *n.* דוֹרבָן; גוֹרֵם מְדַרבֵּן; תַמרִיץ; שְׁלוּחָה (שֶׁל הַר)

–on the spur of the moment מִתוֹךְ דַחַף פִּתאוֹמִי

spur *v.* לְדַרבֵּן

spurious *adj.* כּוֹזֵב; מוּפרָךְ; מְזוּיָף

spurn *v.* לִדחוֹת בְּבוּז

spurt *n.* סִילוֹן; קִילוּחַ חָזָק

spurt *v.* לִפרוֹץ; לְהַגבִּיר מַאֲמָץ / מְהִירוּת

sputter *v.* לְהַשׁמִיעַ קוֹלוֹת פִּצפּוּץ; לְדַבֵּר בְּצוּרָה מְבוּלבֶּלֶת; לְגַמגֵם

sputum *n.* כִּיחַ

spy *n. (pl.* spies) מְרַגֵל; סוֹכֵן סָמוּי

spy *v.* לְרַגֵל; לַעֲקוֹב / לִבלוֹשׁ אַחֲרֵי; לְהַבחִין בְּ־; לִראוֹת; לְחַטֵט (בְּעִניְינֵי־)

spyglass *n.* טֶלֶסקוֹפּ קָטָן

spy ring *n.* רֶשֶׁת מְרַגלִים

spy satellite *n.* לַוויַין רִיגוּל

sq (Sq.) רָבוּעַ; מְרוּבָּע; כִּיכָּר

squabble *v., n.* לְהִתקוֹטֵט; רִיב

squad *n.* נִבחֶרֶת; מַחלָק; חוּליָה

squad car *n.* מְכוֹנִית מִשׁטָרָה

squadron *n.* פְּלוּגָה; שַׁיֶיטֶת; טַיֶיסֶת

squalid *adj.* מְזוֹהָם וּמוּזנָח; מַשׁחִית; מְלוּכלָךְ; בָּזוּי

squalor *n.* לִכלוּךְ וַעֲזוּבָה; עֲלִיבוּת

squander *v.* (on) לְבַזבֵּז

square *adj.* מְרוּבָּע; יְשַׁר־זָווִית; רִיבּוּעִי; הוֹגֵן; הָגוּן; יָשָׁר; מְסוּדָר; תָקִין

–be (all) square (with) לֹא לִהיוֹת חַיָיבִים זֶה לָזֶה; הַחֶשׁבּוֹן בֵּינֵיהֶם סָגוּר; לִהיוֹת תֵיקוּ / בְּמַצָב שֶׁל שִׁוויוֹן

square *n.* רִיבּוּעַ; מִשׁבֶּצֶת; כִּיכָּר; רְחָבָה; זָווִיתוֹן; סַרגֵל "טִי"; חֶזקָה שְׁנִיָיה; (אָדָם) מְרוּבָּע

–back to square one חֲזָרָה לַהַתחָלָה / לִנקוּדַת הַמוֹצָא

square *v.* לְרַבֵּעַ; לְיַישֵׁר; לְהַעֲלוֹת בְּרִיבּוּעַ; לְהַתאִים; לַעֲלוֹת בְּקָנֶה אֶחָד; לְיַישֵׁב; לְהַסדִיר (חוֹב)

–square up (with) לְהַסדִיר חֶשׁבּוֹן (עִם)

–square with לִהיוֹת תוֹאֵם לְ־; לַעֲלוֹת בְּקָנֶה אֶחָד עִם

squarely *adv.* בְּיוֹשֶׁר וּבַהֲגִינוּת; יְשִׁירוּת; יָשָׁר; נְכוֹחָה; לְלֹא רְתִיעָה
squash *n.* דּוֹחַק; מִיץ מְמוּתָּק; קִישׁוּא
squash *v.* לִמְעוֹךְ; לִדְחוֹס; לְהִימָּעֵךְ; לְהִידָּחֵס; לִמְחוֹץ; לְדַכֵּא; לָשִׂים קֵץ לְ־; לְהַשְׁתִּיק; לְהַשְׁפִּיל
squat *v.* לָשֶׁבֶת עַל הָעֲקֵבִים; לִפְלוֹשׁ; לְהִתְנַחֵל לְלֹא אִישּׁוּר
squatter *n.* פּוֹלֵשׁ; מִתְנַחֵל בְּאוֹפֶן לֹא חוּקִי
squawk *v., n.* לִצְווֹחַ; לְהִתְלוֹנֵן; צְווָחָה
squeak *n.* צִיּוּץ; חֲרִיקָה
–a narrow squeak הִינָּצְלוּת בְּנֵס
squeak *v.* לְצַיֵּץ; לַחֲרוֹק
squeaky *adj.* צַיְיצָנִי; חוֹרֵק
squeal *n.* צְווָחָה; חֲרִיקָה
squeal *v.* לִצְווֹחַ; לְהַלְשִׁין; לַחֲרוֹק
squealer *n.* מַלְשִׁין; חַיָּה צַווחָנִית
squeamish *adj.* בַּעַל קֵיבָה רְגִישָׁה; חָשׁ בְּחִילָה; אִיסְטְנִיס; רָגִישׁ מִדַּי
squeegee *n., v.* מַגֵּב; מַגֵּב שְׁמָשׁוֹת; לְנַגֵּב בְּמַגֵּב
squeeze *n.* לְחִיצָה; סְחִיטָה; הַגְבָּלוֹת אַשְׁרַאי
–a tight squeeze דּוֹחַק רַב; הִינָּצְלוּת בְּנֵס; נִיצָּחוֹן דָּחוּק
–put the squeeze on לְהַפְעִיל לַחַץ עַל
squeeze *v.* לִלְחוֹץ; לִסְחוֹט; לְהִימָּחֵץ; לִדְחוֹק; לְהִידָּחֵק; לְהִידָּחֵס; לִדְחוֹס
squeezer *n.* מַסְחֵטַת פְּרִי הָדָר
squelch *v., n.* (לְהַשְׁמִיעַ) קוֹל יְנִיקָה; לְבוֹסֵס בַּבּוֹץ
squib *n.* חֲזִיז; מַאֲמַר הַתְקָפָה סָטִירִי
squid *n.* דְּיוֹנוּן
squiggle *n.* קַו עָקוֹם קָטָן; "קִשְׁקוּשׁ"
squint *n.* פְּזִילָה
squint *v.* לִפְזוֹל; לְאַמֵּץ מַבָּטוֹ; לְצַמְצֵם חֲרַכֵּי עֵינָיו
squire *n.* בַּעַל אֲחוּזָּה חָשׁוּב; אֲדוֹנִי; נוֹשֵׂא כֵּלִים (לְאַבִּיר); שׁוֹפֵט שָׁלוֹם / מְקוֹמִי
squirm *v.* לְהִתְפַּתֵּל (בְּאִי נוֹחוּת)
squirm *n.* הִתְפַּתְּלוּת
squirrel *n.* סְנָאִי
squirrel *v.* (away) לֶאֱגוֹר; לִצְבּוֹר
squirt *n.* סִילוֹן דַּק; מְעַט; "אֶפֶס" מְנוּפָּח
squirt *v.* לְהִינָּתֵז בְּסִילוֹן דַּק; לְהַתִּיז בְּסִילוֹן דַּק
squish *v.* לָנוּעַ בְּהַשְׁמָעַת קוֹל בְּסִיסָה בְּבוֹץ / בְּחוֹמֶר לַח; לִמְחוֹץ; לִמְעוֹךְ
squishy *adj.* רַךְ וְרָטוֹב; מַשְׁמִיעַ קוֹל בְּסִיסָה
Sr הָאָב
St רח׳; הַקָּדוֹשׁ; מֵיצַר
–St Bernard (כֶּלֶב) סֶן בֶּרְנַר
–St Valentine's Day הַ־14 בְּפֶבְּרוּאָר; חַג הָאַהֲבָה
stab *n.* דְּקִירָה; צְבִיטָה (בַּלֵּב); נִיסָּיוֹן
–have a stab at לְנַסּוֹת כּוֹחוֹ בְּ־
stab *v.* (stabbed) לִדְקוֹר
–stab in the back לִתְקוֹעַ סַכִּין בְּגַבּוֹ
stabbing *adj., n.* דּוֹקֵר; (שֶׁל) דְּקִירָה
stability *n.* יַצִּיבוּת
stabilize *v.* לְיַצֵּב; לְהִתְיַיצֵּב
stable *adj.* יַצִּיב; קָבוּעַ
stable *n.* אוּרְוָוה; סוּסִים (שֶׁל מִישֶׁהוּ, לְמֵירוֹץ)
stable boy/lad *n.* אוּרְוָון
stack *n.* אֲרוּבָּה; גָּדִישׁ; עֲרֵימָה; הָמוֹן; רְשִׁימַת מַחְסָנִית (בְּמַחְשֵׁב)
–stacks מַדְּפֵי סְפָרִים בְּסִפְרִיָּיה
stack *v.* לַעֲרוֹם לַעֲרֵימָה; לְהַעֲמִיס; לָחוּג בָּאֲוִויר עַד אִישּׁוּר נְחִיתָה
–stack the cards לְסַדֵּר אֶת הַקְּלָפִים (בְּמִרְמָה)
–stack up לַעֲרוֹם לַעֲרֵימָה; לְהִשְׁתַּווֹת לְ־
stadium *n.* אִיצְטַדְיוֹן
staff *n.* סֶגֶל (מוֹרִים / עוֹבְדִים); מַטֶּה; צֶוֶות; מוֹט; שַׁרְבִיט; מַקֵּל; חֲמִשָּׁה
staff *v.* (with) לְאַיֵּישׁ (בְּסֶגֶל)
staff officer *n.* קְצִין מַטֶּה
staff room *n.* חֲדַר מוֹרִים
staff sergeant *n.* סַמָּל רִאשׁוֹן
stag *n.* אַיִל; מְסַפְסֵר בְּמְנָיוֹת (מֵהַנְפָּקָה חֲדָשָׁה)
stage *n.* בָּמָה; הַתֵּיאַטְרוֹן; זִירָה; שָׁלָב; תְּקוּפָה; קֶטַע בֵּין שְׁתֵּי תַּחֲנוֹת; תַּחֲנָה; מֶרְכָּבָה

S

stale *v.* לְהִתְיַישֵׁן; לְהִימָאֵס; לָרֶדֶת בְּכוֹשֶׁר
stalemate *n.* פַּט; תֵּיקוּ; קִיפָּאוֹן; מָבוֹי סָתוּם
stalk *n., v.* גִּבְעוֹל; קָנֶה; לָצוּד; לַעֲקוֹב אַחֲרֵי; לְהִתְקָרֵב בְּהִתְגַּנְּבוּת
stall *n.* תָּא; תָּא בְּאוּרְווָה / בְּרֶפֶת; בַּסְטָה; דוּכָן; בִּיתָן; (בְּרַבִּים) הַשּׁוּרוֹת הָרִאשׁוֹנוֹת (בְּתֵיאַטְרוֹן); הִזְדַּקְּרוּת (מָטוֹס)
stall *v.* לְהִיכָּבוֹת (הַמָּנוֹעַ); לְהִיכָּבוֹת לוֹ הַמָּנוֹעַ; לְדוֹמֵם מָנוֹעַ; לִמְשׁוֹךְ זְמַן; לְהִתְעַכֵּב; לְהִיתָּקֵל בְּקְשָׁיִים
stallion *n.* סוּס הַרְבָּעָה
stalwart *adj.* חָסוֹן וְתַקִּיף; נֶאֱמָן
stamen *n.* אַבְקָן
stamina *n.* כּוֹחַ (עֲמִידָה)
stammer *n., v.* גִּמְגּוּם; לְגַמְגֵּם
stamp *n.* בּוּל; בּוּל (דוֹאַר); רְקִיעָה (בָּרֶגֶל); רְמִיסָה; חוֹתֶמֶת; חוֹתָם; סוּג
stamp *v.* לְבַיֵּיל; לִרְקוֹעַ (בְּ־); לִדְרוֹךְ; לִרְמוֹס; לְהַחְתִּים; לְהַטְבִּיעַ; לְהַטְבִּיעַ חוֹתָמוֹ; לְאַפְיֵין; לְצַיֵּין
–stamp out לְכַבּוֹת; לְחַסֵּל בִּנְחִישׁוּת; לְדַכֵּא
stamp duty *n.* מַס בּוּלִים
stampede *n.* מְנוּסַת בֶּהָלָה
stampede *v.* לִגְרוֹם לִמְנוּסַת בֶּהָלָה; לָנוּס בְּבֶהָלָה; לְהַלְחִיץ אוֹתוֹ; לִגְרוֹם לוֹ לְהִסְתָּעֵר (לִקְנִיַּית־)
stamping ground *n.* מְקוֹם בִּילּוּי / מִפְגָּשׁ קָבוּעַ
stance *n.* (צוּרַת) עֲמִידָה; עֶמְדָּה
stanch *v.* לַעֲצוֹר זְרִימַת־ (דָּם, כֶּסֶף)
stand *n.* עֶמְדָּה; כַּן; כַּנָּה; דוּכָן; יָצִיעַ
–make a stand (against) לְהִתְגּוֹנֵן בְּעוֹז (מוּל); לְהֵיאָבֵק (נֶגֶד־)
–take a stand לִנְקוֹט עֶמְדָּה
–take the stand לַעֲלוֹת לְדוּכַן הָעֵדִים
stand *v.* (stood) לַעֲמוֹד; לְהַעֲמִיד; לָקוּם; לְהִתְנַשֵּׂא לְגוֹבַהּ־; לִהְיוֹת בְּגוֹבַהּ־; לְהִימָּצֵא; לִהְיוֹת בְּתוֹקֶף; לַעֲמוֹד בְּעֵינוֹ; לְהִישָּׁאֵר; לַעֲמוֹד בְּ־; לָשֵׂאת; לִסְבּוֹל; לְהַזְמִין אוֹתוֹ לְ־

–go through a stage לַעֲבוֹר מַשְׁבֵּר קָטָן וְחוֹלֵף; לַעֲבוֹר שָׁלָב
–set the stage for לְהַכְשִׁיר אֶת הַקַּרְקַע לְ־
stage *v.* לְבַיֵּים; לְהַצִּיג; לְהַעֲלוֹת עַל הַבָּמָה; לְאַרְגֵּן; לַעֲרוֹךְ
stagecoach *n.* מֶרְכָּבָה
staged *adj.* מְבוּיָּם; לֹא אֲמִיתִּי
stage designer *n.* תַּפְאוּרָן
stage fright *n.* פַּחַד בָּמָה
stage-manage *v.* לְבַיֵּים; לְאַרְגֵּן; לְתַכְנֵן
stage manager *n.* מְנַהֵל בָּמָה
stagflation *n.* סְטַגְפְלַצְיָה
stagger *v.* לְהִתְנוֹדֵד; לָנוּעַ בְּרַגְלַיִים כּוֹשְׁלוֹת; לְזַעְזֵעַ; לְהַדְהִים; לְפַזֵּר אוֹ לִקְבּוֹעַ בְּמוֹעֲדִים שֶׁאֵינָם חוֹפְפִים
staggering *adj.* מַדְהִים
stagnant *adj.* עוֹמְדִים (מַיִם); קוֹפֵא עַל שְׁמָרָיו
stagnate *v.* לִקְפּוֹא עַל הַשְּׁמָרִים; לֹא לְהִתְקַדֵּם; לַעֲמוֹד כְּפִי שֶׁהָיָה
stag party *n.* מְסִיבַּת גְּבָרִים (לֶחָתָן הַמְיוּעָד)
staid *adj.* מְיוּשָּׁב; רְצִינִי; קָבוּעַ
stain *n.* כֶּתֶם; רְבָב; צֶבַע
stain *v.* לְהַכְתִּים; לְקַבֵּל כְּתָמִים; לִצְבּוֹעַ
stainless *adj.* לְלֹא דוֹפִי; לְלֹא רְבָב; אַל־חֶלֶד
stair *n.* מַדְרֵגָה
staircase, stairway *n.* מַדְרֵגוֹת; חֲדַר מַדְרֵגוֹת
stake *n.* מוֹט; יָתֵד; סְכוּם הַהִימּוּרִים; עִנְיָין; חֵלֶק בְּעֵסֶק; הַשְׁקָעָה; (עַמּוּד) הַמּוֹקֵד
–at stake מוּטָל עַל כַּף הַמֹּאזְנַיִים; מְדוּבָּר בְּסִיכּוּן שֶׁל־; מְדוּבָּר בְּגוֹרַל־
stake *v.* לִתְמוֹךְ בְּמוֹט; לְהַמֵּר (עַל־); לְסַכֵּן; לִתְמוֹךְ (כַּסְפִּית) בְּ־
stakeout *n.* מַעֲקָב (מִשְׁטַרְתִּי); מַאֲרָב
stalactite *n.* נְטִיף
stalagmite *n.* זָקִיף (נְטִיף תַּחְתִּי)
stale *adj.* לֹא טָרִי; יָבֵשׁ; נָדוֹשׁ; יָשָׁן; מְשַׁעֲמֵם; בְּכוֹשֶׁר יָרוּד; מְעוּפָּשׁ (אֲוִויר)

S

–it stands to reason (that) זֶה הֶגיוֹנִי
–stand a chance יֵש לוֹ סִיכּוּי
–stand apart (from) לְהִתבַּדֵל; לְהִתרַחֵק מ־
–stand back (from) לָזוּז אָחוֹרָה; לְהִתרַחֵק מ־
–stand by לִהיוֹת בְּכוֹננוּת; לַעֲמוֹד מְנֶגֶד; לִתמוֹך ב־; לַעֲמוֹד לְצִידוֹ; לְקַיֵים; לַעֲמוֹד ב־/מֵאֲחוֹרֵי־
–stand for לִהיוֹת קִיצוּר שֶל־; לְייַצֵג; לִסבּוֹל; לְהַצִיג מוּעֲמָדוּת
–stand in (for) לְהַחֲלִיף אוֹתוֹ; לְמַלֵא מְקוֹמוֹ
–stand out לְהִתבַּלֵט; לִבלוֹט
–stand up לַעֲמוֹד; לָקוּם
–stand him up לְהַברִיז לוֹ
–stand up for לָקוּם לְהֲגַנָתוֹ; לַעֲמוֹד עַל
–stand up to לַעֲמוֹד בְּאוֹמֶץ מוּל־; לְהִתייַצֵב נֶגֶד־; לַעֲמוֹד ב־
standard *adj.* תִּקנִי; סְטַנדַרטִי; מְקוּבָּל
standard *n.* סְטַנדַרד; רָמָה; אַמַת־מִידָה; תֶקֶן; נוֹרמָה; מוֹפֵת; מוּסָר; כְּלָל; דֶגֶל; כַּן; שִׂיחַ זָקוּף
–be up to standard לַעֲמוֹד בַּדְרִישוֹת
standardization *n.* תִּקנוּן; תְקִינָה
standardize *v.* לְתַקנֵן; לִקבּוֹעַ תֶקֶן
standard lamp *n.* מְנוֹרַת־עָמוּד (מְנוֹרַת לַילָה)
standard of living *n.* רָמַת־חַיִים
standard procedure *n.* נוֹהַל שִגרָתִי
standby *n.* כּוֹננוּת; מַצָב הָכֵן
–on standby בְּכוֹננוּת; מְחַכֶּה לְמָקוֹם פָּנוּי
stand-in *n.* מַחלִיף; מְמַלֵא מָקוֹם
standing *adj.* (וַעֲדָה) מַתמֶדֶת; ־קֶבַע
standing *n.* מֶשֶך זְמַן; מַעֲמָד; עֶמדָה; עֲצִירָה
standing army *n.* צְבָא קֶבַע (כּוֹלֵל סָדִיר)
standing order *n.* הוֹרָאַת קֶבַע
standing ovation *n.* תְשוּאוֹת בְּקִימָה
standing room *n.* מָקוֹם בַּעֲמִידָה
stand-off *n.* תֵיקוּ; קִיפָּאוֹן
stand-offish *adj.* מִתנַשֵׂא; שוֹמֵר מֶרחָק; מְגַלֶה יַחַס צוֹנֵן
standpoint *n.* נְקוּדַת מַבָּט; בְּחִינָה
standstill *n.* עֲצִירָה; שִיתוּק; קִיפָּאוֹן
stank *v. past of* stink
stanza *n.* בַּיִת (בְּשִיר מְשוּרָרִים)
staple *adj.* עִיקָרִי; בְּסִיסִי
staple *n.* מוּצָר בְּסִיסִי/עִיקָרִי; מָזוֹן בְּסִיסִי/עִיקָרִי; מַסמֵר חֵית; סוֹגֵר הַמַנעוּל; כְּלִיב; סִיכַּת הִידוּק
stapler *n.* מַכלֵב ("שַדכָן")
star *n.* כּוֹכָב; מַזָל
star *v.* לְסַמֵן בְּכוֹכָב; לְכַכֵּב; לְהַצִיג כְּכוֹכָב
starboard *n.* צַד יָמִין (בָּאוֹנִייָה)
starch *n.* עֲמִילָן; מָזוֹן עֲמִילָנִי
starchy *adj.* עֲמִילָנִי; מְכוּפתָר; פוֹרמָלִי
stardom *n.* מַעֲמָד שֶל כּוֹכָב
stardust *n.* אֲבַק כּוֹכָבִים; קֶסֶם; חֲלוֹם קָסוּם
stare *v.* לִנעוֹץ מַבָּט; לִהיוֹת גָלוּי לָעַיִן
–stare someone in the face לִהיוֹת בָּרוּר כַּשֶמֶש; לִהיוֹת מוּל הָעֵינַיִים
starfish *n.* כּוֹכַב־יָם
stark *adj.* כְּמוֹת שֶהוּא; עָרוֹם; קָשֶה; מַמָש; מוּחלָט
stark *adv.* לְגַמרֵי
–stark naked עָרוֹם לְגַמרֵי
starlet *n.* שַׂחקָנִית מַתחִילָה; כּוֹכָבְנִית
starlight *n.* אוֹר כּוֹכָבִים
starling *n.* זַרזִיר (צִיפּוֹר)
starlit *adj.* מוּאָר בְּאוֹר כּוֹכָבִים
Star of David *n.* מָגֵן דָוִיד
starry *adj.* זָרוּעַ כּוֹכָבִים; מְנַצנֵץ
Stars and Stripes *n.* דֶגֶל אַרה"ב
Star-Spangled Banner *n.* הִימנוֹן אַרה"ב
star-studded *adj.* מְשוּפָּע בְּכוֹכָבִים
start *n.* יְצִיאָה; זִינוּק; הַתחָלָה; מִקדָמָה; יִתרוֹן; תְנוּעָה פִּתאוֹמִית; "קְפִיצָה"
–for a start קוֹדֶם כּוֹל
start *v.* לְהַתחִיל; לְהָנִיעַ; לְהַפעִיל; לְהִתנִיעַ; לָצֵאת לַדֶרֶך; לִגרוֹם ל־; לְעוֹרֵר; לְהָקִים; לְייַסֵד; "לִקפּוֹץ" (בְּבֶהָלָה); לְהִתחַלחֵל; לְהִשתַתֵף בְּתַחֲרוּת וכד'; לִפתוֹחַ ב־

–start over לְהַתחִיל / לַעֲשׂוֹת מֵחָדָש
–start (someone) up (in) (לַעֲזוֹר לוֹ) לְהִיכָּנֵס לִתחוּם / לְהַתחִיל בּ־
–to start with קוֹדֶם כּוֹל; בַּהַתחָלָה
starter *n.* מַזנִיק; מַתנֵעַ; מָנָה רִאשׁוֹנָה; מִתחָרֶה
–for starters קוֹדֶם כּוֹל
starting block *n.* אֶדֶן הַזִינוּק
starting line *n.* קַו זִינוּק
starting point *n.* נְקוּדַת מוֹצָא
startle *v.* "לְהַקפִּיץ"; לְהַחֲדִיר; לְהַפתִיעַ
startling *adj.* מַפתִיעַ; מַדהִים
start-up *adj.* הַתחָלָתִי
start-up *n.* חֶברַת הֶזנֵק; סְטַרטאַפּ
starvation *n.* רָעָב; מָוֶות מֵרָעָב
starvation wages *n.* מַשׂכּוֹרֶת רָעָב
starve *v.* לְהַרעִיב; לִגווֹעַ בְּרָעָב; "לָמוּת מֵרָעָב"
star wars *n.* מִלחֶמֶת הַכּוֹכָבִים
stash *v.* לְהַחבִּיא; לִצבּוֹר; לֶאֱגוֹר
stash *n.* דָבָר מוּחבָּא; מְקוֹם מַחֲבוֹא; סְלִיק
state *adj.* שֶׁל הַמְדִינָה; מַמלַכתִי
state *n.* מַצָב; מְדִינָה; טֶקֶס מַמלַכתִי
–in a state בְּפַּנִיקָה; לָחוּץ; נִסעָר
–lie in state אֲרוֹנוֹ מוּנָח לִפנֵי הַקָהָל
–state of mind מַצַב רוּחַ; הֲלָךְ רוּחַ
state *v.* לְהַבהִיר; לוֹמַר; לְצַיֵין; לִטעוֹן
stated *adj.* יָדוּעַ; שֶׁנִקבַּע; נָקוּב; מוּצהָר
State Department מַחלֶקֶת הַמְדִינָה (בארה"ב)
statehood *n.* מַעֲמָד שֶׁל מְדִינָה
stateless *adj.* חֲסַר נְתִינוּת
stately *adj.* מְפוֹאָר; מַרשִׁים; מְכוּבָּד
statement *n.* הַצהָרָה; הִתבַּטאוּת; אֲמִירָה; הוֹדָעָה; הֶיגֵד; צִיוּן (עוּבדוֹת); מַצַב חֶשבּוֹן; דוּ"חַ (כַּספִּי); מִשׁפַּט חִיוּוִי; מִשׁפָּט; פָּסוּק (בְּתוֹכנִית מַחשֵׁב)
–make a statement לְהַצהִיר; לִמסוֹר עֵדוּת (בַּמִשׁטָרָה)
–put out/issue a statement לְפַרסֵם הוֹדָעָה
state-of-the-art *adj.* מִתקַדֵם בְּיוֹתֵר; חָדִישׁ בְּיוֹתֵר; מְשׁוּכלָל

stateroom *n.* תָא פְּרָטִי (בָּאוֹנִיָיה); אוּלָם לְאֵירוּעִים מַמלַכתִיִים
States *n.* (the States) ארה"ב
state's evidence *n.* עֵד מְדִינָה
statesman *n.* מְדִינַאי
statesmanship *n.* מְדִינָאוּת; תְבוּנָה מְדִינִית
static *adj.* סְטָטִי; לֹא זָז; לֹא מִשׁתַנֶה
static *n.* הַפרָעוֹת (בּרדיו וכו')
station *n.* תַחֲנָה; מַעֲמָד; בָּסִיס (צְבָאִי); חַווָה
station *v.* לְהַצִיב
stationary *adj.* נַיָיח; לֹא מִשׁתַנֶה
stationery *n.* צוֹרכֵי כְּתִיבָה
station wagon *n.* מְכוֹנִית דוּ־שִׁימוּשִׁית (סְטֵיישֶׁן)
statistic *n.* נָתוּן סְטָטִיסטִי
statistical *adj.* סְטָטִיסטִי
statistically *adv.* מִבּחִינָה סְטָטִיסטִית
statistician *n.* סְטָטִיסטִיקַאי
statistics *n.* נְתוּנִים; סְטָטִיסטִיקָה
statuary *n.* פְּסָלִים; פִּיסוּל
statue *n.* פֶּסֶל
statuesque *adj.* כְּפֶסֶל; נָאָה וּגבוֹהָה; מַרשִׁים
statuette *n.* פִּסלוֹן
stature *n.* גוֹבַה; שִׁיעוּר קוֹמָה; חֲשִׁיבוּת; שֵׁם (עוֹלָמִי); מַעֲמָד
status *n.* מִיצָב; מַעֲמָד; סְטָטוּס
status quo *n.* סְטָטוּס קווֹ; הַמַצָב כְּמוֹת שֶׁהוּא
status symbol *n.* סֵמֶל סְטָטוּס
statute *n.* חוֹק (שֶׁל בֵּית־נִבחָרִים); חִיקוּק
statute of limitations *n.* חוֹק הַהִתיַישְׁנוּת
statutory *adj.* עַל־פִּי חוֹק; סְטָטוּטוֹרִי
statutory rape *n.* אוֹנֶס קְטִינָה
staunch *adj.* נֶאֱמָן; מָסוּר
staunch *v.* לַעֲצוֹר זְרִימַת־ (דָם, כֶּסֶף)
stave *n.* חֲמִשָׁה; בַּיִת (בְּשִׁיר)
stave *v.* (staved *or* stove)
–stave in לְפַצֵחַ; לִשׁבּוֹר; לִמחוֹץ; לְהִימָחֵץ
–stave off לְהַרחִיק; לִדחוֹת; לְעַכֵּב

S

stay *n.* שְׁהִיָּה; דְחִיָּה; עִיכּוּב; חֶבֶל־תּוֹרֶן; תּוֹמֵךְ; מִישְׁעָן
–a stay of execution עִיכּוּב הוֹצָאָה לַפּוֹעַל; עִיכּוּב בִּיצוּעַ עוֹנֶשׁ/צַו
stay *v.* לְהִישָּׁאֵר; לִשְׁהוֹת; לָגוּר; לַעֲצוֹר; לְעַכֵּב; לְהַמְשִׁיךְ עַד סוֹף־; לְהַחֲזִיק מַעֲמָד
–stay away (from) לְהֵיעָדֵר (מ־); לְהִתְרַחֵק (מ־); לֹא לְהִתְקָרֵב (ל־)
–stay behind לְהִישָּׁאֵר (עוֹד זְמַן־מָה)
–stay on לְהִישָּׁאֵר; לְהַמְשִׁיךְ
–stay out of לֹא לְהִתְעָרֵב בּ־; לֹא לְהִסְתַּבֵּךְ בּ־; לְהִישָּׁאֵר מִחוּץ לְטְוַוח־
–stay put לְהִישָּׁאֵר (בַּמָּקוֹם); לֹא לָזוּז
–stay up לְהִישָּׁאֵר עֵר; לְהִישָּׁאֵר לְמַעְלָה; לֹא לִיפּוֹל; לַעֲמוֹד עַל תִּילוֹ
–stay the course לְהַתְמִיד עַד הַסּוֹף
stay-at-home *n.* אוֹהֵב לָשֶׁבֶת בַּבַּיִת
St. Bernard *n.* סֶן בֶּרְנַרְד (כֶּלֶב)
STD חִיוּג יָשִׁיר; מַחֲלוֹת הַמּוּעֲבָרוֹת בְּמַגָּע מִינִי
stead *n.* – in his stead בִּמְקוֹמוֹ
steadfast *adj.* קָבוּעַ; נָעוּץ; נֶאֱמָן; אֵיתָן
steadfastly *adv.* בְּהַתְמָדָה; בְּמַבָּט קָבוּעַ; בְּהֶחְלֵטִיּוּת
steadily *adv.* בְּאוֹפֶן יַצִּיב/קָבוּעַ; בְּהַתְמָדָה
steadiness *n.* יַצִּיבוּת
steady *adj.* יַצִּיב; קָבוּעַ; סָדִיר; מַתְמִיד; מְסוּדָר; רְצִינִי; שָׁקֵט; רָגוּעַ
–steady as a rock יַצִּיב מְאוֹד
steady *v.* (steadied) לְיַיצֵּב; לְהַרְגִּיעַ; לְהִתְיַיצֵּב
steak *n.* אוּמְצָה; סְטֵייק
steal *n.* מְצִיאָה
steal *v.* (stole, stolen) לִגְנוֹב; לְהִתְגַּנֵּב; לְהַגְנִיב; לַחְטוֹף (מַבָּט)
–steal away לַחְמוֹק; לְהִסְתַּלֵּק בְּשֶׁקֶט
stealth *n.* הִתְגַּנְּבוּת; הֶסְתֵּר
stealthily *adv.* בְּהִתְגַּנְּבוּת; בַּחֲשַׁאי
steam *n.* אֵדִים; קִיטוֹר; מֶרֶץ
–go full steam ahead (with) לְהִתְקַדֵּם בִּמְלוֹא הַקִּיטוֹר; לִפְעוֹל בִּמְלוֹא הַמֶּרֶץ
–let off steam לְשַׁחְרֵר קִיטוֹר; לִפְרוֹק מֶרֶץ/רְגָשׁוֹת וכד׳
steam *v.* לְהַעֲלוֹת אֵדִים; לָנוּעַ/לִפְעוֹל בְּכוֹחַ הַקִּיטוֹר; לְאַדּוֹת (יְרָקוֹת וכו׳); לִפְתּוֹחַ (מעטפה וכו׳) בְּעֶזְרַת אֵדִים
steamboat *n.* סְפִינַת קִיטוֹר
steamed *adj.* מְאוּדֶה
steamed up *adj.* מְעוּצְבָּן; רוֹתֵחַ; מִתְרַגֵּשׁ
steamer *n.* סְפִינַת קִיטוֹר; סִיר־אֵדִים
steaming hot *adj.* חַם מְאוֹד
steam iron *n.* מַגְהֵץ אֵדִים
steamroll(er) *v.* לְהַפְעִיל מַכְבֵּשׁ לְחָצִים עַל־; לִמְחוֹץ; לִכְפּוֹת
steamroller *n.* מַכְבֵּשׁ
steamship *n.* סְפִינַת קִיטוֹר
steam shovel *n.* מַחְפֵּר
steamy *adj.* מַהְבִּיל; אָפוּף אֵדִים; אֶרוֹטִי
steed *n.* סוּס
steel *n.* פְּלָדָה; חֶרֶב
steel *v.* לְהַקְשִׁיחַ; לְחַשֵּׁל; לְהִתְכּוֹנֵן נַפְשִׁית
steel wool *n.* צֶמֶר פְּלָדָה
steelworks *n.* מִפְעַל פְּלָדָה
steep *adj.* תָּלוּל; מוּגְזָם
steep *v.* לְהַשְׁרוֹת; לִהְיוֹת מָלֵא/סָפוּג/שָׁקוּעַ בּ־
steepen *v.* לְהַתְלִיל; לְהֵיעָשׂוֹת תָּלוּל (יוֹתֵר)
steeple *n.* מִגְדָּל/צְרִיחַ כְּנֵסִיָּיה
steer *n.* שׁוֹר צָעִיר (מְסוּרָס)
steer *v.* לְנַוֵּוט; לִנְהוֹג; לִפְנוֹת; לִנְסוֹעַ
–steer clear of לְהִתְרַחֵק מ־
steering *n.* הִיגּוּי; הַנְחָיָה
steering wheel *n.* הֶגֶה
steersman *n.* הַגַּאי
stein *n.* סֵפֶל (בִּירָה) גָּדוֹל; קַנְקַן
stellar *adj.* שֶׁל כּוֹכָבִים
stem *n.* גִּבְעוֹל; פְּטוֹטֶרֶת; קָנֶה; צוּרָה בְּסִיסִית שֶׁל מִילָּה
stem *v.* (stemmed) לַעֲצוֹר (זְרִימָה, סַחַף וכו׳)
–stem from לִנְבּוֹעַ מ־; לִהְיוֹת מְקוֹרוֹ בּ־
stench *n.* סִרְחוֹן

S

stencil *n., v.* סְטֶנסִיל; לְשַׁכְפֵּל בִּסְטֶנסִיל
stenographer *n.* קַצְרָן; קַצְרָנִית
step *n.* צַעַד; פְּסִיעָה; קוֹל צְעָדִים; דַּרְגָּה; מַדְרֵגָה; שָׁלָב (בְּסוּלָם); סוּלָם (מִתְקַפֵּל)
–step by step צַעַד צַעַד
–take steps לִנְקוֹט אֶמְצָעִים / צְעָדִים
–watch your step לְהִיזָּהֵר
step *v.* לִצְעוֹד; לִפְסוֹעַ; לָלֶכֶת; לָבוֹא; לִדְרוֹךְ
–step aside לָזוּז הַצִּידָּה; לְפַנּוֹת מְקוֹמוֹ
–step down לְהִתְפַּטֵּר (מִתַּפְקִידוֹ); לָרֶדֶת
–step forward לָבוֹא (לְהַצִּיעַ עֶזְרָתוֹ); לְהִתְנַדֵּב
–step in לְהִתְעָרֵב
–step on לִדְרוֹךְ עַל־; לִרְמוֹס
–step on it תֵּן גַּז!; יוֹתֵר מַהֵר!
–step out of line לַעֲבוֹר אֶת הַגְּבוּל; לַחֲרוֹג מֵהַמּוּתָּר / מֵהַמְקוּבָּל
–step up לְהַגְבִּיר; לְהַגְדִּיל; לְהָחִישׁ
stepbrother *n.* אָח חוֹרֵג
stepdaughter *n.* בַּת חוֹרֶגֶת
stepfather *n.* אָב חוֹרֵג
stepladder *n.* סוּלָם (מִתְקַפֵּל)
stepmother *n.* אֵם חוֹרֶגֶת
stepping-stone *n.* אֶבֶן־מַעֲבָר (בַּמַּיִם); קֶרֶשׁ קְפִיצָה
stepsister *n.* אָחוֹת חוֹרֶגֶת
stepson *n.* בֵּן חוֹרֵג
stereo *n., adj.* סְטֶרֶאוֹפוֹנִי; (מַעֲרֶכֶת) סְטֶרֶאוֹ
stereophonic *adj.* סְטֶרֶאוֹפוֹנִי
stereotype *n.* סְטֶרֶאוֹטִיפּ; דוּגְמָה מוּבְהֶקֶת; טִיפּוּס
stereotype *v.* לִתְפּוֹשׂ כִּסְטֶרֶאוֹטִיפּ(י)
sterile *adj.* עָקָר; לֹא פּוֹרֶה; ־סְרָק; מְעוּקָר; סְטֶרִילִי
sterility *n.* עֲקָרוּת; סְטֶרִילִיוּת
sterilization *n.* עִיקּוּר
sterilize *v.* לְעַקֵּר
sterling *adj.* אֲמִיתִּי; נַעֲלֶה; מְצוּיָּן
sterling *n.* שְׁטֶרְלִינג
stern *adj.* קַפְּדָן; קָשׁוּחַ; קָשֶׁה; מַחְמִיר; חָמוּר
stern *n.* יַרְכָתַיִים
steroid *n.* סְטֶרוֹאִיד
stethoscope *n.* מַסְכֵּת; סְטֶתוֹסקוֹפּ
stetson *n.* כּוֹבַע בּוֹקְרִים / סְטֶטסוֹן
stevedore *n.* סַוָּור
stew *n.* תַּבְשִׁיל בָּשָׂר
–in a stew עַצְבָּנִי; מוּדְאָג; לָחוּץ
stew *v.* לְבַשֵּׁל; לְהִתְבַּשֵּׁל; לִדְאוֹג; לְהִתְעַצְבֵּן
steward *n.* דַּיָּיל; כַּלְכָּל; מְנַהֵל אֲחוּזָּה; מְנַהֵל מֶשֶׁק־בַּיִת; מְאַרְגֵּן
stewardess *n.* דַּיֶּילֶת
stick *n.* עָנָף דַּק; מַקֵּל; חֲתִיכָה; מַקְלוֹן; גִּבְעוֹל
–get the wrong end of the stick לְהָבִין לֹא נָכוֹן אֶת הָעִנְיָין; לִטְעוֹת לְגַמְרֵי
stick *v.* (stuck) לִתְקוֹעַ; לִנְעוֹץ; לְהִינָּעֵץ; לְהִיתָּקַע; לְהַדְבִּיק; לְהִידָּבֵק; לִתְחוֹב; לִסְבּוֹל; לְהִישָּׁאֵר חָקוּק בְּ־; לִהְיוֹת לוֹ רְאָיוֹת; לְהַחֲזִיק מַעֲמָד; לְהַתְמִיד; לְהִישָּׁאֵר
–stick around לְהִישָּׁאֵר בַּסְּבִיבָה
–stick at nothing לֹא לְהֵירָתַע; לֹא לִבְחוֹל בְּשׁוּם אֶמְצָעִי
–stick by לִתְמוֹךְ בְּ־
–stick your neck out לְהִסְתַּכֵּן; לְהַזְמִין צָרוֹת לְעַצְמוֹ
–stick out לִבְלוֹט; לְהוֹצִיא; לְהַבְלִיט
–stick out for לְהֵיאָבֵק עַל־; לִדְרוֹשׁ בְּתוֹקֶף
–stick to לִהְיוֹת נֶאֱמָן לְ־; לִדְבּוֹק בְּ־; לְהִיצָּמֵד לְ־; לְהַמְשִׁיךְ עִם
–stick together לְהִישָּׁאֵר מְלוּכָּדִים
–stick up לְהִזְדַּקֵּר
–stick up for לְהָגֵן עַל־; לִתְמוֹךְ בְּ־
sticker *n.* מַדְבֵּקָה; מַתְמִיד; לֹא מְווַתֵּר; בְּעָיָה
sticking point *n.* מִכְשׁוֹלָה; עִנְיָין שֶׁמֵּבִיא לְפִיצוּץ
stick-in-the-mud *n.* שַׁמְרָן קִיצוֹנִי
stickler *n.* (for) קַפְּדָן (בְּעִנְיְינֵי־)
stick-on *adj.* (תָּוִוית) לְהַדְבָּקָה; נִדְבָּק; דָּבִיק
stickpin *n.* סִיכַּת־עֲנִיבָה; סִיכַּת נוֹי

S

stick shift *n.* יְדִית הִילוּכִים
stick-up *n.* שׁוֹד מְזוּיָּן
sticky *adj.* דָּבִיק; עוֹשֶׂה קְשָׁיִים; לֹא נָעִים
stiff *adj.* נוּקְשֶׁה; "תָּפוּס" (וְכוֹאֵב); קָשִׁיחַ; קָשֶׁה; מוּצָק; רִשְׁמִי; קָרִיר (כְּלַפֵּי־); קָפוּא (חִיּוּךְ); חָמוּר; חָזָק; חָרִיף; גָּבוֹהַּ (מְחִיר)
stiff *adv.* "עַד מָוֶות"; לְגַמְרֵי
stiff *n.* גְּוִויָּה; "חָנוּט"; קַמְצָן בְּטִיפִּים; שִׁיכּוֹר; בָּחוּר
stiffen *v.* לְהַקְשׁוֹת; לְהַקְשִׁיחַ; לְהִתְקַשּׁוֹת; לְהִתְקַשֵּׁחַ; לְהִתְגַּבֵּר (רוּחַ); לְחַזֵּק
stiff-necked *adj.* קְשֵׁה־עוֹרֶף
stiffness *n.* נוּקְשׁוּת; קְשִׁיחוּת; קַשְׁיוּת; חוֹזֶק
stifle *v.* לְהַחֲנִיק; לְדַכֵּא; לַעֲצוֹר; לְהֵיחָנֵק
stifling *adj.* מַחֲנִיק; מֵעִיק
stigma *n.* אוֹת קָלוֹן; סְטִיגְמָה; תָּווִית
stigmatize *v.* לְהַדְבִּיק תָּווִית/סְטִיגְמָה לְ־; לְהוֹקִיעַ
stiletto *n.* פִּגְיוֹן
–stilettos נַעֲלֵי עָקֵב (לְאִישָּׁה)
still *adj.* שָׁקֵט; בְּשֶׁקֶט; לְלֹא נוֹעַ; לְלֹא מַשַּׁב רוּחַ; לֹא תוֹסֵס
–still waters run deep מַיִם שְׁקֵטִים חוֹדְרִים עָמוֹק
still *adv.* עֲדַיִין; אֲפִילוּ; עוֹד יוֹתֵר; בְּכָל זֹאת
still *n.* דְּמָמָה; תְּמוּנָה (סְטִילְס); מַזְקֵקָה
stillbirth *n.* לֵידַת מֵת
stillborn *adj.* שֶׁנּוֹלַד מֵת; ־נֵפֶל
stilts *n.* קַבַּיִים (שֶׁל לֵיצָן)
stimulant *n.* מַשְׁקֶה/סַם מְעוֹרֵר; תַּמְרִיץ; גּוֹרֵם מְדַרְבֵּן
stimulate *v.* לְדַרְבֵּן; לְעוֹרֵר; לְגָרוֹת
stimulating *adj.* מְגָרֶה; מַמְרִיץ
stimulation *n.* הַמְרָצָה; דִּירְבּוּן; גֵּירוּי
stimulus *n.* תַּמְרִיץ; גּוֹרֵם מְדַרְבֵּן; גֵּירוּי
sting *n.* עוֹקֶץ; סִיבִים צוֹרְבִים; עֲקִיצָה; צְרִיבָה; כְּאֵב צוֹרֵב
sting *v.* (stung) לַעֲקוֹץ; לְהַכְאִיב לְ־; לְיַיסֵּר; לִכְאוֹב; לִצְרוֹב; לְרַמּוֹת בַּמְּחִיר
stinginess *n.* קַמְצָנוּת
stingy *adj.* קַמְצָן
stink *n.* סִרְחוֹן; שַׁעֲרוּרִיָּיה
stink *v.* (stank, stunk) לְהַסְרִיחַ; לִהְיוֹת רַע; לְהַגְעִיל; "לְהַסְרִיחַ"
stink bomb *n.* פְּצָצַת סִרְחוֹן
stinker *n.* מַסְרִיחַ; מַגְעִיל; מְנוּוָל; "זֶבֶל"; (מַמָּשׁ) קָשֶׁה
stinking *adj.* מַסְרִיחַ; לֹא נָעִים; מְזוּפָּת; מַגְעִיל
–stinking rich "מַלְיוֹן"; מָלֵא כֶּסֶף
stint *n.* מִכְסַת/תְּקוּפַת עֲבוֹדָה
–without stint לְלֹא הַגְבָּלָה; בִּנְדִיבוּת
stint *v.* (on; of) לְקַמֵּץ בְּ־; לְהַגְבִּיל בְּ־; לַחְסוֹךְ (בְּ־)
stipend *n.* מִלְגָה; מַשְׂכּוֹרֶת (שֶׁל כּוֹמֶר)
stipulate *v.* לִקְבּוֹעַ תְּנַאי (שֶׁ־); לְצַיֵּין בִּמְפוֹרָשׁ; לִקְבּוֹעַ
stipulation *n.* תְּנַאי; קְבִיעַת תְּנַאי
stir *n.* בְּחִישָׁה; הִתְרַגְּשׁוּת; "רַעַשׁ"; נִיעַ; תְּנוּעָה
stir *v.* (stirred) לִבְחוֹשׁ; לְרַגֵּשׁ; לְעוֹרֵר; לְהַסְעִיר; לְהָזִיז; לְהָנִיעַ; לָזוּז; לְהִתְעוֹרֵר
–stir up לְעוֹרֵר; לִגְרוֹם לְ־
stir-fry *v.* לְהַקְפִּיץ (בְּטִיגּוּן)
stir-fried *adj.* מוּקְפָּץ (יְרָקוֹת וכו')
stirrup *n.* מִשְׁוֶורֶת; רַגְלִית הָאוֹפָן
stitch *n.* תֶּפֶר; תַּךְ; עַיִן (בִּסְרִיגָה); כְּאֵב חַד בַּצַּד
–in stitches מִתְפּוֹצֵץ מִצְּחוֹק
stitch *v.* לִתְפּוֹר; לְהַכְלִיב
–stitch up לִתְפּוֹר; לִסְגּוֹר (עִסְקָה)
stoat *n.* (סַמּוּר) הֶרְמִין (טוֹרֵף)
stock *adj.* רָגִיל; שִׁגְרָתִי; נָדוֹשׁ; מְמוּצָּע
stock *n.* מְלַאי; סְחוֹרָה; מֶשֶׁק הַחַי; מְנָיוֹת (סְטוֹק); הוֹן מְנָיוֹת; עֵרֶךְ; פּוֹפּוּלָרִיּוּת; גֶּזַע; מוֹצָא; שׁוֹשֶׁלֶת; חוֹמֶר גֶּלֶם; כַּנָּה; קַת (רוֹבֶה); מִיץ בָּשָׂר לְמָרָק; תֵּיאַטְרוֹן סְפָר; קוֹרָה; סָמוֹכָה; סַד (בְּרַבִּים); מַנְתּוֹר (פֶּרַח)
–take stock of לִשְׁקוֹל; לְהַעֲרִיךְ; לִבְחוֹן

S

stock *v.* לְהַחֲזִיק בְּמְלַאי; לְסַפֵּק מְלַאי; לְמַלֵּא בִּסְחוֹרָה
–stock up (on) לֶאֱגוֹר; לְהִצְטַיֵּד בּ־
stockade *n.* חוֹמַת־מָגֵן מֵעַמּוּדֵי־עֵץ; מַחֲנֶה מְעֻצָּר
stockbroker *n.* סוֹכֵן נְיָרוֹת עֵרֶךְ; בְּרוֹקֶר
stock cube *n.* קוּבִיַּית מָרָק
stock exchange *n.* בּוּרְסָה
stockholder *n.* בַּעַל מְנָיוֹת
stocking *n.* גֶּרֶב (נַיילוֹן)
stock-in-trade *n.* סְחוֹרָה; מְלַאי עִיסוּק; מַה שֶּׁדָּרוּשׁ בָּעֵסֶק / בַּמִּקְצוֹעַ; חֵלֶק בִּלְתִּי נִפְרָד; נְתוּנִים הֶכְרֵחִיִּים; כֵּלִים
stock market *n.* שׁוּק הַמְּנָיוֹת
stockpile *v., n.* (לֶאֱגוֹר) מְלַאי
stockroom *n.* מַחְסַן מְלַאי
stocks *n.* סַד; מְנָיוֹת
stockstill *adv.* לְלֹא כָּל תְּנוּעָה; לְלֹא נִיעַ
stocktaking *n.* סְפִירַת מְלַאי; הַעֲרָכַת מַצָּב; חֶשְׁבּוֹן־נֶפֶשׁ
stocky *adj.* גּוּץ וְחָסוֹן
stockyard *n.* מִכְלְאַת בָּקָר
stodge *n.* אוֹכֶל כָּבֵד וַחֲסַר טַעַם
stodgy *adj.* כָּבֵד וַחֲסַר טַעַם; כָּבֵד וּמְשַׁעֲמֵם; ״מְרוּבָּע״
stoic *n.* סְטוֹאִיקָן; מִי שֶׁיּוֹדֵעַ לִסְבּוֹל בְּשֶׁקֶט
stoical *adj.* סְטוֹאִי
stoke *v.* (up) לְהוֹסִיף פֶּחָם / דֶּלֶק ל־
stole *n.* סוּדָר; צָעִיף; רְדִיד
stole *v. past of* steal
stolen *v. 3rd form of* steal
stolid *adj.* לֹא מִתְרַגֵּשׁ בְּקַלּוּת; קַר־מֶזֶג
stomach *n.* קֵיבָה; בֶּטֶן; תֵּיאָבוֹן; חֵשֶׁק
stomach *v.* לִסְבּוֹל; לֶאֱכוֹל; לִבְלוֹעַ; לְעַכֵּל
stomachache *n.* כְּאֵב בֶּטֶן
stomp *v.* לִרְקוֹעַ; לִצְעוֹד וכו׳ בִּרְקִיעַת רַגְלַיִים
stone *n.* אֶבֶן; אֶבֶן יְקָרָה; (לוּחַ) אֶבֶן; מַצֵּבָה; גַּלְעִין; בָּרָד; אֶבֶן־מָרָה וכו׳; סְטוֹן (יְחִידַת מִשְׁקָל / 6.35 קִילוֹ)
–leave no stone unturned לְנַסּוֹת כָּל דֶּרֶךְ אֶפְשָׁרִית

–within a stone's throw (of) כִּמְטַחֲוֵי אֶבֶן (מ־); קָרוֹב מְאוֹד (ל־)
stone *v.* לִסְקוֹל; לִרְגּוֹם; לְהוֹצִיא גַּלְעִינִים
Stone Age *n.* תְּקוּפַת הָאֶבֶן
stone-cold *adj.* קַר לְגַמְרֵי; לְגַמְרֵי
stoned *adj.* מְסוּמָם; שִׁיכּוֹר
stone-dead *adj.* מֵת לְגַמְרֵי
stone-deaf *adj.* חֵרֵשׁ לְגַמְרֵי
stonemason *n.* סַתָּת; בַּנַּאי
stonewall *v.* לִנְקוֹט תַּכְסִיסֵי הַשְׁהָיָה; לְשַׂחֵק בְּאִיטִיּוּת
stony *adj.* סַלְעִי; מָלֵא אֲבָנִים; קָשֶׁה; קַר; שֶׁל אֶבֶן
stood *v. past and 3rd form of* stand
stooge *n.* ״הַרְזֶה״ (הַטִּיפֵּשׁ בְּצֶמֶד קוֹמִיקָאִים); כְּלִי שָׁרֵת; עוֹשֵׂה דְּבָרוֹ
stool *n.* שְׁרַפְרַף; כִּיסֵּא בַּרִים; צוֹאָה
stool pigeon *n.* סוֹכֵן מִשְׁטָרָה שָׁתוּל; פִּיתָיוֹן
stoop *n.* גֵּו שָׁחוּחַ / כָּפוּף; מִרְפֶּסֶת כְּנִיסָה
stoop *v.* לְהִתְכּוֹפֵף; לִרְכּוֹן; לְכוֹפֵף
–stoop to לָרֶדֶת לְרָמָה כָּזוֹ שֶׁל־; לֹא לִבְחוֹל בּ־
stooped *adj.* בַּעַל גֵּו כָּפוּף
stooping *adj.* שָׁחוּחַ (גֵּו)
stop *n.* עֲצִירָה; הַפְסָקָה; תַּחֲנָה; מַסְתֵּם; וַסַּת־אוֹר (בַּמַּצְלֵמָה); נְקוּדָה
–put a stop to לְהַפְסִיק; לָשִׂים קֵץ ל־
stop *v.* (stopped) לְהַפְסִיק; לַעֲצוֹר; לְהִיפָּסֵק; לְהֵיעָצֵר; לִמְנוֹעַ מ־; לִסְתּוֹם; לְהִישָּׁאֵר; לִשְׁהוֹת; לְעַכֵּב (תַּשְׁלוּם); לְבַטֵּל (שֶׁק)
–stop back לַחֲזוֹר (מְאוּחָר יוֹתֵר)
–stop by לִקְפּוֹץ (לְבִיקּוּר קָצָר)
–stop over לַעֲשׂוֹת חֲנִיַּית־בֵּינַיִים
stopcock *n.* בֶּרֶז מַפְסִיק; וַסַּת־מַיִם
stopgap *n.* תַּחֲלִיף זְמַנִּי; מְמַלֵּא מָקוֹם זְמַנִּי
stopgap measure *n.* אֶמְצָעִי זְמַנִּי
stoplight *n.* רַמְזוֹר; אוֹר־בְּלִימָה
stopover *n.* חֲנִיַּית־בֵּינַיִים
stoppage *n.* הַפְסָקַת עֲבוֹדָה; שִׁיבּוּשׁ עֲבוֹדָה; בִּיטּוּל; סְתִימָה; חֲסִימָה; מַעֲצוֹר

S

stopper *n.* פְּקָק ; עוֹצֵר ; חוֹסֵם
stopwatch *n.* שְׁעוֹן עֶצֶר ; סְטוֹפֶּר
storage *n.* (דְמֵי) אִחסוּן
store *n.* חֲנוּת ; מַחסָן ; מַאֲגָר ; מְלַאי ; סְחוֹרָה ; אַסְפָּקָה
– in store עָתִיד לִקרוֹת ; צָפוּי ; צוֹפֵן
– set great store by לְיַיחֵס חֲשִׁיבוּת רַבָּה לְ־
store *v.* לֶאֱגוֹר ; לִצבּוֹר ; לְאַחסֵן
storehouse *n.* מַחסָן ; אוֹצָר (בָּלוּם)
storekeeper *n.* חֶנְוָונִי ; מַחסָנַאי ; אַפְסְנַאי
storeroom *n.* מַחסָן
storey *n.* קוֹמָה
stork *n.* חֲסִידָה
storm *n.* סוּפָה ; סְעָרָה ; הִתפָּרְצוּת
– a storm in a teacup סְעָרָה בְּכוֹס מַיִם
– take something by storm לִכבּוֹשׁ בְּהִסתָעֲרוּת בָּזָק ; לִכבּוֹשׁ בִּסעָרָה
storm *v.* לְהִשתוֹלֵל / לִצעוֹק בְּזַעַם ; לְהִסתָעֵר (וְלִכבּוֹשׁ) ; לְהִתפָּרֵץ בְּזַעַם לְ־
stormy *adj.* סוֹעֵר
stormy petrel *n.* יַסעוּרוֹן (עוֹף יָם)
story *n.* (*pl.* stories) סִיפּוּר ; כַּתָּבָה ; עֲלִילָה ; מַעֲשִׂיָּה ; קוֹמָה
– a tall story צִ׳יזְבָּט ; סִיפּוּר מוּגזָם
storybook *n.* סֵפֶר מַעֲשִׂיּוֹת לִילָדִים
– a storybook ending סוֹף טוֹב
storyteller *n.* מְסַפֵּר
stout *adj.* שָׁמֵן ; חָזָק ; תַּקִּיף ; אַמִּיץ ; נֶאֱמָן
stout *n.* בִּירָה שְׁחוֹרָה חֲרִיפָה
stove *n.* תַּנּוּר ; כִּירַיִים
stove *v. past and 3rd form of* stave
stow *v.* (away) לְאַחסֵן ; לְאַפסֵן
stowage *n.* אַחסָנָה ; אִפסוּן ; מְקוֹם הַמִּטעָן ; סַפִּינָה
stowaway *n.*, *v.* נוֹסֵעַ סָמוּי ; לְהִסתַתֵּר כְּנוֹסֵעַ סָמוּי
straddle *v.* לָשֶׁבֶת / לַעֲמוֹד בְּפִישׂוּק רַגלַיִים ; לְהִימָצֵא בְּצִידֵי ; לְטַווֵחַ מַטָּרָה
straggle *v.* לִגדוֹל / לְהִתפַּשֵּׁט בְּצוּרָה לֹא מְסוּדֶרֶת ; לְהִזדַנֵּב ; לְהִשתָרֵךְ מֵאָחוֹר
straggler *n.* מִזדַנֵּב ; נֶחֱשָׁל
straggly *adj.* מְפוּזָר ; סָבוּךְ ; מִשתָרֵג
straight *adj.* יָשָׁר ; רָצוּף ; מְסוּדָר ; כֵּן ; רָגִיל (לֹא קוֹמִי וכד׳) ; רְצִינִי (פַּרצוּף) ; לֹא חַייָבִים זֶה לָזֶה ; ״קְווִיט״ ; ״נוֹרמָלִי״ (לֹא הוֹמוֹסֶקסוּאָל) ; ״נָקִי״ (מַשקֶה חָרִיף) ; לֹא מָהוּל
– get something straight לְהָבִין ; לְהַעֲמִיד דְּבָרִים עַל דִּיוּקָם
straight *adv.* יָשָׁר ; מִיָּד ; גְּלוּיוֹת ; דּוּגרִי ; בָּרוּר
– for six days straight שִׁישָּׁה יָמִים בִּרצִיפוּת
– go straight לַחֲזוֹר לְמוּטָב ; לָלֶכֶת יָשָׁר
– straight away מִיָּד
– think straight לְהִתרַכֵּז ; לַחֲשׁוֹב בִּבהִירוּת
straight *n.* יְשׁוֹרֶת (בַּמַּסלוּל) ; נָקִי (מִסַּמִּים) ; נוֹרמָלִי (לֹא הוֹמוֹסֶקסוּאָל) ; רֶצֶף (בִּקלָפִים)
straightaway *adv.* מִיָּד ; לְלֹא דִּיחוּי
straighten *v.* לְייַשֵּׁר ; לְהִתייַשֵּׁר ; לְסַדֵּר ; לְהַבהִיר ; לְהַסדִיר
– straighten up לְסַדֵּר (חֶדֶר) ; לְייַשֵּׁר ; לְהִזדַקֵּף
straight-faced *adv.*, *adj.* בְּפָנִים רְצִינִיּוֹת ; רְצִינִי (לֹא מְחַייֵּךְ)
straightforward *adj.* יָשָׁר ; גָּלוּי ; לֹא מְסוּבָּךְ ; פָּשׁוּט (וּבָרוּר)
straightjacket = straitjacket
strain *n.* מֶתַח ; עוֹמֶס ; לַחַץ ; נְטִייָּה ; גֶּזַע ; זַן ; נְעִימָה ; צְלִיל ; נִימָה ; טוֹן
strain *v.* לִמתוֹחַ ; לִמשׁוֹךְ ; לְאַמֵּץ ; לְהִתאַמֵּץ ; לְאַמֵּץ יוֹתֵר מִדַּי ; לִבחוֹן אֶת גְּבוּל־ ; לַחֲרוֹג מִ־ ; לְסַנֵּן
– strain at the leash לְנַסּוֹת לְהִשתַחרֵר מֵרֶסֶן ; לְהִשתוֹקֵק לְחוֹפֶשׁ
strained *adj.* מָתוּחַ ; מוּתָּשׁ ; מְאוּלָּץ ; מְסוּנָּן
strainer *n.* מְסַנֶּנֶת
strait *n.* מֵיצַר ; מְצוּקָה
straitjacket *n.* מְעִיל מְשׁוּגָּעִים ; מְעִיל סַד ; הַגבָּלָה

S

straitjacket *v.* לִמְנוֹעַ הִתְפַּתְּחוּת; לְהַגְבִּיל
strait-laced *adj.* מַחֲמִיר/שַׁמְרָן בְּעִנְיְנֵי מוּסָר
strand *n.* גְּדִיל; שְׂעָרָה; הִשְׁתַּלְשְׁלוּת; חוּף; גָּדָה
stranded *adj.* תָּקוּעַ לְבַד וּללֹא אֶמְצָעִים
strange *adj.* מוּזָר; מְשׁוּנֶה; זָר
strangely *adv.* בְּאוֹפֶן מוּזָר
–strangely (enough) לְמַרְבֵּה הַפֶּלֶא/הַתְּמִיהָה
stranger *n.* זָר; נוֹכְרִי
strangle *v.* לַחֲנוֹק (לַמָּוֶות)
stranglehold *n.* אֲחִיזַת חֶנֶק
strangler *n.* חוֹנֵק
strap *n.* רְצוּעָה; הַלְקָאָה (בִּרְצוּעַת עוֹר)
strap *v.* (strapped) לִקְשׁוֹר בִּרְצוּעָה; לְהַלְקוֹת בִּרְצוּעָה; לַחֲבוֹשׁ
strapless *adj.* לְלֹא כְּתֵפִיּוֹת
strata *n.* שְׁכָבוֹת; רְבָדִים
stratagem *n.* תַּכְסִיס; תַּחְבּוּלָה
strategic(al) *adj.* אַסְטְרָטֶגִי; חָשׁוּב; מַתְאִים
strategy *n.* אַסְטְרָטֶגְיָה; תּוֹכְנִית; מְדִינִיּוּת
stratification *n.* רִיבּוּד; הִתְרַבְּדוּת
stratum *n.* שִׁכְבָה; רוֹבֶד; רוֹבֶד חֶבְרָתִי
straw *n.* קַשׁ; גִּבְעוֹל קַשׁ; קַשִּׁית
–the last straw הַקַּשׁ שֶׁשָּׁבַר אֶת גַּב הַגָּמָל
strawberry *n.* (*pl.* strawberries) תּוּת־שָׂדֶה
straw man *n.* אִישׁ קַשׁ
straw poll *n.* סֶקֶר בְּחִירוֹת; מִשְׁאָל
straw vote *n.* סֶקֶר בְּחִירוֹת; מִשְׁאָל
stray *adj.* תּוֹעֶה; חֲסַר־בַּיִת
stray *v.* לִתְעוֹת; לִסְטוֹת (מ־)
streak *n.* פַּס; קַו; שֶׁמֶץ; נְטִיָּיה; שַׁרְשֶׁרֶת (הֶפְסֵדִים וכו'); תְּקוּפָה קְצָרָה
streak *v.* לְסַמֵּן בְּפַסִּים; לָנוּעַ בִּמְהִירוּת (הַבָּזָק); לָרוּץ עָרוֹם לְעֵינֵי כֹּל
streaker *n.* רָץ עָרוֹם בְּפוּמְבֵּי
streaky *adj.* מְפוּסְפָּס
stream *n.* נַחַל; פֶּלֶג; זֶרֶם; שֶׁטֶף; מְגַמָּה
stream *v.* לִזְרוֹם; לְהִינָּגֵר; לִנְהוֹר; לְהִתְנוֹפֵף
streamer *n.* נֵס; סֶרֶט; דֶּגֶל אָרוֹךְ וְצַר
streamline *v.* לְיַיעֵל; לַעֲשׂוֹתוֹ זָרִים
streamlined *adj.* זָרִים; עִם מִבְנֶה אֲווִירוֹדִינָמִי; מְתוּכְנָן לְתִפְקוּד יָעִיל; מְפוּשָּׁט; מְתוּמְצָת
street *n.* רְחוֹב
streetcar *n.* חַשְׁמַלִּית
streetlamp *n.* פַּנַּס רְחוֹב
streetlight *n.* פַּנַּס רְחוֹב
street lighting *n.* תְּאוּרַת רְחוֹב
street smarts *n.* חוֹכְמַת רְחוֹב
streetwalker *n.* יַצְאָנִית
streetwise *adj.* מַכִּיר אֶת חַיֵּי הָרְחוֹב
strength *n.* כּוֹחַ; חוֹזֶק; עוֹצְמָה; מְקוֹר כּוֹחַ; תֶּקֶן
–go from strength to strength לָלֶכֶת מֵחַיִל אֶל חַיִל; לְשַׂגְשֵׂג
strengthen *v.* לְחַזֵּק; לְהִתְחַזֵּק; לְהִתְגַּבֵּר
strenuous *adj.* דּוֹרֵשׁ מַאֲמָץ; מְאוּמָּץ; נִמְרָץ
strenuously *adv.* בְּמַאֲמָץ/בְּמֶרֶץ רַב
stress *n.* דְּחָק; לַחַץ; מְצוּקָה; דָּגֵשׁ; הַטְעָמָה; מַאֲמָץ
stress *v.* לְהַדְגִּישׁ; לְהַטְעִים
stressful *adj.* שֶׁל לַחַץ וּדְאָגוֹת; מַלְחִיץ
stretch *n.* מְתִיחָה; הִתְמַתְּחוּת; גְּמִישׁוּת; אֶלַסְטִיּוּת; קֶטַע; מֶשֶׁךְ זְמַן; שֶׁטַח; קֶטַע מַסְלוּל; תְּקוּפַת מַאֲסָר
stretch *v.* לִמְתּוֹחַ; לְהוֹשִׁיט; לְהִימָּתַח; לְהִימָּשֵׁךְ; לְהִתְמַתֵּחַ; לְאַמֵּץ; לְהַגְמִישׁ; לִמְשׁוֹךְ; לְהַאֲרִיךְ; לְהִשְׂתָּרֵעַ; לָתֵת פֵּירוּשׁ רָחָב ל־
–stretch out לְהוֹשִׁיט (יָד); לִשְׁכַּב שָׂרוּעַ
–stretch the truth לְהַגְזִים קְצָת; לְסַלֵּף אֶת הָאֱמֶת
stretcher *n.* אֲלוּנְקָה
strew *v.* (strewed, strewn) לְפַזֵּר; לְכַסּוֹת; לִזְרוֹת
stricken *adj.* מוּכֶּה; נָגוּעַ
strict *adj.* מַחְמִיר; קַפְּדָן; מְדוּיָּק; צַר; מוּחְלָט
strictly *adv.* בִּמְפוֹרָשׁ; בְּהֶחְלֵט; בְּקַפְּדָנוּת; בֶּאֱמֶת; מַמָּשׁ; בְּדִיּוּק

S

–strictly speaking לְמַעַן הַדִּיוּק; הָאֱמֶת הִיא שֶׁ־
stricture *n.* בִּיקוֹרֶת חֲרִיפָה; (בִּרפוּאָה) הִיצָּרוּת; הַגְבָּלָה
stride *n.* פְּסִיעָה גַּסָּה; צַעַד גָּדוֹל
–get into stride לְהִיכָּנֵס לַקֶּצֶב
–take something in your stride לַעֲשׂוֹת בְּלִי מַאֲמָץ; לָקַחַת בְּקַלּוּת; לֹא לְהִילָּחֵץ
stride *v.* (strode, stridden) לִצעוֹד; לִפסוֹעַ; לַעֲבוֹר בְּצַעַד גָּדוֹל; לְהִתקַדֵּם
strident *adj.* צוֹרמָנִי; קוֹלָנִי; צַעֲקָנִי
strife *n.* סִכסוּךְ; רִיב; מְרִיבָה
strike *n.* שְׁבִיתָה; גִילּוּי (נֵפט); הַפצָצָה; תְּקִיפָה; מַכָּה; פִּיגוּעַ
–a lucky strike גִילּוּי "מִכרֵה־זָהָב"
–go on strike לִפתּוֹחַ בִּשׁבִיתָה; לִשׁבּוֹת
strike *v.* (struck) לְהַכּוֹת (בְּ־); לִתקוֹף; לִפגוֹעַ בְּ־; לְהַדהִים; לְהַדלִיק; לְצַלצֵל; לְהִידָּלֵק; לְהֵירָאוֹת לְ־; לְהִתרַשֵּׁם מִ־; לַעֲלוֹת בְּדַעתּוֹ; לְהַכּוֹת; לְהָטִיל; לִמצוֹא; לְגַלּוֹת; לְהַגִּיעַ לְ־; לִשׁבּוֹת; לְהוֹרִיד; לְפָרֵק
–strike a balance לְהַגִּיעַ לְאִיזּוּן; לִמצוֹא אִיזּוּן
–strike a bargain (with) לַעֲשׂוֹת עֵסֶק
–strike a chord לִפרוֹט עַל הַנִּימָה הַנְּכוֹנָה; לְעוֹרֵר הִזדַּהוּת
–strike camp לְפָרֵק מַחֲנֶה
–strike down לְהַפִּילוֹ (בְּמַכָּה); לְהַכרִיעַ אוֹתוֹ
–strike home לִפגוֹעַ בַּמַּטָּרָה
–strike it rich לְהִתעַשֵּׁר בִּן־לַילָה
–strike on/upon לַעֲלוֹת עַל (רַעיוֹן, וכו')
–strike out לִמחוֹק; לְהִיפָּסֵל; לֹא לְהַצלִיחַ
–strike out (on your own) לָלֶכֶת בְּדֶרֶךְ חֲדָשָׁה/עַצמָאִית
–strike root לְהַכּוֹת שׁוֹרֶשׁ
–strike terror לְהַפִּיל אֵימָה
–strikes the eye מוֹשֵׁךְ אֶת הָעַיִן; בּוֹלֵט לָעַיִן
–strike up לְהַתחִיל לְנַגֵּן; לִפתּוֹחַ בְּ־; לִקשׁוֹר יַחֲסֵי־
strikebound *adj.* מוּשׁבָּת; מְשׁוּתָּק עֵקֶב שְׁבִיתָה
strikebreaker *n.* מֵפֵר שְׁבִיתָה
striker *n.* שׁוֹבֵת; חָלוּץ (כַּדּוּרֶגֶל)
striking *adj.* מוֹשֵׁךְ תְּשׂוּמֶת־לֵב; בּוֹלֵט; מְהַמֵּם
–within striking distance בְּטוֹוַח הַתקָפָה; קָרוֹב מְאוֹד
strikingly *adv.* בְּאוֹפֶן בּוֹלֵט/מְהַמֵּם
string *n.* חוּט; חֶבֶל דַּק; שְׂרוֹךְ; מֵיתָר; כְּלֵי מֵיתָר; סִיב; מַחֲרוֹזֶת (מַסבּחה); סִדרָה; שׁוּרָה
–no strings attached בְּלִי תְּנָאִים/הִתחַייבוּת
–pull strings לִמשׁוֹךְ בְּחוּטִים; לְהַפעִיל הַשׁפָּעָתוֹ
string *v.* לְהַתקִין מֵיתָר(ים) בְּ־; לְהַשׁחִיל בְּמַחֲרוֹזֶת; לִקשׁוֹר בְּחוּט; לִתלוֹת עַל חוּט
–string someone along לְרַמּוֹת; לְהוֹלִיךְ שׁוֹלָל
–string along with לְהִישָּׁאֵר/לָלֶכֶת אִיתּוֹ
string bean *n.* שְׁעוּעִית יְרוּקָּה; אָדָם רָזֶה וְגָבוֹהַּ
string(ed) instrument *n.* כְּלִי מֵיתָר
stringency *n.* חוּמרָה; קַפְּדָנוּת; מַחסוֹר
stringent *adj.* חָמוּר; מַחמִיר; קַפְּדָנִי
stringently *adv.* בְּחוּמרָה; בְּקַפְּדָנוּת
stringy *adj.* חוּטִי; סִיבִי
strip *n.* רְצוּעָה; חַשׂפָּנוּת; תִּלבּוֹשֶׁת (שֶׁל קְבוּצָה)
strip *v.* לְסַלֵּק מִ־; לְהַפשִׁיט; לִפשׁוֹט; לְהִתפַּשֵּׁט; לְהָסִיר; לִשׁלוֹל מִ־
–strip down לְפָרֵק; לְהִתפַּשֵּׁט
stripe *n.* פַּס; פַּס־דַּרגָה
striped *adj.* מְפוּספָּס
stripper *n.* חַשׂפָן/חַשׂפָנִית; מֵסִיר (צֶבַע); מֵמִיס
striptease, strip show *n.* מוֹפַע חַשׂפָּנוּת
strive *v.* (strove, striven) לְהֵיאָבֵק; לִשׁאוֹף; לַחתוֹר (לְ־); לְהִתאַמֵּץ; לְהִשׁתַּדֵּל
strode *v. past of* stride

strut *v.* (strutted) לִצְעוֹד בַּהֲלִיכָה שַׁחְצָנִית
strychnine *n.* סְטְרִיכְנִין (רַעַל)
stub *n.* בְּדָל; זָנָב; שׁוֹבֵר; חָבוּר
stub *v.* (stubbed) לְהִיתָּקֵל (בְּאֶצְבַּע רַגְלוֹ) בְּ־
–stub out לְכַבּוֹת (בִּמְעִיכָה)
stubborn *adj.* עַקְשָׁן; עַקְשָׁנִי; קָשֶׁה לְטִיפּוּל
stubbornly *adv.* בְּעַקְשָׁנוּת
stubbornness *n.* עַקְשָׁנוּת
stubby *adj.* קָצָר וְעָבֶה; גּוּץ
stuck *adj.* תָּקוּעַ; נִתְקַע; דָּבוּק
–get stuck לְהִיתָּקַע
–stuck on מְשׁוּגָע עַל־; גָּנוּב עַל־
stuck-up *adj.* יָהִיר; סְנוֹב
stud *n.* סוּסֵי הַרְבָּעָה; "פַּר הַרְבָּעָה"; חָתִיךְ; כַּפְתּוֹר; מַסְמֵרָה; נִיט; עָגִיל; מַסְמֵר זוֹהֵר (בִּכְבִישׁ); זִיז; "פְּקָק" (בְּנַעַל)
studded *adj.* (with) מְשׁוּבָּץ; עָטוּר; זָרוּעַ (בְּ־)
student *n.* סְטוּדֶנְט; תַּלְמִיד
studied *adj.* מְחוּשָּׁב; מְתוּכְנָן; מְכוּוָּן
studio *n.* סְטוּדְיוֹ; אוּלְפָּן
studio apartment *n.* דִּירַת חֶדֶר
studious *adj.* שַׁקְדָן; מְדוּקְדָּק; מְכוּוָּן
studiously *adv.* בְּשַׁקְדָנוּת; בְּהַקְפָּדָה; בִּמְכוּוָּן
study *n.* (*pl.* studies) לִימּוּד; חֵקֶר; עִיּוּן; חֲדַר־עֲבוֹדָה; לִימּוּדִים; מַדָּעִים; מֶחְקָר; סְקִירָה; אֶטְיוּד
study *v.* (studied) לִלְמוֹד; לַחְקוֹר; לִשְׁקוֹד עַל־; לְעַיֵּין הֵיטֵב בְּ־; לִבְחוֹן
stuff *n.* חוֹמֶר; סוּג חֲפָצִים; דְּבָרִים; דָּבָר; בַּד
–do your stuff לְהַרְאוֹת מַה אַתָּה יוֹדֵעַ
–know your stuff לָדַעַת אֶת מְלַאכְתּוֹ
–stuff and nonsense שְׁטוּיוֹת
stuff *v.* לְמַלֵּא (בְּ־); לִדְחוֹס; לְפַחְלֵץ; לְפַטֵּם; לִתְחוֹב; לְהַלְעִיט
–get stuffed קְפוֹץ לִי
–stuff it לִדְחוֹף אֶת זֶה לַתַּחַת
stuffed *adj.* מְמוּלָּא; מְפוּחְלָץ; דָּחוּס

stroke *n.* מַכָּה; מַלְקָה; הַצְלָפָה; תְּנוּעַת/סִגְנוֹן שְׂחִיָּה; (קֶצֶב) חֲתִירָה; חֲבָטָה; פְּעִימַת מָנוֹעַ; נְקִיפַת אֶצְבַּע; שׁוּם מַאֲמָץ; הֶנֶף; מְחִי־עֵט; אִבְחַת (חֶרֶב); מְשִׁיכַת מִכְחוֹל; קַו; צִלְצוּל שָׁעוֹן; קַו נָטוּי; שָׁבָץ; לִיטּוּף; לְטִיפָה
–a stroke of genius הַבְרָקָה; רַעְיוֹן גְּאוֹנִי
–a stroke of luck מַזָּל
stroke *v.* לְלַטֵּף; לַחְבּוֹט (בְּכַדּוּר); לָתֵת קֶצֶב חֲתִירָה (בְּסִירָה)
stroll *v., n.* לְטַיֵּיל בְּנַחַת; טִיּוּל בְּנַחַת
stroller *n.* מְטַיֵּיל (לְהֲנָאָתוֹ); עֲגָלַת טִיּוּל לְתִינוֹק
strong *adj.* חָזָק; בָּטוּחַ; תַּקִּיף; נָחוּשׁ; חָסוֹן; אֵיתָן; חָרִיף; עַז; טוֹב; סָבִיר מְאוֹד; הַמּוֹנֶה... אִישׁ
strong *adv.* –going strong עוֹד כּוֹחוֹ בְּמוֹתְנָיו; נִמְרָץ; פּוֹעֵל
strong-arm *adj.* אַלִּים; שֶׁל כּוֹחַ
strongbox *n.* כַּסֶּפֶת
stronghold *n.* מָעוֹז; מִבְצָר
strong language *n.* קְלָלוֹת; גִּידּוּפִים
strongly *adv.* בַּחֲרִיפוּת; בְּתוֹקֶף; בְּחוֹזֶק
strong man *n.* גְּבַרְתָּן; הָאִישׁ הֶחָזָק; אִישׁ הַשְּׁרִירִים
strong-minded *adj.* נָחוּשׁ בְּדַעְתּוֹ; תַּקִּיף
strong room *n.* חֲדַר כַּסָּפוֹת; חֶדֶר מְשׁוּרְיָין
strong-willed *adj.* נָחוּשׁ בְּדַעְתּוֹ; עַקְשָׁן
strop *n.* רְצוּעַת עוֹר לְהַשְׁחָזַת תַּעַר
strove *v.* *past of* strive
struck *v.* *past and 3rd form of* strike
structural *adj.* מִבְנִי; שֶׁל מִבְנֵה הַלָּשׁוֹן
structure *n.* מִבְנֶה; בִּנְיָין
structure *v.* לִבְנוֹת בְּצוּרָה מְסוּדֶּרֶת; לְתַכְנֵן
strudel *n.* כְּרוּכִית; שְׁטְרוּדֶל
struggle *n.* מַאֲבָק; מִלְחָמָה; מַאֲמָץ
struggle *v.* לְהֵיאָבֵק; לְהִתְאַמֵּץ
strum *v.* לִפְרוֹט; לְנַגֵּן (בְּאוֹפֶן סְתָמִי)
strung *v.* *past and 3rd form of* string
strung *adj.* –highly strung מָתוּחַ מְאוֹד; לָחוּץ; רָגִישׁ מְאוֹד

S

stuffed shirt *n.* אֶפֶס מְנוּפָּח
stuffing *n.* חוֹמֶר מִילוּי (לְכַר); מִילוּי; מְלִית
stuffy *adj.* מַחֲנִיק; לֹא מְאוּורָר; "מְרוּבָּע"; רִשְׁמִי מִדַּי; יָבֵשׁ
stultifying *adj.* מְשַׁעֲמֵם; מְטַמְטֵם
stumble *n., v.* מְעִידָה; לִמְעוֹד; לְגַמְגֵם; לָלֶכֶת כְּשִׁיכּוֹר
–stumble across/on לְהִיתָּקֵל בְּמִקְרֶה בּ־
stumbling block *n.* אֶבֶן־נֶגֶף; מִכְשׁוֹל
stump *n.* גֶּזַע כָּרוּת; בְּדָל; גֶּדֶם; מַקֵּל
stump *v.* לְהַלֵּךְ בִּצְעָדִים כְּבֵדִים; לְהָבִיךְ; לִהְיוֹת קָשֶׁה מִדַּי ל־; לַעֲרוֹךְ מַסַּע נְאוּמֵי בְּחִירוֹת
stumpy *adj.* גּוּץ; קָצָר וְעָבֶה
stun *v.* לְהַמֵּם; לְזַעְזֵעַ; לְהַדְהִים
stung *v. past and 3rd form of* sting
stunk *v. past and 3rd form of* stink
stunned *adj.* הָמוּם; מוּכֵּה תַדְהֵמָה
stunning *adj.* נֶהְדָר; מְהַמֵּם
stunt *n.* פַּעֲלוּל / לַהֲטוּט נוֹעָז; תַּעֲלוּל; תַּרְגִיל
stunt man *n.* פַּעֲלוּלָן; (כְּפִיל)
stupefy *v.* (stupefied) לְטַמְטֵם; לְהַמֵּם
stupendous *adj.* מַדְהִים; עָצוּם
stupid *adj.* טִיפֵּשׁ; טִיפְּשִׁי; מְטוּפָּשׁ; מְטוּשְׁטָשׁ
stupidity *n.* טִיפְּשׁוּת
stupidly *adv.* בְּטִיפְּשׁוּת
stupor *n.* טִמְטוּם חוּשִׁים
sturdy *adj.* חָסוֹן; אֵיתָן; חָזָק; יַצִּיב
sturgeon *n.* חִדְקָן (דַּג הַקַּוויָאר)
stutter *v., n.* לְגַמְגֵם; גִּמְגּוּם
sty *n.* דִּיר חֲזִירִים; "שְׂעוֹרָה" (בָּעַיִן)
style *n.* סִגְנוֹן; רָמָה; אוֹפְנָה; עִיצוּב; צוּרָה; סוּג; תוֹאַר; כִּינּוּי; עַמּוּד הָעֱלִי
style *v.* לְעַצֵּב; לְסַגְנֵן; לְכַנּוֹת (בְּתוֹאַר־)
stylish *adj.* בְּרָמָה; מְהוּדָּר; אוֹפְנָתִי; אֶלֶגַנְטִי
stylist *n.* מְעַצֵּב; סְטַיילִיסְט; מְעַצֵּב שֵׂיעָר
stylistic *adj.* סִגְנוֹנִי
stylistics *n.* תּוֹרַת הַסִּיגְנוֹן
stylized *adj.* מְסוּגְנָן

stymie *v.* לַעֲצוֹר; לְסַכֵּל; לְהַכְשִׁיל
styrofoam *n.* קַלְקָר (הַחוֹמֶר)
suave *adj.* נְעִים־הֲלִיכוֹת; מְלוּטָּשׁ
sub *n.* צוֹלֶלֶת; מַחֲלִיף; מִקְדָּמָה; דְּמֵי מָנוּי; כָּרִיךְ (בַּלַחמנייה ארוּכָּה)
subcommittee *n.* וַעֲדַת מִשְׁנֶה
subconscious *adj., n.* תַּת־הַכָּרָתִי; תַּת־הַהַכָּרָה; תַּת־מוּדָע
subconsciously *adv.* בְּתַת־הַהַכָּרָה
subcontract *v.* לִשְׂכּוֹר קַבְּלַן מִשְׁנֶה; לִמְסוֹר (עבודה) בְּקַבְּלָנוּת מִשְׁנֶה
subcontractor *n.* קַבְּלַן מִשְׁנֶה
subculture *n.* תַּת־תַּרְבּוּת; מִגְזָר בְּתַרְבּוּת
subcutaneous *adj.* תַּת־עוֹרִי
subdivide *v.* לְחַלֵּק / לְהִתְחַלֵּק חֲלוּקַת מִשְׁנֶה
subdivision *n.* חֲלוּקַת מִשְׁנֶה; שְׁכוּנָה
subdue *v.* לְהַכְנִיעַ; לְדַכֵּא; לְהִתְגַּבֵּר עַל־; לְרַכֵּךְ; לְעַמְעֵם
subdued *adj.* עָמוּם; מְעוּמְעָם; מוּעָם; שָׁקֵט
subheading *n.* כּוֹתֶרֶת מִשְׁנֶה
subhuman *adj.* תַּת־אֱנוֹשִׁי
subject *adj.* (to) כָּפוּף ל־; נוֹטֶה ל־; נָתוּן ל־; מוּתְנֶה בּ־
subject *n.* נָתִין; נוֹשֵׂא; מִקְצוֹעַ (לימוד); נִבְדָּק; מִשְׁתַּתֵּף (בְּנִיסוּי); חוֹמֶר; עִניָין
subject *v.* (to) לְהַכְנִיעַ; לְשַׁעְבֵּד; לַחְשׂוֹף ל־; לְהַכְפִּיף; לְאַלֵּץ לַעֲבוֹר...
subjective *adj.* סוּבְּיֶיקְטִיבִי; נוֹשְׂאִי; בְּדִמְיוֹנוֹ בִּלְבַד
subjectively *adv.* בְּאוֹפֶן סוּבְּיֶיקְטִיבִי
subject matter *n.* תּוֹכֶן; נוֹשֵׂא
sub judice *adj.* סוּבּ יוּדִיצֶה
subjugate *v.* לִכְבּוֹשׁ; לְשַׁעְבֵּד; לְהַכְנִיעַ
subjugation *n.* כִּיבּוּשׁ; הַכְנָעָה; שִׁעְבּוּד
sublease *v.* לְהַשְׂכִּיר / לְהַחְכִּיר בִּשְׂכִירוּת־מִשְׁנֶה
sublet *v.* לְהַשְׂכִּיר לְדַיַּיר־מִשְׁנֶה
sublimation *n.* סוּבְּלִימַצְיָה; עִידּוּן (בִּפְּסִיכוֹלוֹגְיָה); זִיכּוּךְ (חוֹמֶר מוּצָק)
sublime *adj., n.* נִשְׂגָּב; עִילָּאִי; שְׁמֵימִי; מַדְהִים; הַנִּשְׂגָּב

S

substance *n.* חוֹמֶר; יֵשׁוּת; מַמָּשׁוּת; עִיקָר; תּוֹכֶן (עִיקָרִי); מַהוּת; רְכוּשׁ; מוּצָקוּת
– of substance בַּעַל אֶמְצָעִים / רְכוּשׁ
substandard *adj.* תַּת־תִּקְנִי; אֵינוֹ עוֹמֵד בַּדְּרִישׁוֹת
substantial *adj.* מַהוּתִי; מַמָּשִׁי; גָּדוֹל; נִיכָּר; חָזָק; מוּצָק; בַּעַל אֶמְצָעִים; אָמִיד
substantially *adv.* בְּמִידָה נִיכֶּרֶת; בְּמַהוּתוֹ; בְּעִיקָּרוֹ
substantiate *v.* לְבַסֵּס; לְאַמֵּת
substantive מַמָּשִׁי; שֶׁל מַהוּת; מַהוּתִי
substitute *n.* (for) מַחֲלִיף; תַּחֲלִיף (לְ־)
substitute *v.* (for) לְהַחֲלִיף (בְּ־); לְמַלֵּא מְקוֹם־
substitution *n.* הַחְלָפָה; חִילּוּף
subsume *v.* לִכְלוֹל
subtenant *n.* דַּיָּיר מִשְׁנֶה
subterfuge *n.* תַּחְבּוּלָה; תַּכְסִיס; תֵּירוּץ
subterranean *adj.* תַּת־קַרְקָעִי
subtitled *adj.* עִם כּוֹתֶרֶת מִשְׁנֶה; עִם תַּרְגּוּם בְּגוּף הַסֶּרֶט; עִם כְּתוּבִיּוֹת
subtitles *n.* תַּרְגּוּם בְּגוּף הַסֶּרֶט; כְּתוּבִיּוֹת
subtle *adj.* דַּק; עָדִין; מְחוּכָּם; מְתוּחְכָּם; מוּרְכָּב; חֲמַקְמַק
subtlety *n.* דַּקּוּת (הַבְחָנָה); תִּחְכּוּם
– subtleties דַּקּוּיוֹת
subtly *adv.* בְּמִידָה קַלָּה; בְּאוֹפֶן דַּק; בְּתִחְכּוּם
subtotal *n.* סִיכּוּם בֵּינַיִים (חֶשְׁבּוֹן)
subtract *v.* (from) לְחַסֵּר (מִ־); לְהַפְחִית
subtraction *n.* חִיסּוּר
suburb *n.* פַּרְוָר; קִרְיָה
suburban *adj.* שֶׁל פַּרְוָרִים
suburbanite *n.* תּוֹשַׁב פַּרְוָר
subversion *n.* חַתְרָנוּת
subversive *adj., n.* חַתְרָנִי; חַתְרָן
subvert *v.* לַחְתּוֹר תַּחַת־; לְעַרְעֵר
subway *n.* רַכֶּבֶת תַּחְתִּית; מַעֲבָר תַּת־קַרְקָעִי
succeed *v.* לְהַצְלִיחַ; לָבוֹא אַחֲרֵי־ / בִּמְקוֹם (כְּ־); לָרֶשֶׁת מְקוֹמוֹ
success *n.* הַצְלָחָה; סִיפּוּר הַצְלָחָה

subliminal *adj.* תַּת־הַכָּרָתִי; תַּת־סִיפִּי
submachine gun *n.* תַּת־מִקְלָע
submarine *n.* צוֹלֶלֶת
submarine *adj.* תַּת־יַמִּי
submerge *v.* לְשַׁקֵּעַ / לְהַצִּיף בְּמַיִם; לִצְלוֹל; לְהָצִיף; לְהַסְתִּיר; לְהַעֲלִים
submerged *adj.* שָׁקוּעַ בְּמַיִם; מוּצָף; עָמוּס; מְקוּפָּח
submersion *n.* שִׁיקּוּעַ; שְׁקִיעָה; צְלִילָה
submission *n.* כְּנִיעָה; הַכְנָעָה; צַיְיתָנוּת; טִיעוּן; הַגָּשָׁה; מְסִירָה
submissive *adj.* נִכְנָע; כָּנוּעַ; צַיְיתָן
submissively *adv.* בְּהַכְנָעָה
submit *v.* לְקַבֵּל עָלָיו (מָרוּת); לְהִיכָּנַע; לְהַגִּישׁ; לִטְעוֹן; לְהֵיאָלֵץ לְהַסְכִּים (לְ־)
subordinate *n., adj.* זוּטָר; כָּפוּף (לְ־); מִשְׁנִי
subordinate *v.* (to) לְהַכְפִּיף; לִרְאוֹת כִּפְחוּת חָשׁוּב (מִ־)
subordinate clause *n.* מִשְׁפָּט טָפֵל
suborn *v.* לְהַדִּיחַ (לְעֵדוּת שֶׁקֶר וכד')
subpoena *n.* זִימּוּן (עֵד); הַזְמָנָה לְדִין
subscribe *v.* לִתְרוֹם; לִהְיוֹת מָנוּי עַל־; לַחְתּוֹם
– subscribe for (לְהִתְחַיֵּיב) לְשַׁלֵּם עֲבוּר־; לִקְנוֹת
– subscribe to לְהַסְכִּים עִם; לִתְמוֹךְ בְּ־
subscriber *n.* תּוֹרֵם; מָנוּי
subscription *n.* תְּרוּמָה; חֲתִימָה (עַל מָנוּי); דְּמֵי מָנוּי / חָבֵר
subsequent *adj.* שֶׁלְּאַחַר מִכֵּן; אַחֲרֵי־
subsequently *adv.* אַחַר־כָּךְ; בְּעִקְבוֹת זֹאת
subservient *adj.* מִתְרַפֵּס; כָּנוּעַ
subside *v.* לָרֶדֶת (הַמִּפְלָס); לִשְׁקוֹעַ; לִשְׁכּוֹךְ; לִדְעוֹךְ; לְהֵיחָלֵשׁ
subsidence *n.* יְרִידַת מִפְלָס; שְׁקִיעָה
subsidiary *n.* חֶבְרָה־בַּת; עוֹזֵר
subsidiary *adj.* מִשְׁנִי
subsidize *v.* לְסַבְסֵד
subsidy *n.* סוּבְּסִידְיָה
subsist *v.* (on) לְהִתְקַיֵּים (עַל־)
subsistence *n.* (אֶמְצָעֵי) קִיּוּם; מִחְיָה; קִיּוּם בְּדוֹחַק

successful *adj.* מַצלִיחַ; מוּצלָח
successfully *adv.* בְּהַצלָחָה
succession *n.* רְצִיפוּת; סִדרָה; שׁוּרָה; (זְכוּת) יְרוּשָׁה
– in succession בָּזֶה אַחַר זֶה
successive *adj.* רְצוּפִים; בָּזֶה אַחַר זֶה
successively *adv.* בִּרצִיפוּת; בָּזֶה אַחַר זֶה
successor *n.* יוֹרֵשׁ / מַחֲלִיף (בְּתַפקִיד)
succinct *adj.* תַּמצִיתִי וּבָרוּר
succumb *v.* (to) לְהִיכָּנַע (ל־); לָמוּת (מ־)
such *adj.* כָּזֶה; כָּאֵלֶה; כְּמוֹ; כָּל כָּךְ
– such as כְּגוֹן
such *pron.* (כָּ)זֶה; (כָּ)אֵלֶה; כַּיּוֹצֵא בָּזֶה
– as such בְּתוֹר שֶׁכָּזֶה; כְּשֶׁלְעַצמוֹ
suchlike *adj.* כַּיּוֹצֵא בָּזֶה; כַּדּוֹמֶה; מִסּוּג זֶה
suck *v.* לִינוֹק; לִמצוֹץ; לִבלוֹעַ; לִמשׁוֹךְ
– suck up to לְלַקֵּק ל־; לְהִתחַנֵּף אֶל־
sucker *n.* יוֹנֵק; מוֹצֵץ; כַּפתּוֹר הַצמָדָה (שֶׁל בעי"ח / חֶרֶק); מְשׁוּגָּע (עַל); "פְרַייֶר"; טֶמבֶּל; לַקְקָן; סוּכָּרִייָה עַל מַקֵּל
sucker *v.* לְסַדֵּר אוֹתוֹ; לְהַעֲרִים עָלָיו
suckle *v.* לְהֵינִיק; לִינוֹק
sucrose *n.* סוּכָּרוֹזָה; סוּכָּר
suction *n.* יְנִיקָה; שְׁאִיבָה; הַצמָדָה בְּוָואקוּם
sudden *adj.* פִּתאוֹמִי
– all of a sudden לְפֶתַע; פִּתאוֹם
suddenly *adv.* לְפֶתַע; פִּתאוֹם
suddenness *n.* פִּתאוֹמִיוּת
suds *n.* קֶצֶף סַבּוֹן
sue *v.* (for) לִתבּוֹעַ לְדִין (עַל־); לְבַקֵּשׁ; לְהִתחַנֵּן
suede *n.* זַמשׁ
suffer *v.* לִסבּוֹל מ־; לְהִיפָּגַע; לִספּוֹג (אֲבֵדוֹת); לְהַרשׁוֹת
– suffer a defeat לִנחוֹל מַפָּלָה
sufferance *n.* – on sufferance
בִּרשׁוּת אֲבָל בְּחֶסֶד; עַל תְּנַאי
suffering *n.* סֵבֶל; יִיסּוּרִים
suffice *v.* לְהַספִּיק (ל־); לַעֲנוֹת עַל צוֹרכֵי־
sufficiency *n.* כַּמּוּת מַספֶּקֶת; מַספִּיק
sufficient *adj.* מַספִּיק
sufficiently *adv.* בְּמִידָה מַספֶּקֶת
suffocate *v.* לַחֲנוֹק (לָמָוֶות); לְהֵיחָנֵק
suffocation *n.* חֲנִיקָה; חֶנֶק
suffrage *n.* זְכוּת בְּחִירָה; זְכוּת הַצבָּעָה
sugar *n.* סוּכָּר; מוֹתֶק
sugar *v.* לְהַמתִּיק / לְצַפּוֹת בְּסוּכָּר
sugar beet *n.* סֶלֶק סוּכָּר
sugarcane *n.* קְנֵה סוּכָּר
sugar daddy *n.* מְאַהֵב זָקֵן וְעָשִׁיר
sugar-free *adj.* לְלֹא סוּכָּר
sugary *adj.* סוּכָּרִי; מָתוֹק מְאוֹד; מְתַקתַּק
suggest *v.* לְהַצִּיעַ; לְהַראוֹת; לְהַצבִּיעַ עַל; לְהַעֲלוֹת (רַעיוֹן); לִרמוֹז; לוֹמַר
suggestion *n.* הַצָּעָה; סוּגֶסטיָה; שֶׁמֶץ; סִימָן
suggestive *adj.* גַּס; עִם רְמָזִים מִינִיִּים; מַזכִּיר; סוּגֶסטִיבִי
suicidal *adj.* שֶׁל הִתאַבְּדוּת; שֶׁנּוֹטֶה לְהִתאַבֵּד; מִתאַבֵּד; אוֹבדָנִי
suicide *n.* הִתאַבְּדוּת; מִתאַבֵּד
suit *n.* חֲלִיפָה; תְּבִיעָה מִשׁפָּטִית; סִדרָה (בִּקלָפִים); חִיזּוּר
– follow suit לַעֲשׂוֹת כָּמוֹהוּ / כְּדוּגמָתוֹ
suit *v.* לְהַתאִים ל־; לִהיוֹת נוֹחַ ל־
– suit yourself תַּעֲשֶׂה מַה שֶׁאַתָּה רוֹצֶה; אֵיךְ שֶׁאַתָּה רוֹצֶה
suitable *adj.* (as/for) מַתאִים (כּ־ / ל־)
suitably *adv.* כָּרָאוּי
suitcase *n.* מִזווָדָה
suite *n.* מַעֲרֶכֶת; מַעֲרֶכֶת חֲדָרִים; סְווִיטָה; פַּמַלְיָה; סֶגֶל; מַעֲרֶכֶת תּוֹכנִיּוֹת (מַחשֵׁב)
sulfur *n.* גּוֹפרִית
sulk *v.* לִשתּוֹק מִתּוֹךְ רוֹגֶז
sulky *adj.* מַזעִיף פָּנִים
sullen *adj.* זוֹעֵף; מַזעִיף פָּנִים; קוֹדֵר
sulphur *n.* גּוֹפרִית
sultan *n.* סוּלטָן
sultry *adj.* חַם וּמַחֲנִיק; חַם וְהָבִיל; מְפַתֶּה; מְגָרֶה
sum *n.* סַךְ־הַכּוֹל; חִישׁוּב / תַּרגִיל בְּחֶשׁבּוֹן; סְכוּם (כֶּסֶף)

S

sum *v.* (up) לְסַכֵּם; לִקְבּוֹעַ דֵּעָה עַל־; לְהַעֲרִיךְ; לַעֲמוֹד עַל טִיבוֹ
summarily *adv.* בְּקִיצוּר; מִיָּד; בַּמָּקוֹם; בְּלִי לְדַקְדֵּק בִּנְהָלִים אוֹ בִּפְרָטִים
summarize *v.* לְסַכֵּם
summary *adj.* תַּמְצִיתִי; מָהִיר; מְקוּצָר; מְזוֹרָז
summary *n.* סִיכּוּם; תַּמְצִית
summation *n.* סִיכּוּמִים; סִיכּוּם
summer *n.* קַיִץ; קֵיצִי
summer camp *n.* קַייטָנָה; מַחֲנֶה קַיִץ
summer school *n.* קוּרְסֵי קַיִץ
summertime *n.* עוֹנַת הַקַּיִץ
summing-up *n.* סִיכּוּם
summit *n.* פִּסְגָּה; שִׂיא
summit conference *n.* וְעִידַת פִּסְגָּה
summon *v.* לְזַמֵּן; לִקְרוֹא ל־; לְכַנֵּס
–summon up לֶאֱזוֹר; לְגַייֵּס; לְעוֹרֵר
summons *n.* זִימּוּן / הַזְמָנָה (לְדִין)
sumptuous *adj.* מְפוֹאָר; יָקָר; כְּיַד הַמֶּלֶךְ
sun *n.* הַשֶּׁמֶשׁ; חַמָּה; אוֹר / חוֹם הַשֶּׁמֶשׁ
sunbathe *v.* לְהִשְׁתַּזֵּף (בַּשֶּׁמֶשׁ)
sunbather *n.* מִשְׁתַּזֵּף
sunbeam *n.* קֶרֶן אוֹר / שֶׁמֶשׁ
sunburn *n.* כְּווִיַּת שֶׁמֶשׁ
sunburnt *adj.* נְכוּוֶה בַּשֶּׁמֶשׁ; שָׁזוּף; צְרוּב שֶׁמֶשׁ
sundae *n.* גְּלִידַת פֵּירוֹת
Sunday *n.* יוֹם רִאשׁוֹן
sundial *n.* שְׁעוֹן שֶׁמֶשׁ
sundown *n.* שְׁקִיעַת הַחַמָּה
sun-drenched *adj.* שְׁטוּף שֶׁמֶשׁ
sundries *n.* שׁוֹנוֹת
sundry *adj.* שׁוֹנִים; כַּמָּה; אֲחָדִים
sunflower *n.* חַמָּנִיָּיה
sung *v. 3rd form of* sing
sun-glasses *n.* מִשְׁקְפֵי שֶׁמֶשׁ
sunk *v. 3rd form of* sink
sunken *adj.* טָבוּעַ; שָׁקוּעַ; נָמוּךְ
sunlamp *n.* מְנוֹרָה כְּחוּלָּה
sunlight *n.* אוֹר שֶׁמֶשׁ
sunny *adj.* מוּצָף שֶׁמֶשׁ; בָּהִיר (יוֹם); עַלִּיז; שָׂמֵחַ; אוֹפְּטִימִי; חִיּוּבִי

sunny-side-up (egg) *n.* בֵּיצָה "עַיִן"; בֵּיצִיָּיה
sunrise *n.* זְרִיחַת הַחַמָּה
sunrise industry *n.* תַּעֲשִׂיַּית הֶעָתִיד (מְתוּחְכֶּמֶת)
sunroof *n.* גַּג שֶׁמֶשׁ; פֶּתַח בְּגַג מְכוֹנִית
sunset *n.* שְׁקִיעַת הַחַמָּה
sunshade *n.* שִׁמְשִׁיָּיה
sunshine *n.* (אוֹר / חוֹם) שֶׁמֶשׁ
sunspot *n.* אֵיזוֹר קַיִט שְׁטוּף שֶׁמֶשׁ
sunstroke *n.* מַכַּת שֶׁמֶשׁ
suntan *n.* שִׁיזּוּף
super *n.* סְגַן נִיצָּב; שָׁרָת; חַצְרָן; נִיצָּב (סטטיסט); סוּפֶּר
super *adj.* מְצוּיָּן; נֶהְדָּר
superabundant *adj.* שׁוֹפֵעַ; נִמְצָא בְּשֶׁפַע; רַבִּים לְמַכְבִּיר
superb *adj.* מְצוּיָּן; מְעוּלֶּה; נִפְלָא
superbly *adv.* מְצוּיָּן; בְּצוּרָה נִפְלָאָה
supercilious מִתְנַשֵּׂא; מִתְייַחֵס בְּבוּז
supercomputer *n.* מַחְשֵׁב־עַל
superconductor *n.* מוֹלִיךְ־עַל
superficial *adj.* שִׁטְחִי; רָדוּד
superfluous *adj.* מְיוּתָר; עוֹדֵף
superglue *n.* דֶּבֶק פְּלַסְטִי; דֶּבֶק מָהִיר
superhighway *n.* כְּבִישׁ מָהִיר בִּמְיוּחָד; אוֹטוֹסטְרָדַת מֵידָע
superhuman *adj.* עַל־אֱנוֹשִׁי
superimpose *v.* לְהַנִּיחַ עַל גַּבֵּי־; לְהַלְבִּישׁ עַל־; לְהָחִיל עַל־
superintendent *n.* מְפַקֵּחַ; מְמוּנֶּה; מַשְׁגִּיחַ; סְגַן־נִיצָּב
superior *adj.* (to) מֵעַל לַממוּצָע; מְשׁוּבָּח; עוֹלֶה עַל־; טוֹב / גָּדוֹל יוֹתֵר; עָדִיף; בָּכִיר; גָּבוֹהַּ; יָהִיר
superior *n.* מְמוּנֶּה (עַל־); בָּכִיר בְּדַרְגָּתוֹ / בְּמַעֲמָדוֹ; טוֹב מ־; רֹאשׁ מִנְזָר
superiority *n.* עֶלְיוֹנוּת; עֲדִיפוּת
superlative *n.* דַּרְגַּת הַהַפְלָגָה (בְּדִקְדּוּק); סוּפֶּרְלָטִיב; תּוֹאַר מַפְלִיג
superman *n.* סוּפֶּרְמֶן; אָדָם עֶלְיוֹן
supermarket *n.* מַרְכּוֹל
supernatural *adj.* עַל־טִבְעִי

S

supernumerary נוֹסָף; עוֹדֵף; מֵעַל לַמִּספָּר הָרָגִיל; סְטָטִיסט
superpower *n.* מַעֲצֶמֶת־עַל
supersede *v.* לָבוֹא בִּמקוֹם; לִתפּוֹס אֶת מְקוֹם־
supersonic *adj.* עַל־קוֹלִי
superstar *n.* כּוֹכַב־עַל
superstition *n.* אֱמוּנָה תְּפֵלָה
superstitious *adj.* מַאֲמִין בֶּאֱמוּנוֹת תְּפֵלוֹת; שֶׁל אֱמוּנוֹת תְּפֵלוֹת
supertanker *n.* מְכָלִית עֲנָק
supervise *v.* לְפַקֵּחַ (עַל־); לְהַשׁגִּיחַ (עַל־)
supervision *n.* פִּיקוּחַ; הַשׁגָּחָה
supervisor *n.* מְפַקֵּחַ
supine *adj.* פְּרַקדָן; בִּשׁכִיבָה עַל הַגַּב; בַּאֲדִישׁוּת
supper *n.* אֲרוּחַת־עֶרֶב
supple *adj.* גָּמִישׁ
supplement *n.* תּוֹסֶפֶת; מִילוּאִים (בְּסֵפֶר); הַשׁלָמָה; מוּסָף; תּוֹסֶפֶת תְּזוּנָתִית
supplement *v.* לְהַשׁלִים; לְהוֹסִיף ל־
supplementary *adj.* נוֹסָף; מַשׁלִים
suppleness *n.* גְּמִישׁוּת
supplicate *v.* לְבַקֵּשׁ; לְהִתחַנֵּן (בִּפנֵי־)
supplication *n.* תְּחִינָה; תַּחֲנוּנִים
supplier *n.* סַפָּק
supply *n.* הַספָּקָה; הֶיצֵעַ; מְלַאי; אַספָּקָה
–be in short supply יֵשׁ מַחסוֹר בּ־
–supplies אַספָּקָה
supply *v.* (supplied) לְסַפֵּק (ל־); לְצַיֵּיד
support *n.* תְּמִיכָה; חִיזּוּק; תּוֹמֵךְ; סְמוֹכָה; פַּרנָסָה; מְפַרנֵס
–in support of בְּעַד; לְמַעַן; מְצַדֵּד בּ־
support *v.* לָשֵׂאת; לִתמוֹךְ בּ־; לְבַסֵּס; לְחַזֵּק; לִהיוֹת אוֹהֵד שֶׁל־; לְפַרנֵס
–cannot support לֹא יָכוֹל לִסבּוֹל
supporter *n.* תּוֹמֵךְ; אוֹהֵד
supportive *adj.* מְעוֹדֵד; תּוֹמֵךְ; מְסַייֵעַ
suppose *v.* לַחשׁוֹב; לְהָנִיחַ; לְשַׁעֵר; לְהִתבַּסֵּס עַל הַהֲנָחָה
–be supposed to אָמוּר ל־; אָמוּר לִהיוֹת
–suppose that נַנִּיחַ שׁ־; אִם; אוּלַי...?
–not supposed to לֹא רַשַּׁאי; אָסוּר לוֹ ל־
supposed *adj.* שֶׁמְּיוּחָס לוֹ; כִּבְיָכוֹל; כְּאִילוּ
supposedly *adv.* לְפִי הַהֲנָחָה; כִּבְיָכוֹל; אֲנִי מֵנִיחַ שׁ־
supposing *conj.* נַנִּיחַ שׁ־; אִם
supposition *n.* הֲנָחָה; הַשׁעָרָה
suppository *n.* נֵר (רְפוּאִי)
suppress *v.* לְדַכֵּא; לֶאֱסוֹר (פְּעִילוּת וכו'); לְהַסתִּיר; לְהַעֲלִים
suppression *n.* דִּיכּוּי; הַעֲלָמָה
supremacy *n.* עֶליוֹנוּת
supreme *adj.* עֶליוֹן; מַכרִיעַ; עִילָּאִי; גָּדוֹל בְּיוֹתֵר
Supreme Court *n.* בֵּית־הַמִּשׁפָּט הָעֶליוֹן
supremely *adv.* מְאוֹד; בְּיוֹתֵר
surcharge *n.* תּוֹסֶפֶת תַּשׁלוּם; הֶיטֵל נוֹסָף
sure *adj.* בָּטוּחַ; בָּדוּק; וַדַּאי; שֶׁאֶפשָׁר לִסמוֹךְ עָלָיו
–make sure לְוַודֵּא; לְבָרֵר; לִדאוֹג (שׁ־)
–be sure to (do) אַל תִּשׁכַּח ל־
–to be sure אוֹמנָם; יֵשׁ לְהוֹדוֹת; בֶּאֱמֶת
sure *adv.* בְּוַודַּאי; כַּמּוּבָן
–for sure עַל בָּטוּחַ; לְלֹא סָפֵק
surely *adv.* בְּוַודַּאי; לְלֹא סָפֵק; אֲנִי בָּטוּחַ שׁ־; בְּבִטחָה; תַּסכִּים אִיתִּי שׁ־
surf *n.* גַּלִּים מִשׁתַּבְּרִים (עַל הַחוֹף)
surf *v.* לִגלוֹשׁ עַל גַּלִּים; לִגלוֹשׁ (בָּאִינטֶרנֶט)
surface *n.* שֶׁטַח חִיצוֹנִי; דּוֹפֶן; פְּנֵי הַמַּיִם וכד'; פְּנֵי הַשֶּׁטַח
surface *v.* לְצַפּוֹת (בְּשִׁכבַת־); לַעֲלוֹת עַל פְּנֵי הַמַּיִם; לָשׁוּב וְלַעֲלוֹת; לְהַגִּיחַ; לְהוֹפִיעַ; לָצוּץ
surface-to-air *adj.* קַרקַע־אֲווִיר
surfboard *n.* גַּלשָׁן (גַּלִּים)
surfeit *n.* (of) גּוֹדֶשׁ; יוֹתֵר מִדַּי
surfing, surf-riding *n.* גַּלשָׁנוּת גַּלִּים
surge *n.* תְּנוּעָה גַּלִּית; עֲלִיָּיה חַדָּה; גַּל; נַחשׁוֹל
surge *v.* לָנוּעַ כְּגַל; לִנהוֹר; לִפרוֹץ; לְהָצִיף
surgeon *n.* מְנַתֵּחַ

S

surgery *n.* כִּירוּרגִיָה; נִיתוּחַ; מִרפָּאָה

surgical *adj.* כִּירוּרגִי; שֶׁל נִיתוּחַ

surly *adj.* רַגזָנִי וְלֹא יְדִידוּתִי; זָעוּף

surmise v. לְשַׁעֵר; לִלמוֹד (מ־)

surmount *v.* לְהִתגַבֵּר עַל־; לִהיוֹת מֵעַל־ / בְּרֹאשׁוֹ

surmountable *adj.* שֶׁאֶפשָׁר לְהִתגַבֵּר עָלָיו

surname *n.* שֵׁם מִשפָּחָה

surpass *v.* לַעֲלוֹת עַל־

surpassing *adj.* יוֹצֵא מִגֶדֶר הָרָגִיל

surplus *n.* עוֹדֶף; יִתרָה

surprise *n.* הַפתָּעָה; תְּמִיהָה; פֶּתַע

– take him by surprise לְהַפתִּיעַ אוֹתוֹ

surprise *v.* לְהַפתִּיעַ

surprised *adj.* מוּפתָּע

surprising *adj.* מַפתִּיעַ

surprisingly *adv.* בְּמַפתִּיעַ; לְמַרבֵּה הַהַפתָּעָה

surreal *adj.* כְּמוֹ בַּחֲלוֹם; מוּזָר מְאוֹד

surrender *n.* כְּנִיעָה; מְסִירָה; וִיתּוּר

surrender *v.* לִמסוֹר; לְהִיכָּנַע (ל־); לְווַתֵּר עַל־

surreptitious *adj.* חֲשָׁאִי; בִּגנֵיבָה

surrogate *adj., n.* תַּחֲלִיף; (אֵם) פוּנדקָאִית

surrogate mother *n.* אֵם פוּנדקָאִית

surrogate partner סָרוֹגֵייט; בֶּן־זוּג חֲלוּפִי; בַּת־זוּג חֲלוּפִית

surround *v.* לְהַקִיף; לְכַתֵּר; לֶאֱפוֹף

surrounded *adj.* מוּקָף (בּ־); מְכוּתָּר; אָפוּף (בּ־)

surrounding *adj.* שֶׁמְסָבִיב

surroundings *n.* סְבִיבָה

surveillance *n.* מַעֲקָב; נִיטוּר

survey *n.* סְקִירָה; סֶקֶר; בְּדִיקָה (שֶׁל שַׁמַאי)

survey *v.* לִסקוֹר; לִבדוֹק; לְהָכִין סֶקֶר

survival *n.* הִישָּׂרְדוּת; קִיוּם; שָׂרִיד

survive *v.* לִשׂרוֹד; לְהִישָּׁאֵר בַּחַיִים (אַחֲרֵי־)

survivor *n.* נִיצוֹל; שָׂרִיד

susceptibility *n.* רְגִישׁוּת; הֱיוֹתוֹ מוּשׁפָּע בְּקַלוּת

susceptible *adj.* רָגִישׁ ל־; מוּשׁפָּע בְּקַלוּת מ־; לֹא מְחוּסָן בִּפנֵי־

suspect *adj.* חָשׁוּד; מְעוֹרֵר חֲשָׁד / חֲשָׁשׁ; מְפוּקפָּק

suspect *n.* חָשׁוּד (אָדָם)

suspect *v.* לַחשׁוֹד בּ־; לְשַׁעֵר; לִסבּוֹר; לְפַקפֵּק בּ־

suspend *v.* לִתלוֹת; לְרַחֵף; לִדחוֹת; לְהַתלוֹת; לְהַפסִיק; לְהַשׁעוֹת; לְהַרחִיק

suspended sentence *n.* עוֹנֶשׁ (מַאֲסָר) עַל תְּנַאי

suspenders *n.* שְׁלֵייקֶס; כְּתֵפִיוֹת (לְמִכנָסַיִים)

suspense *n.* מֶתַח; צִיפִּיָה דְרוּכָה

suspension *n.* הַשׁעָיָה; הַרחָקָה; הַפסָקָה; תַּרחִיף

suspicion *n.* חֲשָׁד; חֲשָׁשׁ; שֶׁמֶץ; טִיפָּה

– under suspicion (of) חָשׁוּד (בּ־)

suspicious *adj.* חָשׁוּד; חַשדָנִי; חוֹשֵׁד; מְפַקפֵּק

– be suspicious of לַחשׁוֹד בּ־

suspiciously *adv.* בְּצוּרָה מְעוֹרֶרֶת חֲשָׁד; בְּחַשׁדָנוּת

sustain *v.* לָשֵׂאת; לְהַחֲזִיק; לְקַיֵים; לְחַזֵק; לָתֵת כּוֹחַ ל־; לְהַאֲרִיךְ; לְהַמשִׁיךְ בּ־; לִסבּוֹל; לִספּוֹג (אֲבֵידוֹת וכו׳); לְקַבֵּל (הִתנַגדוּת); לְאַשֵׁר

suture *v.* לִתפּוֹר (פֶּצַע)

SUV *n.* רֶכֶב פְּנַאי־שֶׁטַח

svelte *adj.* בַּעֲלַת גִזרָה יָפָה

swab *n.* סְפוֹגִית; מִשׁטַח (גָרוֹן); דְגִימָה

swab *v.* לְנַקוֹת; לְנַגֵב; לִשׁטוֹף רִצפָּה (בָּאוֹנִיָיה)

swaddle *v.* לַעֲטוֹף בְּחִיתוּלֵי בַּד; לְהִתכַּרבֵּל בּ־; לְהִתעַטֵף בּ־

swagger *v., n.* לְהַשׁווִיץ; (לְהַלֵךְ בּ־) שְׁוִויץ; הִילוּךְ רַברְבָנִי

swallow *n.* סְנוּנִית

swallow *n.* בְּלִיעָה; לְגִימָה (אַחַת / אֲרוּכָּה)

swallow *v.* לִבלוֹעַ; לִבלוֹעַ אֶת רוּקוֹ; לִספּוֹג (עֶלבּוֹן) בְּשֶׁקֶט

swam *v. past of* swim

S

swamp *n.* בִּיצָה
swamp *v.* (with) לְהָצִיף (בּ־)
swampy *adj.* בִּיצָתִי; טוֹבְעָנִי
swan *n.* בַּרְבּוּר
swanky *adj.* יוּקְרָתִי; מְפוֹאָר; מַרְשִׁים; מַשְׁוויץ
swansong *n.* שִׁירַת הַבַּרְבּוּר
swap *n.* חֲלִיפִין; הַחֲלָפָה
swap *v.* לְהַחֲלִיף (בֵּינֵיהֶם)
swarm *n.* לַהֲקָה; נְחִיל
swarm *v.* לָנוּעַ בִּנְחִיל; לְהִתְקַהֵל; לִנְהוֹר
– swarm with לִהְיוֹת מָלֵא בּ־; לִשְׁרוֹץ
swarthy *adj.* שְׁחַרְחַר; שְׁחוּם־עוֹר
swashbuckling הַרְפַּתְקָנִי; נוֹעָז; שַׁחֲצָנִי
swastika *n.* צְלַב קֶרֶס
swat *n.* מַכָּה; חֲבָטָה; מַצְלֵף
swat *v.* (swatted) לְהַצְלִיף בּ־
swathe *v.* לַחֲבוֹשׁ; לַעֲטוֹף; לֶאֱפּוֹף
sway *n.* הִתְנוֹעֲעוּת; טִלְטוּל; שִׁלְטוֹן; שְׁלִיטָה; הַשְׁפָּעָה
sway *v.* לְהִתְנוֹעֵעַ; לְהִתְנַדְנֵד; לְנַעְנֵעַ; לְהַשְׁפִּיעַ עַל (הַחְלָטַת־)
swear *v.* (swore, sworn) לְקַלֵּל; לְהִישָּׁבַע; לְהַשְׁבִּיעַ
– swear someone in לְהַשְׁבִּיעוֹ (לְתַפְקִיד)
swear word *n.* קְלָלָה; מִלָּה גַּסָּה
sweat *n.* זֵיעָה; הַזָּעָה; דְּאָגָה; הִתְרַגְּשׁוּת; מַאֲמָץ; עֲבוֹדָה קָשָׁה
sweat *v.* לְהַזִּיעַ; לִהְיוֹת בְּמֶתַח; לִדְאוֹג; לְטַגֵּן / לְבַשֵּׁל קַלּוֹת
– sweat blood "לִירוֹק דָּם"; לַעֲבוֹד קָשֶׁה
sweatband *n.* רְצוּעַת בַּד לִסְפִיגַת זֵיעָה; מָגֵן זֵיעָה
sweater *n.* סְוֶודֶר
sweatshirt *n.* מֵיזָע
sweatshop *n.* מִפְעָל / בֵּית־חֲרוֹשֶׁת נַצְלָנִי
sweatsuit *n.* אִימוּנִית
sweaty *adj.* מְיוּזָּע; מַזִּיעַ; סְפוּג זֵיעָה; מְיַיזֵּעַ
sweep *n.* טִאטוּא; הֶנֶף; תְּנוּעָה; סְרִיקָה; קֶשֶׁת רְחָבָה (שֶׁל אֵיזוֹר, נָהָר וכו'); מֶרְחָב; הֶיקֵּף
– make a clean sweep (of) לְהִיפָּטֵר מִכָּל־; לַעֲשׂוֹת "נִיקָּיוֹן כְּלָלִי"; לִזְכּוֹת בְּכָל ה־
sweep *v.* (swept) לְטַאטֵא; לִסְחוֹף; לִגְרוֹף; לִשְׁטוֹף; לִסְרוֹק; לְהִתְפַּשֵּׁט
– sweep someone off her/his feet לִכְבּוֹשׁ אֶת לִיבָּהּ / לִיבּוֹ (בִּסְעָרָה)
sweeper *n.* מְטַאטֵא (גַּם בְּכַדּוּרֶגֶל); מְכוֹנִית טִאטוּא
sweeping *adj.* מַרְחִיק לֶכֶת; סוֹחֵף; מַקִּיף; כּוֹלְלָנִי
sweepstake *n.* (הַפְּרָס הַגָּדוֹל בּ־) הִימּוּרֵי סוּסִים וכו'
sweet *adj.* מָתוֹק; נָקִי וְרַעֲנָן; רֵיחָנִי; נָעִים; נֶחְמָד; מְאוֹהָב בּ־
sweet *n.* מַמְתָּק; סוּכָּרִיָּיה; מָנָה לְקִינּוּחַ
sweeten *v.* לְהַמְתִּיק; לְהֵיעָשׂוֹת מָתוֹק; לְרַכֵּךְ / לְשַׁחֵד (בְּמַתָּנוֹת וכו')
sweetened *adj.* מְמוּתָּק
sweetener *n.* מַמְתִּיק; "סוּכָּרִיָּיה"
sweetheart *n.* אֲהוּבָה; אָהוּב; חוֹמֶד; מָתוֹק שֶׁלִּי
sweetmeat *n.* מַמְתָּק; מַאֲכָל עָשׂוּי סוּכָּר; מַאֲכָל מְשׁוּמָּר בְּסוּכָּר
sweetness *n.* מְתִיקוּת
sweet nothings *n.* מִילּוֹת אַהֲבָה; לַחְשׁוּשֵׁי אַהֲבָה
sweet pea *n.* טוֹפַח רֵיחָנִי (פֶּרַח מְטַפֵּס)
sweet potato *n.* בַּטָּטָה; אוֹקָרִינָה (כְּלִי נְגִינָה)
sweet talk *n.* מַחֲמָאוֹת (מְזוּיָּפוֹת); דִּיבּוּרִים יָפִים
sweet tooth *n.* חוּלְשָׁה לְדִבְרֵי מְתִיקָה
swell *n.* הִתְגַּבְּרוּת; מְלֵאוּת; עֲגַלְגַּלּוּת; תְּפִיחוּת; גִּיבּוּעַ (בַּיָּם); בָּחוּר טוֹב; קָרֶשֶׁנְדוֹ; גַּנְדְּרָן
swell *v.* (swelled, swollen) לְהִתְנַפֵּחַ; לִתְפּוֹחַ; לִגְדּוֹל; לְנַפֵּחַ; לְהַגְדִּיל
– swell with pride לְהִתְמַלֵּא גַּאֲוָוה
swell *adj.* יוֹפִי; מְצוּיָּן
swelling *n.* הִתְנַפְּחוּת; נְפִיחוּת
swelter *v.* לִסְבּוֹל בַּחוֹם הַמֵּעִיק
sweltering *adj.* שַׁרְבִי; נִצְלֶה בַּחוֹם

S

swept *v. past and 3rd form of* sweep
swerve *n.* סְטִיָּה פִּתְאוֹמִית
swerve *v.* לִסטוֹת (בְּאוֹפֶן פִּתְאוֹמִי); לַעֲשׂוֹת תַּפְנִית
swift *adj.* מָהִיר
swiftly *adv.* בִּמְהִירוּת; מַהֵר
swiftness *n.* מְהִירוּת
swig *n., v.* לְגִימָה גְדוֹלָה; שְׁלוּק; לִשתוֹת (בִּשלוּקִים)
swill *n.* שְׁטִיפָה; שְׁאֵרִיּוֹת מָזוֹן לַחֲזִירִים
swill *v.* לִשטוֹף
swim *n.* שְׂחִיָּיה
swim *v.* לִשׂחוֹת; לַעֲבוֹר בִּשׂחִיָּיה; לְהִסתוֹבֵב; לִהיוֹת סְחַרחַר
swimmer *n.* שַׂחיָין
swimming *n.* שְׂחִיָּיה
swimming costume בֶּגֶד־יָם (לְנָשִׁים)
swimming pool *n.* בְּרֵיכַת שְׂחִיָּיה
swimsuit *n.* בֶּגֶד־יָם
swindle *n.* (מַעֲשֵׂה) הוֹנָאָה; רַמָּאוּת
swindle *v.* לְרַמּוֹת; לְהוֹנוֹת
– swindle him out of לְהוֹצִיא מִמֶּנוּ בְּמִרמָה
swindler *n.* רַמַּאי
swine *n.* חֲזִיר; מְנוּוָל
swing *n.* תְּנוּדָה; נִדנוּד; תְּנוּפָה; נַדנֵדָה; הִתנַדנְדוּת; שִׁינוּי; מַעֲבָר (ל־); סְווִינג (מוּסִיקָה); קֶצֶב
– get into the swing of things לְהִיכָּנֵס לָעִניָינִים
– in full swing בִּתנוּפָה מְלֵאָה; בְּעִיצוּמוֹ
swing *v.* (swung) לְנַדנֵד; לְהָנִיף; לְהִתנַדנֵד; לָנוּעַ בִּתנוּפָה; לְהִסתוֹבֵב בִּתנוּפָה; לַעֲשׂוֹת תַּפְנִית
swinger *n.* בַּלְיָין (מַרבֶּה לְבַלוֹת); "פַּרפָּר"
swipe *n.* חֲבָטָה חֲזָקָה (בִּתנוּפָה); הַתקָפָה (מִילוּלִית)
swipe *v.* לַחבּוֹט בְּכוֹחַ; "לִסחוֹב"; לִגנוֹב
swirl *n.* מְעַרבּוֹלֶת; הִסתוֹבְבוּת; קִישׁוּט מְסוּלסָל
swirl *v.* לָנוּעַ בִּמעַרבּוֹלֶת; לְהִסתוֹבֵב; לְסַלסֵל
swish *adj.* יוּקרָתִי; מְפוֹאָר
swish *n.* (קוֹל) שְׁרִיקָה / רִשרוּשׁ; הַצלָפָה (בִּזנָבוֹ); מַקֵל (לְהַלקָאָה); הוֹמוֹ נָשִׁי
swish *v.* לְהַצלִיף; לְהָנִיף / לַחתוֹךְ בְּקוֹל שְׁרִיקָה; לָנוּעַ בְּקוֹל רִשרוּשׁ; לְהַשמִיעַ רִשרוּשׁ
– swish off לִכרוֹת בְּהֶנֶף; לִמחוֹק (לוּחַ)
Swiss *n., adj.* שְׁווֵיצָרִי
Swiss chard *n.* סֶלֶק עָלִים
Swiss roll *n.* (עוּגַת) רוֹלָדָה
switch *n.* מֶתֶג; מַפסֵק; כַּפתּוֹר (חַשמַלִי); שִׁינוּי; מַעֲבָר; מָסוֹט; מַקֵל (עָנָף) דַק
switch *v.* לְשַׁנוֹת; לְהַחֲלִיף; לְהָסִיט; לַעֲבוֹר
– switch off לְכַבּוֹת; לְהַפסִיק לְהַקשִׁיב; לְהִתנַתֵק
– switch on לְהַדלִיק
– switch over (to) לַעֲבוֹר לְ־
switchback *n.* כְּבִישׁ (בֶּהָרִים) עוֹלֶה וְיוֹרֵד; עֲקַלָּתוֹן; רַכֶּבֶת הָרִים (בְּגַן־שַׁעֲשׁוּעִים)
switchblade *n.* אוֹלָר קְפִיצִי
switchboard *n.* מִרכֶּזֶת טֶלֶפוֹן (מֶרכָּזִיָּיה); רַכֶּזֶת
switching *n.* מִיתוּג
swivel *v.* לְסוֹבֵב; לְהִסתוֹבֵב (עַל צִירוֹ)
swivel chair *n.* כִּסֵא מִסתוֹבֵב
swollen *v. 3rd form of* swell
swollen *adj.* נָפוּחַ; תָּפוּחַ
swollen-headed *adj.* מַחשִׁיב אֶת עַצמוֹ יוֹתֵר מִדַי
swoon *v., n.* לְהִתעַלֵף; לְהִתעַלֵף כִּמעַט; הִתעַלְּפוּת
swoop *n.* הִתנַפְּלוּת; פְּשִׁיטָה
– with one fell swoop בְּמַכָּה אַחַת
swoop *v.* לָעוּט (עַל); לְהִתנַפֵּל / לִפשׁוֹט עַל־
swop *n., v.* הַחלָפָה; לְהַחֲלִיף (בֵּינֵיהֶם)
sword *n.* חֶרֶב
swordfish *n.* דַג־הַחֶרֶב
sword of Damocles *n.* חֶרֶב דָמוֹקלֶס; חֶרֶב תְּלוּיָה עַל צַוָּאר
swordsman *n.* סַיָּיף
swore *v. past of* swear
sworn *v. 3rd form of* swear
sworn *adj.* בִּשבוּעָה; מוּשׁבָּע

S

swot *v.* (swotted) (up) "לִדגוֹר" (עַל־)
swot *n.* דַגרָן
swum *v. 3rd form of* swim
swung *v. past and 3rd form of* swing
sycamore *n.* (עֵץ) שִקמָה
sycophant *n.* חַנפָן; מְלַחֵך פִּנכָּה
syllable *n.* הֲבָרָה
syllabus *n.* תוֹכנִית לִימוּדִים (בְּמִקצוֹעַ מְסוּיָם)
syllogism *n.* הֶיקֵש; סִילוֹגִיזם
sylvan *adj.* שֶבְּתוֹך יַעַר; שֶל יַעַר
symbiosis *n.* סִימבִּיוֹזָה; חַיֵי שִיתוּף מִתוֹך תוֹעֶלֶת הֲדָדִית
symbol *n.* סֵמֶל; סִימָן; סִימוּן
symbolic *adj.* סִמלִי
symbolize *v.* לְסַמֵל
symmetric(al) *adj.* סִימֶטרִי
symmetrically *adv.* בְּאוֹפֶן סִימֶטרִי
symmetry *n.* סִימֶטרִיָיה
sympathetic *adj.* אוֹהֵד; מְגַלֶה אַהֲדָה / הֲבָנָה; מִשתַתֵף בְּצַעַר
sympathetically *adv.* בְּאַהֲדָה; תוֹך הִשתַתְפוּת בְּצַעַר
sympathies *n.* רִגשֵי אַהֲדָה; תְמִיכָה; תַנחוּמִים
sympathize *v.* לְגַלוֹת אַהֲדָה (כְּלַפֵּי־); לְהָבִין אֶת־; לְהִשתַתֵף בְּצַעַר
sympathizer *n.* אוֹהֵד (שֶל מִפלָגָה וכד׳)
sympathy *n.* הִשתַתְפוּת בְּצַעַר; (רִגשֵי) אַהֲדָה; הַסכָּמָה; הִזדַהוּת
symphony *n.* סִימפוֹנִיָה
symposium *n.* סִימפּוֹזיוֹן; רַב־שִׂיחַ
symptom *n.* תַסמִין; סִימפּטוֹם; סִימָן
symptomatic *adj.* (of) סִימפּטוֹמָטִי (ל־); מַצבִּיעַ (עַל־)
synagogue *n.* בֵּית־כְּנֶסֶת
sync, synch *n.* סִינכרוֹנִיזַציָה; תִזמוּן מְתוֹאָם
—out of sync לֹא מְסוּנכָּרָן; לֹא מְתוּזמָן (בְּתֵיאוּם)
synchronization *n.* סִנכּרוּן; תֵיאוּם (בַּזמַן); תִזמוּן
synchronize *v.* לְסַנכְּרֵן; לְתָאֵם; לִהיוֹת מְתוֹאָם (בִּזמַן); לְתַזמֵן
syndicate *n.* סִינדִיקָט עִיתוֹנוּת; הִתאַחֲדוּת (יַצרָנִים וכו׳)
syndrome *n.* תִסמוֹנֶת; סִינדרוֹם
synod *n.* מוֹעֶצֶת גְדוֹלֵי הַכְּנֵסִייָה
synonym *n.* מִלָה נִרדֶפֶת
synonymous *adj.* זֵהֶה / קָרוֹב בְּמַשמָעוּת
synopsis *n.* תַמצִית; תַקצִיר
synoptic *adj.* מְתוּמצָת; סִינוֹפּטִי
syntactic *adj.* תַחבִּירִי
syntax *n.* תַחבִּיר
synthesis *n.* סִינתֶזָה; יִיצוּר (ע״י סִינתוּז); שִילוּב חֲלָקִים שוֹנִים
synthesizer *n.* סִינתֶסַייזֶר
synthetic *adj.* סִינתֶטִי; מְלָאכוּתִי
syphilis *n.* עַגֶבֶת
syphilitic *adj., n.* חוֹלֵה עַגֶבֶת
syphon *n.* סִיפוֹן; בַּקבּוּק סִיפוֹן
syringe *n.* מַזרֵק
syringe *v.* לְהַזרִיק; לִשטוֹף (בְּמַזרֵק)
syrup *n.* סִירוֹפּ
system *n.* מַעֲרֶכֶת; שִיטָה; שִיטָתִיוּת
systematic *adj.* שִיטָתִי
systematically *adv.* בְּשִיטָתִיוּת
systematize *v.* לַעֲרוֹך לְפִי שִיטָה; לְהַכנִיס שִיטָה בּ־
systemic *adj.* מַעֲרַכתִי; סִיסטֶמִי
systems analyst *n.* מְנַתֵחַ מַעֲרָכוֹת
systems engineering *n.* הַנדָסַת מַעֲרָכוֹת
systolic *adj.* סִיסטוֹלִי (לַחַץ דָם)

S

T

T, t
–to a T בְּדִיוּק; בְּאוֹפֶן מוּשְׁלָם
tab *n.* תָּג; לוּלָאָה; תָּווִית; לְשׁוֹנִית; חֶשְׁבּוֹן; טַבּוּלָטוֹר; טַבְלָר
–pick up the tab לְשַׁלֵּם אֶת הַחֶשְׁבּוֹן (שֶׁל כּוּלָם)
–keep tabs on לָשִׂים עַיִן עַל; לַעֲקוֹב אַחֲרֵי־
tabernacle *n.* הַמִּשְׁכָּן; אוֹהֶל־מוֹעֵד; בֵּית־תְּפִילָּה (נוֹצְרִי); תֵּיבַת לֶחֶם הַקּוֹדֶשׁ
table *n.* שׁוּלְחָן; לוּחַ; תּוֹכֶן הָעִנְיָינִים; טַבְלָה; הַיּוֹשְׁבִים לַשּׁוּלְחָן
–lay the table לַעֲרוֹךְ אֶת הַשּׁוּלְחָן
–set the table לַעֲרוֹךְ אֶת הַשּׁוּלְחָן
–turn the tables on לַהֲפוֹךְ אֶת הַקְּעָרָה עַל פִּיהָ בְּהִתְמוֹדְדוּת עִם־
–wait at/on tables לַעֲבוֹד כְּמֶלְצַר / כְּמֶלְצָרִית; לְמַלְצֵר
table *v.* לְהַגִּישׁ לְדִיּוּן; לִדְחוֹת (דִּיּוּן)
tablecloth *n.* מַפַּת שׁוּלְחָן
table manners *n.* נִימּוּסֵי שׁוּלְחָן
tablespoon *n.* כַּף גְּדוֹלָה; כַּף בֵּינוֹנִית
tablespoonful *n.* כַּף מְלֵאָה
tablet *n.* טַבְלִייָה; כַּדּוּר (תְּרוּפָה); לוּחַ; טַבְלָה
table tennis *n.* טֶנִיס־שׁוּלְחָן
table wine *n.* יֵין שׁוּלְחָנִי
tabloid *n.* עִיתּוֹן זוֹל; צְהוּבּוֹן
taboo *adj., n.* טַאבּוּ; אִיסּוּר; אָסוּר; קָדוֹשׁ
tabular *adj.* עָרוּךְ בְּלוּחוֹת; שֶׁל לוּחַ
tabulate *v.* לַעֲרוֹךְ בְּלוּחוֹת; לְלַוּוֵחַ
tabulation *n.* לִיוּוּחַ
tacit *adj.* שֶׁבִּשְׁתִיקָה
tacitly *adv.* בִּשְׁתִיקָה
taciturn *adj.* שַׁתְקָנִי; מְמַעֵט בְּדִיבּוּר
tack *n.* מַסְמֵר רִיפּוּד; נַעַץ; תֶּפֶר הַכְלָבָה / זְמַנִּי; כִּיוּוּן הִתְקַדְּמוּת; קַו מַחֲשָׁבָה; קַו פְּעוּלָּה
tack *v.* לְהַדֵּק בִּנְעָצִים; לִתְפּוֹר בְּהַכְלָבָה / בְּאוֹפֶן זְמַנִּי; לִפְקוֹם; לְהִתְקַדֵּם בְּזִיגְזָג; לְהוֹסִיף
tackle *n.* גַּלְגֶּלֶת וַחֲבָלִים; צִיּוּד; תִּיקּוּל
tackle *v.* לְהִתְמוֹדֵד עִם־; לְטַפֵּל בְּ־; לְהִתְעַמֵּת עִם; לְתַקֵּל (בְּספּוֹרט); (לְנַסּוֹת) לַעֲצוֹר / לְהַפִּיל
tacky *adj.* דָּבִיק; לַח; לֹא שָׁוֶוה; זוֹל; מַגְעִיל; הֲמוֹנִי; מוּזְנָח
tact *n.* טַקְט
tactful *adj.* בַּעַל טַקְט
tactfully *adv.* בְּטַקְט; בַּעֲדִינוּת
tactic *n.* תַּכְסִיס; טַקְטִיקָה
–tactics תַּכְסִיסִים; טַקְטִיקָה
tactical *adj.* טַקְטִי
tactician *n.* טַקְטִיקָן
tactile *adj.* מִישּׁוּשִׁי; שֶׁל מַגָּע; שֶׁל חוּשׁ הַמִּישּׁוּשׁ
tactless *adj.* חֲסַר טַקְט
tactlessly *adv.* בְּחוֹסֶר טַקְט
tadpole *n.* רֹאשָׁן
taffy *n.* טוֹפִי (סוּכָּרִייָה)
tag *n.* קְצֵה שְׂרוֹךְ; תָּג; תָּווִית; "תּוֹסֶפֶת"; צִיטָטָה נְדוֹשָׁה; תָּווִית שְׁאֵלָה (בְּדִקְדוּק)
tag *v.* לְהַצְמִיד תָּווִית / תָּג לְ־; לְזַהוֹת כְּ־; לְכַנּוֹת; לְהוֹסִיף; לְצָרֵף; לִרְשׁוֹם דּוּחַ תְּנוּעָה
–tag along/behind לָלֶכֶת אַחֲרֵי־; לְהִצְטָרֵף אֶל־
tail *n.* זָנָב; צַד אֲחוֹרִי שֶׁל מַטְבֵּעַ; "עֵץ" (בְּרַבִּים); שׁוֹבֶל; מַעֲקָב
–turn tail לִבְרוֹחַ
tail *v.* לַעֲקוֹב אַחֲרֵי־
tailcoat *n.* פְּרַק (מְעִיל עֶרֶב מְזוּנָּב)
tail end *n.* הַחֵלֶק הָאַחֲרוֹן; הַסּוֹף
tailgate *n., v.* דֶּלֶת אֲחוֹרִית; דֶּלֶת הָאַרְגָּז (בְּמַשָּׂאִית); לְהִיצָּמֵד לָרֶכֶב שֶׁלְּפָנָיו
taillight *n.* פָּנָס אֲחוֹרִי; אוֹר אֲחוֹרִי
tailor *n.* חַיָּיט
tailor *v.* לִתְפּוֹר לְפִי מִידָּה; לְהַתְאִים בִּמְיוּחָד
tailor-made *adj.* (תָּפוּר) לְפִי מִידָּה; מַתְאִים; "תָּפוּר" בְּדִיּוּק
tail pipe *n.* מַפְלֵט (בִּמְכוֹנִית)

T

tailspin *n.* סחרור (מָטוֹס); פַּנִיקָה; הִתמוֹטטוּת

taint *n.* שֶׁמֶץ; כֶּתֶם; עִקבוֹת־ (רֵיחַ רַע וכו׳)

taint *v.* לְזַהֵם; לְהַשחִית; לְהַכתִים; לְהַכפִּיש; לְקַלקֵל

take *n.* לְקִיחָה; הַכנָסוֹת; הסרָטָה / הַקלָטָה (רְצוּפָה) (טֵייק); שוֹחַד

take *v.* (took, taken) לָקַחַת; לְהַחֲזִיק בּ־; לְקַבֵּל; לִסבּוֹל; לְנַצֵל; לִתפּוֹס; לִכבּוֹש; לִזכּוֹת בּ־; לְהַרוִויחַ; "לִסחוֹב"; לִקנוֹת (בְּדֶרֶךְ כְּלָל); לִהיוֹת לוֹ מָקוֹם ל־; לֶאֱרוֹךְ; לָקַחַת לוֹ (זְמַן); לְכַלוֹת; לִדרוֹש; לַחֲשוֹב ל־; לְפָרֵש; לְהָנִיחַ; לְנַהֵל; לְגַלֵם (אֶת תַפקִיד־); לִלמוֹד; לְהַצלִיחַ; לְהִיקָלֵט

–can/can't take it (לֹא) יָכוֹל לַעֲמוֹד בָּזֶה; לֹא יָכוֹל לִסבּוֹל יוֹתֵר

–I take it (that) you... אֲנִי מֵבִין שֶאַתָה...

–It takes... דָרוּש...

–take a bath/shower לְהִתרַחֵץ

–take a bus/train לִנסוֹעַ בְּאוֹטוֹבּוּס / בְּרַכֶּבֶת

–take a look לְהַבִּיט; לְהִסתַכֵּל; לְהָעִיף מַבָּט

–take a picture לְצַלֵם תְמוּנָה

–take a rest לָנוּחַ

–take a walk לְטַיֵיל (בָּרֶגֶל)

–take after לִהיוֹת דוֹמֶה ל־

–take apart לְפָרֵק אֶת־; "לִקרוֹעַ" אֶת־

–take away לְסַלֵק; לָקַחַת; לְהַחסִיר; לִגרוֹעַ מ־

–take back לְקַבֵּל חֲזָרָה; לַחֲזוֹר בּוֹ מ־; לְהַחֲזִיר ל־

–take down לִרשוֹם; לְהוֹרִיד; לְפָרֵק

–take him for לַחשוֹב אוֹתוֹ (בְּטָעוּת) ל־

–take in לְהוֹלִיךְ שוֹלָל; לְרַמוֹת; לְהַכנִיס הַבַּיתָה; לְהַצֵר (בְּגָדִים); לִכלוֹל; לִקלוֹט; לְהָבִין; לָלֶכֶת לִראוֹת (סֶרֶט, וכו׳)

–take interest in לְהִתעַניֵין בּ־

–take it from me תַאֲמִין לִי

–take it or leave it אוֹ שֶתְקַבֵּל אֶת הַהַצָעָה אוֹ שֶאֵין עִסקָה; זֶה מַה שֶאֲנִי מוּכָן לְהַצִיעַ

–take it out on לִפרוֹק אֶת כַּעֲסוֹ עַל־

–take my word for it תַאֲמִין לִי; תִסמוֹךְ עָלַי

–take off לְהַמרִיא; לְקַבֵּל תְנוּפָה; לְחַקוֹת אֶת־; לְהוֹרִיד; לְהָסִיר; לִפשוֹט (בֶּגֶד); לָלֶכֶת; לְנַכּוֹת; לָקַחַת חוּפשָה

–take offence לְהֵיעָלֵב; לְהִיפָּגַע

–take on לְהַעֲסִיק; לְהִתמוֹדֵד עִם־; לְקַבֵּל; לָקַחַת עַל עַצמוֹ; "לִלבּוֹש" (מַבָּע)

–take out לְהוֹצִיא אֶת־; לָצֵאת עִם־; לַעֲקוֹר; לְהוֹצִיא; לְסַלֵק; לַעֲשׂוֹת; לְהַרחִיב (בְּגָדִים); לְנַכּוֹת; לְחַסֵל; לַהֲרוֹס

–take over לְקַבֵּל לְיָדָיו אֶת הַנִיהוּל וכו׳; לְהִשתַלֵט עַל; לִתפּוֹס אֶת מְקוֹמוֹ; לְהַחֲלִיף אֶת־

–take place לְהִתרַחֵש; לְהִתקַיֵים

–take pride in לְהִתגָאוֹת בּ־

–take to לְהַתחִיל ל־; (לְהַתחִיל) לִמצוֹא חֵן בְּעֵינָיו; לְחַבֵּב

–take to the streets לָצֵאת לָרחוֹבוֹת

–take something to pieces לְפָרֵק לַחֲתִיכוֹת

–take up לְהָרִים; לִספּוֹג; לְהַתחִיל לַעֲסוֹק / לְהִתעַניֵין בּ־; לִבחוֹר בּ־; לְקַבֵּל (הַצָעָה); לְהַמשִיךְ; לְבָרֵר; לָדוּן בּ־; לְהַעֲלוֹת; לִתפּוֹס; לִגזוֹל (זְמַן); לְהַעֲבִיר (זְמַן); לְקַצֵר (בֶּגֶד)

–take up too much room לִתפּוֹס הַרבֵּה מָקוֹם

–be taken up with לְבַלוֹת הַרבֵּה בִּמחִיצַת־; לְהַקדִיש אֶת מִרצוֹ / מַרבִּית זְמַנוֹ ל־

takeaway *n.* מָזוֹן שֶלוֹקחִים הַבַּיתָה

take-home pay *n.* מַשׂכּוֹרֶת נֶטוֹ

take-off *n.* הַמרָאָה; זִינוּק; חִיקוּי (פָּרוֹדִי)

take-out *n.* מָזוֹן שֶלוֹקחִים הַבַּיתָה

takeover *n.* הִשתַלטוּת (עַל חֶברָה וכו׳)

take-up *n.* הֵיעָנוּת; בִּיקוּש

takings *n.* הַכנָסוֹת; תַקבּוּלִים

talc *n.* טַלק (מִינֶרָל); אַבקַת טַלק

talcum powder *n.* אַבקַת טַלק

tale *n.* סִיפּוּר; מַעֲשִׂיָיה

talent *n.* (for) כִּשרוֹן (ל־); כִּשרוֹנוֹת; חֲתִיכוֹת

T

talented *adj.* מוּכשָׁר; מְחוּנָּן
talent scout *n.* צַיָּיד כִּשרוֹנוֹת
talisman *n.* קָמֵיעַ
talk *n.* שִׂיחָה; דִיוּן; רְכִילוּת; דִיבּוּרִים; הַרצָאָה
–talks שִׂיחוֹת; דִיוּנִים; הַרצָאוֹת
talk *v.* לְדַבֵּר; לְשׂוֹחֵחַ; לָדוּן; לְרַכֵל
–talk back לַעֲנוֹת בְּחוּצפָּה
–talk big לְהִתרַברֵב
–talk down to לְדַבֵּר אֵלָיו בְּלָשׁוֹן פְּשׁוּטָה מִתוֹך הִתנַשְׂאוּת
–talk him into (doing) לְשַׁכנֵעַ אוֹתוֹ ל־
–talk it over (with) לְדַבֵּר עַל זֶה (עִם)
–talk of the devil מְדַבּרִים עַל הַחֲמוֹר
–talk him out of לְשַׁכנֵעַ אוֹתוֹ לֹא ל־
–You're a fine one to talk! תִראוּ מִי מְדַבֵּר!
–You can talk! לְךָ אֵין זְכוּת לְדַבֵּר!; תִראוּ מִי מְדַבֵּר!
talkative *adj.* פַּטפְּטָן
talking point *n.* נוֹשֵׂא לְשִׂיחָה
talking-to *n.* נְזִיפָה; "שְׁטִיפָה"
talk show *n.* תוֹכנִית רַאֲיוֹנוֹת; תוֹכנִית אֵירוּחַ
tall *adj.* גָבוֹהַ; בְּגוֹבַה
–How tall are you? מָה הַגוֹבַה שֶׁלךָ?
tallness *n.* גוֹבַה
tall order *n.* מְשִׂימָה קָשָׁה מְאוֹד; בַּקָשָׁה לֹא סְבִירָה
tall story *n.* גוּזמָה; צִ'יזבָּט; מַעֲשִׂיָיה
tally *n.* חֶשׁבּוֹן; חִישׁוּב; מַאֲזַן נְקוּדוֹת; מַקֵל מְחוֹרָץ; תָווִית זִיהוּי; לוּחַ הוֹרָאוֹת
tally *v.* (tallied) לִהיוֹת תוֹאֵם; לְחַשֵׁב; לִספּוֹר
Talmud *n.* תַלמוּד; גְמָרָא
talon *n.* טוֹפֶר; צִיפּוֹרֶן (שֶׁל עוֹף דוֹרֵס)
tamarisk *n.* אֵשֶׁל (עֵץ)
tambourine *n.* טַנבּוּר
tame *adj.* מְאוּלָף; מְשַׁעֲמֵם; חֲסַר מֶתַח
tame *v.* לְאַלֵף
tamer *n.* מְאַלֵף
tam o'shanter *n.* כּוּמתָה סְקוֹטִית
tamp *v.* לְהַדֵק בְּמַכּוֹת קַלוֹת; לִדחוֹס בִּלחִיצוֹת; לְפַטֵם (מִקטֶרֶת)
tamper *v.* (with) לִנגוֹעַ בּ־; לְטַפֵּל בּ־; לְשַׂחֵק בּ־; לְשַׁחֵד
tampon *n.* טַמפּוֹן
tan *adj., n.* (צֶבַע) חוּם (־צְהַבהַב); שִׁיזוּף
tan *v.* לְשַׁזֵף; לְהִשתַזֵף; לְעַבֵּד עוֹר
tandem *adv.* זֶה מֵאֲחוֹרֵי זֶה
–in tandem בְּתֵיאוּם; בְּשִׁיתוּף פְּעוּלָה
tang *n.* טַעַם/רֵיחַ חָרִיף; טַעַם פִּיקַנטִי; "פִּלפְּלִי"
tangent *n.* מַשִׁיק; טַנגֶנס
tangerine *n.* מַנדָרִינָה
tangible *adj.* מוּחָשִׁי; מוּחָשׁ; מַמָשִׁי
tangle *n.* סְבַך; קְשָׁרִים; פְּלוֹנטֶר; בָּלָגָן
tangle *v.* לְסַבֵּך; לְהִסתַבֵּך; לָרִיב
–tangle up לְהִסתַבֵּך
tangled *adj.* סָבוּך; מָלֵא קְשָׁרִים; בְּהִסתַבּוּכֶת
tank *n.* מְכָל; מַאֲגַר מַיִם; טַנק
tankard *n.* קַנקַן; סֵפֶל (בִּירָה) גָדוֹל
tanker *n.* מְכָלִית
tank top *n.* גוּפִיָיה
tanned *adj.* שָׁזוּף
tanner *n.* בּוּרסִי (מְעַבֵּד עוֹרוֹת)
tantalize *v.* לְתַסכֵּל בְּתִקווֹת שָׁווא; לְגָרוֹת סְתָם
tantalizing *adj.* מְגָרֶה; קוֹרֵץ
tantamount *adj.* (to) כְּמוֹהוּ כּ־; אֵינוֹ אֶלָא
tantrum *n.* הִתפָּרְצוּת זַעַם
tap *n.* בֶּרֶז; צִיתוּת (לְטֶלֶפוֹן); מַברֵז; טְפִיחָה/דְפִיקָה קַלָה
–on tap זָמִין; (בִּירָה) מֵחָבִית
tap *v.* (tapped) לִטפּוֹחַ (עַל־); לְהַקִישׁ (בּ־); לִמזוֹג (מֵחָבִית וכד'); לַחֲלוֹב (מִקלִיפַּת הָעֵץ); לְהוֹצִיא מ־; לְנַצֵל; לְצוֹתֵת (לְטֶלֶפוֹן); לְהִתחַבֵּר ל־
tap dancing *n.* רִיקוּד סְטֶפּס
tape *n.* סֶרֶט; סֶרֶט הַדבָּקָה; סֶרֶט מִידָה ("מֶטֶר"); סֶרֶט מַגנֵטִי/וִידֵאוֹ; קַלֶטֶת; הַקלָטָה
tape *v.* לִקשׁוֹר בְּסֶרֶט; לְהַדבִּיק בְּסֶרֶט
דָבִיק; לַחֲבוֹשׁ; לְהַקלִיט; לְהָבִין/לְהַכִּיר הֵיטֵב אֶת־
tape deck *n.* רְשַׁמקוֹל (כְּחֵלֶק מִמַעֲרֶכֶת)
tape measure *n.* סֶרֶט מִידָה; "מֶטֶר"

T

taper *v.* (off) לְהָצֵר / לְהֵיעָשׂוֹת צַר בְּהַדְרָגָה; לְדעוֹך; לִגווֹעַ
tape recorder *n.* רְשַׁמקוֹל
tapestry *n.* שְׁטִיחַ־קִיר; גוֹבְּלֶן
tapeworm *n.* תּוֹלַעַת הַסֶרֶט; שַׁרשׁוּר
tapped *adj.* מְצוּתָּת; מְחוּבָּר לְמַכשִׁירֵי הַאֲזָנָה
tar *n., v.* זֶפֶת; לְזַפֵּת
tardily *adv.* בְּאִיחוּר
tardy *adj.* בָּא בְּאִיחוּר; מְאַחֵר; אִיטִי
target *n.* מַטָרָה; יַעַד
target *v.* לְכַוֵון; אֶל־; לְטַוֵוחַ; לְמַקֵד בּ־; לְהַפנוֹת ל־
tariff *n.* לוּחַ מְחִירִים; תַּעֲרִיף; מֶכֶס מָגֵן
tarmac *n.* מַסלוּל הַמַרְאָה / כְּבִישׁ
tarnish *v.* לְאַבֵּד / לְעַמֵם אֶת הַבָּרָק; לְהַכתִּים
tarot *n.* קַלְפֵי טָארוֹט (לִקרִיאַת הֶעָתִיד)
tarpaulin *n.* בְּרֶזֶנט
tarragon *n.* לַעֲנָה דְרָקוֹנִית; טָרָגוֹן (תַּבלִין)
tarry *v.* (tarried) לְהִשׁתַּהוֹת; לְהִתמַהמֵהַּ
tart *n.* זוֹנָה; פְּרוּצָה; זַנזוֹנֶת; עוּגַת פֵּירוֹת; טַארט
tartan *n.* טַרטָן (אֲרִיג תַּשׁבֵּץ סְקוֹטִי)
task *n.* מְשִׂימָה; מַטָלָה
–take him to task לִנזוֹף בּוֹ (עַל־); לְמַתוֹחַ עָלָיו בִּיקוֹרֶת
task force *n.* כּוֹחַ־מְשִׂימָה
taskmaster *n.* נוֹגֵשׂ; מַעֲבִיד בְּפֶרֶך
tassel *n.* גְדִיל
taste *n.* (חוּשׁ) טַעַם; טְעִימָה; לְגִימָה; מְעַט; חִיבָּה מְיוּחֶדֶת
taste *v.* לִטעוֹם; לִהיוֹת לוֹ טַעַם (שֶׁל־); לְהַרגִישׁ טַעַם שֶׁל־; לִטעוֹם טַעַם שֶׁל־
tasteful *adj.* בַּעַל טַעַם; בְּטוּב טַעַם
tastefully *adv.* בְּטוּב טַעַם
tasteless *adj.* חֲסַר־טַעַם; תָּפֵל; בְּטַעַם רַע
taster *n.* טוֹעֵם
tasty *adj.* טָעִים
tattered *adj.* (בֶּגֶד) בָּלוּי; קָרוּעַ; לָבוּשׁ בְּלוֹאִים / קְרָעִים
tatters *n.* בְּלוֹאִים; קְרָעִים
–in tatters לָבוּשׁ בְּלוֹאִים; קָרוּעַ לְגַמרֵי

tattle *v.* לְהַלשִׁין; לְרַכֵל; לְפַטפֵּט
tattletale *n.* פַּטפְּטָן; רַכלָן; מַלשִׁין
tattoo *n.* כְּתוֹבֶת קַעֲקַע
tattoo *v.* לְקַעקֵעַ (בִּכתוֹבֶת קַעֲקַע)
taught *v. past and 3rd form of* teach
taunt *n.* הֶעָרָה פּוֹגַעַת; עֲקִיצָה
taunt *v.* לִלעוֹג לוֹ (בְּהֶעָרוֹת פּוֹגעוֹת)
tauntingly *adv.* בְּלִגלוּג פּוֹגְעָנִי
Taurus *n.* מַזַל שׁוֹר
taut *adj.* מָתוּחַ
tautology *n.* טָאוּטוֹלוֹגיָה; יִיתּוּר לָשׁוֹן
tavern *n.* פּוּנדָק; בֵּית־מַרזֵחַ
tawdry *adj.* נוֹצֵץ אֲבָל זוֹל; צַעֲקָנִי; מֵבִישׁ
tawny *adj., n.* (צֶבַע) צָהוֹב־חוּם
tax *n.* (on) מַס; מַעֲמָסָה / דָבָר שֶׁמַכבִּיד עַל־
tax *v.* לְהָטִיל מַס עַל־; לְחַייֵב בְּמַס; לְהַכבִּיד עַל־
taxable *adj.* חַייָב בְּמַס
taxation *n.* מִיסוּי; מִסִים
tax credit *n.* זִיכּוּי מַס
tax-deductible *adj.* מוּכָּר לְצוֹרֶך מַס
tax evasion *n.* הִשׁתַּמְטוּת מִתַּשׁלוּם מַס; הַעֲלָמַת מַס
tax-free *adj.* פָּטוּר מִמַס
tax haven *n.* מִקלַט מַס (מדינה זרה עם שיעור מַס נמוּך); גַן־עֵדֶן לְמַעלִימֵי מַס
taxi *n.* מוֹנִית
taxi *v.* לִנסוֹעַ (עַל הַמַסלוּל)
taxicab *n.* מוֹנִית
taxidermist *n.* עוֹשֶׂה פּוּחלָצִים
taxing *adj.* מַכבִּיד
taxi rank/stand *n.* תַּחֲנַת מוֹנִיוֹת
taxman *n.* עוֹבֵד מַס הַכנָסָה; גוֹבֵה מִסִים
taxonomy *n.* תּוֹרַת הַמִיוּן
taxpayer *n.* מְשַׁלֵם מִסִים
tax return *n.* דוּ״חַ הַכנָסָה
tax shelter *n.* מִקלַט מַס
tbs(p) כַּף; כַּפּוֹת
tea *n.* תֵּה; חֲלִיטָה (תֵּה צְמָחִים); סֵפֶל / כּוֹס תֵּה; אֲרוּחַת אַרבַּע; שְׁעַת הַתֵּה
–not my cup of tea לֹא לְטַעמִי; לֹא קָרוֹב לְלִיבִּי

T

tea bag *n.* שַׂקִּית־תֵּה

tea break *n.* הַפְסָקַת־תֵּה

tea cart *n.* עֶגְלַת־תֵּה

teach *v.* (taught) לְלַמֵּד; לְהוֹרוֹת

teacher *n.* מוֹרֶה; מוֹרָה

teaching *n.* הוֹרָאָה; תּוֹרָה

teaching aids *n.* עֲזָרֵי הוֹרָאָה

teacup *n.* סֵפֶל־תֵּה

teak *n.* (עֵץ) טִיק

tea lady *n.* מְחַלֶּקֶת־תֵּה

team *n., v.* נִבְחֶרֶת; קְבוּצָה; צֶוֶות; צֶמֶד (בעי״ח)

–team up (with) לַעֲבוֹד כְּצֶוֶות / יַחַד (עִם)

teammate *n.* חָבֵר לַקְבוּצָה

team spirit *n.* רוּחַ צֶוֶות

teamster *n.* נֶהָג מַשָּׂאִית

teamwork *n.* עֲבוֹדַת צֶוֶות

teapot *n.* תֵּיוֹן

tear *n.* קֶרַע; מָקוֹם שֶׁנִּקְרַע

tear *n.* דִּמְעָה

–in tears בּוֹכֶה

–move someone to tears לְרַגֵּשׁ עַד דְּמָעוֹת

tear *v.* (tore, torn) לִקְרוֹעַ; לִתְלוֹשׁ; לְהִיקָּרַע; לָרוּץ בְּהִתְרַגְּשׁוּת / בִּסְעָרָה

–tear apart לִקְרוֹעַ לִגְזָרִים; לְפַלֵּג; לְהַפְרִיד; לִקְרוֹעַ מִבִּפְנִים

–tear oneself away לַעֲזוֹב; לְהַפְסִיק; לְהִתְנַתֵּק

–tear down לַהֲרוֹס

–tear loose לְהִשְׁתַּחְרֵר; לִתְלוֹשׁ

–tear something to shreds לִקְרוֹעַ לִגְזָרִים; לִקְטוֹל; לְנַפֵּץ

–tear up לַהֲרוֹס; לַעֲקוֹר; לִתְלוֹשׁ; לְהִתְכַּחֵשׁ לְ־; לִקְרוֹעַ לִגְזָרִים; לִקְרוֹעַ לַחֲתִיכוֹת

teardrop *n.* דִּמְעָה

tearful *adj.* בּוֹכֶה; רָטוֹב מִדְּמָעוֹת

tearfully *adv.* בִּדְמָעוֹת; בִּבְכִי

tear gas *n.* גַּז מַדְמִיעַ

tearjerker *n.* (סֶרֶט / סִיפּוּר) סוֹחֵט דְּמָעוֹת

tear-off *adj.* תָּלִישׁ; נִתְלָשׁ

tease *v.* לְהַקְנִיט; לְהַרְגִּיז; לְנַפֵּחַ (שֵׂיעָר)

tease *n.* מַקְנִיט; קַנְטְרָן

teaser *n.* מִי שֶׁאוֹהֵב לְהַקְנִיט; קַנְטְרָן; פִּרְסוּם מְגָרֶה / מְסַקְרֵן; שְׁאֵלָה קָשָׁה; בְּעָיָה קָשָׁה

teaspoon *n.* כַּפִּית

teaspoonful *n.* כַּפִּית (מְלֵאָה)

teat *n.* פִּטְמָה; פִּטְמַת גּוּמִי

tea towel *n.* מַגֶּבֶת כֵּלִים

tea trolley *n.* עֶגְלַת־תֵּה

tea wagon *n.* עֶגְלַת־תֵּה

Tech טֶכְנִיּוֹן

technical *adj.* טֶכְנִי; מִקְצוֹעִי

technical hitch *n.* תַּקָּלָה טֶכְנִית

technicality *n.* פְּרָט טֶכְנִי; מוּנָח טֶכְנִי

technician *n.* טֶכְנַאי

technique *n.* טֶכְנִיקָה

technological *adj.* טֶכְנוֹלוֹגִי

technology *n.* טֶכְנוֹלוֹגְיָה

teddy bear *n.* דּוּבּוֹן; דּוּבִּי

tedious *adj.* מְיַיגֵּעַ; מְשַׁעֲמֵם

tediously *adv.* (עַד) לַעֲיֵיפָה

tediousness *n.* שִׁעֲמוּם

tedium *n.* שִׁעֲמוּם; חַדְגוֹנִיּוּת

tee *n.* תְּלוּלִית (בְּגוֹלְף)

teed off *adj.* מְעוּצְבָּן; מְרוּגָּז

teem *v.* לִשְׁרוֹץ; לִשְׁפּוֹעַ

teenage *adj.* בְּגִיל הָ״עֶשְׂרֵה״; שֶׁל נוֹעַר

teenager *n.* צָעִיר בְּגִיל הָ״עֶשְׂרֵה״; מִתְבַּגֵּר

teens *n.* שְׁנוֹת / גִּיל הָ״עֶשְׂרֵה״; גִּיל הַהִתְבַּגְּרוּת

teeny weeny *adj.* קְטַנְטַן; זָעִיר

teeter *v.* לְהִתְנַדְנֵד; לִהְיוֹת עַל סַף־

teeter-totter *n.* נַדְנֵדָה

teeth *n.* (*see* tooth) שִׁינַּיִים

teethe *v.* לִצְמוֹחַ לוֹ שִׁינַּיִים

teething troubles *n.* ״חֶבְלֵי לֵידָה״; ״מַחֲלוֹת יַלְדוּת״

teetotaller *n.* אָדָם שֶׁמִּתְנַזֵּר מִמַּשְׁקֶה חָרִיף

Teflon *n.* טֶפְלוֹן

tel. טל׳ (טֶלֶפוֹן)

telecast *n., v.* שִׁידּוּר טֶלֶוִויזְיָה; לְשַׁדֵּר בַּטֶּלֶוִויזְיָה

T

telecommunications *n.* טֶלֶקוֹמוּנִיקַצְיָה
telecommute *v.* לַעֲבוֹד מֵהַבַּיִת (בְּמַחשֵׁב)
telecommuting *n.* עֲבוֹדָה מֵהַבַּיִת (בְּמַחשֵׁב)
telefax *n.* טֶלֶפַקס
telegram *n.* מִברָק
telegraph *n., v.* טֶלֶגרָף; לְטַלגרֵף
telegrapher *n.* מִברְקָן; טֶלֶגרָפַאי
telegraphic *adj.* טֶלֶגרָפִי
telemarketing *n.* שִׁיווּק בְּטֶלֶפוֹן
telepathic *adj.* טֶלֶפַּתִי
telepathy *n.* טֶלֶפַּתיָה
telephone *n.* טֶלֶפוֹן
telephone *v.* לְטַלפֵּן (ל־)
telephone book *n.* מַדרִיךְ טֶלֶפוֹן
telephone booth *n.* תָא טֶלֶפוֹן
telephone box *n.* תָא טֶלֶפוֹן
telephone directory *n.* מַדרִיךְ טֶלֶפוֹן
telephone exchange *n.* מִרכֶּזֶת טֶלֶפוֹנִים
telephone number *n.* מִספַּר טֶלֶפוֹן
telephoto lens *n.* עַצמִית רוֹחַק (בְּמַצלֵמָה)
teleprinter *n.* טֶלֶפְּרִינטֶר
telescope *n.* טֶלֶסקוֹפּ
telescope *v.* לְקַפֵּל (בְּהַשׁחָלָה); לְקַצֵר; לִדחוֹס; לְהִיכָּנֵס זֶה בְּתוֹךְ זֶה
telescopic *adj.* טֶלֶסקוֹפִּי; שֶׁנִראֶה מִבַּעַד לַטֶלֶסקוֹפּ; שָׁחִיל
teleselling *n.* שִׁיווּק בְּטֶלֶפוֹן
teletext *n.* טֶלֶטֶקסט (שִׁידוּר מֵידָע כָּתוּב)
telethon *n.* טֶלֶתרוֹם
televangelist *n.* מַטִיף (נוֹצרִי) בַּטֶלֶוִויזיָה
televise *v.* לְשַׁדֵר בְּטֶלֶוִויזיָה; לְהָבִיא לְשִׁידוּר
television *n.* טֶלֶוִויזיָה; מַקלֵט טֶלֶוִויזיָה
television set *n.* מַקלֵט טֶלֶוִויזיָה
telex *n.* טֶלֶקס
telex *v.* לִשלוֹחַ בְּטֶלֶקס; לִשלוֹחַ טֶלֶקס ל־
tell *v.* לוֹמַר (ל־); לְהוֹרוֹת ל־; לְסַפֵּר ל־; לְגַלוֹת (סוֹד); לְהַבִּיעַ (בְּמִלִים); לְהַראוֹת; לָתֵת אוֹתוֹתָיו; לָדַעַת; לְהַבחִין בֵּין־; לְזַהוֹת; לִמנוֹת
–tell A and B apart לְהַבחִין בֵּין־ (זֶה לְזֶה)
–tell someone off (for) לִנזוֹף בּוֹ (עַל־)
–tell off לְהַטִיל (מְשִׂימָה) עַל קְבוּצָה
–tell on לָתֵת (בּוֹ) אֶת אוֹתוֹתָיו; לְהַלשִׁין עַל־
–there is no telling אֵין לָדַעַת
teller *n.* כַּספָּר; קוּפַּאי (בְּבַּנק); מְסַפֵּר
telling *adj.* קוֹלֵעַ; יָעִיל; מַרשִׁים; מַשמָעוּתִי
telling-off *n.* נְזִיפָה; "מָנָה"
tell-tale *adj.* שֶׁמֵעִיד (עַל־); שֶׁמְגַלֶה מָה הַמַצָב לַאֲמִיתוֹ
telltale *n.* מַלשִׁין; מְגַלֶה סוֹד
telly *n.* טֶלֶוִויזיָה
temerity *n.* חוּצפָּה; הֶעָזָה
temp *n.* עוֹבֵד זְמַנִי
temper *n.* מַצַב־רוּחַ; מֶזֶג; רוֹגֶז
–fly into a temper לְהִתרַגֵז מְאוֹד
–have a short temper מִתרַגֵז מַהֵר
–keep your temper לִשלוֹט בְּרוּחוֹ
–lose your temper לָצֵאת מִכֵּלָיו; לֹא לִשלוֹט בְּעַצמוֹ
temper *v.* לְרַפּוֹת (מַתֶכֶת); לְחַסֵם; לְהַמתִיק; לְרַכֵּךְ
temperament *n.* מֶזֶג; טֶמפֶּרָמֶנט; מֶזֶג סוֹעֵר
temperamental *adj.* שֶׁנוֹבֵעַ מִמִזגוֹ; בַּעַל מֶזֶג סוֹעֵר; נָתוּן לְמַצבֵי־רוּחַ
temperance *n.* מְתִינוּת; אִיפּוּק
temperate *adj.* מְאוּפָּק; מָתוּן; מְמוּזָג
temperature *n.* טֶמפֶּרָטוּרָה; חוֹם (גָבוֹהַ)
–take someone's temperature לִמדוֹד אֶת הַחוֹם שֶׁל־
tempest *n.* סְעָרָה
tempestuous *adj.* סוֹעֵר
template *n.* תַבנִית (בְּמַחשְׁבִים)
temple *n.* מִקדָשׁ; בֵּית־כְּנֶסֶת; רַקָה; צֶדַע
–the Temple בֵּית־הַמִקדָשׁ
tempo *n.* קֶצֶב; טֶמפּוֹ; מִפעָם
temporal *adj.* שֶׁל הָעוֹלָם הַזֶה; חִילוֹנִי; שֶׁל זְמַן

T

temporarily *adv.* בְּאוֹפֶן זְמַנִי
temporary *adj.* זְמַנִי; אֲרָעִי
temporize *v.* לְהִתְחַמֵק (מֵהַחלָטָה, מִתשוּבָה מִיָדִית); לִמשוֹךְ זְמַן
tempt *v.* לְפַתוֹת; לְשַכנֵעַ; לִמשוֹךְ; לְהַעֲמִיד בְּנִיסָיוֹן; לְהִתגָרוֹת (בְּגוֹרָל)
–be tempted לְהִתפַּתוֹת; לְהִתחַשֵק לוֹ
temptation *n.* פִּיתוּי; גוֹרֵם מְפַתֶה
tempting *adj.* מְפַתֶה
temptress *n.* אִישָה מְפַתָה
ten *adj., n.* עֶשֶׂר; עֲשָׂרָה
tenable *adj.* שֶאֶפשָר לְהָגֵן עָלָיו; סָבִיר; שֶאֶפשָר לְהַחֲזִיק בּוֹ
tenacious *adj.* אוֹחֵז בְּחוֹזקָה בּ־; חָזָק; דָבֵק בְּמַטָרָה; שֶאֵינוֹ מַרפֶּה; שֶאֵינוֹ מְוַותֵר
tenacity *n.* נְחִישוּת; עַקשָנוּת
–tenacity of purpose דְבֵקוּת בַּמַטָרָה
tenancy *n.* (תְקוּפַת) חֲכִירָה; שְׂכִירוּת
tenant *n.* דַייָר; חוֹכֵר; שוֹכֵר
tend *v.* לְהַשגִיחַ עַל־; לְטַפֵּל בּ־; לְשָרֵת לָקוֹחוֹת; לִנטוֹת (ל־)
tendency *n.* (*pl.* tendencies) נְטִייָה; מְגַמָה
tendentious *adj.* מְגַמָתִי; שָנוּי בְּמַחֲלוֹקֶת
tender *adj.* רַךְ; מָלֵא רוֹךְ / אַהֲבָה; עָדִין; רָגִיש; כּוֹאֵב
tender *n.* הַצָעַת מְחִיר; מִכרָז
tender *v.* לְהַגִיש; לְהַצִיעַ; לְהַגִיש הַצָעַת מְחִיר (ל־)
tenderfoot *n.* טִירוֹן; חָדָש (בַּמָקוֹם)
tender-hearted *adj.* רַחֲמָן; טוֹב לֵב; אוֹהֵב
tenderloin *n.* בְּשַׂר מוֹתֶן רַךְ
tenderly *adv.* בְּרַכּוּת; בַּעֲדִינוּת; בְּרוֹךְ
tenderness *n.* רַכּוּת; עֲדִינוּת; רְגִישוּת
tendon *n.* גִיד
tenement *n.* בַּיִת מְשוּתָף בִּשׂכִירוּת נְמוּכָה (בְּרוֹבַע עוֹנִי)
tenet *n.* עִיקָרוֹן; עִיקָר (בְּתוֹרָה)
tenfold *adj.* פִּי עֲשָׂרָה
tennis *n.* טֶנִיס
tennis shoe *n.* נַעַל טֶנִיס / רִיצָה

tenor *n.* טֶנוֹר; מְגַמָה; מַסלוּל; כִּיווּן כְּלָלִי; צִביוֹן; נִמשָל
tense *adj.* מָתוּחַ; דָרוּךְ
tense *n.* זְמַן (הַפּוֹעַל)
tense *v.* לִמתוֹחַ; לְהִימָתַח; לְהִתמַתֵחַ
tensely *adv.* בִּמתִיחוּת; בְּעַצבָּנוּת; בִּדרִיכוּת
tensile *adj.* שֶל מְתִיחוּת; מָתִיחַ
tension *n.* מֶתַח (נַפשִי); מְתִיחָה; מְתִיחוּת; מֶתַח (חַשמַלִי); עוֹמֶס מְתִיחָה
tent *n.* אוֹהֶל
tentacle *n.* זְרוֹעַ (שֶל תְמָנוּן וכד׳)
tentative *adj.* נִסיוֹנִי; לֹא סוֹפִי; הַססָנִי; שֶל גִישוּש
tentatively *adv.* לְנִיסָיוֹן; בְּהַססָנוּת
tenterhooks *n.* –on tenterhooks ״עַל סִיכּוֹת״; בְּצִיפִּייָה דְרוּכָה
tenth *adj., n.* עֲשִׂירִי; עֲשִׂירִית
tenuous *adj.* דַקִיק; קָלוּש; חַלָש; לֹא מַשמָעוּתִי
tenuously *adv.* בִּקלִישוּת; בְּקֶשֶר דַק / רוֹפֵף
tenure *n.* (תְקוּפַת) הַחזָקָה / כְּהוּנָה; קְבִיעוּת
tepid *adj.* פּוֹשֵר
term *n.* תְקוּפָה; שְלִיש; סֶמֶסטֶר; מוֹעֵד; זְמַן; מוֹעֵד סִיוּם; תְקוּפַת מוֹשַב בֵּית־דִין; תְנָאִים (בְּרַבִּים); מוּנָח; מוּשָׂג; אֵיבָר (בָּאַלגֶבּרָה)
–in the long term לְטוֹוַח אָרוֹךְ
–in the short term לְטוֹוַח קָצָר
–term of abuse כִּינוּי גְנַאי; קְלָלָה
–term of office תְקוּפַת כְּהוּנָה; קַדֶנצִיָה
term *v.* לְכַנוֹת
terminal *adj.* סוֹפָנִי
terminal *n.* תַחֲנָה סוֹפִית / מֶרכָּזִית; מָסוֹף; בֵּית־נְתִיבוֹת; טֶרמִינָל; הֶדֶק; קוֹטֶב
terminally *adv.* סוֹפָנִי; חֲשוּךְ־מַרפֵּא
terminate *v.* לְסַיֵים; לְהַפסִיק; לְהִסתַיֵים
termination *n.* סִיוּם; הַפסָקָה; הַפסָקַת הֵרָיוֹן
terminology *n.* מִינוּחַ
terminus *n.* תַחֲנָה סוֹפִית

termite *n.* טֶרְמִיט
terms *n.* תְּנָאִים; מוּנָחִים; בִּיטוּיִים
–be on good terms (with) לִהְיוֹת בְּיַחֲסִים טוֹבִים (עִם)
–come to terms with לָבוֹא לִידֵי הֶסְכֵּם עִם־; לְהַשְׁלִים עִם־
–in no uncertain terms בְּאוֹפֶן שֶׁאֵינוֹ מִשְׁתַּמֵּעַ לִשְׁתֵּי פָּנִים; חַד וְחָלָק
–in terms of מִבְּחִינַת־; בְּמוּנָחִים שֶׁל
terrace *n.* מִרְפֶּסֶת פְּתוּחָה; טֶרַסָה; שׁוּרַת בָּתִּים צְמוּדִים; רְחוֹב; מַדְרֵגוֹת
terrain *n.* (תְּנָאֵי) שֶׁטַח
terrapin *n.* צַב־בִּיצָה
terrestrial *adj.* יַבַּשְׁתִּי; אַרְצִי; שֶׁל כַּדּוּר הָאָרֶץ
terrible *adj.* נוֹרָא; אָיוֹם; מְזַעְזֵעַ; גָּרוּעַ; מְזוּפָּת; רַע
terribly *adv.* נוֹרָא; מְאוֹד
terrier *n.* שַׁפְלָן; טֶרְיֶר (כֶּלֶב)
terrific *adj.* נֶהְדָּר; מְצוּיָּן; עָצוּם
terrifically *adv.* נוֹרָא; מְאוֹד
terrified *adj.* מְפוּחָד; מְבוֹעָת; פּוֹחֵד
terrify *v.* (terrified) לְהַפְחִיד מְאוֹד; לְהַבְעִית
terrifying *adj.* מַפְחִיד מְאוֹד; מַבְעִית
territorial *adj.* טֶרִיטוֹרְיָאלִי
territorial waters *n.* (תְּחוּם) הַמַּיִם הַטֶּרִיטוֹרְיָאלִיִּים; מֵי הַחוֹפִים
territory *n.* טֶרִיטוֹרְיָה; חֶבֶל־אֶרֶץ; שֶׁטַח; תְּחוּם
terror *n.* (מֵטִיל) אֵימָה; פַּחַד; טֶרוֹר; "פֶּגַע רַע"; יֶלֶד "שֶׁעוֹשֶׂה אֶת הַמָּוֶת"
terrorism *n.* טֶרוֹר
terrorist *n.* מְחַבֵּל; טֶרוֹרִיסְט
terrorize *v.* לְהַפִּיל חִיתִּיתוֹ עַל־; לְהַשְׁלִיט טֶרוֹר
terse *adj.* קָצָר וְלָעִנְיָין; תַּמְצִיתִי
tersely *adv.* בְּקִיצּוּר וְלָעִנְיָין; בְּתַמְצִיתִיּוּת
test *n.* מִבְחָן; בּוֹחַן; בְּדִיקָה; נִיסּוּי
–put to the test לְהַעֲמִיד בְּמִבְחָן; לְנַסּוֹת
test *v.* לִבְדּוֹק; לַעֲשׂוֹת בְּדִיקָה; לְנַסּוֹת; לִבְחוֹן
testament *n.* צַוָּואָה; הַתַּנַ"ךְ; עֵדוּת
test ban *n.* אִיסּוּר נִיסּוּיִים גַּרְעִינִיִּים
test case *n.* מִשְׁפָּט מִבְחָן / תַּקְדִּימִי
test drive *n.* נְסִיעַת מִבְחָן
tested *adj.* בָּדוּק
tester *n.* בּוֹחֵן; טֶסְטֶר
testes *n.* אֲשָׁכִים
test flight *n.* טִיסַת נִיסּוּי / מִבְחָן
testicle *n.* אֶשֶׁךְ
testify *v.* (testified) לְהָעִיד; לְהָעִיד עַל־
testimony *n.* עֵדוּת; הַצְהָרָה
testing *adj.* שֶׁמְּהַוֶּה מִבְחָן; קָשֶׁה; מְסוּבָּךְ
testosterone *n.* טֶסְטוֹסְטֶרוֹן (הוֹרְמוֹן זַכְרִיּוּת)
test pilot *n.* טַיַּיס נִיסּוּי
test tube *n.* מַבְחֵנָה
test-tube baby *n.* תִּינוֹק מַבְחֵנָה
testy *adj.* נִרְגָּז; קְצַר־רוּחַ; עַצְבָּנִי
tetanus *n.* צַפֶּדֶת; טֶטָנוּס
tête-à-tête *n., adv.* (שִׂיחָה) בְּאַרְבַּע עֵינַיִים
tether *n., v.* חֶבֶל; שַׁרְשֶׁרֶת; לִקְשׁוֹר (בְּע"ח)
–at the end of your tether הִגִּיעַ לִקְצֵה גְּבוּל סַבְלָנוּתוֹ; לְהִישָּׁבֵר לוֹ
text *n.* טֶקְסְט; תַּמְלִיל; נוֹסַח; גִּרְסָה; פְּסוּקִים לִדְרָשָׁה; סֵפֶר־לִימּוּד (בְּסִפְרוּת)
textbook *n.* סֵפֶר־לִימּוּד
textbook *adj.* לְמוֹפֵת; כְּמוֹ שֶׁכָּתוּב בַּסְּפָרִים
textile *n.* אָרִיג; טֶקְסְטִיל
textual *adj.* שֶׁל טֶקְסְט / תַּמְלִיל; שֶׁל נוֹסַח
texture *n.* מַאֲרָג; מִרְקָם
than *conj., prep.* מֵאֲשֶׁר; מִ־; אֶלָּא
thank *v.* לְהוֹדוֹת לְ־
–Thank God/goodness תּוֹדָה לָאֵל!
–Thank you.; Thanks. תּוֹדָה
thankful *adj.* אוֹמֵר תּוֹדָה; אֲסִיר תּוֹדָה; שָׂמֵחַ
thankfully *adv.* בְּהַכָּרַת תּוֹדָה; בְּתוֹדָה; לְשִׂמְחָתִי
thankless *adj.* כְּפוּי־טוֹבָה
thanks *n.* תּוֹדָה; תּוֹדוֹת
–thanks to הוֹדוֹת לְ־; בִּגְלַל־

T

thanksgiving *n.* הוֹדָיָה; הַבָּעַת־תּוֹדָה
Thanksgiving (Day) *n.* חַג הַהוֹדָיָה
that הַהוּא; הַהִיא; אוֹתוֹ; אוֹתָהּ; כָּל כָּךְ; כָּזֶה; שֶׁ־; עַד שֶׁ־; זֶה; זֹאת
–just like that כְּמוֹ כְּלוּם; סְתָם כָּךְ
–that is (to say) זֹאת אוֹמֶרֶת; כְּלוֹמַר
–that will do מַסְפִּיק!; זֶה יַסְפִּיק
thatch *n., v.* סְכַךְ קַשׁ; לְכַסּוֹת בִּסְכָךְ
thaw *n.* הַפְשָׁרָה
thaw *v.* לְהִימֵס; לְהַפְשִׁיר; לְהֵיעָשׂוֹת פָּחוֹת רִשְׁמִי / יוֹתֵר יְדִידוּתִי
the הַ־; בַּ־; לַ־
–the...the... כְּכָל שֶׁ־... כֵּן...
theater, theatre *n.* תֵּיאַטְרוֹן; אוּלָם; בֵּית־קוֹלְנוֹעַ; חֲדַר נִיתּוּחִים; זִירָה
theatergoer *n.* מְבַקֵּר קָבוּעַ בַּתֵּיאַטְרוֹן
theatrical *adj.* שֶׁל תֵּיאַטְרוֹן; לְתֵיאַטְרוֹן; תֵּיאַטְרָלִי
theft *n.* גְּנֵיבָה
their *adj.* שֶׁלָּהֶם; שֶׁלָּהֶן; שֶׁלּוֹ אוֹ שֶׁלָּהּ
theirs *pron.* שֶׁלָּהֶם; שֶׁלָּהֶן
them *pron.* אוֹתָם; אוֹתָן; לָהֶם; לָהֶן
them *adj.* הָהֵם; הָהֵן
theme *n.* נוֹשֵׂא; חִיבּוּר; תֵּימָה
theme park *n.* גַּן שַׁעֲשׁוּעִים (סְבִיב רַעְיוֹן מְסוּיָּם)
theme song/tune *n.* שִׁיר הַנּוֹשֵׂא (בַּסֶּרֶט, וכד׳); אוֹת תּוֹכְנִית
themselves *pron.* בְּעַצְמָם; לְעַצְמָם; אֶת עַצְמָם
–(all) by themselves בְּעַצְמָם; לְבַדָּם
–in themselves כְּשֶׁלְּעַצְמָם
then *adj.* דְּאָז; בְּאוֹתוֹ זְמַן
then *adv.* אָז; אַחַר כָּךְ; אַחֲרֵי כֵן; אִם כֵּן; אֵיפוֹא; חוּץ מִזֶּה; כְּמוֹ כֵן
–but then (again) אִם כִּי; אֲבָל
–then and there בּוֹ בַּמָּקוֹם; מִיָּד
–until then עַד אָז
thence *adv.* מִשָּׁם; לְשָׁם; לְפִיכָךְ; מִזֶּה; מִכָּךְ
theocracy *n.* תֵּיאוֹקְרַטְיָה (שִׁלְטוֹן הַדָּת)
theological *adj.* תֵּיאוֹלוֹגִי
theology *n.* תֵּיאוֹלוֹגְיָה
theorem *n.* מִשְׁפָּט (בְּמָתֶמָטִיקָה); הַנָּחָה
theoretical *adj.* תֵּיאוֹרֶטִי; עִיּוּנִי
theoretically *adv.* בְּאוֹפֶן תֵּיאוֹרֶטִי; לַהֲלָכָה
theorist *n.* תֵּיאוֹרֶטִיקָן
theorize *v.* לַהֲגוֹת תֵּיאוֹרִיוֹת (עַל־)
theory *n.* תֵּיאוֹרְיָה; תּוֹרָה; דֵּעָה; הַנָּחָה
–in theory לַהֲלָכָה; תֵּיאוֹרֶטִית
therapeutic *adj.* שֶׁל רִיפּוּי; רִיפּוּיִי
therapist *n.* מְרַפֵּא; מְטַפֵּל; פְּסִיכוֹתֶרַפִּיסְט
therapy *n.* רִיפּוּי; טִיפּוּל; תֶּרַפְּיָה
there *adj., adv.* שָׁם; לְשָׁם; בַּנְּקוּדָּה הַזֹּאת; הִנֵּה
–there you are (קַח) בְּבַקָּשָׁה; אַתָּה רוֹאֶה?!
there אֵין דָּבָר! לֹא נוֹרָא!; הִנֵּה!; תִּרְאֶה!; זֶהוּ!
there *pron.* יֵשׁ; הָיָה; הָיוּ
–there's no reason to go אֵין שׁוּם סִיבָּה לָלֶכֶת
thereabouts *adv.* בַּסְּבִיבָה; בְּעֵרֶךְ
thereafter *adv.* אַחֲרֵי כֵן
thereby *adv.* בְּכָךְ; בָּזֶה
therefore *adv.* לָכֵן; לְפִיכָךְ
therein *adv.* בְּכָךְ; בָּזֶה
thereinafter *adv.* לְהַלָּן
thereof *adv.* מִזֶּה; שֶׁלּוֹ; מִמֶּנּוּ
thereupon *adv.* מִיָּד (לְאַחַר מִכֵּן); כְּתוֹצָאָה מִכָּךְ
thermal *adj.* תֶּרְמִי; שֶׁל חוֹם; חַם
thermometer *n.* מַדְחוֹם
thermos *n.* תֶּרְמוֹס
thermostat *n.* וַסַּת־חוֹם; תֶּרְמוֹסְטָט
thesaurus *n.* תֶּסָאוּרוּס; אוֹצַר הַלָּשׁוֹן; אֶגְרוֹן
these *adj., pron.* הָאֵלֶּה; אֵלֶּה
thesis *n.* תֵּיזָה; עֲבוֹדָה (לְתוֹאַר אָקָדֶמִי); טַעֲנָה; הַנָּחָה
they *pron.* הֵם; הֵן; אֲנָשִׁים; הוּא / הִיא
they'd = they had; they would
they'll = they will; they shall
they're = they are
they've = they have
thiamin(e) *n.* תִּיאָמִין (וִיטָמִין B_1)

T

thick *adj.* עָבֶה; בְּעוֹבִי; עוֹבְיוֹ; צָפוּף; עָבוֹת; סָמִיךְ; מָלֵא; רָווּי; (מִבטָא) כָּבֵד; (קוֹל) לֹא בָּרוּר; מְטוּמטָם; כּוֹאֵב

—as thick as thieves מְיוּדָדִים מְאוֹד

—How thick is...? מַה עוֹבְיוֹ שֶׁל...?

—in the thick of בְּמֶרכַּז־; בְּמוֹקֵד־; בְּעִיצוּמוֹ שֶׁל־

—through thick and thin בָּאֵשׁ וּבַמַּיִם; לַמרוֹת כָּל הַקְשָׁיִים

thick *adv.* בְּשִׁכבָה עָבָה; עָבֶה; בִּצפִיפוּת

thicken *v.* לְעַבּוֹת; לַעֲשׂוֹת / לְהֵיעָשׂוֹת סָמִיךְ; לְהִתעַבּוֹת; לְהִסתַּבֵּךְ

thickener *n.* חוֹמֶר עִיבּוּי (לְרוֹטֶב וכו׳)

thickening *n.* עִיבּוּי; חוֹמֶר עִיבּוּי (לְרוֹטֶב וכו׳)

thicket *n.* סְבָךְ; מַעֲבֶה

thick-headed *adj.* מְטוּמטָם; קְשֵׁה־תְפִיסָה

thickly *adv.* בִּצפִיפוּת; בְּשִׁכבָה עָבָה; כָּךְ שֶׁיִּהיֶה סָמִיךְ; עָבֶה

thickness *n.* עוֹבִי; שִׁכבָה; צְפִיפוּת; סְמִיכוּת

thick-set *adj.* גוּץ וּמוּצָק; בַּעַל מִבנֶה גוּף מוּצָק

thick-skinned *adj.* בַּעַל "עוֹר שֶׁל פִּיל"

thief *n.* גַנָּב

thievery *n.* גְנֵיבָה

thieving *n., adj.* גְנֵיבָה; גַנָּב

thigh *n.* יָרֵךְ

thimble *n.* אֶצבָּעוֹן

thin *adj.* רָזֶה; דַק; דָלִיל; לֹא סָמִיךְ; עָלוּב; שָׁקוּף; חַלָּשׁ; קָלוּשׁ

—thin on the ground מְעַטִים

—wear thin לְהִישָּׁחֵק; לְאַבֵּד טַעֲמוֹ; לִפקוֹעַ (סַבלָנוּת)

thin *v.* (thinned) לְדַלֵּל; לְהֵיעָשׂוֹת דָלִיל; לְהַתחִיל לְהִתפַּזֵּר

—thin down לְדַלֵּל; לִרזוֹת

—thin out לְדַלֵּל; לְהִידַלדֵל; לְהֵיעָשׂוֹת דָלִיל

thine *pron., adj.* שֶׁלְּךָ (סִפרוּתִית)

thing *n.* דָבָר; עִניָין; מַעֲשֶׂה; צַעַד; בֶּגֶד; חֲפָצִים; כֵּלִים; צִיוּד (בְּרַבִּים); דָבָר שֶׁבָּאוֹפנָה

—a close/near thing כִּמעַט אָסוֹן / הֶפסֵד; עַל חוּדוֹ שֶׁל קוֹל

—for one thing קוֹדֶם כּוֹל

—have a thing about לִהיוֹת "מְשׁוּגָע" עַל־; יֵשׁ לוֹ מַשֶּׁהוּ נֶגֶד־ / בְּעָיָה עִם־

—just the thing בְּדִיוּק מַה (שֶׁצָּרִיךְ)

—poor thing מִסכֵּן; מִסכֵּנָה

—the in thing הַצְּעָקָה הָאַחֲרוֹנָה

—the thing is הַבְּעָיָה הִיא (שׁ־); הַשְּׁאֵלָה הִיא

thingamajig *n.* אֵיךְ קוֹרְאִים לוֹ; מַה שְּׁמוֹ

think *n.* (זְמַן לְ־) מַחֲשָׁבָה; צוֹרֶךְ לַחשׁוֹב

think *v.* לַחשׁוֹב; לְהַרהֵר; לְשַׁעֵר; לְהָבִין; לִסבּוֹר; לְצַפּוֹת

—not think much of לֹא לְהַעֲרִיךְ בִּמיוּחָד; אֵין לוֹ דֵיעָה טוֹבָה עַל־

—think again לִשקוֹל שׁוּב; אָז אַתָּה טוֹעֶה

—think ahead לַחשׁוֹב עִם הַפָּנִים לֶעָתִיד; לַחֲשׁוֹב קָדִימָה

—think better of it לְשַׁנּוֹת דַעתּוֹ; לְהִתחָרֵט

—think big לַחֲשׁוֹב בְּגָדוֹל

—think highly/well of לְהַעֲרִיךְ (מְאוֹד); לְהַחשִׁיב מְאוֹד

—think of לָקַחַת בְּחֶשׁבּוֹן; לַחשׁוֹב עַל־; לִשקוֹל לְ־; לְהִיזָּכֵר בְּ־; לְהַעֲלוֹת בְּדַעתּוֹ; לְהַצִּיעַ

—think out לִשקוֹל הֵיטֵב; לְתַכנֵן הֵיטֵב

—think over לִשקוֹל אֶת־; לַחשׁוֹב עַל־

—think through לִשקוֹל הֵיטֵב; לִבחוֹן הֵיטֵב

—think up לְהַמצִיא; לַחשׁוֹב עַל־

thinker *n.* הוֹגֶה־דֵעוֹת

thinking *adj.* הַחוֹשֵׁב; חוֹשֵׁב; (כָּל) בַּר־דַעַת

thinking *n.* מַחֲשָׁבָה; חֲשִׁיבָה

—to my way of thinking לְדַעתִּי

thinkpad *n.* מַחשֵׁב נִישָּׂא

think tank *n.* צֶוֶות חֲשִׁיבָה

thinly *adv.* בְּשִׁכבָה דַקָּה; בְּדלִילוּת

thinner *n.* (חוֹמֶר) מְדַלֵּל

thinness *n.* דַקּוּת; רָזוֹן; דְלִילוּת

third *adj., adv.* הַשלִישִי; דָבָר שְלִישִי
third *n.* שְלִיש; הַשלִישִי; הַשלוֹשָה בּ־ (חוֹדֶש); תוֹאַר בְּצִיוּן "עוֹבֵר"; הִילוּךְ שְלִישִי
third degree *n.* חֲקִירָה קָשָה; חֲקִירָה בְּעִינוּיִים
third-degree *adj.* (כְּוִויוֹת) בְּדַרגָה שְלִישִית
thirdly *adv.* שְלִישִית; דָבָר שְלִישִי
third party *n.* צַד שְלִישִי; צַד ג׳
third-rate *adj.* סוּג ג׳; מַדרֵגָה שְלִישִית
Third World *n.* הָעוֹלָם הַשלִישִי
thirst *n.* צִימָאוֹן; צָמָא; הִשתוֹקְקוּת
thirst *v.* לְהִשתוֹקֵק ל־; לִהיוֹת צָמֵא ל־
thirsty *adj.* (for) צָמֵא (ל־); מַצמִיא; תָאֵב; מִשתוֹקֵק (ל־)
thirteen *adj., n.* שְלוֹשָה־עָשָר; שְלוֹש־עֶשׂרֵה
thirteenth *adj., n.* (הַחֵלֶק) הַשלוֹשָה־עָשָר
thirtieth *adj., n.* (הַחֵלֶק) הַשלוֹשִים
thirty *adj., n.* שְלוֹשִים
– in the thirties בִּשנוֹת הַשלוֹשִים
this *adj.* הַזֶה; הַזֹאת; הַהוּא; הַהִיא
– this minute מִיָד
this *adv.* כָּזֶה; עַד
– this much סְכוּם כָּזֶה; כָּזֶה בְּעֵרֶך; זֹאת
this *pron.* אֶת זֶה; כָּך; זֶה
– this and that כָּל מִינֵי דְבָרִים; הָא וְדָא
thistle *n.* דַרדַר
thongs *n.* נַעֲלֵי אֵילַת; כַּפכָּפִים
thorn *n.* קוֹץ; שִׂיחַ/עֵץ קוֹצָנִי
– a thorn in your side כְּעֶצֶם בִּגרוֹנוֹ; מִטרָד
thorny *adj.* קוֹצָנִי; סָבוּך וְקָשֶה
thorough *adj.* יְסוֹדִי; מְדוּקדָק; קַפְּדָנִי; מַמָש; מוּחלָט
thoroughbred *n.* (סוּס וכו׳) גִזעִי
thoroughfare *n.* רְחוֹב (רָאשִי); מַעֲבָר
thoroughgoing *adj.* יְסוֹדִי; מַעֲמִיק; מוּחלָט; שָלֵם; מוּשלָם
thoroughly *adv.* בִּיסוֹדִיוּת; לְגַמרֵי; מַמָש
those הָהֵם; הָהֵן; אֵלֶה
though לַמרוֹת ש־; אֲבָל; אִם כִּי; בְּכָל זֹאת

thought *n.* מַחֲשָבָה; הִרהוּר; רַעיוֹן; דֵיעָה; הָגִיג; כַּוָונָה; חֲשִיבָה; פִילוֹסוֹפְיָה; דֶרֶך מַחֲשָבָה; הַשקָפַת עוֹלָם; (שִיקוּל) דַעַת; דְאָגָה; הִתחַשבוּת
– on second thought בְּמַחֲשָבָה שְנִיָיה; לְאַחַר שִיקוּל נוֹסָף
thought *v. past and 3rd form of* think
thoughtful *adj.* מְהוּרהָר; מַעֲמִיק; מִתחַשֵב; מְתוּכנָן
thoughtfully *adv.* בִּמהוּרהָר; בְּהִתחַשבוּת
thoughtless *adj.* לֹא דוֹאֵג; לֹא חוֹשֵב; לֹא מִתחַשֵב; חֲסַר הִתחַשבוּת
thoughtlessly *adv.* בְּחוֹסֶר הִתחַשבוּת/מַחֲשָבָה
thought-out *adj.* מְעוּבָּד לִפרָטָיו; מְתוּכנָן הֵיטֵב; שָקוּל
thousand *adj., n.* אֶלֶף
thousandth *adj., n.* הָאֶלֶף; אַלפִּית
thrash *v.* לְהַלקוֹת; לְהָבִיס
– thrash about לְפַרפֵר; לְהֵיאָבֵק; לְהִתחַבֵּט בִּפרָאוּת
– thrash out לְלַבֵּן; לְהַגִיעַ ל־; לְסַכֵּם
thread *n.* חוּט; שְבִיב; קֶרֶן; קַו דַק; חוּט מַחֲשָבָה; חוּט מְקַשֵר; תַברִיג
thread *v.* לְהַשחִיל חוּט/חֲרוּזִים בּ־; לָשִׂים (סֶרֶט בִּמכוֹנָה וכו׳); לַעֲשׂוֹת הַברָגָה; לְפַלֵס
threadbare *adj.* בָּלוּי; נָדוֹש; שָחוּק
threat *n.* אִיוּם; סַכָּנָה; סִימָן (מְאַיֵים)
threaten *v.* לְאַיֵים עַל־; לְבַשֵׂר; לְאַיֵים לָבוֹא; לְסַכֵּן
threatening *adj.* מְאַיֵים
threateningly *adv.* בְּצוּרָה מְאַיֶימֶת
three *adj., n.* שָלוֹש; שְלוֹשָה
three-dimensional *adj.* תְלַת־מְמַדִי
threefold *adj., adv.* פִּי שְלוֹשָה
three-piece *adj.* בִּשלוֹשָה חֲלָקִים (בֶּגֶד)
three-ply *adj.* תְלַת־שִכבָתִי
three-quarter(s) *adj., n.* שְלוֹשָה רְבָעִים
threesome *n.* שְלִישִיָיה
thresh *v.* לָדוּש
threshold *n.* מִפתָן; סַף
– on the threshold of עַל סַף־
threw *v. past of* throw

T

thrift *n.* חסכנות
thrifty *adj.* חסכני
thrill *n.* רֶטֶט; ריגוּשׁ (מַרטִיט); חֲוָויָה מְרַגֶּשֶׁת
thrill *v.* לְהַרטִיט; לְרַגֵּשׁ; לְהִתרַגֵּשׁ
–be thrilled לְהִתרַגֵּשׁ; לִשׂמוֹחַ מְאוֹד
thriller *n.* מוֹתחָן
thrilling *adj.* מוֹתֵחַ; מְרַתֵּק; מְחַשׁמֵל
thrive *v.* (throve, thriven) (on) לְשַׂגשֵׂג; לְהִתפַּתֵּחַ יָפֶה
thriving *adj.* מְשַׂגשֵׂג; בָּרִיא
throat *n.* גָּרוֹן
–at each other's throat רָבִים; מִתנַפְּלִים זֶה עַל זֶה
–clear your throat לְכַחכֵּחַ בִּגרוֹנוֹ
–cut your own throat לִכרוֹת לְעַצמוֹ קֶבֶר
–force down his throat לִכפּוֹת עָלָיו (לְקַבֵּל); לְהַלעִיטוֹ לְלֹא הֶרֶף
–jump down his throat לְהִתנַפֵּל עָלָיו (בְּמִילִים)
–stick in your throat לְהִיתָּקַע בִּגרוֹנוֹ; לִהיוֹת כְּעֶצֶם בִּגרוֹנוֹ
throb *n.* פְּעִימָה; רֶטֶט; דְּפִיקָה; הַלמוּת
throb *v.* (throbbed) לִפעוֹם; לִדפּוֹק
thrombosis *n.* פַּקֶּקֶת; תְּרוֹמבּוֹזָה
throne *n.* כֵּס הַמַּלכוּת / הַבִּישׁוֹף וכו׳
throng *n.* הָמוֹן; הִתקַהֲלוּת
throng *v.* לְהִתקַהֵל; לָבוֹא בַּהֲמוֹנָיו; לִצבּוֹא עַל־
throttle *n., v.* מַשׁנֵק (צִיוּק); לַחֲנוֹק
through *adv.* בְּמֶשֶׁךְ כָּל־; כּוּלוֹ; פְּנִימָה; עַד הַסּוֹף; לְגַמרֵי־; כָּל הַדֶּרֶךְ (ל־); עַד
–get through (לְהַצלִיחַ) לַעֲבוֹר; לְהַשִּׂיג קֶשֶׁר / אוֹתוֹ (בַּטֶּלֶפוֹן); לְהַעֲבִיר
–put someone through לְהַעֲבִיר אוֹתוֹ (בַּטֶּלֶפוֹן); לְקַשֵּׁר אוֹתוֹ
–through and through לְגַמרֵי; כָּל כּוּלוֹ; הֵיטֵב
through *prep.* דֶּרֶךְ; מִבַּעַד ל־; (לַעֲבוֹר) עַל כָּל־; בְּמֶשֶׁךְ כָּל־; בֵּין; עַד... וְעַד בִּכלָל; בְּאֶמצָעוּת; בִּגלַל
–go through לְהִתנַסּוֹת בּ־; לַעֲבוֹר; לַעֲבוֹר עַל; לִבדּוֹק; לַעֲבוֹר דֶּרֶךְ

throughout *adv.* כּוּלוֹ; בְּכָל מָקוֹם; כָּל הַזְּמַן; לְכָל אוֹרֶךְ הַדֶּרֶךְ
throughout *prep.* בְּרַחֲבֵי־; בְּמֶשֶׁךְ כָּל־; בְּכָל־
throughput *n.* תְּפוּקָה; הֶספֵּק; פֶּלֶט (בְּמַחשֵׁב)
throughway *n.* כְּבִישׁ מָהִיר
throve *v. past of* thrive
throw *n.* זְרִיקָה (לְמֶרחָק שֶׁל־); הַפָּלָה (לְרִצפָּה)
throw *v.* (threw, thrown) לִזרוֹק; לְהַשׁלִיךְ; לְהָטִיל; לְהַבלִיט; לְהָנִיף; לְהַפִּיל; לְהַפעִיל; לִלחוֹץ עַל־; לְהָעִיף / לִשׁלוֹחַ לְעֶברוֹ; לְהַכנִיס (לְמַצָּב שֶׁל־); לְבַלבֵּל; לְהָבִיךְ
–throw a party לַעֲשׂוֹת / לְאַרגֵּן מְסִיבָּה
–throw away לִזרוֹק; לְהַשׁלִיךְ (לַפַּח וכו׳); לְאַבֵּד; לְבַזבֵּז; לוֹמַר כִּלְאַחַר־יָד
–throw in לְהוֹסִיף בְּחִינָּם; לְהוֹסִיף כְּבְדֶרֶךְ אַגַּב
–throw off לְהִיפָּטֵר (מִמַּעֲקָב); לִפשׁוֹט; לְהָסִיר; לְהִיפָּטֵר מ־; לְנַפנֵף מֵעָלָיו; לְהִשׁתַּחרֵר מ־; לִזרוֹק; לְבַלבֵּל
–throw out (of) לִזרוֹק אוֹתוֹ (מ־); לִזרוֹק (הַחוּצָה); לִדחוֹת; לִפלוֹט
–throw together לְהָכִין / לִבנוֹת / לְחַבֵּר בִּמהִירוּת
–throw up לְהָקִיא; לְהוֹצִיא מִתַּחַת יָדָיו; לְהַעֲלוֹת; לִבנוֹת מַהֵר; לַעֲזוֹב (הַכּוֹל)
throwaway *n.* דַּף פִּרסוֹמֶת (קְרָא וְהַשׁלֵךְ)
throwaway *adj.* (לְשִׁימוּשׁ) חַד־פַּעֲמִי; כְּאִילוּ בְּדֶרֶךְ אַגַּב
throwback *n.* חֲזָרָה ל־
thru = through
thrush *n.* קִיכלִי; צוּקִית (צִיפּוֹר); פַּטֶּרֶת הַפֶּה
thrust *n.* דְּחִיפָה; תְּקִיעָה; תְּחִיבָה; מַכָּה; זִינּוּק; מְשִׁיכָה; סַחַב; דַּחַף; רַעיוֹן מֶרכָּזִי; עִיקָּר
thrust *v.* לִתחוֹב; לִדחוֹף; לִתקוֹעַ; לְפַלֵּס
–thrust oneself on לִכפּוֹת עַצמוֹ עַל־
thruway *n.* כְּבִישׁ מָהִיר
thud *v., n.* (לְהַשׁמִיעַ) קוֹל חֲבָטָה עָמוּם

T

thug *n.* בִּרְיוֹן; פּוֹשֵׁעַ בַּעַל זְרוֹעַ
thumb *n.* אֲגוּדָל; בּוֹהֶן
–all thumbs מְגוּשָּׁם; בַּעַל יָדַיִים שְׂמָאלִיוֹת
–under his thumb תַּחַת הַשְׁפָּעָתוֹ/ שְׁלִיטָתוֹ
thumb *v.* לְדַפְדֵּף בּ־; לַהֲפוֹךְ (דַּף)
–thumb a ride לַעֲצוֹר טְרֶמְפִּים
thumb index *n.* מַפְתֵּחַ אוֹתִיּוֹת (בְּמִילוֹן)
thumbnail *n.* צִיפּוֹרֶן הָאֲגוּדָל
thumbnail *adj.* מְתוּמְצָת; קָצָר
thumbscrew *n.* בּוֹרֶג פַּרְפָּר
thumbtack *n.* נַעַץ
thump *n.* חֲבָטָה; טְפִיחָה חֲזָקָה; מַכַּת אֶגְרוֹף
thump *v.* לְהַכּוֹת בְּכוֹחַ; לַחְבּוֹט; לַהֲלוֹם בְּחוֹזְקָה
thunder *n., v.* רַעַם; לִרְעוֹם; לְהַרְעִים בְּקוֹלוֹ
thunderbolt *n.* חֲזִיז; בָּרָק וָרַעַם; מַהֲלוּמָה; זַעֲזוּעַ
thunderclap *n.* רַעַם פִּתְאוֹמִי
thunderous *adj.* רוֹעֵם; (תְּשׁוּאוֹת) סוֹעֲרוֹת
thunderstorm *n.* סוּפַת רְעָמִים
thunderstruck *adj.* מוּכֵּה רַעַם; הָמוּם
thundery *adj.* מְלוּוֶה רְעָמִים
Thursday *n.* יוֹם חֲמִישִׁי
thus *adv.* כָּךְ; עַד; לְפִיכָךְ; וּבְכָךְ
–thus far עַד כֹּה; עַד כָּאן
thwack *v., n.* לְהַכּוֹת בּ־; מַכָּה; מַהֲלוּמָה
thwart *v.* לְסַכֵּל; לָשִׂים לְאַל
thyme *n.* קוֹרָנִית; טִימִין (תַּבְלִין)
thymus *n.* תִּימוּס (לְיַד בַּלּוּטַת הַתְּרִיס)
thyroid (gland) *n.* בַּלּוּטַת הַתְּרִיס
TIA בְּתוֹדָה מֵרֹאשׁ
tiara *n.* נֵזֶר
tibia *n.* שׁוֹקָה (הָעֶצֶם הַגְּדוֹלָה בַּשּׁוֹק)
tic *n.* עֲווִית; טִיק
tick *n.* תִּקְתּוּק; רֶגַע; סִימָן √; קַרְצִית
tick *v.* לְטַקְטֵק; לְתַקְתֵּק; לְסַמֵּן בּ־√
–tick off לְסַמֵּן בּ־√; לְהַרְגִּיז; לִנְזוֹף
–what makes him tick מַה מֵּנִיעַ/ מֵרִיץ אוֹתוֹ
tickertape *n.* סֶרֶט מְנוּקָּב (בְּטֶלֶפְּרִינְטֶר אוֹ לְקַבָּלַת פָּנִים חֲגִיגִית)
ticket *n.* כַּרְטִיס; תָּג (מְחִיר וכו'); דו"חַ (עֲבֵירַת תְּנוּעָה); רְשִׁימַת מוּעֲמָדִים (בְּמִפְלָגָה); מַצָּע
ticket *v.* לְיַיעֵד; לִרְשׁוֹם דו"חַ (עֲבֵירַת תְּנוּעָה); לְתַיֵּיג; לָשִׂים תָּווִית עַל
ticket office *n.* קוּפָּה (לִקְנִיַּית כַּרְטִיסִים)
ticket tout *n.* סַפְסַר כַּרְטִיסִים
tickle *n.* דִּגְדּוּג
tickle *v.* לְדַגְדֵּג; לְשַׁעְשֵׁעַ; לְגָרוֹת
ticklish *adj.* רָגִישׁ לְדִגְדּוּג; עָדִין (מַצָּב, וכד')
tick-tack-toe *n.* אִיקְס־מִיקְס־דְּרִיקְס (מִשְׂחָק)
tidal *adj.* שֶׁל גֵּיאוּת וָשֵׁפֶל; גַּלִּי
tidal wave *n.* נַחְשׁוֹל הַרְסָנִי; גַּל מִתְעַצֵּם
tidbit *n.* (of) דָּבָר טוֹב (טָעִים); פְּרָט עֲסִיסִי
tide *n., v.* גֵּיאוּת וָשֵׁפֶל; מוֹעֲדֵי הַיָּם; זֶרֶם; מְגַמָּה; גַּל (גּוֹאֶה); מִפְנֶה; עוֹנַת־; שְׁעוֹת־
–swim with the tide לִשְׂחוֹת עִם הַזֶּרֶם
–turn the tide לְחוֹלֵל מִפְנֶה
–tide someone over לַעֲזוֹר לוֹ (לְהִתְגַּבֵּר)
tidily *adv.* בְּאוֹפֶן מְסוּדָּר
tidiness *n.* סֵדֶר
tidings *n.* חֲדָשׁוֹת; בְּשׂוֹרוֹת
tidy *adj.* מְסוּדָּר (וְנָקִי); דֵּי גָּדוֹל
tidy *v.* (tidied) (up) לְסַדֵּר; לַעֲשׂוֹת סֵדֶר
tie *n.* עֲנִיבָה; חֶבֶל; חוּט; קֶשֶׁר; גּוֹרֵם מַגְבִּיל; קֶשֶׁר מְחַיֵּיב; תֵּיקוּ; שִׁוויוֹן; אֶדֶן מְסִילָּה
tie *v.* לִקְשׁוֹר; לַעֲשׂוֹת (קֶשֶׁר); לְהִיקָּשֵׁר; לְהֵירָכֵס; לְסַיֵּים בְּתֵיקוּ
–tie someone down לְהַגְבִּיל/ לִקְשׁוֹר אוֹתוֹ
–tie in with לְהִתְקַשֵּׁר ל־; לִהְיוֹת תּוֹאֵם
–tie up לִקְשׁוֹר; לִכְבּוֹל; לַעֲצוֹר; לְהַשְׁבִּית; לִכְבּוֹל (הַשְׁקָעָה); לִסְגּוֹר; לְתַפּוֹס
–be/get tied up (with) עָסוּק (בּ־); קָשׁוּר ל־

tie-dye *v.* לִצְבּוֹעַ בֶּגֶד בִּקְשָׁרִים
tie-in *n.* קֶשֶׁר; תּוֹצָר לְוַואי
tiepin *n.* סִיכַּת עֲנִיבָה
tier *n.* שׁוּרָה (שֶׁל מוֹשָׁבִים); נִדְבָּךְ; "קוֹמָה"
–tiered *adj.* בֶּן (מִסְפָּר) "קוֹמוֹת"/שׁוּרוֹת
tie-up *n.* קֶשֶׁר; מִיזוּג; שׁוּתָפוּת; הַפְרָעָה; הַפְסָקָה (בַּעֲבוֹדָה); עִיכּוּב; שִׁיתּוּק
tiff *n.* רִיב קָטָן
tiger *n.* טִיגְרִיס; נָמֵר
tight *adj.* הָדוּק; סָגוּר חָזָק; צָמוּד; מָתוּחַ; לָחוּץ; נוּקְשֶׁה; מְצוּמְצָם (אַשְׁרַאי); אָטִים; מָלֵא; דָחוּס; צָפוּף (לוּחַ זְמַנִים); (פְּנִיָּיה) חַדָּה; שִׁיכּוֹר; שָׁתוּי; קָשֶׁה לְהַשִּׂיגוֹ; חָסֵר; קַמְצָנִי
tight *adv.* חָזָק; הֵיטֵב
tighten *v.* לְהַדֵּק; לִמְתּוֹחַ; לְהִתְהַדֵּק; לְהַחֲמִיר
tight-fisted *adj.* קַמְצָנִי
tight-knit *adj.* מְלוּכָּד; מְגוּבָּשׁ
tight-lipped *adj.* שׁוֹתֵק; קְפוּץ־שְׂפָתַיִים
tightly *adv.* חָזָק; הֵיטֵב
tightrope *n.* חֶבֶל מָתוּחַ (שֶׁל לוּלְיָינִים)
–walk a tightrope לְהַלֵּךְ עַל חֶבֶל דַּק
tights *n.* גַּרְבּוֹנִים; מִכְנְסֵי גֶּרֶב/טַייטְס; בֶּגֶד־גּוּף
tigress *n.* נְקֵבַת הַטִּיגְרִיס; נְמֵרָה
tilapia *n.* אַמְנוּן; דַּג טְבֶרְיָה
tilde *n.* טִילְדָּה (סִימָן ~)
tile *n.* רַעַף; אָרִיחַ; מַרְצֶפֶת; בַּלָּטָה; לוּחַ מִשְׂחָק
tile *v.* לְכַסּוֹת בִּרְעָפִים/בַּאֲרִיחִים; לְרַצֵּף
till *prep., conj.* עַד (שֶׁ־)
till *n.* מְגֵירַת הַכֶּסֶף (בְּקוּפָּה רוֹשֶׁמֶת)
till *v.* לַעֲבֵּד (אֲדָמָה)
tilt *n.* נְטִיָּיה; הַטָּיָה; שִׁיפּוּעַ; הַתְקָפָה
–(at) full tilt בִּמְלוֹא הַמְּהִירוּת; בְּכָל הַכּוֹחַ
tilt *v.* לְהַטּוֹת/לִנְטוֹת בְּשִׁיפּוּעַ; לִתְקוֹף; לְנַגֵּחַ
–tilt at windmills לְהִילָּחֵם בְּטַחֲנוֹת רוּחַ
timber *n.* עֵץ לִבְנִיָּיה וכו'; עֵצִים; קוֹרָה
time *n.* זְמַן; הַזְּמַן; שָׁעָה; פַּעַם; תְּקוּפָה; עֵת; כָּפוּל (בְּרַבִּים); קֶצֶב; יָמִים (בְּרַבִּים)
–times תְּקוּפָה; זְמַנִּים; יָמִים; פְּעָמִים; פִּי־
–against time נֶגֶד הַשָּׁעוֹן/הַזְּמַן
–ahead of your time מַקְדִּים אֶת זְמַנּוֹ
–ahead of time לִפְנֵי הַזְּמַן; מַקְדִּים
–at a time בְּבַת אַחַת; בְּכָל פַּעַם
–at all times תָּמִיד
–at one time פַּעַם; בֶּעָבָר; בְּמַקְבִּיל
–at the same time בְּאוֹתוֹ הַזְּמַן; יַחַד; עִם זֹאת; בְּמַקְבִּיל
–at the time בִּזְמַנּוֹ; אָז
–at this point in time עַכְשָׁיו; בְּשָׁלָב זֶה
–at times לִפְעָמִים
–behind the times בַּעַל דֵּעוֹת מְיוּשָּׁנוֹת; מְיוּשָּׁן
–behind time מְאַחֵר; מְפַגֵּר
–do time לָשֶׁבֶת (בְּבֵית־הַסּוֹהַר)
–for a time לִזְמַן מָה
–for the time being לְעֵת עַתָּה; בֵּינְתַיִים
–from time to time מִדֵּי פַּעַם
–gain time לְהַרְוִויחַ זְמַן; לִמְשׁוֹךְ זְמַן
–have a good time לְכַיֵּיף; לֵיהָנוֹת; לַעֲשׂוֹת חַיִּים
–have the time of your life לֵיהָנוֹת מְאוֹד מְאוֹד
–have time on your hands לִהְיוֹת לוֹ הַרְבֵּה זְמַן
–in good time בְּעוֹד מוֹעֵד; מוּקְדָּם; בְּבוֹא הַזְּמַן
–in no time מַהֵר מְאוֹד; תּוֹךְ זְמַן קָצָר מְאוֹד
–in time בְּבוֹא הַזְּמַן; בִּזְמַן; מוּקְדָּם מַסְפִּיק; בַּקֶּצֶב הַנָּכוֹן; בִּמְרוּצַת הַזְּמַן
–(it's) about time הִגִּיעַ הַזְּמַן (שֶׁ־)
–it's high time הִגִּיעַ הַזְּמַן (שֶׁ־)
–keep up with the times לִצְעוֹד עִם הַזְּמַן
–kill time לְהַעֲבִיר אֶת הַזְּמַן
–lose no time לֹא לְאַבֵּד רֶגַע; לֹא לְבַזְבֵּז זְמַן
–make time לִמְצוֹא לוֹ זְמַן
–make up for lost time לְהַדְבִּיק אֶת הַפִּיגּוּר

timidity *n.* בַּיישָׁנוּת; חוֹסֶר בִּיטָּחוֹן
timidly *adv.* כְּמִי שֶׁנִּפְחָד; בְּחוֹסֶר בִּיטָּחוֹן
timing *n.* עִיתּוּי; תִּזמוּן
timorous *adj.* נִפְחָד; חוֹשֵׁשׁ
timorously *adv.* בַּחֲשָׁשָׁנוּת
timpani *n.* תּוּנְפָּנִים
tin *n.* בְּדִיל; פַּח; קוּפסַת פַּח; פַּחִית; קוּפסַת שִׁימוּרִים; תַּבנִית אֲפִייָה
tincture *n.* טִינקטוּרָה; תְּמִיסַת כּוֹהַל
tinder *n.* חוֹמֶר בְּעֵירָה (לִמדוּרוֹת)
tinderbox *n.* חָבִית חוֹמֶר־נֶפֶץ
tinfoil *n.* נְייַר כֶּסֶף
ting *v., n.* (לְהַשׁמִיעַ) צִלצוּל דַּק ("טִינג")
ting-a-ling *n.* צִלצוּל פַּעֲמוֹנִים דַּק
tinge *n.* גָּוֶון; שֶׁמֶץ
tingle *v., n.* לְדַקוֹר; (לָחוּשׁ) עִקצוּץ/רֶטֶט (שֶׁל־); לִצרוֹב (מַכָּה וכד׳)
tin god *n.* אֱלִיל מְזוּיָּף; בַּעַל יוּמרוֹת לְלֹא כִּיסּוּי
tinker *n.* פֶּחָח (שֶׁל כְּלֵי מִטבָּח וכד׳)
tinker *v.* (with) לְנַסּוֹת לְתַקֵּן; לְשַׂחֵק בְּ־
tinkle *v.* לְצַלצֵל (בְּ־); לְהַשׁמִיעַ צִלצוּל דַּק
tinkle *n.* צִלצוּל דַּק; צִלצוּל (טֶלֶפוֹן); הַשׁתָּנָה
tinned *adj.* מְשׁוּמָּר; בְּקוּפסַת שִׁימוּרִים
tinny *adj.* (שֶׁל פַּח) מֵאֵיכוּת יְרוּדָה; זוֹל; עִם צְלִיל מַתַּכתִּי דַּק
tin opener *n.* פּוֹתְחַן קוּפסָאוֹת
tinpot *adj.* חַנטָרִישׁ; יוּמרָנִי; עָלוּב
tinsel *n.* חוּטֵי כֶּסֶף נוֹצְצִים; בָּרָק מְזוּיָּף
tint *n.* גָּוֶון; צֶבַע לַשֵּׂיעָר
tint *v.* לִצבּוֹעַ; לְהוֹסִיף גָּוֶון לְ־
tintinnabulation *n.* צִלצוּל פַּעֲמוֹנִים
tiny *adj.* קְטַנטַן; זָעִיר
tip *n.* תֶּשֶׁר; עֵצָה; טִיפּ; מֵידָע (מֵאַלמוֹנִי); קָצֶה; חוֹד; בָּדָל; פִּייָה; מִזבָּלָה
–on the tip of your tongue עַל קְצֵה לְשׁוֹנוֹ
–the tip of the iceberg קְצֵה הַקַּרחוֹן
tip *v.* (tipped) לְהַטּוֹת; לִנטוֹת; לְהִתרוֹמֵם עַל צִדּוֹ; לִשׁפּוֹךְ; לְהַשׁלִיךְ; לִנגוֹעַ/לַחבּוֹט קַלּוֹת בְּ־; לָתֵת תֶּשֶׁר לְ־; לְהַזכִּירוֹ כִּמוּעֲמָד לְ־
–tip over/up לְהַפִּיל; לַהֲפוֹךְ; לְהִתהַפֵּךְ
–move with the times לִצעוֹד עִם הַזְּמַן
–one at a time אֶחָד אֶחָד
–on your own time בִּזמַנּוֹ הַחוֹפשִׁי; לֹא בִּשְׁעוֹת הָעֲבוֹדָה
–on time בַּזְּמַן; בְּדִיּוּק בַּזְּמַן
–pass the time לְהַעֲבִיר אֶת הַזְּמַן
–pass the time of day with לְהַחֲלִיף בְּרָכוֹת וּלְשׂוֹחֵחַ קְצָרוֹת עִם־
–play for time לְנַסּוֹת לְהַרוִויחַ/לִמשׁוֹךְ זְמַן
–take your time לֹא לְמַהֵר
–time after time; time and (time) again שׁוּב וָשׁוּב
–time will tell הֶעָתִיד יוֹכִיחַ; יָמִים יַגִּידוּ
–when the time comes בְּבוֹא הַזְּמַן
time *v.* לִקבּוֹעַ עִיתּוּי שֶׁל־; לְתַזמֵן; לִמדוֹד זְמַן; לְכַוֵּון (זְמַן)
time bomb *n.* פְּצָצַת זְמַן
time clock *n.* שְׁעוֹן נוֹכְחוּת
time-consuming *adj.* שֶׁגּוֹזֵל זְמַן רַב
time frame *n.* לוּחַ זְמַנִּים (מוּגדָּר); (מִסגֶּרֶת) זְמַן
time fuse *n.* פְּתִיל הַשׁהָיָה; מַרעוֹם הַשׁהָיָה
time-honored/honoured *adj.* מְקוּדָּשׁ (מִיָּמִים יָמִימָה)
time lag *n.* פַּעַר זְמַנִּים; מִרוָוח זְמַן
timeless *adj.* נִצחִי; לֹא מִשׁתַּנֶּה
time limit *n.* הַגבָּלַת זְמַן; מוֹעֵד אַחֲרוֹן
timely *adj.* בַּזְּמַן הַנָּכוֹן; שֶׁבָּא בְּעִתּוֹ
time off *n.* הַפסָקָה; חוּפשָׁה
timeout *n.* פֶּסֶק זְמַן
timer *n.* קוֹצֵב־זְמַן; שָׁעוֹן
times *n.* תְּקוּפָה; זְמַנִּים; יָמִים; פְּעָמִים; פִּי־
times *prep.* כָּפוּל
time-saving *adj.* שֶׁחוֹסֵךְ זְמַן
time-sharing *n.* שִׁיתּוּף זְמַנִּים (בְּמַחשֵׁב); חֲלוּקַת זְמַנִּים; שִׁיתּוּף בִּיחִידַת נוֹפֶשׁ
timetable *n.* לוּחַ זְמַנִּים; מַעֲרֶכֶת שָׁעוֹת
timetable *v.* לְהָכִין לוּחַ זְמַנִּים אוֹ מַעֲרֶכֶת שָׁעוֹת; לִקבּוֹעַ (זְמַנִּים)
time-worn *adj.* נָדוֹשׁ; שֶׁאָבַד עָלָיו הַכֶּלַח
timid *adj.* נִפְחָד; בַּיְישָׁן; חֲסַר בִּיטָּחוֹן; הַססָנִי

–tip the scales לְהַטּוֹת אֶת כַּף הַמֹּאזְנַיִים
–tip off לְהַזְהִירוֹ מִבְּעוֹד מוֹעֵד; לִמְסוֹר מֵידָע מוּקְדָם ל־
tip-off *n.* מֵידָע (מוּקְדָם); אַזְהָרָה
tipster *n.* מְסַפֵּק מֵידָע/עֵצוֹת (לְגַבֵּי מֵירוֹץ)
tipsy *adj.* (קְצָת) שִׁיכּוֹר
tiptoe *adv.*
–on tiptoe עַל קְצוֹת הָאֶצְבָּעוֹת
tiptoe *v.* לָלֶכֶת עַל קְצוֹת הָאֶצְבָּעוֹת
tiptop *adj.* מְעוּלֶה; מְצוּיָּן
tirade *n.* דִּבְרֵי גִינּוּי נִרְגָּזִים; נְאוּם הַצְלָפָה אָרוֹךְ
tire *v.* (of) לְעַיֵּיף; לְהִתְעַיֵּיף; לְהִימָּאֵס לוֹ
–be tired of לְהִימָּאֵס לוֹ מ־
–tire out לְהַתִּישׁ; לְעַיֵּיף
tire *n.* צְמִיג
tired *adj.* עָיֵיף; נָדוֹשׁ; חֲסַר־מָעוֹף; נִמְאָס (לוֹ מ־)
–be tired out תָּשׁוּשׁ לְגַמְרֵי
tiredness *n.* עֲיֵיפוּת
tireless *adj.* בִּלְתִּי נִלְאֶה; בִּלְתִּי נִדְלֶה
tirelessly *adv.* לְלֹא לֵיאוּת; בְּמֶרֶץ בִּלְתִּי נִדְלֶה
tiresome *adj.* מַטְרִיד; מְעַצְבֵּן; מְייַגֵּעַ
tissue *n.* רִקְמָה; מַלְמָלִית; מִמְחֶטֶת־נְיָיר; מַסֶּכֶת; סִדְרָה
tissue paper *n.* נְיַיר מֶשִׁי (לַאֲרִיזָה)
tit *n.* יַרְגָּזִי (צִיפּוֹר); שַׁד; פִּטְמָה; מְטוּמְטָם
–tit for tat מִידָּה כְּנֶגֶד מִידָּה; תְּגוּבָה הוֹלֶמֶת
titanic *adj.* עָצוּם; עֲנָקִי
titanium *n.* טִיטַנְיוּם (יסוד)
titbit *n.* (of) דָּבָר טוֹב (טָעִים); פְּרָט עֲסִיסִי
tithe *n.* מַעֲשֵׂר
titillate *v.* לְגָרוֹת (מִינִית אוֹ סקרנוּת)
titillation *n.* גֵּירוּי מְהַנֶּה
titivate *v.* לְגַנְדֵּר; "לְהִתְחַתֵּךְ"
title *n.* שֵׁם; כּוֹתֶרֶת; כּוֹתֶר; תּוֹאַר; זְכוּת (קִנְיָין); תּוֹאַר אֲלִיפוּת
title deed *n.* שְׁטַר קִנְיָין
title holder *n.* אַלּוּף; מַחְזִיק בְּכֶתֶר הָאֲלִיפוּת
title page *n.* עַמּוּד הַשַּׁעַר (בְּסֵפֶר)
title role *n.* תַּפְקִיד רָאשִׁי
titter *v., n.* (לְהַשְׁמִיעַ) צְחקוּק טִיפְּשִׁי
tittle-tattle *n., v.* רְכִילוּת; פִּטְפּוּט; לְרַכֵל; לְפַטְפֵּט
titular *adj.* בְּשֵׁם בִּלְבַד
tizzy *n.* הִתְרַגְּשׁוּת; מֶתַח; דְּאָגָה
TNT ט.נ.ט.
to ל־; כְּדֵי ל־; אֶל; לְעֵבֶר־; עֲבוּר; לִכְבוֹד; כְּלַפֵּי־; בּ־; לְגַבֵּי־; עַד (בִּזְמַן אוֹ בְּמֶרְחָק); לִצְלִילֵי; עַל־; לְעוּמַת
–to and fro הֵנָּה וָהֵנָּה
toad *n.* קַרְפָּדָה
toady *n.* מִתְרַפֵּס; חַנְפָן
toady *v.* לְהִתְרַפֵּס; לְהִתְחַנֵּף
toast *n.* לֶחֶם קָלוּי; טוֹסְט; (הֲרָמַת) כּוֹס לְחַיֵּי־; חֲתַן הַמְּסִיבָּה; כּוֹכַב ה־
toast *v.* לִקְלוֹת; לְהִיקָּלוֹת; לְחַמֵּם; לִשְׁתּוֹת לְחַיֵּי־; לְהָרִים כּוֹס לְחַיֵּי־
toaster *n.* מַצְנֵם; מַקְלֶה; טוֹסְטֶר
toaster oven *n.* תַּנּוּרוֹן
toastmaster *n.* מַנְחֵה מְסִיבָּה
toasty *adj.* חַמִּים וְנָעִים
tobacco *n.* (סוּג) טַבָּק
tobacconist *n.* מוֹכֵר טַבָּק וכד׳
toboggan *n., v.* מִזְחֶלֶת; לִנְסוֹעַ בְּמִזְחֶלֶת; לָרֶדֶת יְרִידָה תְּלוּלָה
today *adv., n.* הַיּוֹם; כַּיּוֹם; בְּיָמֵינוּ
–a week today הַיּוֹם בְּעוֹד שָׁבוּעַ
toddle *v.* לְהַלֵּךְ בִּצְעָדִים קְטַנִּים וְלֹא בְּטוּחִים; לָלֶכֶת
toddler *n.* פָּעוֹט (שֶׁהִתְחִיל לָלֶכֶת)
to-do *n.* מְהוּמָה; הֲמוּלָה; הִתְרַגְּשׁוּת
toe *n.* אֶצְבַּע הָרֶגֶל
–on your toes עֵר; דָּרוּךְ
–step/tread on his toes לִדְרוֹךְ לוֹ עַל הַיַּבָּלוֹת
toehold *n.* אֲחִיזָה לְרֶגֶל (לַמְטַפֵּס); אֲחִיזָה כָּלְשֶׁהִי; דְּרִיסַת רֶגֶל
toenail *n.* צִיפּוֹרֶן אֶצְבַּע הָרֶגֶל
toffee, toffy *n.* (סוּכָּרִיַּית) טוֹפִי
toffee apple *n.* תַּפּוּחַ עַל מַקֵּל (מְצוּפֶּה קָרֶמֶל)

T

together *adv.* יַחַד; בְּבַת אַחַת; בְּיַחַד; בִּרְצִיפוּת; (בְּאוֹפֶן) מְאוּרְגָן; יוֹדֵעַ מַה הוּא עוֹשֶׂה
–put together לְהַרְכִּיב; לְצָרֵף; גַּם יַחַד
togetherness *n.* אַחדוּת; אַחֲוָה; תְחוּשַׁת שׁוּתָפוּת
toggle *n.* כַּפְתּוֹר לְלוּלָאָה (בִּמְעִיל)
toggle switch *n.* מַפְסֵק דוּ־מַצָּבִי (גע/תק)
toil *v.* לַעֲבוֹד קָשֶׁה; לַעֲמוֹל; לָנוּעַ בְּמַאֲמָץ רַב
toilet *n.* בֵּית־שִׁימּוּשׁ; שֵׁירוּתִים; אַסְלָה; סִידּוּר הַהוֹפָעָה הַחִיצוֹנִית; הִתְמַרְקוּת
toilet paper *n.* נְיַיר טוּאָלֶט
toiletries *n.* תַּמְרוּקִים וְתַכְשִׁירֵי טִיפּוּחַ
toilet-trained *adj.* עוֹשֶׂה צְרָכָיו בָּאַסְלָה
toilet water *n.* מֵי־בּוֹשֶׂם
token *adj.* סִמְלִי; לְשֵׁם מַרְאִית־עַיִן; לְשֵׁם ״קִישּׁוּט״
token *n.* אוֹת; סִימָן; אֲסִימוֹן; מַזְכֶּרֶת; תְּלוּשׁ; שׁוֹבֵר
–by the same token בְּאוֹפֶן דּוֹמֶה; בְּאוֹתָהּ מִידָּה
tokenism *n.* מְדִינִיּוּת שֶׁל בְּחִירַת נָצִיג סִמְלִי (אִישָּׁה, שָׁחוֹר וכו׳) לְשֵׁם מַרְאִית־עַיִן
told *v. past and 3rd form of* tell
tolerable *adj.* נִסְבָּל; סָבִיר
tolerably *adv.* בְּמִידָּה נִסְבֶּלֶת; יַחֲסִית
tolerance *n.* סוֹבְלָנוּת; סְבוֹלֶת
tolerant *adj.* סוֹבְלָנִי
tolerate *v.* לִסְבּוֹל; לְהַרְשׁוֹת
toleration *n.* סוֹבְלָנוּת
toll *n.* אַגְרָה (בִּדְרָכִים); מְחִיר; קְצִיר דָּמִים
–take a (heavy) toll לִגְבּוֹת מְחִיר (דָּמִים) כָּבֵד; לִתְבּוֹעַ קוֹרְבָּנוֹת (רַבִּים); לִפְגּוֹעַ (קָשׁוֹת) (בּ־)
toll *v., n.* לְצַלְצֵל (בּ־); לְצַלְצֵל (פַּעֲמוֹן) לְאוֹת אֵבֶל; צִלְצוּל (פַּעֲמוֹן)
tollbooth *n.* תַּחֲנַת אַגְרָה (בִּדְרָכִים)
toll-free *adj., adv.* חִינָּם (שִׂיחַת טֶלֶפוֹן)
tollgate *n.* מַחְסוֹם בִּכְבִישׁ אַגְרָה
tomahawk *n.* טוֹמָהוֹק; גַּרְזֶן אִינְדִיאָנִי
tomato *n.* עַגְבָנִיָּיה
tomb *n.* קֶבֶר
tomboy *n.* יַלְדָּה גֶ׳דָאִית / שֶׁמִּתְנַהֶגֶת כְּמוֹ בֵּן
tombstone *n.* מַצֵּבָה
tomcat *n.* חָתוּל
tomfoolery *n.* שְׁטוּת; טִיפְּשׁוּת; הִתְנַהֲגוּת טִיפְּשִׁית
tommy gun *n.* תַּת־מַקְלֵעַ טוֹמִיגַן
tomorrow *adv., n.* מָחָר; הֶעָתִיד
–the day after tomorrow מָחֳרָתַיִים
tom-tom *n.* תּוֹף טַמְטַם
ton *n.* טוֹנָה; טוֹן (1016 אוֹ 907 ק״ג)
–metric ton טוֹן (אֶלֶף ק״ג)
–tons of ״טוֹנוֹת״; הָמוֹן־
–weigh a ton לִהְיוֹת כָּבֵד מְאוֹד
tone *n.* צְלִיל; טוֹן; צִפְצוּף; נִימָה; נְגִינָה; רוּחַ; אוֹפִי; אֲוִירָה; גָּוֶן; טוֹנוּס; מֶתַח (הַשְּׁרִירִים)
tone *v.* לְחַזֵּק; לְהַחֲזִיר לְמַצָּבוֹ הַבָּרִיא; לְהַחֲזִיר חִיּוּנִיּוּת ל־
–tone down לְרַכֵּךְ; לְהַחֲלִישׁ; לְמַתֵּן
–tone up לְחַזֵּק; לְהוֹסִיף בְּרִיאוּת וּמֶרֶץ ל־
tone-deaf *adj.* חֲסַר שְׁמִיעָה (מוּסִיקָלִית)
toneless *adj.* חֲסַר חִיּוּת / צֶבַע; חַדגוֹנִי
tongs *n.* מֶלְקָחַיִים
tongue *n.* לָשׁוֹן; שָׂפָה
–have lost your tongue בָּלַע אֶת לְשׁוֹנוֹ
–tongue in cheek לֹא בִּרְצִינוּת; בְּאִירוֹנְיָה; בִּצְחוֹק
–hold your tongue לִשְׁתּוֹק; לֹא לְדַבֵּר
tongue depressor *n.* מַקֵּל רְפוּאִי (לִבְדִיקַת גָּרוֹן וכד׳)
tongue-in-cheek *adj.* מְבוּדָּח; אִירוֹנִי
tongue-tied *adj.* דָּבְקָה לְשׁוֹנוֹ לְחִיכּוֹ
tongue-twister *n.* צֵירוּף מִלִּים ״שׁוֹבֵר שִׁינַּיִים״
tonic *n.* סַם / שִׁיקּוּי מְחַזֵּק (מַמְרִיץ); דָּבָר מְרַעֲנֵן; טוֹנִיק; הַצְּלִיל הַיְסוֹדִי בְּסוּלָּם
tonight *adv., n.* הַלַּיְלָה; בַּלַּיְלָה
tonnage *n.* תְּפוּסָה; טוֹנָז׳; תְּפוּסָה כּוֹלֶלֶת
tonsil *n.* שָׁקֵד (בַּגָּרוֹן)

tonsillitis *n.* דַלֶקֶת שְׁקֵדִים
too *adv.* גַם (כֵּן); מִדַי; יוֹתֵר מִדַי; מְאוֹד; בִּמְיוּחָד; דַווקָא; דַווקָא כֵּן
took *v. past of* take
tool *n.* כְּלִי; מַכשִׁיר; כְּלִי שָׁרֵת
tool *v.* לְעַטֵר צוּרוֹת (בִּכלִי חַם); לְעַצֵב; לַעֲשׂוֹת בְּמַכשִׁיר; לִנהוֹג; לִנסוֹעַ (לְאַט / בְּכֵּף)
–tool up לְצַייֵד בְּכֵלִים וּמכוֹנוֹת
toolbar *n.* סַרגֵל כֵּלִים
toolbox *n.* אַרגַז כֵּלִים
toot *v., n.* לִצפּוֹר; לִתקוֹעַ (בּ־); צְפִירָה; שְׁרִיקָה
tooth *n. (pl.* teeth) שֵׁן
–fight tooth and nail לְהִילָחֵם בְּכָל כּוֹחוֹ
–get your teeth into "לְהִסתָעֵר" בְּמֶרֶץ עַל־; לְהַשׁקִיעַ מַרצוֹ בּ־
–grit your teeth לַחֲרוֹק שִׁינַיִים
–in the teeth of חֶרֶף ה־; מוּל פְּנֵי־
–set his teeth on edge לְעַצבֵּן אוֹתוֹ
toothache *n.* כְּאֵב שִׁינַיִים
toothbrush *n.* מִברֶשֶׁת שִׁינַיִים
toothless *adj.* חֲסַר־שִׁינַיִים
toothpaste *n.* מִשׁחַת שִׁינַיִים
toothpick *n.* קֵיסָם לַשִׁינַיִים
toothsome *adj.* טָעִים; מוֹשֵׁך; מְהַנֶה
toothy *adj.* (חִיוּך) חוֹשֵׂף שִׁינַיִים
top *adj.* רִאשׁוֹן; הַטוֹב / הַבָּכִיר בְּיוֹתֵר; הָעֶליוֹן; הֲכִי גָבוֹהַ
top *n.* סְבִיבוֹן; פִּסגָה; מִשׁטָח עֶליוֹן; שִׂיא; צַמֶרֶת; רֹאשׁ; מִכסֶה; חֵלֶק עֶליוֹן (בֶּגֶד)
–from the top מֵהַהַתחָלָה; מִלמַעלָה
–from top to toe מִכַּף רֶגֶל וְעַד רֹאשׁ
–on top לְמַעלָה; יָדוֹ עַל הָעֶליוֹנָה
–on top of עַל גַבֵּי־; בְּנוֹסָף ל־; שׁוֹלֵט (בְּמַצָב); הִתגַבֵּר עַל; מִסתַדֵר עִם; מְעוּדכָּן
–on top of the world בָּרָקִיעַ הַשְׁבִיעִי
top *v.* (topped) לְכַסוֹת; לִהיוֹת בְּרֹאשׁ; לְהוֹבִיל; לַעֲבוֹר; לַעֲלוֹת עַל־; לִגבּוֹר עַל־; לִהיוֹת גָבוֹהַ מ־; לַחתוֹך קְצָווֹת שֶׁל־
–to top it all... בְּנוֹסָף לַכּוֹל

topaz *n.* פִּטדָה; טוֹפָּז
top-flight *adj.* מֵהַשׁוּרָה הָרִאשׁוֹנָה; מְצוּיָן
top-grossing *adj.* הָרְווחִי בְּיוֹתֵר
top hat *n.* צִילִינדֶר (כּוֹבַע)
topic *n.* נוֹשֵׂא
topical *adj.* מֵעִניְינֵי הַשָׁעָה; אַקטוּאָלִי
topknot *n.* שֵׂיעָר אָסוּף בַּקוֹדקוֹד; צִיצַת הָרֹאשׁ; לוּלָאַת סֶרֶט (בַּקוֹדקוֹד)
topless *adj.* טוֹפּלֶס; לְלֹא חֵלֶק עֶליוֹן; בְּחָזֶה חָשׂוּף
top-level *adj.* רַם־דֶרֶג; בַּדֶרֶג הַבָּכִיר בְּיוֹתֵר
topmost *adj.* הָעֶליוֹן; הַגָבוֹהַ בְּיוֹתֵר
top-notch *adj.* מֵהַשׁוּרָה הָרִאשׁוֹנָה; מְצוּיָן
topography *n.* טוֹפּוֹגרַפיָה
topped *adj.* (by/with) וּמֵעָלָיו; מְכוּסֶה בְּשִׁכבַת־; מְצוּפֶּה בּ־; וּבְרֹאשׁוֹ
topping *n.* קִישׁוּט (מָזוֹן); רוֹטֶב; (צִיפּוּי) קַצֶפֶת וכד׳; שִׁכבָה עֶליוֹנָה
topple *v.* (down/over) לְהַפִּיל; לִיפּוֹל; לְהִתמוֹטֵט
top-ranking *adj.* רַם־דֶרֶג
top-rated *adj.* פּוֹפּוּלָרִי; בַּעַל שִׁיעוּר צְפִייָה גָבוֹהַ
tops *adv.* מַכּסִימוּם
top secret *adj.* סוֹדִי בְּיוֹתֵר
topsy-turvy *adj., adv.* הָפוּך; בְּבַלָגָן; בְּתוֹהוּ וָבוֹהוּ; בְּאִי סֵדֶר
torch *n.* פָּנַס־כִּיס; לַפִּיד; מַבעֵר רִיתוּך
torch *v.* לְהַצִית (בְּזָדוֹן)
torchlight *n.* אוֹר־פָּנָס; אוֹר־לַפִּידִים
tore *v. past of* tear
toreador *n.* טוֹרֵיאָדוֹר; לוֹחֵם שְׁוָורִים
torment *n.* עִינוּי; יִיסוּרִים
torment *v.* לְייַסֵר; לְהָצִיק ל־
torn *v. 3rd form of* tear
tornado *n.* סוּפַת טוֹרנָדוֹ
torpedo *n., v.* טוֹרפֶּדוֹ; לְטַרפֵּד
torpid *adj.* עַצלָנִי; נִרפֶּה; רָדוּם
torrent *n.* זֶרֶם עַז; שִׁיטָפוֹן; שֶׁטֶף; פֶּרֶץ
torrential *adj.* שׁוֹטֵף; (גְשָׁמִי) ־זַעַף
torrid *adj.* חַם מְאוֹד; לוֹהֵט; שָׁחוּן
torsion *n.* פִּיתוּל; עִיקוּם

T

torso *n.* טוֹרסוֹ; (פֶּסֶל) גוּף לְלֹא רֹאשׁ וּגְפַּיִים

tort *n.* עַוולָה (בְּמִשׁפָּט); נֶזֶק

torts *n.* נְזִיקִין

tortilla *n.* טוֹרטִייָה (מַאֲפֵה קֶמַח תִירָס)

tortoise *n.* צָב (יַבָּשָׁה)

tortoiseshell *n., adj.* (כְּדוּגמַת / עָשׂוּי) שִׁריוֹן צָב

tortuous *adj.* מְפוּתָל; עֲקַלקַל; פְּתַלתוֹל; נִפתָל

torture *n., v.* עִינוּי; עִינוּיִים; לְעַנוֹת

toss *n.* הֲטָלָה; זְרִיקָה; טִלטוּל; הַגרָלָה בַּהֲטָלַת מַטבֵּעַ; נְפִילָה (מִגַּב סוּס)

toss *v.* לִזרוֹק; לְטַלטֵל; לְנַפנֵף (בּ־); לְהִיטַלטֵל מִצַד לְצַד; לְהַטִיל מַטבֵּעַ; לְעַרבֵּב; לִטבּוֹל בּ־

–toss and turn לְהִתהַפֵּךְ בְּחוֹסֶר מְנוּחָה (בַּמִיטָה)

toss-up *n.* סִיכּוּיִים שָׁוִוים לְכָאן אוֹ לְכָאן; הֲטָלַת מַטבֵּעַ

total *adj.* מוּחלָט; מָלֵא; כּוֹלֵל

total *n.* סַךְ; סִכוּם כּוֹלֵל

total *v.* לְסַכֵּם; לְהִסתַכֵּם בּ־; לַהֲרוֹס לְגַמרֵי (רֶכֶב)

totalitarian *adj.* טוֹטָלִיטָרִי

totality *n.* שְׁלֵמוּת; מִכלוֹל; סַךְ־הַכּוֹל

totally *adv.* לְגַמרֵי

tote *v.* לָשֵׂאת (נֶשֶׁק); לִסחוֹב

tote bag *n.* תִיק קְנִיוֹת

totter *v.* לְהַלֵךְ בְּאִי־יַצִיבוּת; לָקוּם בְּקוֹשִׁי; לָמוּט לִיפּוֹל; לְהִתנוֹדֵד (כְּעוֹמֵד לִיפּוֹל)

touch *n.* נְגִיעָה; (חוּשׁ הַ־) מִישׁוּשׁ; מַגָע; קֶשֶׁר; מְשִׁיכַת מִכחוֹל; לִיטוּשׁ (אַחֲרוֹן); כִּישָׁרוֹן; מְעַט; טִיפָּה; שֶׁמֶץ; נִימָה; מַגוּעַ; סִגנוֹן

–at the touch of a button בִּלחִיצַת כַּפתוֹר

–get in touch (with) לִיצוֹר קֶשֶׁר (עִם)

–out of touch (with) מְנוּתָק מ־

–lose touch לְאַבֵּד אֶת הַקֶשֶׁר (בֵּינֵיהֶם)

–lose your touch לְאַבֵּד אֶת מַגָע הַקֶסֶם שֶׁלוֹ

touch *v.* לִנגוֹעַ (בּ־); לִלחוֹץ (קַלוֹת) בּ־; לְרַגֵשׁ; לִנגוֹעַ לַלֵב־; לִגרוֹם נֶזֶק ל־; לִפגוֹעַ בּ־; לְהִשתַווֹת אֶל־; לְהוֹצִיא (כֶּסֶף) מ־; לְשׁנוֹרֵר

–touch bottom לִנגוֹעַ בְּקַרקָעִית (הַיָם וכד'); לְהַגִיעַ לְשֵׁפֶל הַמַדרֵגָה

–touch down לִנחוֹת; לְהָנִיחַ (כַּדוּר) מֵעֵבֶר לְקַו הַשַׁעַר; לְהַבקִיעַ (בְּפוּטבּוֹל)

–touch off לְעוֹרֵר; לִגרוֹם ל־; לְהַפעִיל (חוֹמֶר נֶפֶץ)

touch-and-go *adj.* לֹא בָּטוּחַ; עַל הַגבוּל; כְּחוּט הַשַׂעֲרָה

touchdown *n.* (רֶגַע הַ־) נְחִיתָה; טַצִ'דָאוּן (6 נקודות בפוטבול)

touché כָּל הַכָּבוֹד – אֶחָד אֶפֶס לְטוֹבָתְךָ!

touching *adj.* נוֹגֵעַ לַלֵב; מְרַגֵשׁ

touch screen *n.* מָסַךְ מַגָע; צַג מַגָע

touchstone *n.* אֶבֶן בּוֹחַן; קְנֵה מִידָה

touchy *adj.* רָגִישׁ; נִפגָע מַהֵר

tough *adj.* חָזָק; קָשֶׁה (לַאֲכִילָה); קָשׁוּחַ; עַקשָׁנִי; מְחוּספָּס; גַס; אַלִים; תַקִיף; קָשֶׁה; קָשִׁיחַ

–get tough (with) לְהַחמִיר עִם; לְהַפעִיל יָד קָשָׁה נֶגֶד; לְהַקשִׁיחַ עֶמדָתוֹ

–(that's) tough זַבָּשׁ"ךְ!

–tough (luck) מַזָל בִּישׁ; זַבָּשׁ"וֹ

–tough nut אֱגוֹז קָשֶׁה

tough *v.* –tough out לִהיוֹת חָזָק (כְּדֵי לַעֲבוֹר אֶת הַמַשבֵּר)

toughen *v.* לְהַקשׁוֹת; לְהַקשִׁיחַ; לְהִתקַשׁוֹת

toughness *n.* חוֹזֶק; קְשִׁיחוּת; קַשׁיוּת

toupee *n.* פֵּאָה נוֹכרִית (חֶלקִית)

tour *n.* סִיוּר; טִיּוּל; תִיוּר; סִיוּר קָצָר; תְקוּפַת שֵׁירוּת / עֲבוֹדָה (בְּחוּ"ל); סִיבּוּב הוֹפָעוֹת

tour *v.* לְסַייֵר (בּ־); לְטַייֵל (בּ־); לָתוּר; לַעֲרוֹךְ סִיבּוּב הוֹפָעוֹת בּ־

tour de force *n.* בִּיצוּעַ מַבריק; הַפגָנַת יְכוֹלֶת מַרהִיבָה; מִפגַן כּוֹחַ

tour guide *n.* מַדרִיךְ תַייָרִים

tourism *n.* תַייָרוּת

tourist *n.* תַייָר

tourist *adj.* שֶׁל תַייָרוּת; לְתַייָרִים

tourist class *n.* מַחְלֶקֶת תַּיָּירִים
touristy *adj.* מַתְאִים לְתַיָּירִים; מָלֵא תַּיָּירִים
tournament *n.* טוּרְנִיר
tourniquet *n.* חוֹסֵם עוֹרְקִים
tousle *v.* לִפְרוֹעַ (שֵׂיעָר וכד׳)
tout *n.* מִי שֶׁמְּשַׁדֵּל לִקְנוֹת; סַפְסָר (כַּרְטִיסִים)
tout *v.* לְסַפְסֵר; לְפַרְסֵם (בְּאַגְרֶסִיבִיּוּת); לְשַׁבֵּחַ
tow *n., v.* גְּרִירָה; לִגְרוֹר
toward(s) *prep.* לְעֵבֶר־; בְּכִיווּן־; לִקְרַאת־; אֶל־; כְּלַפֵּי־; לְגַבֵּי־; בִּשְׁבִיל־; לְמַעַן; לְשֵׁם
towel *n.* מַגֶּבֶת
–throw in the towel לְהִיכָּנַע; לְהָרִים יָדַיִים
towel *v.* לְהִתְנַגֵּב / לְנַגֵּב בְּמַגֶּבֶת
tower *n.* מִגְדָּל
–a tower of strength מִשְׁעָן אֵיתָן; מְקוֹר חוֹסֶן וְעִידּוּד
tower *v.* לְהִתְנַשֵּׂא (לְגוֹבַהּ רַב)
–tower above/over לַעֲלוֹת בְּהַרְבֵּה עַל־; לְהִתְנַשֵּׂא מֵעַל־
tower block *n.* מִגְדַּל דִּירוֹת / מִשְׂרָדִים
towering *adj.* רָם; מִתְנַשֵּׂא לְגוֹבַהּ רַב; בּוֹלֵט מִשְׁכְמוֹ וָמַעְלָה; מַזְהִיר; גּוֹאֶה; מֵצִיף (זַעַם)
town *n.* עִיר; עֲיָירָה; מֶרְכַּז הָעִיר; (תּוֹשָׁבֵי) הָעִיר
–paint the town red לְבַלּוֹת וְלַעֲשׂוֹת שָׂמֵחַ; לְהִתְהוֹלֵל
town crier *n.* כָּרוֹז הָעִיר
town hall *n.* בִּנְיַין הָעִירִיָּיה
township *n.* עִיר; עֲיָרַת שְׁחוֹרִים; מָחוֹז
townspeople *n.* תּוֹשָׁבֵי עִיר; עִירוֹנִיִּים
toxic *adj.* רַעִיל
toxicity *n.* רְעִילוּת
toxin *n.* רַעֲלָן
toy *adj.* ־צַעֲצוּעַ; קְטַנְטַן
toy *n.* צַעֲצוּעַ
toy *v.* (with) לְהִשְׁתַּעֲשֵׁעַ בּ־; לְשַׂחֵק בּ־
trace *n.* עֲקֵבוֹת; סִימָן; זֵכֶר; שָׂרִיד; שֶׁמֶץ; כַּמּוּת זְעִירָה; קוֹרֶט; מוֹשְׁכָה
trace *v.* לְשַׂרְטֵט; לְהַתְווֹת; לְהַעְתִּיק עַל נְיַיר שָׁקוּף; לְהַעֲקִיב; לִמְצוֹא; לַעֲלוֹת עַל עִקְבוֹת־; לְהִתְחַקּוֹת אַחֲרֵי־; לְגַלּוֹת; לְאַתֵּר (שִׂיחַת טֶלֶפוֹן)
traceable *adj.* שֶׁאֶפְשָׁר לְאַתְּרוֹ / לְהִתְחַקּוֹת אַחֲרָיו
trace elements *n.* יְסוֹדוֹת קוֹרֶט
trachea *n.* קְנֵה־הַנְּשִׁימָה
track *n.* עֲקֵבוֹת; סִימָנִים; שְׁבִיל; מַסְלוּל; מְסִילָה; פַּסֵּי רַכֶּבֶת; זַחַל (שַׁרְשֶׁרֶת); נָתִיב; רְצוּעָה; עָרוּץ
–be on the track of לְהִימָּצֵא בְּעִקְבוֹת־
–cover up your tracks לְטַשְׁטֵשׁ אֶת עִקְבוֹתָיו
–keep track of לַעֲקוֹב אַחֲרֵי־
–off the track סוֹטֶה מֵהַנּוֹשֵׂא
–on the wrong track בַּדֶּרֶךְ הַלֹּא נְכוֹנָה; בַּכִּיווּן הַלֹּא נָכוֹן
track *v.* לַעֲקוֹב אַחֲרֵי־; לַעֲלוֹת עַל עִקְבוֹת־
–track down לַעֲלוֹת עַל עִקְבוֹתָיו; לִמְצוֹא
track and field (events) אַתְלֶטִיקָה קַלָּה
tracker *n.* גַּשָּׁשׁ; מִי שֶׁמִּתְחַקֶּה אַחֲרֵי עִקְבוֹת־; כֶּלֶב גִּישׁוּשׁ
tracker dog *n.* כֶּלֶב גִּישׁוּשׁ
tracking station *n.* תַּחֲנַת מַעֲקָב
track record *n.* רְשִׁימַת הֶישֵּׂגִים; מַאֲזַן הֶישֵּׂגִים
track suit *n.* אִימוּנִית
tract *n.* מֶרְחָב; שֶׁטַח נִרְחָב; מַעֲרֶכֶת (נְשִׁימָה, עִיכּוּל); מַסָּה; חִיבּוּר (בְּעִנְיְינֵי מוּסָר / דָּת)
tractable *adj.* שֶׁקַּל לִשְׁלוֹט עָלָיו; קַל לְטִיפּוּל; צַיְיתָנִי
tractor *n.* טְרַקְטוֹר
trade *n.* מִסְחָר; סַחַר; עֵסֶק; מְלָאכָה; מִשְׁלַח־יָד; מִקְצוֹעַ; עִסְקַת־חֲלִיפִין; הַחְלָפָה
–by trade בְּמִקְצוֹעוֹ
trade *v.* לִסְחוֹר; לְהַחֲלִיף (תְּמוּרַת־)
–trade in לְהַחֲלִיף בְּעִסְקַת־חֲלִיפִין (יָשָׁן בְּחָדָשׁ)
–trade up לְהַחְלִיף לְיוֹתֵר טוֹב

T

train *n.* רַכֶּבֶת; שַׁיָּרָה; סִדְרָה; שַׁרְשֶׁרֶת; רֶצֶף; שׁוֹבֶל (שֶׁל שִׂמְלָה וכד׳); פָּמַלְיָה
train *v.* לְאַמֵּן; לְהַכְשִׁיר; לְחַנֵּךְ; לְהַרְגִּיל; לְהִתְאַמֵּן (ל־); לִלְמוֹד; לַעֲבוֹר הַכְשָׁרָה; לְכַוֵּן צְמִיחַת־; לְכַוֵּן
trained *adj.* מוּסְמָךְ; מְאוּמָּן
trainee *n.* חָנִיךְ; מִתְלַמֵּד
trainer *n.* מְאַמֵּן; מְאַלֵּף; נַעַל הִתְעַמְּלוּת
training *n.* הַכְשָׁרָה; אִימּוּנִים; תִּרְגּוּל; אִילּוּף
training college *n.* סֶמִינָר לְמוֹרִים; מִכְלָלָה מִקְצוֹעִית
traipse *v.* לְהַלֵּךְ בִּכְבֵדוּת; לְשׁוֹטֵט
trait *n.* תְּכוּנָה; מְאַפְיֵין
traitor *n.* בּוֹגֵד
traitorous *adj.* בּוֹגְדָנִי
trajectory *n.* מַסְלוּל (שֶׁל טִיל וכו׳)
tram, tramcar *n.* חַשְׁמַלִּית
tramp *n.* נַוָּד; זוֹנָה; מוּפְקֶרֶת; קוֹל צְעָדִים כְּבֵדִים; טִיּוּל רַגְלִי אָרוֹךְ
tramp *v.* לִצְעוֹד בִּכְבֵדוּת; לַעֲבוֹר (בָּרֶגֶל); לְשׁוֹטֵט (בְּ־)
trample *v.* לִרְמוֹס; לִדְרוֹךְ עַל; לִדְרוֹס
–trample on לִפְגּוֹעַ קָשֶׁה בְּ־; לִרְמוֹס
trampoline *n.* קַפֶּצֶת; טְרַמְפּוֹלִינָה
trance *n.* טְרַאנְס
tranquil *adj.* שָׁלֵו; שָׁקֵט
tranquility, tranquillity *n.* שַׁלְוָה וְשֶׁקֶט
tranquilize, tranquillize *v.* לְהַרְגִּיעַ; לָתֵת סַם הַרְגָּעָה ל־
tranquilizer *n.* סַם הַרְגָּעָה
transact *v.* לְנַהֵל; לְבַצֵּעַ
transaction *n.* בִּיצּוּעַ; עִסְקָה; פְּרוֹטוֹקוֹל
transcend *v.* לַעֲבוֹר/לִהְיוֹת מֵעֵבֶר ל־; לַעֲלוֹת עַל־
transcendent *adj.* נַעֲלֶה; עִילָּאִי
transcendental *adj.* טְרַנְסְצֶנְדֶנְטָלִי; שֶׁמֵּעֵבֶר לִתְפִיסַת הָאָדָם
transcendental meditation *n.* מֶדִיטַצְיָה טְרַנְסְצֶנְדֶנְטָלִית
transcribe *v.* לְתַעְתֵּק; לִכְתּוֹב בְּתַעְתִּיק...; לִרְשׁוֹם בִּמְלוֹאוֹ; לְהַקְלִיט; לְהַעֲבִיר
transcript *n.* תַּמְלִיל (שֶׁל הַקְלָטָה); הֶעְתֵּק; תַּעְתִּיק; (הֶעְתֵּק) רְשִׁימַת צִיּוּנִים

trade balance *n.* מַאֲזָן מִסְחָרִי
trade deficit *n.* גֵּירָעוֹן מִסְחָרִי
trade fair *n.* יָרִיד מִסְחָרִי
trade-in *n.* עִסְקַת־חֲלִיפִין (יָשָׁן בְּחָדָשׁ)
trademark *n.* סִימָן מִסְחָרִי; ״סֵמֶל מִסְחָרִי״; סִימַן הֶיכֵּר
trade name *n.* שֵׁם מִסְחָרִי
trade-off *n.* הִתְפַּשְּׁרוּת עַל־... לְטוֹבַת־; שִׁקְלוּל תְּמוּרוֹת; קִיזּוּז
trader *n.* סוֹחֵר
trade school *n.* בֵּית־סֵפֶר מִקְצוֹעִי
trade secret *n.* סוֹד מִסְחָרִי
trade union *n.* אִיגּוּד מִקְצוֹעִי
tradition *n.* מָסוֹרֶת
traditional *adj.* מָסוֹרְתִּי
traditionalist *n.* שׁוֹמֵר מָסוֹרֶת; מָסוֹרְתִּי
traditionally *adv.* לְפִי הַמָּסוֹרֶת
traduce *v.* לְהוֹצִיא דִּיבָּה; לְהַשְׁמִיץ
traffic *n.* תְּנוּעָה; תַּעֲבוּרָה; תַּחְבּוּרָה; מִסְחָר לֹא חוּקִי
traffic *v.* (trafficked) לִסְחוֹר (בְּ־)
trafficator *n.* מְאוֹתֵת; מַחֲוַון כִּיווּן
traffic circle *n.* כִּיכָּר
traffic cop *n.* שׁוֹטֵר תְּנוּעָה
traffic court *n.* בֵּית־מִשְׁפָּט לְתַעֲבוּרָה
traffic island *n.* אִי־תְּנוּעָה
traffic jam *n.* פְּקָק תְּנוּעָה
trafficker *n.* סוֹחֵר (סַמִּים)
traffic light(s) *n.* רַמְזוֹר
traffic sign *n.* תַּמְרוּר
tragedy *n.* (*pl.* tragedies) טְרָגֶדְיָה; אָסוֹן
tragic *adj.* שֶׁל טְרָגֶדְיוֹת; טְרָגִי; מַעֲצִיב
tragically *adv.* בְּאוֹפֶן טְרָגִי; לַאֲסוֹנוֹ
trail *n.* שׁוֹבֶל; סִימָנִים; עֲקֵבוֹת; שְׁבִיל
–hard/hot on the trail (of) בְּמִרְדָּף צָמוּד אַחֲרֵי־
trail *v.* לִגְרוֹר; לִסְחוֹב; לְהִיגָּרֵר; לְהִשְׁתָּרֵךְ; לְפַגֵּר; לְהִתְחַקּוֹת אַחֲרֵי (עִקְבוֹת־); לְהִתְפַּשֵּׁט; לְטַפֵּס
–trail along/behind לְהִשְׁתָּרֵךְ אַחֲרֵי־
trailblazer *n.* מְפַלֵּס דֶּרֶךְ; חָלוּץ
trailer *n.* גְּרוּר; קְרוֹנוֹעַ; קָרוֹן נִגְרָר; צֶמַח מִתְפַּשֵּׁט/מְטַפֵּס; קִטְעֵי סֶרֶט ״בְּקָרוֹב״

T

transcription *n.* תַּעְתִּיק; תִּעְתּוּק; הַקְלָטָה
transfer *n.* הַעֲבָרָה; כְּתַב הַעֲבָרָה; כַּרְטִיס טְרַנְסְפֶר (לְהֶמְשֵׁךְ נְסִיעָה); נְקוּדַת מַעֲבָר
transfer *v.* (transferred) לְהַעֲבִיר; לַעֲבוֹר (לְרַכֶּבֶת אַחֶרֶת וכו')
transferable *adj.* נִיתָּן לְהַעֲבָרָה
transfix *v.* לְשַׁפֵּד; לְשַׁתֵּק; לְרַתֵּק לִמְקוֹמוֹ
transform *v.* (into) לְשַׁנּוֹת; לַהֲפוֹךְ ל־
transformation *n.* שִׁינּוּי; הֲפִיכָה (ל־)
transformer *n.* שַׁנַּאי; טְרַנְספוֹרְמָטוֹר
transfusion *n.* עֵירוּי (דָּם)
transgress *v.* לַחֲרוֹג מ־; לַעֲבוֹר עַל־; לְהָפֵר
transgression *n.* עֲבֵירָה; חֵטְא; הֲפָרָה
transgressor *n.* עֲבַרְיָין; חוֹטֵא
transient *adj., n.* חוֹלֵף; (דַּיָּיר וכו') זְמַנִּי
transistor *n.* טְרַנְזִיסְטוֹר
transit *n.* מַעֲבָר; הַעֲבָרָה; תַּחְבּוּרָה
–in transit בַּדֶּרֶךְ; בְּמַעֲבָר
transit camp *n.* מַחֲנֵה מַעֲבָר
transition *n.* מַעֲבָר
transitional *adj.* שֶׁל מַעֲבָר; חוֹלֵף
transitional government *n.* מֶמְשֶׁלֶת מַעֲבָר
translate *v.* (into) לְתַרְגֵּם (ל־); לְפָרֵשׁ; לְהִיתַּרְגֵּם; לַעֲבוֹר בְּתַרְגּוּם; לְהַעֲלוֹת הַשָּׁמַיְימָה
translation *n.* תִּרְגּוּם; תַּרְגּוּם
translator *n.* מְתַרְגֵּם; תּוֹכְנִית תִּרְגּוּם
translucent *adj.* מַעֲבִיר אוֹר; בּוֹהֵק; שָׁקוּף לְמֶחֱצָה
transmigration *n.* גִּלְגּוּל נְשָׁמָה
transmission *n.* הַעֲבָרָה; מְסִירָה; שִׁידּוּר; מִמְסָרָה; תִּמְסוֹרֶת
transmit *v.* לְהַעֲבִיר; לִמְסוֹר; לְשַׁדֵּר; לְהוֹלִיךְ
transmitter *n.* מַעֲבִיר; מוֹסֵר; מַשְׁדֵּר
transmogrify *v.* לְשַׁנּוֹת כָּלִיל כְּבְמַטֵּה קֶסֶם
transmutation *n.* שִׁינּוּי; הֲפִיכָה (ל־)
transparency *n.* שְׁקִיפוּת; שֶׁקֶף; שְׁקוּפִית
transparent *adj.* שָׁקוּף; שֶׁכַּוָּונוֹתָיו שְׁקוּפוֹת; בָּרוּר; בָּהִיר

transpire *v.* לְהִתְגַּלּוֹת; לְהִתְבָּרֵר; לְהִיוָּדַע (ש־); לְהִתְרַחֵשׁ; לִקְרוֹת; לְדַיֵּית (צֶמַח); לְאַבֵּד נוֹזְלִים (דֶּרֶךְ הָעוֹר / הֶעָלִים)
transplant *n.* הַשְׁתָּלָה; אֵיבָר מוּשְׁתָּל; שֶׁתֶל
transplant *v.* לִשְׁתּוֹל מֵחָדָשׁ; לְהַשְׁתִּיל; לְהַעֲבִיר (אֲנָשִׁים / עֵסֶק)
transport *n.* הוֹבָלָה; תּוֹבָלָה; תַּחְבּוּרָה; אֶמְצָעֵי תַּחְבּוּרָה; נוֹשֵׂאת גְּיָיסוֹת; מְטוֹס תּוֹבָלָה
transport *v.* לְהוֹבִיל; לְהַגְלוֹת
transportation הוֹבָלָה; הַסָּעָה; תַּחְבּוּרָה
transporter *n.* מוֹבִיל (רֶכֶב הוֹבָלָה)
transpose *v.* לְהַחֲלִיף (מְקוֹמוֹת); לְהַעְתִּיק מִמְּקוֹמוֹ; לְשַׁכֵּל (אוֹתִיּוֹת)
transputer *n.* שְׁבַב זָעִיר רַב עוֹצְמָה
transsexual *n.* קוֹקְסִינֶל; מִי שֶׁעָבַר נִיתּוּחַ לְשִׁינּוּי מִין
transverse *adj.* רוֹחְבִּי; מְמוּקָּם לָרוֹחַב
transvestite *n.* מִי שֶׁאוֹהֵב לִלְבּוֹשׁ בְּגָדִים שֶׁל הַמִּין הַשֵּׁנִי; קוֹקְסִינֶל
trap *n.* מַלְכּוֹדֶת; פַּח; כִּרְכָּרָה דּוּ־אוֹפַנִּית; גִּשְׁתָּה (צִינּוֹר סִיפוֹן); פֶּה
–set a trap (for) לְהָכִין מַלְכּוֹדֶת; לִטְמוֹן פַּח (ל־)
–Shut your trap! סְתוֹם אֶת הַפֶּה
trap *v.* לִלְכּוֹד (בְּמַלְכּוֹדֶת); לְהַפִּיל בַּפַּח
trapdoor *n.* דֶּלֶת בְּרִצְפָּה; דֶּלֶת בְּתִקְרָה
trapeze *n.* מֶתַח / טְרַפֶּז (לְמִתְעַמְּלִים)
trapezoid, trapezium *n.* טְרַפֶּז
trapper *n.* צַיָּיד (בְּמַלְכּוֹדוֹת); לוֹכֵד
trappings *n.* סִמְלֵי מַעֲמָד; עִיטּוּרִים
trash *n.* אַשְׁפָּה; "זֶבֶל"; שְׁטוּיוֹת
trash *v.* לַהֲרוֹס; לְלַכְלֵךְ; לַעֲשׂוֹת בָּלָגָן
trash can *n.* פַּח־אַשְׁפָּה
trashy *adj.* חֲסַר־עֵרֶךְ; זוֹל; חַנְטָרִישִׁי
trauma *n.* חֲבָלָה; טְרָאוּמָה
traumatic *adj.* טְרָאוּמָטִי
travel *n.* נְסִיעָה
–travels מַסָּעוֹת; נְסִיעוֹת
travel *v.* לִנְסוֹעַ; לְטַיֵּיל; לָנוּעַ; לַעֲבוֹר; לִנְסוֹעַ בִּמְהִירוּת; לַעֲבוֹד כְּסוֹכֵן נוֹסֵעַ; לְהַפְלִיג (בְּמַחֲשָׁבָה)

T

–travel light לִנסוֹעַ בְּלִי מִטעָן רַב
travel agency *n.* מִשׂרַד נְסִיעוֹת
travel agent *n.* סוֹכֵן נְסִיעוֹת
traveler's check, traveller's cheque *n.* הַמחָאַת נוֹסעִים
travel(l)ing *n.* צְעָדִים (בּכדוּרסל)
travel(l)ing *adj.* נוֹסֵעַ; נוֹדֵד; לִנסִיעוֹת; ־נְסִיעוֹת
traveling salesman *n.* סוֹכֵן נוֹסֵעַ
travelogue *n.* יוֹמַן מַסָע (סֶרֶט, הַרצָאָה)
travel sickness *n.* מַחֲלַת־נְסִיעָה
traverse *v.* לַחֲצוֹת; לַעֲבוֹר; לְצַדֵד (תוֹתָח); לְהַכחִישׁ
travesty *n.* חִיקוּי נִלעָג; סִילוּף שֶגוֹבֵל בְּפָארסָה
trawl *n.* מִכמוֹרֶת; חוּט־חַכָּה מִסתַעֵף
trawl *v.* לָדוּג בְּמִכמוֹרֶת
trawler *n.* סְפִינַת מִכמוֹרֶת
tray *n.* מַגָשׁ; טַס
–in/out tray מַגַשׁ דוֹאַר נִכנָס / יוֹצֵא
treacherous *adj.* בּוֹגדָנִי; מְסוּכָּן
treachery *n.* בְּגִידָה
–treacheries מַעֲשֵׂי בְּגִידָה
treacle *n.* דִבשָׁה; מוֹלָסָה
tread *n.* דְרִיכָה; (קוֹל) צְעִידָה; מִדרָךְ הַמַדרֵגָה; פְּנֵי צְמִיג
tread *v.* (trod, trodden) לִדרוֹךְ (עַל־); לִצעוֹד; לִרמוֹס; לַעֲבוֹר; לִסלוֹל
–tread carefully לְהִיזָהֵר; לָלֶכֶת בֵּין הַטִיפּוֹת
–tread water לְדַשדֵשׁ / לִדרוֹךְ בַּמָקוֹם
treadmill *n.* מִתקַן דִיווּשׁ; הֲלִיכוֹן כּוֹשֶר; עֲבוֹדָה אֲפוֹרָה; שִׁגרָה מְייַגַעַת
treason *n.* בְּגִידָה (בַּמוֹלֶדֶת)
treasure *n.* אוֹצָר; מַטמוֹן; מַמָשׁ אוֹצָר
–art treasures אוֹצרוֹת אוֹמָנוּת
treasure *v.* לִשמוֹר / לְהַחשִׁיב כְּאוֹצָר; לִנצוֹר
treasure hunt *n.* חִיפּוּשׂ מַטמוֹן / אוֹצָר
treasurer *n.* גִזבָּר
treasure trove *n.* מַטמוֹן; אוֹצָר
treasury *n.* מִשׂרַד הָאוֹצָר; קוּפָּה
treat *n.* תַעֲנוּג; "פִּינוּק"; צִ'יוּפָּר; הַזמָנָה עַל חֶשבּוֹנוֹ
treat *v.* לְהִתנַהֵג כְּלַפֵּי־; לְהִתייַחֵס אֶל־; לָדוּן בּ־; לְכַבֵּד / לְהַזמִין עַל חֶשבּוֹנוֹ; לְטַפֵּל בּ־; לְטַפֵּל בּ־... בְּתַהֲלִיךְ / (בְּחוֹמֶר) מְיוּחָד
–treat oneself to לְפַנֵק עַצמוֹ בּ־
–treat with לְנַהֵל מַשָׂא וּמַתָן עִם
treatise *n.* מַסָה; חִיבּוּר (מַדָעִי)
treatment *n.* טִיפּוּל; יַחַס; הִתנַהֲגוּת
treaty *n.* חוֹזֶה; אֲמָנָה; מַשָׂא וּמַתָן
treble *adj., adv.* (גָדוֹל) פִּי שְלוֹשָה; 3 פְּעָמִים
treble *v.* לְהַגדִיל / לִגדוֹל פִּי שְלוֹשָה; לְשַלֵשׁ
tree *n.* עֵץ; אִילָן
treehouse *n.* צְרִיף עַל עֵץ
treetop *n.* צַמֶרֶת הָעֵץ
trefoil *n.* תִלתָן; קִישׁוּט תִלתָנִי
trek *n., v.* (לָצֵאת ל־) מַסָע אָרוֹךְ וְקָשֶה
tremble *n.* רַעַד; רֶטֶט
tremble *v.* לִרעוֹד; לַחֲדוֹר; לְהֵיחָרֵד
tremendous *adj.* אַדִיר; עָצוּם; נִפלָא; מְצוּיָן
tremendously *adv.* מְאוֹד מְאוֹד
tremor *n.* רַעַד; רֶטֶט; זַעֲזוּעַ
trench *n.* חֲפִירָה; תְעָלָה
trenchant *adj.* נִמרָץ; בּוֹטֶה; נוֹקֵב; חָרִיף
trench coat *n.* מְעִיל גֶשֶׁם
trend *n.* מְגַמָה; נְטִייָה
–set the trend לִקבּוֹעַ אֶת הָאוֹפנָה
trendiness *n.* אוֹפנָתִיוּת; צַו הָאוֹפנָה
trendsetter *n.* מַכתִיב אוֹפנָה
trendy *adj., n.* אוֹפנָתִי; בָּחוּר וכו' שֶהוֹלֵךְ לְפִי צַו הָאוֹפנָה
trepidation *n.* חֲרָדָה; חֲשָׁשׁ
trespass *n.* הַסָגַת גְבוּל; חֵטא; עֲבֵירָה
trespass *v.* (on/upon) לְהַסִיג גְבוּל; לְבַזבֵּז; לְנַצֵל; לִפלוֹשׁ לִתחוּם־
trespasser *n.* מַסִיג גְבוּל
tresses *n.* שֵׂיעָר גוֹלֵשׁ; מַחלָפוֹת
triad *n.* שְלִישִׁיָה; אִרגוּן סִינִי חֲשָׁאִי
trial *n.* מִשפָּט; נִיסָיוֹן; נִיסוּי; מִבחָן (לְסַבלָנוּת); גוֹרֵם צָרוֹת; קוֹשִׁי
–be on trial לַעֲמוֹד לְדִין (עַל־)
–on trial לְנִיסָיוֹן

T

–stand trial לַעֲמוֹד לְדִין
–trial and error נִיסּוּי וּטְעִייָה
–trials and tribulations תְּלָאוֹת רַבּוֹת
trial balloon *n.* (הַפְרָחַת) בַּלּוֹן נִיסּוּי
trial run *n.* נְסִיעַת מִבְחָן; חֲזָרָה; הֲרָצַת נִיסָּיוֹן
triangle *n.* מְשׁוּלָּשׁ
triangular *adj.* (בְּצוּרַת) מְשׁוּלָּשׁ
tribal *adj.* שִׁבְטִי
tribe *n.* שֵׁבֶט; קְבוּצָה; מִשְׁפָּחָה גְּדוֹלָה
tribesman *n.* בֶּן־שֵׁבֶט
tribulation *n.* (מְקוֹר) צָרָה / סֵבֶל פּוּרְעָנוּת
tribute *n.* אוֹת / דִּבְרֵי הוֹקָרָה; עֵדוּת (ל־); כָּבוֹד; הוֹדוֹת; מַס
–pay tribute to לְשַׁבֵּחַ; לְהַבִּיעַ הוֹקָרָה; לַחֲלוֹק כָּבוֹד ל־; לְהַעֲלוֹת עַל נֵס
trick *adj.* מַטְעֶה; מְתַעְתֵּעַ; שֶׁל קְסָמִים; חַלָּשׁ; לֹא יַצִּיב
–trick question שְׁאֵלָה מַכְשִׁילָה
trick *n.* תַּחְבּוּלָה; תַּכְסִיס; תַּעֲלוּל; לַהֲטוּט; הֶרְגֵּל מוּזָר / מְיוּחָד; לְקִיחָה (בַּקְּלָפִים); לָקוֹחַ (שֶׁל זוֹנָה)
–do the trick לִפְתּוֹר אֶת הַבְּעָיָה; לִגְמוֹר עִניָין
–play a trick on לַעֲבוֹד עָלָיו; לַעֲשׂוֹת מַעֲשֶׂה קוּנְדֵס
–the tricks of the trade סוֹדוֹת הַמִּקְצוֹעַ
trick *v.* (into/out of) לְרַמּוֹת; לְפַתּוֹת / לְהוֹצִיא מִמֶּנּוּ בְּמִרְמָה; לְהַפִּיל בַּפַּח
trickery *n.* רַמָּאוּת; הוֹנָאָה
trickle *n.* זֶרֶם דַּק וְחַלָּשׁ; ״טִפְטוּף״
trickle *v.* לְטַפְטֵף; לִזְרוֹם טִיפִּין טִיפִּין; לִזְלוֹג
trickster *n.* רַמַּאי; נוֹכֵל
tricky *adj.* עַרְמוּמִי; מְסוּבָּךְ; לֹא פָּשׁוּט; עָדִין
tricycle *n.* תְּלַת־אוֹפַן (אוֹפַנַּיִים לילדים)
trident *n.* קִלְשׁוֹן (עִם 3 שִׁינַּיִים)
tried *adj.* בָּדוּק; שֶׁנּוּסָּה; מְהֵימָן
trifle *n.* דָּבָר פָּעוּט; דָּבָר שֶׁל מַה־בְּכָךְ; סְכוּם פָּעוּט; עוּגַת לִפְתָּן
–a trifle קְצָת־

trifle *v.* (with) לְשַׂחֵק בּ־; לְהִתְיַיחֵס בְּקַלּוּת רֹאשׁ ל־
trifling *adj.* שֶׁל מַה־בְּכָךְ; קַל; פָּעוּט
trigger *n.* הֶדֶק
trigger *v.* (off) לְעוֹרֵר; לְהַצִּית; לְהַפְעִיל; לְהָבִיא (לְגַל שֶׁל־)
trigger-happy *adj.* שָׂשׂ לִלְחוֹץ עַל הַהֶדֶק; בַּעַל אֶצְבַּע קַלָּה עַל הַהֶדֶק
trigonometry *n.* טְרִיגוֹנוֹמֶטְרִייָה
trilogy *n.* טְרִילוֹגְיָה
trim *adj.* מְסוּדָּר יָפֶה; מְטוּפָּח; דַּק וְיָפֶה; חָטוּב
trim *n.* גִּיזוּם; קִיצּוּץ; רִיפּוּד וְאַבְזָרֵי קִישּׁוּט (בִּמְכוֹנִית); קִישּׁוּט; תִּיקּוּן (לְשֵׂיעָר); מַצָּב מְסוּדָּר / תָּקִין
trim *v.* לְסַדֵּר; לִגְזוֹז; לִגְזוֹם; לְקַצֵּץ בּ־; לְקַשֵּׁט; לְכַוֵּון (מִפְרָשִׂים) לְפִי הָרוּחַ
trimester *n.* טְרִימֶסְטֶר; תְּקוּפָה שֶׁל 3 חוֹדָשִׁים
trimmings *n.* קִישּׁוּטִים; תּוֹסָפוֹת; אַבְזָרִים
Trinity *n.* הַשִּׁילּוּשׁ הַקָּדוֹשׁ (הָאָב, הַבֵּן וְרוּחַ הַקּוֹדֶשׁ)
trinket *n.* תַּכְשִׁיט קָטָן וְזוֹל
trio *n.* שְׁלִישִׁיָּה; טְרִיוֹ
trip *n.* טִיּוּל; מְעִידָה; ״טְרִיפּ״
trip *v.* (tripped) לְהִיתָּקֵל בּ־... וְלִיפּוֹל; לִמְעוֹד; לְהַכְשִׁיל; לָלֶכֶת וכו׳ בִּצְעָדִים קַלִּים וּמְהִירִים; לְהַפְעִיל; לִהְיוֹת ״בִּטְרִיפּ״
–trip up לִמְעוֹד; לְהַכְשִׁיל; לְהַמְעִיד
triple *adj.* מְשׁוּלָּשׁ; תְּלַת־; (גָּדוֹל) פִּי שְׁלוֹשָׁה
triple *n.* שָׁלוֹשׁ תַּחֲנוֹת (בְּכַדּוּר־בָּסִיס)
triple *v.* לְהַגְדִּיל / לִגְדּוֹל פִּי שְׁלוֹשָׁה; לְשַׁלֵּשׁ
triple jump *n.* קְפִיצָה מְשׁוּלֶּשֶׁת
triplet *n.* (אֶחָד מִ־) שְׁלִישִׁיָּה
triplicate *n.* הֶעְתֵּק אֶחָד מִשְּׁלוֹשָׁה
–in triplicate שָׁלוֹשׁ פְּעָמִים; בִּשְׁלוֹשָׁה הֶעְתֵּקִים
tripod *n.* חֲצוּבָה
tripper *n.* טַיָּיל; מְטַייֵּל
tripwire *n.* תַּיִל הַפְעָלָה (מְמוּלְכָּד); תַּיִל מַמְעִיד
trite *adj.* נָדוֹשׁ; שָׁחוּק

T

triumph *n.* (שִׂמְחַת) נִיצָּחוֹן; תַּהֲלוּכַת נִיצָּחוֹן

triumph *v.* (over) לְנַצֵּחַ; לִגְבּוֹר; לְהִתְגַּבֵּר (עַל־)

triumphal *adj.* שֶׁל נִיצָּחוֹן

triumphantly *adv.* בְּשִׂמְחַת נִיצָּחוֹן

triumvirate *n.* שְׁלִישִׁיָּה שׁוֹלֶטֶת; שְׁלִישִׁיָּה

trivia *n.* זוּטוֹת; דְּבָרִים שֶׁל מַה־בְּכָךְ; טְרִיווִיָּה

trivial *adj.* קַל עֵרֶךְ; שֶׁל מַה־בְּכָךְ; לֹא חָשׁוּב; שִׁגְרָתִי; נָדוֹשׁ

triviality *n.* חוֹסֶר חֲשִׁיבוּת; דָּבָר לֹא חָשׁוּב

trivialize *v.* לְהִתְיַיחֵס כְּאֶל דָּבָר שֶׁל מַה־בְּכָךְ; לְהַמְעִיט בְּעֶרְכּוֹ

trod *v. past of* tread

trodden *v. 3rd form of* tread

Trojan horse *n.* סוּס טְרוֹיָאנִי

trolley *n.* עֲגָלַת־תֵּה; עֲגָלַת־קְנִיּוֹת; מְזוּוֶדֶת טְרוֹלִי/גַּלְגַּלִּים; חַשְׁמַלִּית

trolleybus *n.* אוֹטוֹבּוּס־חַשְׁמַלִּית

trolley car *n.* חַשְׁמַלִּית

trollop *n.* זוֹנָה; מוּפְקֶרֶת; מוּזְנַחַת

trombone *n.* טְרוֹמְבּוֹן

troop *n.* קְבוּצָה; יְחִידָה

–troops חַיָּילִים; גְּיָיסוֹת

trooper *n.* חַיָּל (בִּיחִידַת פָּרָשִׁים/שִׁרְיוֹן); שׁוֹטֵר

trophy *n.* (שֶׁלָל כְּ־) מַזְכֶּרֶת נִיצָּחוֹן; גָּבִיעַ וכד׳; פְּרָס

tropic *n.* חוּג (הַסַּרְטָן/הַגְּדִי)

–the Tropics הָאֵיזוֹר הַטְּרוֹפִּי

tropical *adj.* טְרוֹפִּי

trot *n.* רִיצָה אִיטִית; הֲלִיכָה מְהִירָה; דְּהָרָה קַלָּה

trot *v.* לָרוּץ בְּקֶצֶב אִיטִי/בִּדְהָרָה קַלָּה

troubadour *n.* זַמָּר/פַּייטָן נוֹדֵד; טְרוּבָּדוּר

trouble *n.* דְּאָגָה; צָרוֹת; קוֹשִׁי; בְּעָיָה; מִטְרָד; טִרְחָה; טִרְדָּה; אִי־שֶׁקֶט; תַּקָּלָה; מַחֲלָה

–be asking for trouble לְחַפֵּשׂ צָרוֹת

–get into trouble לְהִסְתַּבֵּךְ בְּצָרוֹת

–in trouble בְּצָרוֹת; בִּקְשָׁיִים

–run into trouble לְהִיתָּקֵל בִּבְעָיָה; לְהִיקָּלַע לִקְשָׁיִים

–take the trouble לִטְרוֹחַ; לְהַטְרִיחַ עַצְמוֹ

trouble *v.* לְהַטְרִיד; לְהַפְרִיעַ; לְהַדְאִיג; לְהַטְרִיחַ; לִטְרוֹחַ; לְהָצִיק; לְהַסְעִיר

troubled *adj.* מוּטְרָד; לֹא שָׁקֵט; נָתוּן בִּקְשָׁיִים; ־מְצוּקָה; סוֹעֵר

–troubled times יָמִים טְרוּפִים

troublemaker *n.* עוֹשֵׂה־צָרוֹת

troubleshooter *n.* פּוֹתֵר־בְּעָיוֹת מִקְצוֹעִי

troublesome *adj.* מַטְרִיד; מֵצִיק; קָשֶׁה

trough *n.* אֵבוּס; שׁוֹקֶת; שֶׁקַע (בָּרוֹמֶטְרִי)

trounce *v.* לְהָבִיס תְּבוּסָה מוֹחֶצֶת

troupe *n.* לַהֲקָה

trousers *n.* מִכְנָסַיִים

trouser suit *n.* חֲלִיפַת מִכְנָסַיִים (לְאִישָּׁה)

trout *n.* טְרוּטָה; שֶׁמֶךְ; פוֹרֶל

trowel *n.* כַּף־טַייָּחִים/בַּנָּאִים; כַּף־גַּנָּנִים

truancy *n.* הִשְׁתַּמְּטוּת מִבֵּית־סֵפֶר

truant *n.* תַּלְמִיד מִשְׁתַּמֵּט (מִבּי״ס)

–play truant לְהִשְׁתַּמֵּט מִבֵּית־סֵפֶר; לְהַבְרִיז

truce *n.* הֲפוּגָה; שְׁבִיתַת־נֶשֶׁק

truck *n.* מַשָּׂאִית; קְרוֹן מַשָּׂא; מֶרְכָּב; מְרִיצָה

truck *v.* לְהוֹבִיל בְּמַשָּׂאִית

trucker *n.* נַהַג מַשָּׂאִית

truck stop *n.* מִזְנוֹן דְּרָכִים

truculent *adj.* תּוֹקְפָּנִי; פִּרְאִי; פָּרוּעַ; שְׁלוּחַ רֶסֶן

trudge *n., v.* הֲלִיכָה מְייַגַּעַת; לָלֶכֶת בִּכְבֵדוּת

true *adj.* נָכוֹן; אֲמִיתִּי; נֶאֱמָן; כֵּן; מוּתְאָם/מוּנָח בְּדִיּוּק

–come true לְהִתְגַּשֵּׁם

–true to life נֶאֱמָן לַמְּצִיאוּת

true *adv.* בְּכֵנוּת; בְּדִיּוּק; כַּצָּפוּי

true-blue *adj.* נֶאֱמָן; מוּשְׁבָּע; אֲמִיתִּי

true-life *adj.* אֲמִיתִּי; מְבוּסָּס עַל עוּבְדּוֹת

true north *n.* צָפוֹן (בְּמַפּוֹת)

truffle *n.* כְּמֵהִין (פִּטְרִיָּה); מַמְתָּק־שׁוֹקוֹלָד

truism *n.* אֱמֶת מוּסכֶּמֶת; אֲמִיתָּה חֲבוּטָה
truly *adv.* בֶּאֱמֶת; בִּכֵנוּת; מַמָּשׁ
–Yours truly שֶׁלְּךָ בֶּאֱמָנוּת; בְּכָבוֹד רַב
trump *n.* קְלַף עֲדִיפוּת
–turn up trumps לְהַצלִיחַ יוֹתֵר מֵהַצָּפוּי; לְהַפתִיעַ לְטוֹבָה
trump card *n.* יִתרוֹן מַכרִיעַ; (לִשלוֹף) "שָׁפָן"; הַקְּלָף הֶחָזָק שֶׁלּוֹ
trumped-up *adj.* בָּדוּי; מְפוּבּרָק
trumpet *n.* חֲצוֹצרָה; תְּרוּעָה
trumpet *v.* לַחֲצֵר; לִתקוֹעַ בַּחֲצוֹצרָה
trumpeter *n.* חֲצוֹצרָן
truncate *v.* לְקַצֵּץ; לִקטוֹם
truncheon *n.* אַלָּה (שֶׁל שׁוֹטֵר וכד׳)
trunk *n.* תָּא־מִטעָן; גֶּזַע (הָעֵץ); גוּף (לְלֹא רֹאשׁ וְגַפַּיִים); אַרגַּז מִטעָן; מִזווָדָה גְּדוֹלָה; חֶדֶק (הַפִּיל); תּוּבָּה
trunks *n.* מִכנְסֵי־יָם; בֶּגֶד־יָם (לְגֶבֶר)
truss *v.* (up) לִקשׁוֹר; לִתמוֹךְ (בְּמִתמָךְ)
trust *n.* אֵמוּן; בִּיטָחוֹן; מִבטָח (בּ־); אַחֲרָיוּת; טְרַסט; רְכוּשׁ בְּפִיקָדוֹן; פִּיקָדוֹן נֶאֱמָנוּת
–take it on trust לִסמוֹךְ עַל דְּבָרָיו; לְקַבֵּל כֶּאֱמֶת
trust *v.* לִבטוֹחַ בּ־; לָתֵת אֵמוּן בּ־; לִסמוֹךְ עַל; לְקַווֹת
trustee *n.* נֶאֱמָן
–board of trustees חֶבֶר נֶאֱמָנִים
trustful *adj.* בּוֹטֵחַ בַּאֲחֵרִים; נוֹתֵן אֵמוּן; תָּמִים
trust fund *n.* קֶרֶן נֶאֱמָנוּת
trusting *adj.* בּוֹטֵחַ בַּאֲנָשִׁים; נוֹתֵן אֵמוּן
trustworthy *adj.* מְהֵימָן; רָאוּי לְאֵמוּן
truth *n.* אֱמֶת; כֵּנוּת; אֲמִיתָּה; עוּבדָּה
–a grain of truth שֶׁמֶץ שֶׁל אֱמֶת
–to tell the truth, ... לְמַעַן הָאֱמֶת
truthful *adj.* דּוֹבֵר אֱמֶת; כֵּן; נָכוֹן; שֶׁל אֱמֶת
truthfully *adv.* בֶּאֱמֶת; בְּכֵנוּת
truthfulness *n.* אֲמִיתוּת; כֵּנוּת
try *n.* נִיסָּיוֹן; שַׁעַר (בְּרַגבִּי)
–give it a try לְנַסּוֹת אֶת זֶה
–it's worth a try כְּדַאי / שָׁוֶוה לְנַסּוֹת (אֶת זֶה)
–let me have a try תֵּן לִי לְנַסּוֹת
try *v.* (tried) לְנַסּוֹת; לְהִשתַּדֵּל; לִבדּוֹק; לִשפּוֹט; לָדוּן; לְהַתִּישׁ; לְאַמֵּץ; לִמתּוֹחַ; לִבחוֹן (סַבלָנוּתוֹ); לְהַרגִּיז
–try on לִמדּוֹד (בֶּגֶד)
–try out לְנַסּוֹת לְהִתמוֹדֵד (עַל תַּפקִיד); לְהִיבָּחֵן
trying *adj.* מַתִּישׁ; קָשֶׁה; מְעַצבֵּן
try-out *n.* נִיסָּיוֹן; מִבחָן
tsar *n.* צָאר
tsetse (fly) *n.* זְבוּב הַטְסֶה־טְסֶה
T-shirt *n.* חוּלצַת טִי; גּוּפִיָּיה
tsp כַּפִּית; כַּפִּיוֹת
T-square *n.* סַרגֵּל טִי
tub *n.* גִּיגִית; גָּבִיעַ (מִפְּלַסטִיק, לְמָזוֹן); אַמבָּט; גְּרוּטָאָה (סְפִינָה)
tuba *n.* טוּבָּה (כְּלִי נְשִׁיפָה)
tubby *adj.* גּוּץ; שְׁמַנמַן וַעֲגַלגַּל
tube *n.* צִינוֹר; פְּנִימִית; שְׁפוֹפֶרֶת; מְנוֹרָה (לְרַדיוֹ); רַכֶּבֶת תַּחתִּית; קָנֶה; פַּחִית בִּירָה
–go down the tubes לְהִיכָּשֵׁל; לָרֶדֶת לְטִמיוֹן; לָלֶכֶת פַּייפֶן
tubeless *adj.* לְלֹא פְּנִימִית
tuber *n.* פְּקַעַת (תַּפּוּחַ־אֲדָמָה וכד׳)
tuberculosis *n.* שַׁחֶפֶת
tubing *n.* צִינוֹר; צִינוֹרוֹת
tubular *adj.* צִינוֹרִי; מוּרכָּב מִצִּינוֹרוֹת
tuck *n.* קֶפֶל; אוֹכֶל; מַמתַּקִּים
tuck *v.* לְקַפֵּל; לִתחוֹב; לְהַכנִיס
–tucked away מוּסתָּר; חָבוּי; שָׁמוּר
–tuck in לְכַסּוֹת אוֹתוֹ יָפֶה
–tuck up לְכַסּוֹת אוֹתוֹ יָפֶה (בַּמִּיטָּה)
tucker *v.* לְעַייֵף; (לְהִתעַייֵף)
Tuesday *n.* יוֹם שְׁלִישִׁי
tuft *n.* צִיצָה (שֵׂיעָר, נוֹצוֹת וכו׳)
tufted *adj.* מְצוּיָּץ
tug *n.* מְשִׁיכָה חֲזָקָה; סְפִינַת־גְּרָר
tug *v.* (tugged) לִמשׁוֹךְ חָזָק (בּ־); לִגרוֹר; לְהִתאַמֵּץ; לְהֵיאָבֵק; לְהִתחָרוֹת (עִם / עַל־)
tug of war מְשִׁיכַת־חֶבֶל; מַאֲבָק כּוֹחוֹת
tuition *n.* (שְׂכַר) לִימּוּד; שִׁיעוּרִים
tulip *n.* צִבעוֹנִי (פֶּרַח)

T

tumble *n.* נְפִילָה (מִמָּקוֹם גָּבוֹהַּ)
tumble *v.* לִיפּוֹל; לִצְנוֹחַ; לִדְחוֹף; לְהַפִּיל; לְהִתְגַּלְגֵּל; לְהִתְמוֹטֵט; לָנוּעַ בְּאִי־סֵדֶר; לְבַלְגֵּן; לִפְרוֹעַ (שֵׂיעָר); לְהָבִין
tumbledown *adj.* רָעוּעַ; נוֹטֶה לִיפּוֹל
tumbler *n.* כּוֹס; לוּלְיָין
tummy *n.* קֵיבָה; בֶּטֶן
tumor, tumour *n.* גִּידוּל (בַּגּוּף)
tumult *n.* הֲמוּלָה; מְהוּמָה; בִּלְבּוּל; מְבוּכָה; סְעָרָה
tumultuous *adj.* רוֹעֵשׁ; נִרְגָּשׁ; סוֹעֵר
tumultuously *adv.* בְּרַעַשׁ; בַּהֲמוּלָה
tumulus *n.* תֵּל (מֵעַל קֶבֶר עַתִּיק)
tuna *n.* טוּנָה
tune *n.* מַנְגִּינָה; לַחַן; מֶלוֹדְיָה; שִׁיר
–to the tune of בְּסִכּוּם שֶׁל־
–change your tune לְשַׁנּוֹת אֶת נִימַת דִּיבּוּרוֹ/יַחֲסוֹ
–in/out of tune (לֹא) מְכוּוָּן; (לֹא) בְּהַרְמוֹנְיָה; (לֹא) תּוֹאֵם; (לֹא) עַל אוֹתוֹ גַּל
tune *v.* לְכַוְונֵן; לְכַוֵּון; לְתָאֵם (מָנוֹעַ)
–tune in (to) לְכַוֵּון מַקְלֵט רַדְיוֹ וכו׳ ל־; לְהַאֲזִין ל־; לִהְיוֹת עֵר/קָשׁוּב ל־
–tune up לְתָאֵם מָנוֹעַ; לְכַוְונֵן כְּלֵי נְגִינָה
tuner *n.* מְכַוְונֵן; רַדְיוֹ; מַכְוֵון
tune-up *n.* כִּיווּנוּן; תֵּיאוּם מָנוֹעַ
tunic *n.* מְעִיל (צְבָאִי) קָצָר; טוּנִיקָה
tuning fork *n.* קוֹלָן; מַזְלֵג
tunnel *n., v.* מִנְהָרָה; לַחְפּוֹר מִנְהָרָה
tunnel vision *n.* רְאִיַּית מִנְהָרָה (רַק קָדִימָה); חֲשִׁיבָה צָרַת אוֹפָקִים
turban *n.* טוּרְבָּן
turbid *adj.* עָכוּר; דָּלוּחַ; (עָשָׁן) סָמִיךְ; כָּבֵד; מְבוּלְבָּל; פָּרוּעַ
turbine *n.* טוּרְבִּינָה
turbot *n.* שִׁיבּוּט (דָּג); פּוּטִית
turbulence *n.* מְעַרְבּוֹלֶת; אִי־שֶׁקֶט; סְעָרָה
turbulent *adj.* סוֹעֵר; רוֹגֵשׁ; נִסְעָר; פָּרוּעַ
turd *n.* (חֲתִיכַת) חָרָא
tureen *n.* מָרָקִיָּיה
turf *n.* עֶשְׂבָּה; דֶּשֶׁא; מִשְׁטַח דֶּשֶׁא; כַּר הַדֶּשֶׁא; מֵירוֹץ סוּסִים; שֶׁטַח שֶׁלּוֹ; מִגְרָשׁוֹ; תְּחוּם

turkey *n.* (בְּשַׂר) תַּרְנְגוֹל הוֹדוּ
–talk turkey לְדַבֵּר גְּלוּיוֹת/לָעִנְיָן/תַּכְלֶס
Turkish bath *n.* מֶרְחָץ טוּרְקִי
Turkish delight *n.* רַחַת לוּקוּם; חַלְכּוּם
turmeric *n.* כּוּרְכּוּם
turmoil *n.* מְהוּמָה; אִי־שֶׁקֶט
–in a turmoil כְּמֶרְקָחָה; בְּתוֹהוּ וָבוֹהוּ
turn *n.* סִיבּוּב; פְּנִיָּיה; מִפְנֶה; תַּפְנִית; תְּחִילַּת (הַמֵּאָה וכו׳); טִיּוּל רַגְלִי קָצָר; תּוֹר; הִזְדַּמְּנוּת; זַעֲזוּעַ; נְטִיָּיה (טִבְעִית); מוֹפָע קָצָר; קֶטַע; פַּחַד; הֶתְקֵף
–at every turn עַל כָּל צַעַד וָשַׁעַל
–do him a good turn לַעֲשׂוֹת לוֹ שֵׁירוּת טוֹב
–in turn בָּזֶה אַחַר זֶה; כָּל אֶחָד בְּתוֹרוֹ; לְפִי הַתּוֹר; כְּתוֹצָאָה מִכָּךְ
–take turns (at) לְהִתְחַלֵּף לְפִי הַתּוֹר (בּ־)
–the turn of the century סוֹף הַמֵּאָה (הַקּוֹדֶמֶת) אוֹ תְּחִילַּת הַמֵּאָה (הַזֹּאת)
–turn of events הִתְפַּתְּחוּת (בִּלְתִּי צְפוּיָה)
–turn of phrase צוּרַת בִּיטּוּי
turn *v.* לְסוֹבֵב; לְהִסְתּוֹבֵב; לְהַפְנוֹת; לִפְנוֹת; לַהֲפוֹךְ; לְהֵיעָשׂוֹת; לְהִשְׁתַּנּוֹת; לַעֲבוֹר; לְכַוֵּון; לְעַצֵּב; לַחֲרוֹט
–turn someone against לְהָסִית אוֹתוֹ נֶגֶד־
–turn around לְהִסְתּוֹבֵב לְאָחוֹר/סְבִיב־
–turn away (from) לְהַפְנוֹת מַבָּטוֹ (הַצִּידָה) (מ־)
–turn someone away לְהָשִׁיב פְּנֵי־; לִדְחוֹת; לֹא לְהַכְנִיס
–turn down לִדְחוֹת; לֹא לְקַבֵּל; לְהַקְטִין; לְהַנְמִיךְ (קוֹל וכו׳); לְקַפֵּל (כְּלַפֵּי מַטָּה)
–turn in לָלֶכֶת לִישׁוֹן; לְהַסְגִּיר אוֹתוֹ (לַמִּשְׁטָרָה); לְהַחֲזִיר; לְהַגִּישׁ; לִמְסוֹר; לְהַשִּׂיג; לְהַרְווִיחַ; לַעֲשׂוֹת
–turn into לַהֲפוֹךְ ל־; לְהָסֵב ל־
–turn loose לְשַׁחְרֵר
–turn off לִסְגּוֹר; לְכַבּוֹת; לִפְנוֹת (לְדֶרֶךְ אַחֶרֶת); לְעוֹרֵר דְּחִיָּיה בּ־; לְהוֹרִיד לוֹ אֶת הַחֵשֶׁק

T

–turn on לִפתוֹחַ; לְהַדלִיק; לְהַפעִיל; לְהִתנַפֵּל עַל־; לִהיוֹת תָלוּי בּ־; נָסַב עַל־; "לְהַדלִיק"; לְעַנֵג; לְפַתוֹתוֹ לָקַחַת (סַם)
–turn your back on לְהַפנוֹת עוֹרֶף ל־; לְהִתעַלֵם מ־
–turn your stomach לִגרוֹם לוֹ לִבחִילָה; לְהַגעִיל
–turn out לִפנוֹת הַחוּצָה; לְהַגִיעַ; לְהוֹפִיעַ; לְהִשתַתֵף; לְהִתנַהֵל; לְהִתפַּתֵחַ; לְהִתבָּרֵר; לִהיוֹת (בַּסוֹף); לְהוֹצִיא מִבֵּין כְּתָלָיו; לְסַלֵק; לְגָרֵש; לְהַלבִּיש; לְכַבּוֹת (אוֹר); לְרוֹקֵן; לְיַיצֵר
–turn over לַהֲפוֹך; לְהִסתוֹבֵב לַכִּיווּן הַשֵנִי; לְהִתהַפֵּך; לְגַלגֵל מַחֲזוֹר שֶל־; לְגַלגֵל בְּמַחשַבתוֹ; לְהַחֲלִיף; לְהַעֲבִיר; לִמסוֹר (ל־); לְהַסגִיר אוֹתוֹ (ל־)
–turn to לִפתוֹחַ (בעמ'); לִפנוֹת אֶל־; לַהֲפוֹך ל־
–turn up לְהוֹפִיעַ; לְהַגִיעַ; לְהִימָצֵא; לְהִתגַלוֹת; לְהִשתַפֵּר; לְהַגבִּיר (קוֹל וכו'); לַחשוֹף; לְגַלוֹת; לְקַפֵּל (מַעלָה); לְקַצֵר (שְמָלָה)
turnabout *n.* מִפנֶה; תַפנִית (שֶל 180 מַעֲלוֹת)
turnaround *n.* מַהְפָּך; תַפנִית
turncoat *n.* כַּלנתְרִיסט; עָרִיק (מִמִפלָגָה וכד')
turner *n.* חָרָט
turning *n.* פְּנִייָה
turning-point *n.* נְקוּדַת־מִפנֶה
turnip *n.* לֶפֶת
turnkey *adj.* מוּכָן לְהַפעָלָה; מִבצָעִי
turn-off *n.* פְּנִייָה בִּיצִיאָה (מִכּבִיש מָהִיר וכד'); מַשֶהוּ דוֹחֶה / שֶמוֹצִיא אֶת הַחֵשֶק
turn-on *n.* מִישֶהוּ / מַשֶהוּ "מַדלִיק"
turnout *n.* נוֹכחוּת; שִיעוּר מִשתַתפִים; מִפרָץ בַּכּבִיש (לִמנוּחַת נֶהָגִים, חֲנָיָה וכו')
turnover *n.* מַחֲזוֹר; שִיעוּר תַחֲלוּפָה; שִינוּי; קִיפּוֹלִית (מַאֲפֶה)
turnround *n.* מַהְפָּך (חִיוּבִי)
turn signal *n.* מְאוֹתֵת (בִּמכוֹנִית); (אוֹר) אִיתוּת
turnstile *n.* מַחסוֹם מִסתוֹבֵב (בַּחֲנוּיוֹת)
turquoise *adj., n.* (צֶבַע) טוּרקִיז
turret *n.* צְרִיחַ
turtle *n.* צָב
turtledove *n.* תוֹר מָצוּי
turtleneck *n.* סְוֶודֶר גוֹלף; צַוָוארוֹן גוֹלף
tusk *n.* נִיב; שֶנהָב
tussle *v., n.* לְהֵיאָבֵק; מַאֲבָק קָשֶה
tut (צִקצוּק לְהַבָּעַת רוֹגֶז; קוֹצֶר־רוּחַ)
tutor *n.* מוֹרֶה פְּרָטִי; מוֹרֶה־מַדרִיך; חוֹנֵך
tutor *v.* לְלַמֵד; לְשַמֵש חוֹנֵך; לְהַדרִיך
tutorial *n.* שִיעוּר הַדרָכָה / תִרגוּל
tutti frutti *n.* טוּטִי פרוּטִי; גְלִידַת פֵּירוֹת
tutu *n.* חֲצָאִית בָּלֶט
tuxedo *n.* סמוֹקִינג; מִקטוֹרֶן־עֶרֶב
TV טֶלֶוִויזיָה
twaddle *n.* קִשקוּש; שְטוּיוֹת
twang *n.* קוֹל פְּרִיטָה חַד; אִנפּוּף
twang *v.* לְהַשמִיעַ קוֹל פְּרִיטָה חַד (בּ־)
tweak *v.* לִצבּוֹט וּלסוֹבֵב; לִמשוֹך; לְשַפֵּץ; לְשַפֵּר; לְהַשבִּיחַ
tweak *n.* צְבִיטָה; מְשִיכָה
tweed *n.* טְוִויד (אָרִיג)
tweet *v., n.* לְצַיֵיץ; צִיוּץ
tweezers *n.* מַלקֵט; פִּינצֶטָה
twelfth *adj., n.* (הַחֵלֶק) הַשנֵים־עָשָׂר
twelve *adj., n.* שְתֵים־עֶשׂרֵה; שְנֵים־עָשָׂר
twentieth *adj., n.* (הַחֵלֶק) הָעֶשׂרִים
twenty *adj., n.* עֶשׂרִים
–in the twenties בִּשנוֹת הָעֶשׂרִים
twenty-twenty vision *n.* רְאִייָה תְקִינָה (שֵש־שֵש)
twerp *n.* מְטוּמטָם; "אֶפֶס"; מְנוּוָל
twice *adv.* פַּעֲמַיִים; כִּפלַיִים
twiddle *n.* סִיבּוּב אוֹ גִלגוּל (בְּאֶצבְּעוֹתָיו)
twiddle *v.* לְמוֹלֵל; לְסוֹבֵב סְתָם; לְשַׂחֵק בּ־; לְהִסתוֹבֵב
–twiddle your thumbs לְהִתבַּטֵל; לְסוֹבֵב אֲגוּדָלָיו (בְּשִעמוּם)
twig *n.* זֶרֶד; זַלזַל
twilight *n.* דִמדוּמִים; בֵּין הָעַרבַּיִים
twilight zone *n.* אֵיזוֹר הַדִמדוּמִים
twin *adj.* תְאוֹם; זֵהֶה; זֵהִים; זוּג (זֵהֶה)
twin *n.* תְאוֹם; בֶּן־זוּג תוֹאֵם
twin bed *n.* מִיטַת יָחִיד (אַחַת מִזוּג)
twine *n.* חוּט שָזוּר; חֶבֶל דַק; חוּט שִמשוֹן

T

twine *v.* לִשזוֹר; לְהִשתַזֵר; לְהִשְׂתָרֵג
twinge *n., v.* (לְהַרגִיש) כְּאֵב חַד; דְקִירָה
–twinge of conscience יִיסוּרֵי מַצפּוּן
twinkle נִצנוּץ; נִיצוֹץ; לְנַצנֵץ; לִנצוֹץ
twinkling *n.* נִצנוּץ
twinned *adj.* קְשוּרָה בִּברִית עָרִים תְאוֹמוֹת
twin towns *n.* עָרִים תְאוֹמוֹת
twirl *n.* סִיבּוּב מָהִיר
twirl *v.* לְסוֹבֵב / לְהִסתוֹבֵב בִּמהִירוּת; לְסַלסֵל; לְהִסתַלסֵל
twist *n.* פִּיתוּל; סִיבּוּב; עִיקוּם; עִיקוּל; סִלסוּל (עָשָן); "בָּנָנָה"; חוּט / חֶבֶל שָזוּר; שֵׂיעָר קָלוּעַ; חַלָּה קְלוּעָה; נְטִיָיה (מְעוּוֶותֶת); טְוִויסט (רִיקוּד); הִתפַּתחוּת (בִּלתִי צְפוּיָה); תַפנִית מַפתִיעָה; שִינוּי פֵּירוּש מְקוֹרִי; רַעְיוֹן חָדָש
–new twist
–twist of fate מְשוּגַת הַגוֹרָל
–twist of lemon פְּרוּסַת לִימוֹן
twist *v.* לִשזוֹר; לִקלוֹעַ; לְסוֹבֵב; לְעַקֵם; לִנקוֹעַ; לְסַלֵף; לְעַוֵות; לְפַתֵל; לְהִתפַּתֵל; לְהִסתוֹבֵב; לִרקוֹד טְוִויסְט
–twist off לִפתוֹחַ בְּסִיבּוּב (מִכסֶה וכו׳)
–twist his arm לְכוֹפֵף אֶת זְרוֹעוֹ
twisted *adj.* מְעוּוָת; מְפוּתָל; קָלוּעַ; עָקוֹם
twister *n.* רַמַאי; נוֹכֵל; טוֹרנָדוֹ; סוּפָה
twit *n.* טֶמבֶּל; טִיפֵּש
twit *v.* לְלַגלֵג; לְהַקנִיט; לִצחוֹק עַל
twitch *n.* עֲוִוית; פִּרפּוּר; מְשִיכָה (חַדָה)
twitch *v.* לְהָנִיעַ / לִמשוֹך פִּתאוֹם; לָנוּעַ בַּעֲווִית; לְהִתעַוֵות
twitter *n., v.* צִיוּץ; לְצַייֵץ
two *adj.* שְתַיִים; שְנַיִים
–put two and two together לְהָבִין דָבָר מִתוֹך דָבָר; לַעֲשׂוֹת אֶחָד וְעוֹד אֶחָד
two-bit *adj.* זוֹל (בְּאֵיכוּת); לֹא שָוֶוה; חַנטָרִיש
two-dimensional *adj.* דוּ־מְמַדִי
two-edged *adj.* (חֶרֶב) פִּיפִיוֹת; בַּעַל שְנֵי צְדָדִים סוֹתְרִים
two-faced *adj.* דוּ־פַּרצוּפִי
twofold *adj., adv.* כָּפוּל; כִּפלַיִים
two-handed *adj.* מַצרִיך שְתֵי יָדַיִים; בַּעַל שְתֵי יָדִיוֹת; בִּשתֵי הַיָדַיִים
two-piece *n., adj.* (חֲלִיפָה / בֶּגֶד יָם) בִּשנֵי חֲלָקִים
two-ply *adj.* דוּ־חוּטִי; דוּ־שִכבָתִי
two-seater *n.* כְּלִי־רֶכֶב / מָטוֹס דוּ־מוֹשָבִי
twosome *n.* זוּג; צֶמֶד; שְנַיִים
two-time *v.* לְרַמוֹת; לִבגוֹד בְּ־
two-timer *n.* רַמַאי; בּוֹגֵד
two-timing *adj.* רַמַאי; בּוֹגֵד
two-way *adj.* דוּ־סִטרִי; דוּ־כִּיווּנִי; דוּ־דַרכִּי; דוּ־שִימוּשִי
two-way mirror *n.* מַרְאָה סוֹדִית
two-way street *n.* דָבָר שֶתָלוּי בִּשנֵי הַצְדָדִים; רְחוֹב דוּ־סִטרִי
tycoon *n.* אֵיל (־הוֹן)
tying *see* tie
tyke *n.* יֶלֶד; שוֹבָב
type סוּג; טִיפּוּס; דוּגמָה; אוֹת / אוֹתִיוֹת דְפוּס; סֶדֶר; לְהַדפִּיס (בִּמכוֹנַת־כְּתִיבָה); לְהַקלִיד; לִקבּוֹעַ סוּג (דָם, וכו׳)
typecast *n.* לְלַהֵק בְּתַפקִיד סְטֶרֵיאוֹטִיפִּי / שֶ"תָפוּר" עָלָיו
typesetter *n.* סַדָר
typewriter *n.* מְכוֹנַת־כְּתִיבָה
typewritten *adj.* מוּדפָּס
typhoid *n.* טִיפוּס־הַמֵעַיִים
typhoon *n.* סוּפַת טַייפוּן
typhus *n.* טִיפוּס־הַבֶּהָרוֹת
typical *adj.* (of) אוֹפיְינִי; טִיפּוּסִי (לְ־)
typically *adv.* בְּדֶרֶך כְּלָל; טִיפּוּסִי; כַּצָפוּי; כַּמָה אוֹפיְינִי
typify *v.* (typified) לְסַמֵל; לְאַפיֵין; לִהיוֹת טִיפּוּסִי לְ־
typing *n.* הַדפָּסָה (בִּמכוֹנַת כְּתִיבָה); הַקלָדָה
typing pool *n.* קְבוּצַת כַּתבָנִיוֹת בְּמִשׂרָד
typist *n.* קַלדָן(ית); כַּתבָן; כַּתבָנִית
typo *n.* טָעוּת דְפוּס
typographic(al) *adj.* טִיפּוֹגרָפִי; שֶל דְפוּס
tyrannical *adj.* רוֹדָנִי; שֶל עָרִיץ
tyrannize *v.* לִרדוֹת בְּ־
tyranny *n.* עָרִיצוּת; שִלטוֹן רוֹדָנִי
tyrant *n.* רוֹדָן; עָרִיץ
tyre *n.* צְמִיג
tzar *n.* צָאר (רוּסִי); אֵיל הוֹן

T

U

ubiquitous *adj.* שֶׁנִּמְצָא בְּכָל מָקוֹם; שֶׁאֵין לְהִימָּלֵט מִמֶּנּוּ
ubiquity *n.* הִימָּצְאוּת בְּכָל מָקוֹם
U-boat *n.* צוֹלֶלֶת גֶּרְמָנִית
udder *n.* עֲטִין
UFO עַבָּ״ם
ugh ״אִיכְס״; ״פוּי״
ugliness *n.* כִּיעוּר
ugly *adj.* מְכוֹעָר; מְאַיֵּים; מְסוּכָּן; לֹא נָעִים
UK הַמַּמְלָכָה הַמְאוּחֶדֶת (בְּרִיטַנְיָה וּצְפוֹן אִירְלַנְד)
ulcer *n.* כִּיב
ulcerated *adj.* מְכוּיָּב; מְכוּסֶּה פְּצָעִים
ulterior *adj.* כָּמוּס; נִסְתָּר
ulterior motive *n.* מֵנִיעַ נִסְתָּר / לֹא כָּשֵׁר
ultimate *adj.* סוֹפִי; אַחֲרוֹן; בְּסִיסִי; מוּחְלָט; מוּשְׁלָם; שִׂיא
ultimate *n.* שִׂיא ה־; פְּאֵר ה־
ultimately *adv.* בְּסוֹפוֹ שֶׁל דָּבָר; בַּסּוֹף
ultimatum *n.* אוּלְטִימָטוּם
ultramarine *adj., n.* (צֶבַע) כָּחוֹל עַז
ultra-modern *adj.* מוֹדֶרְנִי בְּיוֹתֵר
ultra-orthodox *adj.* חֲרֵדִי
ultrasonic *adj.* עַל־קוֹלִי
ultrasound *n.* אוּלְטְרָה־סָאוּנְד; סְרִיקָה עַל־קוֹלִית
ultraviolet *adj.* אוּלְטְרָה־סָגוֹל; עַל־סָגוֹל
ululate *v.* לְקוֹנֵן בִּילָלוֹת; לְהַלְהֵל
ululation *n.* יְלָלוֹת
umbilical cord *n.* חֶבֶל הַטַּבּוּר
umbrage *n.* פְּגִיעָה; עֶלְבּוֹן
– take umbrage לְהֵיעָלֵב; לְהַרְגִּישׁ פָּגוּעַ
umbrella *n.* מִטְרִיָּיה; חָסוּת; חִיפּוּי
umbrella *adj.* מַקִּיף; כּוֹלֵל
umpire *n., v.* שׁוֹפֵט; בּוֹרֵר; לִשְׁפּוֹט בּ־
umpteen *adj., pron.* הַרְבֵּה; אֵין סְפוֹר
umpteenth *adj., n.* (בַּפַּעַם) הָאֶלֶף
UN הָאוּ״ם
unabashed *adj.* לֹא מִתְבַּיֵּישׁ; לֹא נָבוֹךְ

unabated *adj.* (עֲדַיִין) בִּמְלוֹא עוֹצְמָתוֹ; שֶׁאֵינוֹ שׁוֹכֵךְ
unable *adj.* (to) לֹא יָכוֹל; לֹא מְסוּגָּל (ל־); מָנוּעַ מ־
unabridged *adj.* לֹא מְקוּצָּר
unacceptable *adj.* לֹא קָבִיל; שֶׁאֵין הַדַּעַת סוֹבֶלֶת
unaccompanied *adj.* לְלֹא מְלַוֶּוה / לִיוּוּי
unaccountable *adj.* שֶׁאֵין לְהַסְבִּירוֹ; לֹא בָּרוּר; לֹא חַיָּיב דִּין וְחֶשְׁבּוֹן (ל־); לֹא אַחֲרַאי (בִּפְנֵי־)
unaccounted for *adj.* לֹא מוּסְבָּר; לֹא מְדוּוָּח
unaccustomed *adj.* לֹא רָגִיל; יוֹצֵא דּוֹפֶן; לֹא אוֹפְיָינִי
unacknowledged *adj.* שֶׁאֵינוֹ זוֹכֶה לְהַעֲרָכָה הָרְאוּיָה; בְּלִי שֶׁיִּזְכֶּה לְהַכָּרָה; לֹא מוּכָּר
unaffected *adj.* (by) כֵּן; לֹא מְעוּשֶּׂה; טִבְעִי; לֹא מוּשְׁפָּע (מ־)
unaided *adj.* לְלֹא עֶזְרָה; בִּלְתִּי מְזוּיֶּינֶת (עַיִן)
unalterable *adj.* סוֹפִי; שֶׁאֵינוֹ נִיתָּן לְשִׁינּוּי
unambiguous *adj.* חַד מַשְׁמָעִי; מְפוֹרָשׁ
un-American *adj.* לֹא אֲמֶרִיקָנִי; אַנְטִי־אֲמֶרִיקָנִי
unanimity *n.* אַחְדוּת דֵּעִים
unanimous *adj.* פֶּה־אֶחָד
unanimously *adv.* פֶּה־אֶחָד
unannounced *adj.* לְלֹא הוֹדָעָה מוּקְדֶּמֶת; בְּמַפְתִּיעַ; לֹא קָרוּא
unappealing *adj.* לֹא מוֹשֵׁךְ; דּוֹחֶה
unarmed *adj.* לֹא מְזוּיָּן; לֹא חָמוּשׁ; לְלֹא נֶשֶׁק
unasked *adj.* בְּלִי שֶׁנִּתְבַּקֵּשׁ; בְּלִי שֶׁיּוּזְמַן; לֹא נִשְׁאַל
unassailable *adj.* שֶׁאֵינוֹ נִיתָּן לְכִיבּוּשׁ; שֶׁאֵין לְעַרְעֲרוֹ
unassuming *adj.* לֹא מִתְבַּלֵּט; צָנוּעַ; לֹא מִתְיַימֵּר
unattached *adj.* לֹא קָשׁוּר; עַצְמָאִי; פָּנוּי; לֹא נָשׂוּי; לֹא מְאוֹרָס
unattainable *adj.* שֶׁאֵין לְהַשִּׂיגוֹ

U

unattended *adj.* לְלֹא הַשְׁגָּחָה; לְלֹא טִיפּוּל
unattractive *adj.* לֹא מוֹשֵׁךְ; מְכוֹעָר
unauthorized *adj.* לֹא מוּסְמָךְ; לֹא מְאוּשָּׁר; בִּלְתִּי חוּקִי
unavailable *adj.* לֹא זָמִין; לֹא בְּנִמְצָא; לֹא פָּנוּי
unavoidable *adj.* בִּלְתִּי נִמְנָע
unavoidably *adv.* בְּאוֹפֶן בִּלְתִּי נִמְנָע
unaware *adj.* (of) לֹא מוּדָע (לְכָךְ); לֹא עֵר לְ־
unawares *adv.* בְּלִי מְשִׂים; בְּהֶיסַח הַדַּעַת; בְּמַפְתִּיעַ
unbalanced *adj.* לֹא שָׁפוּי; לֹא מְאוּזָּן
unbearable *adj.* בִּלְתִּי נִסְבָּל
unbearably *adv.* בְּצוּרָה / בְּמִידָה בִּלְתִּי נִסְבֶּלֶת
unbeatable *adj.* לְלֹא תַּחֲרוּת; הַטּוֹב בְּיוֹתֵר; שֶׁאֵין לְנַצְּחוֹ
unbecoming *adj.* לֹא מַתְאִים; לֹא הוֹלֵם; לֹא מַחְמִיא
unbeknown(st) *adj., adv.* לְלֹא יְדִיעַת־
unbelievable *adj.* שֶׁלֹּא יֵיאָמֵן; מַדְהִים
unbelievably *adv.* שֶׁלֹּא לְהַאֲמִין; לֹא יְאוּמַן כִּי יְסוּפַּר
unbeliever *n.* לֹא מַאֲמִין; כּוֹפֵר
unbend *v.* לְהִתְנַהֵג בְּחוֹפְשִׁיּוּת; לְהִתְפָּרֵק; לְהִשְׁתַּחְרֵר; לְהִתְרַכֵּךְ; לְיַישֵׁר; לְהִתְיַישֵּׁר
unbending *adj.* נוּקְשֶׁה; קָשׁוּחַ; לֹא מִתְפַּשֵּׁר
unbiased *adj.* לֹא מְשׁוּחָד; לְלֹא מַשּׂוֹא־פָּנִים
unbind *v.* לְהַתִּיר; לְשַׁחְרֵר
unblemished *adj.* לֹא פָּגוּם; לְלֹא רְבָב
unborn *adj.* שֶׁטֶּרֶם נוֹלַד; שֶׁל הֶעָתִיד
unbounded *adj.* בִּלְתִּי מוּגְבָּל; לְלֹא גְּבוּל
unbreakable *adj.* לֹא שָׁבִיר
unbridled *adj.* לֹא מְרוּסָּן; שְׁלוּחַ רֶסֶן
unbroken *adj.* לֹא מְאוּלָּף; רָצוּף; לֹא מוּפָר; שֶׁטֶּרֶם נִשְׁבַּר
unbuckle *v.* לְהַתִּיר אֶת אַבְזֵם הַ־; לְשַׁחְרֵר חֲגוֹרָה
uncalled-for *adj.* אֵינוֹ בִּמְקוֹמוֹ; מְיוּתָּר
uncanny מִסְתּוֹרִי; מוּזָר; מַפְלִיא; מַפְחִיד

uncared-for *adj.* מוּזְנָח
uncaring *adj.* אָדִישׁ; לֹא אִיכְפַּתִּי
unceasing *adj.* בִּלְתִּי פּוֹסֵק
unceremonious *adj.* לְלֹא גִּינּוּנֵי טֶקֶס; לֹא פוֹרְמָלִי; לֹא מְנוּמָּס
uncertain *adj.* לֹא בָּטוּחַ; לֹא וַדָּאִי; לֹא בָּרוּר; לֹא יַצִּיב; הֲפַכְפַּךְ
uncertainty *n.* חוֹסֶר בִּיטָּחוֹן; אִי־וַדָּאוּת
unchallenged *adj.* בִּלְתִּי מְעוּרְעָר; לְלֹא עִרְעוּר
unchanged *adj.* (נִשְׁאַר) לְלֹא שִׁינּוּי
uncharacteristic *adj.* (of) לֹא אוֹפְיָינִי (לְ־)
uncharitable *adj.* מַחְמִיר; לֹא מְגַלֶּה רוֹחַב־לֵב
uncharted *adj.* לֹא מְסוּמָּן בַּמַּפָּה; לֹא נֶחְקַר; לֹא נוֹדָע
unchecked *adj.* לֹא מְרוּסָּן; שֶׁלֹּא נֶעֱצַר; שֶׁלֹּא נִבְלַם; לֹא נִבְדַּק
uncircumcised *adj.* לֹא נִימּוֹל; עָרֵל
uncivilized *adj.* לֹא מְתוּרְבָּת; לֹא תַּרְבּוּתִי
uncle *n.* דּוֹד
– say / cry uncle לְהִיכָּנַע
unclean *adj.* טָמֵא; טָרֵף; לֹא נָקִי; מְטוּנָּף
unclear *adj.* לֹא בָּרוּר
Uncle Sam *n.* ארה״ב (הַדּוֹד סַאם)
Uncle Tom *n.* הַדּוֹד תּוֹם; כּוּשִׁי מִתְרַפֵּס בִּפְנֵי לְבָנִים
uncomfortable *adj.* לֹא נוֹחַ; חָשׁ אִי־נוֹחוּת; נָבוֹךְ
uncommitted *adj.* חוֹפְשִׁי מִ־ / חֲסַר מְחוּיָּבוּת
uncommon *adj.* לֹא רָגִיל; לֹא שָׁכִיחַ
uncommonly *adv.* בְּמִידָה בִּלְתִּי רְגִילָה; מְאוֹד
uncompetitive *adj.* לֹא תַּחֲרוּתִי
uncomplaining *adj.* לֹא מִתְלוֹנֵן
uncompromising *adj.* בִּלְתִּי מִתְפַּשֵּׁר
unconcealed *adj.* גָּלוּי; בִּלְתִּי מוּסְתָּר
unconcerned *adj.* לֹא מוּדְאָג (מִ־); לֹא מִתְעַנְיֵין (בְּ־); אָדִישׁ (לְגַבֵּי־)
unconditional *adj.* לְלֹא תְּנַאי
unconditionally *adv.* לְלֹא תְּנַאי

U

unconfirmed *adj.* שֶׁעֲדַיִין לֹא אוּשַּׁר
unconscionable *adj.* לֹא סָבִיר; מוּגְזָם; יוֹתֵר מִדַּי; חֲסַר מַצְפּוּן; לֹא מוּסָרִי
unconscious *adj.* חֲסַר הַכָּרָה; לֹא מוּדָע; לֹא מַרְגִּישׁ; לֹא שָׂם לֵב
unconscious *n.* תַּת־הַהַכָּרָה; הַתַּת־מוּדָע
unconsciously *adv.* לֹא בְּמוּדָע; בְּלִי מֵשִׂים
unconsidered *adj.* לֹא שָׁקוּל; לֹא נֶחְשָׁב
unconstitutional *adj.* מְנוּגָּד לַחוּקָּה
uncontrollable *adj.* שֶׁאֵין לְהִשְׁתַּלֵּט עָלָיו; בִּלְתִּי נִשְׁלָט
unconventional *adj.* לֹא מְקוּבָּל; לֹא לְפִי הַמּוּסְכָּמוֹת; חָרִיג; לֹא קוֹנְבֶנְצְיוֹנָלִי
unconvincing *adj.* לֹא מְשַׁכְנֵעַ
uncooperative *adj.* לֹא מְשַׁתֵּף פְּעוּלָּה
uncoordinated *adj.* חֲסַר קוֹאוֹרְדִינַצְיָה; חֲסַר תֵּיאוּם; לֹא מְתוּאָם
uncork *v.* לַחֲלוֹץ פְּקָק מ־
uncountable *adj.* לֹא סָפִיר
uncouth *adj.* חֲסַר תַּרְבּוּת; גַּס
uncover *v.* לְהָסִיר מִכְסֶה / כִּיסּוּי מ־; לַחְשׂוֹף; לְגַלּוֹת
uncritical *adj.* לֹא בִּיקּוֹרְתִּי; בְּלִי חוּשׁ בִּיקּוֹרֶת
uncrowned *adj.* הַבִּלְתִּי מוּכְתָּר
unctuous *adj.* מַחֲנִיף יוֹתֵר מִדַּי; מִתְחַנֵּחַ; מְעוּשֶּׂה בִּרְצִינוּתוֹ; שַׁמְנוּנִי
uncut *adj.* לֹא מְקוּצָּר; לֹא מְלוּטָּשׁ (יַהֲלוֹם)
undaunted *adj.* עָשׂוּי לְלֹא חַת; לֹא נִרְתָּע
undecided *adj.* שֶׁלֹּא הֶחְלִיט עֲדַיִין; מְהַסֵּס; לְלֹא הַכְרָעָה; פָּתוּחַ
undefeated *adj.* בִּלְתִּי מְנוּצָּח; בִּלְתִּי מוּבָס
undemanding *adj.* לֹא תּוֹבְעָנִי; נוֹחַ; קַל
undemonstrative *adj.* מְאוּפָּק; עָצוּר; מְסוּיָּג
undeniable *adj.* שֶׁאֵין סָפֵק לְגַבָּיו; שֶׁאֵין לְהַכְחִישׁוֹ
undeniably *adv.* בְּלִי סָפֵק
under *adv.* לְמַטָּה; פָּחוֹת; מַטָּה
under *prep.* מִתַּחַת ל־; תַּחַת־; פָּחוֹת מ־; לְמַטָּה מ־; בְּהֶתְאֵם ל־; תַּחַת שִׁלְטוֹן; בִּימֵי־; בְּהַנְהָגַת־
underachievement *n.* תַּת־הֶישֵּׂגִיּוּת
underachiever *n.* מִי שֶׁלֹּא מַגִּיעַ לַהֲישֵּׂגִים הַדְּרוּשִׁים
underage *adj.* קָטִין; מִתַּחַת לַגִּיל הַדָּרוּשׁ
underarm *adj.* (שֶׁל) בֵּית הַשֶּׁחִי
underbid *v.* לְהַצִּיעַ הַצָּעָה נְמוּכָה מִדַּי / יוֹתֵר
underbrush *n.* שִׂיחִים; סְבָךְ
undercarriage *n.* כַּן נְחִיתָה
undercover *adj., adv.* חֲשָׁאִי; כְּסוֹכֵן חֲשָׁאִי / סָמוּי
undercover agent *n.* סוֹכֵן סָמוּי
undercurrent *n.* זֶרֶם תַּחְתִּי; מְגַמָּה / תְּחוּשָׁה נִסְתֶּרֶת
undercut *v.* לְהַצִּיעַ בִּמְחִיר נָמוּךְ יוֹתֵר מ־; לִפְגּוֹעַ בּ־; לְהַכְשִׁיל
underdog *n.* אָדָם חַלָּשׁ / מְקוּפָּח; הַמּוּעֳמָד לְהַפְסִיד
underdone *adj.* לֹא מְבוּשָּׁל מַסְפִּיק
underestimate *v.* לְהַמְעִיט בְּעֶרְכּוֹ; לְזַלְזֵל בּ־; לֹא לְהַעֲרִיךְ כָּרָאוּי; לֶאֱמוֹד בְּחֶסֶר
underestimate *n.* הַעֲרָכָה נְמוּכָה מִדַּי; אוּמְדָן בְּחֶסֶר
underfed *adj.* מוּרְעָב; שֶׁסּוֹבֵל מִתַּת־תְּזוּנָה
underfoot *adv.* מִתַּחַת לָרַגְלַיִים; מַפְרִיעַ
undergo *v.* (underwent, undergone) לַעֲבוֹר (טִיפּוּל, נִיתּוּחַ, שִׁינּוּי וכו'); לְהִתְנַסּוֹת בּ־
undergraduate *n.* סְטוּדֶנְט לְתוֹאַר רִאשׁוֹן
underground *adj.* תַּת־קַרְקָעִי; מַחְתַּרְתִּי
– underground water מֵי־תְּהוֹם
underground *n.* הָרַכֶּבֶת הַתַּחְתִּית; מַחְתֶּרֶת
undergrowth *n.* שִׂיחִים
underhand, underhanded *adj.* עַרְמוּמִי; לֹא כָּשֵׁר; בְּעָרְמָה
underlie *v.* (underlay, underlain) לִהְיוֹת מוּנָּח בִּיסוֹד־; לְהַסְבִּיר

U

underline *v.* לִמְתוֹחַ קַו תַּחַת־; לְהַדְגִּישׁ
underling *n.* זוּטָר; כָּפוּף
underlying *adj.* בְּסִיסִי; שֶׁמּוּנָח בִּיסוֹד־; שֶׁמִּסְתַּתֵּר מֵאֲחוֹרֵי־
undermentioned *adj.* הַנִּזְכָּר לְמַטָּה / לְהַלָּן
undermine *v.* לַחְתּוֹר תַּחַת; לְעַרְעֵר; לִפְגּוֹעַ בְּ־
underneath *adv.* מִתַּחַת (לְ־); בְּתוֹךְ תּוֹכוֹ
undernourished *adj.* שֶׁסּוֹבֵל מִתַּת־תְּזוּנָה; שֶׁתְּזוּנָתוֹ לְקוּיָה; מוּרְעָב
underpaid *v. past and 3rd form of* underpay
underpants *n.* תַּחְתּוֹנִים
underpass *n.* מַעֲבָר תַּחְתִּי
underpay *v.* לְשַׁלֵּם פָּחוֹת מִדַּי לְ־
underpin *v.* לִתְמוֹךְ; לְחַזֵּק מִלְּמַטָּה
underplay *v.* לְהַמְעִיט בַּחֲשִׁיבוּת־; לְהַצְנִיעַ
underprivileged *adj.* מְקוּפָּח
underrate *v.* לְהַמְעִיט בְּעֶרְכּוֹ; לֹא לְהַעֲרִיךְ כָּרָאוּי; לְזַלְזֵל בְּ־
underscore *v.* לִמְתוֹחַ קַו מִתַּחַת; לְהַדְגִּישׁ; לְהַבְלִיט
undersecretary *n.* תַּת־מַזְכִּיר; תַּת־שַׂר
undershirt *n.* גוּפִיָּיה
undersigned *n.* הֶחָתוּם מַטָּה
undersized *adj.* קָטֵן מִידָּה; קָטָן מֵהָרָגִיל; מְגוּמָּד
underskirt *n.* תַּחְתִּית (לַחֲצָאִית)
understaffed *adj.* שֶׁיֵּשׁ בּוֹ מַחְסוֹר בְּעוֹבְדִים
understand *v.* (understood) לְהָבִין; לְהַסִּיק
understandable *adj.* שֶׁנִּיתָן לַהֲבִינוֹ; מוּבָן
understanding *adj.* מֵבִין; מְגַלֶּה הֲבָנָה
understanding *n.* הֲבָנָה; בִּינָה; הֶסְכֵּם
understate *v.* לְהַמְעִיט בְּ־; לֹא לְהַבְלִיט; לְהַבִּיעַ בִּלְשׁוֹן הַמְעָטָה
understatement *n.* לְשׁוֹן הַמְעָטָה
understood *v. see* understand
understudy *n.* (שַׂחְקָן) מַחֲלִיף (בַּתֵּיאַטְרוֹן)
undertake *v.* (undertook, undertaken) לָקַחַת עַל עַצְמוֹ; לְהִתְחַיֵּיב; לְהַתְחִיל
undertaker *n.* (מְנַהֵל) בֵּית־הַלְוָויוֹת
undertaking *n.* מְשִׂימָה; מִפְעָל; הַבְטָחָה; הִתְחַיְּיבוּת; יוֹזְמָה
under-the-counter *adj.* מִתַּחַת לַשּׁוּלְחָן; לֹא חוּקִי; מִתַּחַת לַדֶּלְפֵּק
under-the-table *adj.* חֲשָׁאִי; סוֹדִי; מִתַּחַת לַשּׁוּלְחָן
undertone *n.* קוֹל / טוֹן נָמוּךְ; נִימָה; גָּוֶון
underused *adj.* לֹא מְנוּצָּל בִּמְלוֹאוֹ
undervalue *v.* לְהַעֲרִיךְ פָּחוֹת מִדַּי
underwear *n.* לְבָנִים; בְּגָדִים תַּחְתּוֹנִים
underweight *adj.* חָסֵר בְּמִשְׁקָל; פָּחוֹת מֵהַמִּשְׁקָל
underwent *v. past of* undergo
underworld *n.* הַשְּׁאוֹל; הָעוֹלָם הַתַּחְתּוֹן
underwrite *v.* (underwrote, underwritten) לְשַׁמֵּשׁ חָתָם בְּ־; לְהִתְחַיֵּיב לְמַמֵּן
undeserved *adj.* שֶׁאֵין הוּא רָאוּי לוֹ; לֹא מַגִּיעַ לוֹ
undeservedly *adv.* שֶׁלֹּא בְּצֶדֶק
undesirable *adj., n.* לֹא רָצוּי; אָדָם לֹא רָצוּי
undetectable *adj.* לֹא נִיתָן לְגִילּוּי
undeveloped *adj.* לֹא מְפוּתָּח; לֹא מְנוּצָּל
undid *v. past of* undo
undies *n.* תַּחְתּוֹנִים וַחֲזִיָּיה; לְבָנִים
undignified *adj.* לֹא מְכוּבָּד
undisclosed *adj.* חָסוּי; לֹא פּוּרְסַם; עָלוּם
undiscriminating *adj.* שֶׁאֵין לוֹ הַבְחָנָה דַּקָּה; לֹא בִּיקּוֹרְתִּי; לֹא אֲנִין טַעַם
undisguised *adj.* גָּלוּי; לֹא מוּסְתָּר
undisputed *adj.* מְקוּבָּל עַל הַכֹּל; מוּסְכָּם; שֶׁאֵין עָלָיו עוֹרְרִין; בִּלְתִּי מְעוּרְעָר
undisturbed *adj.* שָׁלֵו; לְלֹא הַפְרָעָה; לֹא מוּטְרָד; בְּלִי לָגַעַת בּוֹ
undivided *adj.* מָלֵא; לֹא מְפוּצָּל; מְאוּחָד

U

undo *v.* (undid, undone) לְהַתִּיר; לִפְתּוֹחַ
– undo damage לְתַקֵּן אֶת הַנֵּזֶק
– What is done can't be undone. אֶת הַנַּעֲשֶׂה אֵין לְהָשִׁיב
undoing *n.* הַגּוֹרֵם לִנְפִילָתוֹ / לְחוּרְבָּנוֹ
undone *adj.* לֹא גָּמוּר; לֹא בּוּצַע; לֹא קָשׁוּר; לֹא רָכוּס; אָבוּד
undoubted *adj.* שֶׁאֵינוֹ מוּטָל בְּסָפֵק; וַדָּאִי
undoubtedly *adv.* לְלֹא סָפֵק
undreamt-of *adj.* שֶׁלֹּא חָלְמוּ עָלָיו; לֹא יְשׁוֹעַר
undress *v.* לְהַפְשִׁיט; לְהִתְפַּשֵּׁט
undressed *adj.* עָרוֹם; לֹא חָבוּשׁ; לֹא מְטוּפָּל
– get undressed לְהִתְפַּשֵּׁט
undrinkable *adj.* אֵינוֹ רָאוּי לִשְׁתִיָּיה
undue *adj.* מוּפְרָז; שֶׁלֹּא לְצוֹרֶךְ
unduly *adv.* יוֹתֵר מִדַּי; שֶׁלֹּא לְצוֹרֶךְ
undying *adj.* נִצְחִי
unearth *v.* לַחְשׂוֹף; לְגַלּוֹת
unearthly *adv.* מִסְתּוֹרִי; עַל־טִבְעִי; מַפְחִיד; לֹא סָבִיר
unease *n.* אִי־נוֹחוּת; אִי־שֶׁקֶט; דְּאָגָה
uneasily *adv.* בִּדְאָגָה; בִּמְבוּכָה; בְּאִי־נוֹחוּת; בְּאִי־שֶׁקֶט
uneasiness *n.* אִי־נוֹחוּת; אִי־שֶׁקֶט; דְּאָגָה
uneasy *adj.* לֹא נוֹחַ; לֹא שָׁקֵט; מוּדְאָג
uneconomic *adj.* לֹא כַּלְכָּלִי; לֹא חֶסְכוֹנִי; בַּזְבְּזָנִי
uneconomical *adj.* לֹא חֶסְכוֹנִי; בַּזְבְּזָנִי
uneducated *adj.* חֲסַר הַשְׂכָּלָה; נִבְעָר; חֲסַר חִינּוּךְ
unemployed *adj.* מוּבְטָל; לֹא מְנוּצָל
unemployed *n.* (the–) הַמּוּבְטָלִים
unemployment *n.* אַבְטָלָה
unemployment benefit *n.* דְּמֵי אַבְטָלָה
unemployment compensation *n.* דְּמֵי אַבְטָלָה
unending *adj.* נִצְחִי; מִתְמַשֵּׁךְ; בִּלְתִּי פּוֹסֵק
unendurable *adj.* בִּלְתִּי נִסְבָּל
unenterprising *adj.* חֲסַר יוֹזְמָה וּמָעוֹף
unenthusiastic *adj.* לֹא נִלְהָב; לֹא מִתְלַהֵב
unenviable *adj.* לֹא נָעִים; שֶׁאֵין לְקַנֵּא בּוֹ
unequal *adj.* לֹא שָׁוֶה; לֹא אָחִיד; לֹא בְּכוֹחוֹת שָׁוִוים; לֹא הוֹגֵן
– unequal to לֹא מְסוּגָּל ל־; לֹא בָּנוּי ל־; לֹא מַתְאִים ל־
unequal(l)ed *adj.* שֶׁאֵין דּוֹמֶה לוֹ; שֶׁאֵין שֵׁנִי לוֹ
unequivocal *adj.* חַד־מַשְׁמָעִי; שֶׁאֵינוֹ מִשְׁתַּמֵּעַ לִשְׁתֵּי פָּנִים
unequivocally *adv.* בְּאוֹפֶן חַד־מַשְׁמָעִי
unerring *adj.* מְדוּיָּק; שֶׁאֵינוֹ טוֹעֶה; שֶׁאֵינוֹ מַכְזִיב
unethical *adj.* לֹא מוּסָרִי; לֹא אֶתִי
uneven *adj.* לֹא שָׁקוּל; לֹא שָׁוֶה; לֹא אָחִיד; לֹא חָלָק; לֹא יָשָׁר
unevenly *adv.* בְּצוּרָה לֹא אֲחִידָה / לֹא שָׁוָוה
uneventful *adj.* רָגִיל; שִׁגְרָתִי; לְלֹא אֵירוּעִים מְיוּחָדִים
unexciting *adj.* לֹא מַלְהִיב
unexpected *adj.* מַפְתִּיעַ; לֹא צָפוּי
unexpectedly *adj.* בְּמַפְתִּיעַ; בְּאוֹפֶן בִּלְתִּי צָפוּי
unexplained *adj.* שֶׁאֵין לוֹ הֶסְבֵּר; בִּלְתִּי מוּסְבָּר; מְסִיבָּה לֹא בְּרוּרָה
unfailing *adj.* שֶׁאֵינוֹ מַכְזִיב; אֵיתָן; אֵין־קֵץ
unfailingly *adv.* תָּמִיד
unfair *adj.* לֹא הוֹגֵן
unfairly *adv.* בְּצוּרָה לֹא הוֹגֶנֶת; שֶׁלֹּא בְּצֶדֶק
unfairness *n.* אִי צֶדֶק
unfaithful *adj.* (to) לֹא נֶאֱמָן (ל־); בּוֹגֵד בּ־
unfaithfulness *n.* חוֹסֶר נֶאֱמָנוּת; בְּגִידָה
unfaltering *adj.* לְלֹא שֶׁמֶץ הַסְסָנוּת; בָּטוּחַ; אֵיתָן
unfamiliar *adj.* (to; with) זָר; לֹא מוּכָּר (ל־); לֹא מַכִּיר (אֶת־); לֹא מִתְמַצֵּא בּ־
unfashionable *adj.* לֹא אוֹפְנָתִי

U

unharmed *adj.* לְלֹא פֶּגַע
unhealthy *adj.* לֹא בָּרִיא; מַזִּיק לַבְּרִיאוּת
unheard-of *adj.* שֶׁלֹּא נִשְׁמַע כָּמוֹהוּ; חֲסַר תַּקְדִּים; לֹא יָדוּעַ
unhinge *v.* לְשַׁגֵּעַ; לְהוֹצִיא מִדַּעְתּוֹ
unholy *adj.* לֹא קָדוֹשׁ; מְרוּשָׁע; נוֹרָא
unhook *v.* לִפְתּוֹחַ (וָו רְכִיסָה); לְהַתִּיר
unhoped-for *adj.* לֹא צָפוּי; שֶׁלֹּא יִיחֲלוּ לוֹ
unhurried *adj.* לֹא נֶחְפָּז; בְּנַחַת
unhurt *adj.* לֹא נִפְגַּע; לְלֹא פֶּגַע
unicorn *n.* חַד־קֶרֶן
unidentifiable *adj.* שֶׁלֹּא נִיתָּן לְזִיהוּי; שֶׁקָּשֶׁה לְזַהוֹתוֹ
unidentified *adj.* בִּלְתִּי מְזוֹהֶה; אַלְמוֹנִי
unification *n.* אִיחוּד; הַאֲחָדָה
uniform *adj.* אָחִיד
uniform *n.* מַדִּים
uniformity *n.* אֲחִידוּת
unify *v.* (unified) לְאַחֵד; לַעֲשׂוֹת לְאָחִיד
unilateral *adj.* חַד־צְדָדִי
unilaterally *adv.* בְּאוֹפֶן חַד־צְדָדִי
unimaginable *adj.* שֶׁאֵין לְשַׁעֲרוֹ; שֶׁאֵין לְהַעֲלוֹתוֹ בַּדִּמְיוֹן
unimaginative *adj.* חֲסַר דִּמְיוֹן
unimpaired *adj.* לֹא נִיזּוֹק; לֹא נִפְגַּע
unimportant *adj.* לֹא חָשׁוּב
unimpressed *adj.* לֹא מִתְרַשֵּׁם; לֹא עָשָׂה עָלָיו רוֹשֶׁם; נוֹתַר אָדִישׁ
unimpressive *adj.* לֹא מַרְשִׁים
uninformed *adj.* לְלֹא מֵידָע (מְבוּסָּס); לֹא מוּסְמָךְ; שֶׁאֵינוֹ מִתְמַצֵּא; לֹא מְלוּמָּד
uninhabitable *adj.* שֶׁאֵינוֹ רָאוּי לָגוּר / לִחְיוֹת בּוֹ
uninhabited *adj.* לֹא מְיוּשָּׁב
uninhibited *adj.* מְשׁוּחְרָר; חֲסַר עַכָּבוֹת
uninspired *adj.* חֲסַר הַשְׁרָאָה
uninspiring *adj.* לֹא מְעוֹרֵר עִנְיָין; חֲסַר הַשְׁרָאָה
unintelligible *adj.* לֹא מוּבָן; לֹא בָּרוּר
unintentional *adj.* לֹא מְכוּוָּן; בְּלִי מֵשִׂים
uninterested *adj.* לֹא מְעוּנְיָין; לֹא מְגַלֶּה עִנְיָין

unfasten *v.* לְהַתִּיר; לְשַׁחְרֵר
unfavorable, unfavourable *adj.* לֹא נוֹחַ; שְׁלִילִי
unfeeling חֲסַר־לֵב; חֲסַר רֶגֶשׁ; אַכְזָרִי
unfinished *adj.* לֹא גָּמוּר; שֶׁעָלָיו לְסַיֵּים; לֹא מוּגְמָר; לְלֹא גִּימּוּר
unfit *adj.* לֹא רָאוּי; לֹא מַתְאִים; פָּסוּל; לֹא כָּשִׁיר
unflappable *adj.* לֹא מִתְרַגֵּשׁ; לֹא נִכְנָס לְלַחַץ
unflinching *adj.* שֶׁאֵינוֹ נִרְתָּע; לְלֹא חַת; תַּקִּיף
unfold *v.* לִפְתּוֹחַ; לִפְרוֹשׂ; לְסַפֵּר; לְגוֹלֵל; לְהַצִּיג; לְהִתְגַּלּוֹת; לְהִתְבַּהֵר; לְהִיפָּתֵר; לְהִיפָּרֵשׂ
unforeseeable *adj.* שֶׁאֵינוֹ נִרְאֶה לָעַיִן
unforeseen *adj.* בִּלְתִּי צָפוּי; שֶׁלֹּא נִצְפָּה מֵרֹאשׁ
unforgettable *adj.* בִּלְתִּי־נִשְׁכָּח
unforgivable *adj.* בִּלְתִּי נִסְלָח; שֶׁלֹּא יִיסָּלַח
unforgiving *adj.* לֹא סוֹלֵחַ; לֹא מוּכָן לִסְלוֹחַ
unfortunate *adj.* חֲסַר מַזָּל; בִּישׁ־מַזָּל; מְצַעֵר; אוּמְלָל
unfortunately *adv.* לְמַרְבֵּה הַצַּעַר; לְרוֹעַ הַמַּזָּל
unfounded *adj.* לֹא מְבוּסָּס; חֲסַר שַׁחַר
unfriendly *adj.* לֹא יְדִידוּתִי; עוֹיֵן
unfulfilled *adj.* שֶׁלֹּא הִתְמַמֵּשׁ; שֶׁלֹּא הִתְבַּצֵּעַ; חֲסַר סִיפּוּק
unfurl *v.* לִפְרוֹשׂ; לְהִתְפָּרֵשׂ
unfurnished *adj.* לֹא מְרוֹהָט
ungainly *adj.* מְסוּרְבָּל; מְגוּשָּׁם
ungodly *adj.* לֹא דָּתִי; לֹא סָבִיר; נוֹרָא
ungovernable *adj.* בִּלְתִּי נִשְׁלָט; שֶׁאֵין לְרַסְּנוֹ
ungracious *adj.* לֹא מְנוּמָּס; לֹא אָדִיב; חֲסַר חֵן; חֲסַר טַקְט
ungrateful *adj.* כְּפוּי טוֹבָה
unguarded *adj.* לֹא זָהִיר; לֹא שָׁמוּר
unhappily *adv.* בְּעֶצֶב; לְמַרְבֵּה הַצַּעַר
unhappiness *n.* עַצְבוּת; אוּמְלָלוּת
unhappy *adj.* לֹא מְאוּשָּׁר; עָצוּב; נוּגֶה

U

uninterrupted *adj.* לְלֹא הַפְסָקָה; לְלֹא הַפְרָעָה
uninvited *adj.* לֹא קָרוּא; בְּלִי שֶׁיּוּזְמַן
uninviting *adj.* לֹא מְגָרֶה; לֹא מְפַתֶּה; דּוֹחֶה
union *n.* אִיחוּד; אַחְדוּת; בְּרִית; אִיגּוּד מִקְצוֹעִי
unionize *v.* לְאַרְגֵּן בְּאִיגּוּד מִקְצוֹעִי
Union Jack *n.* הַדֶּגֶל הַבְּרִיטִי
unique *adj.* יָחִיד בְּמִינוֹ; יִיחוּדִי
uniquely *adv.* בְּאוֹפֶן יִיחוּדִי
uniqueness *n.* יִיחוּדִיּוּת; יִיחוּד
unisex *adj.* לִגְבָרִים וְנָשִׁים; יוּנִיסֶקְס
unison *n.* תֵּיאוּם מָלֵא
unit *n.* יְחִידָה; רָהִיט
unite *v.* לְאַחֵד; לְלַכֵּד; לְהִתְאַחֵד; לִפְעוֹל בְּמְשׁוּתָּף
united *adj.* מְאוּחָד; מְלוּכָּד; מְשׁוּתָּף
United Kingdom *n.* הַמַּמְלָכָה הַמְּאוּחֶדֶת
United Nations *n.* הָאוּמּוֹת הַמְּאוּחָדוֹת (הָאו״ם)
United States (of America) *n.* ארה״ב
unity *n.* אַחְדוּת; אֲחִידוּת; הַתְאָמָה; הַרְמוֹנְיָה; אִיחוּד; אֶחָד; אַחַת; יְחִידָה (בְּמָתֵימָטִיקָה)
universal *adj.* כְּלָלִי; עוֹלָמִי; אוּנִיבֶרְסָלִי
universe *n.* הַיְקוּם; עוֹלָם
university *n.* אוּנִיבֶרְסִיטָה
unjust *adj.* לֹא צוֹדֵק; לֹא הוֹגֵן
unjustifiable *adj.* שֶׁאֵין לְהַצְדִּיקוֹ
unjustifiably *adv.* לְלֹא הַצְדָּקָה
unjustified *adj.* לֹא מוּצְדָּק; (בִּדְפוּס) לֹא מְיוּשָּׁר
unjustly *adv.* שֶׁלֹּא בְּצֶדֶק; בְּחוֹסֶר צֶדֶק
unkempt *adj.* לֹא מְסוּדָּר; מוּזְנָח
unkind *adj.* מִתְיַיחֵס לֹא יָפֶה; רַע; פּוֹגֵעַ; נִבְזִי
unkindly *adv.* בְּצוּרָה לֹא יָפָה
unknowing *adj.* שֶׁלֹּא בִּידִיעָתוֹ; שֶׁלֹּא מִדַּעַת; תָּמִים
unknown *adj.* לֹא יָדוּעַ; לֹא מוּכָּר; אַלְמוֹנִי
unknown *n.* נֶעְלָם; הַבִּלְתִּי נוֹדָע
unlawful *adj.* לֹא חוּקִי
unleaded *adj.* נְטוּל עוֹפֶרֶת
unlearn *v.* לִלְמוֹד לִשְׁכּוֹחַ; לִלְמוֹד לְשַׁנּוֹת (הֶרְגֵּל וכד׳); לְהִיגָּמֵל מ־
unleash *v.* לִפְרוֹק; לְשַׁחְרֵר; לְשַׁלֵּחַ
unleavened *adj.* לֹא חָמֵץ
unless *conj.* אֶלָּא אִם כֵּן; אִם לֹא
unlike *adj.; prep.* לֹא דּוֹמֶה; שׁוֹנֶה; שֶׁלֹּא כְּמוֹ; לֹא אוֹפְיָינִי ל־
unlikely *adj.* לֹא סָבִיר; לֹא צָפוּי
unlimited *adj.* בִּלְתִּי מוּגְבָּל
unlisted *adj.* חָסוּי; לֹא רָשׁוּם (בַּמַּדְרִיךְ)
unlit *adj.* חָשׁוּךְ; לֹא מוּאָר
unload *v.* לִפְרוֹק (מִטְעָן מ־); לְהִיפָּטֵר מ־; ״לְהַעֲמִיס״ (עַל־)
unlock *v.* לִפְתּוֹחַ; לְפַעְנֵחַ
unlooked-for *adj.* בִּלְתִּי צָפוּי
unloose *v.* לְשַׁחְרֵר; לְשַׁלֵּחַ; לְהַתִּיר; לִפְרוֹק
unloved *adj.* שֶׁאֵינוֹ מְקַבֵּל אַהֲבָה; דָּחוּי
unloving *adj.* לֹא מַעֲנִיק אַהֲבָה
unlucky *adj.* חֲסַר מַזָּל; בִּישׁ־מַזָּל; מֵבִיא מַזָּל רַע
unmanageable *adj.* קָשֶׁה לְטִיפּוּל/לְנִיהוּל; לֹא נוֹחַ לְשִׁימּוּשׁ
unmanly *adj.* חַלָּשׁ; פַּחְדָנִי; לֹא גַּבְרִי
unmanned *adj.* לֹא מְאוּיָּשׁ
unmarked *adj.* לְלֹא סִימָנֵי זִיהוּי; לֹא מְסוּמָּן
unmarried *adj.* לֹא נָשׂוּי
unmask *v.* לַחְשׂוֹף (אֶת פַּרְצוּפוֹ)
unmatched *adj.* שֶׁאֵין שֵׁנִי לוֹ; שֶׁאֵין כָּמוֹהוּ
unmistakable *adj.* שֶׁאֵין לִטְעוֹת בּוֹ
unmistakably *adv.* בְּבֵירוּר
unmitigated *adj.* מוּחְלָט; מַמָּשׁ
unmoved *adj.* אָדִישׁ; שָׁלֵיו; לֹא מִתְרַגֵּשׁ
unnamed *adj.* שֶׁעֲדַיִין אֵין לוֹ שֵׁם; אַלְמוֹנִי; שֶׁשְּׁמוֹ אֵינוֹ מוּזְכָּר
unnatural *adj.* לֹא טִבְעִי; לֹא רָגִיל; חָרִיג
unnecessarily *adv.* שֶׁלֹּא לְצוֹרֶךְ
unnecessary *adj.* לֹא הֶכְרֵחִי; לֹא נָחוּץ; מְיוּתָּר
unnerve *v.* לְרַפּוֹת יָדָיו; לִגְרוֹם פִּיק בִּרְכַּיִים ל־

U

unprotected *adj.* לֹא מוּגָן; חֲסַר הֲגָנָה; חָשׂוּף
unprovoked *adj.* לְלֹא הִתְגָּרוּת
unpunished *adj.* לְלֹא עוֹנֶשׁ; לֹא נֶעֱנַשׁ
unqualified *adj.* לֹא מוּסמָךְ; לְלֹא כִּישׁוּרִים; מוּחלָט; לֹא מְסוּיָג
unquestionable *adj.* שֶׁאֵינוֹ מוּטָל בְּסָפֵק; וַדָּאִי
unquestionably *adv.* לְלֹא סָפֵק
unquestioned *adj.* שֶׁאֵין עָלָיו עוֹרְרִין; בִּלתִי מְעוּרעָר
unquestioning *adj.* לְלֹא עִרעוּר; עִיוֵור (צִיוּת); לְלֹא פִּקפּוּק
unquote *adv.* סְגוֹר מֵרְכָאוֹת; סוֹף צִיטוּט!
unravel *v.* לְהַתִּיר; לִפרוֹם; לְהִיפָּרֵם; לִפתוֹר; לְהִתבַּהֵר; לְהִתבָּרֵר
unreal *adj.* דִמיוֹנִי; לֹא מְצִיאוּתִי
unrealistic *adj.* לֹא רֵיאָלִי; לֹא מְצִיאוּתִי
unreasonable *adj.* לֹא הֶגיוֹנִי; לֹא סָבִיר; מוּפרָז (מְחִיר)
unrecorded *adj.* לֹא מְתוֹעָד; לֹא רָשׁוּם
unrefined *adj.* גוֹלמִי; לֹא מְלוּטָשׁ; לֹא מְעוּדָּן
unrelated *adj.* שֶׁאֵין קֶשֶׁר בֵּינֵיהֶם; לֹא קָשׁוּר
unrelenting *adj.* שֶׁאֵינוֹ מַרפֶּה; בִּלתִי פּוֹסֵק; לְלֹא רַחֵם
unreliable *adj.* לֹא מְהֵימָן; לֹא אָמִין
unrepeatable *adj.* שֶׁאִי אֶפשָׁר לַחֲזוֹר עָלָיו; חַד־פַּעֲמִי; שֶׁלֹּא נָעִים לַחֲזוֹר עָלָיו
unrepentant *adj.* לֹא מִתחָרֵט; מוּשׁבָּע
unrequited *adj.* (אַהֲבָה) שֶׁאֵינָהּ נַעֲנֵית
unreserved *adj.* מָלֵא; בִּלתִי מְסוּיָג; לֹא שָׁמוּר; לֹא מוּזמָן מֵרֹאשׁ
unreservedly *adv.* לְלֹא הִסתַייְגוּת; בְּלֵב שָׁלֵם; מִכָּל הַלֵּב
unresolved *adj.* לְלֹא פִּתרוֹן; לֹא פָּתִיר
unrest *n.* אִי־שֶׁקֶט; תְּסִיסָה
unrestrained *adj.* לֹא מְרוּסָן; שְׁלוּחַ־רֶסֶן
unrewarded *adj.* לְלֹא גְמוּל; לֹא תוּגמַל; שֶׁלֹּא בָּא עַל סִיפּוּקוֹ; לֹא נָשָׂא פְּרִי; לֹא הִשתַלֵּם
unrewarding *adj.* לֹא כְּדָאִי; לֹא מְהַנֶּה; שֶׁאֵין שְׂכָרוֹ בְּצִידּוֹ

unnerving *adj.* מַלחִיץ; מַחֲלִישׁ; שׁוֹחֵק; מַפחִיד
unnoticed *adj.* בְּלִי שֶׁיַּבחִינוּ בּוֹ
unnumbered *adj.* לְאֵין סְפוֹר; לֹא מְמוּספָּר
unobserved *adj.* בְּלִי שֶׁיַּבחִינוּ בּוֹ
unobtrusive *adj.* שֶׁאֵינוֹ בּוֹלֵט לָעַיִן; לֹא מִתבַּלֵּט
unoccupied *adj.* פָּנוּי; רֵיק; לֹא עָסוּק; בָּטֵל
unofficial *adj.* לֹא רִשׁמִי; לֹא מְאוּשָּׁר
unofficially *adv.* בְּאוֹפֶן לֹא רִשׁמִי
unorganized *adj.* לֹא מְאוּרגָן
unorthodox *adj.* לֹא מְקוּבָּל; חַדשָׁנִי; לֹא דָתִי
unpack *v.* לִפרוֹק (מִזווָדָה וכו'); לְהוֹצִיא מֵאֲרִיזָה
unpaid *adj.* שֶׁטֶרֶם שׁוּלַּם; שֶׁלֹּא בְּשָׂכָר; לְלֹא תַשלוּם
unparalleled *adj.* שֶׁאֵין דוֹמֶה / שֵׁנִי לוֹ; שֶׁאֵין לוֹ אָח וָרֵעַ
unpardonable *adj.* שֶׁאֵין עָלָיו כַּפָּרָה; בִּלתִי נִסלָח
unpleasant *adj.* לֹא נָעִים; דוֹחֶה; לֹא מְנוּמָּס; מְרוּשָׁע
unpleasantly *adv.* בְּצוּרָה לֹא נְעִימָה; בְּרִשׁעוּת; עַד כְּדֵי תְחוּשָׁה לֹא נְעִימָה
unpleasantness *n.* אִי־נְעִימוּת; עִניָין לֹא נָעִים
unplug *v.* לְהוֹצִיא מֵהַשֶּׁקַע; לְנַתֵּק מֵהַחַשמַל
unpopular *adj.* לֹא פּוֹפּוּלָרִי
unprecedented *adj.* חֲסַר תַּקדִּים
unpredictable *adj.* בִּלתִי צָפוּי; שֶׁלֹּא נִיתָן לְצַפּוֹתוֹ מֵרֹאשׁ
unprepared *adj.* (for) לֹא מוּכָן (לִקרַאת־)
unpretentious *adj.* חֲסַר יוּמרוֹת; צָנוּעַ
unprincipled *adj.* בִּלתִי מוּסָרִי; חֲסַר מַצפּוּן
unprintable *adj.* שֶׁאֵינוֹ רָאוּי לְדפוּס
unprofessional *adj.* לֹא מִקצוֹעִי; לֹא אַחֲרָאִי (מִבּחִינָה מִקצוֹעִית)
unprofitable *adj.* לֹא רְווּחִי; לֹא מוֹעִיל

U

unripe *adj.* לֹא בָּשֵׁל; בּוֹסֶר
unrivaled *adj.* לְלֹא מִתְחָרֶה; שֶׁאֵין שֵׁנִי לוֹ
unroll *v.* לְגוֹלֵל; לִפְרוֹשׂ; לְהִיפָּתַח
unruffled *adj.* שָׁלֵו; לֹא מִתְרַגֵּשׁ
unruly *adj.* לֹא מְמוּשְׁמָע; פָּרוּעַ
unsaddle *v.* לְהוֹרִיד אוּכָּף; לְהַפִּיל (רוֹכֵב)
unsafe *adj.* לֹא בָּטוּחַ; מְסוּכָּן
unsaid *adj.* לְלֹא אוֹמֶר; לֹא נֶאֱמַר
unsanitary *adj.* לֹא תַּבְרוּאִי; לֹא הִגְיֵינִי; מְלוּכְלָךְ
unsatisfactory *adj.* לֹא מַשְׂבִּיעַ רָצוֹן
unsatisfied *adj.* לֹא בָּא עַל סִיפּוּקוֹ; לֹא מְרוּצֶה
unsavory, unsavoury *adj.* לֹא נָעִים; דּוֹחֶה; מְכוֹעָר; מַגְעִיל; מְפוּקְפָּק
unscathed *adj.* לְלֹא פֶּגַע
unscientific *adj.* לֹא מַדָּעִי
unscramble *v.* לְפַעְנֵחַ
unscrew *v.* לִפְתּוֹחַ; לְפָרֵק (ע״י הוֹצָאַת הַבְּרָגִים)
unscripted *adj.* מְאוּלְתָּר; לֹא מְתוּכְנָן מֵרֹאשׁ (רֵאָיוֹן וכו׳); לְלֹא תַּסְרִיט (כָּתוּב)
unscrupulous *adj.* חֲסַר מַצְפּוּן
unscrupulously *adv.* לְלֹא נְקִיפוּת מַצְפּוּן
unsealed *adj.* לֹא אָטוּם; לֹא חָתוּם
unseasonable *adj.* לֹא מַתְאִים לָעוֹנָה; לֹא רָגִיל לָעוֹנָה; שֶׁלֹּא בְּעִיתּוֹ
unseat *v.* לְהַדִּיחַ מִכְּהוּנָּתוֹ; לְהַפִּיל (רוֹכֵב)
unseen *adj.* לֹא נִרְאֶה; נֶעְלָם; בְּלִי שֶׁיַּבְחִינוּ בּוֹ
unselfish *adj.* לֹא אָנוֹכִיִּי
unsettle *v.* לְעַרְעֵר (עֲצַבָּיו); לְהַטְרִיד; לְבַלְבֵּל
unsettled *adj.* לֹא מְיוּשָּׁב; הֲפַכְפַּךְ; לֹא רָגוּעַ
unshakable, unshakeable *adj.* שֶׁאִי אֶפְשָׁר לְעַרְעֲרוֹ; אֵיתָן
unshaven *adj.* לֹא מְגוּלָּח
unsightly *adj.* לֹא נָעִים לְמַרְאֶה; מְכוֹעָר
unskilled *adj.* (עֲבוֹדָה) שֶׁאֵינָהּ דּוֹרֶשֶׁת מְיוּמָּנוּת מִקְצוֹעִית; לֹא מִקְצוֹעִי; לֹא מְיוּמָּן

unsociable *adj.* לֹא חַבְרוּתִי
unsolicited *adj.* שֶׁלֹּא הִתְבַּקֵּשׁ; בְּלִי שֶׁיְּבַקֵּשׁ
unsolved *adj.* לֹא פָּתוּר; לְלֹא פִּתְרוֹן
unsophisticated *adj.* לֹא מְתוּחְכָּם; פָּשׁוּט
unsound *adj.* רָעוּעַ; רוֹפֵף; חַלָּשׁ; לֹא בָּרִיא
– of unsound mind מְעוּרְעָר בְּנַפְשׁוֹ; לֹא שָׁפוּי
unspeakable *adj.* שֶׁאֵין לְהַבִּיעוֹ בְּמִלִּים; בַּל יְתוֹאַר
unspecified *adj.* לֹא מוּגְדָּר; לֹא מְפוֹרָט
unstable *adj.* לֹא יַצִּיב
unsteady *adj.* לֹא יַצִּיב; לֹא קָבוּעַ; לֹא סָדִיר; מִשְׁתַּנֶּה; הֲפַכְפַּךְ
unstinting *adj.* שֶׁאֵינוֹ חוֹסֵךְ בּ־; שֶׁאֵינוֹ מְקַמֵּץ; נָדִיב
unstintingly *adv.* בְּלִי לְקַמֵּץ; בְּכָל הַלֵּב
unstoppable *adj.* שֶׁאִי אֶפְשָׁר לַעֲצוֹר אוֹ לְהַפְסִיק אוֹתוֹ
unstuck *adj.* לֹא דָּבוּק
– come unstuck לְהִיפָּתַח; לֹא לַעֲלוֹת יָפֶה; לְהִיכָּשֵׁל
unsubstantiated *adj.* שֶׁאֵין לוֹ אִישּׁוּר; לֹא מְבוּסָּס; שֶׁלֹּא אוּמַת; חֲסַר בִּיסּוּס
unsuccessful *adj.* לֹא מוּצְלָח; לֹא מַצְלִיחַ
unsuccessfully *adv.* לְלֹא הַצְלָחָה
unsuitable *adj.* לֹא מַתְאִים
unsuited *adj.* לֹא מַתְאִים
unsure *adj.* לֹא בָּטוּחַ; לֹא וַדָּאִי; לֹא מְהֵימָן
unsurpassed *adj.* שֶׁאֵין כְּדוּגְמָתוֹ; שֶׁאֵין שֵׁנִי לוֹ
unsuspecting *adj.* שֶׁאֵינוֹ חוֹשֵׁד (בִּמְאוּם); תָּמִים
unsweetened *adj.* לְלֹא (תּוֹסֶפֶת) סוּכָּר; לֹא מוּמְתָּק
unswerving *adj.* שֶׁאֵינוֹ מִשְׁתַּנֶּה; אֵיתָן; מַתְמִיד; שֶׁאֵין לְעַרְעֲרוֹ
unsympathetic *adj.* לֹא מְגַלֶּה אַהֲדָה / הֲבָנָה
untamed *adj.* לֹא מְאוּלָּף; ־פֶּרֶא; בַּר

U

untangle *v.* לְהַתִּיר סְבַךְ ; לְשַׁחְרֵר
untapped *adj.* שֶׁלֹּא נוּצַל ; לֹא מְנוּצָל
untenable *adj.* חַלָּשׁ ; שֶׁאֵינוֹ תּוֹפֵס ; שֶׁאֶפְשָׁר לְהַפְרִיכוֹ
unthinkable *adj.* שֶׁאֵין לְהַעֲלוֹתוֹ עַל הַדַּעַת ; לֹא יַעֲלֶה עַל הַדַּעַת
untidy *adj.* לֹא מְסוּדָּר ; לֹא מְטוּפָּח
untie *v.* לְהַתִּיר ; לְשַׁחְרֵר מִכְּבָלָיו ; לִפְתּוֹחַ
untied *adj.* לֹא קָשׁוּר
until *conj., prep.* עַד שֶׁ־ ; עַד
untimely *adj.* בְּטֶרֶם עֵת ; שֶׁלֹּא בְּעִיתּוֹ
untiring *adj.* שֶׁאֵינוֹ יוֹדֵעַ לֵאוּת
untold *adj.* לְאֵין סְפוֹר ; עָצוּם ; בַּל יְתוֹאַר ; שֶׁלֹּא סוּפַּר
untouchable *adj., n.* מוּחְרָם ; שֶׁאִישׁ לֹא יִיגַּע בּוֹ לְרָעָה
untouched *adj.* לְלֹא שִׁינּוּי ; לֹא נָגְעוּ בּוֹ ; לֹא נִיזּוֹק ; בְּלִי לָגַעַת בּוֹ
untraceable *adj.* שֶׁלֹּא נִיתָּן לְאַתְּרוֹ
untrained *adj.* לְלֹא הַכְשָׁרָה ; לֹא מְיוּמָּן ; לֹא מְאוּלָּף
untranslatable *adj.* לֹא נִיתָּן לְתַרְגּוּם
untreated *adj.* לְלֹא טִיפּוּל ; לֹא מְטוֹהָר ; גּוֹלְמִי ; לֹא מְעוּבָּד
untried *adj.* שֶׁלֹּא נוּסָּה ; שֶׁטֶּרֶם נוּסָּה
untrue *adj.* לֹא נָכוֹן ; שִׁקְרִי ; לֹא נֶאֱמָן
untruth *n.* שֶׁקֶר ; לֹא אֱמֶת
untruthful *adj.* מְשַׁקֵּר ; לֹא מְדַבֵּר אֱמֶת ; כּוֹזֵב
unused *adj.* לֹא מְשׁוּמָּשׁ ; שֶׁלֹּא הִשְׁתַּמְּשׁוּ בּוֹ
unused to *adj.* לֹא רָגִיל לְ־
unusual *adj.* לֹא רָגִיל ; יוֹצֵא דּוֹפֶן
unusually *adv.* שֶׁלֹּא כָּרָגִיל ; (יוֹתֵר) מִן הָרָגִיל
unutterable *adj.* שֶׁאֵין לְהַבִּיעוֹ בְּמִלִּים ; אָיוֹם
unvarnished *adj.* פָּשׁוּט ; לֹא מְיוּפֶּה ; לְלֹא כָּחָל וְסָרָק
unvarying *adj.* לֹא מִשְׁתַּנֶּה ; קָבוּעַ
unveil *v.* לְהָסִיר אֶת הַלּוֹט / הִינוּמָה וכד׳ ; לַחְשׂוֹף
unwanted *adj.* לֹא רָצוּי ; שֶׁהוּא לֹא צָרִיךְ
unwarranted *adj.* לֹא מוּצְדָּק ; שֶׁאֵין לוֹ הַצְדָּקָה ; שֶׁלֹּא הִתְבַּקֵּשׁ
unwary *adj.* לֹא זָהִיר ; שֶׁאֵינוֹ נִזְהָר ; לֹא עֵרָנִי
unwavering *adj.* אֵיתָן ; שֶׁאֵין לְעַרְעֲרוֹ
unwelcome *adj.* לֹא רָצוּי ; לֹא נָעִים ; מֵבִיךְ
unwell *adj.* לֹא (מַרְגִּישׁ) טוֹב ; חוֹלֶה
unwholesome *adj.* לֹא בָּרִיא ; מַזִּיק (לַבְּרִיאוּת)
unwieldy *adj.* כָּבֵד ; מְסוּרְבָּל
unwilling *adj.* לֹא מוּכָן ; לֹא רוֹצֶה
unwillingly *adv.* בְּאִי רָצוֹן
unwind *v.* לְהַתִּיר ; לְהִשְׁתַּחְרֵר ; לְהִתְפָּרֵק (מִמֶּתַח)
unwise *adj.* לֹא נָבוֹן ; לֹא חָכָם
unwittingly *adv.* שֶׁלֹּא בְּמִתְכַּוֵּן ; שֶׁלֹּא מִדַּעַת
unwonted *adj.* לֹא רָגִיל ; לֹא אוֹפְיָינִי ; זָר ; לֹא מוּכָּר
unworkable *adj.* לֹא מַעֲשִׂי ; לֹא יָשִׂים
unworldly *adj.* רוּחָנִי ; לֹא גַּשְׁמִי ; עִם אִידֵיאָל רוּחָנִי ; תָּמִים
unworthy *adj.* (of) לֹא רָאוּי (לְ־)
unwound *v. past and 3rd form of* unwind
unwrap *v.* לְהָסִיר אֶת הָעֲטִיפָה ; לִפְתּוֹחַ (אֲרִיזָה)
unwritten *adj.* לֹא כָּתוּב
unyielding *adj.* לֹא נִכְנָע (לְלַחַץ) ; תַּקִּיף ; אֵיתָן
unzip *v.* (unzipped) לִפְתּוֹחַ אֶת הָרוֹכְסָן שֶׁל־
up *adv., prep., adj.* לְמַעְלָה ; צָפוֹנָה ; לָעִיר ; הֵיטֵב ; לַחֲתִיכוֹת ; לַחֲלָקִים ; לְגַמְרֵי ; בְּמַעֲלֵה־ ; לְאוֹרֶךְ־ ; עוֹלֶה ; בְּתִיקּוּן (כְּבִישׁ) ; פּוֹעֵל (מַחְשֵׁב)
– time is up זְמַנֵּנוּ תַּם ; תַּם הַזְּמַן
– up against צָרִיךְ לְהִתְמוֹדֵד עִם־ ; נִיצָּב מוּל
– up for עוֹמֵד לְ־ ; מוּצָּע לְ־ ; מוּעֲמָד לְ־ ; עוֹמֵד לְמִשְׁפָּט עַל־
– up to עַד ; עוֹשֶׂה ; זוֹמֵם ; עוֹנֶה עַל (הַצִּיפִּיּוֹת) ; מְסוּגָּל לְ־ ; מַתְאִים לְ־

U

–up to him/her, etc. תָּלוּי בּ־; מְחוּבַּת־

–up to date מְעוּדְכָּן; חָדָשׁ; אוֹפְנָתִי

–Up yours! קְפוֹץ לִי!

–What's up? מַה קוֹרֶה?; מַה הָעִנְיָנִים?

up *n.*

–on the up and up מִשְׁתַּפֵּר וְהוֹלֵךְ; יָשָׁר; הָגוּן

–ups and downs עֲלִיּוֹת וִירִידוֹת

up *v.* (upped) לְהַעֲלוֹת; לְהָרִים; לְהוֹסִיף עַל־; לְהַגְבִּיר; לָקוּם

up-and-coming *adj.* מַבְטִיחַ; שֶׁיֵּשׁ לוֹ עָתִיד

upbeat *adj.* חִיּוּבִי; אוֹפְּטִימִי; מְעוֹדֵד; שָׂמֵחַ

upbringing *n.* חִינּוּךְ; גִּידּוּל (יְלָדִים); רֶקַע

upcoming *adj.* קָרֵב וּבָא

update *v.* לְעַדְכֵּן

update *n.* עִדְכּוּן

upend *v.* לַהֲפוֹךְ; לְהַעֲמִידוֹ עַל רֹאשׁוֹ; לְהַפִּיל

up-front *adj.* גָּלוּי; יָשָׁר; פָּתוּחַ; דּוּגְרִי; בַּחֲזִית; מוֹבִיל; כִּדְמֵי קְדִימָה; מֵרֹאשׁ (תַּשְׁלוּם)

upgrade *v.* לְשַׁפֵּר; לְשַׁכְלֵל; לְהַשְׁבִּיחַ; לְשַׁדְרֵג; לְקַדֵּם (בְּדַרְגָּה)

upheaval *n.* תַּהְפּוּכָה; זַעֲזוּעַ

upheld *v. past and 3rd form of* uphold

uphill *adj., adv.* עוֹלֶה; מִשְׁתַּפֵּעַ כְּלַפֵּי מַעְלָה; קָשֶׁה; בְּמַעֲלֵה הַדֶּרֶךְ

uphold *v.* לִתְמוֹךְ בּ־; לְקַיֵּם; לִשְׁמוֹר עַל־; לְאַשֵּׁר

upholsterer *n.* רַפָּד

upholstery *n.* (חוֹמְרֵי) רִיפּוּד; מַרְפֵּדִיָּה

upkeep *n.* (הוֹצָאוֹת) אַחֲזָקָה; תַּחְזוּקָה

uplands *n.* רָמוֹת (שֶׁל חֶבֶל אֶרֶץ)

uplift *n.* הִתְרוֹמְמוּת הָרוּחַ; עִידּוּד; הַעֲלָאַת מוֹרָל

uplift *v.* לְרוֹמֵם; לְעוֹדֵד; לְהָרִים; לְשַׁפֵּר רַוְוחַת־

upmarket *adj.* מְשׁוּבָּח; בְּרָמָה גְּבוֹהָה; יוּקְרָתִי

upon *prep.* עַל־; עַל גַּבֵּי־

upper *adj.* הָעֶלְיוֹן; צְפוֹנִי; ־עִלִּית

–gain/have the upper hand לִהְיוֹת יָדוֹ עַל הָעֶלְיוֹנָה; לִגְבּוֹר עַל־

upper case *n.* אוֹתִיּוֹת גְּדוֹלוֹת

upper class(es) *n., adj.* הַמַּעֲמָד הַגָּבוֹהַ

uppermost *adj., adv.* בְּרֹאשׁ־; לְמַעְלָה; הָעֶלְיוֹן; (בְּמָקוֹם) רִאשׁוֹן

–be uppermost in his mind לִהְיוֹת בְּרֹאשׁ מַעְיְינָיו

upright *adj.* זָקוּף; נִיצָּב; יָשָׁר; הָגוּן

uprising *n.* הִתְקוֹמְמוּת; מֶרֶד

up-river *adv., adj.* בְּמַעֲלֵה הַנָּהָר

uproar *n.* הֲמוּלָה גְּדוֹלָה; מְהוּמָה; סְעָרָה; מְחָאָה

uproarious *adj.* מַצְחִיק מְאוֹד; קוֹלָנִי

uproot *v.* לַעֲקוֹר (מִן הַשּׁוֹרֶשׁ); לַעֲקוֹר (מִבֵּיתוֹ)

ups and downs *n.* עֲלִיּוֹת וּמוֹרָדוֹת

upscale *adj.* מְשׁוּבָּח; בְּרָמָה גְּבוֹהָה; יוּקְרָתִי

upset *adj.* מְבוֹאָס; מְבוּלְבָּל; נִסְעָר; מוּדְאָג; כּוֹעֵס; מְצוּבְרָח

–upset stomach קִלְקוּל קֵיבָה

upset *n.* קִלְקוּל (קֵיבָה); הֲפִיכָה; בִּלְבּוּל; שִׁיבּוּשׁ; מְצוּקָה; הַפְתָּעָה (בִּספּוֹרט)

upset *v.* לַהֲפוֹךְ; לְהַפִּיל; לִשְׁפּוֹךְ; לְשַׁבֵּשׁ; לְקַלְקֵל; לְהַדְאִיג; לְהַרְגִּיז

–upset the apple cart לְקַלְקֵל הַכֹּל; לַהֲפוֹךְ אֶת הַקְּעָרָה עַל פִּיהָ

upshot *n.* (of) הַתּוֹצָאָה (שֶׁל־); הַסּוֹף

upside *n.* הַדָּבָר הַחִיּוּבִי; עֲלִיָּיה

upside-down *adv.* הָפוּךְ; מְבוּלְגָּן

upstage *v.* לִגְנוֹב אֶת הַהַצָּגָה מ־; לְהַאֲפִיל עַל־

upstairs *adj., adv.* לְקוֹמָה שֶׁלְמַעְלָה; לְמַעְלָה; בַּקּוֹמָה הָעֶלְיוֹנָה

upstanding *adj.* בָּרִיא וְחָזָק; יָשָׁר; הָגוּן; טוֹב

upstart *n.* אָדָם שֶׁעָלָה פִּתְאוֹם לִגְדוּלָּה; מַצְלִיחָן יוֹמְרָנִי / חָצוּף

upstream *adv., adj.* בְּמַעֲלֵה הַנָּהָר; נֶגֶד הַזֶּרֶם

upsurge *n.* גַּל גּוֹאֶה; עֲלִיָּיה; הִתְגַּבְּרוּת

upswing *n.* שִׁיפּוּר; מִפְנֶה לְטוֹבָה; עֲלִיָּיה

U

uptake *n.* תְּפִישָׂה; הֲבָנָה; כַּמּוּת צְרִיכָה (שֶׁל הַגּוּף)

– quick/slow on the uptake מְהִיר־/ קְשֵׁה־תְּפִישָׂה

uptight *adj.* מָתוּחַ; עַצְבָּנִי; לָחוּץ

up-to-date *adj.* מְעוּדְכָּן; עַדְכָּנִי; חָדִישׁ

– keep up-to-date לְהִתְעַדְכֵּן

up-to-the minute *adj.* עַדְכָּנִי

uptown *adj., adv.* בְּאֵיזוֹר / לְאֵיזוֹר הַמְגוּרִים בָּעִיר (בִּצְפוֹן)

upturn *n.* פְּנִייָה מַעְלָה; מִפְנֶה לְטוֹבָה; שִׁיפּוּר; עֲלִייָה

upward *adj.* עוֹלֶה; (מוּפְנֶה) מַעְלָה

upwards *adv.* כְּלַפֵּי מַעְלָה; יוֹתֵר מ־; מֵעַל ל־

– and upwards וָמַעְלָה

uranium *n.* אוּרַנְיוּם

urban *adj.* עִירוֹנִי

– urban renewal שִׁיקּוּם שְׁכוּנוֹת

urbane *adj.* מְנוּמָס וְאֶלֶגַנְטִי

urethra *n.* שׁוֹפְכָה

urge *n.* דַּחַף; יֵצֶר; חֵשֶׁק

urge *v.* לְהַפְצִיר ב־; לְנַסּוֹת לְשַׁכְנֵעַ; לְהָאִיץ ב־; לִדְחוֹק ב־; לְדַרְבֵּן; לִפְנוֹת בִּקְרִיאָה ל־

– urge on לְהַדְגִּישׁ בִּפְנֵי־; לְדַרְבֵּן

urgency *n.* דְּחִיפוּת

urgent *adj.* דָּחוּף; דּוֹחֵק; בָּהוּל; מַפְצִיר

urgently *adv.* בִּדְחִיפוּת

urinal *n.* מַשְׁתֵּנָה

urinary *adj.* (שֶׁל מַעֲרֶכֶת) ־הַשֶּׁתֶן

urinate *v.* לְהַשְׁתִּין

urine *n.* שֶׁתֶן

urn *n.* מֵיחָם; כַּד; כַּד לְאֵפֶר הַמֵּת

us *pron.* אוֹתָנוּ; לָנוּ; עָלֵינוּ וכו׳

US, USA ארה״ב

usable *adj.* שָׁמִישׁ; שִׁימוּשִׁי

usage *n.* שִׁימּוּשׁ; שִׁימּוּשׁ לָשׁוֹן; נוֹהַג

use *n.* שִׁימּוּשׁ; נִיצּוּל; צְרִיכָה; טַעַם; תּוֹעֶלֶת; יְכוֹלֶת לְהִשְׁתַּמֵּשׁ ב־; רְשׁוּת לְהִשְׁתַּמֵּשׁ; נוֹהַג

– be of use (to) לִהְיוֹת לוֹ לְתוֹעֶלֶת; לַעֲזוֹר ל־

– go out of use לָצֵאת מִכְּלַל שִׁימּוּשׁ

– It's no use אֵין טַעַם ל־

– make use of לְנַצֵּל; לְהִשְׁתַּמֵּשׁ ב־

– put to (good) use לְנַצֵּל (הֵיטֵב); לְהָפִיק תּוֹעֶלֶת מ־

– what's the use of waiting...? מָה הַטַּעַם לְחַכּוֹת...?

use *v.* לְהִשְׁתַּמֵּשׁ ב־; לְנַצֵּל; לִצְרוֹךְ; לְהִתְנַהֵג כְּלַפֵּי־

– I could use לֹא הָיִיתִי מִתְנַגֵּד ל־...; ...הָיָה מוֹעִיל לִי; מַה שֶּׁאֲנִי צָרִיךְ זֶה...

– use up לִצְרוֹךְ; לְנַצֵּל; לְהִשְׁתַּמֵּשׁ (בְּכָל־)

used *adj.* מְשׁוּמָּשׁ; לֹא חָדָשׁ; מְלוּכְלָךְ; מְנוּצָּל

used to רָגִיל ל־; נָהַג ל־; פַּעַם הָיָה וכו׳

– get used to לְהִתְרַגֵּל ל־

useful *adj.* שִׁימוּשִׁי; מוֹעִיל; עוֹזֵר; דֵּי טוֹב

usefulness *n.* תּוֹעֶלֶת; שִׁימוּשִׁיּוּת

useless *adj.* חֲסַר עֵרֶךְ; חֲסַר תּוֹעֶלֶת; חֲסַר יְכוֹלֶת; לֹא יוּצְלָח; ־סְרָק; חֲסַר טַעַם

uselessness *n.* חוֹסֶר תּוֹעֶלֶת

user *n.* מִשְׁתַּמֵּשׁ; צַרְכָן

user-friendly *adj.* יְדִידוּתִי (לַמִּשְׁתַּמֵּשׁ)

usher *n.* סַדְרָן; שַׁמָּשׁ בֵּית־מִשְׁפָּט

usher *v.* לְהוֹבִיל; לְהַכְנִיס

– usher in לְהָבִיא עִמּוֹ; לִפְתּוֹחַ (עִידָן...)

usherette *n.* סַדְרָנִית

usual *adj.* רָגִיל; מְקוּבָּל

– as usual כָּרָגִיל

usually *adv.* בְּדֶרֶךְ כְּלָל; לָרוֹב

usurer *n.* מַלְוֶוה בְּרִיבִּית קְצוּצָה

usurp *v.* לִתְפּוֹס בְּכוֹחַ; לִיטּוֹל מ־

usury *n.* הַלְוָאָה בְּרִיבִּית קְצוּצָה

utensil *n.* כְּלִי (מִטְבָּח)

uterus *n.* רֶחֶם

utilitarian *adj.* תּוֹעַלְתִּי

utility *n.* תּוֹעֶלֶת; תּוֹעַלְתִּיּוּת; שֵׁירוּת צִיבּוּרִי (חַשְׁמַל / מַיִם / תַּחְבּוּרָה); טֶנְדֶּר

– utilities שֵׁירוּת צִיבּוּרִי (חַשְׁמַל, מַיִם, תַּחְבּוּרָה)

utility pole *n.* עַמּוּד חַשְׁמַל

utility room *n.* חֲדַר מְכוֹנַת־כְּבִיסָה; מַחסָן (בַּדִירָה)
utilization *n.* נִיצוּל; שִׁימוּשׁ; הֲפָקַת־תוֹעֶלֶת
utilize *v.* לְנַצֵל; לִמצוֹא שִׁימוּשׁ לְ־; לְהָפִיק תוֹעֶלֶת מִ־
utmost *adj., n.* קְצֵה (הַגבוּל); מְרַבִּי; הַגָדוֹל בְּיוֹתֵר; כָּל (שֶׁיָכוֹל)
utopia *n.* אוּטוֹפְּיָה
utopian *adj.* אוּטוֹפִּי; בְּגֶדֶר חָזוֹן שֶׁלֹא יִתמַמֵשׁ
utter *adj.* מוּחלָט; מַמָשׁ
utter *v.* לוֹמַר; לְהוֹצִיא מִפִּיו; לְהַשׁמִיעַ; לְבַטֵא
utterance *n.* מִלָה; הַבָּעָה; אוֹפֶן דִיבּוּר; דִיבּוּר
– give utterance לְהַבִּיעַ; לָתֵת בִּיטוּי לְ־
utterly *adv.* לְגַמרֵי; מַמָשׁ
uttermost *adj.* מְרַבִּי; קְצֵה (הַגבוּל); הַגָדוֹל בְּיוֹתֵר; כָּל (שֶׁיָכוֹל)
U-turn *n.* סִיבּוּב פַּרסָה; תַפנִית שֶׁל 180 מַעֲלוֹת
UV אוּלטרָה־סָגוֹל; עַל־סָגוֹל

U

V

vacancy *n.* מִשְׂרָה פְּנוּיָה; מָקוֹם (פָּנוּי); רֵיקָנוּת
vacant *adj.* פָּנוּי; רֵיק; בּוֹהֶה
–situations vacant מִשְׂרוֹת פְּנוּיוֹת
vacantly *adv.* בְּמַבָּט בּוֹהֶה / חֲסַר הַבָּעָה
vacate *v.* לְפַנּוֹת (מָקוֹם; מִשְׂרָה)
vacation *n.* פַּגְרָה; חוּפְשָׁה; פִּינּוּי
vacation *v.* לָצֵאת לְחוּפְשָׁה (בּ־); לִנְפּוֹשׁ
vacationer *n.* נוֹפֵשׁ (אָדָם)
vaccinate *v.* לְחַסֵּן; לָתֵת לוֹ תַּרְכִּיב חִיסּוּן
vaccine *n.* תַּרְכִּיב חִיסּוּן
vacillate *v.* לְהִיטַּלְטֵל (בֵּין־); לְהַסֵּס (לְגַבֵּי־)
vacillation *n.* הִיסּוּס; הִתְנוֹדְדוּת (לְכָאן וּלְכָאן)
vacuum *n.* רִיק; חָלָל רֵיק; וָאקוּם
vacuum *v.* לְנַקּוֹת בְּשׁוֹאֵב־אָבָק
vacuum cleaner *n.* שׁוֹאֵב־אָבָק
vacuum flask *n.* תֶּרְמוֹס
vagabond *n.* נַוָּד
vagina *n.* נַרְתִּיק (וָאגִינָה)
vaginal *adj.* שֶׁל הַנַּרְתִּיק
vagrancy *n.* שׁוֹטְטוּת; נַוָּדוּת
vagrant *n.* נַוָּד (לְלֹא בַּיִת וַעֲבוֹדָה קְבוּעָה)
vague *adj.* מְעוּרְפָּל; לֹא בָּרוּר; לֹא בָּטוּחַ
vaguely *adv.* בִּמְעוּרְפָּל
vagueness *n.* אִי־בְּהִירוּת
vain *adj.* מִתְרַבְרֵב; מִתְנַפֵּחַ; יָהִיר; ־שָׁווא; סְרָק
–in vain לַשָּׁווא
vainly *adv.* לַשָּׁווא
valediction *n.* נְאוּם פְּרֵידָה; בִּרְכַּת פְּרֵידָה
valentine *n.* (כַּרְטִיס בְּרָכָה ל־) אָהוּב / אֲהוּבָה בְּחַג הָאַהֲבָה
valet *n.* מְשָׁרֵת; מְשָׁרֵת אִישִׁי
valiant *adj.* אַמִּיץ
valid *adj.* תָּקֵף; כָּשֵׁר; בַּעַל תּוֹקֶף; הֶגְיוֹנִי; תּוֹפֵס
validate *v.* לָתֵת תּוֹקֶף (חוּקִי) ל־; לְאַשֵּׁר
validation *n.* הֶכְשֵׁר; מַתָּן תּוֹקֶף חוּקִי; אִישּׁוּר; בִּיסּוּס
validity *n.* תּוֹקֶף; תְּקֵפוּת
valley *n.* עֵמֶק
valor, valour *n.* אוֹמֶץ־לֵב
valuable *adj.* יָקָר; בַּעַל־עֵרֶךְ; רַב־עֵרֶךְ; מוֹעִיל; חָשׁוּב
valuables *n.* דִּבְרֵי עֵרֶךְ
valuation *n.* הַעֲרָכָה; אוּמְדָן; שׁוּמָה
value *n.* עֵרֶךְ; שׁוֹוִי; חֲשִׁיבוּת; תּוֹעֶלֶת; תְּמוּרָה
–values עֲרָכִים (שֶׁל צֶדֶק, מוּסָר וכו׳)
–set a high value on לְיַיחֵס חֲשִׁיבוּת רַבָּה ל־; לְהַעֲרִיךְ מְאוֹד
–value for (your) money תְּמוּרָה לְכַסְפְּךָ
value *v.* לְהַעֲרִיךְ; לְהַחְשִׁיב; לְהוֹקִיר
value-added tax *n.* מַס עֵרֶךְ מוּסָף
value judgment *n.* שִׁיפּוּט עֶרְכִּי
valuer *n.* שַׁמַּאי; מַעֲרִיךְ
valve *n.* שַׁסְתּוֹם; מְנוֹרָה (בְּרַדְיוֹ וכד׳)
vampire *n.* עַרְפָּד
van *n.* מַשָּׂאִית קְטַנָּה; נַיֶּידֶת (נוֹסְעִים / מִשְׁטָרָה); וָאן; מִסְחָרִית; טֶנְדֶּר
vandal *n.* מַשְׁחִית; וַנְדָּל
vandalism *n.* וַנְדָּלִיזְם; הֶרֶס לְשְׁמוֹ
vandalize *v.* לַהֲרוֹס; לְהַשְׁחִית בְּזָדוֹן
vane *n.* שַׁבְשֶׁבֶת; לַהַב הַמַּדְחֵף; כָּנָף
vanguard *n.* חֵיל חָלוּץ
vanilla *n.* וָנִיל; שֶׁנֶף
vanish *v.* לְהֵיעָלֵם; לְהִיכָּחֵד; נָגוֹז; נָמוֹג
vanity *n.* יְהִירוּת; הֶבֶל
vanquish *v.* לְהָבִיס; לְנַצֵּחַ; לְהַכְנִיעַ
vantage point *n.* נְקוּדַת מַבָּט; עֶמְדַּת יִתְרוֹן; נְקוּדַת תַּצְפִּית
vapid *adj.* תָּפֵל; חֲסַר עִנְיָין
vaporize *v.* לְאַדּוֹת; לְהִתְאַדּוֹת
vapor, vapour *n.* אֵדִים
variable *adj.* מִשְׁתַּנֶּה; לֹא יַצִּיב; נָתוּן לְשִׁינּוּיִים
variable *n.* מִשְׁתַּנֶּה; גּוֹרֵם מִשְׁתַּנֶּה
variance *n.* שִׁינּוּי; נִיגּוּד; שׁוֹנוּת; אִישּׁוּר לַחֲרִיגָה

–at variance (with) נוֹגֵד (אֶת); סוֹתֵר; חֲלוּקִים (בְּדֵעוֹתֵיהֶם)

variant *n.* צוּרָה שׁוֹנָה; נוּסַח שׁוֹנֶה

variation *n.* שִׁינּוּי; הִשְׁתַּנּוּת; הֶבְדֵּל; וָרִיאַצְיָה

varicose veins *n.* דַּלְיוֹת הָרַגְלַיִים; "וְרִידִים"

varied *adj.* שׁוֹנִים; מְסוּגִים שׁוֹנִים; מְגוּוָּן

variegated *adj.* מְגוּוָּן; מְנוּמָּר בְּסַסְגוֹנִיּוּת

variegation *n.* גִּיוּוּן; כְּתָמִים סַסְגוֹנִיִּים

variety *n.* גִּיוּוּן; רַבְגוֹנִיּוּת; מְגוּוָּן; זַן; סוּג; וַרְיֶיטֶה (סוּג בִּידּוּר)

–for a variety of reasons מְסִיבּוֹת שׁוֹנוֹת

–wide variety מְגוּוָּן רָחָב

various *adj.* שׁוֹנִים; מְגוּוָּנִים

variously *adv.* בִּדְרָכִים שׁוֹנוֹת; ע״י אֲנָשִׁים שׁוֹנִים

varnish *n.* (צִיפּוּי) לַכָּה; בָּרָק חִיצוֹנִי

varnish *v.* לִצְבּוֹעַ בְּלַכָּה; לְיַיפּוֹת; לְחַפּוֹת

varsity *adj., n.* (נִבְחֶרֶת) שֶׁל אוּנִיבֶרְסִיטָה / בי״ס

vary *v.* (varied) לְהִשְׁתַּנּוֹת; לְשַׁנּוֹת; לִהְיוֹת שׁוֹנֶה; לְגַוּוֵן

varying *adj.* מִשְׁתַּנֶּה; שׁוֹנִים

vascular *adj.* שֶׁל כְּלֵי הַדָּם; צִינּוֹרִי

vase *n.* אֲגַרְטָל; צִנְצֶנֶת

vasectomy *n.* נִיתּוּחַ צִינּוֹר הַזֶּרַע / עִיקּוּר

vast *adj.* עָצוּם; גָּדוֹל מְאוֹד; נִרְחָב

vastly *adv.* בְּמִידָּה רַבָּה; מְאוֹד; בְּהַרְבֵּה

vastness *n.* מֶרְחָב / גּוֹדֶל עָצוּם

VAT מע״מ

vaudeville *n.* ווֹדְבִיל; הַצָּגַת וַרְיֶיטֶה

vault *n.* כִּיפָּה; גַּג קְשָׁתוֹת; מַרְתֵּף; כּוּךְ; חֲדַר־כַּסָּפוֹת

vault *v.* לִקְפּוֹץ (בְּעֶזְרַת הַיָּדַיִים / בְּמוֹט)

vaulted *adj.* מְקוּמָּר; מְקוּשָּׁת; בָּנוּי קְשָׁתוֹת

vaulting horse *n.* סוּס קְפִיצוֹת (בְּהִתְעַמְּלוּת)

vaunt *v., n.* לְהִתְפָּאֵר (בְּ־); הִתְפָּאֲרוּת

VCR (מַכְשִׁיר) וִידֵיאוֹ

VD מַחֲלַת מִין

VDU מַצָּג; צַג

veal *n.* בְּשַׂר עֵגֶל

veep *n.* סְגַן־נָשִׂיא

veer *v.* לְשַׁנּוֹת כִּיווּן; לִסְטוֹת; לְהִתְחַלֵּף

vegan *adj., n.* טִבְעוֹנִי; צִמְחוֹנִי

vegetable *adj.* צִמְחִי

vegetable *n.* יָרָק / יֶרֶק (לְמַאֲכָל); צֶמַח (אָדָם עִם נֶזֶק מוֹחִי)

vegetable kingdom *n.* עוֹלַם הַצּוֹמֵחַ

vegetarian *adj., n.* צִמְחוֹנִי

vegetarianism *n.* צִמְחוֹנוּת

vegetate *v.* לִחְיוֹת חַיִּים רֵיקִים; לְהִינָּמֵק

vegetation *n.* צִמְחִיָּיה

veggie *n.* יָרָק; צִמְחוֹנִי

vehement *adj.* עַז; חָרִיף; תַּקִּיף; נִלְהָב; נִמְרָץ; נִסְעָר

vehemently *adv.* בְּתַקִּיפוּת; נִמְרָצוֹת; בְּהִתְלַהֲבוּת

vehicle *n.* (כְּלִי) רֶכֶב; אֶמְצָעִי; מַכְשִׁיר לְקִידּוּם־; בָּמָה לְהַצָּגַת־

veil *n.* הִינוּמָה; רְעָלָה; מַעֲטֶה; מַסְוֶוה

veil *v.* לְכַסּוֹת בִּרְעָלָה / בְּהִינוּמָה; לְהַסְתִּיר; לְהַסווֹת

veiled *adj.* מְצוֹעָף; מְכוּסֶּה; מוּסְתָּר; מוּסְוֶוה

vein *n.* וְרִיד; עוֹרֵק (בְּצֶמַח; בְּשַׁיִשׁ וכד׳); עוֹרֵק (זָהָב וכו׳); נְטִיָּיה; קַו מְאַפְיֵין; מַצַּב־רוּחַ; הֲלָךְ־רוּחַ; נִימָה

Velcro™ *n.* צַמְדָּן (סֶרֶט הַצְמָדָה; וֶלְקְרוֹ)

velocity *n.* מְהִירוּת

velour, velours *n.* קְטִיפָה

velvet *n.* קְטִיפָה

velvety *adj.* קְטִיפָתִי

venal *adj.* מוּשְׁחָת; מְקַבֵּל שׁוֹחַד; שֶׁל בֶּצַע כֶּסֶף

vendetta *n.* מַסַּע נְקָמָה; גְּאוּלַּת־דָּם

vending machine *n.* מְכוֹנַת־מְכִירָה

vendor *n.* מוֹכֵר (בְּדוּכָן, ברחוב); מוֹכֵר (דִּירָה / קַרְקַע); מְכוֹנַת מְכִירָה

veneer *n.* קְלִיף; פוּרְנִיר; בָּרָק חִיצוֹנִי; מַסְוֶוה; קְלִיפָּה

venerable *adj.* נִכְבָּד; נַעֲרָץ; מַרְשִׁים; מְקוּדָּשׁ

venerate *v.* לְכַבֵּד; לְהוֹקִיר; לְהַעֲרִיץ

veneration *n.* יִרְאַת כָּבוֹד ; הַעֲרָצָה
venereal disease *n.* מַחֲלַת מִין
venetian blind *n.* תְּרִיס רְפָפוֹת / וֶנֶצִיָאנִי
vengeance *n.* נְקָמָה
–with a vengeance בְּעוֹצמָה ; וְעוֹד אֵיךְ
–take vengeance on לִנקוֹם בּ־
vengeful *adj.* נַקְמָנִי ; שׁוֹאֵף נָקָם
venison *n.* בְּשַׂר צְבִי
venom *n.* אֶרֶס ; שִׂנאָה
venomous *adj.* אַרסִי ; מָלֵא שִׂנאָה
venomously *adv.* בְּאַרסִיוּת
vent *n.* פֶּתַח ; מוֹצָא ; פֶּתַח יְצִיאָה ; פּוּרקָן
vent *v.* (on) לָתֵת פּוּרקָן ל־ ; לִפרוֹק עַל־
ventilate *v.* לְאַוורֵר ; לְהַעֲלוֹת לְדִיוּן פּוּמבִּי
ventilation *n.* אִוורוּר ; דִיוּן צִיבּוּרִי ; הַנשָׁמָה
ventilator *n.* מְאַוורֵר ; מַנשִׁים
ventriloquist *n.* פִּיתוֹם (מְדַבֵּר מֵהַבֶּטֶן)
venture *n.* עֵסֶק / מִפעָל שֶׁכָּרוּךְ בְּסִיכּוּן
venture *v.* לְהִסתַכֵּן ; לְהָעֵז לָלֶכֶת / לָצֵאת וכו' ; לְהָעֵז (לַעֲשׂוֹת / לוֹמַר) ; לְסַכֵּן
venture capital *n.* הוֹן סִיכּוּן
venue *n.* ; מְקוֹם הָאֵירוּעַ ; מְקוֹם הַשִּׁיפּוּט ; מְקוֹם הַמִפגָשׁ
Venus *n.* (כּוֹכַב) נוֹגַה
veracity *n.* אֲמִיתוּת ; אֱמֶת ; מְהֵימָנוּת
veranda *n.* מִרפֶּסֶת
verb *n.* פּוֹעַל
verbal *adj.* מִילוּלִי ; בְּעַל־פֶּה ; פּוֹעֳלִי
verbal agreement *n.* הֶסכֵּם בְּעַל־פֶּה
verbally *adv.* בְּעַל־פֶּה
verbatim *adj., adv.* מִלָה בְּמִלָה
verbiage *n.* גִיבּוּב מִלִים ; מֶלֶל
verbose *adj.* מְגַבֵּב מִלִים ; מַרבֶּה מֶלֶל
verdict *n.* פְּסַק־דִין ; הַחלָטָה ; דֵעָה ; פְּסִיקָה
verge *n.* קָצֶה ; שׁוּלַיִים (מְדוּשָׁאִים)
–on the verge of עַל סַף־
verge *v.* (on) לִגבּוֹל בּ־ ; לְהִתקָרֵב (לְגִיל־)
verification *n.* אִימוּת
verify *v.* (verified) לְאַמֵת
veritable *adj.* אֲמִיתִי ; מַמָשׁ
verity *n.* אֱמֶת ; אֲמִיתָה

vermicelli *n.* וֶרמִיצֶ'לִי (אִטרִיוֹת)
vermilion *adj., n.* (צֶבַע) שָׁשַׁר ; אָדוֹם עַז
vermin *n.* (בַּעֲלֵי־חַיִים) מַזִיקִים ; חֲרָקִים טַפִּילִיִים ; שְׁרָצִים ; חֶלאַת אָדָם
vermouth *n.* וֶרמוּט (יַיִן)
vernacular *adj., n.* מְקוֹמִי ; שֶׁל שְׂפַת הַמָקוֹם ; שְׂפַת דִיבּוּר ; זַ'רגוֹן
vernal *adj.* אֲבִיבִי ; שֶׁל הָאָבִיב
veronica *n.* בֵּירוֹנִיקָה (צֶמַח)
versatile *adj.* רַב־צְדָדִי ; רַבגוֹנִי ; רַב־שִׁימוּשִׁי
versatility *n.* רַב־צְדָדִיוּת ; שִׁימוּשִׁים רַבִּים
verse *n.* שִׁירָה ; חֲרוּזִים ; בַּיִת ; שִׁיר ; פָּסוּק
versed *adj.* –versed in בָּקִי בּ־
version *n.* גִרסָה ; נוּסָח
versus *prep.* נֶגֶד
vertebra *n.* (*pl.* vertebrae) חוּליָה (בַּשִׁדרָה)
vertebrate *adj., n.* בַּעַל חוּליוֹת ; חוּלִיָיתָן
vertex *n.* פִּסגָה ; רֹאשׁ ; קוֹדקוֹד
vertical *adj., n.* אֲנָכִי ; מְאוּנָךְ ; אֲנָךְ ; נִיצָב
vertically *adv.* בִּמאוּנָךְ ; אֲנָכִית
vertical takeoff *n.* הַמרָאָה אֲנָכִית
vertigo *n.* סְחַרחוֹרֶת (גְבָהִים)
vervain *n.* וֶרבֵּנָה ; לוּאִיזָה (צֶמַח)
verve *n.* הִתלַהֲבוּת ; לַהַט
very *adj.* אוֹתוֹ עַצמוֹ ; בְּדִיוּק ; מַמָשׁ
–the very idea עֶצֶם הָרַעֲיוֹן
very *adv.* מְאוֹד ; הָכִי ; מַמָשׁ ; בְּדִיוּק
–very well בְּסֵדֶר ; יָפֶה ; הֵיטֵב
Very light *n.* זִיקוּק (מְצוּקָה, תְאוּרָה)
vessel *n.* כְּלִי (קִיבּוּל) ; אוֹנִיָיה ; כְּלִי שַׁיִט
vest *n.* וֶסט ; מוֹתנִיָיה ; שַׁכפָּץ ; אֵפוֹד (מָגֵן) ; גוּפִיָיה
vest *v.* לְהַקנוֹת ; לְהַעֲנִיק ; לָתֵת (סַמכוּת וכו') ; לִהיוֹת בְּיָדָיו (סַמכוּת וכו')
vested interest *n.* אִינטֶרֶס אִישִׁי / מְשׁוּרייָן ; גוֹרֵם אִינטֶרֶסַנטִי
vestibule *n.* פְּרוֹזדוֹר ; חֲדַר כְּנִיסָה ; תָּא מַעֲבָר (בֵּין הַקרוֹנוֹת)
vestige *n.* סִימָן ; שֶׁמֶץ ; שָׂרִיד ; זֵכֶר
vet *n.* וֶטֶרִינָר ; וָתִיק (מִלחָמָה)

vet *v.* לִבדוק (הֵיטֵב)
veteran *n., adj.* וָתִיק; (מְכוֹנִית) מִלִּפנֵי 1916; בַּעַל נִיסָיוֹן; חַיָּל מְשוּחרָר; יוֹצֵא־
veterinarian *n.* וֶטֶרִינָר
veterinary *adj.* וֶטֶרִינָרִי
veterinary surgeon *n.* וֶטֶרִינָר
veto *n.* (זְכוּת) וֶטוֹ
veto *v.* לְהַטִיל וֶטוֹ עַל־; לֶאֱסוֹר
vex *v.* לְהַרגִיז; לְהָצִיק
vexation *n.* דָבָר מְעַצבֵּן; רוֹגֶז; דְאָגָה; הַטרָדָה
vexed question *n.* עִניָין שָנוּי בְּמַחלוֹקֶת; בְּעָיָה קָשָה לְפִתרוֹן
vexing *adj.* מְעַצבֵּן; מֵצִיק; מַטרִיד
via *prep.* דֶרֶך; בְּאֶמצָעוּת
viability *n.* יְכוֹלֶת הַקִיוּם; מַעֲשִׂיוּת
viable *adj.* בַּר־קַיָימָא; מַעֲשִׂי; אֶפשָרִי
viaduct *n.* גֶשֶר דְרָכִים
vial *n.* בַּקבּוּקוֹן
vibes *n.* תְחוּשָה; רֶטֶט; אֲווִירָה; וִיבּרָפוֹן
vibrant *adj.* רוֹטֵט; עַז; חָזָק; תוֹסֵס; מָלֵא חַיִים
vibrate *v.* לְהַרעִיד; לִרעוֹד; לִרטוֹט
vibration *n.* תְנוּדָה; רֶטֶט; תְחוּשָה
vibrator *n.* וִיבּרָטוֹר; רַטָט
vicar *n.* כּוֹמֶר הַקְהִילָה
vicarage *n.* מְעוֹן הַכּוֹמֶר
vicariously *adv.* כְּאִילוּ זֶה קוֹרֶה לוֹ עַצמוֹ; בְּאוֹפֶן בִּלתִי אֶמצָעִי
vice *n.* מִידָה רָעָה; עֲבֵירַת מוּסָר; מֶלְחָצַיִים
vice- סְגַן־
vice president *n.* סְגַן נָשִׂיא
viceroy *n.* מִשנֶה לַמֶלֶך (בְּאֶרֶץ אַחֶרֶת)
vice squad *n.* מַחלָק הַמוּסָר
vice versa *adv.* לְהֵיפֶך
vicinity *n.* קִרבָה; סְבִיבָה
vicious *adj.* מְרוּשָע; זְדוֹנִי; אַכזָרִי
– vicious dog כֶּלֶב נוֹשֵך
vicious circle *n.* מַעגָל קְסָמִים
viciously *adv.* בְּרִשעוּת; בְּאַכזְרִיוּת
vicissitudes *n.* תַהפּוּכוֹת; תְמוּרוֹת; עֲלִיוֹת וִירִידוֹת
victim *n.* קוֹרבָּן
– fall victim to לִיפּוֹל קוֹרבָּן ל־; לִסבּוֹל מ־
victimization *n.* הֲפִיכָה לְקוֹרבָּן; פְּגִיעָה; הִתעַלְלוּת
victimize *v.* לַעֲשׂוֹתוֹ קוֹרבָּן; לְהִתעַלֵל בּ־
victor *n.* מְנַצֵחַ
Victoria Cross *n.* צְלַב וִיקטוֹרְיָה (עִיטוּר גְבוּרָה)
victorious *adj.* מְנַצֵחַ
victory *n.* נִיצָחוֹן
– a narrow victory נִיצָחוֹן דָחוּק
video *adj., n.* וִידֶאוֹ; סֶרֶט וִידֶאוֹ; קַלֶטֶת וִידֶאוֹ
video *v.* לְהַקלִיט בּווִידֶאוֹ
video arcade *n.* אוּלָם מִשֹחֲקֵי וִידֶאוֹ
video card *n.* כַּרטִיס מָסָך
video cassette *n.* קַלֶטֶת וִידֶאוֹ
video (cassette recorder) *n.* מַכשִיר וִידֶאוֹ
video conferencing *n.* שִׂיחַת מִפגָש / וְעִידָה בְּווִידֶאוֹ
videotape *n., v.* סֶרֶט הַקלָטָה בְּווִידֶאוֹ; לְהַקלִיט בְּווִידֶאוֹ
vie *v.* (with/for) לְהִתחָרוֹת (עִם־ / עַל־)
view *n.* מַרְאֶה; (שְׂדֵה־) רְאִיָיה; לְעֵינֵי־; מֵעֵינֵי־; (תְמוּנַת) נוֹף; תְצוּגָה; דֵעָה; הַשקָפָה
– come into view לְהִתגַלוֹת לָעַיִן
– in my view לְדַעתִי
– in view of לְאוֹר־; בְּהִתחַשֵב בּ־
– on view מוּצָג
– with a view to (doing...) בְּמַטָרָה / בְּתִקוָוה ל־
view *v.* לִראוֹת; לְהִתבּוֹנֵן בּ־; לִבחוֹן; לִבדוֹק; לְהִתיַיחֵס אֶל... (בּ־)
viewer *n.* צוֹפֶה; מִתבּוֹנֵן; מַשקֵף (לִשקוּפִיוֹת)
viewfinder *n.* עֵינִית; כַּוֶונֶת (בּמצלמה)
viewing *n.* צְפִייָה; תְצוּגָה
viewpoint *n.* נְקוּדַת מַבָּט; נְקוּדַת תַצפִּית
vigil *n.* שְמִירָה; מִשמֶרֶת; עֵרוּת
vigilance *n.* עֲמִידָה עַל הַמִשמָר; עֵירָנוּת
vigilant *adj.* עֵירָנִי; עוֹמֵד עַל הַמִשמָר
vigilante *n.* חָבֵר בְּמִשמָר אֶזרָחִי (לֹא רִשמִי); לוֹקֵחַ אֶת הַחוֹק לְיָדָיו

V

vigor, vigour *n.* כּוֹחַ; מֶרֶץ; נִמְרָצוּת
vigorous *adj.* חָזָק; נִמְרָץ
vigorously *adv.* בְּמֶרֶץ; נִמְרָצוֹת; בְּחוֹזְקָה
vile *adj.* שָׁפָל; נִתְעָב; בָּזוּי; מַגְעִיל; רַע מְאוֹד; מְזוּפָּת
vilification *n.* הַשְׁמָצָה
vilify *v.* (vilified) לְהַשְׁמִיץ
villa *n.* וִילָה; חֲוִילָה; בֵּית־כְּפָר לְנוֹפֶשׁ
village *n.* כְּפָר
villager *n.* תּוֹשַׁב כְּפָר; כַּפְרִי
villain *n.* נָבָל; הָאִישׁ הָרַע; פּוֹשֵׁעַ
villainy *n.* (מַעֲשֶׂה) נְבָלָה; נִבְזוּת
vinaigrette *n.* רוֹטֶב חוֹמֶץ לְסָלָט
vindicate *v.* לְהַצְדִּיק; לְהוֹכִיחַ צִדְקַת־; לְנַקּוֹת מֵאַשְׁמָה
vindication *n.* הַצְדָּקָה; הוֹכָחַת צִדְקָתוֹ
vindictive *adj.* נַקְמָנִי
vindictiveness *n.* נַקְמָנוּת
vine *n.* גֶּפֶן; צֶמַח מְטַפֵּס
vinegar *n.* חוֹמֶץ
vineyard *n.* כֶּרֶם
vino *n.* יַיִן
vintage *adj.* שֶׁל בָּצִיר טוֹב; מְעוּלֶּה; קְלָסִי
vintage *n.* (יַיִן מִ־) בָּצִיר
vintner *n.* יֵינָן; סוֹכֵן יֵינוֹת
vinyl *n.* וִינִיל
violate *v.* לְהָפֵר; לִפְגּוֹעַ בְּ־; לְחַלֵּל; לֶאֱנוֹס
violation *n.* הֲפָרָה; פְּגִיעָה; אוֹנֶס
violence *n.* אַלִּימוּת; עוֹצְמָה; כּוֹחַ
violent *adj.* אַלִּים; חָזָק; חָרִיף; עַז
violently *adv.* בְּאַלִּימוּת; בְּכוֹחַ; בְּעוֹז; בַּחֲרִיפוּת
violet *n.* סִיגָלִית; (צֶבַע) סָגוֹל
violin *n.* כִּינּוֹר
violinist *n.* כַּנָּר
VIP אַחַ״ם (אִישִׁיּוּת חֲשׁוּבָה מְאוֹד)
viper *n.* צֶפַע; צִפְעוֹנִי (אָדָם זְדוֹנִי)
viral *adj.* נְגִיפִי
virgin *adj.* בְּתוּלָה; בְּתוּלִי; צַח; טָהוֹר
virgin *n.* בְּתוּלָה; בָּתוּל
virginity *n.* בְּתוּלִים
Virgo *n.* מַזַּל בְּתוּלָה

virile *adj.* גַּבְרִי; תַּקִּיף; בַּעַל כּוֹחַ גַּבְרָא
virility *n.* גַּבְרִיּוּת; כּוֹחַ גַּבְרָא
virtual *adj.* וִירְטוּאָלִי; כְּמוֹ מְצִיאוּתִי; לְמַעֲשֶׂה; בְּפוֹעַל
virtually *adv.* לְמַעֲשֶׂה; כִּמְעַט
virtual reality *n.* מְצִיאוּת מְדוּמָה
virtue *n.* מִידָּה טוֹבָה; מַעֲלָה; הִתְנַהֲגוּת מוּסָרִית; סְגוּלָה; יִתְרוֹן
– by/in virtue of בִּזְכוּת־; מִכּוֹחַ־
virtuosity *n.* וִירְטוּאוֹזִיּוּת
virtuoso *n.* וִירְטוּאוֹז; אוּמַן הַבִּיצוּעַ
virtuous *adj.* בַּעַל מִידּוֹת טוֹבוֹת; חָסוּד; מוּסָרִי
virulent *adj.* קַטְלָנִי; עַז; מָלֵא שִׂנְאָה; אַרְסִי
virus *n.* נְגִיף; וִירוּס
visa *n.* אַשְׁרָה; וִיזָה
vis-à-vis *prep.* לְעוּמַּת; כְּלַפֵּי־; בְּיַחַס לְ־
viscosity *n.* צְמִיגוּת
viscount *n.* וִיקוֹנְט (תּוֹאַר אֲצוּלָה)
viscous *adj.* צָמִיג; סָמִיךְ; דָּבִיק
vise *n.* מֶלְחָצַיִים
visibility *n.* (תְּנָאֵי) רְאוּת; הֵירָאוּת
visible *adj.* נִרְאֶה / גָּלוּי (לָעַיִן); נִיכָּר; בָּרוּר; מַרְבֶּה לְהוֹפִיעַ בַּתִּקְשׁוֹרֶת
visibly *adv.* בְּאוֹפֶן גָּלוּי / הַנִּרְאֶה לָעַיִן
vision *n.* (כּוֹשֶׁר) רְאִיָּיה; חָזוֹן; חִיזָּיוֹן; חֲלוֹם; תְּמוּנָה בַּדִּמְיוֹן; מַרְאֶה נִפְלָא
visionary *adj., n.* דִּמְיוֹנִי; בַּעַל חָזוֹן; חוֹלֵם; הוֹזֶה; אָדָם בַּעַל חָזוֹן
visit *n.* בִּיקּוּר
– pay a visit (to) לַעֲרוֹךְ בִּיקּוּר (אֵצֶל־)
visit *v.* לְבַקֵּר (בְּ־); לָלֶכֶת לְ־; לְהִתְאָרֵחַ (אֵצֶל־)
– visit with לְהִתְאָרֵחַ אֶצְלוֹ לְשִׂיחָה; לְשׂוֹחֵחַ עִם
visiting card *n.* כַּרְטִיס בִּיקּוּר
visiting hours *n.* שְׁעוֹת בִּיקּוּר
visitor *n.* מְבַקֵּר; אוֹרֵחַ; צִיפּוֹר נוֹדֶדֶת
visor *n.* מִצְחַת קַסְדָּה; מָגֵן־פָּנִים
vista *n.* מַרְאֶה; אוֹפֶק; תְּמוּנָה
visual *adj.* חֲזוּתִי
visual aids *n.* עֲזָרִים חֲזוּתִיִּים
visual display unit *n.* מַצָּג; צַג

visualize *v.* לְתָאֵר בְּעֵינֵי רוּחוֹ; לְדַמְיֵין
vital *adj.* חִיּוּנִי (לַחַיִּים); עֶלְיוֹן; חִיּוּנִי
vitality *n.* כּוֹחַ חַיִּים; יְכוֹלֶת לְהִתְקַיֵּים; מֶרֶץ; חִיּוּת; חִיּוּנִיּוּת
vitally *adv.* מְאוֹד; בְּיוֹתֵר
vital signs *n.* סִימָנִים חִיּוּנִיִּים (חוֹם, דוֹפֶק וכו׳)
vital statistics *n.* תְּנוּעָה טִבְעִית (בְּסְטָטִיסְטִיקָה); מִידּוֹת בְּסִיסִיּוֹת שֶׁל גּוּף הָאִישָּׁה
vitamin *n.* וִיטָמִין
vitiligo *n.* בַּהֶקֶת; בַּהֶרֶת (מַחֲלַת עוֹר)
vitriolic *adj.* חָרִיף; צוֹרֵב; פּוֹגְעָנִי; אַרְסִי
vituperation *n.* גִּידּוּף; דִּבְרֵי נְאָצָה
vituperative *adj.* שֶׁל גִּידּוּפִים וְהַשְׁמָצוֹת
vivacious *adj.* מָלֵא חַיִּים; עַלִּיז
vivaciously *adv.* בְּעַלִּיזוּת מְלֵאַת חַיִּים
vivacity *n.* עַלִּיזוּת מְלֵאַת חַיִּים
vivarium *n.* בֵּיבָר
vivid *adj.* עַז; מַבְהִיק; חַי; תּוֹסֵס; בָּרוּר
–vivid imagination דִּמְיוֹן פּוֹרֶה / פָּרוּעַ
vividly *adv.* בְּצוּרָה חַיָּה; בִּצְבָעִים עַזִּים; בְּבֵירוּר
vivisection *n.* נִיתּוּחַ לְמַטְּרוֹת נִיסּוּיִים
vixen *n.* שׁוּעָלָה; מִרְשַׁעַת
viz. *adv.* כְּלוֹמַר; דְּהַיְינוּ
vizier *n.* וָזִיר
VJ *n.* מַגִּישׁ וִידֶאוֹ קְלִיפִּים (בטלוויזיה)
vocabulary *n.* אוֹצַר (הַ)מִּלִּים; רְשִׁימַת מִלִּים; מִילּוֹן
vocal *adj.* קוֹלִי; ־הַקּוֹל; מִתְבַּטֵּא בְּחוֹפְשִׁיּוּת; בּוֹטֶה; קוֹלָנִי
vocal *n.* קֶטַע קוֹלִי (בְּשִׁיר); קוֹל
vocal cords *n.* מֵיתְרֵי הַקּוֹל
vocalist *n.* זַמָּר
vocation *n.* יִיעוּד; שְׁלִיחוּת; כִּשְׁרוֹן; נְטִיָּיה; מִקְצוֹעַ
vocational *adj.* מִקְצוֹעִי
vocational guidance *n.* הַכְוָונָה מִקְצוֹעִית
vocational training *n.* הַכְשָׁרָה מִקְצוֹעִית
vociferous *adj.* קוֹלָנִי; צַעֲקָנִי
vodka *n.* ווֹדְקָה

vogue *n.* אוֹפְנָה; דָּבָר שֶׁבָּאוֹפְנָה; פּוֹפּוּלָרִיּוּת
voice *n.* קוֹל; (הַבָּעַת) דֵּעָה; בִּיטּוּי
–give voice to לְהַבִּיעַ; לְבַטֵּא
–have a voice in יֵשׁ לוֹ זְכוּת לְהַבִּיעַ דֵּעָה / לְהַשְׁפִּיעַ
–raise your voice לְהָרִים אֶת קוֹלוֹ
voice *v.* לְהַבִּיעַ (בְּמִלִּים); לְהַשְׁמִיעַ; לְהָפִיק הֶגֶה קוֹלִי
voice mail *n.* מַעֲנֶה קוֹלִי; תָּא קוֹלִי
voice mailbox *n.* תָּא קוֹלִי
voice-over *n.* קַרְיְינוּת רֶקַע (בְּסֶרֶט)
void *adj.* (of) רֵיק מ־; חֲסַר־
void *n.* חָלָל; הֶחָלָל הַחִיצוֹן; רֵיקָנוּת
void *v.* לְרוֹקֵן; לְבַטֵּל תּוֹקֶף
volatile *adj.* נָדִיף; הֲפַכְפַּךְ; לֹא יַצִּיב; רָגִישׁ; נָזִיל
volatility *n.* נְדִיפוּת; הֲפַכְפְּכוּת
volcanic *adj.* ווּלְקָנִי; נוֹצָר מֵהַר־גַּעַשׁ; שֶׁל הַר־גַּעַשׁ; גַּעֲשִׁי
volcano *n.* הַר־גַּעַשׁ
volition *n.* רָצוֹן; בְּחִירָה
volley *n.* מַטָּח; מְטַר־; חֲבָטַת / בְּעִיטַת יְעָף
volleyball *n.* כַּדּוּר־עָף
volt *n.* ווֹלְט
voltage *n.* ווֹלְטָז׳; מֶתַח (חַשְׁמַל)
volte-face *n.* תַּפְנִית מוּחְלֶטֶת
voluble *adj.* שֶׁדִּיבּוּרוֹ קוֹלֵחַ; (בַּעַל דִּיבּוּר) שׁוֹטֵף; מַכְבִּיר מִילִּים
volume *n.* כֶּרֶךְ; סֵפֶר; עוֹצְמַת הַקּוֹל; נֶפַח; כַּמּוּת
–speak volumes for לְהָעִיד כְּאֶלֶף עֵדִים עַל־
voluminous *adj.* גָּדוֹל; רְחַב יְרִיעָה / הֶיקֵּף; עַב־כֶּרֶס; הַרְבֵּה; פּוֹרֶה
voluntarily *adv.* מֵרָצוֹן; בְּהִתְנַדְּבוּת
voluntary *adj.* הִתְנַדְּבוּתִי; בְּהִתְנַדְּבוּת; מֵרָצוֹן; ווֹלוּנְטָרִי; רְצוֹנִי
volunteer *n.* מִתְנַדֵּב
volunteer *v.* לְהִתְנַדֵּב; לְנַדֵּב; לְהַצִּיעַ מֵרְצוֹנוֹ
voluptuous *adj.* חוּשָׁנִי; מְעַנֵּג; מְהַנֶּה; מְעוֹרֵר תַּאֲוָוה

V

vomit *v., n.* לְהָקִיא; לִפְלוֹט; קִיא

voodoo *n.* ווּדוּ; כִּישׁוּף

voracious *adj.* רַעַבְתָנִי; זוֹלֵל; שֶׁאֵינוֹ יוֹדֵעַ שׂוֹבַע

voraciously *adv.* בְּרַעַבְתָנוּת; לְלֹא שׂוֹבַע

voracity *n.* רַעַבְתָנוּת; זוֹלְלָנוּת

vortex *n.* מְעַרְבּוֹלֶת; קַלַּחַת

vote *n.* (זְכוּת) הַצְבָּעָה; קוֹל; שִׁיעוּר הַצְבָּעָה; מִסְפַּר הַקּוֹלוֹת

– cast your vote לְהַצְבִּיעַ

– put it to the vote לְהַעֲמִיד לְהַצְבָּעָה

vote *v.* לְהַצְבִּיעַ (בְּעַד / נֶגֶד־); לְאַשֵּׁר הַקְצָבָה; לְהַקְצִיב; לִבְחוֹר; לִקְבּוֹעַ עַל דַּעַת הַכּוֹל; לְהַכְרִיז; לְהַצִּיעַ

voter *n.* בּוֹחֵר; מַצְבִּיעַ

voting *n.* הַצְבָּעָה; תוֹצָאוֹת הַהַצְבָּעָה

vouch *v.* (for) לַעֲרוֹב לְ־; לִהְיוֹת עָרֵב לְ־

voucher *n.* שׁוֹבֵר; תְלוּשׁ

vouchsafe *v.* לְהוֹאִיל (לָתֵת); לָתֵת; לְזַכּוֹת בְּ־

vow *n.* נֵדֶר; הַבְטָחָה חֲגִיגִית

vow *v.* לִנְדּוֹר (נֵדֶר); לְהִישָּׁבַע

vowel *n.* תְנוּעָה (בְּהִיגּוּי); אֵם־קְרִיאָה

vox pop *n.* מִשְׁאַל רְחוֹב

voyage *n.* הַפְלָגָה; מַסָּע

voyage *v.* לְהַפְלִיג; לִנְסוֹעַ

voyager *n.* נוֹסֵעַ; מִשְׁתַּתֵּף בְּמַסָּע

voyeur *n.* מְצִיצָן

voyeurism *n.* מְצִיצָנוּת

vs. נֶגֶד

vulcanize *v.* לְגַפֵּר

vulgar *adj.* גַּס; הֲמוֹנִי; בְּטַעַם הֲמוֹנִי / רַע; ווּלְגָרִי

vulgarity *n.* הֲמוֹנִיּוּת; טַעַם רַע; גַּסּוּת

– vulgarities מַעֲשִׂים / דִּיבּוּרִים ווּלְגָרִיִּים

vulgarize *v.* לַעֲשׂוֹת לַהֲמוֹנִי; לִפְגּוֹם (בְּעֶרְכּוֹ)

vulnerability *n.* פְּגִיעוּת

vulnerable *adj.* (to) פָּגִיעַ; חַלָּשׁ; רָגִישׁ

vulture *n.* נֶשֶׁר; פֶּרֶס; רוֹדֵף בֶּצַע (שֶׁמְּחַכֶּה כְּעַיִט לְטַרְפּוֹ)

vulva *n.* פּוֹת

vying *see* vie

W

wacko *n.* מְטוֹרָף תִּמהוֹנִי
wacky *adj.* מְטוֹרָף; תִּמהוֹנִי; אַבּסוּרדִי; מַצחִיק
wad *n.* גוּש / חֲתִיכָה שֶׁל חוֹמֶר רַךְ; צְרוֹר
waddle *v., n.* לְהַלֵּךְ כְּבַרוָז; הֲלִיכַת בַּרוָז
wade *v.* לָלֶכֶת בַּמַּיִם וכו׳ / לַעֲבוֹר תוֹךְ מַאֲמָץ
–wade through לְהִתיַיגֵּעַ בִּקרִיאַת־
wader *n.* אֶרֶךְ־רַגלַיִים (עוֹף מַיִם)
waders *n.* מַגָפֵי גוּמִי גְבוֹהִים (לְדַיִג)
wafer *n.* אֲפִיפִית; וָפֶל; דַקדַף; פְּרוּסָה (אֶלֶקטרוֹנִיקָה)
waffle *n.* וָפֶל אָמֶרִיקָאִי
waffle *v.* לְקַשקֵשׁ; לְפַטפֵּט; לְהִתלַבֵּט
waft *v.* לָשֵׂאת (בָּאֲווִיר וכו׳); לִשלוֹחַ; לְהָעִיף
wag *v.* (wagged) לְכַשׁכֵּשׁ; לְנַענֵעַ; לְהִתנוֹעֵעַ
wage *n.* שָׂכָר
–wages שָׂכָר; גְמוּל
wage *v.* לְנַהֵל; לָצֵאת ל־ (מִלחָמָה וכד׳)
wage claims *n.* תְּבִיעוֹת שָׂכָר
wage earner *n.* שָׂכִיר; עוֹבֵד בְּשָׂכָר
wage increase *n.* תּוֹסֶפֶת שָׂכָר; הַעֲלָאָה
wager *n.* הִתעָרבוּת; הִימוּר
wager *v.* לְהִתעָרֵב / לְהַמֵּר (עַל־)
wage rise *n.* תּוֹסֶפֶת שָׂכָר; הַעֲלָאַת שָׂכָר
wage scale *n.* סוּלַם הַשָּׂכָר
waggle *v.* לְנַענֵעַ; לְכַשׁכֵּשׁ; לְהִתנוֹעֵעַ
wagon, waggon *n.* עֲגָלָה; קְרוֹן מַשָּׂא
–be on the wagon לְהִתנַזֵּר מִמַשׁקָאוֹת חֲרִיפִים
wagtail *n.* נַחֲלִיאֵלִי
waif *n.* יֶלֶד עָזוּב / חֲסַר בַּיִת
wail *n.* יְלָלָה; בְּכִי
wail *v.* לְיַילֵל; לִבכּוֹת; לְקוֹנֵן
waist *n.* מוֹתנַיִים
waistcoat *n.* מוֹתנִיָיה

waist-deep *adj.* עַד (גוֹבַה) הַמּוֹתנַיִים
waistline *n.* קַו מוֹתנַיִים
wait *n.* הַמתָּנָה
–lie in wait for לֶאֱרוֹב ל־
wait *v.* לְחַכּוֹת; לְהַמתִּין; לִדחוֹת; לְעַכֵּב; לְמַלצֵר
–keep him waiting לָתֵת לוֹ לְחַכּוֹת
–wait tables לַעֲבוֹד כְּמֶלצַר; לְמַלצֵר
–wait on לְשָׁרֵת אוֹתוֹ; לְהַגִּישׁ; לְמַלצֵר; לְחַכּוֹת ל־; לָסוּר אֵלָיו לְבִיקוּר נִימוּסִין
–wait on tables לַעֲבוֹד כְּמֶלצַר; לְמַלצֵר
–wait out לָתֵת (לַסְעָרָה) לַחֲלוֹף
–wait up (for) לְהִישָּׁאֵר עֵר וּלחַכּוֹת (ל־)
–What are you waiting for? לָמָּה אַתָּה מְחַכֶּה?
waiter *n.* מֶלצַר
waiting *n.* הַמתָּנָה; מֶלצָרוּת
waiting list *n.* רְשִׁימַת מַמתִּינִים
waiting room *n.* חֲדַר / אוּלַם הַמתָּנָה
waitress *n.* מֶלצָרִית
waive *v.* לְווַתֵּר עַל־
waiver *n.* וִיתּוּר; כְּתַב וִיתּוּר
wake *n.* לֵיל שִׁימוּרִים לִכבוֹד מֵת; שׁוֹבֶל
–in the wake of בְּעִקבוֹת־
wake *v.* (woke, woken) (up) לְהִתעוֹרֵר; לְהָעִיר; לְעוֹרֵר
waken *v.* לְהָעִיר; לְהִתעוֹרֵר; לְעוֹרֵר
walk *n.* טִיּוּל רַגלִי; (מֶרחַק) הֲלִיכָה; צוּרַת הֲלִיכָה; מַסלוּל; שְׁבִיל; מִקצוֹעַ; עִיסוּק; שִׁכבָה (חֶברָתִית)
–go for a walk לָלֶכֶת לְטַייֵל (בָּרֶגֶל)
–from all walks of life מִכָּל שִׁכבוֹת הַצִּיבּוּר
walk *v.* לָלֶכֶת (בָּרֶגֶל); לִפסוֹעַ; לְהוֹלִיךְ; לְטַייֵל (בָּרֶגֶל); לְלַווֹת
–walk away לְהִסתַּלֵק; לַעֲזוֹב
–walk away with לְנַצֵּחַ / לִזכּוֹת בְּקַלוּת בּ־
–walk in לְהִיכָּנֵס
–walk into לְהִיתָּקֵל בּ־; לְהִיכָּנֵס ל־ (מַלכּוֹדֶת)
–walk off לַעֲזוֹב; לְהִסתַּלֵק
–walk off with ״לִסחוֹב״; לִזכּוֹת בְּקַלוּת
–walk on לְהַמשִׁיךְ לָלֶכֶת; לָלֶכֶת הָלְאָה

–walk out לִשְׁבּוֹת; לִנְטוֹשׁ אֶת הָעֲבוֹדָה; לָצֵאת בְּהַפְגָּנָתִיּוּת
–walk out (on) לִנְטוֹשׁ אוֹתוֹ
–walk (all) over לְנַצֵּחַ בְּקַלּוּת אֶת־; לִרְמוֹס
–walk tall לָלֶכֶת בְּרֹאשׁ מוּרָם
walkaway *n.* נִיצָּחוֹן קַל
walker *n.* טַיָּיל; הוֹלֵךְ (בָּרֶגֶל); הֲלִיכוֹן (לְנָכֶה)
walkie-talkie *n.* ווֹקִי טוֹקִי (מַכְשִׁיר קֶשֶׁר אִישִׁי)
walking *adj.* ־הֲלִיכָה; מְהַלֵּךְ; שֶׁל טִיּוּל רַגְלִי
walking encyclopedia *n.* אֶנְצִיקְלוֹפֶּדְיָה מְהַלֶּכֶת
walking papers *n.* מִכְתַּב פִּיטּוּרִים
walking stick *n.* מַקֵּל הֲלִיכָה
Walkman *n.* ווֹקְמֶן
walkout *n.* שְׁבִיתָה; נְטִישָׁה (שֶׁל עוֹבְדִים); יְצִיאָה הַפְגָּנָתִית
walkover *n.* נִיצָּחוֹן קַל; נִיצָּחוֹן טֶכְנִי
walk-up *adj., n.* (דִּירָה / מִשְׂרָד בְּבִנְיָין גָּבוֹהַּ) לְלֹא מַעֲלִית
walkway *n.* מַעֲבָר; שְׁבִיל; מַסְלוּל
wall *n.* קִיר; חוֹמָה; דּוֹפֶן
–drive someone up the wall לְשַׁגֵּעַ אוֹתוֹ
–walls have ears אוֹזְנַיִים לַכּוֹתֶל
wall *v.* לְהַקִּיף בְּחוֹמָה
–wall up לִסְתּוֹם / לֶאֱטוֹם בִּלְבֵנִים וכד׳
wallaby *n.* ווֹלַבִּי (מִין קֶנְגּוּרוּ)
wallchart *n.* תְּמוּנַת לוּחַ (בַּכִּיתָּה); תַּרְשִׁים (לִתְלִיָּיה) עַל הַקִּיר
walled *adj.* מוּקָּף חוֹמָה
wallet *n.* אַרְנָק; תִּיק
wallflower *n.* יַהֲוּב (צֶמַח); בַּחוּרָה לֹא מְבוּקֶּשֶׁת (לְרִיקּוּד)
wallop *n., v.* מַכָּה חֲזָקָה; לְהַרְבִּיץ חָזָק
walloping *adj.* עָצוּם; גָּדוֹל מְאוֹד
walloping *n.* מַכּוֹת; תְּבוּסָה
wallow *v.* (in) לְהִתְפַּלֵּשׁ; לְהִתְבּוֹסֵס (בְּ־); לְהִתְעַנֵּג; לְהִתְמוֹגֵג (מִ־)
wall painting *n.* צִיּוּר קִיר
wallpaper *n., v.* (לְהַדְבִּיק) טַפֵּיטֵי נְיָיר

wall-to-wall *adj.* מִקִּיר לְקִיר
walnut *n.* אֱגוֹז־מֶלֶךְ / מוֹחַ; עֵץ אֱגוֹז
walrus *n.* סוּס יָם; נִיבְתָּן
waltz *n.* וַאלְס (רִיקּוּד)
waltz *v.* לִרְקוֹד וַאלְס; לְהוֹבִיל בְּוַואלְס
–waltz off with לִזְכּוֹת בְּקַלּוּת בְּ־; ״לִסְחוֹב״ אֶת־
–waltz through לַעֲבוֹר בְּקַלּוּת
wampum *n.* צְדָפִים; חֲרוּזִים; כֶּסֶף (אֵצֶל הָאִינְדִיאָנִים)
wand *n.* מַטֶּה (קֶסֶם)
wander *v.* לְשׁוֹטֵט; לִנְדּוֹד; לִתְעוֹת; לִסְטוֹת (מִ־); לֹא לִהְיוֹת מְרוּכָּז
wanderer *n.* נוֹדֵד; בַּעַל־חַיִּים תּוֹעֶה
wanderings *n.* נְדוּדִים; מַסָּעוֹת
wanderlust *n.* תַּאֲוַות מַסָּעוֹת
wane *n.*
–on the wane דּוֹעֵךְ; פּוֹחֵת; בִּירִידָה
wane *v.* לְהִתְמַעֵט; לְהֵיחָלֵשׁ; לִדְעוֹךְ; לִפְחוֹת
wangle *v.* לְהַשִּׂיג בְּתַחְבּוּלָה; לְסַדֵּר
want *n.* מַחְסוֹר; הֶעְדֵּר; צוֹרֶךְ; צְרָכִים
–in want of צָרִיךְ; זָקוּק לְ־
want *v.* לִרְצוֹת; לִהְיוֹת זָקוּק לְ־; לִסְבּוֹל מַחְסוֹר
–want for nothing יֵשׁ לוֹ כָּל מַה שֶׁהוּא צָרִיךְ
–want in/out לִרְצוֹת לְהִשְׁתַּתֵּף / לָצֵאת מֵהָעֵסֶק
–You don’t want to know. לֹא כְּדַאי לְךָ לָדַעַת
want ad *n.* מוֹדָעַת ״דְּרוּשִׁים״
wanting *adj.* חָסֵר; לֹא מְסַפֵּק
wanton *adj.* זְדוֹנִי; מְרוּשָׁע; סְתָם; לְשֵׁם; מוּפְקָר; גְּדֵל פֶּרֶא; שׁוֹבָבִי
war *n.* מִלְחָמָה
–at war בְּמַצַּב מִלְחָמָה
–wage war (on) לָצֵאת לְמִלְחָמָה; לֶאֱסוֹר מִלְחָמָה עַל
war *v.* לְהִילָּחֵם
warble *v.* לְסַלְסֵל בְּקוֹלוֹ; סִלְסוּל קוֹל
warbler *n.* סְבְכִי; שִׁיחָנִית; עֲלְוָוית (צִיפּוֹר שִׁיר)
war clouds *n.* עַנְנֵי מִלְחָמָה

war correspondent *n.* כַּתָּב צְבָאִי
war crime *n.* פֶּשַׁע מִלְחָמָה
war cry *n.* קְרִיאַת קְרָב; סִיסְמָה
ward *n.* מַחְלָקָה (בְּבֵית־חוֹלִים); בִּיתָן; חֶדֶר; אֵיזוֹר (בְּחִירוֹת/מִנְהָלִי); מוּשְׁגָּח; הַשְׁגָּחָה; בֶּן־חָסוּת
ward *v.*
–ward off לַהֲדוֹף; לִמְנוֹעַ; לְהַרְחִיק
warden *n.* מְנַהֵל; מְמוּנֶּה; אַפּוֹטְרוֹפּוֹס; פַּקַּח תְּנוּעָה; מְפַקֵּד בֵּית־סוֹהַר
warder *n.* סוֹהֵר
wardrobe *n.* אֲרוֹן בְּגָדִים; מֶלְתָּחָה (בְּגָדִים)
warehouse *n., v.* מַחְסָן; לְאַחְסֵן
wares *n.* סְחוֹרָה
warfare *n.* לוֹחְמָה; מִלְחָמָה
warhead *n.* רֹאשׁ חֵץ; רֹאשׁ קְרָבִי; רֹאשׁ נֶפֶץ
warhorse *n.* סוּס מִלְחָמָה וָתִיק
warily *adv.* בִּזְהִירוּת
warlike *adj.* מִלְחַמְתִּי; לְמִלְחָמָה; תּוֹקְפָנִי; אוֹהֵב מִלְחָמָה; שָׂשׂ לְמִלְחָמָה
warlock *n.* מְכַשֵּׁף
warlord *n.* מְפַקֵּד; מַצְבִּיא; מַנְהִיג צְבָאִי
warm *adj.* חָמִים; חַם; נִלְהָב; לְבָבִי; (עִקְבוֹת רֵיחַ) טְרִיִּים
–get warm לְהִתְחַמֵּם
warm *v.* לְחַמֵּם; לְהִתְחַמֵּם
–warm up לְהִתְחַמֵּם; לַעֲשׂוֹת חִימּוּם; לְחַמֵּם
warmed-over *adj.* נָדוֹשׁ; מְמוּחְזָר
warm-hearted *adj.* לְבָבִי; חַם לֵב
warmly *adv.* בְּחוֹם; בַּחֲמִימוּת; בִּבְגָדִים חָמִים
warmonger *n.* מְחַרְחֵר מִלְחָמָה
warmth *n.* חוֹם; חֲמִימוּת
warm-up *n.* חִימּוּם (בִּספּוֹרט)
warn *v.* לְהַזְהִיר; לְהַתְרוֹת; לְהוֹדִיעַ
warning *n.* אַזְהָרָה; הַתְרָאָה
warning strike *n.* שְׁבִיתַת אַזְהָרָה
warp *n.* עִיקּוּם; עִיווּת; שְׁתִי; חוּט שְׁתִי
warp *v.* לְעַקֵּם; לְהִתְעַקֵּם; לְעַוֵּות; לְהִתְעַוֵּות
warpath *n.* מַסְלוּל שֶׁל מִלְחָמָה; זַעַם
warped *adj.* מְעוּוָּת צוּרָה; מְעוּקָּם; מְעוּוָּת
warrant *n.* צַו; הַצְדָּקָה
warrant *v.* לְהַצְדִּיק; לְהַבְטִיחַ; לַעֲרוֹב לְ־; לְהִתְחַיֵּיב
warranted *adj.* מוּצְדָּק; שֶׁהוּא רָאוּי לוֹ
warranty *n.* (כְּתַב/תְּעוּדַת) אַחֲרָיוּת; הִתְחַיְּיבוּת
warren *n.* רֶשֶׁת מְחִילוֹת אַרְנָבִים; מָבוֹךְ
warring *adj.* בְּמַצַּב מִלְחָמָה; מְסוּכְסָךְ; מִתְנַגֵּשׁ
warrior *n.* לוֹחֵם
warship *n.* אוֹנִיַּית מִלְחָמָה
wart *n.* יַבֶּלֶת
wartime *n.* תְּקוּפַת מִלְחָמָה; זְמַן מִלְחָמָה
wary *adj.* (about, of) זָהִיר; נִזְהָר (מִפְּנֵי־/שֶׁלֹּא)
wash *n.* רְחִיצָה; כִּיבּוּס; שְׁטִיפָה; כְּבִיסָה; כְּבָסִים; שְׁאוֹן גַּלִּים נִשְׁטָפִים (עַל־); הִתְעַרְבְּלוּת בַּמַּיִם; מֵי שְׁטִיפָה (לַפֶּה)
wash *v.* לִרְחוֹץ; לְכַבֵּס; לְהִתְרַחֵץ; לְהִתְכַּבֵּס; לַעֲבוֹר; לְהִתְקַבֵּל; לִשְׁטוֹף; לִסְחוֹף; לִגְרוֹף
–not wash (with) לֹא "קוֹנֶה"; לֹא עוֹבֵר אֶצְלוֹ
–wash your hands of לְהִתְנַעֵר מִכָּל אַחֲרָיוּת לְ־; לְנַעֵר חוֹצְנוֹ מ־
–wash up לִשְׁטוֹף (כֵּלִים); לִרְחוֹץ יָדַיִים
–be washed up (on) לְהִיפָּלֵט/לְהִיסָּחֵף (אֶל־)
washable *adj.* כָּבִיס
wash-and-wear *adj.* שֶׁאֵין צוֹרֶךְ לְגַהֲצוֹ; כַּבֵּס וּלְבַשׁ
washbasin *n.* כִּיּוֹר (רַחְצָה)
washcloth *n.* מַגֶּבֶת פָּנִים; מַטְלִית רַחְצָה
washed-out *adj.* דָּהוּי; תָּשׁוּשׁ
washed-up *adj.* מְחוּסָּל; אָבוּד; גָּמוּר
washer *n.* מְכוֹנַת כְּבִיסָה; מֵדִיחַ־כֵּלִים; שׁוֹטֵף; דִּיסְקִית; "שַׁיְיבָּה"
washerwoman *n.* כּוֹבֶסֶת
washing *n.* רְחִיצָה; שְׁטִיפָה; כְּבִיסָה; כְּבָסִים
washing line *n.* חֶבֶל כְּבִיסָה

washing machine *n.* מְכוֹנַת כְּבִיסָה
washing powder *n.* אַבְקַת כְּבִיסָה
washing-up *n.* שְׁטִיפַת־כֵּלִים; כֵּלִים (לִשְׁטִיפָה)
washing-up liquid *n.* נוֹזֵל לְנִיקּוּי כֵּלִים
washout *n.* כִּישָּׁלוֹן גָּמוּר
washroom *n.* שֵׁירוּתִים
wasp *n.* צִרְעָה
waspish *adj.* עוֹקְצָנִי; רַגְזָנִי
waste *adj.* בּוּר; שָׁמֵם; מְיוּתָּר; ־פְּסוֹלֶת
waste *n.* בִּזְבּוּז; פְּסוֹלֶת; שְׁמָמָה
– go to waste לְהִתְבַּזְבֵּז
waste *v.* לְבַזְבֵּז; לְהַחֲלִישׁ; לְהֵיחָלֵשׁ; לִגְווֹעַ; לְהִצְטַמֵּק
– waste away לְהִתְנַוֵּון; לְהִידַּלְדֵּל; לְהִינָּמֵק
– waste your breath לְבַזְבֵּז אֶת זְמַנְךָ (בְּנִיסָּיוֹן לְשַׁכְנֵעַ)
wastebasket *n.* סַל פְּסוֹלֶת (נְיָירוֹת)
wasted *adj.* מְבוּזְבָּז; מְיוּתָּר; תָּשׁוּשׁ; ״שָׁפוּךְ״
waste disposal *n.* סִילּוּק (חוֹמְרֵי) פְּסוֹלֶת
wasteful *adj.* בַּזְבְּזָנִי
wasteland *n.* שְׁמָמָה; רֵיקָנוּת
waste material *n.* חוֹמֶר פְּסוֹלֶת
waste paper *n.* פְּסוֹלֶת נְיָיר
waste-paper basket *n.* סַל פְּסוֹלֶת (נְיָירוֹת)
waste products *n.* מוּצְרֵי פְּסוֹלֶת
watch *n.* שָׁעוֹן; שְׁמִירָה; מִשְׁמָר; מִשְׁמֶרֶת
– keep watch (on) לִשְׁמוֹר (עַל־); לַעֲקוֹב אַחֲרֵי־
watch *v.* לְהִסְתַּכֵּל; לְהִתְבּוֹנֵן; לִצְפּוֹת בּ־; לְהִיזָּהֵר; לָשִׂים לֵב; לְהַשְׁגִּיחַ; לְחַכּוֹת (ל־)
– watch it תִּיזָּהֵר!
– watch out (for) לְהִיזָּהֵר (מִפְּנֵי־); לָשִׂים לֵב ל־
– watch over לְהַשְׁגִּיחַ עַל־
watchband *n.* רְצוּעַת שָׁעוֹן
watchdog *n.* כֶּלֶב שְׁמִירָה; כֶּלֶב הַשְׁמִירָה
watchful *adj.* עֵר; דָּרוּךְ; זָהִיר; פּוֹקֵחַ עַיִן
watchmaker *n.* שָׁעָן
watchman *n.* שׁוֹמֵר

watchstrap *n.* רְצוּעַת שָׁעוֹן
watchtower *n.* מִגְדַּל שְׁמִירָה
watchword *n.* סִיסְמָה; מִילַּת הַמַּפְתֵּחַ
water *n.* מַיִם; גֵּאוּת; שֵׁפֶל; יַם־; מַיִם־; מֵי־
– be in deep water לִהְיוֹת בְּצָרָה
– be in/get into hot water לְהִסְתַּבֵּךְ בְּצָרוֹת
– not hold water לֹא לַעֲמוֹד בְּמִבְחַן הַבִּיקּוֹרֶת; לִהְיוֹת מוּפְרָךְ
– like water off a duck's back לְלֹא כָּל הַשְׁפָּעָה; לֹא עוֹשֶׂה עָלָיו רוֹשֶׁם
– pass water לְהַשְׁתִּין
– water under the bridge מַה שֶּׁהָיָה הָיָה; שַׁיָּיךְ לַהִיסְטוֹרְיָה
water *v.* לְהַשְׁקוֹת; לִדְמוֹעַ; לְהַעֲלוֹת רִיר
– water down לִמְהוֹל בְּמַיִם; לְמַתֵּן; לְרַכֵּךְ
waterbed *n.* מִיטַּת מַיִם
water bird *n.* עוֹף מַיִם
waterborne *adj.* מוּבָל בְּדֶרֶךְ הַיָּם; מוֹעֲבָר דֶּרֶךְ מַיִם
water bottle *n.* מֵימִיָּיה; בַּקְבּוּק חַם
water cannon *n.* תּוֹתַח מַיִם (לְפִיזּוּר מַפְגִּינִים)
watercolor, watercolour *n.* צִבְעֵי־מַיִם; תְּמוּנַת צִבְעֵי־מַיִם; צִיּוּר בְּצִבְעֵי־מַיִם
watercress *n.* גַּרְגִּיר הַנְּחָלִים
waterfall *n.* מַפַּל־מַיִם
waterfowl *n.* עוֹף מַיִם; עוֹפוֹת מַיִם
waterfront *n.* שֶׁטַח הַנָּמֵל; שֶׁטַח הַחוֹף
water heater *n.* דּוּד חִימּוּם; מְחַמֵּם מַיִם
water hole *n.* מִקְוֵוה מַיִם; בְּרֵיכָה
watering can *n.* מַזְלֵף
water lily *n.* שׁוֹשַׁן־מַיִם; נִימְפֵיאָה
waterline *n.* קַו־הַמַּיִם (בָּאוֹנִיָּיה); גּוֹבַהּ מַיִם
water main *n.* צִינּוֹר־מַיִם רָאשִׁי
watermark *n.* סִימַן מַיִם; סִימַן גּוֹבַהּ הַמַּיִם
watermelon *n.* אֲבַטִּיחַ
water meter *n.* שְׁעוֹן מַיִם

water mill *n.* טַחֲנַת מַיִם
water pistol *n.* אֶקְדַּח מַיִם
water polo *n.* כַּדּוּר־מַיִם
waterproof *adj., v.* חֲסִין מַיִם; אָטִים לְמַיִם; לַעֲשׂוֹתוֹ חֲסִין מַיִם
water-repellent *adj.* דּוֹחֶה מַיִם
water-resistant *adj.* עָמִיד בִּפְנֵי מַיִם
watershed *n.* (קַו) פָּרָשַׁת מַיִם; נְקוּדַת מִפְנֶה; תַּקְדִּימִי
waterside *n.* חוֹף; גָּדָה
water-ski *n., v.* מִגְלַשׁ־מַיִם; לַעֲשׂוֹת סְקִי־מַיִם
water skiing *n.* סְקִי־מַיִם
water supply *n.* אַסְפָּקַת מַיִם; מֶשֶׁק הַמַּיִם
water table *n.* פְּנֵי מֵי־הַתְּהוֹם
watertight *adj.* אָטִים (לְמַיִם); שֶׁאֵין בּוֹ פִּרְצָה; מְחוּשָּׁב לִפְרָטָיו
water tower *n.* מִגְדַּל מַיִם
waterway *n.* נְתִיב מַיִם
waterworks *n.* מִפְעֲלֵי מַיִם; בְּלוּטַת הַדְּמָעוֹת
watery *adj.* מֵימִי; חִיוֵּר; דּוֹמֵעַ; רָטוֹב; מְתַחַת לַמַּיִם
watt *n.* וָאט
wattle *n.* שְׂבָכָה; מְחִיצָה קְלוּעָה; שִׁיטָה (עֵץ וָשִׂיחַ); דַּלְדּוּל (בְּצַוָּואר תַּרְנְגוֹל־הוֹדּוּ)
wave *n.* גַּל; נִפְנוּף; סִלְסוּל
wave *v.* לְהִתְנוֹפֵף; לְהִתְנוֹעֵעַ; לְנַפְנֵף; לְנוֹפֵף (בְּיָדוֹ וכו׳); לְסַמֵּן ל־ לָזוּז / לְהִתְרַחֵק וכו׳; לְהִסְתַּלְסֵל; לִהְיוֹת גַּלִּי; לְסַלְסֵל
–wave something aside לִדְחוֹת; לְהִתְיַיחֵס בְּבִיטּוּל ל־
wavelength *n.* אוֹרֶךְ גַּל
–(not) on the same wavelength (לֹא) מְשַׁדְּרִים עַל אוֹתוֹ גַּל
waver *v.* לְהִתְנוֹעֵעַ; לְהִתְנוֹדֵד; לְהַבְלִיחַ; לְהִתְעַרְעֵר; לְהַתְחִיל לְהִיכָּנַע; לְהַסֵּס
waverer *n.* הַסְסָן; מְהַסֵּס; מִתְלַבֵּט
wavering *adj.* מְהַסֵּס; מִתְלַבֵּט; מְהוּסָס
waveringly *adv.* בְּהִיסּוּס
wavy *adj.* גַּלִּי; מְסוּלְסָל
wax *n.* דּוֹנַג; שַׁעֲוָה; וַקְס
wax *v.* לְדַנֵּג; לַעֲשׂוֹת וַקְס ל־; לְהִתְמַלֵּא (יָרֵחַ); לַעֲלוֹת; לְהַתְחִיל לִהְיוֹת
–wax and wane לַעֲלוֹת וְלִשְׁקוֹעַ (אִימְפֶּרְיָה)
wax(ed) paper *n.* נְיַיר שַׁעֲוָה / פֶּרְגָּמֶנְט
waxen *adj.* חִיוֵּר; עָשׂוּי שַׁעֲוָה; שַׁעֲוִי
waxy *adj.* כְּמוֹ / שֶׁל דּוֹנַג (שַׁעֲוָה)
way *adv.* בְּמֶרְחָק רַב; הַרְבֵּה (יוֹתֵר); הַרְחֵק (בִּזְמַן); רָחוֹק
–way back לִפְנֵי זְמַן רַב; הַרְחֵק (בִּזְמַן)
way *n.* דֶּרֶךְ; שְׁבִיל; נָתִיב; שִׁיטָה; אוֹפֶן; אוֹרַח; נוֹהַג; צוּרָה; כִּיוּוּן; מוּבָן; בְּחִינָה; מַצָּב; מִידָּה; הִתְקַדְּמוּת
–all the way (לְאוֹרֶךְ) כָּל הַדֶּרֶךְ; עַד הַסּוֹף
–by way of דֶּרֶךְ; בְּתוֹר־; לְשֵׁם־
–by the way דֶּרֶךְ אַגַּב
–come your way לְהִיקָּרוֹת בְּדַרְכּוֹ; לְהִזְדַּמֵּן לוֹ; לִיפּוֹל בְּחֶלְקוֹ
–cut both ways (עָלוּל) לִהְיוֹת חֶרֶב פִּיפִיּוֹת; לִפְעוֹל בִּשְׁנֵי הַכִּיווּנִים
–either way כָּךְ אוֹ כָּךְ
–get/have his own way לְהַשִּׂיג אֶת מְבוּקָּשׁוֹ; לַעֲשׂוֹת כִּרְצוֹנוֹ
–give way (to) לָתֵת זְכוּת קְדִימָה (ל־); לְפַנּוֹת מְקוֹמוֹ ל־; לְהִיכָּנַע ל־; לְהִתְמוֹטֵט; לָתֵת ל־... לְהִשְׁתַּלֵּט עָלָיו
–go out of your way (to do...) לְהִשְׁתַּדֵּל מְאוֹד; לִטְרוֹחַ בִּמְיוּחָד (ל־)
–have a way with לְהַלֵּךְ קֶסֶם עַל־; מוּכְשָׁר בּ־
–in a small way בְּקְנֵה־מִידָּה קָטָן; בְּמִידָּה צְנוּעָה
–in a way בְּמוּבָן מְסוּיָּם
–in every way מִכָּל הַבְּחִינוֹת
–be/get in the way לְהַפְרִיעַ; לְעַכֵּב; לַחְסוֹם דַּרְכּוֹ
–make way (for) לְפַנּוֹת דֶּרֶךְ (ל־)
–make your way in life/the world לְהַצְלִיחַ בַּחַיִּים
–no way! בְּשׁוּם אוֹפֶן לֹא!
–out of harm's way בְּמָקוֹם בָּטוּחַ
–out of the way נִידָּח; מְרוּחָק; יוֹצֵא דּוֹפֶן

–take the easy way out לִבחור בַּדֶּרֶךְ הַקַּלָּה
–be under way לְהִתקַדֵּם; לִהיות בְּעִיצוּמוֹ
–way of life אוֹרַח חַיִּים
–ways and means אֶמצָעִים (לְמִימוּן); דְּרָכִים מִשֶּׁלָּהֶם; שִׁיטוֹת
–Way to go! כָּל הַכָּבוֹד!
–well on the way בְּשָׁלָב מִתקַדֵּם; מִתקָרֵב (לְסִיוּמוֹ)
wayfarer *n.* הֵלֵךְ (נוֹדֵד)
waylay *v.* (waylaid) לֶאֱרוֹב לְ־; לִתפּוֹס / לְהַתקִיף אוֹתוֹ
way-out *adj.* יוֹצֵא דוֹפֶן; חָרִיג
wayward *adj.* סוֹרֵר; קַפּרִיזִי וְעַקשָׁן (כְּיֶלֶד)
WC בֵּית־שִׁימוּשׁ; שֵׁירוּתִים
we *pron.* אֲנַחנוּ; אָנוּ
weak *adj.* חַלָּשׁ; שָׁבִיר; רוֹפֵף; לֹא מְשַׁכנֵעַ; מֵימִי; דָּלִיל; רָפֶה; חִיוֵּור; קַל
–weak spot נְקוּדַּת תוּרפָּה
weaken *v.* לְהַחלִישׁ; לְהֵיחָלֵשׁ
weak-kneed *adj.* חֲלַשׁ אוֹפִי; מִתכּוֹפֵף בְּקַלּוּת; מוּג לֵב
weakling *n.* יְצוּר חַלָּשׁ; חֲלַשׁלוּשׁ; נְמוּשָׁה
weakly *adv.* בְּחוּלשָׁה; בְּצוּרָה חַלָּשָׁה / רָפָה
weakness *n.* חוּלשָׁה; פְּגָם; נְקוּדַּת תוּרפָּה
weak-willed *adj.* לֹא תַקִּיף; חֲלַשׁ אוֹפִי
weal *n.* סִימַן הַלקָאָה וכד׳ (עַל הָעוֹר)
wealth *n.* עוֹשֶׁר; שֶׁפַע
wealthy *adj.* עָשִׁיר
wean *v.* לִגמוֹל (מִינִיקָה); לִגמוֹל (מ־)
weapon *n.* (כְּלִי) נֶשֶׁק
weaponry *n.* (כְּלֵי) נֶשֶׁק
wear *n.* לְבִישָׁה; בְּלַאי; שְׁחִיקָה; עֲמִידוּת; חוֹזֶק; שְׁמִישׁוּת
–wear and tear בְּלַאי (וּטלַאי); בְּלִייָה
wear *v.* (wore, worn) לִלבּוֹשׁ; לִנעוֹל; לְהַרכִּיב; לַעֲנוֹד; לָשִׂים וכו׳; לְהַעֲלוֹת; לַעֲטוֹת (הַבָּעָה); לִשחוֹק; לְהִתבַּלּוֹת; לְהִישָּׁחֵק; לְהִשתַּמֵּר; לְהַחֲזִיק מַעֲמָד; לְאַפשֵׁר; לְהַסכִּים לְ־
–wear down לְהִישָּׁחֵק; לִשחוֹק; לְהַתִּישׁ
–wear off לָפוּג; לְהֵיעָלֵם; לִדעוֹךְ; לְהֵיחָלֵשׁ
–wear out לְהִתבַּלּוֹת; לְהִיגָּמֵר; לִשחוֹק; לְהַתִּישׁ
–wear thin עוֹמֵד לִפקוֹעַ (סַבלָנוּת); מַתחִיל לְהִימָּאֵס
wearily *adv.* בַּעֲיֵיפוּת
wearing *adj.* מְעַיֵּיף
wearisome *adj.* מְעַיֵּיף; אָרוֹךְ וּמְייַגֵּעַ
weary *adj.* עָיֵיף; מְעַיֵּיף; שֶׁל עֲיֵיפוּת; לֵאֶה
weary *v.* לְהִתעַיֵּיף (מ־); לְעַיֵּיף; לְהַלאוֹת
weasel *n.* סַמּוּר (טוֹרֵף)
weasel *v.* –weasel out (of) לְהִתחַמֵּק (מ־); לְהִשתַּמֵּט (מ־)
weather *n.* מֶזֶג־אֲוִויר
–under the weather מַרגִישׁ לֹא טוֹב; שָׁתוּי
weather *v.* לַעֲבוֹר בְּשָׁלוֹם; לִשׂרוֹד
weather-beaten *adj.* שֶׁנִּיכֶּרֶת בּוֹ הַשׁפָּעַת מֶזֶג־הָאֲוִויר
weathercock *n.* שַׁבשֶׁבֶת (בְּצוּרַת תַרנְגוֹל)
weather forecast *n.* תַּחֲזִית (מֶזֶג־אֲוִויר)
weatherman *n.* חַזַּאי (בְּרַדיוֹ, בְּטֶלֶוִויזיָה)
weatherperson *n.* חַזַּאי; חַזָּאִית
weather vane *n.* שַׁבשֶׁבֶת
weave *n.* מַאֲרָג
weave *v.* לֶאֱרוֹג; לִשזוֹר; לִקלוֹעַ; לְהִשתַּזֵּר; לִרקוֹם; לִטווֹת (סִיפּוּר וכו׳); לְפַלֵּס (דַּרכּוֹ) בְּזִיגזַג; לְהִתפַּתֵּל
weaver *n.* אוֹרֵג
web *n.* (רֶשֶׁת) קוּרִים; מַסֶּכֶת (שְׁקָרִים); רֶשֶׁת; מַאֲרָג; קְרוּם שְׂחִייָה
Web site *n.* אֲתָר (בְּרֶשֶׁת מַחשְׁבִים עוֹלָמִית)
wed *v.* לְהַשִּׂיא; לְהִתחַתֵּן; לְהִינָּשֵׂא
we'd = we had; we would
wedding *n.* חֲתוּנָּה; טֶקֶס נִישּׂוּאִים
wedding anniversary *n.* יוֹם הַנִּישּׂוּאִין
wedding dress *n.* שִׂמלַת כַּלָּה / כְּלוּלוֹת

wedding ring *n.* טַבַּעַת נִישׂוּאִים
wedge *n.* טְרִיז; יָתֵד; דָּבָר דְּמוּי טְרִיז
–a wedge of cake פְּרוּסַת עוּגָה
–drive a wedge between לִתקוֹעַ טְרִיז בֵּין־
wedge *v.* לְחַזֵּק בְּיָתֵד; לִקבּוֹעַ בִּטרִיז; לִתקוֹעַ; לִדחוֹס; לִדחוֹק
wedlock *n.* נִישׂוּאִים
Wednesday *n.* יוֹם רְבִיעִי
wee *adj.* קְטַנטַן; זָעִיר
–a wee bit קְצָת; דַּי־
wee, wee-wee *n., v.* פִּיפִּי; לַעֲשׂוֹת פִּיפִּי
weed *n.* עֵשֶׂב שׁוֹטֶה; אָדָם רָזֶה וְחָלוּשׁ; (אָדָם) חֲלַשׁ־אוֹפִי; סִיגָרִייָה; חֲשִׁישׁ
weed *v.* לְנַכֵּשׁ עֵשֶׂב שׁוֹטֶה; לְסַלֵּק; לַעֲקוֹר; לְנַפּוֹת
week *n.* שָׁבוּעַ; שְׁבוּעַ (עֲבוֹדָה)
–week in, week out מִדֵּי שָׁבוּעַ בְּשָׁבוּעַ
weekday *n.* יוֹם חוֹל
weekend *n., v.* סוֹפשָׁבוּעַ; לְבַלּוֹת סוֹפשָׁבוּעַ
weekly *adj., adv.* שְׁבוּעִי; אַחַת לְשָׁבוּעַ
weekly *n.* שְׁבוּעוֹן
weenie *n.* נַקנִיקִייָה; פַּחדָן
weeny *adj.* קְטַנטַן; טִיפָּה
weep *v.* (wept) לִבכּוֹת; לִשפּוֹךְ (דְּמָעוֹת); לָזוּב (דָּם, מוּגלָה)
weeping willow *n.* עֲרָבָה בּוֹכִייָה
weepy *n., adj.* בּוֹכֶה; בַּכיְינִי; מַעֲצִיב; סוֹחֵט דְּמָעוֹת
weft *n.* עֵרֶב (חוּטֵי הָרוֹחַב)
weigh *v.* לִשקוֹל; לִהיוֹת מִשׁקָלוֹ; לְהָרִים (עוֹגֶן)
–weigh down לְהָעִיק עַל־; לְהַכבִּיד עַל־; לְהַכרִיעוֹ
–weigh on לְהָעִיק עַל־; לְהַכבִּיד עַל־
–weigh your words לִברוֹר אֶת מִלּוֹתָיו
–weigh up לִשקוֹל (עִניְין)
weight *n.* מִשׁקָל; מִשׁקוֹלֶת; כּוֹבֶד; עוֹמֶס; מַעֲמָסָה; נֵטֶל; חֲשִׁיבוּת; הַשׁפָּעָה; רוֹב
–carry weight לִהיוֹת לוֹ מִשׁקָל/הַשׁפָּעָה
–lose weight לִרזוֹת; לָרֶדֶת בְּמִשׁקָל
–pull your weight לִתרוֹם אֶת חֶלקוֹ
–put on weight לְהַשׁמִין; לַעֲלוֹת בְּמִשׁקָל
–throw your weight behind לְהַטִּיל אֶת כּוֹבֶד מִשׁקָלוֹ לְמַעַן
weight *v.* לָשִׂים מִשׁקוֹלֶת; לְהוֹסִיף מִשׁקָל לְ־; לְשַׁקְלֵל; לְהַטּוֹת בְּכוֹבֶד מִשׁקָלוֹ
–be weighted down (with) לִכרוֹעַ תַּחַת כּוֹבֶד
weighted *adj.* נוֹטֶה (לְטוֹבַת/נֶגֶד)
weightlessness *n.* חוֹסֶר מִשׁקָל
weightlifter *n.* מֵרִים מִשׁקָלוֹת
weightlifting *n.* הֲרָמַת מִשׁקָלוֹת
weighty *adj.* כָּבֵד; כְּבַד־מִשׁקָל
weird *adj.* מִסתּוֹרִי; לֹא טִבעִי; מוּזָר; מַפחִיד
weirdo *n.* אָדָם מוּזָר; תִּמהוֹנִי
welch *v.* לְהִתחַמֵּק מִתַּשׁלוּם
welcome *adj.* רָצוּי; מְשַׂמֵּחַ; מְבוֹרָךְ; נָעִים; מִתקַבֵּל בִּברָכָה
–be welcome (to) חוֹפשִׁי לְ־; מוּזמָן (לְ־)
–make someone welcome לְקַבֵּל אוֹתוֹ יָפֶה
–Welcome! !בָּרוּךְ הַבָּא! בְּרוּכִים הַבָּאִים
–You're welcome. !עַל לֹא דָּבָר
welcome *n.* קַבָּלַת פָּנִים
welcome *v.* לְקַדֵּם בִּברָכָה; לְקַבֵּל אֶת פְּנֵי־; לְקַבֵּל בְּ־
weld *v.* לְרַתֵּךְ; לִהיוֹת רָתִיךְ; לְלַכֵּד; לְגַבֵּשׁ
welder *n.* רַתָּךְ
welfare *n.* רְווָחָה; סַעַד; בְּרִיאוּת וְאוֹשֶׁר; טוֹבַת־; תּוֹעֶלֶת
welfare state *n.* מְדִינַת רְווָחָה
well *adj.* בָּרִיא; טוֹב; בְּסֵדֶר; בְּמַצָּב טוֹב; רָצוּי; מוּטָב
–get well לְהַבריא
–It's all very well... ...הַכּוֹל טוֹב וְיָפֶה (אֲבָל)
well *adv.* יָפֶה; בְּסֵדֶר; טוֹב; בְּצֶדֶק; הֲרֵי־; בְּהֶחלֵט; הֵיטֵב; הַרבֵּה; מְאוֹד
–as well (as) וְכֵן גַּם; גַּם כֵּן
–do well לְהִתקַדֵּם יָפֶה; לְהַצלִיחַ; לַעֲשׂוֹת חַיִל; לָחוּל שִׁיפּוּר נִיכָּר בְּמַצָּבוֹ; לְהִתאוֹשֵׁשׁ יָפֶה

– do well to לְהֵיטִיב לַעֲשׂוֹת; כְּדַאי ש־
– (it's) just as well מוּטָב כָּךְ; טוֹב (ש־)
– I might (just) as well stay כְּדַאי כְּבָר לְהִישָּׁאֵר...
– Well done! כָּל הַכָּבוֹד!
– well off עָשִׁיר; מַצָּבוֹ טוֹב; טוֹב לוֹ
well *interj.* מַה תַּגִּידוּ; לֹא לְהַאֲמִין!; נוּ; יוֹפִי!; נוּ טוֹב; בְּסֵדֶר; טוֹב; וּבְכֵן; אָז
well *n.* בְּאֵר (מַיִם, נֵפְט); מִפְלָשׂ; פִּיר; מַעְיָן; מָקוֹר
– let well enough alone לֹא לְהִתְעָרֵב; לְהַנִּיחַ לַדְּבָרִים כְּמוֹת שֶׁהֵם
well *v.* לִנְבּוֹעַ; לִפְרוֹץ; לַעֲלוֹת; לְפַכּוֹת
well-advised *adj.* נָבוֹן; חָכָם; כְּדַאי ש־
well-appointed *adj.* מְצוּיָּד כַּהֲלָכָה; מְרוֹהָט כַּהֲלָכָה
well-balanced *adj.* שָׁפוּי; שָׁקוּל; יַצִּיב; מְאוּזָּן
well-behaved *adj.* מִתְנַהֵג יָפֶה; מְחוּנָּךְ
well-being *n.* רְוָוחָה; בְּרִיאוּת וָאוֹשֶׁר; טוֹבַת־
well-bred *adj.* מְחוּנָּךְ
well-built *adj.* מוּצָק (וּשְׁרִירִי); בָּנוּי הֵיטֵב
well-chosen *adj.* נִבְחָר בִּקְפִידָה; קוֹלֵעַ
well-disposed *adj.* (towards) מִתְיַיחֵס בְּחִיּוּב ל־; נוֹטֶה לִתְמוֹךְ בּ־; יְדִידוּתִי; מוּכָן לַעֲזוֹר
well-done *adj.* צָלוּי הֵיטֵב (בָּשָׂר)
well-earned *adj.* שֶׁבְּהֶחְלֵט מַגִּיעַ לוֹ
well-endowed בַּעַל אֶמְצָעִים; עִם זַיִן גָּדוֹל; עִם שָׁדַיִים גְּדוֹלִים
well-fed נֶהֱנֶה מִתְזוּנָה טוֹבָה; אוֹכֵל טוֹב
well-founded *adj.* מְבוּסָּס (חֲשָׁד וכד')
well-groomed *adj.* מְטוּפָּח; מְסוּדָּר; מְצוּחְצָח; שֶׁהוּכַן הֵיטֵב
well-grounded *adj.* מְבוּסָּס; בָּקִי; הוּכְשַׁר
well-heeled *adj.* עָשִׁיר
well-hung *adj.* בַּעַל זַיִן גָּדוֹל
well-informed *adj.* בָּקִי; יוֹדֵעַ דָּבָר
wellington *n.* מַגָּף גּוּמִי גָּבוֹהַּ
well-intentioned *adj.* בַּעַל כַּוָּונוֹת טוֹבוֹת
well-kept *adj.* מְטוּפָּח; שָׁמוּר יָפֶה
well-known *adj.* יָדוּעַ; מְפוּרְסָם
well-mannered *adj.* מְנוּמָּס; בַּעַל נִימוּסִים טוֹבִים
well-meaning *adj.* בַּעַל כַּוָּונוֹת טוֹבוֹת
well-meant *adj.* מִתּוֹךְ כַּוָּונָה טוֹבָה
well-nigh *adv.* כִּמְעַט
well-off *adj.* עָשִׁיר; אָמִיד; בַּר־מַזָּל
well-oiled *adj.* שִׁיכּוֹר; מְשׁוּמָּן
well-paid *adj.* מִשְׂתַּכֵּר יָפֶה; עִם שָׂכָר גָּבוֹהַּ; מְשׁוּתָּלֵם
well-preserved *adj.* שָׁמוּר יָפֶה; נִרְאֶה טוֹב (לְגִילוֹ)
well-read *adj.* שֶׁקָּרָא הַרְבֵּה
well-rounded *adj.* מְגוּוָּן וּמוּשְׁלָם; מַקִּיף; סִימֶטְרִי; מָלֵא וְיָפֶה (גוּף)
well-spoken *adj.* מְדַבֵּר יָפֶה
well-thought-of *adj.* בַּעַל שֵׁם טוֹב; זוֹכֶה לְהַעֲרָכָה רַבָּה
well-thought-out *adj.* מְחוּשָּׁב לִפְרָטָיו; מְתוּכְנָן הֵיטֵב
well-timed *adj.* בְּעִיתּוֹ; בְּעִיתּוּי טוֹב
well-to-do *adj.* אָמִיד; מְבוּסָּס
well-tried *adj.* שֶׁהוּכַח כְּיָעִיל; בָּדוּק
well-turned *adj.* מְנוּסָּח יָפֶה; מוּבָּע יָפֶה; ־שֶׁפֶר; חָטוּב
well-wisher *n.* דּוֹרֵשׁ טוֹבָתוֹ; מְאַחֵל טוֹבוֹת
well-worn *adj.* נָדוֹשׁ; מְשׁוּמָּשׁ; בָּלֶה
welsh *v.* (on) לְרַמּוֹת; לְהִתְחַמֵּק מ־
welt *n.* סִימַן הַלְקָאָה (בְּשׁוֹט)
welter *n.* עִרְבּוּבְיָה; בִּלְבּוּל; יָם שֶׁל־
went *v. past of* go
wept *v. past and 3rd form of* weep
werewolf *n.* אָדָם־זְאֵב
west *adj., adv.* מַעֲרָבִי; מַעֲרָבָה
– west of מַעֲרָבִית ל־
– go west לָמוּת; לָלֶכֶת פַּייפֶן
west *n.* מַעֲרָב
West Bank *n.* הַגָּדָה הַמַּעֲרָבִית
westerly *adj., adv.* מַעֲרָבִי; מַעֲרָבָה
western *adj.* מַעֲרָבִי
western *n.* מַעֲרָבוֹן
westernize *v.* לְמַעְרֵב
westward *adj.* מַעֲרָבִי; בְּכִיווּן מַעֲרָב
westward(s) *adv.* מַעֲרָבָה

wet *adj.* רָטוֹב; לַח; גָשוּם; לֹא גָבֵר; נְמוּשָׁה; חַלָּש; טָרִי (לֹא קָפוּא אוֹ מְיוּבָּש)
–get wet לְהֵירָטֵב
–wet behind the ears תָּמִים; עֲדַיִין יֶלֶד
wet *v.* לְהַרְטִיב
wetback *n.* מֶקְסִיקָנִי שֶׁהִתְגַּנֵּב לְארה״ב
wet blanket *n.* מְקַלְקֵל אֶת הַשִּׂמְחָה
wet dream *n.* חֲלוֹם רָטוֹב
wetness *n.* לַחוּת; רְטִיבוּת
wet nurse *n.* מֵינֶקֶת
wet nurse *v.* לְשַׁמֵּשׁ מֵינֶקֶת ל־; לְפַנֵּק
wet suit *n.* חֲלִיפַת צוֹלֵל/גוֹלֵש
wetting *n.* הֵירָטְבוּת; הַרְטָבָה
whack *n.* מַהֲלוּמָה; מַכָּה; חֵלֶק; נִיסָּיוֹן
whack *v.* לַהֲלוֹם; לְהַכּוֹת בּ־
whacked (out) *adj.* סָחוּט; עָיֵיף מְאוֹד; ״שָׁפוּך״
whacky *adj.* מְטוֹרָף; תִּמְהוֹנִי; מַצְחִיק
whale *n.* לִוְיָתָן
–have a whale of a (good) time לְבַלּוֹת בְּכֵּיף; לַעֲשׂוֹת חַיִּים
whaler *n.* צַיָּיד לִוְויָתָנִים; סְפִינָה לְצֵיד לִוְויתָנִים
whaling *n.* צֵיד לִוְויתָנִים
wham *n.* חֲבָטָה; בּוּם!; הוֹפּ!
wharf *n.* מֵזַח; רְצִיף
what *adj., pron.* מָה; אֵיזֶה; מָה ש־; אוֹתָם... ש־; אֵיךְ
–What about...? מָה דַעְתְּךָ ש־/עַל...?; מָה עִם...?
–What for? לְשֵׁם מָה; לָמָּה; בִּשְׁבִיל מָה
–What is it? מָה הָעִנְיָין?; מָה?
–What's it like being...? אֵיךְ זֶה לִהְיוֹת
–what is more בְּנוֹסָף לְכָךְ; מָה עוֹד ש־
–what of it אָז מָה; מָה בְּכָךְ
–What on earth...? מָה לַעֲזָאזֵל...?
–What's up? מָה קוֹרֶה? מָה הָעִנְיָינִים
whatever אֵיזֶה; כָּל־; בִּכְלָל; וְלֹא חָשׁוּב מָה; יִהְיֶה אֲשֶׁר (יִהְיֶה); כָּל מָה ש־; מְעַנְיֵין מָה; שֶׁיִּהְיֶה
whatnot *n.* וּמָה לֹא
whatsoever *adj.* בִּכְלָל; כָּל־
wheat *n.* חִיטָּה
wheat germ *n.* נֶבֶט חִיטָּה
wheedle *v.* לְשַׁכְנֵעַ/לְהוֹצִיא בְּשִׁידּוּלִים
wheel *n.* גַּלְגַּל; הֶגֶה; תְּנוּעָה סִיבּוּבִית; מַחֲזוֹרִיּוּת
–at the wheel נוֹהֵג; אוֹחֵז בַּהֶגֶה
wheel *v.* לִדְחוֹף; לְהַסִּיעַ; לְהִסְתּוֹבֵב; לָחוּג; לִפְנוֹת (יָמִינָה/שְׂמֹאלָה)
–wheel and deal לַעֲשׂוֹת עִסְקָאוֹת; לַעֲשׂוֹת סַחַר־מֶכֶר
–wheeling and dealing סַחַר־מֶכֶר; מִסְחָרָה
wheelbarrow *n.* מְרִיצָה
wheelchair *n.* כִּסֵּא גַלְגַּלִּים
wheel clamp *n.* סַנְדָּל דֶנְבֶר
wheeler-dealer *n.* סוֹחֵר מְמוּלָּח; עוֹשֶׂה סַחַר־מֶכֶר
wheels *n.* מְכוֹנִית; רֶכֶב
wheeze *v.* לִנְשׁוֹם בְּמַאֲמָץ (כְּחוֹלֵה אַסְתְּמָה)
wheeze *n.* נְשִׁימָה שׁוֹרְקָנִית מְאוּמֶּצֶת
wheezy *adj.* נוֹשֵׁם בְּמַאֲמָץ
whelk *n.* שַׁבְּלוּל יַמִּי (לְמַאֲכָל)
whelp *n.* גּוּר; תִּינוֹק; פִּרְחָח; חוּצְפָּן
when מָתַי; כַּאֲשֶׁר; כְּשׁ־; בְּשָׁעָה ש־; בְּעוֹד ש־; אִם; בִּזְמַן ש־; וְאָז; שֶׁבּוֹ
–since when מִמָּתַי
whence *adv.* מִנַּיִן; הֲכֵיצַד; שֶׁמִּמֶּנּוּ; מֵהֵיכָן ש־; לַמָּקוֹם שֶׁמִּמֶּנּוּ
whenever מָתַי ש־; כָּל אֵימַת ש־; מְעַנְיֵין מָתַי; בְּכָל פַּעַם ש־
where *adv.* אֵיפֹה; הֵיכָן; לְאָן; שֶׁבּוֹ; שָׁם; לְשָׁם
where *conj.* בְּמָקוֹם ש־/שֶׁבּוֹ; בְּכָל מָקוֹם ש־; אֵיפֹה ש־
whereabouts *adv.* הֵיכָן (בְּעֶרֶךְ); בְּאֵיזֶה מָקוֹם
whereabouts *n.* מְקוֹם הִימָּצְאוֹ
whereas *conj.* וְאִילּוּ; בְּעוֹד ש־; הוֹאִיל ו־
whereby *adv.* שֶׁבְּאֶמְצָעוּתוֹ; לְפִיו
wherefore *adv., conj.* מַדּוּעַ; לְשֵׁם מָה; לְפִיכָךְ
wherein *adv.* בַּמֶּה; הֵיכָן; שֶׁבּוֹ
whereof *adv.* שֶׁמִּמֶּנּוּ; שֶׁאוֹדוֹתָיו; מִמָּה?
whereupon *conj.* וּמִיָּד לְאַחַר מִכֵּן; וְאָז

wherever *adv.* בְּכָל / לְכָל מָקוֹם ש־; אֵיפֹה ש־; מֵאֵיפֹה
wherewithal *n.* הַכֶּסֶף הַדָּרוּשׁ; אֶמְצָעִים; כּוֹחַ רָצוֹן
whet *v.* לְהַשְׁחִיז; לְגָרוֹת (תֵּיאָבוֹן ל־)
whether *conj.* אִם; בֵּין אִם... (וּבֵין אִם...); אוֹ
whetstone *n.* אֶבֶן מַשְׁחֶזֶת
whey *n.* מֵי גְבִינָה
which *adj., pron.* אֵיזֶה; (בְּ)אוֹתוֹ; כָּזֶה; אֵיזֶה (מֵהֶם / מִבֵּין־); מִי (מִבֵּין־); ש־; שֶׁאוֹתוֹ; שֶׁבּוֹ; שֶׁבְּעֶטְיוֹ; שֶׁעָלָיו וכו'; מַה ש־
–which (one) of you...? מִי מִכֶּם...?
whichever אֵיזֶה ש־; כָּל / בְּכָל... ש־; לֹא חָשׁוּב אֵיזֶה; מִי ש־
whiff *n.* (of) שְׁאִיפָה קְטַנָּה; מַשָּׁב / רֵיחַ קַל; שֶׁמֶץ; סִימָן קַל בְּיוֹתֵר
while *conj.* בִּזְמַן ש־; אוֹמְנָם... אֲבָל; לַמְרוֹת ש־; וְאִילּוּ; בְּעוֹד ש־
while *n.* זְמַן; פֶּרֶק זְמַן
–a little while זְמַן קָצָר
–a short while ago לֹא מִזְּמַן; לִפְנֵי זְמַן קָצָר
–for a while לִזְמַן מָה
–make it worth someone's while לִדְאוֹג שֶׁזֶּה יִשְׁתַּלֵּם לוֹ
–worth your while כְּדַאי לְךָ
while *v.*
–while away לְהַעֲבִיר (זְמַן) בְּנִיחוּתָא
whim *n.* גַּחֲמָה; קַפְּרִיזָה; "שִׁיגָּעוֹן"
whimper *n.* יְבָבָה
whimper *v.* לְיַיבֵּב (בְּשֶׁקֶט); לוֹמַר בְּקוֹל בַּכְיָינִי
whimsical *adj.* מוּזָר; קַפְּרִיזִי; שׁוֹבָב
whimsy *n.* גַּחֲמָה; קַפְּרִיזָה; הוּמוֹר מְשׁוּנֶּה / מְשׁוּגָּע
whine *n.* יְבָבָה; יְלָלָה
whine *v.* לְיַיבֵּב; לְיַילֵּל; לְהִתְבַּכְיֵין
whiner *n.* מִתְבַּכְיֵין; בַּכְיָין
whinge *v.* לְהִתְבַּכְיֵין; לְקַטֵּר
whinny *n.* צָהֳלָה קַלָּה; צְנִיפָה חֲרִישִׁית
whip *n.* שׁוֹט; מַצְלִיף (הַמִּפְלָגָה); הוֹרָאָה לְהַצְבִּיעַ; מִקְצֶפֶת
whip *v.* (whipped) לְהַצְלִיף בְּ־; לְהַקְצִיף; לְנַצֵּחַ; לְהָבִיס; לַחֲטוֹף; "לִסְחוֹב"; לִשְׁלוֹף; לְהָעִיף; לְזַנֵּק; לְהִיזָּרֵק וכו'
–whip out לִשְׁלוֹף בִּמְהִירוּת
–whip up לְעוֹרֵר; לְשַׁלְהֵב; לְהָכִין צִ'יק־צַ'ק
whip hand *n.* שְׁלִיטָה; יָד עֶלְיוֹנָה
whiplash *n.* הַצְלָפַת שׁוֹט; חַבָּלָה לָרֹאשׁ / לַצַּוָּאר
whipped cream *n.* קַצֶּפֶת
whipping *n.* הַצְלָפָה; הַלְקָאָה
whipping boy *n.* שָׂעִיר לַעֲזָאזֵל
whipping cream *n.* שַׁמֶּנֶת (לְקַצֶּפֶת)
whippy *adj.* גָּמִישׁ; קְפִיצִי
whir *v.* לְהַשְׁמִיעַ קוֹל רִשְׁרוּשׁ / זִמְזוּם
whirl *n.* מְעַרְבּוֹלֶת; סִיבּוּב מָהִיר; קֶצֶב מְסַחְרֵר; סְחַרְחוֹרֶת; נִיסָּיוֹן
–in a whirl מְבוּלְבָּל
whirl *v.* לְסוֹבֵב; לְהִסְתּוֹבֵב בִּמְהִירוּת; לָנוּעַ / לְסַלֵּק מַהֵר; לְהָעִיף; "לָטוּס"; לְהִסְתַּחְרֵר
whirlpool *n.* מְעַרְבּוֹלֶת
whirlwind *n.* עַלְעוֹל; מְעַרְבּוֹלֶת אֲוִויר; סוּפָה
whirr *n.* מַשַּׁק (כְּנָפַיִים וכו'); זִמְזוּם; שִׁקְשׁוּק; הֲמוּלָה
whirr *v.* לְהַשְׁמִיעַ קוֹל רִשְׁרוּשׁ / זִמְזוּם
whisk *n.* מַקְצֵף; צְלִיפָה קַלָּה (בִּזְנָבוֹ); מִבְרֶשֶׁת; מַטְאֲטֵא קָטָן
whisk *v.* לְהַקְצִיף; לִטְרוֹף (בֵּיצִים); לְהַצְלִיף קַלּוֹת (בִּזְנָבוֹ); לְטַאטֵא; לְהַבְרִישׁ
–whisk off/away לְסַלֵּק בִּתְנוּעָה חֲטוּפָה; לְהָחִישׁוֹ ל־; לְהַעֲבִירוֹ מַהֵר
whisker *n.* שְׂפָמוֹן
–by a whisker בְּהֶפְרֵשׁ קָטָן; בְּקוֹשִׁי
whiskered *n.* מְשׂוּפָם; עֲטוּר זְקַן לְחָיַיִם
whiskers *n.* זְקַן לְחָיַיִם
whiskey, whisky *n.* וִיסְקִי
whisper *n.* לְחִישָׁה; שְׁמוּעָה; רִינּוּנִים
whisper *v.* לִלְחוֹשׁ; לְהִתְלַחֵשׁ; לְלַחֵשׁ; לְסַפֵּר (בְּסוֹד); לְהַשְׁמִיעַ רַחַשׁ; לְרַשְׁרֵשׁ
whist *n.* וִיסְט (מִשְׂחַק קְלָפִים)

W

whistle *n.* שְׁרִיקָה; צִפְצוּף; מַשְׁרוֹקִית
–blow the whistle on לְהַלְשִׁין; לְהַתְרִיעַ עַל־
whistle *v.* לִשְׁרוֹק (ל־); לְצַפְצֵף
whistleblower *n.* מַלְשִׁין; מַתְרִיעַ
white *adj.* לָבָן; חִיווֵר; (קָפֶה) עִם חָלָב
–white as a sheet לָבָן כְּסִיד
white *n.* לָבָן; חֶלְבּוֹן (בֵּיצָה); לוֹבֶן הָעַיִן
white ant *n.* טֶרְמִיט; נְמָלָה לְבָנָה
white blood cell *n.* כַּדּוּרִית (דָּם) לְבָנָה
whitecap *n.* גַל מַעֲלֶה קֶצֶף
white-collar *adj.* ־צַוָּארוֹן לָבָן
white elephant *n.* פִּיל לָבָן
white flag *n.* דֶגֶל לָבָן
white goods מַכשִׁירֵי חַשמַל (מְקָרֵר וכו׳)
Whitehall *n.* (מִשְׂרְדֵי) הַמֶּמְשָׁלָה הַבְּרִיטִית
white hope *n.* (אָדָם שֶׁהוּא) הַתִּקְוָוה הַגְדוֹלָה; הַתִּקוָוה הַלְבָנָה (מִתאַגרֵף לָבָן מַבטִיחַ)
white-hot *adj.* מְלוּבָּן; לוֹהֵט; יוֹקֵד
White House *n.* הַבַּיִת הַלָּבָן
white knight *n.* אַבִּיר לָבָן (מִי שֶׁמַצִיל חֶברָה מִפְּנֵי הִשתַלטוּת שֶׁל יָרִיב)
white lie *n.* שֶׁקֶר לָבָן
white magic *n.* כִּישׁוּף לָבָן (לְמַטָרוֹת טוֹבוֹת)
whiten *v.* לְהַלְבִּין
whitener *n.* (חוֹמֶר) מַלבִּין
whiteness *n.* לוֹבֶן
white paper *n.* סֵפֶר לָבָן (דו״חַ מֶמְשַׁלתִּי רִשׁמִי)
white pepper *n.* פִּלפֵּל לָבָן
whitewash *n.* סִיד; טִיוּחַ; חִיפּוּי; תְּבוּסָה לְלֹא שַׁעַר כָּבוֹד וכד׳
whitewash *v.* לְסַייֵד; לְטַייֵחַ; לְחַפּוֹת עַל־; לְטַהֵר
whitewater *n.* אֶשֶׁד נָהָר
white wedding *n.* חֲתוּנָּה לְבָנָה (עִם שִׂמלָה לְבָנָה)
whitish *adj.* לְבַנבַּן
whittle *v.* לְקַצֵץ; לְגַלֵף (בְּעֵץ)
–whittle away/down לְהַקטִין; לְצַמצֵם בְּהַדרָגָה

whiz(z) *v.* לִשְׁרוֹק; לַחֲלוֹף בִּשְׁרִיקָה; לְמַהֵר; לַעֲבוֹר בִּיעָף
whiz(z) *n.* שְׁרִיקָה; זִמזוּם; אַשָּׁף
whiz kid, whizz-kid *n.* יֶלֶד פֶּלֶא; אַשָּׁף
who *pron.* מִי; שׁ־; אֲשֶׁר
whoa אוֹיסָה!
whodun(n)it *n.* מוֹתְחָן בַּלָשִׁי
whoever *pron.* (כָּל) מִי שׁ־; לֹא חָשׁוּב מִי; (מְעַניֵין) מִי?
whole *adj.* שָׁלֵם; כּוּלוֹ; בִּשְׁלֵמוּתוֹ; (אֶת) כָּל ה־
–that's the whole point זֶה כָּל הָעִניָין
whole *n.* כָּל־; כּוּלוֹ; שָׁלֵם
–as a whole בִּכלָלוּתוֹ; כְּגוּף אֶחָד
–on the whole בְּסַךְ הַכּוֹל; כְּלָלִית
whole-hearted *adj.* בְּכָל לֵב; לְלֹא סִייָג
whole-heartedly *adv.* בְּכָל לִיבּוֹ; לְלֹא סִייָג
wholemeal *n.* קֶמַח מָלֵא
whole number *n.* מִספָּר שָׁלֵם
wholesale *adj., adv.* סִיטוֹנִי; בְּסִיטוֹנוּת; הֲמוֹנִי; בְּקְנֵה־מִידָּה גָדוֹל
wholesaler *n.* סִיטוֹנַאי
wholesome *adj.* בָּרִיא; מַברִיא; טוֹב; חִינוּכִי
wholewheat *n.* קֶמַח מָלֵא
wholly *adv.* לְגַמרֵי; לַחֲלוּטִין
whom *pron.* מִי; אֶת מִי; לְמִי וכו׳; שֶׁאוֹתוֹ; שֶׁאִיתּוֹ; שֶׁלּוֹ וכו׳
whoop *n.* קְרִיאָה; צְעָקָה; גְנִיחָה
whoop *v.* לִצעוֹק; לִצרוֹחַ
–whoop it up לְבַלוֹת; לַעֲשׂוֹת שָׂמֵחַ
whoopee יֶשׁ!
whooping cough *n.* שַׁעֶלֶת
whoops אוּפְּס! אוּף!
whoosh *n.* קוֹל שְׁרִיקַת אֲווִיר שֶׁנִפלָט
whoosh *v.* לַעֲבוֹר ״בְּטִיסָה״; לַחֲלוֹף בִּשְׁרִיקָה
whop *v.* לְהַכּוֹת; לְהָבִיס בְּקַלוּת
whopper *n.* גָדוֹל; עָצוּם; עֲנָק; שֶׁקֶר גָדוֹל
whopping *adj.* גָדוֹל; עָצוּם
whore *n.* זוֹנָה
whorl *n.* דּוּר; חוּליָה שַׁבְּלוּלִית; טַבַּעַת סְפִּירָלִית

W

whose *adj.* שֶׁל מִי; שֶׁהַ־... שֶׁלוֹ
whump *v.* לְהָבִיס; "לְשחוֹטט"
why *adv., conj., n.* לָמָּה; מַדוּעַ; הַסִיבָּה
why תִּרְאֶה; וַוי (בְּהַפְתָּעָה); עֲזוֹב
wick *n.* פְּתִילָה
wicked *adj.* רַע; מְרוּשָׁע; נִפְשָׁע; זְדוֹנִי; שׁוֹבָב
wickedly *adv.* בְּרִשְׁעוּת; בִּזְדוֹנִיוּת; בְּשׁוֹבְבוּת
wickedness *n.* רִשְׁעוּת; זְדוֹנִיוּת
wicker *adj.* ־נְצָרִים; קָלוּעַ
wickerwork *n.* מַעֲשֵׂה מִקְלַעַת; מִקְלַעַת נְצָרִים
wicket *n.* שַׁעַר; רְחָבָה בֵּין הַשְׁעָרִים (קְרִיקֶט)
wide *adj.* רָחָב; רוֹחְבּוֹ; בְּרוֹחַב שֶׁל־; נִרְחָב; גָּדוֹל
–How wide is...? מָה רוֹחְבּוֹ שֶׁל...?
–wide of the mark רָחוֹק מֵהַמַּטָּרָה; לֹא בַּכִּיוּוּן
wide *adv.* לִרְוָוחָה; לְגַמְרֵי; עַל פְּנֵי שֶׁטַח נִרְחָב; רָחוֹק (מֵהַמַּטָּרָה)
–far and wide בְּכָל מָקוֹם
–wide apart מְרוּחָקִים זֶה מִזֶּה
–wide awake עֵר לְגַמְרֵי
–wide open פָּתוּחַ לְגַמְרֵי; פָּעוּר; חָשׂוּף לְגַמְרֵי (ל־)
wide awake *adj.* עֵר לְגַמְרֵי; עֵירָנִי; פּוֹקֵחַ עַיִן
wide-eyed *adj.* תָּמִים; נִדְהָם; פְּעוּר־עֵינַיִים
widely *adv.* עַל פְּנֵי שֶׁטַח נִרְחָב; בְּמִידָּה רַבָּה; בְּהֶיקֵּף רָחָב; לְרַבִּים
widen *v.* לְהַרְחִיב; לְהִתְרַחֵב
wide-ranging *adj.* נִרְחָב; מַקִּיף; מַרְחִיק לֶכֶת
widespread *adj.* נָפוֹץ; רוֹוֵחַ; גָּדוֹל; בְּהֶיקֵּף נִרְחָב
widow *n.* אַלְמָנָה
widowed *adj.* (שֶׁ)הִתְאַלְמֵן; (שֶׁ)הִתְאַלְמְנָה
widower *n.* אַלְמָן
width *n.* רוֹחַב; רוֹחַב (בַּד)
wield *v.* לְהַפְעִיל; לְהִשְׁתַּמֵּשׁ בּ־; לֶאֱחוֹז בּ־
–wield influence לְהַפְעִיל הַשְׁפָּעָה
wiener *n.* נַקְנִיקִיָּיה; הַבּוּלְבּוּל
wife *n.* אִישָּׁה; רַעְיָה
wig *n.* פֵּיאָה נוֹכְרִית
wiggle *n.* נִעְנוּעַ מִצַּד לְצַד; קַו גַּלִּי
wiggle *v.* לְהָנִיעַ/לְהִתְנוֹעֵעַ (מִצַּד לְצַד)
–wiggle into לְהִשְׁתַּחֵל לְתוֹךְ; לְהַשְׁחִיל
wild *adj.* ־בָּר; פֶּרֶא; פָּרוּעַ; נִרְגָּשׁ; מוּטְרָף; רוֹתֵחַ; מִשְׁתּוֹלֵל; נִסְעָר; פְּרָאִי; סוֹעֵר; נִלְהָב; לֹא מְרוּסָן; פָּזִיז; לֹא שָׁקוּל
–a wild guess נִיחוּשׁ פָּרוּעַ
wild *adv.* בְּפִרְאוּת; בְּלִי לְכַוֵּון
–go wild לְהִתְפָּרֵעַ; לְהִתְלַהֵב; לְהִתְרַגֵּז
–run wild לְהִשְׁתּוֹלֵל; לִגְדוֹל פֶּרֶא
wild *n.* הַסְּבִיבָה הַטִּבְעִית; אֵיזוֹר פֶּרֶא; שְׁמָמָה
–in the wild בִּסְבִיבָתוֹ הַטִּבְעִית; בַּטֶּבַע
–the wilds אֵיזוֹר פֶּרֶא נִידָּח
wild cat *n.* חָתוּל בָּר
wildcat *adj.* (שְׁבִיתָה) פְּרָאִית; מְסוּכָּן; לֹא רִישְׁמִי; לֹא חוּקִי
wilderness *n.* שְׁמָמָה; מִדְבָּר; מֶרְחָב
wildfire *n.* אֵשׁ מִשְׁתּוֹלֶלֶת
–spread like wildfire לְהִתְפַּשֵּׁט כְּמוֹ אֵשׁ בְּשָׂדֶה קוֹצִים
wild-goose chase *n.* מַאֲמָץ שָׁווא; חִיפּוּשׂ חֲסַר סִיכּוּי
wildlife *n.* חַיּוֹת בָּר; חַיּוֹת וּצְמָחֵי בָּר
wildlife park *n.* חַי־בָּר; סָפָארִי
wildly *adv.* בְּפִרְאוּת; בְּטֵירוּף; בְּמִידָּה רַבָּה
wile away *see* while *v.*
wiles *n.* תַּחְבּוּלוֹת
wilful *adj.* עַקְשָׁן; מְכוּוָּן; בְּמֵזִיד
will *n.* הָרָצוֹן; רָצוֹן; בְּחִירָה; כּוֹחַ רָצוֹן; מֶרֶץ; הִתְלַהֲבוּת; נְחִישׁוּת; צַוָּואָה
–at will כִּרְצוֹנוֹ; כְּאַוַּות נַפְשׁוֹ; מָתַי שֶׁיִּרְצֶה
–of his own free will מֵרְצוֹנוֹ הַחוֹפְשִׁי
–with the best will in the world עִם כָּל הָרָצוֹן הַטּוֹב
–where there's a will there's a way אֵין דָּבָר הָעוֹמֵד בִּפְנֵי הָרָצוֹן

W

will (פּוֹעַל עֵזֶר לִבְנִיַּת זְמַן עָתִיד); אַתָּה מוּכָן...? בְּבַקָּשָׁה; הַאִם...?; לִהְיוֹת מוּכָן ל־; לְהַבְטִיחַ; לֹא מוּכָן; לְסָרֵב (בִּשְׁלִילָה); לְהִתְעַקֵּשׁ; לִהְיוֹת צָפוּי; כַּנִּרְאֶה; בְּוַדַּאי; לִנְהוֹג ל־
– will have to יִצְטָרֵךְ ל־
will *v.* לִרְצוֹת; לְהַשְׁפִּיעַ בְּכוֹחַ הָרָצוֹן עַל־; לְהוֹרִישׁ; לְצַוּוֹת
willful *adj.* עַקְשָׁן; מְכוּוָּן; בְּמֵזִיד
willfully *adv.* בְּכַוָּונָה; בְּמֵזִיד
willfulness *n.* עַקְשָׁנוּת; עֲשִׂיָּה בְּמֵזִיד
willies *n.* צְמַרְמוֹרֶת; לְהַפְחִיד; לְעַצְבֵּן
willing *adj.* מוּכָן (ל־); עִם רָצוֹן; לְלֹא הִיסּוּס
willingly *adv.* בְּרָצוֹן
willingness *n.* נְכוֹנוּת; רָצוֹן טוֹב
will-o'-the wisp *n.* אוֹר בִּיצּוֹת; אַשְׁלָיָה; חֲזוֹן תַּעֲתוּעִים
willow *n.* (עֵץ) עֲרָבָה
willowy *adj.* תָּמִיר, רָזֶה וְחִינָּנִי
willpower *n.* כּוֹחַ רָצוֹן
willy *n.* הַבּוּלְבּוּל (בְּשָׂפָה יַלְדוּתִית)
willy-nilly *adv.* בְּרָצוֹן אוֹ שֶׁלֹּא בְּרָצוֹן; בְּעַל כּוֹרְחוֹ
wilt *v.* לִקְמוֹל; לִגְרוֹם לִקְמִילָה; לְהַתִּישׁ; לְהֵיחָלֵשׁ
wily *adj.* עַרְמוּמִי
wimp *n.* נְמוּשָׁה; לֹא גֶּבֶר
win *n.* נִיצָּחוֹן
win *v.* (won) לְנַצֵּחַ (בּ־); לִזְכּוֹת בּ־; לְהַצְלִיחַ לְהַגִּיעַ ל־ / לְהַשִּׂיג
– win hands down לְנַצֵּחַ בְּקַלּוּת
– win the day לְנַצֵּחַ (בְּסוֹפוֹ שֶׁל דָּבָר)
– win someone over (to) לְשַׁכְנְעוֹ (לְקַבֵּל); לְהַשִּׂיג תְּמִיכָתוֹ (בּ־)
wince *v., n.* לְהִתְכַּוֵּוץ; לְהֵירָתַע; רְתִיעָה
winch *v., n.* (לְהָרִים בּ־) מָנוֹף; (לִמְשׁוֹךְ בּ־) כַּנֶּנֶת
wind *n.* רוּחַ; נְשִׁימָה; (כְּלֵי) נְשִׁיפָה; רֵיחַ (נִישָּׂא בָּאֲוויר); דִּיבּוּרִים; דִּבְרֵי הֶבֶל; "רוּחַ"; גַּאזִים
– break wind לִפְלוֹט נְפִיחָה (נֹאד)
– get wind of לְהִיוָּודַע לוֹ (בְּמִקְרֶה); לְהַגִּיעַ לְאוֹזְנָיו
– see which way the wind in blowing לִרְאוֹת לְאָן מְנַשֶּׁבֶת הָרוּחַ
– take the wind out of his sails לְהוֹצִיא אֶת הָרוּחַ מִמִּפְרָשָׂיו
wind *v.* לְקַצֵּר / לְהַעְתִּיק נְשִׁימָתוֹ; לְהָרִיחַ
wind *n.* סִיבּוּב; לִיפּוּף; פִּיתּוּל
wind *v.* (wound) לְפַתֵּל; לָלֶכֶת בְּדֶרֶךְ מְפוּתֶּלֶת; לְהִתְפַּתֵּל; לְלַפֵּף; לִכְרוֹךְ; לְהִיכָּרֵךְ; לְסוֹבֵב; לְהַעֲלוֹת / לְהוֹרִיד (בְּסִיבּוּב יָדִית); לִמְתוֹחַ קְפִיץ; "לְמַלֵּא" (שָׁעוֹן)
– wind back לְהָרִיץ לְאָחוֹר (סֶרֶט)
– wind down לְהוֹרִיד (בְּסִיבּוּב יָדִית); לְצַמְצֵם; לַחְסֵל בְּהַדְרָגָה; לְהֵירָגַע; לְאַבֵּד תְּנוּפָה
– wind up לְשַׁלְהֵב; לִהְיוֹת מָתוּחַ; לְעַצְבֵּן; לִמְתוֹחַ קְפִיץ בּ־; לְסַיֵּים; לַחְסֵל עֲסָקִים בּ־; לְפָרֵק; לִמְצוֹא עַצְמוֹ בַּסּוֹף (בּ־); לִגְמוֹר (רַע); לְמַלֵּא (שָׁעוֹן)
windbag *n.* נֹאד נָפוּחַ; סְתָם פַּטְפְּטָן
windbreaker *n.* מְעִיל רוּחַ
windfall *n.* פְּרִי שֶׁנָּשַׁר; רֶוַוח לֹא צָפוּי; מַתָּנָה לֹא צְפוּיָה
winding *adj.* מִתְפַּתֵּל; לוּלְיָינִי
wind instrument *n.* כְּלִי נְשִׁיפָה
windlass *n.* כַּנֶּנֶת
windmill *n.* טַחֲנַת רוּחַ; טוּרְבִּינַת רוּחַ; גַּלְגִּילוֹן רוּחַ
window *n.* חַלּוֹן; אֶשְׁנָב
window box *n.* אֲדָנִית
window dressing *n.* עִיצּוּב חַלּוֹן־רַאֲוָוה; רוֹשֶׁם; אֲחִיזַת־עֵינַיִים; "קִישּׁוּט"; יִיפּוּי מַאֲזָן
window ledge *n.* אֶדֶן הַחַלּוֹן
window pane *n.* שִׁמְשָׁה
window shade *n.* צִילוֹן; תְּרִיס
window-shopping *n.* הִסְתַּכְּלוּת בְּחַלּוֹנוֹת־רַאֲוָוה
window sill *n.* אֶדֶן הַחַלּוֹן
windpipe *n.* קְנֵה הַנְּשִׁימָה
windscreen *n.* שִׁמְשָׁה קִדְמִית (בְּרֶכֶב)
windshield *n.* שִׁמְשָׁה קִדְמִית (בְּרֶכֶב); מָגֵן רוּחַ (בְּאוֹפַנּוֹעַ)
windshield wiper *n.* מַגֵּב שִׁמְשָׁה

windstorm *n.* רוּחוֹת סוֹעֲרוֹת

windfsurfer *n.* (גּוֹלֵשׁ בְּ)גַלְשַׁן מִפְרָשׂ/רוּחַ

windsurfing *n.* גְּלִישָׁה בְּגַלְשַׁן־מִפְרָשׂ

wind tunnel *n.* נִקְבַּת רוּחַ; מִנְהֶרֶת אֲווִיר

windy *adj.* חָשׂוּף לָרוּחַ; עִם רוּחוֹת סוֹעֲרוֹת; רַב מֶלֶל; נָבוּב; נָפוּחַ; עוֹשֶׂה גַּאֲזִים; מְפַחֵד

wine *n.* יַיִן

wine *v.* –wine and dine לְכַבֵּד/לְהִתְכַּבֵּד בַּאֲרוּחָה (טוֹבָה)

wine-vinegar *n.* חוֹמֶץ בֶּן־יַיִן

wing *n.* כָּנָף; אֲגַף; מַחֲנֶה; קִיצוֹנִי (בספורט); צִדֵּי הַבָּמָה מֵאֲחוֹרֵי הַקְּלָעִים (בְּרַבִּים)

wing *v.* לָטוּס; לָעוּף; לִפְצוֹעַ בַּכָּנָף

–wing it לְאַלְתֵּר; לִפְעוֹל בְּלִי לְהִתְכּוֹנֵן

wing mirror *n.* מַרְאָה צְדִית/חִיצוֹנִית (בִּמְכוֹנִית)

wing nut *n.* אוֹם כְּנָפַיִים ("פַּרְפָּר")

wingspan, wingspread *n.* מוּטַת כְּנָפַיִים

wink *n.* קְרִיצָה; מִצְמוּץ; רֶגַע (שֶׁל שֵׁינָה)

wink *v.* לִקְרוֹץ; לְמַצְמֵץ; לְנַצְנֵץ; לְהַבְהֵב; לְהַעֲלִים עַיִן מ־

winkle *n.* שַׁבְּלוּל

–winkle out (of) לְאַלְצוֹ לָצֵאת; לְהוֹצִיא מ־

winner *n.* מְנַצֵּחַ; זוֹכֶה; מַשֶּׁהוּ מוּצְלָח; לָהִיט (בָּטוּחַ)

winning *adj.* מְנַצֵּחַ; זוֹכֶה; שׁוֹבֵה־לֵב

winnings *n.* רְוָוחִים (בְּהִימּוּרִים); כַּסְפֵּי זְכִייָה

winnow *v.* לִזְרוֹת; לִבְרוֹר; לְנַפּוֹת

winsome *adj.* שׁוֹבֵה־לֵב; מְצוֹדֵד; מַקְסִים

winter *n.* חוֹרֶף; חוֹרְפִּי

winter *v.* לְבַלּוֹת חוֹרֶף; לַחֲרוֹף

wintertime *n.* עוֹנַת הַחוֹרֶף

wintry *adj.* חוֹרְפִּי; קַר; ־סַגְרִיר

wipe *v.* לְנַגֵּב; לְקַנֵּחַ; לִמְחוֹת; לִמְחוֹק

–wipe something off the face of the earth לִמְחוֹת מֵעַל פְּנֵי הָאֲדָמָה

–wipe out לְרוֹשֵׁשׁ אוֹתוֹ; לְחַסֵּל אוֹתוֹ; לְנַקּוֹת מִבִּפְנִים; לְסַלֵּק; לִמְחוֹק; לְחַסֵּל; לְהַשְׁמִיד

–wipe up לְנַגֵּב (כֵּלִים); לְנַגֵּב

wiper *n.* מַגֵּב (בִּמְכוֹנִית); מְנַגֵּב

wire *n.* תַּיִל; חוּט (תַּיִל); מִבְרָק

wire *v.* לְחַבֵּר/לְחַזֵּק בְּתַיִל; לְחַבֵּר לַחַשְׁמַל; לְחַוֵּוט; לְתַיֵּיל; לִשְׁלוֹחַ מִבְרָק ל־; לְהַתְקִין מַכְשִׁירֵי הַאֲזָנָה ב־

wire cutters *n.* מִגְזְרֵי־תַּיִל

wireless *n.* אַלְחוּט; רַדְיוֹ

wired *adj.* מְחוּבָּר לְמַכְשִׁירֵי הַאֲזָנָה; לָחוּץ; מָתוּחַ; נִרְגָּשׁ

wiretap *v.* לְצוֹתֵת לְטֶלֶפוֹן; לְהַתְקִין מַכְשִׁיר צִיתוּת (בְּטֶלֶפוֹן)

wire tapping *n.* צִיתוּת לְטֶלֶפוֹן; הַאֲזָנַת סֵתֶר

wire wool *n.* צֶמֶר פְּלָדָה

wiring *n.* תִּיּוּל; מַעֲרֶכֶת חוּטֵי חַשְׁמַל; חִיוּוּט

wiry *adj.* תֵּילִי; כְּמוֹ תַּיִל; קָשֶׁה; רָזֶה וּשְׁרִירִי

wisdom *n.* חוֹכְמָה; תְּבוּנָה

wisdom tooth *n.* שֵׁן בִּינָה

wise *adj.* חָכָם; נָבוֹן

wise *v.*

–wise up לְהָבִין; לַחֲדוֹר לְמוֹחוֹ; לִקְלוֹט; "תִּתְעוֹרֵר!"; לִפְקוֹחַ אֶת עֵינֵי־

wisecrack *n.* "חוֹכְמָה"; הִתְחַכְּמוּת

wise guy *n.* "חָכָם גָּדוֹל"

wisely *adv.* בִּתְבוּנָה; בְּחוֹכְמָה

wish *n.* רָצוֹן; שְׁאִיפָה; מִשְׁאָלָה; בַּקָּשָׁה

–best wishes מֵיטַב הָאִיחוּלִים; כָּל טוּב

–make a wish לְהַבִּיעַ מִשְׁאָלָה

wish *v.* הַלְוַואי שׁ־; חֲבָל שֶׁלֹּא; הָיָה רוֹצֶה; לְאַחֵל ל־; לְבָרֵךְ; לִרְצוֹת; לְיַיחֵל ל־; לְבַקֵּשׁ; לְהַבִּיעַ מִשְׁאָלָה

wishbone *n.* עֶצֶם הַבְּרִיחַ (בְּעוֹף); עֶצֶם הַמִּשְׁאָלָה

wishful *adj.* רוֹצֶה; מְיַיחֵל; מַבִּיעַ מִשְׁאָלָה

–wishful thinking (רַק) מִשְׁאֶלֶת לֵב

wishy-washy *adj.* לֹא הֶחְלֵטִי; חַלָּשׁ; רָפֶה; חִיוֵּור; מֵימִי; דָּלִיל

wisp *n.* צְרוֹר; אָנִיץ; פַּס

wistful *adj.* עַגְמוּמִי; מִתְגַּעְגֵּעַ

wit *n.* שֵׂכֶל; הֲבָנָה; פִּיקְחוּת; שְׁנִינוּת; אָדָם שָׁנוּן

–battle of wits מִלְחֶמֶת מוֹחוֹת
–be at your wit's end לִהְיוֹת אוֹבֵד עֵצוֹת
–scare him out of his wits לְהַפְחִידוֹ פַּחַד מָוֶת; לְהַבְהִילוֹ כָּל כָּךְ
–wits שֵׂכֶל; הֲבָנָה; דַּעַת
witch *n.* מְכַשֵּׁפָה; מְכַשֵּׁפָה זְקֵנָה; מְכַשֶּׁפֶת גְבָרִים
witchcraft *n.* כִּישׁוּף; קְסָמִים
witch doctor *n.* רוֹפֵא אֱלִיל
witch-hunt *n.* צֵיד מְכַשֵּׁפוֹת
with *prep.* עִם; בְּ־; בְּאֶמְצָעוּת; בַּעַל־; אֵצֶל; מְלוּוֶה בְּ־; מִ־; לְטוֹבַת־; לְמַעַן־; לְצַד; נֶגֶד; מֵרוֹב־; לַמְרוֹת
–angry with כּוֹעֵס עַל־ (מִישֶׁהוּ)
–covered with מְכוּסֶה בְּ־
–I'm not with you אֲנִי לֹא מַצְלִיחַ לַעֲקוֹב (אַחַר דְּבָרֶיךָ)
–pleased with מְרוּצֶה מִ־
–with it אוֹפְנָתִי; מוֹדֶרְנִי; בָּעִנְיָינִים
withdraw *v.* (withdrew, withdrawn) לִמְשׁוֹךְ; לְהַפְסִיק; לְהוֹצִיא; לַחֲזוֹר בּוֹ (מִ־); לְהַסִּיג; לָסֶגֶת; לִפְרוֹשׁ; לְהִסְתַּלֵּק; לְסַלֵּק
withdrawal *n.* מְשִׁיכָה; נְסִיגָה; פְּרִישָׁה; סִילּוּק; הַפְסָקָה; גְּמִילָה
withdrawal symptoms *n.* תַּסְמִינֵי גְמִילָה
withdrawn *adj.* מְכוּנָּס (בְּתוֹךְ עַצְמוֹ); מְסוּגָּר; מוּפְנָם
wither *v.* לְיַיבֵּשׁ; לְהַקְמִיל; לִקְמוֹל; נָגוֹז
withered *adj.* נָבוּל; קָמוּל; מְצוּמָק
withering *adj.* מְזַלְזֵל; שֶׁל בּוּז; מַצְמִית (מַבָּט)
withhold *v.* (withheld) לִמְנוֹעַ (מִ־); לְסָרֵב לָתֵת; לְהַסְתִּיר; לְעַכֵּב; לְנַכּוֹת (מַס)
within *prep.* בְּתוֹךְ; בְּמִסְגֶּרֶת־; בְּטְוַוח־
–within reach בְּהֶישֵּׂג יָד; קָרוֹב
without *prep.* בְּלִי; לְלֹא; מִבְּלִי לְ־; בִּלְעֲדֵי־
–do without לְהִסְתַּדֵּר בְּלִי
–without so much as בְּלִי אֲפִילוּ

withstand *v.* (withstood) לַעֲמוֹד בְּ־ / בִּפְנֵי
witness *n.* עֵד (רְאִיָּיה); עֵד; עֵדוּת
–bear witness to לְהָעִיד עַל־
witness *v.* לִהְיוֹת עֵד לְ־; לְהָעִיד עַל־; לְשַׁמֵּשׁ עֵד (לַחֲתִימָה עַל מִסְמָךְ)
witness box *n.* דּוּכַן הָעֵדִים
witness stand *n.* דּוּכַן הָעֵדִים
-witted *adj.* בַּעַל שֵׂכֶל; בַּעַל תְּפִיסָה
–quick-witted מְהִיר תְּפִיסָה
witticism *n.* הֶעָרָה שְׁנוּנָה; חִידּוּד
wittily *adv.* בִּשְׁנִינוּת
witty *adj.* שָׁנוּן
wives *plural of* wife נָשִׁים; רְעָיוֹת
wizard *n.* קוֹסֵם; אַשָּׁף
wizardry *n.* כִּישׁוּף; כְּשָׁפִים; פְּלָאֵי־
wizened *adj.* מְצוּמָק (מֵחֲמַת זִקְנָה וכד׳)
wobble *v.* לְנַעֲנֵעַ; לִרְטוֹט; לִרְעוֹד; לְהִתְנוֹדֵד
wobbly *adj.* לֹא יַצִּיב; מִתְנוֹדֵד; ״רוֹקֵד״
woe *n.* צַעַר; כְּאֵב; מְצוּקָה; צָרוֹת
woeful *adj.* מָלֵא צַעַר; עָצוּב; מְצָעֵר; מַעֲצִיב
woefully *adv.* בְּצַעַר; בְּעֶצֶב; בְּאוֹפֶן מְצָעֵר; מְאוֹד
woke *v. past of* wake
woken *v. 3rd form of* wake
wolf *n.* זְאֵב; רוֹדֵף שְׂמָלוֹת
–cry wolf לִצְעוֹק ״זְאֵב״
–a wolf in sheep's clothing זְאֵב בְּעוֹר כֶּבֶשׂ
wolf *v.* (down) לִזְלוֹל מַהֵר
wolfhound *n.* כֶּלֶב־זְאֵב; כֶּלֶב צַיִד
wolfish *adj.* שֶׁל זְאֵב; זְאֵבִי
wolf-whistle *v., n.* (לִשְׁרוֹק לְבַחוּרָה) שְׁרִיקַת הִתְפַּעֲלוּת
wolves *plural of* wolf זְאֵבִים
woman *n.* אִישָׁה; הָאִישָׁה; הַנָּשִׁים; עוֹזֶרֶת
–a woman driver/doctor נַהֶגֶת; רוֹפְאָה
womanhood *n.* נָשִׁיּוּת; הַנָּשִׁים
womanish *adj.* נָשִׁי (לְגַבֵּי גֶּבֶר)
womanizer *n.* רוֹדֵף שְׂמָלוֹת
womankind *n.* הַנָּשִׁים

womanly *adv.* נָשִׁי; שֶׁל אִישָׁה; יָאֶה לְאִישָׁה
womb *n.* רֶחֶם
women *plural of* woman
womenfolk *n.* נָשִׁים
women's lib *n.* הַתְּנוּעָה לְשִׁיחְרוּר הָאִישָׁה
women's refuge מִקְלָט לְנָשִׁים מוּכּוֹת
women's room *n.* בֵּית־שִׁימוּשׁ לְנָשִׁים
won *v. past and 3rd form of* win
wonder *adj.* ־פֶּלֶא; שֶׁעוֹשֶׂה נִפְלָאוֹת
wonder *n.* פְּלִיאָה; הִשְׁתָּאוּת; פֶּלֶא; נֵס
– no wonder; little/small wonder אֵין פֶּלֶא שֶׁ־
– do/work wonders לְחוֹלֵל פְּלָאִים
wonder *v.* לִתְמוֹהַּ; לִשְׁאוֹל אֶת עַצְמוֹ; לְהִתְפַּלֵּא; לְהִשְׁתּוֹמֵם
– I wonder where...? מְעַנְיֵין אֵיפֹה...?
wonderful *adj.* נִפְלָא; מַדְהִים
wonderfully *adv.* נִפְלָא; בְּצוּרָה נִפְלָאָה
wonderland *n.* אֶרֶץ פְּלָאוֹת; גַּן עֵדֶן
wondrous *adj.* מוּפְלָא; מַדְהִים
wont *n.* הֶרְגֵּל; נוֹהַג
– be wont to לִהְיוֹת רָגִיל לְ־; לִנְהוֹג לְ־
won't = will not
woo *v.* לְחַזֵּר אַחֲרֵי־; לְנַסּוֹת לִמְשׁוֹךְ (קוֹלוֹת); לִרְדּוֹף (פִּרְסוּם)
wood *n.* עֵץ; עֵצִים; חוּרְשָׁה; מַחְבֵּט עֵץ (בְּגוֹלְף)
– out of the woods גָּמַר עִם כָּל הַצָּרוֹת; יָצָא מִכְּלַל סַכָּנָה
– touch wood (טְפוּ טְפוּ) בְּלִי עַיִן הָרַע
– unable to see the wood for the trees מֵרוֹב עֵצִים אֵין רוֹאִים אֶת הַיַּעַר
woodcraft *n.* הִתְמַצְּאוּת בַּיַּעַר; יֶדַע הַיַּעַר; אוּמָנוּת הָעֵץ
woodcutter *n.* חוֹטֵב עֵצִים
wooded *adj.* מְיוֹעָר
wooden *adj.* מֵעֵץ; נוּקְשֶׁה; חֲסַר הַבָּעָה; עֵצִי
woodland *n.* שֶׁטַח מְיוֹעָר
woodpecker *n.* נַקָּר (עוֹף)
woods *n.* חוּרְשָׁה
woodsman *n.* יַעֲרָן; חוֹטֵב עֵצִים

woodwind *n.* כְּלִי/כְּלֵי נְשִׁיפָה (מֵעֵץ)
woodwork *n.* נַגָּרוּת; עֲבוֹדוֹת עֵץ; מוּצְרֵי עֵץ; פָּנֶלִים מֵעֵץ; מְקוֹם מַחֲבוֹא
– out of the woodwork חוֹזֵר לִפְעִילוּת; לָצוּץ שׁוּב; לָצֵאת מִמַּחְבוֹאוֹ
woodworm *n.* תּוֹלַעַת עֵץ
woody *adj.* מְיוֹעָר; עֵצִי; כְּמוֹ עֵץ
woof *v., n.* לִנְבּוֹחַ; הַב הַב!
wool *n.* צֶמֶר; חוּט צֶמֶר
– pull the wool over his eyes לְרַמּוֹת; לַעֲבוֹד עָלָיו בָּעֵינַיִים
woolen, woollen *adj.* מִצֶּמֶר; צַמְרִי
wool(l)y *adj.* צַמְרִי; מְצֻמָּר; מְבוּלְבָּל; מְעוּרְפָּל
woozy *adj.* מְבוּלְבָּל; עוֹמֵד לְהִתְעַלֵּף; מַרְגִּישׁ סְחַרְחוֹרֶת
word *n.* מִלָּה; דָּבָר; הַבְטָחָה; דִּיבּוּר; יְדִיעָה; הוֹדָעָה; פְּקוּדָה; הוֹרָאָה; שִׂיחָה; סִיסְמָה; בְּשׂוֹרָה
– a four-letter word מִלָּה גַּסָּה
– a man of his word אָדָם שֶׁעוֹמֵד בְּדִיבּוּרוֹ
– eat your words לֶאֱכוֹל אֶת כּוֹבָעוֹ; לְהוֹדוֹת בְּטָעוּתוֹ
– give your word (of honor) (that) לְהַבְטִיחַ לוֹ (עַל דִּבְרָתוֹ) (שֶׁ־)
– have a word with לְדַבֵּר עִם־
– have the last word לוֹמַר אֶת הַמִּלָּה הָאַחֲרוֹנָה
– in a word בְּקִיצוּר; בְּמִלָּה אַחַת
– in other words בְּמִלִּים אֲחֵרוֹת
– keep your word לַעֲמוֹד בְּדִיבּוּרוֹ
– not believe a word לֹא לְהַאֲמִין לְאַף מִלָּה
– not in so many words לֹא בִּמְפוֹרָשׁ; לֹא מַמָּשׁ בְּמִלִּים אֵלֶּה
– put in/say a good word for לוֹמַר מִלָּה טוֹבָה עַל־; לְהַמְלִיץ עָלָיו
– take him at his word לִתְפּוֹס אוֹתוֹ בַּמִּלָּה; לְהִתְיַיחֵס בִּרְצִינוּת לִדְבָרָיו
– take someone's word for it לְהַאֲמִין לִדְבָרָיו
– take the words out of someone's mouth לְהוֹצִיא אֶת הַמִּלִּים מִפִּיו

–word for word מִלָּה בְּמִלָּה; (בְּאוֹפֶן) מִילוּלִי
–(you) mark my words תִּזְכּוֹר מָה אֲנִי אוֹמֵר!
word *v.* לְנַסֵּחַ
wording *n.* נִיסּוּחַ
wordplay *n.* מִשְׂחַק מִלִּים
word processing *n.* עִיבּוּד תַּמְלִילִים
word processor *n.* מְעַבֵּד תַּמְלִילִים
wordy *adj.* רַב מֶלֶל; אָרוֹךְ מִדַּי; מַכְבִּיר מִלִּים
wore *v. past of* wear
work *n.* עֲבוֹדָה; מְלָאכָה; עִיסּוּק; יְצִירָה; תּוֹצָר; מַנְגָּנוֹן; מִפְעָל (בְּרַבִּים)
–all in a day's work חֵלֶק מֵהָעֲבוֹדָה הַשִּׁגְרָתִית; לֹא דָבָר יוֹצֵא דּוֹפֶן
–out of work מוּבְטָל
–set/get to work לְהַתְחִיל (לַעֲבוֹד עַל־)
–the works הַכּוֹל; טִיפּוּל מָלֵא
work *v.* לַעֲבוֹד; לְהַעֲבִיד; לִפְעוֹל; לְהַפְעִיל; לְנַהֵל; לְחוֹלֵל; לִגְרוֹם; לָנוּעַ / לַעֲבוֹר לְאַט; לְהַגִּיעַ (לְמַצַּב־); לְסַדֵּר; לִיצוֹר; לְעַבֵּד; לְעַצֵּב
–work against לִפְעוֹל לְרָעַת־ / נֶגֶד־; לִהְיוֹת מִכְשׁוֹל לְ־
–work in לַחְדּוֹר; לְהַכְנִיס; לְשַׁלֵּב (בְּ־); לְהַחְדִּיר
–work loose לְשַׁחְרֵר / לְהִשְׁתַּחְרֵר לְאַט; לְהִתְרוֹפֵף; לְהִיפָּרַע (שֵׂיעָר)
–work off לְהִיפָּטֵר מִ־; לְהוֹצִיא; לְסַלֵּק; לִפְרוֹק
–work on לְהַשְׁפִּיעַ עַל־; לְנַסּוֹת לְשַׁכְנֵעַ אוֹתוֹ; לִפְעוֹל עַל־; לַעֲבוֹד עַל־; לְעוֹרֵר אֶת־
–work your way לַעֲשׂוֹת דַּרְכּוֹ; לְפַלֵּס דֶּרֶךְ; לַעֲבוֹר; לַעֲבוֹד כְּדֵי לְשַׁלֵּם עַל־
–work out לְהִיפָּתֵר; לָצֵאת; לְהִסְתַּיֵּים; לְהִסְתַּדֵּר; לְהִתְפַּתֵּחַ; לְהִתְקַדֵּם; לְהִתְנַהֵל; לְהִשְׁתַּרְבֵּב הַחוּצָה; לְהִתְעַמֵּל; לְהִתְאַמֵּן; לְחַשֵּׁב; לִפְתּוֹר; לְפַעְנֵחַ; לַחְשׁוֹב עַל־; לִמְצוֹא; לְעַבֵּד; לְגַבֵּשׁ; לִמְצוֹא פִּתְרוֹן; לְנַצֵּל לְגַמְרֵי
–work him over לָתֵת לוֹ מַכּוֹת רֶצַח
–work to rule לַעֲבוֹד לְפִי הַסֵּפֶר
–work up לְעוֹרֵר; לְהַלְהִיב; לַהֲבִיאוֹ לִידֵי־; לְפַתֵּחַ בְּהַדְרָגָה; לְהָכִין; לְגַבֵּשׁ
–work oneself up (into) לְהִיכָּנֵס לְלַחַץ; לְהִתְרַגֵּז; לְהִתְרַגֵּשׁ; לְהִשְׁתַּלְהֵב
workable *adj.* בַּר־בִּיצוּעַ; מַעֲשִׂי
workaday *adj.* רָגִיל; שִׁגְרָתִי; אָפוֹר
workaholic *n.* מָכוּר לַעֲבוֹדָה
workbench *n.* שׁוּלְחַן עֲבוֹדָה
workbook *n.* חוֹבֶרֶת תַּרְגִּילִים / עֲבוֹדָה
workday *n.* יוֹם עֲבוֹדָה
worked-up *adj.* לָחוּץ
worker *n.* פּוֹעֵל; עוֹבֵד
work ethic *n.* מוּסַר עֲבוֹדָה
workforce *n.* כּוֹחַ עֲבוֹדָה
workhorse *n.* סוּס עֲבוֹדָה
working *adj.* עוֹבֵד; ־עֲבוֹדָה; שֶׁפּוֹעֵל; שִׁימוּשִׁי; מַעֲשִׂי; פָּעִיל
–in working order תָּקִין
working capital *n.* הוֹן חוֹזֵר / פָּעִיל
working-class *adj.* שֶׁל מַעֲמַד הַפּוֹעֲלִים
working day *n.* יוֹם עֲבוֹדָה
working hypothesis *n.* הֲנָחַת עֲבוֹדָה
working knowledge *n.* יֶדַע שִׁימוּשִׁי / מַעֲשִׂי; יֶדַע בְּסִיסִי
workings *n.* מִכְרֶה; מַחְצָבָה; אוֹפֶן / דֶּרֶךְ הַפְּעוּלָּה; מַנְגָּנוֹן
workload *n.* עוֹמֶס עֲבוֹדָה
workman *n.* עוֹבֵד; פּוֹעֵל
workmanlike *adj.* מִקְצוֹעִי; יָעִיל; טוֹב
workmanship *n.* (אֵיכוּת) עֲבוֹדָה
workout *n.* הִתְעַמְּלוּת; אִימּוּן; תַּרְגִּילֵי כּוֹשֶׁר
work permit *n.* רִשְׁיוֹן עֲבוֹדָה
workplace *n.* מְקוֹם עֲבוֹדָה
works *n.* מִפְעָל
worksheet *n.* דַּף עֲבוֹדָה
workshop *n.* בֵּית־מְלָאכָה; סַדְנָה
work-shy *adj.* עָצֵל; בַּטְלָן
workstation *n.* תַּחֲנַת / עֶמְדַּת עֲבוֹדָה
work-to-rule *n.* עֲבוֹדָה לְפִי הַסֵּפֶר
workweek *n.* שְׁבוּעַ עֲבוֹדָה
world *adj.* עוֹלָמִי; ־הָעוֹלָם; בָּעוֹלָם כּוּלּוֹ
world *n.* הָעוֹלָם; תֵּבֵל; עוֹלָם; הַיְקוּם

W

worrier *n.* דַאֲגָן
worrisome *adj.* מַדאִיג; מַטרִיד
worry *n.* דְאָגָה; מָקוֹר לִדאָגָה
worry *v.* (worried) לְהַטרִיד; לְהַדאִיג; לִדאוֹג; לִתפּוֹס בְּשִינָיו וּלְנַעֲנֵעַ
worrying *adj.* מַדאִיג
worrywart *n.* דַאֲגָן; רוֹאֶה שְחוֹרוֹת
worse *adj.* יוֹתֵר גָרוּעַ; בְּמַצָב חָמוּר יוֹתֵר
worse *adv.* יוֹתֵר גָרוּעַ/רַע (מ־); בְּיֶתֶר שְׂאֵת; יוֹתֵר חָזָק
–be worse off לִהיוֹת בְּמַצָב גָרוּעַ יוֹתֵר
worsen *v.* לְהַחמִיר; לְהֵיעָשׂוֹת גָרוּעַ יוֹתֵר
worship *n.* פּוּלחָן; תְפִילָה; הַעֲרָצָה; סְגִידָה
worship *v.* לִסגוֹד ל־; לַעֲבוֹד אֶת־; לְהַעֲרִיץ; לְהִתפַּלֵל
worshiper *n.* מִתפַּלֵל; מַעֲרִיץ; סוֹגֵד
worst *adv., adj.* הֲכִי רַע/גָרוּעַ/קָשֶה
worst *n.* הַגָרוּעַ/הֶחָמוּר מִכּוֹל; הַחֵלֶק הַקָשֶה וכו' בְּיוֹתֵר
–at worst בְּמִקרֶה הֲכִי גָרוּעַ
–come off worst; get the worst of לִהיוֹת יָדוֹ עַל הַתַחתוֹנָה; לָצֵאת מוּבָס
–if worst comes to worst בְּמִקרֶה הֲכִי גָרוּעַ
worth *adj.* שָׁוֶוה; כְּדַאי; שֶעֶרכּוֹ מַגִיעַ ל־
–for all one is worth בְּכָל כּוֹחוֹ
–for what it's worth עַד כַּמָה שֶיֵש לָזֶה עֵרֶך; אִם זֶה מְשַנֶה מַשֶהוּ
–it's worth a try כְּדַאי/שָׁוֶוה לְנַסוֹת
–it's worth it כְּדַאי; זֶה שָׁוֶוה אֶת הַמַאֲמָץ
worth *n.* עֵרֶך; שוֹוִי
worthless *adj.* חֲסַר עֵרֶך; חֲסַר תוֹעֶלֶת; לֹא שָׁוֶוה כְּלוּם
worthwhile *adj.* כְּדַאי; שֶשָׁוֶוה ל־; מִשתַלֵם
worthy *adj.* רָאוּי ל־; מְכוּבָּד; רָאוּי לִשמוֹ
would (בָּא בִּמקוֹם will בְּדִיבּוּר עָקִיף); נָהַג ל־; (בְּמִשפְּטֵי תְנַאי) הָיָה, הָיִיתִי וכו'; (פְּנִייָה מְנוּמֶסֶת) רוֹצֶה; מוּכָן ל־; (לְהַבָּעַת רוֹגֶז) דַווקָא; מַתאִים לוֹ (לִנהוֹג כָּך)

–a world of גָדוֹל/הַרבֵּה מְאוֹד
–come down in the world לָרֶדֶת בְּמַעֲמָדוֹ/מִנכָסָיו
–for all the world מַמָש; בְּעַד כָּל הוֹן שֶבָּעוֹלָם
–on top of the world בָּרָקִיעַ הַשבִיעִי
–out of this world מַשֶהוּ שֶלֹא מִן הָעוֹלָם הַזֶה; מַמָש נִפלָא
–set the world on fire לְהַצלִיחַ בְּגָדוֹל
–the world over בְּכָל מָקוֹם/הָעוֹלָם
–think the world of לְהַעֲרִיך מְאוֹד
–worlds apart שוֹנִים לְגַמרֵי/מְרוּחָקִים מְאוֹד זֶה מִזֶה
world-beater *n.* אַלוּף עוֹלָמִי; מִתחָרֶה בְּרָמָה עוֹלָמִית
world champion *n.* אַלוּף הָעוֹלָם
world-class *adj.* מֵהַטוֹבִים בָּעוֹלָם; בְּרָמָה עוֹלָמִית
World Cup *n.* גְבִיעַ הָעוֹלָם
world-famous *adj.* מְפוּרסָם בְּכָל הָעוֹלָם
worldly *adj.* חוֹמרִי; גַשמִי; אַרצִי; שֶל חוֹכמַת חַיִים; מַעֲשִׂי
wordly-wise *adj.* בָּקִי בְּהִלכוֹת הָעוֹלָם; בַּעַל חוֹכמַת חַיִים
world power *n.* מַעֲצָמָה (עוֹלָמִית)
world record *n.* שִׂיא עוֹלָמִי
world-shaking *adj.* מַרעִיש; הֲרֵה עוֹלָם
world-weary *adj.* עָיֵיף מֵהַחַיִים; קָץ בְּחַיָיו
worldwide *adj., adv.* שֶבְּרַחֲבֵי הָעוֹלָם; עוֹלָמִי
worm *n.* תוֹלַעַת; קַו תַבְרִיג; חִילָזוֹן (בְּבוֹרֶג)
worm *v.* לְפַלֵס דֶרֶך לְאַט; לְהִשתַחֵל; לָתֵת לוֹ טִיפּוּל נֶגֶד תוֹלָעִים
–worm your way into לִקנוֹת אֶת לִיבּוֹ אוֹ לִזכּוֹת בֶּאֱמוּנוֹ (בְּעוֹרמָה)
worm-eaten *adj.* אֲכוּל תוֹלָעִים
wormy *adj.* מְתוּלָע; מָלֵא תוֹלָעִים
worn *v.* *3rd form of* wear
worn-out *adj.* בָּלוּי; שָחוּק; בָּלֶה; מוּתָש; סָחוּט
worried *adj.* מוּדאָג; דוֹאֵג
worriedly *adv.* בִּדאָגָה

– they wouldn't give any details הֵם מְסָרְבִים לִמְסוֹר פְּרָטִים

– would sooner (stay) מַעֲדִיף (לְהִישָּׁאֵר)

– would rather (stay) מַעֲדִיף (לְהִישָּׁאֵר)

– Would you like a sandwich? אַתָּה רוֹצֶה סֶנְדְוִויץ'?

would-be *adj.* שׁוֹאֵף / מִתְיַימֵּר לִהְיוֹת; מִי שֶׁעָתִיד לִהְיוֹת; מִי שֶׁעָלוּל הָיָה לִהְיוֹת

wound *n.* פְּצִיעָה; פֶּצַע; פְּגִיעָה

wound *v.* לִפְצוֹעַ; לִפְגּוֹעַ בּ־

wound *v. past and 3rd form of* wind

wounded *adj.* פָּצוּעַ; פָּגוּעַ

– the wounded הַפְּצוּעִים

wound-up *adj.* מָתוּחַ; נִרְגָּשׁ

wove *v. past of* weave

woven *v. 3rd form of* weave

wow *n.* הַצְלָחָה לֹא רְגִילָה; וָואוּ!

wow *v.* לְהַדְהִים; לְהַמֵּם; לְהַרְשִׁים

WP מְעַבֵּד תַּמְלִילִים

wpm מִלִּים בְּדַקָּה

wrangle *v., n.* לְהִתְנַצֵּחַ; הִתְנַצְּחוּת

wrangler *n.* בּוֹקֵר; קָאוּבּוֹי; וַכְּחָן

wrap *v.* (wrapped) לַעֲטוֹף; לְכַסּוֹת; לִכְרוֹךְ; לֶאֱרוֹז

– be wrapped up in לִהְיוֹת אָפוּף־; לִהְיוֹת עָטוּף בּ־; לִהְיוֹת שָׁקוּעַ בּ־; לִהְיוֹת מָסוּר לְ־

– wrap him around your little finger לְסוֹבֵב אוֹתוֹ סְבִיב הָאֶצְבַּע הַקְּטַנָּה

– wrap up לְהִתְעַטֵּף; לַעֲטוֹף; לֶאֱפוֹף; לִלְבּוֹשׁ בְּגָדִים חַמִּים; לְסַכֵּם; לְסַיֵּים

wrapper *n.* עֲטִיפָה; חָלוּק

wrapping *n.* עֲטִיפָה; חוֹמֶר אֲרִיזָה

wrapping paper *n.* נְייַר עֲטִיפָה / אֲרִיזָה

wrath *n.* זַעַם

wrathful *adj.* זוֹעֵם

wreak *v.* לַעֲשׂוֹת (שַׁמּוֹת); לָקַחַת (נָקָם); לִשְׁפּוֹךְ (חֲמָתוֹ)

wreath *n.* זֵר; תִּימֹרֶת עָשָׁן וכד'

wreck *n.* אוֹנִייָה טְרוּפָה; חוּרְבָּה; גְּרוּטָה; הֶרֶס; שֶׁבֶר כְּלִי

wreck *v.* לַהֲרוֹס; לְחַסֵּל (סִיכּוּיִים); לְנַפֵּץ

– be wrecked לְהִתְרַסֵּק; לְהִיטָּרֵף (אוֹנִייָה); לְהֵיהָרֵס; לְהִישָּׁבֵר

wreckage *n.* שְׂרִידִים; שְׁבָרִים

wrecker *n.* הוֹרֵס; הוֹרֵס בִּנְייָנִים; גְּרָר

wren *n.* גִּדְרוֹן (צִיפּוֹר שִׁיר)

wrench *n.* עִיקּוּם פִּתְאוֹמִי וְחָזָק; מְשִׁיכָה בְּכוֹחַ; נְקִיעָה; פְּרִידָה מַכְאִיבָה; מַפְתֵּחַ בְּרָגִים

wrench *v.* לְעַקֵּם / לִמְשׁוֹךְ בְּכוֹחַ; לִנְקוֹעַ; לְעַוֵּות; לְהָסִיר (מַבָּטוֹ); לַעֲקוֹר

wrest *v.* (from/out of) לַחְטוֹף; לְהוֹצִיא בְּכוֹחַ; לִסְחוֹט; לְהוֹצִיא בְּמַאֲמָץ (מ־)

wrestle *v.* (with) לְהֵיאָבֵק (עִם); לְהִתְאַבֵּק; לְהִתְמוֹדֵד (עִם)

wrestler *n.* מִתְאַבֵּק

wrestling *n.* הֵיאָבְקוּת; הִתְגּוֹשְׁשׁוּת

wretch *n.* מִסְכֵּן; אוּמְלָל; מְנוּוָל; נִבְזֶה

wretched *adj.* עָלוּב; אוּמְלָל; רַע; מְזוּפָּת; גָּרוּעַ

wretchedness *n.* אוּמְלָלוּת; מַצָּב מַחְפִּיר

wriggle *v.* לְהִתְפַּתֵּל; לְהִתְחַמֵּק; לְהָזִיז בִּתְנוּעַת פִּיתּוּל

– wriggle out of לְהִתְחַמֵּק מ־

wring *v.* (wrung) לִסְחוֹט; לִלְחוֹץ; לִמְלוֹק

– wring your hands לְפַכֵּר יָדָיו (בִּדְאָגָה וכו')

wrinkle *n.* קֶמֶט; עֵצָה טוֹבָה; טְרִיק; פַּטֶנְט; רַעְיוֹן מְקוֹרִי

wrinkle *v.* לְקַמֵּט; לְהִתְקַמֵּט

wrinkled *adj.* מְקוּמָּט; לֹא מְגוֹהָץ; חָרוּשׁ קְמָטִים

wrist *n.* מִפְרַק שׁוֹרֶשׁ כַּף־הַיָּד

wristband *n.* שַׁרווּלִית; מָגֵן זֵיעָה; רְצוּעַת שָׁעוֹן

wristwatch *n.* שְׁעוֹן־יָד

writ *n.* צַו; כְּתָב

write *v.* (wrote, written) לִכְתּוֹב; לִרְשׁוֹם; לְחַבֵּר

– be written all over his face לִהְיוֹת רָשׁוּם עַל מִצְחוֹ; רוֹאִים עָלָיו

– write away for לְהַזְמִין בַּדּוֹאַר

– write back (to) לִשְׁלוֹחַ מִכְתָּב תְּשׁוּבָה (לְ־)

–get up on the wrong side of the bed לָקוּם עַל צַד שְׂמֹאל
–What's wrong? מַה קָּרָה? מַה לֹא בְּסֵדֶר?
wrong *adv.* לֹא נָכוֹן
–don't get me wrong שֶׁלֹּא תָּבִין אוֹתִי לֹא נָכוֹן
–go wrong לָלֶכֶת בַּדֶּרֶךְ הַלֹּא נְכוֹנָה; לְהִשְׁתַּבֵּשׁ; לְהִתְדַּרְדֵּר; לְהִתְקַלְקֵל; לִטְעוֹת
wrong *n.* הָרַע; עָוֶול; אִי־צֶדֶק; טָעוּת
–be in the wrong לִטְעוֹת; לִהְיוֹת אָשֵׁם / לֹא בְּסֵדֶר
wrong *v.* לַעֲשׂוֹת עָוֶול לְ־
wrongdoer *n.* חוֹטֵא; עוֹשֶׂה רַע; עֲבַרְיָין; מְעַוֵּל
wrongdoing *n.* חֵטְא; עֲשִׂיַּית רַע; עֲבַרְיָינוּת
wrong-foot *v.* לְהַפְתִּיעַ אוֹתוֹ; לִתְפּוֹס אוֹתוֹ לֹא מוּכָן
wrongful *adj.* לֹא צוֹדֵק; לֹא חוּקִי
wrongfully *adv.* בְּאוֹפֶן לֹא צוֹדֵק; שֶׁלֹּא כַּדִּין
wrongly *adv.* בְּאוֹפֶן לֹא נָכוֹן; בְּטָעוּת; שֶׁלֹּא בְּצֶדֶק
wrote *v. past of* write
wrought-up *adj.* נִרְגָּשׁ; מָתוּחַ
wrung *v. past and 3rd form of* wring
wry *adj.* מָרִיר; מְעוּקָּם; מַבִּיעַ סְלִידָה
WYSIWYG (=what you see is what you get)

–write down לִרְשׁוֹם
–write in לִפְנוֹת בִּכְתָב (לְ־); לִרְשׁוֹם
–write off לְהַכִּיר / לִרְאוֹת בְּ־... כְּאָבוּד; לִמְחוֹק (חוֹב); לְבַטֵּל; לַהֲרוֹס לְגַמְרֵי
–write off (for) לִפְנוֹת בִּכְתָב לְקַבָּלַת־
–write out לִכְתּוֹב בִּמְלוֹאוֹ; לִרְשׁוֹם (שֶׁק)
–write up לִכְתּוֹב בְּפֵירוּט; לְהַשְׁלִים כְּתִיבַת־
write-in *n.* הַצְבָּעָה ע״י רִישׁוּם שֵׁם הַמּוּעֲמָד
write-off *n.* דָּבָר הָרוּס לְגַמְרֵי; זִיכּוּי; מְחִיקַת חוֹב; הֲנָחָה
writer *n.* כּוֹתֵב; סוֹפֵר; מְחַבֵּר
writer's cramp *n.* עֲווִית סוֹפְרִים (מֵרוֹב כְּתִיבָה)
write-up *n.* תֵּיאוּר בִּכְתָב; כַּתָּבָה; בִּיקּוֹרֶת
writhe *v.* לְהִתְפַּתֵּל (מִכְּאֵב)
writing *n.* כְּתִיבָה; כְּתַב־יָד; כְּתָב; כְּתָבִים; יְצִירוֹת (בְּרַבִּים)
–put down in writing לְהַעֲלוֹת עַל הַכְּתָב
–the writing on the wall הַכְּתוֹבֶת עַל הַקִּיר
writing pad *n.* פִּנְקָס; בְּלוֹק כְּתִיבָה
writing paper *n.* נְיַיר כְּתִיבָה / מִכְתָּבִים
written *adj.* כָּתוּב; בִּכְתָב
wrong *adj.* לֹא בְּסֵדֶר; לֹא מוּסָרִי; לֹא צוֹדֵק; לֹא נָכוֹן; טוֹעֶה; מוּטְעֶה; לֹא מַתְאִים בִּכְלָל; לֹא תָּקִין
–be wrong לִטְעוֹת

X, x ציר ה־x; איקס; נֶעלָם; עֶשֶׂר (כְּספרה רוֹמית); (סֶרֶט) לְמבוּגָרים מֵעַל גיל 18; נְשִׁיקוֹת (בסוֹף מִכתָב)
xenon *n.* קסֶנוֹן (גַז אָדִיש)
xenophobia *n.* שִׂנאַת זָרים
xenophobic *adj.* שֶׁל שִׂנאַת זָרים; שׂוֹנֵא זָרים
xerox *v.* לְצַלֵם (בִּמכוֹנַת צִילוּם)
Xerox *n.* הֶעתֵק מְצוּלָם
Xerox machine *n.* מְכוֹנַת צִילוּם (מִסמָכִים)
XL גָדוֹל בִּמיוּחָד; אֶקסטְרָה לַארגִ׳
Xmas *n.* חַג הַמוֹלָד
X-rated *adj.* לִמבוּגָרים (סֶרֶט)
X-ray *n.* (קֶרֶן) רֶנטגֶן; צִילוּם רֶנטגֶן
X-ray *v.* לַעֲשׂוֹת צִילוּם רֶנטגֶן
xylophone *n.* קסִילוֹפוֹן; מַקוֹשִׁית

yacht *n.* יַאכטָה; מִפרָשִׂית (לְמֵירוֹץ)
yacht club *n.* מוֹעֲדוֹן שַׁיִט (בְּמִפרָשִׂיוֹת)
yachtsman *n.* בַּעַל יַאכטָה; שַׁיָט מִפרָשִׂית
yackety-yack *n.* בִּרבּוּרים
yak *n.* יַאק (בַּעַל־חַיִים)
yam *n.* מִין בַּטָטָה; יַאם
yammer *v.* לְקַשקֵשׁ; לְפַטפֵּט; לְיַילֵל; לְהִתבַּכיֵין
yank *v., n.* לִמשוֹך בְּחוֹזקָה; לִשלוֹף; מְשִׁיכָה חֲזָקָה
Yank, Yankee *n.* יַאנקִי
yap *v., n.* לִנבּוֹחַ בִּצווִיחוֹת; נְבִיחָה צַווחָנִית
yard *n.* חָצֵר; שֶׁטַח לְמַטָרָה מְסוּיֶמֶת; גִינָה; יַארד (91.4 ס״מ)
– the Yard הַסקוֹטלַנד יַארד
yardstick *n.* קְנֵה־מִידָה
yarmulke *n.* כִּיפָּה
yarn *n.* חוּט; סִיפּוּר (אָרוֹך)
– spin a yarn לְסַפֵּר מַעֲשִׂיָה (צִ׳יזבָּט)
yashmak *n.* רְעָלָה; יַשמָק
yaw *v., n.* לִסטוֹת מֵהַמַסלוּל; סְטִיָיה מֵהַמַסלוּל
yawl *v.* סְפִינַת מִפרָשׂ (דוּ־תוֹרנִית); סִירַת אוֹנִיָיה
yawn *n., v.* פִּיהוּק; לְפַהֵק; לְהִיפָּעֵר
yawning *adj.* פָּעוּר; גָדוֹל מְאוֹד; מְפַהֵק
yd(s) יַארד
yea *adv., n.* כֵּן; בְּעַד; מַצבִּיעַ ״הֵן״
yeah כֵּן
year *n.* שָׁנָה
– for years; in years (מִ)זֶה שָׁנִים רַבּוֹת
– year by year בְּמֶשֶׁך הַשָּׁנִים
– year in year out מִדֵי שָׁנָה
– years גִיל; זִקנָה; שָׁנִים (רַבּוֹת)
yearbook *n.* שְׁנָתוֹן; סֵפֶר מַחֲזוֹר (בְּתִיכוֹן)
yearlong *adj.* שֶׁל שָׁנָה; שֶׁנִמשָׁך שָׁנָה
yearly *adj., adv.* שְׁנָתִי; פַּעַם בְּשָׁנָה; מִדֵי שָׁנָה
yearn *v.* (for) לְהִתגַעגֵעַ; לְהִיכָּסֵף; לִכמוֹהַּ (ל־)
yearning *n.* עֶרגָה; כְּמִיהָה
yeast *n.* שְׁמָרים
yell *n.* צְרִיחָה; צְעָקָה; שְׁאָגָה
yell *v.* לִצרוֹחַ; לִשׁאוֹג; לִצעוֹק
yellow *adj., n.* (צֶבַע) צָהוֹב; פַּחדָנִי; פַּחדָן
yellow *v.* לְהַצהִיב
yellow fever *n.* קַדַחַת צְהוּבָּה
yellow pages *n.* דַפֵּי־זָהָב
yelp *v., n.* (לְהַשׁמִיעַ/לִנבּוֹחַ בּ־) יְבָבָה קְצָרָה
yen *n.* (for) כְּמִיהָה עַזָה (ל־)
yeoman *n.* אִיכָּר עַצמָאִי בַּעַל אֲדָמָה; מַשָׁ״ק־פָּקִיד (בְּחֵיל־הַיָם הָאֲמֵרִיקָאִי)

yes כֵּן; (הַצְבָּעָה) בְּעַד
yeshiva(h) *n.* יְשִׁיבָה (דָתִית)
yesman *n.* אוֹמֵר הֵן
yesterday *adv.* אֶתמוֹל
–the day before yesterday שִׁלְשׁוֹם
–yesterday's paper הָעִיתוֹן שֶׁל אֶתמוֹל
yesteryear *n.* (of–) דְאֶשְׁתָקֵד
yet עֲדַיִין; כְּבָר; עוֹד; פַּעַם; עַד כֹּה; עִם זֹאת; בְּרַם; אוּלָם; וְשׁוּב (עוֹד...); (יוֹתֵר) וְיוֹתֵר; אֲפִילוּ
–as yet עַד כֹּה; עֲדַיִין
–he has yet to show... הוּא עֲדַיִין לֹא הֶרְאָה...
–just yet עֲדַיִין; כְּבָר
–yet again שׁוּב; עוֹד פַּעַם
–you ain't seen nothing yet וְזֶה עוֹד כְּלוּם
yeti *n.* אִישׁ הַשֶּׁלֶג (בַּהִימָלָיָה)
yid *n.* יְהוּדוֹן
Yiddish *n.* אִידִישׁ
yield *n.* יְבוּל; תְנוּבָה; תְשׁוּאָה; רֶוַוח; הַכנָסָה
yield *v.* לְהָנִיב; לָתֵת; לְהִיכָּנַע; לְוַותֵר (עַל־); לָתֵת זְכוּת קְדִימָה; לְפַנוֹת מְקוֹמוֹ; לְהִתמוֹטֵט; לְהִיפָּרֵץ; לֹא לַעֲמוֹד בּ־
yielding *adj.* רַךְ; גָמִישׁ; וַתרָן; נִכנָע בְּקַלוּת
yippee יוּפִּי!; יֵשׁ! (קְרִיאַת שִׂמחָה)
YMCA יִמקָ״א
yodel *v., n.* (לָשִׁיר/לְהַשׁמִיעַ) יוֹדל
yoga *n.* יוֹגָה
yoghurt, yogurt *n.* יוֹגוּרט
yogi *n.* יוֹגִי; מוֹרֶה לְיוֹגָה
yoke *n.* עוֹל; אֶסֶל; חֵלֶק הַבֶּגֶד הַצָּמוּד לַכְּתֵפַיִים
yokel *n.* בֶּן כְּפָר; בּוּר
yolk *n.* חֶלמוֹן
Yom Kippur *n.* יוֹם כִּיפּוּר
you אַתָּה; אַת; אַתֶּם; אוֹתךָ וכו'; לְךָ וכו'
you'd = you had; you would
you'll = you will
young *adj.* צָעִיר; בִּתחִילָתוֹ; הַבֵּן הַצָּעִיר!; לֹא מְנוּסֶה
–the young look הַמַּרְאֶה הַצָּעִיר
–young at heart צָעִיר בְּרוּחוֹ
–young blood דָם חָדָשׁ; צְעִירִים
young *n.* (the–) הַצְעִירִים; הַיְלָדִים; גוּרִים; גוֹזָלִים; צֶאֱצָאִים
younger *adj.* צָעִיר יוֹתֵר
–you're not getting any younger אַתָה כְּבָר לֹא יֶלֶד; זֶה לֹא קַל בְּגִילְךָ
young marrieds *n.* זוּגוֹת צְעִירִים
youngster *n.* צָעִיר; יֶלֶד
your שֶׁלְךָ; שֶׁלָךְ; שֶׁלָכֶם
you're = you are
yours שֶׁלְךָ; שֶׁלָךְ; שֶׁלָכֶם
–a friend of yours חָבֵר שֶׁלְךָ
–yours truly אוֹתִי; אֲנִי עַצמִי; ״עַבדְךָ הַנֶאֱמָן״
–Yours truly בְּכָבוֹד רַב (סִיוּם מְקוּבָּל בְּמִכתָב)
yourself (אֶת/לְ־/בּ־) עַצמְךָ/עַצמֵךְ; בְּקַו הַבְּרִיאוּת; כִּתמוֹל שִׁלשׁוֹם
–(all) by yourself בְּעַצמְךָ; לְבַדְךָ
–be yourself תִתנַהֵג בְּטִבעִיוּת
–Have you hurt yourself? הַאִם נִפְצַעתָ?
yourselves (אֶת/לְ־/בּ־) עַצמְכֶם
youth *n.* (תְקוּפַת) הַנְעוּרִים; צְעִירוּת; נַעַר; נוֹעַר
youth center *n.* מֶרכַּז נוֹעַר; מַתנַ״ס
youth club *n.* מוֹעֲדוֹן נוֹעַר
youthful *adj.* צָעִיר; שֶׁל נְעוּרִים
youthfulness *n.* נְעוּרִים; צְעִירוּת
youth hostel *n.* אַכסַנְיַת נוֹעַר
you've = you have
yowl *n., v.* יְלָלָה; יְבָבָה; לְיַלֵל; לְיַבֵּב
yo-yo *n.* יוֹ־יוֹ; טִיפֵּשׁ
yr(s) שָׁנָה; שָׁנִים; שֶׁלְךָ
yuck אִיכס!
yucky *adj.* מַגעִיל
yuk אִיכס!
Yule *n.* חַג הַמּוֹלָד
yummy *adj.* טָעִים מְאוֹד
yuppie *n.* יַאפִּי; צָעִיר מַצלִיחָן (שֶׁחַי בְּרָמָה גְבוֹהָה)
YWCA יִמקָ״א (לְנָשִׁים)

Z

zany *adj.* מַצְחִיק; מְשׁוּגָע; מוּזָר

zap *v.* (zapped) לְחַסֵּל; לְהַתְקִיף; לַהֲרוֹס; לְהַשְׁמִיד; לִמְחוֹק; לְהַרְבִּיץ; "לָטוּס"; לְהַרְבִּיץ מְהִירוּת; לְזַפְזֵף; לְשַׁלְטֵט

zap *n.* מֶרֶץ; חִיּוּנִיּוּת

zapping *n.* זִפְזוּף; שִׁלְטוּט

zappy *adj.* נִמְרָץ; תּוֹסֵס; חַי; מְשַׁעֲשֵׁעַ

zeal *n.* מְסִירוּת וְהִתְלַהֲבוּת; לַהַט

zealot *n.* קַנַּאי; פָנָטִי

zealous *adj.* נִלְהָב; מָסוּר; קַנַּאי

zebra *n.* זֶבְּרָה

zebra crossing *n.* מַעֲבַר־חֲצָיָה

Zen *n.* זֶן

zenith *n.* זֶנִית; שִׂיא

zephyr *n.* רוּחַ נְעִימָה; צַפְרִיר

zeppelin צֶפֶּלִין; סְפִינַת אֲוִויר

zero *n.* אֶפֶס

zero *v.* לְאַפֵּס

–zero in (on) לְהִתְמַקֵּד (בְּ־); לְהִתְבַּיֵּית עַל־; "לִקְפּוֹץ" עַל־; לִסְגּוֹר עַל־

zero gravity *n.* הֶעְדֵּר כּוֹחַ מְשִׁיכָה

zero hour *n.* שְׁעַת הָאֶפֶס

zest *n.* הֲנָאָה וְעִנְיָן רַב; חֵשֶׁק; הִתְלַהֲבוּת; טַעַם; "פִּלְפֵּל"; קְלִיפַּת תַּפּוּז אוֹ לִימוֹן

zigzag *n.* זִיגְזַג

zigzag *v.* (zigzagged) לָנוּעַ בְּזִיגְזַג

zilch *n.* שׁוּם דָּבָר; אֶפֶס

zillions *n.* מִסְפָּר עָצוּם; מִילְיַארְדִים

zinc *n.* אָבָץ

zing *n.* מְשִׁיכָה; טַעַם

Zionism *n.* צִיּוֹנוּת

Zionist *n., adj* צִיּוֹנִי

zip *n.* אֶפֶס; כְּלוּם; שְׁרִיקָה; קוֹל קְרִיעָה; רוֹכְסָן; מֶרֶץ; מְהִירוּת

zip *v.* (zipped) לִפְתּוֹחַ / לִסְגּוֹר בְּרוֹכְסָן; לַעֲבוֹר בִּמְהִירוּת; לַחֲלוֹף בִּשְׁרִיקָה

zip code *n.* מִיקוּד

zip gun *n.* אֶקְדָּח מְאוּלְתָּר

zipper *n.* רוֹכְסָן

zippo *n.* אֶפֶס; כְּלוּם

zippy *adj.* מָלֵא מֶרֶץ

zit *n.* פִּצְעוֹן; חַצָּקוּן

zither *n.* צִיתָר

zizith *n.* צִיצִית

zodiac *n.* גַּלְגַּל־הַמַּזָּלוֹת

zombie *n.* זוֹמְבִּי (מֵת שֶׁהוּקַם לִתְחִיָּה); (כְּמוֹ) רוֹבּוֹט; זוֹמְבִּי

zonal *adj.* אֲזוֹרִי; מְחוּלָּק לַאֲזוֹרִים

zone *n.* אֵיזוֹר

zone *v.* לְחַלֵּק לַאֲזוֹרִים; לְהַקְצוֹת אֵיזוֹר

zoning *n.* חֲלוּקָה לַאֲזוֹרִים

zonked *adj.* "הָרוּג"; עָיֵף מְאוֹד; מְסוּטָל

zoo *n.* גַּן־חַיּוֹת

zoological *adj.* זוֹאוֹלוֹגִי

zoological gardens *n.* גַּן זוֹאוֹלוֹגִי; גַּן חַיּוֹת

zoologist *n.* זוֹאוֹלוֹג

zoology *n.* זוֹאוֹלוֹגְיָה

zoom *n.* (זִמְזוּם שֶׁל) נְסִיקָה פִּתְאוֹמִית

zoom *v.* "לָטוּס"; לַחֲלוֹף "בִּטִיסָה"; לִנְסוֹק בִּמְהִירוּת; לְזַנֵּק מַעְלָה

–zoom in (on) לְהִתְמַקֵּד עַל־ (בְּעַצְמִית זוּם); לְהַגְדִּיל (בְּמַחְשֵׁב)

zoom lens *n.* עַצְמִית זוּם (מְהִירַת מִיקוּד)

zucchini *n.* קִישׁוּא

zwieback *n.* צְנִים

ZZZ (סִימּוּן הַמְצַיֵּין נְחִירָה אוֹ שֵׁינָה)

Appendix

The Plural צורת הרבים

- בדרך כלל מוסיפים s- לשֵם־העצם: a chair → two chairs
- למִלים המסתיימות באותיות s, x, sh, ch מוסיפים es:
boxes, churches, buses, brushes.
- למִלים המסתיימות ב־o מוסיפים es: tomatoes, potatoes
אבל המִלים הבאות מקבלות רק s-:
kilo → kilos, disco → discos, radio → radios, photo → photos,
piano → pianos, video → videos, stereo → stereos
- במִלים הבאות knife, wife, wolf, thief, shelf, self, leaf, half
משנים את הסיומת f- או ef- ל־ves-
half → halves, leaf → leaves, knife → knives
מַרבית המִלים האחרות המסתיימות ב־f- מקבלות s- לפי הכלל הרגיל: roof → roofs
- במִלים המסתיימות ב־y ולפניו יש עיצור, הסיומת תהיה ies-
baby → babies, country → countries, fly → flies, lady → ladies
- יוֹצאים מן הכלל: man → men, woman → women, tooth → teeth,
foot → feet, mouse → mice, child → children

- מִלים שאינן מִשתנות ברבים: deer, sheep, aircraft
- לשם־עצם המורכב משתי מִלים מוסיפים את ה־s- למִלה השנייה:
break-ins, travel agents
אבל במִלים כמו sister-in-law (המחוּברות באמצע במִלת יחס), דווקא המִלה הראשונה מקבלת את ה־s-: sisters-in-law
- אם המִלה הראשונה בשם־עצם מורכב היא man או woman שתי המִלים מִשתנות בריבּוּי: men drivers, women soldiers
- יש לשים לב למקרים הבאים שבהם עלוּל דוֹבר העברית לשגות: המִלה **people** היא צוּרת הרבים (אנשים, בני־אדם) ולכן אין להוסיף לה s-. צוּרת היחיד של people היא person.
- המִלה news מתוּרגמת בעברית לצוּרת הרבים (= חדשוֹת), אבל באנגלית הפּוֹעל שבא אחריה תמיד יהיה ביחיד: What is the latest news?
צוּרת היחיד היא: a piece of news או an item of news
- המִלה furniture (רהיטים) גם היא מקבלת אחריה פּוֹעל ביחיד:
Your furniture **is** rather old.
- המִלה police מקבלת פּוֹעל ברבים: The police **are** investigating the matter.

The Adjective — תוֹאר

דרגות ההשוואה (דרגת היתרון וההפלגה)

- לבניית דרגת היתרון וההפלגה מוסיפים er- ו־est-
כאשר התוֹאר הוּא בּעל הברה אחת:

tall	taller	tallest
גבוֹה	גבוֹה יוֹתר	הכי גבוֹה

- תוֹאר בּעל שתי הברות מקבל more ו־most

careful	**more** careful	**most** careful

אבל תוֹאר בּעל שתי הברות המסתיים בּ־ow, y, er
מקבל er- ו־est כּרגיל.

clever	cleverer	cleverest
happy	happier	happiest

- תוֹאר בּעל 3 הברות ויוֹתר מקבּל תמיד **more** ו־**most**

beautiful	more beautiful	most beautiful
interesting	more interesting	most interesting
comfortable	more comfortable	most comfortable

- היוֹצאים מן הכלל:

good	better	best
bad	worse	worst
much	more	most
many	more	most
little	less	least

- כּללים דוֹמים חלים גם על תוֹאר הפּוֹעל:
מרבית תוֹארי הפּוֹעל מקבּלים **more** ו־**most**

carefully	more carefully	most carefully
slowly	more slowly	most slowly

אם תוֹאר הפּוֹעל הוּא בּעל הברה אחת התוֹספת היא er- ו־est-

hard	harder	hardest

- היוֹצאים מן הכלל:

well	better	best
badly	worse	worst
little	less	least

- עוֹד יש לציין לגבּי התוֹאר כּי, שלא כּמוֹ בּעברית, התוֹאר בּאנגלית אינוֹ משתנה בּרבּים, בּזכר וּבנקבה:

a rich man	איש עשיר
a rich woman	אישה עשירה
rich men	אנשים עשירים

התוֹאר rich נִשאר ללא שינוּי בּשלוֹשת המִקרים ואילוּ בּעִבְרית המִלה **עשיר** השתנתה (עשירה, עשירים).

- הבדל נוֹסף הוּא שבּעברית התוֹאר בּא בּדרך כּלל אחרי שם העצם ואילוּ בּאנגלית התוֹאר בּא לפניו:

an expensive car
מכוֹנית יקרה

Telephone Numbers מספרי טלפון

כל הספרות, כולל הקידומת, נקראות בנפרד. הספרה "אפס" נקראת כמו האות /o/.
בארה"ב הספרה אפס נקראת גם zero.

(0865) 65785 o eight six five, six five seven eight five
01-2427033 o one, two four two, seven o double three

דוגמה למסי' טלפון בארה"ב:

(202) 234-5679 two o two, two three four, five six seven nine

או

two o two, two three four, fifty-six seventy-nine

- כאשר המספר מסתיים בשני אפסים בדרך כלל המספר ייקרא בסופו כמאות, ואם הוא מסתיים בשלושה אפסים הוא ייקרא כאלפים:

502-5300 five o two, five three hundred
499-5000 four nine nine, five thousand

Time of Day שעון

6.00 six o'clock; six am (בבוקר) six pm (בערב)
7.15 seven fifteen; a quarter past seven
בארה"ב אפשר לומר גם: a quarter after seven
8.45 eight forty-five; a quarter to nine
בארה"ב גם: a quarter of nine
2.30 two thirty; half past two
4.10 four ten; ten (minutes) past four
בארה"ב גם: ten after four
5.25 five twenty-five; twenty-five (minutes) past five
בארה"ב גם: twenty-five after five
6.35 six thirty-five; twenty-five (minutes) to seven
9.02 nine o two; two minutes past nine

Dates תאריכים

1993 nineteen ninety-three
בבריטניה: 5th May; 5 May the fifth of May; May the fifth
בארה"ב: May 5 May fifth
התאריך המלא בספרות נכתב בבריטניה כמו בישראל: 23.5.66
בארה"ב החודש נכתב לפני היום: 5.23.66

The Tenses הזמנים

להלן נביא סקירה קצרה של הזמנים החשובים יותר באנגלית

Present Simple

I you we they	write
he she it	writes

שאלה

Do	I you we they	write?
Does	he she it	

שלילה

I you we they	don't (=do not)	write
he she it	doesn't (=does not)	

- בגופים he, she, it מוסיפים s- לפועל.
לפעלים המסתיימים ב־o, ch, sh, x, ss מוסיפים es-: she goes, he teaches
אם פועל מסתיים ב־y עם עיצור לפניו, משנים את y- ל־ies-:
cry → cries, try → tries, fly → flies

- שים לב כי במשפטי שאלה ושלילה תוספת ה־s-, es- וכו' מתבטלת והפועל חוזר לצורתו הבסיסית.

שימוש: לתיאור כל פעולה או מצב בהווה, למעט פעולה המתרחשת ברגע זה, במיוחד מדובר כאן על פעולות שגרתיות, הרגלים וכו'.
דוגמה: We eat breakfast at 8 a.m. (פעולה שגרתית, סדירה)
Bees make honey. (עובדה שהיא תמיד נכונה)

- לעתים קרובות נפגוש כאן את המלים:

כל (יום, שבוע)	every (day, week)	בדרך כלל	usually
לעתים רחוקות	seldom	לפעמים	sometimes
תמיד	always	לעתים קרובות	often
אף פעם לא	never	פעם (בשנה)	once (a year)

Present Progressive

שאלה

I	am	working
he she it	is	
we you they	are	

Am	I	working?
Is	he she it	
Are	we you they	

שלילה

I am		not working
he she it	is	
we you they	are	

שימוש:

א. לתיאור פעולה המתרחשת ברגע זה.

1. Listen! The baby is crying.
2. I'm reading a book now.

ב. לתיאור פעולה מתוכננת בזמן מסוים בעתיד.

1. We're staying at home tomorrow.
2. I'm having a party next week.

כאן חייב להופיע ביטוי זמן כגון: tomorrow, next (week, month, etc.), in an hour וכו'

ואין זה מדויק לומר שמדובר בעתיד הקרוב, שכן אפשר לומר משפט כלהלן:

They are coming back in six years.

Past Simple

שאלה

I you he she it we they	stayed

Did	I you he she it we they	stay?

שלילה

I you he she it we they	didn't (=did not)	stay

- שים לב כי במשפטי שאלה ושלילה הפועל חוזר לצורתו הבסיסית.

שימוש:

א. לתיאור פעולה שהסתיימה בזמן מוגדר בעבר.

1. I saw David yesterday.
2. He left on Monday.
3. When he saw me, he ran away.

- ביטויי הזמן שלהלן מציינים זמן מוגדר:

last	night	a year	ago	when
	week	two days		yesterday
	year	a moment		in (1967); in (June)
	Sunday	וכו׳		
	וכו׳			

- השווה עם present perfect. גם שם הפעולה היא בעבר, אבל הזמן אינו מוגדר ולכן ביטויי הזמן הנ״ל לא יופיעו ב־present perfect.

ב. שימוש נוסף הוא לתיאור סדרה של פעולות בזו אחר זו כמו בסיפור.

Past Progressive

בנייה: was או were + פועַל בצורַת ing-

שימוש:

א. לתיאור פעולה ממושכת בעבר שבמהלכה מתרחשת פעולה קצרה ב־past simple.

You **were sleeping** when the letter **arrived.**
(past progressive) (past simple)

ב. בדיבור עקיף במקום present progressive:

He said, "I'm waiting for Dan."
He said that he **was waiting** for Dan. (דיבור עקיף)

ג. לתיאור פעולה בעבר סביב נקודת זמן מסויימת:

At 8 o'clock he **was watching** TV.

כלומר, הוא צפה בטלוויזיה לפני השעה שמונה וכנראה גם לאחריה. (אבל פעולה זו אינה נמשכת עד עכשיו. השווה ל־present perfect progressive).

ד. לתיאור שתי פעולות ממושכות המתרחשות במקביל בעבר:

While they were eating, we were working.

כלומר, כל אותו הזמן שהם אכלו, אנחנו עבדנו.

Present Perfect

Affirmative

I you we they	have	finished
he she it	has	

שאלה

Have	I you we they	finished?
Has	he she it	

שלילה

I you we they	haven't (have not)	finished
he she it	hasn't (has not)	

שימוש:

א. לתיאור פעולה שאמנם הסתיימה בעבר אבל הזמן המדויק אינו ידוע או שאינו מוזכר, (בניגוד ל־past simple שם הזמן מוגדר).

1. **I've read** that book. (אין ציון זמן)
2. Sara **has** just **come** back. (זמן לא מוגדר)
3. **Have** you **eaten** yet?
4. I **haven't seen** it yet.

• לעתים קרובות משתמשים כאן בביטויי זמן כלהלן:

לאחרונה	lately
לא מִזמן	recently
כבר	already
כרגע, זה עתה	just
כבר; עדיין (לא)	yet

ב. לתיאור פעולה שחזרה על עצמה מספר פעמים בעבר:

He **has explained** it over and over.
She **has seen** that film many times.

ג. עִם תוֹאר בדרגת ההפלגה (הכי גרוע, הכי יפה, וכו'):

1. This is the worst storm **we've ever had**.
2. She is the most beautiful girl **I've met**.

ד. עם ביטויים כגון the first time, the second time. וכו'

It's the first time she has been here.

ה. לתיאור פעולה שהחלה בעבר ונמשכת עד עכשיו:

1. She **has lived** here for five years. היא גרה כאן מִזֶה 5 שנים.
2. He **has worked** here since 1986. הוא עוֹבד כאן מאז 1986.

לעתים קרובות משתמשים כאן בביטויי הזמן הבאים:

עד עתה — so far, מִזֶה... — for, מאז — since

השווה בין המִשפטים הבאים:

1. He worked here **for** five years. הוא **עבד** כאן **במשך** 5 שנים.
2. He has worked here **for** five years. הוא **עוֹבד** כאן **מִזה** 5 שנים.

• חשוב לדעת כי ב־ present perfect לא תיתכן שאלה עם when, אבל שאלה עם since when אפשרית.

Present Perfect Progressive

בנייה: has been או have been + פּוֹעַל בצוּרַת ing.

שימוש:

לתיאוּר פעוּלה שהחלה בעבר ונמשכת עד עכשיו (בדוֹמה לסעיף ה' ב־present perfect), אוֹ שהסתיימה לפני שניוֹת ספוּרוֹת.

1. She has been waiting here for two hours. היא מחכּה כּאן כּבר שעתיים.
2. He has been studying French for five months.

הוּא לוֹמד צרפתית מִזֶּה חמישה חוֹדשים.

לעתים קרוֹבוֹת מְשתמשים כּאן בביטוּיי הזמן הבּאים:

since, for, now, how long, in the last few (days, weeks, etc.), all week, all month, etc.

- במשפטי שלילה מְשתמשים בדרך כּלל ב־present perfect במקוֹם present perfect progressive

כּך גם במקרים של פעלים שאינם מקבּלים ing-.

Past Perfect

בנייה: פּוֹעַל עֵזֶר had + צוּרה שלישית של הפּוֹעל (had worked).

שימוש:

א. כּאשר רוֹצים להדגיש את העוּבדה שפעוּלה מסוּיימת בּעבר נגמרה לפני שהחלה פעוּלה אחרת ב־past simple, אוֹ לפני תאריך אוֹ שעה מסוּיימת.

1. When I arrived at the station, the bus **had** already **left**.
2. By 1990 he **had written** two novels.
3. The train **had left** by 9 o'clock.

בּמשפט הראשוֹן בּרוּר שהאוֹטוֹבּוּס יצא **לפני** שהגעתי לתחנה. בּמשפט השני והשלישי בּרוּר שעד התאריך הנקוּב (by 1990) אוֹ השעה הנקוּבה (by 9 o'clock) הפעוּלה כּבר הוּשלמה.

תזכּוֹרת: לתיאוּר סִדרה של פּעוּלוֹת בּעבר בּזוֹ אחר זוֹ נִשתמש בּ־past simple.

ב. בּדיבּוּר עקיף בּמקוֹם past simple וגם בּמקוֹם present perfect.

She said, "I've seen that movie".
She said that she **had seen** that movie.

בּתחילת מִשפּטים מסוּג זה נמצא לעתים קרוֹבוֹת צירוּפים כּמוֹ:

said that, thought that, asked if, told (me) that

The Future

בנייה: will + פּוֹעַל בּצוּרתוֹ הבּסיסית

שימוש: להבּיע את מה שהדוֹבר מצפֶּה / חוֹשב / מקווה שיקרה.

1. The train **will arrive** soon.
2. I think it **will rain** tomorrow.

בדרך כלל אין קושי בזמן זה כי יש התאמה בין העברית לבין האנגלית.

- won't = will not
- shall שימושי בעיקר בשני מקרים:
  1. shall יכול להחליף את will אבל בגוף ראשון: We shall; I shall
  2. במשפטים כלהלן (שבהם אי אפשר להשתמש ב־will).

Shall I do it for you?
Where shall I put it?

- חשוב לדעת שבניגוד לעברית, לא יבוא עתיד **מיד** אחרי המלים הבאות:
  if, after, before, as soon as, when (כאשר), unless, until.

When I **see** him, I will let you know.
I won't send her any money **until** I **hear** from you.

במשפטים הנ"ל השתמשנו ב־present simple מיד אחרי המלים when ו־until, ולא בעתיד.

Future in the Past Simple (would)

בנייה: would + פוֹעַל בצורתו הבסיסית
שימוש:

א. במקום will בדיבור עקיף או במסגרת משפט בזמן עבר:

1a. He said, "I **will give** you the money". (בדיבור ישיר will)
b. He said that he **would give** us the money. (בדיבור עקיף would)
2. We hoped that they **would come** to our party.

ב. במשפט תנאי שני:

1. I **wouldn't buy** it if I were you.
2. If I had enough money I **would buy** a computer.

ג. לתיאור פעולה שמישהו נהג לעשות בעבר:

We would often have coffee together in the evenings.
נהגנו לשתות קפה יחד בערבים.

Future Progressive

בנייה: will be + פוֹעַל בצורַת ‎-ing
שימוש:

א. לתיאור פעולה ממושכת בעתיד או סביב נקודת זמן בעתיד:

1. **We'll be watching** television all evening.
2. **We'll be watching** the match at seven.

ב. לתיאור פעולה מתוכננת או מוסכמת מראש בעתיד:

1. This time next week **I'll be reading** the play.
2. **I'll be seeing** her tomorrow. What would you like me to tell her?

Future Perfect

בנייה: will have + צורה שלישית של הפוֹעַל
שימוש: לתיאור פעולה או אירוע שיסתיימו לפני נקודת זמן בעתיד:

1. By this time next year he **will have finished** the project.

כלומר, הוא ישלים את הפרוייקט תוך פחות משנה.

2. By the end of this month **he'll have worked** here 20 years.

כלומר, בסוף החודש הזה ימלאו 20 שנה לעבודתו במקום הזה.

- חשוב לזכור במיוחד שכאן השימוש העיקרי נעשה עם **by** בצירוף נקודת זמן בעתיד (by this time tomorrow, by then, by 2025 וכו')

Future in the Past Perfect

בנייה: would have + צורה שלישית של הפוֹעַל
שימוש: במשפט תנאי שלישי.

If I had studied more, I **would have passed** my exams.

כלומר, לא למדתי מספיק לכן לא הצלחתי במבחנים.

The Verb הפּוֹעל

הפּוֹעל באנגלית הוּא בעל 3 צוּרוֹת עיקריוֹת. הצוּרה הראשוֹנה היא הצוּרה הבּסיסית. את הצוּרה השנייה והשלישית בּוֹנים בּדרך כּלל ע״י הוֹספת ed- אוֹ d- לצוּרה הבּסיסית.

work	worked	worked
believe	believed	believed

פּוֹעל המסתיים בּ־y עִם עיצוּר לפניה מקבּל ied- בּמקוֹם y.

carry	carried	carried

רשימת הפּעלים החריגים

Infinitive	**Past Tense**	**Past Participle**
arise	arose	arisen
awake	awoke	awoken
be	was, were	been
bear	bore	borne
beat	beat	beaten
become	became	become
begin	began	begun
behold	beheld	beheld
bend	bent	bent
beseech	besought	besought
beset	beset	beset
bet	bet, betted	bet, betted
bid	bid, bade	bid, bidden
bind	bound	bound
bite	bit	bitten
bleed	bled	bled
bless	blessed, blest	blessed, blest
blow	blew	blown
break	broke	broken
bring	brought	brought
broadcast	broadcast	broadcast
build	built	built
burn	burned, burnt	burned, burnt
burst	burst	burst
buy	bought	bought
cast	cast	cast
catch	caught	caught
choose	chose	chosen
cleave	clove, cleft, cleaved	cleft, cloven
cling	clung	clung

Infinitive	Past Tense	Past Participle
come	came	come
cost	cost	cost
creep	crept	crept
cut	cut	cut
deal	dealt	dealt
dig	dug	dug
do	did	done
draw	drew	drawn
dream	dreamed, dreamt	dreamed, dreamt
drink	drank	drunk
drive	drove	driven
dwell	dwelt	dwelt
eat	ate	eaten
fall	fell	fallen
feed	fed	fed
feel	felt	felt
fight	fought	fought
find	found	found
fit	fit, fitted	fit, fitted
flee	fled	fled
fling	flung	flung
fly	flew	flown
forbear	forbore	forborne
forbid	forbad, forbade	forbidden
forecast	forecast, forecasted	forecast, forecasted
forego	forewent	foregone
foresee	foresaw	foreseen
foretell	foretold	foretold
forget	forgot	forgotten
forgive	forgave	forgiven
forsake	forsook	forsaken
forswear	forswore	forsworn
freeze	froze	frozen
get	got	got, gotten
give	gave	given
go	went	gone
grind	ground	ground
grow	grew	grown
hang	hung	hung
have	had	had
hear	heard	heard
hew	hewed	hewed, hewn

Infinitive	Past Tense	Past Participle
hide	hid	hidden
hit	hit	hit
hold	held	held
hurt	hurt	hurt
inlay	inlaid	inlaid
interweave	interwove	interwoven
keep	kept	kept
kneel	knelt	knelt
know	knew	known
lay	laid	laid
lead	led	led
leap	leaped, leapt	leaped, leapt
learn	learned, learnt	learned, learnt
leave	left	left
lend	lent	lent
let	let	let
lie	lay	lain
light	lit, lighted	lit, lighted
lose	lost	lost
make	made	made
mean	meant	meant
meet	met	met
miscast	miscast	miscast
mislay	mislaid	mislaid
mislead	misled	misled
misread	misread	misread
misspell	misspelled, misspelt	misspelled, misspelt
mistake	mistook	mistaken
misunderstand	misunderstood	misunderstood
mow	mowed	mown
outdo	outdid	outdone
outgrow	outgrew	outgrown
outrun	outran	outrun
outsell	outsold	outsold
outshine	outshone	outshone
overcome	overcame	overcome
overdo	overdid	overdone
overhang	overhung	overhung
overhear	overheard	overheard
overpay	overpaid	overpaid
override	overrode	overridden
overrun	overran	overrun

Infinitive	Past Tense	Past Participle
oversee	oversaw	overseen
overshoot	overshot	overshot
oversleep	overslept	overslept
overtake	overtook	overtaken
overthrow	overthrew	overthrown
partake	partook	partaken
pay	paid	paid
put	put	put
read	read	read
rebuild	rebuilt	rebuilt
redo	redid	redone
remake	remade	remade
rend	rent	rent
repay	repaid	repaid
retake	retook	retaken
retell	retold	retold
rewrite	rewrote	rewritten
rid	rid	rid
ride	rode	ridden
ring	rang	rung
rise	rose	risen
run	ran	run
saw	sawed	sawn
say	said	said
see	saw	seen
seek	sought	sought
sell	sold	sold
send	sent	sent
set	set	set
sew	sewed	sewn
shake	shook	shaken
shear	sheared	shorn, sheared
shed	shed	shed
shine	shone, shined	shone, shined
shoe	shod	shod
shoot	shot	shot
show	showed	shown, showed
shrink	shrank, shrunk	shrunk
shut	shut	shut
sing	sang	sung
sink	sank, sunk	sunk
sit	sat	sat

Infinitive	Past Tense	Past Participle
slay	slew	slain
sleep	slept	slept
slide	slid	slid
sling	slung	slung
slit	slit	slit
smell	smelled, smelt	smelled, smelt
smite	smote	smitten
sow	sowed	sown, sowed
speak	spoke	spoken
speed	sped, speeded	sped, speeded
spell	spelt, spelled	spelt, spelled
spend	spent	spent
spill	spilt, spilled	spilt, spilled
spin	spun	spun
spit	spat	spat
split	split	split
spoil	spoiled, spoilt	spoiled, spoilt
spread	spread	spread
spring	sprang	sprung
stand	stood	stood
stave	staved, stove	staved, stove
steal	stole	stolen
stick	stuck	stuck
sting	stung	stung
stink	stank, stunk	stunk
strew	strewed	strewn, strewed
stride	strode	stridden
strike	struck	struck, stricken
string	strung	strung
strive	strove	striven
swear	swore	sworn
sweep	swept	swept
swell	swelled	swollen, swelled
swim	swam	swum
swing	swung	swung
take	took	taken
teach	taught	taught
tear	tore	torn
tell	told	told
think	thought	thought
throw	threw	thrown
thrust	thrust	thrust

Infinitive	Past Tense	Past Participle
tread	trod	trodden
unbend	unbent	unbent
undercut	undercut	undercut
undergo	underwent	undergone
underlie	underlay	underlain
underpay	underpaid	underpaid
undersell	undersold	undersold
understand	understood	understood
undertake	undertook	undertaken
underwrite	underwrote	underwritten
undo	undid	undone
unfreeze	unfroze	unfrozen
unwind	unwound	unwound
upset	upset	upset
wake	woke	woken
waylay	waylaid	waylaid
wear	wore	worn
weave	wove	woven
wed	wedded, wed	wedded, wed
weep	wept	wept
win	won	won
wind	wound	wound
withdraw	withdrew	withdrawn
withhold	withheld	withheld
withstand	withstood	withstood
wring	wrung	wrung
write	wrote	written

הקדמה

מילון עדכני זה כולל את רוב המלים והביטויים השכיחים בעברית, הן בדיבור והן בכתב. המידע המקיף הכלול בו יכול לשמש את הציבור הרחב, תלמידים וסטודנטים המעוניינים במילון קטן ממדים הנמצא תמיד בהישג־יד.

כיצד להשתמש במילון?

א. הפעלים מסודרים במילון בצורת גוף יחיד זכר בעבר.
לפיכך, פעלים כמו **לִשכּוֹחַ, להִיזָכֵר, לבַטֵל, להִסתַלֵק, להוֹבִיל, לאַשֵר** על נטיותיהם בכל הגופים בהווה ובעתיד נחפש תחת הערכים:
שָכַח, נִזכַּר, בִּיטֵל, הִסתַלֵק, הוֹבִיל, אִישֵר/אוּשַר

ב. לעִתים תופיע מלה עם י׳ ולעִתים בלעדיה (מישרד/משרד), עם ו׳ או בלעדיה (אומנם/אמנם), עם י׳ אחת או עם שתיים (מיד/מייד), עם ו׳ אחת או עם שתיים (אויר/אוויר), וכיוצ״ב. גם למלים לועזיות אין נוסח אחיד. מלה עשויה להיכתב עם א׳ (מטאפורה) או בלעדיה. לפיכך, יש לחפש מלים כנ״ל עפ״י אחת משתי האפשרויות.

ג. בדרך כלל נתנו עדיפות לאנגלית האמריקנית, אם כי יש ביטוי נרחב גם לאנגלית הבריטית. לעומת זאת, מונחים בריטיים רשמיים המקובלים בארץ קיבלו עדיפות על־פני המונחים האמריקניים.

ד. פסיק בין תרגומים מציין שיש דמיון או קִרבה במשמעות, ואילו נקודה־פסיק (;) מציינים משמעויות שונות לחלוטין.

קיצורים באנגלית

שם תוֹאר	(adj.)	זכר	(masc.)
תואר הפוֹעל	(adv.)	שם־עצם	(n.)
אמריקאית	(Am.)	צוּרת הרבּים	(pl.)
נקבה	(fem.)	פועל עומד	(v.i.)
דִקדוק	(gram.)	פועל יוצא	(v.t.)

קיצורים בעברית

ז.	זכר	(masc.)
ז״ז	זוגי זכר	(dual masc.)
ז״נ	זוגי נקבה	(dual fem.)
ז״ר	זכר רבים	(masc. pl.)
מ״ג	מלת־גוף	(personal pron.)
מ״ח	מלת־חיבור	(conj.)
מ״י	מלת־יחס	(prep.)
מ״ק	מלת־קריאה	(interjection)
מ״ש	מלת־שאלה	(interrogative)
נ.	נקבה	(fem.)
נ״ר	נקבה רבים	(fem. pl.)
פ״י	פועל יוצא	(v.t.)
פ״ע	פועל עומד	(v.i.)
פ.	פוֹעַל	(v.)
ר׳	רְאֵה	(see →)
ר״ת	ראשי־תיבות	(acronym, initials)
ש״מ	שם מספר	(numeral)
ת.	תואר	(adj.)
תה״פ	תואר הפועל	(adv.)

Introduction

This Hebrew-English dictionary is intended for users of contemporary Hebrew, especially university students, highschool pupils and English-speaking learners of Hebrew who wish to consult a small, but comprehensive, up-to-date dictionary. Hebrew speakers seeking to enlarge their active English vocabulary will also benefit from this dictionary. The rich selection of words, idioms and collocations is drawn from both spoken and written sources.

Spelling

The full form of Hebrew spelling (with *yod* [י] and *vav* [ו] added) is used usually **with** vowel points. The *dagesh* is marked only in the letters **בּ, כּ, פּ**. The letter **תּ** is not marked with a *dagesh*, because in modern Israeli Hebrew **ת** and **תּ** are pronounced the same /t/. The *shva* is deleted except at the beginning of a word.

Arrangement of Verbs

The verbs are listed in alphabetical order in the 3rd person masculine singular, past tense form of the given *binyan* – not according to their root spelling, e.g.:

binyan

kal	סָגַר (לִסגוֹר)	*hitpa'el*	הִתקַדֵם
pi'el	שִׁיבֵּשׁ (לְשַׁבֵּשׁ)	*hof'al*	הוּדגַשׁ
pu'al	שׁוּבַּץ	*polel*	פּוֹרֵר (לפּוֹרֵר)
nif'al	נִשמַר (לְהִישָׁמֵר)	*shif'el*	שִׁדרֵג (לְשַׁדרֵג)
hif'il	הִגדִיר (לְהַגדִיר)	*tif'el*	תִדרֵך (לְתַדרֵך)

Note that the infinitive is given in brackets next to the verb. The infinitive is not indicated in cases such as הִתקַדֵם where the infinitive is formed simply by prefixing ל to the verb: לְהִתקַדֵם. Verbs in *binyan pu'al* and *hof'al* have no infinitive form.

Nouns

Plural masculine nouns are formed by adding the suffix **ִים**ـ to the singular, e.g.:

עֵט ← עֵטִים

חָתָן ← חֲתָנִים

Plural feminine nouns are formed by replacing final **ָה** by **וֹת**, e.g.:

אַכזָבָה ← אַכזָבוֹת

מָנָה ← מָנוֹת

Regular plural forms are not usually indicated in the dictionary. Irregular plural forms are given as follows:

חֲלוֹם ז. (חֲלוֹמוֹת)
קִיר ז. (קִירוֹת)
אִשָּׁה נ. (נָשִׁים)
שָׁנָה נ. (שָׁנִים)

Adjectives

Feminine singular is usually formed by adding ָה to the masculine base, e.g.: פָּשׁוּט ← פְּשׁוּטָה
Masculine plural is usually formed by adding ִים to the masculine base, e.g.: פָּשׁוּט ← פְּשׁוּטִים
Feminine plural is usually formed by adding וֹת to the masculine base, e.g.: פָּשׁוּט ← פְּשׁוּטוֹת
When the adjective ends in ִי, it is inflected as follows:
הֲדָדִי, הֲדָדִית, הֲדָדִיִּים, הֲדָדִיּוֹת
Forms which do not follow these patterns are indicated, e.g.:
כּוֹאֵב ת. (כּוֹאֶבֶת; כּוֹאֲבִים)

Prepositions

The prepositions **מ־, ל־, ב־** are added as prefixes to words. So in order to find the word בְּמִידָה, for example, it is necessary to delete the **ב־** (בְּמִידָה→מִידָה). The same applies to the conjunction **ו־** (e.g. וְלָכֵן→לָכֵן), the relative pronoun **ש־** (e.g. שֶׁיָּשַׁב→יָשַׁב), the definite article **ה־** (e.g. הַשּׁוּלְחָן→שׁוּלְחָן), and the prefix **כּ־** (=as) (e.g. כְּסֵפֶר→סֵפֶר).

א

א — *alef* (first letter of Hebrew alphabet); first, 1st
- יוֹם א׳ — Sunday
- מֵא׳ וְעַד ת׳ — from A to Z

אָב ז. (אָבוֹת) — father
- אָב חוֹרֵג — stepfather

אָב ז. — *Av* (month in Hebrew calendar, July-August)
- תִּשְׁעָה בְּאָב — (fast commemorating destruction of Temple) 9th of *Av*

א״ב ר״ת — ABC, alphabet
אַבָּא ז. — daddy, dad, father
אָבַד פ״ע (לֶאֱבוֹד ל־) — be lost; lose
- אָבַד עָלָיו הַכֶּלַח — be obsolete

אֲבֵדָה נ. — loss; lost property
אבהוּת, אֲבָהוּת נ. — fatherhood
אַב־הָעוֹרְקִים ז. — aorta
אָבוּד — lost; hopeless; gone
אֲבוֹי מ״ק — Alas!; Oh!
אֶבוֹלוּצְיָה נ. — evolution
אֲבוֹקָדוֹ ז. — avocado
אָבוֹת ז״ר אָב — fathers; ancestors
אַבְזֵם ז. — buckle
אִבחוּן ז. — diagnosing, diagnosis
אִבחֵן פ״י (לְאַבחֵן) — diagnose
אַבחָנָה נ. — diagnosis
אִבטֵחַ פ״י (לְאַבטֵחַ) — provide security for, protect, secure
אַבטָחָה נ. — security (measures), protection
אֲבַטִּיחַ ז. — watermelon
אַב־טִיפּוּס ז. — prototype
אַבטָלָה נ. — unemployment
- דְּמֵי אַבטָלָה — unemployment benefit

אָבִיב ז. — spring (season)
אֲבֵידָה, אֲבֵדָה נ. — loss, lost property
- אֲבֵידוֹת — casualties, losses

אֶבְיוֹן תו״ז — poor
אֲבִיזָר ז. — accessory, fitting
אַבִּיר ז. — knight

אֲבָל מ״ח — but
אָבֵל תו״ז — in mourning; mourner
אֵבֶל ז. — mourning; grief
אֶבֶן נ. (אֲבָנִים, אַבְנֵי־) — stone
- אֶבֶן יְקָרָה — precious stone, gem
- אֶבֶן־נֶגֶף — stumbling block

אַבְּסוֹלוּטִי ת. — absolute
אַבְּסוּרְדִי ת. — absurd
אַב־עוֹרְקִים ז. — aorta
אָבָץ ז. — zinc
אָבָק ז. — dust
- אֲבַק־שְׂרֵיפָה — gunpowder

אֲבָקָה נ. — powder; pollen
אַבקַת־אֲפִיָּה נ. — baking powder
אַבקַת־חָלָב נ. — milk powder
אַבקַת־סוּכָּר נ. — powdered sugar, icing sugar
אַבְרֵךְ ז. — newly-wed young man; *yeshiva* student
אַגַּב מ״ח; תה״פ — by the way; incidentally
אַגָּדָה נ. — legend; myth; *Aggadah* (part of Talmud)
אַגָּדִי ת. — legendary
אֲגוּדָּה נ. — association, society
אֲגוּדָל ז. — thumb
אֱגוֹז ז. — nut; walnut
אֲגוֹרָה נ. — *agora* (hundredth part of *sheqel*)
אֶגזוֹז ז. — exhaust (of vehicle)
אג״ח ר״ת — bond(s), debenture(s)
אֲגִירָה נ. — storing, hoarding
אֲגַם ז. — lake
אַגַּן־הַיְרֵכַיִים ז. — the pelvis
אֲגַף ז. (אֲגַפִּים) — wing (of building), flank (military); department
אַגָּס ז. — pear
אָגַר פ״י (לֶאֱגוֹר) — to store, to hoard
אַגְרָה נ. — fee (for state service)
- אַגְרַת רַדְיוֹ / טֶלֶוִויזְיָה — radio/TV licence fee

אִגרוּף ז. — boxing
אֶגְרוֹף ז. — fist
אֶגְרוֹפָן ז. — boxer

אֲגַרְטָל ז. — vase
אַגְרֶסִיבִי ת. — aggressive
אַגְרֶסִיבִיוּת נ. — aggressiveness
אֵד ז. (אֵדִים) — vapor; steam (pl.)
אָדוֹם ת. (אֲדוּמָּה; אֲדוּמִּים) — red
אָדוֹן ז. — lord; sir; Mr.; gentleman; master
– אָדוֹן נִכְבָּד — Dear Sir
אֲדוֹנָי ז. — the Lord; God
אָדוּק ת. — devout, orthodox
אָדִיב ת. — polite, courteous
אֲדִיבוּת נ. — politeness, courtesy
אֵדִים ז״ר — steam, vapor, mist
אַדִּיר ת. — mighty, great
אָדִישׁ — indifferent
אֲדִישׁוּת נ. — indifference, apathy
– בַּאֲדִישׁוּת — indifferently, nonchalantly
אָדָם ז. — person, human being, man
– הָאָדָם הַקַּדְמוֹן — prehistoric man
אֲדַמְדַּם ת. — reddish, pale red
אֲדָמָה נ. — soil, earth, ground, land
אדמו״ר ר״ת — our master and teacher (title of Hassidic Rabbi)
אַדְמִירָל ז. — admiral
אַדֶּמֶת נ. — German measles
אֶדֶן ז. (אֲדָנִים)
– אֶדֶן־הַחַלּוֹן — window-sill
אֲדָנִית נ. — window-box, planter
אֲדָר ז. — *Adar* (month in Hebrew calendar, February–March)
אַדְרַבָּה תה״פ — on the contrary!
אַדְרִיכָל ז. — architect
אָהַב פ״י (לֶאֱהוֹב) — to love; care for, like
אַהֲבָה נ. — love
– אַהֲבַת־בֶּצַע — greed
אָהַד פ״י (לֶאֱהוֹד) — to like; to support
אַהֲדָה נ. — sympathy; support
– בְּאַהֲדָה — sympathetically; favorably
אָהוּב תו״ז — loved (one), favorite; lover (masc.)
אֲהוּבָה תו״נ — loved (one), favorite
אָהוּד ת. — well-liked, popular
אָהִיל ז. — lampshade

אַהֲלָן מ״ק — Hi (*slang*)
אוֹ מ״ח — or
– אוֹ (שֶׁ־)... אוֹ (שֶׁ־) — either...or
אוֹבֵד תו״ז — lost
אוֹבְדָן ז. — loss; ruin
אוֹבְּיֶקְטִיבִי ת. — objective, impartial
אוֹבְּיֶקְטִיבִיוּת נ. — objectivity
– בְּאוֹבְּיֶקְטִיבִיוּת — objectively
אוּגְדָּה נ. — division (military)
אוֹגְדָן ז. — folder
אוֹגוּסְט ז. — August
אוֹגֵר ז. — hamster
אוֹגֵר ז. — collector, hoarder
אוֹדוֹת מ״י — about, concerning
אוֹדֶם ז. — redness; lipstick
אוֹהֵב ז. — lover
אוֹהֵד תו״ז — sympathetic; supporter, fan
אוֹהֶל ז. (אוֹהֲלוֹ; אוֹהָלִים) — tent
אַוָּז ז. — goose
אֱוִיל ז. — fool
אֱוִילִי ת. — foolish, stupid
אֲוִויר ז. — air
אֲווִירָה נ. — atmosphere
אֲווִירוֹן ז. — airplane, aeroplane
אֲווִירִי ת. — air-, aerial
אִוורֵר פ״י (לְאַוורֵר) — to air
אוֹזוֹן ז. — ozone
אוֹזֶלֶת־יָד נ. — helplessness, incompetence
אוֹזֶן ז. (אוֹזְנַיִים) — ear
– אוֹזְנֵי־הָמָן — *hamantash* (Purim pastry)
אוֹזְנִיּוֹת נ״ר — headphones, earphones
אוֹטוֹ ז. — automobile, car
אוֹטוֹבּוּס ז. — bus, coach
אוֹטוֹבִּיוֹגְרַפְיָה נ. — autobiography
אוֹטוֹמָט ז. — vending machine; robot
אוֹטוֹמָטִי ת. — automatic
אוֹטוֹנוֹמִי ת. — autonomous
אוֹטוֹנוֹמְיָה נ. — autonomy
אוֹטוֹסְטְרָדָה נ. — freeway, motorway
– אוֹטוֹסְטְרָדַת מֵידָע — information superhighway
אוֹטִיסְטִי ת. — autistic
אוֹי מ״ק — Oh!

אוֹי וַאֲבוֹי –	Oh dear!
אוֹיֵב ז.	enemy
אוֹכֶל ז.	food
אוּכלוּסִייָה נ.	population
אוּכמָנִית נ.	blueberry
אוּכָּף ז.	saddle
אוּלטִימָטוּם ז.	ultimatum
אוּלַי מ״ח	perhaps, maybe
אוֹלִימפִּי ת.	Olympic
אוֹלִימפִּיאָדָה נ.	Olympic games
אוּלָם מ״ח	however
אוּלָם ז.	large hall, auditorium
אוּלַם קוֹלנוֹעַ –	movie theater, cinema
אוּלַם־הִתעַמלוּת –	gymnasium
אוּלפָּן ז.	studio; *ulpan* (for learning Hebrew)
אוּלַץ פ.	be compelled
אוּלקוּס ז.	ulcer (*colloquial*)
אוֹלָר ז.	penknife, pocketknife
או״ם ר״ת	U.N.
אוּמדָן ז.	estimate
אוּמָה נ.	nation
אוּמלָל ת.	miserable, unfortunate
אוֹמָן, אָמָן ז.	artist
אוֹמָנוּת נ.	art
אוֹמָנוּתִי ת.	artistic
אוֹמנָם תה״פ	it's true that; indeed
הַאוֹמנָם? –	Really?
אוֹמֶנֶת נ.	nanny
אוֹמֶץ ז.	courage
בְּאוֹמֶץ –	courageously, bravely
אוּמַץ פ.	be adopted
אוּמצָה נ.	steak
אוּמַת פ.	be verified
אוֹן ז.	strength; potency
חֲסַר־אוֹנִים –	helpless
אוּנִיבֶרסִיטָה נ. (אוּנִיבֶרסִיטָאוֹת)	university
אוּנִיבֶרסָלִי ת.	universal
אוֹנִייָה נ.	ship, boat
בָּאוֹנִייָה –	on board (the ship)
בְּאוֹנִייָה –	by ship
אוֹנֵן פ״ע (לְאוֹנֵן)	masturbate
אוֹנֶס ז.	rape
אוֹסטרִי תו״ז	Austrian
אוֹסטרִיָה נ.	Austria
אוֹסטרָלִי תו״ז	Australian
אוֹסטרַלִיָה נ.	Australia
אוֹסֶף ז.	collection
אוֹפֶה ז. (אוֹפִים)	baker
אוֹפּוֹזִיצִיָה נ.	opposition (political)
אוֹפוֹרִיָה נ.	euphoria
אוֹפּטִי ת.	optical
טָעוּת אוֹפּטִית –	optical illusion
אוֹפּטִימִי ת.	optimistic; upbeat
אוֹפּטִימִיוּת נ.	optimism
אוֹפּטִימִיסט ז.	optimist
אוֹפּטִימָלִי ת.	optimal
אוֹפּטִיקַאי ז.	optician
אוֹפִי ז.	character, nature
אוֹפיָינִי ת.	characteristic, typical
אוֹפֶן ז.	manner, way
בְּכָל אוֹפֶן –	at any rate, anyway
בְּשוּם אוֹפֶן –	on no account; No way!
אוֹפנָה נ.	fashion, style
אוֹפַנּוֹעַ ז.	motorcycle, motorbike
אוֹפַנּוֹעַ יָם –	Jet Ski
אוֹפַנּוֹעַ שֶלֶג –	snowmobile
אוֹפַנּוֹעָן ז.	motorcyclist
אוֹפַנַּיִים ז״ז	bicycle, bike
אוֹפנָתִי ת.	fashionable
אוֹפּציָה נ.	option
אוֹפֶק ז. (אוֹפָקִים)	horizon
אוֹפקִי ת.	horizontal
אוֹפֶּרָה נ.	opera
אוֹצָר ז. (אוֹצָרוֹת)	treasure; treasury
אוֹצַר מִלִּים –	vocabulary
אוֹקטוֹבֶּר ז.	October
אוֹקיָינוֹס ז.	ocean
אוֹר ז. (אוֹרוֹת)	light
לְאוֹר –	in light of
אוֹרֵג ז.	weaver
אוֹרגַזמָה נ.	orgasm
אוֹרגִיָה נ.	orgy
אוֹרגָן ז.	organ (musical)
אוּרוָוה נ.	stable
אוֹרֶז ז.	rice
אוֹרֵחַ ז.	guest, visitor
אוֹרַח־חַיִּים ז.	way of life, lifestyle

אוֹרִיגִינָל ז. original
אוֹרֶךְ ז. (אוֹרכּוֹ) length
– לְאוֹרֶךְ along
אוֹרֶן ז. (אוֹרָנִים) pine (tree)
אוֹרקוֹלִי ת. audio-visual
אוֹשֶׁר ז. happiness
– בְּאוֹשֶׁר happily
אוּשַּׁר פ. be confirmed; be approved
אוֹת ז. (אוֹתוֹת) sign; signal
– אוֹת אַזעָקָה alarm signal
– אוֹת הִצטַיינוּת (mark of) distinction
אוֹת נ. (אוֹתִיוֹת) letter (of alphabet)
אוֹתֶנטִי ת. authentic
אוֹתֵת פ״י to signal
אָז תה״פ then; so
– מֵאָז since; since then
אַזהָרָה נ. warning
אֲזוֹרִי, אֶזוֹרִי ת. regional, district
אֲזִיקִים ז״ר handcuffs; fetters
אִזכּוּר ז. mention; reference
אַזכָּרָה נ. memorial service
אָזַל פ״ע (לֶאֱזוֹל) be used up; run out
אַזעָקָה נ. alarm
– אַזעָקַת־שָׁווא false alarm
– מַעֲרֶכֶת אַזעָקָה burglar alarm
אֶזרָח ז. citizen; civilian
– זְכוּיוֹת הָאֶזרָח civil rights
אֶזרָחוּת נ. citizenship; civics
אֶזרָחִי ת. civil; civilian
אָח ז. brother; male nurse
– אָח חוֹרֵג stepbrother
אָח זו״נ fireplace
אֶחָד ש״מ, ז. one; someone; a
– אֶחָד אֶחָד one by one
– אֲחָדִים several, some
אַחדוּת נ. unity
אַחַד־עָשָׂר ז. eleven; eleventh
אחה״צ ר״ת אַחֲרֵי הַצָּהֳרַיִים p.m., after midday
אָחוּ ז. meadow
אַחֲוָוה נ. brotherhood, fraternity
אָחוּז ז. percentage, percent
אֲחוּזָה נ. estate; manor
אָחוֹר ז. back, rear
– לְאָחוֹר backwards
– מֵאָחוֹר from behind
– מֵאֲחוֹרֵי behind; from behind
אָחוֹרָה תה״פ backwards
אֲחוֹרִי ת. back, rear (adj.)
אֲחוֹרַנִית תה״פ backwards, in reverse
אָחוֹת נ. (אֲחָיוֹת) sister; nurse
– אָחוֹת חוֹרֶגֶת stepsister
אָחַז פ״י (לֶאֱחוֹז) take hold of, grasp, hold
אַחזָקָה נ. maintenance, upkeep
אָחִיד ת. same, even
אֲחִיזָה נ. taking hold of; hold (n.)
– אֲחִיזַת עֵינַיִים deception; illusion
אַחיָין ז. nephew
אַחיָינִית נ. niece
אח״כ ר״ת אַחַר־כָּךְ after (that), afterwards
אַחלָה great, cool, awesome
אַח״מ, אַחַ״ים ר״ת אִישִׁיוּת חֲשׁוּבָה מְאוֹד V.I.P.
אִחסוּן ז. storing, storage
אִחסֵן פ״י (לְאַחסֵן) to store
אַחסָנָה נ. storage
אַחַר מ״י (ר׳ גם אַחֲרֵי־) after
– אַחַר־כָּךְ after (that), afterwards
– לְאַחַר־ after
– לְאַחַר מִכֵּן afterwards
– מֵאַחַר שֶׁ־ since, because
אַחֵר ת. (אַחֶרֶת) another; other; different
אִחֵר פ״ע (לְאַחֵר ל־) be late (for)
אַחֲרַאי ז. person responsible, in charge, the head of
אַחֲרָאִי ת. responsible
אַחֲרוֹן ת. last, final; latest
– אַחֲרוֹן אַחֲרוֹן חָבִיב last but not least
– לָאַחֲרוֹנָה, בָּאַחֲרוֹנָה lately
אַחֲרֵי־ מ״י after
– אַחֲרֵי־כֵן afterwards
– אַחֲרֵי (כְּכלוֹת) הַכֹּל after all
אַחֲרֵי־הַצָּהֳרַיִים ז״ר, תה״פ (in the) afternoon
אַחֲרָיוּת נ. responsibility; guarantee

– חֲסַר אַחֲרָיוּת irresponsible
– עַל אַחֲרָיוּתוֹ on his own responsibility
אַחַר־כָּךְ תה״פ afterwards
אַחֶרֶת תה״פ (ר׳ גם אַחֵר) otherwise; or else
אַחַת נ. (אֲחָדוֹת) one (fem.); someone; a
– בְּבַת אַחַת at one go; all at once
אַחַת־עֶשְׂרֵה נ. eleven; eleventh
אֶטֶב ז. clip; clothespin, clothes peg
אָטוּם ת. sealed; opaque; callous
אָטוֹם ז. (אֲטוֹמִים) atom
אֲטוֹמִי ת. atomic
אִטִּי ת. slow
אִטִּיּוּת נ. ר׳ אִיטִיּוּת slowness
אֲטִימָה נ. sealing up
אִטְלִיז ז. butcher, butcher's
אַטְלָס ז. atlas
אָטַם פ״י (לֶאֱטוֹם) seal up
אַטְמוֹסְפֵירָה נ. atmosphere
אִטְרִיָּה נ. (אִטְרִיּוֹת) noodle
אִי ז. island
אִי־ no-, un-, dis-, non-
– אִי־אֶפְשָׁר it is impossible
– אִי־הֲבָנָה misunderstanding
– אִי־וַדָּאוּת uncertainty
אֵי מ״ש where?
– אֵי־אֵלּוּ some (pl.), several
– אֵי־פַּעַם ever
– אֵי־שָׁם somewhere
אִיבֵּד פ״י (לְאַבֵּד) lose
– אִיבֵּד אֶת הַכָּרָתוֹ lose consciousness
– אִיבֵּד אֶת עֶשְׁתּוֹנוֹתָיו lose one's head, panic
אֵיבָה נ. hostility, rancor
אִיבּוּד ז. losing; loss
– הָלַךְ לְאִיבּוּד be lost
אִיבְטֵחַ, אִיבְטַח פ״י (לְאַבְטֵחַ) provide security for, protect, secure
אֵיבָר ז. limb, organ
אִיגּוּד ז. association

אִיגְלוּ ז. igloo
אִיגֵּף פ״י (לְאַגֵּף) outflank
אִיגְרוּף ז. boxing
אִיגֶּרֶת נ. letter
אִידָּה פ״י (לְאַדּוֹת) vaporize; to steam
אִידּוּי ז. steaming
אִידֵיאוֹלוֹגִי ת. ideological
אִידֵיאָלִי ת. ideal
אִידְיוֹט ז. idiot
אִידְיוֹטִי ת. idiotic
אִידִישׁ, אִידִית נ. Yiddish
אי״ה ר״ת אִם יִרְצֶה הַשֵּׁם D.V., God willing
אִיוֶּלֶת נ. stupidity, folly
אִיוּם ז. threat
אָיוֹם ת. (אֲיוּמָּה; אֲיוּמִּים) dreadful, terrible
אִיּוּר ז. illustration (picture)
אִיּוּת ז. spelling (act of)
אֵיזֶה מ״ג, ז. Which?, What? (masc.); some, any; What...!
אֵיזוֹ מ״ג, נ. Which?, What? (fem.); some, any; What...!
אִיזּוּן ז. balance
אֵיזוֹר ז. area; region; zone
– מִסְפַּר אֵיזוֹר חִיּוּג area code
אִיזְמֵל ז. chisel; scalpel
אִיזֵּן פ״י (לְאַזֵּן) to balance
אֵיזֶשֶׁהוּ מ״ג, ז. some, any (masc.)
אִיחֵד פ״י (לְאַחֵד) unite, unify
אִיחָה פ״י (לְאַחוֹת): אִיחָה אֶת הַקְּרָעִים patch up the rift
אִיחוּד ז. unification; union
אִיחוּל ז. (אִיחוּלִים) good wishes (usually pl.), congratulations
אִיחוּר ז. being late; delay
– בְּאִיחוּר late (adv.)
אִיחֵל פ״י (לְאַחֵל ל־) to wish (him luck, etc.)
אִיחֵר פ״י (לְאַחֵר ל־) be late (for)
– לֹא יְאוּחַר מ־ not later than
אִיטוּם ז. sealing up
אִיטִי ת. slow
אִיטִיוּת נ. slowness

– בְּאִיטִיּוּת slowly
אִיטַלְיָה נ. Italy
אִיטְלִיז butcher's shop, butcher's
אִיטַלְקִי תו"ז Italian
אִיטַלְקִית נ. Italian (language)
אִיטֵר ת. left-handed
אִיטְרִיָּה נ. (אִיטְרִיּוֹת) noodle
אֵיידְס נ. AIDS
אַיָּל ז. deer
אִיֵּם פ"י (לְאַיֵּם) (עַל־, בְּ־) threaten
אִיָּר ז. *Iyyar* (month in Hebrew calendar, April–May)
אִיֵּר פ"י (לְאַיֵּר) illustrate (book)
אִיֵּשׁ פ"י (לְאַיֵּשׁ) to man
אִיֵּת פ"י (לְאַיֵּת) to spell
אֵיךְ מ"ש How?
אֵיכוּת נ. quality
אֵיכוּתִי ת. qualitative, of good quality
אִיכְס מ"ק yuk!, yuck!, ugh!
אִיכְסוּן ז. accommodating (act of)
אִיכְסֵן פ"י (לְאַכְסֵן) accommodate, put up
אִיכְפַּת פ"ע: אִיכְפַּת לְ־ to care, mind
– אִם לֹא אִיכְפַּת לְךָ if you don't mind
אִיכְפַּתִיּוּת נ. concern
אִיכָּר ז. farmer, peasant
אֵיכְשֶׁהוּ תה"פ somehow (or other)
אַיָל ז. deer
– אֵיל הוֹן tycoon, magnate
– אֵיל נֵפְט oil baron
אִילוּ מ"ח if (unreal condition)
– וְאִילוּ whereas
אֵילוּ מ"ש Which?, What? (*pl.*); some, any
אִילּוּף ז. training, taming
אִילּוּץ ז. compulsion; constraint
אִילֵּם ת. (אִילֶּמֶת) dumb, mute
אִילְּמוּת נ. dumbness
אִילָן ז. (אִילָנוֹת) tree (*literary*)
אִילַן־יוּחֲסִין family tree
אִילֵּף פ"י (לְאַלֵּף) to train, tame
אִילֵּץ פ"י (לְאַלֵּץ) compel, force
אִילְתּוּר נ. improvisation
אִילְתֵּר פ"י (לְאַלְתֵּר) improvise

אִמָּא נ. mum, mummy, mother
אֵימָה נ. terror, horror
אִימּוּן ז. (אִימּוּנִים) training, practice
אֵימוּן ז. trust, confidence
אִימּוּנִית נ. track suit, jogging suit
אִימּוּץ ז. adoption
אִימּוּת ז. verification
אִימְלֵל פ"י (לְאַמְלֵל) make unhappy
אִימֵּן פ"י (לְאַמֵּן) to train, exercise
אִימְפּוֹטֶנְט תו"ז impotent
אִימְפּוּלְסִיבִי ת. impulsive
אִימְפֶּרְיָה נ. empire
אִימֵּץ פ"י (לְאַמֵּץ) adopt; strain (eyes)
אִימְרָה נ. saying
אִימֵּת פ"י (לְאַמֵּת) verify
אַיִן, אֵין ז. ותה"פ (אֵינִי, אֵינֶנִּי, אֵינְךָ וכו') nothingness; there is no(t)
– אֵין־אוֹנוּת impotence
– אֵין בְּעַד מָה You're welcome!
– אֵין דָּבָר Never mind!
– אֵין לְ־ You mustn't/can't...
אִינְדְיָאנִי תו"ז Native American; Red Indian
אִינְדִיבִידוּאָלִי ת. individual (adj.)
אִינְדֶּקְס ז. index
אִינְטוּאִיצְיָה נ. intuition
אִינְטִימִי ת. intimate
אִינְטֶלִיגֶנְטִי ת. intelligent
אִינְטֶלִיגֶנְצְיָה נ. intelligence
אִינְטֶלֶקְטוּאָל ז. intellectual
אִינְטֶלֶקְטוּאָלִי ת. intellectual
אִינְטֶנְסִיבִי ת. intensive
אִינְטֶרֶס נ. interest (personal)
אֵינְסוֹף ז. infinity, the infinite
אֵינְסוֹפִי ת. infinite
אִינְסְטִינְקְט ז. instinct
אִינְסְטִינְקְטִיבִי ת. instinctive
אִינְסְטָלָטוֹר ז. plumber
אִינְפוֹרְמַצְיָה נ. information
אִינְפְלַצְיָה נ. inflation
אִיסּוּף ז. collection, gathering, collecting
אִיסּוּר ז. forbidding; ban
אִיסְלָם ז. Islam

אִיסלַנד ז. — Iceland
אִיספְּלָנִית נ. — plaster, Band-Aid
אֵיפֹה מ״ש — Where?
– מֵאֵיפֹה? — Where from?
אֵיפוֹא — so, then, therefore
אִיפּוּק ז. — restraint
אִיפּוּר ז. — make-up; making up (face)
אִיפְיוּן ז. — characterization
אִיפְיֵן פ״י (לְאַפייֵן) — be characteristic of, characterize
אִיפֵּר פ״י (לְאַפֵּר) — to make up (face)
אֵיפשֶהוּ תה״פ — somewhere
אִיפשֵר פ״י (לְאַפשֵר) — make it possible, enable, allow
אִיצטַבָּה נ. (אִיצטַבָּאוֹת) — shelf
אִיצטַדיוֹן ז. — stadium
אִיצטלָה: בְּאִיצטלָה שֶל־ — in the guise of (*literary*), pretending to be
אִיצטרוּבָּל ז. — pine-cone
אֵיקָלִיפּטוּס ז. — eucalyptus
אִירגוּן ז. — organization
אִירגֵן פ״י (לְאַרגֵן) — organize
אֵירוֹבִּי ת. — aerobic
אֵירוּחַ ז. — hospitality, entertaining (a guest), accommodation
אִירוֹנִי ת. — ironical
אִירוֹנִיָה נ. — irony
– בְּאִירוֹנִיָה — ironically
אִירוּס, אִירִיס ז. — iris (flower)
אֵירוּסִים, אֵירוּסִין ז״ר — engagement
אֵירוּעַ ז. — event
– אֵירוּעַ מוֹחִי — CVA, stroke
אֵירוֹפָּה נ. — Europe
אֵירוֹפִּי תו״ז — European
אֵירֵחַ פ״י (לְאָרֵחַ) — entertain (guest), play host to, host
אִירִי תו״ז — Irish
אִירלַנד נ. — Ireland
אִירָן נ. — Iran
אִירָנִי תו״ז — Iranian
אֵירַע פ״ע — happen, take place
אִיש ז. (אֲנָשִים או אִישִים) — man; person
– אִיש עֲסָקִים — businessman
– אִיש צִיבּוּר — public figure

– אִישִים — personalities
אִישָה ר׳ אִשָה
אִישוּם ז. — indictment, charge
אִישוֹן ז. — pupil (of eye)
אִישוּר ז. — confirmation; approval; authorization
אִישִי ת. — personal, private
אִישִיוּת נ. — personality
אִישִים ז״ר — personalities
אִישִית תה״פ — personally, in person
אִישפּוּז ז. — hospitalization
אִישפֵּז פ״י (לְאַשפֵּז) — hospitalize
אִישֵר פ״י (לְאַשֵר) — confirm; approve, to okay
אִישרֵר פ״י (לְאַשרֵר) — ratify
אִיתוּר ז. — locating
אִיתוּרִית נ. — beeper, pager
אִיתוּת ז. — signaling
אֵיתָן ת. — firm
– אֵיתָנֵי הַטֶבַע — the forces of nature
אִיתֵר פ״י (לְאַתֵר) — locate
אַךְ מ״ח — but; only
אִכזֵב פ״י (לְאַכזֵב) — disappoint
אַכזָבָה נ. — disappointment
אַכזָר, אַכזָרִי ת. — cruel, savage
אַכזְרִיוּת נ. — cruelty, savagery
– בְּאַכזְרִיוּת — cruelly
אָכִיל ת. — eatable, edible
אֲכִילָה נ. — eating
אֲכִיפָה נ. — enforcement
אָכַל פ״י (לֶאֱכוֹל) — eat
אִכלֵס פ״י (לְאַכלֵס) — populate, accommodate
אָכֵן תה״פ — indeed, certainly
אִכסוּן ז. — accommodating, lodging
אִכסֵן פ״י (לְאַכסֵן) — accommodate, put up
אַכסַניָה נ. — hostel
– אַכסַניַת נוֹעַר — youth hostel
אָכַף פ״י (לֶאֱכוֹף) — enforce
אַל מ״ש — not; don't...!
אֶל מ״י (אֵלַי, אֵלֶיךָ וכו׳) — to, towards
– מֵאֵלָיו — of its own accord; automatically

– מוּבָן מֵאֵלָיו obvious(ly)
אֵל ז. god; God
אֶלָּא מ״ח but (after negative)
– אֶלָּא אִם כֵּן unless
אַלְבּוֹם ז. album
אַלְגֶּבְּרָה נ. algebra
אַלְגִ׳ירִי תו״ז Algerian
אַלְגִ׳ירְיָה נ. Algeria
אֶלֶגַנְטִי ת. elegant
אֶלֶגַנְטִיּוּת נ. elegance
אֵלָה נ. goddess
אַלָּה נ. club, truncheon
אֵלֶּה מ״ג these
אֵלּוּ מ״ג these
אֱלוֹהוּת נ. divinity
אֱלוֹהִי ת. divine
אֱלוֹהִים ז״ר God
– אֱלוֹהִים אַדִּירִים! Good God!
אֱלוּל ז. *Elul* (month in Hebrew calendar, August–September)
אִלּוּלֵא, אִלּוּלֵי מ״ח if not
אֲלוּמָה נ. sheaf (of cereal plants)
– אֲלוּמַת אוֹר beam of light
אַלוּמִינְיוּם ז. aluminum
אַלּוֹן, אֵלוֹן ז. oak
אֲלוּנְקָה נ. stretcher
אַלּוּף ז. *Aluf* (= Major General); champion
– אַלּוּף־מִשְׁנֶה *Aluf Mishne* (= Colonel)
אַלְחוּט ז. wireless, radio
אַלְטֶרְנָטִיבָה נ. alternative (n.)
אֵלַי ר׳ אֶל
אַלִּיבִּי ז. alibi
אֲלֵיהֶם, אֵלָיו ר׳ אֶל
אֵלֶיךָ, אֵלַיִךְ, אֲלֵיכֶם ר׳ אֶל
אֱלִיל ז. idol (also *figurative*)
אַלִּים ת. violent; strong-arm
אַלִּימוּת נ. violence
– אַלִּימוּת בַּמִּשְׁפָּחָה domestic violence
– אַלִּימוּת מִילּוּלִית verbal violence
אֵלֵינוּ ר׳ אֶל
אַלִּיפוּת נ. championship
אַלְכּוֹהוֹל ז. alcohol
אַלְכּוֹהוֹלִי ת. alcoholic
אַלְכּוֹהוֹלִיזְם ז. alcoholism
אַלְכּוֹהוֹלִיסְט ז. alcoholic (addict)
אֲלַכְסוֹן ז. diagonal
אל״מ ר״ת אַלּוּף־מִשְׁנֶה *Aluf Mishne* (= Colonel)
אַלְמוֹנִי ת. anonymous; unknown
אַלְמוֹנִיּוּת נ. anonymity
אִלְמָלֵא, אִלְמָלֵי מ״ח if not, but for
אַלְמָן ז. widower
אַלְמָנָה נ. widow
אֶלֶף ז. (אֲלָפִים) thousand
אָלֶף נ. (ר׳ גם א) the letter *alef*; first of all
– אָלֶף־אָלֶף A1, first class (*slang*)
– אָלֶף־בֵּית ABC
– סוּג אָלֶף first class
אָלֶף־בֵּית זו״נ alphabet, ABC
אָלְפְבֵּיתִי ת. alphabetical
אַלְפִּית נ. (אַלְפִּיּוֹת) thousandth
אֶלֶקְטְרוֹנִי ת. electronic
אֶלֶקְטְרוֹנִיקָה נ. electronics
אֱלֹקִים ז״ר God
אַלֶרְגִּי ת. allergic
אַלֶרְגְיָה נ. allergy
אִלְתּוּר ז. improvisation
אִלְתִּית נ. salmon
אִלְתֵּר פ״י (לְאַלְתֵּר) improvise, to makeshift
אֵם נ. (אִמִּי, אִמְּךָ וכו׳; אִימָּהוֹת) mother
– אֵם חוֹרֶגֶת stepmother
אִם מ״ח if; whether
– אִם יִרְצֶה הַשֵּׁם God willing
– אִם כִּי although
אִמָּא נ. ma(ma), mum(my), mother
אַמְבּוּלַנְס ז. ambulance
אַמְבָּט ז. bathtub, tub
אַמְבַּטְיָה נ. bath; bathtub
אַמְבִּיצְיָה נ. ambition
אֶמְבַּרְגוֹ ז. embargo
אָמַד פ״י (לֶאֱמוֹד) estimate, assess
אִמָּהוּת נ. motherhood
אִמָּהוֹת ר׳ אֵם
אֲמוֹדַאי ז. diver, frogman
אָמוֹן ר׳ אֵימוֹן

אֱמוּנָה נ. faith, belief
– אֱמוּנָה טְפֵלָה superstition
אֱמוּנִים: שָׁמַר אֱמוּנִים לְ־ be loyal to
אֱמוֹצְיוֹנָלִי ת. emotional
אָמוֹק ז. amok, amuck
אָמוּר ת. supposed (to לְ־)
– כָּאָמוּר as I said
אָמִיד ת. well-off, rich, wealthy
אָמִין ת. reliable
אֲמִינוּת נ. reliability
אַמִּיץ, אַמִּיץ־לֵב ת. brave, courageous
אֲמִירָה נ. statement; utterance
אֲמִיתוּת נ. truth, truthfulness
אֲמִיתִּי ת. true; genuine; real
אִמְלֵל פ״י (לְאַמְלֵל) make unhappy
אָמֵן תה״פ Amen!
אָמָּן ז. artist
אֲמָנָה נ. pact, convention; covenant
אָמָּנוּת ר׳ אוֹמָנוּת
אָמָּנוּתִי ת. artistic
אָמְנָם ר׳ אוֹמְנָם
אַמְפִיתֵיאַטְרוֹן ז. amphitheater
אַמְצָאָה נ. invention
אֶמְצַע ז. middle, center, mid-
אֶמְצָעוּת: בְּאֶמְצָעוּת by means of, through
אֶמְצָעִי ז. means (of doing something)
– אֶמְצָעִים means; measures
– בְּכָל הָאֶמְצָעִים by any means
– בַּעַל אֶמְצָעִים a man of means
– חֲסַר אֶמְצָעִים without means, poor
– נָקַט אֶמְצָעִים take measures
אֶמְצָעִי ת. middle
אָמַר פ״י (לוֹמַר) say; tell
אֲמַרְגָּן ז. manager
אִמְרָה נ. (אֲמָרוֹת) saying
אֲמֶרִיקָאִי ת. American
אֲמֵרִיקָה נ. America
אֲמֶרִיקָנִי ת. American
אֶמֶשׁ תה״פ last night
אֱמֶת נ. truth
– בֶּאֱמֶת truly, truthfully; really
אֲמַתְלָה נ. excuse
א״נ ר״ת = אָדוֹן נִכְבָּד

אָנָּא מ״ק Please!
אַנְאַלְפַבֵּית תו״ז illiterate
אַנְאַלְפַבֵּיתִיּוּת נ. illiteracy
אַנְגְּלִית נ. English
אַנְדַּרְטָה נ. memorial (statue, etc.)
אַנְדְּרָלָמוּסְיָה נ. disorder, disarray
אָנָה מ״ש where?
אָנוּ מ״ג we
אָנוֹכִיִּי ת. selfish, egoistic
אָנוֹכִיּוּת נ. selfishness, egoism
אֲנוֹנִימִי ת. anonymous
אֲנוֹנִימִיּוּת נ. anonymity
אָנוּשׁ ת. very grave, critical (illness, etc.)
– חוֹלֶה אָנוּשׁ critically ill
אֱנוֹשׁ: בֶּן־אֱנוֹשׁ human being
– טָעוּת אֱנוֹשׁ human error
אֱנוֹשׁוּת נ. humanity, mankind
אֱנוֹשִׁי ת. human; humane
אֱנוֹשִׁיּוּת נ. humanity; humaneness
אֶנְזִים ז. (אֶנְזִימִים) enzyme
אֲנָחָה נ. sigh
– אַנְחַת־רְוָחָה sigh of relief
אֲנַחְנוּ מ״ג we
אַנְטַארְקְטִיקָה נ. the Antarctic
אֲנָטוֹמְיָה נ. anatomy
אַנְטִי־ anti-
אַנְטִיבִּיוֹטִיקָה נ. antibiotics
אַנְטִישֵׁמִי תו״ז anti-Semitic; anti-Semite
אַנְטִישֵׁמִיּוּת נ. anti-Semitism
אַנְטֶנָה נ. antenna, aerial
אֲנִי מ״ג I
אֳנִיָּה ר׳ אוֹנִיָּה
אֲנִימַצְיָה נ. animated cartoon, animation
אֲנִין־טַעַם ז. (אֲנִינֵי־) person of refined taste, dainty
אֲנָכִי ת. vertical
אֲנָלִיזָה נ. analysis
אֲנָלִיטִי ת. analytic(al)
אֲנֶמְיָה נ. anemia
אֲנָנָס ז. pineapple
אָנַס פ״י (לֶאֱנוֹס) to rape

אַנָּס ז. rapist
אֶנצִיקלוֹפֶּדְיָה נ. encyclopedia
אֲנֶקדוֹטָה נ. anecdote
אֲנָקָה נ. moan; groan
אֶנֶרגְיָה נ. energy
אֲנַרכְיָה נ. anarchy
אֲנָשִׁים ר׳ אִישׁ
אַס ז. ace
אָסוֹן ז. (אֲסוֹנוֹת) disaster, tragedy
אַסוֹצִיַאצְיָה נ. association (of ideas)
אָסוּר ת. forbidden
– אָסוּר לךָ ל־... you mustn't (do)...
אַסטמָה נ. asthma
אַסטרוֹלוֹג ז. astrologer
אַסטרוֹלוֹגְיָה נ. astrology
אַסטרוֹנָאוּט ז. astronaut
אַסטרוֹנוֹמְיָה נ. astronomy
אַסטרָטֶגְיָה נ. strategy
אַסְיָה נ. Asia
אַסְיָנִי תו״ז Asian
אֲסִימוֹן ז. token (in place of coin)
אַסִיסטֶנט ז. assistant (academic)
אֲסֵיפָה נ. meeting, assembly
אָסִיר, אַסִיר ז. prisoner
– אֲסִיר־תוֹדָה grateful
אַסלָה נ. lavatory bowl/seat, toilet
אִסלָם ז. Islam
אַסמַכתָה נ. authority (for statement, ruling, action); reference
אָסַף פ״י (לֶאֱסוֹף) to collect, gather; pick up (a person)
אֲסֵפָה נ. meeting, assembly
אַספִּירִין ז. aspirin
אִספְּלָנִית נ. adhesive bandage, plaster dressing, Band-Aid
אַספָן ז. collector
אַספָנוּת נ. collecting (as hobby)
אֲסַפסוּף ז. mob
אַספֶּסֶת נ. alfalfa
אַספָּקָה נ. supply, supplies
אַספָּרָגוּס ז. asparagus
אֶסקִימוֹ ז. Popsicle, ice-lolly
אֶסקִימוֹסִי, אֶסקִימוֹאִי תו״ז Eskimo
אָסַר פ״י (לֶאֱסוֹר) forbid, ban; imprison

אִסרוּ־חַג ז. the day after a Festival
אֶסתֶטִי ת. esthetic
אֶסתֶטִיוּת נ. estheticness
אֶסתֶטִיקָה נ. esthetics
אעפ״י ר״ת אַף־עַל־פִּי
אעפ״כ ר״ת אַף־עַל־פִּי־כֵן
אַף ז. (אַפִּים) nose
– זֵיעַת־אַפַּיִים the sweat of your brow
– עַל אַף despite
אַף מ״ח even; also, too
– אַף אֶחָד nobody, not...anybody
– אַף כִּי, אַף שֶׁ־ even though
– אַף־עַל־פִּי־כֵן nevertheless, even so
– אַף־עַל־פִּי שֶׁ־ although
אָפָה פ״י (לֶאֱפוֹת) bake
אֲפוּדָּה נ. pullover, sweater
אֵפוֹד מָגֵן ז. bulletproof vest; flak jacket
אָפוּי ת. baked
אֲפוּנָה נ. pea; peas
אַפּוֹקָלִיפּטִי ת. apocalyptic
אָפוֹר ת. gray, grey
אֶפִּיזוֹדָה נ. episode
אֲפִייָה נ. baking
אִפיֵין פ״י (לְאַפיֵין) characterize
אֲפֵילָה נ. darkness
אֲפִילוּ מ״ח even; even if
אֲפִיסַת־כּוֹחוֹת נ. exhaustion
אַפִּיפיוֹר, אֲפִּיפיוֹר ז. Pope
אָפִיק ז. channel
אֲפִיקוֹמָן ז. *afikoman* (part of Passover ceremonial)
אֶפִּיקוֹרסִי ת. heretical
אָפֵל ת. dark
אֲפֵלָה נ. darkness
אַפלָיָה נ. discrimination
– אַפלָיָה מְתַקֶּנֶת affirmative action
אֶפֶס ז. (אֲפָסִים) zero; nil; nothing
– שְׁעַת הָאֶפֶס zero hour
אֶפעֶה ז. adder (snake)
אַף־עַל־פִּי ר׳ אַף
אֶפֶקט ז. effect (*colloquial*)
אֵפֶר ז. ash, ashes
אֶפרוֹחַ ז. (אֶפרוֹחִים) chick, young bird
אַפּרִיל ז. April

– אֶחָד בְּאַפְּרִיל April Fool's Day
אַפְרִיקָאִי, אַפְרִיקָנִי תו״ז African
אַפְרִיקָה נ. Africa
אֲפַרְסֵק ז. peach (tree and fruit)
אֶפְשָׁר תה״פ it is possible, possibly
– אִי־אֶפְשָׁר it is impossible
אִפְשֵׁר פ״י (לְאַפְשֵׁר) make possible, enable, allow
אֶפְשָׁרוּת נ. (אֶפְשָׁרוּיוֹת) possibility
אֶפְשָׁרִי ת. possible
אַפָּתִי ת. apathetic
אֶצְבַּע נ. (אֶצְבָּעוֹת) finger; toe
– לֹא נָקַף אֶצְבַּע not lift a finger
אֶצְבָּעוֹן ז. thimble
אַצָּה נ. (אַצּוֹת) seaweed, algae, kelp
אֲצוּלָה נ. aristocracy, nobility
אִצְטַבָּה נ. (אִצְטַבָּאוֹת) shelf
אִצְטְרוּבָּל ז. pine-cone
אָצִיל תו״ז noble
אֲצִילִי ת. noble
אֵצֶל מ״י (אֶצְלִי, אֶצְלְךָ וכו׳) at; to; in (someone's home)
אֶקְדּוֹחָן, אֶקְדָּחָן ז. gunman
אֶקְדָּח, אֶקְדּוֹחַ ז. pistol, handgun
אֲקָדֶמַאי ז. academic (n.)
אֲקָדֶמִי ת. academic (adj.)
אֲקָדֶמְיָה נ. academy
אַקְוַורְיוּם ז. aquarium
אֶקוֹלוֹגִי ת. ecological
אֶקוֹלוֹגְיָה נ. ecology
אֲקוּסְטִיקָה נ. acoustics
אַקּוֹרְדְיוֹן ז. accordion
אַקּוֹרְדְיוֹנִיסְט ז. accordionist
אַקְטוּאָלִי ת. topical; relevant (now)
אַקְטוּאָלְיָה נ. current events
אַקְלִים ז. climate
אֶקָלִיפְּטוּס ז. eucalyptus
אֶקְסְטָזָה נ. ecstasy
אַקְסִיוֹמָה נ. axiom
אֶקְסְפְּרֶס תה״פ; ז. express (mail, train, etc.)
אַקְרָאִי ת. accidental; random
אַקְרָאִי: בְּאַקְרַאי by chance, at random
אַקְרוֹבָּט ז. acrobat
אַקְרוֹבָּטִי ת. acrobatic
אַקְרוֹבָּטִיקָה נ. acrobatics
אָרַב פ״י (לֶאֱרוֹב) lie in ambush/wait
אַרְבֶּה ז. locust(s)
אַרְבַּע ש״מ four (fem.)
אַרְבָּעָה ש״מ four (masc.)
אַרְבָּעָה־עָשָׂר ז. fourteen; 14th
אַרְבָּעִים ש״מ forty; fortieth
אַרְבַּע־עֶשְׂרֵה נ. fourteen; 14th
אָרַג פ״י (לֶאֱרוֹג) weave
אִרְגּוּן ז. organization
אַרְגָּז ז. large box, crate
– אַרְגַּז־חוֹל sandbox (for playing)
אַרְגָּמָן ז. crimson
אִרְגֵּן פ״י (לְאַרְגֵּן) organize
אַרְגֶּנְטִינָה נ. Argentina
אַרְגֶּנְטִינִי תו״ז Argentine, Argentinean
אָרָד ז. bronze
ארה״ב = אַרְצוֹת הַבְּרִית U.S.A.
אֲרוּבָּה נ. chimney, smokestack
אֲרוּחַ ז. ר׳ אֵירוּחַ
אֲרוּחָה נ. meal
– אֲרוּחַת־בּוֹקֶר breakfast
– אֲרוּחַת־עֶרֶב supper, dinner
– אֲרוּחַת־צָהֳרַיִים lunch, dinner
אֵרוֹטִי ת. erotic
אָרוֹךְ ת. (אֲרוּכָּה; אֲרוּכִּים; אֲרוּכּוֹת) long
אֲרוּכּוֹת תה״פ lengthily, at length
אֲרוֹן, אָרוֹן ז. (אֲרוֹנוֹת) cupboard, closet; coffin
– אֲרוֹן־הַקּוֹדֶשׁ the Holy Ark
– אֲרוֹן־מֵתִים coffin
– אֲרוֹן־סְפָרִים bookcase
אָרוּס ז. fiancé
אֲרוּסָה נ. fiancée
אֵרוּסִים ז״ר engagement
אֵרוּעַ ז. ר׳ אֵירוּעַ event
אָרוּר ז. cursed, damned
אָרַז פ״י (לֶאֱרוֹז) to pack
אַרְטִילֶרְיָה נ. artillery
אַרְטִיק ז. Popsicle, ice-cream bar
אַרְטִישׁוֹק ז. artichoke
אֲרִי, אַרְיֵה ז. (אֲרָיוֹת) lion

– אֲרִי־יָם sea lion
אָרִיג ז. cloth (woven), fabric
אֲרִיגָה נ. weaving
אַרְיֵה ר׳ אֲרִי
אֲרִיזָה נ. packing
אָרִיחַ ז. (אֲרִיחִים) (floor) tile
אֲרִיכוּת נ. lengthiness
– אֲרִיכוּת־יָמִים longevity
– בַּאֲרִיכוּת lengthily, at length
אָרַךְ פ״ע (לֶאֱרוֹךְ) to last, continue, take (an hour, etc.)
אַרְכָּה נ. extension (of time)
אַרְכֵיאוֹלוֹג ז. archeologist
אַרְכֵיאוֹלוֹגִי ת. archeological
אַרְכֵיאוֹלוֹגְיָה נ. archeology
אַרְכִיּוֹן ז. archives
אַרְכִיטֶקְט ז. architect
אַרְכִיטֶקְטוּרָה נ. architecture
אַרְמוֹן ז. (אַרְמוֹנוֹת) palace
אַרְנָב ז. rabbit (male)
אַרְנָבוֹן ז. (little) rabbit
אַרְנֶבֶת נ. (אַרְנָבוֹת) rabbit, bunny, hare
אַרְנָק ז. purse, wallet; pocketbook
אֶרֶס ז. poison, venom
אַרְסִי ת. poisonous
אֵרַע פ״ע happen, take place
אֲרָעִי ת. temporary
אֶרֶץ נ. (אַרְצוֹ; אֲרָצוֹת) land, country
– הָאָרֶץ Israel
אַרְצוֹת הַבְּרִית נ. the United States
אֲרֶשֶׁת: אֲרֶשֶׁת־פָּנִים facial expression
אֵשׁ נ. fire
– בָּאֵשׁ וּבַמַּיִם through fire and water
– עָלָה בָּאֵשׁ go up in flames
אִשָּׁה נ. (אִשְׁתּוֹ; נָשִׁים) woman; wife
אַשּׁוּחַ ז. fir tree, Christmas tree
אֶשֶׁךְ ז. (אֲשָׁכִים) testicle
אַשְׁכָּבָה: תְּפִילַּת אַשְׁכָּבָה burial service
אֶשְׁכּוֹל ז. (אֶשְׁכּוֹלוֹת) bunch (of grapes, bananas)
אֶשְׁכּוֹלִית נ. (אֶשְׁכּוֹלִיּוֹת) grapefruit
אַשְׁכְּנַזִּי ת. *Ashkenazi*, (of) Western Jew(s)
אַשְׁלָגָן ז. potassium
אַשְׁלָיָה נ. illusion
אָשֵׁם ת. guilty; (be) to blame
– אַתָּה אָשֵׁם! It's your fault!
אַשְׁמָה נ. guilt; blame
– בְּאַשְׁמָתִי through my fault
– הוֹדָה בָּאַשְׁמָה plead guilty
– כָּפַר בָּאַשְׁמָה plead not guilty
אֶשְׁנָב ז. small window
אַשָּׁף ז. wizard
אַשָּׁ״ף ר״ת the P.L.O.
אַשְׁפָּה נ. garbage, trash, rubbish
אִשְׁפּוּז ז. hospitalization
אִשְׁפֵּז פ״י (לְאַשְׁפֵּז) hospitalize
אַשְׁפָּתוֹן ז. litter-basket, waste-basket
אֲשֶׁר מ״ח who, which, that (*literary*)
– אֲשֶׁר לְ־ as for, as regards
– כַּאֲשֶׁר when, as
– מֵאֲשֶׁר than
אַשְׁרַאי ז. credit (financial)
אַשְׁרָה נ. visa
אִשְׁרוּר ז. ratification
אֶשְׁתָּקַד תה״פ last year
אֵת, אֶת מ״י (אוֹתִי, אוֹתְךָ וכו׳) (form indicating direct object)
– אוֹתוֹ הַגִּיל the same age
– אוֹתוֹ הַדָּבָר the same (thing)
– רָאִיתִי אוֹתוֹ / אוֹתָהּ וכו׳ I saw him/her etc.
אֵת, אֶת (אִתִּי, אִתְּךָ וכו׳) with
– בָּאתִי אִתּוֹ/אִתָּהּ I came with him/her
אֵת ז. (אִתִּים אוֹ אֵתִים) spade, shovel
אַתְּ מ״ג you (fem. singular)
אָתֵאִיסְט ז. atheist
אֶתְגָּר ז. challenge
אַתָּה מ״ג you (masc. singular)
אִתָּהּ, אִתּוֹ ר׳ אֵת
אָתוֹן נ. (אֲתוֹנוֹת) she-ass, female donkey
אֶתִּי ת. ethical
אֶתְיוֹפִּי תו״ז Ethiopian
אֶתְיוֹפְּיָה נ. Ethiopia
אֶתִּיקָה נ. ethics
אִתְּךָ, אִתָּךְ, אִתְּכֶם, אִתְּכֶן, אִתָּנוּ ר׳ אֵת
אַתְלֵטִי ת. athletic

אַתְלֵטִיקָה נ.	athletics
אַתֶּם מ״ג	you (masc. pl.)
אִתָּם ר׳ אֵת	
אֶתְמוֹל תה״פ	yesterday
אַתֶּן, אַתֵּן מ״ג	you (fem. pl.)
אִתָּנוּ ר׳ אֵת	
אֶתְנַחְתָּא נ.	pause; rest
– אֶתְנַחְתָּא קוֹמִית	comic relief
אֶתְנִי ת.	ethnic
אֲתָר ז.	site
אֶתֶר ז.	ether
אַתְרָאָה נ.	warning
אֶתְרוֹג ז.	citron
אַתְרָעָה נ.	warning, alert

ב

ב — *bet* (second letter of Hebrew alphabet); second(ly); 2nd
– בְּ־ (בִּי, בְּךָ...) — in; at; with; by; on
– יוֹם ב׳ — Monday
– פַּעַם בְּשָׁנָה — once a year
בָּא פ״ע (לָבוֹא) — come; enter; arrive
– (לֹא) בָּא לוֹ — (not) feel like it
בָּא תו״ז — coming
בָּא־כּוֹחַ — representative; proxy
בְּאִבּוֹ : קָטַע/חָנַק בְּאִיבּוֹ — nip in the bud; scotch
בְּאֶמְצָעוּת מ״י — by means of, through
בֶּאֱמֶת תה״פ — really; truly; truthfully
בְּאַקְרַאי תה״פ — at random; by chance
בַּאר ז. — bar; bar-room
בְּאֵר נ. (בְּאֵרוֹת) — well (of water, etc.)
בָּבוּאָה נ. — reflection; image
בַּבּוּן ז. — baboon
בְּבַקָּשָׁה — please!; Don't mention it!
בְּבַת־אַחַת תה״פ — all at once; at one go
בָּגַד פ״י (לִבגוֹד) — betray; be unfaithful
בֶּגֶד ז. (בְּגָדִים ; בִּגדֵי־) — garment; article of clothing
– בְּגָדִים — clothes
– בֶּגֶד־יָם — swimming costume; swim suit, swimming trunks
בָּגָז׳ ז. — trunk (of a car), boot
בְּגִידָה נ. — betrayal; unfaithfulness
בִּגלַל מ״י — on account of, because of
בַּגַ״ץ ז. — High Court of Justice, (appeal to the) Supreme Court
בַּגרוּת נ. — adulthood, manhood; maturity
– בְּחִינַת בַּגרוּת — *Bagrut* (Israeli matriculation exam)
– פִּצעֵי בַּגרוּת — pimples, acne
בַּד — cloth, material
– בַּד בְּבַד — at the same time
בָּדָה פ״י (לִבדוֹת) — invent, make up (a story)
בֶּדוּאִי, בֶּדְוִוי תו״ז — Bedouin
בָּדוּי ת. — invented
– שֵׁם בָּדוּי — false name
בְּדוֹלַח ז. — crystal
בָּדוּק ת. — checked; tested
בְּדוּתָה נ. — fabricated story, lie
בְּדִידוּת נ. — loneliness
בְּדָיָה נ. — lie; fabrication
בִּדיוֹנִי ת. — fictional
– מַדָּע בִּדיוֹנִי — science fiction
בְּדִיוּק תה״פ — exactly; accurately
בְּדִיחָה נ. — joke
בְּדִיעֲבַד תה״פ — in the event; post factum
בְּדִיקָה נ. — check; examination
– בְּדִיקַת פֶּתַע/אַקרַאי — spot check
– בְּדִיקַת דָּם — blood test
בָּדָל ז. (בְּדַל־) — stub; end
– בְּדַל סִיגָרִיָּה — cigarette end/butt
בָּדַק פ״י (לִבדוֹק) — examine, check
בַּדְרָן ז. — entertainer; comedian
בָּהּ מ״י — with, in (etc.) her; in, with (etc.) it
ב״ה ר״ת בְּעֶזרַת הַשֵּׁם — with God's help, God willing
בְּהַדרָגָה תה״פ — gradually, bit by bit
בְּהֶחלֵט תה״פ — certainly, absolutely
בְּהִילוּת נ. — urgency; great haste
בָּהִיר ת. — bright; clear; light (colors)
בְּהִירוּת נ. — brightness; clarity
– בִּבהִירוּת — clearly
בֶּהָלָה נ. — panic, alarm
– בְּבֶהָלָה — in alarm
בָּהֶם מ״ג — in, with (etc.) them
בְּהֵמָה נ. — (domestic) animal; beast
בָּהֶן מ״ג — in, with (etc.) them (fem.)
בְּהֶקדֵּם תה״פ — soon, as soon as possible
בְּהֶתאֵם תה״פ — accordingly
– בְּהֶתאֵם לְ־ — according to
בְּהִתחַשֵּׁב בְּ־ — considering
בּוֹ מ״ג — in; with (etc.) him/it
– בּוֹ בַּמָּקוֹם — immediately; on the spot

בּוֹא	come!; let's go!
בּוֹא ז.	coming; arrival
בּוֹאֶשׁ ז.	skunk
בּוּבָּה נ.	doll, puppet; effigy
בּוֹגֵד ז.	traitor; unfaithful
בּוֹגְדָנוּת נ.	treachery
בּוֹגְדָנִי ת.	treacherous
בּוֹגֶדֶת נ.	traitress; unfaithful woman
בּוֹגֵר ז.	adult; graduate
בְּוַדַּאי תהי״פ	certainly, of course
בּוֹדֵד ת. (בּוֹדֶדֶת)	lonely; single
בּוֹדֵד פ״י (לְבוֹדֵד)	isolate
בּוֹדֵק ז.	examiner, tester
בּוֹהֶן זו״נ (בְּהוֹנוֹת)	thumb
– עַל הַבְּהוֹנוֹת	on tiptoe
בּוֹהֵק ת.	shining, glistening, bright
בְּוַדַּאי תהי״פ	certainly, of course
בּוּז ז., מ״ק	scorn; contempt; Boo!
בּוּזְבַּז פ.	be wasted (effort/energy/ money)
בּוֹזְמַנִּי ת.	simultaneous
בּוֹחֵן ז.	examiner; tester
בּוֹחַן ז. (בְּחָנִים)	test, quiz
בּוֹחֵר ז.	voter
בּוֹטֶה ז.	blunt, blatant
בּוּטִיק ז.	boutique
בּוּטַל פ.	canceled
בּוֹטֶן ז.	peanut
בּוּל ז.	(postage) stamp; direct hit
– בּוּל־עֵץ	block of wood, log
בּוּלְגָרִי תו״ז	Bulgarian
בּוּלְגַרְיָה נ.	Bulgaria
בּוּלְדוֹג ז.	bulldog
בּוּלְדוֹזֶר ז.	bulldozer
בּוֹלֵט ת.	protruding; outstanding
– בּוֹלֵט לָעַיִן	conspicuous
בּוֹלִיבְיָה נ.	Bolivia
בּוֹלֶשֶׁת נ.	secret police
בּוֹמְבַּסְטִי ת.	bombastic
בּוּמֶרַנְג ז.	boomerang
בּוֹנְבּוֹנְיֶירָה נ.	box of chocolates, candy box
בּוּנְגָלוֹ ז.	bungalow; hut
בּוֹנֶה ז.	builder; beaver
בּוֹנוּס ז.	bonus
בּוּנְקֶר ז.	bunker
בּוֹס ז.	boss
בּוֹסֵס פ״ע	wallow
בּוֹסֶר ז.	unripe fruit
בּוּסְתָּן ז.	orchard; fruit garden
בּוּעָה נ.	bubble; blister
בּוֹעֵר ת.	burning; alight
– (זֶה) לֹא בּוֹעֵר	it can wait
בּוֹץ ז.	mud; mire
בּוֹצִי ת.	muddy
בּוּצַע פ.	be carried out
בּוֹקֵר ז.	cowboy
בּוֹקֶר ז. (בְּקָרִים)	morning
– בַּבּוֹקֶר	in the morning
– בְּשֵׁשׁ בַּבּוֹקֶר	at 6 am
– בּוֹקֶר אוֹר / טוֹב	Good morning
– הַבּוֹקֶר	this morning
בּוֹר ז.	pit; hole
–בּוֹר שׁוֹפְכִין	cesspit; sewer
בּוּר תו״ז	ignorant
– בּוּר וְעַם־הָאָרֶץ	complete ignoramus
בּוֹרֵא ז.	creator
בּוֹרֶג ז. (בְּרָגִים)	screw; bolt
בּוֹרְדוֹ ת.	dark red
בּוּרוּת נ.	ignorance
בּוּרְיוֹ : עַל בּוּרְיוֹ	thoroughly, inside out
בּוּרְמָה נ.	Burma
בּוּרְמֶזִי תו״ז	Burmese
בּוּרְסָה נ.	stock exchange
בּוֹרֵר ז.	arbitrator; selector
בּוֹרְרוּת נ.	arbitration
בּוֹשׁ פ״ע (לֵבוֹשׁ)	be ashamed
– בּוֹשׁ וְנִכְלָם	embarrassed and humiliated
בּוּשָׁה נ.	disgrace; shame
– בּוּשָׁה וְחֶרְפָּה!	Shame on you!
בּוּשַּׁל פ.	be cooked
בּוֹשֶׂם ז. (בְּשָׂמִים)	perfume
בּוֹשֵׁשׁ פ״ע (לְבוֹשֵׁשׁ)	be late; tarry
בּוֹשֶׁת־פָּנִים נ.	shame
בָּז פ״י (לָבוּז לְ־)	despise, scorn
בַּז ז.	falcon

בֶּז' ז.	beige
בִּזבּוּז ז.	waste
בִּזבֵּז פ״י (לְבַזבֵּז)	to waste; spend
בַּזבְּזָן ז.	spendthrift, squanderer
בַּזבְּזָנוּת נ.	extravagance; wastefulness
בָּזוּי ת.	contemptible, despicable
בְּזוֹל תה״פ	cheaply
בָּזַז פ״י (לָבוֹז או לִבזוֹז)	to loot, plunder
בִּזָיוֹן ז. (בִּזיוֹנוֹת)	disgrace; contempt; fiasco
בָּזָר, בָּזָאר ז.	bazaar
בָּחוּר ז.	boy; young man; fellow
בַּחוּרָה נ.	girl; young woman
בַּחֲזָרָה תה״פ	in return; back
בְּחִילָה נ.	nausea
– מְעוֹרֵר בְּחִילָה	sickening
בְּחִינָה נ.	examination, test
– מִכָּל הַבְּחִינוֹת	in all respects
בְּחִירָה נ.	choice; selection
– בְּחִירָה חוֹפשִׁית	free will
– בְּחִירוֹת	elections
– בְּחִירַת לִיבּוֹ	the woman of his choice (his fiancée)
בְּחִישָׁה נ.	stirring, mixing
בָּחַל פ״י (לִבחוֹל בּ־)	loathe, be disgusted about
בָּחַן פ״י (לִבחוֹן)	to test; examine
– בָּחַן מֵחָדָשׁ	re-examine, review
בָּחַר פ״י (לִבחוֹר)	choose; vote for
בָּחַשׁ פ״י (לִבחוֹשׁ)	to stir, mix; meddle (in)
בַּחֲשַׁאי תה״פ	secretly, covertly
בִּטָאוֹן ז.	magazine; mouthpiece
בָּטוּחַ ת. (בְּטוּחָה, בְּטוּחִים)	certain; confident; safe; secure; sure
בֶּטוֹן ז.	concrete
בָּטַח פ״י (לִבטוֹחַ בּ־)	to trust in; rely on
בֶּטַח תה״פ	surely; certainly
בִּטָחוֹן ז. ר׳ בִּיטָחוֹן	
בִּטחוֹנִי ת.	security (adj.)
בַּטָטָה נ.	sweet potato
בְּטִיחוּת נ.	safety; security
בְּטִיחוּתִי ת.	safe, safety (adj.)
בָּטֵל ת.	null; void; idle
בַּטָלָה נ.	idleness, indolence
בַּטלָן ז.	idler; bum
בֶּטֶן נ.	belly; abdomen
בַּטֶרִייָה נ.	battery (electric)
בִּי מ״ג	in, with (etc.) me
בִּיבּלִיוֹגרַפיָה נ.	bibliography
בִּיגוּד ז.	clothing
בִּידוּד ז.	isolation; insulation
בִּידוּי ז.	fabrication (of evidence)
בִּידוּר ז.	amusement; entertainment; fun
בִּידֵר פ״י (לְבַדֵר)	amuse; entertain
ביהי״ד ר״ת	court of law
ביהי״ח ר״ת	hospital
ביהמ״ש ר״ת	court of law
ביהי״ס ר״ת	school
בִּיוּב ז.	sewage; drainage
– תְּעָלַת בִּיוּב	sewage ditch, sewer
בִּיוֹגרָפִי ת.	biographical
בִּיוֹגרַפיָה נ.	biography
בְּיוֹדְעִין תה״פ	knowingly
בִּיוֹלוֹג ז.	biologist
בִּיוֹלוֹגִי ת.	biological
בִּיוֹלוֹגיָה נ.	biology
בִּיוּן ז.	intelligence (service)
בִּיוּץ ז.	ovulation
בְּיוֹתֵר תה״פ	most
בִּיזבּוּז ז.	waste
בִּיזבֵּז פ״י (לְבַזבֵּז)	to waste; spend
בִּיזָה פ״י (לְבַזוֹת)	to disgrace, dishonor
בִּיזָה נ.	looting; booty
בִּיזָיוֹן ז. (בִּזיוֹנוֹת)	disgrace; contempt
בי״ח ר״ת	hospital
בְּיַחַד תה״פ	together
בְּיִחוּד תה״פ	especially
ביח״ר ר״ת	factory
בִּיטֵא פ״י (לְבַטֵא)	pronounce; express
בִּיטָאוֹן ז.	magazine; organ
בִּיטוּחַ ז.	insurance
– בִּיטוּחַ לְאוּמִי	National Insurance
בִּיטוּי ז.	expression; idiom
בִּיטוּל ז.	cancellation; abolition
בִּיטֵחַ פ״י (לְבַטֵחַ)	insure

בִּיטָחוֹן ז. — confidence; security; safety
- בְּבִיטָחוֹן — confidently
- בִּיטָחוֹן עַצְמִי — self-confidence
- כּוֹחוֹת הַבִּיטָחוֹן — security forces
- מִשְׂרַד הַבִּיטָחוֹן — Ministry of Defence
- סִיכַּת־בִּיטָחוֹן — safety pin

בִּיטֵל פ״י (לְבַטֵּל) — cancel; call off; abolish; dismiss (offhandedly)
בִּיטָנָה נ. — lining (of garment)
בְּיִיחוּד תה״פ — especially
בִּייֵל פ״י (לְבַייֵל) — to stamp (letter or document)
בִּייֵם פ״י (לְבַייֵם) — direct (a film); stage
בֵּייסְבּוֹל ז. — baseball
בִּייֵשׁ פ״י (לְבַייֵשׁ) — to shame, humiliate
בַּיְישָׁן ת. (בַּיְישָׁנִית) — shy, bashful
בַּיְישָׁנוּת נ. — shyness
בַּיְישָׁנִי ת. — shy
בִּיכּוּרִים ז״ר — first fruits
בִּילְבּוּל ר׳ בִּלְבּוּל — confusion
בִּילְבֵּל ר׳ בִּלְבֵּל — confuse; mix up
בִּילָה פ. (לְבַלּוֹת) — have a good time; spend (time), to party
- בִּילָה בַּנְּעִימִים — have a nice time

בִּילּוּי ז. — having a good time; entertainment, pastime
בִּילּוּשׁ ז. — (doing) detective work
בִּילְיַארְד ז. — billiards
בִּילֵּף פ״י (לְבַלֵּף) — to bluff, fool
בַּמַּאי ז. — director (of films, etc.)
בָּמָה נ. — stage; platform
בִּימּוּי ז. — direction (of film, play)
בֵּין־ מ״י (בֵּינִי, בֵּינוֹ...) — between; among
- בֵּין אִם... וּבֵין — whether... or
- בֵּין הַשּׁוּרוֹת — between the lines
- בֵּינֵינוּ לְבֵין עַצְמֵנוּ — between you and me
- מִבֵּין־ — from among

בִּינָה נ. — understanding; wisdom
- בִּינָה מְלָאכוּתִית — artificial intelligence

בֵּינוֹנִי תו״ז — intermediate; mediocre
בֵּינַיִים ז. — middle; intermediate
- יְמֵי הַבֵּינַיִים — the Middle Ages

בֵּינלְאוּמִי ת. — international
בֵּינעִירוֹנִי ת. — interurban; inter-city
בֵּינתַיִים תה״פ — meanwhile, in the meantime
בִּיס ז. — a bite (of)
בִּיסוּס : חֲסַר בִּיסוּס — unsubstantiated, groundless
בִּיסֵּס פ״י (לְבַסֵּס) — to base; establish
בִּיסְקְוִויט ז. — biscuit
בִּיעְבֵּעַ פ״ע (לְבַעְבֵּעַ) — to bubble
בִּיעֵר פ״י (לְבָעֵר) — root out, eliminate
בֵּיצָה נ. (בֵּיצִים) — egg
- בֵּיצָה מְקוּשְׁקֶשֶׁת — scrambled egg
- בֵּיצָה קָשָׁה — hard-boiled egg
- בֵּיצָה רַכָּה — soft-boiled egg

בִּיצָה נ. — swamp
בִּיצּוּעַ ז. — performance, execution
בֵּיצִיָּיה נ. — fried egg
בֵּיצִים נ״ר ר׳ בֵּיצָה
בֵּיצִית נ. (בֵּיצִיּוֹת) — ovum
בִּיצֵּעַ, בִּיצַּע פ״י (לְבַצֵּעַ) — carry out; perform; commit
בִּיצֵּר פ״י (לְבַצֵּר) — fortify; strengthen
בִּיקּוּר ז. — visit, (house) call
בִּיקּוֹרֶת נ. — criticism; control
בִּיקּוֹרְתִּי ת. — critical
בִּיקּוּשׁ ז. — demand
בִּיקְעָה נ. — valley
בִּיקֵּר פ״י (לְבַקֵּר) — to visit; criticize
בִּיקֵּשׁ פ״י (לְבַקֵּשׁ) — ask; request; want
בִּיקְתָּה נ. — hut; shed
בִּירָה נ. — beer
בִּירָה נ. — capital city
בִּירוֹקְרָטִי ת. — bureaucratic
בִּירוֹקְרַטְיָה נ. — bureaucracy
בֵּירוּר ז. — inquiry, enquiry
- בְּבֵירוּר — clearly

בֵּירֵךְ פ״י (לְבָרֵךְ) — to bless; greet; congratulate
בֵּירֵר פ״י (לְבָרֵר) — inquire into, find out; clarify, take it up (with)
בִּישׁ : בִּישׁ־מַזָּל — bad luck
בִּישּׁוּל ז. — cooking; cookery
בִּישׁוֹף ז. — bishop
בִּישֵּׁל פ״י (לְבַשֵּׁל) — to cook

בִּישֵּׂר פ״י (לְבַשֵּׂר) bring news; portend
– בִּישֵּׂר טוֹבוֹת bode well
בֵּית נ. *bet* (second letter of Hebrew alphabet)
בַּיִת ז. (בֵּיתוֹ, בָּתִּים, בָּתֵּי־) house; home; verse (of song), stanza; group (in soccer)
– בֵּית־אָבוֹת old-age home
– בֵּית־דִּין צֶדֶק Jewish religious court
– בֵּית־דִּירוֹת apartment building
– בֵּית־דְּפוּס printing house
– בֵּית־הַבְרָאָה rest home
– בֵּית־הַמִּשְׁפָּט הָעֶלְיוֹן the Supreme Court
– בֵּית־הַמִּקְדָּשׁ the Temple
– בֵּית־חוֹלִים hospital
– בֵּית־חֲרוֹשֶׁת factory
– בֵּית־יְתוֹמִים orphanage
– בֵּית־כְּנֶסֶת synagogue
– בֵּית־מַאֲפֶה bakery
– בֵּית־מִדְרָשׁ meeting place for Jewish religious studey; teacher training college; school (of thought)
– בֵּית־מְחוֹקְקִים legislature
– בֵּית־מְלָאכָה workshop
– בֵּית־מָלוֹן hotel
– בֵּית־מְנוֹרָה socket (for lightbulb)
– בֵּית־מַרְזֵחַ pub, saloon, inn
– בֵּית־מֶרְחָץ public baths
– בֵּית־מִרְקַחַת pharmacy
– בֵּית־מִשְׁפָּט court (of law)
– בֵּית־נִבְחָרִים Parliament
– בֵּית־סוֹהַר prison
– בֵּית־סֵפֶר school
– בֵּית־סֵפֶר יְסוֹדִי elementary school
– בֵּית־סֵפֶר תִּיכוֹן high school
– בֵּית עֵסֶק business
– בֵּית־קְבָרוֹת / עָלְמִין cemetery, graveyard
– בֵּית־קָפֶה café, coffee shop
– בַּיִת רִאשׁוֹן the First Temple
– בֵּית־הַשֶּׁחִי armpit
– בֵּית־שִׁימּוּשׁ toilet; lavatory
– בָּתֵּי־אָב households
– חַיּוֹת־בַּיִת pets; domestic animals
בֵּיתִי ת. domestic; home-made
בִּיתָן ז. pavilion, small booth
בְּךָ, בָּךְ in, with (etc.) you
בִּכְדֵי תה״פ ר׳ גם כְּדֵי in order to
בָּכָה פ״ע (לִבכּוֹת) to cry, weep
בְּכַוָּונָה תה״פ on purpose, deliberately
בַּכֹּול תה״פ entirely; wholly
בְּכוֹר ז. eldest son
בֶּכִי ז. crying, weeping
בַּכְיָין ז. cry-baby, whiner
בָּכִיר ת. senior
בְּכָל־זֹאת תה״פ nevertheless, all the same, anyway; still, after all
בִּכְלָל תה״פ generally; at all
בָּכֶם, בָּכֶן ר׳ בְּ־ in, with (etc.) them
בְּלָאו הָכֵי תה״פ in any case
בִּלְבַד תה״פ only
בִּלְבּוּל ז. confusion
– בִּלְבּוּל־מוֹחַ "headache", trouble
בִּלְבֵּל פ״י (לְבַלְבֵּל) confuse; mix up
בֶּלְגִי תו״ז (בֶּלְגִית) Belgian
בֶּלְגְיָה נ. Belgium
בַּלָגָן, בַּלַאגָן ז. disorder, mess, muddle (*slang*)
בִּלְגֵּן פ״י (לְבַלְגֵּן) make a mess of, mess up
בַּלַגָנִיסְט ז. disorderly/messy person
בַּלּוּטָה נ. gland
בָּלוּי ת. worn out; shabby
בָּלוֹן נ. balloon
בְּלוֹנְדִי, בְּלוֹנְדִינִי ת. blond; fair-haired
בְּלוֹף ז. bluff
בְּלוֹק ז. concrete block; writing pad
בְּלוֹרִית נ. pompadour; quiff
בָּלַט פ״ע (לִבלוֹט) stand out; be conspicuous; stick out
בַּלֶּט ז. ballet
בַּלָּטָה נ. floor-tile (*colloquial*)
בְּלִי מ״י without
– בְּלִי עַיִן־הָרָע (רָעָה) Touch wood!
– מִבְּלִי without
בְּלִיטָה נ. projection; bulge

banjo — בַּנג'וֹ ז.
build, construct — בָּנָה פ״י (לִבנוֹת)
in, with (etc.) us — בָּנוּ
built-up; constructed — בָּנוּי ת.
daughters; girls — בָּנוֹת ר׳ גם בַּת נ.
gas(oline), petrol — בֶּנזִין ז.
בְּנֵי־ ר׳ בֵּן
construction, building (act of) — בְּנִייָה נ.
building — בִּניָין נ.
banal — בָּנָלִי ת.
banana — בָּנָנָה נ.
bank — בַּנק ז.
banking — בַּנקָאוּת נ.
banker's; of a bank — בַּנקָאִי ת.
banker — בַּנקַאי ז.
ATM, cash machine — בַּנקוֹמָט, בַּנק־קֵט ז.
bass — בַּס ז.
OK; all right — בְּסֵדֶר תה״פ
altogether; on the whole — בסה״כ ר״ת
base; basis, foundation — בָּסִיס ז.
data base — – בְּסִיס נְתוּנִים
basic — בְּסִיסִי ת.
for; for the sake of; through — בַּעַד, בְּעַד מ״י
for and against — – בְּעַד וְנֶגֶד
while — בְּעוֹד מ״י (בְּעוֹדִי וכו׳)
in an hour — – בְּעוֹד שָׁעָה
while; whereas — – בְּעוֹד שֶׁ־
to kick — בָּעַט פ. (לִבעוֹט בּ־)
problem; question — בְּעָיָה נ. (בְּעָיוֹת)
kick — בְּעִיטָה נ.
problematic — בְּעָייָתִי ת.
problematic nature — בְּעָייָתִיוּת נ.
anonymously — בְּעִילוּם שֵׁם
בְּעַין ר׳ עַיִן
in progress — בְּעִיצוּמוֹ
burning; fire — בְּעֵירָה נ.
problematic — בְּעָיָתִי ת.
husband; owner — בַּעַל ז. (בְּעָלִים; בַּעֲלֵי־)
landlord; host; boss — – בַּעַל־בַּיִת
ally — – בַּעַל־בְּרִית
animal — – בַּעַל־חַיִּים

partyer, socialite — בַּלייָן ז.
braking; stopping — בְּלִימָה נ.
swallowing — בְּלִיעָה נ.
to brake; stop — בָּלַם פ״י (לִבלוֹם)
brake(s) — בָּלַם, בֶּלֶם ז. (בְּלָמִים)
handbrake — – בֶּלֶם יָד
(food) blender — בְּלֶנדֶר ז.
to swallow — בָּלַע פ״י (לִבלוֹעַ)
without — בִּלעֲדֵי־ מ״י
exclusive, sole — בִּלעָדִי ת.
exclusivity; exclusiveness — בִּלעָדִיוּת נ.
bluffer; fibber — בַּלפָן ז.
inspect; spy on — בָּלַשׁ פ״י (לִבלוֹשׁ)
detective — בַּלָשׁ ז.
detective; of detection — בַּלָשִׁי ת.
not; un-; in-; except for — בִּלתִּי מ״ש
insufficient; F (grade) — – בִּלתִּי מַספִּיק
continual, constant — בִּלתִּי פּוֹסֵק
in, with (etc.) them — בָּם
director (cinema/theater) — בַּמַאי ז.
stage; platform — בָּמָה נ.
quickly; (very) soon — בִּמהֵרָה תה״פ
בְּמוֹ מ״י
with his own hands — – בְּמוֹ יָדָיו
with his own eyes — – בְּמוֹ עֵינָיו
with his own lips — – בְּמוֹ פִּיו
specifically, explicitly — בִּמפוֹרָשׁ תה״פ
instead of; in place of — בִּמקוֹם תה״פ
intentionally, deliberately — בְּמִתכַּוֵון
boy; child; son; (...) years old, aged — בֵּן ז. (בְּנוֹ; בָּנִים; בְּנֵי־)
man; human being — – בֶּן־אָדָם
immortal — – בֶּן־אַלמָוֶות
cousin — – בֶּן־דוֹד, בֶּן־דוֹדָה
partner — – בֶּן־זוּג
youngest son — – בֶּן־זְקוּנִים
stepson — – בֵּן־חוֹרֵג
from a good family — – בֶּן־טוֹבִים
overnight — – בִּן־לַילָה
hostage — – בֶּן־עֲרוּבָּה
teenager — – בֶּן־עֶשׂרֵה
in an instant; immediately — – בֵּן רֶגַע
man; human being — בֶּנאָדָם ז.
builder, construction worker — בַּנַאי ז.

maimed, cripple	– בַּעַל־מוּם
skilled worker; professional	– בַּעַל־מִקצוֹעַ
experienced	– בַּעַל־נִיסָיוֹן
valuable; important	– בַּעַל־עֵרֶךְ
famous, renowned	– בַּעַל־שֵׁם
valid, in force	– בַּעַל־תוֹקֶף
ownership, possession	בַּעֲלוּת נ.
	בַּעֲלֵי־, ר׳ בַּעַל
owner(s); husbands	בְּעָלִים ז״ר
against one's will	בְּעַל־כּוֹרחוֹ תה״פ
by heart; orally	בְּעַל־פֶּה תה״פ
owner (fem.)	בַּעֲלַת־ נ. ר׳ בַּעַל
Ltd.	בע״מ ר״ת בְּעֵרָבוֹן מוּגבָּל
by heart; orally	בע״פ ר״ת בְּעַל־פֶּה
actually	בְּעֶצֶם תה״פ
indirectly	בַּעֲקִיפִין תה״פ
burn	בָּעַר פ״ע (לִבעוֹר)
illiteracy	בַּעֲרוּת נ.
approximately, roughly, about	בְּעֵרֶךְ תה״פ
in practice, actually	בְּפוֹעַל תה״פ
specifically	בְּפֵירוּשׁ תה״פ
inside, within	בִּפנִים תה״פ
particularly	בִּפרָט תה״פ
together; as a team	בְּצַוותָא תה״פ
drought	בַּצוֹרֶת נ. (בַּצָּרוֹת)
grape harvest; vintage	בָּצִיר ז.
onion; bulb	בָּצָל ז.
to cut, slice; break off	בָּצַע פ״י (לִבצוֹעַ)
dough; pastry	בָּצֵק ז.
edema	בַּצֶּקֶת נ.
bottle	בַּקבּוּק ז.
Molotov cocktail, petrol bomb	– בַּקבּוּק תַבעֵרָה
hardly, barely; with difficulty	בְּקוֹשִׁי תה״פ
bacterium	בַּקטֶריָה נ.
expert; well-versed in	בָּקִי, בָּקִיא ת.
expert knowledge; proficiency	בְּקִיאוּת נ.
in short, briefly	בְּקִיצוּר תה״פ
approximately	בְּקֵירוּב תה״פ
easily	בְּקַלוּת תה״פ
valley	בִּקעָה נ.
in short; briefly	בְּקָצָרָה תה״פ
cattle	בָּקָר ז.
control; check	בַּקָּרָה נ.
quality control	– בַּקָּרַת־אֵיכוּת
approximately	בְּקֵרוּב תה״פ
soon; shortly	בְּקָרוֹב תה״פ
request; wish; application	בַּקָּשָׁה נ.
please!; Don't mention it!	– בְּבַקָּשָׁה
application form	– טוֹפֶס בַּקָּשָׁה
bakshish; tip; bribe	בַּקשִׁישׁ ז.
hut; shed; cabin	בִּקתָה נ.
grain; corn; open fields	בַּר, בָּר ז.
wild animals	– חַיּוֹת־בָּר
wild plants	– צִמחֵי־בָּר
son; able	בַּר ז.
workable; feasible	– בַּר־בִּיצוּעַ
bar mitzvah	– בַּר־מִצוָוה
valid; in force	– בַּר־תוֹקֶף
bar, bar-room	בַּר, בָּר, בַּאר ז.
create	בָּרָא פ״י (לִברוֹא)
in the beginning	בְּרֵאשִׁית תה״פ
the Book of Genesis	– סֵפֶר בְּרֵאשִׁית
in public, publicly	בָּרַבִּים תה״פ
barbaric; barbarian	בַּרבָּרִי תו״ז
hail, hailstones	בָּרָד ז.
cheetah; panther	בַּרדְלָס ז.
hood (of a coat)	בַּרדָס ז.
angrily	בְּרוֹגֶז תה״פ
duck	בַּרווָז ז.
gross (weight, pay)	בְּרוּטוֹ ז.
brutal	בְּרוּטָלִי ת.
blessed	בָּרוּךְ ת.
Welcome!	– בָּרוּךְ הַבָּא!
Thank God!	– בָּרוּךְ הַשֵּׁם!
Good riddance!	– בָּרוּךְ שֶׁפְּטָרַנוּ!
clear; obvious	בָּרוּר ת.
obviously	– בָּרוּר מֵאֵלָיו
clarification; inquiry	בֵּרוּר ז.
cypress	בְּרוֹשׁ ז.
faucet, tap	בֶּרֶז ז. (בְּרָזִים)
water fountain	בְּרזִיָּיה נ.
Brazilian	בְּרָזִילָאִי ת.
iron	בַּרזֶל ז.

בְּרֶזֶנְט ז. — canvas
בָּרַח פ״ע (לִבְרוֹחַ) — run away, escape, flee
בָּרִיא ת. — healthy
– בָּרִיא וְשָׁלֵם — safe and sound
בְּרִיאוּת נ. — health
– לַבְּרִיאוּת! — Bless you! Enjoy it!
בְּרִידְג׳ ז. — bridge (game)
בִּרְיוֹן ז. — thug; bully
בְּרִיחַ ז. — bolt (of door, rifle)
בְּרִיחָה נ. — escape, flight
– בְּרִיחַת־מוֹחוֹת — brain-drain
בְּרִיטִי ת. — British
בְּרִיטַנְיָה נ. — Britain
בְּרַייל ז. — Braille
בְּרֵיכָה נ. — pool; pond
– בְּרֵיכַת־שְׂחִיָּה — swimming pool
בְּרִיסְטוֹל ז. — Bristol paper; stiff card
בְּרֵירָה נ. — choice
– בְּרֵירַת מֶחְדָּל — default
בְּרִית נ. (בְּרִיתוֹת) — alliance; pact
– בְּרִית־דָּמִים — blood pact
– בְּרִית־מִילָה — (the rite of) circumcision
– הַבְּרִית הַחֲדָשָׁה — the New Testament
– לוּחוֹת הַבְּרִית — tablets of the Ten Commandments
בֵּרֵךְ ר׳ בֵּירֵךְ
בֶּרֶךְ נ. (בִּרְכַּיִם; בִּרְכֵּי־) — knee
בְּרָכָה נ. (בִּרְכַּת־; בְּרָכוֹת) — blessing; greeting
– בְּרָכוֹת — Congratulations!
– בִּבְרָכָה — Yours sincerely
– בְּרָכָה לְבַטָּלָה — wasted effort
– בִּרְכַּת הַמָּזוֹן — grace after meals
– זִכְרוֹנוֹ לִבְרָכָה — of blessed memory
בְּרֵכָה נ. — pool; pond
בֶּרְמוּדָה — Bermuda
בַּרְנָשׁ ז. — fellow; guy; man
בָּרָק ז. — lightning; shine
בֵּרֵר פ״ע (לְבָרֵר) — inquire into, find out; clarify, take it up (with)
בְּרֵרָה נ. — alternative; choice
בַּרְרָן ז. — choosy, fastidious person
בִּשְׁבִיל מ״י — for; for the sake of
בְּשׁוּם ר׳ שׁוּם
בְּשׂוֹרָה נ. — news (good, bad)
בָּשֵׁל ת. — ripe; mature
בִּשְׁעַת־ ר׳ שָׁעָה
בְּשֶׁקֶט תה״פ — quietly
בָּשָׂר ז. — meat; flesh
– בְּשַׂר בָּקָר — beef
– בָּשָׂר חַי — raw meat
בַּת נ. (בִּתִּי; בָּנוֹת; בְּנוֹת־) — daughter; girl; (...) years old, aged
– בַּת־אָח, בַּת־אָחוֹת — niece
– בַּת־דּוֹד, בַּת־דּוֹדָה — cousin
– בַּת־זוּג — partner, spouse
– בַּת־חוֹרֶגֶת — stepdaughter
– בַּת־מִצְוָה — *bat-mitzvah*
– בַּת־צְחוֹק (שְׂחוֹק) — smile
בְּתוֹךְ תה״פ — in, inside; within; among
בְּתוּלָה תו״נ — virgin; Virgo
בְּתוּלִים ז״ר — virginity; hymen
בְּתוֹם לֵב תה״פ — innocently; in good faith
בְּתוֹר־, בְּתוֹרַת־ תה״פ — in the role of, as
בָּתִּים ז״ר (ר׳ גם בַּיִת) — houses, homes
בַּת־יַעֲנָה נ. — ostrich

ג

ג	*gimel* (third letter of Hebrew alphabet); three; 3rd
– יום ג׳	Tuesday
גֵא, גֵאֶה ת. (גֵאָה)	proud
גַאֲוָה נ.	pride
– בְּגַאֲוָה	proudly
גַאַוְותָן ז.	conceited person
גְאוּלָה נ.	salvation
גָאוֹן ז.	genius
גְאוֹנוּת נ. גְאוֹנִיוּת נ.	genius
גֵאוּת נ.	high tide
– גֵאוּת כַּלְכָּלִית	(economic) boom, upswing
גַ׳אז ז.	jazz
גֵאָיוֹת ר׳ גַיְא	
גָאַל פ״י (לִגאוֹל)	save, free, redeem
גַב ז. (גַבִּים; גַבֵּי־)	back
גב׳ = גְבֶרֶת	Mrs.; Miss; Ms.
גַבַּאי ז.	*gabbai* (treasurer of synagogue)
גָבַה פ״ע (לִגבּוֹהַּ)	be high; rise; become tall
גָבָה פ״י (לִגבּוֹת)	to collect (payment)
– גָבָה עֵדוּת	take evidence
גַבָּה נ. (גַבּוֹת)	eyebrow, brow
– הֵרִים גַבָּה	raise (one's) eyebrows
גְבַה־קוֹמָה ת.	tall
גָבוֹהַּ ת. (גְבוֹהָה; גְבוֹהִים, גְבוֹהוֹת)	high; tall
גְבוּל ז. (גְבוּלוֹת)	border, boundary; limit
גְבוּלִי ת.	borderline
גְבוּרָה נ.	heroism; bravery
– בִּגבוּרָה	bravely
גַבּוֹת ר׳ גַבָּה	eyebrows
גְבִייָה נ.	collecting, collection (of money)
גְבִינָה נ.	cheese
גָבִיעַ ז. (גְבִיעִים)	cup (sports); (cheese) tub
גָבַל פ״י (לִגבּוֹל בּ־)	border on
גֶבֶס ז.	plaster (cast)
גִבעָה נ. (גְבָעוֹת)	hill
גִבעוֹל ז.	stalk, stem
גָבַר פ״ע (לִגבּוֹר)	overcome; increase; grow
– גָבַר עַל	beat, overcome
גֶבֶר ז. (גְבָרִים)	man; male
גַברִי ת.	manly, virile
גַברִיוּת נ.	manliness
גְבֶרֶת נ. (גְבִירתִי; גְבָרוֹת אוֹ גְבִירוֹת)	lady; madam; Mrs., Miss, Ms.
– גְבִירוֹתַי וְרַבּוֹתַי!	Ladies and gentlemen!
גְברתָן ז.	strong man, muscleman
גַג ז. (גַגוֹת)	roof
גַגוֹן ז.	roof rack; small roof
גָדָה נ. (גָדוֹת, גְדוֹתָיו)	(river) bank
גְדוּד ז.	regiment
גָדוֹל ת.	big, large; great
גְדוּלָה נ.	greatness
גָדוּש ת. (גְדוּשָׁה)	(crammed) full
גְדִי ז. (גְדָיִים)	kid; Capricorn
גָדַל פ״ע (לִגדוֹל)	grow; increase
גָדֵל ת.	growing, increasing
גַדלוּת נ.	greatness
גַדנַ״ע ר״ת	(pre-military training corps for youth) *Gadna*
גָדֵר נ. (גֶדֶר־; גְדֵרוֹת)	fence
גוֹאֵל ז.	redeemer
גוּאָש ז.	gouache
ג׳וֹבּ ז.	job
גוֹבֶה ז. (גוֹבִים)	collector (of debts, payments)
גוֹבַהּ ז. (גְבָהִים)	height; altitude
גוּבַיינָה נ.	collect (call)
ג׳וּדוֹ ז.	judo
גוֹדֶל ז. (גְדָלִים)	size
גְוִויָה נ.	corpse, (dead) body
גָוֶון ז. (גְוָונִים)	hue, shade, nuance
גָוַוע פ״ע (לִגווֹעַ)	die
– גָוַוע בְּרָעָב	die of hunger; starve
גוֹזָל ז.	young bird, chick
גוּזמָה נ.	exaggeration

גוֹי ז. — gentile; nation
גוּיַס פ. — be called up, be enlisted
גוֹל ז. — goal (sport)
גוּלגוֹלֶת נ. (גוּלגָלוֹת) — skull
גוֹלֶה תו"ז — exile (man); expatriate
גוֹלָה נ. — exile, the Diaspora
– הַגוֹלָה — the Diaspora
גוּלָה נ. — marble (for playing)
– גוּלַת הַכּוֹתֶרֶת — the highlight, pièce de résistance
גוֹלֶם ז. (גְלָמִים) — chrysalis; klutz
גוֹלמִי ת. — raw
גוֹלף ז. — golf
גוֹלֵשׁ ז. — skier; surfer
גוּלָשׁ ז. — goulash
גוּמָה נ. — hole; dimple
גוּמחָה נ. — niche; recess
גוּמִי ז. — rubber
– גוּמִי לְעִיסָה — chewing-gum
גוּמִייָה נ. — rubber band
גוֹמלִין ז"ר — reciprocity
– מִשֹחָק גוֹמלִין — return match
ג'וּנגֶל ז. — jungle
גוֹנֵן פ"י (לְגוֹנֵן עַל) — protect
גוֹסֵס ת. (גוֹסֶסֶת; גוֹססִים) — dying
גוֹעַל ז. — disgust
גוֹעֲלִי ת. — disgusting; nasty
גוֹעֵשׁ ת. — stormy
גוּף ז. — body; object
גוּפָה נ. — corpse, (dead) body
גוּפִייָה נ. (גוּפִיוֹת) — undershirt, vest (Br.)
גוּפָנִי ת. — physical
גוֹפרִית נ. — sulfur
גוּץ ת. — dumpy
ג'וּק ז. — cockroach; (computer) chip
גוּר ז. גוּרָה נ. — cub; young animal
גוֹרֵד שְחָקִים ז. — skyscraper
גוֹרִילָה נ. — gorilla; brawny bodyguard
גוֹרָל ז. (גוֹרָלוֹת) — fate, lot, destiny
גוֹרָלִי ת. — fateful, crucial
גוֹרֵם ז. — factor; cause
גוּשׁ ז. — bloc; lump; mass
גַז ז. (גַזִים) — gas
– גַז אָצִיל — inert gas

גֵ'יז, גֵ'אז ז. — jazz
גִזבָּר ז. — treasurer
גִזבָּרוּת נ. — treasury; treasurer's office
גָזוֹז ז. — (flavored) soda water, soda pop
גָזַז פ"י (לִגזוֹז) — to clip, shear
גְזֵילָה נ — thing robbed; stealing.
גְזֵירָה נ. — decree; draconian measure
גָזַל פ"י (לִגזוֹל) — rob; consume (time)
גֶזֶל ז. — robbery
גָזַם פ"י (לִגזוֹם) — to prune, trim
גֶזַע ז. (גְזָעִים) — trunk (of tree); race
גִזעִי ת. — racial; cool (=great)
גִזעָן ז. — racist
גִזעָנוּת נ. — racism
גִזעָנִי ת. — racist
גָזַר פ"י (לִגזוֹר) — to cut
– לִגזוֹר דִין — to sentence, condemn
גֶזֶר ז. (גְזָרִים) — carrot
גְזַר־דִין ז. — sentence (of court)
גִזרָה נ. (גְזָרוֹת) — figure; sector
גֶחָלִים נ"ר — burning coals
גַחֲמָה נ. — caprice, whim
גָחַן פ"ע (לִגחוֹן) — to stoop, bend over
גֵט ז. (גִיטִין) — divorce
גֶטוֹ ז. — ghetto
גַיְא ז. (גֵיא־; גֵיאָיוֹת) — valley
גֵיאוֹגרָף ז. — geographer
גֵיאוֹגרָפִי ת. — geographic
גֵיאוֹגרַפיָה נ. — geography
גֵיאוֹלוֹג ז. — geologist
גֵיאוֹלוֹגִי ת. — geological
גֵיאוֹלוֹגיָה נ. — geology
גֵיאוֹמֶטרִי ת. — geometric
גֵיאוֹמֶטריָה נ. — geometry
גִיבָּה פ"י (לְגַבּוֹת) — to back up
גִיבּוּי ז. — backing; back-up
– לָתֵת גִיבּוּי — to back up
גִיבּוֹר תו"ז — hero; brave
גִיבּוֹרָה תו"נ — heroine; brave
גִיבֵּן ז. — hunchback
גִיבֶּנֶת נ. — hump; hunchback (female)
גִיבֵּשׁ פ"י (לְגַבֵּשׁ) — give shape to; weld together, forge

ג

גִיגִית נ. (גִיגִיוֹת) tub, wash-tub
גִידוּל ז. increase; growing; raising; breeding; tumor, growth
– גִידוּלִים crops; tumors
גִידוּף ז. abuse, cursing
גִידֵל פ״י (לְגַדֵל) raise, rear; grow (crops)
גִידֵם תו״ז one-armed (person)
גִידֵף פ״י (לְגַדֵף) to curse, abuse
גִידֵר פ״י (לְגַדֵר) to fence
גִ׳יהַאד ז. jihad
גִיהוּץ ז. ironing, pressing (clothes)
גִיהוּק ז. belch; belching
גֵיהִנוֹם, גֵיהִינוֹם זו״נ hell
גִיהֵץ פ״י (לְגַהֵץ) to iron, press
גִיהֵק פ״ע (לְגַהֵק) to belch
גִיוֵון פ״י (לְגַוֵון) to vary, diversify
גִיווּן ז. variety, diversity
גִיוּס ז. call-up; enlistment; recruitment; mobilization
– גִיוּס הוֹן capital raising
– גִיוּס חוֹבָה conscription
גִיוּר ז. conversion to Judaism
גִיוֹרֶת נ. a convert to Judaism
גִיזוּם ז. pruning (trees, etc.)
גִיזְרָה נ. (גְזָרוֹת) figure; sector
גִיחוּך ז. absurdity; giggle
גִיחֵך פ״ע (לְגַחֵך) to giggle, chuckle
גִיטָרָה נ. guitar
גִייֵס פ״י (לְגַייֵס) to call up; mobilize; raise (capital)
גִייֵר פ״י (לְגַייֵר) convert to Judaism
גִיל ז. age; joy
גִילַאי ז. (גִילָאִים) person of a certain age
גִילגוּל ז. ר׳ גִלגוּל
גִילגֵל ר׳ גִלגֵל
גִילָה פ״י (לְגַלוֹת) discover; reveal, tell (a secret)
גִילוּחַ ז. shaving; shave
גִילוּי ז. discovery; revealing
– גִילוּי־לֵב frankness, candor
– גִילוּי נָאוֹת fair/proper disclosure
– גִילוּי־עֲרָיוֹת incest

גִילֵחַ, גִילַח פ״י (לְגַלֵחַ) to shave
גִילוֹטִינָה נ. guillotine
גִילָיוֹן ז. (גִליוֹנוֹת) sheet (paper); issue (of newspaper)
גִילֵם פ״י (לְגַלֵם) embody; portray (a role)
גִילֵף פ״י carve
גִימגוּם ז. stammer, stutter
גִימגֵם פ״ע (לְגַמגֵם) to stammer, stutter
גִימוּר ז. finish (of product)
גִימַטְרִיָה נ. numerology (with letters of Hebrew alphabet)
גִימִיק ז. gimmick
גִימֶל ז. ר׳ ג *gimel*
גִימלָאוֹת נ״ר pension; retirement
– בְּגִימלָאוֹת retired
גִימלַאי ז. pensioner
גִימלָה נ. pension
גִימנַסְיָה נ. high/secondary school
גִ׳ינגִ׳י ז. redhead
גִ׳ינגל ז. jingle
גִינָה נ. garden
גִינָה פ״י (לְגַנוֹת) condemn, denounce
גִינוּי ז. condemnation
גִינוּן ז. gardening
גִינוּנִים ז״ר (גִינוּנֵי־) manners
גִינֵיקוֹלוֹג ז. gynecologist
גִ׳ינס ז. jeans; denim
גִיס ז. brother-in-law
גִיסָה נ. sister-in-law
גִ׳יפּ ז. jeep
גִ׳יפָה נ. dirt, filth, grunge
גִיר ז. chalk
גִירגֵר פ. (לְגַרגֵר) to gargle
גֵירֵד פ״י (לְגָרֵד) to scrape; scratch; itch
גֵירָה פ״י (לְגָרוֹת) excite (sexually); irritate; stimulate
גֵירוּד ז. scratching; scraping; itch
גֵירוּי ז. irritation; stimulus; titillation
גֵירוּשׁ ז. expulsion; deportation
גֵירוּשִׁין ז״ר divorce
גִירסָה נ. (גִירסָאוֹת) version
גֵירָעוֹן ז. deficit; shortage

ג

to rake — גֵירֵף פ״י (לְגָרֵף)
giraffe — גִ׳ירָף ז. גִ׳ירָפָה נ.
to grate (vegetables, cheese) — גֵירֵר פ״י (לְגָרֵר)
drive away; expel; deport; divorce — גֵירֵשׁ פ״י (לְגָרֵשׁ)
access; approach; attitude — גִישָׁה נ.
bridging — גִישׁוּר ז.
to bridge — גִישֵׁר פ״י (לְגַשֵׁר)
bridge the gap — – גִישֵׁר עַל הַפַּעַר
to grope, feel your way — גִישֵׁשׁ פ״י (לְגַשֵׁשׁ)
wave — גַל ז. (גַלִים; גַלֵי־)
detector — גַלַאי ז.
lie-detector — – גַלַאי שֶׁקֶר
rolling; turning around — גִלגוּל ז.
roller-skates — גַלגִילִיוֹת נ״ר
to roll; shift (blame) — גִלגֵל פ״י (לְגַלגֵל)
wheel — גַלגַל ז. (גַלגַלִים; גַלגַלֵי־)
the Zodiac — – גַלגַל־הַמַזָלוֹת
life preserver/buoy — – גַלגַל־הַצָלָה
skateboard — גַלגֶשֶׁת נ.
globe — גְלוֹבּוּס ז.
open, uncovered; frankly — גָלוּי ת.
postcard — גְלוּיָה נ. (גְלוּיוֹת)
openly; frankly — גְלוּיוֹת תה״פ
pill — גְלוּלָה נ.
exile — גָלוּת נ. (גָלוּיוֹת)
the (Jewish) Diaspora — – הַגָלוּת
Ingathering of the Exiles — – קִיבּוּץ גָלוּיוֹת
ice-cream — גְלִידָה נ.
sheet (of paper); issue (of newspaper) — גִלָיוֹן ז. (גִילְיוֹנוֹת)
roll; cylinder — גָלִיל ז. (גְלִילִים)
the Galilee — – הַגָלִיל
cloak, robe — גְלִימָה נ.
skiing; surfing — גְלִישָׁה נ.
raw material — גֶלֶם: חוֹמֶר־גֶלֶם
lonely, solitary — גַלמוּד ת.
monument — גַלעֵד ז.
stone (in fruit), pit — גַלעִין ז.
galaxy — גָלַקסיָה נ.
(art) gallery — גָלֶריָה נ.

spill over; boil over; overflow; slide down; ski; surf — גָלַשׁ פ״ע (לִגלוֹשׁ)
hang-glider — גלשון (אֲוִויר) ז.
surfer; skier — גַלשָׁן ז.
surfboard — – גַלשַׁן־גַלִים
sailboard; windsurfer — – גַלשַׁן־רוּחַ
gliding; surfing; skiing — גַלשָׁנוּת נ.
surfing — – גַלשָׁנוּת־גַלִים
also; too — גַם מ״ח
both... and... — – גַם... וְגַם...
even if — – גַם אִם
also, too, as well — – גַם־כֵּן
red sweet pepper — גַמבָּה, גַמבּוֹ ז.
jamboree — גֶ׳מבּוֹרִי ז.
stammer, stutter — גִמגוּם ז.
to stammer, stutter — גִמגֵם פ״ע (לְגַמגֵם)
dwarf, midget — גַמָד ז.
reward, payment — גְמוּל ז.
as he deserves; in kind — – כִּגמוּלוֹ
complete; finished — גָמוּר ת.
weaning, withdrawal — גְמִילָה נ.
(giving) charity — גְמִילוּת: גְמִילוּת חֲסָדִים
end; completion; finishing — גְמִירָה נ.
flexible; elastic — גָמִישׁ ת.
flexibility; elasticity — גְמִישׁוּת נ.
reward, repay — גָמַל פ״י (לִגמוֹל ל־)
camel — גָמָל ז. (גְמַלִים)
pension — גִמלָאוֹת נ״ר
retire (on pension) — – יָצָא לְגִמלָאוֹת
pensioner — גִמלַאי ז.
to drink, swallow, gulp — גָמַע פ״י (לִגמוֹעַ)
to finish; end (up); come (sex) — גָמַר פ״י (לִגמוֹר)
finish; end; final(s) — גְמָר, גֶמֶר ז.
final examinations — – בְּחִינוֹת־גְמָר
final (game); cup final — – מִשׂחַק־גְמָר
graduation certificate — – תְעוּדַת־גְמָר
Gemara (part of the Talmud) — גְמָרָא נ.
garden; kindergarten — גַן ז. (גַנִים; גַנֵי־)
compulsory kindergarten — – גַן־חוֹבָה
zoo — – גַן־חַיוֹת
kindergarten — – גַן־יְלָדִים

– גַּן־עֵדֶן	the Garden of Eden; paradise
– גַּן־צִיבּוּרִי	park; public gardens
– גַּן־שַׁעֲשׁוּעִים	amusement park
גֵּן ז. (גֶּנִים)	gene
ג״נ = גְּבֶרֶת נִכְבָּדָה	Dear Madam
גְּנַאי: כִּינּוּי גְּנַאי	term of abuse
– קְרִיאוֹת גְּנַאי	name-calling, insults
גָּנַב פ״י (לִגְנוֹב)	to steal
גַּנָּב ז.	thief
גְּנֵבָה ר׳ גְּנֵיבָה	
גַּנְגְּסְטֶר ז.	gangster
גָּנוּב ת.	stolen; screwed-up
גַּנּוֹן ז.	nursery school
גְּנוּת: דִּיבֵּר בִּגְנוּת־	speak ill of
גָּנַז פ״י (לִגְנוֹז)	shelve; file away
גַּנְזַךְ ז.	archives
גָּנַח פ״ע (לִגְנוֹחַ)	to groan
גֶּנֶטִי ת.	genetic
גֶ׳נְטֶלְמֶן ז.	gentleman
גְּנֵיבָה נ.	theft, stealing; larceny
גְּנִיזָה נ.	shelving; filing away
גְּנִיחָה נ.	groaning; groan
גֶּנִיקוֹלוֹג ז.	gynecologist
גַּנָּן ז.	gardener
גַּנָּנוּת נ.	gardening
גַּנֶּנֶת נ. (גַּנָּנוֹת)	kindergarten teacher; (woman) gardener
גֶּנֶרָטוֹר ז.	generator
גֶּנֶרָל ז.	general
גַּס ת. (גַּסָּה)	rude; rough; obscene
– גַּס־רוּחַ	rude
– מִלָּה גַּסָּה	dirty word
גַּסּוּת נ.	rudeness
– בְּגַסּוּת	rudely
– גַּסּוּת־רוּחַ	rudeness
גְּסִיסָה נ.	dying
גָּסַס פ״ע (לִגְסוֹס)	be dying
גַּע (ר׳ נָגַע)	touch
גַּעְגּוּעִים ז״ר	longing
גָּעַר פ״י (לִגְעוֹר בּ־)	to scold
גְּעָרָה נ.	rebuke, reproof
גָּעַשׁ פ״ע (לִגְעוֹשׁ)	to rage
גַּף זו״נ (גַּפַּיִים)	limb; wing
גֶּפֶן נ. (גְּפָנִים)	vine
גַּפְרוּר ז.	match, matchstick
גֵּר ז.	a convert to Judaism
גָּר פ״ע (לָגוּר)	to live, dwell
גֶּרֶב ז. (גַּרְבַּיִים; גַּרְבֵּי־)	sock, stocking
גָּרַב פ״י (לִגְרוֹב)	wear, put on (socks)
גַּרְבּוֹנִים ז״ר	stockings
גַּרְבֵּי־מִכְנָס ז״ר	pantyhose; tights
גַּרְגִּיר ז.	grain; berry; speck
גֵּרֵד פ״י (לְגָרֵד)	to scratch; scrape; itch
גֶּרֶד ז.	itch
גַּרְדּוֹם ז.	gallows
גֵּרוּד ז.	scratching, scraping, itch
גְּרוּזִינִי תו״ז	Georgian
גְּרוּטָה, גְּרוּטָאָה נ. (גְּרוּטָאוֹת)	junk; scrap iron
גְּרוֹטֶסְקִי ת.	grotesque
גֵּרוּי ז. ר׳ גֵּירוּי	
גָּרוֹן ז. (גְּרוֹנוֹת)	throat
גָּרוּעַ ת. (גְּרוּעָה; גְּרוּעִים)	(very) bad
גְּרוּשׁ ז.	coin of little value
גֵּרוּשׁ ז.	expulsion; deportation
גָּרוּשׁ תו״ז	divorced man; divorcé
גְּרוּשָׁה תו״נ	divorced woman; divorcée
גֵּרוּשִׁין ז״ר	divorce
גָּרָז׳ ז.	garage, (car repair) shop
גַּרְזֶן ז. (גַּרְזִינִים)	axe, ax
גֶּרִיאַטְרִי ת.	geriatric
גְּרֵידָא תה״פ	merely
גְּרִיז ז.	grease
גְּרִיל ז.	grill; grilled meat
גֶ׳רִיקָן נ.	jerrycan
גְּרִירָה נ.	towing; dragging
גָּרַם פ״י (לִגְרוֹם ל־)	to cause; bring about
גְּרַם ז.	gram
גֶּרְמָנִי תו״ז	German
גֶּרְמַנְיָה נ.	Germany
גֶּרְמָנִית נ.	German (language)
גְּרַנְדְּיוֹזִי ת.	grandiose
גָּרַס פ״י (לִגְרוֹס)	to shred; hold the view (that)
גִּרְסָה נ.	version

גֵרָעוֹן ז.	deficit; shortage
גַרְעִין ז.	stone (of fruit), pip; nucleus
– גַרְעִינִים	seeds
– גַרְעִינִים לְבָנִים	pumpkin seeds
– גַרְעִינִים שְׁחוֹרִים	sunflower seeds
גַרְעִינִי ת.	nuclear
– נֶשֶׁק גַרְעִינִי	nuclear weapons
גָרַף פ״י (לִגרוֹף)	sweep (away); rake in
גְרָף ז. (גְרָפִים)	graph
גְרָפוֹלוֹג ז. גְרָפוֹלוֹגִית נ.	graphologist
גְרָפוֹלוֹגְיָה נ.	graphology
גְרָפִי ת.	graphic
גְרָפִיקַאי ז.	graphic artist
גְרָפִיקָה נ.	graphics; graphic art
גָרַר פ״י (לִגרוֹר)	to tow; drag; lead to
גְרָר ז.	tow truck
– (מְכוֹנִית)־גְרָר	tow truck; towing-vehicle
גֵרֵשׁ פ״י (לְגָרֵשׁ)	expel; deport; drive away; divorce
גָשׁוּם ת.	rainy; wet (weather)
גֶשֶׁם ז. (גְשָׁמִים; גִשְׁמֵי־)	rain
– גֶשֶׁם שוֹטֵף	pouring rain
גַשְׁמִי ת.	worldly, earthly
גֶשֶׁר ז. (גְשָׁרִים; גִשְׁרֵי־)	bridge
גַשָּׁשׁ ז.	tracker

ד

ד *dalet* (fourth letter of Hebrew alphabet); (the) fourth; four
– יום ד׳ Wednesday
דָאַג פ״ע (לִדאוֹג) to worry, be concerned
– דָאַג ל־ worry about; take care of
דְאָגָה נ. (דְאָגוֹת) worry, concern
– בִּדאָגָה anxiously
דֶאוֹדוֹרַנט ז. deodorant
דָאוֹן ז. glider (airplane)
דְאִיָיה, דְאִיָה נ. gliding (through air)
דָבוּק ת. attached; glued
דַבּוּר ז. hornet
דְבוֹרָה נ. (דְבוֹרִים) bee
דֶבִּילִי ת. idiotic
דָבִיק ת. sticky, gluey
דָבַק פ״ע (לִדבּוֹק) to stick; cling (to)
דֶבֶק ז. glue
דְבֵקוּת נ. devotion
– בִּדבֵקוּת devotedly
– דְבֵקוּת בַּמַטָרָה tenacity of purpose
דָבָר ז. (דְבָרִים; דִברֵי־) thing; something, anything; word, matter
– דָבָר וְהִיפּוּכוֹ contradiction (in terms)
– דְבָרִים כְּדוֹרבָנוֹת forthright words
– לַאֲמִיתוֹ שֶל דָבָר as a matter of fact
– לְדִברֵי־ according to
– עַל־לֹא־דָבָר! Don't mention it!; You're welcome!
דֶבֶר ז. plague (disease)
דְבַש ז. (דִבשוֹ) honey
דַבֶּשֶת נ. (דַבָּשוֹת) hump (of a camel)
דָג פ״י (לָדוּג) to fish
דָג ז. (דָגִים; דְגֵי־) fish
– דַג־זָהָב goldfish
– דָג מָלוּחַ herring
– מַזַל דָגִים Pisces
דִגדֵג פ״י (לְדַגדֵג) to tickle
דַגדְגָן ז. clitoris
דִגדוּג ז. tickling; tickle
דָגוּל ת. distinguished, eminent
דְגִימָה נ. sample; sampling
דְגִירָה נ. incubation (of eggs, virus)
דֶגֶל ז. (דְגָלִים; דִגלֵי־) flag
דָגַל פ״י (לִדגוֹל בּ־) believe in, subscribe to
דִגלוֹן ז. small flag
דְגָם, דֶגֶם ז. (דְגָמִים; דִגמֵי־) pattern; sample; model
דִגמֵן פ. (לְדַגמֵן) to model
דָגָן ז. (דְגָנִים) cereal, corn, grain
דָגַר פ״ע (לִדגוֹר עַל) sit on her eggs; swot at, grind, cram
דָגֵש ז. emphasis, stress
דָהָה פ״ע (לִדהוֹת) fade
דָהוּי ת. faded
דְהַיינוּ, דְהַינוּ תה״פ that is to say, i.e.
דְהִירָה נ. gallop
דָהַר פ״ע (לִדהוֹר) to gallop
דוּ־ two; bi-; double; dual
– דוּ־לְשוֹנִי bilingual
– דוּ־מַשמָעִי ambiguous
– דוּ־סִטרִי two-way
– דוּ־פַּרצוּפִי two-faced
– דוּ־צְדָדִי bilateral; two-sided
– דוּ־קִיוּם co-existence
– דוּ־קְרָב duel
– דוּ־שִׂיחַ dialogue
– דוּ־תַכלִיתִי dual-purpose
דוֹאֵל ז. e-mail
דוֹאַר ז. mail, post
– (סְנִיף) דוֹאַר post office
– דוֹאַר אֲווִיר air-mail
– דוֹאַר אֶלֶקטרוֹנִי e-mail
– דוֹאַר רָשוּם registered mail/post
– תֵיבַת־דוֹאַר mailbox, postbox
– תָא־דוֹאַר P.O. Box
דוֹב ז. (דוּבִּים) bear (animal)
דוֹבֵב פ״י make him talk
דוּבדְבָן ז. cherry; cherry-tree
דוּבִּי ז. teddy-bear
דוֹבֵר ז. speaker; spokesman
דוֹבֶּרמַן ז. doberman

ד

דוּגמָא, דוּגמָה נ. example; sample

– לְדוּגמָה for example

דוּגמִית נ. sample (of perfume, etc.)

דוּגמָן ז. (male) model (fashion, etc.)

דוּגמָנוּת נ. modelling

דוּגמָנִית נ. (דוּגמָנִיוֹת) (female) model

דוּגרִי תה"פ frank, straight

דוֹגֶרֶת נ. sitting hen

דוּד ז. (דְוּדִים; דוּדֵי־) boiler

– דוּד־שֶׁמֶשׁ sun boiler, solar heater

דוֹד ז. (דוֹדִים) uncle

דוֹדָה נ. (דוֹדוֹת) aunt

דוֹדָן ז. cousin (male)

דוֹדָנִית נ. (דוֹדָנִיוֹת) cousin (female)

דוֹהֵר ת. (דוֹהֶרֶת) galloping

דַווקָא תה"פ exactly so, precisely; just; actually; of all...

דַוָור ז. mailman, postman

דַוושָׁה נ. pedal

– דַוושַׁת הַדֶלֶק accelerator

דוּחַ, דוּ"חַ ז. (דוּחוֹת) report; ticket (for speeding, etc.)

דוֹחֶה ת. repulsive; repellent

דוֹחַק ז. crowding, crush

– בְּדוֹחַק with difficulty; only just; (living) in penury/need

דוֹחֵק ת. pressing, urging

דוּכִיפַת נ. hoopoe

דוּכָן ז. dais, platform; counter

דוּכָּס ז. duke

דוּכָּסִית נ. duchess

דוֹלפִין ז. dolphin

דוֹלָר ז. dollar

דוֹם תה"פ

– עֲמוֹד דוֹם! Attention! (military)

דוֹמֶה ת. (דוֹמָה; דוֹמִים; דוֹמוֹת) looks like; like; similar, alike

– דוֹמֶה שֶׁ־ it seems that

– וְכַדוֹמֶה and so on; etc.

דוּמִייָה נ. silence

דוֹמִינוֹ ז. domino

דוֹמִינַנטִי ת. dominant

דוֹם־לֵב ז. cardiac arrest

דוּמָם תה"פ in silence; silent

דוֹמֵם ת. (דוֹמֶמֶת) inanimate; still; silent

דוֹנַג ז. wax

דוֹן־ז'וּאַן Don Juan

דוּנָם ז. dunam (land measure – 1,000 sq. meters)

דוֹן־קִישוֹטִי quixotic

דוֹפִי ז. blemish, fault, flaw

– לְלֹא דוֹפִי flawless

דוֹפֶן זו"נ (דְפָנוֹת) wall; side (of a ship, a cube, etc.)

– יוֹצֵא דוֹפֶן extraordinary, unusual

דוֹפֶק ז. pulse

דוֹקוּמֶנטָרִי ת. documentary

דוֹקטוֹר ז. doctor (M.D.); PhD

דוֹקטרִינָה נ. doctrine

דוּקָרָב ז. duel

דוֹקרָנִי ת. barbed; prickly

דוֹר ז. (דוֹרוֹת) generation

דוֹרבָן ז. (דוֹרבָנוֹת) spur

דוֹרוֹן ז. gift, present

דוֹרסָנִי ת. ruthless; crushing

דוּשִׂיחַ ז. dialogue

דָחָה פ"י (לִדחוֹת) postpone; reject; refuse; put (someone) off

דָחוּי ת. delayed; postponed; rejected

– צֵ'יק [שֶק] דָחוּי postdated check

דָחוּס ת. crowded; compressed

דָחוּף ת. urgent

דָחוּק ת. far-fetched; feeble (excuse); slim (victory)

דְחִי: מִדְחִי אֶל דֶחִי from bad to worse

דְחִיָיה נ. postponement; rejection

דְחִיפָה נ. push

דְחִיפוּת נ. urgency

– בִּדחִיפוּת urgently

דַחלִיל ז. scarecrow

דָחַס פ"י (לִדחוֹס) cram; pack tight

דָחַף פ"י (לִדחוֹף) push

– דָחַף אֶת הָאַף stick his nose (into...)

דַחַף ז. (דְחָפִים) impulse, urge, drive

דַחפּוֹר ז. bulldozer

דָחַק פ"י (לִדחוֹק) to press, urge

– דָחַק אֶת רַגְלָיו squeeze someone out of
דְחָק, דַחַק ז. stress; pressure
דַי ז; תה״פ (דֵי־; דַיֵינִי; דַיוֹ; דַיָה; דַיֵינוּ)
enough; sufficient, quite
– דַי וְהוֹתֵר more than enough, ample
– יוֹתֵר מִדַי too much; too many
דִיאַגְרָמָה נ. diagram
דֵיאוֹדוֹרַנְט ז. deodorant
דִיאֶטָה נ. diet
– לַעֲשׂוֹת דִיאֶטָה go on a diet
דִיאֶטֶטִי ת. dietetic
דִיאָלוֹג ז. dialogue
דִיאָלִיזָה ז. dialysis
דִיבָּה נ. libel
דִיבּוּב ז. dubbing
דִיבּוּק ז. obsession; *dybbuk*
דִיבּוּר ז. speaking; speech
דִיבִידֶנְד ז. dividend
דִיבִיזְיָה נ. division (military)
דִיבֵּר פ״י (לְדַבֵּר) speak, talk
דִיבֵּר ז. (דִיבְּרוֹת) commandment
– עֲשֶׂרֶת הַדִיבְּרוֹת the Ten Commandments
דַיָג ז. fisherman
דַיִג ז. fishing
דִיגְדֵג פ״י (לְדַגְדֵג) to tickle
דִיגְדוּג ז. tickle; tickling
דִיגִיטָלִי ת. digital
דִיגְלוֹן ז. small flag
דְיוֹ זו״נ ink
דִיוֵוחַ, דִיוּוַח פ. (לְדַוֵוחַ) to report
דִיוּוּחַ ז. (דִיוּוּחִים) report, account
דִיווִידֶנְד ז. dividend
דִיוּור ז. mailing
דִיוּן ז. discussion
דְיוּנָה נ. dune
דִיוּק ז. precision; accuracy
– בְּדִיוּק exactly, precisely
דְיוֹקָן ז. (דְיוֹקְנָאוֹת) portrait; image
דִיוּר ז. housing; accommodation
דִיחוּי ז. delay; postponement
– לְלֹא דִיחוּי without delay

דַיָיג ז. fisherman
דַיָיל ז. steward, flight attendant
דַיֶילֶת נ. stewardess, flight attendant, air hostess
דַיָין ז. judge (under Jewish law)
דַייסָה נ. oatmeal, porridge
דִייֵק פ״ע (לְדַייֵק) be precise/accurate; be punctual
דַייקָן ז. דַייקָנִית נ. punctual person
דַייקָנוּת נ. accuracy; punctuality
– בְּדַייקָנוּת accurately, with precision
דַיָיר ז. דַיֶירֶת נ. tenant; lodger
דִיכָּא פ״י (לְדַכֵּא) put down, crush; depress
דִיכָּאוֹן ז. depression
דִיכדוּךְ ז. dejection, despondency
דִיכּוּי ז. oppression; crushing
דִילֵג פ״י (לְדַלֵג עַל) to skip; jump over
דִילדוּל ז. depletion
דִילוּג ז. skipping; jumping over; skip
דִילוּל ז. thinning (out); dilution
דִילֵל פ״י (לְדַלֵל) to thin out; dilute
דִילֶמָה ז. dilemma
דִימָה פ״י (לְדַמוֹת) to fancy, imagine
דִימוּי ז. (דִימוּיִים) image
דִימוּם ז. bleeding
דִימֵם פ״ע (לְדַמֵם) bleed
דִין ז. law; sentence; judgment
– בֵּית־דִין court of law
– דִין וְחֶשְׁבּוֹן report; account
– לָתֵת אֶת הַדִין pay for it (*figurative*)
דִינוֹזָאוּר ז. dinosaur
דִינָמוֹ ז. dynamo
דִינָמִי ת. dynamic
דִיסלֶקסְיָה נ. dyslexia
דִיסק ז. disk, disc
דִיסקוֹטֶק ז. discotheque
דִיסקֶט ז. diskette, floppy disk
דִיסקִית נ. (small) disc; dog tag
דֵיעָה נ. (דַעַת־; דֵיעוֹת) opinion
– דֵיעָה צְלוּלָה sound mind
– דֵיעָה קְדוּמָה prejudice
דִיפדוּף ז. leafing through; browsing

דִיפדֵף פ״י (לְדַפדֵף בּ־) leaf through; browse
דִיפלוֹמָט ז. diplomat
דִיצָה נ. joy
דִיקדוּק ז. grammar
דִיקדֵק פ״י (לְדַקדֵק) be meticulous; be strict (about details)
דִיקט ז. plywood
דִיקטָטוֹר ז. dictator
דִיקטָטוּרָה נ. dictatorship
דִיקטָטוֹרִי ת. dictatorial
דִיקלוּם ז. recitation
דִיקלֵם פ״י (לְדַקלֵם) recite
דִיר ז. (sheep-/pig-) pen; sty
דִירבֵּן פ״י (לְדַרבֵּן) to urge, spur
דֵירֵג פ״י (לְדָרֵג) to grade, rate
דִירדֵר פ״י (לְדַרדֵר) roll (something) down; cause to deteriorate
דִירָה נ. apartment, flat
דֵירוּג ז. grading, rating
דִירֶקטוֹריוֹן ז. board of directors
דִישדֵש פ״ע (לְדַשדֵש) not make progress, tread water
דִישֵן פ״י (לְדַשֵן) fertilize
דִכדוּך ז. despondency, dejection
דַל ת. poor; slight
– דַל־שוּמָן low-fat
דָלוּק ת. lit; (turned) on
דַלוּת נ. poverty
דְלִי ז. (דְלָיִים) bucket, pail
– מַזַל דְלִי Aquarius
דָלִיל ת. thin (hair, soup, etc.)
דְלִיפָה נ. dripping; leak
דָלִיק ת. (in)flammable
דְלֵיקָה נ. fire
דְלַעַת נ. (דְלוּעִים) pumpkin; gourd
דָלַף פ״ע (לִדלוֹף) to leak; drip
דֶלפֵּק, דַלפָּק ז. counter (in shops, etc.); desk
דָלַק פ״ע (לִדלוֹק) be alight; burn; be on (light, etc.)
דָלַק פ״י (לִדלוֹק אַחֲרֵי־) run after, chase
דֶלֶק ז. fuel; gas(oline), petrol
דְלֵקָה נ. fire

דַלֶקֶת נ. inflammation
– דַלֶקֶת רֵיאוֹת pneumonia
דֶלֶת נ. (דַלתוֹ ; דְלָתוֹת) door
דָלֶת נ. *dalet* (4th letter of Hebrew alphabet)
דְלָתַיִים נ״ר double-doors
– בִּדלָתַיִים סְגוּרוֹת behind closed doors
דָם ז. (דַם־ ; דָמִים ; דְמֵי־) blood
– נִקמַת־דָם blood vengeance
– קִרבַת־דָם blood relationship
דֶמָגוֹגִי ת. demagogical
דִמדוּמִים ז״ר twilight
– דִמדוּמֵי־עֶרֶב twilight, dusk
דָמָה פ״ע (לִדמוֹת ל־) be like, resemble
דֶמוֹגרָפִי ת. demographic
דָמוּי ת. (דְמוּי־) in the form of, like, imitation-
דֶמוֹקרָטִי ת. democratic
דֶמוֹקרַטיָה נ. democracy
דְמוּת נ. (דְמוּיוֹת) figure; shape; image; character (in stories)
דְמֵי ר׳ דָמִים
דִמיוֹן ז. (דִמיוֹנוֹת) imagination; likeness, resemblance, similarity
דִמיוֹנִי ת. imaginary; fantastic
דִמיֵין פ. (לְדַמיֵין) imagine; fancy
דָמִים ז״ר (דְמֵי־) money; blood
– דְמֵי חָבֵר membership fee
– דְמֵי־טִרחָה fee (for legal advice)
– דְמֵי־כִּיס allowance, pocket money
– דְמֵי־כְּנִיסָה entrance fee
דְמָמָה נ. silence, stillness
– דִממַת־מָוֶות deathly silence
דִמעָה נ. (דְמָעוֹת) tear, tear-drop
– דִמעוֹת־תַנִין crocodile tears
דַמקָה נ. checkers, draughts
דָן פ״י (לָדוּן) to judge, sentence, condemn
– דָן בּ־ discuss; consider
דָנִי תו״ז Danish; Dane
דַנִיָה, דֶנמַרק נ. Denmark
דָנִית נ. Danish (language)

דִסקִית נ. (דִסקִיוֹת) small disc, dog tag
דַע ר׳ יָדַע
דֵעָה ר׳ דֵיעָה
דָעַך פ״ע (לִדעוֹך) die away, subside, wane
דַעַת נ. (דַעתוֹ) mind; opinion; knowledge
– לְשַנוֹת אֶת דַעתךָ change your mind
– לְפִי דַעתִי, לְדַעתִי in my opinion
– מִתקַבֵּל עַל הַדַעַת acceptable; reasonable
– עָלָה בְּדַעתוֹ cross one's mind
דַף ז. (דַפִּים) page; sheet of paper
– פָּתַח דַף חָדָש turn over a new leaf
דִפדוּף ז. paging (through)
דִפדֵף פ״י (לְדַפדֵף בּ־) to page through
דַפדְפָן ז. browser
דַפדֶפֶת נ. loose-leaf binder
דְפוּס ז. printing press; print; pattern
– אוֹתִיוֹת דְפוּס block letters
דַפֵּי־, דַפִּים ר׳ דַף
דְפִיקָה נ. knock; dent
– דְפִיקוֹת־לֵב heartbeats
דַפנָה נ. laurel (tree); bay (leaves)
דָפַק פ. (לִדפּוֹק) to knock; dent; go smoothly; fuck
– דָפַק עַל הַשוּלחָן bang on the table
דֶצֶמבֶּר ז. December
דַק ת. thin; fine (very small)
דִקדוּק ז. grammar
דַקדְקָנִי ת. meticulous
דַקָה נ. minute
דַקוּיוֹת נ״ר niceties, subtleties; intricacies
דַקִיק ת. very fine, very thin
דְקִירָה נ. stabbing; stab, prick
דֶקֶל ז. (דְקָלִים) palm-tree
דִקלוּם ז. recitation
דִקלֵם פ״י (לְדַקלֵם) recite
דָקַר פ״י (לִדקוֹר) to stab
ד״ר = דוֹקטוֹר Dr.
דִרבּוּן ז. urging on
דֶרבִּי ז. local derby (match)
דִרבֵּן פ״י (לְדַרבֵּן) to urge, spur
דֵרֵג פ״י (לְדָרֵג) to grade, rate
דֶרֶג ז. (דְרָגִים) level, echelon; grade
דַרגָה נ. (דְרָגוֹת) rank; grade, degree
דַרגָש ז. couch, bunk
דַרדַר ז. thistle; thorn
דֵרוּג ז. grading; rating
דְרוּזִי תו״ז Druse, Druze
דָרוּך ת. alert, on your toes; cocked (gun)
דָרוֹם ז. South
דְרוֹם־אַפרִיקָה נ. South Africa
דְרוֹמִי ת. southern, southerly
דְרוֹר ז. freedom, liberty; sparrow
דָרוּש ת. (דְרוּשָה; דְרוּשִים) required; requested
דְרִיכוּת נ. suspense, tense alertness
דְרִיסַת־רֶגֶל נ. foothold, entrée
דְרִישָה נ. need; demand; request
– דְרִישַת־שָלוֹם greetings, regards
דָרַך פ. (לִדרוֹך) to tread, step (on)
– דָרַך בְּמָקוֹם mark time, tread water
דֶרֶך זו״נ (דַרכּוֹ; דְרָכִים; דַרכֵי־) way; road
– דֶרֶך־ through
– דֶרֶך־אַגַב by the way, incidentally
דַרכּוֹן ז. passport
דְרָמָה נ. drama; play
דְרָמָתִי ת. dramatic
דָרַס פ״י (לִדרוֹס) to run over
דְרַסטִי ת. drastic
דְרָקוֹן ז. dragon
דְרָקוֹנִי ת. draconian
דָרַש פ״י (לִדרוֹש) to demand; require
דְרָשָה נ. sermon; homily
דָש פ״י (לָדוּש) thresh
דָש פ״י (לָדוּש בּ־) have been through (this)
דַש ז. lapel
ד״ש = דְרִישַת שָלוֹם regards
דֶשֶא ז. grass, lawn, turf
דֶשֶן ז. fertilizer, manure
דָת נ. (דָתוֹת) religion, faith
דָתִי תו״ז (דָתִיִים) religious

ה

ה — *hey* (fifth letter of Hebrew alphabet); five; 5th
- יוֹם ה׳ — Thursday
ה׳ = יהוה — God; the Lord
הֵא נ. — *hey* (5th letter of Hebrew alphabet)
- הֵא הַיְדִיעָה — definite article
הֶאָבְקוּת נ. — wrestling
הֶאְדִים פ. (לְהַאְדִים) — redden, become red
הֶאֱזִין פ״ע (לְהַאֲזִין) — listen
הַאֲזָנָה נ. — listening
- הַאֲזָנַת־סֵתֶר — secret listening-in; tapping
הֵאָחֲזוּת נ. — settling; settlement (of people)
הֵאֵט פ. (לְהָאֵט) — to slow; slow down
הָאָטָה נ. — slowing down, slowdown
הֵאִיץ פ״י (לְהָאִיץ ב־) — accelerate; hurry; urge (on)
הֵאִיר פ. (לְהָאִיר) — light up; shine
הֶאֱכִיל פ״י (לְהַאֲכִיל) — to feed
הַאֲכָלָה נ. — feeding
הֶאֱמִין פ״ע (לְהַאֲמִין) — believe
הֶאֱמִיר פ״ע (לְהַאֲמִיר) — soar (prices)
הֶאֱפִיל פ. (לְהַאֲפִיל) — darken
- הֶאֱפִיל עַל־ — overshadow
הֶאֱפִיר פ. (לְהַאֲפִיר) — turn gray/grey
הַאֲפָלָה נ. — black-out
הָאָצָה נ. — acceleration, speed-up
הֶאֱצִיל פ״י (לְהַאֲצִיל) — delegate (authority)
הַאֲרָחָה נ. — accommodation; hospitality, entertaining (guests)
- בֵּית הַאֲרָחָה — guest-house
הֶאֱרִיךְ פ״י (לְהַאֲרִיךְ) — lengthen; extend
- הֶאֱרִיךְ יָמִים — live long
הַאֲרָכָה נ. — lengthening; extension
הֶאֱשִׁים פ״י (לְהַאֲשִׁים) (ב־) — accuse (of); blame (for); charge (with)
הַאֲשָׁמָה נ. — accusation, charge
הִבְדִּיל פ״י (לְהַבְדִּיל) — distinguish
הֶבְדֵּל ז. — difference; distinction
הַבְדָּלָה נ. — separation, distinction; *havdala* (prayer at end of Sabbath)
הָבָה מ״ק — Let us
הִבְהֵב פ״ע (לְהַבְהֵב) — to flicker; flash
הִבְהוּב ז. — flicker(ing), flash
הִבְהִיל פ״י (לְהַבְהִיל) — to alarm, frighten
הִבְהִיר פ״י (לְהַבְהִיר) — clarify
הַבְהָרָה נ. — clarification
הִבְזִיק פ״ע (לְהַבְזִיק) — to flash
הֶבְזֵק ז. — flash
הִבְחִין פ״י (לְהַבְחִין ב־) — notice, observe
- הִבְחִין בֵּין... ל־ — distinguish between...and
הַבְחָנָה נ. — distinction
- לְלֹא הַבְחָנָה — indiscriminately
הֶבֵּט ז. — aspect
הַבְטָחָה נ. — promise; assurance
הִבְטִיחַ פ. (לְהַבְטִיחַ) — to promise; secure (your place); assure
הֵבִיא פ״י (לְהָבִיא) — bring; take (to)
- הֵבִיא בְּחֶשְׁבּוֹן — take into account
- הֵבִיא לִידֵי־ — bring about, lead to
הִבִּיט פ״ע (לְהַבִּיט) (ב־) — look (at); gaze
הֵבִיךְ פ״י (לְהָבִיךְ) — embarrass; baffle
הָבִיל ת. — muggy
הֵבִין פ. (לְהָבִין) — understand, realize
הֵבִיס פ״י (לְהָבִיס) — to defeat
הִבִּיעַ פ״י (לְהַבִּיעַ) — express
הֶבֶל ז. (הֲבָלִים) — nonsense
- בְּהֶבֶל פֶּה — just by talking
הַבְלָגָה נ. — restraint
הַבְלָטָה נ. — (giving) prominence; highlighting
הִבְלִיט פ״ע (לְהַבְלִיט) — bring out, give prominence to, highlight
הֲבָנָה נ. — understanding, comprehension
הַבָּעָה נ. — expression
הִבְעִיר פ״י (לְהַבְעִיר) — set fire to, burn
הִבְקִיעַ פ. (לְהַבְקִיעַ) — score (a goal)

הַבְרָאָה נ.	recovery
הֲבָרָה נ.	syllable
הַבְרָחָה נ.	smuggling
הִבְרִיא פ. (לְהַבְרִיא)	get well, recover
הִבְרִיג פ״י (לְהַבְרִיג)	to screw
הִבְרִיז פ״י (לְהַבְרִיז)	to cut (classes); stand someone up
הִבְרִיחַ פ״י (לְהַבְרִיחַ)	smuggle; chase away
הִבְרִיק פ. (לְהַבְרִיק)	to polish; shine
הִבְרִישׁ פ״י (לְהַבְרִישׁ)	to brush
הַבְרָקָה נ.	flash; polishing; brilliant idea
הַבְרָשָׁה נ.	brushing
הִבְשִׁיל פ. (לְהַבְשִׁיל)	ripen
הַבְשָׁלָה נ.	ripening
הָגָ״א ר״ת	Civil Defence
הִגְבִּיהַּ פ״י (לְהַגְבִּיהַּ)	to raise; lift up
הִגְבִּיל פ״י (לְהַגְבִּיל)	to limit, restrict
הִגְבִּיר פ״י (לְהַגְבִּיר)	increase
הַגְבָּלָה נ.	limitation, restriction
הַגָּדָה נ.	tale; saga; *Haggada*
הִגְדִּיל פ״י (לְהַגְדִּיל)	to increase
הִגְדִּיר פ״י (לְהַגְדִּיר)	define
הִגְדִּישׁ: הִגְדִּישׁ אֶת הַסְּאָה	go too far
הַגְדָּלָה נ.	increase; enlargement
הַגְדָּרָה נ.	definition
– הַגְדָּרָה עַצְמִית	self-determination
הָגָה פ״י (לַהֲגוֹת)	pronounce; utter; think of
הֶגֶה ז. (הֶגָאִים)	steering wheel
– לֹא הוֹצִיא הֶגֶה	not make a sound
הָגוּן ת. (הֲגוּנָה)	honest; decent
הִגְזִים פ״ע (לְהַגְזִים)	exaggerate
הַגְזָמָה נ.	exaggeration
הֵגִיב פ״ע (לְהָגִיב)	react; respond
הִגָּיוֹן ז.	logic, reason; sense
הֶגְיוֹנִי ת.	logical; reasonable
הֵגִיחַ פ״ע (לְהָגִיחַ)	emerge, appear suddenly
הֲגִינוּת נ.	decency; fairness
הִגִּיעַ פ״ע (לְהַגִּיעַ)	arrive, get to, reach
– הִגִּיעַ הַזְּמַן שֶׁ־	it's about time
– מַגִּיעַ לְךָ!	serves you right
הֵגִיף פ״י (לְהָגִיף)	to shut, close (windows, etc.)
הֲגִירָה נ.	emigration, migration
הִגִּישׁ פ״י (לְהַגִּישׁ)	hand in, submit; serve (food, tennis ball); file (a complaint, etc.)
הִגְלָה פ״י (לְהַגְלוֹת)	to exile, banish
הֵגֵן פ״י (לְהָגֵן עַל־)	defend; protect
הֲגַנָּה נ.	defense, defence; protection
– הֲגַנָּה עַצְמִית	self-defense
הִגְנִיב פ״ע (לְהַגְנִיב)	smuggle (in/out)
הֲגַנָּתִי ת.	defensive
הַגָּעָה נ.	arrival
הִגְעִיל פ״י (לְהַגְעִיל)	disgust
הִגְרִיל פ״י (לְהַגְרִיל)	draw lots, raffle
הַגְרָלָה נ.	raffle, lottery, draw
הַגָּשָׁה נ.	serving
הִגְשִׁים פ״י (לְהַגְשִׁים)	realize (dreams, etc.); fulfil
הַגְשָׁמָה נ.	realization; fulfilment
הֵד ז. (הֵדִים)	echo
הִדְאִיג פ״י (לְהַדְאִיג)	to worry, concern, cause anxiety
הִדְבִּיק פ״י (לְהַדְבִּיק)	to stick, glue; infect; catch up (with)
הַדְבָּקָה נ.	sticking; infecting
הַדְבָּרָה נ.	extermination (of pests); eradication
– חוֹמְרֵי הַדְבָּרָה	pesticides
הִדְגִּים פ״י (לְהַדְגִּים)	demonstrate, illustrate
הִדְגִּישׁ פ״י (לְהַדְגִּישׁ)	to stress; emphasize
הַדְגָּמָה נ.	demonstration
הַדְגָּשָׁה נ.	emphasis, stress; stressing
הֲדָדִי ת.	mutual
הֲדָדִיּוּת נ.	reciprocity
הִדְהִים פ״י (לְהַדְהִים)	amaze, astonish
הָדוּק ת.	tight
הָדוּר ת.	elegant
הֲדוּרִים: יִישֵּׁר אֶת הַהֲדוּרִים	iron out the differences
הֲדָחָה נ.	ouster, deposition; (dish) washing

ה

הִדחִיק פ״י (לְהַדחִיק) repress (feelings)
הַדחָקָה נ. repression
הֶדיוֹט ז. (הֶדיוֹטוֹת) layman
הֵדִיחַ פ״י (לְהָדִיחַ) to rinse, wash up; depose, oust, relieve (him of his post, command, etc.); suborn (witnesses)
הִדִיף פ״י (לְהַדִיף) to smell (of), give off (smell)
הִדלִיף פ״י (לְהַדלִיף) to leak (information)
הִדלִיק פ״י (לְהַדלִיק) to light; turn on
הַדלָפָה נ. leaking (information), leak
הַדלָקָה נ. lighting
הַדמָיָה נ. simulation; imaging
הֲדַס ז. myrtle
הָדַף פ״י (לַהֲדוֹף) push back; fend off
הֶדֶף ז. blast (explosion)
הִדפִּיס פ״י (לְהַדפִּיס) to print; type
הֶדפֵּס ז. print
הַדפָּסָה נ. printing; typing
הֶדֶק ז. trigger
הָדָר ז. citrus (fruit)
הַדרָגָה נ. gradualness
– בְּהַדרָגָה gradually
הַדרָגָתִי ת. gradual
הִדרִיךְ פ״י (לְהַדרִיךְ) to guide, direct, instruct
הַדרָכָה נ. guidance, instruction
הַדרָן ז. Encore!
הוּא מ״ג he; him; it
– הַהוּא that (one)
הוּאַט פ. be slowed down
הוֹאִיל: הוֹאִיל בְּטוּבוֹ be good enough to
– הוֹאִיל וְ־ since, seeing that
הוּאַר פ. be lit; be illuminated
הוּאֲרַךְ פ. (הוארכה; הוארכו) be lengthened; be extended
הוּבָא פ. be brought, be taken (to)
– הוּבָא לִמנוּחוֹת be laid to rest
הוּבהַל פ. be rushed (to hospital, etc.)
הוֹבִיל פ״י carry, transport; lead
הוֹבָלָה נ. transportation; leading

הוּבַן פ. (הובנה; הובנו) be understood
הוּבַס פ. be defeated
הוּברַח פ. be smuggled
הוּגבַּל פ. be limited, be restricted
הוּגדַר פ. be defined
הוֹגֶה־דֵעוֹת ז. (הוֹגֵי־) philosopher, thinker
הוֹגֵן ת. (הוֹגֶנֶת) fair, honest, just
הוּגַש פ. be presented; be submitted; be served
הוּגשַם פ. be realized; be accomplished
הוֹד ז. magnificence, glory
– הוד מַלכוּתוֹ His Majesty
– הוד מַעֲלָתוֹ His Excellency
– הוד רוממוּתוֹ His Eminence
הוֹדָאָה נ. admission, confession
הוּדגַש פ. be emphasized
הוֹדָה פ. (לְהוֹדוֹת לְ־, עַל) to thank (for); confess; admit; acknowledge
הוֹדוּ נ. India
הוֹדוֹת לְ־ thanks to
הוּדַח פ. be ousted, relieved (of his duties)
הוֹדִי תו״ז Indian
הוֹדִיעַ פ״י inform, notify; announce
– תוֹדִיעַ לִי let me know
הוּדלַק פ. be lit, be ignited
הוֹדָעָה נ. announcement; notice; message
– הוֹדָעָה לָעִיתוֹנוּת press release
– עַד לְהוֹדָעָה חֲדָשָׁה till further notice
הוּדפַּס פ. be printed
הוֹוֶה ז. the present (time)
הֲוַוי ז. way of life, cultural pattern
הֲוָיָה נ. existence; being
הוּזהַר פ. be warned
הוּזַז פ. be moved; be shifted
הוֹזִיל פ״י make cheaper; reduce (prices)
הוּזכַּר פ. be mentioned
הוּזַל פ. be reduced (in price)
הוֹזָלָה נ. reduction (in price)
הוּזמַן פ. be invited; be ordered

הוזנח פ. be neglected
הוזעק פ. be called urgently
הוזרם פ. be poured
הוחבא פ. be hidden away
הוחזק פ. be held, be kept
הוחזר פ. be returned
הוחלט פ. be decided
הוחלף פ. be exchanged; be changed
הוחש פ. be rushed (to hospital)
הוטס פ. be flown (by plane)
הוכה פ. be hit, be beaten
הוכח פ. be proved
הוכחה נ. proof, evidence
- הוכחה חותכת conclusive proof
הוכיח פ״י prove; reprove
הוכן פ. be prepared
הוכנס פ. be put in; be let in
הוכפל פ. be doubled; be multiplied
הוכר פ. be recognized; be approved; be acknowledged
הוכרז פ. be declared
הוכרח פ. be compelled
הוכרע פ. be decided
הוכש פ. be bitten (by a snake)
הוכשר פ. be made kosher; be trained
הוכתב פ. be dictated
הול ז. hall (of house)
הולבש פ. be dressed
הולדת נ. birth
- יום הולדת birthday
הולחן פ. be set to music
הוליד פ״י to father; give birth to
הולך־רגל ז. (הולכי־) pedestrian
הולם ת. (הולמת) appropriate; suitable; fit
הולנד נ. Holland; the Netherlands
הולנדי תו״ז Dutch; Dutchman
הולנדית נ. Dutch (language)
הומה ת. (הומה; הומים; הומות) bustling
- הומה אדם crowded
הומוגני ת. homogeneous
הומוסקסואל ז. homosexual
הומוסקסואליות homosexuality

הומור ז. humor, humour
- בהומור humorously
הומוריסטי ת. humoristic, humorous
הומלך פ. be made king
הומלץ פ. be recommended
הומניות נ. humaneness, humanity
הומניטרי ת. humanitarian
הומצא פ. be invented
הומת פ. be put to death, be killed
הומתק פ. be sweetened
הון ז. capital; a fortune
- הון חוזר working capital
- הון תועפות / עתק a fortune
הונאה נ. deceit; cheating; fraud
הונגרי ת. Hungarian
הונגריה נ. Hungary
הונגרית נ. Hungarian (language)
הונה פ״י (להונות) deceive, cheat
הונח פ. be put down, be laid
הוסבר פ. be explained
הוסגר פ. be extradited, be handed over
הוסדר פ. be arranged; be settled
הוסיף פ. add; increase
הוסכם פ. be agreed
הוסמך פ. be authorized
הוספה נ. addition; increase
הוסר פ. be removed
הוסרט פ. be filmed
הוסתר פ. be hidden
הועיל פ״ע be useful
- ללא הועיל to no avail
הוענק פ. be granted
הועסק פ. be employed
הופגז פ. be shelled, be bombarded
הופחת פ. be reduced/deducted
הופיע פ״ע appear
הופל פ. be brought down; be knocked down
הופלה פ. be discriminated
הופנה פ. be referred (to); be diverted
הופסק פ. be stopped; be interrupted
הופעה נ. appearance, show
הופץ פ. be distributed/spread

ה

instruct הוֹרָה פ״י (לְהוֹרוֹת)
horoscope הוֹרוֹסקוֹפּ ז.
be widened, be enlarged הוּרחַב פ.
be sent away; be removed הוּרחַק פ.
take down; reduce; remove; take off (clothes) הוֹרִיד פ״י
parents הוֹרִים ז״ר
hurricane הוּרִיקָן ז.
leave (money, etc.) (to) הוֹרִיש פ״י
hormone הוֹרמוֹן ז. (הוֹרמוֹנִים)
deteriorate; get worse הוּרַע פ.
be starved הוּרעַב פ.
be poisoned הוּרעַל פ.
be allowed הוּרשָה פ.
be convicted הוּרשַע פ.
be sworn in הוּשבַּע פ.
be stopped (work); be closed (by a strike) הוּשבַּת פ.
be destroyed; be disfigured הוּשחַת פ.
be achieved; be obtained הוּשַׂג פ.
to seat הוֹשִיב פ״י
stretch out, extend הוֹשִיט פ״י
save הוֹשִיעַ פ״י
be put to bed הוּשכַּב פ.
be hired or rented (out) הוּשכַּר פ.
be thrown (away, out) הוּשלַך פ.
be completed הוּשלַם פ.
be destroyed; be exterminated הוּשמַד פ.
be omitted, be left out הוּשמַט פ.
be suspended (as punishment) הוּשעָה פ.
be humiliated הוּשפַּל פ.
be influenced, be affected הוּשפַּע פ.
be invested הוּשקַע פ.
be transplanted; be planted (agent, etc.); be implanted הוּשתַל פ.
be adapted; be tailored (to the needs of) הוּתאַם פ.
leave, leave over הוֹתִיר פ״י
be installed; be fitted הוּתקַן פ.
be attacked הוּתקַף פ.
identify oneself הִזדַהָה פ״ע (לְהִזדַהוֹת)
identification (with) הִזדַהוּת נ.

be bombed הוּפצַץ פ.
be produced הוּפַק פ.
be broken (agreement, silence) הוּפַר פ.
be separated הוּפרַד פ.
be refuted הוּפרַך פ.
be defrosted הוּפשַר פ.
be surprised הוּפתַע פ.
be taken out הוּצָא פ.
taking out; expense; issue הוֹצָאָה נ.
execution (of criminals) – הוֹצָאָה לְהוֹרֵג
costs; expenses – הוֹצָאוֹת
publishing company – הוֹצָאַת סְפָרִים
be introduced; be presented; be displayed; be put on (stage) הוּצַג פ.
take out; remove; send out הוֹצִיא פ״י
publish – הוֹצִיא לאוֹר
execute (kill) – הוֹצִיא לְהוֹרֵג
be flooded הוּצַף פ.
be set alight, torched הוּצַת פ.
be brought forward (in time) הוּקדַם פ.
be dedicated הוּקדַש פ.
abracadabra הוֹקוּס-פּוֹקוּס ז.
hockey הוֹקִי ז.
denounce, condemn הוֹקִיעַ פ״י
appreciate הוֹקִיר פ״י
be recorded הוּקלַט פ.
be erected, be built הוּקַם פ.
be surrounded הוּקַף פ.
be frozen הוּקפָּא פ.
be allocated הוּקצַב פ.
esteem; recognition הוֹקָרָה נ.
in recognition of – לְאוֹת הוֹקָרָה
certificate of merit – תְעוּדַת הוֹקָרָה
be screened (film) הוּקרַן פ.
instruction; teaching הוֹרָאָה נ.
standing order – הוֹרָאַת קֶבַע
be felt הוּרגַש פ.
taking down; decrease; lowering הוֹרָדָה נ.
parent הוֹרֶה ז.
parents – הוֹרִים

הִזְדַּהֵם פ״ע become infected
הִזְדַּוֵּג פ״ע to mate
הִזְדַּווּגוּת נ. mating, copulation
הִזְדַּיֵּן פ״ע arm oneself; fuck
הִזְדַּמֵּן פ״ע come one's way, happen to (see, be, etc.)
– לֹא הִזְדַּמֵּן לִי ל־ I haven't had a chance to
הִזְדַּמְנוּת נ. opportunity, chance
הִזְדַּנֵּב פ״ע trail along, tag along
הִזְדַּעֲזֵעַ פ״ע be shocked/shaken
הִזְדַּקֵּן פ״ע get old, age
הִזְדַּקְנוּת נ. getting old, ageing
הִזְדַּקֵּף פ״ע stand/sit upright
הִזְדַּקֵּק פ״ע (לְהִזְדַּקֵּק ל־) need; have recourse to
הִזְדָּרֵז נ. hurry up
הִזְהִיר פ״י (לְהַזְהִיר) warn, caution
הֲזָזָה נ. moving (something)
הֲזָיָה נ. fantasy, hallucination
הֵזִיז פ״י (לְהָזִיז) move (something)
הֵזִין פ״ע (לְהָזִין) feed
הִזִּיעַ פ״ע (לְהַזִּיעַ) perspire, sweat
הִזִּיק פ״י (לְהַזִּיק ל־) to damage, harm
הִזְכִּיר פ״י (לְהַזְכִּיר) to mention; remind
הִזְמִין פ״י (לְהַזְמִין) to order; invite; book (a seat, etc.); call (a repairman, etc.)
הַזְמָנָה נ. invitation; order; reservation, booking; a free pass (ticket)
הַזְנָחָה נ. neglect
הִזְנִיחַ פ״י (לְהַזְנִיחַ) to neglect
הַזָּעָה נ. perspiration, sweating
הִזְעִיק פ״י (לְהַזְעִיק) call for (help, etc.)
הַזְעָקָה נ. alarm; calling for (help)
הִזְרִים פ״י (לְהַזְרִים) pour, inject, (money) (into)
הִזְרִיק פ״י (לְהַזְרִיק) inject
הַזְרָמָה נ. pouring
הַזְרָקָה injection
הֶחְבִּיא פ״י (לְהַחְבִּיא) conceal, hide
הֶחְדִּיר פ״י (לְהַחְדִּיר) insert; push in
הֶחֱוִיר פ. (לְהַחֲוִיר) turn pale

הֶחֱזִיק פ״י (לְהַחֲזִיק) to hold; keep
הֶחֱזִיר פ״י (לְהַחֲזִיר) give back, return
הֶחְזֵר ז. refund
הַחְטָאָה נ. miss
הֶחֱטִיא פ״י (לְהַחֲטִיא) to miss (a target)
הֶחֱיָה פ״י (לְהַחֲיוֹת) revive
הַחְיָאָה, הַחֲיָאָה נ. revival; CPR
הֵחִיל פ״י (לְהָחִיל) apply (a law, etc.)
הֵחִישׁ פ״י (לְהָחִישׁ) speed up; rush
הֶחְכִּים פ. (לְהַחְכִּים) become wise(r)
הֶחְכִּיר פ״י (לְהַחְכִּיר) to lease (out)
הַחְכָּרָה נ. leasing (out)
הֵחֵל פ״ע (לְהָחֵל) begin, start
– הָחֵל מִ־ starting from..., as of...
הַחְלָטָה נ. decision
– לְקַבֵּל הַחְלָטָה decide, take a decision
הֶחְלֵטִי ת. decisive
הֶחֱלִיד פ״ע (לְהַחֲלִיד) to rust
הֶחְלִיט פ״ע (לְהַחְלִיט) to decide
הֶחֱלִים פ״ע (לְהַחֲלִים) recover
הֶחֱלִיף פ״י (לְהַחֲלִיף) to change; exchange; switch
הֶחֱלִיק פ. (לְהַחֲלִיק) to slide; slip; skate
הֶחֱלִישׁ פ״י (לְהַחֲלִישׁ) weaken
הַחְלָמָה נ. convalescence; recovery
– הַחְלָמָה מְהִירָה! Speedy recovery!
הַחְלָפָה נ. change, exchange, changing
הַחְלָקָה נ. sliding; slip; skating
– הַחְלָקָה עַל הַקֶּרַח ice-skating
הֶחֱמִיא פ״י (לְהַחֲמִיא) to compliment, flatter
הֶחֱמִיץ פ״ע (לְהַחֲמִיץ) miss (opportunity, etc.); turn sour
הֶחְמִיר פ״ע (לְהַחְמִיר) be strict; get worse
הַחְמָצָה נ. missing (opportunity, etc.), miss
הַחְמָרָה נ. worsening; making more severe
הֶחֱנָה פ״י (לְהַחֲנוֹת) to park (a vehicle)
הֶחֱנִיף פ״י (לְהַחֲנִיף ל־) to flatter

ה

הִחְסִיר פ״י (לְהַחְסִיר) subtract; leave out; be absent
הַחְסָנָה נ. storage; storing
הֶחֱרִיב פ״י (לְהַחֲרִיב) destroy
הֶחֱרִיד פ״י (לְהַחֲרִיד) terrify; shake
הֶחֱרִים פ״י (לְהַחֲרִים) to boycott; confiscate
הֶחֱרִיף פ״ע (לְהַחֲרִיף) worsen, exacerbate
הֶחֱשִׁיב פ״י (לְהַחֲשִׁיב) respect; attach importance to; consider (as)
הֶחֱשִׁיךְ פ״ע (לְהַחֲשִׁיךְ) darken; grow dark
הֶחְתִּים פ״י (לְהַחְתִּים) sign up; stamp
הֲטָבָה נ. improvement; bonus, benefit
הִטְבִּיל פ״י (לְהַטְבִּיל) baptize
הִטְבִּיעַ פ״י (לְהַטְבִּיעַ) drown
הֵטִיחַ פ״י (לְהָטִיחַ) hurl, slam
הֵטִיל פ״י (לְהָטִיל) throw
– הֵטִילָה בֵּיצִים lay eggs
הֵטִיס פ״י (לְהָטִיס) to fly (an aircraft)
הִטִּיף פ״י (לְהַטִּיף) preach
הִטְמִין פ״י (לְהַטְמִין) hide away; bury; plant (a bomb)
הֲטָסָה נ. flying (a plane, passengers, etc.)
הִטְעָה פ״י (לְהַטְעוֹת) mislead, deceive
הַטְעָיָה נ. misleading, deception
הִטְעִין פ״י (לְהַטְעִין) to load; to charge
הַטְרָדָה נ. bothering, harassment
– הַטְרָדָה מִינִית sexual harassment
הִטְרִיד פ״י (לְהַטְרִיד) annoy; bother
הִטְרִיחַ פ״י (לְהַטְרִיחַ) to trouble, bother
הַי מ״ק Hi!
הִיא מ״ג she; it (fem.)
הֵיאָבְקוּת נ. wrestling
הֵיאָחֲזוּת נ. settlement (of people)
הֶיבֵּט ז. aspect
הִיגּוּי ז. pronunciation; steering
הִיגָּיוֹן ז. sense, logic, reason
– בְּהִיגָּיוֹן rationally, logically
הִגְיֶינָה, הִיגְיֶינָה נ. hygiene
הִיגְיֶינִי, הִיגְיֶנִי ת. hygienic

הִיגָּמְלוּת נ. weaning, being cured of
הֵיגֵן פ״י (לְהָגֵן עַל־) protect; defend
הִיגֵּר פ״ע (לְהַגֵּר) emigrate; immigrate
הִידָּבְרוּת נ. dialogue, rapprochement
הֵידָד מ״ק Bravo; Hurrah!
הִידְהֵד פ״ע (לְהַדְהֵד) to echo
הִידּוּר ז. elegance
הִידֵּק פ״י (לְהַדֵּק) tighten; fasten
הִידַּרְדְּרוּת נ. deterioration
הָיָה פ״ע (לִהְיוֹת; יִהְיֶה) be; exist; become
– הָיֹה הָיָה once upon a time
– הָיָה לוֹ [לָהּ וכו׳] he (she, etc.) had
הִיוָוה פ״י (לְהַווֹת) account for, constitute
הִיוּוּן ז. capitalization
הֱיוֹת (הֱיוֹתִי, הֱיוֹתְךָ, הֱיוֹתוֹ וכו׳) being
– הֱיוֹת שֶׁ־ since, as, seeing that
הֵיטֵב תה״פ well, properly
הִיטָּה פ״י (לְהַטּוֹת) tilt, tip; divert
הֵיטִיב פ״י (לְהֵיטִיב עִם) improve; do you good
הֵיטֵל ז. levy, tax
הַיְינוּ תה״פ that is, namely
– הַיְינוּ־הָךְ (it's) all the same
הִיכָּה פ״י (לְהַכּוֹת) to hit, beat; strike
הִיכּוֹן stand by, ready!
הֵיכָל ז. palace; temple; hall
הֵיכָן תה״פ where?
– הֵיכָן שֶׁ־ wherever, where
הֶיכֵּרוּת נ. acquaintanceship
– עָשָׂה הֶיכֵּרוּת עִם become acquainted with
הִילּוּךְ ז. walking; gear (vehicle)
הִילּוּלָה נ. revel, festivity
הִילֵּל פ״י (לְהַלֵּל) to praise
הִימּוּר ז. gamble, bet
הִימְנוֹן ז. (national) anthem
הִימָּנְעוּת נ. abstention; avoidance
הִימֵּר פ״י (לְהַמֵּר) to gamble
הִינֵּה מ״ח (הִנְנִי, הִנְּךָ, הִינּוֹ וכו׳) Here is; Here!, Look!, Now
הִינּוּמָה נ. bride's veil
הִינָּזְרוּת נ. abstinence

הֵינִיקָה פ״י (לְהָנִיק) breast-feed
הִינָּצְלוּת נ. escape (from danger)
הִיסּוּס ז. hesitation
– בְּהִיסּוּס hesitantly
הֶיסֵּחַ ז.
– בְּהֶיסֵּחַ־הַדַּעַת inadvertently
הִיסְטוֹרִי ת. historic; historical
הִיסְטוֹרְיָה נ. history
הִיסְטוֹרְיוֹן ז. historian
הִיסְטֶרִי ת. hysterical
הִיסְטֶרְיָה נ. hysteria
– בְּהִיסְטֶרְיָה hysterically
הִיסֵּס פ״ע (לְהַסֵּס) hesitate
הֶיעְדֵּר ז. absence; lack
הֵיעָדְרוּת נ. absence
הֵיעָלְמוּת נ. disappearance
הֵיעָנוּת נ. consent, acceding, meeting (demands); takeup, response rate
הֵיעָרְכוּת נ. deployment; preparations
הִיפּוּךְ ז. turning over
הִיפּוֹכוֹנְדֶר ז. hypochondriac
הִיפּוֹפּוֹטָם ז. hippo(potamus)
הִיפּוֹתֵיטִי ת. hypothetical
הֵיפֶךְ ז. opposite
הִיפְּנוֹזָה נ. hypnosis
הִיפְּנֵט פ״י (לְהַפְּנֵט) hypnotize
הִיפָּרְדוּת נ. separation
הֶיצֵּעַ, הֶיצֵּעַ ז. supply
הֶיצֵּף ז. dumping (goods)
הֶיקֵּף ז. extent; circumference
– בְּהֶיקֵּף רָחָב on a large scale
הִירְהוּר ז. thought; reflection
הִירְהֵר פ״ע (לְהַרְהֵר) think about, reflect
הֵירָיוֹן ז. pregnancy
– בְּהֵירָיוֹן pregnant
הִיֶּרַרְכְיָה נ. hierarchy
הֵירָתְמוּת נ. being harnessed
הֶישֵּׂג ז. achievement; accomplishment
– בְּהֶישֵּׂג־יָד within reach
הֶישֵּׂגִי ת. achievement-oriented
הִישָּׁעֲנוּת נ. leaning (on); reliance
הִישָּׂרְדוּת נ. survival
הִיתּוּלִי ת. humorous, comic

הִיתֵּל פ״י (לְהַתֵּל בּ־) to mock, fool (someone)
הִיתַּמֵּם פ״ע (לְהִיתַּמֵּם) feign innocence, play dumb
הִיתַּמְּמוּת נ. pretending innocence
הִיתָּקְלוּת נ. clash, encounter
הֶיתֵּר ז. permit; permission
הַכָּאָה נ. beating, hitting
הִכְאִיב פ״י (לְהַכְאִיב) hurt; cause pain
הַכְבָּדָה נ. burdening; burden
הִכְבִּיד פ״י (לְהַכְבִּיד) make heavier or difficult
הַכְוָונָה נ. guidance
הַכּוֹל everybody; everything
הִכְזִיב פ. (לְהַכְזִיב) disappoint
הַכְחָדָה נ. extinction
הִכְחִישׁ פ״י (לְהַכְחִישׁ) deny
הַכְחָשָׁה נ. denial
הֲכִי תה״פ the most
– הֲכִי טוֹב the best
הֵכִיל פ״י (לְהָכִיל) contain; hold
הֵכִין פ״י (לְהָכִין) prepare
הִכִּיר פ״י (לְהַכִּיר) know; recognize; be familiar with; acknowledge
הִכִּישׁ פ״י (לְהַכִּישׁ) to bite (snake)
הַכְלָאָה נ. hybrid
הִכְלִיל פ. (לְהַכְלִיל) generalize; include
הַכְלָלָה נ. generalization; inclusion
הָכֵן תה״פ at the ready
הֲכָנָה נ. preparation; preparing
הִכְנִיס פ״י (לְהַכְנִיס) bring in; let in; insert
הִכְנִיעַ פ״י (לְהַכְנִיעַ) defeat
הַכְנָסָה נ. income; bringing in
– הַכְנָסַת־אוֹרְחִים hospitality
הִכְעִיס פ״י (לְהַכְעִיס) to anger, make angry
הִכְפִּיל פ״י (לְהַכְפִּיל) to double; multiply
הִכְפִּישׁ פ״י (לְהַכְפִּישׁ) smear, slander
הַכְפָּלָה נ. multiplication; (re)doubling
הַכְפָּשָׁה נ. mud-slinging, smear
הֶכֵּר ז. recognition
הַכָּרָה נ. consciousness; recognition; knowing

ה

funeral	הַלְוָיָה נ.
	הָלוֹךְ ר׳ הָלַךְ
to solder	הִלְחִים פ״י (לְהַלְחִים)
compose (music)	הִלְחִין פ״י (לְהַלְחִין)
make nervous, pressure	הִלְחִיץ פ״י (לְהַלְחִיץ)
soldering	הַלְחָמָה נ.
composition (music)	הַלְחָנָה נ.
procedure; legal proceedings (in pl.)	הָלִיךְ ז. (הֲלִיכִים)
going (on foot), walking	הֲלִיכָה נ.
treadmill; walking frame, walker	הֲלִיכוֹן ז.
helicopter	הֶלִיקוֹפְּטֶר ז.
go; walk	הָלַךְ פ״י (לָלֶכֶת)
there and back; round-trip ticket, return	– הָלוֹךְ וָשׁוֹב [וְחָזוֹר]
get lost, be lost	– הָלַךְ לְאִיבּוּד
pass away	– הָלַךְ לְעוֹלָמוֹ
law; theory; *Halacha* (Jewish Law)	הֲלָכָה נ.
in theory, theoretically	– לַהֲלָכָה
mood, state of mind	הֲלָךְ־רוּחַ ז.
Hallelujah, Praise the Lord!	הַלְלוּיָהּ מ״ק
to suit; beat, bang	הָלַם פ״י (לַהֲלוֹם)
shock	הֶלֶם ז.
heartbeat	הַלְמוּת־לֵב נ.
to feed; cram; pump into	הִלְעִיט פ״י (לְהַלְעִיט)
joke	הֲלָצָה נ.
in jest	– בַּהֲלָצָה
flogging	הַלְקָאָה נ.
self-flagellation	– הַלְקָאָה עַצְמִית
flog, whip	הִלְקָה פ״י (לְהַלְקוֹת)
inform on, tell on	הִלְשִׁין פ״ע (לְהַלְשִׁין)
informing on	הַלְשָׁנָה נ.
they	הֵם מ״ג
those (masc.)	– הָהֵם
hamburger, burger	הַמְבּוּרְגֶר ז.
tumult; disturbance	הֲמוּלָה נ.
shocked; bewildered	הָמוּם ת.
crowd, mob; plenty	הָמוֹן ז. (הֲמוֹן־)
the masses	– הֶהָמוֹן

gratitude	– הַכָּרַת טוֹבָה
unconscious	– לְלֹא [מְחוּסַּר] הַכָּרָה
be introduced to	– עָשָׂה הַכָּרָה עִם
acquaintance(ship)	הֶכֵּרוּת נ.
declaration	הַכְרָזָה נ.
necessity	הֶכְרֵחַ, הֶכְרֵח ז.
necessarily	– בְּהֶכְרֵחַ
essential; necessary	הֶכְרֵחִי ת.
declare	הִכְרִיז פ״י (לְהַכְרִיז)
to force, compel	הִכְרִיחַ פ״י (לְהַכְרִיחַ)
decide; overpower	הִכְרִיעַ פ״י (לְהַכְרִיעַ)
decision; showdown	הַכְרָעָה נ.
bite (of snake)	הַכָּשָׁה נ.
to fail; mislead; thwart; trip (someone) up	הִכְשִׁיל פ״י (לְהַכְשִׁיל)
to train; make kosher	הִכְשִׁיר פ״י (לְהַכְשִׁיר)
prepare the ground	– הִכְשִׁיר אֶת הַקַּרְקַע
certificate of *kashrut*; legitimation	הֶכְשֵׁר ז.
training; koshering	הַכְשָׁרָה נ.
dictation; dictating	הַכְתָּבָה נ.
dictate	הִכְתִּיב פ״י (לְהַכְתִּיב)
to stain	הִכְתִּים פ״י (לְהַכְתִּים)
to crown	הִכְתִּיר פ״י (לְהַכְתִּיר)
crowning	הַכְתָּרָה נ.
surely!; after all	הֲלֹא, הֲלוֹא מ״ש; מ״ח
away; further; onwards	הָלְאָה תה״פ
etc., and so on/forth	– וְכֵן הָלְאָה
nationalize	הִלְאִים פ״י (לְהַלְאִים)
whiten; turn white; launder (money)	הִלְבִּין פ״י (לְהַלְבִּין)
humiliate him	– הִלְבִּין אֶת פָּנָיו
to dress, clothe	הִלְבִּישׁ פ״י (לְהַלְבִּישׁ)
clothing, wear	הַלְבָּשָׁה נ.
arouse enthusiasm in, excite; to wow	הִלְהִיב פ״י (לְהַלְהִיב)
inflame	הִלְהִיט פ״י (לְהַלְהִיט)
loan; lending	הַלְוָאָה נ.
I hope so; I hope (that); if only; I wish	הַלְוַאי מ״ק
lend (money), loan	הִלְוָה פ״י (לְהַלְווֹת)

הֲמוֹנִי ת. (הֲמוֹנִיִּים) common; vulgar; mass (media, etc.)
הַמְחָאָה נ. check, cheque
– הַמְחָאַת־נוֹסְעִים traveler's check, traveller's cheque
הִמְחִישׁ פ״י (לְהַמְחִישׁ) make real, illustrate, bring home
הִמְטִיר פ״י (לְהַמְטִיר) to pelt, shower, shoot (questions)
הֶמְיָה נ. murmur
הֵמִיר פ. (לְהָמִיר) to exchange; convert
– הֵמִיר דָּתוֹ convert, change one's faith
הֵמִית פ״י (לְהָמִית) kill
הַמְלָטָה נ. giving birth (animals)
הִמְלִיחַ פ״י (לְהַמְלִיחַ) to salt
הִמְלִיטָה פ״ע (לְהַמְלִיט) give birth (animals)
הִמְלִיךְ פ״י (לְהַמְלִיךְ) to crown king
הִמְלִיץ פ״י (לְהַמְלִיץ) recommend
הַמְלָצָה נ. recommendation; reference
הִמְנוֹן ז. anthem; hymn
הֵמֵס פ״י (לְהָמֵס) melt; dissolve
הֲמַסָּה, הֲמָסָה נ. melting; dissolving
הַמְעָטָה נ. decrease, reduction
– לְשׁוֹן הַמְעָטָה understatement
הִמְעִיט פ״י (לְהַמְעִיט) reduce, diminish; not (do) often/much
– הִמְעִיט בְּעֶרְכּוֹ underestimate
הַמְצָאָה נ. invention
הִמְצִיא פ״י (לְהַמְצִיא) invent; make up
הַמְרָאָה נ. take-off (plane)
הַמְרָדָה נ. inciting to mutiny or insubordination
הִמְרָה פ״י (לְהַמְרוֹת) defy, disobey
הִמְרִיא פ״ע (לְהַמְרִיא) take off (plane)
הִמְרִיץ פ״י (לְהַמְרִיץ) urge on, drive on, energize
הִמְשִׁיךְ פ. (לְהַמְשִׁיךְ) continue; carry on
הֶמְשֵׁךְ ז. (הֶמְשֵׁכִים) continuation
– בְּהֶמְשֵׁכִים in instalments (story, film)
– הֶמְשֵׁךְ יָבוֹא to be continued

הֶמְשֵׁכִיּוּת נ. continuity
הֲמָתָה נ. killing, execution
הִמְתִּין פ״ע (לְהַמְתִּין) (ל־) to wait (for)
– הִמְתִּין עַל הַקַּו hold on, wait on the line
הִמְתִּיק פ״י (לְהַמְתִּיק) sweeten; reduce
הַמְתָּנָה נ. wait; waiting
הֵן מ״ג they (fem.)
– הָהֵן those (fem.)
הֵן מ״ק yes
הֵן מ״ח also
הֲנָאָה נ. enjoyment; pleasure
הַנְדְּסַאי ז. technician (engineering), practical engineer
הַנְדָּסָה נ. engineering; geometry
– הַנְדָּסָה גֶּנֶטִית genetic engineering
הֵנָּה תה״פ here, hither
– הֵנָּה וָהֵנָּה to and fro; around
הִנֵּה ר׳ הִינֵּה
הַנְהָגָה נ. leadership
– בְּהַנְהָגַת־ under the leadership of
הִנְהִיג פ״י (לְהַנְהִיג) to lead; introduce
הַנְהָלָה נ. management
– הַנְהָלַת חֶשְׁבּוֹנוֹת bookkeeping, accountancy
הֵנְהֵן פ״ע (לְהַנְהֵן) to nod (yes)
הֲנָחָה נ. reduction (price), discount
הַנָּחָה נ. assumption
הִנְחָה פ״י (לְהַנְחוֹת) direct, guide, instruct; lead (discussion); host (a show)
הַנְחָיָה נ. direction, guidance, instruction
– הַנְחָיוֹת instructions
הִנְחִיל פ״י (לְהַנְחִיל) bequeath, pass down (to)
הִנְחִית פ״י (לְהַנְחִית) to land (a plane)
הֵנִיא פ״י (לְהָנִיא) dissuade
הֵנִיב פ״י (לְהָנִיב) to produce, yield (fruit, results, etc.)
הֵנִיד פ״י (לְהָנִיד) nod (head)
הִנִּיחַ פ״י (לְהַנִּיחַ) lay down; put; assume, suppose
– הִנִּיחַ ל־ leave someone alone

ה

camouflage הַסוּוָאָה, הַסְוָאָה נ.
to camouflage הִסוָוה פ״י (לְהַסווֹת)
diversion, distraction הַסָּחָה נ.
shifting, deflection הֲסָטָה נ.
pull back (forces) הִסִיג פ״י (לְהַסִיג)
trespass – הִסִיג גְבוּל
divert (attention) הִסִיחַ פ״י (לְהַסִיחַ)
to shift; deflect הֵסִיט פ״י (לְהָסִיט)
to drive; give a lift/ ride to הִסִיעַ פ״י (לְהַסִיעַ)
conclude; heat up הִסִיק פ״י (לְהַסִיק)
remove; take off; lift (curfew, immunity, etc.) הֵסִיר פ״י (לְהָסִיר)
agree; approve הִסכִּים פ״ע (לְהַסכִּים)
agreement, accord הֶסכֵּם ז.
come to an agreement – בָּאוּ לִידֵי הֶסכֵּם
agreement, approval הַסכָּמָה נ.
escalate הִסלִים פ״י (לְהַסלִים)
escalation הַסלָמָה נ.
authorize הִסמִיךְ פ״י (לְהַסמִיךְ)
blush; redden הִסמִיק פ״ע (לְהַסמִיק)
authorization; diploma הַסמָכָה נ.
blushing הַסמָקָה נ.
snort/sniff (drugs) הִסנִיף פ. (לְהַסנִיף)
hesitancy הַססָנוּת נ.
hesitant הַססָנִי ת.
transport; lift, ride הַסָעָה נ.
excite, stir (emotions) הִסעִיר פ״י (לְהַסעִיר)
eulogy, funeral oration הֶספֵּד ז.
eulogize (the dead) הִספִּיד פ״י (לְהַספִּיד)
be sufficient; manage (to do/get in time) הִספִּיק פ״ע (לְהַספִּיק)
output; capacity הֶספֵּק ז.
supplies; supply הַספָּקָה נ.
heating הַסָקָה נ.
central heating – הַסָקָה מֶרכָּזִית
filming הַסרָטָה נ.
to stink הִסרִיחַ פ״ע (לְהַסרִיחַ)
to film הִסרִיט פ״י (לְהַסרִיט)
corruption הִסתָאֲבוּת נ.
get into trouble הִסתַבֵּךְ פ״ע

let us suppose that – נָנִיחַ שֶׁ־
chase away הֵנִיס פ״י (לְהָנִיס)
move; start (engine) הֵנִיעַ פ״י (לְהָנִיעַ)
to lift; wave; swing (arm) הֵנִיף פ״י (לְהָנִיף)
breast-feed הֵנִיקָה פ״י (לְהָנִיק)
הִנְךָ, הִנָךְ, הִנְכֶם ר׳ הִינֵה
the above-mentioned הַנַ״ל ר״ת
lower הִנמִיךְ פ״י (לְהַנמִיךְ)
הִננוּ, הִנְנִי ר׳ הינה
moving; starting (engine) הֲנָעָה נ.
cause pleasure הִנעִים פ״י (לְהַנעִים)
footwear הַנעָלָה נ.
to issue הִנפִּיק פ״י (לְהַנפִּיק)
issue הַנפָּקָה נ.
perpetuation; commemoration הַנצָחָה נ.
perpetuate; commemorate; immortalize הִנצִיחַ פ״י (לְהַנצִיחַ)
breast-feeding הֲנָקָה נ.
respiration הַנשָמָה נ.
artificial respiration – הַנשָמָה מְלָאכוּתִית
mouth-to-mouth – הַנשָמָה מִפֶּה לְפֶה
to convert הֵסֵב פ. (לְהָסֵב)
give pleasure – הֵסֵב הֲנָאָה
conversion הֲסָבָה נ.
(professional) retraining – הֲסָבָה (מִקצוֹעִית)
explain; account for הִסבִּיר פ״י (לְהַסבִּיר)
explanation הֶסבֵּר ז.
information (propaganda) הַסבָּרָה נ.
hand over (to the police); extradite; betray (a secret) הִסגִיר פ״י (לְהַסגִיר)
turn oneself over (to the police, etc.) – הִסגִיר אֶת עַצמוֹ
blockade; quarantine הֶסגֵר ז.
extradition הַסגָרָה נ.
trespass הַסָגַת־גְבוּל נ.
arrange; settle הִסדִיר פ״י (לְהַסדִיר)
settlement; arrangement הֶסדֵר ז.

הִסתַבְּכוּת נ. (הִסתַבְּכוּיוֹת) complication, imbroglio
הִסתַבֵּן פ"ע soap oneself
הִסתַבֵּר פ"ע become evident; turn out (that)
הִסתַבְּרוּת נ. probability
הִסתַגֵּל פ"ע adapt (oneself), adjust
הִסתַגְּלוּת נ. adaptation
הִסתַגֵּר פ"ע shut oneself up
הִסתַגְּרוּת נ. shutting oneself up
הִסתַדֵּר פ"ע get by; manage, cope; turn out all right
הִסתוֹבֵב פ"ע turn around
– מִסתוֹבֵב לוֹ הָרֹאש feel dizzy
הִסתַחרֵר פ"ע be dizzy; spin
הִסתַיֵּיג פ"ע (מ־) disapprove (of)
הִסתַיְּיגוּת נ. (הִסתַיְּיגוּיוֹת) reservation (about), qualification
הִסתַיֵּים פ"ע come to an end, end, finish
הִסתַיֵּיעַ פ"ע be helped
– לֹא הִסתַיֵּיעַ הַדָּבָר not work out
הִסתִיר פ"י (לְהַסתִיר) hide, conceal
הִסתַכֵּל פ"ע look (at), watch
הִסתַכְּלוּת נ. looking; observation
הִסתַכֵּם פ"ע (לְהִסתַכֵּם בּ־) add up to, amount to
הִסתַכֵּן פ"ע take a risk
הִסתַכְסֵךְ פ"ע to quarrel, have a quarrel
הִסתַלבֵּט פ"ע lie around; make fun of
הִסתַלסֵל פ"ע to curl; be curly
הִסתַלֵּק פ"ע go away, make off
– תִסתַלֵּק מִפֹּה! Get the hell out of here! Beat it!
הִסתַלְּקוּת נ. demise; departure
הִסתַמֵּךְ פ"ע (לְהִסתַמֵּךְ עַל) rely on, depend on, base oneself on
הִסתַמֵּן פ"ע there is some indication
הִסתַנווֵר פ"ע be dazzled
הִסתַנֵּן פ"ע infiltrate; filter (through)
הִסתָעֵף פ"ע branch out, ramify
הִסתָעֲפוּת נ. ramification; fork (roads)
הִסתָעֵר פ"ע (עַל) charge (at)
הִסתָעֲרוּת נ. assault (military)
הִסתַפֵּק פ"ע (לְהִסתַפֵּק בּ־) be satisfied (with); settle for, make do (with)
הִסתַפְּקוּת נ. being satisfied
הִסתַפֵּר פ"ע have a haircut
הִסתַקרֵן פ"ע be curious
הַסתָרָה נ. concealment
הִסתָרֵק פ"ע comb one's hair
הִסתַתֵּר פ"ע hide (oneself)
הֶעֱבִיד פ"י (לְהַעֲבִיד) make (someone) work
הֶעֱבִיר פ"י (לְהַעֲבִיר) take across; pass; transfer
– הֶעֱבִיר אֶת הַזמַן pass the time
הַעֲבָרָה נ. transfer(ence); removal
הֶעדִיף פ"י (לְהַעדִיף) prefer
הַעֲדָפָה נ. preference
– הַעֲדָפָה מְתַקֶּנֶת affirmative action
הֶעדֵר ז. lack of, absence of
– בְּהֶעדֵר־ in the absence of
הֶעָדְרוּת נ. absence
הֵעֵז פ"ע (לְהָעֵז) to dare
הֶעָזָה נ. daring
הֵעִיב פ"י (לְהָעִיב עַל־) to cloud
הֵעִיד פ"י (לְהָעִיד) testify, give evidence
הֵעִיף פ"י (לְהָעִיף) to fly; throw out
הֵעִיק פ"י (לְהָעִיק עַל־) be oppressive
הֵעִיר פ"י (לְהָעִיר) to comment, remark; wake
– הֵעִיר ל־ draw his attention; tell him
הֶעֱכִיר פ. (לְהַעֲכִיר) become muddy; sour (relations), poison (the atmosphere)
הַעֲלָאָה נ. lifting; raise; rise (in price, etc.)
– הַעֲלָאָה בְּדַרגָה promotion (rank)
הַעֲלָבָה נ. insulting, offending
הֶעֱלָה פ"י (לְהַעֲלוֹת) to raise; lift; bring to Israel; take on (passengers); bring up
– הֶעֱלָה בָּאֵש set fire to, burn
– הֶעֱלָה בְּדַרגָה promote (rank)
– הֶעֱלָה עַל הַדַּעַת think of
הֶעֱלִיב פ"י (לְהַעֲלִיב) to insult, offend

accuse falsely הֶעֱלִיל פ״י (לְהַעֲלִיל עַל־)
hide, conceal הֶעֱלִים פ״י (לְהַעֲלִים)
turn a blind eye to – הֶעֱלִים עַיִן מ־
concealing, suppression הַעֲלָמָה נ.
tax evasion – הַעֲלָמַת מַס
disappearance הֵעָלמוּת נ.
pretence הַעֲמָדַת־פָּנִים נ.
to stand (something) הֶעֱמִיד פ״י (לְהַעֲמִיד)
put the record straight – לְהַעֲמִיד דְּבָרִים עַל דִּיוּקָם
bring to trial – הֶעֱמִיד לְדִין
put at his disposal – הֶעֱמִיד לִרשוּת־
to load הֶעֱמִיס פ״י (לְהַעֲמִיס)
deepen הֶעֱמִיק פ. (לְהַעֲמִיק)
loading הַעֲמָסָה נ.
הֵענוּת ר׳ הֵיעָנוּת
to award; grant הֶעֱנִיק פ״י (לְהַעֲנִיק)
punish הֶעֱנִישׁ פ״י (לְהַעֲנִישׁ)
granting; awarding הַעֲנָקָה נ.
punishing הַעֲנָשָׁה נ.
employ; occupy הֶעֱסִיק פ״י (לְהַעֲסִיק)
employment הַעֲסָקָה נ.
climb (to the top) הֶעְפִּיל פ״ע (לְהַעְפִּיל)
clandestine immigration (of Jews) to Palestine הַעְפָּלָה נ.
sadden הֶעֱצִיב פ״י (לְהַעֲצִיב)
intensify הֶעֱצִים פ״י (לְהַעֲצִים)
comment, note, remark הֶעָרָה נ.
estimate; appreciate; think highly of הֶעֱרִיךְ פ״י (לְהַעֲרִיךְ)
trick, outfox הֶעֱרִים פ״י (לְהַעֲרִים עַל)
raise difficulties – הֶעֱרִים קְשָׁיִים
admire, adore, idolize, be a big fan of... הֶעֱרִיץ פ״י (לְהַעֲרִיץ)
appreciation; evaluation, assessment; estimate הַעֲרָכָה נ.
admiration הַעֲרָצָה נ.
admiringly – בְּהַעֲרָצָה
enrich הֶעֱשִׁיר פ״י (לְהַעֲשִׁיר)
enrichment הַעֲשָׁרָה נ.
to copy הֶעְתִּיק פ״י (לְהַעְתִּיק)
shower (with) הֶעְתִּיר פ״ע (לְהַעְתִּיר)
copy הֶעְתֵּק ז.

copying הַעְתָּקָה נ.
bombardment, shelling הַפְגָּזָה נ.
bombard, shell הִפְגִּיז פ״י (לְהַפְגִּיז)
demonstrate הִפְגִּין פ. (לְהַפְגִּין)
bring (people) together הִפְגִּישׁ פ״י (לְהַפְגִּישׁ)
demonstration הַפְגָּנָה נ.
lull; truce; respite הֲפוּגָה נ.
upside down; inside out (clothing); opposite הָפוּךְ ת.
intimidating, intimidation הַפְחָדָה נ.
frighten, scare הִפְחִיד פ״י (לְהַפְחִיד)
reduce, lessen; deduct הִפְחִית פ״י (לְהַפְחִית)
decrease, reduction הַפְחָתָה נ.
relieve (boredom); dispel (fear, etc.) הֵפִיג פ״י (לְהָפִיג)
reversible הָפִיךְ ת.
irreversible – בִּלְתִּי הָפִיךְ
coup, revolution הֲפֵיכָה נ.
to drop; knock down; topple; bring down הִפִּיל פ. (לְהַפִּיל)
miscarry – לְהַפִּיל (עוּבָּר)
distribute, spread הֵפִיץ פ״י (לְהָפִיץ)
to produce הֵפִיק פ״י (לְהָפִיק)
draw lessons (for the future) – הֵפִיק לְקָחִים
to profit, benefit – הֵפִיק תּוֹעֶלֶת
turn over; turn upside down; turn into; become הָפַךְ פ. (לַהֲפוֹךְ)
contrary; opposite הֵפֶךְ, הֶפֶךְ ז. (הֲפָכִים)
on the contrary! – לְהֶפֶךְ
fickle; volatile הֲפַכְפַּךְ ת.
cruise; sailing הַפְלָגָה נ.
discriminate הִפְלָה פ״י (לְהַפְלוֹת)
abortion, miscarriage; overthrow הַפָּלָה נ.
amaze הִפְלִיא פ. (לְהַפְלִיא)
to sail הִפְלִיג פ״ע (לְהַפְלִיג)
discrimination הַפְלָיָה נ.
incriminate, frame הִפְלִיל פ״י (לְהַפְלִיל)
refer; turn, direct הִפְנָה פ״י (לְהַפְנוֹת)
draw your attention to – לְהַפְנוֹת אֶת תְּשׂוּמֶת הַלֵּב

הִפְנֵט פ״י (לְהַפְנֵט) hypnotize
הַפְנָיָה נ. turning; referring; referral
הִפְנִים פ״י (לְהַפְנִים) internalize
הֶפְסֵד ז. loss
הִפְסִיד פ״י (לְהַפְסִיד) lose
הִפְסִיק פ. (לְהַפְסִיק) stop, cease
הֶפְסֵק ז.: לְלֹא הֶפְסֵק non-stop; without stopping
הַפְסָקָה נ. break, intermission, recess
– הַפְסָקַת אֵשׁ ceasefire
– הַפְסָקַת חַשְׁמַל power cut
הִפְעִיל פ״י (לְהַפְעִיל) operate, activate; apply, exert
הֲפָצָה נ. distribution; dissemination; proliferation
הִפְצִיץ פ״י (לְהַפְצִיץ) to bomb
הִפְצִיר פ״י (לְהַפְצִיר בּ־) beg, implore, urge
הַפְצָצָה נ. bombing (from the air)
הַפְקָדָה נ. depositing (money)
הֲפָקָה נ. production
הִפְקִיד פ״י (לְהַפְקִיד) to deposit; entrust
הִפְקִיעַ פ״י (לְהַפְקִיעַ) expropriate
– הִפְקִיעַ מְחִירִים charge exorbitant prices
הִפְקִיר פ״י (לְהַפְקִיר) abandon
הַפְקָעָה נ. expropriation
הֶפְקֵר: שֶׁטַח הֶפְקֵר no-man's-land
הַפְקָרָה נ. abandonment
הֶפְקֵרוּת נ. lawlessness
הֵפֵר פ״י (לְהָפֵר) violate, break (the law)
הַפְרָדָה נ. separation; separating
הִפְרָה פ״י (לְהַפְרוֹת) fertilize
הֲפָרָה נ. violation, breach
הַפְרָזָה נ. exaggeration, overstatement
הַפְרָטָה נ. privatization
הִפְרִיד פ״י (לְהַפְרִיד) separate, divide
הַפְרָיָה נ. fertilization
הִפְרִיז פ. (לְהַפְרִיז) exaggerate
הִפְרִיחַ פ״י (לְהַפְרִיחַ) spread (rumors)
הִפְרִיךְ פ״י (לְהַפְרִיךְ) disprove, refute
הִפְרִיעַ פ. (לְהַפְרִיעַ) disturb; bother

הַפְרָעָה נ. disturbance; interruption
הֶפְרֵשׁ ז. difference (in amount)
– בְּהֶפְרֵשׁ קָטָן by a narrow margin
– הֶפְרֵשֵׁי שָׂכָר wage differentials
הַפְרָשָׁה נ. secretion; setting aside, provision
הִפְשִׁיט פ״י (לְהַפְשִׁיט) undress
הִפְשִׁיל פ״י (לְהַפְשִׁיל) roll up (sleeves)
הִפְשִׁיר פ. (לְהַפְשִׁיר) defrost; thaw
הַפְשָׁרָה נ. melting, thaw; defrosting
הִפְתִּיעַ פ״י (לְהַפְתִּיעַ) surprise
– בְּמַפְתִּיעַ unexpectedly; surprisingly
הַפְתָּעָה נ. surprise
– לְהַפְתָּעָתִי to my surprise
הַצָּבָה נ. setting up, erecting; stationing
הִצְבִּיעַ פ״ע (לְהַצְבִּיעַ) to vote; raise your hand (in class)
– הִצְבִּיעַ עַל־ point to, indicate
הַצְבָּעָה נ. vote; pointing
הַצָּגָה נ. show (theatrical); presenting
הִצְדִּיעַ פ״ע (לְהַצְדִּיעַ) to salute
הִצְדִּיק פ״י (לְהַצְדִּיק) justify
הַצְדָּעָה נ. salute, saluting
הַצְדָּקָה נ. justification, vindication
הִצְהִיב פ. (לְהַצְהִיב) turn yellow
הִצְהִיר פ״י (לְהַצְהִיר) declare, state
הַצְהָרָה נ. declaration; statement
הִצְחִיק פ״י (לְהַצְחִיק) amuse; make laugh
הִצְטַבֵּר פ״ע (לְהִצְטַבֵּר) accumulate, pile up
הִצְטַבְּרוּת נ. accumulation
הִצְטַדֵּק פ״ע justify oneself
הִצְטוֹפֵף פ״ע crowd together
הִצְטַיֵּד פ״ע equip oneself; take (provisions)
הִצְטַיֵּן פ״ע (בּ־) be distinguished; excel
הִצְטַיְּנוּת נ. excellence, distinction
הִצְטַלְּבוּת נ. (הִצְטַלְּבֻיּוֹת) intersection, crossroads
הִצְטַלֵּם פ״ע be photographed; have one's photograph taken

ה

ה

decrease הִצְטַמְצֵם פ״ע

shrivel, shrink הִצְטַמֵּק פ״ע

to shiver, shudder הִצְטַמְרֵר פ.

catch cold; cool (down) הִצְטַנֵּן פ״ע

cold (illness); cooling הִצְטַנְּנוּת נ.

be modest הִצְטַנֵּעַ פ״ע

be sorry, regret הִצְטַעֵר פ״ע (עַל־)

become hoarse הִצְטָרֵד פ״ע

need; have to הִצְטָרֵךְ פ״ע

join הִצְטָרֵף פ״ע (לְהִצְטָרֵף אֶל־)

joining הִצְטָרְפוּת נ.

to place; station הִצִּיב פ״י (לְהַצִּיב)

to show; display; present; introduce הִצִּיג פ״י (לְהַצִּיג)

to rescue, save הִצִּיל פ״י (לְהַצִּיל)

propose; suggest; offer הִצִּיעַ פ״י (לְהַצִּיעַ)

make the bed – הִצִּיעַ אֶת הַמִּיטָה

to flood הֵצִיף פ״י (לְהָצִיף)

to peep הֵצִיץ פ״ע (לְהָצִיץ)

annoy, bother, pester הֵצִיק פ״י (לְהָצִיק ל־)

set on fire, torch; ignite הִצִּית פ״י (לְהַצִּית)

crosscheck הַצְלָבָה נ.

rescue הַצָּלָה נ.

success הַצְלָחָה נ.

successfully – בְּהַצְלָחָה

Good luck! – בְּהַצְלָחָה!

to crosscheck הִצְלִיב פ״ע (לְהַצְלִיב)

succeed; be successful הִצְלִיחַ פ״ע (לְהַצְלִיחַ)

fail to... – לֹא הִצְלִיחַ ל־

to whip הִצְלִיף פ״י (לְהַצְלִיף)

lashing, whipping הַצְלָפָה נ.

linking; attaching הַצְמָדָה נ.

link; attach; join together הִצְמִיד פ״י (לְהַצְמִיד)

cause to grow; grow הִצְמִיחַ פ״י (לְהַצְמִיחַ)

drop (by parachute) הִצְנִיחַ פ״י (לְהַצְנִיחַ)

conceal; play down הִצְנִיעַ פ. (לְהַצְנִיעַ)

supply הֶצֵּעַ ז.

offer; proposal; suggestion הַצָּעָה נ.

to march (vt.) הִצְעִיד פ״י (לְהַצְעִיד)

advance (vt.) – לְהַצְעִיד קָדִימָה

flooding הֲצָפָה נ.

encode הִצְפִּין פ״י (לְהַצְפִּין)

encoding הַצְפָּנָה נ.

peep; quick look הֲצָצָה נ.

to narrow, limit הֵצֵר פ. (לְהָצֵר אֶת־)

hamper his progress – הֵצֵר אֶת צְעָדָיו

require הִצְרִיךְ פ״י (לְהַצְרִיךְ)

lighting; arson; ignition הַצָּתָה נ.

vomiting הֲקָאָה נ.

the Holy One blessed be He הקב״ה ר״ת

analogy; parallelism הַקְבָּלָה נ.

grouping הַקְבָּצָה נ.

be early; bring forward (in time) הִקְדִּים פ. (לְהַקְדִּים)

be ahead of one's time – הִקְדִּים אֶת זְמַנּוֹ

devote, dedicate הִקְדִּישׁ פ״י (לְהַקְדִּישׁ)

preface, introduction הַקְדָּמָה נ.

dedication הַקְדָּשָׁה נ.

lessen; reduce; make smaller הִקְטִין פ״י (לְהַקְטִין)

reduction; lessening הַקְטָנָה נ.

throw up, vomit הֵקִיא פ״י (לְהָקִיא)

establish; set up, build; form (a government) הֵקִים פ״י (לְהָקִים)

encompass; surround הִקִּיף פ״י (לְהַקִּיף)

knock (on); press (a key) הִקִּישׁ פ״י (לְהַקִּישׁ בּ־)

relieve; make it easy (for) הֵקֵל פ. (לְהָקֵל עַל־, אֶת)

keyboarding, typing הַקְלָדָה נ.

relief הֲקָלָה, הֲקַלָּה נ.

recording הַקְלָטָה נ.

to keyboard, key in הִקְלִיד פ. (לְהַקְלִיד)

to click (on) הִקְלִיק פ.

record (on tape) הִקְלִיט פ״י (לְהַקְלִיט)

establishment; setting up; erecting הֲקָמָה נ.

impart (to), provide with הִקְנָה פ״י (לְהַקְנוֹת)
tease הִקְנִיט פ״י (לְהַקְנִיט)
charm, fascinate הִקְסִים פ״י (לְהַקְסִים)
freezing; freeze הַקְפָּאָה נ.
meticulousness; strictness הַקְפָּדָה נ.
surrounding; turn; lap הַקָּפָה נ.
on credit – בְּהַקָּפָה
freeze הִקְפִּיא פ״י (לְהַקְפִּיא)
be strict; take great care הִקְפִּיד פ״ע (לְהַקְפִּיד בּ־, עַל־)
bounce הִקְפִּיץ פ״י (לְהַקְפִּיץ)
allocation, allotment הַקְצָאָה נ.
allocation (of funds); appropriation; allowance הַקְצָבָה נ.
allocate; set aside הִקְצָה פ״י (לְהַקְצוֹת)
allocate (money), allot הִקְצִיב פ״י (לְהַקְצִיב)
become/make more extreme הִקְצִין פ״י (לְהַקְצִין)
to whisk, whip הִקְצִיף פ״י (לְהַקְצִיף)
making more extreme; extremism הַקְצָנָה נ.
sacrifice, sacrificing הַקְרָבָה נ.
self-sacrifice – הַקְרָבָה עַצְמִית
read out; recite הִקְרִיא פ״י (לְהַקְרִיא)
to sacrifice הִקְרִיב פ״י (לְהַקְרִיב)
lose one's hair, become bald הִקְרִיחַ פ״ע (לְהַקְרִיחַ)
to screen (film); radiate; irradiate הִקְרִין פ״י (לְהַקְרִין)
screening (film); radiation הַקְרָנָה נ.
listening, attention הַקְשָׁבָה נ.
harden; make things difficult (for) הִקְשָׁה פ. (לְהַקְשׁוֹת)
listen (carefully), pay attention to הִקְשִׁיב פ״ע (לְהַקְשִׁיב)
toughen הִקְשִׁיחַ פ״י (לְהַקְשִׁיחַ)
context; connection הֶקְשֵׁר ז.
in this context/connection – בְּהֶקְשֵׁר זֶה
mount, mountain הַר ז. (הָרִים; הָרֵי־)
volcano – הַר־גַּעַשׁ
Temple Mount – הַר־הַבַּיִת

to show; indicate הֶרְאָה פ״י (לְהַרְאוֹת)
much; many; a lot (of) הַרְבֵּה תה״פ; ת.
very much/many – הַרְבֵּה מְאוֹד
a lot; by far – בְּהַרְבֵּה (תה״פ)
to hit, strike הִרְבִּיץ פ״י (לְהַרְבִּיץ ל־)
mating (animals), breeding הַרְבָּעָה נ.
kill הָרַג פ״י (לַהֲרוֹג)
killing הֶרֶג ז.
to anger, annoy הִרְגִּיז פ״י (לְהַרְגִּיז)
accustom הִרְגִּיל פ״י (לְהַרְגִּיל)
comfort, calm; soothe; reassure הִרְגִּיעַ פ״י (לְהַרְגִּיעַ)
to feel הִרְגִּישׁ פ. (לְהַרְגִּישׁ אֶת, בּ־)
feel well – הִרְגִּישׁ טוֹב
habit הֶרְגֵּל ז.
calming הַרְגָּעָה נ.
tranquilizer – תְּרוּפַת הַרְגָּעָה
feeling; sensation הַרְגָּשָׁה נ.
put to sleep; anesthetize הִרְדִּים פ״י (לְהַרְדִּים)
anesthesia; putting to sleep הַרְדָּמָה נ.
pregnant הָרָה ת.
disastrous הֲרֵה־אָסוֹן ת.
thought, reflection הִרְהוּר ז.
think, reflect הִרְהֵר פ. (לְהַרְהֵר)
heroin הֵרוֹאִין ז.
dead (person); dead tired הָרוּג תו״ז
quench; saturate הִרְוָה פ״י (לְהַרְווֹת)
earn; make a profit; win הִרְוִיחַ פ. (לְהַרְוִויחַ)
gain time – לְהַרְוִויחַ זְמַן
ruined; wrecked הָרוּס ת.
lose weight, slim הִרְזָה פ. (לְהַרְזוֹת)
slimming, losing weight הַרְזָיָה נ.
expansion; widening הַרְחָבָה נ.
in detail, at length – בְּהַרְחָבָה
smelling הֲרָחָה נ.
widen; expand הִרְחִיב פ. (לְהַרְחִיב)
broaden one's horizons – לְהַרְחִיב אֶת הָאוֹפָקִים
remove; keep away; go far הִרְחִיק פ״י (לְהַרְחִיק)
go too far – הִרְחִיק לָכֶת

ה

far away, far off הַרְחֵק תה״פ
removal; keeping away הַרְחָקָה נ.
wetting; bed-wetting הַרְטָבָה נ.
moisten; to wet הִרְטִיב פ. (לְהַרְטִיב)
after all, surely הֲרֵי תה״פ
killing, manslaughter הֲרִיגָה נ.
pregnancy הֵרָיוֹן ז.
pregnant – בְּהֵרָיוֹן
to smell הֵרִיחַ פ. (לְהָרִיחַ)
mountains הָרִים ר׳ הַר
to lift; pick up; raise הֵרִים פ״י (לְהָרִים)
give up – הֵרִים יָדַיִים
destruction הֲרִיסָה נ.
ruins, debris, rubble – הֲרִיסוֹת
cheer; applaud הֵרִיעַ פ״ע (לְהָרִיעַ)
run (a program); make run הֵרִיץ פ״י (לְהָרִיץ)
to empty הֵרִיק פ״י (לְהָרִיק)
composition; make-up; (team) line-up הֶרְכֵּב ז.
assembly, putting together; vaccination הַרְכָּבָה נ.
assemble, put together הִרְכִּיב פ״י (לְהַרְכִּיב)
bend, bow (your head) הִרְכִּין פ״י (לְהַרְכִּין)
lifting up, raising הֲרָמָה נ.
weightlifting – הֲרָמַת מִשְׁקוֹלוֹת
harem הַרְמוֹן ז. (הַרְמוֹנוֹת)
harmony הַרְמוֹנְיָה נ.
hermetic, airtight הֶרְמֵטִי ת.
destroy, ruin הָרַס פ״י (לַהֲרוֹס)
ruin, destruction הֶרֶס ז.
destructive הַרְסָנִי ת.
worsening, deterioration הֲרָעָה נ.
make (someone) starve הִרְעִיב פ״י (לְהַרְעִיב)
to shake (vt.) הִרְעִיד פ״י (לְהַרְעִיד)
to poison הִרְעִיל פ״י (לְהַרְעִיל)
heap on, shower הִרְעִיף פ״י (לְהַרְעִיף)
make a noise; shell, bombard הִרְעִישׁ פ. (לְהַרְעִישׁ)
poisoning הַרְעָלָה נ.
bombardment הַרְעָשָׁה נ.
incessantly הֶרֶף: לְלֹא הֶרֶף
let go of; loosen; relax הִרְפָּה פ״י (לְהַרְפּוֹת מ־)
relaxation הַרְפָּיָה נ.
adventure הַרְפַּתְקָה נ. (הַרְפַּתְקָאוֹת)
adventurer הַרְפַּתְקָן ז.
adventurous הַרְפַּתְקָנִי ת.
lecture הַרְצָאָה נ.
to lecture הִרְצָה פ. (לְהַרְצוֹת)
running (a program); running in (a car) הֲרָצָה נ.
to decay; rot הִרְקִיב פ. (לְהַרְקִיב)
make dance הִרְקִיד פ״י (לְהַרְקִיד)
soar; rise high הִרְקִיעַ פ״ע (לְהַרְקִיעַ)
mountainous הֲרָרִי ת.
authorization, permission הַרְשָׁאָה נ.
allow, let, permit הִרְשָׁה פ״י (לְהַרְשׁוֹת ל־)
can afford – יָכוֹל לְהַרְשׁוֹת לְעַצְמוֹ
impress; make a good impression הִרְשִׁים פ״י (לְהַרְשִׁים)
convict, find guilty הִרְשִׁיעַ פ״י (לְהַרְשִׁיעַ)
registration הַרְשָׁמָה נ.
conviction הַרְשָׁעָה נ.
be/get pregnant הָרְתָה פ״ע (לַהֲרוֹת)
boiling הַרְתָּחָה נ.
boil; bring to the boil; infuriate הִרְתִּיחַ פ״י (לְהַרְתִּיחַ)
deter הִרְתִּיעַ פ״י (לְהַרְתִּיעַ)
deterrence, deterrent הַרְתָּעָה נ.
lend; borrow הִשְׁאִיל פ״י (לְהַשְׁאִיל)
leave (something) הִשְׁאִיר פ״י (לְהַשְׁאִיר)
lending הַשְׁאָלָה נ.
on loan; figuratively – בְּהַשְׁאָלָה
betterment; upgrading הַשְׁבָּחָה נ.
improve, upgrade הִשְׁבִּיחַ פ״י (לְהַשְׁבִּיחַ)
make someone swear; swear (him) in הִשְׁבִּיעַ פ״י (לְהַשְׁבִּיעַ)
make you full (food), satiate הִשְׂבִּיעַ פ״י (לְהַשְׂבִּיעַ)
satisfy – הִשְׂבִּיעַ רְצוֹן־
stop (work), lock out, shut down הִשְׁבִּית פ״י (לְהַשְׁבִּית)

הַשְׁבָּעָה נ. swearing in
הַשְׁבָּתָה נ. lock-out; (work) stoppage
הֶשֵּׂג ר׳ הֶישֵּׂג
הַשָּׂגָה נ. attainment; achieving; reservation
הַשְׁגָּחָה נ. supervision
– הַהַשְׁגָּחָה (הָעֶלְיוֹנָה) Divine Providence
הִשְׁגִּיחַ פ״ע (לְהַשְׁגִּיחַ עַל־, בּ־) supervise; look after, keep an eye on
הִשְׁהָה פ״י (לְהַשְׁהוֹת) to delay
הַשְׁהָיָה נ. delay; delaying
– מַנגנוֹן הַשְׁהָיָה delaying mechanism
הַשְׁוָואָה נ. comparison
– בְּהַשְׁוָואָה לְ־ compared to
הַשְׁוָואָתִי ת. comparative
הִשְׁוָוה פ״י (לְהַשְׁווֹת) compare; equalize
הִשְׁוִויץ פ״ע (לְהַשְׁוִויץ) show off, brag
הִשְׁחִיז פ״י (לְהַשְׁחִיז) sharpen; grind
הִשְׁחִיל פ״י (לְהַשְׁחִיל) to thread
הִשְׁחִים פ. (לְהַשְׁחִים) to brown; become tanned
הִשְׁחִיר פ. (לְהַשְׁחִיר) make black; blacken
הִשְׁחִית פ״י (לְהַשְׁחִית) destroy; corrupt
הַשְׁחָתָה נ. corruption; destruction; disfigurement
הִשִּׂיא פ״י (לְהַשִּׂיא) marry off
– הִשִּׂיא עֵצָה give advice
הֵשִׁיב פ. (לְהָשִׁיב) to answer, reply; return
– הֵשִׁיב מִלְחָמָה שַׁעְרָה fight back
הִשִּׂיג פ״י (לְהַשִּׂיג) achieve, accomplish; obtain; overtake
הִשִּׁיק פ. (לְהַשִּׁיק) launch (a ship, a product); interface
הִשִּׁיר פ״י (לְהַשִּׁיר) shed (leaves)
הִשְׁכִּיב פ״י (לְהַשְׁכִּיב) lay down; put (to bed)
הִשְׁכִּיחַ פ״י (לְהַשְׁכִּיחַ) cause to forget
הִשְׂכִּיל פ״ע (לְהַשְׂכִּיל) become wise; manage (to do)
– לֹא הִשְׂכִּיל לְ־ fail to
הִשְׁכִּים פ״י (לְהַשְׁכִּים) rise early

הִשְׂכִּיר פ״י (לְהַשְׂכִּיר) rent, hire out
הַשְׂכָּלָה נ. education
– הַשְׂכָּלָה כְּלָלִית general knowledge
הַשְׁכֵּם תה״פ early in the morning
– הַשְׁכֵּם בַּבּוֹקֶר early in the morning
הַשְׁכָּמָה נ. (early) rising
הַשְׂכָּרָה נ. hiring, renting out
– לְהַשְׂכָּרָה for hire, to let
הִשְׁלָה פ״י (לְהַשְׁלוֹת) deceive, delude (yourself), kid (yourself)
הִשְׁלִיט פ״י (לְהַשְׁלִיט) impose
הִשְׁלִיךְ פ״י (לְהַשְׁלִיךְ) throw (away)
הִשְׁלִים פ״י (לְהַשְׁלִים) accomplish; complete
הִשְׁלִים פ״י (לְהַשְׁלִים עִם) make peace (with); accept
הַשְׁלָכָה נ. throwing (away); implication
– הַשְׁלָכוֹת repercussions, consequences, ramifications, implications
הַשְׁלָמָה נ. completion; making peace; accepting
הַשְׁמָדָה נ. destruction, extermination
– הַשְׁמָדַת עַם genocide
הַשְׁמָטָה נ. omission; leaving out
הִשְׁמִיד פ״י (לְהַשְׁמִיד) destroy, exterminate
הִשְׁמִיט פ״י (לְהַשְׁמִיט) omit, leave out
הִשְׁמִין פ. (לְהַשְׁמִין) become fat; put on weight
הִשְׁמִיעַ פ״י (לְהַשְׁמִיעַ) to sound; utter
הִשְׁמִיץ פ״י (לְהַשְׁמִיץ) to slander
הַשְׁמָנָה נ. putting on weight
הַשְׁמָצָה נ. slander; defamation
הִשְׁעָה פ״י (לְהַשְׁעוֹת) suspend (an employee, etc.)
הַשְׁעָיָה נ. suspension (from job, etc.)
הִשְׁעִין פ״י (לְהַשְׁעִין) lean against
הַשְׁעָרָה נ. assumption; speculation
הִשְׁפִּיל פ״י (לְהַשְׁפִּיל) humiliate
הִשְׁפִּיעַ פ״י (לְהַשְׁפִּיעַ עַל־) affect, influence
הַשְׁפָּלָה נ. humiliation

הַשְׁפָּעָה נ. — effect; influence
הִשְׁפְּרִיץ פ״י (לְהַשְׁפְּרִיץ) — splash, spatter
הַשָּׁקָה נ. — launching (ship, product)
הִשְׁקָה פ״י (לְהַשְׁקוֹת) — to water, irrigate
הַשְׁקָיָה נ. — watering, irrigation
הִשְׁקִיט פ״י (לְהַשְׁקִיט) — quieten; calm; allay
הִשְׁקִיעַ פ״י (לְהַשְׁקִיעַ) — invest; cause to sink
הִשְׁקִיף פ״י (לְהַשְׁקִיף עַל־) — observe, watch; look (out) onto
הַשְׁקָעָה נ. — investment
הַשְׁקָפָה נ. — outlook; view
– הַשְׁקָפַת־עוֹלָם — outlook on life
הַשְׁרָאָה נ. — inspiration
הִשְׁרָה פ״י (לְהַשְׁרוֹת) — immerse, soak; inspire (confidence, etc.)
הַשְׁרָיָה נ. — immersion
הִשְׁתָּאָה פ״ע (לְהִשְׁתָּאוֹת) — be amazed; wonder
הִשְׁתָּאוּת נ. — amazement, wonder
הִשְׁתַּבֵּשׁ פ״ע — go wrong
הִשְׁתַּגֵּעַ פ״ע — go mad; lose one's mind
הִשְׁתַּדֵּל פ״ע — try hard, endeavor
הִשְׁתַּהָה פ״י (לְהִשְׁתַּהוֹת) — be delayed, delay
הִשְׁתַּהוּת נ. — delay, tarrying
הִשְׁתּוֹבֵב פ״ע — cavort; run wild
הִשְׁתַּוָּה פ״ע (לְהִשְׁתַּווֹת) — be equal (to); compare (vi); be even
הִשְׁתּוֹלֵל פ״ע — run wild; rage (storm)
הִשְׁתּוֹלְלוּת נ. — running wild; rampage; raging
הִשְׁתּוֹמֵם פ״ע — to wonder, be amazed
הִשְׁתּוֹמְמוּת נ. — amazement, wonder
הִשְׁתּוֹקֵק פ״ע (לְהִשְׁתּוֹקֵק לְ־) — be eager (to); crave
הִשְׁתּוֹקְקוּת נ. — eagerness; craving
הִשְׁתַּזֵּף פ״ע — sunbathe; get a tan
הִשְׁתַּזְּפוּת נ. — sunbathing
הִשְׁתַּחֲוָה פ״ע (לְהִשְׁתַּחֲווֹת) — bow down
הִשְׁתַּחֵל פ״ע — squeeze through
הִשְׁתַּחְרֵר פ״ע — be freed; be released

הִשְׁתַּטָּה פ״ע (לְהִשְׁתַּטּוֹת) — play the fool; make a fool of yourself
הִשְׁתַּטֵּחַ פ״ע — lie full length
הִשְׁתַּיֵּךְ פ״ע — belong
הִשְׁתַּיְּכוּת נ. — belonging
הִשְׁתִּיל פ״י (לְהַשְׁתִּיל) — to transplant, implant, graft
הִשְׁתִּין פ״ע (לְהַשְׁתִּין) — to pee, urinate
הִשְׁתִּיק פ״י (לְהַשְׁתִּיק) — to silence; hush up
הִשְׁתִּית פ״י (לְהַשְׁתִּית) — to base; establish
הִשְׁתַּכְלֵל פ״ע — improve, become more sophisticated
הִשְׁתַּכְנֵעַ פ״ע — become convinced
הִשְׂתַּכֵּר פ״ע — earn (wages)
הִשְׁתַּכֵּר פ״ע — get drunk
הִשְׂתַּכְּרוּת נ. — earning
הִשְׁתַּכְּרוּת נ. — getting drunk
הִשְׁתַּכְשֵׁךְ פ. — paddle, splash
הִשְׁתַּלֵּב פ״ע — fit in; integrate
הִשְׁתַּלְּבוּת נ. — integration
הַשְׁתָּלָה נ. — transplant; planting
הִשְׁתַּלְהֵב פ״ע — be inflamed (mob), become greatly excited
הִשְׁתַּלֵּחַ פ״ע — assault (verbally), lash out (at)
הִשְׁתַּלֵּט פ״י (עַל־) — take control of
הִשְׁתַּלְּטוּת נ. — gaining control; takeover
הִשְׁתַּלֵּם פ״ע — be worth it; pay
הִשְׁתַּלְּמוּת נ. — additional studies; further training, refresher course
הִשְׁתַּלְשֵׁל פ״ע — develop (events); hang down, dangle
הִשְׁתַּלְשְׁלוּת נ. — chain (of events)
הִשְׁתַּמֵּט פ״ע (לְהִשְׁתַּמֵּט מִ־) — dodge, evade, shirk
הִשְׁתַּמְּטוּת נ. — evasion; dodging
הִשְׁתַּמֵּעַ פ״ע — be understood
– מִשְׁתַּמֵּעַ מִזֶּה שֶׁ־ — it implies that
הִשְׁתַּמֵּשׁ פ״י (לְהִשְׁתַּמֵּשׁ בְּ־) — to use
הִשְׁתַּנָּה פ״ע (לְהִשְׁתַּנּוֹת) — to change; be different
הִשְׁתַּעְבֵּד פ״ע — be enslaved

הִשְׁתָּעֵל פ״ע to cough
הִשְׁתַּעֲמֵם פ״ע be bored, get bored
הִשְׁתַּעֲשֵׁעַ פ״י (לְהִשְׁתַּעֲשֵׁעַ בּ־) play with; amuse oneself (with); toy with
הִשְׁתַּפֵּן פ״ע chicken out
הִשְׁתַּפֵּר פ״ע improve, get better
הִשְׁתַּפְּרוּת נ. improvement
הִשְׁתַּפְשֵׁף פ״ע be rubbed (away); get experience
הִשְׁתַּקֵּעַ פ״ע settle
הִשְׁתַּקֵּף פ״ע be reflected
הִשְׁתַּקְּפוּת נ. reflection
הִשְׁתַּרְבֵּב פ״ע slip into, creep in; hang out
הִשְׂתָּרֵעַ פ״ע extend, stretch (for)
הִשְׁתַּתֵּף פ״ע participate, take part
הִשְׁתַּתְּפוּת נ. participation
הִשְׁתַּתֵּק פ״ע fall silent
הִתְאַבֵּד פ״ע commit suicide
הִתְאַבְּדוּת נ. suicide
הִתְאַבֵּל פ״י (לְהִתְאַבֵּל עַל־) mourn (for)
הִתְאַגֵּד פ״ע unite; form an association
הִתְאַגְרֵף פ״ע to box
הִתְאַדָּה פ״ע (לְהִתְאַדּוֹת) evaporate
הִתְאַהֵב פ״ע (בּ־) fall in love (with)
הִתְאַהֲבוּת נ. falling in love
הִתְאַוְורֵר פ״ע get fresh air
הִתְאוֹשֵׁשׁ פ״ע recover
הִתְאוֹשְׁשׁוּת נ. recovery
הִתְאַזֵּן פ״ע be balanced
הִתְאַזֵּר פ״ע
– לְהִתְאַזֵּר בְּסַבְלָנוּת be patient
הִתְאַזְרֵחַ פ״ע be naturalized
הִתְאַחֵד פ״ע unite
הִתְאַחְדוּת נ. association; union
הִתְאַחֵר פ״ע be late, be delayed
הִתְאִים פ. (לְהַתְאִים) to fit, suit, match; adjust; adapt
הִתְאַכְזֵב פ״ע be disappointed
הִתְאַכְזֵר פ״ע be cruel, treat cruelly
הִתְאַכְזְרוּת נ. cruelty, being cruel (to)
הִתְאַכְסֵן פ״ע lodge, stay (at)
הִתְאַלְמֵן פ״ע be widowed

הֶתְאֵם ז.
– בְּהֶתְאֵם (לְכָךְ) accordingly
– בְּהֶתְאֵם ל־ in accordance with, according to
הַתְאָמָה נ. adjustment; matching up; correlation; suitability
– אִי־הַתְאָמָה discrepancy; mismatch
הִתְאַמֵּן פ״ע to train; practise
הִתְאַמֵּץ פ״ע try hard; make an effort
הִתְאַמֵּת פ״ע be verified; come true
הִתְאַסְלֵם פ״ע become Muslim
הִתְאַסֵּף פ״ע assemble, gather
הִתְאַפֵּק פ״ע restrain oneself; hold it in
הִתְאַפֵּר פ״ע to make up (with cosmetics)
הִתְאַפְשֵׁר פ״ע become possible
הִתְאַקְלֵם פ״ע get used to, become accustomed to, acclimatize
הִתְאַרְגֵּן פ״ע get organized
הִתְאַרְגְּנוּת נ. getting organized; organization
הִתְאָרֵחַ פ״ע stay as a guest
הִתְאָרֵךְ פ״ע grow longer; lengthen; drag (on)
הִתְאָרֵס פ״ע be engaged (to be married)
הִתְבָּאֵס פ״ע be upset
הִתְבַּגֵּר פ״ע to mature; grow up; become adult
הִתְבַּגְּרוּת נ. maturing, growing up
– גִּיל הַהִתְבַּגְּרוּת adolescence
הִתְבַּדָּה פ״ע (לְהִתְבַּדּוֹת) be proved wrong
הִתְבַּדֵּחַ פ״ע to joke
הִתְבַּדְּלוּת נ. seclusion
הִתְבַּהֲמוּת נ. bestialization
הִתְבַּהֵר פ״ע to brighten; become clear
הִתְבּוֹדֵד פ״ע keep away from people
הִתְבּוֹלֵל פ״ע assimilate (into)
הִתְבּוֹלְלוּת נ. assimilation
הִתְבּוֹנֵן פ״ע (בּ־) to watch, observe
הִתְבּוֹנְנוּת נ. observation
הִתְבּוֹסֵס פ״ע wallow; welter (in blood)

הִתְבַּזְבֵּז פ״ע — be wasted
הִתְבַּזָּה פ״ע (לְהִתְבַּזּוֹת) — degrade oneself, make a fool of oneself
הִתְבַּזּוּת נ. — humiliation; self-degradation
הִתְבַּטֵּא פ״ע — express oneself
הִתְבַּטְּאוּת נ. (הִתְבַּטְּאוּיוֹת) — statement
הִתְבַּטֵּל פ״ע — be canceled; do nothing; laze around
הִתְבַּיֵּישׁ פ״ע — be ashamed; be shy
הִתְבַּיֵּית פ״ע — home in on, zero in on
הִתְבַּכְיֵין פ״ע — to whine
הִתְבַּלְבֵּל פ״ע — get confused, get mixed up
הִתְבַּלָּה פ״ע (לְהִתְבַּלּוֹת) — wear out
הִתְבַּלֵּט פ״ע — stand out; be conspicuous
הִתְבַּסֵּס פ״ע — be based on; base oneself on; establish oneself
הִתְבַּצֵּעַ פ״ע — be carried out
הִתְבַּצֵּר פ״ע — barricade oneself; dig in
הִתְבַּקֵּשׁ פ״ע — be asked (to); be called for
הִתְבָּרֵג פ״ע — be screwed (in)
הִתְבָּרֵךְ פ״ע (בּ־) — be blessed with
הִתְבָּרֵר פ״ע — turn out; become clear
הִתְבַּשֵּׁל פ״ע — be cooked
הִתְבַּשֵּׂם פ״ע — put on perfume
הִתְבַּשֵּׂר פ״ע — receive news; be informed
הִתְגָּאָה פ״ע (לְהִתְגָּאוֹת בּ־) — to boast; take pride (in)
הִתְגַּבֵּר פ. (לְהִתְגַּבֵּר עַל־) — overcome; get over it; become stronger
הִתְגַּבֵּשׁ פ״ע — take shape
הִתְגּוֹנֵן פ״ע — defend oneself
הִתְגּוֹנְנוּת נ. — self-defense
הִתְגּוֹרֵר פ״ע — live
הִתְגּוֹשְׁשׁוּת נ. — wrestling; struggling
הִתְגַּיֵּיס פ״ע — enlist, join up
הִתְגַּיֵּיר פ״ע — to convert to Judaism
הִתְגַּלְגֵּל פ״ע — to roll; develop (events)
הִתְגַּלָּה פ״ע (לְהִתְגַּלּוֹת) — be revealed; be discovered
– הִתְגַּלָּה כּ־ — prove to be
הִתְגַּלּוּת נ. — revelation; being discovered
הִתְגַּלֵּחַ פ״ע — shave (oneself)
הִתְגַּלְּמוּת נ. — embodiment
הִתְגַּמֵּד פ״ע — be dwarfed; pale into insignificance
הִתְגַּנֵּב פ״ע — sneak
הִתְגַּנְּבוּת נ. — stealing (into, etc.), sneaking
הִתְגַּנְדֵּר פ״ע — dress up
הִתְגַּעְגֵּעַ פ״ע (ל־, אֶל־) — to long, miss
הִתְגָּרֵד פ״ע — scratch (oneself)
הִתְגָּרְדוּת נ. — scratching (oneself)
הִתְגָּרָה פ״י (לְהִתְגָּרוֹת בּ־) — provoke; defy
הִתְגָּרוּת נ. (הִתְגָּרוּיוֹת) — provocation
הִתְגָּרֵשׁ פ״ע — get divorced
הִתְגַּשֵּׁם פ״ע — be realized, materialize
הִתְגַּשְּׁמוּת נ. — realization
הִתְדַּרְדֵּר נ. — roll down; deteriorate
הִתְדַּרְדְּרוּת נ. — deterioration; rolling down
הִתְהַדֵּק פ״ע — tighten (v.i.)
הִתְהַוָּה פ״ע (לְהִתְהַוּוֹת) — be formed; come into existence
הִתְהַוּוּת נ. — formation, coming into being
הִתְהוֹלֵל פ״ע — to revel, party
הִתְהַלֵּךְ פ״ע — move about; walk around
הִתְהַפֵּךְ פ״ע — overturn; capsize (boat); change completely
הִתְוַודָּה פ״ע (לְהִתְוַודּוֹת) — confess
הִתְוַודּוּת נ. — confession
הִתְוַודֵּעַ פ״ע (לְהִתְוַודֵּעַ אֶל־) — introduce oneself; become acquainted with
הַתְוָויָה נ. — indication (medicine)
הִתְוַוכֵּחַ פ״ע — argue, debate
הִתְוַוסֵּף פ״ע — be added; increase
הִתְחַבֵּא פ״ע — hide (oneself)
הִתְחַבֵּט פ״ע — agonize over
הִתְחַבְּטוּת נ. — inner struggle
הִתְחַבֵּק פ״ע — embrace (each other)
הִתְחַבֵּר פ״ע — join; be connected
הִתְחָבֵר פ״ע — become friends

התחדש פ״ע	be renewed; change
התחוור פ״ע	become clear
התחולל פ״ע	take place; break out
התחזה פ״ע (להתחזות)	impersonate, pose (as)
התחזק פ״ע	strengthen; become stronger
התחייב פ״ע	pledge, guarantee, undertake, commit yourself
התחייבות נ. (התחייבויות)	commitment, obligation, pledge, guarantee
התחיל פ. (להתחיל ב־, עם)	begin, start (with)
התחכך פ״ע	rub (against); clash (with); rub shoulders (with)
התחכם פ״ע	try to be (too) clever
התחכמות נ.	trying to be clever; clever trick; wisecrack
התחלה נ.	beginning; start
התחלחל פ״ע	to shudder
התחלף פ״ע	to change; swap
התחלק פ״ע	to share; be divided; slip
התחמם פ״ע	warm up
התחממות נ.	warming up
התחמק פ״ע (מ־)	dodge; avoid; sneak (away from)
התחמקות נ.	dodging; avoiding; slipping out
התחנך פ״ע	be educated
התחנן פ״ע (להתחנן לפני־)	beg, implore
התחננות נ.	begging, entreating
התחנף פ״ע (ל־)	flatter, toady
התחנפות נ.	flattery
התחפף פ״ע: תתחפף!	Fuck off!
התחפר פ״ע	entrench oneself; dig in (one's heels)
התחפש פ״ע	disguise oneself, dress up
התחצף פ״ע	be insolent/cheeky
התחקה פ״י (להתחקות על־)	to track, trace, trail
התחרה פ״ע (להתחרות ב־)	compete
התחרות נ.	competition, contest
התחרז פ״ע	rhyme
התחרט פ״ע (על־)	regret, repent
התחשב פ״ע (ב־)	take into account; consider; be considerate
– בהתחשב ב־	considering
התחשבות נ.	being considerate; (taking into) consideration
התחשבן פ״ע	settle accounts (with)
התחשמל פ״ע	be electrocuted
התחשק פ״ע	feel like; have an urge to
התחתן פ״ע	marry, get married
התיז פ״י (להתיז)	sprinkle, splash, spray; cut off (head)
התייאש פ״ע	to despair, lose hope
התייבש פ״ע	dry (up); become dry
התייבשות נ.	drying up; dehydration
התיידד פ״ע	become friends
התייהד פ״ע	become Jewish/Judaized
התייחד פ״ע	commune with; have sexual intercourse (*euphemism*)
התייחס פ״י (להתייחס אל־)	refer; relate to; address; treat
התייחסות נ.	reference; treatment; attitude
התיימר פ״ע	pretend, have pretensions, purport, profess
התייסר פ״ע	be in agony
התייעל פ״ע	become more efficient, be streamlined
התייעץ פ״ע	consult (with); ask the advice of
התייעצות נ. (התייעצויות)	consultation
התייפח פ״ע	to sob
התייפחות נ.	sob, sobbing
התייצב פ״ע	become stable; stabilize; report (at); stand by (someone)
התייקר פ״ע	become more expensive; cost more
התייקרות נ. (התייקרויות)	rise in prices; becoming more expensive
התיישב פ״ע	settle (in a place); sit down
התיישבות נ.	settlement, settling (in)
התיישן פ״ע	become old; become old-fashioned

ה

becoming old	הִתיַישנוּת נ.
statute of limitations	– חוֹק הַהִתיַישנוּת
straighten (up, out)	הִתיַישֵר פ״ע
be orphaned, become an orphan	הִתיַיתֵם פ״ע
allow, permit; untie; undo	הִתִיר פ״י (לְהַתִיר)
exhaust, tire out	הִתִיש פ״י (לְהַתִיש)
be honored; help oneself (to)	הִתכַּבֵּד פ״ע
intend; mean; refer (to)	הִתכַּוֵון פ״ע
to shrink; contract	הִתכַּוֵוץ פ״ע
shrinkage; contraction; cramp (of muscles)	הִתכַּווצוּת נ. (הִתכַּווצוּיוֹת)
prepare (oneself)	הִתכּוֹנֵן פ״ע
preparation, getting ready	הִתכּוֹננוּת נ.
bend (over, down)	הִתכּוֹפֵף פ״ע
deny, disavow (־להתכחש ל)	הִתכַּחֵש פ״י (לְהִתכַּחֵש ל־)
denial; disowning	הִתכַּחֲשוּת נ.
assemble, convene	הִתכַּנֵס פ״ע
assembly, meeting, gathering	הִתכַּנסוּת נ. (הִתכַּנסוּיוֹת)
be covered; cover oneself	הִתכַּסָה פ״ע (לְהִתכַּסוֹת)
get angry; lose one's temper	הִתכַּעֵס פ״ע
wrap (oneself) up; snuggle	הִתכַּרבֵּל פ״ע
correspond, exchange letters	הִתכַּתֵב פ״ע
correspondence	הִתכַּתבוּת נ.
fight; scuffle	הִתכַּתשוּת נ.
debate (with oneself)	הִתלַבֵּט פ״ע (בּ־)
not knowing what to decide, dilemma	הִתלַבּטוּת נ. (הִתלַבּטוּיוֹת)
get dressed	הִתלַבֵּש פ״ע
get excited; be enthusiastic	הִתלַהֵב פ״ע
enthusiasm	הִתלַהֲבוּת נ.
enthusiastically	– בְּהִתלַהֲבוּת
complain	הִתלוֹנֵן פ״ע
to joke	הִתלוֹצֵץ פ״ע
to whisper together	הִתלַחֵש פ״ע
whispering	הִתלַחֲשוּת נ.
unite, band together	הִתלַכֵּד פ״ע
become dirty	הִתלַכלֵך פ״ע
catch fire	הִתלַקֵחַ פ״ע
persistence; application, perseverance	הַתמָדָה נ.
persistently	– בְּהַתמָדָה
linger, tarry	הִתמַהמֵהַ פ״ע
be delighted	הִתמוֹגֵג פ״ע
pleasure, delight	הִתמוֹגגוּת נ.
(try to) cope (with), tackle; compete (with)	הִתמוֹדֵד פ״י (לְהִתמוֹדֵד עִם־)
contest, competition; coping (with), tackling	הִתמוֹדדוּת נ.
to collapse; break down	הִתמוֹטֵט פ״ע
collapse; breakdown	הִתמוֹטטוּת נ.
nervous breakdown	– הִתמוֹטטוּת עֲצַבִּים
melt; dissolve	הִתמוֹסֵס פ״ע
dissolving, melting	הִתמוֹססוּת נ.
merge; mingle; blend	הִתמַזֵג פ״ע
merging; mingling	הִתמַזגוּת נ.
be lucky; fortunately for him	הִתמַזֵל: הִתמַזֵל מַזָלוֹ
to pet; fool around	הִתמַזמֵז פ״ע
specialize	הִתמַחָה פ״ע (לְהִתמַחוֹת)
specialization	הִתמַחוּת נ. (הִתמַחוּיוֹת)
be computerized	הִתמַחשֵב פ״ע
persist, persevere	הִתמִיד פ״ע (לְהַתמִיד בּ־)
astonish; amaze, puzzle	הִתמִיהַ פ״י (לְהַתמִיהַ)
become addicted	הִתמַכֵּר פ״ע
addiction	הִתמַכּרוּת נ.
fill, become full; be fulfilled	הִתמַלֵא פ״ע
be realized, come true	הִתמַמֵש פ״ע
realization	הִתמַמשוּת נ.
be appointed	הִתמַנָה פ״ע (לְהִתמַנוֹת)
commercialization	הִתמַסחֲרוּת נ.
devote oneself; give oneself (sexually)	הִתמַסֵר פ״ע
devotion	הִתמַסרוּת נ.

הִתְמַעֵט פ״ע diminish, to decrease

הִתְמַצֵא פ״ע be familiar with; understand (about)

הִתְמַצְאוּת נ. orientation; knowing your way around

הִתְמַצָּה פ״ע (לְהִתְמַצּוֹת) be exhausted; come down to

הִתְמַקֵד פ״ע (לְהִתְמַקֵד בּ־) to focus on

הִתְמַקֵחַ פ״ע to bargain, haggle

הִתְמַקְחוּת נ. bargaining, haggling

הִתְמָרֵד פ״ע to rebel, revolt, mutiny

הִתְמַרְמֵר פ״ע be bitter; complain bitterly

הִתְמַשֵׁךְ פ״ע be prolonged, drag on

הִתְמַתֵּחַ פ״ע stretch oneself

הִתְמַתֵּן פ״ע become (more) moderate

הִתְמַתְּנוּת נ. becoming moderate

הִתְנַבֵּא פ״ע prophesy, foretell

הִתְנַגֵב פ״ע dry oneself (with a towel)

הִתְנַגֵד פ״ע to object; oppose; resist

הִתְנַגְדוּת נ. opposition; objection; resistance

הִתְנַגֵשׁ פ״ע to crash, collide; clash

הִתְנַגְשׁוּת נ. (הִתְנַגְשׁוּיוֹת) crash; collision

הִתְנַדֵב פ״ע to volunteer

הִתְנַדְבוּת נ. volunteering

– בְּהִתְנַדְבוּת voluntarily

הִתְנַדְנֵד פ״ע sway; swing

הִתְנַדֵּף פ״ע evaporate

הִתְנָה פ״י (לְהַתְנוֹת) make conditional

הִתְנַהֵג פ״ע behave

הִתְנַהֲגוּת נ. behavior, conduct

הִתְנַהֵל פ״ע be conducted; proceed

הִתְנַוֵון פ״ע degenerate

הִתְנוֹסֵס פ״ע flutter on high (flag); be displayed (name, etc.)

הִתְנוֹעֵעַ פ״ע sway, move (to and fro)

הִתְנַזֵר פ. (מ־) abstain from (alcohol)

הִתְנַחֵל פ״ע settle (place)

הִתְנַחֲלוּת נ. (הִתְנַחֲלוּיוֹת) settlement (agricultural, etc.)

הִתְנַחֵם פ״ע be consoled; take comfort

הַתְנָיָה נ. stipulation; conditioning

הִתְנִיעַ פ״י (לְהַתְנִיעַ) to start (a car)

הִתְנַכֵּל פ״י (ל־) persecute, victimize

הִתְנַכֵּר פ״י (ל־) disown; turn your back on

הִתְנַסָּה פ״י (לְהִתְנַסּוֹת בּ־) to experience

הִתְנַסֵחַ פ״ע express oneself

הַתְנָעָה נ. starting (machine, etc.)

הִתְנַעְנֵעַ פ״ע swing, sway, move to and fro; shake

הִתְנַעֵר פ״י (מ־) disassociate, wash your hands of

הִתְנַפֵּחַ פ״ע swell; blow up

הִתְנַפֵּל פ״י (עַל־) to assault, attack

הִתְנַפְּלוּת נ. assault; swoop

הִתְנַפֵּץ פ״ע be smashed; be shattered

הִתְנַפְּצוּת נ. smash

הִתְנַצְּחוּת נ. wrangle, argument

הִתְנַצֵל פ״ע apologize (for)

הִתְנַצְּלוּת נ. apology

הִתְנַצֵר פ״ע become a Christian; convert to Christianity

הִתְנַקָּה פ״ע (לְהִתְנַקּוֹת) become clean; clean oneself

הִתְנַקֵז פ״ע to drain

הִתְנַקֵם פ״י (בּ־) take revenge (on)

הִתְנַקֵשׁ פ״י (לְהִתְנַקֵשׁ בּ־) assassinate

הִתְנַקְשׁוּת נ. assassination

הִתְנַשְּׂאוּת נ. superciliousness, patronizing

הִתְנַשֵּׁם פ״ע to pant, gasp

הִתְנַשֵּׁף פ״ע breathe heavily, puff, gasp

הִתְנַשֵּׁק פ״ע kiss (each other)

הִתְנַשְּׁקוּת נ. kissing

הִתְנַתֵּק פ״ע cut oneself off; be cut off

הִתְעַגֵל פ״ע become round

הִתְעַדְכֵּן פ״ע (בּ־) be updated; keep abreast of

הִתְעוֹדֵד פ״ע cheer up; be encouraged

הִתְעַוֵּר פ״ע go blind, be blinded

הִתְעַוְּרוּת נ. loss of sight, being blinded

הִתְעוֹפֵף פ״ע fly about

הִתְעוֹרֵר פ״ע wake up; come up

הִתְעוֹרְרוּת נ. awakening

הִתעַטֵש פ״ע	to sneeze
הִתעַטשוּת נ.	sneeze, sneezing
הִתעַיֵיף פ״ע	get tired; be tired (of)
הִתעַכֵּב פ״ע	delay; be held up
הִתעַכְּבוּת נ.	delay
הִתעַלָה פ״ע (לְהִתעַלוֹת)	surpass oneself; rise above it
הִתעַלֵל פ״י (לְהִתעַלֵל בּ־)	to abuse, molest; mutilate (a body)
הִתעַללוּת נ.	abuse, molestation
הִתעַלֵם פ״י (לְהִתעַלֵם מ־)	ignore, disregard, overlook
הִתעַלמוּת נ.	disregard, overlooking, ignoring
הִתעַלֵס פ״י	make love
הִתעַלֵף פ״ע	to faint
הִתעַלְפוּת נ.	faint
הִתעַמֵל פ״ע	to exercise, take exercise
הִתעַמלוּת נ.	gymnastics, physical training
הִתעַמעֵם פ״ע	become dim, dim
הִתעַמֵק פ״ע	go deeply into, delve in
הִתעַמֵר פ״י	victimize, ill-treat
הִתעַמֵת פ״ע	clash (with), confront
הִתעַנֵג פ״ע	enjoy, be delighted; indulge oneself
הִתעַניֵין פ״ע (בּ־)	be interested
הִתעַניינוּת נ.	(taking an) interest
הִתעַסֵק פ״י (לְהִתעַסֵק בּ־, עִם)	occupy oneself; deal with
– אַל תִתעַסֵק אִיתִי!	Don't fuck with me!
הִתעַצֵב פ״ע	be sad, be saddened
הִתעַצבֵּן פ״ע	get irritated, get angry
הִתעַצֵל פ״ע	be lazy
הִתעַצֵם פ״ע	become stronger, build up; intensify
הִתעַקֵם פ״ע	be bent, be twisted
הִתעַקֵש פ״ע	be stubborn; insist
הִתעָרֵב פ״ע (לְהִתעָרֵב בּ־)	interfere
הִתעָרֵב פ״ע (לְהִתעָרֵב עַל)	to bet
הִתעַרבֵּב פ״ע	be mixed up together
הִתעָרבוּת נ.	interference; bet
הִתעַרטֵל פ״ע	undress; strip oneself
הִתעַרעֵר פ״ע	be shaken/undermined
הִתעַשֵר פ״ע	become wealthy/rich
הִתעַשרוּת נ.	getting rich
הִתעַשֵת פ״ע	recover oneself, pull oneself together
הִתפָּאֵר פ״ע (לְהִתפָּאֵר בּ־)	to boast; pride oneself on
הִתפּוֹגֵג פ״ע	be defused, fade away
הִתפּוֹצֵץ פ״ע	explode, burst
הִתפּוֹצצוּת נ.	explosion, bursting
– הִתפּוֹצצוּת אוּכלוּסִין	population explosion
הִתפּוֹרֵר פ״ע	come apart; crumble
הִתפּוֹררוּת נ.	disintegration
הִתפַּזֵר פ״ע	disperse, scatter, break up; clear (fog)
הִתפַּטֵר פ״ע	resign
הִתפַּטרוּת נ.	resignation
הִתפַּייֵס פ״ע	make up (with)
הִתפַּייסוּת נ.	reconciliation
הִתפִּיל פ״י	desalinate
הִתפַּכֵּחַ פ״ע	sober up
הִתפַּכּחוּת נ.	disillusionment
הִתפַּלֵא פ״ע	to wonder; be surprised
הִתפַּלֵג פ״ע	be divided, split
הַתפָּלָה נ.	desalination
הִתפַּלֵחַ פ״ע	sneak in, gate-crash
הִתפַּלֵל פ״ע	pray
הִתפַּלמֵס פ״ע	argue, deliberate
הִתפַּלסֵף פ״ע	philosophize
הִתפַּנָה פ״ע (לְהִתפַּנוֹת)	find time; become available
הִתפַּנֵק פ״ע	pamper/indulge oneself
הִתפַּעֵל פ״י (מ־)	admire; be impressed
הִתפַּעֲלוּת נ.	admiration
– בְּהִתפַּעֲלוּת	admiringly
הִתפַּצֵל פ״ע	split up, divide
הִתפַּקֵעַ פ״ע	to burst; split
הִתפַּקֵר פ״ע	apostatize
הִתפַּרנֵס פ״ע	make a living
הִתפָּרֵס פ״ע	be deployed, spread out
הִתפַּרסֵם פ״ע	become famous; be published

הִתפָּרֵעַ פ״ע run wild; cause a disturbance
הִתפָּרעוּת נ. going wild; riot
הִתפַּרפֵּר פ״ע sleep around; shirk
הִתפָּרֵץ פ״ע barge in; burst; erupt (volcano)
הִתפָּרצוּת נ. (הִתפָּרצוּיוֹת) outbreak; outburst; burglary; eruption
הִתפָּרֵק פ. (לְהִתפָּרֵק מ־) come apart; relax; decompose; break up
הִתפָּרֵשׁ פ״ע be interpreted
הִתפַּשֵׁט פ״ע undress, strip; spread
הִתפַּשׁטוּת נ. undressing; spread
הִתפַּשֵׁר פ״ע to compromise
הִתפַּשׁרוּת נ. compromise
הִתפַּתָּה פ״ע (לְהִתפַּתּוֹת) be tempted
הִתפַּתֵּחַ פ״ע develop
הִתפַּתחוּת נ. (הִתפַּתחוּיוֹת) development
הִתפַּתֵּל פ״ע to twist; wind (road, etc.)
הִתקַבֵּל פ״ע be received; be accepted
הִתקַבֵּץ פ״ע assemble, gather
הִתקַדֵּם פ״ע to advance; make progress
הִתקַדמוּת נ. advance; progress
הִתקַהֵל פ״ע assemble, gather
הִתקַהֲלוּת נ. gathering
הִתקוֹטֵט פ״ע to quarrel
הִתקוֹמֵם פ״ע rise up (against); resent
הִתקוֹממוּת נ. uprising
הִתקַזֵּז פ״ע balance out, be offset; pair (with) (in Parliament)
הִתקַיֵּים פ״ע exist; take place
הִתקִיל פ״י (לְהַתקִיל) trip up, trick
הִתקִין פ״י (לְהַתקִין) install
הִתקִיף פ״י (לְהַתקִיף) to attack
הִתקַלֵּחַ פ״ע take a shower
הִתקַלֵּף פ״ע peel (off)
הִתקַלקֵל פ״ע go bad; be spoiled; break (down)
הִתקַמֵּט פ״ע to wrinkle
הִתקַמצֵן פ״ע be stingy
הֶתקֵן ז. device
– הֶתקֵן תוֹך־רַחמִי I.U.D.
הַתקָנָה נ. installation

הֶתקֵף ז. attack, fit
– הֶתקֵף־לֵב heart attack
הַתקָפָה נ. attack
הֶתקֵפִי ת. offensive (military, sports)
הִתקַפֵּל פ״ע fold up; give in
הִתקַצֵּר פ״ע shorten, become shorter
הִתקָרֵב פ״ע to approach; come close(r)
הִתקָרֵר פ״ע to cool; catch a cold
הִתקָררוּת נ. cooling, getting cold; cold (illness)
הִתקָרֵשׁ פ״ע congeal, coagulate, jell
הִתקַשָּׁה פ״ע (לְהִתקַשּׁוֹת) harden; find it difficult
הִתקַשֵּׁחַ פ״ע become tough
הִתקַשֵּׁט פ״ע adorn oneself
הִתקַשֵּׁר פ״ע to contact, get in touch; phone
הִתקַשׁרוּת נ. (legal) engagement
הֶתֵּר ז. permission, permit
הַתרָאָה נ. warning, caution
– בְּהַתרָאָה קְצָרָה at short notice
הִתרָאֲיֵין פ״ע be interviewed
הִתרַבָּה פ״ע (לְהִתרַבּוֹת) to increase, reproduce, multiply
הִתרַברֵב פ״ע to brag, boast
הִתרַגֵּז פ״ע get angry
הִתרַגזוּת נ. getting angry, anger
הִתרַגֵּל פ״ע get used to; become accustomed
הִתרַגֵּשׁ פ״ע get excited, be moved, be nervous (before exams, etc.)
הִתרַגשׁוּת נ. excitement; emotion; nervousness
– בְּהִתרַגשׁוּת emotionally; excitedly
הִתרָה פ״י (לְהַתרוֹת בּ־) to caution, warn
הִתרַוֵּחַ פ״ע sprawl, sit back
הִתרוֹמֵם פ״ע rise (up)
הִתרוֹממוּת רוּחַ נ. exaltation, euphoria
הִתרוֹעֵעַ פ״ע associate (with)
הִתרוֹפֵף פ״ע loosen; slacken; grow weak
הִתרוֹפפוּת נ. loosening; slackening; weakening

הִתְרוֹצֵץ פ״ע run around; fuss (over)
הִתְרוֹצְצוּת נ. running around
הִתְרוֹקֵן פ״ע empty; become empty
הִתְרוֹקְנוּת נ. emptying, becoming empty
הִתְרוֹשֵׁשׁ פ״ע become poor; lose all one's money
הִתְרַחֵב פ״ע broaden; expand
הִתְרַחֵץ פ״ע wash (oneself); bathe
הִתְרַחֵק פ״ע keep away; get further away
הִתְרַחֲקוּת נ. keeping away; estrangement
הִתְרַחֵשׁ פ״ע occur, happen
הִתְרַחֲשׁוּת נ. (הִתְרַחֲשׁוּיוֹת) occurrence, event
הִתְרַטֵּב פ״ע get wet
הִתְרִים פ״י (לְהַתְרִים) get someone to contribute, raise funds
הִתְרִיעַ פ״י (לְהַתְרִיעַ עַל־) warn, alert
הִתְרַכֵּז פ״ע (בּ־) concentrate (on)
הִתְרַכְּזוּת נ. concentration
הִתְרַכֵּךְ פ״ע soften; relent
הַתְרָמָה נ. collecting contributions, fund raising
הַתְרָסָה נ. defiance; challenge; protest
- בְּהַתְרָסָה defiantly
הִתְרַסֵּק פ״ע to crash; be smashed up
הִתְרַסְּקוּת נ. crash
הַתְרָעָה נ. warning, alert
הִתְרַעֵם פ״ע resent
הִתְרַעֲנֵן פ״ע be refreshed; freshen up
הִתְרַפֵּא פ״ע be cured; heal (wound)
הִתְרַפֵּס פ״ע grovel, lick someone's boots, kowtow
הִתְרַפֵּק פ״ע nestle; cling to
הִתְרַצָּה פ״ע (לְהִתְרַצּוֹת) relent; be appeased
הִתְרַקֵּב פ״ע to rot, decay
הִתְרַקֵּם פ״ע be devised, take shape
הִתְרַשֵּׁל פ״ע be negligent, be slovenly
הִתְרַשְּׁלוּת נ. negligence; carelessness
הִתְרַשֵּׁם פ״ע be impressed; get an impression
הִתְרַשְּׁמוּת נ. impression
הִתְרַתֵּחַ פ״ע boil (with anger)
הַתָּשָׁה נ. attrition

ו

ו — *vav* (sixth letter of Hebrew alphabet); six
– יוֹם ו' — Friday
וְ־ (וּ־, וַ, וָ־, וִ־) — and
וָאדִי ז. (וָאדִיוֹת) — wadi
וָאט ז. — watt
וָאקוּם ז. — vacuum
וּבְכֵן מ״ח — well
וְגוֹ' — etc.
וַדָּאוּת נ. — certainty
– בְּוַדָּאוּת — with certainty, for certain
וַדַּאי תה״פ — probably
– בְּוַדַּאי — certainly; of course
וַדָּאִי ת. — certain; sure
וַדָּאִיּוּת נ. — certainty
וָו ז. — hook
וָו, ו״ו, וָאו נ. — *vav* (sixth letter of Hebrew alphabet); six
וַאלְלָה מ״ק — Wow!; believe you me; really
ווּדוּ ז. — voodoo
ווֹדְקָה נ. — vodka
ווּלְגָּרִי ת. — vulgar
ווּלְגָּרִיּוּת נ. — vulgarity
ווֹלוּנְטָרִי ת. — voluntary
ווֹלְט ז. — volt
ווֹלְיוּם ז. — volume (of sound)
ווֹקִי־טוֹקִי ז. — walkie-talkie
ווֹקָלִי, ווֹקָאלִי ת. — vocal
וָזֶלִין ז. — Vaseline, petroleum jelly
וָט, וָאט ז. — watt
וֶטוֹ ז. — veto
– הִטִּיל וֶטוֹ עַל־ — veto (v.)
וֶטֶרִינָר ז. — veterinarian, vet
וִיבְּרָטוֹר ז. — vibrator
וִיבְּרַצְיָה נ. — vibration
וִידֵּא פ״י (לְוַדֵּא) — make certain; see to it (that); ascertain; verify
וִידּוּא ז. — ascertaining, making sure
וִידּוּי ז. — confession
וִידֵיאוֹ ז. — video; VCR
וִידַּע פ״י (לְוַדֵּעַ) — introduce; acquaint
וִיזָה נ. — visa
וִיזוּאָלִי ת. — visual
וִיטָמִין ז. — vitamin
וִיכּוּחַ ז. — argument; debate
וִילָה נ. (וִילוֹת) — mansion; villa
וִילוֹן ז. (וִילוֹנוֹת) — curtain, drape
וִיסּוּת ז. — regulation (of)
וִיסְקִי ז. — whisky
וִיסֵּת פ״י (לְוַסֵּת) — regulate; adjust
וִיקִינְג ז. — Viking
וִירָאלִי ת. — viral
וִירוּס ז. — virus
וִירְטוּאוֹז ז. — virtuoso
וִירְטוּאוֹזִי ת. — virtuoso
וִיש ז. — slit (on the face) (*slang*)
וִישֶׁר ז. — windshield wiper, windscreen wiper
וִיתּוּר ז. — concession, giving up
וִיתֵּר פ״ע (לְוַתֵּר עַל־) — give up, concede
וְכד' = וְכַדּוֹמֶה — etc., and the like
וְכוּ' — etc.
וכיו״ב ר״ת וְכַיּוֹצֵא בָּזֶה — etc.; and so on
וָלָד ז. (וְלָדוֹת) — newborn baby
וַלְדָנִית נ. (וַלְדָנִיּוֹת) — a very fertile woman
וַלְס ז. — waltz
וַנְדָלִיזְם ז. — vandalism
וֶנְטִילָטוֹר ז. — fan (electric)
וָנִיל ז. — vanilla
וֶנֶצוּאֶלָה נ. — Venezuela
וֶסְט ז. — vest, waistcoat
וֶסְפָּה נ. — motor scooter
וֶסֶת ז. — menstruation
וַסָּת ז. — regulator
– וַסַּת עוֹצְמָה — volume control
וַעַד ז. — committee, council
– וַעַד עוֹבְדִים — workers' council, workers' committee
וַעֲדָה נ. — committee
– וַעֲדָה רְפוּאִית — medical board
– וַעֲדַת חֲקִירָה — commission of inquiry
וְעוֹד תה״פ — and more; and others

וְעִידָה נ.	conference; congress
– וְעִידַת פִּסגָה	summit (conference)
וָפֶל, וַפלָה ז. (וַפלִים)	wafer
– וָפֶל אֲמֶרִיקָאִי	waffle
וָקוּם ז.	vacuum
וַקס ז.	wax polish
וֶרֶד ז. (וְרָדִים)	rose
וָרוֹד ת. (וְרוּדָה; וְרוּדִים)	pink, rosy
וַרִיאַציָה נ.	variation
וְרִיד ז.	vein
וְרִידִי ת.	venous
וֶרמוּט ז.	vermouth
וְשוּת׳ = וְשוּתָפָיו	and partners, and Co.
וֶשֶט ז.	esophagus, gullet
וְתוּ לֹא	and nothing more, merely, pure and simple
וָתִיק תו״ז	veteran; senior; old (friend, etc.)
וֶתֶק ז.	seniority; long service
וַתְּרָן תו״ז	(person) readily making concessions or giving way
וַתְּרָנוּת נ.	undue readiness to make concessions or give way

ז

ז — *zayin* (7th letter of Hebrew alphabet); seven

ז״א ר״ת זאת אוֹמֶרֶת — i.e.

זְאֵב ז. — wolf

– אָדָם לְאָדָם זְאֵב — dog-eat-dog

זַאֲטוּט ז. — kid; child

זֹאת מ״ג — this (fem.), it

– בְּכָל זֹאת — nevertheless; all the same

– זֹאת אוֹמֶרֶת — that is to say

זְבוּב ז. — fly

זָבַח פ״י (לִזְבּוֹחַ) — to sacrifice

זֶבַח ז. (זְבָחִים) — sacrifice (on altar)

זֶבֶל ז. — garbage, trash, rubbish; fertilizer, manure

זַבָּן ז. — salesman, shop assistant

זַבָּנִית נ. (זַבָּנִיּוֹת) — saleswoman, shop assistant

זֶבְּרָה נ. — zebra

זָבָּשׁ ר״ת (זוֹ בְּעָיָה שֶׁל) (זַבָּשְׁךָ, זַבָּשׁוֹ...) — That's your problem!

זַגָּג ז. — glazier

זַגָּגוּת נ. — glaziery; glazing

זְגוּגִית נ. (זְגוּגִיּוֹת) — glass; (window-) pane

זָדוֹן ז. — malice, vicious intent

– בְּזָדוֹן — maliciously; wilfully

זֶה מ״ג — this (masc.); it

– בָּזֶה אַחַר זֶה — one by one; consecutively

– זֶה אֶת זֶה — each other, one another

– מִזֶּה שָׁבוּעַ — for a week (now)

זָהָב ז. — gold

זֵהֶה ת. (זֵהָה; זֵהִים; זֵהוֹת) — identical

זֶהוּ מ״ג — this (is)...; that's it

זָהוֹב ת. (זְהוּבָּה; זְהוּבִּים; זְהוּבּוֹת) — golden (color)

זֶהוּת נ. — identity

זָהִיר ת. — careful, cautious

זְהִירוּת נ. — carefulness, caution, care

– זְהִירוּת בַּדְרָכִים — road safety

– בִּזְהִירוּת — carefully, cautiously

זָהַר פ״ע (לִזְהוֹר) — shine, glisten

זוֹ מ״ג — this (fem.), It

זוֹאוֹלוֹג ז. — zoologist

זוֹאוֹלוֹגְיָה נ. — zoology

זוּבּוּר ז. — hazing

זוּג ז. (זוּגוֹת) — couple (male & female); pair

– בְּזוּגוֹת — in pairs

זוּגִי ת. — even (number); double-

זוּהָה פ. (זוּהתה, זוּהוּ) — be identified

זוֹהַם פ. (זוֹהמוּ) — be contaminated; be polluted

זוֹהִי מ״ג — that's her; that's the

זוּהֲמָה נ. — dirt, filth

זוֹהַר ז. — brightness; glamor

זוֹהֵר ת. (זוֹהֶרֶת) — shining; glamorous

זָוִית נ. (זָוִיּוֹת) — angle (geometry)

– זָוִית חַדָּה — acute angle

– זָוִית יְשָׁרָה — right angle

– זָוִית רְאִיָּה — angle; viewpoint

זְוָעָה נ. — horror, terror; atrocity

זְוָעָתִי, זַוועָתִי ת. — horrible, hideous

זוּז! ר׳ זָז — Move!

זוֹחֵל ז. — reptile

זוּטוֹת נ״ר — trifles

זוּטָר ת. — junior

זוּיַּף פ. (זוּיפה; זוּיפוּ) — be forged; be faked

זוּכָּה פ. (זוּכּתה; זוּכּוּ) — be acquitted; be credited

זוֹל ת. — cheap; of low quality

– בְּזוֹל — inexpensive; cheaply

זוּלַת מ״י (זוּלָתִי, זוּלָתְךָ וכו׳) — except for; apart from

– אַהֲבַת הַזּוּלַת — love of humanity

– הַזּוּלַת — other people, your fellow man

זוֹמֵם ת. (זוֹמֶמֶת, זוֹמְמִים, זוֹמְמוֹת) — plotting; scheming (evil)

זוּמַּן פ. (זוּמְּנָה; זוּמְּנוּ) — be summoned

זוֹנָה נ. (זוֹנוֹת) — prostitute, whore

– בֶּן זוֹנָה — son of a bitch!

זוּעֲזַע פ. be shocked, shaken
זוֹעֵם ת. (זוֹעֶמֶת) furious
זוֹעֵף ת. (זוֹעֶפֶת) very angry; raging (sea)
זָז פ"ע (לָזוּז) to move, budge
זְחִיחוּת־הַדַּעַת smugness
זְחִילָה נ. crawling, creeping
זָחַל פ"ע (לִזחוֹל) to creep, crawl
זַחַל ז. (זְחָלִים) larva; grub; caterpillar; track
זַחלָ"ם ז. half-track
זִיבָה נ. gonorrhea
זִיבּוּל ז. fertilizing
זִיבֵּל פ"י (לְזַבֵּל) to manure, fertilize
זִיגזַג ז. zig-zag
זִיהָה פ"י (לְזַהוֹת) identify; recognize
זִיהוּי ז. identification; identifying
זִיהוּם ז. pollution; contamination; infection
– זִיהוּם אֲווִיר air pollution
זִיהֵם פ"י (לְזַהֵם) pollute; infect
זִיוֵוג פ"י (לְזַווֵג) match; marry off, mate
זִיוּן ז. fuck
זִיוּף ז. fake; forgery
זִייֵן פ"י (לְזַייֵן) to fuck
זִייֵף פ"י (לְזַייֵף) forge, fake; sing out of key
זַייְפָן ז. forger
זִיכָּה פ"י (לְזַכּוֹת) acquit; credit
זִיכּוּי ז. acquittal; crediting (an account), credit
זִיכָּיוֹן ז. (זִיכיוֹנוֹת) franchise, concession
זִיכֵּךְ פ"י (לְזַכֵּךְ) purify; cleanse
זִיכָּרוֹן ז. (זִכרוֹן־; זִכרוֹנוֹ; זִכרוֹנוֹת) memory
– זִכרוֹנוֹ לִברָכָה of blessed memory
– זִכרוֹנוֹת memoirs; reminiscences
זִילוּת נ. contempt (of court)
זִילזוּל ז. contempt; disrespect; disregard
זִילזֵל פ"י (לְזַלזֵל בּ־) show disrespect; underestimate, belittle; disparage
זִימָּה נ. lewdness; pornography
זִימּוּן ז. summons; convening
זִימּוּנִית נ. beeper
זִימזוּם ז. hum(ming); buzz(ing)
זִימזֵם פ"ע (לְזַמזֵם) to buzz; hum
זִימֵּן פ"י (לְזַמֵּן) summon; convene
זִימֵּר פ"ע (לְזַמֵּר) sing
זַיִן ז. cock, dick
– לא שָׂם זַיִן not give a damn (*slang*)
זִינּוּק ז. dash; jump, sudden leap; start (of race)
זִינֵּק פ"ע (לְזַנֵּק) to spring; rush (towards); jump; soar (prices)
זֵיעָה נ. sweat, perspiration
זִיעֲזַע פ"י (לְזַעֲזֵעַ) to shake, shock
זִיף ז. (זִיפִים) bristle
זִיפזֵף פ"ע (לְזַפזֵף) to zap
זִיפֵּת פ"י (לְזַפֵּת) to tar; coat with pitch
זִיקָה נ. connection; linkage
זִיקּוּק ז. firework, flare; refining (oil)
זִיקִית נ. (זִיקִיוֹת) chameleon
זִיקנָה נ. old age
זִיקפָּה נ. erection (penis)
זִירָה נ. arena, ring; scene (of crime)
זֵירוּז ז. urging on; hurrying
זֵירֵז פ"י (לְזָרֵז) urge on; hurry, expedite
זַיִת ז. (זֵיתִים) olive; olive-tree
זַךְ ת. (זַכָּה, זַכִּים, זַכּוֹת) pure, clear
זַכָּאוּת נ. entitlement (to benefits)
זַכַּאי ת. (זַכָּאִית; זַכָּאִים; זַכָּאִיוֹת) innocent, not guilty; entitled (to)
זָכָה פ"ע (לִזכּוֹת בּ־) win; gain; achieve
זְכוּכִית נ. glass
– זְכוּכִית מַגדֶלֶת magnifying glass
זָכוּר ת. remembered
זְכוּת נ. (זְכוּיוֹת) right, privilege; credit (side)
– בִּזכוּת thanks to; by right
– זְכוּת יוֹצרִים copyright
– זְכוּת קְדִימָה right of way; priority
זְכִייָה נ. winning; gain(ing)
זַכִּיין ז. concessionaire, franchisee
זָכַר פ"י (לִזכּוֹר) remember, recall; bear in mind

זָכָר ז. male; masculine
זֵכֶר ז. (זִכרוֹ) memory; trace
– לְזֵכֶר in memory of
זִכָּרוֹן ז. ר׳ זִיכָּרוֹן
זִכרוֹן דְבָרִים ז. memorandum (law)
זְכָרִי ת. male
ז״ל ר״ת of blessed memory
זָלַג פ״ע (לִזלוֹג) roll (down your cheeks), flow, drip
זִלזוּל ז. ר׳ זִילזוּל
זִלזֵל פ״י ר׳ זִילזֵל
זְלִילָה נ. eating greedily; gluttony
זָלַל פ״י (לִזלוֹל) eat greedily
זִמזוּם ז. hum(ming); buzz(ing)
זִמזֵם פ״ע (לְזַמזֵם) hum; buzz
זַמזָם ז. buzzer
זָמִין ת. available
זָמִיר ז. nightingale
זָמַם פ״י (לָזוֹם) plot, conspire
זְמַן, זְמָן ז. (זְמַן־; זְמַנִים) time; tense
– בְּבוֹא הַזמַן when the time comes; all in good time
– בַּזמַן הָאַחֲרוֹן recently, lately
– בִּזמַן שֶ־ while; when
– מִזמַן a long time ago, long ago
– בִּמרוּצַת הַזמַן in the course of time
זְמַנִי ת. temporary
זְמַנִית תה״פ temporarily
זֶמֶר ז. singing; song
זַמָר ז. singer
זַמֶרֶת נ. (זַמָרוֹת) singer (fem.)
זַמש ז. suede
זַן ז. kind, sort; variety (of plants)
זָנָב ז. (זְנַב־; זְנָבוֹת) tail
זַנגבִיל ז. ginger (spice)
זְנוּת נ. prostitution
זַנזוֹנֶת נ. slut, bimbo
זָנַח פ״י (לִזנוֹחַ) abandon
זָנִיחַ ת. negligible
זֵעָה נ. sweat, perspiration
זָעוּם ת. meagre
זַעֲזוּעַ ז. shock
– זַעֲזוּעַ־מוֹחַ concussion
זִעזַע פ״י (לְזַעזֵעַ) to shake, shock
זָעִיר ת. very small, tiny, miniature
זַעַם ז. fury, rage, wrath
– בְּזַעַם furiously
זַעַף ז. anger
זָעַק פ״ע (לִזעוֹק) cry out
זְעָקָה נ. shout, cry; outcry
זַעֲרוּרִי ת. tiny, minute
זַעתָר ז. savory (herb)
זַפֶּקֶת נ. goitre
זֶפֶת נ. tar, pitch
זַפָּת ז. pitch worker
זצ״ל ר״ת of blessed memory
זְקוּנִים ז״ר
– בֶּן זְקוּנִים, בַּת זְקוּנִים son/daughter of your old age
זָקוּף ת. erect, upright
זָקוּק ת. (ל־) needing, in need (of)
זַ׳קֶט ז. jacket
זָקִיף ז. guard, sentry
זְקִיפוּת קוֹמָה נ. holding your head high
זָקֵן תו״ז (זְקַן־) old (man); aged
זָקָן ז. (זְקָנִים) beard
זְקֵנָה נ. (זְקֵנוֹת) old woman
זִקנָה נ. old age
זָקַף פ״י (לִזקוֹף) straighten up; prick up (ears); attribute (to)
– זָקַף לְחוֹבַת hold it against
זִקפָּה נ. erection (penis)
זֵר ז. wreath; bouquet
זָר תו״ז alien, foreign, strange; stranger
זַ׳רגוֹן ז. jargon
זֶרֶד ז. (זְרָדִים) twig
זָרָה פ״י (לִזרוֹת) to sprinkle
– זָרָה חוֹל בְּעֵינֵי־ throw dust in someone's eyes, mislead
זֵרוּז ז. urging on; hurrying
זְרוֹעַ נ. (זְרוֹעוֹת) (upper) arm
– בִּזרוֹעוֹת פְּתוּחוֹת with open arms
– בְּכוֹחַ הַזרוֹעַ by force (physical)
זָרוּק ת. unkempt (appearance); stoned (*slang*); discarded
זָרַח פ״ע (לִזרוֹחַ) to shine; rise (the sun)

זַרחָן ז. phosphorous
זָרִיז ת. (זְרִיזָה; זְרִיזִים) nimble; agile
זְרִיזוּת נ. quickness, agility
– בִּזרִיזוּת nimbly, quickly
זְרִיחָה נ. sunrise
זְרִימָה נ. flow; flowing
זְרִיעָה נ. sowing
זְרִיקָה נ. throwing; injection
זָרַם פ״ע (לִזרוֹם) to stream, flow
זֶרֶם ז. (זְרָמִים, זִרמֵי־) current; flow
– זֶרֶם מֶרכָּזִי mainstream
זַרנוּק ז. firehose; hose
זָרַע פ״ע (לִזרוֹעַ) to sow (also *figurative*)
זֶרַע ז. (זַרעוֹ; זְרָעִים; זַרעֵי־) seed; sperm, semen
זָרַק פ״י (לִזרוֹק) to throw, toss, fling
זַרקוֹר ז. spotlight; searchlight; projector
זֶרֶת נ. the little finger

ז

ח

ח

het (eighth letter of Hebrew alphabet); eight ח

khaki חָאקִי ז.

hidden חָבוּי ת.

bruised, beaten חָבוּל ת.

bruise חַבּוּרָה נ.

group; company (of people) חֲבוּרָה נ.

quince חַבּוּשׁ ז.

beat, strike, club חָבַט פ״י (לַחבּוֹט)

blow, bang, bump, thud; stroke (tennis) חֲבָטָה נ.

lovable, well-liked, darling חָבִיב ת.

package; parcel חֲבִילָה נ.

barrel חָבִית נ. (חָבִיוֹת)

bottomless pit – חָבִית לְלֹא תַחתִית

omelette חֲבִיתָה נ.

pancake חֲבִיתִית נ. (חֲבִיתִיוֹת)

rope, cord חֶבֶל ז. (חֲבָלִים; חַבלֵי־)

district, region – חֶבֶל אֶרֶץ

skate on thin ice, walk a tightrope – לָלֶכֶת עַל חֶבֶל דַק

What a pity! חֲבָל מ״ק

too bad – חֲבָל מְאוֹד

What a shame! – כַּמָה חֲבָל!

sabotage חַבָּלָה נ.

bomb-disposal expert, sapper חַבְּלָן ז.

terrorist חַבְּלָנִי ת.

terrorist activity – פְּעִילוּת חַבְּלָנִית

lily חֲבַצֶּלֶת נ. (חֲבַצָּלוֹת)

company (of people); league חֶבֶר ז.

the jury – חֶבֶר מוּשׁבָּעִים

friend; member חָבֵר ז. חֲבֵרָה נ.

classmate – חָבֵר לַכִּיתָה

member of Knesset (Israel's parliament), MK – חֲבֵר כְּנֶסֶת

colleague, fellow-worker – חָבֵר לַעֲבוֹדָה

חָבַר פ״ע (לַחֲבוֹר)

gang up – לַחֲבוֹר יַחַד

company; society חֶברָה נ. (חֲבָרוֹת)

high society – הַחֶברָה הַגבוֹהָה

subsidiary (company) – חֶברָה־בַּת

Jewish burial society – חֶברָה קַדִישָׁא

חֶברֶ'ה ז.

the guys, the gang – הַחֶברֶ'ה

friendship; membership חֲבֵרוּת נ.

friendly, sociable חַברוּתִי ת.

friendly; amicable חֲבֵרִי ת.

social חֶברָתִי ת.

to bandage; wear (a hat) חָבַשׁ פ״י (לַחֲבוֹשׁ)

Ethiopia חַבָּשׁ ז.

Ethiopian חַבָּשִׁי תו״ז

Ethiopian (language) חַבָּשִׁית נ.

to circle (around) חָג פ״י (לָחוּג)

holiday, feast (religious) חַג ז. (חַגִּים)

Passover – חַג הָאָבִיב

Festival of Lights, *Hanukkah* – חַג הָאוּרִים

Harvest Festival, *Succoth* – חַג הָאָסִיף

Festival of First Fruits, *Shavu'oth* – חַג הַבִּיכּוּרִים

Christmas – חַג הַמּוֹלָד

Passover – חַג הַמַּצוֹת

Independence Day festival – חַג הָעַצמָאוּת

Pentecost – חַג הַשָּׁבוּעוֹת

Happy Holiday! – חַג שָׂמֵחַ!

grasshopper חָגָב ז.

celebrate חָגַג פ. (לַחגוֹג אוֹ לָחוֹג)

belt חֲגוֹרָה נ.

seat belt – חֲגוֹרַת־בְּטִיחוּת

lifebelt – חֲגוֹרַת־הַצָּלָה

celebration; festivity חֲגִיגָה נ.

festive; solemn חֲגִיגִי ת.

festiveness; solemnity חֲגִיגִיוּת נ.

fasten (seat belt); put on (belt) חָגַר פ״י (לַחגוֹר)

sharp חַד ת. (חַדָּה; חַדִּים)

pure and simple – חַד וְחָלָק

sharp-eyed, observant – חַד־עַיִן

one-; uni-; mono- חַד־

single-parent – חַד־הוֹרִי

– חַד־מַשְׁמָעִי unequivocal

– חַד־סִטְרִי one-way

– חַד־פַּעֲמִי disposable; one-time

– חַד־צְדָדִי one-sided

חַדְגוֹנִי ת. monotonous

חֶדְוָה נ. joy; delight

חָדוּר ת. imbued with, full of

חַדּוּת נ. sharpness; acuity

חָדִיר ת. permeable, penetrable

– בִּלְתִּי חָדִיר impenetrable

חֲדִירָה נ. penetration; intrusion (on privacy), incursion

חָדִישׁ ת. modern; up-to-date

חָדַל פ״ע (לַחדוֹל) to cease, stop

חַד־פַּעֲמִי ר׳ חַד־

חַד־צְדָדִי ר׳ חַד־

חֵדֶק ז. (חֲדָקִים) trunk (of elephant)

חָדַר פ״ע (לַחדוֹר לְתוֹךְ־) penetrate

חֶדֶר ז. (חֲדָרִים) room

– חֲדַר־אוֹכֶל dining room

– חֲדַר הַמְתָּנָה waiting room

– חֲדַר־מִיּוּן emergency room

– חֲדַר עֲבוֹדָה study (room)

– חֲדַר־שֵׁינָה bedroom

חַדְרָנִית ת. chambermaid

חָדָשׁ ת. new

– מֵחָדָשׁ all over again

חֲדָשָׁה נ. a news item

– חֲדָשׁוֹת news

חַדְשָׁנוּת נ. innovation; inventiveness

חַדְשָׁנִי ת. innovative; modernistic

חוֹב ז. (חוֹבוֹת) debt

חוֹבֵב ז. חוֹבֶבֶת נ. amateur; lover of; (a radio) ham

חוֹבְבָנִי ת. amateurish

חוֹבָה נ. duty; compulsory; debit; a must

– לָצֵאת יְדֵי חוֹבָה go through the motions, do something perfunctorily

חוּבַּר פ. be connected, be joined; be written/composed

חוֹבֶרֶת נ. (חוֹברוֹת) booklet; pamphlet

חוֹבֵשׁ ז. paramedic, medical orderly

חוּג ז. circle (of people)

– חוּג לִימוּד study group/circle

חוֹגֵג ת. (חוֹגֶגֶת) celebrating

חוּגָה נ. dial (of telephone)

חוֹד ז. sharp point

חוֹדֵר, חוֹדְרָנִי ת. penetrating

חוּדַּשׁ פ. be renewed

חוֹדֶשׁ ז. (חוֹדָשִׁים) month

– פַּעַם בְּחוֹדֶשׁ once a month

חוֹדְשִׁי ת. monthly

חוה״מ ר״ת חוֹל הַמּוֹעֵד intermediate days of a Festival (Jewish)

חַוַּאי ז. (חַוָּאִים) farmer, rancher

חַוָּה נ. farm, ranch

חָוָה פ״י (לַחֲווֹת) experience, live through

חֲוָיָה נ. experience

חֲוִילָה נ. mansion, villa

חֲוַות־דַּעַת נ. opinion (medical, etc.)

חוֹזֶה ז. (חוֹזִים) contract; (peace) treaty

חוֹזֶק ז. strength

חוֹזְקָה: בְּחוֹזְקָה with force, hard

חוֹזֵר ז. circular (letter); person returning, returnee

– חוֹזֵר בִּתְשׁוּבָה penitent

חוּט ז. string; thread

– חוּט חַשְׁמַל electric wire/cord

– מָשַׁךְ בַּחוּטִים pull the strings

חוֹטֵא ז. sinner

חוֹטֶם ז. nose

חוֹטֵף ז. (חוֹטְפִים) kidnapper; hijacker

חוּיַּב פ. be required to; be made to; be charged (money)

חוֹכְמָה נ. wisdom

– בְּחוֹכְמָה wisely

חוֹל ז. (חוֹלוֹת) sand

– זָרָה חוֹל בְּעֵינֵי־ throw dust in someone's eyes, mislead

חוֹל ז. (חוּלִין)

– חוֹל הַמּוֹעֵד intermediate days of a (Jewish) Festival

– יוֹם חוֹל weekday

חו״ל ר״ת: לחו״ל, בְּחו״ל abroad

ח

rat	חוּלְדָה נ.
ill, sick; patient	חוֹלֶה תו"ז
mentally ill	– חוֹלֵה נֶפֶשׁ [רוּחַ]
illness, sickness	חוֹלִי ז. (חוֹלָאִים)
sandy	חוֹלִי ת.
hooligan	חוּלִיגָן ז.
link; vertebra; squad	חוּלְיָה נ. (חוּלִיוֹת)
to cause, create; generate; dance	חוֹלֵל פ"י (לְחוֹלֵל)
do wonders	– חוֹלֵל נִפְלָאוֹת
be desecrated	חוּלַּל פ.
dreamy	חוֹלְמָנִי ת.
sick; sickly; morbid, pathological	חוֹלָנִי ת.
passing, transient	חוֹלֵף ת.
be extricated; be rescued	חוּלַּץ פ. (חוּלְצוּ)
shirt, blouse	חוּלְצָה נ.
weakness	חוּלְשָׁה נ.
heat; warmth; temperature, fever	חוֹם ז.
brown	חוּם ת.
darling, love; cute	חוֹמֶד ז.
wall	חוֹמָה נ.
chickpea; *humus* (food)	חוּמוּס ז.
vinegar	חוֹמֶץ ז.
acid	חוּמְצָה נ.
substance, material, stuff, matter	חוֹמֶר ז. (חוֹמָרִים, חוֹמְרֵי־)
raw material	– חוֹמֶר גֶּלֶם
preservative	– חוֹמֶר מְשַׁמֵּר
severity	חוּמְרָה נ.
hardware	חוֹמְרָה נ.
material	חוֹמְרִי ת.
materialistic	חוֹמְרָנִי ת.
Pentateuch	חוּמָּשׁ ז.
junta	חוּנְטָה נ.
tutor	חוֹנֵךְ ז. (חוֹנְכִים)
be educated	חוּנַּךְ (חוּנְּכָה; חוּנְּכוּ)
inmate	חוֹסֶה ז.
be liquidated, be eliminated	חוּסַּל פ. (חוּסְּלָה; חוּסְּלוּ)
be immunized	חוּסַּן פ. (חוּסְּנָה; חוּסְּנוּ)
lack, shortage	חוֹסֶר ז.
destitution, penury	– חוֹסֶר־כֹּל
idleness; inactivity	– חוֹסֶר־מַעַשׂ
beach, shore, coast	חוֹף ז. (חוֹפִים)
a safe haven	– חוֹף מִבְטָחִים
bathing beach	– חוֹף רַחֲצָה
ashore	– אֶל הַחוֹף; עַל הַחוֹף
wedding ceremony; (Jewish bridal) canopy	חוּפָּה נ.
	חוּפְזָה נ.
hastily; hurriedly	– בְּחוּפְזָה
handful	חוֹפֶן ז. (חוֹפְנַיִים)
overlapping; congruent (geometry)	חוֹפֵף ת. (חוֹפֶפֶת)
freedom; vacation	חוֹפֶשׁ ז. (חוֹפָשִׁים)
the summer vacation, the summer holidays	– הַחוֹפֶשׁ הַגָּדוֹל
freedom of speech, free speech	– חוֹפֶשׁ הַדִּיבּוּר
freedom of action; a free hand	– חוֹפֶשׁ פְּעוּלָּה
vacation, holiday; leave	חוּפְשָׁה נ. (חוּפְשׁוֹת)
maternity leave	– חוּפְשַׁת לֵידָה
sick leave	– חוּפְשַׁת מַחֲלָה
free; irreligious; unrestricted; loose	חוֹפְשִׁי ת.
go free	– יָצָא לַחוֹפְשִׁי
free period (school)	– שִׁיעוּר חוֹפְשִׁי
set free	– שִׁלַּח [הוֹצִיא] לַחוֹפְשִׁי
freedom	חוֹפְשִׁיּוּת נ.
freely	– בְּחוֹפְשִׁיּוּת
outside; out	חוּץ ז. (חוּצוֹת)
out	– הַחוּצָה
abroad	– חוּץ לָאָרֶץ
Foreign Minister	– שַׂר הַחוּץ
	חוּץ תה"פ
apart from, except	– חוּץ מִ־
besides, apart from that	– חוּץ מִזֶּה
extraterrestrial, alien	חוּצָן ז.
insolence, cheek; chutzpah	חוּצְפָּה נ.
impudent, insolent; cheeky person	חוּצְפָּן תו"ז חוּצְפָּנִית תו"נ
law, rule	חוֹק ז.

ח

- חוק הַהִתְיַישְׁנוּת statute of limitations
- חוק הַשְׁבוּת Law of Return (to Israel)
- כַּחוק legally
- שׁומֵר חוק law-abiding

חוּקָה נ. constitution
חוּקִי ת. legal; legitimate
- בִּלְתִּי [לֹא] חוּקִי unlawful, illegal

חוּקִיוּת נ. legality, lawfulness
חוֹקֶן ז. enema
חוֹקֵק פי״ (לְחוֹקֵק) legislate; pass (laws)
חוֹקֵר ז. חוֹקֶרֶת נ. researcher; investigator
חוֹר ז. hole
חוּרְבָּה נ. ruined house/building
חוּרְבָּן ז. destruction, ravage, ruin
חוֹרֵג ת. (חוֹרֶגֶת) step-(father, etc.); exceeding; deviating
חוֹרמָה: עַד חוֹרמָה to the death; to the finish
חוֹרֶף ז. (חוֹרָפִים) winter
חוֹרפִּי ת. wintry, of winter
חוֹרֶשׁ ז. wood, copse, grove
חוֹרשָׁה נ. wood, copse, grove
חוּשׁ ז. sense, feeling, intuition
- חוּשׁ הוּמוֹר sense of humor
- חוּשׁ הַמִּישׁוּשׁ the sense of touch

חוֹשֶׁךְ ז. darkness
חוּשָׁנִי ת. sensual
חוֹשׂפָנִי ת. revealing
חוֹתָם ז. (חוֹתָמוֹת) seal
- הִטְבִּיעַ חוֹתָמוֹ עַל leave your stamp on

חוֹתֶמֶת נ. (חוֹתָמוֹת) stamp, seal
חוֹתֵן ז. father-in-law
חוֹתֶנֶת נ. mother-in-law
חַזַּאי ז. forecaster, weatherman
חָזָה פי״ (לַחֲזוֹת) foresee, predict; watch
חָזֶה ז. (חֲזִי, חָזֵהוּ) breast; chest
חָזוֹן ז. (חֲזוֹנוֹת) vision
חָזוּתִי ת. visual
חֲזִיז ז. firecracker; thunderbolt
חֲזִייָה נ. bra(ssiere)
חֲזִיר ז. pig
- בְּשַׂר חֲזִיר pork

חֲזִירוּת נ. swinishness
חֲזִית נ. (חֲזִיתוֹת) front
חֲזִיתִי ת. head-on
חַזַ״ל ר״ת our sages of blessed memory
חַזָּן ז. cantor (in synagogue)
חַזָּנוּת נ. cantor's singing (as above)
חָזָק ת.; תה״פ (חֲזָקָה; חֲזָקִים) strong; strongly, hard; powerful
חָזַר פ״ע (לַחֲזוֹר) come back; return; repeat
- חָזַר בּוֹ change your mind; retract
- חָזַר לְמוּטָב go straight, reform
- חָזַר בִּתשׁוּבָה repent (and become an orthodox Jew)
- חָזַר לְסוּרוֹ backslide

חֲזָרָה נ. rehearsal; repetition; return
- בַּחֲזָרָה back
- חֲזָרָה כְּלָלִית dress rehearsal

חֲזֶרֶת נ. horseradish
חַזֶּרֶת נ. mumps (disease)
חֵטְא ז. (חֶטְאוֹ, חֲטָאִים, חַטָאֵי־) sin
- הוֹסִיף חֵטְא עַל פֶּשַׁע add insult to injury
- הִיכָּה עַל חֵטְא regret (doing something)

חָטָא פ״ע (לַחֲטוֹא) to sin
חָטַב פי״ (לַחטוֹב) cut, chop (wood)
חָטוּב ת. well-shaped, shapely
חָטוּף ת. kidnapped; hijacked
חַטְטָן ז. חַטְטָנִית נ. nosy person
חַטְטָנוּת נ. nosiness, muckraking
חֲטִיבָה נ. brigade; division
- חֲטִיבַת־בֵּינַיִים junior high school

חֲטִיף ז. snack
חֲטִיפָה נ. kidnapping; hijacking
חָטַף פי״ (לַחֲטוֹף) snatch, grab; hijack; kidnap
- חָטַף (אָדָם) kidnap/abduct (a person)

- חָטַף מָטוֹס hijack an airplane
חַי תוא״ז (חַיָה, חַיִים) live, alive; raw
חִיבֵּב פ״י (לְחַבֵּב) to like, be fond of
חִיבָּה נ. affection, liking
- בְּחִיבָּה affectionately
חִיבּוּק ז. embrace, hug
- בְּחִיבּוּק יָדַיִים (sitting) idly by
חִיבּוּר ז. addition; connection; joining; composition
חִיבֵּל פ״י (לְחַבֵּל בּ־) to damage; sabotage
חִיבֵּק פ״י (לְחַבֵּק) to embrace, hug
חִיבֵּר פ״י (לְחַבֵּר) connect, join, attach
חִידֵד פ״י (לְחַדֵּד) sharpen; point up
חִידָה נ. riddle; puzzle; enigma
חִידוֹן ז. quiz
חִידוּשׁ ז. renewal; innovation
חִידֵשׁ פ״י (לְחַדֵּשׁ) renew
חָיָה פ. (לִחיוֹת) to live; exist
חַיָה נ. animal; beast
חִיוּב ז. debiting, charging, charge; approval; forcing
- בְּחִיוּב affirmatively; favorably
חִיוּבִי ת. positive, favorable
חִיוּג ז. dialing
חִיוָוה פ״י (לְחַווֹת) express (your opinion)
חִיוֵור ת. pale
חִיוּךְ ז. (חִיוּכִים) smile
חִיוּנִי ת. essential, vital
חִיזּוּי ז. prediction; forecasting (the weather)
חִיזּוּק ז. strengthening; corroboration; reinforcement
חִיזָּיוֹן ז. (חֶזְיוֹנוֹת) spectacle
- חִיזָּיוֹן אוֹרקוֹלִי sound-and-light show
חִיזֵּק פ״י (לְחַזֵּק) strengthen
- חִיזֵּק אֶת יְדֵי־ encourage
חַיזָר ז. alien, extraterrestrial
חִיזֵּר פ״ע (לְחַזֵּר אַחֲרֵי־) court (a woman); woo (voters)
חִיטֵא פ״י (לְחַטֵא) disinfect; sterilize
חִיטָה נ. wheat
חִיטוּי ז. disinfection
חִיטֵט פ״י (לְחַטֵט) rummage, go through; snoop, pry
- חִיטֵט בָּאַף pick your nose
חַיָיב ת. (חַיֶיבֶת) should, must; in debt
חִיֵיב פ״י (לְחַיֵיב) compel; require, call for; charge; approve of
חִיֵיג פ״י (לְחַיֵיג) to dial
חַיידַק ז. germ, bug
חַייזָר ז. alien, extraterrestrial
חַייָט ז. tailor
חִייֵךְ פ״ע (לְחַייֵךְ) to smile
חַייָל ז. soldier; pawn (chess)
חַייֶלֶת נ. (חַייָלוֹת) woman soldier
חַיִים ז״ר (חַיֶיךָ, חַיָיו, חַיֵינוּ, חַיֵיכֶם) life
- לְחַיִים! *L'chaim!,* Cheers!
- לַעֲשׂוֹת חַיִים have a good time
חַיישָׁן ז. sensor
חֵיךְ ז. (חִיכּוֹ) palate
חִיכָּה פ״ע (לְחַכּוֹת) to wait
- חִיכָּה ל־ wait for, expect
חִיכּוּךְ ז. (חִיכּוּכִים) friction; rubbing
חַיִל ז. (חֵיל־, חֵילוֹת־) army; force
- חֵיל־אֲווִיר air force
- חֵיל־הַיָם the navy
- חֵיל־הַנְדָסָה engineering corps
- חֵיל־קֶשֶׁר signal corps
- חֵיל־רַגלִים, חי״ר infantry
- חֵיל־שִׁריוֹן armored corps
- חֵיל־תוֹתחָנִים artillery corps
- עָשָׂה חַיִל succeed greatly, prosper
חִילוּל ז. desecration
- חִילוּל הַשֵׁם blasphemy
- חִילוּל הַקוֹדֶשׁ sacrilege, profanity
חִילוֹנִי ת. secular
חִילוּף ז. exchange; change; substitution
- חִילוּפֵי דְבָרִים exchange of words
- חֶלקֵי חִילוּף spare parts
חִילוּפִי ת. alternative
חִילוּץ ז. rescue; pulling out
חִילוּק ז. division; dividing
- חִילוּקֵי דֵעוֹת differences of opinion, disagreement

ח

חִילָזוֹן ז. snail
חִילְחֵל פ״ע (לְחַלְחֵל) seep
חִילֵּל פ״י (לְחַלֵּל) desecrate; dishonor; play the flute
חִילֵּץ פ״י (לְחַלֵּץ) rescue; extricate
חִילֵּק פ״י (לְחַלֵּק) divide; hand out
חִימּוּם ז. warming; heating; warm-up
חִימּוּשׁ ז. arming (military)
– מֵירוֹץ חִימּוּשׁ arms race
חִימֵּם פ״י (לְחַמֵּם) to heat; warm
חִימְצוּן ז. oxidization, oxidation
חֵימָר ז. clay
חִימֵּשׁ פ״י (לְחַמֵּשׁ) to arm
חִינּוּךְ ז. education, upbringing
– חִינּוּךְ גּוּפָנִי physical education
– חִינּוּךְ חוֹבָה compulsory education
– חִינּוּךְ מְיוּחָד special education
– חִינּוּךְ מַשְׁלִים further education
– מִשְׂרַד הַחִינּוּךְ וְהַתַּרְבּוּת Ministry of Education and Culture
חִינּוּכִי ת. educational
חִינֵּךְ פ״י (לְחַנֵּךְ) educate, bring up
חִינָּם תה״פ free (of charge)
– בְּחִינָּם for free, gratis
– לְחִינָּם in vain, for nothing
חִינָּנִי ת. graceful
חִיסּוּל ז. liquidation; elimination
– חִיסּוּל חֶשְׁבּוֹנוֹת settling accounts
– מְכִירַת חִיסּוּל clearance sale
חִיסּוּן ז. immunization
חִיסּוּר ז. subtraction; absence
חִיסָּיוֹן ז. (press) immunity
– לְהָסִיר חִיסָּיוֹן declassify
חִיסָּכוֹן ז. (חֶסְכוֹנוֹת) saving(s); economy
חִיסֵּל פ״י (לְחַסֵּל) eliminate; liquidate; put an end to; finish off
חִיסֵּן פ״י (לְחַסֵּן) immunize
חִיסֵּר פ״י (לְחַסֵּר) subtract; take away
חִיסָּרוֹן ז. (חֶסְרוֹנוֹת) disadvantage, drawback, a minus
חִיפָּה פ״י (לְחַפּוֹת) to cover, protect; cover up (for); make up (for)
חִיפּוּי ז. cover (military); covering up (for), cover-up

חִיפּוּשׂ ז. search
חִיפּוּשִׂית נ. (חִיפּוּשִׂיּוֹת) beetle
חִיפָּזוֹן ז. haste, rush
– בְּחִיפָּזוֹן hastily, hurriedly
חִיפֵּשׂ פ. (לְחַפֵּשׂ) look for, search, seek
חַיִץ ז. partition; barrier, buffer
חִיצוֹנִי ת. outward; external, exterior, outside
חֵיק ז. lap
– בְּחֵיק הַטֶּבַע in the heart of nature; outdoors
חִיקָּה פ״י (לְחַקּוֹת) imitate, mimic
חִיקּוּי ז. imitation
חי״ר ר״ת infantry
חִירְבֵּן פ. (לְחַרְבֵּן) to shit; mess up; not give a shit (about)
חֵירוּם ז. emergency
– מַצַּב חֵירוּם state of emergency
חֵירוּף ז.: בְּחֵירוּף נֶפֶשׁ valiantly, risking one's life
חֵירוּת נ. (חֵירוּיוֹת) freedom, liberty
– חַג הַחֵירוּת Festival of Freedom (=Passover)
חִירְחוּרֵי גְסִיסָה ז״ר death rattle
חִירְחֵר פ״י (לְחַרְחֵר) stir up (quarrel)
חֵירֵף פ״י (לְחָרֵף) to curse; blaspheme
– חֵירֵף נַפְשׁוֹ risk your life
חֵירֵשׁ תו״ז (חֵירֶשֶׁת; חֵירְשִׁים) deaf; a deaf person
חֵירְשׁוּת נ. deafness
חִישֵּׁב פ״י (לְחַשֵּׁב) calculate
חִישּׁוּב ז. calculation
– מְכוֹנַת־חִישּׁוּב calculator
חִישֵּׁל פ״י (לְחַשֵּׁל) forge (metal); toughen
חֵית נ. *het* (eighth letter of Hebrew alphabet)
– בְּצוּרַת חֵית U-shaped
חִיתּוּל ז. (חִיתּוּלִים) diaper
חִיתֵּל פ״י (לְחַתֵּל) to diaper
חִיתֵּן פ״י (לְחַתֵּן) marry off
חֵךְ ר׳ חֵיךְ palate
ח״כ ר״ת M.K. – Member of Knesset (Israeli parliament)

חַכָּה נ. fishing rod, fish-hook
חָכוּר ת. hired; leased; chartered (plane)
חֲכִירָה נ. lease; leasing
חָכָם תו״ז (חֲכָמָה; חֲכָמִים) wise, clever; smart (bomb, card)
חָכמָה ר׳ חוֹכמָה
חָכַר פ״י (לַחכּוֹר) hire, rent, lease
חָל פ״ע (לָחוּל) occur; be due
– חָל בּ־ fall on (Sunday, etc.)
– חָל עַל־ apply to...
חֶלְאָה נ. scum, filth, scumbag
חָלָב ז. (חֲלֵב־) milk
– מוּצרֵי־חָלָב dairy products
– שִׁינֵי חָלָב milk teeth
חָלַב פ. (לַחֲלוֹב) to milk
חֶלבּוֹן ז. egg white; protein
חֲלָבִי ת. milky; for milk foods; dairy
חַלבָּן ז. milkman, dairyman
חָלָה פ״ע (לַחֲלוֹת) become ill, fall sick
חַלָּה נ. *halla* (braided loaf of bread for Sabbath)
חָלוּד ת. rusty
חֲלוּדָה נ. rust, rustiness
חָלוּל ת. hollow
חֲלוֹם ז. (חֲלוֹמוֹת) dream
– חֲלוֹם בְּהָקִיץ daydream
– חֲלוֹם בַּלָהוֹת nightmare
– חֲלוֹמוֹת וְרוּדִים rosy dreams
– חֲלוֹמוֹת פָּז sweet dreams
חֲלוֹמִי ת. like a dream; fantastic
חַלוֹן ז. (חַלוֹנוֹת) window; free period (in timetable)
– חַלוֹן־רַאֲוָוה shop-window
חֲלוּפָה נ. (חֲלוּפוֹת) alternative
חֲלוּפִי ת. alternative
חָלוּץ ז. pioneer; forward (player)
חֲלוּצִי ת. pioneering, pioneer
חֲלוּצִיוּת נ. pioneering spirit
חָלוּק ז. (bath)robe; (dressing) gown
חֲלוּקָה נ. division; distribution
חָלוּשׁ ת. weak, feeble, frail
חִלָּזוֹן ז. (חֶלזוֹנוֹת) snail
חֶלזוֹנִי ת. spiral

חַלחָלָה נ. horror
– לְעוֹרֵר חַלחָלָה בּ־ make (you) shudder, horrify
חַלטוּרָה נ. moonlighting; sideline; amateurish work
חֲלִיבָה נ. milking
חָלִיל ז. flute, pipe
חָלִילָה מ״ק God forbid!
חֲלִילִית נ. recorder (flute)
חֲלִילָן ז. חֲלִילָנִית נ. flute player
חֲלִיפָה נ. suit
חֲלִיפִי ת. alternative; substitute
חָלָל ז. dead, killed
חָלָל ז. space; empty space; gap
– הֶחָלָל־הַחִיצוֹן outer space
– מִילֵא אֶת הֶחָלָל fill the gap/void
– סְפִינַת־חָלָל spaceship
חֲלָלִית נ. (חֲלָלִיוֹת) spaceship
חָלַם פ. (לַחֲלוֹם) to dream
– חָלַם בְּהָקִיץ daydream
חֶלֶם: מַעֲשֵׂה חֶלֶם the height of stupidity, act of sheer folly
חֶלמוֹן ז. yolk (egg)
חָלַף פ״ע (לַחֲלוֹף) pass by; go by; go away; cross (your mind); be over
חֲלָפִים ז״ר spare parts
חַלפָן ז. (כְּסָפִים) moneychanger
חָלַץ פ״י (לַחֲלוֹץ) take off (shoes); pull out
חָלַק פ״י (לַחֲלוֹק) (עַל) disagree (with)
– חָלַק שְׁבָחִים ל־ praise, applaud
חָלָק ת. smooth; blank (page, etc.)
חֵלֶק ז. (חֶלקוֹ; חֲלָקִים; חֶלקֵי־) part; share
– לָקַח חֵלֶק בּ־ take part in
חֶלקָה נ. plot (of land)
חֶלקִי ת. partial; part-time
חֶלקִיק ז. particle
חֶלקִית תה״פ partly; partially
חֲלַקלַק ת. slippery; smooth
חַלָּשׁ ת. תה״פ weak; lightly; softly
חַם, חָם ת. (חַמָּה; חַמִּים) warm; hot
– חַם־מֶזֶג hot-tempered
– עַל חַם red-handed, in the act

חָם ז. (חָמִי) — father-in-law
חֶמְאָה נ. — butter
חָמַד פ״י (לַחמוֹד) — desire, covet
חֶמֶד ז. — charming, lovely, cute
חַמְדָנוּת נ. — covetousness
חַמָּה נ. — sun
– הָנֵץ הַחַמָּה — sunrise
חָמוּד ת. — cute, lovely; darling
חֲמוּלָה נ. — clan
חָמוּץ ת. — sour, acid
חֲמוּצִים ז״ר — pickles
חֲמוֹר זו״נ — donkey
חָמוּר ת. — serious, severe; strict
חָמוּשׁ ת. — armed
חָמוֹת נ. (חֲמוֹתִי, חֲמוֹתוֹ) — mother-in-law
חַמֵּי־ — spa, hot springs
חָמִים ת. — warm
חֲמִימוּת נ. — warmth
– בַּחֲמִימוּת — warmly
חֲמִישָּׁה ש״מ — five (masc.)
חֲמִישָּׁה־עָשָׂר ש״מ — fifteen (masc.)
חֲמִישִׁי ת. — fifth
– יוֹם חֲמִישִׁי — Thursday
חֲמִישִׁיָּה נ. — five (players, etc.)
חֲמִישִּׁים ש״מ — fifty
– הַחֲמִישִּׁים — the fiftieth
חֲמִישִׁית נ. (חֲמִישִׁיּוֹת) — fifth; ninth grade
חָמַל פ״ע (לַחמוֹל עַל־) — have pity on; spare
חֶמְלָה נ. — pity, compassion
חֲמָמָה נ. — greenhouse; hotbed
חַמָּנִית נ. (חַמָּנִיּוֹת) — sunflower
חָמָס ז.: זָעַק חָמָס — cry foul
חַמְסִין ז. — *hamsin* (hot dry desert wind)
חָמֵץ ז. — leavened bread; leaven (all food forbidden during Passover)
חֲמַצְמַץ ת. — sourish
חַמְצָן ז. — oxygen
חָמַק פ״ע (לַחֲמוֹק) — sneak; slip (out)
חֲמַקְמַק ת. — elusive; evasive
חָמֵשׁ ש״מ — five (fem.)
חַמְשִׁיר ז. — limerick
חֲמֵשׁ־עֶשְׂרֵה ש״מ — fifteen (fem.)

חֵמֶת־חֲלִילִים נ. — bagpipes
חֵן ז. (חִינּוֹ) — grace, charm
– גּוּמַת־חֵן — dimple
– בְּחֵן — gracefully
חָנָה פ״ע (לַחֲנוֹת) — to park; camp
חֶנְוָנִי ז. — grocer, shopkeeper
חָנוּט תו״ז — mummy; embalmed
חֲנוּכָּה נ. — *Hanukka* (Festival of Lights)
– חֲנוּכַּת־הַבַּיִת — housewarming
חֲנוּכִּיָּה נ. — *Hanukka* lamp (eight-branched candelabrum)
חְנוּן ז. — nerd, geek
חֲנוּפָּה נ. — flattery, adulation
חָנוּק ת. — choked, strangled
חֲנוּת נ. (חֲנוּיוֹת) — shop, store; fly (of pants/trousers)
– חֲנוּת כּוֹלבּוֹ — department store
חַנְטָרִישׁ זו״ת — crap, trashy, crummy, Mickey Mouse
חֲנִיָּה, חֲנָיָה נ. — parking
– אֵין חֲנָיָה! — No parking!
חֶנְיוֹן ז. — parking lot; camping site, rest area
חָנִיךְ ז. — apprentice, trainee, cadet
חֲנִיכָה נ. — apprentice, trainee, cadet
חֲנִיכַיִים ז״ר — gums
חֲנִינָה נ. — amnesty, pardon
חֲנִיקָה נ. — strangulation
חֲנִית נ. (חֲנִיתוֹת) — spear
חָנַךְ פ״י (לַחֲנוֹךְ) — inaugurate, christen
חָנַן פ״י (לָחוֹן) — to pardon; bless with
חַנְפָן ז. חַנְפָנִית נ. — flatterer
חָנַק פ״י (לַחֲנוֹק) — strangle, suffocate, choke
חֶנֶק ז. — suffocation
חַנְקָן ז. — nitrogen
חָס פ״י (לָחוּס עַל־) — spare (someone's life), have mercy on
חַס: חַס וְחָלִילָה! חַס וְשָׁלוֹם! — God forbid!, Perish the thought!
חֶסֶד ז. (חַסדּוֹ; חֲסָדִים; חַסדֵי־) — kindness; favor
– הֲמָתַת־חֶסֶד — mercy killing

חָסָה פ״ע (לַחֲסוֹת בּ־) find shelter, take refuge
חַסָּה נ. lettuce
חָסוּד ת. (חֲסוּדָה) virtuous; prudish
חָסוּי ת. confidential (information); unlisted (number)
חָסוּם ת. closed off, blocked
חָסוֹן ת. strong, brawny, sturdy
חָסוּת נ. sponsorship; protection
– בְּחָסוּת sponsored by; under the auspices of
חָסִיד ז. *Hassid*; disciple, follower; devotee
חֲסִידָה נ. stork
חֲסִילוֹן ז. shrimp
חֲסִימָה נ. blocking
חָסִין ת. immune
– חֲסִין־אֵשׁ fireproof
חֲסִינוּת נ. immunity
חָסַךְ פ״י (לַחֲסוֹךְ) save (money, time, etc.); economize
חֶסכוֹנוֹת ז״ר savings
חֶסכוֹנִי ת. economical
חַסכָן ז. economical person
חַסכָנוּת נ. thrift, thriftiness
חָסַם פ״י (לַחֲסוֹם) to block, bar
חַסָקָה נ. (חַסָקוֹת) lifeguard's skiff
חָסֵר ת. short of; less; incomplete; absent
– חֲסַר־אוֹנִים helpless
– חֲסַר־טַעַם tasteless; senseless
– חֲסַר עֵרֶךְ without value, worthless
חִסָּרוֹן ר׳ חִיסָּרוֹן
חַף ת. (חַפָּה; חַפִּים) innocent
– חַף מִפֶּשַׁע innocent
חָפוּז ז. a quickie (*slang*)
חָפוּז ת. hasty; hurried
חַפּוּת נ. innocence
חֲפִיסָה נ. packet; bar (of chocolate)
חָפִיף ת; תה״פ slipshod, sloppily, easy
חֲפִיפָה נ. shampoo, washing (one's hair); overlapping
– בַּחֲפִיפָה concurrently
חֲפִירָה נ. trench; digging, excavation

חַפלָה נ. party; festive meal (*slang*)
חָפַף פ״י (לַחפּוֹף) wash, shampoo (hair); overlap; coincide
חֵפֶץ ז. (חֲפָצִים, חֶפצֵי־) object, thing
– חֵפֶץ חָשׁוּד suspicious object
– חֲפָצִים אִישִׁיִּים personal belongings
חָפַר פ. (לַחפּוֹר) dig, excavate
חֲפַרפֶּרֶת נ. mole
חֵפֶת ז. (חֲפָתִים) cuff
חֵץ ז. (חִיצִים) arrow; dart
חֲצָאֵי־, חֲצָאִים, חֲצָאִין ר׳ חֲצִי
חֲצָאִית נ. (חֲצָאִיּוֹת) skirt
חָצַב פ״י (לַחצוֹב) to quarry
חָצָב ז. squill (plant)
חַצֶּבֶת נ. measles
חָצָה פ״י (לַחֲצוֹת) cross; halve
חָצוּי ת. halved; divided; torn between
חָצוּף ת. insolent, cheeky
חֲצוֹצְרָה נ. trumpet, bugle
חֲצוֹצְרָן ז. trumpeter
חֲצוֹת נ. midnight
– בַּחֲצוֹת at midnight
חֵצִי ז. (חֲצִי־; חֶציוֹ; חֲצָאִים) half; semi-; middle
– חֲצִי־אִי peninsula
– חֲצִי־גְמָר semi-final
– חֲצִי־חֲצִי fifty-fifty, half and half
חֲצִיָּה, חֲצָיָה נ. crossing (road, etc.)
חָצִיל ז. eggplant, aubergine
חָצִיר ז. hay
חָצָץ ז. gravel
חָצַץ פ״י (לַחצוֹץ בֵּין־) partition off; separate
חִצצֵר פ״ע (לְחַצצֵר) blow a trumpet
חַצִ׳קוֹן ז. zit
חָצֵר נ. (חֲצַר־, חֲצֵרוֹת, חַצרוֹת־) courtyard, yard
חָקוּק ת. engraved
חָקִי, חָאקִי ז. khaki
חַקְיָן ז. חַקְיָנִית נ. imitator, mimic
חֲקִיקָה נ. legislation
חֲקִירָה נ. investigation, inquiry; interrogation

lead (in investigation) – כִּיווּן חֲקִירָה
agriculture חַקלָאוּת נ.
farmer חַקלַאי ז. (חַקלָאִים)
agricultural חַקלָאִי ת.
engrave; enact חָקַק פ״י (לַחֲקוֹק)
investigate, study, explore, interrogate; research חָקַר פ״י (לַחקוֹר)
study, research חֵקֶר ז.
operations research – חֵקֶר בִּיצוּעִים
shit חָרָא ז.
sword חֶרֶב נ. (חַרבּוֹ; חֲרָבוֹת)
two-edged sword – חֶרֶב פִּיפִיוֹת
exceed, go beyond חָרַג פ״ע (לַחֲרוֹג מ־)
grasshopper חַרגוֹל ז.
anxious; orthodox (Jew) חָרֵד תו״ז
ultra-orthodox Jews – הַחֲרֵדִים
anxiety; terror חֲרָדָה נ. (חֶרדַת־)
anxiously – בַּחֲרָדָה
mustard חַרדָל ז.
resent, be indignant חָרָה: חָרָה ל־
carob חָרוּב ז.
bead; rhyme חָרוּז ז.
engraved חָרוּט ת.
cone חָרוּט ז.
scorched, burnt חָרוּך ת.
haroset (mixture of dates and nuts for Passover) חֲרוֹסֶת נ.
industrious, diligent חָרוּץ ת.
a total failure – כִּישָׁלוֹן חָרוּץ
plowed, ploughed, furrowed חָרוּשׁ ת.
industry חֲרוֹשֶׁת נ.
factory – בֵּית־חֲרוֹשֶׁת
rumor mill – חֲרוֹשֶׁת שְׁמוּעוֹת
חֵרוּת ר׳ חֵירוּת
carved, engraved חָרוּת ת.
to rhyme חָרַז פ״י (לַחֲרוֹז)
engrave, turn (on lathe) חָרַט פ״י (לַחֲרוֹט)
turner, lathe operator חָרָט ז. (חָרָטִים)
regret, repentance חֲרָטָה נ.
bow (of ship); nose (of plane); magician חַרטוֹם ז.
exceptional, abnormal; exception חָרִיג תו״ז

deviation; exceeding חֲרִיגָה נ.
irregularities – חֲרִיגוֹת (מִנוֹהַל תַּקִין)
rhyming; writing rhymes חֲרִיזָה נ.
engraving; turning (on a lathe) חֲרִיטָה נ.
hot (taste), sharp; sharp-witted חָרִיף ת.
sharpness; pungency חֲרִיפוּת נ.
sharply – בַּחֲרִיפוּת
groove; slit, slot; notch חָרִיץ ז.
diligence, industriousness חָרִיצוּת נ.
diligently; busily – בַּחֲרִיצוּת
creaking, screech חֲרִיקָה נ.
plowing, ploughing חָרִישׁ ז.
thorough groundwork/study – חָרִישׁ עָמוֹק
plowing, ploughing חֲרִישָׁה נ.
quiet חֲרִישִׁי ת.
burn, char, scorch חָרַךְ פ״י (לַחֲרוֹךְ)
chink חָרָךְ ז. (חֲרַכֵי־)
boycott, ban; excommunication חֵרֶם ז. (חֲרָמוֹת)
randy, horny חַרמָן ת.
scythe חֶרמֵשׁ ז.
potsherd, piece of pottery חֶרֶס ז. (חֲרָסִים)
fail, draw a blank – הֶעֱלָה חֶרֶס בְּיָדוֹ
pottery, earthenware – כְּלֵי חֶרֶס
china; porcelain (tiles) חַרסִינָה נ.
despite חֵרֶף מ״י
disgrace, shame חֶרפָּה נ.
to cut, notch, groove; decree (fate) חָרַץ פ״י (לַחֲרוֹץ)
to sentence – חָרַץ דִינוֹ
chrysanthemum חַרצִית נ. (חַרצִיוֹת)
pip (of fruit) חַרצָן ז.
to creak, squeak screech; gnash (teeth) חָרַק פ״ע (לַחֲרוֹק)
insect חֶרֶק ז. (חֲרָקִים)
to plow, plough; cram חָרַשׁ פ״י (לַחֲרוֹשׁ)
deaf חֵרֵשׁ ר׳ חֵירֵשׁ
deafness חֵרשׁוּת נ.
engrave, carve חָרַת פ״י (לַחֲרוֹת)
feel, sense; hurry חָשׁ פ״י (לָחוּשׁ)

חֲשָׁאִי ת. — secret
– בְּחִירוֹת חֲשָׁאִיּוֹת — secret ballot
– בַּחֲשַׁאי — secretly
חֲשָׁאִיּוּת נ. — secrecy
חָשַׁב פ. (לַחשוֹב) — think
– חָשַׁב אוֹתוֹ לְ־ — take him for, take him to be
– חָשַׁב עַל־ — think about; consider
חַשָּׁב ז. — accountant
חֶשְׁבּוֹן ז. (חֶשְׁבּוֹנוֹת) — account; bill, check, invoice; arithmetic
– חֶשְׁבּוֹן־נֶפֶשׁ — soul searching
– לֹא בָּא בְּחֶשְׁבּוֹן — it's out of the question
– לָקַחַת בְּחֶשְׁבּוֹן — take into account; bear in mind
– עַל חֶשְׁבּוֹן — at the expense of
חֶשְׁבּוֹנָאוּת נ. — accountancy
חֶשְׁבּוֹנִית נ. (חֶשְׁבּוֹנִיּוֹת) — invoice
חָשַׁד פ. (לַחשוֹד בְּ־) — to suspect, be suspicious of
חֲשָׁד ז. (חֲשָׁדוֹת) — suspicion
– בַּחֲשָׁד — suspiciously
חַשְׁדָן ז. חַשְׁדָנִית נ. — suspicious person
חַשְׁדָנוּת נ. — suspiciousness; distrust
– בְּחַשְׁדָנוּת — suspiciously
חַשְׁדָנִי ת. (חַשְׁדָנִית) — suspicious (of)
חָשׁוּב ת. — important; considered (as)
חָשׁוּד ת. — suspected, suspicious
חָשׁוּד ז. — suspect
חֶשׁוָון, חֶשְׁוָן ז. — *Heshvan* (month in Hebrew calendar, October–November)
חָשׁוּךְ ת. — dark
חֲשׂוּךְ ת.: חֲשׂוּךְ בָּנִים — childless
– חֲשׂוּךְ מַרְפֵּא — incurable
חָשׂוּף ת. — exposed, bare
חֲשִׁיבָה נ. — thinking
חֲשִׁיבוּת נ. — importance
חֲשֵׁיכָה נ. — darkness
חֲשִׂיפָה נ. — exposure; disclosing
חֲשִׁישׁ ז. — hashish
חֲשֵׁכָה נ. — darkness

חַשְׁמַל ז. — electricity
חַשְׁמַלַּאי ז. (חַשְׁמַלָּאִים) — electrician
חַשְׁמַלִּי ת. — electric, electrical
חַשְׁמַלִּית נ. — streetcar, tram
חָשַׂף פ״י (לַחשׂוֹף) — expose; disclose
חַשְׂפָן ז. חַשְׂפָנִית נ. — stripper
חַשְׂפָנוּת נ. — striptease
חָשַׁק פ״י (לַחשׁוֹק בְּ־) — to desire
חֵשֶׁק ז. — desire; urge; zest
– אֵין לוֹ חֵשֶׁק לְ־ — not feel like (doing something)
חָשַׁשׁ פ. (לַחשׁוֹשׁ מִ־) — be afraid (of), fear
חֲשָׁשׁ ז. (חֲשָׁשׁוֹת) — anxiety, fear, misgiving
– בַּחֲשָׁשׁ — anxiously
חָתוּךְ ת. — cut, cut up
חָתוּל ז. — cat, tomcat
– קָנָה חָתוּל בַּשַּׂק — buy a pig in a poke
חֲתוּלָה נ. — cat (fem.)
– חֲתוּלַת מִין — sex kitten
חָתוּם תו״ז — signed; sealed; signatory
– הֶחָתוּם מַטָּה (הח״מ) — the undersigned
חֲתוּנָּה נ. — wedding
– חֲתוּנַּת־זָהָב — golden wedding
– חֲתוּנַּת־כֶּסֶף — silver wedding
חָתִיךְ תו״ז — handsome, hunk
חֲתִיכָה נ. — bit, piece; sexy girl
חֲתִימָה נ. — signature; signing (off, up); autograph
חֲתִירָה נ. — rowing; crawl (swimming); striving (for)
חָתַךְ פ״י (לַחתּוֹךְ) — to cut
חֲתָךְ ז. (חֲתָכִים) — cut; cross-section
חֲתַלְתּוּל ז. — kitten
חָתַם פ״י (לַחתּוֹם) — to sign
חָתָן ז. — bridegroom; son-in-law
– חֲתַן הַמְּסִבָּה — guest of honor
– חֲתַן פְּרַס (נוֹבֶּל) — (Nobel) laureate
חָתַר פ״ע (לַחתּוֹר) — to row
– חָתַר לְ־ — strive to (attain something)
– חָתַר תַּחַת — undermine (someone's) authority; subvert
חַתְרָנִי ת. — subversive

ט

ט — *tet* (9th letter of Hebrew alphabet); nine
טָאטֵא פ״י (לְטַאטֵא) — to sweep
טָבוּעַ ת. — sunk, drowned; imprinted, stamped; inherent
– טָבוּעַ בְּדָמוֹ — (runs) in one's blood
טַבּוּר ז. — navel; hub (*figurative*)
טָבַח פ״י (לִטְבּוֹחַ) — to slaughter
טֶבַח ז. — slaughter, massacre
טַבָּח ז. טַבָּחִית נ. — cook, chef
טַבָּחוּת נ. — cooking, cookery
טְבִילָה נ. — baptism; dipping
טְבִיעָה נ. — drowning, sinking
– טְבִיעַת אֶצְבָּעוֹת — fingerprints
– טְבִיעַת־עַיִן — perceptiveness, a good eye for
טָבַל פ. (לִטְבּוֹל) — dip; immerse
טַבְלָה נ. (טַבְלָאוֹת, טַבְלוֹת) — table (of figures, etc.); bar (of chocolate)
טַבְלִית נ. (טַבְלִיּוֹת) — tablet
טָבַע פ״ע (לִטְבּוֹעַ) — drown, sink
טֶבַע ז. (טִבְעוֹ) — nature; nature study
– בְּחֵיק הַטֶּבַע — in the heart of nature, outdoors
– מִטֶּבַע הַדְּבָרִים — naturally
טִבְעוֹנוּת נ. — veganism
טִבְעוֹנִי תו״ז — vegan
טִבְעִי ת. — natural
– בְּאוֹפֶן טִבְעִי — naturally
טִבְעִיּוּת נ. — naturalness
– בְּטִבְעִיּוּת — naturally
טַבַּעַת נ. (טַבָּעוֹת) — ring
– טַבַּעַת נִישּׂוּאִין — wedding ring
טַבָּק ז. — tobacco
טֵבֵת ז. — *Tevet* (month in Hebrew calendar, December–January)
טָהוֹר ת. — pure, clean
טָהֳרָה, טוֹהֳרָה נ. — purity; cleansing
ט״וּ: ט״וּ בִּשְׁבָט — 15th of *Shevat* (New Year for trees)

טוֹאָלֶט ז.
– נְיַיר טוֹאָלֶט — toilet paper
טוֹב ת.; תה״פ — good, all right, well
– טוֹב יוֹתֵר — better
– טוֹב לֵב — kind-hearted, kind
טוּב, טוֹב ז. — goodness
– בְּטוּב טַעַם — in good taste
– טוּב־לֵב — kindness
– כָּל טוּב! — All the best!
טוֹבָה נ. (טוֹבוֹת) — favor, favour; welfare (of child)
– הִכִּיר טוֹבָה לְ־ — be very grateful to
– טוֹבַת הֲנָאָה — benefit
– לְטוֹבַת־ — in favor of; for the benefit of
– לְטוֹבָתךָ — for your own good
טוּבָּה נ. — tuba
טוּבִים, טוּבִין ז״ר — goods
טוֹבְעָנִי ת. — boggy
– חוֹל טוֹבְעָנִי — quicksand
טוּגַן פ. — be fried
טוּגָנִים ז״ר — chips, French fries
טוֹהַר ז. — purity
– טוֹהַר מִידּוֹת — virtue, moral integrity
טוֹהֳרָה נ. — purity; cleansing
טָוָה פ״י (לִטְווֹת) — spin (thread)
טְוָוח ז. — range
– לְטְוָוח אָרוֹךְ — in the long term; long-range
– לְטְוָוח קָצָר — in the short term
טַוָּוס ז. — peacock
טוֹחֵן ז. — miller
טוֹטוֹ ז. — the (football) pools
טוֹטָלִי ת. — total
טוֹטָלִיטָרִי ת. — totalitarian
טוּיַּח פ. (טוּיְּחָה) — be covered up, be whitewashed, be papered over
טוּמְאָה נ. — impurity, uncleanness
טוֹן ז. — tone (music, speech); ton, tonne
טוֹנָה נ. טוֹן ז. — ton, tonne
טוּנָה נ. — tuna
טוּנִיקָה נ. — tunic
טוּסְטוּס ז. — moped (light motorcycle)

טוֹסטֶר ז. toaster
טוּסִיק ז. bottom (*colloquial*), tushy
טוֹעֶה ת. (טוֹעָה, טוֹעִים) mistaken
טוֹעֵם ז. טוֹעֶמֶת נ. taster
טוֹפּוֹגרָפִי ת. topographical
טוּפַּל פ. be treated; be dealt with
טוֹפֶס ז. (טְפָסִים) form (to write on)
טוּר ז. column (of print, people, etc.); line
– בַּעַל טוּר columnist
– טוּר הַנדָסִי geometric progression
טוּרַאי ז. טוּרָאִית נ. private (soldier)
– טוּרַאי רִאשוֹן private first class, lance-corporal
טוּרבִּינָה נ. turbine
טוֹרדָנִי ת. nagging, bothersome
טוֹרט ז. tart, cake, pie
טוּרִי ת. arranged in columns
טוּרִיָה נ. (wide) hoe
טוֹרנָדוֹ ז. tornado
טוּרנִיר ז. tournament
טוֹרֵף ת. (טוֹרֶפֶת) predatory, of prey
טוֹרפַּד פ. be torpedoed
טוֹרפֶּדוֹ ז. torpedo
טוֹרפִים ז״ר predators
טוּרקִי תו״ז Turkish
טוּרקִיָה נ. Turkey
טוּרקִיז ז. turquoise
טוּרקִית נ. Turkish (language)
טוּש ז. Indian ink
טְחָב ז. moss
טָחוּב ת. damp, dank
טְחוֹל ז. spleen
טָחוּן ת. ground, milled, minced
טְחוֹרִים ז״ר hemorrhoids, piles
טְחִינָה נ. grinding; milling; *tehina*
טָחַן פ״י (לִטחוֹן) grind, mill, mince
– לִטחוֹן מַיִם go around in circles
טַחֲנָה נ. mill
– טַחֲנַת־רוּחַ windmill
טִיב ז. quality; nature
טִיבֵּעַ פ״י (לְטַבֵּעַ) drown, sink
טִיגוּן ז. frying
טִיגֵן פ״י (לְטַגֵן) fry

טִיהוּר ז. purification; purge; cleansing; mopping up operation
טִיהֵר פ״י (לְטַהֵר) purify; purge; cleanse; mop up (military)
– לְטַהֵר אֶת הָאֲווִירָה clear the air
טִיוּחַ ז. plastering; cover-up, whitewashing
טְיוּטָה נ. draft, rough copy
טִיוּל ז. walk, journey, trip, excursion, outing
טִיוּלִית נ. large excursion van
טִיחַ ז. plaster (for walls)
טִיט ז. clay, mud
טִייֵחַ פ״י (לְטַייֵחַ) to plaster (walls); cover up, whitewash, paper over
טַיָיח ז. plasterer
טִייֵל פ״ע (לְטַייֵל) to tour, go on a trip; walk
טַיָיל ז. hiker
טַייֶלֶת נ. promenade, boardwalk
טַיָיס ז. טַייֶסֶת נ. pilot
טֵייפּ ז. tape-recorder
טַייפוּן ז. typhoon
טַייָרָה נ. kite
טִיכֵּס: לְטַכֵּס עֵצָה put (their) heads together
טִיל ז. missile, rocket
טִילוֹן ז. moped (light motorcycle)
טִילטוּל ז. moving from place to place, jerk, shaking
טִילטֵל פ״י (לְטַלטֵל) move from place to place; move about; hurl, shake
טִילפֵן פ״י (לְטַלפֵן) to (tele)phone
טִימֵא פ״י (לְטַמֵא) defile, taint
טִימטוּם ז. stupidity
טמיון: יָרַד לְטִימיוֹן go down the drain, be in vain
טִינָה נ. grudge, resentment
– שָׁמַר [נָטַר] טִינָה bear a grudge
טִינוֹפֶת נ. filth
טַיִס ז. flying
טִיסָה נ. flight, flying
טִיסָן ז. flying model, model plane
טִיעוּן ז. argument (for, against)

ט

- טִיעוּנִים בְּעַד וָנֶגֶד	pros and cons
- עִסְקַת טִיעוּן	plea bargain
טִיפ ז.	tip
טִיפָּה נ.	drop, spot
- טִיפָּה בַּיָם	a drop in the ocean
- טִיפָּה מָרָה	liquor, alcohol
- לָלֶכֶת בֵּין הַטִיפּוֹת	watch one's step, walk a tightrope
טִיפּוּחַ ז.	care, taking special care of; fostering, nurturing
- בֶּן טִיפּוּחָיו	protégé
טִיפּוּל ז.	treatment; care; handling; service (of car)
- טִיפּוּל נִמרָץ	intensive care
טִיפּוּס ז.	climbing; type; character
טִיפּוּסִי ת.	typical, characteristic
- טִיפּוּסִי ל־	typical of
טִיפֵּחַ פ״י (לְטַפֵּחַ)	cultivate, cherish, foster
טִיפְטוּף ז.	dripping; drip
טִיפְטֵף פ. (לְטַפְטֵף)	to drip
טִיפֵּל פ״י (לְטַפֵּל בּ־)	treat; handle; deal with; take care (of), look after
טִיפֵּס פ״ע (לְטַפֵּס עַל־)	to climb
טִיפֵּש ת. טִיפְּשָׁה ת.	fool, stupid (person)
- בְּנֵי טִיפֵּש־עֶשׂרֵה	teenagers
טִיפְּשִׁי ת.	stupid, foolish, silly
טִיקְטוּק ז.	tick(ing)
טִיקְטֵק פ. (לְטַקְטֵק)	to tick
טִירְדָה נ. (טְרָדוֹת)	trouble, bother, nuisance
טִירָה נ.	castle
טִירוֹן ז.	beginner; new recruit; rookie
טִירוֹנוּת נ.	basic training (military)
טֵירוּף ז.	madness, insanity, frenzy
- בְּטֵירוּף	madly
טֵירוֹר ז.	terrorism, terror
טִירחָה נ.	bother, trouble, nuisance
- שְׂכַר טִירחָה	fee (for legal advice)
טִירטֵר פ. (לְטַרטֵר)	to rattle, chug; give him the runaround; subject him to a humiliating ordeal
טִירפֵּד פ״י (לְטַרפֵּד)	to torpedo
טִישׁוּ ז.	(paper) tissue
טִישטוּש ז.	blur(ring); covering up
טִישטֵש פ״י (לְטַשטֵש)	to blur; cover up
טֵית נ.	*tet* (9th letter of Hebrew alphabet)
טֶכנַאי ז. טֶכנָאִית נ.	technician; repairman
טֶכנוֹלוֹגיָה נ.	technology
- טֶכנוֹלוֹגיָה עִילִית	high-tech
טֶכנִי ת.	technical
טֶכנִיוֹן ז.	Institute of Technology
טֶכנִיקָה נ.	technique
טֶכֶס, טֶקֶס ז.	ceremony; ritual
טֶכּסט, טֶקסט ז.	text
טֶכּסטִיל, טֶקסטִיל ז.	textile
טַכסִיס ז.	tactic, trick, ruse
טַל ז.	dew
טְלַאי ז. (טְלָאִים)	patch
טֶלֶבִיזיָה, טֶלֶוִיזיָה נ.	television, TV
טֶלֶגרָף ז.	telegraph
טָלֶה ז. (טְלָאִים)	lamb
טֶלֶוִיזיָה נ.	television, TV
- טֶלֶוִיזיָה בִּכבָלִים	cable TV
טִלטוּל ר׳ טִילטוּל	
טִלטֵל ר׳ טִילטֵל	move about; hurl
טַלטֵלָה נ.	jerk; shake-up
טַלִית נ. (טַלִיוֹת, טַלִיתוֹת)	prayer shawl
- טַלִית שֶׁכּוּלָה תְּכֵלֶת	a paragon of virtue
טֶלֶכַּרט ז.	phonecard
טֶלֶסקוֹפּ ז. (טֶלֶסקוֹפִּים)	telescope
טֶלֶפוֹן ז. (טֶלֶפוֹנִים)	telephone
- טֶלֶפוֹן אַלחוּטִי	cordless phone
- טֶלֶפוֹן לְחִיצִים	push-button telephone
- טֶלֶפוֹן נַייָד	mobile telephone
- טֶלֶפוֹן צִיבּוּרִי	public/pay phone
- לְהָרִים טֶלֶפוֹן	to phone, call up
- תָּא טֶלֶפוֹן	phone booth, telephone box
טֶלֶפוֹנַאי ז. טֶלֶפוֹנָאִית נ.	telephonist
טִלפֵּן פ״י (לְטַלפֵּן)	to telephone
טַלְפָן ז. טַלְפָנִית נ.	(switchboard) operator
טֶלֶפַּתְיָה נ.	telepathy

טַלְק ז. talc, talcum powder
טֶלֶקְס ז. telex
טָמֵא ת. unclean, impure, defiled
טֶמְבֶּל ז. fool, stupid (person)
טָמוּן ת. buried; lying (in)
טָמַן פ״י (לִטמוֹן) bury; set (a trap)
– טוֹמֵן בְּחוּבּוֹ entails, is fraught with
– לֹא טָמַן יָדוֹ בַּצַּלַּחַת respond in kind; not sit idly by
טַמְפּוֹן ז. tampon
טֶמְפֶּרָטוּרָה נ. temperature
טֶנֶא ז. basket (for fruit)
טַנְגוֹ ז. tango
טֶנְדֶר ז. pickup (truck), van
טֶנִיס ז. tennis
– טֶנִיס־שׁוּלְחָן table tennis
טֶנִיסַאי ז. טֶנִיסָאִית נ. tennis player
טַנְק ז. tank
טַנְקִיסְט ז. member of a tank crew, soldier in tank corps
טָס פ״ע (לָטוּס) to fly (in a plane)
טֶסְט ז. driving test; test (vehicle licensing)
טָעָה פ״ע (לִטעוֹת) make a mistake, be mistaken
טָעוּן ת. loaded (gun); requiring
טָעוּת נ. (טָעוּיוֹת) mistake, error
– טָעוּת אוֹפְּטִית optical illusion
– טָעוּת אֱנוֹשׁ human error
– טָעוּת בַּמִּסְפָּר wrong number
– טָעוּת גַּסָּה / מָרָה bad mistake
– טָעוּת־דְּפוּס misprint, typo
טָעִים ת. delicious, tasty
טְעִימָה נ. taste, tasting
טְעִינָה נ. loading; charging
טָעַם פ״י (לִטעוֹם אֶת־, מ־) to taste
טַעַם ז. taste, flavor; reason
– אֵין טַעַם לְ־ it's pointless to..., it's no use..., there's no point in...
– טַעַם לִפְגַם inappropriate, improper
– מַה הַטַּעַם לְ־ what's the point...?
– מִטַּעַם־ on behalf of
– עַל טַעַם וָרֵיחַ אֵין לְהִתְוַכֵּחַ there's no accounting for tastes

טָעַן פ. (לִטעוֹן) claim, argue; load
טַעֲנָה נ. (טְעָנוֹת) argument, claim; complaint
טַף ז. small children
טֶפַח ז. a little
טָפַח פ״י (לִטפּוֹחַ) to pat, slap
– לִטפּוֹחַ עַל כְּתֵפוֹ [שִׁכמוֹ] pat him on the back
טִפְטוּף ז. drip, dripping
טְפִיחָה נ. tap, pat, slap
טַפִּיל ז. parasite
טָפַל פ״י (לִטפּוֹל) pin (the blame on)
טָפֵל ת. subsidiary, insignificant; tasteless
טֶפְלוֹן ז. teflon, non-stick
טַפְסָן ז. molder (construction worker)
טִפְּשִׁי ת. foolish, stupid, silly
טַקְט ז. tact
טַקְטִיקָה נ. tactics
טִקְטֵק פ. (לְטַקְטֵק) to tick
טֶקֶס ז. (טְקָסִים) ceremony; ritual
טֶקְסְט, טֶכְּסְט ז. text
טֶקְסְטִיל, טֶכְּסְטִיל ז. textile
טֶקְסִי, טֶכְּסִי ז. taxi
טִקְסִי ת. ceremonial; ritual
טְרָאוּמָה נ. trauma
טְרָאוּמָתִי ת. traumatic
טְרָגֶדְיָה נ. tragedy
טְרָגִי ת. tragic
טִרְדָּה נ. trouble, bother, nuisance
טַרְדָן ז. nuisance, pest (person)
טָרוּד ת. busy; troubled
טֶרֶם מ״ח pre-, before
טְרוֹמְבּוֹן ז. trombone
טְרוּפָה ת. wrecked (ship); scrambled (egg)
טְרוּנְיָה נ. complaint, protest
טֵרוּף ר׳ טֵירוּף
טְרוֹפִּי ת. tropical
טֶרוֹר ז. terror; terrorism
טֶרוֹרִיסְט ז. טֶרוֹרִיסְטִית נ. terrorist
טָרַח פ״ע (לִטרוֹחַ) to bother, take the trouble
טְרַח מ״ק bang!

טִרְחָה נ. ר׳ טִירְחָה

טַרְחָן ז. bothersome person, a bore

טִרְטֵר ר׳ טִירְטֵר

טָרִי ת. (טְרִיָּה, טְרִיִּים) fresh

טְרִיוִויָאלִי ת. trivial

טְרִיּוּת נ. freshness

טְרִיז : תָּקַע טְרִיז בֵּין drive a wedge between...

טֶרִיטוֹרְיָאלִי ת. territorial

טֶרִיטוֹרְיָה נ. territory

טְרֵייְנִינְג ז. tracksuit

טְרֵיפָה נ. non-kosher food (especially meat); anathema

טְרִיק ז. trick

טְרִיקָה נ. slamming

טֶרֶם תה״פ before; not yet

– בְּטֶרֶם before

טְרֶמְפּ ז. ride, hitch, lift

– לִנְסוֹעַ בִּטְרֶמְפִּים to hitchhike

טְרֶמְפִּיאָדָה נ. hitchhiking shelter (for soldiers)

טְרֶמְפִּיסְט ז. טְרֶמְפִּיסְטִית נ. hitchhiker

טְרַנְזִיסְטוֹר ז. transistor

טְרַנְס ז. trance

טְרַנְסְפוֹרְמָטוֹר ז. transformer

טָרַף פ״י (לִטְרוֹף) devour, kill and eat (prey); beat (eggs); shuffle (cards)

טֶרֶף ז. (טַרְפּוֹ) prey

– חַיַּת טֶרֶף beast of prey, predator

טָרֵף ת. not kosher, forbidden for eating

טֹרְפֵּד פ״י ר׳ טִירְפֵּד

טְרַפֵּז ז. trapezoid

טָרַק פ״י (לִטְרוֹק אֶת־) to slam, slam down (the phone), hang up (on)

טְרַקְטוֹר ז. tractor

טְרַקְטוֹרוֹן ז. (dune) buggy

טְרַקְלִין ז. living room, salon, lounge

טר״ש ר״ת private first class, lance-corporal

טְרָשִׁים ז״ר rocky ground

טָרֶשֶׁת נ. sclerosis

טְשׁוּלֶנְט = חַמִּין *cholent*

טִשְׁטוּשׁ נ. blur, blurring; covering up

טִשְׁטֵשׁ פ״י (לְטַשְׁטֵשׁ) to blur; cover up

י

yod (10th letter of Hebrew alphabet); ten — י
proper — יָאֶה ת. (יָאָה; יָאִים)
יְאוּחַר ר׳ אִיחֵר
despair, hopelessness — יֵאוּשׁ ז.
yacht — יַאכטָה נ.
whimper, wailing, sob — יְבָבָה נ. (יִבבַת־)
import, imports — יְבוּא ז.
importer — יְבוּאָן ז.
crop — יְבוּל ז.
drying — יִבּוּשׁ ז.
crab grass — יַבְּלִית נ.
callus, corn (on foot) — יַבֶּלֶת נ. (יַבָּלוֹת)
dry; dried — יָבֵשׁ ת.
dry land; land (as opposed to sea) — יַבָּשָׁה נ.
continent — יַבֶּשֶׁת נ. (יַבָּשׁוֹת)
jaguar — יָגוּאָר ז.
grief, sorrow — יָגוֹן ז.
arm, hand; memorial — יָד ז. (יָדַיִים, יְדֵי־)
– he has nothing to do with it — אֵין לוֹ יָד בַּדָּבָר
– reach out; help — הוֹשִׁיט יָד
– free hand — יָד חוֹפְשִׁית
– right-hand man — יָד יְמִינוֹ
– have the upper hand — יָדוֹ עַל הָעֶלְיוֹנָה
– have the worst of it — יָדוֹ עַל הַתַּחתוֹנָה
– first/second hand — יָד רִאשׁוֹנָה / שְׁנִיָּיה
– you scratch my back and I'll scratch yours — יָד רוֹחֶצֶת יָד
– palm (of hand) — כַּף הַיָּד
– beside, near, by — לְיַד־
– go along with — נָתַן יָדוֹ ל־
– gang up — עָשׂוּ יָד אַחַת
– take one's own life — שָׁלַח יָד בְּנַפשׁוֹ
known; well-known — יָדוּעַ ת. (יְדוּעָה; יְדוּעִים)
– as you know — כַּיָּדוּעַ
celebrity — יְדוּעָן ז.
friend — יָדִיד ז.
– very close friend — יְדִיד־נֶפֶשׁ
friendship — יְדִידוּת נ.
friendly; user-friendly — יְדִידוּתִי ת. (יְדִידוּתִית)
hands — יָדַיִים ר׳ יָד
knowledge; news item — יְדִיעָה נ. (יְדִיעוֹת)
– to the best of my knowledge — לְמֵיטַב יְדִיעָתִי
handle; lever — יָדִית נ. (יָדִיוֹת)
manual — יְדָנִי ת.
manually — יְדָנִית תה״פ
know, be aware of — יָדַע פ״י (לָדַעַת)
knowledge; know-how — יֶדַע ז.
pin your hopes on — יְהָב: הַשלֵךְ יְהָבוֹ עַל
Jewry; Judaism — יַהֲדוּת נ.
Jew; someone — יְהוּדִי ז.
Jewish — יְהוּדִי ת. (יְהוּדִית)
Jewess — יְהוּדִיָּה נ.
the Lord (pronounced *adonai*) — יְהֹוָה
arrogant, conceited — יָהִיר ת.
arrogance, conceit — יְהִירוּת נ.
– arrogantly — בִּיהִירוּת
diamond — יַהֲלוֹם ז.
diamond merchant — יַהֲלוֹמָן ז.
jubilee; (fiftieth) anniversary — יוֹבֵל ז. (יוֹבלוֹת או יוֹבלִים)
dryness — יוֹבֶשׁ ז.
be dried up; be drained — יוּבַּשׁ פ.
Yoga — יוֹגָה נ.
yoghurt — יוֹגוּרט ז.
yod (10th letter of Hebrew alphabet) — יוֹד, יוּד נ.
iodine — יוֹד ז.
reliable (source), well-informed — יוֹדֵעַ־דָּבָר ת.
conceit — יוֹהֲרָה נ.
Greece — יָוָון ז.
Greek — יְוָונִי תו״ז
Greek (language) — יְוָונִית נ.
initiator — יוֹזֵם ז. יוֹזֶמֶת נ.

יוֹזְמָה נ. initiative
- יוֹזְמָה חוֹפְשִׁית free enterprise
יוּחַד פ. be devoted; be set apart
יוּחַס פ. be attributed (to)
יוּחֲסִין ז״ר lineage, genealogy
יוֹלֶדֶת נ. (יולדות) a woman who has just given birth
- מַחְלֶקֶת יולדות maternity ward
יוּלִי ז. July
יוֹם ז. (יָמִים; יְמֵי־, יְמוֹת־) day
- אַחֲרִית הַיָּמִים the end of days
- הַיּוֹם today; these days
- יוֹם הָעַצְמָאוּת Independence Day
- יוֹם הַשָּׁנָה anniversary
- יוֹם חוֹל weekday
- יוֹם טוֹב holiday, festival (Jewish)
- כָּל יוֹם every day
- יְמֵי הַבֵּינַיִים the Middle Ages
- מִדֵּי יוֹם (בְּיוֹמוֹ) every day
- מִיּוֹם לְיוֹם day by day
יוֹמוֹן ז. daily (newspaper)
יוֹמִי ת. daily
יוֹמְיוֹם, יוֹם־יוֹם תה״פ daily, every day
יוֹמְיוֹמִי, יוֹם־יוֹמִי ת. daily, ordinary, everyday
יוֹמַיִים ז״ר two days
יוֹמָם וָלַיְלָה תה״פ day and night
יוֹמָן ז. diary, journal
- יוֹמַן הַחֲדָשׁוֹת (radio) news magazine
יוֹמָנַאי ז. duty officer (police)
יוּמְרָה נ. pretension; presumption
יוּמְרָנִי ת. pretentious; overambitious
יוֹנָה נ. (יוֹנִים) dove, pigeon
- יוֹנַת־דוֹאַר carrier pigeon
יוּנִי ז. June
יוֹנִי ת. (יוֹנִית) dovish (politically)
יוֹנֵק ז. mammal
יוּסַר פ. (תוּסַר; יוּסְרוּ) will be removed, withdrawn or lifted
יוּעַד פ. be designated; be earmarked
יוֹעֵץ ז. יוֹעֶצֶת נ. adviser, counsellor, consultant
יוֹפִי ז. (יְפִי־; יוֹפְיוֹ) beauty
- יוֹפִי! Great! Well done!
יוֹצֵא־דוֹפֶן ת. (יוֹצֵאת־דוֹפֶן) unusual, exceptional
יוֹצֵא מִן הַכְּלָל ת. extraordinary, exceptional
יוֹצֵא־צָבָא ת. veteran, ex-serviceman (military)
יוֹצֵר תו״ז (יוֹצֶרֶת) creative; creator
- דִּמְיוֹן יוֹצֵר creative imagination
- הָפַךְ אֶת הַיּוֹצְרוֹת mix things up
יוּצַר פ. be manufactured, be made
יוֹקֶר: בְּיוֹקֶר dearly
- עָלָה לוֹ בְּיוֹקֶר (it) cost him; pay dearly for it
יוּקְרָה נ. prestige
יוּקְרָתִי ת. prestigious; exclusive, posh, upmarket
יו״ר ר״ת chairman
יוֹרֵד ז. Jewish emigrant (from Israel)
- יוֹרֵד־יָם sailor, seaman
יוֹרֶה ז. first rain of the season
יוֹרֵשׁ ז. heir, successor
- יוֹרֵשׁ־הָעֶצֶר crown prince; heir to the throne
יוֹרֶשֶׁת נ. heiress
יוּשַׁב פ. be settled
יוֹשֵׁב ז. יוֹשֶׁבֶת נ. dweller
- יוֹשֵׁב־רֹאשׁ chairman
יוּשַׂם פ. be applied, be implemented
יוֹשֶׁר ז. יוֹשְׁרָה נ. honesty, integrity
יוֹתֵר תה״פ more
- בְּיוֹתֵר most, very much
- יוֹתֵר מִדַּי too much
- לֹא פָּחוֹת וְלֹא יוֹתֵר no more and no less
- לְכָל הַיּוֹתֵר at the most
יִזְכּוֹר ז. memorial prayer
יָזַם פ״י (לִיזוֹם) initiate, start
יַזָּם ז. entrepreneur; initiator
יָזְמָה ר׳ יוֹזְמָה initiative
יֶזַע ז. sweat
יַחַד תה״פ together, jointly
- בְּיַחַד together
יַחְדָּיו, יַחְדָּו תה״פ together

single; sole; only; individual; singular — יָחִיד תו״ז
unique — – יָחִיד בְּמִינוֹ
unit (also military); piece (one item) — יְחִידָה נ.
יְחִידוּת נ.
privately, in private — – בִּיחִידוּת
alone; single, only — יְחִידִי ת.; תה״פ
ratio, proportion (math); treatment; attitude — יַחַס ז. (יְחָסִים; יַחֲסֵי־)
human relations — – יַחֲסֵי אֱנוֹשׁ
labor relations — – יַחֲסֵי עֲבוֹדָה
preposition — – מִילַּת־יַחַס
have sexual relations with — – קִיֵּים יְחָסִים עִם
relative; proportional — יַחֲסִי ת.
relatively — – בְּאוֹפֶן יַחֲסִי
relatively (speaking) — יַחֲסִית תה״פ
considering, for (his age, etc.); compared to — – יַחֲסִית לְ־
barefoot — יָחֵף ת.
PR man — יַחְצָ״ן ז.
PR, public relations — יַחְצָ״נוּת נ.
despair, hopelessness — יֵיאוּשׁ ז.
give up hope — – תָּפַשׂ יֵיאוּשׁ
discourage, drive to despair — יִיאֵשׁ פ״י (לְיָאֵשׁ)
to import — יִיבֵּא פ״י (לְיַיבֵּא)
to sob, wail — יִיבֵּב פ״י (לְיַיבֵּב)
to dry, dry up — יִיבֵּשׁ פ״י (לְיַיבֵּשׁ)
tire out, weary, exhaust — יִיגֵּעַ פ״י (לְיַיגֵּעַ)
to throw, hurl — יִידָּה פ״י (לְיַידּוֹת)
throwing — יִידּוּי ז.
informing — יִידּוּעַ ז.
Yiddish — יִידִישׁ ז.
inform, keep (someone) posted — יִידֵּעַ פ״י (לְיַידֵּעַ)
set apart, distinguish (from); devote (entirely) (to) — יִיחֵד פ״י (לְיַיחֵד)
unique, special — יִיחוּדִי ת.
rut, mating (season) — יִיחוּם ז.
distinguished lineage; attributing, ascribing — יִיחוּס ז.
off the record — – לֹא לְיִיחוּס

hope for; expect — יִיחֵל פ״י (לְיַיחֵל לְ־)
attribute — יִיחֵס פ״י (לְיַיחֵס)
attach importance to — – יִיחֵס חֲשִׁיבוּת לְ־
deliver (a child) — יִילֵּד פ״י (לְיַילֵּד)
howl; whine; mew (cat); wail (siren) — יִילֵּל פ. (לְיַילֵּל)
wine — יַיִן ז. (יֵינוֹת)
establish, found — יִיסֵּד פ״י (לְיַיסֵּד)
establishing, foundation — יִיסּוּד ז.
revaluation (currency) — יִיסּוּף ז.
torment; torture — יִיסּוּר ז.
agony, torments — – יִיסּוּרִים
guilty conscience — – יִיסּוּרֵי מַצְפּוּן
terrible agony — – יִיסּוּרֵי תוֹפֶת
revalue (currency) — יִיסֵּף פ״י (לְיַיסֵּף)
afflict, torment; chastise — יִיסֵּר פ״י (לְיַיסֵּר)
earmark, set aside, designate — יִיעֵד פ״י (לְיַיעֵד)
making (more) efficient, streamlining — יִיעוּל ז.
giving advice; counselling — יִיעוּץ ז.
afforestation — יִיעוּר ז.
make (more) efficient, streamline, rationalize — יִיעֵל פ״י (לְיַיעֵל)
advise, counsel — יִיעֵץ פ״י (לְיַיעֵץ לְ־)
afforest — יִיעֵר פ״י (לְיַיעֵר)
make beautiful — יִיפָּה פ״י (לְיַפּוֹת)
authorize (someone) — – יִיפָּה אֶת כּוֹחוֹ
authorization; power of attorney — יִיפּוּי־כּוֹחַ ז.
to export — יִיצֵּא פ״י (לְיַיצֵּא)
make (it) stable; steady; stabilize — יִיצֵּב פ״י (לְיַיצֵּב)
represent — יִיצֵּג פ״י (לְיַיצֵּג)
exporting — יִיצּוּא ז.
stabilization, stabilizing — יִיצּוּב ז.
representation — יִיצּוּג ז.
representative — יִיצּוּגִי ת.
production, manufacture — יִיצּוּר ז.
to manufacture, produce, make — יִיצֵּר פ״י (לְיַיצֵּר)
raising the price (of) — יִיקּוּר ז.

יִיקֵר פ״י (לְיַיקֵר) make more expensive, raise the price of
יִירוּט ז. interception
יֵירֵט פ״י (לְיַירֵט) intercept
יי״ש ר״ת spirits
יִישֵּׁב פ״י (לְיַישֵּׁב) settle
יִישּׁוּב ז. settlement, settling (people, a conflict)
יִישּׂוּם ז. implementation; application
יִישּׁוּר ז. straightening; levelling
יִישֵּׂם פ״י (לְיַישֵּׂם) apply; implement
יִישֵּׁר פ״י (לְיַישֵּׁר) straighten; make level
יָכוֹל פ״ע (יָכוֹל, יוּכַל) be able, can
– יָכוֹל לִהיוֹת it's possible (that); maybe
יְכוֹלֶת נ. (יְכוֹלתוֹ) ability, capacity, capability
– בַּעַל יְכוֹלֶת capable person, able
– לַעֲשׂוֹת כְּמֵיטַב יְכוֹלתךָ do your best
יַכטָה נ. yacht
יֶלֶד ז. (יַלדוֹ; יְלָדִים; יַלדֵי־) child, son, boy
– יֶלֶד־פֶּלֶא child prodigy, whiz kid
יָלְדָה פ״י (לָלֶדֶת) give birth to, bear
יַלדָּה נ. (יְלָדוֹת) girl; daughter; child
יַלדוּת נ. childhood; infancy
יַלדוּתִי ת. childish
יְלוּדָה נ. birthrate
– שִׁיעוּר הַילוּדָה birthrate
יָלִיד ז. native (of country)
– יְלִיד... born in (year)
– יְלִיד הָאָרֶץ native-born Israeli
יְלָלָה נ. (יִללַת־; יְלָלוֹת) howl, wail; mewing
יַלקוּט ז. (school) backpack, satchel
יָם ז. (יַמִּים, יַמֵּי־) sea, ocean
– יָם־תִּיכוֹנִי Mediterranean (adj.)
– מַחֲלַת־יָם seasickness
– מֵעֵבֶר לַיָּם overseas
יַמָּאוּת נ. seamanship
יַמַּאי ז. (יַמָּאִים) sailor, seaman
יַמָּה נ. large lake
יַמִּי ת. marine; naval; of the sea

יְמֵי־ ר׳ יוֹם days of
יָמָיו, יָמִים ר׳ יוֹם
יַמִּים ר׳ יָם
יָמִין זו״נ right hand, right; the Right
– יָמִינָה (to the) right
– עָמַד לִימִינוֹ support him, stand by him
יְמִינִי ת. right, right-handed
יְמָמָה נ. a day and a night, 24 hours
יְמָנִי ת. right, right-hand; right-wing
יְמָנִית נ. a right (boxing)
יָנוּאָר ז. January
יְנִיקָה נ. sucking, suction
יָנַק פ״י (לִינוֹק) suck; absorb
יַנקוּת נ. babyhood; infancy
יַנשׁוּף ז. owl
יָסַד פ״י (לִיסוֹד) establish, found
יְסוֹד ז. (יְסוֹדוֹת) foundation, base; element
– בִּיסוֹדוֹ basically
– יְסוֹד סָבִיר reasonable grounds
– עַד הַיסוֹד thoroughly, to the ground
יְסוֹדִי ת. basic, elementary; thorough
יְסוֹדִיוּת נ. thoroughness
– בִּיסוֹדִיוּת thoroughly
יַסמִין ז. jasmine
יַעַד ז. (יְעָדִים) destination; goal, objective
יָעֶה ז. (יָעִים) dustpan, scoop, shovel
יָעִיל ת. efficient; effective
יְעִילוּת נ. efficiency; effectiveness
יָעֵן ז. ostrich (male)
יַעֲנָה נ. ostrich (female)
– בַּת־יַעֲנָה ostrich
יָעַץ פ״י advise, counsel
יַעַר ז. (יְעָרוֹת; יַעֲרוֹת־) forest, wood
– לֹא דוּבִּים וְלֹא יַעַר Nonsense!, No such thing
– מֵרוֹב עֵצִים לֹא רוֹאִים אֶת הַיַּעַר not see the forest for the trees
יַעֲרָן ז. forester
יָפֶה ת.; תה״פ (יָפִים), יָפָה (יָפוֹת) beautiful, handsome, lovely; well

– יְפֵה־נֶפֶש high-minded person, bleeding heart
– יָפָה שָׁעָה אַחַת קוֹדֶם the sooner the better
– יְפֵה־תוֹאַר good-looking, handsome
יְפֵהפֶה ת. (יְפֵהפִיָּה) very beautiful, very pretty, very handsome
יִפּוּי־כּוֹחַ ז. power of attorney, authorization
יַפָּן Japan
יַפָּנִי תו״ז Japanese
יַפָּנִית נ. Japanese (language)
יָצָא פ״ע (לָצֵאת; צֵא!) come out, exit; leave, depart
– יָצָא אֶל הַפּוֹעַל be carried out
– יָצָא לָאוֹר be published
– יָצָא לוֹ ל־ he happened to, he had the chance to
– יָצָא לוֹ מֵהָאַף get sick and tired of
– יָצָא לְתַרְבּוּת רָעָה go to the bad
– יָצָא מִגִּדְרוֹ go out of your way (to), lose your temper
– יָצָא מִדַּעְתּוֹ go mad
– יָצָא מִכֵּלָיו lose your temper
יַצְאָנִית נ. (יַצְאָנִיּוֹת) prostitute
יְצוּא ז. export, exports
יְצוּאָן ז. exporter
יִצּוּג ז. representation
יִצּוּגִי ת. representative; official
יְצוּר ז. creature
יְצִיאָה נ. going out, exit, departure
יַצִּיב ת. stable, steady, firm, solid
יְצִיבָה נ. posture
יַצִּיבוּת נ. stability, steadiness
יָצִיג ת. representative
יָצִיעַ ז. (יְצִיעִים) balcony (of theater); grandstand
יְצִיקָה נ. casting, pouring
יְצִירָה נ. creation; work (of art); creating
יְצִירָתִי ת. creative
יְצִירָתִיּוּת נ. creativity
יָצַק פ״י (לָצֶקֶת) to cast, pour
יָצַר פ״י (לִיצוֹר) create, form

יֵצֶר ז. (יִצְרוֹ; יְצָרִים) instinct; impulse, urge
– יֵצֶר הַטּוֹב good nature
– יֵצֶר הַמִּין sexual desire, sex drive
– יֵצֶר הָרָע the instinct to do evil
– הַיְּצָרִים הִתְלַהֲטוּ passions ran high
יִצְרִי ת. libidinous, passionate
יַצְרָן ז. יַצְרָנִית נ. manufacturer
יַצְרָנִי ת. productive
יֶקֶב ז. (יְקָבִים; יִקְבֵי־) wine-press, winery
יְקוּם ז.
– הַיְקוּם the universe, the cosmos
יְקִיצָה נ. awakening, wake-up (call)
יַקִּיר ת. dear, beloved
יָקָר ת. expensive
– יְקַר־הַמְּצִיאוּת scarce
– יְקַר־עֵרֶךְ valuable
יַקְרָן ז. expensive (charging too much)
יְרֵא שָׁמַיִם ת. pious
יִרְאַת־כָּבוֹד נ. great respect, awe
יִרְאַת־שָׁמַיִם נ. piety
יָרַד פ״ע (לָרֶדֶת; רֵד!) go down, come down; get off (vehicle); drop, decline; emigrate (from Israel)
– יָרַד בְּמִשְׁקָל lose weight
– יָרַד גֶּשֶׁם / שֶׁלֶג to rain/snow
– יָרַד לְחַיָּיו make his life hell
– יָרַד לְטִמְיוֹן go down the drain, be wasted, be in vain
יַרְדֵּן ז. Jordan
יַרְדֵּנִי תו״ז Jordanian
יָרָה פ. (לִירוֹת) shoot, fire
יָרוּד ת. poor, inferior; run-down, low
יָרוֹק תו״ז (יְרוּקָּה; יְרוּקִּים) green
יְרוּשָּׁה נ. inheritance, legacy
– קִיבֵּל בִּירוּשָּׁה inherit
יָרֵחַ ז. (יְרֵחִים) moon
יֶרַח ז. (יְרָחִים; יַרְחֵי־) month
– יֶרַח־דְּבַשׁ honeymoon
יַרְחוֹן ז. monthly (magazine)
יְרִי ז. (יְרִי־) shooting, firing, gunfire
יָרִיב ז. rival, opponent, adversary

יְרִיבוּת נ. rivalry
יָרִיד ז. fair, bazaar
יְרִידָה נ. descent, going down; fall, drop; Jewish emigration from Israel
יְרִייָה, יְרִיָה נ. shot; shooting
יְרִיעָה נ. sheet; scope
– מִקוֹצֶר הַיְרִיעָה because of scope limitations
יְרִיקָה נ. spitting
יָרֵךְ נ. (יְרֵכַיִים) thigh, hip
יַרְכָתַיִים נ״ר (יַרְכְּתֵי־) rear part, stern
– יַרְכְּתֵי־אוֹנִייָה stern (of ship)
יָרַק פ. (לִירוֹק) to spit
יָרָק ז. (יְרָקוֹת) vegetable
יַרְקָן ז. greengrocer
יְרַקְרַק ת. greenish
יָרַשׁ פ״י (לָרֶשֶׁת) inherit; succeed (someone)
יֵשׁ ז. תה״פ (יֶשְׁנוֹ; יֶשְׁנָהּ; יֶשְׁנָם) being; existence, there is; there are
– יֵשׁ! I did it!, Yes!, Eureka!
– יֵשׁ לִי [לְךָ וכו׳] I have, you have, etc.
– יֵשׁ לְקַווֹת שֶׁ־ Hopefully, It is hoped that
– יֵשׁ מֵאַיִן something out of nothing
יָשַׁב פ״ע (לָשֶׁבֶת; שֵׁב!) sit
יַשְׁבָן ז. bottom, buttocks, tush
יֵשׁוּ ז. Jesus
יִשּׁוּב ר׳ יִישּׁוּב
יִשּׁוּם ז. ר׳ יִישּׁוּם
יְשׁוּעָה נ. salvation; help
יֵשׁוּת נ. (יֵשׁוּיוֹת) being, entity
יְשִׁיבָה נ. sitting; meeting; session; *Yeshiva*
– בַּחוּר־יְשִׁיבָה *Yeshiva* student
יָשִׂים ת. applicable; feasible
יְשִׁימוֹן ז. desert, arid waste
יְשִׂימוּת נ. applicability; feasibility
יָשִׁיר ת. direct, straight
– אוֹטוֹבּוּס יָשִׁיר express/non-stop bus
יְשִׁירוֹת תה״פ directly, straight
יָשִׁישׁ תו״ז old (man)
יָשֵׁן פ״ע (לִישׁוֹן) to sleep, be asleep
יָשָׁן ת. old (not new)
יֶשְׁנָהּ, יֶשְׁנוֹ ר׳ יֵשׁ
יַשְׁנוּנִי ת. sleepy
יֶשְׁנָם, יֶשְׁנָן ר׳ יֵשׁ
יֶשַׁע ז. salvation
– חֲסַר יֶשַׁע helpless
יָשָׁר ת.; תה״פ straight; direct; honest; level
– יָשָׁר לָעִנְיָין straight to the point
יִשְׂרָאֵל ז. Israel
– אֶרֶץ יִשְׂרָאֵל the Land of Israel
– בְּנֵי־יִשְׂרָאֵל the Children of Israel
– עַם יִשְׂרָאֵל the Jewish People
יִשְׂרְאֵלִי תו״ז (יִשְׂרְאֵלִית) Israeli
יָתֵד נ. (יְתֵדוֹת) (tent) peg
יָתוֹם ז. יְתוֹמָה נ. orphan
יַתּוּשׁ ז. mosquito
יְתֵירָה מִזּוֹ more than that, moreover
יִתָּכֵן perhaps, possibly, it is possible
– לֹא יִתָּכֵן it's impossible, it's unlikely
יַתְמוּת נ. orphanhood
יֶתֶר ז. the rest; over-; excess
– בֵּין הַיֶּתֶר among other things
– יָתֵר עַל הַמִּידָּה more than enough, excessively
– יָתֵר עַל־כֵּן moreover; furthermore
יִתְרָה נ. balance (of account); remainder
יִתְרוֹן ז. (יִתְרוֹנוֹת) advantage, benefit, edge
– יִתְרוֹן אֵיכוּתִי qualitative edge
– יִתְרוֹן מִסְפָּרִי numerical superiority

י

כ

כ *kaf* (11th letter of Hebrew alphabet); 20
כְּ־ like, as; about
כָּאַב פ״ע (לִכאוֹב) to ache, hurt, feel pain
כְּאֵב ז. pain, ache
– כְּאֵב־גַב backache
– כְּאֵב־לֵב heartache
– כְּאֵב־רֹאשׁ headache
– כְּאֵב־שִׁינַיִים toothache
– לְלֹא כְּאֵבִים painlessly, without pain
כָּאוּב ת. (כְּאוּבָה; כְּאוּבִים) painful, sore (point)
כְּאִילוּ מ״ח, תה״פ as if, as though quasi-; as it were
כָּאָמוּר תה״פ as mentioned above/earlier
כָּאן תה״פ here
– לְכָאן here, hither
– מִכָּאן hence; from here
– מִכָּאן וָאֵילָךְ from here on
– מִכָּאן וּמִכָּאן from either side
– עַד כָּאן up to this point; that's it!
כַּאסַח ת. ז. תה״פ crash (diet); with (the) gloves off, brutal play; brutally, harshly
כַּאֲשֶׁר מ״ח when, while, as
כַּבַּאי ז. fireman, firefighter
כַּבָּאִית נ. firefighter; fire engine
כָּבֵד ת. (כְּבַד־; כְּבֵדִים; כִּבְדֵי־) heavy
– אָסוֹן כָּבֵד terrible disaster, tragedy
– כְּבַד־שְׁמִיעָה deaf, hard of hearing
כָּבֵד זו״נ liver
כְּבֵדוּת נ. heaviness
– בִּכְבֵדוּת heavily; slowly
כָּבָה פ״ע (לִכבּוֹת) go out, be extinguished
כָּבוֹד ז. honor, respect, dignity
– בְּכָבוֹד רַב Sincerely yours
– בִּכבוֹדוֹ וּבְעַצמוֹ in person
– חָלַק כָּבוֹד לְ־ to honor; pay tribute to
– כְּבוֹד־ Mr.; His Honor; the Honorable
– כְּבוֹד עַצמִי self-respect
– כְּבוֹדוֹ בִּמקוֹמוֹ מוּנָח with all due respect (to him)
– כָּל הַכָּבוֹד! Well done! Good for you!, Way to go!
– לִכבוֹד־ in honor of; To (introducing address on letter)
– עִם כָּל הַכָּבוֹד with all due respect
כְּבוּדָה נ. baggage, luggage
כָּבוּי ת. extinguished; off (light, etc.)
כָּבוּל ת. tied
כָּבוּשׁ ת. conquered; occupied
– (מְלָפְפוֹן, וכו׳) כָּבוּשׁ pickled
כִּבְיָכוֹל תה״פ as it were, supposedly; so-called
כָּבִיס ת. washable
כְּבִיסָה נ. washing, laundry
– אַבקַת־כְּבִיסָה laundry detergent, washing powder
– מְכוֹנַת־כְּבִיסָה washing machine
כַּבִּיר ת. huge, great, tremendous
כְּבִישׁ ז. (asphalt) road
– כְּבִישׁ מָהִיר expressway, motorway
– כְּבִישׁ רָאשִׁי main road, highway
כְּבִישָׁה נ. pickling
כָּבַל פ״י (לִכבּוֹל) to tie, chain
כֶּבֶל ז. (כְּבָלִים) cable; chain, fetter; rope
כְּבָסִים ז״ר laundry (clothes washed), washing
כְּבָר תה״פ already; in a minute
– כְּבָר לֹא no longer, not any more
כְּבָרָה נ. riddle, sieve
כִּברַת־דֶרֶךְ נ. a certain distance
כֶּבֶשׂ ז. (כְּבָשִׂים) sheep
כֶּבֶשׁ ז. gangway
כָּבַשׁ פ״י (לִכבּוֹשׁ) conquer, capture; suppress (anger, etc.)
כִּבשָׂה נ. ewe
כִּבשָׁן ז. furnace; crematorium

כ

כְּגוֹן תה״פ	such as, like
כַּד זו״נ	pitcher, jug
כְּדַאי ת. (כְּדָאִית)	worthwhile
– כְּדַאי לך	it's worth your while
– כְּדַאי שֶׁ־	had better, should
כְּדָאִי ת.	worthwhile
כְּדוֹמֶה, וְכַדּוֹמֶה ר׳ דוֹמֶה	
כַּדּוּר ז.	ball; bullet; sphere; tablet, pill
– כַּדּוּר בָּסִיס	baseball
– כַּדּוּר בָּשָׂר	meatball
– כַּדּוּר־הָאָרֶץ	the Earth, the globe
– כַּדּוּר פּוֹרֵחַ	balloon (for flight)
כַּדּוּרֶגֶל ז.	soccer, football
כַּדּוּרַגְלָן ז.	soccer player, footballer
כַּדּוּרִי ת.	spherical, ball-shaped
כַּדּוּרְיָד ז.	handball
כַּדּוּרִית נ. (כַּדּוּרִיּוֹת)	corpuscle, small ball
כַּדּוּרְסַל ז.	basketball
כַּדּוּרְסַלָּן ז.	basketball player
כַּדּוּרְעָף ז.	volleyball
כַּדּוֹרֶת נ.	bowling; bowls
כְּדֵי תה״פ	in order to, so as to
– כְּדֵי שֶׁ־	in order that, so that
כַּדִּין תה״פ	duly; according to the law
כִּדְלְהַלָּן, כִּדְלְקַמָּן תה״פ	as follows
כִּדְרֵר פ״ע (לְכַדְרֵר)	dribble (in soccer)
כֹּה תה״פ	so; thus; here; now
– בֵּין כֹּה וָכֹה	in any case; meanwhile
כֵּהֶה ת. (כֵּהָה; כֵּהִים)	dark (color)
כְּהוּא־זֶה תה״פ	at all, an iota
כַּהוֹגֶן תה״פ	well, properly
כְּהוּנָּה נ.	priesthood; (term of) office
כַּהֲלָכָה תה״פ	properly; thoroughly
כָּהֵנָּה וְכָהֵנָּה	as much and far more
כּוֹאֵב ת. (כּוֹאֶבֶת; כּוֹאֲבִים)	painful, sore
– לֹא כּוֹאֵב	painless; not hurt
– כּוֹאֵב לִי	it hurts (me)
כּוֹבֶד ז.	weight; heaviness; gravity
כּוּבַּד פ.	be honored
כּוּבָּה פ. (כּוּבְּתָה; כּוּבּוּ)	be extinguished, be turned off
כּוֹבֶסֶת נ.	laundress
כּוֹבַע ז. (כּוֹבָעִים)	hat, cap
– כּוֹבַע־גֶּרֶב	balaclava
– עַל רֹאשׁ הַגַּנָּב בּוֹעֵר הַכּוֹבַע	guilty conscience gives itself away
כּוֹבָעוֹן ז.	condom; small cap
כּוֹבָעָן ז.	hatter, hat-maker
כּוֹבֵשׁ ז.	conqueror
כּוֹבֵשׁ ת.	fascinating, captivating
כּוֹהַל ז.	alcohol, spirits
כּוֹהֵן ז.	priest
– הַכּוֹהֵן הַגָּדוֹל	the High Priest
כּוֹהֶנֶת נ.	priestess
– הַכּוֹהֶנֶת הַגְּדוֹלָה	the High Priestess
כְּוִויָּה נ.	burn, scald
כּוּוַּן פ. (כּוּוּנָה, כּוּוּנוּ)	be directed; be aimed (at); be adjusted
כַּוָּונָה נ.	aim, intention; meaning
– בְּכַוָּונָה	on purpose, deliberately
– לֹא בְּכַוָּונָה	unintentionally
כִּוֵּונֵן פ״י (לְכַוונֵן)	set, adjust; tune up
כַּוֶּונֶת נ.	sight (of gun); viewfinder
כַּוָּורָן ז.	beekeeper
כַּוֶּורֶת נ. (כַּוָּורוֹת)	hive, beehive
כּוֹזֵב ת. (כּוֹזֶבֶת)	false, misleading
כּוֹחַ ז. (כּוֹחוֹת)	force, power, strength
– בְּכוֹחַ	by force
– כּוֹחַ־אָדָם	manpower
– כּוֹחַ־גַּבְרָא	sexual potency
– כּוֹחַ־הַמְּשִׁיכָה	force of gravity
– כּוֹחַ־סוּס	horsepower, hp
– כּוֹחַ־עֶלְיוֹן	act of God, force majeure
– כּוֹחַ־רָצוֹן	willpower
– מִכּוֹחַ־	by virtue of
כּוֹחָנִי ת.	forceful, militant, power oriented
כּוֹכָב ז.	star; Mercury; asterisk
– כּוֹכַב־הַצָּפוֹן	North Star, Polaris
– כּוֹכַב־לֶכֶת	planet
– כּוֹכַב־קוֹלנוֹעַ	movie star, film star
כּוֹכָבִית נ.	asterisk
כּוֹכֶבֶת נ. (כּוֹכָבוֹת)	movie star (fem.)
כּוֹל ר׳ כָּל	
כּוֹלבּוֹ ז.	department store

כּוּלָה, כּוּלוֹ, כּוּלִי ר' כָּל

כּוֹלֵירָה נ. cholera

כּוֹלֵל ת. (כּוֹלֶלֶת, כּוֹלְלִים) including; general; inclusive; all-out

כּוּלָם all of them, everybody

כּוֹלֶסטרוֹל ז. cholesterol

כּוֹמֶר ז. (כְּמָרִים) priest (Christian), minister

כּוּמתָה נ. beret

כּוּנָה פ. (כּוּנתה; כּוּנוּ) be named; be nicknamed

כּוֹנֵן פ"י (לְכוֹנֵן) found, establish, set up

כּוֹנָן ז. drive (computers); rack

כּוֹננוּת נ. readiness; state of alertness (military)

כּוֹנָנִית נ. (כּוֹנָנִיוֹת) bookcase; bookstand

כּוּנַס פ. (כּוּנסָה; כּוּנסוּ) be convened

כּוֹנֵס נְכָסִים ז. (official) receiver

כּוֹס נ. (כּוֹסוֹת) glass, cup

כּוּס ז. cunt, pussy (*vulgar slang*)

כּוּסבָּרָה נ. coriander

כּוּסָה פ. (כּוּסתה; כּוּסוּ) be covered

כּוֹסִית נ. (כּוֹסִיוֹת) small glass; wineglass

כּוּסִית תו"נ (כּוּסִיוֹת) sexpot, pussy

כּוֹעֵס ת. angry

כּוֹפֵף פ"י (לְכוֹפֵף) to bend; twist (someone's arm)

כּוֹפֶר ז. ransom (money)

– כּוֹפֶר נֶפֶש ransom

כּוֹפֵר ז. heretic, infidel; atheist

כּוּפתָּה נ. (כּוּפתָּאוֹת) dumpling

כּוּר ז. (atomic) pile; furnace

– כּוּר אֲטוֹמִי nuclear reactor

– כּוּר הִיתוּך melting pot

כּוֹרֶה ז. (כּוֹרִים) miner

כּוֹרַח ז. necessity

– בְּעַל כּוֹרחוֹ reluctantly, against his will

– כּוֹרַח הַמְצִיאוּת inevitability, practical necessity

כּוֹרֵיאוֹגרָף ז. כּוֹרֵיאוֹגרָפִית נ. choreographer

כּוֹרֵיאוֹגרַפיָה נ. choreography

כּוֹרֵך ז. bookbinder

כּוּרכּוּם ז. turmeric, saffron

כּוּרכָּר ז. soft limestone

כּוֹרֵם ז. winegrower

כּוּרסָה נ. armchair

כּוּשִׁי ז. black (man)

– הַכּוּשִׁי עָשָׂה אֶת שֶׁלוֹ Now that he has done the job, he is dispensable.

כּוֹשֵל ת. (כּוֹשֶלֶת) failing, unsuccessful

כּוֹשֶר ז. (כּוֹשרוֹ) ability, fitness; power

– בְּכוֹשֶר fit, in good form

– כּוֹשֶר גוּפָנִי physical fitness

– שְעַת כּוֹשֶר opportunity

כּוּתוֹנֶת נ. shirt

– כְּתוֹנֶת־לַילָה nightgown, nightshirt

כּוֹתֶל ז. (כְּתָלִים) wall

– אוֹזנַיִים לַכּוֹתֶל walls have ears

– הַכּוֹתֶל הַמַעֲרָבִי the Western Wall

כּוּתנָה נ. cotton

כּוֹתֶפֶת נ. epaulette; shoulder strap

כּוֹתָר ז. title (book)

כּוֹתֶרֶת נ. (כּוֹתָרוֹת) title, headline

– גוּלַת הַכּוֹתֶרֶת pièce de résistance; the highlight; the crowning achievement

כָּזָב ז. lie, falsehood, deceit

כָּזֶה such; like this

כָּחוֹל ת. (כְּחוּלָה; כְּחוּלִים) blue

כַּחוֹק תה"פ legally, lawfully

כָּחוּש ת. lean, emaciated

כִּחכֵּחַ פ"ע (לְכַחכֵּחַ) clear your throat

כְּחַלחַל ת. bluish

כַּחַש ז. deceit; lies

כִּי מ"ח because, for; that

כַּיָאוּת תה"פ properly, appropriately

כִּיב ז. ulcer

כִּיבֵּד פ"י (לְכַבֵּד) to honor, respect; offer refreshments

כִּיבָּה פ"י (לְכַבּוֹת) extinguish, put out; switch off

כִּיבּוּד ז. honoring, respect; refreshments; spoils (in pl.)

– כִּיבּוּד קַל light refreshments

כִּיבּוּי ז. extinguishing, putting out; switching off
כִּיבּוּשׁ ז. conquest, occupation
כִּיבֵּס פ״י (לְכַבֵּס) launder, wash
כִּידוֹן ז. spear, javelin; bayonet
כַּיָּדוּעַ תה״פ as you know
כִּידְרֵר פ״ע (לְכַדְרֵר) dribble (in soccer)
כִּיהֵן פ״י (לְכַהֵן) hold office, serve (in office)
כִּיווּן ז. direction; aim; adjustment; tuning (piano)
כִּיווֵּן פ״י (לְכַוֵּון) to aim; direct; adjust, tune up; set (the clock)
כֵּיוָון תה״פ
– (מִ)כֵּיוָון שֶׁ־ since, because, as
כִּיוונוּן ז. adjustment, tuning
כִּיוֵּוץ פ״י (לְכַוֵּוץ) to shrink; constrict; contract
כַּיּוֹם תה״פ nowadays, these days
כַּיּוֹצֵא בּוֹ and so forth, and the like
כִּיּוֹר ז. sink, washbasin
כִּיזֵּב פ״ע (לְכַזֵּב) to lie
כִּיחַ ז. phlegm
כִּיחכּוּחַ ז. clearing one's throat
כִּייֵּל פ״י (לְכַייֵּל) calibrate
כִּייֵּס פ״י (לְכַייֵּס) to pickpocket
כַּייָּס ז. כַּייֶּסֶת נ. pickpocket
כַּייָּסוּת נ. pickpocketing
כִּייֵּף פ״ע (לְכַייֵּף) have fun, have a good time
כִּיכֵּב פ״ע (לְכַכֵּב) to star (in film)
כִּיכָּר נ. square (of town); traffic circle
כִּיכָּר זו״נ (כִּיכָּרוֹת; כִּיכּרוֹת־) loaf (of bread)
כִּילָּיוֹן ז. destruction, extinction
– בְּכִילְיוֹן-עֵינַיִים in eager anticipation, (looking forward to)
כִּילְכֵּל פ״י (לְכַלְכֵּל) support, provide for
– כִּילְכֵּל אֶת צְעָדָיו act wisely, play your cards well
כִּימַאי, כִּימָאִי ז. chemist
כִּימּוּת ז. quantification
כִּימוֹתֶרַפְּיָה נ. chemotherapy
כִּימִי, כִּימִי ת. chemical
כִּימְיָה, כִּימִיָּה נ. chemistry
כִּימִיקָלִים ז״ר chemicals
כִּימֵּת פ״י (לְכַמֵּת) quantify
כִּינָּה נ. (כִּינִּים) louse (lice)
כִּינָּה פ״י (לְכַנּוֹת) to name, nickname
כִּינּוּי ז. nickname; name; pronoun
כִּינּוּן ז. establishing, founding, setting up
כִּינּוּס ז. gathering, assembly, conference
כִּינּוֹר ז. violin, fiddle
כִּינֶּמֶת נ. infestation with lice
כִּינֵּס פ״י (לְכַנֵּס) assemble, bring together
– כִּינֵּס יְשִׁיבָה call a meeting
כִּינֶּרֶת Sea of Galilee
כִּיס ז. pocket; pouch (of kangaroo)
– כִּיס־אֲוויר air-pocket
– כִּיס־הַמָּרָה gall-bladder
– מִילּוֹן כִּיס pocket dictionary
– סֵפֶר כִּיס pocket edition
כִּיסֵּא ז. (כִּיסְאוֹת) chair; seat
– כִּיסֵּא־גַלְגַּלִּים wheelchair
– כִּיסֵּא־חַשְׁמַלִּי electric chair
– כִּיסֵּא־נוֹחַ easy chair
כִּיסָּה פ״י (לְכַסּוֹת) to cover
– כִּיסָּה אֶת הַהוֹצָאוֹת cover the expenses
כִּיסּוּחַ ז. mowing, cutting
כִּיסּוּי ז. covering, cover; coverage
כִּיסּוּפִים ז״ר yearning, longing
כִּיסֵּחַ פ״י (לְכַסֵּחַ; לְכַסֵּחַ) mow, cut (grass); beat/tackle (him) brutally
כִּיעוּר ז. ugliness
כִּיעֵר פ״י (לְכַעֵר) make ugly
כֵּיף ז. fun, good time; hashish
– עָשָׂה כֵּיף have a good time
כִּיפָּה נ. skullcap, yarmulke; dome (of building)
– תַּחַת־כִּיפַּת־הַשָּׁמַיִים outdoors, in the open air
כִּיפּוּף, כִּיפּוּף ז. bending
כִּיפּוּר ז.: יוֹם כִּיפּוּר Day of Atonement, *Yom Kippur*

כ

to bend כִּיפֵּף פ״י
atone for; make up for כִּיפֵּר פ״י (לְכַפֵּר עַל־)
button up כִּיפְתֵּר פ״י (לְכַפְתֵּר)
how? כֵּיצַד מ״ש
surgeon כִּירוּרג, כִירוּרג ז.
surgical כִּירוּרגִי, כִירוּרגִי ת.
surgery כִּירוּרגְיָה, כִירוּרגְיָה נ.
stove (for cooking), (gas) cooker, gas range כִּירַיִים ז״ז
dance around, caper כִּירכֵּר פ״ע (לְכַרכֵּר)
carriage כִּירכָּרָה נ.
gnawing, nibble; erosion (*figurative*), encroachment, making inroads into כִּירסוּם ז.
gnaw, nibble crunch; erode, encroach on, make inroads into (*figurative*) כִּירסֵם פ״י (לְכַרסֵם)
(magic) spell, witchcraft כִּישוּף ז.
qualifications כִּישוּרִים ז״ר
wag (the tail) כִּישכֵּש פ״י (לְכַשכֵּש בּ־)
failure כִּישָלוֹן ז. (כִּשלוֹנוֹת)
utter failure, fiasco – כִּישָלוֹן חָרוּץ
bewitch, put a spell on כִּישֵף פ״י (לְכַשֵף)
talent; ability כִּישרוֹן ז. (כִּשרוֹנוֹת)
skillfully, ably – בְּכִישרוֹן
class; classroom; section (military); (firing) party כִּיתָה נ.
lettering; caption כִּיתוּב ז.
surrounding, encirclement כִּיתוּר ז.
encircle (troops) etc., surround כִּיתֵר פ״י (לְכַתֵר)
crush, pound כִּיתֵת פ״י (לְכַתֵת)
wear oneself out walking – כִּיתֵת אֶת רַגלָיו
sectarian, factional כִּיתָתִי ת.
so, thus כָּךְ תה״פ
afterwards; later – אַחַר כָּךְ
so and so; a certain (amount) – כָּךְ וְכָךְ
so; so much; (not) that... – כָּל כָּךְ
in that way; thus – עַל יְדֵי כָּךְ
at the same time, meanwhile; in the process – תּוֹךְ כְּדֵי כָּךְ
so; so much כ״כ ר״ת כָּל כָּךְ
so, thus, like that כָּכָה תה״פ
just like that; Because! – כָּכָה
so-so; nothing special – כָּכָה־כָּכָה
all; the whole כֹּל, כָּל ז. (כּוּלִי, כּוּלְךָ, כּוּלוֹ וכו׳)
in total; in all; on the whole – בְּסַךְ הַכּוֹל
everything – הַכֹּל; הַכּוֹל
apparently – כְּכָל הַנִראֶה
everyone; each (and every) one; anybody – כָּל אֶחָד (וְאֶחָד)
whenever (*literary*) – כָּל אֵימַת שֶ־
omnipotent, all-powerful – כֹּל יָכוֹל
whatever – כָּל מַה שֶ־
as long as – כָּל עוֹד; כָּל זְמַן שֶ־
all the more so – (לֹא) כָּל שֶכֵּן
at least – לְכָל הַפָּחוֹת
Hell!; (What) the hell...? – לְכָל הָרוּחוֹת!
at all, flatly, outright – מִכּוֹל וָכוֹל
imprison, lock up כָּלָא פ״י (לִכלוֹא)
jail, prison כֶּלֶא ז.
offhand; casually כִּלְאַחַר יָד תה״פ
cross-breeding; hybrid כִּלאַיִים ז״ר
hybrid – בֶּן־כִּלאַיִים
dog כֶּלֶב ז. (כַּלבּוֹ, כְּלָבִים, כַּלבֵי)
seal (animal) – כֶּלֶב־יָם
guide dog – כֶּלֶב נְחִייָה
watchdog – כֶּלֶב־שְמִירָה
bitch (also term of abuse) כַּלבָּה נ.
puppy, small dog כְּלַבלָב ז.
rabies כַּלֶבֶת נ.
bride; daughter-in-law כַּלָּה נ.
imprisoned, confined כָּלוּא ת.
cage כְּלוּב ז.
included כָּלוּל ת.
wedding, nuptials כְּלוּלוֹת נ״ר
anything, nothing כְּלוּם ז.
nothing – לֹא כְּלוּם
that is to say; in other words כְּלוֹמַר תה״פ

כְּלוֹר ז. chlorine
כְּלוֹרוֹפִיל ז. chlorophyl
כֶּלַח ז.: אָבַד עָלָיו הַכֶּלַח become obsolete; be out of date
כְּלִי ז. (כֵּלִים; כְּלֵי־) tool; appliance; (musical) instrument; the dishes (in pl.)
– יָצָא מִן הַכֵּלִים [מִכֵּלָיו] lose your temper
– כְּלֵי דָם blood vessels
– כְּלִי־טַיִס aircraft
– כְּלֵי־מִטְבָּח kitchen utensils
– כְּלֵי־מִיטָה bedding, bedclothes
– כְּלִי מִשְׂחָק pawn, plaything
– כְּלֵי־נֶשֶׁק arms, weapons
– כְּלֵי־קוֹדֶשׁ holy vessels, sacred objects
– כְּלִי רֶכֶב (motor) vehicle
– כְּלֵי־שַׁיִט watercrafts, vessels
– כְּלִי שָׁרֵת tool, pawn
כְּלִיאָה נ. imprisonment, incarceration
כִּלְיָה נ. (כְּלָיוֹת) kidney
כְּלָיָה נ. destruction; extinction
כְּלָיוֹת ר׳ כִּלְיָה kidneys
כָּלִיל ת; תה״פ entire; entirely, totally
– כְּלִיל הַשְּׁלֵמוּת the acme of perfection
כֵּלִים ר׳ כְּלִי
כְּלִימָה נ. shame, disgrace
– בּוּשָׁה וּכְלִימָה Shame on you! a disgrace
כַּלְכַּל ז. steward
כַּלְכָּלָה נ. economics; economy; maintenance
כַּלְכָּלִי ת. (כַּלְכָּלִית) economic
כַּלְכְּלָן ז. כַּלְכְּלָנִית נ. economist
כָּלַל פ״י (לִכְלוֹל) contain, include; consist of, comprise
כְּלָל ז. regulation, rule
– בְּדֶרֶךְ כְּלָל usually, generally
– בִּכְלָל in general; generally speaking; at all
– יוֹצֵא מִן הַכְּלָל exception; exceptional, outstanding
– יָצָא מִכְּלַל־ get out of (use/control)
כְּלָלִי ת. (כְּלָלִית) general
כְּלָלִית תה״פ on the whole
כַּלָּנִית נ. (כַּלָּנִיּוֹת) anemone; windflower
כְּלַפֵּי מ״י (כְּלַפַּי, כְּלַפֶּיךָ, כְּלַפָּיו, כְּלַפֵּינוּ וכו׳) towards; vis-à-vis
– כְּלַפֵּי חוּץ outwards; outwardly
כָּלְשֶׁהוּ ז. כָּלְשֶׁהִי נ. any, some; of some kind
כִּמְדוּמֶה, כִּמְדוּמַנִי ר׳ מְדוּמֶה
כַּמָּה תה״פ several, some; how many; how much?
– בֶּן כַּמָּה הוּא? How old is he?
– כַּמָּה וְכַמָּה many (times)
– עַד כַּמָּה שֶׁ־ as far as... (*figurative*)
– עַל אַחַת כַּמָּה וְכַמָּה all the more so
– פִּי כַּמָּה וְכַמָּה several times more; much more
כָּמֵהַּ ת. (כְּמֵהָה) yearning, longing
כְּמוֹ מ״י; מ״ח (כָּמוֹנִי, כָּמוֹךָ, כָּמוֹהוּ, כָּמוֹהָ, כָּמוֹנוּ, כְּמוֹכֶם, כְּמוֹהֶם) as, like, such as; as though
– כָּמוֹהוּ כְּ־ (be) tantamount to
– כְּמוֹ־כֵן Also, moreover, Likewise
– כְּמוֹ שֶׁ־ as, like; just as
– מֵאֵין כָּמוֹהוּ unequalled, unparalleled
כַּמּוּבָן תה״פ of course, obviously
כָּמוּס ת. hidden
– סוֹד כָּמוּס closely guarded secret
כְּמוּסָה נ. capsule (medicine)
כְּמוֹת מ״י (כְּמוֹתוֹ) like
– כְּמוֹת שֶׁהוּא just as it is
– שֶׁכְּמוֹתוֹ like him
כַּמּוּת נ. (כַּמֻּיּוֹת) amount, quantity
– בְּכַמֻּיּוֹת in large amounts/numbers
כַּמּוּתִי ת. quantitative
כְּמִטַחֲוֵוי תה״פ within the range of
כְּמִיהָה נ. longing, yearning
כִּמְעַט תה״פ almost, nearly
כָּמַשׁ פ״ע (לִכְמוֹשׁ) wither, shrivel
כֵּן תה״פ yes; so
– שֶׁכֵּן because, for

כ

I think so. – אֲנִי חוֹשֵׁב שֶׁכֵּן
truthful, sincere, frank, honest כֵּן ת. (כֵּנָה; כֵּנִים; כֵּנוֹת)
base, stand כַּן ז.
remain in its position – עָמַד [נוֹתַר] עַל כַּנּוֹ
launch pad – כַּן שִׁיגּוּר
submissive כָּנוּעַ ת. (כְּנוּעָה)
gang כְּנוּפְיָה נ.
sincerity, honesty כֵּנוּת נ.
sincerely, honestly – בְּכֵנוּת
aphid, greenfly כְּנִימָה נ.
entrance, entry, admission כְּנִיסָה נ.
No entry – אֵין כְּנִיסָה
entrance examination – בְּחִינַת־כְּנִיסָה
No entry – הַכְּנִיסָה אֲסוּרָה
free admission – כְּנִיסָה חוֹפְשִׁית
surrender כְּנִיעָה ז.
as mentioned above; likewise כַּנַּ״ל ר״ת
conference, assembly כֶּנֶס ז. (כְּנָסִים)
church כְּנֵסִיָּיה, כְּנֵסִיָּה נ.
assembly כְּנֶסֶת נ.
the *Knesset* (Israel's parliament) – הַכְּנֶסֶת
wing; fender כָּנָף ז. (כְּנָפַיִים; כַּנְפֵי־)
spread rapidly, fly (of rumor) – עָשָׂה לוֹ כְּנָפַיִים
violinist, fiddler כַּנָּר ז.
apparently כַּנִּרְאֶה תה״פ
canary; violinist כַּנָּרִית נ. (כַּנָּרִיּוֹת)
chair (poetic) כֵּס ז.
the throne – כֵּס־הַמַּלְכוּת
silvered, silvery כָּסוּף ת.
grey-haired – כְּסוּף שֵׂיעָר
כֶּסַח תו״ז ר׳ כַּאסַח
fool כְּסִיל ז.
xylophone כְּסִילוֹפוֹן ז.
Kislev (month in Hebrew calendar, November–December) כִּסְלֵו ז.
bite (nails) כָּסַס פ״י (לִכְסוֹס)
money; silver כֶּסֶף ז. (כַּסְפּוֹ; כְּסָפִים; כַּסְפֵּי־)
(small) change – כֶּסֶף קָטָן
finance; funds – כְּסָפִים
the financial year, the fiscal (year) – שְׁנַת הַכְּסָפִים
ATM, cash machine כַּספּוֹמָט ז.
financial; monetary כַּספִּי ת. (כַּספִּית)
mercury; quicksilver כַּספִּית נ.
(bank) teller כַּספָּר ז.
safe, safe deposit box כַּסֶּפֶת נ. (כַּסָּפוֹת)
angry כָּעוּס ת.
ugly כָּעוּר ת.
a sort of, a kind of כְּעֵין תה״פ
bagel כַּעַךְ ז. (כְּעָכִים)
be angry כָּעַס פ״ע (לִכעוֹס)
be angry about – כָּעַס עַל
be angry with (someone) – כָּעַס עָלָיו
anger כַּעַס ז.
angrily – בְּכַעַס
now, at present כָּעֵת תה״פ
(table)spoon כַּף נ. (כַּפַּיִים אוֹ כַּפּוֹת)
tip the scales – הִיטָה / הִכְרִיעַ אֶת הַכַּף
palm (of the hand) – כַּף יָד
sole (of the foot) – כַּף רֶגֶל
be in the balance – מוּנָח עַל כַּף הַמֹּאזְנַיִים
kaf (11th letter in Hebrew alphabet) כָּף נ.
final *kaf* (written in word) – כָּף סוֹפִית (ך)
cape, promontory; fun, good time כֵּף ז.
compel, force כָּפָה פ״י (לִכפּוֹת אֶת, עַל)
forced כָּפוּי ת.
ungrateful – כְּפוּי טוֹבָה
multiplied by; double, twofold; dual כָּפוּל ת. (כְּפוּלָה)
manifold, many times over – כָּפוּל וּמְכוּפָּל
multiple (math) כְּפוּלָה נ.
bent, bowed כָּפוּף ת.
subject to – בְּכָפוּף ל־
subject to; subordinate to – כָּפוּף ל־
frost כְּפוֹר ז.
tied כָּפוּת ת. (כְּפוּתָה; כְּפוּתִים; כְּפוּתוֹת)

כ

כְּפִי מ״י as; according to
– כְּפִי הַנִּרְאֶה apparently
– כְּפִי שֶׁ־ as
כָּפִיָּה נ. keffiyeh
כְּפִיּוּת טוֹבָה נ. ingratitude
כְּפִיָּה נ. coercion, compulsion
– בִּכְפִיָּה under duress
– כְּפִיָּה דָּתִית religious coercion
– עֲבוֹדַת כְּפִיָּה forced labor
כַּפַּיִם ר׳ כַּף
כְּפִיָּתִי ת. compulsive
כָּפִיל ז. כְּפִילָה נ. double (in films, etc.)
כְּפִילוּת נ. duplication; redundancy
כְּפִיפָה נ. (כְּפִיפוֹת) bending, stooping
– בִּכְפִיפָה אַחַת together
– כְּפִיפוֹת בֶּטֶן sit-ups
כְּפִירָה נ. denial; atheism, heresy
כַּפִּית נ. (כַּפִּיּוֹת) teaspoon
כַּפְכָּפִים ז״ר thongs, flip-flops
כָּפַל פ״י (לִכְפּוֹל) multiply (math)
כֶּפֶל ז. multiplication
כִּפְלַיִם תה״פ twice over, doubly
– כִּפְלַיִם מִ־ twice as much as
כְּפָפָה נ. (כְּפָפוֹת) glove, mitten
– הֵרִים אֶת הַכְּפָפָה pick up the gauntlet
כָּפַר פ״י (לִכְפּוֹר בְּ־) deny
– כָּפַר בָּאַשְׁמָה plead not guilty
כְּפָר ז. (כְּפַר; כְּפָרִים; כְּפָרֵי־) village
– הַכְּפָר the country(side)
כַּפָּרָה נ. atonement, expiation
– כַּפָּרוֹת expiatory ritual for the Day of Atonement
כַּפָּרָה זו״נ Darling!, Love! (*slang*)
כַּפְרִי, כְּפָרִי ת. rustic, rural, of a village
כָּפַת פ״י (לִכְפּוֹת) bind, tie, truss up
כַּפְתּוֹר ז. button
כִּפְתֵּר פ״י (לְכַפְתֵּר) button up
כַּר ז. (כָּרִים, כָּרֵי־) cushion; pillow
– כַּר דֶּשֶׁא turf, lawn
כָּרָאוּי תה״פ well, properly
כַּרְבֹּלֶת נ. cockscomb
כָּרָגִיל תה״פ as usual
כָּרָה פ״י (לִכְרוֹת) dig, mine
כָּרֶגַע תה״פ now, at present, at the moment
כְּרוּב ז. cabbage
כְּרוּבִית נ. (כְּרוּבִיּוֹת) cauliflower
כְּרוּז ז. leaflet
כָּרוֹז ז. auctioneer; announcer; herald, town crier
כָּרוּךְ ת. bound (book); wrapped (around); wound (wire, etc.)
– כָּרוּךְ בְּ־ involve, require
כְּרוֹם ז. chrome; chromium
כְּרוֹמוֹזוֹם ז. chromosome
כְּרוֹנוֹלוֹגִי, כְּרוֹנוֹלוֹגִי ת. chronological
כְּרוֹנִי, כְּרוֹנִי ת. chronic
– מַחֲלָה כְּרוֹנִית chronic illness
כָּרוּת ת. (כְּרוּתָה) cut off
כְּרָזָה נ. poster, placard
– כְּרָזַת־חוּצוֹת outdoor advertisement
כַּרְטִיס ז. card; ticket
– כַּרְטִיס־אַשְׁרַאי credit card
– כַּרְטִיס בְּרָכָה greeting card
– כַּרְטִיס־בִּיקּוּר visiting/business card
– כַּרְטִיס חָכָם smart card
– כַּרְטִיס־מָנוּי subscription ticket, season ticket
כַּרְטִיסִיָּה נ. season ticket (for bus or train)
כַּרְטִיסָן ז. conductor; ticket vendor
כַּרְטֶסֶת נ. card-index; Rolodex
כְּרִיזָה נ. paging; public address (system)
כָּרִיזְמָה נ. charisma
כָּרִיזְמָטִי ת. charismatic
כְּרִיָּה נ. digging, mining
כָּרִיךְ ז. (כְּרִיכִים) sandwich
כְּרִיכָה נ. binding (of book); wrapping; (book) cover
כְּרִיעָה נ. kneeling
– כְּרִיעַת בֶּרֶךְ kneeling down
כָּרִישׁ ז. shark
כָּרִית נ. (כָּרִיּוֹת) cushion; pillow
– כָּרִית אֲוִויר (בִּמְכוֹנִית) air bag
כְּרִיתָה נ. amputation; cutting down, cutting off

- כְּרִיתַת־בְּרִית contracting an alliance
כָּרַךְ פ״י (לִכרוֹךְ) bind (books), wind (wire, etc.); wrap (around); link
כֶּרֶךְ ז. (כְּרָכִים) volume (book)
כְּרַךְ ז. large town, city, metropolis
כִּרְכָּרָה נ. carriage
כֶּרֶם ז. (כַּרמוֹ, כְּרָמִים, כַּרמֵי־) vineyard
כָּרֵס, כֶּרֶס נ. (כְּרֵסוֹ) belly, potbelly
כִּרסוּם ז. ר׳ כִּירסוּם
כִּרסֵם פ״י (לְכַרסֵם) ר׳ כִּירסֵם
כָּרַע פ״ע (לִכרוֹעַ) kneel; collapse
- כָּרַע בֶּרֶךְ kneel down
- כָּרְעָה לָלֶדֶת give birth, be confined
כַּרפַּס ז. celery
כָּרַת פ״י (לִכרוֹת) cut down/off, amputate
- כָּרַת בְּרִית contract an alliance
כְּשֶׁ־ when
כַּשּׁוּרָה תה״פ well, properly; in order
כָּשִׁיר ת. (כְּשִׁיר ל־) fit (for); -worthy; competent; qualified
כְּשִׁירוּת נ. qualification; fitness; worthiness
כִּשׁכֵּשׁ פ״י (לְכַשׁכֵּשׁ בּ־) wag (tail)
כֶּשֶׁל ז. failure
- כֶּשֶׁל חִיסוּנִי HIV
כִּשָּׁלוֹן ר׳ כִּישָּׁלוֹן
כְּשֶׁלְעַצמוֹ in itself, per se
כְּשֵׁם שֶׁ־ מ״ח just as
כֶּשֶׁף ז. (כְּשָׁפִים) magic; witchcraft
- מַעֲשֵׂה כְּשָׁפִים magic
כָּשֵׁר ת. legitimate; valid (votes); kosher (also *figurative*)
- כָּשֵׁר לְמְהַדרִין strictly kosher
כִּשרוֹן ז. (כִּשרוֹנוֹת) talent, ability
כִּשרוֹנִי ת. talented, gifted
כַּשרוּת נ. *kashrut* (being kosher)
כַּת נ. sect
- כַּת צְבָאִית military junta
כָּתַב פ״י (לִכתוֹב) write

כְּתָב ז. (כְּתַב־; כְּתָבִים; כִּתבֵי־) (hand)writing; script; document
- בִּכתָב in writing
- כִּכתָבוֹ וּכִלשׁוֹנוֹ exactly as written, literally
- כְּתַב־אִישׁוּם charge sheet, indictment
- כְּתַב־יָד handwriting; manuscript
- כְּתַב־עֵת journal, periodical, magazine
כַּתָּב ז. כַּתֶּבֶת נ. correspondent, reporter
כַּתָּבָה נ. report (newspaper, radio, TV)
- כַּתָּבַת הַשַּׁעַר cover story
כַּתְבָנוּת נ. typing
כַּתְבָנִית נ. (כַּתבָנִיוֹת) typist
כַּתֶּבֶת נ. correspondent, reporter
כְּתוּבָּה נ. marriage contract
כְּתוּבִית נ. (כְּתוּבִיוֹת) subtitles (in pl.)
כְּתוֹבֶת נ. address; inscription
- הַכְּתוֹבֶת עַל הַקִּיר writing on the wall
כָּתוֹם ת. (כְּתוּמָה; כְּתוּמִים) orange (color)
כְּתוֹנֶת נ. shirt, blouse
כָּתוּשׁ ת. crushed
כְּתִיב ז. spelling
כְּתִיבָה נ. writing
- כְּלֵי־כְּתִיבָה writing implements
- מְכוֹנַת־כְּתִיבָה typewriter
- צוֹרכֵי־כְּתִיבָה stationery, writing materials
כְּתִישָׁה נ. crushing, pounding
כֶּתֶם ז. (כְּתָמִים; כִּתמֵי־) stain; spot
- כֶּתֶם נֵפט (בַּיָּם) oil slick
כָּתֵף נ. (כְּתֵפַיִים) shoulder
כְּתֵפִיָּה, כְּתֵפִיָּה נ. shoulder-strap
כֶּתֶר ז. (כִּתרוֹ; כְּתָרִים; כִּתרֵי־) crown
- קָשַׁר כְּתָרִים ל־ praise highly, sing the praises of
כָּתַשׁ פ״י (לִכתוֹשׁ) crush

ל

ל — *lamed* (12th letter of Hebrew alphabet); 30; 30th; L-plate

לְ־ מ״י (לִי, לְךָ, לָךְ, לוֹ, לָהּ, לָנוּ, לָכֶם, לָהֶם) — to; for; towards; per

לֹא תה״פ — no, not, non-, un-

– הֲלֹא — surely, after all

– וָלֹא — otherwise, if not

– לֹא הָיָה וְלֹא נִבְרָא — It's a complete fabrication.

– לֹא הָיוּ דְבָרִים מֵעוֹלָם — There isn't a grain of truth in that.

– לֹא... וְלֹא... — neither...nor...

– לְלֹא — without

– לֹא חָשׁוּב! — Never mind!

– לֹא יְאוּמַן כִּי יְסוּפַּר — absolutely incredible

– לֹא־יוּצְלַח — incompetent; a failure

– לֹא יְתוֹאַר — indescribable

– לֹא כָּל שֶׁכֵּן — all the more so, let alone

– שֶׁלֹּא לְהַזְכִּיר — not to mention

לָאו תה״פ — no

– בְּלָאו הָכֵי — in any case

– לָאו דַוְקָא — not necessarily

לְאוֹם ז. (לְאוּמִים) — nation; nationality

לְאוּמִי ת. — national

לְאוּמִיּוּת נ. — nationalism; nationality

לְאוּמָנוּת נ. — nationalism

לְאוּמָנִי ת. — nationalistic, jingoistic

לְאוֹר־ — in light of

לֵאוּת נ. — weariness

– לְלֹא לֵאוּת — tirelessly

לְאַט תה״פ — slowly

לְאַלְתַּר תה״פ — immediately, on the spot

לְאָן מ״ש — where?; where to?

– לְאָן שֶׁ־ — wherever

לַאֲשׁוּרוֹ תה״פ — correctly, properly, aright

לֵב ז. (לִיבִּי, לִיבּוֹ, וכו׳; לְבָבוֹת) — heart

– בְּלֵב־יָם — offshore, out at sea

– בְּלֵב וָנֶפֶשׁ — heart and soul

– גְּלוּי לֵב — frank, candid

– לָשִׂים לֵב — pay attention, notice, note

– מִקֶּרֶב לֵב — from the bottom of my heart

– נְדִיב לֵב — generous

– (עִם) יָד עַל הַלֵּב — Frankly, To be honest; Tell me the truth

– רַע־לֵב — wicked; evil-hearted

– שָׁפַךְ אֶת לִיבּוֹ — pour your heart out

לֵבָב ז. (לְבָבוֹת) — heart (*literary*)

– כִּלְבָבוֹ — after one's own heart

לְבָבִי ת. — hearty, cordial

לְבַד תה״פ (לְבַדִּי, לְבַדְּךָ וכו׳) — alone, by oneself

– לְבַד מִ־ — apart from, besides

לֶבֶד ז. — felt

לַבּוֹרַנְט ז. — laboratory assistant

לַבּוֹרַנְטִית נ. — laboratory assistant

לְבוּשׁ ז. — garment, dress

לָבוּשׁ ת. — dressed; clothed, wearing

לְבָטִים ז״ר — doubts, inner struggle

לָבִיא ז. — lion (*literary*)

לְבִיאָה נ. — lioness

לְבִיבָה נ. — doughnut; pancake (potato filling)

לִבְלֵב פ״ע (לְלַבְלֵב) — bloom

לַבְלָב ז. — pancreas

לַבְלָר ז. — clerk

לָבָן ת. — white

– לָבָן שָׁבוּר / עָכוּר — off-white

– לְבָנִים ז״ר — underwear; linen

לֶבֶן ז. — buttermilk

לְבַנְבַּן ת. — whitish

לְבָנָה נ. — moon

– אוֹתִיּוֹת שֶׁל קִידּוּשׁ לְבָנָה — large print, big letters

לְבֵנָה נ. (לְבֵנִים) — brick

לִבְנֶה ז. — birch, styrax

לְבָנוֹן ז. — Lebanon

לְבָנוֹנִי תו״ז — Lebanese

לְבַנְטִינִי ת. — Levantine

לְבָנִים ז״ר — underwear; linen

לַבְקָן תו״ז albino
לָבַשׁ פ״י (לִלְבּוֹשׁ) wear, put on
לְגַבֵּי־ (לְגַבַּי, לְגַבֶּיךָ, לְגַבָּיו וכו׳) as regards, concerning
ל״ג בָּעוֹמֶר *Lag Ba-Omer* (Jewish Festival)
לִגְיוֹן ז. (לִגְיוֹנוֹת) legion (military)
לֶגִיטִימִי ת. legitimate
לֶגִיטִימַצְיָה נ. legitimation
לְגִימָה נ. sip, sipping; gulp
לִגְלֵג פ״ע (לְלַגְלֵג עַל־) mock, sneer (at)
לַגְלְגָנִי ת. mocking; scoffing
לִגְלוּג ז. scoffing, derision, mockery
לָגַם פ״י (לִלְגּוֹם) to sip; gulp; drink
לְגַמְרֵי תה״פ completely, entirely, altogether
לְדַאֲבוֹנִי much to my regret
לֵדָה ר׳ לֵידָה
לְדִידִי מ״ג for my part, as far as I'm concerned
לָדִינוֹ ז. Ladino (language, Judeo-Spanish)
לָהּ ר׳ ל־ to her, for her, her
לַהַב ז. (לְהָבִים) blade (of knife, etc.)
לְהַבָּא תה״פ in future, next time
לְהַבְדִּיל תה״פ (ר׳ הִבְדִּיל) Forgive the comparison!, with a difference
– לְהַבְדִּיל אֶלֶף אַלְפֵי הַבְדָּלוֹת being aware that there is a world of difference between them
לֶהָבָה נ. (לֶהָבוֹת) flame
– חוֹצֵב לֶהָבוֹת fiery (speech)
– עָלָה בְּלֶהָבוֹת go up in flames
לַהֲבִיוֹר ז. flame-thrower
לַהֲדַ״ם ר״ת there isn't a grain of truth in that
לָהוּט ת. eager, keen
לְהוֹצִיא תה״פ (ר׳ גַּם הוֹצִיא) excluding; except
לָהַט פ״ע (לִלְהוֹט) to glow, burn, blaze
לַהַט ז. ardor, passion
– בְּלַהַט ardently; passionately
לַהֲטוּט ז. juggler's act; trick
לַהֲטוּטָן ז. conjurer, juggler

לְהִיט ז. hit, bestseller
לְהִיטוּת נ. eagerness, keenness
לְהַכְעִיס תה״פ (ר׳ גם הִכְעִיס) out of spite
לְהַלָּן תה״פ the following, below (in text), hereinafter
לָהֶם, לָהֶן ר׳ ל־ to them, for them, them
לְהַפְלִיא תה״פ (ר׳ גם הִפְלִיא) amazingly, remarkably
לַהַק ז. (לְהָקִים; לַהֲקֵי־) squadron (air force); flight (of birds)
לַהֲקָה נ. (לְהָקוֹת) group, band; flight (of birds); pack (of wolves)
לְהִשְׁתַּמֵּעַ! Talk to you soon!
לְהִתְרָאוֹת! See you!, Au revoir!
לוֹ ר׳ ל־ to him; to it; him; it
לוּ, לוּא מ״ח if; if only
לוּב נ. Libya
לוּבִּי תו״ז Libyan
לוֹבִּי ז. lobby
לוּבְיָה נ. cow-pea
לוֹבֶן ז. whiteness, white
לוּבַּן פ. (לוּבְּנָה, לוּבְּנוּ) be discussed, be clarified; be heated white hot
לוֹגִי ת. logical
לוֹגִיסְטִי ת. logistic
לוֹגִיסְטִיקָה נ. logistics
לוֹהֵט ת. (לוֹהֶטֶת) red-hot; burning; passionate
לְוַואִי ז. adjunct (gram.)
– תּוֹפָעוֹת לְוַואִי side effects
לֹוֶה ז. (לוֹוִים), לוֹוָה נ. borrower
לָוָה פ״י (לִלְווֹת) borrow
לְוָיָה נ. funeral
– בֶּן [בַּת]־לְוָיָה companion
לַוְיָן ז. satellite
לִוְיָתָן ז. whale
לֶוַנְטִינִי ת. Levantine
לו״ז ר״ת schedule, timetable
לוּחַ ז. (לוּחוֹת) board; table (data); blackboard; tablet (of stone); (metal) plate
– לוּחַ בַּקָּרָה control panel
– לוּחַ הַכֶּפֶל multiplication table

ל

- לוּחוֹת הַבְּרִית — the Tables of the Covenant
- לוּחַ־זְמַנִּים — timetable, schedule
- לוּחַ מוֹדָעוֹת — bulletin board, noticeboard; billboard
- לוּחַ מַחֲווָנִים, לוּחַ־שְׁעוֹנִים — dashboard
- לוּחַ־שָׁנָה — calendar

לוּחִית נ. (לוּחִיּוֹת) — tag; (small metal) plate

- לוּחִית־זִיהוּי — license plate

לוֹחֵם ז. לוֹחֶמֶת נ. — combatant; warrior

לוֹחְמָה נ. — warfare

לוֹחֵשׁ ת. (לוֹחֶשֶׁת) — whispering

לוֹט ז. — veil (covering a statue, etc.)

- הֲסָרַת הַלּוֹט — unveiling

לוֹטוֹ ז. — lotto, lottery

לוֹיָאלִי ת. — loyal

לְוָיָה ר׳ לְווָיָה — funeral

לוֹכְסָן ז. — slash

לוּל ז. — hen-house, coop; playpen

לוּלֵא מ״ח — if not for..., were it not that

לוּלָאָה נ. — loop

לוּלָב ז. — palm-branch

לוּלְיָין ז. לוּלְיָינִית נ. — acrobat

לוּלְיָינִי ת. — spiral

לוּלָן ז. — poultry-keeper

לוֹם ז. — crowbar, jimmy

לוֹמְדָה נ. — courseware, learnware

לוּנָה־פַּרְק ז. — carnival, funfair

לוֹעַ ז. — pharynx; muzzle (of gun); crater (of volcano)

לוֹעֲזִי ת. — foreign (not Hebrew)

לוֹעֲזִית נ. — foreign language (not Hebrew)

לוּקסוּס ז. — luxury

לוֹרד ז. — lord; felt-tipped pen

לַח ת. (לַחָה) — damp, humid, moist

לְחוּד תה״פ — separately

לָחוּץ ת. — pressed; uptight, nervous

לַחוּת נ. — humidity, dampness, moisture

לְחִי, לֶחִי ז. — cheek

- סְטִירַת־לֶחִי — a slap in the face

לְחַיִּים! מ״ק — *L'chaim!*, Cheers!

לְחִילוּפִין ר׳ לַחֲלוּפִין — alternatively

לְחִימָה נ. — fighting

- אֶמְצָעֵי לְחִימָה (= אמל״ח) — weapons

לְחִיץ ז. (לְחִיצִים) — (push) button

לְחִיצָה נ. — pressing; squeeze

- לְחִיצַת־יָד — handshake

לְחִישָׁה נ. — whisper, whispering; hissing

לַחלוּחִית נ. — moisture, dampness

לַחֲלוּטִין תה״פ — entirely, absolutely

לַחֲלוּפִין תה״פ — alternatively

לָחַם פ״ע (לִלחוֹם) — to fight

לֶחֶם ז. (לַחמוֹ; לְחָמִים) — bread

לַחמָנִיָּה, לַחמָנִית נ. (לַחמָנִיּוֹת) — roll (of bread), bun

- נִמכָּר כְּמוֹ לַחמָנִיּוֹת — sell like hot cakes

לַחַן ז. (לְחָנִים) — melody, tune

לָחַץ פ״י (לִלחוֹץ עַל, אֶת) — to press; put pressure (on), pressure; squeeze

- לָחַץ אֶת יָדוֹ — shake his hand

לַחַץ ז. (לְחָצִים; לַחֲצֵי־) — pressure; stress

- הִפעִיל לַחַץ עַל — exert pressure on
- לַחַץ־דָּם — blood pressure

לַחְצָן ז. — (push-)button, switch

לַחְצָנִית נ. (לַחְצָנִיּוֹת) — snap fastener, press-stud

לָחַשׁ פ. (לִלחוֹשׁ) — to whisper; hiss

לַחַשׁ ז. (לְחָשִׁים) — whisper

- בְּלַחַשׁ — in a whisper

לַחשוּשִׁים ז״ר — whispers, whispering

לְטָאָה נ. — lizard

לָטִינִי ת. (לָטִינִית) — Latin (adj.)

לָטִינִית נ. — Latin (language)

לְטִיפָה נ. — caress, stroking

לָטַשׁ פ״י (לִלטוֹשׁ) — to polish

- לָטַשׁ עֵינָיו בּ־ — stare, ogle

לִי ר׳ ל־ — to me; me

לִיבָּה פ״י (לְלַבּוֹת) — inflame; fan (flames)

- לִיבָּה אֶת הַיְּצָרִים — inflame passions

לִיבּוּי ז. — inflaming, fanning

- לִיבּוּי הַיְּצָרִים — stirring up passions

לִיבּוּן ז. — discussing, clarifying, sorting out

ל

לִיבלֵב פ״ע (לְלַבלֵב) to bloom, blossom
לִיבֵּן פ״י (לְלַבֵּן) talk something over, clarify, sort out
לִיבֶּרָלִי ת. liberal
לִיגָה נ. league
– לִיגָה לְאוּמִית first division (soccer)
לִיגלֵג פ״ע (לְלַגלֵג עַל־) mock, sneer
לִיגלוּג ז. mockery, sneering
לְיַד מ״י beside, by, next to
לֵידָה נ. birth
– חֶבלֵי־לֵידָה labor pains; birth pangs, teething troubles
– חוּפשַׁת־לֵידָה maternity leave
לִיהוּק ז. casting (actors)
לִיוָּה פ״י (לְלַווֹת) to escort, accompany
לִיוּוּי ז. accompaniment; escort
לֵחַ ז. (לֵיחוֹ): לֹא נָס לֵיחוֹ still going strong; has stood the test of time (song), evergreen
לֵיחָה נ. phlegm, sputum
לִיחֵךְ פ״י (לְלַחֵךְ) lick, lap; eat (grass)
לִיטָאִי תו״ז Lithuanian
לִיטוּף ז. caress, stroking, caressing
לִיטוּשׁ ז. polishing; polish, finishing touches
לִיטֵף פ״י (לְלַטֵף) to caress, stroke
לִיטֶר ז. (לִיטרִים) liter
לִיטֵשׁ פ״י (לְלַטֵשׁ) to polish
לֵיידִי נ. lady
לֵייזֶר ז. laser
לִיכֵּד פ״י (לְלַכֵּד) unite
לִיכּוּד ז. unity
– לִיכּוּד הַשּׁוּרוֹת rallying the forces; closing ranks
לִיכלוּךְ ז. dirt, filth
לִיכלֵךְ פ״י (לְלַכלֵךְ) to dirty, soil
לַילָה, לַיִל ז. (לֵיל־; לֵילוֹת) night
– בֶּן־לַילָה overnight
– הַלַילָה tonight
– לַילָה טוֹב! Good night!
– לֵיל מְנוּחָה! Good night!, Sleep well!
לִימֵד פ״י (לְלַמֵד) teach, instruct
לִימוּד ז. learning, study; teaching
לִימוֹן ז. lemon
לִימוֹנָדָה נ. lemonade
לִינָה נ. bed, lodging; overnight stay
לִינץ׳ ז. lynch
– לַעֲשׂוֹת לִינץ׳ ב־ to lynch (someone)
לִיפָה נ. loofah
לִיפֵף פ. (לְלַפֵף) wind (around)
לֵיצָן ז. לֵיצָנִית נ. clown, jester
לִיקוּי ז. defect, fault
– לִיקוּי חַמָּה solar eclipse
– לִיקוּי יָרֵחַ lunar eclipse
– לִיקוּי מְאוֹרוֹת total eclipse (*figurative*)
לִיקוּק ז. licking
לִיקֵט פ״י (לְלַקֵט) gather, collect, glean, pick, anthologize, compile
לִיקֵק פ״י (לְלַקֵק) lick, lap; suck up (to)
לִיקֶר ז. liqueur
לִירָה נ. lira (currency), pound
לִירִי ת. lyrical
לישי״ט ר״ת pound sterling, £
לֵךְ, לְכִי, לְכוּ ר׳ הָלַךְ Go!
לְךָ, לָךְ ר׳ ל־ to you, for you, you
לכ׳ = לִכבוֹד to
לִכאוֹרָה תה״פ on the face of it; prima facie, allegedly
לָכַד פ״י (לִלכּוֹד) capture, catch, trap
לַכָּה נ. varnish, lacquer
לָכוּד ת. caught, trapped, captured
לְכִידָה נ. capture, catching, trapping
לִכלוּךְ ז. dirt, filth
לָכֶם, לָכֶן to you; for you; you (pl.)
לָכֵן מ״ח so, therefore
לֶכּסִיקוֹן ז. lexicon
לִכשֶׁ־ מ״ח (as and) when
לָמַד פ. (ללמוֹד) learn, study
לְמַדַי תה״פ quite
לַמדָן ז. לַמדָנִית נ. scholar
לָמָה מ״ש why?, what for?
לְמַטָה תה״פ below, down
– לְמַטָה מִכָּל בִּיקוֹרֶת a disgrace, appalling
לְמִידָה נ. learning
לְמַכבִּיר תה״פ profusely, abundantly

ל

excluding, except for לְמַעֵט תה״פ
above, up, upwards לְמַעְלָה תה״פ
on behalf of, for the sake of לְמַעַן
for God's sake – לְמַעַן הַשֵּׁם
to deter others – לְמַעַן יִראוּ וְיִירָאוּ
actually, in fact לְמַעֲשֶׂה תה״פ
retroactively, in advance לְמַפרֵעַ תה״פ
seemingly, on the face of it לְמַרְאִית עַיִן תה״פ
despite; in spite of לַמרוֹת מ״י
although – לַמרוֹת שֶׁ־
for instance, for example, e.g. לְמָשָׁל תה״פ
lodge, stay at/with לָן פ״ע (לָלוּן)
us; for us; to us לָנוּ ר׳ ל־
lesbian לְסבִּית נ.
alternately; intermittently לְסֵירוּגִין תה״פ
jaw, mandible לֶסֶת נ. (לְסָתוֹת)
mock, ridicule, sneer (at) לָעַג פ״ע (לִלעוֹג ל־)
derision, mockery לַעַג ז.
an insult; a pittance – לַעַג לָרָשׁ
forever, for ever לָעַד תה״פ
forever, for ever לְעוֹלָם תה״פ
never – לְעוֹלָם לֹא
against; in contrast to, as opposed to לְעוּמַת מ״י
on the other hand, by contrast – לְעוּמַת זֹאת
chewed; hackneyed, trite לָעוּס ת.
Damn!, To hell לַעֲזָאזֵל! מ״ק
To hell with...! – לַעֲזָאזֵל עִם...!
(mentioned) above לְעֵיל תה״פ
chewing; mastication לְעִיסָה נ.
chew, masticate לָעַס פ״י (לִלעוֹס)
approximately לְעֵרֶךְ תה״פ
sometimes, at times לְעִתִּים תה״פ
often – לְעִתִּים קרוֹבוֹת
seldom, rarely – לְעִתִּים רְחוֹקוֹת
for now, for the time being לְעֵת עַתָּה תה״פ
at least לְפָחוֹת תה״פ
according to; by לְפִי מ״י
for the time being – לְפִי שָׁעָה
torch לַפִּיד ז.
accordingly, therefore לְפִיכָךְ מ״ח
B.C.(E.) לפנה״ס ר״ת
towards, just before לִפנוֹת תה״פ
towards dawn – לִפנוֹת בּוֹקֶר
before, ago; in front of לִפנֵי מ״י
B.C.(E.) – לִפנֵי הַספִירָה (= לפנה״ס)
before noon, a.m. – לִפנֵי־הַצָּהֳרַיִים
before that, previously – לִפנֵי־כֵן
from, from before, from... ago – מִלִּפנֵי־
inside out, thoroughly לִפנַי וְלִפנִים תה״פ
formerly, in the past; in front, forward לְפָנִים תה״פ
לִפנִים תה״פ
leniently, ex gratia, making an exception – לִפנִים מְשׁוּרַת הַדִּין
sometimes לִפעָמִים תה״פ
occasionally, from time to time לִפרָקִים תה״פ
grasp, grip, clasp לָפַת פ״י (לִלפּוֹת)
turnip לֶפֶת נ.
dessert; compote לִפתָּן ז.
suddenly לְפֶתַע תה״פ
suddenly, all of a sudden – לְפֶתַע פִּתאוֹם
joker, jester לֵץ ז. (לֵצִים)
frivolity, jesting, joking לָצוֹן ז.
jest, joke, play a prank on – חָמַד לוֹ לָצוֹן
forever, for good, permanently לִצמִיתוּת תה״פ
be stricken with; fall ill with לָקָה פ״ע (לִלקוֹת בּ־)
be deficient; leave a lot to be desired – לָקָה בְּחָסֵר
client, customer לָקוֹחַ ז. (לָקוֹחוֹת)
taken (from) לָקוּחַ ת. (לְקוּחָה, לְקוּחִים)
defective, faulty לָקוּי ת.
take לָקַח פ״י (לָקַחַת; קַח!)
shape up, get your act together – לָקַח אֶת עַצמוֹ בְּיָדַיִים

ל

– לָקַח לוֹ שָׁבוּעַ take him a week
– לָקַח לַלֵּב take it to heart
לֶקַח ז. (לְקָחִים, לִקְחֵי־) lesson
– הֵפִיק לְקָחִים מ־ draw lessons (for the future)
לֶקֶט ז. anthology; collection; gleanings
לֶקְסִיקוֹן ז. lexicon
לִקְרַאת מ״י towards; for
– לָבוֹא לִקְרָאתוֹ accommodate him; meet him halfway
לְרַבּוֹת תה״פ including
לְרֶגֶל מ״י on the occasion of; because of
לָרוֹב תה״פ mostly, for the most part
לָשׁ פ״י (לָלוּשׁ) knead
לַשָּׁווא תה״פ in vain

לָשׁוֹן נ. (לְשׁוֹנוֹת) language; tongue
– לְשׁוֹן הַמֹּאזְנַיִים balance of power (politics)
– מָשַׁךְ אוֹתוֹ בַּלָּשׁוֹן get him to say more than he should
לְשׁוֹנִי ת. (לְשׁוֹנִית) lingual; linguistic
– דוּ־לְשׁוֹנִי bilingual
לְשׁוֹנִית נ. pull-tab, tab, ring-pull
לְשִׁיעוּרִין תה״פ in installments
לִשְׁכָּה נ. (לְשָׁכוֹת) bureau; office
– הַלִּשְׁכָּה הַמֶּרְכָּזִית לִסְטָטִיסְטִיקָה Central Bureau of Statistics
– לִשְׁכַּת עֲבוֹדָה employment bureau, Employment Service Agency
לְשֵׁם מ״י for, for the sake of
לְשֶׁעָבַר תה״פ formerly, one-time, ex-

ל

מ

mem (13th letter of Hebrew alphabet); 40 — מ
from; of; than — מִ, מֵ־ = מִן
meter(s), metre(s) — מ׳ = מֶטֶר, מֶטְרִים
security man, guard — מְאַבְטֵחַ ז. (מְאַבְטְחִים)
struggle — מַאֲבָק ז.
reservoir; (data) bank — מַאֲגָר ז.
very (much) — מְאֹד ר׳ מְאוֹד
Mars — מַאְדִים ז.
hundred; century — מֵאָה ש״מ (מֵאוֹת)
the 20th century — הַמֵּאָה הָעֶשְׂרִים –
lover — מְאַהֵב ז.
mistress — מְאַהֶבֶת נ.
encampment of tents — מַאֲהָל ז.
guarded, protected (by security men), secured — מְאוּבְטָח ת. (מְאוּבְטַחַת)
fossil — מְאוּבָּן ז.
very, very much — מְאוֹד תה״פ
extremely, very much — מְאוֹד מְאוֹד –
steamed (food) — מְאוּדֶה ת. (מְאוּדָה; מְאוּדִים)
in love — מְאוֹהָב ת. (מְאוֹהֶבֶת)
in love with — מְאוֹהָב בּ־ –
fan, ventilator — מְאַוְורֵר ז.
ventilated, well aired — מְאוּוְרָר ת. (מְאוּוְרֶרֶת)
balanced; horizontal — מְאוּזָן ת. (מְאוּזֶנֶת)
united, consolidated — מְאוּחָד ת. (מְאוּחֶדֶת)
stored — מְאוּחְסָן ת. (מְאוּחְסֶנֶת)
late — מְאוּחָר ת. (מְאוּחֶרֶת)
at the latest — לְכָל הַמְאוּחָר –
threatened — מְאוּיָם ת. (מְאוּיֶמֶת)
illustrated — מְאוּיָר ת. (מְאוּיֶרֶת)
manned — מְאוּיָשׁ ת. (מְאוּיֶשֶׁת)
disappointed — מְאוּכְזָב ת. (מְאוּכְזֶבֶת)
populated; inhabited, occupied — מְאוּכְלָס ת. (מְאוּכְלֶסֶת)
trained, tamed — מְאוּלָף ת. (מְאוּלֶפֶת)
forced; affected — מְאוּלָץ ת. (מְאוּלֶצֶת)
improvised, impromptu; makeshift — מְאוּלְתָּר ת. (מְאוּלְתֶּרֶת)
(not) anything — מְאוּם ז. מְאוּמָה ז.
trained — מְאוּמָן ת. (מְאוּמֶנֶת)
adopted; strenuous; intensive (investigation) — מְאוּמָץ ת. (מְאוּמֶצֶת)
vertical, perpendicular — מְאוּנָךְ ת. (מְאוּנֶכֶת)
loathsome, repulsive — מָאוּס ת.
characterized — מְאוּפְיָין ת. (מְאוּפְיֶינֶת)
restrained — מְאוּפָּק ת. (מְאוּפֶּקֶת)
made-up (face, person) — מְאוּפָּר ת. (מְאוּפֶּרֶת)
light; luminary — מָאוֹר ז. (מְאוֹרוֹת)
smiling face; affability — מְאוֹר פָּנִים –
organized — מְאוּרְגָן ת. (מְאוּרְגֶנֶת)
in an organized form — בִּמְאוּרְגָן –
den, lair; nest (of crime), joint — מְאוּרָה נ.
engaged, betrothed — מְאוֹרָס ת. (מְאוֹרֶסֶת)
event, occurrence — מְאוֹרָע ז. (מְאוֹרָעוֹת)
bloody riots — מְאוֹרְעוֹת דָּמִים –
hospitalized — מְאוּשְׁפָּז ת. (מְאוּשְׁפֶּזֶת)
happy; approved; certified; confirmed — מְאוּשָּׁר ת. (מְאוּשֶּׁרֶת)
signaller; turn signal, indicator (in a car) — מְאוֹתֵת ז.
listener — מַאֲזִין ז. מַאֲזִינָה נ.
balance; balance sheet — מַאֲזָן ז.
balance of terror — מַאֲזַן הָאֵימָה –
balance of power — מַאֲזַן כּוֹחוֹת –
trade balance — מַאֲזָן מִסְחָרִי –
bathroom scales, scales, balance — מֹאזְנַיִים ז״ז (מֹאזְנֵי־)
in the balance — עַל כַּף הַמֹּאזְנַיִים –
Libra — מַזַּל מֹאזְנַיִים –
settlement, outpost (military) — מַאֲחָז ז.
late; behind schedule; (I'm) running late — מְאַחֵר ת. (מְאַחֶרֶת)

מֵאַחַר ש־ מ״ח — since, as
מַאי ז. — May
מֵאִידָךְ (גִּיסָא) — on the other hand
מְאַיֵּד ז. — carburetor
מְאַיֵּם (מְאַיֶּמֶת) — threatening, menacing
מְאַיֵּר ז. — illustrator
מֵאֵימָתַי מ״ש — since when? (*literary*)
מֵאַיִן מ״ש — Where from?
מֵאֵיפֹה מ״ש — Where (from)?
מֵאִיר ת. (מְאִירָה) — shining, illuminating
מֵאִית נ. (מְאִיּוֹת) — hundredth
מְאַכְזֵב ת. (מְאַכְזֶבֶת) — disappointing
מַאֲכָל ז. — food, dish
– שֶׁמֶן מַאֲכָל — edible oil
מֵאֵלָיו מ״י — by itself; self-
מְאַלֵּף ז. מְאַלֶּפֶת נ. — trainer, tamer
מְאַלֵּף ת. (מְאַלֶּפֶת) — instructive
מַאֲמִין ז. מַאֲמִינָה נ. — believer
מְאַמֵּן ז. מְאַמֶּנֶת נ. — coach, trainer
מַאֲמָץ ז. — effort, strain; stress (mechanics)
מַאֲמָר ז. — article, essay; saying
– מַאֲמָר מוּסְגָּר — (in) parenthesis
– מַאֲמָר רָאשִׁי — leading article
מֵאֵן פ״ע (לְמָאֵן) — refuse (*literary*)
מָאַס פ״י (לִמְאוֹס בּ־, אֶת) — detest, abhor, be disgusted with, be tired of
מְאַסֵּף ז. — rearguard; stopping bus, slow bus, local bus
מַאֲסָר ז. — arrest; imprisonment
– מַאֲסַר־עוֹלָם — life imprisonment
– מַאֲסָר עַל תְּנַאי — suspended prison sentence
מַאֲפֶה ז. (מַאֲפֵה־) — pastry, something baked
מַאפְיָה נ. — Mafia
מַאֲפִיָּה נ. — bakery
מְאַפְיֵן תו״ז — characteristic
מַאֲפֵרָה נ. — ashtray
מַאֲרָב ז. — ambush, stakeout
מְאַרְגֵּן ז. מְאַרְגֶּנֶת נ. — organizer
מְאָרֵחַ ז. (מְאָרְחִים) — host
מְאָרַחַת נ. (מְאָרְחוֹת) — hostess
מַאֲרִיךְ ת. — extending, lengthening
– חוּט מַאֲרִיךְ — extension cord/lead
מֵאֵת מ״י — from; by (author, etc.)
מָאתַיִם ש״מ — two hundred
מַבְאִישׁ ת. (מַבְאִישָׁה) — stinking, putrid
מְבַדֵּחַ ת. (מְבַדַּחַת) — amusing, funny
מִבְדָּק ז. — check-up; test
מַבְהִיל ת. — frightful, alarming
מַבְהִיק ת. — shining, brilliant, glistening
מָבוֹא ז. (מְבוֹאוֹת) — foreword, preface, introduction; outskirts (in pl.)
מְבוֹאָס ת. — fed up, depressed; disappointed (*slang*)
מְבוֹאָר ת. (מְבוֹאֶרֶת) — explained, annotated
מְבוּגָּר תו״ז — adult, grown-up; elderly
מְבוּגֶּרֶת תו״נ (מְבוּגָּרוֹת) — adult, grown up; elderly
מְבוֹדָד ת. (מְבוֹדֶדֶת) — isolated; quarantined
מְבוּדָּד ת. (מְבוּדֶּדֶת) — isolated; insulated
מְבוּדָּח ת. (מְבוּדַּחַת) — amused, good-humored
מְבוֹהָל ת. (מְבוֹהֶלֶת) — frightened, panic-stricken, startled; hasty
מְבוּזְבָּז ת. (מְבוּזְבֶּזֶת) — wasted
מְבוּזֶּה ת. (מְבוּזָּה) — despised; despicable
מְבוּזָּר ת. — decentralized
מְבוּטָּח תו״ז (מְבוּטַּחַת) — insured; the insured
מְבוּטָּל ת. (מְבוּטֶּלֶת) — canceled, annulled, abolished; insignificant, negligible
מָבוֹי ז.: מָבוֹי סָתוּם — blind alley, dead end, impasse
מְבוּיָּל ת. (מְבוּיֶּלֶת) — stamped (envelope)
מְבוּיָּם ת. (מְבוּיֶּמֶת) — staged; stage-managed, fixed
מְבוּיָּשׁ ת. (מְבוּיֶּשֶׁת) — ashamed, shamefaced, embarrassed
מְבוּיָּת ת. (מְבוּיֶּתֶת) — domesticated, house trained
מָבוֹךְ ז. — maze, labyrinth
מְבוּכָה נ. — embarrassment, perplexity

מַבּוּל ז. flood, deluge
מְבוּלְבָּל ת. (מְבוּלְבֶּלֶת) confused
מְבוּלְגָּן ת. (מְבוּלְגֶּנֶת) in a mess
מְבוּסָס ת. (מְבוּסֶסֶת) well established, well founded; well off
– מְבוּסָס עַל be based on
מְבוּצָר ת. (מְבוּצֶרֶת) fortified (place)
מְבוּקָר ת. (מְבוּקֶרֶת) checked, controlled; criticized, reviewed
מְבוּקָשׁ ת. (מְבוּקֶשֶׁת) wanted; sought after; in demand
– לְמַלֵּא אֶת מְבוּקָשׁוֹ fulfil his request
מְבוֹרָךְ ת. (מְבוֹרֶכֶת) blessed; welcome
מְבוּשָּׁל ת. (מְבוּשֶּׁלֶת) cooked
מְבוּשָּׂם ת. perfumed
מִבְזָק ז. news flash
מַבְזֵק ז. (photo) flash
מִבַּחוּץ תה"פ from outside
מַבְחִיל ת. nauseating, revolting
מִבְחָן ז. examination, test
– הֶעֱמִיד בְּמִבְחָן put to the test
– עָמַד בַּמִּבְחָן pass the test
– קְצִין מִבְחָן probation officer
מַבְחֵנָה נ. test tube
מִבְחָר ז. choice, selection, assortment
מַבָּט ז. look, view, glance
– הֵעִיף מַבָּט בְּ־ take a quick look at
– מִמַּבָּט רִאשׁוֹן, בְּמַבָּט רִאשׁוֹן at first sight
מִבְטָא ז. accent, pronunciation
מִבְטָח ז. trust, reliance; safe refuge
– שָׂם מִבְטַחוֹ בְּ־ put your trust in
מַבְטִיחַ ת. (מַבְטִיחָה) promising
מֵבִיךְ ת. (מְבִיכָה) embarrassing, awkward; perplexing
מִבֵּין מ"י from among, out of
מֵבִיש ת. (מְבִישָׁה) disgraceful, shameful
מִבְּלִי מ"ח without
– מִבְּלִי מֵשִׂים unconsciously, without noticing
מִבְנֶה ז. (מִבְנִים) structure, building; formation

מִבְנִי ת. structural
מַבְסוּט ת. contented (*slang*)
מַבָּע ז. expression; utterance
מִבַּעַד לְ־ מ"י through (the window, etc.)
מַבְעֵר ז. burner
מִבִּפְנִים תה"פ from within, from inside
מְבַצֵּעַ ז. performer; executer; contractor (repairs); perpetrator
מִבְצָע ז. campaign; operation; special offer, sale
– בְּמִבְצָע on special
מִבְצָעִי ת. operational
מִבְצָר ז. fort, fortress, stronghold
מְבַקֵּר ז. מְבַקֶּרֶת נ. visitor; critic; comptroller; auditor
– מְבַקֵּר הַמְּדִינָה State Comptroller
מִבְּרֵאשִׁית תה"פ from the beginning
מַבְרֵג ז. screwdriver
מַבְרִיחַ ז. smuggler
מַבְרִיק ת. brilliant, bright, shining
מִבְרָק ז. telegram, cable
מִבְרֶשֶׁת נ. (מִבְרָשׁוֹת) brush
מְבַשֵּׂר ז. herald, harbinger, precursor
מַגֵּב ז. windshield wiper, windscreen wiper; squeegee (mop), mop
מג"ב ר"ת מִשְׁמַר הַגְּבוּל Border Police
מַגְבֵּהַ ז. jack (for vehicle)
מַגְבוֹן ז. towelette, small towel
– מַגְבוֹנֵי־נְיָיר tissues, wipes
מִגְבָּלָה נ. limitation, restriction
מִגְבַּעַת נ. hat
מַגְבֵּר ז. amplifier; booster
מַגֶּבֶת נ. (מַגָּבוֹת) towel
מג"ד ר"ת battalion commander
מַגְדִּיר ז. definer; guide
– מַגְדִּיר־צְמָחִים plant guide
מִגְדָּל ז. tower
– מִגְדַּל־פִּיקּוּחַ control tower
– מִגְדַּל שֵׁן ivory tower
מְגַדֵּל ז. מְגַדֶּלֶת נ. breeder; grower
– מְגַדֵּל דְּבוֹרִים beekeeper
מִגְדַּלּוֹר ז. lighthouse
מִגְדָּנִיָּה נ. confectionery, pastry shop

מַגהֵץ ז. iron (for clothes)
מְגוֹאָל ת. (מְגוֹאֶלֶת) soiled
– מְגוֹאָל בְּדָם blood-stained
מְגוּבָּש ת. (מְגוּבֶּשֶׁת) crystallized; well-thought-out; tightly-knit (group)
מְגוּדָל ת. (מְגוּדֶלֶת) large, overgrown
מְגוּדָר ת. (מְגוּדֶרֶת) fenced
מְגוּהָץ ת. (מְגוּהֶצֶת) ironed, pressed
מְגוּוָן ת. (מְגוּוֶנֶת) diversified; varied
מִגוון ז. variety, (wide) range of; mix (of)
מְגוּחָך ת. (מְגוּחֶכֶת) ridiculous, absurd
מְגוּיָר ת. (מְגוּיֶרֶת) converted to Judaism
מְגוּלגָל ת. (מְגוּלגֶלֶת) rolled (up)
– בֵּיצָה מְגוּלגֶלֶת boiled egg (half-hard)
מְגוּלָח ת. (מְגוּלַחַת) shaven, shaved
מְגוּמגָם ת. (מְגוּמגֶמֶת) stammering; hesitant, faltering
מְגוּנדָר ת. (מְגוּנדֶרֶת) all dressed up
מְגוּנֶה ת. (מְגוּנָה) improper; indecent
– מַעֲשֶׂה מְגוּנֶה indecent assault
מְגוּרִים ז״ר residence; living quarters
– בָּתֵי־מְגוּרִים dwelling-houses
– מְקוֹם מְגוּרִים place of residence
מְגוֹרָש ז. (מְגוֹרֶשֶׁת) deportee
מְגוּשָׁם ת. (מְגוּשֶׁמֶת) clumsy, awkward; bulky
מַגָזִין ז. magazine; news program
מִגזָר ז. sector
מַגִיד־עֲתִידוֹת ז. fortune-teller
מְגִילָה נ. scroll; *megillah*
מְגִינָה: לִמגִינַת־לִיבּוֹ to his great sorrow
מַגִיעַ ת. (מַגִיעָה) ר׳ גם הִגִיעַ arriving, coming; due; deserve
מַגֵיפָה נ. epidemic, plague
מְגֵירָה נ. drawer
מַגִיש ז. presenter (radio); waiter; server (tennis, etc.)
מַגָל ז. sickle
מְגַלֶה ז. discoverer
– מְגַלֵה־מוֹקשִׁים mine-detector
מַגלֵשָׁה נ. slide
מִגלָשַׁיִים ז״ז (מִגלשֵׁי־) skis
מְגַמגֵם ז. stammerer, stutterer
מְגַמָה נ. trend, tendency; aim, purpose; stream (in school)
מְגַמָתִי ת. tendentious, slanted
מְגַמָתִיוּת נ. tendentiousness
מָגֵן ז. (מָגִינִים) shield; defense, defence, protection; (shin) pad; safety (goggles); protective
– מָגֵן־דָוִיד the Star of David
– מָגֵן־דָוִיד־אָדוֹם *Magen David Adom* (Israeli "Red Cross" equivalent)
מֵגֵן ז. (מְגִינִים) defender; back (player)
מַגנֵט ז. magnet
מַגנֵטִי ת. magnetic
מַגנִיב ת. (ר׳ גם הִגנִיב) terrific, stunning, cool, neat (*slang*)
מִגנָנָה נ. defensive (n.)
מַגָע ז. contact; touch
מַגעִיל ת. disgusting, nasty, revolting
מַגָף ז. (מַגָפַיִים) boot, wellington
מַגֵפָה נ. epidemic; plague
מְגָרֶה ת. (מְגָרָה; מְגָרִים) stimulating; irritating; (sexually) arousing; provoking
מְגֵרָה נ. drawer
מַגרֵסָה נ. shredder
מִגרַעַת נ. (מִגרָעוֹת) drawback, shortcoming, fault
מַגרֵפָה נ. rake
מִגרָש ז. plot (for building); field (for sport)
– מִגרַש חֲנָיָה parking lot, car park
– מִגרַש טֶנִיס tennis court
– מִגרַש כַּדוּרֶגֶל soccer/football field
מַגָש ז. tray
– עַל מַגָש שֶׁל כֶּסֶף on a silver platter
מַד ז. gauge, -meter
– מַד־זָווִית protractor
– מַד־מְהִירוּת speedometer
מד״א ר״ת מָגֵן דָוִיד אָדוֹם
מַדאִיג ת. worrying, disquieting
מַדבֵּקָה נ. sticker, stick-on label
מִדבָּר ז. desert, wilderness

מ

מִדְגָם ז.	sample
– מִדְגָם אַקְרָאִי	random sample
– מִדְגָם מְיַיצֵג	representative sample
מָדַד פ״י (לִמדוֹד)	to measure, gauge; try on (clothes)
מַדָד ז.	index (of prices, etc.); indicator
– מַדַד הַמְחִירִים לַצַרְכָן	consumer price index
מַדְהִים ת.	amazing, astonishing
מְדוּבָּר ת. (מְדוּבֶּרֶת)	spoken; in question
– כְּשֶׁמְדוּבָּר בּ־	when it comes to...
– מְדוּבָּר בּ־	we're talking about...
מָדוּד ת.	measured; considered
מְדוּוָח ת. (מְדוּוַחַת)	reported; informed
מְדוּזָה נ.	jellyfish
מְדוּיָק ת. (מְדוּיֶקֶת)	accurate, exact, precise
מְדוּכָּא ת. (מְדוּכָּאָה אוֹ מְדוּכֵּאת)	depressed; oppressed
מְדוּכְדָךְ ת. (מְדוּכְדֶכֶת)	dejected, despondent
מְדוֹכָה נ. יָשַׁב עַל הַמְדוֹכָה	wrestle with a problem
מְדוּלְדָל ת. (מְדוּלְדֶלֶת)	sparse; depleted; flabby (muscles)
מְדוּמֶה ת. (מְדוּמָה)	imaginary; simulated, virtual
– כִּמְדוּמֶה	apparently
– כִּמְדוּמַנִי	it seems to me
מָדוֹן ז.	quarrel, strife
מַדוּעַ מ״ש	why
מְדוּפְלָם ת. (מְדוּפְלֶמֶת)	holding a diploma; qualified
מְדוּקְדָק ת. (מְדוּקְדֶקֶת)	meticulous; thorough
מָדוֹר ז.	department, section
מְדוֹרָג ת. (מְדוֹרֶגֶת)	graded, ranked; progressive (tax, etc.); seeded (tennis)
מְדוּרָה נ.	bonfire, campfire
מַדחוֹם ז.	thermometer
מַדחָן ז.	parking meter

מַדחֵס ז.	compressor
מַדחֵף ז.	propeller
מִדֵי מ״י	(once) every...
– מִדֵי פַּעַם	once in a while
מִדַי ר׳ דַי	too
מַדִיד ז.	gauge, dipstick
מְדִידָה נ.	measurement; gauging; surveying; fitting (of clothes)
מֵדִיח־כֵּלִים ז. (מְדִיחֵי־)	dishwasher
מֶדִיטַצְיָה נ.	meditation
מַדִים ז״ר	uniform
מְדִינַאי ז.	statesman, politician
מְדִינָה נ.	state, country
– מְדִינוֹת מִתפַּתחוֹת	developing countries
– מְדִינַת־חוֹק	law-abiding state
– מְדִינַת־מִשטָרָה	police state
– מְדִינַת־רְוָוחָה	welfare state
– מַכַּת־מְדִינָה	(country wide) epidemic (*figurative*)
מְדִינִי ת.	political
מְדִינִיוּת נ.	policy
מְדַכֵּא ת. (מְדַכֵּאת)	depressing; oppressive
מְדַכדֵךְ ת. (מְדַכדֶכֶת)	depressing
מֶדַלְיָה נ.	medal
מַדלִיף ז.	leaker
מְדַלֵל ז.	thinner
מַדמִיעַ ת. (מַדמִיעָה)	causing tears
– גַז מַדמִיעַ	tear gas
מְדַמֵם ת. (מְדַמֶמֶת)	bleeding
מַדָע ז.	science
– מַדְעֵי־הַחֶברָה	social sciences
– מַדְעֵי־הַטֶבַע	natural sciences
– מַדְעֵי־הָרוּחַ	humanities, arts
– מַדָעִים מְדוּיָקִים	exact sciences
מַדָעִי ת.	scientific
מַדְעָן ז. מַדְעָנִית נ.	scientist
מַדָף ז.	shelf
מַדפִּיס ז.	printer (person)
מַדפֶּסֶת נ.	printer (machine)
מִדרָג ז.	hierarchy
מַדרֵגָה נ.	stair, step; degree (of quality)

– מַדרֵגוֹת נָעוֹת escalator
– מִמַדרֵגָה רִאשוֹנָה first-class
– שֵפֶל־הַמַדרֵגָה nadir, rock-bottom
מִדרוֹן ז. slope
מִדרָחוֹב, מִדרחוֹב ז. pedestrian mall, pedestrian precinct
מַדרִיךְ ז. guide; instructor; manual
– מַדרִיךְ־טֶלֶפוֹן phone book, telephone directory
– מַדרִיךְ־נוֹעַר youth leader
– מַדרִיךְ־צוֹפִים scoutmaster, scout leader
– מַדרִיךְ־תַיָירִים tour guide
מַדרִיכָה נ. guide; instructress
מִדרָכָה נ. sidewalk, pavement
מִדרָס ז. foot support
מִדרָש ז. study; *midrash*
מִדשָאָה נ. lawn
מַה מ״ש what?; what; somewhat
– מַה אַתָה אוֹמֵר [שָח]?! You don't say!
– מַה גַם שֶ־ especially as
– מַה טוֹב! So much the better!
– מַה נִשמָע? How are you?, What's up?
– מַה שֶהָיָה הָיָה what's past is past, let bygones be bygones
– (מִ)מַה נַפשָךְ However you look at it, In either case it doesn't make sense
– מַה שְלוֹמְךָ? How are you?
מְהַבהֵב תו״ז (מְהַבהֶבֶת) flickering, winking (light), flashing
מַהבִּיל ת. steaming, steamy
מְהַגֵר ז. מְהַגֶרֶת נ. immigrant, migrant
מַהֲדוּרָה נ. edition; version
מַהֲדֵק, מְהַדֵק ז. paper clip; stapler; clothespin, clothes-peg
מְהוּדָק ת. (מְהוּדֶקֶת) tight, close fitting; fastened, tightened
מָהוּל ת. dilute, diluted
– מָהוּל בּ־ mixed with (feeling)
מְהוּלָל ת. (מְהוּלֶלֶת) glorious, highly praised, celebrated, glorified
מְהוּמָה נ. riot; tumult; fuss
– רוֹב מְהוּמָה עַל לֹא מְאוּמָה much ado about nothing
מְהוּסָס ת. (מְהוּסֶסֶת) hesitating, hesitant
מְהוּפָּךְ ת. (מְהוּפֶּכֶת) upside down; reversed; inverted
מְהוּפּנָט ת. (מְהוּפּנֶטֶת) hypnotized
מְהוּקצָע ת. (מְהוּקצַעַת) polished; planed
מְהוּרהָר ת. pensive; thoughtful
מַהוּת נ. essence, substance; true nature
מַהוּתִי ת. essential, substantive
מֵהֵיכָן תה״פ Where from?; Whence
מְהֵימָן ת. reliable, trustworthy
מְהֵימָנוּת נ. reliability, trustworthiness
מָהִיר ת. (מְהִירָה) quick, rapid, fast, swift; express (bus, delivery)
מְהִירוּת נ. (מְהִירוּיוֹת) speed; swiftness
– בִּמהִירוּת quickly, fast
– מְהִירוּת מוּתֶרֶת speed limit
מָהַל פ״י (לִמהוֹל) adulterate, dilute; mix
מַהֲלוּמָה נ. blow
מַהֲלָךְ ז. (מַהֲלָכִים) move, step; gear; course (of events); walking distance
– בְּמַהֲלַךְ־ in the course of, during
מֵהֶם ר׳ מִן from/of them (masc.)
מַהֲמוֹרָה נ. pothole (in road); pitfall
מְהַמֵם ת. (מְהַמֶמֶת) stunning
מְהַמֵר ז. gambler
מֵהֶן ר׳ מִן from/of them (fem.)
מְהַנדֵס ז. מְהַנדֶסֶת נ. engineer
מְהַנֶה ת. (מְהַנָה) enjoyable, pleasing
מְהַסֵס ת. (מְהַסֶסֶת) hesitant, hesitating
מַהפָּךְ נ. turnaround, reversal
מַהפֵּכָה נ. revolution; chaos
מַהפְּכָן ז. מַהפְּכָנִית נ. revolutionary
מַהפְּכָנִי ת. revolutionary
מְהַפנֵט תו״ז (מְהַפנֶטֶת) hypnotic; hypnotist
מַהֵר תה״פ quickly, fast
מְהֵרָה תה״פ quickly, fast
– בִּמהֵרָה, עַד מְהֵרָה soon, speedily

מַהֲתַלָּה נ. joke, lark

מוּאַזִּין ז. muezzin

מוּאָץ ת. (מוּאֶצֶת) accelerated, speeded up

מוּאָר ת. (מוּאֶרֶת) lit, lighted, illuminated

מוּבָאָה נ. quotation, excerpt

מוּבְהָק ת. (מוּבְהֶקֶת) par excellence, quintessential; unmistakably clear

מוּבְהָר ת. (מוּבְהֶרֶת) clarified, cleared

מוּבְחָר ת. (מוּבְחֶרֶת) choice, selected; élite (military unit)

מוּבְטָח ת. (מוּבְטַחַת) assured; promised

מוּבְטָל תו״ז (מוּבְטֶלֶת) unemployed, jobless

מוֹבִיל תו״ז leading; carrier; leader

מוּבְלַעַת נ. enclave

מוּבָן תו״ז (מוּבֶנֶת) understood; meaning, sense

– מוּבָן מֵאֵלָיו obviously; self-evident, obvious

מוּבְנֶה ת. built-in

מוּבָס ת. (מוּבֶסֶת) defeated, routed

מוּבְרָג ת. (מוּבְרֶגֶת) screwed (in)

מוּבְרָח ת. (מוּבְרַחַת) smuggled

מוּגְבָּה ת. (מוּגְבַּהַת) raised

מוּגְבָּל ת. (מוּגְבֶּלֶת) limited, restricted; handicapped

מוּגְבָּר ת. (מוּגְבֶּרֶת) intensified, increased

מוּגְדָּל ת. (מוּגְדֶּלֶת) enlarged; magnified; augmented

מוּגְדָּר ת. (מוּגְדֶּרֶת) defined; definite, specific

מוּגָז ת. carbonated, fizzy

מוּגְזָם ת. (מוּגְזֶמֶת) exaggerated

מוּג־לֵב ת. (מוּגַת־לֵב) coward, cowardly

מוּגְלָד ת. (מוּגְלֶדֶת) healed (wound)

מוּגְלָה נ. pus

מוּגְלָתִי ת. purulent; full of pus

מוּגָן ת. (מוּגֶנֶת) protected; defended; shielded; cushioned (*figurative*)

מוּגָף ת. (מוּגֶפֶת) closed, shut

מוּגָשׁ ת. (מוּגֶשֶׁת) presented; offered; served

מוּדְאָג ת. (מוּדְאֶגֶת) worried, concerned

מוּדְגָשׁ ת. (מוּדְגֶשֶׁת) emphasized; stressed, underlined

מוֹדֶה ת. thankful, grateful; admitting

מוּדָח ת. (מוּדַחַת) deposed, removed from office; knocked out (in tournament)

מוּדְחָק ת. (מוּדְחֶקֶת) repressed (feeling)

מוֹדִיעַ ז. informer

מוֹדִיעִין ז״ר intelligence (military); information (desk)

מוֹדִיעִינִי ת. intelligence (adj.)

מוֹדֶל ז. model (of car)

מוּדְלָף ת. (מוּדְלֶפֶת) leaked

מוּדָע ת. (מוּדַעַת) aware; conscious

– בְּמוּדָע consciously

– מוּדָע לְ־ aware of, conscious of

מוֹדָעָה נ. (מוֹדַעַת־) notice, announcement (written)

– מוֹדָעוֹת דְּרוּשִׁים classified ads, want ads

מוּדָעוּת נ. awareness, consciousness

מוּדְפָּס ת. (מוּדְפֶּסֶת) printed

מוּדְרָךְ ת. (מוּדְרֶכֶת) guided

– סִיּוּר מוּדְרָךְ guided tour

מוֹדֶרְנִי ת. modern

מוֹדֶרְנִיזַצְיָה נ. modernization

מוֹהֵל ז. circumciser, *mohel*

מוֹהַר ז. bride-price

מְוּוּסָת ת. (מְוּוּסֶתֶת) regulated; adjusted

מָוֶת ז. (מוֹת־) death

– לְאַחַר הַמָּוֶת posthumous, post-mortem

מוֹזָאִיקָה נ. mosaic

מוֹזֵג ז. bartender, barman

מוֹזֶגֶת נ. bartender, barmaid

מוּזָה נ. muse

מוּזְהָב ת. (מוּזְהֶבֶת) gilded, gold plated

מוּזֵיאוֹן ז. museum

מוּזִיקָה נ. music

מוּזכָּר ת. (מוּזכֶּרֶת) mentioned
מוּזָל ת. (מוּזֶלֶת) reduced (price); cut-rate
מוּזמָן תו"ז (מוּזמֶנֶת) invited; ordered (goods); booked; guest
מוּזנָח ת. (מוּזנַחַת) neglected; run-down (building, etc.); shabby
מוּזָר ת. strange, odd, peculiar
מוּזָרוּת נ. peculiarity, oddity, strangeness
מוּזרָם ת. (מוּזרֶמֶת) poured (into the sea etc.); injected (money)
מוּזרָק ת. (מוּזרֶקֶת) injected
מוֹחַ ז. (מוֹחוֹת, מוֹחִין) brain; mastermind
– מוֹחַ עֲצָמוֹת bone marrow
מוֹחִי ת. of the brain, cerebral
מוֹחִין ר' מוֹחַ
מוּחלָט ת. (מוּחלֶטֶת) absolute; definite
מוּחלָשׁ ת. (מוּחלֶשֶׁת) weakened
מוֹחֵץ ת. (מוֹחֶצֶת) crushing, smashing, resounding
מוּחצָן ת. (מוּחצֶנֶת) extrovert
מוֹחֵק ז. eraser, rubber
מוּחרָם ת. (מוּחרֶמֶת) confiscated; boycotted; ostracized
מוּחָשִׁי ת. tangible; real
מוֹט ז. (מוֹטוֹת) pole, rod, bar
– מוֹט הִילוּכִים gearshift, gear stick
מוּטָב תה"פ it's better (that), (had) better
מוּטָב ז. beneficiary
מוֹטוֹ ז. motto
מוֹטוֹרִי ת. motor (adj.)
מוֹטֵט פ"י cause the collapse (of); crush
מוֹטִיב ז. motif, theme
מוֹטִיבַצִיָה נ. motivation
מוּטָל ת. (מוּטֶלֶת) imposed; inflicted; lying; incumbent (on)
מוֹטֶל ז. motel
מוּטעֶה ת. (מוּטעֵית) mistaken, erroneous
מוּטַצִיָה נ. mutation

מוּטרָד ת. (מוּטרֶדֶת) troubled, worried; bothered; preoccupied
מוּיַן פ. (מוּינָה; מוּינוּ) classified; sorted
מוּכֶּה ת. (מוּכָּה) beaten, battered; stricken
– מוּכֵּה־תַדהֵמָה stunned
מוּכָח ת. (מוּכַחַת) proved, proven
מוּכָן ת. ready, prepared
– מוּכָן וּמזוּמָן ready and willing
– מִן הַמוּכָן ready made, readily available
מוֹכֵס ז. customs officer
מוּכסָף ת. (מוּכסֶפֶת) silver-plated, silvered
מוּכפָּל ת. (מוּכפֶּלֶת) double(d); multiplied
מוּכפָּשׁ ת. (מוּכפֶּשֶׁת) besmirched
מוֹכֵר ז. seller, vendor, salesman
מוּכָּר ת. (מוּכֶּרֶת) known, familiar; recognized
מוּכרָח ת. (מוּכרָחָה) compelled, have to, must
מוֹכֶרֶת נ. seller, vendor, saleswoman
מוּכשָׁר ת. (מוּכשֶׁרֶת) talented, able; made kosher
מוּכתָב ת. (מוּכתֶבֶת) dictated
מוּכתָם ת. (מוּכתֶמֶת) stained
מוּכתָר ת. (מוּכתֶרֶת) crowned
מוּכתָר ז. *mukhtar* (head of Arab village)
מוּל מ"י opposite, against, in front of
מו"ל ר"ת מוֹצִיא לָאוֹר publisher
מוֹל ז.: בְּמוֹל flat (in music)
מוּלָא פ. (מוּלאָה; מוּלאוּ) filled; stuffed; fulfilled
מוּלָד ת. (מוּלֶדֶת) innate; congenital
מוֹלָד ז. birth; new moon
– חַג־הַמוֹלָד Christmas
מוֹלֶדֶת נ. (מוֹלַדתוֹ) homeland; native land
מוּלטִימֶדיָה נ. multimedia
מוֹלִיךְ ז. conductor
– מוֹלִיךְ עָל superconductor
מוֹלֵיקוּלָה נ. molecule

מ

explained מוּסְבָּר ת. (מוּסְבֶּרֶת)
institution מוֹסָד ז. (מוֹסָדוֹת)
camouflaged, disguised, veiled (threat, etc.) מוּסְוֶה ת. (מוּסְוֵית)
museum מוּזֵיאוֹן ז.
musician מוּסִיקַאי ז. מוּסִיקָאִית נ.
music מוּסִיקָה נ.
musical מוּסִיקָלִי ת.
garage; hangar; (car repair) shop מוּסָךְ ז.
agreed מוּסְכָּם ת. (מוּסְכֶּמֶת)
convention מוּסְכָּמָה נ.
Muslim, Moslem מוּסְלְמִי תו"ז
authorized (to do something); qualified; competent (authority) מוּסְמָךְ ת. (מוּסְמֶכֶת)
MA degree – תּוֹאַר מוּסְמָךְ
dissolve, melt; let slip מוֹסֵס פ"י
supplement (to newspaper); added מוּסָף תו"ז (מוּסֶפֶת)
morals, ethics, morality מוּסָר ז.
moralize, preach (morality) – הִטִּיף מוּסָר
moral, lesson – מוּסַר־הַשְּׂכֵּל
double standard – מוּסָר כָּפוּל
moral, ethical, virtuous מוּסָרִי ת.
morality, ethics מוּסָרִיּוּת נ.
incited, inflamed מוּסָת ת. (מוּסֶתֶת)
hidden, concealed מוּסְתָּר ת. (מוּסְתֶּרֶת)
transferred; transmitted מוּעֳבָר ת. (מוּעֳבֶרֶת)
appointed time, date; religious festival מוֹעֵד ז. (מוֹעֲדִים)
while there is still time, in good time, in due time – בְּעוֹד מוֹעֵד
deadline; closing day/date – מוֹעֵד אַחֲרוֹן
Happy Holiday! – מוֹעֲדִים לְשִׂמְחָה
short-term – קְצַר־מוֹעֵד
prone (to), susceptible; habitual (offender) מוּעָד ת. (מוּעֶדֶת)
club מוֹעֲדוֹן ז.
preferred, favored מוּעֳדָף ת. (מוּעֳדֶפֶת)

molecular מוֹלֵיקוּלָרִי ת.
be booby-trapped מוּלְכַּד ז.
defect, deformity, disability; fault מוּם ז.
negotiations, bargaining מו"מ ר"ת
expert, specialist מוּמְחֶה תו"ז (מוּמְחִית)
expertise; expert knowledge; speciality מוּמְחִיּוּת נ.
mummy (embalmed body) מוּמְיָה נ.
recommended, advisable מוּמְלָץ ת. (מוּמְלֶצֶת)
dissolved, melted מוּמָס ת. (מוּמֶסֶת)
convert (from Judaism) מוּמָר ז.
be realized; be materialized; be carried out מוּמַשׁ פ. (מוּמְשָׁה; מוּמְשׁוּ)
numerate; meter (taxi, water, etc.); counter מוֹנֶה ז.
be appointed מוּנָה פ. (מוּנְתָה; מוּנּוּ)
monotonous מוֹנוֹטוֹנִי ת.
monotony מוֹנוֹטוֹנִיּוּת נ.
monologue מוֹנוֹלוֹג ז.
monumental מוֹנוּמֶנְטָלִי ת.
monopoly מוֹנוֹפּוֹל(ין) ז.
monopolistic מוֹנוֹפּוֹלִיסְטִי ת.
put, placed, lying, set מוּנָח ת. (מוּנַחַת)
with all due respect to him – כְּבוֹדוֹ בִּמְקוֹמוֹ מוּנָח
term (technical) מוּנָח ז.
guided מוּנְחֶה ת.
guided missile – טִיל מוּנְחֶה
reputation; goodwill (business) מוֹנִיטִין ז"ר
live up to your reputation – הִצְדִּיק אֶת הַמּוֹנִיטִין שֶׁיָּצְאוּ לוֹ
municipal מוּנִיצִיפָּלִי ת.
taxi, cab מוֹנִית נ. (מוֹנִיּוֹת)
driven, motivated; set in motion, started מוּנָע ת. (מוּנַעַת)
preventive מוֹנֵעַ ת. (מוֹנַעַת)
hoisted, raised aloft; held up (high) מוּנָף ת. (מוּנֶפֶת)
issued מוּנְפָּק ת. (מוּנְפֶּקֶת)
monarchy מוֹנַרְכְיָה נ.

מוּעָט ת. (מוּעֶטָה אוֹ מוּעֶטֶת) few, little, small (number)
מוֹעִיל ת. helpful, useful, beneficial
מוּעֲמָד ז. candidate; applicant
מוּעֲמֶדֶת נ. (מוּעֲמָדוֹת) candidate; applicant
מוּעֲמָדוּת נ. candidacy
מוֹעֵן ז. sender, addresser
מוּעֲנָק ת. (מוּעֲנֶקֶת) granted, awarded
מוּעֲסָק ת. (מוּעֲסֶקֶת) employed
מוֹעָצָה נ. (מוֹעֶצֶת־) council; board (business)
– מוֹעָצָה מְקוֹמִית local council
– מוֹעֶצֶת הַבִּיטָחוֹן Security Council (UN)
– מוֹעֶצֶת הַמְנַהֲלִים Board of Directors
מוּעָקָה נ. oppressive feeling
מוּעֳרָךְ ת. (מוּעֳרֶכֶת) estimated, valued
מוּעֲשָׁר ת. enriched; fortified (food)
מו״פ ר״ת מֶחקָר וּפִיתוּחַ R&D
מוּפחָת ת. (מוּפחֶתֶת) reduced, decreased, diminished
מוּפלָא ת. wonderful, remarkable, magical
מוּפלָג ת. (מוּפלֶגֶת) superlative, exaggerated, extreme, enormous
– זָקֵן מוּפלָג a very old man
מוּפלֶה ת. discriminated
– מוּפלֶה לְרָעָה discriminated against
מוּפנֶה ת. (מוּפנֵית) directed, turned (towards)
מוּפנָם ת. (מוּפנֶמֶת) introverted; indented (line)
מוֹפָע ז. show, performance
מוּפעָל ת. (מוּפעֶלֶת) operated; activated
מוּפָץ ת. (מוּפֶצֶת) distributed; spread about
מוּפָק ת. (מוּפֶקֶת) produced; extracted
מוּפקָד ת. (מוּפקֶדֶת) deposited; entrusted
– מוּפקָד עַל responsible for, in charge of
מוּפקָע ת. (מוּפקַעַת) expropriated; exorbitant (price)

מוּפקָר ת. (מוּפקֶרֶת) abandoned; licentious
מוּפרָד ת. (מוּפרֶדֶת) separated, set apart
מוּפרָז ת. (מוּפרֶזֶת) exaggerated; exorbitant (price)
מוּפרָךְ ת. (מוּפרֶכֶת) refuted; untenable
מוּפרָע ת. (מוּפרַעַת) disturbed; interrupted
מוּפרָעוּת נ. mental disturbance
מוּפרָשׁ ת. (מוּפרֶשֶׁת) aside, allocated; secreted
מוּפשָׁט ת. (מוּפשֶׁטֶת) abstract
מוּפשָׁל ת. (מוּפשֶׁלֶת) rolled up (sleeves)
מוֹפֵת ז. shining example, paragon; miracle; classical (literature)
– יְצִירַת־מוֹפֵת masterpiece
– לְמוֹפֵת exemplary, perfect, model; perfectly
מוּפתִי ז. *mufti* (Muslim judge)
מוּפתָע ת. (מוּפתַעַת) surprised; taken aback
מוֹץ ז. chaff
מוֹצָא ז. descent, origin; exit, outlet, way out
מוּצָב ת. (מוּצֶבֶת) stationed, posted; placed, set
מוּצָב ז. outpost, post, position (military)
מוּצָג תו״ז (מוּצֶגֶת) displayed, on show; exhibit
מוּצדָק ת. (מוּצדֶקֶת) justified
מוּצָה פ. (מוּצתָה; מוּצוּ) be squeezed out; be exhausted
מוּצהָב ת. (מוּצהֶבֶת) yellowed
מוּצהָר ת. (מוּצהֶרֶת) declared; (self-) confessed, professed
מוֹצִיא ז.
– מוֹצִיא לְאוֹר publisher
– מוֹצִיא לְפוֹעַל executor; implementer
מוּצָל ת. (מוּצֶלֶת) shady, shaded
מוּצלָח ת. (מוּצלַחַת) successful; (really) good, wonderful
מוּצנָע ת. (מוּצנַעַת) hidden, concealed; played down

מוּצָף ת. (מוּצֶפֶת) flooded; inundated
מוּצפָּן ת. (מוּצפֶּנֶת) written in code
מוֹצֵץ ז. pacifier, dummy
מוּצָק ת. solid, firm
מוּצָר ז. product, goods (in pl.)
מוֹצָ״ש ר״ת Saturday night
מוֹקֵד ז. focus, focal point; fire, the stake
מוּקדָם ת.; תה״פ (מוּקדֶמֶת) early
– בְּמוּקדָם אוֹ בִּמאוּחָר sooner or later
מוּקדָש ת. (מוּקדֶשֶת) dedicated
מוּקטָן ת. (מוּקטֶנֶת) reduced, made smaller; small-scale
מוּקיוֹן ז. clown, buffoon
מוּקלָט ת. (מוּקלֶטֶת) recorded (on tape)
מוּקסָם ת. (מוּקסֶמֶת) charmed, fascinated, enchanted
מוּקָף ת. (מוּקֶפֶת) surrounded
מוּקפָּא ת. (מוּקפֵּאת) frozen; shelved
מוּקפָּץ ת. stir-fried (vegetables, etc.)
מוּקצָב ת. (מוּקצֶבֶת) allocated; appropriated; rationed
מוּקצֶה ת. set apart, allotted assigned; untouchable
– מוּקצֶה מֵחֲמַת מִיאוּס loathsome, odious, anathema
מוּקצָן ת. (מוּקצֶנֶת) extremist, more extreme
מוֹקֵש ז. (מוֹקשִים) mine (military); obstacle, pitfall
מוּקשֶה ת. (מוּקשָה) hardened, stiffened
מוּרגָל ת. (מוּרגֶלֶת) accustomed, used to
מוּרגָש ת. (מוּרגֶשֶת) felt, perceived
מוֹרֵד ז. rebel, mutineer
מוֹרֶה ז. (מוֹרִים) מוֹרָה נ. (מוֹרוֹת) teacher
– מוֹרֵה־דֶרֶך guide
מוּרחָב ת. (מוּרחֶבֶת) widened, expanded; extended (family)
מוֹרֵט־עֲצַבִּים ת. (מוֹרֶטֶת־) nerve-racking
מוּרכָּב ת. (מוּרכֶּבֶת) complex, complicated

– מוּרכָּב מ־ composed of, made up of
מוּרכָּבוּת נ. complexity; intricacy
מוּרכָּן ת. (מוּרכֶּנֶת) bent, bowed (head)
מוֹרָל ז. morale
מוּרָם ת. (מוּרֶמֶת) raised, elevated, held up (high)
מוֹרס ז. Morse code
מוּרסָה נ. abscess
מוּרעָב ת. (מוּרעֶבֶת) starved
מוּרעָל ת. (מוּרעֶלֶת) poisoned
מוֹרפיוּם ז. morphine
מוֹרָשָה נ. (מוֹרֶשֶת־) legacy, heritage
מוּרשֶה ת. licensed
מוֹרֶשֶת נ. heritage
מוּרתָח ת. boiled
מוֹרַת־רוּחַ נ. discontent, displeasure
מוּשָׂא ז. object (grammar)
מוֹשָב ז. seat; session; *moshav* (smallholders' cooperative settlement)
– מוֹשָב אֲחוֹרִי back seat
מוֹשָבָה נ. colony; *moshav*
מוּשבָּע תו״ז (מוּשבַּעַת) sworn, avowed, confirmed; juror
– חֶבֶר־מוּשבָּעִים jury
מוּשבָּת ת. (מוּשבֶּתֶת) stopped (work), closed; not working
מוּשָׂג ז. concept, idea, notion
– אֵין לִי מוּשָׂג! I have no idea!
מוּשחָז ת. (מוּשחֶזֶת) sharpened; barbed
מוּשחָת ת. (מוּשחֶתֶת) corrupt
מוֹשִיעַ ז. savior, saviour
מוֹשֵך ת. (מוֹשֶכֶת) attractive, appealing
מוֹשכוֹת נ״ר reins
מוּשׂכָּל ת. (מוּשׂכֶּלֶת) rational, informed, educated
מוּשׂכָּר ת. (מוּשׂכֶּרֶת) rented
מוֹשֵל ז. ruler, governor
מוּשלָג ת. (מוּשלֶגֶת) snowy; snow-covered
מוּשלָם ת. (מוּשלֶמֶת) complete; perfect
מוּשמָץ ת. (מוּשמֶצֶת) defamed, slandered

מ

suspended מוּשעֶה ת.
humiliated מוּשפָּל ת. (מוּשפֶּלֶת)
influenced; affected מוּשפָּע ת. (מוּשפַּעַת)
invested מוּשקָע ת. (מוּשקַעַת)
rooted, ingrained מוּשרָש ת. (מוּשרֶשֶׁת)
founded, based מוּשתָת ת. (מוּשתֶתֶת)
death מוֹת־ ר׳ מָוֶות
fitted, adjusted, tailored (*figurative*) מוּתאָם ת. (מוּתאֶמֶת)
brand (name) מוּתָג ת.
full of suspense, gripping מוֹתֵחַ ת. (מוֹתַחַת)
thriller מוֹתחָן ז.
melted; molten; fused מוּתָך ת. (מוּתֶכֶת)
hip, waist; loin מוֹתֶן ז. (מוֹתנַיִים)
stipulated, conditioned מוּתנֶה ת. (מוּתנֵית)
– מוּתנֶה בּ־ conditional upon, subject to
vest מוֹתנִייָה נ.
מוֹתנַיִים ר׳ מוֹתֶן
sweetheart, honey מוֹתֶק ז.
fixed, installed מוּתקָן ת. (מוּתקֶנֶת)
allowed, permitted מוּתָר ת. (מוּתֶרֶת)
luxuries, luxury; luxury goods מוֹתָרוֹת
exhausted, worn out מוּתָשׁ ת. (מוּתֶשֶׁת)
altar מִזבֵּחַ ז. (מִזבַּח־; מִזבּחוֹת)
rubbish dump מִזבָּלָה נ. (מִזבֶּלֶת־)
temperament מֶזֶג ז. (מִזגוֹ)
– מֶזֶג־אֲווִיר weather
– מֶזֶג חַם hot temper, emotional nature
pour (out); mix (liquids) מָזַג פ״י (לִמזוֹג)
air-conditioner מַזגָן ז.
occasional; odd (jobs); casual (visitor, etc.); that comes your way מִזדַמֵּן ת.
splendid, brilliant, shining מַזהִיר ת.
– נִיצָחוֹן מַזהִיר resounding victory

identified מְזוֹהֶה ת. (מְזוֹהָה)
contaminated, polluted; infected; filthy מְזוֹהָם ת. (מְזוֹהֶמֶת)
suitcase מִזווָדָה נ.
pantry, larder מְזָווֶה ז.
atrocious, horrific, gruesome מַזווִיעַ ת.
mezuzah מְזוּזָה נ.
armed; reinforced (concrete); fucking מְזוּיָן ת. (מְזוּיֶינֶת)
– עַיִן בִּלתִי מְזוּיֶינֶת naked eye
forged, counterfeit; false, fake מְזוּיָף ת. (מְזוּיֶפֶת)
masochism מָזוֹכִיזם ז.
masochist מָזוֹכִיסט ז. מָזוֹכִיסטִית נ.
masochistic מָזוֹכִיסטִי ת.
purified; refined (oil) מְזוּכָּך ת. (מְזוּכֶּכֶת)
ready, prepared; cash מְזוּמָן ת. (מְזוּמֶנֶת)
– בִּמזוּמָן in cash, cash down
– לְעִיתִים מְזוּמָנוֹת from time to time, occasionally
– מְזוּמָנִים cash, ready money
food מָזוֹן ז. (מְזוֹנוֹת)
– מִצרְכֵי מָזוֹן foodstuffs
child support, alimony מְזוֹנוֹת ז״ר
shocked, shaken מְזוּעזָע ת. (מְזוּעזַעַת)
lousy, rotten; tarred מְזוּפָּת ת. (מְזוּפֶּתֶת)
bearded מְזוּקָן ת.
refined, distilled מְזוּקָק ת. (מְזוּקֶקֶת)
cure (*literary*) מָזוֹר ז.
speeded up, quick מְזוֹרָז ת. (מְזוֹרֶזֶת)
quay, pier מֵזַח ז.
sled, sleigh, toboggan מִזחֶלֶת נ. (מִזחָלוֹת)
wilful, wanton מֵזִיד ת.
– בְּמֵזִיד wilfully, with malicious intent
plot, scheme; evil intent מְזִימָה נ.
nutritious, nourishing מֵזִין ת.
harmful, damaging; pest מַזִּיק תו״ז
secretary מַזכִּיר ז. מַזכִּירָה נ.
– מַזכִּירָה אֶלֶקטרוֹנִית answering machine

מ

מַזְכִּירוּת נ. secretariat; secretary's office
מַזְכָּ"ל ר"ת secretary general
מִזְכָּר ז. memorandum
מַזְכֶּרֶת נ. (מַזְכָּרוֹת) souvenir; keepsake, memento
מַזָּל ז. (מַזָּלוֹת) luck, fortune; fate; sign of the Zodiac
– אֵין לוֹ מַזָּל have no luck, be unlucky
– יֵשׁ לוֹ מַזָּל be in luck, be lucky
– לְמַזָּלוֹ fortunately for him
– לְרוֹעַ הַמַּזָּל unfortunately
– לְמַרְבֵּה הַמַּזָּל fortunately, luckily
– מַזָּל טוֹב! Congratulations!
– מִשְׂחֲקֵי מַזָּל games of chance
– שִׂיחֵק לוֹ מַזָּלוֹ be lucky, have the good luck to
מַזְלֵג ז. (מַזלגוֹת) fork
– עַל קְצֵה הַמַּזְלֵג very little, in a nutshell
מַזלַ"ט ר"ת מָטוֹס זָעִיר לְלֹא טַיָּס MRPV (mini remotely piloted vehicle)
מִזְלָלָה נ. fast-food restaurant, diner
מַזְלֵף ז. watering-can; sprayer
מִזְמוֹר ז. hymn, psalm
מִזְמֵז פ"י (לְמַזְמֵז) to neck, pet (*slang*)
מִזְּמַן תה"פ long ago
מַזְמֵרָה נ. pruning shears, secateurs
מִזְנוֹן ז. buffet; snack-bar; sideboard
– מִזְנוֹן מָהִיר fast-food counter
מַזְנִיק ז. starter (sports)
מִזְעוּר ז. miniaturization
מְזַעְזֵעַ ת. (מְזַעְזַעַת) shocking, appalling
מִזְעָרִי ת. minimal
מַזְקֵקָה נ. still, distillery
מִזְרוֹן, מִזְרָן ז. mattress; mat (for wrestling, etc.), floormat
מִזְרָח ז. east
– הַמִּזְרָח הַתִּיכוֹן the Middle East
– מִזְרָחָה eastwards
מִזְרָחִי ת. eastern; east; oriental
– מִזְרָחִית ל־ east of
מִזְרָחָן ז. מִזְרָחָנִית נ. orientalist

מִזְרָן ז. mattress; mat (for wrestling, etc.)
מַזְרֵק ז. syringe
מִזְרָקָה נ. fountain (ornamental)
מֹחַ ר' מוֹחַ
מָחָא פ"י (לִמְחוֹא)
– מָחָא כַּף [כַּפַּיִם] clap (hands); applaud
מְחָאָה נ. protest
מַחֲבוֹא ז. hiding place
– מַחֲבוֹאִים hide-and-seek
מַחְבּוֹשׁ ז. detention, (in) jail, imprisonment
מַחְבֵּט ז. bat; racket
מְחַבֵּל ז. מְחַבֶּלֶת נ. terrorist, saboteur
מְחַבֵּר ז. מְחַבֶּרֶת נ. author, composer
מַחְבֶּרֶת נ. (מַחְבָּרוֹת) notebook, exercise book
מַחֲבַת נ. (מַחֲבַתּוֹת) (frying) pan
מַחְדֵּד, מְחַדֵּד ז. pencil sharpener
מֶחְדָּל ז. sin of omission, failing, blunder, foul-up; default
– בְּרֵירַת מֶחְדָּל default
מָחָה פ"י (לִמְחוֹת) (עַל) to protest
מְחוּבָּר ת. (מְחוּבֶּרֶת) connected, joined (together)
מָחוֹג ז. hand (of watch); pointer, indicator
מְחוּגָה נ. compasses
מְחוּדָּד ת. (מְחוּדֶּדֶת) pointed; sharpened
מְחוּדָּשׁ ת. (מְחוּדֶּשֶׁת) renewed; refurbished
מֶחֱוָה נ. gesture
מַחֲוָון ז. indicator (dashboard)
מָחוֹז ז. (מְחוֹזוֹת) district
– מְחוֹז חֶפְצוֹ his destination
מְחוֹזִי ת. district; regional
מְחוּזָּק ת. (מְחוּזֶּקֶת) strengthened; tightened; stronger, encouraged
מְחוּטָּא ת. (מְחוּטֵּאת) sterile; disinfected
מְחוּטָּט ת. (מְחוּטֶּטֶת) pockmarked; pimply
מְחוּיָּב ת. (מְחוּיֶּבֶת) obliged; bound; committed

– מְחוּיַּב־הַמְּצִיאוּת inevitable, absolutely necessary, unavoidable
מְחוּיָּבוּת נ. commitment
מְחוּיָּט ת. (מְחוּיֶּטֶת) tailored
מָחוֹךְ ז. corset, girdle
מְחוּכָּם ת. (מְחוּכֶּמֶת) clever, shrewd
מָחוֹל ז. (מְחוֹלוֹת) dance, dancing
מְחוּלָּק תו״ז (מְחוּלֶּקֶת) divided, distributed; dividend (math)
מְחוּמָּם מ. (מְחוּמֶּמֶת) heated, warmed
מְחוּמְצָן ת. (מְחוּמְצֶנֶת) bleached (hair)
מְחוּמָּשׁ ז. (מְחוּמֶּשֶׁת) pentagon
מְחוּנָּךְ ת. (מְחוּנֶּכֶת) well-bred, well-behaved
מְחוּנָּן ת. (מְחוּנֶּנֶת) gifted, talented
מְחוּסָּל ת. (מְחוּסֶּלֶת) finished, eliminated, dead
מְחוּסָּן ת. (מְחוּסֶּנֶת) immunized; immune
מְחוּסְפָּס ת. (מְחוּסְפֶּסֶת) rough (to the touch); crude (manners)
מְחוּסָּר ת. (מְחוּסֶּרֶת) lacking, devoid of, without
מְחוּפָּשׂ ת. (מְחוּפֶּשֶׂת) disguised, dressed up
מִחוּץ ר׳ חוּץ
מָחוּץ ת. (מְחוּצָה) crushed, squashed
מְחוּצָּף ת. (מְחוּצֶּפֶת) impudent, insolent
מָחוּק ת. (מְחוּקָה) erased, rubbed out
– כַּפִּית מְחוּקָה (one) level teaspoon
מְחוֹקֵק ז. legislator, lawmaker
מְחוּרְבָּן ת. (מְחוּרְבֶּנֶת) lousy, rotten
מְחוֹרָר ת. (מְחוֹרֶרֶת) full of holes, perforated
מָחוֹשׁ ז. feeler, antenna
מְחוּשָּׁב ת. (מְחוּשֶּׁבֶת) calculated; well thought out
מְחוּשָּׁל ת. (מְחוּשֶּׁלֶת) forged (steel); steeled, hardened (*figurative*)
מְחוּתָּן ז. מְחוּתֶּנֶת נ. parent of son/daughter-in-law
מַחֲזַאי ז. dramatist, playwright
מַחֲזֶה ז. (מַחֲזוֹת) play, drama; sight, spectacle

מִחזּוּר ז. recycling
מַחֲזוֹר ז. cycle; circuit, circulation; turnover; prayer book for Jewish festivals; (graduation) class; period (menstrual)
– מַחֲזוֹר הַדָּם circulation of the blood
– תְּמוּנַת מַחֲזוֹר (graduation) class photograph
מַחֲזוֹרִי ת. cyclic; periodic
מַחֲזִיק מַפְתְּחוֹת ז. key-ring
מַחֲזֶמֶר ז. musical
מְחַזֵּר ר׳ מִיחזֵר
מְחַזֵּר ז. suitor
מַחַט נ. (מְחָטִים) needle; stylus
מַחָ״ט ר״ת brigade commander
מְחַטֵּא ר׳ חִיטֵּא
מֶחְטָף ז. snatch; furtive vote (in Parliament)
מְחִי ז. stroke
– בִּמְחִי יָד at one blow; out of hand
– בִּמְחִי עֵט with a stroke of the pen
מְחִיאוֹת כַּפַּיִים נ״ר applause, clapping
מִחְיָה נ. living; subsistence; sustenance
מְחַייֵּב ת. (מְחַייֶּבֶת) mandatory compulsory, binding; approving
מְחִילָה נ. forgiveness, pardon; burrow
מְחִיצָּה נ. partition, screen
מָחִיק ת. erasable
מְחִיקָה נ. erasing, striking out
מְחִיר ז. price, cost
– בְּכָל מְחִיר at any price, at all costs
– הַצָּעַת מְחִיר bid, quotation
– מְחִיר הַקֶּרֶן cost price
– מְחִיר מְחִירוֹן list price
מְחִירוֹן ז. price list
מְחִית נ. mash, purée
מַחְכִּים ת. instructive, revealing
מָחַל פ״י (לִמְחוֹל אֶת, ל־) forgive; pardon
מַחְלָבָה נ. dairy
מַחֲלָה נ. disease, illness, sickness
– מַחֲלָה מִידַּבֶּקֶת contagious disease
– מַחֲלַת־נֶפֶשׁ mental illness

מ

מַחֲלוֹקֶת נ. dispute, controversy
– מַחֲלוֹקֶת לְשֵׁם שָׁמַיִם constructive controversy
מַחֲלִיא ת. sickening, revolting
מַחֲלִיף ז. מַחֲלִיפָה נ. substitute (person)
מַחֲלִיקַיִים ז״ז skates
מֶחְלָף, מַחְלֵף ז. interchange
מְחַלֵּק ז. divisor (math); distributor
מֶחְלָק ז. squad
– מֶחְלַק הַמּוּסָר vice squad
מַחְלָקָה נ. (מַחְלֶקֶת־) department; class (biology); platoon (military); ward (hospital)
– מַחְלֶקֶת עֲסָקִים business class
– מַחְלָקָה רִאשׁוֹנָה first class
מֵחַם ז. tea urn, samovar
מַחֲמָאָה נ. compliment
מַחְמָד ז. delight, darling
– חַיּוֹת מַחְמָד pets
מַחְמִיא ת. flattering
מַחְמִיר ת. strict, stringent
מַחְמָץ ז. (מַחֲמַצִּים) pickle (vegetable)
מֵחֲמַת־ מ״י because of, on account of
מַחֲנָאוּת נ. camping
מַחֲנֶה ז. camp
– מַחֲנֵה הֶסְגֵּר internment camp
– מַחֲנֵה־רִיכּוּז concentration camp
מַחֲנִיק ת. stuffy, stifling
מְחַנֵּךְ ז. מְחַנֶּכֶת נ. educator
– מְחַנֵּךְ [מְחַנֶּכֶת] כִּיתָּה home-room teacher
מַחֲנָק ז. suffocation
מַחֲסֶה ז. refuge, cover, shelter
מַחְסוֹם ז. barrier; block (*figurative*); roadblock, checkpoint; muzzle
מַחְסוֹר ז. shortage, lack, want
מַחְסָן ז. warehouse, storeroom, (tool/garden) shed
מַחְסְנַאי ז. storekeeper
מַחְסָנִית ת. (מַחְסָנִיּוֹת) magazine (gun), clip
מַחְפִּיר ת. disgraceful, shameful
מַחְפִּית נ. dragée
מָחַץ פ״י (לִמְחוֹץ) to crush; squash

מַחַץ ז. force, strength
– שׁוּרַת־הַמַּחַץ punch line
מַחְצָב ז. mineral
מַחְצָבָה נ. quarry
מֶחֱצָה נ. half
– לְמֶחֱצָה semi-, half-, partly
מַחֲצִית נ. half; half time
מַחְצֶלֶת נ. (מַחְצָלוֹת) mat, rug
מְחַצְצֵר ז. trumpeter, bugler
מָחַק פ״י (לִמְחוֹק) erase, rub out, strike out; delete
מַחַק ז. (מְחָקִים) eraser, rubber
מֶחְקָר ז. research, study
מָחָר תה״פ; ז. tomorrow
מַחֲרָאָה נ. latrine
מַחֲרוֹזֶת נ. necklace, string (of beads); medley (of songs); sequence
מְחַרְחֵר ז. מְחַרְחֶרֶת נ. inciter, monger
– מְחַרְחֵר מִלְחָמָה warmonger
– מְחַרְחֵר רִיב quarrelmonger
מַחֲרֵטָה נ. lathe
מַחֲרִיד ת. horrifying, dreadful, appalling
מַחֲרִישׁ ת. deafening; keeping silent
– מַחֲרִישׁ־אוֹזְנַיִים ear-splitting, deafening
מַחֲרֵשָׁה נ. plow, plough
מָחֳרָת נ. the next day, the day after
– לְמָחֳרָת נ. the following day
– מָחֳרָתַיִים the day after tomorrow
מַחְשֵׁב ז. computer
– מַדְּעֵי־הַמַּחְשֵׁב computer sciences
– מַחְשֵׁב אִישִׁי PC, personal computer
– מַחְשֵׁב מַחְבֶּרֶת notebook computer
– מַחְשֵׁב נַיָּיד / נִישָּׂא portable computer, laptop
– מַחְשֵׁב־עָל supercomputer
– מַחְשֵׁב שׁוּלְחָנִי desktop computer
מִחְשֵׁב ר׳ מִיחְשֵׁב computerize
מַחֲשָׁבָה נ. thought, notion
מַחְשְׁבוֹן ז. (pocket) calculator
מִחְשׁוּב ז. computerization
מַחְשׂוֹף ז. decolletage, low neckline
מְחַשְׁמֵל ת. electrifying

מַחתֶרֶת נ. (מַחתָרוֹת) underground (clandestine)
מַחתַרתִי ת. underground, clandestine
מָט פ״ע (לָמוּט) : מָט לִנפּוֹל about to fall, dilapidated (*literary*)
מַט ז. checkmate, mate
מֶטֶאוֹר ז. meteor
מֶטֶאוֹרוֹלוֹגִי ת. meteorological
מֶטֶאוֹרִי ת. meteoric
מַטאֲטֵא ז. (מַטאַטאִים) broom
מְטַאֲטֵא ז. sweeper
– מְטַאֲטֵא רְחוֹבוֹת street-cleaner
מִטבָּח ז. kitchen; cuisine
מִטבָּל ז. dip (food)
מַטבֵּעַ ז. (מַטבְּעוֹת) coin; currency
– בְּאוֹתָהּ מַטבֵּעַ in kind
– מַטבֵּעַ חוּץ [זָר] foreign currency
– מַטבֵּעַ לָשׁוֹן idiomatic expression
מַטֶה ז. (מַטוֹת) headquarters; staff
– מַטֶה כְּלָלִי the General Staff
– מַטֵה קֶסֶם magic wand
מַטָה תה״פ down, downwards
– הֶחָתוּם [הַחֲתוּמִים] מַטָה the undersigned
– כְּלַפֵּי מַטָה downwards
– לְמַטָה down; below, downstairs
– לְמַטָה מִכְּבוֹדוֹ it is beneath him
– מִלְמַטָה from the bottom; from below
מְטוּגָן ת. (מְטוּגֶנֶת) fried
מִטוָוח ז. shooting range; blitz (sport)
מְטוּטֶלֶת נ. pendulum
מָטוֹל ז. (overhead) projector
מְטוּלָא ת. patched
מְטוּמטָם ת. (מְטוּמטֶמֶת) stupid, dumb
מְטוּנָף ת. (מְטוּנֶפֶת) filthy
מָטוֹס ז. (מְטוֹסִים) airplane, aircraft
– בְּמָטוֹס by plane
– בַּמָטוֹס on (board) the plane
– מָטוֹס לְלֹא טַיָיס remotely-piloted vehicle, RPV
מְטוּפָּח ת. (מְטוּפַּחַת) nurtured, fostered; well-groomed; carefully tended

מְטוּפָּל תו״ז (מְטוּפֶּלֶת) taken care of; treated; patient
מְטוּפָּשׁ ת. (מְטוּפֶּשֶׁת) silly, foolish
מְטוֹרָף ת. (מְטוֹרֶפֶת) crazy, insane
מְטוּשׁטָשׁ ת. (מְטוּשׁטֶשֶׁת) blurred; fuzzy; dazed
מַטָח ז. salvo; volley (also *figurative*)
מַט״ח ר״ת foreign currency
מַטחֵנָה נ. grinder, mincer, mill
מְטַיֵיל ז. hiker; tripper
מְטִיל ז. bar, ingot
– מְטִיל זָהָב gold ingot, gold bullion
מַטִיף ז. preacher; sermonizer
מַטכָּ״ל ר״ת the General Staff
מְטָלָה נ. task, assignment
מַטלִית נ. (מַטלִיוֹת) cloth, rag, duster
מַטמוֹן ז. treasure (hidden)
מַטָע ז. (מַטַע־) plantation; grove
מַטעֶה ת. (מַטעָה) misleading, deceptive
מַטעָם ז. (מַטעַמִים) delicacy
מִטעָן ז. luggage, baggage; cargo, freight; charge (electric, explosive)
– מִטעָן אִינטֶלֶקטוּאָלִי intellectual capacity
– מִטעָן מְמוּלכָּד booby trap
– תָּא הַמִטעָן trunk, boot (of car)
מַטעֵן ז. charger; loader
מַטפֶּה, מַטַף כִּיבּוּי ז. fire-extinguisher
מֶטָפוֹרָה נ. metaphor
מִטפַּחַת נ. (מִטפָּחוֹת) handkerchief
– מִטפַּחַת רֹאשׁ headscarf
מֶטָפִיסִי ת. metaphysical
מְטַפֵּל ז. carer; therapist; person who tends to (something)
מְטַפֶּלֶת נ. (ר׳ גם מְטַפֵּל) nanny, nurse(maid); carer
מְטַפֵּס ז. climber; creeper (plant)
מַטקָה נ. paddle, bat (for table tennis, or larger)
מָטָר ז. rain; shower (also *figurative*)
מֶטֶר ז. (מֶטרִים) meter, metre; tape-measure
– מֶטֶר מְעוּקָב cubic meter

מ

- מֶטֶר מְרוּבָּע square meter
מְטרָד ז. nuisance; bother
מַטָרָה נ. goal, aim, purpose; target
- הַמַטָרָה מְקַדֶשֶׁת אֶת הָאֶמצָעִים the end justifies the means
מֶטרוֹפּוֹלִין נ. metropolis
מֶטרִי ת. metric
מֶטֶריָאלִיסטִי ת. materialistic
מַטרִיד ת. (מַטרִידָה) bothersome, annoying
מִטרִיָיה נ. umbrella
מִי מ״ג who
- כָּל מִי שֶׁ־ everyone that, anyone that
- לְמִי who to/for? to whom?
- מִי מִכֶּם...? Which of you...?
מֵי־ ר׳ מַיִם
מִיבזָק ז. newsflash
מִיגוָון ז. variety, (wide) range of, mix (of)
מִיגוּן ז. protection, bullet proofing, (providing with) protective shield
מִיגוּר ז. defeating, crushing; eradicating
מִיגזָר ז. sector
מִיגֵן פ״י (לְמַגֵן) protect, bullet-proof, provide with protective shield
מִיגנָנָה נ. defensive
מִיגֵר פ״י (לְמַגֵר) to defeat, crush; eradicate
מִיגרֶנָה נ. migraine
מִיָד תה״פ at once, immediately
מִידַבֵּק ת. (מִידַבֶּקֶת) infectious, contagious; adhesive
מִידָה נ. (מִידוֹת) degree, extent; measure, measurement; size (shoes, clothes)
- בְּמִידָה מְסוּיֶמֶת to a certain extent
- בְּמִידָה נִיכֶּרֶת considerably
- בְּמִידָה שֶׁ־ to the extent that...; in case...
- מִידַת (אוֹרֶךְ, שֶׁטַח, נֶפַח) unit of (length, area, volume)
מִידוּעַ ז. scientification
מִידוּר ז. departmentalization
מִידֵי מ״י from
מִיָדִי ת. immediate
מִידַע, מִידֵעַ פ״י (לְמַדֵעַ) make (something) scientific
מֵידָע ז. information
מִידֵר פ״י (לְמַדֵר) departmentalize
מִיהוּ = מִי הוּא Who is...?; who he is
מִיהֵר פ״ע (לְמַהֵר) to hurry, hasten
מְיוֹאָשׁ ת. (מְיוֹאֶשֶׁת) desperate, in despair
מְיוּבָּא ת. (מְיוּבֵּאת) imported
מְיוּבָּשׁ ת. (מְיוּבֶּשֶׁת) dried; dessicated
מְיוּדָד ת. (מְיוּדֶדֶת) be friends with, on friendly terms
מְיוּזָע ת. (מְיוּזַעַת) sweaty; perspiring
מְיוּחָד ת. (מְיוּחֶדֶת) special; particular
- בִּמיוּחָד especially; in particular
- מְיוּחָד בְּמִינוֹ unique
מְיוּחָל ת. (מְיוּחֶלֶת) hoped for, longed for
מְיוּחָם ת. (מְיוּחֶמֶת) on heat, rutting
מְיוּחָס ת. (מְיוּחֶסֶת) high-born; privileged
- מְיוּחָס לְ־ ascribed to, attributed to
מְיוּמָן ת. (מְיוּמֶנֶת) skillful, skilled, trained
מְיוּמָנוּת נ. skill, dexterity; proficiency
- בִּמיוּמָנוּת skillfully
מִיוּן ז. classification; sorting
מָיוֹנֵז ז. mayonnaise
מָיוֹנִית ז. mayonnaise
מְיוּסָר ת. (מְיוּסֶרֶת) tormented
מְיוּעָד ת. (מְיוּעֶדֶת) designated, intended (for), designed; appointed (time)
- הַמְיוּעָד (לְ־) -to be, the...designate
מְיוּעָר ת. (מְיוּעֶרֶת) afforested, wooded
מְיוּפֵּה־כּוֹחַ ז. proxy, (authorized) agent
מְיוּצָג ת. (מְיוּצֶגֶת) represented
מְיוּצָר ת. (מְיוּצֶרֶת) manufactured, produced
מְיוּשָׁב ת. (מְיוּשֶׁבֶת) inhabited, settled; calm, sedate, level-headed

מ

מְיוּשָׁן ת. (מְיוּשֶׁנֶת) antiquated, out-of-date
מְיוּשָׁר ת. (מְיוּשֶׁרֶת) straightened; leveled
מְיוּתָּם ת. (מְיוּתֶּמֶת) orphaned; lonely, deserted (*literary*)
מְיוּתָּר ת. (מְיוּתֶּרֶת) unnecessary; redundant, superfluous; needless; uncalled for
– מְיוּתָּר לְצַיֵּין needless to say
מִיזֵּג פ״י (לְמַזֵּג) merge; blend, mix, combine
מִיזּוּג ז. mixing, blend(ing); merger
– מִיזּוּג־אֲוִויר air-conditioning
– מִיזּוּג־גָּלוּיוֹת integration of the exiles (in Israel)
מֵיזָם ז. project, enterprise
מִיזְמֵז פ״י (לְמַזְמֵז) to pet, neck (*slang*)
מֵיזָע ז. sweatshirt
מִיזְעוּר ז. miniaturization
מִיזְעֵר פ״י (לְמַזְעֵר) miniaturize
מֵיחוּשׁ ת. (מְחוּשִׁים) pain, ailment
מִיחְזוּר ז. recycling
מִיחְזֵר פ״י (לְמַחְזֵר) recycle; rehash
מֵיחָם ז. samovar, tea urn
מִיחְשֵׁב פ״י (לְמַחְשֵׁב) computerize
מִיחְשׁוּב ז. computerization
מֵיטָב ז. the best, the optimum
– עָשָׂה כְּמֵיטַב יְכוֹלְתּוֹ do your best
– בְּמֵיטָבוֹ at his best
מִיטָּה נ. bed
– חֲדַר־מִיטּוֹת bedroom
– מִיטָּה זוּגִית double bed
מִיטְוָוח ז. shooting range; blitz (sport)
מִיטְרָד ז. nuisance, bother
מְיַיבֵּשׁ כְּבִיסָה ז. (tumble-) dryer
מְיַיבֵּשׁ־שֵׂיעָר ז. hair-dryer
מְיַיגֵּעַ ת. (מְיַיגַּעַת) tiring, tiresome, tedious
מִיָּד תה״פ at once, immediately
מִיָּדִית תה״פ instantly
מְיַיחֵד ת. (מְיַיחֶדֶת) distinguishing, making (something) special

מְיַילֵּד: רוֹפֵא מְיַילֵּד obstetrician
מְיַילֶּדֶת נ. (מְיַילְּדוֹת) midwife
מִיֵּין פ״י (לְמַיֵּין) classify, sort
מְיַיסֵּד ז. מְיַיסֶּדֶת נ. founder
מְיַיצֵּב שֵׂיעָר ז. hair conditioner
מְיַיצֵּג ת. (מְיַיצֶּגֶת) representative
מִיכּוּן ז. mechanization, automation
מֵיכָל ז. (מֵיכָלִים) container, tank
מֵיכָלִית נ. (מֵיכָלִיּוֹת) tanker
מִיכֵּן פ״י (לְמַכֵּן) mechanize, automate
מֵיכָנִי, מֵכָנִי ת. mechanical
מֵיכָנִיקָה, מֵכָנִיקָה נ. mechanics
מִיל ז. (מִילִים אוֹ מִילִין) mile
מִילִּי = מִילּוּאִים reserve (soldier)
מֵילָא, מֵילֶא מ״ק Never mind!, All right then!, Oh, well
– מִמֵּילָא in any case, anyway, anyhow
מִילֵּא פ״י (לְמַלֵּא) fill; fulfill; complete
– מִילֵּא אֶת מְקוֹם־ replace, substitute for, fill in for
– מִילֵּא טוֹפֶס fill out/in or complete a form
– מִילֵּא פִּיו מַיִם remain silent, refuse to talk
מִילְגָּה נ. scholarship, (student) grant
מִילָה נ. circumcision
מִילָּה ר׳ מִלָּה word
מֵילָה נ. ash (tree)
מִילּוּאִים ז״ר reserves; the Reserve; reserve duty
– שֵׁירוּת מִילּוּאִים (military) reserve duty
מִילּוּאִימְנִיק ז. reservist
מִילְוֶוה ז. loan
מִילּוּט ז. escape, getaway; rescue
מִילּוּי ז. filling, stuffing; fulfillment; refill
– מִילּוּי בַּקָּשָׁה fulfilling a request
– מִילּוּי מָקוֹם substituting, (acting as) replacement
מִילּוּלִי ת. literal; verbal
מִילּוֹן ז. dictionary
מֵילוֹן = מֶלוֹן melon

מִילֵט פ״י (לְמַלֵט) save, rescue
מִילְיַארד ש״מ billion
מִילְיַארדֶר ז. billionaire
מִילִיגְרַם ז. milligram
מִיליון ש״מ (מִיליוֹנִים) million
מִיליוֹנֶר ז. מִיליוֹנֶרִית נ. millionaire
מִילִיטַנטִי ת. militant
מִילִיטָרִיזם ז. militarism
מִילִיטָרִיסטִי ת. militaristic
מִילִימֶטֶר ז. millimeter
מִילִיצְיָה נ. militia
מִילְיַרד ר׳ מִילְיַארד
מִילכֵּד פ״י (לְמַלכֵּד) to booby-trap, set a trap
מִילכּוּד ז. trap, catch; booby-trapping
– מִילכּוּד 22 catch 22
מִילמוּל ז. muttering, mumbling
מִילמֵל פ. (לְמַלמֵל) to mutter, mumble
מִילצֵר פ״ע (לְמַלצֵר) work as a waiter/ waitress, wait (at) tables
מַיִם ז״ר (מֵי־, מֵימֵי) water
– מֵי בִּיּוּב sewage water
– מֵי חַמצָן hydrogen peroxide
– מַיִם מְזוּקָקִים distilled water
– מַיִם מְתוּקִים fresh water
– מֵי־שְׁתִיָיה drinking water
– (כִּ)שתֵי טִיפּוֹת מַיִם as like as two peas
– הִגִיעוּ מַיִם עַד נֶפֶש the situation is unbearable; be more than one can bear
– מַיִם שְקֵטִים חוֹדרִים עָמוֹק still waters run deep
מֵימָד ז. (מְמַדִים) dimension
מִימוּן ז. financing
מִימוּש ז. realization
מִימטָרִים ז״ר showers (of rain)
מֵימִי ת. watery; aquatic, aqueous; watered-down (*figurative*)
מֵימִיָיה נ. water canteen; water bottle
מִיָמִים תה״פ from long ago
מִימֵן פ״י (לְמַמֵן) to finance, fund, pay for
מֵימָן ז. hydrogen

מִימְסָד: הַמִימְסָד the Establishment
מִימְצָא ז. finding, find, clue
מֵימְרָה נ. saying, maxim
מִימְרָח ז. spread, paste (edible)
מִימֵש פ״י (לְמַמֵש) realize (ambition, shares, etc.)
– לְמַמֵש אֶת עַצמוֹ fulfill oneself
מִימְשָל ז. government, administration
– מִימְשָל צְבָאִי military government
מִין ז. sex; kind, sort; species; gender (gram.)
– הַמִין הָאֱנוֹשִי the human race, mankind
– יַחֲסֵי־מִין sexual intercourse
מִינָה פ״י (לְמַנוֹת) appoint, nominate
מִינהָג ז. custom
מִינהָל ז. administration, management
– מִינהַל עֲסָקִים business administration/management
מִינהָלָה נ. administration, management
מִינהָלִי ת. administrative
מִינהָלָן ז. administrator
מִינהָרָה נ. tunnel
מִינוּחַ ז. terminology, nomenclature
מִינוּי ז. appointment (to a job); subscription
מִינוּן ז. dosage, dose
מִינוּס ז. minus; drawback
מִינוֹרִי ת. in a minor key (music); low-key
מִינחָת ז. landing strip
– מִינחַת־מַסוֹקִים heliport, helipad
מִינִי ת. sexual
מִינִי תו״ז mini (skirt)
מִינִיאָטוּרָה נ. miniature
מִינִיאָטוּרִי ת. miniature
מִינֵיה וּבֵיה תה״פ promptly; without hesitation
מִינִימוּם ז. minimum
מִינִימָלִי ת. minimal
מִינסָרָה ת. prism; sawmill
מֵינֶקֶת נ. wet-nurse

מִינֶרָל ז. (מִינֶרָלִים) mineral
מִינֶרָלִי ת. mineral
– מַיִם מִינֶרָלִיִים mineral water
מִינשָר ז. manifesto, proclamation
מִינתָה נ. mint
מִיסגֵר פ״י (לְמַסגֵר) to frame (pictures)
מִיסֵד פ״י (לְמַסֵד) institutionalize
מִיסדָר ר׳ מִסדָר
מִיסָה נ. Mass
מִיסוּד ז. institutionalization
מִיסוּי ז. taxation
מִיסחוּר ז. commercialization
מִיסחֵר פ״י (לְמַסחֵר) commercialize
מִיסטִי ת. mystical
מִיסטִיקָה נ. mysticism, the occult
מִיסיוֹן ז. mission (Christian)
מִיסיוֹנֶר ז. מִיסיוֹנֶרִית נ. missionary
מִיסיוֹנֶרִי ת. missionary (adj.)
מִיסמֵר פ״י (לְמַסמֵר) to nail
מִיספּוּר ז. numeration, numbering
מִיספָּר ז. number; a number of; character (*slang*); fuck (*slang*)
– מִיספָּר אִישִי serial number
– מִיספָּר זוּגִי even number
– מִיספָּר סִידוּרִי serial number
מִיספֵּר פ״י (לְמַספֵּר) to number
מִיעוּט ז. minority
– בְּנֵי־מִיעוּטִים ethhnic minorities
מִיעֵן פ״י (לְמַעֵן) to address (a letter)
מִיפגָן ז. display (of strength, etc.); (air) display
מִיפגָע ז. nuisance, obstruction, hazard
מִיפגָש ז. meeting, get-together
מִיפָּה פ״י (לְמַפּוֹת) to map; scan (medicine)
מִיפּוּי ז. mapping; scanning (medicine)
מִיפלָג ז. section, squad (police)
מִיפלָס ז. level (of water, structure)
מִיפנֶה ז. (dramatic) turn, change, turnabout, upturn
מִיפקָד ז. census; parade, roll-call
– מִיפקַד אוּכלוּסִין population census

מִיפרָט ז. specification
מִיפרָעָה נ. advance (payment), part payment
מִיפרָץ ז. bay, gulf
מִיץ ז. juice
מִיצבּוֹר ז. dump (of ammunition)
מֵיצָג ז. display, act (performance), performing art
מִיצָה פ״י (לְמַצוֹת) exhaust, get the most out of; squeeze out
– מִיצָה אֶת הַדִין throw the book at, use the rigour of the law
– מִיצָה אֶת עַצמוֹ have nothing more to contribute, use up your talents
מִיצוּי ז. exhausting (*figurative*), getting the most out of; squeezing out
מִיצמֵץ פ״י (לְמַצמֵץ) to blink
מִיצעָד ז. march past, parade
מִיצפֶּה ז. observation point
– מִיצפֵּה כּוֹכָבִים observatory
מִיצפּוֹר ז. lookout point
מֵיצָר ז. isthmus (*literary*), strait
מִיצרָך ז. commodity
מִיקבָּץ ז. grouping (on target); batch
מִיקֵד פ״י (לְמַקֵד) to focus
מִיקדָמָה נ. advance (payment); down payment
מִיקדָש ז. temple, shrine
מִיקוּד ז. zip code, postcode; focussing
מִיקוּחַ ז. bargaining, haggling
מִיקוּם ז. location, position
מִיקוּש ז. mining, minelaying
מִיקָח ז. buying
– עָמַד עַל הַמִיקָח to bargain, haggle
מִיקלָט ז. shelter; asylum (political); refuge
מִיקֵם פ״י (לְמַקֵם) site, position, place; locate
מִיקסֶר ז. (food) mixer
מִיקפָּא ז. jello, jelly
מִיקצָב ז. rhythm; meter (poetry)
מִיקרָאָה נ. reader (book)

מ

מִיקְרֶה ר׳ מִקְרֶה
מִיקְרוֹ־ micro-
מִיקְרוֹבִּיוֹלוֹגְיָה נ. microbiology
מִיקְרוֹגַל ז. microwave
מִיקְרוֹסְקוֹפּ ז. microscope
מִיקְרוֹסְקוֹפִּי ת. microscopic
מִיקְרוֹפוֹן ז. microphone
מִיקְרוֹפִילְם ז. microfilm
מִיקֵשׁ פ״י (לְמַקֵּשׁ) to mine, lay mines
מִיקְשָׁה נ. melon field, cucumber field
– מִיקְשָׁה אַחַת all of one piece
מֵירַב ז. maximum; most
מֵירַבִּי ת. maximum, maximal
מִירְבָּץ ז. deposit (of coal, etc.); lair
מִירְדָּף ז. chase, pursuit
מִירְוָח ז. space (between...)
– מִירְוַח־זְמַן gap, interval, lapse (of time)
מֵירוֹץ, מֵירוּץ ז. race
מֵירוּק ז. polishing
מִירְמָה נ. deceit, fraud
מִירְקָם ז. texture
מִירְקָע ז. screen (TV)
מֵירֵר פ״י (לְמָרֵר) embitter
– מֵירֵר אֶת חַיֵּי־ make someone's life hell
– מֵירֵר בִּבְכִי weep bitterly
מִירְשָׁם ז. prescription; recipe
– מִירְשַׁם אוּכְלוּסִין population register
מִישְׁאָל ר׳ מִשְׁאָל
מִישְׁאָלָה ר׳ מִשְׁאָלָה
מִישְׁגֶּה ז. (מִישְׁגִּים) mistake, error
מִישְׁגָּל ז. sexual intercourse
מִישְׁדָּר ז. broadcast, program
מִישֶׁהוּ ז. anybody; somebody
מִישֶׁהִי נ. anybody; somebody
מִישְׁוָאָה נ. equation
מִישׁוֹר ז. plain, level ground; plane (geometry); level (national, etc.)
– מִישׁוֹר הַחוֹף the coastal plain (in Israel)
מִישׁוּשׁ ז. feeling (with hands)
– חוּשׁ הַמִּישׁוּשׁ the sense of touch
מִישְׂחֶה ז. swimming (race)

מִישְׂחָק ז. match, game, play; acting
– מִישְׂחַק־מִלִּים pun, play on words
– מִישְׂחַק יְלָדִים child's play
מִישְׂחָקוֹן ז. game (tennis)
מִישְׁטָח ז. surface; expanse; smear (medicine)
מִישְׁכָּב ז. bed
– מִישְׁכַּב־זָכָר sodomy
– נָפַל לְמִישְׁכָּב fall ill
מִישְׂכָּל ז. intelligence
– מְנַת־מִישְׂכָּל I.Q.
מִישְׁכָּן ז. (מִישְׁכָּנוֹת) dwelling
– מִישְׁכַּן־הַכְּנֶסֶת the Knesset building
– מִישְׁכַּן־הַנָּשִׂיא the residence of the President of Israel
מִישְׁכֵּן פ״י (לְמַשְׁכֵּן) to mortgage; pawn
מִישְׁלָב ז. register (music, language)
מִישְׁמָר ר׳ מִשְׁמָר
מִישְׁמֵשׁ ז. apricot
מִישְׁקָל ז. (מִישְׁקָלִים אוֹ מִישְׁקָלוֹת) weight; scales (*colloquial*); meter (poetry)
– עָלָה בְּמִישְׁקָל put on weight
– יָרַד בְּמִישְׁקָל lose weight
מִישְׁקָע ז. sediment; residue (*figurative*), residual tension
מִישְׁקָעִים ז״ר precipitation (of rain)
מִישְׂרָד ר׳ מִשְׂרָד
מִישְׂרָה נ. position, post, job
מֵישָׁרִין ז.
– הָלַךְ לְמֵישָׁרִין go well
מִישֵּׁשׁ פ״י (לְמַשֵּׁשׁ) feel (with hands)
מִישְׁתָּנָה נ. urinal
מִיתְאָם ז. correlation; symmetry
מִיתְאָר ז. contour, outline
מִיתָה נ. death
מִיתוֹלוֹגִי ת. mythological
מִיתוֹלוֹגְיָה נ. mythology
מִיתוּן ז. (economic) recession
מִיתוֹס ז. myth
מִיתֵּן פ״י (לְמַתֵּן) to moderate, tone down
מִיתְקָן ז. installation; apparatus; device

מיתקָפָה נ. offensive, attack
מֵיתָר ז. string (music); chord (math)
– מֵיתְרֵי־הַקול vocal cords
מיתָרס ז. barricade; divide
– מִשנֵי צִידֵי הַמִיתרָס on both sides of the divide
מ״כ (מַ״כִּים) ר״ת section commander
מַכאוב ז. pain, ache
מַכאִיב ת. painful
מִכָּאן ר׳ כָּאן from here; hence
מְכַבֵּי־אֵש fire department/brigade
מַכבִּיד ת. burdensome, taxing
מִכבָּסָה, מַכבֵּסָה נ. laundry
מַכבֵּש ז. steamroller
– מַכבֵּש הַדפוּס printing press
מִכְּדֵי תהי״פ more than; (too...) to
מַכָּה נ. (מַכּות) stroke, blow
– בְּמַכָּה אַחַת at one blow
מְכוּבָּד ת. (מְכוּבֶּדֶת) honorable, respectable, distinguished
מְכוּוָן ת. (מְכוּוֶנֶת) aimed, directed; intentional
– בְּמכוּוָן on purpose, deliberately
מְכוּוָץ ת. (מְכוּוֶצֶת) shrunk, contracted
מְכוֶורֶת נ. apiary
מְכוּלָה נ. container (for cargo)
מַכּולֶת נ. grocery (store)
מָכון ז. institute
– מְכון יופִי beauty salon/parlor
– מְכון כּושֶר gym (physical fitness club)
מְכונָאוּת נ. mechanics (mechanic's profession)
מְכונַאי ז. mechanic, machinist
מְכונָה נ. machine
מְכוּנֶה ת. named, called; nicknamed
– הַמכוּנֶה alias, aka
מְכונִית נ. (מְכונִיות) car, automobile
מְכונַת־אֱמֶת נ. lie detector
מְכוּסֶה ת. (מְכוּסָה, מְכוּסִים) covered
מְכוֹעָר ת. (מְכוֹעֶרֶת) ugly
מְכוּפָּף ת. (מְכוּפֶּפֶת) bent
מְכוּפתָר ת. (מְכוּפתֶּרֶת) buttoned up; stuffy

מָכוּר ת. sold; addicted; fixed, rigged (*slang*)
– מָכוּר לְ־ addicted to, -aholic, -holic
מְכורָה נ. native land
מַכּוש ז. pick, pickaxe
מְכוּשָף ת. (מְכוּשֶפֶת) bewitched, spellbound
מַכּות ר׳ מַכָּה
מְכוּתָר ת. (מְכוּתֶרֶת) surrounded
מִכחול ז. brush (for paintings)
מִכֵּיוָן ר׳ כֵּיוָן
מֵכִיל ת. (מְכִילָה) containing
מְכִינָה נ. preparatory course
מַכִּיר ז. מַכִּירָה נ. acquaintance (person)
מְכִירָה נ. sale, selling
– מְכִירָה כְּלָלִית, מְכִירַת חִיסוּל clearance sale, close-out
– מְכִירָה פּומבִּית auction
מְכָל ז. container, tank
מִכלָאָה נ. pen (for animals), fold; internment camp
מִכלול ז. the whole gamut of, all
מְכָלִית נ. (מְכָלִיות) tanker
מִכּלַל־ ר׳ כְּלָל
מִכלָלָה נ. college
מַכָּ״ם ז. radar
מִכמונֶת מְהִירוּת נ. speed trap
מְכַנֶה מְשוּתָף ז. common denominator
מֶכָנִי ת. mechanical
מֶכָנִיזם ז. mechanism
מַכנִיס ת. profitable, lucrative
– מַכנִיס אורחִים hospitable
מֶכָנִיקָה נ. mechanics
מִכנָס ז. trouser leg; trousers
– מִכנָסונִים shorts
– מִכנָסַיִים pants, trousers
מֶכֶס ז. customs; duty (tax)
– פָּטוּר מִמֶּכֶס duty-free
מִכסָה נ. quota
מִכסֶה ז. (מִכסֵה־, מִכסִים) cover, lid, cap
– מִכסֵה מָנוֹעַ hood, bonnet
מַכסֵחָה נ. lawn-mower

מ

maximum; at the most (worst) מַכּסִימוּם ז.
multiplier מַכפִּיל ז.
product (math); hem מַכפֵּלָה נ.
cave of the Patriarchs – מְעָרַת הַמַכפֵּלָה
hem מַכפֶּלֶת נ.
sell מָכַר פ״י (לִמכּוֹר)
acquaintance (person) מַכָּר ז. מַכָּרָה נ.
mine מִכרֶה ז. (מִכרוֹת)
goldmine – מִכרֵה־זָהָב
tender, bid מִכרָז ז.
decisive; crucial מַכרִיעַ ת. (מַכרַעַת)
casting vote – קוֹל מַכרִיעַ
nibbling, gnawing (also *figurative*); rodent מְכַרסֵם תו״ז
obstacle מִכשוֹל ז.
instrumentation; instruments מִכשוּר ז.
instrument, tool, appliance מַכשִיר ז.
obstacle, hindrance, pitfall מַכשֵלָה נ.
wizard, sorcerer מְכַשֵף ז.
witch מְכַשֵפָה נ.
letter מִכתָב ז.
registered letter – מִכתָב רָשוּם
writing desk; escritoire מִכתָבָה נ.
crater; mortar (for crushing) מַכתֵש ז.
circumcise מָל פ״י (לָמוּל)
full (of) מָלֵא ת. (מְלֵאָה)
stock (of goods) מְלַאי ז.
angel מַלאָך ז.
work; craft, skill מְלָאכָה נ. (מְלֶאכֶת־, מְלַאכתוֹ)
artisan, craftsman – בַּעַל־מְלָאכָה
handiwork, handicraft – מְלֶאכֶת־יָד
fine craftsmanship; masterpiece (*figurative*) – מְלֶאכֶת־מַחֲשֶבֶת
artificial מְלָאכוּתִי ת.
heart-warming, wonderful, cheerful מְלַבֵּב ת. (מְלַבֶּבֶת)
besides, apart from, except מִלבַד מ״י (מִלבַדִי, מִלבַדוֹ וכו׳)
rectangle מַלבֵּן ז.
rectangular, oblong מַלבֵּנִי ת.
scholarship, (student) grant מִלגָה נ.

forklift (truck) מַלגֵזָה נ.
word מִלָה נ. (מִלִים, מִלוֹת־)
word for word – מִלָה בְּמִלָה
synonym – מִלָה נִרדֶפֶת
exciting, thrilling מַלהִיב ת. (מַלהִיבָה)
fullness, the whole מְלוֹא ז.
in full – בִּמלוֹאוֹ
melodic מֶלוֹדִי ת.
melodramatic מֶלוֹדרָמָתִי ת.
(money) lender מַלוֶוה ז. (מַלווִים)
loan מִלוֶוה ז.
accompanist; escort, companion מְלַוֶוה ז. (מְלַווִים)
מְלוּוֶה ת. (מְלוּוָה; מְלוּוִים) (בּ־)
accompanied (with, by); escorted
tabulated; panelled מְלוּוָח ת. (מְלוּוַחַת)
salty, salted, saline מָלוּחַ ת. (מְלוּחָה)
polished; honed מְלוּטָש ת. (מְלוּטֶשֶת)
united מְלוּכָּד ת. (מְלוּכֶּדֶת)
kingdom; kingship, monarchy מְלוּכָה נ.
the throne – כֵּס־הַמלוּכָה
dirty, filthy, soiled מְלוּכלָך ת. (מְלוּכלֶכֶת)
monarchical, royalist מְלוּכָנִי ת.
oblique, slanting מְלוּכסָן ת. (מְלוּכסֶנֶת)
literal; verbal מִלוּלִי ת.
learned, scholar מְלוּמָד ת. (מְלוּמֶדֶת)
melon מֶלוֹן ת. (מֶלוֹנִים)
hotel מָלוֹן, בֵּית־מָלוֹן ז. (מְלוֹנוֹת)
motel – מְלוֹן דְרָכִים
dictionary מִלוֹן ז.
hotel management מְלוֹנָאוּת נ.
kennel מְלוּנָה נ.
salt מֶלַח ז. (מְלָחִים, מִלחֵי־)
rub salt into his wounds – זָרָה מֶלַח עַל פְּצָעָיו
the Dead Sea – יַם־הַמֶלַח
Epsom salts – מֶלַח אַנגלִי
salt of the earth – מֶלַח הָאָרֶץ
table salt – מֶלַח שוּלחָן
sailor, seaman מַלָח ז.
salty; saline מִלחִי ת.
salt shaker, salt cellar מִלחִייָה נ.
composer מַלחִין ז. מַלחִינָה נ.

מ

מַלְחִיץ ת. (מַלְחִיצָה) unnerving, disconcerting; stressful; pressuring

מְלַחֵךְ־פִּינְכָּה ז. toady, lickspittle

מַלְחֵם ז. soldering-iron

מִלְחָמָה נ. war; struggle (*figurative*)

– מִלְחֶמֶת־אֶזְרָחִים civil war

– מִלְחֶמֶת־אַחִים civil war

– מִלְחֶמֶת הַתָּשָׁה war of attrition

מִלְחַמְתִּי ת. warlike; belligerent; war

מֶלְחָצַיִים ז״ז vise

מֶלֶט ז. cement, mortar

מִלְטָשָׁה נ. (diamond-) polishing plant

מִלְיוֹן ז. million

מְלִיחוּת נ. salinity, saltiness

מֵלִיץ ז. advocate, proponent

– מֵלִיץ יוֹשֶׁר advocate, proponent

מְלִיצָה נ. flowery language; high-flown phrase

מְלִית נ. filling, stuffing (food)

מִלִּית נ. particle (gram.)

מָלַךְ פ״ע (לִמְלוֹךְ) reign, rule

מֶלֶךְ ז. (מְלָכִים, מַלְכֵי־) king, sovereign

מַלְכָּה נ. (מְלָכוֹת) queen

מַלְכּוֹדֶת נ. trap, snare

מַלְכוּת נ. kingdom, realm; royalty; reign

מַלְכוּתִי ת. royal

מִלְכַתְחִילָה from the start; a priori

מִלְמוּל ז. muttering, mumbling

מִלְמַטָּה ר׳ מַטָּה from below, from the bottom

מִלְמֵל פ. (לְמַלְמֵל) to mutter, mumble

מַלְמָלָה נ. fine cloth, muslin, gauze

מִלְמַעְלָה ר׳ מַעְלָה from above, from the top

מֶלַנְכּוֹלִי ת. melancholic

מְלָפְפוֹן ז. cucumber

– עוֹנַת הַמְּלָפְפוֹנִים the silly season

מֶלְצַר ז. waiter

מֶלְצָרוּת נ. waiting tables, waitressing

מֶלְצָרִית נ. waitress

מָלַק פ״י (לִמְלוֹק) wring the neck, nip off (fowl's head)

מַלְקוֹשׁ ז. last rains (of winter)

מַלְקוֹת נ״ר flogging, strokes (with a whip)

מֶלְקָחַיִים ז״ז tongs; forceps; pliers

– תְּנוּעַת־מֶלְקָחַיִים pincer movement

מָלַרְיָה נ. malaria

מַלְשִׁין ז. מַלְשִׁינָה נ. informer, tell-tale

מֶלְתָּחָה נ. wardrobe; cloakroom; locker room

מַלְתָּעוֹת נ״ר jaws

מַמְאִיר ת. malignant, pernicious

מֵמַד ז. (מְמַדִים) dimension

מְמַדִּי ת. dimensional

מְמוּגָן ת. (מְמוּגֶנֶת) armored (car), bulletproof, protected

מְמוּזָג ת. (מְמוּזֶגֶת) temperate (climate); air-conditioned

מְמוּחְזָר ת. recycled

מְמוּחְשָׁב ת. (מְמוּחְשֶׁבֶת) computerized

מְמוּיָן ת. (מְמוּיֶנֶת) sorted

מְמוּכָּן ת. (מְמוּכֶּנֶת) mechanized

מִמּוּל תה״פ opposite, across from, facing

מְמוּלָּא ת. stuffed, filled

מְמוּלָּאִים ז״ר stuffed vegetables

מְמוּלָּח ת. (מְמוּלַּחַת) sharp, smart; slick

מְמוּלְכָּד ת. (מְמוּלְכֶּדֶת) booby-trapped

מְמוּמָּן ת. (מְמוּמֶּנֶת) financed

מָמוֹן ז. (מָמוֹנוֹת) money (*literary*)

מְמוּנֶּה תו״ז (מְמוּנָּה) in charge; appointed; (person) in charge

מְמוּנָּע ת. (מְמוּנַּעַת) motorized

מְמוּסְגָּר ת. (מְמוּסְגֶּרֶת) framed

מְמוּסָּד ת. (מְמוּסֶּדֶת) established, institutionalized

מְמוּסְחָר ת. (מְמוּסְחֶרֶת) commercialized

מְמוּסְפָּר ת. (מְמוּסְפֶּרֶת) numbered

מְמוּעָן ת. (מְמוּעֶנֶת) addressed

מְמוּצָּע ת. (מְמוּצַּעַת) average, mean

– בִּמְמוּצָּע on (the) average

מְמוּקָּד ת. (מְמוּקֶּדֶת) focused

מְמוּקָּם ת. (מְמוּקֶּמֶת) situated, located

מְמוּקָּשׁ ת. (מְמוּקֶּשֶׁת) mined

מְמוּרְמָר ת. (מְמוּרְמֶרֶת) embittered, disgruntled; not content
מְמוּשָׁךְ ת. (מְמוּשֶׁכֶת) prolonged, lengthy
מְמוּשְׁכָּן ת. (מְמוּשְׁכֶּנֶת) pawned; mortgaged
מְמוּשְׁמָע ת. (מְמוּשְׁמַעַת) disciplined
מְמוּשְׁקָף ת. (מְמוּשְׁקֶפֶת) wearing glasses
מְמוּתָּק ת. (מְמוּתֶּקֶת) sweetened
מַמְזֵר ז. bastard; crafty bastard (often approvingly)
מַמְזֵרִי ת. cunning, sly
מַמְחֶה ז. blender; assignor
מִמְחָטָה נ. handkerchief
– מִמְחֲטוֹת נְייָר (facial) tissues
מַמְטֵרָה נ. sprinkler (for irrigation)
מִמְטָרִים ז״ר showers, rain
מְמַייֶנֶת נ. sorting machine
מִמֵּילָא תה״פ anyhow, anyway, in any case
מֵמִיר ז. converter
מִמְּךָ, מִמֵּךְ ר׳ מִן from you
מְמַכֵּר ת. (מְמַכֶּרֶת) addictive, habit-forming
מִמְכָּר ז. sale, selling
מְמַלֵּא־מָקוֹם ז. מְמַלֵּאת־מָקוֹם נ. stand-in, deputy; acting
מַמְלָכָה נ. kingdom; realm
מִמֶּנָּה, מִמֶּנּוּ, מִמֶּנִּי ר׳ מִן from her/him/me
מְמַמֵּן ז. financier, backer
מִמְסָד: הַמִּמְסָד the Establishment
מִמְסָדִי ת. of the Establishment
מִמְסָר ז. relay (of radio, etc.)
תִּמְסוֹרֶת transmission
מִמְסָרָה נ. transmission (of gears)
מִמַּעַל תה״פ (from) above
מִמְצָא ז. finding, find, clue
מְמַצֶּה ת. exhaustive, thorough
מַמְצִיא ז. מַמְצִיאָה נ. inventor
מִמְרָח ז. spread, paste (food)
מַמָּשׁ ז.; תה״פ substance; really, actually, literally
– אֵין בּוֹ מַמָּשׁ there's nothing in it
– שֶׁל מַמָּשׁ substantial, substantive
מַמָּשִׁי ת. real, substantial, actual

מִמְשָׁל ר׳ מִימְשָׁל
מֶמְשָׁלָה נ. (מֶמְשֶׁלֶת־) government
– מֶמְשָׁלָה זְמַנִית provisional government
– מֶמְשֶׁלֶת אַחְדוּת (לְאוּמִית) national unity government
– מֶמְשֶׁלֶת מַעֲבָר transitional government
– מֶמְשֶׁלֶת צְלָלִים shadow cabinet
מֶמְשַׁלְתִּי ת. governmental
מְמַשְׁמֵשׁ: מְמַשְׁמֵשׁ וּבָא imminent, impending
מִמְשָׁק ז. interface
מַמְתִּיק ז. sweetener
מַמְתָּק ז. candy, sweet
מָן ז. manna
מִן מ״י (מִמֶּנִּי, מִמְּךָ, מִמֶּנּוּ, מִמֶּנָּה, מִכֶּם, מֵהֶם) from; out of; than
– מִן הַסְּתָם apparently, presumably
– מִן הָרָאוּי שֶׁ־ It's only right that (you) should
מַנְגּוֹ ז. mango
מַנְגִּינָה נ. tune, melody
מַנְגָּל ז. barbecue, (charcoal) grill
מְנַגֵּן ז. מְנַגֶּנֶת נ. musician, player
מַנְגָּן ז. manganese
מַנְגָּנוֹן ז. mechanism, machinery, apparatus; personnel
מַנְדוֹלִינָה נ. mandolin
מַנְדָּט ז. (מַנְדָּטִים) mandate; seat (in Parliament)
מַנְדָּרִינָה נ. mandarine (orange)
מָנָה פ. (לִמְנוֹת) to count; number; enumerate
מָנָה נ. course (of meal); dose; portion, ration; dressing down, hell (*slang*)
מִנְהָג ז. custom
מַנְהִיג ז. מַנְהִיגָה נ. leader
מַנְהִיגוּת נ. leadership
מְנַהֵל ז. מְנַהֶלֶת נ. director; manager
– מְנַהֵל בֵּית־סֵפֶר principal, headmaster
– מְנַהֶלֶת בֵּית־סֵפֶר principal, headmistress

מ

- מְנַהֵל חֶשְׁבּוֹנוֹת bookkeeper, accountant
- מְנַהֵל עֲבוֹדָה works manager, foreman

מִנְהָל ז. administration; management
- מִנְהַל עֲסָקִים business administration/management

מִנְהָלָה נ. management, board; administration
מִנְהָלִי ת. administrative
מִנְהָלָן ז. מִנְהֲלָנִית נ. administrator
מִנְהָרָה נ. tunnel
מְנוּגָּד ת. (מְנוּגֶּדֶת) opposed; contrary, against
מְנוּגָּן ת. (מְנוּגֶּנֶת) played (music)
מְנוֹד־רֹאשׁ ז. shaking of the head, nod
מְנוּדֶּה ת. (מְנוּדָּה) ostracized, treated as a pariah, outcast
מְנוֹהָל ת. (מְנוֹהֶלֶת) managed
מְנוּוָל תו״ז (מְנוּוֶלֶת) despicable; villain, scoundrel
מְנוּוָן ת. (מְנוּוֶנֶת) degenerate; decadent; atrophied
מְנוּזָּל ת. (מְנוּזֶּלֶת) suffering from a cold
מָנוֹחַ ז. rest, repose, peace
- הַמָּנוֹחַ the deceased, the late...

מְנוּחָה נ. rest, repose, peace
מָנוּי תו״ז subscriber, subscription
- מָנוּי וְגָמוּר עִם be determined

מְנוּכָּר ז. (מְנוּכֶּרֶת) alienated, estranged
מְנוּמְנָם ת. (מְנוּמְנֶמֶת) sleepy, drowsy
מְנוּמָּס ת. (מְנוּמֶּסֶת) polite
- לֹא מְנוּמָּס impolite

מְנוּמָּק ת. (מְנוּמֶּקֶת) argued; reasoned
מְנוּמָּר ת. (מְנוּמֶּרֶת) spotted, mottled
מְנוּמָּשׁ ת. (מְנוּמֶּשֶׁת) freckled
מָנוֹס ז. escape
- אֵין מָנוֹס there's no choice but to

מְנוּסָה נ. flight, stampede
מְנוּסֶּה ת. (מְנוּסָּה; מְנוּסִּים) experienced
מְנוּסָּח ת. (מְנוּסַּחַת) formulated, phrased, worded
מָנוֹעַ ז. (מְנוֹעִים) engine, motor
מָנוּעַ ת. (מְנוּעָה) (מ־) not at liberty to
מְנוֹעִי ת. motor-
מָנוֹף ז. crane; lever; impetus
מְנוּפָּח ת. (מְנוּפַּחַת) inflated; pompous, puffed up; enormous (bill)
מְנוּפָּץ ת. (מְנוּפֶּצֶת) shattered; smashed
מְנוּצָּח ת. (מְנוּצַּחַת) beaten, defeated
מְנוּצָּל ת. (מְנוּצֶּלֶת) exploited, utilized; taken advantage of; tapped
מְנוּקָּב ת. (מְנוּקֶּבֶת) punched; riddled; perforated
מְנוּקֶּה ת. (מְנוּקָּה) cleaned
מְנוֹרָה נ. lamp, light bulb; candelabrum
- מְנוֹרַת לַיְלָה floor/table lamp

מְנוּשָּׁל ת. (מְנוּשֶּׁלֶת) dispossessed, ousted
מְנוּתָּב ת. (מְנוּתֶּבֶת) routed, channeled
מְנוּתָּק ת. (מְנוּתֶּקֶת) cut off, severed; off, disconnected; out of touch
מִנְזָר ז. convent, monastery
מִנְחָה נ. afternoon prayer
מַנְחֶה ז. host; chairman, leader (of discussion); tutor
מֶנְטָלִיוּת נ. mentality
מָנְיָאק ז. sex maniac (*slang*); gay (*slang*); son of a bitch
מְנָיָה נ. (מְנָיוֹת) share, stock (commercial)
מִנֵּיהּ וּבֵיהּ תה״פ at once, on the spot, there and then; impromptu
מִנַּיִן מ״ש wherefrom
- מִנַּיִן לְךָ? How do you know?

מִנְיָן ז. counting; quorum; number, *minyan* (minimum of ten men for prayer)
- שֶׁלֹּא מִן הַמִּנְיָן extraordinary

מֵנִיעַ ז. (מְנִיעִים) motive
מְנִיעָה נ. prevention
- אֶמְצְעֵי מְנִיעָה contraceptives; preventive measures

מְנִיפָה נ. fan (waved by hand)
מַנְכָּ״ל ז. CEO, managing-director; director general (government)

prevent, stop מָנַע פ״י (לִמנוֹעַ אֶת, מ־, בְּעַד)
prevention מֶנַע ז.
lock, padlock מַנעוּל ז.
pleasures (of life) מַנעַמִים: מַנעַמֵי הַחַיִים
conductor; victor; winner מְנַצֵּחַ ז.
shining, glittering מְנַצנֵץ ת.
puncher (to make holes in paper) מְנַקֵב ז.
cleaner מְנַקֶה ז.
ostentatious מְנַקֵר עֵינַיִים ת.
manifesto, proclamation מִנשָׁר ז.
mint מִנתָה נ.
surgeon מְנַתֵּחַ ז. מְנַתַּחַת נ.
systems analyst – מְנַתֵּחַ מַעֲרָכוֹת
tax, duty, rate (local tax, in pl.) מַס ז. (מִסִים)
taxable – חַייָב בְּמַס
income tax – מַס־הַכנָסָה
membership fee, dues – מַס־חָבֵר
value added tax, VAT – מַס עֶרֶךְ מוּסָף
lip-service – מַס שְׂפָתַיִים
purchase tax – מַס קְנִייָה
taxpayer; ratepayer – מְשַׁלֵם־מִסִים
no., number מס׳ = מִספָּר
bar, tavern, saloon מִסבָּאָה נ.
around, all around מִסָבִיב ר׳ סָבִיב
affable, friendly מַסבִּיר פָּנִים ת.
mosque מִסגָד ז.
to frame (a picture, etc.) מִסגֵר פ״י (לְמַסגֵר)
metalworker, fitter, smith מַסגֵר ז.
metal workshop מַסגֵרִייָה נ.
frame; framework, setting מִסגֶרֶת נ. (מִסגָרוֹת)
base, foundation מַסָד ז.
parade; order (of monks, etc.) מִסדָר ז.
line-up, identification parade – מִסדַר זִיהוּי
corridor מִסדְרוֹן ז. (מִסדְרוֹנוֹת)
corrupt, debauched מְסוֹאָב ת. (מְסוֹאֶבֶת)

complicated, intricate, complex, tangled; deep (in debt) מְסוּבָּךְ ת. (מְסוּבֶּכֶת)
subsidized מְסוּבסָד ת. (מְסוּבסֶדֶת)
able, capable, can מְסוּגָל ת. (מְסוּגֶלֶת)
edited; stylized מְסוּגנָן ת. (מְסוּגנֶנֶת)
arranged; neat; orderly; well-off מְסוּדָר ת. (מְסוּדֶרֶת)
classified מְסוּוָג ת. (מְסוּוֶגֶת)
guise, mask, front, cover מַסוֶוה ז.
giddy, dizzy, spinning; intoxicated (*figurative*) מְסוּחרָר ת. (מְסוּחרֶרֶת)
reserved, qualified מְסוּיָג ת. (מְסוּיֶגֶת)
whitewashed מְסוּיָד ת. (מְסוּיֶדֶת)
certain, some מְסוּיָם ת. (מְסוּיֶמֶת)
dangerous, risky מְסוּכָּן ת. (מְסוּכֶּנֶת)
in conflict (with), strife-torn, at loggerheads מְסוּכסָךְ ת. (מְסוּכסֶכֶת)
curly, curled מְסוּלסָל ת. (מְסוּלסֶלֶת)
rocky מְסוּלָע ת. (מְסוּלַעַת)
distorted, misrepresented מְסוּלָף ת. (מְסוּלֶפֶת)
drugged; drug addict מְסוּמָם תו״ז (מְסוּמֶמֶת)
marked, marked out מְסוּמָן ת. (מְסוּמֶנֶת)
dazzled; blinded מְסוּנווָר ת. (מְסוּנוֶורֶת)
filtered; strained מְסוּנָן ת. (מְסוּנֶנֶת)
strained weight – מִשקָל מְסוּנָן
affiliated מְסוּנָף ת. (מְסוּנֶפֶת)
branched out, ramified; intricate מְסוּעָף ת. (מְסוּעֶפֶת)
terminal מָסוֹף ז.
portable terminal מסוֹפוֹן ז.
attached (military); annexed; co-opted מְסוּפָּח ת. (מְסוּפַּחַת)
doubtful; supplied, provided; satisfied מְסוּפָּק ת. (מְסוּפֶּקֶת)
I doubt (*literary*) – מְסוּפְּקָנִי
helicopter מַסוֹק ז.
intrigued, curious מְסוּקרָן ת. (מְסוּקרֶנֶת)
saw מַסוֹר ז.
devoted; conscientious מָסוּר ת.

מ

מְסוּרְבָּל ת. (מְסוּרְבֶּלֶת) awkward, clumsy, cumbersome
מְסוֹרָג ת. barred, fitted with bars
מְסוֹרָס ת. (מְסוֹרֶסֶת) castrated; distorted
מְסוֹרָק ת. (מְסוֹרֶקֶת) combed
מָסוֹרֶת נ. tradition
– שׁוֹמֵר מָסוֹרֶת traditionalist Jew
מָסוֹרתִּי ת. traditional
מַסָז' ז. massage
מַסָזִ'יסְט ז. masseur
מַסָזִ'יסְטִית נ. masseuse
מִסחוּר ז. commercialization
מַסחֵטָה נ. juicer, squeezer
מִסחָר ז. commerce, trade
מִסחֵר פ"י (לְמַסחֵר) commercialize
מִסחָרִי ת. commercial
מְסַחרֵר ת. (מְסַחרֶרֶת) dizzying, dizzy
מַסטוּל ת high (on drugs, etc.), stoned
מַסטִיק ז. chewing-gum
מְסִיבָּה נ. party
– לַעֲשׂוֹת מְסִיבָּה give/throw a party
– מְסִיבַּת עִיתוֹנָאִים press/news conference
מַסִיבִי ת. massive
מַסִיג גְבוּל ז. trespasser
מְסַייֵעַ ת. (מְסַייַעַת) auxiliary, aiding; corroborating
מַסֵיכָה נ. mask
– מַסֵיכַת־גַז gas mask
מְסִילָה נ. track; groove
– מְסִילַת בַּרזֶל railroad, railway track
מִסִים ר' מַס
מָסִיס ת. soluble, solvent
מְסִירָה נ. handing over; delivery; pass (football/soccer)
מְסִירוּת נ. devotion, conscientiousness
– מְסִירוּת נֶפֶשׁ self-sacrifice, extreme devotion
מֵסִית ז. inciter, agitator
מָסָךְ ז. (מָסַכִּים) screen; curtain

מַסֵכָה ר' מַסֵיכָה
מִסכֵּן ת. poor, wretched
מִסכֵּנוּת נ. misery, wretchedness
מַסֶכֶת נ. (מַסֶכתוֹת) web; tractate (of Talmud); chapter; subject
מַסלוּל ז. route, course; lane; track; orbit
– מַסלוּל הַמרָאָה runway
– מַסלוּל מֵירוֹץ racetrack
מִסמָךְ ז. document, paper
מַסמֵר ז. (מַסמְרִים) nail (metal)
מְסַמֵר־שֵׂיעָר ת. hair-raising
מַסמֶרֶת, מַסמֵרָה נ. (מַסמָרוֹת) rivet
מְסַנווֵר ת. (מְסַנווֶרֶת) dazzling; blinding
מַסנֵן ז. filter
מִסנֶנֶת, מְסַנֶנֶת נ. strainer
מַסָע ז. (מַסָעִים אוֹ מַסָעוֹת) route-march (military); travel, journey, voyage; move (chess); campaign, drive
– מַסַע־בְּחִירוֹת election campaign
– מַסַע פִּרסוּם advertising campaign
– מַסַע צְלָב crusade
מִסעָדָה נ. restaurant
מַסעִיר ת. (מַסעִירָה) exciting, thrilling
מִסעָף ז. T-junction (road), fork
מִספּוֹא ז. fodder, forage
מִספּוּר ז. numeration; numbering
מַספִּיק תה"פ; ז. (מַספִּיקָה אוֹ מַספֶּקֶת) enough, sufficient, adequate; pass (grade)
מִספָּנָה נ. dockyard; shipyard
מְסַפֵּק ת. (מְסַפֶּקֶת) gratifying; satisfactory, adequate
מִספָּר ר' מִיספָּר
מְסַפֵּר ז. מְסַפֶּרֶת נ. storyteller; writer of stories; narrator
מִספָּרָה, מַספֵּרָה נ. barber (shop), hairdresser (shop), salon
מִספָּרִי ת. numerical
מִספָּרַיִים ז"ז scissors, shears
מַסקָנָה נ. (מַסקָנוֹת) conclusion
– בָּא לִידֵי מַסקָנָה come to a conclusion

– הִגִּיעַ לְמַסְקָנָה — conclude, come to a conclusion

מָסַר פ״י (לִמסוֹר) — give, hand over, deliver; report; transmit; pass (football/soccer)

מֶסֶר ז. (מְסָרִים) — message

מַסרֵגָה נ. — knitting needle

מַסרֵטָה נ. — movie camera, cine-camera

מַסרִיחַ ת. (מַסרִיחָה) — stinking

מַסרֵק ז. (מַסרְקִים או מַסרקוֹת) — comb

מִסתַּבֵּר שֶׁ־ — it seems that, it turns out that, presumably

מִסתוֹר ז. — hiding place, hide-out

מִסתוֹרִי ת. — mysterious

מִסתוֹרִין ז״ר — mystery

מִסתַּנֵּן ז. — infiltrator

מַעבָּדָה נ. — laboratory, lab

מְעַבֵּד־מָזוֹן נ. — food-processor

מְעַבֵּד־תַּמלִילִים ז. — word-processor

מַעבּוֹרֶת נ. — ferry

– מַעבּוֹרֶת־חָלָל — space shuttle

מַעֲבִיד ז. מַעֲבִידָה נ. — employer

מַעֲבָר ז. — pass, passage; transit, transition; aisle

– אֵין מַעֲבָר — no thoroughfare

– מַעֲבַר־חֲצָיָה — crosswalk, pedestrian crossing

– תְּקוּפַת־מַעֲבָר — transition period

מֵעֵבֶר ר׳ עֵבֶר — beyond

מַעגָּל ז. — circle; circuit

– בְּמַעגָּל סָגוּר — closed-circuit

– מַעגַל קְסָמִים — vicious circle

מַעגָּלִי ת. — circular

מַעֲגָן ז. — anchorage, quayside, jetty

מָעַד פ״ע (לִמעוֹד) — stumble, trip

מַעֲדָן ז. (מַעֲדַנִים) — delicacy (food)

מַעֲדָנִייָה נ. — delicatessen, deli

מַעדֵר ז. — hoe

מָעָה נ. (מָעוֹת) — small coin

מְעוּבָּד ת. (מְעוּבֶּדֶת) — processed; cultivated (soil)

מְעוּבֶּה ת. (מְעוּבָּה) — thickened; dense

מְעוּבֶּרֶת ת. — pregnant; leap (year)

מְעוּגָּל ת. (מְעוּגֶּלֶת) — circular, round(ed)

מְעוּגָּן ת. (מְעוּגֶּנֶת) (בּ־) — enshrined in; rooted in (reality)

מְעוֹדֵד ת. (מְעוֹדֶדֶת) — encouraging, heartening

מְעוֹדָד ת. (מְעוֹדֶדֶת) — encouraged, heartened

מְעוּדכָּן ת. (מְעוּדכֶּנֶת) — up-to-date, updated

מְעוּדָּן ת. (מְעוּדֶּנֶת) — delicate, refined; mild

מְעוּוָּת ת. (מְעוּוֶּתֶת) — distorted; twisted

מָעוֹז ז. — stronghold; bastion (*figurative*)

מְעוּטֵי יְכוֹלֶת ז״ר — low-income (families)

מְעוּיָּן ז. — rhombus; diamond (cards)

מָעוּךְ ז. — crushed, squashed

מְעוּלֶּה ת. (מְעוּלָּה) — excellent, superb, superior

מֵעוֹלָם ר׳ עוֹלָם — never

מְעוּלָּף ת. (מְעוּלֶּפֶת) — in a faint, unconscious

מְעוּמעָם ת. (מְעוּמעֶמֶת) — dim, dimmed

– בִּמעוּמעָם — dimly, vaguely

מָעוֹן ז. (מְעוֹנוֹת) — day-nursery, day-care center; residence

– מְעוֹנוֹת־סְטוּדֶנטִים — dormitory, dorms, hall of residence

מְעוּנֶּה ת. (מְעוּנָּה) — tortured; tormented

מְעוּניָין ת. (מְעוּניֶינֶת) — interested

– לְכָל הַמְעוּניָין — to whom it may concern

מְעוּנָּן ת. (מְעוּנֶּנֶת) — cloudy, overcast

מָעוֹף ז. — flight; vision (*figurative*)

– חֲסַר מָעוֹף — unimaginative, unenterprising

מְעוֹפֵף ת. (מְעוֹפֶפֶת) — flying

מְעוּפָּשׁ ת. (מְעוּפֶּשֶׁת) — moldy; stale (air)

מְעוּצָּב ת. (מְעוּצֶּבֶת) — designed; shaped

מְעוּצבָּן ת. (מְעוּצבֶּנֶת) — annoyed, upset

מְעוּקָּב ת. — cubic

– מֶטֶר מְעוּקָּב — cubic meter

מְעוּקָּל ת. (מְעוּקֶּלֶת) — attached, foreclosed; curved

מְעוּקָם ת. (מְעוּקֶמֶת) twisted, crooked
- בִּמְעוּקָם crookedly
מְעוּקָר ת. (מְעוּקֶרֶת) sterilized
מְעוֹרָב ת. (מְעוֹרֶבֶת) mixed; involved
מְעוּרְבָּב ת. (מְעוּרְבֶּבֶת) mixed
מְעוֹרָבוּת נ. involvement
מְעוֹרֶה ת. (מְעוֹרָה) (בּ־) rooted, integrated; aware of
מְעוּרְטָל ת. (מְעוּרְטֶלֶת) naked, bare, stripped
מְעוּרְעָר ת. (מְעוּרְעֶרֶת) undermined, unstable, unsound; disturbed (mentally)
- בִּלְתִּי מְעוּרְעָר undisputed; firm
מְעוּרְפָּל ת. (מְעוּרְפֶּלֶת) misty; vague, hazy
מְעוֹרֵר ת. (מְעוֹרֶרֶת) rousing, stimulating
מְעוּשֶׂה ת. (מְעוּשָׂה) affected, forced
מְעוּשָׁן ת. (מְעוּשֶׁנֶת) smoked
מָעוֹת ר׳ מָעָה
מְעַט תה״פ; תו״ז few; little; some, a little
מַעֲטֶה ז. covering; shroud (*figurative*)
מַעֲטָפָה נ. (מַעֲטֶפֶת־) envelope
מְעִי ז. (מְעַיִים) intestine, bowels (in pl.)
- הַמְּעִי הַדַּק small intestine
- הַמְּעִי הַגַּס colon; large intestine
מְעִידָה נ. stumbling, slip(ping), tripping
מַעְיָן ז. (מַעְיָינוֹת) spring (of water), spa
מְעִיכָה נ. crushing, squashing, crunching
מְעִיל ז. coat, jacket, overcoat
- מְעִיל־גֶּשֶׁם raincoat
מְעִילָה נ. embezzlement
- מְעִילָה בְּאֵמוּן a breach of trust, abuse of confidence
מֵעֵין־ מ״י resembling, something like; kind of, quasi-
מֵעִיק ת. (מְעִיקָה) oppressive
מָעַךְ פ״י (לִמְעוֹךְ) to crush, squash

מָעַל פ״ע (לִמְעוֹל) embezzle; betray (a trust)
- מָעַל בְּתַפְקִידוֹ abuse your office
מֵעַל מ״י above; beyond; off
מַעֲלָה נ. degree (of temperature, angle); merit; advantage; steps (*literary*) (in pl.)
- מַעֲלוֹת וּמוֹרָדוֹת ups and downs
מַעְלָה תה״פ up, upwards
- לְמַעְלָה upstairs; up, above, on top
- לְמַעְלָה מ־ above, more than; over; beyond
- מִלְמַעְלָה from above, from the top
מַעֲלִיב ת. insulting, offensive
מַעֲלִית נ. (מַעֲלִיּוֹת) elevator, lift
מַעֲלָל ז. action, deed, exploit
מע״מ ר״ת מַס עֶרֶךְ מוּסָף VAT
מַעֲמָד ז. (מַעֲמָדוֹת) class (social); status, position, standing; occasion, forum
מַעֲמִיק ת. (מַעֲמִיקָה) profound, in depth
מַעֲמָסָה נ. burden, heavy load
מַעֲמַקִּים ז״ר depths, bottom
מַעַן ז. address
מְעַנֵּג ת. (מְעַנֶּגֶת) delightful, pleasurable
מַעֲנֶה ז. answer, reply
מְעַנְיֵין ת. (מְעַנְיֶינֶת) interesting
מַעֲנָק ז. grant, award
מַעֲסִיק תו״ז employing; preoccupying; employer
מְעַצֵּב ז. מְעַצֶּבֶת נ. designer
- מְעַצֵּב דַּעַת־קָהָל opinion leader
- מְעַצֵּב־פְּנִים interior designer
מְעַצְבֵּן ת. (מְעַצְבֶּנֶת) annoying, irritating
מַעֲצוֹר ז. brake; hindrance; inhibition
מַעֲצִיב ת. saddening, sad
מַעֲצָמָה נ. (מַעֲצֶמֶת־) (world) power
- מַעֲצֶמֶת־עַל superpower
מַעֲצָר ז. arrest, custody, detention
- בֵּית־מַעֲצָר; תָּא־מַעֲצָר prison cell
- בְּמַעֲצָר under arrest; in custody
- מַעֲצַר־בַּיִת house arrest
מַעֲקָב ז. follow-up; surveillance; tracking

מ

nuisance, obstruction, hazard — מִפגָע ז.
health hazard — מִפגָע תַברוּאָתִי –
terrorist, bomber — מְפַגֵעַ ז.
backward, mentally retarded; in arrears, (be) behind; slow (watch) — מְפַגֵר ת. (מְפַגֶרֶת)
meeting (place), get-together; encounter — מִפגָש ז.
map; tablecloth — מַפָּה נ.
glorious, magnificent; posh, plush — מְפוֹאָר ת. (מְפוֹאֶרֶת)
falsified, fabricated — מְפוּבּרָק ת. (מְפוּבּרֶקֶת)
scattered; absent-minded — מְפוּזָר ת. (מְפוּזֶרֶת)
frightened — מְפוּחָד ת. (מְפוּחֶדֶת)
mouth-organ — מַפּוּחִית נ. (מַפּוּחִיוֹת)
harmonica, mouth-organ — מַפּוּחִית־פֶּה –
stuffed (animal) — מְפוּחלָץ ת. (מְפוּחלֶצֶת)
fired, dismissed — מְפוּטָר ת. (מְפוּטֶרֶת)
sooty, covered in soot — מְפוּיָח ת. (מְפוּיַחַת)
appeased, pacified — מְפוּיָס ת. (מְפוּיֶסֶת)
sober — מְפוּכָּח ת. (מְפוּכַּחַת)
divided; split, splintered — מְפוּלָג ת. (מְפוּלֶגֶת)
collapse, fall; avalanche; landslide; crash (financial) — מַפּוֹלֶת נ.
spoilt, pampered — מְפוּנָק ת. (מְפוּנֶקֶת)
pasteurized — מְפוּסטָר ת. (מְפוּסטֶרֶת)
striped — מְפוּספָּס ת. (מְפוּספֶּסֶת)
split up; split (hours) — מְפוּצָל ת. (מְפוּצֶלֶת)
cram-full, overcrowded (*slang*); burst (tire, etc.); blown up — מְפוּצָץ ת. (מְפוּצֶצֶת)
bombastic — מְפוֹצָץ ת. (מְפוֹצֶצֶת)
doubtful, dubious, questionable, shady — מְפוּקפָּק ת. (מְפוּקפֶּקֶת)
demilitarized — מְפוֹרָז ת. (מְפוֹרֶזֶת)
detailed — מְפוֹרָט ת. (מְפוֹרֶטֶת)
famous, well-known — מְפוּרסָם ת. (מְפוּרסֶמֶת)

railing; banister — מַעֲקֶה ז.
bypass; detour — מַעֲקָף ז.
west — מַעֲרָב ז.
westwards — מַעֲרָבָה תה״פ
west of — מַעֲרָבָה מ־
whirlpool, vortex — מְערבּוֹלֶת נ.
western (film, etc.) — מַעֲרָבוֹן ת.
western — מַעֲרָבִי ת.
west of — מַעֲרָבִית ל־ –
mixer — מְערבֵּל ז.
cave, cavern — מְעָרָה נ.
rolling pin — מַעֲרוֹךְ ז.
nakedness — מַעֲרוּמִים ז״ר
maariv (Jewish evening prayer) — מַעֲרִיב ז.
fan; admirer — מַעֲרִיץ ז. מַעֲרִיצָה נ.
alignment; array; layout, formation — מַעֲרָךְ ז.
campaign, battle; act (of play); set (tennis) — מַעֲרָכָה נ. (מַעֲרֶכֶת־)
timetable, schedule (of lessons) — מַעֲרֶכֶת־שִיעוּרִים [שָעוֹת] –
one-act play, skit, sketch — מַערכוֹן ז.
editorial board; system; set — מַעֲרֶכֶת נ.
ר׳ גם מַעֲרָכָה –
appellant (law) — מְערער ז.
action, deed — מַעַשׂ ז.
idle — לְלֹא מַעַשׂ –
act, action, deed — מַעֲשֶׂה ז. (מַעֲשִׂים)
in the act, red-handed — בִּשעַת־מַעֲשֶׂה –
actually, in fact — לְמַעֲשֶׂה –
practical — מַעֲשִׂי ת.
tale, story — מַעֲשִׂיָה נ.
smoker — מְעַשֵן תו״ז (מְעַשֶנֶת)
tithe — מַעֲשֵׂר ז.
from time to time — מֵעֵת לְעֵת תה״פ
company commander — מ״פ ר״ת מְפַקֵד פְּלוּגָה
owing to, because of — מִפּאַת־ מ״י
demonstrator — מַפגִין ז. מַפגִינָה נ.
peremptorily, emphatically — מַפגִיעַ: בְּמַפגִיעַ
display (of aircraft, strength, etc.) — מִפגָן ז.

מְפוֹרָץ ת. (מְפוֹרֶצֶת) indented, ragged, with inlets
מְפוֹרָק ת. (מְפוֹרֶקֶת) dismantled, taken apart
מְפוֹרָש ת. (מְפוֹרֶשֶׁת) explicit, specific; explained
– בִּמְפוֹרָש explicitly, expressly
מְפוֹרָשׁוֹת תה״פ expressly, explicitly
מְפוּשָׂק ת. (מְפוּשֶׂקֶת) spread apart, parted
מְפוּתָּח ת. (מְפוּתַּחַת) developed
מְפוּתָּל ת. (מְפוּתֶּלֶת) winding; convoluted
מְפַזֵּר־חוֹם ז. fan heater
מַפְחִיד ת. (מַפְחִידָה) frightening, scary
מַפַּח־נֶפֶשׁ ז. disappointment, frustration
מַפְיָה נ. mafia
מַפִּיּוֹן ז. napkin-holder, serviette-holder
מֵפִיץ ז. מְפִיצָה נ. distributor; propagator
מֵפִיק ז. מְפִיקָה נ. producer
מֵפִיר ז. breaker, violator
– מֵפִיר שְׁבִיתָה strike-breaker
מַפִּית נ. (מַפִּיּוֹת) napkin, serviette
מפכ״ל ר״ת Inspector-General (police)
מַפָּל ז. waterfall, fall
– מַפַּל־מַיִם waterfall
מַפְלֵג, מְפַלֵּג ז. distributor (in a car)
מִפְלָגָה נ. (מִפְלֶגֶת־; מִפְלַגְתּוֹ) party (political)
מִפְלַגְתִּי ת. party (adj.)
מַפָּלָה נ. defeat, downfall
מִפְלָט ז. refuge, escape
מַפְלֵט ז. exhaust (pipe); ejector
מַפְלִיא ת. surprising, strange, amazing
מִפְלָס ז. level (of water, structure)
מְפַלֶּסֶת נ. snowplow
מִפְלֶצֶת נ. monster
מִפְלַצְתִּי ת. monstrous
מִפְנֶה ר׳ מִיפְנֶה

מִפְּנֵי מ״י because of; from
– מִפְּנֵי שֶׁ־ because
מַפְסִידָן ז. loser
מַפְסֶלֶת נ. chisel
מַפְסֵק ז. switch, cut-out
מַפְעִיל ז. operator (machines, etc.)
מִפְעָל ז. plant, mill, works (in pl.); enterprise; project
– מִפְעַל חַיִּים life's work
– מִפְעַל נְיָיר paper mill
מַפְצֵחַ ז. nutcracker
מִפְקָד ר׳ מִיפְקָד
מְפַקֵּד ז. מְפַקֶּדֶת נ. commander
מִפְקָדָה נ. (מִפְקֶדֶת־) headquarters
מְפַקֵּחַ ז. מְפַקַּחַת נ. inspector
מַפְקִיד ז. מַפְקִידָה נ. depositor
מִפְרָט ז. specification
מַפְרִיעַ ז. person causing disturbance
מְפָרֵךְ ת. (מְפָרֶכֶת) hard (work, etc.)
מְפַרְנֵס ז. breadwinner, supporter
מְפַרְסֵם ז. advertiser
מִפְרָעָה נ. part-payment; advance payment
מִפְרָץ ז. bay, gulf
מִפְרָק ז. joint, articulation
מְפָרֵק ז. liquidator (of company)
מַפְרֶקֶת נ. (מַפְרַקְתּוֹ) nape (neck)
מִפְרָשׂ ז. sail
מִפְרָשִׂית נ. (מִפְרָשִׂיּוֹת) sailboat, yacht (for racing)
מִפְשָׂעָה נ. groin, crotch
מְפַתֶּה ת. tempting, alluring; seductive
מַפְתֵּחַ ז. key; index (book); wrench, spanner; clef
– מַפְתֵּחַ־שְׁוֶודִי adjustable wrench/spanner
– עֶמְדַת־מַפְתֵּחַ key position
מַפְתִּיעַ ת. (מַפְתִּיעָה) surprising, amazing
– בְּמַפְתִּיעַ surprisingly; unexpectedly
מִפְתָּן ז. threshold
מָצָא פ״י (לִמְצוֹא) find, discover
– מָצָא חֵן בְּעֵינָיו (He) liked
– מָצָא לְנָכוֹן see fit

מ

מְצָאי ז. inventory
מַצָּב ז. situation, condition, position; state
– מַצַּב רוּחַ mood
מַצֵּבָה נ. gravestone, tombstone; memorial
מִצְבּוֹר ז. dump (military)
מַצְבִּיא ז. military leader, general
מַצְבִּיעַ ז. (מַצְבִּיעִים) voter
מַצְבֵּר ז. car battery
מֻצָּג ז. exposition; display (unit)
מַצֶּגֶת נ. presentation
מַצָּה נ. (מַצּוֹת) *matsa* (unleavened bread)
מְצוּבְרָח ת. (מְצוּבְרַחַת) in a bad mood, moody
מָצוֹד ז. manhunt
מְצוּדָה נ. fortress, citadel
מִצְוָה נ. commandment, precept; good deed, *mitzvah*
– הִגִּיעַ לְמִצְווֹת reach *bar-mitzvah* age
מְצוּחְצָח ת. (מְצוּחְצַחַת) polished; brushed (teeth)
מְצוּטָט ת. (מְצוּטֶטֶת) quoted, cited
מָצוּי ת. common; available
מְצוּיָּד ת. (מְצוּיֶּדֶת) (בּ־) equipped, supplied (with)
מְצוּיָּן ת. (מְצוּיֶּנֶת) excellent; indicated
מְצוּיָּר ת. (מְצוּיֶּרֶת) drawn, illustrated
– סֶרֶט מְצוּיָּר (animated) cartoon
מְצוּלָּם ת. (מְצוּלֶּמֶת) shot, filmed; photographed
מְצוּלָּע ז. polygon
מְצוּלָּק ת. (מְצוּלֶּקֶת) scarred
מְצוּמְצָם ת. (מְצוּמְצֶמֶת) restricted, limited, scarce, reduced; scanty
מְצוּמָּק ת. (מְצוּמֶּקֶת) shriveled, withered
מְצוּנְזָר ת. (מְצוּנְזֶרֶת) censored
מְצוּנָּן ת. (מְצוּנֶּנֶת) chilled, having a cold
מְצוּעְצָע ת. (מְצוּעְצַעַת) too ornate; flowery
מָצוֹף ז. buoy, float
מְצוּפֶּה ת. (מְצוּפָּה) coated; plated (with gold, etc.); expected
מָצוּץ ת. sucked
– מָצוּץ מִן הָאֶצְבַּע groundless, fabricated
מְצוּקָה נ. hardship, distress
– מְצוּקַת דִּיוּר housing shortage
– קְרִיאַת מְצוּקָה distress call
מָצוֹר ז. siege
– בְּמָצוֹר under siege, besieged
מְצוֹרָע תו״ז (מְצוֹרַעַת) leprous; leper
מְצוֹרָף ת. (מְצוֹרֶפֶת) enclosed, attached; added
מַצּוֹת ר׳ מַצָּה
מֵצַח ז. brow, forehead
מִצְחִיָּה נ. peak (of cap)
מַצְחִיק ת. funny, hilarious; ridiculous
מִצְטַבֵּר ת. (מִצְטַבֶּרֶת) cumulative
מִצְטַיֵּן ת. excellent, most outstanding, distinguished
מְצִיאָה נ. bargain; find
מְצִיאוּת נ. reality, (the) realities
– מְצִיאוּת מְדוּמָּה virtual reality
מְצִיאוּתִי ת. realistic, real-life
מַצִּיל lifeguard; rescuer
מְצִילְתַּיִים ז״ז cymbals
מְצִיצָה נ. sucking; suction; blow job (*slang*)
מְצִיצָן ת. peeper; voyeur
מְצִיצָנוּת נ. voyeurism
מֵצִיק bothering, annoying
מַצִּית ז. arsonist; cigarette-lighter
מַצְלִיחַ ת. (מַצְלִיחָה) successful, prosperous
מַצְלִיחָן ז. winner; high achiever
מַצְלֵמָה נ. camera
מְצַלְצְלִים ז״ר coins, money
מַצְמֵד ז. clutch (of vehicle)
מִצְמֵץ פ״י (לְמַצְמֵץ) to blink
מְצַמְרֵר ת. hair-raising, chilling
מַצְנֵחַ ז. parachute
מַצְנֵם ז. toaster
מַצְנֵן ז. radiator (of vehicle); cooler
מִצְנֶפֶת נ. turban, headdress

מ

מַצָּע ז. platform (politics); bedding, bed linen (in pl.); bed (*literary*)
מִצְעָד ז. parade, march-past
מְצַעֵר ת. (מְצַעֶרֶת) sad, distressing; deplorable, regrettable
מִצְפֶּה ר׳ מִיצְפֶּה
מַצְפּוּן ז. conscience, of conscience
– מַצְפּוּן נָקִי clear conscience
מַצְפֵּן ז. compass
מָצַץ פ״י (לִמְצוֹץ) suck
מַצֶּקֶת נ. ladle
מִצְרִי תו״ז Egyptian
מִצְרַיִם נ. Egypt
מִצְרָךְ ז. commodity; foodstuff
– מִצְרְכֵי מָזוֹן foodstuffs
מַצֵּת, מַצָּת ז. spark(ing) plug; cigarette lighter
מ״ק ר״ת מֶטֶר מְעוּקָב cubic meter
מַקְבִּיל ת. parallel, corresponding
– בְּמַקְבִּיל at the same time
מַקְבִּילָה נ. parallel version, equivalent (word)
מַקְבִּילִים ז״ר parallel bars
מַקְבִּילִית נ. parallelogram
מְקַבֵּל־הַחְלָטוֹת ז. decision-maker
מַקַבְּרִי ת. macabre
מַקְדֵּחַ ז. (drill) bit
מַקְדֵּחָה נ. drill (electric, etc.)
מְקַדֵּם ז. coefficient; promoter
מִקְדָּמָה נ. advance (payment); head start
מִקְדָּשׁ ז. temple, shrine
מַקְהֵלָה נ. choir, chorus
מְקוּבָּל ת. (מְקוּבֶּלֶת) accepted; acceptable; conventional
מְקוּבָּל ז. cabalist
מְקוּדָּשׁ ת. (מְקוּדֶּשֶׁת) sacred, sanctified
מִקְוֶה ז. ritual bath; pool
מְקוּוֶּה ת. (מְקוּוָּה) hoped for
מְקוּוָּן ת. on-line
מקווקָו ת. (מְקוּוקֶוֶת) lined, striped
מְקוּטָּע ת. (מְקוּטַּעַת) broken, fragmentary
מָקוֹל ז. record-player
מְקוּלָּל ת. (מְקוּלֶּלֶת) cursed, damned
מְקוּלָּף ת. (מְקוּלֶּפֶת) peeled, shelled
מְקוּלְקָל ת. broken; bad (food)
מָקוֹם ז. (מְקוֹמוֹת) place; room, space
– הַמָּקוֹם God, the Omnipresent
– יֵשׁ מָקוֹם לְ־ there is room for
– מִכָּל מָקוֹם anyway, in any case
– מְקוֹמוֹת יְשִׁיבָה seats
מְקוֹמוֹן ז. local newspaper
מְקוּמָּט ת. (מְקוּמֶּטֶת) wrinkled, creased
מְקוֹמִי תו״ז local; native
מְקוּמָּר ת. (מְקוּמֶּרֶת) convex, arched
מְקוּעְקָע ת. (מְקוּעְקַעַת) tatooed; undermined
מַקּוֹף ז. beat (of policeman)
מְקוּפָּח ת. (מְקוּפַּחַת) deprived; disadvantaged, discriminated against
מְקוּפָּל ת. (מְקוּפֶּלֶת) folded; implicit (in)
מְקוּצָּץ ת. (מְקוּצֶּצֶת) cut, reduced, trimmed
מְקוּצָּר ת. (מְקוּצֶּרֶת) shortened, abridged
מָקוֹר ז. (מְקוֹרוֹת) source, origin; original (n.); infinitive
– מִמָּקוֹר רִאשׁוֹן firsthand
מַקּוֹר ז. (מַקּוֹרִים) beak, bill
מְקוֹרָב תו״ז (מְקוֹרֶבֶת) close (friend), intimate (n.)
מְקוֹרֶה ת. (מְקוֹרָה) roofed
מְקוּרְזָל ת. (מְקוּרְזֶלֶת) frizzy, kinky
מְקוֹרִי ת. original, genuine
מְקוֹרִיוּת נ. originality
מְקוּרְקָע ת. (מְקוּרְקַעַת) grounded
מְקוֹרָר ת. (מְקוֹרֶרֶת) chilled, cooled; having a cold
מְקוּשָּׁט ת. (מְקוּשֶּׁטֶת) adorned; decorated
מְקוּשְׁקָשׁ ת. (מְקוּשְׁקֶשֶׁת) scribbled on; scrambled (egg)
מְקוּשָּׁת ת. (מְקוּשֶּׁתֶת) arched, vaulted
מִקְטוֹרֶן ז. jacket
מִקְטֶרֶת נ. (מִקְטָרוֹת) pipe (for smoking)

comprehensive; surrounding; encompassing; extensive	מַקִּיף ת. (מַקִּיפָה)
stick	מַקֵּל ז. (מַקְלוֹת)
keyboard (of computers)	מִקְלֶדֶת נ.
shower	מִקְלַחַת נ. (מִקְלָחוֹת)
take a shower	– עָשָׂה מִקְלַחַת
shelter; asylum (political)	מִקְלָט ז.
tax shelter	– מִקְלַט מַס
set (radio/TV), receiver	מַקְלֵט ז.
machine-gun; slingshot, catapult	מַקְלֵעַ, מִקְלָע ז.
light machine-gun	מִקְלְעוֹן ז.
machine-gunner	מִקְלְעָן ז.
(vegetable) peeler	מַקְלֵף ז.
charming, fascinating, adorable	מַקְסִים ת.
maximum; at the most/worst, tops	מַקְסִימוּם ז.; תה״פ
maximal, maximum (adj.)	מַקְסִימָלִי ת.
false hope; delusion	מִקְסַם־שָׁוְא ז.
hyphen	מַקָּף ז.
jello, jelly	מִקְפָּא ז.
freezer, deep freeze	מַקְפֵּא, מַקְפִּיא ז.
strict, meticulous; particular (about)	מַקְפִּיד ת.
springboard, diving board	מַקְפֵּצָה נ.
rhythm; meter (poetry)	מִקְצָב ז.
heat (sport); detail (military)	מִקְצֶה ז.
occupation, profession; subject (of study); event (sport)	מִקְצוֹעַ ז. (מִקְצוֹעוֹת)
professional (n.); skilled worker	– בַּעַל־מִקְצוֹעַ
professional; skilled; vocational (school)	מִקְצוֹעִי ת.
professional skill	מִקְצוֹעִיּוּת נ.
professional (n.)	מִקְצוֹעָן ז. מִקְצוֹעָנִית נ.
professionalism	מִקְצוֹעָנוּת נ.
professional	מִקְצוֹעָנִי ת.
egg whisk, beater	מַקְצֵף ז.
somewhat, a little; part, some	מִקְצָת נ. תה״פ
slightly, a little	– בְּמִקְצָת
cockroach	מַקָּק ז.
reading; legend (of map)	מִקְרָא ז.
the Bible	– הַמִּקְרָא
reader (textbook)	מִקְרָאָה נ.
biblical (the Old Testament), scriptural	מִקְרָאִי ת.
case; chance; event, incident	מִקְרֶה ז. (מִקְרִים)
by chance; in case (of)	– בְּמִקְרֶה
accidental, chance, fortuitous	מִקְרִי ת.
coincidence, fortuitousness	מִקְרִיּוּת נ.
bald, going bald	מַקְרִיחַ ת.
slide projector; radiator	מַקְרֵן ז.
cine-projector	מַקְרֵנָה נ.
real estate, landed property	מְקַרְקְעִין ז״ר
refrigerator	מְקָרֵר ז.
key (on keyboard)	מַקָּשׁ ז.
bitter; bitterly	מַר ת. תה״פ (מָרָה; מָרִים)
Mr.	מַר, מָר ז.
look, appearance; sight, view	מַרְאֶה ז. (מַרְאוֹת)
(cross-)reference	– מַרְאֵה־מָקוֹם
mirror	מַרְאָה נ.
interviewer	מְרַאְיֵן ז. מְרַאֲיֶנֶת נ.
in advance, ahead, beforehand	מֵרֹאשׁ תה״פ
maximum; most	מֵרַב ז.
carpet, rug	מַרְבָד ז. (מַרְבַדִּים)
much	מַרְבֶּה תה״פ
unfortunately, regrettably	– לְמַרְבֵּה הַצַּעַר
millipede	– מַרְבֵּה־רַגְלַיִם
maximum, maximal	מְרַבִּי ת.
most, majority	מַרְבִּית נ.
rest, repose, peace	מַרְגּוֹעַ ז.
relaxing, calming, pacifying	מַרְגִּיעַ ת.
spy	מְרַגֵּל ז.
foot	מַרְגְּלוֹת נ״ר
at the foot of	– לְמַרְגְּלוֹת־
pearl	מַרְגָּלִית נ. (מַרְגָּלִיּוֹת)
spy	מְרַגֶּלֶת נ. (מְרַגְּלוֹת)

מַרגֵמָה נ. mortar (military)
מַרגָנִית נ. (מַרגָנִיוֹת) daisy
מַרגָרִינָה נ. margarine
מְרַגֵש ת. (מְרַגֶשֶת) thrilling, exciting, moving
מַרגָש ז. feeling
מָרַד פ״ע (לִמרוֹד בּ־) to rebel, revolt (against)
מֶרֶד ז. rebellion, revolt, mutiny
מַרדִים תו״ז soporific, narcotic; anesthetist
מַרדָן ז. מַרדָנִית נ. rebellious person
מַרדָנוּת נ. rebelliousness, recalcitrance
מַרדָנִי ת. rebellious
מִרדָף ז. chase, pursuit
מָרָה נ. bile; gall-bladder
מַרהִיב ת. breathtaking, splendid, spectacular, glorious
מְרוֹאיָן ז. מְרוֹאיֶינֶת נ. interviewee
מְרוּבֶּה ת. (מְרוּבָּה; מְרוּבִּים) many-; numerous, multiple, multi-
מְרוּבָּע תו״ז quadrilateral, quadrangle, square
מְרוּגָז ת. (מְרוּגֶזֶת) angry
מְרוּגָש ת. (מְרוּגֶשֶת) excited
מְרוֹהָט ת. (מְרוֹהֶטֶת) furnished
מַרוָה נ. sage (plant); salvia
מַרוֶה ת. (מַרוָה) thirst-quenching
מְרוּוָח ת. (מְרוּוַחַת) roomy, spacious
מִרווָח ז. ר׳ מִירווָח
מָרוּחַ ת. (מְרוּחָה) spread, smeared
מְרוּחָק ת. (מְרוּחֶקֶת) remote, distant, far-off
מְרוּטָש ת. (מְרוּטֶשֶת) torn apart, mauled, mutilated; retouched
מְרוּכָּז ת. (מְרוּכֶּזֶת) concentrated
מְרוּכָּך ת. (מְרוּכֶּכֶת) softened; mollified; toned down
מָרוֹם ז. top, height; sky, heaven
– בַּמָרוֹם, בַּמְרוֹמִים in the heavens
מְרוּמֶה ת. (מְרוּמָה; מְרוּמִים) cheated, deceived
מְרוּמָז ת. (מְרוּמֶזֶת) hinted, implied
מְרוּמזָר ת. with traffic lights
מְרוֹמָם ת. (מְרוֹמֶמֶת) exalted, uplifted, elevated
מְרוּסָן ת. (מְרוּסֶנֶת) restrained; checked
מְרוּסָס ת. (מְרוּסֶסֶת) sprayed
מְרוּסָק ת. (מְרוּסֶקֶת) crushed, smashed
– קַו מְרוּסָק broken line
מְרוּפָּד ת. (מְרוּפֶּדֶת) upholstered, padded
מְרוּפָּט ת. (מְרוּפֶּטֶת) shabby, tattered
מֵרוֹץ ז. race
מְרוּצֶה ת. (מְרוּצָה) satisfied, pleased, contented
מְרוּצָה נ. running
– בִּמרוּצַת־הַזמַן in the course of time
מְרוּצָף ת. (מְרוּצֶפֶת) paved, tiled (floor)
מָרוֹקָאִי תו״ז (מָרוֹקָאִית) Moroccan
מָרוֹקוֹ ז. Morocco
מְרוֹקָן ת. (מְרוֹקֶנֶת) emptied, empty
מָרוֹקָנִי תו״ז Moroccan
מָרוֹר ז. bitter herbs (for Passover) (usually lettuce)
מְרוּשָל ת. (מְרוּשֶלֶת) negligent, careless, sloppy, slack
מְרוּשָע ת. (מְרוּשַעַת) wicked, evil, vicious
מְרוֹשָש ת. (מְרוֹשֶשֶת) impoverished
מְרוּשָת ת. (מְרוּשֶתֶת) networked, wired
מָרוּת נ. authority, discipline
מְרוּתָק ת. (מְרוּתֶקֶת) confined (military); tied; riveted, glued (to)
מַרזֵב ז. gutter (of roof), drainpipe
מָרַח פ״י (לִמרוֹחַ) to spread (butter, etc.); smear; rub (into skin)
מֶרחָב ז. open space, expanse
– מֶרחַב־מִחיָה living space
– מֶרחַב פְּעוּלָה leeway
– מֶרחַב תִמרוּן room for maneuver
מֶרחָבִי ת. spatial, regional
מַרחִיק־לֶכֶת ת. far-reaching
מַרחִיק־רְאוּת ת. far-sighted
מֶרחָץ זו״נ (מֶרחֲצָאוֹת) bath

מ

bloodbath – מֶרחַץ־דָמִים
distance מֶרחָק ז. (מֶרחַקִים)
at a distance of – בְּמֶרחַק
keep a distance; keep a safe distance – לִשמוֹר מֶרחָק
from afar – מִמֶרחַקִים
pluck (feathers, hair) מָרַט פ״י (לִמרוֹט)
thrilling; shaking מַרטִיט ת.
disobedience, insubordination, insurrection מֶרִי ז. (מִריוֹ)
civil disobedience – מֶרִי אֶזרָחִי
quarrel מְרִיבָה נ.
rebellion, revolt מְרִידָה נ.
smearing; spreading (butter, etc.); sloppy work; wordiness (*slang*) מְרִיחָה נ.
plucking (feathers, hair) מְרִיטָה נ.
marina מָרִינָה נ.
wheelbarrow מְרִיצָה נ.
bitter; slightly bitter מָרִיר ת.
bitterness מְרִירוּת נ.
spatula מָרִית נ.
quotation marks מֵרכָאוֹת נ״ר
coach, carriage; chariot מֶרכָּבָה נ. (מִרכֶּבֶת־)
supermarket מַרכּוֹל ז.
minimarket מַרכּוֹלִית נ.
merchandise מַרכּוֹלֶת נ. (מַרכּוּלתוֹ)
center; caucus מֶרכָּז ז.
organizer, co-ordinator מְרַכֵּז ז.
centralize מִרכֵּז פ״י (לְמַרכֵּז)
central מֶרכָּזִי ת.
telephone exchange, switchboard, operator מֶרכָּזִיָה נ.
(telephone) operator מֶרכָּזָן ז.
(telephone) operator מֶרכָּזָנִית נ.
co-ordinator מְרַכֶּזֶת נ.
(telephone) exchange מִרכֶּזֶת נ. (מִרכָּזוֹת)
component; ingredient מַרכִּיב ז.
softening; emollient; softener מְרַכֵּךְ תו״ז
Marxism מַרכּסִיזם = מַרקסִיזם
fraud, deceit מִרמָה נ.

gladdening, exhilarating מַרנִין ת.
March; Mars מַרס ז.
atomizer, sprayer spray gun מַרסֵס, מְרַסֵס ז.
pasture, pasturage מִרעֶה ז.
fuse (of shells) מַרעוֹם ז.
noisy; sensational מַרעִיש ת. (מַרעִישָה)
refreshing, invigorating מְרַעֲנֵן ת. (מְרַעֲנֶנֶת)
healer, therapist מְרַפֵּא ז.
cure, healing מַרפֵּא ז.
hot springs, spa – מַעיינוֹת מַרפֵּא
medicinal herbs – צִמחֵי מַרפֵּא, עִשׂבֵי מַרפֵּא
clinic; infirmary מִרפָּאָה נ.
upholsterer's workshop מִרפֵּדִיָה נ.
balcony, verandah מִרפֶּסֶת נ. (מִרפָּסוֹת)
elbow מַרפֵּק ז.
March מֶרץ = מַרס
energy, vigor מֶרֶץ ז. (מִרצוֹ)
energetically, vigorously – בְּמֶרֶץ
lecturer מַרצֶה ז. מַרצָה נ.
murderer מְרַצֵחַ ז. (מְרַצחִים)
marzipan מַרצִיפָּן ז.
awl מַרצֵעַ ז.
the cat is out of the bag – יָצָא הַמַרצֵעַ מִן הַשַׂק
paving stone, floor tile מִרצֶפֶת, מַרצֶפֶת נ. (מִרצָפוֹת)
soup מָרָק ז.
be in ferment; be bustling with activity, be abuzz (with) מֶרקָחָה נ. הָיָה כְּמֶרקָחָה
skyrocketing מַרקִיעַ שְחָקִים ת.
texture מִרקָם ז.
Marxism מַרקסִיזם ז.
screen (TV) מִרקָע ז.
my client (of lawyer) מַרשֶה: מַרשִי
impressive מַרשִים ת. (מַרשִימָה)
מִרשָם ר׳ מִירשָם
shrew, bitch; vicious woman מִרשַעַת נ.
Mrs.; Ms. מָרַת־
marathon מָרָתוֹן ז.

marathon (adj.) מָרָתוֹנִי ת.
deterring, deterrent מַרְתִּיעַ ת. (מַרְתִּיעָה)
cellar, basement מַרְתֵּף ז.
riveting; compelling; fascinating מְרַתֵּק ת. (מְרַתֶּקֶת)
burden; weight; load מַשָּׂא ז. (מַשָּׂאוֹת)
negotiation(s) – מַשָּׂא־וּמַתָּן
pump מַשְׁאֵבָה נ.
resources מַשְׁאַבִּים ז״ר
truck, lorry מַשָּׂאִית נ. (מַשָּׂאִיּוֹת)
poll; referendum מִשְׁאָל ז.
public opinion poll – מִשְׁאַל דַּעַת קָהָל
plebiscite, referendum – מִשְׁאַל־עַם
wish מִשְׁאָלָה נ.
wish; wishful thinking – מִשְׁאֶלֶת־לֵב
blast, gust; whiff מַשָּׁב ז.
a gust of wind, breeze – מַשַּׁב־רוּחַ
a breath of fresh air – מַשַּׁב־רוּחַ מְרַעֲנֵן
satiating, filling full (food) מַשְׂבִּיעַ ת.
satisfactory, satisfying – מַשְׂבִּיעַ־רָצוֹן
check, square; slot מִשְׁבֶּצֶת נ. (מִשְׁבְּצוֹת)
crisis מַשְׁבֵּר ז.
mistake, error, blunder מִשְׁגֶּה ז. (מִשְׁגִּים)
consignment מִשְׁגּוֹר ז.
supervisor; invigilator, proctor (in exams) מַשְׁגִּיחַ ז.
intercourse, coitus מִשְׁגָּל ז.
maddening; terrific מְשַׁגֵּעַ ת. (מְשַׁגַּעַת)
launcher מַשְׁגֵּר ז.
thriving, prosperous מְשַׂגְשֵׂג ת. (מְשַׂגְשֶׂגֶת)
transmitter מַשְׁדֵּר ז.
program, broadcast מִשְׁדָּר ז.
draw out (from water) מָשָׁה פ״י (לִמְשׁוֹת)
something; somewhat מַשֶּׁהוּ ז., תה״פ
beacon מַשּׂוּאָה נ.
partiality, bias מַשּׂוֹא־פָּנִים ז.
feedback מָשׁוֹב ז.
excellent, extra fine מְשׁוּבָּח ת. (מְשׁוּבַּחַת)
inlaid, inset, fitted in; inserted; checkered; chequered מְשׁוּבָּץ ת. (מְשׁוּבֶּצֶת)

(gone) haywire; faulty, full of errors; disrupted; in bad repair (road); deranged (mind) מְשׁוּבָּשׁ ת. (מְשׁוּבֶּשֶׁת)
crazy, insane, mad; madman; freak מְשׁוּגָּע תו״ז (מְשׁוּגַּעַת)
broadcast, transmitted מְשׁוּדָּר ת. (מְשׁוּדֶּרֶת)
equation מִשְׁוָאָה נ.
the equator מַשְׁוֶה: קַו־הַמַּשְׁוֶה
blatant, gross, crying מְשַׁוֵּעַ ת. (מְשַׁוַּעַת)
biased; bribed מְשׁוּחָד ת. (מְשׁוּחֶדֶת)
reconstructed; reconstituted מְשׁוּחְזָר ת.
freed, liberated, released; relaxed; loose מְשׁוּחְרָר ת. (מְשׁוּחְרֶרֶת)
oar; paddle מָשׁוֹט ז. (מְשׁוֹטִים)
rowboat – סִירַת מְשׁוֹטִים
hurdle מְשׂוּכָה נ.
perfected; advanced, sophisticated מְשׁוּכְלָל ת. (מְשׁוּכְלֶלֶת)
convinced מְשׁוּכְנָע ת. (מְשׁוּכְנַעַת)
duplicated מְשׁוּכְפָּל ת. (מְשׁוּכְפֶּלֶת)
integrated; combined מְשׁוּלָּב ת. (מְשׁוּלֶּבֶת)
roused, inflamed, excited מְשׁוּלְהָב ת. (מְשׁוּלְהֶבֶת)
unbridled מְשׁוּלַּח רֶסֶן ת.
deprived of; lacking מְשׁוּלָּל ת. (מְשׁוּלֶּלֶת)
baseless, unfounded – מְשׁוּלַּל יְסוֹד
triangle; triple; triangular; three-sided מְשׁוּלָּשׁ ז. ת. (מְשׁוּלֶּשֶׁת)
because of, on account of מִשּׁוּם מ״י
because, since – מִשּׁוּם שֶׁ־
Jew converted to Christianity, etc. מְשׁוּמָּד ז. מְשׁוּמֶּדֶת נ.
lubricated, oiled, greased מְשׁוּמָּן ת. (מְשׁוּמֶּנֶת)
preserved, canned, tinned מְשׁוּמָּר ת. (מְשׁוּמֶּרֶת)
used; second-hand מְשׁוּמָּשׁ ת. (מְשׁוּמֶּשֶׁת)
odd, queer, strange מְשׁוּנֶּה ת. (מְשׁוּנָּה)

מְשׁוּנָן ת. (מְשׁוּנֶנֶת) toothed (wheel), serrated; jagged (rocks)
מְשׁוּעְבָּד ת. (מְשׁוּעְבֶּדֶת) mortgaged; enslaved, subjugated
מְשׁוּעֲמָם ת. (מְשׁוּעֲמֶמֶת) bored
מְשׁוֹעָר ת. (מְשׁוֹעֶרֶת) estimated; supposed
מְשׁוּעֲשָׁע ת. (מְשׁוּעֲשַׁעַת) amused
מְשׂוּפָם ת. mustached
מְשׁוּפָּע ת. (מְשׁוּפַּעַת) slanting, sloping; abundant
מְשׁוּפָּץ ת. (מְשׁוּפֶּצֶת) restored, renovated; overhauled
מְשׁוּפָּר ת. (מְשׁוּפֶּרֶת) improved, bettered, upgraded
מְשׁוּפְשָׁף ת. (מְשׁוּפְשֶׁפֶת) worn; scraped, scoured; well-trained, seasoned, experienced (*colloquial*)
מְשׁוּקְלָל ת. (מְשׁוּקְלֶלֶת) weighted
מְשׁוּקָם ת. (מְשׁוּקֶמֶת) rehabilitated; reconstructed, rebuilt
מְשׁוּקָץ ת. (מְשׁוּקֶצֶת) abominable, loathed
מַשּׂוֹר ז. saw
מְשׂוּרָה: בִּמְשׂוּרָה sparingly
מְשׁוּרְיָן ת. (מְשׁוּרְיֶנֶת) armored
מְשׁוֹרֵר ז. poet
מְשׁוֹרֶרֶת נ. (מְשׁוֹרְרוֹת) poetess
מְשׁוּשֶׁה ז. hexagon
מְשׁוּתָּף ת. (מְשׁוּתֶּפֶת) common, joint, shared
– בַּיִת מְשׁוּתָּף condominium, block of flats
מְשׁוּתָּק ת. (מְשׁוּתֶּקֶת) paralyzed
מָשַׁח פ״י (לִמְשׁוֹחַ) anoint; smear (with grease, etc.); rub in
מִשְׁחָה נ. cream, ointment; paste
– מִשְׁחַת נַעֲלַיִים shoe polish
– מִשְׁחַת שִׁינַּיִים toothpaste
מִשְׂחֶה ז. swimming race, stroke
מַשְׁחֵטָה, מִשְׁחָטָה נ. slaughterhouse
מִשְׂחָק ר׳ מִישְׂחָק
מִשְׂחָקוֹן ז. game (tennis)
מַשְׁחֶתֶת נ. destroyer (ship)

מִשְׁטָח ר׳ מִישְׁטָח
מַשְׂטֵמָה נ. hatred, animosity
מִשְׁטָר ז. regime
– מִשְׁטָר צְבָאִי martial law
מִשְׁטָרָה נ. (מִשְׁטֶרֶת־) police
– מִשְׁטָרָה חֲשָׁאִית secret police
– מִשְׁטָרָה צְבָאִית military police
מֶשִׁי ז. silk
– בִּכְפָפוֹת שֶׁל מֶשִׁי with kid gloves
מְשִׁיבוֹן ז. answering machine
מָשִׁיחַ ז. Messiah
מְשִׁיחָה נ. anointing; smearing (with grease, etc.), rubbing in
מְשִׁיחִי ת. messianic
מְשִׁיכָה נ. attraction; pulling; drawing (money); withdrawal; (brush) stroke
– מְשִׁיכַת־יֶתֶר overdraft
– מְשִׁיכַת־כָּתֵף shrug (of the shoulders)
מֵשִׂים ת.: מִבְּלִי מֵשִׂים inadvertently; unconsciously
מְשִׂימָה נ. assignment, task, mission
מַשִּׁיק ז. tangent
מָשַׁךְ פ. (לִמְשׁוֹךְ) pull; attract; draw (money); drag out (*colloquial*)
– מָשַׁךְ תְּשׂוּמֶת־לֵב attract attention
מֶשֶׁךְ ז. duration
– בְּמֶשֶׁךְ־ during
– בְּמֶשֶׁךְ הַזְּמַן in the course of time
מַשְׁכּוֹן ז. pledge (in pawn)
מַשְׂכּוֹרֶת נ. salary, wage
מַשְׂכִּיל תו״ז intellectual, learned; educated (person)
מְשַׁכֵּךְ ת. (מְשַׁכֶּכֶת) sedative
– מְשַׁכֵּךְ־כְּאֵבִים analgesic, painkiller
מִשְׁכָּל ר׳ מִישְׁכָּל
מִשְׁכָּן ר׳ מִישְׁכָּן
מְשַׁכְנֵעַ ת. (מְשַׁכְנַעַת) convincing, persuasive; compelling, telling
מַשְׁכַּנְתָּא, מַשְׁכַּנְתָּה נ. (מַשְׁכַּנְתָּאוֹת) mortgage
מְשַׁכֵּר ת. (מְשַׁכֶּרֶת) intoxicating
מָשַׁל פ״ע (לִמְשׁוֹל) to rule, govern

מ

מָשָׁל ז; תהי"פ	proverb; fable, parable
מִשְׁלוֹחַ ז.	sending; delivery; shipment, shipping
– מִשְׁלוֹחַ מָנוֹת	exchange of gifts at *Purim*
מִשְׁלַח־יָד ז.	occupation, trade
מִשְׁלַחַת נ. (מִשְׁלָחוֹת)	delegation; expedition, mission
מִשְׁלֵי ז"ר	the Book of Proverbs
מַשְׁלִים ת.	complementary, supplementary
מְשַׁלֵּם ז.	payer
מְשַׁלְשֵׁל תו"ז (מְשַׁלְשֶׁלֶת)	laxative
מִשְׁמוֹרֶת נ.	custody
מְשַׂמֵּחַ ת. (מְשַׂמַּחַת)	gladdening, cheering
מִשְׁמָע: לְמִשְׁמַע־	on hearing...
מַשְׁמָע ז.	meaning, sense
– מַשְׁמָע שֶׁ־	it means that...
מַשְׁמָעוּת נ.	meaning, sense; significance
מַשְׁמָעוּתִי ת.	meaningful, significant; considerable
מִשְׁמַעַת נ.	discipline
מְשַׁמֵּר ת.	preservative
– חוֹמֶר מְשַׁמֵּר	preservative
מִשְׁמָר ז. (מִשְׁמָרוֹת)	guard
– מִשְׁמָר אֶזְרָחִי	civil guard
– מִשְׁמַר־הַגְּבוּל	border police
– מִשְׁמַר־כָּבוֹד	guard of honor
– עָמַד עַל הַמִּשְׁמָר	be on guard
מִשְׁמֶרֶת נ. (מִשְׁמַרְתּוֹ; מִשְׁמָרוֹת)	shift (of work); guard, watch
מִשְׁמֵשׁ ר' מִישְׁמֵשׁ	apricot
מִשְׁנֶה ז.	double; vice-; sub-; second (in rank)
– בְּמִשְׁנֶה תוֹקֶף	insistently
– בְּמִשְׁנֶה מֶרֶץ	with renewed vigor
מִשְׁנָה נ.	*Mishnah*; doctrine, teachings
מְשַׁנֶּה: מְשַׁנֶּה לְ־	make a difference to
מִשְׁנִי ת.	secondary, minor
מִשְׁעוֹל ז.	path (*literary*)
מְשַׁעֲמֵם ת. (מְשַׁעֲמֶמֶת)	boring, dull
מִשְׁעָן ז.	support
מִשְׁעֶנֶת נ.	support; rest, back (of chair)
– מִשְׁעֶנֶת קָנֶה רָצוּץ	broken reed
– מִשְׁעֶנֶת רֹאשׁ	headrest
מְשַׁעֲשֵׁעַ ת. (מְשַׁעֲשַׁעַת)	entertaining, amusing
מִשְׁפָּחָה נ. (מִשְׁפַּחְתּוֹ)	family
– מִשְׁפָּחָה הֲרוּסָה	broken home
– מִשְׁפָּחָה חַד־הוֹרִית	single-parent family
– קְרוֹב מִשְׁפָּחָה	relative (person)
– שֵׁם מִשְׁפָּחָה	surname, family name
מִשְׁפַּחְתִּי ת.	family, familial; domestic
– מַצָּב מִשְׁפַּחְתִּי	marital status
מִשְׁפַּחְתִּיּוּת נ.	family intimacy
מִשְׁפָּט ז.	trial; case; judgement; sentence, clause
– מִשְׁפָּט צְבָאִי	court martial
– מִשְׁפָּט רַאֲוָוה	show trial
– מִשְׁפָּטִים	law (at university)
– שַׂר הַמִּשְׁפָּטִים	Minister of Justice
מִשְׁפָּטִי ת.	legal; judicial
מִשְׁפְּטָן ז.	jurist; lawyer, legal adviser
מַשְׁפִּיל ת.	humiliating, degrading
מַשְׁפֵּךְ ז.	funnel
מֶשֶׁק ז. (מִשְׁקוֹ; מְשָׁקִים)	farm; economy (national)
– מֶשֶׁק־בַּיִת	household
– מֶשֶׁק הַמַּיִם	water supply (of a country)
מַשְׁקֶה ז. (מַשְׁקָאוֹת)	beverage; drink
– מַשְׁקָאוֹת חֲרִיפִים	alcoholic drinks, spirits
– מַשְׁקֶה קַל	soft drink
מִשְׁקוֹלָן ז.	weightlifter
מִשְׁקוֹלֶת נ.	weight (of metal, etc.)
מַשְׁקוֹף ז.	lintel; crossbar
מַשְׁקִיעַ ז.	investor
מַשְׁקִיף ז. מַשְׁקִיפָה נ.	observer
מִשְׁקָל ר' מִישְׁקָל	
מִשְׁקָע ר' מִישְׁקָע	
מִשְׁקָפַיִם ז"ז (מִשְׁקְפֵי־)	glasses, spectacles
– מִשְׁקְפֵי־מָגֵן	(safety) goggles
– מִשְׁקְפֵי־שֶׁמֶשׁ	sunglasses

מ

מִשְׁקֶפֶת נ. (מִשְׁקָפוֹת) binoculars, field glasses, opera glasses
מִשְׂרָד ז. office; ministry, department
– מִשְׂרַד־הָאוֹצָר Finance Ministry, Treasury (Am.)
– מִשְׂרַד־הַחוּץ Ministry of Foreign Affairs, State Department (Am.)
– מִשְׂרַד־הַמִשְׁפָּטִים the Ministry of Justice, Justice Department
– מִשְׂרַד־הַפְּנִים the Interior Ministry, Department of the Interior (Am.)
– מִשְׂרַד נְסִיעוֹת travel agency
מִשְׂרָדִי ת. office (adj.), clerical, desk (work)
מִשְׂרָה נ. job, post, position, office
– מִשְׂרָה חֶלְקִית part-time job
מַשְׁרוֹקִית נ. whistle
מִשְׂרָפָה נ. (מִשְׂרָפוֹת) incinerator; crematorium
מְשָׁרֵת ז. servant
מְשָׁרֶתֶת נ. (מְשָׁרְתוֹת) maidservant
מִשְׁתֶּה ז. (מִשְׁתָּאוֹת) banquet, feast
מִשְׁתּוֹלֵל ת. (מִשְׁתּוֹלֶלֶת) raging (storm, etc.)
מִשְׁתָּלָה, מַשְׁתֵּלָה נ. (plant) nursery
מִשְׁתַּמֵט ז. evader; dodger, shirker
מִשְׁתַּמֵעַ (מִ־) (it) implies, implied
מִשְׁתַּמֵשׁ ז. user
מַשְׁתֵּן תו״ז diuretic
מִשְׁתָּנָה, מַשְׁתֵּנָה נ. urinal
מִשְׁתַּנֶּה תו״ז changeable, varying; variable
מַשְׁתַּ״פּ ז. collaborator
מְשַׁתֵּף־פְּעוּלָה ז. collaborator
מִשְׁתַּתֵּף ז. (מִשְׁתַּתְּפִים) מִשְׁתַּתֶּפֶת נ. participant, person taking part
מֵת תו״ז dead (person), deceased
– הַמֵּתִים the dead
מִתְאַבֵּד ז. מִתְאַבֶּדֶת נ. suicide (person)
מְתַאֲבֵן ז. appetizer, hors-d'oeuvres
מִתְאַבֵּק ז. wrestler
מִתְאַגְרֵף ז. boxer
מַתְאִים ת. suitable, appropriate, fit, matching
מִתְבַּגֵּר ז. adolescent
מִתְבּוֹדֵד תו״ז (מִתְבּוֹדֶדֶת) solitary; recluse
מִתְבּוֹלֵל תו״ז (מִתְבּוֹלֶלֶת) assimilated (person), assimilationist
מִתְבּוֹנֵן ז. observer, watcher
מִתְבַּיֵּית ת. (מִתְבַּיֶּיתֶת) homing
מַתְבֵּן ז. hay loft
מִתְבַּקֵּשׁ ת. (מִתְבַּקֶּשֶׁת) called for, obvious
מֶתֶג ז. (מְתָגִים) switch; bit (for horse); bacillus
מִתְדַּיֵּין ז. litigant; discussant
מְתוֹאָם ת. (מְתוֹאֶמֶת) co-ordinated; adjusted
מְתוֹאָר ת. (מְתוֹאֶרֶת) described
מְתוֹאֲרָךְ ת. dated (with date)
מְתוּבָּל ת. (מְתוּבֶּלֶת) seasoned, spiced
מֶתוֹדוֹלוֹגְיָה נ. methodology
מְתוּדְלָק ת. (מְתוּדְלֶקֶת) fueled
מְתוּדְרָךְ ת. (מְתוּדְרֶכֶת) briefed
מְתַוֵּךְ ז. מְתַוֶּכֶת נ. mediator, middleman, broker
– מְתַוֵּךְ־דִּירוֹת real estate agent
מְתוּזְמָן ת. timed
מְתוּזְמָר ת. (מְתוּזְמֶרֶת) orchestrated
מָתוּחַ ת. (מְתוּחָה) tense; tight; stretched
מְתוּחְכָּם ת. (מְתוּחְכֶּמֶת) sophisticated
מְתוּיָּק ת. (מְתוּיֶּקֶת) filed, on file
מִתּוֹךְ מ״י from; out of
מְתוּכְנָן ת. (מְתוּכְנֶנֶת) planned; scheduled
– כַּמְתוּכְנָן as planned
מְתוּכְנָת ת. (מְתוּכְנֶתֶת) programmed
מְתוּלְתָּל ת. (מְתוּלְתֶּלֶת) curly, curled
מְתוּמָן ז. octagon
מְתוּמְצָת ת. summed up, concise
מָתוּן ת. moderate, mild
מְתוּסְבָּךְ ת. (מְתוּסְבֶּכֶת) having complexes
מְתוּסְכָּל ת. (מְתוּסְכֶּלֶת) frustrated
מְתוֹעָב ת. (מְתוֹעֶבֶת) abominable, abhorrent

מ

מְתוֹעָד ת. (מְתוֹעֶדֶת) documented
מְתוֹעָשׁ ת. industrialized
מְתוֹפֵף ז. מְתוֹפֶפֶת נ. drummer
מָתוֹק ת. (מְתוּקָה; מְתוּקִים) sweet
מְתוּקָן ת. (מְתוּקֶנֶת) mended, repaired; amended; corrected
מְתוּרְבָּת ת. (מְתוּרְבֶּתֶת) civilized
מְתוּרְגָּל ת. (מְתוּרְגֶּלֶת) trained, practised
מְתוּרְגָּם ת. (מְתוּרְגֶּמֶת) translated
מְתוּרְגְּמָן ז. interpreter
מָתַח פ״י (לִמְתּוֹחַ) stretch, tighten, pull tight; draw (a line); pull someone's leg
מֶתַח ז. (מְתָחִים) tension; suspense; voltage; horizontal bar
– מֶתַח נַפְשִׁי stress, emotional tension
מִתְחַזֶּה ז. impostor, fake
מַתְחִיל ז. מַתְחִילָה נ. beginner
מִתְחַכֵּם ת. (מִתְחַכֶּמֶת) trying to be clever, wise guy
מִתְחַלֶּה ז. malingerer, feigning illness
מִתְחַלֵּף ת. (מִתְחַלֶּפֶת) alternating, changing
מִתְחָם ז. demarcated area; compound; domain (Internet)
מִתְחַסֵּד ת. (מִתְחַסֶּדֶת) sanctimonious, self-righteous
מִתְחָרֶה ז. (מִתְחָרִים) competitor, rival, contestant
מִתְחַשֵּׁב ת. considerate, thoughtful
מִתַּחַת לְ־ מ״י beneath, under, below; from under(neath)
מָתַי מ״ש When?; when
– לְמָתַי At what time?; For when?
– מָתַי שֶׁ־ whenever
– מִמָּתַי Since when?
– עַד מָתַי Till when?; For how long?
מְתִיחָה נ. stretching; tightening; hoax, practical joke
– מְתִיחַת פָּנִים facelift
מְתִיחוּת נ. tension

מִתְיַוֵּן ז. Hellenist
מִתְיַישֵּׁב ז. (מִתְיַישְּׁבִים) settler
מִתְיַישֵּׁב ת. compatible, consistent (with)
מְתִינוּת נ. moderation, moderateness
מְתִיקָה: דִּבְרֵי מְתִיקָה sweetmeats; candy, sweets
מְתִיקוּת נ. sweetness
מַתִּירָנוּת נ. permissiveness
מַתִּירָנִי ת. permissive
מַתִּישׁ ת. (מַתִּישָׁה) exhausting, enervating
מִתְכַּוֵּן: בְּמִתְכַּוֵּן on purpose, deliberately
מִתְכַּוְונֵן ת. (מִתְכַּוְונֶנֶת) adjustable
מַתְכּוֹן ז. recipe
מַתְכּוֹנֶת נ. pattern, layout; format; mock (exam)
מִתְכַּלֶּה ת. (מִתְכַּלָּה) perishable (goods)
מְתַכְנֵן ז. מְתַכְנֶנֶת נ. planner; designer
מְתַכְנֵת ז. מְתַכְנֶתֶת נ. programmer
מַתֶּכֶת ז. (מַתָּכוֹת) metal
מַתַּכְתִּי ת. metallic, metal (adj.), of metal
מִתְלֶה ז. sling; (coat) hook; (towel) rack; suspension (of vehicle)
מִתְלַהֵם ת. (מִתְלַהֶמֶת) fiery, passionate excited, tub-thumping
מִתְלוֹנֵן ז. complainant, grumbler
מִתְלַמֵּד ז. מִתְלַמֶּדֶת נ. trainee, apprentice; beginner
מִתְלַקֵּחַ ת. (מִתְלַקַּחַת) flammable
מִתְמַחֶה ז. person specializing (in); intern; articled clerk
מָתֵמָטִי ת. mathematical
מָתֵמָטִיקַאי ז. mathematician
מָתֵמָטִיקָה נ. mathematics, math(s)
מַתְמִיד ת. (מַתְמִידָה) constant, persistent; pursuing
מַתְמִיהַּ ת. (מַתְמִיהָה) surprising, puzzling
מִתְמָרֵד ת. rebellious, defiant
מִתְמַשֵּׁךְ ת. (מִתְמַשֶּׁכֶת) continuing, prolonged

מַתָּן ז. giving; gift
– מַתָּן בַּסֵּתֶר anonymous charity
– מַתַּן־תּוֹרָה giving of the Law (at Mt. Sinai)
מִתְנַגֵּד ז. (מִתְנַגְּדִים) opponent; against
מִתְנַדֵּב ז. מִתְנַדֶּבֶת נ. volunteer
מַתָּנָה נ. (מַתְּנַת־) present, gift
– בְּמַתָּנָה as a present/gift
מִתְנַחֵל ז. settler
מַתְנַ״ס ר״ת cultural and sports center, community center
מַתְנֵעַ ז. starter (of vehicle)
מִתְנַקֵּשׁ ז. assassin
מְתַסְכֵּל ת. (מְתַסְכֶּלֶת) frustrating
מַתְעֶה ת. (מַתְעָה) misleading
מִתְעַמֵּל ז. מִתְעַמֶּלֶת נ. gymnast, person doing physical exercises
מִתְפַּלֵּל ז. (מִתְפַּלְּלִים) worshipper (praying)
מִתְפָּרָה, מִתְפֵּרָה נ. sewing workshop
מִתְפָּרֵעַ ז. rioter
מִתְפַּתֵּחַ ת. (מִתְפַּתַּחַת) developing
מִתְפַּתֵּל ת. (מִתְפַּתֶּלֶת) winding, squirming
מִתְקַדֵּם ת. (מִתְקַדֶּמֶת) advanced; progressive
מִתְקוֹמֵם ז. מִתְקוֹמֶמֶת נ. rebel, insurgent
מִתְקַלֵּף ת. (מִתְקַלֶּפֶת) peeling, flaking
מְתַקֵּן ז. מְתַקֶּנֶת נ. repairer, reformer
מְתַקֵּן ת. (מְתַקֶּנֶת) remedial, corrective
מִתְקָן ז. installation, apparatus, device
מִתְקָפָה נ. offensive (n.), attack
מִתְקַפֵּל ת. (מִתְקַפֶּלֶת) collapsible, folding
מִתְקָרֵב ת. (מִתְקָרֶבֶת) approaching
מְתַקְתֵּק ת. (מְתַקְתֶּקֶת) sweetish
מְתַרְגֵּם ז. מְתַרְגֶּמֶת נ. translator
מִתְרוֹמֵם תו״ז (מִתְרוֹמֶמֶת) rising; gay (*taboo*); easy fuck (woman) (*slang*)
מַתְרִים ז. (מַתְרִימִים) fund-raiser
מִתְרַפֵּס ת. (מִתְרַפֶּסֶת) groveling, obsequious
מַתָּת נ. gift, present

נ

נ, ן — *nun* (14th letter of Hebrew alphabet); 50
נָא מ״ק — Please
– נָא לָשֶׁבֶת — Please be seated
נָא ת. — half-cooked, rare
נֶאֱבַד פ״ע (לְהֵיאָבֵד) — be lost, get lost
נֶאֱבַק פ״ע (לְהֵיאָבֵק) — to fight, struggle, wrestle
נֹאד ז. (נֹאדוֹת) — skin, wineskin; fart
– נֹאד נָפוּחַ — pompous ass
נָאֶה ת. (נָאָה; נָאִים; נָאוֹת) — fine (weather); nice; good-looking
נֶאֱהָב ת. נֶאֱהֶבֶת) — beloved
נְאוּם ז. — speech, address
נָאוֹר ת. — enlightened
נָאוֹת ת. — proper, suitable, fitting
נֵאוֹת פ״ע (לְהֵיאוֹת) — be kind enough to, deign, condescend
נֶאֱחַז פ״ע (לְהֵיאָחֵז בּ־) — cling to, grasp at
נאט״ו ר״ת — NATO
נֶאֱטַם פ״ע — be sealed
נָאִיבִי ת. — naive
נָאִיבִיּוּת נ. — naivety, naiveté
נֶאֱכַל פ״ע (לְהֵיאָכֵל) — be eaten
נֶאֱלָח ת. — nasty, sordid
נֶאֱלָם ת. (נֶאֱלֶמֶת) — dumbstruck; silenced
נֶאֱלַץ פ״ע (לְהֵיאָלֵץ) — be forced, be compelled
נָאַם פ״י (לִנְאוֹם) — make a speech
נֶאֱמַד פ״ע — be estimated
נֶאֱמָן תו״ז — faithful, loyal; trusted
נֶאֱמָנוּת נ. — faithfulness, loyalty
– שֶׁלְּךָ בְּנֶאֱמָנוּת — Yours faithfully
נֶאֱמַר פ״ע (לְהֵיאָמֵר) — be said, be told
נֶאֱנַח פ״ע (לְהֵיאָנַח) — to groan, sigh
נֶאֱנַס פ״ע (לְהֵיאָנֵס) — be raped; be forced
נֶאֱנַק פ״ע (לְהֵיאָנֵק) — to groan; moan
נֶאֱסַף פ״ע (לְהֵיאָסֵף) — be collected, be gathered; gather; assemble
נֶאֱסַר פ״ע (לְהֵיאָסֵר) — be arrested, be imprisoned; be forbidden, banned
נָאַף פ״ע (לִנְאוֹף) — commit adultery
נְאָצָה נ. — vituperation, abuse
– מִכְתַּב נְאָצָה — poison-pen letter
נָאצִי תו״ז — Nazi
נֶאֱצָל ת. — noble, sublime, ennobling
נְאָקָה נ. — groan, moan
נָאקָה נ. — female camel
נֶאֱרַג פ״ע — be woven
נֶאֱרַז פ״ע — be packed
נֶאֱשָׁם ז. — (the) accused, defendant
נֶאֱשַׁם בּ־ פ״ע — be accused of
נ.ב. ר״ת — PS
נִבְדַּל פ״ע (לְהִיבָּדֵל) — be different, be distinguished
נִבְדָּל תו״ז (נִבְדֶּלֶת) — separate, different, distinct; offside
נִבְדַּק פ״ע (לְהִיבָּדֵק) — be checked, be examined, be tested
נִבְהַל פ״ע (לְהִיבָּהֵל) — be scared/alarmed
נְבוּאָה נ. — prophecy
נְבוּאִי ת. — prophetic
נָבוּב ת. (נְבוּבָה) — hollow; empty (*figurative*)
נָבוֹךְ ת. (נְבוֹכָה) — embarrassed; baffled
נָבוּל ת. — faded, withered
נָבוֹן ת. (נְבוֹנָה) — sensible, intelligent
נִבְזֶה ת. (נִבְזִית) — mean, nasty
נִבְזוּת נ. — meanness, nastiness
נִבְזַז פ״ע — be looted; be pillaged
נִבְזִי ת. — nasty, mean
נָבַח פ״ע (לִנְבּוֹחַ בּ־, עַל) — to bark
נִבְחָן ז. נִבְחֶנֶת נ. — examinee
נִבְחַן פ״ע (לְהִיבָּחֵן) — be examined, be tested
נִבְחַר פ״ע (לְהִיבָּחֵר) — be chosen, be elected
נִבְחָר תו״ז (נִבְחֶרֶת) — chosen; elected; elected representative
נִבְחֶרֶת נ. — team (in sport)
נֶבֶט ז. (נְבָטִים) — sprout, shoot
– נֶבֶט חִיטָּה — wheat germ
נָבַט פ״ע (לִנְבּוֹט) — germinate, sprout

נָבִיא ז. — prophet
נְבִיאָה נ. — prophetess
נְבִיחָה נ. — barking, bark
נְבֵילָה נ. — carcass, carrion; nasty person
נְבִירָה נ. — burrowing; delving (into)
נֶבֶךְ: נִבְכֵי־ — recesses (of the mind)
נָבַל פ״ע (לִנבּוֹל) — wither, wilt, fade
נָבָל ז. — villain, rascal, scoundrel
נֵבֶל ז. — harp
נְבָלָה נ. — villainy, foul deed
נַבלוּת נ. — villainy, meanness
נִבלַם פ״ע (לְהִיבָּלֵם) — be checked, be stopped; be braked
נִבלַע פ״ע (לְהִיבָּלַע) — be swallowed; be drowned (*figurative*)
נִבנָה פ״ע (לְהִיבָּנוֹת) — be built
נָבַע פ״ע (לִנבּוֹעַ) — to result/stem, derive; gush out; well up
נִבעָר ת. — stupid, ignorant
נִבצַר מ־ פ״ע — be impossible for, cannot
נִבקַע פ״ע (לְהִיבָּקַע) — be split; be penetrated
נָבַר פ״ע (לִנבּוֹר) — to burrow; delve (into)
נִברָא פ״ע — be created
נִברֶשֶׁת נ. (נִברָשׁוֹת) — chandelier
נִגאַל פ״ע — be redeemed, be delivered
נָגַד פ״ע (לִנגוֹד אֶת, ל־) — go against (something); conflict with
נַגָּד ז. — resistor; warrant officer
נֶגֶד מ״י — against; counter-; anti-
נֶגְדִי ת. — contrary, counter, opposite
נִגדַע פ״ע — be cut off, be cut down
נָגוֹז פ״ע — vanish, fade
נָגוּעַ ת. (נְגוּעָה) — infected; contaminated
נִגזַז פ״ע — be cut (hair), be shorn
נִגזַל פ״ע — be robbed
נִגזַר פ״ע (לְהִיגָּזֵר) — be cut; be derived; be sentenced; be decreed
נִגזֶרֶת נ. — derivative
נָגַח פ״י (לִנגּוֹחַ) — to gore, butt; head
נֶגָטִיב ז. — negative (film)
נָגִיד ז. — leader, ruler, governor
– נְגִיד בַּנק יִשׂרָאֵל — the Governor of the Bank of Israel
נָגִיד שֶׁ־ — Let's say
נְגִיחָה נ. — goring; header, heading (soccer)
נְגִינָה נ. — music, playing
– כְּלִי־נְגִינָה — musical instrument
נְגִיסָה נ. — bite, biting
נְגִיעָה נ. — touch, bearing
נָגִיף ז. — virus
נְגִיפִי ת. — viral
נָגִישׁ ת. (נְגִישָׁה) — accessible
נְגִישׁוּת נ. — accessibility
נִגלָה פ״ע (לְהִיגָּלוֹת) — be revealed, appear
נִגמַל פ״ע (לְהִיגָּמֵל) — be weaned
נִגמַר פ״ע (לְהִיגָּמֵר) — be finished
נַגמָ״שׁ ר״ת — APC (armored personnel carrier)
נַגָּן ז. — player (music), musician
נִגנַב פ״ע — be stolen
נִגנַז פ״ע (לְהִיגָּנֵז) — be hidden away, be shelved; be filed away
נָגַס פ״י (לִנגּוֹס בּ־, מ־) — bite into, take a bite of
נָגַע פ. (לִנגּוֹעַ אוֹ לָגַעַת בּ־) — to touch; concern
– בְּנוֹגֵעַ ל־ — concerning, regarding
– נָגַע לְלִיבּוֹ — be touched, be moved
– נוֹגֵעַ בַּדָּבָר — person concerned
נֶגַע ז. — plague (*figurative*)
נִגעַל פ״ע (לְהִיגָּעֵל) — be disgusted
נַגָּר ז. — carpenter
נַגָּרוּת נ. — carpentry
נַגָּרִיָּה נ. — carpenter's workshop
נִגרַם פ״ע (לְהִיגָּרֵם) — be caused
נִגרַר פ״ע (לְהִיגָּרֵר) — be towed; be dragged
נְדָבָה נ. — donation, handout
נִדבָּךְ ז. — layer
נַדבָן ז. נַדבָנִית נ. — philanthropist
נַדבָנוּת נ. — philanthropy
נִדבַּק פ״ע (לְהִידָּבֵק בּ־) — stick (v.i.); contract (disease), be infected (*figurative*); rub off on

נִדבַּר פ״ע (לְהִידָבֵר) arrange (with someone, to do something); talk
נָדַד פ״ע (לִנדוֹד) roam, wander; migrate (birds)
– נָדְדָה שְׁנָתוֹ he couldn't sleep
נִדהַם פ״ע (לְהִידָהֵם) be amazed, be astounded, be stunned
נְדוּדִים ז״ר wandering
– נְדוּדֵי־שֵׁינָה insomnia, sleeplessness
נִדוֹן ר׳ נִידוֹן
נְדוּנְיָה נ. dowry
נָדוֹשׁ ת. (נְדוֹשָׁה) hackneyed, trite, corny
נִדחָה פ״ע (לְהִידָחוֹת) be postponed; be deferred; be rejected
נִדחַף פ״ע (לְהִידָחֵף) be pushed; butt in; press (v.i.)
נִדחַק פ״ע (לְהִידָחֵק) be pushed; squeeze in; be squeezed out (of)
נָדִיב ת. generous, magnanimous
נְדִיבוּת נ. generosity
– נְדִיבוּת־לֵב magnanimity
נְדִידָה נ. wandering; migration (of birds)
נָדִיף ת. volatile
נָדִיר ת. rare; scarce
נְדִירוּת נ. rareness, rarity, scarcity
נָדָל ז. centipede
נִדלֶה: בִּלתִי נִדלֶה inexhaustible
נַדלָ״ן ר״ת נִכסֵי דְלָא־נַיידֵי real estate
נִדלַק פ״ע (לְהִידָלֵק) come on, be lit; catch fire
נָדַם פ״ע fall silent
נִדמָה פ״ע (לְהִידָמוֹת ל־) look like, resemble
– נִדמֶה לִי שֶׁ־ It seems to me that...
נָדָן ז. scabbard, sheath
נִדנֵד ר׳ נִידנֵד
נַדנֵדָה נ. swing, seesaw
נִדנוּד ז. rocking; nagging
נָדַף פ״ע (לִנדוֹף) waft (smell)
– נָדַף רֵיחַ מ־ smell of; smack of
נִדפַּס פ״ע (לְהִידָפֵס) be printed
נִדפַּק פ״ע (לְהִידָפֵק) be conned, be had; be screwed (*slang*)
נִדקַר פ״ע (לְהִידָקֵר) be stabbed; be pricked
נָדַר פ״י (לִנדוֹר) to vow
נֶדֶר ז. (נִדרוֹ; נְדָרִים) vow
נִדרַס פ״ע (לְהִידָרֵס) be run over
נִדרָשׁ ת. (נִדרֶשֶׁת) required
נָהַג פ. (לִנהוֹג אֶת, בּ־) drive (a vehicle); be accustomed to; treat; act; practise
– נָהַג ל־ used to (do something)
נֶהָג, נָהָג ז. driver, motorist
נַהֶגֶת נ. woman driver, motorist
נֶהדַף פ״ע be repelled, be pushed back
נֶהדָר ת. (נֶהדֶרֶת) wonderful, terrific
נָהָה פ״י (לִנהוֹת אַחֲרֵי) follow, be drawn to
נָהוּג ת. customary, usual; driven (by)
נְהִיגָה נ. driving
נִהיָה פ״ע be made; become; turn into
נְהִימָה נ. growl, purr, snarl
נְהִירָה נ. streaming, flocking
נְהָלִים ר׳ נוֹהַל procedures
נָהַם פ״ע (לִנהוֹם) to growl, purr, snarl
נֶהֱנָה פ״ע (לֵיהָנוֹת מ־) enjoy; benefit from
נֶהֱנְתָנוּת נ. hedonism
נַהֲפוֹךְ הוּא תה״פ on the contrary
נֶהפַּךְ פ״ע (לְהֵיהָפֵךְ) be turned over; become; turn into; turn around
נָהַר פ״ע (לִנהוֹר) to flock, stream; shine
נָהָר ז. (נְהָרוֹת) river
נֶהֱרַג פ״ע (לְהֵיהָרֵג) be killed
נֶהֱרַס פ״ע (לְהֵיהָרֵס) be destroyed, be ruined
נוּ מ״ק Come on!; Well?, So?
נוֹאָל ת. (נוֹאֶלֶת) foolish, stupid
נוֹאֵם ז. נוֹאֶמֶת נ. orator; speaker
נוֹאֵף ז. adulterer
נוֹאֶפֶת נ. adulteress
נוֹאָשׁ ת. (נוֹאֶשֶׁת) desperate, hopeless
– נוֹאָשׁוֹת desperately

נוֹאַשׁ פ״ע (לְהִיוָואֵשׁ) — be desperate; despair

נוֹבֶמְבֶּר ז. — November

נוֹבֵעַ ת. (נוֹבַעַת) — welling up, gushing out; stemming; resulting; deriving

נוֹגֵד ת. (נוֹגֶדֶת) — contrasting; contrary, against; conflicting

נוֹגְדָן ז. — antibody

נוּגֶה ת. — sad, melancholy

נוֹגַהּ ז. — Venus

נוֹדֵד ז. נוֹדֶדֶת נ. — wanderer, nomad

– חולות נוֹדְדִים — shifting sands

– צִיפּוֹרִים נודדות — migratory birds

נוּדְנִיק ז. — nuisance (person), nudnik

נוֹדָע ת. (נוֹדַעַת) — well-known, famous

נוֹדַע פ״ע (לְהִיוָודַע) — become known, learn

נוֹהַג ז. — practice; custom; manner

נוֹהַל ז. (נְהָלִים) — procedure

נוֹהַל פ״ע — be managed, be run, be conducted

נַוָּד ז. — nomad; tramp

נָוֶה ז.

– נְוֵה־מִדבָּר — oasis

נַוָּט ז. — navigator

נוֹזֵל ז. — fluid; liquid

נוֹזְלִי ת. — liquid

נוֹחַ ת. (נוֹחָה) — comfortable; convenient; easy; mild (weather); easy going

– עֲמוֹד נוֹחַ! — (Stand) at ease!

נוחוּת נ. — convenience; ease, comfort

– אִי־נוחוּת — uneasiness, discomfort

– בְּנוחוּת — comfortably

נוֹחִיּוּת נ. — comfort; convenience; W.C.

נוֹטֶה ת. (נוֹטָה) — tending, inclined to; leaning

נוֹטַרְיוֹן ז. — notary

נוּטְרַל פ״ע — be neutralized

נוֹי ז. — beauty; ornament

– עֲצֵי־נוֹי — ornamental trees

נוּכָּה פ״ע — be deducted

נוֹכַח פ״ע (לְהִיוָוכַח) — realize, learn (that)

נוֹכֵחַ ת. (נוֹכַחַת) — present (at)

נוֹכַח מ״י — in the face of; in view of

– לְנוֹכַח — in view of; in the face of

נוֹכחוּת נ. — presence, attendance

נוֹכְחִי ת. — present, current

נוֹכֵל ז. — swindler, con man, rogue

נוֹכְרִי ז. — foreigner, stranger; gentile

נוֹלַד פ״ע (לְהִיוָולֵד) — be born

נוֹלָד ת. (נוֹלֶדֶת) — new-born

– רָאָה אֶת הַנּוֹלָד — foresee the future, anticipate it

נוֹמִינָלִי ת. — nominal

נוֹסַד פ״ע (לְהִיוָוסֵד) — be founded, be established

נוּסָּה פ״ע — be tried, be tested

נוּסַח, נוֹסַח ז. — wording; text; version (of text)

נוּסְחָה נ. (נוּסְחָאוֹת) — formula

נוֹסטַלְגִי ת. — nostalgic

נוֹסטַלגְיָה נ. — nostalgia

נוֹסֵעַ ז. (נוֹסעִים) — passenger; traveler

נוֹסָף ת. (נוֹסֶפֶת) — additional, extra, another

– בְּנוֹסָף לְ־ — in addition to

– נוֹסָף עַל — in addition to

– שָׁעוֹת נוֹסָפוֹת — overtime

נוֹעַד פ״י (לְהִיוָועֵד) — be intended (for); meet, come together

נוֹעָז ת. (נוֹעֶזֶת) — bold, daring

נוֹעַם ז. — grace; pleasantness

– נוֹעַם הֲלִיכוֹת — suavity, urbanity

נוֹעַץ פ״י (לְהִיוָועֵץ בּ־) — consult (with)

נוֹעַר ז. — (the) youth, juvenile-

– בְּנֵי־נוֹעַר — youths; young people

נוֹף ז. — landscape, view; scenery

נוּפָּה פ״ע — be sifted; be eliminated; be debugged

נוּפַּח פ״ע — be inflated, be blown out of proportion

נוֹפֶךְ ז. — turquoise; garnet; touch, flavor, color (*figurative*)

נוֹפֵף פ״י (לְנוֹפֵף) — wave

נוּפַּץ פ״ע — be shattered, be smashed

נוֹפֶשׁ ז. — vacation, holiday

נוֹפֵשׁ ז. (נוֹפְשִׁים) — vacationer, holiday-maker

נוֹצָה נ. feather
נוּצַח פ״ע be beaten, be defeated
נוּצַל פ״ע be exploited; made good use of
נוֹצֵץ ת. (נוֹצֶצֶת) shining, sparkling
נוֹצַר פ״ע (לְהִיוָצֵר) be created, be formed
נוֹצְרִי תו״ז נוֹצְרִיָּה נ. Christian
נוֹקְאוּט ז. knockout
נוֹקֵב ת. (נוֹקֶבֶת) penetrating (gaze); incisive
נוּקָה פ״ע be cleaned; be cleared (of guilt)
נוּקַז פ״ע be drained
נוֹקֵר ז. firing-pin, cock
נוּקְשֶׁה ת. (נוּקְשָׁה) hard, stiff, rigid
נוּקְשׁוּת נ. rigidity, stiffness; inflexibility
נוֹרָא ת. תה״פ terrible; awful, dreadful; terribly (*colloquial*)
– הַיָּמִים הַנּוֹרָאִים the High Holidays
נוֹרָאִי ת. terrible; horrible, awful
נוֹרְבֶגְיָה, נוֹרְוֶגְיָה נ. Norway
נוֹרָה פ״ע be shot
נוּרָה נ. light bulb
נוּרִית ת. (נוּרִיּוֹת) buttercup, ranunculus; (red, etc.) light
נוֹרְמָה נ. norm; quota
נוֹרְמָלִי ת. normal
– לֹא נוֹרְמָלִי abnormal; terrific (*slang*)
נוֹרְמָלִיזַצְיָה נ. normalization
נוֹשֵׂא ז. issue, subject, theme, topic
נוֹשֵׂא ז. נוֹשֵׂאת נ. carrier, bearer
– נוֹשֵׂא־דֶּגֶל flag-bearer
– נוֹשֵׂא־כֵּלִים armor-bearer; right-hand man
– נוֹשֵׂאת מְטוֹסִים aircraft-carrier
נוֹשֶׁה ז. (נוֹשִׁים) creditor
נוּשַׁל פ״ע be dispossessed
נוֹשָׁן ת. old, antiquated
נוֹשַׁע פ״ע (לְהִיוָשַׁע) be redeemed, be saved
נוּתַּח פ״ע be operated on; be analyzed
נוּתַּץ פ״ע be smashed, be shattered
נוּתַּק פ״ע (לְהִינָּתֵק) be disconnected; be severed; be cut off
נוֹתָר ת. (נוֹתֶרֶת) remaining, left over
נוֹתַר פ״ע (לְהִיוָּתֵר) remain, be left over
נִזְהַר פ״ע (לְהִיזָּהֵר) take care, be careful
נָזוּף ת. reprimanded, rebuked
נָזִיד ז. stew
– בִּנְזִיד עֲדָשִׁים (sell) for next to nothing
נָזִיל ת. liquid, fluid
נְזִילָה נ. flowing; leakage, leak
נְזִילוּת נ. liquidity, fluidity
נְזִיפָה נ. reprimand, rebuke
נְזִיקִים, נְזִיקִין ז״ר damages, torts
נָזִיר ז. monk, friar
נְזִירָה נ. nun
נִזְכַּר פ״י (לְהִיזָּכֵר בּ־) remember, recall; be mentioned
– נִזְכַּר לְעֵיל [לְמַעְלָה] above-mentioned
נָזַל פ״ע (לִנְזוֹל) flow; drip, leak
נַזֶּלֶת נ. catarrh; cold
נֶזֶם ז. nose ring
נִזְעָם ת. (נִזְעֶמֶת) angry, furious
נָזַף פ״י (לִנְזוֹף בּ־) reprimand, rebuke, scold
נֵזֶק ז. (נְזָקִים; נִזְקֵי־) damage, harm; injury
נִזְקַף פ. (לְהִיזָּקֵף)
– נִזְקַף לִזְכוּתוֹ be credited; have to his credit
– נִזְקַף לְחוֹבָתוֹ be debited; be held against him
נִזְקַק פ״י (לְהִיזָּקֵק ל־) need, be in need of
נִזְקָק תו״ז (נִזְקֶקֶת) in need; needy
נֵזֶר ז. diadem; tiara
נִזְרַע פ״ע be sown
נִזְרַק פ״ע (לְהִיזָּרֵק) be thrown
נָח פ״ע (לָנוּחַ) to rest
נֶחְבָּא ת. (נֶחְבֵּאת) hidden
– נֶחְבָּא אֶל הַכֵּלִים shy and retiring

נ

נֶחְבַּט פ״ע bang (your head, etc.)
נֶחְבַּל פ״ע be injured
נֶחְבַּשׁ פ״ע be bandaged
נֶחְגַּג פ״ע be celebrated
נָחוּץ ת. תה״פ necessary, essential, required
נָחוּשׁ ת. (נְחוּשָׁה) firm
– הַחְלָטָה נְחוּשָׁה determination
– נָחוּשׁ בְּדַעְתּוֹ be determined
נְחוֹשֶׁת נ. copper
נָחוּת ת. (נְחוּתָה) inferior; low
נֶחְטַף פ״ע be kidnapped; be hijacked; be grabbed
נְחִיל ז. shoal (of fish); swarm (of bees)
נְחִיצוּת נ. urgent need, necessity
נְחִיר ז. (נְחִירַיִים) nostril; nozzle
נְחִירָה נ. snore, snoring
נְחִירַיִים ז״ז nostrils
נְחִישׁוּת נ. determination, resoluteness
נְחִיתָה נ. landing
– נְחִיתַת־אוֹנֶס forced landing
נְחִיתוּת נ. inferiority
נָחַל פ״י (לִנחוֹל) inherit (*literary*); obtain, have
– נָחַל אַכְזָבָה suffer a disappointment
– נָחַל מַפָּלָה suffer a defeat
נַחַל ז. (נְחָלִים) stream, brook, river
נַחַ״ל ר״ת *Nahal* (Israeli army unit whose soldiers also work in settlements)
נַחְלָאִי ז. (נַחְלָאִים) soldier in *Nahal*
נַחֲלָה נ. heritage; patrimony, land (inherited)
– נַחֲלַת הֶעָבָר a thing of the past
נַחְלִיאֵלִי ז. wagtail
נֶחֱלַץ פ״ע (לְהֵיחָלֵץ) extricate oneself, escape; be ready (for action)
– נֶחֱלַץ לְעֶזְרַת־ come to his help
נֶחֱלַשׁ פ״ע (לְהֵיחָלֵשׁ) grow weak; be weakened; die down
נֶחְמָד ת. (נֶחְמָדָה) lovely, nice, cute
נֶחָמָה נ. comfort, consolation, solace

נֶחֱנַךְ פ״ע be inaugurated; be dedicated (house, etc.)
נֶחֱנַק פ״ע (לְהֵיחָנֵק) be strangled; suffocate, choke (v.i.)
נֶחֱסַךְ פ״ע be saved (money, time, etc.); be spared
נֶחֱסַם פ״ע be closed; be blocked
נֶחְפַּז פ״ע (לְהֵיחָפֵז) hasten, rush
נֶחְפָּז ת. (נֶחְפֶּזֶת) hasty, rash
נֶחְפַּר פ״ע be dug, be excavated
נֶחְקַק פ״ע be engraved; be legislated
נֶחְקַר פ״ע (לְהֵיחָקֵר) be investigated; be studied; be explored
נָחַר פ״ע (לִנחוֹר) to snore; snort
נֶחֱרַב פ״ע (לְהֵיחָרֵב) be destroyed, be ruined
נֶחֱרַד פ״ע be alarmed; be appalled
נַחֲרָה נ. snore; snort
נֶחֱרַט פ״ע (לְהֵיחָרֵט) be engraved
נֶחֱרַךְ פ״ע be scorched, be singed
נֶחֱרָץ ת. (נֶחֱרֶצֶת) determined, decided, final, decisive
נֶחֱרָצוֹת תה״פ decidedly, categorically
נָחָשׁ ז. snake
נֶחְשַׁב פ״ע (לְהֵיחָשֵׁב) be considered
נֶחְשַׁד פ״ע (בּ־) be suspected (of)
נַחְשׁוֹל ז. huge wave; surge (*figurative*)
נַחְשׁוֹנִי ת. daring; pioneering; serpentine
נֶחְשָׁל ת. (נֶחְשֶׁלֶת) backward
נֶחְשָׁלוּת נ. backwardness
נֶחְשַׂף פ״ע be exposed; be revealed; be unearthed
נֶחְשָׁק ת. desirable
נָחַת פ״ע (לִנחוֹת) to land; descend
נַחַת נ. satisfaction, pleasure
– בְּנַחַת leisurely, easy (adv.)
נָחָת ז. (נָחָתִים) marine (soldier)
נַחְתּוֹם ז. baker (*literary*)
– אֵין הַנַּחְתּוֹם מֵעִיד עַל עִיסָּתוֹ
self-praise is no recommendation
נֶחְתַּךְ פ״ע (לְהֵיחָתֵךְ) be cut
נֶחְתַּם פ״ע (לְהֵיחָתֵם) be signed; be sealed

נַחֶתֶת נ. landing craft
נ״ט ר״ת anti-tank
נִטבַּח פ״ע be massacred, be slaughtered
נָטָה פ. (לִנטוֹת) tend; turn
נֶטוֹ ז. net (income, etc.)
נָטוּי ת. slanting, leaning
– קַו נָטוּי slash, backslash
נְטוּל־ without, devoid of
נָטוּעַ ת. (נְטוּעָה) planted
נָטוּשׁ ת. (נְטוּשָׁה) abandoned, deserted
נִטחַן פ״ע be ground, be milled
נְטִיָה, נְטִיָיה נ. inclination, tendency, propensity; inflection (gram.)
נְטִילַת־יָדַיִים washing your hands
נְטִיעָה נ. planting; seedling
נָטִיף ז. (נְטִיפִים) stalactite
נְטִישָׁה נ. abandonment, abandoning
נָטַל פ״י (לִיטוֹל) take
נֶטֶל ז. burden, load
נִטמַן פ״ע (לְהִיטָמֵן) be hidden away; be buried
נִטמַע פ״ע (לְהִיטָמַע) assimilate (into)
נָטַע פ״י (לִנטוֹעַ אוֹ לָטַעַת) to plant
נִטעֶנֶת ת. rechargeable (battery)
נָטַף פ. (לִנטוֹף) to drip
נִטפַּל פ״ע (לְהִיטָפֵל אֶל־) cling to (someone) like a leech; pick on (someone)
נָטַר פ״ע (לִנטוֹר) bear a grudge
נִטרֵל ר׳ נִיטרֵל neutralize
נִטרַף פ״ע (לְהִיטָרֵף) be eaten as prey, be devoured; be wrecked (ship)
– נִטרְפָה דַעתּוֹ go mad
נִטרַק פ״ע (לְהִיטָרֵק) be slammed
נָטַשׁ פ״י (לִנטוֹשׁ) to desert, abandon
נֵיאוֹ־ neo-
נֵיאוֹן ז. neon
נִיאוּף ז. adultery
נִיב ז. dialect, idiom, phrase, expression; fang; canine tooth
נִיבֵּא פ״י (לְנַבֵּא) prophesy, predict; bode
נִיבּוּי ז. prediction, foretelling

נִיבּוּל: נִיבּוּל־פֶּה obscene language; obscenity
נִיבֵּל פ״י (לְנַבֵּל): נִיבֵּל פִּיו use foul (obscene) language
נִיגֵב פ״י (לְנַגֵב) wipe (dry), dry
נִיגוּב ז. wiping (dry), drying, rub
נִיגוּד ז. contrast; conflict, clash
– בְּנִיגוּד לְ־ in contrast to; contrary to; against
– נִיגוּד אִינטֶרֶסִים conflict of interests
נִיגוּחַ ז. butting, goring; attack, verbal assault
נִיגוּן ז. melody, tune; playing (music)
נִיגַח, נִיגֵחַ פ״י (לְנַגֵחַ) gore, butt; attack, criticize
נִיגֵן פ. (לְנַגֵן אֶת, בְּ־) play (music)
נִיגַר פ״ע (לְהִינָגֵר) pour (v.i.), flow down
נִיגַשׁ פ״ע (לָגֶשֶׁת) to approach, come up to
– נִיגַשׁ (יָשָׁר) לָעִניָין come to the point, get down to business
נִידֵב פ״י (לְנַדֵב) donate; volunteer (something)
נִידָה פ״י (לְנַדוֹת) excommunicate, ostracize
נִידָה נ. menstruation
נִידוּי ז. excommunication, ostracism
נִידוֹן ת. sentenced, condemned; under discussion
– בַּנִידוֹן on this matter (in question)
– הַנִידוֹן under discussion; re
נִידָח ת. (נִידַחַת) remote, far-flung; out-of-the-way
נִידנֵד פ״ע (לְנַדנֵד) to rock, swing; nag
נִידנוּד ז. rocking; nagging, nattering
נִיהוּל ז. management, conduct, running, control
נִיהוּלִי ת. managerial
נִיהֵל פ״י (לְנַהֵל) manage, run, direct, conduct; keep (accounts, etc.)
נִיוּאַנסִים ז״ר nuances
נִיוּד ז. fluctuation, floating (the currency)
נִיוּוּט ז. navigation

נִיוֵוט פ״י (לְנַוֵוט) navigate, steer
נִיוּוּן ז. degeneration; atrophy
נִיוֵון פ״י (לְנַוֵון) to atrophy, cause to degenerate
נִיזוֹן פ״ע נִיזוֹן מ־ feed on
נִיזוֹק פ״ע (לְהִינָּזֵק) be damaged, be harmed
נִיחָא תה״פ Very well; All right; So be it!
נִיחוֹחַ ז. fragrance, aroma
נִיחוּם ז. consolation
נִיחוּשׁ ז. guess, guesswork, divination
נִיחוּתָא: בְּנִיחוּתָא gently, leisurely calmy, tranquilly
נִיחֵם פ״י (לְנַחֵם) to comfort; console
נֵיחַן פ״ע (בּ־) be endowed (with), be blessed (with)
נִיחָר ת. hoarse (throat)
נִיחֵשׁ פ״ע (לְנַחֵשׁ) to guess; divine
נִיטוּר ז. monitoring
נִיטַל פ״ע be removed
נִיטַע פ״ע be planted
נִיטרֵל פ״י (לְנַטרֵל) neutralize
נֵיטרָלִי ת. neutral
נֵיטרָלִיוּת נ. neutrality
נִיטַשׁ פ״ע (לְהִינָּטֵשׁ) rage (battle, struggle)
נִייֵד פ״י (לְנַייֵד) float (currency)
נַיָּד ת. (נַיֶּדֶת) movable, mobile, portable
נַיָּדוּת נ. mobility
נַיֶּדֶת נ. van
– נַיֶּדֶת מִשׁטָרָה police van, patrol car
נַיָּח ת. (נַיַּחַת) static, stationary, immobile
נַיילוֹן ז. nylon; plastic bag
נְייָר ז. (נְייָרוֹת) paper
– נְייַר־זְכוּכִית sandpaper
– נְייַר כֶּסֶף (tin) foil
– נְייָר רָצִיף continuous paper
– נְייָרוֹת־עֵרֶךְ securities
נַיֶּירֶת נ. paperwork, red tape
נִיכָּה פ״י (לְנַכּוֹת) deduct
נִיכּוּי ז. deduction
– נִיכּוּי (מַס) בְּמָקוֹר deduction at source
נִיכּוּר ז. alienation, estrangement
נִיכָּר ת. (נִיכֶּרֶת) considerable; marked
נִיכֵּשׁ פ״י (לְנַכֵּשׁ) to weed
נִימָה נ. hair, thread; tone, note, vein (*figuratve*)
נִימוֹל ת. circumcised
נִימוּס ז. (נִימוּסִים, נִימוּסִין) politeness, courtesy, good manners
– בְּנִימוּס politely, courteously
– חֲסַר נִימוּס impolite, rude
נִימוּסִי ת. polite, courteous
נִימוּק ז. reason, argument (for, against)
נִימִים ז״ר capillaries
נִימנוּם ז. doze; nap
נִימנֵם פ״ע (לְנַמנֵם) to doze, drowse
נִימפָה נ. nymph
נִימפוֹמָנִית נ. nymphomaniac
נִימֵק פ״י (לְנַמֵק) give reasons, argue
נִין ז. great-grandson
נִינָה נ. great-granddaughter
נִינוֹחַ ת. (נִינוֹחָה) relaxed, at ease
נִיסָּה פ. (לְנַסּוֹת) to attempt, try; test
נִיסוּחַ ז. formulation, phrasing, wording
נִיסוּי ז. experiment, test
– נִיסוּי וטָעִיָּיה trial and error
נִיסוּיִי ת. experimental
נִיסוּר ז. sawing
נִיסַח, נִיסֵחַ פ״י (לְנַסֵחַ) formulate, draft, to phrase, draw up
נִיסִי ת. miraculous
נִיסָּיוֹן ז. (נִיסיוֹנוֹת) attempt, trial; experience; test
– בַּעַל־נִיסָּיוֹן experienced
נִיסִים ר׳ נֵס
נִיסָן ז. *Nissan* (month in Hebrew calendar, March–April)
נִיסֵר פ. (לְנַסֵר) to saw
ני״ע ר״ת נְייָרוֹת־עֵרֶךְ securities
נִיעוּר ז. shaking out; shaking up

נ

shaking, swaying; tossing — נִיענוּעַ ז.
shake, sway, toss — נִיעֲנַע פ״י (לְנַעֲנֵעַ)
shake out, shake up — נִיעֵר פ״י (לְנַעֵר)
to sift; debug; eliminate, screen out, weed out, drop — נִיפָּה פ״י (לְנַפּוֹת)
inflating, puffing up; blowing (something) out of proportion — נִיפּוּחַ ז.
sifting; selecting; debugging; elimination, screening out — נִיפּוּי ז.
shattering, smashing — נִיפּוּץ ז.
issue, issuing — נִיפּוּק ז.
inflate; puff up; blow out of proportion; blow (glass) — נִיפַּח, נִיפֵּחַ פ״י (לְנַפֵּחַ)
waving; brandishing — נִיפְנוּף ז.
to wave; brandish — נִיפְנֵף פ״י (לְנַפְנֵף)
shatter, smash — נִיפֵּץ פ״י (לְנַפֵּץ)
to issue (equipment) — נִיפֵּק פ״י (לְנַפֵּק)
upright, perpendicular; police superintendent; extra (in films) — נִיצָב תו״ז
to stand, be faced (with), face — נִיצַב פ״ע
conducting (orchestra, etc.) — נִיצּוּחַ ז.
exploitation; utilization — נִיצּוּל ז.
survivor — נִיצוֹל ז. נִיצוֹלָה נ.
spark — נִיצוֹץ ז. (נִיצוֹצוֹת)
win, overcome; defeat; conduct (orchestra) — נִיצַח, נִיצֵּחַ פ. (לְנַצֵּחַ)
victory, triumph; win (in sport) — נִיצָּחוֹן ז. (נִצחוֹנוֹת)
hawkish — נִיצִי ת.
survive; be rescued, be saved — נִיצַל פ״ע (לְהִינָּצֵל)
exploit; utilize, take advantage, tap; abuse — נִיצֵּל פ״י (לְנַצֵּל)
seize the opportunity — נִיצֵּל אֶת הַהִזדַמנוּת –
bud — נִיצָּן ז.
sparkle, twinkle; flash (*figurative*) — נִיצנוּץ ז.
sparkle, twinkle; flash (through your mind) — נִיצנֵץ פ״ע (לְנַצנֵץ)

safety catch — נִיצְרָה נ.
to punch (holes), pierce; slash (tyres) — נִיקֵב פ״י (לְנַקֵב)
to dot; vocalize (point with vowels) (Hebrew text) — נִיקֵד פ״י (לְנַקֵד)
to clean; clear (of blame) — נִיקָה פ״י (לְנַקוֹת)
perforation, punching — נִיקוּב ז.
dotting; vocalization (Hebrew vowels); score (in points) — נִיקוּד ז.
drainage, draining — נִיקוּז ז.
nicotine — נִיקוֹטִין ז.
cleaning; clearing (of blame) — נִיקוּי ז.
dry cleaning — נִיקוּי יָבֵשׁ –
to drain — נִיקֵז פ״י (לְנַקֵז)
cleanliness, cleanness — נִיקָיוֹן ז.
to peck; gouge out — נִיקֵר פ״י (לְנַקֵר)
stainless steel — נִירוֹסְטָה נ.
normalization — נִירמוּל ז.
normalize — נִירמֵל פ״י (לְנַרמֵל)
be carried, be borne; be raised; get married — נִישָּׂא פ״ע (לְהִינָּשֵׂא)
marriage, wedlock — נִישּׂוּאִים, נִישּׂוּאִין ז״ר
get married — בָּאוּ בִּברִית־הַנִישּׂוּאִין –
civil marriage — נִישּׂוּאִים אֶזרָחִיִים –
dispossession, disinheritance — נִישּׁוּל ז.
taxpayer (assessed) — נִישׁוֹם ז. (נִישׁוֹמִים)
dispossess, disinherit — נִישֵּׁל פ״י (לְנַשֵּׁל)
to munch, nosh — נִישנֵשׁ פ״י (לְנַשנֵשׁ)
to kiss — נִישֵּׁק פ״י (לְנַשֵּׁק אֶת, ל־)
to route, direct — נִיתֵּב פ״י (לְנַתֵּב)
routing — נִיתּוּב ז.
operation, surgery; analysis — נִיתּוּחַ ז.
post mortem, autopsy — נִיתּוּחַ לְאַחַר הַמָּוֶות –
plastic surgery — נִיתּוּחַ פְּלַסטִי –
C-section, caesarean — נִיתּוּחַ קֵיסָרִי –
smashing, shattering — נִיתּוּץ ז.
breaking off, severing; disconnecting; isolation; separation — נִיתּוּק ז.
jump, hopping — נִיתּוּר ז.

be sprayed, squirt, spatter (v.i.) — נִיתַז פ״ע (לְהִינָתֵז)
operate on; analyze — נִיתֵּחַ פ״י (לְנַתֵּחַ)
pour down, pelt down — נִיתַּךְ פ״ע (לְהִינָתֵךְ)
be given; be possible — נִיתַּן פ״ע (לְהִינָתֵן)
smash, shatter — נִיתֵּץ פ״י (לְנַתֵּץ)
be cut off, be severed; be disconnected — נִיתַּק פ״ע (לְהִינָתֵק)
break off, sever; cut off; disconnect — נִיתֵּק פ״י (לְנַתֵּק)
to jump, leap, hop — נִיתֵּר פ״ע (לְנַתֵּר)
respected, notable honorable; distinguished — נִכְבָּד ת. (נִכְבֶּדֶת)
Dear Sir — נִכְבָּדִי –
be extinguished, go out (light) — נִכְבָּה פ״ע (לְהִיכָּבוֹת)
be conquered, be occupied — נִכְבַּשׁ פ״ע
grandson — נֶכֶד ז. (נֶכְדּוֹ, נְכָדִים)
granddaughter — נֶכְדָּה נ.
disabled, handicapped — נָכֶה ת. (נְכֵה־; נָכָה; נָכִים)
war disabled — נְכֵה־מִלְחָמָה –
be burned, be scalded — נִכְוָה פ״ע (לְהִיכָּווֹת)
correct, right, true; ready, willing; correctly — נָכוֹן ת. תה״פ (נְכוֹנָה)
readiness; willingness, correctness, accuracy — נְכוֹנוּת נ.
disability, handicap — נָכוּת נ.
attend, be present — נָכַח פ״ע (נוֹכֵחַ)
be wiped out, become extinct — נִכְחַד פ״ע (לְהִיכָּחֵד)
be imprisoned, locked in — נִכְלָא פ.
be included — נִכְלַל פ״ע (לְהִיכָּלֵל)
ashamed, embarrassed — נִכְלָם ת. (נִכְלֶמֶת)
come in, enter — נִכְנַס פ״ע (לְהִיכָּנֵס)
interrupt (him) — נִכְנַס לִדְבָרָיו –
get pregnant — נִכְנְסָה לְהֵרָיוֹן –
surrender, give in — נִכְנַע פ״ע (לְהִיכָּנַע)
asset; property — נֶכֶס ז. (נְכָסִים)
real estate — נִכְסֵי דְלָא־נָיְידֵי (=נדל״ן) –
assets of permanent value — נִכְסֵי צֹאן בַּרְזֶל –
longed for, desired — נִכְסָף ת. (נִכְסֶפֶת)
be compelled; be imposed on — נִכְפָּה פ״ע
foreign land — נֵכָר: אַדְמַת־נֵכָר
be twisted around (something) — נִכְרַךְ פ״ע (בּ־)
be cut off; be contracted (alliance) — נִכְרַת פ״ע (לְהִיכָּרֵת)
fail — נִכְשַׁל פ״ע (לְהִיכָּשֵׁל)
failed; Fail (grade) — נִכְשָׁל תו״ז (נִכְשֶׁלֶת)
be written — נִכְתַּב פ״ע (לְהִיכָּתֵב)
weary, fatigued — נִלְאֶה ת. (נִלְאֵית)
tireless, indefatigable — בִּלְתִּי נִלְאֶה –
enthusiastic; ardent — נִלְהָב ת. (נִלְהֶבֶת)
accompanying; related — נִלְוֶה ת. (נִלְוֵית)
accompany, go with — נִלְוָה פ״י (לְהִילָווֹת)
perverse, crooked — נָלוֹז ת. (נְלוֹזָה)
to fight, wage war — נִלְחַם פ״ע (לְהִילָּחֵם עִם, בּ־)
be pressed; get into a fuss, fret (*colloquial*) — נִלְחַץ פ״ע (לְהִילָּחֵץ)
be captured; be trapped — נִלְכַּד פ״ע (לְהִילָּכֵד)
be studied; be learnt — נִלְמַד פ״ע
ridiculous, laughable — נִלְעָג ת. (נִלְעֶגֶת)
be taken — נִלְקַח פ״ע (לְהִילָּקַח)
anti-aircraft — נ״מ ר״ת נֶגֶד־מְטוֹסִים
to sleep, slumber; drowse — נָם פ״ע (לָנוּם)
tire of — נִמְאַס פ״ע (לְהִימָּאֵס עַל)
be fed up (with), be sick of — נִמְאַס לוֹ (מ־) –
be measured; be gauged — נִמְדַּד פ״ע (לְהִימָּדֵד)
hasty, rash, impetuous — נִמְהָר ת. (נִמְהֶרֶת)
vanish, fade (away) — נָמוֹג פ״ע (לְהִימּוֹג)
low; short (in stature); low lying — נָמוּךְ ת.
short (in stature) — נְמוּךְ־קוֹמָה –

נ

נָמוֹשָׁה נ. (נָמוֹשׁוֹת) weakling, wimp
נִמחַה פ״ע be erased; be wiped out
נִמחַל פ״ע be forgiven
נִמחַץ פ״ע (לְהִימָחֵץ) be crushed
נִמחַק פ״ע (לְהִימָחֵק) be erased, be rubbed out
נִמכַּר פ״ע (לְהִימָכֵר) be sold
נָמָל, נָמֵל ז. (נְמָלִים אוֹ נְמֵלִים) harbor, port
נִמלָא פ״ע be filled (with)
נְמָלָה נ. (נְמָלִים) ant
נִמלַט פ״ע (לְהִימָלֵט) to escape, flee
נִמלָט תו״ז (נִמלֶטֶת) escaped; escapee
נִמלַךְ בְּדַעתוֹ (לְהִימָלֵךְ) think it over, reconsider it
נִמנָה פ״ע (לְהִימָנוֹת) be counted
נִמנוּם ז. doze, nap
נִמנֵם פ״ע (לְנַמנֵם) to doze, drowse
נִמנַע פ״ע (לְהִימָנַע מ־) avoid; refrain from; be prevented; abstain
נִמנָע ת. (נִמנַעַת) abstaining
– בִּלתִי־נִמנָע inevitable, unavoidable
– לֹא מִן הַנִמנָע it's quite possible
– נִמנָעִים abstentions (in vote)
נָמַס פ״ע (לְהִימֵס) melt, thaw
נִמסַר פ״ע (לְהִימָסֵר) be delivered, be handed over; be reported
נִמעַךְ פ״ע (לְהִימָעֵךְ) be squashed, be crushed
נִמעָן ז. נִמעֶנֶת נ. addressee
נִמצָא פ״ע (לְהִימָצֵא) be found; exist, be
נֶמֶק ז. gangrene
נָמַק פ״ע (לְהִימֵק) to rot, decay; pine (away), waste away
נָמֵר ז. tiger, leopard
נְמֵרָה נ. tigress, leopardess
נִמרַח פ״ע (לְהִימָרַח) be spread; be smeared
נִמרָץ ת. (נִמרֶצֶת) dynamic, vigorous, energetic, brisk
– טִיפּוּל נִמרָץ intensive care
– נִמרָצוֹת forcefully, strongly
נֶמֶשׁ ז. (נְמָשִׁים) freckle
נִמשָׁה פ״ע be drawn out (from water)
נִמשַׁח פ״ע be anointed, be smeared
נִמשַׁךְ פ״ע (לְהִימָשֵׁךְ) continue; last; be drawn, be attracted; be withdrawn (money)
נִמשָׁל ז. moral (of a fable); object of comparison, analogy
נִמתַח פ״ע (לְהִימָתַח) be stretched; be tightened
נַנִיחַ let us suppose, let's say
נִנזַף פ״ע (לְהִינָזֵף) be rebuked, be reprimanded
נַנָס ז. נַנֶסֶת נ. dwarf, midget
נַנָסִי ת. dwarfish; midget
נִנעַל פ״ע (לְהִינָעֵל) be locked; be adjourned, be closed (meeting)
– נִנעַל עַל lock on to
נִנעַץ פ״ע (לְהִינָעֵץ) be stuck into
נִנקַט פ״ע be taken (measures, etc.)
נָס פ״ע (לָנוּס) flee, run away
– לֹא נָס לֵיחוֹ ר׳ לֵיחַ
נֵס ז. (נִיסִים) miracle, wonder; banner
– בְּדֶרֶךְ נֵס miraculously
– הֶעֱלָה עַל נֵס pay tribute to
נָסַב פ״ע surround; turn
– נָסַב עַל turn on (topic), be about
נִסבָּל ת. (נִסבֶּלֶת) bearable, tolerable
– בִּלתִי־נִסבָּל unbearable, intolerable
נִסגַר פ״ע (לְהִיסָגֵר) be closed, be shut
נִסדַק פ״ע (לְהִיסָדֵק) be cracked, be split
נָסוֹג פ״ע (לְהִיסוֹג) retreat, withdraw
נְסוֹרֶת נ. sawdust
נִסחַב פ״ע (לְהִיסָחֵב) be dragged; be carried
נִסחַף פ״ע (לְהִיסָחֵף) get carried away; be swept away, drift
נְסִיבּוֹת נ״ר circumstances
– נְסִיבּוֹת מְקִילוֹת extenuating circumstances
נְסִיבָּתִי ת. circumstantial
נְסִיגָה נ. retreat, withdrawal; regression
נַסיוּב ז. serum
נִסיוֹן ר׳ נִיסָיוֹן

be helped, have recourse to נֶעֱזַר פ״ע (לְהֵיעָזֵר)
locking; closing (*figurative*), adjourning; wearing shoes נְעִילָה נ.
agreeable, pleasant נָעִים ת. (נְעִימָה)
have a good time – בִּילָה בִּנְעִימִים
Pleased to meet you! – נָעִים מְאוֹד!
melody, tune נְעִימָה נ.
pleasantness נְעִימוּת נ.
unpleasantness – אִי־נְעִימוּת
sticking in נְעִיצָה נ.
be digested נֶעֱכַּל פ״ע
get turbid, be muddied; sour (*figurative*), become foul נֶעְכַּר פ״ע
put on shoes; lock; close (*figurative*), adjourn נָעַל פ״י (לִנְעוֹל)
shoe, boot נַעַל נ. (נַעֲלַיִים; נַעֲלֵי־)
slippers – נַעֲלֵי־בַּיִת
boots, army boots – נַעֲלַיִים גְּבוֹהוֹת
army/combat boots – נַעֲלַיִים צְבָאִיּוֹת
be offended נֶעֱלַב פ״ע (לְהֵיעָלֵב)
lofty, sublime, noble נַעֲלֶה ת. (נַעֲלָה)
disappear, vanish; escape (someone's notice) נֶעֱלַם פ״ע (לְהֵיעָלֵם)
hidden; unknown נֶעְלָם תו״ז (נֶעְלֶמֶת)
be pleasant, like נָעַם פ״ע
stand (up); stop, halt נֶעֱמַד פ״ע
be answered; be granted (request) נַעֲנָה פ״ע (לְהֵיעָנוֹת)
accede to, meet (someone's demands); accept – נַעֲנָה לְ־
mint (herb) נַעֲנָה נ.
shaking, tossing, swaying נִעְנוּעַ ז.
shake, toss, sway נִעְנֵעַ פ״י (לְנַעְנֵעַ)
be punished נֶעֱנַשׁ פ״ע (לְהֵיעָנֵשׁ)
stick in נָעַץ פ״י (לִנְעוֹץ)
stab someone in the back – נָעַץ סַכִּין בְּגַבּוֹ
glare at, gaze at – נָעַץ מַבָּטוֹ בְּ־
thumbtack, drawing-pin נַעַץ ז. (נְעָצִים)
sadden, be sorrowful נֶעֱצַב פ״ע (לְהֵיעָצֵב)
be closed (eyes) נֶעֱצַם פ״ע (לְהֵיעָצֵם)

experimental נִסְיוֹנִי ת.
prince נָסִיךְ ז.
princess נְסִיכָה נ.
principality, princedom נְסִיכוּת נ.
journey, travel, drive, ride נְסִיעָה נ.
soaring, climbing (of plane, etc.) נְסִיקָה נ.
be forgiven, be pardoned נִסלַח פ״ע (לְהִיסָלַח)
unforgivable, inexcusable – בִּלתִּי נִסלָח
be paved נִסלַל פ״ע (לְהִיסָלֵל)
travel, go (by car, etc.) נָסַע פ״ע (לִנסוֹעַ; סַע!)
shaken, upset, agitated נִסעָר ת. (נִסעֶרֶת)
be absorbed נִספַּג פ״ע (לְהִיסָפֵג)
be killed (*literary*) נִספָּה פ״ע
attaché (diplomatic); appendix נִספָּח ז.
be counted נִספַּר פ״ע (לְהִיסָפֵר)
soar; climb (plane, etc.) נָסַק פ״ע (לִנסוֹק)
be scratched נִסרַט פ״ע (לְהִיסָרֵט)
be combed; be scanned נִסרַק פ״ע
be blocked; be clogged נִסתַּם פ״ע (לְהִיסָתֵם)
hidden, unknown, mysterious; third person (gram.) נִסתָּר תו״ז (נִסתֶּרֶת; נִסתָּרִים)
to move, stir נָע פ״ע (לָנוּעַ)
range from...to – נָע בֵּין... לְ־
moving, mobile נָע ת.
be absent נֶעְדַּר פ״ע (לְהֵיעָדֵר)
absent, missing (person, soldier); devoid of, lacking; absentee נֶעְדָּר תו״ז (נֶעְדֶּרֶת)
locked; wearing (shoes) נָעוּל ת. (נְעוּלָה)
stuck (in), embedded; lie in (*figurative*); fixed (on) נָעוּץ ת.
youth נְעוּרִים ז״ר
be abandoned; be left נֶעֱזַב פ״ע (לְהֵיעָזֵב)

נ

נֶעֱצַר פ״ע (לְהֵיעָצֵר) to stop, halt; be arrested, be detained
נֶעֱקַם פ״ע (לְהֵיעָקֵם) be bent, be twisted
נֶעֱקַץ פ״ע (לְהֵיעָקֵץ) be stung
נֶעֱקַר פ״ע (לְהֵיעָקֵר) be uprooted, be pulled out, be extracted
נַעַר ז. (נְעָרִים; נַעֲרֵי־) boy, youth, lad
נַעֲרָה ז. (נְעָרוֹת) girl
נֶעֱרַךְ פ״ע (לְהֵיעָרֵךְ) be prepared; be aligned; be edited; take place; be carried out
נֶעֱרַם פ״ע (לְהֵיעָרֵם) be heaped, be piled up
נֶעֱרַף פ״ע be decapitated
נַעֲרָץ ת. (נַעֲרֶצֶת) admired, adored
נַעֲשָׂה פ״ע (לְהֵיעָשׂוֹת) be made, be done; become
נֶעֱשַׁק פ״ע be exploited, be oppressed
נֶעְתַּר פ״ע (לְהֵיעָתֵר) to accede (to a request)
נִפְגַּם פ״ע (לְהִיפָּגֵם) be spoiled; be impaired
נִפְגָּע ז. (נִפְגָּעִים) casualty, injured; victim
נִפְגַּע פ״ע (לְהִיפָּגַע) be hurt; be hit; be offended
נִפְגַּשׁ פ״ע (לְהִיפָּגֵשׁ עִם) meet, meet with
נִפְדָּה (לְהִיפָּדוֹת) be redeemed, be cashed
נָפָה נ. sieve; sub-district
נָפוּחַ ת. (נְפוּחָה) inflated; swollen; puffed up
נְפוֹלֶת נ. fallout
נָפוֹץ ת. (נְפוֹצָה) widespread, common; having a wide circulation
נָפַח פ. blow (out); puff, breathe out
– נָפַח אֶת נִשְׁמָתוֹ breathe his last
נֶפַח ז. volume
נַפָּח ז. blacksmith
נִפְחָד ת. (נִפְחֶדֶת) timid, scared
נֵפְט ז. oil, petroleum, kerosene
נַפְטָלִין ז. mothball, naphthalene
נִפְטָר ז. (the) deceased
נִפְטַר פ״ע (לְהִיפָּטֵר) die, pass away
– נִפְטַר מ־ get rid of, be rid of
נְפִיחָה נ. breaking wind, fart (*literary*)
נְפִיחוּת נ. swelling
נָפִיל ז. giant (*literary*)
נְפִילָה נ. fall; comedown; crash (computers)
– מַחֲלַת־הַנְּפִילָה epilepsy
נָפִיץ ת. explosive
נָפַל פ״ע (לִיפּוֹל אוֹ לִנְפּוֹל) to fall (also *figurative*); happen; be inferior (to)
– אֵינוֹ נוֹפֵל מ־ just as good as
– נָפַל בַּפַּח fall into a trap, fall for it
– נָפַל בַּשֶּׁבִי be taken prisoner (in war)
נֵפֶל ז. dropout; dud (shell); a complete failure
– נִסָּיוֹן־נֵפֶל abortive attempt
נִפְלָא ת. wonderful, marvelous
נִפְלַט פ״ע (לְהִיפָּלֵט) be discharged; be emitted, escape (gas, water)
– נִפְלַט לִי (מֵהַפֶּה)... It just slipped...
נִפְנֵף פ״י (לְנַפְנֵף) to wave, brandish
נִפְסָד ת. (נִפְסֶדֶת) worthless, bad, nasty (habit, etc.)
נִפְסַל פ״ע (לְהִיפָּסֵל) be disqualified; be rejected, be ruled out
נִפְסַק פ״ע (לְהִיפָּסֵק) cease, stop; be awarded (by a judge, etc.)
נִפְעָם ת. (נִפְעֶמֶת) deeply moved, excited, thrilled, overwhelmed
נִפְעַר פ״ע gape, yawn (*figurative*)
נֶפֶץ ז. explosion
– חוֹמֶר־נֶפֶץ explosive (n.)
– מַעֲטֶפֶת־נֶפֶץ letter bomb
נַפָּץ ז. detonator
נִפְצַע פ״ע (לְהִיפָּצַע) be injured; be wounded
נִפְקָד ת. (נִפְקֶדֶת) absent, missing; counted
נִפְקָדוּת נ. absence (without leave)
נִפְקַח פ״ע be opened (eyes)
נִפְרָד ת. (נִפְרֶדֶת) separate, apart
נִפְרַד פ״ע (לְהִיפָּרֵד) separate, part (v.i.); break up with
נִפְרַם פ״ע (לְהִיפָּרֵם) unravel

נ

flasher (light) נַצְנָץ ז.
to sparkle, glitter נָצַץ פ״ע (לִנצוֹץ)
to guard (*figurative*); lock (fiream); cease (firing); cherish נָצַר פ״י (לִנצוֹר)
shoot, scion (*figurative*) נֵצֶר ז. (נְצָרִים)
wicker-basket – סַל נְצָרִים
be burnt; be scorched נִצרַב פ״ע (לְהִיצָרֵב)
Christianity נַצרוּת נ.
(the) needy, indigent נִצרָךְ תו״ז (נִצרֶכֶת)
to name; specify נָקַב פ״י (לִנקוֹב)
hole, perforation נֶקֶב ז. (נְקָבִים; נִקבֵי־)
female; feminine (gram.) נְקֵבָה נ.
tunnel נִקבָּה נ.
porous נַקבּוּבִי ת.
pore נַקבּוּבִית נ. (נַקבּוּבִיוֹת)
be fixed; be determined; be set נִקבַּע פ״ע (לְהִיקָבַע)
be buried נִקבַּר פ״ע (לְהִיקָבֵר)
assemble (v.i.), gather (around) נִקהַל פ״ע
specified; pierced, riddled; nominal נָקוּב ת.
nominal price, stated price – מְחִיר נָקוּב
dot; period, full stop (in a sentence); point נְקוּדָה נ.
semi-colon – נְקוּדָה וּפסִיק (;)
point of view – נְקוּדַת־מַבָּט, נְקוּדַת רְאוּת
starting point – נְקוּדַת־מוֹצָא
turning point – נְקוּדַת־מִפנֶה
colon (:) – נְקוּדָתַיִים (:)
be collected (water) נִקוָוה פ״ע (לְהִיקָווֹת)
take (steps, etc.), adopt נָקַט פ״י (לִנקוֹט)
take a stand – נָקַט עֶמדָה
be killed; be slain; be panned, be torn to pieces נִקטַל פ״ע (לְהִיקָטֵל)
be cut off; be amputated; be cut short נִקטַע פ״ע (לְהִיקָטַע)

be sliced; be deployed; be spread נִפרַס פ״ע
be paid up נִפרַע פ״ע (לְהִיפָּרַע)
be broken into/through/down נִפרַץ פ״ע
be unloaded נִפרַק פ״ע
be spread out נִפרַשׂ פ״ע
mind, soul נֶפֶשׁ נ. (נַפשׁוֹ; נְפָשׁוֹת)
deep love – אַהֲבַת־נֶפֶשׁ
mortal enemy – אוֹיֵב בְּנֶפֶשׁ
heart and soul – בְּלֵב וָנֶפֶשׁ
ideal, aspiration – מַשׂאַת־נֶפֶשׁ
a sound mind in a sound body – נֶפֶשׁ בְּרִיאָה בְּגוּף בָּרִיא
be tired of (*literary*) – נָקעָה נַפשׁוֹ מ־
to rest, vacation נָפַשׁ פ״ע (לִנפּוֹשׁ)
mental, psychic, spiritual נַפשִׁי ת.
criminal, wicked נִפשָׁע ת. (נִפשַׁעַת)
twists and turns, convolutions (*figurative*) נַפתוּלִים ז״ר (נַפתוּלֵי)
be opened, open (v.i.), open up נִפתַּח פ״ע (לְהִיפָּתַח)
convoluted, intricate נִפתָּל ת. (נִפתֶּלֶת)
be solved נִפתַּר פ״ע (לְהִיפָּתֵר)
hawk נֵץ ז. (נִיצִים)
cherished; safe (mode in weapon); besieged נָצוּר ת.
eternity נֶצַח, נֵצַח ז.
for ever – לָנֶצַח
triumph; victory, win נִצחוֹן ר׳ נִיצָחוֹן
eternal, everlasting נִצחִי ת.
eternality, everlastingness נִצחִיוּת נ.
Nazi נָאצִי תו״ז
commissioner; pillar נְצִיב ז.
complaints commissioner, ombudsman – נְצִיב קְבִילוֹת [תְלוּנוֹת]
representative נָצִיג ז. נְצִיגָה נ.
representation נְצִיגוּת נ.
efficiency נְצִילוּת נ.
exploiter נַצלָן ז. נַצלָנִית נ.
exploitation (of others) נַצלָנוּת נ.
exploitative נַצלָנִי ת.
sparkle, twinkle נִצנוּץ ז.
to sparkle; twinkle; flash (through your mind) נִצנֵץ פ״ע (לְנַצנֵץ)

נ

נִקְטַף פ״ע (לְהִיקָּטֵף) be picked (flowers, fruits); be cut off in one's prime
נָקִי ת. (נְקִיָּה) clean; clear (of guilt); net (income, etc.)
– נְקִי־כַּפַּיִים uncorrupted, upright
נְקִיטָה נ. taking (measures, a stand)
נְקִיפוֹת מַצְפּוּן נ״ר scruples, qualms
נָקִיק ז. crevice, cranny
נְקִישָׁה נ. knocking, beat, tapping, click
נָקֵל ת. (נְקֵלָּה) easy
– בְּנָקֵל easily (*literary*)
נִקְלַט פ״ע (לְהִיקָּלֵט) be absorbed; be understood; sink in; be accepted; be received (broadcast)
נִקְלַע פ״ע (לְהִיקָּלַע) happen to be (somewhere); find oneself involved
נָקַם פ״י (לִנְקוֹם) avenge, revenge oneself
נָקָם ז. revenge, vengeance
נְקָמָה נ. (נִקְמַת־; נְקָמוֹת) revenge
נַקְמָנוּת נ. vindictiveness
נִקְנָה פ״ע be bought; be acquired
נַקְנִיק ז. long sausage, baloney
נַקְנִיקִיָּה = נַקְנִיקִית
נַקְנִיקִית נ. (נַקְנִיקִיּוֹת) small sausage, hot dog, frankfurter, wiener
נִקְנַס פ״ע (לְהִיקָּנֵס) be fined
נָקַע פ. (לִנְקוֹעַ) be sprained, sprain, dislocate
נֶקַע ז. sprain, dislocation
נִקְצַר פ״ע (לְהִיקָּצֵר) be reaped
נַקָּר ז. woodpecker
נֶקֶר ז. puncture, flat (tire/tyre)
נִקְרָא פ״ע (לְהִיקָּרֵא) be called; be read
נִקְרַע פ״ע (לְהִיקָּרַע) be torn, be split, break (v.i.)
נִקְרַשׁ פ״ע congeal, coagulate; jell
נָקַשׁ פ״י (לִנְקוֹשׁ) tap, knock, click, chatter (teeth)
נִקְשַׁר פ״ע (לְהִיקָּשֵׁר) be tied, be associated (with)
נֵר ז. (נֵרוֹת) candle; suppository
– נֵר לְרַגְלָיו a guiding principle
נִרְאֶה ת. (נִרְאֵית) seen, apparent, visible
– נִרְאֶה שֶׁ־ apparently, it seems that
נִרְאָה פ״ע (לְהֵירָאוֹת) be seen, be visible; seem
– זֶה לֹא נִרְאֶה לִי I don't like it
נִרְגָּז ת. (נִרְגֶּזֶת) angry, enraged
נַרְגִּילָה נ. hookah, *narghile*
נִרְגַּם פ״ע (לְהֵירָגֵם) be stoned
נִרְגָּן ת. (נִרְגֶּנֶת) complaining, grumbling
נִרְגַּע פ״ע (לְהֵירָגַע) calm down, relax
נִרְגָּשׁ ת. (נִרְגֶּשֶׁת) moved, excited
נִרְדַּם פ״ע (לְהֵירָדֵם) fall asleep
נִרְדָּף ת. (נִרְדֶּפֶת) chased; persecuted
נִרְדַּף פ״ע be chased; be persecuted
נֵרוֹת ר׳ נֵר candles; suppositories
נִרְחָב ת. (נִרְחֶבֶת) extensive, vast, wide
נִרְטַב פ״ע (לְהֵירָטֵב) get wet
נִרְכָּשׁ ת. acquired
נִרְכַּשׁ פ״ע be acquired, be purchased
נִרְמַז פ״ע be hinted; be alluded, be implied
נִרְמַס פ״ע (לְהֵירָמֵס) be trampled
נִרְעָשׁ ת. (נִרְעֶשֶׁת) agitated, shaken
נִרְפָּא פ״ע (לְהֵירָפֵא) heal (v.i.), be cured
נִרְפֶּה ת. slack, languid
נִרְצַח פ״ע (לְהֵירָצַח) be murdered
נִרְצָח ז. (murdered) victim
נִרְקַב פ״ע (לְהֵירָקֵב) decay, rot
נַרְקוֹטִי ת. narcotic
נַרְקוֹמָן ז. נַרְקוֹמָנִית נ. drug addict
נַרְקִיס ז. narcissus, daffodil
נִרְקַם פ״ע (לְהֵירָקֵם) be embroidered; be devised; be woven (*figurative*); be developed (friendship)
נִרְשַׁם פ״ע (לְהֵירָשֵׁם) be registered, enrol; check in; be written down
נַרְתִּיק ז. case, holster (for gun); vagina
נִרְתַּם פ״ע (לְהֵירָתֵם) be harnessed; buckle (down) to
נִרְתַּע פ״ע (לְהֵירָתַע) recoil, flinch; be deterred

נָשָׂא ז. carrier (of disease)
נָשָׂא פ״י (לָשֵׂאת) carry; bear, endure; marry (masc.); deliver (speech)
– לָשֵׂאת בַּתוֹצָאוֹת take the consequences
– נָשָׂא וְנָתַן negotiate
נִשְׁאַב פ״ע be pumped out; be drawn (water, etc.); be derived
נִשְׁאַל פ״ע (לְהִישָּׁאֵל) be asked
נִשְׁאָל ז. questionee, respondent (of survey)
נִשְׁאַר פ״ע (לְהִישָּׁאֵר) remain, stay
נָשַׁב פ״ע (לִנְשׁוֹב) to blow (wind)
נִשְׁבָּה פ״ע be taken prisoner; be captivated
נִשְׁבַּע פ״ע (לְהִישָּׁבַע) swear, take an oath
נִשְׁבַּר פ״ע (לְהִישָּׁבֵר) be broken
– נִשְׁבַּר לוֹ (מ־) have had enough (of)
נִשְׂגָּב ת. (נִשְׂגֶּבֶת) lofty, sublime, exalted
– נִשְׂגָּב מִבִּינָתִי It's beyond me
נִשְׁדַּד פ״ע be robbed
נָשׂוּא ז. predicate (gram.)
נְשׂוּאָה ת. married (woman)
נָשׂוּי ת. (נְשׂוּאָה; נְשׂוּאִים; נְשׂוּאוֹת) married
נָשׁוּךְ ת. bitten; stung
נְשׁוֹרֶת נ. fallout
נִשְׁחַט פ״ע (לְהִישָּׁחֵט) be slaughtered
נִשְׁחַק פ״ע (לְהִישָּׁחֵק) be eroded, be worn out; be burnt out (*figurative*)
נִשְׁחַת פ״ע (לְהִישָּׁחֵת) be corrupted; be spoiled
נִשְׁטַף פ״ע (לְהִישָּׁטֵף) be washed; be rinsed; be washed away
נָשִׁי ת. feminine, womanly; effeminate
נָשִׂיא ז. נְשִׂיאָה נ. president
נְשִׂיאוּת נ. presidency; presidium
נָשִׁיוּת נ. femininity, womanliness
נְשִׁיכָה נ. bite, biting
נָשִׁים ר׳ אִשָּׁה women, ladies
נְשִׁימָה נ. breath, breathing, respiration
– עָצַר אֶת נְשִׁימָתוֹ hold your breath
– חֲסַר נְשִׁימָה breathless
– עוֹצֵר נְשִׁימָה breathtaking
נְשִׁיפָה נ. exhaling, breathing out
– כְּלִי־נְשִׁיפָה wind instrument
נְשִׁיקָה נ. kiss
נְשִׁירָה נ. falling off/out (leaves, hair); dropping out
נָשַׁךְ פ״י (לִנְשׁוֹךְ) to bite
נִשְׁכַּב פ״ע lie down
נִשְׁכָּח ת. (נִשְׁכַּחַת) forgotten
– בִּלְתִּי נִשְׁכָּח unforgettable, memorable
– נִשְׁכָּחוֹת old memories, things forgotten
נִשְׁכַּח פ״ע (לְהִישָּׁכַח) be forgotten
נִשְׂכָּר ת. (נִשְׂכֶּרֶת) rewarded
– יָצָא נִשְׂכָּר benefit from it
נִשְׂכַּר פ״ע be rented, be hired; gain
נִשְׁלַח פ״ע (לְהִישָּׁלַח) be sent
נִשְׁלַט פ״ע be ruled; be governed; be dominated; be controlled
נִשְׁלַל פ״ע (לְהִישָּׁלֵל) be denied, be deprived of; be revoked (license)
נִשְׁלַם פ״ע be completed
נִשְׁלַף פ״ע (לְהִישָּׁלֵף) be drawn (out); be retrieved (information)
נָשַׁם פ״ע (לִנְשׁוֹם) breathe
– נָשַׁם לִרְווָחָה breathe a sigh of relief
נִשְׁמַד פ״ע (לְהִישָּׁמֵד) be destroyed, be annihilated
נְשָׁמָה נ. (נִשְׁמַת־; נְשָׁמוֹת) soul, spirit
– נֵר־נְשָׁמָה memorial candle
נִשְׁמַט פ״ע (לְהִישָּׁמֵט) be omitted, be left out; slip (from)
נִשְׁמַע פ״ע (לְהִישָּׁמַע) be heard; sound (nice, etc.)
– נִשְׁמַע לְ־ obey, listen to
נִשְׁמַר פ״ע (לְהִישָּׁמֵר) be kept; be guarded; be careful
נִשְׁנָה פ״ע (לְהִישָּׁנוֹת) recur, be repeated
נִשְׁנַק פ״ע be chocked
נִשְׁעַן פ״י (לְהִישָּׁעֵן עַל־) lean on, rely on
נָשַׁף פ״ע (לִנְשׁוֹף) breathe out, exhale

נ

ball, party נֶשֶׁף ז. (נְשָׁפִים)
dance, ball – נֶשֶׁף רִיקוּדִים
masquerade – נֶשֶׁף מַסֵּיכוֹת
be sentenced; be judged; be tried נִשְׁפַּט פ״ע (לְהִישָּׁפֵט)
be spilled; be poured out נִשְׁפַּךְ פ״ע (לְהִישָּׁפֵךְ)
to kiss; interface (with) נָשַׁק פ״י (לִנשׁוֹק)
weapons, arms נֶשֶׁק ז. (נִשקוֹ)
firearms – נֶשֶׁק חַם
small arms – נֶשֶׁק קַל
armorer נַשָּׁק ז.
armory נַשָּׁקִיָּה נ.
be weighed; be considered נִשְׁקַל פ״ע (לְהִישָּׁקֵל)
overlook, look out onto נִשְׁקַף פ.
fall off/out; drop out נָשַׁר פ״ע (לִנשׁוֹר)
vulture, eagle נֶשֶׁר ז.
be scratched נִשְׂרַט פ״ע (לְהִישָּׂרֵט)
aquiline נִשְׁרִי ת.
be burnt נִשְׂרַף פ״ע (לְהִישָּׂרֵף)
be planted נִשְׁתַּל פ״ע (לְהִישָּׁתֵל)
defendant, respondent נִתְבָּע ז.
be sued; be claimed נִתְבַּע פ״ע
given; placed, situated; fact נָתוּן תו״ז
be in – נָתוּן בּ־
data, figures, statistics – נְתוּנִים
cut, chunk, piece נֵתַח ז. (נְתָחִים; נִתחֵי־)
market share – נֵתַח שׁוּק
be inserted; be stuck in, be pushed in נִתחַב פ״ע
lane; route, way, path נָתִיב ז.
airway – נְתִיב־אֲווִיר

air terminal נְתִיבוֹת: בֵּית־נְתִיבוֹת
surgery, dissection נְתִיחָה נ.
fuse נָתִיךְ ז.
subject, citizen נָתִין ז.
nationality, citizenship נְתִינוּת נ.
detachable, drop נָתִיק ת.
be hanged (person); be hung נִתלָה פ״ע (לְהִיתָּלוֹת)
be supported נִתמַךְ פ״ע (לְהִיתָּמֵךְ)
give; let; put נָתַן פ״י (לָתֵת; תֵּן!)
pay for it (*figurative*), take the consequences – נָתַן אֶת הַדִּין
consider – נָתַן דַּעתּוֹ עַל
be a party to – נָתַן יָד ל־
loathsome, abominable נִתעָב פ״ע (נִתעֶבֶת)
be seized; be caught; be comprehensible נִתפַּס פ״ע (לְהִיתָּפֵס)
one should not be blamed for words spoken in pain – אֵין אָדָם נִתפַּס בְּצַעֲרוֹ
be sewn; be tailored נִתפַּר פ״ע
נִתפַּשׂ = נִתפַּס
separation, no contact נֶתֶק ז.
be received/ accepted נִתקַבֵּל = הִתקַבֵּל
bump into; encounter, come across נִתקַל פ״י (לְהִיתָּקֵל בּ־)
be stuck; be caught in נִתקַע פ״ע (לְהִיתָּקַע)
be attacked; be seized with נִתקַף פ״ע (לְהִיתָּקֵף)
be contributed; be donated נִתרַם פ״ע
sodium נַתרָן ז.

נ

ס samech (15th letter of Hebrew alphabet); 60
סָאוּנָה נ. sauna
סָאטִירָה נ. satire
סא״ל ר״ת סְגַן־אַלּוּף Lieutenant-Colonel
סָב ז. grandfather
סַבָּא ז. (סַבִּים) grandfather
סָבַב פ. (לָסוֹב) go around; revolve; turn
סֶבֶב ז. rotation, round
סָבוּךְ ת. (סְבוּכָה) tangled; complicated
סְבוֹלֶת נ. endurance; tolerance
סַבּוֹן ז. soap
סַבּוֹנִיָּה נ. soap dish, soap-holder
סָבוּר ת. of the opinion
– סְבוּרַנִי I believe...
סָבִיב תה״פ around
– מִסָּבִיב all around, on all sides
– סְבִיב־ around (prep.)
סְבִיבָה נ. surroundings, environment, neighborhood
– בִּסְבִיבוֹת־ in the neighborhood of
סְבִיבוֹן ז. top (toy)
סְבִיבָתִי ת. environmental
סַבְיוֹן ז. ragwort
סָבִיל ת. passive
סְבִילוּת נ. passivity; tolerance
סָבִיר ת. reasonable; acceptable; probable
סְבִירוּת נ. reasonableness; probability
סְבַךְ ז. thicket; tangle; imbroglio
סָבַל פ״י (לִסבּוֹל) suffer; tolerate
– לֹא סוֹבֵל; לֹא יָכוֹל לִסבּוֹל can't bear
סַבָּל ז. porter; carrier (on bicycle)
סֵבֶל ז. (סִבלוֹ) suffering, hardship
סַבלָן ז. סַבלָנִית נ. patient person
סַבלָנוּת נ. patience
– פָּקְעָה סַבלָנוּתוֹ lose your patience
סַבלָנִי ת. patient

סֵבֶר ז. appearance, countenance
– בְּסֵבֶר פָּנִים יָפוֹת hospitably, affably
סְבָרָה נ. opinion; supposition; theory
סַבְּרָה ר׳ צַבָּר, צַבָּרִית
– סַבְּרֵס prickly pear
סָבְתָא, סַבְתָּא נ. (סָבתוֹת) grandmother
סָגַד פ״י (לִסגּוֹד ל־) to worship
סָגוֹל ת. (סְגוּלָה) violet, purple
סְגוּלָה נ. virtue, attribute; (healing) power, remedy
סְגוּלִי ת. specific
סְגוֹר: סְגוֹר לִיבּוֹ your innermost feelings
סָגוּר ת. shut, closed; reserved (person)
סַגִּי תה״פ: בִּלשוֹן סַגִּי־נְהוֹר with the opposite meaning, ironically
סְגִידָה נ. worship, worshipping
סְגִירָה נ. closing, shutting
סֶגֶל ז. staff (teachers, etc.)
– הַסֶּגֶל הַדִּיפּלוֹמָטִי the diplomatic corps
סְגַלְגַּל ת. oval; mauve
סג״מ ר״ת סֶגֶן־מִשְׁנֶה Second Lieutenant
סְגַן ז. סְגָנִית נ. deputy, vice-
– סְגַן־אַלּוּף Lieutenant-Colonel
– סְגַן נָשִׂיא vice president
סֶגֶן ז. Lieutenant
– סֶגֶן־מִשְׁנֶה Second Lieutenant
סִגנוֹן ז. (סִגנוֹנוֹת) style
סְגָנוּת נ. office of deputy
סַגסוֹגֶת נ. alloy
סַגְפָנוּת נ. asceticism
סַגְפָנִי נ. ascetic
סָגַר פ״י (לִסגּוֹר) close, shut, turn off
סֶגֶר ז. catch (for closing), clasp; shutter; blockade, closure
סַגְרִיר: יוֹם סַגְרִיר cold wet day
סַגְרִירִי ת. rainy, cold and wet
סַד ז. pillory, stocks
סְדוֹם ז. Sodom
– מַעֲשֵׂה־סְדוֹם sodomy
סָדוּק ת. cracked, chipped, split

סָדִיזם ז. sadism
סָדִין ז. sheet
סָדִיסט ז. sadist
סָדִיסטִי ת. sadistic
סָדִיר ת. regular
סְדִירוּת נ. regularity
סַדָן ז. anvil
סַדנָה נ. (סַדנוֹת אוֹ סַדנָאוֹת) workshop
סֶדֶק ז. (סְדָקִים) crack, split, fissure
סֵדֶר ז. (סְדָרִים; סִדרֵי־) order, arrangement; *seder* (Passover celebration)
– אִי־סֵדֶר disorder
– הֲפָרַת הַסֵדֶר breach of the peace
– הֵשִיב אֶת הַסֵדֶר עַל כַּנוֹ restore order
– כְּסִדרוֹ in proper order, normally
– סֵדֶר־הַיוֹם agenda
– עָבַר לְסֵדֶר הַיוֹם let it pass
סַדָר ז. typesetter
סְדָר ז. set-up type
סִדרָה נ. (סְדָרוֹת; סִדרוֹת־) series, serial
סַדרָן ז. usher, steward (at meeting)
סַדרָנִית נ. usherette, steward
סִדרָתִי ת. serial
סה״כ ר״ת סַך־הַכּוֹל total
סַהַר ז. moon (*literary*)
– הַסַהַר הָאָדוֹם the Red Crescent
סַהֲרוּרִי ת. sleepwalking
– הַשוּלַיִים הַסַהֲרוּרִיִים the lunatic fringe
סוֹאֵן ת. (סוֹאֶנֶת) noisy, busy, bustling
סוֹבֵב פ״י (לְסוֹבֵב) revolve, turn, twist
סוּבּיֶיקטִיבִי ת. subjective
סוּבִּין ז״ר bran
סוֹבֵל ת. (סוֹבֶלֶת) (ר׳ גם סָבַל) suffering
סוֹבלָנוּת נ. tolerance
סוֹבלָנִי ת. tolerant
סוּבּסַד פ. subsidized
סוּבּסִידיָה נ. subsidy
סוּבֶּרֶנִי ת. sovereign
סוּג ז. category, brand, kind, sort, type; class
– מִסוּגוֹ of its kind
– סוּג א׳ first class

סוּגיָה נ. issue, question, topic, matter
סוּגֶסטִיבִי ת. suggestive
סוּגֶסטיָה נ. suggestion (psychology)
סוֹגרַיִים ז״ז brackets, parentheses
סוֹד ז. (סוֹדוֹת) secret
סוֹדָה נ. soda; soda water
סוֹדִי ת. secret, confidential
– סוֹדִי בְּיוֹתֵר top secret
סוֹדִיוּת נ. secrecy
סוּדָר ז. scarf, shawl
סוּדַר פ. be arranged, be put in order; be settled
סוֹהֵר ז. prison guard, warder
סוֹהֶרֶת נ. prison guard, wardress
סְוֶודֶר ז. sweater, pullover
סְוִויטָה נ. suite (in a hotel)
סוֹחֵט־דְמָעוֹת תו״ז sob (story), weepy; tear-jerker
סוֹחֵף ת. (סוֹחֶפֶת) landslide, sweeping
– גֶשֶם סוֹחֵף driving rain
סוֹחֵר ז. merchant, trader, dealer
סוֹטֶה תו״ז (סוֹטָה) deviating, deviant; pervert
סוֹיָה נ. soy, soya
סוּכָּה נ. *succah*
סוּכּוֹת ז. *Sukkot* (the Feast of Tabernacles)
סוֹכֵך ז. sun visor; sunshade; screen
סוֹכֵך פ״י (עַל) to shade; to shield
סוּכַּל פ. be thwarted, be foiled
סוּכַּם פ. be summarized; be arranged, be settled
סוֹכֵן ז. סוֹכֶנֶת נ. agent, broker
– סוֹכֵן־חֶרֶש / חֲשַאִי secret agent
– סוֹכֵן סָמוּי undercover agent, plant
סוֹכנוּת נ. agency
– הַסוֹכנוּת הַיהוּדִית The Jewish Agency
סוּכָּר ז. sugar
סוּכָּרָזִית נ. saccharine, artifical sweetener
סוּכָּרִייָה נ. candy, sweet
סוּכֶּרֶת נ. diabetes

סוֹלֵד ת. (סוֹלֶדֶת) abhorring
– אַף סוֹלֵד turned-up nose
סוֹלוֹ ז. solo
סוּלְחָה נ. *sulha*, (Arab ceremony of) reconciliation
סוּלְטָן ז. sultan
סוֹלִידִי ת. solid, reliable, sensible, conservative (style, etc.)
סוֹלִידָרִיוּת נ. solidarity
סוּלְיָה נ. sole (of shoe)
סוֹלְלָה נ. battery; embankment
סוּלָם ז. (סוּלָמוֹת) ladder; scale
– סוּלַם עֲדִיפוּיוֹת order of priorities
סוֹלָן ז. סוֹלָנִית נ. soloist; lead singer
סוּלַף פ. be distorted
סוּלַק פ. be removed, be cleared; be paid off (debt), settled
סוֹלֶר ז. diesel oil
סוֹלָרִי ת. solar
סוֹלֶת נ. semolina, fine flour
– סוֹלְתָה וְשַׁמְנָה שֶׁל... the cream of...
סוּמָא ז. blind man (*literary*)
סוּמַם פ. be drugged
סוּמְסוּם ז. sesame (seeds)
סוּמַן פ. be marked, be indicated
סוֹמֶק ז. blush, redness; blusher
סוֹנָאר ז. sonar
סוּנְדַל פ. be clamped (vehicle)
סוּנְוַור פ. be blinded, be dazzled
סוֹנֶטָה נ. sonnet
סוּנַן פ. be filtered; be strained
סוּס ז. horse; knight (in chess)
– סוּס טְרוֹיָאנִי Trojan horse
– סוּס יְאוֹר hippopotamus
– סוּס מֵירוֹץ racehorse
סוּסָה נ. mare
סוֹעֵר ת. (סוֹעֶרֶת) stormy, raging
סוּף ז. rush, reeds
– יַם סוּף the Red Sea
סוֹף ז. end, finish
– אֵין־סוֹף endless; infinity
– בַּסוֹף, לְבַסוֹף in the end, finally, at last
– בְּסוֹפוֹ שֶׁל דָּבָר after all; eventually
– סוֹף סוֹף at last; finally
– סוֹף שָׁבוּעַ weekend
סוֹפֵג ת. (סוֹפֶגֶת) absorbent
סוּפְגָנִיָּה נ. doughnut
סוּפָה נ. storm, gale
– סוּפַת־חוֹל sandstorm
– סוּפַת־שֶׁלֶג snowstorm
סוּפַּח פ. be annexed; be attached
סוֹפִי ת. final; ultimate; finite
– אֵין־סוֹפִי infinite
סוֹפִית ז. suffix
סוֹפִית תה״פ finally, definitively
סוּפְלֶה ז. soufflé
סוֹפָנִי ת. terminal (illness, etc.)
סוּפַּק פ. be supplied; be provided; be satisfied
סוֹפֵר ז. סוֹפֶרֶת נ. author, writer
– סוֹפֵר סְתָ״ם scribe, copyist (of *Torah, Mezuzah*, etc.)
סוּפֶּר־ super-
– סוּפֶּר, סוּפֶּרְמַרְקֶט supermarket
סוּפַּר פ. be told; be narrated
סוֹפשָׁבוּעַ ז. weekend
סוּפַת־חוֹל, סוּפַת־שֶׁלֶג ר׳ סוּפָה
סוֹצְיָאלִי ת. social
– עֲבוֹדָה סוֹצְיָאלִית social work
– עֶזְרָה סוֹצְיָאלִית social welfare
סוֹצְיָאלִיזם ז. socialism
סוֹצְיָאלִיסְטִי ת. socialist
סוֹציוֹלוֹג ז. sociologist
סוֹציוֹלוֹגִי ת. sociological
סוֹציוֹלוֹגְיָה נ. sociology
סוֹקֵר ז. pollster; surveyor
סוּקַר פ. be covered (event, etc.)
סוֹרֵג ז. bars (in pl.)
סוֹרוֹ: חָזַר לְסוֹרוֹ backslide, revert to type
סוּרִי תו״ז Syrian
סוּרֵיאָלִיסְטִי ת. surrealistic
סוּרְיָה נ. Syria
סוֹרַס פ. be castrated; be garbled (text, etc.)
סוֹרַק פ. be combed
סוֹרֵק ז. scanner

ס

סוֹרֵר ת. (סוֹרֶרֶת) rebellious, recalcitrant
סוֹתֵר ת. (סוֹתֶרֶת) contradictory, conflicting
סוּתַּת פ. be chiseled, be cut (stone)
סָח פ״י (לָסִיחַ) say, tell, speak
– מָה אַתָּה סָח! You don't say! (*literary*)
סָחַב פ״י (לִסחוֹב) to drag, pull; carry; pilfer
סְחָבָה נ. floor cloth, rag
סַחֶבֶת נ. red tape, foot dragging
סָחוּט ת. (סְחוּטָה) squeezed out; exhausted
סְחוּס ז. cartilage
סְחוֹר: הָלַךְ סְחוֹר־סְחוֹר beat about the bush
סְחוֹרָה נ. goods, merchandise
– סִיפֵּק אֶת הַסחוֹרָה deliver the goods
– שׁוּק הַסחוֹרוֹת the commodity market
סָחַט פ״י (לִסחוֹט) squeeze (out); blackmail, extort; wring out; extract
סַחטָן ז. סַחטָנִית נ. blackmailer
סַחטָנוּת נ. blackmail, extortion
סְחִיבָה נ. dragging, pulling; pilfering
סְחִיטָה נ. squeezing out; wringing out; blackmail, extortion
סָחִיר ת. (סְחִירִים) negotiable
סַחלָב ז. orchid
סָחַף פ״י (לִסחוֹף) carry away, sweep away, erode
סַחַף ז. erosion; silt
סָחַר פ״ע (לִסחוֹר בּ־) to trade, deal in
סַחַר ז. trade, commerce
– סַחַר־חֲלִיפִין barter
סִחרוּר ז. ר׳ סִיחרוּר
סְחַרחוֹרֶת נ. dizziness, giddiness
– יֵשׁ לִי סְחַרחוֹרֶת I feel dizzy
סִחרֵר פ״י (לְסַחרֵר) ר׳ סִיחרֵר
סֵט ז. set (*colloquial*)
סָטָה פ״ע (לִסטוֹת) swerve; digress, deviate

סְטוּדיוֹ ז. studio; atelier
סְטוּדֶנט ז. סְטוּדֶנטִית נ. student
סְטוּץ ז. little fling, one-night stand
סְטוֹק ז. stock (*colloquial*)
סְטָז׳ ז. hospital training, internship; being articled
סְטָטוּס ז. status
סְטָטִי ת. static
סְטָטִיסט ז. extra (in films)
סְטָטִיסטִי ת. statistical
סְטָטִיסטִיקַאי ז. statistician
סְטָטִיסטִיקָה נ. statistics
סְטִיגמָה נ. stigma
סְטִיָיה נ. swerve, deviation; digression; aberration
סְטֵיישֶׁן ז. station wagon, estate car
סְטִי״ל ז; ר״ת סְפִינַת־טִילִים missile boat
סְטֵיק ז. (סְטֵיקִים) steak
סְטֵיקִיָיה נ. steak-house
סְטִירָה נ. slap
סָטִירָה נ. satire
סָטִירִי ת. satirical
סָטִירִיקָן ז. satirist
סְטַנדַרט ז. standard
סְטַנדַרטִי ת. standard
סָטַר פ״י (לִסטוֹר ל־) to slap
סְטרִי ר׳ סִיטרִי
סְטֶרֵיאוֹ stereo; stereo set
סְטֶרֵיאוֹטִיפּ ז. stereotype
סְטֶרֵיאוֹפוֹנִי ת. stereophonic
סְטֶרִילִי ת. sterile
סְטֶרִילִיוּת נ. sterility
סְטרִיפּטִיז ז. striptease
סֵיאוּב ז. corruption
סֵיאַנס ז. seance
סִיב ז. fiber, fibre
סִיבָּה נ. (סִיבּוֹת) cause, reason
– מִסִיבּוֹת שֶׁאֵינָן תְּלוּיוֹת בָּנוּ for reasons beyond our control
סִיבּוּב ז. circuit; round (in games, etc.); rotation; turn; turning
סִיבוּב ז. (ר׳ גם סִיבּוּב) spin (in a car)
סִיבוּבִי ת. rotary, circular

complication; entanglement סִיבּוּךְ ז.
endurance סִיבּוֹלֶת נ.
fibrous סִיבִי ת.
fiberboard, chipboard סִיבִית נ.
complicate; embroil; involve; entangle סִיבֵּךְ פ״י (לְסַבֵּךְ)
to soap סִיבֵּן פ״י (לְסַבֵּן)
subsidize סִיבְּסֵד פ״י (לְסַבְּסֵד)
subsidy סִיבְּסוּד ז.
make it sound plausible סִיבֵּר: סִיבֵּר אֶת הָאוֹזֶן
causal סִיבָּתִי ת.
mortification, self-denial סִיגּוּף ז.
adapt סִיגֵּל פ״י (לְסַגֵּל)
adopt, acquire – סִיגֵּל לְעַצְמוֹ
violet (flower) סִיגָלִית נ. (סִיגָלִיּוֹת)
style סִיגְנוֹן ז. (סִגְנוֹנוֹת)
stylize; polish (a speech, etc.); word סִיגְנֵן פ״י (לְסַגְנֵן)
cigar סִיגָר ז.
cigarette סִיגָרִיָּה נ.
lime, whitewash סִיד ז.
arrangement; fixing; prayer-book סִידּוּר ז.
serial סִידּוּרִי ת.
calcium סִידָן ז.
haberdashery סִידְקִית נ.
arrange; put in order; fix סִידֵּר פ״י (לְסַדֵּר)
series, serial סִידְרָה נ. (סְדָרוֹת; סִדְרוֹת־)
serial סִידְרָתִי ת.
whitewashing סִיּוּד ז.
classification סִיּוּג ז.
clearance – סִיּוּג בִּטְחוֹנִי
classify, categorize סִיּוֵג פ״י (לְסַוֵּג)
Sivan (month in Hebrew calendar, May–June) סִיוָן ז.
nightmare סִיוּט ז.
finish, end; termination; conclusion סִיּוּם ז.
graduation ceremony – טֶקֶס סִיּוּם
suffix (of a word); finish סִיּוֹמֶת נ.
aid, assistance סִיּוּעַ ז.
fencing (sport) סִיּוּף ז.

tour, reconnaissance, patrol סִיּוּר ז.
study tour – סִיּוּר לִימּוּדִים
spin (of plane); spiral סִיחְרוּר ז.
inflationary spiral – סִיחְרוּר אִינְפְלַצְיוֹנִי
make dizzy; send into a spiral; turn someone's head סִיחְרֵר פ״י (לְסַחְרֵר)
situation סִיטוּאַצְיָה נ.
wholesaler סִיטוֹנַאי ז.
wholesale (trading) סִיטוֹנוּת נ.
wholesale (adv.) – בְּסִיטוֹנוּת
wholesale סִיטוֹנִי ת.
סִיטְרִי ת.
two-way (street) – דוּ־סִיטְרִי
one-way (street) – חַד־סִיטְרִי
restrict, qualify סִייֵג פ״י (לְסַייֵג)
restriction, qualification סְיָיג ז.
without reservation – לְלֹא סְיָיג
to whitewash סִייֵד פ״י (לְסַייֵד)
whitewasher סַיָּיד ז.
colt, foal סְיָיח ז.
filly סְיָיחָה נ.
to end, finish סִייֵם פ״י (לְסַייֵם)
groom (for horses) סַיָּיס ז
to help, aid, assist סִייֵעַ פ״י (לְסַייֵעַ)
collaborator סַייְעָן ז.
(dentist's) assistant סַייַעַת נ.
fencer סַיָּיף ז. סַיֶּיפֶת נ.
to tour; patrol סִייֵר פ״י (לְסַייֵר בּ־)
scout (military) סַיָּיר ז.
lubrication, greasing סִיכָה נ.
pin; brooch, staple סִיכָּה נ. (סִיכּוֹת)
safety pin – סִיכַּת־בִּיטָחוֹן
hairpin – סִיכַּת־רֹאשׁ
on tenterhooks – עַל סִיכּוֹת
chance, prospect סִיכּוּי ז.
foiling, thwarting סִיכּוּל ז.
summing up, summary; understanding; arrangement סִיכּוּם ז.
risk, endangering; risking סִיכּוּן ז.
calculated risk – סִיכּוּן מְחוּשָׁב
thwart, foil סִיכֵּל פ״י (לְסַכֵּל)
to sum up, summarize; add up; agree, arrange סִיכֵּם פ״י (לְסַכֵּם)

ס

סִיכֵּן פ״י (לְסַכֵּן) — to risk, endanger
סִיכסוּךְ ז. — conflict, quarrel
– סִיכסוּךְ עֲבוֹדָה — industrial dispute
סִיכסֵךְ פ״י (לְסַכסֵךְ בֵּין) — foment a quarrel; turn (someone) against
סִיכַּת־בִּיטָחוֹן, סִיכַּת־רֹאשׁ ר׳ סִיכָּה
סִילְוֶוסְטֶר ז. — New Year's Eve
סִילוֹן ז. — jet
– מְטוֹס־סִילוֹן — jet plane
סִילוּף ז. — distortion
סִילוּק ז. — elimination, removal, disposal; clearing (a debt)
סִילִיקוֹן ז. — silicone
סִילסוּל ז. — curling, waving (of hair); flourish (of voice)
סִילסֵל פ״י (לְסַלסֵל) — to curl, wave (hair); sing with flourishes
סִילֵף פ״י (לְסַלֵף) — distort, misrepresent
סִילֵק פ״י (לְסַלֵק) — eliminate, remove, send away; clear (a debt)
סִימבּוֹלִי ת. — symbolic
סִימוּכִין ז״ר — reference; support (documented), substantiation
סִימוּלטָנִי ת. — simultaneous
סִימוּן ז. — marking
סִימטָה נ. (סִימטָאוֹת) — alley(way); lane
סִימֶטרִי ת. — symmetrical
סִימֵל פ״י (לְסַמֵל) — symbolize, signify
סִימֵם פ״י (לְסַמֵם) — to drug
סִימֵן פ״י (לְסַמֵן) — to mark, indicate
סִימָן ז. — mark; indication, sign
– הֶעֱמִיד בְּסִימַן־שְׁאֵלָה — cast doubt on, call into question
– סִימָן מִסחָרִי — trademark
– סִימַן־קְרִיאָה — exclamation mark/point
– סִימַן־שְׁאֵלָה — question mark
סִימָנִייָה נ. — bookmark
סִימפּוֹזיוֹן ז. — symposium
סִימפוֹנִיָה נ. — symphony
סִימפֵּט פ״י (לְסַמפֵּט) — to like (someone)
– לֹא לְסַמפֵּט — dislike (someone)
סִימפּטוֹם ז. — symptom
סִימפּטוֹמָטִי ת. — symptomatic
סִימפָּתִי ת. — likeable, congenial

סִימפַּתיָה נ. — sympathy
סִימֵר פ״י (לְסַמֵר) — cause to stand on end
סִימרֵר פ״י (לְסַמרֵר) — to rivet
סִין נ. — China
סִינֵגר פ״י (לְסַנֵגר עַל) — defend (law)
סִינדֵל פ״י (לְסַנדֵל) — to clamp (a car), boot
סִינווֵר פ״י (לְסַנווֵר) — dazzle, blind
סִינווּר ז. — dazzling, blinding
סִינוּן ז. — filtering, straining; screening
סִינוּס ז. — sinus; sine (math)
סִינוֹר ר׳ סִינָר — apron, pinafore
סֶנָט ז. — senate
סִינַי — Sinai
– מָה עִניָין שְׁמִיטָה לְהַר סִינַי? — What has this to do with that?
סִינִי תו״ז — Chinese
סִינִית נ. — Chinese (language, woman)
סִינכּרוּן ז. — synchronization
סִינכּרֵן פ״י (לְסַנכּרֵן) — synchronize
סִינֵן פ״י (לְסַנֵן) — to filter, strain; spit out (words); screen out
סִינָר ז. — apron, pinafore
סִינתֵז פ״י (לְסַנתֵז) — synthesize
סִינתֶזָה נ. — synthesis
סִינתֶטִי ת. — synthetic
סִיסמָה נ. (סִיסמָאוֹת) — password; slogan; motto
סִיעָה נ. — faction
סִיעוּד ז. — nursing, nursing care
סִיעוּדִי ת. — nursing
סִיעוּר מוֹחוֹת ז. — brainstorming
סִיעָתִי ת. — factional
סַיִף ז. — fencing; sword, rapier
סֵיפָא ז. — last section, last part
סִיפּוּחַ ז. — annexation
סִיפּוּן ז. — deck (of ship)
סִיפּוּק ז. — satisfaction; gratification
סִיפּוּר ז. — story, tale
– סִיפּוּר כִּיסוּי — cover (of spy, etc.)
– סִיפּוּרֵי סַבתָא — old wives' tales
סִיפּוֹרֶת נ. — fiction
סִיפֵּחַ פ״י (לְסַפֵּחַ) — annex; attach

ס

סִיפִילִיס ז. — syphilis
סִיפְסֵר פ״י (לְסַפְסֵר) — speculate (in shares, etc.); profiteer; scalp (tickets)
סִיפֵּק פ״י (לְסַפֵּק) — gratify; satisfy; supply
סִיפֵּר פ״י (לְסַפֵּר) — tell, relate, narrate; cut hair
סִיפְרָה נ. (סְפָרוֹת) — digit, figure, numeral
סִיפְרוּר ז. — numeration, numbering
סִיפְרֵר פ״י (לְסַפְרֵר) — to number
סִיקוּר ז. — (media) coverage, covering; review; surveying
סִיקֵל פ״י (לְסַקֵּל) — remove stones
סִיקֵר פ״י (לְסַקֵּר) — to cover (for the media)
סִיקְרֵן פ״י (לְסַקְרֵן) — make curious, intrigue
סִיר ז. — pot; potty (*colloquial*)
– סִיר־לַחַץ — pressure cooker
– סִיר לַיְלָה — chamber-pot, potty
סֵירֵב פ״ע (לְסָרֵב) — to refuse
סִירְבּוּל ז. — cumbersomeness; awkwardness, clumsiness
סִירְבֵּל פ״י (לְסַרְבֵּל) — make clumsy, make unwieldy; make cumbersome
סִירָה נ. — small boat; sidecar
– סִירַת־הַצָּלָה — life boat
סֵירוּב ז. — refusal
סֵירוּגִין: לְסֵירוּגִין — alternately, intermittently
סֵירוּס ז. — castration; distortion
סִירוֹפּ ז. — syrup
סֵירוּק ז. — combing
סִירָחוֹן ז. — stink, stench
סִירְטוּט ז. — drawing (on drawing board)
סִירְטֵט פ״י (לְסַרְטֵט) — draw (on drawing board)
סִירְטֵן פ. (לְסַרְטֵן) — cause cancer
סִירֶנָה נ. — siren
סֵירֵס פ״י (לְסָרֵס) — castrate; distort
סֵירֵק פ״י (לְסָרֵק) — to comb
סִיתֵּת פ״י (לְסַתֵּת) — to chisel, cut stones

סַךְ ז. — crowd, procession; amount, sum; (sun) visor
– בְּסַךְ־הַכֹּול — on the whole; altogether
– סַךְ־הַכֹּול — total (sum)
סְכוּם ז. — sum, amount
סַכּו״ם ר״ת — cutlery
סְכִיזוֹפְרֶנְיָה נ. — schizophrenia
סְכֵימָה נ. — schema
סְכֵימָתִי ת. — schematic
סַכִּין נ. — knife
– סַכִּין בַּגַּב — a stab in the back
– סַכִּין־גִילּוּחַ — razor blade
סַכִּינַאי ז. — cut-throat; "the knife"
סָכַךְ פ״י (לָסוֹךְ עַל) — to cover, screen, shield
סְכָךְ ז. — thatch, covering (of branches, etc.)
סְכָכָה נ. — shed
סַכָּנָה נ. — danger, peril, hazard
סִכְסוּךְ ר׳ סִיכְסוּךְ
סִכְסֵךְ פ״י (לְסַכְסֵךְ בֵּין) ר׳ סִיכְסֵךְ
סַכְסְכָן ז. סַכְסְכָנִית נ. — quarrel monger
סָכַר פ״י (לִסְכּוֹר) — to dam; close, shut
סֶכֶר ז. (סְכָרִים) — dam
סַל ז. (סַלִּים) — basket
– סַל־נְיָירוֹת — wastebasket
סָלַד פ״י (לִסְלוֹד מ־) — feel disgust (at)
סָלוּל ת. — paved
סֶלוּלָרִי ת. — cellular
– טֶלֶפוֹן סֶלוּלָרִי — cell phone
סָלוֹן ז. — living room; salon, parlor
סָלַח פ״י (לִסְלוֹחַ ל־) — forgive, pardon
סַלְחָנוּת נ. — readiness to forgive
– הִתְיַיחֵס בְּסַלְחָנוּת — condone
סַלְחָנִי ת. — forgiving
סָלָט ז. — salad
סַלְטָה נ. — somersault
סְלִידָה נ. — revulsion, abhorrence
סְלִיחָה נ. — pardon, forgiveness
– סְלִיחָה! — Excuse me!, Pardon!, Sorry!
– סְלִיחָה? — Pardon?
– סְלִיחוֹת — penitential prayers
סְלִיל ז. — coil, spool; reel; spiral

סְלִילָה נ. paving, (road) building
סְלִיק ז. cache, stash
סָלַל פ״י (לִסלוֹל) pave; build (roads)
סְלֶנג ז. slang
סִלסוּל ז. ר׳ סִילסוּל
סַלסִילָה נ. small basket
סִלסֵל פ״י (לְסַלסֵל) ר׳ סִילסֵל
סֶלַע ז. (סְלָעִים; סַלעֵי־) rock, boulder
סַלעִי ת. rocky
סֶלֶק ז. beet
– סֶלֶק לָבָן turnip
סֶלֶקטִיבִי ת. selective
סַלקָל ז. portacrib, carry-cot
סֶלֶקצִיָה נ. selection
סֶלֶרִי ז. celery
סַם ז. (סַמִים) drug
ס״מ ר״ת סֶנטִימֶטֶר cm, centimeter
סַמגָ״ד ר״ת סְגַן מְפַקֵד גְדוּד deputy battalion commander
סָמוּי ת. hidden, invisible; undercover
– נוֹסֵעַ סָמוּי stowaway
סָמוּךְ ת. close, nearby, neighboring
סָמוּק ת. (סְמוּקָה) red (face)
סִמטָה נ. (סִמטָאוֹת) alley, lane
סָמִיךְ ת. thick (soup, mist, etc.)
סְמִיכוּת נ. proximity; thickness
סֶמִינָר ז. teachers' (training) college; seminar (at university)
סֶמִינַריוֹן ז. seminar (at university)
סָמַךְ פ״י (לִסמוֹךְ עַל) to trust; depend on, rely on, count on
– סְמוֹךְ (עָלַי)! Trust me!
– סָמַךְ יָדוֹ עַל endorse, go along with
סַמכוּת נ. (סַמכוּיוֹת) authority, power
סַמכוּתִי ת. authoritative
סַמכוּתִיוּת נ. authoritativeness, authority
סֵמֶל ז. (סְמָלִים) symbol, emblem; badge
– סֵמֶל מִסחָרִי trademark
סַמָל ז. sergeant
– סַמָל רִאשוֹן staff sergeant, top sergeant (Am.)
סִמלִי ת. symbolic, token

סַממָן ז. ingredient, indication
סַמָן ז. cursor
סֶמַנטִי ת. semantic
סֶמַנטִיקָה נ. semantics
סַמנכָּ״ל ר״ת סְגַן מְנַהֵל כְּלָלִי vice president, deputy general manager; deputy director general
סֶמֶסטֶר ז. semester
סמ״ק ר״ת סֶנטִימֶטרִים מְעוּקָבִים cc (cubic centimeters)
סָמַר פ״ע (לִסמוֹר) to bristle, stand on end
סמ״ר ר״ת top sergeant, staff sergeant; square centimeters
סְמַרטוּט ז. rag; doormat (*figurative*)
סְנָאִי ז. squirrel
סָנֵגוֹר ז. counsel for the defense, defending counsel; advocate
סָנֵגוֹרְיָה נ. defense (legal)
סֶנדוִיץ׳ ז. sandwich (*colloquial*)
סַנדָל ז. sandal; sole (fish)
סַנדְלָר ז. shoemaker
סַנדְלָרִיָיה נ. shoemaker's shop
סַנדָק ז. godfather
סַנהֶדרִין נ. *Sanhedrin* (ancient Jewish high court)
סְנוֹב ז. סְנוֹבִּית נ. snob
סְנוֹבִּי ת. snobbish
סְנוֹבִּיוּת נ. snobbery
סַנוֵור ז. dazzling, blinding
סַנוֵורִים: הוּכָּה בְּסַנוֵורִים be dazzled
סְנוּנִית נ. (סְנוּנִיוֹת) martin, swallow
– סְנוּנִית רִאשוֹנָה שֶל... the first sign of, forerunner of, foretaste of
סְנוּקֶר ז. snooker
סְנוֹקֶרֶת נ. punch (on the chin)
סֶנַט ז. senate
סֶנָטוֹר ז. senator
סֶנטִימֶטֶר ז. centimeter
סֶנטִימֶנטִים ז״ר sentiments
סֶנטִימֶנטָלִי ת. sentimental
סַנטֵר ז. chin
סָנֵיגוֹר ז. ר׳ סָנֵגוֹר
סָנִיטָר ז. hospital orderly

ס

סָנִיטָרִי ת. sanitary
סֶנִילִי ת. senile
סֶנִילִיּוּת נ. senility
סְנִיף ז. branch (of company, etc.)
סֶנְסַצְיָה נ. sensation
סֶנְסַצְיוֹנִי ת. sensational
סְנַפִּיר ז. fin; flipper
סנ״צ ר״ת סְגַן־נִיצָּב chief superintendent (police)
סַנְקְצִיּוֹת נ״ר sanctions
סַסְגוֹנִי ת. colorful, multicolored
סָעַד פ. (לִסְעוֹד) dine, eat (*literary*); nurse (someone)
סַעַד ז. aid, welfare
– סַעַד מִשְׁפָּטִי legal aid
סְעוּדָה נ. meal (*literary*)
– סְעוּדָה מַפְסֶקֶת last meal before a fast-day
סַעוּדִיָּה נ. Saudi Arabia
סָעִיף ז. (סְעִיפִים) section, clause/ article (of contract, etc.)
– סְעִיף אִישׁוּם count (in indictment)
סְעִירַת מוֹחוֹת נ. brainstorming
סָעַר פ״ע (לִסְעוֹר) to rage, be stormy
– הָרוּחוֹת סָעֲרוּ passions ran high, tempers flared
סְעָרָה נ. storm; gale; furor, outcry
– סְעָרָה בְּכוֹס מַיִם a storm in a teacup
סַף ז. (סִיפִּים) threshold; verge
– עַל סַף־ on the brink of, on the verge of
סָפָארִי ז. safari
סָפַג פ״י (לִסְפּוֹג) absorb, soak up
– סָפַג בִּיקּוֹרֶת take flak
סְפָּגֶטִי ז. spaghetti
סָפַד פ״י (לִסְפּוֹד ל־) mourn, eulogize
סַפָּה נ. sofa, couch
סְפוֹג ז. sponge
סָפוּג ת. (סְפוּגָה) saturated (with); soaked; imbued with, full of
סְפוֹגִי ת. spongy
סְפוֹנְגָ׳ה נ. mopping the floor
סְפּוֹנְטָנִי ת. spontaneous
סְפּוֹנְטָנִיּוּת נ. spontaneity
סָפוּר ת. numbered; counted
– סְפוּרִים a few, some
– יָמָיו סְפוּרִים his days are numbered
סְפוֹר: אֵין סְפוֹר countless, numberless
סְפּוֹרָדִי ת. sporadic
סְפּוֹרְט ז. sports
סְפּוֹרְטַאי ז. sportsman
סְפּוֹרְטָאִית נ. (סְפּוֹרְטָאִיּוֹת) sportswoman
סְפּוֹרְטִיבִי ת. sporting, sportsmanlike; sports (jacket, etc.); athletic
סֶפַח ז. (סְפָחִים) stub, detachable coupon; appendage, addition
סָפַח פ״י (לִסְפּוֹחַ) absorb
סַפַּחַת נ. psoriasis; pest (*figurative*)
סֶפְּטֶמְבֶּר ז. September
סְפִיגָה נ. absorption, absorbing
סְפִּידוֹמֶטֶר ז. speedometer (*colloquial*)
סָפִיחַ ז. aftermath, sequel
סְפִינָה נ. ship, boat
סְפִיקָה: אִי־סְפִיקַת־לֵב cardiac insufficiency
סַפִּיר ז. sapphire
סָפִיר ת. countable
סְפִירָה נ. counting, numbering; era
– סְפִירָה לְאָחוֹר countdown
– סְפִירַת־דָּם blood count
– סְפִירַת הַנּוֹצְרִים AD, CE, the Christian Era
– סְפִירַת מְלַאי stocktaking
סְפִּירְט ז. alcohol (medicine)
סְפִּירָלִי ת. spiral
סֵפֶל ז. (סְפָלִים; סִפְלֵי־) mug, cup
סִפְלוֹן ז. small cup
סַפָּן ז. seaman, sailor
סַפָּנוּת נ. shipping
סְפָנְיוֹלִית נ. Ladino, Judezmo
סַפְסָל נ. bench
סַפְסָר ז. speculator; profiteer; (ticket) scalper
סַפְסָרוּת נ. speculation (in shares); profiteering; scalping

סְפֶּצִיפִי ת. — specific
סָפֵק ז. (סְפֵיקוֹת) — doubt
– אֵין סָפֵק — there's no doubt
– בְּלִי סָפֵק — without doubt, undoubtedly
– הֵטִיל סָפֵק בּ־ — to question
– מוּטָל בְּסָפֵק — doubtful, questionable; in doubt
– נֶהֱנָה מִן הַסָּפֵק — be given the benefit of the doubt
– עוֹרֵר סְפֵיקוֹת — raise doubts
סַפָּק ז. סַפָּקִית נ. — supplier
סְפֶּקוּלָטִיבִי ת. — speculative
סְפֶּקוּלַנְט ז. — speculator
סְפֶּקוּלַצְיָה נ. — speculation (all senses)
סַפְקָן ז. — skeptic, sceptic
סַפְקָנוּת נ. — skepticism, scepticism
סָפַר פ״י (לִספּוֹר) — to count, number
סֵפֶר ז. (סִפְרוֹ; סְפָרִים; סִפְרֵי־) — book
– סֵפֶר הַסְּפָרִים — the Bible
– סֵפֶר־זִכְרוֹנוֹת — autograph book; book of memoirs
סַפָּר ז. — barber, hairdresser
סְפָר ז. — frontier, border
– יִשּׁוּב סְפָר — border settlement
סְפָרַד ז. — Spain
סְפָרַדִּי תו״ז — Spanish
סְפָרַדִּיָּה נ. — Spanish woman
סְפָרַדִּית נ. — Spanish (language)
סִפְרָה נ. (סְפָרוֹת) — digit, figure, numeral
סִפְרוֹן ז. — booklet
סַפָּרוּת נ. — hairdressing
סִפְרוּת נ. — literature
סִפְרוּתִי ת. — literary
סְפַּרְטָנִי ת. — spartan
סִפְרִיָּה נ. — library
סַפָּרִית נ. — hairdresser
סַפְרָן ז. סַפְרָנִית נ. — librarian
סַפְרָנוּת נ. — librarianship
סִפְרָתִי ת. — digital
סְצֵינָה נ. — scene
סְקוֹטִי תו״ז — Scottish; Scot
סְקוֹטְלַנְד נ. — Scotland
סְקוּפּ ז. — scoop (journalism)

סֶקְטוֹר ז. — sector
סְקֵטִים ז״ר — roller skates (*colloquial*)
סְקִי ז. — ski; skiing
סְקִילָה נ. — stoning (to death)
סְקִיצָה נ. — sketch
סְקִירָה נ. — review, survey
סָקַל פ״י (לִסקוֹל) — stone (to death)
סְקָלָה נ. — scale; dial (of radio)
סְקַנְדָל ז. — scandal (*colloquial*)
סַקְסוֹפוֹן ז. — saxophone
סֶקְסִי ת. — sexy
סְקֶפְּטִי ת. — skeptical, sceptical
סָקַר פ״י (לִסקוֹר) — to survey; review
סֶקֶר ז. (סְקָרִים) — survey, opinion poll
– סֶקֶר דַּעַת־קָהָל — public opinion poll
סַקְרָן ז. — curious/inquisitive person
סִקְרֵן פ״י (לְסַקְרֵן) — make curious, intrigue
סַקְרָנוּת נ. — curiosity
סַקְרָנִי ת. — curious, inquisitive
סֵרֵב פ״ע (לְסָרֵב) — to refuse
סַרְבָּל ז. — overalls, coveralls
סַרְבָן ז. — recalcitrant person
– סַרְבַן־מִלְחָמָה — conscientious objector
סַרְבָנוּת נ. — non-compliance, recalcitrance, disobedience
סָרַג פ״י (לִסרוֹג) — knit
סַרְגֵל ז. — ruler (for drawing)
– סַרְגֵל כֵּלִים — toolbar
סַרְדִּין ז. — sardine
סֵרוּב ז. — refusal
סָרוּג ת. — knitted
סָרוּט ת. — scratched
סָרַח פ״ע — behave corruptly, misbehave
סִרְחוֹן ז. — stink, stench
סָרַט פ. (לִסרוֹט) — to scratch
סֶרֶט ז. (סְרָטִים) — film; movie; tape; band, ribbon
– סֶרֶט אַרְכִיוֹן — file film
– סֶרֶט מַגְנֵטִי — magnetic tape
– סֶרֶט מְצוּיָּר — cartoon (film)
– סֶרֶט נָע — conveyor belt, assembly line

ס

drawing (on drawing board) סִרטוּט ז.
draw סִרטֵט פ״י (לְסַרטֵט)
draftsman, draughtsman סַרטָט ז.
(video) clip, short film סִרטוֹן ז.
film library סִרטִייָה נ.
cancer; crab; Cancer סַרטָן ז.
cancerous סַרטָנִי ת.
knitting סְרִיגָה נ.
scratch סְרִיטָה = שְׂרִיטָה
eunuch סָרִיס ז.
combing; scanning סְרִיקָה נ.
axle; captain סֶרֶן ז. (סְרָנִים)
serenade סֶרֶנָדָה נ.
pimp, procurer; middleman סַרסוּר ז.
diaphragm (anatomy) סַרעֶפֶת נ.
nettle סִרפָּד ז.
pinafore dress סָרָפָן ז.
to comb; scan סָרַק פ״י (לִסרוֹק)
emptiness, futile; blank סְרָק ז.
idle threat – אִיוּם סְרָק
neutral (gear) – הִילוּךְ סְרָק
sarcastic סַרקַסטִי ת.
adaptability סְתַגלָנוּת נ.
fall, autumn סְתָו, סְתָיו ז.

autumnal סְתָווִי ת.
blocked, clogged; obscure; abstruse; thick-headed סָתוּם ת.
blocking, stopping up, blockage; filling (dental) סְתִימָה נ.
putting an end to – סְתִימַת הַגּוֹלֵל
contradiction; discrepancy סְתִירָה נ.
contradict, conflict with – עוֹמֵד בִּסתִירָה לְ־
to block, stop up סָתַם פ״י (לִסתוֹם)
shut your mouth! – סְתוֹם (אֶת הַפֶּה)!
just; merely, for no particular reason סְתָם ז; תה״פ
apparently, presumably – מִן הַסְּתָם
undefined; casual, indefinite; neuter (gender); *parve* סְתָמִי ת.
contradict, refute; neutralize (acid); dishevel (hair) סָתַר פ״י (לִסתוֹר)
conflicting reports – דִּיווּחִים סוֹתְרִים
hiding place; secret סֵתֶר ז. (סְתָרִים)
secretly, in secret – בְּסֵתֶר
in his heart (of hearts) – בְּסֵתֶר לִיבּוֹ
code – כְּתַב סֵתֶר [סְתָרִים]
stone-cutter סַתָּת ז.

ס

ע

ayin (16th letter of Hebrew alphabet); 70 ע
cloud (*literary*) עָב ז׳ו״נ (עָבִים אוֹ עָבוֹת)
voluminous עָב ת.: עַב כֶּרֶס
to work; worship (God) עָבַד פ. (לַעֲבוֹד)
pull someone's leg; con (someone) (*slang*); work on – עָבַד עַל
slave עֶבֶד ז. (עֲבָדִים)
slavery עַבדוּת נ.
thick עָבֶה ת. (עָבָה; עָבִים; עָבוֹת)
work, labor; job עֲבוֹדָה נ.
unemployment – חוֹסֶר עֲבוֹדָה
make-work program, relief work – עֲבוֹדוֹת יְזוּמוֹת
agriculture, tilling – עֲבוֹדַת אֲדָמָה
handiwork; hand-made – עֲבוֹדַת־יָד
idolatry – עֲבוֹדָה זָרָה
painstaking work – עֲבוֹדַת נְמָלִים
hard labor – עֲבוֹדַת פֶּרֶךְ
for (me, you, etc.); for (price) עֲבוּר מ״י (עֲבוּרִי, עֲבוּרְךָ וכו׳)
bushy; dense, thick עָבוֹת ת.
passable (road, etc.) עָבִיר ת.
impassable – בִּלְתִּי עָבִיר
offense, transgression; foul (sport) עֲבֵירָה נ.
with the woman of his choice, with his/her fiancé(e) עב״ל ר״ת
UFO עב״ם ר״ת עֶצֶם בִּלְתִּי מְזוֹהֶה
pass, cross; go through, undergo; switch (to) עָבַר פ. (לַעֲבוֹר)
Over! – עֲבוֹר!
it's out of date; it's no longer valid/relevant – עָבַר זְמַנּוֹ (בָּטֵל קוֹרְבָּנוֹ)
let it pass – עָבַר לְסֵדֶר הַיּוֹם
commit an offense – עָבַר עֲבֵירָה
go over, look over, revise – עָבַר עַל
past; past tense עָבָר ז.
side עֵבֶר ז.
from all sides – מִכָּל עֵבֶר

beyond, across – מֵעֵבֶר ל־
עֲבֵרָה נ. ר׳ עֲבֵירָה
Hebrew עִברִי תו״ז
offender, delinquent עֲבַריָין ז.
habitual offender – עֲבַריָין מוּעָד
delinquency, wrongdoing עֲבַריָינוּת נ.
juvenile delinquency – עֲבַריָינוּת נוֹעַר
Hebrew (language) עִברִית נ.
Hebraize עִברֵת פ״י (לְעַברֵת)
lust for עָגַב פ״י (לַעֲגוֹב עַל)
tomato עַגבָנִייָה נ.
syphilis עַגֶּבֶת נ.
slang, vernacular, dialect עָגָה נ.
round, circular עָגוֹל ת. (עֲגוּלָּה)
sad, gloomy, dismal עָגוּם ת.
deserted wife עֲגוּנָה תו״נ
crane (bird) עָגוּר ז.
crane עֲגוּרָן ז.
earring עָגִיל ז.
anchorage עֲגִינָה נ.
being deserted (wife, husband) עֲגִינוּת נ.
calf עֵגֶל ז. (עֲגָלִים)
oval, rounded עֲגַלגַּל ת.
heifer עֶגלָה נ.
cart; pram, carriage עֲגָלָה נ. (עֲגָלוֹת)
the Great Bear, the Big Dipper – הָעֲגָלָה הַגדוֹלָה
stroller – עֶגלַת טִיוּל (לְתִינוֹק)
baby carriage, pram – עֶגלַת יְלָדִים
tea-wagon, tea-trolley – עֶגלַת־תֵּה
carter, coachman עֶגלוֹן ז.
sad, gloomy עַגמוּמִי ת.
to anchor עָגַן פ״ע (לַעֲגוֹן)
till, until; up to, to; as far as עַד מ״י
up to and including – עַד...וְעַד בִּכלָל
to such an extent – עַד כְּדֵי כָּךְ
till now, so far, to date – עַד כֹּה
as far as I know – עַד כַּמָּה שֶׁיָּדוּעַ לִי
Many happy returns! – עַד מֵאָה וְעֶשׂרִים
so far, to date – עַד עַתָּה
until – עַד שֶׁ־
witness עֵד ז. עֵדָה נ.

state's witness	– עֵד מְדִינָה
eye-witness	– עֵד רְאִיָּה
community; congregation	עֵדָה נ. (עֵדוֹת)
evidence, testimony	עֵדוּת נ. (עֵדוּיוֹת)
corroborative evidence	– עֵדוּת מְסַיַּיעַת
hearsay evidence	– עֵדוּת שְׁמִיעָה
perjury, false evidence	– עֵדוּת שֶׁקֶר
still	עֲדַיִין תה"פ
not yet	– עֲדַיִין לֹא
delicate, gentle, fine	עָדִין ת.
delicacy, refinement, gentleness, fineness	עֲדִינוּת נ.
preferable; better; superior	עָדִיף ת.
preference, priority; superiority	עֲדִיפוּת נ.
numerical superiority	– עֲדִיפוּת מִספָּרִית
updating; update	עִדכּוּן ז.
to update; keep (someone) posted, fill (someone) in	עִדכֵּן פ"י (לְעַדכֵּן)
up-to-date, up-to-the-minute	עַדכָּנִי ת.
Purim carnival	עַדלָיָדָע נ.
in the heat of the moment	עִדָּנָא: בְּעִדָּנָא דְרִיתחָה
to hoe, turn (soil), dig (up)	עָדַר פ"י (לַעדוֹר)
flock, herd	עֵדֶר ז.
lens	עֲדָשָׁה נ. (עֲדָשׁוֹת)
contact lenses	– עֲדשׁוֹת־מַגָּע
lentils	עֲדָשִׁים נ"ר
communal, ethnic	עֲדָתִי ת.
ethnic discrimination	– אַפלָיָה עֲדָתִית
communal antagonism, sectionalism	עֲדָתִיּוּת נ.
worker, employee	עוֹבֵד ז. עוֹבֶדֶת נ.
idol worshipper, pagan	– עוֹבֵד־אֱלִילִים
civil servant	– עוֹבֵד־מְדִינָה
public servant	– עוֹבֵד־צִיבּוּר
be tilled, be cultivated; be adapted (text, etc.); be arranged (music); be processed	עוּבַּד פ.
fact	עוּבדָּה נ.
fait accompli	– עוּבדָּה מוּגמֶרֶת
factual	עוּבדָּתִי ת.
thickness	עוֹבִי ז.
How thick is...?	– מָה עוֹבִי ה־...?
passing	עוֹבֵר ת. (עוֹבֶרֶת)
passer-by	– עוֹבֵר־אוֹרַח
passers-by	– עוֹבְרִים וְשָׁבִים
embryo, fetus	עוּבָּר ז.
mold (on bread, etc.)	עוֹבֶשׁ ז.
organ (musical instrument)	עוּגָב ז.
cake, bun	עוּגָה נ.
cookie, biscuit	עוּגִייָה נ.
emotional distress	עוֹגמַת־נֶפֶשׁ נ.
anchor	עוֹגֶן ז.
weigh anchor	– הֵרִים עוֹגֶן
life-line (*figurative*)	– עוֹגֶן הַצָּלָה
more; yet, still; again, also; else	עוֹד תה"פ; מ"י (עוֹדֶנִי, עוֹדוֹ, עוֹדָם)
in (an hour, etc.)	– בְּעוֹד (שָׁעָה, וכו')
in good time	– בְּעוֹד מוֹעֵד
while, whereas	– בְּעוֹד שֶׁ־
and so on; and (many) more	– וְעוֹד (וְעוֹד)
Never have I...	– מֵעוֹדִי לֹא...
soon, in a little while	– עוֹד מְעַט
oud (stringed instrument)	עוּד ז.
lawyer	עו"ד ר"ת עוֹרֵךְ־דִּין, עוֹרֶכֶת־דִּין
encourage, hearten	עוֹדֵד פ"י (לְעוֹדֵד)
be updated	עוּדכַּן פ.
(small) change; surplus, excess	עוֹדֶף ז. (עוֹדָפִים)
grimace	עֲוָויָה נ.
spasm; tic, twitch	עֲווִית נ.
convulsive, spastic, spasmodic, twitching	עֲווִיתִי ת.
injustice, wrong	עָוֶול ז.
injustice, wrong	עַוולָה נ.
sin; misdemeanor	עָווֹן ז. (עֲווֹנוֹת)
be distorted; be perverted (justice)	עוּוַּת פ.
strength, courage, boldness	עוֹז ז.
uzzi (Israeli sub-machine gun)	עוּזִּי ז.
aide, assistant	עוֹזֵר ז.

עוּזְרָד, עוּזְרָר ז. hawthorn
עוֹזֶרֶת נ. maid; aide; assistant
עוֹיֵן ת. (עוֹיֶנֶת) hostile, unfriendly
עוֹיְנוּת נ. hostility; unfriendliness, enmity
עוּכַּב פ. be delayed, be held up, be detained
עוּכַּל פ. be digested (food)
עוֹכֵר ז.: עוֹכֵר יִשְׂרָאֵל enemy of the Jewish people
– הָיָה בְּעוֹכְרָיו work against someone, be to someone's disadvantage
עוֹל ז. (עוּלוֹ) yoke, burden
עוֹלֶה ז. עוֹלָה נ. immigrant (to Israel)
– עוֹלֶה חָדָשׁ new immigrant (to Israel)
– עוֹלֵה־רֶגֶל pilgrim
עוּל יָמִים young (person)
עוֹלֵל פי״ (לְעוֹלֵל) do (wrong), be up to
עוֹלָל ז. baby, infant
עוֹלָם ז. (עוֹלָמִים; עוֹלָמוֹת) world
– בְּרַחֲבֵי הָעוֹלָם world-wide (adv.), all over the world
– הָעוֹלָם הַבָּא the next world
– הָעוֹלָם הַזֶּה this world
– הָעוֹלָם הַתַּחתּוֹן the underworld
– לְעוֹלָם (וָעֶד) for ever (and ever)
– לְעוֹלָם לֹא never (in the future)
– מֵעוֹלָם לֹא never (in the past)
– עוֹלָם כְּמִנהָגוֹ נוֹהֵג life goes on as usual
– לֵיהָנוֹת מִשְׁנֵי הָעוֹלָמוֹת make the best of both worlds
עוֹלָמִי ת. universal, world-wide
עוֹמֵד ת. (עוֹמֶדֶת) standing, stagnant; intransitive (verb)
עוּמַּם פ. be dimmed
עוֹמֶס ז. load, burden; strain
– עוֹמֶס תְּנוּעָה heavy traffic; traffic density
עוֹמֶק ז. depth; profundity
– מָה עוֹמֶק ה־...? How deep is...?
עוֹמֶר ז. sheaf (of wheat)
– סְפִירַת הָעוֹמֶר the counting of the *Omer* (the days from *Pesach* to *Shavuot*)
עוֹנֶג ז. pleasure, delight
– עוֹנֶג שַׁבָּת enjoyment of the Sabbath
עוֹנָה נ. season
– עוֹנָה בּוֹעֶרֶת high season
– עוֹנָה מֵתָה off season, low season
עוּנָּה פ. be tortured
עוֹנִי ז. poverty, indigence
עוֹנֶשׁ ז. punishment
– עוֹנֶשׁ מָוֶות death penalty
עוֹנָתִי ת. seasonal, periodic
עוֹסֵק ז. dealer, business owner
– עוֹסֵק מוּרשֶׁה licensed dealer
עוֹף ז. (עוֹפוֹת) bird, fowl; poultry, chicken
– עוֹף מוּזָר an odd customer
עוּף ר׳ עָף
עוֹפֵף פי״ע (לְעוֹפֵף) to fly
עוֹפֶרֶת נ. lead (metal)
עוּצַּב פ. be designed, be shaped; be formed (character, etc.)
עוּצבָּה נ. formation, division (military)
עוֹצמָה נ. power, might, intensity
– רַב־עוֹצמָה powerful
עוֹצֶר ז. curfew
– הֵטִיל עוֹצֶר impose a curfew
עוֹקֵב ת. consequent, following
– מִספָּרִים עוֹקבִים consecutive numbers
עוּקַל פ. be foreclosed
עוֹקֵף ת. (עוֹקֶפֶת) by-passing
– כְּבִישׁ עוֹקֵף detour, by-pass (road)
עוֹקֶץ ז. sting
עוֹקצָנוּת נ. sarcasm, biting tongue
עוֹקצָנִי ת. sarcastic, biting
עוּקַר פ. be sterilized
עוֹר ז. leather; skin
עוֹרֵב ז. crow; raven
עוֹרבָא פָּרַח nonsense, groundless
עוּרבַּב פ. be mixed; be shuffled
עוֹרֵךְ ז. עוֹרֶכֶת נ. editor
עוֹרֵךְ־דִין ז. עוֹרֶכֶת־דִין נ. lawyer

ע

עוֹרְלָה נ. foreskin
עוֹרְמָה נ. cunning, slyness, guile
עוֹרֶף ז. (עוֹרְפּוֹ) back of the neck, nape; rear (in wartime), home front
– נָשַׁף בְּעוֹרְפּוֹ breathe down someone's neck
עוֹרְפִּי ת. rear, in the rear
– שׁוּרָה עוֹרְפִּית single file
עוֹרֶק ז. artery; vein (of gold, etc.)
עוֹרֵר פ״י (לְעוֹרֵר) awaken; arouse; evoke; raise (a laugh, question)
עו״ש ר״ת עוֹבֵר וָשָׁב checking account, current account
עוֹשֶׁר ז. richness, wealth
עוֹתֶק ז. (עוֹתָקִים) copy (of book, etc.)
עוֹתֵר ז. עוֹתֶרֶת נ. petitioner
עַז ת. (עַזָּה) strong, fierce; intense
עֵז נ. (עִיזִּים) goat
עָזַב פ״י (לַעֲזוֹב) leave, abandon
עַזָּה: רְצוּעַת עַזָּה the Gaza Strip
עָזוּב ת. abandoned, deserted
עֲזוּבָה נ. (state of) neglect
עַזּוּת־מֵצַח נ. brazenness, audacity
עֲזִיבָה נ. leaving, abandoning
עָזַר פ. (לַעֲזוֹר ל־) to help, aid, assist
עֵזֶר ז. (עֲזָרִים) help, aid, auxiliary
– עֲזָרִים אוֹר־קוֹלִיִּים audio-visual aids
עֶזְרָה נ. help, assistance, aid
– עֶזְרָה רִאשׁוֹנָה first aid
עֶזְרַת־נָשִׁים נ. women's gallery (in synagogue)
עֵט ז. pen
עָט פ״ע (לָעוּט) pounce, swoop down
עָטָה פ״י (לַעֲטוֹת) wrap oneself in, put on
עָטוּף ת. wrapped
עָטוּר ת. adorned; crowned; wreathed
– עָטוּר כּוֹכָבִים star-studded
עֲטִין ז. udder
עֲטִיפָה נ. covering, wrapping; wrapper
עֲטַלֵּף ז. bat (animal)
עָטַף פ״י (לַעֲטוֹף) wrap, envelop; cover
עֲטָרָה נ. (עֲטֶרֶת־) crown; wreath
– הֶחֱזִיר עֲטָרָה לְיוֹשְׁנָהּ restore (something) to its former glory
עִטְרָן ז. tar
עִי ז. heap of rubble
– עִיֵּי־חוּרָבוֹת heap of ruins (*literary*)
ע״י ר״ת עַל־יַד־; עַל־יְדֵי־ beside, near; by, through
עִיבֵּד פ״י (לְעַבֵּד) to process; cultivate (land); adapt (story); arrange (music)
עִיבָּה פ״י (לְעַבּוֹת) thicken; condense
עִיבּוּד ז. cultivation (land); adaptation (of text); processing; working out (plan); arrangement (music)
– עִיבּוּד נְתוּנִים data processing
עִיבּוּי ז. thickening; condensation
עִיבְרֵת פ״י (לְעַבְרֵת) Hebraize
עִיגּוּל ז. circle; rounding off
עִיגֵּל פ״י (לְעַגֵּל) to round, make round
– עִיגֵּל מִסְפָּר round off a number
עִיגֵּן פ״י (לְעַגֵּן) to anchor; enshrine (*figurative*), establish firmly
עִידּוּד ז. encouragement
– שָׁאַב עִידּוּד מ־ draw courage from, be heartened by
עִידּוּן ז. refinement, softening (*figurative*)
עִידְכּוּן ז. updating; update
עִידְכֵּן פ״י (לְעַדְכֵּן) to update; keep someone posted, fill someone in
עִידֵּן פ״י (לְעַדֵּן) refine; soften (*figurative*), tone down
עִידָּן ז. era, age
– עִידָּן וְעִידָּנִים for ages and ages, eons
עִיוָּה פ״י (לְעַוּוֹת) contort, distort
עִיוֵּר פ״י (לְעַוֵּר) to blind
עִיוֵּר תו״ז (עִיוֶּרֶת) blind (person)
– עִיוֵּר־צְבָעִים color-blind
עִיוָּרוֹן ז. blindness
עִיוֵּת פ״י (לְעַוֵּת) distort; twist; pervert (justice)
עִיוּוּת ז. distortion, twisting
– עִיוּוּת־הַדִּין miscarriage of justice

עִיּוּן ז. study, perusal
– בְּעִיּוּן under study; closely (studying, etc.)
– יוֹם עִיּוּן study day
עִיּוּנִי ת. theoretical, academic
עִיּוּר ז. urbanization
עִיזָּבוֹן ז. (עִזְבוֹנוֹת) inheritance, legacy
– מַס עִיזָּבוֹן estate duty
עַיִט ז. (עֵיטִים) eagle, vulture
עִיטּוּר ז. decoration (medal); ornamentation, illumination (of book)
עִיטֵּר פ״י (לְעַטֵּר) decorate; illuminate (books); adorn; crown
עִיֵּין פ״י (לְעַיֵּין בּ־) to study, read, peruse; consider
– עַיֵּין (עֵרֶךְ) see, vide
עִיֵּיף פ״י (לְעַיֵּיף) to tire
עָיֵיף ת. (עֲיֵיפָה) tired, weary
עֲיֵיפָה: לַעֲיֵיפָה ad nauseam, tediously; to capacity
עֲיֵיפוּת נ. weariness, tiredness
עִיֵּיר פ״י (לְעַיֵּיר) urbanize
עֲיָירָה נ. small town
– עֲיָירַת־פִּיתּוּחַ development town
עִיכֵּב פ״י (לְעַכֵּב) to delay, hold up; detain (for questioning); hinder
– מָה עִיכֵּב אוֹתְךָ? What kept you?
עִיכּוּב ז. delay, hold up
עִיכּוּל ז. digestion
עִיכֵּל פ״י (לְעַכֵּל) digest
עִילָּאִי ת. superb, supreme
עִילֵּג ת. (עִילֶּגֶת) inarticulate, clumsy (in speech)
עִילָּה נ. pretext, cause
עִילּוּי ז. child prodigy, genius
עִילּוּי: לְעִילּוּי נִשְׁמָתוֹ (prayer) for the eternal bliss of his soul
עִילּוּם ז. concealment, hiding
– בְּעִילּוּם שֵׁם anonymously; incognito
עִילִּי ת. upper; overhead
עִילִּית נ. élite; upper (city)
עִילְעֵל פ״י (לְעַלְעֵל בּ־) leaf through, turn pages, browse through

עִילָּפוֹן ז. faint, fainting
עִימֵּד פ״י (לְעַמֵּד) set up in printed pages
עִימּוּד ז. page layout; setting up in printed pages
עִימּוּם ז. dimming; muffling
עִימּוּת ז. confrontation; (TV) debate
עִימֵּל פ״י (לְעַמֵּל) to exercise (the body)
עִימְלֵן פ״י (לְעַמְלֵן) to starch
עִימֵּם פ״י (לְעַמֵּם) to dim; muffle
עִימְעוּם ז. dimming, dipping
עִימְעֵם פ״י (לְעַמְעֵם) to dim
עִימֵּת פ״י (לְעַמֵּת) confront; contrast
עַיִן נ. (עֵין־, עֵינַיִים; עֵינֵי־) eye; stitch (in knitting)
– (בֵּיצָה) עַיִן fried egg
– בְּעַיִן יָפָה favorably; generously
– בְּעֵינֵי־ in the eyes of...
– בְּשֶׁבַע עֵינַיִים very carefully
– לִראוֹת בְּעַיִן יָפָה approve of
– עַיִן רָעָה, עַיִן הָרַע the evil eye
– עַיִן תַּחַת עַיִן an eye for an eye
– שָׂם עַיִן עַל keep an eye on; fancy someone
עֵינָא בִּישָׁא the evil eye
עִינֵּג פ״י (לְעַנֵּג) to delight
עִינָּה פ״י (לְעַנּוֹת) to torture
עִינּוּג ז. delight; pleasure
עִינּוּי ז. torment; torture
– עִינּוּי־דִּין delay of justice
עֵינָיו, עֵינֵי־, עֵינַיִים ר׳ עַיִן
עֵינִית נ. eyepiece; eye-hole
עִיסָּה פ״י (לְעַסּוֹת) to massage
עִיסָּה נ. dough; pulp; paste
עִיסּוּי ז. massage
עִיסּוּק ז. occupation
עִיסְקָה נ. transaction; deal
– עִיסְקַת טִיעוּן plea bargain
עִיסְקִי ת. business, of business
עִיפְעֵף פ״ע (לְעַפְעֵף) to blink (the eyes)
עִיפָּרוֹן ז. (עֶפְרוֹנוֹת) pencil
עִיצֵּב פ״י (לְעַצֵּב) to design, shape; form
עִיצְבֵּן פ״י (לְעַצְבֵּן) annoy

ע

עִיצוּב ז. designing; shaping; forming; fashioning; design
– עִיצוּב־פְּנִים interior design
עִיצוּם ז. intensification
– בְּעִיצוּמוֹ, בְּעִיצוּמוֹ שֶׁל in progress, well under way; at the height of
עִיצוּמִים ז״ר sanctions, industrial action
עִיצוּר ז. consonant
עִיקְבִי ת. consistent
עִיקְבִיוּת נ. consistency
– בְּעִיקְבִיוּת consistently
עִיקוּב ז. following (someone); tracing; surveillance
עִיקוּל ז. foreclosure; bend, curve
– צַו עִיקוּל attachment order
עִיקוּם ז. bending, twisting
עִיקוּף ז. overtaking; getting around, bypassing, circumvention; detour
עִיקוּר ז. sterilization
עִיקֵל פ״י (לְעַקֵל) foreclose; bend
עִיקֵם פ״י (לְעַקֵם) to bend, twist
– עִיקֵם אֶת הָאַף turn up your nose
עִיקְצוּץ ז. itch, prickle, tingle
עִיקֵר פ״י (לְעַקֵר) sterilize
עִיקָר ז. the main thing/point; essence; basic principle, tenet
– בְּעִיקָר mainly
עִיקָּרוֹן ז. (עֶקְרוֹנוֹת) principle
– בְּעִיקָּרוֹן in principle
– מִתּוֹךְ עִיקָּרוֹן on principle
עִיקָּרִי ת. main, principal, chief
עִיקֵשׁ ת. (עִיקֶשֶׁת) stubborn; obstinate
עִיקְשׁוּת נ. stubbornness, obstinacy
עִיר נ. (עָרִים) city, town
– עִיר בִּירָה capital city
– עִיר מִיקְלָט city of refuge
עֵירֵב פ״י (לְעָרֵב) to mix; involve
עִירְבֵּב פ״י (לְעַרְבֵּב) to mix; mix up; shuffle (cards)
עִירְבּוּב ז. mixing; confusing, mixing up
עִירְבּוּבְיָה נ. mess; jumble, muddle
– בְּעִירְבּוּבְיָה in disorder, in a muddle
עִירְבּוּל ז. mixing (in a mixer)
עִירְבֵּל פ״י (לְעַרְבֵּל) to mix (in a mixer)
עֵירוּב ז. mixing; involving
עֵירוּי ז. infusion; pouring out
– עֵירוּי־דָם blood transfusion
עֵירוֹם תו״ז (עֵירוּמָּה) naked; nude, nakedness
– בְּעֵירוֹם in the nude
עִירוֹנִי תו״ז urban; municipal; townsman
עִירְטֵל פ״י (לְעַרְטֵל) to strip, denude, lay bare
עִירִיָּה נ. municipality; town hall, city hall
עֵירָנוּת נ. alertness, vigilance
עֵירָנִי ת. alert, vigilant, lively
עִירְעוּר ז. appeal (legal); protest; doubt; undermining
עִירְעֵר פ״י (לְעַרְעֵר) undermine; protest
– עִירְעֵר עַל appeal against; protest against; question
עִירְפּוּל ז. vagueness, fogginess
עִירְפֵּל פ״י (לְעַרְפֵּל) obscure, make vague
עִירָק נ. Iraq
עִישּׁוּן ז. smoking
עִישֵּׁן פ. (לְעַשֵּׁן) to smoke
עִיתּוּי ז. timing
– בְּעִיתּוּי (טוֹב, רַע) (well, ill)-timed
עִיתּוֹן ז. newspaper
– עִיתּוֹן יוֹמִי daily (n.)
עִיתּוֹנָאוּת נ. journalism
עִיתּוֹנַאי ז. journalist, reporter
עִיתּוֹנָאִית נ. journalist, reporter
עִיתּוֹנוּת נ. press, journalism
עַכָּבָה נ. inhibition; delay
עַכָּבִישׁ ז. spider
– קוּרֵי עַכָּבִישׁ spider's web
עַכְבָּר ז. mouse
– הָהָר הוֹלִיד עַכְבָּר all that fuss for nothing
עַכְבְּרוֹשׁ ז. rat
עַכּוּז ז. buttocks

עכו"ם ר"ת עוֹבְדֵי כּוֹכָבִים וּמַזָּלוֹת pagans
עָכוּר ת. turbid, muddy; dismal, foul
– יְחָסִים עֲכוּרִים strained relations
עֲכִירוּת נ. turbidity; gloom
עַכְשָׁוִי ת. current, topical, present, modern
עַכְשָׁיו תה"פ now
עַל מ"י (עָלַי; עָלֶיךָ; עָלַיִךְ; עָלָיו; עָלֶיהָ; עָלֵינוּ; עֲלֵיכֶם; עֲלֵיהֶם) on, over, above; about
– מֵעַל above
– מֵעַל לַכֹּל above all
– מֵעַל וּמֵעֵבֶר above and beyond
– עַל אַחַת כַּמָּה וְכַמָּה all the more so
– עַל אַף in spite of, despite
– עַל בּוּרְיוֹ thoroughly, inside out
– עַל גַּבֵּי־ on top of; upon
– עַל דַּעַת with the knowledge of, with the consent of
– עַל יַד־ near, close to, beside
– עַל יְדֵי־ by, by means of
– עַל יָמִין וְעַל שְׂמֹאל right and left
– עַל כָּל פָּנִים in any case, anyway
– עַל כֵּן therefore
– עַל לֹא דָבָר Not at all, You're welcome!
– עַל מְנָת ל־ [ש־] in order to; so that
– עַל נְקַלָּה easily (*literary*)
– עַל סְמַךְ־ on the basis of, relying on
– עַל־פֶּה, בְּעַל־פֶּה by heart; orally
– עַל־פִּי, עפ"י according to
– עַל־פִּי־רוֹב mostly
– עַל רֶגֶל אַחַת in a nutshell, without going into detail
– עַל פְּנֵי on the surface of
– עַל שֵׁם named after; in memory of
עַל־, ־עַל super-
– עַל־אֱנוֹשִׁי superhuman
– עַל־טִבְעִי supernatural
– עַל־קוֹלִי supersonic
עָלַב פ"י (לַעֲלוֹב בּ־) to insult, offend
עֶלְבּוֹן ז. (עֶלְבּוֹנוֹת) insult, affront
עָלָה פ"ע (לַעֲלוֹת) go up, ascend, rise; come up; cost; immigrate (to Israel)
– עָלָה לָאוֹטוֹבּוּס get on the bus
– עָלָה בְּיַד־ manage, succeed
– עָלָה בְּקָנֶה אֶחָד עִם be in line with, be compatible with
– עָלָה בְּדַעְתּוֹ cross your mind, occur to someone
– עֲלֵה וְהַצְלַח! Good luck! I wish you well in your endeavors!
– עָלָה יָפֶה succeed, come off well
– עָלָה לוֹ עַל הָעֲצַבִּים get on your nerves
– עָלָה לְרֶגֶל make a pilgrimage
– עָלָה לַתּוֹרָה be called up to read the *Torah* (in synagogue)
– עָלָה עַל excel, surpass (someone)
– עָלָה עַל גְּדוֹתָיו overflow
– עָלָה עַל הַפֶּרֶק arise, come up (for discussion)
עָלֶה ז. (עָלִים; עֲלֵי־) leaf
– עֲלֵה־כּוֹתֶרֶת petal
עָלוּב ת. measly; miserable, poor, pathetic
עָלוּל ת. likely, liable, might
עֲלוּמִים ז"ר youth, young manhood
עָלוֹן ז. pamphlet, bulletin, leaflet
– עֲלוֹן חֲדָשׁוֹת newsletter
עֲלוּקָה נ. leech
עֲלוּת נ. (עֲלוּיוֹת) cost
– עֲלוּת־תּוֹעֶלֶת cost-benefit
עָלַז פ"ע (לַעֲלוֹז) rejoice, be merry
עֲלָטָה נ. darkness (*literary*)
עֱלִי ז. pestle; pistil
עֲלִיבוּת נ. misery, wretchedness
עֲלֵיהוֹם! מ"ק (verbal) attack from all quarters, a firestorm of criticism
עֶלְיוֹן ת. (עֶלְיוֹנָה) uppermost; upper; highest; top; supreme
– בֵּית־הַמִּשְׁפָּט הָעֶלְיוֹן the Supreme Court
– חֲשִׁיבוּת עֶלְיוֹנָה paramount importance
– מַאֲמָץ עֶלְיוֹן supreme effort
עֶלְיוֹנוּת נ. supremacy, superiority

merry, cheerful; gay (homosexual) — עַלִּיז תו״ז
gaiety, cheerfulness — עַלִּיזוּת נ.
cheerfully — בְּעַלִּיזוּת –
rise, ascent, going up; immigration (to Israel) — עֲלִיָּה נ. (עֲלִיּוֹת)
promotion — עֲלִיָּה בְּדַרְגָּה –
pilgrimage — עֲלִיָּה לְרֶגֶל –
being called up to read the *Torah* (in synagogue) — עֲלִיָּה לַתּוֹרָה –
ups and downs — עֲלִיּוֹת וִירִידוֹת –
attic — עֲלִיַּת־גַּג נ.
false charge, libel; plot (of novel, film); deed — עֲלִילָה נ.
blood libel — עֲלִילַת־דָּם –
leaves — עָלִים ז״ר ר׳ עָלֶה
gaiety, cheerfulness — עֲלִיצוּת נ.
élite — עִלִּית נ.
lad, youth — עֶלֶם ז.
world (usually in phrases:) — עָלְמָא ז.
by all accounts — אַלִּיבָּא דְּכוּלֵּי עָלְמָא –
more words — דִּיבּוּרִים בְּעָלְמָא –
young woman — עַלְמָה נ.
Miss... — הָעַלְמָה... –
cemetery — עָלְמִין: בֵּית־עָלְמִין
rejoice, exult (*literary*) — עָלַץ פ״ע (לַעֲלוֹץ)
people, nation, folk — עַם ז. (עַמִּים; עַמֵּי־)
folktale, folk legend — אַגָּדַת־עַם –
ignoramus — עַם־הָאָרֶץ –
the common people, the masses — עַמְּךָ –
folk dancing — רִיקּוּדֵי עַם –

עִם מ״י (עִמִּי אוֹ עִמָּדִי; עִמְּךָ; עִמָּנוּ וכו׳)
with; at (dawn, etc.); when
nevertheless, having said that — עִם זֹאת –
stand (up); halt, stop — עָמַד פ״ע (לַעֲמוֹד)
(still) stands, remains unchanged — בְּעֵינוֹ עוֹמֵד –
stand (test, etc.); withstand; keep (promise); meet (standard, obligation, timetable) — עָמַד בְּ־ –
keep your word — עָמַד בְּדִיבּוּרוֹ –
stand the test — עָמַד בַּמִּבְחָן –
to face; withstand — עָמַד בִּפְנֵי –
stand someone in good stead; have a hard-on (*slang*) — עָמַד לוֹ –
be about to — עָמַד לְ־ –
stand by, stand aside — עָמַד מִן הַצַּד –
stand by, stand aside — עָמַד מִנֶּגֶד –
insist on; see, be aware of — עָמַד עַל –
stick to your opinion — עָמַד עַל דַּעְתּוֹ –
stick to your guns — עָמַד עַל שֶׁלּוֹ –
position; stand, standpoint; (computer) console — עֶמְדָּה נ. (עֶמְדוֹת)
page; column, pillar, (goal, gate, etc.) post — עַמּוּד ז.
spinal column — עַמּוּד־הַשִּׁדְרָה –
mainstay (*figurative*) — עַמּוּד־הַתָּוֶךְ –
electricity pole — עַמּוּד חַשְׁמַל –
column (in a page) — עַמּוּדָה נ.
dim; dull (sound), muffled — עָמוּם ת.
loaded, overloaded; busy — עָמוּס ת.
deep, profound — עָמוֹק ת. (עֲמוּקָה; עֲמוּקִים)
fellowship (society), (non-profit) association — עֲמוּתָה נ.
resistant, durable, -proof; fast (color); long-life (milk) — עָמִיד ת.
standing, posture; meeting (deadline, obligation, etc.) — עֲמִידָה נ.
middle age — גִּיל הָעֲמִידָה –
handstand — עֲמִידַת יָדַיִים –
headstand — עֲמִידַת רֹאשׁ –
resistance, durability — עֲמִידוּת נ.
commission agent — עָמִיל ז.
customs agent — עֲמִיל מֶכֶס –
starch — עֲמִילָן ז.
starchy — עֲמִילָנִי ת.
dimness; ambiguity — עֲמִימוּת נ.
colleague; counterpart; member, Fellow — עָמִית ז.

עַמְּךָ ר׳ עַם
to labor, toil — עָמַל פ״ע (לַעֲמוֹל)
labor, toil — עָמָל ז.
commission; bank charge — עֲמָלָה נ.
popular (of, for the people); folk; popularized — עֲמָמִי ת.

ע

– בֵּית־סֵפֶר עֲמָמִי elementary school
עֲמָמִיוּת נ. simplicity (of manner)
עִמעוּם ז. dimming, dipping (headlights)
עִמעֵם פ״י (לְעַמעֵם) to dim
עֵמֶק ז. (עֲמָקִים) valley
– בָּאוּ [הִגִיעוּ] לְעֵמֶק הַשָּׁוֶוה reach an understanding, a compromise
עָנַב פ״י (לַעֲנוֹב) put on (a tie)
עֵנָב ז. grape
עֲנָבִים ז״ר (עִנבֵי־) grapes
עִנבָּר ז. amber
עָנַד פ״י (לַעֲנוֹד) wear (jewels/medals), tie on
עָנָה פ. (לַעֲנוֹת לְ־, עַל) to answer, reply, respond; meet (the needs, expectations, etc.)
עָנָו ת. humble, modest
עָנוֹג ת. (עֲנוּגָה) tender, delicate, soft
עֲנָוָוה נ. humbleness, modesty
– בַּעֲנָוָוה humbly
עִנטֵז פ״י (לְעַנטֵז) wiggle your ass
עָנִי ת. (עֲנִיָיה ; עֲנִיִים) poor, indigent
– הָעֲנִיִים the poor
– עָנִי מָרוּד very poor
עֲנִיבָה נ. (neck)tie; noose
עֲנִידָה נ. wearing (jewels/medals)
עָנִיו ת. humble, modest
עֲנִיוּת נ. poverty
– לַעֲנִיוּת דַעתִי in my humble opinion
– תְעוּדַת עֲנִיוּת (it) speaks badly for, an indictment of (*figuratve*)
עִניָין ז. interest; matter, affair, business
– בְּעִניַין־ in the matter of, concerning
– בְּעִניָין with (great) interest
– לָעִניָין to the point; a real...
– לַעֲשׂוֹת מִזֶה עִניָין make an issue of it
– מַה הָעִניָינִים? What's up?
– עִניְינֵי דְיוֹמָא current affairs
עִניֵין פ״י (לְעַניֵין) to interest
עִניָינִי ת. businesslike, matter-of-fact, down-to-earth

עֲנִישָׁה נ. punishment, punishing
עָנָן ז. (עֲנָנִים) cloud
עֲנָנָה נ. dark cloud (also *figurative*)
עָנָף ז. branch, bough; (tourist, etc.) industry
עָנֵף ת. (עֲנֵפָה) extensive; ramified; large (extended family)
עֲנָק ז. giant; necklace
עֲנָקִי ת. gigantic, colossal, huge
עָסוּק ת. busy, occupied, tied up
עַסיָין ז. masseur
עַסייָנִית נ. masseuse
עֲסִיסִי ת. juicy; racy
עָסַק פ״י (לַעֲסוֹק בְּ־) engage in, deal with; do (for a living)
עֵסֶק ז. (עִסקוֹ ; עֲסָקִים עִסקֵי־) business; affair, matter; deal
– לְרֶגֶל עֲסָקָיו on business
עִסקָה נ. transaction, deal
עַסקָן ז. עַסקָנִית נ. official (of party, sports), public worker
עַסקָנוּת נ. public activity, public work
עָף פ״ע (לָעוּף) to fly; blow (in the wind); be thrown out
עפ״י ר״ת עַל־פִּי according to
עֲפִיפוֹן ז. kite
עַפעַף ז. (עַפעַפַּיִים) eyelid
– בְּלִי לְהָנִיד עַפעַף without batting an eyelid
עָפָר ז. earth, dust, dirt
– עֲבוֹדוֹת עָפָר earth-moving
– עָפָר וָאֵפֶר dust and ashes; (make) mincemeat (of)
עֶפרוֹנוֹת ר׳ עִיפָּרוֹן pencils
עֶפרוֹנִי ז. lark (bird)
עֵץ ז. (עֵצִים ; עֲצֵי־) tree; wood
– עֲצֵי פְּרִי fruit trees
– עָשׂוּי עֵץ made of wood
עֶצֶב ז. sadness
– בְּעֶצֶב sadly
עָצָב ז. (עֲצַבִּים) nerve
– מִלחֶמֶת עֲצַבִּים war of nerves
עַצבוּת נ. sadness
עֲצַבִּי ת. of the nerves; nervous

ע

עִצְבֵּן פ״י (לְעַצְבֵּן)	annoy, get on your nerves
עַצְבָּנוּת נ.	nervousness
– בְּעַצְבָּנוּת	nervously
עַצְבָּנִי ת.	nervous, jumpy, edgy, irritable
עֵצָה נ. (עֵצוֹת)	(piece of) advice, tip
– עֲצַת אֲחִיתוֹפֶל	misleading advice, bad counsel
עָצוּב ת.	sad, melancholy
עָצוּם ת.	enormous, immense, huge
– בְּעֵינַיִים עֲצוּמוֹת	with your eyes closed, blindly
עֲצוּמָה נ.	petition
עָצוּר ת.	arrested, detained; restrained; pent-up
– בִּנְשִׁימָה עֲצוּרָה	with bated breath
עָצִיץ ז.	flowerpot
עָצִיר ז. עֲצִירָה נ.	detainee
עֲצִירָה נ.	stopping, braking; arresting
עֲצִירוּת נ.	constipation
עָצֵל ת.	lazy, indolent
עַצְלוּת נ.	laziness, indolence
עַצְלָן ז. עַצְלָנִית נ.	lazy person; idler
עַצְלָנוּת נ.	laziness
עֲצַלְתַּיִים: בַּעֲצַלְתַּיִים	sluggishly, very slowly
עָצַם פ״י (לַעֲצוֹם)	close (the eyes)
עֶצֶם נו״ז	bone; thing, object; essence, the very
– בְּעֶצֶם	actually
– בְּעַצְמוֹ	by himself
– כְּמוֹ עֶצֶם בַּגָּרוֹן	like a thorn in his flesh/side
– כְּשֶׁלְעַצְמוֹ	in itself, per se
– מְדַבֵּר בְּעַד עַצְמוֹ	speaks for itself
– עַצְמִי, עַצְמְךָ, עַצְמוֹ וכו׳	myself, yourself, himself, etc.
עַצְמָאוּת נ.	independence
עַצְמָאִי ת.	independent; self-employed
עֲצָמוֹת נ״ר (ר׳ עֶצֶם)	bones
עַצְמִי ת.; מ״ג	self-, own; myself
– בִּיטָחוֹן עַצְמִי	self-confidence
– שְׁלִיטָה עַצְמִית	self-control
– שַׁעַר עַצְמִי	own goal (sports)
עֲצָמִים ז״ר (ר׳ עֶצֶם)	objects
עָצַר פ״י (לַעֲצוֹר)	arrest, detain; stop, halt
– לַעֲצוֹר בַּצַּד	pull over
– עֲצוֹר!	Halt!, Stop!
עֶצֶר ז.: יוֹרֵשׁ־הָעֶצֶר	Crown Prince
עֲצֶרֶת נ.	assembly, rally
– עֲצֶרֶת־עַם	mass meeting
עָקֵב ז.	heel; trace, track, footprint
– בְּעִקְבוֹת־	(follow) in the footsteps of, following, after; in the wake of
– חָזַר [שָׁב] עַל עִקְבוֹתָיו	retrace your steps
– עָלָה עַל עִקְבוֹת־	track down; trace
– עֲקֵב אֲכִילֶס	Achilles' heel
עָקַב פ״י (לַעֲקוֹב אַחֲרֵי)	follow; watch closely, keep track of
עֵקֶב מ״ח	owing to; in consequence of
עֲקֵבוֹת ז״ר (ר׳ עָקֵב)	tracks, footprints; traces
עִקְבִי ת.	consistent
עִקְבִיוּת נ.	consistency
– בְּעִקְבִיוּת	consistently
עֲקֵבִים ז״ר (ר׳ עָקֵב)	heels
עָקוֹב ת. (עֲקוּבָּה; עֲקוּבִּים)	
– עָקוֹב מִדָּם	bloody
עָקוֹם ז.	curve, graph
עָקוֹם, עָקוּם ת. (עֲקוּמָּה)	bent, crooked
עֲקוּמָה נ.	curve, graph
עָקוּר ת.	displaced (person); uprooted; extracted (tooth)
עָקִיב ת. = עִקְבִי	consistent
עֲקִיבוּת נ. = עִקְבִיוּת	consistency
עָקִיף ת.	indirect, roundabout
עֲקִיפָה נ.	circumvention; bypassing; getting around; overtaking (a car)
עֲקִיצָה נ.	sting; stinging; biting remark, dig
עֲקִירָה נ.	uprooting; extracting (tooth); moving (to a new place)
עֲקַלְקַל ת.	winding, crooked
– דְּרָכִים עֲקַלְקַלּוֹת	devious ways, devious means

ע

rather crooked עַקמוּמִי ת.
to bypass, circumvent, get around; overtake (a car) עָקַף פ״י (לַעֲקוֹף)
to sting; be sarcastic, needle, taunt עָקַץ פ״י (לַעֲקוֹץ)
itch, tingle, prickle עִקצוּץ ז.
uproot, extract (tooth), pull out עָקַר פ״י (לַעֲקוֹר)
eradicate, root out – עָקַר מִן הַשּׁוֹרֶשׁ
barren, sterile; futile עָקָר ת. (עֲקָרָה)
scorpion; Scorpio עַקרָב ז. (עַקרַבִּים)
infertile woman, barren woman עֲקָרָה נ.
principles עֶקרוֹנוֹת ז״ר
of principle, principled עֶקרוֹנִי ת.
in principle עֶקרוֹנִית תה״פ
sterility, barrenness; futility עֲקָרוּת נ.
homemaker עֲקֶרֶת־בַּיִת נ. (עַקרוֹת־)
stubbornness, obstinacy עִקשׁוּת נ.
stubborn, obstinate person עַקשָׁן תו״ז
obstinacy; stubbornness, persistence עַקשָׁנוּת נ.
stubborn, obstinate עַקשָׁנִי ת.
awake; lively, brisk (trading) עֵר ת.
aware of, conscious of – עֵר לְ־
temporary, provisional; casual עֲרָאִי ת.
temporariness; tentativeness עֲרָאִיוּת נ.
to guarantee; be guarantor for; go bail for עָרַב פ״י (לַעֲרוֹב לְ־)
responsible; guarantor עָרֵב תו״ז
pleasing, pleasant עָרֵב ת.
delicious, tasty – עָרֵב לַחֵיךְ
evening; eve עֶרֶב ז. (עֲרָבִים; עַרבֵי־)
this evening, tonight – הָעֶרֶב
towards evening – לִפנוֹת עֶרֶב
eve of a Festival – עֶרֶב־חַג
Good evening! – עֶרֶב טוֹב!
Friday night; Sabbath eve – עֶרֶב שַׁבָּת
jumble; weft, woof עֵרֶב ז.
motley; rabble – עֵרֶב רַב
mix; mix up, confuse; shuffle (cards) עִרבֵּב פ״י (לְעַרבֵּב)
vast treeless plain, prairie; the *Arava* area; willow עֲרָבָה נ.
mixing; mixing up עִרבּוּב ז.
עִרבּוּביָה נ. ר׳ עירבוביה
mixing (in a mixer) עִרבּוּל ז.
guarantee; pledge; (cash) deposit עֵרָבוֹן ז.
limited liability (Ltd.); qualified (support, etc.) – בְּעֵרָבוֹן מוּגבָּל (בע״מ)
bail; guarantee עַרבוּת ז. (ערבויות)
Arabic, Arabian; Arab עַרבִי, עֲרָבִי תו״ז
Arab woman עֲרָבִיָּה נ.
at dusk; at twilight עַרבַּיִם: בֵּין עַרבַּיִם
Arabic (language) עֲרָבִית נ.
evening prayer עַרבִית נ.
mix (in a mixer) עִרבֵּל פ״י (לְעַרבֵּל)
yearning, longing עֶרגָה נ.
guarantee עֲרוּבָּה נ.
hostages – בְּנֵי־עֲרוּבָּה
(flower)bed עֲרוּגָה נ.
nakedness; genitals; pubic (hair) עֶרוָה נ. (עֲרָיוֹת)
עֵרוּי ר׳ עירוי
עֵרוּךְ ר׳ עֵרֶךְ
arranged; set; edited עָרוּךְ ת.
naked, nude עָרוֹם ת. (עֲרוּמָּה; עֲרוּמִּים)
sly, cunning, crafty עָרוּם ת.
channel (of river, TV, etc.) עָרוּץ ז.
abstract, insubstantial עַרטִילָאִי ת.
incest עֲרָיוֹת: גִילוּי עֲרָיוֹת
denomination (of coins, etc.) עֲרִיךְ ז.
editing; arrangement; setting; carrying out עֲרִיכָה נ.
cities, towns עָרִים נ״ר (ר׳ עִיר)
pile, heap עֲרֵימָה נ.
cradle עֲרִיסָה נ.
crib death, cot death – מָוֶות בַּעֲרִיסָה
dismissal of managers etc., responsible for a failure (Heads will roll) עֲרִיפָה נ.: עֲרִיפַת רָאשִׁים
despot, tyrant עָרִיץ ז.

ע

עָרָק ז. arrack, arak (alcoholic drink)
עָרַק פ״ע (לַעֲרוֹק) to desert; defect
עֲרָר ז. appeal (to civil authority)
עֶרֶשׂ ז. cradle (also *figurative*)
– עֶרֶשׂ־דְוַי sickbed
– שִׁיר־עֶרֶשׂ lullaby
עָשׁ ז. moth
עֵשֶׂב ז. (עֲשָׂבִים) grass; herb
– עִשְׂבֵי־מַרְפֵּא medicinal herbs
– עֲשָׂבִים רָעִים [שׁוֹטִים] weeds
עָשָׂה פ״י (לַעֲשׂוֹת) do; make; carry out
– עָשָׂה בְּשֵׂכֶל act wisely, do right
– עָשָׂה טוֹבָה לְ־ do someone a favor
– עָשָׂה טָעוּת make a mistake
– עָשָׂה לֵילוֹת כְּיָמִים burn the midnight oil, work day and night
– עָשָׂה עַצְמוֹ (כְּאִילוּ) pretend (to)
עָשׂוּי ת. done; made (of); likely, may
עָשׁוּק ת. exploited, robbed, wronged
עָשׂוֹר ז. decade
עֲשִׂיָּה נ. doing, making, action
עָשִׁיר ת. rich, wealthy
עֲשִׂירוֹן ז. decile
עֲשִׂירִי ת. tenth
עֲשִׂירִיָּה נ. (a group of) ten; tenner
עֲשִׂירִית נ. (עֲשִׂירִיּוֹת) (a) tenth
עָשָׁן ז. smoke
עָשַׁק פ״י (לַעֲשׁוֹק) exploit and oppress
עֶשֶׂר ש״מ ten (fem.)
עֲשָׂרָה ש״מ (עֶשְׂרוֹת־) ten (masc.)
עֶשְׂרוֹנִי ת. decimal
– שֶׁבֶר עֶשְׂרוֹנִי decimal fraction
עֶשְׂרִים ש״מ twenty
עֲשָׁשִׁית נ. oil-lamp, kerosene-lamp
עַשֶּׁשֶׁת נ. caries
עֶשְׁתּוֹנוֹת: אִיבֵּד עֶשְׁתּוֹנוֹתָיו lose your head, panic
עֵת נ. (עִתִּים אוֹ עִתּוֹת) time (*literary*)
– בְּעֵת־ at the time of; during
– בְּעֵת וּבְעוֹנָה אַחַת at one and the same time
– בְּלֹא עֵת prematurely, untimely
– בְּעִתּוֹ at the right time, well-timed
– לְעִתִּים sometimes (*literary*)

עָרִיצוּת נ. despotism, tyranny
עָרִיק ז. deserter, defector; renegade (politics)
עֲרִיקָה נ. desertion; defection
עֲרִיקוּת נ. desertion
עֲרִירִי ת. childless; lonely
עָרַךְ פ״י (לַעֲרוֹךְ) edit; arrange; set; lay; conduct (survey, etc.), carry out
– אֵין עֲרוֹךְ לְ־ ...is invaluable
– לְאֵין עֲרוֹךְ immeasurably; incomparably
עֵרֶךְ, עֶרֶךְ ז. (עֶרְכּוֹ; עֲרָכִים) value, worth; merit; (dictionary) entry
– בַּעַל־עֵרֶךְ valuable, of value
– דִּבְרֵי עֵרֶךְ valuables
– חֲסַר־עֵרֶךְ worthless; valueless
– נְיָירוֹת עֵרֶךְ securities (shares, etc.)
– עֵרֶךְ מוּסָף added value
עַרְכָּאָה נ. instance (legal)
– פָּנָה לָעַרְכָּאוֹת go to law
עֶרְכָּה נ. kit, set
עֶרְכִּי ת. of values, value
עָרֵל ת״ז uncircumcised; gentile
עָרַם פ״י (לַעֲרוֹם) pile up, heap
עֲרֵמָה נ. pile, heap
עַרְמוּמִי ת. crafty, sly; cunning
עַרְמוּמִיּוּת נ. cunning, craftiness
עַרְמוֹן ז. chestnut
– לְהוֹצִיא אֶת הָעַרְמוֹנִים מִן הָאֵשׁ עֲבוּרוֹ pull his chestnuts out of the fire
עַרְמוֹנִי ת. auburn, chestnut (color)
עַרְמוֹנִית נ. castanet; prostate (gland)
עֵרָנוּת נ. alertness, vigilance
עֵרָנִי ת. alert; lively
עַרְסָל ז. hammock
ערעור ז. ר׳ עירעור
ערער ר׳ עירער
עָרַף פ״י (לַעֲרוֹף) decapitate, cut off
עַרְפָּד ז. vampire
עִרְפּוּל ז. vagueness, fogginess
עַרְפִּיחַ ז. smog
עַרְפִּילִי ת. misty, foggy
עַרְפִּילִים ז״ר mist
עֲרָפֶל ז. (עַרְפִילִים) fog; mist

ע

– לְעִתִּים קְרוֹבוֹת often, frequently
– לְעִתִּים רְחוֹקוֹת seldom
עַתָּה תה״פ now (*literary*)
– זֶה עַתָּה just (now)
– לְעֵת עַתָּה for the time being
– מֵעַתָּה from now on; henceforth
עֲתוּדַאי ז. academic reservist
עֲתוּדָה נ. reserve
עָתִיד תו״ז future
– בֶּעָתִיד הַנִּרְאֶה לָעַיִן in the foreseeable future
– עָתִיד ל־ be destined to; be going to
עֲתִידָנוּת נ. futurology
עֲתִידָנִי ת. futuristic
עַתִּיק ת. ancient, antique
– עַתִּיק־יוֹמִין ancient, time-honored
עַתִּיקוֹת נ״ר antiquities; antiques
עָתִיר ת. rich (in)
– עֲתִיר־הוֹן capital intensive
– עֲתִיר־מַדָּע science-based
– עֲתִיר־עֲבוֹדָה labor-intensive
– עֲתִיר קָלוֹרִיוֹת high-calorie (food)
עֲתִירָה נ. petition, plea (legal)
עָתַר פ״ע (לַעְתּוֹר) submit a plea (to High Court), lodge a petition

פ

פ, ף peh (17th letter of Hebrew alphabet); 80
פָּאבּ ז. pub (*colloquial*)
פֵּאָה ר׳ פֵּיאָה
פֵּאֵר פ״י (לְפָאֵר) glorify; adorn
פְּאֵר ז. splendor, magnificence
– פְּאֵר יְצִירָתוֹ his masterpiece
פָּארק ז. park
פָאשִׁיזם ז. Fascism
פַאשלָה ר׳ פַּשלָה bungle, foul up
פַּאֲתֵי־ outskirts
פֶבּרוּאָר ז. February
פִּבּרוּק ז. fabrication
פִּבּרֵק פ״י (לְפַבּרֵק) fabricate, make up
פַּג ז. premature baby; unripe fig
פָּג פ״ע (לָפוּג) expire (date); vanish, fade away, be dispelled
– פָּג תוקפו expire, be no longer valid
פָּגוֹדָה נ. pagoda
פָּגוּם ת. faulty, defective; blemished
פָּגוּעַ ת. (פְּגוּעָה; פְּגוּעִים) hurt; damaged
פָּגוֹשׁ ז. bumper (of car)
פָּגָז ז. shell (artillery)
פִּגיוֹן ז. (פִּגיוֹנוֹת) dagger
פְּגִימָה נ. defect, flaw, blemish
פָּגִיעַ ת. (פְּגִיעָה) vulnerable
פְּגִיעָה נ. affront, abuse; injury; blow; damage; hurting; hit (military)
– פְּגִיעָה בַּמַטָרָה direct hit; bull's-eye
פְּגִיעוּת נ. vulnerability
פְּגִישָׁה נ. meeting, appointment; date
פָּגַם פ״י (לִפגוֹם אֶת־, בּ־) spoil, impair, mar
פְּגָם ז. blemish; defect, fault, flaw
פָּגַע פ. (לִפגוֹעַ בּ־) to hit; strike; hurt; affect; abuse
– פָּגַע בִּכבוֹד hurt someone's pride
– תְאוּנַת פְּגַע־וּבָרַח hit-and-run accident
פֶּגַע ז. (פְּגָעִים; פִּגעֵי־) plague
– לְלֹא פֶּגַע safely, unhurt
פֶּגֶר ז. (פְּגָרִים) corpse; carcass
פַּגרָה נ. holiday, vacation, recess
פָּגַשׁ פ״י (לִפגוֹשׁ) meet, encounter
פֶּדָגוֹגִי ת. pedagogical
פָּדָה פ״י (לִפדוֹת) cash (a check)
פַּדַחַת נ. forehead, front part of the head
פִּדיוֹן ז. (פִּדיוֹנוֹת) redemption; proceeds, revenue
פֶּדַנט ז. פֶּדַנטִית נ. pedant
פֶּדַנטִי ת. pedantic
פֶּדַנטִיוּת נ. pedantry
פֶדֶרָלִי ת. federal
פֶדֶרַציָה נ. federation
פֶּה ז. (פִּי־; פִּי; פִּיךָ; פִּיךְ; פִּיו; פִּיהָ; פִּינוּ; פִּיכֶם; פִּיהֶם; פִּיוֹת) mouth; opening
– אַל תִפתַח פֶּה לַשָׂטָן! Don't speak too soon!, Don't tempt fate!
– מִפֶּה לְאוֹזֶן by word of mouth
– מִפֶּה לָפֶה mouth-to-mouth; (full) to capacity
– פֶּה אֶחָד unanimous, unanimously
– פִּי שְׁנַיִים [שְׁלוֹשָׁה וכו׳] מ־ twice [three times, etc.] as much or as many
פֹּה תה״פ here
– פֹּה וָשָׁם here and there, around
פּוּאֶנטָה נ. point (of story, joke)
פוֹבּיָה נ. phobia
פּוּבּלִיצִיסט ז. publicist (political journalist)
פּוֹגֵעַ, פּוֹגעָנִי ת. offensive, hurtful; harmful
פּוֹגרוֹם ז. pogrom
פּוּדִינג ז. pudding, blancmange, custard
פּוּדֶל ז. poodle
פּוּדרָה נ. face powder
פּוֹזָה נ. pose
פּוֹזִיטִיבִי ת. positive
פּוֹזֵל ת. (פּוֹזֶלֶת) cross-eyed, squinting
פּוּזַר פ״ע be scattered, be dispersed; be sprinkled

פּוֹחֵז ת. (פּוֹחֶזֶת) — reckless, rash
פּוּחְלָץ ז. — stuffed animal
פּוֹחֵת ת. (פּוֹחֶתֶת) — decreasing, diminishing
פּוּחַת פ"ע — be devalued
פּוֹטוֹגֶנִי ת. — photogenic
פּוֹטוֹמוֹנְטַז' ז. — photomontage
פּוֹטֶנְצְיָאל ז. — potential
פּוּטַר פ"ע — be dismissed, be fired
פּוּטְשׁ ז. — putsch
פּוּי, פּוּיָה מ"ק — Ugh!; Shame on you!
פּוּךְ ז. — eye shadow (kohl); quilt
פּוֹל, פּוּל ז. — broad bean(s)
פּוּלְחָן ז. — cult, ritual
– פּוּלְחַן אִישִׁיּוּת — personality cult
פּוּלְחָנִי ת. — cult, ritual
פּוֹלְיוֹ ז. — polio
פּוֹלִיטוּרָה נ. — polish (for furniture)
פּוֹלִיטִי ת. — political
פּוֹלִיטִיקַאי ז. פּוֹלִיטִיקָאִית נ. — politician
פּוֹלִיטִיקָה נ. — politics
פּוֹלִין נ. — Poland
פּוֹלִיסָה נ. — insurance policy
פּוֹלִיפִּים ז"ר — adenoids, polyps
פּוֹלִישׁ ז. — polish (*colloquial*)
פּוּלְמוּס ז. — controversy, polemic
פּוּלְמוּסִי ת. — polemical
פּוּלְמוּסָן ז. — debater, polemicist
פּוֹלָנִי תו"ז — Polish
פּוֹלַנְיָה נ. — Poland
פּוֹלָנִית נ. — Polish (language)
פּוֹלְקְלוֹר ז. — folklore
פּוֹלֵשׁ ז. — invader, squatter
פּוֹלְשָׁנִי ת. — invasive
פּוּמְבֵּי: בְּפוּמְבֵּי — in public, publicly
פּוּמְבִּי ת. — public, open to all
פּוּמְבִּיּוּת נ. — publicity (being public)
פּוּמָה נ. — puma, cougar
פּוּמִית נ. — mouthpiece
פּוֹמֶלָה נ. פּוֹמֶלוֹ ז. — pomelo (citrus fruit)
פּוֹמְפָּה נ. — plunger
פּוֹמְפּוֹזִי ת. — pompous
פּוּמְפִּיָּה נ. — grater
פּוּנְדָּק ז. — inn, tavern
פּוּנְדְּקַאי ז. פּוּנְדְּקָאִית נ. — innkeeper; host (biology)
– אֵם פּוּנְדְּקָאִית — surrogate mother
פּוּנָה פ"ע — be cleared; be evacuated, be evicted
פוֹנֶטִי ת. — phonetic
פוֹנֶטִיקָה נ. — phonetics
פּוֹנִי ז. — fringe (hair); pony
פּוּנְץ' ז. — punch (drink)
פּוּנַק פ"ע — be pampered, be spoilt
פוּנְקְצְיָה נ. — function
פּוּסְטֶמָה זו"נ — idiot, klutz, clot (*slang*)
פּוֹסְטֶר ז. — poster
פוֹסְפָט ז. (פוֹסְפָטִים) — phosphate
פּוֹסֵק ז. — arbiter; rabbinic authority
פּוֹעֵל ז. פּוֹעֶלֶת נ. — worker, laborer
– פּוֹעֵל בִּנְיָין — construction worker
פּוֹעַל ז. (פּוֹעֳלוֹ; פְּעָלִים) — verb; action, deed (*literary*)
– הוֹצִיא לַפּוֹעַל — carry out, execute
פּוּעְנַח פ"ע — be deciphered, be decoded; be solved (crime, etc.)
פּוֹפ ז. — pop (music, culture, etc.)
פּוֹפּוּלָרִי ת. — popular
פּוֹפּוּלָרִיּוּת נ. — popularity
פּוּפִּיק ז. — belly-button (*slang*)
פּוֹפְּקוֹרְן ז. — popcorn
פּוּצָּה פ"ע — be compensated
פּוּצַּל פ"ע — be split, be subdivided; be broken down (into)
פּוֹצֵץ פי"ע (לְפוֹצֵץ) — explode, blow up; burst; disrupt (meeting, etc.)
פּוּצַּץ פ"ע — be blown up, be exploded
פוֹקוּס ז. — focus (*colloquial*)
פּוֹקֶר ז. — poker (game)
פּוּר ז. — lot (cast) (*literary*)
– הַפּוּר נָפַל — the die is cast
פּוֹרֶה ת. (פּוֹרִיָּה) — fertile; fruitful; prolific
פוֹרוּם ז. — forum
פּוֹרֵחַ ת. (פּוֹרַחַת; פּוֹרְחִים) — blossoming, blooming; flying
פּוֹרְטְרֶט ז. — portrait (*colloquial*)
פּוֹרִיּוּת נ. — fertility, fruitfulness
פּוּרִיטָנִי ת. — puritan, puritanical

פ

פּוּרִיָּה ר׳ פּוּרָה

פּוּרִים ז. *Purim* (Jewish Festival)

פּוֹרֶל ז. trout

פּוֹרְמָלִי ת. formal

פּוֹרְמָלִיּוּת נ. formality

פּוֹרְמָלִין ז. formalin

פּוֹרְנוֹ = פּוֹרְנוֹגְרַפְיָה porno

פּוֹרְנוֹגְרָפִי ת. pornographic

פּוֹרְנוֹגְרַפְיָה נ. pornography

פּוּרְסַם פ״ע be advertised; be published; be made public

פּוֹרֵעַ ז. (פּוֹרְעִים) rioter

פּוּרְעָנוּת נ. calamity, tribulation

פּוֹרֵץ ז. burglar

– פּוֹרֵץ מַחשבִים hacker, cracker

פּוּרַק פ״ע be taken apart, be liquidated; be defused (bomb)

פּוּרְקָן ז. outlet (for emotions); orgasm

פּוֹרֵר פ״י (לְפוֹרֵר) break up, crumble (vt)

פּוֹשֵׁט תו״ז invader, raider

– פּוֹשֵׁט־יָד beggar

– פּוֹשֵׁט־רֶגֶל bankrupt

פּוֹשֵׁעַ תו״ז (פּוֹשַׁעַת; פּוֹשְׁעִים) criminal

– פּוֹשֵׁעַ־מִלְחָמָה war criminal

פּוֹשֵׁר ת. (פּוֹשֶׁרֶת) lukewarm, tepid

פּוֹת נ. vulva; vagina

פּוּתָּה פ״ע be seduced

פּוּתַּח פ״ע be developed

פּוֹתְחָן ז. can opener, tin opener; bottle opener

פָּז ז.: לֹא יְסוּלָּא בְּפָּז priceless, worth its weight in gold, invaluable

פָּזוּר ת. scattered; strewn; unbound (hair)

פְּזוּרָה נ. diaspora community, exiles

– הַפְּזוּרָה the Diaspora

פָּזִיז ת. (פְּזִיזָה) hasty, reckless, rash

פְּזִיזוּת נ. impetuosity, rashness, hastiness

– בִּפְזִיזוּת impetuously

פְּזִילָה נ. squint, squinting

פָּזַל פ״ע (לִפְזוֹל) squint

פִּזְמוֹן ז. song; refrain

פִּזְמוֹנַאי ז. פִּזְמוֹנָאִית נ. songwriter

פַּזְרָן ז. פַּזְרָנִית נ. spendthrift, lavish spender

פַּזְרָנוּת נ. squandering, lavishness

פַּח ז. can; tin; sheet metal; bodywork (*colloquial*); trap; snare

– טָמַן פַּח לְ־ set a trap for

– נָפַל בַּפַּח fall into a trap

– פַּח אַשְׁפָּה garbage can, dustbin

פָּחַד פ. (לִפחוד מ־) be afraid of, be scared

פַּחַד ז. (פְּחָדִים) fear, fright

פַּחְדָן ז. פַּחְדָנִית נ. coward

פַּחְדָנוּת נ. cowardice

פַּחְדָנִי ת. cowardly

פָּחוּס ת. flattened

פָּחוּת ת. inferior; less

– פְּחוּת־עֵרֶךְ of little value

פָּחוֹת תה״פ less; fewer; minus

– לְכָל הַפָּחוֹת at the very least

– פָּחוֹת אוֹ יוֹתֵר more or less

פַּחֲזָנִית נ. (פַּחֲזָנִיּוֹת) cream puff, éclair

פֶּחָח ז. sheet-metal worker; body worker (on vehicle)

פֶּחָחוּת נ. body-repair job, bodywork

פַּחִית נ. (פַּחִיּוֹת) can (of beer, etc.)

פְּחִיתוּת כָּבוֹד נ. beneath your dignity

פֶּחָם ז. coal; charcoal

– נְיַיר פֶּחָם carbon paper

פַּחְמֵימָה נ. (פַּחְמֵימוֹת) carbohydrate

פַּחְמָן ז. carbon

פָּחַת פ״ע (לִפחוֹת) diminish, decrease

פְּחָת ז. depreciation, amortization

פַּחַת זו״נ trap; pit

– מִן הַפַּח אֶל הַפַּחַת out of the frying pan into the fire

פָטָה מוֹרְגָנָה נ. mirage

פָּטוּר ת. free (of tax, etc.); exempt

פְּטוֹר ז. exemption

פָּטֵיפוֹן ז. record player

פְּטִירָה נ. death, decease, demise

פַּטִּישׁ ז. hammer

– בֵּין הַפַּטִּישׁ לַסַּדָּן between the devil and the deep blue sea

– פַּטִּישׁ־אֲוִויר jackhammer
פֶּטֶל ז. raspberry
פָּטָלִי ת. fatal
פִּטְמָה נ. nipple, teat
פָּטֶנְט ז. patent; device
פִּטְפּוּט ז. chatter, empty talk
פָּטֶפוֹן ז. record player
פִּטְפֵּט פ״ע (לְפַטְפֵּט) to chatter
פַּטְפְּטָן ז. פַּטְפְּטָנִית נ. chatterbox, chatterer
פַּטְפְּטָנוּת נ. chattering
פַּטְפְּטָנִי ת. talkative, chattering
פַּטְפֶּטֶת נ. garrulousness, loose talk
פָּטַר פ״י (לִפְטוֹר) to exempt, dismiss
פֶּטְרוֹסִילְיָה נ. פֶּטְרוֹסִלִינוֹן ז. parsley
פַּטְרִיאַרְכָלִי ת. patriarchal
פַּטְרִיוֹט ז. patriot
פַּטְרִיוֹטִי ת. patriotic
פַּטְרִיוֹטִיוּת נ. patriotism
פִּטְרִיָּה נ. mushroom; fungus
פִּי ר׳ פֶּה
פֵּאָה נ. wig; side, face (geometry)
– פֵּאָה נוֹכְרִית wig
– פֵּיאוֹת (ליד האוזן) sideburns
– פֵּיאוֹת (מסולסלות) sidelocks
פֵּיאוֹדָלִי ת. feudal
פֵּיאֵר פ״י (לְפָאֵר) glorify, adorn
פִּיבֶּרְגְלַס ז. fiberglass
פִּיבְּרוּק ז. fabrication
פִּיבְּרֵק פ״י (לְפַבְּרֵק) fabricate, make up
פִּיגּוּל ז. tainted meat, etc.; abomination
פִּיגּוּם ז. scaffold
– פִּיגּוּמִים scaffolding
פִּיגּוּעַ ז. terrorist attack, bombing
פִּיגּוּר ז. backwardness, retardation; arrears, backlog; falling behind, lagging
– פִּיגּוּר שִׂכְלִי mental retardation
פִּיגָ'מָה נ. pajamas, pyjamas
פִּיגְמֶנְט ז. pigment
פִּיגֵּר פ״ע (לְפַגֵּר) fall behind; lag behind; trail (in games, elections); be slow (watch, etc.)

פִּידֵּר פ״י (לְפַדֵּר) to powder (the face)
פֵּיָה נ. fairy
פִּיהוּק ז. yawn
פִּי־הַטַּבַּעַת ז. anus
פִּיהֵק פ״ע (לְפַהֵק) to yawn
פִּיּוּט ז. poetry; hymn
פִּיּוּטִי ת. poetic
פִּיּוּס ז. appeasement, conciliation; pacifying
פִּיּוֹת ז״ר ר׳ פֶּה mouths
פִּיוֹרְד ז. fjord
פִּיזּוּר ז. dispersal; scattering; sprinkling; dissolution (parliament)
– פִּיזּוּר־נֶפֶשׁ absent-mindedness
פִּיזֵּז פ״ע (לְפַזֵּז) to caper, dance, flit about
פִּיזִי ר׳ פִיסִי physical
פִּיזִיקָה נ. physics
פִּיזֵּם פ״י (לְפַזֵּם) to hum, sing
פִּיזֵּר פ״י (לְפַזֵּר) disperse, scatter; diffuse (heat, etc.); sprinkle (salt, etc.); dissolve (parliament)
פִּיחַ ז. soot
פִּיחוּת ז. devaluation
פִּיחְלוּץ ז. taxidermy
פִּיחְלֵץ פ״י (לְפַחְלֵץ) to stuff (skins of animals, birds)
פִּיחֵת פ״י (לְפַחֵת) devaluate
פִּיטּוּם ז. fattening (animals)
פִּיטּוּרִים ז״ר dismissal, sacking; redundancy
פִּיטֵּם פ״י (לְפַטֵּם) fatten (animals); fill
פִּיטְמָה נ. nipple, teat
פִּיטְפּוּט ז. chatter, empty talk
פִּיטְפֵּט פ״ע (לְפַטְפֵּט) to chatter
פִּיטֵּר פ״י (לְפַטֵּר) dismiss, fire, sack
פִּיטְרֵל פ״ע (לְפַטְרֵל) to patrol
פִּיָּה נ. mouthpiece; cigarette holder
פִּייֵּחַ פ״י (לְפַיֵּחַ) blacken with soot
פַּייְטָן ז. poet; synagogue cantor
פִּייֵּס פ״י (לְפַיֵּס) to appease, pacify, conciliate
פַּייְסָנִי ת. conciliatory, appeasing
פִּיכֵּחַ ת. sober

פ

פִּיכְּחוּת נ. sobriety, soberness
פִּיכְפֵּךְ פ״ע (לְפַכְפֵּךְ) well up, burble
פִּיל ז. elephant
פִּילְבֵּל פ״י (לְפַלְבֵּל) to roll (eyes)
פִּילֵג פ״י (לְפַלֵּג) to split, divide
פִּילֶגֶשׁ נ. (פִּילַגְשׁוֹ ; פִּילַגְשִׁים) mistress, concubine
פִּילְהַרְמוֹנִי ת. philharmonic
פִּילוּג ז. split, rift, schism
פִּילוּחַ ז. slicing, piercing, splitting open; segmentation (of market)
פִּילוֹן ז. baby elephant
פִּילוֹסוֹף ז. פִּילוֹסוֹפִית נ. philosopher
פִּילוֹסוֹפִי ת. philosophical
פִּילוֹסוֹפְיָה נ. philosophy
פִּילַח, פִּילֵחַ פ״י (לְפַלֵּחַ) to slice; segment; pierce; shoot (down, up) (of pain)
פִּילְטֶר ז. filter
פִּילֵל פ״י (לְפַלֵּל) expect, dream of
פִּילַנְתְרוֹפִּי ת. philanthropic
פִּילֵס פ״י (לְפַלֵּס) to level
– פִּילֵס דֶרֶךְ pave the way; make your way
פִּילְפּוּל ז. hair-splitting, quibble
פִּילְפֵּל ז. pepper; spice (*figurative*)
– פִּילְפֵּל אַנְגְלִי allspice
פִּין ז. pin (in plugs, etc.); penis
פִּינְגווִין ז. penguin
פִּינְג־פּוֹנְג ז. ping-pong, table-tennis
פִּינָה פ״י (לְפַנּוֹת) to clear, vacate; evacuate (people); evict
פִּינָה נ. corner; spot
פִּינּוּי ז. evacuation, vacating, evicting; clearing
פִּינּוּק ז. spoiling, pampering; luxury, treat (*colloquial*)
פִּינְטֵז פ״ע (לְפַנְטֵז) fantasize
פִּינִי תו״ז Finnish; Finn
פִּינִישׁ ז. finish (of race, product)
פִּינִית נ. Finnish (language)
פִּינְלַנְד נ. Finland
פִּינַנְסִי ת. financial
פִּינַנְסִים ז״ר finances

פִּינְצֶטָה נ. tweezers
פִּינֵּק פ״י (לְפַנֵּק) to spoil, pamper
פִּינְקָס ז. notebook, pad, ledger
פַּיִס ז. lottery; raffle
פִּיסְגָה נ. (פְּסָגוֹת) summit, peak; climax
פִּיסָה נ. (small) piece, bit
פִּיסּוּל ז. sculpture, sculpturing
פִּיסּוּק ז. punctuation
– סִימָנֵי פִּיסּוּק punctuation marks
פִּיסֵּחַ ת. (פִּיסַּחַת) lame
פִּיסְטוּק (חֲלַבִּי) ז. pistachio
פִּיסְטוּר ז. pasteurization
פִּיסְטֵר פ״י (לְפַסְטֵר) pasteurize
פִּיסִי ת. physical
פִּיסְיוֹלוֹגִי ת. physiological
פִּיסְיוֹלוֹגְיָה נ. physiology
פִּיסְיוֹתֶרַפְּיָה נ. physiotherapy
פִּיסְיוֹתֶרַפִּיסְט ז. physiotherapist
פִּיסִיקַאי ז. פִּיסִיקָאִית נ. physicist
פִּיסִיקָה נ. physics
פִּיסִיקָלִי ת. physical
פִּיסֵּל פ״י (לְפַסֵּל) carve, sculpture
פִּיסְפּוּס ז. miss
פִּיסְפֵּס פ. (לְפַסְפֵּס) miss
פִּיסֵּק פ״י (לְפַסֵּק) punctuate
פִּיסְקָה נ. (פִּיסְקָאוֹת) paragraph
פִּיעֵם פ״י (לְפַעֵם) inspire, animate; throb
פִּיעֲנוּחַ ז. deciphering, decoding, solving
פִּיעֲנַח פ״י (לְפַעֲנֵחַ) decipher, decode; solve (mystery)
פִּיעְפּוּעַ ז. diffusion, osmosis; bubbling
פִּיעְפֵּעַ פ. (לְפַעְפֵּעַ) to bubble, be diffused; pervade
פִּיפִּי ז. pee, urine (*colloquial*)
פִּיצָה נ. pizza
פִּיצָּה פ״י (לְפַצּוֹת) compensate; make it up to
פִּיצּוּחַ ז. cracking (of nuts, a safe, code, etc.); (nuclear) fission
פִּיצּוּחִים ז״ר nuts and seeds (roasted)
פִּיצּוּי ז. compensation, indemnity

– פִּיצוּיֵי פִּיטוּרִין severance pay
– פִּיצוּיִים (עַל נֶזֶק) damages
פִּיצוּל ז. split; splitting; breaking down into
– פִּיצוּל אִישִׁיוּת split personality
פִּיצוּץ ז. explosion, blowing up; breakdown (in talks, etc.), disruption
פִּיצַח פ״י (לְפַצֵחַ) to crack (nuts, a safe, code, etc.)
פִּיצֵל פ״י (לְפַצֵל) split up, break something down into
פִּיצְפֵּץ פ״י (לְפַצְפֵּץ) shatter, crack; crackle
פִּיצֶרִיָה נ. pizzeria
פִּיק־בִּרְכַּיִים ז. trembling; cold feet
פִּיקֵד פ״י (לְפַקֵד עַל־) to command
פִּיקָדוֹן ז. (פִּיקְדוֹנוֹת) deposit
פִּיקָה נ. (knee)cap; cam
– פִּיקַת הַגַרְגֶרֶת Adam's apple
פִּיקוּד ז. command; man (under someone's command) (military)
פִּיקוּחַ ז. control, inspection, supervision
– פִּיקוּחַ־נֶפֶשׁ the saving of life
פִּיקַח, פִּיקֵחַ פ״י (לְפַקֵחַ) supervise, inspect, control
פִּיקֵחַ ת. (פִּיקְחִית) clever, smart
פִּיקְחוּת נ. cleverness
פִּיקְטִיבִי ת. fictitious
פִּיקַנְטִי ת. piquant
פִּיקְנִיק ז. picnic
פִּיקס ת; תה״פ perfect, perfectly
פִּיקְפּוּק ז. doubt, being uncertain
פִּיקְפֵּק פ. (לְפַקְפֵּק) to doubt; question
פִּיקְשׁוּשׁ ז. miss, a near miss
פִּיקְשֵׁשׁ פ״ע (לְפַקְשֵׁשׁ) miss (a target, chance), blow it
פִּירְגוּן ז. not grudging; accepting approvingly, welcoming, unselfishness
פִּירְגֵן פ. (לְפַרְגֵן) not grudge, be happy (for someone), approve of, welcome; be unselfish (towards)

פִּירֶה ז. purée, mash (*colloquial*)
פֵּירוּד ז. separation; split, schism
– לִזְרוֹעַ פֵּירוּד sow dissension
פֵּירוּז ז. demilitarization
פֵּירוּט ז. detailed list, details; breakdown
– בְּפֵירוּט in detail
פֵּירוּק ז. taking to pieces, dismantling; liquidation (of company); dissolving (partnership); defusing (bomb)
– פֵּירוּק נֶשֶׁק [חִימוּשׁ] disarmament
פֵּירוּר ז. crumb
פֵּירוּשׁ ז. interpretation; commentary
– בְּפֵירוּשׁ expressly, explicitly; definitely
– פֵּירוּשׁ הַדָבָר שֶׁ־ it means that
פֵּירוֹת ז״ר fruit(s)
פֵּירֵז פ״י (לְפָרֵז) demilitarize
פֵּירֵט פ״י (לְפָרֵט) specify, go into details
פִּירָט ז. pirate
פִּירְכֵּס פ״ע titivate, jerk, have spasms
פִּירְמָה נ. firm (business company)
פִּירָמִידָה נ. pyramid
פִּירְנֵס פ״י (לְפַרְנֵס) support (a family)
פִּירְסוּם ז. advertising; publicity; publication; publishing, release; fame
– פִּירְסוּם חוּצוֹת outdoor advertising
פִּירְסוֹמַאי ז. advertising agent, ad man
פִּירְסוֹמֶת נ. advertisement; commercial; publicity
פִּירְסֵם פ״י (לְפַרְסֵם) publish; publicize, make public, release; advertise
פֵּירָעוֹן ז. payment (of debt)
פִּירְפּוּר ז. spasm, convulsion
– פִּירְפּוּרֵי גְסִיסָה death throes
פִּירְפֵּר פ. (לְפַרְפֵּר) twitch convulsively; flutter
פִּירְצָה נ. (פְּרָצוֹת) breach; loophole
פֵּירֵק פ״י (לְפָרֵק) take apart; dismantle; defuse (bomb); liquidate (business); dissolve (partnership)

פ

miraculously	– בְּאוֹרַח פֶּלֶא
plummet, decrease sharply, decline rapidly	– יָרַד פְּלָאִים
miraculous	פִּלְאִי ת.
mobile phone, car phone	פֶּלֶאפוֹן ז.
felafel; star (military rank)	פָּלָאפֶל ז.
stream, brook; faction, splinter group; section	פֶּלֶג ז. (פְּלָגִים)
plagiarism	פְּלַגְיָאט ז.
phlegmatic	פְלֶגְמָטִי ת.
steel	פְּלָדָה נ. (פְּלֶדֶת־)
delouse	פָּלָה פ״י (לִפְלוֹת)
fluorine	פְלוּאוֹר ז.
company (military)	פְּלוּגָה נ.
plutonium	פְּלוּטוֹנְיוּם ז.
down (of feathers, hair)	פְּלוּמָה נ.
gridlock, tangle	פְּלוֹנְטֶר ז.
so-and-so, someone (unnamed), John Doe	פְּלוֹנִי ת.
someone or other	– פְּלוֹנִי אַלְמוֹנִי
plus, advantage (*colloquial*)	פְּלוּס ז.
give or take (*colloquial*)	– פְּלוּס־מִינוּס
pluralism	פְּלוּרָלִיזְם ז.
pluralistic	פְּלוּרָלִיסְטִי ת.
plasma	פְּלַזְמָה, פְּלַסְמָה נ.
segment (of fruit, market), slice	פֶּלַח ז. (פְּלָחִים; פִּלְחֵי־)
fellah (peasant)	פַּלָּח ז.
field crops	פַּלָּחָה נ.
emit, discharge, give off; let slip; disgorge	פָּלַט פ״י (לִפְלוֹט)
output	פֶּלֶט ז.
hot-plate (electric); dental plate; platter	פְּלָטָה נ.
platinum	פְּלָטִינָה נ.
flat feet	פְּלַטְפוּס ז.
platform	פְּלַטְפוֹרְמָה נ.
wonder, wonderment	פְּלִיאָה נ.
brass (the metal)	פְּלִיז ז.
refugee	פָּלִיט ז. פְּלִיטָה נ.
remnant, survivors	פְּלֵיטָה נ.
discharge, emission, giving off	פְּלִיטָה נ.
slip of the tongue	– פְּלִיטַת־פֶּה
disarm	– פֵּירַק אֶת נִשְׁקוֹ
interpret, explain	פֵּירֵשׁ פ״י (לְפָרֵשׁ)
simplification; stretching out	פִּישׁוּט ז.
bungle, screwing up (*slang*)	פִּישׁוּל ז.
spreading (the legs)	פִּישׂוּק ז.
with legs apart	– בְּפִישׂוּק רַגְלַיִים
compromise; conciliation	פִּישׁוּר ז.
simplify	פִּישֵׁט פ. (לְפַשֵּׁט)
bungle, screw up, fuck up, blow it	פִּישֵׁל פ. (לְפַשֵּׁל)
go through	פִּישְׁפֵּשׁ פ״י (לְפַשְׁפֵּשׁ בּ־)
take a hard look at your actions	– פִּישְׁפֵּשׁ בְּמַעֲשָׂיו
bedbug, bug	פִּשְׁפֵּשׁ ז.
spread (your legs), part (your lips)	פִּישֵׂק פ״י (לְפַשֵּׂק)
to compromise, find a compromise	פִּישֵׁר פ״י (לְפַשֵּׁר)
linen; flax (*colloquial*)	פִּשְׁתָּן ז.
suddenly	פִּיתְאוֹם תה״פ
pitah (flat bread)	פִּיתָּה נ.
seduce, tempt	פִּיתָּה פ״י (לְפַתּוֹת)
development, developing	פִּיתּוּחַ ז.
body building	– פִּיתּוּחַ גוּף
temptation; seduction; come-on	פִּיתּוּי ז.
winding (of road, etc.); twist(ing), torsion	פִּיתּוּל ז.
develop; engrave	פִּיתֵּחַ פ״י (לְפַתֵּחַ)
bait	פִּיתָּיוֹן ז.
to twist	פִּיתֵּל פ״י (לְפַתֵּל)
note (on a slip of paper), chit	פִּיתְקָה נ.
solution; interpretation	פִּיתְרוֹן ר׳ פִּתְרוֹן
small container, can	פַּךְ ז.
trifles, small matters	– פַּכִּים קְטַנִּים
sobriety, soberness	פִּכְּחוּת נ.
welling up, burbling, gurgle	פִּכְפּוּךְ ז.
well up, burble, bubble	פִּכְפֵּךְ פ״ע (לְפַכְפֵּךְ)
wring (hands)	פָּכַר פ״י (לִפְכּוֹר)
wonder, marvel; miracle (*literary*)	פֶּלֶא ז. (פְּלָאִים אוֹ פְּלָאוֹת; פִּלְאֵי־)

פ

פְּלָיֶיר ז. pliers (*colloquial*)
פְּלִילִי ת. criminal
פְּלִילִים ז״ר crime
פְלִיק ז. smack (*slang*)
פְלִירט ז. flirtation
פְלִירְטֵט פ״ע (לְפַלְרְטֵט) to flirt
פְּלִישָׁה נ. invasion
פֶּלֶךְ ז. (פְּלָכִים) district, province
פָּלָמִידָה זו״נ bonito
פְלָמִינגוֹ ז. flamingo
פְלַמֶנקוֹ ז. flamenco
פַלַנגָה נ. *falange*
פְּלָנֶטָה נ. planet
פְלַנֶל ז. flannel
פְלַנֶלִית נ. flannelette
פֶּלֶס ז. balance
– פֶּלֶס־מַיִם spirit level
פְּלַסְטִי ת. plastic
פַּלֶסְטִינַאי ז. Palestinian
פְּלַסְטִיק ז. plastic
פְּלַסְטֶלִינָה נ. Play-Doh, Plasticine
פְּלַסְטֶר ז. Band-Aid, plaster
פִּלְפּוּל ז. hair-splitting, quibble
פִּלְפֵּל ר׳ פִּילְפֵּל
פְּלָפֶל ז. ר׳ פָּלָאפֶל
פְלָצוּר ז. lasso
פַּלָּצוּת נ. shuddering, horror, terror
פְּלָקָט ז. poster, placard
פָּלַשׁ פ״ע (לִפְלוֹשׁ לְ־, אֶל) invade; squat
פְּלִשְׁתִּינַאי ת. Palestinian
פָּמוֹט ז. (פָּמוֹטוֹת אוֹ פָּמוּטִים) candlestick
פֶמִינִיזם ז. feminism
פֶמִינִיסט ז. פֶמִינִיסְטִית נ. feminist
פֶמִינִיסְטִי ת. feminist (adj.)
פָּמַלְיָה נ. entourage, retinue
פֶּן מ״ח lest, for fear that
פָּן ז. aspect, facet
פַּן־ pan-
פְּנַאי ז. leisure, free time, spare time
פַּנְדָה נ. panda
פֶּנדֶל ז. penalty kick (soccer)
פָּנָה פ״ע (לִפנוֹת) to turn, apply; face
– פָּנָה בְּבַקָּשָׁה אֶל appeal to
– פָּנָה עוֹרֶף לְ־ turn your back on

פָּנוּי ת. free, vacant; unmarried, single; clear (road); available
פֶנוֹמֶנָלִי ת. phenomenal
פֶּנטְהָאוּז ז. penthouse
פַּנטוֹמִימַאי ז. mime (actor)
פַּנטוֹמִימָה נ. mime
פַנטַזְיָה נ. fantasy
פָנָטִי ת. fanatic
פָנָטִיוּת נ. fanaticism
פַנטַסְטִי ת. fantastic
פַנטַסְיָה נ. fantasy
פְּנֵי־ ר׳ פָּנִים
פְּנִייָה נ. application; appeal; approach, inquiry; bend, turn
– חֲסַר־פְּנִיּוֹת impartial, unbiased
– מִסְפַּר פְּנִייָה reference (number)
פָּנִים ז״ר, נ״ר face; front; surface
– בִּפְנֵי־ in the presence of, before
– בִּפְנֵי עַצְמוֹ separately, in itself
– בְּשׁוּם פָּנִים (וְאוֹפֶן) absolutely not, on no account
– הֶעֱמִיד פָּנִים pretend
– מִלְפָנִים in front, at the front
– פְּנֵי הַיָּם sea level
– פָּנִים אֶל פָּנִים face-to-face
– קִידֵם אֶת פְּנֵי־ welcome, greet
– שֶׁאֵינוֹ מִשְׁתַּמֵּעַ לִשְׁתֵּי פָּנִים unequivocal
פְּנִים ז. inside, interior
– מִבִּפְנִים from inside, from within
– פְּנִימָה inside; inward(ly)
– שַׂר הַפְּנִים Minister of the Interior
פְּנִימִי ת. internal; inward, inner
– מִלְחָמָה פְּנִימִית infighting
פְּנִימִייָה נ. boarding school
פְּנִימִית נ. inner tube (of tire/tyre)
פְּנִינָה נ. (פְּנִינִים) pearl; pearl of wisdom
פֶּנִיצִילִין ז. penicillin
פָּנִיקָה נ. panic
פַּנֶל ז. panel (wall, etc.); molding
פָּנָס ז. flashlight; lamp; light (of vehicle); black eye (*slang*), shiner
– פְּנַס־כִּיס flashlight
פֶּנסְיָה נ. pension, torch

- יָצָא לְפֶּנסְיָה go on pension, retire
פֶּנסיוֹן ז. boarding house
- פֶּנסיוֹן מָלֵא full board
פֶּנסיוֹנֶר ז. פֶּנסיוֹנֶרִית נ. pensioner
פַּנצֶ'ר ז. puncture, flat tire/tyre; hitch
פִּנקָס ר׳ פִּינקָס
פִּנקסָנוּת נ. bookkeeping
פַּנתֵּר ז. panther
פַּס ז. line, stripe, strip, band
- פַּס יִיצוּר production line
- פַּסֵי־רַכֶּבֶת railway lines
פְּסֶאוּדוֹ־, פְּסֶבדוֹ־ pseudo-
פִּסגָה ר׳ פִּיסגָה
פָּסוּל ת. unfit; disqualified; unlawful, wrong, improper
פְּסוּל ז. flow, fault, blemish; something wrong, impropriety
פְּסוֹלֶת נ. refuse, waste, rubbish
פָּסוּק ז. verse (biblical)
פָּסַח פ״י (לִפסוֹחַ עַל) pass over, skip
- פָּסַח עַל שְׁתֵּי הַסְעִיפִּים vacillate, dither
פֶּסַח ז. Passover (Jewish festival)
פַּסחָא ז. Easter
פַּסטָה נ. pasta
פַּסטוֹרָלִי ת. pastoral
פֶּסטִיבָל ז. festival (of music, theater)
פַּסִיבִי ת. passive (*colloquial*)
פְּסִיכוֹאֲנָלִיזָה נ. psychoanalysis
פְּסִיכוֹדֶלִי ת. psychedelic
פְּסִיכוֹזָה נ. psychosis
פְּסִיכוֹלוֹג ז. פְּסִיכוֹלוֹגִית נ. psychologist
פְּסִיכוֹלוֹגִי ת. psychological
פְּסִיכוֹלוֹגְיָה נ. psychology
פְּסִיכוֹמֶטרִי ת. psychometric
פְּסִיכוֹסוֹמָטִי ת. psychosomatic
פְּסִיכוֹפָּת ז. psychopath
פְּסִיכוֹתֶרַפְּיָה נ. psychotherapy
פְּסִיכִי ת. mental, insane, mad (*slang*)
פְּסִיכִיאָטֶר ז. פְּסִיכִיאַטרִית נ. psychiatrist
פְּסִיכִיאַטרִיָה נ. psychiatry
פְּסִילָה נ. disqualification; invalidation
פְּסִילִים ז״ר idols

פֶּסִימִי ת. pessimistic
פֶּסִימִיוּת נ. pessimism
פֶּסִימִיסט ז. פֶּסִימִיסטִית נ. pessimist
פְּסִיעָה נ. step, pace
פְּסֵיפָס ז. mosaic
פְּסִיק ז. comma
פְּסִיקָה נ. ruling, (court) decision
פָּסַל פ״י (לִפסוֹל) disqualify, reject, invalidate; rule out
פַּסָל ז. sculptor
פֶּסֶל ז. (פְּסָלִים) statue, sculpture
פִּסלוֹן ז. statuette
פַּסֶלֶת נ. sculptress
פְּסַנתֵּר ז. piano
- פְּסַנתֵּר־כָּנָף grand piano
פְּסַנתְּרָן ז. פְּסַנתְּרָנִית נ. pianist
פָּסַע פ״ע (לִפסוֹעַ) to pace, step
פָּסַק פ. (לִפסוֹק) to stop, cease; rule, decide, award (judge, referee)
פֶּסֶק: פֶּסֶק־זְמַן time-out
פְּסָק ז. decision, judgement
- פְּסַק־דִין verdict
פִּסקָה נ. (פִּסקָאוֹת) paragraph
פַּסקוֹל ז. soundtrack
פַּסקָנִי ת. decisive; unwavering
פָּעָה פ״ע (לִפעוֹת) to bleat, baa
פָּעוֹט ז. (פָּעוֹטוֹת) infant, tot, toddler
פָּעוּט ת. small, tiny, petty
פָּעוֹטוֹן ז. day-care center, crêche
פְּעוּלָּה נ. act, action; operation
פָּעוּר ת. wide open, gaping, yawning
- בְּפֶה פָּעוּר agape, open-mouthed
פָּעִיל ת. (פְּעִילָה) active
פָּעִיל ז. פְּעִילָה נ. activist
פְּעִילוּת נ. (פְּעִילוּיוֹת) activity
פְּעִימָה נ. beating; heartbeat; throb; stroke (of engine)
פָּעַל פ. (לִפעוֹל) to work, function, operate; act, do
פַּעֲלוּל ז. special effect; stunt
פַּעֲלוּלָן ז. stunt man
פַּעַלתָנִי ת. very active
פָּעַם נ. (לִפעוֹם) to beat, throb
פַּעַם נ. (פְּעָמִים) time (one time, etc.)

פ

- פַּעַם once (adv.)
- אַף פַּעַם never
- בַּפַּעַם הַבָּאָה next time
- בְּכָל פַּעַם (ש־) every time; whenever
- הַפַּעַם this time
- מִדֵּי פַּעַם every now and then, occasionally, once in a while
- מִפַּעַם לְפַעַם from time to time
- פַּעַם אַחַר פַּעַם time after time
- פַּעַם בְּשָׁבוּעַ once a week

פַּעֲמוֹן ז. bell
פַּעֲמֵי־ stirrings of
פַּעֲמַיִים נ״ז twice
פְּעֲנוּחַ ז. ר׳ פִּיעְנוּחַ
פִּעפּוּעַ ז. diffusion; osmosis; bubbling
פָּעַר פ״י (לִפעוֹר) to open wide
פַּעַר ז. (פְּעָרִים) gap; difference
- פַּעַר דוֹרוֹת generation gap
פַּפִּירוּס ז. papyrus
פַּפְּרִיקָה נ. paprika
פָּצָה פ״י (לִפצוֹת) open (your mouth)
פָּצוּעַ ת. (פְּצוּעָה) injured, wounded
פָּצַח פ״י (לִפצוֹחַ בּ־) burst into (song)
פַּצְיֶינְט ז. פַּצְיֶינְטִית נ. patient
פְּצִיעָה נ. wound, injury
פָּצִיפִיסְט ז. pacifist
פְּצִירָה נ. file (tool)
פִּצלֵי־שֶׁמֶן ז״ר oil shales
פָּצַע פ״י (לִפצוֹעַ) to wound, injure
פֶּצַע ז. (פְּצָעִים) wound, injury
- פִּצעֵי לַחַץ bed sores
פִּצעוֹן ז. pimple
פִּצפּוּץ ז. shattering, cracking; crackle
פְּצָצָה נ. (פְּצָצוֹת) bomb; bombshell
- פְּצָצוֹת חֲכָמוֹת smart bombs
- פִּצְצַת־עוֹמֶק depth charge
- פִּצְצַת־זְמַן time bomb
פָּקַד פ״י (לִפקוֹד) to order, command; count, take a census of; come upon, visit, haunt
פַּקָּד ז. chief inspector (of police)
- רַב־פַּקָּד superintendent (of police)
פָּקוּד ז. man (under someone's command)
פְּקוּדָה נ. order, command
פָּקוּחַ ת. (פְּקוּחָה) open (eyes, ears)
פָּקוּלְטָה נ. Faculty (of Science, etc.)
פָּקוּק ת. corked; clogged (road)
פָּקַח פ״י (לִפקוֹחַ) to open (the eyes, ears)
פַּקָּח ז. inspector (municipal, etc.)
- פַּקַּח טִיסָה air-traffic controller
פִּקְחוּת נ. cleverness, shrewdness
פָּקִיד ז. פְּקִידָה נ. clerk; official
פְּקִידוּת נ. office work; office staff
פְּקִיעָה נ. bursting; expiry, expiration
פָּקִיר ז. fakir
פֶּקָן ר׳ אֱגוֹז pecan (nut; tree)
פָּקַע פ״ע (לִפקוֹעַ) expire (date, etc.); burst, snap
פְּקַעַת נ. (פְּקָעוֹת) bulb (of plant); coil; cocoon; tangle (of players, etc.)
- פְּקַעַת־עֲצַבִּים a bundle of nerves
פִּקפֵּק פ. (לְפַקפֵּק) ר׳ פִּיקפֵּק
פָּקַק פ״י (לִפקוֹק) to cork, plug, stop up
פְּקָק ז. cork; cap; plug, stopper; traffic jam; fuse (*colloquial*)
- פְּקַק־תְנוּעָה traffic jam
פַּר ז. (פָּרִים) bull
פֶּרֶא ז. savage; wild ass
פִּראוּת, פְּרָאוּת נ. savagery, wildness
- בִּפְרָאוּת wildly, savagely
פִּראִי, פְּרָאִי ת. wild, violent, savage
פְּרַאיֶיר ז. patsy, sucker
פַּרבָּר ז. suburb
פָּרָג, פֶּרֶג ז. poppy; poppy-seeds
פַּרגּוֹד ז. screen (partition)
פַּרגִית נ. spring chicken; chick (*slang*)
פְּרַגמָטִי ת. pragmatic
פֶּרגַמֶנט: נְיַיר פֶּרגַמֶנט waxed paper
פֶּרֶד ז. (פְּרָדִים) mule
פֶּרֶד ז. odd number
פִּרדָה נ. (פְּרָדוֹת) mule
פְּרֵדָה ר׳ פְּרֵידָה
פָּרָדוֹכְּס, פָּרָדוֹקְס ז. paradox
פָּרָדוֹכְּסָלִי ת. paradoxical
פַּרדֵס ז. orchard; citrus grove
פַּרדְסָן ז. citrus grower

פָּרָה נ.	cow
פְּרוֹבוֹקָטִיבִי ת.	provocative
פְּרוֹבוֹקַציָה נ.	provocation
פְּרוֹבִינציָאלִי ת.	provincial
פְּרוֹבִינציָה נ.	province
פְּרוֹגנוֹזָה נ.	prognosis
פְּרוֹגרֶסִיבִי ת.	progressive
פְּרוּדָה נ.	molecule
פְּרוֹדוּקטִיבִי ת.	productive
פָּרוֹדיָה נ.	parody
פַּרוָה נ.	fur
פַּרוֶה ת.	*parve* (not meat or dairy product)
פַּרוָר ז.	suburb
פֵּרוּז ז.	demilitarization
פְּרוֹזָאִי ת.	prosaic
פְּרוֹזדוֹר ז.	corridor
פְּרוֹזָה נ.	prose
פֵּרוּט ר׳ פֵּירוּט	
פְּרוּטָה נ.	small coin, penny
– לֹא שָׁוֶה פְּרוּטָה	not worth a penny
פְּרוֹטוֹקוֹל ז.	protocol, minutes, record
פְּרוֹטֶסטַנטִי ת.	Protestant
פְּרוֹטֶקציָה נ.	favoritism, influence, pull
פְּרוֹיֶקט ז.	project
פָּרוֹכֶת נ.	*parochet* (curtain in front of the Ark in synagogue)
פְּרוֹלֵיטָרִי ת.	proletarian
פְּרוֹלֵיטַריוֹן ז.	proletariat
פַּרוּנקֶל ז.	boil (on skin) (*colloquial*)
פָּרוּס ת.	sliced; deployed, spread
פְּרוֹס: בִּפרוֹס	on the eve of; early in
פְּרוּסָה נ.	slice (of bread)
פְּרוֹסטָטָה נ.	prostate (gland)
פְּרוֹספֶּקט ז.	brochure (*colloquial*)
פָּרוּעַ ת. (פְּרוּעָה; פְּרוּעִים)	wild, riotous, unruly; disheveled, unkempt (hair)
פְּרוֹפּוֹרציָה נ.	proportion
פְּרוֹפּוֹרציוֹנִי ת.	proportional
פְּרוֹפִיל ז.	profile; medical rating (in the army)
פְּרוֹפֶסוֹר ז. פְּרוֹפֶסוֹרִית נ.	professor
פָּרוּץ ת.	broken open; dissolute
פְּרוֹצֶדוּרָה נ.	procedure
פְּרוּצָה נ.	prostitute
פֵּרוּק ר׳ פֵּירוּק	
פֵּרוּר ז.	crumb; scrap; snippet (of information)
פָּרוּשׂ ת.	spread out
פָּרָזִיט ז.	parasite (a person)
פָּרַח פ״ע (לִפרוֹחַ)	flourish, bloom, blossom, flower, fly away
– פָּרַח מִזִכרוֹנוֹ	escape your memory
פֶּרַח ז. (פְּרָחִים)	flower; novice
– פִּרחֵי־טַיִס	air-force cadets
– פִּרחֵי־קְצוּנָה	officer cadets
פְּרֵחָה נ.	vulgar loose girl, bimbo
פִּרחוֹנִי ת.	flowered
פִּרחָח ז.	brat, little rascal, rowdy, punk
פִּרחָחוּת נ.	rowdiness; mischief
פָּרַט פ״י (לִפרוֹט)	change (money)
פָּרַט פ״י (לִפרוֹט עַל)	play (stringed instrument), strum
פְּרָט ז.	detail; individual; specimen (animals)
– בְּפִרטֵי פְּרָטִים	in great detail
– לְהִיכָּנֵס לִפרָטִים	go into detail
– פְּרָט ל־	except for, apart from
פְּרָטִי ת.	private, personal
– שֵׁם פְּרָטִי	first name, forename
פְּרָטִיוּת נ.	privacy
פַּרטִיזָן ז.	partisan (guerrilla)
פַּרטָנִי ת.	individual, case
פְּרִי ז. (פִּריוֹ; פֵּירוֹת)	fruit; product (*figurative*)
– נָשָׂא פְּרִי	bear fruit
– פְּרִי בּוֹסֶר	unripe fruit
– פְּרִי דִמיוֹנוֹ	figment of his imagination
– פְּרִי־הָדָר	citrus fruits
פְּרִיבִילֶגיָה נ.	privilege
פְּרִיגִ׳ידִי ת.	frigid
פְּרֵידָה נ.	parting, separation
– בִּרכַּת־פְּרֵידָה	farewell
פְּרֵיהִיסטוֹרִי ת.	prehistoric(al)
פִּריוֹן ז.	productivity; fertility

פ

פְּרִיזֶר ז. freezer (*colloquial*)
פְּרִיחָה נ. bloom; blooming; flowering; prosperity; rash; flying
פְּרִיחָה נ. loose girl (*slang*), bimbo
פְּרִיט, פָּרִיט ז. item
פְּרִיטָה נ. strumming, playing (stringed instrument)
פָּרִיךְ ת. (פְּרִיכָה) crunchy, crisp, brittle
פְּרִיכוּת נ. brittleness, crispness
פְּרִימָדוֹנָה נ. prima donna
פְּרִימִיטִיבִי ת. primitive
פְּרִינְצִיפּ ז. principle (*colloquial*)
פְּרִיסָה נ. deployment, spreading out
– פְּרִיסַת חוֹבוֹת rescheduling of debts
– פְּרִיסַת־שָׁלוֹם regards
פֶּרִיסְקוֹפּ ז. periscope
פֶּרִיפֶרְיָה נ. periphery
פָּרִיץ ז. heartless Polish landlord
פְּרִיצָה נ. break-in, burglary; breaking through
– פְּרִיצַת־דֶּרֶךְ breakthrough
פְּרִיצוּת נ. licentiousness, dissoluteness
פְּרִיק ז. freak
פְּרִיקָה נ. unloading
– פְּרִיקַת־עוֹל lawlessness, license, irresponsible conduct
פְּרִישָׁה נ. retirement; withdrawal
פְּרִישׁוּת נ. abstinence; seclusion
פַּרְלָמֶנְט ז. parliament
פַּרְלָמֶנְטָרִי ת. parliamentary
פָּרַם פ״י (לִפְרוֹם) unravel, undo (stitch, etc.)
פָּרָמֶטֶר ז. parameter
פְּרֶמְיָה נ. premium
פָּרֶנְהַייט ז. Fahrenheit
פָּרָנוֹיָה נ. paranoia
פַּרְנָסָה נ. livelihood, living
פָּרַס פ״י (לִפְרוֹס) to slice (bread, etc.); deploy, spread out
– פָּרַס חוֹבוֹת reschedule debts
פְּרָס ז. prize, award; reward
– הַפְּרָס הָרִאשׁוֹן [הַגָּדוֹל] first prize, jackpot

פַּרְסָה נ. horseshoe; hoof
פִּרְסוּם ר׳ פִּירְסוּם
פִּרְסוֹמֶת ר׳ פִּירְסוֹמֶת
פַּרְסִי תו״ז Persian, Iranian
פַּרְסִית נ. Persian (language)
פִּרְסֵם ר׳ פִּירְסֵם
פֶּרְסְפֶּקְטִיבָה נ. perspective
פָּרַע פ״י (לִפְרוֹעַ) pay (a debt, etc.); ruffle (hair), dishevel; riot (against)
פֵּרָעוֹן ז. payment (of debt)
פַּרְעוֹשׁ ז. flea
פְּרָעוֹת נ״ר pogroms
פֶּרְפֶקְצִיוֹנִיסְט ז. perfectionist
פַּרְפַּר ז. butterfly; bow tie; swinger (*slang*); shirker (*slang*)
פָּרָפְרָזָה נ. paraphrase
פָּרַץ פ. (לִפְרוֹץ) break into; break out; burst into; break open; break through; erupt; gush out
פֶּרֶץ ז. outburst; gush; burst
– עָמַד בַּפֶּרֶץ fill the breach
פַּרְצוּף ז. face (*colloquial*)
– עָשָׂה פַּרְצוּפִים make faces
פָּרַק פ״י (לִפְרוֹק) unload; unpack
– פָּרַק אֶת כַּעֲסוֹ עַל take it out on
פֶּרֶק ז. (פְּרָקִים; פִּרְקֵי־) chapter; section; episode (TV series); joint
– הִגִּיעַ לְפִרְקוֹ reach maturity
– עָמַד עַל הַפֶּרֶק be on the agenda, at issue
פְּרַקְדָּן ת., תה״פ supine; lying on the back
פַּרְקֵט ז. parquet (floor)
פְּרַקְטִי ת. practical
פְּרַקְטִיקָה נ. (doctor's, lawyer's) practice
פְּרַקְלִיט ז. attorney, barrister
פָּרַשׁ פ״ע (לִפְרוֹשׁ) retire; withdraw
פָּרַשׂ פ״ע (לִפְרוֹשׂ) spread out; unfold
פָּרָשׁ ז. horseman; cavalryman; knight (chess)
פָּרָשָׁה נ. (פָּרָשִׁיּוֹת) affair
– פָּרָשַׁת־דְּרָכִים crossroads

פ

weekly portion (of Bible reading) – פָּרָשַׁת־הַשָּׁבוּעַ
case – פָּרָשִׁיָּה
watershed – פָּרָשַׁת־מַיִם
commentator; interpreter (of text); (political, etc.) analyst פַּרְשָׁן ז.
commentary פַּרְשָׁנוּת נ.
ladybug, ladybird פָּרַת־מֹשֶׁה־רַבֵּנוּ נ.
to spread, pervade פָּשָׂה פ״ע (לִפְשׂוֹת)
simple; plain; simply פָּשׁוּט ת; תה״פ
literally, at face value; it means just that פְּשׁוּטוֹ כְּמַשְׁמָעוֹ
warbler פָּשׁוֹשׁ ז.
take off (clothes); raid; stretch out; extend; spread פָּשַׁט פ. (לִפְשׁוֹט)
go bankrupt – פָּשַׁט אֶת הָרֶגֶל
beg (for charity) – פָּשַׁט יָד
literal meaning פְּשָׁט ז.
simplicity פַּשְׁטוּת נ.
simply – בְּפַשְׁטוּת
pie פַּשְׁטִידָה נ.
being simplistic, oversimplification פַּשְׁטָנוּת נ.
simplistic, oversimplified פַּשְׁטָנִי ת.
Fascism פָשִׁיזְם ז.
raid, foray; stripping פְּשִׁיטָה נ.
begging (for charity) – פְּשִׁיטַת־יָד
bankruptcy – פְּשִׁיטַת־רֶגֶל
Fascist פָשִׁיסְט ז. פָשִׁיסְטִית נ.
fascist פָשִׁיסְטִי ת.
crime פְּשִׁיעָה נ.
bungle, fuck-up פַּשְׁלָה נ. (פַּשְׁלוֹת)
commit a crime; sin פָּשַׁע פ״ע (לִפְשׁוֹעַ)
crime פֶּשַׁע ז. (פְּשָׁעִים; פִּשְׁעֵי־)
by a hair's breadth, be within inches of פֶּשַׂע: כְּפֶשַׂע בֵּין... וּבֵין...
meaning פֵּשֶׁר ז. (פִּשְׁרוֹ)
compromise פְּשָׁרָה נ.
compromiser, softliner פַּשְׁרָן ז.
inclination to compromise פַּשְׁרָנוּת נ.
compromising, soft-line פַּשְׁרָנִי ת.
flax פִּשְׁתָּה נ.
linen (material); flax פִּשְׁתָּן ז.
piece (of bread); morsel פַּת נ.

suddenly פִּתְאוֹם תה״פ
sudden, abrupt פִּתְאוֹמִי ת.
suddenness, abruptness פִּתְאוֹמִיּוּת נ.
simpletons פְּתָאִים ר׳ פֶּתִי
saying, maxim, proverb פִּתְגָם ז.
open; open-minded פָּתוּחַ ת. (פְּתוּחָה)
pathologist פָּתוֹלוֹג ז. פָּתוֹלוֹגִית נ.
pathological פָּתוֹלוֹגִי ת.
solved פָּתוּר ת.
to open; turn on (the faucet/tap, etc.) פָּתַח פ״י (לִפְתּוֹחַ)
begin with; launch – פָּתַח בּ־
opening; doorway פֶּתַח ז. (פִּתְחוֹ; פְּתָחִים)
preface, foreword – פֶּתַח־דָּבָר
pretext; chance to have your say פִּתְחוֹן־פֶּה ז.
pathetic פָּתֶטִי ת.
simpleton, gullible person פֶּתִי ז. (פְּתָאִים) פְּתַיָּה נ.
bait פִּתָּיוֹן ז.
foreword; opening comments פְּתִיחַ ז.
opening; start פְּתִיחָה נ.
openness, open-mindedness פְּתִיחוּת נ.
(candle) wick; fuse (explosives) פְּתִיל ז.
kerosene stove (for cooking) פְּתִילִיָּה נ.
solving; interpreting (dreams) פְּתִירָה נ.
flakes פְּתִיתִים ז״ר
snowflakes – פְּתִיתֵי־שֶׁלֶג
sudden, suddenly פֶּתַע תה״פ
surprise attack – הַתְקָפַת־פֶּתַע
nonsense פִּתְפּוּתֵי־בֵּיצִים ז״ר
slip (of paper), note, chit פֶּתֶק ז. (פְּתָקִים)
פִּתְקָה נ. = פֶּתֶק
label פִּתְקִית נ.
solve; resolve; interpret (dreams) פָּתַר פ״י (לִפְתּוֹר)
solution; interpretation (of dreams) פִּתְרוֹן ז. (פִּתְרוֹנִים אוֹ פִּתְרוֹנוֹת)
answer key; solutions – פִּתְרוֹנוֹת

פ

צ

צ, ץ *tsadi(k)* (18th letter of Hebrew alphabet); 90

צֵא! ר׳ יָצָא Get out!, Go out!

צֹאן נ״ר flock (of sheep, goats), sheep

צ׳אנס ז. chance (*slang*)

צֶאֱצָא ז. descendant, offspring

צָאר ז. tsar, czar

צֵאת going out

צָב ז. (צַבִּים) turtle, tortoise

צָבָא ז. (צְבָאוֹת) army, military

– אִישׁ־צָבָא soldier, military man

– צְבָא הֲגָנָה לְיִשְׂרָאֵל IDF (Israel Defence Forces)

– צְבָא הַקֶּבַע the regular army, standing army

צָבָא פ״ע (לִצְבּוֹא עַל) assemble, throng

צְבָאִי ת. military, martial

צְבָאִים ר׳ צְבִי deer

צָבוּעַ ת. (צְבוּעָה; צְבוּעִים) painted; colored; hypocritical

צָבוֹעַ ז. (צְבוֹעִים) hyena

צָבַט פ״י (לִצְבּוֹט) to pinch, nip

צְבִי ז. (צְבָאִים) deer, gazelle, stag

צְבִי: אֶרֶץ הַצְּבִי the Land of Israel

צִבְיוֹן ז. character, color (*figurative*)

צְבִיטָה נ. pinch, nip

– צְבִיטָה בַּלֵּב a twinge in your heart

צְבִיָּה נ. gazelle (fem.)

צְבִיעָה נ. painting; dyeing, coloring

צְבִיעוּת נ. hypocrisy

צְבִירָה נ. accumulation, amassing

צָבַע פ״י (לִצְבּוֹעַ) to paint, color, dye

צֶבַע ז. (צְבָעִים) color; paint; dye

– צֶבַע מַאֲכָל coloring

– צִבְעֵי־מַיִם water colors

צַבָּע ז. painter (of houses, etc.)

צִבְעוֹנִי ת. colorful, color, colored

צִבְעוֹנִי ז. tulip; colored (person)

צַבָּעוּת נ. painting (of houses, etc.)

צָבַר פ״י (לִצְבּוֹר) accumulate, amass

צַבָּר ז. cactus; prickly pear; *Sabra* (native-born Israeli)

צְבָת נ. (צְבָתוֹת) pincers, tongs, pliers

צַג ז. display (unit), monitor

צַד ז. (צִדּוֹ; צְדָדִים; צִדֵּי־) side; aspect; party (to)

– בְּצַד־ by the side of, beside; besides

– בַּצַּד aside, on one side

– בְּצַד שְׂמֹאל/יָמִין on the left/right

– הַצִּידָה Stand aside!; aside

– לְצַד־ at the side of; on someone's side

– מִצַּד אֶחָד... מִצַּד שֵׁנִי on the one hand...on the other hand

– עַל הַצַּד הַטּוֹב בְּיוֹתֵר in the best possible way

– עָמַד מִן הַצַּד stand (idly) by

צָד פ״י (לָצוּד) to hunt, catch

צְדָדִי ת. side, incidental

צְדָדִים ר׳ צַד

צְדוּדִית נ. profile

צַדִּיק תו״ז righteous (man); revered Rabbi

צֶדַע ז. (צְדָעַיִם) temple (of head)

צֶדֶף ז. (צְדָפִים) shell, seashell

צִדְפָּה נ. (צְדָפוֹת) clam, oyster

צָדַק פ״ע (לִצְדּוֹק) be right, be vindicated

צֶדֶק ז. justice; rightness

– בְּצֶדֶק rightly, with good reason; justly

– הַצֶּדֶק אִתְּךָ you are right

צֶדֶק ז. Jupiter (the planet)

צְדָקָה נ. charity

צִדְקָנוּת נ. over-righteousness, self-righteousness

צִדְקָנִי ת. over-righteous, priggish, self-righteous

צַדֶּקֶת נ. righteous woman

צְהַבְהַב ת. yellowish

צַהֶבֶת נ. jaundice

צָהֹב ת. (צְהֻבָּה; צְהֻבִּים) yellow

צְהוּבּוֹן נ. tabloid, the yellow press (in pl.)
צָהַל פ״ע (לִצהוֹל) jump for joy, rejoice, exult; neigh (horse)
צה״ל ר״ת IDF (Israel Defence Forces)
צָהֳלָה נ. jubilation, exultation; neigh
צַהַלִי ת. of the IDF
צָהֳרַיִים ז״ז noon, midday
– אַחֲרֵי־הַצָּהֳרַיִים in the afternoon, p.m.
– צָהֳרַיִים טוֹבִים! Good afternoon!
צַו ז. (צַווים) decree; order; edict
– צַו הַשָּׁעָה the need of the hour
– צַו חִיפּוּשׂ search warrant
– צַו מְנִיעָה injunction
– צַו עַל תְּנַאי order nisi
– צַו קְרִיאָה call-up notice
צוֹאָה נ. excrement, feces
צוֹבֶר: בְּצוֹבֶר in bulk
צוֹדֵק ת. (צוֹדֶקֶת; צוֹדקִים) just, right, fair
צוֹהֵל ת. (צוֹהֶלֶת) joyful, exultant, gleeful
צוֹהַר ז window (*figurative*); skylight
צוֹהֳרַיִים ר׳ צָהֳרַיִים
צַוָּאָה נ. testament, will
צַוָּאר ז. neck
– צַוַּאר־בַּקְבּוּק bottleneck
– צַוַּאר־הָרֶחֶם cervix
צַוָּארוֹן ז. collar
צָווַח פ״ע (לִצווֹחַ) to scream, shriek
צְוָוחָה נ. scream, shriek, squawk
צְוִוחָה נ. scream, shriek, squawk
צֶוֶת ז. (צְוָותִים או צְוָותוֹת) team; crew
צוּחצַח פ״ע be polished
צוּטַט פ״ע be quoted
צוּיַד פ״ע be equipped; be supplied
צוּיַר פ״ע be drawn, be painted
צוֹלֵל, צוֹלְלָן ז. diver
צוֹלֶלֶת נ. (צוֹללוֹת) submarine
צוּלַם פ״ע be photographed; be filmed
צוֹלֵעַ ת. (צוֹלַעַת) lame, limping
צוֹם ז. fast, fasting
צוֹמֵחַ תו״ז (צוֹמַחַת) growing; flora

צוּמצַם פ״ע be reduced, be cut down; be narrowed (down)
צוּמַק פ״ע be shriveled; be reduced
צוֹמֶת ז (צְמָתִים) intersection, junction
צוּנזַר פ״ע be censored
צוֹנֵן ת. (צוֹנֶנֶת) chilly, cool, cold
צוֹעֲנִי ז. צוֹעֲנִייָה נ. gypsy
צוֹעֵר ז. cadet
צוּף ז. nectar
צוֹפֶה ז. צוֹפָה נ. boy/girl scout, girl guide; spectator, viewer
צוֹפֶן ז. code
צוֹפֵף פ״י (לְצוֹפֵף) crowd in; close up, pack in tight
צ׳וּפצִ׳יק ז. (small) protruding part, button (*slang*)
צ׳וּפָּר ז. treat, bonus
צוֹפָר ז. horn; siren
צוּצִיק ז. צוּצִיקִית נ. (just) a kid (*slang*)
צוּק ז. cliff
צוֹק: צוֹק הָעִיתִּים troubled times
צוֹרֵב ת. (צוֹרֶבֶת) burning, stinging; bitter
צוֹרֵב דִיסקִים ז. CD burner
צוּרָה נ. form, shape; manner
צוֹרֶךְ ז. (צְרָכִים; צוֹרכֵי־) necessity, need
– לְצוֹרֶךְ־ for the purpose of
– עָשָׂה צְרָכָיו relieve oneself (defecate)
– שֶׁלֹּא לְצוֹרֶךְ unnecessarily
צוֹרֵם ת. (צוֹרֶמֶת) dissonant
צוּרָנִי ת. formal (of shape)
צוֹרֵף ז. goldsmith
צוֹרַף פ״ע be added; be attached; be co-opted
צוֹרפוּת נ. goldsmith's craft
צוֹרֵר ז. deadly foe (*literary*)
צוֹתֵת פ״י (לְצוֹתֵת ל־) listen in (secretly), tap; eavesdrop
צַח ת. pure, clear
– עִברִית צַחָה correct Hebrew
צְחוֹק ז. laugh, laughter
– בִּצחוֹק jokingly, for a laugh
– עָשָׂה צְחוֹק מ־ make fun of, make a fool of

צ

– לָשִׂים לִצחוֹק ridicule, make fun of
– צְחוֹק הַגּוֹרָל (by an) irony of fate
– פָּרַץ בִּצחוֹק burst out laughing
צָחוֹר ת. white (as snow)
צָחִיחַ ת. (צְחִיחָה) arid
צַחֲנָה נ. stink, stench (*literary*)
צִ'חצִ'ח ז. uncouth person (*slang*)
צָחַק פ״ע (לִצחוֹק) to laugh, joke
– צָחַק עַל־ laugh at, ridicule, make fun of
צִחקוּק ז. chuckle, giggle
צִי ז. (צִיִים) fleet; navy
– צִי הַסּוֹחֵר the merchant marine
צִיבּוּר ז. public, community
– אִישׁ צִיבּוּר public figure
– יַחֲסֵי צִיבּוּר public relations
צִיבּוּרִי ת. public
צִיבִילִיזַצְיָה נ. civilization
צַיִד ז. hunting, hunt; game (animals)
– צֵיד־מְכַשֵּׁפוֹת witch-hunt
צַיָּד ר' צַיָּיד hunter
צִידֵּד פ״י (לְצַדֵּד בּ־) to support, side with, favor; turn aside, traverse
צֵידָה נ. provisions
צִידּוּק ז. justification
צֵידָנִית נ. picnic box, cool box
צִיָּה ר' צִיָּיה desert (*literary*)
צִיּוּד ז. equipment, gear; supplies
צִיוָּה פ״י (לְצַווֹת) to command, order, bid; leave (in one's will)
צִיוּוּי ז. imperative
צִיּוּן ז. grade, mark; note; marking
– צִיּוּן דֶּרֶךְ landmark
– צִיּוּן לְשֶׁבַח citation; commendation; honorable mention
צִיּוֹנוּת נ. Zionism
צִיּוֹנִי תו״ז Zionist
צִיּוּץ ז. chirping, twitter; squeak
צִיּוּר ז. painting, drawing
צִיּוּרִי ת. picturesque; pictorial
צִיּוּת ז. obedience
צִ'יזְבָּט ז. tall story
צִיחצוּחַ ז. polishing
– צִיחצוּחַ חֲרָבוֹת sabre-rattling

צִיחצֵחַ פ״י (לְצַחצֵחַ) to brush (teeth); polish
צִיחקוּק ז. giggle, chuckle
צִיחקֵק פ״ע (לְצַחקֵק) to chuckle, giggle
צִ'יטָה נ. cheetah
צִיטוּט ז. quotation, citation
צִיטֵט פ״י (לְצַטֵט) quote, cite
צִיטָטָה נ. quotation, citation
צִיֵּיד פ״י (לְצַיֵּיד) (בּ־) equip, supply (with)
צַיָּיד ז. hunter
צִיֵּין פ״י (לְצַיֵּין) to note, mark, state, specify, point out
צִיֵּיץ פ״ע (לְצַיֵּיץ) to chirp; squeak
צִיֵּיר פ״י (לְצַיֵּיר) to draw, paint; depict
צַיָּיר ז. צַיֶּירֶת נ. painter (artist)
צִיֵּית פ. (לְצַיֵּית ל־) obey, comply
צַייתָן תו״ז obedient (person)
צַייתָנוּת נ. obedience, dutifulness
– בְּצַייתָנוּת obediently, dutifully
צַייתָנִי ת. obedient, dutiful
צִ'ילֶה נ. Chile
צִילּוּם ז. photograph; photography
צִילוֹן ז. window shade, blind
צִילִינדֶר ז. cylinder; top hat
צִילֵם פ. (לְצַלֵם) to photograph, take a picture; film, shoot
צִילצוּל ז. ringing; ring, call; chime
צִילצֵל פ״ע (לְצַלצֵל) to ring; (tele)phone
צִימָּאוֹן ז. thirst
צִימּוּק ז. raisin, currant; the icing on the cake
צִימחוֹנוּת נ. vegetarianism
צִימחוֹנִי תו״ז vegetarian
צִימִידָן ז. carryall, holdall
צִימצוּם ז. reduction, narrowing (down); cutting down
– בְּצִימצוּם sparingly; frugally
צִימצֵם פ״י (לְצַמצֵם) reduce; cut down; narrow down, downsize
צִימֵּק פ״י (לְצַמֵּק) shrivel, reduce
צִינָּה נ. chill, cold
צִינּוּן ז. cooling, chilling; cooling-off (period)

צ

solitary confinement, hole צִינוֹק ז.
hose, pipe, tube, duct צִינוֹר ז. (צִינוֹרוֹת)
the usual channels – הַצִּינוֹרוֹת הַמְקוּבָּלִים
censorship, censoring צִינזוּר ז.
to censor צִינזֵר פ״י (לְצַנזֵר)
cynical צִינִי ת.
cynicism צִינִיוּת נ.
cynic צִינִיקָן ז.
to cool, chill צִינֵן פ״י (לְצַנֵן)
jar (for jam, etc.) צִינצֶנֶת נ.
catheterization צִינתוּר ז.
grieve, sadden צִיעֵר פ״י (לְצַעֵר)
expect, look forward to צִיפָּה פ״י (לְצַפּוֹת ל־)
to coat, plate (with gold, etc.) צִיפָּה פ״י (לְצַפּוֹת)
coating, plating צִיפּוּי ז.
bird צִיפּוֹר נ. (צִיפּוֹרִים)
a bird's eye view – מַבָּט מִמְעוֹף הַצִּיפּוֹר
(finger)nail; claw צִיפּוֹרֶן נ. (צִיפּוֹרְנַיִים)
clove (spice); carnation צִיפּוֹרֶן ז. (צִיפּוֹרְנִים)
marigold צִיפּוֹרנֵי־חָתוּל ז.
expectation; anticipation צִיפִּיָה נ.
pillowcase, pillow slip צִיפִּית נ. (צִיפִּיוֹת)
French fries, chips צִ׳יפְּס ז.
whistle; beep; blatant disregard צִיפצוּף ז.
to whistle; beep צִיפצֵף פ״ע (לְצַפצֵף)
not give a damn about – צִיפצֵף עַל
zizith צִיצִית ז. (צִיצִיוֹת)
check very carefully – בָּדַק בְּצִיצִיוֹת־
cluck (your tongue) צִיקצֵק: צִיקצֵק בִּלשׁוֹנוֹ
pivot; hinge; axis; axle; delegate צִיר ז.
labor pains, contractions – צִירֵי לֵידָה
combination; joining together; adding; attaching; enclosing; co-opting צֵירוּף ז.

together with – בְּצֵירוּף
idioms, phrases, (fixed) collocations – צֵירוּפֵי־לָשׁוֹן
coincidence – צֵירוּף מִקרִים
contractions צִירִים ז״ר ר׳ צִיר
combine, join together; enclose; add; co-opt צֵירֵף פ״י (לְצָרֵף)
chirping (of crickets) צִירצוּר ז.
to chirp (crickets) צִירצֵר פ״ע (לְצַרצֵר)
eavesdropping, listening in (secretly), wire-tapping צִיתוּת ז.
Czech צֶ׳כִי תו״ז
Czech (language; woman) צֶ׳כִית נ.
shade; shadow צֵל ז. (צִלּוֹ; צְלָלִים)
crucify צָלַב פ״י (לִצלוֹב)
cross, crucifix צְלָב ז.
the Red Cross – הַצְּלָב הָאָדוֹם
crusade – מַסַּע צְלָב
swastika – צְלַב קֶרֶס
crusaders צַלבָּנִים ז״ר
to grill; broil; roast צָלָה פ״י (לִצלוֹת)
cello צֶ׳לוֹ ז.
roasted, roast צָלוּי ת.
clear, limpid, lucid צָלוּל ת. (צְלוּלָה)
with a clear mind; being of sound mind, clear-headed – בְּדֵיעָה צְלוּלָה
eel צְלוֹפָח ז.
cellophane צֶלוֹפָן ז.
cross (a lake, canal) צָלַח פ״י (לִצלוֹחַ)
plate, dish; hubcap צַלַּחַת נ. (צַלָּחוֹת)
roast meat צָלִי ז. (צְלִי־)
crucifixion צְלִיבָה נ.
crossing (a lake, canal) צְלִיחָה נ.
roasting צְלִיָה נ.
(Christian) pilgrim צַלְיָין ז.
sound; note (music); tone (of voice) צְלִיל ז.
dial tone, dialling tone – צְלִיל חִיוּג
dive, diving צְלִילָה נ.
clarity, lucidity צְלִילוּת נ.
limp, lameness צְלִיעָה נ.
to dive; plunge; sink צָלַל פ״ע (לִצלוֹל)
shadows צְלָלִים ר׳ צֵל
shadow צְלָלִית ר׳ (צְלָלִיוֹת)

צ

צַלָּם ז. צַלֶּמֶת נ. photographer

צֶ'לָן ז. צֶ'לָנִית נ. cellist

צֶלסיוּס ז. Celsius, centigrade

צָלַע פ״ע (לִצלוֹעַ) to limp, be lame

צֵלָע נ. (צְלָעוֹת) rib; side (of mountain, figure)

צָלַף פ״ע (לִצלוֹף ב־) to snipe (at)

צַלָּף ז. sniper; marksman, sharpshooter

צִלצוּל ז. ringing; ring, call; chime

צִלצֵל פ״ע (לְצַלצֵל) to ring; telephone; call; chime

צַלֶּקֶת נ. scar; stigma (of flower)

צָלַ״ש ר״ת (צִיּוּן לְשֶׁבַח) citation, commendation

צָם פ״ע (לָצוּם) to fast

צָמֵא ת. (צְמֵאָה; צְמֵאִים) thirsty

– צְמֵא־דָם bloodthirsty

צָמָא ז. thirst (also *figurative*)

– בְּצָמָא thirstily

צֶ'מבָּלוֹ ז. harpsichord

צֶמֶד ז. (צְמָדִים) pair; couple

צַמָּה נ. braid, plait

צָמוּד ת. (צְמוּדָה; צְמוּדִים) attached; tightfitting; linked (to index, etc.); tight, close (contest, etc.)

צָמַח פ״ע (לִצמוֹחַ) grow; arise

צֶמַח ז. (צְמָחִים) plant

צִמחוֹנוּת נ. vegetarianism

צִמחוֹנִי תו״ז vegetarian

צִמחִי ת. vegetable (adj.)

צִמחִיָּה נ. flora, vegetation

צָמִיג ת. viscous

צְמִיג ז. tire, tyre

צָמִיד ז. bracelet

צְמִיחָה נ. growth

צְמִיתוּת: לִצמִיתוּת permanently

צִמצֵם פי״ (לְצַמצֵם) ר׳ צִימצֵם

צַמצָם ז. diaphragm, shutter

צֶמֶר ז. wool

– צֶמֶר־גֶּפֶן cotton, cotton wool

צְמַרמוֹרֶת נ. shiver, shudder, chill

צַמֶּרֶת נ. treetop; leadership, top management; top, exclusive

צְנוֹבָּר ז. pine nut

צָנוּם ת. (צְנוּמָה) lean, skinny

צְנוֹן ז. radish

צְנוֹנִית נ. (צְנוֹנִיּוֹת) small radish

צָנוּעַ ת. (צְנוּעָה; צְנוּעִים) modest; chaste; humble

צֶנזוֹר ז. censor

צֶנזוּרָה נ. censorship

צִנזֵר פי״ (לְצַנזֵר) to censor

צָנַח פ״ע (לִצנוֹחַ) to parachute; drop

צַנחָן ז. צַנחָנִית נ. parachutist; paratrooper (military)

צֶנטרִיפוּגָלִי ת. centrifugal

צְנִיחָה נ. parachuting

– צְנִיחָה חוֹפשִׁית free fall, skydiving

צְנִים ז. (צְנִימִים) rusk; toast

צְנִיעוּת נ. modesty; chastity

צֶנַע ז. austerity

צִנעָה נ. privacy

– בְּצִנעָה privately, secretly, intimately

צִנצֶנֶת נ. jar (for jam, etc.)

צַנֶּרֶת נ. piping, pipe system, plumbing

צָעַד פ״ע (לִצעוֹד) to march, pace, step

צַעַד ז. (צְעָדִים) step, pace; move; stride

– הֵצֵר אֶת צְעָדָיו put obstacles in someone's way

– נָקַט צְעָדִים take measures, take steps

– עַל כָּל צַעַד וָשַׁעַל at every turn

– צַעַד צַעַד step by step

צְעָדָה נ. march; long walk

צָעִיף ז. scarf

צָעִיר תו״ז young; juvenile; youngster, young man

צְעִירָה נ. young woman

צַעֲצוּעַ ז. toy, plaything

צָעַק פ״ע (לִצעוֹק) to shout

צְעָקָה נ. (צְעָקוֹת) shout, cry; outcry

– הַצְּעָקָה הָאַחֲרוֹנָה the latest craze

צַעֲקָנִי ת. vociferous, loud; screaming

צַעַר ז. sorrow, grief, pain

- לְמַרְבֵּה הַצַּעַר unfortunately, regrettably
- לְצַעֲרִי I'm sorry..., I regret to say, I'm afraid...
צָף פ״ע (לָצוּף) to float
צָפָה פ״ע (לִצפּוֹת) foresee, anticipate
- צָפָה בּ־ watch, look at
צָפוּי ת. (צְפוּיָה; צְפוּיִים) expected; be liable to (fine, etc.); be in for
צָפוֹן ז. north
- אִיבֵּד אֶת הַצָּפוֹן lose your bearings
צָפוֹנָה תה״פ northwards
צְפוֹנִי ת. north, northern
צָפוּף ת. (צְפוּפָה; צְפוּפִים) crowded, dense
צִ׳יפְחָה נ. friendly clap/cuff
צֶפִי ז. projection, outlook, forecast
צְפִייָה נ. watching, viewing
- צְפִיַּית שִׂיא prime time
צְפִיפוּת נ. crowding, density
צְפִירָה נ. honk; sounding (of siren)
צֶפַע ז. viper
צִפְצוּף ז. ר׳ צִיפְצוּף
צַפְצֵפָה נ. whistle (to blow on)
צַפְצָפָה נ. poplar (tree)
צָפַר פ״ע (לִצפּוֹר) honk; sound (siren)
צְפַרְדֵּעַ נ. (צְפַרדעִים) frog
צָץ פ״ע (לָצוּץ) come up, emerge
צֵ׳יק ז. (צֵ׳יקִים) check, cheque
צַר ת. (צָרָה; צָרִים) narrow
- עֵינוֹ צָרָה בּ־ be envious
- צַר אוֹפֶק [מוֹחִין] narrow-minded
- צַר לִי (עַל־) I'm sorry (for)
צַר ז. enemy, foe (*literary*)
צָר פ״י (לָצוּר) (עַל) to shape, besiege
צָרַב פ״י (לִצרוֹב) to burn; scorch; sting (nettle, jellyfish, smoke); etch
צָרֶבֶת נ. heartburn
צָרָה נ. trouble, misfortune
- דַּיָּה לְצָרָה בִּשְׁעָתָהּ We'll cross that bridge when we come to it.

- עַל כָּל צָרָה שֶׁלֹּא תָּבוֹא to be on the safe side, just in case
צָרוּב ת. (צְרוּבָה) sunburnt; scorched
צָרוּד ת. (צְרוּדָה) hoarse, husky
צָרוּף ת. (צְרוּפָה) pure, refined
צֵרוּף ר׳ צֵירוּף
צְרוֹר ז. (צְרוֹרוֹת) bundle; bunch (of keys); burst (of automatic fire)
צָרוּת נ. צָרוּת־אוֹפֶק [מוֹחִין] narrow-mindedness
- צָרוּת־עַיִן envy, grudge, meanness
צָרַח פ״ע (לִצרוֹחַ) to scream, yell
צְרָחָה נ. (צְרָחוֹת) scream, shriek
צַרְחָנִי ת. screaming, hollering
צַ׳רְטֶר ז. charter (flight)
צְרִיבָה נ. burning; stinging (of nettle, jellyfish, smoke); etching
צְרִידוּת נ. hoarseness
צְרִיחַ ז. rook (chess); turret; spire
צְרִיחָה נ. scream, yell, shriek
צָרִיךְ ת. should, need, have to, must; necessary
- הָיָה צָרִיךְ should have; had to
צְרִיכָה נ. consumption (of goods)
- מוּצְרֵי צְרִיכָה consumer goods
צְרִיף ז. hut, shack
צָרַךְ פ. (לִצרוֹךְ) consume
צְרָכָיו, צְרָכִים ר׳ צוֹרֶךְ
צַרְכָן ז. צַרְכָנִית נ. consumer
צָרַם פ. (לִצרוֹם) be discordant, grate, jar
צִרְעָה נ. (צְרָעוֹת) hornet; wasp
צָרַעַת נ. leprosy
צָרְפַת נ. France
צָרְפָתִי תו״ז French
צָרְפָתִיָּה נ. French woman
צָרְפָתִית נ. French (language)
צִרְצוּר ז. chirping (of crickets)
צְרָצַר ז. cricket (insect)
צָרַר פ״י (לִצרוֹר) to bundle

צ

ק	*kof* (19th letter of Hebrew alphabet); 100
קָאוּבּוֹי ז.	cowboy
קָבוּעַ ת.	fixed; permanent, steady, constant, regular
קְבוּצָה נ.	group; team
קְבוּצָתִי ת.	group, in a group
קָבוּר ת. (קְבוּרָה)	buried
קְבוּרָה נ.	burial, interment
קַבַּיִים ז"ז	crutches
קָבִיל ת. (קְבִילָה)	acceptable, admissible
קְבִילָה נ. (קְבִילוֹת)	complaint
קְבִילוּת נ.	admissibility, acceptability
קַבִּינֶט ז.	cabinet (of ministers)
קְבִיעָה נ.	setting, fixing; determining; assertion
קְבִיעוּת נ.	permanence; tenure (in job)
– בִּקְבִיעוּת	constantly, regularly
קָבַל פ"ע	complain
קַבָּל ז.	capacitor
קֳבָל: קֳבָל עַם וְעֵדָה	publicly
קַבָּלָה נ.	reception (desk); receiving; acceptance; receipt; kabbala
– שְׁעוֹת קַבָּלָה	office hours
– קַבָּלַת פָּנִים	reception, welcome
קַבְּלָן ז.	contractor
קַבְּלָנוּת נ.	piecework; contracting (business)
– בְּקַבְּלָנוּת	on a piecework basis
קָבַע פ"י (לִקְבּוֹעַ)	to fix, set; establish; determine; assert, maintain
קְבָצִים ר' קוֹבֶץ	
קַבְּצָן ז. קַבְּצָנִית נ.	beggar
קָבַר פ"י (לִקְבּוֹר)	bury (also *figurative*)
קֶבֶר ז.	grave, tomb
– קֶבֶר אַחִים	mass grave
קַבָּרֶט ז.	cabaret
קַבְּרָן ז.	gravedigger
קַבַּרְנִיט ז.	captain (of liner); leader
ק"ג ר"ת קִילוֹגְרַם	kg., kilogram
קָד פ"ע (לָקוֹד)	to bow, curtsey
קָדוּם ת. (קְדוּמָה)	ancient, old
קָדוֹשׁ תו"ז	holy, sacred; saint, holy man
– הַקָּדוֹשׁ בָּרוּךְ הוּא	the Holy One Blessed Be He
– קָדוֹשׁ מְעוּנֶּה	martyr
קְדוּשָּׁה נ.	holiness, sanctity
קָדַח פ"י (לִקְדּוֹחַ)	to bore, drill
קָדַח פ"ע (לִקְדּוֹחַ)	have a fever
קַדַּחַת נ.	fever; malaria
– קַדַּחַת הַשַּׁחַת	hay fever
קַדַּחְתָּנוּת: בְּקַדַּחְתָּנוּת	feverishly
קַדַּחְתָּנִי ת.	feverish, hectic
קָדִימָה	ahead; onwards; forwards
– קָדִימָה!	Let's go!, Come on!
קְדִימָה נ.	priority, precedence
– דְּמֵי־קְדִימָה	advance payment, deposit, upfront payment
קְדִימוֹן ז.	promo, trailer
קְדֵירָה נ.	pot, casserole
קַדִּישׁ ז.	*kaddish* (Jewish mourner's prayer)
קָדַם פ"ע (לִקְדּוֹם ל־)	precede, come before
קֶדֶם ז. יְמֵי־קֶדֶם	ancient times
קְדַם־	pre-
– קְדַם־צְבָאִי	pre-military
קִדְמָה נ.	advance, progress
קַדְמוֹן תו"ז	ancient
– הָאָדָם הַקַּדְמוֹן	early man
קַדְמוֹנִי ת.	ancient, primeval, pristine
קַדְמוּת: שָׁב לְקַדְמוּתוֹ	be restored (to its former state)
קִדְמִי ת.	forward, front
קַדֶּנְצְיָה נ.	term of office, tenure
קָדַר פ"ע	darken, become gloomy
קַדָּר ז. קַדָּרִית נ.	potter
קְדֵרָה נ.	pot, casserole
קַדָּרוּת נ.	pottery, ceramics
קַדְרוּת נ.	gloom
קֵהֶה ת. (קֵהָה; קֵהִים)	blunt; dull; obtuse
קֵהוּת נ.	bluntness; dullness

קְהִילָּה נ. community; congregation
קְהִילִיָּה נ. commonwealth, community
קְהִילָּתִי ת. communal, community
- מֶרְכָּז קְהִילָּתִי community center
קָהָל ז. audience; crowd; public
- דַּעַת־קָהָל public opinion
קַו ז. (קַוִּים) line
- בְּקַוִּים כְּלָלִיִּים in general outline
- לְהַמתִּין עַל הַקַּו hold the line
- קַו־אוֹרֶךְ longitude
- קַו־הַמַּשְׁוֶוה the equator
- קַו מַפְרִיד dash (–)
- קַו רוֹחַב latitude
- קַוֵּי־יְסוֹד guidelines
קוֹאוֹרְדִינַצְיָה נ. coordination
קוֹאָלִיצְיָה נ. coalition
קוּבּ ז. cubic meter (*colloquial*)
קוּבָּה נ. Cuba
קוּבִּיָּה נ. cube; dice
קוּבְלָנָה נ. complaint
קוּבָּנִי תו״ז Cuban
קוֹבֵעַ תו״ז decisive, crucial; determining; setter (of fashion); someone who calls the shots
קוֹבֵעַ־מְדִינִיּוּת ז. (קוֹבְעֵי־) policymaker
קוֹבֶץ ז. (קְבָצִים) collection (of writings, etc.); file (computers)
קוֹבְּרָה נ. cobra
קוֹד ז. code
קוֹדֵם ת. (קוֹדֶמֶת) previous, former, preceding
- כָּל הַקּוֹדֵם זוֹכֶה first come first served
קוֹדֶם תה״פ before, first; previously
- מִקּוֹדֶם previously, before, earlier
- קוֹדֶם־כּוֹל first of all
קוֹדְקוֹד ז. crown (of head); apex (math); head (*colloquial*)
קוֹדֵר ת. (קוֹדֶרֶת) gloomy, glum, dreary, somber, dark, bleak
קוֹדֶשׁ ז. holiness, sanctity
- אֶרֶץ הַקּוֹדֶשׁ the Holy Land
- כִּתְבֵי הַקּוֹדֶשׁ the Holy Scriptures
- קוֹדֶשׁ־הַקֳּדָשִׁים the Holy of Holies; the inner sanctuary
- רוּחַ־הַקּוֹדֶשׁ the Holy Spirit
קְוָואקֶר ז. oats, oatmeal
קַוִּי ת. linear
קַוְויָאר ז. caviar
קַוָּון ז. linesman
קוּזַּז פ. be offset, be deducted
קוֹזָק ז. Cossack
קוֹטֶב ז. pole (of Earth, battery)
קוֹטְבִּי ת. polar, diametrical (views)
קוֹטֶג׳ ז. cottage cheese; two-story house, duplex
קוֹטֵל ת. deadly, lethal
- קוֹטֵל־חֲרָקִים insecticide
- אֵינוֹ קוֹטֵל קָנִים no mean, outstanding (person)
קוֹטֶן ז. smallness; little finger
קוֹטֶר ז. diameter
קוּיַּם פ״ע be fulfilled; be maintained
קוֹל ז. (קוֹלוֹת) sound; voice; noise; vote
- בְּרוֹב קוֹלוֹת by a majority
קוֹלָב ז. hanger, coat hanger
קוֹלֶגָה זו״נ colleague (*colloquial*)
קוּלָּה נ.: לְקוּלָּה leniently
קוֹלוֹנְיָאלִי ת. colonial
קוֹלוֹנֶל ז. colonel
קוֹלֵחַ ת. fluent; flowing
קוֹלִי ת. vocal, of the voice; sonic
קוּלְמוֹס ז. pen (*literary*)
קוֹלְנוֹעַ ז. cinema, movie
קוֹלָנִי ת. vociferous, noisy, loud
קוֹלֵעַ ת. (קוֹלַעַת) to the point, apt
קוֹלָר ז. collar; blame
קוֹלְרַבִּי ז. kohlrabi
קוּם ר׳ קָם Get up!
קוֹמְבִּינָה נ. underhand deal, nice set-up (*slang*)
קוֹמְבִּינִיזוֹן ז. slip (underwear)
קוֹמְבִּינַצְיָה נ. combination (*colloquial*)
קוֹמֶדְיָה נ. comedy
קוֹמָה נ. floor, storey; height, stature
- גְּבַה־קוֹמָה tall

ק

קוֹמוּנָה נ. commune
קוֹמוּנִיזם ז. communism
קוֹמוּנִיסט ז. Communist
קוּמזִיץ ז. campfire picnic
קוֹמִי ת. comic(al)
קוֹמִיקַאי ז. comedian
קוֹמִיקָאִית נ. comedienne
קוֹמֵם פ״י (לְקוֹמֵם) arouse resentment in, outrage
קוֹמַנדוֹ ז. commando
קוֹמַנדקָר ז. command-car
קוֹמפַּקטִי ת. compact
קוֹמֶץ ז. handful; few
קוּמקוּם ז. kettle
קוֹנבֶנציוֹנָלִי ת. conventional
קוֹנגרֶס ז. congress
קוֹנדוֹם ז. condom
קוֹנדִיטוֹריָה נ. pastry shop
קוּנדֵס: מַעֲשֵׂה־קוּנדֵס prank, trick
קוֹנֶה ז. (קוֹנִים) buyer, shopper
קוֹנוּס ז. cone
קוֹנטֶקסט ז. context
קוֹניָאק ז. cognac
קוֹנכִייָה נ. conch, shell
קוֹנֵן פ״ע (לְקוֹנֵן עַל) lament, bewail
קוֹנסוּל ז. consul
קוֹנסוּליָה נ. consulate
קוֹנסטֶלַציָה נ. constellation
קוֹנסטרוּקטִיבִי ת. constructive
קוֹנסֶרבָטוֹריוֹן ז. conservatoire
קוֹנסֶרבָטִיבִי ת. conservative
קוֹנפֶדֶרַציָה נ. confederation
קוֹנפלִיקט ז. conflict
קוֹנצֶרט ז. concert
קוֹנצֶ׳רטוֹ ז. concerto
קוֹנצֶרן ז. (business) concern
קוֹנקרֶטִי ת. concrete; specific
קוֹסֵם ז. magician, wizard
קוֹסֶמֶת נ. magician, conjurer
קוֹסמוֹנָאוּט ז. cosmonaut
קוֹסמֶטִי ת. cosmetic
קוֹסמֶטִיקַאי ז. קוֹסמֶטִיקָאִית נ. cosmetician, beautician
קוֹסמֶטִיקָה נ. cosmetics

קוֹף ז. monkey, ape
קוֹף ז. eye (of a needle)
קוּפַּאי ז. cashier; teller; ticket-seller
קוּפָּה נ. cash box; box office; ticket office; kitty, bank; fund
– קוּפָּה (בחנות) cashier's desk
– קוּפָּה (בסופר) checkout
– קוּפָּה רוֹשֶׁמֶת cash register
– קוּפַּת־גֶמֶל provident fund
– קוּפַּת־חוֹלִים sick fund
קוּפַּח פ״ע be deprived; be discriminated against
קוּפסָה נ. box; tin, can; canister
– קוּפסַת־סִיגָריוֹת pack of cigarettes
קוֹץ ז. (קוֹצִים) thorn, prickle; bug (computers)
– קוֹצוֹ של יוד an iota, the smallest detail
קוֹצֵב־לֵב ז. pacemaker
קוֹצִי, קוֹצָנִי ת. thorny, prickly
קוּצַץ פ״ע be cut (back, down, up)
קוֹצֶר ז. brevity, shortness
– קוֹצֶר־יָד impotence, powerlessness
– קוֹצֶר־נְשִׁימָה shortness of breath
– קוֹצֶר־רְאִייָה short-sightedness
– קוֹצֶר־רוּחַ impatience
קוֹקָאִין ז. cocaine
קוּקוּ ז. ponytail
קוֹקוּס ז. coconut
קוֹקטֵייל ז. cocktail
קוּקִייָה נ. cuckoo
קוֹקסִינֶל ז. transvestite, transsexual
קוֹר ז. cold
– קוֹר־רוּחַ cool-headedness
קוֹרֵא ז. (קוֹרְאִים) קוֹרֵאת נ. reader
קוּרְאָן ז. Koran
קוֹרבָּן ז. sacrifice; victim; scapegoat
קוֹרָה נ. (קוֹרוֹת) beam, crossbar
– נִכנַס לְעוֹבִי הַקוֹרָה get to the bottom of it
קוֹרוֹזיָה נ. corrosion
קוֹרוֹת נ״ר (ר׳ גם קוֹרָה) history; your personal story

ק

– קוֹרוֹת חַיִּים resumé, CV
קוּרטוֹב ז. grain (*figurative*), drop
קוּריוֹז ז. strange or amusing episode
קוּרֵי־עַכָּבִיש spider web, cobweb
קוֹרֶלַצְיָה נ. correlation
קוֹרֵן ת. (קוֹרֶנֶת) radiant, beaming
קוֹרנפלוֹר ז. cornstarch, cornflour
קוּרס ז. course (of studies, treatments)
קוֹרֵעַ־לֵב ת. heart-rending
קוֹרֶץ: הוּא קוֹרֶץ מֵחוֹמֶר... he is the stuff...are made of
קוּרקְבָן ז. gizzard; belly button
קוֹרֶקטִי ת. correct, proper
קוּרקַע פ״ע be grounded
קוֹרַת־גַג נ. a roof over your head
קוֹרַת־רוּחַ נ. contentment, satisfaction
קוּשַט פ״ע be decorated, ornamented
קוֹשִי ז. (קְשָיִים) difficulty; hardness
– בְּקוֹשִי barely, hardly; with difficulty
קוּשְיָה נ. difficult question
קוֹשֵר ז. (קוֹשרִים) conspirator
קוֹתלֵי־חֲזִיר ז״ר bacon, ham
קָזִינוֹ ז. casino
קָט ת. little, small (*literary*)
קָטֵגוֹר ז. prosecutor
קָטֵגוֹרִי ת. categorical
קָטֵגוֹרְיָה נ. category; prosecution
קָטוֹן פ״ע (לִקטוֹן) become smaller, diminish, decrease
– קָטוֹנְתִי it's not my place to
קָטוּעַ ת. (קְטוּעָה) cut off; interrupted, fragmentary, broken
קְטוֹרֶת נ. incense
קְטָטָה נ. quarrel, brawl
קָטֵיגוֹר ז. prosecutor
קְטִילָה נ. killing; mauling, panning
קַטִין ז. קְטִינָה נ. minor (n.)
קְטִיעָה נ. amputation, cutting off
קָטִיף ז. fruit picking
קְטִיפָה נ. velvet, velour
קְטִיפָה נ. picking (fruit etc.), plucking
קְטִיפָתִי ת. velvety; creamy (food)

קֶטֶל ז. carnage, slaughter
קָטָלוֹג ז. catalog, catalogue
קָטָלִיזָטוֹר ז. catalyst
קַטלָנִי ת. deadly, lethal; fatal
קָטָן ת. (קְטַנָה; קְטַנִים) little, small; young
– קְטַנוֹת small matters, trifles
קָטֵן ת. becoming smaller, diminishing
קַטנוּנִי ת. petty, small-minded
קַטנוּנִיוּת נ. pettiness, small-mindedness
קַטנוֹעַ ז. (motor) scooter
קְטַנְטַן ת. tiny, very small
קִטנִית נ. (קִטנִיוֹת) legume, bean, pulse
קַטַסטרוֹפָה נ. catastrophe (*figurative*)
קָטַע פ״י (לִקטוֹעַ) amputate; cut off; interrupt, cut short
קֶטַע ז. (קְטָעִים) section, passage, excerpt; number (performer); (press) cutting; snippet
קָטַף פ״י (לִקטוֹף) to pick, pluck
קַטָר ז. railway engine, locomotive
– נַהַג קַטָר engineer, engine driver
קִטרוּג ז. denunciation, indictment
קִיא ז. vomit
קֵיבָה נ. stomach
קִיבּוּל ז.
– כְּלִי־קִיבּוּל container, receptacle
קִיבּוֹלֶת נ. capacity (of amount)
קִיבּוּעַ ז. fixing; bone setting
קִיבּוּץ ז. kibbutz
– קִיבּוּץ גָלוּיוֹת ingathering of the exiles
קִיבּוּצִי ת. collective; of a kibbutz
קִיבּוּצנִיק ז. member of a kibbutz
קִיבֵּל פ״י (לְקַבֵּל) receive, get; take; accept, obtain
– קִיבֵּל אֶת פְּנֵי־ welcome, greet
– קִיבֵּל עַל עַצמוֹ undertake, take upon oneself
– קִיבֵּל תוֹקֶף come into force
קִיבָּעוֹן ז. fixation
קִיבֵּץ פ״י (לְקַבֵּץ) gather, assemble

– קִיבֵּץ נְדָבוֹת beg, ask for charity
קִידָה נ. bow, curtsey
קִידוּד ז. coding
קִידוּחַ ז. drilling, boring
קִידוּם ז. advancement; promotion; advancing
– קִידוּם מְכִירוֹת sales promotion
קִידוֹמֶת נ. prefix; area code
קִידוּשׁ ז. sanctification; consecrating; *kiddush* (benediction over wine)
– קִידוּשׁ הַשֵּׁם martyrdom (of Jews)
קִידוּשִׁין ז״ר Jewish marriage ceremony
קִידֵּם פ״י (לְקַדֵּם) promote; advance; welcome, meet, greet
– קִידֵּם אֶת פְּנֵי־ welcome, greet; prepare to withstand, face
קִידְמָה נ. advance, progress
קִידֵּשׁ פ״י (לְקַדֵּשׁ) consecrate; sanctify; betroth; recite *kiddush*
קִיוָּה פ״ע (לְקַווֹת) hope
– יֵשׁ לְקַווֹת שׁ־ Hopefully, Let us hope that
קִיווּקוּו ז. hatching, covering with lines
קִיוּם ז. existence, survival; subsistence; fulfillment, carrying out
– קִיוּם הַבְטָחָה keeping a promise
קִיוּמִי ת. existential; vital to existence
קִיוֹסְק ז. kiosk
קִיזּוּז ז. offsetting, setoff
קִיזֵּז פ״י (לְקַזֵּז) to offset; deduct
קַיִט ז. summer vacation
– עִיר קַיִט resort town
קִיטֵּב פ״י (לְקַטֵּב) polarize
קִיטּוּב ז. polarization
קִיטוֹר ז. steam
– אוֹנִיַּית קִיטוֹר steamship
קִיטּוּר ז. bellyaching, grouching
קִיטְלֵג פ״י (לְקַטְלֵג) to catalog(ue)
קִיטְלוּג ז. catalog(u)ing
קִיטְנִית נ. (קִיטְנִיּוֹת) legume, bean, pulse

קִיטֵּר פ״י (לְקַטֵּר) grouch, bellyache
קִיטְרֵג פ״י (לְקַטְרֵג עַל) accuse, denounce, speak against
קִיטְשׁ ז. kitsch
קַייטָנָה נ. summer camp
קִייֵּם פ״י (לְקַיֵּים) fulfill, carry out; maintain; hold (a meeting, etc.)
– קִייֵּם הַבְטָחָה keep a promise
קַיָּים ת. (קַיֶּימֶת) existing, in existence
קַייָמָא : בַּר־קַייָמָא durable, lasting
קִילוֹ(גְרַם) ז. kilo(gram)
קִילוֹוָאט ז. kilowatt
קִילּוּחַ ז. squirt, jet, spurt
קִילוֹמֶטֶר ז. kilometer
קִילּוּף ז. peeling; shelling
קִילֵּחַ פ״י (לְקַלֵּחַ) bath (someone)
קִילֵּל פ״י (לְקַלֵּל) to curse, swear
קִילֵּף פ״י (לְקַלֵּף) to peel, shell
קִילְקוּל ז. spoiling; failure; breakdown (mechanical); (stomach) upset
קִילְקֵל פ״י (לְקַלְקֵל) spoil, damage, break; corrupt
קִילְשׁוֹן ז. fork (gardening)
קִימָה נ. standing up; getting up
קִימּוּט ז. creasing; crease, wrinkle
קִימוֹנוֹ ז. kimono
קִימּוּץ ז. frugality, skimping, stinting
קִימּוּר ז. arching, arch; convexity
קִימֵּחַ פ״י (לְקַמֵּחַ) to flour
קִימֵּט פ״י (לְקַמֵּט) to crease; wrinkle
קִימֶל ז. caraway
קִימְעוֹנַאי ז. retailer
קִימְעוֹנוּת נ. retail trade
קִימְעוֹנִי ת. retail
קִימֵּץ פ. (לְקַמֵּץ בּ־) to save, skimp, stint on
– לֹא קִימֵּץ בּ־ be unstinting in
קִימֵּר פ״י (לְקַמֵּר) to arch
קַיִן : אוֹת־קַיִן the mark of Cain
קִינֵּא פ. (לְקַנֵּא בּ־) to envy, be jealous (of)
קִינְאָה נ. envy, jealousy
קִינָה נ. elegy, lament, dirge
קִינּוּחַ ז. dessert; wiping clean

ק

nesting; taking hold (disease) קִינּוּן ז.
wipe clean קִינֵחַ פ״י (לְקַנֵחַ)
eat...for dessert; end up with – קִינֵחַ בּ־
teasing; vexing קִינְטוּר ז.
kinetic קִינֶטִי ת.
kinetics קִינֶטִיקָה נ.
vex, tease קִינְטֵר פ״י (לְקַנְטֵר)
cinnamon קִינָּמוֹן ז.
build a nest; nest; take hold (disease); gnaw (at your heart) קִינֵּן פ״ע (לְקַנֵּן)
splinter קֵיסָם ז.
Caesar; emperor קֵיסָר ז.
empire קֵיסָרוּת נ.
imperial; cesarean קֵיסָרִי ז.
empress, czarina קֵיסָרִית נ.
to tattoo; undermine קִיעֲקַע פ״י (לְקַעֲקֵעַ)
tattooing; undermining קִיעֲקוּעַ ז.
make concave קִיעֵר פ״י
freezing; deadlock, stalemate קִיפָּאוֹן ז.
cut off, cut short קִיפֵּד פ״י (לְקַפֵּד)
be killed (*literary*) – קִיפֵּד אֶת חַיָּיו
hedgehog קִיפּוֹד ז.
deprivation; injustice, discriminating קִיפּוּחַ ז.
fold, folding קִיפּוּל ז.
deprive; discriminate against, treat unfairly קִיפֵּחַ פ״י (לְקַפֵּחַ)
be killed – קִיפֵּחַ אֶת חַיָּיו
to fold; incorporate קִיפֵּל פ״י (לְקַפֵּל)
to skip, spring, bounce קִיפֵּץ פ. (לְקַפֵּץ)
summer קַיִץ ז.
allowance, pension קִיצְבָּה נ. (קִיצְבָּאוֹת)
rationing קִיצּוּב תו״ז
extreme; radical; extremist קִיצוֹנִי תו״ז
extremism; extreme קִיצוֹנִיוּת נ.
cutting down; cutback, cut; chopping; clipping קִיצּוּץ ז.
shortening; abbreviation קִיצּוּר ז.
in short; briefly – בְּקִיצּוּר
shortcut – קִיצּוּר דֶּרֶךְ
summer, of summer קֵיצִי ת.
cut back, cut, trim, cut down; chop; clip קִיצֵּץ פ״י (לְקַצֵּץ)
shorten; make it short קִיצֵּר פ״י (לְקַצֵּר)
castor oil קִיק: שֶׁמֶן־קִיק
castor-oil plant קִיקָיוֹן ז.
ephemeral, short-lived קִיקְיוֹנִי ת.
wall קִיר ז. (קִירוֹת)
bring near, bring closer קֵירֵב פ״י (לְקָרֵב)
nearness, proximity; kinship קִירְבָה נ.
in the vicinity – בְּקִירְבַת־מָקוֹם
bringing closer קֵירוּב ז.
approximately – בְּקֵירוּב
cooling, refrigeration קֵירוּר ז.
bald קֵירֵחַ ת. (קֵירַחַת)
chug along; prance קִירְטֵעַ פ״ע (לְקַרְטֵעַ)
scraping, scrubbing, scouring קִירְצוּף ז.
scrape, scrub, scour קִירְצֵף פ״י (לְקַרְצֵף)
grounding (of aircraft) קִירְקוּעַ ז.
clucking (hens); croaking (frogs) קִירְקוּר ז.
circus קִירְקָס ז.
to ground (aircraft) קִירְקַע פ״י (לְקַרְקֵעַ)
to scalp קִירְקֵף פ״י (לְקַרְקֵף)
to cluck (hens); croak (frogs); rumble (stomach) קִירְקֵר פ״י (לְקַרְקֵר)
to cool, chill; refrigerate קֵירֵר פ״י (לְקָרֵר)
zucchini; squash, marrow קִישּׁוּא ז.
decoration, ornament קִישּׁוּט ז.
link; connection; connecting קִישּׁוּר ז.
conjunction (grammar) – מִילַּת־קִישּׁוּר
liaison officer – קְצִין־קִישּׁוּר
decorate, ornament קִישֵּׁט פ״י (לְקַשֵּׁט)
scribble; nonsense, bull; jingle קִישְׁקוּשׁ ז.
to scribble; prattle; talk nonsense קִישְׁקֵשׁ פ״ע (לְקַשְׁקֵשׁ)

ק

קִישֵׁר פ״י (לְקַשֵּׁר) associate; connect; link
קַל ת. (קַלָּה; קַלִּים) easy; light (not heavy); slight
– אֲרוּחָה קַלָּה light meal, snack
– מַשְׁקָאוֹת קַלִּים soft drinks
– קַל דַּעַת frivolous, carefree
– קַל וָחוֹמֶר all the more so
– קַל־עֵרֶךְ trivial, unimportant
קַלְאס ז. hopscotch
קַלְגַּס ז. (brutal) soldier
קַלְדָן ז. קַלְדָנִית נ. keyboarder, typist
קָלָה פ״י (לִקְלוֹת) to roast (peanuts, etc.); toast
קָלוּי ת. roasted (nuts, etc.); toasted
קָלוֹן ז. dishonor, disgrace
– עֲבֵירָה שֶׁיֵּשׁ עִמָּהּ קָלוֹן infamous crime
קָלוּף ת. (קְלוּפָה; קְלוּפִים) peeled, skinned; shelled
קְלוֹקֵל ת. (קְלוֹקֶלֶת) inferior, poor-quality; bad
קָלוֹרְיָה נ. (קָלוֹרִיוֹת) calorie
קָלוּשׁ ת. (קְלוּשָׁה) slim, slight, faint
קַלּוּת נ. ease; lightness
– בְּקַלּוּת easily
– קַלּוּת־דַּעַת frivolity, recklessness
קָלַח פ״ע (לִקְלוֹחַ) to flow; gush
קַלַּחַת נ. saucepan; turmoil
קָלַט פ״י (לִקְלוֹט) absorb, take in; catch; receive (on radio, TV)
קֶלֶט ז. reception center (military); input
קַלֶּטֶת נ. cassette
קָלִיבֶּר ז. caliber, calibre
קָלִיד ז. (קְלִידִים) key (of keyboard)
קָלִיט ת. catchy
קְלִיטָה נ. absorption; taking in; reception (on radio, TV)
– מִשְׂרַד הַקְּלִיטָה Ministry of Absorption
קְלִיָּיה נ. roasting (of nuts, etc.); toasting
קְלַייֶנְט ז. client, customer (*colloquial*)

קְלַייֶנְטוּרָה נ. clientele (*colloquial*)
קָלִיל ת. light, slight
קְלִילוּת נ. lightness
– בְּקַלִּילוּת lightly
קְלִינִי ת. clinical
קְלִינִיקָה נ. clinic
קָלִיעַ ז. (קְלִיעִים) bullet
קְלִיעָה נ. weaving (of baskets), plaiting
קְלִיעָה נ. shooting (at a target); shot (basketball)
קְלִיפָּה נ. peel, skin, shell
קְלִישֶׁה, קְלִישָׁאָה נ. (קְלִישָׁאוֹת) cliché
קְלָלָה נ. curse; swear word
קְלֶמֶנְטִינָה נ. tangerine, clementine
קַלְמָר ז. pencil case
קַלָּסִי ת. classical; classic
קְלָסֵר ז. folder, ring-binder
קְלַסְתֵּר (־פָּנִים) ז. features, physiognomy
קְלַסְתְּרוֹן ז. composite, identikit, photofit, e-fit
קָלַע פ״י (לִקְלוֹעַ) shoot; hit (target); plait, braid; weave (baskets)
קְלָעִים: מֵאֲחוֹרֵי הַקְּלָעִים behind the scenes
קְלָף ז. (playing) card; parchment
– קְלַף־מִיקּוּחַ bargaining chip
קְלֶפְּטוֹמַנְיָה נ. kleptomania
קַלְפֵּי, קַלְפִּי נ. ballot box; polling station
קַלְפָן ז. card player, gambler
קִלְקוּל ר׳ קִילְקוּל
קִלְקֵל ר׳ קִילְקֵל
קַלְקָלָה נ. bad behavior, failure
– נִתְפַּס בְּקַלְקָלָתוֹ be caught red-handed
קַלְקָר ז. styrofoam, polystyrene
קְלָרִינֶט ז. קְלַרְנִית נ. clarinet
קִלְשׁוֹן ז. fork (gardening)
קָם פ״ע (לָקוּם) get up, rise
קָמוּט ת. creased, crumpled; wrinkled
קָמוּץ ת. clenched, closed

ק

קָמוּר ת. arched, convex
קֶמַח ז. flour; livelihood (*literary*)
קֶמֶט ז. (קְמָטִים) crease, wrinkle
קְמִילָה נ. withering, wilting
קָמִין ז. fireplace, stove
קָמֵיעַ ז. (קְמֵיעִים או קְמֵיעוֹת) talisman, good-luck charm; mascot
קְמִיצָה נ. fourth finger
קָמַל פ״ע (לִקמוֹל) wither, wilt
קִמְעָה תה״פ a little, somewhat
קִמְעוֹנַאי ז. retailer
קֹמֶצוֹץ ז. pinch (of salt, etc.)
קַמְצָן ז. קַמְצָנִית נ. miser, cheap
קַמְצָנוּת נ. miserliness; stinginess
קמ״ש ר״ת קִילוֹמֶטֶר / שָׁעָה kph; kilometers per hour
קֵן ז. (קִינִים) nest
קִנְאָה נ. envy; jealousy
קַנָּאוּת נ. fanaticism, zealotry
קַנַּאי ז. fanatic, zealot, bigot
קַנָּאִי ת. jealous; fanatical
קֶנְגוּרוּ ז. kangaroo
קָנָדָה נ. Canada
קָנָה פ״י (לִקנוֹת) buy, acquire
– קָנָה לוֹ שֵׁם make a name for oneself; acquire a reputation
– קָנָה אֶת עוֹלָמוֹ win (overnight) fame
קָנֶה ז. (קָנִים; קְנֵי־) barrel (of gun); reed; windpipe
– עָלָה בְּקָנֶה אֶחָד עִם be compatible with, in line with
– קְנֵה־מִידָּה criterion; scale; standard
– קְנֵה־סוּכָּר sugar cane
– קְנֵה־סוּף reed, bulrush
קָנוּי ת. bought, purchased
קְנוּנְיָה נ. collusion, conspiracy
קַנְטְרָנִי ת. teasing, vexatious
קָנִיבָּל ז. cannibal
קַנְיוֹן ז. shopping mall; canyon
קְנִיָּה נ. (קְנִיּוֹת) purchase, buying; shopping (in pl.)
קוֹנְיָן ז. buyer
קִנְיָן ז. asset, property, possession
קָנַס פ״י (לִקנוֹס) to fine
קְנָס ז. (קְנָסוֹת) fine (n.)
קַנְצְלֶר ז. Chancellor
קַנְקַן ז. jug, coffeepot, teapot
– אַל תִסְתַּכֵּל בְּקַנְקַן אֶלָּא בְּמַה שֶּׁיֵּשׁ בּוֹ Don't judge a book by its cover.
קִנְרֵס ז. artichoke
קַסְדָּה נ. helmet, hard hat
– קַסְדַּת־בְּטִיחוּת [־מָגֵן] crash helmet
קָסוּם ת. (קְסוּמָה) magical, enchanting
קַסֶטָה נ. cassette (*colloquial*)
קְסִילוֹפוֹן ז. xylophone
קָסַם פ״י (לִקסוֹם ל־) fascinate, charm, enchant, appeal to
קֶסֶם ז. (קְסָמִים) charm; magic
כָּסַס פ״י (לִכְסוֹס) bite (your nails)
קַסְקֶט ז. (flat) cap
קְסַרְקְטִין ז. barracks
קֶסֶת נ. ink-pot, ink-well
קָעוּר ת. (קְעוּרָה) concave
קִעְקוּעַ ז. tattooing; undermining
קַעֲקַע: כְּתוֹבֶת קַעֲקַע tattoo
קְעָרָה נ. bowl
קַעֲרִית נ. (קַעֲרִיּוֹת) small bowl
קָפָא פ״ע (לִקפּוֹא) to freeze
– קָפָא עַל שְׁמָרָיו stagnate
קָפֵאִין ז. caffeine
קַפְּדָן ז. קַפְּדָנִית נ. strict person, meticulous person
קַפְּדָנוּת נ. strictness, meticulousness
קַפְּדָנִי ת. strict, close, careful
קָפֶה ז. coffee; cafe
– קָפֶה הָפוּךְ café au lait
– קָפֶה נָמֵס instant coffee
קָפוּא ת. (קְפוּאָה) frozen
קַפּוֹטָה נ. long coat worn by orthodox Jews
קָפוּץ ת. (קְפוּצָה) closed tight; clenched
קָפֶטֶרְיָה נ. cafeteria
קְפִיאָה נ. freezing
קְפִידָה: בִּקְפִידָה meticulously
קַפִּיטָלִיזם ז. capitalism
קַפִּיטָלִיסְט ז. capitalist
קַפִּיטָן ז. captain (*colloquial*)

ק

קְפִיץ ז. spring (of metal)
קְפִיצָה נ. jumping; leaping; jump
– קְפִיצָה מְשׁוּלֶּשֶׁת the triple jump
– קְפִיצָה בְּמוֹט pole vault
– קְפִיצָה לַגּוֹבַהּ high jump
– קְפִיצָה לָרוֹחַק long jump
קְפִיצִי ת. springy
קְפִיצִיּוּת נ. springiness
קֶפֶל ז. (קְפָלִים) fold; pleat
קָפַץ פ״ע (לִקפּוֹץ) to jump, leap
– לִקפּוֹץ לְבִיקוּר drop in/by
– קְפוֹץ לִי Up yours! Get stuffed!
קַפְּצוֹנִים ז״ר caps (for toy gun)
קַפְּרִיזָה נ. caprice
קַפְרִיסִין נ. Cyprus
קֵץ ז. (קִצּוֹ; קִצִּים; קִצִּין) end
– אֵין־קֵץ endless
– הִגִּיעַ לְקִיצוֹ come to an end
– מִקֵּץ after (some time)
– שָׂם קֵץ לְ־ put an end to
קָץ פ״י (לָקוּץ בְּ־) be fed up with
קַצָּב ז. butcher
קֶצֶב ז. rhythm, beat, pace, rate
קִצְבָּה נ. allowance; pension
קִצְבִּי ת. rhythmical, with a strong beat
קָצֶה ז. (קְצָווֹת) edge, end, tip
– לִסגּוֹר קְצָווֹת tie up the loose ends
– מִן הַקָּצֶה אֶל הַקָּצֶה entirely, radically
– קְצֵה־חוּט lead, clue (of investigation)
קְצוּבָּה נ. allowance (money)
קְצוּנָה נ. officers; commission (military); (top) brass
קָצוּץ ת. chopped
קָצִין ז. קְצִינָה נ. officer (military)
– קְצִין־בִּיטָּחוֹן security officer
– קְצִין הָעִיר town-major (military)
– קְצִין מִבחָן probation officer
קְצִיפָה נ. whip, cream, mousse
קְצִיצָה נ. patty, burger
קָצִיר ז. harvest
– קְצִיר־דָּמִים death toll

קְצִירָה נ. harvesting, reaping
קֶצֶף ז. (קִצְפּוֹ) foam; rage, fury
– בְּשֶׁצֶף־קֶצֶף furiously
קֶצֶפֶת, קַצֶּפֶת נ. whipped cream
קָצַר פ״י (לִקצוֹר) reap, harvest
קָצַר: קָצְרָה יָדוֹ be unable (to help)
קָצָר ת. short, brief
– קְצַר־מוֹעֵד short-term
– קְצַר־נְשִׁימָה short of breath
– קְצַר־רְאִיָּה [־רוֹאִי] short-sighted
– קְצַר־רוּחַ impatient, abrupt
קֶצֶר ז. short circuit
קַצְרָנוּת נ. shorthand, stenography
קַצְרָן ז. קַצְרָנִית נ. stenographer
קְצַרְצַר ת. (קְצַרְצָרָה) very short
קַצֶּרֶת נ. asthma
קְצָת תה״פ a bit, a little, some
– קְצָתָם some of them
קָקָאוֹ ז. cocoa
קַקְטוּס ז. cactus
קק״ל ר״ת קֶרֶן קַיֶּימֶת לְיִשְׂרָאֵל JNF (Jewish National Fund)
קַר ת. (קָרָה; קָרִים) cold; cool
– קַר־רוּחַ composed, cool-headed
קָרָא פ. (לִקרוֹא) read; call; cry
– קָרָא לְ־ call for; call on, appeal to
קָרָאטֶה ז. karate
קָרַב פ״ע to approach, come near
קָרֵב ת. approaching, imminent
קְרָב ז. (קְרָבוֹת) battle, fight
– מְטוֹס־קְרָב fighter plane
– קְרַב־מַגָּע hand-to-hand combat
– קְרַב־עֶשֶׂר decathlon
קֶרֶב ז. (קִרְבּוֹ; קְרָבַיִים)
– בְּקֶרֶב־ amongst
– מִקֶּרֶב־לֵב from the bottom of my heart
קַרְבּוּרָטוֹר ז. carburetor
קְרָבִי ת. battle, fighting, combat
– חַיָּל קְרָבִי combat soldier, combatant
קְרָבַיִים ז״ר bowels, entrails
קַרְדּוֹם ז. ax, axe
קְרֶדִיט ז. credit (*figurative*)

קַרְדִּינָל ז. cardinal (n.)
קָרָה פ״ע (לִקְרוֹת) happen, occur
קָרָה נ. frost
קָרוּא תו״ז summoned; invited (guest)
קָרוֹב תו״ז close, near; relative (n.)
- בְּקָרוֹב soon, shortly
- מִקָּרוֹב recently; at close quarters
- קָרוֹב לְוַדַּאי (most) probably
קָרַוָן ז. trailer, caravan; mobile home
קָרוּי ת. called
קְרוּם ז. crust; skin (milk); membrane
קָרוֹן ז. (קְרוֹנוֹת) car (of a train), carriage; wagon
קָרוּעַ ת. (קְרוּעָה; קְרוּעִים) torn
קֵרוּר ז. cooling; refrigeration
קָרוּשׁ ת. congealed; curdled; jellied
קֶרַח ז. ice
קַרְחוֹן ז. glacier; iceberg
- קְצֵה הַקַּרְחוֹן tip of the iceberg
קָרַחַת נ. baldness, bald head
קָרָט ז. carat
קָרָטֶה ז. karate
קַרְטוֹן ז. cardboard; cardboard box
קַרְטֶל ז. cartel
קְרִי ז. that is, in other words
קָרִיא ת. legible, readable
קְרִיאָה נ. reading; call, cry
- קְרִיאוֹת־בֵּינַיִים interjections (of a heckler), heckling
קִרְיָה נ. (קְרָיוֹת) town; suburb
קְרִיזָה נ. amok, frenzy (*slang*)
- חָטַף קְרִיזָה go berserk
קְרִיטִי ת. critical, crucial
קְרִיטֶרְיוֹן ז. criterion (*colloquial*)
קַרְיָין ז. קַרְיָינִית נ. announcer, narrator (on radio, TV)
קַרְיָינוּת נ. narration (on radio, TV)
קְרֶייקֶר ז. cracker, biscuit (*colloquial*)
קַרְיֶירָה נ. career
קַרְיֶירִיסְט ז. careerist
קַרְיֶירִיסְטִית נ. careerist, career woman

קְרִימִינוֹלוֹג ז. criminologist
קְרִימִינוֹלוֹגְיָה נ. criminology
קְרִינָה נ. radiation
קְרִיסָה נ. collapse, crash
קְרִיסְטָל ז. crystal
קְרִיעָה נ. tearing, rending
- קְרִיעַת־תַּחַת a real sweat (*slang*)
קְרִיצָה נ. winking; wink
קָרִיקָטוּרָה נ. caricature; cartoon
קָרִיר ת. (קְרִירָה) cool, chilly
קְרִירוּת נ. coolness
- בִּקְרִירוּת coldly
קָרִישׁ ז. jelly; aspic; (blood) clot
קְרִישָׁה נ. coagulation, clotting; curdling
קָרַם: קָרַם עוֹר וְגִידִים materialize; become reality
קְרֶם ז. cream (cosmetic); whipped cream, icing
קֵרָמִיקָה נ. ceramics
קָרָמֶל ז. caramel
קָרַן פ״ע (לִקְרוֹן) radiate, shine
קֶרֶן נ. horn (of animal; musical); ray; corner
- מְחִיר הַקֶּרֶן cost price
קֶרֶן נ. (קְרָנוֹת) fund; principal (money)
קַרְנָבָל ז. carnival
קַרְנַיִים נ״ר horns (of animal); rays
קַרְנַף ז. (קַרְנַפִּים) rhinocerous, rhino
קָרַס פ״ע (לִקְרוֹס) to collapse, crash
קֶרֶס ז. hook
קַרְסוֹל ז. (קַרְסוּלַיִים) ankle
קָרַע פ״י (לִקְרוֹעַ) to tear, rend
קֶרַע ז. (קְרָעִים) tear; shred; split, rift
קַרְפָּדָה נ. toad
קַרְפִּיוֹן ז. carp (fish)
קָרַץ פ״י (לִקְרוֹץ) to wink; tempt, appeal to
קַרְצִית נ. (קַרְצִיּוֹת) tick (insect)
קִרְצֵף פ״י (לְקַרְצֵף) scrape; scrub, scour
קִרְקוּר ז. clucking (hens); croaking (frogs)
קִרְקָס ז. circus
קַרְקַע זו״נ (קַרְקָעוֹת) ground, soil

ק

- קוֹמַת־קַרְקַע first floor, ground floor
קַרְקָעִית נ. bottom (of vessel, sea, etc.)
קַרְקֶפֶת נ. scalp
קֶרֶשׁ ז. (קְרָשִׁים) board, plank
- קֶרֶשׁ גִיהוּץ ironing board
- קֶרֶשׁ הַצָּלָה lifeline (*figurative*)
- קֶרֶשׁ־קְפִיצָה springboard
קַרְתָּנִי ת. provincial, parochial
קַשׁ ז. straw
קַשָּׁב ז. monitor (of broadcasts)
קֶשֶׁב ז. attention
- בְּקֶשֶׁב רַב most attentively
קָשֶׁה ת; תה״פ (קָשָׁה; קָשִׁים; קָשׁוֹת) difficult, hard; severe; serious; badly
- דְבָרִים קָשִׁים harsh words
- נִפְצַע קָשֶׁה seriously wounded, badly injured
- קְשֵׁה־יוֹם wretched (person who scrapes a living)
- קְשֵׁה־עוֹרֶף stiff-necked, stubborn
- קְשֵׁה־תְפִיסָה slow-witted, obtuse
קַשּׁוּב ת. attentive
קָשׁוּחַ ת. (קְשׁוּחָה; קְשׁוּחִים) tough, harsh
קָשׁוּר ת. (קְשׁוּרָה) bound, tied; connected, related
קָשׁוֹת תה״פ severely, harshly, badly
קָשִׁיחַ ת. (קְשִׁיחָה) hard, rigid, stiff

קְשִׁיחוּת נ. stiffness, rigidity; toughness
קְשִׁירָה נ. tying, fastening
- קְשִׁירַת קֶשֶׁר conspiracy
קָשִׁישׁ תו״ז (קְשִׁישָׁה) aged, elderly (person); senior citizen
קַשִּׁית נ. (קַשִּׁיּוֹת) straw (for drinking)
קִשְׁקוּשׁ ר׳ קִישְׁקוּשׁ
קַשְׂקַשׂ ז. scale (of fish)
- קַשְׂקַשִּׂים (בָּרֹאשׁ) dandruff
קַשְׁקְשָׁן ז. chatterbox, prattler
קַשְׂקֶשֶׂת נ. dandruff; scale (of fish)
קָשַׁר פ. (לִקְשׁוֹר) to tie, bind; conspire; link
- קָשַׁר קְשָׁרִים עִם form ties with
קֶשֶׁר ז. (קְשָׁרִים) knot; tie, link; bond; contact, connection; conspiracy
- בְּקֶשֶׁר לְ־ in connection with
- קֶשֶׁר עַיִן eye contact
קָשַׁשׁ פ. (לְקוֹשֵׁשׁ) gather straw/wood
קֶשֶׁת נ. (קְשָׁתוֹת) bow (for arrows, violin); arc (math); arch; rainbow; spectrum
קַשָּׁת ז. archer, bowman; Sagittarius
קַת נ. (קַתּוֹת) butt (of firearm); handle (of handgun)
קָתֶדְרָה נ. chair (academic)
קָתֶדְרָלָה נ. cathedral
קָתוֹלִי ת. Catholic
קָתֶטֶר ז. catheter

ר

ר — *resh* (20th letter of Hebrew alphabet); 200

רָאָה פ. (לִראוֹת) — see; view; perceive

– רָאָה בּ־ — regard...as

– רָאָה לְנָכוֹן — see fit

– תִּראֶה [תִּראִי]... — Look...

רַאֲוָוה נ. — display, show

– לְהַצִּיג לְרַאֲוָוה — display

– לְרַאֲוָוה — on display; for all to see

רַאַוותָנוּת נ. — ostentation, showiness

רַאַוותָנִי ת. — ostentatious; showy

רָאוּי ת. (רְאוּיָה) — fit, proper, worthy, fitting

– רָאוּי לְ־ — worthy of, it is proper to, merit

רֵאוֹרגָנִיזַציָה נ. — reorganization

רְאוּת נ. — visibility; sight

– כִּראוֹת עֵינָיו — as he sees fit

רְאִי ז. — mirror

רְאָיָה נ. (רְאָיוֹת) — proof, evidence

– רְאָיָה חוֹתֶכֶת — conclusive evidence

רֵאָיוֹן ז. (רַאֲיוֹנוֹת) — interview

רְאִייָה נ. — sight, seeing, vision

– רְאִייַת־הַנּוֹלָד — foresight

רִאייֵן פ״י (לְרַאייֵן) — to interview

רֹאשׁ ז. (רָאשִׁים) — head; top

– בְּכוֹבֶד־רֹאשׁ — seriously, earnestly

– בְּרֹאשׁ — at the head of; at the top of

– בְּרֹאשׁ וּבְרִאשׁוֹנָה — first and foremost

– בְּרֹאשׁ חוּצוֹת — publicly, openly

– בְּרֹאשׁ מוּרָם — with your head held high

– הֵקֵל רֹאשׁ בּ־ — treat lightly

– עָמַד בְּרֹאשׁ — to head

– רֹאשׁ־בְּרֹאשׁ — head-on (confrontation)

– רֹאשׁ־גֶשֶׁר — bridgehead

– רֹאשׁ־הַשָּׁנָה — the New Year

– רֹאשׁ חוֹדֶשׁ — New Moon (Month)

– רֹאשׁ־חֵץ — spearhead; warhead

– רֹאשׁ־מֶמשָׁלָה — Prime Minister

– רֹאשׁ־עִיר — mayor

– רֹאשׁ פָּתוּחַ — an open mind

– רָאשֵׁי־פְּרָקִים — headings, outline

– רָאשֵׁי־תֵיבוֹת — initials; acronym

– שָׁבַר אֶת הָרֹאשׁ — rack your brains

רִאשׁוֹן ת. (רִאשׁוֹנָה) — first; the former (of two)

– יוֹם רִאשׁוֹן — Sunday

– מִכְּלִי רִאשׁוֹן — at first hand

רִאשׁוֹנָה תה״פ — first

– לָרִאשׁוֹנָה — for the first time

רִאשׁוֹנִי ת. — primary, initial

רָאשׁוּת נ. — (being the) head

– בְּרָאשׁוּת־ — headed by

רָאשִׁי ת. — chief, head, main, principal

רֵאשִׁית נ; תה״פ — beginning, origins; first of all

רֹאשָׁן ז. — tadpole

רַב, רָב ת. (רַבָּה; רַבִּים; רַבּוֹת) — many, much, multi-; very, great, large

– בָּרַבִּים — in public

– רַב־מֶכֶר — best-seller; hypermarket

– רַב־קוֹמוֹת — multi-storey, high-rise

– רַבּוֹת — many (fem.), a great deal

– רַבִּים — plural; many people, many

רַב זו״ת — Rabbi; teacher, master

– רַב־אַלּוּף — Lieutenant-General

– רַב־אוֹמָן — grand master

– רַב־חוֹבֵל — captain (of a ship)

– רַב־טוּרַאי — corporal

– רַב־מְרַגְּלִים — archspy

– רַב־סַמָּל (רִאשׁוֹן) — (first) sergeant major

– רַב־סֶרֶן — major (military)

רָב פ״ע (לָרִיב) — to quarrel, fight

רְבָב ז. — stain, blot (*figurative*)

– לְלֹא רְבָב — spotless, immaculate

רְבָבָה נ. — ten thousand

רַבגוֹנִי ת. — multicolored, varied; versatile; all-around (sportsman)

רְבָדִים ז״ר — strata, layers

רָבָה פ״ע (לִרבּוֹת) — multiply, increase

רָבוּעַ ת. — square (meter, etc.)

רַבּוֹת תה״פ — a great deal

רַבּוֹתַי Gentlemen!
רַבָּ"ט ר"ת רַב־טוּרַאי corporal
רַבִּי Rabbi; teacher (*literary*)
רְבִיָּה נ. increase, reproduction, breeding
רַבִּים ז. plural; many people
רְבִיעִי ת. fourth
– יוֹם רְבִיעִי Wednesday
רְבִיעִיָּה נ. quadruplets; quartet
רְבִיעִית נ; תה"פ fourth; fourthly
רַבָּנוּת נ. rabbinate
רַבָּנִי ת. rabbinical
רַבָּנִית נ. rabbi's wife
רַבסַב, רַבסַבָּא ז. great-grandfather
רַבסָבָה, רַבסַבְתָּא נ. great-grandmother
רֶבַע ז. (רְבָעִים; רִבעֵי־) quarter
– רֶבַע גְּמַר quarter-final
– שְׁלוֹשֶׁת־רִבעֵי־ three quarters
רִבעוֹן ז. quarter (three months); quarterly (journal)
רָבַץ פ"ע (לִרבּוֹץ) lie down (animals)
– רָבַץ עַל have on (your conscience); weigh (heavily) on
רַברְבָן נ. braggart, boaster
רַברְבָנוּת נ. boastfulness, boast
רַברְבָנִי ת. boastful
רַבָּתִי great, greater (Jerusalem, etc.)
רֶגֶב ז. (רְגָבִים) clod (of earth)
רָגוּעַ ת. (רגוּעָה; רְגוּעִים) relaxed, calm, cool
רָגַז פ"ע (לִרגּוֹז) be angry, be annoyed
רַגזָן ז. bad-tempered person
רַגזָנוּת נ. bad temper, irritability
רָגִיל ת. usual, ordinary, common; normal
– הָיָה רָגִיל ל־ be used to, accustomed to
רְגִיעָה נ. relaxation; lull; calming down
רָגִישׁ ת. (רְגִישָׁה) sensitive, touchy
רְגִישׁוּת נ. sensitivity
רֶגֶל נ. (רַגלַיִים) foot; leg
– בָּרֶגֶל on foot
– בְּרֶגֶל יָמִין (get off) to a good start
– בְּרֶגֶל שְׂמֹאל (start off) on the wrong foot
– הוֹקִיר רַגלָיו מ־ keep away from (place)
– הָלַךְ בָּרֶגֶל walk, go on foot
– כַּף־רֶגֶל sole (of the foot), foot
רֶגֶל: עוֹלֵי־רֶגֶל pilgrims
– שָׁלוֹשׁ רְגָלִים the three pilgrim Festivals (*Pesach, Shavuot, Succot*)
רַגלִי ת. on foot; foot
רָגַם פ"י (לִרגּוֹם) to stone, pelt
רֶגַע ז. (רְגָעִים; רִגעֵי־) instant, moment
– בֶּן־רֶגַע in an instant; instantly
– כָּרֶגַע at the moment, at present
– רֶגַע (אֶחָד)! (Wait) a moment!
רִגעִי ת. momentary
רָגַשׁ פ"ע be in commotion, seethe; be choppy (sea)
רֶגֶשׁ ז. (רְגָשׁוֹת) feeling; emotion
– בְּרֶגֶשׁ with feeling, delicately
רִגשִׁי ת. emotional
רַגשָׁן ז. sentimental person
רַגשָׁנוּת נ. sentimentalism
רָדָאר ז. radar
רָדוּד ת. shallow (also *figurative*)
רָדוּם ת. (רְדוּמָה) sleepy; numb; dormant
רָדוּף ת. hunted, pursued
רַדְיָאטוֹר ז. radiator (*colloquial*)
רְדִידוּת נ. shallowness
רַדיוֹ ז. radio
– בָּרַדיוֹ on the radio
– רַדיוֹ־אַקטִיבִי radioactive
רַדיוּס ז. radius
רְדִיפָה נ. chase; pursuit; persecution
– רְדִיפַת־בֶּצַע greed, avarice
רָדִיקָלִי ת. radical
רָדַף פ"י (לִרדּוֹף אֶת, אַחֲרֵי) run after, chase, pursue; persecute
רֶה־אִרגּוּן ז. reorganization
רַהַב ז. arrogance; boasting
רָהוּט ת. (רְהוּטָה) fluent
רָהִיט ז. piece of furniture
– רָהִיטִים furniture

ר

רְהִיטוּת נ. fluency
רוֹאֵה־חֶשְׁבּוֹן ז. auditor, accountant
רוֹב ז. (רוּבּוֹ) most, majority
– הָרוֹב הַדּוֹמֵם the silent majority
– לָרוֹב, עפ״י רוֹב mostly, for the most part
– מֵרוֹב־ (unable to do it) for; because of so many/much
– רוֹב רוּבּוֹ almost all, the great majority
– רוּבּוֹ כְּכוּלוֹ almost all, the vast majority
רוֹבָאִי ז. rifleman
רוֹבֶד ז. (רְבָדִים) layer, stratum
רוֹבֶה ז. (רוֹבִים) rifle
– רוֹבֵה־אֲוִויר air gun, air rifle
– רוֹבֵה־צַיִד shotgun
רוֹבּוֹט ז. robot
רוֹבּוֹטִיקָה נ. robotics
רוֹבַע ז. (רְבָעִים) quarter (of town)
רוֹגֵז ת. (רוֹגֶזֶת) angry, irate
רוֹגֶז ז. (רוּגזוֹ) anger, annoyance
– בְּרוֹגֶז angrily; not on speaking terms
רוֹגֵעַ ת. (רוֹגַעַת) calm, tranquil, still
רוֹגַע ז. calmness, stillness, peacefulness
רוֹדָן ז. despot, dictator, tyrant
רוֹדָנוּת נ. dictatorship, tyranny
רוֹדָנִי ת. dictatorial, tyrannical
רוֹדֵף שָׁלוֹם ז. peace lover
רוֹדֵף־שְׂמָלוֹת ז. womanizer
רוה״מ ר״ת רֹאשׁ־הַמֶּמְשָׁלָה P.M., Prime Minister
רָוָה פ״ע (לִרְווֹת) drink your fill
– רָוָה נַחַת derive great pleasure
רָוַח פ״ע (לִרְווֹחַ) be widespread, be common; feel relieved
רוֹוֵחַ ת. (רוֹוַחַת) common, widespread
רֶוַח ז. (רְוָחִים) profit, gain; interval, space
רְוָחָה נ. welfare, well-being; relief
– חַיֵּי־רְוָחָה a comfortable life; affluent lifestyle
– מִשְׂרַד־הָרְוָוחָה Ministry of Welfare
– פָּתוּחַ לִרְווָחָה wide open
רְווחִי ת. profitable
רְווחִיּוּת נ. profitability
רְוָוחִים ז״ר profits; gains
רָווּי ת. saturated (also *figurative*)
רְוָויָה נ. saturation
– שָׁתָה לִרְוָויָה drink your fill
רַוָּוק ז. bachelor, single
רַוָּוקָה נ. unmarried woman, single
רַוָּוקוּת נ. bachelorhood; spinsterhood
רוֹזְמָרִין ז. rosemary
רוֹזֵן ז. count, earl
רוֹזֶנֶת נ. countess
רוּחַ זו״נ (רוּחוֹת) wind; spirit, ghost
– בְּרוּחַ־ in the spirit of
– הוֹצִיא אֶת הָרוּחַ מִמִּפְרָשָׂיו take the wind out of someone's sails
– כְּכָל הָעוֹלֶה עַל רוּחוֹ (do) what he pleases
– לְרוּחוֹ to his liking
– מָה לְכָל הָרוּחוֹת?! What on earth...?
– מַחֲלַת־רוּחַ mental illness
– הָרוּחַ הַחַיָּה the life and soul (of)
– רוּחַ פְּרָצִים draft, draught (of air)
רוֹחַב ז. breadth, width
– מָה רוֹחַב ה־...? How wide is...?
– רוֹחַב־יָד generosity, open-handedness
– רוֹחַב־לֵב generosity, magnanimity
– לָרוֹחַב widthways, across
רוֹחְבִּי ת. transverse
רוּחָנִי ת. spiritual
רוֹחַק ז. distance
רוֹטֶב ז. sauce
– רוֹטֶב־בָּשָׂר gravy
רוֹטֵט ת. (רוֹטֶטֶת) shaking, vibrating
רוֹטַצְיָה נ. rotation
רוֹךְ ז. tenderness, softness
רוֹכֵב ז. רוֹכֶבֶת נ. rider, jockey
רוּכַּז פ״ע be concentrated
רוֹכֵל ז. רוֹכֶלֶת נ. hawker, peddler
רוֹכְלוּת נ. hawking, peddling

ר

רוֹכְסָן ז. zipper, zip
רוּלֶטָה נ. roulette
רוּם ז. altitude, height; rum
רוֹמָאִי ז. Roman
רוּמָּה פ״ע be cheated, be deceived
רוֹמַח ז. lance; rapier (fencing)
רוֹמִי ת. Roman
רוֹמֵם פ״י (לְרוֹמֵם) to uplift, elevate; glorify, extol
רוֹממוּת נ. eminence; loftiness
– רוֹממוּת ה־...בִּגְרוֹנוֹ preach something (one does not practice), exalt
רוֹמָן ז. love affair; novel
רוֹמַנְטִי ת. romantic
רוֹמַנְטִיקָה נ. romantic atmosphere, romance
רוֹמָנִי תו״ז Romanian
רוֹמַנְיָה נ. Romania
רוֹמָנִית נ. Romanian (language)
רוּסִי תו״ז Russian
רוּסְיָה נ. Russia
רוּסִית נ. Russian (language)
רוּסַן פ״ע be restrained, be checked
רוּסַס פ״ע (בּ־) be sprayed (with)
רוּסַק פ״ע be crushed; be smashed
רוֹעַ ז. wickedness, evil
– לְרוֹעַ מַזָּלוֹ unfortunately for him
– רוֹעַ־לֵב malice, malevolence
רוֹעֶה ז. (רוֹעִים) shepherd
רוֹעָה נ. shepherdess
רוֹעֵם ת. (רוֹעֶמֶת) thunderous
רוֹעֵץ: הָיָה לוֹ לְרוֹעֵץ be a great hindrance to him, work against (someone)
רוֹעֵשׁ ת. (רוֹעֶשֶׁת) noisy, loud
רוֹפֵא ז. רוֹפְאָה נ. doctor, physician
– רוֹפֵא־אֱלִיל witch doctor; quack
– רוֹפֵא שִׁינַּיִים dentist
רוּפַּד פ״ע be upholstered; be padded
רוֹפֵס ת. (רוֹפֶסֶת) soft, flabby, weak
רוֹפֵף ת. (רוֹפֶפֶת) loose; weak, frail; shaky
רוֹצֵחַ ז. murderer, killer, assassin

רוֹצַחַת נ. murderess
רוֹצֵץ פ״י (לְרוֹצֵץ) smash, crack, bust
רוֹק ז. saliva, spit; rock (music)
רוֹקֵחַ ז. druggist, pharmacist, chemist
רוֹקֵן פ״י (לְרוֹקֵן) to empty
רוּקַן פ״ע to be emptied
רוֹקֶנְרוֹל = רוֹק rock and roll
רוֹשֶׁם ז. impression
– עוֹשֶׂה רוֹשֶׁם שֶׁ־ it seems that, it looks like
– רַב־רוֹשֶׁם most impressive
רוֹשֵׁף ת. (רוֹשֶׁפֶת) flashing
רוֹשֵׁשׁ פ״י (לְרוֹשֵׁשׁ) impoverish
רוֹתֵחַ ת. (רוֹתַחַת; רוֹתחִים) boiling
רוּתַּק פ״ע be transfixed; be riveted; be confined (to bed, barracks)
רָז ז. secret (*literary*)
רָזָה פ״ע (לִרְזוֹת) lose weight, get thin(ner)
רָזֶה ת. (רָזָה; רָזִים; רָזוֹת) thin, slim, lean
רָזוֹן ז. thinness; leanness
רֶזֶרְבָה נ. reserve
רֶזֶרְבִי ת. reserve, spare
רח׳ = רְחוֹב ז. St., Rd.
רָחָב ת. (רְחָבָה) broad, wide
– בְּיָד רְחָבָה generously
– רְחַב־אוֹפָקִים broad-minded
– רְחַב־יָדַיִים spacious, vast
רְחָבָה נ. city square; open space
רַחֲבֵי־: בְּרַחֲבֵי־ throughout, all over
רְחוֹב ז. (רְחוֹבוֹת) street, road
רַחוּם ת. merciful, clement
רָחוּץ ת. (רְחוּצָה) washed
רָחוֹק ת. (רְחוֹקָה) distant, far (away), remote
– מֵרָחוֹק from afar
רְחִיפָה נ. hovering; floating (in the air)
רְחִיצָה נ. washing, bathing
רְחִישָׁה נ. simmer(ing); crawling (of insects), swarming
רֶחֶם ז. uterus; womb
רַחֲמִים ז״ר pity, mercy, compassion; clemency

– נִכמרוּ רַחֲמָיו עַל take pity on
רַחֲמָן תו״ז merciful, compassionate (person)
רַחֲמָנָא לִצלַן מ״ק Heaven forbid! (also ironic)
רַחֲמָנוּת נ. compassion, pity, mercifulness
– רַחֲמָנוּת עָלָיו! Poor man!
רַחֶפֶת נ. (רַחָפוֹת) hovercraft, hydrofoil
רָחַץ פ״י (לִרחוֹץ) to wash, bathe
– רָחַץ בְּנִיקָיוֹן כַּפָּיו protest your innocence, deny responsibility
רַחְצָה נ. washing, bathing
רִחרוּחַ ז. sniffing; snooping around
רִחרֵחַ פ״ע (לְרַחרֵחַ) sniff; snoop around
רָחַשׁ פ״י (לִרחוֹשׁ) to murmur; feel, have (respect, etc.)
רָחַשׁ פ״י to simmer; sizzle; swarm with, bustle (with activity)
רַחַשׁ ז. (רְחָשִׁים) noise, murmur
– רַחֲשֵׁי לִיבּוֹ his inner feelings
רָטוֹב ת. (רְטוּבָּה; רְטוּבִּים) wet, moist
רֶטוֹרִיקָה נ. rhetoric
רָטַט פ״ע (לִרטוֹט) to tremble, vibrate
רֶטֶט ז. thrill, vibration, quiver
רְטִיבוּת נ. moisture, wetness
רְטִיָּה נ. bandage, poultice; eye patch
רָטַן פ״ע (לִרטוֹן) to grumble, mutter
רֶטרוֹאַקטִיבִי ת. retroactive
רֶטרוֹאַקטִיבִית תה״פ retroactively
רֵיאָה נ. (רֵיאוֹת) lung
רֵיאָיוֹן ז. (רַאֲיוֹנוֹת) interview
רִיאייֵן פ״י (לְרַאייֵן) to interview
רֵיאָלִי ת. real; realistic; science (subjects)
רֵיאָלִיסט ז. realist
רֵיאַקציוֹנִי, רֵיאַקציוֹנֶרִי ת. reactionary
רִיב ז. quarrel; dispute
רִיבָּה נ. jam, jelly (Am.)
רִיבּוּד ז. stratification
רִיבּוּי ז. increase; profusion; large number; plural
– רִיבּוּי טִבעִי natural increase

רִיבּוֹן ז. the Lord; sovereign
– רִיבּוֹנוֹ שֶׁל עוֹלָם God in Heaven!
רִיבּוֹנוּת נ. sovereignty
רִיבּוֹנִי ת. sovereign
רִיבּוּעַ ז. square
– בְּרִיבּוּעַ squared (math)
רִיבּוּעִי ת. square (adj.)
רִיבִּית נ. interest (financial)
– רִיבִּית דְּרִיבִּית compound interest
רִיבֵּעַ פ״י (לְרַבֵּעַ) to square; quadruple, multiply by four
רִיגוּל ז. spying
רִיגוּשׁ ז. thrill, excitement
רִיגֵּל פ״ע (לְרַגֵּל) to spy
רִיגֵּשׁ פ״י (לְרַגֵּשׁ) excite, move
רִידֵּד פ״י (לְרַדֵּד) flatten, roll out (dough)
רִיהוּט ז. furniture; furnishing
רִיהֵט פ״י (לְרַהֵט) furnish
רִיווּחַ ז. spacing
רִיווַּח פ״י (לְרַווֵּחַ) space (out, apart)
רֵיחַ ז. smell; odor; smack (of)
רִיחוּף ז. hovering
רִיחוּק ז. distance, remoteness
רֵיחַיִים ז״ז, גם נ. millstones
רִיחֵם פ״י (לְרַחֵם עַל־) to pity, have mercy on
רֵיחָן ז. basil
רֵיחָנִי ת. fragrant
רִיחֵף פ״ע (לְרַחֵף) hover; float (in the air); hang over (threat, etc.)
רִיחרֵחַ פ״ע (לְרַחרֵחַ) to sniff; snoop around
רִיטוּן ז. grumbling, muttering
רִיטוּשׁ ז. tearing apart, slashing; retouching
רִיטֵשׁ פ״י (לְרַטֵשׁ) tear apart, slash, mutilate; retouch
רִיכּוּז ז. concentration; centralization
רִיכּוּזִי ת. centralist, centralized
רִיכּוּזִיוּת נ. centralism
רִיכּוּךְ ז. softening
רִיכֵּז פ״י (לְרַכֵּז) concentrate
רִיכֵּךְ פ״י (לְרַכֵּךְ) soften; soften up; tone down

רִיכֵל פ״ע (לְרַכֵל) to gossip
רִימָה פ״ע (לְרַמוֹת) cheat, deceive; swindle
רִימָה נ. maggots
רִימוֹן ז. grenade; pomegranate
– רִימוֹן־יָד hand grenade
רִימֵז פ״ע (לְרַמֵז) to hint, allude (to), imply
רִינָה נ. song of joy; rejoicing
רִינוּן ז. (רִינוּנִים) backbiting, malicious rumors (in pl.)
רִינֵן פ״ע (לְרַנֵן אַחֲרֵי) sing joyfully; spread rumors about, backbite
רִיס ז. (רִיסִים) eyelash, lash
רִיסוּן ז. restraining, checking
רִיסוּס ז. spraying, spray
רִיסוּק ז. crushing, mashing; smashing
רִיסֵן פ״י (לְרַסֵן) restrain; check
רִיסֵס פ״י (לְרַסֵס) to spray
רִיסֵק פ״י (לְרַסֵק) crush, mash; smash; grate
רֵיעוּת נ. friendship (*literary*)
רִיעֲנוּן ז. refreshing; renewal
רִיעֲנֵן פ״י (לְרַעֲנֵן) refresh; replenish
רִיפֵּא פ״י (לְרַפֵּא) to cure, heal
רִיפֵּד פ״י (לְרַפֵּד) upholster, pad, cushion
רִיפָּה פ״י (לְרַפּוֹת) slacken, loosen, relax
– רִיפָּה אֶת יְדֵי־ dishearten
רִיפּוּד ז. upholstery; padding
רִיפּוּי ז. healing, curing; cure, therapy
רִיפְרוּף ז. fluttering; browsing, skimming
– בְּרִיפְרוּף cursorily
רִיפְרֵף פ״ע (לְרַפְרֵף) to flutter; skim (over)
– רִיפְרֵף בּ־ skim through, browse
רִיצֵד פ״ע (לְרַצֵד) to dance (*figurative*), play (of light)
רִיצָה פ״י (לְרַצוֹת) appease, placate
– רִיצָה אֶת עוֹנשוֹ serve your sentence
רִיצָה נ. running; race

רִיצוּי ז. placating; appeasement
– רִיצוּי עוֹנֶש serving a sentence
רִיצוּף ז. paving, tiling (floor)
רִיצוּץ ז. smashing, cracking, busting
רִיצֵף פ״י (לְרַצֵף) pave; tile (floor)
רִיצְפָּה נ. floor
רִיצ׳רָץ׳ ז. zipper (*colloquial*)
רֵיק ת. empty, vacant, hollow
– בְּיָדַיִים רֵיקוֹת empty-handed
רִיק ז. vacuum
– לָרִיק in vain
רִיקָבוֹן ז. decay, rot; rottenness
רִיקוּד ז. dance; dancing
רִיקוּן ז. emptying
רִיקוּעַ ז. flattening; beating out (metal); (metal) leaf
רִיקוֹשֶט ז. ricochet
רִיקְמָה נ. embroidery; tissue (biology); texture (*figurative*)
רֵיקָנוּת נ. emptiness; vacuity
רֵיקָנִי ת. hollow; vacuous
רִיר ז. mucus, slobber; slime
רִירִי ת. mucous
רֵיש: בְּרֵיש גְלֵי openly, publicly
רֵישָא ז. beginning; opening statement
רִישוּי ז. licensing
– מִשׂרַד הָרִישוּי the Vehicle Licensing Office
– לוּחִית רִישוּי license plate
רִישוּל ז. sloppiness, slovenliness
רִישוּם ז. registration; record; sketch (charcoal, etc.); imprint
רִישוּת ז. networking
רִישיוֹן ר׳ רִשיוֹן license; permit
רִישרוּש ז. rustle, rustling; murmur
רִישרֵש פ״ע (לְרַשרֵש) to rustle, swish
רִישֵת פ״י to network
רִיתוּךְ ז. welding
רִיתוּק ז. confinement, binding; riveting; pinning (down)
– צַו רִיתוּק back-to-work order
רִיתחָה נ. fury, heat
רִיתֵךְ פ״י (לְרַתֵךְ) weld

ר

harness רִיתמָה נ.
rhythm רִיתמוּס ז.
rhythmics רִיתמִיקָה נ.
confine, bind; hold (someone's attention), rivet; pin (down); root (to the spot) רִיתֵק פ״י (לְרַתֵק)
soft, tender רַךְ ת. (רַכָּה; רַכִּים; רַכּוֹת)
ride (bicycle, horse) רָכַב פ״ע (לִרכּוֹב עַל)
vehicle; upper millstone רֶכֶב ז.
vehicles – כְּלֵי־רֶכֶב
vehicles (*colloquial*) – רְכָבִים
cable car, funicular רַכֶּבֶל ז. (רַכָּבלִים)
train, railroad רַכֶּבֶת נ. (רַכָּבוֹת)
miss the bus (*figurative*) – אֵחֵר אֶת הָרַכֶּבֶת
airlift – רַכֶּבֶת־אֲווִיר
subway, underground – רַכֶּבֶת־תַחתִית
mounted; riding רָכוּב ת.
bending over, stooping רָכוּן ת. (רְכוּנָה)
buttoned, fastened רָכוּס ת. (רְכוּסָה)
property, possessions, assets רְכוּשׁ ז.
public domain – רְכוּשׁ הַכְּלָל
acquisitiveness רְכוּשָׁנוּת נ.
acquisitive, possessive רְכוּשָׁנִי ת.
softness; tenderness רַכּוּת נ.
coordinator, organizer רַכָּז ז. רַכֶּזֶת נ.
switchboard; coordinator רַכֶּזֶת נ.
component; ingredient רְכִיב ז. (רְכִיבִים)
riding רְכִיבָה נ.
mollusc רַכִּיכָה נ.
gossip (person) רָכִיל: הוֹלֵךְ רָכִיל
gossip columnist רְכִילַאי ז. רְכִילָאִית נ.
gossip רְכִילוּת נ.
buttoning, fastening רְכִיסָה נ.
acquisition, purchase רְכִישָׁה נ.
rickets רַכֶּכֶת נ.
gossip (person) רַכלָן ז. רַכלָנִית נ.
bend over, lean over רָכַן פ״ע (לִרכּוֹן)
to button (up), do up (a button), fasten רָכַס פ״י (לִרכּוֹס)
mountain range, ridge, crest; clasp רֶכֶס ז. (רְכָסִים)

soft, wimp רַכרוּכִי ת.
acquire, purchase רָכַשׁ פ״י (לִרכּוֹשׁ)
procurement רֶכֶשׁ ז.
that is, i.e.; Heaven forbid! ר״ל ר״ת רוֹצֶה לוֹמַר; רַחֲמָנָא לִצלַן
relevant רֶלֶוונטִי ת.
relevancy רֶלֶוונטִיוּת נ.
high, lofty רָם ת. (רָמָה; רָמִים)
loudly; aloud – בְּקוֹל רָם
top-level, high-ranking – רַם דֶרֶג
cheating, fraud, deceit רַמָאוּת נ.
cheat, swindler רַמַאי ז. רַמָאִית נ.
level, standard; heights, plateau רָמָה נ.
standard of living – רָמַת־חַיִים
to hint, imply רָמַז פ״ע (לִרמוֹז ל־)
hint, clue, indication רֶמֶז ז. (רְמָזִים)
subtle hint – רֶמֶז דַק
broad hint – רֶמֶז עָבֶה
obvious hint – רֶמֶז שָׁקוּף
traffic light(s) רַמזוֹר ז.
every inch (*figurative*), out-and-out רמ״ח: בְּכָל רְמַ״ח אֵבָרָיו
Chief of Staff (military) רַמַטכָּ״ל ז.
hinting, insinuation, allusion רְמִיזָה נ.
deceit, falsehood רְמִיָיה נ.
trampling, treading down רְמִיסָה נ.
to trample רָמַס פ״י (לִרמוֹס)
hot ashes רֶמֶץ ז.
loudspeaker רַמקוֹל ז.
creeping insects, reptiles רֶמֶשׂ ז.
living standard רָמַת־חַיִים נ.
X-ray רֶנטגֶן ז.
fragment; splinter; shrapnel רְסִיס ז.
sergeant major רס״ל ר״ת רַב־סַמָל
bridle, curb; restraint רֶסֶן ז.
major (military) רס״ן ר״ת רַב־סֶרֶן
purée רֶסֶק ז.
first sergeant-major, regimental sergeant-major רַסָ״ר ר״ת רַב־סַמָל־רִאשׁוֹן
bad, wicked, evil רַע ת. (רָעָה; רָעִים; רָעוֹת)
wickedness, evil, wrong; harm רַע ז.
the lesser of two evils – הָרַע בְּמִיעוּטוֹ

רֵעַ ז. (רֵעֵהוּ; רֵעִים) friend, companion
– מִפְגַּשׁ רֵעִים reunion (of friends)
רָעֵב פ״ע (לִרעוֹב) be hungry, starve
רָעֵב ת. hungry
– רָעֵב לְ־ hungry for, crave
רָעָב ז. hunger, famine, starvation
רַעַבְתָנוּת נ. voracity
רָעַד פ״ע (לִרעוֹד) to shake, shiver, tremble
– רָעַד מִפַּחַד be terrified; shudder
– רָעַד מִקּוֹר shiver with cold
רַעַד ז. shiver, shaking
רָעָה פ. (לִרעוֹת) graze, pasture; shepherd
רָעָה נ. evil (deed); adversity, ill
רְעוּל־פָּנִים ת. (רְעוּלַת־) veiled (woman), masked (robber, etc.)
רָעוּעַ ת. (רְעוּעָה) shaky, unstable
רֵעוּת נ. friendship (*literary*)
רְעוּת־רוּחַ נ. vanity, folly
רְעִידָה נ. trembling, shaking
– רְעִידַת־אֲדָמָה earthquake
רַעְיָה נ. wife (*literary*)
רַעְיוֹן ז. (רַעְיוֹנוֹת) idea; notion
רַעְיוֹנַאי ז. copywriter
רַעְיוֹנִי ת. ideological; notional
רָעִיל ת. toxic, poisonous
רְעִילוּת נ. toxicity
רַעַל ז. (רְעָלִים) poison
רְעָלָה נ. veil, yashmak
רַעֲלָן ז. toxin
רָעַם פ״ע (לִרעוֹם) to thunder, rumble
רַעַם ז. (רְעָמִים) thunder; roar
– כְּרַעַם בְּיוֹם בָּהִיר like a bolt from the blue
רַעְמָה נ. mane
רִענוּן ז. refreshing; replenishment
רַעֲנָן ת. fresh; refreshed, invigorated
רַעֲנַנּוּת נ. freshness, vigor
רַעַף ז. (רְעָפִים) (roof) tile
– גַּג־רְעָפִים tiled roof
רָעַשׁ פ״ע (לִרעוֹשׁ) make a noise, be in a tumult
רַעַשׁ ז. (רְעָשִׁים) noise; fuss, ballyhoo; earthquake
רַעֲשָׁן ז. rattle (toy)
רַעֲשָׁנִי ת. noisy; loud
רַף ז. standard; bar (for high jump)
רְפָאִים: עִיר־רְפָאִים ghost town
– רוּחַ־רְפָאִים ghost, phantom
רַפָּד ז. upholsterer
רָפֶה ת. (רָפָה; רָפִים) weak; flabby; faint
– רְפֵה־שֵׂכֶל feeble minded
רְפוּאָה נ. medicine; cure
– הִקְדִּים רְפוּאָה לְמַכָּה take precautionary measures
– חֵיל־רְפוּאָה medical corps (military)
רְפוּאִי ת. medical
רֶפּוּבְּלִיקָה נ. republic
רֶפּוּבְּלִיקָנִי תו״ז republican
רָפוּי ת. (רְפוּיָה) slack, loose; relaxed; flabby
רֶפוֹרְמָה נ. reform
רֶפוֹרְמִי ת. Reform (of the Jewish Reform Movement)
רְפִידָה נ. padding; pad; insole
רִפְיוֹן ז. slackness; laxity; limpness
רְפִיסוּת נ. softness, feebleness
רֶפְלֶקְס ז. reflex
– רֶפְלֶקְס מוּתְנֶה conditioned reflex
רַפְסוֹדָה נ. raft
רֶפְּרוֹדוּקְצִיָה נ. reproduction (art)
רִפְרוּף ר׳ רִיפְרוּף
רֶפֶּרְטוּאָר ז. repertoire
רַפְרֶפֶת נ. custard, blancmange
רֶפֶשׁ ז. mud, mire
רֶפֶת נ. (רְפָתוֹת) cowshed
רַפְתָן ז. cowman, dairy-farmer
רָץ פ״ע (לָרוּץ) to run
– הַזְּמַן רָץ time flies
רָץ ז. runner; courier, half-back; bishop (chess)
רצ״ב ר״ת רָצוּף בָּזֶה enclosed (herewith)
רָצָה פ״י (לִרצוֹת) want, wish
רָצוּי ת. (רְצוּיָה) desirable, advisable; welcome; preferably

ר

רָצוֹן ז. (רְצוֹנוֹת) desire, wish; will
– אֵין דָּבָר הָעוֹמֵד בִּפְנֵי הָרָצוֹן Where there's a will there's a way.
– בְּרָצוֹן willingly; with pleasure
– כִּרְצוֹנְךָ as you wish
– מֵרָצוֹן, מֵרְצוֹנוֹ הַחוֹפְשִׁי of his own free will, voluntary
– רָצוֹן טוֹב goodwill
רְצוֹנִי ת. voluntary
רְצוּעָה נ. strip, strap, belt
רָצוּף ת. (רְצוּפָה) continuous, consecutive, successive, with many...
– רָצוּף בָּזֶה enclosed herewith
רָצוּץ ת. (רְצוּצָה) broken, smashed exhausted
רָצַח פ״י (לִרְצוֹחַ) to murder, assassinate
רֶצַח ז. murder, homicide
– רֶצַח עַם genocide
רַצְחָנִי ת. murderous
רַצְיוֹנָלִי ת. rational
רְצִיחָה נ. (רְצִיחוֹת) murder
רְצִינוּת נ. seriousness, gravity
– בִּרְצִינוּת seriously
רְצִינִי ת. serious
רָצִיף ז. quay, wharf; platform (for passengers)
רָצִיף ת. continuous
רְצִיפוּת נ. continuity, consecutiveness
– בִּרְצִיפוּת continuously; in a row
רַצָּף ז. tiler, tile-layer
רֶצֶף ז. continuity; continuum; succession
רִצְפָּה נ. floor
רַק תה״פ just, merely, only
– לֹא רַק...אֶלָּא גַם not only...but also
רָקָב ז. decay, rot
רַקְבּוּבִית נ. humus
רָקַד פ. (לִרְקוֹד) to dance
רַקְדָן ז. רַקְדָנִית נ. dancer
רַקָּה נ. temple (of head)
רָקוּב ת. (רְקוּבָה) decayed, rotten

רָקוּם ת. (רְקוּמָה) embroidered
רָקַח פ״י (לִרְקוֹחַ) concoct (*figurative*); dispense (drugs); make (jam)
רַקֶּטָה נ. rocket; (tennis) racket
רָקִיעַ ז. heaven, sky (*literary*)
רְקִיעָה נ. stamping (your foot)
רָקִיק ז. biscuit, cracker
רָקַם פ״י (לִרְקוֹם) embroider; form; weave (*figurative*), design, devise
– רָקַם מְזִימָה devise a plot; to plot
רִקְמָה נ. embroidery; tissue (biology); texture (*figurative*)
רָקַע פ״ע (לִרְקוֹעַ) to stamp (your foot)
רֶקַע ז. background, setting
– עַל רֶקַע against the background of; because of, for...reasons
רַקֶּפֶת נ. cyclamen, primrose
רָקַק פ. (לִרְקוֹק) to spit (*literary*)
רְקָק: דְּגֵי־רְקָק small fry
רָשׁ ת. pauper, destitute
רַשַּׁאי ת. (רַשָּׁאִית; רַשָּׁאִים) allowed, may
רָשׁוּם ת. (רְשׁוּמָה) registered, recorded, written, listed
רְשׁוּמָה נ. (רְשׁוּמוֹת) records (in pl.)
רָשׁוּת נ. (רָשׁוּיוֹת) authority
– רָשׁוּת מְקוֹמִית local authority
רְשׁוּת נ. permission; optional
– בִּרְשׁוּת־ in your possession
– בִּרְשׁוּתְךָ with your permission
– עוֹמֵד לִרְשׁוּתוֹ at his disposal
– רְשׁוּת הַדִּיבּוּר right to speak; the floor
– רְשׁוּת הָרַבִּים public place/domain
רִשְׁיוֹן ז. (רִשְׁיוֹנוֹת) license; permit
– רִשְׁיוֹן־נְהִיגָה driver's license, driving licence
– רִשְׁיוֹן־עֲבוֹדָה work permit
רְשִׁימָה נ. list; short article
רַשְׁלָנוּת נ. negligence, carelessness
– רַשְׁלָנוּת מִקְצוֹעִית professional negligence, malpractice
רַשְׁלָנִי ת. negligent, sloppy, careless
רָשַׁם פ. (לִרְשׁוֹם) write down, record; register; enrol; draw (sketch)

רַשָּׁם ז. registrar
רִשְׁמִי ת. official; formal
רִשְׁמִיּוּת נ. formality
רִשְׁמִית תה"פ officially
רְשַׁמְקוֹל ז. tape recorder
רָשָׁע תו"ז wicked, evil; villain
רֶשַׁע ז. wickedness, evil
רִשְׁעוּת נ. wickedness, malice
רָשַׁף פ"ע to flash
רֶשֶׁף ז. flash; spark
רִשְׁרוּשׁ ז. ר' רִישְׁרוּשׁ
רִשְׁרֵשׁ פ"ע (לְרַשְׁרֵשׁ) to rustle, swish
רֶשֶׁת נ. net; network; grid; (spy) ring; chain (of stores)
רִשְׁתִּי ת. net-like; net
רִשְׁתִּית נ. retina
רָתוּחַ ת. (רְתוּחָה; רְתוּחִים) boiled
רָתוּם ת. (רְתוּמָה) harnessed
רָתוּק ת. (רְתוּקָה) bound, fastened
– רָתוּק לְמִיטָתוֹ confined to bed
רָתַח פ"ע (לִרְתּוֹחַ) to boil, boil (with rage)
רִתְחָה נ. fury, heat
רְתִיחָה נ. boil, boiling; unrest
רְתִיעָה נ. recoiling, flinching; recoil (gun)
– רְתִיעָה מִפְּנֵי aversion to
רַתָּךְ ז. welder
רַתָּכוּת נ. welding
רָתַם פ"י (לִרְתּוֹם) to harness
רִתְמָה נ. (רְתָמוֹת) harness

ש, שׁ (ר׳ גם שִׁין) *shin* (21st letter of Hebrew alphabet); 300
שֶׁ־ that, which, who
– כְּשֶׁ־ when; as
– לִכְשֶׁ־ when (future), as soon as
שָׁאַב פ״י (לִשְׁאוֹב) to pump; draw; derive
שָׁאַג פ״י (לִשְׁאוֹג) to roar
שְׁאָגָה נ. (שְׁאָגוֹת) roar
שָׁאוּב ת. drawn, pumped; derived
שְׁאוֹל זו״נ *sheol* (the Underworld)
שָׁאוּל ת. (שְׁאוּלָה) borrowed (object, time)
שָׁאוֹן ז. din, noise, bustle
שְׂאוֹר ז. leaven
שְׁאָט־נֶפֶשׁ ז. disgust, revulsion
– בִּשְׁאָט־נֶפֶשׁ disgustedly
שְׁאִיבָה נ. pumping, drawing; deriving
שְׁאִילְתָּה נ. (parliamentary) question; query
שְׁאִיפָה נ. ambition, aspiration, striving; inhaling, breathing in
שָׁאִיר ז. (שְׁאִירִים) surviving relative
שָׁאַל פ״י (לִשְׁאוֹל) ask (questions); borrow (objects)
– שָׁאַל לִשְׁלוֹם־ ask after
שְׁאֵלָה נ. question
שְׁאֵלוֹן ז. questionnaire
– שְׁאֵלוֹן בְּחִינָה exam paper
שַׁאֲנָן ת. tranquil, complacent
שַׁאֲנַנּוּת נ. complacency
שָׁאַף פ״י (לִשְׁאוֹף) inhale, breathe in
– שָׁאַף לְ־ aspire to, strive for, aim to
שְׁאַפְתָּן ז. ambitious person
שְׁאַפְתָנוּת נ. ambitiousness, ambition
שְׁאַפְתָנִי ת. ambitious
שְׁאָר ז. the rest, the remainder; the other
– בֵּין הַשְּׁאָר among other things
– שְׁאָר־רוּחַ inspiration; nobility of mind
שְׁאֵר־בָּשָׂר ז. (שְׁאֵרַת־) blood relation
שְׁאֵרִית נ. (שְׁאֵרִיּוֹת) (the) remainder; scraps, leftovers (in pl.)
שְׂאֵת: בְּיֶתֶר־שְׂאֵת more insistently, with greater force, strongly
שָׁב פ״ע (לָשׁוּב) to return, come back
שְׁבָב ז. chip (computers); splinter
שָׁבָה פ״י (לִשְׁבּוֹת) to capture, take captive; take prisoner; captivate
שָׁבוּי תו״ז captive; prisoner-of-war
שָׁבוּעַ ז. (שָׁבוּעוֹת) week
– שְׁבוּעַיִים a fortnight, two weeks
שְׁבוּעָה נ. oath
שְׁבוּעוֹן ז. weekly (magazine)
שְׁבוּעִי ת. weekly
שָׁבוּר ת. (שְׁבוּרָה) broken
שְׁבוּת נ. return
שֶׁבַח ז. (שִׁבְחוֹ; שְׁבָחִים) praise
– הִרְעִיף שְׁבָחִים עַל heap praise on
שֵׁבֶט ז. (שְׁבָטִים) tribe, clan; stick, rod
– לְשֵׁבֶט אוֹ לְחֶסֶד to be spared or to be doomed, for good or bad
שְׁבָט ז. *Shevat* (month in Hebrew calendar, January–February)
שִׁבְטִי ת. tribal
שְׁבִי, שֶׁבִי ז. captivity
שְׁבִיב ז. spark; glimmer (of hope)
שָׁבִיט: כּוֹכַב שָׁבִיט comet
שְׁבִיָּיה נ. capturing, taking prisoner
שְׁבִיל ז. path, track; parting (of hair)
– שְׁבִיל הַזָּהָב the golden mean
– שְׁבִיל הֶחָלָב the Milky Way
שָׁבִיס ז. kerchief, headscarf
שְׂבִיעוּת־רָצוֹן נ. satisfaction
שְׁבִיעִי ת. seventh
שְׁבִיעִיָּיה נ. septet; set of seven
שְׁבִיעִית נ. seventh; one seventh
שָׁבִיר ת. (שְׁבִירָה) fragile, breakable
שְׁבִירָה נ. breaking; refraction
שְׁבִיתָה נ. strike (of workers)
– שְׁבִיתַת־הָאָטָה go-slow (strike)
– שְׁבִיתַת־נֶשֶׁק armistice, truce
– שְׁבִיתַת־רָעָב hunger strike
– שְׁבִיתַת־שֶׁבֶת sit-down strike, sit in

שַׁבָּ״כּ ר״ת General Security Service
שְׂבָכָה נ. lattice; grid; grill, grate
שַׁבְּלוּל ז. slug, snail
שַׁבְּלוֹנִי ת. routine, platitudinous
שָׂבַע פ. (לִשְׂבּוֹעַ) eat your fill, be sated, have your fill of
– שָׂבַע נַחַת be delighted, be gratified
שָׂבֵעַ ת. (שְׂבֵעָה) full (after meal), sated; fed up with
– שְׂבַע־רָצוֹן content, satisfied
שֶׁבַע ש״מ seven (fem.)
שִׁבְעָה ש״מ seven (masc.)
– יָשַׁב שִׁבְעָה sit *shiva* (mourn someone for seven days)
– שִׁבְעָה־עָשָׂר seventeen (masc.)
– הַשִּׁבְעָה־עָשָׂר the seventeenth...
שִׁבְעִים ש״מ seventy
– הַשִּׁבְעִים the seventieth
– שְׁנוֹת הַשִּׁבְעִים the seventies
שְׁבַע־עֶשְׂרֵה ש״מ seventeen (fem.)
– הַשְּׁבַע־עֶשְׂרֵה the seventeenth
שִׁבְעָתַיִים תה״פ sevenfold
שָׁבָץ ז. apoplexy, stroke
– קִיבֵּל שָׁבָץ have a stroke
שָׁבַר פ״י (לִשְׁבּוֹר) to break
שֶׁבֶר ז. (שְׁבָרִים) break; fraction (math); fracture (bone)
– זַעֲקַת־שֶׁבֶר cry of distress
– שִׁבְרֵי־ (מָטוֹס וכו׳) wreckage, debris
– שֶׁבֶר כְּלִי a helpless wreck
– שֶׁבֶר־עָנָן cloudburst
שִׁבְרוֹן־לֵב ז. heartbreak
שַׁבְרִיר ז. fraction, split
– שַׁבְרִיר (שֶׁל) שְׁנִיָּיה split second
שַׁבְרִירִי ת. very delicate, fragile
שַׁבְשֶׁבֶת נ. weather-vane, weathercock
שָׁבַת פ״ע (לִשְׁבּוֹת) go on strike; cease
שַׁבָּת נ. (שַׁבָּתוֹת) Sabbath, Saturday
– לֵיל־שַׁבָּת Sabbath eve (Friday night)
– מוֹצָאֵי־שַׁבָּת Saturday night
שַׁבְּתַאי ז. Saturn
שַׁבָּתוֹן ז. sabbatical; public holiday
– שְׁנַת־שַׁבָּתוֹן sabbatical year
שְׁגָגָה נ. mistake (*literary*), inadvertence
– בִּשְׁגָגָה by mistake; inadvertently
שָׁגָה פ״ע (לִשְׁגוֹת) err, make a mistake, lapse; delude oneself
שָׁגוּי ת. (שְׁגוּיָה) incorrect, mistaken, wrong
שָׁגוּר ת. (שְׁגוּרָה) usual, stock (answer, etc.)
שְׁגִיאָה נ. error, mistake
שָׁגַל פ״י have sexual intercourse with, rape
שַׁגְרִיר ז. שַׁגְרִירָה נ. ambassador
שַׁגְרִירוּת נ. embassy
שִׁגְרָתִי ת. routine
שִׂגְשֵׂג פ״ע (לְשַׂגְשֵׂג) prosper, thrive
שִׂגְשׂוּג ז. prosperity, flourishing
שַׁד ז. (שָׁדַיִים) breast (of woman)
שֵׁד ז. demon, devil
שָׁדַד פ״י (לִשְׁדּוֹד) rob
שָׂדֶה ז. (שָׂדוֹת) field
– שְׂדֵה־מוֹקְשִׁים minefield
– שְׂדֵה־קְרָב battlefield
– שְׂדֵה־רְאִיָּיה field of vision
– שְׂדֵה־תְעוּפָה airfield, airport
שָׁדוּד ת. (שְׁדוּדָה) robbed, despoiled; slain
שְׁדוּלָה נ. lobby (political)
שֵׁדוֹן ז. imp; gremlin
שַׁדַּי ז. the Almighty
שְׁדִידָה נ. robbery, despoliation
שָׁדַיִים ז״ז (שְׁדֵי־) breasts
שְׂדֵירָה נ. ר׳ שְׂדֵרָה
שַׁדְכָן ז. matchmaker; stapler
שַׁדְכָנוּת נ. matchmaking
שַׁדָּר ז. broadcaster
שֶׁדֶר ז. (שְׁדָרִים) message (by radio), dispatch
שִׁדְרָה נ. spine, backbone
שְׂדֵרָה נ. avenue, boulevard
– כָּל שְׂדֵרוֹת הָעָם people from all walks of life
שִׁדְרוּג ז. upgrading

ש

שַׁדְּרָן ז. שַׁדְּרָנִית נ. — broadcaster
שֶׂה זו״נ — lamb
שָׁהָה פ״ע (לִשְׁהוֹת) — to stay (at), linger
שְׁהוּת נ. — (sufficient) time; pause
- לְלֹא שְׁהוּת — without delay
שְׁהִיָּה נ. — stay
שׁוֹאֵב־אָבָק ז. — vacuum cleaner
שׁוֹאָה נ. — catastrophe
- הַשּׁוֹאָה — the Holocaust
שׁוֹאֵל ז. — borrower; inquirer, questioner
שׁוּב תה״פ — (once) again
שׁוֹבָב תו״ז (שׁוֹבֵבָה) — mischievous, naughty; rascal
שׁוֹבָבוּת נ. — mischievousness, naughtiness, mischief
שׁוֹבִינִיזְם ז. — chauvinism
שׁוֹבִינִיסְט ז. — chauvinist
שׁוֹבִינִיסְטִי ת. — chauvinistic
שׁוֹבָךְ ז. — dovecote
שׁוֹבֶל ז. — train (of dress); wake (of ship), trail
שֹׂבַע ז. — satiety
- שֶׁאֵינוֹ יוֹדֵעַ שֹׂבַע — insatiable
שׂוֹבְעָה: שֶׁאֵינוֹ יוֹדֵעַ שׂוֹבְעָה — insatiable
שׁוּבַּץ פ״ע (שׁוּבְּצוּ) — be inlaid; be set (jewel, etc.); be slotted (into); be integrated
שׁוֹבֵר ז. — voucher; receipt
שׁוֹבֵר־גַּלִּים ז. — breakwater
שׁוֹבֵר־קוּפּוֹת ז. — box-office hit
שׁוּבַּשׁ פ״ע — be disrupted, be upset, be thrown awry
שׁוֹבֵת ז. (שׁוֹבְתִים) — striker (worker)
שׁוֹגֵג: בְּשׁוֹגֵג — unintentionally, inadvertently
שׁוּגַּר פ״ע — be sent; be launched; be dispatched
שׁוֹד ז. — robbery, hold-up
שׁוֹדֵד ז. — robber; bandit
- שׁוֹדֵד־יָם — pirate
שׁוּדַּר פ״ע — be broadcast
שֹׁהַם ז. — onyx
שָׁוְא ז. — false
- לַשָּׁוְא — in vain; to no avail
שְׁוָא ז. — schwa (vowel sound)
שְׁוֶדִי תו״ז — Swedish
שְׁוֶדְיָה נ. — Sweden
שְׁוֶדִית נ. — Swedish (language)
שָׁוֶה ת. (שָׁוָה; שָׁוִים; שָׁווֹת) — equal; worth; worthwhile (*colloquial*)
- שָׁוֶה בְּשָׁוֶה — fifty-fifty, equally
- שָׁוֶה לְכָל נֶפֶשׁ — suitable for everyone, reasonable (price)
- שְׁוֵה־זְכוּיוֹת — having equal rights
- שְׁוֵה־עֵרֶךְ — equivalent (to)
שׁוֹוִי ז. — value, worth
- בְּשׁוֹוִי שֶׁל — to the value of, worth
שִׁוְיוֹן ז. — equality; tie (score)
- אִי־שִׁוְיוֹן — inequality
- שִׁוְיוֹן זְכוּיוֹת — equal rights
- שִׁוְיוֹן־נֶפֶשׁ — indifference, nonchalance
שִׁוְיוֹנִי ת. — egalitarian
שְׁוִיץ ז. — showing off
שְׁוַיְץ נ. — Switzerland
שְׁוִיצֶר ז. שְׁוִיצֶרִית נ. — show-off
שְׁוֵיצָרִי תו״ז — Swiss
שְׁוֵיצָרְיָה נ. — Switzerland
שׁוּוַק פ״ע — be marketed
שֹׁחַד ז. — bribe
שׁוּחָה נ. — pit, foxhole
שׁוּחְזַר פ״ע — be reconstructed
שׂוֹחַח פ״ע (לְשׂוֹחֵחַ) — to talk, discuss
שׁוֹחֵט ז. — slaughterer (ritual)
שׁוֹחֵר ז. — lover; buff, amateur; well-wisher
- שׁוֹחֵר שָׁלוֹם — peace lover
שׁוּחְרַר פ״ע — be freed; be released; be liberated
שׁוֹט ז. — whip, lash
שׁוֹטֶה תו״ז (שׁוֹטָה; שׁוֹטִים) — foolish; fool
שׁוֹטֵט פ״ע (לְשׁוֹטֵט) — roam, rove, wander about, loiter
שׁוֹטְטוּת נ. — vagrancy, loitering
שׁוֹטֵף ת. (שׁוֹטֶפֶת) — current; fluent; flowing
שׁוֹטֵר ז. — policeman, officer(!)

– שוֹטֵר־תְנוּעָה — traffic policeman
שוֹטֶרֶת נ. (שוֹטרוֹת) — policewoman
שוּכלַל פ״ע — be perfected, be upgraded
שוּכַּן פ״ע — be housed, be lodged
שוּכנַע פ״ע — be persuaded
שוּכפַּל פ״ע — be stencilled, be duplicated
שוֹכֵר ז. — hirer, renter, charterer
שוּכתַב פ״ע — be rewritten
שוּלַב פ״ע — be joined; be integrated
שוּלהַב פ״ע — be inflamed, be excited
שוּלַח פ״ע — be sent away
שוּלחָן ז. (שוּלחָנוֹת) — table; desk
– מַפַּת־שוּלחָן — tablecloth
– שוּלחַן־עֲבוֹדָה — workbench; desktop
שוּלִי ת. — marginal
– עִניָין שוּלִי — side issue
שוּליָה ז. — apprentice
שוּלַיִים ז״ר — margins; fringe, periphery; shoulders (of road)
– בְּשוּלֵי־ — incidental to; at the side of (the road)
שוֹלָל ת.
– הוֹלִיך שוֹלָל — mislead; deceive
– הָלַך שוֹלָל (אַחֲרֵי־) — be misled; be fooled by
שוֹלֵל ז. — opponent
שוּלַם פ״ע — be paid
שוּם ז. — garlic
– כִּקלִיפַּת הַשוּם — worthless
שוּם ז. — anything (in the negative)
– מִשוּם־מָה — for some reason
– מִשוּם שֶ־ — because of, since
– שוּם דָבָר (לֹא) — nothing, not... anything
שוּמָה נ. — (tax) assessment; mole (on skin)
שוּמָה עַל־ — it's incumbent upon
שוֹמֵם ת. (שוֹמֶמֶת) — desolate; waste
שוּמָן ז. — fat
שוּמָנִי ת. — fatty
שוֹמֵר ז. — guard, watchman; keeper
– שוֹמֵר חוֹק — law-abiding
– שוֹמֵר מִצווֹת — observant (Jew)
– שוֹמֵר מָסָך — screen saver
– שוֹמֵר־רֹאש — bodyguard
שוֹמרוֹנִי תו״ז — Samaritan
שוּמשוּם ז. — sesame (seeds)
שוֹנֵא ז. (ר׳ גם שָׂנָא) — enemy (*literary*); hater
שוֹנֶה ת. (שוֹנָה; שוֹנִים; שוֹנוֹת) — different; various (in pl.)
שוּנָה פ״ע — be changed
שוֹנוֹת ז״ר — miscellaneous; other items
שוֹנִי ז. — difference; variance
שוּנִית נ. — reef
שוּסַע פ״ע — be interrupted; be mauled
שוּעבַּד פ״ע — be enslaved; be mortgaged
שוּעָל ז. — fox
שוּעָלָה נ. — vixen
שוֹעֵר ז. — doorman; doorkeeper; goalkeeper
שוֹעַר פ״ע — be imagined, be conceived
שוֹפֵט ז. — judge; referee, umpire
– שוֹפֵט־קַו — linesman
– שוֹפֵט־שָלוֹם — magistrate
– שוֹפטִים — Book of Judges; judges
שוֹפִין ז. — file (tool)
שוֹפכָה: צִינוֹר הַשוֹפכָה — urethra
שוֹפכִין ז״ר — sewage
שוֹפֵעַ ת. (שוֹפַעַת) — abounding in, abundant; ample (bosom)
שוּפַּץ פ״ע — be renovated, be redone; be overhauled
שוֹפָר ז. (שוֹפָרוֹת) — *shofar* (ram's horn); mouthpiece (*figurative*)
שוּפַּר פ״ע — be improved
שוּפשַף פ״ע — be rubbed, be scrubbed
שוֹק נ. (שוֹקַיִים) — leg (between knee and ankle); side (of triangle)
– הִיכָּה שוֹק עַל יָרֵך — smite hip and thigh
שוּק ז. (שְוָוקִים; שוּקֵי־) — market
– שוּק הַהוֹן — capital market
– שוּק הַמְנָיוֹת — stock market
– שוּק שָחוֹר — black market

שׁוֹקוֹ ז. — chocolate (drink)
שׁוֹקוֹלָד ז. שׁוֹקוֹלָדָה נ. — chocolate
– שׁוֹקוֹלָד מָרִיר — dark/plain chocolate
שׁוּקְלַל פ״ע — be weighted (averages)
שׁוּקַם פ״ע — be rehabilitated; be restored
שׁוֹקֵק ת. (שׁוֹקֶקֶת) — bustling
– שׁוֹקֵק חַיִּים — bustling with activity
שׁוֹקֶת נ. — drinking trough
שׁוֹר ז. (שְׁוָורִים) — bull; ox; Taurus
שׁוּרְבַּב פ״ע — be inserted, creep in
שׁוּרָה נ. (שׁוּרוֹת) — line; row; series
– הַשּׁוּרָה הַתַּחתוֹנָה — the bottom line
שׁוּרְטַט פ״ע — be drawn, be sketched
שׁוּרְיַין פ״ע — be armored; be reserved
שׁוֹרֶשׁ ז. — root (also *figurative*)
– הִיכָּה שׁוֹרֶשׁ — take root
– טִיפּוּל שׁוֹרֶשׁ — root canal job; radical treatment
שׁוֹרְשִׁי ת. — deeply rooted
שׁוֹשְׁבִין ז. — best man
שׁוֹשְׁבִינָה נ. — bridesmaid, matron of honor
שׁוֹשֶׁלֶת נ. — dynasty
שׁוֹשַׁנָּה נ. (שׁוֹשַׁנִּים) — rose (*colloquial*); lily; erysipelas (medicine)
שׁוּתָּף ז. שׁוּתָּפָה נ. — partner
שׁוּתַּף פ״ע — be brought in (on, into), be let in (on); participate
שׁוּתָּפוּת נ. — partnership
שׁוּתַּק פ״ע — be silenced (military); be paralyzed
שָׁזוּף ת. (שְׁזוּפָה) — (sun)-tanned, sunburnt
שָׁזוּר ת. (שְׁזוּרָה) — interwoven, twined
שְׁזִיף ז. — plum; prune
שָׁזַר פ״י (לִשְׁזוֹר) — to twine; interweave
שַׁח ז. — chess; Check!; Shah
ש״ח ר״ת שֶׁקֶל חָדָשׁ — NIS (New Israeli Sheqel)
שָׂחָה פ״ע (לִשְׂחוֹת) — swim
שָׁחוּחַ ת. (שְׁחוּחָה) — bent down, bowed
שָׁחוּט ת. (שְׁחוּטָה) — slaughtered
שָׁחוּם ת. — dark brown, swarthy
– שְׁחוּם־עוֹר — dark-skinned
שָׁחוּן ת. (שְׁחוּנָה) — hot and dry; with very little rain
שָׁחוּק ת. (שְׁחוּקָה) — worn; trite
שָׁחוֹר ת. (שְׁחוֹרָה) — black
– רוֹאֶה־שְׁחוֹרוֹת — pessimist
שִׁחזוּר ז. — reconstruction
שִׁחזֵר פ״י (לְשַׁחזֵר) ר׳ שִׁיחזֵר
שָׁחַט פ״י (לִשְׁחוֹט) — slaughter
שְׁחִי, שֶׁחִי ז. — armpit
שְׁחִיטָה נ. — slaughter
שְׂחִיָּה נ. — swimming
– שְׂחִיַּית־גַּב — backstroke
– שְׂחִיַּית־חָזֶה — breaststroke
שַׂחְיָין ז. שַׂחְיָינִית נ. — swimmer
שְׁחִין ז. — boils
שְׁחִיקָה נ. — wearing away/out; erosion (*figurative*); burnout
שְׁחִיתוּת נ. — corruption
שַׁחֲלָה נ. — ovary
שַׁחְמָט ז. — chess
שַׁחְמָטַאי ז. — chess player
שַׁחַף ז. (שְׁחָפִים) — seagull
שַׁחֶפֶת נ. — tuberculosis
שַׁחַץ ז. — arrogance
שַׁחֲצָן ז. — arrogant person, braggart
שַׁחֲצָנוּת נ. — arrogance, conceit
שָׁחַק פ״י (לִשְׁחוֹק) — wear (away, down, out); erode (*figurative*)
שְׁחָקִים ז״ר — sky (*literary*)
– גּוֹרֵד־שְׁחָקִים — skyscraper
שַׂחֲקָן ז. — actor; player
שַׂחֲקָנִית נ. — actress; player
שַׁחַר ז. — dawn, daybreak
– אֵין לוֹ שַׁחַר — it's unfounded, baseless
שִׁחרוּר ז. — release; liberation; being free; exemption; loosening
שְׁחַרְחַר ת. — blackish, darkish
שַׁחֲרִית נ. — morning prayer
שִׁחרֵר פ״י (לְשַׁחרֵר) ר׳ שִׁיחרֵר
שַׁחַת נ. — hay
– חִיפֵּשׂ מַחַט בַּעֲרֵימַת שַׁחַת — look for a needle in a haystack

שָׁט פ״ע (לָשׁוּט) to sail
שָׁטוּחַ ת. (שְׁטוּחָה; שְׁטוּחִים) flat
שְׁטוּיוֹת ר׳ שְׁטוּת nonsense
שָׁטוּף ת. (שְׁטוּפָה) flooded; washed; overflowing with
– שְׁטוּף־זִימָּה lecherous (person); lewd, salacious
שְׁטוּת נ. (שְׁטוּיוֹת) nonsense; absurdity
שְׁטוּתִי ת. silly, absurd
שָׁטַח פ״י (לִשְׁטוֹחַ)
– שָׁטַח בַּקָּשָׁתוֹ לִפְנֵי־ plead with
שֶׁטַח ז. (שְׁטָחִים) area; surface; field (*figurative*); territory
– רֶכֶב שֶׁטַח off-road vehicle
– עַל פְּנֵי הַשֶּׁטַח on the surface
– שֶׁטַח בָּנוּי built-up area
שִׁטְחִי ת. superficial; surface
שִׁטְחִיּוּת נ. superficiality
שָׁטִיחַ ז. (שְׁטִיחִים) carpet, rug
שְׁטִיחוֹן ז. mat, bath mat, doormat
שְׁטִיפָה נ. rinse, washing; flooding; flushing; telling-off
– שְׁטִיפַת־מוֹחַ brainwashing
שָׂטַם פ״י (לִשְׂטוֹם) to hate (*literary*)
שָׂטָן ז. devil, fiend
– הַשָּׂטָן the Devil; Satan
שִׂטְנָה נ. hatred (*literary*)
– דִּבְרֵי־שִׂטְנָה vicious slander
שְׂטָנִי ת. diabolical, fiendish
שָׁטַף פ״י (לִשְׁטוֹף) to rinse, wash, flood, flush; tell off (*slang*)
– שָׁטַף אֶת הָעֵינַיִים feast your eyes
– שָׁטַף לוֹ אֶת הַמּוֹחַ brainwash (someone)
שֶׁטֶף ז. flow, stream; gush
– בְּשֶׁטֶף fluently (speaking)
– שֶׁטֶף־דִּיבּוּר fluency, flow of speech
– שֶׁטֶף־דָּם hemorrhage
שְׁטָר ז. (שְׁטָרוֹת) bill; deed; promissory note, banknote
– שְׁטַר־חוֹב promissory note, I.O.U.
שְׁטְרוּדֶל ז. strudel; at [@]
שְׁטְרַיימֶל ז. *streimel* (fur hat worn by Hassidic Jews)

שַׁי ז. gift, present
– שַׁי צָנוּעַ small gift
שִׂיא ז. peak, climax; record (sport)
– הִגִּיעַ לְשִׂיא חָדָשׁ reach a new high
– שָׁבַר אֶת הַשִּׂיא break the record
– שִׂיא הַ־ the height of, the highlight of
שִׂיאָן ז. record-breaker, record-holder
שֵׂיבָה נ. old age; gray hair
– בְּשֵׂיבָה טוֹבָה at a ripe old age
שִׁיבָה נ. return
שִׁיבּוּט ז. cloning
שִׁיבּוֹלֶת נ. (שִׁיבּוֹלִים) ear (of grain)
– שִׁיבּוֹלֶת־שׁוּעָל oats
שִׁיבּוּץ ז. setting; inlay; placing; slotting (into); integrating
שִׁיבּוּשׁ ז. disruption, dislocation; fault, aberration (computer)
– שִׁיבּוּשׁ הֲלִיכֵי מִשְׁפָּט obstruction of justice
שִׁיבַּח פ״י (לְשַׁבֵּחַ) to praise, laud
שִׁיבֵּץ פ״י (לְשַׁבֵּץ) to inlay; set; place; slot (into)
שִׁיבֵּשׁ פ״י (לְשַׁבֵּשׁ) disrupt, upset
שִׂיג: שִׂיג וָשִׂיחַ dealings; negotiations
שִׁיגּוּר ז. launching, sending
שִׁיגָּיוֹן ז. (שִׁגְיוֹנוֹת) obsession; whims
שִׁיגֵּעַ פ״י (לְשַׁגֵּעַ) madden; drive crazy
שִׁיגָּעוֹן ז. madness; fad, craze; terrific!
– שִׁיגָּעוֹן גַּדְלוּת megalomania
שִׁיגֵּר פ״י (לְשַׁגֵּר) launch; send
שִׁיגְרָה נ. routine
שִׁיגָּרוֹן ז. rheumatism
שִׁיגְרָתִי ת. routine
שִׂיגְשֵׂג פ״י (לְשַׂגְשֵׂג) thrive, prosper
שִׂיגְשׂוּג ז. prosperity, flourishing
שִׁידָּה נ. chest of drawers, sideboard
שִׁידּוּד מַעֲרָכוֹת ז. shake-up, reorganization
שִׁידּוּךְ ז. matchmaking, match
שִׁידּוּל ז. coaxing; solicitation
שִׁידּוּר ז. broadcast, transmission

– בְּשִׁידּוּר חַי (broadcast) live

– שִׁידּוּר חוֹזֵר repeat (broadcast)

שִׁידֵּךְ פ״י (לְשַׁדֵּךְ) arrange a marriage for

שִׁידֵּל פ״י (לְשַׁדֵּל) coax, induce; solicit

שִׁידֵּר פ״י (לְשַׁדֵּר) to broadcast, air

שִׁידְרֵג פ. (לְשַׁדְרֵג) upgrade

שִׁידְרוּג ז. upgrading

שִׁיהוּק ז. hiccup, hiccough

שִׁיוָּה פ״י (לְשַׁוּוֹת) to give (form, etc.), lend (*figurative*), impart

שִׁיוּוּי־מִשְׁקָל ז. balance, equilibrium

שִׁיוּוְיוֹן ר׳ שִׁוְויוֹן

שִׁיוֵּעַ פ״ע (לְשַׁוֵּעַ) cry out (for help)

שִׁיוּוּק ז. marketing

שִׁיוֵּק פ״י (לְשַׁוֵּק) to market

שִׁיוּט ז. cruising; sailing

שִׁיוּף ז. filing (to smooth)

שִׁיזּוּף ז. tan

שִׁיזֵּף פ״י (לְשַׁזֵּף) to sunburn, tan

שִׂיחַ ז. (שִׂיחִים) bush, shrub

שִׁיחֵד פ״י (לְשַׁחֵד) to bribe

שִׂיחָה נ. conversation; talk; call

– שִׂיחָה מְקוֹמִית local call

– שִׂיחַת וְעִידָה conference call

שִׁיחוּד ז. bribing

שִׂיחוֹן ז. conversation manual, phrase book

שִׁיחְזוּר ז. reconstruction

שִׁיחְזֵר פ״י (לְשַׁחְזֵר) reconstruct; recapture

שִׂיחֵק פ. (לְשַׂחֵק) to play (game); act (role)

– שִׂיחֵק בּ־ play with (something)

– שִׂיחֵק אוֹתָה score big, pull it off (*slang*)

– שִׂיחֵק לוֹ מַזָּלוֹ be fortunate

– שִׂיחֵק לְיָדָיו play into someone's hands

– שִׂיחֵק תַּפְקִיד play a part (in)

שִׁיחֵר פ״י (לְשַׁחֵר)

– שִׁיחֵר לַטֶּרֶף go on the prowl

– שִׁיחֵר לְפִתְחוֹ turn to someone (for help, advice, etc.)

שִׁיחְרוּר ר׳ שִׁחְרוּר

שִׁיחְרֵר פ״ע (לְשַׁחְרֵר) free, liberate, release; exempt, loosen, loosen up

שַׁיִט ז. sailing, cruise, boating

שַׁיָּט ז. sailor (for sport, pleasure)

שִׁיטָה נ. (שִׁיטוֹת) system, method, way; reasoning

שִׁיטָּה פ״י (לְשַׁטּוֹת בּ־) to fool

שִׁיטּוּר ז. policing

שִׁיטֵּחַ פ״י (לְשַׁטֵּחַ) flatten

שִׁיטִין: בֵּין הַשִּׁיטִין between the lines

שִׁיטָּפוֹן ז. (שִׁטְפוֹנוֹת) flood

שִׁיטָתִי ת. systematic; methodical

שַׁיָּיט ז. sailor (for sport, pleasure)

שִׁייֵּט פ״ע (לְשַׁייֵּט) to sail, cruise

שַׁיֶּיטֶת נ. fleet, flotilla

שִׁייֵּךְ פ״י (לְשַׁייֵּךְ) ascribe

שַׁיָּיךְ ת. (שַׁיֶּיכֶת) belongs (to); pertaining, relevant

שַׁיָּיכוּת נ. belonging; relevance

שִׁייֵּף פ. (לְשַׁייֵּף) to file (metal, etc.)

שַׁיָּירָה נ. convoy; caravan; long line (of cars), motorcade

שְׁיָירִים ז״ר leftovers, scraps

שֵׁיךְ ז. (שֵׁיכִים) sheikh

שִׁיכּוּךְ ז. (pain)killing; alleviating

שִׁיכּוּן ז. housing; housing development

– מִשְׂרַד הַשִּׁיכּוּן Ministry of Housing

שִׁיכּוֹר תו״ז drunk; drunkard

שִׁיכְחָה נ. forgetfulness

שִׁיכֵּךְ פ״י (לְשַׁכֵּךְ) allay, alleviate

שִׁיכֵּל פ״י (לְשַׁכֵּל) be bereaved (of one's children)

שִׁיכְלוּל ז. improvement, perfecting, upgrading

שִׁיכְלֵל פ״י (לְשַׁכְלֵל) improve, perfect, upgrade

שִׁיכֵּן פ״י (לְשַׁכֵּן) to house, lodge

שִׁיכְנוּעַ ז. persuasion, convincing

שִׁיכְנֵעַ פ״י (לְשַׁכְנֵעַ) persuade, convince

שִׁיכְפּוּל ז. duplication, stencilling

– שִׁיכְפּוּל גֶּנֶטִי cloning

שִׁיכְפֵּל פ״י (לְשַׁכְפֵּל) duplicate; clone

שִׁיכֵּר פ״י (לְשַׁכֵּר) intoxicate; inebriate
שֵׁיכָר ז. ale, beer
שִׁיכָּרוֹן ז. drunkenness, intoxication
שִׁיכשׁוּךְ ז. sloshing, paddling
שִׁיכשֵׁךְ פ״י (לְשַׁכשֵׁךְ) slosh, paddle
שִׁיכתֵב פ״י (לְשַׁכתֵב) to rewrite
שִׁיכתוּב ז. rewriting
שִׁילֵב פ״י (לְשַׁלֵב) combine, join; fit in; integrate; interlock; fold (arms)
שִׁילהֵב פ״י (לְשַׁלהֵב) inflame
שִׁילהוּב ז. inflaming
שִׁילוּב ז. combining; integrating
שִׁילוּחַ ז. sending; dismissal; launching
שִׁילוּט ז. signposting; (road) signs
שִׁילוּמִים ז״ר reparations
שִׁילַח פ״י (לְשַׁלֵחַ) send away; launch
שִׁילטוֹן ר׳ שִׁלטוֹן
שִׁילְיָה נ. placenta
שִׁילֵם פ״י (לְשַׁלֵם) to pay
שִׁילֵשׁ פ״י (לְשַׁלֵשׁ) triple, treble
שִׁילשׁוּל ז. diarrhea; earthworm
שִׁילשֵׁל פ״י (לְשַׁלשֵׁל) to lower, let down (rope, etc.); put in; have diarrhea
– שִׁילשֵׁל לְכִיסוֹ to pocket (money)
שִׁימוּן ז. oiling, lubrication
שִׁימוּעַ ז. hearing (legal)
שִׁימוּר ז. preservation, conservation
– שִׁימוּרִים canned food, preserves
שִׁימוּשׁ ז. use, using; usage
שִׁימוּשִׁי ת. useful; applied (science)
שִׁימַח פ״י (לְשַׂמֵחַ) gladden, delight
שִׁימָמוֹן ז. dreariness, desolation
שִׁימֵן פ״י (לְשַׁמֵן) lubricate, oil
שִׁימפַּנזָה נ. chimp(anzee)
שִׁימֵר פ״י (לְשַׁמֵר) preserve; to can
שִׁימֵשׁ פ״י (לְשַׁמֵשׁ) serve as, act as; be used as
שִׂימַת־לֵב נ. attention
שִׁינָה פ״י (לְשַׁנוֹת) to change, alter
שֵׁינָה נ. sleep
– חָטַף שֵׁינָה take a nap
– כַּדוּר־שֵׁינָה sleeping pill

שִׁינוּי ז. change, alteration; modification
– לְשֵׁם שִׁינוּי for a change
שִׁינוּן ז. memorizing, learning by rote
שִׁינוּעַ ז. handling (cargo)
שִׁינַיִים נ״ר (ר׳ גם שֵׁן) teeth
שִׁינֵן פ״י (לְשַׁנֵן) memorize, learn by rote
שִׁינָנִית נ. dental hygienist (fem.)
שִׁינֵס: שִׁינֵס מוֹתנָיו gird your loins
שִׁיסָה פ״י (לְשַׁסוֹת) incite, turn (someone) against; set (the dog, etc.) on
שִׁיסוּי ז. incitement, setting on
שִׁיסַע פ״י (לְשַׁסַע) interrupt; maul
שִׁיסֵף פ״י (לְשַׁסֵף) slit (someone's throat)
שִׁיעבֵּד פ״י (לְשַׁעבֵּד) enslave; mortgage
שִׁיעבּוּד ז. subjugation; mortgage, lien
שִׁיעוּל ז. cough
שִׁיעוּר ז. lesson, class; measure; proportion; rate
– לְאֵין שִׁיעוּר immeasurably
– שִׁיעוּר הַפּשִׁיעָה crime rate
– שִׁיעוּר קוֹמָה stature
– שִׁיעוּרֵי־בַּיִת homework
שִׁיעִי תו״ז Shi'ite
שִׁיעֲמוּם ז. boredom, dullness
שִׁיעֲמֵם פ״י (לְשַׁעֲמֵם) to bore (someone)
שִׁיעֵר פ״י (לְשַׁעֵר) suppose; conceive
שֵׂיעָר ר׳ שֵׂעָר hair
שִׁיעֲרוּךְ ז. revaluation
שִׁיעֲרֵךְ פ״י (לְשַׁעֲרֵךְ) revalue
שִׁיפֵּד פ״י (לְשַׁפֵּד) to skewer, impale
שִׁיפּוּד ז. spit, skewer; skewering
שִׁיפּוּט ז. judgment; jurisdiction
שִׁיפּוּטִי ת. judicial
שִׁיפּוּי ז. indemnity
שִׁיפּוּל ז. (שִׁיפּוּלֵי־) lower part
שִׁיפּוֹן ז. rye
שִׁיפּוּעַ ז. slope, incline, slant
שִׁיפּוּץ ז. renovation, repairs, facelift (*figurative*); overhaul
שִׁיפּוּר ז. improvement, improving
שִׁיפלוּת נ. baseness, meanness

שִׁיפֵּץ פ״י (לְשַׁפֵּץ) renovate, restore, redo; overhaul (engine)
שִׁיפֵּר פ״י (לְשַׁפֵּר) improve, better
שִׁיפְשׁוּף ר׳ שִׁפְשׁוּף
שִׁיפְשֵׁף פ״י (לְשַׁפְשֵׁף) rub
שֵׁיק ז. check, cheque
שִׁיקּוּי ז. potion
שִׁיקּוּל ז. consideration; deliberation
– לְפִי שִׁיקּוּל דַּעְתּוֹ at his discretion
– שִׁיקּוּל־דַּעַת consideration; discretion
שִׁיקּוּם ז. rehabilitation; restoration
– שִׁיקּוּם שְׁכוּנוֹת urban renewal
שִׁיקּוּף ז. X-ray examination; reflecting
שִׁיקּוּפִית נ. slide (of film), transparency
שִׁיקּוּץ ז. abomination; slur
שִׁיקְלוּל ז. weighting (averages)
שִׁיקְלֵל פ״י (לְשַׁקְלֵל) to weight
שִׁיקֵּם פ״י (לְשַׁקֵּם) rehabilitate, restore
שִׁיקֵּעַ פ״י (לְשַׁקֵּעַ) sink in, immerse
שִׁיקֵּף פ״י (לְשַׁקֵּף) reflect, mirror
שִׁיקֵּר פ״ע (לְשַׁקֵּר) to lie, tell lies
שִׁיקְשׁוּק ז. clatter, clink, jingle; shaking
שִׁיקְשֵׁק פ״ע (לְשַׁקְשֵׁק) to clatter, clink; tremble (*slang*)
שִׁיר ז. song; poem
– שִׁיר־לֶכֶת march (song)
– שִׁיר־עַם folk song
שִׁירְבֵּב פ״י (לְשַׁרְבֵּב) insert, interpolate; stick out
שִׁירְבּוּב ז. inserting; sticking out
שִׁירְבֵּט פ״י (לְשַׁרְבֵּט) to scribble, doodle; pout
שִׁירָה נ. poetry; singing
– שִׁירָה בְּצִיבּוּר community singing
שִׁירוֹן ז. song-book
שֵׁירוּשׁ ז. uprooting, eradication
שֵׁירוּת ז. service; public utility
– שֵׁירוּת־דּוֹב disservice (well intentioned)
– שֵׁירוּת הַמְּדִינָה the Civil Service
– שֵׁירוּת עַצְמִי self-service
שֵׁירוּתִים ז״ר services; toilets, W.C.
שִׁירְטוּט ז. drawing, draftsmanship
שִׁירְטוֹן ז. sandbank
– עָלָה עַל שִׁירְטוֹן run aground
שִׁירְטֵט פ״י (לְשַׂרְטֵט) draw (on drawing board); sketch (*figurative*)
שִׁריוֹן ז. armor; shell (of turtle, etc.); Armored Corps
שִׁרְיוּן ז. armoring; reserving, securing
שִׁירְיֵין פ״י (לְשַׁרְיֵין) to armor; reserve, secure
שֵׁירֵשׁ פ״י (לְשָׁרֵשׁ) uproot, eradicate
שֵׁירֵת פ. (לְשָׁרֵת) serve; wait on
שַׁיִשׁ ז. marble (stone)
שִׁישָּׁה ש״מ (שֵׁשֶׁת־) six (masc.)
– הַשִּׁישָּׁה־עָשָׂר the sixteenth (masc.)
– שִׁישָּׁה־עָשָׂר sixteen (masc.)
שִׁישִּׁי ת. sixth
– יוֹם שִׁישִּׁי Friday
שִׁישִׁיָּה נ. group of six; six-pack; sextet
שִׁישִּׁים ש״מ sixty
– הַשִּׁישִּׁים the sixtieth
– שְׁנוֹת הַשִּׁישִּׁים the sixties
שִׁישִּׁית נ. (one) sixth
שִׁיתּוּף ז. sharing; letting in on; bringing in on
– שִׁיתּוּף־פְּעוּלָּה cooperation; collaboration
שִׁיתּוּפִי ת. cooperative
שִׁיתּוּק ז. paralysis; silencing (enemy's fire)
שִׁיתֵּף פ״י (לְשַׁתֵּף) bring in (on), let participate
– שִׁיתֵּף אוֹתוֹ בּ־ let him in on
– שִׁיתֵּף פְּעוּלָּה cooperate; collaborate
שִׁיתֵּק פ״י (לְשַׁתֵּק) paralyze; silence (enemy's fire)
שָׁכַב פ״ע (לִשְׁכַּב) lie, lie down, be in bed
שִׁכְבָה נ. (שְׁכָבוֹת) layer, stratun
שָׁכוּב ת. lying (down)
שְׁכוּחַ־אֵל ת. god-forsaken

ש

שַׁכּוּל ת. (שַׁכּוּלָה) bereaved (parent)
שְׁכוֹל ז. bereavement
שְׁכוּנָה נ. neighborhood
– שְׁכוּנַת־עוֹנִי slums
שָׂכוּר ת. (שְׂכוּרָה) rented, hired, chartered
שָׁכַח פ. (לִשכּוֹחַ) forget
שִׁכחָה נ. forgetfulness
שַׁכחָן ז. שַׁכחָנִית נ. forgetful person
שְׁכִיבָה נ. lying (down)
– שְׁכִיבוֹת סְמִיכָה push-ups
שָׁכִיחַ ת. (שְׁכִיחָה) common, frequent
שְׁכִיחוּת נ. frequency, prevalence
שְׁכִינָה נ. the Divine Presence
שָׂכִיר ז. salaried worker; hired worker
– שְׂכִיר־חֶרֶב mercenary, soldier of fortune
שְׂכִירוּת נ. rent, rental
– דְמֵי שְׂכִירוּת hiring fee, rental
שָׁכַךְ פ״ע abate, subside, die down
שֵׂכֶל ז. mind, intellect; brains
– שֵׂכֶל יָשָׁר common sense
שִׁכֵּל פ״י lose (one's child)
שִׁכלוּל ז. ר׳ שִׁיכלוּל
שִׁכלֵל פ״י (לְשַׁכלֵל) ר׳ שִׁיכלֵל
שִׂכלְתָנִי ת. rationalistic, rational
שֶׁכֶם, שְׁכֶם ז. (שִׁכמוֹ) shoulder
– מִשִּׁכמוֹ וָמַעלָה (be) head and shoulders above..., outstanding
שִׁכמָה נ. shoulder
שִׁכמִיָּה נ. cape (on shoulders)
שָׁכַן פ״ע (לִשכּוֹן) dwell, live
שָׁכֵן ז. שְׁכֵנָה נ. neighbor, neighbour
שִׁכנוּעַ ז. persuasion, convincing
שְׁכֵנוּת נ. neighborliness; vicinity
– בִּשכֵנוּת־ neighboring on
שִׁכנֵעַ פ״י (לְשַׁכנֵעַ) convince, persuade
שַׁכפַּ״ץ ז. flak jacket; down vest
שָׂכַר פ״י (לִשׂכּוֹר) to hire, rent
שָׂכָר ז. wage(s), pay; reward
– שְׂכַר־דִירָה rent (for house, room)
– שְׂכַר־טִירחָה professional fees
– שְׂכַר־לִימוּד tuition (fee)
שֶׂכֶר: טִיסַת־שֶׂכֶר charter flight

שִׁכרוּת נ. drunkenness
שִׁכתֵב פ״י (לְשַׁכתֵב) rewrite
שִׁכתוּב ז. rewriting
שֶׁל מ״י (שֶׁלִּי; שֶׁלְךָ; שֶׁלָּהֶם) of, 's, s'
– שֶׁל מִי...? Whose...?
– שֶׁלִּי [שֶׁלְךָ, שֶׁלּוֹ וכו׳] my [your, his, etc.]
שָׁלָב ז. (שְׁלַבִּים) phase, stage; rung
שֶׁלֶג ז. snow
– יָרַד שֶׁלֶג to snow
– כַּדּוּר־שֶׁלֶג snowball
שַׁלגוֹן ז. Popsicle, ice-lolly
שֶׁלֶד ז. (שְׁלָדִים) skeleton; frame
שַׁלדָג ז. kingfisher
שִׁלדָה נ. chassis
שָׁלָה פ״י (לִשלוֹת) draw out, fish out
שַׁלהֶבֶת נ. flame
שִׁלהֵי ז״ר end, late (summer, etc.)
שָׁלֵו ת. calm, tranquil, peaceful
שָׁלוּב ת. connected; interlocked; folded (arms)
שַׁלוָה נ. calm, tranquility, serenity
שְׁלוּחָה נ. extension (of telephone, university, etc.)
שְׁלוּלִית נ. puddle
שָׁלוֹם ז. peace; well-being
– בְּשָׁלוֹם safely
– דְרִישַׁת־שָׁלוֹם regards
– עָלָיו הַשָּׁלוֹם! May he rest in peace!
– שָׁלוֹם! *shalom* (Hello!; Goodbye!)
– שְׁלוֹם־בַּיִת domestic harmony
שְׁלוּמִיאֵל ז. schlemiel
שְׁלוּמִיאֵלִיוּת נ. ineptitude
שָׁלוּף ת. (שְׁלוּפָה) drawn, unsheathed
שָׁלוֹשׁ ש״מ three (fem.)
שְׁלוֹשָׁה ש״מ three (masc.)
– הַשלוֹשָׁה־עָשָׂר the thirteenth (masc.)
– שְׁלוֹשָׁה־עָשָׂר thirteen (masc.)
שְׁלוֹשִׁים ש״מ thirty
– הַשלוֹשִׁים thirty-day mourning period; the thirtieth
שְׁלוֹשׁ־עֶשׂרֵה ש״מ thirteen (fem.)
– הַשלוֹשׁ־עֶשׂרֵה the thirteenth (fem.)
שָׁלַח פ״י (לִשלוֹחַ) send, send away

ש

– שָׁלַח יָד בְּנַפְשׁוֹ commit suicide
שָׁלַט פ. (לִשְׁלוֹט עַל, בּ־) to control; rule, govern; command
שֶׁלֶט ז. (שְׁלָטִים) sign, signpost
שַׁלָט ז. remote control
שִׁלְטוֹן ז. (שִׁלְטוֹנוֹת) reign, rule, government, power
– הַשִּׁלְטוֹנוֹת the authorities
– עָלָה לְשִׁלְטוֹן come to power
– שִׁלְטוֹן עַצְמִי self-rule
שַׁלָט־רָחוֹק ז. remote control
שִׁלְיָה נ. placenta
שָׁלֵו ת. calm, peaceful
שָׁלִיחַ ז. deliveryman; messenger, envoy; errand boy
– מֵירוֹץ־שְׁלִיחִים relay race
– שְׁלִיחַ־צִיבּוּר cantor; public servant
שְׁלִיחוּת נ. errand; mission; vocation
שַׁלִּיט תו״ז (שַׁלֶּטֶת) reigning, ruling, dominant; ruler
שְׁלִיטָה נ. command, control
– שְׁלִיטָה עַצְמִית self-control
– יָצָא מִכְּלַל שְׁלִיטָה get out of control
שְׁלִילָה נ. denial, deprivation; negation, rejection; negative aspect
– בִּשְׁלִילָה in the negative; unfavorably
– שְׁלִילַת זְכוּיוֹת denial of rights
– שְׁלִילַת רִשָּׁיוֹן revoking a license, suspension of license
שְׁלִילִי ת. negative; adverse, unfavorable
שְׁלִיפָה נ. drawing (of gun, etc.); retrieval (of information)
שָׁלִישׁ ז. adjutant
שְׁלִישׁ ז. (one) third; trimester
שָׁלִישׁוּת נ. adjutancy
שְׁלִישִׁי ת. third, 3rd
– יוֹם שְׁלִישִׁי Tuesday
שְׁלִישִׁיָּה נ. triplet (babies); trio
שַׁלֶּכֶת נ. falling of leaves
שָׁלַל פ״י (לִשְׁלוֹל) negate; deprive, deny; revoke; reject, rule out

שָׁלָל ז. booty, spoils; catch (of fish)
– שְׁלַל צְבָעִים a blaze of color, multicolored
שָׁלֵם ת. (שְׁלֵמָה) complete, entire, whole
שַׁלְמוֹנִים ז״ר bribe
שְׁלֵמוּת נ. perfection; entirety, wholeness
– בִּשְׁלֵמוּת wholly; completely
– בִּשְׁלֵמוּתוֹ in its entirety
שָׁלַף פ״י (לִשְׁלוֹף) to draw (gun, etc.), pull out; retrieve (information)
שַׁלְפּוּחִית נ. bladder; blister
שְׁלָשָׁה נ. (set/row of) three; three-pointer
שִׁלְשׁוּל ז. diarrhea; earthworm
שִׁלְשׁוֹם תה״פ the day before yesterday
שַׁלְשֶׁלֶת נ. chain
שֵׁם ז. (שְׁמִי; שִׁמְךָ; שְׁמֵךְ; שְׁמוֹ; שְׁמָהּ; שִׁמְכֶם; שְׁמָם; שֵׁמוֹת) name
– בְּעִילוּם שֵׁם anonymously
– בְּעֶזְרַת הַשֵּׁם! With God's help!
– בְּשֵׁם־ in the name of, on behalf of
– יִמַּח שְׁמוֹ! May his name be blotted out!
– כְּשֵׁם שֶׁ־ just as
– שֵׁם דָּבָר a household name
– שֵׁם מִסְחָרִי trade name
– שֵׁם מִשְׁפָּחָה surname, family name, last name
– שֵׁם־עֶצֶם noun
– שֵׁם פְּרָטִי first name
– שֵׁם תּוֹאַר adjective
שָׁם תה״פ there; op. cit.
– לְשָׁם (to) there
– מִשָּׁם from there
– שָׁמָּה (over) there, yonder
שָׂם פ״י (לָשִׂים) put, place, set
שֶׁמָּא מ״ח perhaps (*literary*); lest
שַׁמַּאי ז. assessor, appraiser
שְׂמֹאל ז. left
שְׂמֹאלָה תה״פ to the left
שְׂמָאלִי ת. left; left-handed
– יֵשׁ לוֹ (שְׁתֵּי) יָדַיִים שְׂמָאלִיּוֹת be all thumbs

שְׂמֹאלָנִי תו״ז left-wing; leftist
שְׁמַאלְץ ז. schmaltz
שְׁמָד ז. forced apostatization
שָׁמוּט ת. drooping, hanging to one side
שְׁמוֹנֶה ש״מ eight (fem.)
– הַשְּׁמוֹנֶה־עֶשְׂרֵה the eighteenth
– שְׁמוֹנֶה־עֶשְׂרֵה eighteen (fem.)
שְׁמוֹנָה ש״מ eight (masc.)
– שְׁמוֹנָה־עָשָׂר eighteen (masc.)
– הַשְּׁמוֹנָה־עָשָׂר the eighteenth
שְׁמוֹנִים ש״מ eighty
– הַשְּׁמוֹנִים the eightieth
– שְׁנוֹת הַשְּׁמוֹנִים the eighties
שְׁמוּעָה נ. rumor, rumour, hearsay
שָׁמוּר ת. (שְׁמוּרָה) guarded, kept, preserved; reserved; restricted (document)
שְׁמוּרָה נ. (nature) reserve, reservation
– שְׁמוּרַת־טֶבַע nature reserve
שֵׁמוֹת ז״ר names
שַׁמּוֹת: עָשָׂה שַׁמּוֹת בְּ־ wreak havoc on/with
שָׂמַח פ״ע (לִשְׂמוֹחַ) be glad, be happy
שָׂמֵחַ ת. (שְׂמֵחָה; שְׂמֵחִים) glad, happy; merry
– חַג שָׂמֵחַ! Happy Holiday!
– עָשָׂה שָׂמֵחַ to party, have fun
שִׂמְחָה נ. (שְׂמָחוֹת) joy, happiness; happy occasion
– בְּשִׂמְחָה gladly
– שִׂמְחָה לְאֵיד malicious delight, gloating
– שִׂמְחַת־תּוֹרָה the Rejoicing of the Torah (Jewish Festival)
שָׁמַט פ״י (לִשְׁמוֹט) to drop, let slip
שְׁמִי ת. by name
שֵׁמִי תו״ז Semitic, Semite
שְׁמִיטָה נ. leaving fields fallow (every seventh year); moratorium
שָׁמַיִם, שָׁמַיִם ז״ר sky, heaven; God
– תַּחַת כִּיפַּת־הַשָּׁמַיִם in the open air
שְׂמִיכָה נ. blanket

שְׁמֵימִי ת. heavenly, celestial
שְׁמִינִי ת. eighth, 8th
שְׁמִינִיסְט ז. student in 12th grade
שְׁמִינִית נ. (one) eighth; 12th grade
שְׁמִיעָה נ. hearing; ear (for music)
שְׁמִירָה נ. guarding, watching, keeping; reserving
שָׁמִישׁ ת. usable, serviceable
שִׂמְלָה נ. (שְׂמָלוֹת) (woman's) dress
שְׁמָמָה נ. wilderness, desolation
שְׂמָמִית נ. gecko, house-lizard
שָׁמַן פ״ע (לִשְׁמוֹן) grow fat, put on weight
שָׁמֵן ת. (שְׁמֵנָה; שְׁמֵנִים) fat
שֶׁמֶן ז. (שְׁמָנִים) oil
– הוֹסִיף שֶׁמֶן לַמְּדוּרָה add fuel to the fire
– צֶבַע־שֶׁמֶן oil colors; oil paint
– שֶׁמֶן־דָּגִים cod-liver oil
שַׁמְנוּנִי ת. greasy, oily
שְׁמַנְמַן ת. (שְׁמַנְמוֹנֶת) fattish, plump
שַׁמֶּנֶת נ. cream (food, also *figurative*), whipping cream
שָׁמַע פ. (לִשְׁמוֹעַ) hear; listen
שֶׁמַע ז. hearing; audio-
שַׁמְפּוֹ ז. shampoo
שַׁמְפַּנְיָה נ. champagne
שֶׁמֶץ ז. scintilla, hint, atom, trace (*figurative*)
שִׁמְצָה נ. ignominy, obloquy
– יָדוּעַ לְשִׁמְצָה notorious, infamous
שָׁמַר פ״י (לִשְׁמוֹר) to guard, keep, watch; reserve; observe (laws)
– שְׁמוֹר לִי וְאֶשְׁמוֹר לְךָ Scratch my back and I'll scratch yours.
שְׁמַרְטַף ז. babysitter
שְׁמָרִים ז״ר yeast; lees
שַׁמְרָן ז. שַׁמְרָנִית נ. conservative
שַׁמְרָנוּת נ. conservatism
שַׁמְרָנִי ת. conservative
שַׁמָּשׁ ז. janitor, caretaker (synagogue) beadle
שֶׁמֶשׁ זו״נ sun
– דּוּד־שֶׁמֶשׁ solar heater

two years שְׁנָתַיִים ז״נ
cleft; split, torn שָׁסוּעַ ת. (שְׁסוּעָה)
cleft, split, slit שֶׁסַע ז.
loquat שֶׁסֶק ז.
valve שַׁסתוֹם ז.
enslave; mortgage שִׁעְבֵּד פ״י (לְשַׁעְבֵּד)
subjugation; mortgage, lien שִׁעְבּוּד ז.
pay heed to שָׁעָה פ״י (לִשעוֹת אֶל)
hour; time שָׁעָה נ.
at...(o'clock) – בְּשָׁעָה...
Good luck! – בְּשָׁעָה טוֹבָה (וּמוּצלַחַת)!
while, at a time that – (בְּ)שָׁעָה שֶׁ־
at the time of, during – בִּשעַת־
at the time – בִּשעָתוֹ
What time is it? – מָה הַשָּׁעָה?
wax שַׁעֲוָה נ.
leaning (on), supported (by) שָׁעוּן ת.
clock, watch שָׁעוֹן ז.
hourglass – שְׁעוֹן־חוֹל
wristwatch – שְׁעוֹן־יָד
alarm clock – שָׁעוֹן מְעוֹרֵר
bean, beans שְׁעוּעִית נ.
barley; sty(e) שְׂעוֹרָה נ.
pound along שָׁעַט פ״ע (לִשעוֹט)
pounding (of horse, etc.) שְׁעָטָה נ.
forbidden mixture (of wool and linen); mishmash שַׁעַטנֵז ז.
hairy; furry שָׂעִיר ת.
scapegoat שָׂעִיר: שָׂעִיר לַעֲזָאזֵל
hairiness שְׂעִירוּת נ.
every step of the way; at every turn שַׁעַל: עַל כָּל צַעַד וָשַׁעַל
cork שַׁעַם ז.: פְּקָק שַׁעַם
boredom, dullness שִׁעֲמוּם ז.
to bore (someone) שִׁעֲמֵם פ״י (לְשַׁעֲמֵם)
watchmaker שָׁעָן ז.
hair שֵׂעָר ז. (שְׂעָרוֹ)
gate; goal (soccer); title age, cover (of magazine); rate, price שַׁעַר ז.
score a goal – כָּבַשׁ [הִבקִיעַ] שַׁעַר
cover story – כַּתָּבַת שַׁעַר
rate of exchange – שַׁעַר חֲלִיפִין
representative rate – שַׁעַר יָצִיג

sunstroke – מַכַּת־שֶׁמֶשׁ
pane; windshield, windscreen שִׁמשָׁה נ. (שְׁמָשׁוֹת)
parasol, sunshade שִׁמשִׁיָּה נ.
tooth; prong; clove (of garlic) שֵׁן נ. (שִׁינַיִים)
dandelion – שֵׁן־הָאֲרִי
to hate, dislike שָׂנֵא פ״י (לִשׂנוֹא)
hate, hatred שִׂנאָה נ.
transformer שַׁנַּאי נ.
year שָׁנָה נ. (שָׁנִים)
annually, a year – בְּשָׁנָה, לְשָׁנָה
this year – הַשָּׁנָה
A happy New Year! – שָׁנָה טוֹבָה!
leap year – שָׁנָה מְעוּבֶּרֶת
academic/school year – שְׁנַת־לִימוּדִים
ivory שֶׁנְהָב ז.
detested, hated שָׂנוּא ת. (שְׂנוּאָה)
controversial, in dispute שָׁנוּי ת. (שְׁנוּיָה): שָׁנוּי בְּמַחֲלוֹקֶת
sharp, witty שָׁנוּן ת. (שְׁנוּנָה)
scrounging שְׁנוֹר ז.
snorkel שְׁנוֹרקֶל ז.
schnorrer, sponger שְׁנוֹרֵר ז.
scrounge, sponge שְׁנוֹרֵר פ. (לְשנוֹרֵר)
scarlet שָׁנִי ז.
second שֵׁנִי ת. (שְׁנִייָה)
the Second Temple – הַבַּיִת הַשֵּׁנִי
Monday – יוֹם שֵׁנִי
second (of time) שְׁנִייָה נ.
two (masc.) שְׁנַיִים ש״מ (שְׁנֵי־)
the twelfth – הַשְּׁנֵים־עָשָׂר
twice as much (as) – פִּי שְׁנַיִים (מ־)
twelve (masc.) – שְׁנֵים־עָשָׂר
both of us [you, etc.] – שְׁנֵינוּ [שְׁנֵיכֶם וכו׳]
be held up to ridicule שְׁנִינָה: הָיָה לִשנִינָה
sharpness, wittiness שְׁנִינוּת נ.
schnitzel שְׁנִיצֶל ז.
secondly; again שֵׁנִית תה״פ
yearbook, annual; class (year) שְׁנָתוֹן ז.
annual, yearly שְׁנָתִי ת.

ש

– שַׁעַר נַיָּד floating rate
– שַׁעַר עַצְמִי own goal
שַׂעֲרָה נ. (שְׂעָרוֹת) a hair
– כְּחוּט הַשַּׂעֲרָה by a hair's breadth
שַׁעֲרוּרִיָּה נ. scandal, scene; outrage
שַׁעֲרוּרִיָּתִי ת. scandalous, outrageous
שַׁעֲשׁוּעַ ז. amusement, fun, pastime
– נַעַר־שַׁעֲשׁוּעִים playboy
– עִסְקֵי שַׁעֲשׁוּעִים showbiz
שִׁעֲשַׁע פ״י (לְשַׁעֲשֵׁעַ) amuse, entertain
שִׁעתֵּק פ״י (לְשַׁעתֵּק) reproduce (art)
שְׂפָּגָט ז. the splits
שָׂפָה נ. language; lip; shore; rim, edge
– שָׂפָה זָרָה foreign language
– שְׂפַת־אֵם mother tongue
– שְׂפַת־דִּיבּוּר colloquial language
– שְׂפַת־הַיָּם beach
– שְׂפַת הַמִּדְרָכָה curb, kerb
שַׁפּוּד ז. spit, skewer
שָׁפוּט ת. sentenced
שָׁפוּי ת. sane; sound in mind
– בִּלְתִּי שָׁפוּי insane
שָׁפוּךְ ת. (שְׁפוּכָה) poured, spilt
שָׁפוּף ת. (שְׁפוּפָה) stooping, bent; low (morale), depressed
שְׁפוֹפֶרֶת נ. tube (of paste, etc.); receiver (of telephone)
שִׁפְחָה נ. (שְׁפָחוֹת) slave (female)
שָׁפַט פ״י (לִשְׁפּוֹט) to judge; try (in court), sentence; referee
שְׁפָטִים: עָשָׂה שְׁפָטִים בּ־ to lynch someone
שְׁפִיּוּת נ. sanity
שְׁפִיטָה נ. judgment, judging, trying
שְׁפִיכָה נ. pouring, spilling; ejaculation
שְׁפִיכוּת־דָּמִים נ. bloodshed
שְׁפִיפוֹן ז. horned viper
שְׁפִּיץ ז. sharp point; spoke (bicycle)
שַׁפִּיר ת. ותה״פ fine (*literary*); benign
שָׁפַךְ פ״י (לִשְׁפּוֹךְ) to pour, spill; shed
– שָׁפַךְ אוֹר עַל shed light on
– שָׁפַךְ אֶת דָּמוֹ spill someone's blood

שֶׁפֶךְ ז. estuary, mouth (of river)
שְׁפַּכְטֶל ז. spatula, scraper, spreading knife; filler paste, plaster
שָׁפָל ת. base, mean; lowly
שֵׁפֶל ז. low tide; low point, nadir, a low
– שֵׁפֶל כַּלְכָּלִי (economic) slump, depression
שְׁפֵלָה נ. lowland, plain
שִׁפְלוּת נ. baseness, meanness
שָׂפָם ז. mustache, moustache
שָׁפָן ז. (שְׁפָנִים) rabbit, cony, hare; chicken (*slang*)
– שְׁפַן־נִיסָּיוֹן guinea pig (*figurative*)
שָׁפַע פ. (לִשְׁפּוֹעַ) abound in, overflow with
שֶׁפַע ז. abundance, plenty
– בְּשֶׁפַע abundantly, plentifully
– שֶׁפַע בְּרָכוֹת! Many Blessings!
שַׁפַּעַת נ. influenza, flu
שָׁפַר: שָׁפַר גּוֹרָלוֹ be (more) fortunate
שֶׁפֶר: אִמְרֵי־שֶׁפֶר well-turned phrases
שְׁפְּרִיץ ז. spurt, spray, squirt (*slang*)
שִׁפְשׁוּף ז. rubbing, rub; hard training
שִׁפְשֵׁף פ״י (לְשַׁפְשֵׁף) to rub; put (someone) through tough training
שָׁפַת פ״י (לִשְׁפּוֹת) put on (the kettle)
שְׂפַת־ ר׳ שָׂפָה
שְׂפָתוֹן ז. lipstick
שְׂפָתַיִים נ״ז lips
שֶׁצֶף: בְּשֶׁצֶף־קֶצֶף furiously
שַׂק ז. (שַׂקִּים) sack
– שַׂק אִגְרוּף punching bag, punchbag
– שַׂק־חוֹל sandbag
– שַׂק־שֵׁינָה sleeping bag
שֶׁק ז. (שֶׁקִים) check, cheque
שָׁקַד פ״י (לִשְׁקוֹד עַל) study (something) studiously, be assiduous in, try hard
שָׁקֵד ז. (שְׁקֵדִים) almond
– שְׁקֵדִים tonsils; almonds
שְׁקֵדִיָּה נ. almond tree
שַׁקְדָן ת. (שַׁקְדָנִית) diligent, assiduous

שַׁקְדָנוּת נ. assiduousness, studiousness, diligence
שָׁקוּל ת. (שְׁקוּלָה) weighed; balanced, reasoned, considered; even (contenders), close (contest)
שָׁקוּעַ ת. (שְׁקוּעָה) (בּ־) embedded; sunken; immersed; engrossed in
שָׁקוּף ת. (שְׁקוּפָה) transparent; unsubtle, obvious (hint/lie)
שְׁקוּפִית נ. (שְׁקוּפִיּוֹת) slide, transparency
שָׁקַט פ״ע (לִשְׁקוֹט) be quiet, blow over
שֶׁקֶט ז. silence, quiet, peace
– אִי־שֶׁקֶט unrest; restlessness
– בְּשֶׁקֶט quietly
– שֶׁקֶט! Be quiet!
– שֶׁקֶט נַפְשִׁי peace of mind
שָׁקֵט ת. quiet, silent, peaceful
– הָאוֹקְיָינוֹס הַשָּׁקֵט the Pacific Ocean
שְׁקִידָה נ. assiduousness, studiousness, diligence
שְׁקִילָה נ. weighing
שְׁקִיעָה נ. decline; sinking; sunset
– שְׁקִיעַת דָּם blood sedimentation
שְׁקִיפוּת נ. transparency
שַׂקִּיק ז. small bag, sachet
שְׁקִיקָה נ. eagerness, thirst
שַׂקִּית נ. (שַׂקִּיּוֹת) small bag
שָׁקַל פ. (לִשְׁקוֹל) to weigh; consider
שֶׁקֶל ז. (שְׁקָלִים) *sheqel, shekel*
שִׁקְלוּל ז. weighting (statistics)
שִׁקְלֵל פ״י (לְשַׁקְלֵל) to weight (statistics)
שִׁקְמָה נ. (שִׁקְמִים) sycamore
שַׂקְנַאי ז. pelican
שָׁקַע פ״ע (לִשְׁקוֹעַ) to sink; settle (dust); decline; be absorbed in; set (sun)
שֶׁקַע ז. (שְׁקָעִים) depression, dent, hollow; socket (electric)
שְׁקַעֲרוּרִי ת. concave
שֶׁקֶף ז. (שְׁקָפִים) transparency
שֶׁקֶץ ז. abomination; unclean creature (as food)
שָׁקַק פ״ע to bustle, teem
– שָׁקַק חַיִּים bustle with activity

שֶׁקֶר ז. (שְׁקָרִים) lie, untruth, falsehood
– שֶׁקֶר וְכָזָב! All lies!
שִׁקְרִי ת. false, untrue, mendacious
שַׁקְרָן ז. שַׁקְרָנִית נ. liar
שִׁקְשׁוּק ז. clatter, clink, jingle; shaking
שִׁקְשֵׁק פ״ע (לְשַׁקְשֵׁק) ר׳ שִׁיקְשֵׁק
שַׂר ז. (שָׂרִים) שָׂרָה נ. Minister
– שַׂר הָאוֹצָר Finance Minister, Treasury Secretary
שָׁר פ. (לָשִׁיר) sing
שָׁרָב ז. hot dry weather
שִׁרְבּוּב ז. inserting; sticking out
שְׁרָבִי ת. very hot and dry (weather)
שַׁרְבִיט ז. sceptre, mace, wand; (conductor's) baton
שְׁרַבְרָב ז. plumber
שָׂרַד פ״ע (לִשְׂרוֹד) survive
שְׂרָד ז. office; service
– בִּגְדֵי־שְׂרָד official uniform
שָׂרָה ר׳ שַׂר Minister (fem.)
שַׁרְווּל ז. sleeve
– מִן הַשַּׁרְווּל off the cuff
שָׂרוּט ת. scratched
שָׁרוּי ת. (שְׁרוּיָה) soaked, steeped
שָׁרוּי (בּ־) ת. be in a state of
שְׂרוֹךְ ז. shoestring, shoelace
שָׂרוּךְ ת. laced up
שָׂרוּעַ ת. (שְׂרוּעָה; שְׂרוּעִים) outstretched, sprawled
שָׂרוּף ת. (שְׂרוּפָה) burnt; ardent
שֵׁרוּת ר׳ שֵׁירוּת
שָׂרַט פ״י (לִשְׂרוֹט) to scratch
שִׂרְטוּט ז. ר׳ שִׂירְטוּט
שִׂרְטוֹן ר׳ שִׂירְטוֹן
שַׂרְטָט ז. draftsman, draughtsman
שָׂרֶטֶת נ. scratch
שֶׁרִי ז. sherry
שָׂרִיד ז. survivor; residue, vestige, remnant, relic
– שְׂרִידִים remains, traces; debris (of plane)
שְׂרִידוּת נ. survivability
שִׁרְיוֹן ז. ר׳ שִׁירְיוֹן

ש

שִׁרְיוֹנַאי ז. soldier of armored corps
שִׁרְיוֹנִית נ. armored car (military)
שְׂרִיטָה נ. scratch
שִׁרְיֵן פי״ (לְשַׁרְיֵן) ר׳ שִׁירְיֵן
שְׂרֵיפָה נ. fire; combustion; burning
שְׁרִיקָה נ. whistle, whistling
שְׁרִיר ז. muscle
– הַפְגָּנַת שְׁרִירִים muscle flexing
שָׁרִיר: שָׁרִיר וְקַיָּם firm and abiding, still valid
שְׁרִירוּת (לֵב) נ. arbitrariness
שְׁרִירוּתִי ת. arbitrary
שְׁרִירִי ת. muscular
שְׁרִירָן ז. muscleman, body builder
שָׁרָךְ ז. fern
שַׁרְלָטָן ז. שַׁרְלָטָנִית נ. charlatan
שָׂרַף פי״ (לִשְׂרוֹף) to burn
שְׂרָף ז. resin
שָׂרָף ז. angel (*literary*)
שְׂרֵפָה נ. fire; combustion; burning
שְׁרַפְרַף ז. stool
שָׁרַץ פ. (לִשְׁרוֹץ) swarm, crawl (with)
שֶׁרֶץ ז. (שְׁרָצִים) creeping thing (reptile, large insect); revolting creature
שָׁרַק פי״ע (לִשְׁרוֹק) to whistle
שָׂרַר פי״ע (לִשְׂרוֹר) to reign, rule, prevail
שְׂרָרָה נ. authority, rule, power
שַׁרְשֶׁרֶת ז. chain; string (*figurative*)
שָׁרָת ז. janitor; server (computers)
שֵׁשׁ ש״מ six (fem.)
שָׂשׂ פי״ע rejoice; be eager
– לֹא שָׂשׂ ל־ be reluctant to, not keen to
שֵׁשׁ־בֵּשׁ ז. backgammon
שָׂשׂוֹן ז. joy, rejoicing

שֵׁשׁ־עֶשְׂרֵה sixteen (fem.)
– הַשֵּׁשׁ־עֶשְׂרֵה the sixteenth
שְׁתַדְלָן ז. lobbyist
שְׁתַדְלָנוּת נ. lobbyism; lobbying
שָׁתָה פי״ (לִשְׁתּוֹת) to drink
שָׁתוּי ת. drunk, intoxicated
שָׁתוּל ת. planted (also *figurative*); implanted
שְׁתִי ז. warp (of loom)
– חֲקִירַת שְׁתִי־וָעֵרֶב cross examination
– שְׁתִי־וָעֵרֶב crisscross
שְׁתֵי־ ר׳ שְׁתַּיִם two
שְׁתִיָּה נ. drinking, drink
שְׁתַּיִם ש״מ (שְׁתֵי־) two (fem.)
– שְׁתֵּינוּ both of us (fem.)
שַׁתְיָן ז. heavy drinker
שָׁתִיל ז. seedling, plant
שְׁתִילָה נ. planting (also *figurative*)
שְׁתֵּים־עֶשְׂרֵה ש״מ twelve (fem.)
– הַשְּׁתֵּים־עֶשְׂרֵה the twelfth (fem.)
שְׁתִיקָה נ. silence
– שָׁמַר עַל שְׁתִיקָה keep silent
שָׁתַל פי״ (לִשְׁתּוֹל) to plant
שְׁתַלְטָן ז. domineering person
שְׁתַלְטָנוּת נ. domineering nature, bossiness
שְׁתַלְטָנִי ת. domineering
שֶׁתֶן ז. urine
שָׁתַק פי״ע (לִשְׁתּוֹק) be quiet; remain silent
– שְׁתוֹק! Shut up!
שַׁתְקָן ז. taciturn, reticent person
שַׁתְקָנוּת נ. taciturnity, reticence
שַׁתְקָנִי ת. taciturn, reticent
שָׁתַת: שָׁתַת דָּם bleed (v.i.)

ת

ת tav (22nd letter of Hebrew alphabet); 400
תָא ז. cell (all senses); locker, box, compartment; chamber, cabin
– תָא הַטַייָס cockpit
– תָא קוֹלִי voice mail
ת״א ר״ת תֵל־אָבִיב TA, Tel-Aviv
תָאֵב ת. craving, avid for
תֵאָבוֹן ר׳ תֵיאָבוֹן
תַאֲגִיד ז. corporation
תְאוֹ ז. buffalo
תַאֲוָוה נ. lust, passion, desire
– תַאֲוָוה לָעֵינַיִים a feast for the eyes
תַאַווְתָנוּת נ. lust, lustfulness; greed
תַאַווְתָנִי ת. lustful, lascivious
תֵאוּם ז. coordination; adjustment
תְאוֹם ז. תְאוֹמָה נ. twin
– תְאוֹמִים twins; Gemini
תְאוּנָה נ. accident
– תְאוּנַת־דְרָכִים road accident
תְאוּצָה נ. acceleration
– לְקַבֵּל תְאוּצָה accelerate
תֵאוּר ז. description, depiction
תְאוּרָה נ. lighting
תְאִימוּת נ. match; compatibility
תָאִית נ. cellulose
תָאַם פ״י (לִתאוֹם) to match, fit; correspond; be compatible with
תְאֵנָה נ. (תְאֵנִים) fig
תַאֲרִיךְ ז. date
– תַאֲרִיךְ יַעַד deadline
תְבוּאָה נ. grain crops, corn
תְבוּנָה נ. intelligence, sense, reason
– בִּתבוּנָה intelligently, wisely
תְבוּנִי ת. intelligent, rational
תְבוּסָה נ. defeat, rout, beating
תְבוּסתָן ז. defeatist
תְבוּסתָנוּת נ. defeatism
תְבוּסתָנִי ת. defeatist
תְבִיעָה נ. demand, claim; lawsuit
– הַתבִיעָה the prosecution
– תְבִיעָה מִשפָּטִית lawsuit
– תְבִיעָה יִיצוּגִית class action
– תְבִיעַת דִיבָּה libel suit
תֵבֵל נו״ז the world
תַבלִין ז. spice
תֶבֶן ז. straw
תַבנִית נ. (תַבנִיוֹת) mold; format, pattern; (baking) pan
תָבַע פ״י (לִתבּוֹעַ) to claim, demand; sue
– תָבַע לְדִין sue
תַבעֵרָה נ. conflagration
– בַּקבּוּק תַבעֵרָה Molotov cocktail
תַברוּאָה נ. sanitation
תַברִיג ז. screw thread
תַבשִיל ז. dish (cooked food)
תָג ז. badge, label, tag
תִגבּוּר ז. reinforcing; extra help
תִגבּוֹרֶת נ. reinforcements, backup
תִגבֵּר פ״י (לְתַגבֵּר) reinforce
תְגוּבָה נ. reaction, response
– אֵין תְגוּבָה! No comment!
תָגִית נ. (תָגִיוֹת) label, tag
תִגלַחַת נ. shave (*literary*)
תַגלִית נ. discovery
תַגמוּל ז. recompense, retaliation
– פְּעוּלַת־תַגמוּל retaliatory attack, reprisal
תַגָר = תִיגָר
תִגרָה נ. quarrel, brawl
ת״ד ר״ת תֵיבַת דוֹאַר PO Box
תַדהֵמָה נ. amazement, being stunned, astonishment
תָדִיר ת; תה״פ frequent; often, frequently
תְדִירוּת נ. frequency (of events)
תִדלוּק ז. refueling, fueling
תִדלֵק פ״י (לְתַדלֵק) refuel, fuel
תַדמִית נ. (public) image
תַדפִּיס ז. printout
תֶדֶר ז. (תְדָרִים) frequency (of radio)
תִדרוּךְ ז. briefing
תַדרִיךְ ז. briefing
תִדרֵךְ פ״י (לְתַדרֵךְ) to brief

תֵה ז. tea

תָהָה פ״ע (לִתהוֹת) to wonder, ask oneself

תְהוּדָה נ. resonance, reverberation

תְהוֹם זו״נ abyss, chasm, gulf

– מֵי־תְהוֹם underground waters

תְהוֹמִי ת. abysmal

תְהִיָיה נ. wondering, pondering

תְהִילָה נ. fame, glory; praise

תְהִילִים ז״ר Book of Psalms

תַהֲלוּכָה נ. procession

תַהֲלִיךְ ז. process

תַהפּוּכוֹת ז״ר upheavals, vicissitudes

תַו ז. mark; sign; note (music); character (computers)

– תָוֵי־פָּנִים (facial) features

תו: וָתו לא and that's all, merely

תוֹאֵם ת. compatible, matching, comensurate

תוּאַם פ״ע be coordinated, prearranged

תוֹאֲנָה נ. pretext

תוֹאַר ז. title; degree (academic); adjective

תוֹאַר פ״ע be described; be depicted

תוֹבָלָה נ. transport, haulage

תוֹבָנָה נ. insight

תוֹבֵעַ ז. תוֹבַעַת נ. prosecutor; plaintiff

תוֹבעָנִי ת. demanding, exigent

תוּגבַּר פ״ע be reinforced, be beefed up

תוּגָה נ. sorrow, melancholy, glumness

תוֹדָה נ. thanks, gratitude, acknowledgement (in books)

– תוֹדָה לָאֵל thank God!

תוֹדָעָה נ. consciousness

תוּדרַךְ פ״ע be briefed

תוֹהוּ ז.: עָלָה בַּתוֹהוּ come to nought

– תוֹהוּ וָבוֹהוּ chaos

תְוַאי ז. feature (of landscape), line

תַווִית נ. label; stigma

תָווֶךְ ז. inside, center, middle

תוּזמַן פ״ע be timed

תוּזמַר פ״ע be orchestrated

תוּחזַק פ״ע be maintained

תוֹחֶלֶת נ. hope, expectation

– תוֹחֶלֶת־חַיִים life expectancy

תוּיַק פ״ע be filed

תוֹךְ ז. (תוֹכוֹ) inside; interior

– בְּתוֹךְ inside; within, in; among

– בְּתוֹךְ תוֹכוֹ deep down

– לְתוֹךְ into

– מִתוֹךְ out of, from

– תוֹךְ־ within, inside

– תוֹךְ־וְרִידִי intravenous

– תוֹכוֹ כְּבָרוֹ he is sincere

– תוֹךְ כְּדֵי־ while, in the course of

– תוֹךְ־רַחמִי intrauterine

תוֹכָחָה נ. admonition, rebuke, reproach

תוּכִּי ז. parrot

תוֹככֵי־: בְּתוֹככֵי־ inside (*literary*)

תוֹכֶן ז. (תְכָנִים) contents; content

– תוֹכֶן הָעִניָינִים (table of) contents

תוֹכנָה נ. software

תוֹכנִייָה נ. program(me) (of shows)

תוֹכנִית נ. plan, program(me), project

– תוֹכנִית־לִימוּדִים curriculum; syllabus

– תוֹכנִית מְגֵרָה contingency plan

תוּכנַן פ״ע be planned, be designed

תוּכנַת פ״ע be programmed

תוֹלָדָה נ. outcome, corollary

– תוֹלדוֹת־ the history of

– תוֹלדוֹת־חַיִים curriculum vitae, CV; biography

תוֹלַעַת נ. (תוֹלָעִים) worm

– תוֹלַעַת־מֶשִׁי silkworm

– תוֹלַעַת־סְפָרִים bookworm

תוֹם ז. integrity, innocence; completion

– בְּתוֹם־ at the end of

– בְּתוֹם־לֵב in good faith, in all innocence

– לְתוּמוֹ innocently, unsuspectingly

תוֹמֵךְ ז. supporter, backer

תוּמצַת פ״ע be summarized

תוֹמֶר ז. palm tree

תּוּנִיסְיָה נ. Tunisia
תּוֹסֵס ת. (תּוֹסֶסֶת) effervescent, bubbly, fizzy; in ferment
תּוֹסָף ז. (תּוֹסָפִים) additive
תּוֹסֶפֶת נ. addition; increment; supplement; some more; extra
- תּוֹסֶפֶת שָׂכָר raise, salary hike
תּוֹסֶפְתָּן ז. appendix (anatomy)
- דַּלֶּקֶת הַתּוֹסֶפְתָּן appendicitis
תּוֹעֵבָה נ. abomination, obscenity
תּוֹעַד פ״ע be documented, be on record
תּוֹעֶה תו״ז stray, disoriented
תּוֹעֶלֶת נ. advantage, benefit, profit, use; utility
תּוֹעַלְתִּי ת. utilitarian; expedient
תּוֹעַלְתִּיּוּת נ. (personal) gain; expediency
תּוֹעַלְתָּנוּת נ. utilitarianism
תּוֹעַמְלָן ז. propagandist
תּוֹעַמְלָנוּת נ. propagandism
תּוֹעַמְלָנִי ת. propagandistic
תּוֹעָפוֹת: הוֹן תּוֹעָפוֹת a fortune
תּוּעַשׁ פ״ע be industrialized
תּוֹף ז. (תּוּפִּים) drum
תּוּפִּין ז. (תּוּפִּינִים) cookie, biscuit
תּוֹפֵס ת. valid, applicable
תּוֹפֶסֶת נ. tag (game)
תּוֹפָעָה נ. phenomenon
תּוּפְעַל פ״ע be operated
תּוֹפֵף פ״י (לְתוֹפֵף) beat (the drum), drum
תּוֹפֶרֶת נ. seamstress
תֹּפֶת ז. hell, inferno
- מְכוֹנִית-תֹּפֶת car bomb
תּוֹצָאָה נ. result, consequence; score
- כְּתוֹצָאָה מִכָּךְ consequently, as a result
- לָשֵׂאת בַּתּוֹצָאוֹת take the consequences
תּוֹצָר ז. product
- תּוֹצָר לְאוּמִּי גּוֹלְמִי gross national product
- תּוֹצָר לְוַאי by-product

תּוֹצֶרֶת נ. produce, product, make
תּוּקַּן פ״ע be corrected; be repaired, be mended
תּוֹקֶף ז. force, validity, effect
- בְּתוֹקֶף in force, valid; forcefully, strongly; by virtue of
- נִכְנַס לְתוֹקְפוֹ come into force
תּוֹקֵף ז. assailant
תּוֹקְפָן ז. aggressor
תּוֹקְפָנוּת נ. aggression
תּוֹקְפָנִי ת. aggressive
תּוֹר ז. line, queue; turn (to do something); appointment
- בְּתוֹר- as, in the capacity of
- עָמַד בַּתּוֹר stand in line
- תּוֹר-הַזָּהָב the golden age
תּוֹר זו״נ turtledove
תּוּרְבַּת פ״ע be civilized, be cultivated
תּוּרְגַּל פ״ע be trained; be practiced
תּוּרְגַּם פ״ע be translated
תּוֹרָה נ. teaching, theory; gospel
- הַתּוֹרָה the *Torah* (the Law of Moses)
- סֵפֶר תּוֹרָה Scroll of the Law
- תּוֹרָה שֶׁבְּעַל-פֶּה the Oral Law (*Talmud*)
תּוּרְכִּי זו״ת Turkish
תּוּרְכִּיָּה נ. Turkey
תּוּרְכִּית נ. Turkish (language)
תּוֹרֵם ז. תּוֹרֶמֶת נ. donor, contributor
תֹּרֶן ז. mast, flag-pole
תּוֹרָן ז. תּוֹרָנִית נ. person on call/duty
תּוֹרָנוּת נ. turn of duty
תּוּרְפָּה: נְקוּדַּת-תּוּרְפָּה weak spot
תּוֹרָשָׁה נ. heredity
תּוֹרַשְׁתִּי ת. hereditary
תּוֹשָׁב ז. תּוֹשֶׁבֶת נ. inhabitant, resident
תּוֹשֶׁבֶת נ. (ר׳ גם תּוֹשָׁב) chassis; base
תּוּשִׁיָּה נ. resource, resourcefulness
- בַּעַל-תּוּשִׁיָּה resourceful
תּוּת ז. mulberry; berry
- תּוּת-שָׂדֶה strawberry
תּוֹתָב: רֶגֶל תּוֹתֶבֶת artificial leg
- שִׁינַּיִים תּוֹתָבוֹת false teeth

תּוֹתָח ז. cannon, gun (artillery)
תּוֹתְחָן ז. gunner, artilleryman
תְּזוּזָה נ. movement, progress
תְּזוּנַאי ז. תְּזוּנָאִית נ. nutritionist
תְּזוּנָה נ. nutrition
תְּזוּנָתִי ת. nutritive, nutritional
תְּזָזִית: כְּאָחוּז תְּזָזִית frantically
תִּזכּוֹרֶת נ. reminder
תַּזכִּיר ז. memorandum, memo
תִּזמוּן ז. timing
תִּזמוֹרֶת נ. orchestra, band
תִּזמֵן פ״י (לְתַזמֵן) to time
תַּזרִים: תַּזרִים מְזוּמָנִים cash flow
תָּחַב פ״י (לִתחוֹב) insert, stick in, shove in(to)
תַּחבּוּלָה נ. ruse, trick, stratagem, deceit
תַּחבּוּלָן ז. contriver, schemer, master of deceit; tactician
תַּחבּוּרָה נ. transportation, traffic
– תַּחבּוּרָה צִיבּוּרִית public transportation
תַּחבּוֹשֶׁת נ. bandage, dressing
תַּחבִּיב ז. hobby
תַּחבִּיר ז. syntax
תְּחוּלָה נ. incidence; time of coming into force/effect
תְּחוּם ז. bounds, domain; area, field (*figurative*); range
– מִחוּץ לַתחוּם out of bounds
– תְּחוּם־שִׁיפּוּט (area of) jurisdiction
תְּחוּשָׁה נ. sensation, feeling; hunch
– חֲסַר תְּחוּשָׁה numb
תִּחזוּק ז. maintenance (of cars, roads, etc.)
תַּחֲזוּקָה נ. maintenance, upkeep
תַּחֲזִית נ. forecast
– תַּחֲזִית מֶזֶג־אֲוִויר weather forecast
תִּחזֵק פ״י (לְתַחזֵק) maintain (machine, etc.)
תְּחִיָּה נ. renaissance, revival
– תְּחִיַּת־הַמֵּתִים the resurrection of the dead
תְּחִילָּה נ., תה״פ start, beginning; first

תְּחִילִי ת. initial, preliminary
תְּחִילִית נ. prefix
תְּחִינָּה נ. supplication, plea
תְּחִיקָה נ. legislation
תִּחכּוּם ז. sophistication; subtlety
תַּחֲלוּאָה נ. morbidity
תַּחֲלוּאִים ז״ר ailments, ills
תַּחֲלוּפָה נ. turnover, replacement, substitution
תַּחֲלִיב ז. emulsion; (body) lotion
תַּחֲלִיף ז. substitute, replacement
תָּחַם פ״י (לִתחוֹם) demarcate; set limits
תַּחמוֹשֶׁת נ. ammunition
תַּחֲנָה נ. station; (bus) stop; stage
– תַּחֲנַת־דֶּלֶק gas station, petrol station
– תַּחֲנַת־כּוֹחַ power station
– תַּחֲנַת־מִשׁטָרָה police station
– תַּחֲנַת־רַדיוֹ radio station
תַּחֲנוּנִים ז״ר supplication, entreaties
תַּחפּוֹשֶׂת נ. disguise; fancy dress, costume
תַּחֲקִיר ז. investigation; debriefing; research (journalism)
תַּחֲקִירָן ז. researcher (journalism)
תִּחקֵר פ״י (לְתַחקֵר) debrief
תַּחרָה נ. lace
תַּחֲרוּת נ. (תַּחֲרוּיוֹת) competition, contest
תַּחֲרוּתִי ת. competitive
תַּחשִׁיב ז. calculation
תַּחַת (תַּחתַּי; תַּחתֶּיךָ; תַּחתָּיו; תַּחתֵּינוּ) under, underneath; in place of; instead of; bottom, ass
תַּחתּוֹן ת. lower, bottom
תַּחתּוֹנִים ז״ר underpants (men), briefs, panties (women)
תַּחתִּי ת. lower, under-
תַּחתִּית נ. bottom; coaster, place mat; subway, underground
תֵּיאָבוֹן ז. appetite
– בְּתֵיאָבוֹן! Bon appétit!
– מְעוֹרֵר תֵּיאָבוֹן appetizing
תֵּיאוֹלוֹגִי ת. theological

ת

תֵיאוּם ז. coordination; adjustment
– בְּתֵיאוּם מֵרֹאשׁ by appointment
תֵיאוֹקְרָטִי ת. theocratic
תֵיאוּר ז. description, depiction
תֵיאוֹרֶטִי ת. theoretical
תֵיאוּרִי ת. descriptive
תֵיאוֹרְיָה נ. theory
תֵיאַטְרוֹן ז. theater, theatre
תֵיאַטְרָלִי ת. theatrical
תֵיאַטְרָלִיוּת נ. theatricality
תֵיאֵם פ״י (לְתָאֵם) coordinate; arrange (with someone); adjust (engine, wages, etc.)
תֵיאֵר פ״י (לְתָאֵר) describe, portray, depict
– תֵיאֵר לְעַצמוֹ imagine, conceive
תֵיבָה נ. box, case, crate
– רָאשֵׁי־תֵיבוֹת initials; acronym
– תֵיבַת־הִילוּכִים gearbox
– תֵיבַת־מִכְתָבִים letterbox, mailbox
– תֵיבַת־נוֹחַ Noah's ark
תִיבּוּל ז. seasoning, spicing
תִיבֵּל פ״י (לְתַבֵּל) to season, spice
תִיבַּ״ם ר״ת תִכנוּן (וְייצוּר) בְּעֶזרַת מַחשֵׁב CAD/CAM (computer-aided design/manufacture)
תִיגבֵּר ר׳ תִגבֵּר
תִיגמוּל ז. remuneration; rewarding
תִיגמֵל פ״י (לְתַגמֵל) remunerate, reward
תִיגָר: קָרָא תִיגָר עַל challenge, defy
– קְרִיאַת־תִיגָר challenge
תִידלוּק ז. refueling, fueling
תִידלֵק פ״י (לְתַדלֵק) refuel, fuel
תִידרוּךְ ז. briefing
תִידרֵךְ פ״י (לְתַדרֵךְ) to brief
תִיווּךְ ז. mediation, brokerage
תִיווֵךְ פ״י (לְתַווֵךְ בֵּין) mediate, act as middleman
תֵיוֹן ז. teapot
תִיוּק ז. filing
תִיוּר ז. touring; tour
תֵיזָה נ. thesis
תִיזמוּן ז. timing
תִיזמֵן פ״י (לְתַזמֵן) to time
תִיזמֵר פ״י (לְתַזמֵר) orchestrate
תִיחזוּק ר׳ תִחזוּק
תִיחזֵק פ״י (לְתַחזֵק) ר׳ תִחזֵק
תִיחכּוּם ז. sophistication; subtlety
תִיחקוּר ז. debriefing
תִיחקֵר פ״י (לְתַחקֵר) debrief
תִייֵג פ״י (לְתַייֵג) to label
תִייֵק פ״י (לְתַייֵק) to file
תַיָיר ז. תַיֶירֶת נ. tourist
תִייֵר פ״י (לְתַייֵר) to tour
תַיָירוּת נ. tourism
תִיכוֹן תו״ז middle; high school
– (בֵּית־סֵפֶר) תִיכוֹן high school
– הַיָם הַתִיכוֹן the Mediterranean Sea
תִיכוֹנִיסט ז. high-school student
תִיכמֵן פ״י (לְתַכמֵן) maneuver, manipulate
תִיכנוּן ז. planning, design
תִיכנוּת ז. programming
תִיכנֵן פ״י (לְתַכנֵן) to plan, design, engineer
תִיכנֵת פ״י (לְתַכנֵת) to program
תֵיכֶף תה״פ immediately; in a minute!
– תֵיכֶף וּמִיָד at once
תַיִל ז. wire
– גֶדֶר תַיִל barbed-wire fence
תִילתֵל פ״י (לְתַלתֵל) to curl
תִימָהוֹן ז. amazement, wonder
תִימהוֹנִי ת. eccentric
תִימוּכִין ז״ר backing, support
תֵימָן ז. Yemen
תֵימָנִי תו״ז Yemenite
תִימצוּת ז. summarizing, condensing
תִימצֵת פ״י (לְתַמצֵת) abstract, condense
תִימרוֹן ז. maneuver
תִימרוּן ז. maneuvering
תִימרוֹת־ columns of (smoke, dust)
תִימרֵן פ״ע (לְתַמרֵן) to maneuver; manipulate
תִינָה פ״י (לְתַנוֹת) tell, relate, recount
– תִינָה אֲהָבִים make love (to)
תִינוֹק ז. (תִינוֹקִים אוֹ תִינוֹקוֹת) baby, infant

ת

תינוקי ת. babyish, infantile
תינוקת נ. baby (girl), infant
תיסוף ז. revaluation
תיסכול ז. frustration
תיסכל פ״י (לְתַסכֵּל) frustrate (someone)
תיעב פ״י (לְתַעֵב) abominate, detest, abhor
תיעד פ״י (לְתַעֵד) to document, record
תיעוב ז. abhorrence, abomination
תיעוד ז. documentation
תיעודי ת. documentary
תיעול ז. channeling; canalization
תיעוש ז. industrialization
תיעל פ״י (לְתַעֵל) canalize; channel
תיעש פ״י (לְתַעֵשׁ) industrialize
תיעתע פ״י (לְתַעתֵעַ) deceive, delude, fool
תיפוף ז. drumming
תיפעול ז. operation, working
תיפעולי ת. operational, operative
תיפעל פ״י (לְתַפעֵל) operate
תיפקד פ״ע (לְתַפקֵד) to function
תיפקוד ז. functioning
תיפקודי ת. functional
תיק ז. bag, handbag, briefcase; file, dossier; portfolio; police record, (civil, criminal) case
תיקו ז. draw, tie (score)
תיקול ז. tackle (football)
תיקון ז. repair; reform; amendment, correction
תיקייה נ. folder
תיקן ז. cockroach
תיקן פ״י (לְתַקֵן) to correct; mend, repair, fix; reform
תיקצב פ״י (לְתַקצֵב) to budget
תיקצוב ז. budgeting
תיקשר פ״י (לְתַקשֵׁר) communicate
תיקתוק ז. ticking (of a clock); typing
תיקתק פ״י (לְתַקתֵק) to tick (of a clock)
תירבת פ״י (לְתַרבֵּת) civilize; cultivate (plants)
תירגול ז. practice, exercise

תירגום ז. translation
תירגל פ״י (לְתַרגֵל) to drill, practice
תירגם פ״י (לְתַרגֵם) translate
תירוץ ז. excuse, pretext
תירץ פ״י (לְתָרֵץ) explain (apologetically); find an excuse for, rationalize
תיירות tourism
תירס ז. corn, maize
תיש ז. (תְיָישִׁים) he-goat
תיתורת נ. brim
תכול ת. (תְכוּלָה) azure, light blue
תכולה נ. content, capacity
תכונה נ. (תְכוּנוֹת) quality, trait; properties (in pl.); bustle
תכוף ת. (תְכוּפָה) frequent
תכופות תה״פ frequently
תכיפות נ. frequency, quick succession
תככים ז״ר intrigues, machinations
תככן ז. תככנית נ. intriguer
תככנות נ. (plotting and) intrigue
תכלית נ. purpose
תכליתי ת. purposeful
תכלס ז; תה״פ practical purpose, (talk) business; to the point
תכלת נ. azure, light blue
תכמן פ״י (לְתַכמֵן) maneuver, manipulate
תכנון ז. planning, design
תכנות ז. programming
תכנן פ״י (לְתַכנֵן) ר׳ תיכנן
תכנת פ״י (לְתַכנֵת) to program
תכסיס ז. tactic, stratagem, trick
תכסיסן ז. תכסיסנית נ. tactician
תכסיסנות נ. use of tactics, tactical maneuvering
תכף פ״ע (לִתכּוֹף) come in quick succession, be frequent
תכריכים ז״ר shroud
תכשיט ז. jewel
תכשיטן ז. jeweler
תכשיר ז. preparation (e.g. cosmetics)

ת

תִּכְתּוֹבֶת נ. correspondence (letters)
תַּכְתִּיב ז. dictate, dictation
תֵּל ז. mound, hill
תְּלָאוֹת נ״ר hardship, tribulations
תִּלְבּוֹשֶׁת נ. dress, outfit, costume; uniform (of sports team)
– תִּלְבּוֹשֶׁת אֲחִידָה (school) uniform
תל״ג ר״ת תְּפוּקָה לְאוּמִית גוֹלְמִית GNP
תָּלָה פ״י (לִתְלוֹת) to hang; suspend; ascribe to, pin on
– תָּלָה אֶת הָאַשְׁמָה בּ־ put the blame on
– תָּלָה תִּקְווֹת רַבּוֹת בּ־ have high hopes of, pin your hopes on
תָּלוּי ת. hanging, hung, suspended; hanged; dependent
– בִּלְתִּי תָּלוּי independent
– (זֶה) תָּלוּי (בּ־) it depends (on)
– תָּלוּי וְעוֹמֵד pending
תָּלוּל ת. steep
תְּלוּלִית נ. small mound, knoll; tee
תְּלוּנָה נ. complaint
– הִגִּישׁ תְּלוּנָה file/lodge a complaint
תְּלוּשׁ ז. coupon; salary slip
תְּלוּת נ. dependence
– אִי־תְּלוּת independence
תִּלְיוֹן ז. medalion; pendant
תְּלִיָּיה נ. hanging
תַּלְיָין, תַּלְיָן ז. hangman, executioner
תְּלִילוּת נ. steepness
תָּלִישׁ ת. detachable, tear-off
תְּלִישָׁה נ. tearing out, plucking out
תְּלִישׁוּת נ. being out of touch; being without roots
תַּלְכִּיד ז. a close-knit group
תֶּלֶם ז. (תְּלָמִים) furrow
– הָלַךְ בַּתֶּלֶם toe the line
תַּלְמוּד ז. Talmud
תַּלְמִיד ז. pupil, student; disciple
– תַּלְמִיד־חָכָם scholar
תָּלַשׁ פ״י (לִתְלוֹשׁ) pluck out, tear off; detach
תְּלָת: תְּלַת־אוֹפַן tricycle
– תְּלַת־חוֹדְשִׁי three-month, quarterly
– תְּלַת־מְמַדִּי three-dimensional, 3-D
תַּלְתַּל ז. curl
תִּלְתָּן ז. clover; club(s) (cards)
תַּם פ״ע be finished, (time) is up
תָּם ת. (תַּמָּה) innocent, artless, naive
תָּמַהּ פ״ע (לִתמוֹהַּ עַל) to wonder, be surprised
תָּמֵהַּ ת. (תְּמֵהָה) wondering, puzzled
– תְּמֵהַנִי אִם I wonder if
תִּמְהוֹנִי תו״ז eccentric
תַּמְהִיל ז. mix (n.)
תָּמוּהַּ ת. (תְּמוּהָה) strange, puzzling
תַּמּוּז ז. *Tammuz* (month in Hebrew calendar, June–July)
תְּמוֹל שִׁלְשׁוֹם תה״פ formerly, in the past
תְּמוּנָה נ. picture; photograph, image; scene (of a play)
– תְּמוּנַת מַצָּב state of affairs, picture (*figurative*)
– תְּמוּנַת־שַׁעַר cover picture
תְּמוּרָה נ. exchange; change; value (for money), reward
– תְּמוּרַת־, בִּתְמוּרָה ל־ in exchange for, in return
תְּמוּתָה נ. mortality rate
תַּמְחוּי: בֵּית־תַּמְחוּי soup kitchen
תַּמְחִיר ז. cost accounting
תָּמִיד תה״פ always, constantly
– אַחַת וּלְתָמִיד once and for all
– לְתָמִיד for ever
תְּמִידִי ת. constant, perpetual
תְּמִיהָה נ. wonder, surprise
תְּמִיכָה נ. support
תָּמִים ת. innocent, naive, unsuspecting; entire, whole
תְּמִימוּת נ. innocence, naiveté
– תְּמִימוּת־דֵּעִים complete agreement
תְּמִיסָה נ. solution (chemical)
תָּמִיר ת. tall (and slender) (*literary*)
תָּמַךְ פ״י (לִתמוֹךְ בּ־) to support
תַּמְלוּגִים ז״ר royalties
תַּמְלִיל ז. text; transcript; libretto
תַּמְלִילָן ז. word processor; lyricist

תְּמָנוּן ז. octopus
תִּמסוֹרֶת נ. transmission
תִּמסָח ז. crocodile (*literary*)
תִּמצוּת ז. summarizing, condensing
תַּמצִית נ. essence; précis; abstract, the gist (of)
תַּמצִיתִי ת. concise, succinct, condensed
תַּמצִיתִיוּת נ. conciseness; succinctness
תִּמצֵת פ״י (לְתַמצֵת) to précis, abstract, condense
תָּמָר ז. date; date-palm
תִּמרוֹן, תִּמרוּן ר׳ תִּימרוּן
תַּמרוּקִים ז״ר cosmetics, toiletries
תַּמרוּר ז. road sign, traffic sign
תַּמרִיץ ז. incentive
תַּן ז. jackal
תְּנַאי ז. condition; terms (in pl.)
– בִּתְנַאי שֶׁ־ on condition that, provided
– עַל־תְּנַאי conditional, on condition; suspended (prison sentence)
– תְּנַאי בַּל יַעֲבוֹר imperative condition
– תְּנַאי מוּקדָם prerequisite
תְּנוּבָה נ. yield (of wheat, milk, etc.); produce
תְּנוּדָה נ. oscillation, fluctuation
תְּנוּחָה נ. position, posture
תְּנוּךְ ז. lobe (of ear)
תְּנוּמָה נ. doze, nap
תְּנוּעָה נ. move, motion; traffic; movement; vowel
– תְּנוּעַת־נוֹעַר youth movement
תְּנוּפָה נ. momentum; swing
תַּנוּר ז. oven, stove
תַּנחוּמִים ז״ר condolences
תַּנִין ז. alligator, crocodile
תַּנַ״ךְ ר״ת תּוֹרָה נְבִיאִים כְּתוּבִים the Bible, the Old Testament
תַּנָכִי ת. biblical
תנצב״ה ר״ת RIP (Rest in Peace)
תִּנשֶׁמֶת נ. owl
תִּסבּוֹכֶת נ. mess, imbroglio

תַּסבִּיךְ ז. complex (psychology)
תְּסִיסָה נ. fermentation; agitation, unrest
תִּסכּוּל ז. frustration
תַּסכִּית ז. radio play
תִּסכֵּל פ״י (לְתַסכֵּל) frustrate
תִּסמוֹנֶת נ. syndrome
תַּסמִין ז. symptom
תָּסַס פ״ע (לִתסוֹס) to ferment; effervesce; be in a ferment
תִּספּוֹרֶת נ. haircut
תַּסקִיר ז. review, survey
תִּסרוֹקֶת נ. hairdo, hairstyle
תַּסרִיט ז. script, screenplay; scenario
תַּסרִיטַאי ז. scriptwriter
תַּעֲבוּרָה נ. traffic
תָּעָה פ״ע (לִתעוֹת) go astray, lose your way
תְּעוּדָה נ. certificate; document; report card; diploma; destination
– תְּעוּדַת אַחֲרָיוּת warranty
– תְּעוּדַת־בַּגרוּת matriculation certificate
– תְּעוּדַת־הוֹקָרָה certificate of merit
– תְּעוּדַת־זֶהוּת identity card
תְּעוּדִי ר׳ תִּיעוּדִי
תְּעוּזָה נ. daring, audacity
תְּעוּפָה נ. aviation, flight
– נְמַל־תְּעוּפָה airport
תְּעוּקַת לֵב נ. angina pectoris
תְּעָלָה נ. canal; channel; ditch
תַּעֲלוּל ז. prank, trick
תַּעֲלוּמָה נ. mystery
תַּעֲמוּלָה נ. propaganda
תַּעֲמוּלָתִי ת. propaganda (adj.)
תַּעמלָן ז. propagandist
תַּעֲנוּג ז. (תַּעֲנוּגוֹת) pleasure, delight
תַּעֲנִית נ. fast (n.) (*literary*)
תַּעֲסוּקָה נ. employment, occupation
תַּעַר ז. razor
תַּעֲרוֹבֶת נ. mixture; mix; blend
– נִישׂוּאֵי־תַּעֲרוֹבֶת mixed marriage
תַּעֲרוּכָה נ. exhibition, exhibit
תַּעֲרִיף ז. tariff; list price

תַּעֲרִיפוֹן ז. price list
תַּעֲשִׂיָּה נ. industry
תַּעֲשִׂיָּן ז. industrialist, manufacturer
תַּעֲשִׂיָּתִי ת. industrial
תַּעְתּוּעַ ז. illusion; mirage
תַּעְתִּיק ז. transliteration, transcription
תַּפְאוּרָה נ. scenery, decor
תַּפְאוּרָן ז. תַּפְאוּרָנִית נ. stage designer
תִּפְאֶרֶת נ. glory, splendor
– לֹא תִהְיֶה תִּפְאַרְתּוֹ עַל ...will do him no credit
תְּפוּגָה נ. expiry (date)
תַּפּוּד ז. potato (*literary*)
תַּפּוּז ז. orange (fruit)
תַּפּוּחַ ז. (תַּפּוּחִים) apple
– הַתַּפּוּחַ אֵינוֹ נוֹפֵל רָחוֹק מִן הָעֵץ a chip off the old block, like father like son
– תַּפּוּחַ־אֲדָמָה potato
– תַּפּוּחַ־זָהָב orange (*literary*)
תָּפוּחַ ת. (תְּפוּחָה) swollen
תָּפוּס ת. (תְּפוּסָה) occupied, taken, engaged; busy (signal)
תְּפוּסָה נ. tonnage; capacity (of hall, etc.)
תְּפוּצָה נ. distribution; circulation (of newspaper)
– הַתְּפוּצוֹת the Diaspora
תְּפוּקָה נ. production, output, throughput
– תְּפוּקָה לְאוּמִית גוֹלְמִית Gross National Product, GNP
תָּפוּר ת. (תְּפוּרָה) sewn, stitched; tailored (*figurative*), tailor-made
תִּפְזוֹרֶת: בְּתִפְזוֹרֶת in bulk, loose (cargo)
תָּפַח פ״ע (לִתְפּוֹחַ) swell (up); rise; bulge
תְּפִיחָה נ. swelling; bump; soufflé
תְּפִילָּה נ. prayer
תְּפִילִּין נ״ר phylacteries, *tefillin*
תְּפִיסָה נ. capture, seizing; outlook, conception, perception, grasp
– תְּפִיסַת־עוֹלָם outlook on life, philosophy

תְּפִירָה נ. sewing, stitching
– מְכוֹנַת־תְּפִירָה sewing-machine
תָּפֵל ת. (תְּפֵלָה) insipid, tasteless
תִּפְלוּת נ. triviality, folly
תַּפְנוּק ז. indulgence, pampering, luxury
תַּפְנִית נ. turn, turnaround
תָּפַס פ. (לִתְפּוֹס) to catch, grasp; take up (space); be valid, hold
תֶּפֶס ז. catch, clip, clasp
תִּפְעוּל ז. operation, working
תִּפְעוּלִי ת. operational, operative
תָּפַף פ״י (לִתְפּוֹף עַל) to drum, beat, tap
תִּפְקֵד פ״ע (לְתַפְקֵד) to function
תִּפְקוּד ז. functioning
תִּפְקוּדִי ת. functional
תַּפְקִיד ז. function; role, part; duty
– בְּמִילּוּי תַּפְקִידוֹ in the line of duty
– בְּתַפְקִיד on duty
– מִילֵּא תַּפְקִיד serve (as), play a part
– שִׂיחֵק תַּפְקִיד play a part
תָּפַר פ״י (לִתְפּוֹר) sew, stitch
תֶּפֶר ז. (תְּפָרִים) seam; stitch; juncture
תַּפְרִיט נ. menu; diet
תַּפְרָן תו״ז flat broke, penniless (person)
תָּפַשׂ = תָּפַס
תַּצְהִיר ז. affidavit, declaration
תְּצוּגָה נ. display, show
– תְּצוּגַת־אוֹפְנָה fashion show
תְּצוּרָה נ. formation, configuration
תַּצְלוּם ז. picture, photograph
תַּצְלִיל ז. chord (music)
תַּצְפִּית נ. observation
– עֶמְדַּת־תַּצְפִּית observation post
תִּצְרוֹכֶת נ. consumption (of fuel, etc.)
תַּקְבּוּלִים ז״ר receipts
תַּקְדִּים ז. precedent
– לְלֹא תַּקְדִּים, חֲסַר תַּקְדִּים unprecedented
תִּקְוָה נ. hope
– בְּתִקְוָה שֶׁ־ in the hope that...
תְּקוּמָה נ. recovery, revival
תָּקוּעַ ת. (תְּקוּעָה) stuck; inserted

ת

תְקוּפָה נ. period, era, term
תְקוּפָתִי ת. periodic, seasonal
תַקִין ת. (תַקִינָה) normal; in (working) order
תַקִינוּת נ. being in (working) order; being normal
תְקִיעָה נ. inserting, sticking in; blowing (a trumpet, etc.)
– תְקִיעַת־כַּף handshake
תַקִיף ת. firm, forceful; stern (look)
תְקִיפָה נ. assault, attack
תַקִיפוּת נ. firmness, forcefulness
– בְּתַקִיפוּת firmly; forcefully
תַקָלָה נ. hitch; malfunction, fault, failure, breakdown
תַקְלִיט ז. record (music), disc
תַקְלִיטוֹן ז. single (record); diskette
תַקְלִיטוֹר ז. compact disc
תַקְלִיטִיָה נ. record library
תַקְלִיטָן ז. disc jockey, DJ
תֶקֶן ז. (תְקָנִים) standard
– כְּתִקְנוֹ as it should, as usual, normal
– עַל תֶקֶן שֶׁל as (an expert, etc.)
תַקָנָה נ. regulation
– אֵין לוֹ תַקָנָה be hopeless, be incorrigible
תַקָנוֹן ז. articles (of organization), regulations
תִקְנוּן ז. standardization
תִקְנִי ת. standard
תִקְנֵן פ"י (לְתַקְנֵן) standardize
תָקַע פ"י (לִתקוֹעַ) stick in; blow
– תָקַע יָתֵד בּ־ settle in...
– תָקַע כַּף shake on it
תֶקַע ז. plug (electric)
תָקַף פ"י (לִתקוֹף) to attack, assault
תָקֵף ת. valid, in force
תְקֵפוּת נ. validity
תִקְצֵב פ"י (לְתַקְצֵב) to budget
תִקְצוּב ז. budgeting
תַקְצִיבִי ת. budgetary
תַקְצִיר ז. summary, abstract, synopsis

תֶקֶר ז. puncture, flat tire/tyre
תִקְרָה נ. ceiling
תַקְרִית נ. incident
תִקְשוֹרֶת נ. communication
– (אֶמצְעֵי) הַתִקְשוֹרֶת the media
תִקְשוֹרתִי ת. media; of communication
תִקְתוּק ז. ticking (of a clock, etc.)
תִקְתֵק פ. (לְתַקְתֵק) to tick (clock, etc.)
תָר פ"י (לָתוּר) to tour, survey, scan
תַרבּוּשׁ ז. tarboosh
תַרבּוּת נ. (תַרבּוּיוֹת) culture; civilization
– יָצָא לְתַרבּוּת רָעָה go to the bad
תַרבּוּתִי ת. cultural; cultured, civilized
תַרבִּית נ. culture (of bacteria)
תִרבֵּת פ"י (לְתַרבֵּת) ר' תִירבֵּת
תִרגוּל ז. practice, exercise
תִרגוּם ז. translation (act of)
תַרגוּם ז. translation
תַרגִיל ז. drill; exercise; maneuver
תֶרֶד ז. spinach
תַרדֵמָה נ. deep sleep; hibernation
תַרדֶמֶת נ. coma
תַרוָד ז. ladle
תְרוֹמבּוֹזָה נ. thrombosis (*colloquial*)
תְרוּמָה נ. contribution, donation
– הֵרִים תְרוּמָה contribute (money)
תְרוּעָה נ. blast (of trumpet, etc.); cheer
תְרוּפָה נ. medicine, drug; cure
תֵרוּץ ז. excuse, pretext
תִרזָה נ. lime-tree, linden
תֶרַח: תֶרַח זָקֵן old fool
תַרחִיף ז. suspension (of liquid)
תַרחִיץ ז. lotion
תַרחִישׁ ז. scenario
תְרִיס ז. shutter, blind; shield, safeguard (*literary*)
– בַּלוּטַת־הַתְרִיס thyroid gland
תְרֵיסָר ז. dozen
תְרֵיסַריוֹן ז. duodenum
תִרכּוֹבֶת נ. compound (chemical)
תַרכִּיב ז. vaccine
תַרכִּיז ז. concentrate (n.)

contribute, donate (לִתרוֹם) תָּרַם פ״י
thermos תֶּרמוֹס ז.
thermostat תֶּרמוֹסטָט ז.
backpack, rucksack; pod; case, cartridge (of bullet) תַּרמִיל ז.
backpack, rucksack – תַּרמִיל־גַב
backpacker תַּרמִילַאי ז.
backpacking – מַסָע תַרמִילָאִים
fraud, deceit, deception תַּרמִית נ.
rooster, cock תַּרנגוֹל ז.
turkey – תַּרנגוֹל־הוֹדוּ
chicken, hen תַּרנגוֹלֶת נ.
stand on flimsy foundations – עָמַד עַל כַּרעֵי תַרנגוֹלֶת
spray (for hair, insects, etc.) תַּרסִיס ז.
resentment תַּרעוֹמֶת נ.
therapy תֶּרַפְּיָה נ.
diagram, chart, sketch תַּרשִים ז.
flow chart – תַּרשִים זְרִימָה
in both senses, literally as well as metaphorically תַּרתֵי מַשמָע תה״פ
questioning, interrogation תִּשאוּל ז.
to question, interrogate (לְתַשאֵל) תִּשאֵל פ״י
praise, acclaim תִּשבָּחוֹת נ״ר
crossword puzzle; checker-work, chequer-work תַּשבֵּץ ז.
broadcast (program) תַּשדִיר ז.
commercials – תַּשדִירֵי פִּרסוֹמֶת
public service announcement – תַּשדִיר שֵירוּת
return, proceeds, yield תְּשוּאָה נ.
cheers; applause; ovation תְּשוּאוֹת נ״ר
answer, reply; repentance תְּשוּבָה נ.
penitent – חוֹזֵר בִּתשוּבָה
repent – חָזַר בִּתשוּבָה
input תְּשוּמָה נ.
attention תְּשוּמֶת־לֵב נ.
salvation, redemption תְּשוּעָה נ.
desire, lust, passion תְּשוּקָה נ.

present, gift (*literary*) תְּשוּרָה נ.
exhausted תָּשוּש ת. (תְשוּשָה)
ninth תְּשִיעִי ת.
ninth; one-ninth תְּשִיעִית נ. (תְשִיעִיוֹת)
exhaustion, feebleness תְּשִישוּת נ.
(industrial) complex, concern תִּשלוֹבֶת נ.
payment תַּשלוּם ז.
in installments – בְּתַשלוּמִים
tashlich (ceremony of casting away sins before New Year) תַּשלִיךְ ז.
negative (photography) תַּשלִיל ז.
sexual intercourse (*euphemism*) תַּשמִיש: תַּשמִישֵי־הַמִיטָה
ritual articles – תַּשמִישֵי־קְדוּשָה
nine (fem.) תֵּשַע ש״מ
nine (masc.) תִּשעָה ש״מ
the nineteenth – הַתִשעָה־עָשָׂר
nineteen (masc.) – תִּשעָה־עָשָׂר
ninety תִּשעִים ש״מ
the ninetieth – הַתִשעִים
nineteen (fem.) תְּשַע־עֶשׂרֵה ש״מ
the nineteenth – הַתְשַע־עֶשׂרֵה
outpouring תִּשפּוֹכֶת נ.
outlook (weather); prospectus תַּשקִיף ז.
tip (for service) תֶּשֶר ז.
Tishri (month in Hebrew calendar, September–October) תִּשרֵי ז.
grow feeble, be exhausted תָּשַש, תַּש פ״ע
have no strength left – תַּש כּוֹחוֹ
infrastructure תַּשתִית נ.
sub-; under- תַּת־
brigadier (general) – תַּת־אַלוּף
the subconscious – תַּת־הַכָּרָה [־מוּדָע]
submachine gun – תַּת־מִקלָע
underground, subterranean – תַּת־קַרקָעִי
malnutrition, undernourishment – תַּת־תְזוּנָה

ת